# 中国农业发展实务

ZHONG GUO NONG YE FA ZHAN SHI WU

《中国农业发展实务》编写组 编

经济日报出版社

## 图书在版编目（CIP）数据

中国农业发展实务 / 《中国农业发展实务》编写组编.-- 北京：经济日报出版社，2013.10
ISBN 978-7-80257-553-0

Ⅰ.①中… Ⅱ.①中… Ⅲ.①农业发展－研究－中国
Ⅳ.①F323

中国版本图书馆CIP数据核字（2013）第227780号

# 中国农业发展实务

主　　编：本书编辑部编
责任编辑：肖小琴
责任校对：董在仁
出版发行：经济日报出版社
社　　址：北京市西城区右安门内大街65号 (邮政编码:100054)
电　　话：010-63567683（编辑部） 63588445（发行部）
网　　址：www.edpbook.com.cn
E-mail：edpbook@126.com
经　　销：全国新华书店
印　　刷：北京亿联盛彩印刷厂
开　　本：787×1092mm　1/16
印　　张：127
字　　数：1500千字
版　　次：2013年10月第一版
印　　次：2013年10月第一次印刷
书　　号：ISBN 978-7-80257-553-0
定　　价：976.00元（精装三卷）

ZHONG GUO
NONG YE
FA ZHAN
SHI WU

# 《中国农业发展实务》编委会

ZHONG GUO
NONG YE
FA ZHAN
SHI WU

和建华　云南省丽江市农业局局长

达　娃　西藏自治区日喀则市人民政府副市长

王峰云　甘肃省张掖市农业局党组书记、局长

切　军　青海省海南藏族自治州农牧局局长

刘　虎　宁夏回族自治区石嘴山市农牧局局长

格日勒达来　内蒙古自治区阿拉善盟孪井滩生态移民示范区农牧林业局局长

李　满　辽宁省葫芦岛市南票区农村经济局局长

张昭江　山东省聊城市东昌府区农业局局长

黄东海　湖北省武汉市江夏区农业局局长

覃永秋　广西壮族自治区南宁市兴宁区农林水利局副局长

杨生喜　广西壮族自治区桂林市雁江区农牧水产局局长

乔立平　新疆维吾尔自治区阿勒泰地区农业局局长

张中杰　河北省唐县农业局局长

田源山　内蒙古自治区莫力达瓦达斡尔族自治旗农牧业局局长

赵连喜　内蒙古自治区科右中旗农牧业局局长

杨建军　内蒙古自治区多伦县人民政府副县长

宋喜武　　内蒙古自治区多伦县农牧业局局长

孙德智　　吉林省梨树县农业局党委书记、局长

苗云年　　黑龙江省甘南县农业局局长

张克松　　湖南省溆浦县农业局局长

秦荣归　　广西壮族自治区兴安县农业局局长

陈叔敏　　广西壮族自治区田阳县农业局局长

郭峥嵘　　四川省西充县农牧业局局长

潘林虎　　四川省长宁县农业局局长

李　俊　　四川省金川县农业水务局局长

马民德　　四川省越西县农业和科学技术局局长

杨晓金　　云南省易门县农业局局长

达瓦顿珠　西藏自治区察隅县农牧局局长

苏　宁　　青海省乌兰县农牧局局长

邓玉宝　　新疆维吾尔自治区英吉沙县农业局局长

ZHONG GUO
NONG YE
FA ZHAN
SHI WU

张长英　张训东　张华新　张红梅　张　羽　张志华
张志坚　张　良　张宝坤　张宝昌　张建平　张贤新
张金河　张保全　张树更　张炳跃　张　峰　张堂树
张　跃　张嘉叙　李士勇　李元富　李少灵　李　文
李必华　李永志　李立鹏　李华波　李庆明　李自清
李彤龙　李季玉　李宗滋　李尚平　李建国　李明喜
李　玲　李　莉　李晨之　李梦旭　李雪艳　李　敦
李　毅　杜宏伟　杨万胜　杨大金　杨永毅　杨红军
杨贤宏　杨金洪　杨　斌　沈成刚　沈洪学　邱　彬
邹才东　阿拉腾宝力格　阿措色子　陆　进　陈长德
陈可鹏　陈　军　陈同福　陈向东　陈成思　陈启先
陈启舟　陈金国　陈　珏　陈健华　陈家强　陈　峰
陈鹏鸣　周小宁　周圣朝　周靖入　周　赟　奇阿日并
幸炯辉　易建辉　易　玲　林曙光　欧　兰　欧成中
武文诣　泽儿卓玛　罗　真　罗景萍　金　伟　金　寿
金　泉　侯立宏　姚兴华　姚　农　姚　磊　姜　瑞
洛桑平措　胡伟清　胡成学　胡秀芳　胡　敏　费秀梅
贺文平　赵云龙　赵邓强　赵　尧　赵　凯　赵国军
赵　俊　赵保忠　赵　辉　赵锋杰　赵献芳　赵德府

郝永峰　钟　琼　唐发宏　唐和光　徐光普　徐国庆
柴友蓝　栾国泰　桑　培　海金云　益西丁真　秦剑飞
索　朗　索朗赤列　索朗强久　莫廷诗　袁　飞　贾政斌
郭万武　郭　凡　郭小丽　郭　果　郭艳兵　郭锁华
顾　明　高党玉　高　原　崔　强　常　仲　常启均
常来红　常建国　康宝林　曹世平　曹进基　曹映友
曹德军　梅金先　盘家海　鄂永利　黄　宁　黄兆驶
黄晓凤　黄晓平　黄耀忠　喻文华　彭　延　彭　岚
曾令华　曾晓青　温　冰　程玉琳　程秀法　葛福顺
董宏伟　董根中　蒋宏伟　谢永江　谢连有　谢崇斌
韩进祥　鲁新国　蒲永宏　蓝　平　虞　洪　解正国
赖立斌　赖军臣　雷军旗　雷在云　雷建华　雷　霹
靳宝全　熊长权　熊庭东　蔡正德　蔺永明　谭　兵
谭明华　谭新民　额尔敦毕力格　黎世敏　穆　鹏
薛玉锋　霍建军　魏　乐　魏　巍

## 编　审　人　员（以姓氏笔画为序）

马士涛　王　军　王　鑫　刘　威　孙　文　宋美文
张　兵　张　静　李　佳　李　甜　陈　永　陈　艳
郑　言　梁海刚

# 前言

农业是世界最重要的生产行业。社会的存在、文化的发展，有赖于农业基础的稳固。一个国家、一个民族，只有在其本身农业保持长盛不衰，或能够从外部取得农产品可靠供应的条件下，其文化和历史才能持续发展。如果农业衰落或中断了，其文化和历史就难以为继。

全面贯彻落实党的十八大精神，坚定不移地沿着中国特色社会主义道路前进，顺应阶段变化，遵循发展规律，增强忧患意识，举全党全国之力，持之以恒强化农业、惠及农村、富裕农民。坚持把城乡发展一体化作为解决“三农”问题的根本途径，统筹协调，促进工业化、信息化、城镇化、农业现代化同步发展；加大农村改革力度、政策扶持力度、科技驱动力度，围绕现代农业建设，充分发挥农村基本经营制度的优越性，着力构建集约化、专业化、组织化、社会化相结合的新型农业经营体系，实现“保供增收惠民生、改革创新添活力”的目标，推动农业综合生产能力迈上新台阶。

为了更好地推广各地先进经验和有效做法，全力推进农业生产经营与发展，统筹城乡协调发展，加强和创新农村社会管理，建立城乡要素平等交换机制，缩小城乡区域发展差距和居民收入分配差距，进一步解放和发展农村社会生产力，加快推进农业农村大好形势，我们特组织农业生产与管理方面的专家、学者编写了《中国农业发展实务》一书。

本书详细介绍了我国农业改革与生产经营的发展历程，法规政策，现代农业发展模式的探索、优秀成果、先进经验、主要措施及工作思路等。同时收录了各地农业发展方面的经验总结及具体工作实施过程。

本书内容翔实、覆盖面广、与时俱进，科技含量较高。将理论与实践相结合，既有系统性又有可读性，对现代农业发展经营发挥应有的作用。将成为全国农业工作人员全面了解现代农业发展的一部有益的参考书。

本书的编辑出版工作得到了国家农业局有关领导的大力支持，在此表示衷心的感谢！

编　者

2013 年 9 月于北京

# 目 录

## 第一篇　中国农业概述

## 第二篇　中国农业政策与法规

# 第三篇 中国现代农业发展模式探索

## 第四篇　现代农业经营与管理

# 第五篇　农业标准化与信息化

## 第六篇　农产品质量安全与生产安全

# 第七篇　中国新农村建设

## 第八篇　新型农民开发与农村劳动力转移

# 第一篇
# 中国农业概述

# 第一章 农业概述

## 第一节 农业与农业生产概述

农业是世界最重要的生产行业。社会的存在、文化的发展，有赖于农业基础的稳固。一个国家、一个民族，只有在其本身农业保持长盛不衰，或能够从外部取得农产品可靠供应的条件下，其文化和历史才能持续发展；如果农业衰落或中断了，其文化和历史就难以为继。在中华民族的历史上有发达的农业，它在农艺和单位面积产量等方面达到了古代世界的最高水平。它的一系列发明创造不但领先于当时的世界，而且对东亚和西欧农业的发展产生了深刻的影响。中国农业土地利用率很高，且耕地种了几千年而地力不衰，外国人叹为奇迹。正是由于中 1 国古代农业具有的这种强大生命力，才使得中华文明的火炬得以长明不灭。

### 一、农业概述

人类几百万年的历史中，绝大部分时间以采集渔猎为生，这种为谋取人类生存所必需的食物而进行的活动，也可以包括在最广义的农业之中。农业和采猎虽然都是以自然界的动植物为劳动对象，但后者依赖于自然界的现成产品，是“攫取经济”；前者则通过人类的劳动增殖天然产品，是“生产经济”。只有农业生产发展了，才能改变采猎经济时期“饥则求食，饱则弃余”的状态，使长久的定居和稳定的剩余产品的出现成为可能，从而为文化的积累、社会的分工以及文明时代的诞生奠定基础。

**（一）农业的定义**

农业是人类通过社会生产劳动，利用自然环境提供的条件，促进和控制生物体（包括植物、动物和微生物）的生命活动过程来取得人类社会所需要的产品的综合性产业，即直接或间接设法利用土地经营种植和饲养业以获得人类衣、食、住、行所需各种物品的生产事业。新中国成立以后，中国农业以高科技应用为基础，取得了辉煌的成就。中国以仅占世界7%的土地，养育了世界1/5的人口。在农业科技方面，中国与发达国家的差距已经越来越小，科学技术对农业发展的贡献已经从1949年的20%提高到42%。

农业的内涵包括3个层次：①从狭义上来看，农业是指农业生产业，主要是指种植业和养殖业；②中义的农业是指农业产业，包括种植业、养殖业、农业工业、农产品加工工业、农产品及其加工品商业；③从广义上来看，范围十分广泛，是指大农业，即农业产业再加上为农业服务的其他部门，如农业行政管理、农业科研、农业教育、农村建设、农业金融等。

在我国，从事农业生产、管理以及农业服务的部门可划分为8类：

（1）农业生产业。包括作物业（还包括草业和天然草原管理）、林木业（还包括天然林管理）、畜禽业、水产业（还包括海洋渔业管理）、低等生物业。

（2）农业工业。农用工业（为农业生产服务的工业，如化肥、农药、农机、农膜等）、农后工业（食品工业、饲料工业、造纸工业、木材工业、橡胶工业、棉纺工业、烟草工业等）和农村工业（乡镇企业）。

（3）农业商业。包括食品市场（粮食、油脂、蔬菜、水果、肉类、鱼类、禽蛋、奶类等）、生产资料市场（化肥、农药、农机、塑料、建材及其饲料）、轻工业原料市场（棉花、蚕茧、羊毛、烟叶、麻类）和农产品外贸市场。

（4）农业金融。农业资金来源包括政府财政支出、农户或农场的经营利润和农业金融，其中农业金融是农业资金的重要来源，它主要靠银行（农业银行）来运作。

（5）农业科技。包括农业科学研究（基础研究、应用研究、农业经济和农村社会研究等）、农业科技开发与推广（农业科技产业化）。

（6）农业教育。包括高等教育、农业中等教育和农业职业教育，以及短期农业技术培训。

（7）农村建设。包括农村人口、农村交通、农村能源、农村建设、农村环境保护、农场文化卫生、农政建设等。

（8）农业行政管理与政策。包括农业行政管理、农业体制、生产政策、分配政策、财政政策、信贷政策、税收政策、物价政策和劳动政策。

**（二）农业在国民经济中的重要性**

（1）农业是人们基本生活资料的重要来源。粮食、副食品等几乎都是由农业提供的，衣着原料的80%亦来源于农业。

（2）农业是工业原料的重要来源。农业提供的原料约占全部工业原料的40%，约占轻工业原料的70%。其中纺织工业原料的70%左右来源于农业；食品工业中的制糖、卷烟、造纸、罐头、酿造、食品等工业原料的绝大部分也来源于农业。

（3）农业是工业和其他部门劳动力的主要来源。我国农业人口众多，随着工商业和城镇化的发展，越来越多的农业人员进城打工，从事工业和其他行业的工作，为我国现代化发展进程作出重要贡献。

（4）农业是我国资金积累的重要来源之一。我国的财政总收入中，由农业直接或间接提供的资金约占55%。

（5）农村是城市工业产品的大市场。农村商品零售额占全国商品零售总额的60%左右。

（6）农产品及其加工品是重要的出口物质。

（7）合理的农业生产可美化和改善生活环境。

## 二、农业生产概述

**（一）农业生产的本质**

农业生产是人类利用生物有机体的生命活动，将外界环境中的物质和能量转化为各种动植物产品的活动；农业生产的对象是动物、植物和微生物；农业生产是经济再生产过程与自然再生产过程的有机交织。所谓农业生产的经济再生产是指构成一定生产关系的人，使用一定的劳动工具，生产人类生活所需产品的过程，此过程不断循环下去（再生产）。所谓的农业生产的自然再生产是指作物通过利用太阳能，把无机物转化为有机物、把太阳能转化为化学能的物质循环和能量转化的过程，这是农业部门生产与其他部门生产的本质区别。生物的自然再生产过程具有自身的客观规律，它的发展严格遵循自然界生命运动的基本规律。

**（二）农业生产的特点**

农业生产要符合生物生长发育的自然规律，同时，也要符合社会经济再生产的客观规律。农业生产具有波动性、地域性、综合性、资源有限性和产品特殊性等特点。

1. 农业生产的波动性

农业生产主要表现为3个方面的波动性：①周期性因素引起的波动，如气候周期性变化引起的波动和市场周期性变化引起的波动等；②突发性因素引起的波动，如农业因素的突变（抗病性的丧失，突发性病虫害）、农业环境因素突变（异常气候）、农业政策失误等；③趋势性变化引起的波动，如地球温室效应、酸雨（pH <5.6）、臭氧层空洞等。

2. 农业生产的地域性

农业生产的地域性是指农业生产受到自然资源、生物种类（发源）、社会经济发展水平等影响，从而导致农业生产在地域上的分布不均现象。

3. 农业生产的综合性

农业生产具有综合性，表现在以下几个方面。

（1）农业系统的基本结构决定其综合性。组成农业系统的四要素有：①农业生产要素，即农业生产所利用的生物（农作物、林木、畜禽、水产、菌类五部分）；②农业环境要素，主要有气候、土壤、地形、水文、生物等因素；③农业技术要素，包括农业种植技术、农业动物技术、农业微生物技术等；④农业经济社会要素，有农业投入的经济社会因素、农业产出的经济社会因素、农业技术的经济社会因素、农业管理的经济社会因素等。农业生产系统的这些组成要素之间相互作用，共同决定了农业生产的进程、发展、效果和潜力。

（2）大农业由农业生产业、农业工业、农业商业、农业金融、农业科技、农业教育、农村建设、农业行政管理与政策八大部门综合组成，因而决定了农业生产具有综合性。

（3）农业生产由农、林、牧、副、渔业组成。

（4）各农业行业由产前、产中、产后3个环节组成。

（5）农业技术体系中，农作物种植业包括作物育种、栽培、植保技术等多项技术。

4. 农业自然资源的有限性

一个地区的自然资源如气候资源、水资源、土地资源和生物资源等在生产季节是有限的，农业只有在这些有限资源的基础上开展生产。

5. 农产品的特殊性

绝大部分农产品不同于工业产品，为鲜活产品或有机物质，难于贮存保鲜和长期贮存，需要不断再生产。另外社会对农产品的数量和品质有特定的要求，尽管某种农产品经济效益不高，但仍需要保证供需平衡。

# 第二节　世界农业的起源与发展

对于整个世界范围来说，农业的起源是具有多个中心的。由于适宜于农业生产的自然环境是丰富多变的，远古人类活动又极大地受到了自然地理环境的限制，因而在远古时代原始人类社会在生活实践中探索发展了各自的原始农业，形成世界多中心的农业发展格局。

## 世界农业的起源与发展趋势

### （一）世界农业的起源中心

大部分专家都认为农业的起源在世界上存在着 3 个中心，即西亚、北非、南欧中心，东亚、南亚中心和新大陆中心。

1. 西亚、北非、南欧中心

当欧洲还处在中石器时代时，西亚就已经进入新石器时代，出现了农业的萌芽，逐步转向种植和饲养。农业开始产生于西亚的丘陵地区，后期向两河流域的冲击平原转移，继而扩展到爱琴海周围地区，在三大洲的交界地方形成了该农业起源中心。

2. 东亚、南亚中心

东亚、南亚中心包含中国的黄河流域、长江流域以及南亚的恒河流域和东南亚地区，该地区的农业起源与西亚、北非、南欧中心是各自独立发展的。中国的青藏高原，包括其南边的喜马拉雅山，把西亚和东亚隔开了，古代人们很难越过这个天然屏障。南亚和西亚之间在青铜器时代以前也是相互隔离的。具体地说，印度河流域属于西亚农业区，恒河流域则属于东亚、南亚农业区，在早期这两个流域没有交往。

3. 新大陆中心

新大陆美洲的农业是在与旧大陆隔绝的情况下独立发展起来的。据推测，约在两万年前，亚洲人从白令海峡进入美洲的阿拉斯加。有一部分人向南移到中美洲和南美洲。

### （二）世界农业起源中心比较

1. 三大农业起源中心的相同方面

（1）在生产工具方面，三者都是由旧石器时代到新石器时代，由铜器时代进入铁器时代。只是美洲发展较慢，中美洲没有进入铜器时代，南美洲没有进入铁器时代。

（2）都是由采猎向农耕过渡，驯化动植物和开辟农田。

（3）居民点由丘陵、山地逐渐向河川转移，农业由利用天然降雨到人工灌溉。

2. 三大农业起源中心的不同方面

（1）在主要作物上，西亚驯化、种植的作物是小麦、大麦，东亚南亚驯化、种植的作物是谷子、水稻，美洲驯化、种植的是玉米、马铃薯。

（2）西亚很早就使用了犁，东亚使用犁较晚，而美洲根本没有使用犁，也没有耕牛，所以发展缓慢。

（3）西亚很早就食用奶制品，东亚和美洲则没有食用奶制品的习惯。后来农业在东亚发展为以种植业为主，可能与此有关。

（4）西亚农业出现早，进步快，东亚稍次，美洲的农业起源最晚，发展最慢。

### （三）世界农业的发展阶段

1. 原始农业阶段

原始农业阶段指从人类摆脱了采猎生活并能依靠自己劳动来增加食物的时候起，直到畜力使用和铁制农具出现这一时期，延续了六七千年之久。采用撂荒制的耕作制度。

距今4000～10000年前的新石器时代，原始人的采集活动孕育了原始的种植业，狩猎活动孕育了原始的畜牧业。原始种植业大体经历了3个发展阶段：①8000～10000年前为原始刀耕或火耕阶段；②5000～8000年前为原始锄耕或耜耕阶段；③4000～5000年前为发达锄耕阶段。种植的作物，北方主要以旱作的粟、黍等，南方为水作的籼稻、粳稻并存，大麻、苎麻成为人们衣着的主要原料，葫芦、白菜、芹菜、蚕豆、西瓜、甜瓜等也已开始栽培。七八千年前中原地区已有原始畜牧业。饲养的动物有马、牛、羊、鸡、犬、豕“六畜”。五六千年前我国已开始养蚕缫丝，纺织技术已具相当水平。

我国的原始农业体现在黄河流域的裴李岗文化和磁山文化、仰韶文化，以及长江下游的新石器时代遗址、河姆渡文化、马家浜文化。

2. 传统农业阶段

从畜力和铁制农具出现到大机器使用以前这一阶段（奴隶制后期至蒸汽机发明之前）。西方始于希腊、罗马时期，我国始于春秋战国时代。

在生产过程中以精耕细作、农牧结合、利用自然环境条件进行生产经营。不使用合成农用化学物资，充分利用有机肥进行地力培肥，保持土壤良好的结构性和适耕性，延长土壤的使用寿命。采用农业和人工措施，如多种种植、增加天敌、人工捕捉、合理倒茬和换茬、筛选和种植抗病品种等措施，进行病虫草害防治，逐步形成了与自然环境相协调的农业耕作体系。

这一阶段的主要特点是铁制农具和畜力得以广泛使用，畜牧业出现以放牧或游牧为主的生产方式，经济形式以自给自足、生产规模小的自然经济为主体。

3. 现代农业阶段

经过 18 世纪欧洲的“农业革命”，现代农业阶段始于 19 世纪中叶，首先发生在欧洲和北美洲。现代农业不同于传统农业，它是广泛应用现代科学技术成就，拥有现代生产装备，采用现代农业管理方法进行经营的高度社会化和高效率的农业。与传统农业比较，现代农业的生产规模大，使用的工具以机器为主。在实现了农业现代化的国家，农业生产的各种作业基本上靠机械来完成。

现代农业阶段的耕作制度，实行了集约化。即在一年一熟条件下，实行栽培集约化。在一年两熟条件下，实行种植集约化和栽培集约化。

**（四）世界农业的发展趋势**

1. 农业生产日益科技化，高新技术成为农业发展的强大动力

目前，发达国家农业所使用的技术已经远远超过了几十年前的水平，生物技术和信息技术将是今后世界农业发展的强劲动力。今后 15 年，以生物技术为核心的农业科学技术体系将会出现重大突破，并在产业化方面取得成就，这些突破和产业化应用将集中体现在新物种塑造、新快速繁育技术应用、新农业工厂构建、新人造食品和饲料生产、新能源开发和新空间领域拓展等方面。另一方面，信息技术的使用使农事操作更加标准化、精准化和高效化。高新技术的采用，使农田管理发生了一场革命，彻底改变了传统的做法。农业生产的高科技化，不仅进一步推动了农业生产率的提高和农业结构的优化，而且改变了农业的传统特性，使农业的内涵和外延都发生了深刻变化。

2. 各国政府都把农业科技作为振兴农业的一项重要事业来抓

第二次世界大战后日本建立了以国立农业科研机构为主导的科研体系，并与地方政府和全国“农协”的科研推广组织相配合，成为“科技立国”的一个重要组成部分；韩国 1945 年后模仿美国的“教育、科研、推广”三结合

的农业科研与推广策略，并于1962年成立农村振兴厅，对农业发展与振兴起到了关键作用。

3. 运用科学技术对传统农业实行技术改造，推动现代农业的发展

一些发达国家不断创新农业技术，在作物栽培、畜禽和水产养殖的各个环节，包括土壤调查与环境控制、配方施肥和配合饲料、品种选用、栽培与饲养管理、病虫害与疫病防治以及产后处理等过程，都已实现了工厂化，并应用计算机进行管理和调控；各种形式的设施农业，如温室、塑料大棚、薄膜覆盖等广泛应用于蔬菜、花卉、瓜果等生产。无土栽培和植物快繁脱毒等密集型高新技术正开始在实际中应用。

4. 农业日益走向商品化、国际化

世界农业正朝着国际化方向发展，各国都在利用自己的比较优势参与国际经济分工和经济循环。农业国际化趋势对各国农业既是挑战又是机遇，各国只有调整农村经济结构，优先吸纳先进技术，才能适应国际市场的形势。农业日益商品化、国际化的趋势是农业采用高新技术的强大动力，它把各国的农业逐步推向世界市场。

5. 农产品向多品种、高品质、无公害方向发展

质量和品种成为农产品竞争的首要因素。未来农业不仅满足人们追求物质生活的需要，同时还能给人们提供健康上的保障及精神上的享受，“无公害”、“无污染”、“反季节”水果蔬菜以及工艺型、观光型、保健型农产品将会应运而生，为农业开发和科技应用展现了诱人的前景。

6. 从专业化生产向农工商一体化发展

农业生产内部的许多环节逐步从农业中分离出来，成为独立的专业化农业部门，随之出现了市场竞争、商品流通、各专业化农业部门供求之间的矛盾。为解决这一矛盾，“农工综合体”、“农工商联合企业”应运而生，促使世界农业向农工商一体化发展。这一趋势于20世纪50年代最先在美国兴起，60年代波及西欧各国，到70年代扩散到原苏联、东欧及世界各地。

7. 世界农业的潮流——建立实现“高效、低耗、持续”的农业发展模式

近年来，世界农业发展的新目标集中在全球农业低耗、持续发展这个主题上，许多国家的农业经济学家和有识之士都认识到，农业绝不是可有可无的短期产业，重视农业持续发展，增强农业的持续发展后劲，这是每一个国家在发展农业时都必须考虑的一个基本原则。

# 第三节　中国农业的起源与发展

食物生产是人类生存和发展的首要条件。农业主要是以食物生产为目的的经济活动，因此农业的产生是人类社会发展史上的一次革命性变迁。距今一万年左右，农业开始在中国出现，原始农业初步发展。公元前21世纪，中国由原始社会进入奴隶社会，原始农业也逐渐向粗放农业转变，为后来农业的长足发展创造了条件。

## 一、中国农业的起源

中国是人类文明的发祥地之一。考古证明，中国农业已有1万年的悠久历史。距今170万年至1万年前，已有原始人类生活在这片辽阔的大地上。当时尚未产生农业，原始人类依靠采集和渔猎为生，史称旧石器时代，相当于中国古代传说中的有巢氏"构木为巢"、燧人氏"钻木取火"和伏羲氏"以佃以渔"的时代。然而随着人口的增长和采集渔猎的发展，人类常常面临饥饿的威胁。如何获得既稳定又可靠的食物来源成了农业起源的动力。

距今1万年至4000年前，史称新石器时代，生活在这块土地上的先人们创始了农业。一般认为，采集活动孕育了原始的种植业，狩猎活动孕育了原始的畜牧业。中国古代有关"神农氏"的传说就反映了原始农业发生的那个时代。

中国农业产生最早的地区是黄河流域和长江流域。黄河流域土壤疏松肥沃、气候温暖干燥，为原始农业的产生与发展提供了良好的自然条件。考古学资料表明，黄河中游的磁山和裴李岗文化距今已有8000年历史。遗址中发现大量粟类作物，有的窖穴堆积层达2米以上。从出土工具看，不仅有石斧、石刀、石铲、石镰等种、管、收农具，还有石磨盘和石磨棒等粮食加工工具。此外，还发现猪、狗、鸡的遗骸，说明当时已经形成农牧混合型农业经济。其后的仰韶文化以及黄河上游马家窑文化、齐家文化和下游的大汶口文化、龙山文化均表明黄河流域是中国农业起源最早的地区之一。

长江流域气候温暖湿润、雨量充沛，为以水稻种植为特色的原始水田农业的发展创造了条件。浙江余姚的河姆渡遗址是新石器早期文化遗存，距今已7000多年。在这里发现有稻谷、谷壳、稻秆、稻叶等遗存，厚20～50厘米，此外还发现大量的石斧和骨耜。在相距不远、年代与之相近的桐乡罗家角遗址中还发现籼、粳栽培稻并存。这些说明长江流域与黄河流域一样是中国古代农业文明的摇篮。其后的马家浜文化和良渚文化都是这一传统的继续。

南方地区农业起源较黄河、长江流域相对较晚，较典型的代表有广东曲江的石峡遗址、云南白羊村遗址和福建昙石山遗址，距今5000年至3000年。

河北、内蒙古及东北一带北方地区的农业起源于黄河流域，与原始农业存在明显的渊源关系，其中具有代表性的有红山文化、富河文化和新乐文化，距今5000年至6000年。

## 二、原始农业的初步发展

中国幅员辽阔，地理条件复杂，不同地区的农业生产一开始就具有不同的特点。总之，新石器时代的农业活动大致可分为四个区域：黄河流域及其北部，从新石器早期就发展起了以种植粟、黍为主的旱地农业；长城以北和广大西部地区，狩猎经济较发达，出现游牧经济；长江流域广大地区逐渐发展成以水稻种植为主的水田农业；南方和滨海地区农业发生虽早，但因人口稀少、生物资源丰富，采集和渔猎仍占相当大的比重。

新石器时代中国原始种植业大体经历了三个发展阶段，即前10 000年至前8 000年为原始刀耕火种阶段；前8000年至前5000年为原始锄耕或耜耕阶段；前5000年至前4000年为发达锄耕阶段。在生产工具上，这一时期完成了由“刀耕火种”向发达锄耕的进化；在耕作制度上，完成了由年年易地的生荒耕作制向连种三五年撂荒、三五年轮荒耕作制的转变，土地利用率较以前有了显著提高。作物种类有一定增加，北方旱作粟、黍常见，南方水稻籼、粳并存，大麻、苎麻成为人们衣着的主要原料，葫芦、白菜、芹菜、蚕豆、西瓜、甜瓜等也已开始栽培。因原始农业的发展，这一时期人们开始由以前游移和季节性的野营生活逐渐转入定居生活，男子在农业生产中渐居主要地位，从而实现了由母系氏族公社向父系氏族公社的转变。

在原始畜牧业方面，经长期圈养驯化，家畜种类有所增加。河北武安磁山和河南新郑裴李岗遗址有家猪、家犬和家鸡的遗骨出土，说明七八千年前中原地区已有原始畜牧业。公元前2700年的仰韶文化遗址中又有牛的遗骨出土，大汶口和龙山文化遗址中还发现马、山羊和绵羊的遗骸。至此，在中国北方马、牛、羊、鸡、犬、豖“六畜”俱全的畜牧业已具雏形。在中国南方，养猪之历史可上推至8000年前。浙江河姆渡遗址还出土有水牛和家犬的遗骨，说明公元前六七千年前以饲养猪、狗、水牛为内容的南方畜牧业已初步发展。

1926 年中国考古学者在山西夏县西阴村的新石器时代遗址中发现“一个半割的、似丝的茧壳”，1958 年在浙江钱山漾遗址中又发现一批丝织物，说明早在五六千年前中国已开始养蚕缫丝，纺织技术已具有相当水平。

## 三、粗放农业阶段

五千多年前，黄河流域的原始农业进一步发展，黄河中下游人口持续繁衍，逐渐成为中原经济文化的中心，夏、商、周王朝相继在这里建立了强盛的国家。夏、商、周属奴隶制社会时期，历时 1300 多年，这个时期的农业比原始农业有了一定进步，但仍处于粗放农业阶段。

夏代是原始公社开始解体并逐渐走向奴隶社会的时期。私有财产已经萌发，土地制度由农村公社制蜕变为奴隶主国家所有制。国王拥有全部土地，并将其分封给诸侯和臣属，最后由“庶民”进行耕种，即所谓“普天之下，莫非王土；率土之滨，莫非王臣”。由于国家统治形式的确立及分层、分区管理，从而在制度上促进了农业生产的发展。夏代政府机构中设有专门掌管水利灌溉的官职，有组织的奴隶为水利工程的建设提供了必不可少的人力。因此，夏代大规模治河导水及沟洫体系的建设，对当时农业生产的发展起到了积极的推动作用。“大禹治水”的故事便是这一历史的生动写照。夏代还首开天文科学，并根据农耕经验，结合农事发展，制订了指导和规范农业生产的历书和历法。当时谷物酿酒业已形成，成为农产品加工的先声。陶器的发明为谷物食料的贮存提供了有效方法，也为金属冶炼创造了基本条件。夏代后期，青铜器已经出现，对后来农业生产工具的变革产生了划时代的影响。

商代是奴隶制的鼎盛时期，它持续了 600 多年，是中国历史上存在时间最长的一个王朝。商代的社会经济和科学文化都有长足发展，农业已成为社会主要生产部门，农具制作较夏代更为精细。商代后期农具除木、骨、石器外，已有少量青铜农具。商代还开创了井田制，以 630 亩地划为 9 区，其中 1 区 70 亩为公田，其余 8 区各授一家，借 8 家之力助耕公田，私田不再纳贡。这一赋税形式，对解放奴隶生产力无疑具有积极的促进作用。

公元前 11 世纪，西周取代商朝，中国步入一个由奴隶社会向封建社会的大转变时期。西周继续实行分封政策，促使封国户口增殖、田地扩大、富源开阔，农业生产有了长足的进步。

西周继承夏代沟洫和商代井田体系，施行井疆沟洫制。木制农具和青铜农具均有大量增加。随着中原人口的增加，作物种类也日趋多样化。除谷、豆、麻之外，蔬、果种植发展迅速。蔬菜品种有直根类、薯芋类、嫩菜类、葱类、柔滑及香生菜类多种。果树有落叶果树带和落叶常绿果树混交带，果树品种40余种。

在畜牧业方面，西周已发明了马匹去势术，牲畜内外科病症的治疗也积累了初步经验。在林业方面，西周时注重用养结合，设有“虞人”，专司护林工作，并对树木采伐年龄及采伐季节作了规定。

西周时代国家上层建筑已相当完备，各级组织均有首长领其事，如闾师、闾胥、族师、乡大夫、乡师等，他们经常的工作就是向村社农民传达政府命令，并组织农民从事生产活动。

## 第四节　中国传统农业

从世界农业发展的历史来看，随着社会经济的发展，农业的发展模式也经历了相应的演变过程。在20世纪以前，有数千年历史的世界农业一直沿用着单纯依赖自然生态系统的耕作方式，我们把它称之为“传统农业”发展模式。这种模式具有以下一些经济特征：一是生产规模很小，农业生产力水平低下，农业商品率低；二是劳动手段主要以人力、畜力耕作为主，农业生产基本维持在自给自足、半自给自足的水平，为社会提供的剩余产品极其有限；三是由于农业自身的积累能力和劳动手段的制约，农业的发展主要采取“外延”的方式；四是保持着农业的自然生态系统，主要依靠太阳能，对生态环境有较强的依赖性；五是耕作方式主要实行间作、套作、混作、轮作，肥料的施用基本上以粪肥、绿肥、厩肥为主；六是病虫害的防治主要采取人工和依赖自然生物方法。

### 一、中国北方传统农业的形成与发展

春秋战国时期，中国在社会制度上实现了由奴隶社会向封建社会的演变，在农业生产方面则开始了由粗放农业向精耕农业的转变。由于春秋战国至魏晋南北朝时期中国主要农业区在秦岭和淮河以北，全国70%以上的人口居住在黄河流域，因此本节着重阐述北方地区传统农业的形成与发展。

#### （一）精耕细作是传统农业的基础

中国农业最显著的特点就是建立在小农经济制度之上，以提高土地生产

率为目的的精耕细作。这一特点的形成始于春秋战国时期。

公元前770年周朝东迁后，国力日趋衰弱，不再具有控制分封诸侯的力量，从而出现了六国争霸的局面，而井田制的瓦解和土地私有制的发展催化了奴隶制向封建制的转变。战国时期，“七雄”不断进行兼并战争。为了能在兼并战中取得胜利，他们进行了一系列变法和改革。在政治上，奴隶主贵族世卿、世禄制度被废止或削弱，封建地主阶级逐渐登上政治舞台；在土地制度上，长期沿袭的井田制逐渐消亡，封建地主土地所有制迅速发展；在赋役制度上，奴隶主贵族的“贡、助、彻”被废除，代之以按地亩征税的赋役制度；在经营方式上，改“千耦其耘”为个体经营。这一切极大地调动了农民从事生产的积极性，促进了农业经济的发展。

春秋战国时期，中国已进入铁器时代，铁制农具的使用已较普遍。与铁犁相配，牛马被用于农业，从而实现了农业动力由人力耦耕向畜力耕作的革命性变革。铁犁与牛耕并举，相辅相成，使这一时期农业生产力有了突破性发展。如《吕氏春秋·上农》所言：“一人治之，十人食之，六畜皆在其中矣。”这些进步均为封建制度的最终确立创造了物质条件。

铁器的应用和推广也为大型水利工程的兴建和井灌提供了有效手段，一些大型水利工程应运而兴。如中国最早和最大的陂塘蓄水工程“芍陂”、魏国修建的漳水渠、秦国李冰主持修建的综合性水利枢纽工程都江堰及中国古代最长的人工灌溉渠道郑国渠等，为保障当时农业的稳产、高产发挥了重要作用。

这一时期，人们对土壤和农作物有了更多的认识。“五谷”的概念已经形成，并注意到了发展农业生产要因地制宜。人们认识到“地可使肥，又可使棘”，给庄稼施肥可增加产量；种庄稼要深耕、熟耰（碎土）、易耨（除草），才能获得好的收成。西周时的起亩作垄技术至战国时因犁耕有了发展，形成“畎亩法”，即在高燥田里将庄稼种于垄沟以防旱，在低洼田中将庄稼种在垄背以防涝。由于积累了这些经验，西周时那种垦种休闲交替的易田制渐被废弃，耕地实行连种，一年一熟，部分发达地区还试行复种，两年三熟，从而实现了耕作制度上的重大转变。

这一时期，园艺业也有了较大发展。西周以前虽然也有蔬菜和果树栽培，但多作为农业的补充而存在。春秋战国时，农圃已经分工。当时栽培果树有20种以上，食用蔬菜有40余种，其中人工栽培者10余种。由此，独立的园艺业初步建立。

此期间畜牧业也有相当大的发展。在西部游牧区，牧业渐成规模，战争中俘获的牲畜常以万甚至10万计。在广大中原地区，因战争、犁耕和积肥等多种需要，六畜被普遍饲养。以外形来鉴别家畜优劣的相畜术已具相当水平，名传千秋的相马专家伯乐和相牛专家宁戚就活跃在这一时代。为了保障畜牧业的发展，政府还设立了专门的牧业机构和“牛人、羊人、校人”等畜牧官员，同时还制定了各种畜牧法规。湖北云梦出土的战国“厩苑律”竹简堪称世界最早的畜牧法规。

因战乱和连年滥伐，原始森林遭到严重破坏，迫使政府不得不重视森林的养护。当时设有“山虞”和“林衡”等林官，严禁滥伐，严防山火，将植树造林作为利国利民的长久之计。

**（二）北方传统农业的形成**

秦汉时期，中国农业在春秋战国的基础上进一步发展，精耕细作的优良传统逐渐形成。

秦于公元前221年统一六国，结束了诸侯纷争割据的局面，建立于中国历史上第一个中央集权的封建国家。在全国范围内统一货币和度量衡，统一车轨和文字，大规模移民西北和五岭，修筑堤防、疏浚河道，这一切对社会经济的发展和科学技术的进步产生了深远的影响。秦、汉王朝继承了春秋战国时的农本思想，将重农思想推向一个新的高峰，实行轻徭薄赋、垦荒实边、兴修水利、奖励农耕、劝业农桑等一系列重农政策，较大地促进了农业生产的发展。

因汉武帝对水利事业的重视，汉代农田水利建设蓬勃发展。仅国都所在的陕西关中就兴建了六辅渠、龙首渠和灵轵渠等水利工程。山西引汾水和黄河水，河南汝南和安徽西部引淮水，山东引巨定泽水和汶水等。井渠法传到新疆以后逐渐发展成为一种独特的地下灌溉渠道——坎儿井，解决了干旱地区开渠塌方或沙土漏水和蒸发量大的难题。此外，这一时期还创造了放淤压碱技术，成为后来治理盐碱地的重要手段之一。

由于冶铁业的迅速发展和冶铁工艺水平的提高，此期铁农具的种类大为增加，质量也有较大提高，农具已完全铁器化。犁壁的发明使犁在破土、松土的同时增加了翻土、灭茬、压草、开沟、作垄的功能，使得耕作更有效率。秦汉时，牛耕得到进一步推广，当时在陕西关中推行“代田法”时，用的就是“二牛三人”的牛耕。铁犁的广泛应用和牛耕的大力推广是汉代农业发展的两项重大措施，对中国农业精耕细作水平的提高起到了积极的促进作用。汉代还发明了世界最早的条播机——耧车，它改原先的撒播为条播，将开沟、下种甚至施肥等作业合而为一，不仅大大提高了劳动效率，而且播种均匀节省种子，北魏《齐民要术》称之为“省佣力过半，得谷加五”。耧车18世纪传入英国，经塔尔改进后成为当时通行于欧洲的畜力条播机。

秦汉时期，在耕作技术方面，进一步改进垄作法，有效地利用土壤的保水、保肥能力，逐渐形成了耕、耙、磨、压、锄相结合的防旱保墒耕作技术体系，创造了用力少而得谷多的旱作农业传统。因冬麦的推广，汉代时轮作复种制初步发展。在施肥方面，也创造了基肥、种肥、追肥等一系列施肥技术。秦汉时期，二十四节气与七十二候已完全成形并广泛用于指导农业生产。此期，园艺事业也有了较大发展，出现了一些有相当规模的果园和菜圃，栽培和管理技术也明显提高。

畜牧业方面，相畜术、畜禽良种的选育、牲畜杂交和杂交优势的利用，以及畜禽的饲养管理均有一定进步。在兽医方面，脉学和症治、阉割去势、本草学方面都有进展，并且制定了一些防疫制度。养蚕业与蚕桑技术继续发展，中国的丝织品和养蚕技术通过“丝绸之路”传至西亚。

此期，人工养鱼和人工造林也进一步发展，渔业和林业逐渐成为农业中独立的生产部门。

总之，秦汉时期中国精耕细作的农业传统无论是经营思想、农学理论，还是技术体系均已基本形成。

**（三）北方传统农业的发展**

2世纪末，黄巾大起义使东汉王朝濒于瓦解，各地义军乘势而起，中国从此进入了分分合合、混战不已的三国、两晋、南北朝时期。战乱频频、政局动荡、人口逃亡、耕地荒废，社会经济遭到严重破坏。但客观上战乱所造成的人口大迁徙也促进了各地区各民族的融合及农业文化的交流。在这一历史进程中，更多的民族逐步卷入以种植业为主的洪流中来。由于各族劳动人民的共同努力，中国传统农业经受住了历史的考验，在秦汉成就的基础上进一步发展。

三国、两晋、南北朝的土地制度仍然是秦汉封建土地所有制的继续。但此期间，由于军事的需要，屯田制有较大发展，如曹魏时期的军屯与民屯和南北朝的屯田。无论军屯还是民屯，土地所有权都属国家。屯田按军事组织进行，屯垦与军事活动相结合。这一时期，因豪强割据，水利事业废多兴少，但南朝各代比较重视水利建设，宋、齐、梁、陈相继修复了芍陂堤堰，溉田万顷。

随着钢铁冶炼和加工业的发展与提高，三国、两晋、南北朝时期铁农具的种类大大增加，性能有较大改进。《齐民要术》中记载的农具有20余种，不少是汉代未见记载过的。从出土农具看，这些农具全都采用白口铁柔化而制成。

这一时期传统农学理论有了进一步的发展。“谷田必须岁易”，连作“莠多而收薄”等记载说明当时人们已经认识到合理轮作的必要性。合理轮作不仅有利于消灭杂草，减轻病虫的危害，而且有助于提高农作物的产量。三国、两晋、南北朝时期，中国已经从野生绿肥作物的利用发展到有意识的栽种绿肥作物，并且将绿肥作物纳入轮作体系，开创了绿肥作物轮作制。《齐民要术》记述了谷、瓜、葵、葱等多种作物与绿肥作物的轮作复种，称之为“美田之法”。为了获得更多更好的良种，这一时期还创建了“种子田”，进行良种繁育。单种单收、精心管理、防止混杂，较汉代“穗选法”有了一定进步，奠定了中国传统选种和良种繁育的基础。据西晋郭义恭《广志》记载，粟的品种有 11 个，稻的品种有 13 个。《齐民要术》中粟的品种增至 86 个、水稻品种为 24 个。

在植物保护方面，农业防治增加了作物抗虫品种的选育及轮作防病等新内容。对寄生性天敌昆虫的认识进一步深化，并总结了利用捕食性昆虫黄猄蚁防治柑橘害虫的经验，开创了“以虫治虫”的生物防治新篇章。

在畜牧兽医方面，因征战、驿传及农副业生产的需求旺盛，促使养马业蓬勃发展；家畜远缘杂交产生了骡子；相马术已有成套标准，相牛、相猪也积累了更为丰富的经验；家畜的阉割和兽医内外科均有一定进步，尤其是北魏时期对猪的阉割法的改进，使出肉率显著提高。

这一时期中国蚕丝生产在农业中仍占较大比重。敦煌为丝绸商业交易之地，南方蚕丝业发展更为迅速。这时人们认识到了孤雌生殖现象；学会了用低温控制蚕卵化性；发明了盐渍杀蛹储茧法。

中国很早就认识到蜂的用途，3000 多年前已开始食蜜。有关蜜蜂的人工饲养最早见于西晋文献。张华《博物志》记载了人工养蜂蜂种的来源及收取蜂蜜的时间和方法。

两晋、南北朝时期的渔业生产仍以捕捞为主，但已经试行人工养鱼。南北朝墓葬出土有养鱼的陶器俑。《齐民要术》也介绍了养鱼致富的经验，包括鱼的习性、鱼池规模、放养量、雌雄鱼的比例及鱼池蓄水的深度。

## 二、中国南方传统农业的形成与发展

中国经济重心一向在黄河流域。长江以南广大地区公元 3 世纪时依然地广人稀、文化落后，农业生产基本上仍然是“火耕水耨”的粗放经营。虽经汉、晋、南朝的持续开发，经济渐成规模，但与同时代的北方相比，仍逊色许多。这种状况直到隋唐五代时开始有改变。

### （一）南方传统农业的兴起

唐朝初期，社会经济曾有过一段空前繁荣的时期，但唐中叶以后，土地兼并盛行，均田崩溃，社会矛盾日渐突出。历时7年的“安史之乱”使北方社会生产遭受严重破坏，南方因未受战乱直接侵害，社会生产相对稳定。而大量北方人南下，带来了高素质的劳动力和中原先进的农业技术，使得南方农业迅速发展，中国经济重心逐渐南移。

西汉以前中国的灌溉工程大都在北方，东汉后开始向南方推进。南北朝时北方陷于破坏停滞状态，南方则进一步发展。中唐以前，南方灌溉工程仅23个、防洪排涝工程3个、运输工程3个。中唐以后，灌溉工程猛增至938个、防洪排涝工程7个、运输工程8个。水利建设极大地促进了江南农业的发展，江南日益繁荣，出现了“赋出天下，江南居十九”的局面。

在农具方面，曲辕犁和筒车的发明，标志着中国南方水田耕作技术进入了一个新的发展阶段。曲辕犁又称江东犁，可调节深浅，犁壁与犁铧面不连续，可以起到碎土和翻土的作用。中国犁自此基本定型。曲辕犁的出现和耖耙的推广，促进了耕作技术的发展。经长期实践，逐渐形成了耕、耙、耖、耘、耥相结合的水田耕作技术体系。筒车全称“水转筒车”，是一种以水流作动力取水灌溉的工具，发明于隋而盛于唐，对于南方农田灌溉起了重要作用。这一时期，随着水田冬作的发展，一年两熟制在南方初步发展。

在园艺方面，这一时期从国外引进了不少果树和蔬菜品种；嫁接理论与技术有了新发展；创造了蜡封果蒂保鲜贮藏技术；开始了食用菌人工培养；茶叶生产及茶叶栽培技术具有世界性影响。

在畜牧业方面，相畜术进一步发展；创立了马籍和马印制度；引进了大宛马、康居马和波斯马等国外优良畜种。在兽医方面，创建了世界上最早的兽医教育机构，仅太仆寺中就有600余位专职兽医。解剖、针灸、脏腑学说及兽医外科等方面均有进展。

隋唐时期，中国蚕桑业相当发达，生产中心也从黄河流域移至南方。

### （二）南方传统农业的发展

宋元时期，全国经济重心进一步南移。东南太湖地区已成为国家经济命脉，农业生产水平远远超过北方。唐代后期，南粮北济最高年额不过300万石，北宋则超过700万石。

南方农田水利建设持续发展。宋代人口高峰时全国人口约1亿，因耕地不足，出现与山争地、与水争田的现象，导致梯田、圩田的迅速发展，出现了芜湖万春圩田40万亩，江东络官圩田80万亩。

宋元时期农具的发展在历史上是空前的，主要表现在新农具的大量涌现和农具所具备的各种特点上。传统农具到宋元时期已基本完备且趋于定型。

宋元时期，多熟作物迅速发展，双季稻种植面积扩大，部分地区出现了三季稻。农业内部生产结构也有了新的变化，主要作物种植范围扩大。小麦在南方长足发展，有不减“淮北”之势，成为稻田里的主要冬作物。因大豆需求量增加，大豆种植日渐普遍，以致王祯《农书》称之为“济世之谷”。棉花的发展突出，北宋时期中棉栽培仅限于两广和闽滇地区，非洲棉也多在新疆和陕西栽培，但宋末元初，中棉已扩展至江淮流域。因植棉比之蚕桑“无采养之劳，有必收之效”，比之种麻“免绩缉之功，得御寒之益”，备受人们喜爱，种植范围不断扩大。

此期土壤肥料理论与技术也有一定突破，创立了“地力常新”论。肥源进一步扩大，肥料积制方法不断改进，施肥技术有了明显提高。

园艺方面，北方黄河流域栽培果树的种类与汉代相比变化不大，但南方栽培果树有显著增加，如柚、枇杷、频婆子（凤眼果）、韶子（毛荔枝）、海枣、古度树、枸橼等，而且出现了一些大面积果园。栽培的蔬菜种类也从东汉时期的20多种增加到30多种。蔬菜栽培技术发展了留“本母子瓜”作种、大蒜“条中子”及促使莲子早发芽等方法。窖藏鲜菜的技术较汉代进一步完善。

原来主要在岭南种植的橙、橘、香蕉、荔枝、龙眼等，在宋元时分别向闽、浙、赣、川、苏等地推移，扩大了种植区域。

畜牧业在宋代北方汉族地区远不如汉唐，但在元代有一定发展。南方畜牧多养牛、羊、猪、鸡，并以猪、鸡最多。此期，优良品种“湖羊”培育成功，淡水养鱼业也有较快发展。

## 三、中国传统农业的纵深发展

1368～1840年，即明初至清朝中叶，除明清交替时有过一段短暂的全国性战争外，中国基本上处在一个统一安定的政治环境之下。尤其是清朝的建立，结束了中原农业民族与北方游牧民族的长期兵争，有利于农业生产沿着精耕细作的道路向纵深发展。这一时期，传统农业中也出现了一些新的因素，为农业持续稳定地发展创造了条件。

**（一）农业中新因素的出现**

明清时期为了恢复和发展生产，政府推行了一系列重农政策，同时对于与农业关系密切的赋税和徭役制度进行了必要的改革，如明朝的“一条鞭法”和清朝的“摊丁入亩”，对调动农民的积极性、推动农业生产的发展都产生了积极影响。

明清时期的土地制度仍为封建土地所有制，但在部分地区出现了“永佃权”的变化。“永佃权”在明代只是个别现象，清代有较大发展。地主拥有“田底”，佃农拥有“田面”，所有权与经营权分离成为清后期田制中的一个新特点。农业中雇佣劳动日渐普遍，原始富农和经营地主初步发展，而这又与明清农业另一特点即农产品商品化趋势密切相关。

明清时期，由于纺织、酿造和制烟、制糖等手工业的迅速发展及城镇的日渐繁荣，对农产品的需求日增，农产品商品化的程度越来越高。上海、山东、河南等地出现了一些专业性棉区。其他经济作物如茶叶、甘蔗、芝麻、油菜、果树、花卉、香料、桐漆等种植也发展迅速。蚕桑业因植棉业的发展，在明中叶以后有衰落之势。但到了18世纪40年代，随着对外贸易扩大，外国对中国生丝需求日增，不仅使传统产区更加兴旺，也刺激了陕西、河南、湖南、贵州等地的蚕桑生产，广东南海、顺德等地占尽天时地利，逐渐成为新的蚕业中心。

经济作物和蚕桑生产商品化的发展，导致不少地区出现桑争粮田、棉争稻田的现象，从而使农业生产内容发生区域性变化。原粮食主产区苏南和浙西渐成缺粮地区，俗语“苏杭熟，天下足”慢慢演变为“两湖熟，天下足”。18～19世纪，全国粮食供求的大致情况是：广东靠广西；江浙靠湖南、江西、四川、安徽和河南；福建靠江浙和台湾。农业生产的这种区域性分工进一步促进了农产品商品化的发展。

明清农业的另一重大成就是新作物的引进和推广，如玉米、甘薯、马铃薯、花生、烟草和甜菜等。因这些作物大多具有高产、耐瘠、适应性强的特点，对缓解中国粮食供应不足的矛盾及提高边际土地的利用产生了重要影响。例如玉米，据《植物名实图考》记载“川陕两湖凡山田皆种之”，“山农之粮，视其丰歉”。在北方，玉米、甘薯、马铃薯等作物自19世纪已部分取代黍、稷等传统作物，为满足快速增长人口的需求作出了重要贡献。

**（二）传统农业的纵深发展**

明清是中国人口增长最快的时期之一。明洪武十四年（1381年）全国人口为5987万，相当于西汉时的人口峰值。到了清道光十四年（1834年）人口猛增至4.01亿，400年中人口增长了近6倍。人口过快地增长使原已紧张的人、地矛盾加剧，因而明清时期的山区开发与边疆垦殖的力度超过以往任何时期。在广大平原地区，因可供耕垦的荒地已经告罄，而围湖造田又加剧水患之害，人们不得不将更多的注意力集中于如何充分利用土地和提高土地的生产率上，因而农业经营朝着集约化的方向发展。其主要措施是大力推行多熟种植，努力提高复种指数。这一时期，北方黄河流域普遍形成了二年三熟或三年四熟制；多种形式的一年二熟在长江流域渐居主导地位；双季稻栽培由华南扩展至华中；珠江和闽江流域部分地区发展了三季稻栽培。耕作制度的多样化和复杂化，促使田间作业在空间和时间上的安排与配合更为紧密，也促进了栽培、灌溉、施肥和病虫害防治等技术的发展。套犁深耕、浅耕灭茬、沙田栽培、亲田法、看苗施肥、小麦移栽等技术多形成或完善于这一时期。

为了更加充分地利用土地，部分经济较发达地区甚至创造了集多种经营为一体的人工生态农业，如太湖地区农、牧、桑、渔的互养，关中地区粮、草、畜的结合及珠江三角洲农、牧、渔、副结合的桑基鱼塘。以桑基鱼塘为例，一般做法是将洼田挖深为塘、泥覆四周为基、基上种桑、塘中蓄鱼、桑叶饲蚕、蚕屎养鱼、塘泥鱼粪肥田、粮食增产养畜，充分利用水陆空间和自然资源，使动植物之间、生物与非生物之间处于良性循环之中，取得了良好的经济和生态效益。这是循环农业在历史上的体现，至今仍被认为是传统生态农业的典范，在国际上产生了广泛影响。

明清时期中国畜牧业方面也取得了不少成就，培育出了很多著名的畜种，如西北的“伊犁马”、四川的“建昌马”、云南的“乌蒙马”、贵州的“水四马”和陕西的“秦川牛”、河南的“南阳牛”等。猪、鸡优良品种则更多，如广西的“陆川猪”，重可达100千克以上。因这种猪耐粗饲、早熟易肥、且繁殖率高、抗病力强，18世纪传入英国，与当地约克夏地方品种杂交育成波中猪和白色彻斯特猪。中兽医方面，色脉诊断学有重要发展，这在明代《马书》和《元亨疗马集》中有详细记载。

在林业方面，植树育林被广为提倡，对经济林木直播与插条嫁接及育苗技术的研究更加深入。林产品的利用与加工有新的进展，白蜡、乌桕经济价值的发现丰富了林业的内容。

总之，在明清时期，特别是康熙、乾隆年间提倡“以农富国”。康熙曾说“帝王之政，莫若于爱民，而爱民之道，莫要于重农桑，此千古不易之常经也”。这是封建帝王重视农业的一个典型，推动了中国农业的发展。但由于历史的局限性，明清时期，因种种原因，中国农业未能向近代农业过渡，而是沿着原来的道路发展，精耕细作趋于定型，但它的潜力已尽，若想有更大的发展，必须来一次新的农业革命。

## 第五节　中国近代农业的初步发展

从1840年鸦片战争开始，中国农业进入近代发展阶段。从1840～1955年为近代农业时期。

### 一、近代农业兴起的社会背景

由于华夏文明史长期在世界上遥遥领先的缘故，封建统治者对近代西方文明的发展充耳不闻、闭目不视，致使中国与西方国家的差距逐渐加大。1840年鸦片战争爆发，号称“金锁铜关”的清朝国门被轻易攻破，中国逐渐沦为半殖民地半封建社会。中国的农村经济与农业生产也随之发生了深刻变化，传统“男耕女织”的自然经济结构开始解体。鸦片战争以前，中国国内商品流通以粮食位居第一，但到20世纪初期已被工业品棉布、棉纱取代。一方面，外国工业品的倾销使中国城乡手工业和传统的家庭纺织业陷入困境；另一方面，西方列强对中国农副产品原料的掠夺加深。这一切促使农业商业性生产有了长足发展。以出口为目的的经济作物的种植及蚕桑业迅速扩张，在一些口岸和交通发达的地方甚至出现了不少专业化产区。

由于封建统治者只求苟延残喘，不愿根本变革，国力江河日下，连年被动挨打。为了筹集赔款和弥补鸦片输入的亏空，统治者加重对农民的剥夺，各种苛捐杂税令农民不堪重负，社会矛盾空前激化，农业生产日趋萎缩。此起彼伏的农民起义，尤其是1851年爆发的太平天国运动，就是诸多社会矛盾激烈冲突的具体反映。因此经历了几十年的洋务运动后，中西差距不但没有缩小，反而进一步拉大，甚至中国农业中一些传统优势也丧失殆尽，日益受到外国同类产品的冲击。

严酷的现实使人们认识到，仅仅靠引进西方的洋枪洋炮和机器不足以救国。要想使中国富强，必须在政治、军事、经济、教育各方面进行全方位变革。清末民初，一场改良政治、全面学习西方的运动风起云涌。农业作为中国经济的基础和主要部门自然成为这场变革的重要方面。

## 二、近代农业的初步发展

清末民初，近代农业的传播与引进主要表现在办农报和译农书方面。这方面成绩最显著者当推农务会。农务会是罗振玉等一批热衷于改良中国农业的社会贤达于1896年在上海创立的，它倡导“广树艺、兴畜牧、究新法、济利源”。农务会主办的《农学报》1897～1906年共出315期，是中国最早和最系统传播近代农业知识的刊物，产生了十分广泛的社会影响。

中国近代教育始于1862年，但一直没有农务学堂。直到1897年和1898年，中国近代最早的两所农业学校浙江蚕学馆和湖北农务学堂才先后成立。1898年中国最早的农科大学——京师大学堂农科于北京建立。这一时期经过政府和民间多种渠道，不少学生赴日本和欧美学习农业科技。他们学成后大多回国，为中国近代农业的创立与发展，为中国农业专门人才的培养作出了积极贡献。据统计，到20世纪40年代中期，中国已有国立、省立和私立高等农业院校40余所，在校农科大学生1万多人。在农业科研方面，继1906年清政府在北京设农事试验场后，民国政府于1931年建立了中央农业实验所。地方性农事研究机构也如雨后春笋般成立。到1933年，中国已有各类农业机构691个，在职人员7600多人，其中试验研究机关278所（表1－1）。这一时期的农业技术推广不只是依赖农业科研机构和农业院校，不少改良农业与农村的社会团体也做了大量工作。

**表1－1　全国农业机关调查表（至1933年）**

| 农业机关 | 数量 | % |
|---|---|---|
| 国立 | 52 | 7.5 |
| 省立 | 356 | 51.5 |
| 县立 | 174 | 25.2 |
| 私立 | 76 | 11.0 |
| 团体 | 33 | 4.8 |
| 共计 | 691 | 100.0 |

因有识之士的大力推动和农业工作者的辛勤努力，近代农业取得了不少成就。以作物育种为例，抗战爆发前主要栽培作物大多有了中国自己选育的品种，如东南大学赵莲芳育成的籼稻良种“帽子头”，中国最早采用杂交方法育成的“中山1号”及中央农业试验所选育的“中农4号”和“中农24号”，金陵大学农科育成的小麦良种“金大26号”、“金大29号”和中央大

学金善宝选育的“中大2419号”，江苏南通甲种农校选育的“鸡脚棉”，金陵大学选育的“百万华棉”，东南大学选育的“青茎鸡脚棉”、孝感“长绒棉”、江阴“白皮棉”以及中央农业试验所选育的“斯字棉”和“德字棉”等。可以说，在农业科技的各个主要方面均有一定进展。

20世纪20年代末至30年代中期，中国社会相对稳定，农业生产有明显增长。1936年前后，农业收成达近代史上最高水平。但不久抗日战争爆发，民族矛盾上升为主要矛盾，全国实际上形成了各自独立的三个统治区。

在国民政府管理区，因日寇封锁打压，农产品供求矛盾突出，国民政府实行专卖制度，对棉花、蚕丝、桐油等强行征购。因通货膨胀严重，田赋由货币改征实物，农村生产力下降。

在日占区，日本军国主义推行“以战养战”政策，加强殖民主义经济统治，大规模进行农业、林业和渔业移民，对农产品实行统一管制。在华北、华东和华南的新占领区，实行对非占领区的封锁和烧光、抢光、杀光的“三光”政策，给中国农村造成了极大的破坏。

在共产党领导的抗日根据地和各解放区，共产党改变以前没收地主土地，实行减租减息、合理负担的政策，调动了农民生产和抗战的积极性，推动了农业发展。为了粉碎敌人的进攻和封锁、减轻人民负担，中共中央还作出了开展大生产运动的决策。实行“军队屯田，边生产、边打仗”，“自己动手、丰衣足食”，“发展经济、保障供给”，受到了农民普遍欢迎，经济日益发展，社会日趋稳定，为最终获得全国性胜利奠定了物质基础。

总而言之，近代农业在中国起步晚，其间又战乱不断，使农业现代化进程较发达国家明显迟缓。

纵观中国原始农业、传统农业、近代农业发展史，实质上是中国农业的进步史与发展史，可以看出政局稳定，农业就会有所发展，反之农业就停滞不前，这是社会经济发展的客观规律。我们要用历史唯物主义和辩证唯物主义观点来看待、借鉴中国农业发展史，为推动中国农业又好又快发展和建设社会主义新农村服务。

# 第二章　中国农业发展的经验与教训

## 第一节　新中国成立以来中国农业发展史

1949 年 10 月 1 日中华人民共和国的成立，标志着中国进入了一个新的发展阶段，中国农村经济得到了迅速地恢复和发展，1952 年，农业生产已恢复到历史最高水平。从 1952～1965 年，中国先后完成了农业合作化和人民公社化，建立了与计划经济体制相适应的统派统购制度。在这期间，毛泽东于 1956 年提出了农业“八字宪法”即土、肥、水、种、密、保、工、管八个字，在当时对中国农业的发展起到了推动作用。这期间虽然经历了“大跃进”等超越现实条件和客观规律的冒进和三年自然灾害，中国农业遭受了巨大损失，人民生活出现了困难局面，但由于党中央及时提出了“调整、巩固、充实、提高”的八字国民经济调整方针，经过三年调整，总括来说，社会是稳定的，经济也有一定的增长。到 1965 年全国农业总产值达 589.6 亿元，按 1957 年不变价格计算，超出 1957 年 536.7 亿元的 9.9%，与 1960 年相比增长 42.1%，平均年递增 7.3%，农、林、牧、渔、草业和副业都有一定发展。这一时期，中国的农业教育、科学研究与技术推广体系已普遍建立，并且形成了相当的规模。1966 年春，全国总计有独立的高等农林院校 53 所，在校生 6.3 万人，分别是 1949 年的 2.9 倍和 6.1 倍；中等农林学校 144 所，在校学生 5.4 万人，分别是 1949 年的 1.3 倍和 2.5 倍。到 20 世纪 60 年代初期，全国已有中央和省、市综合性和专业性农业科研机构 100 多个。

但就在中国各项事业蒸蒸日上之时，长达十年的“文化大革命”开始了，社会动荡、人人自危，农村经济与农业生产秩序遭到严重破坏，农业学大寨畸形发展，1966～1969年全国农业生产总值基本上没有增长。由于限制社员家庭养猪，造成1967～1969年生猪饲养量急剧下降，1969年年末存栏和全年出栏肉猪比1966年下降8.2%。农业生产连续三年呈下降和停滞状态，而这三年中，全国人口自然增长率却分别高达2.56%、2.74%和2.61%，因而全国人均农产品占有量全面下降。粮食从人均291千克减至265千克，下降8.9%；棉花从人均3.2千克减至2.6千克，下降18.7%，导致市场农副产品供应异常紧张。1978年中国共产党十一届三中全会揭开了中国经济改革的序幕，农业生产的停滞状况得到根本性改变。这场改革始于农村，而影响最为广泛深刻的是家庭联产承包责任制的推行。据统计，1978年在家庭承包发展最早的安徽省小岗村，实行包产到户的生产队也只占生产队总数的0.4%，但到了1982年11月，全国实行承包制的生产队已占生产队总数的92.3%，农村经济新的格局已全面建立。

1988年，中国农村社会总产值12 535亿元，按可比价格计算，较1978年增长了2.43倍，平均年递增13.1%，快于同期社会总产值增长1.9倍和平均年递增11.2%的速度，大包干带来了大变化。农业总产值（不含村办工业）5 865亿元，较1978年增长82.6%，平均年递增6.2%，相当于1953～1978年平均年递增2.7%的2.3倍。农村第三产业主要是1979年后发展起来的，1988年，全国乡镇企业总数1 888.16万个，总产值6 495.7亿元，占农村社会总产值的56%和全国社会总产值的23.5%，在国民经济中已占有举足轻重的地位。

改革开放以来，中国农业教育与科技事业蓬勃发展。到1987年，全国有农林院校78所，本、专科在校生13万人；中等农业学校435所，学生15.8万人。此外，还发展了相当规模的农业干部教育和成人教育。在科学研究方面，到1985年全国有农林科研机构1 400多个，从业科技人员10余万人；有农技推广机构12万个，职工70多万人。农业科研与推广工作硕果累累，如籼型杂交稻的培育成功和大面积推广、地膜覆盖栽培技术的应用、鲁棉1号的广泛种植，极大地促进了中国农业生产力的提高。据中国农科院估算，中国农业总产量中科技进步的贡献率由1972～1980年的27%提升到1981～1985年的30%～40%。在知识经济迅猛发展的今天，科学技术作为第一生产力在中国农业现代化建设中必将发挥越来越大的作用。

## 第二节 “三农”问题形成的历史原因

### 一、“三农”问题形成的历史原因

农业问题、农村问题、农民问题合称“三农”问题。“三农”问题的核心是农民问题。从根本上说，农业、农村问题就是农民问题。从几千年历史上看，中国农民一方面是历史前进的推动者，另一方面又是被剥削、被压迫的受害者。历史上的统治者既看到农民的力量，想利用农民的力量推动社会的发展，但又惧怕农民的力量，害怕农民的力量动摇自己的政权。所以，中国几千年来的封建统治者对农民都采取两方面的政策：一方面对农民采取压制、剥削；另一方面采取鼓励、扶持的政策，重民力而不重民利。

农民推动了历史的发展。在几千年自然经济占统治地位的封建社会，农民是社会经济的主体和社会生产力的代表。中国五千年的文明史，在一定程度上讲，就是农民创造的历史。中国农民对人类历史的文明作出了巨大贡献，是不能抹杀的。然而，中国农民的社会地位，受剥削、受压迫的历史状况却没有得到改变，他们的命运依然充满苦难和悲怆。中国农民用自己的辛勤劳动和智慧创造了古代农业文明和生态文明。盛唐时期，中国人均年拥有粮食628千克，超过世界其他各国，比今天的人均拥有粮食还高出一倍多，丰衣足食，民富国强。历史上农民的历次反抗起义，动摇了历代的封建王朝，显示了无比的革命性力量。中国农民的忍耐力是罕见的，很多国家的农民起义是为自由而战，而中国历史上的农民起义常是为生存而战。中国农民的大多数起义，无不是受尽苦难煎熬，无路可走，不得不揭竿而起。每一次农民起义都使社会发生动荡，但每一次农民起义都使新政治势力不得不做出某种让步，在一定程度上推动了社会进步。但由于制度的弊端，新一轮矛盾又开始激化，农民又会再一次陷入苦难之中。从一定程度上来讲，农民问题是封建专制统治下造成的一大悲剧。正如元曲所唱：“兴，百姓苦；亡，百姓苦。”

历史上频繁的农民起义，不得不引起统治者对农民的关注。统治者对农民的政策，大都采取重农和重税两方面的政策。自汉以后，每个朝代都推行重农政策，帝王们都深知“民之大事在于农”。建立封建王朝初期，都能减轻税负，与民养息，尔后便会横征暴敛。历史上的封建王朝，都是一方面扶农，另一方面又在压民，就是扶农与压民并重。从管制的角度来看，中国的历史是一部制民史，重赋苛政，在中国历史上的封建王朝延续了几千年。历史上的封建王朝大都采取愚民的政策，认为："民可使由之，不可使知之"（《论语》）。封建君主采取愚民政策、欺骗民众、压制民众。他们认为："民弱则国强，国强则民弱"。封建君主把民和国对立起来，他们认为国家要想富强，必须想方设法弱化民的力量。较早提出"愚民"政策的是老庄和管仲，他们的"愚民"观点对后世有很深的影响。商鞅和韩非子提出了比较明确和系统的愚民主张，为历朝封建君主所遵从。

历史上的农民命运多灾多难，但也有一些开明的君主从农民起义、社会变迁中看到农民的力量。如唐太宗李世民说过，"水能载舟亦能覆舟"；认识到民好比水，帝王好比舟。进而有些君主主张施行仁政、善待农民，认识到国民同富、民富则国强的仁政思想。一些进步人士认识到，对农民应该引导，而不能只依靠刑罚来强制执行。我们应该尊重历史，实事求是，对古代那些爱民、利民的官员和皇帝，给予公正、客观评价。我们不能否认，在漫长的封建历史时期，确有不少昏君，任意压榨农民、横征暴敛、弄得民不聊生、忍无可忍，继而揭竿而起。历史上封建王朝的愚民政策"民可使由之，不可使知之"，使农民长期以来处于社会的最底层，大家都不愿为民，而愿意为官；官可以管民，官可以榨民。可见，中国的农民问题，有其很深的历史渊源。

从农村改革的实践来看，"三农"问题形成的根本原因是不能充分地尊重农民的权益。新中国成立后，农民的生产积极性解放出来，然而随着高科技和经济社会向前高速发展，再加上长期实行农村支援城市的政策，把农业、农村、农民远远地抛在了后面，"三农"问题的形成便是很自然而然的事情了。

## 二、"三农"问题形成的体制原因

党的十一届三中全会以前，农民增收举步维艰，农民增收的问题成为农业、农村工作中的头等大事。党的十一届三中全会以来，农村改革的前20多年里，是农村得到实惠最多的一段时期。农民纯收入增长很快，农民生活改善最为明显。20世纪80年代初，在农村实行了家庭联产承包责任制，提高了农产品价格，直接来自农业生产的收益增加了农民的收入。在改革开放的初期1979~1984年这段时期，全国农民平均纯收入在扣除物价因素后增长达

14.1%，是改革开放以后，农民收入增长最快的一段时期。1984年以后，农产品市场出现了卖粮难现象，但是这时农村调整农业产业结构、发展乡镇企业、发展多种经营，农民的收入仍然得到较快增长。1985～1988年这段时期，全国农民收入年平均增长5%，农村经济仍然得到了持续的增长。1989～1991年，全国农村经济出现了负增长。1992年后，主要靠再一次提高农产品价格，同时增加农业的投入力度，农民收入得到了增长。1992～1996年，全国农民收入实际平均增长达5.3%，其中1996年为9%，为20世纪90年代的最高增长年。

但是自1997年以来，农民的收入增长普遍趋缓。1997年全国农民纯收入增长率虽然为4.6%，但比上一年下降4.4个百分点。1998年全国农民人均纯收入又比上一年回落0.3个百分点，农民收入增长缓慢。分析制约农民纯收入进一步增长的因素，有以下几个经济发展方面的原因：

第一，农业总产量徘徊不前，农产品价格相对于工业产品的价格有下降的趋势。当时由于农民外出打工，土地投入人力不足；农业科技发展遇到瓶颈，农业增产、增收的方法不多；水利设施还是20世纪五六十年代兴建的，年久失修，运转效率低下；农业高科技发展相对滞后，农业产品的总量增长缓慢，相对于中国过快的人口增长，人均粮食产量有所下降。在人均农业产量下降，农产品价格又相对较低的情况下，农民直接来自农业的收入增长是很困难的。

第二，农业产业结构的调整还没有到位。适应市场的需要，调整农村的产业结构、种植结构是很必要的。但是大家都说调整，如何调整？这个调整度的确没有一个准确的定位。产业结构的调整是一个渐进、长期的过程，调整不好影响重大，调整好了则增产、增效。农业产业结构的调整有自然风险和市场风险。产业结构的调整，要受到自然环境制约，一个地区想种哪种经济作物，还得看这个地区的土壤质量、气候环境、生产环境、种植条件允许不允许。产业结构的调整，还要看市场风险。产业结构调整以后所生产的产品，不仅要看是否有销路，是否有市场需求，还要看国际市场的影响、农业产品的质量及市场饱和度。所以说农业产业结构的调整，是一个市场准确定位的过程，不可盲目轻率。过去政府的引导也是什么赚钱就种植什么，由于存在时滞性，市场环境变化快，这样的市场定位，很容易产生错位。因此高效、优质、可持续的农业产业结构调整还没有准确到位，影响了农民收入的进一步增长。

第三，农村劳动力向非农业转移困难，影响了农民收入的进一步增长。

农民的收入来自农业和非农业两方面，长期以来，因为直接来自农业方面的收入见效慢，农民主要靠来自非农业方面的收入，如发展乡镇企业等。但是，在农业产业经济结构中，农村的第二、三产业还不发达，农村剩余劳动力就业不充分，影响了农民收入的进一步增长。随着城市经济体制改革向纵深发展，城市下岗职工增多、干部分流多，城市能为农民工提供的就业岗位少、工资低，农民工开始回流乡村，而农村的乡镇企业效益不高，吸收剩余劳动力能力有限，且乡镇企业职工的工资低，来自非农业方面的收入进一步减少。中国的农村城市化水平不高，难以充分吸收农村的剩余劳动力，影响了农民来自非农业方面的收入，影响了农民收入的进一步增长。

第四，农村和农业面临不宽松的宏观经济环境。新中国成立后，中国主要是以农业补充工业，农业主要为工业服务，通过工农业产品价格剪刀差，让农业反哺工业。这种重工轻农的思想，使工农业贸易条件不合理，农业成本上升。亚洲金融危机以后，由于整体国民经济发展缓慢、通货紧缩、市场低迷，农产品价格相对较低，农产品市场需求不足，再加上对农业的投资不足，农业基础设施年久失修、耕地退化、生态环境恶化、农业产量徘徊不前；农业投资成本过高、农产品产量少、价格低，阻碍了农民收入的进一步增长。农民的税费重，导致了农民的负担加重。屡屡发生的恶性涉农事件，就是明证。农业的税费政策混乱，具体表现为：以支定收，先确定要支出的费用，再确定要收缴的税额。这种税费倒算机制，导致农民负担不断加重。在这一时期农村孩子上学的费用也节节高涨，种子、化肥、农药等支出增加，农业的生产成本又过高，工业产品的价格上升，农民需要支出的费用过多、过高，影响了农民收入的进一步增长。

从社会经济发展的观点来看中国的“三农”问题，在改革之前是计划经济占主导地位，在改革之后是市场经济占主导地位。这样，在改革之后，中国的“三农”问题就凸显出来了。

中国“三农”问题，是中国由计划经济向市场经济转变过程中必然要出现的问题。在原先计划经济条件下的农业，国家为了控制与农产品生产和消费相关的经济活动，推行了集体化，对农产品的生产和流通实行指令性计划，农民有义务按政府的要求把自己的产品以低价“交售”给政府。在原先的计划经济条件下，国家按农产分给田地，地里种什么作物，种什么品种，都是国家安排好的。种的粮食除上交国家的、留足集体的，剩下的都是自己的。在计划经济条件下，农民日常的支出费用低，消费也低，各种税费名目少，税费低。然而，在市场经济条件下，由于工业产品价格放开，而农产品价格没有放开，农民的各种日常消费费用也伴随着工业品价格的上升而上升。农民面向市场的各种税费名目多、费用高，投入农业的成本开支和产出成果比例失调，农业的投入产出比等于1：1，甚至产出小于投入，农业一时成了一个亏本的行业，很难有所发展，这是产生“三农”问题的基本原因。

## 第三节　中国“三农”存在的主要问题

改革开放以来，中国农民收入变化可以分为三个阶段：1979～1984年高速增长阶段，1985～1996年中低速增长阶段，1997～2001年减速发展阶段。

1979～1984年高速增长阶段。改革开放从农村开始，对中国农业和农村影响是巨大的，对农民收入增长的影响也是巨大的。从1979年到1984年这一时期，农民人均纯收入增长较快，年增长分别为：19.2%、16.6%、15.4%、19.9%、14.2%和13.6%，扣除物价上涨因素以后，年均增长率达到15.1%。

1985～1996年中低速增长阶段。农民人均纯收入年增长分别为：7.8%、3.2%、5.2%、6.4%、-1.6%、1.8%、2%、5.8%、3.2%、5%、5.3%和9%，年平均增长率为5%左右，其中有5年低于5%。

1997～2001年减速发展阶段。农民人均纯收入年增长分别为：4.6%、4.3%、3.8%、2.1%和4.2%，这是一个农民收入增长较为缓慢的时期，也是转折时期。总体来看，自1997年以来，连续四年农民人均纯收入的增长速度呈递减趋势，只是到了2001年才略有回升。

农民收入增长缓慢，“三农”存在以下主要问题：

### 一、“三农”存在的主要问题

#### （一）城乡二元结构

二元结构是从农业社会向现代社会转变过程中出现的过渡经济现象。各国这一时期有长有短，但像中国这样在向现代化进军的过程中被强化的却是少有。尽管目前中国在努力使“二元经济和社会结构”转变为一元结构，但是历史上形成的“二元结构”将长期影响着中国经济社会的发展，特别是对农民收入增长的影响。

中国实施重工抑农强化二元结构的措施，利用价格剪刀差和实施较重的农业税以及其他税费为工业积累资金。1979 年以前，农民每年通过“剪刀差”方式向国家提供的积累为 100 亿 ~300 亿元。此后虽然价格剪刀差有所缩小，但绝对数仍在增加，1983 年为 400 多亿元，后来每年达 600 亿 ~1000 亿元。1989 ~1992 年农产品收购价格上升 5.3%，而农用生产资料价格却上涨了 34%，“剪刀差”又进一步扩大了 16.1%。可见，农民为中国工业化作出了多么巨大的贡献。另外，为避免资源分散，将资源集中用于工业和城市，实行严格的二元户籍制。

实行重工抑农二元结构的后果。第一，阻碍了“三农”的发展。农业大量资源和资金向城市转移，农业积累减少；农村教育投入不足，城乡实行不同社会保障和福利制度，造成农民和市民起步不平等，从而造成农民贫困，阻碍农业发展。第二，阻碍了中国城市化发展，影响城乡协调发展的基础。第三，割断城乡经济联系，市场流通不畅，导致资源配置效率低下。第四，阻碍了工业经济进一步发展。从再生产角度看，工业经济发展关键是市场大小，由于城乡市场阻隔以及农业发展缓慢，农民购买力低下，工业品市场狭小，工业发展缺乏后劲。因此，城乡的不协调发展导致整个社会发展速度减慢。

**（二）农业税费以及其他不合理的负担**

同市民相比，中国农民没有基本的生活保障；同发达国家农业相比，农民没有补贴，国家还要对农业征税。当时世界上只有中国和越南对农业征税，其他国家对农业生产都是采取补贴的政策。按每公顷耕地面积计算，美国给予的补贴为 100 ~150 美元，欧盟补贴为 300 ~350 美元，但中国向同样面积土地征收的税多达 100 美元以上，相当于负补贴 100 多美元。高税收和税外负担，降低了农民生产的积极性，限制农村经济发展。

据报道，在农村税费改革以前，全国每年乱收费数额高达 6000 亿元，造成农民负担十分沉重。据统计“仅仅税收一项，农民支付的人均数额相当于城镇居民的 30 倍”。

农村乱收费总是以这样或那样的新方式出现。据报道，一些地方出现了转移加重农民负担新情况、新苗头，乱收费由农业税费向行业收费转移。安徽省农民负担监督管理部门的信息显示，自 2002 年上半年开始，涉及农村义务教育乱收费的举报逐步上升，已占安徽省涉及收费举报总量的七成左右。

除此以外，农民还承担了许多叫不出名字来的负担。这些大都是地方政府巧立名目向农民的摊派，如打井税、新房基税等。

不合理收费存在的最根本原因是国家财政供养的人员太多。在中国历史上，唐代3 900：1，明代2 300：1，清代900：1，新中国成立初期290：1，改革开放初期50：1，甚至达到30：1。

**（三）对农业投入不足，基础设施落后**

长期以来，国家对农业和农村投入总量严重不足。1953～1978年间，基本建设投资中农业的投资比重除了1961～1963年调整时期为26.2%外，其余几个五年计划都在16%以内，而重工业投资比重却长期高于70%，其中“二五、三五、四五”时期比重超过75%。自1998年中央决定实施积极的财政政策以来，国家大幅度增加了农村基本建设投入，1998～2001年间，共计安排1400多亿元，但是这些大部分用于大江、大河治理，而与农民增收相关的小型基础设施的投入还是很有限，难以直接带动农民增收。

农村基础设施是为农村经济、社会和文化发展提供公共服务的各种硬件，按照罗恩斯坦·罗丹的解释，它与“私人资本”相对应，属于一种“社会先行资本”。农村基础设施包括农田水利设施，农业资源控制、维护、复原、保持和利用设施，农业交通运输和通讯设施，农村能源提供和服务设施，农产品加工、储藏、销售设施，农村教育、科研、试验、推广、普及和技术咨询服务设施，农村计划、统计和信息服务设施，农村金融、信贷和保险支持设施，农业生产安全保护和管理服务设施，动植物检疫、防疫设施以及为农村劳动力再生产提供服务的医疗、卫生、保健、文化、娱乐和体育服务设施等。

农村的基础设施落后。公路、交通工具等设施较差；用于灌溉的水库、池塘等年久失修；水、电、电话、网络等设施普及率低，使用成本太高；电视接收设备不健全；农村医疗卫生设施按照人口比例太少而且档次不高，根本无法满足当前人们的看病就医需要。农业生产的基础和环境不好，影响农产品商品化以及农民生产积极性，特别是影响到农业生产率提高，最终导致中国农民增收困难增大。

**（四）不合理的社会保障制度**

社会保障制度包括病、退、伤、死以及失业、最低生活保障等，均与户籍制度关系密切，且只提供给城市市民。按理说社会保障应该针对那些风险大、不具有抗风险能力的人，然而绝大多数的农民却被排除在这一制度之外。

能够得到社会保障的人，生病期间能照常领取工资，退休后有退休养老金，受工伤得到照顾，死亡后家人可以得到抚恤金，失业有失业保险金，并且有最低生活保障，这些好处农民是得不到的。这些保障的费用相对于没有保障的人来说就是一笔收入。这使得本来就没有多少收入来源的农民，自然比不上市民。一旦农民家中有重病人员就会深陷贫困泥沼之中。这种旧的社会保障制度严重影响到社会公平，对农民生产和生活造成极大的影响，制约了农民收入的增长速度。

### （五）农业生产缺乏金融支持

党的十六大、十七大以前农村资金供求矛盾非常突出，存在多方面的问题。一是农村资金外流问题严重，农村经济发展中的资金要素日益稀缺。农村信用社和农村邮政储蓄机构是中国农村资金净流出的重要渠道，1979～2000年，中国农民通过农村信用社和邮政储蓄机构的资金流出量高达10334亿元。另外商业银行到农村，基本上是从农村吸收资金回流到城市。二是国有商业银行贷款审批、发放权过于集中，制约了基层银行贷款发放的灵活性和时效性，不适应县域经济重要组成部分的中小企业信贷需要急、期限短、频率高、数额少、风险大的特点，制约了信贷对农村发展经济的支持作用。三是国有银行支行在农村收缩，农村信用社独立承担支农任务，资金不足。四是农村信用体系不健全，农民、乡镇企业担保难、贷款难问题十分突出。由于缺乏足够的资金，农民生产得不到保障，难以扩大规模进行再生产，影响农民收入的提高。

## 二、"三农"问题形成的现实原因

### （一）买方市场导致农产品价格过低

20世纪90年代后期，中国农产品市场逐步由卖方市场转变为买方市场。农产品大多是生活必需品，其需求的变化弹性很小。换句话说，在生活水平还未达到温饱标准以前，农产品需求的扩张很迫切，扩张速度也很快。但一旦超过温饱标准，需求的扩张与消费习惯的改变会发生较大的变化，扩张速度会放慢甚至减小，这是就人们需求来说的。此外，改革开放以来由于中国农民劳动热情提高，技术水平及劳动生产率提高，农民向市场提供产品的能力不断增强。这两个方面的原因导致中国农产品在连续多年丰收后从卖方市场逐步变为买方市场。20世纪90年代后期以来，随着农产品供求关系的变化，农业发展更多地受到市场的影响，出现了农产品难卖、价格下降，农民收入增长缓慢等新问题。根据这些新的情况，中央在部署1999年农村工作时，做出了农业和农村经济发展进入新阶段的重要判断。据报道，2001年年末中国农产品的库存量分别为：小麦314.8亿千克、大米851.2亿千克、棉花26亿千克、玉米630.8亿千克、大豆42.9亿千克。中国经济自20世纪90年代中期由卖方市场逐步向买方市场转变，农产品市场是这一转变的重要体现者。买方市场形成以后，农民收入增长就更加困难。

由于买方市场的形成，导致农产品价格下降，这是中国农民收入增长缓慢的直接原因。1997 年中国农产品收购价格总水平比上年下降 4. 5%，1998 年又比上年下降 8%，1999 年比上年下降 12. 2%，2000 年全年粮食出售价格比上年继续下降 15%。

**（二）就业不充分对农民收入的影响**

要有收入就必须有事情可干。在广大农村存在许多农民失业者，或者是隐形失业者。中国农村大约有 4. 7 亿劳动力，而按照国际标准，中国只需要 1. 5 亿左右的农民，除去乡镇企业和城市吸收农民工，中国仍然有 1 亿多农民隐形失业者。

由于乡镇企业发展处在艰难时期，而且出现负增长，吸纳农村劳动力有限。随着大城市过度膨胀，城市病越来越严重，而中小城市发展空间有限，导致城市吸纳农民工能力下降，使得农民在城镇寻找工作的难度增大。按清华大学所做的调查，2003 年农民工中有 3 个月以上失业经历的人员占 36%，就是说 2003 年近 1 亿农民工有 3 000 多万是失业农民。由于人口自然增长，特别是未来 10 年，中国人口还处在增长期，每年农村新增几百万劳动力，需要新的工作岗位。这些人不充分就业，就会使得农民收入增长缓慢。

**（三）大市场对小农户生产的影响**

家庭联产承包责任制取得了辉煌的成就，但它毕竟只限于对生产力的解放，只是完成了一半的农业经营体制改革，另一半应当是构建明晰的产权制度和解决小农产与大市场接轨的问题。随着中国市场经济体制的建立和逐步完善，市场竞争逐渐放开并日渐激烈，农业超小规模、高度分散的经营组织方式与大市场之间的矛盾日益显露出来，出现了农业效益比较低和农业在市场竞争中处于不利地位的局面。

中国农业生产的规模小。据有关人士测算，1997 年中国农民人均耕地面积只有世界平均水平的 1/4、意大利的 1/20、美国的 1/230、加拿大的 1/376，而人均产出则只及世界平均水平的 1/20。家庭联产承包责任制重塑了农村经济组织的微观基础，农民成了独立的生产经营者，但在发展农业市场经济进程中却要面临诸多风险。

首先，小生产的农民面对产前、产中和产后许多不确定性，具有很大的风险。第一，农民从市场中买来的种子、化肥、农药，需要有专业知识的人才能辨别其真伪，每年出现的假种子、假农药、假化肥坑害了不少农民。由于没有足够的判断能力，轻则使农业减产，严重的则使得农民颗粒无收。这只是一个方面，另一方面农民没有地理气候方面的知识。中央电视台《焦点访谈》曾报道：河南一农民在安徽买来优质杂交早稻种，完全按照说明书去做，到了立秋时节，别家的稻谷都低头了，可是他家的稻子还没有扬花。他心里急，可人们都说没关系，这是优质稻。过了寒露时节，他家田里的稻子才开始扬花。由于这家农户靠近黄河，到这个季节已经开始有霜降，稻子是不可能再生长了。这家农民辛辛苦苦一年的劳动就这样颗粒无收。第二，现代经济作物需要科学管理和相应的技术，而农民往往按照传统的作业方式是远远不够的。没有必要的知识，也可能导致作物减产，农民减收。第三，农民辛苦一年生产出来的农产品要拿到市场上去销售，由于市场的不确定性或人为炒作，农民又急于将产品换成钱，结果常迫使农民将劳动所得低价出售。据不完全统计，当时农民平均拿到市场中去的产品占其总产品的50%左右，有些占到80%。总之，农民由于没有市场的相关知识，也没有自己的组织，因而不管是在生产前，还是在生产中或生产后都承担着市场的风险，从而成为市场的最大受害者。以上三种不确定性，反映了小生产很不适应大市场机制。其次，这种风险还包括主体分散、经济实力脆弱，无法适应剧烈的市场竞争和需求变化，市场预测能力较差、不够理性，农产品供给价格弹性较小，生产上往往是彼此模仿、同上同下，形成扩散型蛛网。最后，缺乏市场开拓能力、组织化程度低、交易形式陈旧、流通费用高，使得利益受损。

**（四）“政绩工程”对农民收入的影响**

根据社会主义市场经济的一般要求，政府的主要功能和职责是全力为民众提供公共服务，造福人民。可是在计划经济体制下，政府成为无所不管、无所不能的“万能”政府，在从计划体制向市场体制转变过程中，政府的职能没有及时转变到位，特别是一些基层政府官员，为政绩而不管经济规律，因而“数字指标”就成为某些地方政府的最高目标。他们的“形象工程”浪费了国家资金，夸大了农民经济收入和农业增长。

“四万工程”就是这样一个典型的“形象工程”。这是安徽某镇党委书记提出来，得到县委书记高度赞扬的“政绩”工程。它主要是在某镇建万亩黄花菜工程、万株（葡萄树）绿色长廊工程、万亩蔬菜工程和万户养鸽工程。为了确保1万米长的葡萄树筑成的翡翠长廊如期完工，路两边原有的万米林被砍得一棵不留，78家农户的房屋被强行拆迁。几年之后这个地方的葡萄竟然没有几棵，而当年的这些农户，有的只能住透风的窝棚，甚至有一家住桥洞一年多。“万亩黄花菜工程”如今成了村民放羊的地方，镇政府花去20多万元买黄花菜种子还没着落。“万亩蔬菜工程”原址上，除了零星蔬菜，农民主要种小麦。“万户养鸽工程”如今鸽死窝空，农民血本无归。

同“四万工程”相比，很多地方搞形象工程更是普遍现象。修路本来是一件功在当代、利在千秋的善事，但有些决策者却把它搞成花架子工程，该修路的地方不修，不该修的路乱修。本来资金就非常短缺，当地老百姓已不堪重负，还要花大把的钱在道路两旁栽种名贵花草树木。为了建成“经济带”、“精品区”，不顾自然规律和经济规律，把温室大棚、精品果园、花卉基地以及其他凡属于有观赏价值的“项目”一股脑儿排列在公路两旁。“参观路、旅游路、观察路”，好看不中用，却损害农民利益。

同这些直接损害农民的“形象工程”相比，某些“花园城市”项目属于比较隐蔽的对农民有害的工程。要建“花园城市”的道理其实很简单，因为城市变化具有立竿见影的绩效。某些上级领导主要是看城市的面貌，人民代表和各级官员也都是住在城市，城市的改变显而易见，于是“花园城市”就遍地开花。建设“花园城市”会将有限的资金用于最突显的政绩方面，从而不得不减少对于急需要资金的农业和农村的投入。

由于“形象工程”、“政绩工程”，把本该投向农业生产或农村基础设施建设方面的资金投到所谓“闪光点”上，从而最终将影响到农业的发展和农民收入的增长。

中国“三农”问题形成的现实原因，是由于农村的经济基础本来就比较薄弱，再加上国家的城乡二元结构，以农业反哺工业，对城市和农村实行不同的经济政策，对农业的索取超出了农业所能承受的能力，使农民的处境艰难。中国农村人多地少，农民科学文化素质不高，农业生产力落后，农民创收的方法不多，农民的收益率低。这些种种现实的条件造成了当前中国“三农”问题。

党的十六大和十七大以来，党中央、国务院高度重视解决“三农”问题，不仅作出了发展现代农业，建设社会主义新农村的战略决策，从2006年起全面取消了存在几千年的农业税，而且开始对农业实行多种补贴，从此中国农业进入了一个崭新的发展阶段，为中国解决“三农”问题、建设社会主义新农村和全面建设小康社会奠定了坚实的基础。

## 第四节　中国的农垦事业简述

农垦事业在新中国成立以来的农业发展中占有重要位置，是中国农业发

展的重要组成部分。新中国成立后不久，以人民解放军转业兵为骨干建设起来的农垦事业，是毛泽东、刘少奇、周恩来等老一辈无产阶级革命家的重大战略决策，并在他们的直接关怀下发展壮大起来。它在开垦荒地、发展边疆经济、增强民族团结、巩固国家安全以及推进农业现代化事业中发挥了不可磨灭的作用，作出了巨大贡献。正如一位世界银行的官员所说，由退伍军人组成的绿色部队是中国的一个辉煌创造。

从1956年6月国家正式成立农垦部，至今已有50多年的历史，经过半个多世纪的艰苦奋斗，农垦事业已成为国有经济中的重要组成部分。它是一支以机械化为主，农、工、商综合经营的农业产业大军，是农业战线的一支“国家队”。现有耕地400万公顷，约占全国耕地的3.2%，农垦职工400多万人。2004年农垦系统创造的生产总值1171亿元，粮食总产量1666万吨，占全国粮食总产量的3.6%，商品率高达84.3%；棉花产量116万吨，占全国产量的18.5%；天然橡胶干胶产量38.9万吨，占全国产量的66.7%；奶牛存栏量93万头，占全国产量的8.3%；农机总动力，1 363万千瓦，机耕、机播、机收率均高于全国平均水平。以农产品加工为主的工业产值1 079亿元，出口货值160亿元，实现利润43亿元，2005年利润达到56亿元。改革开放以来，国家在调整产业结构，推进大力发展农工商一体化进程和农业产业化经营中，改变单一的所有制形式，大力发展非国有经济，目前非国有经济已占总产值的35.3%。根据建立社会主义市场经济体制的要求，推进农垦管理体制改革，目前已有7个垦区将原来承担的社会管理职能转交到当地政府，还有9个垦区正在转移中，逐步实现政企分离，普遍推行职工家庭农场，扩大经营规模，提高农业劳动生产率。按现代企业制度要求已有17个垦区建立起规范的股份集团公司。

中国的农垦职工，在50多年的艰苦奋斗历程中创造了艰苦奋斗的农垦精神和辉煌的业绩，这是中国农垦人留给我们的一份珍贵的历史文化遗产。中国的农垦事业为中国的农业战线树立了一面光辉的旗帜，是发展现代农业的一支主力军。

# 第三章　坚持走中国特色农业现代化道路

农业是国民经济的基础。这在我们这个有着十几亿人口的发展中大国，已是被历史反复证明了的客观规律。进入新世纪新阶段，我国工业化、信息化、城镇化、市场化、国际化正以前所未有的深度和广度快速推进。在这样的背景下，只有加快现代农业建设，才能加强农业的基础地位，保障农业稳定发展、农民持续增收、农村全面进步。这对于全面建设小康社会、加快推进社会主义现代化，无疑具有极为重要的现实意义。为此，党的十七大报告明确提出，要“坚持把发展现代农业、繁荣农村经济作为首要任务”，“走中国特色农业现代化道路”。这是中央准确分析世界农业发展大势与我国农业发展的基础条件，全面把握国民经济与社会发展对农业的新要求，科学作出的重大战略决策，是加快农业农村发展、扎实推进新农村建设的科学选择，为我们从根本上解决“三农问题”指明了方向。进入新世纪新阶段，只有坚持走中国特色农业现代化道路，加快现代农业建设，才能加强农业的基础地位，保障农业稳定发展、农民持续增收、农村全面进步，最终解决“三农问题”。

## 第一节　中国特色农业现代化道路的内涵

现代农业是指世界上生产力最先进的农业。目前现代农业大体上指第二次世界大战以后至今，经济发达国家已达到的农业生产力水平。根据世界农业的发展状况，现代农业的基本特征，大体可以概括为以下几点：

一是用机械化、电气化的农业生产工具和设备，代替人畜力的工具和设备。

二是在农业中广泛地运用现代科学技术，代替了过去单纯依赖经验的传统技术，农业生产已越来越需要依靠深入揭示客观规律的科学。

三是农业生产日益社会化。其基本趋势是在农业企业规模扩大的基础上，农业生产的社会分工越来越细，协作范围越来越广泛而密切，形成了农工商一体化的联合企业。所有这一切，又使得对农业经济实行科学管理变得日益重要。

现代农业，从其结果看，主要表现为农业生产力水平达到了空前的高度，从土地生产率来看，单产大幅度提高。从农业劳动生产率来看，在农业已现代化的国家，一个农业劳动力能够耕种几百亩、上千亩耕地。农村经济现代化是指用现代的科学技术和现代的工具装备来武装农村经济各个产业部门以及用先进的科学方法来管理农村经济，从而把传统的落后的农村经济转变为具有当代世界先进水平的农村经济。

农业、农村和农民现代化是一个长期的过程。这可从一些发达国家农业劳动力的转移速度中窥见一斑。农业劳动力转移是一个漫长的过程，农业劳动力份额由75%下降到10%，英国大约用了三个世纪的时间，美国大约用了一个半世纪的时间，日本用了大约一个世纪的时间。农业劳动力份额从50%左右降到10%左右，法国用了一个世纪，日本用了半个世纪。

随着经济社会发展和人民生活水平的提高，社会对农产品的需求在日益增长，农业必须实现持续稳定发展，才能满足全面建设小康社会需要。

我国农业要打破日益严峻的资源约束，实现农业的持续稳定增长，根本出路在于发展现代农业、加快农业科技创新，加大科技成果的转化和推广力度，提高资源和投入品的利用效率。当前，我国正处于农业现代化和城镇化快速发展阶段，农业农村也面临重要的发展时期，党中央审时度势、高瞻远瞩地提出走中国特色农业现代化道路，意义重大而深远。第一，中国特色农业现代化道路是“三农”理论的重大创新，进一步丰富和完善了新时期“三农”理论体系；第二，中国特色农业现代化道路符合我国的国情，符合现代农业发展规律和发展趋势，是推进中国现代农业发展的理论依据；第三，中国特色农业现代化道路理论是贯彻落实科学发展观的具体体现，是推进工业化、城镇化的必然要求；第四，中国特色农业现代化道路是促进农业稳步发展、农民持续增收、农村可持续发展的根本途径；第五，中国特色农业现代化道路展现了用工业化的思维抓好农业，用城镇化的方式建设农村，用现代化的进程转变农民的美好愿景和今后农业农村发展的方向。

实现农业现代化，在我国并不是一个新提法，早在20世纪70年代我国就提出了农业现代化的目标。那么，什么是农业现代化，其内涵是什么，这些问题一直以来争论较多，其代表性观点有六种：

第一种观点是过程论。他们认为农业现代化不仅包括农业生产过程的现代化、流通过程的现代化，还包括消费过程的现代化。此外，还包括农村的现代化和农民的现代化。也就是说，农业现代化不是农业领域中的一个方面、单一过程的现代化，而是全方位、全过程的现代化，最重要的是人的现代化。

第二种观点是制度论。他们认为农业现代化是由于科学技术在农业中的应用扩张而引发的组织制度、方法的变革与创新。因此，农业现代化就是最终破除二元经济结构，实现制度现代化。

第三种观点是配置论。他们从资源配置角度出发，认为农业现代化是通过有效的资源配置提高土地生产率、劳动生产率和资源利用率。农业现代化是体制系统（主要为产权制度和价格制度）、生产力系统（主要为农业装备、农业科技、农业管理和农业人力资本）和作为保证（农业现代化）的农用生产资料工业及流通体系三大系统的有机统一体。

第四种观点是可持续发展论。他们认为农业现代化的完整含义就是用现代科学技术和生产手段装备农业，以先进的科学方法组织和管理农业，提高农业生产者的文化和技术素质，把落后的传统农业逐步改造成既具有高度生产力水平又能保持和提高环境质量以及可持续发展的现代农业过程。

第五种观点是转变论。他们从历史演进的角度出发，认为农业现代化是一个综合的、世界范畴的、历史的和发展的概念，它作为一个动态的、渐进的和阶段性的发展过程，在不同的时空条件下，随着人类认识程度的加深而不断被赋予新的内容。他们把农业现代化定义为：传统农业通过不断应用现代先进科学技术，提高生产过程的物质技术装备水平，不断调整农业结构和农业的专业化、社会化分工，以实现农业总要素生产率水平的不断提高和农业持续发展的过程，农业现代化即是由传统的生产部门转变为现代的产业部门。

第六种观点是一体论。他们从世界经济一体化以及中国加入 WTO 的战略高度出发，认为农业现代化不是在一个封闭状态下的独善其身的过程，而是一个不断国际化和知识经济的武装过程。

学者们从不同的角度阐述了农业现代化的基本内涵，都有一定道理，有助于推动更进一步研究中国特色农业现代化。他们在重新审视中西方农业现代化之后，明确指出，中国农业的现代化道路应根据中国的国情、国力、农情、农力，选择走一条既要重视机械化、化学化和水利化，又要侧重生物技术采用的具有中国特色的农业现代化道路。

那么，什么是中国特色农业现代化道路？首先，中国有七八亿农民，人均耕地1.41亩，越是这样，我们越是要走中国特色农业现代化道路，要用工业化的思维抓农业，依靠科技来提升农业，依靠农业机械化来进行规模经营，依靠农业龙头企业来组织高效农业。中国特色农业现代化道路，也就是我们所说的中国现代农业的发展道路，可以概括为：以保障农产品供给、增加农民收入、促进可持续发展为目标，以提高劳动生产率、资源产出率和产品商品率为途径，以现代科技和装备为支撑，在家庭承包经营的基础上，发挥市场机制和政府调控的作用，建成农工贸紧密衔接、产供销融为一体、多元化的产业形态和多功能的产业体系。这是在总结国内外实现农业现代化的经验、结合我国农业发展现状和基本国情、概括许多专家学者观点的基础上得出的结论。

这样理解中国特色农业现代化道路，有以下几点原因：第一，目前我国农业生产力水平不高，与发达国家相比还有很大差距。因此，实现农业现代化必须提高农业科技水平，通过增加资本投入、应用现代科技和装备、适度集中土地和强化组织管理等来提高农业效益。第二，现代农业是以市场需求为导向的，农民从事农业的主要目的是为市场提供商品，实现利润最大化。我国农户的经营规模普遍较小，农产品商品率和农业资源配置的市场化程度较低，因此迫切需要加强市场机制和政府调控的综合作用。第三，以产业化方式经营农业已成为现代农业的重要特征。我国有2.5亿左右农户，广大农村仍属于分散的小农经济，与市场的有效衔接非常困难，因此，推进农业现代化必须建成农工贸紧密衔接、产供销融为一体、多元化的产业形态和多功能的产业体系。还要大力发展农业专业合作社，发挥农民合作社的桥梁作用。第四，我国是世界上人口最多的发展中国家，粮食安全关系重大，解决好吃饭问题是头等大事。否则，工业化、城镇化乃至整个经济社会发展都将难以持续进行。因此，必须把保障农产品供给、增加农民收入、促进可持续发展作为推进农业现代化的首要目标。

## 第二节 走中国特色农业现代化道路的必要性

十七大报告提出“要加强农业基础地位，走中国特色农业现代化道路”。

在新中国成立后的半个多世纪里，使中国成为一个现代化的社会主义强国，一直是全党和全国人民为之奋斗的目标，而现代化的一个重要方面就是农业现代化。回顾几十年的历史进程，在当前形势下强调走中国特色的农业现代化道路，有鲜明的时代特点和深远的战略意义。走中国特色农业现代化道路，体现了党和国家指导农业和农村社会发展的新思路，对于全面建设小康社会，加快现代化建设，实现国家富强、人民富裕具有极其重要的意义。

## 一、走中国特色农业现代化道路，是全面建设小康社会的必然要求

当人类社会跨入21世纪的时候，我国进入全面建设小康社会、加快推进社会主义现代化的新的发展阶段。2002年，党的十六大根据十五大提出的到2010年、建党一百年和新中国成立一百年的发展目标，提出我们要在21世纪头20年，集中力量，全面建设惠及十几亿人口的更高水平的小康社会的行动纲领，使经济更加发展、民主更加健全、科教更加进步、文化更加繁荣、社会更加和谐、人民生活更加殷实。

全面实现小康社会目标，必须加速国家工业化进程，走新型工业化道路，同时全面繁荣农村经济，加快城镇化进程，缩小城乡差距。正是基于此种考虑，党的十六大明确提出“统筹城乡经济社会发展，建设现代农业，发展农村经济，增加农民收入，是全面建设小康社会的重大任务”。到2020年我们要建成全面小康社会，难点和重点都在农村。一直到现在，农村人口仍然占多数，2007年年底，全国农村贫困人口存量为4320万人，其中绝对贫困人口仍然有1479万人，低收入人口2841万人，文化、卫生、社会保障以及农民收入距离小康社会的要求都比较大。在农村人口占多数情况下，没有农村的小康，就不可能有全国人民的小康。实施城乡统筹，最重要的是实行三个统筹：把农业和农村经济放到整个国民经济发展中统筹部署；把农村社会事业放到全面建设小康社会进程中统筹协调；把农民收入放到全国人民共同富裕中统筹安排，形成促进农村经济社会发展、农民收入持续增长的长效机制。如此，才能完成全面建设小康社会的重大任务。

改革开放以来，我国农业发展取得了举世瞩目的成就。但由于人口众多、人均农业自然资源相对稀缺，农业生产条件和生产手段总体上还比较落后，粮食等主要农产品在正常情况下仍处于供求紧平衡状态，还有若干农产品需进口补充。随着经济社会的发展和人民生活水平的提高，社会对农产品的需求在日

益增长，农业必须实现持续稳定发展，才能满足全面建设小康社会的需要。

## 二、走中国特色农业现代化道路，符合我国国情特别是“农”情，顺应现代农业发展普遍规律与发展趋势

“三农”问题关系国家经济发展全局，它是经济社会发展的前提和基础，在考虑经济社会发展的时候必须予以优先考虑。胡锦涛同志指出：“‘三农’问题始终是关系党和人民事业发展的全局性和根本性问题，农业丰则基础强，农民富则国家盛，农村稳则社会安。在新世纪、新阶段，我们必须始终不渝地高度重视并认真解决好‘三农’问题，不断开创‘三农’工作的新局面。”

胡锦涛同志在党的十六届四中全会上明确指出：“纵观一些工业化国家发展的历程，在工业化初始阶段，农业支持工业、为工业提供积累是带有普遍性的趋向；但到工业化达到相当程度以后，工业反哺农业、城市支持农村，实现工业与农业、城市与农村协调发展，也是带有普遍性的趋向。”“两个趋向”的重要论断，既是对国际发展经验的精辟概括，也是对我国经济发展阶段的科学判断，对于我们科学认识和把握我国经济社会发展进程，正确处理新阶段的工农关系、城乡关系实现科学发展具有重大指导意义。根据对美国、日本和我国台湾地区经济发展的研究，当国民经济发展达到下述情况时，工业反哺农业的时机就要到来：①农业在 GNP 总值中的比重降到 15% 以下；在工农业增加值中工业和农业所占份额的比例大约为 3：1。②农业部门的就业人数在社会总就业人数中所占份额已下降到 30% 左右。③城市人口在全国总人口中所占的份额已上升到 50% 以上。④人均 GNP 按 1980 年美元计算达到 1500 美元以上。这些阶段性指标我国已经基本具备。我国经济社会发展已经进入到人均国民收入 4000 美元的关键时期。许多国家的发展进程表明，这个阶段既是经济社会结构快速调整时期，也是各种利益关系复杂、社会矛盾凸显时期。特别是社会贫富分化所带来的社会矛盾可能对社会稳定造成冲击，如果发展战略和政策把握得当，工农关系和城乡关系处理得好，就能保持经济快速发展和社会稳定；反之，就会造成收人差距和社会矛盾扩大，甚至出现经济社会发展徘徊不前和社会动荡。“东亚奇迹”和“拉美陷阱”就是正反两方面的有力佐证。我国是一个城乡二元结构特征比较明显的发展中大国，更要处理好工农关系和城乡关系。我们要深刻吸取国际国内经济社会发展的经验和教训，增强加快农村发展、改变城乡二元结构的紧迫感和使命感，坚持科学发展观，保证我国经济社会全面协调可持续发展。

国家提出走中国特色农业现代化道路战略规划，反映了我们党对历史发展阶段性和现代化进程规律性的科学把握，是我们党在新形势下解决“三农”问题的新思路、新举措，是关于“三农”理论的重大创新。

## 三、走中国特色农业现代化道路，是在农业、农村工作中深入贯彻落实科学发展观的具体体现，是协调推进工业化、城镇化的必然要求

近年来，我国工业化、城镇化步伐加快，国民经济持续较快增长，但城乡之间的发展差距却呈继续扩大之势。农业、农村经济的发展出现不少新问题，突出反映在粮食生产滑坡和农民增收困难以及城乡居民收入差距的进一步扩大。针对这种情况，党中央、国务院及时明确了要对农业、农村、农民实行“多予、少取、放活”的方针，并出台一系列强有力的政策措施。中央在2004年“一号文件”中实行“两减免、三补贴”的政策，使农民从减免农业税、免征除烟叶外的农业特产税和种粮直接补贴、购买良种补贴、购买大型农机具补贴中农民直接受惠451亿元。2005年的中央“一号文件”继续加大“两减免、三补贴”的力度，政策直接给予农民的实惠比上年又增加251.4亿元。由于这些政策措施的强力推动，以及市场粮食价格回升和气候比较有利等因素的共同作用，农业、农村经济形势出现了明显转机。

但是，农村经济社会发展滞后的局面是长期形成的，改变农业和农村的落后面貌必须付出长期艰苦的努力。正如2005年中央“一号文件”所指出的：“必须清醒地看到，农业依然是国民经济发展的薄弱环节，投入不足、基础脆弱的状况并没有改变，粮食增产、农民增收的长效机制并没有建立，制约农业和农村发展的深层次矛盾并没有消除，农村经济社会发展明显滞后的局面并没有根本改观，农村改革和发展仍然处在艰难爬坡和攻坚阶段，保持农村发展好势头的任务非常艰巨。”国际经验表明，只有以新的体制、机制建设新农村，才能建立有利于逐步改变城乡二元经济结构的体制，加快农业、农村发展和农民增收的步伐，促进农村经济社会全面进步。

## 四、走中国特色农业现代化道路，是构建社会主义和谐社会的必然要求

所谓和谐社会，就是民主法治、公平正义、诚信友爱、充满活力、安定

有序、人与自然和谐相处的社会，是指社会系统中的各部分、各种要素处于一种相互协调的状态。构建社会主义和谐社会，是人类千百年来孜孜以求的美好理想，是马克思主义政党不懈追求的奋斗目标，是新时期我们党加强执政能力的重要内容。现阶段，我国城乡结构仍处于一种严重失衡的状态，主要表现在城乡居民收入差距过大，而且在未来一段时期内，阶层和阶级分化可能呈继续扩大趋势。1978 年，我国的基尼系数是 0. 16，这个数值在当时几乎是全世界最低的。1988 年我国的基尼系数上升到 0. 38，1994 年，我国的基尼系数已达到 0. 43，突破了国际警戒线 0. 40 的标准，也超过了美、英等西方国家的基尼系数。1995 年，我国的基尼系数进一步上升到 0. 45。目前我国的基尼系数已超过 0. 45。现代化国家的标志之一，就是农民不再是穷人。城乡和谐发展的重要标志是，城乡二元结构彻底破除，城乡差距、农村内部差距缩小，城市和农村紧密联系、良性互动，实现城乡经济社会一体化发展。在构建和谐社会的进程中，解决“三农”问题始终是全局性、根本性的问题。

### 五、走中国特色农业现代化道路，是促进农业稳定发展、农民持续增收、农业农村可持续发展的根本途径

——提高农业综合生产能力、建设现代农业的有效途径。目前，我国农业生产基础设施和物质技术装备条件较差，经营管理也较粗放。发展现代农业，提高农业生产力，加强农田基本建设，改良土壤，兴修水利，推广良种良法，发展农业机械化，培养有文化、懂技术、会经营的新型农民，全面提高农业综合生产能力，既是现代农业建设题中应有之意，也是建设现代农业的重要基础和保障。

——繁荣农村经济、增加农民收入的有效途径。千方百计增加农民收入，一直是农业和农村工作的主旋律。走中国特色农业现代化道路，首要的任务就是发展农村经济，通过整合各方面的力量，调动各方面的积极因素，强化农业基础，发展二、三产业，转移农村劳动力，使农业和农村经济步入良性发展轨道，实现农民收入的持续稳定快速增长。

——实现共同富裕的有效途径。社会公平、共同富裕是社会主义的本质要求。走中国特色农业现代化道路，要求坚持以发展为重、发展为先，以经济建设为中心，通过加快农业产业化、农村城镇化和农业现代化的步伐，不断缩小城乡差距，从而有利于最广泛地调动广大农民的积极性、主动性和创造性，增强他们的生产经营能力，改善人居环境，形成良好生活习惯，促进

农民素质的提高。这些措施对于实现农村社会由温饱到小康，由局部小康到全面小康的跨越，最终实现共同富裕具有重要现实意义。

——推进农村经济社会全面发展的有效途径。走中国特色农业现代化道路，是一个系统工程，对农村社会经济生活的各个方面都有明确的目标和要求，既包括经济建设，也包括政治建设、社会建设和文化建设；既要促进农村经济发展，提高农民的生活水平，也要加强农村基层党组织建设，提高农民的科学文化素质，形成良好的社会风尚。走中国特色农业现代化道路，可以有效地引导社会经济生活的各个领域平衡发展，防止和避免“一手硬、一手软”现象，促进农村经济社会事业全面发展。

总之，走中国特色农业现代化道路，为当前和今后的农业和农村发展指明了方向。

## 第三节　走中国特色农业现代化道路面临的困难

改革开放以来，我国农村经济社会的发展取得了举世瞩目的成就。特别是近几年来，在一系列惠农政策的作用下，粮食连续增产，农业生产全面发展，农民收入持续较快增长，生活不断改善。同时，也必须清醒地看到，进入新世纪新阶段，我国农业、农村正发生着深刻变化，面临着许多新情况新问题，农业基础薄弱，农业资源和市场约束增强，农业科技还不发达，农民持续增收难度加大，走中国特色农业现代化道路面临许多困境和制约。在这里，我们主要探讨以下五个方面。

### 一、农业基础薄弱的制约

长期以来，我国广大农村存在自然条件和资源禀赋的缺陷，农业生产经营粗放，加上城市倾斜的二元经济结构导致工业抽吸农业、城市吸吮农村，国家对农业投入不足，宏观调控体系不健全，农业科技含量低，技术装备水平差，农业单位面积产量低，农业劳动生产率低，仅相当于国内第二产业劳动生产率的1/8和第三产业的1/4左右，农村生态环境不佳。农产品供给处于平衡状态，农民积极性受到影响。特别是近年来农田水利设施老化失修严重，2006年，我国耕地有效的灌溉面积为8.48亿亩，仅占总面积的46.41%，每年自然灾害损失的粮食就超过700亿斤。农业基础薄弱，影响农业现代化的实现。

## 二、我国农业发展的资源约束条件日益突出

正如党的十七大报告所指出的那样，“农业稳定发展和农民持续增收难度加大”。当前，我国农业的生产条件正面临日益严峻的挑战。一是耕地面积持续减少。1996 年，我国耕地总面积为 19.51 亿亩，到 2006 年年底，已降为 18.27 亿亩，10 年间净减少 1.24 亿亩，仅为世界平均水平的 40% 左右。而我国工业化任务尚未完成、城镇化进程尚未过半，尽管坚持实行最严格的土地管理制度，但耕地继续减少的趋势仍难以扭转，每年仅建设用地就至少需要新增占用 400 万亩土地。二是淡水资源短缺。目前我国人均淡水总资源约为 2150 立方米，是世界人均水平的 1/4 左右，且水资源的时空分布极不均衡，北方地区总体上严重缺水。东南沿海等地区水资源条件较好，但由于工业化、城镇化进程明显快于全国，一方面是集聚的投资多、吸引的外来就业人口多，另一方面则是耕地减少多、粮食生产能力下降多、粮食需求增长多。2005 年东南沿海 10 省市的粮食总产量比 1998 年减少 614 亿斤，即减少了 17.6%；其在全国粮食总产量中的比重也由 34.02% 降至 29.67%。我国历史上长期形成的“南粮北运”格局已被“北粮南运”所替代。由于粮食生产是高耗水产业，将粮食增产的重任交由水资源更为短缺的北方地区来承担，其可持续性如何，还需深入研究。三是近年来农田水利设施老化失修严重。2006 年，我国耕地的有效灌溉面积为 8.48 亿亩，仅占总面积的 46.41%，一半以上耕地仍是靠天吃饭。每年因自然灾害损失的粮食就超过 700 亿斤。四是农业面源污染严重。由于农业生产大量使用化肥、农药等，不仅制约了我国农产品质量安全水平的提高，而且导致了农业面源污染日益严重。据统计，新中国成立以来，全国约有 2 亿吨化肥、农药等化学物质投放在土壤中。目前，我国化肥年使用量达 4600 多万吨，氮肥当季利用率只有 30% 左右，造成地表水富营养化和地下水污染。全国农药年使用量近 130 万吨，不同程度遭受农药污染的农田面积达到 1.36 亿亩；地膜的大量使用也形成了新的污染源。上述条件的制约，极大地阻碍了农业现代化的进步。

## 三、农业科技的制约

在人均耕地、淡水等自然资源数量大大低于世界平均水平的条件下，我国农业受到的自然资源制约日益凸显，继续靠增加自然资源投入来增加农产品产出的余地已越来越小。不仅如此，大量使用化肥、农药、兽药等投入品，

还制约了我国农产品质量安全水平的提高，导致农业面源污染日益严重。

要打破日益严峻的资源约束，实现农业的持续稳定增长，根本出路在于加快农业科技创新，加大科技成果的转化和推广力度，提高资源和投入品的利用效率。

现代农业是依靠增加大量现代工业装备和物质投入、开放的高效农业系统，以产业化为重要途径。通过多种形式联合起来，实现种养加、产供销、贸工农一体化生产，使农业生产呈现专业化、规模化、科学化和商品化，使农业的内涵不断得到拓宽和延伸，农业的链条通过延伸更加完善，这都需要强大的农业科技支撑。但我国对农业科技的投入不足，科技人员数量不多，科技成果的转化和推广力度不够，制约着农业现代化的步伐。目前，我国农业科技贡献率只有48%，科研成果转化率只有30%，分别比发达国家约低30个和40个百分点。这既表明了我们的差距，也蕴涵着巨大的发展潜力。对此，我们要有紧迫感和忧患意识，要在加大保护资源环境力度的基础上，走依靠农业科技进步不断提高耕地产出率、资源利用率和劳动生产率的农业现代化道路。

## 四、农业综合生产能力的制约

改革开放以来，在政府的推动下，我国的农业综合生产能力不断提高，粮食连年增产，不少农产品的生产总量都位居世界前列，但以经济效益来看，仍明显落后于发达国家，如我国谷物、肉类、禽蛋、水果的产量均居世界第一位，但投入成本过高，如2005年我国每千公顷化肥的使用量高达366.5吨，是世界平均水平的3.5倍，分别是日本、美国、法国的1.6倍、3.6倍和6倍，农业比较效益低下，制约了农业现代化的发展。

近年来，我国经济持续快速发展，城乡居民收入明显增加，社会对农产品的需求处于持续较快增长阶段，对农业发展提出了新的更高要求。2006年与1996年相比，我国城乡居民除口粮外，多数农产品的人均消费量都明显增加。

**表1-2　城乡居民人均主要农产品消费量　（单位：市斤）**

| 年度 | 粮食 | 植物油 | 肉类 | 蛋类 | 奶类 | 水产 |
|---|---|---|---|---|---|---|
| 1996 | 414.0 | 11.0 | 30.4 | 10.5 | 4.3 | 10.8 |
| 2006 | 297.3 | 13.5 | 40.0 | 14.7 | 22.1 | 17.0 |
| 2006年与1996年相比 | +28% | +23% | +32% | +40% | +414% | +57% |

还要看到，我国当前正处于城镇化快速推进阶段。2006 年与 1996 年相比，全国总人口增加了约 9000 万人，但同期城镇人口却增加了 2 亿以上；10 年间我国人口城镇化率从 30.48% 提高到了 43.90%，年均提高 1.34 个百分点，即平均每年增加 2000 万以上城镇人口。城镇化水平的提高，使大量农产品生产者逐步转变为农产品消费者，整个国家的人均农产品消费量也将显著增加。从 2006 年的情况看，我国城镇居民对植物油、肉禽、蛋类和水产品的人均消费量，分别比农民高 15.5%、47.7%、133.3% 和 200%（见表 1－2）。因此，在全面建设小康社会和快速推进城镇化的发展阶段，我国主要农产品的生产必须保持稳定的持续增长。

### 五、农村劳动力科学文化整体水平偏低的制约

发展现代农业固然必须提高农业的设施和装备水平，但归根结底，还必须依靠现代农民。目前，我国农村劳动力的科学文化整体水平偏低，据调查显示，全国 5 亿多农村劳动力中，初中文化程度的占 50.2%，小学及以下文化程度的占 37.3%，其中不识字或识字很少的占 6.87%。农村劳动力素质低，影响新知识的吸收和农业科技的推广，进而影响农业现代化的推进。

## 第四节　中国特色农业现代化的实现途径

### 一、发达国家农业现代化的经验

世界范围的农业现代化进程，是从 20 世纪初随着工业革命的演进和科学技术的进步而启动的。一个国家实现农业现代化，究竟采用哪种起步方式，一般说，主要是由当时的土地、劳动力和工业化水平决定的。人少地多的国家，首先从生产工具上进行改革，发展机械化，以节约劳动力；人多地少的国家，则从多投入劳动力，充分利用土地以提高单产人手。就目前来看，在世界范围内，在推进农业现代化过程中，发达国家由于自然资源禀赋差异和经济社会基础不同，在实现农业现代化的道路选择上也不同。日本经济学家早见次雄和美国经济学家费农·拉坦在大量的实证分析的基础上认为：农业现代化可分为三种模式，即美国模式、日本模式和西欧模式。

1. 美国模式。美国的特点是地广人稀，人均土地资源丰富。这一资源禀赋特征，使得土地和机械相对价格长期下降，而劳动力相对价格不断上升，促使农场主不得不用土地和机械动力替代人力。这种替代包含着农业机械技术的不断改进。美国农业现代化的发展历程，按照机械化发展的进程可划分为三个阶段：①第一阶段是半机械化阶段，这是以人力和畜力驱动、按机械原理设计制造的改良农机具取代传统农具的过程，是农业机械化的初始阶段。从18世纪末起，先后发明、改良了许多重要农机具，如轧棉机、铁犁、耘田机、割草机、收割机、脱粒机、联合收割机、钢犁、打捆机、玉米割捆机等。②第二阶段是主要田间作业机械化阶段，是以电力驱动的大型现代农机具代替非机械动力农机具的过程，是机械化发展的阶段。在19世纪中期开始的第二次科技革命带动下，农业开始了内燃机（拖拉机、汽车）和电力代替畜力，以机引（或电动）的大型农业机器代替改良的农机具的过程，从而开始了主要田间作业机械化的进程。1910～1940年，美国农场的拖拉机总数从1000台猛增到154.5万台，载重汽车从2000辆增加到104.7万台，谷物联合收割机从1920年的4000台增加到19万台，机械动力的比重由24.3%提高到94.0%。③第三阶段是全盘机械化阶段，是机械化的成熟阶段，开始于20世纪四五十年代，完成于七八十年代。在这一阶段，不仅农机具的数量增加，而且性能不断提高，设计和制造出适应精细作业要求的农业机械。如谷物联合收割机由牵引式改为自走式，在拖拉机和其他机械上采用发动机涡轮增压、液压传动、快速挂接、电子监控、自动控制等新技术。

总之，在美国农业现代化起步过程中，机械技术占了主导地位。类似美国那样地广人稀、以机械技术的推广应用为起步的农业现代化模式，还有加拿大、澳大利亚、俄罗斯等国。

2. 日本模式。日本的资源禀赋特征与美国正好相反，1880年每个男性农场工人的平均农业土地面积只有美国的1/36，到1960年则只有美国的1/97，可耕地是美国的1/47。由于资源禀赋的差异，土地和劳动力的比价也与美国不同。

日本的农业现代化大体上经历了四个时期：①第一个时期是从明治维新到1900年，是学习西欧先进农业技术以提高农业生产力时期；②第二个时期是从1900年到第二次世界大战结束，出现了以劳动对象为中心的技术改良高潮，出现以多施肥料为主的劳动密集型趋势；③第三个时期是“二战”以后到70年代初，通过农村民主化改革，促进现代农业技术的开发和推广应用，建立起农业现代化的基本框架；④20世纪70年代以后，开发和推广应用高性能的农业机械，大量推广应用化学技术和生物技术。日本农业现代化的各个时期划分及其特征如表 1－3。

**表 1－3 日本农业现代化的进程及其特征**

| 时期划分 | 第一时期（1880～1900） | 第二时期（1900～1970） | 第三时期（1945～1970） | 第四时期（1970 年迄今） |
|---|---|---|---|---|
| 主要技术改革活动：<br>品种改良<br>施肥改良<br>土地改良<br>劳动力机械化<br>技术教育 | 畜力机械化<br>义务教育 | 追求高产<br>动力扬水机和脱谷机<br>农科技术员 | 多肥多收<br>多肥多农药<br>基础具备<br>动力耕耘<br>普及制度 | 追求食品品味<br>多农药<br>大型田区<br>播种机和收割机<br>高学历化 |

总之，日本在农业现代化过程中，以生物技术为农业技术创新的重点，以缓解土地资源不足，提高单产，增加农产品供给。类似日本人地紧张的荷兰，也由于采用生物技术提高单产，成为出口农产品的重要国家。

3. 西欧模式。西欧的一些国家，既不像美国那样劳动力短缺，也不像日本那样耕地短缺，因此在农业现代化过程中机械技术与生物技术并进，把农业生产技术现代化和农业生产手段现代化放在同等重要的地位，实行“物力投资”和“智力投资”同时并举，实现农业机械化、电气化、水利化、园林化，既提高了土地生产率，也提高了劳动生产率。这类国家以英国、法国、德国、意大利等为典型。

美国经济学家弗农·拉坦用实证资料证明了以上的模式划分，即劳均土地在 30 公顷以上的国家走的是机械技术型；劳均土地 3～30 公顷的国家，走的是生物技术—机械技术交错型；而劳均土地不足 3 公顷的国家，走的是生物技术型。

但是，以上的划分仅是从农业现代化过程的起步方式上看的。实际上，农业现代化是通过多元技术变革实现的而不仅仅是单一技术变革。因此，农业现代化的进程是要靠多元技术变革来共同推动的。

## 二、国外农业现代化的有益借鉴

尽管各个国家资源禀赋、社会经济条件等方面存在差异，农业现代化的道路和特点也不尽相同，但在农业现代化进程中，也存在一些共同的经验教训可供我们借鉴。

（1）政府对农业的支持对于实现农业现代化至关重要。经济发展的过程实际上就是工业化的过程，在此期间，如何正确处理工业和农业之间的关系，是农业能否迅速发展、农业现代化能否迅速实现的最重要影响因素。日、韩等国在迅速实现工业化、城镇化过程中，也出现过由于过分剥夺而导致农业萎缩的情况，但都在工业化达到一定水平后，分别于20世纪60年代中期和70年代初期实行了对农业的反哺政策，从而使农业迅速强大起来。两国农业支持政策的共同点是：政府对农业的反哺分为初级和高级两个阶段，初级阶段以硬件为主，重点是提高农业生产基础设施和固定资产装备水平、加速农村公共物品建设等，政策导向是为扩大再生产，改善生产、生活条件打下坚实的基础；高级阶段则采取硬、软件相结合，以软件为主的方针，政策导向放在结构调整扩大经营规模、提高农业村级组织水平和农民素质等方面。可以说，没有对农业的全方位支持，日、韩农业不可能在这么短的时间内达到世界先进水平。当然，日、韩由于在价格上过分保护农业，使两国的主要农产品价格大大超过国际市场价格，从而失去了与国外农产品的竞争能力，这一教训也是值得我们汲取的。

（2）充分发挥资源优势，以市场为导向。不管农业的地位多么特殊，它总是一个产业，应该按照产业的特性来发展它，即以市场为导向，以资源优势为基础，这是各国农业现代化最基本的经验之一。韩国自20世纪70年代以来的“新村运动”也逐渐按照市场需求把农业划分为粮食、水果、蔬菜、饲养经济作物四大专业化区，这是该国农业现代化水平迅速提高的最重要措施之一。荷兰的经验也极具典型意义。早在19世纪后期由于新大陆廉价谷物的大量涌进引起欧洲的大范围农业危机时，荷兰就利用这一机会大量进口廉价谷物饲料，并将其农业转化为畜牧业，实现了农业生产结构的方向性转变。1962年，欧共体推行共同农业政策，进行经济分工，荷兰又借此机会重点发展畜牧业和园艺作物。到70年代末荷兰的养牛业得到了迅速发展，进入80年代荷兰的畜牧产品相对过剩。为此，政府采取了控制牛肉和奶牛生产的措施，并开拓新的市场，着重发展有新的市场需求的高附加值产业。80年代初期以来，养猪业和家禽业有了较大发展，花卉的发展更加迅速。尤其值得一提的是，作为牛奶生产大国，荷兰每年还要大量进口鲜牛奶，并经加工增值后出口。荷兰的农业总产值只占国民生产总值的4%左右，而农业出口和外汇收入却占出口总额和外汇总额的1/4以上，荷兰的粮食供给也主要依靠国际市场，粮食自给率只有30%左右，这种面向国际市场、大进大出的农业体制，使荷兰农业成为典型的高效农业，每个劳动力创造的农业增加值和净创汇是世界上最高的。

（3）农业合作经济组织是农业现代化的根基。农业现代化进程表明，一个有效的农业合作体系的建立，对于加快传统农业向现代农业的转变起着决定性的作用。农业合作的体系最完善、运作最规范、对农民和农业生产发挥作用最大的当属日本。从“二战”结束到20世纪70年代中期基本实现农业现代化，日本用了不到30年的时间，其中最主要的原因就是日本在充分吸收西方国家农业发展经验的基础上独创了一套适合本国国情的农协制度。这一制度形成于“二战”以后，其范围包括农业生产资料供应、农业技术推广、农产品销售、农村金融、农村保险等各个方面，甚至发展成为代表农民政治利益的准政治团体，并且自上而下形成了独立而完整的体系。韩国的农协制度系从日本借鉴过来，其运作方式与日本近似。农协在日、韩两国的农业现代化过程中起到了不可替代的作用，主要有二：一是代表分散的小农的利益与政府和大工业进行谈判，使农民的利益得到保障；二是有效地解决小农户与大市场之间的矛盾，充分满足小农户在生产要素供给和农产品销售等方面的需求。以出口创汇为特色的荷兰农业，其产前、产中、产后的各种社会化服务也主要是由合作组织来完成的。农业的各个领域，包括谷物、蔬菜、禽蛋、家畜、花卉等都有合作组织，业务涉及农业生产的各个环节，从种子、肥料、饲料的供应，到各种农产品的出售，以及大型农业机械的使用，甚至农民生产和生活所需的贷款，都来自合作组织。

（4）完整的农业技术推广体系。日本的农业技术推广由政府的农业改良普及事业和农协共同完成，从中央到地方形成了一套完整的体系。为了加强农业技术推广工作，日本还于1991年对《协同农业普及指南》进行了全面的修改，把加强推广组织的建设和提高推广人员素质放在首位。政府的“地域农业改良普及中心”拥有数百个经过国家考试的专门技术员以及1万多名经过地方考试的改良普及员，与农协系统的近2万名营农指导员密切配合，构成了战后日本农业技术推广的基本体系，也是战后日本农业现代化迅速实现的基本保障。韩国的农业技术推广模式与日本相近似，墨西哥和南非是政府、科研机构（高校）和私人农场相结合的推广模式，荷兰则主要依靠农业、渔业及自然管理部的技术推广局下设的分布于全国的农业技术推广站来完成这一工作。

（5）走专业化、一体化和社会化的农业发展道路。“二战”后，在农业现代化过程中，发达国家不仅重视农业技术现代化，也十分重视农业组织管理现代化，都大力推行农业专业化、一体化、社会化，其专业化形式主要有三种：地区专业化、部门专业化、作业专业化。以美国为例，到 1969 年，美国经营一种产品为主的专业化农场已达农场总数的 90% 以上。据美国专家计算，仅此一项就使美国农产品大约增产 40%，而成本降低 50% ~80%。发达国家的农业一体化、社会化是在专业化基础上形成的，主要形式有农业工商综合体和农业合作组织。1967 年，法国参加农业合作社的农户已占总农户的 83%，在农产品销售、农资供应、农业贷款方面，合作社分别占 30%、40%、70% 左右。

## 三、中国特色农业现代化的基本特征

从目前世界现代农业发展的趋势和我国的社会经济基础看，中国的农业现代化，应具备以下基本特征：

（1）生产条件现代化。农业生产条件现代化，就是用现代的物质技术装备农业，改变传统、落后的生产手段，在农业中广泛使用机械和电力，实现农业机械化、电气化、园林化、水利化。农业机械化是指运用先进设备代替人力的手工劳动，在产前、产中、产后各环节中大面积采用机械化作业，从而降低劳动强度，提高劳动效率。所谓全过程的机械化，应包括选种、育秧、耕地、播种、施肥、除草、灌溉、收割、脱粒、烘干、仓储、加工、包装、运输等从种植到餐桌所有环节的机械操作。尽管机械化并不等于现代化，但它在现代化的构成中确实占据着重要的地位，它是实现现代化的基础。没有机械化的支持，也就不可能有农业化。农业电气化是指农业中广泛使用电力从事生产的过程。农业电气化实质上是以电力为能源的机械化，是农业机械化的高级阶段，要实现农业的高产、优质、高效，没有电气化是不行的。农业机械化、农业自动化不能离开农业的电气化。农业水利化是指在农业生产中，兴修水利工程和设施，调节和控制农业用水，达到兴水利、除水害，创建高产稳产农田，增强旱涝保收能力。园林化就是对土地的利用进行全面规划，使山、水、田、林、路得到综合治理，为实现机械化、电气化、水利化、采用现代科学技术以及提高农业生产社会化程度创造条件，并使我国农村的自然面貌、农民生活环境变得日益美好。

（2）生产技术科学化。农业生产技术科学化，其含义是指把先进的科学技术广泛应用于农业，从而收到提高新产品产量、提升新产品质量、降低生产成本、保证食用安全的效果。实现农业现代化的过程，其实就是先进科技不断应用于农业的过程，不断完善农业的基础科研、应用科研及推广体系，不断提高科技对增产贡献率的过程。21 世纪是科技的世纪，新技术、新材料、

新能源的出现，将使农业现状发生巨大的变化，科技将在对传统农业的改造过程中发挥至关重要的作用。就目前而言，农业生产技术科学化包括：通过基因工程、细胞工程、遗传工程和发酵工程等先进科学技术，为种养殖业培育出高产、优质、种类多、适应和利用自然能力强和抗逆性强的优良品种，实现良种化；利用土壤肥料学的成就，改善土壤的物理、化学性能，提高土壤的团粒结构；防止动植物病虫害和杂草的危害，生物防治与药物防治相结合；运用耕作栽培学、畜牧学和水产学等科学技术，建立先进的耕作制度，采用科学的栽培方法和饲养管理方法；积极地研究和运用其他各种现代化技术，诸如电子技术、原子能技术、遥感技术、激光技术等，进一步提高农业技术现代化水平。

（3）生产组织社会化。所谓生产组织，就是对微观经济单元的组合布局进行引导、对社会分工进行协调，对专业化生产进行管理的实施过程。立足于整个社会来设计这种过程、实施这种过程，就是生产组织的社会化。它意味着农业生产与流通活动的各个部门、各个环节，必须和社会上有关部门、市场主体有机地联系起来，并要随着现代化的不断推进提高这种依赖程度，以达到扬长避短、优势互补、提高劳动生产率的目的。现代化的生产，应该是社会化大生产。它排斥生产的小而全和封闭型经营状态，要求按专业化分工组织生产，走开放式经营的道路。生产的专业化、生产组织的合理化、流通领域的国际化，构成了社会化大生产的“三要素”，这是实现农业现代化过程中刻意追求的发展方向。

（4）生态环境可持续化。大量事实表明，我国在推进农业现代化过程中，不仅不能重蹈一些发达国家“先污染、先破坏、后治理”的“旧辙”，而且应当一开始就要把农业可持续发展作为推进农业现代化的先决条件和基本准则。实现生态环境的可持续发展，要做到：一要严格控制人口数量、努力提高人口质量；二要严格保护耕地资源；三要发展生态农业，下决心治理环境污染；四要大力发展林业，真正把林业作为农业现代化建设的重要组成部分。

## 四、中国特色农业现代化的实现途径

世界农业现代化的发展历史表明，发达国家在实现农业现代化过程中，都非常注重立足本国国情和发展阶段，积极探索各具特色的发展道路。我们应该借鉴它们的经验，探索中国特色农业现代化道路的实现途径。我们必须清醒地看到，我国农业生产力水平不高，农户的经营规模较小，农产品商品率和农业资源配置的市场化程度均较低，人力资本积累少，这是我们的国情，因此，走中国特色的农业现代化道路，其实现途径如下：

（一）切实加强农业基础建设。农业基础建设既包括深化农业基础地位认识，保障农产品供给，又包括加强农业基础设施的建设，强化农业科技和服务体系基本支撑，还包括稳定完善农村基本经营制度，健全基本公共服务，加强农村基层组织建设等内容。第一，完善强化各项强农惠农政策，加大对农业农村投入力度，集中力量办成几件大事。要按照适合国情、着眼长远、逐步增加、健全机制的原则，坚持和完善农业补贴政策，不断强化对农业的支持和保护，加大对粮食主产区的扶持力度。第二，抓好农业基础设施建设，加快改善农业生产条件。要狠抓农田水利建设，大力发展节水灌溉，抓紧实施病险水库除险加固，加强耕地保护和土壤改良，加大农业机械化推进力度，加强生态环境建设，加大农业面源污染防治力度，加强农村节能减排工作。第三，着力强化农业科技和人才支撑，大力发展社会化服务。针对农业生产薄弱环节，加快推进农业科技开发和推广，大力培养农村实用人才，积极发展农民专业合作社，健全农业社会化服务体系。第四，加快农村社会事业发展，逐步提高农村基本公共服务水平。大力提高农村义务教育和基本医疗服务水平，建立健全农村社会保障体系，繁荣农村文化生活，改善农村人居环境，加大国家扶贫开发力度，更多地将公共资源用于农村，尽快缩小城乡社会事业和基础设施差距。第五，稳定完善农村基本经营制度，不断深化农村改革，为农村发展提供体制保障。坚持和完善以家庭经营承包为基础、统分结合的双层经营体制，切实保障农民土地权益，按照依法自愿有偿原则，健全流转市场，实现土地承包经营权的合理流动和适当集中。深化农村改革，加快农村金融体制创新，妥善处置乡村债务，全面保障农民工权益。

（二）转变农业农村经济发展方式，突破资源约束的“瓶颈”。转变农业增长方式，是科学发展农业的重要条件，是科学发展观的具体体现。长期以来，我国农业经济发展是粗放型的，大量消耗资源，污染环境，耕地减少，粮食增产更加困难，食品质量安全面临许多问题。转变农业增长方式，要以保障粮食等重要农产品有效供给、提高农业市场竞争力和可持续发展能力、促进农业稳定发展和农民持续增收为主要目标，发展“低消耗、低排放、高效率”的农业循环经济，建设资源节约型和环境友好型农业，推进我国农业农村经济又好又快发展。深化土地制度改革已成为我国农业现代化的重要前提条件，在以家庭承包经营为基础、统分结合的双层经营体制下，实行土地所有权和经营权的分离，亦即农用地归集体所有，由农户占有、支配、使用并依法处置，并使这些权能商品化、社会化，实现土地承包经营权的适当流

动和集中。目前农村土地制度改革创新中出现的土地向种田大户、种田能手集中、企业承包农户土地等形式，从制度变迁的绩效看是积极的。加快土地制度改革，推动农业适度规模化经营，不断完善体制机制，并采取相应的保障措施，必将有利于加快农业现代化进程。

（三）加快农业科技进步和创新。我国农业的根本出路在于加快科技进步。要在日益严峻的资源约束条件下，实现农业的持续稳定增长，关键在于加快农业科技进步和创新，加大科技成果的转化和推广力度。在加大保护资源环境力度的基础上，走依靠农业科技进步、不断提高耕地产出率、资源利用率和劳动生产率的可持续发展的农业现代化道路，应建立以国家为主体，企业、农民和社会共同参与的农业科技创新体系，确保在农业科研和推广方面的经费投入以及科技成果的及时推广应用。国家应采取有力政策措施，免费为农村培养科技人才，提高现有人员的待遇，调动他们的积极性。在发展农业科技过程中，推进农业生产专业化和商品化，实现农业生产地区专业化、部门专业化、作业专业化。

（四）着力增强农业综合生产能力，提升农业竞争力。农业的综合生产能力，是农业现代化水平的基本标志。提高农业综合生产能力，既要发挥农民的作用，又要依靠政府的支持，还要提高农业机械化水平。农民是提高农业综合生产能力的主体，农村小康社会的建设和农业现代化的实现离不开农民，因此，只有发挥广大农民的主体作用，才能切实提高农业综合生产能力。政府的支持是提高综合生产能力的关键。政府应制定支农、惠农、强农等一系列政策措施，坚持城乡统筹的发展方略，深化农村综合改革，以科学发展观大力推进农村产业结构调整和科技进步，不断提高农业综合生产能力，努力实现农村经济社会的持续协调发展。通过改革，使得国家支农、惠农、强农政策制度化、规范化，建立农业增效、农民增收、农村繁荣的长效机制。农业机械化是提高农业综合生产能力的重要措施。农业机械是现代农业的重要物质基础，要认真贯彻落实《农业机械促进法》，加大补贴力度，大力发展农机作业合作社，改善土地耕作质量，推进农业生产标准化，进而提高农业综合生产能力。此外，还要制定严格的耕地保护制度。这些政策措施的实施，必将提高我国农业综合生产能力，提升农业竞争力。

（五）全面提升农村劳动力的整体素质，培养现代农民。实现农业现代化固然必须提高农业的设备和武装水平，但归根结底，还必须依靠现代农民。针对农村劳动力科学文化素质偏低的现状，必须全面提升农村劳动力的整体素质，着力培养有文化、懂技术、会经营的新型农民，为实现农业现代化储备人力资本。政府部门必须多形式多渠道地大规模培训农民，不断提高农民增收致富的能力。继续实施新型农民科技培训工程，组织实施农村实用人才“百万中专生计划”，扩大劳动力转移培训“阳光工程”实施范围，构筑农村成人教育体系，大力发展农村职业教育，造就现代化的农业经营主体。

走中国特色农业现代化道路是实现农业农村经济又好又快发展的根本途径，是一项长期而艰巨的任务。我们必须清醒地看到，中国的经济发展是不平衡的：一只脚已经迈进了现代工业社会，另一只脚还停留在原始的小农经济社会，就像著名经济学家刘福垣在《新发展观宣言》中所说的，中国的2.6亿户农户，现在还处在十分落后的小农经济生产阶段。因此，在我国广大农村必须进行一场改变小农生产方式的“农业革命”，实现农业生产方式和组织制度创新，借鉴日本建立农业特区的经验，鼓励法人企业投资农业，加快推进农业企业化进程，发展现代农业，符合世界农业发展规律和我国基本国情。

在走中国特色农业现代化道路过程中，我们特别需要注意几个问题。首先，在思想观念上要充分认识到中国的农业现代化就要用现代工业取代小农生产，从而使农业工业化、农村城市化、农民工人化。其次，要防止投入的盲目性，有的放矢，一定要建立农业投入的监督体系。再次，要防止不问实际情况地搞一刀切。具备条件的农村，先行探索，总结经验。最后，要坚持以科学发展观来统领农业现代化大局。要有科学的规划和统筹，这是战略问题，要以发展“环境友好型”的现代农业为基本原则，这是战术问题。

当前，我国农业农村发展面临重要战略机遇期，也正处于重大转型期，面临着国内外不断变化的新环境，面对着市场和资源约束的新挑战。走中国特色农业现代化道路，必须牢固树立和深入贯彻落实科学发展观，把科学发展观作为重要理论和思想基础。要从科学发展观的高度，深化对农业农村发展规律的认识，转换农业农村发展思路，科学地发展现代农业，科学地建设新农村。走中国特色农业现代化道路，是一项长期艰巨复杂的历史任务，要针对我国农业发展的现实条件和状况，坚持一切从实际出发，积极探索中国特色农业现代化道路。

总之，只要坚持不懈地加强农业基础地位，把发展现代农业、繁荣农村经济作为首要任务，着力强化现代农业的政策支撑、科技支撑、设施装备支撑、人才支撑、服务支撑和体制机制支撑，拓展农业功能，深化结构调整，构建和优化现代农业产业体系，大力提高农业效益，就会走出一条保障能力强、科技含量高、经济效益好、资源消耗低、环境污染少的中国特色的农业现代化道路。

# 第四章 建设中国新型农业

## 第一节 转变农业增长方式

中共中央已明确提出要实现经济增长方式由粗放型向集约型转变。所谓粗放型增长又称外延增长，农业粗放型增长就是指主要依靠农业生产要素投入规模（土地投入、劳动投入、资本投入）的扩大来增加农业产出的增长方式；所谓集约型增长又称内涵增长，农业集约型增长就是指主要依靠农业要素生产率（土地生产率、劳动生产率、资本生产率）的提高来增加农业产出的增长方式。也就是说，我们可以用农业生产要素投入增长率表示农业增长的粗放程度；用农业要素生产率增长率表示农业增长的集约程度。因此，农业增长方式由粗放型向集约型转变就是指农业增长从主要依靠农业投入的扩大转变到主要依靠农业要素生产率提高这一轨道上来。

现在有一部分人认为，中共中央提出的实现经济增长方式由粗放型向集约型转变主要适用于工业，而对农业来说，由于国家、地方政府、社区、农户多层次农业投入主体对农业投入的不足，已经造成了农业生产条件恶化，农业后劲不足，严重制约了农业的进一步发展，因此，对农业来说，现在的问题是如何设法增加各投资主体对农业的投入。这种担心是可以理解的，但把它同转变农业增长方式对立起来则是不正确的。农业集约型增长并不是不要增加农业投入，相反，要实现农业集约型增长，农业基本投入必须保证，因为农业投入是农业增长的基础，但农业集约型增长更强调的是要充分利用资源，不浪费任何资源，充分发挥每一资源的生产效率，这是农业集约型增长的核心。因此，农业增长方式同样必须实现由粗放型向集约型转变。

## 一、实现农业增长方式转变是提高农业比较利益，增加农民收入的根本途径

农村经济改革以来，农民收入的变化大体经历了三个阶段：1979～1984年是农业形势最好的时期，农业增长，农民增收，这一时期农民人均纯收入年增长15.1%；1985～1988年农业生产出现徘徊，但农民人均收入仍有较大幅度上升，年均增长5%；1989～1994年农业增产，但农民收入大幅度减少，年均仅增长2.7%，其中1989～1991年只增加0.7%，1994年农民收入虽回升到1220元，但比1993年实际增长仍只有5%。农民收入增长速度减慢，农民收入低下，城乡居民收入差距扩大，已经严重挫伤了农民的生产积极性，制约了农业以及整个国民经济的发展。那么，造成农业比较利益下降，农民收入低的根本原因是什么呢？有一种观点认为是由于农产品价格偏低，工农产品价格剪刀差不断扩大所致，因而认为只要提高农产品价格，就可增加农民收入，进而促进农业发展。对此，笔者不敢苟同。①现在我国农产品价格已经不低，到1990年除少数农产品外，大部分农产品价格已经接近或超过国际市场农产品价格，国际市场农产品价格无疑将对我国农产品价格起封顶作用，这就证明靠提高农产品价格刺激农业发展已没有多大余地了。②即使可以提高农产品价格，但这是以国家财力作后盾的，在我国工业化尚处于中期阶段，工业发展尚需大量资金，工业还不足以反哺农业的情况下，希望依靠国家大幅度提高农产品价格是不现实的，更何况农产品价格的大幅提高还会引发全面的通货膨胀。③我国农业比较利益低，农民收入增长缓慢的根本原因不在于农产品价格低，而在于农产品成本过高，提高农业比较片益、增加农民收入的根本途径，不在于提高农产品价格，而在于降低农产品成本。据测算，1979～1992年，我国粮食、棉花、油料、糖料4大产品的每亩物质成本分别上升了2.05、2.61、2.13和4.33倍，而同期4类农产品的亩产量仅分别增加了51.3%、37.3%、29.2%、44.4%，从这里可以看出，过去我国农业增长是一种典型的“投入型”，即主要依靠农业投入的扩张来支撑农业增长，造成农产品成本居高不下，这就是学术界常说的“黄河现象”。因此，要提高农业比较利益，增加农民收入，必须降低农业的单位产品生产成本，即提高每单位投入的产出量或降低每单位产品的生产要素使用量。所以说，实现农业增长方式由粗放型向集约转变是提高农业比较利益、增加农民收入的根本途径。

## 二、实现农业增长方式转变是提高农业产出，增加农产品有效供给的客观要求

我国是世界上人口最多的国家，目前已超过13亿大关，随着人口的不断增长以及经济发展和人们收入水平提高引致的膳食结构的改变，全社会对农产品的需求将大幅度增长。如何设法增加农产品有效供给，满足全社会对农产品的有效需求，就成为政府发展农业的重要目标，并已超过了一般的经济学意义。而现实的问题是，一方面我国人口众多，另一方面耕地却相当稀缺，目前我国人均耕地仅1.2亩，同世界其他国家相比，我国人均耕地面积只及世界人均耕地面积的32%，美国的10%，法国的28.5%，加拿大的4.8%，澳大利亚的3%，而且随着经济发展，以及城市化水平的提高，耕地还将进一步减少，即使政府采取强有力的措施控制耕地递减速度，预计今后15年耕地仍将减少400万公顷。除耕地稀缺外，农业资金也十分有限，由于国家整体工业化水平的限制，政府财力对农业投入将十分有限。因此，如何在有限的耕地上利用有限的农业资金生产出更多的农产品就成为我们的现实选择，显而易见，充分利用每一寸耕地和每一份资金，提高农业生产率，提高单产，就成为提高农业产出的唯一途径。所以说，实现农业增长方式由粗放型向集约型转变是提高农业产出，增加农产品有效供给的客观要求。

## 三、实现农业增长方式转变是抑制通货膨胀维护物价稳定的重要手段

目前，降低通货膨胀维护物价稳定一直是宏观经济调控的中心问题。新一轮中国通货膨胀的认识，归纳起来有四种观点：即需求拉动型、成本推动型、结构性通货膨胀以及综合型通货膨胀。与之相对应，有关抑制通货膨胀的政策措施也是众说纷纭。我们认为，这次通货膨胀是需求性因素、供给性因素以及其他诸多因素相互推动和作用的结果。因此，增加农产品有效供给也就成为抑制通货膨胀的重要举措。而我们在前面已经讨论过，增加农业产出和农产品有效供给的唯一途径是实现农业增长方式由粗放型向集约型转变。可能有人会问：通货膨胀本身不是有助于降低失业，促进经济增长吗？对于这一点，只要我们简要地回顾一下西方宏观经济学最近几十年围绕通货膨胀的“替换作用”进行论争的过程就清楚了。英国经济学家菲利普斯于1958年在《经济学》杂志上发表了他的著名论文《1861~1957年联合王国的失业与

货币工资率的变化率之间的关系》，菲利普斯证明，在1861～1913年间，英国名义工资率的变化率与失业率是负相关的，并将这些年英国的统计资料拟合成了“菲利普斯曲线”原型。菲利普斯的论文一发表，就有许多凯恩斯主义经济学家着手把它变成描述通货膨胀与失业关系的曲线，1960年萨缪尔森和索洛在《美国经济评论》上发表了一篇题为《反通货膨胀政策的分析方面》的论文，给出了一条“修正了的菲利普斯曲线”，根据这条修改了的菲利普斯曲线，物价总水平的上涨率与失业率之间存在着一种替换关系，通货膨胀率越高，失业率就越低，通货膨胀率越低，失业率就越高，正是依据此，凯恩斯主义的经济学家们才提出了通货膨胀的“替换作用论”，这一理论在20世纪60年代的西方经济学界确实曾经风行一时。但是在60年代后末期，米尔顿·弗里德曼就提出了“自然率假说”和适应性预期理论，并据此否定了通货膨胀在长期中有替换作用，他认为，在通货膨胀和失业之间总是存在暂时的替换而不存在持久的替换，暂时的替换不是产生于通货膨胀本身，而是产生于没有预期到的通货膨胀。而卢卡斯于1972年在《预期与货币的中性》一文中运用理性预期对宏观经济所作的分析则根本否定了通货膨胀的替换作用，他认为，平均来说，预期的物价总是等于现实的物价的，因为人们在预期通货膨胀率时不会犯一贯地过低这一系统性错误，在这样一种理性预期下，无论实行什么样的政策，无论选择怎样的通货膨胀战略，都不可能依靠通货膨胀来降低失业率，扩大实际总支出、提高经济增长率。也就是说，那种希望依靠通货膨胀率来提高经济增长率的观点是行不通的，相反，提高经济增长率增加有效供给则是降低通货膨胀率的有效方法。因此，实现农业增长方式转变是抑制通货膨胀维护物价稳定的重要手段。

## 四、实现农业增长方式转变是促进农业持续快速健康发展，实现农业现代化的必然选择

新中国成立以来，我国农业增长还是比较快的，但总的来看农业增长的效率还相当低。如果农业增长长期依靠这种粗放型增长方式，长期依靠农业投入的增加来支撑农业的增长，中国农业将没有出路，有生命力的农业是效率型而非投入型的，也就是说我国农业增长应逐渐转变到依靠科技进步，优化产业结构，发育农业适度规模经营，提高农业劳动者素质等轨道上来，即依靠农业要素生产率的提高，依靠集约型增长方式来支撑。农业现代化是用现代的生产方式对传统的生产方式对传统农业进行全方位改造的过程，其内

容是广泛的，不仅包括农业生产技术的现代化，生产组织的现代化和生产管理的现代化，同时也包括资源配置方式的改善，以及与改善资源配置方式以提高资源配置效率，扩大生产可能性边界的客观要求相适应的诱导制度的重新安排，但农业现代化最基本和最核心的标志乃是农业要素生产率的提高。因此，实现农业增长方式转变是促进农业持续快速健康发展，实现农业现代化的必然选择。

我国农业发展今后将继续面临日趋明显的资源和市场的双重约束。克服这一制约，必须加快推进农业增长方式转变，促进资源的节约和综合利用，实现产品优质化、布局区域化、生产集约化、经营产业化，全面提高农产品质量安全水平和市场竞争能力。

（1）加快调整农产品品种品质结构，不断提高农产品优质化水平。紧紧围绕“高产、优质、高效、生态、安全”的目标和要求，优化农产品品种品质结构。一是从源头抓起，继续实施种子工程、畜禽水产良种工程，提高农业生产良种化水平。二是完善农业标准体系，建立农产品质量检验检测体系，全面开展农产品和食品质量认证，推行农业生产标准化。三是搞好动物疫病防治，加强畜禽粪便污染的治理和无害化利用，推广畜禽养殖清洁生产工艺，提高畜禽产品质量。

（2）加快建设优势农产品产业带，不断提高农业生产布局区域化水平。立足自然资源优势和现有生产基础，因地制宜，适应市场，依靠科技，尽快做大做强一批农产品优势产区。品种上要突出区域特色、品质特色、功能特色，满足市场多样化和优质化的需求。布局上要尽快向最适宜区域集中，避免地区间结构雷同，最大限度地优化配置资源，充分挖掘资源潜力，形成新的生产能力，不断提高优势农产品的档次和水平。经营上要注重完善营销体系，培育龙头企业，延长产业链条，建立特色产业体系。

（3）加快发展资源节约型农业，不断提高农业经营集约化水平。一是节约和集约利用土地。二是加快发展旱作节水农业。三是努力提高农业投入品利用效率。四是重点研发高强度、可降解地膜，以及高光合作用生态棚膜，推进农膜向高功能、低成本、无污染方向发展。五是开展农作物秸秆综合利用，推广机械化秸秆还田技术以及秸秆气化、固化成型、发电、养畜技术。

（4）加快完善企业与农民的利益联结机制，不断提高农业产业化经营水平。一是加大对龙头企业的扶持力度。在科技、信息、财政、税收、金融等多方面对龙头企业给予支持，增强龙头企业的竞争力和带动力。二是努力提高农民的组织化程度。鼓励和引导农民、农技推广机构、农村经纪人、专业大户以及各类社会化服务组织，创办或领办各类专业合作组织，开展专业化、系列化服务，提高农民参与农业产业化经营的能力。三是健全企业和农民的利益联结机制，引导龙头企业与农户采取订单农业、向农户提供各种服务、最低保证价收购等形式，与农户形成相对稳定的购销关系。

## 第二节 大力发展农业循环经济

在农业循环经济发展方面，中国具有悠久的历史。中国科学院生态环境研究中心王如松认为，中国过去城乡居民的粪便、垃圾、秸秆、绿肥和沼液都是农田宝贵的肥源，农家的畜禽、鱼、桑、蚕、蚯蚓、沼气和菜地、农田、鱼塘、树林、村落构成和谐的农村生态系统，轮作、间作、湿地净化和生物降解等时空生态位被充分利用，可更新资源在低生产力水平和小的时空尺度上循环，这些都可以归为农业循环经济形态。但是，这种循环是封闭保守的，只有从农业小循环走向工、农、商、研结合，生产、消费、流通、还原融通的产业大循环，从小农经济走向城乡一体、脑体结合的网络型和知识型经济，“三农”问题才能得到根本解决，中国农村才能实现可持续发展。

循环经济是以资源高效利用和环境友好为特征的社会生产和再生产活动，是新的生产方式。它强调最有效地利用资源和保护环境，做到生产和消费“污染排放最小化、废物资源化和无害化”，以最小成本获得最大的经济效益和环境效益。它用发展的思路解决资源约束和环境污染的矛盾，是实现人类社会可持续发展的有效途径。目前，循环经济在工业方面强调得比较多，而农业方面则有所不足。树立资源忧患意识，科学利用有限资源，发展农业循环经济，保护农业生态环境，不仅事关农业的长远发展，也是社会经济整体发展的一个战略性课题。农业具有很强的自然属性，其发展对自然有着广泛的影响。目前，我国农业增长在很大程度上依赖资源的高消耗来实现，致使资源约束矛盾日趋突出，环境污染更加严重，生态破坏进一步加剧。牢固树立科学发展观，全面推进农业循环经济的发展，是促进人与自然和谐的重大战略举措，对于实现农业的可持续发展以及建设社会主义和谐社会都具有重要的意义和作用。

## 一、现阶段我国农业资源与生态环境面临的突出问题

我国人多、资源少，加之不合理的开发利用，农业资源与生态环境问题已经非常突出，集中体现在以下三个方面：

（一）农业资源短缺。我国各类资源的人均占有量很低。其中耕地和水资源的稀缺对我国农业生产和粮食安全有着重要的影响。一是耕地资源短缺。我国耕地资源始终面临着两个比较突出的问题：首先耕地资源紧张，数量逐年减少。我国人口众多，人均耕地资源紧张，只有1.4亩，是世界平均水平的1/3，已经有666个县低于联合国规定的0.8亩的最低警戒线。随着经济的不断发展，人均耕地资源还将继续减少，2003年全国净减少耕地253.74万公顷，与上年相比减少了2.01%。耕地减少的原因除了退耕还林、还草之外，还有一个重要的原因，即随着城镇化的快速推进，城市和基础设施建设不断扩张，大量的耕地被征收占用。其次耕地质量下降，退化严重。主要表现在：第一，耕地退化、肥力偏低，由于长时期过度使用，大多数耕地含钾、磷不足，有22%的耕地钾、磷俱缺，微量元素的缺乏也十分明显；第二，水土流失和土地沙化严重。全国现有水土流失面积367万平方公里，占全国国土面积的38%，且每年以100公里的速度蔓延，现有沙漠化土地262万平方公里，占全国国土面积的27.3%；第三，耕地利用条件较差。耕地中低产田的比例较大，其中低产田占35.4%。另外，影响农业生产的因素依然很多。二是水资源短缺。水是工农业生产、人民群众生活不可或缺的重要资源。我国是世界上贫水国家之一，水资源人均拥有量仅为世界平均水平的1/4，随着人口增长、经济社会快速发展，加之使用不合理，水资源紧张问题在我国日趋严重。与此同时，受我国自然地理、气候条件的影响，水资源的时空分布极不均匀，进一步加剧了区域性水资源短缺。不少地方水的供需矛盾加剧，农业用水每年缺口高达300亿立方米。另外，乱开滥采地下水，造成地下水位持续下降，漏斗面积不断扩大。如华北已经形成了1.5万~2万平方公里的地下水位漏斗区，地下水位每年平均下降1.5米，导致农业灌溉成本不断上升。在水的利用问题上，目前我国农村饮用水困难的人口数还有1000多万。农业用水量占总用水量的70%左右，灌溉率为0.3~0.4，利用效率较低。三是森林资源短缺。随着各项工程的实施，截至2003年年底，全国人工造林保存面积超过7亿亩，居世界第一位，占世界人工林总量的26%。全国森林面积达到了23.8亿亩，森林覆盖率达到16.55%。“退耕还林”等六大林业重点工程稳步推进，成效显著，工程的生态建设目标正在逐步实现，经济和社会效益明显，

2003年国家对林业投入达到429亿元，比2002年增加26%。在造林工程顺利进展的同时，也面临一些较为突出的问题：一是一些地方在“退耕还林”工程实施中对其后续产业的发展重视不够；二是“退耕还林”重点不突出，撒胡椒面；三是“退耕还林”的配套保障措施落实不够；四是一些地方在工程建设中对自然规律的尊重不够；五是一些地方法制观念淡薄、截留农民“退耕还林”粮款的现象还时有发生等。四是草地资源短缺。据2002年环境公报，全国各类天然草原3.93亿公顷，约占国土面积的41.7%，仅次于澳大利亚，居世界第二位。但人均占有草地仅0.33公顷，为世界人均面积的一半。在我国近4亿公顷的天然草原中，有90%的可利用草原已有不同程度的退化，并且正在以每年200万公顷的速度萎缩，草原生产力不断下降，草原生态环境持续恶化。另外，如何将依靠草原为生的农牧民的生计和草原生态恢复结合起来，仍然面临较大困难。2002年，国家投入12亿元，在内蒙古、新疆、青海、甘肃、四川、于夏、云南等省区和新疆建设兵团的96个重点县（旗、团场）启动了“退牧还草”工程，至今已取得明显成效。

（二）农业环境污染严重。一是农村水环境不容乐观。伴随着我国农村资源的开发与经济的发展，农村生态系统中的水环境问题逐渐加剧，并且不断蔓延，已经达到严重影响农业生产和农民生活的程度。水质问题是在农村生产生活中水环境保护面临的最突出问题。2003年，我国七大水系干流地表水水质有52.5%的断面满足国家地表水三类水质标准要求，比上年下降了0.4个百分点，38.1%的断面为四类、五类水质，比上年上升了11.3个百分点。在237个近岸海域海水水质监测点中，达到国家一类水质标准的监测点仅占19.8%，比上年下降了1.5个百分点。由于工业、生活废水排放和化肥、农药污染水源，水体污染严重超标，农村居民水质性缺水较为严重。二是农业环境安全堪忧。在农业环境安全方面，因农药、化肥的大量使用而带来众多问题。据统计，我国农业每年的化肥施用量超过4000万，农药使用量达到120万吨以上，农用塑料薄膜使用量为130多万吨。我国一些常用农药，如甲胺磷等，对人和哺乳动物以及有机生物都具有较高毒性；一些农药虽然急性毒性较低，但却具有较高的慢性毒性，使用后会造成更严重的潜在危害。而长期过量施用化肥，不仅造成土壤的物理性质恶化，还造成对水环境和农产品的污染。另外，农药化肥的使用对农村生态环境造成了巨大的影响，一些鸟类、鱼类、青蛙等的数量大幅度下降，生态链受到严重的负面影响。三是工业“三废”污染加剧向农村蔓延。工业“三废”污染使农业环境不断恶化。全国污水灌溉面积占灌溉总面积的7%以上，重金属污染日趋严重，固体

废弃物堆存占用和毁损的农田约有 200 万亩以上。环境监测表明：在全国 7 大水系中，近一半的河段污染严重，流经城市河段 82% 受到严重污染。25000 公里的河流污染物超标，受污水、工业废弃物和生活垃圾危害的农田达 0.1 亿公顷，其中乡镇企业的高速发展是其重要原因。不仅污染了农业生态环境，造成资源恶化，制约了乡镇企业的发展，而且严重影响了农业的可持续发展。另一方面，农业自身的面源污染也越来越严重。我国氮肥利用率仅为 30% 左右，已有 1.36 亿亩农田不同程度遭受农药污染。全国 50% 以上的湖泊富营养化，七大江河水系有 5000 公里不符合渔业养殖标准。

（三）农业生态环境恶化。全国水土流失面积达 356 万平方公里，占国土总面积的 37.1%。全国 90% 的可利用天然草原不同程度地退化。渔业水域“荒漠化”趋势日益明显。农业生物资源破坏和流失在加剧，一些我国独有的物种资源在流失。紫茎泽兰、豚草等外来有害生物入侵问题日趋严重，农业发展受到更多的影响和制约。

## 二、发展农业循环经济是实现农业可持续发展的客观要求

循环经济的本质是一种生态经济。走以最有效利用资源和保护环境为基础的农业循环经济之路，是全面建设农村小康社会、加快农业现代化的必然选择。

农业循环经济是科学地安排不同生物质在系统内部的循环、利用或再利用，最大限度地利用农业环境条件，以尽可能少的投入得到更多更好的产品。生物质包含了动物、植物、微生物及其派生物、排泄物和遗体以及其中的生物质能。生物质中的每一种都是农业循环经济的组成部分，是相互作用、互为循环经济条件的不同物质组合形成农业循环的系统。当前，农业循环经济大体包括以下四种模式：一是农业产业内部循环系统；二是农业—工业循环系统；三是种植—养殖—工业—营销系统；四是农业—工业—旅游业系统。当然，随着农业循环经济的发展，还会创造出更多更好的循环系统。那么，为什么说发展农业循环经济是我国农业生产可持续发展的需要呢？

（一）我国农业生产的现状要求我们必须发展农业循环经济。随着农业社会向工业社会的演变，现代工业的成果应用于农业生产，在生产过程中大量运用农业机械，施用化肥、农药，使用石油燃料、塑料薄膜，使农业劳动生产率大幅度提高，农产品产量大幅度增长。但同时也带来了许多新问题：过多施用化肥、农药，使用塑料薄膜，造成土壤质量下降；农产品农药残留量的增多使食品安全性受到影响；农机具、石油燃料的广泛应用增加了对大气

的污染；养殖业的迅猛发展造成了畜禽粪便无法全部用作农家肥，排入河中又造成了新的污染，等等。上述问题如不尽快解决，将严重影响农业的可持续发展，因此，必须大力发展农业循环经济。

（二）农业的自身特点要求我们必须发展循环经济。农业与自然生态环境紧密相连、水乳交融、密不可分，使农业经济系统更易于和谐地纳入到自然生态系统的物质循环过程中；农业与人类自身消费最贴近，人类处于食物链网的最顶端，是自然的一部分，参与整个系统的物质循环与能量转换，这为循环经济要求从根本上协调人类与自然的关系、促进人类可持续发展提供了更为直接的实现途径；农业的产业构成特点更易于发展循环经济。农业产业系统是种植业系统、林业系统、渔业系统、牧业系统及其延伸的农产品生产加工业系统、农产品贸易与服务业系统、农产品消费系统之间相互依存、密切联系、协同作用的耦合体。农业产业部门间的“天然联系”、农业产业结构的整体性特征，正是循环经济所要建立和强化的，是建立农业生态产业链的基础。因此，我们更应大力发展农业循环经济。

（三）我国国情决定了我们必须发展农业循环经济。我国是一个人口密度高、人均资源贫乏的国家，我国人均土地占有量和水资源占有量只有世界人均占有量的1/3和1/4，人均矿产资源不足世界平均水平的1/2，且我国农业人口多，农业环境污染非常严重。如果仍以传统粗放型高消耗、低产出、高污染的生产方式来维持我国经济的高速增长，我国农业资源输出会更加严重，农业生态环境状况会进一步恶化，农业的有限资源将加速耗竭，农业环境和资源所承受的压力反过来对我国农村社会经济的发展将会产生严重的制约作用，所以，必须转变传统的农业经济发展模式，大力发展农业循环经济。

（四）发展农业循环经济能提高资源和能源利用效率。农业循环经济以资源的“减量化、再利用、再循环”为基本原则，积极发展节地、节水、节肥、节药、节种的节约型农业，鼓励生产和使用节电、节油农业机械及农产品加工设备，可有效提高农产业投入品的利用效率，从根本上达到节约资源，缓解经济发展与资源不足矛盾的目的。

（五）发展农业循环经济有利于减少生态环境污染和破坏。农业循环经济实现了农业产业内部物质与能量相互交换、互为原料和废弃物资源化，较大改善了农业生产条件和环境。如发展沼气既能合理整治人畜粪便、秸秆和垃圾，又能提供清洁用能，并减少化肥和农药施用量，可以实现一举多得；土壤改造、植被的恢复与重建、土地退化防治、小流域综合治理等农业工程对于缓解生态压力，遏制环境恶化具有重要的作用等。

（六）发展农业循环经济能促进农业产业结构调整和提高农业产业化水平。农业循环经济按照“资源—产品—再生资源—再生产品”闭环型物质流动模式，实行集约化经营，能有效地促进资源的综合利用和开发，带动农业产业结构的调整和优化升级。农业循环经济的一些发展模式还将种、养、加工等环节有机的联结起来，拉长了农业产业链，深化了农产品加工，增强了农业发展后劲。

## 三、发展农业循环经济应遵循四个原则

循环经济遵循“4R”原则，即减量化（Reduce）、再利用（Reuse）、再循环（Recycle）、再思考（Rethink）的行为原则。

减量化原则，即减物质化，为循环经济的首要原则，也是最重要的原则。该原则以不断提高资源生产率和能源利用效率为目标，在经济运行的输入端，最大限度地减少对不可再生资源的开采和利用，尽可能多地开发利用替代性的可再生资源，减少进入生产和消费过程的物质流和能源流。农业上应用减量化原则最科学、最灵活的方法就是“九节一减”，即节地、节水、节种、节肥、节药、节电、节油、节柴、节粮与减人。

再利用原则，就是尽可能多次或以多种方式使用人们所购买的东西。坚持并灵活运用再利用原则，就必须做强农产品加工业。根据再利用原则的要求，对各类农产品、山区土特产品、林产品、水产品及其初加工后的附加产品及有机废弃物，利用生物技术、工程技术、核技术等高新技术手段，进行成分分析，开发新的产品，延伸产业链，反复加工，不断增值。这样做不仅加工企业本身不再产生污染，而且可扩大企业规模，提高经济效益。

再循环原则，就是尽可能再生利用或资源化，把废弃物返回工厂，在那里经适当加工后再融入新的产品中。运用再循环原则，大力发展“白色农业”——开发利用微生物资源。中外专家将微生物视作“宝贝”，给它起了个新名词：“白色农业”。利用它，可以生产出无公害绿色食品、无污染饲料、肥料、农药以及取之不尽的能源。专家认为，开发微生物资源，可以缓解能源与环保的矛盾。近几十年来，中国在发展农业微生物能源——沼气方面已取得巨大成绩，在利用农业废弃纤维质资源用微生物发酵技术生产酒精来替代日益枯竭的石油资源方面也取得进展。

再思考原则，就是不断深入思考在经济运行中如何系统地避免和减少废物，最大限度地提高资源生产率，实现污染物排放最小化、废弃物循环利用最大化。人们对事物发展规律的把握有着不断认知的过程，科技进步没有止

境，构建一个理想的循环经济模式不可能一次完成。大自然的奥妙是物竞天择、长期进化的结果，发展循环经济必须长期坚持，不断思考，不断创新，不断发展，以追求达到更大经济效益、更少资源消耗、更低环境污染和更多劳动就业的实际效果。运用再思考原则，就是要着力经营生态环境，开发安全优质农产品。

## 四、大力发展农业循环经济的重点方向

发展农业循环经济必须以科学发展观为指导，按照资源开发与节约并举、生态环境保护与治理相结合的原则，重点做好以下工作：

（一）加强耕地保护和合理利用。第一，继续实行最严格的耕地保护制度。要确保基本农田总量不减少、用途不改变、质量不下降。第二，科学规划和节约利用耕地。要充分发挥资源比较优势，按照优势农产品区域布局，推动农产品产业带建设。第三，加强耕地质量建设。实施新一轮沃土工程，大力推广测土配方施肥，积极引导农民增施有机肥，加快开展土壤改良和高标准基本农田建设，全面提升地力。第四，实施荒漠化治理和保护性耕作。积极推进石漠化地区水土流失综合治理工作。通过深松少耕、地表覆盖等保护性耕作措施，增强耕地抗旱节水能力，减少农田风蚀和水土流失。

（二）提高水资源利用效率。一方面，加强水资源利用的规划和管理，协调生活、生产和生态用水。在做好重大水利工程建设的同时，继续抓好病险水库除险加固、中小河流治理和重点流域水污染综合防治工作；另一方面，不断加强农田水利建设，加快发展节水灌溉。要加快实施以节水改造为中心的大型灌区续建配套，积极鼓励农民兴修小型水利设施，大力推广旱作节水农业技术。

（三）加强草原生态保护。在全国重点草原地区，实施草原围栏、人工草地、草地改良和饲草料基地、牧区水利设施和草原自然保护区建设，配套牲畜棚圈、饲草料加工基地等建设。积极开展禁牧、休牧、划区轮牧、牲畜舍饲圈养。加强草原生态环境监测预警，促进草原的保护和合理利用。

（四）开发利用农村新型能源。加快对太阳能、风能、小水能、沼气等可再生能源的开发。其中，沼气在农村原料充足，利用技术成熟，建设和使用成本低，适用广泛，经济和生态效益显著。要进一步加快农村沼气的发展，加大农村沼气建设力度。

（五）治理农业面源污染。全面治理农田污染，建设农业资源与环境监测预警系统。要严格限制化肥、农药、除草剂、添加剂等的使用，减少各类包

装、不可降解地膜覆盖等造成的农业污染，因地制宜地推广种植业、养殖业清洁生产技术。对农村垃圾和废水，尤其是养殖业的大量粪便及废水，必须进行综合利用或无害化处理。

（六）保护农业生物资源。加强对野生动植物的保护。重点建立一批野生大豆、野生小麦、野生稻和珍稀热作植物等主要野生植物资源原生境保护点。对危害严重的紫茎泽兰、豚草、水花生等外来入侵生物进行综合防治。建立转基因生物材料保存库，开展转基因生物安全监测评估。治理“荒漠化”水域，实施休渔、禁渔制度。建设渔业类自然保护区，开展珍稀濒危鱼类的增殖放流。

## 五、促进农业循环经济发展的主要建议

加快发展农业循环经济，需要在法律法规、组织机构、政策、资金、科技、宣传教育等方面营造良好的环境。

（一）加强领导。各级政府管理部门要有危机感和责任意识，把发展农业循环经济作为促进农业增效、农民增收和为农民办实事的重要举措来抓，切实加强领导。有关部门要密切配合，积极推动，逐步建立起促进农业循环经济发展的目标管理责任制，保证各项工作落到实处。

（二）健全法规。一要加强立法工作，抓紧研究制定有关法律法规和配套规章。加快制定促进农业循环经济发展的政策、法律法规。借鉴日本等国经验，着手制定绿色消费、资源循环再生利用、开发安全优质农产品等方面的法律法规，在法律法规中明确各级政府、相关部门、相关企业、农业生产者的各自职责及其违法后的法律责任，把农业循环经济法制化。同时要制定充分利用农业资源的经济政策，在税收和投资等环节上采取经济激励措施。二要建立和完善生态农业认证制度、渔业许可制度、基本草原保护制度等制度要求，修改完善有关标准、技术规范和规程。三要规范执法程序，加大执法力度。

（三）加大投入。对生态保护和建设项目，在加大投入力度的同时，加强管理。充分利用 WTO“绿箱政策”，研究对农业资源保护、面源污染防治等给予必要的补贴，逐步建立农业资源和生态环境保护补偿机制。同时，国家要制定投资、税收和价格等方面的优惠政策，积极吸引社会、企业和农民投资农业循环经济。

（四）创新科技。政府要加大科技创新，研究多种具体的农业循环经济模式，特别是体现新型工业化和农业现代化、市场化之路的循环模式。对现已

开发出来的优良循环经济模式进一步加以改进、推广；对如何应用生物技术、工程技术、核技术等高新技术手段来对各类农产品、山区土特产品、林产品、水产品及其初加工后的附加产品及有机废弃物的利用要切实加大研究、创新力度，尽快摸索出农产品反复加工、深加工的模式与技术；还要加大对“白色农业”的研究开发力度，进一步开发微生物资源。加强科技创新，着力对农业资源节约利用、农业污染防治、生态恢复与重建、外来入侵生物风险评估与防治等关键技术进行科技攻关。要加速科技成果的转化与推广，并积极引进国外成功的管理经验和先进技术，尽快提高我国资源节约利用和环境保护的技术水平。

（五）大力宣传，着力培训。一要加强宣传，形成共识。充分利用现代的宣传、教育和培训网络，分层次开展多种形式的宣传教育培训活动，提高社会公众的农业循环经济的认识。要充分发挥农民的主体作用，调动农民参与发展农业循环经济积极性，使农业资源节约利用和生态环境保护成为全社会的自觉行动。要广泛而深入地宣传发展循环经济、农业循环经济对于落实科学发展观、实现经济和社会可持续发展、全面建设小康社会的重要性、必要性和紧迫性，使尊重自然、善待自然的生态道德观，人与自然和谐共存的生态价值观，循环经济、农业循环经济的理念深入人心；广泛而深入地宣传农业循环经济的“4R”原则，使“减量化”、“再利用”、“再循环”、“再思考”成为经济工作的新理念。要培育全社会的参与意识，提高全社会的参与能力；广泛而深入地宣传发展农业循环经济的扶持政策，调动各方面发展农业循环经济的积极性，使更多的部门、更多的单位、更多的领导和群众投身于发展农业循环经济的新兴事业中。二要加强培训。推广成熟的农业循环经济模式，必须对农户进行培训，应采取各种有效措施使其切实掌握要领，确保取得实实在在的经济、社会、生态效益。

（六）部门联动，同心协力。农业循环经济涉及农业、工业、林业、科技、国土、环保、财政、金融、工商、司法等国家整个循环经济中的各个主体系统，各系统内均需资源输入、产品输出，各系统之间通过中间产品和废弃物的相互交换而互相衔接，从而形成一个比较完整和闭合的生态产业网络，形成互补互动、共生共利的关系。各系统（部门）必须联动，全力以赴，统一步调，同心协力，整体推动，努力形成各产业部门之间在质上相互依存、相互制约的关系，在量上是按一定比例组成的有机体，使资源得到最佳配置、废弃物得到有效利用、环境污染减少到最低水平。唯有如此，各部门才能实现共赢，农业循环经济的目标才能实现。

## 六、当前发展农业循环经济的探索

目前，我国诸多地区都已着手采取各种形式探索农业循环经济发展模式。具体做法有：

（一）减量化生产形式。其主要是通过科学使用化肥、农药和其他农用资料，或者用新型生产资料、技术来替代常规生产资料和技术，以达到减少使用化肥、农药、农膜等农资数量，减少污染排放的目的。比如江苏省宜兴市试点实施的“太湖农业面源污控制”综合配套技术成效明显，在通过滴灌施肥技术降低氮肥用量 2/3 的情况下，仍可提高作物产量 30%，并且地下水硝态氮含量降低了 60%。同时，通过改造农田排水系统，建设生态型沟渠，在沟渠里种植鱼草、空心菜、水芹等植物既可有效吸收农田排水中的氮、磷等影响水质的物质又可用于水产养殖和蔬菜种植。

（二）再利用运作形式。其主要是指将废弃物能源化、肥料化和饲料化。比如，在生态农业综合开发中，畜牧业与种植业相结合，加上以沼气发酵为主的能源生态工程、粪便生物氧化塘多级利用生态工程，可将农作秸秆等废弃物和家畜排泄物能源化、肥料化，向农户提供清洁的生活能源和生产能源，向农田提供清洁高效的有机肥料。有机废弃物饲料化利用生态工程也是再利用运作模式的又一重要内容。南京市高淳县固城镇通过“秸秆种菇模式”，将农作物秸秆用于栽培食用菌，把种菇栽培的下脚料还田重复利用，形成了“稻草—蘑菇培养基—菇渣肥田—水稻”的循环经济生态模式。

（三）再循环链接形式。主要可分两类，一类是农产品在储存或运输过程中质量发生了变化，不能按原用途消费，可经过分类处理改变用途，既可减少农业通过最终产品向系统外输出污染物，又能增加可利用的物质与能量来源。如变质水果和蔬菜类可转化成肥料，次等粮食可加工成酒精；另一类是从保护生态环境的角度出发，将农产品加工成环保农业生产资料，如可降解地膜、营养钵、生物柴油等生物产品。

## 七、我国农业循环经济发展的基本思路

既然循环经济是生态保护型经济，那么，针对我国农业发展中存在的生态问题，发展农业循环经济就要明确两个基本思路：一是要用循环经济的运作规律来防治农业点源和面源污染。农业生产过程中由于不合理的农药及化肥施用、畜禽粪便排放、农田废弃物处置等，造成农业系统中水体—土壤—

生物—大气立体交叉污染。研究表明，我国每年因过量、不合理施肥造成1000多万吨的氮流失，污染地下水，使湖泊、河流和浅海水域生态系统富营养化，导致水藻生长过盛，水体缺氧、水生生物死亡；同时，施用的氮肥中有很多以温室气体氧化亚氮形式进入空气中。二是要以农业循环经济引导传统农业向工业型大农业发展，引导资源耗费型农业向资源循环利用型农业转化。农业生产是人类有意识地干预自然的生产过程。在这一过程中，将循环经济理论引入农业领域组织引导并协调农业生产，或者将农业作为一个工程，运用工程项目论证、立项、设计、施工和评估等办法，通过对资源的再使用和再循环利用来促使污染或废弃物减量化，可以达到生产和环境保护相容的理想状态。具体建议包括：

（一）切实转变农业经济发展传统理念，在农业生产中注重社会效益、经济效益和生态环境效益的统一。现行的农业经济发展模式对自然生态环境破坏严重，直接危及生存空间，必然导致经济停滞、下降。各级政府必须转变发展理念，进一步强调社会效益、经济效益与生态环境效益的统一，促使农业生产走“优质、高产、高效、可持续”的道路。

（二）打造农业循环经济发展框架。要以“四个方面”为主线，形成循环经济框架，即以粮食及其他农副产品龙头加工企业为依托的加工企业循环经济链条；以畜牧、水产生产加工企业为依托的畜牧、水产加工循环经济链条；以林业及其加工业为依托的林业循环经济链条；以秸秆综合利用为重点的秸秆循环经济链条。

（三）加快传统农业向工业型大农业发展的步伐，培植农业循环经济载体。一方面，要搞好循环型农业工业园区建设，制定农副产品加工企业聚集的工业园区发展规划，以生产要素为纽带，将具有上下游共生关系的农副产品加工企业集中在一个相对封闭的园区内，实现有害污染物在园区内的闭路循环；另一方面，要做好农副产品出口基地园区建设，大力推进出口农产品的清洁生产，使农副产品达到质量、环保等方面的国际标准。

（四）进一步探索农业节本增效新途径，逐步实现粗放农业向精准农业的转变。如实施“藏粮于土”、“藏粮于科技”战略，保持和提高我国的粮食综合生产能力，处理好农业结构调整、农民增收和粮食安全的矛盾；进一步调整优化农业结构，加快优势产业带建设，发挥集约种植优势，提高规模效益；推广立体种植和间作套种技术，不断提高复种指数，提高耕地的综合产出效率；做好测土配方平衡施肥技术的推广和应用，配合滴灌技术，逐步实现粗放农业向精准农业的转变。

# 第三节 资源节约型、环境友好型新农村建设

建设资源节约型、环境友好型社会，是党的十六届五中全会作出的事关现代化建设事业、人民群众根本利益、中华民族生存和长远发展的重大战略决策，并被纳入国家“十一五”规划。而建设资源节约型、环境友好型新农村，则成为实现这一战略目标的关键之一。

## 一、建设资源节约型、环境友好型新农村的重要性

（一）资源节约型、环境友好型新农村建设的内涵与特征。新型社会主义新农村是以资源节约型、环境友好型为基本特征之一。所谓资源节约型，是指在生产、流通、消费等领域，通过健全机制、调整结构、技术进步、加强管理、宣传教育等手段，动员和激励全社会节约和高效利用各种资源，以尽可能少的资源消耗支撑全社会较高福利水平的可持续的社会发展模式。在这里，“节约”有两层含义：一是相对浪费而言的节约，这就要求在经济运行中对资源、能源需求进行减量化，即杜绝浪费；二是在生产和消费过程中，用尽可能少的资源、能源（或再生资源），创造相同的财富，甚至更多的财富。最大限度地充分利用回收各种废弃物。这种节约要求彻底转变现行的经济增长方式，进行深刻的技术革新，真正推动经济社会的全面进步。这两层含义是内在统一的，必须统筹兼顾。

所谓环境友好型是以资源环境承载力为基础，改变高消耗、高污染、低效率的传统经济增长模式，构建低消耗、少污染、高效率的新型经济增长模式；加强宣传和教育，转变消费方式和生活方式，倡导绿色消费与合理消费；加快技术进步，开发和创新有利于资源节约、环境保护的绿色技术，从而建立环境友好的生产体系、消费体系和科技体系。环境友好型社会概念是随着人类社会对环境问题的认识水平不断深化而逐步形成的。它直接来自于人类社会多年的实践和探索。经过多年的实践和探索，国际社会普遍认识到环境问题的实质是由于发展不足和发展不当造成的，要解决环境问题必须实施可持续发展战略。由此，环境友好型社会就是要求全社会都采取有利于环境保护的生产方式、生活方式和消费方式，建立人与自然，人与环境之间良性互动的关系。反过来，良好的环境也会促进生产、改善生活，实现人与自然和

谐。建设环境友好型社会，就是要以环境承载力为基础，以遵循自然规律为准则，以绿色科技为动力，倡导环境文化和生态文明，构建经济社会环境协调发展的社会体系，实现可持续发展。

资源节约型、环境友好型新农村建设与过去强调的“勤俭建国”相比，内涵更广泛，发展层次更高。它是一种全新的社会发展模式，既要尽可能少地消耗资源，并且能够尽量循环利用，又要保证全社会较高的福利水平。基于此，必须着眼于制度规范和政策引导，以科学发展观为指导，坚持节约资源、结构调整、技术进步和加强管理相结合，把节约资源纳入经济转换方式的重要内容，促使生产者和消费者珍惜资源、保护环境。

构建资源节约型、环境友好型社会是我国未来社会发展的总体目标，新农村建设也必须以此为原则。作为一种全新的农村社会发展模式，资源节约型、环境友好型新农村建设，要求加强对农业资源环境的保护力度，逐步弱化资源环境对农村经济发展所呈现出来的瓶颈约束作用，坚持走生产发展、生活富裕、生态良好的文明发展道路，促进人与自然的和谐，最终实现农村社会、经济、资源环境三大系统的协调发展。

（二）建设资源节约型、环境友好型新农村的必要性。建设资源节约型、环境友好型新农村，有利于解决农村能源问题和农民的长远生计问题，巩固生态环境建设成果，实现农业可持续发展；有利于发展农业标准化生产，进一步提高农产品质量，增强农产品市场竞争力，增加农民收入；有利于改善农村卫生条件，改变农民传统的生产生活方式，提高农村居民的生活质量；有利于农村污染的综合防治，保护生态环境，加快新农村建设步伐。因此，建设资源节约型、环境友好型新农村，对于坚持以人为本，贯彻和落实科学发展观，实现人与自然和谐发展，构建社会主义和谐社会，建设农村社会主义物质文明、精神文明、政治文明和生态文明具有十分重要的意义。

当前，加快建设资源节约型、环境友好型新农村十分紧迫。

1. 基于资源环境安全的脆弱性。作为国家生存和发展的必要物质基础和基本保障条件，资源环境安全问题始终是各国经济和社会可持续发展战略的关键问题和各国政府调控经济运行的核心问题。所谓资源环境安全是指一个国家或地区自然资源可持续保障的程度，或一个国家或地区自然资源保障的充裕度、稳定性和均衡性。目前，我国正处于社会经济的转型时期，经济发展使人们生活水平提高，对农产品的需求大量增长，与此同时对农产品的结构性和质量性的要求也就更高，要求农业资源在满足农业内部合理配置的同时，还必须满足工业化和城市化的需要，使农业在作出产品贡献的同时还必

须作出资源贡献，使农业资源的环境压力加大。从整体上来看，我国的农业资源环境基础十分薄弱，存在总量多而人均占有量少、供给能力低且稀缺性强、分布不均且时空配置欠佳、利用效率低且浪费污染重等问题，致使资源环境安全呈现明显的脆弱性，资源环境与社会经济发展之间的非协调性矛盾日益突出，并且随着人口的增长和社会经济的发展，这一矛盾将会对国家资源环境安全产生巨大的压力。有学者曾对人口在1亿以上的10个国家进行了资源环境安全的国际比较，我国排名倒数第二，仅高于资源环境要素严重稀缺的日本。因此，为实现我国可持续发展的战略目标，要切实采取措施加强我国资源环境安全的保障程度，倡导资源节约、环境友好的新理念，开发节能、低耗、高效、环保的新技术，以推进我国的新农村建设。

2. 基于资源环境对经济发展的强约束性。由于人口众多，经济基础和技术落后，以及长期以来对农业资源环境的低效率开发利用和严重的污染破坏，致使我国农业资源短缺，农业资源环境供需形势更加严峻。目前，我国已进入资源约束阶段，随着现代化进程的加快，社会经济的发展对资源环境的数量和质量的需求进一步加大，人均资源的占有量稀缺以及一些结构性矛盾将进一步加剧。

其一，水资源的约束。目前，我国年水资源总量28124亿立方米（其中，河川径流27115亿立方米），次于巴西、俄罗斯、加拿大、美国和印度尼西亚，居全球第六位，但人均水资源占有量仅2500立方米，是全球人均水量的1/4；平均每公顷耕地水量为21623立方米，为世界耕地面积平均水量的60%，随着工业化和城市化的迅猛发展，用水量将急剧增长。2010年全国需水总量达到6748亿立方米，2030年为7350亿立方米，2050年需水达到高峰值7950亿立方米。用水量的成倍增长使水资源短缺成为局部地区社会经济发展和环境建设的制约因素，如北方地区，包括华北平原、西北地区，一些大中城市的严重缺水已成为近年来制约我国经济社会发展的矛盾焦点。

其二，耕地资源的约束。近年来，随着工业化和城市化进程的加快，耕地总量不断减少，人均占有耕地面积急剧下降。到目前为止，我国因水土流失损失的土地面积达266.6万公顷，平均每年在6.67万公顷以上。全国每年至少流失50亿吨沃土及上亿吨氮、磷、钾养分。特别是长江流域及其以南地区，“石化”现象突出，如广西等省区的石灰岩地区，许多地方已经没有了耕地。另外，水土流失造成江河泥沙淤积，湖泊调蓄功能减弱，洪涝灾害加剧以及严重的荒漠化问题。目前，我国荒漠化面积已达262.2万平方公里，分布在全国18个省区471个县市，荒漠化使土地生产力减弱、可利用土地减少，并造成我国北方地区频繁的沙尘暴，严重地影响到人们的生活和生产活动，人地矛盾更加尖锐，制约着社会经济的进一步发展。因此，为缓解资源环境对社会经济发展的瓶颈约束，必须注重资源环境的保护和有效利用，积极推进资源节约型、环境友好型新农村建设。

3. 基于城乡分割的二元经济结构的现实性。由于受长期形成的城乡分割的二元经济结构体制的影响，我国在制度安排和政策制定上存在严重的重工轻农、重城市轻农村的倾向，包括公共财政的分配也逐步将农村和农民边缘化，造成城乡社会资源占有量差距扩大、城乡生产条件和生活水平差距扩大、城乡总体发展差距扩大，使整个社会发展处于长期不均衡状态，严重影响了社会稳定和可持续发展。有人说：现在是“城市人想回归自然，农村人向污染进军”。这句话在某种程度上反映了我国农村资源、环境问题的严重性，建设“村容整洁”、资源节约型、环境友好型农村任务的严重性和紧迫性。因此，必须转变这种城乡分割的二元经济结构，进行城乡统筹，创新制度安排和政策设计，加大公共财政对农村的投入，扩大其覆盖范围，增加对农村公共产品的供给，强化政府对农村的公共服务职责，加快推进社会主义新农村建设。同时，调整城乡经济社会发展战略，实现城乡资源共享、人力互助、市场互动、产业互补，实现城乡工业一体化、市场一体化，以工业化带动城镇化，最终实现城乡一体化的新格局。

4. 基于发展现代农业的迫切性。“三农”问题始终是制约我国经济社会发展的根本性问题，特别是农民收入问题。长期以来，我国农民收入增长缓慢，且整体收入水平偏低，城乡收入差距呈现不断扩大的趋势，这严重影响了农民对农业生产的热情，抑制了农民对生活消费的需求，使农业生产和农民生活始终停留在一个低水平状态，落入“贫困的陷阱”。因此，解决“三农”问题的核心在于如何实现农民收入的迅速提高与持续增长，从而摆脱“收入的低水平均衡”状态，开创农业和农村经济发展的新纪元。而造成农民收入水平低的根本原因在于传统农业规模小、设施陈旧、技术落后，从而导致农业整体效率低。因此，要彻底破解“三农”问题，就必须发展现代农业，提高农业效率。而现代农业是具有现代装备、现代技术、现代管理手段的新型农业生产体系，它要求必须推行新农村建设，加大投入力度，改善农村生产生活条件，包括农村公路修建、人畜饮水安全、农村水电畅通、农村沼气运用等，大力加强农村教育、卫生和文化事业发展，为农业与农村的发展提供外部的资金和技术支撑。而这种来自农业外部的支持主要借助于城乡统筹发展战略来实现，在坚持“工业反哺农业、城市支持农村”和“多予、少取、放活”的方针和原则基础上，通过合理调整国民收入分配格局，建立以工促农、以城带乡的长效机制（包括直补机制、投入机制、保障机制等），加快形成有利于农业、农村发展和农民收入增加的市场机制以及促进农村公共事业发展的机制。同时，加强对农业劳动力的教育和培训，不断提高农业劳动力的素质。一方面，为实现农业劳动力的顺利转移提供可能性保障；另一方面，为培养具有一定知识和技能的现代农民奠定基础，为现代农业技术的运用、农业效率的提高和最终实现农业可持续发展提供基础保证。

## 二、建设资源节约型、环境友好型新农村的路径

（一）观念创新，普遍树立人与自然和谐、共生、共存的观念。人类与自然的关系是人类生存与发展的基本关系。人类发展到今天，为了持续发展，应该而且能够主动地调整自身的行为，实现人与自然的和谐发展。自 20 世纪 60 年代以来，揭示了工业繁荣背后人与自然的冲突，对传统的“向自然宣战”、“征服自然”、“人定胜天”等观念提出了挑战。20 世纪 90 年代后，世界各国相继制定了各种国际公约，各国政府纷纷制定可持续发展战略和相应的许多大型科技计划。而在我国，相当多的人还停留在资本主义早期那种先污染后治理、先破坏后恢复的陈旧发展观念上。或者是只顾自己暂时的微观效益，不考虑对其他人的横向公平和对子孙后代的纵向公平，损害宏观效益和可持续发展。今天，党中央已十分鲜明地提出了科学发展观，我们应该深入地加以学习和把握，认识在中国这样人口多、资源少、自然环境差的条件，更应该注意经济、社会、环境发展的协调，经济效益、社会效益、环境效益的统一。树立经济、人文、资源、环境四个指标全面发展的政绩意识，节约资源、循环利用的可持续生产和消费的意识。要认识到环境就是资源，就是资本，破坏环境就是破坏生产力，危害环境就是危害人类和子孙后代，保护环境就是保护生产力，改善环境就是发展生产力有机的一部分。要通过宣传教育，提高全民文化素质，更新思想观念，在全社会树立环境、资源忧患意识和危机意识。

1. 强化环境宣传教育，树立环境文化观念。长期以来，广大农民受教育的程度普遍较低；改革开放后，相当部分年龄较轻、文化程度较高的农民到工厂、城市务工经商，常年生活在农村的农民，文化素质显得更加低下，有的乡村常住人口中，基本上以妇、幼、老人为主体，严重影响了农村人口的年龄文化结构和整体综合素质；经济相对滞后的农村，农民经济意识更强烈，环境意识更淡薄，环保知识更贫乏，生产生活方式更传统，自我保护能力差；

不少农民自给自足的小农经济意识仍然浓厚，受农产品价格偏低的制约，缺乏发展农业产业化的积极性；不注意农业生产力建设，不注重生产方式改善，刀耕火种、竭泽而渔的生产方式仍然存在。针对农村现状，农村基层政权组织要在广大农民群众中强化环境宣传教育，切实增强广大农民环境意识，树立环境文化观念。对农民的环境宣传教育要注重针对性和实用性，把环境意识与健康生命意识、与经济科技意识、与社会发展意识紧密联系在一起，帮助他们切实克服“农村地大物博，环境自净能力强，污染危害不足挂齿”，“农村主要是经济落后，并非环境落后”等错误认识，摒弃只顾人类利益而不惜伤害其他物种、只顾个人或局部私利而不惜损害他人或全局利益、只顾当代人发展而不惜危害后代人生存的陈旧环境观，改变片面的、短暂的、局部的落后发展观，牢固树立科学发展观，建立环境文化观念，实现人与自然、人与社会、人与人的和谐相处，实现经济、社会与人的全面、协调、可持续发展。

2. 全面开展循环经济的宣传教育。循环经济是人类对难以为继的传统的不可持续发展模式反思后的本原回归和创新，是目前国际上最能代表可持续发展的一种战略模式选择。加快发展循环经济、建设资源节约型、环境友好型新农村，必须摒弃传统的发展思维和发展模式，转向一种尊重和关心自然的新文明——生态文明，把发展观统一到坚持以人为本、全面协调、可持续的科学发展观上来，在发展思路上彻底改变重开发、轻节约，重速度、轻效益，重外延型发展、轻内涵型发展，片面追求经济增长、忽视资源消耗和环境破坏的倾向。在农村应组织开展形式多样的宣传培训活动，树立节约文化、节约文明、大力发展循环经济的社会意识与社会风气。通过舆论宣传，积极倡导节约资源、充分利用资源的生产与消费方式，提高农民群众特别是各级干部对新农村建设中发展循环经济重要性和紧迫性的认识。只有公众生态意识的觉醒，才能为可持续农业的发展打下坚实的思想基础，使其能够“持续”下去；也只有广大农民群众人人意识到“自然—经济—社会”协调发展的必要性和紧迫性，自觉投身于可持续农业的实践中，循环经济前提下的可持续农业才会有持久的生命力和成功的希望。这就要求把节地、节能、节水、节材、节粮等逐步变成每个农村居民的自觉行为，形成节约资源和保护生态环境的生活方式和消费模式。

3. 全面开展环保创建，形成浓厚环境氛围。农村基层政权组织在建设社会主义新农村的过程中，要充分发挥其组织功能，启动环境优美乡镇、环境友好企业、节约型家庭、绿色学校等系列创建活动，启动“农村小康环保行动计划”。以此强化对农民群众进行环境法律法规、环境文化知识、环保科学知识、环保业务知识和自我保护知识的教育，建立与思想道德、传统美德、社会公德和职业道德相一致的环境道德观念。以“八荣八耻”的社会主义荣辱观教育为指引，在环境保护方面建立“保护环境为荣，破坏环境为耻”的观念，展现“讲节约、讲环保”的时代风采。要认真落实有利于农村、农业、农民的环境经济政策措施，切实解决有机废弃物资源化、农业产业化进程中的观念、技术、能力等方面的问题；加快环保基础设施建设，确保节约发展、清洁发展、安全发展、可持续发展。要解决农民群众生产生活中的具体困难，自觉化解环境矛盾和纠纷。通过这些措施，激发广大农民群众创建资源节约型、环境友好型新农村的满腔热情，形成保护农村环境的浓厚氛围，积极主动自觉地走向生产发展、生活富裕、生态良好的道路。

（二）发展模式创新，走循环经济道路、促进农业农村可持续发展。循环经济观，是在全球人口激增、资源短缺、环境污染和生产不可持续的严峻形势下，人类重新认识自然界、尊重客观规律、探索社会可持续发展的产物。循环经济，既不等同于传统方式下的经济发展，也有别于通常意义中的生态环境保护。发展循环经济，旨在生产和生活的全过程讲求资源的节约和有效利用，以减少资源的投入，实现废弃物的减量化；对生产和消费产生的废弃物进行综合利用，体现回收再使用和循环利用的原则，达到废弃物的资源化；对不能循环再生的废弃物进行无害化处理，使其不对环境产生污染。在建设资源节约型、环境友好型新农村的过程中，发展循环经济，是我们坚持以经济建设为中心，落实科学发展观，将发展作为“第一要务”，用发展的思路解决资源约束和环境污染的重要途径和有效措施，是现代生产力发展的必然要求。

作为可持续发展观的具体体现，循环经济是一种物质和能量梯次闭环流动型经济，也可以说是以新型工业化为基础的经济。一方面，循环经济首先是一种资源节约战略。循环经济与资源节约综合利用、污染治理、清洁生产，既一脉相承，又各有侧重。它追求的不是简单地降低资源消耗，而是使资源尽可能得到高效利用，从而达到提高资源利用效率和减少废弃物排放的目的。原材料利用的减量化以及废弃物的回收利用，一直是我国资源节约的主要手段，也是循环经济的重要内涵之一。另一方面，循环经济又是要减少污染物排放。由于生产中能源等资源利用率低，造成废弃物的大量排放，目前，我国环境污染的70%以上是工业污染。因此，发展循环经济本身就是重要的环境保护措施。循环经济的实质是以尽可能少的资源消耗、尽可能小的环境代价来实现最大的发展效益。

在新农村建设中，发展循环经济，需要政府、农业部门、科学界、社会公众共同努力，更新发展观念，创新发展模式，提高发展质量。通过建立法规制度、推行绿色生产、开发绿色食品等措施来进行推动。

1. 发展新型农村企业，促进循环经济的发展。工业化可以为农业夯实生产基础、技术基础、市场基础、人力基础，促进农业增长的集约化、农业资源配置的市场化和农业知识与技能的现代化。推动新农村建设的新型工业化应主要体现在“新”的思路上。它“新”在从国情出发，使农村人力资源优势得到充分发挥，促使农村传统产业和新兴产业集群以及企业集群调整升级，使市场集群形成规模和整体效应，加大对农业经济增长和就业的带动作用。新型工业化突出高新技术特别是信息技术，对农村工业和农用工业全面改造，在农业内部和农村生活方面，实施新技术支持下的“桑基鱼塘”、“猪—沼—果”等有机农业和资源循环利用。鼓励农村企业集群形成一批具有知识产权的产品和技术，促进农村企业集群的规模化、品牌化和国际标准化，提高农村传统产业和农村工业的国际竞争力。要审时度势、因地制宜，在条件具备的农村地区，努力发育一批具有核心竞争力的能带动农村千家万户的主导产业、跨国集团公司以及区域化式的集群经济带，应对国内外市场的挑战。

2. 推进农业产业化经营，完善产业链条。在条件具备的农村地区，推进农业产业化经营，以市场为导向，以家庭承包经营为基础，依靠龙头企业或各种中介组织的带动与连接，将农业的产前、产中、产后诸环节连接为完整的产业链条，实行多种形式的一体化经营，形成系统内部有机结合、相互促进的利益机制，在更大范围内实现资源循环利用和优化配置，这是与建设社会主义新农村相适应的一种新型农业生产经营形式。培育和壮大龙头企业是推进农业产业化经营的关键环节，要以发展加工企业和市场建设为重点，支持重点龙头企业扩大经营规模，在技术改造、新产品开发、规模化基地建设等重点环节上给予支持，提升企业档次，做大做强龙头企业。构造生态农业工程结构，延伸农业产业链，推进农产品“废物”的“吃干榨尽”，促进循环经济的有利发展。

3. 实现农业标准化生产，推行无公害食品行动。农业标准化生产是指“从田间到餐桌”全程质量控制标准体系。我国目前农产品安全生产中使用最广泛、应用最多、得到社会认可的主要有无公害农产品、绿色食品和有机农产品三个概念。这三个概念构成了食用农产品安全生产的基本框架。农业部门要在确定范围内设立无公害农产品农资专营部、农产品农药残留检测点和病虫害测报点，对农产品实行定期定时检疫检验，从“田间到餐桌”全过程控制。要建立和扩大无公害农产品生产基地，基地生产要实行标准化、规范化、科学化。在实际操作中，各地应采取示范带动、企业引路、全程监控、订单约束、技术支撑、交叉覆盖，真正把标准化生产落到实处。在循环经济的产业链条下，农业部门应重点扶持一批无公害农产品产地认证，大力提高优质蔬菜、果品所占比例，开展争优创名牌活动，使新农村建设进程中循环经济下的农产品由无名变有名，由低档变高档，由国内市场逐步进入国际市场。

（三）管理创新，加强国土资源和环境资源的管理。土地是财富之母，民生之本，农民的命根子。目前，我国耕地只占国土面积的13%，人均不到世均水平40%，优质耕地只占1/3。从1996年到2003年，由于滥占、乱占等原因，七年中即减少耕地一亿亩。除生态退耕外，建设用地占13%，灾毁占6%。目前，只有18.51亿亩。从维护国家粮食安全来说，不能再这样大量减少了。它已经造成了一些地方出现了“三无游民”（无地、无岗、无低保）。中央已出台一系列规定，严禁违法占地、圈地，甚至竞相压价出卖农民土地为地方政府谋利。我国矿藏资源形势也日趋严峻，除煤炭和建材非金属矿产外，2/3国有骨干矿山已进入中后期。2003年原油、成品油进口已超过一亿吨，铁矿石进口量占世界自由贸易量的50%，探矿、找矿远跟不上消耗增长速度。而且非法开采，屡禁不止。必须有力地加以整治，切实加强国土资源的保护。要采取综合措施，实行严而又严的资源管理制度，要努力探索和强化国土资源宏观调控机制。要努力加强公益性地质工作队伍。唯如此，才能为经济、社会全面、协调、可持续发展提供有力的资源保障。

1. 积极服务，促进经济社会全面协调可持续发展。土地是民生之本、发展之基。各级领导要进一步树立和落实科学的发展观和正确的政绩观，合理利用土地资源。全面贯彻落实国务院《关于深化改革严格土地管理的决定》及配套文件。切实做好新一轮土地利用总体规划的修编工作，严格控制城镇建设用地规模，防止城市规划修编时盲目扩大规模。坚持从严从紧，有保有压，把好土地供应“闸门”。认真总结各地的好做法、好经验，改革和完善土地审批管理，为符合土地利用规划计划和国家产业政策的建设项目提供用地保障和优质高效服务。全面落实经营性用地招标拍卖挂牌出让制度，推行划拨出让土地的公示制度。加大土地违法案件的查处力度，注意解决遗留问题，对新发生的土地违法案件，早发现、严处理。全面整顿和规范矿产资源开发秩序，从环境、权属、布局入手，依法开展清理整顿，切实做到对矿产资源能找得出、管得住、用得好。建立矿产资源有偿使用制度和开采补偿机制，抓好资源能源节约与综合开发，促进发展循环经济。加强地质环境保护，尤其是矿山生态环境保护和治理。

2. 严格执法，切实保护资源。贯彻落实中央人口资源环境工作有关会议精神，坚持资源开发与节约并重，把节约放在首位，大力推进经济结构调整，彻底转变粗放型的经济增长方式，使经济增长建立在提高人口素质、高效利用资源、减少环境污染、注重质量效益的基础上。要千方百计保住全国现有基本农田，这是保障国家粮食安全不可逾越的“红线”。认真贯彻落实中央一号文件精神，严格保护耕地特别是基本农田。基本农田必须用于农作物生产，严格执行耕地占补平衡制度，土地整理要向粮食主产区、基本农田保护区倾斜，建立耕地保护责任考核体系。

3. 健全机制，切实维护农民群众合法权益。要切实解决涉及国土资源的信访问题，努力把信访解决在首办环节，对信访重点地区、重大群体上访事件的处置，要开展督查。对可能引发群体性事件的苗头，要进行全面彻底的梳理。进一步完善征地补偿办法，完善征地制度，从源头上防止损害农民合法权益行为的发生。加快开展地质灾害调查，突出汛期和重点地区，加强预警预报和群测群防体系建设，切实做好防灾减灾工作。要健全环境监管体制，坚持和完善环保部门统一监管、有关部门分工负责的环境管理体制。打破行政区划的分割，进行全国一盘棋的战略规划。根据各地人口、资源、环境、社会、经济的综合状况，确定发展重点和生产力布局。实行污染量总量控制制度，强化环境准入、环境评价制度和严格的产业淘汰制度、技术淘汰制度。

4. 全面提高素质，不断增强国土资源管理能力。特别是要在保持共产党员先进性教育活动推动下，完善管理体制，提高干部队伍素质，努力提高依法行政、参与宏观调控的能力，沟通协调、推进工作的能力和勤政廉洁、自我约束的能力。要进一步完善各项配套法规，加强规范管理，严格实施各类资源规划特别是土地利用总体规划，统筹安排资源的使用，保障经济社会协调发展。同时，要不断改进管理提高效率，加快国土资源信息化和电子政务建设，加快推进重要矿产资源的调查、评价和勘查，更好地为社会提供国土资源管理服务。

5. 抓紧建立“现代资源产权制度”和“现代环境产权制度”。这是经济增长方式转变、产业结构调整和调节人与自然关系的重要制度支撑。探索建立“现代资源产权制度”，包括国有土地资源、矿产资源、水资源、森林资源、海洋资源等，在资源和环境领域建立一整套包括产权界定、产权配置、产权流转、产权保护的现代产权制度。还要建立“现代环境产权制度”，通过产权界定制度，做好生态环境的价值评估；通过产权流转制度，使优质环境的受益企业支付相应的转让费用；通过产权保护制度，维护环境投资者的合法权益。

（四）政策法治创新，建立绿色经济调控体系。要进一步完善环境法治，加强环境立法，加快配套的环境法规的制定过程，加重对环境违法行为的处罚，有效地解决“违法成本低、守法成本高”的问题，不断开展专项整治活动。要加速建立绿色的国民经济核算体系，将环境成本纳入经济核算范围，综合评价经济发展的质量和水平，并将环境质量纳入干部政绩考核体系。建立生态环境补偿制度，加快研究实行环境税，建立多元的环境投资体制，加大环保投入，建立稳定的投资渠道。要大力研发、发展和应用环境友好的科学技术，从而逐步形成资源能源消耗小、效率高、排污少的生产和消费体系，使人类对自然的开发和利用控制在生态环境可自我更新的范围之内。

1. 政府要制定通过产业结构调整促进循环经济发展的具体对策。首先，政府要建立和完善节能降耗奖惩制度。中央明确指出，着力推进经济体制改革，是建立全面协调可持续发展的社会制度的保障。要进一步完善水价形成机制，扩大水资源费征收范围，推进阶梯式计量水价，农业用水终端水价、超定额用水加价制度；进一步完善石油、天然气价格形成机制，根据国际市场油价变动情况合理安排国内成品油价格；积极研发可替代性资源，缓解煤资源紧张状况。此外，加大力度关停污染企业和违规小煤窑、煤矿，减少甚至杜绝无序开采和违规操作。要鼓励企业调整产品结构，采用节能降耗技术改造传统产业，淘汰落后技术和生产方法，支持企业研究开发相关技术，推行清洁生产。发展循环经济的外部效益往往比内部效益更高，由企业支付成本显然是不合理的。因此，政府代表社会对企业循环利用资源给予一定的财政或税收优惠，这对全面发展循环经济具有直接的促进作用。要通过对短缺资源的价格和税收干预，激励企业和消费者调节产品结构和消费结构，达到节约和循环利用资源的目的。研究建立废弃物再生利用与资源循环利用的政策体系，鼓励开发可再生能源。要用循环经济理念指导编制各类规划，通过“十二五”规划对产业结构进行调整。加强对发展循环经济的专题研究加快节能、节水、资源综合利用、再生资源回收利用等循环经济发展重点领域专项规划的编制工作。

其次，要运用经济规律鼓励企业按循环经济要求组织生产。一是运用经济机制调整产业结构。发展循环经济比较成功的企业，基本上都能够通过循环利用本企业的副产品或废弃物取得较好的经济效益。当资源开采的条件日益变差，资源价格与工业制成品之间的比价不断趋于上升，对加工型企业的利润形成挤压时，企业为了确保利润，就会寻求从废弃物中提取有用物质替代原始资源进行生产。而资源的循环利用也为企业增加了经济利益。二是运用规模效益实现资源消耗的减量化。企业追求微观效益最大化，即单位产出成本消耗最小化。实现规模经济是达到这一目标的重要出路。循环利用资源必须在废弃物排放量具有规模化循环利用的可能时，才能实现成本最小化。因此，需要制定政策，建立专业化的、达到规模经济要求的废弃物收集、分类、加工处理、再利用的企业。三是运用价格杠杆推动企业发展循环经济。近几年国家环境保护政策日益严格，排污费收取日益规范，对高污染排放型企业形成的成本压力日益加大，迫使一批企业不得不考虑减少污染排放，以便减少污染排放费用支出。

2. 构建科学完整的环境资源统计指标体系。在我国实行绿色 GDP 核算，理论和实际之间缺乏有效的衔接，我国目前已在 10 个省市启动绿色 GDP 环境核算和污染经济损失调查试点工作。要保持经济的可持续发展，建立绿色 GDP 核算体系，就应建立一套科学、完整的环境和资源统计指标体系，这一指标体系的基本框架可分为 3 个层次：第一，反映自然资源的统计指标。对自然资源应就其资源存量、资源耗损量两部分价值分别核算，以便于开展资源存量的均衡分析。第二，反映生态环境的统计指标。生态环境的核算包括生态环境效益与损耗两方面，其中效益是客观存在的，例如森林生态环境可以防止水土流失、防止土地沙化，把这些效益折合为价值即为生态环境的效益价值。环境损耗是指生产活动破坏生态环境造成的损失价值。第三，反映环境污染的统计指标。包括环境监测、环境污染防治及环境污染造成的经济损失三部分。环境监测指标主要指大气中各种污染物含量和综合环境质量等，环境污染防治指标有用于环境污染防治的费用、已治理环境污染占环境总污染的比重等，环境污染造成的经济损失包括对人、公共设施、农、林等造成的损失。

（五）消费方式创新，形成绿色生产和绿色消费的良性互动。《中共中央关于制定国民经济和社会发展第十一个五年规划的建议》指出："强化节约意识，鼓励生产和使用节能节水产品、节能环保型汽车，发展节能省地型建筑，形成健康文明、节约资源型消费模式。"形成健康文明、节约资源型消费模式，是贯彻落实以人为本的科学发展观的必然要求，也是建设资源节约型、环境友好型新农村的重要内容。这对全面建设小康社会，实现社会主义现代化都具有重大意义。

要大力倡导适度消费、公平消费和绿色消费，通过环境友好的消费选择，带动环境友好产品和服务的生产。通过生产与技术的改良，不断降低环境友好产品的成本，形成绿色消费和绿色生产之间的良性互动，形成有利于绿色消费与生产的文化氛围，使其成为一种文明的民风、乡风。通过教育、文艺等多种手段，使尊重自然的价值观、道德观成为一种强大的精神力量，促进人与自然的和谐共生、共荣、共同发展。

1. 强化节约意识，形成合理消费、适度消费的理念。建设资源节约型、环境友好型新农村，不仅要建立节约型的生产模式，还要建立健康文明、节约资源型消费模式。首先是要提高认识，转变观念，从精神追求的高度认识节约，从落实科学发展观的战略地位建立健康文明、节约资源消费模式。要深刻认识节约是对国家、民族、家庭、自我负责任，是重操守的表现；而奢侈浪费，挥霍无度，也往往是败家败国的重要原因。一个人、一个企业、一个单位重视节约，合理消费和适度消费，就能更有计划、有目标、有条理地去实现自己的追求。节约往往和进取、积极、乐观向上等追求紧密相连；而随意挥霍浪费资源，常常与散漫、颓废、消沉等不良习性和情绪分不开。一个有节约意识的人，懂得珍惜，更有爱心；而一个奢侈浪费者，则会随意丢弃生命中宝贵的东西。厉行节约，反对浪费不仅是一种健康文明科学的生活方式，更映衬出一种高尚的人格、国格和精神追求；只有把节约内化为精神追求，才能真正使节约形成习惯。所以，从精神追求的高度去认识节约，人人都会自觉树立节约意识和合理的消费观念，整个社会的生产、生活、消费、流通等领域的节约才会有根基。

当前，能源短缺问题已成为严重制约我国经济社会发展的瓶颈，淡水和耕地紧缺也是无法回避的现实，我国一些重要资源对国外市场依赖程度越来越大。资源供需矛盾和环境压力关乎全面建设小康社会，关乎经济安全和国家安全。当我们有意识地把自身的行为和国家民族的命运联系在一起的时候，节约就不再仅仅是一种习惯，而成为爱国主义的具体体现。每一位热爱祖国的公民，都应该肩负起这种责任和使命，真正意识到节约的每一度电、每一滴水、每一张纸、每一粒粮，都是为整个国家、也都是为每一个人包括我们自己及子孙后代造福。

节约资源和文明消费体现的是一种忧患意识，是为中国特色社会主义健康发展的未雨绸缪之举。今天的资源挥霍，必然造成明天的满目疮痍；我们要思考将给子孙后代留下怎样一个家园，而不是仅仅沉溺于今天自己的享乐。

树立这样的忧患意识，必须转变“节约的事儿与己无关”、“我浪费点无关大局”的错误观念，走出在消费文化、消费心理、消费取向上存在的认识误区。自觉自愿地去节约，健康文明地去消费，形成科学发展观要求的合理消费、适度消费的新观念。我们是发展中国家，实现可持续发展，不能走发达国家1/5 的人口消费全球2/3 以上能源的高消费模式。要从中国实际出发，总结国内外在消费问题上的经验教训，在全社会形成合理消费、适度消费的中国特色的消费观念，以新的消费观念引领消费模式的改革。人人树立勤俭节约，反对铺张浪费的理念，形成“节约光荣，浪费可耻”的社会新风尚。

2. 在全社会形成健康文明节约消费的自觉行为。构建健康文明、节约资源的消费模式，关键是在全社会倡导形成自觉的节约消费行为。但是，我国公民的节约消费意识还很淡薄，节约资源的行为还不自觉。据有关部门调查统计，分别有87.8% 和81.1% 的受访居民表示比较注意节约用水和节约用电，但仅有32% 的人表示会尽量减少使用一次性生活用品，仅有18.9% 的人会将生活垃圾分类投放，仅有9.1% 的人使用清洁或可再生能源。这说明，在许多城市居民那里，对于与自己利益直接相关并且简便易行的节约行为，做得比较好，但对于会给生活带来不便，或者是需要一定经济投入的节约行为，则普遍做得不够。举手之劳的节约可以做到，但对于可能带来的不便或者改变自己习惯的事，则不愿自觉去做。

我国是人口众多、资源相对不足、环境承载能力较弱，能源短缺已成为经济社会发展的“软肋”的国家。现实表明：我国正面临着人口多、资源少、环境容量小三道门槛。土地资源总量大，人均少，是世界人均的1/4；水资源短缺，时空分布不均。1/4 国土缺水，1/10 地区水仅供人类生存。全国660 座城市中有400 座城市缺水；油气资源匮乏、煤炭资源利用率低、电力供应紧张、能源运输能力弱；生态环境不堪重负，容纳已到极限，大范围生态退化，环境事故高发，工业污染与生活污染交织，环境破坏影响到生态安全。然而，人们虽然了解这个基本国情，看到资源紧缺这个现状，但许多人的工作、学习、生活还未受到明显影响。正所谓“事非经过不知难”，不到缺水地方，不知水对生活的影响是如此之重；不到开灯无电的那一刻，不知光明在黑夜里是多么美好。

资源紧缺的压力不能变成人们生产生活的现实压力，节约消费的紧迫感就不强，节约消费的意识就不深。甚之，在生产、建设、流通、消费领域，浪费资源的现象依然严重；一些城市建设贪大求洋，汽车消费追求豪华型、大排量，住房消费追求大面积、高标准，一些活动讲究排场、大吃大喝。在社会生活中，浪费水、电、气的现象处处可见。这些不良的行为和现象是与健康文明、资源节约型消费背道而驰的，我们要运用好开源节流这一人类生存发展的基本经验。正是这种经验，使我们能够趋利避害，未雨绸缪，努力让地球上的各种资源满足人们的基本需要。如果我们只顾眼前，不思长远，大量消耗各种资源；只顾个人，不想整体，贪图便利和享受而铺张浪费，大自然就承受不起我们的欲望之重，子孙后代的生存发展也会变得相当艰难。真要到了那一天，即使所有人都感到了切肤之痛、都愿意厉行节约科学消费，也已为时晚矣。

只有把健康科学的生活习惯、文明节约的消费方式，变成全社会的实践行动，在此基础上，全社会才能形成一种“节约光荣、浪费可耻”的风尚，使厉行节约、反对浪费，构建健康文明、节约资源型消费模式形成一种共识的自觉行动。

3. 优化消费结构，全面发展和普及节约技术。鼓励消费能源资源节约型产品，加快建设健康文明、节约资源型的消费模式，重要的一个环节就是优化消费结构，全面发展和普及节约技术，鼓励消费能源资源节约型产品。改革开放以来，形成的消费模式有两大类，一类是生产领域中的能源资源消费模式，一类是生活领域中的吃穿用游观的消费模式。这两类消费模式都存在一个共同弊端，就是浪费型的消费。为此，我们必须摒弃不利于能源资源节约的发展思路和消费模式，牢牢抓住优化消费结构和提高资源利用率这个核心，紧紧抓住发展循环经济的同时，把握发展循环消费这个环节，把着眼点放在节约技术的应用和普及上，大力推广和鼓励消费节能型产品。优化消费结构，由高资本投入向低资本投入转变；由高能源资源消费方式向低能源资源消费方式转变；由浪费型的消费模式向健康文明、节约资源型的消费模式转变。

优化消费结构，就要重视发展和普及节约技术和消费节约型产品，这是建立和形成健康文明、资源节约型消费模式的关键。我们倡导的节约消费理念，核心是切实保护和合理利用各种资源，提高资源利用效率，以尽可能少的资源投入获得最大的经济效益和社会效益。这就对“绿色技术”的发展和应用提出了很高的要求。如何加大攻关力度，发展资源节约和循环利用关键技术？怎样组织开发和示范有重大推广意义的资源节约和替代技术？如何大力推广应用节约资源的新技术、新工艺、新设备和新材料？都是建立和形成健康文明、节约资源型消费模式的重要环节。要解决这些技术问题，必须提高科技自主创新能力，加大对科学技术的投入，以科技创新为动力带动健康文明、资源节约型消费模式的建立。大力推动资源能源节约技术的开发、示范和推广应用，集中力量支持一批重点行业、重点企业资源节约与综合利用技术改造项目。运用高新技术和先进适用技术改造传统产业，大力提高原始创新能力，集成创新能力和引进消化吸收再创新能力，不断提高资源节约和资源消费的整体技术水平。

在推广应用节约技术同时，还要研制可行的节约型产品，通过消费节约型产品达到节约型消费模式建立的目的。节约型社会离不开节约型产品，节约型产品离不开节约型消费。当前，在住房、汽车、家电和一般的小日用品方面，节约型消费空间非常可观。但在全社会消费节约产品是一个渐进过程。节约型消费不会一抓就改，一抓就好，必须作出长期努力。可以肯定地说，科学、现代、人性化的节约型消费、节约型产品，在中国是大有可为的。

4. 倡导社会循环式消费，努力实现废弃物的减量化、再利用、资源化、无害化。循环式消费，是循环经济的一个重要环节，也是形成健康文明、资源节约型消费模式的关键。循环式消费是目前世界上先进的经济资源消费模式，它的特点是运用生态经济学的规律，将人类经济活动组成为“资源——生产——消费——再生资源”的相互联系的反馈式流程，实现“低开采、高利用、低排放”，所有的物质和能源要在一个不断循环中得到合理的持久的有效利用，把经济活动对自然环境的影响降低到尽可能小的程度。在循环经济发展过程中，实现循环消费，是形成健康文明、节约资源型消费模式的关键环节。

循环消费模式所倡导的是一种废物再利用的模式，也是以最少的资源投入获取更大效益和合理利用资源、高效利用资源的模式。它遵循“五大原则”：一是，减量化原则。它是循环消费模式的首要原则，它要求以不断提高资源生产率和能源利用率为目标，在经济运行的入口处，最大限度地减少对不可再生资源的开采和利用，尽可能多地开发利用替代性的可再生资源，变废为宝，进一步减少进入生产和消费过程的物质流和能源流。二是，再利用原则。这个原则要求，尽可能多次、多种方式地使用物质资源，减少和避免能源资源的浪费，为高效能的循环消费创造条件。三是，资源化原则。资源化原则也就是再循环原则。这一原则要求，对各种废弃物尽可能再生利用，使之资源化。四是，无害化原则。这一原则要求，在废弃物资源化过程中，最大限度使物质无毒化、无害化，尽最大努力消除和杜绝经济活动对人类、对自然环境产生的影响，使能源资源消费持久地运行在一个良性循环的过程中。五是，最大化原则。这一原则要求，在经济运行中最大限度地避免或减少废弃物，最大限度地提高资源生产率，实现污染排放最小化，废弃物循环利用最大化。总之，坚持循环消费模式，提高循环经济发展的能力，是建立和形成健康文明、资源节约型消费模式的关键所在。

## 三、建设资源节约型、环境友好型新农村的长效机制

现代农村建设是一个长期的、艰巨的任务，也是一个具有特殊历史意义的宏伟工程，具有丰富的内涵，它涉及农村的方方面面。为保证资源节约型、环境友好型现代农村建设的顺利实施，达到预期目标，有必要构建一套合理的、可行的长效机制，具体包括以下几个方面。

（一）建立健全科学决策机制。基于现代农村建设的复杂性和艰巨性，我们必须进行科学规划，合理决策，建立健全科学决策机制。在战略决策过程中，不仅要正确处理城乡关系，而且要通盘考虑经济发展因素与资源环境保护因素，把经济与环境纳入统一的决策体系，并由权威性的决策机构，采取科学有效的决策方法，制定出切实可行的决策方案加以实施。通过综合决策实现经济效益、环境效益和社会效益的高度统一，促进农村经济社会与资源环境的协调发展，构建具有新风貌、新特征的现代新农村。

资源节约型和环境友好型新农村是一种新型的农村社会发展状态，构建资源节约型、环境友好型新农村应该建立有利于环境保护的决策体系做支撑，包括全面的政绩考核制度、绿色国民经济核算制度、战略环境影响评价制度和公众参与制度。要将环境质量变化和环境保护工作进展作为对党政领导干部政绩考核的内容之一，激励各级领导干部牢固树立可持续发展的战略观念。要建立和完善环境与发展综合决策制度，解决经济社会发展中当前利益和长远利益、局部利益和整体利益的矛盾。要实施绿色国民经济核算制度，将发展过程中的资源消耗、环境损失和环境效益纳入经济发展的评价体系，并以这个体系全面评价国家和地区综合实力和发展潜力。要加大政府的宏观调控力度，对企业积极引导和规范，大力发展节能、降耗、增效的高新技术产业，规范市场准入，建立项目审批制度，从源头上杜绝高消耗、高污染的项目进入，鼓励企业自主创新，开发资源节约型技术，淘汰浪费资源、污染环境的落后技术，改革产品定价机制，建立能够反映资源稀缺性程度的价格形成机制。

（二）创新科技支撑机制。要立足于人与自然的和谐，发展和应用资源节约环境友好的科学技术，形成资源消耗少、资源和能源利用效率高、废弃物排放少的生产和消费体系，使人类对自然的开发和利用能够控制在生态环境

可自我更新的范围之内。一是要大力推动科技体制创新，促进技术与经济紧密结合，鼓励“产学研”联动，优势互补，使企业成为技术创新的主体。二是加大对产业技术进步的财力支持，特别是增加对信息产业、生物产业、装备工业等共性技术的研发投入；大幅度提高消化吸收引进技术的投入比重；扩大中小企业创新基金的规模；改善高技术企业融资环境；全面提高综合折旧率，尽快淘汰陈旧落后设备，鼓励采用新技术、新材料、新设备、新工艺。三是大力推广先进适用的科技成果，如积极普及利用太阳能。四是要依靠技术进步寻找后备能源，开发资源替代技术，生产替代资源，为经济社会的可持续发展储蓄后发优势。

在资源节约型、环境友好型新农村建设的统一思想的指导下，我们应借鉴国外有益经验和引进先进科学技术，以加快我国农村经济发展，推动资源环境保护技术的进步，加快三次产业的结构调整和升级换代，加快工业化、城市化和现代化进程，防止托达罗模型所导致的人口分散效应对环境的污染及资源的破坏。通过企业生产技术的进步达到低投入高产出、节能降耗、减少污染的目的；通过开发清洁生产技术、废物回收利用技术、资源替代技术，扩大资源承载力和环境容量，为资源环境与农村经济社会的协调发展提供技术支撑。

（三）构建法律法规保障机制。1989 年第三次全国环境保护大会后，我国政府制定了“实行预防为主，谁污染谁治理和强化环境管理”的三大政策，到目前为止已颁布了土地法、森林法、草原法、水法、矿产资源法等十多部资源环境保护法律及大量相关规章制度，初步形成了资源环境保护的政策法规体系。但与发达国家相比，这还远远不够，如发达国家目前已制定了循环经济促进法，而我国尚未制定。因此，为建成资源节约型、环境友好型新农村，我们必须加强相关法律法规的建设和完善，尽早出台一些强制性准入或限制性准入的标准，为促进我国现代农村建设及实现资源环境与农村经济社会的协调发展提供制度保障。

要建立与完善循环经济发展的制度体系和法律支撑体系。如建立绿色国民经济核算制度，把经济发展所带来的对环境与资源的破坏计入经济发展的成本；环保标志制度，有助于消费者选择环保产品，可以促进生产者将环保因素贯穿于整个商品生产过程；环境税收制度，对利用废物生产产品的和从废物中回收原料的，税务机关按照国家有关规定，减征或者免征各项税费；绿色消费制度，鼓励使用耐用产品，有限使用可降解的一次性消费产品，而对以不可再生资源为原料的一次性产品的生产与消费，要通过经济、行政等手段进行限制；财政环境投入与信贷鼓励制度，国家对企业的污染防治设备、技术研究及开发项目提供财政补贴、贴息贷款或优惠贷款。要通过相关立法，让政府各项政令和措施有法可依，生产者和消费者明确各自的责任和义务，以此来保证产业结构和产品结构的调整符合循环经济的要求。目前我国已经实施的《清洁生产促进法》和《环境影响评价法》以及有关环境保护的各种法规是循环经济立法的良好开端。但是，当前我国环保法律仍然是基于末端治理或分段治理，过分强调污染发生后的被动措施。需要进一步完善和细化，尤其是要限制高耗能、高污染生产企业的设立和产品的生产，针对具体行业设立不同的规范制度。同时，要加大对《中华人民共和国清洁生产促进法》等各项法律法规的执法力度，以促进循环经济的发展。

（四）建立循环经济的社会长效机制。发展循环经济，创新发展模式，增强可持续发展能力，加大资源保护和生态环境建设力度，建设资源节约型、环境友好型新农村，必须要建立完善发展循环经济的社会长效机制。通过具体而明晰的政策，调节资源开发利用过程中的各种利益关系，正确引导生产和消费行为。在政策上真正向农业科技倾斜，保证可持续农业的发展潜力。积极实施有利于低投入、高产出、少排污、可循环的科技手段，以遏制农村生态环境不断恶化的趋势。加快治理污染，厉行节约土地、水、能源等紧缺资源。财政税收政策要适应新农村建设中循环经济的发展，如可以考虑完善资源税制度，运用税收手段建立有利于资源节约与合理开发的补偿机制，引导资源丰富农村地区适度合理开发资源，并应及早谋划接续性产业的发展和循环。积极加快制定必要的促进循环经济的法律法规，借助于立法手段来禁止破坏农村生态环境、急功近利的行为。在发展循环经济的同时，在广大农村乃至全社会提倡绿色生产、生活和投资消费方式，引导公众消费绿色产品，以需求拉动循环经济下的可持续农业的发展，从而有利于现代农村建设的稳步推进。

（五）完善投融资机制。在现代农村建设中，资金的匮乏将是最大的困难。这要求政府必须加大财政投入引导的力度，动员全社会力量，多方筹集现代农村建设资金，带动社会资本特别是民间资本和外资投入到新农村建设中，建立国家、集体、个人和外资等多渠道、多层次、全方位筹集资金的投融资体系；同时，进一步完善资源环境经济补偿机制，包括补偿的方式和力度，运用经济手段来弥补由于人为原因造成的资源过度损耗和环境破坏，为资源环境与农村经济社会协调发展提供有力保障。

（六）建立公众参与机制。现代农村建设的直接受益者将是全体农民，其成败直接关系到每一个农民的切身利益。因此，必须建立和健全良好的公众参与机制，注重听取群众的意见和建议，凭借集体的智慧实现资源环境与农村经济社会协调发展的综合决策的科学化和民主化；同时，建立举报机制，自觉接受群众监督，有效解决现代农村建设中遇到的问题，以便更好地实现资源节约型、环境友好型现代农村建设的宏伟目标。

## 第四节　农村基础设施建设

良好的基础设施是提高农业竞争力和农村居民生活质量的基础。加强农村基础设施建设，加强农业发展的综合配套体系建设，以及加快农产品流通和检验检测设施建设，这些方面都是关系农业综合生产能力的重要内容。

### 一、当前我国农业基础设施建设现状及其存在的主要问题

改革开放以来，各级政府投入了大量的人力、物力和财力进行农业和农村基础设施建设，我国农业生产条件得到较大改善，综合生产能力有所提高，为农业和农村经济社会的发展、农民收入水平的提高奠定了一定基础。但是，目前支撑我国农业生产和农村经济社会发展的基础设施和物质技术条件、装备条件还比较差。在农业基础设施方面：一是耕地资源和水资源短缺严重。耕地数量逐年减少，1998～2004 年，我国耕地面积从 1.3 亿公顷减少到 1.23 亿公顷，2004 年全国人均耕地面积已经降到 0.095 公顷，人均占有耕地资源只相当于世界平均水平的 40%；人均水资源占有量只占世界平均水平的 1/4，农业用水缺口每年超过 400 亿立方米；部分地区的水土流失、沙漠化、石漠化严重，威胁着国家粮食安全。二是农田水利设施薄弱，抗御旱涝灾害的能力不强。目前，全国大型灌区骨干建筑物的完好率不足 40%，工程配套率不足 70%。三是农业科研投入不足，科研设施落后，农业科技投入只占农业增加值的 0.6%，而发达国家一般占到 2% 以上，发展中国家也平均占到 1% 以上；农业科技体制僵化，研究、开发和技术推广机制不灵活，重大科技成果储备不足，优良品种和先进适用技术普及率较低，使农业科技支撑能力不强，农业科技的贡献率不高，农业生产的科技贡献率只有 45%，比发达国家平均水平低 20～30 个百分点。四是农业物质装备水平较低，农业机械化程度不高，特别是农产小规模分散经营的生产方式严重制约了农业机械化的发展。

五是良种培育及其产业体系建设与现代农业发展的要求不适应，育、繁、推结合不紧密，科研、生产和经营相脱节。六是农产品流通市场和设施建设、农业产业化和社会化服务体系建设严重滞后，使经营规模较小、科技素质水平较低、缺乏市场信息的广大农民不能适应竞争日益激烈的国内外市场环境。

对于每一项具体的农业基础设施来说，存在的具体问题及其产生的原因不尽相同，但归纳起来下列一些原因却具有普遍性。

（一）战略选择失当。在工业化初期阶段，靠农业积累、农民的贡献和农村的支持，建立比较完整的国民经济和工业化体系是一个必然的选择和趋势。但是，20 世纪 80 年代以来，由于国家发展战略的重心仍然以城市和工业为主，对农业基础的性质和作用认识不足，没有把农业基础设施放在优先发展的地位，导致农业基础设施长期不能满足农业生产发展的需要，一直处于短缺运行状态，农业基础设施难以发挥出应有的“社会先行资本”的本质特征。以农田水利工程为代表的农业基础设施建设陷入市场失衡和政府缺位双重困境之中，导致大部分农田水利设施年久失修，功能老化，配套不全；许多沟渠河道淤积，防洪排涝能力减弱，保障能力明显下降。许多水利基础设施处于瘫痪、半瘫痪状态。

（二）投资严重不足。近年来，虽然国家和地方政府每年投资到农业基础设施建设上的资金不少，但由于历史欠账太多，相对于农业和农村经济社会发展对基础设施的要求来说是远远不够的。全国农业财政支出占财政总支出的比重从 1980 年以前的平均 10.3% 下降到 2003 年的 7.2%，全国农业基本建设投资占全国比重从 1980 年以前的 11.16% 下降到 2003 年的 4.8%。《中华人民共和国农业法》第三十八条“中央和县级以上地方财政每年对农业总投入的增长幅度应当高于其财政经常性收入的增长幅度”的规定，总的来讲，各地各级政府都未能实现。而且农业投入中的大头是事业费及大江大河治理，直接用于农业基础设施的占很小一部分。更为严重的是，国家几大银行从农村撤出以后，不仅农业的信贷资金减少了，而且从农村吸纳存款每年“农转非”资金达 700 亿元 ~ 800 亿元。农业贷款只占全社会贷款总额的 5% 左右，与农业增加值占 GDP15.2% 的比重，及农业作为国民经济与社会发展的基础产业地位极不相称。

（三）总体效益不高。一方面是基础设施总量的严重不足，而另一方面是现有基础设施由于管理体制、运行机制、产权主体不清等问题，而导致管理不善，没有发挥应有的作用，经济效益和社会效益都很低下，更不能保证基础设施建设的持续发展。主要原因是，目前对农业基础设施的管理主要是实物管理和设备管理，还没有形成合理完善的资产经营管理模式。许多农业基础设施是无偿服务、无偿供给、无偿消费；免费供给，导致用户的需求无度，不讲节约，供给越多，需求缺口越大，实现扩大再生产就越是步履维艰，造成农业基础设施投资效益低下。

## 二、农业基础设施现代化的对策

提高农业综合生产能力、推进现代农业建设、改善农村居民居住环境和提高农民的生活水平是建设农村和谐社会的重要内容和主要物质基础。而农业生产和农村经济的发展、农民收入水平和生活质量的提高，都有赖于完善的现代农业基础设施。

薄弱和落后的农业和农村基础设施无法支撑现代农业和农村经济的发展。只有完善的农业水利电力设施，才能提高农业抗拒自然灾害的能力，最大限度地减轻自然灾害带来的损失；只有农业装备水平上去了，农业生产率才能提高，农民才能从繁重的体力劳动中解放出来，实现多形式、多层次的转移；只有搞好基本农田建设和草原治理，保证足够的耕地和草原数量，提高耕地和草原的质量，土地生产率才能提高，才能生产出足量优质的农林牧产品；只有大力推广和普及良种，才能生产出优质、高产和高效的农产品，不断满足市场的需求，增加农民的收入；只有完善高效的农业科技研究开发、推广应用体系及农业社会化服务体系，才能增强我国农业科技的创新能力，培养新型现代农民，提高农业产业的科技含量和农民素质，促使我国农业发展从资源依赖型逐步向科技依赖型转变。同时，只有道路交通、供水供电、信息通讯等农村基础设施改善了，城乡之间、地区之间的产品和生产要素才能流动起来，农民生产出来的农产品和其他产品才能及时销售出去，并获得较好的收益，才能保证生产需要的物资和生活需要的各种消费品的供应，农村市场才能繁荣起来。加强农业基础设施建设，是提高农业综合生产能力，建设现代农业的重要保障，对于解决“三农”问题、实现小康社会具有十分重要的意义。

（一）提高认识，树立农业基础设施建设先行的意识。要彻底改变我国农业基础设施的落后状况，切实解决农业基础设施建设中存在的各种问题，加快农业现代化步伐。各级政府部门和全社会必须转变观念，不能只认识到农业基础设施的若干直接功能和作用，还必须充分认识到农业基础设施不仅是农业生产中的物质条件，而且是一个国家或地区农业和农村经济赖以发展的“先行资本”（唐忠、李众敏，2005）；认识到农业基础设施也是全社会经济结构中的一个综合性产业部门；认识到现代农业基础设施和传统农业基础设施及变革中的农业基础设施有本质区别。改变原来只意识到水利、农业机械、能源等物质条件是基础设施的传统观念，把农业基础设施的认识范围扩大到农业生产全过程及其生产环境条件和生产服务体系建设上来，并认识到农业基础设施现代化是物质条件和服务体系实现全面的现代化，这样才能保障农业现代化的顺利进行。

（二）深化改革，探索农业基础设施建设经营管理的新体制。农业基础设施一般具有公共物品、外部经济性、自然垄断性和投资资金集聚性等特征。但不同的农业基础设施的公共物品特性又不完全相同，有些具有准公共物品特性，因此不同类型的农业基础设施的建设经营与管理，应采用不同模式。

在种子工程和畜禽水产良种工程方面：大力支持新品种引进、试验和示范工作，加强种子繁育基地建设，在土地整理、中低产田改造、现代农业示范园区或基地等项目的建设上，与种子繁育基地建设有机结合起来；加大优新畜禽品种的培育，建立完善的畜禽良种繁育体系；国家各级财政对良种产业的龙头企业在政策、信贷、税收和项目建设上给予支持；推进由科研、生产、经营相脱节向育、繁、推一体化转化，由小而全的分散经营向专业化和企业集团转化，引导和推进种业的体制改革，实现种子（畜禽）产业化和整个行业的现代化。

在农业水利设施方面：国家和集体投资的基础设施，在确保安全、有效运行、发挥效能的前提下，可以采取承包、租赁、拍卖等形式，由当地企业或农民承包经营，实行企业化管理和商业化运作，并引入竞争机制，以克服垄断经营带来的低效率问题，也要对企业的服务价格进行监控和管理，抑制过高的服务收费；探索同时能兼顾企业利益和社会效益的财政补贴制度。对一些投资主体是企业和个人的农村各类小型基础设施可改建成各种合作经济、股份经济、股份合作经济等形式。

在市场流通基础设施建设和流通环境改善方面：国家财政要加大投入，人力支持直接为农业和农民服务的产地市场的建设；引导和鼓励社会各种资金投入大规模的区域性农产品物流中心和完善各类交易市场建设；着力于市场信息化建设和市场监管制度的建立；形成完整的农产品市场体系，保证农副产品销售顺畅、交易成本低、效率高。

在农业科研、推广和应用服务体系建设方面：要通过体制改革，解决农业科研和农业生产相脱节问题，重构适应经济社会发展需求的新型农业推广体系。在建设农业科技需要的条件时，要在重视国家层面的基础设施建设的基础上，加大对省市农业科研机构和基层以及农业科技型企业的支持，提高省市科研机构、科技型企业的科技创新能力和基层的科技应用能力建设。

（三）机制创新，探索农业基础设施建设投资主体多元化的新路子。加强农业基础设施建设，关键是要解决投入问题。农业基础设施建设是一项投资大、耗时长、见效慢的工程，只靠农民的力量是不够的，应加大公共财政向农村的倾斜，扩大对农业基础设施的投入。一方面要增加投入总量，另一方面要进一步整合现有的各方面农村建设资金，统筹使用，发挥整体效益。由于农民是新农村和农业基础设施的建设主体，又是受益主体，所以要改进农业基础建设的投资方式，改变过去由政府、村集体大包大揽的做法，采取以奖代补、实物补助等方式，引导农民群众自愿投资投劳。要创新机制，研究和制定相关政策，充分发挥国家政策支持、财政资金引导和市场机制的作用，以优惠的政策吸引个人、集体、企业等各类经济主体投资农业基础设施建设，形成投资主体多元化、建设项目业主化、筹资方式社会化、运行机制市场化的局面，使其成为具有一定自我积累、自我发展能力的基础产业。

（四）部门协调，将农业基础设施建设与农业结构调整相结合。农业基础设施建设是一项政策性强、涉及面广、工作量大的系统工程，就目前我国行政管理体制而言，涉及农业、水利、林业、国土资源、财政金融、发展改革等多个部门的工作，单靠一个部门、一个单位的力量是不行的，必须建立一套专门支持农业和农村经济社会发展的长效机制，聚集各个方面的力量，促进部门有效配合，齐心协力，才能收到成效。

农业结构调整是发展农村经济、提高农民收入的重要手段。目前我国农村正在进行农业经济结构调整，新阶段的结构调整不是简单的多种点什么、少种点什么的问题，不是简单地以“种植比例”为标志，而是面向市场，着眼于提高质量、增加效益和转变增长方式的根本性调整，对农田水利、农业机械、农村能源等基础设施建设提出了更高、更全面的要求。因此进行农业基础设施建设，应与农业、农村经济结构调整相结合，开辟农业基础设施建设的新思路。

（五）突出重点，优先解决农村小型水利设施建设与经营管理。由于资源和要素的约束，不可能同时发展所有的基础设施，尽管可能都是短缺的，甚至短缺强度都较大，也还是应该走选择性发展的道路。虽然非均衡发展有其弊病，但就现状而言，可能更符合实际要求。

就目前来说，加强小型农田水利建设和继续加强农村“六小”工程，改善农村生产生活条件，是近期农业基础建设的重点。与大中型水利建设相比，小（一）型水库、小（二）型水库、塘坝、蓄水池、池塘、机电井、中小型扬水站等小型农田水利的特点是规模小、辐射范围小、投资少、回报率高、涉及的利益主体关系比较单一。因为在过去，国家每年都要组织巨大的人力、物力、财力投入大中型水利建设，对江河堤坝实施加高培厚、清淤除障和分洪治江工程，但对小型农田水利建设难以顾及。与此同时，集体已经逐步从农田水利建设中退出，作为小规模经营的农民，也没有搞农田水利的紧迫意识，造成农田水利建设主体缺失。目前农业生产主要是靠“吃老本”，依靠多年积累形成的水利设施维持正常生产。农村税费改革后，原来小型农田水利投入所依赖的劳动积累工和义务工被取消，小型农田水利建设更是面临严峻挑战。在这种情况下，只有把小型农村水利设施作为重点来发展，并创新管理体制，寻求新的资金投入机制，才能确保税费改革后农田水利事业的持续发展，保证农业生产的顺利进行。

## 三、加强农村基础设施建设的主要内容

（一）严格保护耕地，搞好农田基本建设，提高土地产出率。土地是农业生产的重要要素，土地的数量和质量如何，对农业生产影响极大，我国是人均占有土地数量很少的国家，为了保障我们的食物安全，必须倍加珍惜土地，特别是耕地。要严格控制非农建设占用耕地，确保基本农田总量不减少、质量不下降、用途不改变、并落实到地块和农户。严禁占用基本农田挖塘养鱼、种树造林或进行其他破坏耕作层的活动。修订耕地占用税暂行条例，提高耕地占用税税率，严格控制减免。

中央和省级财政要较大幅度增加农业综合开发投入，新增资金主要安排在粮食主产区集中用于中低产田改造，建设高标准基本农田。土地出让收入用于农村的投入，要重点支持基本农田整理、灾毁复垦和耕地质量建设。搞好“沃土工程”建设，增加投入，加大土壤肥力调查和监测工作力度，尽快建立全国耕地质量动态监测和预警系统，为农民科学种田提供指导和服务。改革传统耕作方法，发展保护性耕作。推广测土配方施肥，扩大测土配方施肥规模。推行有机肥综合利用与无害化处理，引导农民多施农家肥，支持农民秸秆还田、种植绿肥、增加土壤有机质。

（二）加强农田水利建设，提高农业抗御自然灾害的能力。水利是农业的命脉，许多农业增产措施都离不开水利建设。要加快实施以节水改造为中心的大型灌区续建配套工程。新增固定资产投资要把大型灌区续建配套作为重点，并不断加大投入力度，着力搞好田间工程建设，更新改造老化机电设备，

完善灌排体系。力争到2020年基本完成大型灌区续建配套与节水改造任务。农业综合开发要增加中型灌区骨干工程和大众型灌区田间节水改造资金投入，扩大大型灌溉排水泵站技术改造规模和范围，实施重点涝区治理。对农业灌排用电给予优惠。开展续建配套灌区的末级渠系建设试点。继续推进节水灌溉示范，在粮食主产区进行规模化建设试点。有条件的地区要加快农村水利现代化步伐。水源条件较好的地区要结合重点水利枢纽建设，扩大灌溉面积。干旱缺水地区要积极发展节水旱作农业，继续建设旱作农业示范区。大幅度增加病险水库除险加固资金投入，健全责任制，加快完成大中型和重点小型病险水库除险加固任务。抓好地方中型水源、中小河流治理等工程建设。各地要加快编制重点地区中小河流治理规划，增加建设投入，中央对中西部地区给予适当补助。狠抓小型农田水利建设。本着自愿互利、注重实效、控制标准、严格规范的原则，引导农民对直接受益的小型农田水利设施建设投工投劳，国家对农民兴建小微型水利设施所需材料给予适当补助，有关部门要抓紧研究制定具体办法。

（三）坚持不懈搞好生态重点工程建设。农业生态环境，对农业生产影响很大。要继续实施天然林保护等工程，完善相关政策。建立健全森林、草原和水土保持生态效益补偿制度，多渠道筹集补偿资金，增强生态功能。退耕还林工作要科学规划，突出重点，注重实效，稳步推进。继续推进山区综合开发，促进林业发展。进一步加强草原建设和保护，落实草畜平衡制度，加快实施退牧还草工程，搞好牧区水利建设，兴建人工草场。继续加强荒漠化、石漠化治理，加大坡改梯、黄土高原淤地坝和南方崩岗治理工程建设力度，加强湿地保护，促进生态自我修复。加强农村节能减排工作，鼓励发展循环农业，推进以非粮油作物为主要原料的生物质能源研究与开发。采取淤地坝等多种措施推进小流域综合治理，加强南方丘陵红土区、东北黑土漫岗区和西南石漠化区的水土流失综合治理。加大农业面源污染防治力度，抓紧制订规划切实增加投入，落实治理责任，加快重点区域治理步伐。切实防治耕地和水污染。

（四）大力发展农村公共交通，搞好农村通讯建设。要加大中央和地方财政性资金、国债资金投入力度，继续加强农村公路建设。强化农村公路建设质量监管，推进农村公路管理养护体制改革。加快实施渡改桥及渡口渡船改造等工程。完善扶持农村公共交通发展的政策措施。改善农村公共交通服务，推进农村客运网络化和线路公交化改造，推动城乡客运协调发展。“十二五”期间，要加大力度，使农村公路交通条件得到明显改善。全面实施并基本完成农村公路“通达工程”（指乡镇、建制村通公路）建设任务，加快推进“通畅工程”（指乡镇、建制村通沥青或水泥路）建设，为加快社会主义新农村建设，进一步解决“三农”问题提供支撑和服务。

积极推进农村信息化。根据第二次全国农业普查结果，到2006年年末全国有97.6%的村通电话，97.6%村能接收电视节目。为了落实十六大精神，实现全面建设小康社会的目标，信息产业部制定了2005年前达到95%的行政村通电话，2010年实现100%的行政村通电话，2020年基本实现电话家家通的“电信小康”目标。推进“金农”、“三电合一”、农村信息化示范和农村商务信息服务等工程建设，积极探索信息服务进村入户的途径和办法。在全国推广资费优惠的农业公益性服务电话。健全农业信息收集和发布制度，为农民和企业提供及时有效的信息服务。

（五）加快推进农业机械化。随着工业化、城市化和农村劳动力的转移，农民收入的增加以及规模经营的发展，农民对农业机械化的要求越来越高，加快农业机械化进程恰逢其时。推进农业机械化是转变农业生产方式的迫切需要，也为振兴农机工业提供了重要机遇。要加快推进粮食作物生产全程机械化，稳步发展经济作物和养殖业机械化。扶持发展农机大户、农机合作社和农机专业服务公司。加强农机安全监理工作。

（六）继续改善农村人居环境。“十二五”期间，要解决1.6亿农村人口饮水安全问题，农村集中式供水受益人口比例达到55%，适宜农户沼气普及率达到28.8%。要增加农村饮水安全工程建设投入，加快实施进度，加强饮水水源地保护，对供水成本较高的可给予政策优惠或补助，让农民尽快喝上放心水。加强农村水能资源规划和管理，推进水电农村电气化建设，扩大小水电代燃料建设规模。继续实施农村电网改造。增加农村沼气投入，积极发展户用沼气，组织实施大中型沼气工程，加强沼气服务体系建设。支持有条件的农牧区发展太阳能、风能。有序推进村庄治理，继续实施乡村清洁工程，开展创建“绿色家园”行动。完善小城镇规划，加强小城镇基础设施建设。重视解决农村困难群众住房安全问题。

## 第五节 农业发展的综合配套体系建设

农业部已就农业发展的综合配套体系建设作出规划，共有“七大体系”。

这“七大体系”建设的完成，将会对提高农业综合生产能力发挥巨大的促进作用。

## 一、种养业良种体系

种养业是推动农业发展的基础的先导。本着引进与培育、保护与开发相结合的原则，以优势农产品为重点，加强良种科技创新能力建设，构建政府扶持与市场推进互动的新型种养业良种繁育体系。正是由于农作物良种体系建设，尤其是杂交水稻和杂交玉米的大面积推广，我国粮食总产才创造了15年内连续跨越三个千亿斤台阶的奇迹。据权威测算，全球农作物种子市场总价值量约500亿美元，目前的贸易额为300亿美元。我国农作物种子常年用量在125亿千克左右，市场潜在价值超过800亿元人民币，而目前我们的商业供应能力只有45亿千克左右，贸易额仅约250亿元。正是看到国内巨大的良种市场潜力，世界大型良种企业纷纷抢滩我国良种市场。问题的严重程度远不止于此。种子在农产品贸易中还表现出鲜明的技术性壁垒特征，并把农产品贸易与良种贸易直接挂钩。显而易见，如果我们不能够迅速提高良种竞争力，农业发展的主动权必将受之于人。

## 二、农业科技创新与应用体系

这是提高农业生产力的根本保障。农业最终要靠科技解决问题。我国农业发展进入新阶段后，新目标、新任务要求农业科技提供更强大的支撑力。农业科技创新与应用体系建设正适应了这一客观要求。

创新，是灵魂，是动力，农业科技创新能力是形成科技生产力的核心，是主导和支撑整个体系的动力。开展该工程建设，就是为了农业科技领域重大原始创新与突破。它以改善农业科技创新基础设施和装备条件为重点，通过整合科技资源，优化创新主体改进运行机制，营造创新环境等途径，实现农业科技资源的合理配置和高效利用，形成与农业产业发展、区域规划和农业科技发展要求相适应的创新群体，建设农业基础研究的部级开发实验室和农业科研野外观察基地，培养一批农业高新技术企业，搞好农业实验院所和大专院校，不断用高新技术改造传统农业。该建设突出政府投入，同时，积极吸引企业和其他社会资本，按照合理布局、扶优扶强、政府主导和分步实施，以知识创新、技术创新和产品创制三个环节为建设内容。

要在改革与完善农业科技成果转化应用制度、加快农业科技成果的系统集成及二次创新和加强对农业科技转化应用的支持力度上有所作为。优先扶持四大粮食作物最新成果的有效转化，同时兼顾其他成果组装集成与创新发展。建设包括农业科技成果中试熟化基地、转化促进服务中心和产业化示范基地三方面内容，分别起到解决重大农业科研成果二次创新、开展科技成果示范推广及信息服务和培养一批农业高新技术企业的作用。

农民科技文化素质，事关农业科技能否在广大农村和农户中落地、生根和结果。因此，将农民科技培训作为基础工程，这是为了落实国家总理的有关指示精神，培养造就一大批觉悟高、懂科技、善经营的新型农民，将科技兴农战略落到实处的具体体现。虽然，近年通过实施“绿色证书培训”、“跨世纪青年农民科技培训工程”和全国农业广播电视学校系统远程教育等，农民培训成绩斐然。但当前农民科技培训还存在投入不足、基础设施简陋、手段单一而培训水平低和农民培训面广四大问题，亟待加以改进与完善。到2010年，我国农业科技创新与应用能力明显提高，科技对农业的贡献率由2004年的45%提高到50%。

## 三、动植物保护体系

动植物保护体系是国家促进农业生产、保障农产品卫生安全和保护公众的公共服务体系，其建设是维护我国公众健康和社会稳定的必然要求，是促进农业生产安全和可持续发展的重要保障，是提高农产品竞争力的迫切需要。我国是世界上自然灾害发生最严重的国家之一。植物病毒、有害昆虫和螨类、农田杂草、农田鼠类等农业有害生物灾害发生频繁，危害严重，作物受害损失巨大。据统计，全国范围内危害农作物的病虫鼠各类高达1600多种，可造成严重危害的有100多种。我国也是世界畜禽业养殖大国。由于养殖水平和动物疫病防治能力较低，我国每年仅动物发病死亡造成的直接损失近400亿元，相当于牧业总产值增量的62%。更何况，全国还时有一些人畜共患病发生，以及一些农产品中农药、兽药和有毒有害物质残留与污染，直接危害人民的身体健康与公共卫生。另外，近20年来，全国发现新传入动植物疫病近20多种，水产养殖病害100多种，危险性植物有害生物20多种。我国每年因动植物病虫害造成的直接经济损失高达640亿元。

动植物保护体系建设，涉及工程技术、组织管理、社会服务、机制变革和技术创新等内容，是一项庞大的社会经济系统工程。其核心内容是实施植物保护、动物保护和水生动植物保护三大工程。我国植保工作，明确提出了两大突出问题：一是病虫监控预警体系不够健全、病虫防治手段落后、外来检疫性有害生物检疫能力较弱、农药安全性管理和基础条件差距明显；二是农药管理存在农药产品质量不高且利用率低、病虫抗药性增强造成防治难度加大，植保机构管理体系不健全和农民科技素质差以致农药保用水平低等问题。这两大“病因”，显示出搞好我国植物保护工作的艰难和迫切性，这也是农业部决心启动植保工程二期建设的原因所在。

国家将重点投资建设重大农业有害生物预警与控制、优势农产品有害生物非疫区建设、农药与农械安全监管、有害生物治理综合示范和技术创新与支撑五个领域。看得出，这是一个全方位建设的大工程、实工程。

动物保护这一块，既是保证畜禽养殖业持续增长的关键措施，又是保障食品卫生安全的有效手段，还是增加农民收入的重要来源。

与前两个工程不同，水生动植物保护在我国是一项始于20世纪80年代后期的新型农业保护体系。特别是1998年开始针对我国水产品出口贸易不断受阻和水产品药物残留日益严重的形势，国家开始实施《全国渔业动植物保护工程》，取得了很大成效。由于起步晚，保护体系还不健全，基础设施也薄弱，远远滞后于我国渔业发展和公众健康安全需要。该工程规划建立健全适应我国渔业发展的水生动植物保护体系，使我国水生动植物防疫能力显著提高。

实施“三大工程”，重点在于完善六大基础系统。它们是：重大病虫害监测预警系统，动植物病虫害防治系统，动植物病虫害检疫监督系统，农药、兽药安全使用与监控和残留监测系统，动植物保护技术支撑系统，动植物保护物资保障系统。

## 四、农产品质量安全体系

农产品质量安全，是当前政府重视、社会关注和全球瞩目的热点问题，也是农业发展新阶段，提高人民生活质量和提高农产品国际市场竞争力、实现农业增效和农民增收必须着力解决的关键问题。农产品质量安全建设是一项系统工程。从农产品质量安全管理全程控制的理念看，该体系建设应当坚持源头管理、过程控制、市场准入相结合的思路，抓住关键的影响因子和制约环节不放松，逐一加以规范、规定和细化。按照“巩固、健全、提升”的方针，明确提出，以抓源头管理，推动试点示范，推动农产品质量安全相关措施的全面落实；以例行监测，推动稳定的制度化建设；以进出口农产品质量安全管理，推动整体农产品质量安全水平的提高。重点抓好四大建设：一是全面加快标准制修订进程。加快农产品标准制修订与健全农业标准化技术

委员会的步伐。二是加强检验检测体系建设。加快部级、省级、市（县）级农产品质量安全监督机构的建设与农产品质量安全例行检测制度建设。三是加强农业标准化生产示范基地建设。四是加强农产品认证体系建设。需要指出的是，每一项建设实际上都是一个很大的系统工程，包含了十分丰富的内涵。

到2010年，我国基本形成与国际水平对接的农产品质量安全体系。基本做到基础支撑有力，保障措施配套，全程监管规范，应对国际竞争成效显著。

## 五、农业信息和农产品市场体系

现代农业建立在信息和市场的网络基础之上。信息贯穿于现代农业的全过程，维系着现代农业和每个领域。市场在资源配置中发挥着基础性作用，是引领现代农业发展的重要管道。以信息化带动农业现代化是世界上许多国家的成功之路，是我国统筹城乡经济社会发展，建设现代农业的必然要求。国家将以农业信息采集传输、储存开发、发布服务为重点，建立部、省两级农业数据中心，开发整合信息资源，完善信息服务网络，选建遥感监测地面样板县，提高农业信息化水平。升级改造农产品批发市场，发展农产品新型流通方式，建设产品营销促销服务平台。这些建设内容既是现代农业的基本保障要素，也是实现政府对农业宏观调控的内在要求。

创新农业信息体制的关键，是政府和市场要有合理的分工，加快信息服务主体社会化进程，使信息从机关走向社会。在强化政务信息、为宏观决策提供信息支撑的同时，政府要退出微观领域，建立“政府推动、市场引导、多元参与”的农业信息服务主体构成模式，实现资源共享，以提高农业信息资源的全面性、时效性、科学性及可用性。

近期，将改造一批农产品批发市场，包括中央扶持的30个农产品产地批发市场，完善市场基础设施和质量监测设施。同时，建立现代物流配送中心，发展连锁经营和电子商务，推进大宗农产品期货交易和新型流通方式，并强调，要加强农产品公共营销促销服务系统的基础设施和组织建设，开展国内外农产品营销促销服务。

农产品商场是农业信息的重要来源和传播渠道，信息化是农产品市场改造升级的重要内容。两者相辅相成，相互促进，这种相互关联的密切关系，才使得农业信息与农产品商场共同组成一个完整有效的农业支持体系。

## 六、农业资源与生态环境保护体系

农业资源与生态环境保护体系是农业可持续发展的前提条件。面对资源和生态环境的严重破坏，人类几乎在一夜之间认识到：只有改善人与自然的关系，实现由“人是自然的征服者”向“人是自然的伙伴成员”态度转变，建立以尊重自然和保护为前提的“天人合一”和谐状态，才能走可持续发展道路。到2010年全部农业资源与生态环境保护体系建设主要完成四大目标：一是在资源保护上，建立一批农业野生植物原生境保护点（区），抢救收集濒危野生生物资源，使60%以上的珍稀水生野生动植物和特有鱼类资源得到保护。查清外来入侵生物。新建一批农业、草原和渔业自然保护区。草原严重退化区、生态脆弱区和重要江河源头的草原植被有所恢复。建设一批沃土工程和旱作节水农业示范基地。二是在环境治理上，摸清农业环境污染底数，治理农业面源污染面积1200万亩；70%的规模化畜禽养殖场废弃物得到资源化利用；优势农产品产地环境安全基本得到保障。三是在生态建设上，实施生态农业示范、保护性耕作示范和农村沼气建设工程，使生态农业示范县达到500个，保护性耕作面积达到1800万亩，新增以农村沼气建设为重点的生态家园示范户1436万个。四是在监测预警上，形成完善的农业、草原和渔业监测预警系统，开展农业和渔业环境质量、草地资源、野生植物资源、外来入侵生物和转基因生物的监测预警，为政府提供决策依据，提高公共服务水平和能力。

在健全法规、完善制度方面，内容主要包括三个层次：一是要加强立法工作，抓紧制定《外来入侵生物防治条例》、《全国农业生态环境保护条例》、《野生动物保护法》等法律法规，制定《农产品产地环境保护办法》、《基本草原保护管理办法》等配套规章。同时，积极引导地方出台地方性法律法规，健全法制体系。二是要依据相关的法律法规，制定《全国生态农业发展纲要》、《中国水生生物资源保护国家行动计划》和《全国外来入侵生物防治规划》等，建立和完善生态农业认证制度、渔业许可制度、禁渔期和禁渔区制度、水生野生动植物保护管理制度、基本草原保护制度、草蓄平衡制度和禁牧休牧制度等。同时，要修改和制定相关标准、技术规范和操作规程，合理使用化肥、农药。三是要规范执法程序，加大执法力度，做到农业资源与生态环境保护有法可依、违法必究。四是要认真履行国际环境公约中的有关义务。

与此同时，国家将要建立农业资源与生态环境保护的管理和监测预警机构，形成职责分明、运转协调、反应迅速的组织保障系统，明确责、权、利，防止职责“缺位”；积极争取扩大国家对退耕还草、农村沼气、渔业转产转业

等建设的投入，并将其作为长期的支农项目。借鉴国外经验，利用WTO“绿箱”政策，对农业资源保护、面源污染防治等给予必要补贴，逐步完善农业资源和生态环境保护补偿机制。积极配合有关部门制定投资、税收和价格等方面的优惠政策，按照“谁投资、谁受益”的原则，吸引社会、企业和农民投入，建立多元化投入机制。采取措施，吸引国际组织和外国政府对我国农业资源和生态环境保护事业的投放；加强科技创新，着力对水、土、气和生物资源节约与合理利用，农业污染防治、生态恢复与重建、外来入侵生物风险评估与防治等关键技术进行科技攻关。加速科技成果转化和推广，充分发挥科技在农业资源和生态环境保护中支撑的作用。

### 七、农业社会化服务与管理体系

农业社会化服务与管理体系由服务和管理两个系统构成，是科教兴农和依法治农的重要载体。组织实施基层农业实用技术推广服务网络工程、国家级渔港工程和农业执法服务基础设施工程突出公益性技术服务和农业综合执法，重点强化队伍建设和能力提升，围绕构建多形式、多样化、多层次和公正、规范、高效的体系目标，创新管理体制和运行机制。近期目标是，重点改革完善600个基层农技推广服务站，建设1000个农业科技示范场，农民专业合作经济组织服务设施建设800个，在100个县开展农业综合执法改革试点，完善相关设施设备。优先建设沿海地区中心渔港16个、一级渔港16个，建设内陆重点渔港25个。对农机装备给予适当扶持，改善监理条件和手段。

## 第六节　农产品流通和检验检测设施建设

### 一、加快农产品流通体系和设施建设

农产品流通设施，是农产品流通的载体，是连接农业生产和城乡居民生活消费的重要环节，也是社会基础设施的重要组成部分。加快农产品流通设施建设，对实现农产品流通的现代化，促进农村经济发展，增加农民收入，扩大就业，提高城乡居民的消费质量和我国农产品的竞争力，都具有十分重要的意义。

在继续搞好集贸市场和批发市场建设的同时，注重发挥期货市场的引导作用，鼓励发展现代物流、连锁经营、电子商务等新型业态和流通方式。改造现有农产品批发市场，发展经纪人代理、农产品拍卖、网上交易等方式，增强交易功能。加快建设以冷藏和低温仓储运输为主的农产品冷链系统，对农产品仓储设施建设用地按工业用地对待。重视发挥供销合作社在农产品流通和生产资料供应等方面的作用。鼓励邮政系统开展直接为农民生产生活服务的连锁配送业务。加强农业信息化建设。气象工作要加强对农业的服务。各省、自治区、直辖市要加快开通整车运输鲜活农产品的绿色通道，抓紧落实降低或免交车辆通行费的有关规定，并尽快实现省际互通。

## 二、要加强农产品检验检测基础设施建设，保障食物安全

我国要进一步加强质检体系建设和完善，全面提高检验检测能力和水平。突出与食用农产品和大宗出口农产品质量安全直接相关的检验检测能力建设，加强基层质检机构的建设工作，完善仪器设备等检测手段。要深化监测工作，进一步延伸监测区域，扩大监测范围，加强对产地环境、农业投入品和农产品的监测。依据监测结果，开展追查和检查，追溯不合格产品源头，采取针对性措施，从源头上解决问题。加大监测信息发布工作力度，发布农产品、农药、兽药等检测信息。继续探索农产品质量安全监管的有效途径，特别是针对我国一家一户分散生产、经营的产销方式，积极探索适合我国国情的农产品质量安全监管手段和方式。提高进出境检验检疫装备和检测技术水平，增强防范和处理外来有害生物入侵的能力。

加强农产品质量安全工作，实施农产品认证认可，实行农产品市场准入制度。农产品市场准入，是指按照《农产品质量安全法》的规定，对经认证的无公害农产品、绿色食品、有机农产品和经检测符合国家质量安全指标要求的农产品准予入市销售，对未经认证或经检测不合格的农产品，禁止进入市场销售，禁止生产、销售和使用高毒、高残留农药，提高农产品质量安全执法力度。

积极推进农业标准化，推行农业标准化生产。要按照市场准入及相关规定要求，指导和督促农产品生产者建立生产档案，科学使用农业投入品，严格按标准化的要求组织生产，从源头上把住农产品质量安全关。要加快推进无公害农产品、绿色食品和有机农产品认证，加强对已认证农产品的监管，为市场提供更多的优质安全农产品。要引导和鼓励龙头企业、农民专业合作经济组织与农产品市场建立对接或者签订销售合同，通过“场地挂钩”或“场厂挂钩”等方式实现农产品产地准出和市场准入的有机结合。

# 第五章　立足资源特点　打造特色农业

## 发挥优越的区位优势　推动草莓产业跨越发展

河北省满城县农业局　葛福顺　杜宏伟　张金河

### 一、园区建设基本概况

满城草莓享誉全国，早在1986年满城县被农业部、财政部确定为“全国草莓生产基地县”，连续多年被评为河北省“菜篮子工程”、“设施农业”和“特色产业”重点示范县，并从资金、物资等方面给予了大力支持，满城县委、政府非常重视，制定了一系列强农惠农政策，从调整优化种植业产业结构入手，充分发挥我县地理位置便利、自然条件优越、技术力量雄厚的优势，狠抓草莓科技园区的建设，推动全县草莓产业跨越发展，取得了明显成效。截至目前，全县建成“绿海”、“合发”、“绿波”、“宏源”、“富赛”、“华康”、“奥圣”等草莓科技园区8个，占地规模5200亩，投资总额6800万元，年产值5600万元。其中“合发”、“富赛”2个园区被确定为农业部蔬菜标准园，“绿海”、“绿波”2个园区通过了无公害环评和产品认证，“绿海”、“合发”2个园区注册了产品品牌，草莓鲜果销往北京、天津、内蒙古、山西等各大城市，满城草莓科技园区的建立，有效推动了全县草莓产业的发展。

### 二、园区建设的主要成效

1. 产业优势明显

2010年全县草莓收获面积4.95万亩，总产8910万公斤，总产值2.8亿元，仅草莓一项人均增收750元。日光温室、拱棚、地膜覆盖、露地草莓齐头并进，草莓鲜果采摘期延长到了7个月，亩产值由过去的不足1000元猛增到了10000~30000元。全县草莓生产的发展，不仅增加了农民经济收入，同时也促进了加工、市场、饮食、运输等服务行业的发展，目前全县建成8个草莓科技园区、5个草莓批发市场、草莓深加工企业17家，形成了围绕草莓运转的科研、生产加工、储运、销售全方位、系列化的产业格局。

2. 推广普及了草莓新品种

满城县在园区建设中，始终把草莓新品种的示范推广工作放在首位，1985年农业局从国内外引进新品种120个，试验筛选出以"全明星"、"哈尼"、"丰香"、"保交早生"、"静香"为主的第一代草莓新品种，农民的种植效益由原来的亩产值1000元猛增到3000元；1998年园区又示范推广了"达赛莱克特"、"日本2号"、"吐德拉"等新品种，其中法国品种"达赛莱克特"亩产量2000~2500公斤；近几年园区又推广了第三代草莓品种"玫瑰"、"甜查理"、"佐鹤清香"等，亩产量均在1500公斤以上，亩效益16000元以上，2010年"合发"园区引进"红颜"新品种，采收期从当年12月中旬到次年6月初，亩产量高达3000公斤，创造了单茬草莓亩收入6万元以上的高产高效新纪录。

3. 推广了草莓标准化生产技术

园区引进新品种同时，推行农业标准化生产技术和绿色无公害生产技术，农业局制定了《满城绿色草莓标准化生产技术规程》和《满城县无公害生产基地管理办法》等绿色无公害生产规程在园区推广应用，在园区推广了草莓无毒苗、氯化苦土壤消毒、益益久生物制剂的使用、标准化施肥、硫磺罐熏蒸、黄板诱虫、防虫网物化防治、水肥一体化滴灌节水灌溉、双膜覆盖等无公害生产新技术18项。2004年"绿海"园区通过新技术的推广应用，产品通过省、市、县三级检测，全部达到无公害标准，销往北京各大超市，产品供不应求，该园区完成了河北省无公害基地认证1.2万亩，注册了"绿赛"牌商标，2005年"绿赛"草莓通过了部级产品认证，2006年"绿海"园区被命名河北省政府"一县一业一园"现代化农业科技示范园。

4. 草莓合作组织方兴未艾

为了提高草莓种植农户抵御风险的能力。"绿海"、"合发"、"富赛"、"华康"等园区先后成立了草莓、蔬菜专业合作社，吸纳会员达1500多人，协会的成立使农产品加工和运销的个体农户联合起来，创造了聚集规模，增强了市场竞争力，提高了产品的附加值，合作社不断加强自身建设，完善服务功能，已成为服务当地的生力军。

5. 开发了草莓观光采摘游

该县凭借5万亩草莓基地和近邻北京、天津、石家庄、保定的便利交通优势，在科技局的“宏源”生态园、李铁庄的“合发”园区建起了生态草莓采摘基地，形成以草莓为主，娱乐、垂钓、农家小吃等为辅的草莓旅游观光采摘游，年接待来自省内外的游客达2万多人。游客可以直接走进温室，尽情体验采摘草莓的乐趣，草莓观光采摘游进一步拓展了现代农业园区的功能，延伸了农业的产业链，增加了农民收入，提升了满城草莓的知名度。

## 三、园区建设存在的问题

满城县草莓科技园区起步较早，虽然投入了较多人力和物力进行园区建设的规划、论证和实施，但是终究是个新事物，缺乏现成经验，规划、论证和布局难免存在不合理的地方。

1. 园区规模小，缺乏现代农业园区的总体规划和布局设想

从调研情况看来，满城县的草莓园区虽然数量不少，但是从面积来看，都在200～1000亩的范围，园区的规模普遍偏小，规模约束还限制了园区的功能完善以及实际效益；园区建设时缺乏整体规划，虽然成方连片，但是有的园区没有做好整体规划和布局，影响了整体效果，限制了国家级、省级项目引进，在一定程度上制约了草莓产业向高水平、高档次发展；有的园区建园的目的是为了向上级部门争取经费的支持，这些园区建成后，往往因为管理、机制、效益、经费等问题，只办几年后就无法坚持下去，只好停办而终。

2. 园区基础配套设施建设薄弱

高标准日光温室、节水灌溉、引电入棚、道路畅通是发展设施农业的基本条件。由于资金缺口较大，目前各个园区的基础设施和综合配套都还存在较多问题，需要进一步强化基础设施建设，提高设施农业和种植业技术标准，增强综合配套能力。

3. 园区产品包装、品牌建设力度仍需加强

一是鲜果包装落后，缺乏精品包装，多年来一直沿用木箱或纸箱，包装粗糙、笨重，每箱包装一般10～15公斤，销售时倒来倒去使草莓受损严重，影响了草莓的商品价值，降低了效益，制约了草莓的进一步发展；二是品牌建设力度不够，虽然近年来满城县品牌建设步伐不断加快，但是，从目前的园区品牌相对数量来看，平均4个园区才有1个品牌，相对品牌所能发挥的

实际效用和品牌发展的多样性来看，园区品牌建设的力度仍然不够。

4. 园区的科技水平有待进一步提高

各个园区的科技水平参差不齐，有相当一部分园区缺少懂技术、精通业务的专业人员，对于一些投入规模都不够的园区来说，科技含量不高，很难发挥新技术的增产增效作用。

## 四、园区建设的发展对策

1. 强力推进草莓标准化发展进程，抓好草莓质量安全体系建设

草莓无公害生产、绿色生产、首先涉及人民群众的食用安全，其次是涉及市场准入和国际贸易壁垒的突破，必须高度重视。第一要搞好草莓无公害生产、绿色生产的宣传普及工作，纠正农户只重视眼前经济利益，忽视草莓质量安全、生态环境安全的短视行为，第二要积极开展草莓优质、无害、绿色标准化园区建设进程，提升草莓质量和科技含量。一是实行规模化种植，积极开展标准园创建，推进蔬菜规模化种植，发展适度规模经营；二是实行标准化生产，建立并推广草莓无公害生产操作规程及产品质量安全和分等分级标准体系，实行专业化统防统治，测土配方施肥，使产品达到食品安全国家标准；三是商品化处理，产品分等定级分包装等商品化处理和贮运保鲜；四是实行品牌化销售，搞好无公害、绿色、有机产品认证；五是实行产业化经营。第三要建立和完善市场监督机制，加强草莓市场食品质量的全面检查，尽快完成与国际草莓质量检测标准体系的对接。

2. 强化基础设施配套建设，提升设施农业发展水平

一要重视加大对落后设施的改造力度，新建设施要高标准，适度超前，力争设施一定时期内不落后。二要积极整合交通、水利、电力等部门资金，对园区基地实施水电路等基础设施综合配套建设，提升设施农业的综合配套水平。

3. 强化园区项目推进，不断增加有效投入

这是加快现代农业园区建设的重要手段和物质保证。一要抓项目实施。全力组织好国家、省、市级财政重点支农项目和列入2012年政府重点目标考核项目的实施。二要抓招商引资。围绕草莓特色产业，突出新品种和休闲观光农业，进一步完善农业招商项目。三要抓优化服务。政府主动为现代农业园区建设提供规划编制、科技对接、项目申报、人才引进、资金融通、政策落实、关系协调等方面的服务，切实解决在建设园区过程中遇到的立项、审批、登记以及用地、用电、用水等方面的难点、重点问题，营造良好的农业

园区发展环境。四要抓检查考核。坚持落实责任，强化督查，提高成效，确保园区发展的各项工作真正落到实处。

4. 打造品牌，提升档次，着力提高草莓产品市场竞争力

一是要引导园区树立强烈的品牌意识，努力优化产品结构，提高产品档次，打造强势产品。二是提高技术创新能力。园区可以采取技术合作、入股来解决技术创新投入问题。研发经费力争达到销售收入1%以上，并逐年有所增加。三是实行科学的商标策略是争创品牌的重要途径。商标设计要力求美观、大方、简洁、抽象而有吸引力。

5. 创新机制，开发人才，为做大做强草莓产业提供智力支持

一是健全县、乡、村三级农技推广机构，抓好人员管理，促进队伍建设；二是保障经费供给，确保工作正常开展；三是提高技术服务手段，逐步改进农技推广人员的业务深造、交通、农民培训等技术服务设施及设备；四是处理好“本土人才”与“外来人才”的关系，积极创造人尽其材、人才辈出的环境。完善公开、公平、公正的择优育人、选人、用人机制，把优秀人才集聚到具有草莓品种的研究、市场的拓宽等上面，依靠科技力量提高草莓的附加值，加快社会主义新农村的发展。

6. 借助招牌，发展旅游，进一步延长草莓产业链

满城县拥有丰富的旅游资源和优越的区位条件，为加快旅游业发展奠定了基础。随着“宏源”、“合发”草莓高科技生态观光采摘园的开发建设，更加促进了我县旅游业发展。我县草莓产业化、高效化的发展模式已经成为农业的精品工程、靓点工程和产业结构调整的典范。温室外白雪皑皑，温室内花艳果红，这一仙境已在满城草莓种植区变成现实。要充分利用这块金字招牌，建立健全旅游景点和基础设施建设，发展草莓旅游业，争创“全国农业旅游示范点”，进一步拉动草莓产业化发展，延长草莓产业链。

**作者简介：**

葛福顺，男，汉族，1962年出生，中共党员，本科学历，高级农艺师。现任河北省保定市满城县农业局农业股股长。

曾获科技成果奖多项，获政府模范工作者等多项荣誉称号。

杜宏伟，女，汉族，1966年出生，本科学历，高级农艺师。现任河北省保定市满城县农业局农业股副股长。

曾获多项科技成果奖，并多次被评为省、市蔬菜先进个人等荣誉称号。

张金河，男，汉族，1960年出生，中共党员，高级农艺师。现任河北省保定市满城县农业局植保站站长。

获多项科技成果奖，连年获县政府嘉奖。

# 立足乌海资源优势　发展葡萄特色产业

内蒙古自治区乌海市农牧业局　邬晓惠

“银川平原以南，贺兰山余脉以西，北温带大陆性气候，日照时间长……”，得天独厚的资源优势令乌海市成为发展种养业及高效农业最理想的地区之一，也是国内可与新疆吐鲁番地区及法国波尔多地区相媲美的优质葡萄生产基地。在中国葡萄栽培区划中，乌海地区属于第Ⅲ区——中温区一个独特的栽培区。在国家农业部编制的《中国葡萄优势区域发展规划》中，乌海被列为黄河中上游欧亚种葡萄优势栽培区。

乌海市地处内蒙古自治区西南部，位于北纬30°~40°，处于世界葡萄种植的“黄金”地带。光照资源丰富，年平均日照时数可达3135.4小时，年光照总辐射量为133.8千卡/厘米$^2$，年平均昼夜温差大。无霜期长，干旱少雨，冬季寒冷，平均气温9.5℃，无霜期长达160天左右，年平均降水量160毫米，全年相对湿度为42%。水土条件良好，现有耕地多为沙质壤土、壤土和砾石土，土层深厚，平均厚度在0.4~1米；土壤PH值6.8~8；黄河流经市区105公里，地水资源充足、水质优良。非常适宜葡萄的生长，被国内葡萄专家誉为“中国很有发展前途的葡萄栽培区”。

经过三十多年的发展，葡萄产业已经成为乌海最重要的特色产业之一，乌海市成为内蒙古自治区新建的、规模最大的葡萄商品生产基地。截至目前，全市葡萄基地面积达到2.4万余亩，葡萄年产量达1万吨，已成为自治区栽培面积较大、效益较好的葡萄生产基地，多个葡萄品种荣获国家级奖项，乌海葡萄初步形成了“龙头+基地”的发展模式，形成了具有较强市场竞争力的乌海葡萄品牌，名声日隆，影响渐大。

## 一、找准定位谋发展，成效显著开新篇

乌海市农业立足地区独特的气候、土壤等资源优势，将自然环境劣势当作优势来对待，充分利用沙漠干旱、日照长、积温高、无霜期较长的独特自然气候条件，将葡萄产业发展作为乌海农业的重点来抓。特别是“十五”以来，在农业产业结构调整过程中，将葡萄产业确定为乌海农业发展的主导、特色和优势产业。经过多年的不懈努力和建设，乌海葡萄种植基地已形成规

模，龙头企业不断壮大，葡萄产业发展与品牌建设初见成效，葡萄种植业成为农业发展的“领头雁”。

2008 年乌海葡萄获得国家首批农产品地理标志认证，乌海葡萄基地被评为“全国优质葡萄生产基地”。所产的红地球、无核白等鲜食葡萄，在国内各类质量评比中屡获金奖。汉森、西口风、吉奥尼等葡萄酒加工企业均已初具规模，市场影响力日趋增强。

## 二、创新机制促发展，突出“六抓”增实力

乌海市把葡萄种植业作为农业发展的主导产业，并坚持走“生态、高效、特色、精品”的农业发展之路，积极转变农业发展思路，大力发展葡萄产业，着力打造绿色葡萄产业品牌，通过政策引导和资金扶持，努力把葡萄产业做大、做优、做精、做强。

### （一）抓基地，构筑产业发展基础

经过多年的科学规划和有效引导，乌海葡萄呈区域化、规模化种植，集约化管理，品种不断优化，种植结构日益完善。近年来，先后引入国内外葡萄名优新品种 100 多个。在发展鲜食葡萄的同时，加快了加工葡萄的发展，在发展露地葡萄的同时，加快了设施葡萄的发展，为葡萄产业化发展奠定了基础。

2009 年以来，乌海市委、政府以黄河海勃湾水利枢纽工程建设为契机，大力改善水利条件，狠抓田间基础设施建设，全市葡萄基地建设水平得到了有效提高，全面提升了葡萄的综合生产能力，葡萄基地面积以每年 3000 余亩的速度迅速增加。

### （二）抓加工、流通，提高产业化水平

积极做好产业龙头企业的培育工作，使乌海市的葡萄产业走向纵深发展。葡萄的生产、加工、贮藏、流通产业链条已经基本形成，产业带动力和抗风险能力也在逐步增强，总体经济效益不断攀升。目前，全市涉及葡萄种植、加工、贮藏、流通的企业已达 30 多家。其中，葡萄酒加工企业 3 家，设计生产能力 2 万多吨，当前生产能力 7000 多吨；保鲜流通企业 10 多家，建成和正在建设大小不同的贮藏保鲜库，保鲜库能力达 10 万多立方米。

### （三）抓科技，推动产业提质增效

推广实施葡萄标准化生产技术，试验研究设施葡萄促成与延晚技术，研究开发葡萄酒加工高新技术，应用研究葡萄贮藏、保鲜技术，为葡萄产业发展提供了有效技术支撑，推动产业不断提质增效。

**（四）抓服务，为产业发展注入活力**

乌海市农业部门充分发挥其技术优势，不断加强科技服务，相继实施和开展了“葡萄科技承包”，“科技特派员活动”、“农业科技点对点服务”，直接服务于葡萄种植户，为我市葡萄产业发展注入了科技的新鲜活力。积极采取“走出去，请进来”的方式，开展葡萄产业的科技交流，不断提高从业人员的各项素质。着力搭建各种展会平台展示相关产品品牌，积极组织企业参加国内外展示展销会及贸易洽谈会。

**（五）抓品牌，推动产业走得远**

实施品牌战略，走品牌带动发展之路，对做大做强农业产业化龙头企业具有重大的现实意义。乌海市现有通过认定的无公害农产品生产基地10个，绿色食品生产基地1个，有机食品生产基地1个。同时，乌海市积极开展企业商标注册、“三品一标”认证、名牌农副产品争创等工作。目前，全市共有8家从事葡萄种植、流通、加工企业注册了葡萄产品12个商标，其中“田野农科”葡萄评为A级绿色食品；汉森酒业集团通过中绿华夏有机食品认证中心认证有机葡萄和葡萄酒产品18个。2011年，汉森公司成为首家入驻第16届法国波尔多国际葡萄酒及烈酒展览会的中国葡萄酒企业，目前已接到来自爱尔兰、加拿大、法国、比利时、丹麦、荷兰、瑞士等国家的订单。

**（六）抓扶持，促进产业健康发展**

葡萄作为乌海特色种植业，乌海市政府自2002年起，已连续十一年对达标种植葡萄给予补贴。为了鼓励规模化发展，补贴金额从2002年的200元/亩、2005年的300元/亩，增加到从2009年起300元/亩/年，连补三年；葡萄育苗一次性补贴3000元/亩。同时，为了鼓励发展设施葡萄，新建连片50亩以上周年生产保温温室，一次性补贴20000元/亩；新建连片30亩以上大棚，一次性补贴3000元/亩。在加工、销售、贮运、品牌建设等相关产业方面，也给予了大力扶持。政策的顺利实施，极大地调动了种植户和企业的积极性，促使乌海葡萄产业进入了发展的快车道。

## 三、发展品牌强发展，刺激经济创效益

随着乌海葡萄产业的迅速发展，龙头企业不断壮大，并逐步形成了自有优势品牌，已形成了完整的产业链条。

几年来，乌海市所产葡萄及葡萄酒获得了多项荣誉，葡萄美誉度、地域知名度均不断提升，并享誉国内外。汉森葡萄酒获得国家驰名商标称号，填补了乌海市当地产品驰名商标的空白。2012年，汉森葡萄酒有三款产品在法

国、德国和英国分别获得7个大奖；吉奥尼公司生产的葡萄酒通过了五洲恒通认证有限公司有机产品认证；西口风农业开发公司生产的五星级赤霞珠获第七届中国农业博览会金奖；培育的“无核白”等品种被评为“中华名果”，并连续获得第二届中国农业博览会金奖、全国第十一届葡萄学术研讨会优质奖等荣誉。在第五届中国优质葡萄擂台赛上，乌海选送的红提等4个葡萄品种获“优质奖”，并被推荐为2008年北京奥运会安全优质葡萄。以葡萄为主题的休闲农业顺利起步，目前已有2个国家级、2个自治区级休闲农牧业与乡村牧区旅游示范点，葡萄产业呈现一、二、三产业相融互促的发展态势。

2012年10月9日，乌海葡萄酒博物馆正式开馆。该博物馆是集收藏、展示、研究、教育功能于一体的专题性博物馆，它的建成将进一步加强乌海市同全国葡萄酒行业的沟通与交流，助推地方经济社会发展，成为打造乌海文化名片和文化旅游产业发展的新亮点。此外，国家级酿酒葡萄栽培标准化示范区项目已于2011年在汉森酒庄正式启动，成为首个国家级农业标准化示范区，将建立起标准化酿酒葡萄栽培体系。

随着一批龙头企业的迅速崛起，葡萄产业已成为乌海市农业增效、农区居民增收的支柱产业，使得当地农业经济实力逐步增强，对地区经济快速发展起着举足轻重的作用。

## 四、铿锵前行续发展，产业多元新格局

乌海市深入贯彻自治区“8337”发展思路，按照市委、政府大力发展县域经济的安排部署，从葡萄产业化发展的内在要求出发，抓龙头，强基地；重科技，抓管理；活流通，促加工；创品牌，增效益。围绕“优质”搞好基地建设，围绕“规模”做大、做强龙头企业，围绕“绿色、有机”开拓市场，形成种植区域化、加工专业化、经营一体化、服务社会化的产业化格局，促进葡萄产业多元化持续发展。通过一系列支持葡萄产业发展政策与措施的出台与落实，将围绕绿色葡萄产业做好特色农业大文章，把乌海市建设成集葡萄及葡萄酒文化与旅游相结合的“葡萄产业文化之乡”。

为了促进和加快葡萄产业发展，乌海市委、政府在《乌海市城乡一体化及农业产业化奖励补贴政策》对葡萄育苗、种植补贴，名优农产品品牌推广补贴和龙头企业贷款贴息补贴等扶持、鼓励的基础上，目前正在研究和准备出台《乌海市葡萄产业发展指导意见》，将进一步加大对葡萄产业发展和品牌建设的引导、支持与鼓励力度；通过政策引导和经济扶持加快耕地流转，实现耕地的集约化、规模化经营，调整种植业结构，大力发展绿色优质酿酒葡

萄种植；在海北机场路两侧生态涵养区建设集优质葡萄种植、葡萄酒文化园和休闲观光旅游于一体集中体现葡萄产业文化的“葡萄产业文化长廊”。

“十二五”期间，乌海市要在做精第一产业的同时，大力发展特色现代都市农业，构筑“安全、特色、精品”农业产业体系。全面提高农业综合生产能力和综合效益，以龙头企业和中介组织建设为抓手，重点发展壮大葡萄和蔬菜业，优势特色农业基本实现产业化经营。同时，将加快一产业与二、三产相融互促，大力发展集葡萄种植、酒庄、观光农业生态循环、农家乐设施及加工为一体的综合项目。一串串葡萄将构筑乌海市农业发展、经济腾飞的新脉络。

# 拓宽农林技术服务领域<br>搭建促农增收致富“金桥”

辽宁省沈阳市东陵区农村发展局　于洪潮　王　莉　王学玉

近年来，沈阳市东陵区（浑南新区）农村发展局深入贯彻科学发展观，加强农业新技术、新品种的推广力度，农林技术推广工作成果显著。2011 年获得的主要荣誉有：三年部级项目《测土配方施肥》省级验收达到优秀；省农委授予《省测土配方施肥工作先进单位》；《树莓产业化关键技术研究与应用》获市科技进步二等奖；《树莓新品种引进、筛选及优良品种推广》《树莓安全控害技术研究与推广》《秸秆促腐循环利用与平衡施肥技术推广》3 项成果获市农村科技推广三等奖；树莓种苗繁育中心被市科技局认定为市级科普基地。主要经验是：

## 一、以充分发挥东陵红树莓地理标志商标作用为引领，提升新品种应用率和果品质量

为提升东陵红树莓知名度、信誉度和市场竞争力，促进树莓产业实现持续健康发展，主要做了以下几项工作：一是全程搞好技术服务。通过多种形式宣传东陵红树莓地理标志商标。每年举办 10 期培训班，培训近 1000 人次，聘请专家教授走村入园入户指导 50 余次，召开 8 次技术现场会。印发绿色树莓标准化生产技术手册 5000 份，派出 7 名专业技术人员，常年包街道、包户，为近百户农民提供“看得见、摸得着、见实效”的技术服务与指导。在采收前印制采果期间明白单，使农民不出园就能掌握采摘、果实销售等注意的事项。树莓种苗繁育中心自行研制出了果实采收架，具有携带方便、造价低、果实破损率低等特点，可有效降低果实损耗率和农民采果人工费支出。二是繁育适于栽培、市场需求的优新品种。主要品种是双季莓的哈瑞赫兹、秋红，单季莓的费尔杜德。在尊重农民意愿的基础上，按照市场需求更新品种。主要是用费尔杜德替代红宝玉、澳洲红。三是示范先行。在王滨街道富家村建立了占地 160 亩的树莓种质资源圃，现已栽植了 10 余个有发展前景的品种，预计可筛选出 2～3 个抗逆性强、丰产质优的主推品种，全部推广后亩

产可提高10%左右，亩增效500元上下。同时，在祝家街道常王寨村建立了占地200亩的树莓标准化生产示范园，各项栽培技术措施均按照优质果生产标准，起到“做给农民看、引着农民学、领着农民干”的作用。

## 二、以提高优质果率为重点，推进寒富苹果实现持续健康发展

一是搞好规划。本着“政府引导、市场运作、自主自愿、分类施策”的原则，制定出与大浑南建设和全区“十二五”规划相衔接的发展规划，规划体现了高起点、高水平、取得高效益。二是用活政策。市政府对发展寒富苹果、建设寒富苹果农民专业合作组织、推进寒富苹果“一乡一业”发展、获得农产品国家地理标志原产地称号、产业带头人发展都出台了扶持政策。据此，组织技术人员深入村屯果园认真调研，发挥优势，认真落实。三是突出科技。为配合李相街道万亩寒富苹果基地乡镇建设、王滨街道兴盛村2000亩生态寒富苹果沟建设和春季新发展寒富苹果，每年举办10次技术培训班、4次现场会、20多次专家入村入园入户送技术，培训千余人次。同时，围绕提高优质果率，推广应用了8项成熟配套技术。四是提升质量。新建果园合理密植株行距2×3米，采用细长纺锤形整形，成活率达到了90%以上；在技术人员的指导下，结果园紧紧围绕创品牌、抢市场这个中心，通过推广应用成熟配套技术，强化、完善、充分发挥农民专业合作组织服务职能，依托丰产优质高效典型的辐射带动作用，全面提高产量、果品质量、优质果率和经济效益。

## 三、培育科技示范户　办好惠农民生实事

为推进全区农业产业化建设，促进农业增效农民增收，几年来，在全区涉农街道培育了60个种植业科技示范户，涵盖了树莓、寒富苹果、沙地沟大杏、蔬菜、食用菌、花卉和玉米、水稻、油料作物、杂粮等。据统计，截至目前，科技示范户共应用先进适用的栽培技术百余项，举办技术讲座50多期，辐射带动3000多农户。预计，科技示范户收入水平同比提高20%左右。可以说，培育科技示范户成为了农民学科技用科技的“助推器”，促进农林技术推广的“孵化器”，是农业增效农民增收的“加速器”，起到了“点亮一盏灯照亮一大片”的作用。主要作法：一是适应新形势，找准切入点。为适应“建设大浑南、办好全运会”的新形势，紧紧围绕区委、区政府提出的推进城

乡统筹发展的战略部署，及时调整工作思路，明确工作定位，牢牢把握农业产业化发展新的机遇期，把培育优质高产高效科学示范户作为了全面做好农林技术推广工作，促进全区现代农业发展的切入点。二是搞好三个联合，实现多赢。与农业科研院校联合。从中国果树研究所、省农科院、沈阳农业大学聘请了10多名专家教授，他们不定期到科技示范户指导，解决了生产技术的关键问题。与农民专业合作组织发展相联合。科技示范户有的是合作社带头人、有的是合作社的理事、大部分是合作社的社员，他们把应用科学技术，取得较好经济效益的经验用现身说法传播给广大农民群众，起到了带领农民群众增收致富的“领头羊”的作用。与企业联合。约有40%的示范户与农事龙头企业、市内大型超市建立了产品销售协议，所生产的农产品企业直接收购，或实现了农超对接，从而增强了生产的科学性，避免了盲目性，降低了市场风险。三是开展全程服务，引领产业升级。派出15名农林技术推广人员，常年为科技示范户提供产前、产中、产后的技术服务，技术人员春抓种苗品种、夏抓配方施肥防病防虫、秋找信息抓销售、冬抓培训修剪。在专家教授、科技人员的悉心指导下，科技示范户种植面积扩大、生产能力增强、经济效益提高，有3个示范户建成了国家级寒富苹果示范园，有10个示范户成为了全市产业发展带头人，有15个示范户进入了区级农业生产标准园的行列。

## 四、开展新品种新技术引进、试验、示范、推广，为现代农业建设提供技术支撑

几年来，加大了引进新品种、新技术的工作力度，在玉米、水稻、蔬菜、树莓生产上，引进了100余个新品种、50多项新技术。推广“辽星系列”水稻、“矮化密植系列”玉米50万亩、“洋葱、甘蓝、黄瓜、西红柿”等新品种蔬菜6万亩。示范推广农产品安全生产控害技术30余万亩、测土配方施肥技术30余万亩、地力提升工程10余万亩、秸秆反应堆技术5000亩、树莓标准化生产技术5万亩，佳多频振式杀虫灯诱杀害虫技术6000余亩，寒富苹果标准化生产栽培4000亩。同时，承担2个国家粮油高产创建示范区建设技术任务2万亩，承担样板城建设的2个技术指标实施。

## 五、大力应用信息技术，稳步推进农业信息化

建立了以区级农业信息平台为枢纽，各街道信息服务项目站为节点，上

联省市，下联乡村信息服务站、农事企业、农民专业合作社和广大农户，覆盖全区种养户的农业信息化服务网络。一是建立了日光温室远程监控系统。在全区涉农街道的30个日光温室安装了监控设备，技术人员通过实时监控就可掌握日光温室内的温度、湿度、二氧化碳浓度等情况，并即时提供栽培技术指导与咨询。二是搭建了2个平台。农业信息共享服务平台。依托省市涉农网站和涉农信息资源，建立网上咨询农产品产供销信息、科技致富信息、农业生产大户资源库。通过专家服务团队和电脑、电视、纸制宣传材料，面向“三农”提供信息和成果，为农户提供技术服务。移动电子信息平台。充分利用覆盖广大农村的移动网络，整合农业信息资源，以移动手机用户为载体，以MAS（农信通）业务为实施方式，将全区信息服务延伸到移动手机终端，到达广大农户手中，向农民提供气象信息、农业技术、农业政策等信息，将电脑、MAS、手机捆绑在一起，解决信息传递不畅问题，及时、准确、高效地将信息传递到农民手中，农民在家中就可以接到相关服务。三是形成了三个体系。气象服务体系。与区气象局合作，开展农业气象服务，对农业生产中温度、湿度、冻土等相关数据进行预报，让农民在生产过程中心中有数。农产品价格报送体系。将本地蔬菜零售价格及时向上级部门报送，利用“全国农产品价格联播系统”平台发布农产品供求信息。信息收集报送体系。收集本区农业信息报送给省市有关部门，同时将各街道、信息站、农户报送的信息、提出问题及时反馈，上下联动，有效地解决农民生产生活中的问题。

## 六、加强队伍建设，提高服务水平

一是合理设置内设机构。将区农林技术推广中心内设机构由10个缩减为6个，每名工作人员担负3~5项工作任务。二是建章立制。为了达到靠制度规范人的行为的目的，建立了学习制度、工作制度、考勤制度、财会制度、档案管理制度、安全防火制度。三是任务、责任、目标到人。在明确各内设机构任务的基础上，把工作目标、责任落实到了人，努力实现责、权、利相统一。四是严格考评。为提高技术推广的实效，创新考评办法，要求每名技术推广人员在年末以多媒体形式汇报全年工作，并建立了岗位说明书。五是加强学习型单位建设。加强信息工作，其目的是推进工作，提高发现问题、分析问题、解决问题和公文写作的能力。明确要求工作人员带着任务下乡，带着信息回单位，每月上报3篇以上信息。同时，为提高全员的政治素质、思想素质、业务素质，每月组织一次内容新颖的学习活动。

**作者简介：**

于洪潮，研究生学历。现任辽宁省沈阳市东陵区（浑南新区）农村发展局局长。

王莉，大学学历。现任辽宁省沈阳市东陵区（浑南新区）农林技术推广中心主任。

王学玉，研究生学历。现任辽宁省沈阳市东陵区（浑南新区）农村发展局办公室主任。

# 以科学发展观为统领　大力发展特色产业

辽宁省本溪市农村经济委员会　张　峰　王丽美　魏　巍

## 一、农业概况

本溪位于辽宁东南部，地处辽东半岛腹地，全境总面积 8411.3 平方公里，呈亚铃形分布，自然地貌为“八山一水一分田，半分道路和庄园”。全市面积的 80% 为山地，耕地面积 102 万亩。交通便利，北靠沈阳、抚顺，南接丹东，西邻辽阳、鞍山，东傍吉林。

本溪市设二县（本溪县、桓仁县）五区（平山区、明山区、溪湖区、南芬区，石桥子经济开发区）。共有 40 个乡镇（包括涉农街道），289 个行政村，2330 个村民小组，15.58 万农户，53.05 万农业人口。

本溪市特定的生态环境、地理位置和气候条件等自然条件适宜中药材、食用菌、山野菜等特色产业的发展。一是森林资源丰富。全市林业用地 985 万亩，人均 6.3 亩，其中已利用 698 万亩，是辽宁中部城市群重要的水源涵养林区和辽东天然次生林区。共有木本植物 47 科 100 属 251 种，其中有大量红松、油松、落叶松以及柞、桦、椴、榆、柳等珍贵木材，森林蓄积量 2900 万立方米，占辽宁省森林蓄积量的 26%；森林覆盖率达 75%，居辽宁首位，被称为辽东“绿色屏障”。二是中草药资源丰富。本溪的山属于长白山余脉，既有山之隐，又有原之阔，特殊的地理位置和小气候，不仅孕育了品种多、数量大的中草药材，而且中草药材有着其他地方药材不可比拟的特殊药力。本溪各种植物、动物和矿物药 1117 种，自然蕴藏量 2200 万公斤。人参、辽细辛、辽五味等北药驰名中外。三是矿产资源丰富。全市已发现铁、铜、锌、石膏、大理石等矿产八大类 45 种，其中铁矿石已探明储量 27 亿吨以上，石灰石矿（水泥）储量 2.1 亿吨，溶剂石灰（冶金）储量 1.3 亿吨。南芬露天铁矿具有低磷低硫低杂质等特点，用此铁矿炼出的铁被誉为“人参铁”。四是水资源丰富。境内有大小河流 200 余条，其中流域面积 100 平方公里以上的河流 27 条，主要有太子河、浑江、草河三大水系。年水资源储量 42.27 亿立方米，年平均地表径流量 35 亿立方米，可利用水量 29.76 亿立方米，是辽宁中部城市群的水源地。五是气候条件适宜。本溪地处中纬度，属温带大陆性气候，四季分明，冬长夏短。无霜期为 110～160 天，10℃积温为 2900～3300℃，年降水量为 800～900 毫米，主要集中在七、八月，降水量约占全年的 50%。

## 二、特色产业发展基本情况

本溪耕地面积为 102 万亩，农民人均耕地仅为 1.9 亩，我市属于人多地少耕地资源匮乏城市。要想在有限的土地上获得高效益，必须寻求适合本溪区域发展的高效农业。而我市森林资源、中草药资源、矿产资源、水资源等资源非常丰富，适宜中药材、山野菜、食用菌等特色产业的发展。几年来，本溪市以科学发展观为统领，坚持农业现代化与工业化、城镇化同步推进，协调发展。按照"打绿色牌、走特色路、壮大产业、创造精品"的工作思路，充分利用辽东山区区位优势，加大结构调整力度，大力发展地道中药材、食用菌、山野菜等特色产业，探索出了一条农村经济快速发展，农民收入快速增长，农业生态环境得到有效保护和充分利用的山区特色农业产业发展之路。2011 年，全市地区生产总值 1044.6 亿元，农业生产总值 101.34 亿元。农民人均纯收入 9414 元，增长 20%。全市耕地中药材种植 8.99 万亩，总产量 3.75 万吨，总产值 2.44 亿元；山野菜种植 4.02 万亩，总产量 1.99 万吨，总产值 3.1 亿元；果树种植 8.61 万亩，总产量 7.6 万吨，总产值 2.98 亿元。特别是我市食用菌产业得到了整体推进和长足发展。2011 年，全市食用菌栽培 2770 万盘，总产量 2.43 万吨，总产值 2.2 亿元。主要品种是香菇、滑菇、黑木耳平菇、金针菇等。发展了向阳乡回龙村滑子蘑、八里甸子镇八里甸子村黑木耳、华来镇川里村香菇、东营房乡大阳村滑子蘑、碱厂镇兰河峪村香菇 5 个栽培量达到 100 万袋以上的重点专业村。目前，我市具有本溪华宝（集团）生物科技发展有限公司、桓仁志成食用菌有限公司、本溪县小市春宝食用菌厂等 5 家大型食用菌生产和加工企业；具有桓仁振兴食用菌专业合作社、八里甸子镇黑木耳专业合作社、本溪县惠民合作社等带动示范作用强的专业合作社 8 个。初步形成了"企业＋基地＋农户"和"专业合作社＋基地＋农户"产加销一条龙的生产经营模式。

## 三、采取的主要措施

### （一）加强组织领导，为特色产业发展提供保障

各级党委政府把特色产业作为发展农村经济、增加农民收入的首要工作

来抓。从2008年开始，本溪市开展了现代农业建设“兴农杯”竞赛活动，把特色产业作为现代农业发展的重要指标之一。市政府与县（区）政府、县（区）政府与乡（镇）政府分别签订责任状，层层分解任务，纳入各级领导及部门工作的目标考核中来管理。

**（二）发挥政策导向作用，全力推进特色产业发展**

为了促进我市特色产业的发展，加强与省农委和省财政厅的沟通协调，多年来，向省政府争取到特色产业扶持资金2500多万元。本溪市委、市政府也先后投入1500多万元扶持特色产业的发展，出台了《关于加快本溪市中药材种植基地建设意见的通知》、《中共本溪市委本溪市人民政府关于加快医药产业发展若干政策的决定》等扶持政策。为了进一步推进“一县一业”快速发展，本溪市出台了对新建集中连片达到100亩以上中药材生产基地和酿酒葡萄基地每亩补贴500元的优惠政策。为了实现设施农业跨越式发展，本溪市加大了对设施农业的扶持力度。对建设一个温室小区（占地面积50亩，建筑面积25亩）补贴16.5万元；建设一个冷棚小区（占地面积100亩，建筑面积70亩）补贴25万元。桓仁县结合食用菌产业发展，也出台了相应的扶持政策。2009年对集中连片100亩以上的食用菌基地给予每亩2000元的补贴；2010年对集中连片100亩以上的地栽食用菌基地给予每亩1000元的补贴，对集中连片1万袋以上的袋料木耳给予每袋0.1元的补贴，提高了农民发展食用菌产业的积极性。

**（三）提高科技服务质量，增强农民综合素质**

一是引进新品种，提高食用菌的产量和质量。几年来，主要引进了滑子蘑Cr03、森14；黑木耳黑29、黑28；香菇L808、L18；平菇黑抗019、早秋508、原生2号等食用菌品种。通过新品种引进，提高了食用菌的产量和质量，增加了市场竞争力。二是制定技术标准，实现食用菌标准化生产。参考国家、省有关标准，制定了立地木耳栽培技术规程和香菇棒式熟料栽培技术规程，全面提高了我市食用菌标准化生产水平。三是加强技术培训，推广科学栽培技术。主要采取科技培训、科普宣传、发放技术资料、举办电视讲座、聘请专家讲课、专家热线电话等形式开展食用菌技术培训。每年全市各地举办食用菌产业培训班100多期，培训农民2.5万多人次，发放各类技术资料4万余份。

**（四）强化专业合作组织建设，提高农民组织化程度**

目前，我市共成立中药材、山野菜、食用菌等特色产业专业合作社80多个。各专业合作社在加强自身建设的同时，积极为社员提供产前、产中、产后全程服务。桓仁县于2007年成立了桓仁振兴食用菌专业合作社，社员达640人，合作社实行统一建棚、统一购买原材料、统一销售。在合作社的带动下，桓仁县食用菌产业实现了跨越式发展，2011年，发展食用菌栽培400多亩，产值突破了1000万元，人均增收近4000元，解决了300余劳动力就业。

**（五）拓宽销售渠道，农业对外开放水平显著提高**

每年精心组织全市农产品生产基地和加工企业参加中国沈阳国际农业博览会、国际农产品交易会等农展会。在各个展会上获得多个优质农产品奖。在2008年第六届国际农产品交易会上我市获得全国特装设施金奖，农业部部长孙政才对本溪展区及本溪的特色农业给予高度评价和肯定。农委主任应邀参加中央7台聚焦三农专访节目，中央1台、7台的新闻和中国农业报、中国经济参考报等10多家报纸对我市农业进行了大力宣传，通过展会的展出，充分展示了我市名特优新农产品及农业产业化发展成果。

**作者简介：**

王丽美，女，1976年9月出生，本科学历。现任辽宁省本溪市农村经济委员会种植业管理处副处长。

魏巍，男，1983年3月出生，研究生学历。现任辽宁省本溪市农村经济委员会种植业管理处主任科员。

# 巩固发展优势产业 打造特色产业基地

江西省萍乡市湘东区农业局 罗景萍 袁 飞

## 一、总体思路、目标和任务

2013年，我局将根据中央一号文件精神，按照省市主管部门以及区委、区政府的工作要求，围绕“抓住一条主线，完成两项任务，巩固三大优势产业，打造四个特色产业基地，培育五家以上示范专业合作社，实现六个方面提升”的总体思路和目标来开展工作，具体来讲就是：

### （一）紧紧抓住百里特色农业带这条主线

一是在规划布局上重点考虑百里特色农业带沿线的农业产业发展，合理安排产业布局。二是凡我区招商引进的农业企业优先考虑安排到百里特色农业带上，鼓励本地企业主在百里特色农业带投资发展农业产业。三是我局争取到的项目资金优先安排到百里特色农业带上的基地和企业。四是整合各项支农资金安排到百里特色农业带上，用于农业基础设施建设。

### （二）确保成功创建省级现代农业示范区和完成江西天涯种业公司申报国家级龙头企业的前期准备工作

1. 发展现代农业，既是中央、省、市的要求，也是我区农业长远发展的必然趋势。我区必须以百里特色农业带为主线，加快建设现代农业示范区。因此，我局将编制《湘东区现代农业发展规划》，组织好现代农业示范区申报材料，加强与上级主管部门衔接和沟通，确保在2013年内成功创建省级农业示范区。

2. 天涯种业公司是我区最早的省级龙头企业，近年来，公司不断发展壮大，对提高我区制种生产的市场化和组织化程度，带动农民增收致富起到了很好的带动作用。申报国家级龙头企业对于争取国家更大的支持，壮大规模，带动全区制种产业发展都有很大的促进作用。因此，2013年我局必须全力以赴，协助支持天涯种业做好前期准备工作，力争在1～2年内申报成功。

### （三）继续巩固三大优势产业

1. 制种产业。以江西天涯种业公司为依托，继续稳妥地扩大在海南的育种基地面积，通过依法有序的土地流转，千方百计做大湘东乃至本省和周边省份的制种面积。同时争取列入全省种子生产优势区域基地县（区），争取为制种基地建设、种子企业新品种的研发提供更多的资金支持，增强种子产业发展后劲。

2. 生猪产业。重点打造好“赣西两头乌”这一品牌，争取成为全市乃至全省生猪产业的一张名片。突出抓好2012年生猪调出大县项目的实施，争取2013年项目资金。日常抓好标准化养殖建设、动物疫病防控、畜产品质量安全三项工作。

3. 油料作物种植。继续扩大油菜的种植面积和油茶垦复面积，在此基础上，培植1～2家上规模的油料深加工企业，引导企业参与油菜、油茶示范基地建设，通过示范带动农户，形成“企业+基地+农户”的产供销形式。

**（四）打造四个特色产业基地**

1. 打造“赣西两头乌”生猪繁养基地。赣西两头乌猪属华中两头乌猪中的一个地方类群。这种猪耐粗、繁殖性能好、皮薄、肉嫩、味道鲜，曾列为江西省优良地方品种。我局将以现有饲养“赣西两头乌”品种的基地为依托，搞好繁育基地建设，引导区内规模养殖户逐步养殖“赣西两头乌”品种，成立赣西两头乌养殖专业合作社，注册赣西两头乌品牌商标，抓好品牌宣传，使之成为全市乃至全省生猪产业的一张名片。

2. 打造腊市蔬菜生产基地。以腊市联欣园艺的蔬菜基地为基础，引进企业承租周边耕地，建设500亩以上集中连片的蔬菜生产基地。同时争取上级项目支持，建设300亩标准化菜园。

3. 打造老关水产养殖基地。引进企业投资发展水产养殖，对我区老关镇现有的养殖水面进行整合，对已有的鱼塘进行标准化改造，扩大养殖水面，建设一个千亩以上集中连片的水产养殖基地。

4. 打造东桥果业休闲基地。以东桥长塘桃李果园为中心，在周边发展形成5000亩桃、李、梨、橘等综合性果园基地，同时在果园基地内及周边分别建设十里野生荷花、十里油菜花观赏带，形成一个集踏青赏花、农家餐饮、农事体验、果品采摘等于一体的休闲旅游基地。

**（五）培育五家以上示范专业合作社**

成立农民专业合作社指导服务中心，以打造优秀农民专业合作社为重点，进一步增强农民合作社的综合服务功能，促进农民专业合作社向深层次延伸，推动种业、蔬菜、生猪、果业等我区特色产业的集约化种植，形成规模化种养产业带。2013年重点扶持如麻山杨梅种植专业合作社、宇源种子繁育农民专业合作社、兴泰生猪专业合作社、腊市庙岭工矿铁制品加工合作社、东桥健民油菜种植专业合作社等一批有一定赢利能力、能带动周边农户致富的优秀专业合作社。

**（六）实现六个方面提升**

1. 在省、市农业系统的形象和地位要有提升。加强与省、市主管部门的联系和沟通，不折不扣完成上级交办的工作任务，及时汇报反馈工作动态和任务完成情况。积极抓好绩效考评中各项工作的落实和材料的整理汇总，力争综合考评进入全市前 3 名，争取 2～3 个单项工作进入全省先进行列。

2. 服务基层的意识有提升。建立班子成员和机关干部挂点联系龙头企业和专业合作社的机制，经常性的开展下乡指导和培训活动，不断提升全体机关干部的服务意识。

3. 干部队伍整体素质有提升。完善机关各项管理制度，切实加强作风建设，突出抓好干部队伍的学习和培训，组织机关干部每月集中学习一次，鼓励机关干部参加职称考试、公开选拔考试，选派年轻干部脱产学习培训，不断提升干部队伍素质。

4. 农业集约化经营水平有提升。在全省率先成立农民专业合作社指导服务中心和土地流转交易网络中心，引导农户搞好土地流转，抓好农村土地承包仲裁工作，提升农户集约化经营水平和组织化程度。

5. 农产品质量安全保障水平有提升。全力争取农产品质量安全检验检测站建设项目，完善农产品质量安全监管体系，经常性开展农产品质量安全执法检查活动，保障农产品质量安全。

6. 农业科技示范带动作用有提升。继续加强与湖南农大等科研院校的联系与合作，以油菜院士基地为重点，继续抓好粮油高产创建示范、粮油生产全程机械化示范、标准化健康养殖示范等，扩大示范面积和范围，逐步实现全面推广。

## 二、几点建议

1. 建议区政府每年拿出 100 万元专项资金用于百里特色农业带建设，主要用于奖励扶持百里特色农业带上的重点农业企业和基地，改善百里特色农业带的农业基础设施。

2. 建议整合农口线支农资金，由百里特色农业带建设领导小组统筹安排，集中使用，重点支持百里特色农业带上的农业基础设施建设。

3. 加快农技人员的培养和补充。以农技推广体系建设为契机，把那些真正懂技术、有意愿献身于农技推广事业的乡镇农技人员稳定下来，提高他们的福利待遇。同时适当增加我局的事业编制，在每年的事业单位公开招聘中安排招聘农业专业技术人员。

4. 完善机构设置。建议单独设立种子管理局、植保植检站、农产品质量安全检验检测站和农业执法大队等机构，把农业部门应履行的职能真正履行好。

**作者简介：**

罗景萍，男，汉族，现任江西省萍乡市湘东区农业局局长。

袁飞，女，汉族，现任江西省萍乡市湘东区农业局办公室副主任。

# 启动"655"农业振兴计划<br>加快十堰现代农业发展步伐

湖北省十堰市农业局　蔡贤忠

十堰是南水北调中线工程核心水源区，是国家秦巴片区区域统筹发展与扶贫攻坚重点地区。十堰90%以上的国土面积是辽阔的农村，70%以上的人口分布在辽阔的农村。实施"一核多支点"战略，打造鄂豫陕渝毗邻区域性中心城市，推进"竹房城镇带"和"汉江生态经济带"建设，农业农村是重要的基础性支撑，也是突出的薄弱环节。必须深刻认识十堰"三农"现实，着力突破城乡二元结构，加速现代农业步伐，启动"655"农业振兴计划，推动十堰农村经济、社会、生态建设跨越发展、科学发展。

## 一、深刻认识十堰农业特色，把握跨越发展新机遇新挑战

落实科学发展观，推进"四化"协调发展，关键是要深刻认识十堰山区社会经济发展的特点和规律，深化对十堰农业特色的认识，不变之中找变化，变化之中摸规律，规律之中谋发展。

### （一）十堰农业发展的比较优势

丰富的山水资源禀赋，独特的生态环境，深厚的文化底蕴及后发的区位优势，造就了十堰农业得天独厚的比较优势和广阔的发展空间。

1. 特在山水。十堰是一个山水大市，大山、大水、大人文显示出发展的比较优势。全市国土面积2.36万平方公里，占湖北省的1/8，人均版土面积10.6亩，是全省平均水平的2.3倍。首先，十堰具有辽阔山场资源。国土构成大体为八山一水一分田，山场面积2677万亩，占国土面积的75.6%，人均7.8亩；草场理论载畜量80万个牛单位。常用耕地面积260.5万亩，仅占国土面积的7.4%。神奇的大山间蕴藏各种矿资源50类70余种。多年来，各级党委政府咬定青山不放松，建设"绿色银行"，大力发展特色农业，实施退耕还林229.3万亩，全市森林覆盖率达54.84%，高于全省16.4个百分点。形成了"茶叶、中药材、核桃、山羊等"四百万重点特色产业和蔬菜、柑橘、食用菌、水产等一批区域性重点产业。2012年全市特色产业基地面积达到

470万亩，其中茶叶60万亩，中药材110万亩，核桃94.5万亩，山羊出栏102万只，以“四百万”产业为主导的特色产业产值达到110亿元，对农民增收贡献率达到40%以上。其次，十堰拥有潜力巨大的水资源。十堰拥有亚洲最大的人工水库，南水北调后境内水面扩大至153万亩，可养面积扩大至68万亩，而我市目前开发养殖的只有20万亩左右，后发空间巨大。国内最大的纯净水生产企业——农夫山泉，看准丹江口水库水质优良的优势，移师丹江口市，2013年矿泉水产值达到6亿元以上。此外，我市水电资源理论量达500万千瓦，到2012年年底建设各类小水电站239处，开发装机270.1511万千瓦，开发潜力巨大。再次，十堰孕育了深厚的人文资源。道教圣地武当山、远古文化郧阳人、青山恐龙蛋化石、汉江文化丹江水，这些独特的人文精华，从另一侧面显示出十堰仙山秀水的耀眼优势。实践深刻证明，在十堰山区，靠山吃山养护山，靠水吃水保护水，科学开发山水资源，不仅可以使山青起来，民富起来，打好生态有机牌，我们前景广阔，潜力巨大。

2. 优在品质。十堰境内生态环境良好，温、光、气、热、土等气候环境条件良好，是许多优质特色农产品生产的理想区域。从气候看，十堰地处南北气候过渡带，位于北纬32°39′，东经110°47′。年降雨800mm以上，无霜期224～255天，年日照时数1655～1958小时，是典型的半旱农业区，农作物生长收获时间适中，干物质和营养物质积累多而丰富。从物种资源看，十堰南北物种皆有，而且丰富多彩。十堰现已查明的生物资源达3100多种，素有“生物宝库”之称，其中中药材品种达1360多种。往往开发一个小品种，就可以建成一片基地，形成一大产业。中药材、魔芋、黄姜等产业开发便是生动有力的例证。从十堰地理区位看，十堰区位独特，地处中国内陆腹地中央山区，是我国中西过渡的重要生态功能区。秦巴余脉与武当山合围，构成了一道重要的生态屏障，既遏制了西北部沙尘暴南下，又阻隔了中东部酸雨北上，区内大气环境优越。据环保部门监测，十堰大气和水质指标大多达到国家一级标准，所在指标均达到国家二级以上。从山区传统的生产模式和耕作习惯看，十堰农药化肥投入量少，使用作物少。按播种面积计算，全市亩均投入化肥和农药分别比全省低38%和72%，特别是果茶药等众多经济作物基本上不施农药化肥，生产绿色有机食品条件优越。从土壤质地看，第二次全国土壤普查表明，十堰山区土壤主要有黄棕壤、棕壤、暗棕壤、石灰（岩）土、紫色土、潮土、水稻土七大类，这些土壤中有害成分较低。农业部环境监督检验测试中心对我市城区工业密集的近郊4个乡（镇）的6000亩耕地进行抽样检测，结果显示，城区近郊土壤污染无一超标，土壤质地均属一级。

从开发实践看，十堰绿色有机农业开发走在全省、全国前列。截至2012年，十堰市已认证绿色有机食品品牌171个，地理标识产品15个，全国百强区域性公共品牌2个（武当道茶、房县黑木耳），31个农产品获“湖北名牌产品”称号。我市绿茶、地道中药材、马头山羊、有机蔬菜、温州蜜橘等众多特色农产品品质在全国乃至世界均属上乘，与特殊的气候条件、良好的生态环境、有机的生产方式等都有密切关系。

3. 路在生态。生态文明是和谐社会的重要标志之一。十堰是南水北调中线工程核心水源区，生态建设是经济社会发展的优先战略。加强生态建设既是服务南水北调大局的政治任务，也是地方经济全面协调可持续发展的现实选择，更是造福子孙的千秋大计。十堰的地形地貌也决定了必须走生态农业之路。十堰是一个典型的山地农业区，生态立体性明显，全市地貌构成是丘陵地区占26.4%。低山地区占31.2%，中山占28.7%，低中山占48.7%，高山占23%。生态立体性、气候多样性造就了生物的多样化，也决定了生态的多维化和产业的特色化。一库丹江水使十堰成为我国最北缘柑橘基地，秦巴武当山使十堰成为全国重要的高香型有机茶基地，这些都是生态造化的杰作，也决定了必须坚持分类指导，打好生态品牌，发展绿色有机农业，构建现代生态产业体系，坚持推进生态产业化和产业生态化，实现山青、水秀、民富、县兴的和谐统一。

**（二）十堰农业发展面临的机遇与挑战**

1. 全国城乡一体化建设步伐的推进。党的十八大报告明确指出：“解决好农业、农村、农民问题是全党工作重中之重”。2013年中央一号文件又明确指出，积极推进城乡发展一体化是解决“三农”问题的根本途径。推进城乡一体化就是要建立以工促农、以城带乡、工农互惠、城乡一体的新型工农、城乡关系，促进城乡要素流动，资源共享和均衡配置。为此，国家坚持“多予、少取、放活”政策方针，持续加大对“三农”的投入力度，加大对农民的补贴力度。将有力引导工商资本、社会资本乃至外来资本投入农业开发，提高农民生产经营积极性。特别是新型城镇化的推进，完全可以预期，农村人口未来一个时期将持续减少。“减少农民，富裕农民”将越来越成为现实途径。

2. 两个国家规划的启动实施。为支持南水北调水源区经济、社会、生态建设和加快秦巴片区扶贫攻坚步伐，国家制定了《丹江口库区及上游地区经济社会发展规划》和《湖北省秦巴片区区域统筹发展与扶贫攻坚规划》，并已启动实施。这两个规划相互衔接，相互补充，相互支撑，重点都放在支持产业发展、农村基础设施建设、基本生产生活条件改善、社会事业与公共服务建设、生态建设和环境保护等方面。实施“两个规划”，推进重大项目，从现实看，是直接投资，拉动当年增长；从长远看，是打基础管长远的项目，必将增强十堰农村经济、社会可持续发展能力，推动农业农村经济发展不断跃上新台阶。

3. 构建“一核多支点”战略格局。“一核多支点”战略格局，是市委、市政府立足于“城区经济发展较快，县（市）经济发展较弱”的市情，以构建鄂豫陕渝毗邻地区区域性中心城市为统领，全面实施“一城两带”、“三国两区一基地”和“一主多元”产业发展目标而构建的战略规划。“三农”是“一核多支点”战略中的基础性支撑。历届市委、市政府对十堰城乡二元结构的市情和“三农”在经济社会发展中的认识都是十分清醒的，新一届市委、市政府把打造重要农特产品生产加工基地作为区域性中心城市发展的目标任务之一，为我们发展现代农业，做好“三农”工作不仅指明了方向，描绘了蓝图，而且出台了一系列政策措施，为农业招商引资、突破性发展加工业、培植龙头企业，创造了良好的环境，只要我们凝力聚力，一心一意谋发展，我们一定能在建设美好十堰的大业中建设美好十堰农业。

4. 多元资本投入农业势头强劲。在宏观经济发展转型，区域产业梯级转移的大背景下，社会资本、工商资本投入农业的积极性空前高涨。一大批“回乡创业者”和民营业主在农村投资兴业，一方面将引导农业生产方式、经营方式、管理方式、组织方式的深刻变革，另一方面将提高农民组织化程度，促进农民世界观、价值观与现代城市文明全面接轨。2012 年，我市借武当大兴600 年平台，开展农业产业化招商，达成意向性协议 55 个，资金 150 多亿元，当年落地项目 27 个，投资 110 亿元。此外，还有一大批外出务工农民回乡创业，十堰特色农业正在成为有识之士投资兴业的一片热土。

5. 全市特色产业发展步伐加快。2012 年全市特色产业产值达 110 亿元，同比增长 22.8%。增量提价，双轮驱动，特色产业增效增收。其中，茶叶产量 2500 万斤，同比增长 18%；水果（柑橘）产量 6.7 亿斤，同比增长 24 %；中药材产量 6 亿斤，同比增长 5.3%；牲猪出栏 192 万头，同比增长 12.8%；山羊出栏 102 万只，同比增长 13.3%；水产放养面积 1.3 万公顷，同比增长 9%，水产品产量 12900 万斤，同比增长 11%。特色农产品价格持续走高，平均增幅超过 10%。全市农民人均从特色产业开发中实现收入 1900 元左右，占当年人均纯收入的 40% 左右，特色产业已成为山区农民增收的一大支柱。

**（三）十堰农业发展面对的挑战**

1. 农村经济发展水平低，城乡二元结构依然突出。十堰城乡二元结构反差之大，在湖北独有，在全国少有。城区现代化汽车工业与农村传统落后的农业并存、小康城区与集中连片的贫困区并存、“全国百强城市”与“国家级贫困县”并存，二元结构异常突出是最大的市情。县域经济发展不够，农业产业化滞后，现代农业发展缓慢，既是推进农业强市建设的突出问题，也是最大困难。据《2011年湖北统计年鉴》资料：十堰县域人口占85.5%，城区人口仅占14.5%。而人均国内生产总值、人均财政收入、人均年实际收入、人均消费性支出、人均储蓄余额，城区依次为27575元、2768元、9226元、6829元、19878元，分别是县域人均的8.3倍、11.2倍、6.4倍、4.8倍和5.1倍。全市五县一市经济实力，有5个在全省为三类县，且位次靠后；工业增加值低于全省平均水平7.7个百分点；利用外资仅占全省平均水平的1/7；2012年，十堰城乡人均收入之比为4.9:1，城乡差别大；比全国3.1:1高出1.58倍，反差巨大。

2. 贫困人口群体基数大，农民收入水平仍然很低。按照国家公布的新的农村贫困人口的标准，2012年，全市农民人均纯收入2300元以下的贫困人口还有108万人，基数很大。近几年，全市扶贫攻坚成效巨大，但由于经济发展水平低、自然灾害重、脱贫能力低等多种因素，全市不少农民因灾、因病、因故经常处于脱贫与返贫的左右摇摆之中，贫困发生率达43.7%，扶贫攻坚任务相当艰巨。农民收入水平低，与全国全省的差距逐渐拉大，“十五”末，2005年全国、全省农民人均纯收入分别为3255元和3099元，十堰1990元，比全国全省分别少1265元和1109元。“十一五”末，2010年，全国、全省农民人均纯收入分别为5919元和5831元，十堰3499元，比全国全省分别少2420元和2332元。2012年全市农民人均纯收入4566元，比全国少3351元，比全省少3285元。不到十年时间，十堰农民人均纯收入与全国全省差距由1000多元，扩大到3000多元。2012年全市农村恩格尔系数为0.52，比全省高0.18，说明十堰农村总体上还处在由温饱向小康过渡阶段，由传统农业向现代农业过渡阶段。农民收入在结构上，以打工收入为主，而且都是一些急、难、险、重的苦活、累活。财产性经营收入低，与全国相比，二三产业发展也相对滞后，特别是从事服务业收入过低。

3. 正处经济社会转型期，农业生产发展成本提高。随着社会经济的发展，人口红利空间已越来越小，农业进入高投入、高成本阶段。一方面农资价格一路上扬，另一方面农业用工代价越来越高。据统计，2013年春播期间，杂交中稻种子价格比去年上涨2.7%，杂交玉米种子上涨3.2%；大豆种子上涨8%；化肥中尿素、碳酸氢铵、氯化钾、复合肥分别上涨2.1%、1.3%、

5.5%、0.5%；农药价格同比总体上涨5.5%。农村用工价格由去年的100元/天左右，上升到120～150元/天，由于农资价格上涨，在一定程度上使中央的涉农优惠政策打了折扣。

4. 农业自然灾害频繁发，靠天吃饭农业没有改变。十堰年年有灾，季季有灾，没有无灾之年，只有轻重之分，且干旱、低温、风雹、病虫等灾害频繁发生。同时，我市耕地素质低，农田水利设施差，抗灾能力弱，一遇灾害粮食生产就出现波动。据统计资料，1972～2012年的40年间，全市粮食的减产年份，最主要的原因都是因为遭受了较大的自然灾害，其中有6个年份因为遭受特大自然灾害，粮食总产当年下降0.5亿公斤以上，下降最多的1988年达1.5亿公斤之多。十堰山地农业，在很大程度上是减灾农业。由于种粮亏本，不少地方粮食减灾意识淡化，农业基础设施老化，“靠天吃饭”农业没有得到根本改变。

**（四）十堰农业发展较慢的原因**

1. 农业发展方式严重滞后。十堰农业发展方式滞后。生态农业体系建设滞后，影响农业发展方式的转变，加强生态建设是服务南水北调要求；农业产业化经营发展步伐不快，是农业发展方式滞后的又一诱因；农业发展机制体制创新不够，是加速农业农村经济发展的重要突破口，也是深化农村改革的关键所在；农业招商引资有待加强，招商引资是后发地区借力发展、弯道超越的主要途径，是培植产业基础，加快经济结构优化，助推转型发展、跨越发展的重要举措。

2. 现代农业发展步伐滞后。我市现代产业发展滞后，目前，全市仅仅只有一个国家级农业产业化龙头企业，年上缴利税过亿元的农产品加工龙头企业屈指可数，农产品商品率、加工率仍处于较低水平，农产品品牌多而杂，真正在全国、全省叫得响的不多，农民组织化程度低，抵御市场风险能力弱。加快产业结构调整，着力构建农民群众致富增收的长效产业，加快现代农业发展，是全市当前和今后一个时期十分紧迫的任务。

3. 农业市场化要素流动滞后。十堰山区农民对农业的投入仅仅是维护在一个简单再生产的初级水平，农业要素中生产资料、农产品、资金、土地等置换的范围小，没有形成优势要素聚集效应，市场竞争力较弱。农业资源没有得到充分利用，大量被闲置、浪费，没有很好地加以盘活，使其快速“流”到有价值的地方去，实现高效、优质的对接，产生更大的价值。缺乏汇聚各类资本要素和整合市场的手段，各类要素没有得到有序流转，更没有达到科学合理配置农业资源的目的。要创新农村土地管理机制，激活农村土地要素；

要创新农业投入机制，激活农业资本要素；要创新农业科技成果转化机制，激活农业科技要素；要创新农业合作组织机制，激活农业组织要素；要创新农村人才培养机制，激活农村人力要素。

4. 新型农民培养教育滞后。人力资源是现代农业的重要支撑。据统计，2012 年，全市 145.4 万农村劳力，有 60 多万人长期在外打工，有近 20 多万人从农业产业转移，农村体强的务工，精明的经商，出现严重“空心化”倾向，从事农业生产的劳力只有 50 万人左右，且多为妇女、老人和体弱多病者，农业从业人员科技素质、身体素质均较低。农民分散居住、分户承包、独自经营，组织化程度低，自我服务能力和抵御市场风险能力弱。从事农业生产的人力资源日趋紧缺和严重流失，极大地制约了农业农村经济的发展，特别严重影响了农业产业的开发和先进农业技术的运用与推广。培养懂生产、会经营的现代新型农民，我们任重而道远。

## 二、启动“655 农业振兴计划”，明确农业发展新标杆、新任务

十堰农业经过多年的发展，实现了由粮油生产为主，到致力于解决农村温饱到以特色开发为主，主攻农民增收的历史性跨越，正处在由传统农业向现代农业过渡的新的历史阶段。把握新机遇，迎接新挑战，集聚正能量，缩小与全国全省的差距，迫切需要加速推进农业发展方式转变，着力推进体制机制创新，促进工业化、城镇化、信息化和农业现代化协调发展，实现农业农村经济发展的再跨越，全面加快城乡一体化进程。为此，市委、市政府站在新的历史起点上，重新审视农业、谋划农业，描绘了“655 农业振兴计划”发展蓝图。旨在加速推进十堰农业优势资源优势向经济优势转变，推进十堰由农业大市向农业强市转变，推进十堰城乡二元结构向城乡一体化转变。

### （一）“655 农业振兴计划”的基本框架

“655 农业振兴计划”的蓝图是：用 5 年左右的时间，即从 2013 年至 2017 年，全市以茶叶、中药材、核桃和山羊等“四百万”重点特色产业为主的产业基地新增 130 万亩，总面积达到 600 万亩，其中，茶叶、中药材、核桃、山羊四大产业基地分别达到百万级规模（茶叶 100 万亩、中药材 150 万亩、核桃 130 万亩、山羊年出栏 200 万只），初步形成“四百万”产业为龙头，红薯、水产、柑橘、蔬菜、魔芋等一批五十万级的特色产业基地为支撑的规模化生产格局；农业产业链增加值达到 500 亿元，其中农业种养业增加

值300亿元，年均递增19.8%，农产品加工及流通增加值200亿元，年均递增29.6%；规模以上农产品加工产值达到500亿元，年均递增34%；农产品加工业产值与农业总产值之比达到1∶1以上。通过实施“655农业振兴计划”，全面提高农业生产能力和农业产业化经营水平，促进农业结构调整不断升级，加快农村脱贫奔小康步伐，实现农业农村经济跨越发展和科学发展，努力把十堰建成全省乃至全国重要绿色有机特色农产品生产加工中心，全国山区现代农业示范中心和鄂豫陕渝毗邻地区的区域性中心城市的农业物流中心。

**（二）“655农业振兴计划”的推进基础**

1. 特色农产品基地建设提速升级。十堰的优势在山水，希望在山水，潜力也在山水。全市有山场2600多万亩，水面153万亩，可供开发的山场850多万亩、水面近70万亩。经过多年的不懈努力，全市特色农产品基地已达470万亩。随着国家在农业基础设施建设上投入力度的加大，特色农业生产的水、电、路、渠等配套设施建设不断加强，基地素质有了较大提高，过去重数量轻质量、重建设轻管理的片面做法，得到了较大的改变。特别是2010年市委、市政府提出建设茶叶、中药材、核桃、山羊“四百万”重点特色产业规划，并拿出1000万元资金，实行以奖代补。这一规划和举措，起到了“四两拨千斤”的作用和效果。近两年，全市特色农业基地以前所未有的建设加速扩张。前十年，全市每年新增特色产业基地10万～15万亩，而2011年、2012年全市分别新增30万亩和39.5万亩。根据我市资源开发潜力和近两年发展态势分析，提出建设600万亩特色产业基地可以说是水到渠成，顺势而为，完全可行。

2. 农产品加工业发展异军突起。一是龙头企业不断发展壮大。截至2012年年底，全市国家级重点龙头企业1家、省级26家、市级107家。市级以上重点龙头企业固定资产达40亿元，实现销售收入突破80亿元。其中，产值过亿元的龙头企业达24家，比“十一五”期末翻了两番多。二是农产品加工园区突破性发展。丹江口农产品加工园区和竹山县农产品加工园区被列为省级农产品加工示范园区。郧县长岭工业园区已成为市级农产品加工园区。该园区规划10000亩，仅2012年就入驻企业12家，投资达10多亿元。另外，去年全市农业产业化招商引资150多亿元，落实项目27个，协议金额110.85亿元，已转化为现实加工能力。目前已形成果茶加工、粮食加工、油脂加工、棉纺加工、山野菜及蔬菜加工等十大类农产品加工业。三是农产品加工业发展大提速。2010年、2011年、2012年全市农产品加工业产值分别为53.41亿元、83.96亿元、121.7亿元，三年年均递增51%。按2012年基数，五年时间农产品加工产值达到500亿元，年均递增32.5%。农产品加工业是一个朝阳产业，也是最大的产业。2012年全国农产品加工业产值超过15万亿元，湖北省突破9000亿元大关，与农业总产值之比全国是1.9:1，全省是1.8:1，而我市去年只有0.6:1，差距就是突破性发展的潜力和空间。随着农业产业化的推进和招商引资力度较大，社会资本、工商资本，甚至是外资越来越多地投入到我市农产品加工领域中来，我们有把握在未来五到十年保持农产品加工业快速发展的良好态势。

3. 农业农村经济发展全面提速。实现农业产业链增加值500亿元基本目标需要完成农业增加值300亿元，农产品加工业增加值140亿元，农村三产业（包括农业物流）60亿元。按照一般统计方法，农业总产值的60%为农业增加值，农产品加工产值的28%为增加值。“十一五”以来，我市农业农村经济发展全面提速，2012年全市农业总产值212.57亿元，比2006年增长222.1%，年均递增26.3%。以2012年为基数，五年内实现农业总产值500亿元，年均递增18.7%，即可实现300亿元的农业增加值。随着国家宏观政策对农业支持力度加大，特别是国家对南水北调中线工程核心水源区的关注度提高和秦巴山片区扶贫规划实施，一大批产业项目将投入建设，十堰农业将迎来重大发展机遇期，农业农村经济将保持又好又快的发展态势。

**（三）“655农业振兴计划”的推进原则**

一是政府引导，市场运作。加大政府扶持力度，强化政策引导，增加财政收入，在制订发展规划、加强科技支撑、扶持产业发展、优化政策环境、整合地方资源、改善园区基础设施和配套设施建设、发展服务体系、对外招商引资等多方面加强引导和服务。立足制度创新，充分发挥市场机制作用，引导社会力量广泛支持和参与特色农业开发。

二是统筹兼顾，突出重点。打破地域界限，统筹谋划特色农产品生产加工基地建设与发展，坚持城乡统筹发展，并在基础设施建设、公共服务等方面向特色农产品生产加工基地倾斜，做到政策叠加、资源共享、优势互补、互利双赢。要突出特色，形成园区空间布局与产业布局相协调、产业优势与文化特色相结合的发展体系。要加强规划编制，划分核心区和主体功能区，二者之间既要合理分工，体现各自特色，又要加强协作，共同发展。

三是生态文明，和谐发展。坚持服务南水北调大局，把建设生态产业，发展生态文明作为优先战略，促进产业生态化和生态产业化有机结合，按照“整体、循环、减量化、再利用”的基本原则，大力推广生态高效种养模式和标准化生产，积极推进农产品生产、加工循环清洁化生产，实现资源的循环利用，促进资源利用和环境保护协调发展，实现南水北调工程核心水源区经济、社会、生态效益多赢，确保一江清水北送。

四是科技支撑，绿色发展。把科技引领作为推动农业振兴计划实施的重要推动力。强化科技支撑，推进农业科技进步，促进农业产业化结构调整和农产品优化升级。结合区域特色、产品特色、产业发展基础和地区文化特色，充分挖掘特色优势产业，大力发展绿色有机农业，打好“生态牌”、“有机牌”、“资源牌”，实现差异化发展，培育壮大新的经济增长点。

**（四）“655 农业振兴计划”推进的实践意义**

启动“655 农业振兴计划”是十堰贯彻落实党的十八大精神的具体行动，必将促进十堰农业发展方式转型和农业产业结构的战略调整，全面加快十堰现代农业发展步伐。

1. 十堰农村经济结构调整的优化升级

农业农村经济结构调整是一个动态的、持续的、长期的过程。我们经历了由粮油作物主导向经济作物主导、由传统农业向特色农业、由耕地调整向山水调整的多次农业结构战略性调整，归根结底都是在一产业内的调整。而“655 农业振兴计划”则用跳出农业调整农业的思维，用“四化”协调推进的理念谋划农业。将农村一、二、三产业统筹规划，在进一步做大规模的基础上，突破农产品加工业，加快发展农村服务业及物流业。这一战略的启动实施，将突破我市农业发展结构雷同、规模不大、链条不长、龙头不强等制约，加速构建十堰现代农业产业体系。

2. 十堰农业跨越式发展的再次创业

新中国成立以来，十堰依靠科技解决了农村温饱问题，实现了历史性的跨越。新时期十堰农业农村经济发展任重道远，做大做强特色优势产业，是促进经济社会转型跨越发展的重要支撑和竞争优势。十堰不是全国粮油主产区，也不是湖北的荆襄大粮仓，不可否认十堰农业在争取国家、省的投入和项目支持上处于相对劣势。推进“655 农业振兴计划”，有助于壮大产业化龙头企业，提高农业竞争力。十堰农业产业化经营水平低，基地素质低，企业规模小、实力弱，农民组织化程度低，各种要素流动配置滞缓，要尽快缩小与全国全省的差距，打破异常突出的城乡二元结构，推进城乡一体化发展，必须加快推进农业由资源大市向资源强市转变，奋力推进农业跨越式发展的再创业。

3. 农业农村发展方式的深度转型

推进“655 农业振兴计划”，必须坚持不断完善以规模化、专业化、标准

化、品牌化农业经营模式为主要特征，一改传统农业分散经营模式，深度推进农业生产方式转型；必须坚持大力推进科教兴农，推广科技、培育现代农民、提高土地产出率、资源利用率和劳动生产率，深度推进农业经营方式的转型；必须坚持大力培育农民合作社、专业大户、龙头企业、家庭农场等新型农业经营主体，加快推进土地、山场、水面等要素的流转，发展多种形式的规模经营，深度推进农业发展机制转型；必须不断优化农村一、二、三产业结构，生产、加工、流通一起抓，着力突破农产品加工业，深度推进农业发展方式转型。

## 三、切准工作抓手，落实加快十堰现代农业建设步伐的新思路、新举措

（一）以“四百万工程”为抓手，坚定不移地提高基地素质，壮大规模经营。一是一手抓市级“四百万”重点特色产业基地建设，一手抓区域性的特色产业基地建设。“四百万”工程是根据市委、市政府分管领导要求，经过科学论证，实地调研，于2011年年底提出。即重点发展以茶叶、中药材、核桃、山羊为主的四个百万级重点特色产业，规划到2017年，“四百万”重点特色产业基地面积达到380万亩，山羊出栏量达到110万只；综合产值达到200亿元以上。2012年正式实施以来，取得了良好的建设成效。截至2012年年底，全市“四百万”重点特色产业茶叶、中药材、核桃基地面积达到266.5万亩，当年新增34.5万亩，山羊新增出栏24.4万只。2013年全市计划新发展产业基地30万亩以上，新增山羊养殖20万只。下一步，要坚定不移地把茶叶、中药材、核桃、山羊等“四百万”重点特色产业作为产业发展的重中之重，坚持整合资金项目，倾斜人力物力，强化督办考核，实行年初有规划，中途有检查，年底有考核，资金跟着进度走的办法，加大落实力度。同时，因地制宜发展柑橘、蔬菜、水产、食用菌、特色粮油、魔芋、桑蚕等特色产业基地。形成以“四百万”重点特色产业建设为龙头，产业多样化，布局区域化，基地规模化，生产标准化的产业发展格局。二是一手抓新基地建设，一手抓老基地改造。高标准建设新基地，提倡高效作物进园下田，全面开展园艺标准园建设、畜禽规模化养殖小区和水产健康养殖示范区建设，做到水、电、路、渠、机械作业道等设施配套。老基地要加快改造升级，切实提高素质。三是一手抓规模化经营，一手抓科学化管理。大力推广“企业+农民专业合作社+基地”的农业产业化经营模式，发展多种形式的适度

规模经营。以“四百万”重点特色产业建设工程为龙头，把十堰建成全省乃至周边地区最大的有机茶生产基地、最大的地道中药材生产基地、最大的马头山羊生产基地、重要的生态核桃基地、重要的生态渔业生产基地

（二）以农产品加工业为抓手，坚定不移地壮大龙头，培植园区。一是启动实施农业产业化重点龙头企业培育工程。要倾力培植产业“航母”，打造百亿级领军企业。率先对“武当道茶”品牌打造核心企业进行整合，组建武当道茶产业集团，力争实现百亿元产业，百万人从业的产业建设目标；要大力实施农业产业化“双十”企业培育工程。从2013年起，在全市选择10家产业特色鲜明、成长性好、发展潜力大、辐射带动强的农业产业化龙头企业，用3～5年的时间，将其分别培植成年产值（营销收入）过10亿元的企业；同时，还要培育壮大一批中小型农业产业化龙头企业，加强对企业的关注扶持力度，帮助企业解决实际困难，加速企业盘大做强，力争培育出30家以上过5亿元的骨干企业、50家以上过亿元的中小型企业。以此形成塔级结构、层级带动、各具特色、充满活力的农产品加工企业集群，全面提升企业的竞争力和辐射带动力。对入选企业实行定点帮扶、跟踪监测、动态管理，促进企业加快发展。建立领导联系制度和部门服务制度，国家和省安排的现代农业发展和农产品加工业项目资金，要重点向“双十”企业倾斜。

二是实施百亿元农产品加工园区建设工程。把农产品加工业作为县域经济的主攻方向，把园区作为聚集产业要素、汇集企业集群的有效平台，完善园区配套设施，落实制定优惠政策，加速推进“满园工程”，实现农产品加工业园区化开发。重点支持市级农产品加工园区（郧县长岭）和丹江口市农产品加工园区建设，积极向上争取园区建设扶持政策，力争到2017年，上述两大园区年产值分别达到100亿元，努力将其建成全省乃至全国都具影响的农产品加工园区。积极支持竹溪、房县、竹山、张湾、茅箭建设各具特色的农产品加工园区，到2017年，力争每个园区年产值突破50亿元。

三是实施百亿元产业建设工程。运用股市经济搭建融资平台。充分利用工商、民间和外来三个资本开展资本运作，加快推进企业上市，实现直接融资，利用资本的放大效应，加快百亿元产业建设步伐。为此，市委、市政府3月份还专门召开了全市农业产业化龙头企业挂牌上市现场会，提出2013年力争每个县市区有1～3个企业上新四版，即在天津股权交易所和武汉股权托管交易中心挂牌交易股权。争取用3～5年的时间，把茶叶、中药材、畜牧业、核桃和食品饮料等建设成综合产值达到百亿元的农业支柱产业。

四是实施农产品物流园区建设工程。加快推进鄂西北农产品交易物流中

心、十堰市蔬菜水果水产品批发中心建设，力争2013年促成项目落地，取得实质性进展。

（三）以品牌建设为抓手，坚定不移地打响绿色有机品牌。围绕打造重点农特产品生产加工基地，将十堰丰富而独特的武当山、丹江水、神农架等文化旅游资源与特色农业有机融合，实施品牌（商标）富民工程，打响"绿色有机农业"和"中国武当药谷"两大品牌，提高山区农业知名度。坚持政府引导、企业主体、社会参与的方式，支持农产品加工企业打造具有鲜明十堰山区特色的农业精品名牌，提高特色农产品市场竞争力和占有率。支持"武当道茶"申报"中国驰名商标"，加大"房县黑木耳"、"丹江鲌鱼"等一批具有地域特色和一定知名度的农产品品牌打造力度，力争有一批农业精品名牌走出山门、走出全省、迈向全国、走向世界。顺应当今世界绿色消费潮流，加大无公害农产品、绿色食品、有机食品、地理标志产品开发力度和品牌申报认证力度，确保"三品一标"品牌每年保持在10个以上的增幅。

（四）以农业招商引资为抓手，坚定不移地引进大企业、大项目。要抢抓沿海发达地区产业转移和企业结构调整的战略机遇，充分利用我市丰富而独特的特色农业资源，加大农业招商引资力度。分产业、分区域组建招商小分队，加强力量整合和信息共享，突出长三角、珠三角、环渤海湾、海西地区等重点区域，开展驻点招商；瞄准世界500强、全国500强、行业50强、上市公司、中国驰名商标等重点企业，通过以特招商、以商招商、中介招商、网络招商、小分队招商等多种形式，引进外地企业来我市参与特色产业开发，每个重点特色产业，都要引进一家大型知名企业或上市公司；要抢抓丹江口库区对口协作政策的大好机遇，确定农业领域对口协作方向、目标和重点项目，努力争取国家和受水区对十堰农业项目的资金和政策支持。对新引进符合国家产业政策的外地企业，享受我市招商引资所有优惠政策；对农业招商引资做出突出贡献的企业、单位和个人及社会组织，按照市委、市政府规定，予以相应表彰奖励。

（五）以强化科技创新为抓手，坚定不移地推进科教兴农。一要面向产业推科技。在基地环节，重点抓好特色作物良种（苗木）繁育、测土配方施肥、病虫害综合防治等关键技术的推广应用，普及率达到90%以上，加快果茶标准园建设步伐，深入开展粮油高产创建，聚集项目、人才、技术，提高农业科技含量；在加工、营销环节，要突出抓好新材料、新工艺、新产品、新模式的引进和开发，延伸产业链，提高附加值。二要突破难题攻科技。针对特色产业发展中的重大科技难题和农产品加工技术，开展科技攻关，破解产业发展的瓶颈问题。三要人才支撑强科技。全力推进"五个一工程建设"，即一个重点特色产业聘请1~2名国内知名专家任顾问，由1名市级专家领头，一个产业有一个专家服务团队，一个千亩产业基地有一个科技服务专班，一类农产品加工龙头企业有一个科技服务小分队，一个种养大户有一名科技指导员。全市农业部门都要充分发挥人才技术优势，整合资金项目，大力创办现代农业示范点。四要农科教结合抓科技。充分整合农业教育资源，加强科技培训，培训农民、企业家和农业管理人员3万人以上，着力提高农业从业者科技素质。

（六）以体制机制创新为抓手，坚定不移地推进农业发展方式转变。着力构建集约化、专业化、组织化、社会化相结合的新型农业经营体系。首先要在加快土地流转上持续发力。引导三大资本向农业科学开发进军，进一步激活农业发展要素。坚持稳定放活、依法自愿、有偿协商、规范有序的原则，鼓励农民流转承包土地。加大土地、山场、水面等生产要素流转力度。新增特色基地原则上都要土地流转经营，现有基地流转经营面积要到60%以上。其次，要在提高农民组织化程度上发力。把农民专业合作社作为产业发展载体，实现农民专业合作社所有乡镇、所有产业全覆盖，加快发展农民专业合作社和家庭农场，形成龙头企业带农民合作社或家庭农场，合作社和农场带农民的分层带动模式。再次，要在培育新型经营主体上发力。深入推进农民进城、大户进村，大力培养联户经营、专家大户、家庭农场等新型经营主体，在政策上引导，产业上指导，工作上督导，抓好典型，办好示范，使更多的新型经营主体迅速涌现，快速成长。最后，要在建立多元化社会服务体系上发力。积极鼓励基层农业事业单位、科技人员、回乡创业者和城市各类业主到农村去发展产业，领办企业，建设农场，承包基地，研发科技，组建农民专业合作社，推动资源要素向农村配置。

（七）以落实惠农强农政策为抓手，坚定不移地加大农业投入。首先，建立和完善政策支撑体系。坚持完善党在农村的基本经营制度，依法推进农民土地承包经营权、宅基地使用权和集体收益分配权，加大国家、省惠农强农政策的争取力度，建立全方位、多层次的政策支撑体系。加快完善城乡一体化机制，着力在城乡规划、基础设施、公共服务等方面推进一体化，促进城乡要素平等交换和公共资源均衡配置，努力建立以工促农、以城带乡、工农互惠、城乡一体的新型工农、城乡关系。其次，要加大农业服务体系建设力度，建立健全农技推广、农产品质量安全、动植物防控"三位一体"的公益性服务体系，加速推进农产品安全检验检测体系建设，争取市农产品质量安全检验检测中心项目落地，建立健全市县两级检测机构。再次，要加大农业综合执法力度，切实履行种子、农药、化肥等农业生产资料监管和农产品质量安全监管等工作职能，维护农资市场秩序，加大对假冒伪劣农资经营行为的查处力度，加大源头安全工作力度，落实农产品产地准出、市场准入和质量安全责任制，确保农业生产经营安全和农产品质量安全。

**作者简介：**

蔡贤忠，男，1969 年 6 月出生，中共党员，研究生学历。现任湖北省十堰市农业局局长。

自 1986 年 8 月参加工作起，历任六里坪镇蒿口管理区主任、总支书记、镇委组织委员、凉水河镇党委书记、习家店镇党委书记，中共丹江口市委常委、市委政法委书、常务副市长等职。2011 年 3 月至今，任十堰市农业局局长。

# 大力发展特色农业 促农民增收致富

湖北省兴山县农业局 陆 进 姚兴华 董宏伟

农业是国民经济的基础，是安天下的战略产业。移民迁建十年来，县委政府高度重视农业。从2002年起，我县提出了“做大做强畜牧产业、做精做优烤烟产业、改造提升果茶产业、大力发展蔬菜产业、稳步发展药材产业”的农业产业发展战略，通过调结构、提质量，培植农业龙头企业，进一步壮大农业产业，取得了显著成就。2012年，全县农业总产值将达到16.6亿元，比2002年的4.2亿元增长2.95倍；农民人均纯收入将达到5680元，比2002年1900元增长2倍；农业增加值将达到9.7亿元，农业加工产值与农业总产值比将达到1.3:1，五大特色产业产值占农业总产值的80%以上。农业特色产业已成为农民增收致富的主要渠道。

## 一、畜牧产业发展壮大

2003年，我县确定了“依托双汇、种草羊畜、科技兴农、致富山区”的工作思路，通过调整产业结构、壮大养殖规模等措施，我县畜牧产业实现突破发展。2012年，全县生猪预计出栏35万头，比2002年的15.51万头增长126%；山羊预计出栏18万只，比2002年的3.53万只增长401%；家禽预计出笼45万只，比2002年的31.99万只增长41%。

1. 立足实际谋转型。围绕“结构优化、布局合理、效益显著、生态和谐”的产业发展目标，对我县畜牧产业结构进行了大力调整，突出以山羊为主草食畜牧业发展的重要位置。在大力发展畜禽养殖的同时，还因地制宜，积极发展以“泰山”野猪、绿壳蛋鸡、中华黑豚、本地土鸡为主导品种的特色养殖和特种养殖，全县规模以上特种养殖户达到11户，初步形成了“猪牛羊禽并举、土特新奇共进”的畜牧产业发展格局。

2. 转变方式促发展。按照规模化、标准化、产业化、组织化的养殖模式，加快现代畜牧业的发展。全县累计建成150模式99栋，肉羊1235模式132栋，畜禽养殖小区达25个；建立生猪品改站11个，存栏优良种公猪81头，波尔种山羊188只，全县良种普及率达80%以上；同时，抓好具有本地特色地方品种的保种选育工作，在青华村建立了宜昌白山羊品种保种基地，基地纯种白山羊的保有量达到了300余只。

3. 强化安全提质量。随着“无公害食品行动计划”的继续实施、畜产品质量安全例行监测等监管制度不断健全，我县畜产品质量安全水平有大幅度提升。全县已通过无公害畜产品认证的基地3个，家畜生产企业2个。“两瘟四病”免疫密度保持在98%以上的水平，猪、牛、羊、禽死亡率分别控制在国家规定范围内。为促进畜牧业快速健康发展，免费为养殖户开通了“畜牧通”短信平台，累计发送信息3万余条。

## 二、烟叶产业精细发展

近年来，我县按照现代农业发展的理念，抢抓全省现代烟叶农业建设机遇，按照“一基四化”的要求，在现代烟草农业之路上阔步前行。如今，我县已成为全国烤烟标准化示范县、全省现代烟草农业整县推进的试点县，烟草产业已成为全县农业的支柱产业、富民富乡的主导产业。2012年，我县优质烟叶种植面积3万亩，产量预计达到4500吨，烟农收入8000万元。

1. 科学谋划。由县级领导牵头，全县形成县乡村、政府、烟草、部门两个“三位一体”的推进力量。将烟叶产业纳入农业主导产业统筹规划，确定基本烟田种植区和30个专业新村。在抓好和平村现代烟草农业试点的基础上，确定了榛子基地单元，在南阳镇高标准建设龙门河黄鹤楼生态园。

2. “四化”推进。标准化生产。我县收录为国家标准的有5项、行业标准有8项，企业标准有22项，地方标准有61项，形成了98项兴山县优质烤烟综合标准体系。组织化种植。建成烟叶专业合作社16个，建成千亩、2千亩、3千亩以上的烟叶生产专业新村13个。现代化装备。推行烟路、烟水、烟房、烟机、烟炮五配套，烟用机械达到5200多台（套），小水窖2943口，大型水池96口，灌溉管网520千米，排洪渠9.9千米，高炮防雹点10处，育苗大棚201个，密集式烤房群130处787栋。信息化管理。建立烟叶生产管理平台、互联互通的传递平台、自动化控制平台，将互联网连接到村，有线电视接入到户，“飞信”联通到人，对生产经营活动进行全过程信息化管理。

3. 政策激励。县政府每年从烟叶税收中提取15%建立生产发展基金，提取5%建立了风险防范基金，对烟农交售烟叶按产量给予补助，对烟叶受灾按面积实行统保等。整体联动。在烟区新农村建设中，大力推动烟草主导、企业反哺、城乡共建，累计投入9300多万元，实现了电视通讯覆盖率、硬化路通村率、安全饮水入户率三个百分之百，三成农家用上了沼气池、太阳能。试点示范。把现代烟草农业建设的模式应用于指导全县现代农业产业的发展，带动了生产方式、组织形式和工作机制的变革。

## 三、果茶产业提档升级

搬迁10年来，我县抢抓移民迁建机遇，大力发展柑橘、茶叶产业。如今，柑橘由迁建前3.44万多亩增长到现在的7.8万亩，茶叶由迁建前1.16万亩增长到现在的2.76万亩，核桃面积由迁建前的4万亩增长到现在的14.5万亩。2012年柑橘产量预计达到7万吨，比2002年1.27万吨增长451%；茶叶产量预计达到700吨，比2002年309吨增长126%；核桃产量预计达到1500吨。回顾发展，政府强力扶持驱动，龙头企业示范带动，三峡后扶项目推动，促使我县果茶产业发展迅猛。

1. 品改加工。全县柑橘品改革命从2004年开始，截至目前共改造果园3万亩，改造茶园1.8万亩。为改善加工条件，全县先后引进新型柑橘生产线4条，茶叶清洁化生产线5条，茶叶加工设备、采茶机械300多台（套），通过品改和加工，柑橘和茶叶亩平收入增加1000元、2000元。2012年8月箫氏5万吨柑橘鲜果加工项目落户我县昭君镇。

2. 做大品牌。主推“昭君”牌系列绿茶产品、“昭君村”柑橘产品，将茶文化、柑橘文化与昭君文化有效对接，深挖昭君文化的潜力。“昭君白鹤”茶相继获得了“第六届中绿杯中国名优茶银奖、“全国名优茶评比金奖”、“湖北省茶叶学会名优茶评比一等奖”、“中国武汉农博会金奖”、“宜昌三峡十大特产消费者最喜爱品牌”、“宜昌市十大名茶”等众多荣誉；“昭君村”柑橘荣获“湖北十大名果”等奖项。

3. 增添后劲。兴山充分发挥地方优势，大力发展特色白茶、特早、高香型绿茶。全县规划发展茶叶5万亩，最终达到10万亩。其中特色白茶达到3万亩，形成湖北最集中的白茶生产基地。同时，根据地域优势，积极引导柑农调整品种结构，在海拔350米以下适宜种植柑橘的地方发展晚熟橙类，如伦晚脐橙、夏橙等，在350至650米适宜区域发展优质纽荷尔。

## 四、蔬菜产业稳步发展

从县城搬迁以来，我县积极争取库区产业扶持政策，大力发展蔬菜产业，使其成为山区农民增收的重要来源。截至2011年年底全县蔬菜种植面积9.6万亩，比2002年3.9万亩增长146%；产量17万吨，比2002年7.13万吨增长138%。

1. 高山蔬菜组织化。经过多年的发展，我县高山蔬菜基本形成了“合作

社+农户+基地”的生产经营模式。全县蔬菜专业合作社达到66家，入社农户1万多户，其中常年种植面积达到300亩以上的有9家，达到4000亩的1家。2011年年底全县高山商品蔬菜种植面积达3万亩，以上海、南京、武汉、长沙、宜昌以及兴山县城为主要市场，销量5万吨，销售收入1.5亿元，全县农民蔬菜人均现金收入达到925元，占人均纯收入5016元的18%。

2. 城郊蔬菜基地化。以项目建设为重点，狠抓城郊蔬菜基地建设。2008年投资117万元，实施了“三峡库区兴山县城集镇无公害商品蔬菜基地”，在古夫镇长坪、麦仓，黄粮镇店子垭高标准建设蔬菜大棚共137亩。2010年积极争取项目资金132万元，认真实施“三峡库区兴山县绿色食品蔬菜基地项目”，在昭君镇大礼村新建蔬菜大棚142亩。以蔬菜大棚为中心，城郊时令菜面积扩大到6000亩，有效地保证了我县城镇居民的菜篮子供应。

3. 市场培育品牌化。我县地理条件优越，环境无污染，为了充分发挥蔬菜产业的潜力，积极开展了“三品”认证和品牌培育建设。五丰、美佳佳蔬菜专业合作社注册的“昰心”、“美佳佳”商标，经过精心培育，获得了市场的广泛认可和好评，2011年在全省范围内开展的“首届湖北名优蔬菜”评选中，“昰心”薄皮椒和“美佳佳”高山薄皮王辣椒获得银奖。

## 五、药材产业健康发展

为促进药材产业健康有序发展，县委政府积极采取政策扶持、企业运作、市场主导、协会引路的办法，循序渐进地发展药材产业。2012年，全县药材种植面积将达6000余亩，产量1800余吨，实现农业产值1584万元。

1. 调优机构。非库区乡镇以水月寺的天麻、古夫的柴胡、冬花等比较效益高的品种为主，库区沿河主要发展以葛根、金银花等品种。随着核桃产业的快速发展，树下种药、林药间作的种植模式应运而生，一些药材逐渐实现了由野生转为人工栽培。

2. 壮大规模。县委政府多次召开了金银花、葛根等药材产业发展现场会，推介“企业+基地+合作社+大户”的产业模式，推行药材标准化、规模化种植。全县金银花种植面积1000亩，其中连片种植600亩；葛根种植面积800亩，其中连片种植550亩。

3. 培植龙头。加大对绿源合作社和昌禾葛根粉业的扶持力度，投资100余万元从江苏引进优质粉葛、懒汉金银花分别在火石岭、滩坪、中阳垭村进行了试验示范，通过对农户统一供种、统一生产标准、统一技术指导等全程服务，辐射带动当地农户1000余户，实现户均增收1000元以上。

**作者简介：**

陆进，男，1966年3月出生，中共党员。现任湖北省兴山县农业局党组书记、局长。

自1984年10月参加工作起，历任榛子乡党委委员、党办主任，榛子乡党委书记，科技局党组书记、局长，县人事局党组书记、局长，县人社局党组书记、副局长等职。2010年10月至今，任兴山县农业局党组书记、局长。

姚兴华，男，1984年7月出生，中共党员，本科学历。现任湖北省兴山县农业局办公室主任。

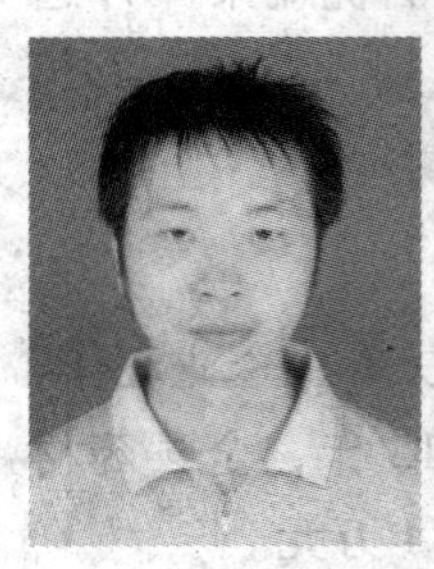

董宏伟，男，1980年6月出生，中共党员，本科学历。现任湖北省兴山县农业局产业股股长。

# 突出高标准基地建设<br>做大做强富硒蔬菜产业

湖南省新田县农业局　唐发宏

新田县气候资源独特，自然环境优良，土壤富硒，水富含锶，是湖南省“四大温室县”之一，是“原生态富硒食品基地县”。蔬菜是新田农业的支柱产业，新田农民历来有种植蔬菜的习惯，“陶岭三味辣椒”等产品品质优良声名远播。近年来，我县蔬菜产业在推进结构调整、促进农民增收、保障市场供给、扩大农业招商中的比较优势越来越明显，广大农民发展蔬菜产业的自觉性、积极性普遍提高，全县已初步建成了以莲花、龙泉、骥村等乡镇为主的外销粤、港、澳农贸市场的万亩优质蔬菜生产基地，以陶岭乡为主的特色辣椒基地。通过加强外销蔬菜生产基地建设，新田蔬菜产业得到了较好的发展，逐步成为粤、港、澳“菜篮子”和“后菜园”。2011 年，获得了全省秋冬种生产先进单位（蔬菜）。

## 一、机制保障促落实

一是我县把蔬菜生产摆在全县经济工作的突出位置来抓，纳入乡镇、部门年度目标管理考核内容，签订了责任书，明确奖惩措施，成立了蔬菜生产领导小组，制定了蔬菜产业发展规划，印发了加快蔬菜产业发展的实施意见。县委、县政府主要领导多次带领有关部门、领导到富硒外销蔬菜基地调研督导、现场办公。2013 年 6 月，县委常委会议直接在蔬菜基地召开，要求全县上下齐心协力、齐抓共管，要整合项目，协调落实资金，完善基础设施建设，农口部门要协助基地统一规划，包片负责技术指导培训，乡镇村负责土地合理流转，确保种植面积落实，力求基地上规模、上水平。二是完善了农业企业优惠政策，在新田县富硒农产品加工园落户的农业企业享受招商引资的优惠政策待遇。同时，对企业自主申报有机食品通过国家认证的、被认定为省级农业标准化生产示范基地的、获得国家地理标志农产品、省级和国家级农产品品牌的，给予 2 万元以上的奖励。三是加大对水利、农业、国土、交通、扶贫、财政、农业综合开发等项目的整合力度，集中解决新建外销蔬菜基地供水、排水、供电、道路建设方面存在的问题。2010 年以来，仅莲花乡新屋场蔬菜基地，整合部门项目资金 3000 多万元，完善了基地喷灌、机耕道等基础设施建设。

## 二、引进龙头带产业

我们抢抓国家扩大内需、承接沿海地区产业转移机遇，积极引进蔬菜生产龙头企业，我县按照“扶龙头、建基地、带农户”的农业产业化开发模式，大力发展“订单蔬菜”、“合同种植”等市场化生产方式。如 2010 年引进广东东升农场落户我县莲花乡新屋场村建立集蔬菜生产、加工为一体的现代化蔬菜生产示范基地，并在我县注册为“湖南东升农场新田分场”，建成了以莲花乡新屋场村为中心的 6000 亩专业外销蔬菜生产基地。基地从整地、播种、栽培管理到采收装箱整个生产过程严格按标准化生产技术规程操作，产品全部销往“粤港澳”以及出口到东南亚、欧洲，在广东亚运会期间被指定为蔬菜供应基地。通过近几年的合作发展，广东东升农场认为新田土壤富硒、重金属污染少、政府重视、群众基础好，发展蔬菜生产潜力大，2013 年 8 月 8 日，与新田县正式签订了公司总部搬迁至新田的投资协议，预计投资 5000 万元以上，建设一个 5000 亩以上的集种养加工和休闲娱乐为一体的现代化农场。2012 年 6 月，新田县引进深圳泛蓝科技公司，拟投资 5 亿元人民币，建立湖南省首个富硒农产品加工园，目前水、电、路等基础设施已初步建成。

## 三、土地流转扩规模

积极推进农村土地承包经营权流转，采取反租倒包、面积参股等方式，打破村组、地块界限，统一规划，分片建设，同时，与土地流转户签订优先用工合同，解决农户后顾之忧，有力促进了蔬菜产业规模化发展。2012 年，全县建成连片 200 亩以上蔬菜生产基地 30 个，千亩以上蔬菜生产基地 5 个。培育蔬菜协会 8 个、蔬菜营销组织 10 个、蔬菜运销大户 30 余户，开辟粤、港、澳等外地蔬菜直销市场 26 处，全县有蔬菜运输专用车 50 辆，800 多人常年从事蔬菜运销，带动全县实现蔬菜种植面积 16.3 万亩、总产 20.6 万吨、产值达 2.9 亿元。

## 四、强化科技抓培训

一是聘请专家来考察指导、讲课培训，按照“宣传不漏人，培训不漏户”

的要求，结合阳光工程培训、基层农技推广补助项目等定点、定期对农民进行技术培训，并组织技术人员驻点现场指导，总结编印了蔬菜栽培技术手册，切实增强了培训的针对性。初步统计，每年举办各种类型的技术培训班200多期，发放各种宣传资料3万多份。二是我县多次组织基地所在的乡镇党政主要领导、村委会主干、基地技术骨干，赴广东东升农场总部和邻近县市学习先进蔬菜种植技术，学习经验，拓展市场，开阔眼界。三是重视新品种、新技术、新成果的引进和转化推广应用，建立蔬菜新品种引种试验示范基地3处，每年选育推广优良新品种5~8个。

## 五、注重品质拓市场

在扩大基地规模、完善基础设施的同时，我们全面树立蔬菜生产安全意识、市场准入意识，在外销蔬菜基地设立了蔬菜质量安全监测点，建立了无公害蔬菜质量检测室，配备了检测设备，确定专门的农产品质量安全监督员，扎实开展蔬菜质量安全监督、抽检工作，切实提高蔬菜生产安全监管水平。在生产过程中，严格执行国家制定的生产标准，并根据本地实际，制定了地方生产标准。目前，我县申报认定的无公害蔬菜生产面积7.71万亩，生产基地标准化生产普及率达到80%，22个蔬菜品种获“三品”认证。新田蔬菜广受客商青睐，在广东市场属于免检产品，供不应求。

# 推进通道县蔬菜产业发展<br>促进农业增效和农民增收

湖南省通道侗族自治县农业局　龙开兴　杨贤宏　吴金岳

蔬菜是生活中不可缺少的副食品。当今，蔬菜生产的地位日益突出，已成为农业的主要支柱产业之一，也成为农民收入的重要来源。为推进通道县蔬菜产业发展，促进农业增效和农民增收，笔者参与了对通道县蔬菜产业现状的调研，就如何做大做强通道县蔬菜产业进行探讨，积极寻找发展通道县蔬菜产业的对策。

## 一、通道县蔬菜产业的发展现状

### （一）发展蔬菜产业的有利条件

1. 自然条件。通道县气候温和，雨量充沛，夏无酷暑，冬少严寒，气温年较差小，日较差大，山区气候明显，垂直差异大，水热同步，雾多湿度大，漫射光多，对发展生产利多弊少。气温适宜，无工业污染，对发展优质、生态农业有着得天独厚的优越条件。相对相邻市县来说，我县遭遇极端自然天气少，受灾程度低，更适宜发展蔬菜产业。

2. 区位优势。发展蔬菜产业，产品以外销为主，区位优势很重要。蔬菜产品大多不耐贮藏，不宜长途调运，而且蔬菜产品属大宗农产品，长途调运增加运输成本，影响其价格竞争优势。通道县临近人口密集、务工人员多、经济比较发达的“珠三角”地区，“眼光向南”发展蔬菜产业，可以成为“两广”蔬菜供应的“后花园”基地。

3. 生产成本优势。通道县发展蔬菜产业在土地、水电、劳动力等方面具有成本较低的优势。

### （二）主要成效

1. 初具规模。近几年，随着经济形势的发展和种菜效益的提升，农民种菜积极性高涨，蔬菜发展方兴未艾，产业化趋势明显，产业布局逐渐成型。为顺应这一变化，我局积极引导和鼓励农民、蔬菜种植大户发展蔬菜生产，突出优势品种种植，扩大种植规模，打造有地方特色的农产品品牌。2011 年，规模化蔬菜种植面积达9580亩，年生产总值达3150万元，3000多农户依靠蔬菜种植实现了脱贫致富目标，并初步形成以无公害红茄、萝卜、芥菜、马铃薯、紫心红薯、生姜、食用菌等为主的较有优势的蔬菜产业，主要集中在临口、木脚、溪口、播阳、马龙、甘溪等乡镇，蔬菜产业沿着国道和省道两旁有序发展，产业合理化布局初步形成，为最大限度发挥资源优势，扩大产业发展规模打下良好基础。

2. 促进农民增收。相对于传统的粮食种植，蔬菜生产经济效益更高，更能促进农民增产增收，更快地实现脱贫致富的目标。从近几年的蔬菜种植情况看，农民种菜亩均纯收入都在3000元左右，2011年红茄种植户的亩均纯收入达到4000元以上，高的亩纯收入达9000元，为种粮收入的10倍。蔬菜种植成为越来越多的农户稳定增收致富的新门路。

3. 促进农业科技普及。蔬菜种植效益高，科技含量也较高，这就要求农民提高科技素质，通过掌握更多的科技知识以促进增产增收，从而农民把学科技用科技成为自觉行动，在生产实践中自觉地学习和应用农业新科技，不断提高自身的科技应用能力和科技创新能力。

4. 培养农产品经纪人。随着蔬菜产业的发展壮大，以及蔬菜产品数量的增多，产品与市场的有效衔接变得越发重要，一些蔬菜种植大户或能人因而自发的跑出去为产品找市场、找销路，自觉的根据市场行情定产定销，组织蔬菜的生产与销售。逐步形成了我县农产品的生产销售协会和经纪人队伍。至今，全县共有各类蔬菜生产协会8个，蔬菜经纪人50多名，为解决蔬菜的产销困难和促进蔬菜产业的快速发展提供可靠的保障。

**（三）几点经验**

1. 要坚持市场化运作的原则。要根据市场的需求确定生产，要有风险意识，不可盲目发展，避免农产品价格好种植就一哄而上，价格跌了就不坚持种植的怪圈。

2. 要结合实际确定发展模式。实践证明，“企业、经纪人或大户+农户”的发展模式在通道县是可行的。近年来，这种模式已逐渐为农户认可和接受，成为连接生产基地与市场的牢固纽带。具体的生产实践中，根据生产项目的不同，经纪人或大户与农户的合作方式也有所区别：一种是开发商（经纪人或大户，下同）为农户包市场、包技术、包化肥农药等投入，农户只要出劳力和耕地，价格随行就市，开发商收取一定的开发费后，扣除成本就是农户的利润。目前，茄子种植基本都采取这种模式，其好的一面是密切了开发商与农户的联系，减轻农户投入成本和风险；不好的一面是由于开发商的投入过大，制约了产业的发展规模。另一种是开发商先免费向农户提供种苗，定价回收产品，由农户自主种植，在紫心红薯的种植上就采取这种模式。这种模式相互制约较弱，易于扩大规模。第三种是开发商跟农户租地，自己种植自找销路，当前萝卜、马铃薯都采取这种模式，这种模式便于成片开发和管理，但不利于带动农户参与产业发展。这三种模式都有其可行性，可在实际中不断完善和发展。

3. 做好宣传和服务工作。要大力宣传党和政府的涉农惠农政策，鼓励农民因地制宜调整种植结构，积极发展蔬菜产业，增加种植效益。要针对产业发展和农民的实际需求搞好跟踪服务工作，重点解决农民在实际生产中碰到的各种技术难题，及时为农民提供市场供需信息和产业的发展趋势等服务，让农民了解市场、熟悉市场，坚定蔬菜产业发展信心。

**（四）存在的问题**

受地理资源、经济基础等因素的制约，通道县蔬菜产业的发展与布局还存在一些问题。一是发展规模较小。蔬菜产业规模化种植面积占耕地总面积不足5%，规模效益和产业带动不明显；二是流通体系建设滞后。现有的组织机构主要为协会及生产大户，基本上是各自为政，生产规模也较小，管理成本高，难以实现生产效益的最大化。由于未建立完善的批发市场和流通体系，仍以“自给自足”本地市场为主，没有形成“大生产、大市场、大流通”的新格局；三是产业化水平低。由于通道县产业化经营尚处起步阶段，蔬菜加工企业发展滞后，特别是缺乏较大规模的龙头加工企业，蔬菜产业化经营层次低，对结构调整的牵动力不强；四是优势产业不突出。我县蔬菜产业普遍存在生产管理粗放、技术科技含量低、生产标准不规范等问题，现种植的品种其产量、品质、效益与外地比较都没有明显优势、市场占有率低、经济效益不高，缺乏市场竞争力，难以树立地方优势品牌，严重制约产业做大做强。以2012年的茄子为例，源田生公司在本地收0.5元/斤，但本地货质量大都达不到要求，只能作为低档货送到广东，每斤不足0.3元，效益比相差非常明显；五是基础设施简陋，抵御灾害能力弱。蔬菜生产成本大，抵御自然灾害的能力弱，蔬菜生产很容易受气候及环境等因素的影响，农户的生产风险大。例如2012年因长时间的干旱天气，仅源田生公司的溪口基地，就有近200亩地因旱绝收，其他红薯、辣椒、茄子也严重减产。初步统计，干旱造成的损失在300万元以上。但现有用于蔬菜产业化种植的基地都缺少必要的水、电、路以及灌溉等设施，很难推行标准化、精细化、集约化的蔬菜生产。并且因没有风险保障机制，当农户因种植失败遭受损失时，又难以从其他渠道得到救助或补偿，对调动农民发展产业积极性，推动蔬菜产业的良性发展十分不利；六是资金投入严重不足。其一是用于产业开发资金投入不足。多年来，我县蔬菜产业开发都是农民自筹资金进行，政府预算资金投入很少，即便是按规定应部分用于蔬菜产业建设的价格调节基金，也很难落实到位。蔬菜产业发展没有政府相应的政策扶持措施，没有鼓励产业发展的基础设施投入和提供相应的产业发展资金的支持，后劲不足。其二是用于农业部门开展蔬菜工作的经费投入不足。县蔬菜办工作职能划入农业局以来，财政没有增加资金预算，致使很多相应的蔬菜工作难以开展，职能作用难以得到有效发挥；七是科技投入不足。近几年，农技部门由于推广经费不足，很少开展蔬菜新品种新技术的引进、试验、示范和推广，蔬菜科技普及率低，农户受自身条件的限制，很难开展规范的科技试验、推广。由于缺乏必要的规范的新品种新技术引进试验程序，盲目引进推广现象严重，曾多次给农户造成重大的经济损失。如这两年部分农户发展萝卜、红薯等生产失败，就是因没有通过试验示范就盲目地扩大种植而造成的，教训十分深刻。八是农民对发展无公害蔬菜认识不足。我县的蔬菜生产大多数是一家一户分散生产，规模小，小农意识强，种自己的“一亩三分地”，技术落后，信息闭塞且不对称，在市场竞争中处于被动状态，缺乏竞争能力和自我保护能力。此外，大多数菜农的素质不高，缺乏市场意识、竞争意识、质量意识、科技意识，在生产经营中带有极大的盲目性，“一哄而上”、“一哄而下”的现象时有发生，造成蔬菜产品的“卖难”和“买难”交替出现。相当多的菜农对新品种、新技术的推广应用认识不够。

## 二、通道县蔬菜产业发展的目标

要按照“保障粮食安全、提高生产效益、培育支柱产业”的工作思路，根据县委、县政府“生态立县、旅游兴县”的战略目标和上级的有关精神，结合我县蔬菜产业发展的实际状况，今后要着力在扩大生产规模和提高产品品质上下工夫，全面发展红茄、萝卜、生姜、冬瓜、高山辣椒、马铃薯、紫心红薯等蔬菜产业，要引进开发特色蔬菜产品，进一步拓宽农民增收致富的渠道。要以优质马铃薯、红茄、越南紫心红薯和生姜为产业发展重点，充分利用冬闲农田和旱地广泛开展种植。要有针对性的进行重点扶持，逐步打造有我县特色、有规模、有效益、有竞争力的农产品品牌。计划用三年左右的时间，将规模化、专业化蔬菜种植面积扩大到2万亩左右，总产值上亿元，无公害产地和产品认证要达到100%。其中，优质红茄种植面积3000亩，总产量18000吨，并初步形成区域性的优质品牌；冬季马铃薯种植面积3000亩，占全县马铃薯种植面积的70%以上，总产量要达到6000吨，产品优质率要达到80%以上，逐步打造以外销、鲜食为主的通道无公害马铃薯品牌；越南紫心红薯种植面积8000亩，以旱地种植为主，占全县红薯种植面积的60%以上，总产量达到16000吨，产品优质率要达到80%以上，作为较高档的优质农产品，主要销往广东、香港市场；生姜种植面积6000亩，占全县生姜种植面积的70%，总产量达到10000吨，产品初期以外销广东广西及周边县市为主，后期主要为本县加工企业提供生产原料。在产业的发展上，坚持以市场为导向、实行市场化运作、以农民自主经营为原则，鼓励农民扩大生产，走集约化、规模化、标准化的发展之路，努力把蔬菜做成兴县富民的支柱产业。

## 三、加快通道县蔬菜产业发展的几点建议

产业要发展，认识是基础，规划是关键，安全是重点，市场是根本。因此，要抓好蔬菜产业，建议做好以下几方面的工作。

1. 提高认识，加强耕地管理。蔬菜产业事关国计民生，既是通道县的支柱产业之一，又是关乎民心的民生产业。各乡镇和有关部门要树立发展蔬菜产业的意识，充分认识发展蔬菜产业对调整农业产业结构、促进农业增效农民增收的重要作用，自觉把发展蔬菜产业作为发展农村经济、推动社会主义新农村建设的重要工作来抓，切实把蔬菜产业摆上重要议事日程，认真研究，抓紧落实。近年来，由于修路、建房、抛荒等原因，耕地面积逐年减少。同时，我县广大农民在进行农业生产的过程中大量的使用化肥，过度的依赖化肥，有机肥（农家肥）施用量锐减，造成耕地质量逐年下降，因此要发展蔬菜，有必要保护现有的蔬菜耕地面积不再减少，加强耕地质量管理，以保证我县蔬菜产业的可持续发展。

2. 做好宣传、规划和引导工作。要通过广泛的宣传和引导工作，使发展蔬菜产业变为农民自觉的生产要求，在全县范围内形成发展蔬菜产业的共识，为推动蔬菜产业发展提供良好的工作氛围。要立足实际，科学论证，统筹安排，合理规划蔬菜产业发展布局。要为农民提供及时准确的信息技术、市场需求分析和项目可行性论证服务，要尊重农民的生产意愿，不搞强迫制或行政命令制，要让农民了解市场、把握市场，自主选择生产项目，自己承担市场风险，不断增强农民适应市场、抵抗市场风险的能力，促进蔬菜产业的健康有序发展。

3. 突出农产品质量安全，打造无公害蔬菜品牌。一是政府要把农产品质

量安全检测监管网络作为一项实事工程来抓，逐步完善检验检测体系，并在财力上予以重点扶持，在全县形成从生产环节到流通领域全方位的监控。二是建立监督检查制度。在生产基地、加工企业和销售市场建立质量安全定位监测点，根据生产主导产品确定监测重点，制定检测规程，加强技术培训和联络，确定专人负责，充分发挥行业检测资源优势，对无公害农产品基地的产地环境和生产过程、农产品批发市场和超市的蔬菜产品质量安全等实行定点监测，并在有关媒体上定期公布检测结果。三是强化农产品质量安全追溯管理工作，结合优势农产品生产基地、标准化生产基地和无公害农产品生产示范基地，推广完善农产品档案登记制度。

4. 加大投入，提升蔬菜产业水平。县财政要将鼓励发展蔬菜产业资金列入财政预算，对列入产业发展规划布局的蔬菜生产基地，要采取财政投入为主、村组或个人投入为辅的建设方式，进一步完善水、电、路等基础设施建设，为发展高品质、高效益的农产品生产打好基础。要扩大农民的融资渠道，为农民发展生产提供资金保障。根据湘政发［2010］31 号文件精神，今后蔬菜产业建设资金可从以下途径解决：一是财政要安排专项预算资金。二是新菜地开发征收的建设基金，要足额征收，专用于蔬菜产业建设。三是价格调节基金。每年应按照不低于 20% 的比例安排用于扶持蔬菜生产的发展。四是各相关部门要积极向上争取项目支持，相关项目资金要向蔬菜产业倾斜，支持蔬菜产业基地建设和蔬菜冷藏运输设施建设。对重点产业项目、生产大户、重点企业进行重点支持，要对重点产业实行倾斜政策，在种子、肥料和其他重要生产资料上给予适当资金补贴，减轻农民的生产成本，增加农民收益，促进产业的发展壮大。

5. 加强产业发展的组织工作。要继续支持现行的“公司 + 基地”、“合作社 + 农户”等蔬菜开发模式，积极稳妥推进订单式蔬菜生产种植，提高产销组织化程度。抓好源田生公司为重点龙头企业，把溪口、临口、马龙等乡镇作为现代农业示范基地，建好相应的滴喷灌设施、大棚设施，增强基地抗灾能力，带动全县农户发展蔬菜生产；以春绿红薯种植专业合作社、丰瑞蔬菜种植合作社为重点，大力发展红薯、秋马铃薯、香芋种植。要通过以协会或专业合作社的形式把各蔬菜产业中分散的农民生产组织起来，健全组织章程，规范组织运作，增强产业发展的抗风险能力，促进蔬菜产业的健康快速发展。力争三年内，全县蔬菜产业面积发展到 5 万亩，努力打造有规模与品牌的地方优势产业。在此基础上，鼓励和扶持龙头企业逐步向精深加工发展，提高产业附加值。

6. 加大技术推广、服务工作力度。要切实加强新品种新技术的引进试验示范工作，及时为农民发展蔬菜生产提供安全优质的种苗和先进实用的新技术，减轻农民盲目引种造成的损失。新品种新技术的引进试验是产业发展的先行性、基础性和公益性工作，应由政府部门投资为主导，建立蔬菜新品种新技术引进试验基地，通过试验示范后，再根据市场及生产需求进行推广种植。建议每年引进 10～15 个新品种、技术进行试验示范种植，选定推广品种，以减少菜农盲目引种带来的生产风险。力争用三年左右的时间，精选培育 3～5 个适应性强、品质优、发展潜力大的蔬菜主推良种，并以此为基础，逐步打造成有我县地方特色和地方优势的优质蔬菜品牌。要加强农技人员蔬菜专业知识的学习培训，完善定点定责联系服务机制，及时有效为农户提供生产技术指导。主要产业要实施标准化生产技术，并逐步向统一品种、统一购药、统一标准、统一检测、统一标识、统一销售的管理方式发展，进一步提升我县蔬菜产品品质和市场竞争力。

7. 出台优惠政策，加快产业发展。结合实际，研究制定鼓励发展蔬菜生产的政策措施，根据情况对重点企业、种植大户、合作社进行适当奖励或一定补助；建立因灾受损救助标准及办法；对重点产业实行良种补贴或肥料补贴；制定鼓励农技干部深入一线开展技术指导的政策等。以充分调动农户和农技人员的生产工作积极性，促进我县蔬菜产业更好更快地向前发展。

# 发展山区特色效益农业
# 提升特色农产品的市场竞争力

重庆市城口县农业委员会　邹才东

发展特色效益农业是山区实现农业现代化的发展方向和有效途径，前提是“有特色”，目的是“效益好”，通过发展“特色”，达到实现“效益”。所谓“特色”首先区位要有特色，所处地理位置能生产出其他区域无法产出的农产品；其次是自然环境要有特色，要远离人口居住密集区，生态良好，无污染；第三是气候要有特色，有适宜生产特色农产品的空气、温度、光照和雨水；第四是土质要有特色，要含有其他区域无法找到的矿物质和微量元素。唯有具备以上四方面才可能生产出人无我有的特色农产品，并将其转化为特色商品的现代农业。

## 一、城口具备发展特色效益农业的自然条件

城口地处大巴山腹心地带，位于南北气候交汇处，大巴山国家级自然保护区面积达 280 万亩，森林覆盖率达 62.9%。境内河网密布，水量充沛、水质优良；属四川盆地北亚热带山地气候，系亚热带季风气候区。由于山高谷深，高差大，具有山区立体气候的特征。主要气候特点是：气候温和，雨量充沛，日照充足，四季分明，冬长夏短。年均最高气温 14.5℃，最低气温为 13.0℃，昼夜温差变化较大。平均无霜期 234 天，年均降雨日 166 天，常年平均日照时数为 1534 小时；年均降水量 1261.4 毫米。土壤富含硒和锌。城口独特的自然环境，得天独厚的气候条件是发展特色效益农业的最佳区域。

## 二、城口目前特色效益农业发展的现状

近年来，我县根据独特的自然环境和气候条件提出并坚持了“生态为本，特色为魂”的发展理念，按照“人口下山，产业上山，游客进山，产品出山“的思路，突出产业重点，加大领导力度和政策扶持力度，特色效益农业已初具规模，形成了以城口山地鸡、城口老腊肉、城口蜂蜜、中药材、干果为主的特色农业体系，为农户增收提供了坚强支撑。城口山地鸡养殖规模突破了

1000万只，城口老腊肉年生产销售量达到了5000吨以上，中蜂养殖规模达到了8万群，中药材在地面积25万亩，核桃、板栗达到40万亩。城口山地鸡、城口老腊肉品牌价值分别达到3亿元和2亿元。截至2012年12月底，全县有23家企业的63个产品通过“三品”认证。其中，无公害农产品产地认定8个，绿色食品认证3个，农产品地理标志登记3个，有机食品认证51个。实现了特色、品质共推进，质量、效益同提高。

但山区发展特色效益农业仍然有较多的局限性：一是土地零碎，难以实现规模经营；二是农户居住分散，基本上是以家庭分散经营为主，标准化生产水平较低。三是品牌培育难，市场竞争力弱，山区由于土地资源、市场营销手段和信息闭塞等诸多因素的制约，做大做强特色农产品的难度较大；四是营销网络缺乏，由于缺乏健全的营销网络系统，农户了解市场信息的渠道闭塞、销售渠道狭窄。农业产品的销售都是以自产自销为主，导致销售价格不统一，农户之间的无序竞争，自主定价能力下降，销售效益得不到很好保障。

## 三、城口发展特色效益农业的思考

（一）依靠资源，科学规划，合理布局农业特色产业。根据气候、生态环境、土壤等自然条件，选准特色品牌，统一规划，寻求差异性。发展独具特色的农产品，不仅能充分发挥资源优势，取得事半功倍的效果，也容易创造出名牌，提升特色农产品的市场竞争力。根据城口自然资源多样性的特点和特色产品的生产特性，科学规划特色农产品的区划布局，切实推进土地流转，使特色农产品向适宜区域、优势区域集中，形成特色农产品基地合理布局，实现一乡业或多乡一业的格局，形成科学化、集约化、商品化和市场化的农业特色产业。

（二）结合传统，专业合作，开拓特色效益农业之路。通过大力发展农民合作社、家庭农场和专业协会等各种合作组织，提高农民组织化程度。通过专业经济组织加盟，建立起适应市场的“龙头企业+专业经济组织+农户”的利益共同体，统一购买、销售，降低交易成本。以专业合作组织为载体，按照农业特色产业发展的要求有针对性地开展教育培训，提高农民技术水平，加快农业科技成果转化，从而有效促进特色产业的集约化生产、一体化经营和专业化服务机制的形成。

（三）培育龙头，产业牵动，提升特色效益农业水平。要加大力度引进和发展产业化龙头企业，特别是要积极引进和依靠一些知名高、影响力大的企业，使我县农业特色产业进一步放大、做大，形成一批在市内、周边、国内有影响力的产品品牌。一是重点打造一批产业关联度大、有竞争能力的大中型特色农产品加工龙头企业，鼓励开展技术改造和技术创新；二是重点建设一批行业龙头企业，在城口老腊肉、城口山地鸡、干果等产业中，加大对龙头企业的扶持力度，以加快发展速度，使其成为旗舰企业；三是重点培育一批特色农产品深加工企业，拉长产业链条，积极发展城口山地鸡、中药材、核桃、板栗、等特色农产品精深加工，提高产品档次。四是重点申报一批市级和国家级重点龙头企业，组织全县规模大、带动力强、发展前景好的骨干龙头企业积极申报，争取产业化项目专项扶持资金，不断增强带动能力，最大限度地提高特色农业的效益。

# 发展休闲农业　培育特色产业　促进农旅互动

四川省长宁县农业局　潘林虎　叶　波　金　伟

休闲农业与乡村旅游是指利用乡村自然环境、田园景观、农耕文化、民俗文化、古镇村落、农家生活等资源条件，满足旅游者观光、休闲、度假、体验、娱乐、健身等需求的一种新的旅游产业形态，并已逐步成为促进农民就业增收和满足城乡居民消费需求的民生产业。长宁县作为一个农业县和旅游资源大县，始终把发展休闲农业和乡村旅游作为发展农业和助农增收的重要抓手，并已逐步形成县、乡、村多层次共同推进的格局。

## 一、长宁县休闲农业与乡村旅游发展的主要成效

长宁县位于云、贵、川、渝黄金旅游带的中心位置，是四川省新五大精品旅游区之一蜀南竹海所在地。全县幅员面积1000.2平方公里，总人口44.4万人，区位优越，交通便捷，水陆空立体交通网络齐备。县境内山清水秀，风景优美，生态良好，旅游资源得天独厚，拥有大小景区（景点）110余处，多个景区（景点）在全国范围内都具有一定的不可替代性。经过多年的发展和积累，长宁县旅游产业取得了显著成果，先后建成3个国家AA级以上景区，1个国家农业旅游示范点，尤其是蜀南竹海，相继获得国家级风景名胜区、国家AAAA级旅游区、中国旅游胜地四十佳、中国最美十大森林之一和世界“绿色环球21”认证景区、最受群众喜爱的中国十大风景名胜区和最具特色的中国十大风景名胜区等一系列殊荣。相继获得了“全省旅游工作先进县”、“全省林业生态旅游十佳县”等一系列荣誉。2012年被国家农业部和旅游局认定为“全国休闲农业与乡村旅游示范县”。

县委、县政府对发展休闲农业与乡村旅游非常重视，通过政府引导、群众参与、社会配合、市场运作机制，实现了以农兴旅、以旅助农，农工旅互动格局。

一是实现旅游经济持续快速增长。2012年接待游客248万人次，旅游收入22.86亿元，其中休闲农业与乡村旅游为148万人次，实现休闲农业与乡村旅游收入10.6亿元。

二是有效促进农民增收致富。2012年年底，全县已发展乡村旅游农家乐

140家，其中二星级以上农家乐65家，年均纯收入达2万元以上，其中有10家星级农家乐纯收入超过10万元。发展特色农业产业园区或基地15个，农产品和旅游产品加工企业30余家，特色种养殖户21000余户。2012年，通过发展休闲农业与乡村旅游，农民人均获得收入在2300元以上。

三是加快了农村劳动力转移。通过发展休闲农业与乡村旅游，大大吸纳农村剩余劳动力，除需要直接从事旅游接待服务的群众外，还需要更多间接的协作人员，使群众离土不离乡，就地解决了就业问题，成为有效转移农村剩余劳动力的重要途径。2012年我县从事餐饮、服务、加工、特色种养殖等的休闲农业与乡村旅游从业人数达到9.5万人，其中农民从业人数达7.6万人，占从业人数的80%。

四是有效改善了农村生产生活环境。休闲农业与乡村旅游在为城市居民和游客提供农事体验、休闲娱乐环境的同时，也间接使农户在潜移默化中接受了城市理念、城市文明和城市风尚。农民的文化素质在休闲农业与乡村旅游经营活动中得到了提高。

## 二、发展休闲农业与乡村旅游的主要做法

（一）科学编制规划，优化发展布局。发展休闲农业与乡村旅游，规划是龙头。在休闲农业与乡村旅游发展过程中，我县结合国家、省、市政策，按照“因地制宜、布局合理、特色突出、发展协调”的原则，在充分考虑投入能力、市场容量和环境承载能力的基础上，从当地独特的自然资源、生态资源、产业资源和人文资源出发，与全县经济社会事业发展总体规划、土地利用规划、城镇建设规划、新农村建设规划、生态建设规划等衔接，立足当前，发挥优势，突出特色，着眼长远，谋划未来，精心编制了《长宁县休闲农业与乡村旅游发展纲要》（2011~2015）、《长宁县休闲农业与乡村旅游发展规划》、《长宁县佛来山生态旅游观光农业示范区建设规划》及《江南特色效益农业示范基地规划》，明确了全县休闲农业与乡村旅游发展的总体形象定位、发展目标、空间布局、发展重点、发展措施和重点休闲农业与乡村旅游线路，实现休闲农业与乡村旅游点可持续发展。同时，完成了全县18个乡镇休闲农业与乡村旅游规划。通过编制和完善规划，形成了发展思路清晰、区域特色鲜明、功能布局合理、文化内涵丰富、市场定位准确的休闲农业与乡村旅游发展格局，为全县休闲农业与乡村旅游业发展提供了重要依据。

（二）完善扶持政策，增强发展动力。一是县委县政府出台了《关于加快休闲农业与乡村旅游发展的工作意见》，在资金、土地、税收政策等方面对发

展休闲农业与乡村旅游予以扶持和倾斜，重点支持旅游企业、农民群众参与和发展休闲农业与乡村旅游。二是制定了《长宁县休闲农业与乡村旅游发展激励办法》，对新发展的星级农家乐、休闲农业与乡村旅游示范乡镇、示范村和示范点以及获得国家省市认定特色农业园区、特色种养殖基地、特色农产品旅游产品加工企业、研发机构等，采取“以奖代补”的方式进行奖励扶持。三是完善土地流转机制，鼓励农村将闲散耕地、林地、荒地等向专业大户集中，积极引导社会资金购买、租赁、承包、联营、股份合作等多种形式投资开发休闲农业与乡村旅游项目，兴办各种旅游开发性企业和实体。四是为解决发展资金问题，建立了“政府引导投入、企业重点投入、农民主体投入”的投资机制。县财政在财力十分紧张的前提下，坚持每年安排8500万元以上的休闲农业与旅游发展专项资金，用于规划编制、农房整治、自然环境和文化遗产保护、整体形象宣传、旅游产品开发、旅游标牌标识等建设，近年来，政府在休闲农业与乡村旅游发展上累计已投入近3亿元。

（三）强化组织领导，健全工作体系。一是成立了以县委书记、县政府县长为组长，县委、县政府分管领导为副组长，相关部门主要负责人为成员的休闲农业与乡村旅游发展领导小组，切实加强对休闲农业与乡村旅游工作的组织领导，为休闲农业与乡村旅游发展提供了强有力的组织保障。二是建立了休闲农业与乡村旅游管理、统计、教育、培训等一系列规章制度，使休闲农业与乡村旅游发展工作规范有序、有章可循。三是加强服务平台建设，先后建立了长宁县旅游协会、水产养殖协会、水果营销协会、竹业协会、甜梨协会、竹荪协会等行业协会，并大力支持各个协会在信息收集发布、政策咨询、市场推荐、行业诚信建设、自我管理等方面发挥作用。

（四）规范行业管理，提升品牌形象。一是建立了《长宁县梨标准化生产技术规程》、《长宁县脐橙标准化生产技术规程》、《长宁县枇杷标准化生产技术规程》、《长宁县休闲农业与乡村导游服务质量规范》等标准，对农业科技园区、休闲农庄、观光采摘园区、农家乐实施规范化管理。同时，成立了由旅游、工商、公安、质监、安监、卫生、环保、规建、农业、园林等行政管理部门组成的长宁县休闲农业与乡村旅游服务质量等级评定委员会，负责组织实施农业科技园区、休闲农庄、观光采摘园区、农家乐的指导和评定工作，进一步提高休闲农业与乡村旅游服务质量和水平。二是加大对全县休闲农业与乡村旅游从业人员的培训力度，着力提高从业者在经营服务、食品卫生、旅游文化、旅游安全、接待礼仪、餐饮和客房服务等方面的素质和技能。至2012年年底，在全县休闲农业与乡村旅游从业人员中，32%以上的人员通过了专业培训并取得了相应的职业资格证书。通过培训，有效增强了从业人员的服务意识，提高了服务技能。三是认真执行国家、省、市有关国土、环保政策，全县生活垃圾无害化处理率80.2%。五年来，没有出现任何擅自占用耕地和基本农田修建休闲旅游基础设施行为，没有出现任何以破坏农业生产为代价发展休闲农业与乡村旅游现象，没有发生污染环境和破坏生态资源事件。

（五）夯实发展基础，改善发展环境。一是在道路交通建设上，建成休闲农业与乡村旅游水泥路740公里，连户路、专用观光道路285公里。二是在游人接待咨询服务中心建设上，已建成了蜀南竹海及佛来山游人接待咨询服务中心、休息、咨询、投诉、导游线路图、安全、卫生、厕所、停车等，相关配套功能得到了进一步完善。三是在农家乐建设上，通过实施“一池三改”项目，维修整治农房235户、建沼气池2180口、蓄水池704口，对680户农户房屋进行了川南民居风格改造。四是在旅游标识标牌配置上，按照国家统一的标准，用木材等环保生态材料制作了美观醒目的景区指路牌、说明牌和警示牌，景区主要道路、交叉路口处均设有中英文对照的交通指示牌118块。

（六）狠抓结构调整，突出产业优势。坚持“以乡村为依托，市场为导向，绿色为主题”的指导思想，树立把休闲农业与乡村旅游新兴产业建成新型产业的观念，依托乡村特色资源，因地制宜发展休闲农业与乡村旅游，实现了农业产业与旅游服务三产业的有机结合，有效延伸农业产业链，带动了农业产业的发展，使农业资源就地转化为旅游资源，促进了“农业+旅游”效益的增长和农民增收。通过大力发展休闲农业与乡村旅游，原来单一的种养殖业转变为多样化的种养殖。到2012年年底，全县已发展了以生态猪、鸡为主的畜牧规模养殖基地10家，水产养殖基地30处，发展了竹地板、竹家具、竹生活用品、竹工艺品和竹食品五大系列1000余个品种，形成了以七洞沟万亩原始森林体验区、佛来山万亩佛梨观光体验区、梅白碧浪湖万亩油菜花观光体验区、三元乡万亩枇杷观光体验区、下长镇万亩特色果蔬观光体验区、双河镇万亩花椒观光农业观光体验区、富兴乡万亩苦竹观光农业观光体验区、龙头镇珍稀鱼类和万亩特色水产观光体验区、万亩竹荪产业观光体验区等18个具有一定规模和知名度的休闲农业与乡村旅游产业带或园区，形成了双河葡萄井、佛来山西明禅寺、三元乡苦竹寺、梅白乡碧浪湖、洪谟故里、竹海镇七彩湖、长宁镇大坪生态园、硐底镇华凌生态园等110个休闲农业与乡村旅游点，覆盖了全县18个乡镇。

## 三、存在的主要问题

休闲农业与乡村旅游是旅游产业和农业产业结构调整过程中派生出来的新兴产业。我县虽然在其中取得了一些成绩，但总体上来说还处在加速发展阶段，还存在一些问题，主要表现在以下几点。

（一）产业支撑体系相对薄弱。一是有关部门在落实财政税收、信贷政策、行业监管、市场体系、农业科技和农业信息等方面还存在不足。二是部分地区只注重休闲接待设施建设，忽视农业产业支撑体系建设，导致一、二、三产业之间融合不够。三是没有运用科技、文化和艺术的手段提升农产品及其加工品的附加价值，难以形成核心竞争力和效益增长点。四是大型休闲农业企业的示范带动作用不够，企业之间未能形成良性的利益联结机制，没有形成大规模的休闲农业产业集群。

（二）整体经营管理水平不高。一是管理专业人才缺乏，休闲农业经营管理人员和服务人员，大多是从事农业生产的当地农民，对旅游业缺乏管理经验。有的虽然进行了短期培训，整体素质仍然偏低。休闲农业的发展基本上是以乡村企业、农民自主开发为主，缺少科学规划和论证，市场定位不准，经营管理粗放，在开发建设上随意性较大，存在着一定无序性和盲目性。二是规划引导不到位，个别休闲农业企业未能按照规划建设出现因盲目开发导致的资源浪费与环境破坏，并影响到可持续发展。三是服务项目与体验活动大体相同，造成目标市场相近恶性竞争。四是服务设施陈旧、服务项目单一、服务水平不高。五是消费的季节性过于突出，对季节、气候等因素依赖性过强，旅游旺季人满为患，淡季鲜有游人的局面未能得到有效解决。

（三）资源要素整合利用不够。一是没有很好地利用田园景观与生态系统开发特色体验与科普教育项目，有的甚至有破坏了田园景观和生态系统的问题。二是没有结合农业生产过程丰富农耕体验活动，仅仅停留在简单的垂钓和采摘等常规项目上。三是缺乏对乡土文化与民俗风情的深度挖掘，彰显不出地方特色和文化优势。四是没有很好地对接城市成熟的商业模式与服务机构，在信息宣传、规划设计、包装设计、运营管理和营销推广等方面水平还有待于进一步提供。

（四）品牌特色不鲜明。一是特色不足，档次不高，目前县内休闲农业与乡村旅游多以“农家乐”的形式出现，类型单一，这些“农家乐”大部分还处在发展初期。由于农家乐所在的自然地貌、人文环境、历史传承也类似，加上面向同类市场，经营模式单一，近距离、低水平重复在所难免，很多资源缺乏科学的规划开发。二是乡村元素挖掘不够深入，旅游地对乡村气氛的营造不够重视，忽略了乡村文化传统和民风民俗资源的开发，真正具有地方特色的品牌旅游项目不多，使游客消费方式呈现快进快出的浅层次局面。

## 四、加强休闲农业与乡村旅游发展的措施

（一）加强行业管理和引导。一是加强行业管理，限制无发展潜力的盲目投入，以此提升休闲农业与乡村旅游规格和品位；注重农业、旅游、文化、生态、都市的融合，发掘并体现农业的多功能性，使其整体上朝主题化、产业化、区域化和集群化的趋势发展。二是加强行业引导，加快对现有休闲农业企业的提质改造，逐渐将县内休闲农业引向规范化、精致化和差异化的可持续发展道路，使之成为高效、强农和富民的新型产业。

（二）提升乡村旅游文化内涵。一是促进乡村民俗文化和旅游相结合，乡村民俗文化旅游是发生在乡村地区的旅游活动，乡村的山野风光、农民的生活和生产活动以及农村特有的乡村文化习俗等均是乡村民俗文化旅游的吸引力所在。二是合理开发利用民俗节庆文化，多彩的民间文化是乡村旅游的无价之宝，民俗节庆文化的群众性可以让乡村旅游产品的开发深入人心，它的周期性可以弥补乡村旅游中由单纯依赖农业自然资源而出现的淡季。三是不断创新文化旅游项目，乡村作为农耕文化、乡土文化和民俗文化的重要基地，努力实现乡村旅游项目与文化的融合，不断丰富旅游产品的文化内涵。

（三）拓宽融资渠道。一是加大政府投入，加大对休闲农业的资金扶持力度，把区域性基础设施作为政府投入的重点。二是涉农金融机构把支持休闲农业发展作为信贷支农重点，并综合运用信贷、证券、保险、信托、担保等金融手段，并在贷款利率上给予优惠。三是吸引国内和国外企业或公司的资金以股份制、独资经营或合资经营等方式开发休闲农业。四是鼓励农户以土地使用权、固定资产、资金、技术、劳动力等多种生产要素投资休闲农业项目以互助联保方式实现小额融资。

（四）注重人才保障。一是加大从业人员培训，依托各类培训机构和相关院校大力开展休闲农业管理和服务人员培训，提高从业人员的经营管理水平和农业科技应用水平。二是引进培养人才，加强交流学习，积极引进旅游管理和文化专业人才，努力培养本土人才，集思广益，科学开发利用丰富的历史文化资源，紧密结合文化与旅游产业，加强与其他旅游区的交流，学习先进理念和发展经验。提高服务水平，完善文化产业整体发展水平体制机制。

（五）突出特色，加大宣传。一是突出乡村旅游特色，从乡村历史文化、

民俗民风、建筑特色和非物质文化遗产的对比中概括出最能吸引城市游客的文化元素。二是加大宣传，在激烈的市场竞争中个性化的旅游品牌明显具备对市场的攻击性，通过对旅游地文化品牌的确定进一步对品牌进行包装设计，对品牌进行推广宣传从而扩大乡村旅游的顾客感知度和影响力。

（六）加大休闲农业与乡村旅游资源保护。一是加强土地资源保护，严防抛荒和破坏耕地的行为，积极改良土壤，提高肥力，防止水土流失，引导休闲农业企业开展土地综合开发与整理，特别是对荒地、边角地、老宅基地和矿山废弃地的合理开发；二是加大对重要水源涵养区、饮用水源区和水土流失区的森林植被保护力度，加强农村饮用水水源地保护和污染源治理、排污口拆迁、污染水净化处理，禁止可能污染水源的旅游活动和其他活动，提升农村饮用水安全保障能力；三是加强农耕文化与重要农业文化遗产保护，并引导休闲农业企业极挖掘有特色的农耕文化，形成丰富多样、各具特色的乡村旅游产品体系，通过农耕文化演示与体验，促进农耕文化的保护、传承与发展；四是全面开展县内休闲农业资源普查，根据资源察赋确立一批休闲农业聚集区，并加强农业物种资源的保护与利用，积极申报一批具有地域特色的农特产品为国家地理标志保护产品。

**作者简介：**

潘林虎，男，1967 年 10 月出生，中共党员，研究生学历。现任四川省长宁县农业局局长。

叶波，女，汉族，1980 年 7 月出生，中共党员，研究生学历。现任四川省长宁县农业局副局长。

金伟，男，汉族，1987 年 4 月出生，中共党员，研究生学历。现在四川省长宁县农业局工作。

# 打造雁江特色农业　促进农民致富增收

四川省资阳市雁江区农业局　陈家强　蓝　平　刘吏贤

雁江区地处四川盆地腹心和沱江中游，是资阳市政府所在地。全区幅员面积1633平方公里，实有耕地97.65万亩，共辖22个镇乡、4个街道办事处、479个行政村，6132个社，农业户数26.65万户，总人口106万，其中农业人口86万，农村劳动力49.15万。属全国"产粮大县"、"农产品区域品牌百强县"、全国瘦肉型生猪养殖基地县、全国特早熟蜜柑之乡；也是全省丘陵农业百万人口大县、"双低"油菜生产大县。2012年种植业实现总产值33.61亿元，种植业人均纯收入2151.7元。

## 一、特色农业发展的现状

近年来，雁江区通过党政引导、科技示范、企业带动、协会参与、技术支撑，已确立并正在着手实施优质粮油、精细蔬菜、特色水果、优质生猪和标准化生产五大类区建设，特别是在种植业上，重点围绕"三线三片"（即国道321、省道106和资资路三线，河东、河西、沱江上游三片）构建农业板块经济和高效产业，通过科学规划、逐年投入、总体打造、分段实施和梯级推进的原则，建成了30万亩优质商品蔬菜配送基地、20万亩优质特早熟蜜柑基地和60万亩优质粮油基地，推进农业板块经济和特色高效农业发展。

1. 优质粮油：因政策好、天抽威、人展劲，小春粮油增产幅度喜人，收获天气悦人，收购价格趋人。大春粮油在责任、计划、改制、示范、培训和督查考核抓落实，呈现出党政干线重视、惠民政策有力，宣传动员深入、培训工作扎实，涉农部门协作、配套服务到位的氛围，为粮油产业的发展注入了新的活力，加之受农产品价格上涨指数的刺激，全区农民的种粮积极性空前高涨，农产品供应充足，突出表现在：一是土地撂荒明显减少。大量业主转行从事种养业，全年粮食播种面积将比计划增加1.5万亩，增幅达1.02%。二是大春主要农作物播栽进度快、质量高、种满种尽。三是新技术应用面扩大。我区继续加大了推广旱育保姆简化旱育秧技术，完成面积26.03万亩，良种普及率92.6%，改制面积43万亩。推广旱地新三熟麦－玉－豆模式面积21万亩，国标三级以上优质稻19.1万亩（三级以

上6.2万亩），推广农业增产技术10项，亩增产15%以上，亩增值50元以上。四是粮油高产创建活动成效明显。在全区实施百亩攻关、千亩展示和万亩示范的粮油高产创建活动，显现四大特点：强化领导，政府搭台推进高产创建；强势宣传，高规格启动营造良好氛围；扩大规模，全覆盖不留创建盲点；协同配合，全面落实高产创建责任。一是实施高产创建示范片共12万亩。其中水稻3.5万亩；玉米2.5万亩；油菜2万亩；小麦1万；马铃薯、花生、大豆各1万亩。二是创建一流高产示范田。农业局组织相关农业科技人员，创建工作共计实施72块高产攻关田，建设2个十亩水稻、玉米“两新一高”攻关田，水稻、玉米平均亩产量达630公斤，最高产量达752公斤。三是实行高产创建首席专家负责制。每种作物明确一名首席专家负责，指导该作物的高产创建工作。

2. 优质蔬菜：蔬菜是我区支柱产业和类区重要建设项目之一，区委、区政府采取系列措施，强力推进蔬菜产业，呈现出良好的发展势头，特别是目前持续攀高的价格优势，产业链上各环节均获得了丰厚的回报。2012年蔬菜种植面积30万亩，总产量62.5万吨，总产值11.75亿元，成为雁江农村经济增长亮点和农民增收重要来源。主要表现在：一是辐射新区逐年增多，基地规模逐步扩大。常年蔬菜播种面积30万余亩，其中10万亩商品蔬菜基地、10万亩原料加工基地和10万亩自食自用菜地已初具规模；二是企业和业主逐步引进，示范带动明显增强。蔬菜加工企业达十余家，以蔬菜为主的农业科技及循环经济示范园区达数十个，其中包括省级龙头企业——临江寺味业建辣椒基地，中和酿造及京韩四季等建榨菜基地；三是标准化能力逐渐提升，质量和效益稳步提高。全区耕地已获无公害农产品生产基地整体认证。临江寺味业系列产品1995年被授予“中华老字号”荣誉，1996年获乌拉巴托国际食品节金奖，1997年获全国食品行业“中国名优产品”称号，2004年通过国家进出口检验检疫总局的“原产地标识注册”，6个产品获得绿色食品认证，2006年实现销售收入3187万元；四是经纪人队伍逐步壮大，外销市场逐步拓展。全区蔬菜营销经纪人发展上百人，基本起到了产前农资供应、产中技术服务和产后市场营销作用，农业商品化生产雏形显现。

3. 优质水果：2012年全区水果面积24.5万亩，总产量26.3万吨，总产值4.1亿元，其中柑橘21.5万亩，产量22.3万吨，产值2.86亿元。其优势在于早成熟、早上市，同一品种比湖南、湖北早上市10～15天，比重庆也早7天，从8月中旬至11月中旬分批上市，是长江中上游地区蜜柑栽培面积最大、产量最高、熟期最长的生产基地，也是我区主要经济支柱产业之一。通过多年的生产实践，雁江区蜜柑已成为全国规模化种植水平较高、效益较好、品质优异的示范区和全省最大的蜜柑基地，被国内外专家誉为“中国蜜柑高产之乡”，栽后3年可实现丰产稳产，平均亩产2吨。被省农业厅列为“四川省优势农产品区域布局”，并认定为四川省的无公害优质农产品生产基地和“国家地理标志产品保护”。

4. 园区建设：根据区委、区政府围绕养殖业建园区、加工业建基地和市场建社区的有关精神，我局提出了种植业建园区的指导思想和工作思路。一是明确目标。依托畜牧业养殖小区和养殖场，以粮—蔬—果—药为重点，按照内循环零排放的农业循环经济模式，围绕规模化、标准化、产业化、品牌化、市场化和科学化的要求，大力推进种植业建园区，促进了种养业互动循环、协调发展，为新农村建设提供了产业支撑。二是明确要求。包括产业发展内容要求、农产品质量要求、种植规模要求和专业合作社的带动能力要求。三是消纳标准。要求示范园区应具备固定的沼液粪水输出管渠和田间蓄粪池等设施，在园区大力推行科学施肥，提高农家肥的消纳能力，每亩地平均消纳2~3头生猪产生的粪水沼液，田间畜粪池的蓄存能力每亩不少于3立方。四是效益指标。示范区种植效益比周边同类作物高出20%以上，肥料成本比周边地区同类作物低50%以上，示范区农产品商品中高级应占90%。由于种植业建园区分工明确、目标具体、责任到位，各部门配合紧密、工作开展有序，对我区建设现代农业和农业循环经济示范区起到了很好的示范作用和推动效果。

## 二、特色高效农业发展的问题

1. 农业基础设施建设滞后。雁江区地处川东伏旱和川西洪涝过渡地带，自然灾害具有突发性和多发性特点，素有“十年九旱，无旱便涝”之说，虽年降雨量达到900多毫米，但因时空分布不均，容易造成季节性干旱和洪涝。近年来，尽管通过川中农业综合开发、农田水利基本建设和病害水库整治等涉农项目打捆实施，加大了农田基本建设，生产条件得到改善，抗御自然灾害能力有所增强。但局部改善、总体恶化的状况仍然在短期内难以根本扭转，高效特色农业的产地环境难以优化配置，水、渠、池、电、路根本不配套，农业抗灾能力薄弱，耕地综合生产能力低下，道路不畅通和信息闭塞，农产品运输和销售困难，已成为制约特色高效农业基地建设和产业打造的“瓶颈”。

2. 新型农民培养和科技人员培训力度不大。一是传统农业思想根深蒂

固。如今农村青壮劳动力大量外出，在家务农者以老弱病残妇幼为主，对新生事物和科技接受力不强；二是培训设备落后。很多农技人员只能“讲课全靠一张嘴、交通全靠一双腿”；三是农技队伍建设滞后，相当部分知识老化，专业不对口，缺少继续教育机会，对新技术掌握不牢，实践经验不够，而长期在基层工作者没有得到知识更新，知识结构比较单一、信息比较匮乏、培训方法比较陈旧。影响了现代农业、高效农业和特色农业发展速度。

3. 农资市场还需进一步规范。顺应时代的发展和农资市场的逐步放开，伴随着农资经营者参差不齐，对农业投入品在质量和价格上的监管越来越重要，农业综合执法应与时俱进，需要加强对农资经营者的业务培训，加大对违法违规者的打击力度，健全农资经营制度，规范农资经营秩序。

## 三、特色高效农业发展的对策

1. 服务大局促增收，在打造优势产业上有新提高。要充分抓住当前农产品市场行情好、国家扶持力度大的机遇，加强宣传，正确引导，强化服务，充分调动农民的生产积极性，我区重点围绕优质粮油、特色水果、精细蔬菜等优势产业，根据十七届三中全会精神，突出抓好新增项目的申报和实施（如：农产品质量检测站、生物灾害应急预案体系、植物防疫、鲜活农产品冷链物流系统等）；认真组织实施粮油高产创建和标准粮田建设等工程，搞好试验与示范、推广及带动，进一步提高农业综合生产能力；加快种植业园区建设，力争种植业生产跃上新台阶，在粮油生产上，要确保产粮大县目标实现，巩固全区粮油等主要农产品的优势地位，提高单产和品质，增加总产和效益。在蔬菜生产上，要科学定位，合理规划，创新机制，完善服务。重点建立健全营销队伍、信息平台、要素市场和协作机制，推进蔬菜产业发展好又快。在水果生产上，要加强产业化服务体系建设，开展信息、科技、金融等方面的服务。

2. 优势布局搞规划，在壮大特色农业上有新发展。坚持因地制宜和优势农产品区域布局原则，抓好市场对接，加强示范基地建设和示范区技术指导服务工作，大力发展“一村一品”，壮大粮油、水果、蔬菜、药材等特色产业，力争每镇乡创“一村一品”专业村5个以上。蔬菜生产上，要围绕巩固老区塑品牌、打造新区植亮点、突出特色兴产业的思路，达到提质稳面、创牌增效；水果生产上，要实施布局区域化、生产标准化、服务社会化的“一村一品”建设。

3. 突出特色抓产业，在打造品牌农业上有新突破。要以全面提高农产品市场竞争力为核心，大力推广农业标准化生产技术，加快发展无公害农产品、绿色食品和有机农产品，巩固培育、做大做强一批特色农产品，开展品牌创建活动，积极引进专业大户、新农村建设带头人和产业化龙头企业，领办和创建农业科技示范园，争创无公害品牌10个、绿色品牌5个。充分利用农产品展示展销会、联谊会等促销平台，提高我区优质农产品的知名度。在蔬菜生产上，要加快标准化生产进程，引进菜汁、脱水、冷冻冷藏等深加工企业，构建加工集聚群；充分依托加工企业、专业合作社、园区业主的示范带动作用，按照宣传一批、打造一批、申报一批、做强一批的思路，着力培育具有雁江特色的蔬菜品牌。在水果生产上，要调整熟期，优化品种结构，实现规范化栽培、标准化生产，创建雁江蜜柑优势品牌，开发大中城市市场和东北市场，引进加工企业，提高蜜柑附加值。

4. 多方合作谋发展，在提升经营理念上有新水平。要围绕区域优势产业和特色产业，加强政策引导、项目管理和资金扶持的力度，努力打造一批管理规范、运作良好、带动能力强的种植业农民专业合作社，使之成为推进农业产业化经营、建设现代农业的重要载体。对一些成绩突出、效益明显、带动力强的专业合作社，政府要给予必要的扶持和奖励。在蔬菜生产上，要按照提质、扩面、增效要求，立足市场，规范品种；提升质量，塑造品牌；加大促销，增加效益。在水果生产上，要规范苗木、鲜果市场秩序，创造良好的外部环境。

5. 坚持不懈传技术，在实用技能培训上有新举措。要勤牵百姓多思谋，通过创新机制、整合资源，初步建立起政府主导、面向市场、多元办学、开放运行的农民教育培训体系，已形成了以农业广播电视学校、农业职业院校和农业技术推广服务体系为主要依托，广泛吸收高等院校、科研院所、龙头企业和民间组织参加，建立从中央到地方相互衔接、上下贯通的农民教育培训新格局。要改善培训场地，增添培训设备，积极组织农业科技人员深入一线，定点、定面在公路沿线、重点集镇和重点区域，继续加大农业科技培训和科技服务力度，狠抓农业新品种、新技术、新模式的推广，强化培训质量和服务效果，做到坚持不懈传技农民，当好服务员；提高农民综合素质，当好辅导员；落实富民惠民政策，当好宣传员；连接小生产与大市场，当好信息员。要以试聘产业辅导员为载体，就近、就地指导生产，并多方筹集资金抓好队伍知识更新培训，真正为农户服好务，确保粮食增产、农民增收、农业增效。

6. 走持续发展之路，在构建生态农业上有新机制。加快农产品质量安全监测中心建设和市场监管力度，全面开展农贸市场和农产品基地的检测工作；加大宣传力度，努力形成全社会齐抓共管的工作和舆论氛围，为推行市场准入制度奠定基础；加强农药、化肥等农业投入品监管，积极推广高效低毒低残留农药、生物农药及物理防治技术，大力推行生态农业模式，进一步提高我区农产品的质量安全水平。

7. 规范行为树形象，在加强法治农业上有新作为。加大《农业法》、《种子法》、《农民专业合作社法》及《农产品质量安全法》等涉农法律法规的宣传贯彻力度，进一步强化农业执法的主体地位，切实提高执法效率和执法水平，树立农业部门依法行政的良好形象。

8. 苦练内功强队伍，在行政效能建设上有新成绩。队伍建设的根本在强化制度、基础在抓好服务、要害在严格问责、关键在转变作风、最终在持之以恒。全局职工要树立大局意识和责任意识，始终保持良好的精神状态和扎实的工作作风。一是加强学习。深入学习党的十七大和十七届三中全会精神，增强职工政治理论水平和执政为民意识。二是落实制度。继续抓好各种制度的建立和考核。三是继续开展“走出去学”与“请进来教”相结合的活动，用扎实过硬的本领增强服务“三农”能力。四是抓党风廉政建设，规范职工廉洁从政行为。

9. 化解矛盾促和谐，在加强信访维稳上有新实效。要增强全局观念，强化维稳措施，细化维稳责任，按照属地管理做好维稳工作。一是抓增产，促农村稳定。根据农业部门工作特点和担当职责，要认真处理好群众来信来访，倾听群众意见和呼声，尊重农民意愿，认真开展接访下访群众活动，把解决影响稳定的突出问题作为重点，认真研究，提出解决办理和稳定措施，限期处理，杜绝群体性事件的发生。二是抓管理，促内部稳定。要加强领导，明确职责，细化措施，看好自家的门、管好自己的人，确保农业系统维稳目标的实现。

10. 项目带动夯基础，在耕地产出率上有新动作。要继续加大招商引资和涉农项目争取力度，构建多形式、全方位的融资渠道，再掀农田基本建设高潮，治理中低产田土，改善农业生产条件，加强以整治公路主干道、乡村机耕道为重点的道路建设，确保农资输入和农产品输出畅通无阻；加强以机井、蓄水池、排灌渠为主的水利设施建设，全面施行基本农田保护制度，提高耕地产出率。

**作者简介：**

陈家强，男，1964年12月出生，中共党员，本科学历。现任四川省资阳市雁江区农业局局长。

蓝平，男，1982年11月出生，中共党员，硕士学历。现任四川省资阳市雁江区农业局农技站站长。

刘吏贤，男，中共党员。现任四川省资阳市雁江区农业局办公室主任。

# 依托自然资源优势　发展现代特色效益农业

四川省茂县农业局　谢连有　马开明　蒲永宏

## 一、茂县概况

茂县位于四川省西北部，阿坝州东南部，地处岷江和涪江上游的高山峡谷地带，南距成都170公里，东距绵阳180公里，海拔高度910~5230米，相对高差4320米，幅员面积3903平方公里。全县辖3镇18个乡，149个行政村、3个居委会、427个村民小组；人口总数为10.9万人，其中羌族人口9.3万人，占总人口的85.3%，占全国羌族人口的30.5%，是全国羌族的核心聚居地。2012年农民人均纯收入5800元。

## 二、茂县现代农业万亩示范区建设情况

2009年茂县被列为全省60个现代农业产业基地强县培育县以来，茂县人民政府根据《四川省人民政府关于加快现代农业产业基地建设的意见》（川府［2009］21号），结合阿坝州人民政府《关于加快我州特色农业发展意见》（阿府发［2010］4号）文件精神，以合理利用自然资源与保护良好的生态环境为前提，按照“因地制宜、突出优势、强化基础、壮大产业”的原则，组织开展特色效益农业生产。确立了以蔬菜、水果两大特色产业建设为基础，以市场需求为导向，以农民持续增收为目标，走生态农业发展道路的目标。工作开展中，切实做好整体规划，紧紧扭住关键环节，突出抓好资源配置与要素保障，不断加快生态农业品种特色化、生产标准化、经营集约化、产品优质化、品牌区域化进程，全面提升农业生产整体水平和综合效益，努力促进生态农业富民惠民。两年多来，在全县不同海拔区域内，通过新建、改造和提升，建设了一批优势突出、特色鲜明的现代农业产业基地。

**（一）强保障，添措施，奋力推进基地强县建设**

强有力的保障措施是实施现代农业基地强县建设的重要依托。为此，茂县成立了以县人民政府县长为组长、分管农业的副县长为副组长。县发改委、财政局、水利局、国土局、农业局、畜牧局、林业局等部门主要领导为成员的“现代农业产业基地强县建设”领导小组。以基地建设为目标，统一思想、

集中领导、相互配合。下设置现代农业产业基地强县建设办公室，明确了县农业局为现代农业产业基地强县建设的牵头实施单位。

依靠科技，建设基地强县。科学技术是第一生产力，也是基地强县，发展农业的第一推动力。任何农业科学技术的转化、推广工作都离不开一大批深入农村的农业科技队伍以及热爱农业科技的农民积极分子。两年来，共开展培训和技术指导 1.2 万人次，发放标准化技术规程 2.6 万份，培养了一大批人才，他们在基地强县的建设岗位上成为主要骨干力量。

充分尊重农民意愿，调动广大农民群众在基地强县建设中的积极性。严格执行村民“一事一议”制度，把“村民代表大会制度”贯穿于整个项目建设中。充分发挥党员、村干部、村民代表的带头作用。

充分利用我县干旱河谷区域，垂直立体气明显这一得天独厚的自然资源特点，按照各村的地理、气候、土壤等自然资源，对适合本地区发展的特色农业进行普查和科学规划，实现一个海拔高度，一个小气候，一个新品种。最终形成一乡一业，一村一品的新理念。

资金是项目实施的重要保障。为了保障项目的顺利实施，我县在现代农业产业基地强县建设中，在项目资金渠道、性质和用途不变的原则下，将 5346 万元农业灾后恢复重建资金、灾后重建农田灌溉资金 6860 万元、其他涉农资金 1050 万元、地方配套资金 508 万元、省厅下达基地强县建设资金 300 万元整合使用。

坚持抓好：一是资金使用，预（决）算审查、报账，实行资金统一管理，专款专用，审计局审计。二是工程质量，确保立项、规划设计、工程招投标、物资采购。做到建设前有规划；建设中有检查、监督；竣工有验收；建后有管护。确保现代农业产业基地强县建设资金的正常运转。

**（二）重规划，强基础，提升品牌销售竞争力**

为实施农业基地强县建设，按照现代农业产业基地建设“四新”“六化”要求。即：“新品种、新技术、新机制、新模式”；实现了产业布局区域化、基础设施规范化、品种良种化、生产过程标准化；经营组织化、产品销售品牌化，推动现代农业产业基地强县。

按照规划，建设了涪江水系万亩微辣椒、莴苣示范区；岷江河谷万亩果蔬一体化示范区；凤仪片区万亩羌脆李种植示范区；岷江河谷万亩特色水果示范区 5 个。形成了产业优势突出、产品特色鲜明的产业布局区域化。以路网、田网、水网、电网配套建设，农田整治 4.5 万亩，培肥地力 8 万亩，示范区耕地 90% 质量达到四川省三级农田标准；新修田间沟渠 48 公里，新修提灌站20座，核心示范基地灌溉保证率达100%；示范基地修建机耕道88公里，田间道路26公里，加大农业机械推广，示范区基本实现农业可机械化程度75%以上。重点打造了16个核心示范基地和5个万亩示范区基础设施规范化建设。

茂县坚持大宗蔬菜与精细菜蔬菜发展相结合，以高半山为主，河坝为辅相结合、专业化种植与果蔬套作相结合的生产模式。走品种引进、试验、示范到生产推广的道路。通过新品种，新技术提高产量与质量，增加效益。现引进推广以无筋架豆、豇豆、番茄、辣椒、萝卜、莴笋等为主的蔬菜新品种50个，实现了蔬菜生产品种良种化；建成了以羌脆李为主、脆红李为辅，甜樱桃、淡季枇杷、“茂汶”苹果相结合的水果良种化生产。

坚持打造产业核心示范基地与生产过程标准化相结合。建设了罗山脆红李、壳壳寨果蔬一体化、南庄羌脆李、木耳高山绿色蔬菜等16个标准化生产示范基地，大力开展新品种、新技术、新模式、新机制“四新”示范，推进良种、良法、良壤、良制、良机“五良”配套；制定了羌脆李、枇杷、苹果、甜樱桃、番茄、辣椒、莴笋、大白菜等11个标准化生产技术规程，各核心示范基地严格按照标准化技术规程进行生产和管理。

在实施农业基地强县建设生产经营中，以龙头企业和专合社为主体，多形式共举，实现生产经营组织化。发挥九顶农牧产业有限公司、红星领地酒庄有限公司、南庄青脆李、罗山脆红李，壳壳寨村、木耳等龙头企业和专合社的主体作用，组织带动农户进行生产与经营。在土地流转、新品种引进与示范、新技术应用、采购处理、市场网络建设和融资信贷等方面给予扶持；健立和健全乡（镇）农业技术推广、植物疫病防控、农产品质量安全监管、农村书屋等公共服务机构建设。培育和壮大农民专业合作社，全县已建立专业合作组社28个，建立健全了章程、制度、办公设施、统防队伍、营销队伍等，及时开展农业生产、农资配送、病虫害防治等社会化服务，提高了生产效率降低了生产成本，农民专业合作社和“龙头企业”流转土地面积1500余亩，重点龙头企业订单覆盖面达80%以上。核心示范基地农民专业合作社带动农户的比例达到50%以上。

为提高市场的竞争力，茂县积极开展“三品一标”申报和认证工作。在“川藏高原”大品牌下，全力打造“茂县甜樱桃”、“羌脆李”、“茂汶苹果”、“茂县晚熟枇杷”、“茂县高山蔬菜”等地方品牌；在做大现有品牌的基础上，筛选有优势、特色和规模的产品进行重点培育，申报了“茂汶苹果”、“羌脆李”省级品牌2个，取得“六月红大红袍花椒”国家级品牌1个；通过与成都濮阳市场、白家市场、四海果品有限公司、绿佳康农业发展有限公司、奥宇果品有限公司等农产品营销企业召开农产品对接会，宣传产品和品牌，促进产品销售；借助联系企业、市场的网络平台，进行茂县农产品信息发布，展示茂县特色农产品；组织龙头企业和专业合作社积极参加北京“农博会”、西南地区“西博会”、省“农交会”等大型展示、展销、博览活动，极大地提高我县特色农产品的知名度和市场竞争力。

**（三）重特色，强产业，促农业增效农民增收**

通过两年来的努力，茂县现已完成了5个万亩示范区建设，建成了16个产业核心示范基地。已建设完成水果和蔬菜基地总面积达10万亩，其中：水果基地4.5万亩、蔬菜基地5.5万亩，实现果蔬产量21万吨，其中：水果产量8万吨，蔬菜产量16.5万吨，95%以上的产品外运销售，产值达6.78亿元，其中：水果产值4.8亿元，蔬菜产值1.98亿元，果蔬产业在茂县种植产业中的比重达到90%以上，果蔬产业收入实现农业人口人均总产值7300元，实现人均纯收入5800元，特色产业的发展和产业基地建设极大地促进了农村经济发展和农民增收。

典型示范基地有凤仪镇壳壳寨果蔬间套栽培示范基地；太平乡木耳高山绿色蔬菜标准化示范基地；南新镇罗山高半山脆红李标准化示范基地等。现代农业产业基地建设不仅起到了良好的示范作用，同时也加速了农业产业化的发展步伐。

壳壳寨果蔬间套栽培示范基地的种植方法是：在羌脆李果园行间，推广春莴笋+越夏番茄+秋白菜的一年四收的高效种植模式。第一季春莴笋：平均亩产可达5000公斤，2012年市场均价1.6元/公斤，亩收入0.8万元。羌脆李：平均产量可达3000公斤/亩，2012年市场均价6元/公斤，亩收入1.8万元。第二季越夏番茄：平均产量可达5000公斤/亩，2012年市场均价1.2元/公斤，亩收入0.6万元。第三季秋白菜：平均亩产可达4000公斤，2012年市场均价1.0元/公斤，亩收入0.4万元，年可实现亩收入3.6万元左右。

太平乡木耳高山绿色蔬菜标准化示范基地，以海拔2560米的太平乡木耳村为核心，建设高山绿色蔬菜标准化示范基地，推广小拱棚育苗移栽、覆膜种植技术，在高山一年种植春莴笋、秋淡季大白菜两季。第一季蔬菜莴笋：于3月中下旬至4月初栽植，6月中下旬至7月采收。2012年，平均亩产6000公斤，平均单价2元/公斤，亩收入1.2万元。第二季蔬菜大白菜：于6月中下旬至7月初栽植，8月中下旬至9月中下旬采收。2012年，平均亩产5000公斤，平均单价1.2元/公斤，亩收入0.6万元，现已实现亩收入1.8

万元。

南新镇罗山高半山脆红李标准化示范基地，以海拔1700～2100米南新镇罗山村为核心，建设脆红李标准化示范基地，通过安装杀虫灯、使用黄板，建设园区道路、完善灌溉渠系等措施，2013年基地产量达1200余吨，10元/公斤，销售收入达1200万元。农民人均收入1.7万元，比去年人均增加800元，高于全县人均水平。

随着茂县现代农业基地强县建设的实施和不断推进，茂县农民已经通过农业基地强县建设尝到了实实在在的甜头。也从过去无规划盲目种植向基地化建设、集约化管理、品牌化经营迈出了坚实的步伐，2011年年底，茂县被省人民政府命名为“四川省现代农业产业基地强县”；2012年年底，“南庄羌脆李万亩示范区”、“胜利村万亩蔬菜示范区”被省农业厅认定为“四川省现代农业万亩示范区”。

## 三、下一步工作打算

### （一）做强现代农业万亩示范区建设

继续抓好5个万亩现代农业示范区建设，加快农业设施建设，推动全县农业上档升级，实现品牌建设和经济效益双升级。

### （二）做强生态安全大品牌

以提供“让都市人吃得起、绿色、生态的放心菜”的理念为指导，实施农产品大品牌战略，强化特色农产品申报、产品注册和商标注册，突出品牌效益，不断提高我县农产品知名度和市场占有率。

### （三）增强科技带动

充分发挥科技骨干队伍作用，实行技术攻关，大力推广农业实用配套技术，将传统的提质增效技术和现代的新技术有机地结合起来，带动产业增收增效。

# 立足资源优势 发展特色效益农业

四川省金川县农业水务局 李 俊

金川县位于四川省西北部、阿坝州西南缘，境内最低海拔1950米、最高海拔5068米，幅员面积5550平方公里，辖23个乡镇、109个行政村。金川气候宜人，自然资源丰富，素有“中国雪梨之乡”、“阿坝新江南”的美誉。2013年以来，按照县委政府“重农、强工、兴旅、富民”的发展思路和“大力推进‘现代农业重点县建设’、全面实施‘农业二次创业’”的奋斗目标，努力实现农业资源大县向农业经济强县的跨越。以基地建设为重点，鼓励扶持龙头企业和种植大户，积极发展专合组织，夯基础、塑品牌、抓营销、重布局、调结构，不断推进农业产业化经营，特色效益农业日显其特。

## 一、农业发展现状

2013年以来，我们立足实际，以富民强农为己任，紧紧围绕“一二三四五”的发展战略，进一步明确工作思路，解放思想、着眼长远、攻坚克难，以建设“一心、三区、五带”为抓手，坚持走量变式发展之路、坚持走质变式发展之路、坚持走现代式发展之路“三大现实性路径”，努力实现农产品向商品转变、农区向景区转变、农民向产业工人转变“三大根本性转变”，金川特色产业取得长足发展。

金川拥有雪梨4万亩100万株，年产量2.5万吨；甜樱桃2500亩，酿酒葡萄1.1万亩，生态蔬菜1.2万余亩，农村经济已由自给自足的小农经济转变为具有产、加、销相结合的市场经济。基本形成了沿河一带为优质水果、生态蔬菜、粮食生产主产区，高半山为反季节蔬菜、酿酒葡萄、苹果、花椒、道地中药材生产区的农业产业化发展布局。

引进培育了农业龙头企业，引进了年加工能力10万吨的宝清果蔬汁加工厂。扶持了地方民营企业2个，2011年四川百禾生公司又在金川注册了雪域江南农业综合开发公司，推出了雪梨糖、雪梨膏等本地特色的雪梨加工制品。农业专业合作社117家，入会农户3860多户，带动农户5000余户，以神农生态、惠农果蔬、金茂果蔬协会为代表的专合组织，以“协会+农户”、“公司+基地+农户”等模式，带动了产业化发展，增加了农民收入，如安宁乡的甜樱桃协会，户均增收1.1万余元；咯尔乡的果蔬协会，仅雪梨中立一号户均增收3000余元；马厂酿酒葡萄种植户均增收2000余元，蔬菜种植户亩增收800余元。

## 二、存在的问题

（一）基础仍然薄弱。交通、能源信息通讯设施欠缺，人流、物流不畅，给农产品的运销带来巨大困难，影响和制约了农牧民群众增收致富。高半山产业发展的最大问题是村组道路建设滞后、配套水利设施缺乏和土壤改良不足。

（二）科技应用滞后。农业科技弱化，新品种、新技术贮备不足，引进、试验、示范集成技术不多；农业服务推广体系网络不健全，乡镇农技服务中心人员配制不足，培训较少；农民综合素质较低，老龄化、妇孺化严重。

（三）产业投入严重不足。目前，国家和省农业扶持项目的重点是粮食生产，我县发展特色效益农业很难得到国家、省、州的有效支持。农业部门实施的项目都没有配套工作经费，极大地影响了基层农业部门争取和实施项目的积极性。

（四）品牌效益没有显现。龙头企业发挥作用有限，专合组织规范化程度不高，我县严重缺乏产后分装、分级、冷储、包装、储运设施，缺少产品信息平台，营销中介薄弱，销售体系滞后。

## 三、如何把金川打造为现代农业重点县的几点思考

### （一）做好“四大”建设

1. 发展大基地，调整主导产业优势

（1）规模调大。发展、壮大蔬菜种植规模和水果产业规模，形成百亩连片、千亩连区的规模特色。蔬菜方面建立优质大路菜基地、精细菜基地、瓜果基地、野生菜基地，水果方面建优质雪梨基地、酿酒葡萄基地、甜樱桃基地、脆红李基地等，实行规范化建设，奠定蔬菜、水果支柱产业地位。

（2）品种调优。针对市场需求特色，积极调整优化蔬菜、水果品种、品质结构，推广名特优，抢占市场先机。

（3）效益调高。依靠科技，狠抓新品种、新模式、新技术、新药肥、新材料的推广应用，新建蔬菜、水果科技示范园，辐射周边。开展名特优、无公害蔬菜、水果试验、示范和推广，推动全县蔬菜、水果产业向更大规模、

更高层次发展。

2. 创建大品牌，培植产业发展特色

要着力推进蔬菜、水果生产、加工、销售一体化，打造蔬菜、水果品牌，形成发展特色。

（1）产品要绿色化。在蔬菜、水果主产区设立农产品质量检验检测点，严格按照国家标准对蔬菜、水果进行跟踪监测，提高农产品品质。

（2）包装要品牌化。在现有绿色食品地理保护标志的基础上，加大“三品一标”及绿色、有机食品的申报力度，打造一批知名度和信誉较高的产品，将一批质量好、无公害的名优品种进行包装销售，占领市场，提高效益。采取袋装、网装、篓装等方式，实行礼品化、小型化、精品化、透明化、等级化、形象化包装，既方便商贩收购，又方便消费者购买，同时也可提高价格和效益。

（3）加工要效益化。加大招商引资力度，大力培植蔬菜、水果产业化龙头企业，提高全县蔬菜、水果加工转化增值能力。

3. 面向大市场，构建产业发展载体

农产品最大的难题就是销售。我县应着力抓好蔬菜、水果销售市场体系建设，形成以专业批发市场和产业市场为基础，以配送中心、销售网点和专业协会为组织，以专合组织队伍为主体的市场流通体系和运行机制，有效解决我县蔬菜、水果销售难题。

（1）完善市场体系。采取引、股、联等多种形式筹资新建、扩建农贸市场和专业市场。集中财力投资修整扩建以专业化蔬菜、水果基地为中心集中建设产地简易交易市场，为蔬菜、水果外销创造条件。

（2）健全营销网络。组建蔬菜、水果配送中心，配送进入成都、重庆的各大中专院校和各大商场酒楼。成立蔬菜、水果专业销售协会，在全国各大中城市建设营销窗口，与全国省、市级农贸批发市场建立长期合作关系。

（3）培养专业队伍。鼓励农民从事蔬菜、水果运销，给予营销成绩突出的农民经纪人一定物质奖励，培育壮大农民经纪人队伍。

4. 推行大服务，创新产业发展机制

（1）加强政策引导。县委、县政府应出台一系列优惠政策，大力推行土地流转模式，并向蔬菜和水果种植大户集中，优先为蔬菜种植、水果种植与营销大户提供银行贷款，降低或减免外来人员发展蔬菜、水果，兴办蔬菜、水果加工企业的土地租金、收费等门槛，加大对蔬菜、水果基础设施建设的投入，加大对引进新品种、推广新技术的财政扶持等，促进我县蔬菜、水果两大主导产业的发展。

（2）加强科技服务。在各蔬菜、水果专业乡镇、专业村设立科研服务点，开展农资、种子、苗木供应和技术推广、病虫防治、信息咨询等服务，降低农民生产风险和生产的盲目性。通过转岗培训、外派人员到大专院校深造、引进外地种植能人和专业人才等办法加强蔬菜、水果专业科技人员队伍建设，提高蔬菜、水果科技含量，带动周边农村蔬菜、水果的发展。聘请大专院校教授担任我县蔬菜、水果技术顾问，直接对农户进行技术指导。

**（二）做强“五大”产业**

1. 做强金川雪梨产业。按照“百亩攻关 千亩示范 万亩振兴”的雪梨产业振兴思路，一是通过低产园改造，果实套装，绿色防控等措施，提高雪梨好果率、商品率；二是在沙耳母本园打造集梨品种保护、新品种引进及选优、培训、科研、梨文化展示等功能于一体的中国雪梨金川研发中心；三是在咯尔金江村建3个100亩雪梨攻关基地，示范带动金川雪梨发展，打造“三园、四高、五新”的标准化雪梨科技示范园，带动发展标准化种植1000亩，改造提升优质雪梨10000亩，以“做给农民看、领着农民干、帮着农民赚”的三部曲模式，推动金川雪梨的振兴与发展。

2. 做强高山酿酒葡萄产业。以小酒庄推动大产业和大品牌带动小作坊的发展思路，在未来五年内，新建醉酒葡萄3万亩，基地总规模达到3.5万亩。在大金川河谷形成“串珠状”的酒庄产业集群，实现农业、工业与生态文化旅游业的有机结合。

3. 做强特色小水果产业。抓好以甜樱桃为主的特色小水果基地扩面和提质工作，在安宁片区新增800亩甜樱桃和1000亩脆李，将我县特色小水果做成省内著名的有机产品。

4. 做强生态蔬菜产业。全面推行“公司+专业合作社+基地+农户”的模式，大力发展订单农业。建立原生态高端优质蔬菜2万亩，以基地标准化、规模化、有机化为方向，逐步把我县建成中国西部重要的“安全菜”生产基地。

5. 做强特色中药材种植。进一步加强了对天然中药材人工驯化栽培技术引进和攻关力度，全面推广秦艽、铁棒槌、羌活、独活等道地中药材。截至2013年，道地中药材种植面积已达4200亩，带动农户2600户。

**（三）做实“四个”着力**

1. 着力稳定粮食基本产能。要依托科技入户、测土配方、高产创建等项目抓好科技示范，确保各类作物面积和技术增产措施的落实，抓好粮油作物增收示范工程。

2. 着力落实各项强农惠农政策。全面落实农机购置补贴、粮食综直补、良种补贴、政策性农业保险等惠农强农支农政策。

3. 着力发展休闲农业。切实抓好休闲农业的示范、引导和服务工作，要结合农业部组织的中国最有魅力休闲乡村网上宣传活动，积极组织推荐“最有魅力休闲乡村”，提高金川特色休闲农业知名度。

4. 着力推进农产品市场建设。坚持把农产品销售工作作为重要的业务工作常抓不懈，不断创新工作机制，拓宽鲜活农产品销售渠道。

**作者简介：**

李俊，男，1966 年 2 月出生，中共党员，本科学历。现任四川省金川县政协副主席兼农业水务局党组书记、局长。

自 1986 年 7 月参加工作起，历任安办副主任，中共沙尔乡党委副书记，中共金川县委宣传部副部长兼文明办主任，县广播电视局局长，县委宣传部副部长，广电局党组书记，广电局长，观音桥镇党委书记，县环保局局长等职。2011 年 4 月至今，任金川县农业水务局党组书记、局长。

# 增强市场竞争能力<br>推动九龙牦牛产业化发展进程

四川省九龙县农牧和科技局　王孝康　李元富

## 一、基本情况

为推动九龙牦牛产业化发展进程，提高农牧民在产业化经营中的组织化程度和市场竞争力，进一步促进农牧业增产增收。九龙县于2007年5月成立了九龙县牦牛种牛生产协会，以会员为主要服务对象，提升会员进入市场的组织化程度，增强市场竞争能力，增加经济效益。协会下设斜卡、汤古、洪坝3个分会，共有会员201户，其中斜卡乡119户、汤古乡52户、洪坝乡30户，饲养牦牛13191头。2009年又成立了斜卡乡洛让村、雪洼村、洪坝乡中心村、湾坝乡草坪子村四个牦牛养殖专业合作社。合作社有牧户134户，饲养牦牛12730头。

## 二、运作情况

### 1. 建立规章制度

采取“协会+合作社+牧户”的模式，协会和合作社建立规范的章程和财务管理等制度。生产和管理由牧户自主经营，合作社对牧户进行“物资提供、防疫防病、技术培训、销售等统一服务。协会对合作社和牧户开展技术培训，进行种牛等级鉴定，统一组织种牛销售。

### 2. 开展技术培训和性能测定工作

协会定期组织技术人员和专家对合作社及成员进行牦牛饲养、生产、选育及疾病防控等方面的技术培训，采取走访和座谈的方式，每年培训200多人次。改变传统的畜牧业养殖方法，加强牦牛实用技术培训，让牧民逐步走上科学养殖之路。牦牛产业发展要严格遵循以农牧民为主体的原则，在农牧民充分自愿的前提下，引导和动员农牧民积极参与新机制新方法的试点探索，强化农牧民的技术培训，每个合作社培养出4～10名“草、病、改、管”四个环节的操作能手，每户培养1名以上科技明白人。

协会组织专业技术人员对合作社内的种牛进行鉴定、体尺测定、系谱档案和免疫档案建立，完成四个合作社4000余头牦牛的体尺测定，并进行了等级鉴定。

3. 做好种牛和肉牛销售工作

协会积极联系种牛销售工作，先后向西藏的昌都、贡呷、果扎，云南的香格里拉，阿坝州的马尔康、松潘县、九寨沟、金川、小金、黑水、红原、理县，凉山州的金阳、美姑、木里县，雅安市的汉源、宝兴县等地区及州内10多个县推广九龙牦牛种牛，效果明显。

为了有效缓解草场压力，减少草场负载，促进生态环境保护，大力帮助会员增加牦牛出栏数量。

4. 争取项目资金

湾坝草坪子牦牛养殖专业合作社争取上级项目资金16万元，开展合作社建设。

## 三、取得的成效

1. 协会和合作社成立以来，共出销种牛820头，收入达500.2万元，新增收入164万元。协会引导合作社出栏牦牛3124头，牧民收入1280.8万元，减轻了草地的压力，有利用草原保护工作。2009年协会内成员人均收入1.57万元，是农村人均年收入的4.96倍。

2. 通过项目和资金整合，2009年完成115户暖棚建设，面积8000多平方米；敞圈113个，面积43298平方米；5个道圈建设，提高了牦牛饲养管理水平。

3. 2010年九龙县牦牛种牛生产协会被评为第二批省级示范协会，湾坝草坪子牦牛养殖专业合作社被评为第二批省级示范合作社。

## 四、建议

由于协会和合作社成立时间短，资金实力较弱，技术和管理人员缺乏，还需进一步加强协会和合作社的建设工作。

1. 加强技术培训，提高牧民饲养牦牛的技术水平。

2. 完善“协会、合作社、牧户”利益联结机制，增强活力。

3. 加强协会管理和技术人员的培养，多派出技术和管理人员参加全国和省上相关的会议和技术培训班，了解牦牛市场和产品信息。

4. 积极争取专业合作社建设资金，做好基础设施建设工作，壮大协会和合作社的实力。

**作者简介：**

王孝康，男，汉族，1963 年 4 月出生，中共党员，大学学历。现任四川省九龙县农牧和科技局局长。

自参加工作起，历任小金彝族乡党委副书记、党委书记，踏卡乡党委书记。2011 年 8 月至今，任九龙县农牧和科技局局长。

李元富，男，汉族，1974 年 12 月出生，中共党员，大学学历。现任四川省九龙县农牧和科技局办公室主任（农艺师）。

# 以科技为支撑　以创新为动力<br>全力打造高原特色农业经济

云南省保山市农业局　段生维　杨金洪

保山市高原特色农业建设严格按照打造十大产业、抓好五项工作、八项措施的思路强力推进。经过几年的科技投入，大胆创新，已经在基地、产业、龙头等方面收到了明显成效。

## 一、高原特色农业发展概况

到2012年，保山市已建成特色农产品基地700余万亩，其中：核桃380万亩、红花油茶80万亩、两烟60万亩、茶叶61.86万亩、咖啡16.5万亩、甘蔗54.6万亩、油菜50.67万亩。无公害农产品、绿色食品、有机食品认证基地认证面积288.1万亩、产品92个、产量16.3万吨。拥有农业产业化龙头企业710个，2012年实现农产品加工总产值73.7亿元、营业收入69.7亿元。成功打造了利根茧丝绸公司、古林木业、高黎贡山生态茶和“昌宁红”等著名龙头企业，18家企业的27个农产品获“云南省名牌农产品”称号。特别是高黎贡山茶叶品牌被国家工商总局商标局认定为“中国驰名商标”。

农业总产值从2009年的114亿元增加到2012年的181.4亿元，增长59.1%；农业增加值从2009年的67.2亿元增加到2012年的109.7亿元，增长63.2%；农民人均纯收入从2009年的3119元增加到2012年的5832元，增长了86.98%。高原特色农业建设取得成绩，不仅收到了良好的经济效益，而且收到了良好的社会效益。

## 二、发展高原特色农业面临的困难和问题

保山市高原特色农业发展取得了很好的成绩，积累了一定的经验，但是依然面临许多严峻的问题：

一是基础设施脆弱，抗御自然灾害能力较差。全市有效灌溉面积仅为32.17%，比云南省平均水平低6个百分点。在常用耕地411.38万亩中，还有208万亩为中低产田地，占总耕地面积的51%。耕地产出率低，全市尚有180

万亩耕地年产值在3000元以下。二是极端天气增多，农业受灾程度不断扩大。随着全球气候变暖趋势的加剧，灾害性天气发生频率、危害程度、受灾范围不断扩大。三是农业成本增大，影响了农民种粮积极性。种子、化肥、农药、农膜等农用生产资料和农业生产用工价格不断上涨，加之财政投入农业生产资金有限和比较效益不高的问题，影响了农民种粮积极性。四是农民素质偏低，导致产业建设推进缓慢。有相当多的农民缺乏专业技能，固守承包耕地不放手，从而制约着农村专业分工和现代特色农业的发展，导致农业产业化经营推进速度缓慢，难以形成经济优势，给增产增收带来一定的困难，农业粗放经营状况暂时难以改变。五是整体协调不强，影响四化同步推进速度。按照同步推进工业化、城镇化、农业现代化、信息化“四化”的要求，在实际工作中，整体发展不平衡，农业现代化弱于工业化、城镇化和信息化，处于发展中的末端和边缘。

## 三、高原特色农业发展思路及经验

保山市多年来一直坚持以科学发展为统领，深入思考，充分借鉴，结合实际，认真总结，在发展高原特色农业上已经积累了一些自己的经验。

**（一）理清思路，夯实基础**

正确的方向，才能指引高效的行动。保山市坚持“农业产业化、结构科学化、布局区域化、产业特色化、生产标准化、服务体系化、庄园品牌化”的发展思路。以重点建设“高原粮仓、特色经作、山地牧业、淡水渔业、高效林业、开放农业”六大内容，全力打响“丰富多样、生态环保、安全优质、四季飘香”四张名片，精心打造发展基础好、带动力强、特色鲜明、事关全局、影响长远的粮食、烟草、茶叶、畜牧、蚕桑、核桃、红花油茶、蔗糖、蔬菜、咖啡、石斛、淡水渔业、生物制药、林下经济、果类等特色优势产业，着力推进“高原特色农业示范、农产品加工、农业科技支撑能力提升、农产品品牌创建、新型农业经营主体培育、农业基础设施建设、城乡流通体系服务基础提升、农产品质量安全保障能力提升”八大行动为指导，认真抓好惠农政策落实及农业基础设施建设。为确保高原特色农业跨越发展，保山市积极落实惠农资金投入，所有惠农资金全部兑现到农民手中，所有项目建设资金全部拨付到建设地点（单位），没有截留一分钱，有效保障了资金运行安全。同时，为提高农业生产综合能力，大力争取和实施强化农业基础设施建设的项目，有效促进了粮食稳定增产和农民增收。

**（二）抓项目、增投入，扎实农业科技支撑**

围绕建设高原粮仓、特色经作、淡水渔业、开放农业等产业发展和强化基础设施的总体部署和要求，认真组织县区农业部门和市级农业推广单位整理项目、编制项目和上报项目。根据项目上报情况，市、县农业部门发扬“盯、关、跟、跑”的精神，积极与有关上级部门汇报、沟通和对接，尽最大努力使项目建设落户于保山。在抓好农业项目的同时，还积极争取资金、技术支持。首先是力争国家、省级政府的资金及科技支持，加大市级财政的扶持力度，集思广益、全心全力搞农业科技创新，培养农业科技人才，建设农业示范园及特色农业精品庄园；其次是千方百计招商引资，让大型外来农产品种植企业、生产加工企业落户保山，从而引进先进的农产品种植技术及农产品生产加工技术；再次是积极组织龙头企业参加各种展会及推介会，通过参展推介，大大提高了保山农产品的市场竞争力和占有率。

**（三）创新农业发展机制、体制，推进农业现代化**

保山市大胆创新农业生产经营体制，因地制宜培育新型经营主体，把农民引导到采用先进科技和生产手段上来，不断提高集约化、专业化水平，注重联户经营，专业大户，家庭农场，发展多种形式规模经营。着力发展多元化服务主体，实现与市场的有效对接，全力提高保山农业的开放度。坚持政府引导、基地优先、市场导向、扶优扶强、自主创新、规模化经营、可持续发展的原则，围绕特色优势产业，从“强化基础设施建设、夯实种养基地、做强龙头企业、拓展农产品市场、打造知名品牌、强化科技支撑、确保产品质量安全”7个关键环节，选准重点企业加大扶持力度，支持农业合作组织发展。大力培育农民专业合作组织。支持农民专业合作组织为分散经营的农户提供市场信息、农资供应、技术辅导、农产品加工储藏运销等系列化服务；加快形成“农民专业合作社＋基地＋农户”等农业产业化组织形式。认真做好农业产业化项目管理、重点龙头企业运行管理服务和农业产业化统计等工作。

**（四）狠抓农业环境保护和农产品质量安全**

农业环境是农业生产的先决条件，是决定农业产量、农产品质量的大前提，保护农业环境，一是加强农产品产地环境保护，做好农产品产地土壤重金属污染防治及农用水源污染防治普查工作，建立长期定位监测机制；二是加强农业面源污染防治工作，做好农业野生植物资源调查，提高保护水平，促进资源开发利用；三是抓好农业转基因生物安全管理；四是做好外来入侵生物的调查与防控研究。

农产品质量决定着农业生命力，做好农产品质量安全工作是发展高原特色农业的必然选择。一是强化组织领导，建立完善长效机制；二是强化体系建设，建成覆盖各县区、乡镇的农产品质量安全检测单位；三是着力解决农村农产品质量安全监管薄弱的难题；四是强化品牌建设，着力推广标准化生产技术；五是强化重点区域、重点产品、重点对象的监管，保持执法检查常态化，尤其加强对龙头企业和专业合作社生产基地的监管；六是强化农资市场监管，净化农资环境，确保农产品生产投入品的品质；七是强化抽检工作，充分发挥流动快速检测车和检测设备的作用；八是对水产品质量安全实施有效监管，确保水产品质量安全。

根据多年的实践，今后我市将继续用发展高原特色农业的理念谋划农业发展的思路，努力把保山建成全国重要的高原粮仓和高原特色农产品生产、加工、出口基地，打造成辐射东南亚、南亚地区的优势特色农产品生产、加工、销售中心。创新机制，统筹协调，切实加强发展高原特色农业的组织领导；拓宽渠道，增加投入，为高原特色农业发展提供有力保障；落实政策，强化扶持，为高原特色农业发展创造良好条件；典型引路，样板示范，努力提升高原特色农业示范县的产品竞争力；立足长远，夯实基础，为高原特色农业发展提供可靠保障；创新科技，提质增效，努力增强高原特色农业发展动力；深化改革，破解瓶颈，进一步激活高原特色农业发展潜力。

**作者简介：**

杨金洪，男，汉族，1985年2月出生，本科学历。现在云南省保山市农业局工作。

# 农旅结合　开放活农<br>建设具有丽江特点的高原特色农业

云南省丽江市农业局　和建华

建设高原特色农业，打高原牌，走特色路，是省委省政府从云南实际出发提出的重大战略思想。市委市政府对发展高原特色农业非常重视，于2013年2月出台了《关于加快高原特色农业发展的意见》。坚决贯彻落实市委市政府的意见精神，深入谋划、全力推进我市高原特色农业，是当前我市农业部门的一项中心工作和重大任务。丽江的高原特色农业发展什么，怎么发展，必须深入研究丽江的特点和优势，走具有高原特色、丽江特点的现代农业发展之路。高原特色是云南农业区别于沿海和中部省市的特点和优势，丽江的高原特色农业也不可能照搬照套其他州市的模式，要在云南走出一条具有丽江特点的高原特色农业之路，就必须深入研究丽江特有的资源和优势。丽江的特点和优势很多，但最主要的是丽江旅游资源丰富，是世界著名的旅游胜地。依托丰富的旅游资源和丽江特有的知名度，农旅结合，大力发展生态农业、观光农业、休闲农业，是丽江的高原特色农业最大的优势。

## 一、依托玉龙雪山和泸沽湖省级旅游区，围绕旅游业做特做精丽江坝、拉市海、永宁坝的特色农业

在丽江坝形成“一山一城一坝”的旅游新格局。丽江旅游资源的组合是精美的，城边有一座雪山，山下有一座古城，城边还有一个美丽的丽江坝。丽江坝的旅游看什么？看农业。要充分发挥在雪山下、古城边的区位优势，结合旅游业做特做精丽江坝的农业，结合旅游业编制丽江坝特色农业规划。在丽江坝规划建设一批各具特色的精品庄园、农业公园、观光农园、农业生态园，把丽江坝建成农业生态走廊。凭借幽雅瑰丽的农业景观吸引游客，使游客在游雪山、逛古城后，走进各具特色、多姿多彩的农业庄园去观光、体验、休闲，延长游客的停留时间，提高旅游业整体效益。使丽江坝的农业具有旅游业和农业双重效益，多角度高效利用有限的土地资源。

在丽江坝做好农旅结合这篇大文章，实现第一产业和第三产业的完美结合。首先要对丽江坝东西南北各做什么、怎样做进行深入调研，精心策划、科学论证，形成各具特色、各显其长、优势互补的产业布局。在总体策划、科学规划的基础上，一是要重点研究怎样建设从机场到玉龙雪山的旅游主干道两边的景观带，形成一路美景到雪山的观赏效果；二是要重点研究丽江坝北部连接城区和雪山的白沙一带的景观建设。北部土地的特点是面积大、土层薄、土壤贫瘠、严重缺水。土地面积大，说明大有文章可做；土层薄、土壤贫瘠，说明需要土壤改良；严重缺水说明要建设节水农业。要深入研究这一片土地适合种什么，怎么种？要引进有经济实力、科技实力的企业，扶持其进行试验示范，种植既有观赏价值，又有经济效益的玫瑰花、薰衣草等芳香植物，在试验示范的基础上大面积推广，使这一片贫瘠的土地成为一片绿地花海，成为雪山下、古城边的丽江坝又一片亮丽的风景。

发挥拉市海离城近、知名度高的优势，在拉市海边种植千亩雪桃、千亩玫瑰、百亩雪菊，把拉市海打造成我市观光休闲农业的示范区。

永宁坝是全国最大的摩梭人聚集地，是“女儿国”的首都。母系家庭多，母系风情浓，是典型的母系家园。永宁坝还是世界海拔最高的稻作区，被专家称为“水稻屋脊”。本地红米生长期长，物质积累充分，口感好。要围绕泸沽湖旅游业，做好母系文化和本地红米这两篇文章，建设别具一格的母系家园农庄。

## 二、面向未来，精心策划，打造程海养生庄园

永胜程海是世界天然生长螺旋藻的三大湖泊之一，保尔公司将投资16亿元建设2000多亩螺旋藻生产、加工基地。近几年，程海边的葡萄产业发展迅猛，已形成5000多亩葡萄基地，平均亩产值超万元。随着永胜南片水利设施的改善，程海周围的葡萄将发展到万亩以上。计划投资6亿元的边屯文化博览园也在程海附近，一期工程已建成。当前程海的发展面临的最大机遇是丽攀高速公路建设。美丽的程海风光，上万亩的葡萄基地，几千亩的螺旋藻生产基地，全省唯一的边屯文化博览园，再加上一条高速公路。有风光、有产业、有文化、有高速公路，程海地区跨越式发展的历史性机遇已经到来，跨越式发展的条件已经具备。要抓住机遇、超前谋划、精心策划，把程海地区建设成为农业大县永胜新的经济增长点，打造成全市农旅结合促发展的最大亮点。

## 三、围绕旅游业对农产品的巨大需求，做大做强丽江现代农业

来丽江旅游的游客已达1500多万人次，游客要吃饭、吃菜、吃水果、买旅游商品，旅游业对农产品的需求是旺盛的，要大力发展粮食产业、蔬菜产业以及玛咖、药材、核桃、水果等特色经作产业，保障农产品有效供给。要适应消费者对农产品的消费需求，由“吃饱”向“吃好”转变的新趋势，大力生产生态、安全的绿色有机旅游食品。要围绕游客的购物需求，提升农产品加工水平，延长产业链，提高附加值，使我市丰富的农产品成为旅游商品。

## 四、建设十大精品庄园，大力发展庄园经济

建设精品庄园，是个新课题，全省还处于探索阶段。丽江的精品庄园怎么建，还是要突出丽江特点，扬长避短，以特色取胜。比基地规模，比总产值，我们的条件远不如玉溪、曲靖、红河等大州市。但丽江是一个很有特点的地方，生态良好，文化独特，旅游业很发达，这些都是我们的优势。要发挥优势，农旅结合，打造精品，推出亮点。庄园的标准既要有规模标准，又要有特色标准。分两种类型制定标准。一类是上规模的做大做强型的庄园，另一类是规模不大，但在景区附近，有区位优势、产业特点的做特做精型的庄园。庄园的名称也不能笼统雷同地称做农业庄园，要突出主导产业，不能建成大而全大混杂的庄园。突出地域特点、产业特点建设程海养生庄园、华坪芒果庄园、宁蒗苹果庄园、鲁甸重楼庄园、拉市雪桃庄园、金山蓝莓庄园、文海玛咖庄园等一批各具特色的精品庄园，形成具有高原特色、丽江特点的庄园经济。

## 五、打造丽江农产品十大品牌，拓展市场空间

随着人们生活水平的提高，消费者的品牌意识越来越强，品牌对开拓市场的作用越来越大。要充分发挥丽江知名度高、农产品的品质好的优势，逐步培育打造丽江雪桃、丽江雪羊、丽江玛咖、宁蒗苹果、华坪芒果、鲁甸重楼、三川火腿、得一青梅、程海螺旋藻、金沙江优质烟叶等丽江农产品十大品牌，面向国际国内两个市场，积极开展宣传促销，创响品牌，开拓市场，提高市场占有率和产品竞争力。

## 六、开放活农，加大投入，推动丽江现代农业发展

发展现代农业一靠政策，二靠科技，三靠投入。进入新世纪以来的这十几年，是党的农业农村政策最好的时期。随着国家科技实力的增强，农业科技水平也在不断提高。现在发展农业最缺乏的是资金投入，资金在哪里？答案很清楚：财政资金在上边，社会资金在外边。要积极向上争取资金，对外招商引资，向上争取，对外招商两手抓，多渠道加大农业投入。要大力推进农业对外开放，借助外力，激发活力，挖掘潜力，促进发展。要科学判断现阶段农业发展的形势和特点，要改变农业对外开放没有文章可做的传统观念，意识到农业对外开放、招商引资的条件已经具备。一是近几年农村的公路、水电、通讯设施建设为农业对外招商引资创造了前所未有的条件；二是农业产业结构调整，使农业出现了新的亮点，农业对社会资金的吸引力增强。传统农业很大程度上局限于粮食生产，而现在的许多特色经作产业经济效益好，加工增值空间大，对资金的吸引力普遍增强。许多工业企业愿意投资农业，特别是丽江这样生态环境好，有发展绿色有机农业优势的地方，对资金的吸引力更强。所以丽江农业对外开放面临前所未有的机遇，招商引资的条件已经成熟。丽江农业的招商引资，还是要靠特色招商，以特色取胜。要对丽江的特色资源进行全面普查，深入研究，精心策划、科学论证一批特色资源开发项目，形成农业招商引资项目库，增强对外招商引资的针对性和可行性，积极对外招商引资。吸引大企业进入农业，实施大项目带动农业，使我市的农业资源优势转变为产业优势。要在做好向上争取、对外招商工作的基础上，积极引导支持有实力的本土企业投资农业。工业、旅游业反哺农业，不仅要体现在政府通过对工业企业、旅游企业的税收加大农业投入，更要体现在工业企业、旅游企业直接投资农业。我们已经有工业企业永保水泥厂投资建设螺旋藻产业，旅游企业百岁坊公司投资发展玛咖产业的成功范例。要进一步加大保护支持力度，引导丽江的本土企业更加关注农业、投资农业，为发展丽江的高原特色农业创新创业，建功立业。

# 高原特色谱新篇　助农增收见实效

云南省建水县农业局　赵　辉

农业丰则基础强，农民富则国家盛，农村稳则社会安。“三农”问题特别是农民增收问题，是党中央高度关注及重视的重要问题。建水是地处云南南部边疆的传统农业大县，具有优越的南亚热带光温条件，全县国土面积563.89万亩，总人口53.03万，其中：农业人口43.13万，占全县总人口的81.3%。近年来，建水县农业局全面贯彻落实科学发展观，紧紧围绕“高原特色农业强县”建设目标，按照“稳粮烟、扩果蔬、兴林畜”的工作思路，坚持用工业化理念谋划农业，积极转变发展方式，大力推进科技进步，着力提升产业结构，推进产业化经营，农业和农村经济发展取得了可喜成绩，为建水建设现代农业大县，推进高原特色农业建设奠定了坚实的基础。先后被列入国家农业综合开发示范县、国家阳光工程示范县、国家农村信息工程项目县、农业部科技入户直通车试点县等，先后获得“全国无公害蔬菜生产示范基地达标县”、“全国无公害农产品标志推广与监管示范县”、“全国粮食生产先进县”、“农业标准化示范县”、“云南高原特色农业示范县”等荣誉称号。

## 一、突出优势特色，农业发展成效显著

（一）农业农村经济持续增长。2012年，全县农作物播种面积123.49万亩，比2008年增32.87万亩，其中粮食作物完成68.06万亩，比2008年增12.75万亩，总产量达21.1万吨，比2008年增27%，年均增5.4%；全县农业总产值达到35.8亿元，比2008年增长66.82%、年均增13.36%；农民人均纯收入达到5716元，比2008年增长79%、年均增15.8%。

（二）高原特色产业迅猛发展。在稳定粮食面积、确保粮食生产安全的前提下，大力发展高原特色农业，努力构建建水特色主导产业带（区），形成了粮、烟、果、菜、蔗、林为主的多元化发展格局。2012年全县粮食、水果、蔬菜、蔗糖基地面积分别达到68.06万亩、28.508万亩、31.4万亩、3.14万亩。仅葡萄、石榴、脐橙、小米辣、洋葱等特色水果优质蔬菜产业的产值就占到了全部农业总产值的48.77%。

（三）农业产业化经营纵深推进。2012 年县级以上农业龙头企业有 39 家，其中省级重点龙头企业 3 家，州级 11 家，县级 25 家。预计完成现价总产值 10.6 亿元，完成销售收入 10.24 亿元；农产品加工总产值预计达到 8.3 亿元，较 2008 年增长 151.52%。全县农民专业合作经济组织达到 144 个，其中农民专业合作社 132 个，专业协会 12 个，农民组织化程度大幅提高。农产品品牌建设成效显著，全县无公害农产品认证 7 个。建水石榴先后荣获全国优质石榴产品金奖和“石榴王”荣誉称号；建水葡萄获全国金奖。“云临”牌和“和源”牌被评为云南省著名商标。

## 二、落实政策措施，农村发展变化快

（一）依靠惠民政策直接拉动农民增收。2008 年以来，我局认真落实中央对农民的各种补贴政策，加强强农惠农资金监管，确保全县农民得实惠。据统计，从 2008 年开始到 2012 年我县已累计发放粮食直补、农资综合补贴、农业机械购置补贴资金 2.63 亿元。

（二）发展优质高效农业步伐加快。一是加大“三品一标”认证力度，至 2012 年 12 月全县认证“三品一标”面积达 27.11 万亩，比 2008 年增 340%，认证农产品累计达到 54 个，建水酸石榴、建水草芽、建水小米辣获得国家工商总局商标局地理证明商标登记注册；二是加大对建水和源现代农业科技示范园、建水葡萄标准化丰产示范园等农业示范园区和标准化生产基地建设力度。建成优质稻生产基地 2.3 万亩，石榴核心示范区 1.19 万亩，建水葡萄标准化示范区累计种植 4.6 万亩，露地洋葱标准园 2207 亩，小米辣核心示范区 4000 亩，马铃薯高产创建示范区 3 万亩，万寿菊基地建设 22643 亩。三是实施完成了水产养殖科技示范基地建设。全县水产品总产量达 3.93 万吨，养殖面积已达 2.21 万亩。

（三）全力抗旱保农业生产。为确保全县粮食生产顺利开展，将连续干旱造成的经济损失降到最低，按照县委、县政府的统一部署和要求，一是专门成立了抗旱救灾工作领导小组，由局领导班子成员挂钩联系乡镇，指导、协助开展农业生产抗旱救灾工作。二是组建了科技服务队，局属科技人员深入农村田间、地头指导抗旱救灾工作。三是落实责任。把春耕、晚秋作物生产和冬季农业开发作为农业工作的重点，各司其职，统筹推进。四是落实抗旱措施。积极协调组织种子、化肥、农药等农用物资的调运、储备和供应，引导农户科学选种，合理用种。

（四）切实保护农民土地经营权益。加强对农村土地承包法律法规的宣传，增强农民群众了解土地承包的各种政策，正确维护自身合法权益的法律意识；在工业化发展和推进“农转城”进程中，针对2007年以来失地农民有证无地或证地不符等现象，积极开展农村土地承包经营权证清理换证工作，共涉及农户7066户、人员2.11万人、面积5500亩；积极开展农村土地承包纠纷调解与仲裁，切实维护农民群众合法权益，5年来，全县发生土地承包纠纷700起，调处645起；积极探索实践土地流转途径，正确引导土地规范化、规模化、常态化流转，正确引导各类经营主体参与农村土地流转。发展农村合作组织，推动土地规模流转。全县105个农民专业合作组织将23757户群众联结起来，形成生产、加工、销售于一体的经济团体，加快了农民土地流转进程。全县农村土地流转面积达18.2095万亩，其中：林地流转11.546万亩。

（五）农村环境条件改善明显。2008年以来，“一事一议”筹资1911.96万元，筹劳投工70.68万个，大力抓好农田水利基础设施建设；投入资金585.74万元，指导开展农村环境“脏、乱、差”状况的村容村貌整治工作，项目覆盖28个村，共修建田间道路1.6公里，硬化村内道路17.04公里，支砌排灌沟渠1512立方米，建人畜引水管道4300米，建垃圾池（点）16个、公厕16个、娱乐活动室7幢1281.8立方米，改善了项目村的整体面貌和人居环境；全县完成喷灌、滴灌、微滴灌等节水设施农业5.15万亩，其中喷滴灌14630亩，大棚36870亩；全县农业机总动力共完成43.5万千瓦，比2008年增加30.63%，农业机械化水平进一步提高；全县沼气池5年共完成3567口，农民的生产生活条件得到显著改善。

## 三、强化科技培训，农民素质提升快

（一）多举措开展农业科技培训。以绿色证书培训、农村劳动力转移培训和新型农民科技培训为载体，创新培训模式，提升培训档次，健全培训制度，加强“技能型、智能型、经营型”农民培训，提升农民素质。2008年以来，共完成绿色证书培训8429人，大中专学历招生884人，农业科技入户直通车下乡活动664次，新型农民科技培训500人，农村劳动力引导性培训4.15万人，转移就业3.45万人。开展农业科技培训1150场，培训人数11.61万人次，印发技术资料20余万份，使农业科技知识和实用新技术得到进一步普及和推广。

（二）大力培训农民创业能手。结合常规学历教育工作，以农村劳动力阳光工程培训、绿色证书培训、农业科技入户直通车培训和新型农民科技培训为主抓手，采取县乡集中办班的方式，积极培训返乡农民工、种养大户、低息贷款创业人员、农民专业合作社带头人、农机驾驶和维修人员、农作物病虫害专业化防治人员、村级农科员等。

（三）精心培育技术指导员。结合云南省红河州建水县基层农技推广体系改革与建设和新农村建设工作，加大对基层农技推广人员的培训力度，重点培育具备中、高级职称的四群教育工作队驻村指导员和科技特派员，着力在驻村蹲点单位推广无公害农产品生产、主要农作物病虫害防治、秸杆沼气、节能减排、育秧育苗、绿色植保、间套种等技术，确保主导品种和主推技术入户率和到位率达到100%。

（四）重点培植创业典型。鼓励优秀农民工和大学生返乡创业，重点培植农业创业典型，通过电视、网络、报刊等，集中宣扬他们在创业过程中的观念转变、曲折道路、成功经验和切身体会，充分发挥创业典型的示范带动作用，为农民创业提供成功案例和现实榜样。

（五）着力搭建农技服务平台。积极开展送科技下乡活动。为抓好大旱之年农业生产工作，采取多种举措，扎实做好农业技术服务的分类指导工作；在全系统内实行工作督查制度，重点从农技人员在岗情况、农技服务开展情况、农民满意情况等方面进行量化考评；全面推进农业科技入户，大力实施“万元增收富民”工程。

## 四、严格执法监管 生产质量有保障

紧紧围绕农业产业发展和农产品消费安全，在抓好农业生产、确保主要农产品有效供给的同时，突出抓好专项整治和农业标准化生产，从生产源头有效保障了农产品质量安全。

（一）抓好农资市场管理。重点抓好化肥、农药、种子等农资市场管理，维护农民权益。5年来，共出动农业执法人员3384人次，出动执法车辆450辆次，对14个乡镇和城区农资、农药、种子等门市（店）进行检查和抽查2944个（次）。查处违法案件153件；没收销毁违法经营杂交水稻、杂交包谷种子15616.5公斤，农药277公斤；处罚金额1.25万元；印发宣传资料58600份。

（二）维护渔业生产秩序。加大执法检查力度，确保禁渔期间网入库、船上岸、人休整，更好地保护了渔业资源。同时，与红河县水产站联合检查，年检渔船45艘，并在全县范围重点开展水生野生动物保护工作，打击各类违法捕捞活动。5年来，全县累计查处渔政案件2起，没收网具1付，没收电鱼器1部。

（三）狠抓好农产品质量安全。重点加强对有机、绿色、无公害食品生产企业指导监管，以及农产品生产基地、农贸市场的质量抽检，确保上市销售农产品质量安全。2008年以来，累计农残检测1.13万批（次），完成计划数的103%，样品抽检合格率在97.2%~99.54%。

（四）搞好农机安全检查。严格查处无牌行驶、无证驾驶、超速超载、违法载人、不按规定进行年检以及使用伪造、变更登记证书、牌证、检验标志、保险标志等违法行为。2008年以来，共检验各型拖拉机8088台、拖拉机注册登记1287台、拖拉机驾驶证审验换证730人，拖拉机驾驶员新训考试633人；累计进行路检路查活动1283次，对拖拉机驾驶员进行农机安全宣传教育21890人次。

在建水这样一个边疆少数民族人口居多，经济社会发展相对滞后，传统农业生产方式占主导地位的地区，建水县农业局始终把“让人民群众满意”当做己任和不断的追求，用真挚的感情和踏实的作风服务“三农”，以创新的工作思维和方法，带领群众大力发展农村经济，增加农民收入，使建水县成为全省农村经济发展较快的地区之一。

“春天深耕一寸土，秋天多打万石谷”。面对荣誉和成绩，建水县农业系统的全体党员干部职工没有因满足而停下工作的步伐，他们正以“安得沃野千顷绿，满眼春色竞朝晖”为座右铭，以饱满的热情和积极的姿态，为建设“生产发展、生活宽裕、乡风文明、村容整洁、管理民主”的社会主义新农村和“美丽建水”而阔步前进！

# 调整和优化农业产业结构<br>做大做强主导优势产业

西藏自治区林周县农牧局　郭　果　云　旦　伊斯玛利

近年来我局在市委、市政府的正确领导和县政府高度重视下，在广大干部职工和广大农民群众的共同努力下，认真贯彻三个代表重要思想，坚持科学发展观，以党中央一号文件精神为指导加大农业投入，优化农业产业结构，有力促进了全区农村经济持续快速发展，农业总产值、多种经营产值和农民人均纯收入3760.24元，完成年度目标任务的70%，年末有望突破6000元，全县粮油总产1.34亿斤，同比增长3.22%。在业务创新上实现了林周西藏现代农业示范区，并建设一园区五个基地，一个中心。在畜牧业上我县立足当地资源优势，以草原生态环境保护为优先，以饲料生产供应为保障，围绕澎波半细羊、牦牛这两个主导品种，做大做强主导优势产业。2012年分别获得国家农业部授予的“全国粮食生产先进县（农场）”奖，西藏拉萨市人民政府授予“2012年推进设施农业发展工作先进单位”和“2012年粮食生产先进单位”奖。

## 一、基本情况

林周县地处拉萨市以北，与当雄县、达孜县、墨竹工卡县毗邻。地理坐标为东径90°51′~91°28′，北纬29°45′~30°08′。距拉萨市约70公里，全县土地总面积4505.88平方公里，即676.56万亩，是拉萨市最大的半农半牧县，也是自治区的产粮大县之一。

## 二、粮食生产指标完成情况

近几年来，该县认真贯彻落实中央1号文件精神及中央、省、地关于发展粮食生产的精神，在上级业务部门的大力支持下，按照县委、县政府的安排部署，在稳定粮食播种面积的基础上，大面积应用以全膜马铃薯种植技术为主的粮食增产技术，确保了粮食产量连年增加。

2012年全县完成各农作物播种面积17.03万亩，其中粮食总播种面积为

16.02 万亩，粮食总产再创历史新高，达到 12410.68 万斤，同比增加 136.32 万斤，粮食作物平均亩产 774 斤，全县粮食人均占有量 1102 公斤。

2012 年粮食增产因素：一是大面积推广应用麦类作物高产创建即农作物标准化生产技术，较上年增加 3 万亩，这是全县粮食增产的主要原因；二是冬小麦种植面积进一步扩大，完成扩种 0.4 万亩，达到 3.5 万亩，小麦总产稳中有升；三是雨水充足，青稞、油菜等粮食作物提供了丰产条件。

## 三、林周县人工饲草

我县在 2008 年至 2012 年建立 88000 亩人工饲草基地。其中多年生紫花苜蓿 32700 亩，当年生箭舌豌豆和春小麦混播共计 55300 亩，其中紫花苜蓿连片种植 29500 亩，分户种植 32000 亩，箭舌豌豆连片种植 23650 亩，分户种植 31650 亩。后主青干草 7710 万公斤，可供 130390 只绵羊单位的饲草供应。能够使 214167 余亩天然草地得到休养生息。

## 四、林周县种羊与半细毛羊育种

养羊业是西藏特色畜牧业的重要组成部分，绵羊存栏占全区家畜数量之首，羊肉是广大农牧民的主要肉食口之一。我县澎波半细毛羊改良与育种研究工作始于 1960 年，经过我县畜牧业科技工作者历时 48 年的改良、选育、育种形成了具有适应河谷农区、半农半牧气候特征的毛肉兼用半细毛羊。2008 年正式过了国家畜禽遗传资源委员会审定，成为西藏第一个家畜新品种，定为彭波半细毛羊，填补了我区无培育品种的历史。我县现有彭波半细毛羊种羊 1 座，占地面积 30 余亩，总土建工程面积 10000 多平方米，现有饲养核心群种羊 3500 只，每年向扩繁示范区和全区适宜区域推广种公羊 1300 只，全县彭波半细毛羊存栏总数达到 10 万只，占南部绵羊存栏总数的 99%。特别是近几年来，通过政府组织引导，采取“种羊场 + 示范户”的模式，广泛开展绵羊人工受精技术示范推广，2012 年年末，全县半细毛羊专业户达到 650 户，绵羊人工受精受胎率达到 95%，羔羊成活率达到 96%，在同等饲养条件下，受胎率提高 12.6%，羔羊成活率提高了 9.2%。2012 年半细毛羊专业户人均纯收入 7525 元，比全县平均水平高 1003.89 元，其中现金收入达到 5267.5 元。彭波半细毛羊育种区先后向拉萨市，山南，日喀则，阿里，林芝等地区提供种羊 15000 只，累计获得改良羊 243 万只，以每只羊增收 200 元计算，累计增收 4.86 亿元，有利地推动了全区河谷区绵羊改良步伐，促进了项目区农牧民的增收。

林周县作为农牧业大县，我们坚持树立科学发展观，进一步调整和优化农业产业结构，依靠科技进步，围绕农业增长，农民增收，发挥部门职能作用，为我县农业经济持续快速健康发展作出新的贡献，努力开创我县农业发展的美好明天！

**作者简介：**

郭果，男，藏族，中共党员。现任西藏自治区林周县农牧局局长。

自1989年2月参加工作起，历任林周县国土资源规划局副局长，林周县甘曲镇人民政府镇长等职。2013年至今，任林周县农牧局局长。

云旦，男，藏族，1953年出生，中共党员。现任西藏自治区林周县科技局局长（兼农牧局副局长、畜牧兽医站站长）。

自1979年参加工作起，历任彭波农场种畜场场长，彭波农场畜牧站站长，林周县畜牧兽医站站长等职。1990年至今，任林周县科技局局长（兼农牧局副局长、畜牧兽医站站长）。

曾获“先进工作者”，“优秀共产党员”等光荣称号；“科学技术进步二等奖”、“中华农业科教奖”。“全国五一劳动奖章”，“彭波半细毛羊新品种培养研究一等奖”等各种奖励。

伊斯玛利，男，藏族，中共党员。现任西藏自治区农牧局下属农技推广站站长。

# 加快农牧产业结构调整<br>大力发展农牧特色优势产业

西藏自治区曲松县农牧业局　蒋宏伟

近年来，我县紧紧围绕“稳粮、增收、调结构、惠民生”的工作思路，认真贯彻落实农牧业发展、农牧民增收的工作主线，真抓实干，全力以赴推进各项农牧业工作，农牧业经济保持了稳步发展的态势，在“稳粮、增收”的基础上，立足现状大力发展地域优势特色产业，优化农牧产业结构，农牧产业化取得了新的突破。全县农牧业区域化布局、规模化发展、专业化生产、产业化经营的格局逐渐形成，农田基础设施建设逐步完善；种养结构日趋合理；南牧、中粮地位初显成效；农牧特色优势产业快速发展。

## 一、农牧业发展现状

曲松县作为一个半农半牧县，农业主要集中在县城周边的下江乡和曲松镇，种植作物主要为青稞、油菜、青饲玉米、豌豆等。过去的一年里，我县在确保粮食安全情况下，优化调整种植业结构。其中粮食播种面积 13944 亩，经济作物种植面积 6500 亩，青饲料种植面积 3236 亩，种植比例从去年的 53.92%∶30 %∶16% 调为 56%∶31%∶13%。2012 年粮食产量 7160 吨，油菜产量 965 吨，较目标任务相比均有所增加，种植业呈现出稳步增长的态势。

牧业主要集中在邱多江乡、堆随乡和罗布沙镇等偏远高海拔乡镇，截至 2012 年年末全县存栏牲畜总数为 125531 头（只、匹），主要为牛（牦牛、黄牛等）、羊（山羊、绵羊）等畜禽类。近些年来，在补奖机制的带动下，牲畜出栏率均超过了 40%，2012 年肉类产量达到 1850 吨，奶类产量达 5560 吨；成畜死亡 584 头，死亡率为 0.48%；新生仔畜 40381 头，成活率达 97.4%，比目标任务高出 5.4%。黄改工作扎实推进，完成黄改工作 2002 头，新生犊牛 1392 头，成活率达 97% 以上。春秋两季疫苗中牲畜集中免疫免疫率均达到了 100%。近些年来未发生任何疫情，全县畜牧业结构日趋合理，畜牧产业稳步发展。

农牧业产业方面：全县目前共有各类农牧业专业合作组织 7 家，主要为牲畜养殖或特色农副产品种植与加工，具有一定的辐射带动作用，但是由于成立时间不长、规模不大，辐射带动作用不明显。同时近几年我县依托“一乡一品”工程打造和“三推进”工作目标要求，大力挖掘地域优势特色产业，优化农牧业产业结构，做到了农业有特色、牧业有亮点。以农牧业项目建设为突破口，加大对农牧业的投入力度，加快农牧业产业发展，在政策的带动和资金的扶持下，目前初步形成了以下产业布局：邱多江乡的风干牛肉、酥油等畜产品的加工；堆随乡的藏鸡养殖和藏鸡肉、藏鸡蛋等系列产品开发；下江乡的黑青稞种植与加工；曲松镇的油菜种植与加工；罗布沙镇的藏香猪养殖。

## 二、存在的问题

通过近几年来的发展，农牧业结构日趋合理，农牧产业得以稳步发展，但是在农牧业下一步发展中，形势依然严峻，问题依旧存在，经过几天的调研，将存在的问题总结为以下几个方面：

一是地理位置以及资源现状严重地制约了我县农牧业的发展和产业结构的调整。下一步发展中我县将面临交通孤岛的现状，交通不便、信息滞后将给农牧业的产业化经营带来威胁；半农半牧的发展现状将会陷入尴尬的境地，种植业方面难以有大的突破，养殖业方面难以取得新进展，尤其是在农牧业大的项目争取方面，很难得到上级部门的青睐。

二是资金不足制约着农牧业的发展。由于农牧业经济积累不足，农牧民筹资能力弱，银行贷款落实仍有一定的难度，进而农牧业生产抗风险能力较弱，目前农牧业的粗放式生产和小规模化经营的现状难以改变。

三是农牧业科技投入力度不大，农牧业产出科技附加值不高。农牧民的科技实用技术水平较低，全县农牧业科技投入力度不大，新技术、新品种的推广普及难度较大，农牧产品也多为粗加工产品，科技含金量不高，产出值较低。

四是农牧民产业化意识低，传统生产观念依然存在，粗放式生产现象普遍。农牧民的小农意识依然存在，传统、落后的生产观念根深蒂固，农牧业粗放式生产经营现象比较普遍，尤其是在春秋两季集中免疫工作上，动物防疫工作没有引起农牧民群众的高度重视，强制免疫工作的落实难度较大。

五是缺乏种养大户，农牧业产业带动辐射范围不广，产业化发展处于起步阶段，产业化经营还不完善。目前的农牧业产业发展中，多为家庭式经营，规模不大、产业化程度低，缺乏专业化合作组织与龙头带动企业，抵御市场风险能力薄弱。

六是牲畜良种的普及化程度不高，种植业的良种推广工作还有待于进一步的完善和提高。黄改工作实施多年来，取得了一定的成效，但是黄改数量有限，民众认可度不高，很难大范围普及推广；种植业方面，近几年来引进推广了藏青320、喜拉19、山油2号等新品种，但是由于多年来的种植，混杂退化现象较为严重。

七是随着市场经济的发展和深入，农牧业增收增效效果不明显，经济带动能力下降，农牧民的生产积极性大打折扣。由于农牧业生产见效慢，一般的种养都仅仅局限于自给自足，很难取得经济效益，外出务工等见效快，受自然资源以及气候的影响因素较小，导致农牧区大量劳力外流，尤其是很多年轻人不愿留在农牧区种地或放牧，农牧区未来的出路令人堪忧。

## 三、下一步发展思路和工作措施

发展思路：按照“抓生产、促增收、保供给、调结构、提效益、推科技、强基础、上水平、谋发展”的总体要求，围绕农牧业稳定发展、农牧民持续增收为目标，以特色农牧业产业化发展和提质增效为重点，加强示范点建设，加快发展特色优势产业，加强农牧业科技推广，加速农牧业项目建设，提升农畜产品质量安全工作，推进农牧业体制改革，努力推动全县农牧业快速发展。

针对上述存在的问题，在今后我们将重点做好以下几点工作：

1. 落实农田基础设施建设，加强田间管理工作。抓好农田基础建设工作，完成中低产改造：加土捡石，改治坡耕地，完善和改进现有的灌溉设施设备，争取资金，加快标准农田建设。做好作物田间管理工作，加强领导，切实抓好技术措施和责任目标的落实。同时加强病虫害的监测与防治，狠抓作物田间管理措施的落实。

2. 调整牲畜养殖结构，抓好畜牧业生产工作。按照“控制存栏，加大出栏，优化结构，提高效益”的总体要求，调整牲畜养殖结构，推动畜牧业经济健康、持续发展。严格控制牧区草场载畜量，加强草场建设与保护；加快牲畜的淘汰力度，落实黄改工作；加大对养殖大户或养殖专业合作组织的扶持力度，提高辐射带动作用；扎实做好重大动物疫病防治工作，严格落实春秋季牲畜疫苗工作；加强灾害的防范，确保牧业生产安全。

3. 进一步突出南牧、中粮地位，推进农牧业产业化和标准化生产。利用好邱多江天然牧场资源，确保实现草畜平衡的前提下，大力发展优质牦牛养殖，稳定羊养殖数量，减少马属类养殖，通过牦牛短期育肥，畜产品深加工等增加收入。中粮主要以曲松镇、下江乡为中心，以土地整治、水利配套设施建设，机械化服务，优良品种种植，提高农作物单产，优化种植业结构，做好经济作物的种植工作，千方百计增加农牧民收入。

4. 狠抓项目的立项和申报，发挥项目的辐射带动作用。重视涉农项目的申报工作，认清项目的带动作用，做好涉农相关项目的立项和开工建设工作，进一步加大项目的建设进度，发挥有力效益。

5. 发展培育优势特色产业，突出庭院经济建设。以油菜、奶牛、牦牛、藏鸡产业为重点，扶龙头、建基地、推大户、促增收。扎实推进“一乡一品”工作，使该工作迈上新台阶；继续落实“三推进”工作，扩大下江村黑青稞种植规模，提高下洛村藏鸡养殖基地建设扶持力度，建设成我县典型性的特色养殖基地。做好庭院经济建设的宣传和动员工作，主要建设庭院短期育肥、房前屋后人工种草、猪禽养殖和大棚蔬菜。

6. 加大农牧业监管力度，确保农牧业平稳发展。进一步规范农牧业药物和农机使用，本着对人民生命财产安全负责的态度，抓好农药、兽药及农机使用监管，坚决制止施用高残留和过期的农药和兽药及交通安全事故发生；做好化肥任务分配和资金收缴工作；认真做好春耕备耕和三秋工作，确保农牧业任务指标的完成。

7. 做好防抗灾工作，提高农牧业的防抗灾水平。制定防抗灾减灾应急工作预案，做好防抗灾的各项准备工作，落实灾情监测的值班制度，确保灾害发生时能将损失降到最低，确保全年有一个好的收成。加强对春旱、冰雹、冻害、雪灾等自然灾害的监测，尤其是易灾区域，做好抗灾减灾工作。

8. 加大科技推广力度，普及农牧业实用技术，提高农牧民科学种养水平。利用好农牧业科技专项经费，加大对作物田间管理、牲畜科学饲养、牲畜常见病的基本防控等知识的培训，重点培养一批懂技术、有想法的农牧民致富带头人，活跃农牧区经济。做好新品种的推广普及工作，逐步提高农牧业的良种覆盖率，与此同时重视农副产品的深加工工作，积极创建地域特色优势农副产品，注重农副产品品牌申报工作，扶持一批农牧业龙头企业，加大对其资金和技术支持，提高农副产品附加值。

9. 加大科技支撑力度，摒弃和淘汰农牧民落后的种养观念，着力提高农民的实用技术水平。加大对农民的技术培训力度，采用有效的培训方式，尽快让农民摒弃落后的传统种养观念重点做好宣传普及工作，使粗放、落后的农牧业朝着集约化、高效化、科学化、机械化、精细化的现代农牧业方向发展。同时要积极搭建交流平台，加强与先进地区、致富典型等的交流与学习，将先进的栽培技术、科学的养殖方法、成熟的管理经验进行交流和推广。

10. 创特色，推亮点，不断拓宽农牧民致富道路。“一乡一品”打造工程在近几年的努力下，取得了一定的成绩，发挥了一定的经济实效，下一步要借鉴“一乡一品”工程打造的成功经验，重点做好整乡（镇）推进和扶持各行政村利用当地优势打造“一村一品”，如东嘎村的奶渣加工、增嘎村的高山养殖、琼嘎村的藏药材种植与加工、下落村的黄牛养殖等。

11. 面对农牧区劳动力大量外流的现象，一方面要做好农牧业政策的宣传教育工作，加大对农牧业的政策扶持力度和重视程度，改善农牧业基础设施条件，注重培养塌实肯干的新一代农牧民；另一方面做好农牧业良种推广、技术普及，着力提高农牧业机械化水平，最终通过技术的推广、现代农机的投入，逐步提高农牧业生产效率，吸引和鼓励更多年轻人回到农牧区带头致富。

**作者简介：**

蒋宏伟，男，汉族，1974 年 8 月出生，大学学历。现任西藏自治区曲松县农牧局局长。

# 发挥地域优势　大力发展农牧业特色产业

西藏自治区林芝地区察隅县农牧局　达瓦顿珠　张大勇

近年来，我局以科学发展观为指导，立足资源优势，调整优化农业产业结构，大力发展农牧业特色产业，促进了农业增效、农民增收。下面谈一下我局在发展农牧业方面的主要做法与经验：

1. 因地制宜，面向市场，搞好规划布局。始终坚持符合当地实际原则，注重项目的规划、设计、布局，先后在上察隅、下察隅、竹瓦根镇安排和实施了“万亩油桐”、“千亩花生”等种植基地，2012 年试种并成功推广了察隅香米和察隅珍珠米，古玉乡、竹瓦根镇初步形成了城郊蔬菜和城郊畜牧业基地，古拉、察瓦龙两乡形成了核桃产业带。农牧特色产业项目建设工作得到了区、地、县领导的认可和基层群众的欢迎。

2. 加强领导，落实责任，抓好农牧业特色产业发展。我局一直把发展农牧业特色产业作为一把手工程来实施，逐级落实工作分工和领导责任，并把农牧业特色产业纳入到全年目标考核当中，作为领导班子政绩考核的重要内容，做到了一把手总体抓，分管领导分工抓，部门具体抓，一级抓一级，层层抓落实，一抓到底，务求实效。

3. 制定优惠政策，支持农牧业特色产业发展。发展农牧业特色产业涉及面广，既是一项复杂的系统工程，又是一个易受自然风险和市场风险制约的弱质产业，离不开各有关部门的大力支持。为此我们制定了相应扶持政策，在新品种、新技术开发，产品加工，产销信息服务，基础设施建设，农机具更新等方面给予了必要的资金投入和优惠政策，支持农牧业特色产业的发展。

4. 以发展农牧业特色产业为突破，大力调整农业结构，提升农业发展水平。近年来，在特色产业发展中，我局认真贯彻落实区、地两级业务部门的有关文件精神，紧紧围绕改善农牧民生产生活条件，增加农牧民收入这一首要任务，按照优势区域、优势资源、优势产业、优先发展战略，整合农口资金，立足察隅县实际，形成了以花生为主导产业，油桐和核桃为主陪产业，发展城郊蔬菜基地，重点发展特色产业的产业格局。以下察隅镇为主大力发展特色产业项目，下察隅镇已经初步形成特色产业专业镇，上察隅镇格拥村和竹瓦根镇扎拉村为特色产业专业村。通过特色产业发展，进一步加快农牧业结构调整步伐，确保农牧民收入较快增长，使特色产业项目真正发挥示范带动作用，并成为增加农牧民收入的主推力。其中：

(1) 充分发挥地域优势，大力开展水稻推广种植工作。我县下察隅镇得天独厚的自然条件，非常适宜水稻的生长，为充分发挥地域优势，凸显地区特色，我局狠抓水稻新品种推广与种植工作，通过农技推广“双承包机制”解决群众在水稻种植中遇到的实际问题；积极开展技术交流，通过广东省对口援助我县的契机，我局援藏干部与农业技术推广站技术员通力协作，顺利出色地完成了我县水稻新品种的推广与种植技术指导工作；水稻种植农户与我县粮油公司形成了有效对接，由该公司对农户新产的稻米进行收购、加工并包装销售，近年来，“察隅稻米”品牌优势已逐渐凸显。通过多举措开展水稻推广种植工作，我县水稻种植基地规模效益已逐渐凸显，为西藏农业发展增添了一道亮丽的风景，为雪域高原增添了一抹绿色。

(2) 油桐种植项目。根据林芝地区农牧局《油桐种植基地建设项目规划》、察隅县农牧局关于发展《察隅县油桐产业开发》项目以及察隅县人民政府［2008］1号文件精神，我县以“公司+基地+农户”的企业经营模式在下察隅镇、上察隅镇进行规模化、产业化开发种植油桐经济林和下察隅镇松古村建立446亩优质高产油桐苗木基地，为全县油桐种植户提供油桐树苗。现油桐种植和苗木基地建设基本完成，目前油桐长势良好。并与察隅县盛景生态林化贸易有限公司形成了有效对接，由该公司对种植户产出的油桐籽进行收购、加工并销售，该公司目前年产桐油可达40吨，“万亩油桐”种植基地规模效益已凸显，发展势头强劲，目前该公司的油桐加工厂正在进行改扩建，扩建厂房规模，增置油桐加工设备，项目建成后将进一步增强原材料就地收购、加工能力。扩建后的油桐加工厂年收购、加工桐籽可达到300吨（按1元/斤计算），年加工生产优质桐油产品105吨，企业年产值将达到210万元，并为当地群众创收60余万元。

5. 围绕提高特色农产品质量，大力发展绿色有机农产品。我县特色农产品生产企业共三家，已注册农产品品种15个，为确保农产品质量安全，我局建立了农产品质量检测站，实行了农产品质量全程监测监管制度，初步建立了农产品质量监管的长效机制，确保了农产品的安全，增强了市场竞争力。

6. 加强服务体系建设，为农牧业特色产业发展提供保障。一是组织职工出去参观学习，开阔视野，引进新品种和先进的栽培技术；有针对性的开展培训，把课堂搬到田间地头，通过现场观摩，让职工在看与学的过程中，掌握科技知识；组织有规模、懂技术、效益好的示范户，介绍经验，通过现身

说法激励职工发展高效特色农业。二是于2013年开始试行乡（镇）承包产业规模、技术人员承包技术服务的“双承包”服务机制。技术人员按照产业技术分工，采取直接承包、推荐承包和挂牌承包的方式，承包产业技术指导服务、技术示范、技术培训、成果总结推广应用。县农业技术人员主要承包：水稻高产种植、玉米标准化种植、花生高产栽培、油菜高产栽培、食用菌高效栽培、蔬菜种植技术推广等技术的指导服务。三是抓好销售服务。积极开拓市场，搞好产销对接，建立起稳固可靠的营销网络，提高了农产品的竞争力和市场占有率，目前我县生产的“察隅花生”、“察隅稻米”等农产品可销往八一、拉萨、昌都等地。

**作者简介：**

达瓦顿珠，男，藏族，1979年12月出生，中共党员，大学学历。现任西藏自治区察隅县农牧科技局主任科员。

张大勇，男，汉族，1989年11月出生，中共党员，本科学历。现任西藏自治区察隅县农牧局科员。

# 狠抓农业生产工作<br>推进农业特色产业稳步发展

甘肃省文县农牧局　宋心国

近年来，我县农牧工作在县委、县政府的正确领导和省、市业务部门的关心支持下，以中央、省委1号文件精神为指针，用科学发展观统揽工作全局，紧紧围绕“稳粮增收、强基地、重民生”这个核心要求，立足农业生产实际，抢抓国家加强农业基础设施建设、“十二五”规划及秦巴山片区扶贫攻坚规划政策机遇，解放思想，转变作风，全面落实强农惠农政策，强力推进促农增收“六大行动”；加大农业结构调整力度，大力发展蔬菜、茶叶、药材、畜牧水产养殖；全力开展旱作农业技术推广、农村能源建设，高度重视重大动物疫病防控工作，进一步加大畜牧水产科技推广力度，狠抓农业行政执法，加大农民科技培训，不断强化机关正规化建设，经过全县各级党政组织和广大干部群众的不懈努力，有力地推动了全县农牧业工作健康持续发展。

## 一、基本情况

文县地处甘肃东南部，位于甘肃省最南端。海拔550～4187米，地势西北高、东南低，境内高山重叠，沟壑纵横，地形地貌极为复杂，形成不同的自然区域性气候，属亚热带向暖温带过渡带，大致呈“八山一水一分田”的经济地理结构。年平均气温15℃，年极端最高气温38.7℃，最低气温－7.4℃。年平均降雨量450毫米，一年中降雨量主要集中在7、8、9三个月中。年平均日照时数1711小时，无霜期262天。境内水资源丰富。有“两江八河”和360多条溪流，年径流量达90亿立方米，电能理论蕴藏量303万千瓦，可开发量212万千瓦。矿产资源丰富。金属和非金属矿藏达20多种，其中已探明黄金储量达300多吨，硅矿1亿多吨，铜金属储量5万多吨，重晶石矿3200万吨。全县有440万亩森林、180万亩草场，其中可利用草场110万亩，境内有经济用材树种500种以上，药用木本、藤本、灌木、草本近1500种，包括银杏、香樟、珙桐和红豆杉等20多种珍稀树种。有各种动物810多种。

全县国土总面积4994平方公里，目前境内有汉、藏、回、满、羌、壮、朝鲜等12个民族，总耕地面积31.76万亩，其中水浇地10.14万亩，水田1.25万亩，全县辖20个乡镇、305个行政村，总人口约25万，其中农业人口近22万。

## 二、取得成效

2012年年底农业全县增加值将达4.39亿元，增幅达6.5%，农民人均纯收入2680元；特色产业面积达到99.892万亩，其中：蔬菜6.22万亩，茶叶6.642万亩，中药材11.73万亩，马铃薯11.3万亩，核桃34万亩，花椒24万亩，油橄榄6万亩。全年粮食总产量达到7.03万吨。

### （一）粮食产量稳中有增

我县粮食作物以小麦、玉米、大豆、水稻和洋芋为主，常年播种面积39万亩左右。2012年全县粮食播种总面积达到39.5万亩，粮食总产达到7.03万吨，较去年增加3032吨，增幅达5%。四年来累计推广全膜双垄沟播旱作农业技术28万多亩（其中2012年完成全膜推广8.56万亩），共增产粮食2800多万斤。引进农作物新品种达200多个，试验推广新品种100多个。2012年建成粮油高产示范片3个（玉米2个，油菜1个），推广杂交玉米良种12个15万公斤，水稻良种6个2万公斤，小麦5个18万公斤；推广包衣种子15万公斤，推广优质专用品种30万亩，推广药剂拌种9.6万亩，推广测土配方施肥35.2万亩，推广地膜覆盖13万亩，带状种植4万亩，间作套种6万亩，推广优质小杂粮4.7万亩，水稻1万亩，油菜3万亩，全年农作物总播种面积达54.97万亩。

### （二）农业特色产业稳步发展

1. “万元田”、“多千田”建设步伐不断加快。按照“川坝地破千创万，双千田、多千田进沟上山”的要求，利用我县川坝地区独特的光、热、水、土等资源优势。近年来累计推广“万元田”4.01万亩，“多千田”21.2万亩。

2. 特色产业基地规模不断壮大。蔬菜产业开发上。以无公害露地蔬菜种植为重点，2012年年底全县蔬菜种植面积达6.22万亩（其中，设施蔬菜0.285万亩）。茶叶产业开发上。2012年年底全县共建成茶园6.64万亩（其中建成绿色茶园3.73万亩、有机茶园667亩），总产量达350吨，产值3986万元。中药材产业开发上。2012年全县中药材种植面积达11.7万亩，总产量达7800吨，产值达14200万元。马铃薯产业开发上。以脱毒种薯推广项目为依托，近年来引进试验脱毒马铃薯新品种16个，推广脱毒马铃薯新品种4

个，推广马铃薯脱毒种薯111579亩，建成千吨种薯贮藏库2座，每年马铃薯种植面积达12万亩（其中冬播洋芋3万亩）。水产养殖上。依托我县库区资源优势，大力发展网箱养殖，2012年年底全县投放网箱总数达1687口，开展人工采卵150万粒，培育大规格鱼苗90万尾，发展池塘养鱼430亩，建成大鲵养殖场12个，养殖大鲵2万多尾，开展大水面养殖达1.5万亩，全年水产品产量达2800吨，产值12000万元。畜禽养殖上，2012年年底，全县共建成养殖小区3个，规模养殖场达87个，规模养殖户达556户。全县肉类总产6900吨，禽蛋产量1100吨，畜牧业总产值14500万元。

3. 农业标准化建设有序推进。一是农产品认证步伐不断加快。截止目前共完成无公害产地认定8个，面积8万亩；完成无公害产品认证13个，产量300吨；完成绿色食品认证1个（甘肃省文县“御泽春观音茶”），面积3.7万亩；完成有机农产品认证1个（甘肃省文县“紫云春茶叶”），面积667亩；完成代元纹党加工厂GMP认证1个，完成文县冷水鱼养殖基地认定无公害10公顷，纹党地理标志产品保护认定10万亩，茶叶产品地理标志保护认定前期工作正在进行中，注册农产品商标21个。二是龙头企业、农业专业合作组织建设步伐不断加快。截至目前，全县累计发展龙头企业28户（其中市级以上龙头企业4户，省级龙企业2户），累计发展农民专业合作组织128个。三是农产品质量安全监管力度不断加大。建立乡级农产品监测机构20个，积极推进农产品市场准入和产地准出制度，在种植区域发展农产品监测网点14处，全力开展从产地到市场农产品的质量抽检工作，共检疫畜禽6.7万头（匹、只），检疫肉品5200吨，监测各类蔬菜37批次，品种18个，样品600个，基地抽检26批次，品种8个，样品138个，农产品检测合格率达到99.3%以上，杜绝了农药残留超标农产品和病死畜禽的上市销售，确保了上市农产品质量安全。

## 三、主要作法

1. 党政齐抓共管，部门协作配合。为切实抓好全县农业发展工作，历届县委、政府立足区域资源优势，将农业作为全县工作的重之重来抓，制定发展规划，成立主抓机构，明确主抓单位，形成了主要领导亲自抓，分管领导具体抓，相关部门及乡镇相互配合、各尽其能、各司其职的工作格局。县农牧部门严格行政执法，抓好技术服务，形成了层层抓落实的工作机制，确保了全县农业稳步向前发展。

2. 明确开发思路，合理制定规划。县委、政府按照科学发展农业的要求，

确立了以市场需求为导向，以特色产业为主导的开发思路。抢抓国家支持甘肃经济发展、“5. 12”灾后重建以及省上支持陇南经济社会发展和秦巴山片区扶贫攻坚规划等政策机遇，立足资源优势，科学制定了《文县“十二五”农业和农村经济发展规划》、《2011～2020 文县渔业秦巴山片区区域发展与扶贫攻坚实施规划》，制定印发了《关于加快水产养殖产业开发的安排意见》和《文县农业特色产业发展扶持奖励办法》等规范性文件，为全县农业健康发展指明了方向，搭建了平台，提供了保障。

3. 招商引资示范，辐射带动发展。我县库区水域广阔，水域理化指标优良，非常适宜冷水鱼及亚冷水鱼类养殖。为了发挥库区水域资源优势，增加库区农民收入，县委、政府把水产养殖作为库区农民增收的重点产业来抓。通过政策倾斜、项目扶持、资金整合、外引内联，于 2008 年 3 月成功引进四川成都润兆渔业公司到我县汉坪嘴库区投资冷水性鱼类网箱养殖开发，当年试养 200 口网箱鲟鱼并获得成功。四年多来，在润兆渔业公司的示范带动下，全县共建成网箱 1687 口，建成池塘养殖 430 亩，建成大鲵养殖场 9 个、组建大鲵养殖公司 3 个，全县水产养殖农户达 114 户，促进了全县渔业快速向前发展。

4. 整合项目资金，扩张基地规模。近年来，我县在农业发展过程中，通过项目扶持、整合资金、外引内联，形成了以项目资金为主体，企业、农户自筹资金相结合，社会资金参与农业开发的多方融资模式。截至目前，仅在渔业产业开发上筹集渔业养殖资金达 8000 多万元。其中，四川润兆渔业有限公司投资 3400 万元，建成网箱 450 口，养殖鲟鱼 100 万斤；灾后重建资金 604 万元，建成冷水鱼孵化场 2 处（2900 平方米）、池塘 75 亩；巩固退耕还林成果后续扶持水产养殖项目资金 180 万元，建成网箱 460 口；库区移民后续扶持养殖项目资金 300 万元，建成网箱 527 口；农业财政扶持资金 90 万元，建成流水池塘 20 亩；市水产产业扶持资金 48 万元，培育亲鱼 80 组，开展人工采卵 60 万粒，培育大规格鱼苗 30 万尾；全县 13 个水产养殖专业合作社投资 860 万元，建成网箱 250 口；大鲵养殖场、养殖公司及农户投资 1600 万元，发展大鲵养殖 12279 尾。近期我县又争取到秦巴山区扶贫攻坚水产养殖资金 1. 9 亿元，无疑将为我县水产业发展奠定了坚实基础。

5. 严格操作管理程序，全面落实惠农政策。加强农民负担监督，全面推行惠农政策“一册明、一折统”发放制度，2012 年落实各项强农惠农资金 2890. 31 万元，其中：粮食直补和农资补贴资金 2105 万元，良种补贴资金 231. 09 万元（推广小麦良种 9. 6 万亩、玉米良种 14 万亩、水稻良种 1. 06 万亩），农机具补贴资金310万元，能繁母猪保险资金12.2万元，草畜平衡补助资金153万元，人工种草补助资金79万元。

6. 强化科技创新，提升开发水平。我县采取“走出去、引进来”的办法，不断加大农业科技推广力度。一是开展科技人员轮训。对县、乡425名农业专业技术人员进行了继续教育培训，并落实了动物村级防疫员每人每年800元的补助政策。二是加强农民科技培训。以农业科技特派员为载体，采用各种形式，大力开展农民科技培训和农村劳动力转移就业培训，2012年共派出农业科技特派员50名，科学创办、领办农业示范点39个，围绕农业产业结构调整、特色产业开发共举办各类培训班115期，培训农民技术人员4.9万人（次），其中阳光工程转移培训农民290人，在重点区域、重点产业，户均培养了1名科技明白人，促进了产业发展，提高了农民科学种养能力。

7. 全面推进农业体制改革，强化服务管理职能。结合省、市农牧体制改革相关政策，积极进行了农业基层服务体制改革工作。目前，畜牧兽医体制改革已全面完成，农产品质量安全监管站已完成更名和人员调配，农业行政执法大队已组建。制定和完善了农业灾害应急预案，成立了文县农村土地纠纷调解仲裁委员会和文县农村土地纠纷仲裁庭，开展土地经营权流转乡镇8个，其中新增试点乡镇3个，建成县级土地流转服务中心1个，新增土地流转0.61万亩，全县完成土地流转2.655万亩，受益农户8000多户。加强农民负担监管，与相关部门联合完成了20个乡镇的清产核资工作，全县共清理农村集体资金243.03万元、固定资产35892.39万元、资源360.31万元，完成农村集体经济财务审计村60个，完成离任村干部专项审计12人，审核“一事一议”19个乡镇、行政村71个，项目71个，确保了惠农政策的全面落实。

## 四、存在的问题

一是农业基条件差，抵御自然灾害的能力弱。

二是农业科投入少，发展后劲不足。

三是农业产业化程度不高。缺乏带动力强的龙头企业，中介组织发育滞后，农民的组织化程度不高，适应市场和承担市场风险能力弱，农民专业合作经济组织的效能还没有得到充分发挥，导致农产品销售困难。

四是服务体系建设相对滞后，畜牧兽医、农经、农业执法和农产品监管体制改革未能达到预期目标，农业技术推广体系存在职能交叉、队伍不稳、机制不活等问题，执法上存在缺位、多头执法、重复执法等现象。

## 五、今后打算

（一）全面落实惠农政策和科技措施，确保全县粮食稳产增收。认真落实国家良种补贴、农机具补贴、农资综合补贴等惠农政策，调动农民种粮积极性。全面推广测土配方施肥、旱作农业技术推广、马铃薯种薯繁育体系建设等科技措施，发展冬播洋芋3万亩，推广测土配方施肥33万亩，旱作农业8万亩，优质专用品种30万亩，确保粮食总产达到7万吨以上。

（二）推进农业结构调整，加快优势特色产业开发。按照“东南茶叶、西北药材、半山干果、川坝蔬菜、库区水产养殖”的产业布局，结合“川坝地破千创万，多千亩进沟上山”的发展思路，按照科学创办农业示范点的要求，进一步加大农业结构调整力度，在白龙江沿岸，突出露地蔬菜和鲜果栽培，大力发展以三蒜、柑桔为主的蔬菜和鲜果产业；在洋汤河流域，突出高山蔬菜栽培，大力发展红辣椒为主的高半山蔬菜；在碧口片三乡一镇，突出绿色茶叶生产，完善产品加工，大力发展茶叶、魔芋种植；在白水江沿岸的尚德、丹堡、城关、石坊、石鸡坝等乡镇，突出设施栽培，建立稳定的常年性蔬菜生产基地；在汉坪嘴、碧口、麒麟寺、苗家坝库区和丹堡、尚德、城关、桥头、中寨、范坝等乡镇，以网箱养殖和流水池塘养殖为平台，大力发展水产养殖；在中路河流域，大力发展以纹党、红提葡萄为主的中药材和鲜果种植；在临江、桥头、中寨、堡子坝、铁楼等乡镇，结合草原生态补助，大力发展畜禽设施养殖。按照适宜区合理覆盖的原则，适度扩大基规模，实现提质增效。

（三）强化产品认证，加快农业标准化进程。以中路河万亩高效农业示范区、碧口李子坝茶叶专业村、库区网箱养殖等建设为重点，积极引导企业和农民专业合作社，加快我县优势农产品的产地认定、产品认证和商标注册工作，逐步建立农业标准化体系，加大市场农产品质量安全监测检验力度，逐步实行农产品准出、准入制度。

（四）加强和扶持龙头企业建设，发展壮大龙头企业群。立足现有农产品加工企业，着力培优壮强一批竞争力、带动力强、辐射面广的企业龙头和企业集群。同时，继续加大招商引资力度，引进3~5家知名企业到我县落户兴业。加强龙头企业与银行间的沟通与合作，切实解决企业“贷款难”和银行“难贷款”的问题，积极引导金融资本向农业产业化特别是骨干龙头企业倾斜。要以领军型龙头企业为依托，加粗和延长蔬菜加工、水产加工、水果加工、畜牧加工、茶叶加工、药材加工、粮油及饲料加工产业链。力争到2015

年，省、市级重点龙头企业达到10家以上。

（五）大力发展各类中介组织，提高农民的组织化程度。积极支持农产品加工企业通过签订订单、委托生产、保护价收购、入股分红等形式，与农户建立紧密的利益联结机制，稳定农产品产销关系。积极组建蔬菜、茶叶、药材、水产、柑桔、葡萄、农药等行业协会，每个行业协会建一个精品园地，指导一个产业发展，开拓一方市场，选育一个优良品种，培优一个龙头企业，提升行业文化；积极培植各类农产品经销专业大户和农村经纪人，逐步实现统一品牌、统一标准、统一收购、统一营销，共同开拓市场，抗御风险。建立鲜活农产品“绿色通道”，创造宽松的农产品流通环境。健全信息网络，拓展网上交易。规范信息采集、分类，将本县名、优、稀、特产品通过互联网发布，利用信息“高速公路”扩大农产品销售网络。

（六）坚持科技创新，开发精品名牌。大力推广国家无公害农产品生产标准，认真做好无公害农产品产地认证，逐步建立蔬菜、茶叶、水产等特色产品的地方标准，实现生产标准化。在优势农产品产区建立检验检测机构，率先推行市场准入和产品质量安全例行检验制度，加速对生产过程、生产投入品和产品质量的监测、检测体系建设。大力实施品牌战略，支持农副产品注册商标，整合现有农产品品牌，逐步用商标来启动名牌创立。建立名牌奖励制度，对在开发名牌产品中贡献突出的企业和个人予以奖励。

## 六、加快农业发展的几点建议

（一）加大产业配套设施建设。产业基地配套设施建设关系到生产效益和产业的可持续发展。一是要搞好统筹规划。抢抓国务院关于扶持甘肃发展和秦巴山区扶贫规划历史机遇，以产业规划为重点，分产业制定高起点的产业发展专业规划，实行路、田、水、肥、电综合整治，真正做到高标准建园。二是要加快精品工程建设步伐。严格按照精品果园、安全菜园和高效茶园建设标准进行新园建设和老园改造，着力打造一批连片千亩的标准化、规模化特色产业基地。三是要加大投入力度。我县农业特色产业发展潜力大，前景广阔，但缺乏项目资金支撑（如蔬菜、茶叶、中药材、水产等产业），建议政府整合农业综合开发、农田水利基本建设、退耕还林、扶贫开发和土地整治等各类项目资金，用于产业基地建设。同时，还要进一步加大产业发展技术投入力度。

（二）加大产业规模化建设。我县特色产业通过近年来的发展，产业规模逐渐壮大，但与其他县市区相比，优势特色产业块头较小。如蔬菜、鲜果、

茶叶、中药材、水产养殖规模还有很大的发展空间。抓住国家扶持机遇，乘势而上，积极稳妥扩大基地规模，通过优势特色产业的规模化发展增强在省市以至全国的影响力，从而吸引国家对农业上的项目投入，增加产区农民收入。

（三）加强结构调整提升品质。一是要改良品种，调整结构。蔬菜、鲜果要向具有我县特色的反季节蔬菜和红提葡萄、椪柑产业方向调整；茶叶要着力抓好优质绿色茶和有机茶的生产；高山反季节蔬菜要向精细蔬菜转型；纹党种植要加快品种提纯复壮，着力抓好纹党熟地栽培和纹党 GAP 技术推广；另外，要加快高半山产业结构调整步伐，积极扶持壮大高半山地区脱毒马铃薯、甜玉米和优质油菜等产业脱毒马铃薯、优质油菜等产业，提高半山区农业生产效益。二是要精细管理，提高品质。大力推广无公害标准化生产技术，健全标准体系，加强生产管理，着力提升产品品质。三是要积极开展“三品”认证工作。采取以奖代补等措施，积极支持申报无公害农产品、绿色食品和有机食品认证，不断扩大“三品”覆盖面。

（四）着力组织好农商对接活动。积极参加全国、全省的各类会展，拓宽龙头企业和营销大户进入商场和超市的渠道，引导企业和基地主动与国内大型农产品商贸市场挂钩，建立稳定的产品供销关系，带动全县农产品销售。围绕我县特色优质农产品加工，扶持壮大更多龙头企业，提高市场占有率。加强龙头企业和农产品生产基地的对接，发展订单农业，与农户建立稳定的购销合作关系，推行双向服务型、价格保护型、利润分享型、协会网络型等农企联接新形式。鼓励工商企业和农产品加工企业通过定向投入、定向服务、定向收购等方式，参与农产品营销。

（五）强化农产品质量安全监管。加强农产品质量安全监督监测机构建设，逐步完善乡村两级农产品质量安全监测体系建设，完善监测设施配备，提高检验检测能力，切实加强强制性例行监测、农产品市场准入和产地准出检测、无公害农产品基地的管理监测，对农产品实行从生产到销售的全过程监管。加大农业执法力度，严格实行农资市场准入制度，加强对农业投入品的监督检查，严厉打击销售假冒伪劣农业投入品的行为，有效遏制高毒、高残留农药等违禁农业投入品的使用。要强化市场监管，积极推行农产品质量安全市场准入、准出和追溯制度，继续推行农户生产档案，加强对农贸市场、生鲜超市以及农产品基地的监督管理。

（六）规范引导，促进农民专业合作组织快速发展。一是要鼓励发展。要解决专业合作社规模过小、实力太弱的问题，鼓励发展经营性的专业合作社。

加大政策扶持，鼓励有一定实力的龙头企业领办合作社，带动一方产业发展。二是要规范引导。积极引导一批服务到位、制度健全、管理民主、带动力强的农民专业合作社大力组织开展示范社创建活动。三是要积极扶持。认真落实国家相关优惠扶持政策，并在项目建设、融资渠道和税收等方面给予倾斜支持。提高农民组织化程度，强化农业社会化服务，是现代农业发展的必然选择。

# 抓发展机遇 因势利导 强力推动食用菌产业长足发展

甘肃省两当县农牧局 秦剑飞

两当县地处秦岭南麓，属于南北气候过渡区，雨量充沛，四季分明，昼夜温差明显，森林覆盖率73.98%，毗邻西安、宝鸡、汉中、天水等大中城市，交通较为便利，区位优势明显。两当县种植食用菌历史久远，发展食用菌产业有得天独厚的优势，可开发利用的食用菌有200余种，人工栽培的食用菌主要有香菇、黑木耳、灵芝、天麻、猪苓、平菇、双孢菇等10余种。

## 一、发展现状

近两年来，县委、县政府立足资源优势和产业基础重要条件，抢抓发展机遇，因势利导，强力推动，食用菌产业有了长足发展，产业规模由小到大，产业链条逐渐拉长，初步实现了规模化、区域化、产业化发展。目前，已建成左家乡王陵212亩170万袋食用菌示范基地1处；10万袋以上集中连片示范点8处；袋料黑木耳50万袋示范点1处；灵芝40万袋示范点1处，2013年发展袋料食用菌520.2万袋，其中香菇403.2万袋、灵芝40万袋、黑木耳77万袋。组建食用菌专业合作社4个，注册食用菌商标2个，引进食用菌龙头企业1家，全县有300余户常年从事食用菌栽培，在食用菌生产技术方面有着丰富的生产管理经营经验，拥有食用菌鲜品保鲜冷库4座135平方米。

## 二、主要做法

（一）高度重视抓发展。为保证产业的健康持续发展，县上成立了两当县菌类产业发展协调领导小组和两当县食用菌开发中心，配齐配强了食用菌开发中心班子成员、技术设备和工作人员。一方面组织力量示范推广科研成果、实用技术，另一方面对生产、销售等业务工作进行协调、指导和沟通。同时，县委、县政府在征求意见、讨论研究的基础上，制定出台了《关于加快菌类产业发展的意见》、《两当县菌类产业发展奖补办法》两个指导性文件。2012年积极争取市上财政扶持资金100万元，县财政筹资200万元设立了菌类产业奖励专项资金，对生产规模达到 0.5 万袋、1 万袋、2 万袋、3 万袋、4 万袋、5 万袋的大户，分别给予每袋 0.5 元、0.6 元、0.7 元、0.8 元、0.9 元、1.0 元的补助等奖补标准。2013 年共投入资金 700 万元，其中：整合农业项目资金 300 万元为菇农统一提供大棚建设钢管，县财政筹集 400 万元用于菌类产业奖励专项资金。同时，将妇女小额担保贷款、“双联惠农贷款”等资金向食用菌产业发展倾斜，充分调动了广大农民的积极性。

（二）理清思路促发展。按照“扩张规模、优化结构、科技支撑、菌农增收”的原则，在邀请专家多方论证的基础上，提出了“围绕一个目标（创建全省菌业发展示范县），培育两个中心（左家乡袋料香菇菌种制作中心、张家乡袋料黑木耳菌种制作中心），努力实现三个新突破（食用菌规模化种植、食用菌产品加工、市场营销服务体系建设）”的发展思路，明确了工作重点，在左家乡建成集新品种引进试验、菌种制作供给、灵芝和袋料香菇生产加工、储藏销售为一体的核心示范园区 1 处，在站儿巷、金洞、西坡、云屏等 6 个乡镇和太阳、广金 2 个工作站各建成规模 20 万袋左右的集中示范基地 8 个，带动百余户千余人参与生产的“1 + 8 + X”的产业发展格局。

（三）强化技术服务提质量。为确保我县食用菌生产健康、稳定发展，我们每年坚持把食用菌技术培训作为首要任务，联合农广校、人社局、县科技局等部门，借助阳光培训工程，利用乡镇农民科技培训学校，采取课堂与现场相结合、集中与分散相结合的培训方式，通过发放技术资料，播放碟片、专家授课、送科技到农户等形式，广泛开展食用菌生产技术培训，2013 年起，从龙头企业抽调责任心强、技术过硬的专业技术人员 1 ~ 2 人派驻到食用菌乡镇进行生产环节的跟踪技术服务，严把消毒、接种、安全生产、品质提升“四个关口”，截至目前，已举办各类培训 40 余场次，累计培训技术明白人 1200 人次，发放资料 600 余份，有效解决了种植户在生产中遇到的问题，提高了种植户自主解决问题的能力，保证了食用菌产品质量。

（四）引进龙头企业带发展。为了有效解决过去我县食用菌发展缓慢、品质不高、病害严重、销路不畅等困难和问题，县上两次组织食用菌主产乡镇和种植大户赴陕西省略阳、镇安、宁陕 3 县学习考察，招商引进了宁陕县黄波菌业有限公司。通过召开乡村组干部座谈会、走访种植户，在充分了解了种植户的意愿后，公司与农户签订协议，发展订单生产，制定了袋料香菇种植“1/4”股份制发展模式（即企业产前投入 1/4，产中全程技术指导，产后效益分成 1/4），并由公司提供产前、产中、产后一条龙服务，建立起利益共享、风险共担的长效合作机制。龙头企业的引进，大大降低了菇农种植风险，消除了农户后顾之忧，有效带动了产业的全面发展。

（五）依靠科技增效益。依靠龙头企业技术、设备等优势，加大科研资金投入，大胆引进了适合两当海拔、气候特点和市场需求的新品种、新技术，在食用菌品种上寻求新的效益增长点。目前已引进新品种9个，其中，香菇品种2个（丰优1号、丰优2号），平菇品种3个（新8、农平10号、四季灰），木耳品种2个（菊花形黑木耳、毛木耳），滑子菇1个，杏鲍菇1个。同时，积极探索走食用菌渣和废弃菌棒发展机制木炭的循环发展路子，投入资金引进木炭加工设备，成功生产出了以废弃食用菌菌棒为主料、烤烟烟杆为辅料的机制木炭，进一步延长了产业链条，增加了农民增收新途径。

## 三、存在的问题

（一）品种单一。虽然食用菌产业是我县农业生产的支柱产业，但生产品种还停留在香菇这一个主要品种上，在市场经济的影响下，抵御市场风险的能力弱，市场价格不稳定，挫伤了部分农户的生产积极性。

（二）农户资金短缺。由于种菇的绝大多数是农民，经济实力差，缺少食用菌生产前期启动资金，制约我县食用菌的规模生产。

（三）生产技术落后。虽然一些食用菌种植户积累了不少经验，但距规模化、标准化生产还有较大差距，有的接受新技术缓慢，有的生产技术不成熟，致使在关键环节上还会出问题，结果造成了一定的经济损失。

（四）人才缺乏，服务难。专业技术人员少，技术骨干少，不能及时有效满足全县技术服务需求，致使一些先进技术不能很好推广。

（五）标准化生产水平较低。食用菌生产达到一定程度发展，但是标准化，大规模发展比重较小，大多为粗放经营。

（六）林业资源没有得到充分利用。虽然我县已完成林改工作，林权已确权到户，落实了经营主体，中央和省上出台了相关的政策，但市、县目前没有出台可实际操作的政策，使采伐政策不明确，菇农所需原材料（木屑）主要从陕西的礼泉、汉中等地购买，增加了菇农的种植成本。

## 四、今后打算

一是扩大规模，增强产业吸引力。只有壮大规模才能吸引客商，扩大销售，开辟市场。今后一个时期，我们紧紧围绕食用菌产业的可持续发展，进一步完善产业发展政策，继续优化发展环境，建立激励机制，整合各类农业项目资金，加大对食用菌乡镇投入力度，充分调动食用菌乡镇抓产业广大农民参与产业发展的工作积极性和主动性，在2013年520万袋的基础上，力争2014年食用菌栽培达到1000万袋，“十二五”末累计达到2000万袋，争创全省菌业生产大县。

二是强化培训，搞好技术服务。为确保我县食用菌生产健康稳定发展，我们将利用现有技术人才，加大经费投入，创新培训方式，围绕食用菌栽培关键技术环节进行培训，采取现场指导和菇棚课堂相结合技术服务方式，技术员随时接受农户技术咨询，发现问题，随时到现场解决，积极主动地解决广大菌农生产中的技术难题，提高菌农的生产管理水平和技术应用能力。

三是扶持大户，走专业化、合作化生产道路。专业化、合作化是食用菌生产的趋势。我们从资金、技术两方面支持农户进行规模化、专业化、标准化生产，同时，加强规范化建设，努力提高农民专业合作社的运行质量，充分发挥其联结农民和市场、引导生产和经营等方面的作用。

四是打造品牌，增强产业影响力。大力扶持和培育食用菌品牌建设，加大对食用菌商标注册资金扶持力度，并通过各种渠道进行大力宣传，实行统一标识、包装、销售，扩大食用菌的知名度和市场占有率。

五是发展壮大龙头企业，推进产业化经营。扶持壮大两当县黄波菌业公司发展，组织公司对外合作和交流，加大新品种、新技术、新工艺及先进设备的引进力度，提高企业发展能力，拓展产业发展空间。巩固发展“公司+基地+农户”的产供销一体化生产经营模式，提高食用菌产业开发的档次和水平。

六是加快园区建设，提高标准化生产水平。积极争取项目，整合资金，加快左家乡食用菌标准化生产园区建设进度。建立标准化生产园区，通过政策引导菇农进入园区进行规模化、标准化生产，提高产品质量和生产效率。

**作者简介：**

秦剑飞，男，1968年出生，中共党员，本科学历。现任甘肃省两当县农牧局局长。

# 立足资源优势 发展富民产业

甘肃省永靖县农业局 白彩霞

永靖县地处甘肃省中部西南临夏回族自治州北部，是国家农业综合扶贫开发县，也是刘家峡、盐锅峡、八盘峡三座水库的重要移民县和全国第二批生态农业示范县。全县辖17个乡（镇），总人口20.56万人，其中农业人口16.2万人，总耕地面积54.39万亩，年平均降水量300毫米左右，蒸发量在1500毫米以上，国土面积1863.6平方公里。农业生产从地域特征上分为东西山区和川塬区，川塬区以灌溉农业为主，东西山区山大沟深，是典型的雨养农业区。

近年来，我县紧紧依托区域资源优势，坚持以市场需求为导向，不断优化产业结构，以集中连片为重点，大力发展以旱作农业、现代设施农业、生态高效农业为主的特色富民支柱产业，全面推进县域农业产业由传统种植业逐步向高产、优质、高效、生态、安全的特色种植业迈进。目前，全县初步形成了东、西山区以全膜玉米、脱毒马铃薯、优质百合为主，川塬区以无公害设施农业为主的农业种植格局，并建成了一批特色优势农产品生产基地。全县农业发展呈现出健康有序、持续攀升的势头，为推动全县经济科学发展、和谐发展、跨越发展奠定了基础。

## 一、我县农业发展现状

全县主要种植的农作物有小麦、玉米、马铃薯、蔬菜、百合五大类（果品经济林除外），2012年完成农作物播种面积56.91万亩，其中：粮食作物小麦8.96万亩，玉米22.6万亩，马铃薯16.65万亩；经济作物蔬菜4.7万亩，百合3.5万亩，其他作物0.58万亩。粮食年均产量11万吨，人均占有粮食635公斤，人均纯收入3161元。

## 二、主要做法和先进经验

（一）把结构调整和优化生产布局为主线，在重点上求突破。按照因地制宜、压夏扩秋的原则，着力发展旱作玉米、脱毒马铃薯等区域性优势产业和无公害设施蔬菜、食用百合等地方性特色产品，特色优势农作物播种面积达

47.37万亩，占农作物播种面积的83.2%。2012年粮食、经济作物（含蔬菜）面积比和夏秋作物比由2007年的7.5∶2.5和3.2∶6.8调整为2012年的8.5∶1.5和1.9∶8.1。粮食比重略有下降，经济作物比重增幅较快。总体呈现出“西山区夏减秋增、东山区粮经并重和川塬区粮减菜增”的态势。

（二）把推进富农特色产业和提质增效为重点，在发展上求突破。以调结构、抓特色、强基础、抓园区为重点，按照“扩规模、提品质、深加工、创品牌、增效益”的思路，着力培育壮大特色支柱产业。

一是大力发展旱作农业。自2006年我县全面推广旱作农业种植技术以来，我们积极调整农业种植结构，在东西山区大力推广全膜双垄沟播玉米为主的旱作农业技术，农作物产量持续增加，群众增收明显，已发展成为我县东西山区的主导支柱产业。2012年全县推广面积已达25.8万亩，占东西山区农作物总面积的45.8%，户均种植13亩以上。二是大力发展脱毒马铃薯育种产业。把马铃薯良种繁育产业作为东西山区群众增收的重点进行培育。通过市场效益的拉动，实现了马铃薯种植面积连年递增，2012年全县马铃薯种植面积达16.65万亩，平均亩产2160公斤，脱毒率100%。同时，通过修建良种贮藏库，延伸壮大马铃薯产业开发的链条，逐步实现马铃薯由特色产业向优势产业的转变。三是大力发展百合产业。近年来，我们按照“建基地、抓示范、育产业、促增收”的目标，依托独特的自然条件和地理优势，通过政策带动、资金支持、技术引导多措并举，围绕百合种植、贮藏、运输等关键环节，提供信息和技术服务，加大扶持力度，扩大百合种植面积。同时，按照产业化经营、专业化发展的思路，强化基地建设，坚持一村带多村、多村成产区、多乡成基地的特色经营、规模发展之路，着力打造徐顶乡三联到关山乡石台子沿线的“百里百合长廊”，积极申请创建国家、省级农业标准化生产示范片、示范区和示范园。全县百合留床面积达到3.5万亩，建成关山乡石台子、陈井镇木场等千亩级绿色无公害百合种植基地6个，年出售百合1.58万吨，实现产值19600万元，户均纯收入3万元以上，成为拉动东部山区农民增收新的增长点。四是大力发展设施农业。以建设兰州、西宁等周边省区无公害农产品供应基地为目标，按照“规模调大、品种调优、技术调新、效益调高”的发展思路，不断加大政策资金投入，通过流转土地，稳步扩大特色产业、设施农业和生态农业。2012年全县蔬菜种植面积达到4.7万亩，建成了以罗川台、三马台现代农业示范区为重点的日光温室蔬菜生产基地，面积2.53万亩；以刘家峡镇、太极镇、盐锅峡镇为重点的塑料大棚生产基地，面积1.35万亩；以西河镇、三塬镇为重点的“高原夏菜”生产基地，面

积0.82万亩。主要种植番茄、甜瓜等6个大类，120多个品种，其中以番茄、黄瓜、草莓、番瓜、茄子、甜瓜、辣椒7类蔬菜为主。年产各类商品蔬菜17.05万吨，实现产值14217万元，蔬菜种植销售的收入占种植区农民年人均纯收入的48%。蔬菜产业已成为我县调整产业结构、实现农民增收、促进农村经济和谐发展的重要支柱产业。同时，不断加大无公害农产品、绿色食品认证规模，通过品牌效应提高农产品市场竞争力和附加值。2012年取得无公害产地认定10.8万亩，涉及番茄、黄瓜、食用百合等农产品14个，绿色产地认证3.5万亩，品种涉及百合、红枣、马铃薯、甜玉米4个农产品。并取得了“刘家峡红枣”、“刘家峡西红柿”两个地理证明商标。

（三）把科技示范和基地建设为方式，在推广上求突破。我们按照建一片，成一片的理念，积极引导群众参与试验示范，使之新的农业生产技术成为农业增效、农民增收的助推器。一是在川塬6个乡镇和有灌区的4个山区乡镇开展垄作沟灌技术和垄膜沟灌技术，完成高效农田节水面积8.72万亩，建立千亩示范点10个。二是通过基层农技推广体系建设与补助项目、高产创建项目和测土配方项目，围绕我县主导产业，建立科技示范户、试验示范基地。通过项目建设，全面提升农业公共服务能力，为现代农业建设提供科技和服务支撑。三是依托县良种场采用先进的“鳞瓣气培法”、“鳞瓣基质扦插法”进行优质百合种球快速繁育，预计可提供优质百合籽球120万粒，将有效促进我县百合产业发展。四是依托甘肃伊爱电子信息技术有限公司，在三马台现代农业示范园区建立了物联网农业应用示范基地，开展了温室大棚湿度监控，温室大棚设备智能远程控制设备试验示范，有效推进了物联网技术在全县农业生产信息化方面的应用。

（四）把体系建设为保障，在服务“三农”上求突破。一是农业标准化体系建设。我们按照农产品生产区域化布局、标准化管理、产业化经营、市场化发展的原则，以无公害农产品质量认证为标准，整合各方面资金，用于加强无公害农产品基地和农业标准化特色品牌基地建设。同时，在推进农产品标准化生产的基础上，扩展无公害农产品质量认证品种，实现了“产前有认证，产中有标准，产后有监控”的标准化生产体系。二是农产品质量安全监测体系建设。为了将监测监管关口下移、前移，在全县6个农产品生产主产区乡镇，成立了乡镇农产品质量安全监管所，并在太极、刘家峡和西河3个乡镇监管所配备了专业监测技术人员，配置了检测仪器和监管设备，全面开展属地农产品质量安全例行抽检和监管工作，落实产地准出、质量安全追溯制度，实现了农产品质量安全监督工作的规范化、制度化运行，逐步形成了农产品质量安全监管的长效工作机制。三是农情信息平台建设。建立和完善公开透明的农产品质量安全信息发布机制，加强对农产品质量安全工作的宣传，正确引导舆论，定期向社会公布农产品质量检测结果，自觉接受消费者监督，形成全社会关心支持农产品质量安全工作的良好氛围。四是市场体系建设。围绕保供、稳价、增收的目标，通过“政府调控市场、市场引导基地、基地带动农户”运行机制，注重农产品批发市场的升级改造。同时积极引导发展各种农民专业合作组织，逐步形成龙头带基地，基地联农户，产供销一条龙，贸工农一体化的产业化经营体系。全县已发展 129 家农民专业合作社，经营范围也从最初的种植业、养殖业向农产品加工、农技服务、供销流通、农业机械服务等多个方面、多个行业发展。

## 三、存在的问题

我县农业工作在调整种植结构、发展现代设施农业和特色支柱产业等方面取得了一定的成效，形成了产业化布局、标准化生产、集约化经营、规模化种植良好格局。但与当前农业发展的新形势、新要求，还存在着很多问题和诸多不足，主要表现在：一是农民的传统农业的生产观念和生产模式根深蒂固，习惯于小而全、多而杂和粗放的农业生产方式，农业规模化、产业化、标准化、机械化水平较低；二是由于财政困难，农业科技创新投入不足，辐射带动能力弱；三是农业产业化经营水平不高，龙头企业数量少、规模不大，产业链条短，农产品附加值不高，对农业产业化发展的牵引作用发挥不充分。四是土地流转机制建设滞后，土地难以向优势产业和大户集中，一定程度上制约了农业规模集约发展。

## 四、思考与建议

（一）加强基础设施建设，提高农业物质装备水平。围绕提高农业综合生产能力，不断加大基本农田保护和中低产田改造力度，实施沃土工程，改善土壤生态环境，不断提高农业的抗灾防灾能力，实现农业可持续发展。

（二）加快经营方式转变，提高农业生产经营水平。在稳定粮食生产基础上，依托资源优势，围绕无公害蔬菜、设施农业、现代高效等农业特色产业，大力调整农业产业结构，进一步优化区域布局。

（三）注重科技推广应用，提高农业科技应用水平。积极探索农业科技成果进村入户的有效机制和办法，大力推广节水灌溉、测土配方施肥、全膜双垄沟播推广技术、残膜回收等农业新技术，突出抓好品种改良、农产品贮藏保鲜、设施农业等技术的推广。

（四）注重新型农民培养，强化农业人才队伍建设。以科技生产和经营管理知识为重点，大力开展生产技能培训，努力把广大农民培养成有较强市场意识、有较高生产技能、有一定管理能力的现代农业生产经营者。

**作者简介：**

白彩霞，男，汉族，1969 年 2 月出生，中共党员，大学学历。现任甘肃省永靖县农业局局长。

自 1990 年参加工作起，历任永靖县编办主任，永靖县王台镇镇长，永靖县新寺乡党委书记等职。2008 年 4 月至今，任永靖县农业局局长。

# 发挥资源优势　促进农牧业发展增效

甘肃省卓尼县农牧局　常建国　杨永毅

## 一、基本情况

卓尼县位于甘肃省甘南藏族自治州东南部。全县辖3镇12乡、97个村委会、469个村民小组，总人口10.08万人，其中农牧业人口8.79万人，18883户。全县土地总面积813.7万亩，耕地面积16.77万亩，天然草原总面积499.98万亩，其中可利用草原面积为480.4万亩，占草原总面积的95.87%；全县境内海拔2000~4900米，年均气温4.6摄氏度，年均降水量580毫米，无霜期119天。农牧业是我县五大优势资源之一，而且我县是甘肃省20个重点牧业县之一。主要农作物有小麦、青稞、油料、蚕豆等，主要分布在藏巴哇、洮砚、纳浪、木耳、阿子滩、扎古录、柳林、杓哇8个乡镇；畜种主要有牦牛、犏牛、绵山羊、蕨麻猪等优良品种，主要分布在尼巴、刀告、恰盖、完冒、康多、申藏、喀尔钦7个乡镇。截至2012年年底，农作物播种总面积达15.87万亩，粮食产量达1.28万吨，油料产量达0.43万吨，粮经饲结构比为47.76∶38.86∶13.88。各类牲畜存栏46.81万头（匹、只），总增、出栏、商品三率分别达33.75%、37.01%、45.73%，肉产量、奶产量、蛋产量、毛产量分别达9867吨、4750吨，372.9吨、240吨。农机具拥有量达17692台，总动力达59279千瓦。农牧业增加值达3.04亿元，较2011年同期增长6.7%，农牧民人均纯收入达3271元，比2011年度增长16.6%。

## 二、农牧业发展现状

### （一）生产加工企业（基地）稳步推进

近年来，我县紧紧围绕“产业富县”战略，不断加大政策引导和资金扶持，依托独特的资源优势，扩大农牧业投入品和基础设施建设，大力发展高原特色农畜产品生产基地和生产加工龙头企业，如：卓尼县木耳镇雪域熏肉食品有限责任公司、卓尼县宏盛食品厂、卓尼县天鸿养殖专业合作社、民旺养殖专业合作社等企业及纳浪乡纳浪村蔬菜种植基地、申藏乡小沟村蔬菜种植基地和扎古录镇佛慈藏药材专业合作社等。

**（二）特色种植业向高产良种化迈进**

青稞、油菜、藏中药材是我县农牧业的主导高原特色产业，近年来，高产优质示范田（基地）建设规模不断得到巩固和扩大，截至2013年，高产优质青稞生产基地规模扩大到2万亩，相对集中连片青稞高产示范田扩大到300亩，全膜覆盖穴播青稞示范田扩大到30亩，青稞良种推广率达到95%以上。双底杂交油菜种植面积扩大到1.5万亩，杂交油菜地膜覆盖标准化栽培面积扩大到2300亩，藏中药材种植面积扩大到5万亩，建立当归GAP生产基地1000亩。无公害认定面积达5100公顷，占全县农作物播种总面积的48.51%，无公害农产品生产基地达17个。

**（三）高原特色蔬菜产业成效显著**

我县根据各乡镇区位和资源优势，综合产业发展条件，因地制宜，大力调整农牧业产业结构，合理配置资源，不断优化农区、半农半牧区、牧区专业化布局，有力地促进了高原特色蔬菜产业向优势产区集中，逐步形成了以洮河沿岸乡镇为中心的蔬菜产业带，实现标准化、规模化发展，提升产业值。截至2012年年底，已建成日光温室蔬菜大棚1194座，建成蔬菜保鲜库3座，在柳林镇奋盖川已动工建设一个50亩以上的蔬菜生产标准园区，蔬菜品种主要以辣椒、西红柿、西葫芦、黄瓜为主，附种萝卜、茄子、小白菜、笋等品种，年产量达2814吨，年产值达1688万元。在此基础上，已试点成功种植西瓜、葡萄、草莓等水果。

**（四）科技服务和技能培训水平不断提高**

本着公益性与实效性相结合、政府引导与市场机制相结合的原则，重点从产业结构调整和产业服务体系完善上下工夫，打破了企业、服务部门独立，各类资源相互孤立的格局，实现了人才、物资、装备有机结合的农牧业科技服务体系。现已基本形成青稞、牦牛、藏羊、蔬菜、药材、油菜等7个产业科技服务体系。截至2012年年底，农牧民农牧业实用技术培训累计达2万多人次，专业技术人员培训累计达1200多人次，农牧村经纪人、种养大户、专业合作组织人员培训达180多人次，科技服务群众满意率达82%。

**（五）一产首位产业扎实推进**

立足我县三大区域优势，本着试点先行、示范带动、合理推进的原则，利用项目建设、政策引导、技术指导、科技培训等方式，充分发挥试点村区位优势和产业效益。截至2012年年底，注册成立农牧民专业合作社277个，建设牲畜暖棚2435座，养殖小区18个，联户牧场51个，培育养殖大户1776户，种植优质牧草1.26万亩，建立半人工刈割草场12.8万亩，圈滩种草0.7

万亩。分批育肥出栏牦犏力巴5800多头，引进牦牛冻精给奶牛养殖试点村配种牦犏力巴6945头，建立乡级改良点5个，鲜奶收购点1个，在大峪、柏林两个种畜场组建核心群15个，存栏适龄母畜达649头，繁殖成活犏牛1009头，成活率达60%，引进优质黄牛种公牛150头，年选送种公牦牛130头。

## 三、主要措施

### （一）强化政府引导，职能部门配合协作

随着中央连续就“三农”问题发出“中央一号”文件，“三农”问题已越来越受到我县各级党委、政府的重视和全社会的关注，我县把发展农牧业作为服务“三农”工作的重中之重，不断加大政策引导和资金扶持，制定切实可行的实施方案和管理制度，为农牧业实现持续高效稳定发展奠定组织保障。

### （二）充分发挥项目拉动战略，不断增强企业发展后劲

近年来，我县紧紧抓住国家实施西部大开发战略和支持藏区发展建设的大好时机，充分利用扶贫开发、农牧业基础设施建设等项目，扶持发展具有高原特色农畜产品生产优势的企业和组织。并积极帮助企业搞好农畜产品精深加工，扶持农牧民发展多种适度规模经营，延长产业链，增加附加值，提高抗风险能力和市场竞争力，为农牧业的发展发挥示范带动和经济推动作用。

### （三）发挥资源优势，提升市场推动作用

近年来，随着强农惠农政策和农牧业重点项目的深入实施，农牧业组织化程度不断提高，生产规模不断扩大，产业效益明显增强。为确保大量农畜产品可以便捷地通过各种形式上市交易，我县充分发挥资源优势，由政府引导，通过订单合作、合同收购，以及集贸市场、农贸市场自由交易等多种形式有效地解决了农畜产品的销售问题，增加了企业的经济效益和社会效益。

### （四）加大科技推广体系建设，提升农产品科技含量

围绕五大示范区为主的战略主导产业和五大产业为主的区域性特色产业，结合农牧业重点项目，以打造技术成果推广平台为重点，以科技人才培训为补充，推广和转化了一批先进适用的科技成果，并不断加大良种引进、选育和栽培，增强科技服务能力，提高良种化水平和科技含量，提高农畜产品市场竞争力。

### （五）多层次培训农牧业科技人才，坚实人才保障和智力支持

一是结合事业单位公开招考招录了一批学历高、专业性强、业务水平高的农牧业技术人才。二是以阳光工程为主，充分利用卓尼县职业技术学校的

有利条件，通过课堂教学、远程教育、现场指导等多种形式对农牧民进行农牧业技术培训，极大地提高了农牧民的从业能力。三是精心组织县、乡、村技术人员，深入基层，进村入户、包棚蹲点、全面开展定向、挂牌科技服务和实用技能培训，提高农牧业从业人员的科技创新能力和科技应用水平。

## 四、存在的问题

一是农牧业持续增效，农牧民快速增收长效机制尚不健全，促进农牧民增收难度加大。

二是草原生态保护与畜牧业发展之间的矛盾仍然突出，生态保护工作任务艰巨。

三是农畜产品加工企业层次低、规模小、产业化程度底、效益不明显、辐射带动能力差。特别是缺少大中型龙头企业，导致大量牲畜外运，使我县的资源优势无法转化成产业优势，产业值增长缓慢。

四是农牧民培训和科技服务投入少，方法简单，内容单一，农畜产品科学含量低，缺乏市场竞争力。

五是农牧业发展基础还很薄弱，加上自然条件较差，抵御自然灾害的能力低。

六是农牧民专业合作社组织化程度底，规范化建设滞后，应对市场变化的能力弱。

# 发展特色优势产业 推进农业产业化进程

宁夏回族自治区银川市西夏区农牧水务局　王红梅　郭锁华

近年来，我区农业工作以科学发展观为统领，认真落实自治区、银川市农业农村工作会议精神，大力发展特色优势产业，重点发展酿酒葡萄、有机枸杞、肉牛养殖、休闲观光等优势特色产业。现浅谈我区农业工作主要做法及经验。

## 一、建设六大特色产业

### （一）全力建设贺兰山东麓葡萄产业带，彰显酒庄文化

围绕葡萄产业带，建设贺兰山东麓葡萄文化博览中心、贺兰山东麓葡萄酒小镇、镇北堡葡萄影视文化小镇等项目。以镇北堡影视城、苏峪口国家森林公园等旅游景点资源为依托，发展葡萄酒体验、酒文化展示、酒庄酒直销、代储等活动，加快葡萄产业的快速发展。把贺兰山东麓打造成世界一流的酿酒葡萄种植、高端葡萄酒生产及葡萄酒庄文化旅游体验区。

### （二）全力打造有机枸杞品牌，拓宽产业链

实施镇北堡镇有机枸杞示范园项目，重点做好枸杞示范、转化和有机枸杞深加工，提升“塞上奇源红”有机枸杞品牌市场竞争力和社会影响力，做好宁夏茗杞茶有限公司等枸杞芽茶加工，延伸枸杞产业链，拓宽农民增收渠道。加大种植、加工等环节科技培训力度，延长产业链，增加农民收入。

### （三）发展优质肉牛产业，力促提质增效

打造我区兴泾镇优质肉牛标准化养殖示范基地，加大放大贷款助推肉牛养殖力度，在巩固提升原有企业、大户、农户饲养的基础上，新建和改建牛舍，建设西夏区千头肉牛育肥场，努力将兴泾镇打造成名副其实的“牛镇”。结合中心村建设，采取政府补贴、市场出售、大户购买、企业托管等方式，实现出户入园、规模化养殖、产业化生产、长期化受益的目标。

### （四）稳步推进奶产业发展

全力实施生态移民、低收入家庭、贫困户和失地农民奶牛托管项目，使托管奶牛的四类人群户均年收益2800元，支持平吉堡等辖区农场建设奶牛场，借助企业优势和紧扣奶牛的扶持政策，稳步推进奶产业的健康有序发展。

同时探索对梅花鹿和肉牛进行托管。

**（五）做浓休闲农业特色，规范休闲农业管理**

我区组织农业、旅游等部门，根据我区实际情况，结合地理特点、人文景观、精心规划，谋篇布局，开设项目。将“花卉观赏”、“果园采摘”、“高科技蔬菜示范”、“特禽养殖”、“休闲娱乐”、“餐饮住宿”等富于农业特色休闲项目积极引入万一生态园、红柳湾等园区，做浓休闲农业特色。鼓励并支持组建休闲旅游农业行业协会，通过协会加强休闲旅游农业行业的规范管理和协调服务。出台休闲旅游农业行业管理章程，开展休闲农庄星级评定推荐工作。加强对休闲旅游农业从业人员的专业培训，帮助提高素质和服务水平；定期组织服务人员进行身体检查；组织休闲旅游业业主到发达的地区参观学习，开拓视野，提升服务手段和服务功能。

**（六）培育壮大农民专业合作组织**

鼓励失地农民在产前、产中、产后各环节及全过程服务组织的同时，引导农民逐步由松散型合作、半松散半紧密型合作向紧密型合作发展，提高进入市场的组织化程度。通过政府扶持、部门规范、典型带动，扶持壮大农民专业合作社，增强辐射带动能力，提高农民组织化程度。

## 二、积累六大经验，提升综合农业水平

**（一）坚持以“基地”建设为抓手，全面提升现代农业建设水平**

持续巩固和完善“基地”的基础设施建设，努力把“基地”打造为展示新品种、新技术、新模式、新机制的核心示范园区，推动生态农业、循环农业建设，引领西夏区现代农业发展的样板。

**（二）以农业增效农民增收为目标，全面提升农产品品质**

依靠科技，提高单产；引进优质品种，增产增效；因地制宜，适时调整产业结构，促进农民增产增收。

**（三）以项目建设为依托，全面提升农业生产基础条件**

围绕养殖园区、蔬菜园区和瓜果基地建设，大力实施秸秆养畜项目、中低产田改造，大规模建设高标准农田，加大节水改造、温棚及葡萄滴灌，加快农村道路建设，努力实现农业生产基础条件的全面提升。

**（四）坚持以争创名优为重点，全面提升农产品品牌**

加强基地无公害农产品、绿色食品、有机食品认证，努力提高绿色食品、有机食品比重。实施品牌战略，积极开展农产品地理标志的申请和保护。

**（五）坚持以体制机制创新为突破，全面提升新型经营主体服务能力**

坚持以家庭承包经营为基础，引导农户自愿结社，推行“专业合社 + 农户”、“科技 + 公司 + 农户”等经营模式，鼓励“农超对接。围绕发展葡萄、果树、蔬菜、肉牛等规模经营，培育种养殖大户及各类农民专业合作社、农机专业合作社和农业带头人队伍。

**（六）捆绑施用各类资金，充分发挥资金效益最大化**

将向上级业务部门争取的科技资金、扶贫资金、抗旱资金、节水资金、农发项目资金、国土整理项目资金和其他资金进行捆绑使用，提高资金使用率，使资金发挥最大效益。

## 三、存在问题

**（一）农业产业化发展滞后**

农业产业整体结构不合理，传统农业比重仍然较大，增长方式粗放；农业经营规模偏小，组织化程度不高，尤其缺少强势龙头企业的带动，产业链短，附加值少，效益低；品牌意识不强，创新能力不足；农民专业合作社还处于起步阶段，市场流通体系建设有待完善。

**（二）农业人口整体素质偏低**

懂技术、会管理、善经营的复合型人才较少，自主创业能力弱

资源开发利用率不高，资源优势难以转化为经济优势。农业生产制约因素增多。

**（三）财政投入能力不足**

财源单一，农民自我投入能力低；农资价格高位运行，农民生产经营成本增加，比较效益下降，一定程度上影响了农民种粮积极性；生态保护与资源开发矛盾日趋突出。

## 四、对策及建议

**（一）加大财政投入力度，完善农业扶持政策**

认真落实中央、自治区、银川市的一系列强农惠农政策，围绕重点产业和重点项目，积极争取上级支持。加大支农资金的整合力度，科学整合规划，充分发挥各类资金的聚合效应和资金的使用效益。

**（二）加强农业基础建设，改善农业发展条件**

加强农田基本建设，进一步推进中低产田改造工程。实施好农村安全饮

水工程、节水灌溉、新农村重点村建设、整村推进扶贫、农村能源建设等项目。通过加强基础设施建设，努力改善农业发展条件。

**（三）着力发展优势特色产业，推进农业产业化进程**

大力发展特色农产品，做大做强葡萄、枸杞、肉牛等优势产业，不断优化产业结构。实施品牌带动战略。积极打造“加贝兰”、“奇源红”、“滚钟口”等特色品牌。进一步推进畜牧规模化养殖，积极培育、扶持龙头企业。

**（四）拓宽农民增收渠道，千方百计增加农民收入**

一是鼓励各类企业和专业合作社与农民建立利益联结机制，带动农民持续增收。二是鼓励农民优化种养结构，提高效益，增加家庭经营性收入。三是加快发展农村二、三产业，增加农民工资性收入。四是加强农村劳动力技能培训，增强农民转移就业的稳定性和增加收入的可靠性。五是落实好惠民政策，加大对农民的直接补贴力度。

**作者简介：**

王红梅，女，1983 年 10 月出生，研究生学历，农艺师。现在宁夏回族自治区银川市西夏区农牧水务局工作。

郭锁华，男，1965 年 4 月出生，本科学历。现任宁夏回族自治区银川市西夏区农牧水务局党工委书记、局长。

# 制定优势特色产业发展规划 加快推进现代农业示范区建设

宁夏回族自治区平罗县农牧局 姚 农
王 斌 任登成 李 敦 闫小芳 刘 静

我县是全区农业大县，地处宁夏银川平原北部，属引黄灌区下游，总面积2649平方千米，人口29.3万人，辖7镇6乡。土地面积广阔，土质深厚，现有耕地82.65万亩，宜农、宜林待开发荒地70.83万亩，农作物种类多、产量高、质量好，盛产小麦、水稻、大豆、玉米、油料、水果、瓜菜等农产品，素有“塞上小江南”之美誉，是全国商品粮基地县、西部百强县之一。

## 一、基本情况

近年来，我县紧紧围绕区、市农业特色优势产业发展规划，以建设引黄灌区现代农业示范区和宁夏农产品加工基地为重点，立足区域资源优势，综合考虑产业基础、市场条件及生态环境等方面因素，以生产要素的优化配置为突破口，实施扶优扶强的非均衡发展战略，大力发展“一优五特”产业（即：优质粮食、清真牛羊肉、设施瓜菜、蔬菜制种、生态水产、枸杞六大特色优势主导产业），通过实施农业产业化战略和特色产业发展规划，扩大生产规模，加强基地建设，提高农业产业化整体水平，产业区域化生产格局基本形成，特色优势日益凸显。按照自治区农牧厅的安排，从2009年开始，我县创建了六大现代农业示范基地，目前已挂牌4个，2013年有望挂牌2个，其中农产品加工示范基地被农业部命名为全国农产品加工示范基地。

一是宁夏平罗城关设施农业工厂化育苗展示示范基地。建设面积3000亩，其中：工厂化育苗中心占地200亩，设施瓜菜展示示范区占地1500亩，设施园艺展示示范区占地面积1300亩。

二是宁夏平罗优质水稻标准化种植示范基地。建设面积3000亩，主要集成水稻标准化插秧技术配方施肥技术、专业化绿色病虫防控技术，水稻优质化率提高到80%以上。

三是宁夏平罗农作物制种标准化生产加工示范基地。依托3家种子生产经营企业，在黄渠桥五星村建设农作物制种标准化生产加工示范基地3000亩，提高制种质量的检验检测能力，年加工各类蔬菜种子1800万公斤。

四是宁夏平罗适水产业综合示范基地。在京藏高速公路两侧的姚伏镇、城关镇、农牧场建设高标准池塘1.5万亩，推广提质增效适水产业新技术7项，引进新品种5个，建设水禽繁育场2个，800平方米，养殖水禽达到6万只；种植水生植物1050亩，建设休闲观光场所3个。

五是宁夏平罗肉羊产加销一体化综合示范基地。在高庄乡广华村建设占地160亩肉羊产加销一体化综合示范基地，年饲养量达3.8万只，其中存栏1万只，出栏2.8万只，良种覆盖率达到90%以上，饲草料调制利用率达到95%以上。

六是宁夏平罗农产品加工示范基地。在平罗县工业园区规划建设占地200亩的农产品加工示范基地，重点实施以肉羊屠宰、枸杞、水产品、精米、种子、脱水菜和水禽羽毛加工七个特色农产品加工项目，推进龙头企业集群发展。

## 二、取得的成效

### （一）农村基础设施和生态环境得到较大改善

大力开展水利基础设施建设，实施以机深松为主要内容的“沃土工程”，改造中低产田57万亩；农机装备水平进一步提高，农机总动力达56.9万千瓦，耕地亩平动力0.68千瓦，一大批新型高效农机具得到推广应用，主要粮食作物耕种收综合机械化水平达82.3%；加大废沟、废塘、荒滩开发力度，耕地质量建设取得一定成效。

### （二）农业综合生产能力与效益稳步提高

粮食生产实现恢复性增长，粮食种植面积75.5万亩，总产量32.39万吨，创历史新高，位居全区第一，荣获自治区产粮大县，连续8年稳产增产，被国务院评为“全国粮食生产先进县”。优质水稻、清真羊肉、设施蔬菜、制种、生态水产等优势特色产业规模凸显，2011年年末，全县规模养殖场31座，面积67.2万平方米，羊只饲养量192.6万只；设施蔬菜种植面积4.3万亩；制种面积11.5万亩；水产养殖面积10万亩，水产品产量2.5万吨。全县农业总产值达28.5亿元，较2009年增加8.5亿元，增长42.5%，年均递增14.1%；农民人均纯收入达7141元，优势特色产业的发展对农民人均纯收入的贡献率达到80%。

**（三）特色优势产业带初步形成**

制定优势特色产业发展规划，助推优势特色产业步入良性发展轨道，初步形成以通伏、渠口、姚伏、崇岗等乡镇为主的优质大米产业带；以宝丰、灵沙和河东三乡镇为核心，覆盖全县的清真牛羊肉产业带；以城关、姚伏为核心，109国道和第五排水沟两侧为主体的设施蔬菜产业带；以头闸、黄渠桥和河东三乡镇为核心的制种产业带；以瀚泉海为核心，高速公路两侧为主体的生态水产业带。

**（四）农业产业化经营得到长足发展**

把推进农业产业化经营作为统揽农业和农村经济工作的重要抓手，通过财政扶持、招商引资途径增加投入，不断提升龙头企业的规模和档次，增强辐射带动能力，引进中粮稻米精米加工、雨润肉羊、野娇娇生态水产、登海种业等一批国内知名农产品加工企业，龙头企业集聚效应逐步显现，全县农产品加工企业累计达1573家，其中：区、市级龙头企业62家。改扩建农村专业市场及农贸市场18个；培育农村专业合作经济组织126个；流通企业和大户达91家，年交易额达30亿元。

**（五）农业科技应用水平进一步提高**

启动了农业科技入户工程，加大农业先进适用技术推广力度，重点推广了一批主导品种和主推技术，全县主要农作物良种覆盖率达到90%。科技进步对农业的贡献率提高到50%。农业标准化进程加快，无公害、绿色食品生产规模不断扩大，农产品质量安全水平明显提高。建设农业标准化生态园区62个，认证无公害产地10个，产品49个，创建无公害种植业农产品基地78万亩，无公害水产品基地2.15万亩，无公害畜禽产品611.8万只（头、羽）。登记注册“黄渠桥”清真牛羊肉、“塞上春”瓜菜、“绿茵”种子、“翰泉海”水产品和“杞娃”枸杞等农产品品牌40多个。

## 三、制约现代农业发展的主要因素

**（一）产业生产规模小而散，集约化程度较低**

近几年，虽然我县农业经济发展速度不断加快，但产业规模化、集约化程度依然较低，市场配置资源的基础性作用还没有得到充分发挥，基地化发展、企业化管理能力较弱。生产以农户为主，企业经营比重低。农户与企业在生产中因资金投入、技术、市场信息方面存在较大差异，效益明显低于企业；且在种植茬口安排、优良品种选择等问题上市场意识较差，生产安排随意而分散，主导产品不突出，难以形成规模化的生产。

**（二）农业投融资渠道单一，产业发展缺乏必要的金融支持**

农业投入严重滞后于生产建设的需求，虽然出台了一系列强农惠农政策，加大了对农业的扶持力度，但产业投资的主体依然是农民，在政府财政投入难以满足产业发展需求情况下，由于农民收入水平低，农民自有资金有限，发展资金只有通过信贷资金来完成。农业投融资渠道单一，信贷资金严重不足，风险防范机制不健全，产业发展缺乏必要的金融支持。

**（三）龙头企业带动力不强**

现有的农产品加工企业经营规模小，加工能力低，产业链条较短，农产品增值空间较小，缺乏大型龙头企业的带动。市场主体的利益联结机制没有完全稳定建立起来，产加销一条龙、贸工农一体化的产业化体系尚未形成。基地与农户、基地与公司之间缺乏稳定长效的利益联结机制，由于农企之间没有形成稳定、长效的利益关系，生产与加工、销售与市场常常脱节，利益联结机制不紧密，致使购销合同往往不能按约兑现，农民的利益无法得到保障，严重影响了农户、基地、公司之间“利益共享、风险共担”目标的实现。

**（四）品牌培育不够，市场竞争力弱**

市场营销主体培育力度不够，多数乡镇销售渠道单一，优势特色农产品被动销售的格局没有得到根本改变。农产品品牌多而杂，但叫得响的品牌很少，缺乏主打品牌，品牌效应没有显现出来，市场竞争力弱，使产业效益大打折扣，影响产业规模扩张和层次提升。同时，全县农产品加工冷链体系建设滞后，优势特色农产品耗损大，增值低，制约了外销市场的拓展。

**（五）科技创新水平低，支撑能力不强**

经过多年的发展，我县已经形成了一批相对成熟的产业综合配套技术，但受技术保障体系不健全，技术推广机制不完善、推广机构的公共服务能力弱等多方面的影响，造成综合高效配套技术到位率低，标准化技术、无公害技术、环境调控技术、防止病虫害技术、防疫技术、可持续发展技术应用率低，农产品产量、质量、效益不高。

## 四、加快推进现代农业示范区的对策和建议

### 1. 切实加强组织领导

为加快推进现代农业示范区建设，成立由县委政府主要领导挂帅的现代农业推进工作领导小组，负责制定全县现代农业发展规划，细化目标，明确责任，强化措施，狠抓落实。

2. 加大对农业的投入

多渠道增加农业的投入，对现代农业示范基地、龙头企业、中介流通组织、冷藏设施建设、市场开拓和品牌创建政府给予政策上的支持。建立和完善现代农村金融制度。采取政府推动、市场引导、金融支持、科技支撑、企业和农民投入的方式，逐步形成多元化的投入新机制，为产业发展提供资金支持。

3. 加快特色优势产业大县建设

按照高产、优质、高效、生态、安全的要求，加快转变农业发展方式。进一步加大资源优化配置力度，优化区域布局，发挥资源优势，突出主打产品，增强特色优势产业在县域经济发展中的主导地位。引导加工、流通、储运设施建设向优势产区集聚，促进特色优势产业集群发展，切实把资源优势转化为经济优势，切实增强农业抗风险能力、市场竞争能力和可持续发展能力。

4. 提升农业科技服务水平

围绕现代农业发展的关键技术和环节，着力构建科技支撑体系，促进发展方式转变。充分发挥科技推广机构、科研院所、大专院校、科技特派员、专业合作组织和协会的作用，健全和完善县、乡产业技术推广服务体系。抓好现代农业示范基地建设，把基地建设成为新技术、新品种推广中心，现代农业科技成果转化中心，科学技术培训中心。积极探索和创新农技推广机制，突出新品种、新技术、新产品、新工艺的研发、集成示范和配套应用，为现代农业发展提供技术支撑。

5. 狠抓农民培训工作

加大先进实用技术推广力度，促进农业科技成果转化和推广应用，通过新型农民培训工程和农村实用人才的培训，大力提高农民吸纳和应用科技的能力，转变农业发展方式，努力提高资源利用率和劳动生产率。围绕农业优势特色产业的发展，重点实施“科技入户工程”，搭建梯层培训体系，突出抓好农村基层干部、骨干农民、农村能人培训，增强其商品意识、市场意识和科技意识，充分发挥其在现代农业发展和新农村建设中的主体作用。积极开展农村劳动力培训转移，进一步拓展农村劳动力转移空间和转移渠道，促进农民增收。

6. 大力培育龙头企业

加快培育壮大龙头企业，增强其引领、辐射和带动作用，是推动特色产业集聚升级，提升农业产业化、商品化和现代化水平的重要举措。把培育壮大龙头企业作为推进特色优势产业集聚升级的根本途径，整合资源、聚集优势，高强度扶持、超常规培育，采取两条腿走路，一方面筛选强壮一批，另一方面引进发展一批。积极推广以“龙头企业＋基地＋农户”为主的经营组织模式，建立完善利益联结机制。培育知名品牌，提高龙头企业核心竞争力，推动龙头企业集团化、集群化发展。

7. 完善农产品市场体系建设

加强农产品市场及其质量信息体系建设，大力培育市场流通主体，重点扶持安全农产品标准化基地建设，从源头保障农产品质量安全；扶持安全农产品认证，扩大安全农产品规模；扶持农产品质量安全追溯、农残检测手段建设，强化监管和市场信息服务，不断提高市场占有率。加强质量安全体系建设。要加强农产品质量安全体系建设，规范农业投入品的使用和管理，强化设施农产品生产全过程监管。积极推进产业标准化生产，大力发展无公害、绿色、有机品牌，提高农产品质量安全水平和市场竞争力。

8. 切实抓好市场营销

面对市场竞争形势日趋激烈，要加快培育市场流通主体，制定优惠政策，扶持和改造一批农产品专业批发市场，加强预冷、保鲜、储藏及冷藏运输等冷链体系建设，引导全县流通企业、合作组织、农民经纪人对外开展产销衔接，推广直销配送、连锁经营等现代流通方式，创立特色优势农产品品牌，提升市场竞争力。

**作者简介：**

姚农，男，汉族，1975年12月出生，本科学历。现任宁夏回族自治区平罗县农牧局局长。

王斌，男，汉族，1975年12月出生，本科学历。现任宁夏回族自治区平罗县农牧局业务科主任。

任登成，男，汉族，1978 年 9 月出生，大学学历，农艺师。现在宁夏回族自治区平罗县农牧局工作。

李敦，男，汉族，1984 年 2 月出生，本科学历。现在宁夏回族自治区平罗县农牧局工作。

闫小芳，女，汉族，1977 年 10 月出生，本科学历。现在宁夏回族自治区平罗县农牧局工作。

刘静，女，汉族，1981 年 1 月出生，本科学历。现在宁夏回族自治区平罗县农牧局工作。

# 调整结构　培育特色　加快现代农业发展

宁夏回族自治区吴忠市利通区农牧局　田　升　海金云　余立云

吴忠市利通区地处祖国西北内陆，位于宁夏平原中部，距首府银川市仅60公里，是宁夏经济发展的核心区之一，也是吴忠市政治、经济、文化中心。辖区面积1384平方公里，辖8镇4乡，99个行政村，3个农场（办），17个社区，总人口38．5万人。利通区是“回族之乡”，回族人口占总人口的57．2%，是全国回族人口较为集中的地区之一。农业人口19．2万人，耕地面积40万亩，是宁夏引黄灌区的精华之地。自古以来，就以其悠久的历史文化、重要的地理位置、丰富的物产而著称，素有“塞上江南”、“水旱码头”之美誉。

近年来，利通区依托资源优势，大力调整农业结构，加快转变农业发展方式，在稳定粮食生产的前提下，坚持发展高效农业、培育特色农业和打造品牌农业的总体发展思路，不断优化产业布局，主攻奶产业，加快发展清真牛羊肉、设施农业和经果林等特色优势产业，实现了农业农村经济持续发展，农民持续增收，社会持续稳定的目标，推动了区域经济健康快速发展。2012年实现农业总产值30．8亿元，增长15．4%，实现农业增加值15．66亿元，增长10．2%。农民人均纯收入8781元，增长13．3%，实现了自2009年以来农民人均纯收入连续三年两位数增长。特色优势产业总产值达到29．33亿元，增长15．45%。

## 一、夯实发展基础，提高农业综合生产能力

加强农业生产物质装备和基础条件建设是农业稳定、持续发展的重要保证。近年来，利通区以农田水利和农机装备水平为重点，整合项目、加强投资，不断夯实农业发展基础。累计投入资金9．45亿元，完成泵站改造、城南防洪排涝、清水沟治理等重点水利工程41项，实施了农发、小农水、土地整理等重大农田水利项目46个，高标准整治农田15万亩，改造中低产田7万亩，发展高效节水灌溉8．97万亩，农业生产基础进一步夯实；依托农机具购置补贴项目，以农民急需、先进适用、成熟可靠、节能环保的农业机械的补贴与推广为重点，提高重点作物和关键环节的机械化作业水平。截至2012

年，利通区农机总动力达45．2万千瓦，三大粮食作物耕种收机械化作业水平达到82．5%。

## 二、调整农业结构，强势推进优势特色产业

利通区是一个传统农业大县（区），近年来，为促进农民增收，我们立足实际，科学谋划，在稳定发展粮食生产的基础上，集中人力、物力、财力，强力推动以奶产业、清真牛羊肉、设施农业和经果林为主的优势特色产业发展。一是奶产业，按照“奶业产业化、草畜一体化、基地牧场化”的发展思路，在强化奶牛品种改良、饲草料加工调制、疫病防治的基础上，重点抓好标准化规模养殖牧场建设和旧园区的提质改造。新建规模养殖场（园区）17个，改造旧园区55个，规模化养殖牧场达到126个，奶牛出户入园率达到76．5%，全区奶牛存栏达到15．2万头，鲜奶总产量45．2万吨，奶业产值达到11．9亿元；金银滩奶牛核心园区被农业部认定为宁夏唯一一家国家级现代农业产业化示范基地。先后被中国奶业协会授予“全国牛奶生产强县”，被国家食品药品监督管理局确定为“乳制品安全生产试点县市”。二是设施农业，坚持把设施农业作为发展现代农业的突破口，加大政策引导和扶持力度，强化新品种、新技术推广应用，改造升级日光温室3500余座，建成金积镇万亩设施农业基地和东塔、郭桥等7个千亩设施农业园区和金积高闸供港蔬菜、“马兴”牌拱棚西瓜、东塔寺露地蔬菜等3个万亩示范基地，设施农业总面积达到9．1万亩。三是清真牛羊肉产业，依托西北最大的清真牛羊肉批发市场－涝河桥清真牛羊肉批发市场和国家级农业产业化龙头企业－涝河桥清真肉食品有限公司，充分发挥“涝河桥”清真牛羊肉品牌优势，通过政策引导、资金扶持、科技服务，促使肉牛、肉羊养殖向大户和基地集中，加工销售向精细化、品牌化方向转变。肉牛肉羊年交易量达150万头（只）。四是经果林产业，按照以鲜食为主、鲜食与加工并重的发展思路，以万亩优质苹果基地建设和果园提质改造为重点，加快特色林果业发展。全区经果林总面积达到15．55万亩，被中国经济林协会授予“中国西北鲜果之乡”。

## 三、推进产业化经营，转变农业发展方式

按照“一个产业，一个支柱型龙头企业”农业产业化发展要求，紧紧围绕优势特色产业发展，形成了乳品、清真牛羊肉、清真粮油、果汁等四大系列的农产品加工运销龙头企业集群，龙头带动作用日益显现。目前利通区有

国家级农业产业化龙头企业2家，自治区级18家、市级42家，农产品加工企业达到127家（其中：规模以上企业77家，年实现产值41．4亿元）。农民专业合作组织一头连着农民，一头连着市场，是推进现代农业建设的有效组织形式。目前利通区培育农民专业合作社102个（其中：国家级示范社4家、自治区级示范社6家、吴忠市级示范社6家），入社社员9572户，带动农户1．93万户，成员年人均纯收入高于一般农户15%以上。农民经纪人5547名，带动农户7854户，年交易额达到4．5亿元。为进一步提升利通区农产品市场占有率，立足农业增效、农民增收，大力实施名牌带动战略，积极培育"清真"、"无公害"、"绿色食品"等农产品金字招牌。拥有中国驰名商标1件、中国名牌产品5个、宁夏著名商标11件、宁夏名牌产品17个。涝河桥清真肉食品、兴达粮油、茂源果汁3家企业荣获"全国农产品加工业示范企业"称号。"马兴西瓜"、"扁担沟苹果"、"三郎果蔬"等"农字号"特色农产品市场竞争力不断提升，在宁夏乃至周边省市占有一席之地。

## 四、狠抓技术服务，提供科技支撑

近年来，利通区围绕优势特色产业发展和农民实际需求，积极创新农技推广机制，转变技术服务方式，以现代农业示范基地为载体，以农业科技专家服务团为抓手，以科技入户工程为依托，通过大力开展农业科技培训，强化技术指导，狠抓关键环节技术到位率等方式，为农民提供产前、产中和产后科技服务，稳步提高农业综合生产能力和经济效益，促进了农村农业的整体发展。按照"科学技术直接到户、良种良法直接到田、技术要领直接到人"的农技推广思路，积极组织实施基层农技推广体系改革与建设示范县项目，全面推广普及畜禽科学饲养、冬麦北移、日光温室栽培、测土配方施肥、疫病防治等实用技术，力促新技术、新品种推广和科技成果转化，初步形成了以技术指导员为纽带，以示范户为核心，联结周边农户的技术服务网络；采取集中培训、现场讲座、试验示范等方式，全方位开展先进适用技术培训。同时在科技培训中突出"田秀才"、"土专家"的作用，将课堂教学与实践操作结合，使农户听了就懂，学了会用。农作物良种覆盖率达到95%以上。奶牛青贮饲喂率达到80%以上，良种覆盖率达到100%。农业新技术推广覆盖率超过了90%，农业科技贡献率达到58%。利通区金银滩奶牛标准化规模养殖示范基地、涝河桥肉牛产加销一体化综合示范基地、金银滩耕作制度改革综合示范基地、东塔万亩露地蔬菜示范基地，被命名为自治区现代农业示范基地。

## 五、加强执法监管，保障农业生产安全

近年来，为提升农业标准化生产水平，认真组织开展农产品“三品一标”申报认证和优质农产品商标注册工作，全区获得无公害产地认定7个，无公害农产品认证114个，绿色食品认证32个，有机产品认证13个，国家地理性标志保护产品5个，三品认证产品年产量近68．72万吨；加强农业市场监管，以农资经营店铺、饲料企业和兽药饲料经营网点为重点，坚持日常巡查，加大禁用农业投入品清缴力度，深入开展农资打假、饲料兽药市场专项整治工作；加强农产品质量安全专项整治，强化源头治理，严格农业投入品监管，有效预防和控制食品安全事故；加强奶业市场整治，严格按照国务院、自治区关于加强奶站专项整治的要求，针对利通区乳品企业多、奶点多、奶站分布广、运输车辆杂等情况，对奶站的设立模式、经营类型、日收奶量、挤奶方式和经营者等情况一站一表，登记造册，使鲜奶收购站和运输车全部持政经营；加强动物防疫，按照“政府保密度，农牧部门保质量”的防疫工作要求，与各乡镇、乡镇畜牧兽医站层层签订《动物防疫目标管理责任书》，明确任务，责任到人，确保全区重大动物疫病免疫可防密度、牲畜免疫耳标佩带率、畜禽强制免疫密度均达到100%。

**作者简介：**

田升，男，现任宁夏回族自治区吴忠市利通区农牧局局长。

# 大力发展节水高效农业 构筑农民增收致富新路径

宁夏回族自治区吴忠市红寺堡区科学技术和农牧局 王 军

近年来，红寺堡按照区、市党委、政府的部署和要求，立足区情，发挥优势，抢抓自治区“六个百万亩”特色优势产业、13 个特色优势产业带、100 个现代农业示范基地建设机遇，围绕节水高效农业建设，重点规划建设“二带一园”建设（二带：罗山大道现代农业产业带，苦水河流域现代节水高效农业示范带；一园：红寺堡高效节水生态农业示范园），大力推进以酿酒葡萄、设施农业、肉牛养殖为主的“三大优势主导产业”和以枸杞、马铃薯、中药材、露地蔬菜、优质牧草为主的“五大特色产业”发展。

## 一、立足区情，科学定位特色产业发展方向

围绕节水高效避灾的农业建设目标，把大力发展节水高效农业作为发展特色优势产业的战略选择，围绕特色优势产业发展，重点规划建设“二带一园”和示范基地（园区）建设，发挥示范引领作用。目前全红寺堡累计建成规模化、标准化种养示范园区（基地）46 个，发展葡萄 11.6 万亩，设施农业 7.45 万亩，肉牛养殖 6.8 万头。创建国家级现代农业示范园区 1 个、自治区级 4 个。通过实践，逐步走出了一条符合红寺堡农业发展实际的新路子。

## 二、加强领导，建立产业发展的长效机制

红寺堡把发展节水高效农业产业作为促进农民增收的重要切入点，统筹安排，整体推进，成立了由区政府主要领导任组长、分管领导任副组长的农业各产业发展领导小组，统筹指导我区农业产业发展，定期研究解决产业发展过程中存在的具体问题。印发了《红寺堡区 2013 年农业农村工作的意见》、《红寺堡区农业结构调整意见（2013 ~ 2017）》和《红寺堡区农业优势特色产业发展意见（2013 ~ 2017）》，按照“大干大支持、小干小支持、不干不支持”的原则，地方财政从 2013 年起安排 1300 万元重点扶持

特色种植业和特色养殖业发展，以后每年按10%的增幅逐年递增；并根据乡镇、部门工作职责，制定了具体的考核办法，把农业各产业建设纳入各乡镇、各单位年终考核的重要内容，严格考核、兑现奖罚，建立健全了产业发展长效机制。

## 三、科技支撑，不断提升特色产业发展水平

一是大力推广新品种、新技术。葡萄产业，重点推广了赤霞珠、梅鹿辄、品丽珠和红地球（红提）等7个新品种，优良品种推广应用率达到100%，基地全部采取地膜覆盖、沟灌、平衡施肥等新技术；设施农业，推广种植3大类（瓜、果，菜）12个品种，优良品种推广应用率达到100%，设施园区日光温室全部配置了卷帘机、保温被等设施，主要示范推广膜下暗灌、平衡施肥、秸秆生物堆反应等技术。肉牛产业，重点以推广夏洛来、西门塔尔、利木赞冻精改良黄牛为主，冷配改良覆盖面达62 %。二是大力推进农业标准化生产体系建设。葡萄重点建设了中圈塘、上源、杨柳、红崖等6个示范基地，主推技术为引进新品种、地膜覆盖、沟灌等；设施农业14个，日光温室重点建设城东、乌沙塘、玉池、杨桃、水套5个示范园区和石子沟、龙泉、杨柳、柳泉4个精品大拱棚和沙草墩、梨花、杨柳等5个小拱棚示范区，主推技术为引进新品种、地膜覆盖、膜下暗灌、微滴灌、平衡施肥、增施$CO_2$气肥、温室热风炉及拱棚春提前、秋延两茬种植技术等；肉牛养殖园区（场）12个，主推技术为引进良种、冻精冷配、农作物秸秆加工调制及RFID电子监控管理等技术，示范区内标准化水平覆盖率均达到100%。三是大力推进农产品质量安全监测监督体系建设。2013年以来，建设红寺堡区罗山商城农产品质量安全监检点和城东农残检测点各1处，抽检农产品基地和市场样品156批次，合格153个，平均农残合格率达到97.5%。葡萄、设施蔬菜、肉牛、羊等主要农产品全部获得国家无公害农产品产地、产品认证，无公害农产品产地、产品认证累计达到9个，其中红寺堡酿酒葡萄种植基地纳入了国家确认的贺兰山东麓地理标识范围。四是大力开展农民科技培训工作。全年培训农民3.5万人次，建设农业科技示范户1000户，科技培训普及率达到75%以上，科技贡献率达50%以上。

## 四、招商引资，切实转变特色产业发展方式

近年来，红寺堡把实施项目带动战略作为调整农业结构，培育特色优势

产业的重要抓手，强力推进特色产业集约化和产业化发展，取得了明显成效。2013 年全红寺堡区共引进实施农业项目 11 个，实际完成投资 3.2 亿元，带动农民就业 5000 人。培育农业产业化龙头企业 11 家，培育发展农民专业合作组织 69 个。

## 五、创建品牌，切实提高特色产品竞争力

借助我区开发时间短、无污染、病虫害少的实际，大力推行标准化生产，积极鼓励和引导企业、合作社开展品牌建设，创建了红寺堡“老马”清真食品系列、壹加壹饲料、鸿光果蔬、甜四方甜瓜、晶又红鲜食葡萄等农产品品牌，提高产品档次，打造优势产品。建立以“龙头企业 + 合作组织 + 农民经纪人”为主的营销体系，支持企业和大户在银川、西安、兰州等地建立销售窗口，与武汉、福建等大型批发市场签订常年反季节销售订单，拓宽销售渠道。

下一步，我们将按照区、市党委、政府的部署和要求，立足区情，发挥优势，促使各类产业上规模、上水平。

一是要扩大产业基地规模。高标准、高质量建设红寺堡区高效节水生态农业示范园，葡萄产业重点抓好酿酒葡萄双臂双架和单臂双架高产模式示范推广，引进和支持企业投资建设集新品种展示、科教、酒堡、酒窖于一体的优质高效葡萄示范园，推进葡萄产业规模发展。设施农业按照“市场导向，因地制宜，集中连片”的原则，健全政策扶持、技术推广、市场营销和风险防范“四个体系”，加快发展订单农业，推进提质增效。肉牛养殖业以红寺堡区高效节水生态农业示范园生态牧场建设为抓手，巩固改造提升现有养殖园区，扩大养殖规模。

二是要突出龙头带动作用。把培育壮大龙头企业作为推进现代农业发展的根本途径，重点培育联众设施园艺、瑞丰葡萄榨汁等成长性较好的企业做大做强，促使陈老大、东港海逸等外来企业发挥示范引领作用。加大政策、项目、资金扶持力度，大力推进土地流转，创新农业经营体制机制，把建设规模基地、发展优质产品、开拓农产品市场作为推进现代农业的主要抓手，通过举龙头、拓市场、扩基地、带农户，逐步形成“企业 + 协会 + 农户 + 基地”的产业化发展格局，整体提升优势特色产业市场竞争力。

三是要加大科技支农力度。围绕“二带一园”建设，重点培育建设城东设施农业标准化生产，壹加壹肉牛标准化、规模化养殖，中圈塘葡萄新品种展示和万亩露地蔬菜“四大示范基地”，示范引领现代农业发展。切实

加强农产品质量安全，积极推进标准化、品牌化生产，争取建立县级农产品检验检测中心，完成无公害农产品产地认证1个、创建自治区级品牌1个、绿色无公害农产品2个。加强基层科技服务体系建设，深入开展“科技入户”工程，加强示范户能力建设和农民培训工作；整合资源，加快推进农村信息化建设，搭建集红寺堡农网、移民农信通、“12316”呼叫中心为一体的信息服务平台。

**作者简介：**

王军，男，1968年3月出生，中共党员，大学学历。现任宁夏回族自治区吴忠市红寺堡区科学技术和农牧局局长。

# 木垒县积极推进鹰嘴豆产业可持续发展

新疆维吾尔自治区木垒哈萨克自治县农业局 郭万武

木垒县位于天山山脉北麓东段，准噶尔盆地东南缘，昼夜温差大，日照长，降雨量为294mm，四季分明，光热资源丰富，具有天山北坡典型的丘陵逆温带气候特征。年播种面积70万亩左右，其中山旱地40万亩。属于典型的旱作“雨养”农业，土地资源比较丰富，土层深厚肥沃，土壤类型主要为黑钙土，栗钙土，棕钙土，冬暖夏凉。鹰嘴豆非常适宜在干旱与半干旱地区这种地理环境下生长。据分析测定，我县生产的鹰嘴豆个大、色纯、豆粉具有板栗味，营养成分明显，高于其他地区的同类产品，产品深受国内外客户的青睐。

鹰嘴豆具有适应性强、抗旱耐瘠薄、培肥地力、经济价值高等多重功能，在木垒县种植历史悠久。属于特色经济作物，它投资少、管理简单、见效快，历届县委政府高度重视鹰嘴豆产业发展，按照自治区优势特色作物布局扶优扶强的原则，木垒县出台了《关于进一步加快鹰嘴豆产业发展的若干意见》，把鹰嘴豆产业作为发展现代农业，实现农业增效，农民增收的重点。木垒县现已成为新疆乃至全国最大的鹰嘴豆种植示范基地，2006年对种植业基地进行了有机认证，2007年被国家确定为“中国鹰嘴豆之乡”，2008年中华人民共和国国家质量总局批准对木垒鹰嘴豆实施地理标志产品保护。

## 一、木垒县鹰嘴豆生产现状

1. 种植面积与效益：近年来，木垒县的鹰嘴豆生产呈跨越式发展，改革开放之前，木垒县鹰嘴豆种植面积不足两千亩，到1995年以后发展到2万亩，面积翻了10倍，到21世纪进入快速发展阶段。2005年达到6万亩，2011年达到10万亩，占到了全县山旱地总播面积的34%。单产由原来的70公斤提高到123.8公斤，总产达到了1232万公斤。亩产值在千元左右，自2000年以来，木垒县的鹰嘴豆种植面积、总产稳居全国之首。

2. 新品种选育与推广：由于长期单一品种种植，加之以粮代种、茬种茬收，品种混杂退化严重，导致鹰嘴豆病害逐年加重，2007年鹰嘴豆褐斑病造成了毁灭性危害，种植面积一度由高峰跌入低谷，为此县农技站加快了抗病品种选育。通过多年的努力，于2010年筛选出了2个高抗褐斑病、优质高产新品种，比原有品种亩增产40~70公斤，为木垒县鹰嘴豆产业发展重新树立了“希望之星”，2012年《鹰嘴豆新品种选育试验推广》获昌吉州科技进步二等奖。

3. 新技术的引进与集成配套：为了充分发挥新品种的增产潜力，实行良种良法相配套，开展了地膜覆盖、膜下滴灌节水技术。引进精量、半精量铺膜播种机180台，整地机械21台，多功能植保机械302台，鹰嘴豆收获机械26台。

随着鹰嘴豆高产抗病新品种的成功选育，种植面积不断扩大，2012年种植面积达到12.8万亩，创产值达9856万元，纯收入达到6656万元，其中新增产值3584万元，仅种植鹰嘴豆一项全县农民增收1024元。2012年与昌粮集团强强联合，成立了新疆天山奇豆生物科技有限责任公司，为鹰嘴豆加工销售奠定了基础。

## 二、主要做法

1. 要加强良种繁育工作，充分认识“农以种为先”，“种业兴则农业兴”。2012年引进新疆金天山农业科技有限责任公司，参与鹰嘴豆种子生产经营，使种子经营、繁育走向正规渠道，从根本上改变以粮代种的局面。

首先对现有2个自主选育品种建立相应的种子田，进行提重复壮，保持优良品种种性和纯度，延长种植年限。通过精量带肥播种、地膜覆盖、节水滴灌、测土施肥、病虫害综合防治等一系列高效栽培技术措施集成配套，使良种与良法得到有机结合。在2012年良繁基础上2013年建立鹰嘴豆原种繁殖田200亩，良种繁殖田4000亩，年生产良种45万公斤，满足7.5万亩鹰嘴豆种植需要，良种覆盖率由目前的不足10%提高到50%，2014年建立鹰嘴豆原种繁殖田400亩，良种繁殖田8500亩，年生产良种90万公斤，满足15万亩鹰嘴豆种植需要，良种覆盖率达到100%。

2. 继续开展新品种的引进和选育。目前，全国在鹰嘴豆研究方面的科研单位很少，为了使木垒县鹰嘴豆产业走可持续发展道路，积极引进鹰嘴豆种质资源，同时与区内外科研院校合作，开展新品种的选育和技术攻关，培育出适合加快品种更新换代步伐和后备品种的贮备。计划从2013年开始每年从国家种子资源库引进鹰嘴豆种质资源30~40个，进行筛选和选育，利用4~5年时间初步选育出符合当前市场需求的不同种类品种1~2个。

3. 开展鹰嘴豆新品种高产栽培技术的研究。结合品种生长规律，在水、旱地开展了密度、肥料、覆膜、节水灌溉、病虫害综合防控等综合措施的研究，经过试验、示范、制定出了旱地亩产100～150公斤，灌溉地150～180公斤水平的模式化栽培技术规程，为生产上大面积推广应用提供了科学依据。

4. 大力推广机械化全程作业。为了提高劳动效率，降低生产成本，为了适应机械作业，推广地膜宽窄行播种、增加密度、扩大直立品种面积等措施，亩节省种子2～2.5公斤，中耕费用30元，减少收获损失1.5%～2%，为大面鹰嘴豆集约化种植创造了有利条件。两年来，积极引进铺膜播种、整地机械、多功能植保机和鹰嘴豆收获机近600台，基本上满足鹰嘴豆种植需要。

5. 积极开展鹰嘴豆高产创建活动。对县乡农技人员实行了以岗定责，明确分工，责任到人。在2012年大旱情况下，达到州级标准的千亩示范田7个，平均单产为160.1公斤，最高达到180.4公斤。通过高产示范点的辐射带动，使无形的架势推广变成直观的现场，使农民看得见、听得明、问得清、学得透，引导农民自觉应用先进科技。

6. 进一步加强政府扶持力度。在鹰嘴豆生产过程中政府要制定出关于促进鹰嘴豆重点产业发展的相关政策，对产业标准化生产制定、基地认证给予资金补助。积极引进项目加快技术进步和创新，制定出保护木垒鹰嘴豆的品牌措施，提升区域品牌形象意识，将鹰嘴豆产品积极迅速抢占区内外市场创造有利条件。

7. 开展对鹰嘴豆种植户的科技培训。为了使每户有一个懂科技明白人，紧紧围绕鹰嘴豆种植，利于冬闲时间开展科技之冬，电视、广播、田间地头等多种形式进行培训，成为新型职业农民。

## 三、存在的问题

一是我县农民专业合作社发展存在不平衡，农民组织化程度低，管理人员素质偏低，合作社缺乏凝聚力，发展实力不强，后劲不足。大部分合作社没有自已的合作金融组织和可依靠的龙头企业。技术培训、市场开拓、品种引进缺乏支撑。这些都是在合作社的运行和发展过程中存在一些亟待解决的问题。

二是农业产业化发展水平依然偏低，农产品抵御市场风险的能力较差，企业和农户之间还未形成真正的利益共同体，农牧民增收仍然面临极大挑战。

## 四、建议

鹰嘴豆种植在我县已形成规模，建议将鹰嘴豆纳入粮食综合直补资金范围。

**作者简介：**

郭万武，男，汉族，1970年11月出生，中共党员，大学学历。现任新疆维吾尔自治区木垒哈萨克自治县农业局局长。

自1992年参加工作起，历任木垒县检察院书记员，木垒县东城镇党委副书记、纪委书记，木垒县白杨河乡党委书记、乡长，木垒县新户乡党委书记等职。2012年12月至今，任木垒哈萨克自治县农业局局长。

# 创新工作机制　提升农产品品质

新疆维吾尔自治区察布查尔锡伯自治县农业局　金　寿

爱新舍里镇葡萄种植基地。该基地始建于2013年4月，计划种植面积1万亩，现已种植酿酒葡萄（品名：赤霞珠）3522亩，长势良好，成活率达到95%以上。亩均产量第三年可达800～1000公斤，丰产期产量可达2000公斤以上（严格控制在2000公斤），1公斤价格在3.7～4元，进入丰产期亩均效益在7400～8000元。

孙扎齐乡雀尔盘村景观苗木和高档花卉基地。基地规模已达1400亩。直接参与景观苗木和高档花卉种植的农户达64户，种植面积近800亩。基地已种植乔木1000亩，主要有大叶白蜡、香花槐、红叶海棠、紫叶稠李、千头椿等36个品种500万株。种植花灌木400亩，主要有丁香、红瑞木、水蜡等45个品种400余万株。宿根花卉60个品种70万株。高档花卉大棚5座，有平安树、富贵树、红掌、杜鹃、蝴蝶兰等50余个品种。草花大棚21座150余万株，育苗大棚3座。花灌木大棚10座，有金叶女贞、紫叶矮樱等10个品种40余万株。

海努克乡家庭农场。海努克乡家庭农场现有土地500亩，其中，牧草400亩、果园100亩；养殖棚圈1500平方米，牛80头，羊200余只，引进国内外良种赛马20匹，配有赛马观光体验区。带动周边农民连片种植优质牧草2000余亩。现有固定员工8人，人均务工年收入可达2万元。随着农场规模的不断扩大，今后将能吸纳20人以上富余劳动力就业。家庭农场总投资700万元，年收入50余万元。

种羊场万亩制种玉米。通过与新疆康地种业科技股份有限公司洽谈合作，通过统筹土地资源，采取土地有偿流转，协调组织16户村民把土地以每亩500～550元的价格通过自愿的方式转租给公司经营，扩大种羊场玉米制种产业发展，提高土地利用效率，促进土地规模化、集约化经营，目前已种植制种玉米10000亩。制种玉米每亩成本约1900元，毛收入3150元/亩。净收益1250元/亩。

万寿菊种植示范基地。该基地2650亩，2012年种植800亩。安排今冬首先进行土地整理、划方修路等基本建设；采用良种良法栽培技术，进行不同栽培模式的对比试验；制定完备技术规范，实现测土和配方施肥，检测控制农药残留，实施万寿菊无公害生产。

察布查尔县水稻新品种试验示范基地。2013年4月11日察布查尔县与新疆农业科学院签订了《科技合作框架协议》，主要针对水稻品种选育、栽培技术、绿色环保、无公害有机生产等方面进行合作与研究，进一步加快科研成果转化提升我县水稻品质，为种业发展实现“育繁推一体化”建设提供强有力的科技支撑。试验地位于绰霍尔乡龙沟村，占地面积32亩，土壤肥力中等，前茬水稻。2013年主要从新疆、宁夏、辽宁等农业科研院校、种业公司引进水稻品种63个进行试验、示范。其中：水稻新品种试验4亩49个品种，品种展示面积3亩7个品种，新品种示范面积25亩6个品种。

玉米“一穴多株”超高产种植模式。2013年引进示范了玉米“一穴多株”310亩，主要分布在我县的玉米优势区内，该地区玉米产量高，农民对技术的积极性好，技术推广的基础扎实。具体示范点分布如下：海努克乡海努克村种植25亩；扎库齐乡扎库齐村种植15亩；孙扎齐乡孙扎齐村种植29亩；堆依齐乡舍里木克村种植241亩。在县农业技术推广站技术人员的指导和农民的辛勤管理下，“一穴多株”玉米长势喜人、实现了苗齐苗壮，前来观摩的各族农民络绎不绝。海努克乡海努克村农民提力瓦力迪·那达洪首先在自己的承包地里示范种植了25亩“一穴多株”玉米。目前从玉米长势情况看亩产达到1100公斤是有一定的基础，在山区缺水的地区也是一个突破。

米粮泉乡阿顿巴村高标准温室大棚。2013年计划投资400万元，新建高标准温室大棚45座。上半年争取州县项目资金扶持170万元，自筹资金130万元，完成高标准节能钢架拱棚2座，（折合标准棚8座），高标准温室大棚4座（折合标准棚12座），其中采用新西兰新型环保材料建设新型温室立体栽培育苗大棚1座（折合标准棚2座），棚体地圈梁已完工。目前，两座钢架拱棚已定植葡萄苗2700株。下半年，结合旧棚改造提升，在设施油桃西北片新建高标准节能温室25座，目前已完成10座旧棚拆除工作，计划于10月底前全部完工。

米粮泉乡景观苗木基地。2013年，米粮泉乡引进新疆锦地美园林工程有限公司在阿顿巴村打造300亩景观苗木基地，总投资达600余万元，基地种植突出“新、奇、特”，种植品种达40余种、300余万株。景观苗木基地建设给米粮泉乡种植业产业结构调整注入了活力，为群众持续大幅增收奠定了良好基础。景观苗木种植产业特点主要是高投入、高效益，亩均效益在2万元以上。以国槐为例，按照每亩1200株，每株6元计算，亩均投入为3000

元，次年每株售价达20元，亩均效益达21000元，是杨树育苗的10倍，传统种植业的20倍。

察布查尔县2个万亩小麦高产示范片。2013年我县共创建2个万亩高产示范片，合计面积2.1万亩，其中以大河灌区最具代表性的托布中心万亩片，亩均单产达到493.5公斤，较上一年单产提高25公斤，增幅5.3%；以山区乡最具代表性的阔洪齐乡万亩片（因水源缺乏，生产条件相对较差）亩均单产411公斤，较上年单产提高30公斤，增幅7.9%。

察布查尔县良繁场现代科技示范园。察布查尔县良繁场以现代科技示范园为媒，结合五星级农家乐及特色主题餐厅连队大食堂等，大力发展休闲观光农业。现代科技示范园内，已建成高标准温室大棚五座。栽植了榛子500棵，宁武长枣、柿子、猕猴桃、石榴、杏树、美国大樱桃、红叶李、夏橡、丝绵木、大小叶白蜡、大果山楂、金叶榆、国槐、五角枫、法国梧桐、苹果等树种800多棵。种植金玲珑、可芯娃娃、紫冠一号、木耳菜、红圣女、汉堡菜等45个特色名优蔬菜新品种。大力发展集休闲、采摘、观光和品尝于一体的休闲观光农业。

察布查尔县扎库齐乡长果桑长势良好。察布查尔县扎库齐乡种植的长果桑主要以台湾长果桑为主，果实平均长度为8到12公分左右，最长能长到18到20公分，粗度在1公分左右。孙扎齐乡寨牛录村具备适宜长果桑种植的有利气候条件和土壤条件。目前，700余株长果桑在扎库齐乡寨牛录村5座设施大棚内长势良好，木质化程度较高。据测定，长果桑这一热带水果品种在内地的糖分为20%，由于察布查尔县昼夜温差大，日照时间长，糖分可达20%以上。

察布查尔县农业局农产品质量安全工作。一是农残抽检合格率全面达标。2012年1~6月，共计抽样6次，涵盖茄子、辣椒、白菜、土豆等31个品种，62个批样，6次全国联检蔬菜合格率均在98%以上。二是高毒高残留农药全面禁用。截至目前，在全县境内开展了5次农业执法活动，出动执法车辆51车次、执法人员127人次，检查农资经销店105个，抽检农产品批发市场5次，检查集贸市场8个，“农产品质量安全事故”为零。三是农业标准化建设全面提速。20万亩绿色食品原料（小麦）基地及10万亩绿色食品原料（红花）基地，分别以92.36分和93.12分通过自治区绿办专家验收，25万亩全国绿色食品原料（玉米）标准化生产基地及1800亩察布查尔县良繁场出口蔬菜种植基地正在申请登记备案。四是切实加大农产品质量安全法的宣传力度，提高全民参与意识。悬挂宣传标语2条，制作展板1块，开展街头集中宣传、农资打假等活动，发放宣传资料3000余份。通过宣传，让广大群众自觉参与到农产品质量安全中来，增强了群众对《农产品质量安全法》和农产品质量安全的认识和了解。五是继续完善农产品质量安全检测体系建设。在全县15个乡镇场建立了农产品质量安全检测站，配备了专职工作人员并对其进行了理论、业务培训，相关检测设备正在购置之中。

察布查尔县农业局深入开展服务质量提升年活动。一是领导高度重视，制定了《察布查尔县农业局2013年服务质量提升年活动方案》，加强组织领导和统筹协调，落实相关保障措施，确保服务质量提升年活动取得实效。二是将“服务质量提升年”活动作为重要载体，结合“机关品牌创建活动”，创建了服务品牌“服务三农看我行”，开展创新服务，提高服务质量。在春耕、夏收工作中，成立督导服务小组，分赴各乡镇场积极主动做好技术培训与指导服务工作。三是广泛开展各项活动凝聚正能量，在“转变作风、服务群众”、“道德讲堂”、“雷锋月”、“民族团结教育月”、“红歌下乡”等活动中，密切联系群众，不断提升为民服务能力，集中展示了农业人团结和谐、奋发向上的精神面貌。

# 第六章　整合资源　打造优势品牌

## 打造农业精品　建造农业强市

河北省新乐市农业畜牧局　雷军旗　赵锋杰　齐志雄

农业是国民经济的基础产业。历届新乐市委、市政府大力调整优化农业结构、推进农业科技创新、增加良种覆盖面积、推进农业产业化进程，培育形成了“三种两养”特色农业格局，建设了清真肉类、雨润屠宰等一批农业龙头企业，发展了新农薯业协会、好收成育苗合作社等一批农业产业化经济组织，获得了全国粮食生产基地县、食品工业基地县、全国农业综合开发县、省市农田水利基本建设先进县等诸多殊荣，农业基础设施建设完善，农业农村经济得到持续较快发展。

近年来，全市上下共同努力，顺利完成了“十一五”发展规划，实现了“十二五”规划的良好开局，特别是去年9月召开的市委五次党代会和刚刚闭幕的“两会”，确定了“跨越赶超”的总目标，为农业农村经济发展提出了新要求。以城乡一体化为统领，按照产业布局区域化、特色种养规模化、产品生产标准化、科技创新集成化、市场经营产业化的要求，实施“一带拉动、两区为主、三点支撑”战略，推进“产业化、现代化和城镇化”三化互动，努力实现由“农业大市”向“农业强市”的转变。

“一带拉动”：以伏羲台为起点，沿伏羲大道、无繁公路，至邯邰、东王瓜菜种植基地建设一条“观光农业带”。

“两区为主”：以邯邰、东王两镇为主的瓜菜产业区和以承安、正莫两镇为主的花生产业区。

"三点支撑"：即以雨润飞腾肉类公司、清真肉类公司和君乐宝乳业公司三个农业产业化龙头企业为重点，大力推进农业产业化进程，发展定单式生产、企业化运作、集团化经营，做大做强畜牧业。以飞腾肉类公司为支撑，发展生猪养殖。支持企业整合优化原料、资金、技术、流通等生产要素，延长壮大产业链条，重点要实施好肝素钠和猪血深加工项目，提高产业附加值和高市场竞争力。同时，加大生猪养殖科研开发研究和技术推广等方面的工作力度，利用良种繁育改良、科学饲养等方面的技术成果，提高母猪繁殖率、仔猪成活率和养猪收益率，以优质资源保证企业加快发展，以企业规模的不断扩大，带动产业的加速提升。以清真肉类公司为支撑，发展肉牛、肉羊养殖。鼓励支持清真肉类公司以彭家庄为中心，按照"公司+农户"的发展思路，以合同养殖、订单收购的形式，实施肉牛、肉羊育肥项目。同时，实行统一幼仔供应、统一饲料喂养、统一病害防疫、统一按市场价格收购、统一定点屠宰的"五统一"养殖模式，在提高养殖户积极性、减少市场风险的同时，实现节约企业成本，提升产品质量，增强产品市场竞争力的目标。支持企业研究开发专用牛羊肉等高端产品，发展出口业务，开拓国际市场，提升综合效益。以君乐宝乳业产业化项目为支撑，发展奶牛养殖。

进一步落实"四个一"项目推进机制，将任务分解落实到项目建设的每一个环节、每一个人、每一项具体工作，细化实施方案，明确时间要求，落实工作责任，倒排工期，确保项目尽快完工。加快推进正莫千头奶牛养殖场项目，力争早日竣工投用，发挥促进作用。同时，做好养殖场区与企业的对接服务，带动我市奶牛养殖业向规范化、科学化发展。切实抓好生鲜乳质量安全工作，狠抓饲养管理技术培训，强化奶牛养殖场防疫管理，健全消毒、无害化处理等防疫制度，扩大检测数量和频次，实行全程监管，确保质量安全。

建设"农业强市"，就是用现代科学技术和生产手段武装农业，用现代科学方法管理农业，达到产业结构优化，布局合理，技术先进，管理科学，环境优良，抗灾能力强，产品质量优，综合经济效益好的良好效果。结合我市实际和"十二五"发展规划，确定今后五年"农业强市"的发展目标：全市粮食良种化面积达到95%，畜禽良种率达到90%，将畜牧业打造成农业第一主导产业，产值达到20亿元，占农业总产值的55%，农业综合机械水平达到90%以上，农业产业化率达到55%以上，农民人均纯收入达到13000元，农村安全饮水、生活垃圾无害化处理100%覆盖，城镇化率达到55%以上。

实现以上目标，重点要做到四个到位。一是政策落实到位。充分发挥政策的保障、调节、支撑、活化作用，研究制定更多切实可行的优惠政策，并严格落实执行，以政策推动工作。二是典型示范到位。大胆探索有利于农业增效、农民增收、农村增活力的好路子、好方法，以点带面、点面结合，以典型带动工作。三是资金保障到位。在资金上给予重点倾斜，最大限度为“三农”工作创造环境和条件。今后，凡是涉及农业上的资金，都要优先向产业带、产业区、龙头企业倾斜，优先保证，增强动力。四是人才科技保障到位。以乡镇农业技术服务站为重点，进一步完善农业技术服务体系建设，建立激励机制，对在农技推广工作中有突出贡献的站所或个人进行奖励，鼓励农技人员在实际工作中创新工作思路、探索推广新模式、尝试农业新技术，为农业增效、农民增收寻找新途径。

# 实施品牌兴农战略　打造休闲农业精品

河北省霸州市农业局　张志华

在市委、市政府正确领导下，我局按照一产抓特色的总体要求，紧紧围绕高效都市农业的产业定位和“两环一带”休闲农业布局，认真落实强农惠农政策，进一步调整优化农业产业结构，积极推进粮食高产创建，农产品质量监测，农业综合执法，设施蔬菜建设等重点工作，大力发展高效农业、科技农业、都市农业和生态农业，进一步壮大主导产业，全市农业和农村经济保持了平稳健康的发展态势。我局被农业部授予“全国农业标准化生产示范县”、“全国蔬菜产业重点县”；被省农业厅授予“高产创建粮食示范县”、“测土配方施肥先进单位”；获得廊坊市“农村三资管理先进单位”、“农业减负工作先进单位”等荣誉称号；新增有机食品认证1个，绿色食品认证2个。

## 一、农业主要经济指标完成情况

1. 农作物播种面积稳定。全市粮食作物播种面积54.5万亩，完成小麦播种面积13.1万亩，玉米播种面积36.1万亩，棉花播种面积14.8万亩，豆类播种面积2.8万亩，油料播种面积2.7万亩，薯类播种面积2.3万亩。

2. 粮食生产稳步增长。完成小麦收获13.1万亩，单产370公斤/亩，比2011年亩增8公斤，总产4.88万吨，夏粮生产实现了“九连丰”。完成玉米收获36.1万亩，单产455.8公斤/亩，总产16.4万吨。建设了国家级粮食高产创建示范区4万亩，发展节水灌溉面积10万亩，完成测土配方施肥13万亩。

3. 蔬菜产业提质增效。全市蔬菜播种面积17万亩（其中，设施蔬菜达到3.6万亩，地膜8.3万亩、裸地5.1万亩），年产量约58万吨，商品量45万吨，14万吨销往京津等地，建立无公害设施蔬菜新技术示范基地1.1万亩，建设现代农业蔬菜示范区300亩。

4. 农机水平进一步提升。预计全市农机总动力109.9万千瓦，大中型拖拉机保有量1797台，小拖保有量6205台，小麦联合收割机310台，玉米联合收割机213台，各类农机具6214件。

5. 农经管理全面规范。全市农村土地承包经营权流转面积12.42万亩，占家庭承包经营耕地面积的26.18%，其中20亩以上规模经营面积7.8万亩。

全市在工商部门登记注册的农民专业合作社167家，拥有社员3187户，带动农户10300户，总注册资金2.3亿元。在基层建设年活动中，我局为全市帮扶村开设了绿色通道，集中办理登记注册手续，39个帮扶村街全部注册成立了农民专业合作社，总数45家。建立健全了减轻农民负担的长效机制，初步建设了覆盖全市的农民负担监测网络，认真开展了农村财务托管、“三资”管理等专项检查，从根本上减轻了农民负担，增强了农村经济发展活力。

## 二、力抓“八大”工作

### 1. 以项目资金引进为抓手，调整优化农业产业结构

2012年来，我局围绕双节双高农业、设施农业、循环农业和绿色农业争取项目资金，以项目整合农业资源，拉动农村经济发展、提升农业综合效益，共引进特色高产高效农业项目13个，落实项目资金2358.22万元，项目的引进和顺利实施，促进了农业结构的调整，加快了传统农业向现代农业的转变步伐。

### 2. 全力抓好粘虫防治，扎实开展灾后重建工作

入汛以来我市先后遭遇四次强降雨，农作物受灾，后又爆发粘虫为害，发生面积15万亩，田间一般百株虫量15～100头，个别杂草较多地块达百株2000头，给农业生产造成了严重的损失，我局于8月3日发布了三代粘虫发生警报，将三代粘虫发生情况及防治措施立即报送市委、市政府及河北省农业厅，是河北省第一个发现、上报粘虫爆发信息的县（市）。面对严重的灾情，我局成立了农业局“7.21”灾后恢复重建工作领导小组和由主管副市长任指挥长的重大病虫防控指挥部，组织局班子成员及相关科室负责人召开调度会，讨论制定工作方案，对灾后重建工作及粘虫防治工作进行安排部署。由班子成员带队，组成6个粘虫防控和灾后恢复重建工作组，每组3名农技骨干，分包14个受灾乡镇指导开展粘虫防治和灾后重建工作，对沥涝地块，抢时间，争速度，抽水排涝，对于受灾较轻地块指导及时扶正培土、查苗补苗，受灾较重田块补种抢种速生叶菜，尽快恢复农业生产。同时充分利用市财政50万元救灾资金，购置了15吨药品和80台烟雾机，连同省、市支援的药械分发给14个统防统治服务队，由农业局技术人员对服务队员进行系统培训，服务队分赴各乡镇对虫害发生严重的地块实行统一防治。由于监测到位、发现灾情早，措施得当、安排部署早，广泛发动、技术到位早，粘虫为害之势迅速得到了控制，灾后恢复重建工作推进有序。8月17日，农业部部长韩长赋来我市南孟镇东坨村和农资大院视察了三代粘虫防控和灾后重建工作，对两项工作给予了充分肯定。

3. 实施品牌兴农战略，推动蔬菜产业提档升级

我局将创建优质农产品基地与推进农业品牌化进行有机结合，坚持以特色产品创品牌，以标准质量建品牌，以争创名优树品牌。一是狠抓特色蔬菜基地建设。按照现代农业生产基地的要求，重点打造了南孟无公害生产基地、堂二里胡萝卜生产基地、扬芬港韭菜和豆角生产基地、东杨庄大白菜生产基地、南孟西粉营无公害蔬菜、霸州镇精细叶菜、堂二里王圈紫薯、康仙庄食用菌等蔬菜生产基地，总面积 2 万余亩。二是强化名优农产品品牌建设。通过落实省"三品一标"蔬菜产品补贴政策，积极开展绿色、有机食品认证。重点抓了东杨庄大白菜的地理标志认证和"紫苑"蔬菜的有机食品认证工作，培育和创建了"东杨庄"大白菜、西粉营"绿玉田歌"韭菜、"杨胖子"蔬菜、"紫苑"牌蔬菜、"山平"胡萝卜、"王圈"紫薯、"薯我好"等一批优质品牌商标。其中，东杨庄大白菜（绿色食品）有"霸州绍菜"之称，种植面积2000 亩，年产6000 吨，出口2000 吨，主要销往京津、广东、深圳、香港、东南亚等地；"河北山平"胡萝卜（绿色食品）在上海的销量占市场总份额的70%，其种植基地遍布福建、浙江、内蒙古、张家口、承德等6 个省市区；精品包装的"绿玉田歌"韭菜在京津市场两节期间售价达 50 元一斤；"杨胖子"蔬菜直供北京，与总政治部等机关部委建立了长期合作。

4. 改造提升传统农业，打造休闲农业精品

依托我市"环首都"、"环渤海"区域、经济、科技、信息、人才优势，充分利用温泉资源、文化资源，规划布局"两环一带"高效都市农业项目，建设一批集观光旅游、休闲度假、精品高效、特色种养于一体的农业园区。目前，我市高效都市农业园区共计 34 家，总占地面积 4 万余亩，投资总额 60 多亿元。已建成并正常运营的观光农业项目达 10 个，主要有老堤百枣生态园、紫苑太平生态农庄、杨胖子农业科技园等；在建项目 18 个，主要有胜芳湿地公园、王庄子胜芳蟹养殖基地、信安新利现代农业示范园、煎茶铺天宝农耕园、东三农业科技产业园、康仙庄乐道休闲基地、南孟热带鱼观赏园、煎茶铺平口生态园、开发区乐义科技观光园等；正在编制规划的项目 1 个，为海峡两岸农业高科技园；正在谋划的项目 4 个，中亭河水系观光旅游带、南孟浩源农业观光园、田各庄生态观光园、李家营无公害蔬菜观光园。

5. 强化监管检测力度，农产品质量安全保障有力

一是搞好指导监管。扎实开展了农业标准化提升工程，建设标准化小麦种植基地 10 万亩，标准化玉米种植基地 30 万亩，无公害蔬菜示范基地 10 万亩，将农产品基地作为重点监管对象，建立了"生产有记录、责任可追究、

质量有保障”的质量安全全程可追溯体系。二是强化质量检测。健全了检测网络，围绕蔬菜生产基地、重点超市、大型市场等重点区域开展了经常性抽检200余次，共检测样品800余个，防止了不合格农产品进入市场，保证了农产品消费安全，全市没有发生农产品质量安全事件。

6. 实施人才强农战略，为科技兴农注入新活力

一是我局积极整合培训资源，开展多渠道、多形式实用人才培训，抓住国家大力实施阳光工程的政策机遇，以市农广校为龙头，确立了马坊、西粉营、煎茶铺农民中专等5个阳光工程培训基地，围绕创业增收，大力培训农业“土专家”、“土秀才”。共开班6期，培训农民200人，带动转移就业400余人。二是扎实开展农业核心技术培训。结合‘百万农民大培训’活动，聘请了河北农大、廊坊农科院、廊坊职业技术学院等院校的40多名专家采取集中培训与现场巡回指导相结合，农技人员口头传授与印发资料到户相结合，开展常规培训与利用电视、广播、网络、宣传车等现代传媒技术相结合，集中办班和现场教学221期，完成实用技术培训1.1万人次，培训复训农技人员500人，切实解决了农民生产中遇到的实际问题，真正把农业实用科技传到千家万户，送到田间地头。三是加大联合办学力度，稳步推进学历教育。与浙江大学、中国农大、四川农大、河北科技师范学院等联合办学，大中专及本科完成招生50人。

7. 净化农资经营市场，维护农民切身权益

为规范农资市场，强化市场管理，杜绝假冒伪劣农资，我局开展了种子市场专项整治、农药市场专项抽检、建立农资经营示范店三大行动，共出动执法人员520人次，农资市场经营秩序明显好转；组织开展了多次放心农资下乡进村活动，向农民发放农资识假辨假、国家禁用高毒农药等宣传资料3000份。未发现生产、销售和使用甲胺磷等5种高毒禁用农药的违法行为。

8. 强化生态农业建设，推进农业可持续发展

一是大型沼气工程明显增长。2012年完成了铁人牧业专业合作社大型沼气工程建设，建成的沼气工程，年产沼气37万立方米，农户供气14万立方米，发电用气22万立方米，年发电量30万千瓦时，产有机肥1400余吨，销售沼液13000吨。目前铁人牧业沼气工程运行正常。小辛庄400立方米、西粉营300立方米、北头村400立方米沼气工程正在建设中。二是沼气服务体系逐渐完善。培训沼气生产工50人，进一步完善了全市10个沼气服务站，推广沼肥在特色栽培、无公害种植应用面积1.2万亩。三是通过宣传发动、示范带动，推广秸秆压块炊事采暖炉642台。

**作者简介：**

张志华，男，汉族，1964 年 9 月出生，中共党员，本科学历。现任河北省霸州市农业局党委书记。

自 1986 年 8 月参加工作起，历任市教育局团工委书记，市纪委常委、办公室主任，霸州镇经委主任、镇长等职。2009 年 2 月至今，任霸州市农业局党委书记。

# 园区引领产业 特色打造品牌

山西省娄烦县农业局

娄烦县地处吕梁山中腹部的汾河中上游，是一个集山区、老区、库区为一体的国家级贫困县，也是省城人民重要的水源地和生态屏障。全县国土面积1289.85平方公里，耕地面积27万亩，现辖3镇5乡，142个行政村，6个居委会，总人口12.65万，其中农业人口9.86万。我县得天独厚的地理位置和自然条件，是马铃薯的最佳生产区域，马铃薯产业逐步成为农村和农民收入的重要支柱产业。2012年，全县马铃薯种植面积8万亩，平均单产1205公斤，总产量9.64万吨，总产值1.27亿元，马铃薯产业农民人均收入1286元，同比增长29.78%，占全县农民人均纯收入4073元的31.6%。

近年来，我县按照太原市“十园引领、百园兴农”发展战略，围绕“一推二建三确保”的工作思路，坚持“特色化、品牌化、科技化、精品化”的发展方向，以马铃薯园区项目建设为载体，以新品种引进为突破口，以种薯基地建设为重点，大力推进“一县一业”马铃薯产业发展，全县马铃薯实现了“三转变，三提高”，即实现了由商品薯种植向脱毒种薯种植基地县转变，由传统马铃薯种植向优质高产种植转变，由鲜薯销售向品牌化市场运作转变，提高了马铃薯单产水平和总产能力，提高了马铃薯产业发展水平和档次，提高了马铃薯产品附加值和科技含量，走出了一条以园区引领产业，靠特色打造品牌的发展之路。

我们的主要做法是：

## 一、以园区项目建设为载体，引领马铃薯产业发展

2012年，惠农马铃薯科技产业园区成为太原市都市农业十大主题产业园区之一，我们以此为契机，把马铃薯园区项目建设作为全县重点推进工程，争取投资1295.5万元，重点建设了五个方面内容：建设2600平方米的马铃薯茎尖剥离中心、智能化温室，年培育马铃薯脱毒基础薯150万株，生产微型薯500万粒，提高了马铃薯自主创新能力；建设1500吨的马铃薯贮藏库，提高了脱毒种薯贮藏能力；建设4.1万亩的马铃薯种薯繁育基地，提高了脱毒种薯繁育推广能力；建设1000亩的马铃薯高产创建示范区，提

高了园区示范带动辐射能力；建设年转化1000万公斤的马铃薯深加工项目，提高了马铃薯产品的附加值。该项目预计2013年全部建成，投入使用后，可以充分发挥园区示范带动效应，促进全县马铃薯产业化发展，带动农民收入增加。

## 二、以脱毒种薯繁育为抓手，夯实马铃薯产业基础

推行“公司＋合作社＋大户的小流域片区发展模式，建立完善脱毒种薯三级繁育体系，由公司负责免费提供原原种，农户负责原种繁育，大户负责一级种薯繁育，合作社负责基地建设，实行统一供种、统一服务、统一管理、统一病虫害防治、统一收购销售的“五统一”服务，全县脱毒马铃薯种薯繁育面积达到4.1万亩，占到马铃薯种植面积的51.2%以上。特别是，去年引进青薯9号试种成功后，我县同青海省农科院马铃薯研究中心建立合作伙伴关系，成为青薯9号山西总代理。我们以青薯9号新品种作为全县主推品种和重点发展品牌，引进青薯9号原原种、原种、一级种45万斤，建成3000亩的青薯9号脱毒种薯繁育基地，年可生产青薯9号优质脱毒种薯600万公斤，依托优质新品种引领我县马铃薯生产特色化、精品化发展，提升了马铃薯产业档次。

## 三、以综合技术推广为支撑，提高马铃薯生产水平

我县地处黄土丘陵沟壑区，全县现有耕地面积中90%以上的是旱坡梁地，十年九旱，靠天吃饭，严重制约着马铃薯产业发展。我们因势利导，以小流域片区种薯基地建设为重点，建立“456”新型推广模式，即采取水肥一体化、测土配方施肥、高巧拌种处理、机械化作业四项措施，应用青薯9号、冀张薯8号、晋薯7号、晋薯16号、克新1号五个品种对比，推广旱地起垄栽培、地膜覆盖、高产密植、旱作节水、生物有机肥和生物病虫害防治六项技术，大幅度提高了综合技术的推广应用覆盖率，为我县马铃薯产业发展提供了强有力的科技支撑和技术保障，提高了马铃薯生产水平。

## 四、以政府推动为保障，扩大马铃薯生产规模

县委、县政府高度重视“一县一业”马铃薯主导产业发展，成立了以县长任组长、分管农业副县长任常务副组长的工作领导组，统一规划部署全县马铃薯产业工作，各乡镇成立马铃薯产业小组，各村成立马铃薯工作组，建

立县有领导组，乡有产业组，村有工作组的三级联动机制，形成了马铃薯产业发展合力。县政府出台优惠政策，加大扶持力度，县财政每年拿出300万元用于脱毒种薯推广，2013年又拿出50万元用于新品种引进推广试验示范，并在国家补贴30%的农机具购买上又增加补贴20%，农机具补贴达到50%。同时，水利、扶贫、农机、农技等部门配套支持马铃薯基础设施建设。随着马铃薯发展环境的优化，带动了企业、合作社、大户多元化投入，马铃薯生产规模不断扩大，目前，已建立马铃薯生产基地村20个，丘陵万亩基地2个，沟谷地千亩基地10个，百亩示范基地100个，初步形成了高寒区马铃薯原种繁育基地、西南区一级种薯繁育基地、丘陵区高产稳产示范基地、中部马铃薯新品种引进试验示范推广基地协调发展的格局。

## 五、以壮大龙头企业为核心，增加马铃薯产业效益

龙头企业是马铃薯产业提质增效的“火车头”和“助推器”。我们始终把升级改造、招商引资作为培育壮大马铃薯龙头企业的关键环节来抓，不断提高马铃薯企业的综合竞争力和示范带动力。一是继续扶持太原惠农马铃薯科技开发有限公司，搞好马铃薯原原种、原种、一级种薯繁育，为农民提供充足的合格种薯，促进马铃薯单产提高。二是2013年重点打造了娄烦现代种养殖合作社实施的马铃薯深加工项目，年可转化马铃薯鲜薯1000万公斤，延长了马铃薯产业链条，提高了马铃薯产业附加值。三是加快马铃薯规模化贮藏库建设和农户储藏窖建设，提高马铃薯贮藏能力和贮藏质量，增强抵御市场风险能力，有效地解决农民的卖薯难问题，提高马铃薯产业效益，促进了全县马铃薯产业的良性运行。

## 六、以品牌创建活动为重点，提高娄烦马铃薯知名度

坚持品牌发展战略，不断整合和创优品牌，依靠品牌来拓宽市场占有份额。我们注册了“娄烦马铃薯”商标，成立了娄烦荣丰马铃薯协会，入会社员达到3万户，建成了网上销售平台，建立生产基地5万亩，并通过绿色有机产品认证2万亩。同时，通过各种媒介加大娄烦土豆宣传力度，提高我县马铃薯产品的知名度，并依托靠近省城的地利优势，发挥品牌效应，同美特好超市、芙蓉大酒店等多家大型企业形成定单农业投入，不断扩大品牌产品的对外影响力，为我县特色品牌马铃薯产业发展打下坚实的基础。

我县马铃薯产业通过近三年的发展，取得了良好的社会效益和经济效益，

但也存在一定的问题，主要表现在产业规模较小、品种结构单一、生产管理粗放、优势品牌效应不明显，做精做强马铃薯产业的发展任务还很艰巨。下一步，我们将积极借鉴兄弟市县马铃薯产业发展的成功经验，坚持特色化发展道路，以园区引领产业，以特色打造品牌，推动全县马铃薯产业发展再上新台阶。

# 发挥地区优势　推进品牌建设

内蒙古自治区乌兰察布市农牧业局　池　涛　张　跃

近年来，我市立足资源优势和区位优势，市委、政府于2012年提出了加快建设“三个基地”（能源、化工、绿色农畜产品生产加工基地）的发展战略，坚持收缩转移和扩张优势产业双向推进，大力发展以高效节水设施农业和标准化规模养殖业为重点的现代农牧业；培育壮大龙头企业，全力推进农牧业产业化，打造面向国际、国内市场的绿色农畜产品生产加工输出基地。

## 一、绿色农畜产品生产加工输出基地建设现状

乌兰察布市建设绿色农畜产品生产加工输出基地具有得天独厚的资源优势和区位优势。土地资源丰富，现有耕地资源1370万亩，其中水浇地350多万亩；环境优势明显，大气、土壤和灌溉用水洁净，环境污染少，具有发展绿色产业的天然优势；雨热同季，适宜农作物和牧草生长；交通区位优越，铁路、国道横贯东西、纵穿南北，乡村公路四通八达。近几年，我市以科学发展农牧业为主题，调优农牧业结构，培育壮大马铃薯、蔬菜、生猪、肉鸡、肉羊、奶牛等主导产业，设施农牧业得到了快速发展，农牧业经济实现了跨越发展。

### （一）绿色农畜产品生产基地

1. 以设施农业为抓手的种植业快速发展。全市农作物总播面积每年稳定在1000万亩以上，粮食作物800万亩左右，正常年景粮食产量25亿斤。马铃薯产业蓬勃发展。我市马铃薯播种面积每年稳定在400万亩以上，鲜薯产量80亿斤。种植面积和产量占自治区的40%以上，占全国的6%左右，在全国地区级排名第一，是国家重要的种薯、鲜食薯和加工专用薯基地。近年来，围绕打造“中国薯都”、“中国马铃薯种薯大市”的目标，在稳定种植面积的基础上，着力培育马铃薯种薯产业，建成马铃薯脱毒组培室2.5万平方米，温网室5000亩，原种田5万亩，合格种薯田55万亩。形成了从茎尖脱毒、组培快繁、温网室微型薯生产到原种一、二代繁育的马铃薯良种繁育体系，具备了年可生产脱毒苗1.5亿株，脱毒微型薯5亿粒，原种10万吨，合格种薯100万吨的供种能力。冷凉蔬菜产业稳步发展。全市蔬菜总播面积70万亩，

其中设施蔬菜15万亩，蔬菜产量50亿斤，产品远销北京、广东等地。2013年新建了以卓资县为核心，辐射带动凉城县、丰镇市、察右前旗等周边地区的3000亩草莓生产基地。

2. 以养殖园区为抓手的畜牧业健康发展。全市牧业年度家畜总头数每年稳定在800万头（只）以上，肉类、鲜奶产量分别为30万吨和100万吨。生猪肉鸡产业快速发展。根据生态保护建设和禁牧舍饲的需求，从2010年开始，我市把发展生猪肉鸡作为调优养殖业结构的重点来抓，大力发展生猪肉鸡规模化养殖。目前，全市共有年出栏1千口以上的生猪养殖场327处，年出栏2万只以上的肉鸡养殖场166处。2012年出栏生猪103万口，肉鸡1042万只。成功引进了大北农、江西正邦、鹰联、绿蒙远大等生猪肉鸡规模养殖企业。杜蒙肉羊产业加速发展。以四子王旗为核心，辐射带动察右中旗、察右后旗开展杜蒙肉羊杂交生产，全市每年杜蒙杂交羔羊规模达到20万只。奶牛肉牛产业平稳发展。全市建成标准化奶牛园区122处，其中万头以上的奶牛养殖场2处（凉城海高牧场和蒙荣牧场）。肉牛养殖利用当地土杂牛及淘汰奶牛进行和牛冷配杂交为示范，以农区8个旗县生产西门塔尔杂交肉牛为主，在全市范围内推广肉牛规模化养殖。

3. 以“三品一标”为抓手的绿色农畜产品生产基地快速发展。全市通过“三品一标”认证企业57家，产品151个，认证产量139万吨，面积417万亩，约占全市农作物种植面积的41%，其中农产品地理标志登记保护产品3个，即乌兰察布马铃薯、察右中旗红胡萝卜和四子王杜蒙羊肉。产品远销韩国、日本、北京、上海、港澳等国家和地区。被誉为“草原人参”的红胡萝卜、“水漩绿韵”蔬菜、“老马清真”肉食品、“卓资山熏鸡”、“草原蒙王”有机羊肉等品牌闻名全国。

**（二）绿色农畜产品加工输出基地**

全市年销售收入500万元以上农畜产品加工企业发展到135家，实现增加值52亿元，销售收入超亿元的企业有53家。农畜产品加工转化率达42.1%。有市级以上农牧业产业化重点龙头企业82家，其中国家级龙头企业1家，自治区级龙头企业23家。辐射带动40万农牧户加入到产业化链条中，农牧民人均从产业化经营中获得经济利益占总收入的50%以上。全市已注册农牧民专业合作社2189个，其中国家级示范社5个，自治区级示范社15个，带动农牧户10万余户。全市共有农畜产品产地批发市场20个，年交易量137万吨，交易额13亿元。其中农业部定点农产品批发市场5个，年交易额达4.08亿元。乌兰察布马铃薯电子交易平台已上线运行。

## 二、下一步工作重点

总体思路：认真贯彻落实“8337”发展战略，加快农牧业产业化经营，发展壮大龙头企业，培育驰名商标和名牌产品，全力打造自治区面向全国的绿色农畜产品生产加工输出基地的核心区。为此，我市将做好以下几方面工作：

### （一）抓好绿色农畜产品生产基地建设

种植业上，紧紧围绕水地和滩川耕地，全面推广节水灌溉，发展马铃薯和冷凉蔬菜产业。在马铃薯产业方面，突出抓好种薯生产和监管，力争到2015年建成全国最大的200万亩标准化种薯基地，满足全国2000万亩马铃薯的用种需求，覆盖全国近1/4马铃薯种植区。强化种薯质量检测，建立国家级马铃薯种薯质检中心。依托企业和科研院所，聘请国内外知名专家，建成国内一流的马铃薯研发中心，为马铃薯产业发展提供技术支撑。冷凉蔬菜产业方面，在巩固提高原有红胡萝卜、西芹等几大蔬菜生产基地的基础上，通过土地流转、规模经营，创建千亩以上露地蔬菜和200亩以上设施蔬菜标准园，力争“十二五”期末，全市冷凉蔬菜面积发展到100万亩，其中设施蔬菜20万亩，蔬菜总产量达到80亿斤，打造面向京津辐射华北的百万亩绿色冷凉蔬菜基地。养殖业上，牧区和丘陵山区以杜蒙肉羊养殖为重点，滩川区以猪鸡和奶牛养殖为重点，加快“百头奶牛、千口生猪、千只肉羊、万只肉鸡”养殖场园建设。在生猪肉鸡产业方面，大力扶持规模养殖，完善供种供料、技术服务、订单回收、加工销售产业链条。到2015年，全市形成年出栏500万口生猪、1亿只肉鸡养殖规模；打造兴和县、商都县等5个百万口生猪养殖大县。到2017年，形成年出栏670万口生猪、1.56亿只肉鸡养殖规模。在杜蒙肉羊产业方面，逐步形成以四子王旗为核心，辐射察右中旗、察右后旗的杜蒙杂交肉羊生产区。到2017年，肉羊年出栏达到1000万只。在奶牛肉牛产业方面，加快标准化规模养殖。到2017年，全市奶牛和肉牛存栏都分别达到30万头。

### （二）加强农牧业基础设施建设

基础设施薄弱，是我市农牧业发展的最大瓶颈。要大力开展以节水增效为中心的高标准农田建设，以土地平整、土壤改良、有机质提升、测土配方施肥、保护性耕作、膜下滴灌、温室大棚等技术推广为重点，综合运用多种措施，发展高效节水设施农业，提升粮食综合生产能力。畜牧养殖业要抓好以水、草、料、棚、舍为重点的畜牧业防灾减灾基础设施建设，在牧区建立以牧户储备为主，旗县、苏木储备为补充的饲草料应急储备体系，增强畜牧业抵御自然灾害能力。加强科技支撑提高农畜产品的市场竞争力。大力扩展和深化标准化生产，推进获得品质认证的农畜产品规模化生产，并通过政策支持、资金扶助等途径，不断提升基地建设水平。

**（三）培育壮大龙头企业**

在巩固民丰、嘉恒、奈伦、太美、赛诺、双汇、正邦、绿蒙远大等领军企业的优势地位的基础上，重点在马铃薯、蔬菜、生猪、肉鸡、肉羊、肉牛、饲草料和特色产业上培育和打造一批新的领军企业，鼓励龙头企业由初级加工向精深加工、单一产品向系列产品、生产型企业向复合型企业转变。引导企业通过市场的方式兼并、重组小微企业，推动优势龙头企业向集群化方向发展。引导加工型企业建立自有产品基地，形成与农户在产业上的“联姻”，加快建立农户与企业之间在基地建设上的风险共担、利益均沾机制。

**（四）加快品牌建设步伐**

加快“三品一标”认证，力争在肉羊、生猪、肉鸡、蔬菜上各创建一个产地标志商标，争创杜蒙、鹏程、绿蒙远大等驰名商标。加强“乌兰察布马铃薯”等品牌宣传，注册蔬菜、杂粮地理标志证明商标，提升农畜产品市场竞争力。建立认证产品奖励补贴政策，加大对龙头企业品牌打造的扶持力度，实施绿色品牌战略。大力推进农牧业标准化生产，积极开展农畜产品标准化示范创建活动；加强农畜产品质量安全监管体系建设，落实监管责任，深入开展农畜产品质量安全监管工作，确保不发生农畜产品质量安全事件。

**（五）加大招商引资力度**

把招商引资作为今后一个时期工作的重要任务，通过以商招商、展会招商、媒体招商、商会招商、情感招商等方式，引进扶持一批带动能力强的龙头企业和种养大户，进一步发展壮大我市农牧业。目前，市县两级农牧部门组建了招商引资专业队伍，制订了招商引资工作方案，正在制作招商引资宣传手册，下一步将组织到发展较快的地区学习先进经验，同时借助京蒙对口帮扶项目和影响力较强的京津唐、长三角、珠三角、东北三省等地组织召开招商引资发布会，扩大宣传覆盖面，收集信息，寻找商机，吸引投资。

**（六）拓宽农畜产品流通渠道**

一是积极发展农牧业经济合作组织和专业协会，并引导使其发展成为带动和组织农牧民发展特色优势产品生产的购销集团公司，更好地带领农牧民参与农牧业产业化经营；二是积极扶持各类重点专业市场。规划建设以县城农副产品批发市场为重点，乡镇交易市场为补充的农副产品市场体系；三是组织企业参加一些国际性、全国性的产品展销活动；四是根据基地发展的规模和水平，因地因事制宜，抓住京蒙对口帮扶的契机，以北京为核心市场，选择农超对接、连锁经营、电子商务、展示订货、经纪人代理等新型交易方式，逐步推行市场交易方式的多元化和现代化，最终形成优质优价、价高销旺的局面。

**（七）创新农牧业经营体制机制**

在坚持和完善农村牧区基本经营制度的基础上，着力培育专业大户、家庭农牧场、农牧民专业合作社、农牧业产业化龙头企业等新型经营主体，构建集约化、专业化、组织化、社会化相结合的新型农牧业经营体系。一是推动土地草牧场有序流转，提高规模化、集约化经营水平，力争每年土地和草牧场流转面积最少提高 3 个百分点；二是规范农牧民专业合作组织，扎实开展示范社建设行动。

## 三、存在的困难和建议

一是农牧业基础设施薄弱。全市 11 个旗县市区有 8 个国贫旗县，2 个区贫旗县，属贫困地区。根据国发〔2011〕21 号文件精神，建议自治区在安排农牧业各类专项资金和农村牧区基础建设项目上，对我市给予重点支持倾斜，并取消或减少我市项目配套资金。

二是地方财力不足，补贴困难。我市确定下一步重点发展马铃薯种薯基地、生猪、肉鸡、肉羊、蔬菜等产业，建议自治区在绿色农畜产品生产加工输出的整体布局上列入我市上述重点产业，在项目资金安排上给予倾斜扶持。建议加大马铃薯良种补贴范围和种畜禽补贴力度。建议将蔬菜、肉鸡、肉羊、牧草等列入农牧业保险补贴范围。

三是农牧业产业化发展融资难度大。建议金融部门给予大力支持，对农畜产品生产加工企业特别是带动作用强的产业化龙头企业降低贷款门槛，简化贷款手续，扶持其加快发展。

# 加强菌政管理　提升综合竞争力

福建省罗源县农业局　雷　霹　兰世步　雷建华

食用菌产业是罗源县发展农村经济五大支柱产业之一，也是农民增加收入的重要途径。为进一步深入贯彻落实科学发展观，继续推进食用菌产业工厂化、规模化、专业化和标准化发展，我县围绕着“稳规模、求质量、创品牌、促效益”工作思路，重点抓好食用菌“五新”技术推广应用，加强菌政管理，积极实施品牌战略，努力提升我县食用菌产业的综合竞争力。

## 一、食用菌产业发展现状

罗源县食用菌生产有着悠久的历史，是农业主导产业之一。2012 年全县栽培食用菌 1.62 亿袋（或平方尺），销售鲜菇 8.62 万吨，实现产值 5.9 亿元。并形成了技术推广集成化、生产发展规模化、栽培品种多样化、市场营销网络化和生态治理环保化“五化”格局。目前，全县集中生产年规模 100 万袋以上的企业有 7 家，50 万袋以上的有 53 家，30 万袋以上的有 73 家，15 万袋以上的有 179 家，形成一批专业大户和专业村，并建造了 703 座工厂化食用菌生产的固定厂房。全县现有持证菌种生产企业 4 家，生产并供应栽培菌包的企业有 5 家，专门为食用菌服务的物流企业 3 家，食用菌产品销售企业有 29 家，销售人员达两千多人，从事食用菌产业的人员达到 3 万多人。同时，涌现出一批优秀的食用菌生产企业和农民专业合作社，如：福建益升食品有限公司、福建华源菌业、福州力生菌业、罗源创鲜农业科技公司和罗源县岐峰山水生态农民专业合作社等。“罗源秀珍菇”获农业部地理标志品种保护，是全国最大的秀珍菇生产集聚地，食用菌产业发展保持全省领先水平。

## 二、主要经验与做法

树立科学的发展观，实施“工厂化、品牌化和科技兴菌”的发展战略，坚持以多菌类、常年性规模化栽培为重点，大力发展安全优质食用菌，提高食用菌产业化经营水平，促进农业增效、农民增收、农村繁荣。

### （一）引导规模化经营

我县立足原有产业基础，围绕国内外市场需求，科学引导，积极推进食用菌产业结构和品种结构的调整，促进专业化分工，规模化经营，发挥规模效益。同时，我县食用菌管理部门积极争取县政府对食用菌产业的扶持，包括协调有关用水、用电、用地等相关的优惠措施，引导和鼓励有基础、有资金、有技术的企业和种植大户大力发展食用菌设施栽培，扶持建设食用菌工厂化规模化生产示范企业，提升食用菌产业的现代化水平，促进产业转型升级。

**（二）推广代用料栽培**

近年来，我县大力推广包括松木屑、杉木屑、竹屑、果茶枝条、落叶树枝、菌草等在内的代用料栽培食用菌技术，建立了栽培示范基地，发挥典型示范作用，取得一定成效。我县各有关部门积极配合，充分利用地方原料资源特色和食用菌新原料研究开发成果，将代用料生产计划落实好，引导食用菌工厂化生产企业应用好，以示范片作为样板，结合宣传、培训、组织现场观摩等方式辐射带动菇农发展代用料栽培食用菌，全年累计发展代用料栽培5000万袋。为适应秀珍菇代用料栽培需要，华源菌业、益升公司、福芳席业公司、新泉综合农场、罗源县创鲜农业科技有限公司5家菌包生产企业，提高菌包质量，加快生产速度，全县机械化生产菌包日产52万袋，满足菇农生产需要。结合闽台食用菌合作科技推广示范县建设，建立2个示范片，辐射带动推广3000万袋，新增产值9000万元以上，带动农民增收3000万元以上。

**（三）推行标准化生产**

农业标准化是促进科技成果转化、推进产业化经营、提升产品质量的有效途径，也是提高经济效益、增强产品市场竞争力、实现农业现代化的重要保障。推行标准化生产是食用菌产业发展的必由之路，也是当前和今后我们所面临的一项重要任务。我县结合《食品安全法》、《农产品质量安全法》、《农药安全使用规定》的实施，进一步加强食用菌质量安全宣传力度，加快培训进度，把强化标准化生产、提升产品质量安全水平作为发展壮大食用菌产业的一项重要工作来抓。我县认真做好食用菌“五新”集成推广示范县建设，开展秀珍菇生产标准化示范区工作，在罗源县起步镇建设标准化钢架大棚栽培秀珍菇示范基地，提高秀珍菇标准应用效果。我县积极引导福建益升食品有限公司、福建华源菌业科技有限公司、罗源县创鲜农业科技有限公司、罗源县岐峰山水生态农业农民专业合作社制定企业标准，鼓励福建益升食品有限公司制订具有可操作性的涵盖其生产、加工等全过程的农产品可追溯体系建设，有效推进食用菌产品质量的提升。

**（四）培育知名品牌**

龙头企业是促进产业化经营的核心力量。我县要着力培育一批具有较强竞争力、带动力的食用菌生产与加工龙头企业，特别是加大食用菌精深加工龙头企业的扶持力度，促进产业链的延伸，增加产品附加值，千方百计地通过做大做强龙头企业来推动食用菌产业上规模、上档次、出效益。我县对竞争力强的食用菌龙头企业，积极引导实施品牌战略，并努力发挥地方政府的主导作用，创造条件帮助其打造品牌。同时，我县积极鼓励生产企业和食用菌专业合作社开展无公害农产品、绿色食品、有机食品及GAP等认证，大力培育地方特色产品，打造“一乡一品、一县一品”等区位品牌，推动区域经济发展。我县生产的秀珍菇已启用“罗源秀珍菇”地理标志保护，福建益升食品有限公司使用的秀珍菇、金针菇通过绿色食品标志，福建益升食品有限公司开发“菇品世家”系列产品销向国内市场。另有9家企业9个产品正在申报无公害农产品认证。

**（五）强化菌政管理**

我县认真贯彻落实《农产品质量安全法》和《食用菌菌种管理办法》等法律法规，切实履行职责，强化菌政管理，严格执行菌种生产经营许可制度，加强生产过程控制与质量监督，积极配合工商、质量技术监督部门和农业执法部门，深入开展菌种、原辅材料、农药、保鲜剂等投入品市场整治，严厉打击各种坑农害农、危害人体健康的违法行为。我县以食用菌菌种无证生产经营、食用菌生产投入品、食用菌加工卫生环境为整治重点，抽查棉籽壳、麸皮、石膏的营养成分，抽检了菌包配合比例，菌包的水分含量、菌包的PH值，通过省、市、县三级联动，营造菌政管理的法治氛围，提升食用菌菌种与产品质量安全监管水平。全年共进行市场检查5次，及时纠正一些不良行为。全年共有4家菌包生产企业办理了菌种生产许可证到期换证手续，还有3家菌包生产企业申请栽培种菌种生产许可证。

**（六）开展优质服务**

一是开展以食用菌病虫害防治与科学用药，无公害与标准化生产，代用料栽培技术、生产管理新技术、食用菌质量安全监管、闽台食用菌合作科技推广等为主要内容的实用技术培训工作。全年共举办培训班38期，受训人员达3760人次。我县组织食用菌科技人员进村入户，帮助菇农解决生产中出现的技术问题。二是积极引导发展食用菌专业合作组织。加快培育和发展一批规范化的食用菌专业合作组织，建设2个省级示范社、2个市级示范社、6个县级示范社，协助提高我县食用菌生产组织化程度，共同应对千变万化的国内外市场。三是加强行业信息服务。通过“12316”热线、短信、福建菌业、福州食用菌、有线电视、简报、发放资料等多种形式提供国内外食用菌行业

产供销动态及有关新品种、新技术信息，为菇农提供产业发展导向。四是充分发挥协会作用，提高协调水平。我县加强县食用菌行业协会工作的领导和支持力度，充分发挥协会的桥梁和纽带功能，为政府的相关决策当好参谋，为产业的发展搞好服务。县食用菌行业协会向县政府建议，食用菌用电、用水、用地参照种植业标准执行；帮助会员联系银行贷款，解决扩大生产规模的资金问题；向县委、县政府建言献策，通过县政协委员提案，促进县委、县政府出台了扶持食用菌产业的奖励政策。

## 三、保障措施

（一）政府促动。坚持把食用菌产业发展摆上县委、县政府的重要议事日程，充分发挥县食用菌生产领导小组及其办公室与罗源县食用菌行业协会的作用，积极借鉴先进地区的发展经验，结合本县实际，科学规划产业发展，研究制定优惠政策。特别是2011年10月19日，县委、县政府出台了“关于推进现代农业产业发展的实施意见”（罗委［2011］75号），加大食用菌产业资金扶持力度，调动了广大农民的积极性，突出重点，完善配套，促进食用菌产业“升级、扩市、增效”。

（二）科技推动。加强科研工作，把全县食用菌科研力量整合起来，引导罗源县科源食用菌技术服务中心和华源菌业科技有限公司，有针对性开展技术攻关，提高食用菌生产科技含量，增强产品竞争力；加强品种提纯复壮工作，并积极引进培育新品种，为今后发展做好品种储备。开展食用菌标准化生产示范区和闽台农业（食用菌）合作推广示范项目建设，加强“五新”技术集成推广，有计划开展品种试验、代用料栽培示范、病虫综合防治示范，不断加大技术培训力度，切实提高菇农科技素质。加大招商引资力度，引进先进的设备和机具，吸引食用菌产品精深加工企业在我县落地生根，促进出口，开拓新的市场。

（三）示范带动。继续实施“强龙”计划，重点抓好龙头企业、专业村、专业合作社、专业大户和流通企业的发展。积极推进工厂化生产和规模化栽培，开展秀珍菇旧棚改造，建立现代农业（食用菌）示范园区（位于上长治村，第一期已规划建设140多亩），扩大标准化与病虫综合防治示范片，建设无公害生产基地。完善“公司＋基地＋农户”经营模式，壮大实力，构筑集群，辐射带动全县食用菌产业做大做强。

（四）服务驱动。着力强化食用菌生产的产前引导、产中指导、产后疏导服务，从政策、资金市场建设等方面予以大力扶持，县财政安排专项资金，扶持珍稀菌类的优新品种开发，扶持代用料栽培示范点，扶持食用菌企业申请无公害农产品、绿色食品认证，扶持年产15万袋以上的食用菌生产厂，扩大工厂化、规模化生产，进一步完善社会化服务体系，积极协调解决食用菌生产过程中遇到的困难与问题；通过加强菌政管理，规范菌种、菌包生产；要发挥食用菌行业协会职能，制定行规民约，规范秀珍菇包生产和协调秀珍菇产品销售，制止不正当竞争和及时处理纠纷问题，大力营造良好的产业发展环境。

## 四、今后食用菌产业发展目标

依托福建省罗源农民创业（食用菌）示范基地建设项目，按照“突出核心、示范全县、整体推进、辐射周边”的建设思路，提出构建“两轴三组团”（“两轴”即起步溪轴和护国溪轴，“三组团”即核心综合组团、培育试验组团和栽培示范组团）的总体空间结构，以及“两区两园一中心”（即食用菌研发与推广中心、食用菌标准化栽培示范区、食用菌工厂化栽培示范区、食用菌加工产业园和食用菌仓储物流园）的产业发展布局结构。通过“五新”技术推广应用、项目规划和示范园区建设，不断提高食用菌产业工厂化、规模化、专业化、标准化生产水平。特别是政府扶持、规划引导、龙头带动，基本形成功能完善、环境优美、产业聚集、商贸活跃的新型园区。力争“十二五”末，全县栽培食用菌2亿袋，产量达到11万吨，产值达到8亿元。

**作者简介：**

雷霹，男，1964年8月出生，本科学历。现任福建省罗源县农业局局长。

兰世步，男，1962年7月出生，大学学历，高级农艺师。现任福建省罗源县经济作物技术站站长。

雷建华，男，1973年9月出生，大学学历。现任福建省罗源县农业局办公室主任。

# 建特色产业　树高端品牌

河南省温县农业局

## 一、农业发展的主要工作成绩

1. 粮食生产稳定增长。2012年粮食播种面积57.2万亩（小麦32.1万亩，秋粮24.1万亩），总产31.84万吨（小麦17.32万吨，秋粮14.52万吨），较2008年粮食总产30.5万吨增长1.34万吨。粮食高产创建成效明显。2008年以来，强力实施“百、千、万”高产创建示范工程，全县高产创建示范工程数量逐年增加，到2012年，全县万亩示范片由2008年的2个（小麦、玉米各1个）逐渐发展到2012年的25个（小麦13个、玉米12个），高产攻关田发展到7块（小麦3个、玉米4个），从而带动了全县的粮食生产，取得了明显成效。2012年，全县小麦平均亩产达539.5公斤，高产攻关最高亩产达715.2公斤，继续保持全国领先水平；玉米平均亩产达602.4公斤，高产攻关最高亩产达944.2公斤。

2. 小麦种子特色产业得到较快发展。2008~2012年以来，培育出小麦优良品种2个（平安7号、平安8号）。2012年，平安种业的玉安2号正在进行省生产试验。农科种业的温0214，平安种业的平安9号、平安10号，玉安3号，丰源种业国安分公司的国安368正在参加省区试。全县小麦种子基地面积由2008年的16.8万亩发展到2012年的30万亩，年外销总量突破8000万公斤，温麦系列种子畅销河南、河北、安徽、江苏、陕西、湖北、山东、山西等省区，年推广面积3000万亩，为促进全国粮食丰产丰收发挥了重要作用。

3. 四大怀药特色产业初步凸显。2008~2011年我县四大怀药种植面积稳定在10万亩左右，标准化种植面积达6万亩。其中铁棍山药种植面积分别为3800亩、9304亩、1.97万亩、3.3万亩，所占四大怀药种植面积比例分别为3.8%、9.3%、18.9%、31.7%。2012年，铁棍山药种植户达6020家，面积发展到3.5万亩，占四大怀药面积种植面积的33.7%，其中100亩以上9家，50亩以上13家。目前，全县拥有24家怀药生产加工销售企业、36家怀药专业合作社，3家省市农业产业化龙头企业、2个河南省名牌农产品、1个河南省著名商标、8个焦作市知名商标；年加工销售怀药产品18万吨，总产值达4.5亿元。开发药品、休闲食品、饮料、保健品等深加工产品11大类50多个品种，产品远销美国、日本、新加坡、越南和我国台湾、香港、澳门等30多个国家和地区。全县常年从事怀药种植的农户近1万户，平均户增收在8000元以上，农户种植积极性空前高涨，温县怀药产业呈现了良好的发展势头。

4. 农业组织化程度进一步提高。农业专业合作社建设步伐加快，截至2012年，全县农民专业合作社达691家，全县通过转包、转让、互换、出租、入股等方式流转土地面积达7万亩。其中2012年新增流转面积1.7万亩，涉及10个乡镇117个村。涌现出了下石井蔬菜、益农中药材、全新怀药、鸿瑞怀药和邢丘鹅业等规范化建设先进示范性合作社。提高了农民的组织化程度和土地规模经营，促进了养殖、怀药和蔬菜等产业的发展。

5. 农民科技素质进一步提高。2008～2012年以来，我县依托基层农技推广体系改革与建设示范县项目，理顺县、乡两级农技推广体制，健全县、乡、村三级推广网络。利用广播、电视、报纸等新闻媒体和科技直通车等多种形式，广泛宣传农业科技知识。通过实施农村劳动力转移培训阳光工程项目，开展职业技能培训7500人，结业率达100%，转移就业率95%以上，培训农村实用人才1500人，带动全县农村劳动力转移培训4万人；通过实施农业科技入户工程，培育农业科技示范户1000个，辐射带动农户26000个。

6. 农业标准化建设实现新的突破。2008～2012年以来，制定无公害和绿色食品生产技术操作规程10个，全县认定无公害基地4个，认证无公害农产品7个；认定绿色食品基地3个，认证绿色农产品23个；建成小麦标准化种子基地10万亩，怀药标准化生产基地6万亩，新发展2个出口创汇蔬菜生产基地，面积0.4万亩，建成伟康铁棍山药、东亚鸿怀药菊花、下石井和万青公司设施蔬菜、平安公司小麦5个农业标准化示范基地。伟康铁棍山药、下石井、万青、国盛蔬菜专业合作社基地先后获得市级标准化核心示范园区称号。

7. 农产品加工企业发展实现新的突破。2008～2012年以来，我县农产品加工企业发展迅速，截至2012年，全县各类农产品加工企业达110家，其中规模以上企业41家，国家级龙头企业1家，省级龙头企业5家，市级以上农业产业化龙头企业14家；从业人员5412人，固定资产总额达9.8亿元。天香面业、伟康公司跃进河南省农产品加工行业十强。形成了以粮食、调料、怀药、小麦种子为主导产业的4大产业集群雏形。4个行业发展速度较快，销售收入达到19.6亿元，带动农户8.1万户，带动基地农户增收总额1.5亿元。

8. 农村清洁能源工程实现新的突破。通过实施亚行贷款农村能源生态建设项目、国债沼气工程建设项目和市县财政补贴农村户用沼气项目的实施，2008～2012年来共完成农村户用沼气建设8300户。其中市县沼气项目5100户、国债沼气项目3100户、利用亚行贷款农村能源生态建设项目100户，到2012年年底全县农村户用沼气户达到14227户。完成养殖小区集中供气项目2处，供气农户100余户。全县小区集中供气项目达到5处，供气农户250余户。共完成23个乡村沼气服务站的建设和完善达标工作。截至2012年，全县沼气已综合利用到养殖、果品、蔬菜、粮食等产业，为实现优质高产奠定了良好的基础。

## 二、工作措施

1. 立足绿色、特色发展。大力发展绿色农业，实施生态化经营，积极推广高效、立体、设施等绿色种植、养殖模式；重点发展优质安全食品和绿色食品加工业，积极打造四大怀药、供港蔬菜等农业重点项目绿色品牌，增加绿色产品认证数量。

2. 改善农业生产条件。积极推广地力提升技术、良种良法技术、生物－工程－智能化节水技术、肥料高效利用技术等核心技术，加大力度推动中低产田改造；推动高标准农田建设与产业化经营项目有机结合，积极扶持产业化龙头企业、专业合作社、专业协会和种粮大户承担高标准农田示范建设任务，同步完善管护机制，重点建设粮食高产技术集成示范基地。

3. 提升标准化发展水平。发挥生产基地的先试先行、示范带动作用，全面推进农业生产标准化。积极制定温县优势特色农产品和原产地农产品的地方标准，并使其尽可能成为国家标准、国际标准。建立健全“从田间到餐桌”的农产品良好生产规范、质量安全监督管理体系及产品可追溯制度，保护农产品质量安全。

4. 培育名优品牌。加强农产品品牌建设，努力打造绿色品牌，扶持并促进特色资源农产品进行地理标志登记，强化农产品注册商标和地理标志保护，加大品牌整合和推介力度，创新宣传手段，提升宣传档次。

5. 全面深化农村改革。坚持农村基本经营制度，稳定和完善土地承包关系，按照依法、自愿、有偿的原则，健全土地承包经营权流转市场。扎实推进农村综合改革，强化乡镇政府的社会管理和公共服务职能，逐步建立起精干高效的农村基层行政管理体制。

## 三、围绕六大特色，抓工作重点

1. 围绕粮食高产抓落实。根据“政府引导、合作示范、专业服务、农民主导、规模开发”的原则，按照中原经济区打造粮食核心区的总体要求，围绕《国家粮食发展战略工程河南核心区规划纲要》，突出重点，打造亮点，体现特点，探索新机制，推广新模式，全面提高粮食综合生产能力。继续开展粮食高产创建，进一步强化农业基础设施建设，主攻单产、提高品质，推进规模化种植、标准化生产和产业化经营，稳定粮食种植面积，全面提升粮食综合生产能力和市场竞争能力。重点建立200个以上高产示范点和20亩连片高产创建示范基地，对涉及参与高产创建示范点、高产创建攻关田和示范基地的农户进行统一供种、统一物化补助、统一病虫防治、统一技术服务，确保粮食单产水平逐年提高，为温县2018年在焦作市提前2年实现小麦玉米年亩产2500斤目标做出积极贡献。

2. 围绕特色产业树品牌。一是壮大温麦种子产业。以标准化生产为重点，切实抓好20万亩小麦种子基地建设。整合本土育种资源，同时充分利用省农科院、省农大等外部资源，加大科研攻关力度，积极筹措科研经费，为优质高产新品种的培育提供技术支持和资金保证，打造“温麦系列”新品种的强力平台，以优质高产新品种的不断推出驱动小麦种子特色产业的快速发展。实施品牌推进战略，以各种业公司为依托，整合外宣力量，加大“温麦”品牌宣传力度，积极参加各类种子推介活动，不断提升“温麦”品牌市场影响力，以良好的品牌效应增强产品市场竞争力，增加“温麦”系列小麦种子在全省乃至全国麦区的市场份额；二是做强怀药特色名产。四大怀药种植面积稳定在10万亩以上，铁棍山药在2012年3.2万亩的基础上继续扩大规模；发挥农民专业合作社和龙头企业的示范带动作用和主体作用，继续推进“龙头+合作社+农户”的“种、产、销”一体化经营模式，加大铁棍山药产业发展项目支持力度，在资金、政策、环境等方面予以倾斜，支持怀药龙头企业发展，增强其开拓市场、参与竞争和示范带动能力，实现“种、产、销”三方互利共赢的良好局面。进一步加强规模化种植和标准化生产基地建设，加快铁棍山药等怀药产品的无公害、绿色和有机食品认证步伐，积极申报“温县铁棍山药”驰名商标，为怀药产品进入高端市场铺平道路。

3. 围绕农业四化育亮点。一是进一步强化农业组织化。强化政策导向作用，一手抓组建，一手抓规范，鼓励更多的社会资源投入到农业专业合作社的组建中，同时优化合作社经营管理，进一步扩大合作社的规模，增强合作

社实力，发挥合作社对农户的辐射带动作用，进一步强化农业组织化建设。二是进一步强化农业规模化。通过强化农业组织化建设，进一步促进土地流转工作的开展。三是稳步提升农业标准化水平。积极开展绿色、有机农产品申报，力争更多的绿色食品、绿色农产品、标准化基地得到认证。四是农业产业化稳步提升。落实各项优惠政策，积极争取省市农业产业化扶持资金，进一步推进农产品加工企业发展，重点扶持伟康、保和堂、天香、品正等龙头企业发展壮大，促进企业上档升级，着力打造以面粉加工、调料、怀药加工和小麦种子为主导的四大产业集群，进一步提升农业产业化发展水平。

4. 围绕科技培训强素质。以“全国基层农技改革与示范县”为契机，积极建立农业科技推广新机制，发展县乡农技指导员 100 名、科技示范户 1000 户，新建农业示范基地 3 个，开通“专家－农技人员－科技示范户”农业科技成果转化应用快速通道；依托“阳光工程”，充分发挥农村远程教育网络、职业技术学校、农广校等阵地作用，大力培训农村实用人才；实施“农民知识化、技能化工程”，送技术、资料、农资下乡，利用广播、电视等现代媒体举办知识讲座等形式，开展实用技术培训，着力提高农民群众的科技素质和致富能力。

5. 围绕农产品质量抓安全。一是继续完善机构建设，加强农产品市场检测。坚持菜市场农产品农药残留检测工作，监督金太极、好又多、盛弘、胖发祥四家超市做好蔬菜农药残留检测工作。同时做好对我县蔬菜种植合作社、蔬菜种植基地的农产品农药残留监管工作，保障我县农产品安全。二是做好特色产业检测工作，确保怀药市场安全。根据群众需要和实际情况，做好接受群众送检铁棍山药的服务，及时根据检测结果发放《送检样品检测合格证》。三是加快农产品的认证。引导鼓励农产品加工企业、农民专业合作社进行“三品”认证，进一步提高我县农产品质量。四是加强领导、严格考核、完善机制，切实提高农产品质量安全水平。

6. 围绕农业项目添活力。紧紧围绕粮食发展纲要和农业名县战略，坚持“申报一批、实施一批、储备一批”的工作方针，抽调专门力量，建立项目工作小组，进一步加大项目申报和规范实施力度，谋划和争取一批农业项目，积极申报农业产业化、农业综合开发、良种繁育基地、温县农产品综合物流园区、农业产业化贴息补助、基层农技推广服务体系建设和 200 个户用沼气建设等项目，增强农业发展活力，推进现代农业发展。

# 立足农业资源　打造特色产业<br>延伸产业链条　富裕农民百姓

湖北省团风县农业局　何自强　朱　帆　易　玲

团风县是一个农业县，集山区、库区和革命老区、省级贫困地区于一身，1996年5月成立，现辖八镇二乡、289个自然村，农户数8.99万户，总人口37.54万人，其中乡村人口29.85万人，全县耕地面积17.96千公倾。全县森林活立木蓄积量125万立方米，森林覆盖率32.9%，绿化率35%，森林年释氧气130万吨。农业资源丰富，是湖北省典型的农业三熟制地区。建县以来，团风县委、县政府始终把农业放在工作首位，以工业化的理念谋划农业的发展，以产业引领农业的发展，促进了传统农业向现代农业的转型升级，初步形成优质稻产业、油料生产加工、经济作物生产、畜禽养殖、水产养殖等主导产业，农村整体经济实力不断增强。2012年，全县粮食总产21.12万吨，油料总产量2.46万吨，蔬菜总产量10万吨；全县现有蛋鸡1071万只，禽蛋产量14.5万吨，猪存栏13.99万头，生猪出栏21.2万头，肉牛存栏4.47万头，出栏2.43万头，山羊存栏3.84万只，出栏3.2万只，奶牛存栏3600头，产奶1.5万吨；各种水产品4万吨。全县实现农业总产值20.7亿元，同比增长11.7%，农民人均纯收入4762元，同比增长12.04%。

## 一、龙头带动推动产业发展

坚持农业招商，培植扶持和积极引进产业带动型的龙头企业。全县围绕优质稻、油料等产业，狠抓农业产业化经营，带动了全县农业的发展。

以东坡粮油集团、团香米业企业为龙头，着力抓好优质稻产业。2012年全县优质稻生产面积发展35.2万亩，板块发展到30万亩，以“订单”生产促进优质稻生产的发展，县内和外地的优质稻订单总面积超过50万亩，联结农户超过3万户。建有金锣港、马庙枣马畈等优质稻核心示范区5个，面积5万亩。

以永信食品、永康油脂为龙头，抓好花生、油菜产业化发展，全县油菜生产呈现出恢复性增长，油菜种植覆盖全县；形成了杜皮、总路咀、上巴河、

淋山河等花主产乡镇，花生板块面积 3 万亩，地膜花生 2.4 万亩；全县油料作物订单面积 10 万亩，永康油脂年产菜籽油 3 万吨，永信食品年加工花生 6000 吨。

以孟冲等金银花种植专业合作社为龙头带动，全县建立 500 亩以上金银花生产基地 4 个，100～200 亩的生产基地 6 个，建有四个金银花加工企业，金银花生产规模达到 1.3 万亩，形成了年产值达 2000 万元的新型产业，带动产区农户增收 100 万元。

加强生态建设，积极发展林业经济，全县建设油茶基地 4.1 万亩，建有高标准油茶基地 3200 亩，年产干茶籽 7800 吨，油茶基地的发展找到了林业生态建设与增加农民经济收入的最佳切入点。

团风荸荠、团风射干、谢河辣椒等一大批特色农产品正以标准化生产为抓手，以品牌建设为重点，全面提升产品质量，积极打造具有鲜明地域特征的地理标志产品。

## 二、活力水产引领产业升级

抢机遇，抓项目，水产业发展后劲不断提升。2012 年团风县引进了海大集团湖北百容水产良种有限公司落户白鹤林村，同时连续两年争取了 1700 万元中央财政支持现代农业生产发展资金项目，项目建设如火如荼，团风建立了国内首家武昌鱼研发机构——“武昌鱼遗传育种中心”，新建了 3000 平方米孵化厂房实现了工厂化育苗，建设了 2300 亩优质、高产水产苗种养殖示范区，成为全省现代渔业的样板区，项目示范效应正日益凸显。

调结构，兴特色，渔业发展产能不断增强。通过全面加强精养鱼池改造，大力推广水产新品种、新技术、新模式，从 2010 年以来，改造标准化精养渔池 4.5 万亩，提高养殖效益 20% 以上，逐步形成了以沿江滨湖地区为主的五大特色水产板块基地，全县发展小龙虾 4.3 万亩、鳜鱼 0.5 万亩、优质鲫 2 万亩等，名特优养殖面积达到 6 万亩以上。

强科技，促发展，科技创新提质增效。水产重点推广了 80:20 池塘高产技术、水产品健康养殖技术、小龙虾野生寄养技术、测水养鱼技术等，实现了水产技术的进步，综合技术应用达 92%。在绿树成荫的水产基地，在标准化鱼池，在水产品交易市场，小龙虾、螃蟹、鳜鱼等特色品种悄悄鼓起了水产养殖户的“钱袋子”；稻虾连作，鱼猪鸡鸭配套，鱼虾、鱼蟹混养的立体生态养殖诠释了当今渔业科技的创新发展理念。

强监管，保安全，健康养殖全面推进。通过开展经常性渔业安全培训与执法监管，极大提高了水产养殖单位和个人的安全生产意识和能力，渔政执法更加文明规范，渔民互助保险参保率100%。通过创建品牌，提高合作化程度，推进水产健康养殖，团风县黄沙湖渔场、湖北凯诚生态农业有限公司团风养殖场分别荣获农业部“全国水产健康养殖示范场”称号，团风县艳兵水产专业合作社荣获“湖北省水产健康养殖示范场”称号，湖北百容水产良种有限公司已创建省级团头鲂良种场，建立了国家级武昌鱼育种中心。全县认证无公害养殖水面2.65万亩，无公害水产品6个，有“百容”、“詹家湖”等知名水产品商标。组建各类水产专业合作社18个，会员432人，带动周边农户1200人。

蓬勃发展的团风水产业正彰显着前所未有的发展活力。

## 三、现代畜牧彰显产业规模

龙头企业成为带动现代畜牧业发展的“总引擎”。全县畜牧业有龙头企业6家，以商品猪和种猪生产为主的湖北天邦农业发展集团、湖北天意种猪有限公司带动全县的牲猪生产，现在湖北天邦农业发展集团年出售商品猪1.2万头、种猪8000头；湖北天意种猪有限公司年产商品猪1万头、年产种猪6000头；团风中慧畜牧科技有限公司年生产饲料7万吨，湖北华扬科技发展有限公司年销售鸡苗1500万羽。

蛋鸡养殖规模全省第五。近几年蛋鸡养殖规模一直在1000万只以上，是湖北省“养鸡大县”。“林家大湾”蛋鸡的品牌效应，带动了全县的蛋鸡养殖，养殖总户数2289家，标准化养殖覆盖率达52%，高于全省平均水平。2012年团风蛋鸡生产纳入省畜牧养殖示范区创建行列，成为全省蛋鸡标准化养殖样板示范县。

特色养殖异军突起。团风黄湖移民新区年养殖绿头驯化野鸭345万只，产值达8625万元；楚牧有限公司发展梅花鹿养殖规模达300头，是目前鄂东南最大的一家梅花鹿养殖场；上巴河有标准化的肉鸽养殖场，年出笼肉鸽10000多只；杜皮、淋山河发展七彩山鸡养殖，年出栏量达30000只；贾庙、马庙发展肉兔养殖，年出栏肉兔5000只。

标准化创建取得了新的成效。以“四级联创”为抓手，扎实推进畜禽规模化、养殖标准化建设，累计建设国家级标准化示范场4个，省级示范场27个，市级示范场87个，县级示范场230个。

现代产业布局基本形成。规模化、标准化、产业化迅速发展，形成了蛋鸡产业、养猪业、养羊业、养牛业和畜牧加工业五大主导产业。初步建成上巴河、马曹庙养羊基地；团风王家坊的绿头野鸭养殖基地；但店、回龙、总路咀蛋鸡生产基地；上巴河、马曹庙、淋山河、方高坪养猪基地；但店、杜皮、贾庙的肉牛养殖基地；上巴河、淋山河、总路咀三大奶牛养殖基地。

全县所用的大型养殖场全部建设大型沼气池，沼气池总容量 3250 立方米，年转化动物排泄物 14.3 万吨，沼液沼渣用于还田，可提供生活用沼气或发电，循环经济对农业节本增效产生的经济效益十分可观。

团风正以转变畜牧业发展方式为主线，以创新为动力，大力挖掘畜牧优势产业资源，重点培育发展养殖大户、农民专业合作组织和农业致富能手，为推动团风现代畜牧业跨越发展奠定了坚实的基础。

## 四、组织保障夯实产业基础

全县在探索农民专业合作组织方面进行了有益尝试，取得了成效。县农业局在扶持专业合作组织方面，从组建机防队着手，逐步成立植保专业合作社，县植保站对各植保专业合作社进行统一指导，并对每个合作社给予 5000 到 10000 元的资金扶持，全县现有植保专业合作社 20 家，它们在农作物病虫统防统治工作中发挥了主力军的作用，每年全县的机防面积在 26 万亩以上。2009 年 11 月，农业部到团风调研实地查看了淋山河孙家山植保专业合作社，对建设农村植保专业合作社的做法给予了充分的肯定。县农机局对全县成立的农机合作社进行重点扶持。在相关部门的支持下，全县各类农村专业合作组织快速发展，涉及优质稻生产、马铃薯生产、花生生产、荸荠种植、蛋鸡养殖、水产养殖等，全县各类农民专业合作社共 212 家，农民会员超过 2 万人，这些合作社在发展生产，连接基地和农户，抱团销售等方面发挥了积极的作用，年实现农产品交易数量近 20 万吨，带动农户受益 8 亿元。

## 五、品牌战略打造农业“名片”

着力打造四个农业行业品牌：一是打造团风农业技术推广品牌。县农业局着力培育了农民植保机防组织建设，以县植保站牵头，组建了全县的植保机防网络，建设植保专业合作社和植保机防服务队，致力于打造全国植保机防大县，被国家农业部列为“全国植保统防统治示范县”；县农机局在农机化推广工作中以实现农业机械化为目标，大力推广保护性耕作技术，被农业部授予“全国保护性耕作示范县”。二是着力打造名牌农产品加工企业。通过政策倾斜、资金扶持，培育了东坡粮油集团、永信食品、永康油脂、新华扬等农产品加工龙头企业，2012年，全县对龙头企业发放银行贷款5亿元，财政扶持1000万元，减免税收560万元。市级以上龙头企业发展到23家，其中，省级重点龙头企业3家、市级龙头企业20家；农业产业化组织总数达到254个，农业订单总额1.65亿元。全县龙头企业销售总额22.2亿元。三是打造了企业科技品牌。企业通过技术改造与升级，依托技术支撑，完成了影响产业的技术瓶颈升级，提高了科技水平，永信食品有限公司、黄冈东坡粮油集团被省科技厅列为“科技示范企业”。四是发展农产品品牌，农业品牌建设水平得到提升。全县现有“兴鄂”、“东坡”、“团香”牌大米、“永信”系列花生产品、“林家大湾”鸡蛋、“詹家湖”水产品、“新华杨”畜禽饲料、“天意”种猪等农产品品牌19个；有方高坪荸荠、团风射干、淋山河辣椒3个国家地理标志保护产品，这些品牌资源提升了团风农业的知名度，打造了团风农产品品牌；“兴鄂”牌商标被评为湖北著名商标，永信“绿野香”系列花生产品被评为湖北名牌产品并被授予黄冈市著名商标；“孟冲”牌雷竹鲜笋、接天山茶叶等多个农产品在中国食品博会、农博会上获得金奖。

“潮平两岸阔，风正一帆悬”。团风在由传统农业向现代农业发生积极转变的过程中，立足资源优势，打造农业品牌，在现代农业发展的浪潮中，探索出一条适合自身发展的科学航向。

**作者简介：**

何自强，男，汉族，1965年3月出生，大专学历，农艺师。现任湖北省团风县农业局办公室主任。

朱帆，男，汉族，1967年6月出生，本科学历，农艺师。现任湖北省团风县畜牧兽医局局长。

易玲，女，汉族，1978年9月出生，中共党员，大学学历，水产助理工程师。现任湖北省团风县水产局办公室主任。

# 脐橙为砖敲开小康之门

湖南省宜章县农业局 邓 晖 李梦旭 谭新民

消除贫困、实现共同富裕，是社会主义制度的本质要求。改革开放以来，我国大力推进扶贫开发，特别是随着《国家八七扶贫攻坚计划（1994~2000年)》和《中国农村扶贫开发纲要（2001~2010年)》的实施，扶贫事业取得了巨大成就。宜章县委、县政府以实施千村扶贫百村整体推进为载体，在做好劳动力培训转移、项目开发、建整扶贫等项目的同时，调整扶贫工作思路，把产业扶贫作为重点工作来抓，从小规模零星扶持向推动区域经济统筹发展转变；从单纯的业务部门扶贫向上下结合、各级各部门密切协作转变；从单纯调整种植业结构向规划产业布局、强化基地建设、扶育龙头企业等多环节并举转变。结合县情，通过大力发展脐橙产业，提升扶贫对象的自我发展能力，变“输血”为“造血”。

## 一、脐橙产业建设成效突出

宜章县脐橙优势产业开发已于2002年被列入国家优势农产品区域布局，是我国未来三大柑橘产业带之一的赣南—湘南—桂北柑橘带的主产区，2002年以来，县委、县政府立足本地资源优势，以华中农业大学、湖南农大等科研院校为依托，将发展脐橙产业确定为农业发展和扶贫攻坚重点支柱产业，项目实施以来，在促进县域经济发展和带动农民脱贫致富上取得了显著成效。

（一）基地建设形成规模。我县以城西万亩脐橙示范园和梅田镇上寮生态农庄为样板，按照“公司+基地+农户”的模式投资建设，种植以纽荷尔为主的脐橙4.3万亩，引导580户农户进园开发，实现农村富余劳动力转移2000余人，其中贫困农户234人。在两个核心示范基地的示范引领下，带动了长策乡陈家塘、里田乡龙溪、杨梅山镇富里坪、太平里乡田寮、岩泉周家湾、长村东溪、黄沙沙坪、栗源龙沙坪等一批基地开发。目前，全县已开发种植脐橙10.2万亩，参与脐橙开发农户达6000余户。

（二）农村经济合作组织得到较好的发展。在脐橙产业建设的需要下，在县工商局、农经局等部门的指导下，宜章先后成立了梅田镇上寮脐橙专业合作社、城南乡罗家山脐橙专业合作、岩泉镇鑫盛脐橙专业合作社等农村经济合作组织，通过专业合作社组织农民培训、提高生产水平，统一组织销售、增强抗市场风险力，引导农民互帮互助、促进产业壮大发展。合作社组织化程度得到了大幅提升，现全县共有脐橙专业合作组织 12 个，会员达 8000 余人。

（三）农业龙头企业不断发展壮大。以企业为龙头，以农村合作经济组织为躯干，以广大农户为血肉，建立“公司 + 基地 + 农户”的模式，是当前提高农副产品品质和市场竞争力的有力手段，宜章县加法果业公司作为我县脐橙产业开发的龙头企业。在县委、县政府的领导下，在上级主管部门的大力支持下，不断开拓市场，参与竞争，在竞争中发展壮大，组织 3200 农户联户开发基地 28000 亩。2009 年 12 月被省农业产业化办公室评为省级农业龙头企业。

（四）产业扶贫效果明显。产业建设以来，我县开发脐橙面积 10. 2 万亩，实现年产脐橙 56000 吨，产值 1. 6 亿元，产业建设农户年人平纯收入增加 2200 元，农村贫困人口大幅下降，2009 年宜章农村贫困人口 10. 67 万人，而今农村贫困人口 7. 78 万人，农村贫困人口基数下降 27 个百分点。

## 二、主要做法和基本经验

### （一）更新理念谋发展

#### 1. 强化工业化理念，创立脐橙开发新思路

县委、县政府立足高标准、高规格建设好脐橙优势产业，运用发展工业的理念开发脐橙产业，打破传统的一家一户分散开发的小农经营模式，建立与市场经济发展相适应的规模化产业基地。在基地建设上，以建设工业项目的方式方法来建设脐橙基地，把脐橙基地建设分解成若干子项目，招标确定项目承建法人，再由项目法人负责招商开发。目前，城西万亩生态农业示范园由县加法果业公司招商开发，梅田上寮生态农庄由上寮脐橙合作社招商开发。其他基地也采取统一规划、统一水、电、路设施建后再转租给农户开发。

#### 2. 强化市场理念，创新脐橙开发机制

我县坚持以市场为导向，走“市场拉动企业，企业带动基地，基地联结业主”的新路子，按市场规律操作，实行“六统一分”。“六统”即：一是统一开发主体。全县脐橙开发以加法果业公司为龙头，实行项目法人负责制。二是统一租赁荒山。按照《土地承包法》的有关规定，实行土地合理流转。由项目法人向村、组、农户成片租赁荒山，再由项目法人转租给开发业主。三是统一规划。坚持先规划后开发的原则，要求做到水、电、路配套，猪、

沼、果协调，块、段、条合理，梯、苗、行一致。四是统一开发政策。不管大、小业主，不分内、外商，同样享受各种优惠政策。五是统一开发技术。纳入整体规划的项目区，从苗木供应到撩壕建园，从定植到栽培管理，直至果品采摘都要按《技术规程》操作，推行标准化生产。六是统一物业管理。各项目区由项目法人统一建设水、电、路等基础建设，实行物业化管理模式。“一分”则是由投资业主分户开发，分户经营。

3. 强化服务理念，创优脐橙开发环境

一是政策扶持。县委、县政府成立了以县委书记为顾问、县长为组长的脐橙优势产业开发工作领导小组。2003 年县委、县政府印发了《关于加快脐橙产业开发的决定》、2011 年又印发了《关于做大做强脐橙产业的决定》等多个规范性文件，出台了一系列优惠政策。将湘南农业综合开发、退耕还林等涉农项目资金捆绑使用，重点投向脐橙开发。鼓励金融信贷部门向脐橙开发提供信贷支持。二是干部参与示范。结合推进干部参与农业结构调整，县委、县政府动员广大干部职工积极参与脐橙开发，实行“谁开发、谁投资、谁受益”，并规定参与脐橙开发的干部职工待遇不变，成果归己。三是加强技术服务；全县脐橙开发项目和开发小区均由县脐橙产业办无偿提供规划服务，签订了三年以上技术服务合同。对规划区内果农负责进行技术培训和指导。为进一步搞好服务，我们组建成立了县果业协会，举办了脐橙技术夜校，建立了农艺师联系基地、农技员联系示范户制度，切实加强了技术培训和技术指导。县委、县政府还聘请了中国工程院院士、华中农业大学校长邓秀新教授为我县果业开发顾问，不定期来宜章对果农进行技术培训和现场指导。2002 年以来，我们组织县内的技术干部对果农进行技术培训和技术指导，每年开展技术培训 20 余次以上。四是优化开发环境。我们组建成立了脐橙开发环境治理办公室，协调处理脐橙开发环境，县纪委、公安、法院等执法执纪部门，加大执法执纪的力度，严厉打击破坏投资环境的行为，切实保护投资者的合法权益，优化开发环境。通过扎实有效地工作，脐橙开发环境得到优化。引进了香港慈善家李道德先生、广东优农科技有限公司等外商在我县黄沙、长村等地投资开发脐橙。

4. 强化绿色理念，创建脐橙生态果园

一是抓标准体系建设。我们组织有关专家编制了《宜章县脐橙无公害栽培技术规程》、《宜章县无公害脐橙质量标准》《绿色食品宜章脐橙生产技术规程》《绿色食品宜章脐橙质量标准》。二是抓生态果园建设。对于基地开发，坚持高起点规划，按《技术规程》施工，实行“猪—沼—果”配套，采取

“山顶戴帽、山腰系带、山脚穿裙、等高作梯、内沟外埂、梯壁植草”等工程措施和生物技术措施，做好“三防一保”，建设生态果园。三是抓品和引进、示范及推广。我们聘请中国科学院院士、华中农业大学校长邓秀新教授担任我县果业发展顾问，并利用这一优势，搞好水果优良品种的引进、开发、推广。现已引进红肉脐橙等新品种 15 个。四是抓绿色食品脐橙生产技术推广。着力推广“三大一篓”技术，缩短开发期，做到当年建园，当年移栽，第二年挂果，提高果业开发效益。重点推广果实套袋、增施有机肥、生物物理防治等先进管理技术，建立绿色食品脐橙果园。五是抓绿色品牌的创建。2003 年 11 月，县加法果业公司向国家工商管理总局申报注册了“加法”牌商标，2006 年又向国家工商行政管理总局申报了“宜章脐橙”证明商标。2005 年将城西生态农业示范园和梅田上寮生态农庄向农业部申报了绿色食品认证，并在 2006 年通过了农业部的认证。2005 年城西生态农业示范园和梅田上寮生态农庄取得了省《柑橘果园出口注册登记》。2011 年我县又被农业部评为农业标准化生产（脐橙）示范县，这些工作的开展和成绩的取的，为创建我县的水果品牌、促进我县水果销售奠定了良好的基础。“宜章脐橙”在第七、八、九届中国 · 湖南省（国际）农博会、首届中国 · 湖南省（国际）绿色食品博览会、首届中西部特色农产品交易会、2011 年中国 · 湖南省（国际）农博览会获金奖。产品销往北京、武汉、长沙等地，受到消费者的欢迎。

**（二）强化联结思脱贫**

产业建设以来，我县以农业龙头企业为主体，采用了多种企农利益联结机制的类型与方式，更有效、更迅速地帮助更多农民脱贫增收。

一是契约型利益联结。主要是通过契约形式将企业与农户之间的责、权、利联结起来，以发挥产业一体化的功效。其基本特点有两点：各联合方经营的独立性；通过契约作为制度和法律保证，界定各利益主体之间的利益分配关系。在公司的主要表现方式有：企业 + 基地 + 农户、企业 + 订单 + 农户、企业 + 经纪人 + 农户。

二是担保型利益联结。在契约联结的基础上，引入担保机制，由县政府、乡镇府作为中介担保人，一手托两家，把企业与生产基地和农户联结起来，并督促、保证契约的履行。

三是市场交易型利益联结。企业对农户生产的农副产品一次收购，双方不签订合同，自由买卖，价格随行就市。除此之外，农户与龙头企业之间没有任何经济约束，收购农副产品是通过纯粹的市场活动来完成的。这种利益联结，看似简单，但它在一定程度上不仅解决了农副产品“卖难”的问题，对农业生产有一定的促进作用，而且是产业化经营的渊源之一。

四是龙头企业一体型利益联结。这种联结方式指的是具备条件的龙头企业直接投资建基地，基地也可以直接投资建龙头，龙头是基地的加工车间和营销部门，基地是龙头企业的原料车间，龙头与基地联为一体，独立经营，分别核算。这种方式是产业化经营的高级完善方式。

## 三、有待解决的问题及建议

（一）产业规模还需扩大，农民组织化程度有待提高。通过多年的发展，我县脐橙产业初具规模，但与发展现代农业要求相比，还存在基地规模小、品质不优、品牌不亮、势头不强、市场占有率不高等问题，还没有真正把产业基地做大做强、做成品牌、把资源优势转化成经济优势。当前，我县土地流转的形式主要有反租倒包、租赁、转让等几种，但土地流转的机制还不健全，土地流转还处于自发的、分散的、无序的小规模状态，还没有实现以土地入股构建合作经济组织或股份合作公司等紧密型利益联结机制上的新突破，没有实现土地、资金、技术和劳动力的优化配置，制约了农业集约化经营和农民组织化程度的提高。

（二）龙头企业潜力还需深挖，示范带动能力有待增强。围绕脐橙产业，我县先后发展了一批农业龙头企业和农村合作经济组织，但从严格意义上讲，这些“龙头”企业和经济组织，大部分还够不上真正的龙头企业。企业与农户之间的利益联结机制还不够完善，且缺乏中介服务组织，农户与市场难以实现有效对接。同时，现有部分龙头企业受资金、技术、市场等诸多因素影响，规模较小，对产品深加工不到位，缺少品牌，抵御市场风险能力有限。一些农民合作经济组织也只是挂个牌子，没有开展实际工作。目前，全县多数农产品还是以直接出售初级产品为主，产业链条短、附加值低，种植户得不到产品深加工所带来的效益，依然停留在传统小生产阶段，农业产业化水平低。

（三）扶贫资金倾斜力度还需加大，银行贷款政策有待放宽。由于我县是一个国家级贫困县，县本级财政非常困难，主要靠国家转移支付，政府对农业生产的投入主要靠涉农项目资金，而大部分农户无力投入过多资金，地方资金投入不足严重制约我县脐橙产业发展。其次是农村金融服务缺位。政府虽然加大财政贴息贷款力度，但银行对涉农企业和农户贷款门槛高，需要资产抵押担保，而大多数龙头企业处于起步阶段，效益低，风险大，绝大多数农户无房产证等使用权证和存折抵押，银行不愿意为其贷款，资金短缺难以满足企业和农户融资需求，限制了龙头企业和农户生产经营规模的扩大。

（四）农民培训工作还需加强，劳动力文化素质有待提升。农村人口文化程度普遍偏低。目前我县32.1万农村劳动力中，高中以上文化程度10.9万人，仅占34%，初中及以下文化程度21.2万人，占66%。农村正常劳动力中，真正掌握1到2门实用技术的不到一半。加之近年来大批青壮年劳力外出搞劳务，留守在农村从事种养业的多数是老人和妇女，他们大部分科技、文化素质不高，生产经营观念陈旧，求数量不求质量，求温饱不求富裕，对现代经营理念知之甚少，政府部门要加大资金和科技投入，提高农民培训经费比例，完善科技手段，整体提升农村劳动力文化素质。

# 提高农业产业化水平<br>加强农产品品牌化建设

湖南省临武县农业局

## 一、临武县产业基础

近几年，在县委、县政府的高度重视和上级部门的正确领导下，我县认真贯彻落实中央1号文件精神，围绕四大主导产业，重点抓好了四个优势产业带建设，初步形成了以临武鸭为主的特色养殖业、以脐橙和南丰蜜橘为主的优质水果业、以玉米为主的旱粮作物业和以香芋为主的高效经济作物种植业四大优势产业，打造了一批名牌产品，全县农业产业化工作取得了良好成效。2012年，预计全年乡镇企业增加值38.74亿元，同比增长23.9%，完成乡镇企业总产值121.1亿元，同比增长19.14%；全县农产品加工业完成销售收入14.62亿元，同比增长28.3%，带动农民人均增收1890元，乡镇企业质量、效益和农业产业化水平有了明显提高。

## 二、农业产业化基地格局

经过几年的产业结构调整，基本形成了以临武鸭为主的特色养殖业、以脐橙和南丰蜜桔为主的优质水果业、以玉米为主的旱粮作物业和以香芋和大冲辣椒为主的高效经济作物种植业四大优势产业。临武鸭主要在山塘水库边发展，优质水果主要在南面乡镇发展，以玉米为主的旱粮作物业在土生牲猪养殖专业合作社的带动下主要在北面乡镇发展，香芋主要在双溪、武水、城关等乡镇发展，大冲辣椒主要在镇南、大冲等乡镇发展，农业产业结构布局趋于合理。

## 三、农业产业链现状

一是龙头企业带动能力。我县进一步巩固了“公司+基地+协会+农户”的产业化经营模式，不断完善利益联结机制，通过拉长产业链条，促进了农业生产发展。如舜华鸭业公司不仅带动农户养鸭，还带动了油茶、辣椒等相关产业的发展，带动农户23600多户，户均增收1160元。金福科技食品公司与3.22万农户签约种植高淀粉红薯、临武香芋、马铃薯、玉米等4.5万亩，为联动农户户平增收1000元以上。二是农产品流通市场。切实加强“企农”合作关系，不断完善“公司+协会+农户”的一体化经营模式，引导龙头企业与协会、协会与农户结成利益共同体，建立利益共享、风险共担经营机制。按照一个产业多个协会，先后组建发展了临武鸭养殖协会、香芋营销协会、红心桃营销协会等农民专业合作组织28个，发展会员1.65万个。协会以政府引导、市场运作为原则，广泛开展产前、产中、产后服务，提高了农民进入市场组织化程度，成为市场营销的主力军。三是农业产业化网络建设。各农业企业、产业组织和政府职能部门建立健全了信息网络平台，加强了信息交流和服务，与全国9个省市65家大客户建立了稳定的供销关系，在长沙、广东、广西、福建、上海等地建立了稳定的农产品销售渠道38条，销售网点达2500多个，大大拓宽了农产品销售空间。四是农产品订单发展。为巩固农产品营销市场，采取内联外引，大力发展订单农业。2012年共落实订单农业面积7.79万亩，比上年增长23.7%。订单品种有临武鸭、香芋、辣椒、水果、红薯等及其加工产品，订单产品除满足本县农业企业所需原料外，还流向广州、深圳、长沙、北京、上海等城市，远至东南亚国家。五是农产品品牌打造。突出地方特色，树立品牌意识，加大了技术创新和产品研发力度，做大做强舜华鸭业、舜溪香芋、舜桔果业等一批“舜”字号农副产品品牌，增强市场竞争力。充分利用各种媒体扩大宣传，并抢抓各地展销良机，精心策划，精品包装，把各种产品推向会展，提高了品牌知名度。

## 四、我县农业产业化发展潜力

### （一）不断提升种植技术，拓宽种植空间

针对我县农产品营销潜在的市场风险，农业部门应加强对种植技术的应用。如香芋标准化生产园建设、水果标准园建设与推广、农产品质量安全市场准入制度等方面工作。大力推广水果套袋技术、香芋地膜覆盖保鲜过冬技术等。

### （二）加快土地流转步伐，健全土地承包管理机制

出台政策措施健全土地承包经营权流转经营机制。坚持农村基本经营制度，稳定和完善土地承包关系，按照依法自愿有偿原则，健全土地承包经营权流转市场，积极发展多种形式的适度规模经营。总的原则是，稳定承包权，搞活经营权，保护收益权，在不改变土地用途的前提下，允许经营权租赁、

转包、转让和入股，推进农村土地股份制合作。农村土地承包合同管理部门要加强土地流转中介服务，完善土地流转合同、登记、备案等制度，培育发展多种形式适度规模经营的良好市场环境。

**（三）延伸产业链条，提升农产品的增值空间**

我县舜华鸭业已依托高等院校的研发能力，加工产品由过去单一的卤鸭发展到糖果鸭、板鸭、香辣鸭等十大系列100多个品种。小徐瓜瓜通过加工技术，研发了大冲辣椒酱、东山紫姜、辣椒干、辣酱肉、辣酱鱼、坛子肉、豆鼓、腐乳等系列产品，现有产品8大类，28个品种。同时健全了营销网络，全力拓宽了市场空间，农产品价格迅速提升，市场风险减到了最小。

**（四）不断完善质量监管体系，稳定消费群体空间**

2006年我县成立了农产品质量安全检验检测中心，承担了全县农产品、种子、肥料、农药的质量安全检验检测工作，负责指导全县农产品生产基地和批发市场开展检测工作等。近几年来我县农产品质量安全检验检测中心做了大量的农产品质量安全检验检测工作，但由于检测仪器还不够完善，只停留在简单的抽样检测方面，达不到推行农产品市场准入制，消费群众过于分散，也存在着农产品质量安全的隐患。

**（五）形成品牌，确立中心辐射空间**

通过全力抓好无公害农产品生产基地建设，“三品”认证工作，突出地方特色，树立品牌意识，做大做强舜香芋业、舜桔果业、金福薯业、小徐瓜瓜辣椒等农产品品牌，增强品牌中心辐射空间，充分利用各种媒体扩大宣传，并抢抓各地展销良机、精心策划、精包装把产品推向会展，提高品牌知名度。如舜华鸭业通过一系列推介打造，已跻身为国家级农业产业化重点龙头企业行列，并列入湖南省农业产业化“131”重点工程，舜华鸭业创造全国著名商标。

**（六）建立农产品物流市场，加速农产品市场大流通格局**

我县地处湘南边境，与粤此接壤，南接广东连县，北接嘉禾、桂阳、东邻宜章、苏仙，西接蓝山，境内有通往邻县的公路五条，京珠高速复线贯穿县域南北，交通十分便利，有着独厚的区域优势。建立现代化农产品物流市场，把我县农产品融入全国农产品大流通的潮流中去，使我县农产品流通变被动为主动，达到降低物流成本的目的。

**（七）加大对农业产业化经营的扶持力度**

一是加大财政扶持力度。从2012年起，县财政每年拿出专项资金用于支持农业产业化经营。县政府制定出台农业产业化经营扶持办法，用足用活扶持资金，采取财政贴息、以奖代补的形式，对规模以上农产品加工、流通企业和专业合作经济组织及标准化基地建设进行扶持。二是落实税收优惠扶持政策。要从所得税减免、营业税减免、增值税减免、其他税收减免等多个方面，认真落实对农业产业化龙头企业和农民专业合作社的扶持政策，最大限度减轻企业的税费负担，给企业生产经营创造宽松环境。三是加大信贷扶持力度。金融机构要将符合授信条件的龙头企业、合作组织列为优先支持对象，大力支持农业产业化经营，优先支持符合贷款条件的龙头企业及合作组织。四是落实上级规定的龙头企业用地、用电、用水、交通四优先的优惠政策。对重点农业龙头企业建设项目用地视同重点项目建设用地，对符合农业生产用电规定的种养业龙头企业执行农业生产用电电价政策，落实好县级以上重点龙头企业生产和基地种植养殖用水保障措施，落实国家对整车运输鲜活农产品车辆的“绿色通道”政策。

## 五、我县农业产业化发展薄弱环节

### （一）种植结构调整慢

2012 年，我县农业产业除了香芋、脐橙、南丰蜜桔已形成规模生产外，其他产业只呈零星分布，规模小，也没有建立稳定的营销网络。另外对玉米而言，近几年只注重在提高产量方面上做文章，而在农产品加工这块没有突破，致使农户生产效益低，而制约了向规模化发展。

### （二）土地流转困难

由于土地承包到户分散经营，加上很多农户对土地流转意识淡薄，一片土地有少数农户思想守旧导致种养大户承包不下来，造成资源浪费。这方面是制约我县农业产业化发展的颈瓶。

### （三）产业链条延伸速度慢

产业链条的延伸向多元化发展是农业产业化持续发展的坚强后盾。我县除现有的农产品加工龙头企业：舜峰芋业、小徐瓜瓜辣椒食品加工厂、金福薯业外，我县年产 5 万吨以上的水果业只停留在鲜果直接上市，上市时间比较集中，潜伏着较大的市场风险。年产 5 万吨以上的玉米产业只停留在生猪饲料的供给源料上，农业生产效益较低，制约着玉米的发展。

### （四）农产品加工龙头企业缺乏创新能力

我县种植业农产品加工龙头企业有舜峰芋业、小徐瓜瓜辣椒食品加工厂、金福薯业等 3 家企业，技术含量较低，只停留在农产品初级加工阶段，资金规模小，没有形成规模效益。且市场开拓、自主创新能力不强，抵御市场风险力差，与国内其他省市的龙头企业比较还有很大差距。

**（五）农民专业合作经营组织专业化水平较低**

至2012年，我县共有农民专业合作社63家，发展速度很快。但由于利益分配机制不健全，内部运作不规范，使合作社的作用发挥不显著。2012年全年完成交易额2.1亿元，占我县全年农产品交易额的14.6%，较其他地区农民专业合作社经济组织的作用差距明显。

**（六）现代化农产品批发市场建设推进缓慢**

现代化农产品批发市场建设是我县面临的主要问题，县内至今未一家现代化农产品批发市场。大批农产品如香芋、脐橙、南丰蜜桔等要向外找市场，增加了销售成本。

## 六、我县农业产业结构调整整改方案

**（一）指导思想**

坚持以全国现代农业发展规划为指针，用新型工业化理念谋划农业产业化，用新型工业化手段推进农业产业化。做牢基础，做大基地，做强龙头，做优品质，做活流通。进一步建立和完善“公司+农民专业合作组织+农户+基地”、利益共享、风险共担的组织形式和经营机制，稳步实现农民增收、企业增效、财政增税，促进全县农业产业化上台阶、上水平。

**（二）整改重点**

1. 大力发展农产品加工业。农产品加工业是农业产业化发展的关键，要加大招商引资力度，制定优惠政策，引进加工企业，推进农产品加工业的发展。继续培育和壮大舜华鸭业、小徐瓜瓜等省级以上龙头企业，加快建设沙田金仙黄牛巴加工厂和林富茶油加工厂，极力引进果蔬加工和生猪加工企业入驻临武。重点发展粮油加工业、畜禽加工业、果蔬加工业、香芋加工。

2. 做大做强原料生产基地。原料基地建设是农业产业化发展的基础，要大力推进农产品基地标准化生产，提升基地的规模化和专业化水平。引导推广“龙头企业+合作社+基地+农户”原料基地建设模式，支持龙头企业领办、各类合作社组织参与或自建原料基地。围绕加工需求调整种养品种结构和区域布局，重点抓好优质小水果、香芋、油茶、玉米、临武鸭、生猪、黄牛等生产基地建设。

3. 加快发展农产品物流业。物流是农业产业化发展的枢纽，依托铁海联运、公路口岸等平台，加快推进农产品物流发展。重点支持粮油、畜禽、果蔬及速冻食品冷链物流等重大项目建设，引资兴建农产品产地贸易市场。引导龙头企业积极发展连锁配送、电子商务、农超对接等新型流通业。支持和鼓励龙头企业“走出去”开展产品营销推介活动。在“南扩”基础上，实施农产品“北上”、“东进”战略，扩大“舜”字牌农产品在北京、上海等大中城市的市场占有份额。

4. 不断提升现代休闲农业。休闲农业是农业产业化发展的延伸，结合产业基地建设、旅游开发、新农村建设，不断提升现代休闲观光农业。以实施“花果山”计划和西山绿谷开发为契机，打造一批高标准的休闲农庄。

# 产业化推进　品牌化打造

广东省乳源瑶族自治县农林局　李少灵

2008年以来，乳源瑶族自治县立足于广东生态发展区的功能定位，坚持以科学发展观统领农业农村经济发展全局，以发展农村经济、增加农民收入为中心，以培育发展农业龙头企业和农民专业合作组织、加快现代农业园区建设为抓手，按产业化推进、品牌化打造的要求，四轮齐驱发展现代生态农业，农业转型升级取得初步成效，实现了农业生产的持续快速协调发展。

## 一、主要成效

### （一）基地园区化

近年来，乳源抓住国家强农惠农政策密集出台，农业投入持续增长的有利有机，整合各方资源，加强了农业生产基地的园区化改造步伐，有效提高了农业生产基地的综合生产能力。2008年至今，全县共实施农田水利建设、标准化基地建设等农业基础设施建设项目50多个，投入资金2.2亿元，兴建三面光水渠92千米，机耕路38.5千米，便桥116座，建成现代农业园区15个，其中科普教育园区2个、农产品精深加工园区2个、设施农业园区3个、绿色循环农业园区3个、绿色生态农业园区5个。2011年，全县现代农业园区总面积1.96万亩、总产值3.2亿元，园区平均亩产值1.63万元。在现代农业园区的带动下，全县农业生产基本形成了“一条长廊、两大产业带”格局，在乳城、一六、游溪、桂头等平原地区建成了以优质稻、蔬菜、水果为主导产品的绿色生态农业长廊，在大桥、洛阳、大布等石灰岩山区初步建成烤烟、反季节蔬菜和竹笋等特色产业带，在必背、东坪、洛阳等镇建成茶叶、中药材、水库鱼等精品农业发展区。

### （二）生产组织化

近年来，乳源通过强化政策、资金扶持和信息服务等工作，加快了农业企业、农民专业合作社和专业协会等产业化经营组织的培育发展。目前，全县有产业化经营组织153家，其中较具规模的农业企业28家、农民专业合作社125家，分别比2007年增加17家和108家。全县有1.83万家农户参加了“公司+基地+农户”、“支部+协会+农户”和“合作社+农户”等产业化经营模式，参加产业化经营的农户已占全县农户总数的39.3%，比2007年提高了21个百分点，农业生产的组织化程度和抵御市场风险的能力显著提高。农产品销售目的地已从县内扩展至珠三角、港澳台地区和日本市场。

### （三）产品品牌化

至今为止，乳源共有西洋菜、还原笋、辣椒、杨梅和茶油等16个农产品获得绿色食品标志认证，有银鱼、三角鲂、草鱼3个水产品获得有机食品认证。绿色（有机）食品生产面积达到12.3万亩，年产量3.2万吨，年产值2.85亿元。全县注册农产品商标35个，其中大峡谷牌还原笋、银源牌三角鲂和银源牌银鱼被评为广东省农业名牌产品，金竹峰牌单枞茶获得了全国第六届中茶杯质量竞赛一等奖和广东省第六届名优茶质量竞赛金奖。乳源农业正从保障供给的数量增长型向提质增效的品牌农业转变，相继获得了广东绿色食品示范县、中国果菜无公害科技示范县等荣誉称号。2012年，全县农业总产值8.7亿元、农民人均纯收入6746元，分别比2007年增加3.6亿元和3302元，增长71%和96%。

## 二、主要措施

### （一）政策规划发动

根据国内外农业发展趋势和乳源的环境资源优势，乳源在2008年成功创建广东绿色食品示范县的基础上，又聘请广东省农科院专家编制了《乳源瑶族自治县生态农业发展总体规划》和《乳源瑶族自治县生态观光农业长廊概念性规划》，提出了大力发展现代生态农业的总体思路。要求在培育发展绿色种植业、健康养殖业、风情休闲观光农业的基础上，打破常规，升级跨越，将绿色种植业、健康养殖业、风情休闲观光农业升级融合，打造生态农业产业园区增长极、生物质农业增长极（沼气综合利用）和休闲观光农业增长极，加快培育城郊型精品农业、浅丘型高效农业和山区型特色农业等生态农业发展模式，强化了规划设计和引导。制定出台《乳源瑶族自治县生态农业发展总体规划实施方案》和《乳源瑶族自治县绿色食品有机农产品认证奖励办法》，明确了相关扶持政策，对获得农产品质量认证的单位，在市级奖励的基础上，再给予每个产品1万元~2万元的资金奖励。

### （二）现代园区推动

根据生态农业发展总体规划，结合乳源农村综合改革主体功能区建设的要求，我县分别在三类主体功能区培育建设了15个现代农业园区，通过园区改造和建设，全面推动生态农业的转型升级与发展。一是在新型工业优化发展区的乳城镇，通过实施优惠供地和税费减免等政策，支持广东宝华农业科技有限公司和韶关冠华食品有限公司建成宝华茶油精炼加工和冠华优质米粉加工等农产品精深加工园区2个，并以此带动了油茶、优质稻产业的发展。二是在高新产业重点发展区的一六、游溪和桂头镇，引导建设了三雄合作社西瓜园、信必达大棚蔬菜等设施农业园区3个，兴源公司标准化养猪场等绿色循环农业园区3个，通过推广设施农业生产技术和循环农业生产技术，促进了蔬菜、西瓜和优质肉猪等产业的发展。三是在特色产业生态发展区的洛阳、大桥、必背等镇建成嘉农无公害蔬菜生产基地、一峰生态观光农业基地等绿色生态农业园区5个，通过推广优良品种和绿色生产技术，促进了高山蔬菜、金银花和竹笋等特色产业和生态观光农业的发展。2012年，全县优质稻、蔬菜、油茶种植面积分别达到10.2万亩、8.6万亩和5.5万亩，优质肉猪饲养量达到13万头，竹笋、金银花、生姜等特色作物种植面积13.5万亩，香猪、野猪、竹鼠等特种动物的饲养量达到3.82万头（只）。与2007年相比，优质稻、蔬菜种植面积增加了3.1万亩和1.6万亩，油茶种植面积增加了4.8万亩，特色作物种植面积增加4.5万亩，优质肉猪和特种动物的饲养量增加了5万头和3.1万头（只）。

**（三）产业组织带动**

产业化经营组织是乳源推动生态农业转型升级与发展的主力军。近年来，乳源县抓住生态农业产业化的“牛鼻子”，从政策支持、财税扶持、项目申报和信息服务等方面，努力提升农业企业、专业协会和农民专业合作社等产业化经营组织带动发展生产的能力。一是采用转制改造国有企业、引导外出成功人士回乡创业和招商引资等办法，培育发展了较具规模的农业企业28家，其中种植企业11家、养殖企业9家、加工企业3家、综合性企业5家，在带动农户发展优质稻、蔬菜、烟叶和肉猪等大宗农产品方面起到了较好的龙头带动作用。如我县近年成立的金叶发展有限公司，采用“公司+基地+农户”的方式统筹组织全县烤烟生产，通过建设标准化育苗基地统一供苗，与农户签订烤烟购销合同等方式，带动了5个乡镇900多家农户种植烤烟1.03万亩。又如引进深圳嘉农公司在我县投资设立的乳源嘉农农业开发有限公司，通过统一供应种苗农药、统一生产技术规程、保价收购农产品等方式，每年带动大桥镇红云、歧石、柯树下等12个村委2600多家农户种植蔬菜6000多亩，年产新鲜蔬菜4000万斤，产值3000多万元。二是积极引导农业专业协会建立党支部，将种养能手培育发展为党员，由党支部引导党员会员发挥示范带动作用，通过为其他会员、群众提供技术、信息和销售方面的服务，带领群众发展特色生态农业。全县11家农业专业协会共有党员会员1150人，采取

“支部+协会+农户”的模式带动3372家会员农户种植生姜、马蹄、竹笋、蚕桑等特色作物2.6万亩、养殖肉猪1.1万头。如必背镇养猪营销专业协会，在41名党员会员的带动下，138家会员农户共饲养肉猪0.87万头，年出栏肉猪达到0.64万头。三是指导种养能手和经营能人牵头成立农民专业合作社，通过完善章程机构、健全规章制度，支持合作社开展信息采播、技术培训、市场营销和商标注册等服务，强化合作社在产前、产中、产后的一体化服务工作，有效提高了社员扩大生产规模、抱团进入市场的能力。目前，全县125家农民专业合作社采用“合作社+农户”模式共带动社员1859人，种植西瓜、香芋、茶叶、金银花、杨梅等特色作物1.71万亩，养殖香猪、山猪、竹鼠、家兔等特种动物3.82万头（只）。

**（四）特色品牌拉动**

实施品牌建设战略是乳源提高农产品市场竞争力、促进生态农业转型升级的又一个重要法宝。近年来，乳源在品牌培育开发方面做了大量的工作。一是制定和落实农产品质量认证奖励办法，投入农产品质量认证和标准化生产扶持资金500多万元，支持县绿色食品公司、南水渔业公司、宝华公司等6家企业申报绿色食品、有机食品标志认证产品19个，支持28家企业、合作社注册农产品商标35个。二是加强了农产品质量监督检测体系建设，先后建成了县级农产品质量监督检测站、县级水产品质量安全监督检测站和五个生产基地的产地检测站，强化了蔬菜、水果和水产品等大宗农产品的质量监测。三是加强了科技推广工作。在乳城镇建成无公害蔬菜标准化生产基地1000亩，在大桥镇建设无公害甜玉米标准化生产基地1000亩，在全县建成绿色食品笋竹原料生产基地10万亩，推广病虫害绿色防控、测土配方施肥等绿色生产技术11项。随着品牌建设战略的深入实施，我县以蔬菜为主的绿色农产品开始走出韶关、进入深圳、香港市场，其中大布镇生产的荷兰豆还打破了日本设置的绿色壁垒，成功进入日本超市。在蔬菜盛产季节，全县每天有50多吨蔬菜发往深圳等珠三角市场。随着农产品质量的提高，农业生产的效益也大幅提升。如一六三雄果菜专业合作社正在进行有机认证转换的大棚西瓜园，按有机食品规程生产的甜心牌西瓜，2012年的亩产值达到1.2万元、利润7500多元，利润比转换前增收4300多元。又如洛阳白竹金禾田合作社实施有机转换种植的乳香米，每公斤售价达60元，每亩稻田的亩产值9000元，亩产值比原来提高了5倍。在金禾田合作社的带动下，全县有机稻米的种植面积已从2011年的500亩，提高到2012年的3000亩，参与种植有机稻米的企业（合作社）扩展到3个，种植地点扩大到3个镇15个村。

**作者简介：**

李少灵，男，1969 年 12 月出生，大学学历。现任广东省乳源瑶族自治县农林局副局长。

# 发展名优品牌<br>做大做强乐业县优质薄壳核桃产业

广西壮族自治区乐业县农业局　刘昌龙

核桃是一种珍贵的木本油料果树，营养价值和经济价值很高，是我国传统出口农产品。核桃仁中含脂肪65%，蛋白质15%，糖类10%以及丰富的维生素和钙、铁、锌、硒等多种无机盐类，既是营养价值很高的食品和滋补品，又是具有较高医药效用的果类珍品，经常食用能止咳化痰、补气养血、润肝补肾、温肺润肠、健脑、补脑等功效；核桃油油味清香，其丰富的油酸和亚油酸对软化血管、降低血液胆固醇有明显的作用。根据国家农业部提供的信息，核桃食品被列为二十一世纪最具开发前景的保健食品之一。

乐业县毗邻云贵高原南麓，气候得天独厚，非常适宜核桃的生长发育，核桃在乐业已有400多年的栽培历史。乐业优质薄壳核桃品质优良，是乐业最具地方特色的优质果品，全县现有核桃面积2.5万余亩，年产核桃1200余吨，是全区薄壳核桃的主产区。由于核桃独特而丰富的营养价值和多功能的滋补保健作用越来越被国内外广大消费者所认识，核桃消费市场越来越大，目前，核桃坚果市场价为12～24元/千克，核桃油国际市场价为10～12美元/千克，发展核桃生产可谓市场前景广阔，经济效益好。乐业县委、县人民政府非常重视这一特色资源的开发工作，确立了把“发展核桃生产作为全县县域经济发展，促进农民长远稳定增收”的支柱产业来抓的思想，从1998年至今，按“公司+基地+农户”的模式，全县已连片开发种植核桃1.5万亩，县成立了核桃场及核桃开发有限责任公司，对全县薄壳核桃进行专业化生产、产业化经营，全县核桃产业开发取得了一定成效。但由于缺乏科学的开发和规范的市场运作，我县核桃开发虽然形成了规模，但开发种植品种混杂，良种化程度低，开发的档次不高，使我县优质薄壳核桃的名、优、品牌未能发挥应有的经济效应。为了使乐业优质薄壳核桃这一特色资源优势尽快转为经济优势，真正实现“果业增效，农民增收，财政增长”的发展目标，本人从县域经济发展的角度，现就如何做大做强乐业优质薄壳核桃产业的相关问题浅谈如下：

## 一、要立足市场，找准优势，明确发展目标，做好科学而长远的发展规划，即首先要解决发展的“定位”问题

县域经济就是特色经济。薄壳核桃因受气候、土壤等诸多因素影响，是乐业最具特色，也是最具市场前景的地方优势果品，在百色市及全区都享有盛名。随着经济全球化的到来，市场竞争特别是水果农产品的竞争日趋激烈，县域经济其服务“三农”的功能和自身发展的局限性，决定了离开地方特色和市场优势就不可能发展和壮大，并注定要淘汰出局。就乐业而言，要发展壮大县域经济，必须把薄壳核桃产业放到突出重要的战略位置来抓，充分做好优势薄壳核桃的良种繁育、基地开发、产品加工销售等方面的科学而长远的发展规划，把“优质薄壳核桃”定位为乐业乃至全区的优势产业来放眼发展，牢固树立以地方良种化为前提，以标准化、有机栽培生产为基础，实现薄壳核桃产业由偏重数量（规模）向注重质量和保证卫生、安全转变；树立以商品化处理、产业化经营为手段，努力实现薄壳核桃果品的增值和农民增收，全面提高薄壳核桃产业的整体竞争力和效益。

## 二、要抓好带基础性、全局性、前瞻性的科研工作

要以科学务实的态度，认真抓好本县薄壳优良单株的品种提纯复壮，单株单系繁育。万丈高楼平地起，乐业优质薄壳核桃开发成功与否，关键之一就是要选准品种，要淘汰劣质品种，按乐业薄壳核桃地方系列标准《品种》的要求，要把荣获全区优良单株和优质果品的11个薄壳核桃优株作为全县乃至全区重点推广和扶持发展的主栽品种。为此，必须从零开始，按《嫁接育苗》标准要求，下大力气抓好带基础性、全局性、前瞻性的薄壳核桃良种繁育研究工作，要集中人、财、物力，认真做好11个优株的单系繁育，力争得到百色国家科技园区的技术和资金支持，尽快建立乐业县薄壳核桃良种繁育研究中心，为建立全区乃至全国标准化、有机薄壳核桃生产基地提供良种保证。

## 三、要切实转变思想观念，以市场为导向，以抓工业的理念全力推进标准化、有机薄壳核桃产业化经营，不断提高产业化水平，努力实现规模与效益的统一

思路决定出路，质量决定市场，市场决定效益。质量是产品进入市场的准入证。随着我国加入世贸组织及中国—东盟自由贸易区的建立，水果产品

的市场竞争日趋激烈，要想在激烈的国内外市场竞争中独占鳌头，获得效益，必须切实转变思想观念，彻底根除要数量不要质量，搞盲目扩大种植规模，不顾质量和后期效益的所谓“形象工程和政绩工程”，要以经营企业的理念，瞄准国内外市场，科学规划、量力而行，大力推行以标准化、有机栽培为基础的“质量工程”建设，科学处理规模与质量、效益的关系，把种植薄壳核桃从偏重数量的广种无收向注重质量和效益的优质、高效农业转变，不断根据市场需求，按种植规模化，生产管理标准化的总体要求，通过“公司+农户（基地）、企业开发，经济能人开发”等多种经营模式，在全县核桃生长最适宜区的同乐、花坪、逻沙三个乡镇，建立广西乃至全国标准化、有机薄壳核桃生产基地，建设规模5年内要达到5万亩，即唯有做到规模和效益的有机统一，才能实现将乐业优质薄壳核桃这一特色优势转为经济优势，真正成为拉动县域经济发展，促进农民增收的优势产业。

## 四、要牢固树立和落实科学发展观，通过建立样板示范，以点带面，全力推进薄壳核桃标准化、有机化栽培，是做大做强薄壳核桃产业的必备条件和基础

随着经济的高速发展和人们生活水平的不断提高，绿色食品，特别是有机食品将成为国内外市场消费的主导产品，要充分利用全县优越的自然条件，找准薄壳核桃这一特色资源优势，抢抓机遇，大力发展绿色有机核桃果品，努力提高薄壳核桃的品质。由于薄壳核桃标准化、有机化生产科技含量高，管理投入大，要按照以点带面，稳步推进的原则，针对产区广大果农科技文化水平低、农业基础设施薄弱等突出问题，必须着力抓好从果园栽培管理到果品商品化处理整个过程的样板示范，让群众看得见、摸得着。通过栽培管理的不同，产品质量的不同，种植经济效益的巨大不同，用市场效益的杠杆充分调动广大果农实施薄壳核桃管理标准化、有机化的积极性，利用3~5年左右的时间，力争把乐业建成全区乃至全国闻名的绿色、有机薄壳核桃生产基地，为创建品牌，提高薄壳核桃的经济效益，为做大做强薄壳核桃产业打下坚实的基础。

## 五、要积极创造条件，通过全区或跨省合作，鼓励和支持名优企业参与核桃油、核桃奶饮料等产业资源开发

县委、政府必须采取“走出去，引进来”的办法，以乐业“大石围、仙

人桥”等世界级旅游资源开发为契机，通过招商引资，引进名优企业的资金和技术，加快提升薄壳核桃产业开发的层次和水平，积极发展贸工农，产加销一体化经营，努力将核桃产业做强、做大，推向国内外市场。

## 六、要实施名牌战略，力争得到市、区及国家在政策和资金上的扶持

名牌就是效益，县委、政府要高度重视名牌的创建工作，一是要认真组织开展对乐业优质薄壳核桃广西名优产品和著名商标的申报及无公害农产品、绿色产品、有机食品的认定工作，实施优质薄壳核桃原产地保护，积极争取得到市、区有关部门培育和扶持。二是要认真研究落实中央一号文件精神，紧紧抓住国家实施“工业反哺农业，农业产业化”等一批农业产业政策的转移，充分利用品牌效应，重点实施品牌农业、精品农业，努力争取得到市、区及国家建立优质农产品示范基地建设的资金支持，为做强做大薄壳核桃产业提供有力支撑。

## 七、实施人才战略

事业的兴衰关键在于人，要培植、做优、做强一个地方的优势产业，没有一个专门的机构和一支过硬的专业技术干部队伍是不可能实现的。为此，必须根据需要，设立专门机构，配备一支事业心强，有责任感、业务精、善管理的专业干部职工队伍，为做大做强优质薄壳核桃产业提供有力的人才保证。

## 八、要切实加强领导

领导在一定程度上就是生产力，要培育、壮大一个优势产业，没有当地领导特别是一把手领导的高度重视和大力支持是不可能实现的，发展的目标一旦确定，就必须坚持换届不换镜头，采取强有力的措施，一届接着一届干，部门配合，层层负责，上下联动，狠抓落实，在资金、人力、政策上重点扶持，形成核桃产业开发的工作合力，努力实现一抓到底，抓出成效。只有这样，才能使优质薄壳核桃早日成为推动乐业县域经济发展，实现农民增收致富奔小康的优势产业。

# “四轮驱动”打造全国食用菌名县

陕西省宁陕县农业局 周小宁 吴 刚

宁陕县食用菌特别是以“石沟模式”为模式的袋料食用菌产业经过近10年的发展取得了明显的成效，为宁陕农业产业发展树立了标杆，一是产业初具规模，数量和产量位居全省第二位；二是产业化雏形显现，推广、生产、营销、粗加工、储运等体系较健全；三是遵循可持续发展，行政管理有序，林业资源得到合理利用；四是带动农民增收效果显著，占据农民人均纯收入三分之一以上；五是产品品质优，位居全省首位，有一定的知名度；六是产业社会化程度较高，不再是单一靠政府推进的产业。10年的建设历程为我们成功发展产业积累了经验，奠定了基础，同时我们也迎来了产业发展拐点，如同阶段性政策历史局限性一样，我们的原有食用菌产业发展模式已经成为历史，继续按照目前的模式推进势必会走进一条胡同，已无潜可挖。主要表现在：一是产业集约化程度不高，以单一的农户分散经营为主，不仅生产成本高，而且无法达到生产技术标准和产品质量的统一，不能按照市场要求提供产品；二是市场主体培植不健全，农户以提供初级产品为主，流通环节的大块蛋糕由外省客商切走；三是产业带动农民持续增收的空间不大，市场平稳情况下，农户经营食用菌的利润基本维持现状；四是品牌建设滞后，虽然取得无公害和国家地理标识产品认证，但与消费者信赖和依赖我县食用菌产品有较大差距；五是知名度不高，因品牌建设滞后，虽然我县的食用菌品质优，但影响力不够，特别是在全国食用菌产业县中没有位次。

一个产业要取得长足、持续发展，必须不断转型、不断自我完善、与时俱进。现阶段我县食用菌产业建设要适应现代农业发展要求，要应对日益严格、近乎苛刻的市场规则，要满足农民收入持续增长的现实需求。

## 一、转变发展方式，建食用菌园区，提高产业集约化、组织化、现代化程度

建设农业园区是推进现代农业建设的基本方法和重要抓手。通过推行企业投资领办，土地流转集中，政府配套基础设施，农户入园经营的食用菌集约化生产模式，不仅可以提升园区内食用菌生产规模、设施装备、服务水平、

技术标准，还可以提高抵御风险应对市场能力，增加产业收益（企业生产经营能力实力远高于农户，开拓市场是企业强项，政府无法替代，投资及利益需求迫使企业在品种研发、技术革新、品质标准上不断追求先进）。只要农户和领办企业建立起密切的利益共同体，实行抱团发展，就能实现产业发展的持续和升级，生产上政府只需做好菌材、菌种管理，规范企业行为，配套基础设施项目和服务工作。根据宁陕实际，将全县的食用菌生产资源和经营户集中整合到210国道沿线、关铁路沿线，建2个食用菌现代农业园区，每个园区生产规模控制在1200万袋左右，全县总规模控制在3000万袋以内。入园农户分经营性和劳务性两个类型，有经济实力的农户在与园区业主建立合作关系的基础上实行自主经营，没有实力的农户与业主签订管理劳务合同。比照目前秦南食用菌农业园区劳务性农户收入，原则上要确保经营性农户人均年纯收入5万元左右，劳务性农户人均年纯收入2.5万元左右。不再经营食用菌的区域，食用菌菌材指标可戴帽下达到园区，由业主或经营户与拥有指标农户自行协议使用，同时鼓励各园区业主使用县域外资源、培植资源或推广非木腐品种。

## 二、建批发集散地，培植食用菌对外贸易公司，拓展市场

在经营椴木食用菌时期，宁陕县就是陕南香菇批发集散地，进入袋料栽培时期，本市、汉中及临近我县周边的商洛市县区的食用菌干品也基本在宁陕集中后销售至外省。我县的食用菌鲜品主要集中至西安批发市场后，批发至各零售商，长期以来县内没有食用菌交易市场。在我县建一个食用菌交易市场意义十分重大，一是聚合全县乃至陕南产品，便于流通和交易；二是进一步提高生产户和营销商产品标准意识；三是形成产业物流、客商流、信息流，提高三产收入；四是产品集散规模满足产品深加工需求时，引进产品加工企业水到渠成；五是提高食用菌产业县知名度。建议从商务和农业口争取农业产业化和农产品物流建设项目，在宁陕县建一个食用菌鲜品、干品、珍稀食用菌批发市场，配套保鲜、储存等设施，政府牵头建设，实行市场化运作。

我县的食用菌初级产品（经烘干）主要市场在广东、福建、浙江、武汉等城市，部分产品经筛选后出口日韩及东南亚国家，销售模式为：农户生产烘干—小商贩收购—中间商介绍—集中到外来客商—运往外省—分选、包装、

加工销售或出口。建议由政府扶持，在本县成立食用菌贸易公司，专门从事食用菌对外（出口）营销业务，占据市场主动，拥有市场话语权，减少销售中间环节，增加农民收入和地方财税、出口创汇。

## 三、举办食用菌节，强势推介宁陕食用菌产业

举办农产品节庆活动可产生推介产业、扩大产品交易、助推生态旅游、提高地方知名度、招商引资等多层次连锁效应。建议政府搭台、企业赞助，宣传、农业、经贸、游旅、宣、招商等部门具体操办。通过举行食用菌生产体验（制袋、接种、采摘等）、观摩（参观工厂化、规模化、原始化、珍稀化）、拍卖、烹饪大赛、交易签约、招商签约、地方民俗等系列活动掀起宁陕食用菌生产、营销、招商高潮，达成企业有收获欢迎、农民得实惠高兴、来宾客商愉悦有效果、政府满意有形像的双赢局面。

## 四、塑造宁陕食用菌核心品牌，提高产品含金量和知名度

提升品牌首要意义是让消费者知道她，了解她，再到信赖她，最终达到依赖她，从而占据市场主导；其次是提高产品价值。著名的国家地理标志产品马家沟芹菜，每公斤售价达68元，品牌与非品牌的差价高达几十倍，当然他们打造品牌也做了大量的宣传与推介工作，不值钱的芹菜曾在中南海进行推介。第三是产品推动产业，提高地方知名度。

我县的食用菌产地环境优美，无工业污染，产品质量高已经取得香菇无公害农产品产地产品认证和国家地理标识产品认证，在进行无公害产品检测时，各项控制指标远低于检测指标界限。建议从现有注册商标产品中推选1～2个进行重点包装打造，申报有机产品认证，用好质量控制“三品一标”标识，形成高、中、低三个消费层次，把宁陕食用菌产品深深印记在消费者脑海。一方面要支持、扶持产品营销企业，业绩显著的给予奖补，一方面要严格技术标准，生产中不投机，营销中不以次充好。力争用3年时间把宁陕食用菌产品做到全国同类产品一流行列。

在做好食用菌生产、市场、品牌建设的同时，我们还要完善食用菌生产研发、试验、技术推广体系，实施技术革新和转型，研发、推广珍稀、高附加值的品种和生产技术，从品种和技术上挖挖潜收入。其次还要加强投入，受土地资源、气候等客观原因制约，我县农业产业建设得到国家和省级财政项目支持较少，加之县本级财力不足，近10年来用于支持农业产

业发展的资金比例微小，产业建设推力不够。建议逐步改善目前的状况，一是积极争取产业建设项目，并确保项目资金足额用在产业建设上来，二是县本级财政每年预算150万元，各部门节约接待费用150万元，专门用于产业建设，由财政、监察、审计部门监督资金使用，确保资金用在产业建设中，并发挥效应。

# 发挥资源优势　打造种业强市

甘肃省张掖市农业局　王峰云

张掖位于河西绿洲精华地带，光照充足、热量丰富、气候干燥、灌溉便利，具有生产优质玉米种子得天独厚的自然条件，生产的玉米种子籽粒饱满、光泽度好、芽率高、活力强、含水量低，质量超过国家标准，被誉为“天然玉米种子生产王国”。近年来，在国家、省、市相关政策的大力支持下，全市上下立足资源优势，紧紧把握各级领导重视、利好政策叠加的重大机遇，积极推进玉米制种“四化”基地建设，培育骨干龙头企业，稳步扩大基地规模，切实加强市场监管，精心打造质量品牌，种子产业已发展成为全市产业化程度最高、联系农户最广、占农民收入比重最大、农业效益最为显著的支柱产业。张掖玉米种子产业伴随着中国种业的蓬勃发展，在改革中快速发展，在创新中不断提升，已成为国内最大的玉米制种基地，制种面积多年稳定在100万亩，可提供全国40%以上的大田玉米用种；张掖玉米种子的优质高产引起了国内外种子行业的高度关注，世界种业巨头，全国育繁推一体化企业纷至沓来投资兴业。政府的高度重视、政策的大力支持、企业的积极参与，为引领张掖种业转型跨越、打造国家级乃至世界级精品玉米制种基地，推进全国现代种业发展起到了积极作用。

## 一、张掖玉米制种产业发展现状

（一）基地规模稳步扩大。“十五”期间，全市玉米制种面积年均达到60万亩以上，年产玉米种子3亿公斤；“十一五”以来，制种面积稳定在100万亩左右，占全省的70%，全国的25%；产种4.5亿公斤，占全省的80%，全国的33%，可满足全国2亿亩大田玉米生产用种。

（二）农民收入持续增加。玉米制种亩产值从2007年的1350元，增加到2012年的2500元，年均增长230元，递增率17%。2012年全市玉米制种总产值超过25亿元，占全市种植业总产值的30%以上，全市农民人均玉米制种纯收入达1500元，占全市农民人均纯收入的21%，主产区农民人均玉米制种纯收入4500元以上，占农民人均纯收入的60%以上。

（三）龙头企业不断壮大。通过出台优惠政策，优化发展环境，吸引了国内外有识之士来张掖投资兴业。至目前，全市共有玉米种子企业70家，总资产达37.4亿元。中种集团等14家全国育繁推一体化企业在张掖设立了分公司或子公司，世界排名前五位的种业巨头美国先锋、美国孟山都、瑞士先正达、法国利马格兰4家种业公司先后落户张掖。大型央企中储粮通过兼并市内企业成立了中储粮张掖金象种业公司落户张掖。全市共建成果穗烘干生产线56条、籽粒烘干线60条、种子加工包装线20条，烘干能力达到60万亩以上，有效规避了自然灾害风险。

（四）"四化"基地建设稳步推进。积极探索"企业+基地"、"企业+专业合作社+基地"的产业化经营模式，引导基础条件优越、基层组织有力、农民素质较高的村建立玉米制种专业合作社，目前，企业或专业合作社整村流转农户土地31万亩，通过土地流转建设相对集中、长期稳定的玉米制种"四化"示范基地，对加快农村土地适度规模、集约化经营，发展现代玉米制种产业发挥了积极的示范引领作用，逐步实现了由"公司+基地+农户"的经营模式向"公司+基地"、"公司+专业合作社+基地"的转型发展。

（五）种子品牌化效应逐步显现。2011年，"张掖玉米种子"地理标志证明商标的成功注册，给张掖市种子产业贴上了"金字招牌"，更为张掖市种子产业发展带来了新的机遇，对进一步规范玉米制种市场秩序、保证玉米制种产量、提升制种产品档次、扩大"张掖玉米种子"品牌效应、做大做强种子产业，建设国家级杂交玉米种子生产基地起到了积极的推动作用。

## 二、发展思路及目标

基本思路：以科学发展观为指导，按照建设国家级玉米制种基地的要求，立足现有基础，抢抓新的机遇，加快资源整合，推进机制创新，在更高层次上提升种子产业发展水平和质量，着力把种子生产的自然优势、区位优势和技术优势转化为产业优势和经济优势，坚持"精准生产、精品加工、规范管理、扶优扶强"的原则，突出基地建设、企业培育和行业监管三个重点，推进体制改革和机制创新，整合种业资源，加大政策扶持力度，增加种业投入，构建以产业为主导、企业为主体、基地为依托、产学研相结合、育繁推一体化的现代农作物种业体系，推进种业大市向种业强市的转型跨越。

总体目标：到2020年，在甘州、临泽和高台三县（区）建成80万亩相对集中、长期稳定的标准化、规模化、集约化、机械化的精品玉米制种基地，使生产的玉米种子达到纯度≥98.0%、净度≥99.0%、发芽率≥95%、水分≤12.0%的标准，年产精品玉米种子3.6亿公斤，确保全国2.5亿亩以上大田玉米单粒播种的种子需求。

## 三、主要做法

（一）强化政府引导，培育首位产业。市委、市政府高度重视玉米种子产业发展，立足区位优势，抢抓发展机遇，把玉米制种产业作为促进现代农业发展的首位产业加快培育、大力推进。相继制定下发了《关于推进现代农作物种业发展的实施意见》、《张掖国家级玉米种子基地生产经营秩序专项整治行动实施方案》、《关于严厉打击非法生产经营玉米种子行为的通告》等11个规范性文件。2011年9月，农业部办公厅、甘肃省人民政府办公厅联合下发了《关于成立国家级种子基地（张掖）管理协调领导小组的通知》，建立了由农业部直接领导、一杆子插到底的基地建设管理新机制，为基地建设提供了坚强的组织保障，有力推进了张掖玉米制种产业持续健康发展。

（二）做大市场主体，培育龙头企业。我市把培育优势种子企业作为玉米制种产业快速发展的关键环节来抓，在引进种子企业时，注重“四个优先”即：优先申报种子加工建设项目，优先提供建设用地，优先配套基础设施，优先办理证照手续，吸引企业落户投资。在企业落实制种基地时，注重“四个优先”即：优先向经济实力强、科技实力强、市场开拓能力强的“三强”企业倾斜，优先向在张掖建设加工生产线的企业倾斜，优先向有良好的社会信誉、制种款兑付及时、群众满意程度高的企业倾斜，优先向有社会责任、支持地方发展并建立良好合作关系的企业倾斜。对“三强”企业落实减免税、享受基准利率、土地出让最低价格等招商引资优惠政策，营造了良好发展环境。

（三）打造精品基地，提高产出水平。抢抓国家实施西部大开发战略和种子工程项目机遇，统筹整合农田水利、土地整理、农业综合开发、新增千亿斤粮食生产能力规划等涉农项目资金，加大种子生产基地基础设施建设力度，全市种子生产基地建成了比较完善的灌溉渠系和配套设施，做到了旱能灌、涝能排，有效提高了抵御自然灾害的能力，降低了种子生产的自然风险。通过大力推广高效节水技术、测土配方施肥、病虫害无害化防治等先进技术，进一步提高了基地产出能力。

（四）推行标准化技术，强化基地竞争能力。先后制定了《张掖市无公害种子生产技术规程》、《张掖玉米种子地方质量标准》等农作物种子生产技术标准12项，其中8项被甘肃省质量技术监督局发布为地方标准。通过加强农民标准化生产培训，积极推进技术标准上墙、上口、上手，提高农民标准化

操作水平和应用能力；实施种子质量监督检验制度，市上建立了种子质量检测中心，县上建立了种子质量检测站，种子企业普遍建立标准化种子检验室，形成了企业自检、县区普检、市级抽检的质量检测体系，有效保证了种子质量。各企业不断完善内部质量控制措施，建立生产管理档案，健全技术操作规程，严格按标准组织生产，推进了种子生产、加工、包装的标准化进程。

（五）加强行业监管，建立公开竞争秩序。建立政府主导、部门联合、行业自律、乡村自治的种子执法机制，有效净化市场环境，不断推动玉米制种产业健康发展。一是实行严格的基地管理。坚持玉米制种基地准入制度，凡取得生产许可证的企业均到县区农业部门进行登记、审核、批准后凭准入证落实基地。二是建立种子联合执法机制。在播种、收获等关键时期，联合公安、工商、质监等执法部门定期不定期开展专整治，严厉打击无证生产、私繁滥制、抢购套购种子等不法行为，有效遏制了违法违规行为发生。三是加强行业自律。市县两级分别成立了种子行业协会，玉米制种乡镇分别成立了基地协会，各协会按照各自章程，完善工作机制，充分发挥行业自治组织的协调、服务、维权、自律作用。四是强化乡村自治。强化乡镇政府和村委会在基地落实、合同签订、合同公开、合同落实中的监管职能，协调解决矛盾纠纷，教育农民诚实守信，促进产业健康发展。

**作者简介：**

王峰云，男，汉族，1957 年 10 月出生，中共党员，本科学历。现任甘肃省张掖市政府副秘书长、张掖市农业局党组书记、局长。

自 1976 年 10 月参加工作起，历任临泽县工商管理局副局长，临泽县法制局局长，临泽县平川乡党委书记、人大主席团主席，临泽县委常委、纪委书记，高台县委副书记，张掖地区行署农业处党组书记、处长等职。2011 年 11 月至今，任张掖市政府副秘书长、张掖市农业局党组书记、局长。

曾获全国粮食生产先进工作者，市委市政府公务员考核记三等功等荣誉。

# 培育特色农业品牌<br>不断壮大县域经济实体

甘肃省陇西县农业局　栾国泰

近年来，陇西县农业工作坚持以邓小平理论、“三个代表”重要思想和科学发展观为指导，全面贯彻落实党在农村的各项方针政策以及中央、省、市经济工作和农业农村工作会议精神，深入实施“产业富民”和“科技兴农”两大战略，按照“一抓”（即抓项目建设）、“三增”（即粮食增产、农民增收、投入增量）、“五加快”（即加快中药材、马铃薯、玉米、蔬菜四大产业发展步伐以及农业科技创新速度）的工作思路，紧抓项目建设增加投入不松劲，抢抓利好政策促农增收不放松，强抓重点工作推动跨越发展不懈怠，破难点、增亮点、创特色，进一步靠实责任，强化措施，扎实工作，努力推进全县农业经济跨越发展。

## 一、凝心聚力狠抓项目建设，农业发展后劲不断增强

2002 年以来，县农业局始终坚持把项目建设作为推进农业经济跨越发展的主攻方向，认真研究国家的产业政策和投资导向，树立起建好项目争项目的理念，在农业产业化、旱作节水农业、农业科技推广、农产品质量安全检测和贮藏设施建设等方面争取实施了一批大项目、好项目，项目建设工作取得了突破性进展。全县累计争取并实施各类项目资金 7 亿元，建成农村户用沼气“一池三改”模式 18853 户（占农村总户数的 19.2%）、养殖小区沼气工程 3 处、500 立方米大型沼气工程 2 处、村级沼气服务网点 57 处。全县农村能源工作初步形成了县有农村能源协会和县级沼气服务站、乡镇有农村能源站和沼气分会、村有管护员的县乡村三级后续服务管理体系。

## 二、深入挖掘资源优势潜力，农业产业化水平不断提高

按照“三个顺应、三个遵循”的原则，结合全县农业生产实际，加大压夏扩秋、压粮增经力度，从战略主导、区域优势和地方特色三个层面着力推

进种植结构战略性调整。坚持以马铃薯、中药材、玉米、蔬菜四大特色产业为切入点，大力推广全膜双垄沟播、测土配方施肥、一膜两用、抗耐旱品种应用等先进实用技术，做到良种良法配套，有效提升了旱作农业区的综合生产能力。2012 年，全县共播种各类农作物 172.12 万亩，其中粮食作物 128.4 万亩、经济作物 43.72 万亩，粮经比和夏秋比分别调整为 75.5:24.5 和14.6:85.4，种植结构得到进一步优化。

## 三、大力提升基地建设水平，农业发展基础不断夯实

根据全县自然气候特点，充分挖掘区域优势资源潜力，坚持把标准化作为产业发展的核心来抓，大力提升中药材、马铃薯、玉米和蔬菜基地建设水平，不断夯实产业发展基础。全县中药材种植面积常年稳定在 30 万亩左右，建设标准化种植基地 14 万亩、无公害基地 15 万亩、标准化育苗基地 3.5 万亩。全县马铃薯种植面积常年稳定在 42 万亩左右，建立标准化种植基地 36 万亩，其中原种扩繁 5500 亩、一级种薯扩繁 2.9 万亩、二级种薯扩繁 6 万亩、加工企业原料供应基地 2.5 万亩、优质商品薯标准化生产基地 24.05 万亩。2007 年以来，累计推广全膜双垄沟播技术 300 万亩、高效节水技术 18 万亩、全膜覆土穴技术 13 万亩。全县蔬菜产业初步形成了巩昌食用菌科技示范园区，首阳、柯寨、渭河辣椒长廊，巩昌镇河那坡、园艺、红旗精细菜示范基地，菜子镇十里铺、二十铺无公害大葱基地，云田镇设施蔬菜基地等 6 个各具特色的示范区，2013 年蔬菜种植面积达到 10 万亩。

## 四、积极培育特色农业品牌，资源优势潜力不断挖掘

县农业局积极加大品牌培育力度，不断增强农产品市场竞争力。全县已注册农产品商标 30 多个，其中获得国际农产品金奖称号 1 项。“三绝”牌肉制品、“祥裕”牌和“清吉”牌洋芋、“陇原”牌黄芪与党参、“艳阳天”牌辣椒等一批知名品牌产品畅销国内外多个国家和地区。全县获得无公害农产品产地和产品 18 个，认定面积 12.6 万亩，特别是陇西黄芪、党参和腊肉得到国家质监局原产地保护认证，“清吉”牌马铃薯、淀粉、粉皮，“鲁班山”、“高云”、“弘泰”牌马铃薯通过绿色食品认证。全县农业产业化重点龙头企业达到 41 家；有中药材销售经营企业 1000 多家，其中 18 家通过 GMP 认证、42 家通过 GSP 认证。

## 五、建立健全试验示范体系，农技推广步伐不断加快

按照“试验、示范、推广”三步走的原则，坚持以“县有示范片带、站有试验对比场、乡有示范田、村有样板田、社有农技推广种植户”为目标，先后建立了首阳中药材科技示范园、莱子原种场，2008年以来每年在各乡镇规划建设农业综合示范点50个。近年来，全县每年开展中药材、玉米、胡麻等新品种试验示范70个以上，面积5000多亩，推广全膜双垄沟播、测土配方施肥、标准化种植、高效节水等技术20多项（次），先后引进小麦、玉米、马铃薯等作物新品种200多个，示范推广70多个，推广面积达到120万亩。全县农业试验示范初步形成了县有首阳中药材科技示范园、莱子原种场，乡有农业综合示范点，村有试验田、社有农技推广种植户的农业科技试验示范体系。

## 六、着力保障农产品质量安全，监督监管体系不断完善

近年来，县农业部门把农业行政综合执法作为保障农产品质量安全、加快现代农业发展的关键环节，全面加强农产品质量安全监管。2010年成立了农业行政综合执法大队，2011年1月配备了大队长，并抽调专业技术人员37名，组建成立了农业投入品监管、种子市场监管、农产品质量安全监督检测、植物检疫、农机安全监理5个工作小组，由农业行政执法大队牵头，协调工商、质监等部门开展联合执法，加强农业投入品监管。同时，进一步健全农产品监督检测体系，2007年组建成立了陇西县农产品质量安全检测中心，并于2012年12月下旬通过了省质监局计量资质认定，成为全省唯一一家通过计量资质认定的县级农产品检测机构。2010年协调县编委在巩昌等8个乡镇设立了植物疫病防控和农产品检测服务站，在马河等7个乡镇设立了农业综合服务中心。目前，全县农产品监督检测工作初步形成了县有检测中心、乡镇有植物疫病防控和农产品质量安全服务站、村有农情监管员的三级农产品监管服务网络。

## 七、积极探索土地流转方式，农业产业化水平不断提升

全县农村土地承包经营权流转工作以发展现代农业为目标，在确保现有土地承包关系稳定并长久不变的基础上，按照“政府引导、农户自愿、企业（合作社）为主、规模发展、社会力量广泛参与”的思路，不断创新发展方

式，优化资源配置，促进规模经营，土地流转规模和水平不断提升，土地集约程度和规模效益显著提高。为保证土地流转工作的顺利开展，积极成立县级土地流转服务中心及服务大厅、农村土地承包纠纷仲裁委员会及仲裁庭、乡（镇）级土地流转服务站，确定村级土地流转信息员，进一步建立健全了县、乡、村三级土地流转服务体系。2013 年，全县新增流转面积 10.7 万亩，流转面积累计达到 19.3827 万亩，占家庭承包耕地面积 117.9 万亩的 16.4%，涉及农户 31394 户，签订流转合同 18506 余份。

## 八、全面落实各项惠农政策，服务保障水平不断提高

近年来，县农业局认真贯彻落实党在农村的各项强农惠农富农政策，逐步规范“三资”管理，认真做好农民负担监测工作，加强农民专业合作组织建设管理，有力地促进了农业增效和农民增收。自 2004 年以来，全县累计兑现农民各项强农惠农资金 123681 万元，农民人均 2806.5 元，户均 12543.7 元，亩均 1050.9 元。2012 年农村集体“三资”清理工作启动以来，全县核实确认农村集体总资金 1707.1 万元、总资产 28936.1 万元、资源总面积 322.4 万亩。全县发展农民专业合作社 409 家，在 2013 年 5 月，由正昌农副产品购销合作社联合全县 92 家农民专业合作社，成立了陇西县晟农农副产品购销农民专业合作社联合社，成为全县第一家以农副产品购销为主的联合社，初步形成了县有陇西县晟农农副产品购销农民专业合作社联合社，乡有专业合作社，村有农科户的县、乡、村三级合作社服务体系，不断提高了农民的组织化程度。

尽管陇西县在特色产业培育方面做了大量卓有成效的工作，以中药材、马铃薯、蔬菜、玉米为主的特色农业快速发展，为县域经济发展做出了积极贡献，但由于农业基础设施薄弱、农民科技文化素质不高、农技推广难度大、农业机械化水平低、品牌农业发展相对滞后等问题较为突出，还不能满足现代农业发展的需要。在今后的工作中，还需一如继往地积极借鉴学习发达地区的先进经验，进一步加大项目资金争取力度，加大农业投入，加强基层技术服务力量，加大农技推广力度，加强农民科技培训，培育新型农民，提高农民的组织化程度，壮大农业产业化龙头企业，积极发展品牌农业，不断提高科技对农业的贡献率，为加快现代农业发展，推进“四化同步”和全面建成小康社会整体进程做出应有的贡献！

**作者简介：**

栾国泰，男，汉族，1965年1月出生，中共党员，大学学历。现任甘肃省陇西县农业局局长。

自1985年6月参加工作起，历任乡干部，副乡长、乡长，党委书记，农办副主任、扶贫办主任等职。2009年9月至今，任陇西县农业局局长。

曾多次被省、市、县评为综合考核先进个人，先进工作者。

# 依托丰富的中药材资源 打造“中国药都”

甘肃省岷县中药材产业局 张俊林

岷县位于甘肃省南部、定西市西南部，地处定西、天水、陇南、甘南几何中心，国道212线贯通南北，省道306线横贯东西，自古就是“西控青海，南通巴蜀，东去三秦”的交通要道，有“茶马互市”的传统和“陇原旱码头”的美称，是甘肃南部久负盛名的商品集散地；随着“兰渝”铁路、“兰海”高速公路的相继开工建设和省道306线的升级改造，岷县的区位优势更趋凸显，将成为甘肃南部重要的交通枢纽、商贸集散中心和物资能源仓储供运基地。全县总流域面积3578平方公里，其中水域面积22万亩，森林面积97万亩。辖18个乡镇，310个村（社区）委会，总人口47.6万人。总耕地面积64.5万亩，人均1.5亩。境内海拔2040～3754米，年平均气温5.7度，降水量600毫米。境内主要有中药材、矿产、水电、草畜、旅游等特色资源，尤以中药材资源最为丰富并极具发展潜力。

## 一、发展优势和潜力

岷县地处黄土高原、青藏高原和陇南山地接壤区，特殊的自然地理条件、气候资源和多样性生态环境，与中药材生物学特征非常吻合，适宜多种道地、优势地产中药材的生长发育，更为发展中医药产业提供了先决条件。岷县自古就以“千年药乡”著称，是全国“道地”、优势地产中药材的重要主产区之一，县境内生态环境保护良好，大气、水质、土壤均符合或优于国家标准，盛产当归、黄芪、红芪、党参、丹参等名贵中药材238种，尤以当归种植历史悠久，质量最佳，产量第一而闻名于世。岷县当归又称“岷归”，远销东南亚、港澳台及欧美等20多个国家和地区，被欧洲人誉为“妇科人参”，有1500多年的种植历史和1700多年的药用历史，曾是历史上珍贵的贡品。据兰州大学专家测定，“岷归”有挥发性和水溶性物质106种，其中挥发油含有41种成分，并含有以多糖为主的18种水溶性物质，还有19种氨基酸（其中8种人体不能合成）和15种微量元素。另据测定，“岷归”中挥发性油所含藁本内脂较全国其他产地当归、欧洲当归含量高出10%和20.7%，较日本当归含量高21倍；其所含羟基脯酸、鸟氨酸、天冬氨酸是全国其他地产当归所没有的，胱氨酸、组氨酸、γ-氨基丁酸是日本当归所没有的。1964 年，周恩来总理在全国农展会甘肃馆内为“岷归”题词“发扬祖国医药遗产，为社会主义建设服务”，并把岷县誉为“药材之乡”。1989 年“岷归”获世界博览会金奖；2001 年岷县被中国农学会、中国特产之乡推荐宣传活动组委会授予“中国当归之乡”称号。另外，岷县气候属于高原性大陆气候，低温干燥，非常有利于多种中药材的安全储藏，是“南药北储”的最佳地区。

## 二、发展现状

近年来，我县紧紧围绕市委、市政府打造“中国药都”的战略目标，依托丰富的中药材资源，大力发展中医药产业，按照“建设甘肃南部较大的以当归为主的优质药源基地、饮片加工基地、中药提取物生产基地、现代中药制药基地和现代物流仓储基地”的目标定位，在药源基地建设、精深加工、市场仓储、品牌营销等方面做了大量工作。目前已形成了集种子种苗、药材种植、加工和商贸物流等较为完整的产业体系，成为全县经济社会发展的重要组成部分。2012 年，全县中药材总产值达到 13.5 亿元，农民人均药材纯收入达到 1797 元，占全县农民人均纯收入的 53%，中医药产业已成为富民强县的支柱产业之一，呈现出快速健康发展的势头。

（一）药源基地发展迅速，标准化水平明显提高。目前，全县中药材种植面积已由 1995 年的 5 万亩发展到目前的 25 万亩，其中当归 10 万亩，黄（红）芪 9 万亩、党参 5.8 万亩，其他中药材 0.2 万亩；中药材总产量达 6.0 万吨，其中当归 2.1 万吨，形成了以当归为主，其他中药材竞相发展的多元化种植格局。同时，以当归为主的中药材标准化种植也取得了长足发展。继 2005 年西寨镇当归种植基地顺利通过国家 GAP 认证后，2006 年我县当归生产又被国家标准化管理委员会授予“国家农业标准化示范区”；2011 年被农业部授予“全国农业标准化示范县”，示范品种为当归，中国药材公司、劲牌集团、天津天士力、陇西中天药业、岷海制药等县内外 10 余家中药材加工企业按照“公司+农户+基地”的模式相继在我县建立了标准化药源基地。2012 年，全县建成中药材标准化基地 13 万亩，其中：当归种子基地 3600 亩，当归种苗基地 6500 亩，以当归为主的 GAP 种植基地 12 万亩。由于在标准化方面成效明显，被中国中药协会授予“道地药材保护与规范化种植示范基地”，被中国药材 GAP 研究促进会授予“西北示范基地”，被中国中药协会中药材种植养殖专业委员会、中华中药商业同业公会全国联合会联合颁发“优质药材指定出口基地（当归）”。

（二）龙头企业不断壮大，中药工业已现雏形。全县已发展各类中药材加工企业124户，其中年加工能力在1000吨以上的有7户，有1户制药企业和10户饮片加工企业的11条生产线通过GMP认证，市级以上龙头企业达到5户，形成了以中药材饮片、药片、中药提取物、化妆品及保健食品为主的产品格局。岷海制药公司2012年实现销售2.6亿元，被中国医药卫生行业协会、中国民族医药开发委员会评为“2012全国医药卫生行业质量安全双优企业”、“2012中国医药行业十大放心药品企业”、“2012中国最具竞争力医药企业100强”；天容牌系列产品、当归美肤水等产品销售量不断攀升；“岷海”“顺和”“天容”荣获甘肃省著名商标。蘅阳中药材有限公司饮片生产线、方正公司红三叶异黄酮生产线全面建成。目前，国丰药业、伊发药业等一批加工企业正在加快建设进度；梅川、岷阳、茶埠三个乡镇集中饮片加工园正在建设之中；占地500亩、投资5亿元的中国医药集团总公司中国药材公司岷县产业园正在做前期科研，即将动工建设；规划占地11.8平方公里的中医药循环经济产业园，已按照“以中医药产业为主，相关产业配套发展的生态型工业新城”的要求和“两核、四轴、八区”的规划布局，完成了控制性详规评审。

（三）市场体系不断完善，以当归为主的中药材交易中心地位逐渐形成。全县目前已建成“中国当归城”和梅川中药材市场两个专业市场，交易量达到12万吨，交易额26.5亿元，其中“中国当归城”市场年交易量已达到10万吨、交易额近20亿元。县内中寨、清水、西寨、十里、禾驮、蒲麻等乡镇已逐步形成了产地区域市场；省内宕昌、临潭、卓尼、漳县、渭源、康乐等地客商集中在我县交易；安徽亳州、广西玉林、四川成都、湖北安国、湖南廉桥等全国各大药市客商常驻岷县达280家，流动客商650多家。县内岷海制药、顺兴和等企业及加工营销大户在安徽亳州、成都荷花池、广州清平等全国知名药市设立营销窗口40多个。全县已累计建成中药材仓储库5万平方米，静态仓储力达到5万吨以上。其中，当归城2万平方米的中药材标准化仓储库、6900平方米中药饮片交易大厅及信息交易平台正在加紧建设，中寨、西寨两个区域中药材市场建设进展顺利。

（四）服务体系作用发挥明显，研发平台建设和专业合作社正在加强。目前，我县已建成中药材质量检测中心，并已开展当归、黄芪、党参等药材二氧化硫、农残、重金属等常规检测；县中药材技术推广站和以甘肃岷归中药材科技有限公司为主体、以甘肃中医学院为科技支撑组建的“甘肃道地中药材当归黄芪等加工炮制及种植工程研究中心”积极发挥功能，开展了当归种植、加工等方面的多项试验研究，制定了产地环境条件、种植、加工、仓储等主要环节标准13项，在基础研究、标准制定、标准化基地认证等方面发挥了重要作用。目前，省上已批复我县成立当归研究院，组建工作正在抓紧衔接之中。同时，我们积极协调各有关部门，按照“民办民管民受益”的发展原则，坚持“发展与提高并举”的总体思路，认真贯彻落实有关法律政策，大力优化发展环境，依法加大对农民专业合作社建设的指导、扶持和服务力度，全县已注册的中药材农民专业合作组织达到了101个，其中：通过民政注册的中药材协会18个，工商注册的中药材农民专业合作社83个，这些农民专业合作组织共有成员3000多人，带动农户9000多户。我们还积极鼓励县内重点中药材加工企业及加工贩运大户组建了岷县当归产业协会，组织县内5家龙头企业加入了甘肃省中药材产业协会，县中药材产业发展局被吸收为中国中药协会种养殖专委会理事单位。

（五）品牌优势正在显现。随着岷归原产地标记、绿色食品、有机产品认证和当归证名商标的取得，以当归为主的中药材种子种苗繁育基地和标准化种植基地的全面实施，“岷归”道地产区和“中国当归之乡”的金字招牌越来越得到人们的重视，岷归的品牌优势正在逐步显现。2012年8月，我县岷归公司在陇西药交会上被海峡两岸中药协会授牌“优质药材指定出口基地——当归”。“世界500强”的中国医药集团总公司中国药材公司岷县产业园项目即将落地，国内最大的保健酒生产企业劲牌集团及深圳华辉药业、兰雅集团等一批省内外大型企业都看好岷县，正在积极谋划项目。

## 三、存在的主要问题与困难

一是中药材种植规范化水平有待进一步提高。龙头企业对GAP规范化种植基地建设的带动作用发挥不够，大多数药农对实施GAP规范化种植的重要性认识不够，标准化基地建设机制不健全、规模小。

二是工业基础薄弱。企业规模较小，缺乏大型企业带动；园区建设滞后，大量饮片在专业村、农户家庭作坊分散加工，加工标准不统一、缺乏严格的质量控制和规范的包装，亟待规范。

三是市场建设相对滞后。中药材市场基础设施不够完善，开发工作相对滞后，市场管理和服务能力较弱，缺乏与终端市场的有效对接，客商入住率不高；仓储设施建设严重滞后，从而制约了市场优势的发挥。

四是发展资金严重不足。由于我县地方财力困难，对中医药产业投入不足，缺乏专项资金扶持；企业自身融资困难、渠道单一，县内金融机构对中医药加工企业贷款扶持力度不大，企业普遍缺乏资金。

## 四、今后发展的重点

今后一段时期，我县将以科学发展观为指导，抢抓国家支持中医药产业发展政策机遇，紧紧围绕市委、市政府打造“中国药都”的战略部署，以建设标准化、规模化的国家级药源基地为基础，以中药材精深加工、仓储物流为核心，以大型龙头企业为依托，以中药材期货交易为方向，以项目为抓手，积极推进国家中药生产原料供应保障基地，加快构建中药材标准化生产体系、中医药加工体系、市场物流体系、中药材质量安全监测体系和信息服务网络，着力构筑集中医药生产、加工、研发、仓贮、销售和服务于一体的现代化、产业化发展格局，实现中药材产业向中医药产业的转型跨越，使中医药产业真正成为推动岷县经济发展的战略性主导产业和新的增长极。

到 2020 年逐步建立起符合国家标准的中药材标准化生产体系、中医药加工体系、市场物流体系、中药材质量安全监测体系和信息服务网络，把我县建成全国重要的以当归为主的中药材药源基地、中医药加工基地、物流仓贮基地和中药材信息发布中心、价格形成中心、现（期）货交易市场。重点抓好以下几个方面：

**（一）积极推进中药材规模化、机械化、标准化、多元化种植，提升药源基地建设水平**

一要保护野生资源，开发具有特色的中药材品种。要大力开展地方中药材资源保护，种质鉴定，传统品种提纯复壮。同时与大专院校合作，加强岷贝母、丹参等名贵中药材的栽培研究、推广，提高资源利用。二要继续调整种植业结构，适当发展具有市场竞争力和发展潜力的特色优势品种。要在 25 万亩中药材种植面积的基础上，适当扩大种植规模，达到 30 万亩；同时，大黄、丹参、板蓝根、秦艽、羌活、柴胡、贝母是我县的优势品种，要有选择的适度种植，提高药源基地的市场竞争力和药农抗市场风险能力。三要积极推广中药材机械挖掘技术，提高机械化使用率。要积极引进机械挖掘机，在试验示范的基础上，逐步扩大机械采挖面积。四要抓好种子种苗基地建设。大力推广当归熟地育苗技术、继续研究工厂化育苗技术，把种子种苗基地建设与生态环境保护有机结合起来。积极鼓励支持能人大户、专业合作经济组织以及企业参与种子、种苗基地建设，逐步形成优质种子、种苗供应与标准化种植基地的有效对接。五要按照农业项目支持、企业参与建设、合作经济组织营销的模式，建立“安全、有效、稳定、可控”的标准化中药材基地，加大“企业+基地+农户”的产业化模式推广力度，通过加大招商引资力度，积极争取与国内外医药大企业和大集团的合作，走联合发展之路。

**（二）加快聚集平台建设，培育发展产业集群**

一是要加快中医药循环经济产业园基础设施建设进度，加大招商引资力度，多渠道、多方式吸引国内百强、世界500强中医药企业入岷，鼓励企业按照风险共担、利益共享的原则，以联合、兼并、参股、控股等方式组建集研发、精深加工、仓储物流、销售为一体的大型企业集团，积极发展现代制药、提取物、健康产品及饮片产业；二是要改造提升西川工业园，按照引进战略投资与培育县内企业相结合的思路，把做大岷海公司、做活康达公司、做优岷归公司作为提升西川工业园的重中之重；三是要依托乡镇中药材加工园建设，带动饮片加工专业村、加工大户规范生产，形成规模化、标准化、现代化的中药材饮片加工基地。

**（三）完善市场体系，打造物流仓储基地**

一是要继续提升当归城、梅川中药材专业市场功能，把当归城改扩建成集会展、信息发布、电子交易、仓储物流于一体，以中药饮片、提取物、成品药、保健品及名贵中药材批发交易为主的中药材专业市场；把梅川中药材市场建成集中药材仓储、商品展示、信息咨询、物流配送、配套服务一体的综合性专业市场，打造饮片、种子种苗及原药材区域交易中心；把蒲麻、西寨、中寨、马坞、麻子川5个乡镇建设成辐射周边的产地交易市场。二是依托兰渝铁路岷县火车站的交通优势，规划建设中药材仓储物流园区，形成集中成药、保健品、提取物、饮片、医疗器械为一体中医药专业仓储物流基地，使之成为辐射整个甘肃南部的大型中药材物流中心，承担战略贮备库职能。

**（四）加快品牌培育，提升产品竞争力**

要以宣传推介“中国当归之乡”和“岷归”等金字招牌为重点，实施“岷归品牌”战略，培育一批对全县产业具有支撑作用的知名企业、名牌商标、名牌产品，打造当归文化品牌、“岷州药商”品牌，逐步形成品牌优势、规模优势和效益优势。

**（五）建立技术服务平台，提升产业发展水平**

一要加快中医药研发平台建设，推动技术创新。重点是组建当归研究院，把当归研究院建成省级重点实验室或研发中心；提升道地中药材当归黄芪等加工炮制及种植工程研究中心水平，加快省级认证和国家认证，建立中药材加工炮制基地；引导企业建设研发体系。二要完善质量标准体系，保障产品质量。重点是完善中药材生产质量标准体系；研究制定当归、黄芪、党参等中药材加工标准体系；加快标准化体系认证进程；加快检测体系建设；建立质量流通追溯体系。三要打造产业孵化基地，促进成果转化。重点是依托当归研究院和工程中心，按照“小中心、大网络”的模式，与省内外大专院校、科研院校联合，建立中医药科技成果孵化基地，吸引相关科研单位将最新科研成果、发明专利，在孵化基地开展试验、推广，争取一大批现代中医药产业发展成果应用示范项目建设落户产业园区。四要构建信息服务体系。按照建立以当归为主中药材信息发布中心的目标定位，充分发挥中国当归网等现有资源和设施，组建当归城信息服务中心，形成以当归城信息服务中心为主，以梅川、中寨、西寨、蒲麻等区域市场信息站和加工企业为补充的中药材信息服务体系。

**（六）挖掘保护中医药文化，促进继承创新**

一要加快当归中国重要农业文化遗产申报工作。当归文化是我国中医药文化的重要组成部分，是千百年来岷县人民智慧的结晶，申请文化遗产保护，对弘扬、继承和发展当归文化、提升我县中医药产业发展水平将起到非常重要的作用。二要建设道地药材文化创意产业园。积极挖掘整理我县中医药历史文化和发展历程，建立寓种植、科普、观光旅游于一体，集药材加工与真伪鉴别、作坊、展馆，药膳制作与食疗、品尝等为主要内容的产业园。三要创建当归期刊，每年集中发行一期旨在宣传我县当归文化和中医药产业开发方面的进展、成果，进一步提升我县在国内外的知名度。

# 强化“三品一标”产业品牌建设 促进区域特色经济发展

青海省绿色食品办公室 鄂永利 常来红

近年来，省绿色食品办公室按照省农牧厅党委对农牧业工作的总体部署，以“三品一标”为载体，认真贯彻省委、省政府提出的打造“高原牌、绿色牌、有机牌”和建设生态文明示范区的发展战略，重培育、抓认证、强宣传、严监管，做大品牌规模，提升品牌效应，取得了明显成效。

## 一、全省“三品一标”品牌建设现状及成效

（一）着力强化“三品一标”申报认证壮大品牌。“三品一标”是政府主导的安全优质农产品公共品牌，在推进农产品生产标准化、规模化、基地化和保障农产品质量安全方面发挥了非常重要的引领、示范作用。近年来，省绿色食品办公室本着认定一个产地，带动一片标准化基地建设；认证一个产品，树立一个品牌；认证一个产品，保障一方产品平安的目的，通过认证品种的增加、生产面积的扩大、品质规格的提升、安全可靠性的保证和市场营销服务的加强，全面加快“三品一标”的发展进程，扩大“三品一标”认证总量规模，不断提升品牌形象和社会公信力。截至目前，全省累计认证无公害农产品153个、认定产地105处、无公害农产品产地规模达140万亩、畜牧业达到52.86万头（只）。全省累计认证绿色食品生产企业51家，125个产品。其中有效使用绿色食品标志的生产企业达到20家，产品58个；全省累计认证有机食品生产企业13家，产品65个。其中有效使用有机食品标志的生产企业9家，产品40个。共获得7个农产品地理标志。近五年累计抽检12批次，产品850个，“三品一标”质量安全总体合格率达到100%，没有发生重大农产品质量安全事件。全省一大批获得“三品一标”品牌产品初具规模和知名度，“三品一标”品牌效应助推了优势特色产业的快速发展，2011年全省“三品一标”产值已首次突破20亿元。

（二）着力搭建各种展会平台展示推介品牌。积极组织企业参加国内外展示展销会及贸易洽谈会，让“青字号”优质特色农产品走向全国、跨出国门，

“三品一标”品牌宣传、产品贸易均取得了丰硕成果。2005年至今，先后5次组团参加中国有机食品博览会、7次参加绿色食品博览会，4次组团参加农交会，3次组团参加清真食品博览会，5次组团参加“青洽会”，2次组团参加“西博会”，2次组团参加北京优质农产品展销周。先后15次获得优秀组织奖，5次获得展位设计银奖。2010年我省清华博众生物技术有限公司荣获“第四届中国国际有机食品博览会金奖”，这是我省参加历届有机食品博览会以来取得的第一次金奖。青海省诺木洪农场的枸杞、青海天露乳业有限责任公司的乳制品、青海宏恩科技有限公司的富硒马铃薯、青海省海西州水产养殖场的河蟹四家企业的产品荣获2011年中国绿色食品广州博览会“畅销产品奖”。青海省海西州水产养殖场的河蟹荣获“第五届中国国际有机食品博览会BioFach China 2011金奖”。在大型展会期间，邀请省内外主流媒体跟踪宣传报道，充分展示了我省“三品一标”产业发展成果。

（三）着力借力现代媒体常态化宣传品牌。注重“三品一标”宣传常态化，借力报刊、电视、广播、网络等多种现代媒体，多形式、多层次、多视角开展宣传报道，做到报刊有文章、电视有图像、广播有声音、网络有信息，重点活动有报道，实现了创先争优活动与我省“三品一标”宣传工作双促进、新提升。一是高度重视，强化组织领导。采取“润物无声”的方式，把创先争优活动贯穿到“三品一标”宣传工作之中，连续三年每年安排专项宣传经费12万元。二是加强协作，积极拓展宣传渠道和阵地。采取与社会媒体合作的方式，在青海日报、青海政报、西海都市报上开辟了我省“三品一标”工作宣传窗口。根据网络媒体开放、快捷和信息容量大的特点，建立了青海省绿色食品专业网站，宣传“三品一标”政策法规、工作亮点和获证产品。积极组织人员及时向中国绿色食品网、农业部农产品质量安全网、青海农牧信息网和《绿色食品》杂志报送我省“三品一标”工作动态信息。与此同时，还借助展会平台，扩大我省“三品一标”宣传。如2011年我省组团参加第五届中国国际有机食品博览会时，精心印制了《青海省有机产品企业宣传画册》10000份。三是突出重点，认真开展主题宣传活动。采取“文火煲粥”的方式，把创先争优活动贯穿于宣传工作的全过程。连续三年举办了以“普及绿色食品知识、促进绿色食品消费”为主题的专题讲座。组织我省21家绿色食品企业开展了绿色食品知识竞赛。累计印制宣传资料5万余份，制作展板40多块，3次参加了省食安委在中心广场举办的“食品安全宣传日”活动。先后整理出版了《绿色食品知识》、《青海省“三品一标”标志使用手册》、《无公害农产品绿色食品有机食品和农产品地理标志工作资料汇编》等专业书籍

5000多册。据统计，各大媒体刊登、播出、转载有关报道156篇（次）。

（四）着力采取强力措施进一步提升品牌。一是积极争取我省“三品一标”产业发展扶持政策。经过省绿色食品办公室积极争取，中国绿色食品发展中心决定对我省发展绿色食品、有机食品实施收费优惠政策。即：对在2012～2014年青海省申报绿色食品认证的单位免收绿色食品标志使用费，对申报有机食品认证的单位减免1/3检查费的优惠政策。此政策有利于推动我省“三品一标”事业加速形成生产优势和市场优势，不断提升品牌形象和社会公信力。二是转变发展思路。按照全国“三品一标”工作会议部署，“三品一标”由相对注重发展规模进入更加注重发展质量的新时期，由树立品牌进入提升品牌的新阶段。基于这个思路，当前和今后一个时期，我省“三品一标”的工作重点是稳步推进认证，全面强化监督。三是正式启动“三品一标”品牌提升行动。为切实做好和着力加强我省无公害农产品、绿色食品、有机食品和农产品地理标志监管工作，进一步提升“三品一标”认证权威性和品牌公信力，2012年正式启动了我省“三品一标”品牌提升行动，将通过“三个强化三个提升”，全面提高“三品一标”产品质量安全管理水平。第一，强化生产控制，提升标准化生产水平。以强化获证单位质量管理为核心，加强获证单位技术培训和生产指导，与获证单位签订向社会保证质量和规范使用标志的承诺书，建立获证单位诚信档案，实施分类管理。第二，强化认证审核，提升认证工作的规范性和有效性。按照“从严从紧，积极稳妥”的原则，严把产品认证准入门槛，严格认证程序，完善认证制度，确保认证工作质量。第三，强化证后监管，提升品牌公信力。建立举报投诉制度，严格执行退出机制，并开展专项跟踪抽检、认证工作质量督导检查和获证产品专项检查等工作。

## 二、存在的问题

我省通过近年的推动发展，“三品一标”工作虽然取得一定成效，但与全国的发展水平和我省具有的优势相比还有较大差距。我省“三品一标”产业的品种、规模、生产总量，无论是在全国所占比重，还是在全省农产品中所占比重都比较低，市场竞争力相对较弱，区位优势和品牌公信力还没有完全形成，“三品一标”权威性还没有建立起来，品牌认知度还不是非常高。主要表现在：一是公众对无公害农产品、绿色食品认识还不够到位。多年来，我省推广的农业技术主要是以提高产量为主，对质量要求显得不够。据调查，仅有部分管理人员对无公害农产品有一定的认识，大部分农户知道“无公害”，但说不清“无公害”的具体含义，城镇居民对有标识的无公害、绿色食品表示半信半疑或无所谓。二是“三品一标”工作的指导和管理有待加强。由于对无公害农产品、绿色食品宣传和认识还不够到位，我省地区之间发展很不平衡，有些地区认证工作尚未起步，部分农牧主管部门推动“三品一标”的发展步伐缓慢。三是“三品一标”市场监管有待依法完善和加强。有些地区和企业由于片面追求经济效益，存在用标不规范甚至违法用标现象，严重影响绿色食品的形象。无公害农产品存在换证率低，用标积极性不高等情况有待进一步引导。四是由于认证费用过高，影响了部分企业，尤其是农牧民专业合作社的申报“三品一标”积极性。认证单位除了承担环境评价和产品检测费用以外，还要承担认证费用和标志使用费用，对企业来说是一个不小的数目。五是缺乏带动农牧民能力强、示范作用大的大型绿色食品生产龙头企业，产业化程度低。目前我省已取得绿色食品标志使用权的企业，大多是规模比较小、实力不太强、技术含量比较低、以生产初级产品为主的中、小型企业。六是亟待打造青海“三品一标”产品品牌。我省食品加工企业大大小小也有几十家，但形成规模的屈指可数。从品牌上看，我省绿色食品规模小、品牌杂、总量不大。缺乏知名品牌，难以形成群体的品牌优势，市场竞争力弱，市场优势和价格优势没有显现出来。七是全省“三品一标”产品品牌和无公害农产品、绿色食品标准化生产基地建设没有专项投入。八是基层工作机构不健全。各州地市县还没有成立相应的工作机构，管理体系尚未建立。

## 三、政策建议

上述问题，既是“三品一标”品牌建设的制约因素，也是产业发展的制约因素。“三品一标”是政府主导的安全优质农产品公共品牌，是今后一个时期农产品生产消费的主导产品。从这个意义上讲，今后要把“三品一标”从相对独立发展转变为农产品质量安全工作的重要组成部分，从单纯追求申报数量转变为注重产业的全面发展，从偏重市场运作转变为政府引导与市场拉动相结合，把“三品一标”培育成我省农牧业经济增长点中的主导产业。

（一）统筹规划，分类指导。要根据我省资源优势、农产品特色和质量安全状况，有目的、有计划、有重点地加快发展“三品一标”产业。县级以上人民政府农牧行政主管部门应将“三品一标”工作纳入国民经济和社会发展规划，制订切实可行的措施和办法，积极推进“三品一标”发展。发展无公害农产品，就是要通过产地认定解决生产过程的质量控制及管理问题，通过抓好大宗农产品生产基地认定、产品认证解决农产品消费安全和市场准入问题；发展绿色食品，就是要通过充分发挥品牌优势、提升产业素质和增强农畜产品市场竞争力，突出抓好重点产品、重点产业和重点地区的开发和认证；发展有机农产品，就是接照有机农牧业生产方式，根据农牧业资源优势和国内外市场需求选择性地发展；发展农产品地理标志登记保护产品，就是要挖掘、培育和发展独具青海地域特色的传统优势农畜产品品牌，做强特色农牧业产业，促进农牧业区域经济发展。

（二）加大政策扶持力度。各级人民政府农牧、财政等相关部门要设立“三品一标”发展专项资金，用于支持“三品一标”产业发展。要创新机制，将“三品一标”发展与农牧业扶贫、综合开发、现代农牧业、新农村建设和示范园区创建等工作有机结合起来，要把农牧业标准化生产和发展“三品一标”作为项目实施的重要目标和验收的基本条件。建议把“三品一标”认证作为申报国家级和省级农牧业产业化龙头必备条件之一。鼓励有条件的地方，将获得“三品一标”认证的企业和其他组织纳入财政支持和奖励范围适当给予奖励和补助。建议省级财政采取以奖代补方式，对获得无公害农产品、绿色农产品、有机农产品认证单位各奖励 1 万元；对获得无公害农产品产地认定的单位奖励 5 万元，获得国家级绿色食品和有机食品标准化原料基地的单位奖励 20 万元；获得农产品地理标志登记保护的产品每个奖励 10 万元。

（三）积极推进“三品一标”标准化示范基地建设。以发展特色、集约、生态、低碳、绿色农业为目标，围绕油菜、马铃薯、蚕豆、蔬菜、果品、中藏药材、牛羊肉、奶、毛绒、水产品、饲草料等特色产业，充分利用财政、发展改革、扶贫等部门的各类资金，创建实施一批绿色农业高新技术研发、示范推广应用和标准化生产并兼备现代绿色农牧业成果、集成功能的、具有区域特色的现代绿色农牧业示范区和“三品一标”生产标准化示范基地。

（四）加强“三品一标”工作体系建设。要逐步建立健全省、州（市、地）、县、乡四级“三品一标”工作机构，逐步实现各级“三品一标”监管工作有机构、有人员、有经费。要加大“三品一标”培训工作力度，强化对系统内检查员、标志监督员以及企业（基地）内检员的管理考核，实现系统内检查员、监管员全员持证上岗，依法开展认证监管工作。

（五）强化“三品一标”监管，建立市场准入制度及追溯体系。要依据相关法律法规，加强对“三品一标”质量安全的监督管理。一是严格认证标准，加强证后监管，规范“三品一标”生产与市场行为，监督、引导企业严格执行“三品一标”生产加工规程。二是建立“三品一标”监测制度，开展对“三品一标”产地环境、农业投入品和质量安全状况的监测。三是实施“三品一标”产地准出、市场准入制度。加快建立认证产品、企业和基地追溯制度。四是开展经常性的市场打假和质量抽检工作。对不符合质量标准的产品，由县级以上农业或工商、质监部门责令停止使用标志，通报认证机构暂停或撤销认证证书，确保农产品质量安全。

（六）积极培育“三品一标”市场。一是鼓励和扶持科技含量高、竞争力强的企业开展相关科研攻关。对从事“三品一标”科研开发、生产经营的企业给予一定优惠政策。鼓励和扶持农民专业合作经济组织发展“三品一标”产品。引导支持企业注册农产品商标，争创驰名商标和青海省著名商标。培育“三品一标”品牌产品，提高市场占有率。二是引导企业运用现代营销手段，探索各种营销模式，尽快建立“三品一标”市场营销网络。通过选择组织生产企业与大型商场、超市直接对接，建立“三品一标”专卖店（柜），以市场促销售，以销售促生产，推动产品流通。

（七）营造良好的发展环境。“三品一标”规模发展涉及的部门多、行业广，需要各级人民政府及有关部门大力支持、相互配合。要切实加强对“三品一标”工作的领导，将“三品一标”发展纳入各级政府农牧业发展年度工作考核范围。要重视和加强“三品一标”管理机构和队伍的建设，进一步理顺关系，明确职能，充实力量，在工作条件、业务经费等方面予以保障。积极争取发展改革、财政、工商、质监等有关部门对“三品一标”工作支持。要充分调动和利用好社会各种管理资源和技术优势，尽快形成“政府重视、部门支持、社会关注”的社会环境，为实现“三品一标”可持续健康发展奠定良好的基础。

# 打造高原生态有机品牌<br>走高原特色现代生态畜牧业发展之路

青海省海南藏族自治州农牧局　切　军

海南州是青藏高原的东门户，是环青海湖经济圈的重要组成部分，也是全省农畜产品西进东出的重要通道，地理、经济区位优势十分明显。海南州所处的青藏高原是世界“四大净区”之一，特殊的气候条件，原始半原始、无污染的生态环境和种类繁多且不可替代的动植物资源，给海南州农牧业发展增添了强劲的发展后劲，也使这4.6万平方公里的广袤土地成为全省重要的农畜产品生产基地。

海南州建政60年来，在党的强农惠农政策的光辉照耀下，全州农牧业发生了翻天覆地的变化，实现了历史性的跨越。尤其是改革开放以来，海南农牧业乘势而为，以转变农牧业发展方式，实现农牧业增效、农牧民增收为己任，按照走特色化、规模化、产业化、生态化的发展要求，在“加快发展、科学发展、又好又快发展”中破茧化蝶，走出了一条具有高原特色、海南特点的现代生态畜牧业发展之路，正在阔步迈向广阔的国内国际市场。青海农牧业发展的能量在持续不断地积蓄，发展的机遇在持续不断地涌现，发展的人气在持续不断地聚集。

到2012年年底，全州累计完成投资53.3亿元，建成日光节能温室9431座，沼气池1.9万座；建成畜棚4.56万座399.2万平方米，比有统计的1983年增加了390.98万平方米；建设围栏草场2516.7万亩，比有统计数据的1978年增加了2414万亩；草场建植补播346.63万亩，毒杂草防治107万亩。培育农牧业产业化龙头企业24家、农牧民专业合作社487个，带动了一大批蔬菜、特色果品等特色专业村发展。一批区域布局合理、产业特色鲜明、产品质量优良、品牌优势突出的特色产业基地正在形成，引领了现代农牧业发展。

2012年，全州农作物总播面积达到140万亩，是1953年的7.7倍；粮油总产达到16.24万吨，是1953年的10倍。牲畜存栏总量485.15万头（只）（其中羊414.59万只、牛70.56万头），是1953年的2.3倍；母畜比例、出栏率、商品率、总增率分别为55.7%、46.6%、41.8%、42.7%，均是有统

计的1980年的2～3倍；成畜死亡率从有统计的1983的6.62%降低到目前的1.84%左右；肉类总产5.3万吨，是有统计的1973的13.7倍，奶类总产量4.1万吨，是有统计的1973的5倍；完成农业总产值34.86亿元，是1953年的115倍。

海南州建政以来，海南州农牧局机构经历多次演变。1953年，主管全州畜牧工作的畜牧科从人民政府最早设立的9个工作机构之一的建设科脱离，成为独立机构；1959年起正式设立农牧局，1971年农牧局分为畜牧局和农林局；1975年农牧合并，重新成立农牧局，主管农、林、牧、农机、气象等工作；1976年1月气象台从农牧局分离，1977年农机从农牧局分离，成立农机局、气象局；1982年农机局与农牧局合并，林业从农机局分离，成立林业局，1984年又与农牧局合并；1985年4月，林业第二次从农牧局分离，成立林业局；1995年2月，林业局与农牧局合并，同年10月农牧局分为畜牧局、农林局；2005年11月，畜牧局又与农业局合并，更名为农牧局。截至目前，州农牧局已经更替了14届领导班子，带领全州农牧系统干部职工主要承担国家及省、州有关农牧业方针、政策的贯彻落实，研究拟定农牧业产业政策，引导农牧业结构调整、农牧业资源合理配置，草原生态保护治理、重大动物疫病防治、农产品质量安全、草原防火、农牧业基础设施建设等职责。

在全面推进农牧业发展中，全州农牧部门坚持贯彻落实州委、州政府“农牧稳州、生态立州”战略，大力实施三江源自然保护区和青海湖流域生态环境保护与建设、退牧还草等重大工程，探索实践现代草地畜牧业发展方式，创造性探索出了“转人减畜、草畜平衡、集约经营、多产业发展”的草地生态畜牧业发展新机制。通过多年的建设，草畜平衡制度稳步推进，局部生态环境明显好转，特别是将产业发展、游牧民定居、草原生态保护补助奖励机制、防灾减灾等与实施重大生态保护建设工程相结合，探索了一条生态恢复、生产发展、生活改善的新路子。

在党的阳光雨露滋润下，各项惠农政策得到实施，“十一五”期间农牧民人均纯收入年均增幅13.61%，2012年农牧民人均收入达到6128元，是农牧民人均收入最早有统计年份1978年的近46倍，财产性、转移性收入比重达到14.17%。畜牧业以围栏草场、人工草场、牲畜棚圈和牧民定居为中心的“四配套”防灾基地建设有了重大进展；游牧民定居工程使2万余户牧民群众彻底告别“逐水草而居”的游牧生活，60%的牧户在草原“四配套”建设的基础上，逐步向水、电、路、定居房、畜棚、围栏、防疫栏、饲草棚“八配套”过渡，各种新观念不断开阔着人们的思路，各种新品种在农田和牧场上不断得到推广、各种现代技术不断应用于农牧业生产，各种新式生活用品在农牧区的普及，广大农牧民群众生产生活方式发生巨大变化，各族农牧民群众的生产热情和建设社会主义新农村新牧区的干劲不断得到激发，全州农牧业正进入跨越式发展的快车道，一个和谐、富裕、文明的社会主义青海新农村新牧区正呈现在我们眼前。

青出于蓝谋跨越，海纳百川求发展。经过了一代代海南各族人民不懈奋斗，今天的海南农牧业，已经站在了一个新的历史起点上。"十二五"以来，全州农牧部门紧紧围绕海南州生态畜牧业国家可持续发展实验区建设规划，立足区位优势、资源禀赋和产业发展基础，以加快转变农牧业发展方式为主线，以农牧业结构调整为主攻方向，以草原生态保护建设为前提，以农牧业增效、农牧民增收为根本，大力发展现代生态农牧业，积极探索出了一条具有高原特色、海南特点的现代农牧业发展之路。

1. "一区多园"建设取得实质性进展。依托生态畜牧业可持续发展实验区建设平台，按照现代农牧业集约化、产业化、规模化发展的要求，坚持园区引领、基地带动、扩大辐射的原则，总投资6.8亿元的共和生态农牧业示范园、贵德休闲农业科技示范园、贵南草产业科技示范园、同德牦牛良种繁育科技示范园和兴海河卡有机畜牧业科技示范园"五大园区"建设已具规模、初显成效，有力促进了农牧业生产方式的转变和产业化发展水平的提升。

2. 生态畜牧业建设稳步推进。全州累计组建生态畜牧业专业合作社183个，实现了牧业村全覆盖，入社牧户23048户，整合草场1725万亩、牲畜250万头（只），流转土地和草场559.63万亩，成功探索出了种草养畜型、转产转业型、多种经营型、基地辐射型、能人带动型、减畜禁牧型、企业带动型、三产主导型等生态畜牧业建设新模式，全州畜牧业已由过去单纯的经营方式向多元化经营模式转变。

3. 农牧业结构不断调整优化。全州培育特色种植业专业村36个，组建万亩油菜、青稞、豆类基地9个10.45万亩，粮食、油料、蔬菜及其他农作物种植结构调优为58:28:2:12；累计引进野血牦牛1260头，改良黄牛1.4万头（只），培育良种公羊1.24万（只），全州牲畜良种化率达到65%以上。

4. 草原生态保护与建设成效明显。通过落实草原生态保护补助奖励政策，完成草原承包4112万亩，划定禁牧区2778万亩、草畜平衡区2314万亩，累计落实补奖资金10.2亿元；加大退牧还草、黑土滩治理等草原生态保护与建设项目实施力度，严格落实禁牧封育和减畜制度，逐步走出了一条保护生态与农牧民增收的双赢之路。

5. 农产品质量安全和重大疫病防控不断加强。建立健全农产品质量安全检验检测体系，深入开展农产品质量监管示范县创建活动，设立乡镇农产品质量安全监测站36个。积极开展农产品质量安全专项整治，全面落实重大动物疫病防控措施，完善各类应急预案，加大人畜共患病防治力度，加强动物免疫和生产、流通环节检疫工作，为畜牧业生产安全和公共卫生安全提供了保障。

6. 农牧业服务体系不断完善。大力实施农技推广服务体系建设项目，建立了“12316”农牧业信息平台、农牧民收入监测网络平台、农产品质量安全监管体系等服务性信息平台，组建了县级土地草场流转服务中心。积极开展科技示范村创建、“科技乡镇长团”、“科技特派员”活动，累计创建州级科技示范村20个，下派科技特派员134人。整合阳光工程、绿色证书、雨露计划等培训项目资金，每年培训农牧民3万人，转移剩余劳动力5.6万人次。

古老的青藏高原承载者绿色发展的强大底蕴，气势勃发的海南农牧业汇集跨越发展的和谐乐章。我们坚信，在州委、州政府的坚强领导下，勤劳、善良、智慧的海南各族农牧民一定能够乘着党的惠农强农政策，不断激发超凡洒脱的勇气和海纳百川的魄力，全面扩大农牧业对外开放，提升农牧业、农牧区经济发展的质量和效益，努力实现海南农牧业发展的新跨越，一定能够谱写一曲华丽的时代乐章!

# 突出特色 重点突破 倾全力做强特色产业

宁夏回族自治区中卫市沙坡头区农牧科技局 马学峰

近年来，中卫市沙坡头区依据宁夏特色优势产业布局及发展规划，立足区位优势，分区施策、合理规划，以增加农民收入为核心，按照“一优三高”农业发展总体要求，坚持“分类指导、夯实基础，注重引导，跟进服务，培育市场，强力推进”的发展思路，调整近年来，中卫市沙坡头区依据宁夏特色优势产业布局及发展规划，立足区位优势，分区施策、合理规划，以增加农民收入为核优化农业结构，大力发展优势特色产业，着力从技术推广、示范引领、科技服务、创新机制、品牌打造等方面加以推进，推进了优质粮食、设施蔬菜、高校经果林、清真牛羊肉等特色产业发展，走出了一条产品品质显著提升、产业链条不断拉长、农民收入不断提高的发展路子。2013 年上半年，沙坡头区实现农林牧渔总产值 8 亿元，同比增长 0. 3%；实现增加值 4 亿元，同比增长 0. 2%；农民人均现金收入达到 7000. 4 元，同比增长 13. 1%。

## 一、调整优化农业结构，强力推进特色产业发展

### （一）提质扩规，大力促进设施农业健康发展

沙坡头区设施农业以日光温室、小拱棚蔬菜为主，涉及 9 镇 62 个行政村 2. 4 万户农户，建设形成以镇罗、柔远、东园、腾格里沙漠为重点的 11. 19 万亩设施蔬菜产业带，其中建成 5000 亩以上的日光温室示范基地 5 个，小拱棚瓜菜示范园区 6 个，种植日光温室蔬菜 8. 2 万亩、小拱棚瓜菜 1. 44 万亩、大拱棚 0. 31 万亩、供港蔬菜 1. 24 万亩。沙坡头区设施蔬菜 95% 以上外销，主要由基地流通公司（合作社）组织代办（经纪人）定点收购，统一包装箱，统一使用“沙坡头”无公害蔬菜商标和“挹沙”有机蔬菜商标，实行分级包装和优质优价制度，外地客商或本地流通公司、合作社等组织装车外运，主要销往乌鲁木齐、西宁、兰州、包头、西安、北京、成都等大中城市，部分蔬菜出口哈萨克斯坦、吉尔吉斯斯坦等中亚国家。

### （二）突出特色，强力推进硒砂瓜产业发展

立足干旱带资源优势，突出特色，科学决策，把硒砂瓜产业作为山区群众摆脱穷困、治穷致富的“拔穷根”产业，采取有力措施，强力推进，有力

促进了我市硒砂瓜产业跨越式超常规发展。2012 年，大力推广条覆膜种植、增施有机肥技术，全面实行“三统一”控水、“四推行”控肥和“一瓜一标”的硒砂瓜品质品牌保护办法，同时推行使用覆膜机、挖坑机、松砂施肥机等机械，沙坡头区硒砂瓜种植面积 56 万亩，平均亩产 1127 公斤，总产量达 56.46 万吨，总产值达到 50.25 亿元，并成功销往全国 23 个省区及中国香港、中国澳门和新加坡、蒙古、俄罗斯等国。

**（三）因地制宜，加快推进林果产业发展**

自“十一五”以来，沙坡头区加快了培育特色林果产业步伐，选择苹果、红枣、枸杞等特色经济林产业作为重点发展的主导产业，并积极推动主导产业向优势产区集中，逐步形成南山台扬灌区以苹果、红枣为主和香山乡、兴仁镇等地区以枸杞为主的产业布局。截至 2012 年，沙坡头区经济林产业栽培面积达到 37.72 万亩，总产量达到 25.3 万吨，总产值达到 14.24 亿元，其中发展红枣 16.16 万亩、苹果 14.45 万亩、枸杞 4.9 万亩、葡萄 1.08 万亩、设施栽培及其他杂果 1.13 万亩。培育各类经营大户 43 户，培育农民专业合作社 10 个；扶持发展加工企业 1 家，年设计加工能力达 7 万吨以上，产品全部出口欧美市场，出口创汇达 140 万美元；建设果品贮藏库 6 座，年贮藏量达 1 万多吨。“南山阳光”精品苹果品牌已在市场上有了一定的竞争力和知名度。

**（四）科学养殖，着力推进畜牧产业发展**

以夏华、正通公司，佳昊和沐沙奶牛养殖合作社为龙头，因地制宜，科学规划建设以生态移民区为重点的清真牛羊肉产业带，着力推进出户入园，转变养殖方式，提高标准化、规模化水平。扶持发展夏华清真肉食品有限公司成为国家级优质农产品龙头企业，培育专业合作社 6 家。沙坡头区共建设标准化肉牛养殖小区 13 个、规模肉牛养殖场 3 个、肉羊养殖场（小区）2 个，建成标准化牛羊养殖暖棚 18 万平方米、肉牛育肥圈舍 16 栋，棚圈面积 4.2 万平方米，“三贮一化”池 3 万立方米。2013 年上半年，沙坡头区肉牛、肉羊饲养量分别达到 2.83 万头和 28.7 万只。

## 二、强化基地建设，示范引领特色产业发展

按照“区有示范镇、镇有示范村、村有示范户”的建设目标，加大特色产业示范园建设力度。建成以设施蔬菜、硒砂瓜、苹果、小拱棚韭菜、肉牛羊养殖为主要内容示范镇 5 个，示范村 30 个，示范户 1100 户，形成“专家－技术指导员－科技示范户－辐射农户”的农业科技成果转化应用快速通道网络。建成 4 个区部级日光温室科技示范园区，在设施蔬菜核心园区建设番

茄、茄子、黄瓜、西瓜等作物为主的示范园区 10 个，建设 5000 亩小拱棚韭菜基地 1 个，建设千亩供港蔬菜基地 4 个，面积 0.52 万亩。建设了 20 万亩硒砂瓜品质品牌保护核心区和 1 万亩基施沼渣、喷施沼液示范区，创建万亩粮食高产示范片 6 个，面积 6.63 万亩，建成千亩苹果提质增效示范园 1 个、千亩红枣改良示范园 1 个，建设标准化肉牛养殖小区 13 个。通过示范园区的引领作用，实现了产业规模效益由点到线到面的扩展。

## 三、强化科技培训，以科技促进特色产业提质增效

建立起相应的培训基地，建立起长期的培训机制，加大对农民种植、养殖、管理技术的培训力度。按照现代农业产业化发展的要求，结合生产季节进行针对性的培训，培养一大批懂技术、善经营的技术人员和新型农民，通过培训，健全技术服务体系，全方位开展技术服务工作。同时建立"领着农民干、干给农民看、帮着每年富"的技术服务机制，鼓励技术人员领办、创办各类示范点，并以此为平台，开展技术创新、示范引领、技术服务和科技培训，促进特色产业向效益型方向发展。

## 四、创新经营机制，不断探索特色产业发展新模式

坚持"内育"、"外引"并重的原则，积极培育家庭农场、专业合作组织、种养大户、龙头企业等新型经营主体，大力引进大型农业生产经营企业，促进土地依法有序流转，改变千家万户分散经营的传统种养模式，推动适度规模、集中经营的现代农业发展步伐，沙坡头区共流转土地 8.9 万亩，引进大型农业龙头企业 9 个，培育各类新型农业经营主体 43 个，推动了现代农业集约化经营。

## 五、畅通营销体系，增强特色产业发展后劲

遵循市场经济规律和农产品生产流通特点，通过多层次大范围召开产销对接洽谈会，组织龙头企业、合作组织、农民经纪人队伍抱团创市场，宽领域搭建合作平台，着力构建市场销售畅通、产业茬口相互衔接补充、运转高效流畅的农产品市场流通体系，形成了服务本区市场、抢占外省市场、覆盖全国市场的农产品营销网络格局。坚持以打造品牌、扩大销售、提升知名度和竞争力为目标，以宣传保护香山"硒砂瓜"、"沙坡头"蔬菜、"南山阳光"苹果、"穆和春"清真牛羊肉等农产品品牌为重点，深入开展创名牌、创名

企、创名企业家的“三创”活动，宁夏红、中卫香山硒砂瓜已成为中国驰名商标，创建中国名牌产品1个，中国名牌农产品2个、自治区名牌产品8个、自治区名牌农产品7个、地理标志保护产品3个，通过品牌创建和市场流通体系的建立，达到了产品优质优价、产业增产增收的目的。

## 六、产业发展存在的问题

当前沙坡头区设施农业、硒砂瓜、苹果、清真牛羊肉等特色优势产业效益凸显，但产业发展主要存在以下问题：

（一）农业基础薄弱。老灌区基础设施建设滞后，设施温棚墙体老化，机械化水平不高；苹果果园郁闭现象严重，设施蔬菜、硒砂瓜、红枣等品种杂、品质不优、品牌不靓，良种化程度不高；生态移民区经济基础差，基础母牛饲养成本高、效益低，肉牛饲养量逐年下降，圈舍空置现象严重。

（二）农业投入不足。尤其是在农业基础设施建设和农业保障体系建设上，由于资金缺乏，新品种、新技术引进试验、示范资金短缺，影响了农业技术服务活动的开展，导致农业发展受到限制。

（三）农业技术推广和服务体系不完善。重点表现在体制不顺、机制不活、保障不足等。尤其是科技人员知识老化、技术人员断档，功能弱化的问题十分突出。

（四）产业化经营水平较低。农产品加工龙头企业规格小且主要停留在初级加工水平，缺乏深加工骨干龙头企业，农产品知名品牌还尚未形成，发展速度有待进一步提高。

（五）市场体系不健全。没有大的龙头企业支撑，没有大型专业批发市场，冷链体系建设不健全，频繁出现上市供应过于集中、供应紧缺或品种不适销的现象，制约着特色优势产业的发展壮大。

（六）各种经营主体发展滞后。由于当前大多数农民的小农意识还根深蒂固，缺少大局观念和合作意识，导致多数经营主体规模小，稳定性差，功能弱，组织机构、自律机制不健全，服务功能单一，服务层次低，不能很好地发挥带动作用。

## 七、下一步推进农业优势产业发展的建议

始终围绕“突出重点，扩大规模，加大投入，依靠科技，狠抓示范”的工作思路抓好优势产业的发展，有计划、有步骤地推进特色优势产业产业化

进程，提升产业效益，促进经济社会和谐发展。

（一）加强组织领导，狠抓责任落实。成立特色优势产业领导小组，解决特色产业发展的具体问题。每个产业均组织一套工作班子具体抓落实，继续实行“一个产业，一个规划，一套政策，一套班子，一套实施办法”的五位一体的生产、加工及经营模式，克服条块分割，部门制约的体制障碍。

（二）突出特色优势，促进产业发展。积极争取农业产业化项目，在壮大特色上下工夫，在发挥优势上找路子，做大做强设施蔬菜、优质苹果、肉牛羊养殖、硒砂瓜等优势特色产业，加快发展葡萄种植产业，着重培育园艺、适水产业及粮食制种等新型产业，在特色产业发展上再添新亮点，再拓新渠道。

（三）突出基地建设，加快产业发展。加大示范基地的建设力度，明确标准，细化指标，着力扶持建设硒砂瓜、枸杞和肉牛奶牛养殖等产业基地，从技术、资金、物资给予重点扶持，培育示范样板，加快特色产业集约化发展步伐。

（四）健全运作机制，推进产业发展。进一步激活运行机制，鼓励农业技术人员带薪、脱产到农村与农户联办创办经营主体，引导广大科技干部采取技术入股、技术承包等形式创办各类产业示范点，带领农民群众发展产业。

（五）扶持龙头企业，带动产业发展。大力扶持畜牧、林果、蔬菜、硒砂瓜等产品的非公有制加工、贮藏、保鲜、营销企业，进一步引导和扶持发展势头好的龙头企业，引进新企业，促进改造升级，扩大生产规模，带动特色产业提质增效。积极帮助企业协调贷款，扩大融资渠道，落实税收优惠政策，规范产品经营管理，理顺企业与农民利益分配关系，力争实现每个优势产业都有一个龙头企业带动发展的格局。扎实推进土地流转，培育新型经营主体，实现特色产业向规模化、集约化、标准化方向发展。

（六）实施科技创新，加大扶持力度。进一步采取强有力的措施，加快新品种、新技术的引试和推广应用，不断提高优势农产品的科技含量，使产品上档次、出品牌、增效益，提升产品市场竞争力，鼓励科技人员领办各类产业示范区，并对领办人员实行奖励；加大科技投入力度，鼓励创建以区、镇技术人员为主、农民技术员为补充的新型农业技术推广体系；加快推进龙头企业、专业合作社科技力量的培育、使其建立相应的科技推广服务组织和科技示范基地，引进高科技人才，提供技术支撑；和自治区产业指导组对应，以区成立不同类型产业指导组，做好对接和指导服务工作；及时招录专业技术人员，解决技术人员老化、技术人员断档的问题，以适应新形势下对科学技术的需求。

# 第二篇
# 中国农业政策与法规

# 第一章　农业政策与法规概述

## 第一节　农业政策概述

政策是指国家、政党凭借其权力，为了实现一定历史时期的路线和任务、完成一定的目标而对社会经济等多方面或环节采取的一系列措施和规定的行动准则。

### 一、农业政策的概念、产生与发展及特点

#### （一）农业政策的概念

农业政策是根据党的路线和方针，为了实现一定的社会、经济及农业发展目标，在一定时期内对农业发展过程中的重要方面及环节所制定的激励或约束其经济活动的一系列措施和行动的总称。农业政策从属于一般的经济政策，是部门经济政策。农业政策与农业、农民和农村关系密切，其内容也涉及农业和农村以外的政策领域，如环境政策、社会政策，这些都已超出农业本身的范畴。

农业政策是党和国家指导农业和农村工作，推动农业发展和改革的基本手段和措施。新中国成立 60 年来，农业政策的实施取得了巨大成就。目前，党在农村改革和发展的实践中，已逐步形成了一系列基本政策，主要包括：实行以家庭联产承包为主的责任制。

#### （二）农业政策的产生与发展

农业政策是在社会主义经济建设实践的基础上产生的，并不断得到发展和完善，是党长期领导社会主义农业实践的经验总结，是党的集体和人民群

众智慧的结晶。

根据重大的农业经济管理体制的变革与发展状况，可以把我国农业政策的发展过程分为以下五个阶段：

1. 土地改革阶段（1949～1952年）

消灭封建土地所有制，实现农民土地所有制是新民主主义革命的主要内容，也是解决农业问题的关键所在。这项工作在新中国成立前的解放区内已开展了小规模的土地改革，也制定了一系列的政策和措施。新中国成立后，1950年6月中央人民政府颁布了《中华人民共和国土地改革法》（以下简称《土地改革法》），在全国范围内开展了大规模的土地改革运动。到1952年年底，除中国台湾省、香港特别行政区、澳门特别行政区和一些少数民族地区外，全国土地改革任务基本完成。土地改革使3亿多无地或少地的农民分得了7亿亩土地，摆脱了每年向地主缴纳350亿公斤粮食的地租负担。土地改革彻底消灭了封建剥削制度，解放了农业生产力，使农业生产得到了较快的恢复和发展。

2. 农业合作化阶段（1953～1957年）

土地改革以后，中国农业变成了小农经济的汪洋大海。为了使小农经济走上社会主义道路，实现共同富裕，使农业适应国民经济有计划、按比例发展的需要，根据马克思主义关于农业合作的基本原理，结合中国农业的实际情况，在中国共产党的领导下，开展了大规模的农业合作化运动。从1953年年初开始到1956年年底，用了不到4年的时间（实际上主要是1956年）完成了农业合作化的进程。到1956年年底，全国96%的农户已加入农业生产合作社，其中88%的农户参加了高级农业合作社。农业合作化促进了农业生产的进一步发展，它在方向和原则上是正确的，但在合作的出发点、内容、速度、规模等方面却存在着一定的缺陷，这就导致了随后的农业合作社的进一步升级。

3. 人民公社化阶段（1958～1978年）

这是一个漫长的、灾难性的阶段。受“一大二公”的极“左”思想的影响，1958年把高级农业生产合作社合并成为人民公社，这种“政社合一”的政治经济体制严重挫伤了农民的生产积极性，极大地破坏了农村社会生产力，它是造成灾难性的“三年困难”的原因之一。农业政策经过多次调整，逐步形成了“三级所有，队为基础”的体制，相对明确了各级所有权，但仍然没有从根本上解决管理过分集中、经营方式过于单一和分配上的平均主义的弊病，再加上“文化大革命”的冲击，造成了我国农业长期徘徊不前的状况。

实践证明，人民公社远远超越了我国社会生产力发展的水平，给我国社会经济的发展造成了不可挽回的损失。遗憾的是，我们并没有及时从根本上改变这种体制，而是采用了“农业学大寨”这样的群众运动来维持这种体制的继续运转。但这一阶段大规模农业基本建设（如平田整地、兴修水利等）的成就是前所未有的，它为我国农业进入20世纪80年代后的大发展奠定了一定的物质基础。

4. 家庭承包制阶段（1979～1991年）

这一阶段是中国农业经济大发展的时期。旧的农业经济体制对农民来说没有任何吸引力，而且不能维持农民的基本生活需要。在这种情况下，农民自发地开始搞起了“包产到户”和“包干到户”，承包给农业生产和农民生活带来了生机和希望。党和政府顺乎民意，尊重群众的创造精神，在全国普遍推行了家庭联产承包责任制，并且制定了《关于加快农业发展的决定》，提出了农村改革和发展的新政策，调整了工农关系，增加了农业投资，提高了农产品的收购价格。这一系列有利于农村经济发展的措施极大地调动了农民的生产积极性，推动了农业生产和农村经济的全面发展。1984年粮食总产量达到4073亿公斤，比1977年的2827亿公斤增长了44%。农业总产值以每年6%的速度持续增长。家庭承包制的实质是把生产资料的所有权和使用权适当分离，土地等主要生产资料的所有权不变，仍然是社会主义集体所有制，但通过承包，实行统分结合，把经营管理权和土地的所有权相对分离。这种形式一方面发挥了集体经济统一经营的优越性，另一方面发挥了农民家庭分散经营的积极性。国内外的实践证明，农业生产适宜于家庭经营，即使在发达国家，家庭经营仍然是现代化农业的重要经营形式，社会化服务则是不可缺少的前提条件。因此，家庭承包制是适合中国农业实际情况的、大大促进农业生产发展的、具有中国特色的社会主义农业经营体制。1986年以来，我国农业又出现了徘徊不前的情况，特别是粮食生产还有所下降。这实际上并不是家庭承包制本身的原因造成的，而是我国农业政策（特别是农业投资减少、农用生产资料涨价等）的失误和家庭承包制的不完善引起的。

5. 社会主义市场经济建立和完善阶段（1992年至今）

从1992年开始，建立社会主义市场经济写入了《中华人民共和国宪法》（以下简称《宪法》），这标志着传统的计划经济体制的结束，新的具有中国特色的市场经济体制开始运作。在新的经济体制下，农业经济进入一个新的发展时期。政府基本上放开各种农产品市场，农业的生产与销售主要依照市场信号来决定，各种要素市场正在逐步形成（包括土地市场、劳动力市场、资金市场和信息市场)。市场经济为我国农业的发展提供了一个更加适宜的环境条件。

建立市场经济是一项艰巨的系统工程，目前面临着三个方面的艰巨任务：①明晰的产权关系。市场经济首先要有明确的市场主体，市场主体是市场经济的微观基础。长期以来，集体经济并没有很好地解决产权问题，因此必须通过股份合作制以及承认农民个体经济来明晰产权关系。②有效的市场经济体系。市场经济依靠市场机制和市场价格信号使资源得到最佳的配置。因此，必须逐步放开价格，组建各种专业市场、批发市场、期货市场，使全国形成统一市场，并逐步把全国统一市场与国际市场联结起来。同时，一定要使产品市场和要素市场同时发育起来，逐步使我国市场体系现代化。③国家的宏观经济干预。市场经济并不等于自由放任的经济，政府必须做好宏观调控，制定科学的政策目标，采取合理的政策手段，保证市场的合理竞争和高效运行。另外，从整个国民经济结构来考虑，政府必须对农业予以保护，保证国民经济各部门协调地发展。

**（三）农业政策的特点**

农业政策从本身的性质出发，具有以下特点：

1. 内容上的纲领性

农业政策一般是从整个国家或地区农业发展的需要出发，纲领性地规定农业经济活动应遵循的共同原则，并不规定具体目标和政策实施的具体措施。

2. 工作范围的广泛性

农业政策的调整范围一般是整个国家或地区的农业生产经济活动和经济关系，因而具有普遍的指导意义。

3. 具体应用上的灵活性

由于政策一般规定得比较原则，这就给对政策的理解和具体应用带来一定的灵活性。

4. 政策效力的有限性

由于农业政策原则性较强，在多数情况下违反政策时难以做出适度的纪律处分规定。即使有纪律规定，由于行政程序缺乏法律程序的严密，更容易受到人为因素的干扰，从而使政策纪律的执行有一定的难度。

## 二、农业政策的实施与调整

### （一）农业政策实施的概念与特点

1. 农业政策实施的概念

农业政策制定出来以后，并不等于有关的农业问题就解决了。从农业政策的制定到其目标的实现，还需要一个极其复杂和重要的过程，这就是农业政策的实施。农业政策的实施是指农业政策方案被批准并正式颁布之后，把农业政策所规定的内容转变为现实的过程。具体来看，农业政策的实施是各级人民政府和农业主管部门以及其他有关部门按照客观经济规律的要求，将农业政策付诸实际行动的行政活动。因此，应把农业政策的实施理解为一个过程。它是农业政策的执行者运用各种政策资源，通过建立各种组织机构，采取宣传、解释、执行等各种行动，将农业政策观念形态的内容转化为现实生产力，从而使既定的农业政策目标得以实现。

2. 农业政策实施的特点

（1）具体性。一般说来，农业政策方案的制定是针对普遍的情形、以整体的面貌出现的，是比较抽象的概念体系。而执行部门要贯彻落实决策中心发布的农业政策指令，仅有对农业政策指令的整体了解是远远不够的，还必须对整体目标加以分解，使其具体化，这样才能把农业政策指令通过层层分解落实到各个具体实施部门，最后落实到农业政策对象身上，通过他们的经济利益受益或受损，使农业政策的实际效益体现出来。可见，农业政策的执行是一项十分细致的工作，必须明确、具体，讲求条理性和规范性。

（2）灵活性。现实的社会经济生活是极其复杂的，农业又是一个高风险的产业，新问题、新情况不断出现，尤其是在改革开放的年代，各种矛盾错综复杂，偶然、随机因素激增，动态多变的态势更加突出，各种利益的冲撞以及大量特殊问题的涌现对农业政策的执行提出了更高的要求：一方面，农业政策方案无论设计得怎样科学、合理，都不可能与纷繁复杂的客观实际情况完全一致；另一方面，随着时间的推移、执行活动的进展和环境条件的变化，农业政策的执行者必须因地制宜、因时制宜，适应各种现实情况的变化，灵活地使农业政策目标得以实现。

（3）综合性。农业政策的执行是一个复杂的活动过程，要采取很多必要的措施和行动，牵涉到许多动态要素，人、财、物、时间、信息、管理技术、规章制度等都是执行中必然涉及的基本要素。执行是否顺利有效，既要受主观因素的影响，也要受客观因素的制约。农业政策的执行过程就是将各种因素加以系统综合，使其处在一种有序状态下，发挥最大整体效益的过程。实践证明，杂乱无章只会带来执行的负效应，执行系统必须通过某种机制实现各种要素的协调效应和动态平衡。因此，执行者在农业政策执行过程中必须善于运筹各种政策要素，使整个农业政策执行过程成为一个要素得当、结构合理、功能优化的动态系统。

（4）阶段性和连续性。由于农业政策目标和方案本身带有阶段性，因而它反映在农业政策的执行上也必然呈现出时间上的阶段性，即农业政策方案的实施和目标的实现都只能分阶段逐步进行。与农业政策执行的阶段性密切联系的是它的连续性，这就是说，在整个农业政策执行过程的各个阶段之间存在着前后相继的内在联系，农业政策的执行过程是阶段性和连续性的统一。为此，执行者应充分注意各个执行阶段的衔接和统一，不能只顾上阶段目标而影响下阶段目标或其他阶段目标的实现，而应该在实现上阶段目标的过程中积极为下阶段目标的实现创造条件。

（5）目标的统一性和途径的多样性。在农业政策执行过程中，其目标不论是在时间上还是在空间上都具有统一性，这是农业政策执行的特点和要求。如果执行机构的领导者及其执行人员在主观上忽视了这种统一性，则会造成整个执行的紊乱，出现巨大的内耗，不利于农业政策目标的实现。农业政策目标的统一性并不意味着农业政策执行途径的单一性。相反，在坚持农业政策执行目标统一性的前提下，还必须坚持农业政策执行途径的多样性，因为在农业政策执行过程中客观上存在着多种多样的途径。

（6）决策的多层次性。由于农业政策执行是一个需要不断变化和调整的动态过程，因此农业政策执行者就要依据农业政策的原则和自己所处的条件，不断选择和决定自己的行动。在执行上级政策的过程中，不但各级执行机构的领导者要结合本地区、本部门的特点制定切实可行的农业政策执行措施，而且各级执行机构的工作人员也要据此制定自己的具体行动计划，尤其是基层的农业政策执行人员更应根据自己所处的特定条件，按照农业政策的要求进行具体的决策，以处理各种实际问题。因此，农业政策的执行绝不是一个简单的照章办事的过程，而是一个由一系列不同层次的决策组成的过程。

**（二）农业政策实施的影响因素**

1. 政策的制定

政策的制定是影响政策实施的一个主要因素。制定科学的政策，要求政策目标准确明白，政策规划清楚、具体，并有科学的理论做基础。

2. 政策的资源

政策实施所需要的资源主要包括人力、经费、物力、信息、权威等。缺

乏必要的资源，政策就难以实施，或达不到政策目标规定的要求。

3. 政策执行者

国家行政机关是政策执行机关。执行人员的素质如何与政策实施关系密切。合格的执行人员应该具有较高的思想素质、合理的知识结构与能力结构以及较高的管理水平等。

4. 社会环境

任何政策的实施都要与各种社会因素发生相互作用，都要受到一定社会环境的影响。社会环境不仅包括政治文化、大众传播媒介、国内外政治气候以及经济环境在内的各种政治经济环境，还包括群众的生活习惯和心理承受能力等，它们都会影响和制约政策的实施。

**（三）农业政策实施的方法**

农业政策实施的方法一般有以下几种形式：

1. 行政方法

行政方法是指凭借行政机构的权威，运用命令、指示、指令或任务，按照行政层次和行政秩序来推行政策实施的方法。行政方法的主要特点是直接性、单一性、强制性和无偿性。

2. 经济方法

经济方法是指在客观经济规律直接作用和经济组织自主活动的情况下，通过利用与价值有关的经济杠杆和经济手段来调节人们之间的物质利益关系，以实现政策目标的方法。经济杠杆主要有价格、税收、利率、工资、成本、利润、货币、信贷、财政等；经济手段主要有经济责任制、生产补贴、物质奖励、罚款等。经济方法的主要特点是平等性、等价有偿性、非直接性和广泛性。由于经济方法是从人们的物质利益出发，充分尊重调节对象的自主权，因而可以促进人们对自身物质利益的关心，并由此激发人们工作和从事农业经营活动的积极性、主动性、创造性。然而，经济方法也有其自身的局限性，其作用的发挥需要一个过程，因而难以解决要求立即采取措施的问题。

3. 法律方法

法律方法是指行政机关应用国家法律和根据宪法、法律制定各种有效措施推行农业政策实施的方法。法律方法的特点是权威性、规范性、强制性和稳定性。法律方法能否有效地发挥对政策的实施作用，取决于法律法规是否适应经济基础和规律的要求，同时法只是整个上层建筑的一部分，其调整范围有限。因而，强调依法治农并不排除和否定其他农业政策实施方法的有效性。

4. 思想教育方法

思想教育方法就是通过加强思想政治工作，提高行政人员和农民的思想政治觉悟和对政策的理解水平，增强推行政策实施的主观能动性和自觉性。

**（四）农业政策的调整与延续**

1. 农业政策的调整

农业政策在实施的过程中，由于政策本身存在某些问题或出现新情况，需要对政策进行修正和补充，以适应新的认识和发展变化了的情况，这就是农业政策的调整。任何一项农业政策的出台，可以说都是对以前该项农业政策的某种调整，或者充实，或者完善，或者局部调整，或者全部调整。不断调整农业政策是有其必要性的。

我国农业政策的调整是党和国家对农业政策不适应经济基础和不符合客观经济规律要求的某些环节和方面所做的局部修正、修改和补充。政策调整是社会主义国家上层建筑的自我完善和发展，而不是对整个农业政策的全盘否定。在社会主义革命和建设中，党把马克思主义的基本原理同中国革命和建设的实际结合起来，一切从实际出发，实事求是，勇于探索和创新，在实践中检验和发展真理，敢于正视和纠正自己的失误。党的十一届三中全会以来，党在全面总结社会主义农业建设经验教训的基础上，大胆地纠正了在农业政策上的重大失误，制定了一系列适应新的历史时期农业发展要求的农业政策，极大地调动了广大农民的积极性，促进了农业的迅速发展。实践证明，党的十一届三中全会以来，我国农业政策的调整不但是必要的，而且是正确的。

2. 农业政策的延续

农业政策的延续包括三层含义：①党的基本农业政策长期稳定不变；②党的农业政策实施的连续性，不因政府部门主要领导人的变更而中断或被扭曲；③保持新旧政策的衔接继起，避免出现政策真空。

3. 农业政策调整与延续的关系

政策调整和延续是社会主义上层建筑发展运动中相互联系、相互依存的两个方面，农业政策的调整是延续的基础，没有政策的调整，政策也就难以延续。因为政策不可能总是保持与经济基础相适应，不适应经济基础的政策若强行保持其延续，不但不能发挥政策对农业经济活动的正确指导作用，反而会阻碍农业的发展，最终会被抛弃。但农业政策的调整不等于不要保持农业政策的稳定和延续。没有农业政策特别是基本农业政策的指导作用，会导致对经济基础的破坏作用，阻碍农业生产力的发展。从这个意义上讲，政策的稳定是基本的，政策局部的调整也是必要的。但是，任何农业政策的稳定和延续都是相对一定历史时期而言的。在不同的历史时期，由于社会政治经济形势、阶级关系和实际情况的变化，农业政策也必须随之做出相应的调整，以适应新的历史时期国家政治经济任务的需要。从这个意义上讲，政策的稳定和延续是相对的、暂时的，而政策的调整是绝对的、经常的。

## 第二节　农业法规概述

法是国家意志的体现，完备的法律体系是治国安邦的重要依据。《中华人民共和国农业法》（以下简称《农业法》）是我国农业的基本大法，是保障农业生产经营活动正常运转和发展的基本法律。然而，农业的立法工作还需要建立一套比较完善的法律体系。

### 一、农业法的概念、调整对象与范围

1. 农业法的概念

农业法又称农业经济法，是调整人们在农业经济活动过程中所发生的特定农业经济关系的法律及其法规的总称。农业法是国家领导、组织和管理农业经济的重要手段，是实现党和国家农业经济政策的强有力工具，是人们从事农业生产、交换、分配、消费等各方面经济活动的行为准则，在现实生活中，“农业法”一词对于不同的场合具有不同的含义，应加以区别。

（1）农业法是指国家通过立法程序制定和颁布的法律文件名称。它是对农业经济关系进行根本性、全局性规定的法律或法典，如《农业法》。

（2）农业法是指由国家权力机关、国家行政机关以及地方机关制定和颁布的，适用于农业经济领域的法律、行政法规、地方性法规以及政府规章等规范性文件的总称，如《中华人民共和国森林法》（以下简称《森林法》）、《中华人民共和国农业技术推广法》（以下简称《农业技术推广法》）、《中华人民共和国渔业法》（以下简称《渔业法》）等。

（3）农业法是指具有特定的调整对象、特定性质的法律规范构成的部门法。目前，农业法作为独立法律部门经济法的一个分支，是经济法在农业领域中的表现形式，是调整特定农业经济关系的法律规范。

（4）农业法又称农业法学，是指以农业经济法律规范及其有关的法律现

象为研究对象的一种知识体系，是经济法学的一个分支学科。

2. 农业法的调整对象

农业法的调整对象是特定农业经济关系，具体分为两类：①农业经济管理关系，它是农业法的主要调整对象。具体来说，包括国家对农业经济的管理关系、国家机关与农业生产经营组织或农业劳动者之间的农业经济管理关系、农业经济监督关系、农业生产经营组织内部的农业经济管理关系。②与农业经济管理关系密切相关的农业经济关系，主要是在农业经济活动中所发生的经济流转和经济协作关系。它主要包括农业承包合同关系、土地租赁关系、农产品购销关系、农业环境保护关系、农业社会化服务关系、农业技术推广关系、联合开发农业自然资源合同关系等。

3. 农业法的调整范围

农业法的调整范围是：既包括农业生产经营活动，即种植业、林业、畜牧业和渔业，又包括与农业生产经营直接相关的活动。通俗地说，它以农、林、牧、渔业为基础，并适用于为农、林、牧、渔业全面发展而在产前、产中和产后发生的各种关系或活动。

## 二、国外农业立法

国外具有现代意义的农业立法最早可追溯到1933年美国颁布的《农业调整法》。目前，世界上一些发达国家都有比较完善的农业立法，农业法在指导和调整农业生产中起了重大的作用。

### （一）国外农业立法的历史背景

由于各国的社会和经济历史条件的不同，法律介入农业的背景也有所不同。

美国、法国等较早实现工业化的国家，由于本国自然条件优越，生产力水平较高，相继出现了农产品生产过剩的问题。尤其是美国，在20世纪30年代经济大萧条时期，农产品大量过剩，价格猛跌，农场负债累累、入不敷出。政府为了实施对农业的有效干预，1932年罗斯福当政后，立即主张制定《农业调整法》，并于次年由国会通过。此后，《农业调整法》每四五年修订一次。

而以日本为代表的一些东亚国家或地区的情况有所不同。它们是在工业高速增长、农业相对萎缩、工农业比例严重失调的情况下制定和实施农业法的。由于战争原因，第二次世界大战时期的日本农业人口大量减少，国家对农业的投入也降至最低限度，农业严重衰退，导致第二次世界大战后出现了

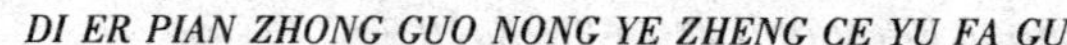

全国性的粮食危机，1945 年农业生产下降到 1933 ~ 1935 年平均水平的 58.2%。虽然日本进行了全面的农地改革，但土地制度呆板、产业结构失调、经营规模狭小的矛盾仍未得到解决，随之而来的是农民收入的增长明显落后于非农就业者，大量优秀农业劳动者离农进城。随着日本国民结构的改革，传统的农业结构越来越不能适应社会发展的需要。因此，从 1954 年 4 月开始，日本政府在总理府下设了“农林渔业基本问题调查会”，专门调查研究日本农业的现状及存在问题。经过两年系统、全面的调查，提出了一个题为“农业的基本问题与基本对策”的报告。日本政府在此报告的基础上制定了《农业基本法》，并于 1961 年 6 月颁布实行。韩国也是在 20 世纪 60 年代工业高速发展、农业相对萎缩的背景下，于 1966 年 12 月颁布了《农业基本法》。

**（二）国外农业法的发展**

通过农业立法和执法，促进了农业的发展；随着农业的发展，又会进一步推动农业法的不断发展和完善。美国农业法专家认为，随着国际贸易、世界经济和对外关系在农业发展中重要性的提高，国际条约和有关政策对农业的作用会逐步加强，农业法也必将得到进一步的发展。农业专家认为，搞农业，立法是根本。政策虽有突出作用，但毕竟替代不了法律。从长远看，农业发展速度的快慢主要不在于每年的政策，而取决于有没有一部好的农业法。没有农业大法，其他法律法规的作用就会受到限制，农业的潜力也就不能很好地挖掘；没有农业大法，仅靠政策指导农业发展的做法本身就是一种短期行为。第二次世界大战后，特别是 20 世纪 60 年代以来，日本农业迅速发展的关键原因就是制定了农业大法——《农业基本法》，提出了农业及农村发展的战略目标及其措施，同时还分别规定了农业生产、农产品价格流通、农业结构调整、农业行政机关、农业团体等政策目标，然后政府根据农业大法制定每年的农业政策。

**（三）国外农业立法的目标、任务与具体措施**

1. 立法的目标

日本《农业基本法》规定，国家的农业政策目标是：鉴于农业及务农人员在产业、经济等方面完成的重要使命，应适应国民经济的发展及社会生活的提高，克服不利于农业的自然、经济、社会方面的限制，提高农业生产率，以降低同其他产业之间的劳动生产率上的差别以及增加务农人员的收入，使其生活达到其他产业人员水平，以谋求发展农业和提高务农人员的地位。

原联邦德国《农业法》规定，为了保证农业适应国民经济的不断发展，并最大限度地向人民提供食品，应运用一般的经济政策和农业政策——特别是商业政策、税收政策、信贷政策以及价格政策的手段，使得农业能够弥补它与其他经济部门相比受自然条件的影响和经济上的缺陷，并提高其生产率。为此，农业人口的福利状况应该与他们同等的其他职业人口的状况相适合。

法国《农业指导法》规定，法国农业指导法的宗旨是在经济与社会政策中，建立农业与其他经济活动的完全平等，在促进农业对法国经济的发展和社会生活的提高以及农产品外贸的贡献的同时，通过消除农业人员与其他行业人员在收入上的不平等因素，使农业公平地分享经济发展所带来的好处。

2. 立法的任务

农业立法是各国干预农业的基本手段，其共同任务是：稳定农业和农地经营，促进农业产业结构合理化，提高农民的收入，缩小农民与其他就业者收入的差别。处于工业化过程之中的国家和地区的农业法，还特别强调发展适度规模经营，促进农业现代化发展的问题；而工业化已完成的国家的农业法，则更多强调如何减少农业生产过剩和协调发展的问题。

3. 具体措施

为了实现立法的目标和完成立法任务，这些国家和地区均在法律中规定了相应的经济措施。日本《农业基本法》第二条明确了国家为实现该法所规定的任务与目标以及必须采取的合理调整生产结构等八项措施，还分别在财政、金融、土地经营规模等方面规定了一系列相应的政策法律措施。例如，日本的《农林中央金库法》、《中央农林渔业金融公库法》、《农业现代化资金助成法》就政府财政对农业的直接投资、贴息、金融机构发放长期低息贷款等方面做了详细规定。法国的《农业指导法》为了实现其立法目标，对农业生产经营特别是只有两个劳动力的中小农场进行援助。该法规定，贷款特别是长期专项贷款、补贴，部分或全部免税等国家财政援助应优先照顾给直接由两个劳动力经营的农场。与此同时，该法还明确规定，要促进和支持家庭农场发展，加速农场结构调整，普及中等规模的家庭农场。为此，该法一方面限制大农场无止境地扩大（关于兼并的限制）；另一方面为了提高中小农场的经济实力，建立能够扶持中小农场扩大的机构，建立新型农场。

美国1933年的《农业调整法》详尽地规定了土地休耕、信贷和价格支持、农产品储存制度等，以实现其立法的目标。美国1990年新的农业法除继续坚持以市场为导向的政策方向外，还极为重视资源的保护。韩国为了有效地执行《农业基本法》，先后制定了大量的配套法规，针对在经济高速增长之初农产品相对不足的问题，颁布了《粮食管理法》，规定农民每年上缴国家的粮食限定在年产量的1/3以内，剩余部分由农民自行处理，鼓励农民进一步发展粮食生产。随着农业发展五年计划的执行，又制定了《土地改良事业法》、《开垦促进法》、《农渔村高利贷整理法》以及加强对农业投入的《农业银行法》等。为通过地方农业合作组织间接管理具体的农业生产和农村社会经济的整体建设，颁布了《农业协同组合法》和《农村振兴法》，普遍建立农协和农业生产合作社组织。此外，还制定了《农业教育法》、《农渔村电气化促进法》等配套法律，使在农业领域内的诸多方面都可以做到有法可依、依法决策，从而走上了全面法制化的道路。

各国农业法对农产品流通和价格问题都做了相应的规定。日本《农业基本法》中专门规定，政府对重要农产品必须考虑生产、供求、物价及其经济情况，采取稳定其价格的必要措施，作为弥补农业生产、交易等不利条件的措施之一；规定国家要通过改进和发展农业协同组织联合会所进行的出售和购买行为实现农产品交易的现代化，促进与农业有关事业的发展，改进和发展农业协同组织为出资者的农产品加工和农业生产资料生产。此外，国家对于本国农产品因外贸竞争压力所导致的价格方面可能遭受的损失，采取调整关税、限制进口等措施予以保护。法国《农业指导法》对农产品流通、进出口市场调节基金问题做了规定。有关农产品流通和价格的问题在美国《农业调整法》中也占有相当大的篇幅，该法对各种农产品在市场上的销售配额、价格补贴、罚息和外贸等方面的具体问题均详加规定，操作性很强。韩国为了强化政府对农产品价格的干预，保护农民利益，除在《农业基本法》中对农产品价格与流通问题有所规定外，又进一步制定了《农业价格维持法》、《关于农水产品流通及稳定价格》等法律。

**（四）国外的农业执法监督与效果**

1. 执法监督

各国都在农业法中明确规定，执行农业法的机构是政府部门。日本《农业基本法》规定，农政审议会除根据该法规定处理权限内的事项外，还按内阁总理大臣或有关大臣的咨询，对有关该法实行的主要事项进行调查审议。审议会的庶务由农林大臣处理。德国和美国农业法也分别对农业部在实施农业法中的职权做了规定。此外，各国农业法都十分重视议会对政府执行农业法的监督作用。日本《农业基本法》规定，政府每年必须提出农业动向以及政府有关农业措施的报告。原联邦德国《农业法》要求政府在每年2月15日以前向议会和理事会提交关于农业形势的报告。

2. 依法治法

围绕着《农业基本法》或类似性质农业大法的制定和实施，美、日、德、法、韩等国均制定了大量的配套农业法律、法规和政策。日本的农业法已自成体系，仅1980年政府监修的《农业大法》一书就载有法律200余项，篇幅达100万字。美国农业法在整个国家的法律体系中占据了越来越重要的位置，1985年出版的《美国法典》中，《农业法》占据整整一篇，有近百项法律、上千万字。法国围绕《农业指导法》形成一个庞大的《农村法典》。

《农业基本法》或类似的农业大法，在农业法群中处于一个国家的“小宪法”或农业“母法”的地位，众多的农业“子法”以其为依据和实施对象，各层次法律相互补充、互相配合，形成了比较严密的农业法律调控体系：①由于政府重视，农业法的实施一般比较得力，依法行政的效果显著。以日本为例，20世纪60年代日本步入“基本农政”时期后，农业综合生产能力成倍增加，第二次世界大战后40年，日本农业生产指数提高了3.3倍。1955年，其农业总产值为16.617亿日元（不包括林业和水产业），到1985年已猛增到117.563亿日元，增长了6.1倍。目前，日本单位面积土地的生产率已居各农业发达国家之首。第二次世界大战后几十年，日本人口稠密，耕地资源稀缺，但国内食用农产品的综合自给率一直保持在70%以上，基本满足了国民日益增长、不断变化的食物需求。②农户收入急剧增加。1945年，日本农户平均收入仅1.4万日元，而到1985年猛增到550.3万日元。目前，日本农民的收入消费水平已超过城市职工家庭。1985年城市职工家庭的平均收入为469.3万日元，比农户约低15%。在生活水准系数方面，仅收入和消费水平，日本的城乡差别已不存在。③农业技术水平提高。第二次世界大战前及第二次世界大战后初期，日本农业技术水平尤其是农业机械化方面远远落后于欧美发达国家，基本上处在手工劳动、畜力耕作阶段。但经过第二次世界大战后尤其是20世纪60年代的发展，日本的农业技术水平空前提高，机械化程度也跃居发达国家前列，农业结构得到显著改善。“基本农政”时期，实际上整个20世纪60年代至70年代前半期是日本农业现代化的高潮时期。通过这一阶段的发展，日本的农业已基本上达到现代化水平，赶上并在某些方面超过了欧美发达国家。

总的来看，各国依靠农业立法，指导和鼓励农业发展都取得了较好的效果，在很大程度上遏制了因工业化而日趋严重的农业萎缩，增加了农产品的有效供给，并大幅度地提高了务农人员的收入，逐步缩小乃至消除了城乡差别。

**（五）国外农业立法的启示与借鉴**

农业发展有其普遍的规律和共同特点，各国的农业立法一方面要体现本

国政治、经济和社会制度的要求，另一方面也要反映农业发展中的普遍规律和特点。这就是各国农业立法进行比较研究和相互借鉴的基础和依据。各国农业法的产生与发展凝聚了世界各国人民在合理利用农业资源，科学组织农业生产经营活动和有效协调经济、社会关系等方面的智慧和经验，是人类社会的共同财富。

1. 树立依法治农的思想，加强农业法制建设

运用法律手段管理农业是当今世界各国普遍的做法，也是农业发达国家的成功经验。新中国成立以后的很长一段时间内，国家对农村经济的管理几乎完全靠单一的行政手段。党的十一届三中全会以来，随着农村经济体制改革的展开和深化，特别是党的十四大确立了建立社会主义市场经济体制的目标，要求高度重视法制工作后，农业法制工作有了较快的发展。但是，相对于农村改革与发展的进程，特别是按照建立社会主义市场经济体制的要求来看，农业法制建设还是明显滞后于农业经济发展的要求。因此，必须提高认识，进一步增强搞好农业法制建设的紧迫性和责任感。

2. 克服义务本位思想，确立保护农业劳动者合法权益的观念

这是最基本的法制原则，特别是在市场竞争环境中，农业常常处于软弱和不利的地位，农业劳动者属于自我保护能力很弱的社会阶层。在市场经济体制下，农业劳动者成为独立的生产经营主体，实行自主经营、自负盈亏，这就要求必须建立保障权利与履行义务相对应、相制衡的法律机制，赋予他们相应的权利，并保障其能独立行使这些权利。因此，我国在农业立法时应该重视保障农业劳动者应有的法律地位，使农村居民能够获得与城市居民平等的地位，农业劳动者能够获得与其他从业人员平等的待遇。

3. 尊重农业发展的客观规律，重视农业特别法的制定

农业经济的运行有其自身的客观规律，农业的特点决定了农业立法的特殊性，普遍法替代不了农业的特别立法。许多国家在立法过程中都很重视这一点，而我国在立法过程中往往忽略了这个问题，或对提出制定有关适用农业的特别规定不大理解。今后，必须加强对农业特别立法与其他相关立法关系的认识，重视农业特别法的制定，如合同法、保险法、劳动法等，都需要制定专门适用于农业的法律法规或特别条款。

4. 明确立法目标，增强立法的针对性

一个立法项目的确立、一个法律提案的提出，都必须目标明确，做到有的放矢，具有很强的针对性。美国国会在审议法案时，首先要解决的一个问题就是要不要这样一个法律；总统在向国会递交法律提案时，要就草拟该提

案的目的及其理由等做出说明；农业部长就某个问题提出法律提案时，首先要决定该项政策的目标，在目标确定之后拟订方案。

5. 严密立法程序，确保立法质量

严格、周密的立法程序是立法质量的重要保证。据美国专家估计，美国一项重要立法从提案的提出到总统最后签署成法律，要经过多达28个步骤，每届议会会议期间的提案多达上万件，但最后成为法律的提案只是其中很小一部分。美国立法程序有两个明显的特点：一个是参与性；另一个是公开性。参与立法的除国会议员、行政官员外，几乎所有与立法有直接或间接关系的个人或利益集团都参与立法；任何人都可以参加国会的辩论会和听证会，对于特别重大的法律提案甚至可在报刊上公开讨论。由于美国的立法机制允许几乎所有的个人和集团公开发表自己的意见，也允许各种意见之间的充分辩论，因而法律考虑得比较全面，也更增强了法律条文的一致性。

6. 明确执法主体及其职责，保障法律的有效实施

执法主体模糊、职责不明确是当前我国农业立法中存在的一个突出问题。大多数农业立法对法律执行机关的规定不明确，对职权的规定不具体，致使法律实施过程中出现无人执法或多头重复管理的局面，有利的事各部门都争着管，无利的事大家又相互推诿，使得法律不能很好地实施。借鉴国外一些国家农业立法的经验，在法律实施过程中应对执法主体及其职责做出明确的规定，尽量避免由于职责不清而导致扯皮或者由于执法主体不明而导致法律束之高阁的现象。

## 三、我国农业立法

1. 我国农业立法的现状

我国具有现代意义的农业立法开始于党的十一届三中全会以后，在此之前我国虽然在新中国成立初期制定了一些有关农业经济的法律，如《土地改革法》（1950年）、《政务院关于棉花实行计划收购的命令》（1954年）、《农村粮食统购统销暂行办法》（1955年）、《农业生产合作社示范章程》（1956年）等，但这些法律法规主要担负的是完成民主革命和对农业进行社会主义改造的任务以及满足国家工业化发展对农产品的需要，与现代意义的农业法相去甚远。后来在农村工作和农业问题上，由于“左”的错误指导思想长期占据支配地位，农村工作和农业发展长期靠政治运动推进。政策上的严重失误使农业经济遭受严重挫折，农业立法也基本处于停滞状态。党的十一届三中全会以后，经济体制改革首先在农村开展并取得了巨大成就。这期间，中

共中央、国务院先后制定和颁布了一系列农业经济政策。1982～1985年，中共中央连续5年发布了5个一号文件，这些政策性文件在当时起到了农业法的作用。在农业经济政策的先导作用下，农业经济迅速发展，农业立法随之提上了议事日程。随后制定的农业法律法规主要有：《森林法》（1984年）、《中华人民共和国草原法》（1985年，以下简称《草原法》）、《中华人民共和国土地管理法》（1986年，以下简称《土地管理法》）、《中华人民共和国水法》（1988年，以下简称《水法》）、《中华人民共和国种子管理条例》（1989年）、《中华人民共和国水土保持法》（1991年，以下简称《水上保持法》）、《中华人民共和国进出境动植物检疫法》（1991年，以下简称《进出境动植物检疫法》），《农业技术推广法》（1993年）、《农业法》（1993年）、《中华人民共和国乡镇企业法》（1996年，以下简称《乡镇企业法》）、《农药管理条例》（1997年）、《中华人民共和国种子法》（2000年）、《中华人民共和国农村土地承包法》（2002年，以下简称《农村土地承包法》）等。

2. 我国农业立法的发展趋势

从农业法规的制定来看，我国农业立法有如下几个发展趋势：

（1）从单独个别立法向配套体系化发展。《农业法》以基本法的形式对我国农业的发展目标、发展农业的政策措施、农业生产经营体制、农业生产、农产品流通与加工、粮食安全、农业投入与支持保护、农业科技与农业教育、农业资源与农业环境保护、农民权益保护、农村经济发展、农业执法监督、农业法律责任等农业经济的重大问题做了规定，为建立和健全农业法律体系提供了基础和依据，并制定了各个具体的农业经济法律法规，农业经济立法走上了配套体系化发展的道路。

（2）从计划经济立法向市场经济立法转变。社会主义市场经济体制的确立，使我国农业经济立法必然由计划经济立法向市场经济立法转变，更多地确认农业市场经济主体的地位和权利，以维护农业市场经济秩序的稳定与发展。

（3）从对农业经济活动的微观管理转向对农业经济的宏观调控。《农业法》的制定，标志着农业经济立法已转向对农业经济的宏观调控，以完善政府对农业经济宏观调控法律体系为重点。

## 第三节　农业政策与农业法规的关系

发展农业，除了靠政策、科技和投入以外，还要靠法律做保障。中外农业发展的历史表明，适应农业生产力发展要求的政策和先进的科学技术对促进农业经济发展具有决定性作用，要运用法制手段和法律形式来保证农业经济政策的贯彻实施和农业科学技术的推广、应用，否则难以产生应有的效果。

### 一、农业政策与农业法规的联系性

1. 同一阶级属性

农业政策与农业法规都是工人阶级和广大人民意志的表现，都是党和国家进行社会主义建设的重要工具，都是上层建筑的不同组成部分，都是由社会的物质生活条件所决定的，也同为经济基础服务，其基本内容是根本一致的。如《农业法》规定，国家稳定农村以家庭联产承包为主的责任制，完善统分结合的双层经营体制。这与中央关于加强农业和农村工作的政策，即把以家庭联产承包为主的责任制、统分结合的双层经营体制作为我国乡村集体经济组织的一项基本制度长期稳定下来，并不断充实、完善是一致的。

2. 政策是制定法律的依据，法律是政策的体现

政策是党和国家为指导和影响经济活动所制定并付诸实施的准则和措施，政策具有号召性和指导性。政策由于其所指导、调整的关系不同、任务不同，又分为总政策和具体政策。党的十一届三中全会以来，把工作的着重点转移到经济建设上来，坚持四项基本原则，坚持改革、开放、搞活，这就是党的总方针、总政策。然而，在经济类别不同的地区，如在沿海地区和内地、在城市和农村、在发达地区和西部欠发达地区，对改革、开放、搞活则规定了不同的政策，这就是具体政策。现阶段，我国法律就是根据党的总政策和具体政策制定的，同时法律又充分反映了党的政策。如《农业法》就是以《中共中央关于进一步加快农业和农村工作的决定》和党的十四大通过的有关文件为指导，充分肯定了15年来农村改革的成功经验和基本政策的基础上制定的。在《农业法》总则和各章条款中充分体现了农业政策的内容，否则法律难以制定和实施。

3. 法律是政策的具体化、条文化和定型化

法律是以行为规范的方式约束人们的行为，政策是以原则的要求引导人们的行为。国家制定法律是把政策加以规范化，把原则加以具体化，以肯定、明确的形式规定人们应该做什么、可以做什么、不应该做什么，这在法学上称为“作为”和“不作为”。这就是法律对政策的具体化、条文化、定型化。政策之所以要用法律形式固定下来和表现出来，就是因为法律具有明确性、稳定性和强制性，便于使用国家强制力来保证法律化了的政策的贯彻执行。因此，法律就成为实现政策的重要手段和有力武器。但政策是否都要制定为法律，这不是绝对的。哪些政策制定为法律，何时制定为法律，要看具体情况、实践检验、贯彻执行政策的经验成熟程度等因素而定。如1983年中央关于《当前农村经济政策的若干问题》的文件和以后的党和国家的农村文件，都对农业技术推广做了政策性规定，后来的实践证明农业技术推广是必要的。但不少地方在农业情况好转时不重视农业技术推广，农业生产出现了不少问题。为了促进农业科研成果和实用技术尽快应用于农业生产，保障农业的发展，1993年7月2日全国人大常委会颁布了《农业法》。为了应对新情况，解决新问题，推动农业和农村经济更好地向前发展，全国人大常委会经过三次审议后，于2002年12月28日第三十一次会议通过了《农业法》修订案。

## 二、农业政策与农业法规的主要区别

1. 法具有国家强制性

由于法是国家意志和国家权力的体现，是由国家专政机关的强制力来保证实施的，具有人人必须遵守的属性。违法就要承担法律责任，受到法律制裁。然而政策本身不具有这一属性，但党的政策通过国家接受形成法律，便具有人人遵守的法律效力。有人违反或破坏了党的政策而受到法律制裁，那是因为他的行为已构成了违法，而不是因为党的政策本身具有国家强制性。所以，用政策所指导和规范的社会行为较之法律缺乏威力：一是政策的约束力不如法律。政策执行与否、执行好坏，除了作为考核干部的依据外，难以有量化指标和追究责任的标准，从某种意义上讲，政策是“软件”，法律是“硬件”。二是政策的权威性不如法律。党的政策除了以法的形式来体现从而具有强制性外，很多政策通过社会团体和群众组织的活动来体现，通过宣传、教育和党员的模范带头作用来体现，缺乏法的强制性。

2. 法具有明确的规范性

法表现为国家的规范性文件和原则性的规范，表现为设立权利义务和保护这些权利义务而规定的法律措施、法律手段。所以，通俗地讲，法就是以国家的名义明确规定人们在一定关系中的行为规则，确定人们在一定关系中的权利和义务；明确规定人们应该做什么，可以做什么，不能做什么，怎样做是合法的，怎样做是非法的以及违法将会导致怎样的法律后果。这就便于人们遵守和执行，便于广大群众、社会舆论和专门机关对执法的监督，做到有法可依。

政策虽然也规范人们的行为，但一般比较原则，不具体，没有解释性的内容，只有应该怎样，没有为什么应该这样和为什么是那样。因此，有些政策的执行者对政策也不甚了解，很难创造性地开展工作。

3. 法具有相对的稳定性

法具有国家意志的属性，法的制定和颁布要经过法定的程序，不能随意修改和废止，而且法的修改也要通过一定的法律程序。而党的政策表现为党的文件，其内容主要涉及政治原则、政治方向和领导国家事务的重大决策。政策在一定程度上是针对当时当地的情况而做出的规定，往往随着时间的推移或客观情况的变迁甚至人为的因素而失去效力。

在调整的灵活性方面，政策优于法。法调整经济生活、政治生活、社会生活中一些重要的、必要的、须用权力进行干预的行为。而政策特别是党的政策调整的范围更为广泛，包括精神生活、伦理道德、文化教育等。

## 三、农业政策与农业法规辩证运用的统一

1. 理论上要提高认识

政策与法规都是治理国家的重要工具，相辅相成，但是由于两者的特点不同、作用不同，不能只运用一个工具而丢掉另一个工具，不能互相替代。在这个问题上要正确认识，既要反对把两者完全割裂开来、对立起来的观点，又要反对把两者简单等同起来的观点。这两种倾向都是错误的，它们都会导致只重视法律而忽视政策或者只重视政策而忽视法律的片面性错误。实际上，这两者各有所用，各有各的价值，应当相互配合、互相促进，使之各得其所，起到相得益彰的作用。应特别重视维护法律的权威性，同时也不应忽视政策的重要意义。既要依靠政策，也要依靠法律。依靠政策指导法律、法规的正确制定和实施，依靠法律、法规保证政策的稳定和有效贯彻。既要执行政策，也要执行法律。要在维护法律威信的前提下，及时、正确地处理好两者之间的矛盾，充分发挥它们之间相互联系、相互促进的作用。

2. 在实践运用中应掌握的原则

（1）有法律规定的，应依法办事和执行。

（2）无法律规定但有政策规定的，应依政策办事和执行。

（3）法律与政策本身有冲突的，应依法办事和执行。

3. 执行与调整

如果在实际工作中发现法律法规不符合当前的实际情况，原则上仍应按现行法律法规办事和执行，但应尽快通过法定程序修改法律法规，使之符合实际。

# 第二章 中国农村宏观经济政策概述

农村宏观经济政策包含的范围非常广泛，本章主要对促进农民增加收入政策、提高农业综合生产能力政策、推进社会主义新农村建设政策和发展现代农业政策四个方面进行讲解，这四个方面都是中国目前农村宏观经济政策的热点和难点。在对这四大政策的分析过程中，首先对相关概念进行阐述和解释，提出政策的目标，最后给出实现政策目标的相关政策手段。通过本章的学习，要求掌握上述四个政策的目标和政策手段。

## 第一节 中国农村宏观经济政策的演变

1978 年，党的十一届三中全会做出把党和国家工作中心转移到经济建设上来、实行改革开放的历史性决策。我们党全面把握国内外发展大局，尊重农民首创精神，率先在农村发起改革，并以磅礴之势推向全国，领导人民谱写了改革发展的壮丽史诗。在波澜壮阔的改革开放进程中，我们党坚持以马克思列宁主义、毛泽东思想、邓小平理论和“三个代表”重要思想为指导，深入贯彻落实科学发展观，解放思想、实事求是、与时俱进，不断推进农村改革发展，使我国农村发生了翻天覆地的巨大变化。废除人民公社，确立以家庭承包经营为基础、统分结合的双层经营体制，全面放开农产品市场，取消农业税，对农民实行直接补贴，初步形成了适合我国国情和社会生产力发展要求的农村经济体制；粮食生产不断跃上新台阶，农产品供应日益丰富，农民收入大幅增加，扶贫开发成效显著，依靠自己力量解决了 13 亿人口吃饭问题；乡镇企业异军突起，小城镇蓬勃发展，农村市场兴旺繁荣，农村劳动

力大规模转移就业，亿万农民工成为产业工人重要组成部分，中国特色工业化、城镇化、农业现代化加快推进，切实巩固了新时期工农联盟；农村社会主义民主政治建设和精神文明建设不断加强，社会事业加速发展，显著提高了广大农民思想道德素质、科学文化素质和健康素质；农村党的建设不断加强，以村党组织为核心的村级组织配套建设全面推进，有效夯实了党在农村的执政基础。农村改革发展的伟大实践，极大调动了亿万农民积极性，极大解放和发展了农村社会生产力，极大改善了广大农民物质文化生活。更为重要的是，农村改革发展的伟大实践，为建立和完善我国社会主义初级阶段基本经济制度和社会主义市场经济体制进行了创造性探索，为实现人民生活从温饱不足到总体小康的历史性跨越、推进社会主义现代化做出了巨大贡献，为战胜各种困难和风险、保持社会大局稳定奠定了坚实基础，为成功开辟中国特色社会主义道路、形成中国特色社会主义理论体系积累了宝贵经验。

纵观中国农村改革 30 年发展历程，总体上可以从四个阶段来把握 30 年农村宏观经济政策的演变：

第一阶段（1978 ~ 1984 年）　本阶段的重点是废除人民公社，确立以家庭承包经营为基础、统分结合的双层经营体制，建立农村基本经营制度。1978 年，安徽省凤阳县小岗村 18 户农民率先搞起了“大包干”。1980 年，中央明确提出在农业领域普遍建立各种形式的生产责任制。1982 年，中央一号文件《全国农村工作会议纪要》下达后，全面推行家庭联产承包责任制，农民真正成为农业生产经营的主体。到 1983 年年底，全国农村基本实行了以家庭承包经营为基础、统分结合的双层经营体制。1984 年，中央提出土地承包期一般在 15 年以上。

第二阶段（1985 ~ 1991 年）　本阶段的重点是改革农产品统购制度，发展乡镇企业，探索市场化取向的农村改革。1985 年，国家取消粮食、棉花统购，改为合同定购，其他农产品实行价格放开，由市场供求调节。1990 年 10 月以建立郑州小麦批发市场为标志，区域性农产品批发市场和各种类型的农贸市场快速发展，为最终取代主要农产品计划调拨创造了物质基础和制度条件。在国家的鼓励下，20 世纪 80 年代中期，乡镇企业异军突起，带动了农村劳动力“离土不离乡”的大转移，推进了农村产业结构的大调整，推动了农村经济的大发展。

第三阶段（1992 ~ 2002 年）　本阶段的重点是深化农产品流通体制改革，完善农产品和要素市场体系，开展农村税费改革试点。通过立法稳定农村基本经营制度，规定土地承包关系延长至 30 年保持不变，赋予农民长期而有保障的土地承包经营权。20世纪90年代中期，农村劳动力大规模向城市流动和跨区转移就业，国家采取改革中小城市和城镇户籍管理制度等措施，引导农村劳动力有序转移就业。1998年推进农业、农村经济结构的战略性调整，此后按照加入世界贸易组织协议的要求，改革农产品贸易的市场准入、国内支持和进出口政策，农业对外开放水平大幅提高。

第四阶段（2003年到现在）　本阶段的重点是统筹城乡经济社会发展，在形成新时期强农惠农政策体系和构建统筹城乡发展制度框架方面迈出了重要步伐。党的十六大以来，中央强调把解决好"三农"问题作为全党工作重中之重的基本要求，明确统筹城乡经济社会发展的基本方略，提出"两个趋向"的基本论断，作出我国总体上已进入以工促农、以城带乡发展阶段的基本判断，实行工业反哺农业、城市支持农村和多予少取放活的基本方针，规划建设社会主义新农村的基本任务。放开粮食市场和价格、全面取消农业税、对农民实行直接补贴等一系列政策举措的出台，把国家基础设施建设和社会事业发展的重点转向农村，逐步扩大公共财政覆盖农村的范围，促进了农业发展、农民增收、农村繁荣。以新世纪的7个中央一号文件为标志，统筹城乡发展，优先解决"三农"问题，农村进入综合改革新阶段。

## 第二节　促进农民增加收入的政策保障

### 一、农民增收中的两个难点和重点

农业是农民最主要的收入来源，农业不发展，农民收入就会受到严重影响。农民收入不能持续提高，甚至农业增产农民也不能增收，必然造成农民不愿也无力投资农业，来之不易的农产品供给充足的局面就可能逆转，我国农产品也难以在国际市场上有较强的竞争力；农民收入不能持续提高，农民的购买力就不能提高，我国扩大内需刺激经济增长的方针就难以收到预期效果；农民收入不能持续提高，农民的生活就难以改善，农村社会进步就可能停滞，农村社会稳定就会受到影响，并且这种不稳定因素还会传导到城市，影响城市社会稳定，影响整个国家的稳定。由此可见，农民收入问题不仅关系农村的改革、发展和稳定，而且关系国民经济和社会发展的全局。因此，农村增收问题已引起了党中央、国务院的高度重视，2004年中央一号文件即

《中共中央国务院关于促进农民增收若干政策的意见》分析了农民增收的严峻形势和促进农民尤其是粮食主产区种粮农民增收的紧迫性、重要性，提出了增加农民收入的基本思路和总体要求，明确强调促进农民增收中的两个重点和难点是粮食主产区农民增收和贫困地区农民增收。2009 年中央一号文件即《中共中央国务院关于 2009 年促进农业稳定发展农民持续增收的若干意见》进一步指出，要把保持农业农村经济平稳较快发展作为首要任务，围绕稳粮、增收、强基础、重民生，进一步强化惠农政策，增强科技支撑，加大投入力度，优化产业结构，推进改革创新，千方百计保证国家粮食安全和主要农产品有效供给，千方百计促进农民收入持续增长，为经济社会又好又快发展继续提供有力保障。

## 二、农民增收的具体途径

应当清醒地看到，当前农业和农村发展中还存在着许多矛盾和问题，突出的是农民增收困难。全国农民人均纯收入连续多年增长缓慢，粮食主产区农民收入增长幅度低于全国平均水平，许多纯农户的收入持续徘徊甚至下降，城乡居民收入差距仍在不断扩大。农民收入长期上不去，不仅影响农民生活水平提高，而且影响粮食生产和农产品供给；不仅制约农村经济发展，而且制约整个国民经济增长；不仅关系农村社会进步，而且关系全面建设小康社会目标的实现；不仅是重大的经济问题，而且是重大的政治问题。我们必须站在实现好、维护好、发展好广大农民群众根本利益的高度，进一步增强做好农民增收工作的紧迫感和主动性。

现阶段农民增收困难是农业和农村内外部环境发生深刻变化的现实反映，也是城乡二元结构长期积累的各种深层次矛盾的集中反映。在农产品市场约束日益增强、农民收入来源日趋多元化的背景下，促进农民增收必须有新思路，采取综合性措施，在发展战略、经济体制、政策措施和工作机制上有一个大的转变。

### （一）调整农业结构，挖掘农业内部增收潜力，为农民增收开辟“绿色通道”

结合我国农业生产的形势特点，当前实施农业结构调整必须以国家的农业政策为依据，以市场为导向，以效益为中心，依靠科技进步，发挥区域比较优势，改善农产品的品种和质量，优化种养模式，发展农副产品加工业，搞活农副产品流通，转移农业剩余劳动力，提高农业的综合效益，实现农业由数量效益型向质量效益型转变，实现农民收入特别是现金收入的稳定增长，促进农业、农村经济持续、快速、健康发展。要在保护和提高粮食综合生产能力的前提下，按照高产、优质、高效、生态、安全的要求，走精细化、集约化、产业化的道路，向农业发展的广度和深度进军，不断开拓农业增效增收的空间。实施优势农产品区域布局规划，充分发挥不同地域的比较优势，调整农业区域布局。调整的主要措施有：①全面提高农产品质量安全水平；②发展农业产业化经营；③加强农业科研和技术推广。今后10～20年内，我国农业结构调整要重点做好以下几方面的工作：

1. 构建农产品生产的“板块结构”，合理调整农业生产布局，为农民增收提供“平衡木”

要在保证国家粮食安全的前提下，调整粮食及其他农产品的区域种植结构，使不同地区各展所长，充分发挥区域比较优势。要因地制宜，发挥本地的资源优势、区位优势、品牌优势、传统优势，选准调整的突破口，发展具有区域比较优势的特色产品和特色产业。在市场经济条件下，特色就是财富，特色就是竞争力，谁拥有特色经济的优势，谁就拥有发展的主动权。

2. 实行“精品战略”，提高产业的“含金量”

农业结构调整要以提高农产品优质率和增加农民收入为主线。提高农产品优质率不仅能从整体上实现农产品品质的提高，更好地满足消费者的要求，还能缓解农产品的总量过剩、优质品供应不足的结构失调问题，也可以使农民收入有较大增长，使农业比较收益相对较低的情况有所改善，刺激农民增加农业投资，提高农业发展的稳定性和可持续性。

3. 实行“集合工程”，扩大产业结构的覆盖面，形成有利于农业增收的产业化格局

目前，我国农户有2亿多户，这就意味着我国有2亿多个农业生产单位。农户经营规模过小且过于分散，使得我国的农业生产很难根据市场需求做出有效反应，使我国农业面临所谓的“小农户生产与大市场的矛盾”。如何提高农户的组织化程度，实现农业产业化经营，以解决“小农户生产与大市场的矛盾”和应对加入世界贸易组织后农业所受到的国外农产品冲击，已成为我国农业生产迫切需要解决的问题。

**（二）增加农业农村投入，强化对农业的支持保护，建立农业保护制度**

1. 加强农产品价格保护，保持农产品价格合理水平

实施农产品价格保护政策的关键在于确定一个合理的价格水平。合理的农产品保护价格水平应既能达到保护农民利益的目的，又能使农产品价格不完全脱离市场价格变动的趋势，不违背价值规律和供求规律的要求。根据国际经验，农产品保护价格的制定应考虑以下几个因素：①农产品的成本水平

及变化幅度；②国内外农产品的市场供求状况；③通货膨胀率；④政府财政承受能力等。最终，农产品保护价格应能使农民的投入获得社会平均利润。

2. 增加国家对农村基础设施建设和社会事业发展的投入

国家对农业进行扶持和保护是世界上许多国家通行的做法，是政府义不容辞的责任。根据霍利斯·钱纳利的“大国模型”，在人均 GNP 为 300～1000 美元的国家和地区，每年政府对农业的基本建设投资比重应占国家基本建设投资总额的 10% 左右。目前我国还没有达到这一比重，因此国家必须增加投入。在资金投向上，应主要集中在以下几个方面：①支持农业基础设施建设，为大中型防洪、灌排、水资源及水土保持、防护林工程等农业支撑体系提供资金保证，达到农业发展和可持续发展。在欠发达地区，应继续采取以工代赈的方式，带动农业基础设施建设中的劳动投入。②支持农业科研及技术推广体系建设。③建立农产品储备调节基金。④支持建立政策性农业保险体系，支持农业保险事业发展。⑤增加农业补贴。总之，要通过建立全方位、多层次的农业保护制度，为农民增收提供坚实的制度保障。

**（三）扩大农民就业范围，拓宽农民增收渠道**

大力发展农村第二、三产业，尤其要大力发展乡镇企业。乡镇企业是农村经济的重要力量，是农民增收的重要途径。乡镇企业的发展，正在改善农村经济结构，肩负着促进农业发展、改变农村面貌、增加农民收入的重任。因此，大力加强乡镇企业建设具有极其重要的战略意义。

1. 深化乡镇企业改革和调整

发展乡镇企业是充分利用农村各种资源和生产要素、全面发展农村经济、拓展农村内部就业空间的重要途径。要适应市场需求变化、产业结构升级和增长方式转变的要求，调整乡镇企业发展战略和发展模式，加快技术进步，加快体制和机制创新，重点发展农产品加工业、服务业和劳动密集型企业。加大对规模以上乡镇企业技术改造的支持力度，促进产品更新换代和产业优化升级。引导农村集体企业改制成股份制和股份合作制等混合所有制企业，鼓励有条件的乡镇企业建立现代企业制度。农村中小企业对增加农民就业作用明显，只要符合安全生产标准和环境保护要求，有利于资源的合理利用，都应当允许其存在和发展。另外，要大力发展农村个体私营等非公有制经济。法律法规未禁入的基础设施、公用事业及其他行业和领域，农村个体工商户和私营企业都可以进入。要在税收、投融资、资源使用、人才政策等方面，对农村个体工商户和私营企业给予支持。对合法经营的农村流动性小商小贩，除国家另有规定外，免于工商登记和收取有关税费。

2. 繁荣小城镇经济，实现农村剩余劳力的有效转移

要真正解决农民收入相对低下、农民增收缓慢问题，根本办法是减少务农人数，将农村剩余劳动力转到城镇，从事第二、三产业。这就要求政府部门把小城镇建设作为一件大事来抓。事实上，发展乡镇企业是建设小城镇的经济基础和支撑。没有乡镇企业的发展，没有乡镇企业的集中，就不可能有小城镇建设。因此，要继续引导乡镇企业合理布局，向小城镇、工业小区转移和集中，形成小企业、大群体、大市场，促进生产要素的合理流动和优化重组。新建企业原则上要办在小城镇和工业小区，并引导有条件的老企业向小区发展。要继续办好现有乡镇工业示范小区和发展小区，提高质量和效益，发挥带动效应，还要创造条件建立新区，带动小城镇的建设和发展。

3. 鼓励农民进城就业，增加外出务工收入

目前要最大限度地转移农村剩余劳动力，实现农村劳动力充分就业是在新形势下农民增收的新思路。转移农村剩余劳动力，一条很重要的途径就是积极鼓励农民进城就业，增加工资性收入。积极鼓励农民进城就业就需要保障进城就业农民的合法权益，进一步清理和取消针对农民进城就业的歧视性规定和不合理收费，简化农民跨地区就业和进城务工的各种手续，防止变换手法向进城就业农民及用工单位乱收费。另外，需要加强对农村劳动力的职业技能培训。要根据市场和企业的需求，按照不同行业、不同工种对从业人员基本技能的要求，安排培训内容，实行定向培训，提高培训的针对性和适用性。要调动社会各方面参与农民职业技能培训的积极性，鼓励各类教育培训机构、用人单位开展对农民的职业技能培训。为提高培训资金的使用效率和培训效果，应由农民自主选择培训机构、培训内容和培训时间，政府对接受培训的农民给予一定的补贴和资助。要防止和纠正各种强制农民参加有偿培训和职业资格鉴定的错误做法。

## 三、为农民增收创造好的环境和条件

当前，国际金融危机持续蔓延，世界经济增长明显减速，对我国经济的负面影响日益加深，对农业农村发展的冲击不断显现。我国在农业连续5年（2000~2008年）增产的高基数上，保持粮食稳定发展的任务更加繁重；在国内外资源性产品价格普遍下行的态势中，保持农产品价格合理水平的难度更加凸显；在全社会高度关注食品质量安全的氛围里，保持农产品质量进一步提升和规避经营风险的要求更加迫切；在当前农民工就业形势严峻的情况下，保持农民收入较快增长的制约更加突出。必须切实增强危机意识，充分

估计困难，紧紧抓住机遇，果断采取措施，坚决防止粮食生产滑坡，坚决防止农民收入徘徊，确保农业稳定发展，确保农村社会安定。这就需要我们为农民增收创造好的环境和条件。

1. 建立和完善农村社会保障制度，为农村发展和农民生产生活提供稳定的社会环境

要建立覆盖农村的社会安全网，为年老者、患重病者和丧失劳动能力者提供安全保障。要尽快制定法律法规，建立农民基本养老保险和医疗保险等制度，依法在乡镇企业中强制推行社会保险；要在财政支出结构的改革过程中，增加对农民的社会保障资金的预算安排，逐步提高农村农民社会保障支出占同级财政支出的比重。要建立和完善农村保障管理和社会化服务体系，实现养老保险的全面覆盖。要为农村养老问题的持久解决制定相应的法规、法律，建设农村养老安全网，确保农村的长久稳定。

2. 改善进城务工农民的就业环境，保障务工农民的合法权益

进一步清理和取消各种针对务工农民流动和进城就业的歧视性规定和不合理限制。建立健全城乡就业公共服务网络，为外出务工农民免费提供法律政策咨询、就业信息、就业指导和职业介绍。严格执行最低工资制度，建立工资保障金等制度，切实解决务工农民工资偏低和拖欠问题。完善劳动合同制度，加强务工农民的职业安全卫生保护。逐步建立务工农民社会保障制度，依法将务工农民全部纳入工伤保险范围，探索适合务工农民特点的大病医疗保障和养老保险办法。认真解决务工农民的子女上学问题。

3. 加大扶贫攻坚力度，改善农民最基本的生存和生活条件，为农民增收夯实基础

我国目前尚有2000万左右农村贫困人口，他们大部分居住在自然条件十分恶劣的地区，还未脱贫或者虽然脱贫但还不稳定。要建立健全资源使用制度，确保资源的合理开发和有偿利用。严格执行农田保护制度，切实保护耕地。加强流域立法，强化水资源的开发、利用和保护的统一规划与管理，协调生活、生产和生态用水，完善水资源有偿使用制度。要加大环境保护和治理污染的工作力度，控制和治理工业污染，加快推行清洁生产技术，依法关闭产品低劣、浪费资源、污染严重且不具备安全生产条件的煤矿。继续抓好重点流域、区域、海域的污染治理。大力发展环保产业，加强环境保护关键技术和工艺设备的研究开发，努力改善贫困地区农民的生存环境；要通过普及九年义务教育，提高贫困地区劳动者的素质，增加他们的劳动技能，使之既能在当地提高农业劳动生产效率，又能到其他地区寻求增加收入的机会；

要通过发展和完善农村合作医疗制度，提高贫困地区农民的健康水平及其自我生存和发展能力。国家有关部门要尽快制定农村合作医疗方面的法律法规，积极推动农村合作医疗的发展。要进一步健全农村的环境、地震、气象监测体系，为农民增收提供良好的发展环境。

4. 完善税制，调节收入差距，为农民增收营造公平公正的发展环境

近十几年来，我国居民收入方式、日趋多元化，而政府却未能建立有效的收入监督及控制体系。在一些领域，低收入群体的实际税赋负担明显高于高收入群体，其中最典型的是农民与城市居民之间的差异。尽管一些地方对农民的最低生活保障等制度基本确立，但力度明显不足，对贫困阶层的就业保护与就业援助、最低工资保护等间接的低收入保护政策体系及执行状况也存在不少问题。这都致使相当多贫困者既难以得到直接经济援助，也难以得到间接保护。这些问题的存在，使农民的生产生活处在一种缺乏保护和不公平的竞争环境中，直接或间接地影响了农民增收。为此，政府部门应采取积极措施，防止城乡差距进一步扩大，有效控制地区差距。

5. 进一步深化农村改革，为农民增收减负提供体制保障

进一步深化以农村税费改革为主要内容的农村综合改革。2006 年，在全国范围取消了农业税。通过试点、总结经验，积极稳妥地推进乡镇机构改革，切实转变乡镇政府职能，创新乡镇事业站所运行机制，精简机构和人员，5 年内乡镇机构编制只减不增。加快农村义务教育体制改革，建立和完善各级政府责任明确、财政分级投入、经费稳定增长、管理以县为主的农村义务教育管理体制，中央和省级政府要更多地承担发展农村义务教育的责任，深化农村学校人事和财务等制度改革。

加快推进农村金融改革。巩固和发展农村信用社改革试点成果，进一步完善治理结构和运行机制。稳步推进农业政策性保险试点工作，加快发展多种形式、多种渠道的农业保险。各地可通过建立担保基金或担保机构等办法，解决农户和农村中小企业贷款抵押担保难问题。

统筹推进农村其他改革，主要是稳定和完善以家庭承包经营为基础、统分结合的双层经营体制，健全在依法、自愿、有偿基础上的土地承包经营权流转机制，有条件的地方可发展多种形式的适度规模经营。加快集体林权制度改革，促进林业健康发展。完善粮食流通体制，深化国有粮食企业改革，建立产销区稳定的购销关系，加强国家对粮食市场的宏观调控。加快征地制度改革步伐，按照缩小征地范围、完善补偿办法、拓展安置途径、规范征地程序的要求，进一步探索改革经验。完善对被征地农民的合理补偿机制，加

强对被征地农民的就业培训，拓宽就业安置渠道，健全对被征地农民的社会保障。推进小型农田水利设施产权制度改革。

6. 加强农村基础设施建设，为农民增收创造条件

国家固定资产投资用于农业和农村的比例要保持稳定，并逐步提高。适当调整对农业和农村的投资结构，增加支持农业结构调整和农村中小型基础设施建设的投入。节水灌溉、人畜饮水、乡村道路、农村沼气、农村水电、草场围栏这“六小工程”，对改善农民生产生活条件、带动农民就业、增加农民收入发挥着积极作用。要进一步增加投资规模，充实建设内容，扩大建设范围。各地要从实际出发，因地制宜地开展雨水集蓄、河渠整治、牧区水利、小流域治理、改水改厕和秸秆气化等各种小型设施建设。创新和完善农村基础设施建设的管理体制和运营机制。继续搞好生态建设，对天然林保护、退耕还林还草和湿地保护等生态工程，要统筹安排，因地制宜，巩固成果，注重实效。

7. 加大计划生育工作力度

继续严格控制人口数量，提高全民人口素质。进一步把农村计划生育工作与农民增收、改善农民生活结合起来，促进农村精神文明建设的发展。中国历来被称为领土广阔的国家，自然资源比较丰富，是世界上少数几个可以依靠本国资源建立自己相对独立的经济体系的国家之一，但真正能够适宜人们生存与发展的地理环境条件却不是十分乐观。因此，如果不大力控制人口的增长，发展后果只能是“人满为患”，环境容量的承载极限将会提前突破。我们要逐步建立调控有力、管理有效、政策法规完备的计划生育保障体系和工作机制。通过这些强有力的措施，使人口的发展与资源环境、社会经济发展相协调，实现可持续发展，为农民增收创造条件。

总而言之，要实现“增加农民收入”这一事关我国发展与稳定的战略目标，就必须认真落实各项农村政策，为农民增收营造良好的环境和条件。

## 第三节 提高农业综合生产能力的政策

### 一、农业综合生产能力的内涵和目标

所谓农业综合生产能力，是在一定地区、一定时期和一定经济技术条件

下，由农业生产诸要素综合投入所形成的、可以相对稳定实现的农业综合产出水平。

农业综合生产能力的大小，取决于土地、生产资料、机械和人力投入的多少，也取决于农业科技水平的高低和农业抗灾能力的强弱。加强农业综合生产能力建设是一个系统工程。

农业综合生产能力的目标是使农业的物质技术条件明显改善，土地产出率和劳动生产率明显提高，农业综合效益和竞争力明显增强。

## 二、提高农业综合生产能力的措施

农业和农村工作千头万绪，既要全面部署，又要突出重点。这样有利于集中研究问题，集中出台政策，争取更好的效果。2004 年中央一号文件以农民增收为主题，抓住“三农”问题的核心，直接给农民以实惠，影响力大，鼓舞力强，极大地调动了农民积极性，促进了粮食增产、农民增收目标的实现，各方面反映很好。2005 年在这个基础上，把政策集中指向着重提高农业综合生产能力，这就抓住了发展农村生产力的关键，有利于进一步增强农业发展后劲，实现粮食稳定增产和农民持续增收。在全面部署“三农”工作的同时，一年突出一个重点，并围绕这个重点强化政策措施，几年下来，就可以形成一个比较完整的支农政策体系，就会更有效地推动农业和农村工作，更有力地促进农业和农村发展。

中央把提高农业综合生产能力作为 2005 年农村工作文件的主题，寓意深刻，意义重大：①提高农业综合生产能力是确保国家粮食安全的核心。粮食问题始终是我国经济社会发展中的头等大事，粮食安全始终是悬在我们头上的“一把剑”。我国农业基础薄弱，抗灾能力不强，在很大程度上还是“靠天吃饭”。新中国成立以来的 60 年中，粮食年际增减超过 250 亿千克的就有 11 年，产量波动过于频繁、幅度过大，对粮食供求关系和社会经济生活产生了很大影响。今后，我国人口资源矛盾将日趋突出，要以较少的土地养活较多的人口，满足日益增长的消费需求，必须把农业综合生产能力搞上去，把粮食稳定增产的基础打牢。②提高农业综合生产能力是增加农民收入的必然要求。增加农民收入，首先还得不断挖掘农业内部潜力，提高农业综合效益，实现增产增效、提质增效和节本增效。只有不断加强农业基础设施建设，提高土地生产率，结构调整才有更加广阔的空间，农业内部的文章才能真正做足做好；只有不断改善物质技术装备，提高劳动生产率，才能使农民进一步从繁重的体力劳动中解放出来，实现农村劳动力的多形式、多层次转移，促进农民多渠道增收。③提高农业综合生产能力是农业现代化建设的重要内容。农业现代化与工业化、城镇化互为依托，互为基础，互为前提。推进工业化、城镇化，必须同步推进农业现代化。我国农业物质装备条件差，农业技术水平不高，经营管理粗放，不仅影响了农业现代化建设，而且制约了工业化和城镇化的健康发展。为此，要加强农业综合生产能力建设，用先进的物质条件装备农业，用先进的科学技术改造农业，用先进的组织形式经营农业，用先进的管理理念指导农业，全面提高农业现代化水平。

总之，加强农业综合生产能力建设是促进粮食增产和农民增收的结合点，是解决当前矛盾和促进长远发展的结合点。既有利于抵御农业自然风险，又有利于防范市场风险；既能够提高土地产出率，又能够提升农产品竞争力；既是缓解资源短缺的有效途径，又是增强农业发展后劲的治本之策。这是农业和农村的一件大事，是一项长期管用的基本工程。抓住了这个重点，就抓住了确保国家粮食安全的关键；解决了这个问题，就夯实了农业持续稳定发展的基础；做好了这项工作，就能进一步促进农村的繁荣。当前和今后一个时期，提高农业综合生产能力主要采取以下措施：

1. 加强土地产出和资源综合利用能力建设

要以较少的消耗获得较多的产出，以较少的资源支撑经济社会的持续发展，必须合理开发利用和严格保护资源。耕地是国家粮食安全和农业生产力的基本要素，是不可再生、不可替代的稀缺资源，也是现阶段容易忽视、容易流失的宝贵财富。要实行最严格的土地管理制度，切实保护好耕地特别是基本农田，确保基本农田总量不减、用途不变、质量不降。努力提高耕地质量，加快中低产田改造，加快实施“沃土工程”，鼓励农民珍惜和保护耕地，建设和利用好耕地。大力加强农田水利基本建设，加大灌区建设和改造力度，积极推进小型农村水利工程管理体制和产权制度改革，加快推广普及节水灌溉和旱作农业技术。

在提高耕地产出率的同时，还要重视林地、草原、水面、生物等资源的开发利用和保护，全面提高农业资源利用效率。建设以森林植被为主体、林草结合的国土生态安全体系。继续实施天然林保护等重点林业生态工程，稳步推进退耕还林工程，突出抓好防护林体系和农田林网建设。加快实施退牧还草工程，推行围栏放牧、轮牧休牧和禁牧，加强草原保护和建设。建立健全水土流失预防监测体系，搞好重点流域的水土流失治理，加强“小水电代燃料”工程和农村沼气建设。注重依靠大自然的自我修复能力恢复植被。

2. 加强农业科技创新和应用能力建设

科技进步是农业发展最具决定性的关键措施。要加大对农业科研的支持力度，加强农业重点实验室等基础设施建设，充分发挥科技人才的作用，加快建立新型农业科技创新体系。加强关键技术攻关和高新技术研究，力争在新品种培育、动物疫病和植物病虫害防治、生态环境建设、资源高效利用等方面取得新的突破。加强农技推广服务体系建设，加大良种良法的推广力度，重点推广一批对增产增收作用显著的重大农业技术。农业科技进村入户，既能有效提高农村劳动者素质和科学种田水平，又可为家庭承包经营注入新的活力，还可促进农业技术推广体制创新。加快实施“农业科技入户工程”，组织动员广大科技人员进村入户，开展农技推广和技术服务，解决好农技推广“最后一公里”和技术扩散“最后一道坎”的问题，做到技术人员到户、科技成果到田、技术要领到人。

3. 加强农业物质装备能力建设

物质装备是提高农业综合生产能力的重要条件。要加快推进农业机械化，加大对农民购置大型农机具的补贴力度，完善农机服务机制，组织好农机跨区作业，扩大北方旱区保护性耕作试点范围。开发优质、高效、低价、安全的农业生产资料，提倡科学施肥、合理用药，减少环境污染，提高使用效率。加强化肥、农药、农膜等农业生产资料的生产和流通管理，稳定市场价格。切实保障农业用电需要，杜绝乱收费。积极引导和鼓励发展设施农业。

4. 加强农民自我发展能力建设

人是生产力中最积极、最活跃的因素，农民是农业综合生产能力建设的主体。我国有几亿农村劳动力，这是农业和整个国民经济发展的巨大人力资源。提高农民的自我发展能力，把人力资源转变为人力资本，关键要靠教育和培训。要进一步加强农村义务教育，发展农村职业教育，开展农民科技培训，提高农民的科技文化素质和职业技能，帮助他们掌握先进实用的农业技术，提高科学种养水平，培养适应农业现代化要求的新型农民。加强思想道德和法制教育，帮助农民群众树立社会主义道德规范，增强法制观念。普及市场经济知识，更新经营理念，增强风险意识，不断提高农民组织化程度，更好地适应农业和农村经济发展的要求。

5. 加强农产品加工转化和市场开拓能力建设

适应人们生活水平的提高和消费多样化的需求，农业不仅要提供更多的初级产品，而且要提供丰富的加工制成品。要重点支持粮食主产区立足资源优势，发展农产品加工业，加快形成富有活力的经济结构，促进农业增效、农民增收。积极推进农业产业化经营，建立产加销一体化的高效产业体系，鼓励龙头企业以多种利益联结方式带动基地和农户发展。大力开拓农产品市

场，增辟农产品流通渠道，发展相关的商贸业和服务业，促进农产品价值的顺利实现。

6. 加强农业综合支持和服务能力建设

这是提高和实现农业综合生产能力的重要保障。要不断增加对农业基础设施建设的投入，特别是要调整财政支出结构，增加支农资金在财政支出中的比重。加强种养业良种体系等农业“七大体系”建设，有关部门要给予支持。健全市场体系，鼓励发展现代物流、连锁经营、电子商务等新型业态和流通方式，加快开通农产品“绿色通道”。完善农产品信息的收集、加工和发布机制，做好农业信息服务工作。加强重大动物疫病和植物病虫害防治，重点加强畜禽主产区、优势生产区域和无规定动物疫病区的防疫基础设施建设。完善农业自然灾害、生物灾害的应急反应机制，健全防灾减灾体系。

总之，要从多方面采取有效措施，坚持不懈地苦干实干，下决心遏制粮食生产能力下降的态势，争取用几年的时间，使农业基础设施和生产条件明显改善，农业机械化和农业科技进步明显加快，农业抗御自然灾害和市场风险的能力明显增强，土地产出率和劳动生产率明显提高，农业和农村经济结构明显优化，农产品的质量效益和市场竞争力明显提升。

## 第四节　推进社会主义新农村建设的政策

### 一、对建设社会主义新农村政策的基本认识

关于社会主义新农村建设，据有关资料说明，20世纪50年代我国制定国民经济“二五”、“三五”计划时，就提出建设社会主义新农村问题。改革开放以后，至少在1982年、1983年、1984年的三个中央一号文件，1987年中央五号文件和1991年中央一号文件中都有基本相同的提法。可见，建设社会主义新农村是我党的一贯提法。但是必须看到，这次五中全会提出的建设社会主义新农村的背景、内涵同以前相比有很大的不同，有着鲜明的时代背景和重大的历史和现实意义。建设社会主义新农村是党中央为进一步解决农业、农村和农民问题所提出的新理念，包括20字的基本要求：“生产发展、生活宽裕、乡风文明、村容整洁、管理民主”。这20字的要求是一个有机的整体，说到底，概括了社会主义新农村的基本内涵和要求。建设社会主义新农村，

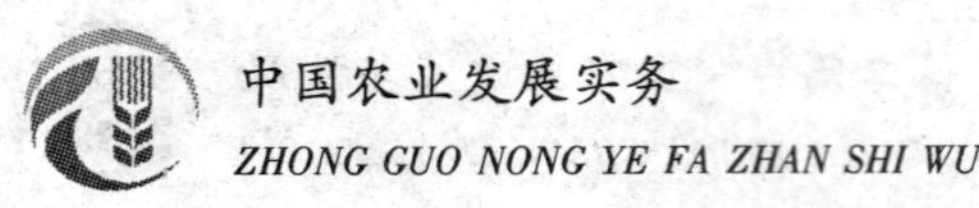


包括全面加强农村的社会主义经济建设、政治建设、文化建设、和谐社会建设和党的建设，是党在农村工作的总体布局。

实践证明，改革开放之所以开局取得成功，关键是实行了家庭联产承包责任制，解放了农村生产力，打开了新的局面，农民开始富起来了。实践证明，建设中国特色社会主义，实现社会主义现代化，“工作重点在‘三农’，难点在‘三农’，关键在‘三农’，突破点也在‘三农’，出路还在‘三农’”。

建设社会主义新农村是中国特色社会主义现代化建设的必然要求，是解决“三农”问题的新理念。

建设社会主义新农村，是实现中国特色社会主义农业现代化，进而实现中国特色社会主义现代化的历史必然。

党的十七届三中全会通过的《中共中央关于推进农村改革发展若干重大问题的决定》指出，农业、农村、农民问题关系党和国家事业发展全局。在革命、建设、改革各个历史时期，我们党坚持把马克思主义基本原理同我国具体实际相结合，始终高度重视、认真对待、着力解决农业、农村、农民问题，成功开辟了新民主主义革命胜利道路和社会主义事业发展道路。

实践充分证明，只有坚持把解决好农业、农村、农民问题作为全党工作重中之重，坚持农业基础地位，坚持社会主义市场经济改革方向，坚持走中国特色农业现代化道路，坚持保障农民物质利益和民主权利，才能不断解放和发展农村社会生产力，推动农村经济社会全面发展。

全党必须深刻认识到，农业是安天下、稳民心的战略产业，没有农业现代化就没有国家现代化，没有农村繁荣稳定就没有全国繁荣稳定，没有农民全面小康就没有全国人民全面小康。我国总体上已进入以工促农、以城带乡的发展阶段，进入加快改造传统农业、走中国特色农业现代化道路的关键时刻，进入着力破除城乡二元结构、形成城乡经济社会发展一体化新格局的重要时期。我们要牢牢把握我国社会主义初级阶段的基本国情和当前发展的阶段性特征，适应农村改革发展新形势，顺应亿万农民过上美好生活的新期待，抓住时机、乘势而上，努力开辟中国特色农业现代化的广阔道路，奋力开创社会主义新农村建设的崭新局面。农业、农村和农民问题，始终是关系我国经济和社会发展全局的重大问题。当前，我国总体上已到了以工促农、以城带乡的发展阶段，初步具备了加大对农业和农村支持保护的条件和能力。借[illegible]的成功经验，必须加快建设社会主义新农村，实现城乡和农村经济[illegible]展。

[illegible]会主义新农村是提高农业综合生产能力、建设现代农业的重要保

障。目前，我国农业生产基础设施和物质技术装备条件较差，经营管理也较粗放。加快建设新农村，发展农业生产力，加强农田基本建设，改良土壤，兴修水利，推广良种良法，发展农业机械化，培养有文化、懂技术、会经营的新型农民，全面提高农业综合生产能力，既是现代农业建设题中应有之义，也是建设现代农业的重要基础和保障。

建设社会主义新农村是增加农民收入、繁荣农村经济的根本途径。当前和今后一个时期，增加农民收入，首先必须挖掘农业内部的潜力，提高农业综合效益，实现增产增效、提质增效和节本增效；必须发展以乡镇企业为主体的农村第二、三产业，引导农村劳动力向城镇有序转移，拓宽农民的就业空间和增收渠道。

建设社会主义新农村是发展农村社会事业、构建和谐社会的主要内容。发展农村社会事业是建设新农村十分重要的组成部分。构建和谐社会，必须首先建设和谐村镇。这就要求我们必须建设社会主义新农村，加快发展农村各项社会事业，全面改善农村教育、卫生、文化等设施条件，逐步改变目前城乡和农村经济社会发展“一条腿长、一条腿短”的问题。

建设社会主义新农村是缩小城乡差距、全面建设小康的重大举措。党的十六大提出了全面建设小康社会的宏伟目标。实现这个目标，重点和难点在农村。必须用新农村建设来统领“十一五”时期的农村工作，按照落实科学发展观和构建社会主义和谐社会的要求，坚持城乡统筹发展，进一步调整国民收入分配格局，走工业反哺农业、城市支持农村的道路，把农村基础设施建设纳入公共财政范围，逐步改变城乡二元结构，努力消除城乡协调发展的体制性障碍，促进资源在城乡之间合理配置，建立城乡社会事业和基础设施共同发展的运行机制，让广大农民能够像市民一样拥有洁净方便的自来水、清洁的燃料、整洁的厨房、舒适方便的卫生条件和平坦的道路。

当前，我国已初步具备了建设新农村的条件：一方面，经过改革开放以来的快速发展，综合国力显著增强，有了支持保护农业、加大农村基础设施建设投入的经济基础；另一方面，近年来，在起点较高的基础上，党中央、国务院为改善农村生产生活条件出台了一系列更直接、更有力的政策措施，特别是农村“六小工程”（节水灌溉、人畜饮水、乡村道路、农村水电、农村沼气、草场围栏）建设进展顺利，成效显著，为新农村建设积累了有益的经验。

## 二、社会主义新农村建设的基本思路和工作方针

“十一五”时期是社会主义新农村建设打下坚实基础的关键时期，是推进现代农业建设迈出重大步伐的关键时期，是构建新型工农城乡关系取得突破进展的关键时期，也是农村全面建设小康加速推进的关键时期。社会主义新农村建设的基本思路和工作方针是：高举邓小平理论和“三个代表”重要思想伟大旗帜，全面贯彻落实科学发展观，统筹城乡经济社会发展，实行工业反哺农业、城市支持农村和“多予少取放活”的方针，按照“生产发展、生活宽裕、乡风文明、村容整洁、管理民主”的要求，协调推进农村经济建设、政治建设、文化建设、社会建设和党的建设。

推进新农村建设是一项长期而繁重的历史任务，必须坚持以发展农村经济为中心，进一步解放和发展农村生产力，促进粮食稳定发展、农民持续增收；必须坚持农村基本经营制度，尊重农民的主体地位，不断创新农村体制机制；必须坚持以人为本，着力解决农民生产生活中最迫切的实际问题，切实让农民得到实惠；必须坚持科学规划，实行因地制宜、分类指导，有计划有步骤有重点地逐步推进；必须坚持发挥各方面积极性，依靠农民辛勤劳动、国家扶持和社会力量的广泛参与，使新农村建设成为全党全社会的共同行动。在推进新农村建设工作中，要注重实效，不搞形式主义；要量力而行，不盲目攀比；要民主商议，不强迫命令；要突出特色，不强求一律；要引导扶持，不包办代替。

围绕社会主义新农村建设的基本思路和工作方针，就如何建设社会主义新农村当前应该做好以下几点：①要坚持以发展农村生产力为中心任务，协调推进农村经济建设，促进农村生产力的解放和发展，促进粮食增产和农民增收，着力解决广大农民生产生活中最迫切的实际问题，经过坚持不懈的努力，使农业生产力水平有较大提高，使广大农民的生活有明显改善，让农民得到实实在在的物质利益和各方面的实惠。②要认真贯彻党在农村的一系列方针政策，坚持农村基本经济制度，坚持土地基本经营制度不动摇，坚持“多予少取放活”，特别是在“多予”上下工夫，加强土地管理，切实保障广大农民的权益。③全面进行以乡镇机构、农村义务教育和县乡财政管理体制改革为主要内容的农村综合改革，巩固农村税费改革成果，积极推进农村各方面制度的创新发展，为社会主义新农村建设提供有力的制度保障。④切实加强农村基础设施建设，切实加强农村各项事业的全面发展。⑤全面推进农村的政治建设、文化建设、和谐社会建设和党的建设，特别是加强农村基层

党支部和基层政权建设，切实保障农民的民主权利。⑥建设社会主义新农村既是一个全面的目标，又是一项长期的任务。各级领导干部要深入实际，调查研究，认真听取群众意见，把握农业和农村发展的规律和特点，善于做为农民服务的工作。要坚持从实际出发，尊重农民意愿，加强民主决策、民主管理，立足科学规划，因地制宜，分类指导，不强求一律，不盲目攀比，不强调命令，更不能搞形式主义，着力解决农民生活中最迫切的实际问题，以让农民拥护、让农民满意、让农民受惠为最高标准。⑦要充分发挥各方面的积极性，引导社会各方面的力量共同参与，使社会主义新农村建设成为全党全国的共同行动。

在建设社会主义新农村的过程中，要做到四个“创新”，即思维和观念创新、体制和机制创新、组织创新以及工作方式方法的创新。同时，一定要注意避免片面追求政绩，使社会主义新农村建设陷入形式主义、劳民伤财的误区；一定要注意避免因传统生产方式及其观念的影响，使社会主义新农村建设陷入自给自足小农经济的误区；一定要注意避免高成本高代价高污染的旧的工业化发展模式，使社会主义新农村建设陷入破坏生态、破坏文化、破坏环境的误区。

## 三、社会主义新农村建设的基本内容

党的十六届五中全会提出，建设社会主义新农村是我国现代化建设进程中的重大历史任务。“生产发展、生活宽裕、乡风文明、村容整洁、管理民主”，这既是中央对新农村建设的要求，也是其总体目标。这20个字包含的内容极为丰富，涉及农村政治、经济、文化、社会管理等方方面面。

### （一）“生产发展”是新农村的物质基础前提

新农村建设的首要任务是生产发展。农业是农村的产业基础，生产发展首先指的是农业的现代化、以粮食生产为中心的农业综合生产能力的提高。“十一五”时期，不仅工业要转变增长方式，农业也要加大科学技术的推广应用，实现增长方式的转变。在调整农村经济结构的过程中，一方面协调粮食与其他作物的比例，力保我国的粮食安全；另一方面协调农业与非农产业的关系。

在新农村建设过程中，要把培育新农民作为一项根本措施来抓，通过提高农民的科技文化素质和致富能力，为增产增收和改变乡容村貌提供有力的人才保障：①加快实行免费义务教育；②培养新型产业农民和务工农民，大力实施以农村实用技术、务工职业技能培训为主要内容的“阳光工程”，有针对性地举办相关技术培训。

非农产业为农村经济的发展提供了空间，也包含在“生产发展”的要求之中。发展农产品加工业，拉长产业链，可以使农民在加工增值的过程中增加收入。在非农产业不发达的地区，要进一步加快农村工业化的进程。

**（二）生活宽裕是新农村建设目标的保证**

要达到生活宽裕的目标，首先要通过开辟各种增收渠道，增加农民收入。2005 年前三季度，农民人均现金收入同比实际增长 11.5%。保持农民增收势头不减是建设社会主义新农村得到广大农民支持的关键性因素之一。从宏观层面来讲，农民增收可以激发广大农村的巨大消费潜力，使农民的需求成为一种有效需求，从而增强消费对国民经济的拉动力。

目前，城乡社会保障覆盖率之比高达 20∶1，占全国总人口近 50% 的农村居民仅享用了 30% 左右的医疗卫生资源，九成左右农民是无保障的自费医疗群体。从这些数字可以看出农村公共事业滞后的现状。在新农村建设过程中，政府要通过公共财政补贴，帮助农民建立起包括合作医疗、农村养老保障等农村社会保障体系。

目前，农村商品市场总量不足，分布不尽合理，同时假冒伪劣产品较多，这给农民的生活带来诸多不便。建立健全农村市场体系，形成现代流通方式下的农村消费经营网络，是新农村建设中不可或缺的方面。

**（三）乡风文明是提高农民整体素质的必然**

乡风文明本质上是农村精神文明建设问题，内容包括文化、风俗、法制、社会治安等诸多方面。

近年来，虽然一些地区的农村经济发展较快，但文化生活却单调乏味，同时一些不良文化有所抬头。农村文化建设与经济社会的协调发展还不适应，与农民群众的精神文化需求还不适应，主要问题是文化基础设施落后，现有资源尚未得到有效利用，文化体制不顺、机制不活。因此，如何使广大农民过上丰富多彩的精神文化生活是新农村建设的重要任务。

移风易俗是乡风文明的表现之一：一方面，随着经济的发展，在城市中出现的人情淡漠等现象在农村地区已经有出现的苗头；另一方面，传统的陋习在一些农村地区还广泛存在。

**（四）村容整洁是改善农民生存状态的需要**

新农村建设中村容整洁的要求，最主要的是为农村地区提供更好的生产、生活、生态条件。

长期以来，大部分农村地区的人居环境不能令人满意。“露天厕、泥水

街、压水井、鸡鸭院”是对农民生活居住环境的形象描述。农村的房舍、街道建设缺乏规划，浪费大量土地；通行条件差，给农民的生产生活带来诸多不便；由于缺少硬件设施，加上农民的不良生活习惯，垃圾污染严重。另外，随着一些农村地区非农产业的发展，工业污染问题凸显，亟待改变。

在新村镇建设过程中，要特别注意两点：一是要尊重农民意愿，在国家、社会力量的支持下，根据当地经济发展水平量力而行，避免搞成形象工程、政绩工程；二是要根据当地的文化传统等，做一个长期规划，在规划过程中不能搞一刀切。

**（五）管理民主是健全村民自治制度的基础**

目前，我国农村地区实行村民自治制度。从全国来看，各地具体情况差别比较大，但基本制度已经确立起来。完善农村基层民主自治制度是实现乡村管理民主的关键所在。从国家层面来讲，要出台村民自治法的实施细则。2006 年我国已全面取消农业税，当前转变乡镇政府职能是管理民主的要求之一。乡镇政府要为本地经济发展创造条件，要担负起社会管理的职责，为乡村提供公共服务。同时，乡镇政府要对村民自治进行正确引导。另外，农村基层党组织要紧紧围绕服务群众这个中心，切实发挥服务群众、凝聚人心的作用。

## 第五节　发展现代农业的政策

### 一、现代农业的内涵和意义

**（一）现代农业的内涵**

现代农业是高效益多功能、高度科技依存型、生态环境友好、高投入高保护的产业，具有生物化、信息化、安全化、环保化、循环化、标准化的新特征。面对中国粮食安全、食品安全、农业资源安全和生态环境安全的重大需求，必须进一步加强现代农业科技创新，进一步增加对现代农业科技的高投入，建立并完善国家支持现代农业科技发展的长效机制，建立农业科技基础研究、应用研究、技术开发与产业化相互协调与相互促进的管理模式，创新农业科技成果转化机制，建立农业科技应用保障体系。现代农业建设涉及农学、地理学、经济学等诸多领域，包含投入机制、产业与市场体系、科技与人才支撑等的综合性建设。当前我国农业基础不牢，工业化、城镇化、市场化和国际化进程加速推进，迫切要求我们进行现代农业建设。2006 年 12 月，中央农村工作会议及 2007 年一号文件明确提出把发展现代农业作为建设社会主义新农村的着力点，必然将我国的现代农业置于更加深刻、更加科学、更加客观的宏大背景之中。现代农业可以概括为以下几个方面的内容：

（1）与传统农业相区别，发展农村生产力，转变农业增产方式。

（2）实现农业的产业化、生产集约化、经营企业化、产品的规格化和标准化。

（3）强调现代农业是以生物技术和信息技术为先导、资本和技术高度集中的农业。

（4）以资源节约和可持续发展为主要特征的环保、绿色和生态观光农业。

（5）建立农村现代物流体系，重视农村流通市场体系建设。

（6）实现农业和新型工业化相结合，用现代工业装备农业，以工业的理念发展农业，用现代科技推动农业发展。

（7）用现代经营和管理理论管理农业，用现代信息和服务体系支撑农业，用现代知识和现代农业技术武装农民，实现农业高产、优质、高效和可持续发展。

**（二）发展现代农业的意义**

（1）发展现代农业是社会主义新农村建设的首要任务。

（2）发展现代农业是以科学发展观统领农村工作的必然要求。

（3）推进现代农业建设是促进农民增加收入的基本途径。增加农民收入，就要拓宽农民增收渠道，特别是要充分挖掘农业内部增收潜力，提高农业综合效益，实现增产增效。而只有不断加强农业基础设施建设，提高土地生产率，农产品结构调整才有更加广阔的空间，农业内部的文章才能真正做足做好；只有不断改善物质技术装备，提高农业科技的应用和转化能力，才能使农民进一步从繁重的体力劳动中解放出来，实现农村劳动力的多形式、多层次转移，拓展农民的增收渠道。

（4）发展现代农业是提高农业综合生产能力的重要举措。推进现代农业建设，贯彻“工业反哺农业、城市支持农村”的方针，强化农业这个薄弱环节，实现工业与农业、城市与农村相互促进、协调发展的需要。应该说，我国农业物质装备条件还不高，农业技术水平仍有待提高，经营管理还相对粗放、不仅影响了农业现代化建设，而且制约了工业化和城镇化的健康发展。为此，要进一步加强农业综合生产能力建设，用先进的物质条件装备农业，

用先进的科学技术改造农业，用先进的组织形式经营农业，用先进的管理理念指导农业，全面提高农业现代化水平。

（5）发展现代农业是建设社会主义新农村的产业基础。

## 二、建设现代农业的措施

1. 建立促进现代农业建设的投入保障机制

增加农业投入是建设现代农业、强化农业基础的迫切需要。建立促进现代农业建设的投入保障机制应主要做好以下工作：①建立“三农”投入稳定增长机制。国家要积极调整财政支出结构、固定资产投资结构和信贷投放结构，尽快形成新农村建设稳定的资金来源。②健全农业支持补贴制度。近几年实行的各项补贴政策深受基层和农民欢迎，今后要继续不断巩固、完善和加强良种补贴力度和农业生产资料综合补贴力度，逐步形成目标清晰、收益直接、类型多样、操作简便的农业补贴制度。③建立农业风险防范机制。加强自然灾害和重大动植物病虫害预测预报和预警应急体系建设，提高农业防灾减灾能力。④鼓励农民和社会力量投资现代农业。充分发挥农民在建设新农村和发展现代农业中的主体作用，引导农民发扬自力更生精神，增加生产投入和智力投入，提高科学种田和集约经营水平。

2. 提高现代农业的实施装备水平

改善农业实施装备是建设现代农业的重要内容。必须下决心增加投入，加强基础设施建设，加快改变农村生产生活条件落后的局面。加快农业基础建设主要做好以下工作：①大力抓好农田水利建设。要把加强农田水利没施建设作为现代农业建设的一件大事来抓。②切实提高耕地质量。强化和落实耕地保护责任制，切实控制农用地转为建设用地的规模。合理引导农村节约集约用地，切实防止破坏耕作层的农业生产行为。③加快发展农村清洁能源。增加农村沼气建设投入，支持有条件的地方开展养殖场大中型沼气建设。在适宜地区积极发展秸秆气化和太阳能、风能等清洁能源。④加大乡村基础设施建设力度。主要建设饮用水、农村公路、农村电网以及农村人居环境等。⑤发展新型农用工业。农用工业是增强农业物质装备的重要依托。⑥提高农业可持续发展能力。鼓励发展循环农业、生态农业，有条件的地方可加快发展有机农业。

3. 建设现代农业的科技支撑

科技进步是突破资源和市场对我国农业双重制约的根本出路。必须着眼增强农业科技自主创新能力，加快农业科技成果转化应用，提高科技对农业增长的贡献率，促进农业集约生产、清洁生产、安全生产和可持续发展。要建设现代农业的科技支撑，就需要推进农业科技创新。推进农业科技创新需要做好以下工作：①加强农业科技创新体系建设。大幅度增加农业科研投入，加强国家基地、区域性农业科研中心创新能力建设。②推进农业科技进村入户。积极探索农业科技成果进村入户的有效机制和办法，形成以技术指导员为纽带，以示范户为核心，连接周边农户的技术传播网络。③大力推广资源节约型农业技术。要积极开发运用各种节约型农业技术，提高农业资源和投入品使用效率。④积极发展农业机械化。要改善农机装备结构，提升农机装备水平，走符合国情、符合各地实际的农业机械化发展道路。⑤加快农业信息化建设。用信息技术装备农业，对于加速改造传统农业具有重要意义。

4. 健全发展现代农业的产业体系

农业不仅具有食品保障功能，而且具有原料供给、就业增收、生态保护、观光休闲、文化传承等功能。建设现代农业，必须注重开发农业的多种功能，向农业的广度和深度进军，促进农业结构不断优化升级。健全发展现代农业的产业体系需做好如下工作：①促进粮食稳定发展。继续坚持立足国内保障粮食基本自给的方针，逐步构建供给稳定、调控有力、运转高效的粮食安全保障体系。②发展健康养殖业。健康养殖直接关系人民群众的生命安全。转变养殖观念，调整养殖模式，做大做强畜牧产业。③大力发展特色农业。要立足当地自然和人文优势，培育主导产品，优化区域布局。适应人们日益多样化的物质文化需求，因地制宜地发展特而专、新而奇、精而美的各种物质、非物质产品和产业，特别要重视发展园艺业、特种养殖业和乡村旅游业。④扶持农业产业化龙头企业发展。龙头企业是引导农民发展现代农业的重要带动力量。通过贴息补助、投资参股和税收优惠等政策，支持农产品加工业发展。⑤推进生物质产业发展。以生物能源、生物基产品和生物质原料为主要内容的生物质产业，是拓展农业功能、促进资源高效利用的朝阳产业。

5. 发展适应现代农业需求的物流产业

发达的物流产业和完善的市场体系是现代农业的重要保障。必须强化农村流通基础设施建设，发展现代流通方式和新型流通业态，培育多元化、多层次的市场流通主体，构建开放统一、竞争有序的市场体系。发展适应现代农业需求的物流产业需做好如下工作：①建设农产品流通设施和发展新型流通业态。采取优惠财税措施，支持农村流通基础设施建设和物流企业发展。②加强农产品质量安全监管和市场服务。认真贯彻《中华人民共和国农产品质量安全法》，提高农产品质量安全监管能力。③加强农产品进出口调控。加

快实施农业“走出去”战略。④积极发展多元化市场流通主体。加快培育农村经纪人、农产品运销专业户和农村各类流通中介组织。

6. 造就建设现代农业的人才队伍

建设现代农业，最终要靠有文化、懂技术、会经营的新型农民。必须发挥农村的人力资源优势，大幅度增加人力资源开发投入，全面提高农村劳动者素质，为推进新农村建设提供强大的人才智力支持。造就建设现代农业的人才队伍需做好如下工作：①培育现代农业经营主体。普遍开展农业生产技能培训，扩大新型农民科技培训工程和科普惠农兴村计划规模，组织实施新农村实用人才培训工程，努力把广大农户培养成有较强市场意识、有较高生产技能、有一定管理能力的现代农业经营者。②加强农民转移就业培训和权益保护。加大“阳光工程”等农村劳动力转移就业培训支持力度，进一步提高补贴标准，充实培训内容，创新培训方式，完善培训机制。③加快发展农村社会事业。这是增强农民综合素质的必然要求，也是构建社会主义和谐社会的重要内容。④提高农村公共服务人员能力。建立农村基层干部、农村教师、乡村医生、计划生育工作者、基层农技推广人员及其他与农民生产生活相关服务人员的培训制度，加强在岗培训，提高服务能力。

7. 创新推动现代农业发展的体制机制

深化农村综合改革是巩固农村税费改革成果、推进现代农业建设的客观要求。必须加快改革步伐，为建设现代农业提供体制机制保障。创新推动现代农业发展的体制机制需做好如下工作：①深化农村综合改革。主要开展乡镇机构改革，转变政府职能，完善农村基层行政管理体制和工作机制，提高农村公共服务水平。②清理化解乡村债务。全面清理核实乡村债务，摸清底数，锁定旧债，制止发生新债，积极探索化解债务的措施和办法，优先化解农村义务教育、基础设施建设和社会公益事业发展等方面的债务。③大力发展农民专业合作组织。认真贯彻《中华人民共和国农民专业合作社法》（以下简称《农民专业合作社法》），支持农民专业合作组织加快发展。④统筹推进农村其他改革。

# 第三章　中国农业法概述

本章在概况介绍农业法的立法宗旨、特征，调整对象、基本原则、农业和农村经济发展的基本目标等内容的基础上，从农业生产经营体制、农业生产、农产品流通、加工和粮食安全、农业投入与支持保护、农业科技与农业教育、农民权益保护和农村经济发展等方面较系统地阐述了农业法的相关内容，便于学生从整体上把握农业法的主要内容。通过本章的学习，要求掌握农业法的基本概况。

## 第一节　农业法特征与原则

### 一、农业法的立法宗旨

农业法有广义、狭义之分。狭义的农业法是指 1993 年 7 月 2 日第八届全国人民代表大会常务委员会第二次会议通过、2002 年 12 月 28 日第九届全国人民代表大会常务委员会第三十一次会议修订的《农业法》。广义的农业法是指在调整农业和农村经济活动中所发生的特定农业和农村经济关系的法律规范的总称。它不仅是农业生产经营组织和农民（或农户）等农业法主体从事农业和农村经济活动的行为准则，也是国家领导、组织、协调和管理农业和农村经济的重要手段，是促进农业和农村经济持续、稳定、健康发展的强有力工具。农业法不仅是指导和统帅农业和农村经济活动的基本法律，而且也是制定各项具体农业法律的直接法律依据。

农业是我国国民经济的基础，是经济发展、社会安定、国家独立自主的前提条件。农业生产是人类生存和繁衍必不可缺的条件，俗话“民以食为天”说明了食之重要、农业之重要。从党的十一届三中全会以来我国改革开放所走过的道路来看，农业的改革和发展是牵引中国各项改革和发展之主脉，对于一个农业大国来说，什么时候我们重视了农业和农村工作，什么时候我国的国民经济就能够得到顺利、稳健的发展，什么时候我们忽视了农业和农村工作，就会使我国的国民经济受到影响。保证农业稳定、持续、有效地发展，也必将是我国国民经济发展的有利保障。农业的发展促进了整个国家改革开放和现代化建设的发展。

党的十五届三中全会指出：“农业、农村和农民问题是关系改革开放和现代化建设全局的重大问题。没有农村的稳定就没有全国的稳定，没有农民的小康就没有全国人民的小康，没有农业的现代化就没有整个国民经济的现代化。”制定和修改农业法，就是要把实践中成功的经验、政策、方针肯定下来，进一步规范农业发展中的各种法律关系，保障和巩固其在改革开放中所取得经验和成就，使农业和农村工作得到更好的发展，更好地展现农业法的立法宗旨：巩固和加强农业在国民经济中的基础地位；深化农村改革，发展农业生产力，推进农业现代化；维护农民和农业生产经营组织的合法权益，增加农民收入，提高农民科学文化素质；促进农业和农村经济的持续、稳定、健康发展，实现全面建设小康社会的目标。

## 二、农业法的特征

农业法修改的制定体现了“确保基础地位，增加农民收入”的总体精神。修订后的《农业法》做了较大调整、充实和完善，增加了一些适应形势发展要求的新条款，概括起来具有以下四个方面的特点：

1.《农业法》是一部农业发展法，强化了新阶段农业发展的保障措施

《农业法》总结了1993年以来我国农业发展的基本经验，增加了许多适应新形势发展要求的条款。集中体现了党的十六大精神，明确了农业结构调整的方向和重点，确立了农产品质量安全和粮食安全保障措施，建立了农业支持和保护机制以及农产品进口预警机制，规定了促进城乡经济协调发展、逐步缩小城乡差别的基本措施。

2.《农业法》是一部农村改革促进法，确立了农村改革的基本方向

《农业法》重申了国家长期稳定农村以家庭承包经营为基础、统分结合的双层经营体制；实行农村土地承包经营制度，依法保障农村土地承包关系长期稳定，保护土地承包人的合法权益；确立了农民专业合作经济组织的法律

地位和组织原则；明确了农产品行业协会的法律地位和职责；提出了农产品购销实行市场调节和农产品市场体系建设的原则；规定了农村金融和农业保险发展的方向。这些规定既肯定了农村改革的成果，又考虑了农业发展的前瞻性，必将对深化农村改革产生积极的促进作用。

3.《农业法》是一部农业基本法，体现了农业一体化发展的要求

基本法是相对于根本法《宪法》而言的，《宪法》具有最高法律地位和法律效力，规定了国家的根本制度，《农业法》是基本法，其法律地位和法律效力仅次于《宪法》，高于普通法、行政法规、部门规章。新修订的《农业法》为了适应农业一体化发展的要求，将与种植业、林业、畜牧业和渔业直接相关的产前、产中、产后服务活动纳入了《农业法》的调整范围，将“三农”问题作为一个整体加以考虑，增加了有关农产品加工和市场信息服务的内容，规定“国家支持发展农产品加工业和食品工业，增加农产品附加值”，农业部门“应当建立农业信息搜集、整理和发布制度，及时向农民和农业生产经营组织提供市场信息等服务”。作为基本法的《农业法》，是其他农业立法的基础，具有指导、约束功能，同时还可以作为实体法，对其他农业法律法规具有补充功能。

4.《农业法》是一部农民权益保障法，反映了维护广大农民群众利益的根本要求

任何法律都体现权利和义务的关系，保护农民权益事关农业与农村改革、发展、稳定的大局。党中央历来十分重视保护农民的物质利益和民主权利，近年来又采取了许多政策措施，不断加强保护农民权益的工作。修订后的《农业法》新增了“农民权益保护”一章，在原法有关保护农民权益规定的基础上，增加了保护农民对承包土地的使用权，要求各级政府和有关部门采取措施增加农民收入，切实减轻农民负担，规定了农村财务公开制度，明确了保护农民权益的行政和司法救济措施等内容，从而体现了《农业法》是一部权利法。

## 三、农业法的基本原则

农业法的基本原则是指贯穿于整个农村法制建设之中的总的指导思想，为农业法所确认或体现的根本法律准则。主要体现在以下方面：

1. 确立农业在国民经济发展中的首要地位与对农业和农村经济发展实行保护的原则

农业是整个国民经济发展的基础产业，是社会经济发展的母体产业。但

是，农业的基础地位并不意味着其基础本身是天然牢固的。恰恰相反，农业的特点和性质决定了它是一个典型的风险型产业、天生的弱质产业。

2. 促进农村社会主义市场经济发展与保障农业和农村经济持续、稳定、协调发展的原则

农村社会主义市场经济应是一种法制经济或法治经济，在农村社会主义市场经济中，市场主体的资格需要由法律来确立；市场主体的经济行为需要由法律规范来界定；市场运行的规则需要靠法律来构筑；市场竞争的公平开展需要由法律来保障；市场主体的财产权需要由法律来维护；市场主体之间的各种农业和农村经济纠纷和各种违法犯罪行为需要由法律来确定；社会保障体系也需要靠法律来构建。

3. 调动农业生产经营组织和农业劳动者发展商品经济积极性与尊重他们生产经营自主权和保护他们合法权益的原则

农民的生产积极性来自经营自主权和物质利益两个方面，而农民的物质利益又是同生产经营自主权密切联系在一起的，即不尊重农民的自主权就是损害农民的物质利益；同样，不保护和承认农民的合法财产权，就是削弱农民的自主权，其结果必然会挫伤和打击农民的生产积极性，影响农业生产的发展。

4. 遵守自然规律和经济规律，保护农业自然资源和生态环境的原则

农业生产的对象是动物、植物和微生物，农业生产是经济再生产过程同自然再生产过程相互交织在一起的，这是农业生产区别于工业和其他生产部门的根本特点，而农业生产的这一根本特点在任何社会形态中都不会发生根本的改变。

5. 坚持从农业、农村实际出发，因地制宜、因时制宜、分类指导发展农业的原则

我国农业除具有一般的季节性、地域性、分散性、周期性、连续性和不稳定性等特点外，还有我国自身的一些特点，如人多而耕地和林地少，农业资源分布不均匀且地域差异大，农业和农村经济发展不平衡，农业基础设施脆弱，农业技术装备水平较低，农民的文化落后、技术缺乏，农业生产能力还处在不高、不稳、不平衡状态，自然灾害频繁且抗灾能力还不强等。上述这些特点，要求在发展我国农业时，必须从我国农村地域辽阔、各地自然条件千差万别、经济条件各不相同、农林牧渔业各自特点的实际情况出发，坚持因地制宜、因时制宜和分类指导发展农业的原则来制定农业法律法规，来解决我国的农业和农村经济问题，注意防止一刀切、脱离实际、照搬照套。

6. 转变政府职能与对农业和农村经济实行宏观调控的原则

随着由计划经济体制向市场经济体制的转变，作为国民经济基础的农业也必须由自给、半自给经济向市场经济转变，由传统农业向现代农业转变。要努力推进和尽早实现农业上述两个根本性转变，必须转变政府职能，对农业实行宏观调控，逐步实现对农业的科学化与现代化管理。

7. 调动社会各方面的力量支援农业和农村经济发展的原则

农业经济活动是一个生产、交换、分配、消费周而复始的社会再生产过程。同时，又是一个对投入、资源、环境和科技高度依赖的社会经济部门。随着农村改革的深入，农业的商品化、产业化、社会化、现代化程度不断提高，农业与国民经济其他部门和社会各方面的联系越来越密切，农业产前、产中、产后的某些环节，特别是化肥、农药等农业生产资料的供应和农产品的储运、加工、销售等成为影响和制约农业和农村经济发展的主要因素。

## 第二节　农业生产经营体制法规

### 一、农村土地承包经营制度

我国的土地家庭承包经营制度是农村新的经营体制的基础。土地家庭承包经营是在坚持土地等生产资料集体所有的前提下，把农村的土地使用权承包给农民家庭即农户，确立了家庭经营的主体地位，赋予了农民的生产经营自主权。它是我国农村集体经济的一种有效的经营方式。这种体制的诞生激发了广大农民的生产积极性、创造性。它有利于广大农村由温饱向小康社会过渡，有利于将先进的科学文化技术运用到农业生产中，有利于农村社会治安的稳定，有利于国民经济的持续、快速发展。

农村土地承包经营的方式、期限、发包方和承包方的权利义务、土地承包经营权的保护和流转等，适用《土地管理法》和《农村土地承包法》。2007 年 10 月 1 日开始实施的《中华人民共和国物权法》（以下简称《物权法》）确认了土地承包经营权的物权属性，并赋予了物权性质的保护。

### 二、农村集体经济组织

农村集体经济组织是指以农民集体所有的土地、农业生产设施和其他公

共财产为基础，以主要自然村或者行政村为单位建立的从事农业生产经营的经济组织。农村集体经济组织应当在家庭承包经营的基础上，依法管理集体资产，为其成员提供生产、技术、信息等服务，组织合理开发、利用集体资源，壮大经济实力。

## 三、农民专业合作经济组织及其他生产经营组织形式

农民专业合作经济组织是随着农业产业化经营的发展对农业组织形式和经营机制的创新，是指在家庭承包经营基础上农民自愿组成、连接农业生产经营者、服务于农业和农村并从中获取利润的合作性组织。它坚持为成员服务的宗旨，按照加入自愿、退出自由、民主管理、盈余返还的原则，依法在其章程规定的范围内开展农业生产经营和服务活动，受《农民专业合作社法》的调整。

农民专业合作经济组织可以有多种形式，如个人合伙、乡镇企业、集体企业、有限责任公司等，但其成立需要依照相关的法律，如《中华人民共和国合伙企业法》（以下简称《合伙企业法》）、《乡镇企业法》、《中华人民共和国公司法》（以下简称《公司法》）等，并依法到相关主管部门予以登记。同时，任何组织和个人不得侵犯农民专业合作经济组织的财产和经营自主权，如采取行政方式强迫专业合作经济组织解散、干涉生产经营范围和品种、乱收费、乱摊派等。

农产品行业协会是指农民和农业生产经营组织按照国家有关法律、法规和政策的规定，根据各行业经营范围和特点所成立的具有民办性、广泛性、自律性、服务性的行业组织，如苹果协会、茶叶协会、畜牧协会等，为成员提供生产、营销、信息、技术、培训等服务，发挥协调和自律作用，提出农产品贸易救济措施的申请，维护成员和行业的利益。其作用主要体现在以下方面：

（1）代表本行业与政府和立法机构处好关系，疏通会员与政府之间、会员与金融机构之间的渠道。

（2）向会员提供业务指导、技术培训、市场咨询、经验交流、促进销售等多种功能服务，尽心尽力地帮助会员单位解决经营管理中的难题。

（3）重视和从事行业内外经济调研、数据统计、情报搜集，出版行业刊物，推广技术成果，其形式多种多样。

（4）联络、组织对外技术考察、国际学术会议以及开展双边、多边合作研究项目等。

(5) 代表本行业提出农产品贸易救济措施的申请，维护成员和行业的利益，如进行反倾销、反补贴的起诉和应诉等。

### 四、农业产业化经营

农业产业化经营是农业由传统的生产部门转变为现代产业的历史演进过程，是市场农业的基本经营方式。农业产业化经营以市场为导向，以农户为基础，以龙头企业（包括公司企业、合作经济组织、专业化市场、产学研联合组织等）为依托，以经济效益为中心，以系列化服务为手段，通过实行供产销、农工商一体化经营，将农业再生产过程的产前、产中、产后诸环节联结为一个完善的产业系统。

从功能和本职上看，农业产业化是引导分散的农户小生产转变为社会化大生产的组织形式，是市场农业自我积累、自我调节、自我发展的基本运转机制，是多元参与者主体自愿结成的经济利益共同体。其主要组织类型包括：龙头企业带动型（以农副产品加工企业或流通企业为龙头，通过合同契约、股份合作等多种利益连接机制，带动农户从事专业生产，将生产、加工、销售有机结合，实施一体化经营）；合作经济组织带动型（一般以“合作经济组织+农户”为基本组织模式，通过合作或股份合作制等利益连接机制，带动农户从事专业生产，将生产、加工、销售、有机结合，实施一体化经营，在这种类型中起龙头带动作用的包括农民专业合作经济组织、专业技术协会、供销合作社等多种形式）；批发市场带动型（以批发市场为纽带，带动主导企业，并通过合同契约或其他稳定的经济关系，连接广大农民，实施产供销一条龙经营）。除上述主要类型外，还有一部分农业社会化服务组织、科研教育单位通过合同契约关系为农户专业化生产提供产前、产中、产后服务，发展农业产业化经营。

## 第三节　农业生产法规

### 一、调整和优化农业生产结构

国家引导和支持农民和农业生产经营组织结合本地实际，按照市场需求，调整和优化农业生产结构，协调发展种植业、林业、畜牧业和渔业，发展优质、高产、高效益的农业，提高农产品国际竞争力。

主要调整方向表现为：种植业以优化品种、提高质量、增加效益为中心，调整作物结构、品种结构和品质结构；加强林业生态建设，实施天然林保护、退耕还林和防沙治沙工程，加强防护林体系建设，加速营造速生丰产林、工业原料林和薪炭林；加强草原保护和建设，加快发展畜牧业，推广圈养和舍饲，改良畜禽品种，积极发展饲料工业和畜禽产品加工业；渔业生产应当保护和合理利用渔业资源，调整捕捞结构，积极发展水产品养殖业、远洋渔业和水产品加工业。

## 二、改善农业生产条件

各级人民政府应当采取措施，加强农业综合开发和农田水利、农业生态环境保护、乡村道路、农村能源和电网、农产品仓储和流通、渔港、草原围栏、动植物原种良种基地等农业和农村基础设施建设，改善农业生产条件，保护和提高农业综合生产能力。

## 三、种子工程和畜禽良种工程

1. 种子工程

种子行业是国家重点扶持的行业，《国民经济和社会发展“九五”计划和2010年远景目标建议》提出要突出抓好种子工程，以改变我国种子工作落后状况，提高我国良种的综合生产率，提高种子质量和科技含量，促进农村科技快速、健康发展。种子工程的内容包括良种引育、生产繁殖、加工包装、推广销售和宏观管理五大系统，其核心之一就是要提高我国种子质量和科技含量。

种子工程自1995年创建实施以来，对于推动种植结构的调整和作物布局的优化，促进粮食、经济作物的协调发展起到重要的作用。其中，品种选育是种子工程的核心技术所在。目前，在植物育种过程中越来越多地应用以基因工程技术为核心的现代生物技术，其中包括分子生物学技术和遗传工程两大类型。

2. 畜禽良种工程

畜禽良种工程是加快畜牧业科技进步、提高畜产品科技含量和效益的重要途径。其内容主要包括：

（1）加强畜牧业高新技术的研究、开发和应用，以良种繁育、饲料和疫病综合防治为重点，充分利用现代生物技术等高科技手段，形成畜牧高科技产业。

（2）加强科技示范和技术推广，结合科技推广项目，推广一批实用技术，缩小与发达国家畜牧业生产水平的差距。

（3）加快畜牧兽医高科技人才的培养，加强国际间学术交流，不断提高我国畜牧兽医高科技队伍的整体水平。

（4）建立符合市场经济发展的科技运行机制，加速科技成果的转化。

（5）加快推进规模化养殖，大力发展畜产品加工业。大力发展优质安全的畜禽产品，培育和发展特种动物养殖，重点抓好保健畜产品、高附加值畜产品的研究与开发，全面提高畜牧业的品质和效益。

## 四、发展节水型农业

各级人民政府和农业生产经营组织应当加强农田水利设施建设，建立健全农田水利设施的管理制度，节约用水，发展节水型农业，严格依法控制非农业建设占用灌溉水源，禁止任何组织和个人非法占用或者毁损农田水利设施。

国家对缺水地区发展节水型农业给予重点扶持。

## 五、发展农业机械化和农业气象事业

国家鼓励和支持农民和农业生产经营组织使用先进、适用的农业机械，加强农业机械安全管理，提高农业机械化水平。国家对农民和农业生产经营组织购买先进农业机械给予扶持。

各级人民政府应当支持为农业服务的气象事业的发展，提高对气象灾害的监测和预报水平。

## 六、保障农产品质量安全

国家采取措施提高农产品的质量，建立健全农产品质量标准体系和质量检验检测监督体系，按照有关技术规范、操作规程和质量卫生安全标准，组织农产品的生产经营，保障农产品质量安全。

国家支持依法建立健全优质农产品认证和标志制度。

国家鼓励和扶持发展优质农产品生产。县级以上地方人民政府应当结合

本地情况，按照国家有关规定采取措施，发展优质农产品生产。

符合国家规定标准的优质农产品可以依照法律或者行政法规的规定申请使用有关的标志。符合规定产地及生产规范要求的农产品可以依照有关法律或者行政法规的规定申请使用农产品地理标志。

### 七、实施植物保护工程

国家实行动植物防疫、检疫制度，健全动植物防疫、检疫体系，加强对动物疫病和植物病、虫、杂草、鼠害的监测、预警、防治，建立重大动物疫情和植物病虫害的快速扑灭机制，建设动物无规定疫病区，实施植物保护工程。

### 八、农业生产资料的管理和使用

农药、兽药、饲料和饲料添加剂、肥料、种子、农业机械等可能危害人畜安全的农业生产资料的生产经营，依照相关法律、行政法规的规定实行登记或者许可制度。

各级人民政府应当建立健全农业生产资料的安全使用制度，农民和农业生产经营组织不得使用国家明令淘汰和禁止使用的农药、兽药、饲料添加剂等农业生产资料和其他禁止使用的产品。

农业生产资料的生产者、销售者应当对其生产、销售的产品的质量负责，禁止以次充好、以假充真、以不合格的产品冒充合格的产品；禁止生产和销售国家明令淘汰的农药、兽药、饲料添加剂、农业机械等农业生产资料。

## 第四节　农产品流通、加工和粮食安全法规

### 一、农产品购销体制及流通

农产品的购销实行市场调节。国家对关系国计民生的重要农产品的购销活动实行必要的宏观调控，建立中央和地方分级储备调节制度，完善仓储运输体系，做到保证供应、稳定市场。

国家鼓励和支持发展多种形式的农产品流通活动。支持农民和农民专业

合作经济组织按照国家有关规定从事农产品收购、批发、贮藏、运输、零售和中介活动。鼓励供销合作社和其他从事农产品购销的农业生产经营组织提供市场信息，开拓农产品流通渠道，为农产品销售服务。

县级以上人民政府应当采取措施，督促有关部门保障农产品运输畅通，降低农产品流通成本。有关行政管理部门应当简化手续，方便鲜活农产品的运输，除法律、行政法规另有规定外，不得扣押鲜活农产品的运输工具。

## 二、建设农产品市场体系

国家逐步建立统一、开放、竞争、有序的农产品市场体系，制定农产品批发市场发展规划。对农村集体经济组织和农民专业合作经济组织建立农产品批发市场和农产品集贸市场，国家给予扶持。

县级以上人民政府工商行政管理部门和其他有关部门按照各自的职责，依法管理农产品批发市场，规范交易秩序，防止地方保护与不正当竞争。

## 三、支持农产品加工业和食品工业发展

国家支持发展农产品加工业和食品工业，增加农产品的附加值。县级以上人民政府应当制定农产品加工业和食品工业发展规划，引导农产品加工企业形成合理的区域布局和规模结构，扶持农民专业合作经济组织和乡镇企业从事农产品加工和综合开发利用。

国家建立健全农产品加工制品质量标准，完善检测手段，加强农产品加工过程中的质量安全管理和监督，保障食品安全。

## 四、鼓励农产品进出口贸易

我国是一个农业大国，农产品进出口贸易在我国对外贸易和农村经济发展中占有重要地位。国家采取加强国际市场研究、提供信息和营销服务等措施，促进农产品出口。

为维护农产品产销秩序和公平贸易，建立了农产品进口预警制度。农产品进口预警制度是指为了保护我国的农业发展和农民利益，事先确定预警线，以推进政府相关部门的快速反应和协调联动，当国外同类产品大量涌进并达到一定规模，对国内相关农产品的生产造成重大的不利影响时，如市场价格下跌、种植面积缩小等，应该及时采取紧急保护措施，保证我国农业生产不受大的冲击。这是世界各国的惯例，同时也符合世贸规则。

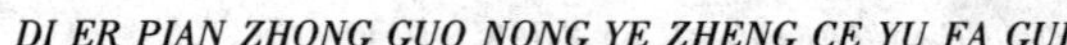

## 五、粮食安全

“国以民为本，民以食为天”，粮食是关系国计民生的重要战略物资，粮食安全与社会的和谐、政治的稳定、经济的持续发展息息相关。粮食安全的最终目标是确保所有的人在任何时候既买得到又买得起他们所需的基本食品。主要包括三个具体目标：①确保生产足够数量的粮食；②最大限度地稳定粮食供应；③确保所有需要粮食的人都能获得粮食。

《农业法》规定了保障粮食安全的五项措施：

1. 建立耕地保护制度，保护和提高粮食综合生产能力

国家采取措施保护和提高粮食综合生产能力，稳步提高粮食生产水平，保障粮食安全。国家建立耕地保护制度，对基本农田依法实行特殊保护。

2. 建设稳定的商品粮生产基地

国家在政策、资金、技术等方面对粮食主产区给予重点扶持，建设稳定的商品粮生产基地，改善粮食收贮及加工设施，提高粮食主产区的粮食生产、加工水平和经济效益。国家支持粮食主产区与主销区建立稳定的购销合作关系。

3. 有条件实行粮食保护价制度

在粮食的市场价格过低时，国务院可以决定对部分粮食品种实行保护价制度。保护价应当根据有利于保护农民利益、稳定粮食生产的原则确定。

农民按保护价制度出售粮食，国家委托的收购单位不得拒收。

县级以上人民政府应当组织财政、金融等部门以及国家委托的收购单位及时筹足粮食收购资金，任何部门、单位或者个人不得截留或者挪用。

4. 建立粮食安全预警制度

国家建立粮食安全预警制度，制定粮食安全保障目标与粮食储备数量指标，并根据需要组织有关主管部门进行耕地、粮食库存情况的核查。

国家对粮食实行中央和地方分级储备调节制度，建设仓储运输体系。承担国家粮食储备任务的企业应当按照国家规定保证储备粮的数量和质量。

5. 建立粮食风险基金

粮食风险基金是政府调控粮食市场的专项资金，由中央财政和省级财政按照规定比例共同筹集，用于支持粮食储备、稳定粮食市场和保护农民利益。

# 第五节　农业投入与支持保护相关法规

农业是我国国民经济的基础，为了保障农业能够持续稳定的发展，国家不仅要在政策上支持农业的发展，而且在资金投入、科研与技术推广、教育培训、农业生产资料供应、市场信息、质量标准、检验检疫、社会化服务以及灾害救助等方面扶持农民和农业生产经营组织发展农业生产，提高农民的收入水平。

## 一、农业投入

国家逐步提高农业投入的总体水平，采取的具体措施包括财政投入、税收优惠、金融支持等方面。

1. 财政投入

财政投入主要包括国家财政投入和地方财政投入。国家逐步提高农业收入的总体水平，主要从以下方面着手：

（1）中央和县级以上地方财政每年对农业总投入的增长幅度应当高于其财政经常性收入的增长幅度。

（2）各级人民政府在财政预算内安排各项用于农业的资金应当主要用于：①加强农业基础设施建设。②支持农业结构调整，促进农业产业化经营；保护粮食综合生产能力，保障国家粮食安全。③健全动植物检疫、防疫体系，加强动物疫病和植物病、虫、杂草、鼠害防治。④建立健全农产品质量标准和检验检测监督体系、农产品市场及信息化服务体系。⑤支持农业科研教育、农业技术推广和农民培训。⑥加强农业生态环境保护建设。⑦扶持贫困地区发展。⑧保障农民收入水平等。

（3）县级以上各级财政用于种植业、林业、畜牧业、渔业、农田水利的农业基本建设投入应当统筹安排，协调增长。

（4）国家为加快西部开发，增加对西部地区农业发展和生态环境保护的投入。

（5）国家鼓励和引导农民和农业生产经营组织增加农业生产经营性投入和小型农田水利等基本建设投入，鼓励和支持农民、农业生产经营组织在自愿基础上依法采取多种形式筹集农业资金。

(6) 国家鼓励社会资金投向农业，鼓励企业事业单位、社会团体和个人捐资，设立各种农业建设和农业科技、教育基金。

(7) 国家采取措施，促进农业加大利用外资。

2. 税收优惠和价格优惠

国家通过税收、价格和信贷等手段，鼓励和扶持农业生产资料的生产和贸易，为农业生产稳定增长提供物质保障，同时采取宏观调控措施，使化肥、农药、农用薄膜、农业机械和农用柴油等主要农业生产资料和农产品之间保持合理的比价，如适当减免农业税收、提高农产品价格和将农业生产资料价格限制在一定幅度之内等。

3. 农村金融体系建设

国家在加强农村金融体系建设方面，主要从以下方面着手：

(1) 国家建立健全农村金融体系，加强农村信用制度建设，加强农村金融监管。农村金融体系是以合作金融为基础，商业性金融、政策性金融分工协作形成的整体。

(2) 金融机构应采取措施增加信贷投入，改善农村金融服务，对农民和农业生产经营组织的农业生产经营活动提供信贷支持。

(3) 农村信用合作社应坚持为农业、农民和农村经济发展服务的宗旨，优先为当地农民的生产经营活动提供信用贷款。

(4) 国家通过贴息等措施，鼓励金融机构向农民和农业生产经营组织的农业生产经营活动提供贷款，发挥农村合作金融组织基础作用。

## 二、农业社会化服务体系

农业社会化服务就是为农业生产的产前、产中、产后全过程提供综合配套的服务，包括生产资料供应的服务，生产技术的服务，资金、信息、经营管理的服务，农产品加工和销售的服务等。农业的市场化要求政府支持建立多元主体、多种形式、多层次的农业社会化服务体系。《农业法》规定，国家鼓励供销合作社、农村集体经济组织、农民专业合作经济组织、其他组织和个人发展各种形式的农业生产产前、产中、产后的社会服务事业。县级以上人民政府及其各有关部门应采取措施对农业社会化服务事业给予支持。对跨地区从事农业社会化服务的，农业、工商管理、交通运输、公安等有关部门应当采取措施给予支持。

## 三、农业保险制度

保险是一种具有社会互助性质的事业，是由保险机构向投保方收取保险费，建立保险基金，再由保险基金偿付因灾害事故而遭受损失的投保者，使投保者得到一定的补偿。农业保险一般是指对种植业和养殖业的保险，是以各种农作物和各类牲畜、家禽等作为保险标的的保险。由投保人交纳保险费，组成保险基金，保险人对农作物、牲畜和家禽在生长过程中因遭受自然灾害、病害和意外伤害而导致的减产、死亡或者绝收，按照保险合同要求负赔偿责任。其目的是使直接从事种植业和畜牧业的农业生产经营者得到经济补偿，恢复农业生产，稳定农民生活，建立农业风险保障机制，完善农村社会化服务体系。

发展农业保险事业必须遵循自愿原则。因为我国自然条件复杂，各地经济发展水平差异较大，农民对农业保险事业作用的认识也不尽一致。在具体工作中，不能采取强制的办法强迫农民投保。

由于农业保险的主要特点是点多面广，内容复杂，风险大，损失率高，道德风险严重，在各国均被视为政策性补贴型险种。在我国主要由政策性保险、合作保险和商业保险构成。

国家逐步建立和完善政策性农业保险制度。鼓励、扶持农民和农业生产经营组织建立为农业生产经营活动服务的互助合作保险组织，鼓励商业性保险公司开展农业保险业务，实行自愿原则，任何组织和个人不得强制农民和农业生产经营组织参加农业保险。

## 四、农业灾害救助制度

《农业法》规定，各级人民政府应当采取措施，提高农业防御自然灾害的能力，做好防灾、抗灾和救灾工作，帮助灾民恢复生产，组织生产自救，开展社会互助互济，对没有基本生活保障的灾民给予救济和扶持。

# 第六节　农业科技与教育相关政策

## 一、制定农业科技和农业教育发展规划

《农业法》规定，国务院和省级人民政府应当制定农业科技、农业教育发展规划，发展农业科技、教育事业。县级以上人民政府应当按照国家有关规定逐步增加农业科技经费和农业教育经费。国家鼓励、吸引企业等社会力量增加农业科技投入，鼓励农民、农业生产经营组织、企业事业单位等依法举办农业科技和教育事业。

## 二、保护农业知识产权

国家保护植物新品种、农产品地理标志等知识产权，鼓励和引导农业科研、教育单位加强农业科学技术的基础研究和应用研究，传播和普及农业科学技术知识，加速科技成果转化与产业化，促进农业科学技术进步。

完成育种的单位或者个人对其授权品种享有排他的独占权，任何单位或者个人未经品种权所有人（以下称品种权人）许可，不得为商业目的生产或者销售该授权品种的繁殖材料，不得为商业目的将该授权品种的繁殖材料重复使用于生产另一品种的繁殖材料；执行本单位的任务或者主要是利用本单位的物质条件所完成的职务育种，植物新品种的申请权属于该单位；非职务育种，植物新品种的申请权属于完成育种的个人。委托育种或者合作育种，品种权的归属由当事人在合同中约定；没有合同约定的，品种权属于受委托完成或者共同完成品种的单位或者个人。

一个植物新品种只能授予一项品种权。植物新品种的申请权和品种权可以依法转让。

中国的单位或者个人就其在国内培育的植物新品种向外国人转让申请权或者品种权的，应当经审批机关批准。国有单位在国内转让申请权或者品种权的，应当按照国家有关规定报经有关行政主管部门批准。

转让申请权或者品种权的，当事人应当订立书面合同，并向审批机关登记，由审批机关予以公告。

为了国家利益或者公共利益，审批机关可以做出实施植物新品种强制许可的决定，并予以登记和公告。取得实施强制许可的单位或者个人应当付给品种权人合理的使用费，其数额由双方商定；双方不能达成协议的，由审批机关裁决。

## 三、加强农业技术推广体系

农业技术推广是指通过示范、培训、指导以及咨询服务等，把农业技术普及应用于农业生产产前、产中、产后过程的所有活动。

### 1. 农业技术推广体系的有效结合

国家扶持农业技术推广事业，主要做到三个结合：一是政府扶持和市场引导相结合；二是有偿与无偿服务相结合；三是国家农业技术推广机构和社会力量相结合，以调动各方面的力量，促进农业技术推广。

### 2. 农业技术推广遵循的原则

农业技术推广应遵循以下主要原则：有利于农业的发展；尊重农业劳动者的意愿；因地制宜，经过试验、示范；国家、农村集体经济组织扶持；实行科研单位，有关学校、推广机构与群众性科技组织。科技人员、农业劳动者相结合；讲求农业生产的经济效益、社会效益和生态效益。

### 3. 农业技术推广的费用负担

（1）国家设立的农业技术推广机构应当以农业技术试验示范基地为依托，承担公共所需的关键性技术的推广和示范工作，为农民和农业生产经营组织提供公益性农业技术服务。

（2）县级以上人民政府应当根据农业生产发展需要，稳定和加强农业技术推广队伍，保障农业技术推广机构的工作经费。

（3）各级人民政府应当采取措施，按照国家规定保障和改善从事农业技术推广工作的专业科技人员的工作条件、工作待遇和生活条件，鼓励他们为农业服务。

（4）根据农民和农业生产经营组织的需要，农业科研单位、有关学校、农业技术推广机构以及科技人员可以提供无偿服务，也可通过技术转让、技术服务、技术承包、技术入股等形式，提供有偿服务，取得收益。

（5）国家在税收、信贷等方面给予农业科研单位、有关学校、农业技术推广机构举办的为农业服务的企业以优惠。

### 四、发展农业教育事业

《农业法》根据发展农业教育的要求，对农村义务教育、农业职业教育和农民技术培训等内容做了规定。

（1）国家在农村依法实行义务教育，并保障义务教育经费。国家在农村举办的普通中小学校教职工工资由县级人民政府按照国家规定统一发放，校舍等教学设施的建设和维护经费由县级人民政府按照国家规定统一安排。

（2）国家发展农业职业教育。国务院有关部门按照国家职业资格证书制度的统一规定，开展农业行业的职业分类、职业技能鉴定工作，管理农业行业的职业资格证书。

（3）国家采取措施鼓励农民采用先进的农业技术，支持农民举办各种科技组织，开展农业实用技术培训、农民绿色证书培训和其他就业培训，提高农民的文化技术素质。

## 第七节　农民权益保护相关法规

### 一、有关收费、罚款和摊派的规定

（1）任何机关或者单位向农民或者农业生产经营组织收取行政、事业性费用必须依据法律、法规的规定，收费的项目、范围和标准应当公布。没有法律、法规依据的收费，农民和农业生产经营组织有权拒绝。

（2）任何机关或者单位对农民或者农业生产经营组织进行罚款处罚必须依据法律、法规、规章的规定。没有法律、法规、规章依据的罚款，农民和农业生产经营组织有权拒绝。

农民和农业生产经营组织依照法律、行政法规的规定承担纳税义务。税务机关及代扣、代收税款的单位应当依法征税，不得违法摊派税款及以其他违法方法征税。

（3）任何机关或者单位不得以任何方式向农民或者农业生产经营组织进行摊派。除法律、法规另有规定外，任何机关或者单位以任何方式要求农民或者农业生产经营组织提供人力、财力、物力的，属于摊派。农民和农业生产经营组织有权拒绝任何方式的摊派。

## 二、有关集资、达标及筹资筹劳的规定

（1）各级人民政府及其有关部门和所属单位不得以任何方式向农民或者农业生产经营组织集资。

（2）没有法律、法规依据或者未经国务院批准，任何机关或者单位不得在农村进行任何形式的达标、升级、验收活动。

（3）农村集体经济组织或者村民委员会为发展生产或者兴办公益事业，需要向其成员（村民）筹资筹劳的，应当经成员（村民）会议或者成员（村民）代表会议过半数通过后方可进行，但不得超过省级以上人民政府规定的上限控制标准，禁止强行以资代劳。

对涉及农民利益的重要事项，应当向农民公开，并定期公布财务账目，接受农民的监督。

（4）农村义务教育除按国务院规定收取的费用外，不得向农民和学生收取其他费用。禁止任何机关或者单位通过农村中小学校向农民收费。

## 三、农民土地权利的保护

国家依法征用农民集体所有的土地，应当保护农民和农村集体经济组织的合法权益，依法给予农民和农村集体经济组织征地补偿，任何单位和个人不得截留、挪用征地补偿费用。

各级人民政府、农村集体经济组织或者村民委员会在农业和农村经济结构调整、农业产业化经营和土地承包经营权流转等过程中，不得侵犯农民的土地承包经营权，不得干涉农民自主安排的生产经营项目，不得强迫农民购买指定的生产资料或者按指定的渠道销售农产品。

## 四、农民接受服务的权利保护

任何单位和个人向农民或者农业生产经营组织提供生产、技术、信息、文化、保险等有偿服务，必须坚持自愿原则，不得强迫农民和农业生产经营组织接受服务。

农产品收购单位在收购农产品时，不得压级压价，不得在支付的价款中扣缴任何费用。法律、行政法规规定代扣、代收税款的，依照法律、行政法规的规定办理。

农业生产资料使用者因生产资料质量问题遭受损失的，出售该生产资料的经营者应当予以赔偿，赔偿额包括购货价款、有关费用和可得利益损失。

### 五、农民请求权的保护

（1）农产品收购单位与农产品销售者因农产品的质量等级发生争议的，可以委托具有法定资质的农产品质量检验机构检验。

（2）农民或者农业生产经营组织为维护自身的合法权益，有向各级人民政府及其有关部门反映情况和提出合法要求的权利，人民政府及其有关部门对农民或者农业生产经营组织提出的合理要求，应当按照国家规定及时给予答复。

（3）违反法律规定，侵犯农民权益的，农民或者农业生产经营组织可以依法申请行政复议或者向人民法院提起诉讼，有关人民政府及其有关部门或者人民法院应当依法受理。

## 第八节　农村经济发展相关法规

### 一、发展农村第二、三产业和乡镇企业

（1）国家坚持城乡协调发展的方针，扶持农村第二、三产业发展，调整和优化农村经济结构，增加农民收入，促进农村经济全面发展，逐步缩小城乡差别。

（2）各级人民政府应当采取措施，发展乡镇企业，支持农业的发展，转移富余的农业劳动力。

国家完善乡镇企业发展的支持措施，引导乡镇企业优化结构、更新技术、提高素质。

### 二、推进农村小城镇建设

县级以上地方人民政府应当根据当地的经济发展水平、区位优势和资源条件，按照合理布局、科学规划、节约用地的原则，有重点地推进农村小城镇建设。

地方各级人民政府应当注重运用市场机制，完善相应政策，吸引农民和社会资金投资小城镇开发建设，发展第二、三产业，引导乡镇企业相对集中发展。

## 三、促进农村富余劳动力流动

国家采取措施引导农村富余劳动力在城乡、地区间合理有序流动。地方各级人民政府依法保护进入城镇就业的农村劳动力的合法权益，不得设置不合理限制，已经设置的应当取消。

## 四、完善农村社会保障制度

（1）国家逐步完善农村社会救济制度，保障农村五保户、贫困残疾农民、贫困老年农民和其他丧失劳动能力的农民的基本生活。

（2）国家鼓励、支持农民巩固和发展农村合作医疗和其他医疗保障形式，提高农民健康水平。

（3）国家扶持贫困地区改善经济发展条件，帮助进行经济开发。

各级人民政府应当坚持开发式扶贫方针，组织贫困地区的农民和农业生产经营组织合理使用扶贫资金，依靠自身力量改变贫穷落后面貌，引导贫困地区的农民调整经济结构，开发当地资源。扶贫开发应当坚持与资源保护、生态建设相结合，促进贫困地区经济、社会的协调发展和全面进步。

中央和省级财政应当把扶贫开发投入列入年度财政预算，并逐年增加，加大对贫困地区的财政转移支付和建设资金投入。

国家鼓励和扶持金融机构、其他企业事业单位和个人投入资金支持贫困地区开发建设。

禁止任何单位和个人截留、挪用扶贫资金。审计机关应当加强扶贫资金的审计监督。

# 第四章　农业组织政策与法规概述

农业生产经营体制是农业生产经营的基本形式及其制度的总称。土地的家庭承包经营是农村新的经营体制的基础。本章主要介绍农业生产经营体制的基本形式；农村土地承包经营的法规政策；农业生产社会化服务体系的含义以及其原则和意义。通过本章的学习，要求掌握我国农业生产经营体制的基本形式和农村土地承包经营的基本问题。

## 第一节　农村土地承包经营概述

### 一、农业生产经营体制的含义

农业生产经营体制是农业生产经营的基本形式及其制度的总称。一般情况下，农业生产经营体制是相对稳定的。但随着国民经济的发展，为适应农业自身发展的要求，农业生产经营体制也会进行相应的改革。

新中国成立以来，我国的农业生产经营体制有过几次大的调整。1950～1957 年实行的是互助组、初级农业生产合作社和高级农业生产合作社的形式；1958～1977 年实行的是人民公社“三级所有，队为基础”的生产经营管理体制，在公社和生产大队的领导下，生产队实行独立核算、自负盈亏，直接组织生产和收入分配；1978 年后，随着家庭联产承包责任制的实行，建立了统一经营和分散经营相结合的双层经营体制，土地等生产资料实行承包经营，农户成了相对独立的生产经营者，农村集体经济组织作为统一经营层次，承担着生产服务、管理协调等职能。

土地的家庭承包经营是农村新的经营体制的基础，国家依法保障农村土地承包关系的长期稳定，赋予农民长期而有保障的土地使用权。农村土地承包经营的方式、期限及发包方和承包方的权利义务、土地承包经营权的保护和流转等，适用《土地管理法》和《农村土地承包法》的规定。2007 年 10 月 1 日开始实施的《物权法》确认了土地承包经营权的物权属性，并给予物权性质的保护。

实行承包经营，既坚持了土地等基本生产资料的社会主义公有制和必要的集体统一经营，又赋予了承包经营户以生产经营自主权。农村土地承包经营是农业生产经营体制中的一个重要内容。

## 二、农村土地承包经营的范围

我国农业承包经营包括个人承包和集体承包。个人承包包括集体成员个人承包及其家庭承包、外来个人承包及外来农户承包。集体承包包括专业队、专业组、联户承包等。

农业承包经营的范围是指可供个人或集体承包的基本内容，包括土地、山岭、草原、荒山、滩涂、水面等。其中土地是指耕地、山林、水面、果园、茶园、桑园、农场土地等。

对于这些承包范围，承包者只能用于农业生产，不得在承包地上盖房、造坟、建窑、挖塘和取土等。

除上述承包项目外，农业承包经营还包括集体经济组织发包的土地上的建筑物及房屋、农机具、机械、副业、畜禽和水利设施等。

另外，《森林法》规定，全民所有制和集体所有制的宜林荒山荒地可以由集体或个人承包造林。集体或个人承包全民所有制或集体所有的宜林荒山荒地造林的，承包后种植的林木归承包的集体或个人所有。

## 三、发包方和承包方的权利和义务

### （一）农村土地承包合同的含义

农村土地承包合同是为了落实家庭联产承包责任制，由农业集体经济组织和本组织的成员或外地农民之间订立的，以农、林、牧、渔各业生产经营为内容的，确立双方权利义务关系的协议。农村土地承包合同是农村集体经济组织对农业生产经营活动进行计划管理、劳动组织和产品分配的法律形式，是农业生产责任制在法律上的体现。它对于保证国家农业经济政策的贯彻实

施，正确处理国家、集体和个人三者之间的关系，调动广大农民群众的生产经营积极性等方面具有非常重要的意义。

《农业法》规定，发包方和承包方应当订立农业承包合同，约定双方的权利和义务。有效的承包合同都具有法律的约束力，合同双方依法享有合同规定的权利，并履行合同规定的义务，任何违约行为和其他侵权行为都要承担经济责任或行政责任甚至刑事责任。

**（二）农村土地承包合同中发包方的权利和义务**

农民集体所有的土地依法属于村民集体所有的，由村集体经济组织或者村民委员会发包；已经分别属于村内两个以上农村集体经济组织的农民集体所有的，由村内各该农村集体经济组织或者村民小组发包。村集体经济组织或者村民委员会发包的，不得改变村内各集体经济组织农民集体所有的土地的所有权。

国家所有依法由农民集体使用的农村土地，由使用该土地的农村集体经济组织、村民委员会或者村民小组发包。

1. 发包方的权利

发包方享有下列权利：①发包本集体所有的或者国家所有依法由本集体使用的农村土地；②监督承包方依照承包合同约定的用途合理利用和保护土地；③制止承包方损害承包地和农业资源的行为；④法律、行政法规规定的其他权利。

2. 发包方的义务

发包方承担下列义务：①维护承包方的土地承包经营权，不得非法变更、解除承包合同；②尊重承包方的生产经营自主权，不得干涉承包方依法进行正常的生产经营活动：③依照承包合同约定为承包方提供生产、技术、信息等服务；④执行县、乡（镇）土地利用总体规划，组织本集体经济组织内的农业基础设施建设；⑤法律、行政法规规定的其他义务。

**（三）农村土地承包合同中承包方的权利和义务**

1. 承包方的权利

家庭承包的承包方是本集体经济组织的农户。承包方享有下列权利：①依法享有承包地使用、收益和土地承包经营权流转的权利，有权自主组织生产经营和处置产品；②承包地被依法征用、占用的，有权依法获得相应的补偿；③法律、行政法规规定的其他权利。

2. 承包方的义务

承包方承担下列义务：①维持土地的农业用途，不得用于非农建设；②

依法保护和合理利用土地，不得给土地造成永久性损害；③法律、行政法规规定的其他义务。

## 四、农村土地承包遵循的原则和程序

### （一）农村土地承包遵循的原则

农村土地承包应当遵循以下原则：

（1）按照规定统一组织承包时，本集体经济组织成员依法平等地行使承包土地的权利，也可以自愿放弃承包土地的权利。

（2）民主协商，公平合理。

（3）承包方案应当按照《农村土地承包法》第十二条的规定，依法经本集体经济组织成员的村民会议2/3以上成员或者2/3以上村民代表的同意。

（4）承包程序合法。

### （二）农村土地承包的程序

农村土地承包应当按照以下程序进行：

（1）本集体经济组织成员的村民会议选举产生承包工作小组。

（2）承包工作小组依照法律、法规的规定拟订并公布承包方案。

（3）依法召开本集体经济组织成员的村民会议，讨论通过承包方案。

（4）公开组织实施承包方案。

（5）签订承包合同。

### （三）农村土地承包合同的内容

农村土地承包合同中，耕地的承包期为30年。草地的承包期为30～50年。林地的承包期为30～70年；特殊林木的林地承包期，经国务院林业行政主管部门批准可以延长。

发包方应当与承包方签订书面承包合同。承包合同一般包括以下条款：

（1）发包方、承包方的名称，发包方负责人和承包方代表的姓名、住所。

（2）承包土地的名称、坐落、面积、质量等级。

（3）承包期限和起止日期。

（4）承包土地的用途。

（5）发包方和承包方的权利和义务。

（6）违约责任。

承包合同自成立之日起生效。承包方自承包合同生效时取得土地承包经营权。县级以上地方人民政府应当向承包方颁发土地承包经营权证或者林权证等证书，并登记造册，确认土地承包经营权。颁发土地承包经营权证或者

林权证等证书，除按规定收取证书工本费外，不得收取其他费用。

承包合同生效后，发包方不得因承办人或者负责人的变动而变更或者解除，也不得因集体经济组织的分立或者合并而变更或者解除。国家机关及其工作人员不得利用职权干涉农村土地承包或者变更、解除承包合同。

## 第二节　农业生产社会化服务体系

### 一、农业生产社会化服务体系的内涵

#### （一）农业生产社会化服务体系

农业生产社会化服务体系是根据农民的需要，为农民提供产前、产中和产后服务的全过程综合配套服务体系。农业生产社会化服务体系既包括乡、村农业集体经济组织在内的服务，也包括其他各种服务性经济实体和国家专业经济技术部门为农、林、牧、副、渔各业发展所提供的服务，还包括技术、资金、信息、经营管理以及农产品加工和销售等各项服务。

农业社会化服务的形式要以乡村集体或合作社经济组织为基础，以专业经济技术部门为依托，以农民自办服务为补充，形成多种经济成分，多渠道、多形式、多层次的服务体系。

农业生产社会化服务是由经济技术部门、乡村合作经济组织和社会其他方面为农、林、牧、渔各业发展所提供的服务。《农业法》第六条规定，国家稳定农村以家庭联产承包为主的责任制，完善统分结合的双层经营体制，发展社会化服务体系，壮大集体经济实力，引导农民走共同富裕的道路。《农业法》第二十条更明确地规定，国家鼓励农业集体经济组织和其他有关组织发展多种形式的农业生产产前、产中、产后的社会化服务事业，财政、金融、科学技术、物资等部门应当对农业生产社会化服务事业给予支持。

#### （二）农业生产社会化服务体系的构成

农业生产社会化服务体系的构成根据各地的特点和实际采取多种形式，主要由以下五方面构成：

1. 村集体经济组织

为农民提供以统一机耕、排灌、植保、收割、运输等为主要内容的服务。

2. 乡（镇）农业技术部门

如农技站、农机站、水利站、林业站、畜牧兽医站、经营管理站、气象站等部门，提供以良种供应、技术推广、气象信息、科学管理等为重点内容的服务。

3. 商业、物资、外贸、金融部门

提供以农业生产资料供应、农产品收购、加工、贮运、销售及资金为重点的服务。

4. 农业科研、教育单位

提供以技术咨询指导、技术培训等为重点的服务。

5. 各种农民专业技术协会、专业合作社和专业户

这些组织开展专项服务。

上述农业生产社会化服务体系是以乡村集体或合作社经济组织为基础，以专业部门为依托，以农民自办服务为补充，从而形成的多种经济成分、多渠道、多形式、多层次的服务体系。

## 二、建设农业生产社会化服务体系的原则

发展农业生产社会化服务体系要遵循以下原则：

1. 接受自愿原则

农业生产社会化服务的开展，必须以农民自愿接受为前提，即农民需要什么就开展服务什么，通过提高服务质量和服务效益吸引农民，不能代替农户做那些自己可以决策和自己干得了的事情，或者暂时不愿接受的事情，更不能强迫农民接受其不需要的服务。

2. 量力而行原则

农业生产社会化服务体系的建设与发展应量力而行，从不同地区的实际情况出发，因地制宜，积极稳步发展。

3. 基本有偿原则

农业生产社会化服务机构要根据保本微利的要求，合理收取服务费用，不以赢利为目的。属于国家和集体经济组织对农民的扶持以及协调组织方面的工作，实行无偿服务，由财政来支付费用。

## 三、建设农业生产社会化服务体系的意义

农业生产社会化服务体系对建设农村社会主义市场经济、发展农业生产、

繁荣农村经济有着重要作用。

1. 进一步稳定双层经营体制

农业社会化服务体系进一步稳定了以家庭联产承包为主的责任制、统分结合的双层经营体制，有效地解决了一家一户办不了、办不好、办起来不合算的事，并协调农户在承包经营中的各种各样的问题。

2. 提供各种信息以及技术咨询和指导

农业社会化服务体系以各种形式向农民提供政策信息、市场信息、价格信息，提供种子、种苗、种禽、种蛋、新农药、肥料、生长激素、农机具等物化技术信息以及提供技术咨询和技术指导，为农村发展商品经济提供了条件。

3. 为提高农业现代化水平提供了前提

如果光靠农户自己来改变农业生产条件，提高综合生产能力，既不具备条件，也缺乏动力机制。要实现农业现代化、生产专业化、商品基地化，必须要靠国家、集体、各行各业、农户方面的协同运作。

4. 是农民分散的小规模生产与大市场的桥梁与纽带

农民无法直接同现代化的大市场对接，面对复杂多变、竞争激烈的市场，农民常常感到束手无策，迫切需要一个功能齐全、规模适当的社会化服务体系，把农民家庭做不了或做起来在经济上不合算的事担当起来，为其排忧解难。

因此，农业生产社会化服务体系的建设和不断完善，对推动我国农业经济的繁荣、推进我国农业的持续发展有着十分重要的作用。

## 第三节　农民专业合作经济组织的政策演变

### 一、农民专业合作经济组织产生的背景及意义

#### （一）农民专业合作经济组织产生的背景

从20世纪80年代逐步放开农产品价格开始，我国农产品流通体制改革不断推进，市场机制逐步引入到农业和农村经济中，随着市场经济的进一步发展，分散的小规模农户家庭经营存在的制度性缺陷日益暴露出来：一是小农户资源配置能力有限，不适应扩大再生产的内在需求；二是分散的农户家

庭经营与市场需求难以对接；三是农民位处产业链低端，在不同利益主体分配中处于弱势地位；四是农户家庭经营规模小，改革以来中国户均耕地一直在0.52$hm^2$左右，社会协作程度低，难以获得规模效益。在这种情况下，农民出现多个方面的迫切需求：一是迫切需要引进新品种，应用新技术，提高农产品产量和质量；二是迫切需要产前、产中、产后多方位服务，尤其是要为农产品寻求稳定的市场销路，抵御市场风险；三是根据市场需求，调整生产经营结构，以合理地利用各种资源，搞专业化生产，提高规模效益，较快地增加收入。与此同时，社区集体组织的主要功能演变为土地所有者的代表和土地发包组织，绝大多数集体还缺乏经济实力、资金和技术手段，无力为农户提供有效的服务，起不到联结农户与市场的中介作用。受多种因素的影响，国家农业技术推广体系如农业技术、农业机械、畜牧兽医等推广部门，在县乡基层“线断、网破、人散”，难以满足各类专业生产经营的农户对多样化服务的需求。

20世纪80年代初期，农民在家庭经营的基础上，本着“自愿联合、真诚合作、利益共享、风险共担、共同发展”的原则，实行合作经营，建立农业合作社，开展专业化合作，使单个农民互相联结成有力的群体，获得协作的生产力，形成足以抗击市场风险和自然灾害的竞争力。

### （二）农民专业合作经济组织的意义

农民专业合作经济组织是农村经营体制和组织制度的重大创新，是推动农业和农村经济结构调整的重要力量，是提高农民组织化程度的现实途径，是政府指导农业、服务农民的新渠道。加快农民专业合作经济组织发展，对于推进农业和农村的发展、建设社会主义新农村具有重要意义。

#### 1. 提高了农民的组织化程度

在市场经济条件下，农民既是农产品的生产者，也是农产品的经营者；既是农业生产的主体，也是农产品市场的主体。处在一家一户分散经营状态的农民是一个弱势群体，自身力量较弱，组织化程度低，因而在市场中往往处在被动境地，基本没有多少发言权，致使其利益得不到保障。这就要求必须有一个能够代表农民意愿和利益的组织把农民有效组织起来，提高农民的组织化程度，使得农业生产组织内部成员之间在目标上协调一致，充分发挥家庭经营的自主性在农业生产过程中的组织优势，让农民在生产经营中有更多的发言权，增强其在市场中的主体地位和应对能力，保护自己的利益。

依托合作经济组织进入市场，比较农民各自分散进入市场，首要的优势

就是成批量地购入、销售，排除了中间盘剥，降低了交易成本。通过横向一体化的规模经济和纵向一体化的加工增值，使农民形成规模种植、批量加工，形成适度规模，使单个农民获得协作的生产力，从而改变单家独户进入市场的弱势地位，解决“小而散”的制度缺陷，有利于现代科学技术和大规模农业机械的应用和推广。合作经济组织开展专业化合作，通过为农户统一提供技术指导和统一进行供销活动，使农户与其他市场主体之间的交易关系和交易费用内部化，把这些环节上的外在经营变为合作经济组织的内部经营，从而真正与农民结成“利益共享，风险共担”的机制，使农民可以分享加工、流通等领域的利润，增加农民收入。

2. 促进农业产业化经营

农业产业化经营是以工业化的理念谋划农业发展的具体体现，也是现代农业的重要内容之一，其核心问题是利益问题，即“谁是产业化经营的最大受益者”。产业化经营紧连市场，是产加销一条龙、贸工农一体化的新型农业经营形式。它把龙头企业、中介组织和农户紧密地连接在了一起，让农民分享农产品加工和流通领域的利润是推行农业产业化的根本目的。农民专业合作经济组织是产业化经营中一个极为重要的环节和链条，它最大的特点就是能够依托自身的独特优势，将农业产业化经营的各个环节有机地联结起来，把千家万户的农民有效地组织起来，进一步扩大农业的生产经营规模；还可以发挥上联市场下联农户的优势，制定统一技术标准，统一农产品的生产、加工，统一质量标准，实现标准化生产，提升农产品质量安全水平和市场竞争力。

合作经济组织的建立，还为协调各专业生产者的购销行为、加强行业管理、规定最低限价、统一产品销售等创造了条件，既防止了同行业间的恶性竞争，又有利于建立稳定的产销关系，有效地解决了农民买难卖难的问题，在农产品的生产、加工、储运、销售诸环节中发挥桥梁和纽带作用，实现了一体化经营，提升了农业产业化经营水平。美国、法国、日本90%以上的农户加入农业专业合作社或农协，这些国家2/3以上的农产品通过合作社或农协统一组织生产销售。合作社通过交易的联合，合作社的大部分利润按交易额返还给合作社的成员，合作社真正成为与农民利益均沾，风险共担的利益共同体。同时降低了交易成本，提高了农民讨价还价的能力，有效保障了农业产业化过程中农民利益的最大化。

3. 进一步完善农业社会化服务体系

合作经济组织通过进行生产、技术、管理、营销等配套服务，传播市场信息，推广普及农业新品种、新技术，提高农业生产的科技水平和农民素质，加快农业科技成果推广应用，推进农业标准化生产、农产品质量安全建设和集约化经营，弥补了农村社会化服务体系的不足，解决了社区集体经济组织“统”不了、政府部门“包”不了、单家独户“办”不了的事情，改变了单家独户进入市场势单力薄的弱势地位，解决了农民进入市场的难题。

4. 促进农民收入增长

农业合作经济组织通过农民自己的联合与合作，打破所有制和行政区域界限，在更大范围、更广领域内实现劳动、土地、资金、技术等生产要素的优化配置，以市场需求为导向，通过为成员提供市场信息和生产技术服务，发挥当地资源优势和产品特色，推进农业结构战略性调整，有效地挖掘农业内部增收潜力；通过参与农产品产后的加工、营销等经营活动，延长农产品产业链条，使成员获得更多的农副产品增值利润：通过集体购销等交易环节上的联合，低成本地实现专业化生产、规模化经营，使成员获得更大的规模经济效益。

此外，农民专业合作经济组织通过为农户提供生产和市场信息服务，帮助农民解决农产品生产技术，产品销售等问题，对受灾农民给予补偿，能够有效提高农民抗御市场风险和自然风险的能力。

## 二、农民专业合作经济组织的内涵

作为一种农业经济组织，农民专业合作经济组织具有与农业经济组织一致的内涵和目标。

农民专业合作经济组织是为了更好地利用农村各种资源，减少交易成本，增加农业收益，通过采取一定的利益联结机制，由农业生产经营主体自愿组成的利益共同体，其目标或价值取向是为了获取经济利益。

农民专业合作经济组织的主要成员是从事农业生产或经营的农民，而农民一直被认为是所有经济主体中的最弱势群体，由此也决定了农业经济组织在整个经济组织中所处地位的弱势性。农民专业合作经济组织作为一种农业经济组织，所从事的产业是第一产业——农业，而农业产业具有自然和市场双重风险，通过建立和运行农民专业合作经济组织能够化解一部分风险，但农业经济组织获取经济利益的能力不及其他经济组织。因此，通过扶持农民专业合作经济组织来支持农业生产和发展，实现政策目标，已成为各国政府采用的一种政策措施。

## 三、农民专业合作经济组织政策变迁

### （一）农民专业合作经济组织的探索和初步发展（1978～1989年）

十一届三中全会以来，人民公社体制开始解体，家庭联产承包制与双层经营体制逐步在农村建立巩固。随着“统”的体制的松动，中国农民有了自发建立合作经济组织的大环境。

农村家庭联产承包责任制的推行，使农民获得了经营自主权，成为独立的商品生产经营主体，农村经济取得了超速发展，农民对家庭经济在改革初分户生产经营的制度安排普遍满意。随着市场经济的发展、农产品市场化进程的加快，分散生产经营的农户在独自解决产前、产中和产后各个环节问题时，面临着生产经营规模小、技术水平提高困难、生产手段落后、商品信息闭塞、市场进入成本高昂等问题，产生了对社会化服务的需求。但与此相对应的农村社区组织的服务功能却不断弱化，这使得农民对技术等方面的服务需求难以满足。各级政府的涉农部门围绕建立农村社会化服务体系的目标，开始推动新型社会中介组织的发展，组建起了不少主要以技术合作和交流为主的专业合作技术协会。此外，也开始出现农民自发组织的经营实体和技术服务实体。

农村合作经济是自发产生的，发展初期中共中央和国务院就给予了关注。在20世纪80年代初期，中央连续下发的5个一号文件都对发展农村合作经济做出了明确指示，在以后的发展过程中，农村合作经济组织也逐步得到了政府部门的认可与支持。

1983年中央一号文件指出，经济联合是商品生产发展的必然要求，也是建设社会主义现代化农业的必由之路。当前，各项生产的产前产后社会化服务，如供销、加工、贮藏、运输、技术、信息、信贷等各方面的服务，已逐渐成为广大农业生产者的迫切需要。根据我国农村情况，在不同地区、不同生产类别、不同的经济条件下，合作经济的生产资料公有化程度、按劳分配方式以及合作的内容和形式可以有所不同，保持各自的特点。

1984年1月，《中共中央关于一九八四年农村工作的通知》指出，政社分设以后，农村经济组织应根据生产发展的需要，在群众自愿的基础上设置，形式与规模可以多种多样，不要自上而下强制推行某一种模式。此外，农民还可以不受地区限制，自愿参加或组成不同形式、不同规模的专业合作经济组织。

1985年1月，《中共中央、国务院关于进一步活跃农村经济的十项政策》

提出，按照自愿互利原则和商品经济要求，积极发展和完善农村合作制。

1986年1月，《中共中央、国务院关于1986年农村工作的部署》指出，近几年出现了一批按产品或行业建立的服务组织，应当认真总结经验，逐步完善。各地可选择若干商品集中产区，特别是出口商品生产基地、鲜活产品的集中产区、家庭工业集中的地区，按照农民的要求，提供良种、技术、加工、贮运、销售等系列化服务，通过服务逐步发展专业性的合作组织。

1989年1月22日，中共中央政治局通过《把农村改革引向深入》，提出要支持农民组织起来进入流通。目前农村出现了一批农民联合购销组织，其中有乡、村合作组织兴办的农工商公司或多种经营服务公司，有同行业的专业合作社或协会，也有个体商贩、专业运销户自愿组成的联合商社等。必须看到，农民组织进来进入流通，完善自我服务，开展同各方面的对话，反映了农村商品经济发展的客观要求和必然趋势，今后还会更多地涌现出来，各有关部门均应给予热情支持和帮助。同时还指出，供销社要按照合作社原则，尽快办成农民的合作商业组织，完善商品生产服务体系。

国家对农村合作经济的政策从最初的给予肯定逐渐转变为明确支持，为农村合作经济的发展创造了宽松的政策环境，新兴的农民专业合作经济组织规模逐步扩大，也在一定程度上稳定和完善了家庭承包经营制度。

**（二）农民专业合作经济组织的发展阶段（1990~1999年）**

20世纪90年代初，国家进一步放松对流通领域的垄断经营，刺激了流通领域各个主体的积极性，同时也改变了农民所处的环境。

随着国民经济的发展和居民收入的增加，市场消费主体对农产品的质量提出了更高的要求，“无公害”、“绿色”、“有机”等消费概念兴起，消费结构也发生着变化。普通农产品供过于求，利润薄弱。分散的农民缺乏对生产资料的讨价能力，生产经营中生产资料投入较高，以至于出现农民卖粮所得抵不上生产投入的情况。因此，在农业生产中，生产技术革新，优良品种的引进变得尤为重要，摆在农民面前的是“怎么种”的问题。同时，分散的农民没有能力进入市场，销售初级农产品的利润薄弱，更大的利润在加工、销售环节流失，农民还面临着“怎么卖”的农产品经营问题。这导致了农民增收缓慢乃至困难，农村发展落后，城乡差距进一步拉大。

农民专业合作经济组织是属于农民自己的组织，通过将农民组织起来增强了农民在市场中的谈判能力，降低了与企业之间的交易成本，保护了农民利益。农民专业合作经济组织的作用逐步体现出来，并得到了政府的重视和支持，制定和颁布了一系列的政策文件来推动其发展。

1993年11月5日，《中共中央、国务院关于当前农业和农村经济发展的若干政策措施》指出，各级供销社都要继续深化改革，真正成为农民的合作经济组织。

1994年，《中共中央、国务院关于1994年农业和农村工作的意见》指出，深化供销合作社的体制改革。抓紧组建全国供销合作总社，从政府行政序列中分离出来，使之真正成为农民群众的合作经济组织。扶持民办专业技术协会的健康发展。另外，要发展多种形式的联合与合作。加强调查研究，总结交流经验，抓紧制定《农民专业协会示范章程》，引导农民专业协会真正成为"民办、民管、民受益"的新型经济组织。

1994年，财政部和国家税务总局《关于企业所得税若干优惠政策的通知》规定，对农民专业技术协会、专业合作社为农业生产的产前、产中、产后提供技术服务或劳务所得的收入暂免征收所得税。

1995年，《中共中央、国务院关于做好1995年农业和农村工作的意见》提出，金融部门在增加农业信贷投入的同时，要改进农村信贷管理，调整信贷结构，支持农村多种形式的贸工农一体化经济实体，支持为农业产前、产中、产后服务的互助合作性质的新型经济组织。

1996年3月14日，财政部发布了《农村合作经济组织财务制度（试行)》，对合作经济组织的资金筹集、流动资产、固定资产及其他资产、对外投资、经营收支、收益及其分配、财务报表和财务档案、民主理财和财会人员八个方面作了详细的规定。

1997年2月，《中共中央、国务院关于1997年农业和农村工作的意见》指出，发展各种形式的联合与合作，增强农村经济的活力。对农民自主建立的各种专业合作社、专业协会以及其他形式的联合与合作组织，要给予积极引导和支持。同年，财政部财商字156号文件规定："专业合作社销售农产品，应当免征增值税。"《中华人民共和国增值税暂行条例》规定，农业生产者销售的自产农业产品，批发和零售的种子、种苗、化肥、农药、农机、农膜，生产销售的部分农药、饲料，免收增值税。

1998年10月，《中共中央关于农业和农村工作若干重大问题的决定》指出，农民采用多种多样的股份合作制形式兴办经济实体，是改革中的新事物，要积极扶持，正确引导，逐步完善。

这些政策文件更加侧重于对农民专业合作经济组织发展形式的引导、组织管理的规范及相关税收上的优惠支持，以此促进农民专业合作经济组织形式的升级、服务功能的拓展及经济实力的增强，推动中国农民专业合作经济组织发展到了一个更高的层次。

**（三）农民专业合作经济组织的大力推进阶段（2000 年至今）**

进入 21 世纪以后，破解“三农”问题已成了国家政策的重中之重，而农民专业合作经济组织的服务内容和形式不断创新和完善，在农业社会化服务体系中的作用日益突出，社会效益日益明显，发动农民自身构建新型合作经济组织成了各界关于解决农民进入市场问题的普遍共识，政府开始制定和颁布更多关于农民专业合作经济组织的政策法规，以此来推进农民专业合作经济组织的建设和发展，新型农民合作经济组织的制度环境也正在向着逐渐完善的方向前进。

2000 年的《政府工作报告》提出，发展专业合作经济组织和公司加农户等产业化经营，把分散经营的农户同大市场连接起来，带动农业结构调整。

2003 年 1 月，《中共中央、国务院关于做好农业和农村工作的意见》提出，积极发展农产品行业协会和农民专业合作组织，建立健全农业社会化服务体系。

2004 年的一号文件《中共中央、国务院关于促进农民增加收入若干政策的意见》提出，鼓励发展各类农产品专业合作组织、购销大户和农民经纪人，积极推进有关农民专业合作组织的立法工作。

2004 年 7 月，《国务院办公厅转发商务部等部门〈关于进一步做好农村商品流通工作的意见〉的通知》指出，中央和地方财政要安排专门资金，支持各类农民专业合作组织开展信息、技术、培训、质量标准与认证、市场营销等服务。

2005 年中央一号文件提出，支持农民专业合作组织发展，对专业合作组织及其所办加工、流通实体适当减免有关税费。同年 10 月，《中共中央关于制定国民经济和社会发展第十一个五年规划的建议》中提到，全面深化农村改革，鼓励和引导农民发展各类专业合作经济组织，提高农业的组织化程度。

2006 年中央一号文件《中共中央、国务院关于推进社会主义新农村建设的若干意见》进一步指出，要积极引导和支持农民发展各类专业合作经济组织，加快立法进程，加大扶持力度，建立有利于农民合作经济组织发展的信贷、财税和登记等制度。同年 8 月，《全国农业和农村经济发展第十一个五年规划（2006～2010 年）》强调，提升农民自我发展能力，大力发展农民专业合作经济组织，提高农村基层民主水平，加强农民教育培训，着力培育新型农民。

2007 年中央一号文件指出，积极发展种养专业大户、农民专业合作组织、

龙头企业和集体经济组织等各类适应现代农业发展要求的经营主体。

2008 年中央一号文件《中共中央、国务院关于切实加强农业基础建设进一步促进农业发展农民增收的若干意见》提到，要继续实施农业标准化示范项目，扶持龙头企业、农户专业合作组织、科技示范户和种养大户率先实行标准化生产。同年 3 月的《政府工作报告》提出，全面推进农村改革，大力发展农民专业合作组织。

这一时期，农业部、科技部、财政部等相关部门也出台了很多具体的政策文件，采取各项措施大力推进农民合作经济组织的发展。

政府制定和实施的上述众多政策文件，以立法形式对农民专业合作经济组织进行指导和扶持，深入贯彻实施《农民专业合作社法》，为农民专业合作经济组织的健康发展提供了良好的政策环境。

## 第四节　农民专业合作经济组织的法律规定

为了支持、引导农民专业合作社的发展，规范农民专业合作社的组织和行为，保护农民专业合作社及其成员的合法权益，促进农业和农村经济的发展，2006 年 10 月 31 日，第十届全国人民代表大会常务委员会第二十四次会议颁布了《农民专业合作社法》，并于 2007 年 7 月 1 日开始施行。此后，2007 年先后颁布并施行了《农民专业合作社登记管理条例》、《农民专业合作社示范章程》以及《农民专业合作社财务管理制度（试行）》等法规、规章。

《农民专业合作社法》是我国农村合作经济组织发展的一项综合性法律，也可以说是合作经济组织领域的根本大法。

### 一、农民专业合作社概述

#### （一）农民专业合作社的概念

《农民专业合作社法》第二条规定："农民专业合作社是在农村家庭承包经营基础上，同类农产品的生产经营者或者同类农业生产经营服务的提供者、利用者，自愿联合、民主管理的互助性经济组织。"该条第二款规定："农民专业合作社以其成员为主要服务对象，提供农业生产资料的购买，农产品的销售、加工、运输、贮藏以及与农业生产经营有关的技术、信息等服务。"

### （二）农民专业合作社应当遵循的原则

《农民专业合作社法》第三条规定了农民专业合作社应当遵循的原则：

1. 成员以农民为主体

《农民专业合作社法》第十四条规定："具有民事行为能力的公民，以及从事与农民专业合作社业务直接有关的生产经营活动的企业、事业单位或者社会团体，能够利用农民专业合作社提供的服务，承认并遵守农民专业合作社章程，履行章程规定的入社手续的，可以成为农民专业合作社的成员。但是，具有管理公共事务职能的单位不得加入农民专业合作社。"第十五条规定："农民专业合作社的成员中，农民至少应当占成员总数的百分之八十。"

2. 以服务成员为宗旨，谋求全体成员的共同利益

以自我服务为目的的互助性特点，决定了合作社以成员为主要服务对象，谋求的是全体成员的共同利益。

3. 入社自愿、退社自由

凡是有民事行为能力的公民，能够利用农民专业合作社提供的服务，承认并遵守农民专业合作社章程，履行章程规定的入社手续的，都可以成为农民专业合作社的成员。农民可以自愿加入一个或多个农民专业合作社。农民也可以自由退出农民专业合作社。

4. 成员地位平等，实行民主管理

在农民专业合作社中，所有成员地位一律平等。成员可以通过民主程序直接参与本社的生产经营活动。

5. 盈余主要按照成员与农民专业合作社的交易量（额）比例返还

《农民专业合作社法》第三十七条规定，在弥补亏损、提取公积金后的当年盈余，为农民专业合作社的可分配盈余。可分配盈余按照下列规定返还或者分配给成员，具体分配办法按照章程规定或者经成员大会决议确定：①按成员与本社的交易量（额）比例返还，返还总额不得低于可分配盈余的60%；②按前项规定返还后的剩余部分，以成员账户中记载的出资额和公积金份额以及本社接受国家财政直接补助和他人捐赠形成的财产平均量化到成员的份额，按比例分配给本社成员。

## 二、农民专业合作社的设立和登记

### （一）设立条件

《农民专业合作社法》第四条规定："农民专业合作社依照本法登记，取

得法人资格。”

1. 成员要求

《农民专业合作社法》第十条规定，设立农民专业合作社要有5名以上符合该法第十四条、第十五条规定的成员。这一方面规定了设立农民专业合作社的成员的最低数量要求，另一方面规定了成员要符合法定条件，即成员要符合“具有民事行为能力的公民，以及从事与农民专业合作社业务直接有关的生产经营活动的企业、事业单位或者社会团体，能够利用农民专业合作社提供的服务，承认并遵守农民专业合作社章程，履行章程规定的入社手续的，可以成为农民专业合作社的成员。但是，具有管理公共事务职能的单位不得加入农民专业合作社”和“农民专业合作社的成员中，农民至少应当占成员总数的百分之八十。成员总数二十人以下的，可以有一个企业、事业单位或者社会团体成员；成员总数超过二十人的，企业、事业单位和社会团体成员不得超过成员总数的百分之五”的规定。

2. 章程

设立农民专业合作社，必须制定章程。《农民专业合作社法》第十二条规定，农民专业合作社章程应当载明下列事项：①名称和住所；②业务范围；③成员资格及入社、退社和除名；④成员的权利和义务；⑤组织机构及产生办法，职权、任期、议事规则；⑥成员的出资额；⑦财务管理和盈余分配、亏损处理；⑧章程修改程序；⑨解散事由和清算办法；⑩公告事项及发布方式。约定事项是章程根据法律的授权就有关事项做出的特别规定。

3. 内部组织机构

农民专业合作社应依法设立成员大会或成员代表大会，可以设理事会、执行监事或者监事会。

4. 名称和住所

农民专业合作社要有名称和住所。名称的格式一般是：地名（行政区划）、字号、产品（体现行业特点的词汇）、专业合作社，也可以是字号、产品、合作社。章程确定的住所为主要办事机构所在地。

5. 成员出资

农民专业合作社要有符合章程规定的成员出资，章程可以规定每个成员均须出资及成员的最低出资额，也可规定部分成员出资、部分成员不出资，甚至可以规定每个成员都不出资、出资形式可以是货币、劳务、技能、实物、知识产权等，出资额可以一次性缴纳，也可以分期缴纳。但不提倡将农村土地承包经营权作为农民专业合作社的出资。

### （二）设立过程

1. 召开设立大会

《农民专业合作社法》第十一条规定，设立农民专业合作社应当召开由全体设立人参加的设立大会。设立时自愿成为该社成员的人为设立人。设立大会行使下列职权：①通过本社章程，章程应当由全体设立人一致通过；②选举产生理事长、理事、执行监事或者监事会成员；③审议其他重大事项。

2. 申请工商登记

设立大会决议通过后，便可到工商行政管理部门申请工商登记。申请登记时要提交以下文件：①登记申请书；②全体设立人签名、盖章的设立大会纪要；③全体设立人签名、盖章的章程；④法定代表人、理事的任职文件及身份证明；⑤出资成员签名、盖章的出资清单；⑥住所使用证明；⑦法律、行政法规规定的其他文件。

登记机关应当自受理申请之日起 20 日内，做出是否登记的决定。予以登记的，发给营业执照；不予登记的，应当给予书面答复，并说明理由。营业执照签发日期为农民专业合作社成立日期。

## 三、农民专业合作社的组织机构

### （一）成员大会

《农民专业合作社法》第二十二条规定，农民专业合作社成员大会由全体成员组成，是本社的权力机构，行使下列职权：①修改章程；②选举和罢免理事长、理事、执行监事或者监事会成员；③决定重大财产处置、对外投资、对外担保和生产经营活动中的其他重大事项；④批准年度业务报告、盈余分配方案、亏损处理方案；⑤对合并、分立、解散、清算作出决议；⑥决定聘用经营管理人员和专业技术人员的数量、资格和任期；⑦听取理事长或者理事会关于成员变动情况的报告；⑧章程规定的其他职权。

《农民专业合作社法》第二十三条规定，农民专业合作社召开成员大会，出席人数应当达到成员总数 2/3 以上。成员大会选举或者作出决议，应当由本社成员表决权总数过半数通过；作出修改章程或者合并、分立、解散的决议，应当由本社成员表决权总数的 2/3 以上通过。

《农民专业合作社法》第二十四条规定，农民专业合作社成员大会每年至少召开一次，会议的召集由章程规定。有下列情形之一的，应当在 20 日内召开临时成员大会：①30% 以上的成员提议；②执行监事或者监事会提议；③章程规定的其他情形。这些规定说明成员大会是农民专业合作社的最高权力机构，有权决定农民专业合作社的一切重大事项。

农民专业合作社成员超过150人的，可以按照章程规定设立成员代表大会。成员代表大会按照章程规定可以行使成员大会的部分或者全部职权。

**（二）理事会、执行监事或者监事会**

《农民专业合作社法》第二十六条规定："农民专业合作社设理事长一名，可以设理事会。理事长为本社的法定代表人。农民专业合作社可以设执行监事或者监事会。理事长、理事、经理和财务会计人员不得兼任监事。理事长、理事、执行监事或者监事会成员，由成员大会从本社成员中选举产生，依照本法和章程的规定行使职权，对成员大会负责。理事会会议、监事会会议的表决，实行一人一票。"

**（三）管理人员**

《农民专业合作社法》第二十八条规定："农民专业合作社的理事长或者理事会可以按照成员大会的决定聘任经理和财务会计人员，理事长或者理事可以兼任经理。经理按照章程规定或者理事会的决定，可以聘任其他人员。经理按照章程规定和理事长或者理事会授权，负责具体生产经营活动。"

## 四、农民专业合作社的管理

**（一）成员的权利和义务**

农民专业合作社成员享有下列权利：①参加成员大会，并享有表决权、选举权和被选举权，按照章程规定对本社实行民主管理；②利用本社提供的服务和生产经营设施；③按照章程规定或者成员大会决议分享盈余；④查阅本社的章程、成员名册、成员大会或者成员代表大会记录、理事会会议决议、监事会会议决议、财务会计报告和会计账簿；⑤章程规定的其他权利。

农民专业合作社成员承担下列义务：①执行成员大会、成员代表大会和理事会的决议；②按照章程规定向本社出资；③按照章程规定承担亏损；④按照章程规定与本社进行交易；⑤章程规定的其他义务。

**（二）理事长、理事和管理人员的行为和任职规定**

《农民专业合作社法》第二十九条规定，农民专业合作社的理事长、理事和管理人员不得有以下行为：①侵占、挪用或者私分本社资产；②违反章程规定或者未经成员大会同意，将本社资金借贷给他人或者以本社资产为他人提供担保；③接受他人与本社交易的佣金归为己有；④从事损害本社经济利益的其他活动。如果理事长、理事和管理人员违反上述规定，所得的收入应当归合作社所有；给合作社造成损失的，应当承担赔偿责任。

《农民专业合作社法》同时还规定了农民专业合作社的理事长、理事、经理不得兼任业务性质相同的其他农民专业合作社的理事长、理事、监事、经理；执行与农民专业合作社业务有关公务的人员，不得担任农民专业合作社的理事长、理事、监事、经理或者财务会计人员。

**（三）财务管理**

1. 制度建设要求

《农民专业合作社法》第三十二条规定，国务院财政部门依照国家有关法律、行政法规，制定农民专业合作社财务会计制度。农民专业合作社应当按照国务院财政部门制定的财务会计制度进行会计核算。

《农民专业合作社法》第三十三条规定，农民专业合作社的理事长或者理事会应当按照章程规定，组织编制年度业务报告、盈余分配方案、亏损处理方案以及财务会计报告，于成员大会召开的15日前，置备于办公地点，供成员查阅。还规定农民专业合作社与其成员的交易、与利用其提供的服务的非成员的交易应当分别核算。

《农民专业合作社法》第三十八条规定，设立执行监事或者监事会的农民专业合作社，由执行监事或者监事会负责对本社的财务进行内部审计，审计结果应当向成员大会报告。成员大会也可以委托审计机构对本社的财务进行审计。

2. 账户制度

农民专业合作社应当为每个成员设立成员账户，并载明下列内容：①该成员的出资额；②量化为该成员的公积金份额：③该成员与本社的交易量（额）。

3. 公积金的提取与使用

农民专业合作社可以按照章程规定或者成员大会决议从当年盈余中提取公积金。公积金用于弥补亏损、扩大生产经营或者转为成员出资。每年提取的公积金按照章程规定量化为每个成员的份额。

4. 盈余分配制度

《农民专业合作社法》第三十七条规定，在弥补亏损、提取公积金后的当年盈余，为农民专业合作社的可分配盈余。可分配盈余按照下列规定返还或者分配给成员，具体分配办法按照章程规定或者经成员大会决议确定：①按成员与本社的交易量比例返还，返还总额不得低于可分配盈余的60%；②按前项规定返还后的剩余部分，即剩下的40%以成员账户中记载的出资额和公积金份额以及本社接受国家财政直接补助和他人捐赠形成的财产平均量化到成员的份额，按比例分配给本社成员。

## 五、农民专业合作社的合并、分立、解散和清算

### （一）合并和分立

《农民专业合作社法》第三十九条规定："农民专业合作社合并，应当自合并决议作出之日起十日内通知债权人。合并各方的债权、债务应当由合并后存续或者新设的组织承继。"

《农民专业合作社法》第四十条规定："农民专业合作社分立，其财产作相应的分割，并应当自分立决议作出之日起十日内通知债权人。分立前的债务由分立后的组织承担连带责任。但是，在分立前与债权人就债务清偿达成的书面协议另有约定的除外。"

### （二）解散和清算

《农民专业合作社法》第四十一条规定，农民专业合作社因下列原因解散：①章程规定的解散事由出现；②成员大会决议解散；③因合并或者分立需要解散；④依法被吊销营业执照或者被撤销。同时还规定，因上述第①项、第②项、第④项原因解散的，应当在解散事由出现之日起 15 日内由成员大会推举成员组成清算组，开始解散清算，逾期不能组成清算组的，成员、债权人可以向人民法院申请指定成员组成清算组进行清算，人民法院应当受理该申请，并及时指定成员组成清算组进行清算。

《农民专业合作社法》第四十二条规定，清算组自成立之日起接管农民专业合作社，负责处理与清算有关未了结业务，清理财产和债权、债务，分配清偿债务后的剩余财产，代表农民专业合作社参与诉讼、仲裁或者其他法律程序，并在清算结束时办理注销登记。

《农民专业合作社法》第四十三条规定，清算组应当自成立之日起 10 日内通知农民专业合作社成员和债权人，并于 60 日内在报纸上公告。债权人应当自接到通知之日起 30 日内，未接到通知的自公告之日起 45 日内，向清算组申报债权。如果在规定期间内全部成员、债权人均已收到通知，免除清算组的公告义务。债权人申报债权，应当说明债权的有关事项，并提供证明材料。清算组应当对债权进行登记。在申报债权期间，清算组不得对债权人进行清偿。

《农民专业合作社法》第四十五条规定，清算组负责制定包括清偿农民专业合作社员工的工资及社会保险费用、清偿所欠税款和其他各项债务以及分配剩余财产在内的清算方案，经成员大会通过或者申请人民法院确认后实施。清算组发现农民专业合作社的财产不足以清偿债务的，应当依法向人民法院申请破产。

《农民专业合作社法》第四十六条规定，农民专业合作社接受国家财政直

接补助形成的财产，在解散、破产清算时，不得作为可分配剩余资产分配给成员，处置办法由国务院规定。

## 六、扶持政策

《农民专业合作社法》第四十九条规定，国家支持发展农业和农村经济的建设项目，可以委托和安排有条件的有关农民专业合作社实施。

《农民专业合作社法》第五十条规定，中央和地方财政应当分别安排资金，支持农民专业合作社开展信息、培训、农产品质量标准与认证、农业生产基础设施建设、市场营销和技术推广等服务。对民族地区、边远地区和贫困地区的农民专业合作社和生产国家与社会急需的重要农产品的农民专业合作社给予优先扶持。

《农民专业合作社法》第五十一条规定，国家政策性金融机构应当采取多种形式，为农民专业合作社提供多渠道的资金支持。具体支持政策由国务院规定。国家鼓励商业性金融机构采取多种形式，为农民专业合作社提供金融服务。

《农民专业合作社法》第五十二条规定，农民专业合作社享受国家规定的对农业生产、加工、流通、服务和其他涉农经济活动相应的税收优惠。支持农民专业合作社发展的其他税收优惠政策由国务院规定。

以上内容都为对农民专业合作社的发展进行政策、财政、金融和税收等方面扶持提供了政策规定。

## 七、法律责任

《农民专业合作社法》第五十三条规定，侵占、挪用、截留、私分或者以其他方式侵犯农民专业合作社及其成员的合法财产，非法干预农民专业合作社及其成员的生产经营活动，向农民专业合作社及其成员摊派，强迫农民专业合作社及其成员接受有偿服务，造成农民专业合作社经济损失的，依法追究法律责任。

《农民专业合作社法》第五十四条规定，农民专业合作社向登记机关提供虚假登记材料或者采取其他欺诈手段取得登记的，由登记机关责令改正；情节严重的，撤销登记。

《农民专业合作社法》第五十五条规定，农民专业合作社在依法向有关主管部门提供的财务报告等材料中，作虚假记载或者隐瞒重要事实的，依法追究法律责任。

# 第五章　农业土地政策与法规概述

农业土地政策是农业政策的一个重要方面。本章在对土地的概念、特性及我国农业土地政策目标进行介绍的基础上，从政策措施、存在问题以及完善对策三个角度对我国农业土地所有政策、农业土地使用政策和农业土地流转政策进行了详细的论述，并对我国耕地保护和农用地转用的有关规章制度进行了相应介绍。通过本章的学习，要求掌握我国现行的各种土地政策的内涵和政策手段。

## 第一节　农业土地政策概述

### 一、土地的概念与特性

#### （一）土地的概念

土地是任何社会进行物质生产所必需的基本条件和自然基础，也是农业生产的必需要素之一。它不仅给人类提供了生产立足之地，也为一切生产劳动和人民生活提供必需的活动场所和物质生活资料。正如马克思所指出的："土地是一切生产和一切存在的源泉。"

目前人们对土地概念的理解有狭义与广义之分。狭义的土地概念是指地球表面的陆地；广义的土地是指由地球陆地部分一定高度和深度的岩石、矿藏、土壤、水文、大气和植被等要素并结合人类正反面活动成果构成的自然—经济综合体。也就是说，既包括内陆水域和海涂、地壳和大气层，也包括空气、水、土壤、生物、岩石及矿物等。

### （二）土地的特性

土地的特性表现为自然特性和经济特性两个方面。自然特性是土地自然属性的反映，是土地所固有的，与人类对土地的利用与否没有必然的联系。经济特性是在人类对土地的利用过程中产生的，在人类诞生之前尚未对土地进行利用时这些特性并不存在。

1. 土地的自然特性

（1）位置固定性。地球上任何一块土地都有其特定的经纬度，即每块土地的地理空间位置是固定的。尽管大陆板块漂移可能对土地的位置有所影响，但这种影响在几百年内也是微不足道的，因此土地不像其他生产资料那样，可以根据生产需要而随意地调拨和转移。该特性使每块土地的利用严格受到地域区位的制约，只能在其所处的地域内加以利用，并与特定的气候、地形、地质等环境因素以及周围的社会经济因素紧密相联系，形成土地利用的地域性特征，使土地在位置优劣度、地力肥沃度等方面存在着明显的地域性差异，从而产生土地级差收入的差异。

（2）数量有限性。就全球面言，人类所拥有的土地数量是由地球的大小所决定的，地球表面的总面积为5.1亿$km^2$，该面积数据自地球形成之日就是如此，地球大小的不变性决定了全世界土地面积的不变性和有限性。人们可以改变土地的用途，但不可以改变土地的数量。土地数量的有限性对土地的利用、供给、价格变化乃至社会的稳定都有重大的影响。1972年6月5日在瑞典斯德哥尔摩举行的联合国人类第一次环境会议上发出的“只有一个地球”的呼吁，正是要唤醒人类对土地数量有限性这一特性的高度重视和认识。

土地数量的有限性迫使人们必须节约、集约地利用土地资源，并制定相应的规章制度指导人们的利用。

（3）质量差异性。由于土地自身的条件（地质、地貌、土壤、植被、水文等）以及相应的气候条件（光照、湿度、雨量等）的差异，造成土地的巨大自然差异性。这种差异性不仅存在于一个国家或一个地区的范围之内，即使在一个基层单位也同样存在着。土地的质量差异性要求人们因地制宜地合理利用各类土地资源，确定土地利用的合理结构与方式，以取得土地利用最佳综合效益。

（4）功能永久性。土地之外的任何生产要素都会在使用中磨损，最后报废。然而，土地作为一种生产要素，其功能具有可再生性与永久性，只要人类合理地利用与保护，土地就能够为人类永久地利用。例如，农用土地肥力可以不断提高，非农用地可以反复利用。土地的这一自然特性为人类合理利

用和保护土地提出了客观的要求和可能。

2. 土地的经济特性

（1）土地供给的稀缺性。人口的不断增加和社会经济文化的发展导致对土地需求的不断扩大，但可供人类利用的土地又是有限的，从而造成土地供给的稀缺性并日益增强。土地供给的稀缺性不仅仅表现在土地供给总量与土地需求总量的矛盾上，还表现在由于土地位置的固定性和质量差异性导致的某些地区（城镇地区和经济文化发达、人口稠密地区）和某些用途（如农业用地）土地供给的特别稀缺上。

（2）土地利用方式的相对分散性。由于土地位置的固定性和位置的差异性，对土地只能是因地制宜地分别加以利用，因而土地利用方式是相对分散的。土地利用方式相对分散这一特性，要求人们在利用土地时要进行区位选择，并注意地区间的交通通信网络，以提高土地利用的综合区位效益。

（3）土地利用方向变更的困难性。一种土地往往有多种用途，当土地一经投入某项用途之后，欲改变其利用方向一般来说是比较困难的。这首先受土地自然条件的限制，其次还由于在工农业生产上轻易变更土地利用方向往往会造成巨大的经济损失，因而是不合理的。土地利用方向变更困难这一特征，要求人们在确定土地利用方向时，一定要进行详细勘察，做出长期周密的规划，绝不能朝令夕改，任意改变土地用途。

（4）土地报酬递减的可能性。土地供给的稀缺性要求人们集约地利用土地。土地报酬递减规律是指在技术不变的条件下，对单位面积土地的投入超过一定限度就会产生报酬递减的后果。这就要求人们在利用土地增加投入时，必须寻找在一定技术、经济条件下投资的适合度，确定适当的投资结构，并不断地改进技术，以便提高土地利用的经济效果，防止出现土地报酬递减的现象。

（5）土地利用后果的社会性。土地是自然生态系统的基础因子，互相连接在一起，不能移动和分割。因此，每块土地和每一区域土地利用的后果，不仅影响本区域内的自然生态环境和经济效益，而且必然影响到邻近地区甚至整个国家和社会的生态环境和经济效益，产生巨大的社会后果。土地利用后果的巨大社会性，要求任何国家都要以社会代表的身份，对全部土地的利用进行宏观的规划管理、监督和调控。

**（三）农业土地概念及本章内涵界定**

农业土地是指直接或间接用于农业生产的土地。按照其用途，农业用地可分为耕地、园地、林地、牧草地、池塘、沟渠、田间道路和其他生产性建筑用地。其中，耕地、园地、林地、草地是农业用地中最主要的土地类型。

本章研究的农业土地政策和法规，泛指与农业生产和农民生活直接相关的土地政策和法规。主要包括针对农业土地产权制度、农地利用及农村土地流转等基本情况下涉及的土地政策和法规。面向的土地除农业土地外，还应包括农村建设用地，包括农业生产直接相关建设用地、农业生产间接相关建设用地、农村生活直接相关的农村居民点用地和农村道路等土地。

## 二、中国土地利用概况

### （一）中国土地资源利用现状

土地是最重要的稀缺资源之一。在中国这样一个人多地少的国家，保护和合理利用土地资源是十分重要的工作。由于自然地理条件和土地自然供给总量的制约，中国土地资源的基本特点是：土地总量大，而可利用面积并不大。在全国总土地面积上，湿润，半湿润地区和干旱。半干旱地区各占50%，前者有利于农作物生长，后者只能用于放牧或无法利用。特别是在国土总面积中，山区、高原占59%，沙漠、石质地占20%，目前还难以利用，这就形成了现在的全国土地资源及其利用格局。

2008年年末，按照土地利用分类（过渡类），全国土地中耕地约1.22亿公顷，约占全国土地总面积的12.71%；园地0.12亿公顷，约占全国土地总面积的1.23%；林地2.36亿公顷，约占全国土地总面积的24.59%；牧草地约2.62亿公顷，约占全国土地总面积的27.27%；其他农用地0.25亿公顷，约占国土总面积的2.65%；居民点及工矿用地0.27亿公顷，约占国土总面积的2.81%；交通水利用地约0.06亿公顷，约占国土总面积的0.64%；其余为未利用地，约占28.1%（《2008年国土资源公报》，2009），其中耕地后备资源0.08亿公顷，宜林荒山荒坡地0.78亿公顷，分别占全国土地总面积的0.78%和7.81%（《土地后备资源调查》，2006）。

### （二）中国农业土地利用存在的问题

#### 1. 农地后备资源少，耕地和林地资源紧缺

总体上看，中国土地利用结构中，已利用土地及可利用土地约占国土面积的80%，难利用土地约占20%。土地后备资源少。

在已利用土地中，作为生存基础保障和生态安全保障的耕地、林地所占比重小，人均耕地、人均林地分别只及世界人均占有量的1/3和1/5，耕地、林地资源十分紧缺。

2. 土地质量退化严重

（1）水土流失严重。人类活动破坏植被，就会引起水力对土壤的侵蚀，随即引起水土流失。近50年来，中国因水土流失而损失的耕地达五千多万亩，平均每年约100万亩。新中国成立初期水土流失面积为116万平方千米，20世纪90年代初已增至150万平方千米，约占全国总面积的1/6，土壤流失量每年达50亿吨，居世界第一位。我国水土流失造成土壤肥力的损失量每年相当于4000万吨化肥，价值340亿元。水土流失使江河湖库淤积，内河通航里程缩短，洪水和泥石流等灾害增加。

（2）土地次生盐渍化面积较大。次生盐渍化是不合理灌溉形成的。我国次生盐渍化主要分布在北方，面积约800万公顷。在干旱区、半干旱区次生盐渍化的危害尤为严重。在新疆、甘肃，受次生盐渍化威胁的耕地占耕地面积的30%～40%；内蒙古河套平原耕地中，盐渍化耕地占50%左右。

（3）次生潜育化水稻土面积在扩大。潜育化水稻土的特点是在稻田土层的50～60cm深处形成一个清灰色还原层，通称青泥层，不利于水稻生长。由于管理不善或排灌不当而产生的潜育化叫次生潜育化。水稻土次生潜育化纯属人为造成的稻田质量退化，它是稻田提高单产的主要障碍因素之一。次生潜育化水稻土主要分布在小丘间沟谷、河流沿岸、水库周围及渠系附近。我国次生潜育化稻田的数量相当可观，在南方约有420万公顷。

（4）耕地肥力下降。由于水土流失、对土地重用轻养、施用有机肥过低，土地养分减少，地力普遍下降。据全国第二次土壤普查1403个县的资料统计显示，土壤无障碍因素的耕地只占耕地总面积的15.3%，土壤有机质低于0.6%的耕地占10.6%，耕地总面积的59%缺磷、23%缺钾、14%钾磷俱缺；耕层浅的占26%，土壤板结的占12%；东北地区的黑土开垦初期有机质含量为7%～10%，开垦不到100年已降至3%～4%，严重的甚至降到了2%。

（5）土地污染与破坏未得到有效控制。不合理的化肥和农药施用也会造成土壤污染。由于利用率低，大部分化肥、农药散失在土壤、水体和大气中，直接或间接地污染土壤，进而使动、植物和各种农产品中有毒物大量积累，危害人、畜健康，影响农产品出口。近年来我国频繁发生水果、粮食、肉食出口因有害物质超标而退货现象，造成了严重的损失。

3. 城镇发展建设用地失控，造成农业土地面积尤其是耕地大量减少

经济快速增长引发迫切的用地需求，大量耕地转变为建设用地，城镇及工矿建设用地总量上涨迅速，并在空间上蔓延式扩张。城市规模扩张，开发区林立，村镇建设用地盲目扩大，造成农业用地尤其是耕地大幅度减少。例

如1991~2005年，全国建设用地总量年均增长37.21万公顷，截至2004年8月底，全国总共有各类开发区6866个，规划总面积高达3.86万平方千米。而1997~2005年，全国灌溉水田和水浇地分别减少93.13万公顷和29.93万公顷，耕地面积已逼近18亿亩警戒线。

## 三、中国农业土地政策目标

### （一）农业土地政策目标的概念

农业土地政策目标是指农业土地政策所要实现的一种理想结果，这种理想结果最终是要提高土地利用中农民与全社会的福利。由于各个国家不同时期的自然环境、经济环境和政治环境的不同，土地政策制定者的理论基础、价值取向及政策手段形式的差异，土地政策目标选择存在明显的差别，这种差别主要体现在土地所有、流转、使用中的公平与效率目标的具体安排上。

### （二）农业土地政策目标

我国农业土地政策的目标是以整个农业发展目标为基础的。改革开放（特别是20世纪90年代中期）以来，我国的农业土地政策及相应的制度安排主要是围绕明晰产权，推动农民土地承包权长期化、增强土地使用制度的激励功能、保护稀缺土地资源以及提高其利用率等目标来设置的，并以效率优先、兼顾公平为基本出发点。我国土地政策的目标大体上有以下几个：

1. 提高土地利用率

土地政策的效率目标首先表现为能够充分利用可利用的土地资源，避免土地的浪费。中国现有耕地约1.22亿公顷《2008年国土资源公报》，2009），农业发展受到严峻的土地资源约束。土地资源的充分利用是中国土地政策一贯的目标。

2. 提高土地生产率

任何一个国家的农业生产都希望地尽其力，从每单位投入中获得最大的产出，以提高生产者的收入，满足经济发展对农业提出的要求。在中国人多地少、耕地尤为短缺的情况下，提高土地产出率在土地政策的效率目标中占有重要地位。通过土地资源的有效配置，鼓励农户对土地进行投入，采用先进的生产技术和管理方式来提高单位土地面积上的产量，这是我国土地政策的重要目标。

3. 提高劳动生产率

土地利用过程中，劳动生产率水平的高低在很大程度上反映了土地经营规模的大小以及农业劳动力转移的状况。尽管土地产出率的提高具有重要意义，但劳动生产率的提高又是农业劳动力向非农产业转移、人地关系的改善、土地经营规模扩大的前提条件。因此，这一目标在土地政策中具有重要意义。

## 第二节　农业土地所有、使用和流转政策

### 一、农业土地所有政策

#### （一）农业土地所有政策内涵

土地所有政策是在一定的社会经济条件下政府关于土地归谁所有、归谁支配的原则及规范，其实质是土地所有权在不同社会主体（国家、集体、个人）之间的分配原则及其形式。农业土地所有政策就是针对农业土地的分配原则及形式，包括农业土地的占有、使用、收益、处分等权利的归属及其规范。

其中，土地所有权是指土地所有者在法律规定的范围内对其土地所享有的占有、使用、收益和处分的权利。土地占有权是指土地所有者对土地的实际占领和控制的权利，是根据法律规定所产生的权能。国家法律保护土地所有人对自己土地的占有，禁止他人侵害。土地使用权是指依法对土地进行实际利用的权利，土地使用权与土地所有权既可结合又可分离。土地收益权是指土地所有者依法收取土地利用时所产生的自然或法定利益的权利，包括收获土地上生长的农作物、收取出租土地的地租等。土地收益权中收取农作物的权利归土地使用者行使，收取地租的权利则一般归土地所有者行使。土地处分权是指土地所有者在法律许可的范围内，根据自己的意志按出卖、馈赠、出租、抵押及遗赠等方式处置自己的土地的权利，它是所有权中最核心、最基本的一项权能。土地处分权通常由土地所有者行使，但在法律规定的特别情况下，非土地所有者也可依法行使。

#### （二）我国农业土地所有制度

新中国成立后，经过土地改革，农业土地实行了国家所有与农民所有、后者进而过渡到农民集体所有的政策，形成农业土地的国家所有和集体所有两种形式，即全民所有制和劳动群众集体所有制土地。

1. 全民所有制农业土地

全民所有制土地是指土地归国家所有，其主体是具有法人资格的国家。

《土地管理法》第二条第二款规定："全民所有，即国家所有土地的所有权由国务院代表国家行使。"第五条规定："国务院土地行政主管部门统一负责全国土地的管理和监督工作，县级以上地方人民政府土地行政主管部门的设置及其职责，由省、自治区、直辖市人民政府根据国务院有关规定确立。"按照我国法律，土地所有权禁止转让；国有土地既不能转归私人所有，也不能转归农民集体所有。国家只能通过划拨、出让、出租等方式将国有土地使用权授予公民、法人和其他组织。

根据《宪法》规定，我国农村国有土地主要包括：①除法律规定由集体所有的森林和山岭、草原、荒地、滩涂之外的全部矿藏、水流、森林、山岭、草原、荒地、滩涂等土地资源；②名胜古迹、自然保护区等特殊用地（不包括区内属集体所有的土地）；③国有农、林、牧、渔等农业企业、事业单位使用的土地；④国家拨给国家机关、部队、国防设施、国有公共交通（铁路、公路、码头、机场）、学校等非农业企业、事业单位使用的土地；⑤国家拨给农村集体和个人使用的国有土地；⑥法律规定属于集体所有以外的一切土地。

2. 集体所有制农业土地

（1）农业集体土地所有制演变历史。新中国成立以来，中国农业土地集体所有制的建立和演变大致经历了以下几个时期：

A. 个体所有、个体经营的土地制度（1950~1953年）。这种类型的土地制度是土地改革的结果。1950年，中央人民政府制定了《土地改革法》，该法规定："废除地主阶级封建剥削的土地所有制，实行农民的土地所有制，借以解放农村生产力，为新中国的工业化开辟道路。"这次土地改革的主要内容是：没收地主的土地，分给无地、少地的农民所有，分配土地以乡或者等于乡的行政村为单位，在原来耕作的基础上，按土地数量、质量及其位置远近，用抽多补少的调整办法按人口统一分配。

B. 个体所有、集体经营的土地制度（1953~1955年）。土地改革不久，为发展农民劳动互助的积极性，克服分散、落后的小农经济所固有的弱点，中共中央于1953年2月发布了《关于农业生产互助合作社决议》，及时地引导农民走合作化道路，从简单的农业劳动互助生产合作社发展到土地集中经营、土地参加分红的初级社。在初级社制度下，农民土地作价入股，由初级社统一经营，社员参加劳动，合作社净收入按劳动与土地及其他资产分配。但农民仍保留所有权和退社自由，并享有按股分红的权利。到了后期，农民的所有权和退社自由受到了严格的限制。1955年5月国务院颁发的《关于农村土地的转移及契税工作的通知》中规定："今后农村土地买卖、典当及其他

转移，均应首先报请乡人民委员会审核，转报区公所或区人民委员会批准。”这说明从初级社我国就开始实行土地私有向公有的过渡。

C. 集体所有、集体经营的土地制度（1956～1978 年）。为了尽快引导农民走上社会主义道路，1956 年开始推行高级农业生产合作社。高级社的实行使我国的土地制度发生了根本性的变化。入社的农民除保留自留地（占土地的5%）的使用权和收益权外，其他土地和生产资料都被无偿或低价转归高级社集体所有。1956 年 6 月第一届全国人大第三次会议通过的《高级农业生产合作社示范章程》第二条规定：“农业生产合作社按照社会主义的原则，把社员私有的主要生产资料转化为合作社集体所有。”原农业部部长廖鲁言在《关于高级农业生产合作示范章程（草案）说明》中指出：“高级社实行生产资料的完全集体所有制，社员的土地必须转为合作社集体所有，取消土地报酬。”

1958 年开始的人民公社化运动，由于指导思想的错误，大刮共产风，冲垮了以高级社为单位的集体所有、集体使用的土地制度，土地等生产资料实行公有化和全民化，允许在公社甚至全县范围内任意使用。这种混乱的土地关系使人民的生产积极性遭到极大的破坏，农业生产严重受挫。

1962 年 9 月中共中央颁布《农村人民公社工作条例修正案》，对农村人民公社制度做了调整，确立了土地的“三级所有，队为基础”的体制，即将原来的土地公社所有改为以生产队所有为基础的公社、生产大队、生产队三级所有，生产队成为土地的主要所有者，拥有生产队范围内的土地所有权。

D. 集体所有、分散经营的土地制度（1978 年至今）。集体所有、集体经营的土地制度缺乏有效的监督制度和激励机制，农民的生产积极性无法调动起来，农业生产遭到毁灭性的破坏。不少地区的农民为了摆脱贫困，积极探索新型的土地制度。1978 年安徽凤阳县小岗村的 18 户农民自发实行“包产到户”，成为中国农村土地制度改革的导火索。到 1984 年年底，实行“包干到户”责任制的生产队已占全国总数的 99%。包干到户的基本内容是：土地所有权仍归集体所有，农户拥有使用权，村集体合作经济组织或村民委员会、村民小组作为社区的代表承担某些统一经营或管理的职能，为农户生产提供信息、服务等。“包干到户”很好地实现了土地所有权和经营权的分离、处分权和收益权的分割，打破了平均主义的“大锅饭”分配制度，建立了按劳分配的制度，并且很好地协调了国家、集体和个人之间的利益分配格局。这一新型的土地制度极大地激发了农民生产的积极性，使沉寂已久的中国农村土地爆发出了巨大的能量。1986 年的《中华人民共和国民法通则》（以下简称

《民法通则》）肯定了这一制度——家庭联产承包责任制，1993 年写入《宪法》，成为农村土地的一项基本制度。

（2）现行集体所有制农业土地。《土地管理法》第八条第二款规定："农村和城市郊区的土地，除由法律规定属于国家所有的以外，属于农民集体所有；宅基地和自留地、自留山，属于农民集体所有。"农业用地集体所有权主体是村民小组和村、乡三级农民集体经济组织。

1995 年 3 月 31 日国家土地管理局颁布《关于确定土地所有权和使用权的若干规定》，对农业土地"集体所有"作了具体而又明确的规定：①土地改革时分给农民并颁发土地所有证的土地，属于农民集体所有；实施《农村人民公社工作条例修正草案》（以下简称《农业六十条》）时确定为集体所有的土地，属于农民集体所有。②村农民集体所有的土地，按目前该村农民集体实际使用的本集体土地所有权界线确定所有权。③农民集体连续使用其他农民集体所有的土地已满 20 年的，应视为现使用者所有；连续使用不满 20 年的，或者虽然满 20 年但在 20 年期满之前所有者曾向现使用者或有关部门提出归还的，由县级以上人民政府根据具体情况确定土地所有权。④乡（镇）或村在集体所有的土地上修建并管理的道路、水利设施用地，分别属于乡（镇）或村农民集体所有。⑤乡（镇）或村办企事业单位使用的集体土地，《农业六十条》公布以前使用的，分别属于该乡（镇）或村农民集体所有；《农业六十条》公布时起至 1982 年国务院《村镇建房用地管理条例》发布时止使用的，有下列情况之一的，分别属于该乡（镇）或村农民集体所有：a. 签订过用地协议的（不含租借）；b. 经县、乡（公社）、村（大队）批准或同意，并进行了适当的土地调整或者经过一定补偿的；c. 通过购买房屋取得的；d. 原集体企事业单位体制经批准变更的。1982 年国务院《村镇建房用地管理条例》发布时起至 1987 年《土地管理法》开始施行止，乡（镇）、村办企事业单位继续使用的，可确定为该乡（镇）或村农民所有。乡（镇）、村办企事业单位采用上述以外的方式占用的集体土地，或虽采取上述方式，但目前土地利用不合理的，应将其全部或部分土地退回原集体，或按有关规定处理。1987 年《土地管理法》施行后非法占用的土地，须依法处理后再确定所有权。⑥乡（镇）企业使用本乡（镇）或村集体所有的土地，依照有关规定进行补偿和安置的，土地所有权转为乡（镇）农民集体所有。经依法批准的乡（镇）、村公共设施、公益事业使用的农民集体土地，分别属于乡（镇）、村农民集体所有。⑦农民集体经依法批准以土地使用权作为联营条件与其他单位或个人举办联营企业的，或者农民集体经依法批准以集体所有的土地的使

用权作价入股，举办外商投资企业或乡镇企业的，集体土地所有权不变。⑧部分与某些国有土地相邻的边界地也认定为农民集体所有。具体包括：a. 土地改革时期分配给农民所有的原铁路用地和新建铁路两侧未经征用的农民集体所有土地；b. 公路两侧保护用地和公路其他用地凡未经征用的农民集体所有土地；c. 国有电力杆塔占用农民集体所有的土地，未经办理征用手续的；d. 河道堤防内的土地和堤防外的护堤地，无堤防河道历史最高洪水位或者设计洪水位以下的土地，土改时已将所有权分配给农民而国家又未征用，且迄今仍归农民集体使用的；e. 国家建设进行移民安置后，原集体仍继续使用的集体所有土地，国家未进行征用的。

**（三）中国农业土地所有政策存在的问题**

我国现行的集体所有、分散经营的土地制度是中国农民的伟大创举，是历史选择的结果。它适应了 20 世纪 80 年代我国农村生产力的要求，使我国农业获得了长足的发展和进步。但是现行土地制度一开始就存在其难以克服的弊端，并随着市场经济体制向社会生活的全方位渗透、利益日益多元化而逐渐暴露出来。

1. 农村土地所有权主体的虚位和易位

我国现行农村土地实行集体所有制，它是从农业高级合作社时代和 1962 年所确定的“三级所有、队为基础”的体制上发展而来的。实行土地承包经营制以后，农村土地的集体经营变成农户个体经营，这一变化导致广大农村地区原有集体经济组织的解体。于是，过去“政社合一”即兼有行政单位和经济组织双重性质的人民公社变成了单纯的行政单位——乡，过去的生产大队变成了农民的社区自治组织——村，而原来的生产队变成了村的组成部分——村民小组。过去的老三级变成了现在的乡（镇）、村、村民小组新三级。《民法通则》第七十四条规定：“集体所有的土地依照法律属于村农民集体所有，由村农业生产合作社等农业集体经济组织或村民委员会经营管理，已经属于乡（镇）农民集体经济组织所有的，可以属于乡（镇）集体经济组织所有。”

1998 年新修订的《土地管理法》第十条在《民法通则》规定的基础上又增加了一款：“村农民集体所有的土地已经分别属于村内两个以上集体经济组织的农民集体所有的，由村内该农民集体经济组织或村民小组组织管理。”这一规定反映了农村新老三级的更替，在一定程度上缓解了权利模糊不清所带来的农村土地的混乱状态。但是，所有权人如何行使所有权以及行使所有权的程序等技术性和程序性规范却寥寥无几，导致广大农民无法行使集体所有权，有的甚至没有行使所有权的动机。这样一来，土地的集体所有权就变成了乡官、村官等小集体的所有权，甚至是个人的专有权，造成了农村土地所有权主体的虚位和易位。

所有权主体的虚位和易位带来了如下严重后果：

（1）少数村干部凭借集体土地所有权或任意摊派，加重农民负担，或任意处分土地，造成耕地流失，或以权谋私，导致分配不公。

（2）土地名为集体所有实为个人专有，还造成了广大农民对土地的疏离感，他们通常不认为自己是土地的主人，而仅仅把自己看做类似佃农的土地租用者。这种状况不利于耕地的保护和改良。

（3）所有权主体的虚位和易位，给少数人带来了利用土地发横财的机会，以致农用地转为建设用地的现象有增无减。这不仅导致了耕地的减少，而且还导致了农村建设用地私下交易大量发生，搞乱了集体土地市场，并冲击了公有土地市场。

2. 农村土地所有权的残缺性

所有权是最完整和最充分的物权，权利人拥有占有、使用、收益和处分四项权能，其中处分权最能彰显所有权的存在和拥有。因此，判断一种权利是否是所有权，关键是看权利人是否拥有处分权。就目前我国农村土地所有权来说，它并不符合严格意义上的所有权规定：一方面，从处分权能上来看，村集体的处分权受到了严格的限制。在许多地方，作为土地所有者的村集体充其量只拥有一些对农户间土地进行调整的分配权力。村集体无权转让其土地，农村土地只有被国家征收后才能出让和转让，也无法把土地作为抵押标的。由此可见，国家凭借其强大的行政权力，限制了村集体对土地的处分权。另一方面，从收益权能上看，土地收益的绝大部分被国家拿走了，集体提留在内容上并不表示任何地租收益，因而土地的集体所有权在经济上被架空。此外，国家征收农村土地时，对土地价款的补偿是象征性的，这样国家又变相地拿走了土地出让金的大部分，集体的收益权同样受到严格的限制。土地所有权的残缺性使村集体无法感觉到所有权的神圣性，使广大农民缺乏对土地的亲近感，缺乏行使权利的积极性和动力。因此，土地抛荒、土地资源被闲置和浪费的现象愈演愈烈。

## 二、农业土地使用政策

### （一）农业土地使用政策的内涵

土地使用政策是对土地使用的程序、条件和形式的规定。非土地所有者

是不能自由和任意取得土地使用权的，而只能通过一定的法规、程序和条件才能取得土地使用权。土地使用权是指民事主体在法律允许的范围内对国有土地或者集体土地合理利用的权利。它包括对土地的占有、使用和收益三项权能。《民法通则》第八十条第一款规定："国家所有的土地，可以依法由全民所有制单位使用，也可以依法规定由集体所有制单位使用，国家保护它的使用、收益的权利；使用单位有管理、保护、合理利用的义务。"由此可见，土地使用权是在一定条件下由土地所有者让渡其土地权利而派生出来的，是土地所有制的体现和反映，而且是巩固、实现土地所有制的措施。

农业土地使用权是指集体或者个人通过承包、转包等形式依法取得的使用农民集体或者国家所有土地从事广义农业生产的权利。农业土地使用政策即是针对农业土地使用的程序、条件和形式的规定。从土地所有权与使用权的关系来看，农业土地使用政策有两种类型：一是土地所有权与使用权相结合，即土地所有者又是土地的使用者；二是土地所有权与使用权相分离，即土地所有者依据法律、契约或合同让渡给非土地所有者使用或经营，非土地所有者享有使用权和收益权。前者包括旧社会的自耕农、经营地主、社会主义条件下实行集体经营的集体经济等；后者则包括旧社会的佃农、社会主义承包责任制下的农民等。

**（二）我国农业土地使用政策**

1. 农业土地使用权主体

农业土地具有全民所有和集体所有两种产权性质，因此其土地使用权主体也分为两种。全民所有制的农业土地使用权主体是国有农场、国有林场等法人单位。

结合我国集体土地所有权的变革和农村经济体制改革的实际，根据《土地管理法》的规定，农民集体所有的土地使用包括以下几种情形：

（1）农民集体所有的土地依法属于村农民集体所有的，由村集体经济组织经营、管理。

（2）在村集体经济组织不健全的地方，村农民集体所有的土地由村民委员会经营、管理。

（3）已经分别属于村内两个以上农村集体经济组织的农民集体所有的，由村内各该农村集体经济组织或者村民小组经营、管理。

（4）已经属于乡（镇）农民集体所有的，由乡（镇）农村集体经济组织经营、管理。

2. 农业土地使用政策的确立

（1）全民所有制农业土地使用政策。针对全民所有制农业土地的使用政策，一般附随于国家土地管理政策的较多，很少专项提出。国家对国有农业土地进行管理，并设立国有农场、国有林场等机构实行国有农业土地利用和经营。

2008年，国土资源部和农业部联合发布《国土资源部、农业部关于加强国有农场土地使用管理的意见》（国土资发［2008］202号），提出国有农场耕地实行最严格的保护制度，各地要加强国有农场土地利用计划管理，国有农场新增建设用地应纳入当地土地利用年度计划。凡不符合规划、没有新增建设用地计划指标的，不得申请使用国有农场土地进行非农建设。国有农场兴办第二、三产业和招商引资新建非农建没项目需要使用国有农场土地的，也必须依法办理农用地转用审批手续和土地供应手续。国有农场的规模化畜禽养殖用地，参照《关于促进规模化畜禽养殖有关用地政策的通知》（国土资发［2007］220号）的有关规定执行。

（2）集体所有制土地使用政策。2002年8月29日我国颁布了《农村土地承包法》，将农村土地承包制度用法律形式固定下来，确立了农村土地承包经营权的取得和流转制度，目的是赋予农民长期而有保障的土地使用权，维护农村土地承包当事人的合法权益，促进农业、农村经济发展和农村社会稳定。这一法律的出台，有利于农民合法权益的保护，有利于农民加大对农业生产的投入力度，有利于促进我国农业的适度规模经营，在实践过程中也得到了农民的热烈拥护。

**（三）我国现行农村土地使用制度存在的问题**

我国现行农村土地使用制度是基于我国国情而采取的土地承包经营制度，这一制度将农村土地的集体所有与个人经营相结合，调动了农民的生产积极性，在过去30年的改革开放进程中发挥了十分重要的作用。但我国目前的农村土地使用制度仍然存在着缺陷和问题，总结起来有以下几点：

1. 农村土地承包经营制度导致土地划分过细，农民个体生产力有限

实行20余年的农村土地承包经营制度直接导致的后果就是农村土地的严重细分，每家每户地进行农业生产，生产规模过于细小。同时，农民人力、物力、财力有限，农民收入难以在短时期内得到大幅度提高，影响到农民对土地的投入。生产规模过小和农民投入不足，导致我国农民个体生产力有限。

2. 农村土地的小规模经营难以形成强大的竞争力

在中国农业连渐融入世界农业的大趋势下，农产品要上档次、降成本、创名牌，增强竞争力。而我国农村土地的小规模经营难以形成强大的竞争力。目前我国农业生产的科技含量不高，高科技农产品和种植方法农民无法接受，

即使在有些地区农民接受了，也由于投入大、收益小、成本高而无法大规模推广。农业生产的规模偏小是制约农业科技和管理现代化以及提高竞争力的主要因素。

3. 耕地面积减少，抛荒现象严重

由于工业化的发展、城镇的扩张，大量耕地转为非耕地，耕地面积持续减少。同时，我国农民因为农业的低收入而对从事农业生产的积极性不高，在有些地区耕地大量抛荒。一方面耕地因各种原因而减少，另一方面耕地又被大量抛荒，这一反常现象正是我国农村土地使用制度无法适应新形势需要的真实写照。

4. 在农村土地使用制度中，还有其他许多难题没有解决

农村土地所有权主体及其组织机构还没有明确，农村土地所有权主体的能力和素质还参差不齐，在农村土地承包经营体制下，很难把握农村土地所有权主体与作为农村土地使用权主体的农民和农户之间的关系。由于这些问题的存在，在土地、资金、技术等资源的分配上，还无法完全按照市场经济的要求去运作，用政府手段配置农业资源的问题未得到完全解决。

**（四）完善我国农业土地使用制度的对策**

从上述分析中我们可以看到，我国现行的农村土地使用制度已不能与入世后的新情况相适应，我们要完善我国农村土地使用制度，同时建立并完善相关的配套制度。

1. 建立多种形式的土地使用权流转市场

在土地集体所有制的前提下，搞活土地使用权，建立多种形式的流转机制，是我国农业土地使用制度政策创新的主要内容。除了稳定和完善家庭承包制外，还应该实行多种形式的承包和转包，把竞争机制引进土地经营，完善土地使用制度，实现土地使用权的有偿转让。

在过去几年中，各地在实践中结合当地的情况创造了多种形式的使用权制度改革办法，大体有以下几种：

（1）“四荒”（荒山、荒坡、荒沟、荒滩）使用权拍卖。“四荒”使用权拍卖是将土地的使用权长期（期限长达 50 ~ 100 年）拍卖给农民，实行谁购买、谁治理、谁受益。购得的使用权可继承、转让、入股，有公正的契约保障购荒者的义务和权益，并给予免提留、免征购、免税等优惠。“四荒”使用权拍卖因有完整而稳定的产权界定，预期受益有保障，激发了农民购荒、治荒的积极性，同时打破了封闭的地区限制，在更大范围进行资源重组，大大加快了“四荒”地的开发治理和规模经营。

（2）规模经营。规模经营是政府推动的制度创新形式。其实行的区域是大中城市的郊区和沿海发达地区。规模经营的具体形式有多种，如大户承包、专业队集体经营、股份合作经营、合作农场、农户自愿结合的联合经营等。

（3）租赁制。土地承包者向土地所有者交租金，土地承包经营权进一步分离为承包权和使用权，稳定承包权，耕地30年不变，果园、林地等50~70年不变；搞活使用权，承包期间农户可将有偿获得的土地使用权进行转让、转租、抵押、交换或入股；建立集体土地使用权的二级市场，实现土地使用权的跨所有制、跨社区流转。

（4）永包制。农户对集体土地有永久承包权，承包数量和承包地块一旦经过认定就不再做统一变更，经营内容在规定的范围内由承包者自主决定，扩大作为经营者主体的农民土地使用权。土地使用权可转让、可转租、可抵押。

（5）股份合作制。在保障我国农村低收入者基本生活水平的前提下，将土地进行适当集中，采取土地使用权的股份化是非常必要的，以农场模式或在富有经验的农业生产者的带领下，由农村居民进行经营。"股田制"的优点有：①化"包袱"为"股份"，解决大量农民外出务工、承包地转包难的困境，且能获得收益并可以分红；②经营者可实现扩大经营规模，降低生产、交易和获得市场信息的成本，也有能力聘请专业技术人员，生产新品种、采用新技术，从而提高土地生产效率。土地股份公司从表象上看是一种新的土地流转形式，但实质上是农民以土地承包权自愿入股建立的股份合作制，是中国现有条件下农民对合作制的一种创新。肖海峰等学者认为"股田制"能够解决现行农业土地使用制度中的多重问题，倡导并提出"股田制"的具体实施模式。

2. 与工业化进程相适应，慎重推行土地使用的规模化

在向工业化社会发展的过程中，如何处理好工业和农业之间的关系，不同的国家有不同的处理办法。在我国农村大部分地区，现在农业经营规模还很小，管理水平还不高，生产效益还很低。很多农民从事的还是自给和半自给的生产，商品生产能力不高。因此，在我国加入WTO的背景下，不采取适度规模化经营是没有出路的。然而，我国是一个人多地少的国家，土地资源十分有限，农村人口就业极为困难。因此，在处理农村土地使用权、进行土地使用适度规模化经营时，稍有不慎就可能为此付出沉重的代价。在工农业都亟待改革和发展的现状下，在法律上处理好权属关系问题、在政策上处理好保护农民利益问题是解决上述问题的关键。

3. 适时调整农业土地使用的法律制度

长期以来，我国农村土地权属关系不清，农村土地所有权和使用权的法律关系不明，由此导致了一系列的纠纷和整个农业发展的各种问题。因此在法律制度上已到了进行调整之时，应当加强农村土地使用制度改革力度，推进农村土地使用权向物权化发展，允许土地承包权转让、出让、抵押。令人感到欣喜的是《农村土地承包法》的出台，它有助于稳定农村土地承包经营权，也允许通过家庭承包取得的土地承包经营权可以依法采取转包、出租、互换、转让或者其他方式流转。农村土地承包经营权有向物权转化的趋势，但农村土地承包经营权毕竟不是法律意义上的用益物权，而且《农村土地承包法》也没有对农村土地使用权的适度规模化经营提出具体的解决办法。《农村土地承包法》仅仅规定了通过家庭承包取得的农村土地承包经营权可以依法转包、出租、互换、转让或者以其他方式流转，但是这一规定还不足以解决在农村土地适度规模化经营过程中出现的许多具体问题，而农村土地适度规模化经营恰恰是我国今后农业发展的必由之路。因此，如何建立并完善一套适应我国农村土地适度规模化经营的土地使用法律制度就显然十分必要和紧迫。

## 三、农业土地流转政策

### （一）农业土地流转政策的内涵

农业土地流转包括农业土地所有权流转和农业土地使用权流转，农业土地流转政策是关于农业土地所有权和使用权转移的规范。

由于《土地管理法》禁止农业土地买卖并规定实行农业土地分层经营体制，因此在我国农业土地流转专指农户承包地使用权的流转。农地使用权的流转是指农地所有者按照市场经济规律，以提高土地利用效益为目的，通过出让、租赁、入股等多种方式对农业土地配置现状进行调整，实现土地资产配置不断优化的一个动态过程。农地使用权流转是一项政策性、原则性都很强的工作，不仅涉及农用土地经营者和使用者之间的利益，直接决定农业土地所有者权益能否充分实现和用地单位经济效益的高低，而且也涉及能否通过农地的合理有序流动实现农地资产的合理配置，不断提高农地的经济效益、社会效益和生态效益。

### （二）农村土地承包权制度中的农业土地流转

1. 农村土地承包法的适用范围

《农村土地承包法》规范和调整的是依法属于农民集体所有和国家所有、

依法由农民集体使用的土地的承包经营关系。这些土地有耕地、林地、草地以及其他依法用于农业的土地，其中也包括荒地、荒沟、荒丘、荒滩。

2. 农村土地承包的形式

农村土地承包关系可分为家庭承包关系和通过招标、拍卖和公开协商等其他方式承包的承包关系。

（1）家庭承包经营，是指以本集体经济组织内的农户家庭为单位，人人有份的土地承包。实行家庭承包经营的土地是集体所有和国家所有、依法由农民集体使用的耕地。

（2）其他方式的承包，是指不宜采取家庭承包方式的荒山、荒沟、荒丘、荒滩等农村土地通过招标、拍卖、公开协商等方式承包的情形。

3. 农村土地承包的期限

《农村土地承包法》第四条规定，国家依法保护农村土地承包关系的长期稳定。考虑到不同性质土地的投资收益期限差别较大，农村土地承包经营权的期限规定；耕地的承包期为30年，草地的承包期为30～50年，林地的承包期为30～70年；特殊林木的林地承包期，经国务院林业行政主管部门批准可以延长。

4. 土地承包经营权的流转

土地承包经营权的流转是指取得农村土地承包经营权的承包方将其所享有的承包经营权的部分或者全部依法自愿、有偿流转于第三人的行为。

通过家庭承包取得的土地承包经营权可以依法采取转包、出租、互换、转让或者其他方式流转。

## 第三节 耕地保护的政策与法规

### 一、耕地保护的意义

#### （一）耕地的重要性

保护耕地的意义是由耕地的重要性所决定的：首先，农业是国民经济的基础，耕地是农业生产的基础，工业特别是轻工业的原料主要来源于耕地；其次，耕地是社会稳定的基础，耕地为农村人口提供了主要的生活保障，是城市居民生活资料的主要来源。

从我国当前社会经济发展和现实条件看，必须实行严格的耕地保护制度，保障18亿亩耕地警戒线。

### （二）耕地保护的意义

1. 耕地是确保国家粮食安全的基本保证

耕地是土地资源中最宝贵的自然资源，耕地的数量和质量是粮食综合生产能力的基础，是农民最重要的生产资料和生活保障，也是国家长远利益和民族生存的根基。目前，我国耕地只有18.27亿亩，人均仅有1.39亩，不到世界人均水平的40%。人多地少与土地粗放利用并存、新增建设用地规模过度扩张、用地结构不够合理、土地粗放利用等因素，进一步加剧了我国人与地的矛盾。在目前的农业生产条件和社会用地矛盾情况下，没有一定数量的耕地做保障，国家粮食安全将无从谈起。

2. 耕地保护是经济发展和社会稳定的前提

耕地资源产物不仅是粮食安全的基础保障，也是工业尤其是轻工业生产的重要原材料。耕地在提供物质产品的同时，为广大农村经济和农民生活的稳定提供了必要的保障。土地问题始终是我国农民的根本问题。农民人口众多，不保障农民的耕地就是不保护农民，社会就不能稳定和谐。如果不顾农民的长远生计，大量占用耕地进行非农建设，就会导致大量农民失地失业，引发农民上访，滋生群体性事件，给农村社会稳定埋下隐患。

3. 耕地保护是生态建设的重要组成

耕地作为一种稀缺的、不可再生的自然资源和经济资源，除了具有生产功能外，更具有生活和生态功能。耕地是生态用地的重要组成部分，同时也是城市景观生态功能网络、生态安全格局的基本单元之一，它为城市和农村提供了调节气候、净化空气、调节降雨和径流、土壤肥力更新、废水处理等方面的生态服务功能。通过耕地保护，能有效构筑生态建设长廊。

4. 坚守18亿亩耕地红线是我国对世界各国的庄严承诺

“十分珍惜、合理利用土地和切实保护耕地”是我国的一项基本国策。现在一些国家和地区的敌对者肆意散布“中国威胁论”，所谓的“粮食威胁”就是其中的一项重要内容。1995年美国世界观察研究所所长布朗发表的《谁来养活中国》引起了世界的关注，他对中国粮食问题的悲观论调无疑渲染了中国的粮食困难，大有使中国的粮食问题演化为一个世界性问题的态势。所以，我们一定要坚守住18亿亩的耕地，不给敌对者可乘之机。

## 二、耕地保护的政策和法规

我国目前的耕地保护形势非常严峻，国家反复强调要用“世界上最严格的耕地保护制度，坚决制止乱占滥用耕地”，并出台了相关配套制度，采取了一系列措施。

### （一）历年耕地保护政策回顾

耕地保护是在改革开放以后，随着经济社会形势变化和耕地数量急剧减少而被引起关注的。1978 年后，中国耕地保护政策不断健全和完善，并可划分为四个发展阶段：

1. 耕地保护意识开始觉醒期（1978～1985 年）

1978 年的《政府工作报告》提出，国有农场和人民公社要“有计划地开垦荒地，使耕地面积逐年有较多的增加。”1981 年《政府工作报告》认为，“十分珍惜每寸土地，合理利用每寸土地”应该是我们的国策，并且要求“基本建设即使非占用耕地不可，用地也要严加限制；农村建房要有规划，绝不能乱占滥用耕地。”1982 年的《政府工作报告》将滥占耕地建房看做当时农村中的两股歪风之一（另一种是乱砍滥伐森林）。1983 年的中央一号文件《当前农村经济政策的若干问题》也将“耕地减少”列为当时农村的三大隐患之一（另两个隐患是森林过伐和人口膨胀）。

1982 年的一号文件《1982 年 1 月 1 日全国农村工作会议纪要》（改革开放以来第一个涉农的一号文件）基于我国人多地少的现实，将保护耕地视为与控制人口一样重要的国策，并且要求“要严格控制机关、企业、团体、部队、学校、社队占用耕地，特别是城市附近的菜地更不应占用。”1983 年的一号文件《当前农村经济政策的若干问题》更是明确提出，要“严格控制占用耕地建房”和“爱惜每一寸耕地”。

这一时期的耕地保护政策只是警醒国人要注意保护有限的耕地，但耕地流失依然在加剧。根据统计数据，1985 年全国耕地净减少量超过了 100 万公顷，成为新中国成立以来耕地减少数量最多的一年。

2. 耕地保护政策制定起步期（1986～1997 年）

1986 年一号文件《关于 1986 年农村工作的部署》要求有关部门在年内制定“严格控制非农建设占用耕地的条例”并报国务院批准实施，同年 3 月的中发 7 号文件《关于加强土地管理、制止乱占耕地的通知》第一次正式明确提出“十分珍惜和合理利用每寸土地，切实保护耕地，是我国必须长期坚持的一项基本国策”，该年 6 月 25 日六届人大常委会还审议通过了《土地管理法》，其中对建设用地审批和毁坏耕地处罚等都做了相应规定。1987 年 6 月 1 日国家土地管理局参与发布了《关于在农业结构调整中严格控制占用耕地的联合通知》，要求严格控制农业内部结构调整占用耕地行为；同年 10 月 15 日该局又参与发布了《建设用地计划管理暂行办法》，以期协调统筹建设用地的同时切实保护耕地。1988 年国家土地管理局参与了《土地复垦规定》和《严格限制毁田烧砖积极推进墙体材料改革的意见》等的制定和发布，用于引导土地复垦以增加耕地面积以及严控占用耕地建窑和毁田取土烧砖。

1990 年《政府工作报告》在强调“严格执行国家下达的建设用地计划，严格审批建设用地”的同时，明确要求“各地方凡因建设占用农用土地的，原则上应承担土地开发的义务。”1991 年 1 月国务院发布了《中华人民共和国土地管理法实施条例》（以下简称《土地管理法实施条例》）。针对当时各地兴办开发区和城镇建设中多占少用、占而不用和闲置撂荒造成耕地严重浪费的情况，1992 年 11 月 18 日国务院发布了《关于严格制止乱占、滥用耕地的紧急通知》，12 月 9 日国务院办公室发布了《关于严禁开发区和城镇建设占用耕地撂荒的通知》。1993 年 4 月 28 日，国务院发布了《关于严格审批和认真清理各类开发区的通知》。

1994 年 8 月 18 日国务院发布了《基本农田保护条例》。在 1996 年 6 月 19 日全国土地管理厅、局长会议上“实现耕地总量动态平衡”首次被正式提出，同年 9 月 18 日国家土地管理局还参与发布了《建设用地计划管理办法》。为了增强威慑性和加强宏观管理，1997 年 3 月 14 日八届全国人大常委会五次会议第一次设立了“破坏耕地罪”、“非法批地罪”和“非法转让土地罪”，4 月 15 日中共中央国务院颁布了中发 11 号文件《关于进一步加强土地管理切实保护耕地的通知》，5 月 20 日国家土地管理局发布了《冻结非农业建设项目占用耕地规定》。

这一时期的耕地保护政策在许多方面进行了尝试和突破，一举改变了过去耕地利用和保护上无序管理的混乱局面，并在一段时间内取得了较好效果，如年耕地净减少量从 1987 年的 62.04 万公顷减少到 1988 年、1989 年和 1990 年的 38.83 万公顷、12.50 万公顷和 1.15 万公顷。

3. 耕地保护政策体系初建期（1998～2003 年）

1998 年 3 月 29 日中共中央办公厅和国务院办公厅联合发布了《关于继续冻结非农业建设项目占用耕地的通知》，当时新成立的国土资源部也紧接着发出《关于坚决贯彻执行中央继续冻结非农业建设项目占用耕地决策的通知》，决定继续冻结非农业建设项目占用耕地。1998 年 8 月 29 日颁布的新修订《土地管理法》首次以立法形式确认了“十分珍惜、合理利用土地和切实保护耕地是我国的基本国策”，确立了耕地总量动态平衡、用途管制、集中统一管理和加强执法监察等原则，并以专门章节规定对耕地实行特殊保护，如实行占用耕地补偿制度、基本农田保护制度，禁止闲置、荒芜耕地以及提高耕地质量和增加耕地数量等。

1998 年 12 月 27 日国务院颁布了新的《土地管理法实施条例》和新的《基本农田保护条例》，国土资源部陆续颁布了其他通知、办法或意见，以进一步落实新修订的《土地管理法》对有关耕地保护的要求。

这一时期耕地保护政策体系得到了初步构建。但耕地保护政策要服从于国家重大战略，土地资源保护和利用必须与经济社会协调发展，而且必须兼顾眼前利益和长远利益以及局部利益和整体利益。耕地保护政策的实施手段日趋多样化。

4. 耕地保护政策体系完善期（2004 年以来）

鉴于粮食生产的大滑坡和促进农民增收的迫切性，2004 年中央一号文件《中央关于促进农民增加收入若干政策的意见》明确提出要“不断提高耕地质量”和“各级政府要切实落实最严格的耕地保护制度”，并且要求确定一定比例的国有土地出让金用于农业土地开发和建设高标准基本农田。同年的《政府工作报告》则强调要依法加强耕地管理和加快征地改革。2004 年 10 月 21 日国务院颁布了 28 号文《关于深化改革严格土地管理的决定》，在严格土地执法、加强规划管理、保障农民利益、促进集约用地、健全责任制度等方面做出了有益于耕地保护的规定与措施。国土资源部随即发布了《关于完善征地补偿安置制度的指导意见》、《关于进一步加强新增建设用地土地有偿使用费征收使用管理的通知》等配套文件。

2005 年中央一号文件《关于进一步加强农村工作提高农业综合生产能力若干政策的意见》继续要求“坚决实行最严格的耕地保护制度，切实提高耕地质量”。为了更好地落实国发［2004］28 号文，2005 年国土资源部先后颁布了《关于规范城镇建设用地增加与农村建设用地减少相挂钩试点工作的意见》、《关于加强和改进土地开发整理工作的通知》、《关于开展补充耕地数量质量实行按等级折算基础工作的通知》等重要文件，国务院还于 10 月 18 日颁布了《省级政府耕地保护责任目标考核办法》。

2006 年 8 月 31 日国务院颁发了《关于加强土地调控有关问题的通知》。2007 年中央一号文件《关于积极发展现代农业扎实推进社会主义新农村建设的若干意见》要求“强化和落实耕地保护责任制”，并且继续强调切实提高耕地质量；同年的《政府工作报告》则发出“一定要守住全国耕地不少于18亿亩这条红线”的最强音。2008年的中央一号文件《关于切实加强农业基础建设进一步促进农业发展农民增收的若干意见》和《政府工作报告》同样强调“坚持最严格的耕地保护制度，特别是加强基本农田保护”，并且继续强化各种耕地保护手段。为了缓解巨大的耕地保护压力，国务院还分别于2007年8月9日、2007年12月1日和2008年1月3日颁布了《关于完善退耕还林政策的通知》、《中华人民共和国耕地占用税暂行条例》（以下简称《耕地占用税暂行条例》）和《关于促进节约集约用地的通知》。而作为耕地保护的主管部门，国土资源部也先后颁布了《实际耕地与新增建设用地面积确定办法》、《关于在建设项目用地预审中做好实地踏勘和论证工作有关问题的通知》等。

这一时期我国的耕地保护政策呈现出如下特点：耕地保护政策被赋予了参与调控使命；耕地保护政策的科学内涵在不断深化，质量建设真正纳入耕地保护政策内涵；与相关政策的互动加强；耕地保护政策的实施手段在不断完善。总体而言，随着市场经济体制的不断健全，耕地保护政策体系也在不断完善中。而在全社会的共同努力下，这一时期我国耕地保护取得了显著成效。如2004年以来，全国耕地净减少量不断降低，从2004年的94.80万公顷分别降低到了2005年和2006年的36.16万公顷和30.68万公顷，2007年更是降到只有4.07万公顷。

**（二）耕地保护制度**

根据《土地管理法》、《土地管理法实施条例》和《基本农田保护条例》等法律、法规，当前法律规定的耕地保护制度主要有以下几个方面：

1. 土地用途管制制度

《土地管理法》第四条第一款规定：“国家实行土地用途管制制度。”该条第二款规定：“国家编制土地利用总体规划，规定土地用途，将土地分为农用地、建设用地和未利用地。严格限制农用地转为建设用地．控制建设用地总量，对耕地实行特殊保护。”

2. 耕地总量动态平衡制度

《土地管理法》第三十三条规定：“省、自治区、直辖市人民政府应当严格执行土地利用总体规划和年度土地利用计划，采取措施，确保本行政区域内耕地不减少；耕地总量减少的，由国务院责令在规定期限内组织开垦与所减少耕地的数量与质量相当的耕地，并由国务院土地行政主管部门会同农业行政主管部门验收，个别省、自治区、直辖市确因土地后备资源匮乏，新增建设用地后，新开垦耕地数量不足以补偿所占用耕地的数量的，必须报经国务院批准减免本行政区域内开垦耕地的数量，进行易地开垦。”

3. 耕地占补平衡制度

《土地管理法》第三十一条第二款规定：“国家实行占用耕地补偿制度。非农业建设经批准占用耕地，按照占多少、垦多少的原则，由占用耕地的单位负责开垦与所占用耕地的数量和质量相当的耕地；没有条件开垦的或者开垦的耕地不符合要求的，应当按照省、自治区、直辖市的规定缴纳耕地开垦费，专款用于开垦新的耕地。”

此外，县级以上地方人民政府可以要求占用耕地的单位将所占用耕地耕作层的土壤用于新开垦耕地、劣质地或者其他耕地的土壤改良。

4. 基本农田保护制度

基本农田是指按照一定时期人口和社会经济发展对农产品的需求，依据土地利用总体规划确定的不得占用的耕地。基本农田保护区是指为对基本农田实行特殊保护而依据土地利用总体规划和依照法定程序确定的特定保护区域。《土地管理法》第三十四条规定：“国家实行基本农田保护制度。基本农田保护制度包括基本农田保护责任制度、基本农田保护区用途管制制度、占用基本农田严格审批与占补平衡制度、基本农田质量保护制度、基本农田环境保护制度、基本农田保护监督检查制度等。”

根据《基本农田保护条例》的规定，基本农田保护实行全面规划、合理利用、用养结合、严格保护的方针。各省、自治区、直辖市规定的基本农田应当占本行政区域内耕地的80%以上。根据法律规定，应当根据土地利用总体规划划入基本农田保护区的耕地包括：①经国务院有关主管部门或者县级以上地方人民政府批准确定的粮、棉、油生产基地内的耕地；②有良好的水利与水土保持设施的耕地，正在实施改造计划以及可以改造的中、低产田；③蔬菜生产基地；④农业科研、教学实验田。⑤国务院规定应当划入基本农田保护区的其他耕地。

基本农田保护区经依法划定后，任何单位和个人不得改变或者占用。国家能源、交通、水利、军事设施等重点建设项目选址确实无法避开基本农田保护区，需要占用基本农田，涉及农用地转用或者征用土地的，必须经国务院批准。

根据《基本农田保护条例》关于“县级以上地方各级人民政府应当将基本农田保护工作纳入国民经济和社会发展计划，作为政府领导任期目标责任制的一项内容，并由上级人民政府监督实施”的规定，各级政府应当建立以基本农田保护和耕地总量动态平衡为主要内容的耕地保护目标责任制，每年

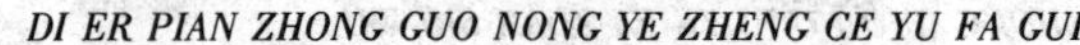

进行考核。

5. 农用地转用审批制度

《土地管理法》第四十四条规定："建设占用土地，涉及农用地转为建设用地的，应当办理农用地转用审批手续。省、自治区、直辖市人民政府批准的道路、管线工程和大型基础设施建设项目、国务院批准的建设项目占用土地，涉及农用地转为建设用地的，由国务院批准。在土地利用总体规划确定的城市和村庄、集镇建设用地规模范围内，为实施该规划而将农用地转为建设用地的，按土地利用年度计划分批次由原批准土地利用总体规划的机关批准。在已批准的农用地转用范围内，具体建设项目用地可以由市、县人民政府批准。本条第二款、第三款规定以外的建设项目占用土地，涉及农用地转为建设用地的，由省、自治区、直辖市人民政府批准。"

6. 土地开发整理复垦制度

土地开发是指对可以利用而尚未利用的土地包括荒山、荒地、荒滩等进行开发利用。土地整理是增加有效耕地面积、提高耕地质量的要求。土地复垦是对土地被破坏的一种补救措施。《土地管理法》第三十八条规定："国家鼓励单位和个人按照土地利用总体规划，在保护和改善生态环境、防止水土流失和土地荒漠化的前提下，开发未利用的土地；适宜开发为农用地的，应当优先开发成农用地。"第四十一条规定："国家鼓励土地整理。县、乡（镇）人民政府应当组织农村集体经济组织，按照土地利用总体规划，对山、水、田、林、路、村综合整治，提高耕地质量，增加有效耕地面积，改善农业生产条件和生态环境。"第四十二条规定："因挖损、塌陷、压占等造成土地破坏的土地，用地单位和个人应当按照国家有关规定负责复垦；没有条件复垦或者复垦不符合要求的，应当缴纳土地复垦费，专项用于土地复垦。复垦的土地应当优先用于农业。"

7. 土地税费制度

《土地管理法》第三十一条规定，建设占用耕地，如没有条件开垦或者开垦的耕地不符合要求，应缴纳耕地开垦费，用于开垦新耕地；第三十七条规定，对于闲置、荒芜耕地要缴纳闲置费；第四十七条规定，征用城市郊区菜地，要缴纳新菜地开发建设基金；第五十五条规定，对以出让方式取得国有土地使用权的建设单位，要缴纳新增建设用地土地有偿使用费。《耕地占用税暂行条例》规定，非农业建设占用耕地，要缴纳耕地占用税。法律规定的税费制度是以经济手段保护耕地的重要措施。

8. 耕地保护法律责任制度

《中华人民共和国刑法》第三百四十二条规定："违反土地管理法规，非法占用耕地改作他用，数量较大，造成耕地大量毁坏的，处5年以下有期徒刑或者拘役，并处或者单处罚金。”第四百一十条规定：“国家机关工作人员徇私舞弊，违反土地管理法规，滥用职权，非法批准征用、占用土地，或者非法低价出让国有土地使用权，情节严重的，处3年以下有期徒刑或者拘役；致使国家或者集体利益遭受特别重大损失的，处3年以上7年以下有期徒刑。”《土地管理法》、《土地管理法实施条例》及《基本农田保护条例》等法律、法规，对耕地保护违法行为规定了相应的行政法律责任。

9. 耕地地力维护和充分利用的有关规定

在稳定耕地数量的同时，还需要维护耕地的质量。《土地管理法》要求，各级人民政府应当采取措施，维护排灌工程设施，改良土壤，提高地力，防止土地荒漠化、盐渍化、水土流失和污染土地。

任何单位和个人不得闲置、荒芜耕地。根据《土地管理法》规定，已经办理审批手续的非农业建设占用耕地，一定时期内不用的，按以下办法处理：①满1年不用而又可以耕种并收获的，应当由原耕种该幅耕地的集体或者个人恢复耕种，也可以由用地单位组织耕种。②1年以上未动工建设的，应当按照省、自治区、直辖市的规定缴纳闲置费。③连续2年未使用的，经原批准机关批准，由县级以上人民政府无偿收回用地单位的土地使用权；该幅土地原为集体所有的，应当交由原农村集体经济组织恢复耕种。承包经营基本农田的单位或者个人连续2年弃耕抛荒的，原发包单位应当终止承包合同，收回发包的基本农田。

**（三）耕地保护政策展望**

虽然当前耕地保护进入了一个崭新阶段，但由于前所述及的原因，我国将在今后较长一段时间内面临日益尖锐的土地供需矛盾，耕地保护也将面临耕地流失反弹的巨大压力。回顾改革开放以来耕地保护政策的发展演变，随着科学发展观的逐步贯彻落实，我国耕地保护政策尚需在以下几个方面进行调整和完善：

1. 进一步强化耕地保护共同责任制

由于耕地利用涉及面广泛，因此必须落实相关各方保护耕地的共同责任，除了强化纵向的上下级考核评价，还需要在横向的用地部门间强化责任意识和必要的约束规则。

2. 适时将耕地保护政策转化为法律

我国当前的耕地保护政策除了散见于相关法律之外，多为国务院或部门规章，缺乏专项的耕地保护法律，鉴于今后日益严峻的耕地保护形势，有必要加强这方面的立法工作，适时将已经成熟的政策法律化，进一步提高其效力和权威。

3. 大力发挥农民在耕地保护中的作用

当前的耕地保护主体是各级政府，这与耕地的实际利用主体（农民）不相吻合，这也是农民在耕地保护中不够积极主动的真实写照，必须赋予农民充分的土地产权，并且给予适当的经济激励，从而发挥其应有作用。

4. 尊重和认可地方的耕地保护创新

各地根据地方实际在耕地保护方面的创新，只要不违背现行法律、符合相关政策要求，就不应一律打杀，而要及时总结和推广。

## 第四节　建设用地涉及农地转用的法律规定

### 一、建设用地

#### （一）建设用地的内涵

建设用地是指建造建筑物、构筑物的土地，包括城乡住宅和公共设施用地，工矿用地，能源、交通、水利、通信等基础设施用地，旅游用地，军事用地等。按其使用土地性质的不同，可分为农业建设用地和非农业建设用地；按其土地权属、建设内容的不同，又分为国家建设用地、乡（镇）建设用地、外商投资企业用地和其他建设用地；按其工程投资和用地规模的不同，还分为大型建设项目用地、中型建设项目用地和小型建设项目用地。

#### （二）建设用地计划管理

为贯彻“十分珍惜和合理利用每寸土地，切实保护耕地”的基本国策，国家提出对各项建设用地实行计划管理，并根据《土地管理法》和国家有关规定，在1996年9月18号由国家计划委员会和国家土地管理局联合颁布实施了《建设用地计划管理办法》。该办法第十八条提出逐步建立土地利用总体规划、五年用地计划和年度用地计划的规划、计划体系。其中，土地利用总体规划是体现土地综合利用、保护耕地的纲要，是编制五年用地计划的重要依据；五年用地计划是分阶段落实土地利用总体规划的中间环节，是指导编制年度用地计划的依据；年度用地计划是按照五年用地计划编制的分年度执行计划。

### （三）建设用地与农用地关系分析

国家编制土地利用总体规划，规定土地用途，将土地分为农用地、建设用地和未利用地。其中，农用地和建设用地是社会生活和生产必不可少的两大类用地。农业用地是人们生存的基础条件和第二产业的重要原料来源，也是生态环境的创造者和保护者；建设用地是人类社会的生存空间和第二、三产业的栖息地，是社会经济发展的主要载体，相对农业用地，能创造更大的经济价值。就某种意义而言，农用地和建设用地之间可以互相转化，但农用地转化为建设用地容易，成本相对低廉；而建设用地转化为农用地则难以保证土壤肥力，整理成本高。

人类社会发展历程中，随着科学技术不断发展，可利用土地面积加大，土地利用率不断提高，建设用地和农用地总量有所增长。但土地具有数量有限性和不可移动性，未利用土地资源有限且区位条件较差，导致经济建设中出现建设用地不断扩张蚕食农业土地、农用地数量和质量急剧减少的现象，影响社会的可持续发展。

我国实行土地用途管制制度，提出实行建设用地计划管理，严格限制农用地转为建设用地，控制建设用地总量，对耕地实行特殊保护。此外，针对农村集体土地转为国有土地使用，国家提出实行土地征用，禁止农民集体所有土地直接作为城市建设用地进入市场流转。

## 二、农业土地转用的相关法律规定

农用地转用是指按照土地利用总体规划和国家规定的批准权限获得批准后，将农用地转变为建设用地的行为。《土地管理法》第四十四条提出，建设占用土地，涉及农用地转为建设用地的，应当办理农用地转用审批手续。

### （一）农用地转用的审批范围

《土地管理法》第四十四条指出，省、自治区、直辖市人民政府批准的道路、管线工程和大型基础设施建设项目、国务院批准的建设项目占用土地，涉及农用地转为建设用地的，由国务院批准。

在土地利用总体规划确定的城市和村庄、集镇建设用地规模范围内，为实施该规划而将农用地转为建设用地的，按土地利用年度计划分批次由原批准土地利用总体规划的机关批准。在已批准的农用地转用范围内，具体建设项目用地可以由市、县人民政府批准。

除此以外的建设项目占用土地，涉及农用地转为建设用地的，由省、自治区、直辖市人民政府批准。

### （二）农用地转用审批程序

根据法律法规规定，目前我国农用地转为建设用地的程序有以下 11 步：

1. 核实是否符合规划和计划要求

农用地转用、征用土地，必须符合土地利用总体规划、城市建设总体规划和土地利用年度计划。因此，用地单位在初步选定某农用地为建设用地后，应首先向国土资源局、建设部门、规划部门咨询是否符合该农用地的各项规划。

2. 向建设部门提交用地申请

确认该农用地可以用于建设后，再根据建设部门的要求，进行和编制建设项目可行性论证，向建设部门提交用地申请，建设部门审查符合的，颁发建设项目的《选址意见书》。用地单位应按规定缴纳选址费。其中，农用地转用和土地征收批准文件有效期两年。农用地转用或土地征收经依法批准后，市、县两年内未用地或未实施征地补偿安置方案的，有关批准文件自动失效。

3. 向国土资源局提出用地预审申请

用地单位持《选址意见书》向同级国土资源局提出用地预审申请，由该国土资源局核发《建设项目用地预审报告书》。

4. 办理立项、规划、环保许可等手续

用地单位凭《建设项目用地预审报告书》向建设部门、环保局等办理立项、规划、环保许可等手续，并缴纳各项审批费用；环境保护部门根据《中华人民共和国环境保护法》（以下简称《环境保护法》）和《建设项目环境保护管理办法》对建设项目进行审批。某些建设项目还需要报劳动行政部门依据《建没项目（工程）劳动安全卫生预评价管理办法》予以审批。

5. 用地单位持以上审批文件，向原预审的国土资源局提出项目用地的正式申请

6. 拟定用地方案等，报有审批权的人民政府审批

国土资源局根据土地利用总体规划、城市建设总体规划和土地利用年度计划，拟定农用地转用方案、补充耕地方案、征地方案和供地方案，分不同类型，由各级人民政府审批。

7. 国土资源局主导土地征用及征地补偿安置

由国土资源局具体负责对该农用地的所有权人和使用权人进行征用，签订补偿安置协议，按征地程序办理征地手续。

8. 批准用地文件和《建设用地批准书》

国土资源局根据批准的供地方案，在征地的补偿、安置补助完成后，向

用地单位发出批准用地文件和《建设用地批准书》，被征地单位应在规定的期限内交出土地。

9. 签订国有土地有偿使用合同（出让供地）或向土地使用者核发划拨决定书（划拨供地）

被征用单位交出土地后，该土地即成为国有土地，由国土资源局与土地使用者签订国有土地有偿使用合同（出让供地）或向土地使用者核发划拨决定书（划拨供地）。用地单位按约定缴纳出让费用。

10. 用地单位获得土地使用权

签订出让合同并按约定缴纳费用后，用地单位才真正获得该土地的使用权，用地单位即可办理建设项目的相关审批手续予以施工建设。

11. 土地转让的有关规定

如用地单位欲转让该土地使用权，必须符合国家关于已出让土地转让的规定和《国有土地使用权出让合同》的约定。转让国有土地使用权时，不得改变规定的规划设计条件。以转让方式取得建设用地后，转让的受让人应当持《国有土地使用权转让合同》、转让地块原建设用地规划许可证向城乡规划行政主管部门申请换发建设用地规划许可证。

# 第六章　农业环境政策与法规概述

农业可持续发展战略成为中国农业和农村经济发展的根本出发点之一。农业资源和农业环境的保护对农业可持续发展来说尤为重要。本章介绍了农业可持续发展的由来和可持续发展的战略目标；重点讲授了水资源、森林资源、草原资源和渔业资源等农业资源的基本情况及其使用和保护的相关法律法规以及农业环境的各种相关法规政策。通过本章的学习，要求掌握我国各种农业资源的基本保护情况和相关法律法规。

## 第一节　农业可持续发展政策概述

### 一、农业可持续发展思想的由来

人口、资源、环境以及经济社会发展问题是当今世界日益关注的四大问题。可持续发展作为谋求解决人口、资源、环境与经济的持续协调发展问题的唯一途径，已经成为世界各国的共识。

#### （一）可持续发展的内涵

第二次世界大战以来，人们在经济增长、城市化、人口、资源等所形成的环境压力下，重新审视“增长—发展”的发展模式。1962 年，美国女生物学家莱切尔·卡逊（Rachel Carson）发表了环境科普著作《寂静的春天》，描绘了一幅由于农药污染所造成的可怕景象，惊呼人们将会失去“春光明媚的春天”，在世界范围内引发了人类关于发展观念的争论。在此 10 年后，罗马俱乐部发表了有名的研究报告《增长的极限》，系统论述了科学技术、生产技术、自然资源、生态环境之间的相互关系及对人类发展的影响，提出了增长是有限的论点。1987年，以布伦特兰夫人为主席的联合国世界与环境发展委员会发表了一份报告《我们共同的未来》，正式提出可持续发展概念，把可持续发展定义为“既满足当代人的需要，又不对后代人满足其需要的能力构成危害的发展”，受到世界各国政府和舆论的极大重视，并在1992年联合国环境与发展大会上得到与会者的共识与承认。根据这一定义，可持续发展的内涵如下：

（1）可持续发展不仅重视增长数量，更追求改善质量、提高效益、节约能源、减少废物，改变传统的生产和消费模式，实施清洁生产和文明消费。

（2）可持续发展要以保护自然为基础，与资源和环境的承载能力相协调。发展的同时必须保护环境，包括控制环境污染，改善环境质量，保护生命支持系统，保护生物多样性，保持地球生态的完整性，保证以持续的方式使用可再生资源，使人类的发展保持在地球承载能力之内。

（3）可持续发展要以改善和提高生活质量为目的，与社会进步相适应。可持续发展的内涵均应包括改善人类生活质量，提高人类健康水平，并创造一个保障人们享有平等、自由、教育、人权和免受暴力的社会环境。

可持续发展观包括三个要素：生态、经济与社会，生态持续是基础，经济持续是条件，社会持续是目的。人类共同追求的应该是自然、生态与社会复合系统的持续、稳定、健康发展。

**（二）农业可持续发展战略的提出**

农业可持续发展是可持续发展思想在农业与农村发展领域的体现。1980年，世界自然与自然资源保护联盟首次提出“持续农业”的观点。持续农业（因与农村密切相关，也称农业与农村可持续发展）是在继承传统农业遗产和发扬现代农业优点的基础上，以持续发展的观点来解决生存与发展所面临的资源与环境问题，协调人口、生产与资源、环境之间的关系。1987年美国农业部可持续农业研究与教育计划（SARE）正式提出了农业可持续发展的模式。1991年4月由联合国粮农组织与荷兰政府于荷兰联合召开的农业与环境国际会议上，提出了可持续农业和乡村发展（SARD）的丹波宣言，呼吁“必须密切关注环境问题，必须重新研究农业与环境的关系”。随后1992年6月在巴西召开的联合国“环境与发展”会议上，这一概念被与会的100多个国家的元首或政府首脑所接受。

根据丹波宣言，农业可持续发展是采用不会耗尽资源或危害环境的生产方式、技术变革和机制性改革，减少农业生产对环境的破坏，维护土地、水、

生物，不造成环境退化、技术上运用得当、经济上可行以及能够被社会接受的农业发展战略。“不造成环境退化”是指希望人类与自然之间、社会与自然环境之间达到和谐相处，建立一种非对抗性、非破坏性关系；“技术上运用适当”是指生态经济系统的合理化并不主要依靠高新技术，而以最为适用、合理的技术为导向；“经济上可行”是指要控制投入成本，提高经济效益，避免国家财政难以维持和农民难以承受的局面；“能够被社会接受”则指生态环境变化、技术革新所引起的社会震荡，应当控制在可以接受的范围内。

在吸收了国际农业与农村发展的经验教训基础上，为解决农业进一步发展面临的一系列困难，中国政府结合本国国情提出了农业可持续发展战略。1992年国家计划委员会等部门联合参与编制了《中国21世纪人口环境与发展白皮书》，出于对世界未来发展走向的充分把握和对中国国情的深刻分析，在国内国际总体发展趋势的大背景下提出了农业可持续发展战略。1992年6月中国政府在巴西里约热内卢世界首脑会议上庄严签署了环境与发展宣言，并在1994年3月通过了《中国21世纪议程》，从我国具体国情和人口、环境与发展总体联系出发，提出了人口、经济、社会、资源和环境相互协调，农业可持续发展的总体战略、对策和行动方案，并在“九五”计划和2010年发展纲要中作了具体的部署，表明我国发展战略思想的转变。这标志着中国农业可持续发展的研究和实践进入新的阶段。1996年八届人大四次会议批准的《中华人民共和国国民经济和社会发展“九五”计划和2010年远景目标纲要》明确提出，要实施科教兴国和可持续发展战略。从此，农业可持续发展战略成为中国农业和农村经济发展的根本出发点之一。

## 二、农业可持续发展的政策目标

《中国21世纪议程》规定了我国农业可持续发展的目标是：保持农业生产率稳定增长，提高食物生产质量和保障食物安全，发展农村经济，增加农民收入，改变农村贫困落后状况，保护和改善农业生态环境，合理、永续地利用自然资源特别是生物资源和可再生能源，以满足逐步增长的国民经济发展和人民生活的需要。

### （一）农业可持续发展目标的特征

实现农业的可持续发展，应达到以下三方面的要求：

#### 1. 经济的可持续性

经济的可持续性即可持续农业必须能在较长时间维持一个较高的产出水平。已经高产的，需要维持已有的水平；产出水平高的，需要保持持续增长的速度。这对发展中国家具有特别重要的意义。同时，可持续农业必须在经济上能获得赢利，可以自我维持、自我发展，保持持久的经济活力。缺乏经济可持续性的农业不是可持续的农业。

2. 社会的可持续性

社会的可持续性指维持农业生产、经济、生态可持续发展所需要的农村社会环境的良性发展，主要包括人口数量控制在一定水平、人口素质的不断提高、农村社会财富的公平分配、农村劳动力以适当速度不断从农业领域转移出去。

3. 生态的可持续性

生态的可持续性指农业所依赖的自然资源的可持续利用和农业所影响的生态环境的良好维持。在资源方面，包括土壤肥力的稳定或提高，耕地总量的稳定或动态平衡，水资源的可持续利用以及生物资源的保护和生物多样化的保护；环境方面，是指保持良好的农业场内与场外的土壤、大气、地表水和地下水环境，农民工作环境的健康卫生以及农产品的安全无毒。

**（二）农业可持续发展的特定目标**

从环境保护和资源有效合理利用方面考虑，农业可持续发展政策目标应是在不断满足当代人在各个时期不同的各种要求并保证农业不断发展，又不妨碍将来发展的情况下，着重解决农用土地资源数量的相对稳定及土地产出率的提高、农业生产方式和经营机制的改革，农业生产环境的改善等基本方面以及相关因素的配套协调，从而建立起农业可持续发展的良性循环的复合自然经济。

从推动农村经济发展的总体发展战略方面考虑，农业可持续发展政策目标应围绕保障供给、富裕农民、环境改善三大目标，实现以下具体目标：①主要农产品持续增长，达到保障供给，满足全国实现小康生活水平的需要；②农村经济持续增长，农民收入大幅度地提高，消灭贫困；③建立起农村经济系统有效运转、良性发展的生产经营机制；④资源得到保护，永续利用，生态环境良好，实现生产、经济、社会和生态环境的协调发展。

# 第二节　农业资源保护的政策与法规

## 一、农业资源概述

### （一）自然资源的概念和类型

1. 自然资源的概念

根据联合国环境规划署的定义，自然资源是指“在一定条件下，能够产生价值以提高人类当前和未来福利的自然因素的总和”，如土壤、水、矿物、森林、草原、野生动植物、阳光、空气等。自然资源是人类生存的自然基础。各种生产所针对的对象都直接或间接来源于自然资源，人类生存需要的生态条件如阳光、空气、水等是自然资源的一部分，人类生活质量的提高和生存条件的改善需要更多的物质财富，而物质财富的获得必须依靠对自然资源的利用。自然资源维持着人类的生存，支撑着社会的发展。

2. 自然资源的类型

以资源可再生性的不同可以将自然资源分为三种类型：

（1）可再生资源。可再生资源包括生物资源，如动物、植物、微生物及其周围环境组成的各种生态系统以及非生物资源，如土地和水。生物资源可以在适宜的资源环境与合理的经营管理中不断更新繁衍，并被人类永续利用；非生物资源也可以在符合其恢复和循环使用的规律条件下为人们永续利用。

（2）不可再生资源。人类开发利用后，在相当长的时间内不可能再生的自然资源叫不可再生资源。主要指自然界的各种矿物、岩石和化石燃料，如泥炭、煤、石油、天然气、金属矿产、非金属矿产等。这类资源是在地球长期演化历史过程中，在一定阶段、一定地区、一定条件下经历漫长的地质时期形成的。与人类社会的发展相比，其形成非常缓慢，与其他资源相比，再生速度很慢或几乎不能再生。人类对不可再生资源的开发和利用只会消耗而不可能保持其原有储量或再生。其中一些资源可重新利用，如金、银、铜、铁、铅、锌等金属资源；另一些是不能重复利用的资源，如煤、石油、天然气等化石燃料，当它们作为能源利用而被燃烧后，尽管能量可以由一种形式转换为另一种形式，但作为原有的物质形态已不复存在，其形式已发生变化。

(3) 恒定性资源。恒定性资源是指在自然界大量存在，人们取之不尽、用之不竭的自然资源，又被称为“非耗竭性资源”或“无限资源”，如太阳能、风能、光能、潮汐能等。这类资源数量丰富、性质稳定、无污染，是目前备受关注、很有开发前途的自然资源。但人类的不良活动所造成的环境污染，对这类自然资源的利用也形成了不同程度的威胁，如大气污染影响太阳能的直接利用效率，全球气候变化也使风能、潮汐能的开发利用受到不良影响。

**(二) 农业自然资源**

农业自然资源是指人们从自然界直接获得的用以形成农业生产手段的物质要素，如土地、水、森林、草原、野生动植物等，它是农业发展的基础和农产品形成的源泉。

人类利用自然资源的过程中，可以同时保护和合理改造自然资源，使自然资源更有效地造福于人类。但是，人类在利用自然资源的过程中，往往也会自觉不自觉地破坏自然资源，进而不利于人类自身，甚至受到自然界的惩罚。因而，国家颁布和实施自然资源法对于指导人们科学利用资源、抑制不合理行为起着十分重要的作用，它可以促进人和自然资源的良好关系和共同发展。

## 二、水资源保护政策与法规

**(一) 水资源概况**

1. 水资源的概念

水资源是指在一定经济技术条件下可以被人类利用并能逐年恢复利用的淡水的总称。它具有形态多样性、有限性、可恢复性、不可替代性和不稳定性等特点。水是人类赖以生存且不可替代的重要物质和自然资源。

水资源是一个既简单又非常复杂的概念。其复杂内涵表现在：水的类型繁多，具有运动性，各种类型的水体具有相互转化的特性；水的用途广泛，不同的用途对水量和水质具有不同的要求；水资源所包含的“量”和“质”在一定条件下是可以改变的；水资源的开发利用还受到经济技术条件、社会条件和环境条件的制约。

2. 水资源的分类

所谓水资源，是指对人具有使用价值，且在当今科技水平和社会经济条件下能够开发利用的水。根据《水法》规定，水资源可分为地表水资源和地下水资源。

(1) 地表水资源。地表水资源指地表水中可以逐年更新的淡水量。它是水资源的重要组成部分，包括冰雪水、河川水和湖沼水等，通常以还原后的

天然河川径流量表示其数量。由于地表水和地下水之间存在着一定的联系，因此在水资源评价中必须扣除地下水补给河流的那部分水量。

地表水由分布于地球表面的各种水体，如海洋、江河、湖泊、沼泽、冰川、积雪等组成。作为水资源的地表水，一般是指陆地上可实施人为控制、水量调度分配和科学管理的水。

从供水角度讲，地表水资源指那些贮存于江河、湖泊和冰川中的淡水；从航运和养殖角度来讲，地表水资源主要指河道和水域中所贮存的水；从能源利用角度来讲，地表水资源主要指具有一定落差的河川径流。

据理论估算，全球地表水总量为14亿立方千米。其中，海洋13.7亿立方千米，河流1700万立方千米，淡水湖及水库12.5万立方千米，冰川和永久积雪水0.3亿立方千米。

（2）地下水资源。地下水资源在我国水资源中占有举足轻重的地位，由于其分布广、水质好、不易被污染、调蓄能力强、供水保证程度高，正被越来越广泛地开发利用。尤其在中国北方、干旱半干旱地区的许多地区和城市，地下水成为重要的甚至唯一的水源。

目前，我国地下水开发利用主要是以孔隙水、岩溶水、裂隙水三类为主，其中孔隙水的分布最广、资源量最大、开发利用得最多，岩溶水在分布、数量、开发方面均居其次，而裂隙水则最小。

**（二）水法概述**

虽然地球表面70%以上为水所覆盖，地球上的总水量很大，但是能够被人们利用的饮用、灌溉的水量仅占全球总水量的2.45%，并且淡水的分布极不平衡，远远不能满足人类的需要。我国的水资源总量非常丰富，但人均水量却只占世界平均值的1/4，同时我国的水资源分布很不均衡，大部分地区60%～80%的降水量集中在夏秋汛期，导致水涝灾害频繁发生。因此，保护水资源、合理利用水资源在社会生产和生活中发挥的作用越来越重要。

2002年8月29日，第九届全国人民代表大会常务委员会通过了《水法》；1998年1月1日，全国人大常委会颁布实施了《中华人民共和国防洪法》（以下简称《防洪法》）；1991年6月29日，全国人大常委会颁布实施了《水土保持法》；1996年5月15日修订了《中华人民共和国水污染防治法》；2006年1月24日颁布、2006年4月15日实施了《取水许可和水资源费征收管理条例》。这一系列法律法规有利地保护了有限的水资源。

**（三）水资源保护的相关规定**

1. 水资源的所有权和使用权

《宪法》规定：水流属于国家所有。《水法》第三条也明确规定：“水资源属于国家所有。水资源的所有权由国务院代表国家行使。”这里的水资源应当是指处于天然状态的水，包括地表水和地下水。水资源的国家所有意味着国家对水资源具有统一调度和支配的权力，国家对水资源的开发、利用和保护实行集中统一的管理。

《水法》第三条同时也明确规定：“农村集体经济组织的水塘和由农村集体经济组织修建管理的水库中的水，归各该农村集体经济组织使用。”这里的水是指人工开发出来的水，即由农民集体投资或投劳修建的水塘、水库、沟渠中拦蓄、引取的水。将水塘、水库中的水规定为集体所有，有利于保护和调动农民和农业集体经济组织兴办水利事业的积极性。

2. 保护水资源和改善生态环境

水既是重要的自然资源，又是构成环境的要素之一。因此，保护水资源也是保护环境的重要内容。就水资源的质和量来说，也与生态环境的保护和改善有着密切的关系。保护自然植被，种树种草，既可以防止水土流失，改善水质，避免水利工程的破坏和水害，又可以涵养水源，增加水量。保护水资源和改善环境是密切相关、相辅相成的。

3. 贯彻节约用水的原则

要使有限的水资源能够满足工农业生产和人民生活的需要，必须坚持计划用水和节约用水的原则。要节约用水，首先要求各级人民政府加强对节约用水的管理，建立和健全节约用水的各项规章制度，设立相应的管理机构，同时要采取节约用水的先进技术，降低水的消耗，提高水的重复利用率。

4. 水资源规划和开发利用

《水法》规定：开发、利用、节约、保护水资源和防治水害，应当按照流域、区域统一制定规划。规划分为流域规划和区域规划。流域规划包括流域综合规划和流域专业规划；区域规划包括区域综合规划和区域专业规划。

开发、利用水资源，应当坚持兴利与除害相结合，兼顾上下游、左右岸和有关地区之间的利益，充分发挥水资源的综合效益，并服从防洪的总体安排。开发、利用水资源，应当首先满足城乡居民生活用水，并兼顾农业、工业、生态环境用水以及航运等需要。地方各级人民政府应当结合本地区水资源的实际情况，按照地表水与地下水统一调度开发、开源与节流相结合、节流优先和污水处理再利用的原则，合理组织开发、综合利用水资源。

5. 水资源、水域和水工程的保护

从事水资源开发、利用、节约、保护和防治水害等水事活动，应当遵守经批准的规划；因违反规划造成江河和湖泊水域使用功能降低、地下水超采、

地面沉降、水体污染的，应当承担治理责任。

国家建立饮用水水源保护区制度。省、自治区、直辖市人民政府应当划定饮用水水源保护区，并采取措施，防止水源枯竭和水体污染，保证城乡居民饮用水安全。

在河道管理范围内建设桥梁、码头和其他拦河、跨河、临河建筑物、构筑物，铺设跨河管道、电缆，应当符合国家规定的防洪标准和其他有关的技术要求，工程建设方案应当依照《防洪法》的有关规定报经有关水行政主管部门审查同意。

6. 防洪

《防洪法》规定：防洪工作按照流域或者区域实行统一规划、分级实施和流域管理与行政区域管理相结合的制度。任何单位和个人都有保护防洪工程设施和依法参加防汛抗洪的义务。国务院水行政主管部门在国务院的领导下，负责全国防洪的组织、协调、监督、指导等日常工作。各级人民政府应当加强对防洪工作的统一领导，组织有关部门、单位，动员社会力量，依靠科技进步，有计划地进行江河、湖泊治理，采取措施加强防洪工程设施建设，巩固、提高防洪能力。各级人民政府应当组织有关部门、单位，动员社会力量，做好防汛抗洪和洪涝灾害后的恢复与救济工作。各级人民政府应当对蓄滞洪区予以扶持；蓄滞洪后，应当依照国家规定予以补偿或者救助。

7. 水土保持

一切单位和个人都有保护水土资源，防治水土流失的义务，并有权对破坏水土资源、造成水土流失的单位和个人进行检举。国家对水土保持工作实行预防为主、全面规划、综合防治、因地制宜、加强管理、注重效益的方针。国务院和地方人民政府应当将水土保持工作列为重要职责，采取措施做好水土流失防治工作。国务院水行政主管部门主管全国的水土保持工作，县级以上地方人民政府水行政主管部门主管本辖区的水土保持工作。县级以上人民政府应当依据水土流失的具体情况，划定水土流失重点防治区，进行重点防治。

8. 水污染防治

为防治水污染，保护和改善环境，以保障人体健康，保证水资源的有效利用，促进社会主义现代化建设的发展，国务院有关部门和地方各级人民政府必须将水环境保护工作纳入计划，采取防治水污染的对策和措施。各级人民政府的环境保护部门是对水污染防治实施统一监督管理的机关。一切单位和个人都有责任保护水环境，并有权对污染损害水环境的行为进行监督和检举。因水污染危害直接受到损失的单位和个人，有权要求致害者排除危害和赔偿损失。

9. 取水许可和水资源收费

为加强水资源管理和保护，促进水资源的节约与合理开发利用，取用水资源的单位和个人，除《取水许可和水资源费征收管理条例》第四条规定的情形外，都应当申请领取取水许可证，并缴纳水资源费。取水许可和水资源费征收管理制度的实施应当遵循公开、公平、公正、高效和便民的原则。取水许可应当首先满足城乡居民生活用水，并兼顾农业、工业、生态与环境用水以及航运等需要。

## 三、森林资源保护政策与法规

### （一）森林资源概述

根据《中华人民共和国森林法实施条例》（以下简称《森林法实施条例》）的规定，《森林法》所称森林是指森林资源，包括森林、林木、林地以及林区野生的植物、动物和微生物。森林包括乔木林和竹林；林木包括树木和竹子；林地包括郁闭度 0.2 以上的乔木林地以及竹林地、灌木林地、疏林地、采伐迹地、火烧迹地、未成造林地、苗圃地和县级以上人民政府规划的宜林地。根据《森林法》的规定，森林分为以下五种：①防护林，以防护为主要目的的森林、林木和灌木丛，包括水源涵养林，水土保持林，防风固沙林，农田、牧场防护林，护岸林，护路林；②用材林，以生产木材为主要目的的森林和林木，包括以生产竹材为主要目的的林木；③经济林，以生产果品、食用油料、饮料、调料、工业原料和药材为主要目的的林木；④薪炭林，以生产燃料为主要目的的林木；⑤特种用途林，以国防、环境保护、科学实验等为主要目的的森林和林木，包括国防林、实验林、母树林、环境保护林、风景林、名胜古迹和革命纪念地的林木、自然保护区的森林。

森林资源不仅是生产木材的自然资源，而且是对自然系统有着重要影响的自然资源。森林作为生物圈的组成部分，在保护环境、稳定生态平衡和促进社会文化、经济、生活等方面有着多种功能。森林不仅可以生产木材，有着经济效益，更重要的是森林具有生态效益，可以发挥防止水土流失、调节空气、净化环境、保存物种等作用。森林的生态效益使森林的经营具有公益性，破坏森林，使森林的生态效益遭受损失，也是对社会公益的严重损害。森林是一种可再生资源，森林被砍伐后，可以通过人工或者天然的更新营造再次生长出来。所以，只要遵循森林的生长规律，森林就可以被人类社会永

续利用。

**（二）森林法概述**

森林资源不仅提供木材和森林产品满足人们的需要，而且能涵养水源、保持水土、消除污染、净化空气、调节气候、降低噪音、美化大地、防风固沙，还是野生动物的栖息地。但是森林资源是极其有限的，人们对木材的需求往往会导致对森林的过度采伐，各种病虫害、火灾等也会造成森林面积的大量减少。保护森林资源是关系到农业乃至整个国民经济发展的大事。

为了合理开发、利用和保护森林资源，1979 年 2 月 23 日全国人大常委会通过了《中华人民共和国森林法（试行）》，经过 5 年的试行和反复修改，1984 年 9 月 20 日全国人大通过了正式的《森林法》。1986 年 4 月，经国务院批准，林业部又颁布了《中华人民共和国森林法实施细则》（以下简称《森林法实施细则》）；《森林法实施条例》于 2000 年 1 月 29 日由国务院第 278 号令公布，自公布之日起施行，同时废止《森林法实施细则》。1988 年 1 月国务院发布了《森林防火条例》，2008 年 11 月 19 日国务院第 36 次常务会议进行了修订，并于 2009 年 1 月 1 日开始施行。1987 年 9 月制定了《森林采伐更新管理办法》，经过 20 多年的实施和反复修改，新的《森林采伐更新管理办法（征求意见稿）》于 2009 年 4 月发布，同时废止 1987 年的《森林采伐更新管理办法》。1989 年 11 月制定了《森林病虫害防治条例》等，形成了我国比较完整的森林资源保护法律体系。

**（三）森林资源保护的相关规定**

1. 植树造林制度

《农业法》第六十条规定："国家实行全民义务植树制度。各级人民政府应当采取措施，组织群众植树造林，保护林地和林木，预防森林火灾，防治森林病虫害，制止滥伐、盗伐林木，提高森林覆盖率。"全民义务植树制度是指全体公民都有植树造林的义务，植树造林、保护森林资源是全体公民应尽的义务。各级人民政府应当按照《国务院关于开展全民义务植树运动的实施办法》的规定，组织全民义务植树。

2. 护林防火制度

森林防火制度包括火灾预防和扑救。

（1）规定森林防火期和防火区。地方人民政府应当组织和划定森林防火责任区，确定森林防火责任单位，建立防火责任制和军民联防制。森林所在地县以上地方人民政府在当年高温、干旱和大风等高火险天气出现时，可宣布森林防火期开始并划定森林防火区，规定防火戒严期。防火期内禁止在林区野外用火；因特殊情况需要用火的必须经过特别批准，并严格遵守有关规定。在森林防火期内，对林区作业和进入林区的各种机动车辆规定必须安设防火装置，并采取各种有效措施严防火灾；对铁路沿线有引火危险的地段要开设防火隔离带，在林区野外操作机械设备必须遵守防火安全规程。防火期内，禁止在林区使用枪械狩猎。进行实弹演习、爆破、勘察和施工等活动，必须经过特别批准，并采取防火措施，做好灭火准备。森林防火戒严期内，在林区严禁一切野外用火，并对可能引起火灾的机械和居民生活用火实行严格管理。

（2）加强森林防火设施建设。各级人民政府应当组织有关单位有计划地进行林区森林防火设施建设，设置火情瞭望台；在重点部位开设防火隔离带或营造防火林带；在重点林区修筑防火道路，建立防火物资储备仓库：配备防火交通运输工具及探火、灭火器械，通信器材等。

（3）建立森林火险监测和预报系统。气象部门和林业主管部门应当联合建立森林火险监测和预报站（点），气象部门应做好森林火险天气预报，特别是高火险天气预报。报纸、广播、电视部门应当及时发布森林火险天气预报和高火险天气警报。

（4）森林火灾扑救的法律规定。主要有：①任何单位和个人一旦发现森林火灾必须立即扑救，并应及时向当地人民政府或森林防火指挥部报告。②扑救森林火灾，由当地人民政府或者森林防火指挥部统一组织和指挥。接到扑火命令的单位或个人，必须迅速赶赴指定地点，投入扑救。③在扑救森林火灾时，气象、铁路、交通、民航、邮电、民政、公安、商业、供销、粮食、物资和卫生等部门，应当做好相应工作。

3. 森林病虫害防治制度

森林病虫害防治是指对森林、林木、林木种苗及木材、竹材的病害和虫害的预防和除治。国务院于1989年11月制定了《森林病虫害防治条例》，共5章30条：第一章是总则，主要规定了森林病虫害防治应实行“预防为主，综合治理”的基本方针，规定了“谁经营谁防治”的防治责任制，规定了国务院林业主管部门、地方林业主管部门和地方各级人民政府对森林病虫害防治的主管职责和具体组织职责等。第二章是森林病虫害预防，规定了预防森林病虫害的多种法律措施。主要有：森林病虫害检疫、发挥生物防治作用、森林病虫害调查测报、森林病虫害综合治理，防治设施建设等。第三章是森林病虫害的除治，规定了发现严重森林病虫害的单位和个人的及时报告义务、人民政府或林业主管部门组织除治的职责、森林施药的限制和有关部门的配

合、森林病虫害除治费用保障等。第四章是奖励和惩罚，规定了对森林病虫害防治做出成绩的单位和个人的奖励办法、对违反森林病虫害防治义务的单位和个人的处罚措施。第五章是附则。

4. 森林资源合理采伐制度

森林资源合理采伐制度主要包括森林采伐更新制度、森林采伐限额制度、森林采伐许可制度。构成这些制度的法规主要有林业部为贯彻执行《森林法》制定发布的《森林采伐更新管理办法》、《制定年森林采伐限额暂行规定》、《关于加强森林采伐许可证管理的通知》等。所谓森林采伐更新，是指在森林采伐后必须及时进行森林更新，并且根据树种的生态特性和不同土地条件采取相应的更新措施，以保证森林的合理采伐，及时更新采伐迹地，实现青山常在、永续利用。限额采伐是国家根据合理经营、永续利用原则，对森林资源采伐或消耗的总量规定控制指标，作为年合理采伐量，按限定的采伐量进行采伐。森林采伐许可证制度是指为了科学合理地采伐利用森林，采伐单位和个人都必须持有林业主管部门或其授权单位核发的采伐许可证，并在许可范围内采伐。没有许可证或不按许可证许可范围采伐的，则属违法采伐，应追究法律责任。

## 四、草原资源保护政策与法规

### （一）草原资源概述

1. 草原的概念

根据《草原法》，草原是指天然草原和人工草地。天然草原是指一种土地类型，它是由草本和木本饲用植物与其所着生的土地构成的具有多种功能的自然综合体。人工草地是指选择适宜的草种，通过人工措施而建植或改良的草地。

草原是指以生长草本植物或者饲用灌木植物为主，用于或者可以用于畜牧业和割草的土地。

2. 草原的分类

我国的草原主要有呼伦贝尔东部草原、伊犁草原、锡林郭勒草原、鄂尔多斯大草原、川西高寒草原、那曲高寒草原、祁连山草原等。根据生物学和生态特点，可划分为四个类型：

（1）草甸草原。它是草原中最喜湿润的类型。建群种为中旱生的多年生草本植物；常混生大量中生或旱中生植被，主要是杂草类，其次为根茎禾草与丛生苔草，典型旱中生丛生禾草仍起一定作用。草甸草原地区的土壤主要为黑钙土。草甸草原地区年降水量为350～500毫米，主要植物有贝加尔针茅、大针茅、羊草等。草丛高度为40～80厘米，覆盖度为80%～90%。每公顷可产干草1600～2400千克，因而是温带草原中产量最高的一种类型。这类草原是发展牛、马等大家畜较好的畜牧业基地，也是草原生态旅游极好的去处。但是这类草原自然条件较好，因而被开垦作农田，种植春小麦、油菜的面积较大。也正由于如此，草甸草原保存面积不大。而一旦被开垦为农田，则严重退化现象将不可避免地发生。

（2）平草原（典型草原）。建群种由典型旱生植物组成，以丛生禾草为主，伴有中旱生杂类草及根茎苔草，有时还混生旱生灌木或小半灌木。分布典型草原的地区属于温带半干旱大陆性气候，降水量为250～450毫米。典型草原主要由针茅、羊草、隐子草等禾草组成，伴生中旱生杂草、灌木及半灌木，草丛一般高30～50厘米。在我国，典型草原主要分布在呼伦贝尔高原西部、锡林郭勒高原大部及鄂尔多斯高原东部等地。

（3）荒漠草原。它为草原中最旱生的类型。建群种由旱生丛生小禾草组成，常混生大量旱生小半灌木，并在群落中形成稳定的优势层片。荒漠草原属于自然带的一种，主要是受自然环境影响形成的。地理位置处于大陆内部，年降水量小于或等于200毫米。气候干燥，少雨，属于大陆气候。或者是受人类活动的影响，人类不合理的放牧和开垦以及开采矿物直接导致草原荒漠化的进程。荒漠草原主要分布于亚洲大陆内部，如内蒙古西部和新疆就有荒漠草原分布。荒漠草原以荒漠为主，生长的植物主要是一些耐旱、叶小而少而且根深的植物，原因是叶小而少可以减少蒸发，根深可以充分吸取底下水分。

（4）高寒草原。它是中国草原群落的一种植被类型，是分布在海拔4000米以上的草原。高寒地带气候寒冷而潮湿，日照强烈，紫外线作用增强，空气中$CO_2$含量降低，空气稀薄，土壤温度高于空气温度，温度变化剧烈，昼夜温差极大，年平均温度不到1℃，生长季短，仅120天，年降水量约400毫米，相对湿度70%以上。植物多低矮丛生，叶面积缩小，叶片内卷，气孔下陷，机械组织与保护组织发达，根系较浅，植株形成密丛，基部常为宿存的枯叶鞘所包围，起保护更新芽越冬的作用。生长有以营养繁殖为主的多年生草本、垫状小灌木或垫状植物，如针茅属紫花针茅、座花针茅以及克氏羊茅、假羊茅，还有莎草科硬叶苔草。小半灌木有藏籽蒿、藏南蒿、垫状蒿等。垫状植物有垫状驼绒藜、垫状点地梅、垫状棘豆、垫状蚤缀等。我国高寒草原主要分布在青藏高原中部和南部、帕米尔高原及天山、昆仑山和祁连山等亚洲中部高山。

3. 草原的作用

我国的草原资源非常丰富，拥有天然和人工的草地60多亿亩，草原面积占国土面积的40%，相当于耕地面积的3.7倍，是我国最大的可更新资源。草原上生长着多种优良牧草，是重要的畜牧业基地。此外，草原植被还蕴藏着许多药用植物，可采收利用。

草原是一种宝贵的自然资源，不仅是畜牧业生产的基本条件，而且能够涵养水源，保持水土，调节气候，改善生态环境。草原是一种可再生资源，但是如果自然条件恶化，或者受到人类活动的干扰，就会使其生态系统破坏，导致草原资源的退化、衰竭甚至消失。因此，加强对草原资源的保护是非常重要的。

（1）防风固沙。草地植被能有效地降低风速，寸草挡大风。美国在北部干旱草原区建立与风向垂直的高原草障，两草障之间的风速与无草障相比，降低19%～85%。我国利用草本植物固沙，特别是在干旱区草原飞播沙蒿固沙，取得了举世瞩目的成效。有些草地灌木，如沙棘、沙拐枣、柠条等，是治理沙化土地的适宜植物。加强和加快草原的保护与建设力度，增大草地植被的覆盖度，增加国土绿色屏障面积，以增强草地的总体防风固沙能力，就可以最大限度地控制土地荒漠化进程，减少沙尘和沙尘暴的危害，促进我国整体生态环境的优化。

（2）涵养水源，防止水土流失。天然草地植被可以减少降水对地表土壤的冲刷，截留可观的降水量。据美国的试验，兰茎冰草对降水的载留量可达50%，草原土壤比无植被的空旷地对水分有较高的渗透率，对涵养土壤水分有积极作用。草地植物根系致密，其强大的根系对土壤有较强的吸附力和黏着力，对防止土壤侵蚀、减少地表径流效果非常显著。特别要指出的是，草地防止水土流失的能力高于灌丛和森林，生长7～8年的森林拦蓄地表径流的能力为34%，而生长2年的草地拦蓄地表径流的能力为54%，高于森林20%。草地可减少径流中70.3%的含沙量，而森林仅能减少径流中37.3%的含沙量。种草的成本更比植树造林成本低若干倍，种草当年或第二年即见效，而种树要5～10年才能郁闭成林。对一些贫瘠、陡坡、土壤砾石含量高、蓄水力低的土地，种草是恢复植被覆盖率最高的途径。

**（二）草原法概述**

草原是一种草本植被类型的自然资源，是畜牧业的重要生产资料，是各种野生动物的栖息场所。同时草原有涵养水分、保持水土、调节气候、防治土地风蚀、改善生态环境的作用。

我国于1985年6月颁布、2002年12月修订了《草原法》，1988年颁布、1997年修订了《草原治虫灭鼠实施规定》，1993年制定了《草原防火条例》等保护草原的法律措施。另外，一些省、自治区还制定了地方性的草原保护法规。

**（三）草原资源保护的相关规定**

1. 合理利用草原

各级人民政府应当加强对草原保护、建设和利用的管理，将草原的保护、建设和利用纳入国民经济和社会发展计划。国家对草原实行以草定畜、草畜平衡制度。县级以上地方人民政府草原行政主管部门应当按照国务院草原行政主管部门制定的草原载畜量标准，结合当地实际情况，定期核定草原载畜量。各级人民政府应当采取有效措施，防止超载过牧。

2. 草原植被保护

严格保护草原植被，禁止开垦和破坏。对水土流失严重、有沙化趋势、需要改善生态环境的已垦草原，应当有计划、有步骤地退耕还草，已造成沙化、盐碱化、石漠化的，应当限期治理。

在草原上从事采土、采砂、采石等作业活动，应当报县级人民政府草原行政主管部门批准，开采矿产资源的，并应当依法办理有关手续。禁止在荒漠、半荒漠和严重退化、沙化、盐碱化、石漠化、水土流失的草原以及生态脆弱区的草原上采挖植物和从事破坏草原植被的其他活动。

在草原上开展经营性旅游活动，应当符合有关草原保护、建设、利用规划，并事先征得县级以上地方人民政府草原行政主管部门的同意，方可办理有关手续。

除抢险救灾和牧民搬迁的机动车辆外，禁止机动车辆离开道路在草原上行驶，破坏草原植被；因从事地质勘探、科学考察等活动确需离开道路在草原上行驶的，应当向县级人民政府草原行政主管部门提交行驶区域和行驶路线方案，经确认后执行。

3. 防治草原鼠虫害

县级以上地方人民政府应当做好草原鼠害、病虫害和毒害草防治的组织管理工作。县级以上地方人民政府草原行政主管部门应当采取措施，加强草原鼠害、病虫害和毒害草监测预警、调查以及防治工作，组织研究和推广综合防治的办法。

4. 加强草原防火

草原火灾是指由自然或人为原因引起的失去人力控制并对草原造成危害的草原植被燃烧现象，它是破坏草原的重大灾害。草原防火工作贯彻预防为

主、防消结合的方针。各级人民政府应当建立草原防火责任制，规定草原防火期，制定草原防火扑火预案，切实做好草原火灾的预防和扑救工作。

## 五、渔业资源保护政策与法规

### （一）渔业资源概述

渔业资源是自然资源的重要组成部分。渔业资源亦称水产资源，是指水域中蕴藏的具有经济、社会、美学价值，现在或将来可以通过渔业得以利用的生物资源。它不仅包括水域中蕴藏的各种龟类和水生经济动植物的种类和数量，还包括所有与渔业生产和环境有关的水生野生动物、水生饵料生物等的种类和数量。20 世纪 70 年代以来，世界上一些传统的渔业资源出现了衰退，渔业的可持续发展受到了严重的挑战。

渔业资源自身具有自然再生产和经济再生产的双重性。在适宜的条件下，渔业资源可以在一定的时间和空间内自律更新、繁衍后代。在渔业资源的自然再生产过程中，人类的生产生活应当为其创造相应的条件，尊重渔业资源的自身特点和生长规律，满足其对客观环境的要求。渔业资源既是重要的自然资源，又是自然环境要素的重要组成部分。它对于社会经济发展，满足和改善人们的物质生活，保持水生生态的平衡都有着十分重要的意义。

我国海域辽阔，海岸线总长度达 32000 多千米，其中大陆岸线 18000 多千米。海洋渔场面积有 150 多万平方千米，有经济价值的鱼、虾达 1500 多种。沿岸有 2000 多万亩滩涂，可以发展海水养殖业。内陆江河及湖库池塘可以发展淡水养殖的水面有 8000 多万亩。

### （二）渔业法概述

我国于 1986 年 1 月 20 日通过、2000 年 10 月 31 日第一次修正、2004 年 8 月 28 日第二次修正了《渔业法》。另外还制定了《中华人民共和国渔业法实施细则》（以下简称《渔业法实施细则》）、《中华人民共和国水产资源繁殖保护条例》、《水生野生动物保护实施条例》等配套法规以及一些地方性法规。《渔业法》是渔业资源保护的主要法律依据。

### （三）渔业资源保护的相关规定

1. 渔业资源保护

渔业资源的发展和保护与水、水域是密切相关的，但水、水域不是渔业的独占性资源，而是被多种行业、经济活动影响的具有多种功能的资源。《渔业法》为了保护渔业资源，对可能造成不利于渔业资源的有关行业与经济活动进行了一定限制：在鱼、虾、蟹、贝幼苗的重点产区直接引水、用水的单位和个人，应当采取避开幼苗的密集期、密集区或者设置网栅等保护措施。在鱼、虾、蟹洄游通道建闸、筑坝，对渔业资源有严重影响的，建设单位应当建造过鱼设施或者采取其他补救措施。用于渔业并兼有调蓄、灌溉等功能的水体，有关主管部门应当确定渔业生产所需的最低水位线。禁止围湖造田。沿海滩涂未经县级以上人民政府批准，不得围垦；重要的苗种基地和养殖场所不得围垦。进行水下爆破、勘探、施工作业，对渔业资源有严重影响的，作业单位应当事先同有关县级以上人民政府渔业主管部门协商，采取措施，防止或减少对渔业资源的损害。

2. 渔业捕捞的禁止与限制

（1）禁渔事项。禁渔事项是指与保护渔业资源有关的禁渔区、禁渔期、禁用渔具、禁用渔法、禁捕苗种等事项。禁止在禁渔区、禁渔期进行捕捞；禁止用炸鱼、毒鱼、电鱼等破坏渔业资源的方法进行捕捞；禁止制造、销售、使用禁用的渔具；禁止使用小于最小网口尺寸的网具进行捕捞；禁止捕捞有经济价值的水生苗种。

（2）特别捕捞。因养殖或者其他特殊需要使用禁止使用的渔法、渔具，在禁渔区、禁渔期进行捕捞的特别捕捞须经特别批准。《渔业法实施细则》规定了两种特别捕捞及其批准权限：①因科学研究等特殊需要，在禁渔区、禁渔期捕捞，或者使用禁用的渔具、捕捞方法，或者捕捞重点保护的渔业资源品种，应当经省级以上人民政府渔业行政主管部门批准；②因养殖或者其他特殊需要，捕捞鳗鲡、鲥鱼、中华绒螯蟹、真鲷、石斑鱼等有重要经济价值的水生动物苗种或者禁捕的怀卵亲体的，必须经国务院渔业行政主管部门或者省、自治区、直辖市人民政府渔业行政主管部门批准，并领取专项许可证件，方可在指定区域和时间内按照批准限额捕捞。捕捞其他有重要经济价值的水生动物苗种的批准权，由省、自治区、直辖市人民政府渔业行政主管部门规定。

3. 捕捞作业的特殊限制

（1）建造人工鱼礁的限制。设置人工鱼礁，应当经过环境影响评价和增殖效果评估，并应避开主要航道和重要锚地。大型人工鱼礁建设，须经国务院渔业行政主管部门批准，其他人工鱼礁建设由省级渔业行政主管部门批准。具体管理办法由国务院渔业行政主管部门制定。

（2）定置渔业的限制。定置渔业不得跨县作业，海洋定置渔业不得越出“机动渔船底拖网禁渔区线”。县级以上人民政府渔业行政主管部门应当限制其网桩数量和作业场所。

# 第三节　农业环境保护的政策与法规

## 一、农业环境概述

农业环境是指以农作物、畜禽和鱼类等农业生物为中心的周围事物的总和，包括大气、水体、土地、光、热以及农业生产者劳动和生活的场所（农区、林区、牧区等）。农业环境是自然环境的一个重要组成部分，既包括一部分原始的自然环境，又包括一部分经过改造的人工环境。农业环境由农业自然环境和农业社会环境组成，农业资源是构成农业环境的要素之一，农业资源和农业环境是有机联系的统一整体。

目前，我国农业环境十分严峻，许多地方水、气、土壤环境污染严重，农村环境质量有所下降，农业环境问题已成为制约农业和农村经济发展的重要因素。据统计，我国每年因农业环境污染造成农作物减产损失 150 亿元，农畜产品污染损失 160 亿元，每年超过食品卫生标准的农畜产品总量达 1535 万吨。这些经济损失主要是指直接经济损失，如果再考虑到间接经济损失，农业环境污染已经对我国农业生产带来巨大损失。

农业环境保护就是利用法律的、经济的、技术的各种手段，使农业环境质量和生态状况维持良好的状态，防止其遭受污染和生态破坏。农业环境是整体环境的重要组成部分，主要包括土地、森林、草原、水资源、空气等，具有广泛性、整体性、区域性的特点，是农业的基本物质条件。农业环境保护不仅对发展农业生产至关重要，而且在整个环境保护工作中也占有极为重要的地位。生态破坏和环境污染是当前中国农业环境的两个突出问题。农业资源衰退，自然灾害加剧，水土流失、沙漠化、土壤次生盐渍化等问题日益严重。农业环境遭到不同程度的破坏，已成为农业发展的制约因素。农田、牧场受工业（包括乡镇企业）“三废”污染严重。不合适地大量使用农药，造成土壤、水体污染和农畜产品有害物质残留过量；不合理地施用化肥，引起蔬菜、地下水硝酸盐积累和水体富营养化等现象比较普遍。农业环境恶化危害人体健康，危害农业生产，导致农业减产、绝产和农产品质量下降。农业环境破坏会降低农业环境的生产力及抗御自然灾害的能力，而且会对气候产生不利的影响，导致旱涝灾害频繁发生，进而危害农业生产和人民生命财产安全。保护和改善农业环境的主要措施有：①强化农业环境管理，制定保护和改善农业环境、防止污染和生态破坏的法规，建立健全农业环境管理体制；②积极防治工矿企业（包括乡镇企业在内）的“三废”污染；③防治农药、化肥污染，积极推广综合防治病虫害技术，大力发展有机肥、复合肥，合理施用化肥，提高化肥的利用率；④制定有利于农业综合开发的技术经济政策；⑤加强农业环境监测网建设。

## 二、环境保护法律制度

所谓环境保护法律制度，是指为实现环境立法的目的，遵循环境保护的基本原则而制定于国家环境污染防治法律之中以及由环境污染防治单项法规或规章所具体表现的对国家环境污染防治具有重大、普遍和指导意义，由环境行政主管部门来监督实施，并且对法律关系的参加者直接具有约束力的同类法律规范的总称。

### 1. 环境标准制度

环境标准是为了防治环境污染，维护生态平衡、保护人身健康，对需要统一的各项技术规范和技术要求做出的量值规定。环境标准制度则是关于环境标准的分类、分级、制定和实施的规定。根据1999年的《环境标准管理办法》，环境标准分为国家标准、地方标准和国家环境保护部标准。国家环境标准包括国家环境质量标准、国家污染物排放标准（或控制标准）、国家环境监测方法标准等五类。地方环境标准只有环境质量标准和污染物排放标准（或控制标准）。

### 2. 环境监测和报告制度

环境监测是运用化学、物理学、生物学和医学等方法，对环境中污染物的性质、数量、影响范围及其后果等进行调查和测定的活动。其主要任务是：对环境中各项要素进行经常性监测，掌握和评价环境质量状况及发展趋势；对各单位排放污染物的情况进行监视性监测；为环境管理工作提供准确、可靠的监测数据和资料。环境监测实行日报、月报、年报和定期编报环境质量报告的制度。国家和省级环保部门每年6月都发布环境状况公报。此外，在自然资源和生态保护方面也实行监测制度，如水资源监测，水土保持监测，湿地水禽监测，草原生产、生态监测等。

### 3. 环境资源规划制度

环境资源规划是国家和地方各级人民政府对一定时期内环境保护和资源合理利用的目标以及实现目标的措施和手段所作的总体安排。环境资源规划制度是关于这种规划的编制、内容、执行等事项的法律规定。国家制定的环境保护规划必须纳入国民经济和社会发展计划。国家还发布了《环境保护规划管理办法》。

4. 环境保护目标责任制度和城市环境综合整治定量考核制度

环境保护目标责任制度是以签订责任书的形式具体落实地方各级人民政府及其有关部门和有污染的单位对环境保护负责的行政管理制度。责任者是地方各级政府的首长、各有关部门领导和企业的法人代表。上级政府确定环境保护目标，通过与下级政府、各有关部门和企业签订责任书，层层分解环境保护责任，明确各方职责、权利和义务，将环境保护任务落到实处。其法律依据是《环境保护法》关于地方各级政府对其辖区环境质量负责的规定和产生污染的单位应建立环境保护责任制度的规定。

5. 环境影响评价制度

环境影响评价制度是指对规划和建设项目实施后可能造成的环境影响进行分析、预测和评估，提出预防或者减轻不良环境影响的对策和措施，进行跟踪监测的方法与制度。

6. “三同时”制度

“三同时”制度是指建设项目的环境保护设施必须与主体工程同时设计、同时施工、同时投产使用的制度。这是我国独创的、与建设项目环境影响评价制度相衔接的、预防产生新的环境污染和破坏的重要制度。该制度适用于新建、扩建、改建项目，技术改造项目和一切可能对环境造成污染和破坏的建设项目。《建设项目环境保护管理条例》对这项制度的有关事项作了具体规定。另外，《水土保持法》规定，建设项目中的水土保持、设施必须与主体工程同时设计、同时施工、同时投产使用；《水法》规定，新建、扩建、改建建设项目的节水设施应当与主体工程同时设计、同时施工、同时投产使用。

# 第七章 落实农业政策 促进经济发展

## 落实好草原生态保护补助奖励机制 促进农牧民增收

内蒙古自治区乌拉特后旗农牧业局 阿拉腾宝力格

### 一、基本情况

乌拉特后旗位于内蒙古自治区西北部，属巴彦淖尔市管辖，北与蒙古国接壤，边境线长195公里，是内蒙古自治区19个少数民族边境旗县之一。草原植被主要为荒漠和草原化荒漠，其中荒漠面积最大，占草场总面积的65.5%。全旗总面积2.5万平方公里，总人口6.3万人，根据2010年草普结果，全旗草场面积为3644.13万亩，经自治区批复，我旗2011年奖补任务共涉及草场3390.58万亩，其中禁牧2197.23万亩，草畜平衡1193.35万亩，牧户生产资料补贴3500户。各项资金共计12090万元。

截至目前，我旗共落实草牧场“双权一制”的牧户有3700户13000多人，其中15000亩以上有339户795.27万亩，5000亩以下有1648户527.5万亩。2011年牧业年度存栏牲畜57.9万头（只）。

### 二、草原补奖任务完成情况

（一）扎实研究，稳妥推进工作。为了制定切实可行、符合乌拉特后旗实际情况的实施方案，我旗多次召开由牧民代表、老干部代表、基层干部代表等社会各界参与的、具有广泛性和代表性的座谈会，充分征求社会各界的意见和建议。在此基础上，利用全旗召开“两会”的时机，提交乌后旗人大代表会议和政协委员会议进行讨论。在反复讨论、酝酿的基础上，进行了多次修改，最终形成了获得广泛认可的《乌拉特后旗草原生态保护补助奖励机制实施意见》。在工作正式实施前，将此实施意见在全旗各嘎查的牧民大会进行了公开讨论和表决，形成共识后，通过牧民代表会议决议将此项工作进一步落实和强化，为具体的实施和操作奠定了扎实的政策基石，减少了社会矛盾隐患。

在具体实施中，依据自治区方案中封顶和保底的原则，根据我旗草场承包面积极度不均的实际（承包面积范围在900～70000亩），参照上年度农牧民人均收入水平，我旗合理划定补贴标准和保底封顶界限。具体以户为单位，禁牧补贴按照5000亩保底、15000亩封顶执行，补贴系数采用全市统一的0.79，补贴标准为4.74元/亩；草畜平衡补贴按照无保底、15000亩封顶的标准执行，补贴标准为1.185元/亩。未到期退牧还草户仍按国家标准执行。

（二）建立公示制度，严把信息关。农牧业局按照草场承包底簿对纳入补贴范围的牧户进行公示，严格核实牧民身份和草场经营权面积，防止不符合要求的牧民套取补贴资金，在各嘎查队部和牧民集中的地点进行两榜公示，实行举报受理。符合要求的牧民在自愿的原则上填写申请，纳入禁牧或者草畜平衡范围。

（三）建立基层初审制度，严把合同鉴定关。公示期结束后农牧业局派工作组进入各苏木镇，根据公示结果及时与牧民鉴定合同书，并要求牧民提供身份证、草牧场承包经营合同书、纳入奖补申请书的原件和复印件，经嘎查书记与苏木镇分管领导严格审核后方可签订奖补合同书，公证机关对鉴定合同进行现场公证。

（四）建立资金发放审核制度，严把资金发放关。苏木镇按照合同将补贴资金通过农牧民一卡通系统上报农牧业局，农牧业局设专人审核一卡通清册，通过与公示内容和合同书进行比对，不符的人员退回苏木镇重新进行核对，符合要求的提交旗财政，财政审核后将资金发放到牧民一卡通账户，确保了奖补的顺利实施。

目前2011年及2012年的草原生态保护补助奖励机制已经落实完毕，除个别矛盾户外，所有补贴资金全部发放到位。

## 三、奖补落实中存在的问题

（一）奖补机制对牧区社会生产与生活方式产生了重要影响。我旗有

73%的牧户参加了禁牧，依靠政策补贴来维持生活，部分牧区积极从事第三产业，取得了良好的经济收入。也有部分牧民居无定所、无所事事，成为了社会不稳定因素。需要出台相应政策加以合理引导，鼓励牧民从事第二、三产业，实现转移安置，巩固禁牧成果。

（二）草牧场流转工作。由于草牧场权属与补贴紧密关联，牧区的草场流转行为大幅度减少，不利于发展规模化经营，建议政府制定鼓励草牧场流转的优惠政策，采取积极有效措施鼓励和推动草牧场承包经营权流转，发展多种形式的适度规模经营。

（三）禁牧补贴标准未能跟随物价上涨而上调。按有关规定，我旗未到期退牧还草区仍按4.95元/亩给予补贴，但该标准于2002年制定，距今已有10年，其间社会经济水平与物价均有较大上涨，而此标准未能跟随上调，新增的禁牧补贴标准不升反降，牧民对此普遍有看法，存在抵触情绪，因此给实际执行带来不小阻力。

（四）历史遗留问题多，草场纠纷多。在1998年落实草牧场双权一制以来，部分牧民私下进行了流转和交易，还有部分牧民存在夫妻离异、兄弟分户等现象，造成草牧场权属不清，补贴发放对象认定困难。实施奖补过程中，如何确认草场权属和调解矛盾，成为了此项工作中最大的难题。

针对这些存在的矛盾，我旗采取了尊重历史，照顾现实的原则，对凡存在草场纠纷的牧户一律采取政府调解、仲裁和双方协商解决的政策，初步实现了矛盾在基层化解的目标。

建立三级纠纷调解处理机制，确保矛盾纠纷及时化解。当地草牧场纠纷主要由家庭内部矛盾，草牧场流转，继承等原因引发。纠纷双方先由各嘎查开展调解，剖析矛盾产生的关键原因，做到能解决的矛盾不上升，能办理的事情不推诿，调解成功后双方签订协议书。其次是政府调解，苏木镇人民政府通过听取当事人陈述，认真分析问题存在的根源，寻求解决问题的突破口，多方面做工作，认真解答牧民心中的疑问、困惑。对于调解结果仍不满意的牧民最后可以通过旗农村牧区土地草牧场承包仲裁委员会进行调解和仲裁。仲裁委员会配合各苏木镇，采取工作人员深入苏木镇设点，现场调解办公，解决双方分歧，双方达成一致意愿后在调解书上签字，文书产生法律效率，约束双方遵守条约。如果最后调解不成功双方仍可到当地人民法院申请诉讼来解决。从而建立了“嘎查化解—政府部门调解—人民法院裁决”的三级纠纷处理机制。截至2012年全旗农村牧区土地草牧场承包仲裁委员会成功地调处了145起草牧场流转纠纷案，占流转纠纷的80%以上。

## 四、下一步工作安排

由于我旗牧区属荒漠草原，不具备饲舍圈养的条件，因此禁牧后牧民只能搬迁，另寻生活出路。让牧民从生活了几十年甚至是几代人的草原上迁移，不是一件简单的事。在生态建设过程中，如何让补奖机制政策得到人民群众的拥护和支持，如何使牧民搬得出、稳得住、能致富，经过调研，我们认为需要实施草原生态保护补助奖励机制的后续产业扶持政策，分别从住房安置、就业安置、技术培训、社会保障等多方面来妥善安置禁牧转移牧民。其中重点要通过解决牧民进城后住房问题，将国家资金用于引导牧民向集镇、城镇郊区转移，从事商贸、餐饮、旅游、交通运输、中介等服务业，帮助更多的牧民实现转移创业、重新安置。否则五年的项目到期后，大量禁牧转移牧民居无定所、无所事从，长期游离在城镇与牧区之间，牧民生活出路和生活前景令人担忧。

拟在保留牧民草场产权，在牧民自愿自主的基础上，鼓励到牧区以外的地区生活居住，从事二三产业。一要通过政府主导、市场引导、企业参与，兴建养殖小区，鼓励牧民到前山从事养殖业，二要通过政府补贴和牧民自筹的形式，兴建牧民廉租房，逐年分批解决禁牧转移牧民进城务工住房问题，稳步实现牧民自愿长久转移。

加强矛盾调解工作。针对发放补贴过程中产生的草场、资金分配纠纷，我旗将继续加大社会矛盾调解和仲裁工作，确保合理有序的发放。

促进牧区减畜工作。为确保生态建设成果，针对未按期完成减畜任务的牧户，我旗将按照相关规定，要求牧户履行责任后才能享受补贴资金。同时改进管护工作，加大管护力度。

**作者简介：**

阿拉腾宝力格，男，蒙古族，1970 年 8 月出生，中共党员。现任内蒙古自治区乌拉特后旗农牧业局局长。

自 1989 年 9 月参加工作起，历任乌拉特后旗巴音宝力格镇人大副主席、副镇长，乌拉特后旗政府办副主任兼城市建设投资公司总经理，乌拉特后旗人力资源和社会保障局局长等职。2011 年 12 月至今，任乌拉特后旗农牧业局局长。

# 颍泉区“三农”工作新举措

安徽省阜阳市颍泉区农业局　王春献　安明华　李　玲

近年来，颍泉区“三农”工作在区委、区政府的正确领导和上级业务部门的精心指导下，深入贯彻落实科学发展观，紧紧围绕中央一号文件和省、市农业农村工作会议精神，按照稳粮、增收、强基础、重民生的农业发展要求，狠抓了农业农村各项配套政策的贯彻和落实，大力发展了农业产业化经营、实现了农业的可持续发展。近年来“三农”工作取得了一定的成绩。

## 一、“三农”工作概况

颍泉区辖4个镇、2个街道，100个村（居）委会、28个社区，区域面积648平方公里，农村地域面积占85%，耕地面积55.72万亩，总人口71万，农业人口58.9万占83%，外出务工人口17.38万，人均耕地面积0.89亩。近年来，颍泉区以土地流转为抓手，不断加大农业结构调整力度，全力促进农业规模化、产业化、集约化经营，2012年全区以土地代耕、转让、转包、互换、出租、反租倒包等方式流转土地21.31万亩，同比增加近7万亩，占全区耕地面积的40.2%。引导发展蔬菜、花卉、草莓、果木、食用菌等各类特色农产品10万多亩，12个无公害农产品和2个绿色食品通过国家认证。打造了行流金针菇、闻集草莓、老庄蔬菜、伍明甜柿、中市苗木花卉、周棚花生等一批特色农产品，培育市级以上龙头企业达31家，各类农村合作经济组织达280个，阜阳生态园、古西湖生态产业园、古西湖现代农业科技示范园“三园融合”加快推进。全区农民人均纯收入达到7278元，比上年增1253元，增长20.8%。

## 二、“三农”工作经验及措施

### （一）农业生产成效显著

近年来，我区始终坚持把稳定粮食播种面积，提高复种指数，优化品种结构，提高单产水平，增强综合生产能力，作为促进粮食及主要农产品生产的主要途径。通过进一步强化农业基础设施建设，改善农业生产条件，提高耕地产出率；通过大力实施测土配方施肥、规范化种植、农作物间混套种、

粮食作物高产创建、病虫综合防治等先进增产科技措施的推广和运用，提高群众生产技能和水平；通过积极推进种植业结构调整和作物品种调优，提升粮食及主要农产品生产效益；通过组织抓好抗灾、救灾、减灾等工作，有效避免或减少因灾损失。我区实现小麦生产九连丰，农业连获丰收的可喜成绩，为农业农村经济的持续健康发展提供了强有力的基础保障。2012 年小麦高产攻关、新农村建设、能源沼气建设等工作走在全市先进行列，新型农民培训工作被评为省级先进单位和全市第一名。

1. 粮经作物生产。2012 年全区实现农业总产值 31.6 亿元，比上年增长 6%。粮食面积达到 97 万亩，实现粮食总产 36.5 万吨，比上年增长 14.1%，经济作物面积 23 万亩，总产 33 万吨、粮经作物面积达到 4.2∶1。粮食和经济作物分别比上年增加 4.2 万吨和 2 万吨。农业劳务收入达到 26 亿元，比上年增长 13.6%。

2. 林业生产。加快了通达工程、绿色长廊工程，加快实施了中低产田改造，推进林业产业化经营，完善了标准农田林网 5 万亩，实现防护林 1000 亩，推动了林业的可持续发展，森林增长工程启动建设，105 国道颍泉段绿化工程启动实施。

3. 畜牧业生产快速发展。我区发展年出栏万头以上规模养殖户 4 家，改造完善规模养殖场 46 家，年出栏生猪达 41 万头，全区规模养殖户有 1762 家，规模养殖比重达到 73.5%。

4. 渔业。我区的渔业生产，主要开展了“渔业富民工程”示范、名特优新水产品引进试验示范养殖为重点，积极探索适宜的渔业发展方式，实现渔业生产的持续发展。2012 年，全区完成养殖水面 3.45 万亩，实现水产品总产量 0.65 万吨，比上年增长 8%。渔业总产值达 7000 万元，比上年增长 10%。

**（二）深入推进劳务经济的持续发展**

近年来，我区进一步强化“劳务活区”战略，切实加大农村剩余劳动力的技能培训，积极引导外出就业，加强农民工权益保护和维护力度，积极鼓励农民工就地转移就业和返乡创业，通过内外结合，广开就业门路，逐步形成了“培训、就业、维权、创业”四位一体的劳务就业模式，保障了全区劳务经济的持续发展。积极开展好农村劳动力转移培训和新型农民培训各项工作，认真抓好农村富余劳动力就业及创业工作，取得了明显的成效。2012 年完成培训 3316 人，与去年持平。全区在外务工农民工累计达 17 万多人，占全区农村劳动力 36.64 万人的 46.4%。

**（三）扎实抓好农田、农经、植保、农机等各项强基工作**

全区农业基础得以进一步夯实、农业科技及装备水平得以有效提高、农业农村生产及经营管理水平逐步增强。2012 年改善灌溉面积 1.73 万亩，改善除涝面积 4.8 万亩。改善防洪面积 2.5 万亩，节水灌溉面积 1.1 万亩，水利建设投入 1.34 亿元，获得省“江淮杯”二等奖。2012 年以来共监督落实农业综合补贴、农机补贴、畜牧业补贴等各种支农惠农资金 1.2 亿元，都以一卡通的形式发到农民手中，没有发现截留挪用现象发生。2012 年机械作业面积达 108 万亩。农业机械化水平达到 90% 以上。

（四）农业行政执法

一是加大各种涉农法律法规宣传贯彻，增强广大干部群众法制观念和依法经营意识；二是积极推进农业执法体制改革工作，成立了农业执法大队，进一步规范农业综合执法队伍建设；三是切实加强国家禁用、限用等危险化学农用物资的管理和使用，强化宣传、指导和检查，有效保障农业生产环境资源；四是严厉打击各种制售假冒伪劣农资产品、无证经营农资等违法行为，依法立案查处各类违法事件 8 件，挽回经济损失 50 多万元。

（五）美好乡村建设工作

全区在抓好 19 个省级示范村、2 个示范镇的同时，把新农村建设与土地复垦整理、旧村庄改造有机结合起来，解决了全区的安全饮水问题。

（六）抓好了全国基层农技推广补助项目工作

切实加强科技干部队伍建设，提高农业科技人员政治思想素质和业务工作能力，提升科技人员扎根基层，为民服务的意识和本领。认真开展了全区基层农技推广补助项目实施工作，全区落实科技示范户 1360 户，辐射 13600 户，通过全体科技人员的努力，全区基层农技推广补助项目得到了有效的落实。

（七）积极抓好全区土地流转规模经营工作

农委积极动员机关及委属机构党员干部和科技人员广泛宣传全区农业的工作思路、产业布局和扶持重点，大力宣传区政府出台的《鼓励支持规模经营发展现代农业暂行办法》，尤其是宣传土地规模经营、设施农业、蔬菜种植、特色产业、水产养殖等 12 个方面的扶持奖励政策，通过宣传算账对比，全面调动群众的生产积极性。鼓励镇村干部带头流转 50 亩以上的土地，真正做给群众看，带着农民干，全力引导龙头企业、种粮大户、致富带头人做大规模、做优品牌、做强效益，大力促进产业结构调整、农民增收致富。目前，全区土地规模经营流转面积 11 万亩，比上年增加 4 万亩，占耕地面积的 20.7%。

（八）积极调整农业产业结构

充分发挥我区蔬菜、花卉、草莓、乡村旅游等产业优势，瞄准农产品市

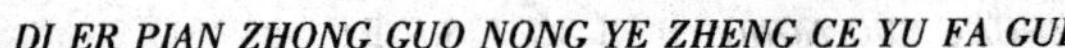

场行情，及时调优产业结构，引导流转大户、大片种植市场前景好、效益高的项目，不断扩大规模化、产业化经营，切实做到流转得好、流转出效益。我区古西湖现代农业科技示范园区内的春江花卉生产基地，玫瑰、蝴蝶兰、郁金香、康乃馨等花卉即将上市，2013 年 10 月份上市的菊花，进入上海鲜切花市场被抢购一空。我区闻集草莓产业因质量优、品牌响，市场竞争力较强、平均亩产年净利润达 1 万元左右，吸引了 10 多家企业规模化经营，种植面积由原来 3000 多亩发展到现在的 2 万多亩，由此带动土地租金逐年提高，解决了当地劳动力就业问题，实现了企业和农民的经济效益双赢，进一步促进农业产业化经营。

**（九）大力发展现代农业**

针对现代农业发展和园区建设，我区专门出台了鼓励支持规模经营发展现代农业暂行办法和现代农业示范区建设的奖励政策，每年安排 500 万专项资金，对流转 50 亩、100 亩以上的土地流转户给予大力度的补贴，尤其加大对设施农业、蔬菜和花卉的奖补力度，对 1000 亩以上的设施农业和蔬菜产业实行“一事一议”奖补。同时加大对进入现代农业园区流转土地 100 亩以上的新建设施农业、从事标准化蔬菜生产、花卉生产的企业等给予一定的资金扶持，激励扶持企业在示范区投资兴业，有力促进了产业结构调整。

## 三、存在的问题

我区在稳步推进土地流转、结构调整工作的同时，也存在一些困难和问题，一是特色种植产业仍处在初始阶段，农业基础设施薄弱，规模、品质、品牌仍需加强；农业产业化龙头企业仍处在数量偏少、带动偏弱、链条偏短的低端水平，产业结构调整的力度、速度差距较大；二是发展现代农业融资难，缺乏担保措施等。今后将加大农业结构调整力度，客服“三农”工作存在的问题，走特色农业发展的路子，把“三农”工作做好做扎实。

# 抓好科学发展观长效机制的贯彻落实 实现农牧民收入稳定增长

西藏自治区类乌齐县农牧局　松　吉

2013 年，在县委、县府及上级部门的正确领导下，在各相关部门和各乡镇党委、政府的密切配合下，全县干部职工团结一致，以科学发展观指导实践，认真贯彻落实地委扩大会议、农村工作会议的精神，积极开展农牧业各项工作，狠抓机关效能建设，大力开展创先争优活动，并加大对农牧业生产的指导和服务力度，全县农牧业经济保持了持续健康的发展态势，农牧民收入实现了稳定增长的预期目标。

## 一、农牧业经济健康发展

### 1. 种植业方面

上半年完成农作物播种面积 4.48 万亩，引进青稞与油菜新品种，并试点播种；良种覆盖率达到 87%；实现机耕面积 1.33 万亩，机播 1.4 万亩，机收 1.7 万亩；完成中低产田改造 0.3 万亩；无公害蔬菜种植面积达到 8 亩，2013 年又新增 9600 平方米的保温大棚 24 座，使全县的蔬菜供应又推向一个新的台阶；化肥使用量达到 345 吨。

### 2. 畜牧业方面

（1）有效开展疫苗注射和疫病防治工作。上半年牲畜春季疫苗、注射率达到 95% 以上，目前为止未发生重大动物疫情。

（2）有效开展防抗灾相关工作。借助项目，加大对防抗灾草场的围栏与保护，宣传和鼓励群众合理利用四季草场，逐级实施加大牲畜出栏力度，缓解草畜矛盾。按照大畜 100 斤、小畜 60 斤的标准储备抗灾饲草料，全县共计播种饲草料 20 万余斤，为抗灾保畜和牲畜安全过冬起到了积极作用。

（3）2013 年上半年牲畜存栏 19.66 万（头、只、匹）左右，仔畜成活率在 96% 以上，成畜死亡率控制在 1.8% 以内，牲畜出栏率达到正在逐年增加，等到下半年预计牦牛肉产量有 20 万斤、猪羊肉产量达到 5 万斤，奶产量达到 0.85 万斤，绵羊毛产量达到 4.6 万斤，山羊绒产量达到 0.1 万斤。

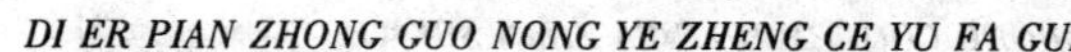

3. 农牧民增收工作方面

全县农牧民人均纯收入达到5287元，其中现金收入达3590元。虫草是我县广大群众重要的现金收入来源之一。2013年度我县的虫草采挖工作正在有条不紊，秩序井然。由县级领导带队的工作组分别到十个乡镇和3个主要虫草采集点蹲点指导虫草采挖工作。虽然采挖虫草人数多达两万余人，但由于管理工作到位、力度大，确保了虫草采挖期间的局势稳定，为广大群众提供了安心采挖虫草的良好环境。

4. 农牧业基础建设方面

实施了农村户用沼气建设、退牧还草工程棚圈建设及类乌齐县牦牛养殖小区建设，共计三个项目。正在抓紧实施沼气建设800座；今预计年内完成棚圈建设3000余座，完成投资1200万元。农牧业基础设施不断完善。

5. 其他方面

（1）上半年开展农业科技宣传3次，举办农业科技培训2期，培训100余人。

（2）上半年乡镇企业产值持续增收，乡镇企业收入预计达到1748万元，利润达到524万元；参与多种经营人数达13870人，多种经营收入预计达到9501万元；上半年劳务输出14300人次，收入达2407万元。

（3）全年开展农畜产品及农药打假安全检查4次，并开展农产品安全法律法规宣传，全年我县未发生农产品安全事故。

## 二、草场承包及草原生态补奖机制工作圆满完成

1. 草场承包工作方面

2011年至2013年落实草场承包面积399.3万亩，加上我县2005年完成的94万亩冬春草场的承包任务，全县截至目前累计完成草场承包面积493.3万亩，占全县可利用草场面积的99.9%。全县的草场承包工作也顺利通过自治区验收。

2. 草原生态补奖机制工作方面

落实禁牧面积72万亩，落实草畜平衡面积421.3万亩，确定全县纯牧业户为6671户。完成2011年度草原生态补奖各类奖励及补助资金的兑现工作，截至目前共计兑现资金1070.37万元，其中禁牧补助432万元，草畜平衡奖励243.26万元，牧民生产资料补贴333.55万元，畜牧良种补贴52.56万元，牧草良种补贴9万元。2011年度我县草原生态补奖机制工作也顺利通过自治区验收。

## 三、2013年下半年工作安排

我县将认真贯彻“十八大”精神谋划2013年下半年工作，并且认真贯彻落实地委扩大会议和农村工作会议精神，在武装头脑、指导实践、推动工作上狠下工夫，结合我县农牧业发展实际，积极发展现代农牧业，扎实推进社会主义新农村建设，加大工作力度，立足新起点、寻求新突破。

1. 巩固和壮大农牧业基础地位，促进一产水平提升

我县属于半农半牧县，要使农牧民致富，着手点就在农牧业上。我们将巩固农牧业的基础地位，在提高综合生产能力，稳定粮食产量，保证粮食安全的基础上，以特色农牧业开发为突破口推进农牧业产业化，以农牧业产业化带动农牧业和农村经济结构全面调整。

2. 认真做好重大动物疫病防控工作

加强春秋疫苗注射工作，坚持“六不漏”的原则，确保无重大疫情，为我县畜牧业安全的发展提供保障。

3. 在增加农牧民收入上寻求新突破

一是努力挖掘农牧业内部增收潜力。通过采取优化农牧业结构、提高单位面积、个体产出、延长农畜产品增值环节等手段，稳步提高一产收入。二是着力提高农牧民非农非牧收入。大力开展农牧民培训，为农牧民转产、转移提供有力支持，增加二、三产业收入。

4. 狠抓农牧业项目建设和项目申报工作

抓好退牧还草工程、草原监理站、农村户用沼气等新项目的建设，并积极做好农牧业项目申报工作，争取来年在我县实施2~3个涉及草场建设、暖棚建设的项目，促进我县农牧区基础发展，使农牧民从项目中真正受益。

5. 抓好防抗灾工作

大力抓好全县农牧业防抗灾工作，尽量减少灾害损失。此外，积极争取暖棚建设、抗灾饲草料基地等基础设施建设项目，全面提升我县的防抗灾能力。

6. 继续做好草原生态补奖机制相关工作

首先按照《自治区草原生态补奖机制工作综合考评办法》，对我县的2013年度的草原生态补奖机制工作进行查漏补缺，确保我县2013年度草原生态补奖机制工作通过自治区验收。其次就是到2013年年底完成全部减畜任务，实现草畜平衡，并且确保“禁牧草场禁得住”，使得草原生态补奖政策真正发挥效益。

7. 搞好部门自身建设

抓好科学发展观长效机制的贯彻落实，进一步转变工作作风，牢固树立服务“三农”的意识，不断增强服务“三农”的本领，为搞好我县的农牧业经济工作提供强有力的保障。

# 开拓进取　锐意创新<br>不断开创“三农”工作的新局面

西藏自治区左贡县农牧局　益西丁真

## 一、基本情况

左贡县位于西藏东南部，北靠察雅，东依芒康，南接云南德钦，西与察隅、八宿相连，318、214国道交汇贯穿全境，具有承东启西、联结南北的区位之便，是历代商贾由茶马古道进出西藏的必经之地。

全县现辖3镇7乡，127个行政村，总人口45986人。全县总面积1.17万平方公里，怒江、澜沧江、玉曲河由北向南呈“川”字型纵贯全境奔流而下，形成三种不同的河谷地貌、气候特征。两江流域峡谷深切，山岭重叠，交通不便，但海拔低，气温高，年无霜期长，物产丰盛；玉曲河流域山势平缓，河谷宽坦，交通便利，却海拔高，年无霜期短，农业生产局限性大。

全县以半农半牧为主。耕地总面积4.01万亩，人均占地0.87亩，主要种植青稞、玉米、小麦、油菜等；牧业主要饲养牦牛、犏牛、黄牛、马、绵羊、山羊等。

悠久的历史、璀璨的文化以及特殊的地表地貌不仅孕育了左贡优美独特的自然风光，也造就了悠远质朴、特色鲜明的人文景观。梅里雪山的神奇壮观，茶马古道的厚重悠远，帕巴拉神湖的美丽传说，东坝民居的富丽堂皇，共同构筑了左贡极具品味的旅游资源。

## 二、2011年工作回顾

2011年，全县完成地方生产总值4.735亿元，同比增长16%；完成劳务输出13501人/次，实现劳务收入5071万元；完成财政收入1239万元；全县农牧民人均纯收入达到4051元，同比增长13.4%，其中现金收入完成2835元。全县粮食产量达3252.58万斤，其中青稞产量达1514.94万斤；全县年末牲畜存栏达到30万头（只、匹），其中适龄母畜达48.12%，仔畜成活率96.61%，成畜死亡1.39%，综合出栏率达40.32%，全年无重大动物疫病发

生；截至2011年年底全县共有大中型拖拉机16台，小型拖拉机648台，脱粒机889台，联合收割机2台，背负式收割机966部，农用机械总动力达9081.61万千瓦。

**（一）贯彻落实强农惠农各项政策**

一是进一步加强各项强农惠农政策的宣传，确保家喻户晓。二是及时兑现了各项补贴资金，增加了群众收入，减轻了群众负担，促进了收入增长。2011年，全县先后落实农机购置补贴72万元，农作物良种推广补贴42.75万元，科技特派员补贴12万元，牲畜W病防治补贴11.34万元，种粮农民直接补贴71.76万元和农资综合补贴71.76万元等，通过兑现各类惠农补贴，大大提高了农户种粮的积极性，为推进我县"一产上水平"奠定了基础。2011年，我县第一产业增加值达到20255万元，占地方生产总值的43%。

**（二）经济结构逐步优化**

在粮食稳产、群众增收的同时，我县农村产业结构、农业经济结构及种植业内部结构也得到优化调整。一产增加值中，农、林、牧、副比例分别达到40:6:50:4，较以前更为合理。种植业内部也有了一定变化，经济林木种植面积进一步扩大，粮、经、饲比例分别达到732:0:7，特别是经过反复论证，确定了5大特色产业带的农业区域布局，初步搭建了优势农产品发展框架，得到了上级部门及本县群众的一致认可，为今后农牧区经济的发展和特色经营指明了方向。

**（三）做好良种繁育工程和"3414"田间肥效的试验工作，加强农业技术推广与农牧民技术培训工作**

从2005年以来，我局每年实施建设良种繁育基地面积达到5000亩以上，通过田间去杂、去劣，每年为我县大田提供优质良种100万斤以上，二级种子田所生产的种子和加上从外调运的一部分优质良种，使我县良种覆盖率达到88%以上。

自2007年开展"3414"田间肥效试验以来，技术人员实事求是地按照自治区土肥站的要求进行试验工作，不但保证了田间第一手试验数据的真实性，还保证了试验标本采集的完好性，为上级部门提供可靠的试验信息，推动了"3414"田间肥效试验的工作进程。

我县农牧民常规实用技术的培训，按照理论和实地培训相结合的原则，主要培训青稞标准化栽培技术、农机操作与保养、作物病虫害防治技术、作物田间管理、化肥与农药的施用技术等。通过培训，传统落后的耕作方式得到了根本性的转变，新的科学种田意识得到不断加强，涌现出了一大批农牧民技术人员，为农业技术推广工作的顺利开展打下了坚实的群众基础。2011年，全县举办各类培训班12期，培训群众达到1500人次。

## 三、2012年工作思路和工作目标

2012年全县农村工作的总体思路是：以中央第五次西藏工作座谈会精神为指导，全面落实科学发展观，认真贯彻城乡统筹发展方略和“多予、少取、放活”的方针，围绕一个核心（增加农民收入），突出两个转变（转变农民观念、转变农村面貌），扭住三个重点（农田水利基础设施建设、农村道路建设、特色产业建设），实现四个目标（农牧区稳定、农牧业增产、农牧民增收、农牧区繁荣），全力构建富强和谐的社会主义新农村。

2012年农牧业生产的预期目标是：农牧民人均纯收入计划增长13%；粮食总产量达到2988万斤；劳务输出完成1.4万人次，劳务收入达到5477万元。

围绕上述目标，2013年我县主要开展了以下几方面的工作：一是稳定发展粮食生产特别是青稞生产；二是积极推进结构调整；三是加强农村现代流通体系建设；四是发展农业产业化经营；五是拓宽农民增收渠道；六是强化农业基础设施建设；七是继续抓好良种繁育工程工作和测土配方施肥工作。

## 四、当前农业生产开展情况

年初以来，我县各涉农部门紧紧围绕春耕春播工作，扎实做好指导和服务工作，做到了早计划、早落实、早部署，掌握了农牧业生产主动权。

### （一）认真贯彻落实以地委（扩大）会议精神为主的一系列会议精神

及时组织学习了地委（扩大）会议、区地农村工作会议以及地区农牧业工作会议精神，并结合我县实际反复研究论证，调整完善了本县的区域经济发展定位目标，确立了2012年度发展思路和目标任务。与此同时，还及时组织召开了涉农部门干部大会，要求各涉农部门要认真把文件和会议精神贯彻到实际工作中，进一步把思想认识统一到中央第五次西藏工作座谈会精神上来，统一到自治区关于“三农”工作重大部署上来，统一到区地农村工作会议精神上来，解放思想，开拓进取，锐意创新，扎实工作，确保农牧民增收，不断开创“三农”工作的新局面。

### （二）认真落实春耕备耕工作

按照“早安排、早部署、早落实”的要求，我县在2012年九月份就积极筹备农用物资调运工作，共计调运农药1.5吨，化肥954吨（其中尿素595吨，二铵345吨，氯化钾5吨，过磷酸钙9吨），全年总用种量156万斤（其中调种15万斤，换种51万斤，群众自筹90万斤），种子包衣141万斤，种子精选156万斤。为保障春耕生产的顺利展开，各乡镇充分利用冬春农闲时机，组织动员群众大力开展改造中低产田、积造农家肥和维修水利设施等工作，全县共计完成中低产田改造0.68万亩，积造农家肥9.4万吨，对全县1390条水渠和381座水塘进行了加固、维修和清淤，修复率达到98%，确保了现有水利设施能发挥最大的灌溉能力。与此同时，我县还组织技术人员深入重点乡镇开展技术指导工作，维修各类农机具142台（部），对223名基层科技人员和农牧民科技特派员进行了农机规范性操作和药剂拌种、土壤处理、病虫害防治及测土配方施肥等实用技术的培训。

2013年，全县共落实农作物播种面积6.14万亩，其中粮食播种面积4.46万亩（春小麦0.06万亩，冬小麦1.1万亩，春青稞2.5万亩，玉米0.8万亩）；经济作物面积1.2万亩，其中油菜0.6万亩，蔬菜0.6万亩；饲草料0.48万亩。全县夏收作物收割工作于7月16日全面结束，预计产量达606.64万斤，复种工作预计于7月底全面完成。

## 五、二级种子田建设、青稞标准化生产与测土配方施肥工作情况

### （一）基本情况

我县二级种子田建设、高产创建与测土配方施肥工作在县委、县政府的正确领导下，在自治区以及地区相关部门的大力支持下进展顺利。2013年全县二级种子田及青稞标准化生产共计用种60万斤，其中从二级良繁田收购、调剂45万斤，从自治区种子站调运15万斤，种子精选达到100%，种子包衣达到100%，野麦畏土壤处理2万亩。调运化肥494吨（其中尿素193吨，二铵173吨，氯化钾50吨，重过磷酸钙78吨。全县二级种子田及青稞标准化生产、测土配方施肥播种于4月5日开播，4月30日结束。

#### 1. 二级种子田建设情况

2013年我县建设二级种子田面积5020亩，其中山冬6号320亩，藏青（320）3780亩，喜拉（19）670亩，喜拉（22）250亩，建设地点在田妥、旺达和扎玉三镇。我县在总结前几年二级种子田建设的基础上，结合2013年的实际情况，在播种前精心组织农业技术人员对项目区地块的土壤墒情，农

家肥使用，化肥到位等情况进行了严格仔细的检查，并采用燕麦畏、地虫杀星进行土壤处理。4 月 5 日，我县二级种子田全面开始播种，在播种当中，技术人员对各播种点的播种情况进行严格、仔细的检查和指导，对不符合地块要求的点，技术人员在实地督促、补救，使其达到用地要求。经过以上措施，2013 年我县二级种子田青稞每亩理论产量可达 660 斤，比 2012 年亩产增加 10 斤，每亩增收 20 元；小麦每亩理论产量可达 860 斤，比去年亩产增加 20 斤，每亩增收 40 元。

2. 高产创建示范工作情况

为使全县青稞生产向规模化、标准化、优质、高产方向发展，2012 年我县实施高产创建面积 19000 亩，其中喜拉（19）3441.35 亩，藏青（320）10695.65 亩，山冬 6 号 4000 亩，喜拉 22 号 863 亩，实施地点在旺达、田妥、扎玉、仁果、碧土和中林卡 6 乡（镇）。实施青稞标准化生产后可辐射玉曲河中下游各村，其面积可达 2 万余亩。在具体工作上，我们严格按照青稞标准化生产的技术要求，主要采取了统一地块、统一品种、统一种子精选与包衣、统一土壤处理、统一机耕机播、统一病虫草害防治、统一施肥、统一田间管理、统一收获等措施，杜绝禁用剧毒和高残留农药的使用。通过以上各种技术措施，使青稞每亩理论产量可达 750 斤，比 2012 年亩产增加 10 斤，每亩增收 15 元；小麦每亩理论产量可达 900 斤，比 2012 年亩产增加 20 斤，每亩增收 40 元。

3. 测土配方施肥示范情况

2012 年我县测土配方施肥示范面积 10000 亩，肥效试验 21 个点，单质肥试验 6000 亩，多质肥试验 4000 亩。按照我县测土配方施肥项目实施方案的要求，分别在旺达、田妥和扎玉 3 镇种植藏青 320 和喜拉 19 开展田间肥效试验工作，预计 2013 年项目区亩产可达到 670 斤，比 2012 年亩产增加 8 斤，每亩增收 12 元，项目的建设为建立青稞区域性施肥配方卡，确定区域性施肥配方，实现左贡县科学施肥提供了可靠的基础依据。

**（二）实施情况**

1. 地块选择

严格按自治区农牧厅关于二级种子田建设和青稞标准化生产的操作程序来进行，地块选择在交通便利的公路沿线，必须是具有中上等肥力并经县农牧局技术人员检验合格的保灌地块进行连片种植。

2. 品种

2013 年我县种植业项目共计用种 60 万斤，其中从自治区种子公司调运

15 万斤，从本县二级种子田调剂和收购 45 万斤，种子精选和种子包衣分别达到 100%；二级种子田所需用种全部从自治区调运，共调运良种 15 万斤，其中藏青（320）11 万斤，喜拉（19）2 万斤，山冬 6 号 1 万斤，喜拉 22 号 1 万斤。

3. 肥料

县农牧局规定农家肥每亩不低于 4000 斤，基肥化肥按照生产的要求进行施肥，肥料施用由技术人员亲临现场进行检查督促并同各乡、村干部协调此项工作，该项工作在各方人员努力下，完成得比较顺利。

4. 播种

播种期间，技术人员负责检查种子质量和整地质量，严格检查播种深度。为改善密度及成株率，我县示范区平均每亩用种 35 斤，机耕、机播面积达到 95% 以上。

5. 当前病虫害发生防治工作情况

根据 2013 年气候特点，我县制订了病虫害综合防治方案。根据前两年均出现不同程度旱情的实际，我县于 2012 年在地区人影办订购了 2 箱防雹增雨弹以应对可能出现的灾情。同时为保障农作物病虫害的早预报、早防治，我县组织专业技术人员对全县病虫害情况进行了调查、监测。经实地调查，目前我县没有病虫害发生的趋势。

6. 加强种子田管理，确保明年用种

为提高全县的良种覆盖率，为农业增产、增收奠定基础，我县组织技术员深入项目区狠抓种子田的田间管理，特别是去杂去劣工作。为从各个环节把好种子质量关，从源头上提高种子质量，在下一步的秋收工作中，我县将组织群众切实做到单收、单打、单贮、单运，并对收获后的种子在入库前进行统一的检查验收，以确保明年用种质量。

**（三）采取的主要措施**

1. 加强组织领导

一是成立以主管县长为组长，农牧局局长为副组长，县农业技术推广站站长、项目实施各乡（镇）乡（镇）长为成员的项目领导小组，具体负责种植业项目建设的组织、协调、监督和管理工作；二是成立以农牧局局长为组长、县农业技术推广站站长为副组长、县农业技术人员为成员的技术服务小组，具体负责技术的推广和服务工作。

2. 制定方案，严格程序

项目领导小组和技术服务小组分别组织相关人员制定了左贡县高产创建

示范、二级种子田建设、测土配方施肥工作实施方案和技术指导实施方案，明确了指导思想、目标任务、工作内容、工作方法、工作程序、工作进度等内容，使高产创建示范、二级种子田建设以及测土配方施肥工作具有了较强的可操作性。

3. 强化宣传力度，发挥示范带动作用

我县着力加大对项目建设的宣传力度，通过分发技术资料、电视报道、挂横幅等方式进行了广泛宣传。截至目前，我县共印发标准化生产宣传资料5000余份，悬挂横幅2条，电视报道2期，为项目建设营造了良好的实施氛围。同时为充分发挥示范区的辐射带动作用，根据我县项目实施实际，我县制作了4个宣传示范标识牌，详细记录了示范区种植品种、种植时间、施肥结构、施肥数量、施肥时期、施肥方式和技术负责人等，县农牧局除在重要农事季节组织群众观摩学习以外，还鼓励群众自发组织参观学习，由此扩大了示范效应，增强了群众学习科学、利用科学的信心。

4. 技术服务，技术培训与推广

为切实加强对项目乡村工作开展情况的技术指导，县农业技术推广中心技术人员组成工作组深入各乡村负责对高产创建、测土配方和良种繁育工作进行全程指导，从播种开始，技术人员长期入住村户，一直到收获后才能回单位上班。同时按照县里培训到乡、乡里培训到户的要求，我县大力开展技术培训工作，截至目前，共举办各种形式的农业生产技术培训班6期，培训农民技术人员（青稞种植能手）200人，农牧民群众2000余人次，接受群众标准化生产技术咨询700余条，分发优质青稞生产技术、测土配方施肥、病虫草害防治等资料15000余份，实现了示范区每村有一个技术能人，每户有一个技术“明白人”。

5. 强化督导，全程监督补贴资金的使用

为保障群众的合法权益，充分调动农民的种粮积极性，县农牧局联合县财政局、县纪检委组成工作组针对良种繁育及良种推广补贴的兑现工作进行全程督导。要求各乡镇必须采取张榜公布等透明公开的形式，广泛接受社会监督，做到补贴工作“四公开”，即：“补贴政策公开、补贴面积公开、补贴标准公开、补贴农户公开”，让广大干部群众监督项目实施和资金运用，并在县纪检委设立举报电话，随时接受来自社会各方面的意见。截止目前，全县没有出现一起因补贴资金而引起的上访案件。

**（四）取得的成效**

1. 经济效益

在广泛实行机耕机播的基础上，通过标准化生产技术的推广，全县亩均

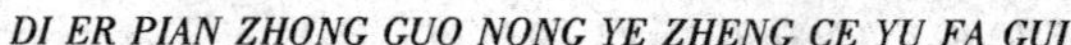

种子用量减少7斤，按市场价计算，亩均减少种子成本14元。

通过实施种植业项目建设，项目区青稞亩均增加产量8斤以上，按照市场价每斤1.5元计算，亩均可增收12元；小麦亩均增产20斤以上，亩均增收40元。

测土配方施肥项目的实施，不仅有效地提高了粮食单产，而且通过合理的、科学的施肥，每亩地年均有效施肥量可减少15%，即在原来的基础上每亩地减少6斤化肥，则2013年项目实施面积10000亩可减少盲目施肥量6万斤。

2. 社会效益

通过项目建设，增强了农牧民科技意识，提高了全县良种覆盖率，既减少了生产成本，又提高了土地的产出，实现了农业生产的可持续发展，实现了农业增效、农民增收，对种植业走向良性循环具有广泛的引导和示范意义的同时还对全县经济跨越式发展具有重大的推动作用和深远的影响。

3. 示范带动效益

通过强化宣传以及培训工作力度，尤其是目睹了示范区所取得的经济和社会效益，广大群众传统落后的耕作方式有所转变，科技种田意识得到大幅度提高。2013年，示范区带动农户1500余户，自主实施标准化生产建设面积达到10000余亩。

## 六、存在的主要问题

1. 群众文化素质较低，使用科技的意识较差，“等、靠、要”的思想在一定程度上还存在，还有待于在农牧民群众中进一步普及科学文化知识。

2. 科技力量严重匮乏，科技人员较少，现有科技人员的知识也有待更新。

3. 近几年我县加大了对农牧业的资金、物资、政策等的投入，特别是资金的投入，但由于农牧业基础条件的薄弱，投入相对不足。

4. 种植业结构较为单一。绝大多数农田种植青稞和小麦，投入较大，而产值却较低。

## 七、2013年良种繁育建设、高产创建示范及测土配方施肥工作安排

2013年我县良种繁育、青稞标准化生产基地及测土配方施肥建设的基本思路是：解决本县生产用种，提高粮食作物单产，提高全县良种覆盖率，为

调整种植业内部结构奠定基础，推进我县农牧区经济的跨越式发展进程，加快农业增效工程，提高农业增产、增收潜能，使农牧民现金收入不断增加。

**（一）巩固高产创建示范成果**

在认真总结高产创建工作成功的做法、好的经验的基础上，2013 年全县计划完成 2 万亩高产创建示范区的建设，主要集中在我县的旺达、田妥、扎玉、中林卡、碧土、仁果等乡（镇）实施建设，以全面巩固高产创建示范成果。

**（二）扩大良种繁育规模**

2013 年我县拟建 1 万亩的种子繁育基地，其中包括粮食作物品种和经济作物品种，其中粮食作物品种拟建 9000 亩，经济作物品种拟建 1000 亩。在基地建设期间对基地的基础设施进行重点整治并加大科技培训力度，力争推动良种繁育基地建设向标准化、合格化方向迈进。

**（三）抓好测土配方施肥**

进一步在全县范围推广和建立青稞、小麦、玉米、油菜测土配方施肥工作，拟在扎玉镇和碧土乡推广“藏青 320”及“喜拉 19”4000 亩，在扎玉镇和中林卡乡推广山冬 6 号 3000 亩，在中林卡乡推广高油玉米 1000 亩，在玉曲河中下游推广藏油 5 号 1000 亩。

总之，2013 年我县二级种子繁育田、青稞标准化生产和测土配方施肥工作在自治区农牧厅及地区农牧局的关心下，在地、县两级技术人员的共同努力下，各项工作取得了初步性进展。通过近几年的良种繁育建设，种子繁育田深受群众的欢迎，为我县“十二五”期间淘汰劣势品种，推动全县品种结构种植布局优化及推广优良品种打下了坚实的基础。

**作者简介：**

益西丁真，男，藏族，1962 年 2 月出生，中共党员。现任西藏自治区左贡县农牧局局长。

自参加工作起，历任左贡县卫生防疫站站长，左贡县沙益乡乡长，左贡县中林卡乡党委副书记、乡长，左贡县田妥镇党委副书记、镇长，左贡县委统战部副部长等职。2012 年 5 月至今，任左贡县农牧局局长。

# 加强四大科学措施　展现最美桑日县

西藏自治区山南地区桑日县农牧局　索　朗

一年来，我局在区、地两级农牧部门的精心指导下，在县委、县政府的正确领导下，认真贯彻落实党的十七届四、五、六、七中全会和“中央一号”文件精神。按照地区、县农村工作会议的总体部署，紧紧围绕农牧业重点工作和项目建设目标，坚持以提高农牧业综合生产能力，增加农牧民收入为核心；以调整结构，优化布局，做大做强特色产业为重点；以开展科技培训、推广优良品种和农业新技术、搞好科技服务为有力抓手，进一步解放思想，更新观念，明确工作思路；以求真务实的工作作风，加强领导，强化措施，狠抓落实，全面完成了地区农牧局和县委、县政府下达的2012年农牧业各项目标任务，有力的促进了农牧业增效、农牧民增收和农村经济发展，推动了社会主义新农村建设。

## 一、主要经济指标完成情况

1. 粮食产量1598.2万斤，油菜产量224.8万斤，粮油单产在2011年的基础上提高8公斤，增长3%。

2. 2012年春播实施测土配方4000亩，高产创建10460亩，二级种子田山冬6号播种面积1960亩。

3. 2012年全县五个主推品种大田统供率均达到87%，农作物有害生物灾害损失控制在3%以内。

4. 全县2012年末牲畜出栏率达到36%，成畜死亡率控制在1%以内，仔畜成活率达到97%，牲畜良种率达82%。

5. 新建无公害蔬菜温棚80座，预计每座温室可年产蔬菜5000斤，年利润达54万元。

## 二、开展的主要工作和取得的成绩

### （一）党建和社会治安综合治理工作情况

1. 加强党建和党风廉政建设。定期召开局党委和各支部会议，研究部署党建工作，加强基层组织建设和领导干部廉洁自律工作。做好入党积极分子培养，培养积极分子3人，发展预备党员1人。落实党风廉政建设责任制“五个一”要求，严格执行《廉政准则》和制止奢侈浪费八项规定，坚持从严治政，依法行政，纠建并举，标本兼治，发扬民主，强化监督，从源头上预防腐败问题。

2. 认真开展民主评议政风行风工作。按照县政风行风评议领导小组的统一部署，我局精心组织，从严要求，扎实推进，坚持农牧（科技）业务工作和行风评议相互结合，相互促进，从“广”、“深”、“严”着手，慎重对待，狠抓各环节工作的落实。认真完成了行评各项工作，政风行风评议活动取得明显的成效。

3. 强化社会治安综合治理工作。2012年以来，我局按照《桑日县委、县政府关于加强和创新社会管理实施意见》文件要求，坚持“打防结合、防范为主、标本兼治、重在治本”的方针，加大工作力度，强化创建“平安单位”工作措施，结合单位实际制定年度工作计划，切实抓好“四早”，即领导分工早明确、工作早安排、措施早落实、群众思想早动员，坚持工作常抓不懈，做好“四防”工作，坚持值班制度，为构建“和谐桑日、平安桑日”做出巨大努力。

4. 切实完善“政协”和“人大”会议上政协委员、人大委员提出的各项议案。县农牧局深入基层做实际调研，结合我局2012年来所做的农牧工作对各位委员的提案一一做出答复，能解决的问题集中一切人力、物力抓紧解决，不能解决的呈报上级部门帮助解决。

5. 积极做好创先争优，强基础惠民生工作，我局抽调得力人员8名，驻村蹲点，努力推进基层党组织建设，强化基层党组织功能，解决基层党组织建设中的突出问题，增强基层党组织的创造力、凝聚力、战斗力，发挥基层党组织推动发展、服务群众、凝聚人心、促进和谐的作用。

**（二）2012年主要业务业绩工作**

1. 2012年全县耕地面积2.3万亩，粮经饲种植结构由2011年的52:29:19调整为2012年的56:33:11，粮食播种面积13020亩，产量1598.2万斤。经济作物面积7395亩，产量1007万斤。饲草面积2565亩，产量820.4万斤。共投资90万元新开荒地332亩，动用机械659台次，基本农田保护工作取得了明显成效。

2. 2012年我县种植业工作按照地委、行署的统一安排部署，在地区农牧局的精心指导下，在县委、县政府的大力支持下，在各乡（镇）人民政府的积极配合下，按照“稳定面积、提高单产、改善品质”的总体思路，依靠科

技，合理安排生产布局，继续进行种植业结构调整，全面实施了高产创建10460亩、测土配方施肥4000亩、二级种子田1960亩等为内容的科技项目，切实做到了统一地块、统一土壤处理、统一耕种、统一供种、播种、统一精选包衣、统一施肥、统一田间管理、统一培训、统一去杂去劣，全县五个主推品种大田统供率均达到87%，农作物有害生物灾害损失控制在3%以内，取得了种植业生产的较好成绩，并通过了自治区验收。

3. 全县年调运化肥479.8吨（其中测土配方尿素89.8吨，二铵35.5吨，氯化钾21.1吨，复混肥117.5吨）。调运各类农药236箱，调运高产创建青稞320种子90240斤，山冬6号种子24000斤，山油四号种子1750斤，土豆12000斤。积造农家肥30172.5吨。

4. 我县2012年第一批国家和自治区农机购置补贴资金落实工作圆满完成，国家投资150万元，购买农机具389台（套）、大型收割机3台、种子精选包衣机1台，农机购置补贴资金已全部发放到农户手中，绒乡2个农机协会的成立对我县扩大农业机械化打下坚实基础，2012年机耕、机播和机收率分别达到90%、66.6%和71.4%。

5. 2012年全县牲畜存栏102214头，其中牦牛存栏33234头，生猪存栏2778头，山羊存栏34777只，牲畜出栏40701头（只、匹），其中牦牛出栏13898头，生猪出栏3346头，山（绵）羊出栏21947只，禽类出栏1510只。畜产品产量4200.4吨，其中生猪产量167吨，牦牛肉产量1666吨，山羊绒产量0.4吨，奶类产量2048吨，副产品产量45吨。

6. 县委、县政府全年拨付科技经费共57万元，其中科技专项经费15万元、沼气维修经费19.5万元、科技服务网站经费6万元、科普经费1.5万元、科技新品种推广补贴资金15万元，科普经费人均达到1元。举办科技技术培训32期，参训4633人次。选派25名农牧民技术人员作为科技特派员充实到基层和农牧业生产的第一线，并积极争取了10个科技特派员名额，壮大我县科技队伍。

7. 我县2011年草场承包经营责任制暨草原生态保护补助奖励机制工作参与户数3911户、15641人，完成家庭承包到户（联户）250.4404万亩。目前桑日县2011年草补资金发放工作圆满完成，共发放资金2824886.11元。

8. 加强农牧业项目建设，促进农牧业特色产业开发。一是新建农村户用沼气池（全玻璃钢）95户，维修重病池120户。二是投资528万元新建温室大棚80座，每座温棚平均面积344平方米，温棚可使用面积27520平方米。目前温棚中已种植蔬菜13个种类。三是2009年桑日县农村综合服务站在三乡一镇建设站点4个，该项目总投资20万元，主要为广大农牧民群众提供沼气、农机具（含摩托车、轮胎）、电焊、人畜饮水设施维修等方面的服务。四是2012年全县种植青饲玉米2169亩，实际完成地区下达2000亩任务的108.45%。共投入11.87万元购买打捆机1台、粉碎机4台、圆捆机和圆捆机包膜机各1台、麻绳2800公斤、牧草膜800卷，青饲玉米产量9035吨，青储打包14.5万个。五是培养藏鸡养殖户48户，共调运鸡苗46218只，完成调运任务的75.8%。六是在桑日镇雪巴村和增期乡支巴村开展国际小母牛项目，购买优质奶牛和犏牛213头。初始参与户数达200户，已完成礼品传递13户。

9. 全县参与采集虫草的农牧民2142人，发放虫草采集证书2142本，采挖虫草186公斤，按每公斤12万元计算，农牧民创收2232万元，比2011年增收90.7万元。

10. 2012年全县重大动物疫病免疫密度100%，免疫卡登记率达到100%。储备抗灾饲草料383.82万斤，清油4.85万斤，食盐4.02万斤，围栏草场维护43672亩，新修暖圈50座，维修暖圈129座，新修棚圈50座，维修棚圈196座，接羔袋564个，保暖被3430床，扫雪工具576套。

11. 根据地区上级部门及县委、县政府要求，县农牧局负责黄牛改良工作中的技术指导工作。2011年我县黄改任务2600头，实际冻配数2607头，完成地区任务的100.3%。新生犊牛1541头，每头补贴70元，发放黄牛改良补贴资金10.787万元，受益户数达1077户。2012年我县黄改点21个，黄改任务2600头，适配2622头，完成任务的108%，免疫密度100%，免疫卡登记率100%。

12. 县农牧局成立工作小组，由局领导亲自带队，针对蔬菜经营店进行肉类产品食用安全专项检查；深入三乡一镇和行政村，以藏香猪、牛羊等肉类及牲畜饲料来源为重点开展专项检查；对全县范围内的畜禽养殖和屠宰等环节进行了全方位、多环节、拉网式排查，特别是我县的牲畜养殖基地、养殖示范户存栏的牲畜进行了重点排查。经排查，我县范围内无使用、经营含“瘦肉精”的肉类产品，无使用“瘦肉精”等违禁饲料、兽药药品的行为。

13. 我县各级党委、政府和有关部门把农村专业合作组织建设作为现代农牧业的重点工作来抓，采取“宣传、引导、扶持、培育”等一系列政策措施，极大地推动了农牧民专业合作社的发展。到2012年年底，全县共有各类农牧民专业合作组织（已注册）7个，分别是桑日县奴卡村无公害蔬菜协会、绒乡雪域藏香猪养殖合作社、桑日县利民农畜产品合作社、绒乡巴朗村农牧民农机协会、绒乡吉隆村平措农机协会、桑日县增期乡增期村农民专业家具合

作社、绒乡吉荣村白色大理石销路合作组织，成员总数达2160人，其中农牧民成员2148人，占成员总数的99.4%。带动农牧户853户，固定资产总额近101.9万元，2012年经营收入9.2万元。

## 三、主要措施和保障

**（一）强化组织领导，坚持责任到人**

2012年县农牧局加强组织领导，按照全区“强基础、惠民生”活动的统一部署，安排干部职工深入基层、扎根基层，新成立驻村工作领导小组，确保顺利开展驻村活动。为确保年度各项任务指标的顺利完成，我局在牢固树立狠抓农牧业基础建设不动摇这个理念的同时，将“三农”工作作为议事日程里的重中之重抓好、抓实。年初我局及时召开了2012年度农牧业系统工作会议，形成了主要领导全面抓、分管领导具体抓、各局属事业单位直接抓，形成了“一级抓一级，层层有人管、事事有责任人”的工作局面，为圆满完成2012年各项工作任务指标打下了良好的基础。

**（二）突出工作重点，坚持改善种养水平**

首先是以粮食生产为重点，进一步整合测土配方、良种补贴、高产创建、农机具购置补贴等项目，将各类项目和增产技术组装配套、集成应用，大幅度提高单位面积产量，带动全县粮食生产整体水平的提高；其次是以设施农业建设为重点，新建高效日光温室80栋，保证了全县蔬菜生产日益发展的需要；再次是以黄牛改良为重点，整合畜牧业良种补贴、家畜改良、规模养殖、农村能源等项目，在全县建设黄改点21个，全力发展黄牛产业、禽类特色产业项目。通过整合各类涉农涉牧项目资金、科技专项经费、增加财政投入、群众自筹等多渠道筹资的办法，使全县农牧民的种养水平得到了较大的改善。

**（三）抓好疫病防控，坚持不留死角**

为确保动物及其产品安全和市场推入，我们始终将动物疫病防控和检疫工作作为重中之重紧抓不放，坚持“预防为主，防控结合”的方针，确保了全县无重大动物疫情发生。对禽流感、口蹄疫、猪瘟等重大动物疫病采取了“春秋两季集中免疫、常年实施补针”的措施，免疫率达到100%，并完成了重大动物疫病免疫效果集中监测工作。加强动物卫生监督检查和食品安全专项检查，严格执行24小时上岗检查任务，确保县周边动物监管不出现漏洞，农畜产品食用安全。

**（四）加紧落实惠民政策，保障改善民生。**

围绕改善农牧民生产生活条件、增加农牧民收入这个首要任务，我局从

“三清”（政策清、思路清、家底清）工作入手，进一步加强农牧业基础建设，切实完善和落实强农惠农政策，在自治区党委和政府及地委、行署惠农资金补贴的基础上，从本级财政中再次加大了粮食直补、良种补贴、牲畜出栏补贴、科技专项经费、化肥和农药资金补贴等一系列惠农资金的补贴力度，强化农牧业基础，增加农牧民收入，保障农牧民权益。完善落实2011年草原生态保护补助奖励机制政策，加快力度发放草补资金，切实保证全县农牧民切身利益。

## 四、存在的主要问题

2012年，全县农牧业整体工作可以说是成绩较为突出、亮点多、发展较快的一年，但在看到成绩的同时，也存在着不容忽视的困难和问题，主要表现在以下几个方面：

1. 种植业方面：基础设施建设相对薄弱，中低产田面积大，节水灌溉面积小，灌溉效率低，成本高。设施农业建设筹措资金渠道少，土地高效利用难度大等。

2. 畜牧业生产方面：一是畜牧业生产经营方式仍很落后，与发展现代畜牧业的要求差距较大，基础设施配备率很低，科学饲养管理水平低。二是畜牧业产业化水平低。畜产品流通渠道不畅，产业链条短。三是畜牧业基础设施建设和服务体系建设极待加强。四是畜牧业生产资金严重短缺，已成为传统畜牧业向现代畜牧业转变的一个制约因素。五是随着舍饲禁牧饲养方式的推广和现代畜牧业的推进，饲草料短缺已成为制约我县畜牧业发展的瓶颈问题。

3. 农畜产品质量安全方面：管理机构不规范，专业技术人员数量少；检测设备落后，检测水平低，大部分农畜产品无法开展现代化检测。

4. 市场方面：目前全县缺少相应的农产品物流集散中心，无统一市场规划，致使生产出的农产品销路和价格得不到保障。

5. 农业基础设施方面：农业基础设施建设投入不足，抵御自然灾害的能力较差。

立足当前，放眼长远，对于这些困难和问题，我局将高度重视，认真研究，制定措施，在今后的工作中加以克服和解决。

## 五、2013年农牧业总体目标和重点工作安排

2013年是“十二五”规划实施和推进社会主义新农村建设的重要一年。

我们将以邓小平理论和“三个代表”重要思想为指导，认真贯彻落实党的“十八大”会议精神，按照区、地农牧部门和县委、县政府的安排部署，以农牧业重点工作为主线，以项目建设为支撑，以农牧民增收为核心，围绕特色产业，进一步解放思想，更新观念，强化措施，努力完成2013年的工作任务。

**（一）2013年农牧业工作目标**

1. 粮食播种面积1.3万亩，粮食产量1627万斤，油菜产量229万斤，蔬菜产量796万斤，饲草产量835万斤。

2. 全县年末牲畜出栏率达到35%以上，成畜死亡率控制在1%以内，仔畜成活率达到97%以上。

3. 在绒乡新开发现代农业青稞生产基地1万亩；新建无公害蔬菜温棚63座；养殖藏鸡5万只，培养藏鸡养殖户230户，新修鸡舍5000平方米。

**（二）主要工作任务**

1. 健全制度，落实党风廉政建设责任制。以“率先垂范，廉洁从政”为教育主题，定期组织召开领导班子民主生活会；检查执行党风廉政建设责任制情况和领导班子成员廉洁从政情况；坚持开展批评和自我批评，针对存在问题进行督促整改，实现“清廉从政、为民服务”的目标。

2. 巩固提高粮食产量。不断改善农业生产条件，稳固推进农业基础设施建设，提高粮食生产能力，继续实施高产创建、二级种子田、测土配方工作，在2012年基础上加大实施面积，整县推进科技增收活动。

3. 转变方式，畜牧业生产能力进一步增强。在草原生态保护补助奖励机制工作和实现草畜平衡的基础上，按照“稳定牛、发展羊、控制马”的总体思路，以发展农牧区畜牧业为重点，大力推进规模化集约化养殖，畜牧业保持平稳较快发展。科学饲养管理水平、发展质量、经济效益稳步提升，牲畜繁殖成活率、总增率进一步提高，成幼畜死亡率保持很低水平。

4. 加强动物疫病防控。抓好冻精冷配清群督查，加大黄牛改良工作力度；逐步申请加大财政扶持力度。认真抓好畜禽疫病防控工作，保质保量完成计划免疫、强制免疫任务，禽流感、口蹄疫、猪瘟等免疫率达到100%，免疫卡登记率达到100%。加强动物及产品检疫、监督和畜间普查、监测工作。进一步完善动物防疫体系基础建设、队伍建设和动物疫病可追溯体系建设。加强对外地调入牲畜各环节的监督管理，保障畜牧业生产安全。

5. 认真做好农牧业安全工作。加强草原防火，确保草场安全使用。积极配合卫生、工商部门做好我县畜禽类食品安全工作，坚决杜绝畜牧业生产添加瘦肉精等严重危害人体健康的现象在我县发生，重点做好农药、兽药的管理和安全使用。

6. 强化项目争取和实施工作。以增粮工程、特色产业开发、旱作农业项目为重点，继续加大对农牧业基础设施建设项目和资金的争取力度，努力改善农牧业生产条件，力争在我县立项更多农牧业项目。2013 年全县将实施的项目有：农田围栏建设项目（未来三年内新修围栏 32 万米）、防抗灾物资储备库建设项目（共 9 座，其中县级储备库 1 座，8 个纯牧业村各建 1 座饲草料储备库）藏鸡养殖项目（培养养殖户 230 户）、优质蔬菜建设项目（新建温室大棚 63 座）、现代农业青稞生产基地建设项目（开发粮食基地 1 万亩），加强我县农牧业基础设施建设，同时也为桑日“十二五”规划、“三推进”工程、“六大主导品牌”建设发挥积极推进作用。

**作者简介：**

索朗，男，藏族，1970 年 8 月出生，中共党员，大学学历。现任西藏自治区桑日县农牧局局长。

自 1989 年 2 月参加工作起，历任嘉黎县措麦乡副乡长，嘉黎县公安局副局长，嘉黎县政法委副书记，桑日县旅游局局长，桑日县白堆乡人民政府乡长，桑日县增期乡人民政府乡长、党委书记等职。2011 年 11 月至今，任桑日县农牧局局长。

# 改革创新　扎实有效开展农牧工作

西藏自治区聂荣县农牧局　巴桑次仁

2013年，我局在县委、县政府的正确领导下、在地区业务部门的大力支持和帮助下，认真学习、深入贯彻落实中央、自治区和地区经济工作会议，忠实践行“三个代表”重要思想，紧紧围绕牧区、牧业和牧民工作，在稳定牧区局势的前提下，把加快发展我县牧业经济和提高牧民生活水平作为我局工作的目标，经全局干部职工的共同努力，三牧工作呈现良好的态势。现将工作总结如下：

## 一、会议贯彻落实方面

为贯彻落实好全国牧区会议精神和国发17号文件精神，我县把17号文件翻译成藏文，分批组织召开县直各单位负责人参与的，各乡镇书记、乡长参与的，退休老干部和个别致富带头人参与的座谈会，专题学习文件精神，要求如何领会文件精神，如何抓好我县牧业工作开展讨论，参会人员结合各自实际提出了很多意见和建议。同时、各乡镇召开村干部、驻村工作队会议传达学习了17号文件精神，并在广大牧民群众中进行了广泛宣讲。

## 二、牧业生产情况

2012年年初受到降雪天气影响，牧业生产受到一定打击，但进入夏季后，降雨充沛，牧草长势较好。截至2012年年底，牲畜存栏达305979头（只匹），其中牛193797头，绵羊84010只，山羊24571只，马3601匹。牲畜已生71713头（只、匹），成活63440头（只、匹），成活率88.46%。死亡8164头（只、匹），死亡率2.38%。

## 三、草原生态保护补助奖励机制工作方面

我县2011年草原生态保护补奖机制工作，在区、地生态保护补奖机制领导小组的精心指导和关心支持下，按照实施方案要求，扎实有效开展各项工

作，目前基本完成了各项任务。一是加强组织领导，明确分工职责。为了切实做好我县草原生态保护补助奖励机制工作，成立以县委、县政府主要领导挂帅的工作领导小组，设立专职办公室，配备工作人员，并制定了工作实施方案，出台了成员单位职责分工，明确了各成员单位工作职责，把责任落实到人头。二是加大政策宣传，保障政策不走样。政策宣传方面，我县采取把县直部门负责人和乡镇党委书记、乡长和业务人员召集到县城，在理论中心组进行集中学习，把驻村干部、村干部和管护员集中在乡镇，把牧户集中在村委会集中进行政策宣传讲解，并利用法制宣传日和畜产品交易会等形式向群众发放宣传单，同时在县电视台播放宣传片。2012 年，全县共召开县、乡、村级会议 2983 次，接受政策宣传人数 42346 余人次，共发放宣传单 43332 多份。通过一系列的学习，使干部群众对补奖机制政策有了比较透彻的了解，思想和行动也从被动接受向主动实施转变，政策的贯彻落实得到了广大牧民群众的支持和拥护，保障了政策实施不走样。三是认真开展禁牧区划开定位工作。结合草地现状，严格分配禁牧任务。我县总的禁牧任务是 170 万亩，除退牧还草项目已完成禁牧面积 145 万亩，余下 25 万亩分别在永曲乡 7 万亩、查当乡 6 万亩、索雄乡 4 万亩、当木江乡 4 万亩和白雄乡 4 万亩。对已实施退牧还草禁牧点进行一次全面核实，不符合禁牧要求的重新选址划定，组织乡镇业务人员、村干部、草原管护员和牧民代表协同到禁牧点开展禁牧区 GPS 定位和对禁牧点设立简易标识牌。对 296 块禁牧点进行定位制图，并制作乡镇级（1:100000 比例）的地图。四是认真核算补助奖励资金。2011 年全县补助奖励资金为 4235.05 万元，其中禁牧补助 1020 万元、草畜平衡奖励 2052.32 万元、牧民生产性补贴 329.15 万元、管护员补助 711.18 万元、牧草良种 7.4 万元、畜牧良种 115 万元。五是实施好畜牧良种补贴项目、优化畜群结构打基础。为实施好畜牧良种工作，成立了实施畜牧良种项目领导小组，制订了工作实施方案，并与相关乡（镇）之间签订了项目责任书。选育 300 头种牛和选育 500 只绵羊。六是强化监督，积极开展自验工作。我县将补奖机制工作纳入目标责任书，成立工作督导小组，制订督导方案，在工作开展过程中经常性地深入各乡镇检查指导。2012 年 2 月 5 日至 9 日、2 月 15 日至 2 月 19 日县生态办分两批工作组对 10 个乡（镇）的补奖机制工作开展情况进行了县级验收，按照地区补奖机制工作分类推进实施方案，3 月份我县开展查漏补缺工作，于 3 月 30 日至 4 月 9 日、8 月 18 ~26 日县委书记德吉卓嘎亲自带队深入到 10 个乡镇开展了督查。2012 年 9 月 13 日自治区对我县 2011 年草原生态保护补助奖励机制工作进行了验收，评定为通过验收。七是做好薪柴替代物资发放工作。2010年草原生态薪柴替代资金于2011年12月到位县财政，2012年元月份对6583户的薪柴替代物资进行了采购，4月底完成了1207户的煤炭、1906户的家用太阳能照明灯、1782户的煤气灶（罐）、1433户的家用铁炉的发放工作，并把85户建设玻璃暖廊的薪柴替代资金和170户的液化气加气单发放给牧户。

## 四、防抗灾工作方面

2011年入冬以来、我县持续受到大风的危害，尤其是4月中旬至5月中旬持续性地降雪，导致牧业受到一定影响，群众财产受到损失。全县因灾死亡牲畜22583头（只），其中牛死亡6784头、绵羊死亡12643只、山羊死亡3156只，死亡率为6.7%。针对灾情，我县采取了以下措施：一是及时动员县防抗灾指挥部，启动应急预案，调动了应急预案12个职能小组。二是组派由县委书记带队，农牧、民政和交通负责人为组长的四个调研组深入到受灾区域开展灾情调研工作，各工作组坚持深入一线采取听汇报、实地调查、研究对策、制定应对措施、现场解决等工作方法，指导和帮助当地群众抗灾自救。三是牧户把自家储备的口粮喂给牲畜，导致牧户断粮缺粮现象，对此我县及时把去年采购的500吨精饲料全部发放给牧户，同时也将地区抗灾办下发的156吨饲料全部发放给受灾较严重的村、户。对因灾断粮缺粮的548户、2159人，利用去年援藏资金300万元购买了8.64万斤面粉和大米发放给牧户，保证了受灾群众两个月的口粮问题。四是县兽防站组织动员乡村兽医对死亡牲畜尸体进行统一销毁处理，加强了灾后牲畜防疫工作。五是死亡牲畜情况向地区保险公司申请了养殖业保险的赔付。

2013年，吸取4月份受到的雪灾教训，各乡镇、各职能部门将防抗灾工作列入当前的主要工作，2012年10月15日我县召开了今冬明春防抗灾工作安排部署电视电话会议，同时调整充实了聂荣县防抗灾领导小组、聂荣县防抗灾指挥部及办公室人员，完善制定了聂荣县今冬明春防抗灾应急预案。2012年10月25日至11月2日我县组派由县纪检委、农牧局和卫生局组成的两个工作组对各乡镇防抗灾物资储备情况和工作落实情况进行督查。截至目前，全县储备燃料350万袋、能烧8个月，储备粮食530万斤、能吃8个月，干饲草3490吨、能吃4天，各类防抗衣物1.5万件、储备人药15万元、兽药7.5万元。

## 五、项目建设方面

1. 续建的2011年查吾拉牛扩繁场项目，去年建设完成了业务房、棚圈、部分种畜购置任务。为使项目尽快投入使用，2012年元月份我县组织县采购领导小组开展了仪器设备、草种和饲料、药物、办公设备等购置工作，5月初开展了人工种草工作，8月初购进未完成的种畜，并于8月中下旬开展繁育工作。续建的2010年游牧民定居工程“四配套”项目，去年完成了棚圈、畜圈和储草棚，2012年年初与施工队签订合同，5~6月份实施饮水井的建设。目前两个续建项目均完成建设任务。

2. 2011年退牧还草项目于10月20日开始网围栏运至项目乡镇，目前项目所有网围栏已运到项目点，草籽于2012年4月底到达项目乡镇。准备明年5月初实施草地补播工作，6~7月开展围栏安装建设。

## 六、虫草采集工作

为做好2012年冬虫夏草采集管理工作，我县提早进行安排部署，提早制订了工作方案，并于2012年4月20日召开了2012年虫草采集管理工作动员部署会议，会议安排部署了2012年虫草采集管理工作，并与5个产虫草乡之间签订了《聂荣县2012年虫草采集管理维稳责任书》。采挖虫草之前县、乡共解决了矛盾纠纷9起，为群众顺利采集虫草营造了和谐环境。截至6月15日，5个产虫草乡的51个采集点共组派27个工作组、120名成员在采集点蹲点督导工作。县司法局带队法院、检察院和农牧局组成的法制教育组利用10天时间深入到各个虫草采集点开展法制教育宣传，受教育人数达到3900人次，发放宣传资料2万余份。2012年采挖虫草人数6960人，发放虫草采集证6960本，采挖虫草536.5公斤，实现产值5365万元。

## 七、牧民增收情况

### （一）加强劳务输出及技能培训力度

以安居工程为重点，县城施工队、乡村公路建设、畜产品加工和餐饮服务业等途径劳务输出人数3942人，实现收入927.84万元。以缝纫、绘画、牦牛育肥和奶制品加工等牧民技能培训会10期，技能培训388人、多种经营收入2176万元。

### （二）组织参加畜产品展销会和聂荣赛马物资交流会

2012年我县赛马节之际，举办了物资交流会，积极组织各个合作经济组

织和周边牧户销售畜产品，实现收入88万元；2012年在尼玛乡举办的畜产品展销会实现现金收入354万元。

**（三）开展农机购置补贴工作**

我县2012年第一批农机具购置补贴资金共50万元，用于尼玛乡和色庆乡49户牧民购置农用拖拉机，国家给牧民补贴比例为拖拉机总价的35%。2012年7月10日，给牧户发放了拖拉机。第二批农机具购置补贴实施方案已申报地区农技站。

**（四）野生动物肇事损失补偿落实情况**

2012年元月份对2011年度野生动物肇事损失进行统计汇总，并把数据和相关资料上报地区林业局，争取上级财政的补偿资金。据统计，去年受灾的7个乡镇、40个行政村、519个牧户因狗熊肇事损失资金81.16万元。目前正在兑现县级配套资金。2012年野生动物肇事损失统计工作正在开展。

**（五）兑现涉农商业保险赔付资金**

2011年和2012年兑现了因水灾倒塌房屋、雷击死亡牲畜、出败死亡牲畜和雪灾死亡牲畜赔付资金574万元。

## 八、转变畜牧业发展方式情况

**（一）引导、培育、扶持农牧民专业合作经济组织**

我县坚持“先发展后规范、边发展边规范”的原则，切实加强对专合组织的服务、指导和管理，机制、措施、政策上狠抓力度，深入推进专合组织规范化建设，不断提升专合组织的综合实力和发展层次。县委、县政府组派县、乡干部和大学生村官蹲点指导、帮助各专合组织建机构、立章程、理思路、定规划等，积极配合自治区农科院选派的技术人员长期蹲点开展相关技术服务，并为全县各专合组织统一订做了“一章、一言、三制、三薄”（即：合作组织章程，脱贫宣言，卫生管理制度、民主议事制度、财务管理和会计核算制度，成员登记簿、会议记录簿和产品物资购销登记簿）。以科技为支撑，组建牦牛育肥和奶制品加工销售为主要的牧业合作组织，实施牦牛反季节育肥、犊牛高效育肥、人工种草、牲畜疫病防治、畜产品加工销售等内容一体的牦牛特色产业开发，提高畜产品产量、产值。同时，工商、卫生等部门在专合组织登记注册和办理卫生、经营证照方面主动简化手续、提供便利，合力引导牧民专合组织规范化、科学化发展。目前，我县共有各类牧民专业合作经济组织23家（年初新建4家）。其中登记注册15家，涉及8个乡镇22个村委会、858户牧户、3872人，2012年，完成产值892万元、实现创收621

万元。

**（二）积极开展牲畜疫病防治工作**

春季“口蹄疫”免疫率达到100%。免疫肉毒、出败、布病和反刍851436头（只）。牲畜治疗135167头（只、匹），治愈率达到了96%。

**（三）虫害治理工作**

2012年，在下曲乡、色庆乡、尼玛乡、聂荣镇、白雄乡5个乡镇出现草原毛虫的灾害，受害面积12万亩，严重危害面积9万亩、危害严重草地每平方米有虫根300～400条。在灭虫工作中我局派技术人员指导乡镇开展灭治工作，投入电动喷雾器120台，油料600公升，组织人力1240人，车辆28台次，虫害灭治面积达到7.7万亩，灭治率达到80%以上。

## 九、存在的问题和不足

虽然我县农牧业工作按照上级安排完成了各项工作任务，但在工作中还有一些不容忽视的问题和不足。一是涉农领域个别干部职工解放思想还不够，改革创新意识不够强、作风不够扎实，事业心、责任感、创新意识亟待加强。二是项目资金普遍存在到位晚，加之我县气候原因，工期短，在一定程度上影响了基础设施建设进程，一些项目只能跨年实施。三是投资力度不够，牧区基础设施条件服务经济建设的能力还显不足，“瓶颈”制约仍未从根本上得到缓解，畜产品加工销售等项目亟待投资，提高畜产品商品化能力。四是目前我县科技特派员较少，科技在促进牧业生产中所起的作用还不大。五是产业结构调整的步伐不够快，新的经济增长点不够凸显，特色产业建设尚处于起步阶段，规模小、层次低、效益差的问题比较突出。牧业生产效率还比较低、畜产品结构单一，生产方式粗放，加工广度、深度不够，附加值低，牧业产业化步伐缓慢。牧民专业合作组织发展不规范，扶持资金力度不够、很多具有条件的合作组织因缺乏资金运转困难。六是由于受群众观念陈旧、牧区就业市场单一、劳动力素质低、从业技能差、生产方式粗放等因素影响，牧民群众增收渠道不宽，增收难度大、还没有形成牧民群众增收的长效机制。

## 十、2013年工作安排

在2013年工作中将着重抓好以下工作：

一是以深入学习贯彻全区经济工作会议、农村工作会议、农牧工作会议，以及地区经济工作会议、农村、农牧工作会议精神，以创先争优强基惠民活

动为契机，通过采取集中学习、思想教育等措施，转变工作作风，进一步增强干部职工的事业心和责任心；

二是投资批复下达的项目，按照项目进度要求，积极开展项目建设工作，争取当年项目当年完成；

三是加大牧民专合组织的引导和扶持力度，既不能“拔苗助长”，又要“浇水施肥”，不断做大做强牧民专合组织，为牧民群众增收搭建平台；

四是大力开展牧民技能培训，通过上级部门支持、自己举办培训班等途径，提高牧民群众的职业技能，使他们掌握一技之长，增收有技能；

五是加大防抗灾准备工作的督促检查力度，采取日常和集中检查相结合，并把检查督促储备“五有”物资作为每个下乡工作组检查指导工作的一项重要内容来抓，督促引导牧民群众切实做好防抗灾准备工作，确保万无一失。

六是积极争取特色产业项目，做好畜产品的精深加工和市场销售“一条龙”服务工作，努力增加产品附加值，实施“走出去”战略，切实让广大牧民群众的“钱袋子”鼓起来，生活富起来。

# 第八章　增产增效　促进农民增收

## 壶关构筑农民增收致富六大平台

山西省壶关县农业局　赵保忠

壶关县位于山西省东南部，太行山东南端，全县版图面积1013平方公里，辖5镇7乡1个办事处，390个村，总人口30万，其中农业人口26万，耕地面积32万亩，是一个典型的山区县、农业县，也是国家级扶贫开发重点县。

近年来，壶关县委、县政府紧紧围绕省、市转型跨越发展的战略部署，立足县域经济发展的实际，选准现代农业发展的着力点，摸准产业发展的关键点，找准农民增收致富的增长点，下大力气构筑农民增收致富的六大平台。

### 一、户均3亩高产田

为进一步提高全县农民的种粮收入，切实保障粮食安全，壶关县组织实施了20万亩高产优质玉米种植项目，并采取多种措施调动农民的种粮积极性。首先是认真落实国家各项种粮补贴政策，调动农民群众的种粮积极性；其次是想方设法争取国家及省市农业项目，重点实施了粮食高产创建、旱作农业科技推广地膜覆盖、玉米丰产方地膜覆盖及秸秆还田、测土配方施肥、新增粮食生产能力、中低产田改造、有机质提升等农业项目，提高土地的综合生产能力；再次是大力推广先进农业实用技术，实施高密度栽培，选用优良品种。每亩地种植密度达到4000株以上，选用的新品种主要有郑单958、先玉335、大丰26号、福盛园52号、福盛园55号、晋单77号、润民8号、

蜀龙18号等；另外还对参加玉米、小麦保险的农户实施种植业保险保费补贴政策，玉米每亩补贴1.82元，小麦每亩补贴1.5元。“十二五”末，全县玉米单产力争达到650公斤以上，实现人均增收700元的目标。

## 二、户均1亩蔬菜园

壶关县的蔬菜种植主要是以旱地西红柿为主。经过20多年的摸索、总结和推广，旱地西红柿已经成为广大农民群众一项致富产业，已经成为壶关蔬菜的一张亮丽名片。为实现户均1亩蔬菜园的目标，主要采取以下几项措施：一是集中组织种菜农民参观学习，加强科技培训，引进国内外优势品种。县农委多次组织全县种植示范户及有种植意愿的农民朋友到本县集店乡乌集头村、龙泉镇清流村、店上镇绍良村、百尺镇韩庄村和树掌镇马家庄村参观学习，还远赴山东青岛、寿光，长子方兴科技示范园参观取经。县农委还与总部设在山东青岛的荷兰瑞克斯旺（中国）种子公司签订合作协议，邀请该公司雷金龙经理到店上、百尺、龙泉、集店等乡镇进行集中讲课培训，并引进世界级顶尖蔬菜种子在龙泉镇西街村、百尺镇韩庄村、西牢村、店上镇寨里村进行试种；二是连续多年在CCTV-7台做免费销售广告，踊跃参加全国各地举办的展销周、农博会，可以说壶关旱地西红柿的优良品质已经誉满三晋、享誉全国；三是不断加大财政补贴力度。县委书记李全心在2013年年初召开的全县三级干部大会上承诺，2013年将重点对集中连片50亩以上或一个村种植100亩以上的旱地西红柿种植户给予每亩补贴100元种苗款，此项惠民政策进一步激发了全县农民种植旱地西红柿的积极性和主动性。2012年全县种植3万亩旱地西红柿，平均亩产达到了15000斤，亩均收入6000元，仅此一项全县农民人均增收600元。到“十二五”末，力争实现户均1亩西红柿，全县人均增收1500元的目标。

## 三、户均1座设施棚

壶关县设施蔬菜建设主要是以生贵式移动大棚和日光温室大棚为主。壶关县紧紧抓住山西实施设施蔬菜“百万棚行动计划”和长治市实施“农民五大增收工程”的有利时机，壶关县委、县政府加大了设施蔬菜建设的补贴力度，明确规定，在实施补助的基础上，新建集中连片30亩以上的日光温室大棚每亩补助6000元，50亩以上的生贵式大棚每亩补助1500元。特别是去年以来实施的“千棚十区”食用菌种植项目，可以说代表着全县农业发展的方向和前景，已被市委田喜荣书记誉为农民增收致富的方向性工程。2013 年将在龙泉镇三家村、小山南、宋堡、四家池四个村完成“千棚十区”建设任务，进而向“百村万棚”目标迈进，1 亩食用菌大棚年均纯收入近 40000 元，1 亩日光温室蔬菜大棚每亩年均纯收入 20000 元，1 亩生贵式移动大棚每亩年均纯收入 10000 元，到“十二五”末，全县计划建设 8000 亩生贵式大棚，2000 亩日光温室蔬菜大棚，10000 亩食用菌种植大棚，全县农民人均纯收入可增加 2000 元。

## 四、户均3亩经济林

壶关县针对山多地少、石多土少和海拔高的实际，按照“生态建设产业化，产业发展生态化”的理念，实施差异发展战略，变劣势为优势，开辟农民增收新渠道。一是利用地埂岸边栽植核桃。壶关县有 10 万亩山地梯田，采取在耕地的夹岸和岸边栽植核桃树，可栽植 150 万株核桃，按每亩 40 株计算，折合经济林面积 3. 5 万亩，5 年后每株核桃树最低可产核桃 5 公斤，150 万株可产 750 万公斤核桃，每公斤按 20 元计算，每年可增收 1. 5 亿元；二是采取间作模式发展干果经济林。通过在林下间作蔬菜、豆类和药材，把长期效益和短期效益有机结合，既解决了农民当前的利益，又发展了经济林；三是利用荒坡荒沟发展经济林。依据自然条件，因地制宜，发展了文冠果、花椒、大枣、山楂等干果经济林，集中分布于五龙山、石坡、树掌、桥上、鹅屋等山区、半山区乡镇。到 2015 年，全县干果经济林种植面积将达到 18 万亩，实现户均 3 亩经济林，单此一项可实现人均增收 500 元。

## 五、户均百头（只）畜和禽

近年来，壶关县紧紧抓住被省政府确定为山西省生猪养殖基地县的契机，大力推进“一村一品、一县一业”，大力发展现代畜牧业，鼓励农民建设标准化养殖小区，取得了良好效果。特别是去年山西大象农牧集团落户壶关，是壶关县农业产业化向集群化、规模化、特色化发展的一个重要标志。该项目投资总额 5 亿元，占地面积 200 亩，主要包括年加工饲料 24 万吨饲料厂 1 个，年屠宰肉鸡 5000 万只屠宰场 1 个，存栏父母代种鸡 10 万套种鸡场 3 个，商品雏鸡 5000 万只孵化场 1 个，标准化肉鸡示范场 10 个，项目计划 2 年内建成投产。可以说为壶关农民通过规模化养殖实现增收致富插上了腾飞的翅膀，实现户均百头（只）畜和禽的目标，可增加农民收入 500 元。

## 六、户均1个务工人

怎样才能实现农民朋友就地就近就业的愿望，实现户均1个务工人呢？壶关县主要采取了三条措施：一是不断发展壮大本县的农业产业化龙头企业，进一步解决农村富余劳动力的就近就业问题。比如紫团公司“千棚十区”建设项目投产运营后可安排农村劳动力2500名，带动3000余户农户脱贫致富，户均增收15000元。二是大力实施“15311”招商引资办法，鼓励更多的有发展前景的劳动密集型企业落户壶关。比如：北京邦仕得制药、长治华兴环保工程公司等一大批新兴项目的落地开工，将解决更多农村富余劳动力的就业问题。三是通过实施基层农技推广体系改革与建设示范县项目、阳光工程和雨露工程，大力加强农民实用技术培训、创业培训，不断提高农民的综合素质，使他们逐步由“体力型”向“技能型”转变，由“种粮型”向“种菜型”转变，真正培养出一批有能力、懂技术、会经营、善管理的新型农民，不仅要让这些农村实用人才成为农村经济发展的带头人，更要鼓励农民走出大山、跳出壶关，实现8万劳工出太行，人均增收5000元的目标。

**作者简介：**

赵保忠，男，汉族，1963年4月出生，中共党员，大学学历。现任山西省壶关县农业局局长、农业委员会主任。

自1983年11月参加工作起，历任壶关县环保局副局长，壶关县店上镇镇长、书记等职。2006年至今，任壶关县农业局局长、农业委员会主任。

# 加快发展农牧业　夯实农民增收之路

内蒙古自治区通辽市奈曼旗农牧业局　李自清　尹小伟

奈曼旗有土地面积1200万亩，地理面貌为“南山中沙北河川，两山六沙二平原”。面对十年九旱的气候条件，奈曼旗不断加快结构调整步伐，立足资源特点，紧紧围绕“农民增收”这一目标，克难攻艰，突出高效特色种植业和畜禽养殖业，稳定劳务经济，推进农机化进程，积极应对制约农牧业发展的各种不利因素，不断探索农牧民增收的新路子，农牧业各项工事业健康发展。

## 一、突出种植业三个重点产业

### （一）加强玉米高产田建设，通过提高粮食单产促增收

在稳定粮食生产的前提下，着重于玉米高产田建设，农民增收步伐加快。近年来，借助农业开发、土地整理、现代农业发展等项目，加强农田基本建设，强化“一增四改”，推广良种良法、测土配方施肥（每年140万亩以上）、玉米螟综合防治（白僵菌封垛和赤眼蜂防治每年140万亩以上）、膜下滴灌等技术，实现少投入高产出。加强农机推广示范园区建设，实施精量播种、推广玉米机收、保护性耕作，进行农机新技术、新机具的示范、培训和推广，推进玉米全程机械化作业进程。2012年，在巩固2011年5个高产田示范区建设基础上，以国道111线两侧为重点，建设玉米高产田48万亩，总面积达到58万亩。在3个村建设了3个土地流转集约化经营示范点，为全面推进土地流转集约化经营的现代农业发展模式打基础。通过提高粮食单产实现年粮食总产33亿斤。到2015年，将打造150万亩节水高效高产玉米示范带，全旗粮食产量预计达到45亿斤。

### （二）发展高效特色种植，通过提高效益促增收

几年来，全旗高效特色种面积稳定在80万亩左右，平均亩效益在1000元以上，种植规模居全市首位。

之所以把高效特色种植业称之为农民增收的窗口，突出表现在以下几个方面。一是立足土地条件，对比效益明显。在旗委、政府的正确决策下，大做沙地文章。在贫瘠的沙地上，种植高效特色作物，可以说在低产沙沼的改造和利用方面开辟了种植业发展的新天地，经历了“从无到有，从低产到高

效”的过程。通过种植西瓜、红干椒、花生、万寿菊等优势特色作物，由种植传统米黍、杂粮杂豆作物亩收入仅300多元，提高到亩收入1000元以上，“变低产为高产，变沙地为宝地”。即使与标准大田玉米种植效益比较，每亩纯增收500元以上。2013年，提出了打造“双千元田”的口号，在80万亩高效作物田中打造亩亩纯收入双千元田30万亩。二是主要种植品种日趋多样化。可以说高效特色种植业经历了“从少到多、从偿试种植到打造精品”的过程。至2012年，主要种植品种有西瓜、红干椒、万寿菊、花生、稻米、药材、果蔬等，西瓜最高年份种植面积达到21万亩，红干椒种植面积达到10万亩，药材种植面积达到2万亩，花生种植面积达到5万亩，万寿菊种植面积达到3万亩等等，注册了“曼沙西瓜”、“老哈河大米”、“育生小米”、“青龙山粉条”等品牌，奈曼沙地农产品走出了奈曼，走进北上广和海南等大中城市。成功举办了3届“奈曼西瓜节”。三是最好年份的喜人收益。2010年，部分种植的早西瓜的农户亩纯入到6000多元，种植的冬花亩纯收入最高曾达到5000元，种植的万寿菊亩纯收入达到2000元以上。

通过高效特色种植业的发展，广大种植户尝到了“甜头”，种植热情高涨，高效特色种植规模迅速扩大。高效特色种植业发展，将是持续增加农民收入的有效途径之一。

**（三）加强设施农业建设，通过防旱避灾促增收**

自2007年以来，以土地贫瘠、严重缺水的南部浅山丘陵地区为重点起步发展设施农业，经历了“从少到多、从粗放经营到规模发展”的历程。旗委政府在协调信贷支持和群众自筹资金的基础上，平均每年列入财政预算1500万元左右用于补贴发展设施农业，以设施农业小区建设为重点，每入驻一户新建100米大棚（室）补贴1万元，三年累计达到4000多万元。目前，全旗设施农业总面积发展到8.8万亩，其中千亩以上小区发展到3处，规模化发展、集中连片经营的模式已初步形成。棚内产出的青椒、西红柿、豆角、黄瓜、香瓜、设施鲜桃等新鲜果蔬产品收获喜人。设施农业收益程度逐步提高，也逐渐被百姓认可，设施避灾农业在南部山区已成为农民增收的一道亮丽风景。

## 二、紧抓畜禽养殖业这一主导产业

作为半农半牧地区，畜牧养殖业的发展是农牧民增收的主要途径之一。近年来，奈曼旗始终把畜禽养殖作为农牧民增收的主导产业，通过多方努力，不断改进经营模式，着力于养殖大户、专业村及养殖小区的建设和管理，养殖业得到稳步发展。旗委、政府立足资源优势，坚持走“以种促养，种养殖结合”的畜牧业发展的路子，始终坚持“提质、扩量、增效”的原则，按照“突出牛羊、大上猪禽”的思路，稳步发展畜禽养殖业，规划建设各类养殖小区124处，以肉鸡为主的规模化养殖小区发展迅速，以牛为主的养殖专业村（小区、场）质量明显提升。2013年，家畜年度存栏223万头（只）口（其中牛26万头，羊116万只，猪76万口），家禽饲养量达到1000万只以上。年出栏家畜110万头只，以肉鸡为主家禽出栏800万只以上。

## 三、劳动经济成为增收新亮点

劳务经济已经发展为农民增收的主要途径。近年来，全旗劳务输出总数稳定在11万人次左右，其中年均稳定务工7万人左右，技能培训在6800人左右。2012年，全旗劳务经济收入达7亿元。在劳动力转移工作中，主要是一抓基地，二抓培训。抓基地是巩固旗外北上天、河北、辽宁等劳务输出基地，通过回防等形式，使务工基地得到巩固，使务工人员合法权益得到有效保护。抓培训是通过“阳光工程”、“雨露计划”，依托旗民族职专、农广校，加强劳动力技能培训，使其在务工岗位上有一技之长，在技能上提高务工收入。

## 四、农牧业机械化程度明显提高

一是创新机制，强化农机监理。在“机多人少”的情况下，奈曼旗积极探索农机监理新路子，偿试把农机监理分站建在苏木镇动防站上，实施“一班人马两种职责，两方经费整合使用”，经过两年的偿试，全旗农机监理工作跃上新台阶，取得显著成效。这一做法得到自治区及农业部领导的好评，并将在全市推广。二是农机技术推广步伐加快。一方面做好机耕、机播、机收等农机新技术的示范、推广和应用，建设农机示范园区；另一方面突出推行保护性耕作技术，全旗建设保护性耕作示范园区2处，示范区通过秸秆浅旋还田丰饰土壤，实现亩年增产113斤。2012年，全旗机播面积、保护性耕作面积、机械化精量播种、玉米机收面积分别发展到200万亩、35万亩、160万亩和45万亩。建设了白音他拉西博图、治安胜利庙两处农机示范园。全旗登记注册农机专业合作社25个，农机组织化程度明显加强。这在保持水土流失、丰饰土地养分、发展现代农业上意义深远。

## 五、农牧业产业化步伐进一步加快

奈曼旗积极适应市场波动，走“企业＋基地＋农户”的发展路子，确定了农牧业发展的十大产业，其中涉及农牧业的就有9项，分别是西瓜产业、红干椒产业、万寿菊产业、稻米产业、葵花产业、蔬菜产业、甘薯产业、药材产业、养鸡产业。产业化发展步伐进一步加快，突出表现：一是农牧业各类农村经济合作组织日趋完善，组织化程度不断提高，目前全旗各类农村经济合作组织发展到169家，在农牧业产业化发展中起到不可忽视的作用；二是各类深加工企业纷纷落户奈曼。巩固与外地公司合作发展养鸡业建立合作伙伴关系，宇鹏公司年屠宰1000万只肉鸡的生产线已建设完成，通辽市博浩生物有限公司（万寿菊）已生产运营。原有的兴柏药业、老哈河粮油、鑫泉食品等多家龙头企事业在健康运营。这些龙头企业的发展为奈曼旗农牧业产业化发展注入了充裕活力。

奈曼旗农牧业的健康发展，与以下三个方面工作是离不开的：一是旗委政府的英明决策。旗委政府紧紧围绕国家"科技兴农"战略，结合奈曼实际，积极拓宽农民增收渠道，把主要粮食生产摆布在基础条件较好的国道111线两侧及北部平原地区；把设施避灾农业摆布在土地瘠薄、水肥条件较差的南部浅山丘陵区；充分利用沙地、沙壤土资源，发展高效特色种植业；充分利用秸秆、饲草、交通等资源优势，发展以肉鸡为主的家禽养殖，稳步推动肉牛、羊、猪等家畜养殖。同时，确定西瓜、红干椒、葵花、蔬菜、药材、养鸡等十个产业，努力创造树立奈曼农畜产品品牌。二是整合资金大力扶持。充分利用国家各类项目资金，支撑农牧业发展，近年来，每年争取和落实玉米高产创建、农技推广、农产品质量安全检测、农机、良种补贴、农业保险等项目资金1亿多元，全部应用于农牧业各项事业的发展。同时，政府出台优惠政策，通过协调贷款优先、财政专项补贴等方式，鼓励农牧民发展优势富民产业。三年来，每年协调助农贷款4亿元左右，财政预算补贴资金3000万元左右。三是全旗上下的共同努力。成立由旗政府分管领导挂帅，部门领导为成员的产业推进领导小组，形成上下联动，精心组织、大力协调和深入指导的工作氛围。业务部门的专业技术人员深入田间地头、棚室小区，进行现场指导、跟踪服务。积极组织农村种养殖带头人进行农牧业科技培训，提高依靠科技发展种养业水平。通过广大农牧民积极参与，依靠政府及业务部门精心指导，农牧业发展步伐速度加快。

展望未来，奈曼农牧业发展有着广阔空间，为了更好的推进农牧业各项事业发展步伐，由旗委政府牵头出台了"吨粮田建设"、"高效种植业"、"设施农业"、"畜牧业发展"、"肉牛产业"、"饲草料基地建设"、"劳动力转移"等多个五年规划，描绘了各项事业发展美好蓝图。

**作者简介：**

李自清，男，汉族，1964年1月出生，中共党员。现任内蒙古自治区通辽市奈曼旗农牧业局党组书记、农牧业系统党委书记、农牧业局局长。

自1980年9月参加工作起，历任奈曼旗义隆永乡乡长，奈曼旗义隆永乡党委书记，奈曼旗农牧业局副局长。2006年5月至今，任奈曼旗农牧业局党组书记、农牧业系统党委书记、农牧业局局长。

曾获优秀公务员，干部下基层工作三等功等荣誉。

尹小伟，男，蒙古族，1974年11月出生，中共党员，本科学历。现任内蒙古自治区通辽市奈曼旗农牧业局办公室副主任、综合股股长。

# 坚定不移抓好粮食生产
# 为国家粮食安全贡献力量

内蒙古自治区莫力达瓦达斡尔族自治旗农牧业局　田源山

近年来，莫力达瓦达斡尔族自治旗（简称莫旗）坚决贯彻落实中央关于“三农”工作的决策部署，把发展粮食生产作为全旗农业工作的重点，深化种植业结构调整，狠抓强农惠农政策落实，强化科技支撑，着力开展高产创建，粮食综合生产能力不断提升，自2003年以来，全旗粮食产量实现了“九连增”，九年累计增产粮食26.9亿斤。

## 一、自治旗农业概况

莫旗成立于1958年8月15日，是全区三个少数民族自治旗之一，是全国唯一的达斡尔族自治旗。位于呼伦贝尔市最东部、大兴安岭东麓中段、嫩江西岸。莫旗地域广阔，地处北纬48°05′~49°50′，东经123°32′~125°16′。全境南北长203.2公里，东西长125公里，面积约1.1万平方公里。北与鄂伦春自治旗接壤，西、南与阿荣旗、黑龙江省甘南县为邻，东与黑龙江省讷河市、嫩江县隔江相望。辖10个镇、3个乡、4个办事处、4个农场，220个行政村，总人口32.8万。全旗有17个民族，主体民族是达斡尔族，占总人口的9.9%。素有“大豆之乡”、“曲棍球之乡”、“歌舞之乡”的美誉。具有大农田、大水面、大粮仓。

莫旗属中温带半湿润型大陆性气候，冬季严寒而漫长，夏季温热而短促，季节变化显著。全年平均降水量在400~500毫米，平均温度在-1.1℃~-1.3℃。适合大豆生长。

莫旗资源丰富，有耕地826万亩，草场330万亩，林地342万亩。农业人口人均耕地33.4亩，耕地总量占全国县级之首，农户户均500~1000亩耕地有546户，户均1000亩耕地以上有160户。2003~2012年十年间九年被农业部授予“全国粮食生产先进单位”称号，三年被农业部授予“全国粮食生产先进县标兵”，2011年被国务院授予“全国粮食生产先进单位”殊荣，有6人被授予“全国种粮售粮大户”称号。2012年被农业部评为“全国粮食生产先进单位”称号，粮食产量由2003年的4.13亿斤增加到2012年31.05亿斤，实现了“九连增”。耕地60%种植大豆，年产大豆15亿斤以上，且品质上乘，以县为单位大豆种植面积和总产量均居全国之首。

莫旗的农产品产自于大兴安岭之麓和嫩水之畔，是全国绿色食品原料标准化示范基地，目前现有无公害农产品26个，绿色食品5个，有机食品1个，地理标志农产品5个，农业产业化龙头企业3个，品牌农产品商标10个。特色农产品菇娘，具有达斡尔族文化底蕴的农产品是苏子、荞麦、黄烟。

莫旗有大小河流56条，地表水资源总量为144.53亿立方米，水资源占全区的40%，全市的60%，水能蕴藏量达66.6万千瓦。总投资78亿元的尼尔基水利枢纽工程，水面500多平方公里，设计总装机容量25万千瓦，年平均发电量6.14亿度，具有防洪、灌溉、供水、发电、航运、环保等综合效益，是极佳的旅游避暑胜地。莫旗渔业发达，水产品丰富。尼尔基水利枢纽工程下游30万亩农业灌区即将开工建设。

2002年和2003年莫旗连续被中国县域经济评价中心评为西部进步最快、最具竞争力的县市之一。

## 二、发展粮食生产取得的主要成绩

### （一）粮食播种面积逐年扩大，粮食产量实现“九连增”

2003年全旗粮食作物播种面积420.7万亩，粮食平均单产49.2公斤，粮食总产4.13亿斤；2012年，粮食播种面积658万亩，粮食平均单产235.94公斤，粮食总产31.05亿斤，九年间粮食播种面积逐渐扩大，年递增5.1%；粮食平均单产持续提高，年递增19%，粮食总产稳步增加，年递增25.1%，粮食产量实现了“九连增”。

### （二）主导品种明确，种植业内部结构不断趋于合理

粮食增产种子先行，经过多年生产实践，莫旗筛选确定了五大作物15个主导品种，并大力推广种植，良种普及率得到不断提高，达到97%以上。2003年，全旗玉米、马铃薯、水稻三大高产作物的种植面积为26.3万亩、5万亩和4.8万亩，2012年，三大作物种植面积为177万亩、23万亩和12万亩，分别增长了5.7倍、3.6倍和1.5倍。

### （三）粮食人均占有量不断增加，粮食调出能力不断提高

2003年，全旗粮食人均占有量657公斤；2012年，粮食人均占有量4726公斤，年递增24.5%。莫旗具备年产15亿斤大豆生产能力，2012年，可为国家提供30亿斤商品粮，一个少数民族地区为国家粮食安全做出了应有的贡献。

**（四）农业基础设施建设不断夯实，粮食综合生产能力不断提高**

莫旗农田水利设施不断完善，目前，全旗现有灌溉面积135万亩，比去年增加9万亩，水浇地面积占粮食播种面积17.3%，拥有喷灌设备7500台（套），比去年增加780台（套），配套抗旱机电井7200眼，比去年增加74眼，拥有抗旱水箱38000个；农业机械化水平不断提高，目前，全旗农业机械总动力715425千瓦，比去年增加17672千瓦，机械总台数40564台，2012年农机具新增530台，全旗粮食综合生产能力不断提高。

**（五）农技体系逐步健全，农业科技支撑作用逐渐显现**

目前，莫旗旗乡两级农技推广体系逐步完善，并日益发挥作用。基层农技推广体系改革与建设补助项目正在实施，基层农技推广服务体系建设项目逐渐覆盖，2012年，完成10个，占乡镇（办）总数的58.8%；针对莫旗农业生产实际，筛选出"五大作物五项核心技术"，在粮食增产的因素中，科技的贡献率逐渐增加，农业科技人员科技兴粮的积极性不断提高。

## 三、发展粮食生产采取的主要措施

**（一）领导重农抓粮，合力推进粮食生产发展**

由农业大旗向农业强旗转变，是莫旗几届旗委、政府"增加农民收入、繁荣农村经济"既定的目标。莫旗高度重视粮食产业的发展，财政、农牧、水务和开发等部门各司其职，积极探索、研究和制定促进粮食产业发展的相关政策，并出台了有力的保障措施加以推进，形成了上级有部署、下级有落实的工作机构，层层落实粮食生产责任制，在旗委、政府的精心组织下，广大农民群众的种粮积极性与日俱增，我旗粮食生产能力得到不断提升。

**（二）深化种植业结构调整，努力扩大粮食作物播种面积**

近年来，莫旗大力实施结构调整战略，根据各区域的生产条件及优势，积极创建粮食优势产区，并建立了集品种引进、试验、示范和推广的一套完整的农技推广体系。不断扩大粮食作物播种面积，坚持发展高产高效农业，尤其近两年来，我旗大力发展玉米产业，玉米种植面积逐年增加，粮食产量逐年递增，有效地促进了粮食增产、农业增效和农民增收。

**（三）广泛开展高产创建活动，积极推动粮食均衡增产**

2008年莫旗开展高产创建活动以来，示范区从开始的1片、2片和3片发展到近三年的整县制推进，自2011年开始，我旗在更大规模、更广范围、更高层次上开展高产创建活动，分别落实示范区20片、25片和25片。示范区示范带动效果显著，促进了粮食大面积均衡增产。仅2012年，带动全旗粮食均衡增产达6%。

**（四）加大农业实用技术培训力度，强化科技支撑**

近年来，莫旗连续开展了“培养新农民、建设新农村”培训月、“百名科技人员下基层”活动、县域经济下乡宣讲等活动，围绕大豆、玉米、水稻、马铃薯和小麦五大粮食作物，结合良种补贴、测土配方施肥、高产创建、基层农技推广改革与建设补助项目等的实施，不断加大新品种、新技术示范和推广力度。对各类种植专业合作社、种植大户、科技示范户等农民群体开展大豆垄上三行窄沟密植栽培技术、玉米“一增四改”技术、水稻高产高效栽培技术、马铃薯“两增五推”技术、小麦高产栽培技术五大作物五项核心技术培训，不断提高农民群众学科技、用科技的意识和水平，全力打造一批农业科技明白人。

**（五）加大推广防灾、减灾稳产增产关键技术力度，全面保障粮食生产安全**

莫旗根据多年来频发的各类灾害特性，农业、水利、气象等涉农部门制定了相应防控预案，在灾情控制和应急处置等方面取得了一定成效。同时充分利用现有生产条件，及时做好防灾减灾工作，因地制宜，主动预防，做到早宣传、早监测、早预报、早防治，适时开展统防统治，科学防治，确保实现小发生不成灾目标。积极落实农业保险政策，本着应保尽保的原则，广泛发动群众，扩大投保面积，降低农业生产风险。

**（六）深化企地共建，推进土地流转，实现规模化、标准化、机械化生产**

利用莫旗周边农场机械、技术、管理优势，广泛进行土地流转，开展农场与农民种植生产合作，示范带动实现规模化经营、标准化、机械化生产。2012年，我旗代耕面积达50万亩，土地流转面积达106万亩。2013年，土地流转面积达150万亩。

**作者简介：**

田源山，男，汉族，1972年5月出生，中共党员，研究生学历。现任内蒙古自治区莫力达瓦达斡尔族自治旗农牧业局局长。

自1992年工作起，历任尼尔基二中教师，宝山镇政府副镇长、镇长、党委书记、人大主席团主席，腾克镇党委副书记、纪检书记，莫力达瓦达斡尔族自治旗发展和改革局局长等职。2011年7月至今，任莫力达瓦达斡尔族自治旗农牧业局局长。

# 强抓机遇　因地制宜<br>统筹规划　服务三农

内蒙古自治区丰镇市农业局

2013年是全面贯彻落实中央1号文件精神和自治区、乌兰察布市农村工作会议精神，以“收缩转移、精种高效、科技推动、集约发展、产业提升”统揽农业工作全局，转变经济发展方式，重点抓产业，突出抓科技，综合抓效益，实行园区化建设、项目化管理、产业化推进，着力构建集约化、专业化、组织化、社会化相结合的新型农业经营体系，着力推进农村土地有序流转，加快农业生产现代化和城乡一体化进程。

## 一、大力培育和扶持新型农业经营主体

新型农业经营主体，是加速构建新型农业经营体系的活力源。2013年我市要进一步提高农民的组织化合作化水平，快速推进家庭经营向规模化、集约化、机械化方向转变，提高组织化程度。努力构建以合作经济组织、龙头企业为基础，龙头企业为骨干，多层次、多形式、多元化的新型农业社会化服务体系。年内新增培育专业化合作社20家，争取进入自治级示范社5家，国家级示范社2家。组建家庭农场20个，引进龙头企业2家。

## 二、建立完善新型经营体制

在建立和完善新型经营体制中，一是要实行新型城镇化与新农村建设联动推进的战略，为构建新型农业双层经营体制创造有利的经济社会条件。二是要加快完善农地流转机制和新型农民的培育，促使专业大户、家庭农场、专业合作社、龙头企业成为现代农业的经营主体。三是要重点加强对农民专业合作社的支持和培育，使他们成为新型农业双层经营体制中产业化合作经营服务层次最重要的主体力量。四是要建设服务型的村级基层组织。

## 三、加快土地有序流转

一是建立土地流转体系。探索通过市场调节土地流转的长效机制。年内

要摸清全市土地流转现状，在元山子、黑土台两乡镇先行试点，制定出土地流转总体规划，及时促成农民实现土地流转愿望；二是要积极宣传，提高农民的认识，使其认识到土地流转是提高土地资源的配置效率和规模效益的重要措施，符合广大农民的长远利益和根本利益；三是规范土地流转程序，农业局成立土地流转仲裁委员会和土地流转服务中心，协调村委会帮助农户签订规范的流转协议，确权颁证并颁发经营证，使流出与流入双方的权益得到有效保障，避免土地流转纠纷；四是创新土地流转模式。

## 四、加强农村集体经济管理

要充分利用一年来三资清理工作取得的成果，积极探索集体经济管理运行新模式。利用三资信息化管理平台，加强农村三资管理。

## 五、抓好精品种植示范田

为了加快现代农业建设，进一步凸显科技示范带动作用。全力抓好精品种植工程。一是打造官屯堡、元山子、黑土台沿线精品种植带。示范带集中连片应用玉米全膜覆盖双垄双沟技术栽培10000亩、马铃薯水肥一体化膜下滴灌高效种植1000亩、甜菜膜下滴灌高产高效种植1000亩、马铃薯旱作覆膜1000亩、万寿菊膜下滴灌种植1700亩、向日葵规模化种植1000亩、红芸豆规模化种植1000亩、中药材规模种植1000亩，并安排建设新农村示范乡镇1个，示范村2个，户用沼气规模化示范村1个、太阳能热水器示范村1个；二是要完善巨宝庄爱优农场延伸设施樱桃、山东黑猪、生态蛋鸡产业下游链条。充分发挥“丰露”牌和“爱优”牌品牌效益，年内完成对樱桃产品的绿色食品认证工作，进一步提高园区品味，园区扩建草莓基地500亩；三是进一步完善红砂坝蔬菜园区，提高园区总体效益；四是引进乌兰察布市民丰薯业有限公司在黑土台镇新建1000亩马铃薯原种脱毒种薯繁育基地。

## 六、加快推进新农村建设

社会主义新农村建设是党和国家在新世纪提出的重大发展战略，是党中央深入贯彻落实科学发展观、构建社会主义和谐社会的重要部署，是新形势推进农村改革发展、农民增收致富的行动纲领。2013年我市安排规划建设元山子、巨宝庄两个新农村乡镇，元山子、巨宝庄、头台、东浦路、沙沟沿、西十八台六个新农村示范村。实现村民素质明显提高、发展思路明确定位、主导产业全力培育、村容村貌得到改善、发展基础全面夯实的良好局面，促进城乡一体化进程。

## 七、做好第三届双文明现场会

第三届双文明现场会2013年决定在南城办事处和巨宝庄镇召开。我局全面落实现场会参观点，确保现场会胜利召开并取得明显效果。

## 八、做好我局其他工作

一是加强党风廉政建设，建立防腐评估风险机制，转变机关作风。二是做好项目建设，在确保完成农业保险、良种补贴、测土施肥、户用沼气、农技推广补助项目等常规项目基础上，积极争取上级相关部门支农惠农项目，并完成项目库建设工作。三是加强机关日常事务管理。做好信访、维稳、农产品质量安全、消防、党风廉政建设等工作。

# 新农村新牧区产业发展促进农牧民增收

内蒙古自治区阿拉善盟经济开发区农牧业局　姜　瑞　李立鹏

## 一、农牧业科技投入促进农牧民增收情况

加强农牧业科技园区建设工作。一是积极争取申报科技项目支持园区的建设，内蒙古金沙苑生态工程有限责任公司规模的扩大，为部分农牧民子女解决了就业问题，从而为农牧民带来了稳定的经济收入。二是充分发挥园区的示范辐射带动作用，带动周边农牧户科技致富。目前，开发区共有27户农牧民在内蒙古金沙苑生态工程有限责任公司从事牧业生产经营，共饲养羊6080只、牛400头、猪220头、鸡8800只、骆驼1300峰。

## 二、农村牧区金融体制改革促进经济增长情况

农村牧区金融体系为农村牧区金融制度的基础结构，是农村牧区经济增长的关键为实现加快农牧民收入增长以及缩小农村与城镇差距的目标，开发区努力构造了一个有效运转的农村牧区金融体制开发区农村牧区金融体制的改革不只是从形式上小修小补，而是从促进经济发展的金融因素入手，建立了一个更有效率和活力的农村牧区金融体系第一，建立政策性金融的财政补偿机制，为农村牧区经济提供更多政府层面的支持和保护，为53户农牧民争取贴息贷款、81户“五户联保”贷款、小额贷款共计370万元第二，完善邮政储蓄，建立农村牧区资金回流制度，从而实现农村储蓄向投资的转化和提高经济增长率第三，成立了农牧民合作社，为农牧民增收添了一个平台第四，建立公平而完善的市场准入制度，引导民间金融规范化经营，使之更好地为开发区经济增长服务

近日，乌斯太镇乌兰毛道嘎查为55户农牧民申请到275万元的创业资金。自去年方大村镇银行对有资金需求的农牧民开始实施“五户联保贷款”以来，尤其是对“4050”人员的帮助显著，不仅保证了他们创业资金，还扩大了他们的产业规模，受到农牧民的欢迎。农牧户按照“自愿结合，诚实守信，风险自担”的原则提出申请，根据集中连片要求，由农牧户自愿组成联保小组，不同小组之间不允许交叉重复，而且直系亲属不能成为一组，成员

一般为5户。根据联保协议选出小组长，然后才可向银行申请借款。银行根据联保小组的申请，对成员的经济情况、信用程度和管理能力进行综合考察、评估，写出每户调查分析材料，确定贷款额度，并按组逐户建立贷款档案。

截至“十一五”末，开发区农牧民人均纯收入达9482元，同比增长16%，是“十五”末的2.1倍，预计到2012年年底，乌斯太农牧民人均纯收入将达10904元。

## 三、现代农牧业拓宽农牧民增收的经验和做法

自2005年以来，内蒙古金沙苑生态工程有限责任公司以企业投资的形式从事生态治沙产业，是内蒙古自治区农牧业产业化重点龙头企业、自治区扶贫龙头企业、第二批全国农产品加工业示范企业。项目设计建设总规模158213亩，总投资约20亿元，主要以现代高效葡萄种植、植树种草、产业化养殖、葡萄酒酿造以及牛羊肉冷冻加工销售、葡萄酒销售、生态观光旅游作为项目建设的主要内容和载体。2009年通过内发改农字［2009］1812号文件批准，建设肉羊标准化养殖项目，规划建设的畜牧业现代化舍饲养殖基地，利用产业化舍饲养殖技术，计划养殖优质本地肉羊30000只，肉牛10000头，金沙苑始终坚持以“发展养殖事业，带动农牧民致富”为己任，以促进农业产业结构调整，推动农业经济发展和增加农牧民收入为基本出发点，严格按照“统一规划、统一饲料、统一防疫、统一技术、统一回收”的五统一原则，采用“公司+基地+农牧户”的模式，发展养殖事业，使与公司合作的养殖户经济收入大幅度提高，带动一大批农牧民走上致富之路。

## 四、农牧区劳动力转移培训新举措

1. 通过多形式、全方位的宣传，帮助农牧区转移搬迁劳动力改变观念，鼓励他们转变传统的劳动方式，外出务工增加收入。

2. 因人施教，更好地开展农牧区劳动力转移培训工作。对于初中及以下学历的农牧民主要开展家政服务、汽车驾驶等培训项目；对于高中及以上学历的农牧民主要开展电焊、创业培训等技能性、拓展性的培训项目，满足劳动力市场对不同层次人才的需要，从而实现不同群体转移培训效果的最大化。

3. 采取灵活的培训时间，多种多样的培训方式，丰富实用的培训内容，开设更多的培训专业。做好学员自主创业、自主择业工作，自主创业的学员，他们的收入高于一般的外出打工者，而且还能带动其他学员就业，以创业促

就业，是一种比较好的劳动力转移方式。特别是在近年来就业环境相对较差的情况下，学员能够自主创业显得尤为重要，应该给予大力扶持。

4. 加强资金管理，提高扶贫资金使用效益。一是坚持资金跟项目走，按项目计划使用扶贫资金，做到资金到项目、管理到项目、核算到项目，保证扶贫资金及时足额到位，防止挤占、挪用和截留；二是严格实行扶贫资金报账制，根据项目的进展情况，分期分批拨付资金，加强扶贫资金使用全过程的监督管理；三是严格执行“谁审批谁负责，谁签字谁负责”的责任追究制度，确保扶贫资金分配和使用公开透明，接受群众监督；四是加强扶贫资金的检查和审计，主动接受审计、财政等部门的监督和审计，确保扶贫资金安全使用，充分发挥效益；五是推行扶贫资金、项目公开、公示制，使贫困村、贫困户真正受益。

## 五、国家惠农惠牧政策对增加农牧民转移性收入持续增长的经验和做法

开发区认真按照“搬得出、稳得住、能致富”的原则，先后投资4682万元和1320万元开工建设了“玛拉沁新村”和150套保障性住房工程，先后共安置转移搬迁农牧民109户407人。

开发区对具有二轮草原承包经营权证或联户经营权证、达到禁牧标准和要求的牧民，按照是否享受过国家征占部分生产资料补偿和二轮承包后新增承包草场的牧民人群进行禁牧补贴，根据《阿拉善经济开发区草原生态保护补助奖励机制实施（试行）办法》，以最高13500元和最低2000元，生产资料补贴每户每年500元的标准，通过“一卡通”的形式，为乌斯太镇巴音敖包和乌兰毛道两个嘎查223.51万亩草场的184户牧民共计604人发放2011年国家草原生态保护补助奖励机制禁牧补贴资金417.525万元和生产资料补贴9.2万元。开发区以嘎查为基本建设单元，以集中连片、整体推进为模式，按照自治区草原站和《阿拉善经济开发区2011年草原生态保护补助奖励机制牧草良种补贴实施方案》的要求，对开发区5000亩优良多年生牧草以50元/亩、5000亩优良一年生牧草和40000亩饲用灌木以10元/亩的标准对开发区10户牧民通过“一卡通”发放补贴资金70万元，共计补贴面积5万亩。

## 六、新农村新牧区产业发展促进农牧民增收的经验和做法

开发区以确保农牧民增收为核心，把新农村新牧区建设作为经济工作的

重中之重，坚持“多予、少取、放活”的方针，按照统筹城乡发展，加大投入、落实政策、加强服务、发展劳务的总要求，以更有力、更直接、更有效的措施，全面提升农牧业综合生产能力，拓宽增收渠道，加之农畜产品价格大幅上涨等多种因素拉动，开发区农牧民人均纯收入大幅增长。

开发区把农牧民增收的重点放在改善农牧民生产生活条件上，进一步加大对农牧业基础设施建设的投入，为金沙苑试点购置农机具共计补贴 314.53 万元，切实为新农村新牧区建设办实事。

开发区把发展劳务经济作为新农村新牧区现阶段农牧民增收的最有效途径。拓展劳务输出渠道，提升劳务人员技能素质，改善劳务输出环境等措施，加快劳务经济发展。开发区累计为 18 户农牧民办理了出租车营运手续；通过举办农牧民就业和知识技能培训，实施“雨露计划”、“阳光工程”、“创业培训”，农牧民自谋职业、自主创业的积极性明显提高。截至 2011 年年底，共累计举办各类培训班 61 期，培训农牧民 3576 人次，累计发放创业小额贷款 476 万元。189 名青壮年农牧民就业，23 名农牧民子女进入开发区行政事业单位工作。

开发区积极地探索了新的就业安置模式，采取了有针对性的就业安置措施，对需要就业安置的人员做详细的调查分析，根据不同年龄、文化程度、个人特长和需求制定相应的就业安置办法。对“4050”人员，提供公益性岗位的方式帮助就业；有创业能力的，通过就业创业培训、申请小额担保贷款等办法帮助其创业；对文化水平低有意到企业就业的，通过增强技能，实现就业；对已经创业的，通过惠民增收措施，使其做大做强，发挥示范带头作用，不断培养壮大其扶贫帮困实力，实现以富带贫，达到共同富裕的目的。

## 七、2012 年扶贫开发工作思路

（一）出台开发区扶贫标准。根据国家、自治区新出台的扶贫标准，结合两项制度有效衔接工作，以低保为基础，考虑发展生产、增加收入的需要，制定开发区的扶贫标准。

（二）收集基础资料。入户调查、摸清底数，完成贫困人口建档立卡工作，整理出贫困人口库。掌握第一手资料，为“应保尽保、应扶尽扶、应推尽退”做好准备。

（三）向上争取项目、经费。结合开发区实际，不断拓展扶贫思路，选取的市场竞争力持久、对地区发展贡献长远的项目，积极向上争取扶贫资金和项目。

（四）鼓励农牧民成立合作社。帮助科泊尔等偏远地区退牧未搬迁的牧民增收，成立合作社后，可以进行周边生态保护项目的施工、养护等，农牧业局帮助扶持合作社购买设备、找项目、找工程。

（五）加强学习，提高干部职工的政治理论和业务知识水平。组织干部职工深入学习中央扶贫开发工作会议精神，做到真学、深学、学懂、学透，以达到武装头脑、指导实践、推动各项工作顺利有效开展的目的。

（六）健全制度，树立工作坐标。对各项管理制度进行修改和完善，包括目标管理责任制度、学习制度等，并严格组织实施，建立起以制度管人的长效机制。

（七）重心下移，服务基层。加强对扶贫工作的调查研究，经常深入基层，到贫困群众家走访，了解他们在想什么、想干什么，真正做到调查研究在一线，情况掌握在一线，措施落实在一线。

# 多措并举　谱写粮食生产新篇章

山东省汶上县农业局　王修忠　李庆明

鲁西南大汶河畔的汶上县是传统农业大县，粮食是该县的基础产业，常年种植面积稳定在150万亩左右，是全国商品粮生产基地县。近年来，该县致力于突破传统粮食产业发展瓶颈，积极打造集中连片的粮食高产创建示范区，努力谱写粮食生产新篇章。

## 一、高产创建奇功

“你看，俺家10多亩地打了这么多麦子，2012年的小麦收成确实不错，一亩地核算起来得将近1300斤哩，比去年多了将近两大袋子。”义桥镇岗上村村民×××一边指着自家产的小麦，一边满脸笑着说。其实，在汶上县义桥镇、南站镇这样的例子比比皆是，他们都是高产创建示范区建设的受益者。

据汶上县的农业专家介绍，自去年秋种开始，该县在义桥镇、南站镇精心打造了“十万亩小麦种植管理模式创新高产示范区”。今夏麦收，由济宁市农委专家组对汶上县高产创建示范田进行预测、复测和实收实打，种植济麦22号，每亩播种量7.5公斤，百亩方亩产680.17公斤，万亩方亩产635公斤。小麦平均单产高达625公斤，与去年相比，同一地块亩均增产100多斤，直接增加农民收入110多元，农业总产值增加1000多万元。高产示范区建设为汶上县的粮食增产起到了示范引导作用，全县76万亩小麦平均亩产达530公斤，总产突破4万多公斤。

汶上县自2009年开始实施粮食高产创建项目，项目建设以来，始终坚持高产创建与基础设施改善并行的基本原则，农田改造到哪里，高产创建就跟进到哪里，高标准良田基本实现高产创建项目全覆盖。随着项目的深入实施，全县已有30万亩农田得到改造升级，粮食产量从2009年的69.8万吨跃升到2012年的92.3万吨，实现了“十连增”，夏粮实现“十一连增”。当前，该县正在苑庄镇积极打造5万亩玉米高产示范区，力求在玉米大面积生产上实现产量新突破。

## 二、技术集约成体系

沿着105国道汶上段，会看到“十万亩小麦种植管理模式创新高产示范区”标识牌，走进示范区，这里的小麦种植模式与其他地方明显不同。种粮大户老张高兴地告诉笔者，“今年俺家的小麦种植采取了新法，土地的利用率明显提高了，小麦长的也比以前好，尽管5月下旬经历了强降雨和大风天气，地里小麦没有倒伏，要不怎么说种田得相信科学技术呢！”

老张所说的“新法”即是去年秋种汶上县在示范方内大面积推广的“双宽”精播种植模式。“双宽”即宽畦、宽苗带，把2.3米一畦播种8行改成5.0米一畦播种18行，畦背宽度均为0.4米左右，苗带宽度由原来的3厘米左右的条播改为8～10厘米的幅播，亩播量根据土壤质地而定，运用精量播种机等行距种植，不留玉米套种行，麦收后贴茬直播夏玉米。

自实施高产创建项目以来，汶上县探索积累了一大批成熟的、先进的经验和做法，集成了大面积推广高产创建的技术体系。“双宽”精播种植是针对传统的播种方式田间畦埂占地面积大、漏光多和缺苗断垄和疙瘩苗多的实际问题，创新研究出的一套小麦高产创建技术体系，采用良种良法良田配套、农机农艺结合，运用2BJK－9型小麦宽幅精量播种机播种，播种量准确、均匀、种粒分布合理，可达到小麦精播的技术要求，有效克服了争肥争水、缺苗断垄和疙瘩苗现象，更有利于小麦分蘖和光热水气资源的充分利用，提高亩穗数，由于减少了小麦畦背的占地面积，可提高土地利用率15%以上，而且还有利于玉米机械化夏直播技术的广泛推广，有效控制玉米粗缩病发生，形成新的小麦玉米两作区适应现代农机装备衔接作业的高产高效机械化种植模式。

通过集约资源、集成技术、集中物资、集中力量，集成推广优良品种和配套栽培技术，挖掘增产潜力，大幅度提高粮食生产能力，促进粮食增产。十万亩示范片全面推行了十项技术措施，即：统一秸秆还田、统一深耕、统一测土配方施肥、统一良种供应、统一宽畦播种、统一适期播种、统一宽幅满幅精播、统一氮肥后移、统一病虫草害综合防治、统一“一喷三防”。项目区建设了八大功能区，即：新品种新技术展示区、高产攻关创建示范区、小麦良种繁育区、测土配方施肥技术实施效果展示区、土壤墒情监测与节水灌溉展示区、病虫害绿色防控技术示范区、农产品质量生态安全示范区和农机农艺创新示范区。

笔者了解到，在苑庄镇建设的5万亩玉米高产创建示范方，该县大力推

广夏玉米免耕直播、“一增四改”和“一防双减”等实用增产技术，重点推广了免耕直播、机械单粒精播、合理密植、配方施肥、病虫草害综合防治、秸秆还田等关键技术，项目区内实行统一品种、统一种植模式、统一播期、统一病虫害防治、统一收获、统一技术指导和免费供种。并建设了5处十亩超高产攻关田，把项目区的单产目标定的更高。

## 三、多措并举成合力

据悉，为保障全县万亩方及十万亩小麦高产创建项目建设，汶上县出台了一系列政策和措施，全力支持粮食高产创建活动。

汶上县2012年以前一直是国家级贫困县，地方财政收入对于一个77.8万人口、67.3万农业人口的大县来说相当紧张，但是，他们在粮食生产投入上仍然不遗余力，每年安排专项资金支持高产创建活动。整个示范方建设，汶上县财政共投入资金5600万元，主要用于农田基本设施改善，新品种、新技术的推广，购置新型农机具等。项目区内落实“两免一补”优惠政策，即免费供种、免费播种、对购置小麦宽幅精播机的农机户进行补贴。在组织体系上成立了由县长任组长，分管县长任副组长，县直有关部门主要负责人为成员的高产创建工作领导小组，全面负责高产创建活动的组织、协调和督导检查，成立了高产创建专家指导组，落实专家包片、包点指导制度。建立了市级专家包高产创建示范片，县级技术人员包村，乡镇技术人员包户的三级技术指导体系。县里抽调农技、植保、土肥、种子、农机等技术人员50余名，从播种到收获，实行全程技术服务，在田间地头开展零距离指导，及时解决了生产中出现的问题。将高产创建示范区安排在国家新增千亿斤粮食产能、农业综合开发、小型农田水利重点县、国土开发等项目集中的地块，使高产创建项目与农田基本建设项目紧密结合，并加大基础设施建设力度，充分发挥项目资源的最大作用和最大效益。通过示范区全部建成了“田成方、林成网、路相通、沟相连、旱能浇、涝能排”的高标准粮田。为大面积土地流转创造了条件，为规模化种植奠定了基础。大力发展植保、农机等农民专业合作组织，开展耕、种、管、收等社会化服务。按照创建活动需求，实现良种、化肥、农药、农机具等物资形式发放物化补贴，向高产创建示范片倾斜，全力推进高产创建活动深入开展。在全县开展高产状元评比活动，对种粮高产大户及乡镇技术指导员进行奖励，激发种粮农民创高产的热情。2013年全县对14个乡镇的高产状元进行了奖励，有效的激发带动周边群众实现高产的愿望。

为使高产创建工作做到干部认可、群众接受，县农业局从多个层次开展培训，确保各项高产技术进村、入户、到田。在县电视台开辟粮食高产创建活动专栏，专题报道小麦、玉米高产技术讲座30多期，推广小麦宽幅精量播种机50多台。通过召开现场会、科技下乡等形式发放小麦玉米高产栽培技术意见。农业局组织有关部门、技术人员和农民到样板田进行现场观摩，相互传授经验和技术，在全县营造浓厚的粮食高产创建氛围。

## 四、领导重视暖人心

汶上县县长孙琪说，汶上县是一个典型的农业大县，有94万亩耕地，无粮不稳，粮食安全始终是治国安邦的头等大事，任何时候都不能放松，保障粮食安全是农业生产的首要目标，我们按照“稳定面积、依靠科技、提高单产、增加总产”的思路，积极实施高产创建，转变农业增长方式，不断推进现代农业建设进程，促进粮食生产又好又快发展，在高产创建上我们一定按照中央及省市要求，打品牌、做名牌、夺金牌。

汶上粮食高产创建引起了各级政府的密切关注，农业部副部长陈晓华、山东省副省长赵润田、济宁市委书记马平昌等，多次莅临粮食高产创建示范区检查指导，充分肯定了汶上县各级党委政府和农业部门在粮食高产创建工作中作出的努力及取得的成绩。

2013年4月10日，山东省粮食高产创建暨春季农业生产现场会议召开，汶上县作为唯一的一个县级代表进行汇报。

2013年6月8日，山东省副省长赵润田到汶上县视察10万亩粮食高产创建核心区后，对汶上县的粮食高产创建工作予以充分肯定。

2013年6月20日，山东省农业厅副厅长庄文忠到汶上县调研粮食高产创建工作，庄厅长说，汶上县为全省的高产创建工作探索了新途径，积累了宝贵经验。

济宁市农委主任李逢记说，汶上是济宁各县市区农业农村经济发展的排头兵，农业工作基础好、投入大、发展快。在粮食高产创建工作中创造了很多好的经验。

## 五、五年规划绘蓝图

2012年，汶上县制订了《粮食高产创建示范方实施方案》，为下一步高产创建活动指明了方向。方案中提出，大力开展高产创建示范方活动，依靠科技挖掘增产潜力，通过高产示范带动，促进全县粮食生产水平进一步提高，在现有基础上，用五年左右时间，粮食亩增产达到500公斤以上，建成5个规模10万亩以上的高产创建示范方，全县80%的粮田成为高产创建示范区。

汶上县在高产创建五年规划中确定了未来几年高产创建建设内容。整合多方力量推进高标准粮田工程建设，打造一批"田地平整肥沃、灌排设施完善、农机装备齐全、技术集成到位、生产管理现代、优质高产高效、绿色生态安全"的高标准粮田。开展技术集成提升，大力推广小麦玉米优良品种、规范化播种等高产创建关键技术措施，完善配套技术体系，在高产创建示范片内实现新技术应用实现全覆盖。实施农业技术培训工程，全面实施绿色证书培训、新型农民培训、星火科技培训、"阳光工程"等一系列农民科技培训，着力培养农村种植能手和专业合作组织领办人。培育种粮大户、家庭农场，推进集约化经营，加快发展粮食生产技术服务型合作社，加强对农资、良种监督管理。鼓励农民专业合作社投身高产创建，积极引导龙头企业在高产创建示范方建设粮食生产基地，带动土地增效、农民增收。

为保障高产创建活动的有序运行，下一步将整合国家新增千亿斤粮食产能建设、国家农业综合开发等项目资金，集中投入到高产创建活动中。同时加大各级政府财政投入，吸引社会资金，用于整建制高产创建项目推进。将上级农业专家、教授请到了田间地头，实地为农民群众讲解高产栽培技术知识，使群众能真正的将技术知识用于生产中，培育新型职业农民。并树立种粮高产典型，大力宣传，营造出良好的舆论氛围。

据汶上县农业专家预测，到2017年50万亩高产创建示范方小麦亩产将达到630公斤，玉米亩产达到660公斤。辐射带动全县均衡增产，年粮食平均亩产提高10～15公斤，打造成具有强竞争力的全国知名的粮食高产大县。

**作者简介：**

王修忠，男，汉族，1964年5月出生，中共党员，本科学历。现任山东省汶上县农业局党委书记、局长。

自1984年7月参加工作起。历任汶上县南旺镇、军屯乡、郭楼镇党委书记等职。2007年3月至今，任汶上县农业局党委书记、局长。

曾获得全国农村改革开放突出贡献先进个人；济宁市"五一"劳动奖章；济宁市粮食生产先进工作者等荣誉。

李庆明，男，汉族，1986年7月出生，中共党员，本科学历。现在山东省汶上县农业局办公室工作。

# 大力发展现代农业　促进农民增收致富

山东省聊城市东昌府区农业局　张昭江

2013 年以来，区农业局在区委、区政府的坚强领导和上级业务部门的大力支持下，认真贯彻落实党的十八大精神和中央、省、市有关支农惠农政策，坚持科学发展观，立足农业，面向农村，服务农民，采取有力措施，加大工作力度，规范工作作风，狠抓粮食生产，大力推进农业产业结构调整，重点实施现代农业，各项工作有了一定的起步和进展，农业生产总体呈现较好发展态势。

2013 年我们将进一步统一思想、凝聚力量，抢抓“东融西借”重大机遇，提升工作目标，加快跨越赶超，努力开创东昌农业发展新局面。根据全市农村工作会议精神，结合我区实际，2013 年农业工作总体要求是：坚持以科学发展观为指导，以农民增收为核心，以实施农业产业调整振兴计划、农产品品牌创建为抓手，大力发展现代农业，率先实现建成现代农业示范区的奋斗目标，努力开创农业工作新局面。主要预期目标是：农业增加值增长 5%；农民人均纯收入增长 16%，收入水平过万元；粮食总产稳定在 15.3 亿斤以上。围绕上述思路和目标，重点抓好以下六个突破。

## 一、在提高土地集约化水平上实现新突破

一是搞好农村土地承包经营权确权登记颁证。按照全市要求，我区将在 2013 年完成这项工作。各镇、街道和有关部门将在现有基础上，遵循“因地制宜、依法规范、依靠群众、保持稳定”的原则，严格按照规定的方法、步骤，循序渐进、积极稳妥、扎实推进，确保年内全面完成这项任务；二是建设农村产权交易平台。加快建立农村产权流转机制，逐步完善以镇（街道）为基础、区镇（街道）两级联网、服务配套的综合性农村产权交易平台，在全区建立起“归属清晰、权能完整、流转顺畅、保护严格”的现代农村产权制度，依法保障农民的财产权益，确保农民财产性收入有较快增长。

## 二、在农产品基地建设上实现新突破

重点抓好两大基地建设：一是优质粮食基地。加快推进新增千亿斤粮食

产能规划项目区、中低产田改造建设，积极开展整建制高产创建活动，新建区级试验示范基地1处，确保建成10个万亩以上的高产方，全区粮食总产稳定在15.3亿斤以上；二是绿色蔬菜基地。加快实施全省现代农业资金蔬菜产业项目，大力发展设施农业。全区新建日光温室69座、冬暖式大棚8000个，新增大中拱棚面积2.2万亩，蔬菜面积稳定在82万亩，总产达到316万吨以上。为加快农产品基地建设，重点做好以下两项工作：一是搞好农村土地流转。在充分保障农民土地承包经营权、保持土地承包关系长久不变的基础上，开展多种形式的适度规模经营，确保流转面积1万亩，使更多的土地向种养能手转移；二是推进农业结构调整。引导农民发展高端、高质、高效农业，发展高附加值、高收入的农产品，着力提高农业的质量和效益，最大限度的挖掘农业内部增收潜力。

## 三、在农业龙头企业发展上实现新突破

重点做好四项工作：一是扩大农产品加工规模。围绕我区优势农产品，重点发展蔬菜、畜禽、面粉、饲料四大加工企业集群，通过拉长产业链条，提高综合效益；二是发展大型骨干龙头企业。鼓励省级重点龙头企业采取兼并重组参股收购等方式，构建全产业链，组建大型企业集团，全区要至少培育一家规模大、带动力强的大型龙头企业，带动龙头企业整体水平提升；三是完善利益联结机制。以龙头企业建设为着力点，建立健全“基地+农户+合作组织+龙头企业”的利益联结机制，让农民得到实实在在的收益，更好地调动农民参与产业化经营的积极性；四是抓好政策落实。有关部门要切实抓住国家重点扶持龙头企业发展的机遇，为龙头企业争取更多的中央和省产业化扶持专项资金，扶持、壮大更多的企业。全区力争新增重点龙头企业5家，总数达到59家，力争龙头企业总产值突破100亿元。

## 四、在解决农产品质量安全问题上实现新突破

一是抓好农业标准体系、质量检测体系和监管体系建设。大力推行国家无公害农产品质量安全标准和技术规范，积极制定和完善农产品质量安全地方标准。以创建全省农产品质量安全示范区为载体，全面完成区农业质量检测中心建设任务，在全区三分之一以上的超市、农贸市场及农产品批发市场建成质量检测机构。强化检验检测手段，加大例行监测和抽查力度，建立农产品质量安全例行监测制度、农产品生产档案登记制度和农产品质量安全可

追溯制度；二是抓好标准化农产品基地建设。积极推广出口农产品质量安全示范区建设的经验，将这一做法扩大到所有农产品，以区为单位，按标准化整建制创建农产品质量安全示范区，重点抓好10个标准化基地建设；三是推行市场准入制度。开展农产品销售二维码试点，建立质量可追溯系统，确保不发生大的农产品质量安全事件；四是强化农业投入品监管。重点是强化源头治理，规范各类农业药品的经营使用，严厉打击违禁使用高毒农药、兽药行为，积极开展农资打假专项治理行动，净化市场环境；五是实施农产品品牌战略。大力发展生态绿色有机农业，加大“三品一标”认证力度，力争培育知名农产品区域公用品牌3个，新增“三品”认证品种5个以上，新增“三品”认证基地3万亩。

## 五、在农产品流通体系建设上实现新突破

一是加快对现有批发市场的改造升级，逐步建成龙头市场、专业市场、超市、物流相结合的新型市场流通体系，进而带动生产基地、龙头企业、农民合作社、农村经纪人队伍等产业化发展；二是加快推进农校对接、农超对接、农企对接工作，进一步畅通农产品销售渠道，逐步建立龙头市场、专业市场、超市、物流相结合的新型市场流通体系，力争拓展更多的高端消费人群和市场，不断提高我区农产品的附加值和农民的收入水平；三是发挥好农民经纪人队伍的作用，积极开展农民经纪人培训，对考核合格的发放农民经纪人资格证书，对已有的农民经纪人协会，进一步健全规章制度，促其发展壮大。

## 六、在创新农业经营体制上实现新突破

着力培育联户经营、专业大户、家庭农场、龙头企业、农民合作社等新型经营主体，构建集约化、专业化、组织化、社会化相结合的新型农业经营体系，真正把丰富的农业资源转化为经济优势。2013年发展农民专业合作社，重点按照“积极发展、逐步规范、强化扶持、提高素质”的要求，加大工作力度，努力扩大农民专业合作社覆盖面，力争覆盖到每一个行政村，基本达到“一村一社”。注重完善专业合作社的经营机制，增强组织农业生产和产品营销的能力水平，提高农民组织化程度。积极开展示范合作社创建活动，扩大合作社单体规模，提高农户入社率，争取更多的农民专业合作社进入市级、省级和国家级示范社行列。鼓励各类企业、经营组织、服务组织领办或参与

农民专业合作社，鼓励合作社之间开展再联合、再合作，使合作社真正成为组织农民、引领农民的现代经营组织，成为农民闯市场的主力军。

## 七、在农业社会化服务体系建设上实现新突破

以实施科教兴农战略、增强服务能力为重点，拓展渠道，创新机制，努力提升科技辐射带动能力。大力推进农业科技与农业农村经济紧密结合，加快科技成果转化应用，大幅度提升农业科技的综合实力和整体竞争力，为现代农业建设提供强有力的科技支撑。一是着重抓好农业科技推广应用，充分利用我区现有农业技术人员的作用，切实抓好实用新技术、新品种普及推广工作，真正做到“科技服务到户、技术指导到人、良种良法到田”。充分发挥基层农技推广体系的主体作用、农业科技示范园区的引导作用、科技项目的示范带动作用，不断提高农民的科技水平，引导农民发展高端、高质、高效农业。二是着重抓好农业科技创新，明确农业科技创新方向，下大力搞好科技创新示范平台、农业科技示范园区建设，提高龙头企业创新能力建设，加强农业环境保护水平。三是着重抓好农业人才队伍建设，加强高层次农业科研人才队伍、基层农技推广人才队伍和农村实用人才队伍建设。按照“培养农村实用人才、传播农业实用科技、提升农民综合素质”的工作思路，以加强农业科技培训服务体系建设为切入点，以实施农民培训项目为抓手，大力开展农民科技教育培训。从加强培训工作领导、工作机制探索、师资队伍建设等方面入手，着力强化农村实用人才培训体系建设，进一步提升培训功能。积极争取农民培训类项目，依托项目实施，围绕建设特色农业板块、增强农技人员能力、推动农民自主创业、农民专业合作社，突出针对性、实用性、时效性、灵活性开展培训。同时在舆论宣传、技术培训、发展生产上强化政策支持，营造氛围，提升队伍实力，发挥积极带动作用。

# 坚持不懈抓发展 不断巩固粮食大县地位

湖南省溆浦县农业局　张克松

溆浦是全国粮食生产大县和油料主产县，辖43个乡镇，总人口95万，其中农业人口83万。全县现有耕地面积78.13万亩，其中水田61.8万亩。近年来，在市委、市政府的正确领导下，我们认真贯彻落实中央一系列扶农惠农政策，强化各级责任，加大工作力度，竭力抓好粮食生产发展，2012年，全县完成粮食播种面积95.58万亩，实现粮食总产37.56万吨，优质稻、超级稻面积分别达43万亩、20万亩，全县粮食生产实现了“九连增”，连续两年被评为“全省粮食生产标兵县”。回顾过来的工作，我们的主要做法是：

## 一、摆高工作位置，强化保障措施

发展粮油生产是大事。针对当前粮油生产比较效益不高的现状，我们全力贯彻落实国家政策、确保粮油安全，准确把握中央一号文件精神及一系列扶持粮油生产政策措施，专题研究粮油生产工作，进一步规范各级抓粮油生产的行为。一是不折不扣落实惠农政策。把落实惠农政策作为调动群众积极性，推进粮油生产的重要环节来抓。在2012年春耕备耕期间，我们突出中央一号文件的宣传贯彻，采取组织宣传队、出动宣传车、开通广播电视专栏、印发惠农政策手册和建立公开栏等方式，把惠农政策原原本本地传达给广大农民，让农民充分了解政策，增加惠农政策执行的透明度。全面规范种粮补贴等惠农资金的发放，采取“一卡通”的形式，严格规范操作，做到公示到位，监管到位，确保各项种粮补贴不折不扣地及时发放到户。二是全力以赴抓好耕地抛荒治理。近两年，我县在治理耕地抛荒方面积极作为，县政府专门成立耕地抛荒治理办公室，每年的4、5、6月确定为全县耕地抛荒集中整治活动月，取得了较好的效果，有力地稳定了粮食播面、确保了粮食总产。2013年，我们在总结过来的经验基础上，进一步健全耕地抛荒治理长效机制，重点完善粮食生产风险金制度、县长督办落实制度和群众举报制度，把治理耕地抛荒作为乡镇干部政绩考核的重要指标，严禁辖区内出现1亩以上的集中连片抛荒面积，全县耕地抛荒面积严格控制在耕地总面积的2‰以内。三是想方设法加大投入。从2009年开始，县财政每年安排粮食生产专项资金200万元，2013年增加到300万元，专项用于对粮食生产扩面增产、新技术推广和种粮大户进行奖励、粮食生产重点项目工作经费及特殊的支持政策执行，营造了层层抓粮食、人人抓粮食的大氛围。同时，将粮油主产区纳入每年基础设施建设项目的重点支持范围，2013年重点整合农业综合开发、国土整理、小农水、溆水灌区、基本口粮田等项目建设资金，在低庄、桥江和卢峰3个乡镇建设超级稻标准化生产基地2.4万亩。四是切实强化工作责任。全面推行粮油生产行政首长负责制，实施粮食生产一把手工程，将粮食生产扩面、控制水田抛荒、高产创建示范等内容纳入县委、政府对乡镇政府的年度目标管理考核指标，设立了粮食生产专项奖和油菜生产专项奖，重点奖励粮油生产先进乡镇、种植大户及专业技术人员。在2013年的县委农村工作会议上，我们兑现粮食生产奖金180万元，种粮大户最高领到奖金2万元，充分调动群众尤其是种粮大户发展粮食生产的积极性。

## 二、加大科技支撑，提高生产效益

大力实施科技兴农战略，提高粮油生产科技含量，实现增产增效。一是狠抓良种良法配套。以优化品种、提升效益为主攻方向，加快品种引进推广，切实抓好以推广超级稻和优质玉米为重点的粮食生产，以推广优质双低油菜为重点的油料生产，不断优化全县粮油结构，提高单产水平。二是突出办点示范带动。大力实施粮食高产创建和“万、千、百”示范工程，近三年累计举办县级以上农业新品种、新技术示范项目100余个，其中承担省部级以上万亩示范片14个，各类示范样板均取得显著成效。2012年承担了超级杂交稻第三期攻关，横板桥乡兴隆村百亩片经专家现场验收，亩产917.72公斤，为2012年湖南超级稻高产攻关之最，标志着我国超级稻第三期攻关目标成功实现。三是强化技术培训指导。实施科技入户工程，创新农技服务机制和运行模式，实行以技术承包为载体、培训示范为手段、扶持科技示范点为纽带的技术进村模式，广泛开展良种引进、技术培训、办点示范、现场指导等服务，做到科技人员直接联户、良种良法直接入田、技术要领直接到人，为群众发展粮油生产提供技术后盾。

## 三、推进规模经营，壮大粮油产业

我们按照“抓规模，建龙头，搞订单”的工作思路，大力开展粮油产业

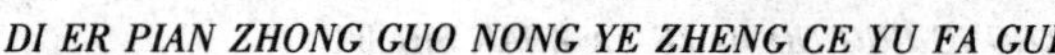

集约化经营，不断提高粮油生产效益，带动农民增收。一是抓大户发展。通过基础设施项目支持、技术专家结对服务、良种直供到户和以奖代补等措施，大力扶持低庄镇刘仁仙、双井镇李广、祖市殿镇李远华等千亩以上种粮大户发展生产，发挥规模种粮效益。继续实施土地流转奖补政策，引导更多的土地资源向专业大户、家庭农场、农业企业和合作组织流转，大力推广"稻稻油"和"稻油"生产模式，实现土地规模、高效和集约利用。二是抓龙头企业培育。把扶持龙头企业作为粮油产业化工作的重点，采取资源整合、联合经营等措施，扶大扶强金裕米业、生源米业、健粮米业、芳香米业等粮食加工企业，重点发展粮油精深加工，提高粮油比较效益。三是抓订单生产。引导金裕米业、生源米业、芳香米业、楚威饲料等10家粮油规模加工企业与大户、粮农建立利益共享、风险共担的合作机制，采取企业+基地+农户的模式，由企业统一供种，提供技术指导，按保护价签订收购合同，在卢峰镇、水东、桥江、低庄、桐木溪、观音阁等乡镇实现订单生产10万亩。

回顾过来的工作，我们在抓粮食生产工作方面，付出了一定努力，取得了一些成绩，但与兄弟县、市（区）相比，还存在一些不足。今后，我们将进一步强化大局观念、全局意识，从保障国家粮食安全的战略高度看待并抓好粮食生产，抢抓机遇，用足政策，发挥好产粮大县在粮食增产方面的主力军作用，2013年，重点围绕"稳面积、调结构、提单产、保总产"的工作思路，坚持以高产创建为平台，以示范带动为抓手，进一步强化工作措施，推动县域粮油生产稳步增长：一是稳播面，保总产。力争全年完成粮食总播面100万亩以上，推广超级稻22万亩、玉米29万亩，油菜30万亩，总产40万吨以上。按照"栽培规范化、技术集成化"的技术工作思路，积极搞好农业综合配套技术推广应用。全县实施测土配方施肥面积60万亩、农作物病虫害专业化防治面积30万亩，油菜生产硼肥施用率达90%以上。二是抓示范，促带动。大力实施"万、千、百"示范工程，集中力量办好农业部下达的卢峰镇等3个万亩中稻示范片、油洋乡等4个万亩玉米示范片、桥江镇等3个万亩油菜示范片，以及国家杂交水稻工程技术研究中心下达的观音阁镇"种三产四"核心示范片、横板桥乡等3个超级稻第四期目标亩产1000公斤百亩攻关片。同时，从各地实际出发，在各乡镇分别办好1个以上千亩片。对示范片实行整村推进、一村一品，明确目标产量，确定技术路线，确保示范目标实现，让农民群众得到实实在在的实惠。三是大力扶持种粮大户，发展规模经营。力争全县新增土地流转面积2.9万亩，发展种粮30亩以上的种植户1000户，其中新发展30亩以上种粮大户200户。四是提升农业机械化生产水平，发展现代农业。全年新推广先进适用农机具3000台（套）以上，力争完成机耕45万亩、机收31万亩、机插8万亩，水稻耕种收机械化综合水平达55%以上。重点办好桥江镇水稻机耕、机插、机防、机收全程机械化核心示范片1000亩。我们坚信，在国家惠农兴粮政策的扶持引导下，在市委、市政府的正确领导下，我县的粮食生产将不断跃上新的台阶，粮食大县地位将不断巩固。

**作者简介：**

张克松，男，汉族，1963年7月出生，中共党员，大学学历。现任湖南省溆浦县农业局党委副书记、局长。

自1988年12月参加工作起，历任小江口乡党委副书记，仲夏乡党委委员、书记，溆浦县麻阳水办事处党委委员、书记，溆浦县纪委常委、副书记等职。2010年11月至今，任溆浦县农业局党委副书记、局长。

# 坚持四突出四着力<br>奋力推进内江现代农业实现新跨越

四川省内江市农业局　李尚平

四川省内江市地处成渝（成都、重庆）经济区腹心，幅员面积5386平方公里，属典型的丘陵农业生产大市。近年来，我市立足区位优势，紧紧抓住内江市作为“成渝经济区上升为国家战略”的良好机遇，把发展农业产业化作为调整农业产业结构和增加农民收入的主渠道，初步形成了区域化布局、标准化生产、规模化发展、产业化经营的格局。

## 一、内江市基本情况

内江古称汉安，下辖5个县区（市中区、东兴区、资中县、威远县、隆昌县），有115个乡镇和涉农街道办事处，2099个行政村，人口430万，其中：农业人口342万。耕地面积247万亩，人均耕地仅0.58亩。内江历史悠久，文化底蕴深厚，素有“书画之乡”、“文化之乡”的美誉，是孔子之师苌弘、国画大师张大千、新闻巨子范长江、民国大将军喻培伦的故里，辖区内的“中川第一禅林”圣水寺、“中国石牌坊之乡”隆昌立体史书古牌坊群、成渝线上唯一历史文化名城资中古城等盛名远扬。内江区位优势明显，处于成都、重庆两个特大城市的黄金中点，是四川省第二大交通枢纽和西南各省重要的物资集散地，素有“川中枢纽”、“川南咽喉”之称。内江气候温和，雨量充沛，土地肥沃，物产丰富，是国家商品粮生产基地、中国优良地方瘦肉型猪生产基地、四川省老工业基地、四川省粮食和经济作物主产区，曾以盛产蔗糖、蜜饯著称于世，雅称“甜城”。

## 二、工作卓有成效

2012年，全市各级农业部门，紧紧围绕“三个加快、打造成渝经济区重要增长极”的总体目标，全面完成了市委、市政府下达的各项目标任务，农业工作成绩突出，亮点纷呈。

粮食增幅居全省之首。2012年，全市粮食种植面积达492.58万亩、总产

164.81万吨，比上年增2.04万吨，实现“六连”增。

特色农业助农增收效果显著。全市新建成特色产业万亩现代农业示范园区7.2万亩、投入资金2.2亿元；新增水果5.5万亩，蔬菜5.2万亩。资中县、威远县、东兴区被省政府命名为现代农业产业基地强县；东兴区、威远县、隆昌县被列为全省18个蚕桑产业重点县。

农业基础设施设备建设进一步加快。完成高标准农田建设8.9万亩，投入资金1.99亿元；完成农村机耕便民道建设1850公里；农业综合机械化水平达到27%，同比增加6个百分点，较全省均幅高1个百分点；获省政府农田水利基本建设“李冰杯”竞赛三等奖。

农产品质量安全监管扎实有效。城市农产品批发市场，100%纳入农产品质量安全监测范围；推动了资中县、隆昌县、东兴区无公害整体认证；省上例行检查，合格率为99.2%；全市认定无公害农产品基地面积148.14万亩，占总耕地面积的60%，取得农业部认定的无公害农产品65个，绿色食品认证22个，农产品地理标志认证5个。

农业经营机制创新实现新突破。全市发展专合组织共510个；36个乡镇建立了农村土地承包备案制度，土地流转达38万亩；农村土地承包经营权确权登记试点有序推进。

休闲农业成农民增收新亮点。全市共接待游客230万余人次、实现综合收入5.09亿元，纳税2395.52万元，带动就业3.21万人。《叶脉画》获全国休闲农业创意精品大赛银奖。

农业宣传力度得到了加强。CCTV综合频道《新闻联播》、《朝闻天下》和《新闻直播间》直播了内江春耕情况。

## 三、今后工作打算

全市农业工作总体思路是：按照中央“四化同步发展”、“保供增收惠民生、改革创新添活力”的要求，围绕市委“三个翻番、五个高于”工作目标，以建设成渝经济区绿色食品基地为中心，以提高粮食综合生产能力和现代农业产业基地建设为重点，实施“一稳四优三增”战略（即：稳定粮油生产面积，大力发展优质粮油、优质水果、优质蔬菜、优质蚕桑，增加农业产值，增加农民收入，增加农产品供给），坚持建设大基地、培育大产业、打造大品牌、开拓大市场原则，加快农业追赶跨越。

突出粮食生产，着力高产创建。一要稳定粮食播种面积。抓好农业“四补贴”等政策落实，积极稳妥推进粮食适度规模经营，千方百计确保粮食面

积稳定在498万亩以上。二要广泛开展高产高效创建活动。继续实施整县、整乡推进高产创建活动，搞好粮食高产高效模式攻关，年建设示范片10个以上、面积10万亩以上，深化“四新”示范和“六良”配套，辐射带动全市创建面积20万亩以上。三要扎实推进现代粮食产业示范基地建设。在集中精力抓好三县一区粮食生产重点县的基础上，巩固提升产粮大县、粮食产业示范基地建设，着力打造一批标准化、规模化、集约化、产业化的粮食生产核心区。四要抓好科学防灾减灾。科学应对干旱、洪涝、低温冻害等自然灾害，做到提前谋划、及早动手、掌握主动。加强农作物重大病虫防控，重要检疫性有害生物的监控、阻截和防除。确保处置率达100%，建立重大病虫防治示范区100万亩以上、绿色防控示范区15万亩以上，专业化统防统治面积100万亩以上，病虫害损失率控制在4%以内。

突出产业基地，着力提升发展。一要大力推动第二轮现代农业重点县建设。提升发展县要提高发展质量和效益，做大做强一批优势明显、凝聚力强的现代农业产业，加快构建全市现代农业发展骨干步伐；新增培育县要突出特色，找准定位，培育壮大2~3个主导产业。二要切实抓好粮经复合现代农业产业基地建设。力争到2015年，全市建成粮经复合现代农业产业基地50万亩，其中“千斤粮万元钱”粮经复合基地35万亩，“吨粮五千元”粮经复合基地15万亩。市、县（区）要分级推行，重点发展“菜-稻-菜”、“麦/玉/豆（苕）/菜”、“马铃薯/玉/豆（苕）/菜”、“菜玉/菜玉/菜玉”模式，适当发展“稻-菜-菜”，“稻-菇”模式。三要扎实抓好万亩示范区建设。抓好万亩示范区建设，开展园艺标准园创建，促进优质蔬菜、水果、蚕桑、茶叶、中药材等特色经作及优质粮油产业带集聚发展。四要大力推进产业基地提升发展。优质粮食，重点在资中、威远、东兴区、隆昌主要公路沿线建设优质稻谷、专用小麦、专用玉米、高淀粉红苕基地，优质水稻种植率达80%以上；在优质油料基地上，要全面推广“双低”油菜，打造内江优质食用油品牌；在优势蔬菜基地上，大力发展设施蔬菜、加工蔬菜，提高蔬菜产值；在特色水果基地上，大力发展柑橘类和伏季类水果；在蚕桑基地上，重点在东兴区、隆昌、资中县发展蚕桑生产基地。五要加快培育优势产业带。重点做大威远向义—新店蔬菜和无花果产业带、资中银山-球溪血橙（塔罗科血橙）产业带、资中甘露至威远高石镇枇杷产业带、内昊路和321线东兴区—隆昌段早春蔬菜产业带、资安路龙江—孟塘沿线大地蔬菜产业带、东兴区、隆昌、资中蚕桑产业带。六要抓好休闲农业示范基地建设。促进休闲农业发展，是农业部门的新职责，各县（区）必须高度重视，加强领导，健全机构，主动作为，与旅游部门一道，共同做好休闲农业与乡村旅游规划、指导、宣传、培训、星级创建等工作，积极打造省级休闲农业与乡村旅游示范点。

突出基础设施，着力效益发挥。狠抓高标准农田建设。深入推广测土配方施肥，狠抓农村能源建设。要继续普及农村户用沼气，玻璃管拱盖沼气池推广率达70%以上，全力开展沼气化示范县建设。

突出科技创新，着力科技服务。一是加强农业科技创新力度。在农业科研创新上要有新突破，力争培育出适合大面积种植推广的主要农作物新品种2个，农业科技贡献率达56%以上。二是加强现代种业发展力度。抓好种子生产基地建设，建立规模化、标准化、集约化、机械化的水稻和玉米种子生产基地建设新品种展示区，全市主要农作物良种覆盖率达到96%以上，种子质量抽检合格率达90%以上。三是加强农业信息化服务。建立和完善农业市场信息服务机构，重点加强农业市场信息员、农业统计信息员、农业经济信息员、农产品流通信息员等“四支队伍”建设，实施“金农工程”二期项目，开展农业生产经营信息化示范，完善农情调度系统、视频会议系统、“12316”热线系统。

强化农业安全，注重质量监管。一是加大农产品质量安全监管力度。要确保不发生重大农产品质量安全事件，确保农产品总体合格率保持在96%以上。要着力体系建设，搞好人员培训和能力提升；要着力标准化生产，坚持突出重点和全面推进相结合，制订农业地方标准，完善标准体系，开展“农产品质量安全示范县”创建活动；运用监测结果，加强风险分析和舆情监测，完善应急预案，有效预防、处置农产品质量安全突发事件。二是加大农业保险力度。要进一步规范政策操作，抓好工作落实；措施要有新提升，坚持政府引导不放松、市场运作不打折、协同推进不推诿、督查督办不落空的原则搞好各项工作。三是加大农业执法力度。健全农业执法体系，加强执法人员培训，加大执法办案力度，坚决查处各类违法行为，提高办案质量；强化农业法制宣传教育，提高依法治农意识。

强化农机推广，注重购置补贴。要落实好农机购置补贴政策，实施“农机化示范县建设工程”，加强机电提灌设施和机耕便民道建设，开展农机质量和农机安全监管。

强化农业经营，注重主体创新。一要加强农村土地承包管理和服务。稳步推进农村土地承包经营权确权登记工作。坚持依法自愿有偿原则，推动农村土地规范有序流转。二要提升农民专业合作社建设水平。开展“标准化农

民专业合作社”创建活动，特别要注重农业经营主体的创新与培育。三要加强农民负担监管。健全以政府为责任主体的农民负担监管体系，建立减负长效机制。加强“一事一议”和财政奖补监督指导，督促落实减负惠农政策，开展农民负担重点问题专项治理。

强化组织领导，注重作风深入。一要强化政策落实。加大强农惠农政策的宣传和落实力度，强化对各种补贴的实施和监管，确保补贴资金、物资及时足额到位，使农民得到实惠。二要建立考核机制。要切实落实粮食生产行政首长负责制，将粮食产量、农民增收指标纳入政府、部门考核内容，对粮食增产贡献突出的地方建议政府给予奖励，对粮油高产创建活动和园艺作物标准园建设成绩突出的单位和个人进行表彰。三要积极争取资金投入。中央财政对产粮（油）大县的奖励资金，主要用于扶持农业生产，其中增量部分全部用于粮油产业发展，各县（区）要积极主动争取，确保资金用于粮油重大增产技术推广和高产创建。四要强化作风建设。严格执行中央“八项规定”、省委和市委“十项规定”，把加强作风建设、密切联系群众放在突出位置，更加务实地解决各种实际问题。五要注重廉政建设。要把反腐倡廉，纳入各级农业部门的总体工作布局中。要加强农业项目资金管理，确保资金安全运行。

**作者简介：**

李尚平，大学学历。现任四川省内江市农业局党委书记、局长。

# 着力重点突破 推进强县建设

四川省阆中市农业局 周靖入 莫廷诗

阆中市在2011年成功争创四川省现代农业产业基地强县以来，紧紧围绕“建设中国最具吸引力的国际休闲旅游城市”的奋斗目标，紧密对接旅游，建设示范园，大力发展休闲观光农业，紧密对接工业，建设大基地，大力发展特色效益农业，以“三园三线三产业”为抓手，围绕“旅游、主体、效益、科技、安全”五大重点，强力推进现代农业产业基地强县建设，全市农业持续稳定发展。2012年，全市粮食总产突破40万吨，实现六连增；中药材、生姜、蔬菜三大特色产业加快发展，成功争创全省现代农业建设重点县；农民人均纯收入达到7271元，比上年增长15.8%，农业促进农民增收成效明显。

## 一、着力农旅结合，拓展农业功能

一是大力发展生态休闲农业。紧紧依托阆中古城、天宫院、构溪河湿地等景区，强力推进生态休闲农业集群式发展。集中精力打造江南裕华现代生态休闲农业园，以特色蔬菜、设施水果为产业支撑，以史前、秦汉、唐宋、明清、现代农耕文化为内涵，建设成集观光、休闲、养生、体验及农业产业化为一体的国家级4A景区，已完成部分基础设施建设和土壤改良；巩固沙溪现代农业示范园，规模发展柑橘、桃、李等特色水果18530亩，发展果套蔬菜5800亩，发展星级农家乐37户，实现了农业与旅游的强势互动；提升天宫景区特色农业发展层次，发展品种优、品质高的精致农产品2.3万亩，延伸和拓展了天宫院景区农业生活生态文化功能。二是大力开发休闲旅游食品。积极引导木兰郡公司、煜群公司、阆峰川明参公司、千佛泡菜等农业龙头企业，精深加工农产品，开发休闲旅游食品，组合、包装“阆”字牌特色礼品农产品，并在旅游景点建设阆中农产品展示展销中心，休闲旅游食品已占食品加工的20%以上。三是大力建设鲜销农产品生产基地。通过农餐对接，建设水果玉米基地5000亩、特色红薯基地5000亩、彩色花生基地1500亩、黑色黄豆基地1000亩、菜用早熟嫩姜基地500亩等特色产业基地，直接进入了宾馆、酒店。

## 二、着力主体培育，创新经营机制

一是加快培养新型职业农民。依托阳光工程、中央彩票公益金扶贫开发、品牌培训等项目，多渠道、多层次、多形式开展职业农民培训，新型农民培训4100人，农村劳动力培训2600人，阳光工程培训1600人，失地农民培训500人，引导性培训5400人。二是大力培育专业大户。通过农村实用人才培训、种粮大户补贴、土地流转补贴、项目资金补助等举措，农村土地流转面积逐年扩大，规模种植渐成趋势。全市新增土地流转面积1.5万亩，累计达15.9万亩，新培育100亩以上种植大户68户，全市100亩以上大户达到586户，种植面积达9.1万亩。三是规范发展农民专业合作社。深入开展以“运行规范化、生产标准化、经营品牌化、社员技能化、产品安全化”为主要内容的示范社创建活动，全市经工商登记注册的专业合作社达到310家、注册资本12.2亿元，入社农户2.6万户，建立生产基地5.8万亩，辐射带动面达43.2%，带动农民户均增收500元以上。2012年全市新增专业合作社99家，新增省级示范社2家，全市达到8家；新增南充市级示范社4家。四是做大做强龙头企业。支持阆峰公司建设川明参加工项目，已完成厂房、仓库、办公楼主体工程建设，落实了精深加工设备，建设川明参生产基地3850亩。支持木兰郡公司建设葛根淀粉、葛根黄酮生产项目，在五马、东兴、彭城、清泉、石龙建立生产基地6000亩。支持煜群公司建设姜酚、姜酮生产项目，进一步做大泡菜项目，落实生姜订单基地1.8万亩，加工泡菜生产基地7800亩。依托产油大县奖励项目支持锡钢油脂公司建设优质菜籽油生产线，建设优质油菜籽生产基地9.8万亩。

## 三、着力效益提升，促进农民增收

一是大力发展精品农业。通过抓好专业大户在优势产区建立中药材、生姜、蔬菜、水果、优质粮油等精品农业示范园区，带动精品农业发展，全市精品农业面积达到23万余亩。二是大力推广“万千田”种植模式。重点在优势产区推行“川明参粮药套作模式”、“生姜水旱轮作模式”、“菜/稻/菜”种植模式，建设“千斤粮万元钱”粮经复合产业基地10.3万亩。三是努力开拓大市场。组织龙头企业、专业合作社参加各种展销会、博览会，阆中农产品走出了阆中，走向了全国，进入了超市，进入了千家万户。参加各种展销会，博览会签订产品订单达4亿多元。依托中药材天地网和“阆中川明参直销处”，阆中川明参运销广州、玉林等大中城市，中药材销售量达4860吨。四是着力打造知名品牌。加大力度宣传“阆中川明参”、“阆中生姜”等区域公用品牌和企业商标品牌，扩大知名度；大力发展“三品一标”农产品，道地中药材、雪洞生姜获绿色食品认证，木兰郡川明参获有机食品认证，农产品品牌战略进一步推进。

## 四、着力科技支撑，推进产业发展

一是着力农业科技合作。与中国农业科学院农业资源与农业区划研究所合作编制了阆中市生态休闲农业示范园总体规划。与四川省中医药科学院合作，建立了4500亩川明参、生姜、葛根良种繁育基地。与四川省农科院、南充市农科院合作，引进红苕新品种16个、花生新品种8个、大豆新品种5个。与四川省农业大学合作，引进示范水稻、玉米、大豆、蔬菜等新品种46个，推广面积达36万余亩次，改良柑橘1.6万亩，有效地促进了农业科技的创新和成果转化。二是着力农业科技攻关。针对产业发展中遇到的共性、关键技术问题，由高级农艺师牵头，组织科技人员开展科技攻关，取得了良好的社会、经济效益。开展川明参化学除草综合配套技术攻关与推广，全市推广面积达到8800余亩，节本增效400万元以上。柚子萎缩病树改良措施攻关课题，历时4年的品种选择和配套技术研究，以嫁接血橙呈现出强劲的生长势和丰产性，为阆中10万株柚树改良提供了有力的科技支撑。玉米集雨节水膜侧栽培高产攻关课题，集成配套紧凑型或半紧凑型品种、保温育苗、定向转栽、彩（黑）色超微膜、合理密植、配方施肥、综合防治病虫等关键技术，全市推广应用面积达3.2万亩，经专家验收万亩示范平均亩产747.1公斤，比大面积玉米亩均增产248.4公斤，亩增33.2%。三是着力农业科技示范。以作物为单元，以产业为核心，推进新品种、新技术、新模式、新机制的“四新”示范和良种、良法、良制、良壤、良机、良灌的“六良”配套。建设新品种示范园14个、展示新品种136个，建立测土配方施肥、秸杆还田、水稻超高产栽培等10项新技术核心示范片1.8万亩，建立粮药套作、水旱轮作、粮菜套作等新模式核心示范片2000亩，带动全市农业生产示范主导品种52万亩、推广主推技术260万亩。

## 五、着力生产安全，提升产品质量

一是抓体系，夯实农产品质量安全监管基础。进一步完善了乡镇农产品

质量安全监管体系，赋予了乡镇农业服务中心农产品质量安全监管职能，改扩建业务用房7200平方米，添置检测仪器和办公设备660台（套），改善了乡镇农业服务中心的服务条件。二是抓源头，强化投入品监管。以春播、“三夏”、秋种时节为重点，严厉打击违规销售禁用限用农药行为，大力开展高毒农药市场检查活动，从源头上堵住高毒农药的使用，确保了优质农资供应。三是抓生产，推进标准化基地建设。在五马东兴中药材示范园、三庙、峰占、鹤峰等地建立2万亩川明参标准化生产基地，在千佛、方山、石滩等地建立1万亩生姜标准化生产基地，在文成白沙坝、东兴东岳坝、五马东滩坝、彭城彭城坝、沙溪现代农业示范园等地建立1万亩城郊商品蔬菜标准化生产基地，在沙溪现代农业示范园、天宫、千佛、文成、飞凤、洪山、双龙等地建立1万亩水果标准化生产基地，从生产、管理到销售，使整个过程实现了规范化。四是抓监测，努力提高农产品质量安全监管水平。以农药残留、重金属监测为重点，以例行监测、监督抽检、专项抽检为抓手，切实加大农产品标准化生产基地、农产品批发市场、农贸市场、超市的抽检力度。全年检测样品1271个。其中：市场准入检测蔬菜、水果、食用菌等样品865个，抽检合格率达98.5%，市场准出检测基地农产品247个，抽检合格率达99.5%，在批发市场、超市、农贸市场抽检样品159个，抽检合格率达99.3%。

**作者简介：**

周靖入，男，汉族，1973年12月出生，中共党员，本科学历。现任四川省阆中市农牧业局党委书记、局长。

莫廷诗，男，汉族，1964年4月出生，中共党员，本科学历。现任四川省阆中市农牧业局办公室主任。

# 加强农业综合生产能力建设　促农增收

四川省九寨沟县农业水务局　杨红军　欧　兰

加强农业综合生产能力建设，是抵御和防范农业自然风险，提高土地产出率、提升农产品竞争力的途径，是实现农业可持续发展的重要保障。近年来，随着支农惠农政策的不断出台，九寨沟县的农业基础设施日臻完善，农业生产水平不断提高，农业产业结构逐步优化，农业综合生产能力得到了提升，农业和农村经济持续良好发展。2011 年全县农民人均纯收入达到 4500 元，较 2008 年的 2490 元增长 2010 元，基本实现农民收入翻番。2012 年上半年农民人均纯收入达到 2945 元，农民收入稳步增长。

## 一、加快农技服务体系建设，增强农业科技创新，提高农业综合生产能力

为了不断提高我县粮油农业综合生产能力，保证粮食稳定增产，增加农民收入。近年来我局根据我县粮油生产实际，围绕产业结构调整，不断加强农业基础设施建设，改善土壤肥力，提高农业抗御自然灾害能力。同时，加快农技服务体系建设，不断提高农业的科技水平，实施配方施肥、科技入户工程、良种补贴项目等一系列惠民措施，确保我县粮油生产的稳定发展。

### （一）施惠于民，狠抓惠农政策落实

九寨沟县全面贯彻中央、省、州关于加强“三农”工作、促进农民增收的各项政策，认真落实粮食直补、农资综合直补、粮食良种补贴、农机具购置补贴等政策，坚持做到各项政策不打折不走样，真正使各项政策不缩水、各项资金不改变用途，确保各项惠农资金及时足额兑现到群众手中。2012 年，兑现粮食补贴 29. 3 万元，综合直补资金 262. 96 万元，共计 292. 26 万元；自 2006 年实施农机直补以来，到 2012 年，共兑现农机直补 515. 51 万元，让广大农民在享受改革发展成果中实现增收。

### （二）加快农技服务体系建设，提高服务水平

九寨沟县现有乡镇农技站 17 个，农技人员 12 名，管理体制是公开招聘和竞聘上岗，各乡农技推广机构人员和业务经费由县农业水务局统一管理和指导，其人员的调配、考评和晋升，充分听取了服务区乡（镇）政府的意见。

部分乡（镇）农技站农技推广人员因退休和调离等原因，导致农业科技公共服务能力不足。为改变此现状，根据国家发展和改革委员会、农业部相关文件精神，为加快我县乡镇农技推广机构条件建设，提高基层农技推广服务能力，结合我县实际，编制了《九寨沟县乡镇农技推广机构条件建设规划》。计划于2012～2014年三年内完成全县17个乡镇农技推广机构条件建设，建立健全运行高效、服务到位、支撑有力、农民满意的乡镇农业技术推广机构，使其有完善的管理体制、有规范的运行机制、有精干的人员队伍、有稳定的经费保障、有必要的工作条件，真正发挥好在基层农业技术推广中的主导作用，推动新农村建设，使农民增产增收，实现科技兴农战略。

**（三）增强农业科技创新，加大农民实用技术培训力度**

科学技术是第一生产力。在科技创新中，首先，对基层农技干部开展农业技术知识更新培训，建立一个从县、乡（镇）到村组、农户的农业技术推广网络，逐步建立一支专业化的技术队伍。其次，结合农业科技三大行动，组织好农民实用技术培训，积极探索多样化的培训方式，努力提高农民科技素质和商品生产意识，培养造就一支有知识、有头脑、敢于创新的新型农民队伍和一大批农民企业家，按市场需求提高产品质量。再次，加大先进技术应用推广，促进产业可持续发展。在抓好常规栽培技术推广的同时，结合我县生态、气候、土壤及种植习惯，引进、吸收先进的农业技术，促进产业可持续发展和农民可持续增收。

**（四）开展粮油高产创建活动，提高粮油种植技术，确保增产增收**

我县多年来在上级农业部门的关心、指导下，开展了粮油高产创建活动。通过努力，粮油高产创建活动取得了显著成效，圆满完成粮油高产创建工作目标任务。按照“百亩核心攻关、千亩示范”的辐射带动模式，每年建粮油高产创建示范区2200亩，并在示范片区召开不同类型的动员会6次，举办培训班22次、召开现场会18次、共培训农民1000余人次、接受农户相关咨询1520人次，发放技术宣传资料3200份；建设测土配方施肥玉米示范点2个、马铃薯示范点2个、统防统治面积11500余亩。

## 二、加强农业标准化建设，提升农业综合生产能力

近年来，我局从提高良种覆盖率、提升标准化生产水平入手，加快土地有序流转和规模经营，围绕“定标准、建基地、走市场、创品牌”的总思路和“一乡一业、一村一品”的要求，修订完成粮油、蔬菜、水果3大类19个地方无公害技术操作规程，积极推行农业标准化生产，标准化基地规模逐年

扩大，全县大棚蔬菜、甜樱桃、枇杷、脆红李等特色农产品产业带逐步形成。截至目前，全县无公害商品蔬菜种植面发展到8000余亩，建设蔬菜大棚400余个；特色水果种植面积达以16000余亩；培植食用菌13万袋；建立脱毒马铃薯标准化基地万余亩。农产品品质及产出率得到了提高，特色农业产业已成为农民增收的优势产业之一。

强化服务，狠抓专业组织发展。合作是开拓市场的有效手段，我县按照“民建、民营、民管”原则，协助乡、村成立各类专业合作组织，从技术等方面给予合作社支持，帮助宣传产品，树立品牌意识，在创建品牌上下功夫，努力提高专业合作社的市场知名度和影响力。据统计，我县已建有各类农民专业合作社41个，人数342人，带动农户354户。通过专业合作社的牵线搭桥，为农户传播种植技术、供应生产资料，提高了农产品生产水平和市场竞争力，并建立了一定的销售网络，引导农民走进市场，参与竞争，为县农业发展和农民增收注入了活力。

## 三、开展农产品质量安全与监测工作，提升农业综合生产能力

在农产品安全与监测工作中，积极打造以“三品一标”为主要载体的农业品牌，推进农业标准化，抓好日常监管，推进市场准入等。通过几年的努力，有力的提升了我县农产品质量安全水平。

### （一）完成无公害农产品产地认定整体推进，“三品一标”申报及复查换证工作品牌和市场是农业生产发展的生命力

我们努力做好市场定位，借助九寨沟景区的知名度，将品牌的培育与农产品认证相结合，创品牌，树名牌，逐步推行市场准入制度，把绿色、生态产品推向市场。品牌的核心是质量和安全，围绕市场和品牌建设，积极开展农产品农药残留快速检测，抽查合格率达100%。全县16个乡镇3717.5公顷农耕地被整体认定为“四川省无公害农产品产地”，申报认证10个无公害农产品；“九寨柿子”登记为中国地理标志农产品；大白菜、马铃薯、莴笋、苹果、柿子5个无公害农产品及九寨沟甜樱桃绿色食品的认证申报工作正在顺利开展。

### （二）制修订无公害农产品地方标准，编写九寨沟县农民实用技术系列丛书

2009年我局组织技术人员、专家，结合我县气候、环境、栽培方式等因

子及国家和省级标准制修订水果、蔬菜、粮油、中药材19个无公害农业地方标准，审核后，由四川省阿坝质量技术监督局批准并发布实施，使我县农产品安全生产、监管有据可依。为从源头保障农产品质量安全，建立优质农产品生产基地，结合我县农业生产实际，针对农产品生产环节，以地方标准为依据，以农业投入品为关键点，编写印刷了“九寨沟县农民实用技术系列丛书”万余册发放到农户手中。

**（三）加强标准化示范基地的建设**

标准化示范基地具备以点带面的辐射带动作用，是种植户掌握农产品安全生产和转变生产方式的重要范本，2008年以来，我局建设了2个省级、2个州级、5个县级标准化示范点的，在示范基地中严格按照标准生产，在整个生产过程中注重抓住关键点的控制，如生产前开展农民培训，农业投入品统一购买，病虫害防治主要采取绿色防控，化学防治采取统防统治等。

**（四）加强农产品安全监测，积极推进农产品市场准入工作**

一是定期不定期对农产品批发市场、生产基地、农贸市场蔬菜农药残留快速抽检，几年来共计抽样5000个，检测合格率达99.9%以上；二是2010年12月20日我县实行蔬菜、水果两类农产品市场准入制度，积极加强此项工作宣传，强化生产主体质量安全意识，推进生产过程的监管。

## 四、推进农业机械发展，提升农业综合生产能力

近年来，九寨沟县围绕改善农村民生和农业生产条件，巩固农业发展基础，提高农业抗灾减灾能力和农业综合生产能力，紧紧抓住中央的一系列支农惠农政策，加大农机新技术新机具推广运用力度，完善农机提灌设施、机耕便民道路建设。截至目前，我县共运用新型农业机械1752台套（其中新型耕作机械达到了955台套、杀虫灯613台、机动喷雾机6台、移动式水泵22台、兼用型拖拉机156台）。尤其是微耕机从无到有，从农户质疑到深受喜爱，这些新型农机具的推广运用极大地减轻了农民的劳动强度，提高了我县农机装备水平和农机化作业水平。灾后恢复重建陵江乡吊坝村农机提灌站的建成运行，解决了该村旱片死角严重的问题，新增灌面400余亩，实现了该村种植甜樱桃、蔬菜的愿望。2012年计划维修改造农机提灌站6处，将增加和改善灌面1100余亩，能极大地提高农业抗灾减灾能力，增加农民收入。截止2011年末新建机耕便民道59公里，改建机耕便民道20公里，改善了农民“出行难、运输难”的问题，改善了农村生产生活条件，促进了农民增产增收。这些都为提高农业综合生产能力打下了坚实基础。

## 五、抓农村基础设施建设，提升农业综合生产能力

九寨沟县为农业县，全县耕地面积4.431万亩，主要为旱地，九寨沟县受地理条件的限制，无大中型灌渠，只有小型水利渠系，灌溉设施主要集中在河谷地带。经统计调查显示，“512”地震前，我县有效灌溉面积3.29万亩，实际灌溉面积2.58万亩，保证灌溉面积2.28万亩，占有效灌溉面积的69%，已配套主渠系258处350公里，分支渠近300公里，其中灌溉渠道多为土渠，三面光水渠仅占46%。受地震影响，造成全县农田灌溉57处211公里水渠受到不同程度损毁，损毁灌溉面积1.339万亩，造成直接经济损失903.16万元。近年来，我局多方筹措资金，加大投入，加快建设进度，不断完成农村道路、水利等基础设施，通过抓项目、促发展、增后劲，为促进农民增收奠定基础。实施农村饮水工程建设，解决农村1.1709万人的饮水安全问题；实施农田水利灌溉工程，全县实际灌溉面积达到2.1345万亩；共完成农村户用沼气池建设6415口，建设沼气服务网点50个，农业综合生产能力得到了极大改善。

**作者简介：**

杨红军，男，藏族，1964年12月出生，中共党员，大学学历。现任四川省九寨沟县农业水务局党组书记、局长。

自1984年参加工作起，历任文书、副乡长、乡长、乡党委书记等职。2011年12月至今，任九寨沟县农业水务局党组书记、局长。

欧兰，女，汉族，1976年12月出生，大学学历。现在四川省九寨沟县农业水务局工作。

# 抓对口支援契机 创助农增收新路

四川省道孚县农业局 四郎生根 彭 岚

近年来，道孚县认真贯彻落实中央和省、州对“三农”工作的总体部署，切实以促进农民增收为核心，以产业结构调整为抓手，全力推进优质、高效、生态和观光农业建设。特别是2012年郫县对口支援道孚经济社会发展启动以来，全县紧紧抓住对口支援契机，在省、州农业部门的大力关心和支持下，充分吸取郫县中国川菜园区和中国农家乐发源地先进经验，在郫县援藏队领队、县委常委、常务副县长张旻波（分管旅游工作）和郫县援藏队副领队、县委常委、副县长陈向阳（分管农牧科技工作）的直接分管下，以项目为支撑，以农旅结合为特色，不断加快推进现代农牧业进程，助农增收取得了初步成效。

## 一、基本情况

道孚县地处甘孜州东北部，青藏高原东南缘的鲜水河断裂带，东与丹巴县接壤，南和康定县、雅江县相邻，西与新龙县相连，北与炉霍县、阿坝州的金川县、壤塘县交界，东西宽113公里，南北长131公里，幅员面积70多万公顷。我县气候属大陆性季风型气候，主要特点是：气温低，降水少，日照充足，无霜期短、年温差小、日温差大，四季不分明。全县辖22个乡（镇），158个行政村，其中有6个纯牧业乡。2012年年末，全县总人口55862人，其中农牧业人口47583人，占总人口的86%。有耕地面积11.55万亩，人均占有耕地2.98亩；有天然草地625万亩，林地440万亩，各类牲畜存栏23.79万头（只、匹）；农林牧渔总产值25416万元，其中：种植业7604万元，林业2386万元，畜牧业15372万元，粮、油、菜产量分别为13031吨、1143吨、5024吨。

道孚县是典型的“老、少、边、穷”县，经济发展仍然举步维艰，民生改善任重而道远。农牧业基础设施建设欠账大，基础薄弱，投入不足，科技含量低、单产低，仍摆脱不了靠天吃饭的束缚。加之特殊的地理环境等因素，原有农牧业发展仅仅停留在农牧民自给自足的初级种养殖阶段，没有大型农业企业入驻，大量特色农产品不能规模化的对外销售，农牧民收入主要靠退耕还林、草补、粮食直补、良种补贴、低保、五保等上级财政补贴，增收渠道主要是上级项目支持和靠挖虫草、采野生菌为主。2012 年农牧民人均纯收入仅为 4261 元，现代农牧业发展相对滞后。

## 二、明确方向，有效推进现代农牧业发展

按照县委、政府建设“四个道孚”（团结、法治、富民、花园）和发展一个产业（农业产业）的工作要求，结合县内优势特色农产品，重点从五个方面推进现代农业发展，加速农业产业化进程，努力实现传统农业向现代农业的跨越。一是发展高附加值经济作物，推进优质青稞、马铃薯、油菜、大葱、设施蔬菜、无公害蔬菜等，提升种植业；二是优化畜禽产业结构，引进优质良种畜禽，发展畜牧业；三是培育一批优质品牌农产品，积极依托郫县具有大型农业加工、配送企业的优势，突破加工、销售渠道，建立合作关系，打造品牌农业；四是培育规范化的农业专业协会和专业合作社，加强对口支援县联系，建立农产品流通信息服务中心等，活跃流通业；五是发挥我县藏文化优势和高原特色风光等旅游资源，积极引进“一三产”互动项目，发展观光农业。

## 三、积极争取，切实抓好农牧业项目建设

立足项目建设是助推现代农业发展的重中之重，通过积极争取、招引投资，重点推进“一区（粮食高产示范区）、一园（高原特色农业示范园）”和雀尔村特色旅游村寨示范村“一三产”互动项目建设。不断强化本县与对口支援县的积极沟通和衔接，由郫县援藏队专门安排在县农牧和科技局挂职副局长任东华和挂职局长助理季洋帆两位郫县援藏干部负责协助指导项目建设，并给予资金支持，确保了项目推进有力有序。

（一）确立主导产业，发展“一区”粮食生产基地。按照“百亩攻关、千亩展示、万亩辐射”的模式，依托优势资源，集中推广先进实用栽培技术，重点培育建设优质青稞、马铃薯基地 13000 亩，带动全县粮油平均单产提高 8 公斤。此外，通过郫县对口帮扶，运用青稞成片种植的优美景色和当地的自然风光，与成都蜀都摄影协会共建道孚县观光农业摄影基地，在通过新技术和新品种引进提高当地农民种植技能的同时，积极引导农户发展农家摄影旅游接待，进一步实现了助农增收。

（二）加大招商引资，建设“一园”特色农业亮点。为有效推动“企业

（合作社）+基地+农户”的发展模式，道孚县加大招商引资力度，引进内地种植大户在格西乡若珠村分阶段实施特色农业示范园建设。通过企业投资，广泛发动当地群众参与，组建成立“安珠农业专业合作社”。园区主要建设蔬菜优质种苗工厂化基地、设施大棚、观光展示区、花卉种植区、加工车间与蔬菜物流配送中心等，以项目核心区辐射其他区域，并与郫县中国川菜产业园建立了产销合作关系，逐步形成我县蔬菜优质高效生产基地，确保农民在产业发展中充分受益，持续受益，长期受益。

（三）“一三”产业互动，全力打造雀尔特色旅游村寨示范村。按照我州“一优先、二有序、三加快”的产业发展思路，力促农旅互动，以规划为龙头、新村为载体、产业为支撑、群众参与为动力，以“全域旅游、路缘经济”为抓手，强化特色旅游村寨与产业协同、基础设施建设和公共服务体系建设同步推进，加快形成“农旅结合、产村一体”的发展模式。积极学习、运用郫县“中国农家乐发源地”的经验和优势，大力培育民居旅游接待，积极鼓励广大农户参与。同时，争取援藏资金投入450万元，实施雀尔村标志性景观工程、游客服务中心一期工程、锅庄文化广场、临路房屋维修改造、新村点内路网改造、新村绿化等项目建设，完善基础设施，为农民增收致富打下坚实基础。

## 四、完善机制，长效发展促进农牧民增收

在项目建设的基础上，为发挥项目实效，积极探索和建立项目产业发展的长效机制，有效带动助农增收，特别是“一园”项目和雀尔村特色旅游村寨示范项目成效显著。

（一）粮食生产基地建设项目。在通过引进新技术、新品种提高粮食产量，增加农户收入的同时，通过摄影基地的建立，当地农户开展农家摄影旅游接待，按照协德乡项目区内84户农户，平均接待5次估算（每次收入1000元），预计387名农民人均每年可增加收入1100元左右。加上粮食产量的提高，预计年人均增收2000元左右。

（二）特色农业示范园建设项目。通过构建“企业（合作社）+基地+农户”的发展模式，形成“产、供、销”一体化长效机制，预计项目区农民每年增加总收入108.71万元，其中：370亩土地每年的土地租金（480元/亩）收入为17.76万元，若农民种植普通粮油作物，纯收入仅约9.05万元，土地租金收入比种植普通粮油作物可为农民增收8.71万元；项目区农民通过在基地劳动，项目基地年人工费用和配送中心人工成本合计约为100万元。

因此，项目区涉及农户年人均增收约5400元。

（三）雀尔村特色旅游村寨示范点项目。在项目建成后将着力建立和完善旅游产业长效机制。通过市场化运作方式组建八美镇雀尔村相应机构（公司+协会），实现雀尔村老百姓“共同入股、共同参与、共同致富”，最大化发挥项目实效。一是成立“八美镇旅游产业有限公司”，负责雀尔村旅游产业的集中化和规模化运营管理；二是成立“雀尔村旅游协会”，负责雀尔村旅游产业的总协调、旅游纠纷调处等；三是八美镇政府组建“八美镇旅游管理办公室”，负责八美片区旅游产业指导、督促和检查，规范旅游市场行为，受理并妥处游客投诉等。同时，还将进一步完善雀尔村“青稞酒”、“酥油茶”、“小手工（纪念品）”等作坊的旅游配套产业链条，进一步形成体系完善的旅游市场，打造集吃、住、行、游、购、娱为一体的道孚旅游新亮点。通过旅游产业带动，全村209户664人，预计年人均增收约3000元。

**作者简介：**

四郎生根，男，藏族，1967年2月出生，大学学历。现任四川省道孚县农牧和科技局局长。

彭岚，男，1964年4月出生，中共党员，大学学历。现任四川省中共道孚县委农办主任，道孚县牧民定居领导小组办公室常务副主任。

# 实施好“三个万元”工程　引领万山区奔小康

贵州省铜仁市万山区农牧科技局　刘祖玉　杨洪海

近年来，走在万山农村广袤的土地上，随处可见村民栽种蔬菜、修产业路等劳作的忙碌身影。他们脸上的汗珠，犹如断了线的珍珠，不停地掉在土地里。他们没有怨言，不离不弃，坚持每天早出晚归，配合区委、区政府实施“三个万元”工程和现代高效农业示范园区建设。因为他们知道，这是在向小康生活迈进的真实写照和见证。

为认真落实市委、市政府实施“三个万元”工程精神，推进农业现代化建设的重大战略决策部署，该区于2012年10月中旬明确了“三个万元”工程从金秋抓起，通过狠抓秋冬季农业结构调整，大力发展林下种植、间作套种，2013年全区创建万元田1万亩、万元山1万亩。到2016年，累计创建万元田5万亩、万元山5万亩，实现农民人均纯收入达到1万元。

于是，“三个万元”的嘹亮号角在村村寨寨响起，沉睡已久的荒山荒坡，将踏上万元山、万元田的新征程。

## 一、强化责任抓落实

十八大召开后，该区把十八大报告中提出的走中国特色新型农业现代化道路，促进工业化、信息化、城镇化、农业现代化同步发展的部署，落实在行动上，落实在规划布局里，落实在田间地头。

“坚定不移地实施好“三个万元”工程，就是走出一条山地现代农业后赶超的必然之路，是万山当前和今后一段时期推进‘四化’同步的重要内容，必须坚持不懈地抓好抓落实”，区委书记汤志平说。

为了实施“三个万元”工程思路清晰，有条不紊，达到预期效果。该区成立了以区长为组长，人大主管副主任、主管副区长、政协主管副主席为副组长，扶贫办、水务局、交通局、国土分局、发展和改革局、监察局、林业局、财政局等相关单位负责人为成员的现代高效农业园区、“三个万元”工程、农业农村工作领导小组，出台了《现代高效农业园区实施方案》、《万山区加快现代农业和农业产业化经营的若干奖励扶持办法》、《万山区加快发展城郊型山区特色现代农业进一步增强农村发展活力实施方案》和《“三个万元”工程实施方案》的考核奖惩办法，并与乡镇、区直各相关部门层层签订了责任状。召开了落实“三个万元”工程专题会议300余次，悬挂宣传横幅80幅，制定25副牌子、发放宣传资料5000余份。营造了的良好宣传氛围。

区乡两级实行一个主导产业一个部门牵头，一名副县级领导主管，一支队伍具体抓的工作机制。

在产业发展中，资金采取资源整合形式，按照“渠道不乱、用途不变、统筹安排、高度整合、各记其功”的原则，将农业农村建设项目资金集中打捆安排到“三个万元”工程和现代农业园区建设上来，形成集聚效应。确保涉农资金全部投入到农业项目上，为工作的开展提供了有力保障。并从财政暂拨付了270万元资金，用于开展、推进“三个万元”工程。

“三个万元”工程启动后，区四大班子主要领导和县级主管领导多次带领相关部门负责人到乡镇、村和田间地头督促指导乡镇干部、群众开展工作，为实施万元山、万元田打下了坚实基础。同时也为老百姓发展特色产业吃了颗定心丸。

## 二、科学规划促发展

有规划才有发展。该区从资源条件和农业现状入手，通过反复调研确定，以“三个万元”为抓手，以园区建设为载体，以山羊、蔬菜、果树、核桃、枣子、绿壳蛋鸡主导产业为支撑，科学创建了“三园三带四基地”总体规划。即快推进谢桥梵净山生态农业科技园、高楼坪农业扶贫产业园和鱼塘特色种养殖农业产业园建设，积极创建省级现代农业示范园。在谢桥、茶店、高楼坪一带大力发展蔬果、中药材、油茶产业；在鱼塘、大坪一带着力发展生态畜牧业、蔬菜、油茶产业；在黄道、下溪、敖寨一带极力发展蔬果、油茶产业。在此基础上积极打造精品水果、蔬菜、油茶和生态畜牧基地。积极探索“三个万元”工程落地建设平台，围绕果蔬、油茶、生态畜牧三大特色产业，种养结合，立体发展，加速发展现代农业，不断增加农民收入。2012年实现农林牧渔业总产值8.5亿元，同比增长15.3%；农民人均纯收入达4258元，同比增长18.5%。

各乡镇按照“四个选好”即种植区域好、种植土地好、种植主体好、品种苗木好的要求，选好了“三个万元”工程示范点50多个，均实现了统一集中连片规划、规模种植、作业设计和图斑管理。同时加强了农业项目的源头规划整合。严格按照项目工作“统一组织领导、统一规划设计、统一申报管理、统一组织实施”的原则，把“农业综合开发重点县”、草地生态畜牧业产业化扶贫、石漠化治理、退耕还林和生态保护、农机具购置补贴、“一事一

议”等项目的实施，向“三个万元”工程实施区域和现代农业产业园区高度集中配套，使万元山和万元田的目标如期实现。

## 三、多措并举助增收

该区鱼塘乡将荒坡荒山合理规划，以早熟蔬菜、枣子为主导产业，以点带面，实施万元山、万元田，采取土地流转和“合作社+基地+农户”等模式，实行立体间套种植，提高复种指数，提高亩产价值，促进农民增收。据悉，该乡科学规划了经果林“万元山”1000亩，“万元田”1000亩。

在黄道乡丹阳村反季节大棚蔬菜示范基地里，笔者看见一栋栋排列整齐的塑料温室大棚集中连片，连绵不断，在正午阳光的照耀下熠熠生辉，显得蔚为壮观。

在一栋大棚里，村民刘元灯正和家人忙着收获大棚里第三茬蔬菜。地里，田埂边，堆放着一捆捆绿油油的油菜、菠菜、油麦菜……

致富能手刘元灯高兴地说：“一畦估计能收一百斤，按照一斤0.6元收购，若一年种四茬的话，一个七十米的棚，一年下来就能有个4000元的收入，人均纯收入过1万元不是问题。”

高楼坪乡、万山镇高山区域2013年动员大力发展珍稀食用菌种植，在黄道乡、敖寨乡浅地区域发展西红柿、黄瓜、辣椒等精细蔬菜种植，一条条设施农业产业带初步形成，“一乡一业”、“一村一品”产业格局逐步推进，大力促进产业化经营，大大提高了地域优势和规模优势，最大限度地发挥了设施农业综合效益，增加农民收入。

茶店镇为切实抓好农业结构调整，紧紧围绕具有竞争优势的太子参、草莓、油茶等产业，通过种养结合、长短结合、立体发展等模式创建万元田、万元山示范基地，将镇内独特的资源优势转化为发展优势、产业优势和经济优势，大力推进“三个万元”工程建设，让“三个万元”工程真正造福于民。变荒为宝，植经果林园。在茶店镇鱿鱼铺村万亩山示范基地，笔者看到，村民们正忙着冬季施肥。据了解，该村通过山地流转集中连片种植桃树，套种药材太子参，并成立了万山区如平种植业技术专业合作社，采取“合作社+农户+基地”的新型经营模式，实行统一栽培、统一管理、统一销售，真正把荒山变为万元山。

据悉，目前已完成万元田10860亩、万元山10000亩，超额完成市、区下达的任务指标。万元山、万元田已全面进入大田田间管理阶段，蔬菜、食用菌、大鲵、龙虾、石蛙等农牧产品相继上市销售。

**作者简介：**

刘祖玉，男，侗族，1965年12月出生，中共党员，本科学历。现任贵州省铜仁市万山区农牧科技局党组书记、局长。

杨洪海，男，土家族，1987年8月出生，中共党员，本科学历。现任贵州省铜仁市万山区农牧科技局办公室主任。

# 真抓实干 狠抓落实<br>保持农牧业经济发展的良好态势

西藏自治区山南地区农牧局 陈 峰

2012 年以来，我地区农牧业工作在地委、行署的正确领导和农牧厅的大力指导、支持下，坚持以科学发展观总揽农牧业工作生产全局，按照“提升一产”的要求，紧紧围绕地委、行署的工作部署和年初全地区农村工作会议和农牧业工作会议确定的各项目标任务，真抓实干，狠抓落实，战胜了雪灾、旱灾、病虫害等自然灾害的影响，保持了全地区农牧业经济发展的良好态势。

## 一、对 2012 年农牧业经济工作的基本估价

（一）粮油产量实现较大增幅。2012 年安排播种面积 45.68 万亩，其中粮食作物 26.5 万亩，经济作物 10.1 万亩，饲草作物 9.08 万亩。预计全年全地区粮食总产达到 16.15 万吨（青稞产量达到 9 万吨），较上年增长 7.6%；油菜产量达到 1.6 万吨，较上年增长 23%；蔬菜产量达到 4.92 万吨，较上年增长 34.7%。

（二）畜牧业生产形势良好。预计全地区年底牲畜存栏 175 万头（只、匹），新生仔畜 70.2 万头（只、匹），成活 65.78 万头（只、匹），成活率达到 93.7%，比上年同期提高 1.7 个百分点；成畜死亡 2.06 万头（只、匹），死亡率 1.1%，实现了死亡率控制在 1.5% 以内的目标。预计全年牲畜出栏 61.34 万头（只），出栏率达到 33%。预计年底猪牛羊肉产量达到 2.5 万吨，奶类产量达到 4.8 万吨，毛绒产量达到 1440 吨，禽蛋产量达到 700 吨。完成人工种草面积 3.5 万亩，暖圈 173 座，草场围栏 77 万亩。

（三）农业产业化稳步发展。预计全地区乡镇企业实现总产值 69000 万元，同比增长 8.1%；多种经营实现总收入 105500 万元，同比增长 7.2%。预计全地区 7 农业产业化龙头企业实现销售收入 14900 万元，同比增长 7%，带动农户 7913 户、24019 人。全地区农牧民专业合作经济组织 161 个（工商注册 125 个，涉及种植业 14 个、畜牧业 29 个、农牧服务业 22 个、其他 60 个，民政注册 36 个。），注册资金 8462 万元，参加农户 11160 户、30587 人，带动

农户18721户、59074人，创收8737万元，入社农牧户年户均增收7620元，人均增收2180元。超额完成了专业合作经济组织达到100个的年初目标。

（四）特色产业基地建设取得新成效。一是奶牛基地建设。完成黄改冻配45705头，完成率达到101.6%；2011年冻配新生33411头，成活30457头，成活率达到91.2%，完成任务的114%。二是禽类养殖基地建设。2012年全地区以藏鸡为主的禽类养殖完成238.43万只，完成年初任务的101.46%。三是红土豆种植基地建设。2012年共落实红土豆种植面积5500亩，完成年初任务的112.2%。平均亩产达到2598斤，亩产值达到6900多元，总产值达到3815.25万元。四是温室大棚蔬菜种植基地建设。2012年全地区共建温室498座，农牧承担378座，总投资1360万元，其中，国家项目投资1134万元，地区财政配套226万元，预计年底可全部完成。五是青饲玉米种植基地建设。完成青饲玉米种植面积2万亩。

（五）农牧业基本项目建设取得新突破。2012年我地区共实施各类农牧业基本建设项目159个，其中续建复工项目91个，新建项目46个，自治区补贴项目8个，地方补贴项目14个。涉及国家投资52476万元，完成国家投资42200万元（其中2011年完成投资8375万元、2012年完成投资33825万元）。超额完成了项目投资1.25亿元的年初任务。一是续建复工项目。2012年，全地区农牧业基本建设续建项目共91个，涉及国家总投资19127万元，完成国家投资16661万元（其中2011年完成投资8375万元、2012年完成投资8286万元）。二是新建项目。截至目前，已明确的2012年新建项目46个，涉及国家投资15590万元。完成国家投资7780万元。剩余投资明年5月底完成。三是自治区补贴项目。2012年自治区补贴类项目8个，涉及草原生态保护补助奖励机制、农机购置补贴项目、牲畜良种补贴、化肥补贴等补贴金额15131万元，均已完成。四是地方补贴项目。2012年地区本级财政用于农牧业生产的资金共14大类，预算内安排支农资金630万元，全年支农资金总额2628万元，全部完成。

（六）草原生态补助奖励机制有效建立。我地区草场承包经营责任制工作有序推进。自治区草场承包验收组先后两次对我地区12县2011年落实和完善草场承包经营责任制工作进行了验收。12县均通过了自治区验收。全地区草场总面积4639.67万亩，可利用面积4458.72万亩，划分草场（到户或联户）面积4444.95万亩，占可利用面积的99.69%。同时拓展了全地区草原生态保护补助奖励机制工作。全地区草畜平衡面积4058.72万亩，禁牧面积400万亩，各项补助可享受奖励补助资金9627.14万元（草畜平衡奖励资金

6088.08万元、禁牧补助2400万元、13.17万亩人工种草发放牧草良种补贴资金131.7万元、6377户牧户生产资料补贴318.85万元、1275名草原监督员补贴688.5万元)。截至目前，我地区十二县通过自治区草原生态保护补助奖励机制验收。10月29日在错那县举行了全地区草原生态保护补助奖励机制资金兑现仪式。各县陆续发放草原生态保护补助奖励资金达1480.71万元。

（七）农牧业“三推进”工作进展有序。2012年地委、行署决定实施“产业、商标、品牌”三推进战略，力争通过2～3年时间，打造1～3个“专、精、特、优”的全区知名农牧业品牌，自7月份行署召开“三推进”工作会议以来，我地区农牧业“三推进”各项工作推进有序。一是成立了地区农牧业“三推进”领导小组。同时抽调农牧、农发得力人员组成工作专班。二是完成了优质青稞、红土豆、禽类养殖产业“三推进”方案编制工作。规划投资5231万元。方案已经行署研究并原则通过。三是积极学习借鉴兄弟地市经验。先后组织财政、农牧、农发和相关县的主要领导和分管县长，以及加工点负责人等赴日喀则地区和拉萨市进行了实地调研和考察。四是因地制宜进行科学规划，确保前期工作有效开展。完成了乃东结巴和隆子加玉两个青稞加工点的实测工作。目前，在地区三推办的协调组织下，地区贡布设计院、地区水利设计队、地区农发和四川大学正在进行相关设计，确保按时完成优质青稞加工点的规划设计。

（八）农业信息化平台建设强力推进。我地区农业信息化平台建设在地委、行署的高度重视和农业部、农牧厅的大力支持指导下，农业信息化平台建设得以顺利推进。一是成立了专班，配备了专人，落实了专项工作经费及建设资金。我地区农业信息化平台建设在地委、行署领导的重视、关注下，先期投入经费60万元用于信息平台建设的规划论证以及规划编制工作。在论证可行的基础上，投入200万元前期经费用于信息平台建设的基础工作，初步形成骨架轮廓。二是积极争取农业部和自治区农牧厅的大力支持，农业部承诺资金100万元，自治区农牧厅解决配套资金100万元。三是启动农业信息化平台建设。做好农业信息化平台建设招投标工作，农业信息化平台建设招投标资金涉及285万元，并于12月10日完成了招投标工作。

## 二、工作措施

（一）创新工作思路，明确工作重点。为深入贯彻区地两级经济工作、农村工作、农牧业工作会议精神，2012年我们先后召开了农牧业工作会议、春季农牧业生产暨黄牛改良工作会议、当前农牧业工作会议以及农牧业防抗灾现场会，对2011年山南地区农牧业工作进行了总结，对2012年山南地区农牧业工作作了全面的安排和部署。明确了2012年全地区农牧业工作的指导思想和目标任务。地区行署与各县人民政府签订了重大动物疫病防控责任书，地区农牧局与各县农牧局签订了农牧业经济发展、农牧业项目建设目标责任书。对2012年农牧民人均纯收入、种植业、农机、畜牧业、农牧业基础建设、农产品质量安全监管、农业产业化经营、农业科技进步等任务进行了分解，通过各项目标任务的分解落实，进一步理清了农牧部门的工作思路，增强了加快我地区“提升一产”工作的紧迫感和责任感。同时，严格贯彻落实《自治区人民政府关于实施2012年粮食稳定增产行动计划的指导意见》，制订了实施方案，确保粮食生产的稳定发展。

（二）调整种植结构，狠抓农业生产。为保证2012年全地区农业工作顺利开展，不误农时，我局适时下发了《关于进一步加强今冬明春农牧业生产的通知》、《关于加强春季农牧业生产的紧急通知》和《关于加强“三秋”工作的紧急通知》，进一步强化了种植业工作各个环节的组织领导，为夺取2012年农牧业增产、农牧民增收奠定了良好的基础。一是认真落实粮食直补、良种补贴、化肥补贴、农机具补贴、农药补贴等优惠政策，调动群众种粮积极性，为确保全地区粮食安全奠定了基础。二是按照年初种植业布局，认真落实种植计划。粮、经、饲比例由2011年的56 ：23 ：21调整为2012年的58 ：22 ：20，全地区完成冬播种植面积11.54万亩，完成春播种植面积34.14万亩。三是积极组织农用物资，确保不误农时。2012年，全地区投入使用化肥9000吨（自治区计划7000吨、行署追加1000吨、部门调剂1000吨）。调运农药142.99吨，筹备春秋两季作物用种721.1万斤。四是抓低产田改造和积造农家肥工作。各县积极引导农牧民群众认真开展春耕备耕工作，并利用农闲时节大力积造农家肥和改造低产田。全地区共积造农家肥95万吨，亩施农家肥4000斤。改造低产田14万亩。五是扎实抓好测土配方施肥、标准化生产和高产创建，细化方案，强化管理，落实措施，确保示范工程有序推进。在乃东、贡嘎、扎囊等六个粮食主产县落实农作物高产创建12万亩；建立各级麦类作物良种繁育基地14769亩，油菜良种繁育基地600亩；测土配方示范面积7万亩，比上年增加1万亩；推广山冬7号450亩、山油4号1500亩。六是充分利用秋季光、水、热资源，大力推广复种技术，扩大小油菜、芫根、饲草料等作物复种面积，完成复种面积2.8万亩。

（三）生产防疫并举，牧业态势良好。一是狠抓动物疫病防控工作，为吸取去年加查疫情的教训，我地区兽防总站从3月16日起陆续派业务干部下乡指导强化免疫工作，并针对个别技术相对薄弱的县适时开展疫病防治培训工作。春季集中免疫牛“W”病双价疫苗免疫率达到98.9%；牛“W”病A型疫苗免疫率达到97.6%；羊“W”病双价苗免疫率达到99.2%；猪“W”病O型疫苗免疫率达到99%；猪蓝耳病疫苗免疫率达到99%；猪瘟疫苗免疫率达到100%；禽流感疫苗免疫率达到99.9%。并通过了自治区春防交叉验收，经对洛扎和扎囊两县抽样检测显示，洛扎县口蹄疫总合格率为82.4%，禽流感合格率为100%；扎囊县口蹄疫总合格率为68%，禽流感合格率为96.2%。9月19日召开了全地区秋防工作会议，对重大动物疫病防控工作进行了安排部署，明确了秋防工作的目标任务。秋季奶牛“W”病A型灭活疫苗免疫率达到99.6%，牛“W”病O型－亚洲1型灭活疫苗免疫率达到99.8%，羊“W”病O型－亚洲1型灭活疫苗免疫率达到99.8%，猪“W”病O型灭活疫苗免疫率达到99.5%；禽流感免疫率达到99.8%；猪蓝耳病免疫率达到99.5%；猪瘟免疫率达到99.5%。二是加大牲畜暖棚圈建设力度，确保接羔育幼工作落实到位。全地区新建棚圈4729座，维修棚圈4795座。为牲畜接羔育幼工作提供了有力保障。三是渔政执法监督工作全面展开，桑日、乃东两县先后查处了两起无证捕鱼事件，并按《渔业法》的规定对无证捕捞人员进行了相应的处罚。四是加强村级防疫人员队伍建设，提高防疫人员待遇。按照现行财政体制“一级政府、一级事权、一级财权”的要求，调整目前我地区村级动物防疫员现有待遇水平，二类地区每月每人730元，三类地区每月每人760元，四类地区每月每人790元。

（四）大力协调督促，项目实施顺利。一是全面开展2013～2015年项目前期工作。2013～2015年我地区拟申报实施的农牧业建设项目共97个，争取国家投资39117万元，其中2013年59个项目，争取国家投资27375万元，目前基本完成前期工作；2014～2015年拟申报38个农牧业建设项目，争取国家投资11742万元。目前正开展项目前期工作，预计到12月份完成。二是对2009～2012年农牧业基本建设项目进行了检查验收。2012年8月10日至14日和8月22日至9月7日，我局分别组织地区发改、财政和环保等部门对2009～2011年实施的具备验收条件并通过县级自验的农牧业基本建设项目进行了地区级验收，对2009～2012年安排的在建项目建设情况进行追踪检查。初验组对全地区12个县及雅砻饲料厂共计107个项目进行了检查验收，项目总投资27954万元，国家投资22358万元，地方配套1119万元，群众自筹4477万元；其中检查项目52个，验收项目55个。目前已通过自治区级验收。三是大力实施农村能源沼气建设。2012年以来我地区农村能源建设在地委、行署的高度重视下，在自治区农牧厅的大力支持下，通过农牧部门的共同努力，全地区农村能源建设呈现出良好的发展态势。2012 年我地区农村户用沼气建设总任务为 7771 户（2012 年项目任务为 5407 户），目前已全面完成。建设农村综合服务站 18 个，累计达到 125 个；农村户用沼气正常使用率达到 88%，基本达到了地委、行署年初确定的目标。2012 年 9 月 25 日，我地区在浪卡子县普玛江塘乡萨藏村举行了"'世界之巅'普玛江塘沼气点火仪式"。普玛江塘沼气点火成功，填补了我地区高海拔地区建设沼气的空白。自 2006 年以来建设农村户用沼气累计达到 4.9 万余户，受益群众达到 20 余万人，有力地推动了新农村建设进程。四是全面落实农机购置补贴工作。2012 年中央和自治区财政给我地区安排农机购置补贴资金 2450 万元，分三批实施，第一批农机购置资金 1500 万元，覆盖全地区所有县，共购置各类农业机械 5609 台（套），落实国家农机购置补贴资金 1499.1 万元，带动农机合作社、农机协会、农牧民投入资金 3500 余万元，5400 余户农户受益。第二批农机购置补贴资金 700 万元，覆盖我地区 11 个县；第三批农机购置补贴资金 250 万元，覆盖我地区 10 个县。由于时间原因，第二批和第三批农机补贴资金我地区安排在一起实施，目前正在落实中，预计 12 月底可以完成任务。

（五）狠抓政策落实，深化农区改革。我地区草原生态保护补助奖励机制和草场承包经营责任制工作于 2011 年 9 月 6 日正式启动。一是进一步落实和完善草场承包经营责任制。地、县、乡成立了由党委、政府一把手任组长，主管领导任副组长，相关部门主要领导为成员的各级领导小组及其办公室，各级领导小组都制定了工作职责，明确工作内容，时间、任务和要求，制定了地、县、乡三级《落实和完善草场承包经营责任制工作实施方案》，制定了合理的、群众满意的草场承包划分标准、草场等级、人畜比例以及在实地划分上的技术操作程序等工作步骤。县、乡、村共举办培训班 646 期。全地区投入工作经费 300 万元，各县解决工作经费 777.7 万元，总计达到 1077.7 万元。我地区草场按照人畜比例为 7∶3 或 6∶4 划分，人均划分草场面积 131.91 亩，一个绵羊单位划分草场面积为 10.55 亩；填写、发放草场承包使用证 436 本，草场承包经营权证 59659 本，草场承包经营权证登记表 11.93 万张，使用权证登记表 872 张，签定合同书 5.96 万份，绘制县级草场界线图 20 张，乡（镇）级草场界线图 134 张，村级草场界线图 827 张以及 5.96 万张牧户图。二是全面推进草原生态保护补助奖励机制的实施。我地区禁牧面积为 400 万亩，扣除禁牧草原后草畜平衡载畜量为 307.43 万绵羊单位，根据 2010 年年末牲畜存栏为 359.79 万绵羊单位，为实现草畜平衡目标，我地区需减畜 52.36

万个绵羊单位。按照方案要求三年完成减畜任务。目前完成了4058.72万亩草场承包发证任务，涉及12县，82个乡镇，554个行政村，74796户、29.26万人；完成了2011年年末牲畜清点核实工作，并完成了2011年减畜任务；完成了400万亩禁牧任务；对12县草补基础数据进行逐一审核上报，同时完成2011年度各项数据的网上信息录入工作；目前正逐户兑现草原生态保护补助奖励资金。

（六）采取综合措施，严格虫草采集。为了确保冬虫夏草采集管理工作的有序开展，我地区从健全完善冬虫夏草采集制度入手，全面落实自治区政府第70和第90号令，做到统筹安排，强化措施，狠抓落实，有效维护了冬虫夏草采集区社会局势的稳定，做到了无一因冬虫夏草采集纠纷上访事件。2012年加查等七县采集人数累计达到32740人、发放采集证32740本、成立工作组94个、工作组人数323人，劝退及禁止无证人员1655人。加查、错那、隆子、桑日四县采集量达到2146.12公斤，创收8264.6万元。

（七）严格市场监管，确保产品质量。2012年以来，为进一步规范农资经营行为，净化农资经营市场，先后组织相关科室、配合相关部门加大了农资监管和农畜产品质量安全检查执法力度，通过监督检查，保障了农畜产品质量安全，实现了农畜产品质量安全事件零发生的目标。一是狠抓农资打假工作。2012年出动人员74人次进行了8次农资市场检查整顿工作，对检查中少量禁用农药和过期种子实施了没收处理。农资质量整体良好，未发生销售假冒伪劣农资和坑农害农事件。二是强化“瘦肉精”监管工作。我局向12县农牧局转发了农业部等五部委《关于开展“瘦肉精”和含“瘦肉精”饲料清查收缴工作的通知》及《西藏自治区“瘦肉精”和含“瘦肉精”饲料清查收缴方案》，同时，加大市场动植物检疫监管力度。2012年以来我地区累计抽样检测“瘦肉精”样品213份，未发现异常情况。三是狠抓畜产品检疫工作。截至目前，我地区累计检疫市场屠宰生猪10405头、牛4057头、羊244只、销毁病猪7头。截至目前，检疫出境活体动物，犬412条，大小畜禽3379头（只、匹），产品38.7吨、禽类2900只、蜜蜂200箱；检疫监督入境活体生猪7210头。四是加强蔬菜农药残留监测工作。我地区抽检蔬菜水果样品440份，检出农药超标3份，合格率达99.32%。

（八）狠抓科技推广，强化科技支撑。一是强化技术培训与服务。自2012年以来，我地区农业技术推广中心、地区畜牧兽医总站39名技术服务人员陆续进点开展工作，蹲点指导农牧业生产。坚持“引创结合、重点突破、夯实基础、支撑发展”的方针和突出特色、突出实用、突出转化、突出创新、突出服务的要求，紧紧抓住农闲时节，围绕春季农牧业生产实际，以实用技术为重点，开展了以春季动物疫病防治、农牧民科技特派员、土壤处理、无公害蔬菜栽培、农家肥积造、乡村兽医、农机具使用与维护等为主的农牧民技术培训，参加培训的乡镇干部、农牧民群众达5100余人次。二是全地区新品种展示面积19.68亩。新品系展示面积16亩。新品种推广面积1950亩（山冬7号450亩、山油4号1500亩）。三是积极开展新农药试验示范工作。四是不断提高农机作业率，机耕、机播、机收面积分别达到36.11万亩、25.43万亩和24.44万亩，耕、种、收综合机械化水平达到64.4%。五是实施提高青稞单产行动面积达到5万亩。

（九）落实抗灾措施，夯实发展基础。2012年以来，我地区相继发生了雪灾、旱灾、洪灾、病虫害等自然灾害，给我地区农牧业生产带来了一定的影响，造成直接经济损失1020.05万元。雪灾致使受灾牲畜30724头（只、匹），死亡大畜59头，造成直接经济损失14.75万元。全地区受旱面积最大时达到25921亩，由于6月中下旬的有效降雨，旱情得到了全面缓解，未造成农牧业损失。洪灾致使全地区受灾农田达到17173.7亩，其中青稞6815.61亩，冬小麦5805.84亩，油菜1401.08亩，豌豆227亩受灾，青饲玉米2614亩，死亡牲畜1424只，造成直接经济损失1005.3万元。3～5月份隆子、桑日县相继发生了青稞细菌性条斑病，发病面积达到1750亩（隆子500亩、桑日1250亩），经过防治，病害未造成危害。9月下旬，措美县发生霜灾，受灾面积1300多亩，造成18.5万斤粮食损失。灾情发生后，得到了全地区各级领导的重视和关注，地委、行署主要领导就有关灾情作出重要批示，行署分管领导第一时间赴受灾一线指导救灾，地区农牧部门作出应急响应，组成工作组进行核灾、救灾工作，指导群众对绝收农田及时进行翻种、补种，降低灾害损失。10月25日召开全地区农牧业防抗灾现场会，对今冬明春农牧业防抗灾工作进行了安排部署，进一步明确了防抗灾工作目标任务。其间下拨270万元抗灾饲草料919吨发放到各县，芫根种子5000斤，筹措饲料650吨。同时要求各县筹备不少于20天的抗灾饲草料，确保了畜牧业生产的有序开展。

（十）狠抓督促检查，确保工作到位。为了确保全年各项农牧业生产任务的顺利完成，我局适时下派工作组，强化督促检查，了解和掌握各县的工作进度，纠正和解决工作中存在的问题，争取了主动，促进了工作的落实。确保了各项工作目标任务的完成。

## 三、存在问题

综观当前农牧业工作，虽然取得了一些成效，但还存在我地区促进农牧业增产增效、农牧民增收的长效机制还不健全；科技推广体系还不完善、科技成果转化还很慢；特色产业发展规模不够大、档次不够高，龙头企业数量少、产业带动力不够强；农牧业基础设施薄弱，抵御自然灾害能力低等问题。

## 四、2013 年工作安排

（一）2013 年农牧业发展预期指标。粮油产量分别保持在 16.1 万吨和 1.6 万吨左右，牲畜年末存栏 165 万头（只、匹），成畜死亡率控制在 1.5%以内，幼畜成活率达到92%以上，牲畜出栏率达到35%以上。猪牛羊肉产量达到2.6 万吨、奶产量达到4.95 万吨，禽蛋产量达到 800 吨。全地区乡镇企业总产值达到6.9 亿元，增长8%；多种经营收入达到10.55 亿元，增长7%；农牧民科技培训 5500 人次；争取农牧业基本项目建设国家投资 1.5 亿元以上；自治区级龙头企业增加 1 家，地区级龙头企业增加 2 家，总产值达到 1.54 亿元；黄牛改良完成 4.5 万头，禽类养殖 240 万只，红土豆种植达到 1 万亩，青饲玉米 2 万亩。

（二）2013 年主要工作。

1. 进一步强化常规农牧业管理。在稳定粮食生产的基础上，使总播面积保持在45.68 万亩，粮、经、饲比例由 2012 年 58 ：22 ：20 调整为 60 ：22 ：18。粮食播种面积由 2012 年的 26.5 万亩增加到 2013 年的 27.89 万亩，增加粮食面积 1.39 万亩。突出抓好高产创建示范与标准化生产试验示范基地建设，进一步加快测土配方实验实施进度，合理施用化肥，大力使用农家肥，实施青稞单产行动，确保提高单位产量。积极推广机械整地、机械收获和农机“三项”作业技术，充分发挥农机化在机耕、机播、机收中的作用，努力提高农机化水平。进一步强化科学养殖，在畜种改良方面，按照“以草定畜、草畜平衡，选优提纯、提质增效”的畜牧业发展原则，走“以农促牧、以牧补农、农牧结合、优势互补、协调发展”的路子，逐步形成牧繁农育新机制。确保黄牛改良和禽类养殖分别达到 4.5 万头和 240 万只以上。在草场建设方面，重点抓好草场承包经营责任制和建立草原生态补助奖励机制工作，不断探索建立草畜平衡长效机制。在牲畜饲养管理方面，进一步配套完善高寒牧区暖棚圈建设，推行秸秆微贮养畜、舍饲与半舍饲养殖模式，促进传统生产经营方式向科学化、规范化管理模式转变。

2. 进一步加强重大动物疫病防控工作。坚持按照“内防与外堵相结合”，高质量、高水平地做好重大动物疫病防控工作，确保免疫密度达到100%。严防牲畜“W”病、禽流感等重大动物疫病的发生，确保全地区清净无疫。加强对重大动物疫情的监测，实行严格的疫情报告制度。对达不到要求的及时进行补免，消除安全隐患。重点加强对活畜禽交易市场、中小型养殖场、畜禽养殖较为集中地区的监测。从源头上有效杜绝疫情的发生。

3. 进一步加强农畜产品质量安全。继续加大对农畜产品的检疫执法力度，严肃查处生产、销售禁用农药、兽药、饲料添加剂和化学物质等行为；加强对蔬菜农药残留的监测和定点屠宰的检疫，扩大监测范围，增加检测次数，提高监测水平，确保让消费者吃上“放心菜”、“放心肉”，全力维护消费者的合法权益，保障人民群众的食品卫生安全，确保不发生重大农畜产品质量安全事件。

4. 进一步加强农牧业项目管理和建设。加强在建项目的跟踪协调服务，落实专门人员，分片包干联系，确保项目建设进度。严格项目资金管理办法和资金使用审批程序，做到项目资金专款专用。加强对项目的监督检查，确保项目质量，早日发挥效益。同时加快农牧业信息化平台建设，形成网络，确保早运营、早见效。

5. 进一步加强农村沼气建设工作。农村沼气建设任务重、时间紧，为确保2013年沼气任务的完成，一是加大工作的力度，按照年初农村能源沼气工作会议的要求，进一步明确任务，落实责任，做到沼气工作有人抓、有人管。二是加大工作进度，按照沼气建设任务要求，全面推进沼气建设工作，确保工作任务的完成。三是确保建设质量，提高点火率。

6. 进一步加强农牧业防抗灾工作。进一步加强防抗灾工作的领导，层层落实防抗灾工作目标责任制，保障防抗灾工作组织、物资、资金、措施、人员提前落实到位。密切注视天气变化，坚持预防为主的方针，针对可能出现的各类灾害，制定和落实好具体对策措施，确保农牧业生产顺利开展。加强病虫害预测预报工作。确保病虫害损失控制到最低程度。强化草原监测，切实做好草原防火工作。

7. 进一步抓好农牧业“三推进”工作。一是完成乃东结巴和隆子加玉两个青稞加工企业组建、土建工程建设和设备安装及初期的销售网点建设，确保2013年7月份生产出样品，8~9月份正式生产，同时完成天瑞公司红土豆和藏鸡、藏鸡蛋生产线扩建及相关土建工程建设；二是建设3.6万亩优质青

稞原料基地和1万亩红土豆生产基地，以及240万只的禽类养殖；三是积极开展优质青稞、红土豆和禽类养殖产业的商标注册，无公害和绿色食品等“三品一证”的申请，协会组建，以及贡嘎县昌果乡红土豆标准化生产示范区项目申报工作等工作。

# 加快现代农业发展步伐 促进农民增收致富

甘肃省白银市平川区农牧局　柴友蓝

## 一、全区农业发展现状

近年来，区政府提出在灌溉农业区以高效节水农业为主，加强工程、设备、农艺和管理措施的集成创新，大力推广节水灌溉技术，重点发展特色种植、规模养殖、农产品加工和乡村旅游；在旱作农业区以生态农业为主，建设梯田化乡镇，推广旱作农业技术，重点发展玉米、马铃薯种植和秸秆养殖的农业区域发展战略，在调整种植结构、稳定粮食生产的同时，着力培育十大特色产业基地，加快建设农畜产品深加工区，农业科技推广不断提高，农业生产经营不断更新，农业产业化的程度不断加深，农民增收的空间不断拓宽，农业经济呈现出良好发展势头。2012 年，实现农业增加值 2.38 亿元，较上年增长 8.4%；农民人均纯收入达到 4822 元，增长 18%。

（一）粮食生产稳定增长。全面落实粮食直补政策，结合全膜双垄沟播、玉米高产创建、脱毒种薯推广等项目的实施，激发农民种地的积极性，最大限度地减少撂荒地，确保农作物播种面积。2012 年全区农作物播种面积 25.9 万亩（粮播 20.5 万亩，经济作物 4.9 万亩，粮经比例 4.18∶1），其中马铃薯 4.48 万亩，玉米 8.57 万亩，全年粮食总产量达 3.5 万吨，较 2011 年增长 0.72%。其中玉米、马铃薯总产量分别为 2.19 万吨、1.56 万吨，较 2011 年增长 8.6% 和减产 21.3%。

（二）产业结构不断优化。区政府立足两大农业发展区域，加大农业实用技术的推广力度，着力培育区域性优势产业和地方性特色产品，积极引导农民调整产业结构。2012 年，在水泉、共和、种田等乡镇种植菊苣（芋）0.2 万亩，在共和、宝积等乡镇种植加工型番茄 0.9 万亩，在水泉、宝积等乡镇完成玉米制种 0.94 万亩，在种田、复兴、黄峤等乡镇种植扩繁脱毒种薯 5400 亩，在水泉、宝积、共和等乡镇扩大设施农业和高原夏菜面积，全区瓜菜种植面积达到 2.67 万亩，在王家山、水泉、宝积、共和等乡镇发展枣树、苹

果、枸杞种植面积分别达到4.18万亩、0.5万亩、0.31万亩。

（三）特色产业快速发展。推进农业产业化，企业是关键，农户是基础，作为“第一生产车间”的基地则是根本。为此，区政府立足区情，将制种、番茄、大枣、瓜菜、菊苣（芋）、马铃薯、生猪、蛋鸡、草畜和饲料加工作为重点产业，依托种子公司、特奥特、熙瑞、枣旺、金坪、菁润、黄河饲料等企业的带动，玉米制种、番茄、菊苣（芋）、鲜枣、蔬菜、西甜瓜的年产量分别达到0.33万吨、4.4万吨、0.6万吨、0.73万吨、2.38万吨、4万吨；建成了一批千头奶牛场、万头猪场、万只羊场和万羽鸡场，规模养殖场发展到50家，带动规模养殖户1405户。规模养殖助推了全区饲养业的发展，生猪、蛋鸡、肉羊的饲养量分别为14.2万头、60万羽、16.5万只，牛饲养量3460头，肉蛋奶年产量9500吨。牧渔业产值8835万元；年加工秸秆量4.5万吨，秸秆利用率达到55%。

（四）龙头企业不断壮大。农业产业化龙头企业发展到74家（加工业19家，养殖业50家，其他5家），其中省市级龙头企业21家，中外合资企业1家，总资产10亿元，其中资产超亿元的2家，5000万元到1亿元的4家，2000万元到5000万元的9家。2012年龙头企业销售收入5.85亿元，实现利税8200万元，其中19家农产品加工企业年加工量7.8万吨，实现产值4.2亿元，销售收入3.1亿元，上缴利税800万元。

（五）组团发展实现共赢。专业合作社和行业协会搭建服务平台，实现了农户、企业、市场的共赢。专业合作社发展到243个（其中省市级示范社23个），总资产达到1.826亿元，吸纳社员6315人，带动农户6200户。专业合作社由单纯性的合作社向同一行业聚集，先后成立了猪、羊、蛋鸡和大枣4个行业协会，在提供“五统一”服务方面进行了有益探索。2012年，合作社预计销售收入2.4亿元，实现利润1500万元。龙头企业及专业合作社流转土地面积达1.9万亩。

（六）培育品牌拓展市场。有15家龙头企业（合作社）的产品获得ISO9001质量管理体系认证，1.5万亩西甜瓜、2.7万亩酱用番茄完成无公害产品产地认定及产品认证，0.2万亩菊苣及熙瑞菊粉完成有机转换食品认证，吊沟西甜瓜、毛卜拉西红柿、双岔韭菜深受广大消费者认可。熙瑞和特澳特两家农产品加工企业的产品通过了美国KOSHER和HALAL认证，是全市重要的出口创汇企业。赛诺公司生产的酒精酶销量居国内第一，啤酒酶销量居国内第二。熙瑞菊粉、陇川大枣分别获得2010、2012甘肃省农博会“金奖”产品。

（七）科技推广明显加大。以新品种引进、成熟技术扩散、高新技术示范为重点技术推广应用，2012 年共引进新品种 65 个，推广成熟技术 16 项，建成各类示范点 102 个；加强科技培训，举办各类培训 53 场次，培训农民 7800 人次，其中阳光工程培训班 11 期，培训人数 700 人，共发放宣传资料 3.16 万份；建设 1 个区级信息采集发布平台和 30 个村级信息服务点，同时向社会发布农业实用技术、农产品市场形势分析、农产品价格、农业政策法律法规、重大疫病预防和新品种、新技术的推广等各类信息。2012 年共发布各类信息 255 条，被省、区网站采用 115 条。

## 二、加快农业发展的主要做法

### （一）强化组织抓落实

为加快全区农业发展，区委、区政府制定下发了《关于促进全区农业和农村经济持续健康发展的实施意见》和区政府办出台了《白银市平川区乡镇农业农村工作目标考核办法》。同时农牧系统对归口管理单位、直属单位及机关股室重点工作和重点项目实行目标责任考核。结合农时还邀请区人大、区政协领导对农业农村工作进行调研，重点督促农业各项工作落实。把农业的主要指标纳入相关部门和乡镇工作考核内容，层层分解目标责任，做到主要领导亲自抓，分管领导重点抓，业务部门具体抓，相关部门配合抓，为促进农业发展奠定了坚实基础。

### （二）完善政策抓重点

区委、区政府制定了《白银市平川区实施农民收入倍增计划意见》，在此基础上，还出台了加快农业产业化发展、农村环境污染治理、蔬菜产业和草食畜牧业发展的四个实施意见，从而基本形成了我区农业发展的基本框架。一是理清了增收渠道。确立了灌溉农业区、旱作农业区“二分法”区域发展方略，农民从家庭经营收入、工资性收入、财产性收入、转移性收入四个方面增收。二是明确了增收目标。经过研讨，提出了用 5 年时间将农民人均纯收入比 2011 年翻一番，达到 8180 元。突出重点产业建设（粮食产业、畜牧产业、蔬菜产业、林果产业、特色产业、加工产业和休闲农业），家庭收入占人均纯收入 51%；促进就业创业，工资性收入占人均纯收入 39.9%；发展资源产业，财产性收入占人均纯收入 1.2%；落实惠农政策，转移性收入占人均纯收入 7.9%。三是加大了扶持力度。除区财政每年投入 500 万 ~600 万元外，紧盯国家投资方向，积极申报农业项目，每年争取上级资金 2000 万元以上，把争取项目、落实项目、建好项目作为促进农业农村发展的关键，超前谋划，

主动衔接，有力推广农业工作快速发展。同时，积极引导各类金融机构加大对“三农”信贷投放，扩大信贷规模，有效解决农业农村发展中的资金“瓶颈”问题。

**（三）强化激励抓产业**

区政府适时出台了包括产地认定、质量认证、品牌创建、产品获奖、出口创汇、销售额度等在内的一系列奖励政策（对获得国家无公害食品、绿色食品认证、甘肃省名牌或著名商标的奖励 1 万元；获得国家有机食品认证、中国名牌或中国驰名商标的奖励 2 万元；获得国家质量管理体系认证以及省级农博会金奖的产品奖励 3 万元；年销售额超千万元的农产品深加工企业奖励 10 万元；出口创汇超百万美元的企业奖励 20 万元），同时区政府办年初出台了《白银市平川区农业特色产业补助办法》，对酱用番茄、菊苣（芋）、玉米制种、设施蔬菜四大产业进行扶持，以优惠政策调动广大农民种植特色产业的积极性。

**（四）依托园区抓招商**

区政府紧紧围绕区位优势明显、民间资本实力雄厚、经济转型时机成熟这一历史机遇，把加快 5 个园区建设（枣树台农业综合示范园、响泉现代农业示范园、高枣坪高效节水示范园、黑山坪高效农业示范园、广沿沟华辰生态园）、依托园区招商和企业原料基地建设有机结合起来，招商、安商、扶商、富商并重，把培育农业产业化龙头企业摆在产业发展的核心位置，强化措施，力促落实。先后有 14 户农业产业化龙头企业在平川经济开发区和水泉工业集中区落户，实现投资 62375 万元。省级龙头企业熙瑞公司与丹麦 CSR 企业社会责任资本股份有限公司达成 5000 万元的合作协议，成为我区第一家中外合资民营企业。

**（五）做强龙头抓科技**

坚持把培育壮大龙头企业，不断提高产品科技含量、增强其辐射带动作用作为发展农业产业化的关键环节抓紧、抓实、抓好。一是走产学研发展的路子，提高自主创新能力。赛诺公司先后与江南大学、天冠酒业集团、兰州理工大学、华南农业大学等签订了多项专项开发协议，获得了三项科技成果和一项国家知识产权局受理的发明专利；熙瑞公司与兰州理工大学生命科学学院合作，从原料种植、生产加工到新产品研发进行全方位把控；黄河饲料厂与西北农林科技大学、甘肃农业大学签订了专项开发协议；养殖企业中，1 户成为全国猪育种协作组成员单位，甘肃省养猪业协会副会长单位；2 户被省农牧厅授予省级种猪繁育场；3 户被甘肃省现代养猪工程技术研究中心授予科研基地称号。二是以新技术试验和成熟技术普及为重点，大力实施“良种工程”，加快推广优质、高产、高效、安全、生态种养技术，推进良种良法配套，重点扶持肉牛肉羊杂交改良、马铃薯脱毒种薯繁育、林果和瓜菜新品种引进等，建立起由农产品质量标准、产地环境标准、生产技术规范相互配套的农业标准体系，推行无公害农产品和绿色食品标准化生产。向生产基地和龙头企业配备科技特派员和专职技术人员12名，负责技术指导和跟踪服务。三是多次组织重点龙头企业参加国内外农产品经贸活动，展示展销产品，宣传推介品牌，企业知名度显著提升，产品竞争力明显增强。赛诺公司生产的酒精酶销量居国内第一，啤酒酶销量居国内第二；种子公司开发的“乾泰”玉米种子远销四川、云南、贵州，深受欢迎；熙瑞、特奥特公司生产的菊粉、番茄酱远销欧美；博康肥牛实现了养殖、深加工、销售的一体化经营。

尽管我区农业发展取得了一定的成效，但总体来看，仍处在一个较低的层次和水平，既存在很多困难和问题，也面临许多新的情况。一是农业基础设施比较薄弱，农业综合生产能力差，区域主导产业规模总体偏小，集中度不高；农产品加工转化低，产业链条短，市场机制不健全，农业产业化经营的组织化程度还有待提高；二是农业科技创新水平低，支撑能力不强，乡镇农技推广队伍不稳、整体素质不高、工作积极性和主动性不强，大多数农技推广人员兼职其他工作，不能专心本职工作，科技服务职能没有得到很好发挥，导致全区农业发展方式较为粗放；三是龙头企业规模小，品牌培育相对滞后，辐射带动能力不强，龙头企业与农户的利益联结机制不紧密，抵御市场风险的能力还需进一步增强；四是农业农村发展中依然存在融资难问题，其中农业产业化发展资金缺口较大，因我区农业总体规模较小，未列入省上“产粮大县”、“牛羊大县”，而争取到的扶持资金十分有限，在一定程度上制约了产业发展。五是劳动力素质偏低，年龄结构偏大，小农意识强，一些先进实用的农业新技术不能得到大面积推广，农业科技含量低，农业发展缺乏能人带动。

## 三、下一步发展思路与工作重点

今后我区农业发展的总体思路是：深入贯彻落实科学发展观，坚持稳中求进、好中求快，以强基固本、为民富民为目标，既要着眼长远，统筹兼顾，又要立足当前，重点突破，坚持走规模化农业、集约化农业、品牌化现代农业的发展道路，以农业产业化经营为着力点，不断强化基础设施建设、农业科技推广、新型农业生产经营主体培育，加快城乡一体化建设步伐，努力拓

宽农村增收渠道，促进农业稳定发展。

（一）以发展理念明确农业发展思路

站在新的历史起点，按照跨越式发展的要求，不断深化对特色优势产业资源禀赋、发展特征和发展规律的认识，进一步明确农业发展思路，突出重点，强化措施，在推进“三农”工作上做文章，在增强农业科技含量上下工夫，在拓展农业发展空间上求突破。立足区情，把农业发展诸环节作为一个整体来谋划、来生产、来开发，促进农产品生产、加工、流通整体协调发展；把生产专业化、产品商品化、服务社会化纳入农业一体化的发展轨道，实现种养加、产供销、农工商一体化经营，提高农业生产效益；把现代农业发展转移到依靠科技进步的轨道上来，做到扩量、提质、增效并重，从根本上提升现代农业发展的层次和水平。

（二）以规模理念培育主导农业产业

发展现代农业，必须要从特色优势产业入手，加快农业发展方式转变，壮大支柱农业产业规模，全力推动农业产业发展。一是稳定粮食生产。在旱作区继续推广全膜双垄沟播技术，在灌溉农业区开展粮食增产模式攻关，加大粮食增产综合技术组装配套力度，扩大玉米、马铃薯两大高产作物种植面积，使全区粮食面积稳定在20.5万亩、年产量3.5万吨以上；二是发展特色种植。以水泉镇为重点，完成玉米制种1万亩；以共和、宝积两乡镇为重点种植酱用番茄1万亩；在王家山、水泉、共和、种田、复兴等乡镇种植菊苣（芋）1万亩；以水泉、宝积、黄峤三乡镇为主新增大枣、苹果等优质经济林1.1万亩，在种田乡北庄村示范推广中药材种植0.1万亩；新改建日光温室1000亩（新建600亩、改建400亩），新建塑料大棚700亩，新增露地蔬菜1500亩，全区瓜菜种植面积发展到2.7万亩以上。三是发展规模养殖。以标准规模养殖小区建设为重点，扶持鑫河、三鼎、钰强3个奶牛场加快建设进度，2013年新发展规模养殖场12个、规模养殖场850户，全区人工种草留床面积2.86万亩。

同时，加大特色优势产业的扶持引导力度，到2015年，建成2个5万亩（大枣、马铃薯）和4万亩瓜菜、7万亩经粮兼用玉米种植基地，以及20万头商品猪生产基地、百万羽蛋鸡养殖基地和肉羊、奶（肉）牛饲养量分别达到25万只、2.3万头的草畜养殖基地，实现特色种植年产值4.82亿元，畜牧业年产值4亿元。

（三）以工业理念培育农业龙头企业

制定优惠政策，创造良好环境，选择优势项目，鼓励扶持一批规模大、科技含量高、知名度高、辐射面广的农业产业化龙头企业。在政策、人才、经营、技术改造等方面扶持一批农产品加工龙头企业；支持赛诺、海纳川、菁润、桔瑞等现有企业进行技改、扩能，提升产品层次，增强市场竞争力；落实一系列优惠政策，为龙头企业发展创造良好环境，使龙头企业不断发展壮大。力争到2015年农业产业化龙头企业达到省级的5家以上，市级的30家以上，实现销售收入突破8亿元，农产品加工转化率达到40%以上，加工业产值突破5亿元。

**（四）以市场理念培育农业产品品牌**

积极组织和参与各种形式的农产品展示展销和推介活动，支持各类农产品加工企业开展品牌经营，努力提高我区农产品档次和知名度。积极帮助龙头企业、农民专业合作组织和农业产业化基地开展无公害、绿色、有机产品、原野产地证明等认证，争创各级名牌产品和商标。2013年力争获得省级以上农博会金奖产品1个，新增农产品产地认定及产品认证3个（双岔韭菜0.2万亩、金坪大枣0.7万亩、博康肥牛2.5万公斤），同时鼓励引导平川苹果、双岔韭菜、吊沟西甜瓜、毛卜拉西红柿等农产品申报注册商标。

**（五）以开拓理念加强农业安全生产**

要坚持用工业化的理念来改造传统农业生产，进一步完善农产品质量标准、产地环境标准和生产技术规范，将标准化从农产品的加工领域延伸到生产领域。加大农业标准化技术推广力度，建设一批示范基地。严格农业投入品监管。建立和完善动植物重大疫病防控体系，强化服务，提高防控水平。每年农产品抽检合格率达到99%，动物疫病强制免疫率达到98%。

**（六）以服务理念培育专业合作组织**

积极鼓励支持发展各类新型专业合作组织，不断提高农业市场竞争力。2013年新发展农民专业合作社20个以上，规范农民专业合作社15个以上，新增省、市级专业合作社示范社5个，力争加入合作社的农户比重提高3个百分点。完善猪、羊、鸡和大枣4个行业协会运行机制，引导新建奶产业协会。

**（七）以现代理念推动农业组织化进程**

鼓励和支持承包土地向专业大户、家庭农场、农民合作社、龙头企业流转，形成集约化经营、规模化发展的良好态势，全区土地流转面积达到2.5万亩，扶持土地流转经营大户5户。规范土地流转程序，加强土地流转供求登记、信息发布、政策咨询、合同签订以及纠纷调解等一系列服务体系。坚持依法有偿和农户自愿原则，不得搞强迫命令，确保不损害农民土地承包权

益、不得改变土地农业用途。

**（八）以创新理念加强基础设施建设**

农业生产条件是发展现代农业的基础，是提高农民生活水平的有力保障。一是实施农村生态环境建设，2013 年完成造林面积 3 万亩，引进推广一批林下种养户 1405 户。新建 9.5 兆瓦光伏发电项目一期工程，大型沼气工程 1 处、市级清洁能源示范户 30 户，完成王家山镇主街道亮化工程。二是实施宝积至水泉快速通道建设，硬化和沙化乡村道路 63 公里；实施小型农田水利、小流域综合治理、农村饮水安全等工程，2013 年新修梯田 1.65 万亩，新增有效灌溉面积 0.3 万亩。加大农业综合开发力度，着力改善农业生产条件。

# “两超 一增 八提升” 促三农工作迈新步

甘肃省陇南市武都区农牧局 陈长德

2012年，我区农牧业工作以科学发展观为指导，以农业增效、农民增收为目标，以保障和改善民生为根本，以农牧业产业结构调整为重点，全力落实强农惠农政策和促农增收“六大行动”，着力发展现代设施农业、优质高效农业、绿色、有机农业、生态观光农业和农产品精深加工产业，全力推进农村经济跨越式发展。2012年我区农业农村经济呈现出“两超、一增、八提升”的特点。

两超：粮食总产量和农民人均纯收入超历史最高水平。全区粮食作物种植面积80.25万亩，较上年增长0.08万亩，粮食总产再创历史新高，达到17338.57万公斤，较上年增长797.64万公斤，增长4.8%。2012年我区农民人均纯收入预计达到2958元，较上年增长430元，增幅17%。

一增：“菜篮子”产品全面增长。全区肉蛋奶产量2.65万吨，较上年增长14.89%。

八提升：

（一）突出结构调整，特色产业效益显著提升。坚持以市场为导向，以经济效益为中心，充分发挥我区光、热、水、土资源优势，压劣扩优，压夏扩秋，压粮扩经，遵循自然规律和市场经济规律，分类指导、分区域布局，指导各乡镇因地制宜抓好蔬菜、马铃薯、中药材、茶叶等高效特色作物的种植。全区完成作物播种面积108.5万亩，其中：粮食作物80.25万亩（夏粮25.2万亩，秋粮55.05万亩），较上年增长0.08万亩；经济作物28.25万亩，其中：蔬菜15.65万亩，同比增长4.3%、中药材当年种植10.2万亩，同比增长3.4%，累计达到20.2万亩，新栽植茶叶0.06万亩，同比增长20%，累计达到2.37万亩。

（二）突出提质增效，设施农业水平稳步提升。一是制定出台了设施农业建设指导意见，指导相关乡镇科学编制了日光温室、塑钢大棚发展规划，鼓励农民大力发展设施农业，进一步明确了发展思路和目标任务。二是围绕设施蔬菜标准化生产水平提高要求，以吉石坝现代农业示范园和塑钢大棚、日光温室生产为重点，修订完善了技术规程和标准，指导企业、农户建立生产管理档案，标准化建设步伐得以加快。三是通过实行农业技术人员包点包棚责任制，大力推广工厂化优质种苗，全区推广工厂化优质种苗1040万株，新建日光温室100亩、塑钢大棚2000亩，设施农业科技含量不断提高。

（三）突出标准化养殖，畜牧产业水平稳步提升。一是畜牧业生产成效显著，全区牛存栏6.67万头，出栏2.27万头；生猪存栏23.56万头，出栏24.31万头；羊存栏4.87万只，出栏4.01万只；鸡存栏74.16万只，出栏62.64万只；肉蛋奶产量2.65万吨；全区畜牧业总产值达到2.13亿元，人均牧业纯收入316元。与2011年同期相比，牛出栏增长了3.2%，生猪出栏增长了5.7%，羊出栏增长了2.9%，鸡出栏增长了13.9%；肉蛋奶总产量增长了15.7%，畜牧业总产值占全年任务的102.4%。二是示范点建设取得成效，建成蒲池乡鹏盛良种猪繁育示范点、两水宏盛标准化养猪示范点、武都（宕昌、礼县）三县高寒阴湿区草原畜牧业示范点3个市级畜牧科技示范点；建成石门成长牧业养猪示范点、洛塘丰园养猪示范点、马街志刚黄牛养殖示范点3个区级畜牧科技示范点，标准化规模养殖步伐明显加快。三是动物防疫工作取得实效，全区注射W苗牛6.5032万头，占存栏6.67万头的97.5%，注射羊4.7726万只，占存栏4.87万只的98%；注射猪23.254万头，占存栏23.56万头的98.7%，注射禽流感苗73.0476万只，占存栏74.16万只的98.5%；注射猪蓝耳苗23.2066万头，占存栏23.56万头的98.5%；注射猪瘟苗22.8532万头，占存栏23.56万头的97%；注射鸡新城疫苗72.6768万只，占存栏74.16万只的98%，其他因病设防疫苗利用率达到98%以上，保证了畜牧产业健康发展。四是大力推进玉米秸秆青（黄）贮，建成青贮氨化饲料池1.15万个，开展青贮氨化饲料1.3万吨，大力开展粗饲料加工利用，秸秆饲料利用率达到40%，秸秆饲料化利用率明显提高，为畜牧业生产奠定坚实的基础。五是农业保险工作全面完成。全区畜牧业保险保费补贴工作涉及31个乡镇，能繁母猪保险7419头，收缴养殖户个人承担的保费8.9028万元，须中央、省、市、区财政配套资金35.6112万元；保险奶牛254头，收缴养殖户个人承担的保费0.4572万元，须中央、省、市、区财政配套资金4.1148万元。能繁母猪及奶牛保险保费补贴工作已全面结束。

（四）突出区域化种植，高效节水技术稳步提升。一是制定下发了《武都区2012年旱作农业项目实施方案》、《武都区2012年高效农田节水技术推广实施方案》，以村民小组为单位，以末级渠系或井口为单元，大力推广玉米全膜双垄沟播、马铃薯膜侧栽培、膜下滴灌等节水增收技术，研究制定了地膜供应、种薯调运、资金保障等扶持政策，完成旱作农业面积5.4万亩，占任务的108%；完成高效农田节水技术推广面积6.35万亩，占任务的100.9%，有效提高了水资源利用率，缓解了降水时间空间分布不均的矛盾，为发展节水农业起到了积极的推动作用。二是制定下发了《武都区2012年马铃薯脱毒种薯生产与推广任务计划及实施方案》，落实马铃薯脱毒种薯扩繁面积244500亩，其中马铃薯原种扩繁500亩，一级种薯扩繁4000亩（其中陇南国丰马铃薯种业开发有限公司扩繁2000亩），二级种薯扩繁20000亩，大田推广面积22万亩，基本实现了脱毒种薯全覆盖的目标。

（五）突出科技支撑，技术服务能力不断提升。一是制定下发了《旱作农业增产增收技术推广实施意见》、《玉米、马铃薯全膜双垄栽培技术指导方案》等技术方案和高产高效种植模式以及农作物种子主推品种、供求信息，技术服务的质量和效果明显增强。二是大力开展新技术、新品种、新材料引进、试验、示范，引进各类农作物新品种180个，推广测土配方施肥面积75万亩，培育科技示范户1000户，创建蔬菜、马铃薯高产万亩连片示范点2个，为提升新技术、新品种应用水平，促进农业结构调整提供了科技支撑。三是坚持落实区乡技术人员包乡包村包示范点、农民技术员包组包棚技术服务责任制，采取专题讲座、现场指导、发放资料等多种形式，重点对蔬菜种植、中药材种植、茶叶种植、日光温室、畜牧养殖等实用技术进行培训，共举办各类培训班520场（次），培训人员10.5万人（次），发放宣传资料22.6万余份（册），培养了一批懂技术、会经营的科技带头人，做到了科技服务到田，科技知识到户，技术要领到人。

（六）突出农业综合执法，农产品监管力度有效提升。一是制定下发了《武都区2012年农产品质量安全专项整治实施方案》等文件，进一步明确了职责，保证了各项工作措施的落实。二是加大标准化生产普及力度，建立健全生产全过程记录档案，发布了以辣椒、番茄、黄瓜、大白菜等蔬菜绿色食品地方性生产技术规程11项，从生产环节保证了农产品质量安全。三是采取增加抽检频次，扩大检测范围，增大抽检数量的方式，加强了对重点蔬菜生产基地、日光温室、批发市场、超市的蔬菜质量安全检验检测，出动检测人员265人次，检查门店45个，共抽检12批次，检测果蔬样品480个，抽检合格率100%，确保了蔬菜质量安全。四是通过开展农资打假专项整治、夏季农资打假百日行动、农产品质量安全专项整治等活动，对农药、兽药、“瘦肉精”和“三品一标”产品开展了专项整治活动，保证了农业生产安全。五是建立制定了《武都区农产品质量安全市场准入工作实施方案》，建立了石门、两水、汉王、吉石坝园区蔬菜基地农产品产地准出试点，市场准入工作不断推进。六是制定了《武都区2012年绿色食品认证方案》，新认证绿色食品企业2家产品3个（52°康神苦荞王酒52吨、苦荞3750吨、裕沁龙井37吨），

无公害产品上报3个（众诚养殖专业合作社鲜鸡蛋、富源农业科技有限公司鲜鸡蛋、再创养殖场鲜鸡蛋），待批复，“三品”认证得到稳步推进。七是加强检疫监管，检疫各类畜禽109.26万头（只），各类农产品384批次、115200公斤，无害化处理病害肉类1520公斤，动植物检疫进一步强化。八是组织开展了畜禽养殖污染源动态调查，对全区159个养殖小区、规模养殖场进行了畜禽养殖污染源调查，对其中18个污染比较严重的畜禽养殖场下发了整改通知，并限期进行整改。审核上报废旧农膜加工企业3家，废旧农膜加工企业累计达到9家，农业生态环境保护工作有序开展。

（七）突出规模经营，农业产业化水平大幅提升。按照“依法、自愿、有偿”的原则，探索和创新土地流转模式，突出规模经营，通过企业带动基地、特色产业带动、合作社带动、集中委托流转、农业示范园区带动、经营大户带动等多种途径，初步形成了区、乡、村三级土地流转信息服务网络，促进了土地合理、合法、有序流转，土地流转规模不断扩大。2012年新增土地流转示范点5个，流转面积3.8万亩，全区土地流转面积达到60119.62亩，涉及农户42327户，其中：互换585.2亩、出租56465.42亩、入股3069亩。

（八）突出项目建设，农业发展潜力显著提升。一是积极组织申报现代农业示范区项目，并得到省现代农业示范区建设管理领导小组办公室的批复，批复《规划》总投资20.8亿元。二是紧抓国家投资机遇，组织编制秦巴山片区（甘肃省）区域发展与扶贫攻坚实施规划（2011～2015年），规划总投资291388.53万元。三是组织实施巩固退耕还林成果、旱作农业、高效农田节水、粮油高产创建、测土配方施肥、基层农技推广体系建设、马铃薯脱毒种薯扩繁补贴、农作物良种补贴、农机具购置补贴、农产品检测站建设、蔬菜标准园建设、“菜篮子”补贴等项目17项，总投资6163.078万元，其中中央投资3235.46万元。通过项目实施，进一步提升了农业科技服务水平，增强了农业发展后劲。

**作者简介：**

陈长德，男，汉族，1969年5月出生，中共党员，本科学历。现任甘肃省陇南市武都区农牧局党委书记、局长。

自1989年7月参加工作起，历任武都区两水镇行政秘书、副镇长、镇长，武都区石门乡政府党委书记，武都区司法局副局长，武都区交通局总支书记兼副局长，武都区市场建设管理局局长等职。2012年3月至今，任陇南市武都区农牧局党委书记、局长。

# 增产增效　促进农民增收战略

新疆维吾尔自治区新源县农业局　李　毅

“三农”问题是农业工作最基本最重要的问题，而最根本的还是农民增收难的问题。

## 一、农民增收现状及制约因素分析

1. 农作物价格过低是农民增收难的主要制约因素。目前，我县主要龙头企业为加快自身经济发展，采用了长期存储农产品的方法来提高企业在追求经济效益的主动性，主要经济作物由于企业压积、压价，给农民增收带来一定困难。比如：甜菜、亚麻、黄豆。

2. 二、三产业不发达，农民增收门路窄。我县农产品加工企业和科技信息流通等服务产业滞后，真正搞农产品精、深加工的企业少，规模较小，产品档次低，产业链短，农产品转化率低，增值少，从事科技、信息、流通服务中介服务组织少，导致我县农民增收门路狭窄。

3. 水利设施老化，抗灾能力减弱。我县的水利设施因年久修，抵御自然灾害能力减弱。

4. 农资涨幅过快导致农业种植成本增高。

5. 农业科技力量薄弱，农业科技人员兼职多，或改行干其他工作。

## 二、农民增收趋缓的原因分析

1. 农村产业化结构层次低。

改革开放以来，我县农村产业结构不断得到调整和优化，农民增收渠道不断拓宽，但是由于历史的原因，我县农业产值占农村社会总产值的比重只有50.9%，人均收入占第一产业的占64%，第一产业结构尚处在较低水平。这种依靠农业特别是种植业的收入结构，在市场经济快速发展，产业结构不断优化的今天，农民增收门路显得十分狭窄。

2. 农产品供需脱节。

随着经济的快速发展，市场经济体制日趋完善，人们的生活水平不断提高，也对农产品提出了优质化，多样化的需求。而我县农产品中大路货和初

级产品供过于求，优质高档产品供给不足，结构矛盾日益突出。近年来我县生产的水果，蔬菜也存在类似问题，优质品种少，传统普通品种多，价格上不去，使农民收入减少。

3. 生产组织方式落后，产业化水平较低。

我县龙头企业不多，规模不大，对农辐射带动能力不强。农产品加工滞后，对农产品的精加工则更少，农产品贮藏、保鲜、加工等设备或以原料为主进入市场，农产品难以实现增资增值。农产品销售多处于自然状态，在市场经济中农民总是处于被动地位，严重阻碍了农业生产的发展和农民收入的有效增加，产业化发展不快，生产和市场之间的矛盾突出。

4. 农业比较成本高，效益较低，压抑着农民生产积极性。

“十五”以来，我县的农产品在参与市场竞争中处于劣势，农业尤其是粮食作物效益低的矛盾突出，已成为遏制我县农民生产积极性的重要因素。

5. 农业投入减少，发展缺乏后劲。

改革开放以来，政府对农业投入虽有增加，农业生产资金远远不能满足发展的需求。此外，不少乡村财力有限，乡村集体对农业基础投资大幅度减少，农业生产投入严重不足，导致农业科技开发和推广跟不上，农业基础设施老化失修，农业生产条件较差，抵御自然灾害的能力下降，直接影响了农业生产的正常发展和农民收入的增长。特别是近年来农田水利费年年渐涨，但农田水利建设停滞不前，农民对水利设施维护的热情降低。

6. 农村劳动者文化素质不高，对市场经济的适应能力弱等也制约着农民收入的增长。

## 三、增加农民收入的措施

在农业发展上必须根本改变农业落后状况，走农业现代化道路，以提高质量和效益为中心，发挥区域优势，调整优化农业产业化结构和农村经济结构，加快由粗放式经营向集约化经营的转变，通过生产高、优、新、特农产品，增强市场的竞争力，扩大农产品的市场占有率，开拓增收渠道。在非农产业上，加快城镇化进程，立足于城乡开通，把发展乡镇企业和加快小城镇建设结合起来，拓展农民就业渠道，加快农村富余劳动力转移，为农民增收开辟新的来源。尤为重要的是，城市建设要为农民进城自产自销农产品开辟“绿色通道”，拓展城市农产品销售空间。

### （一）实施农业现代化战略，提高农业整体竞争力

实施农业现代化战略，应从我县的具体实际出发，因地制宜，不搞一刀

切。因此在“十一五”期间，应积极开展农业现代化的探索，在经济比较发达的乡镇率先发展，同时不断总结经验，做好示范，为实现农业现代化创造条件。

**（二）发展高优农业，优化农业产业结构**

在现阶段，调整优化农业生产结构就是要抓住当前农产品供给比较充裕的有利时机，在坚持粮食等农产品总量相对稳定的基础上，适应国内外市场的需求变化，改善农产品品种和质量，发展“两高一优”农业，提高农业综合经济效益，逐步实现农业的高优化、高效化，增加农民收入。

大力调整种植业结构。种植业调整的方向是力争实现由传统的粮食作物为主的结构向粮食、经济作物协调发展的结构转变，逐步使饲料作物生产形成相对独立的产业；调整的前提是保证粮食生产的稳定提高，粮食的总量平衡；要突出调“优”目标，即优化种植业生产结构、品种结构和品质结构。淘汰没有市场销路和经济利益低的劣质产品生产。根据当前主要农产品市场情况，结合我县的区位优势，采取以下调整：首先，调整粮食生产的力度，重点调减本地常规品种的面积，加速引进推广高产优质的多抗小麦良种，优化小麦的品种结构。其次，在压缩粮食生产的基础上，继续扩种经济作物，提高经济作物比例。一是扩大经济作物生产，大力发展蔬菜生产，积极提高蔬菜生产、加工的起点和层次，利用我县区位优势，力争把我县建成菜篮子基地，争取建设成为农村经济的主导产业和支柱产业；二是适当扩大油料等经济作物种植面积，通过品种改良、优化和引种，逐步形成一种优势产业；三是大力发展特色农业，扩大高档水果、生姜、食用菌、中药材、万寿菊、花卉等优势产品的生产，建成和推广一批有较强竞争力的生产基地。

**（三）加强农产品流通体系建设，推进农业产业化经营**

1. 加强农产品流通体系建设，进一步搞活农产品流通。一是加快建立以产地批发市场为中心的农产品市场体系，健全市场制度，规范市场运行，使农产品价值和农民收入能够顺利实现；二是大力鼓励发展以农民为主体的农产品销售队伍，广辟农产品流通渠道；三是积极组织各类农产品展销促销活动，努力探索产销直挂、连锁经营、配送中心等新的流通方式，不断提高农产品销售的组织化程度，扩大农产品销售规模；四是清除各种关卡和“三乱”现象，开辟“绿色通道”，保证农产品特别是鲜活农产品的运销畅通无阻，尽可能降低流通成本；五是政府部门应建立权威性的农产品市场信息网络，及时、准确地向农民提供价格、生产、库存等方面信息，提供中长期的市场预测分析，帮助和引导农民按照市场需求安排生产和经营。

2. 以合作制推进农业产业化经营，建立有利于农民增收的产业体系和利益机制。发展农业产业化，是连接农民与市场的最有效的组织形式和经营方式，是农业生产、加工、销售一体化经营，其实质是使农民得利，解决农业生产与市场需求矛盾的根本途径。当前，应根据市场需要与调整种植业结构的良好契机，来确立和发展有特色的产业，解决好产业定位问题。然后积极按照全县农业产业化发展总体要求，因地制宜，认真规划，多渠道、高层次建成一批产业化骨干龙头企业。同时理顺龙头企业和农户的利益关系，积极引导企业与农民建立”风险共担、利益共存”的利益共同体，让农民分享加工与流通环节的利益，实现产供销一条龙、贸工农一体化，既让农民得到实惠，又兼顾企业利益，使企业与农户优势互补，互相依存，共同发展。

3. 积极支持农民兴办各种形式的专业合作组织，提高农民的组织化程度。目前农民农产品销售基本处于一种自然发展状态，市场仍然是一个由买方控制的市场，不仅使得农产品的价值难以实现，也使得市场信息得不到正确反馈。因此要积极提高农民作为农产品供给方的组织化程度。在家庭经营长期存在、规模经营进展不利的情况下，通过支持农民兴办合作组织，将农民组织起来。鼓励农民特别是各类专业户以劳动联合、资本联合等多种形式兴办专业合作组织，提高产供销一体化经营水平和组织化程度，增强抵御市场风险的能力，增加农民收益。各类农技部门、科技局和农村集体经济组织要发挥自身优势与农民联办各种专业合作社和专业协会，为农民搞好产前、产中、产后服务，建立健全农业社会化服务体系。

**（四）加快发展乡镇企业的步伐 增加农民的非农收入**

1. 调整乡镇企业产业结构，优化产业区域布局。一要以生产为导向，压缩滞销产品的生产，重点发展以农产品的精深加工、保鲜、储运为主攻方向的农副产品加工企业，把乡镇企业发展与推进农业产业化经营结合起来；二要注重科技成果在乡镇企业的利用和转化，通过“立支柱、上规模、创名牌、争第一”的发展战略，积极采用先进实用技术，增加中、高档产品，不断开发资源消耗少、对环境影响小、附加值与技术含量高的新产品。提高乡镇企业，尤其是农业产业化的龙头企业的科技含量与产品的质量，增强企业的竞争力与辐射力。优化产业区域布局，重点发展高附加值产业、资本密集型产业、科技型产业、高新技术产业。

2. 深化乡镇企业改革，完善企业的组织与管理制度。一是要适应社会主义市场经济要求，继续深化乡镇企业改革，尊重农民对企业组织形式和经营方式的选择，积极稳妥地推进乡镇企业资产重组和机制转换，进一步调动投资者、经营者和生产者的各方面积极性，以增强企业活力；二是打破乡镇所有制界限以优势产业和优势产品为龙头，组建企业集团公司，提高规模、效益和市场竞争力；三是强化企业的品牌意识、质量意识和法律意识，建立和健全规范的企业运作方式，提高和增强企业的竞争能力。应把科学管理作为乡镇企业生存、发展和转变经济增长方式的关键环节来抓，引导乡镇企业苦炼内功，学会运用现代管理方式、现代投资方式、现代经营观念来管理和经营企业。不断完善企业内部的经营管理制度，提高企业的科学管理水平。

**（五）推进小城镇建设，吸纳农村剩余劳动力**

1. 合理布局、科学规划。小城镇建设要因地制宜，统筹规划，要对其建设的地点、先后、目标做出科学规划，应该打破现有的行政区划，做到合理布局，避免因一哄而起所造成的重复建设与浪费。在规划时应注意基础设施建设，供水、供电、交通、通讯和住宅、厂房、学校、文体场所、商业网点、市场设施以及各项公用设施配套建设，注意节约用地和保护环境，在有效利用各类资源的同时，满足未来的城镇居民对城镇功能的各种需求。

2. 制定配套政策。首先，一方面要从保护耕地出发，制定农村非农建设用地规划，以利于在村镇发展过程中土地的有效使用，另一方面要探索农民进城身份转变后原有耕地使用权的流转制度，以利于提高农业劳动力的生产效率，放松土地对离土农民的束缚。其次，改革城镇户籍制度。对于有稳定收入、稳定就业和稳定居住场所的迁移人口登记本地常住户口，并逐步实现城乡户口的一体化管理，取消就业的歧视性政策限制，为农民进入城镇创造条件。再次，改革社会保障制度。要破除城乡分割的社会保障体制，将原有城镇人口和新增城镇人口纳入统一的体系，在小城镇及中心村不断建立并完善住房、医疗、劳动就业、教育等各方面的社会保障制度。当前，应保留进入小城镇农民的耕地承包权，以此作为他们的基本生活保障，为进入城镇的农民解除后顾之忧。最后，改革投资和融资体制。政府的投资应集中放在基础设施的建设上，要逐步建立村镇建设的多元投资机制，吸引各种投资主体参与村镇的综合开发。其中既包括金融机构、各类开发公司和其他工商企业，也包括城乡广大居民，尤其要鼓励农民自带资金到城镇兴业安家。

**（六）引导农民向非农转移，拓展增收渠道**

转移农村人口，实现农民的非农化，可以实现土地规模经营，通过进城务工经商，将大大提高农民的收入水平，实现吃饭农业向市场农业转变。从我县农民收入结构分析，可发现一条普遍规律：劳务收入是农民增收的主要渠道。我们可以得出这样的结论：农民增收的出路应该在农业之外。只有消

灭工农差别和城乡差别，转移农村中近三分一剩余劳动力，转移和改变农村人口结构，农业和农村问题才能彻底解决。大量的农村劳动力仍滞留在土地上，农业和农村的面貌将很难改变。农村劳动力的转移和农村人口结构的调整，将拉动消费需求，刺激内需。从农业经营者看，相对的可以扩大生产规模，提高经济效益。

**（七）加强招商引资力度，扩大农业对外开放**

加快我县的对外开放：一是技术引进上，扩大优良种子、种苗引进的基础上，重点引进农业栽培、饲养、管理实用技术；二是资金引进上，加速农业实验区、高科技园区、投资区、综合开发区，通过引资达到带动引技术、引设备、引市场，形成产业化经营；三是农业经济管理上，按现代农业建设的需要，组织农业经济管理人员，学习有关农业组织化、企业化的先进的管理经验，以指导与推动农业管理走向现代化。

**（八）努力解决农产品销售时间统一化问题**

农产品生产的季节性与市场需求的均衡性矛盾，以及由此带来的季节性差价，蕴藏着巨大的商机，具体可通过三条途径，实施反季节供给：1. 巧用区域性自然条件，反季节上市。利用本地自然条件，精心栽培和科学管理培育早熟或晚熟品种，错开农产品销售旺季，提高农产品价值；2. 实行设施化种养、规模化经营，使产品提早上市；3. 通过科学储存和保鲜，拉长农产品供应期，变生产旺季销售为淡季销售或者消费旺季销售，提高产品价值，增加农民收入。

# 第三篇
# 中国现代农业发展模式探索

# 第一章　现代农业概述

何谓现代农业？我国原国家科学技术委员会发布的中国农业科学技术政策，对现代农业的内涵分为三个领域来表述：产前领域，包括农业机械、化肥、水利、农药、地膜等领域；产中领域，包括种植业（含种子产业）、林业、畜牧业（含饲料生产）和水产业；产后领域，包括农产品产后加工、贮藏、运输、营销及进出口贸易技术等。

从上述界定可以看出，现代农业不再局限于传统的种植业、养殖业等农业部门，而是包括了生产资料工业、食品加工业等第二产业和交通运输、技术和信息服务等第三产业的内容，原有的第一产业扩大到第二产业和第三产业。现代农业成为一个与发展农业相关、为发展农业服务的产业群体。这个围绕着农业生产而形成的庞大的产业群，在市场机制的作用下，与农业生产形成稳定的相互依赖、相互促进的利益共同体。

## 第一节　现代农业的内涵与特征

### 一、现代农业内涵

简单地说，现代农业（Modem agriculture）是指用现代工业力量装备的、用现代科学技术武装的、以现代管理理论和方法经营的、生产效率达到现代世界先进水平的农业。2007 年中央“一号文件”用“六个用”对此作了科学概述和表述：一是用现代的物质条件装备农业；二是用现代科技技术改造农业；三是用现代的产业体系提升农业；四是用现代的经营形式推进农业；五是用现代的发展理念引领农业；六是用现代的新型农民来发展农业。

## 二、现代农业的特征

在按农业生产力性质和生产水平划分的农业发展史上，现代农业属于农业的最新阶段，其基本特征是：

1. 生产程序机械化

现代机器体系的形成和农业机器的广泛应用，使农业由手工畜力农具生产转变为机器生产，如技术经济性能优良的拖拉机、耕耘机、联合收割机、农用汽车、农用飞机以及林、牧、渔业中的各种机器，成为农业的主要生产工具，使投入农业的能源显著增加，电子、原子能、激光、遥感技术以及人造卫星等也开始运用于农业。

2. 生产技术高新化

现代农业是在高新技术指导下的全新的生产方式，从田间选择到太空育种，从传统种养到试管组培、基因工程、克隆技术，从生物品种改良、模式栽培技术、科学肥水管理、植保综合防治、贮藏保鲜技术、精深加工增值技术等，到采用核技术、微电子、遥感、信息技术等。这一整套建立在现代自然科学基础上的农业科学技术的形成和推广，使农业生产技术由经验转向科学。

3. 产、供、销、加社会化

农业生产的社会化程度有很大提高，如农业企业规模的扩大，农业生产的地区分工、企业分工日益发达，“小而全”的自给自足生产被高度专业化、商品化的生产所代替，农业生产过程同加工、销售以及生产资料的制造和供应紧密结合，实行集约化、规模化生产，产生了农工商一体化的产业链。

4. 经营管理科学化

经济数学方法、电子计算机等现代科学技术在现代农业企业管理和宏观管理中运用越来越广，管理方法显著改进。现代农业的产生和发展，大幅度地提高了农业劳动生产率、土地生产率和农产品商品率，使农业生产、农村面貌和农户行为发生了重大变化。

5. 农业主体知识化

现代农业采用先进的技术和科学的管理手段，进行高效益生产，因此对从事农业的各类人员要求较高，具备科技知识和技能以及管理才能的人员才能更好地进行生产。

## 三、现代农业与传统农业的区别

1. 现代农业是技术密集型产业

传统农业主要依赖资源的投入，而现代农业则日益依赖不断发展的新技术投入，新技术是现代农业的先导和发展动力。这包括生物技术、信息技术、耕作技术、节水灌溉技术等农业高新技术，这些技术使现代农业成为技术高度密集的产业。这些科学技术的应用，一是可以提高单位农产品产量，二是可以改善农产品品质，三是可以减轻劳动强度，四是可以节约能耗和改善生态环境。新技术的应用，使现代农业的增长方式由单纯依靠资源的外延开发，转到主要依靠提高资源利用率和持续发展能力的方向上来。另外，传统农业对自然资源的过度依赖使其具有典型的弱质产业的特征，现代农业由于科技成果的广泛应用已不再是投资大、回收慢、效益低的产业。相反，由于全球性的资源短缺问题日益突出，作为资源性的农产品将日益显得格外重要，从而使农业有可能成为效益最好、最有前途的产业之一。

2. 现代农业具有多种功能和多种形式

相对于传统农业，现代农业正在向观赏、休闲、美化等方向扩延，假日农业、休闲农业、观光农业、旅游农业等新型农业形态也迅速发展成为与产品生产农业并驾齐驱的重要产业。传统农业的主要功能是提供农产品的供给，而现代农业的主要功能除了农产品供给以外，还具有生活休闲、生态保护、旅游度假、文明传承、教育等功能，满足人们的精神需求，成为人们的精神家园。生活休闲的功能是指从事农业不再是传统农民的一种谋生手段，而是一种现代人选择的生活方式；旅游度假的功能是指出现在都市的郊区，以满足城市居民节假日在农村进行采摘、餐饮休闲的需要；生态保护的功能是指农业在保护环境、美化环境等方面具有不可替代的作用；文化传承则是指农业还是我国5000年农耕文明的承载者，在教育孩子、发扬传统等方面可以发挥重要的作用。

与自给为主的取向和相对封闭的环境相比，现代农业以市场为导向，农民的大部分经济活动被纳入市场交易，农产品的商品率很高，用一些剩余农产品向市场提供商品供应已不再是农户的基本目的。完全商业化的“利润”成了评价经营成败的准则，生产完全是为了满足市场的需要。市场取向是现代农民采用新的农业技术、发展农业新的功能的动力源泉。从发达国家的情况看，无论是种植经济向畜牧经济转化，还是分散的农户经济向合作化、产业化方向转化，以及新的农业技术的使用和推广，都是在市场的拉动或挤压下自发产生的，政府并无过多干预。

3. 现代农业重视生态环保

现代农业在突出现代高新技术的先导性、农工科贸的一体性、产业开发的多元性和综合性的基础上，还强调资源节约、环境零损害的绿色性。现代农业因而也是生态农业，是资源节约和可持续发展的绿色产业，担负着维护与改善人类生活质量和生存环境的使命。目前，可持续发展已成为一种国际性的理念和行为，在土、水、气、生物多样性和食物安全等资源和环境方面均有严格的环境标准，这些环境标准，既包括产品本身，又包括产品的生产和加工过程；既包括对某地某国的地方环境影响，也包括对相邻国家和相邻地区以及全球的区域环境影响和全球环境影响。

4. 现代农业的组织形式是产业化组织

传统农业是以土地为基本生产资料，以农户为基本生产单元的一种小生产。在现代农业中，农户广泛地参与到专业化生产和社会化分工中，要加入到各种专业化合作组织中，农业经营活动实行产业化经营。这些合作组织包括专业协会、专业委员会、生产合作社、供销合作社、公司＋农户等各种形式，它们活动在生产、流通、消费、信贷等各个领域。

## 四、现代农业发展阶段

一般将现代农业发展过程划分为 5 个阶段：准备阶段、起步阶段、初步实现阶段、基本实现阶段和发达阶段。

1. 准备阶段。这是传统农业向现代农业发展的过渡阶段。在这个阶段开始有较少现代因素进入农业系统。如农业生产投入量已经较高，土地产出水平也已经较高。但农业机械化水平、农业商品率还很低，资金投入水平、农民文化程度、农业科技和农业管理水平尚处于传统农业阶段。

2. 起步阶段。本阶段为农业现代化进入阶段。其特点表现为：①现代投入物快速增长；②生产目标从物品需求转变为商品需求；③现代因素（如技术等）对农业发展和农村进步已经有明显的推进作用。在这一阶段，农业现代化的特征已经开始显露出来。

3. 初步实现阶段。本阶段是现代农业发展较快的时期，农业现代化实现程度进一步提高，已经初步具备农业现代化特征。具体表现为现代物质投入水平较高，农业产出水平，特别是农业劳动生产率水平得到快速发展。但这一时期的农业生产和农村经济发展与环境等非经济因素还存在不协调问题。

4. 基本实现阶段。本阶段的现代农业特征十分明显：①现代物质投入已经处于较大规模，较高的程度；②资金对劳动和土地的替代率已达到较高水平；③现代农业发展已经逐步适应工业化、商品化和信息化的要求；④农业生产组织和农村整体水平与商品化程度，农村工业化和农村社会现代化已经处于较为协调的发展过程中。

5. 发达阶段。它是现代农业和农业现代化实现程度较高的发展阶段。这一时期，现代农业水平、农村工业、农村城镇化和农民知识化建设水平较高，农业生产、农村经济与社会和环境的关系进入到比较协调和可持续发展阶段，已经全面实现了农业现代化。

现代农业发展阶段的划分，是一个相对的概念，每一个阶段之间互相联系，不是截然分开的。中华人民共和国农业部农村经济研究中心在制定指导全国的农业现代化指标体系时，制定了量化的阶段性标准，分别从农业外部条件、农业本身生产条件和农业生产效果三大方面着眼，将评价指标确定为 10 项：①社会人均国内生产总值；②农村人均纯收入；③农业就业占社会就业比重；④科技进步贡献率；⑤农业机械化率；⑥从业人员初中以上比重；⑦农业劳均创造国内生产总值；⑧农业劳均生产农产品数量；⑨每公顷耕地创造国内生产总值；⑩森林覆盖率。①～③项为农业外部条件指标，④～⑥项为农业生产本身条件指标，⑦～⑩项为农业生产效果指标。由于农业现代化是一个动态的概念，其评价的具体标准应随时间的推进而作相应的调整。

农业现代化起步时期的共同特点是：①人均 GDP 水平较高，达到 1000 美元以上；②农业增加值的比重很小，在 30% 以下；③农业劳动力的比重较高，在 30% 以上；④农产品商品率低，在 40% 左右。

## 第二节　中国现代农业的发展与主要形态

### 一、中国发展现代农业的意义

2007 年的中央“一号文件”指出：“发展现代农业是社会主义新农村建设的首要任务，是以科学发展观统领农村工作的必然要求”。现代农业的基本功能是给人类提供生产供给、生活休闲和生态保护，现代农业追求的主要目标是：提高土地产出率、劳动生产率、产品商品率和资源利用率，从而实现农业的社会效益、经济效益和生态效益的统一。

当前，我国正处于传统农业向现代农业转变的重要历史时期，农业发展必然走建设现代农业的道路；以应对激烈的农业市场竞争。

现代农业对建设社会主义新农村，全面建设小康社会，构建和谐社会的意义重大，体现在：

（1）发展现代农业，可以推进工业化、城镇化和现代化进程。在现有的工业结构中，以农产品为原料的轻工业、农副食品加工业和食品制造业占有重要地位。实现工业化目标，必须重点发展具有一定技术含量的劳动密集型产业，实现农业资源的精深加工，增加产品的附加值。

（2）发展现代农业，能促进社会主义新农村建设。只有把现代农业建设起来，以现代农业为基础，发展新型农业，新农村才有基础。

（3）现代农业能确保国家社会安全和城乡居民食品安全。现代农业依靠科技进步提高单产、提高质量、在有限耕地资源条件下，确保粮食安全和食品安全。

（4）现代农业能促进农民收入持续增长。

（5）建设现代农业利于建设农村和谐社会。

（6）建设现代农业能提高我国农业国际竞争力。

## 二、中国发展现代农业的转变内容

所谓农业现代化是指农业由原来落后的传统形态向先进的现代形态转变的过程，同时也是指农业要达到的现代水平程度。

2006 年中央农村工作会议指出，中国农业和农村正发生重大而深刻的变化，农业正处于由传统向现代转变的关键时期。会议明确了发展现代农业的总思路和目标：用现代物质条件装备农业，用现代科学技术改造农业，用现代产业体系提升农业，用现代经营形式推进农业，用现代发展理念引领农业，用培养新型农民发展农业，提高农业水利化、机械化和信息化水平，提高土地产出率、资源利用率和劳动生产率，提高农业素质、效益和竞争力。

中国的传统农业走向现代化农业，必须作如下几个方面转变。

### 1. 价值取向从自给型向市场型转变

传统农业是自给型农业，现代农业是商品农业、开放农业，生产经营的目的是在满足市场需要的前提下实现市场交换。我国总体上看，农产品的商品率仍较低，农业资源的配置空间较窄，农业的市场化程度还不高。因此，

要强化“为赚而产”的商品意识；强化“经营产业”的开放意识。克服“农业即生产”的倾向，树立“一体化经营”的意识；强化“以优取胜”的竞争意识。

2. 产业结构从分割型向联动型转变

加快转变农业经营方式，健全现代农业产业体系。传统农业是土地资源和劳动力等要素的结合。现代农业要求把知识、技术、资本和管理等生产要素通过市场配置，实现农业的优质、高产、高效。实行家庭承包经营制度以来，分散的小规模的农户经营怎样实现传统农业向现代农业的跨越，一直是困扰农业发展的难题。十七届三中全会要求推进农业经营体制机制创新，使家庭经营向采用先进科技和生产手段的方向转变，着力提高集约化水平。这就要求加快转变农业经营方式，培育新型的农业产业体系，培育新型农民合作组织，增强集体组织服务功能，发展各种社会化服务组织，以形成“全程化、综合化、便捷化”的现代农业服务体系。

3. 经营方式从粗放型向集约型转变

集约是相对粗放而言，集约化经营是以效益（社会效益和经济效益）为根本的、对经营诸要素进行的重组，实现最小的成本获得最大的投资回报。加快中国农业向现代农业转变进程，经营方式从粗放型向集约型转变，必须做到：

（1）产业聚集。产业集聚是指在一个适当大的区域范围内，生产某种产品的若干个不同类企业，以及为这些企业配套的上下游企业、相关服务业，高度密集地聚集在一起。

（2）实体聚集。

（3）园区聚集。

聚集的结果是在集聚机制的作用下，不同城镇之间通过产业关联和其他一些经济联系而集聚成群。在一定范围内，生产相同、相似产品的企业，或生产上下游产品的企业，在外在规模经济的驱动力下，为提高生产效率、降低交易和信息成本、增强企业竞争力，必然会逐步把本企业转移至相关产品的集聚区发展。

4. 劳动者技能从生产型向经营型转变

（1）教育培训。各级政府应发挥政府主导作用，推进现代农业技术体系建设。大力培养科技领军人才，发展农业产学研联盟，加快推进农业科技研发；大力发展多元化、社会化农技推广服务组织，培养农村实用人才；同时要不断加大财政对农业科研推广的投入，加大对农民采用农业技术的补助。

（2）实践磨炼。

（3）“能人”带动。各级政府针对“大农业、小科技”，农业人才不想服务于“三农”等现象，要支持鼓励科技人员到一线创业，把科研成果和先进适用技术广泛直接地运用于现代农业生产。

## 三、中国发展现代农业的运作模式

我国发展现代农业的思路是：最有效地利用自然资源；最大效率地提高经济效益；最有效地保护生态环境；最大程度地实施市场化运作；最大可能地规模化生产；最大可能地运用科学技术。发展原则是：基础地位不动摇原则、产业协调原则、生态位原则、市场约束原则、环保原则、比较优势原则、科技导向原则。

在中国建设现代农业过程中，由于各地农业生态类型、自然资源条件和社会条件的差异，因而在现代农业的建设和运作上，各地有着不同的探索。下面简要归纳各地在探索建设现代农业的4种运行模式。

### 1. 外向型创汇农业模式

外向型创汇农业的模式，是指利用沿海地区的区域优势，采取相应政策吸收扶持龙头企业，重点发展优质种苗、特色蔬菜、优质花卉、名优水果、优质家禽和特种水产等资金和技术密集型农产品生产，生产和加工优质农产品出口，带动区域经济发展和农民增收。

### 2. 龙头企业带动型的现代农业开发模式

龙头企业带动型的现代农业开发模式。是指由龙头企业作为现代农业开发和经营主体，本着“自愿、有偿、规范、有序”的原则，采用“公司+基地+农户”的产业化组织形式，向农民租赁土地使用权，将大量分散在千家万户中农民的土地纳入到企业的经营开发活动中。这种由龙头企业建立生产基地，在基地上进行农业科技成果推广和产业化开发的运行模式，称为龙头企业带动型的现代农业开发模式。

### 3. 农业科技园的运行模式

农业科技园的运行模式，是指由政府、集体经济组织、民营企业、农户、外商投资兴建，以企业化的方式进行运作，以农业科研、教育和技术推广单位作为技术依托，引进国内外高新技术和资金、各种设施，集成现有的农业科技成果，对现代农业技术和新品种、新设施进行试验和示范，形成高效农业园区的开发基地、中试基地、生产基地，以此推动农业综合开发和现代农业建设的运行模式。

4. 山地园艺型农业模式

山地园艺型农业是立体型、多层次、集约化的复合农业，在充分考虑市场条件和资源优势的基础上，确定适宜当地发展水平产业和项目，引进先进的技术成果与传统技术组装配套，待引进技术和品种试验成熟后，采取各种有效措施在当地推广。这是我国的一些山区在发展水果产业，促进农民增收的实践上总结出来的山地园艺型农业模式。

## 四、现代农业的主要形态

1. 都市型现代农业（Urban agriculture）

都市型现代农业，简称现代农业。于20年代50年代在日本兴起，是城市辐射区内，综合利用城市各类有效资源（土地、森林、民俗、古迹等），依托城市、服务城市，建立起来的集高效农业、观光、旅游、休闲体验于一身的新型现代农业。其目的为生产性、生活性、生态性；其特征为集约化、设施化、工业化和规模化，都市农业具有高科技、高投入和科学管理的性质。

从以下4个方面把握都市型现代农业的概念：第一，地理位置上具有自己的独特性，即与大都市紧密结合。第二，都市型现代农业最基本的特征是农业现代化。第三，都市型现代农业必须加强与其他产业的连接和融合。第四，都市型现代农业必须有明确的目标，即经济效益、生态效益、社会效益三者的合理匹配。

都市农业类型有：农业公园（按照公园的经营思路，把农业生产场所、农产品消费场所和休闲旅游场所结合为一体来吸引市民游览）、观光农园（城市近郊或风景区附近开辟特色果园、菜园、茶园、花圃等，让市民观赏，采摘或购置，享受田园乐趣）、市民农园（市民承租农地，体验农业劳动过程）、休闲农场（引进住宿餐饮和娱乐等多种活动，也叫度假农庄）、教育农园（兼顾农业生产与科普教育功能的农业经营形态，建有展示厅）、高科技农业园区（集生产加工、营销、科研、推广、功能等于一体）、森林公园（建设狩猎场、游泳池、垂钓区、露营地、野炊区等）、民俗观光园（民族特色的村庄）、民宿农庄（为已退休城里人租住农村房屋，迁居农家）等。

2. 生态农业（Ecological agriculture）

生态农业是20世纪50年代美国土壤学家艾希瑞克针对现代农业投资大、能耗高、污染严重、破坏生态环境等弊端，从保护资源和环境的角度提出的。生态农业是指在保护、改善农业生态环境的前提下，遵循生态学、生态经济学规律，运用系统工程方法和现代科学技术，集约化经营的农业发展模式，是按照生态学原理和经济学原理，运用现代科学技术成果和现代管理手段，以及传统农业的有效经验建立起来的，能获得较高的经济效益、生态效益和社会效益的现代化农业。生态农业是20世纪60年代末期作为“石油农业”的对立面而出现的概念，被认为是继石油农业之后世界农业发展的一个重要阶段。

生态农业并不排斥化肥、农药、除草剂等化学物质的使用。生态农业不同于一般农业，它不仅避免了石油农业的弊端，并发挥其优越性。通过适量施用化肥和低毒高效农药等，突破传统农业的局限性，但又保持其精耕细作、施用有机肥、间作套种等优良传统。

3. 有机农业（Organic agriculture）

有机农业始于20世纪20年代末的德国和英国，后来传到荷兰、瑞士和欧洲其他国家。目前从事有机农业的国家达150多个。有机农业是指遵照一定的有机农业生产标准，在生产中完全或基本不使用化学合成的农药、化肥、调节剂、畜禽饲料添加剂等物质，也不使用基因工程生物及其产物的生产体系，遵循自然规律和生态学原理，协调种植业和养殖业的平衡，采用有机肥满足作物营养需求的种植业，或采用有机饲料满足畜禽营养需求的养殖业等一系列可持续发展的农业技术以维持持续稳定的农业生产体系的一种农业生产方式。

简单地说，就是在农业生产中尽量避免农药和化肥的使用，而主要靠有机肥、轮作和机械耕作等措施维持农业生产发展的一种农业方法。

4. 精确农业（Precision agriculture）

精确农业是20世纪90年代初由美国明尼苏达大学的土壤学者倡导下开始探索的环保型农业的通称，是未来数字农业发展的基础。

精确农业是将现代信息获取及处理技术、自控技术等与地理学、农学、生态学、植物生理学、土壤学等基础学科有机地结合，实现农业生产全过程对农作物、土地、土壤从宏观到微观的实时监测，以实现对农业作物生长发育状况、病虫害、水肥状况以及相应环境状况进行定期估息获取和功态分析，通过诊断与决策制订实施计划，并在信息技术的支持下进行田间作业的信息化农业；是利用全球定位系统（GPS）、地理信息系统（GIS）、连续数据采集传感器（CDS）、遥感（RS）、变量处理设备（VRT）和决策支持系统（DSS）等现代高新技术，获取农田小区作物产量和影响作物生长的环境因素（如土壤结构、地形、植物营养、含水量、病虫草害等）实际存在的空间及时间差异性信息，分析影响小区产量差异的原因，并采取技术上可行、经济上有效

的调控措施，区别对待，按需实施定位调控的“处方农业”。由于精确农业通过采用先进的现代高新技术，对农作物的生产过程进行动态监测和控制，并根据其结果采取相应的措施，具有良好的反馈控制机制，从而使农业系统的优质、高产、低耗、高效得到保证。

5. 可持续农业（Sustainable agriculture）

可持续农业是指通过管理和保护自然资源，调整农作制度和技术，以确保获得并持续地满足目前和今后世世代代人们需要的农业，是一种能维护和合理利用土地、水和动植物资源，不会造成环境退化，同时在技术上适当可行、经济上有活力、能够被社会广泛接受的农业。可持续农业包含以下含义：①农业资源的可持续利用；②农业经济效益的持续提高；③农业生态效益的持续提高。

可持续农业的特点是“三色农业”，即：以生物工程、工厂化为特点的“白色农业”；以开发海洋和内陆水域为特点的“蓝色农业”；以安全生产、营养、无污染、无公害产品为特点的“绿色农业”。

6. 信息农业（Information agriculture）

信息农业就是以信息为基础，以信息技术为支撑的农业。它是适应于当今信息化社会经济条件下提出来的。信息农业是在全面掌握和综合分析农业生产信息（农业数字化）基础上，因地制宜全面应用现代信息技术组织和实施农业生产的过程，也就是一个以数字化、自动化、网络化、智能化和可视化为特色的农业信息化的过程。信息农业有两个重要的特征：①能综合现代信息技术使之应用到农业生产活动中；②能在农业生产活动中连续提供规范化信息服务；③建成农业生产局域网并形成网络化。信息农业的技术体系因农业经营范围和内容的不同而有差别，但均离不开数字化的综合基础数据库管理系统，以监测、预报和遥控为基础技术的农业技术信息服务系统和以农业辅助决策和调控系统为基本内容的农业生产管理决策支持系统三大组成部分。

7. 绿色农业（Green agriculture）

绿色农业是一种以生产并加工销售绿色食品为轴心的农业生产经营方式，将农业与环境协调起来，促进可持续发展，增加农户收入，保护环境，同时保证农产品安全性的农业。绿色农业是灵活利用生态环境的物质循环系统，实践农药安全管理技术（IPM）、营养物质综合管理技术（INM）、生物学技术和轮耕技术等，从而保护农业环境的一种整体性概念。

目前，积极发展绿色农业，已成为迎接国际挑战的战略举措。同时，发展绿色农业也是坚持可持续发展、保护环境的需要。“黑色农业”这种经营方式往往高度依赖大型农机具、化肥、农药，不但消耗了大量不可再生的能源，也造成土壤流失、空气和水污染等恶果，而发展绿色农业则可以从根本上解决这些问题。绿色农业以“绿色环境”“绿色技术”“绿色产品”为主体，促使过分依赖化肥、农药的化学农业向主要依靠生物内在机制的生态农业转变。

8. 循环农业（Recycling agriculture）

循环农业是采用循环生产模式的农业，是指在农业生产系统中推进各种农业资源往复多层与高效流动的活动，以此实现节能减排与增收的目的，促进现代农业和农村经济的可持续发展，它是生态农业发展的高级阶段。通俗地讲，循环农业就是运用物质循环再生原理和物质多层次利用技术，实现较少废弃物的生产和提高资源利用效率的农业生产方式。循环农业可以实现“低开采、高利用、低排放、再利用”。最大限度地利用进入生产和消费系统的物质和能量，提高经济运行的质量和效益，达到经济发展与资源、环境保护相协调，并符合可持续发展战略的目标。循环农业的特点包括：

（1）具备一般循环经济 3 个特点。①减量化：尽量减少进入生产和消费过程的物质量，节约资源使用，减少污染物的排放；②再利用：提高产品和服务的利用效率，减少一次用品污染；③再循环：物品完成使用功能后能够重新变成再生资源。

（2）具备一般循环经济不具备的自身特点。①食物链条：农业内部参与循环的物体往往互为食物，以生态食物链的形式循环，循环中的各个主体互补互动、共生共利性更强；②绿色生产：对产品的安全性更为强调，控制化肥、农药的施用量；③干净消费：农业的主副产品在“吃干榨净”后回归大地；④土、水净化：注重土壤、耕地和水资源的保护和可持续利用；⑤领域宽广：不仅包括农业内部生产方式的循环，而且包括了对农产品加工后废弃物的再利用；⑥双赢皆欢：清洁和增收有机结合，既要干净，又要增收，二者不可偏废。

9. 工厂化农业（Factory farming）

工厂化是综合运用现代高科技、新设备和管理方法而发展起来的一种全面机械化、自动化技术（资金）高度密集型生产，能够在人工创造的环境中进行全过程的连续作业，从而摆脱自然界的制约。工厂化农业是现代生物技术、现代信息技术、现代环境控制技术和现代材料不断创新和在农业上广泛应用的结果，是设施农业的高级层次，由于其在可控环境下生产，

具有稳定、高产、高效率等的生产特点。目前，工厂化农业主要集中在工厂化育秧、生产花卉、蔬菜、禽畜等方面。工厂化农业采用先进的自控技术和栽培水平，最大限度地摆脱了自然条件的束缚，如在高度现代化的养猪场、养鸡场及蔬菜、花卉温室中，通过高度机械化、自动化装备，先进技术和科学管理方法与手段来调节和控制动植物生长、发育、繁殖过程中所需要的光照、温度、水分、营养物质等，提高劳动效率和农业生产水平，实现现代化生产。

10. 特色农业（Specialty apiculture）

特色农业就是将区域内独特的农业资源（地理、气候、资源、产业基础）充分利用，开发出特有的名优产品，并转化为特色商品的现代农业。特色农业的“特色”在于其产品能够得到消费者的青睐，在本地市场上具有不可替代的地位，在外地市场上具有绝对优势，在国际市场上具有相对优势甚至绝对优势。

特色农业的关键点就在于“特”，其具体表现在以下三个方面：①产品独特。我国自古以来就有“物以稀为贵”的道理，对于发展特色农业来讲，也只有做到了“人无我有、人有我优”才能“特”起来；②环境独特。也就是自然地理环境条件与其他地域不同，非常利于特色产品生产；③生产技术独特。采用传统的生产方法或特定的技艺生产，尤其是先进的农业科技的应用。

11. 立体农业（Multi – storied agriculture）

狭义的立体农业，仅指立体种植而言，是农作物复合群体在时空上的充分利用。根据不同作物的不同特性，如高秆与矮秆、喜光与耐阴、早熟与晚熟、深根与浅根、豆科与禾本科，利用它们在生长过程中的时空差，合理地实行科学的间种、套种、混种、复种、轮种等配套种植，形成多种作物、多层次、多时序的立体交叉种植结构。中义的立体农业，是指在单位面积土地上（水域中）或在一定区域范围内，进行立体种植、立体养殖或立体复合种养，并巧妙地借助模式内人工的投入，提高能量的循环效率、物质转化率及第二性物质的生产量，建立多物种共栖、多层次配置、多时序交错、多级质、能转化的立体农业模式。广义的立体农业，着眼于整个大农业系统，它包括农业的广度，即生物功能维；农业的深度，即资源开发功能维；农业的高度，即经济增值维。它不是通常直观的立体农业，而是一个经济学的概念，与当前“循环经济”的概念相似。三种定义中以第二种概念最能够反映出当代中国立体农业的本质特征，也是目前我国生态农业模式研究与应用的重点。

12. 订单农业（Contract farming）

订单农业又称合同农业、契约农业，是近年来出现的一种新型农业生产经营模式。所谓订单农业，是指农户根据其本身或其所在的乡村组织同农产品的购买者之间所签订的订单，组织安排农产品生产的一种农业产销模式。订单农业很好地适应了市场需要，避免了盲目生产。

订单农业具体形式：①农户与科研、种子生产单位签订合同，依托科研技术服务部门或种子企业发展订单农业；②农产与农业产业化龙头企业或加工企业签订农产品购销合同，依托龙头企业或加工企业发展订单农业；③农户与专业批发市场签订合同，依托大市场发展订单农业；④农户与专业合作经济组织、专业协会签订合同，发展订单农业；⑤农户通过经销公司、经济人、客商签订合同，依托流通组织发展订单农业。

13. 物理农业（Physical agriculture）

物理农业是物理技术和农业生产的有机结合，是利用具有生物效应的电、磁、声、光、热、核等物理因子操控动植物的生长发育及其生活环境（如目前应用较为成功的植物声频控制技术，是利用声频发生器对植物施加特定频率的声波，与植物发生共振，促进各种营养元素的吸收、传输和转化，从而增强植物的光合作用和吸收能力，促进生长发育，达到增产、增收、优质、抗病等目的），促使传统农业逐步摆脱对化学肥料、化学农药、抗生素等化学品的依赖以及自然环境的束缚，最终获取高产、优质、无毒农产品的环境调控型农业。物理农业的产业性质是由物理植保技术、物理增产技术所能拉动的机械电子建材等产业以及它所能为社会提供食品安全的源头农产品两个方面决定的。物理农业属于高投入高产出的设备型、设施型、工艺型的农业产业，是一个新的生产技术体系。它要求技术、设备、动植物三者高度相关，并以生物物理因子作为操控对象，最大限度地提高产量和杜绝使用农药和其他有害于人类的化学品。物理农业的核心是环境安全型农业，即环境安全型温室、环境安全型畜禽舍、环境安全型菇房。

目前，物理农业在“增产优质型物理农业”（将物理学中对生物具有正向作用的原理技术化，如空间电场与二氧化碳同补的产量倍增技术、植物补光技术、设施温控技术等）、“无毒农业”（将物理学中对病原微生物和害虫具有灭杀作用以及对环境具有保护的原理技术化，形成设施化，如环境安全型温室、环境安全型畜禽舍、环境安全型菇房、环境安全型育苗室、养殖水体介导鱼礁微电解实时消毒技术）两个方向上快速发展。

# 第三节　先进国家建设现代农业模式

## 一、美国建设现代农业模式

美国是个地广人稀的国家，土地价格、生产设备便宜，劳动力价格较高。因此，美国通常使用大型机械大面积耕作、粗放式经营。近年来，美国农业发展水平已居世界前列，并形成令人羡慕的“绿色环保型可持续农业”。占全国总人口2%的农民不仅产出足够美国人消费的农产品，而且成为世界农产品出口强国。

### （一）美国现代农业发展的背景

1. 现代农业的自然基础

美国位于北美洲中部，为北温带和亚热带气候，大部分地区雨量充沛而且分布比较均匀，平均年降水量为760毫米，土地、草原和森林资源的拥有量均位于世界前列，土质肥沃，海拔500米以下的平原占国土面积的55%，有利于农业的机械化耕作和规模经营，发展农业有着得天独厚的条件。1999年美国农业用地面积为4.18亿公顷，占土地面积的45.67%，有耕地1.77亿公顷，人均0.64公顷，永久性草地2.39亿公顷。美国有丰富的淡水资源，与加拿大交界的五大湖驰名于世。

2. 现代农业的发展历程

第一阶段：农业机械革命。1910年实现了农业半机械化，1940年实现了农业基本机械化，目前农业全面高度机械化。

第二阶段：生物和化学革命。20世纪60年代以后，工业化、城市化造成土地价格的高涨、耕地面积的缩小，美国开始了从机械化转向采用生物和化学技术，提高土地的产出率。

第三阶段：管理革命。第二次世界大战以后，美国将工业部门的管理手段和方法运用于农场，并且建立现代农业服务体系。目前，多数地方基本实现了农业服务的社会化，并进而扩展到农产品加工和销售领域，把生产、加工和销售过程联系起来，形成了农、工、商一体化的产业化经营模式。

3. 美国农业发展的基本模式

“石油农业”是美国农业的基本模式：高度机械化意味着高耗能，机械作业、机械喷灌、粮食烘干以及各种运输都离不开石油，同时，化肥、农药、塑料地膜产品包装等石化制品也同样离不开石油。

1920～1990年，美国的拖拉机数量增加了18倍，农用卡车增加了24倍，谷物联合收割机增加了165倍，玉米收获机增加了67倍。1970年农用化学品的使用量是1930年的11.5倍，1990年的化肥使用量为1946年的6.1倍，从1930～1990年，美国的小麦单产提高了1.45倍，棉花单产提高了2.57倍，土豆单产提高了3.48倍，玉米单产提高了5.12倍，农产品销售率1910年为70%，1979年已经达到99.1%。

**（二）美国建设现代农业的主要做法**

1. 制定完备的农业法规体系

《农业法》或《食品与农业法》包括农产品价格支持、生产控制、农业信贷、土地保护、剩余农产品处理、出口贸易等，并且5年左右修改1次，有时1～2年修正或补充，每个州都有一部内容较全面的综合性农业法规，包括农业行政管理机构的设置、农业的研究和发展、农业组织、农资供应、农产品的生产、加工、销售，到动植物的品质、等级、病虫害防治、水土保持、农牧场的保护、青年农场主的贷款担保等，应有尽有，为农业提供了强有力的保障。

2. 健全市场机制

农民有土地所有权或经营权，生产资料、农机具和农产品完全市场化，且供过于求，竞争激烈，所以假冒伪劣产品极少。发达的农产品信息网络使农民能把握住市场的脉搏。

3. 完善以科研、教育为后盾的农技推广体系

1914年美国国会制定了“利费法案”，规定由联邦农业部和各州的大学合作，在每个州都建立一个从事农技推广和普及的机构——州合作推广站，其任务是向农民提供各种培训，将农业科研成果和新技术（遗传工程、生物技术、计算机科学技术、进行遥感、遥测研究和推广自动化技术）迅速推广应用到农业生产领域。

4. 成立农产品协会

作用：①与政府沟通制定政策；②建立批发市场、定期举办交易会、展示会；③开展国际交流与合作；④举办专题培训。

美国农产品协会目前已经发展到了高级阶段，它将“农、工、商、产、学、研”有机地结合起来。

5. 成立农业合作社

向农民提供产、供、销环节的服务。农资、产品、信贷、租赁（农机）、

通信等方面服务。

6. 提供农业补贴与信贷支持

美国51%的农场主通过信贷（贷款利率低）支持购置地产、从事农业生产。美国农产品的价格一般由市场供需情况决定，但对小麦、棉花、大豆等非常重要的作物，政府制定目标价格，即全国统一的指导价。如果当年产品价格达不到目标价格，政府就会以补贴的办法，使之达到目标价规定的水平，以保护农民的收入。农民如果因自然灾害使农作物绝收，除通过农业保险获得一定的赔偿外，也能通过政府农产品减收项目获得价格补贴。

7. 实行农产品保护政策，大力扩大农产品出口

美国有极其严格的食品安全进入制度。所有进口的食品均需接受食品药品管理局的检验（“五程序”包括验货通知、扣留通知、自动扣留系统、商品召回及没收、拒绝进入市场的通知），以保护本国的各项农产品产业。

美国是世界上最大的农产品出口国，2001 年，美国的农产品出口额高达535 亿美元。小麦出口占世界市场的45%，大豆出口占34%，玉米占21%以上。目前，农产品出口占美国农业总销售的比例高达25%。

做法：①主导关贸协定，降低并最终取消各国农产品关税，取消农产品贸易壁垒；②提高本国农产品的竞争力，转基因农业生物技术应用于农业；③大规模开辟发展中国家市场。

**（三）美国现代农业的特征**

1. 农业生产呈现高度专业化趋势

全美农业形成了这样专业化的生产布局：西南部盛产蔬菜、中西部盛产小麦；西部地区牧产品丰富；东北部是玉米产地；北部主产奶制品；东部及东南部盛产棉花、烟草、蔬菜等；南部是牧产品和蔬菜。

美国农业不仅生产专业化，而且生产服务也专业化。如蔬菜业服务体系基本上实现了全程专业化服务，包括技术推广、咨询服务，农资供应服务，生产作业服务，购销服务，信息服务以及信贷、保险、管理咨询、法律、会计、土壤测试等服务。

2. 农业生产高度机械化

1940 年基本实现农业机械化，20 世纪 60 年代后全面进入机械化，每个农业劳动力平均负担耕地 60 多 $hm^2$，平均可养活 80 人。

3. 农业社会服务形成严密网络

美国政府、企业和合作社共同完成农业社会服务，形成严密网络。

4. 农业批发市场逐步规模化

美国农业批发市场规模都很大（由政府统一规划，私营筹建），农民按照

批发市场内批发商的订购合同，组织农产品生产。

5. 农业信息服务系统完善

目前，提供农业信息服务的商业性系统已近300家。美国在肯塔基建立的全美第一个农用视频电报系统，用户通过个人计算机键盘的识别号，即可存取该系统大型数据库里当前市场价格、天气、新闻和其他农业信息。农业部形成了庞大、完整、健全的信息体系和制度，建立了手段先进和四通八达的全球电子信息网络来保证信息的来源。

6. 农业科技贯穿到各个环节

地理信息系统完成土地、肥料运筹管理，遥感探测完成灌水、喷药等农事，专家系统完成测报、诊断与防治工作，杂交、基因工程完成新品种选育。

7. 生产以家庭经营为基础

美国的家庭农场大约有200万个，平均经营面积为800公顷，最多的达2000公顷。农场又分独有、合作、公司农场3种形式。还有一种中介组织，专门从事承接不种户土地和租赁给耕种户的工作。由于美国农业劳动生产率高、效益好，国内外许多有钱人都热衷于购买土地，交给这些中介组织去经营，从中牟利。在买地者中，日本人居多。现在，美国农场主经营的土地中，自有和租赁的面积差不多各占1/2。

8. 科研机构服务链完善

政府立项资助农业科学研究，各县都有1名受大学雇佣的延伸服务代理人员，负责教授农场主或农民最新的农业科研知识和成果，他们每年都要回到学校接受一定的培训。

**（四）美国在建设现代农业进程中的教训**

1. 石油农业消耗了大量的能源，能源利用率低

美国每人一年中消费的食物，是用“汽油生产的，能源的利用率极低。如果全世界各国都采用这种能源集约农业生产方式，那么占全球目前消耗量50%的汽油要用来生产食物，全球的石油储备在15年内就要告罄。中国、印尼、缅甸等亚洲国家传统的农业生产方式，用0.05～0.1卡的热量，可以生产1卡热量的食物；而美国现代化农业则需0.2～0.5卡的热量，才能生产1卡热量的玉米、大豆、花生等。美国人吃1罐只有270卡热量的罐头玉米，是用2800卡热量生产的。

2. 农业保护政策加重了财政负担

应当肯定，农业保护政策具有一定的普遍性。许多农业资源尤其是人均资源很少的国家，在经济起飞时期，曾实施农业保护政策，甚至美国这样农

业资源富饶的国家，也曾实行农业保护政策。还应肯定，农业保护政策能够增加国内农产品产量和农民收入。然而，同时更应看到，农业保护政策经济代价巨大，远远超其成效。农业保护政策实质是通过国内价格支持和边境控制手段，使国内粮食和其他农产品价格和数量组合与市场机制作用下形成的组合相背离。由于大规模利用政府干预经济手段超越和扭曲市场机制作用，必然产生各种效率损失和浪费。其代价和损失主要在几个方面。一是政府财政支出和纳税人负担沉重。二是资源配置效率损失大。三是高价格对消费者的福利损失。四是补贴出口和限制出口引起贸易摩擦。五是对农民的不利影响。

3. 土壤流失加重，加速地力衰竭

美国现代化农业大面积的连年单作，大量使用化肥、除草剂，加上长期的机械耕作，造成了严重的土壤流失现象。美国每年流失的土壤，高达31亿吨。美国衣阿华州的土壤原来十分肥沃，经过长期的现代化农业的运作，损失了1/2的表土。平均来说，衣阿华州农民每生产一蒲式耳（每蒲式耳为35.238升）的玉米，要流失一蒲式耳的表土，种植大豆损失表土更多。美国中西部一带农田的表土，早年深达6英尺，是世界上罕有的肥沃土壤，目前表土只剩下6英寸，其余的都在冲刷过程中流失。流失的表土淤塞河湖和水库；水体由于硝酸盐等矿物富集，危及水体对废物的化解能力以及水产品生产。土壤侵蚀还使大气中每年增加3000吨尘土。大量残留农药损害土壤中微生物活动，危及植物的抗病力和土壤中养分的正常循环。

4. 单一作物种植减少了遗传的多样性

美国式的现代化农业往往只使用少数的几个品种，而过去的传统农业则使用众多的本地品种。单一种植作物减少遗传的多样性，对于农业生产是很危险的，因为一旦病虫害暴发，由于品种的单一可能全军覆没。1970年美国玉米叶枯病，使全美15%的玉米产区颗粒无收，就是因为所有种子都是来自一个易感叶枯病的品种。

5. 大量使用化肥和化学农药，造成环境污染

进入20世纪以后，随着国家现代工业化的实现，美国的农业逐步进入了电气化、机械化、化学化和水利化时代，这种状况促进了农业生产力的发展，使美国农产品的产量大幅度提高，成为全球的农业强国。但是，现代农业生产方式所产生问题也越来越严重，美国衣阿华州大泉盆地从1958～1983年这25年中，地下水中的硝酸盐浓度增加了3倍，这是大量施用化肥的结果。美国31个州存在着化肥污染地下水的问题。大量使用化学农药，对于农业工人

的健康也造成直接的危害。美国农业工人伤亡率仅次于建筑业、采矿业，被列为三大危险行业之一。

6. 美国现代的养畜业，特别是肉牛饲养业，对生态环境造成很大的破坏

美国的肉牛饲养主要集中在13个州，有42000处肉牛育肥场，其中200处最大的肉牛育肥场，集中了美国肉牛总数的50%左右。鉴于高度集中饲养，厩肥处理十分困难，造成了很大的空中和地下水的污染。此外，高度集中饲养，用水量也十分集中，造成一些地区采水过量，水源日趋枯竭；美国肉牛育肥场集中的中西部和西部各州，主要依靠横跨8个州、世界上一个最大的地下蓄水层供水，现在其中3个州的地下水已开采了1/2，如此长期不断采水，蓄水层早晚有枯竭之虞。

综上，对农业资源掠夺式地开发利用，滥伐林木，开垦荒地，加之工业发展和非农用地的迅速增加，使农业生态环境日趋恶化。到20世纪30年代，美国河流湖泊中的鱼虾几乎消失，环境成了现代农业的牺牲品。另一方面，在30年代发生了众所周知的著名特大“沙尘暴”灾害，给美国的农业资源和环境带来了沉重打击。残酷的现实使美国认识到，对包括生态环境在内的农业资源的开发和利用再也不能“自由放任”了，必须采取有效对策，保护生态环境和农业资源。因此，从20世纪40年代以来，美国在保持水土和保护生态环境方面实行了一系列立法和政策措施，采取了各种先进的科学技术，投入了巨额资金，经过30多年的努力，到20世纪70年代才使大部分农业环境得到改善。

美国走了一条对农业环境和自然资源先污染破坏，而后又进行艰难治理的道路，其中的教训是，不要等到农业环境遭受到严重破坏才觉醒，而是在现代化农业发展的起步时，就高度关注这一问题。

## 二、荷兰建设现代农业的模式

荷兰农业以集约化经营为特点，以家庭私有农场生产为主，普遍采用高新技术和现代化管理模式，主要农产品的单产水平都比较高。设施农业是荷兰最具特色的农业，居世界领先地位。荷兰是科学技术领先的国家，在环境技术、能源技术、信息技术、生物工艺学和材料技术等方面，荷兰都处于国际领先地位。

### （一）荷兰现代农业发展的背景

1. 荷兰现代农业的自然基础与发展

荷兰人口1620万人，是一个比较典型的人多地少、农业资源贫乏的欧

洲小国，其人口密度比我国高出两倍，是欧洲人口密度最大的国家。荷兰地处西欧，西、北两面濒临北海，1/4 低于海平面，素称“低洼之国”。拥有温暖的海洋性气候，冬暖夏凉，天气多变而气候温和。荷兰的陆地总面积4.15 万平方千米，人均耕地面积仅 0.062 公顷，比我国（人均耕地面积 0.08 公顷）还少。

目前，荷兰每个农业人口平均年产值为 17745 美元，而我国同期仅 160 多美元。荷兰是世界农产品出口贸易第二大国，出口的农产品主要是花卉、乳蛋制品、肉制品、烟叶、饲料、蔬菜、水果等，年创汇 300 多亿美元，是我国的 4 倍多；其中蔬菜出口居世界第一，鲜花占全球市场的 60%，乳品和肉类出口世界第一。荷兰的小麦单产 7575 千克/公顷，排名世界第一。

2. 荷兰现代农业的模式

（1）市场与农户连接型。表现为“拍卖市场”与农户连接和超级市场与农户连接两种模式。

（2）合作社与农户连接型。荷兰的农业合作社由“全国农业合作局”（NCR）组织管理，存在于农业产、供、销、加、贸易、贷等领域。

（3）企业与农户连接型。一些大的农产品加工企业或贸易企业，直接与农户连接，进行农产品生产、加工和销售的一体化经营。

**（二）荷兰建设现代农业的基本做法**

1. 荷兰政府对农业的宏观调控

政府对农业产业发展的不同阶段所采用的宏观政策不同。当产业处于“初级竞争”阶段，在出现“畸形”时，政府果断干预，使产业发展步入正轨。当产业处于稳定增长阶段，政府通过信贷政策和补贴政策，鼓励企业发展和出口创汇。当产业处于健康发展阶段，政府则尽可能地逐渐退出，真正展现出了农业产业运行中的“大社会、小政府”。在产业健康发展时，政府着重致力于农业宏观产业环境的营造。

2. 大力发展设施农业

采用农民家庭企业的形式，发展温控式设施花卉、蔬菜等，采用全自动智能控制温室种植，荷兰的畜牧业也实现了设施养殖。挤奶、牛奶的罐装、冷藏及圈养时的喂料、喂水、清圈等过程则全部是自动控制的，牧场的管理、牧草收割打捆以及玉米的种植、收割、粉碎、青贮等完全是机械操作。

3. 荷兰的农产品流通市场——拍卖市场

农户将所生产的产品按照质量标准规定进行分类、分级和包装并经检验合格后，送入拍卖大厅，购买者（一般是大批发商）按照规则进行竞价，出价高者获得产品。成交后，市场内部系统自动结算货款和配发产品。拍卖市场的最大优点就是交易效率很高，一般在一个小时甚至半个小时之内就可完成全部的交易。

4. 荷兰农业的投融资机制

①成立“农民合作银行”。②建立农业担保基金。政府设置农业担保基金机构，为向银行借款的农户服务，并提供担保。农民获得担保的前提是有可行的投资计划并保证在 8 年内全部还清。③设立农业安全基金。荷兰政府经济部设立了农业安全基金，对因受自然灾害遇到困难的农户予以帮助。

5. 荷兰农业的人力资源

荷兰农民多数具有大学本科以上学历，有的还是双学位或硕士、博士，不仅熟悉和掌握现代种养殖技术及农畜产品加工技术，而且会使用甚至会修理各种农机农具和自控设备，及时收集和了解有关的农业信息。荷兰农业人力资源开发基本分为预备农业职业教育、中等农业教育、高等农业教育、农业成人教育等几类。

6. 荷兰的农业合作组织

荷兰农业合作社均具有独立的法人地位和完备的立法，每个合作社都有自己的章程，不受政府的干预，农民以缴纳会费的形式确定与合作社的联盟关系，并从合作社获得个体户难以实现的帮助和服务（产前、产中、产后全程服务）。

**（三）荷兰现代农业的特点**

荷兰素以“低洼之国”著称，有 27% 的国土低于海平面。荷兰人为了开发赖以生存的土地，从古到今，世世代代围海造田，其海堤长达 2400 多 km，故有“上帝创造了海，荷兰人创造了岸”之说。正因为如此，荷兰人“视地为金”，他们千方百计提高土地的利用率，十分周密地规划对土地的使用。荷兰的基本国情决定了其现代农业发展的基本特点。

1. 农业生产高度集约化、规模化、专业化

荷兰农业的集约化具体表现在高效益的产业结构、高生产力水平及高附加值的农副产品生产上。荷兰地势平坦，降水充足，水淤沙土适宜牧草生长，发展畜牧条件较好。为此，荷兰人减少了大田作物生产而大力发展畜牧业、蔬菜花卉和园艺业，大搞农副产品的加工增值，农业结构中种植业、畜牧业和园艺业分别占 40%、54% 和 6%，其创造的农产品产值比例分别为 10%、55% 和 35%。

荷兰农产品质量高，海外需求量大，农业和渔业产品出口额高达 300 多

亿美元，占农产品总量的60%，其中80%出口到欧盟国家。荷兰约有80万公顷的种植面积用于种植业。在荷兰，畜牧业是最重要的农业部门。荷兰得天独厚的自然环境很适宜于牧草生长，荷兰虽然人多地少，牧场的面积要比耕地的面积大。同时由于采用了现代化科学技术，广泛应用机械化、人工授精育种和优质饲料，乳牛奶产量逐年上升，每头牛每年奶产量7000升，而1950年平均每头牛每年仅3800升。荷兰1998年饲养的牛为428.3万头，荷兰奶牛场的平均规模不断扩大，1996年，饲养量大于100头的大型奶牛场有1612个；与此同时，奶牛的平均产奶量从1970年4332千克上升到1998年的6890千克。黄油和奶酪的产量为国内消费量的3倍和5倍。在牛肉方面，1998年荷兰的牛肉产量达到了55万吨。

荷兰是世界上最大的花卉出口国，花卉出口占国际市场的70%以上，成为该国的支柱产业，素有"欧洲菜园"、"欧洲花匠"之称。荷兰一年四季供应不同的鲜花达5500多种，不同的盆栽植物2000多种，庭院植物2200多种。郁金香是荷兰的国花，提供给拍卖市场的品种就有200多个。现在荷兰每天向世界出口1700万枝鲜切花和170万盆花。观叶植物也是荷兰园艺业出口收入的重要来源。

荷兰温室农业无论是蔬菜或花卉，一般都是专业化生产，多品种经营。如维斯特兰德朗市的番茄种植公司专业生产番茄，与其他5家专营企业竞垄断了荷兰90%的番茄市场。位于布莱斯维克市的红掌公司专门研究和种植红掌花卉，从育种研究、种苗生产到种苗出售，全部由企业运作。公司研制并经营的红掌花卉就达40多个品种。

2. 规范有序的市场经营模式

荷兰农业的出口率高居世界第一，其人均创汇率也很高。自20世纪90年代以来，荷兰每年农产品净出口值约占世界农产品贸易市场份额的10%，在美国、法国之后居世界第3位。在1989~1998年的10年里，荷兰每年平均农业的净出口值达到138.07亿美元，按农牧渔业以及涉农部门的就业人数平均，每人创汇超过48691美元，遥遥领先于世界各国。

荷兰既是世界农产品的重要进口国，又是重要的出口国。从进口来看，荷兰是美国农产品在欧盟的最大市场，同时，还是德国、法国、比利时、卢森堡、英国等国农产品的重要进口国，荷兰也是北美、南美不少国家的大市场。从出口来看，荷兰是世界上农产品第二大出口国，欧盟其他各国是其农产品的主要市场。荷兰农业外向型以农产品加工出口创汇增值为其突出特点，围绕农产品加工增值进行大进大出，即大量进口用于食品加工的初级农产品，而大量出口高附加值的加工食品，从而大幅度提高创汇能力。

3. 集成化的工业技术在设施农业中被广泛应用

荷兰在农业生产中高度重视农业科研和采用先进科学技术，包括机械技术、工程技术、电子技术、计算机管理技术、现代信息技术、生物技术等。为了节省耕地，荷兰大力推行温室农业工厂化生产，室内温度、湿度、光照、施肥、用水、病虫害防治等都用计算机监控，作物产量很高。

荷兰大力开发土地资源，积极围海造田，制定了正确的农业发展战略和政策，重视发展农业教育及农业科技的研究和应用，通过几十年持续向农业的大量投入和大规模的农业基础设施建设，在国际上形成了巨大的农业产业竞争优势。

4. 网络化的农业科研、教育和推广体系

荷兰有着相当发达的农业科研、教育和推广系统，这三项被誉为荷兰农业发展和一体化经营的三个支柱。政府对农业科研、教育和推广非常重视，把促进其发展作为政府的重要职责。以农民为核心，建立全国性的农业科技创新体系和网络，是荷兰农业取得巨大成就的一条基本经验。

荷兰农业部门特别注重遗传工程的投资，采取优选本国或适合于本国环境的世界各地的家畜家禽、农作物良种，依靠遗传工程进行改良，生物防病和遗传防病并举，替代对人体有害的各种化学药剂的使用，这不仅取得了显著的经济效益，而且有效地保护了自然生态环境。

5. 农业合作组织发挥了重要作用

荷兰的农业是以家庭农场为经营方式，但彼此间视为具有共同利益的集体，而不是竞争的对手，他们生产的产品几乎完全相同，在市场上销售也没有自己的标志，因此，具有相同的市场地位。基于这种共同的特点，各农户间结合起来，其实体就是为农场服务的合作社。这些农业生产、供销、农机、加工、保险、金融等民间组织，以及农业合作社都为农户的农业生产提供各种周到的社会化服务。各种服务组织上为议会、政府制定农业政策提供建议，下连千家万户农民，反映农民的要求。

在荷兰，农民收入中至少60%是通过合作社取得的。据介绍，荷兰农民自己组织的服务组织，在保护农民切身利益、促进社会进步与稳定上发挥了巨大作用。它们帮助农民减少了生产、加工、销售过程中的成本，增加了收入。比如，农民入股创业的农业合作社为农民提供饲料、化肥、农机等农资，农民把农产品卖给合作社，再由合作社进行加工和销售。合作社在销售后，将其中大部分利润按农民提供原材料的份额进行返还，从而增加了农民的收

人。正是这些合作社发挥了相应的作用，使得荷兰农民利益能够得到保护和提高。

另一种农民组织体系是“法定产业组织”，即各种协会。这些协会把农民联合起来，目的是加强农场主的政治地位和社会地位、有利于从根本上保护自己的利益。

## 三、韩国建设现代农业模式

### （一）韩国现代农业的背景分析

韩国土地面积只有9.9万平方千米，人口4571.7万人（首都占1/4），人口密度居世界前列，耕地1724万公顷，人均耕地0.038公顷，农业劳动力人均耕地0.633公顷，耕地灌溉率67.5%。韩国是一个多山国家，自然资源贫乏，自然资源自给率仅30%，工业原料主要靠进口。通过战后几十年发展，特别是通过工业化过程，已经于20世纪60年代中期几乎与日本同步实现了现代农业，1998年人均国民生产总值达8600美元，排名世界第12位。韩国农村人口仅占总人口的11.98%。

韩国战后经济成长可划分为5个阶段：

第一阶段：第二次世界大战后经济混乱时期（1945年8月至1953年7月），抗战后韩国为美国军事管制国，1948年成立“大韩民国”，并在美国经济援助下，开始进行土地改革，大力发展日用消费品生产。1950～1953年朝鲜战争，经济发展滞缓，但农业结构有所调整，农业就业结构由52%下降到41%。

第二阶段：经济恢复时期（1953年8月至1961年5月），重点发展内向型经济（农业、建筑工业的国内产销）。

第三阶段：经济快速增长期（1962～1971年），奠定工业化基础、完成经济向出口型转变，农业基本实现了现代化。

第四阶段：产业结构高级化、农业现代化时期（1972～1979年）。实现原料进口、产品加工、出口的“两头在外”的加工型经济模式，大米等主要谷物达到自给，农业实现了农业机械化。此期实行了著名的“新村运动”，促进经济高速增长。

第五阶段：经济稳定发展、经济结构进一步调整时期（1981年以后）。实行了以提高经济效率为目标的改革，充分发挥市场调节作用，实行自由化政策，经济迅速，有4年增长率在12%左右，产业结构正向主级化方向发展，农业产业结构进一步下降（1989年农业在GDP中的比重下降到10.5%）。

### （二）韩国现代农业的措施和内容

1. 韩国农地制度的变迁

第一步，土地分配改革：第二次世界大战后，政府接收日本官、民所占土地分配给本国农民，颁布《土地改革法》，以低廉的价格收购了农户超过 $3hm^2$ 以上的土地，以更低的价格卖给佃民。经过土改，基本实现了均田制目标。

第二步，土地集约分配：1961 年开始，韩国经过 15 年开发，完成由农业国向工业国转变。政府解除对土地买卖和占有的限制性规定，鼓励务工经商的农民交出土地，使农户扩大经营规模。

第三步，土地现代化经营：1994 年韩国制定了新的《农地基本法》，进一步放宽土地买卖和租赁限制，允许建立拥有土地上限为 $lOOhm^2$ 的农业法人。韩国政府还鼓励年龄超过 65 岁以上的农民把土地出售或出租给专业农民 5 年以上（可获得每公顷 2580 美元的补贴）。

2. 韩国的农业保护政策

（1）提高农产品收购价格。推行“平衡价格”制度（成本 + 同期非农产品价格变动的因素）。

（2）改善农产品和农业机械的流通条件。大量增设农产品市场，向农民发放购买农机贷款。

（3）推行建设“农工地区”计划。在 20 万人以下的郡、镇所属的农村，选定地址，由政府建筑基础设施，吸引“民间”进入区内开办工厂企业。从而减少农业比重。

（4）调整农村产业结构和农业结构。投资巨笔预算费（42 兆韩元）用于调整结构，重点发展农村第二、第三产业、引导农产科学种田、扶持农产品深加工和改善农产品流通设施。

（5）改善基础设施。韩国政府采取了支持农协发展、扩大农业贷款规模、限制国外农产品进口等措施来支持和保护本国的农业。

3. 韩国新村建设

第一阶段：20 世纪 60 年代，注重农业灌溉、排水、耕地整理等农业生产设施方面。

第二阶段：20 世纪 70 年代初期开始，注重改善农民的生产和生活环境，修路架桥，修扩建农村电力工程，修建饮水配套工程，修建公共洗浴、洗衣场所，新建和翻修农民住宅等。到 70 年代末，韩国所有的乡村都通了公路，所有的农民都住上了瓦房或铁皮屋顶的房屋，农村实现了电气化，农户都安

上丁电灯，居民普遍饮用地下井水，农民的物质生活水平得到很大改善。

第三阶段：20 世纪 90 年代以来，注重农村文化内涵建设，实施先进的文化教育。加强环境管理，提高农村的地位，发展区域特色经济（注重国际化和地方特色），着力培养农村建设领导人，进行一些专门教育。创造勤勉、自助、团结、奉献精神的社会，而且在文化上实现工业和农业、城市和乡村的均衡发展。新乡村建没的效果十分明显，目前，城乡无论在物质文明上还是精神文明上差别都不大。

4. 韩国十分重视农业科学技术

（1）提倡“绿色革命”。1967 年韩国科技人员用粳型和籼型水稻成功地培育出 IR667 稻种，它比一般品种增产约 30%，随后优良品种迅速推广，单产和总产迅速提高（1975 年韩国实现了大米自给）。目前韩国的水稻单产在世界上处于领先水平。

（2）重视农业科研、教育和推广事业，促进了农业科技含量提高和现代农业实现。在全国各道市郡分别设有农村振兴院和农村指导所，开展农业科研和科技推广工作。韩国在组织培养、细胞融合、核置换、基因工程等基础研究与动植物新品种选育，经济果蔬设施栽培、计算机联网和遥感技术应用和现代化养殖方面取得巨大成就（牛肉自给率提高到 50% 以上）。

**（三）韩国现代农业的主要特点**

1. 韩国的非农化和城市化程度高

第二次世界大战后 30 年，农业增加值占国内生产总值份额由 36.5% 下降到 8.5%，非农就业份额由 35.0% 上升到 81.7%，1999 年农业人口占总人口的比例为 9.7%。城市人口比例从 1960 年的 28.0% 上升至 1999 年的 78.5%。

2. 完整和有效率的社会服务化体系

韩国自上而下设立三级农业服务体系：中央设立农村振兴厅（研究所、农业科学技术院、种子供给所、作物实验农场）一道（相当于我国的省）设立农村振兴院一市郡（相当于我国的县）设立农村指导所（直接服务于农户，指导所的所长与郡首的行政级别相同）。振兴院与指导所都有自己的综合农业科研所、培训楼和实验场地（科研、推广与培训三项工作纳入统一的管理程序，领导集中，效率高）。

3. 韩国农业附加值高

1989 年开展的“区域特产”运动开发具有韩国传统特色的产品（包括初级产品如各种蔬菜、水果、花卉、人参、蘑菇等，也有很多加工品，如泡菜、辣酱、果酒及肉类制品，同时还有一些民间民俗工艺品），1991 年政府增加拨贷资金，大力发展设施园艺，目前韩国的设施农产品已逐渐走向国际市场。

4. 开展新村运动，促进农村综合发展

新村运动的前10年是以农业、农村、农民为中心展开的，后来逐渐扩展到全国各条战线。在进行“绿色革命”提高效益的同时，改变农村面貌，提高农民思想素质，培养勤勉、自强、团结、奉献的新农民来促进农村综合发展。新村运动成果显著，先后有120多个国家派有关人员参观学习。

## 四、以色列建设现代农业模式

### （一）以色列现代农业发展变革的历程

以色列是位于中东地区的国家，国土面积约为2.1万平方千米，可耕地面积只有4370平方千米，大约为国土面积的20%。人口650万人，农业人口仅占全国人口的3%，农民人均年收入1.8万美元。以色列一半以上的地区属典型的干旱及半干旱气候，其余的地区大部分被丘陵及森林所覆盖，只有北部加利利湖周围平原和约旦河谷适宜农业。然而就在这块贫瘠缺水的土地上，以色列仅仅用一代人的时间就建成了现代农业，创造了令世界惊讶的奇迹。

1. 以色列农业发展的条件

（1）人口密度大，农业劳动力不足。以色列人口已从1948年建国初期的几十万人猛增到近700万人，人口密度高达每平方千米近300人，但农业人口和农业劳动力已减少至不足8万人。几乎所有的农作物在产前、产中和产后全过程，均广泛应用农业机械，并从泰国等国引进劳动力从事常规农业生产。

（2）农地资源少，自然质量差。土地总面积2万多平方千米，大部分土地被沙漠（约60%）和丘陵所覆盖；耕地总面积44万公顷，约占国土面积的20%，其中水浇地占48%。大部分耕地为风积、冲积性沙质土，平均土层厚度25~35厘米，前者保水能力弱、后者结构黏重；内格夫沙漠虽然面积广大，但尚未形成农业土壤。

（3）温光资源充足，水资源稀缺。以色列属地中海式气候，热量充足（月均温10℃以上，部分地区20℃以上），时空分异明显。年日照时数可达3200~3300小时，农业活动可终年进行。但其水资源却极度匮乏，且全部依赖降水（400~550毫米）；地下水少而深，且多为咸水，干旱胁迫严重。尤其是植物生长旺盛的夏季根本无雨，不能与丰富的温、光资源有机结合成为气候资源优势。

2. 以色列农业现代化的历程

总的来看，以色列农业现代化建设大致经历了以下 3 个发展阶段。

第一阶段是农业发展快速起步阶段。从 20 世纪 50 年代开始，以色列农业开始大起步、大发展。建国初期，以色列在军事开支负担沉重的情况下，仍优先满足农业投资，在全国垦荒、兴建定居点，目标是粮食和农副产品自给自足。从 1952 年开始引种棉花起，10 年时间就解决了穿衣问题，棉花单产世界第一，出口创汇仅次于柑橘。1953 年开始兴建北水南调工程，全力开发和改造沙漠。

第二阶段是滴灌技术推动下的快速发展阶段。20 世纪 60 年代中期以色列发明了滴灌技术后，国家立即大力扶持。此后，农产品产量成倍增长，沙漠改造突飞猛进，可耕地持续增加，农业面貌得到根本改观。目前种植业产值 90% 以上来自于灌溉农业，占耕地 44% 的旱地农业产值不到 10%。事实上，滴灌技术不受风力和气候影响，对地形、土壤、环境的适应性强，肥料和农药可同时随灌溉水施入根系，不仅节水，而且省肥省药，还可防止次生盐渍化，消除根区有害盐分。

第三阶段是农业结构调整与现代化阶段。根据国际市场需要和本国的自然条件，20 世纪 70 年代以来以色列开始进行农业生产结构调整，从以粮食生产为主，逐步转向发展高质量花卉、畜牧业、蔬菜、水果等出口创汇农产品和技术，并用高科技和现代管理手段不断提高农业效益，建成了一整套符合国情的节水灌溉、农业科技和工厂化现代管理体系，形成了独具特色的高投入、高科技、高效益、高产出的现代产业。一系列新技术在农业生产中广泛运用，不仅极大地提高了劳动生产力，而且衍生出了诸如滴灌、温室、种子、加工、贮藏、保鲜以及计算机控制等越来越多的领域和行业，使农业发展成为一个具有高度社会化分工的现代产业，走出一条可持续发展的现代化之路。

3. 以色列现代农业的特点

（1）持续高效农业。以色列自然条件严酷，但拥有丰富的热量资源和发达的科学技术，农业生产高度集约化，实现了专业化生产、科技化支撑和产业化经营。自 20 世纪 70 年代进行了农业结构调整以来，大大减少了对土地资源要求较高的粮食作物的面积，积极发展对土地资源要求低但技术密集和产值高的蔬菜、水果和花卉等特色产业，使有限的自然资源发挥最大效益。

（2）独特的农业生产组织。以色列的农业生产组织形式是独树一帜的。目前，以色列已经建立了一大批农业合作组织和相应机构，形成不同层次、不同性质和不同特色的合作机制，构建了覆盖全以色列农业和农村各方面的完整合作体系框架。以色列农业总产值的80%左右是内农业合作组织创造的。

(3) 高度发达的农业科技。以色列拥有世界先进的农业机械化技术、灌溉技术和生物工程技术。以色列每年投入的农业科研经费达8000万美元，占以色列农业总产值的2.5%以上，农业发展的科技进步贡献率高达96%，而农业投入贡献率仅占4%。以色列重视将农业科技的基础研究、应用研究和创新研究有机结合，协调运作。以色列不仅注重商业化、实用化技术的研究，还成立了专门从事基础性研究的机构，以加强贮备技术和理论技术。如培育转基因动植物品种，以提高品种的抗虫性、抗病性、耐瘠性、抗旱性等。作为该国主要的农业科研机构的农研组织，几十年来研究开发出数以千计的科技成果，如节水灌溉系统、先进的农用塑料、适合于半干旱地区的大棚可控温室、农产品加工与贮存技术、家禽和奶牛的饲养与管理、水产养殖与微咸水灌溉技术以及新品种的甜瓜、葡萄、洋葱、甜椒、番茄等，仅番茄就已培育出40多个新品种。另外，以色列的农业机械化水平也很高，目前，从耕地、施肥、灌溉、收获直至产品分级、包装、贮运均为机械作业。由于有发达的农业科技和农业机械化的强有力支撑，以色列农业的劳动生产率和土地生产率及家畜生产率均名列世界前茅。

(4) 大力发展外向型农业。以色列根据国内水土资源缺乏而光热资源充足的特点，充分利用地域上靠近欧洲的优势，集中力量把农业转向发展水果、蔬菜、棉花、花卉等高价值作物，经过一系列加工，大量向国外特别是欧洲国家出口，走创汇农业之路。以色列以国际市场为依托，实现了农产品的二次乃至多次增值，每年从包括农产品、技术、设备在内的面向国际市场的生物工程技术和独有技术开发中创汇90亿美元。

(5) 世界一流的节水农业。以色列建国后46年内农业总产值增长了12倍，但单位土地耗水量却仍维持在原有水平，其主要原因是以色列大力发展节水农业。以色列先后研制出了喷灌和滴灌等世界上最先进的灌溉技术和装备，水资源的利用率高达90%以上，每毫米降水可生产粮食2kg（中国不足0.5kg）。在农业生产上，以色列主要采取以下节水措施和技术：第一，加大使用循环水的力度；第二，不断增建集水设施，最大限度地收集和贮存雨季天然降水资源，在农耕时用于生产种植；第三，推广普及使用压力灌溉技术和方法；第四，节水灌溉技术与高效农业相结合。

**(二) 以色列农业现代化的做法与经验**

1. 政府高度重视与法制保障

建国后，以色列历届政府从政策、财政、信贷等方面采取了一系列倾斜

政策与扶持措施，并逐步走向法制化、规范化。农业部负责宏观指导、规划、市场预测、大型基建、区域开发、提供贷款、农业科研和对外合作等，尤其是利用价格、贷款等市场调节机制进行宏观调控，实施资源节约型和出口导向型现代农业发展战略。

另一方面，以色列还特别重视法律的作用，倡导依法治水、治地，依法处理各类农业问题。以色列一建国就制定了《水法》、《水井控制法》、《量水法》等法律法规，宣布水资源为公共财产，对用水权、用水额度、水费征收、水质控制等都作了详细规定，并由专门机构进行管理。

2. 注重环境保护和资源配置

以色列土地贫瘠、资源匮乏，建国后即陆续制定了有关森林、土地、水、水井、水计量、河溪、规划与建筑等方面的法律法规，把水和土地作为最重要的资源严格计划使用。近年来，以色列环境部还先后制定了可持续发展战略规划以及一系列的资源与环境保护方面的法律法规，逐步建立起有限资源的“红线”制度，实行用水许可证、配额制及鼓励节水的有偿用水制，大力推广节水技术。目前，以色列正在建立国家绿色核算体系并加强宣传，污染税、环境许可证制度、绿色标志等环保制度都是为了引导、鼓励绿色消费。

以色列对资源保护和配置的主要做法包括：一是在农业发展中处处注意维护生态平衡、维护生物链的自然连接；二是有计划地开发荒地、坡地和沼泽、滩涂以改善自然环境；三是通过增加植被种植，绿化沙漠，科学使用农药、化肥等改善土质土层结构；四是通过“三污”回收与治理以改善空气、环境和海水的质量；五是通过湖水南送等北水南调工程改善全国的水资源配置。

3. 强大的农业科教与推广体系

以色列建有一整套强大的由政府部门（农业部等）、科研机构和农业合作组织（基布茨、莫沙夫）紧密配合的科研、开发与教育、推广服务体系，全国共有30多个从事农业科学研究的单位、3500多个高科技公司，不少大学也设有一些专业性研究单位。政府每年投入上亿元的农业科研经费，各公司用于研发的费用一般占公司总收入的15%~20%。其研究重点是沙漠改造、适合当地自然条件的农畜品种培育以及太阳能的利用、农畜产品的高产、高速繁殖和病虫害防治等。

以色列的农业科研紧紧围绕生产，强调技术的实用性与经济效益。各项研究一旦取得成功，便通过技术推广服务站举办培训班、建立示范点，以实地讲解等方式迅速推广。实际上，以色列科研人员都是某一方面的专家，既为农业生产者、经营者提供技术指导、咨询和培训，同时还是技术推广者和技术承包的实践者，他们与农户签订有服务合同，从而使农民获得了更大的经济效益。

4. 高度组织化的农业合作与服务体系

以色列的农业合作组织有3种形式：即基布兹（Kibbutz）、莫沙夫（Moshav）、公社莫沙夫（Mos. shitufi），这3种形式的农业合作组织，为农村居民提供了若干可供选择的生活和生产方式。政府与合作组织的关系主要包括3个方面：一是补贴政策。吉布兹和莫沙夫所购买的农业设备，政府给予40%的补贴，农业用水价格低于工业用水的80%。二是土地使用权。土地所有权属于国家，吉布兹和莫沙夫仅拥有土地的使用权。三是吉布兹和莫沙夫所有的经营活动都要向国家纳税。

另外，以色列还有农业劳动者联合组织和农产品合作销售组织等专业组织，尤其是各种专业协会很多。专业协会与政府间的关系，是政府购买技术，与专业协会共同开展技术推广，形成一种联合型推广体系，他们与吉布兹和莫沙夫是一种服务和被服务的关系。目前以色列农业生产经营全部实行订单生产，吉布兹的农民们只管精心种植，种植之外的加工、采购、财政、购销等烦琐的农业服务由区域合作组织承担，从而使农产品进入国内、国际市场。这也是其现代农业取得成功的关键因素之一。

5. 水资源的节约与高效利用

主要做法有：一是不断完善水管理体制。例如，政府选定Mekorot公司全面负责国内所有涉水公司的管理，这种做法以较低的成本取得了高效的管理。二是强调技术创新，用好每一滴水。例如，在滴灌设备上安装监测器，把生物技术和纳米技术用于节水目的。三是注重可持续发展。政府制订了可持续发展的战略规划，严格控制地下水的开采，注重水生态和水环境保护。尤其是严格实施“节约每一滴水”和“给植物灌水，而不是给土壤用水”等先进理念，并采用计算机控制的水肥一体喷灌、滴灌和微喷灌、微滴灌系统，严格按照作物生长的需求进行节水灌溉，水资源的利用率高达95%。

以色列还在水费收取方面实行严格的奖惩措施，使农民们从每立方米水的最大经济效益方面来考虑农业生产。据统计，以色列农业用水量已由13亿吨减少至约10亿吨，每公顷灌溉用水也从8000吨降到5000吨，其中淡水、盐碱水、再生水各占1/3。水产养殖方面，淡水养鱼主要利用水库进行，水库中安装了生物过滤器，水在鱼塘和水库之间循环利用。

6. 农地资源的节约与高效利用

一是大力实施耕地资源的有效保护与高效利用以及沙漠改造计划。自20

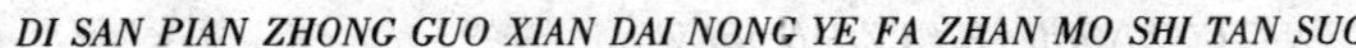

世纪80年代开始实施荒山成片开发配套设施齐全的住宅小区计划和城市区域发展战略计划，避免城市的盲目扩张。

二是扩大耕地面积，提高产出水平。全面推行节水技术、大力改造沙漠，使旱地农业变为灌溉农业。半个多世纪以来，以色列政府还通过“两步走”的方式成功实施了改造和开发沙漠的宏伟规划。如今以色列的可耕地面积已由建国初期的10万公顷增加到44万公顷，灌溉面积从3万公顷扩大到26万公顷。

三是注重农业高新技术的开发与利用，大力发展资源节约与集约化生产。工厂化栽培技术、滴灌技术、无土栽培技术、营养液配合滴灌技术、精准栽培等技术的广泛运用，不仅节约了土地，而且大大提高了农产品的产量与品质，如番茄的产量每公顷达100～150吨、辣椒15吨，甚至在温室中创造出每季每公顷收获300万枝玫瑰花的奇迹。

## 五、先进国家建设现代农业的启示

### 1. 抓住结构调整这根主线，发挥农业的比较优势

我国人多地少、自然资源相对短缺，独立分散的农民个体生产经营方式均与荷兰有相近之处。因此，结合国情进行研究和分析，坚持以市场为导向，大力调整农业经济结构，发展农村经济，按照比较优势原则进行农业资源配置和结构组合，使农业充分发挥比较优势，并做到引进与吸收创新相结合，示范与推广相结合。

### 2. 制定和实施切实有效的农业保护政策，对农业进行一体化的行政管理

主要体现在：实行价格支持，调节农产品供求状况；鼓励农产品出口，限制农产品进口；增加对农业的投入，实行财政金融支持和灾害保险；加强农业基础建设，保护农业资源和环境，提高农业综合生产能力等，其中保护农产品价格是核心内容。

以我国现实国情、国力为基础，集中有限资源，对需要而且是本国最为关键的区域和农产品进行补贴，即侧重于不同区域的关键农产品进行有重点的支持。比如，东北的大豆和玉米、华北的小麦、牧区的牛羊等，以增加比较优势和竞争优势的农产品生产，并提高这部分农民的收入水平。更重要的是，我国政府必须加强对农业综合生产能力提高有重要影响的农村公共产品的投资力度，强化基层政府对农业生产者的服务功能。

### 3. 尽快形成完善的市场经济环境

目前，我国农业迫切需要完善农业的组织和市场，着力发展各种经营形

式的中间组织，弥补分散的小农与分散的市场之间的“真空地带”，使更多的农业经营活动成为市场行为。同时，应积极完善农产品市场和要素市场的建设。对土地商品化和土地市场的培植发育要给予引导，尽快改革不合理的制度安排，让农村市场真正实现商品交易普遍化，为现代农业生产和流通提供完善的市场环境（引导家庭经营形成适度的规模经营）。

4. 切实加强农业科学技术的研究和推广

目前，我国农业将进入到一次新的农业科技革命，要进一步加大关键技术研究与开发力度，使高新技术在工厂化农业生产中迅速的推广应用。完善科技推广体系，提高农业的科技含量。另外农业科研体系一定要与市场结合，要有相应的科研推广体系与之相配套。

5. 加大人力资本投入，提高农业劳动者素质

荷兰农业近几十年来发展很快，主要得益于农民技能的提高、政府对农业的保护等各方面的因素，同时国家教育、信息化、科学研究也发挥了重要作用。荷兰农业的生产者和经营者，把运用现代科学技术看成是企业生存与发展的源头，从种植品种选育到栽培过程的管理，每个环节都以最先进的技术为基础，不断地进行技术创新。

我国农业现处于由传统农业向现代农业转变的过程中，迫切需要科技资源投入和力量驱动。但由于体制方面的原因，我国目前农业科技与教育的投入有限，直接面向农民的科技创新体系尚不完善，农业科技推广和教育体系还不能充分发挥传播知识、信息和对农民进行技术培训和教育的功能，结果导致农民科学文化素质普遍较低、农业科研成果对农户的农业生产作用甚微。尽管政府启动了声势浩大的“丰收计划”、“星火计划”等一系列旨在改造传统农业生产体系的科技推广行动计划，可在面向农户的农业科技创新体系尚未体制化的背景下，这些行动计划的作用常常大打折扣，不能确立起农村综合生产能力提高的长效机制。

6. 加强农业合作组织建设

通过立法促进各种形式的农业社会化服务组织的建立、发展，使之成为农户进入市场并形成规模经营的良好媒介，使之成为能切实代表农民利益的农民自己的组织，通过这些组织架起农民与政府、科研机构、大学、非政府组织之间的桥梁，为农业提供技术、生产作业、供销、信贷、保险等服务。

近几年，在市场经济大潮中应运而生的各种民营服务组织、龙头企业生机勃勃，服务组织按市场经济规律办事，以经济效益为中心，以搞好服务、取得农民的信任和支持为前提。它们与农民的利益紧紧联在一起，显示了很

强的生命力，应该鼓励支持，并逐步规范和完善。

7. 为农民提供良好的金融服务

各级农业部门和农村信用社要按照中央有关金融规定和合作社的扶持政策，从实际出发，积极开展调查研究，制定支持农民专业合作社发展的政策措施，适当放宽贷款条件、简化贷款手续，通过发放专项贷款或小额贷款等形式，探索农村信用社支持农民专业合作社发展的新路子，加大信贷支持力度。

8. 完善土地使用制度

探索家庭联营，也可尝试通过使用权入股、租赁、转包、抵押、联营、转让、收购等措施完善土地流转机制，明确农业主体的地位和权益，充分调动其积极性，提高农业综合效益和市场竞争力。

9. 大力发展工业及第三产业，保持农业和其他产业的协调发展

第一，工业的发展是建立现代化农业物质技术基础的前提条件。

第二，工业和其他非农业部门发展，农业人口下降，农业才能实现规模经营，进而实现现代化大生产。

第三，只有国民经济各产业普遍得到发展，人民生活水平得到提高，才能为农业产出提供广阔的销售市场，而市场消费是促进农业投入增加，促进现代农业的重要因素之一。

10. 加强新农村建设

社会主义新农村建设是指在社会主义制度下，按照新时代的要求，对农村进行经济、政治、文化和社会等方面的建设，最终实现把农村建设成为经济繁荣、设施完善、环境优美、文明和谐的社会主义新农村的目标。其中，生产发展，是新农村建设的中心环节；生活宽裕，是新农村建设的目的；乡风文明，是农村精神文明建设的要求；村容整洁，是实现人与环境和谐发展的必然要求；管理民主，是新农村建设的政治保证。新农村建设主要包括农业基础建设、农村基本建设、农村精神文化道德建设。

11. 统筹规划，重视环境治理

大力开展植树种草，治理水土流失，防治荒漠化，建设生态农业，经过一代一代人长期地、持续地奋斗，建设祖国秀美山川，是把我国现代化建设事业全面推向21世纪的重大战略部署。从我国生态环境保护和建设的实际出发，对全国陆地生态环境建设的一些重要方面进行统筹规划和综合治理，主要包括：天然林等自然资源保护、植树种草、水土保持、防治荒漠化、草原建设、生态农业等。

## 第四节　现代农业技术发展趋势与对策

现代农业技术是指由于生物技术、信息技术、工程技术、新材料技术、新能源技术、空间技术、海洋技术等现代高技术在农业科学技术领域的全面渗透和广泛应用，产生的以动物、植物、微生物遗传改良生物技术、农业信息技术为支撑性主导技术，以农业生物工程技术、农业工程技术、农业节水技术、海洋农牧业技术、农业空间利用技术、农用新材料、新能源技术等为相关技术体系的新型农业科学技术体系。

现代农业技术产业是指现代农业技术、劳动力和资金高度密集的新型产业。主要包括农业生物技术、农业信息技术、农业新材料技术、农业工程技术等及其产品的创新、转化、应用形成的农业新产业。它同时具备农业产业和高新技术产业的基本特征，即现代农业技术产业具有知识密集、技术密集、劳动力密集和资金密集，区域性和季节性强，投资和生产周期较长，高风险和高效益等特征。

现阶段我国现代农业技术产业主要有现代种业，高效节水旱作农业，现代工厂化设施农业，生态农业和特色农业，现代林草业，现代畜牧养殖业，水产养殖业，农产品加工产业，农业减灾防灾技术产业，农业信息技术产业等。

### 一、现代农业技术革命

从20世纪中叶开始，进行了一系列的农业技术革命，主要包括以下几个方面。

1. 绿色革命（Green revolution）

20世纪40～50年代国际玉米和小麦改良中心和国际水稻研究所开始选育粮食矮秆品种并取得突破，育成矮秆、半矮秆小麦、水稻等品种20多个，并于1960年在墨西哥推广获得巨大效益，开启了第一次绿色革命的序幕。1966～1968年印度引进矮秆品种，同时增加了化肥、灌溉、农机等投入，粮食生产得到极大发展。世界进行的“绿色革命”（主要在发展中国家），使得世界粮食总产提高2倍，有18个粮食长期匮乏的国家改善了粮食的供应状况。

问题：①生产成本过高。大量化肥、农药和农业机械的使用，使生产成

本过高；②环境恶化。由于大量灌溉，长期使用化肥、农药，造成土地板结和盐碱化，环境污染等问题也日益突出；③推广的品种不适于旱地种植；④品质降低。高产谷物中矿物质和维生素含量很低，用作粮食常因维生素和矿物质营养不良而削弱了人们抵御传染病和从事体力劳动的能力。

针对第一次绿色革命存在的问题，世界各国以环境保护和持续发展为前提条件，以生物技术（主要是基因工程和分子生物学在育种上的应用）和信息技术与常规育种技术相结合为主要途径，开展了以培育超级木薯、超级水稻、特种玉米、短季抗病马铃薯、抗病小麦为代表性技术的第二次绿色革命。

2. 白色革命（White revolution）

1951 年日本用塑料薄膜覆盖进行蔬菜栽培，获得高产，此后掀起了“白色革命”的高潮。目前在生产上开发并应用了普通透明地膜、黑色膜、绿色膜等十几种，促进了地膜覆盖栽培技术的改进。我国 20 世纪 60 年代开始进行塑料薄膜地面覆盖的试验研究，80 年代初开始推广。地膜覆盖对促进作物早熟、增产有着显著作用，一般增产幅度在 30% 以上，不少作物增产超过 50%，使作物稳定早熟 7~10 天，产品质量也有明显提高。

覆盖地膜在农田上的作用主要有 6 点：①能够调节土壤温度，充分利用生长季节；②保持水土湿润，提高水分利用率，且在旱季能节水抗旱，在雨季能抗涝；③维持土壤疏松，减轻土壤盐渍化程度；④促进土壤养分分解转化，提高土壤肥力，从而提高产量；⑤防止和减轻病虫害，增强抗害能力；⑥使用地膜可抑制和减轻杂草的为害，显著增加收益。

最大缺点：白色污染。

3. 蓝色革命（Blue revolution）

人类向水域索取食物的重大技术革命，称为“蓝色革命”（海洋占地球表面积的 71%，蕴藏着丰富的资源）。是在原有的捕捞、养殖和加工基础上利用新的科学技术手段，充分合理地开发海洋生物链各环节资源，最大程度地提高海水生产能力，实现海洋资源的可持续利用。海水农业还包括利用海水灌溉种植陆生耐盐植物。目前，蓝色产业存在的主要问题是规划、管理、污染、可持续。

4. 白色农业（White agriculture）

白色农业又称微生物农业，是以蛋白质工程、细胞工程、酶工程为基础，运用现代基因工程技术组建的开发微生物资源的工程农业。白色农业是高科技生物工程，它在工厂化条件下生产，生产者穿着白色工作服，在洁净的厂房里工作，不污染环境，故称“白色农业”。

白色农业有着极其巨大的生产潜力，微生物是目前世界各国竞相开发的新蛋白质资源，其蛋白质含量一般为30%～50%。利用单细胞蛋白资源，生产高蛋白质新型人造食品饲料，前景十分广阔。如用世界石油产品产量的1%，利用微生物工程来生产单细胞蛋白质，可供10亿人吃一年。利用作物秸秆、谷壳，以及工农业废液、废渣、废气在微生物发酵作用下，均可生产微生物蛋白饲料。我国每年有5亿t作物秸秆，若将其中20%通过微生物发酵，就可获得相当于400亿kg饲料粮的饲料，相当于我国目前全国饲料粮的1/3。

白色农业可有效解决“人畜争粮”问题，推动畜牧业的发展，有助于解决我国的粮食问题，并改善居民的膳食结构。

5. 设施农业（Facility agriculture）

设施农业是采用一定设施和工程技术手段，以充分利用太阳能并在必要时辅以其他能源，通过在局部范围改善或创造环境气象因素，为动植物生长发育提供良好的环境条件，从而在一定程度上摆脱对自然环境的依赖而进行的有效生产的农业。设施农业是农业工程学科最具典型的分支学科领域，是依靠科技进步形成的高新技术产业，是当今世界最具活力的产业之一，也是世界各国用以提供新鲜农产品的主要技术措施。

设施农业主要包括：

（1）设施栽培：目前主要指蔬菜、花卉、瓜果类的设施栽培，设施有各类塑料棚、各类温室、人工气候及配套设备。

（2）设施养殖：目前主要指畜禽、水产品和特种动物的设施养殖，设施有各类保温、遮阴棚舍和现代集约化饲养的畜禽舍及配套设施设备。

6. 工厂化农业（Factory farming）

1994年我国提出工厂化农业，是设施农业的高级层次，是应用现代工业技术装备农业，在可控环境条件下，采用工业化生产方式，实现集成、高效、可持续发展的现代农业生产与管理体系。其发展的总趋势是着重在增加品种、提高质量、提高市场竞争能力，逐步实现专业化、规范化、标准化和系列化。当今世界，工厂化农业有了迅速发展，现已应用于蔬菜、花卉、养猪、养禽、养鱼乃至多年生果树栽培等许多领域，并达到高效率、高产值、高效益。

7. 现代节水农业（Water saving agriculture）

现代节水农业是节约和高效用水的农业，其根本目的是在水资源有限的条件下实现农业生产的效益最大化，其本质是提高农业水的利用效率。节水农业是随着近年来节水观念的加强和具体实践而逐渐形成的。它包括3个方

面的内容：一是农学范畴的节水，如调整农业结构、作物结构，改进作物希局，改善耕作制度（调整熟制、发展间套作等），改进耕作技术（整地、覆盖等），培育耐旱品种等；二是农业管理范畴的节水，包括管理措施、管理体制与机构，水价与水费政策，配水的控制与调节，节水措施的推广应用等；三是灌溉范畴的节水，包括灌溉工程的节水措施和节水灌溉技术，如喷灌、滴灌等。

目前，我国现代节水农业领域的技术贮备还很薄弱，缺乏适合国情的现代节水农业新技术和产业化程度较高的产品设备，没有建立起适于不同农业类型区的节水农业技术体系和应用推广模式。国外的喷灌、滴灌技术投资较大，要大面积推广在资金上有困难。我国现代节水农业的重点应放在以下 4 个方面。

（1）提高作物水分利用效率、农田利用率、渠系利用率、水源再生利用率的技术研究。要求灌溉利用率达到 70% 以上。

（2）筛选抗旱节水农作物新品种开发研究。

（3）在不同类型区建立现代节水农业技术集成示范区。

（4）建立节水农业技术产业化基地。

## 二、现代农业技术发展趋势

20 世纪 60 ~ 70 年代，提出“有机农业”、“生态农业”、“跨越农业”、“替代农业”、“超石油农业”等，90 年代提出“可持续农业”。20 世纪农业将向以下 7 种类型发展。

### 1. 立体高效型农业技术

随着世界人口的不断增加和生态环境的恶化，发展立体高效型农业生产，开发产量更高、效益更好的农业产品和技术是当今世界的发展趋势之一。

利用系统学、生态学、植物学原理对传统生产技术改造，利用生物技术培育适于立体高效生产的动植物，利用信息技术对立体高效农业生产进行管理，以获取生态、社会、经济效益最大化生产。构成立体农业模式的基本单元是物种结构（多物种组合）、空间结构（多层次配置）、时间结构（时序排列）、食物链结构（物质循环）和技术结构（配套技术）。目前立体农业的主要模式有：丘陵山地立体综合利用模式；农田立体综合利用模式；水体立体农业综合利用模式；庭院立体农业综合利用模式。立体农业的特点：①“集约”。即集约经营土地，体现出技术、劳力、物质、资金整体综合效益；②“高效”。即充分挖掘土地、光能、水源、热量等自然资源的潜力，同时提高人工辅助能的利用率和利用效率；③“持续”。即减少有害物质的残留，提高农业环境和生态环境的质量，增强农业后劲，不断提高土地（水体）生产力；④“安全”。即产品和环境安全，体现在利用多物种组合来同时完成污染土壤的修复和农业发展，建立经济与环境融合观。

2. 超级型农业技术

利用高新技术、生物工程，培育动植物杂交种，实现高产高效，叫超级型农业。超级型农业具有超高产、超优质、超级发展特点。例如，每公顷产量达12000~15000千克的中国超级稻，产量高，米质好、抗寒、抗病、抗倒伏。又如高油玉米、高赖氨酸玉米、高蛋白小麦、高碘蛋等。

超级型的方向一般有两种：一个是大。利用高新技术把大型动物的生长基因，引入体型较小的动物体内，从而培育出个体粗壮的大型动物。例如：美国国会技术评价局认为，在今后一二十年中，肯定能培育出大象一般的牛，鹅一样大的鸡。例如，日本培育出一种马铃薯番茄新品种，株高10m，结果1.2万个，足有1000多千克；培育出比普通米粒大3倍的新型水稻。另外，通过倍性育种，可以获得株高、茎粗、叶大的高产蔬菜或奇特的观赏植物。

另一个方向是小。培育精、优、小巧的微型动植物品种。例如中国的小型猪，体重不超35千克。中国的矮马、矮鸡和英国的贵妇鸡。墨西哥的微型牛，身高60~100厘米，饲养6个月体重150~200千克即可宰杀。这种牛生长快，皮薄肉嫩，产奶量大，适应性强。美国培育出的柑橘一般大小的瓜，产量高，吃时一口一个，十分可口。目前，畜牧专家正在研究和试验把猪、兔、羊育成小到可放在菜盘子里的微型动物。其次是植物的矮化育种。如每667平方米产量达5吨以上的矮化苹果，两年即可结果。

3. 快速型农业技术

目前，所谓的快速型农业技术主要指植物克隆技术（植物快繁技术）、植物非试管快繁技术。通常，植物克隆技术（植物快繁技术）是指利用植物细胞的全能性，在适合的培养基上接种外植体（如叶片切块、下胚轴、茎尖等），在离体条件下使其经过脱分化、分化过程重新再生新的植株的过程。这其中培养基的激素成分和激素用量起了关键的作用。采用速生快繁技术生产荔枝，一年即可结果。利用组培技术脱毒生产草莓，5株过8个月后可产生30万株脱毒原种苗。

而植物非试管快繁技术其实也就是一种更小材料的嫩枝扦插喷雾育苗技术。喷雾是关键，生根剂应用很重要，再做好一些其他管理。

4. 设施型及无土型农业技术

设施农业属于高投入高产出，资金、技术、劳动力密集型的产业。它是

利用人工建造的设施，使传统农业逐步摆脱自然的束缚，走向现代工厂化农业、环境安全型农业生产、无毒农业的必由之路，同时也是农产品打破传统农业的季节性，实现农产品的反季节上市，进一步满足多元化、多层次消费需求的有效方法。设施农业是个综合概念，首先要有一个配套的技术体系做支撑，其次还必须能产生效益。这就要求设施设备、选用的品种和管理技术等紧密联系在一起。设施农业是个新的生产技术体系，它的核心设施就是环境安全型温室、环境安全型畜禽舍、环境安全型菇房。它采用必要的设施设备，同时选择适宜的品种和相应的栽培技术。分类设施农业从种类上分，主要包括设施园艺和设施养殖两大部分。设施养殖主要有水产养殖和畜牧养殖两大类。

无土栽培是指不用天然土壤而用基质或仅育苗时用基质，在定植以后用营养液进行灌溉的栽培方法。由于无土栽培可人工创造良好的根际环境以取代土壤环境，有效防止土壤连作病害及土壤盐分积累造成的生理障碍，充分满足作物对矿质营养、水分、气体等环境条件的需要，栽培用的基本材料又可以循环利用，因此具有省水、省肥、省工、高产优质等特点。

5. 工艺型农业技术

工艺型农业技术指对植物或农产品在它的适合生育期内进行特别管理，例如，果实开始形成时，制造一合适的模具将果实放置其内，以塑造其独特的性状，从而满足人们的视觉需求。如寿桃、福果、方形西瓜（礼品瓜）、球形胡萝卜、鹌鹑鸡等。

6. 保健型农业技术

现代人的健康意识与日俱增，无公害、保健型、营养型、食疗型食品将备受青睐。专门开发有保健价值的动植物资源，是保健型农业产生与发展的根源。

培育出美味可口又有某种特殊疗效的动植物产品，如抗癌粮、防病瓜、健脑鸡、长寿果、保肝蛋、脱脂鱼等。我国引进国外技术生产的低胆固醇蛋、高碘蛋、高锌蛋等，均为功能性食品。

7. 观光型农业技术或休闲农业技术

观光农业又称旅游农业或绿色旅游业，是一种以农业和农村为载体的新型生态旅游业。利用当地有利的自然条件开辟活动场所，在农业区域内进行工艺美工化，如作物布置整齐有致，花卉、瓜果点缀，湖泊其间，青山绿水，提供设施，招揽游客，以增加收入。除了游览风景外，以林间狩猎、水面垂钓、采摘果实等休闲娱乐或农事活动为特色的休闲农业也受到游客的喜爱。

游客不仅可以观光、采果、体验农作、了解农民生活、享受乡间情趣，而且可以住宿、度假、游乐。休闲农业是一种综合性的农业类型，它是利用农村的设备与空间、农业生产场地、农业自然环境、农业人文资源等，经过规划设计，以发挥农业与农村休闲旅游功能，提升旅游品质，并提高农民收入，促进农村发展的一种新型农业。

## 三、中国现代农业技术发展对策

新中国成立以来，我国现代农业技术经过半个多世纪的探索，取得了较大的进展。在新的农业发展阶段下，中国现代农业技术研究迎来了前所未有的机遇，也面临着严峻的挑战，当前，应紧紧围绕我国农业发展战略目标，循序渐进，建立合理的农业技术结构，选择适宜的农业技术，使科学技术真正发挥推动作用，把中国现代农业建设推进到较高的水平。

1. 优化结构，建立合理的农业生产结构和农村产业结构

（1）保障粮食的生产能力，不能盲目占用耕地。

（2）调整粮食及其他农产品的区域种植结构，优化农业区域分布。东部沿海地区发展创汇农业区（城市现代农业），中部和东北部发展商品粮基地农业区，西部地区发展生态农业区。

（3）调整农产品的品种结构，全面提高农产品质量。满足人们日益增长的需求。

（4）积极发展畜牧业、渔业，提高人们的营养水平。

（5）迅速完成农产品的生产标准化。

2. 实施科教兴农战略，促进农业科技进步

（1）大力推广先进农业技术。研究和开发现代农业生物技术，发展现代农业信息技术，推广现代节水灌溉技术，发展农业综合管理技术和管理科学技术，改进和加强食物和农产品加工技术体系。

（2）进一步完善农业技术推广服务体系。

（3）加快农业科研成果转化，实现农业科技成果产业化。

（4）加强农业教育，提高农民科技素质。

3. 加快农业基础设施建设，改善生态环境

立足传统农业向高效生态农业的转变，不断完善农业基础设施，实施农业综合开发项目，推进农业产业化、农民组织化、土地规模经营化等现代农业建设方面的发展；大力发展有机（绿色）、无公害农产品，大力实施农村沼气工程，大力推广太阳能等清洁能源，不断减少农业面源污染，不断改善农

业生态环境。

4. 发展可持续农业技术

按可持续发展要求，将农业发展、节约资源和保护环境协调统一起来，能取得最佳的生产效益、经济效益、社会效益以满足当代人和后代人需求的技术系统。

# 第二章 可持续农业概述

## 第一节 可持续农业的内涵与特征

### 一、可持续农业的内涵

由于农业是人类生存的基础，是其他生产部门独立、存在和发展的基础，所以农业是国民经济的基础产业，农业的可持续发展是人类可持续发展的基石。在农业中，可持续性从根本上是指在维持资源基础的同时确保农业生产的持续增长能力。

1987年在日本东京召开的世界环境与发展委员会第八次会议通过《我们共同的未来》报告，第一次提出可持续发展的明确定义：在满足当代人需要的同时，不损害后代人满足其自身需要的能力。可持续发展农业是指采取某种合理使用和维护自然资源的方式，实行技术变革和机制性改革，以确保当代人类及其后代对农产品需求可以持续发展的农业系统。按可持续发展农业的要求，今后农业和农村发展必须达到的基本目标是：确保食物安全，增加农村就业和收入，根除贫困；保护自然资源和环境。

可持续农业（Sustainable agriculture）已经逐渐受到国际社会和许多国家的普遍重视。考虑到农业与农村的发展紧密相关，20世纪90年代初国外又提出了可持续农业和农村综合发展（Sustainable Agriculture and Rural Development）（以下简称SARD），把SA和RD有机地结合起来进行研究。

1991年联合国粮农组织（FAO）在荷兰召开的124个国家参加的农业与

环境国际会议，通过了《登弗斯宣言》，对可持续农业的定义为：通过管理和保护自然资源，调整农作制度和技术，以确保获得并持续地满足目前和今后世世代代人们需要的农业，是一种能维护和合理利用土地、水和动植物资源，不会造成环境退化，同时在技术上适当可行、经济上有活力、能够被社会广泛接受的农业。其含义是在不破坏资源与环境、不损害后代人利益的条件下，允许合理的化学能投入，以实现当代人对农产品供求平衡的农业持续发展模式。也就是要合理利用自然资源，保护与改善生态环境，使农村经济得到持续、稳定、协调和全面发展的农业。

综上所述，可持续农业的概念可概括为：通过重视可更新资源的利用，更多地依赖生物措施，合理的化学能投入，在发展农业生产力的同时，保持资源、改善环境和提高食物质量，以实现农业可持续发展。其主要特点是把产量、质量效益与环境结合起来考虑，是在不破坏资源与环境、不损害后人利益的条件下，允许合理的化学能投入，以实现当代人对农产品供求平衡的农业持续发展。具体表现在以下几个方面。

1. 目的与着眼点

从世界范围看，持续农业的着眼点是注重环境的保护与产品质量，要求产品数量、经济效益与资源环境并重，将产品、效益、投资、环境、结构视为一体，尤其强调满足当代人及今后世世代代人的需求。而中国则强调：以现代工业和科学技术为基础，充分利用中国传统农业之技术精华，实现持续增长的生产率、持续提高的土壤肥力、持续协调的农村生态环境以及持续利用保护的农业自然资源，实现高产、优质、高效、低耗，逐步建立起一个采用现代科学技术、现代工业装备和现代经营管理方式的农业综合体系。

2. 我国农业可持续发展的特点

（1）坚持“高产、高效、持久”的可持续发展方向。以现代工业和科学技术为基础，充分利用中国传统农业之技术精华，实现持续增长的生产率、持续提高的土壤肥力、持续协调的农村生态环境以及持续利用保护的农业自然资源，实现高产、优质、高效、低耗，逐步建立起一个采用现代科学技术、现代工业装备和现代经营管理方式的农业综合体系。

（2）在耕作技术上，可持续发展应用用地和养地结合的科学耕作技术，主张建立生物防治和化学防治结合的综合防治系统防治病虫害，推广以有机肥为主、化肥为辅的施肥制度，多依靠作物秸秆还田，施牧畜粪肥、种豆科作物、绿肥等，合理的化肥、农药、生长调节剂和牲畜饲料添加剂的投入。

（3）强调高新技术的应用和高科技的投入。在物质上用现代工业装备农业，实现水利化、化学化、机械化、电力化、信息化；在技术上用现代科学技术装备农业，实现高产化、良种化、耕作制度与农业结构优化、栽培技术规范化、资源利用高效化、节约化；在经济上，用现代的经济管理科学指导农业，实现商品化、市场化、产业化、经营规模化、社会化。

## 二、可持续农业的要求与特征

可持续农业是21世纪世界农业生产的必然趋势和主要模式。可持续的发展模式赋予了农业更深的内涵，同时也对我国农业发展提出了更高的要求。

### （一）要求

1. 效益要求

可持续农业的发展首先要求要有高的生产效益。实现农业的高效益，就要用现代工业装备农业，用现代科技武装农业，用掌握现代科技的劳动者从事农业，用现代经营管理理论指导农业，实现农业的专业化、商品化、社会化生产。同时，可持续农业在强调农业发展的同时，更加重视自然资源的合理开发利用和环境的保护。因此，重视生产效益的同时，要把生产效益、质量效益与环境效益结合起来考虑，实现资源的科学开发、合理利用，尽可能减少浪费和污染。

2. 能力要求

在利用资源和物质投入过程中，要求维护和提高再生产能力，增强后劲。同时重视人力资源的投资，提高生产者自身的素质。

3. 农村农业结构要求

促进农村综合协调发展，增加农民收入，消除农村贫困状况是可持续发展的重大战略目标之一。为此，必须进行调整农村农业结构的优化和调整。

优化农业生产区域布局，大力推进农业产业化经营，推进乡镇企业技术进步和体制创新。努力开创多种经营，实行产供销一体化，增加农村经济收入。以结构调整为手段，以科技为依托，开展产业化经营，提高农产品附加值，促进农业向集约化、专业化方向发展。

突出培育优势产品，大力建设特色农业。在保持粮食生产的前提下，重点抓好农业结构调整、调优、调特。依托科技提升质量档次，大力建设品牌农业。实施产业化经营，大力建设规模农业，开展农业综合开发。构造和培育农民组织，提高农民组织化程度。

**（二）特征**

1.“三个持续性”（经济持续性、社会持续性、生态持续性）是它的基本特征

（1）经济可持续性。经济可持续性指在经济上可以自我维持和自我发展。农业经营的经济效益和可获利状况，直接影响农业生产是否能够维持和发展下去。农业经济的可持续发展能力主要是指经营农业生产的经济效益及其在市场上的竞争能力，它最终要以增加农产品有效供给和农民收入为目的。缺乏经济可持续性的农业系统是不可持续的。由于事物间的相互联系和影响，经济的恶性循环会损害生态的良性循环。从这个意义上讲，经济效益不佳的农业生产，出卖农畜产品等于出卖地力和资源。因此，经济可持续性日益成为农业可持续发展的必要条件和重要特征。

（2）社会可持续性。社会可持续性指能满足人类食、衣、住等基本需求和农村社会环境的良性发展。持续不断地提供充足而优质的粮食等农产品直接关系社会的安危和百姓安居乐业的大局。农业发展的社会可持续性主要体现在：①农产品供应充足，保持农产品市场的繁荣与稳定；②农产品的安全、优质，能为社会所普遍接受；③农业生产结构、农产品数量结构以及区域发展能适应现代经济发展的总体需求。农村社会环境改善主要包括人口的数量控制和素质提高，社会公平不断增加，资源利用逐渐良化，农村剩余劳动力就业机会不断增加和落后农村逐渐脱贫等。社会可持续性直接影响着农村社会的稳定和农业可持续发展，不容忽视。

（3）生态资源可持续性。资源问题是可持续发展的中心问题。可持续发展要保护人类生存和发展所必需的资源基础。因为许多非持续现象的产生都是由于资源的不合理利用引起资源生态系统的衰退而导致的。合理使用、节约和保护资源，提高资源利用率和综合利用水平，建立重要资源安全供应体系和战略资源储备制度，最大限度地保证国民经济建设对资源的需要。生态可持续的主要内容是：①维护可再生资源的质量，维护和改善其生产能力，尤其要保护耕地资源；②合理利用非再生资源，减少浪费和防止环境污染；③加强水利和农田基本建设，提高防灾抗灾能力，并与生态相结合，积极改善生产条件。

2.“三个生”（生产、生活、生态）是它的永恒主题

“生产、生活、生态”三位一体共同推进。农村环境与城镇环境不同，农业生产场地与农民居住场所紧密相连，因此，可持续发展过程中必须把农业生产、农民生活、农村生态作为一个有机整体，而不是割裂开来。

3. “三个农”（农业、农村、农民）是它的中心内容

农业、农村、农民问题在中华民族走向伟大复兴的新的历史征程中处于极其重要的位置，发挥着不可或缺的基础和保障作用。从这个意义上来说，中国的社会主义现代化建设成功与否取决于农业、农村、农民问题的解决与否，解决“三农”问题是中国现代化建设的重要工作任务，也是我国可持续农业发展的中心内容。

4. “三个原则”（公平性、持续性、共同性）是它的主要主张

（1）公平性原则。即机会选择的平等性，具有3方面的含义：①代际公平性，即当代人和后代人在利用自然资源、满足自身利益、谋求生存与发展上权利均等；②同代人之间的横向公平性，即同一代人中一部分人的发展不应当损害另一部分人的利益，而且也要实现当代人与未来各代人之间的公平；③人与自然，与其他生物之间的公平性。这是与传统发展的根本区别之一。

（2）持续性原则。人类的经济和社会的发展不能超越资源和环境的承载能力，在开发利用的同时必须要对资源加以保护，如对可更新资源的利用，要限制在其承载力的限度内，并采用人工措施促进可更新资源的再生产；对不可更新资源的利用，要提高其利用率，并要积极开辟新的资源途径，加强对太阳能、风能、潮汐能等清洁能源的开发利用以减少化石燃料的消耗。

（3）共同性原则。鉴于世界各国历史、文化和发展水平的差异，可持续发展的具体目标、政策和实施步骤不可能是唯一的。但是，可持续发展作为全球发展的总目标，所体现的公平性和可持续性原则，则是共同的。并且，实现这一总目标，必须采取全球共同的联合行动。从广义上讲，可持续发展的战略就是要促进人类之间及人类与自然之间的和谐。

（4）需求性原则。可持续发展则坚持公平性和长期的可持续性，要满足所有人的基本需求，向所有的人提供实现美好生活愿望的机会。

## 第二节　农业可持续发展技术体系

### 一、农业可持续发展技术概念和特征

1. 概念

农业可持续发展技术指按可持续发展要求，将农业发展、节约资源和保

护环境协调统一起来，能取得最佳的生产效益、经济效益、社会效益以满足当代人和后代人需求的技术系统。从广义上来讲，它包括：①维护生态环境的可持续性技术；②有效节约农业资源技术；③保持农业生产的可持续性技术（优质高产低耗技术）；④促进社会经济发展的可持续性技术。

2. 基本特征

（1）高效性：可持续发展的战略目标首先体现在农业生产技术的优质、高产、抗病、低耗、无公害等特征。

（2）生态持续性：可持续农业技术重视对生态环境进行治理、立体种植和开发，在增加农田系统生产力的同时，使农、林、牧、渔等产业优化组合，改变对自然的掠夺性经营，增强生态适应性及农业生态系统的自我维持和自我修复的能力，实现生态的持久性和良性循环。此外，农业发展中无公害技术、清洁技术、环保技术的出现，在一定程度上为生态环境的持续性发展作出了贡献。

（3）区域性：因地制宜，根据区域内自然资源条件和生态性异质特点，合理综合开发区域自然资源。

（4）时效性：农业技术具有时效性，即原来使用的可持续农业技术可能变为不适用，现在不适用的技术可能将来适用。

（5）社会性：农业可持续发展技术要符合人类社会发展变化，满足人类需求。

（6）综合性：农业可持续发展技术的应用、扩散、推广需要农业各部门的参与合作来完成。

## 二、农业可持续发展技术体系的主要内容

农业可持续发展技术体系涵盖两大部分内容（图 3－1）：第一是农业生产技术体系，主要包括种植业、林果业、畜牧业和水产业等生产技术；二是农业技术检测和监督体系，主要包括技术检测监督、技术认证认可和相应的技术实践评价系统。这两部分相互补充，缺一不可。前者可为农业技术模型的建立和定量分析报告提供支持，是支撑和保障农业可持续发展的关键，后者则为农业的可持续发展提供了保障。

随着农业可持续发展技术体系的深化和逐步完善，农业生产技术体系的内涵不断增多，除了种植业、林果业、畜牧业和水产业生产技术外，目前我国还发展了如下技术。

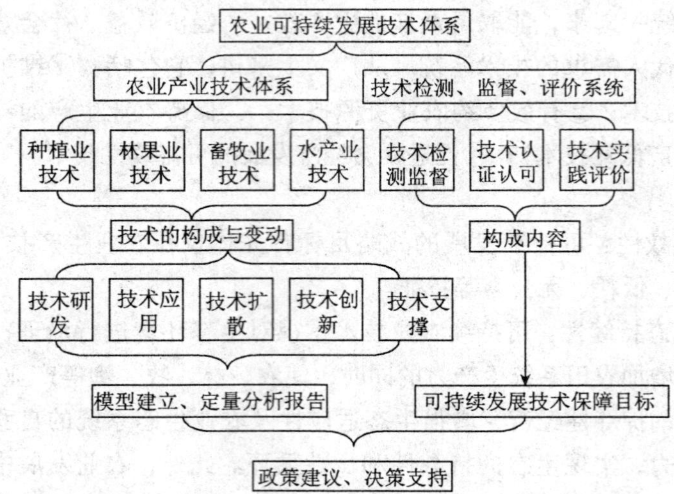


**图 3－1　农业可持续发展技术体系的主要内容**

（1）清洁化生产技术。清洁化生产技术主要指畜牧业生产过程中的产品清洁化、污水处理技术、粪便清洁无害化技术、沼气技术等；此类技术都有严格的要求，如养禽场应远离村庄、畜牧场、屠宰场和交通要道；场区布局符合动物防疫要求，生产区、生活区、污物处理区隔离分开，净道、污道分开；场门口、生产区门口设消毒池、消毒间，并配备消毒设备；废弃物处理区应有粪便、污水和病死禽等废弃物无害化处理设施，废弃物处理后应符合CD18596 污物排放标准；禽舍内应配有良好的饮水、通风换气、夏季防暑降温和冬季保温设施。

（2）低副作用技术。指不造成土壤有机质损害、土壤肥力下降的耕作技术，不造成土壤盐碱化的灌溉技术，及不造成土壤流失的生产技术。如节水灌溉技术、有机农业生产、合理轮作技术、秸秆覆盖技术等。

（3）生态良性化技术。主要指荒漠化治理技术和水土流失治理技术。荒漠化治理技术是通过铺设草方格，埋设防沙障等方式固定沙丘，防止沙漠进一步扩展；其次，推行土地的集约化经营，严禁过度放牧，提倡轮作、休耕，保持土壤肥力；再次，优化种植结构，有条件的实行精准灌溉。水土流失治理技术是通过修建水库、打坝淤地，在缓坡上修建水平梯田；因地制宜地调整农林牧用地结构退耕还林，种草种树。在水土流失严重的地区以牧业为主，农林牧相结合，同时要重视发展经济林木。

（4）自然灾害防治技术。加强自然灾害评估、预警、监测技术（包括病虫害监测）的研究与运用，根据各地情况，制定合理的自然灾害防治技术措施，是各国可持续发展技术中的一项重要内容。

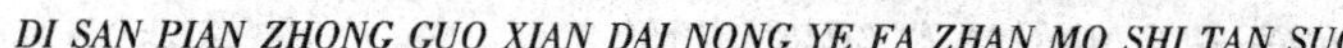

（5）提高产出效率的品种技术和专业化技术。运用生物技术，培育高产高效生产品种，强化农田土壤治理，提高地力，大力发展节水灌溉技术，扩大产出地域。

（6）资源综合利用技术和产品（副产品）深加工技术。开展农副产品、畜产品、水产品、林业产品多用途化加工技术的深度开发，实现农产品的效益最大化。

（7）降低技术成本和提高技术管理效率技术。建立信息为主导的信息系统管理体系，采用现代化的自动控制技术和信息管理技术，降低成本，从而提高可持续发展的效率。

综上，我国农业的可持续发展技术体系的内涵得到了完善和补充。当然，除了依靠农业技术体系的进步和不断完善外，还应建立起现代可持续农业的政策、管理及监督评价体系，才能保证我国可持续农业的健康快速发展。

## 三、农业可持续发展技术体系的选择原则与标准

农业可持续发展是一个渐进的过程，农业可持续发展技术体系的选择原则实质上就是可持续发展技术体系的标准。

1. 技术体系选择原则

（1）协调均衡原则。强调人口、资源、环境、生产、经济协调均衡可持续发展；注重经济效益、生态效益和社会效益相统一，保护资源环境与降低生产技术成本相结合。任何不顾环境效益只顾经济效益的发展，都不是可持续的发展。

（2）渐进发展原则。农业可持续发展技术是动态的、发展的，农业可持续发展是阶段性的，即各个阶段有着不同的发展目标。在选用现代科学技术带来经济效益的同时，可能带来负面影响或弊端，只有通过权衡利弊，着重发展（解决主要矛盾），并注意兼顾其他方面，才能较好地实现可持续生产技术效益最大化。

（3）集成综合性原则。农业发展受多种因素制约，其技术体系也应与之适应，即遵循集成综合性的原则。所谓综合集成性是指可持续农业应集优质高产技术、无公害技术、环保技术为一体，综合利用各项配套技术，达到资源有效利用及环境与农业生产之间的良性循环，充分发挥整体效应。

（4）区域性原则。可持续发展以自然—经济—社会复合系统为研究对象，其基本概念、系统要素、系统功能、战略实施都具有区域性。在可持续发展技术应用时，应根据不同区域的农业资源条件、农业生态背景、社会经济背

景、技术开发能力和技术投资及运转能力等生态经济特征，选择与之相适应的技术类型，包括耕作技术、管理技术、加工技术等。

2. 技术体系选择标准

（1）强调技术安全质量标准。

（2）强调经济效益、生态效益和社会效益相统一标准。

（3）强调保护资源环境与降低生产技术成本相结合标准。

## 第三节　农业自然资源与可持续利用技术

### 一、农业自然资源

#### （一）定义

农业自然资源，指自然界可被利用于农业生产的物质资料、能量来源和劳动对象，主要包括气候资源、土地资源和生物资源（动植物和微生物）。组成农业资源的各种自然要素是互相联系、互相制约的。人类必须合理开发、利用农业资源，以免引起生态平衡的破坏，最后导致农业资源的枯竭。因此，查明不同地区农业自然资源的状况、特点和开发潜力，加以合理利用，不但对发展农业具有重要战略意义，而且有利于保护人类生存环境和发展国民经济。

#### （二）分类

农业自然资源既是农业环境要素，又是人类生存和农村经济发展的物质基础。农业自然资源可分为以下8类：①土地资源；②水资源；③气候资源；④野生生物资源；⑤草地资源；⑥森林资源；⑦海洋资源；⑧农村能源。其中气候资源、水资源、土地资源和生物资源是农业资源中最主要的资源。

1. 气候资源

指太阳辐射、热量、降水等气候因子的数量及其特定组合。太阳辐射是农业自然再生产的能源，植物体的干物质有90%～95%系利用太阳能通过光合作用合成。温度是动植物生长发育的重要条件，水是合成有机物的原料，也是一切生命活动所必需的条件；陆地上的水主要来自自然降水。因此，气候资源在相当大的程度上决定农业生产的布局、结构以及产量的高低和品质的优劣。

2. 水资源

指可供工农业生产和人类生活开发利用的含较低可溶性盐类而不含有毒物质的水分来源。通常指逐年可以得到更新的那部分淡水量，包括地表水、土壤水和地下水，而以大气降水为基本补给来源。水资源对农业生产具有两重性：它既是农业生产的重要条件，又是洪、涝、盐、渍等农业灾害的根源。

3. 土地资源

一般指能供养生物的陆地表层。农业用地按其用途和利用状况，可以概分为：①耕地，指耕种农作物的土地，包括水田、水浇地、旱地和菜地等。②园地，指连片种植、集约经营的多年生作物用地，如果园、桑园、茶园、橡胶园等。③林地，指生长林木的土地，包括森林或有林地、灌木林地、疏林地和疏林草地等。④草地，指生长草类可供放牧或刈割饲养牲畜的土地，不包括草田轮作的耕地。⑤内陆水域，指可供水产养殖、捕捞的河流、湖泊、水库、坑塘等淡水水面以及苇地等。⑥沿海滩涂，又称海涂或滩涂，是海边潮涨潮落的地方，是沿海可供水产养殖、围海造田、喜盐植物生长等的特殊自然资源。

土地除农业用地外，还有一部分是难以利用或基本不能利用的沙质荒漠、戈壁、沙漠化土地、永久积雪和冰川、寒漠、石骨裸露山地、沼泽等。随着科学技术和经济的发展，有些难以利用的土地正在变得可以逐步用于农业生产。

4. 生物资源

指可作为农业生产经营对象的野生动物、植物和微生物的种类及群落类型。人工培养的植物、动物和农业微生物品种、类型，也可包括在生物资源的广义范畴之内。生物资源除用作育种原始材料的种质资源外，主要包括：①森林资源，指天然或人工营造的林木种类及蓄积量。②草地资源，指草地植被的群落类型及其生产力。③水产资源，指水域中蕴藏的各种经济动植物的种类及数量。④野生生物资源，指具有经济价值可供捕捞或采挖的兽类、鸟类、药用植物、食用菌类等。⑤珍稀生物资源，指具有科学、文化价值的珍稀动植物。⑥天敌资源，指有利于防治农业有害生物的益虫、益鸟、蛙、益兽和有益微生物等。

**（三）农业自然资源的特征**

1. 它们都是进行生物性生产不可缺少的因素或条件

生物生产是对自然能进行转化为生物能的一个复杂过程，对农业自然资源的需求是全面的和综合利用的，缺少任何一种关键因素将不能完成生产过程，如植物缺少水分，即使其他自然因素非常丰富，也不能完成生命活动。

2. 它们本身都处于不断演变的过程中，与生物体在自然界形成一定循环的生态体系

它们彼此间相互联系、相互制约，形成统一的整体。如在一定的水、热条件下，形成一定的土壤和植被，以及与此相适应的动物和微生物群落。一种自然因素的变化，会引起其他因素甚至资源组合的相应变化，如原始森林一旦被破坏以后，就会引起气候变化、水土流失和生物群落的变化，成为另一类型的生态系统。

3. 它们都有很强的区域性

由于地球与太阳的相对位置及其运动特点，以及由于地球表面海陆分布的状况和地质地貌变化，地球上各个地区的水、热条件各不相同。从而不仅大的区域如南方和北方、东部和西部、沿海和内陆、平原和山区自然资源的形成条件以至各种资源的性质、数量、质量和组合特征等都有很大差别；即使在一个小范围内，如在水田和旱地、平地和坡地、阳坡和阴坡，以及不同的海拔高度之间，也都有不同的资源生态特点。严格地说，农业自然资源的分布，只有相似的而无相同的地区。

4. 它们多具有可更新性或再生性

与矿产资源随开发利用而趋减少的情况不同，农业自然资源是可更新和可循环的。主要表现在土壤肥力的周期性恢复，生物体的不断死亡与繁衍，水分的循环补给，气候条件的季节性变化等。更新和循环的过程可因人类活动的干预而加速，从而打破原来的生态平衡。这种干预和影响如果是合理的，就有可能在新的条件下，使农业自然资源继续保持周而复始、不断更新的良好状态，建立新的生态平衡；反之，则某些资源就会衰退，甚至枯竭。

5. 它们在数量上多是有限的，但在利用方面又是无限的

地球上土地的面积、水的数量、到达地面的太阳辐射量等，在一定地区、一定时间内都有一定的量的限制。人类利用资源的能力以及资源被利用的范围和途径，还受科学技术水平的制约。但相对而言，由于农业自然资源的可更新性和可培育性，它的生产潜力却是无限的。随着科学技术的进步，人类不但有可能做到保持农业自然资源的循环更新，而且可以不断地扩大资源的利用范围，使有限的资源能无限地发挥其生产潜力。如人类虽不能创造自然资源，但可以采取各种措施，在一定程度上改变它的形态和性质。如通过改土培肥、改善水利、培育优良的生物品种等，进一步发挥自然资源的生产潜力。

## 二、土地资源可持续利用

### （一）我国土地资源状况

我国土地资源的绝对量大，但人平均占有的相对量少。根据统计资料，全国土地总面积约为960万平方千米，约占世界土地总面积的7.3%，仅次于俄罗斯和加拿大而居世界第3位。耕地面积为12414万公顷，约为世界耕地总面积的7%，次于美国、印度、俄罗斯而居第4位。林地面积11533.3万公顷，占世界森林总面积的3%，仅次于俄罗斯、巴西、加拿大、美国而居第5位。草原面积31933.3万公顷，其中可利用的面积约22466.7万公顷，仅次于澳大利亚而居第2位，另有草山草坡约4800万公顷。淡水水面1666.7万公顷，其中可供养殖面积约500万公顷；海涂面积约200万公顷，水深200米以内的大陆架约15333.3万公顷，为发展淡水及海洋渔业提供了较好的资源条件。

中国人平均占有的各类土地资源数量显著低于世界平均水平。山地多、平地少，海拔3000米以上的高山和高原占国土的25%。此外还有约19%难于利用的土地和3.5%为城市、工矿、交通用地。人均耕地面积仅约0.1公顷，为世界平均数0.3公顷的1/3，是人均占有耕地最少的国家之一。人均林地面积约0.12公顷，森林覆盖率为12.7%，而世界平均分别为0.91公顷和31.3%。人均草地面积0.33公顷多，也只及世界平均数0.7公顷的1/2。

### （二）土地资源保护利用

1. 合理利用与保护土地的主要对策

（1）严格控制城乡建设用地，保护耕地。搞好土地资源的调查和规划工作，科学地开发利用土地。将耕地保护政策转化为法律。我国当前的耕地保护政策除了散见于相关法律之外，多为国务院或部门规章，缺乏专项的耕地保护法律，鉴于今后日益严峻的耕地保护形势，有必要加强这方面的立法工作，适时将已经成熟的政策法律化，进一步提高其效力和权威。

（2）农业发展应主要靠提高单产，走集约经营的道路。

（3）预防土地退化和破坏，积极治理已退化的土地。

（4）加强土地管理，进一步强化耕地保护共同责任制。由于耕地利用涉及面广泛，因此必须落实相关各方保护耕地的共同责任。

2. 土地资源保护与可持续利用主要技术

（1）现代肥料技术。①纵横向动态平衡施肥技术：根据作物生育阶段要求施肥，同时，考虑肥料、灌水、作物品种、植保及其他农业措施（如种植密度、种植方式、轮作周期、耕作等），兼顾施肥机具；②有机肥（农家肥、秸秆、生活垃圾）简易快速无害化处理技术：借助生物技术工程筛选出对有机物能高效快速分解微生物进行有机肥料简易快速分解，然后养分浓缩制成颗粒商品肥料技术；③精确农业施肥技术：综合适用地理信息系统（GIS）、全球卫星定位系统（GPS）、遥感技术（RS）和计算机自动控制系统为核心技术，做到精确、定量施肥；④生物肥料技术：利用生物技术，以各种工业、农业等有机废弃物，研制生产的肥料，可改善植物根际的微生物生态环境，调节土壤酶活力，帮助植株吸收养分，促进植株生长，提高植株自身的免疫力，增强其抗病能力。

（2）其他综合防治技术与措施。①土壤沙化防治技术与措施：大力发展植树造林技术，在特殊情况下，可采用化学方法固沙技术，对于放牧草场，则必须控制载畜量，严禁超载放牧。②次生土壤盐渍化防治技术与措施：健全排水系统，控制地下水位在临界深度以下，防止含盐地下水沿土壤毛细管上升到达地表；实施合理灌溉技术和排水技术。③水土流失防治技术与措施：平整土地，降低坡度，增加植被盖度，采用秸秆还田技术提高土壤抗蚀性能。④预防和治理草场退化的技术措施：确定合理载畜量，避免超载过牧，发展改良草场技术，提高草场生产力，改革放牧为割草饲养，提高畜牧业的集约度。⑤森林相间砍伐和森林更新技术措施：大力发展育林技术，科学合理采伐。

## 三、水资源可持续利用

### （一）我国水资源状况及特点

1. 水资源状况

我国年平均降水总量约 6 万亿立方米（折合平均降水深 628 毫米）中，约有 56% 的水量为植物蒸腾、土壤和地表水体蒸发所消耗，44% 形成径流。全国河川多年平均径流总量为 27115 亿立方米，在世界上仅次于巴西、俄罗斯、加拿大、美国和印度尼西亚而居第 6 位。但如折合为年平均径流深，则仅为 284 毫米，较许多国家为低。人均占有年径流量仅为 2558 立方米，只相当于世界平均数 10800 立方米的 1/4，美国的 1/5，印度尼西亚的 1/7，俄罗斯的 1/10，加拿大的 1/50。

按耕地每公顷平均占有径流量也只有 27285 立方米，只相当于世界平均数 36000 立方米的 2/3 略多。此外，地下水资源中参加短期水量循环（一年或几年）的浅层水概算每年平均综合补给量（天然资源）约为 7718 亿立方米。扣除地下水和地表水之间的重复计算部分，全国水资源平均年总量约为

27362 亿立方米，比河川径流量约增加 3%。

水资源的地区分布很不均匀。长江流域及长江以南耕地只占全国总耕地的 37.8%，拥有的径流量却占全国的 82.5%；黄淮海三大流域径流量只占全国的 6.6%，而耕地却占全国的 38.4%。长江流域每公顷耕地平均占有水量达 42 000 万立方米左右，黄河流域为 260 万立方米，海河流域仅为 160 万立方米。水量在时空分配上也极不平衡，年际间变幅很大。如海河流域 1963 年径流量达 533 亿立方米，1972 年仅只 99 亿立方米，相差 5.4 倍。全国有相当大的地区，易受洪、涝、旱、渍等自然灾害的侵扰。

2. 水资源特点

（1）降水稀少，且时空分布不均。我国水资源的地区分布不均匀，南多北少，东多西少，相差悬殊。大巴山和淮河一线以南年降水量在 1000 毫米以上，其中华南沿海、云南南部、西藏东南部以及东南丘陵许多地区还可超过 1500 ~ 2000 毫米。西北部年降水量均小于 400 毫米，其中内蒙古、宁夏及其以西的西北内陆地区降水量均在 200 毫米以下，柴达木、吐鲁番和塔里木等盆地年降水量均在 25 ~ 50 毫米以下。

我国降雨年内分配也极不均匀，主要集中在汛期。长江以南地区河流汛期（4 ~ 7 月）的径流量占年径流总量 60% 左右，华北地区的部分河流汛期（6 ~ 9 月）可达 80% 以上。但由于我国的雨热同期优势，农作物可以尽量利用天然降水，为提高农业产量创造了有利条件。

（2）可利用水资源开发潜力日渐减少。我国淡水资源总量为 28000 亿立方米，占全球水资源的 6%，但人均只有 2200 立方米，仅为世界平均水平的 1/4。扣除难以利用的洪水径流和散布在偏远地区的地下水资源后，中国现实可利用的淡水资源量则更少，仅为 11000 亿立方米左右。据统计，全国 600 多个城市中有 1/2 以上城市不同程度缺水，沿海城市也不例外。而且由于工业废水的肆意排放，导致 80% 以上的地表水、地下水被污染。

（3）我国河川径流总量大，但水土资源不协调，工程控制能力薄弱。我国河川径流量的年际变化大。在年径流量时序变化方面，北方主要河流都曾出现过连续丰水年和连续枯水年的现象。这种连续丰、枯水年现象，是造成水旱灾害频繁，农业生产不稳和水资源供需矛盾尖锐的重要原因。

（4）农业用水较粗放，水资源浪费严重。由于灌区工程不配套，灌溉管理粗放等原因，我国一些灌区仍采用大水漫灌的灌溉方式，平均灌溉定额高达每公顷 15000 ~ 22500 立方米，再加上耕作制度、栽培方式等方面的问题，我国农业灌溉水的利用系数平均仅为 0.45，渠灌区只有 40% 左右，井灌区也只有60%左右，每立方米水生产粮食不足1.00千克，与发达国家的灌溉水分利用率80%以上、每立方米水生产粮食大体都在2.00千克以上相比，差距较大。我国这种水资源短缺与粗放低效利用并存的状况，加剧了水资源短缺，使农业用水形势更加严峻。

**（二）水资源合理利用——现代农业节水技术**

节水农业技术包括渠道防渗、低压管道输水、喷、微灌等节水灌溉技术、农田保蓄水技术、节水耕作和栽培技术，适水种植技术、节水管理技术以及与这些技术相应的节水新材料、新设备等。发展节水农业就是要不断提高灌溉水利用率、农田水分生产效率及效益。目前，我国节水农业实践中几项主要的节水农业技术措施如下。

（1）渠道防渗技术。是为减少渠道的透水性或建立不易透水的防护层而采取的各项技术措施。与土渠相比，渠道防渗可降低渗漏损失60%～90%。

（2）低压管道输水灌溉技术。是用管道代替明渠的一种输水工程措施，它通过一定的压力将灌溉水输送到田间。由于管道输水一般采用地埋式，基本上消除了水的渗漏损失和蒸发损失，具有节水、省地、省工的优点。

（3）喷灌技术。是利用专门的设备将压力水喷洒到空中形成细小水滴，并均匀地降落到田间的灌水方法。与地面灌溉相比，大田作物喷灌一般可节水30%～50%，增产10%～30%。

（4）微灌技术。是利用微灌设备组装成微灌系统，将有压水输送分配到田间，通过灌水器以微小的流量湿润作物根部附近土壤的一种灌水技术。微灌技术包括滴灌、微喷灌、涌泉灌和地下渗灌等。微灌比地面灌节水50%～60%、增产20%～30%。

（5）改进地面灌水技术。包括先进的平整土地技术、改进沟畦规格技术（如长畦改短畦，宽畦改窄畦，短沟灌和细流沟灌等）。

（6）综合农业节水技术。耕作保墒技术、覆盖保墒技术、培肥改土，水肥耦合技术、节水生化制剂使用技术、抗旱品种选育。

（7）雨水汇集利用技术。在干旱、半干旱地区，通过雨水汇集、存贮和高效利用，促进当地农业生产。

（8）节水灌溉管理技术。包括用水管理、工程管理、经营管理和组织管理等。

# 第四节　中国可持续农业发展的技术与措施

## 一、我国可持续农业发展的背景

可持续发展战略是中国的必然选择，中国走可持续发展道路是中国的基本国情决定的，也是对传统发展模式冷静反思的结果和顺应国际潮流、履行国际承诺的需要。国情是一个国家的基本情况，是国家制定路线、方针、政策和发展战略的基础。中国的基本国情是人口基数大，人均资源少，经济和科技水平都比较低，这个国情决定了中国必须走可持续发展的道路。

1. 人口众多，农业资源缺乏

根据中国可持续发展模拟模型，按目前我国人口发展趋势预测，我国人口2020年将达到14.48亿人，如此庞大的人口增量将对社会经济发展产生巨大压力。人口的文化素质与发达国家相比差距很大，人口老龄化趋势在加大，形势不容乐观。

从总体上讲，我国是一个资源比较丰富的国家。其中有一部分资源的储备较多，具有一定的优势，还可满足国内较长时期的需要。如煤的贮量就很大，约占世界已探明贮量的1/6，居世界第三位。其他如钨、锡、锑、汞、钒、钛等金属，以及石墨、大理石、花岗石等非金属矿，不仅能自给，保证国民经济发展的需要，而且还可少量出口。但是，我国的大部分资源贮备不足，后备资源有限，尤其是人类赖以生存的耕地和淡水资源，人均占有量分别只有世界平均水平的32.3%和28.1%。我国经济技术水平低，经济增长方式粗放，资源利用率低，甚至破坏和浪费现象严重，农业和农村经济发展的同时，不可避免地加剧了自然资源短缺与经济发展的矛盾。

统计资料显示，耕地资源呈下降趋势。我国人均耕地已由20世纪50年代的0.18公顷降为1995年的0.096公顷。预测到2020年，人均耕地占有量只有0.058公顷。我国的耕地后备只有1300多万公顷左右，它们大多分布在边远山区，土地贫瘠，开发利用难度较大。我国水资源总量每年2800亿立方米，人均占有量约2400立方米，为世界人均的1/4，难以满足人口、经济发展的需求。地理分布极不均匀，局部地区缺水问题严重。

面对如此严峻的人口和资源形势，中国别无他选，只能走可持续发展的道路，把控制人口增长、节约资源、保护环境放在首要位置，使人口增长与社会生产力的发展相适应，使经济建设与资源、环境相协调，实现良性循环。这是我们唯一的选择。

2. 农业环境污染严重

农业经济飞速发展，加剧了环境污染，如化肥、农药的过量使用造成地表水和地下水的富营养化以及农产品中残留过量的有毒物质，危害人类健康；农作物秸秆的大量焚烧造成土壤养分损失和大气污染；大型畜禽养殖场的粪便不经无害化处理排入江河，造成水体污染；地膜的大量使用造成土壤的白色污染等。我国遭受不同程度污染的农田面积近2000万公顷，全国有82%的江河湖泊受到不同程度的污染，直接威胁到农牧渔业生产和产品质量的提高。由此，人们开始逐步认识到发展经济不能以污染环境为代价。

3. 自然生态环境严峻

自然生态环境利用不合理，管理不善和超载放牧，重用轻养等现象，使耕地草地退化、盐碱化甚至向沙漠化趋势发展，进一步加剧了我国生态环境的恶化。农业生态环境恶化，资源衰退，土壤沙化、草原退化、水土流失严重，由生态环境恶化导致的气候变异和农业自然灾害频繁发生，已经成为农业和农村经济发展的制约因素。全国土壤沙化和土地沙漠化面积1.53亿公顷，草原退化面积达7300万公顷，水土流失面积多达367万平方千米。

4. 农业结构不合理，生产力低

主要表现在：①农业经济结构不合理，农业投入效益不高。农业投资形成固定资产的比率一般只有65%，化肥和灌溉水利用率较低，农业生产成本上升很快。②农业综合生产力较低，抗灾能力差，农业生产率常有较大的波动。③农村经济欠发达，农民平均收入甚低，而且增长缓慢。农村人口增长快，文化水平低，农业剩余劳动力多，约占农业劳动者总数的1/4。

综上所述，日益缺乏的资源、污染严重的农业环境和严峻的自然生态环境问题使传统农业和经济发展方式难以为继，因而，必须转变发展方式，调整发展战略。根据我国的基本国情和到20世纪末以及21世纪中叶的农业发展目标，我国将可持续发展战略作为国家发展基本战略，确立了以生态环境保护、资源合理利用为核心的农业可持续发展战略。

## 二、我国可持续农业发展的原则、目标和技术对策

### （一）指导思想

我国实施可持续发展战略的指导思想是：坚持以人为本，以人与自然和

谐为主线，以经济发展为核心，以提高人民群众生活质量为根本出发点，以科技和体制创新为突破口，坚持不懈地全面推进经济社会与人口、资源和生态环境的协调，不断提高我国的综合国力和竞争力，为实现第三步战略目标奠定坚实的基础。

**（二）基本原则**

1. 持续发展、重视协调与科技创新相结合的原则

以经济建设为中心，在推进经济发展的过程中，促进人与自然的和谐，重视解决人口、资源和环境问题，坚持经济、社会与生态环境的持续协调发展。

充分发挥科技作为第一生产力和教育的先导性、全局性和基础性作用，加快科技创新步伐，大力发展各类教育，促进可持续发展战略与科教兴国战略的紧密结合。

2. 政府调控与市场调节结合原则

充分发挥政府、企业、社会组织和公众四方面的积极性，政府要加大投入，强化监管，发挥主导作用，提供良好的政策环境和公共服务，充分运用市场机制，调动企业、社会组织和公众参与可持续发展。

3. 积极参与广泛合作与重点突破、全面推进结合的原则

加强对外开放与国际合作，参与经济全球化，利用国际、国内两个市场和两种资源，在更大空间范围内推进可持续发展。

统筹规划，突出重点，分步实施；集中人力、物力和财力，选择重点领域和重点区域，进行突破，在此基础上，全面推进可持续发展战略的实施。

**（三）发展目标**

我国21世纪初可持续发展的总体目标是：可持续发展能力不断增强，经济结构调整取得显著成效，人口总量得到有效控制，生态环境明显改善，资源利用率显著提高，促进人与自然的和谐，推动整个社会走上生产发展、生活富裕、生态良好的文明发展道路。具体目标如下。

1. 实现粮食持续增产安全目标

积极增加粮食生产，保障粮食安全（粮食贮备量占年需求量的17%～18%为最低安全系数）。根据联合国粮农组织提出的“确保所有人在任何时候既能买得到又能买得起他们所需要的健康食品”，坚持从我国的实际出发，借鉴国际经验，把粮食生产、食物安全和提高农民收入列为我国种植业技术发展的长期目标和战略重点。

2. 农村综合发展，完成脱贫致富目标

（1）促进产业结构优化升级，减轻资源环境压力，改变区域发展不平衡，

缩小城乡差距。通过国民经济结构战略性调整，完成从“高消耗、高污染、低效益”向“低消耗、低污染、高效益”转变，促进工农结合、缩小城乡差距，使广大农村共同走上富裕道路。

(2) 继续大力推进扶贫开发，进一步改善贫困地区的基本生产、生活条件，加强基础设施建设，改善生态环境，逐步改变贫困地区经济、社会、文化的落后状况，提高贫困人口的生活质量和综合素质，巩固扶贫成果，尽快使尚未脱贫的农村人口解决温饱问题，并逐步过上小康生活。

(3) 严格控制人口增长，全面提高人口素质，建立完善的优生优育体系和社会保障体系，基本实现人人享有社会保障的目标；社会就业比较充分；公共服务水平大幅度提高；防灾减灾能力全面提高，灾害损失明显降低。

(4) 形成健全的可持续发展法律、法规体系；完善可持续发展的信息共享和决策咨询服务体系；全面提高政府的科学决策和综合协调能力；大幅度提高社会公众参与可持续发展的程度；参与国际社会可持续发展领域合作的能力明显提高。

3. 合理利用和保护农业资源，促进环境良性循环目标

可持续农业，是一种帮助农民科学地选择优良品种、土肥措施、病虫草害综合防治措施、栽培技术、作物轮作制度、农业与相应工业的合理配置，以降低生产和经营成本，增加农业产出，提高农民的净收入，以及持续利用资源和保护生态环境的农业。由于生态系统的生产率有一个上限，基本的生态原则要求我们清楚地认识到农业生产率是有明确权限的，所以生产和消费必须在生态可持续水平上达到平衡。即在农业生产持续发展的同时，必须注重资源与环境的保护，强调资源的持续利用是人类持续发展的基础。

全国大部分地区环境质量明显改善，基本遏制了生态恶化的趋势，重点地区的生态功能和生物多样性得到基本恢复，农田污染状况得到根本改善。合理开发和集约高效利用资源，不断提高资源承载能力，建成资源可持续利用的保障体系和重要资源战略储备安全体系。

**(四) 技术对策**

为确保我国农业的可持续发展，保护生态环境，必须大力发展可持续农业科学技术，包括高产、优质、高效、资源节约（节水、节能、节饲料）型科学技术、品种发掘和改良技术、生物防治和综合防治病虫害技术、环境保护和治理技术等。具体行动如下。

(1) 对现有农业技术，从对资源利用率、产品产量和品质以及环境影响等方面，进行可持续评估，推广其中有利于可持续性的技术，淘汰不利于可

持续性的技术。

（2）研究、推广提高农业投入物质利用效率的技术。到2000年，使化肥和灌溉水利用率由35%左右提高到40%～45%，农业机械利用率提高到40%以上，同时要提高油、电利用率。

（3）用生物技术培育优质、高产、抗逆的动植物新品种，提供优良的新种质资源，加强植物和动物基因工程育种技术研究与开发。建立和完善良种选育和繁殖体系，确保优良品种（组合）的纯度和最高应用年限。

（4）研究动植物重大病虫害综合防治和预警技术，加强生物农药的研制与开发，减少病虫灾害损失。

（5）积极推动可持续性农业技术的研究和开发，同时要加强基础性研究，增加科技储备和后劲。重点开展区域农业和农村可持续发展的决策支持系统和综合技术研究。

（6）建立健全广泛、有效的农业技术推广体系，加强农业技术推广、服务站和网络的建设，造就一大批农业技术推广人才。

## 三、我国可持续农业发展的战略与措施

中国人均农业资源相对紧缺，人均耕地、人均水资源占有量分别只有世界平均水平的1/3和1/4。长期以来，中国一直处于农产品供给的短缺局面，政府的主要农业政策目标是增加农产品生产，并通过大量投入化肥、农药来提高农产品产量。迫于人口增长的压力和提高人民生活水平的要求，在当时条件下，只注重资源开发，适当保护环境和生态环境建设还未列入议事日程，致使经济发展的同时土地退化和环境污染问题也日趋严重。

到20世纪90年代中期，主要农产品供给实现了由长期短缺到总量基本平衡、丰年有余的历史性转变，农业和农村经济发展进入了一个新的阶段。1998年，国家的农业政策进行了根本性的调整，将改善生态环境列入政府的农业发展目标之中，正式提出了农业要实行可持续发展战略。战略内容主要包括资源管理、环境保护和生态环境建设3个方面。

### （一）战略内容

#### 1. 资源管理

资源管理的范围主要涉及耕地资源、水资源、森林资源、草地资源和海洋渔业资源等，其主要内容是：

（1）对资源的合理开发、持续利用；

（2）资源保护，开发资源节约型生产技术，提高资源使用效率；

（3）通过基础设施建设，解决资源时空分布不均衡问题；

（4）解决资源利用率低、破坏和浪费严重的问题。

2. 环境保护

环境保护包含外部环境和内部环境两个方面。外部环境是指农业生产经营受其他行业环境污染的影响，造成农田污染、灌溉水污染等，直接威胁到农牧渔业生产和产品质量的提高。内部环境是指农业生产经营活动时环境的污染问题，如化肥、农药的过量使用造成地表水和地下水的富营养化以及农产品中残留过量的有毒物质；农作物秸秆的大量焚烧造成土壤养分损失和大气污染；大型畜禽养殖场的粪便排污造成的水体污染；地膜的使用造成白色污染等。

3. 生态环境建设

生态环境建设的内容有：

（1）制止不符合自然生态规律的生产活动和资源开发行为；

（2）治理耕地草地退化、盐碱化、沙漠化、水土流失和荒漠化；

（3）解决因生态环境恶化而导致的气候变异、自然灾害频繁发生和资源枯竭问题；

（4）建设有利于人类生存和农业生产经营活动的良好的生态环境。

**（二）政策措施**

为有效实施农业可持续发展战略，近年来已初步建立起由国家、省、市、县四级组成的农业、林业和水利等部门的资源管理、环境保护、生态环境监测以及技术推广体系。具体的政策措施有以下几个方面。

1. 资源管理

20 世纪 90 年代以来，政府采取了一系列措施，制定《水土保持法实施条例》和《基本农田保护条例》，加强对农业资源的保护，并提高农业资源的使用效率，确保资源环境的合理利用和开发。

（1）实行永久性农田保护制度，把耕地划为基本农田保护区；

（2）实施“沃土计划”，提高土壤肥力。增加有机肥投入，提高科学施肥水平，改革耕作制度，防止土地退化，提倡秸秆还田；

（3）每年七八两个月实行禁捕休渔制度，使渔业资源得到有效保护；

（4）制定全国旱作节水农业规划，建设旱作节水农业示范基地，提高农业生产水平、改善生态环境。

2. 环境保护

在环境保护方面，实行“预防为主、防治结合”、“谁污染谁治理，谁开

发谁保护”和“强化环境管理”的三大政策，制定《基本农田保护区环境保护规程》。主要措施如下：

（1）1996 年国务院作出《关于环境保护若干问题的决定》指出，加强对乡镇企业环境管理，大幅度提高乡镇企业处理污染能力，发展生态农业，控制化肥、农药、农膜等对农田和水源的污染。

（2）为解决作物秸秆焚烧带来的污染问题，在重点高速公路两侧以及重点城市机场附近，农业部门大力开展了秸秆气化的试点示范工作。

（3）为解决大型畜禽养殖场的粪便不经无害化处理直接排入江河湖泊造成水体污染的问题，农业部与国家环境保护总局制定了《畜禽养殖业污染物排放标准》，并于 2000 年作为国家标准颁布实施。

（4）为解决农业白色污染问题，农业部门推广了农膜回收和生物防治、合理利用农药化肥等技术。

（5）加强渔业环境监测和监督管理，改善渔业生态环境。1995 年国家在淮河流域实施了控制污染、保护环境的行动。1997 年国家又在太湖流域实施“太湖水污染防治计划”。农业部门每年都对重要渔业水域环境进行常规性监测，同时对污染渔业事故开展应急性监测，及时掌握海洋渔业环境状况和渔业受污染损失的状况，加强监督检查养殖水域环境、渔业船舶排污情况，及时调查处理污染渔业水域事故。

（6）为治理淮河流域农业污染，关闭了淮河上游污染严重的小造纸厂、小皮革厂，乡镇企业污染得到很好的控制。

3. 生态建设

在生态环境建设方面，1992 年国务院将发展生态农业列为中国环境与发展十大对策之一，开展生态农业试点。十五届三中全会通过的《中共中央关于农业和农村工作若干重大问题的决定》强调指出“要大力植树种草，加快流域综合治理，加强水源涵养、水土保持，提高防御风沙能力，切实改变江河泥沙严重淤积、草原沙化的状况”。为改善生态环境，近年来国家实施了几项大型生态建设工程。

（1）植树造林，绿化工程。我国先后开始了三北、长江、平原、沿海防护林、太行山绿化、防治荒漠化、黄河中游、辽河流域、珠江流域和淮河太湖防护林工程十大生态林业工程建设，使我国部分地区的生态环境得到明显改善。

（2）水土保持工程。为了加快大江大河太湖的综合治理步伐，国家重点支持长江三峡、黄河小浪底等骨干工程建设，还先后进行了黄河中游水土保持、长江中上游水土保持工作。到1995年，已初步治理水土流失面积近60万平方千米，全国9个省、自治区、直辖市43个县的8大片水土流失重灾区。1996年重点治理规模进一步扩大，国家重点治理的区域增加到28个。经过重点治理，生态环境已大为改观。

（3）生态农业工程。政府提出“大力发展生态农业，保护农业生态环境”，针对生态环境恶化和水土流失加剧问题，推进生态农业示范县建设，强调生态农业示范县建设要与小流域综合治理相结合，把耕地逐步建成高产稳产农田。

自20世纪80年代初我国提出发展生态农业的思路以来，生态农业建设逐渐开展，经过十多年的努力，生态农业建设取得了显著的经济效益、社会效益和生态环境效益。目前，全国开展生态农业建设的县、乡、村已达到2000多个，遍布全国30个省、市、自治区，生态农业建设面积660多万公顷，占全国耕地面积7%左右。据对多个国家级生态农业示范县的不完全统计，通过近5年建设，粮食总产年均增长8.42%，总产值年均增长7.9%以上，农民人均纯收入年均增长18.4%。同时农业生态环境明显改善，水土流失得到初步控制，农业抗灾能力和持续发展的后劲得到了一定程度的稳步提高。

（4）能源生态建设工程。我国农村地区能源供应主要以生物质资源为主，能源的短缺，导致农民生活与生态环境保护矛盾突出，尤其是中西部地区，能源短缺是造成植被破坏和生态环境恶化的重要原因。

围绕解决这一矛盾，农业部门组织开展了农村可再生能源利用建设，实施能源环境工程，按照“因地制宜、多能互补、综合利用、讲究效益”和“开发与利用并重”的方针，经过多年努力，有效地缓解了农村地区能源短缺，对保护植被和改善生态环境起到了积极作用。特别是省柴灶、太阳灶、沼气等技术的大量推广利用，使农村地区的生物质能源消费比例明显下降。

（5）草原生态建设工程。草原生态建设工程的建设重点是防治草原沙化、退化和盐碱化三化问题。主要措施有：农业部门大力组织开展人工种草、飞播牧草，提高植被覆盖率；对草地进行人工改良、围栏封育和轮牧，防治草原破坏、沙化、退化；解决百日开垦、滥采滥挖、过度放牧、只取不予、生态恶化等问题，提高广大牧民保护草原、建设草原的积极性；推行草地承包责任制，实行有偿使用制度。

（6）自然保护区工程。建立自然保护区，开展生物多样性保护。另外，建立可持续的经济体系需要大量资金支持，除主要依靠自身积累外、还需要

国际社会的大力援助；需要建立促进可持续发展的政策体系和法规体系，建立可持续发展的管理机制；需要开发新技术，改善技术体系，形成生态上和经济上的良性循环，及时总结推广高产、优质、高效、低耗，并有利于生态农业发展的耕作制度和技术措施；需要社会进步的支持，共同树立可持续发展的理念，提高社会总体的可持续发展实施能力。

## 四、我国可持续农业发展的成就与问题

### (一) 发展成就

经过努力，我国实施可持续发展取得了举世瞩目的成就，主要体现在以下几个方面。

1. 经济发展方面

国民经济持续、快速、健康发展，综合国力明显增强，国内生产总值已超过 10 万亿元，成为发展中国家吸引外国直接投资最多的国家和世界第六大贸易国，人民物质生活水平和生活质量有了较大幅度的提高，经济增长模式正在由粗放型向集约型转变，经济结构逐步优化。

2. 生态建设、环境保护和资源合理开发利用方面

国家用于生态建设、环境治理的投入明显增加，能源消费结构逐步优化，重点江河水域的水污染综合治理得到加强，大气污染防治有所突破，资源综合利用水平明显提高，通过开展退耕还林、还湖、还草工作，生态环境的恢复与重建取得成效。

3. 可持续发展能力建设方面

各地区、各部门已将可持续发展战略纳入了各级各类规划和计划之中，全民可持续发展意识有了明显提高，与可持续发展相关的法律法规相继出台并正在得到不断完善和落实。

4. 社会发展方面

人口增长过快的势头得到遏制，科技教育事业取得积极进展，社会保障体系建设、消除贫困、防灾减灾、医疗卫生、缩小地区发展差距等方面都取得了显著成效。

### (二) 存在的问题、矛盾及对策

1. 问题

我国在实施可持续发展战略方面仍面临着许多问题，主要有：

(1) 农业资源浪费，农村土地流失。我国基础设施建设滞后，国民经济信息化程度依然很低，自然资源开发利用中的浪费现象突出，环境污染仍较

严重，生态环境恶化的趋势没有得到有效控制，资源管理和环境保护立法与实施还存在不足。人对自然环境的破坏，使得水土流失，田地肥力下降。据有关部门粗略估计，改革开放以来我国通过土地征用从农村转移出的土地资产收益超过2万亿元。以土地为唯一保障手段，导致的社区成员总有一部分人有变更土地承包权的需求。

（2）人口综合素质和劳动生产率低。我国80%的人生活在农村，人口老龄化加快，缺乏大量的劳动力，人口综合素质低，经营方式以手工劳动为主。科技贡献率低，科技在农业增产中贡献份额只有40%，而发达国家为70%～80%，这主要是由于我国的农业科技投入水平低、农民的文化技术素质与经济水平低、对科技成果的吸纳能力差所致。

（3）农业经济结构不合理。我国农业经济结构不合理，市场经济运行机制不完善，特别是农业经济结构的趋同。目前，各地农村都在扩大经济作物面积，或种果树或种蔬菜，一窝蜂追逐利润高的行业，长此以往就会导致农业产业结构失衡。要增加产品在市场上的竞争力，关键是要发展名、特、优、新产品。

走可持续发展道路是我国的必然选择，但这条道路同时也是十分艰难的，除上述问题外，还要考虑以下几个问题：我国经济实力薄弱是一大障碍；实现可持续发展需要科学技术特别是高新科学技术的支持，要达到这一点尚需长期努力；地区发展的不平衡，尤其是西部地区水土流失等生态恶化现象更加严重。

2. 矛盾

制约我国可持续发展的突出矛盾有：经济快速增长与资源大量消耗、生态破坏之间的矛盾，经济发展水平的提高与社会发展相对滞后之间的矛盾，区域之间经济社会发展不平衡的矛盾，人口众多与资源相对短缺的矛盾，一些现行政策和法规与实施可持续发展战略的实际需求之间的矛盾等。

3. 对策

（1）改变观念，节约资源。要改变观念，科学认识自然，掌握自然规律，顺应自然发展，科学地协调、改造自然，善待自然，改变过去那种“先发展、后治理”的老路，唤起公众的可持续发展意识，帮助人们树立正确的自然观，要珍惜节约资源，实现农业发展的良性循环。

（2）提高农业科技发展水平。注重人才培养，提高农民素质，壮大和提高农村科技队伍，以推动农业和农业科技进步，提高农村各种产品的科技含量，提高科技进步对农业和农村经济增长的贡献率，大量节约各种资源，从

而达到提高资源利用率的目的。

（3）调整产业结构，协调人类与自然的关系。在农业科技投入增加的情况下，农业自然资源与环境的破坏基本停止发生，人口同农业自然资源与环境的破坏现象基本不再发生，区域内的农业活动不再对农业环境构成威胁，农业经济的增长基本依赖于农业科技进步及资源的深度开发，最终达到农业生态系统呈良性循环，土地生产力提高，人口同农业资源与环境之间实现全面的协调与平衡。

随着经济全球化的不断发展，国际社会对可持续发展与共同发展的认识不断深化，行动步伐有所加快。我国应以加入世贸组织为契机，充分发挥社会主义市场经济体制的优越性，进一步发挥政府在组织、协调可持续发展战略中的作用，正确处理好经济全球化与可持续发展的关系，进一步积极参与国际合作，维护国家的根本利益，保障我国的国家经济安全和生态环境安全，促进我国可持续发展战略的顺利实施。

走可持续发展道路是我国的必然选择，只要我国政府坚持发挥主导作用，充分运用科技力量，最广泛地动员公众参与，再加上国际社会的有力支持，随着经济体制改革、增长方式转变和科技进步的支持，我国可持续发展的前景是光明的。

# 第三章　有机农业概述

20 世纪 70 年代以来，现代化学农业的发展、生产中大量施用化肥和化学农药等虽给生产带来了良好的经济效益，为社会作出巨大贡献，但也付出了巨大的代价和带来极为不良的后遗症，如环境污染、地力退化、生态平衡破坏、农产品质量下降等，致使农业进一步发展受到严重阻碍。一些发达国家已意识到重新考虑今后农业生产发展的思路，因此，现代有机农业应运而生了。

## 第一节　有机农业发展概况

有机农业的概念于20 世纪20 年代首先在法国和瑞士提出。从80 年代起，随着一些国际和国家有机标准的制定，一些发达国家才开始重视有机农业，并鼓励农民从常规农业生产向有机农业生产转换，这时有机农业的概念才开始被广泛接受。

### 一、国外发展概况

随着世界经济的发展，全球有机食品消费出现大幅度增加，有机产品市场正在以年 20% ~30% 的速度增长。根据国际贸易中心估测，全世界有机食品和饮料零售总额在 1997 年约为 100 亿美元，2001 年全世界零售总额则达到 260 亿美元，2008 年全球有机食品零售额将达到 800 亿美元。有机食品的销售量占食品销售总量的百分比从 20 世纪 90 年代的 1% 上升到目前的 5%。但不同地区有所差别，在发展中国家由于多数人还在解决温饱问题，有机农业

的发展相对较慢；而在众多发达国家由于人们对这个问题认识较早、投入力度大，再加上国家给予相关政策来支持和鼓励农民进行有机农业生产，因此在欧美及日本等国家有机农业发展得比较快。如法国大约有10%的农场专门从事有机食品原料的生产，有机食品市场占整个食品市场15%，婴幼儿食品基本上都是有机食品；美国计划把加州谷地全部建为有机食品生产基地；德国计划把总耕地面积的10%转为有机食品基地，发展2万个有机农庄；意大利正试图让全国1.8万个农场过渡为有机农场。

**（一）美国的有机农业**

美国正式的有机食品法规是始于1990年出台的有机食品产品法，该法规详细规定了有机农作物和牲畜的生产方法与加工细则。在多次公开讨论后，一些技术如基因工程、辐射和用淤泥作肥料都被排除。许多美国有机农场主看重健康、环保和人类的共同利益，他们抵挡着害虫、鸟类、杂草和干旱的侵扰与为害，不采用化学农药、化肥、激素和转基因种子，以保证产品的质量。

近几年来，美国的有机农业每年以20%～25%的速度增长，显示了良好的发展前景。应该说美国有机农业的快速发展得利于以下两个方面：一是有机农业新标准的制定。美国统一执行农业部颁布的新的有机食品与农产品国家标准，对各地有机农产品采取统一的标签。新的标签规定，能使消费者区分出传统食品和有机食品，明确知道他们所买食品中的有机成分。美国农业部有机标志向消费者表明了该产品的有机含量至少是95%，含70%～95%的有机成分的产品不能打上有机标志，只能在标签上加以说明。当美国农业部制定出新的有机标志后，美国有机农业也就拥有自己最权威的标志，消费者就可以更放心选购自己需要的有机产品了。二是有机食品认证的支持。美国农业部每年拿出500万美元来帮助有机食品生产商和加工商支付有机食品认证费，以促进美国有机产业的迅速发展。2003～2007年，美国农业部每年提供300万美元的财政经费来支持各州的合作研究、教育和推广服务，以加大有机产品的市场竞争力。

现在，美国有机食品销量最大的是乳制品及其副产品、新鲜食品和快餐食品。为了促进有机食品的销售，美国还开展种种活动，食品生产商从健康安全和环境保护到可持续发展方面展开全方面的宣传攻势，以吸引更多的消费者。在最近的天然产品博览会上，他们所展示的有机食品种类繁多，除牛肉、奶酪、奶油冻和沙拉酱外，还有宠物的有机食品。许多美国人把他们的宠物当做是自己的孩子，分析学家认为宠物有机食品很可能是市场的一大卖点。

**（二）加拿大的有机农业介绍**

加拿大国土辽阔，气候凉爽，作物病虫害低，是生产有机食品的理想国家。加拿大食品的特色在于“自然”，而这样的“自然”就归功于加拿大的绿色有机农业。2004 年以来，有 3670 名生产商可生产出合格的有机产品，生产有机产品的耕地为 485 288$hm^2$，占加拿大总耕地面积的近 1.5%。加拿大有机食品行业规模不大，共有 30 家认证机构和 742 家加工、经营企业，但过去 10 年里该行业零售额以每年两位数的增长，其他行业几乎不能与之相比。

2001 年 6 月加拿大成立有机农业中心（The Organic Agriculture Centre for Canada），此中心通过信息传播、发展新研究项目与方针为从事有机农业和向有机农业转化的农民提供广泛服务。加拿大修改了国家有机标准，联邦法规于 2006 年开始实施。联邦法规要求加拿大有机产品符合国家标准并通过国际标准认证。2008 年 12 月 14 日加拿大实施新的有机食品标准，所有出口到加拿大的有机食品必须按照新标准。

据估计，加拿大每年有机食品出口创汇近 0.65 亿加元，其中，出口量最大的作物小麦创汇约 0.14 亿加元。加拿大的大多数有机产品出口到国外，主要包括美国、欧盟和日本。加拿大的有机行业正致力于巩固已有市场，不断拓展形式多样的新市场，提高有机产品的多样性。

## 二、国内发展前景

我国有机农业的发展起始于 20 世纪 80 年代，1984 年中国农业大学开始进行生态农业和有机食品的研究和开发，1988 年国家环保局南京环科所开始进行有机食品的科研工作，并成为国际有机农业运动联盟的会员。1994 年 10 月国家环保局正式成立有机食品发展中心，我国的有机食品开发才走向正规化。1990 年浙江省茶叶进出口公司开发的有机茶第一次出口到荷兰，1994 年辽宁省开发的有机大豆出口到日本。以后陆续在我国各地发展了众多的有机食品基地，在东北三省及云南、江西等一些偏远山区有机农业发展得比较快，近几年来已有许多外贸公司联合生产基地进行了多种产品的开发，如有机豆类、花生、茶叶、葵花子、蜂蜜等。进入 21 世纪以后，我国有机农业与有机食品生产得到快速发展，截至 2003 年年底，全国经农业系统认证的有机食品企业 203 家，产品 559 个，实物总量 17.9 万 t，占全国的 21.7%；年销售额 11.3 亿元，占全国的 44.5%；出口额 4360 万美元，占全国的 30.7%；认证面积 62.86 万 $hm^2$，占全国的 31.4%。截至 2004 年 6 月底，农业系统有机食

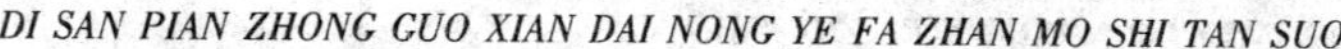

品认证企业达到417家，产品662个，实物总量24.7万t，分别比2003年年底增长3.7%、18.4%和40%；其中有机水产品产量位居全球榜首。由此可见，我国有机农业在近年发展迅速，有机产品在国际市场的竞争潜力已初步显现，前景广阔。

在中国发展有机农业有着众多优势：首先，我国有着历史悠久的传统农业，在精耕细作、用养结合、地力常新、农牧结合等方面都积累了丰富的经验，这也是有机农业的精髓。有机农业是在传统农业的基础上依靠现代的科学知识，在生物学、生态学、土壤学科学原理指导下对传统农业反思后的新的运用。其次，中国有其地域优势，农业生态景观多样，生产条件各不相同，尽管中国农业主体仍是常规农业依赖于大量化学品，但仍有许多地方，多集中在偏远山区或贫困地区，农民很少或完全不用化肥农药，这也为有机农业的发展提供了有利的发展基础。再次，有机农业的生产是劳动力密集型的一种产业，我国农村劳动力众多，这有利于有机食品发展，同时也可以解决大批农村剩余劳动力。最后，随着中国加入世贸组织脚步的临近，中国农产品的出口会受到绿色非贸易壁垒的限制，有机食品的发展能与国际接轨，可以开拓国际市场。同时随着我国人民生活水平提高和环境意识的增强，有机食品的国内市场在近几年内将有较大发展，因此有机食品在国内外都会有广阔的发展前景。

## 三、中国的有机农业道路

中国作为一个发展中国家，不能沿袭以牺牲环境和损耗资源为代价发展经济的道路，中国农业必须走“精准农业” + “有机农业”之路，在提高农业生产效率和解决粮食安全的基础上，充分利用有限的资源，大力发展有机农业，充分发挥其内动力的作用，努力改善生态环境，将有利于农业的可持续发展。

1. 加强政府扶持，实现观念转变

国家与地方政府应重视有机农业的发展，为常规农业生产向有机农业生产转换提供政策扶持，充分利用WTO允许的“绿箱政策”，出台有机农业相应的措施和政策。采取激励政策发展绿肥生产，培育地力，进行合理的政策引导和调控，针对有机农业在国内的发展势头，制定一系列发展规划并对其发展进行调控，在常规农业向有机农业转化期给予农民一定的经济支持以弥补由转换带来的经济损失。同时有机农业的发展还需要社会各界的理解和支持。应努力建立一种可持续发展的农业生产体系，使农业生态实现自我调节，农业资源实现再生利用。既造福于今人、又泽惠于后代，真正做到人和自然的和谐，实现社会效益、经济效益和生态效益同步提高。

2. 完善的有机农产品管理制度

有机农业和有机农产品的生产涉及符合国际上有机农产品生产、经营、管理以及市场运行的标准和规则的制度体系建设问题，这方面中国还处于空白状态。因此，应积极努力争取获得国际权威有机食品认证机构的认证，建立有机农业的具体管理和生产程序上的较为完善科学的管理制度，从而取得进军国际市场的绿色通行证。

3. 建立行业协会，完善咨询服务体系

我国在有机农业发展的道路上要借鉴外国成功的经验，尽量少走弯路。日本在有机农业发展过程中，各级有机农业协会发挥了不可估量的作用，有机农业协会为农户进行技术咨询和各种培训等服务，协调农户、生产与市场间的关系，在克服各自为政状况，整合资源优势、产品优势和销售优势，形成一致对外的合力等方面将发挥不可替代的作用。

4. 依靠科技进步，积极发展有机农业

目前，中国在有机农业生产技术上还不是十分成熟，有些技术问题一时还没有完善的解决方案，有机农业生产资料的种类、质量和数量还不能满足有机农业生产的需要。因此，发展有机农业要依靠科技进步，组织科技攻关，解决有机农产品生产、加工、贮藏、运输和贸易过程中的技术难题；加强技术培训、技术咨询和技术服务，让有机生产者真正掌握有机农产品生产实用技术；加强生产关键技术的研究示范与推广，研究运用先进的科学配套技术，实现高效的有机生产，并根据国际市场需求和生产管理标准，在生态环境和生产过程控制良好的地区，有选择地进行有机农产品的生产、加工试点，并逐步展开；发展种植业和养殖业结合的综合农业，形成能量的有效循环，减少外部投入，提高经济效益。

5. 加强有机农业的宣传力度

有机产品发展离不开与之相适应的政治、经济和文化背景。目前，有机产品的生产理念在我国的认知程度仍然很低。有机产品要合理、稳步的发展，首先要提高生产者与经营者对有机农业及其产品的认知程度，通过各种媒体如报纸、电视等方式的宣传提高人们食品安全和环境意识，关注和消费有机食品。加强国家注册检查员培训，让每位检查员都成为有机农业理念和有机产品知识的传播者，通过加强企业内部检查员培训，让每个申报企业都成为有机产品生产的实践者和传承者。

# 第二节　有机农业和有机食品概述

## 一、有机农业的定义和特点

“有机农业”（Organic farming，Organic agriculture）一词最早出现在出版于1940年的诺斯伯纳勋爵的著作《Look to the Land》中，是指人们在没有化肥和农药的情况下进行农业生产的一种形式。现代有机农业并不同于古代传统的农业生产，而是采用了注重生态的系统方法（包括长期规划、详细跟踪记录），对设备和辅助设施的大笔投资，运用现代科学技术，实现农产品有机、优质、高效生产。

有机农业的发展可以帮助解决现代农业带来的一系列问题，如严重的土壤侵蚀和土地质量下降，农药和化肥大量使用给环境造成污染和能源的消耗，物种多样性的减少等；还有助于提高农民收入，发展农村经济。据美国的研究报道有机农业成本比常规农业减少40%，而有机农产品的价格比普通食品要高20%～50%。同时有机农业的发展有助于提高农民的就业率，有机农业是一种劳动密集型的农业，需要较多的劳动力。另外有机农业的发展可以更多地向社会提供纯天然无污染的有机食品，满足人们的需要。

### （一）有机农业的定义

有机农业有众多定义，而最为广知的定义是指完全不用人工合成的肥料、农药、生长调节剂和家畜饲料添加剂的农业生产体系。

欧洲把有机农业描述为一种通过使用有机肥料和适当的耕作措施，以达到提高土壤的长效肥力的系统。在有机农业生产中，仍然可以使用有机肥和有限的矿物质，但不允许使用化学肥料，通过自然的方法而不是通过化学物质控制杂草和病虫害。

由中华人民共和国国家质量监督检验检疫总局和中国国家标准化管理委员会发布的中国有机农业产品标准 GB/T 19630 对有机农业的定义是：“遵照一定的有机农业生产标准，在生产中完全或基本不使用化学合成的农药、化肥、调节剂、畜禽饲料添加剂等物质，也不使用基因工程生物及其产物的生产体系，遵循自然规律和生态学原理，协调种植业和养殖业的平衡，采用有机肥满足作物营养需求的种植业，或采用有机饲料满足畜禽营养需求的养殖业等一系列可持续发展的农业技术以维持持续稳定的农业生产体系的一种农业生产方式。”

对于有机农业的定义，从以下几个方面进行理解。

（1）耕作与自然的结合：有机耕作不使用矿物养分提高土壤肥力，而是利用豆科、秸秆以及施用绿肥和动物粪便等措施培肥土壤、保持养分循环。采用合理的耕种措施保护环境，通过合理轮作、休闲等恢复地力。

（2）遵循自然规律和生态学原理：通过多样种植，建立包括豆科植物在内的作物轮作体系，以自然生态学方式控制病虫草害，营造良好的作物生长环境。防止水土流失，保持生产体系及周围环境的基因多样性等。当然，有机农业生产体系的建立需要有一定的有机转换过程。

（3）协调种植业和养殖业的平衡：按照土地承载量养殖牲畜，通过过腹还田，达到既满足生活需要，又保持良好生态环境。

（4）禁止基因工程获得的生物及其产物：转基因生物不是自然的产物，不符合有机农业与自然秩序相和谐的原则。

（5）禁止使用人工合成物质：包括化肥、农药、调节剂、饲料添加剂等。

**（二）有机农业区别于传统农业的特点**

传统农业生产技术和措施，仍然可以应用到有机农业中，但有机农业并不等同于传统农业。有机农业生产可以利用一些现代科技发展的技术，但不是所有现代科学技术都能在有机农业生产中采用。有机农业与传统农业相比较，有以下特点。

1. 可向社会提供无污染、好口味、食用安全的环保食品，有利保障人民身体健康，减少疾病发生

化肥农药的大量施用，在大幅度提高农产品产量的同时，不可避免地对农产品造成污染，给人类生存和生活留下隐患。目前人类疾病的大幅度增加，尤以各类癌症的大幅度上升，无不与化肥农药的污染密切相关。以往有些地方出现“谈食色变”的现象。有机农业不使用化肥、化学农药，以及其他可能会造成污染的工业废弃物、城市垃圾等，因此其产品食用就非常安全，且品质好，有利保障人体健康。

2. 可以减轻环境污染，有利恢复生态平衡

目前，化肥农药的利用率很低，一般氮肥只有20%～40%，农药在作物上附着率不超过10%～30%，其余大量流入环境造成污染。若化肥大量进入江湖中造成水体富营养化，影响鱼类生存。农药在杀病菌、害虫的同时，也增加了病菌、害虫的抗性，杀死了有益生物及一些中性生物，结果引起病菌、

害虫再猖獗，使农药用量愈来愈大，施用的次数愈来愈多，进入恶性循环。改用有机农业生产方式，可以减轻污染，有利于恢复生态平衡。

3. 有利于提高我国农产品在国际上的竞争力，增加外汇收入

随着我国加入世贸组织，农产品进行国际贸易受关税调控的作用愈来愈小，但对农产品的生产环境、种植方式和内在质量控制愈来愈大（即所谓非关税贸易壁垒），只有高质量的产品才可能打破壁垒。有机农业产品是一种国际公认的高品质、无污染环保产品，因此发展有机农业，有利于提高我国农产品在国际市场上的竞争力，增加外汇收入。

4. 有利于增加农村就业、农民收入，提高农业生产水平

其一，有机农业是一种劳动知识密集型产业，是一项系统工程，需要大量的劳动力投入。我国人口众多，充足的劳动力资源为发展有机农业提供人力保证的同时，也解决了农村的就业问题；其二，有机农业食品在国际市场上的价格通常比普遍产品高出 20% ~50%，有的高出 1 倍以上。因此发展有机农业可以增加农民收入，提高农业生产水平，促进农村可持续发展。

## 二、有机食品

现代农业的发展所导致的众多环境问题越来越引起人们的关注和担忧。20 世纪 30 年代英国植物病理学家 Howard 在总结和研究中国传统农业的基础上，积极倡导有机农业，并在 1940 年写成了《农业圣典》一书，书中倡导发展有机农业，为人类生产安全健康的农产品——有机食品。

目前，世界上生产有机食品的国家有 100 多个，其中非洲 27 个，亚洲 15 个，拉丁美洲 25 个，欧美国家均生产有机食品。有机食品市场主要在发达国家，2006 年欧盟有机食品销售额达 580 亿美元，美国 470 亿美元。我国目前已建立了 100 多个有机食品生产示范点，2002 年出口 2000 万美元。

### （一）有机食品的定义和标准

有机食品（Organic food）是目前国际上对无污染天然食品比较统一的提法，指来自有机农业生产体系，根据国际有机农业生产要求和相应的标准生产加工的，并经独立的认证机构认证的农产品及其加工产品。包括粮食、蔬菜、水果、奶制品、畜禽产品、蜂蜜、水产品、调料等。有机食品是有机农业生产产品的主要表达形式，随着人们环境意识的逐步提高，有机农业所涵盖的范围逐渐扩大，有机农业生产中除了食品外，还包括纺织品、化妆品、皮革等其他与人类生活相关的产品。

有机食品是一类真正意义上的无污染、纯天然、高品位、高质量的健康

食品，其最大特点是在生产、加工过程中，拒绝使用农药、化肥、添加剂等合成物质，也不使用基因工程的产物。作为有机食品，通常需要符合以下4个标准。

（1）原料必须是来自已建立或正在建立的有机生产体系（或称有机农业生产基地），或采用有机方式采集的野生天然产品。

（2）产品在整个生产过程中必须严格遵循有机食品的生产、采集、加工、包装、贮藏、运输等的要求，禁止使用化学合成的农药、化肥、激素、抗生素、食品添加剂等，禁止使用基因工程技术及该技术的产物及其衍生物。

（3）生产者在有机食品的生产和流通过程中，有完善的跟踪审查体系和完整的生产、销售的档案记录。

（4）必须通过独立的有机食品认证机构认证审查。

**（二）有机食品的正确理解**

1. 有机食品与其他食品的区别

（1）有机食品在其生产加工过程中绝对禁止使用农药、化肥、激素等人工合成物质，并且不允许使用基因工程技术；而其他食品则允许有限使用这些技术，且不禁止基因工程技术的使用。如绿色食品对基因工程和辐射技术的使用就未作规定。

（2）生产转型方面，从生产其他食品到有机食品需要2~3年的转换期，而生产其他食品（包括绿色食品和无公害食品）没有转换期的要求。

（3）数量控制方面，有机食品的认证要求定地块、定产量，而其他食品没有如此严格的要求。

因此，生产有机食品要比生产其他食品难得多，需要建立全新的生产体系和监控体系，采用相应的病虫害防治、地力保护、种子培育、产品加工和储存等替代技术。

2. 对有机食品的正确理解

在有机农业发展的初级阶段，特别是在有机食品与绿色食品并存的中国，正确理解有机农业和有机食品的概念，有助于有机农业的健康发展。

（1）有机食品不等同于无污染的食品。不少人认为，不含任何化学残留物质，绝对无污染的食品就是有机食品。严格地说，食品是否有污染物质是一个相对的概念。自然界中不存在绝对不含任何污染物质的食品，只不过有机食品中的污染物质含量要比普通食品低得多。因此，过分强调有机食品的无污染特性，会导致人们只重视对环境和终端产品的污染状况的分析，而忽视对整个生产过程的全程质量控制。很多生产者和贸易者过去误认为，只要

他们的产品中没有污染物质，就可以获得有机食品证书。

（2）并非一定要在无污染的地区才能从事有机农业生产，关键在于是否使用有机农业生产技术体系。有机食品的主要特点来自生态良好的有机农业生产体系。如果片面强调有机食品的无污染特性，过分强调对生产基地的环境质量标推，而把有机农业的基地大多放在边远无污染的贫困地区，忽视在发达地区逐步建立有机生产体系。但从发挥有机农业在减轻农用化学物质污染的作用来分析，在农用化学物使用量较大的地区，发展有机农业更有重要的环境保护意义。

（3）有机农业不等同于传统农业，它不仅仅是为了获得较好的经济效益。有机农业生产充分利用了农业系统内的废弃物，减轻了对环境的污染，从而减小了社会用于治理环境污染的费用，减轻了由于环境污染对人体健康和社会造成的直接和间接经济损失。人们在计算有机农业和常规农业的投入时，不应忽视了这些投入的真正价值。由于有机食品的价格比普通食品高，因此，不少贸易者开发有机食品的目的是为了获得较好的经济效益；少数贸易者为了垄断有机食品贸易，不让基地的合作伙伴了解他们作为有机生产者应该了解的信息，使真正的有机生产者没有从中得到应该获得的利益；也有的贸易者利用有机生产标准对新开垦地有机认证的特殊规定，在新开垦地从事有机作物的生产时，播种不管，掠夺性种植，出现问题后，再在其他地区寻找新开垦地。这样做与有机农业的原理背道而驰，也违反了发展有机食品旨在保护环境、保持农业生产的持续发展的方向。

## 三、有机食品、绿色食品与无公害食品的区别

随着人类环保意识的加强和对消费理念的提高，越来越多的人倾向于选择有机食品，人们逐步认识到有机食品的好处：①较为健康。研究显示有机产品含有较多铁质、镁质、钙质等微量元素及维生素 C，而重金属及致癌的硝酸盐含量则较低；②味道较好。有机农业提倡保持产品的天然成分，因此可保持食物的原来味道；③含有较少化学物质。在有机生产的理念下，所有生产及加工处理过程均只允许在有限制的情况下施用化学物质；④生产过程不含基因改造成分。在有机生产的理念下，所有生产及加工处理过程中均不可使用任何基因改造生物及其衍生物。

在对食品安全等级划分上，我国有关部门还推行的其他标志食品如无公害食品和绿色食品。目前，虽然人们的消费观念日益提高，开始注重消费质量，但也有不少人对于现代农业中的有机食品和无公害食品及绿色食品不太

了解，经常把它们混为一谈。

无公害农产品是指产地环境、生产过程和产品质量符合国家有关标准和规范的要求，经认证合格获得认证证书并允许使用无公害农产品标志的优质农产品及其加工制品。严格来讲，无公害食品应当是普通食品都应当达到的一种基本要求。绿色食品是我国农业部门在20世纪90年代初发展的一种食品，是指在无污染的条件下种植、养殖，施有机肥料，不用高毒性、高残留农药，在标准环境、生产技术、卫生标准下加工生产，经权威机构认定并使用专门标识的安全、优质、营养类食品的统称。绿色食品分为A级绿色食品和AA级绿色食品。其中，A级绿色食品生产中允许限量使用化学合成生产资料，AA级绿色食品则较为严格地要求在生产过程中不使用化学合成的肥料、农药、饲料添加剂、食品添加剂和其他有害于环境和健康的物质。从本质上来讲，绿色食品是从普通食品向有机食品发展的一种过渡产品。从食品安全等级上看，有机食品最高，绿色食品次之，无公害食品低于绿色食品（图3－2）。

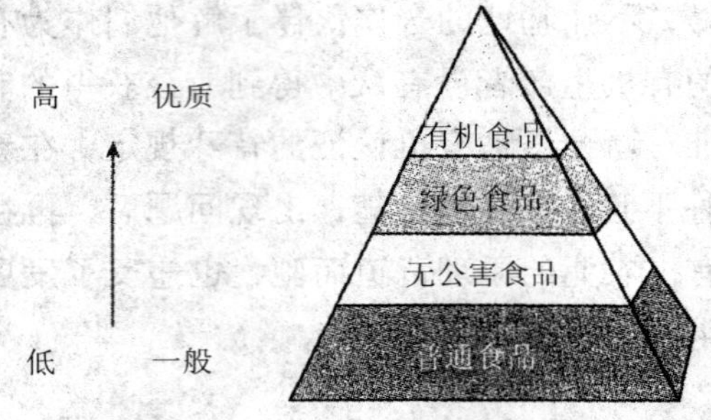


**图3－2　食品安全等级**

无公害农产品、绿色食品、有机食品都是经质量认证的安全农产品。无公害农产品是绿色食品和有机食品发展的基础，绿色食品和有机食品是在无公害农产品基础上的进一步提高。无公害农产品、绿色食品、有机食品都注重生产过程的管理，无公害农产品和绿色食品侧重对影响产品质量因素的控制，有机食品侧重对影响环境质量因素的控制。三者在目标定位、质量水平、运作方式和认证方法等方面存在不同。

1. 目标定位

无公害农产品是为了规范农业生产，保障基本安全，满足大众消费；绿色食品是为了提高生产水平，满足更高需求、增强市场竞争力；有机食品则是为了保持良好生态环境，人与自然的和谐共生。

2. 质量水平

无公害农产品达到中国普通农产品质量水平；绿色食品达到发达国家普通食品质量水平；有机食品达到生产国或销售国普通农产品质量水平。

3. 运作方式

无公害农产品采取政府运作，公益性认证，认证标志、程序、产品目录等由政府统一发布，产地认定与产品认证相结合；绿色食品采取政府推动、市场运作，质量认证与商标使用权转让相结合；有机食品属于社会化的经营性认证行为，因地制宜、市场运作。

4. 认证方法

无公害农产品和绿色食品认证依据标准，强调从土地到餐桌的全过程质量控制；检查检测并重，注重产品质量。有机食品实行检查员检查制度；在国外通常只进行检查，在国内一般以检查为主，检测为辅，注重生产方式。

## 第三节　建设有机农业生产基地

随着我国加入 WTO 后农产品面临着激烈的国际竞争和出口贸易中的绿色壁垒，以及人民生活水平的提高和食品安全意识的增强，发展有机农业、开发有机食品日益受到政府、贸易公司和消费者的广泛重视。因此，建设有机农业生产基地是发展有机农业的关键和良好保证。

建设有机农业生产基地不仅要求建设者具备生态文明的思想意识，还要有先进的生态道德观，在生产的同时更要注意对自然物的尊重与保护。

### 一、有机农业生产基地建设的理论基础

20 世纪 20～40 年代德国的著名哲学家 Steiner 提出生物动力农业，英国的 Howard 和 Balfour 从提倡健康的角度提出有机农业，强调在相对封闭的系统内循环使用养分来培育土壤肥力和生命力，使作物健康地生长，生产出健康的产品。他们不是简单地看待人类疾病和导致疾病的原因，而是努力从整个生态系统探索健康的根源，正如 Balfour 发表的对健康的著名论述：“健康的土壤→健康的作物→健康的动物→人类的健康”，即土壤、植物、动物和人类的健康是息息相关不可分割的整体，只有健康的土壤、在健康的农业生态系统条件下才有可能生产出安全的农产品，才能获得人类的健康。

因此，进行有机农业生产基地建设，必须以生态系统健康理论为指导，循环使用系统中的各种有机废弃物，科学合理地施用充分腐熟的有机肥，种植绿肥，实行多样性种植和作物轮作，以培育健康的充满生命活力的土壤，建立健康的生态系统，生产出安全健康的有机食品。

## 二、有机农业基地建设的基本原则

要建设好一个有机生产基地，应遵循以下几个基本原则。

**（一）生物与环境的协调发展，营养物质封闭式持续循环**

生物与环境之间存在着复杂的物质交换和能量流动的关系。环境影响生物，不同的环境孕育了不同的生物群体，生物也影响环境，两者不断相互作用，协同进化。生物既是环境的占有者，也是环境的组成部分；它不断地利用环境资源，又不断地分解动、植物残体，使之重新回到环境中，保持生态系统的平衡和生物的再生。

有机农业把人、土地、动植物和农场看做一个整体，建立生态系统内营养物质循环的所有营养物质均依赖于农场本身。这就要求我们全面合理规划农场土地面积、种植结构、饲料种类和数量、饲养动物的数量、有机肥的数量和利用方式等，以保证营养物质的均衡供应和持续发展；充分发挥生态系统中各元素之间的关系，设计多级物质传递链，多层次分级利用，减少污染，肥沃土壤。

由于有机农业遵循着生物与环境协调发展和营养物质封闭式循环的原理，因此，从基地选择或开始建设时起，就应该合理规划、因地制宜，合理布局，优化产业结构。

**（二）生态系统的自我调节机制**

自然生态系统本身具有很强的自我修复和抗干扰能力，然而有机农业生态系统是介于农田生态系统和自然生态系统的中间类型，因此必须在人为的干预下，使之既具有农田生态系统的生产量，又具有自然生态系统的自我调节机制。在有机农业基地建设过程中，合理安排作物的轮作和布局，充分提高土地的利用率，增加作物的产出量；通过生态系统中食物链的量化关系，形成生态组合最优、内部功能最协调的生态系统。生态防治是病虫防治的基础，要充分采取农艺措施（耕作、抗性品种、轮作、间作套种、地面覆盖、肥水管理、清洁田园等），辅之于恰当的生物防治（保护利用自然天敌、释放天敌益虫、Bt 等微生物农药、植物性农药等）、物理防治（灯光诱杀、防虫网、调节温湿度等）措施，控制病虫害的大量发生，以达到良好的自我调节。

**（三）经济、环境、社会三大效益相结合，生态效应和经济效应相统一**

实现经济、环境、社会三大效益是可持续农业发展的共同目标，也是有机农业生产管理人员追求的重要目标。经济效益是有机生产中极为重要的目标，追求高价格是有机农业经济效益的重要保障。有机农业一方面要通过种养结合、循环再生、多层次利用的农业生态工程方式来降低生产成本，提高整体生产力，另一方面通过较高的价格回报来实现高的经济效益。环境效益，包括建造丰富多彩的田园景观，保护野生生物和生物多样性，对基地的绿化美化、尽量减少裸地，对土地的保护，对水资源的保护，避免水土流失，减少污染等，保护好农业生态环境是消费者愿意花高价购买有机食品以激励农民从事有机生产的原因之一。社会效益包括为广大消费者提供安全、健康、优质的产品，为劳动者提供更多的就业机会，提高整个社会的环境保护意识等。三大效益中，经济效益是实现环境效益与社会效益的动力因素，环境效益、社会效益是经济效益的基础，三者相辅相成，互相影响。因此，有机生产基地建设过程中，三大效益的有机结合才能达到生态效应和经济效应的统一。

**（四）生产与市场开拓结合**

有机食品作为健康、安全、优质的环保产品，越来越受到人们的青睐，产品价格也普遍高于常规产品的30%～50%，甚至翻几倍，但是再高价格也要以市场接受为前提。因此，基地建设过程中，要同时考虑市场开拓问题。

目前，有机生产通常有两种情况：一是一些贸易公司或龙头企业有有机食品的出口订单，再组织农户或农场进行生产；二是政府鼓励农民或农场先进行有机生产转换，再寻找市场。前者不存在市场危机，是很多生产基地所期待的生产组织方式，而后者则经常具有盲目性。因此，有机生产基地建设者必须具备很强的市场意识，要充分考虑产品的市场前景，做好产品的营销策划，否则会造成很大的经济损失。

**（五）标准化与科学化的统一**

有机农业的良好运作体现了标准化和科学化的统一。有机生产的标准化是指在有机农业基地建设过程中要严格遵守有机认证标准和认证要求进行操作。即有详细的标准规定什么行为与方法或物质是允许的，什么是限制甚至是禁止的，并且有专门的认证机构按照有机生产标准对基地进行检查认证，如果违背了标准，基地就不能通过认证，其产品也不能以“有机产品”出售。科学化是指在遵守标准的基础上更深层次地应用现代科学技术和经营管理方法，如生态农业技术、生态经济、循环经济理论、农业产业化经营等，对基地进行规划设计，提高基地的科技含量和综合生产力，从而实现良好的经济效益。

目前，我国有机生产基地强调标准化，而科学化体现不足。多数生产管理者对有机标准理解不透彻甚至不正确，一味地禁锢思想，被动地严守标准做到标准化，或者只是进行单一的替代式的生产方式，除了不使用农药、化肥外，与常规农业几乎没有多大差别。在经济效益方面，对产品价格也过分依赖，一旦没有获得较好的价格，没有进入有机食品市场，经济效益不好，最终就会影响到生产者的积极性。

## 三、有机农业生产基地建设的内容

有机农业生产在标准、技术、管理诸方面都区别于常规农业，有机农业生产基地的建设必须从总体出发，明确现有优势、发展潜力和不足，根据基地实际情况和市场需求，采用集约化、系统化、产业化为一体的种植经营模式，完善有机农业设施建设，作出合理的总体规划，为长期战略性发展有机农业奠定坚实的基础。基地建设包括以下几方面内容。

### （一）选择理想基地

有机生产基地是有机初级产品、畜禽饲料的生长地，基地的生态环境条件直接影响有机产品的质量。因此，开发有机食品，必须选择理想的生产基地。通过基地的选择，可以全面地、深入地了解基地及基地周围的环境质量状况，为建立有机食品基地提供科学的决策依据，为有机食品产品质量提供基础保障。

有机农业是一种农业生产模式，故原则上所有能进行常规农业生产的地方都可进行有机农业生产基地建设。有机农业生产强调转换期，通过生产管理方式的转换来恢复农业生态系统的活力，降低土壤的农残含量，而非强求必须有一个非常清洁的、偏远的生产环境。通常，选择生产基地主要从以下几个因素考虑。

1. 环境条件

环境条件主要包括空气、水、土壤等环境因子，虽然有机农业不像绿色食品有一整套对环境条件的要求和环境因子的评价指标，但作为有机食品生产基地应选择空气清新，水质纯净，土壤未受污染或污染程度较轻，具有良好农业生态环境的地区。

（1）空气。周围不得有污染源，特别是上游或上风口不得有有害物质或有害气体排放；在周围存在潜在的大气污染源的情况下，要按照《保护农作

物的大气污染物最高允许浓度 GB 9137—88 对大气质量进行监测，空气质量符合国家大气环境质量一级标准 GB 3095—82。

（2）水和土壤。按照《农田灌溉水质标准 GB 5084—92》和《土壤环境质量标准 GB 15618—1995》检测灌溉用水和田块土壤质量（尤其是怀疑水、土受到污染时），水质要达到相应种植作物的水质标准，土壤耕性良好，具有较高的肥力，无污染，至少要达到二级标准即可。对于灌溉用水、渔业用水、畜禽用水及食品加工用水，要符合国家有关标准。特别是水产养殖，水质要求比较高，要按照《渔业水质标准 GB 11607》进行养殖水面的水质检测，且在水源周围不得有污染源或潜在的污染源。

（3）污染。土壤重金属的背景值位于正常值区域，周围没有金属或非金属矿山，没有严重的农药残留、化肥、重金属的污染。

（4）其他。生产基地应避开繁华的都市、工业区和交通要道，基地周围有充足的保持土壤肥力的有机肥源供应。另外对于基地的农田基本建设状况，产品特色，劳动力资源，农民的生产技术也要加以考虑。选择产品知名度高，农民生产技术强，文化教育良好的地区作为有机生产基地，有机转换可顺利进行，并实现产品的有机与优质相结合，产生良好的经济效益。野生植物的有机农业开发，基地必须选择在近三年内没有受到任何禁用物质污染的区域和非生态敏感的区域。

2. 生态条件

除了具有良好的环境条件外，生态条件也是有机农业可持续发展的基础条件。

（1）土壤肥力。通过对基地的土壤肥力进行检测，分析土壤的营养水平，从而制定出合理的适于基地开展有机农业的土壤培肥措施。

（2）生态环境。基地内的生态环境包括地势、镶嵌植被、水土流失情况和保持措施。若存在水土流失，在实施水土保持措施时，选择对天敌有利，对害虫有害的植物，这样既能保持水土，又能提高基地的生物多样性。

（3）周围生态环境。调查基地周围的生态环境包括植被的种类、分布、面积、生物群落的构成，建立与基地一体化的生态调控系统，增加天敌等自然因子对病虫害的控制和预防作用，减轻病虫害的危害和生产投入。

（4）隔离带和农田林网。选择的基地田块要相对集中连片，尽量减少相邻常规地块对有机地块的影响，种植树篱、建立防风林障等明显的缓冲隔离带（根据美国 OCIA 认证标准的规定，需要建立 8m 宽的缓冲带），避免在废水污染和废弃物集中地周围 2 ~ 5km 范围内进行有机食品生产。

充分明确隔离的作用，建立隔离带并不是为了应付检查的需要。一方面隔离带起到与常规农业隔离的作用，避免在常规农田种植管理中施用的化肥和农药渗入或漂移至有机田块，能有效防治有机农业生产区外部的偶然污染（风吹等）。所以，隔离带的宽度与周围作物的种类和作物生长季节的风向有关；隔离带的树种和类型（多年生还是一年生，乔木还是灌木，诱虫植物还是驱虫植物等）依具体情况而定。另一方面隔离带是有机田块的标志，起到示范和宣传的作用。

（5）种植历史。了解基地种植作物的种类和种植模式；种植业的主要构成和经济地位；当地主要的病虫害种类和发生的程度，作物的产量；肥料的种类、来源和土壤肥力增加的情况；病虫害防治方法等，便于更好地开展有机农业或有机农业的转换。

**（二）进行科学规划**

制定科学的规划是开展有机农业生产成功的关键，而有机农业区域的现状评估是有机农业基地建设规划的前提。在对区域现状评估过程中，要对生态系统、社会发展要素、经济基础做出系统的调查、分析和研究，从整体出发，明确现有的优势、不足和发展的潜力，抓住主要矛盾，为制定有机农业发展的总体规划提供科学的背景材料。生态系统是一个有机的整体，生态系统内生物与非生物因素间相互依存、相互制约，若内部关系处理不好，就无法实现生态系统内部的良性循环。

在对生态系统、社会发展要素、经济基础做出系统的调查、分析和研究的基础上，制定出具有指导性、适应性、先进性和科学性的总体规划，其中种植和加工模式是科学规划的核心内容。

*1. 种植经营模式*

种植模式的选定应建立在基地的实际情况和市场需求基础之上。种植经营模式的产生、完善和发展，离不开稳定性和相对可变性。稳定性是指基地主导产业不变或基本确定；可变性，是指某一商品的数量、种植规模受市场需求的调节而变动。总的来说，种植经营模式的选择应遵循以下原则。

（1）互利的原则。系统的整体效益产生于系统各组分之间的交互作用。例如，在种植区域发展养殖业，种植业可以为养殖业提供饲料；反过来，养殖业又可以为种植业提供足够数量的有机肥料等。

（2）科学配套的原则。在有机生态系统中，任何部分和其中的元素都不是孤立的，有机农业种植模式科学配套，才能发挥更大效益，才能做到可持续发展。如发展有机畜牧业，必须抓好饲料基地和相配套的加工厂的建设，使种畜生产、防疫技术、产品加工等系统相配套；发展有机蔬菜，必须以充足的有机肥料供应、消费者购买需求较高、购买能力较强及便利的交通条件城镇近郊为前提，只有这样，才能形成集约生产和持续发展。

（3）量比合理的原则。根据市场供需变化反馈的信息，综合考虑生产基地的自然条件和生产能力，及时调整有机食品的生产规模和产出量，避免原料不足或生产过剩而导致生产率下降。有机农业提倡种养结合，而且要求养殖的规模与饲料供给量、供给时间成正比，否则，就会出现饲料不足而导致效益下降。

2. 加工设施建设

集约化、系统化、产业化是有机农业的发展方向，也是有机农业进步和发展的有效衡量方法。在抓好基地生产的同时，围绕农业第一产业，适当投入多层次、多途径的加工业，以推动有机农业的快速发展。要做好这一点，必须遵循以下原则。

（1）因地制宜的原则。在有机生产区域内建设工程，一定要根据本身的地理位置和发展目标，因时因地制宜，切忌只讲规模，不注重内在的技术含量和发展的创新点和增长点。否则，必将导致规模越大损失越大的不良结果。许多高新农业示范区、现代化农业示范区的失败都证明了这一点。

（2）综合效益的原则。实施一个项目，不能单纯地计算经济效益，应综合考虑其整体效益。如建立 1 座沼气池，要综合考虑处理废弃物和减少环境污染的效益；经发酵后产生优质有机肥的直接效益和使作物增产增收的潜在效益；沼气作为燃料的节能效益等。

总之，进行科学的规划必须根据生态经济发展原理，综合考虑自然生态、经济和社会发展，利用系统学的原理，将经济、生物、技术和人口素质等进行系统的有机结合，建立自然、社会、物质、技术等多元多层次的保障体系及长、中、短期相结合的阶段性发展目标和与之相适应的综合配套技术方案。

**（三）重视人员培训**

有机农业是对现代常规农业的挑战，是一种劳动、知识与技术集约型的农业，有机农业生态工程牵涉的技术面更广，农业生产技术人员了解并掌握有机农业的生产原理与生产技术是有机农业成功开发的关键因素之一。因此必须由有机农业专家和生态工程专家以及相应种植、养殖领域的专家在基地召集与有机农业生产、加工相关的技术人员、生产人员进行包括标准、技术、管理、销售在内的全方位的培训。只有当生产者确实具备了有机生产和生态工程的意识，消除了对有机农业的误解，并掌握了相应的技术后，基地建设才能顺利进行。经验表明，有机生产的成功转换，首先在于生产者的意识与思想观念的转换，当他们能够摆脱常规生产的思路，用有机农业的原理与技术方法来指导生产行为时，有机农业转换就离成功不远了。因此，有机基地建设一定要重视对生产者的培训和技术人才的培养。

**（四）建立质量控制体系**

为了充分保证基地的生产完全符合有机农业的标题，保证有机产品在收获、加工、贮存、运输和销售各个环节不被混淆和污染，必须在基地内建立专门的内部质量管理控制体系。

建立良好的内部质量控制体系是有机认证对生产基地的基本要求。内部质量控制是指生产基地本身采取的保证质量的措施，其实也就是一种诚信的保证。每个生产基地只依赖于每年一次的有机检查来控制质量是远远不够的，如果缺乏诚信，有机生产的质量就得不到保证。

内部质量控制体系包括两个部分，一是要建立起质量管理体系，即建立从主要负责人至管理人员，再至生产人员代表的质量管理小组，要制定基地的生产管理方案，监督基地的生产过程严格遵守有机生产标准，与农户签订相应的质量保证合同与产品收购合同等；二则是基地必须建立完整的质量跟踪审查体系，即文档记录体系，通过基地地块分布图、田块种植历史、农事日记、详细的投入、产出、贮藏、运输、销售记录，产品标贴、产品批号来保证能从终产品追踪到作物的生产地块，从而保证产品有机质量的完整性。跟踪审查文档记录同时还有助于生产者制定良好的生产管理计划。对于小农户认证，除做好文档记录外，还要求生产者彼此相邻，种植作物与农事操作必须统一，使用同样的投入物质，产品统一加工和销售，要有内部检查员，并制定违反标准的惩罚制度等。

除质量控制外，质量教育也是保证有机产品质量的重要手段，只有当有机生产、加工等各个环节的具体操作人员具备了很好的质量意识，质量控制措施才能有效实施。质量意识的培育要通过对有机农业的原理、意义、理念的培训来达到，如日本有机产品认证标准（简称 JAS 法）就规定有机生产、加工过程的管理者必须参加认证机构指定的培训班的学习。

总之，有机农业生产基地的建设是一项涉及基地选择、总体规划、有机生产管理和质量控制体系以及市场开拓的复杂的生态工程，要求生产与管理人员不断学习与领会有机农业的理论，在生产实践中积累技术与管理方面的经验，不断地完善基地的生产结构和质量控制体系，挖掘基地的生产潜力，从而不断地改善基地的生态环境，提高基地的综合生产力和基地的知名度与

信誉度，实现经济、环境与社会效益。

## 第四节　有机农业生产的技术

有机农业是总结自然界生物自身适应环境条件的能力，继承传统农业精华，结合现代科学技术形成的现代有机农业技术体系。有机技术体系的建立就是让植物、动物、微生物等生命体在生长、发育、繁殖过程中，与周围环境相互密切配合，最大限度地形成农业生产需要的物质，并把这种通过实践积累起来的经验和知识推广到生产实践中，产生更大的综合效益。

### 一、立体种养综合利用技术

立体种养综合利用技术主要是科学地对时间与空间进行综合利用，它是在传统耕作模式的连作、间作、套种、轮作换茬等技术的基础上，运用生态学上物种共生互惠的原理，对时间、空间和营养结构等多因子生态位进行组合，具有生态合理性、效益综合性的特点。

它通过控制物种结构、生物空间分布、食物链结构等，以保证农业生态系统的良性循环，由于各个地区自然条件、经济条件、生产水平的不同，形成了不同的模式。

1. *农田互利共生种植模式*

它是将农田与农业生物（作物、果树、食用菌等）合理组合排布，充实不同生态位，互利共生，农田四季常青，寸土不闲，以提高产量和效益。

（1）以粮、棉、油为主的农田间套复种模式。粮—棉间套复种、粮—油间套复种、粮—烟间套、粮—粮间套复种等。

（2）粮棉油菜菌共生模式。粮—菜（瓜）共生、棉—菜（瓜）共生、花生—蔬菜共生、蔬菜—食用菌共生等。

（3）农果（林）共生模式。农—果模式、农—林模式等。以在果园的树行间种植小麦、豆类、花生、蔬菜、牧草和食用菌为例，该模式不仅对果园起到保墒、固土，加速土壤有机质的腐熟，增加土壤团粒结构，提高土壤肥力水平和有机质含量的作用，而且还可以改善果园的小气候，创造有利于植物生长，天敌增殖、繁衍和不利于蚜虫、红蜘蛛等害虫发生的环境条件，及增加天敌的种类、数量及群落的丰富度和生物多样性，提高天敌控制害虫的效果。

（4）粮—草共生模式。粮—油（花生）—草共生、粮—棉—草、粮—菜—草模式、农—林—牧共生等。

2. 种、养结合型模式

种植业与养殖业紧密结合，以农养牧，以牧促农，是传统农区和农牧过渡区的主要生产种植业模式。

（1）鸡—猪—沼气—食用菌—蚯蚓养殖模式。鸡粪加配合饲料养猪，猪粪加作物秸秆入沼气池生产沼气作农用能源，沼液肥田，沼渣栽培食用菌，菌糠或沼渣或牛粪养蚯蚓，蚯蚓加配合饲料再养鸡。

（2）菌—猪—沼—肥模式。棉籽壳培养食用菌—菌糠加配合饲料养猪—猪粪和秸秆生产沼气—沼渣、沼水肥田。

（3）鱼—田—蚕—猪—蚯蚓模式。鸭粪和配合饲料养鱼—粪塘污泥肥桑田—桑叶养蚕—蚕叶梗屑加饲料养鸭、鱼、猪—猪粪养蚯蚓—蚯蚓加配合饲料养鸭。

（4）果、林、茶—水库（池塘）—水产模式。在水库或鱼池边栽种林、果、茶或粮食作物，库内或池内养鱼，水面养鸭，形成水库（鱼池）中的鱼、鸭与岸边林、果、茶共生互惠的综合效果。该模式的最突出的优点是将农业有机废弃物资源化，通过多级利用生物质达到资源的充分开发。

（5）杨梅—茶叶——年生作物—家禽（鸡）模式。南方杨梅树下种茶叶，在杨梅和茶叶的行间种植一年生或多年生的草本植物，充分利用土壤不同层次的营养和地面以上的空间和阳光，使植物的营养层形成乔、灌、草相结合的立体层次，进而合理利用资源、控制病虫害。在此系统中还可以散养家禽，发展有机禽类。

此外，随着科学的进步，人们可以通过各种技术措施对植物生长的环境进行调控，不仅拓宽了发展范围，而且打破了季节的限制，做到周年种植，周年生产。如北方城市郊区开发的日光型节能温室技术，就是利用太阳光能，增加温室内的温度，通过对小气候温度的调控，生产反季节蔬菜。

## 二、有机农业施肥技术

1. 增施有机肥技术

有机肥（农家肥）是有机农业生产的养分基础，适合小规模生产和分散经营模式，是综合利用能源的有效手段。例如，以种植业为主的有机基地，有机农业生产种植与养殖有效结合，既可以为作物和牧草提供优质的有机肥，

又可将秸秆等废弃物得以综合利用，从而实现低成本的良性物质循环。有机肥的种类很多，施用方法也多种多样。

（1）人粪尿。人粪尿中尿素和氯离子含量高，并有寄生虫卵和各种传染病菌。人粪尿要经过彻底腐熟，经过无害化处理后才可使用；忌氯植物（如烟草）不宜多用，干旱、排水不畅的盐碱土应限量施用。禁止人粪尿与草木灰等碱性物质混存、混用造成氮素大量损失。

（2）猪粪尿。猪粪尿是有机农业生产中使用量较大，使用比较普遍的一种有机肥。猪粪尿质地细、成分复杂、木质素少、总腐殖质含量高（占碳的25.98%），比羊粪高1.19%，比牛粪高2.18%，比马粪高2.38%。猪尿中以水溶性尿素、尿酸、马尿酸、无机盐为主，pH中性偏碱。在积存时应注意，要加铺垫物，北方常用土或草炭垫圈，南方一般垫褥草（肥分损失大，褥草:土为3∶1最好）。提倡圈内垫圈与圈外堆制相结合，做到勤起、勤垫，不仅有利于猪的健康，而且有利于粪肥养分腐熟。禁止将草木灰倒入圈内，以免引起氮素的挥发流失。

（3）牛粪。其成分与猪粪相似，粪中含水量高、空气少、有机质分解慢，属于冷性肥料，加入马粪、羊粪等热性肥料以促进腐熟。牛粪可以使土壤疏松，易于耕作，对改良黏土有好处。为防止可溶性养分流失，在肥堆外抹泥，并加入钙镁磷肥以保氮增磷，提高肥料质量。在使用时应注意：宜作基肥；腐熟后才可施用，以达到养分转化和消灭病菌和虫卵的目的；不宜与碱性物质混用。

（4）鸡粪。鸡粪是优质的有机肥，可提高作物的品质，施用鸡粪的小白菜，葡萄糖和蔗糖的含量超过施用豆饼的小白菜。在葡萄树上施用鸡粪，可活性糖和维生素c的含量提高。鸡粪养分含量高，全氮为1.03%，是牛粪的4.1倍，全钾0.72%，是牛粪的3.1倍。在堆肥过程中，易发热，氮素易挥发。鸡粪应干燥存放，施用前再沤制，并加入适量的钙镁磷肥起到保氮作用。鸡粪适用于各种土壤，因其分解快，宜作追肥，也可与其他肥料混用作基肥。

（5）马粪。马粪纤维较粗，粪质疏松多孔，通气良好，水分易于挥发；含有较多的纤维素分解菌，能促进纤维分解。因此，马粪较牛粪和羊粪分解腐熟速度快，发热量大，属热性肥料，是高温堆肥和温床发热的好材料，适合各种作物的基肥和追肥。在使用时应注意：多采取圈外紧密堆积法，以免有效成分分解，养分流失；一般不单独使用，可作发热材料，与猪粪和牛粪混合堆积，能促进猪、牛粪的腐熟速度，也有利于其养分保持；冬季施用马粪，可提高地温。

(6) 堆肥。堆肥是利用秸秆、落叶、杂草、绿肥、人畜粪尿和适量的石灰、草木灰等物质进行堆制，经腐熟而成的肥料。堆肥不仅要达到堆制材料的腐解，而且要经过堆沤的过程，实现无害化。常用的堆制方法有高温堆肥（将秸秆、粪尿、动物氮索、植物氮索、污水、污泥等按照一定配比，再混入少量的骡马粪或其浸出物进行堆积，堆内温度可达 60～70℃，以利于灭菌）和活性堆肥（在油渣、米糠等有机质肥料中加入谷壳等，经混合、发酵制成肥料，其活性高、营养丰富）两种。堆肥的主要作用是用作基肥改良土壤，一般用作基肥时需配合一些偏氮的速效肥料如厩肥、新鲜绿肥、腐熟的人粪尿等施入土壤。用量多时，可结合耕地犁翻入土，全耕层混施；用量少时，可采用穴施或条施。

2. 培肥技术

有机农业土壤培肥是一项复杂的技术问题，必须树立有机农业土壤的系统观和整体观，综合考虑肥料、作物、土壤等各种因素，树立“平衡施肥”的观念。只有统筹规划，用地养地相结合，才能在获得优质、高产和安全有机农产品的同时保持土壤肥力的持久性。农田培肥技术的主要措施有：

(1) 根据我国传统经验，合理轮作倒茬，一方面要考虑茬口特性，另一方面要考虑作物特性，合理搭配耗地作物、自养作物、养地作物等，做到用地与养地相结合。

(2) 合理的耕作可以调节土壤固、液、气三相物质比例，增强土壤通透性。深耕结合施有机肥料，是增肥改土的一项重要措施。深耕可以加厚耕作层，改善土壤结构和耕性，降低土壤容重，使土肥水相融，促进微生物的活动，改善作用的环境条件，加速土壤熟化。

(3) 合理的排灌会有效地控制土壤水分，调节土壤的肥力状况。因为水是土壤最活跃的因素，以水控肥是提高土壤水和灌溉水利用率的有效方法。所以农业生产中，应根据具体情况，确定合理的灌溉方式。

(4) 农作物秸秆还田技术。对农田作物产品收获后遗留的秸秆、根茬等耕翻可有效增加土壤有机质含量，改善土壤理化性状。

(5) 种植绿肥作物。我国绿肥作物资源丰富，常用的绿肥作物有 80 多种，其中大多数属于豆科。主要种类有：紫花苜蓿、紫云英、毛苕子、三叶草、黑麦草等。绿肥作物的茎叶茂盛，能较好地覆盖地面，具有良好的固沙护坡、减少肥水流失，缓和暴风雨对土坡的直接侵蚀，减少地表径流，防止水、土、肥的流失，对培养山坡游地的土壤肥力有良好的效果；此外，绿肥覆盖能调节土壤温度，有利于作物根系的生长。

（6）防止土壤侵蚀和土壤沙化，保护土壤资源。我国土壤沙化面积每年扩大 3 436hm$^2$，防治土壤沙化形式严峻。在防治过程中，除了注重生态环境的改善和优化作物布局及农业资源的高效利用外，还应该采取农田免耕、少耕技术，种植防护林网，加强农田抵抗恶劣环境的能力，保护土壤资源。

3. 使用其他生物肥料

使用其他生物肥料，如采用特定发酵与合成技术，对动植物残体及废弃物进行无害化处理，生产的生物有机肥具有微生物肥料和有机肥效应，能改善土壤结构、增加土壤养分、提高土壤生物活性、提高产量和改善产品品质等。微生物肥料目前主要有根瘤菌肥、“5402”菌肥、EM 肥料、磷细菌肥料等。

4. 测土配方施肥技术

测土配方施肥技术的核心是调节作物需肥与土壤供肥间的矛盾，有针对性地补充作物所需营养元素，实现养分平衡供应。开展测土配方施肥，能有效减少肥料用量，提高作物产量，改善品种，实现节支增收的目的。

## 三、病虫草害防治技术

1. 推广间作、混作和轮作

各种作物都有分泌特殊物质的特性，这些特殊物质对某些病虫具有一定的防治和驱避作用。因此，掌握各类作物分泌物的特性，进行合理搭配、间套，利用其互补作用就能达到防病驱虫的目的。例如，大白菜与韭菜间作，能防治白菜根腐病；大蒜与马铃薯间作，可抑制马铃薯晚疫病；大蒜与油菜间作能防治蚜虫；葱与胡萝卜相邻栽培，它们各自散发出的气味可以相互驱逐害虫，互利共生；卷心菜与莴苣间作，可避免菜粉蝶在菜心上产卵；甘蓝与番茄或莴苣间作，可使多种甘蓝害虫避而远之；葱蒜类同蔬菜等作物间作、混作或轮作，均能有效地阻止病原菌的繁殖及降低土壤中已有病原菌的密度，达到土壤消毒、防治多种蔬菜病害的目的。

轮作方式没有统一模式，应根据各地具体情况确定。粮食作物之间、蔬菜作物之间、蔬菜与粮食作物之间都可进行有效轮作，达到既可调节地力，又能减少作物病虫害的发生，特别是对寡食性害虫和单食性害虫以及寄主范围较小的病原生物所引起的病害的防治效果更显著。

2. 病虫害的综合防治

病虫害的综合防治措施主要有 3 种，分别是生物防治、物理防治和农业防治。生物防治指建立有利于天敌增殖繁衍的生态环境，种植天敌繁衍带，利用取食性天敌对害虫的捕食和寄生性天敌对害虫的寄生作用，以及利用昆虫病原微生物及其代谢产物杀死害虫，达到以天敌治虫和以菌治虫的目的；物理防治是在害虫与寄主之间形成一道物理屏障，避免寄主与病虫害接触而免受为害的防治方法；农业防治主要是利用农业耕作措施，破坏病虫的寄主环境，消灭越冬虫卵和病菌。或者推广间作、混作和轮作，以减少病虫害发生。

3. 天然药物防治技术

我国植物、动物资源丰富，可以用来防治病虫的植物有 140 多科、1300 多种。实践证明，许多杀虫、防病植物对目前很多重要病虫害的防治效果很好，天然植物制剂将是化学农药的主要替代物。

4. 生物农药防治技术

生物农药是指用来防治农业病、虫、草等有害生物的生物活体及其代谢产物，制成的生物源制剂包括细菌、病毒、真菌、线虫、植物、昆虫天敌、农用抗生素、植物生长调节剂等。生物农药具有高效、无残留、无抗药性等优点，在有机农业病虫害防治领域得到广泛的应用。生物农药对环境条件敏感，故在使用中应注意掌握温度和湿度，及时喷施。

## 四、废弃物资源的综合利用

有机农业强调在有机生产区域内建立封闭的物质循环体系，通过对生产基地的作物秸秆、藤蔓、皮壳、饼粕、酒糟、畜禽粪便、食品工业和畜禽制品的下脚料及各种树叶的综合利用和减量化、无害化、资源化、能源化处理，将废弃物变成一种资源，使处理与利用统一起来。

1. 有机肥的堆制生产技术

有机肥是种植业的基础，无论是作物残体还是畜禽粪便，都含有对作物和环境有害的物质和成分，必须经过无害化处理。高温堆肥和活性堆肥是无害化处理和提高肥效的重要措施和环节。通常的处理方法是将植物秸秆或畜禽粪便掺入适量的化肥（尿素），调节 C/N 比至 45∶1，加入适量水分，在 55～70℃的高温下腐熟，持续 10～15 天。

废弃物的利用率、腐熟速度、堆肥的质量、无害化程度是堆肥技术的衡量指标。

2. 沼气发酵工程

通过沼气工程技术，将种植业和养殖业有机地结合起来，形成多环结构的综合效应。

3. 微生物处理技术

作物残体含有碳水化合物、蛋白质、脂肪、木质素、醇类和有机酸等，这些成分通过微生物的作用，可以变成富含蛋白质和氨基酸的动物饲料（如青贮饲料），提高饲料的利用率。

4. 利用植物残体生产食用菌

食用菌一般是指真菌中能形成大型子实体或菌核类组织并可食用的种类，味道鲜美，具有较高的营养价值。食用菌大多以有机碳化合物为碳素营养，所以许多农产品加工中产生的废弃物均可作为培养食用菌的原料。

# 第四章　绿色循环现代农业与精致农业概述

## 第一节　绿色循环现代农业与精致农业的内涵与特征

### 一、绿色循环现代农业的创新

当今世界农业的发展存在着两大问题：一是自然灾害；二是环境污染和生态破坏。这两个问题制约了世界农业的发展。因此，到20世纪中叶，世界先后创新了绿色经济、生态经济、循环经济和知识经济。在上述四大先进经济模式中，绿色经济和循环经济这两大先进经济发展模式最具有科学性和代表性，是世界经济发展的首选模式。因此，经过多年的调查、研究、分析、加工、综合和在探索、发现、求实、创新、提高的基础上，中国一批资深经济学家创新了绿色循环经济这一先进经济发展理念。这一先进经济发展模式一经提出，就受到了国内外专家和各界人士的肯定与好评，认为“这是一项经济发展模式的创新和重大突破”。

绿色循环经济发展模式提出之后，又延伸出了绿色循环现代农业，绿色循环工业和绿色循环服务业。其中绿色循环现代农业的特征是：对农业生产的全过程监控，实现农业既全程绿色生产、又全程绿色循环和农业资源综合利用、循环利用、物尽其用、变废为宝，最终实现农业的可持续发展。

## 二、绿色循环现代农业的基本概念和内涵

绿色循环现代农业是以可持续发展理论为指导，以生态经济、循环经济理论为基础，以绿色经济、生态经济、循环经济、知识经济四大先进经济模式综合运用为手段，从而构建资源节约型、环境友好型、生态文明型现代农业。具体讲就是用现代工业装备农业、用现代技术武装农业，用现代科学管理农业、培养新型农民推动农业。核心是实现农业的标准化、规范化、产业化、集约化、专业化、系统化、信息化、商品化和绿色循环化，最终实现农业全面现代化的创新理念，为中国农业实施可持续发展战略奠定了坚实的理论基础。

## 三、精致农业的概念

精致农业是现代农业的重要实现形式，其特征是以生产高品质、高科技含量、高附加值的农产品为目标，以标准化、规范化、产业化、集约化、专业化、系统化、信息化、商品化和绿色循环化为主要模式，精耕细作，以低投入、低消耗获得高产出、高品质的产品。其本质与绿色循环现代农业是完全一致的。台湾的精致农业已经发展到了很高水平，学习和掌握台湾精致农业的技术和经验，对推动大陆地区绿色循环现代农业的发展具有重要意义。

## 四、绿色循环现代农业的特征

绿色循环现代农业和精致农业与石油化学农业有本质上的区别，与其他各种替代农业相比较虽然是近似的概念但也有不同之处。绿色循环现代农业是以绿色经济、循环经济两大先进经济模式为理论基础，并与生态经济、知识经济科学综合运用相结合，充分发挥绿色经济与循环经济的优势，产生绿色循环经济（见图3－3），再从绿色循环经济延伸到绿色循环产业，再延伸到绿色循环现代农业（见图3－4）。它以实现农业全面绿色生产、又全面绿色循环，生产出的绿色、有机食品为终端产品，以造福子孙后代为目标，是具有科学性、全局性、可操作性的先进农业发展模式，是替代石油化学农业的最佳选择和历史发展的必然。

绿色循环经济
- 绿色循环第一产业（农业）
- 绿色循环第二产业（工业）
- 绿色循环第三产业（服务业）

**图3－3　绿色循环经济**

绿色循环现代农业
- 绿色循环种植业
- 绿色循环畜牧业
- 绿色循环水产业
- 绿色循环草业
- 绿色循环林业
- 绿色循环农业生产资料产业
- 绿色循环食品工业
- 绿色循环农产品综合循环利用产业

图3－4　绿色循环现代农业

从图3－3、图3－4中不难看出，绿色经济、生态经济、循环经济、知识经济四大先进经济模式中，绿色经济与循环经济最具有先进性和代表性，是经济发展模式的最佳选择，从其中延伸出的绿色循环现代农业具有坚实的理论基础，有较强的持续性、可操作性与系统性，形成了以绿色经济、循环经济理论为指导，以不断改善生态环境为发展保证，以绿色循环产业为支柱，以生产出绿色、有机食品为最终体现，最终实现农业发展的绿色循环化的特征。

## 五、绿色循环现代农业与精致农业的综合性、系统性与全面性

### （一）绿色循环现代农业与精致农业的科学性与先进性

绿色循环现代农业与精致农业是将绿色经济、生态经济、循环经济、知识经济四大先进经济模式在农业上的综合运用，它比其他任何农业发展模式都有不可比拟的科学性与先进性。主要体现在：绿色循环现代农业与精致农业是在绿色经济、循环经济和绿色产业理论指导下，以不断改善与提高农业环境质量为根基，以大农业中的各农业产业全面实现绿色循环化为支柱，以发展绿色、有机食品为绿色循环现代农业的具体体现的宏大系统工程。绿色循环现代农业与精致农业不仅强调了农业资源的可持续利用，而且明确了目标产品——绿色食品和有机食品及绿色农业发展的标准化、规范化、产业化、集约化、专业化、系统化、信息化、商品化和绿色循环化全过程科学控制。因此，绿色循环现代农业的生态效益、社会效益、经济效益均高于其他农业经济发展模式。

发展绿色循环现代农业与精致农业的核心是实现农业的标准化和食品安全。胡锦涛总书记在中央政治局第四十一次集体学习时强调“实施农业标准

化，保障食品安全，是关系人民群众切身利益、关系中国社会主义现代化建设全局的重大任务。”他又指出：“解决好13亿人口的吃饭问题，促进农业增效、农民增收，必须加快实施农业标准化。实施农业标准化是建设现代农业的重要抓手，是增强中国农业市场竞争力的重要举措，是保障食品安全的基础条件。只有把农业产前、产中、产后全过程纳入标准化轨道，才能加快农业从粗放经营向集约经营转变，才能提高农业科技含量和经营水平，才能完全适应现代农业要求的管理体系和服务体系。食品安全关系广大人民群众身体健康和生命安全。实施农业标准化，实现从农田到餐桌全程质量控制，对保障食品安全至关重要。”胡锦涛总书记上述指示精神为发展绿色循环现代农业与精致农业指明了方向，是绿色循环现代农业与精致农业示范区建设的行动纲领，也充分说明了绿色循环现代农业与精致农业的科学性与先进性。

**（二）绿色循环现代农业与精致农业的可行性与可操作性**

中国发展绿色循环现代农业与精致农业完全符合中央、国务院发展农业的战略决策，《中共中央国务院关于推进社会主义新农村建设的若干意见》指出：“加快发展循环农业，要大力开发节约资源和保护环境的农业技术，重点推广废弃物综合利用技术、相关产业链技术和可再生能源开发利用技术。制定相应的财税鼓励政策，组织实施生物工程，推广秸秆气化、固化成型、发电、养畜等技术，开发生物能源和生物基材料，培育生物产业。积极发展节地、节水、节肥、节药、节种的节约型农业，鼓励生产和使用节电、节油农业机械和农产品加工设备，努力提高农业投入品的利用效率。加大力度防治农业面源污染。”党中央、国务院明确提出加快发展循环农业，充分说明了绿色循环现代农业与精致农业的可行性与可操作性，是建设社会主义新农村，解决“三农”问题的重大战略举措。

**（三）绿色循环现代农业与精致农业的综合性、系统性与全面性**

绿色循环现代农业与精致农业是从绿色经济与循环经济延伸出来的产物，不仅有理论基础与实践基础，而且通过典型示范也取得了可喜的经验，已具备可操作性较强的科学标准体系、认证体系、环境监测体系和科学管理体系。大批专家学者积极参与绿色循环现代农业和精致农业的理论研究并进行典型示范，取得的可喜成果体现了绿色循环现代农业与精致农业的强大生命力，是中国农业发展的必由之路与必然选择，证明了绿色循环现代农业与精致农业的综合性、系统性与全面性。

**（四）绿色循环现代农业与精致农业最终产品是无公害、绿色、有机食品**

绿色循环现代农业与精致农业最终产品是无公害、绿色、有机食品（以下简称“三品”)。为了推动中国“三品”食品的发展，农业部召开了“无公害食品绿色食品工作会议”，第一次将无公害、绿色、有机食品工作一起研究部署，为“三品”食品整体推进进行了统一、科学的计划与工作安排，对克服“三品”多头管理的不协调问题具有重要意义。近年来“三品”食品的发展呈现出四个特点：一是发展速度持续加快；二是产品质量稳定提高；三是品牌影响日益扩大；四是综合效益不断提高。发展“三品”食品，实现了生态效益、社会效益、经济效益的同步增长，保证了食品安全，提高了农产品附加值，促进了农业增效和农民增收，培养、壮大了农业科技队伍，推动了农业产业化发展，突破了国际贸易技术“壁垒”，有利于农产品扩大出口，促进了农业的可持续发展。“三品”食品在标准化方面取得的明显进展，主要体现在五个方面：一是加快推进“三品”食品认证工作；二是逐步完善技术标准；三是不断加大监管工作力度；四是积极推进制度机制创新；五是全面扩大品牌形象宣传。这些为“三品”食品全面、协调、持续发展奠定了科学基础，更重要的是为全面发展绿色循环现代农业与精致农业奠定了坚实的基础。

**(五)发展绿色循环现代农业与精致农业的保障条件**

发展绿色循环现代农业与精致农业应具备以下条件，才能保障建立起长效机制与全面发展：一是加强党和政府的领导、推动是关键；二是市场推动，实现中国农产品走向世界，这是现代农业发展的内在动力；三是搞好种植服务，是发展绿色循环现代农业与精致农业的前提条件；四是形成合力，按照“三品”食品整体推进的战略部署，整合农业资源，上下密切配合、部门相互协调、共同推动，是发展绿色循环现代农业与精致农业的重要保障；五是与时俱进、开拓创新、积极探索、科学实践、不断拓展发展思路，优化工作新机制，科学管理，创新工作手段，丰富绿色循环现代农业与精致农业的理论体系，才能科学、全面地推动绿色循环现代农业与精致农业可持续发展。

**(六)加强绿色循环现代农业与精致农业理论研究，进行典型示范与推广应用**

绿色食品、有机食品和绿色经济、绿色产业、绿色农业、绿色循环现代农业理论研究与实践，从中国发展绿色食品开始，已经有了20年的历史。20年来人们不断探索绿色食品与绿色农业的发展，充分证明发展绿色食品是人类社会进步的一个重要标志，是一项保证人类健康、维护人类生存环境具有深远意义的事业。随着理论研究与实践的不断深入，人们发现绿色经济、绿色产业、绿色农业和精致农业是一脉相通的。由于认识的不断提高，专家提出了绿色经济、生态经济、循环经济和知识经济四大先进经济模式，通过综

合运用得出结论：绿色经济与循环经济最具有先进性与代表性，是农业发展的首选模式。随后专家学者又提出了发展绿色循环现代农业的创新理念，这是中国农业发展理念中的一个重大突破。为了深入研究绿色循环现代农业与精致农业的创新发展模式，先后于2002年12月出版了由揭益寿主编的《中国绿色经济绿色产业理论与实践》，2005年4月出版了由揭益寿主编的《中国绿色产业的建设与发展》，2005年5月出版了由刘连馥主编的《绿色农业初探》，这是三部有关发展绿色循环现代农业的专著。另外中国管理科学院农业经济技术研究所及北京后稷生态农业技术研究所的内部《通讯》上发表了大量有关绿色经济、循环经济、绿色农业、绿色循环现代农业、台湾精致农业、绿色食品等方面的文章，不仅有理论研究，而且还介绍了全国各地发展绿色循环现代农业的成功经验。绿色循环现代农业与精致农业具备了科学性、持续性和可操作性，证明了它是中国农业发展的最佳选择。

## 六、绿色食品简介

### （一）绿色食品

绿色食品是指在无污染生态环境条件下种植及全过程标准化生产和加工的农产品，严格控制其有毒有害物质含量，使之符合国家健康安全食品标准，并经过专门机构认证，许可使用绿色食品标志的食品，是同时符合无污染、安全、优质、营养条件的食品的总称。

中国绿色食品分为AA级与A级两类。AA级绿色食品是指在生态环境质量符合规定标准的产地，生产过程不使用有害化学合成物质，按特定的生产操作规程生产、加工，产品质量及包装经检测符合标准要求，并经专门机构认定的食品，相当于国际标准的有机食品。AA级食品要求不含任何化学合成肥料、农药、兽药及合成食品添加剂、防腐剂、饲料添加剂和其他有害于环境和健康的物质。A级绿色食品是指生产地环境符合有关质量标准，生产过程中允许限量使用限定的化学合成物质，且严格按照绿色食品生产资料使用标准和生产操作规程要求，并经过专门机构认定的食品。当然A级绿色食品是无毒、无害的安全、营养食品，其认定相当于国际上食品的GAP认证。

### （二）绿色、有机食品与绿色循环现代农业和精致农业的关系

1. 绿色循环现代农业与精致农业是生产绿色、有机食品的基础

绿色循环现代农业与精致农业是在保护环境和保持资源可再生利用的前提下，利用高新技术来满足人类的基本需求，它不是传统农业的恢复，而是现代农业机械、现代生物技术和现代管理方法等现代技术配套使用的农业实

践。绿色、有机食品的生产对生态环境有严格要求。如：生长区没有工业企业的直接污染；区域内的大气、土壤、灌溉用水等必须符合绿色、有机食品的生产要求；防止农业自身施用的化肥、农药对农产品的污染等。发展绿色、有机食品必须以绿色循环现代农业与精致农业为基础，因为绿色、有机食品的原料必须无污染，而无污染的原料来源于最佳农业种植基地。绿色、有机食品如果没有绿色循环现代农业与精致农业的支撑就失去了基础，绿色、有机食品就会很难发展。

2. 绿色、有机食品的发展是绿色循环现代农业与精致农业的延伸

生态环境的压力使人们认识到，依靠大量农药和化肥的投入虽然带来了农作物高产，解决了人类一个阶段的生存问题，但并不代表人类从此可以高枕无忧。资源衰竭和环境恶化正是这种缺乏效率和资源错误配置生产方式的突出体现。在世界“走可持续发展道路”的浪潮中，中国政府大力倡导开发绿色、有机食品，提出了从农产品的生态环境、生产过程以及到加工、储存、运输等延伸环节，实现“从田头到餐桌”的全程质量控制。现在我们都深知过量施用化肥、农药，会使蔬菜、水果的品质变差，而且在土壤和水体中还会残留有害物质，削弱农作物生长能力，加剧环境污染。为此专家提出了要建设帮农田“减肥”的系统工程，通过研究和开发高新生物技术和信息技术，避免和消除环境对农产品的危害。开发绿色、有机食品将带动农业生产条件的优化，加速高新农业技术的运用，从长期来看又可以大幅度降低农业的生产成本。

## 第二节　农业绿色生产与循环的措施

### 一、农业的绿色生产与绿色循环

根据绿色循环现代农业的特征及科学性、可操作性的论述，发展绿色循环现代农业与精致农业的核心是不断地提高农业生产中各种资源的利用率和农业综合生产能力，使农产品生产完全符合党的十七届三中全会通过的《决定》中提出的“高产、优质、生态、安全”的要求，实现生态效益、社会效益、经济效益的良性循环和协调发展，为发展现代农业开辟新的途径。

绿色循环现代农业与精致农业是对农业生产资料中的土、水、种、肥、

药、电、油、柴、煤、劳等各种生产要素进行统筹考虑、整体谋划、系统节约、循环利用。要深度利用农业种植业、养殖业、农产品加工业产生的废弃物和以农产品为原料的城市工业及乡镇企业产生的废弃物，化害为利、变废为宝，产生显著的生态效益、社会效益、经济效益。可见绿色循环现代农业是实现农业更大经济效益、更少资源消耗、更低环境污染和更多农村劳动力转移的先进农业发展模式。

## 二、农业生产绿色循环的途径与措施

新中国成立以来，虽然农业在石油化学经济发展模式的推动下迅速发展，工业社会的生产力在技术上（或者说是在索取资源上）是先进的，但是由于没有“生态与经济相协调”的意识作指导，对自然盲目“主宰”与无限制掠夺，其结果是破坏了生态环境，阻碍了经济、社会的可持续发展，造成了资源的严重浪费及生态环境的恶化，这迫使中国农业必须去寻找一条新的发展之路——绿色循环与精致农业之路。

什么是绿色循环与精致农业之路?“绿色”就是节约、环保、维持生态平衡。“循环”就是用不同方式将资源重复利用，使有限的资源发挥最大的效益，不使生态环境遭到污染和破坏。可用以下形式来表示绿色循环：“绿色资源→绿色原料→绿色产品→绿色消费→再生绿色资源”。“精致”即达到农业生产全程精致、产品必须是精品、技术达到精准、装备精良、环境精美（无任何污染）、主体精兵的“六精”发展方向。农产品必须实现“六个要求”即高产、高附加值、高质（精致绿色有机）、高效、安全、生态的基本要求。

绿色循环现代农业与精致农业不仅不对生态环境造成污染和破坏，不对当代人的生存环境与后代人的生存环境构成威胁，还能不断改善与提高生态环境质量，让有限的资源得到合理利用，实现生态效益、社会效益、经济效益的良性循环与协调发展。“八节一降一减一低二提高加循环”成功之路就是实现绿色循环现代农业与精致农业的最佳途径。“八节”是指节地、节水、节种、节肥、节药、节能、节劳、节粮；“一降”是指降低农业生产成本；“一减”是指减少污染物排放；“一低”是指发展低碳农业；“二提高”是指提高农产品质量和提高农业经济效益；“加循环”是指农业资源综合循环利用、重复利用、变废为宝。

**（一）节地**

土地是农业生产最基本的生产要素。随着社会生产力的发展，土地对于人类已不再是取之不尽、用之不竭的“聚宝盆”。相反，土地正在急剧减少，特别是耕地的减少，将极大地威胁粮食生产的安全。全方位地节约土地是我们共同的责任，是当务之急。

1. 加强耕地质量管理

土地是发展绿色循环现代农业的基础。中国是人口大国，又是多山国家，还是草原大国，这两大区域只能搞林草，不能种植粮食。随着经济社会的发展，土地资源将日益减少，所以加强耕地管理，合理利用土地，根据不同区域耕地的地力水平状况和标准，对耕地质量状况施行动态管理，坚决守住18亿亩耕地红线。提高土地利用效率和效益，是节约土地的重要措施。

2. 加强耕地质量建设

土地的生产力是指土地的质量、农业栽培管理技术和气候条件等方面的综合生产能力。土地是否健康、肥沃、优质，农业技术是否先进，将直接影响到土地的生产力。土地肥力是土地的基本属性，是土地质量好坏的主要标志，要培育和提高土地生产力，就要通过适当的管理和技术措施，施用有机肥、优质肥，不断提高土地肥力。保护土壤环境质量和建设高标准旱涝保收基本农田，是节约土地的重大举措。

3. 推进耕作制度的改革

根据中国耕地少的国情，应充分挖掘土、水、光、热、气候等资源的利用潜力，鼓励发展低耗能设施农业，提高耕地的综合产出率。开发不同类型区域环境资源，实现高效利用土地的多熟种植制度，巧用季节开发高产、超高产多熟种植模式及技术，提高农田单位面积产量。同时将平原区荒地、废弃土地、矿区坍塌地进行复耕，实现耕地面积动态平衡不减反增的目标。

4. 实施农业可持续发展的耕作技术

保护性耕作技术是通过少耕、免耕等技术措施的应用，尽可能保持作物残茬覆盖地表，减少土壤水蚀、风蚀，增加土地腐殖质，提高产量，降低作业成本。

**（二）节水**

《中共中央国务院关于加快水利改革发展的决定》指出："水是生命之源、生产之要、生态之基。兴水利、除水害，事关人类生存、经济发展、社会进步，历来是治国安邦的大事。促进经济长期平稳较快发展和社会和谐稳定，夺取全面建设小康社会新胜利，必须下决心加快水利发展，切实增强水利支撑保障能力，实现水资源可持续利用。近年来我国频繁发生的严重水旱灾害，造成重大生命财产损失，暴露出农田水利等基础设施十分薄弱，必须大力加强水利建设。"在大兴农田水利建设方面，《决定》指出"到2020年，基本完成大型灌区、重点中型灌区续建配套和节水改造任务。结合全国新增千亿斤粮食生产能力规划实施，在水土资源条件具备的地区，新建一批灌区，增加农田有效灌溉面积。实施大中型灌溉排水泵站更新改造，加强重点涝区治理，完善灌排体系。健全农田水利建设新机制，中央和省级财政要大幅增加专项补助资金，市、县两级政府也要切实增加农田水利建设投入，引导农民自愿投工投劳。加快推进小型农田水利重点县建设，优先安排产粮大县，加强灌区末级渠系建设和田间工程配套，促进旱涝保收高标准农田建设。因地制宜兴建中小型水利设施，支持山丘区小水窖、小水池、小塘坝、小泵站、小水渠等'五小水利'工程建设，重点向革命老区、民族地区、边疆地区、贫困地区倾斜。大力发展节水灌溉，推广渠道防渗、管道输水、喷灌滴灌等技术，扩大节水、抗旱设备补贴范围。积极发展旱作农业，采用地膜覆盖、深松深耕、保护性耕作等技术。稳步发展牧区水利；建设节水高效灌溉饲草料地。"

中国原本就是一个水资源先天不足的国家，再加上水资源的严重浪费和污染以及管理混乱、使用不当导致后天失调，目前水资源危机已成为中国实施可持续发展战略的一大障碍。全国每年平均水旱受灾面积0.34亿公顷，成灾面积0.2亿公顷，水旱灾害占自然灾害的80%左右。党中央、国务院2011年1号文件为中国未来水利发展指明了方向，是一项重大战略决策。

水作为一种自然资源，既是一种公共性的社会资源，又是有价值的经济资源，具有自然和社会经济的双重属性，对于人的生存、社会发展及生态建设具有不可代替的作用。节约用水应成为中国的一项重要国策。

农业是水资源利用的大户，农业节水的潜力是巨大的。下面介绍几种农业节约用水的方法：

1. 沟灌技术：这种技术主要适用于宽行作物，要根据土壤质地、坡度和渗水性来确定沟灌的技术要素。

2. 喷灌技术：本技术特点是灌溉均匀、省水、增产幅度大，适应性强，节水效益高。喷灌主要有扣压式喷灌和自压式喷灌两种。扣压式喷灌通过水泵形成水压进行灌溉；自压式喷灌通过水源位置的压力差，利用自然水压进行灌溉。喷灌耗能多、投资大、不适宜在多风环境下使用。

3. 滴灌技术：滴灌是通过安装在毛管上的滴头孔或滴灌带等灌水器，将水慢慢地滴入作物根区附近土壤中。滴灌技术由于用管道输水，地表径流、渗漏、蒸发、损失少，供水压力低，可以节水、节能，不需平整开挖、易控制，省工省地、效益高，适用于各种土壤和地形。

4. 膜上灌溉技术：膜上灌溉是在地膜覆盖栽培的基础上，把膜侧灌溉水流改为膜上水流，利用地膜输水通过放苗孔和膜侧旁渗给作物供水的灌溉技术。膜上灌溉的类型主要有开沟扶埂膜上灌溉，打埂膜上灌，沟内膜孔灌和膜孔缝灌等。

5. 稻田节水灌溉技术：稻田灌溉多用浅水层，少用深水层。防止超季灌水和无效用水，杜绝“长流水”和“大水漫灌”，减少泡田水。

6. 低压管道灌溉技术：这种灌溉技术主要是以管道代替明渠输水的地面灌溉工程形式。

传统的灌溉方式主要采用重力流系统，即自流灌溉。这种灌溉方式只有很少的一部分水到达作物的根部，大部分则自农田流走、渗透或蒸发，因此需要制定合理的灌溉用水定额，实行科学灌水。加强农田水利设施建设，完善农田沟渠排灌系统，坚持灌区与旱地兼顾、常规技术与高新技术并重、工程与非工程技术相配套，蓄水、保水技术与节水管理技术相结合，在旱地建立地表水、土壤水、地下水多水源联合，微咸水、咸水及深层水的有效利用技术，污水、废水处理及回收与转化和重复利用技术相结合，全面提高农业水资源的利用效率，使投入尽可能少的灌水量，生产出尽可能多的农产品。

**（三）节种**

种子是农作物种植的必备条件。必须依靠科学技术，提高种子质量和效益，以达到真正高产与节种的目的。

选用优良的品种：可采用选种机或人工精选籽粒，剔除病、残、虫食和杂质的种子，选出高产、优质、抗病虫灾害等综合性优良品种。

种子的精选与处理：选择粒大、饱满，发芽率不低于95%的籽粒作种子，有利于出全苗、出壮苗，从而增加产量。经过精选的种子应用超微粉体种衣剂包衣、无残留的药剂拌种、沼液浸种等加工处理技术，防病效果好并能提高种子质量和生产能力，还可以减少对环境的污染。

播期和播量：适时早播保证苗全、苗壮并结合当地气候、土壤、耕作制度和栽培条件，因地制宜地选择优质、高产、适应当地气候特点、抗当地主要病虫害的优良品种。根据土壤性质、品种特性及耕作栽培条件等因素综合考虑播种量，肥沃能灌溉的土壤可适当密植，贫瘠缺水土壤宜稀植。另外，播种时最好选用气吸式精播机械或其他性能优良的机械精播机，能更好地节省种子用量。

**（四）节肥**

肥料可以使农作物高产，所以必须十分重视施肥。过去主要依靠施用有机肥料补充土壤有机质，但随着农村经济和劳动力结构的变化，重用地轻养

地、重产出轻投入、重化肥轻有机肥的“三重三轻”现象已成为带有普遍性的问题，有机肥施用面积、用量越来越少，化肥使用量不断增加，致使部分地区土壤基础肥力不断下降。

施肥还必须坚持科学适当施肥，因为施肥过量或施肥不合理会造成浪费、污染，所以要科学合理地施肥。应根据土壤肥力状况，遵循有机肥为主、化肥为辅，基肥为主、追肥为辅，因地制宜地测土施肥，看苗施肥。把握不同土壤及作物供肥及需肥规律，合理选用肥料品种，结合整地要一次施足底肥。并且应积极提倡使用复合肥料和混合肥料，适当减少氮肥用量。中等肥力以上地块，氮肥用量可减少20%～25%。把握好施肥的时期，提高肥料利用率，并减少过量施肥对环境带来的污染。提倡使用无残留的生物有机肥，尽量减少或不使用化学肥料。

**（五）节药**

农田中使用的农药会随雨水流入地表水或渗入地下水而污染水体，应合理使用农药，减少农药流失和在土壤、作物中的残留量。

培育和选用抗病性品种：利用寄生生物的抗病性原理，通过育种技术和方法，培育出能抵抗病虫侵袭的农业优势品种，减少农药用量。

改变耕作方式：可以利用轮作、间作、套作的种植方式控制病虫害。

改变耕作时间：通过收获和播种时间的调整来防止或减少病虫害。

利用天敌：通过害虫的天敌来消灭害虫或有效地抑制害虫的大量繁殖。

科学选药：选用高效、低毒、低残留、强选择性农药。提倡使用无残留的生物杀虫剂。

适时施药：根据防治对象的发育时期和农药品种的特性，科学确定适时施药时间。

均匀施药：施药时要求做到均匀施药，使作物上的病部和虫体都能喷到农药，保证防治效果，喷雾应尽可能使叶片正反两面都着药。

**（六）节能**

中国拥有比较丰富多样的能源资源，能源储量高，但人均储量少。随着中国经济持续高速发展，缺煤、缺电、缺油的现象几乎同时出现，能源供应缺口大，已成为制约中国经济发展的“瓶颈”，是中国能源安全的最大问题。中国能源供应出现紧张局面，其原因是多方面的，它与中国目前经济发展阶段有关，也与一些高耗能行业的过度发展有关。

中国农村生活用能源主要依靠煤炭和柴草，给环境带来了严重的污染。因此必须调整农村能源结构，大力发展沼气和其他新能源，使用节能农机设备等，构建节能新格局，加大科学治污力度，务求在农村节能取得新成效。

能源有效利用率低是制约中国经济社会发展的突出矛盾，节能是中国经济和社会发展的一项长远性战略方针，也是当前一项迫切的任务。

1. 提高能源利用率。能源在生产、运输、转换和终端使用过程中，有效利用的能量同供给能量之间的比例称为能源利用率，反映能源的利用程度，是衡量一个国家工业现代化的重要标志。能源利用效率随着科技进步和经营管理的改善而提高，目前中国综合能源利用率为33%，比发达国家低10个百分点，单位产值能耗是世界平均水平的2倍多，这说明中国存在着巨大的节能潜力。

2. 采取有效的节能措施。目前中国的能源以煤、油为主，这种结构浪费严重、经济效益低，并造成日趋严重的大气污染。因此必须采取有效的节能措施：

（1）以科学发展观为指导，促进建立节约型社会；

（2）运用相应的政策手段促进节能工作的开展；

（3）开发和推广先进的节能技术，大力发展生物质能源等可再生能源；

（4）通过宣传教育提高公民的节能意识；

（5）实施能源优质化与少污染的煤炭开采及洁煤技术。

**（七）节劳**

农业人力资源是农业发展的重要生产要素，劳动力是农业三大重要生产要素（土地、资金、劳动力）之一。发展绿色循环现代农业的核心是提高农民的文化素质、科技素质、生态素质和培养大批新型农民，这是中国农业实现现代化的必由之路。为此，节约农业人力资源，推动农村富余劳动力向二、三产业有序转移，改变农民长期在城乡之间来回流动的状况，使农民真正市民化，减少农业与工业、服务业劳动力资源比重，是现代农业发展的历史必然，是建设中国特色社会主义和建设社会主义新农村的实际需要，不仅有现实意义，而且具有深远的历史意义。

**（八）节粮**

中国浪费粮食现象普遍存在，特别是在城乡餐饮业、食堂等地方生活用粮浪费严重。用粮食做原料的各种加工业，节约潜力也很大。发展绿色循环现代农业与精致农业的同时要提高全民的节粮意识，才能从根本上解决粮食安全问题。

**（九）一降**

“一降”就是降低农业生产成本。降低农业生产成本就等于增加农民的收

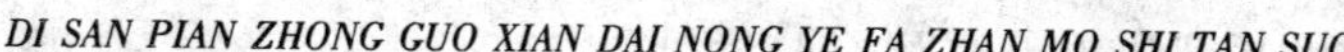

入。“八节”是中国农民最容易掌握的直接降低农业生产成本的有效方法。

**（十）一减**

“一减”是指减少污染物排放。“污染物”就是在开发、利用自然资源的过程中所产生的废气、废水、废渣等，对人类生态环境造成不良后果的废弃物。由于不合理的污染物排放，使环境出现了严重的污染及生态破坏，主要表现在气候变暖、臭氧层破坏、生物多样性锐减、大气、水体、土壤污染等方面，因此防止和治理环境污染与保护生态平衡是一项长期的重要任务。应调整农业产业结构，构筑农业减排新格局，以科学的方法减排，确保污染物减排落到实处。

1. 严把项目入口关：认真落实“环保第一审批权”，农村所有建设项目先过环评关、环保审批关、节能关。未经环保部门认可，其他部门不准办理手续。为此提出“耗水高不批、耗能高不批、污染重不批”等不批的建议，对建设项目环境影响评价实行终身问责制，谁备案、谁监管，并终身负责。

2. 狠抓技术改造：农村化工企业必须从原料、产品、技术上入手，积极引进节能环保新技术、新设备，大力调整原料结构和产品结构，全面提升产业水平和层次；按照“减量化、再利用、资源化”的原则，大力推进 ISO 14000 环境管理体系认证，推行节约生产、清洁生产、安全生产，发展绿色循环经济和绿色循环现代农业。

**（十一）一低**

《经济要参》2009 年第 49 期发表了赵毅红的《推进低碳城市建设是可持续发展的必然选择》的文章，文中对低碳农业进行了阐述：“低碳经济积极倡导生物质能源和可再生能源利用。在粮食主产区等生物质能源资源较丰富地区，建设以秸秆为燃料的发电厂和中小型锅炉。在规模化畜禽养殖场、城市生活垃圾处理场等建设沼气工程，合理配套安装沼气发电设施。大力推广沼气和农林废弃物气化技术，提高农村地区生活用能的燃气比例，把生物质气化技术作为解决农村和工业生产废弃物环境问题的重要措施。大规模开发和建设风力发电，促进风电技术进步和产业发展。积极发展太阳能发电和太阳能热利用，在偏远地区推广户用光伏发电系统或建设小户型电站。通过以低碳经济为主导的清洁能源革命，可以极大提高农民收入，改善农村生态环境，推进社会主义新农村建设”。

又指出：农作物，尤其是水稻在控制温室气体方面起着重要作用。农业低碳措施主要有：选育低排放的高产水稻品种，推广水稻半旱式栽培技术，采用科学灌溉技术，研究和发展微生物技术等，有效降低稻田甲烷排放强度。

总之，发展低碳农业对发展绿色循环现代农业和精致农工业，不仅有现实意义，而且还有深远的历史意义，是发展绿色循环现代农业和精致农业的重要组成部分和关键措施之一。

**（十二）二提高**

一是提高农产品质量，实现农产品优质、安全、生态、营养，走农产品绿色有机发展成功之路；二是提高农业经济效益，实现农民增收与全面小康。大力发展以低碳经济为主导的农业产业，对优化农业产业结构，提高农产品质量，提高农业经济效益，促进农业生态环境建设具有重要意义。

**（十三）绿色循环**

绿色循环经济是以高新技术为先导的经济模式，它是以资源循环综合利用、变废为宝，来解决资源短缺和环境污染问题，显然是最好的经济发展模式。生态、社会、经济协调发展是可持续发展的前提，绿色循环经济从生态系统平衡的观点出发，使资源利用率最大化，废弃物排放最小化，最大限度地保护生态环境，以绿色循环经济和可持续发展理论为指导，最终实现农业生产全过程既绿色生产、又绿色循环，达到环境改善和农民增收的目的。

## 三、发展绿色有机农产品深加工推动农业绿色循环

**（一）通过绿色农产品深加工实现农业绿色循环**

发展绿色农产品深加工龙头企业，进行绿色农产品深加工是连接第一产业与第二、三产业的桥梁，是提高农产品附加值和解决农业增产不增收的关键措施。加快农业和农村经济结构战略性调整及转变农业发展方式，最佳途径是进行绿色农产品深加工，走绿色循环之路。绿色农产品加工业的发展要以市场为导向，依靠科技进步，努力提高农产品综合加工利用能力，推进初级加工向高附加值精深加工转变，由资源消耗型向高效利用型转变，实现生态效益、社会效益和经济效益的统一。农业绿色循环再利用原则在农产品加工业中应当普遍应用，如对土特产品、畜产品、林产品、水产品和其初加工后的副产品及有机废弃物进行系列开发、反复加工、深度加工、不断增值。农产品加工业不同于一般的工业，在其加工生产过程中产生的废弃物绝大多数属于原来农产品的组成部分，仍然含有大量的有机质，相对开发价值高，其效益甚至可能远远超过主产业，因此再利用原则在农产品加工业中大有可为。这对发展绿色循环现代农业是非常重要、必不可少的重要一环，也是绿色循环现代农业区别于传统农业和其他各种“替代农业”的一个重要标志。根据再利用原则的要求，农产品加工要对加工过程中产生的副产品及有机废

弃物进行成分分析，利用生物技术、工程技术、核技术等高新技术手段，开发新的产品，延伸产业链，不仅加工企业本身不再产生污染，而且可以扩大企业规模，提高经济效益。在农产品系列开发、深度开发、综合利用方面，全国涌现了很多好典型、好经验。

**（二）构建绿色循环现代农业与精致农业四个体系**

1. 绿色循环现代农业产业体系建设

绿色循环现代农业产业体系涉及农业、工业和服务业三大产业。其中绿色农产品原料生产属于第一产业；绿色、有机食品加工和绿色农业生产资料的生产属于第二产业；餐饮业等属于第三产业，在与绿色循环现代农业有关的三大产业中建立绿色循环产业体系，实现农产品综合循环利用，就能推动“八节一降一减一低二提高加循环”目标的实现。

2. 城镇村基础设施体系建设

中共中央国务院《关于切实加强农业基础建设进一步促进农业发展农民增收的若干意见》（2008 中央 1 号文件）指出：要狠抓小型农田水利建设，大力发展节水灌溉，加紧实施病险水库除险加固，加强保护耕地和土壤改良，加快推进农业机械化和继续加强生态建设，为今后加强农业基础建设指明了方向。除按照党中央、国务院指示精神做好农业基础建设工作外，绿色循环现代农业基础设施体系建设还包括水系统、能源系统、交通系统和建筑系统。在水系统建设方面，主要是解决水多、水少、水污染三大问题，实现水的良性循环。积极治理和预防旱涝灾害，保护好农村生活饮用水源，发展节水农业、节水工业、节水服务业，使用好“中水”，建好城镇村水网，形成良好的河流景观和生态环境，推动水循环利用。在能源系统建设方面，主要是在农村大力开展节能降耗工作，推广可再生能源；大力发展沼气，从单户用沼气向集体户用沼气发展，充分运用太阳能、地热能、潮汐能、风能、生物能等。在交通系统建设方面，要搞好道路建设规划，设计好城镇村道路的布局网络，要把农村公路建成绿色大道。在建筑系统建设方面，要大力发展适合农村的新型环保建材，大力推行节能、节地和治理污染技术，实现环境美好、村容整洁。做到“六个好”：把路修好、把树栽好、把生活社区建好、把田种好、把清洁生产抓好、把安全文明搞好。

3. 绿色循环现代农业生态环保体系建设

绿色循环现代农业生态环保体系建设包括生态建设、环境污染治理和自然灾害预防三个方面。在生态建设方面，小城镇绿化要乔、灌、草、花、藤科学搭配，针阔叶混交，对树种结构的选择要做到“五性”（生态性、适地性、经济性、需求性、观赏性），充分发挥森林调节气候、清洁空气、保持水土、储备水源、美化环境等多项生态功能。在环境污染治理方面，要对面源污染、垃圾和污水，采取有效措施进行治理和循环利用，小城镇要实行雨污分流，可采取沼气厌氧发酵的办法处理污水，成本低、效果好，处理后的污水可达三类水，完全可以作为“中水”回用。逐步建立农村垃圾分类回收利用和无害化处理系统。在自然灾害预防方面，小城镇建设选址，要充分考虑自然灾害因素对小城镇安全的影响，避免因选址不当，造成小城镇发展屡受自然灾害困扰。避免在地质灾害频繁发生的地方建设小城镇，在水库下游建设小城镇要做好防洪避灾措施，小城镇建设不要占用堤防、滩地等。

4. 绿色循环现代农业社会服务体系建设

绿色循环现代农业社会服务体系建设包括大力发展农村公共事业，加快发展农村文化教育事业，加强农村公共卫生和基本医疗服务体系建设，积极推行新型农村合作医疗制度。对科技、教育、文化、卫生、体育事业统筹规划，加大投入，整体推进，为建设社会主义新农村服务。

**（三）保护生态环境与生产绿色农产品**

环境的保护与改善是发展绿色循环现代农业与精致农业的基础，生产无污染、优质、安全、营养类的绿色、有机食品是发展绿色循环现代农业与精致农业的最终目的。为此，发展绿色、有机食品，不能简单看成仅仅是食品问题、局部工作问题，而是关系到一、二、三产业的联动，产、加、销配套，多学科协同攻关的重大问题。生产绿色有机农产品还关系到中国农业与国际接轨、农业增效、农民增收，实现农业良性循环与可持续发展等问题。

根据绿色循环现代农业与精致农业发展的客观要求，必须加快发展高产、优质、安全、生态、营养的农产品进程。此外，还应实现三大目标：一是向国内外市场提供真正符合标准、满足市场需求的绿色食品、有机食品，维护消费者的利益；二是实现优质优价，增加农民收入，维护生产者的利益，净化市场；三是保护和优化农业生态环境，治理农业面源污染，使高产、优质、安全、生态、营养的农产品生产能持续快速协调健康地发展下去。

绿色农产品的生产与营销必须要整体推进，包括整体检测、整体规划、整体认证、整体品牌、整体营销和整体实施。要建立绿色农产品质量标准体系、检验检测体系、质量认证体系、科学技术开发推广体系、市场信息体系、配套服务体系、流通销售体系和法规监督体系等。

**（四）利用生物技术发展绿色循环现代农业与精致农业**

中国用占世界7%的耕地养活和支撑了占世界22%的人口。中国农业在

为世界作出了巨大贡献的同时，也面临着高投入、低产出、高能耗、低效益、过度利用、生态退化、环境恶化、食品安全等一系列问题，和农村发展缓慢、农民收入增加缓慢，与全面建设小康社会战略目标有很大差距等问题。因此，大力发展现代农业生物技术是发展绿色循环现代农业的战略措施之一。

发展农业生物技术是指将由植物、动物等生物资源为主组成的“二维结构”的传统农业，调整为植物种植业、动物养殖业和生物发酵业“三维结构”的新型现代农业。这就是产业结构健全和调整到位、资源节约型和环境友好型的绿色循环现代农业。大力发展生物技术，是农业发展史上一次新的飞跃。在“三维结构”农业里发展有益菌生产即微生物生产显得更为重要和迫切，因为它是“三维结构”农业的基础和关键。

农用生物的开发是生物工程技术推动绿色循环现代农业与精致农业发展的基础。目前农用生物已在如下领域呈现美好前景：生物饲料、生物肥料、生物农药、生物能源、生物生态环境保护剂等。

中国生物能源应用最多的是沼气。国外对生物质能源的利用主要是以生物发酵生产的酒精替代汽油作汽车燃料，国内也已经取得实质性进展。由于酒精既不散发有害气体污染环境，又能解决石油紧缺问题，因此被誉为“21世纪的绿色能源”。

**（五）发展绿色循环现代农业推动社会主义新农村建设**

《中共中央国务院关于积极发展现代农业扎实推进社会主义新农村建设的若干意见》（中央2007年1号文件）指出：“发展现代农业是社会主义新农村建设的首要任务，是以科学发展观统领农村工作的必然要求。推进现代农业建设，顺应我国经济发展的客观趋势，符合当今世界农业发展的一般规律，是促进农民增加收入的基本途径，是提高农业综合生产能力的重要举措，是建设社会主义新农村的产业基础。要用现代物质条件装备农业，用现代科学技术改造农业，用现代产业体系提升农业，用现代经营形式推进农业，用现代发展理念引领农业，用培养新型农民发展农业，提高农业水利化、机械化和信息化水平，提高土地产出率、资源利用率和农业劳动生产率，提高农业素质、效益和竞争力。建设现代农业的过程，就是改造传统农业、不断发展农村生产力的过程，就是转变农业增长方式、促进农业又好又快发展的过程。必须把建设现代农业作为贯穿新农村建设和现代化全过程的一项长期艰巨任务，切实抓紧抓好。”党的十七届三中全会通过的《中共中央关于推进农村改革发展若干重大问题的决定》也为中国农村深化改革指明了方向，是发展绿色循环现代农业的纲领性文件。

中国农业的根本出路是发展现代农业，而发展现代农业的核心是实现农业的全程绿色生产与全程绿色循环。党中央、国务院2007年1号文件“鼓励发展循环农业、生态农业，有条件的地方可加快发展有机农业”的指示精神，为中国农业的发展描绘了广阔的发展前景。所谓发展绿色循环现代农业是指：一方面，农业生产和农产品加工全过程实现绿色生产，即：标准化、规范化、产业化、集约化、专业化、系统化、信息化、商品化，实现农产品的高产、优质、安全、生态、营养，并不断提高农产品质量，不断改善农业生态环境，为提高人们生活质量和身体健康服务；另一方面，现代农业的生产又必须实现绿色循环。所谓现代农业的绿色循环是指农业的各种资源合理综合利用，变废为宝。如在农村大力发展沼气，积极推行秸秆还田、秸秆气化，大力发展太阳能、风能等清洁能源，推动中国农业的清洁生产，促进农村人畜粪便、生活垃圾、污水、农作物秸秆综合治理和循环利用。这两个方面的内容是实现农业既绿色生产、又绿色循环的必由之路，是增强农业科技自主创新能力，加快农业科技成果转化作用，提高科技对农业增长的贡献率，促进农业集约化生产，清洁生产和可持续发展的重大战略举措。

总之，中国农业的绿色生产与绿色循环是现代农业发展的一次质的飞跃，既是强化现代农业的科技支撑点，又是突破资源和市场双重制约的根本出路。因此，在中国加大力度发展新型农用工业是必然选择，包括：发展生物肥料、低毒高效农药、可降解地膜等环保型农业生产资料，提高中国农业可持续发展能力，实现人与自然和谐发展。

## 第三节　绿色循环现代农业与精致农业的发展前景

21世纪是可持续发展的世纪，随着人类的发展及人们消费水平的提高，人们的环保意识也不断加强，绿色消费将成为未来消费趋势，绿色需求将逐渐成为人们的主要需求。因此，对未来农业的发展和农产品的要求，不仅是数量上的安全性，而且是高品位、无害和安全的绿色农产品。因此，实施绿色循环现代农业的发展战略，是21世纪农业发展的理想模式和可行模式。

随着各国环保意识的普及，消费者出于对环保和健康的关注，纯天然、无污染、高品质且对环保有利的有机食品在经济发达国家的需求日益增长。

# 中国农业发展实务

ZHONG GUO NONG YE FA ZHAN SHI WU

《中国农业发展实务》编写组 编

经济日报出版社

**图书在版编目（CIP）数据**

中国农业发展实务 / 《中国农业发展实务》编写组编.-- 北京：经济日报出版社，2013.10
ISBN 978-7-80257-553-0

Ⅰ.①中… Ⅱ.①中… Ⅲ.①农业发展－研究－中国
Ⅳ.①F323

中国版本图书馆CIP数据核字（2013）第227780号

# 中国农业发展实务

主　　编：本书编辑部编
责任编辑：肖小琴
责任校对：董在仁
出版发行：经济日报出版社
社　　址：北京市西城区右安门内大街65号 (邮政编码:100054)
电　　话：010-63567683（编辑部） 63588445（发行部）
网　　址：www.edpbook.com.cn
E-mail：edpbook@126.com
经　　销：全国新华书店
印　　刷：北京亿联盛彩印刷厂
开　　本：787×1092mm　1/16
印　　张：127
字　　数：1500千字
版　　次：2013年10月第一版
印　　次：2013年10月第一次印刷
书　　号：ISBN 978-7-80257-553-0
定　　价：976.00元（精装三卷）

ZHONG GUO
NONG YE
FA ZHAN
SHI WU

# 《中国农业发展实务》编委会

和建华　　云南省丽江市农业局局长

达　娃　　西藏自治区日喀则市人民政府副市长

王峰云　　甘肃省张掖市农业局党组书记、局长

切　军　　青海省海南藏族自治州农牧局局长

刘　虎　　宁夏回族自治区石嘴山市农牧局局长

格日勒达来　内蒙古自治区阿拉善盟孪井滩生态移民示范区农牧林业局局长

李　满　　辽宁省葫芦岛市南票区农村经济局局长

张昭江　　山东省聊城市东昌府区农业局局长

黄东海　　湖北省武汉市江夏区农业局局长

覃永秋　　广西壮族自治区南宁市兴宁区农林水利局副局长

杨生喜　　广西壮族自治区桂林市雁江区农牧水产局局长

乔立平　　新疆维吾尔自治区阿勒泰地区农业局局长

张中杰　　河北省唐县农业局局长

田源山　　内蒙古自治区莫力达瓦达斡尔族自治旗农牧业局局长

赵连喜　　内蒙古自治区科右中旗农牧业局局长

杨建军　　内蒙古自治区多伦县人民政府副县长

宋喜武　内蒙古自治区多伦县农牧业局局长

孙德智　吉林省梨树县农业局党委书记、局长

苗云年　黑龙江省甘南县农业局局长

张克松　湖南省溆浦县农业局局长

秦荣归　广西壮族自治区兴安县农业局局长

陈叔敏　广西壮族自治区田阳县农业局局长

郭峥嵘　四川省西充县农牧业局局长

潘林虎　四川省长宁县农业局局长

李　俊　四川省金川县农业水务局局长

马民德　四川省越西县农业和科学技术局局长

杨晓金　云南省易门县农业局局长

达瓦顿珠　西藏自治区察隅县农牧局局长

苏　宁　青海省乌兰县农牧局局长

邓玉宝　新疆维吾尔自治区英吉沙县农业局局长

ZHONG GUO
NONG YE
FA ZHAN
SHI WU

## 编委委员（以姓氏笔画为序）

ZHONG GUO
NONG YE
FA ZHAN
SHI WU

张长英　张训东　张华新　张红梅　张　羽　张志华
张志坚　张　良　张宝坤　张宝昌　张建平　张贤新
张金河　张保全　张树更　张炳跃　张　峰　张堂树
张　跃　张嘉叙　李士勇　李元富　李少灵　李　文
李必华　李永志　李立鹏　李华波　李庆明　李自清
李彤龙　李季玉　李宗滋　李尚平　李建国　李明喜
李　玲　李　莉　李晨之　李梦旭　李雪艳　李　敦
李　毅　杜宏伟　杨万胜　杨大金　杨永毅　杨红军
杨贤宏　杨金洪　杨　斌　沈成刚　沈洪学　邱　彬
邹才东　阿拉腾宝力格　阿措色子　陆　进　陈长德
陈可鹏　陈　军　陈同福　陈向东　陈成思　陈启先
陈启舟　陈金国　陈　珏　陈健华　陈家强　陈　峰
陈鹏鸣　周小宁　周圣朝　周靖入　周　赟　奇阿日并
幸炯辉　易建辉　易　玲　林曙光　欧　兰　欧成中
武文诣　泽儿卓玛　罗　真　罗景萍　金　伟　金　寿
金　泉　侯立宏　姚兴华　姚　农　姚　磊　姜　瑞
洛桑平措　胡伟清　胡成学　胡秀芳　胡　敏　费秀梅
贺文平　赵云龙　赵邓强　赵　尧　赵　凯　赵国军
赵　俊　赵保忠　赵　辉　赵锋杰　赵献芳　赵德府

郝永峰　钟　琼　唐发宏　唐和光　徐光普　徐国庆
柴友蓝　栾国泰　桑　培　海金云　益西丁真　秦剑飞
索　朗　索朗赤列　索朗强久　莫廷诗　袁　飞　贾政斌
郭万武　郭　凡　郭小丽　郭　果　郭艳兵　郭锁华
顾　明　高党玉　高　原　崔　强　常　仲　常启均
常来红　常建国　康宝林　曹世平　曹进基　曹映友
曹德军　梅金先　盘家海　鄂永利　黄　宁　黄兆驶
黄晓凤　黄晓平　黄耀忠　喻文华　彭　延　彭　岚
曾令华　曾晓青　温　冰　程玉琳　程秀法　葛福顺
董宏伟　董根中　蒋宏伟　谢永江　谢连有　谢崇斌
韩进祥　鲁新国　蒲永宏　蓝　平　虞　洪　解正国
赖立斌　赖军臣　雷军旗　雷在云　雷建华　雷　霹
靳宝全　熊长权　熊庭东　蔡正德　蔺永明　谭　兵
谭明华　谭新民　额尔敦毕力格　黎世敏　穆　鹏
薛玉锋　霍建军　魏　乐　魏　巍

## 编审人员（以姓氏笔画为序）

马士涛　王　军　王　鑫　刘　威　孙　文　宋美文
张　兵　张　静　李　佳　李　甜　陈　永　陈　艳
郑　言　梁海刚

# 第五章　中国畜牧业、草业、水产业和林果业的绿色循环

## 第一节　中国畜牧业的绿色循环

### 一、中国畜牧业发展形势及存在的问题

近些年来中国畜牧业得到持续快速发展，肉、蛋总产量均居世界首位，已成为世界第一畜产大国。2009 年中国畜牧业总产值约为 1.8 万亿元，占农业总产值的 36%。肉类总产量 7 642 万吨，其中猪肉产量 4 889 万吨，牛肉产量 636 万吨，羊肉产量 389 万吨。生猪存栏 46 985 万头，出栏 64 507 万头。奶类产量 3 650 万吨，禽蛋产量 2 741 万吨。生猪和家禽的饲养量占全世界的 50% 以上，肉类和禽蛋的人均占有量已超过发达国家的平均水平。畜牧业已成为中国农业和农村经济中的半壁江山，是最具活力的支柱产业，在国民经济与社会发展中发挥着越来越重要的作用，展现了良好的发展势头。

但是，中国现代畜牧业起步晚，生产方式落后，科技水平和标准化程度较低，管理基础薄弱，与发达国家相比存在明显差距，特别是在畜牧业转化效率，环境公害、畜产品质量安全等方面存在的突出问题，已严重影响了中国畜牧业的可持续发展和畜牧产业在国际市场的竞争能力。目前制约中国畜牧业高效发展的瓶颈主要体现在以下三个方面：

第一，畜产品安全问题。中国每年都有畜产品安全方面的事故发生。如含三聚氰胺奶粉和牛奶、结核奶，含瘦肉精的猪肉和注水肉、病死畜禽肉、红心蛋，添加敌敌畏的金华火腿，砷制剂和激素在饲料中的违法使用，畜产品中抗生素和农药残留等。由于饲料污染和药物残留等原因，中国每年畜产品的出口量仅为生产总量的1%，而且每年约有上百亿美元的畜产品出口受阻。自20世纪80年代以来，冻鸡、兔肉、蜂蜜等出口产品多次发生因残留物超标，被外方要求退货、索赔等事件。2001年，韩国和日本对中国的禽肉出口实行禁令，欧盟也全面禁止进口中国的禽肉、水产品、蜂蜜、兔肉等动物源性食品。这些禁令和一次次严重的事故，一度严重影响了中国禽肉产业的发展，不仅使庞大数量的国内外消费者安全权益受到了极大伤害，而且还关系到出口创汇和中国的国际形象，这也让我们更进一步地认识到优质、安全畜产品生产的重要性。

第二，疫病防治不力。猪高热病、禽流感、疯牛病、猪链球菌、鸡瘟和口蹄疫等疾病时有发生，给畜牧业生产造成了巨大损失。2005年的统计数字显示，中国畜禽存栏量约为63亿头（只），按保守统计，每年病死的畜禽在3亿头（只）左右，每年所造成的经济损失应在250亿元以上。

第三，畜牧业造成的环境污染严重。随着畜牧业的快速发展，畜禽养殖已经成为中国农业领域第一污染大户，每年排出畜禽粪便达27亿吨左右，养殖污水达100亿吨左右，超过了工业污染。在一些养殖集中地区，因畜禽养殖造成的污染已经达到非常严重的程度；很多养殖集中区，呈现粪便乱堆、污水横流、臭气冲天、蚊蝇乱飞、疾病滋生、水和土壤污染严重的问题。如果畜禽粪尿不做处理，随意堆放或排放，将对周围环境的水、土壤、空气和农作物造成污染，也将成为畜禽传染病、寄生虫病和人畜共患疾病的传染源，这不仅危害动物的健康，而且也严重地影响着人类的健康和安全。因而，必须采取措施消除这种隐患。

以上三个问题充分说明，中国迫切需要通过建立和推广与国情相结合、与国际标准接轨的绿色循环养殖模式，实现产业技术升级，提高生产效率，保障动物食品安全，减少环境公害，增加农民收入，从而实现中国畜牧产业的可持续发展。

## 二、畜牧业带来的环境污染

改革开放以来，随着中国国民经济的全面、快速发展，人民生活水平不断提高，对食物的要求也越来越高，从满足于温饱改变为要求食物具有安全性、营养性和风味独特性，从植物型转向动物型，从而促进了畜牧生产的大发展。然而，随着畜牧场养殖规模越来越大，集约化和机械化程度不断提高，畜牧业已成为一个不可忽视的污染源，已经超过了工业污染，到了必须下决心治理的地步。由畜牧业所引起的环境污染主要包括水质、空气和土壤污染等三个方面。

**（一）空气污染**

养殖场对空气的污染包括恶臭、尘埃与微生物。养殖场恶臭除畜禽的皮肤分泌物、黏附于皮肤的污物、外激素、呼出气体等难闻气味外，还有来自粪便在堆放过程中有机物的腐败分解产物，包括甲烷、有机酸、氨、硫化氢、醇类等200多种恶臭物质。这些废物对人和动物除引起不快、产生厌恶感外，还有刺激性和毒性，严重影响到人们的生活质量、身体健康和工作效率。吸入某些高浓度恶臭物质可引起急性中毒，长时间吸入低浓度恶臭物质，会导致慢性中毒。有些恶臭物质还会损害肝脏和肾脏，会改变神经内分泌功能，降低代谢机能和免疫功能，使人、畜生产力下降、发病率和死亡率升高。据日本和英国的调查，畜牧场的恶臭污染占各种空气污染的首位。养殖场排出的大量粉尘携带着数量和种类众多的微生物，为微生物提供营养和庇护，大大增强了微生物的活力并延长了其生存时间。尘埃污染使大气可吸入颗粒物增加，恶化了养殖场周围大气和环境的卫生状况，使人和动物的眼睛和呼吸道疾病发病率提高。微生物污染则可引起病毒、细菌和真菌孢子等疫病的传播，危害人和动物的健康。据测，一个年出栏10万头的猪场，每小时可向大气排出近148千克氨气、13.5千克硫化氢、24千克粉尘和14亿个菌体。这些物质的污染半径可达5千米，而尘埃和病原微生物可随风传播30千米以上，从而扩大了其污染和危害范围。

**（二）水源污染**

养殖场对水源的污染主要为有机物污染、微生物污染、有毒有害物污染。有机物污染主要是养殖场粪尿中含有的碳水化合物、含氮和含磷有机物及没有被消化吸收的营养物质，排入自然水中后，可使水中固体悬浮物、化学需氧量（COD）、生化需氧量（BOD）升高。当超量的有机物进入水中后，超过其通过稀释、沉淀、吸附、分解、降解等作用的自净能力时，水质便会恶化。有机物被水中的微生物降解，为水生生物提供了丰富的营养，水生生物（主要是藻类）大量滋生，产生一些毒素并消耗水中大量的溶解氧（DO），最后溶解氧耗尽，水中生物大量死亡。此时因缺氧，水中的有机物被厌氧腐解，使水变黑变臭，导致水“富营养化”，这种水很难再净化和恢复生机。微生物污染，主要是养殖场粪尿中含有大量的病原微生物，它们随粪尿进入水中，以水为媒介进行传播和扩散，造成某些疫病的传播和扩散，危害人和动物的健康并带来经济损失。有毒有害物污染主要是指饲料中的抗生素、违禁药物、矿物质及猪场用的消毒剂等随粪尿排入水中所造成的污染。

**（三）土壤污染**

养殖场粪尿不经无害化处理直接进入土壤，粪尿中的有机物被土壤中的微生物分解，一部分被植物利用，一部分被微生物降解，从而使土壤得到净化或改良。如粪尿进入量超过了土壤的承受力（土壤自净能力），便会出现不完全降解或厌氧腐解，产生恶臭物质和亚硝酸盐等有害物质，引起土壤成分和性状发生改变，破坏了土壤的基本功能。常见的重金属盐类的危害包括：砷、铜、铁、汞、氟、铅、镉、亚硝胺等，它们直接污染水源、饲料、饲草，并在动物体内大量积蓄，严重者可引起动物中毒死亡及危害人类健康和生命安全。另外，这些重金属在土壤中的富积，对作物也会产生毒害作用，严重影响作物的生长发育，使作物减产。阿散酸、洛克沙胂等含砷产品是畜牧业常用的添加剂，虽然可改变畜产品的颜色并对生产性能有一定的改善作用，但由于砷有毒性，它在畜产品中的积累和在粪尿中的大量排放，将危害人们的健康并造成严重的环境污染。据报道，一部分猪肉中砷的残留量超出安全猪肉允许量 8 倍似上。同时砷又不容易代谢掉，结果将使砷对环境和人类健康产生较长时期的危害。除人为因素外，重金属污染的来源还有：农药、涂料、工业排放、汽车的尾气、城市垃圾、污泥、污水以及被污染的空气、土壤和饮水等。因而，在畜产品生产过程中，除了要考虑饲料的原料和添加剂达到标准外，还要考虑在选择养殖场的地理位置时，要远离污染源。因此，畜牧业生产迫切需要从生产过程控制着手，杜绝滥用药物和添加剂，减少药物和有害物质的残留，从源头上做起，保障动物食品安全。

## 三、中国畜牧业可持续发展之路

自中国加入 WTO 以后，中国畜牧业的发展就应当与国际接轨，走高效、经济、可持续发展的绿色循环之路。在具体的实施过程中，主要包括：优良动物品种的选择、标准化饲养管理体系的建立、疫病防治体制的完善及畜牧业可持续发展战略的制定四项主要内容。当然这些战略方针的实施，必须要有法律来保证。《中华人民共和国畜牧法》已于 2006 年 7 月 1 日起正式实施，为保障中国畜牧业可持续发展奠定了重要的法律基础，标志着中国畜牧业发展从此步入了法制化管理的轨道。据美国农业部（1996）统计，畜牧业各项科学技术中的贡献率分别为：遗传育种 40%、营养饲料 20%（占养殖成本的 70%）、疾病防治 15%、繁殖与行为 10%、环境与设备 5%、其他 10%。因此

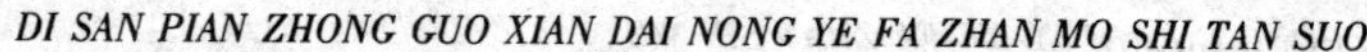

在畜牧业生产中，必须要重视每一个环节，并做好环节之间的密切配合，从而保证畜牧业的可持续发展。

**（一）优良的动物品种**

优良的动物品种是高效畜牧业可持续发展的基础。良种在畜牧业增产技术进步总贡献份额中占40%，未来中国增加肉、蛋、奶等动物产品的供应只能以提高畜牧业生产力为主，而不是继续扩大畜禽的饲养数量，因此培育高产、优质、低耗的畜禽品种则是实现这一目标的基础。中国地方畜禽品种具有风味独特、耐粗饲、抗病力强等优点，但存在着生长速度缓慢和生产性能低的严重弊端。因此，引进国外优良品种、保护好地方品种的优良特性、开展多级杂交改良和培育新品种，对于中国畜牧业的发展将具有巨大推动作用。

我国常用的优良猪品种为：杜洛克、大白、长白、皮特兰、汉普夏等国外品种；及民猪、八眉猪、香猪、槐猪、太湖猪、台湾猪、藏猪、大花白猪、金华猪、南阳黑猪、荣昌猪和内江猪等80多个地方品种。目前我国商品猪生产用得较多的，是采用杜洛克与大白和长白的三元杂交模式。当然也提倡利用国外优良品种与地方优良品种的杂交模式，既提高动物生产性能又保持了地方品种的良好肉质和抗逆性强的优点。

我国常用的优良鸡品种为：罗曼褐鸡、罗曼白壳蛋鸡、海兰褐蛋鸡、伊莎蛋鸡、北京白鸡、北京红鸡、仙居鸡和滨白鸡等蛋鸡品种；AA、艾维茵、罗斯1号、海波罗、星布罗、红布罗、浦东鸡、桃源鸡等肉鸡品种；及狼山鸡、庄河鸡、寿光鸡和丝毛乌骨鸡等兼用和药用型品种。目前，我国开始利用生长速度快的肉鸡品种与蛋鸡或兼用型地方鸡品种进行杂交，生产出肉质优良的“肉杂鸡”，具有较好的市场前景。

我国常用的优良牛品种为：黑白花、中国荷斯坦、娟姗和爱尔夏等奶牛品种；海福特、安格斯、利木赞、夏洛来等肉牛品种；西门塔尔、短角牛和三河牛等兼用型品种；及秦川牛、南阳牛、鲁西牛、延边牛、水牛和牦牛等特色品种。

我国常用的优良羊品种为：中国美利奴羊、澳洲美利奴细毛羊、罗姆尼羊、新疆细毛羊、东北细毛羊、蒙古羊、西藏羊、小尾寒羊、大尾寒羊、滩羊、湖羊等20多个绵羊品种；波尔山羊、南江黄羊、内蒙古绒山羊、萨能奶山羊、关中奶山羊、西藏山羊、新疆山羊、成都麻羊、中卫山羊、槐山羊等山羊品种。

**（二）标准化饲养管理体系**

良好的饲养管理是高效畜牧业发展的重要环节。由于长期受到传统饲养模式的影响，中国大部分养殖户奉行的是“治重于防”的低级养殖手段，而缺乏“防重于治”的意识，在生产过程中不重视饲料的营养水平、不重视动物的健康和福利、不重视畜舍内外环境的治理和保护。低水平的饲养管理和养殖环境，不仅是病原微生物生长和繁殖的温床，而且也使动物的体质和健康下降，从而导致动物发病率高、疫病蔓延快、病程长、难以康复和死亡率高等问题，造成较大的经济损失。因此，建立良好的饲养管理体系并加以贯彻执行，才能使中国畜牧业的发展走上一个新台阶。

**（三）完善的疫病防治体制**

完善的疫病防治体制是高效畜牧业发展的重要保障。尽管中国实行的是省、市、县、乡逐级防疫负责制，但中国畜禽防疫水平不高，特别是乡村一级的畜禽防疫部门普遍缺乏，即便有也是名存实亡，由于大部分存在经费不足、设备老化、人员素质低等问题，没能在防疫工作中取得突出的成效。此外，中国分散饲养的畜禽数量较大，在养殖设施、管理水平和防疫条件等方面都十分欠缺。因此，建立畜禽产品安全屏障应首先从基层做起，国家和当地政府应加强乡村一级防疫部门的组织与领导，增加经费、更新设备、充实高素质专业人员，使乡村一级的防疫能力与日益复杂的疫病和日益严格的食品安全要求相适应。另外，养殖场应坚持“预防为主”的方针，加强常规消毒、定期防疫和饲养管理，采取全进全出的“生物安全”措施，切断疫病在养殖场内的传播。

**（四）畜牧业可持续发展和绿色循环及转变发展方式**

畜牧业的可持续发展和绿色循环是中国畜牧业发展的方向。中国畜牧业发展所面临的问题对中国提出了严重警示：中国的畜牧业不能以牺牲环境与资源为代价求发展，而必须走环境友好型、资源节约型的可持续发展之路。畜牧业的可持续发展，应当是可持续生态、可持续社会和可持续经济三个方面的和谐统一，是既满足当代人的需求，又不对后代人的需求构成威胁，并保持高效连续性发展的宏伟大业。

提高经济效益容易引起大家的重视，也是养殖户乐于去做的事，由于它们直接和经济效益挂钩，是投入就马上见效的事。而关于加强环境保护和坚持畜牧业的可持续发展，虽然是一项造福子孙后代的宏伟大业，但不会立竿见影，而是一项需要长时间投入而又不能在短时间得到回报的工程，它所回报的对象不仅仅是自己，而是广大人民群众和子孙后代。但由于许多养殖户只顾眼前利益，而看不到长远利益，所以在养殖业中加强环境保护和坚持畜牧业的可持续发展，是一项目前所面临的必须解决的问题。否则，人类和其

他动植物的生存环境将会一步步地缩小。为了使当代人有一个良好的生存环境，同时也为了给子孙后代留下更多的生存空间，畜牧业必须坚持走可持续发展道路。

**（五）畜产品的安全**

当前全球“超级病菌”的出现，几乎所有的抗生素对其失去了功能，这让人们感到恐惧，似乎又回到了“无抗生素”时代。抗生素在人们生活和动物生产中的滥用，是导致“超级病菌”产生的主要原因。自1928年英国细菌学家弗莱明等发现青霉素和它的作用以来，抗生素对人类医学做出了重要贡献，不知拯救了多少人的性命。1969年Swann发现了动物体内的细菌对抗生素的耐药性，随后人们又逐渐发现抗生索还可导致药物残留、微生态失衡、人与动物机体免疫力下降等副作用，这些副作用严重地影响着动物和人类的身心健康。在20世纪70年代以前，人类几乎可以征服所有的病菌感染性疾病，但从20世纪80～90年代开始，耐药性问题导致了明显后果。1972年，墨西哥有一万多人感染了抗氯霉素的伤寒杆菌，导致1400人死亡。2008年3月24日英国《每日电讯报》报道，英国出现的两种“超级病菌”每年导致上万人死亡。据报道，1992年美国有13300人死于抗生素耐药性细菌感染；而2010年的最新研究表明，美国每年死于抗生素耐药性细菌感染的人数多达6万人。我国由于没有进行过这方面的统计，根据我国抗生素滥用比美国和英国严重的现实，专家估算我国每年因抗生素耐药细菌感染导致的死亡人数要比美国多得多。

“超级病菌”，实际上是一类含有新的“耐药基因”的病原微生物，这是由于人们和动物体内的微生物为了生存进行优选，使天然的耐药菌株存活下来或者导致其部分基因发生突变，使该微生物具有抗药和耐药功能，甚至会使某些微生物具有以抗生素作为食物来源的特性。令人恐惧的是，不仅仅是一种或几种病原微生物会成为“超级病菌”，而是有许多种病原微生物都会成为“超级病菌”；仅目前发现的就包括产超广谱β—内酰胺酶大肠埃希菌、多重耐药铜绿假单胞菌、多重耐药结核杆菌、肺炎杆菌、绿脓杆菌及耐甲氧西林金黄色葡萄球菌（简称MR－SA）等。一般来说，医学工作者开发一种新的抗生素需要10年左右的时间，而一代耐药菌的产生只需2年甚至几个月的时间，抗生素的研制速度远远赶不上耐药菌的繁殖速度。因此，我们必须要采取措施来禁止抗生素的滥用问题。

抗生素不仅具有不可磨灭的治病、防病和促进动物生产的功能，而且还具有明显的毒副作用。因而，从根本上来说，抗生素作为人和动物的药物来治疗疾病无可非议，但是作为动物饲料添加剂让动物天天采食来促进生长，就显得是故意在虐待动物；其原因很简单，人为什么不为自身的健康而天天食用抗生素，由于人知道抗生素是药物，不适合天天食用。目前我国动物饲料的年生产量为3亿多吨，其中60%以上的饲料都含有抗生素，导致我国畜牧业每年消耗各类抗生素约10万吨，其中约8万~9万吨是作为动物饲料添加剂应用的。要知道抗生素是一种药物，而作为饲料添加剂让动物天天食用是有悖生理、天理和常理的；但人们为了经济利益（让动物生产性能提高），竟然在自绝后路（“超级病菌”的出现）。面对抗生素的毒副作用和滥用的严重问题，世界各国相应出台了一系列法律和法规，严令禁止一些或全部抗生素作为动物和水产类的饲料添加剂。世界卫生组织（WHO）于2000年6月在日内瓦召开会议，要求立即停止抗生素作为动物生长促进剂。2006年1月欧盟通过法律，严禁在动物和水产类饲料中添加任何种类的抗生素。目前，美国和日本等发达国家也逐步出台相应的法规，禁止抗生素作为动物的饲料添加剂。我国也必须效仿国外的做法，出台相关的法律和法规，禁止抗生素作为动物和水产类的饲料添加剂，以保障国民的身体健康和畜牧的可持续发展，杜绝“超级病菌”的产生。如果国家不出台相应的法律和法规来制止抗生素作为动物饲料添加剂，那么随着时间的推移，比SARS更恐惧的“超级病菌”将会在未来的某一天爆发，将严重威胁着人类的生存，是人类该清醒的时候了。

## 四、绿色循环畜牧业建设与发展

当前畜牧业污染问题日益突出，传统畜牧业经济的流向形式是单向的，即“资源——畜产品——废弃物排放”。而绿色循环的畜牧业流向形式则是循环的，即“资源——畜产品——消费——再生资源——再生产品”。也就是说，畜牧业的绿色循环是畜牧业资源的高效利用，实现畜牧业清洁生产，将绿色畜牧业建设和绿色消费融为一体，运用生态经济学规律来指导畜牧业生产活动。

### （一）合理进行养殖场建设和改造

养殖场建设包括场址选择、场地规划布局、畜舍建筑设计、设备选型配套、生产工艺、粪便污水处理和利用等。它不仅对畜群生产力、健康和产品品质产生直接或间接影响，也与周围环境产生相互影响。新建养殖场地应与居民点、工厂、其他牧场、交通干线保持一定的卫生间距。场地规划应区分为场前区（生活、行政、生产附属用房）、生产区（各种畜舍）和隔离区

(病畜隔离舍、粪便污水及病死动物处理设施等)。场内道路应净、污分设，畜舍布置应考虑防疫、生产联系，并保持适当间距，采用“多点式”专业场设计时，各分场应相距 3 千米以上。养殖场应设置消毒、淋浴、更衣、外销装运等设施。一般小规模分散饲养不仅不利于提高经济效益，而且还会扩大污染面，使污染难以治理；但规模过大也会影响畜禽生产，并且给环境带来过大负担，降低环境质量，所以要严格控制单位面积的畜禽饲养量。一般认为，畜牧生产点畜禽饲养量不应超出：奶牛 200 头、肉牛 1000 头、肉猪 5000 头、蛋鸡 7000 只。

**(二) 重视改善动物福利及人性化的饲养管理**

动物福利是指饲养动物与环境协调一致的精神和生理完全健康的状态。动物福利包括生理、环境、卫生、行为、心理等内容，使动物免受饥渴、伤害、疾病困扰、恐惧和不安、身体热度不适等，有自然行为的自由，为动物提供足够的空间、适当的设施以及与同类动物伙伴在一起的机会，使动物能够自由表达正常的习性。动物福利不仅是个观念问题，也是社会进步和经济发展到了一定阶段的必然产物。欧盟已将动物福利置于世界贸易组织框架中考虑，在与一些国家签署双边贸易协议中，已经加入了“动物福利”标准的条款。在不远的将来，动物福利定会作为一项“绿色壁垒”影响动物及其产品的贸易。维护生态环境，发展畜牧业，其中重要的一环就是实现人与动物的和谐相处。当这种关系失衡时，便会给人类带来巨大的灾难。应当充分认识人类与自然和谐相处的自然规律，善待动物就是善待人类自己。动物福利也如近年来强调环保与卫生检疫的“绿色壁垒”一样，被称为“道德壁垒”，这就要求中国现有的畜禽生产方式和动物保健观念都必须向国际标准靠拢。通过不断改善畜禽的饲养方式和生存环境，保证畜禽基本的生存福利，使“动物福利”和“动物卫生”观念贯穿在整个养殖过程中，从而提高动物自身的免疫力和抗病能力，这样就可以减少动物发病，更好地保护和利用动物，并生产出高质量的畜产品，才能在激烈的国际竞争中占据主动地位，打破国际贸易壁垒。

**(三) 养殖场粪便和污水处理**

无论是集约化或者是小规模养殖业生产，由于粪尿处理不当导致的环境污染，不仅直接影响周围环境和本场畜群的生产力和健康，而且间接影响产品品质、生产成本和效益，成为制约畜牧业生产可持续发展的关键。国家环保总局颁布了《畜禽养殖业污染物排放标准》和《畜禽养殖业污染防治技术政策》，这些文件体现了污染防治的基本原则，使污染物减量化、无害化和资源化。由于粪便和污水中含有一定量的病原微生物、有机物质及其他有毒和有害物质，如果不进行处理或处理不当则会成为污染源。因此，必须根据资源化利用方向来决定处理工艺和方法，以减少处理投资和能耗，并注意防止处理过程中的二次污染。通过综合分析，对养殖场粪便和污水处理主要有以下四种方法：

1. 厌氧发酵

有条件的养殖场可建立沼气池，对养殖场的排泄物进行处理，通过厌氧发酵杀死病原微生物，产生的沼气用作能源，沼液和沼渣用作有机肥，这是一种最佳的废物循环利用模式，也是绿色循环的具体体现。这种模式是目前世界上应用最广泛、处理量较大、费用低廉、适应性较强、比较经济的方法。此法在正常气温条件下可使污染物 BOD 减少 70% ~90% 。

2. 固液分离

没条件的养殖场可进行固液分离，提倡干清粪工艺，给排水设计必须做到雨水与污水分流。固体粪便选用堆积发酵的模式，通过自身产生的高热杀死粪便中的病原微生物，处理时间根据季节而定，一般为 30 ~60 天，只有处理过后的粪便才可以出场和销售；尿液和污水要排入到水泥池内，通过曝气、发酵、消毒剂处理、沉淀和净化，达标后作为农田灌溉用水或排入河流。

3. 综合处理

有条件的养殖场可建立废物处理系统，利用微生物的厌氧和需氧发酵对养殖场的排泄物进行处理，变成植物活性有机肥，效益可观。

4. 零排放系统

这是中国目前新兴的一种养猪生产模式，主要是通过垫料中有益菌群的作用（为了加强有益菌群的作用，除在垫料中加菌外，也常在饲料中添加有益菌），对粪尿进行快速发酵、分解、杀菌、杀虫等，从而保持圈舍干爽洁净，气味清爽，无蚊蝇滋生，并且不需用水冲洗，节约了水资源，节省了人工（不需要清理粪便）。由于此种处理无废物排到外界环境，对于环境保护具有重要作用，但有关技术指标需要进一步研究和鉴定。

**（四）畜牧业的清洁生产**

率牧业生产带来的环境污染已引起全球的关注，污染处理技术已经从原来的末端治理模式转向注重从源头到整个生产过程的污染控制模式。因为人们已经认识到传统的末端治理模式有投入多、运行成本高、治理难度大、效果不显著等缺点，所以科学工作者越来越注重畜牧业污染预防措施的研究。清洁生产与传统生产的不同之处在于：过去考虑畜牧业对环境的影响时，是

将注意力集中在污染物产生之后如何处理，从而减少对环境的危害；而清洁生产则要求把污染物尽可能消除在它产生之前，在源头上解决问题，这是消除畜牧环境污染的“治本”之举。清洁生产是将污染预防战略持续地应用于生产全过程，通过不断改善管理水平和技术手段，提高资源利用率，减少污染物排放，以降低对环境和人类的危害。国内外污染防治经验表明，清洁生产是污染防治的最佳模式，是实施可持续发展战略的重要措施。清洁生产主要通过采用有效的营养措施、科学的日粮配制和饲养管理、先进的生物技术应用、完备的废物处理系统等措施，来大幅度地降低污染物的产生量。结合在通风供暖设备中增加空气净化措施和场区的合理绿化，可从根本上改善畜舍内和场区的空气质量，有效防治养殖场对环境的污染。

1. 合理配制饲料及降低日粮中营养物质的浓度

畜禽排泄物的营养元素主要来自于饲料，准确测定畜禽营养需要量和饲料原料的营养价值，选用消化率高的饲料，配制出符合不同生产阶段和目的的畜禽饲料，以刚好满足动物的需要为突破点，降低营养物质的排泄，减少畜禽排泄物对环境造成的污染。例如，应用理想蛋白质的原理，选用合成的氨基酸可以达到降低动物日粮蛋白质水平的目的，从而降低粪尿中氨、硫化氢和具有臭味的杂氮类化合物等的排放量，达到净化环境的目的。

2. 提高日粮中营养物质的消化利用

通过淀粉酶、蛋白酶、植酸酶和纤维素酶等酶制剂进行营养调控，补充动物体内消化酶的分泌不足或提供动物体内不存在的酶而提高饲料中营养物质的利用率，减少营养物质和废物的排泄量。特别是植酸酶的选用，可减少动物日粮中磷酸氢钙的添加量，从而使粪便中磷的排放量降低，减少磷对环境所造成的污染。

3. 选用绿色饲料添加剂

提倡使用微生态制剂和中草药等绿色饲料添加剂来替代抗生素，禁止使用抗生素、瘦肉精、三聚氰胺、砷制剂和激素等有害添加剂，并限制使用高剂量的铜和锌等微量元素添加剂。

4. 减少或消除动物产品中的药物残留

养殖户应加强饲养管理，使动物少生病、少用药。另外，根据畜禽的健康状况，制定合理的畜禽疫病免疫程序，控制畜禽的疫病发生，从而有效地减少各种药物的用量，尽量不使用滞留性强且有毒的药物。特别应注意防止滥用抗生素、激素类药物和合成类驱虫剂等。更要注意，人药和兽药不能混用，否则会由于药物在畜产品中的残留而使人产生抗药性，导致不良的后果。

研制开发高效、低毒和无残留的兽药及环保型绿色饲料添加剂，为提高动物食品品质、保障人体健康、促进出口创汇等提供了理论依据和技术支撑。

5. 畜用防臭剂开发

为了减轻畜禽排泄物及其气味的污染，从预防的角度出发，可在饲料或畜舍垫料中添加各类除臭剂。如应用丝兰属植物提取物、天然沸石为主的偏硅酸盐矿石、微胶囊化微生物和酶制剂等，来吸附、抑制、分解、转化排泄物中的有毒、有害成分，将氨变成硝酸盐，将硫化氢变成硫酸，从而减轻或消除污染。

**（五）加强培训及积极推广安全畜产品标准化生产技术**

发展优质、安全畜产品生产，必须从提高养殖户的整体素质入手，加强培训工作。一方面帮助养殖户掌握生产技能，另一方面可以提高养殖户的法制政策水平，提高优质、安全畜产品标准化生产的能力，做到科学规范。加快绿色畜产品生产技术推广，全面提升畜禽生产过程中的科学饲喂、科学用药、科学预防和治污等水平，提高科技在发展绿色畜牧业的贡献率。充分认识畜产品安全是从饲料生产和动物养殖开始，到餐桌的一个系统工程。安全的畜产品是生产出来的而不是检测出来的，检测只能发现存在的问题，并迫使其纠正。只有大家的认识提高了，才会自觉地遵守法律制度，生产出安全的畜产品。

**（六）农作物秸秆的深加工处理**

全世界每年秸秆的产量为29亿多吨，中国为6亿吨。世界上每年的秸秆资源可饲养17亿只羊。由此可见，秸秆饲料对发展草食家畜的重大意义。当前所面临的问题是，由于秸秆的适口性差、消化利用率低，从而使大量的秸秆被焚烧或腐烂掉，不仅造成了巨大的资源浪费，而且还造成环境污染。以前，每到秋收过后，田间地头到处都在焚烧秸秆，这不仅造成了严重的环境污染，而且也带来了安全隐患。近几年，国家为了禁止焚烧秸秆，各级政府出台了一个又一个惩罚措施，但由于没有切实可行的处理手段，秸秆常年堆在田间地头，严重地影响了下一年的耕作。因此，研究和开发利用农作物秸秆已迫在眉睫。目前常用的处理方法，是选用物理、化学和生物学综合处理的方法来提高秸秆的利用价值。推广玉米秸秆微贮、小麦秸秆氨化和碱化、秸秆饲料合理搭配、营养平衡、饲养管理及饲料补饲等技术。加强秸秆开发基础设施建设，重点是大型青贮池建设和铡草机械的配套，这也是农业可持续发展的关键。通过大力发展草食家畜，把废弃的秸秆转化成肉和奶等畜产品，这在全球粮食资源紧缺的今天显得尤为重要。这不仅改善了环境，而且

也创造了财富，是一项变废为宝、解决人畜争粮的宏伟工程。由于饲养牛羊等草食家畜的周期长、见效慢，再加上政府的扶持力度低，因而发展秸秆畜牧业始终不尽如人意。国家应该认识到这一问题的重要性，要像扶持养猪业那样来扶持整个草食家畜饲养业，而不是仅仅把扶持重点放在数量极少的奶牛上；同时要像普及沼气池那样来普及和建设用于处理秸秆的青贮窖。另外，也可以推广秸秆粉碎还田技术、秸秆气化技术、及利用秸秆生产生物有机肥技术。只有这样，才能真正实现农业的可持续发展和绿色循环。

**（七）推广绿色畜产品的生产措施及方案**

随着人们生活水平的不断提高，以及中国加入 WTO 后所面临的国际绿色贸易壁垒，都在呼唤着绿色畜产品的出现。中国于 1990 年正式开始发展绿色食品，经过 20 年的发展，全国共有 3000 多家企业的 7000 多个产品获得了绿色食品标志使用权，年销售额近千亿元，出口达 13 亿美元。统计分析表明，绿色畜产品的零售价比普通畜产品高 30% ~50%，甚至一倍以上，销售额占 10%，不少中高层收入的顾客对绿色畜产品情有独钟。另据一项跨国民意测验表明，85% 的工业化国家的人们在选择食品时首先选择绿色食品。绿色畜产品的要求比无公害畜产品的标准高得多，不仅要考虑动物的品种、饲料原料、添加剂预混料及饲养管理，而且还要考虑饲料原料的来源、畜舍的位置、生态环境、动物的福利、疫病防治、废物的处理等产地环境质量、生产技术、产品质量和卫生、包装、储藏和运输标准。它们构成了绿色食品完整的质量控制标准体系，实现了绿色食品“从田头到餐桌”的全程质量控制。

中国的绿色食品标准，是根据“世界食品法典委员会（Codex）有机生产标准”等建立的，中国的 AA 级绿色食品标准达到了国际的最高绿色标准——有机食品标准，完全与国际接轨，从而为中国的绿色食品走向世界奠定了基础。在中国生产和销售绿色畜产品不仅可促进人们的身体健康，而且还可消除绿色贸易壁垒并叩开国际市场的大门，为出口创汇和提高国际竞争力创造条件。目前，中国绿色畜禽产品还处于产业形成的初期，有关绿色畜禽产品质量安全管理的法律、法规还不够健全，质量监控体系还不完善，生产经营企业或个人缺乏标准化生产的意识等；再加上中国畜牧业管理粗放、技术落后等问题，一些生产企业或个人仅仅是通过认证了事，求得一个“绿色”卖点，只是在包装上贴上了绿色标识，却没有在提高产品质量和加强管理上下工夫，产品质量参差不齐。这些都制约着绿色畜禽产品市场影响力、渗透力的发挥和质量安全水平的提高。通过绿色畜产品生产标准的实施，带动中国养殖业开辟国内外市场，并向持续、稳定和健康的方向发展，是中国畜牧业发展的正确方向。

1. 饲料原料及加工配制

对饲料作物的施肥、灌溉、病虫害防治、贮存必须符合绿色食品生态环境标准，实行统一管理，推广生物防虫技术。饲料中的铅、汞、砷、钼、氟等有害重金属离子，农药的残留及工业“三废”污染等残留量要控制在允许范围之内。选用优质的玉米、豆粕等原料，禁用含有毒素的棉粕、菜粕及霉菌污染的任何原料。占配合饲料10%以上的原料来自绿色粮食产区或来自有绿色认证的油料加工厂或企业；在饲料加工配制过程中，提倡选用合成的必需氨基酸、酶制剂、微生态制剂、中草药制剂等绿色添加剂，来预防疾病、提高饲料效率和生产性能，并保护生态环境。禁止使用任何抗生素、激素、镇静剂及高浓度的金属离子等禁用物质。

2. 畜禽舍的环境调控

畜禽舍内环境调控应遵循既要保障动物生产和健康的基本要求，又尽量减少建筑、设备投资和能耗的原则，为动物提供一个稳定的环境，满足动物的福利要求，为绿色畜产品的生产提供保证。具体措施如下：一是要通过改善场区环境和加强饲养管理来改善舍内环境；二是依靠畜禽舍建筑和通风、供暖、降温等环境调控设备；三是尽量利用自然环境的有利因素和时段（如春秋季节、夏季夜晚的温度和冬季白天的太阳辐射等），实行自然和人工设备调控相结合。良好的畜禽舍内环境，可提高动物的生产、健康和免疫力，减少疾病的发生和有害气体的排放。

3. 疾病预防及控制

坚持以防为主，认真做好卫生防疫，定期消毒和疫苗免疫。对于发病个体，首先执行绿色治疗方案，无效时改用普通抗生素治疗，但该个体在出栏时不能用绿色畜产品标记，只能以普通动物卖出。

4. 屠宰和加工规范及贮运和销售安全

畜禽运输、屠宰、加工、检疫、检验、贮藏、销售等各个环节，必须保证符合绿色食品的质量和卫生标准。达到“生产→屠宰→加工→检疫→贮藏→运输→销售”一条龙服务。对每个环节要严格把关，确保绿色畜产品的质量。

5. 畜产品的追踪和召回制度

中国畜牧业应借鉴国外的先进经验，建立完善的监督体制，每批畜禽从出生起就编上号，整个生长过程均记录在案。这些记录包括饲养管理、环境控制、疫病防治、兽药使用、屠宰加工、运输和销售等。一旦发现某一环节

出现了问题，可通过编号查清事故的原因，并进行修正或启动畜产品的召回制度，以避免产生不良后果。

专家们预测，随着人们健康和环保意识的增强，绿色、有机食品是21世纪国际食品工业发展的方向。为了国民的健康和走向国际市场，中国要迎头赶上，为中国畜牧业的发展作出应有的贡献。畜牧业的可持续发展是农业可持续发展乃至全球经济可持续发展的重要组成部分，也是中国发展畜牧业的基本战略，发展与环保并重将成为新世纪畜牧业发展的基本指导思想。中国畜牧业发展必须兼顾生态效益、社会效益和经济效益，走可持续发展的道路。

## 第二节　中国草业的绿色循环

草原与耕地、森林、海洋、山脉一样，是中国重要的自然资源。中国是一个草原大国，拥有包括荒草地在内的各类天然草原近4亿公顷，居世界第二位，占世界草原面积的13%，占国土面积的41.7%，大约是耕地面积的3.2倍，是森林面积的2.5倍。草原是中国面积最大的绿色生态屏障，与森林一起构成中国陆地生态系统的主体；草原也是畜牧业发展的重要物质基础和牧区农牧民赖以生存的基本生产资料。严格保护、科学利用、合理开发草原资源，改善草原生态环境，保护草原生物多样性，对维护国家生态安全和食物安全，保护人类生存环境，建设资源节约型、环境友好型社会，促进中国经济社会全面协调可持续发展具有十分重要的战略意义。

草原作为“地球的衣被”具有防风固沙的作用。研究表明黄土高原地区人工草地比农田的水土保持能力高40~100倍；有草坡面与无草坡面相比，地面径流量减少47%，冲刷量减少77%。人工草地比农田降低风蚀量90%，降低水土流失量20%。草原可以涵养水源，防止水分蒸发，大面积人工草地和湿度比裸地减少水分蒸发达20%。另外，草原可调节气候和美化环境，一般草地可吸收二氧化碳和二氧化硫、吸附尘埃、分解有毒气体、减缓噪音污染；同时释放负离子，使空气清新。一般以豆科牧草为主的人工草地每公顷年固氮150~200千克，相当于300千克以上尿素的施肥量，具有改良土壤和培肥地力的作用。只有认识到草原的这些优良作用，才能在思想上主动地利用和保护这种宝贵资源。

草业可以为畜牧业提供坚实的饲料基础，促进畜牧业发展和优化畜牧业结构。草及草产品的生产、加工和经营，有利于促进农业结构调整，增加劳动力就业，拓宽农牧民增收渠道。发展草业有利于增加畜产品的供给，减少对粮食的依赖，实现“藏粮于草”，扩大人们的食物来源，改善食物结构，提高生活质量和水平，发展草业，建设生态型草地农业，实施粮食、经济作物和饲料作物种植的“三元种植”结构，有利于培肥地力、提高土地资源使用效率、维护农田生态安全、增加粮食综合生产能力。草业也是建立节粮型畜牧业结构、解决“三农”问题的重要途径。

长期以来，由于受人为开垦草原、过度放牧、破坏草原植被及只索取不投入的意识影响，导致草原不断退化，草原生态持续恶化。退化的草原是中国主要的沙尘源地，也是荒漠化的主要发生地。因此，加强草原保护和建设，有利于防止水土流失，遏制生态环境恶化趋势，维护国家生态安全，建设环境友好型社会，为子孙后代造福。

## 一、草业发展存在的问题

### （一）认识不足、生产方式落后、经济效益不高

中国草原畜牧业经营粗放、管理落后、效益低下等现象较为突出。长期以来，草原畜牧业主要依赖天然草原放牧。有的地方牧民仍过着逐草而牧、随水而居的游牧生活。传统草原畜牧业生产方式和经济增长主要依靠牲畜数量的增加，不仅效益低下，而且也造成草原资源严重破坏。由于对草原重要性认识不足，重利用、轻保护，多索取、少投入的现象非常突出，草原投入严重滞后，基础设施建设远不能满足草原保护建设的需要。近年来，国家对草原生态环境建设投资有所增加，但由于草原面积大，历史欠账太多，投资总量仍然严重不足。目前，草原地区水利、交通、通讯、防灾、减灾基础设施建设等方面仍落后于其他地区，难以适应草原保护建设及牧区经济发展的需要。一些地方未将草原保护建设列入政府及有关部门的重要议事日程，草原生态补偿机制和保护建设的稳定投入机制尚未建立。保护草原法制不健全，监管体系不够完善，保护草原、建设草原、合理利用草原的良好氛围还没有形成。

### （二）草原退化严重

从总体上看，当前草原环境问题主要表现在：草原退化、沙化、盐渍化、石漠化严重；大部分草原超载过牧问题突出，内蒙古、新疆、甘肃和四川等地区天然草原家畜超载40%以上；开垦草原、乱征、滥占草原、乱采、滥挖草原野生植物等破坏草原生态的现象时有发生。农业部草原监理中心曾公布

了对全国草原的首次全面监测情况，结果显示，草原生态呈“局部改善、总体恶化”的趋势仍未得到根本好转。目前，中国天然草原鲜草总产量93784万吨，折合干草约29421万吨，载畜能力约23031万羊单位。草原灾害仍较严重，每年发生草原火灾50起以上，受害面积在5万公顷，鼠害危害面积达到3800多万公顷，虫害发生面积达到2000万公顷左右。

虽然中国草地资源丰富，但由于草地资源管理利用水平低，导致草地退化严重。目前，中国90%的可利用天然草地不同程度地退化，其中“三化”草地面积已达1135万公顷，并且每年还以200万公顷的速度增加，天然草地的面积每年减少约6.5万公顷。由于草场退化和植被破坏，草地质量不断下降，20世纪90年代与60年代初比较，北方天然草地产草量下降了30%～50%，载畜能力大大降低。沙尘暴频繁发生，西沙东进，北沙南侵，掩埋农田，毁坏交通和通讯设施，已殃及华北和东部沿海地区，造成了环境的严重破坏和巨大的经济损失。

新中国成立60多年来，特别是改革开放30多年来，中国的草业得到了迅速发展，但是这种发展是在技术水平较低的情况下，以牺牲资源环境为代价换取的。草地建设有成就，但是不可否认的现实是局部改善、整体恶化的态势仍在加剧。据草地资源调查结果显示，中国20世纪70年代草地退化面积占10%，80年代占20%，90年代占30%，目前已上升到50%以上。究其原因，主要是强大人口压力下的盲目开垦、超载过牧、樵采、滥采滥挖及错误政策误导。据统计，全国已有1000多万公顷的优良草场被开垦为农田，开垦后的农田广种薄收，水土流失极为严重，河北坝上和内蒙古后山的农牧交错区农田每年约有2～3厘米的土层被风蚀，成为京津沙尘的主要来源；全国目前的载畜量合计约5亿～6亿个羊单位，超过理论载畜量的20%以上；由于滥挖药材和樵采灌木造成的草地沙化面积每年至少有几十万公顷。草地退化后，产草量下降了50%左右，其草地质量变差，生态环境恶化，已成为制约中国草业发展的重要因素。

### （三）与草业先进国家差距较大

近年来，中国草业发展速度较快，但与发达国家相比，仍有较大差距。纵观世界各国草地畜牧业发展情况，大致有以下几种类型：一是国土面积狭小、农牧并举、高度集约化经营的国家。如法国和德国，草地面积小于耕地，但畜牧业产值分别占农业总产值的74%和57%，畜产品60%以上是由牧草转化而来的，每公顷草地生产350～600个畜产品单位；二是国土面积大、农牧并重、草地经营略为粗放的国家。如美国、加拿大和俄罗斯，它们的畜牧业产值分别占到62%、65%和50%，畜产品65%以上是由牧草转化而来的，每公顷草地生产45～75个畜产品单位；三是人工草地发达、以牧为主的国家。如新西兰、英国、瑞士、丹麦等国，草地畜牧业十分发达，其产值比种植业高1～8倍，畜产品80%以上是由牧草转化而来的，每公顷草地生产300～900个畜产品单位；四是天然草地面积大，草地生产技术较为先进，以牧为主的国家。如澳大利亚，畜牧业产值占50%～60%，畜产品90%是由牧草转化而来的，每公顷草地生产20个畜产品单位；五是天然草地面积大，以牧为主，但经营十分粗放的国家。如蒙古、非洲及南美等国家，畜产品产值远大于种植业，畜产品主要由牧草转化而来，但草地科技及经营水平均不高，生产力水平低下，每公顷草地仅生产零点几至几个畜产品单位。

中国的草原自然条件与北美草原相似，但生产力水平却相距甚远。据资料载，中国草地生产力水平每公顷仅有7个畜产品单位，仅为世界平均水平的30%，与蒙古、南非等国相似，产值仅有十几元左右，相当于发达国家的几分之一甚至几十分之一。中国草地面积巨大，但生产力水平不高，仅相当于新西兰的1/80、美国的1/20、澳大利亚的1/10，主要原因是草地资源的分配、利用极不合理，人工草地建设水平差。一般来说，人工草地面积和生产力水平代表着一个国家的畜牧业总体发展水平，因为人工草地产草量是天然草地产草量的5～10倍，当人工草地占天然草地10%时，草地畜牧业经济效益可提高1倍。美国、俄罗斯、加拿大、新西兰、澳大利亚等国家人工草地面积占天然草地面积10%以上，甚至高达75%；中国现有人工草地800万公顷，仅占天然草地2%左右。发达国家牛羊肉在肉类中的比重达50%左右甚至更高，而中国牛羊肉仅占总产肉量的12.7%，由牧区提供的畜产品还不到中国畜产品总量的10%，这与占国土面积的41.7%的草原极不相称。另外，牧草、草坪等种子产业也存在较大差距。形成差距的主要原因，一是草业资源管理利用水平不高，生产效率低下，尚未形成规模化、集约化优势；二是政府投入和科技支撑不足，缺乏竞争后劲；三是认识不到位，只知道索取，而不知道维护。这些问题若不解决，将严重制约中国草业发展水平的进一步提高。

**（四）建设赶不上退化，人工草地量少质差**

近几年来，依靠国家投入，各省区相继开展了一系列草地改良工程项目，但建设速度赶不上退化速度，新建草地由于种植、管理、利用技术落后，保留面积仅70%左右。由于缺少人工草地和饲料基地的支撑，牧区天然草地普遍超载过牧，牧草的季节供求极不平衡，畜牧业抗灾能力很低，家畜冬春大

量死亡，牧民损失严重。2002 年冬，内蒙古锡林郭勒盟遭受雪灾，牛羊死伤几百万，就是一个惨痛的实例，其实这样的事情在草原牧区每年都有发生，原因就是缺乏基本的配套设施。由于冬春缺乏饲草，家畜掉膘、死亡造成的损失远比这些大得多。目前，草地建设只是停留在建设围栏、少量的人工种草、草地改良水平上，绝大多数草原牧区仍然沿袭传统的靠天养畜的原始生产方式，草地畜牧业生产力水平低而不稳。如今，草原畜牧业仍是中国绝大多数牧区的经济主体。这种单一的经济结构导致牧区依然沿袭传统落后的生产方式，牧民劳动技能单一、生活贫困，以草原畜牧业为主的市县往往是省区中最贫困的地区。内蒙古呼伦贝尔市是中国重要的草原畜牧业地区，据统计，这一地区的草场平均每公顷产出仅 199.5 元，扣除成本还不足发达国家的 40%。在西藏、青海等高寒草原地区，草原产出率更低，每公顷草场的产出甚至不足 150 元。

**（五）对草原的乱刨、乱挖和乱开发现象严重**

《瞭望》新闻周刊（2006）报道：在内蒙古、新疆、青海、西藏等传统牧区，传统的草原畜牧业目前仍未使广大牧区摆脱贫困落后的阴影。而在资源开发热的驱动下，使富含多种矿产资源的草原成为唯利是图者的乐园，“遍地开花”式的盲目开采已威胁草原生态。如何既摆脱单一的产业结构现状，使牧区走向富裕，又能避免生态环境遭受严重破坏，避免出现少数人谋利、多数人遭殃的情况，成为当前十分紧迫的问题。

由于中国牧区大都是各种矿产资源的富集地，开发矿产资源成为牧区走出贫困的首选产业。据报道：在内蒙古、新疆、青海等不少传统草原牧区，都提出了“工业强旗（县）”的口号，不少牧区开矿、办厂和资金引进开展得热火朝天。起点低、污染重、破坏大的“遍地开花”式开发已给草原生态带来了灭顶之灾。

**（六）人畜数量膨胀与草原资源短缺的矛盾日益突出**

一方面草原面积不断减少，20 世纪以来，中国北方草原向北退缩约 200 千米，向西退缩约 100 千米。近些年来，草原每年减少约 200 万公顷，而且这种趋势还在不断加剧。另一方面草原地区人口、家畜数量不断增加，全国草原平均超载牲畜 36%，较 80 年代增加了 18 个百分点。近 50 年来牧区人口成倍增长，北方干旱草原区人口密度达到 11.2 人/平方千米，为国际公认的干旱草原区生态容量 5 人/平方千米的 2.24 倍。目前内蒙古、新疆、青海、甘肃的人口数量分别是解放初期的 4.24、4.03、3.66 和 2.72 倍，西藏人口也较 1951 年和平解放时期翻了一番多。草原是草原地区农牧民基本的生产和生活资料，人、畜数量的快速增长，草原面积的持续减少，势必会下断加剧草原的承载压力，使草原长期得不到休养生息，草原质量和生产能力不断下降，平均产草量较上世纪60年代初下降了1/3～2/3，牧区经济及草原可持续发展受到严重制约，人畜与草原的矛盾日益尖锐。

## 二、促进草业绿色循环的措施

中国的草原大多分布在少数民族地区和边疆地区，这些地区贫困人口比较集中，社会经济发展相对落后，农牧民收入与全国平均水平相比还有较大差距，是实现小康社会建设目标的重点和难点，也是建设“生产发展、生活宽裕、乡村文明、村容整洁、管理民主”社会主义新农村的重点和难点。

草原畜牧业是草原地区的优势产业，加快地区发展必须发挥产业优势，做大、做强草原畜牧业。加强草原保护建设，合理利用草原资源，对于促进扶贫开发、加强民族团结、维护边疆稳定、建设和谐社会具有重要的意义。草原产业是一个庞大复杂的生产经营体系，除了草原畜牧业之外，还有种植、营林、饲料、加工、开矿、狩猎、旅游、运输等经营活动。近些年来，草原生态建设与保护有了新的进展，载至2005年年底，人工种草840多万公顷，改良草原1600多万公顷，草原围栏3800多万公顷，累计治理“三化”草地5800多万公顷。草原种田面积40多万公顷，生产草种10多万吨，有20%的可利用草原实施了禁牧、休牧和划区轮牧。生产加工草捆、草块等干草产品200多万吨。2007年全国人工种草累计保留面积达到2820万公顷，新增草原围栏面积超过666.7万公顷，禁牧、休牧、轮牧草原面积累计达到8987万公顷，草原植被得到了较好恢复。2009年全国人工种草保留面积和围栏草原面积达0.97亿公顷，全国草原鲜草年产量稳定在近10亿吨的水平；鼠虫害防治面积

0.12亿公顷，草原保护建设项目区生态明显好转。防风固沙和水土保持能力显著增强，农牧民种草养畜热情高涨，以草定畜、科学养畜的意识得到增强。

### （一）坚持依靠法制，推进依法治草

《中华人民共和国草原法》是指导草原保护、建设、利用的专门法律，必须深入贯彻实施。继续推进和落实草原家庭承包经营责任制，实行严格的基本草原保护制度，积极推行草畜平衡制度和禁牧、休牧、轮牧制度，促进草原资源的永续利用。进一步加强草原监管队伍建设，把依法办事贯穿于草原保护建设和监督管理工作的各个环节，依法严厉打击开垦、乱采、滥挖、非

法占用土地等各种破坏草原的行为，切实做到严格执法、公正执法、文明执法，保障草原持续健康发展，对违法乱纪的行为必须严惩。加强普法宣传教育，采取多种形式，加大草原法律、法规的宣传力度，增强全社会依法保护草原的意识。

**（二）坚持科学规划、有效保护、加快建设和永续利用的原则**

科学规划就是对全国草业发展进行总体规划，提出科学的指导思想、基本原则、总体目标以及阶段性目标和任务。有效保护就是要通过围栏封育、禁牧、休牧、补播改良、防火防灾等措施，加大对天然草原的保护，尽快遏制天然草原退化的势头，恢复草原植被，改善生态环境。这需要国家和当地政府部门的行政干预和经济支持。加快建设就是要针对草原保护建设利用中存在的突出问题，加快以草原围栏、棚圈等基础设施和人工饲草地等为主要内容的建设。永续利用就是要采取以草定畜、划区轮牧、舍饲圈养等科学合理的利用方式，提高饲草利用效率，减少对草原植被的破坏，实现草原资源的永续利用。草业发展涉及农业、林业、环保、水利等相关行业，必须把各行业联合在一起通盘考虑，才能避免顾此失彼的情况发生。

**（三）牧区矿产资源的科学开发和利用**

要严格禁止高耗能、高污染行业进入牧区，对以牺牲草原生态环境为代价的开发行为加大打击力度，最佳处理办法是把它消灭在萌芽状态。牧区的开发建设一定要坚持高起点、高质量；重环保的原则，一定要走保护优先、利用在后的可持续发展道路。要遵循科学发展观。对于不可再生的矿产资源一定要高起点开发，提高开发准入门槛，改变“遍地开花”的开采现状。不能任由地方政府随意引进投资商，更不能允许地方政府给投资商随意性很强的优惠政策，让他们廉价淘金，需要由省级或国家有关部门来从严把关。国家主管部门要坚持可持续发展的战略决策，不能为了一点眼前的利益把现有的资源挖个精光，而为我们的子孙后代留下必要的生存空间。

**（四）吸取经验和教训**

西方发达国家在发展经济的同时不忘发展草业，这是他们在痛苦的失败中做法的明智抉择。美国在20世纪30年代，苏联在20世纪50年代都曾试图通过开垦草原发展种植业，从而遭受严重的“黑风暴”侵扰。中国近年来频繁发生的沙尘暴、江河泛滥等自然灾害，可以说就是“黑风暴”的序曲，由此造成的年直接经济损失高达500多亿元，尚不包括巨大的潜在损失。因此，发展草业不仅本身具有较高的经济效益，而且还具有巨大的生态效益和社会效益。

目前，中国90%以上草地均出现了不同程度的退化，不仅严重制约了中国草地畜牧业的发展，而且由于生态屏障功能的丧失，已对整个生态环境安全构成了巨大威胁。北方草原地处大陆沙漠的外围，又是大江大河的发源地，由于长期过度放牧和开垦，已使草原不堪重负而严重退化。长江流域水土流失严重，20世纪30年代末90年代初，黄河断流最高年度超过200天，草原荒漠化正在以每年损失一个中等县（约2460平方千米）的速度推进，沙尘暴危害中原地区已是常事。要恢复生态平衡，重建秀美山川，植树种草、发展草业仍是当务之急。

**（五）牧草及饲料作物品种的开发利用**

优良牧草及饲料作物品种可提高饲草产量和品质，为提高家畜生产力奠定物质基础；优良牧草品种和农作物轮作，可起到培肥地力和提高产量的作用，促进农业的可持续发展；优良牧草对改良沙化和退化草地、防风固沙、保持水土可起到很好的生态保护作用；草坪还可达到净化和美化环境的作用。优良牧草品种科技含量高，经济效益和社会效益显著，在国家生态建设、畜牧业生产、区域经济发展中发挥了重要作用。国家应该建立不收籽实而专门生产植物茎叶为主的农业生产系统；建设牧草种子基地；优化水、草、土资源配置，改进耕作制度，大力倡导引草入田；改造利用滩涂地区和草山草坡，发展牧草生产；发展肉牛、奶牛、肉羊等节粮型草食家畜生产，建立以草食家畜为主的草畜配套生产基地。积极推广良种生产、优质高产牧草种植和饲草饲料青贮等先进实用技术，提高草原保护建设利用的科技水平。要采取各种有效措施，加强技术培训工作，努力培养有文化，懂技术、会管理、高素质的新型农牧民。

**（六）逐步转变草原畜牧业生产方式**

各地应积极引导，以草原围栏、人工草地、饲草料基地和牲畜棚圈等建设为基础，大力推行舍饲、半舍饲圈养、季节性放牧、划区轮牧等科学的草原畜牧业生产方式，初步实现禁牧不禁养、减畜不减收。各地要坚持科技兴草、兴牧，大力推广先进的饲草料种植和饲养管理技术，改良草畜品种，调整畜群结构，提高生产效率，使草原畜牧业增长方式由数量型向质量效益型转变。中国草原保护建设利用要按照统筹规划、分类指导、突出重点、分步实施的原则，从草原生态保护建设、防灾、减灾及草地开发利用三个方面，实施退牧还草工程、沙化草原治理工程、西南岩溶地区草地治理工程、草业良种工程、草原防灾减灾工程、草原自然保护区建设工程、游牧民人草畜三配套工程、草地开发利用工程和牧区水利工程九大工程。

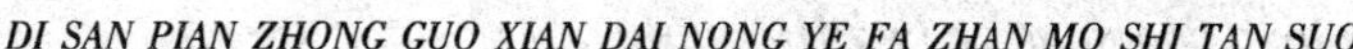

未来草业发展趋势：第一，要走“标准化+规模化”的现代化生产路线，规模化是标准化的基础，标准化是规模化的保障，两者相辅相成，相互促进。第二，要发展“公司+农户”的合作化经营模式，“公司+农户”这种模式比较切合中国实际。首先是公司需要农户，这主要是由于地理条件和社会分工不同所造成的；其次是农户需要公司，由于一家一户规模小、加工能力低、供应不稳定、市场信誉度低等原因，需要有龙头企业将这些零散的半成品集中、加工后再销售。第三，要遵从“畜草结合、相互拉动”的经济运行规律，发达的畜牧业生产是建立在发达的饲草生产基础之上的，发达的草产业需要发达的畜牧业消化和吸收。

当前中国的草业正处在发展的初期阶段，国家应该在资金、政策、科技方面加大支持力度，以推动草业生产和技术进步，使其健康发展。总体方向应该紧紧围绕北方草地退化的防治和合理利用、南方草地的高效合理开发技术、农区和农牧交错区草业发展等方面，推动发展质量效益型的中国草业，实现生态、社会、经济效益相统一。

## 第三节　中国水产养殖业的绿色循环

随着人们生活水平的提高，饮食结构发生了巨大变化，水产品以其低脂肪、低胆固醇、高蛋白、营养丰富、味道鲜美等优点正成为国内外消费者的优选食品之一。改革开放以来，中国水产业的发展取得了举世瞩目的成就，水产品总产量连续十多年位居世界之首。2006年，中国水产品总产量达到5250万吨，占世界1.3亿吨产量的40%，生产总值约为9000亿元。水产品进出口总额达到136.6亿美元，其中水产品出口量为301.5万吨，出口额为93.6亿美元，占世界水产品出口的10%，占中国农产品出口总额的30%，继续居中国大宗农产品出口首位。2006年中国水产养殖产量达到了3597万吨，占中国水产总产量的68%，占世界水产品养殖总产量的70%，是目前唯一养殖产量超过捕捞产量的国家。全国从事水产养殖的劳动力达1000多万人，养殖面积779万公顷。2009年我国水产品产量略有下降，达到5120万吨，产值为7956亿元。其中，养殖水产品产量3635万吨，捕捞水产品产量1485万吨。水产养殖业的发展不仅丰富了市场供给，为中国的粮食安全发挥了积极作用，而且促进了农村产业结构调整，增加了就业机会和农民、渔民收入，使大批农民通过从事水产养殖摆脱了贫困，走上了致富道路，同时还扩大了中国水产品的国际贸易。

但是，中国是一个淡水资源严重缺乏的国家，淡水资源总储量为28000亿立方米，人均占有量为2200立方米，是世界人均水平的1/4，而且淡水资源分布极为不均。人们在利用淡水资源的同时，又在不断地污染水环境，从而更加加剧了淡水资源的短缺。例如，随着水产养殖业的快速发展，中国水产养殖业在盲目追求高产的驱动下，一些养殖户和加工企业盲目扩大养殖水域和加大养殖密度，使用明令禁止的药物，使一些水产品中激素、抗生素、重金属、农药残留等污染物超标，从而导致养殖环境恶化、养殖水体污染、生态失衡、疾病频发等问题。迄今为此，中国已有70%以上的内陆淡水受到污染，一些地方甚至出现弃农、弃渔保生活用水的现象，渔业生产将面临缺水的现实。内陆水域污染防治问题，不仅关系到生态平衡，还关系到经济社会的可持续发展。因此，发展节水型渔业，实现水产养殖业可持续发展是目前面临的一个亟待解决的问题。

## 一、存在的问题

### （一）药物滥用及在水产品中的残留

渔药使用安全和药物残留是水产养殖的一个重要问题，已引起社会高度关注。要控制水产品的药物残留，保证水产品的安全，就必须重视渔药的安全使用与科学管理。近几年先后出现的氯霉素、恩诺沙星、孔雀石绿等在水产品中的残留，就是长期不科学使用渔药所致。中国目前所使用的渔药主要有消毒剂、驱杀虫剂、水质（底质）改良剂、抗菌药、中草药5大类。抗菌类渔药是用来治疗细菌性传染病的一类药物，它对病原菌具有抑制或杀灭作用。从这类渔药的来源上可以分为天然抗生素（如土霉素、庆大霉素等）、半合成抗生素（如氨苄西林、利福平等），以及人工合成的抗菌药（如喹诺酮类、磺胺类药物等）。目前，抗菌类渔药面临着产生负面效应、可能导致在水产品中的残留以及耐药性等问题。中国常用的驱杀虫渔药包括有机磷类、重金属类以及某些氧化剂等，主要有美曲膦醋、硫酸铜、溴氰菊酯、氯氰菊酯、高效顺反氯氰菊酯、甲苯咪唑、苯硫咪唑等。据调查，其中驱杀虫渔药原料来自于剧毒农药或农用化学药品的占80%以上，抗菌类渔药的原料与人、兽药成分同源的不低于70%。此外对禁用渔药替代品的研究未能及时跟上，以至于禁用渔药屡禁不止。渔药产品的合格率也得不到保障，渔药使用中出现的死鱼事件增加。据华东地区不完全调查，2005年因渔药本身原因所造成的死鱼案件就有60余起，所造成的直接经济损失达1000万元以上。

渔药的给予大部分是要通过水媒体，其方式有口服、浸浴和注射。口服主要是把药物混在饲料中饲喂，这是最常规的给药方式，但该法不可避免地使药物在水中有部分溶失；泼洒也是渔药给予较常用的方法，但它不仅会对水产动物造成较大的应激，而且会对环境造成不利的影响；浸浴和注射因要捕捞水产动物进行处理，在应用时有较大的局限。错误的给药方法所产生的负面效应，在一定程度上不仅不能有效地控制水产动物的疾病，而且还会对水产品的质量和环境安全带来一些不利的影响。值得提出的是，中国有较多养殖区还采用向水体里大量泼洒抗生素和农药等方法来治疗水产动物疾病，对水域环境的安全造成了严重威胁。

以专业户占主导地位的中国水产养殖行业，养殖水平还处在一个较低的水平，特别是在渔药使用上，一旦养殖品种患病，没有较好的对策，往往盲目用药，导致了严重的安全隐患。水产动物体内的渔药残留已经严重影响了水产品的质量安全，而渔药残留的产生无不与渔药的不规范使用紧密相关。据调查，中国渔药残留产生的原因主要是渔民规范用药、安全用药的意识差，表现在：一是不遵守休药期有关规定或者缺乏休药期的意识；二是不正确使用药物，使用渔药时，在用药剂量、给药途径、用药方法、用药部位和用药动物的种类等方面不符合用药规定；三是由于对水产动物疾病及其防治缺乏认识，疾病发生后乱用药、乱投药。

中国水产品质量从总体上看，虽然可以满足食用安全要求，但也面临着严峻的形势。近年来因药物残留和有害微生物超标，导致水产品滞销的现象时有发生，特别是某些产品（如对虾、鳗鱼等）出口国际市场受阻，给生产企业造成严重损失。

**（二）饲料污染问题**

在水产饲料的使用过程中，由于稳定性差、转化率低等原因造成的水体环境恶化问题，以及不规范用药等造成的水产品安全问题也越来越引起社会各界的重视。因此，根据水产养殖业可持续发展的要求，开发和推广既能够确保水产品安全，又能够减少水体环境污染的绿色环保饲料成为水产饲料企业的发展方向。根据统计，中国每年直接用于水产养殖的饲料原料高达3000万吨、鲜杂鱼400万吨。有试验证明，使用小杂鱼为饲料的养殖方式比使用配合饲料投喂的养殖方式氮、磷排放量高4~5倍，导致大量未被消化吸收的有机物进入水域，造成了局部环境的恶化，诱发疾病发生。

水产饲料污染主要是由于投喂过量的饲料，溶失于水中的饲料营养成分、未消化吸收的养分和粪便是水产养殖中最大的有机污染源。国外的研究结果表明，池塘养殖虹鳟时残余饲料可达投喂量的1% ~30%，淡水网箱养殖虹鳟可达30%，海水养殖鲑鱼时可达15% ~20%。饲料未被鱼、虾、蟹吃掉的主要原因是适口性差、过度饲喂以及沉降过快。鱼类营养物质代谢的最终产物，主要是氮排泄物（氨和尿素）和磷排泄物（磷酸盐），一般每生产1吨虹鳟约有60.3%的氮被排泄掉，排出的氮和磷是水的主要污染物。水产养殖中产生废物的质和量取决于水产养殖系统类型和养殖种类，也与饲料质量、饵料配方、饵料生产技术和投喂方式有关。据测算，沿海养虾业生产1吨虾需投饲料3~5吨，相当于蛋白质1~1.3吨，但回收仅0.1~0.13吨，大量的氮流入水中，造成养殖环境自身的污染。

**（三）水产养殖的污染问题**

中国湖泊属贫营养型的占5.6%，中营养型的占44.4%，富营养型的占50%。一半的湖泊已受到不同程度的富营养化污染，尤以城郊湖泊受害最重。中国约有25%的饮用水来源于湖泊，且这些湖泊多在城郊。许多湖泊的污染已使其丧失了饮水和养殖功能。水库突出的环境问题是严重的富营养化和好氧有机物的增加，除氮、磷和挥发酚污染外，部分水库出现汞污染，而且很多水库出现不同程度的“藻华”现象。水库污染主要是由于工业造纸、印染、农药、生活污水及不合理的水产养殖等。这些污染使库区生态平衡受到破坏、水质恶化、功能减弱。

传统的水产养殖方式采用频繁换水的方法来改善鱼类的水生态环境。据报道，养殖1千克的鲤鱼，每天要消耗500千克水中的溶氧，排出300毫克的氨和7000mg的生物耗氧量（BOD），并产生100千克含大量氮肥的废水。因此，粗放式养殖模式在造成水资源巨大浪费的同时，也造成河流、湖泊区域性的富营养化，严重破坏了生态环境。目前，为了防止水资源的过度开发，西欧各国已禁止在内陆发展“三网”养鱼，欧美一些国家还制定了法规，鱼虾池内的水必须处理达标才能排放。目前，中国池塘养鱼生态环境尚未引起人们的重视，特别是池塘的连年高产，发展迅猛，掩盖了其潜在危机，其生态环境正逐步恶化。过去传统的“生态模式”养龟逐渐被“高密度、多投饵”所代替，外源性合成饵料的大量投放，不但浪费了饲料，而且池塘中鱼类的排泄物和残饵大大增加，使高密度水环境中的物理、生化和生物指标处于敏感状态，一旦超过水体的自净能力，疾病发生率急剧上升，鱼类死亡率加大。池塘水源又邻近江河湖泊，池塘水体与大水面水体直接贯通，又加强了它们之间的相互污染。

**（四）疾病问题**

随着水产养殖业的快速发展，鱼类病虫害发生逐渐频繁，危害逐渐加重，给水产养殖业带来极大损失。据报道，全国水产养殖病害发生率达50%以上，损失率30%左右，年损失产量约150万吨，直接损失高达百亿元。以2004年为例，年经济损失高达151亿元，尚不包括因为病害而使水产养殖投资规模缩小、养殖周期缩短、品质下降等造成的损失。在各种水产养殖品种中，几乎已找不出不受疫病威胁的品种。水产养殖病害已严重影响了中国水产养殖业的健康可持续发展。

## 二、解决办法

**（一）建立完善的水产品质量安全管理体系**

目前中国的水产病害防治、环境检测、水产品质量检测和检疫分属不同部门管理，而水产品的质量安全是由相互关联的环节组成的，所以，需要建立一个由病害防治、环境检测、水产品质量检测及检疫为一体的水产品质量安全管理组织体系，以加大对药残监控和整治，查处违法用药行为，加强水域环境监测，并建立水产品的追踪制度。管理体系还应随时向生产者提供技术咨询和反馈意见，担负起从苗种到成品、从池塘到餐桌的全过程监控，真正从源头上严把水产品的质量安全关，从而达到完善水产品质量检测体系，改善、提高水产品质量的根本目的，为推动中国渔业的可持续发展发挥作用。

**（二）正确认识和应用药物**

在生产中，要注意选用恰当的给药途径和药物防治方法，发挥渔药在水产动物疾病控制中的积极作用。水产动物疾病的防治方法主要有：药物防治、免疫防治和生态防治等。一般来说，药物防治无论在任何时期，都是疾病防治的一个重要且不可忽视的手段。此处所强调的药物防治，是要在保障水产品安全、环境安全的前提下，以控制用药、安全用药和高效用药的措施，提高水产动物疾病的防控水平。另外，认真学习、贯彻执行《兽药管理条例》加强渔药安全使用的宣传、教育和培训工作，做好执法人员、技术人员、养殖者的培训，使各项法规条例得以切实有效地落实。渔业行政主管部门要对渔药的生产、销售和安全使用进行全过程监督，加大执法力度，依法查处违规用药的案件，严格执行停药期规定，逐步建立完善的水产养殖安全用药体系。研究、开发和推广高效、速效、长效和对环境低污染、在鱼体内低残留的药物，提倡用微生态制剂、抗菌肽和中草药等绿色饲料添加剂替代抗生素进行健康养殖，将药物防治与水产动物的健康养殖、生态养殖和绿色养殖有机地结合。最后，要加强对水产品的检测力度，严格实施惩罚制度，以确保水产品的安全。

**（三）健康安全养殖技术**

水产健康养殖应满足下列要求：一是合理利用资源（包括水、土、苗种、饲料）；二是人为控制养殖生态环境条件，使养殖环境能尽量满足养殖对象生长、发育的需要；三是采用各种养殖模式和防疫手段，使养殖对象保持正常的活动和生理机能，并通过养殖对象的免疫系统抵御病原的入侵以及环境的突然变化；四是投喂适当的且能完全满足水产动物营养需求的饲料；五是有效预防疾病的大规模发生，最大可能地减少疾病的危害；六是养殖水产品应无污染、无药物残留、安全、优质；七是养殖环境无污染，养殖用水应经过处理后再排放。可持续的健康养殖要求培育健康苗种、放养密度合理，投入和产量水平适中，通过养殖系统内部废弃物的循环再利用，达到对各种资源的最佳利用，最大限度地减少养殖过程中废弃物的产生，在取得理想的养殖效果和经济效益的同时，达到最佳的环境生态效益。

第一，要选择优良的水产品种，选择生长快速、食物转化效率高、氮和磷排泄率低，又有较高经济价值的品种，这样可以减少病害，提高成活率和产量。第二，要加强水产动物的饲养管理、疫病防治工作，提高机体的免疫力，减少疾病的发生。通过对其进行营养学研究，使用低污染（低N、低P、低饵料系数）饲料，运用建立最佳投喂技术，提高饵料转化效率，形成中国的低污染养殖技术体系。第三，要大力加强内陆渔业水域环境的保护，渔业水域环境是渔业资源再生和开发的前提条件，是可持续发展的物质基础。由于中国水域广阔、流动性大，因而要加强内陆水域资源的保护，必须在国家的统一规划下，进行跨省市的水域环境综合治理，同时加强对内陆渔业水域的监测与管理，这是促进内陆渔业可持续发展的一条有效途径。第四，采用多品种立体养殖法：水生动物由于其生态习性及食性关系等原因生活在不同的水层，它们之间形成了相对稳定的时空分布平衡关系，这种关系对整个生态环境起到了协调和保护作用。例如，淡水池塘的草鱼与鲢、鳙等混养模式，以草鱼为主，混放一定数量的鲢、鳙、鲤、鲫，使其更充分地利用养殖水体，并且部分代谢产物可达到相互利用的目的。第五，加强宣传和培训工作，提高养殖生产经营者的素质。渔业水面资源的开发应从“重产量、轻质量、轻环境”的状况转变过来，运用生态养殖技术，合理开发和利用内陆大水面和潜在的渔业资源，以生产“绿色水产品”为宗旨。

**（四）环保型水产饲料的研究与开发**

主要集中在改善和控制鱼、虾、蟹排泄物中氮和磷的污染、提高氮和磷

的消化利用率、开发适宜的饲料添加剂、改进加工工艺等方面。通过营养调控和平衡原理，开发优质、高效、低污染的饲料，提高饲料的利用率，最大限度地减少资源浪费和环境污染，保证水产养殖业的可持续发展。研究表明，投喂环保型高效饲料使养殖水体中的氨氮、亚硝酸盐氮、硝酸盐氮、活性磷酸盐、总磷含量分别降低46%、96%、88%、35%、50%，从而达到减缓养殖水体的污染程度，有利于健康养殖。

1. 选择适宜的饲料添加剂

（1）水产诱食剂：水产诱食剂亦称适口性添加剂，不仅可以提高水产动物饲料的适口性、提高摄食速度和摄食量，促进生长，而且可以促进水产动物对饲料的消化吸收。诱食物质大多为氨基酸、甜菜碱、核苷酸、大蒜素、盐酸三甲胺等。

（2）微生态制剂：可替代抗生素，是安全水产品生产的主要添加剂之一。目前应用于水产养殖的微生态制剂主要有：酵母菌、芽孢杆菌、乳酸菌、双歧杆菌制剂等。研究表明，微生态制剂能提高鱼虾苗的成活率和抗病能力，并能降解进入养殖池塘中的各种有机废物、消除有毒因子、稳定pH值、平衡水中微生物区系和藻类，营造良好的水生环境，达到预防疾病、健康养殖的效果。

2. 改进加工工艺

饲料营养价值不仅与饲料中各种营养成分有关，而且受到饲料加工工艺的影响。水产饲料必须投入水中，才能被摄食，而饲料一旦入水，便受到各种因素（pH值、温度、渗透压、水流冲击、化学反应等）的影响，发生各种反应，如溶解、溶胀、断裂、粉化、剥落等。稳定性差的饲料入水后，容易溶散而溶失养分，使水质富营养化。同时由于水生动物的生活习性和生理机制等独有的特点，对水产饲料的粉碎粒度、混合均匀度、饲料成形性和耐水性等都有较高的要求。因此，饲料生产应进行科学的加工（如粉碎、发酵、膨化等）或调制（如加入诱食剂、酶制剂、黏合剂等），在保证饲料质量的同时，提高吸收利用率。

**（五）水产养殖废水处理技术**

水产养殖废水的处理是相对较新的研究领域，采用工业废水或生活污水的处理方法并不能使其完全得到处理。通常在水产养殖废水处理过程中，废水中的营养成分、生物和化学耗氧量、悬浮固体和病原体是处理的重点。

1. 固体废物的去除技术

悬浮固体废物的去除是一个固、液分离的过程。按照去除机理，这些过程可分为重力分离、过滤分离和浮选分离。小颗粒固体废物和溶解性废物可采用这种方法去除。

2. 溶解性废物去除技术

广义的生物学过滤包括任何利用活生物从水中去除杂质的过滤技术。主要包括活植物过滤、硝化作用、反硝化作用等。在水产养殖过程中产生的溶解性废物主要是溶解有机物和氨态氮等。常见的氨态氮的去除有植物过滤和硝化作用过滤两种方法。

3. 零污水排放的循环养殖（循环水水产养殖）系统

根据生态设计的基本原理和水产养殖环境工程技术，以水产养殖系统零污水环境排放为目标，可以对水产养殖系统进行生态工程和生态工艺设计，开发出零污水排放的循环水水产养殖系统。循环水水产养殖是指水在养殖系统内再生、循环利用的养殖方式。这种以微生物为媒介的生态净化技术成本低，简单易行，是未来发展的方向。循环水水产养殖是高密度养殖的主要方式，不仅可以用于鱼、虾的苗种生产，也普遍用于成鱼的育肥，以使之短期内达到上市规格。对于采用温水养殖的，还可避免因大量换水造成的水温降低，节省加温费用，从而使高密度养鱼方式具有更好的经济效益。

总之，水产养殖业的可持续发展，包括养殖设施、苗种培育、饲养密度、水质处理、饲料质量、药物使用、养殖管理和环境保护等诸多方面。它是采用合理、科学和先进的养殖手段，获得质量好、产量高、无污染的水产品，并且又不对其环境造成污染；既能创造生态、社会和经济的综合效益，又能保持自身稳定、可持续发展。

## 第四节　中国林果业的绿色循环

2007 年中国林业产业继续保持了强劲发展势头，全年林业总产值达到 1.17 万亿元，同比增长 9.85%。全国生产木材 6974 万立方米，人造板 7365 万立方米，各类经济林产品产量突破 1 亿吨，林产品国际贸易总额达到 570 亿美元。以林木种植、经济林培育、竹藤花卉、野生动植物繁育利用、木材采运、木竹加工、人造板制造、林产化工、林机制造、木浆造纸、森林旅游等为主的林业产业体系初步形成。到 2007 年中国森林面积达 1.75 亿公顷，森林覆盖率提高到 18.21%，人工林保存面积已经超过 0.53 亿公顷，居世界第一；0.93亿公顷天然林资源得到有效保护，完成退耕还林0.24亿公顷，林业系统自然保护区达1700多个，面积1.2亿公顷，占国土面积的12.49%；全国共建立湿地自然保护区473个，现有自然湿地的45%得到有效保护。中国有林业用地2.8亿公顷，可利用沙地0.53亿公顷，有木本植物8000多种、陆地野生动物2400多种、野生植物30000多种，有1000多个经济价值较高的树种，这些都是中国巨大的财富源泉。目前中国人工林已占到世界人工林面积的近1/3，年均增量占世界的53.2%，成为森林资源增长最快的国家。森林是地球上最大的可再生自然资源，以森林资源为经营管理对象的林业则是典型的循环经济体系，而且发展潜力巨大。

2009年林业总产值完成1.58万亿元，我国共安排造林计划548万公顷，完成造林面积589万公顷。其中，人工造林389万公顷、飞播造林23万公顷、新封山育林176万公顷。林业重点工程完成造林447万公顷，占全部造林面积的76%。另外，还完成中幼龄林抚育面积798万公顷。我国林业系统已建立森林生态系统、湿地生态系统、荒漠生态系统、野生动物和野生植物5种类型自然保护区2011处，面积1.23亿公顷，约占国土面积的12.79%，其中，国家级自然保护区246处，面积0.77亿公顷，构成了我国自然保护区的主体。这些自然保护区有效保护着我国90%的陆地生态系统类型、85%的野生动物种群和65%的高等植物群落，涵盖了20%的原生林、47%的自然湿地和30%的典型荒漠地区，对维护生态和生物多样性、促进可持续发展发挥了重要作用。全年完成防治有害生物发生面积944万公顷，占发生总面积的84.5%，最大限度地降低了灾害损失。

林业既是一项经济产业，又是一项社会事业，是集生态环境、社会、经济于一体的特殊行业。森林毁坏后使生态环境恶化的事实已经使人们普遍认识到，林业的兴衰直接关系到生存环境的改善和国民经济的发展。1998年发生在长江、松花江、嫩江流域的特大洪水就是最好的佐证。林业发展的滞后，已经开始制约农业和水利的持续性，也使生物多样性锐减。因此，林业可持续发展问题不仅是林业本身的问题，也是农业、水利、环境、社会、政治和经济等方面的问题，最终关系到人类的生存与发展。可持续林业是对森林生态系统在确保其生产力和可更新能力，以及森林生态系统的物种和生态多样性不受到损害前提下的林业实践活动；它是通过综合开发、培育和利用森林，以发挥其多种功能，从而保护土壤、空气和水的质量以及森林动植物的生存环境，既满足当前社会经济发展过程中对林产品和良好生态环境的需要，又不损害未来需求的林业。可持续林业从健康和完整的生态系统、生物多样性、良好的环境及主要林产品持续生产等方面，反映了现代森林的多重价值。

当前中国林业现状并不容乐观，问题依然严峻。乱砍滥伐致使水土流失严重、林地大量减少、生态环境恶化，再加上自然灾害频繁及林业管理的法律法规不健全，都在时时刻刻地影响着林业的可持续发展。因此，必须采取有效措施来遏制这些不良现象的发生，使中国林业的发展走向绿色循环与可持续发展之路。

## 一、林业绿色循环的历程、主要内容和目标

### （一）中国林业发展的60年历史

1. 初期发展阶段（1949～1978）：即传统林业发展阶段，以大量采伐原始森林为主要特征。

2. 探索阶段（1978～1992）：这一时期的核心活动是在集体林区和其他非国有林区进行“林业三定”，即稳定山权、林权，划定自留山，确定林业生产责任制。

3. 林业发展的可持续性（1992～目前）：受国际林业转轨的发展态势以及中国环境恶化现状的影响，中国的林业迈向新的可持续发展之路。林区一般多在山区，而这些地区也是经济上最贫困的地区。因此，基于经济的诱惑，各地破坏性掠夺式采伐利用时有发生。因而提出了兼顾生态效益、社会效益和经济效益相结合的可持续发展的林业经营模式。

### （二）林业可持续性发展的主要内容

1. 林业资源的可持续性：生物资源、天然林保护，森林营造，次生林经营；

2. 林业生产的可持续性：木材生产、林产业、经济林产业、薪炭林产业；

3. 林业环境的可持续性：生态工程建设；

4. 林业社会功能的可持续性：生态旅游、森林保健、森林文化、城市森林、净化环境等。

通过对森林资源的可持续经营，一是可以获得人们生活所需的多种林产品，从而带动林产工业的发展，为国家或者地方经济发展作出贡献。二是促进与森林生态系统密切相关的水利、旅游、渔业、畜牧业的发展，从而提高相关产业的经济效益。三是保持生态平衡，提高国家或区域的防灾和减灾能力。未来林业应做到经济利益与环境利益兼顾，当代利益与后代利益兼顾，物质利益与精神利益兼顾，局部利益与整体利益兼顾，本国利益与国际利益兼顾。

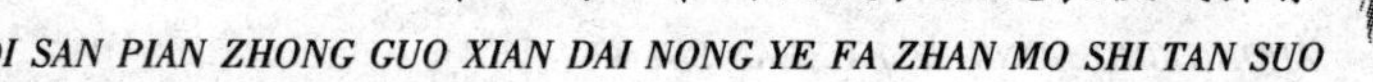

**（三）林业可持续性发展的目标**

林业可持续发展的目标是：谋求林业经济的增长，改善林业经济增长的质量，满足人类在总量和结构上的林业需求，保护林业的自然资源基础，开发林业的人力资源，把握林业的技术发展方向，协调林业的经济生态决策。森林可持续经营的环境目标包括：水土保持、涵养水源、二氧化碳储存、改善气候、生物多样性保护、流域治理、荒漠化防治等，从根本上为人类社会的生存发展提供适宜和可供利用的生态环境，为满足人的精神、文化、教育、娱乐等多方面需求提供良好的生态景观。在资源缺乏、环境恶化、人口倍增的当今世界，森林经营的目标不仅要保障经济收益的永续利用和扩大，而且还要满足环境需求；不仅要求林业产业自身的可持续发展，而且还要为整个人类经济与社会的可持续发展扮演主要角色。

## 二、中国林业绿色循环中存在的问题

**（一）与林业发展密切相关的八大灾害**

1. 沙漠化：土地沙化已严重威胁人类的生存和发展，全国沙化土地174.3万平方千米，占国土总面积的18.2%，全国有4亿人口直接饱尝沙害的痛苦。

2. 水土流失：中国的水土流失面积约356万平方千米，约占国土陆地总面积的1/3，每年流失土壤50亿吨，其养分相当于4000万吨化肥。全国8.2万座水库，总库容的1/3被泥沙淤积。过去50年中因水土流失而损毁的耕地有270万公顷左右，严重影响了社会经济特别是农村经济的发展。

3. 干旱缺水：中国人均水资源只有世界人均水平的1/4；全国约有400个城市供水不足，缺水60亿吨以上；农村居民有4300多万人饮水困难，农作物年均干旱面积达到0.253亿公顷，每年因此造成的经济损失超过2300亿元。

4. 火灾频发：2009年，我国共发生森林火灾8808起，其中重大火灾35起，特大火灾1起。火场总面积319.72万亩，受害森林面积4.6万公顷。

5. 洪涝灾害：中国长江流域过去500年共发生53次大洪水，而新中国成立后的50年就发生了近20次。

6. 有害生物：全国林业有害生物发生面积1116.7万公顷。

7. 物种灭绝：中国目前处于濒危状态的动植物物种数量为总量的15%～20%，高于世界10%的平均水平。

8. 温室效应：工业高速发展，温室气体排放总量快速增加，导致气温上升。

**（二）林业资源不足且分布不均**

土地是林业赖以发展的基础，现实和潜在的土地资源状况从根本上决定了中国林业发展的艰巨性。中国森林覆盖率只相当于世界的61%，全国人均占有森林面积为0.128公顷，相当于世界的21.3%；人均森林蓄积9.048立方米，仅占世界人均蓄积72立方米的1/8。林业资源不仅总量少而且分布极不合理，全国94%的人口、86%的耕地、80%的林地和66%的水面分布于东南部，78%的草地、77%的未利用地和难利用地分布于西北部。由于自然因素的影响，1/3的林地为次生林、疏林、灌木林。东部11省（区、市）平均森林覆盖率达30.95%，是全国平均水平的1.9倍；西部12省（区、市）平均森林覆盖率仅为11.99%，是全国平均水平的22.7%。除此之外，随着人口增加和社会经济发展对土地的需要，林地大量流失使得林业用地所承受的压力也越来越大。据统计，中国每年林地减少200万公顷，因而要采取必要措施保住中国现有的3.1亿公顷林地变得越来越重要。

**（三）森林质量差，结构不合理**

中国森林的生产力水平低，如果以单位面积蓄积量和生物量计，只达到世界水平的2/3，只相当于林业发达国家平均水平的1/2~1/3。当前中国林业结构也不合理，林业用地有效利用率只有52%，在林业用地中，无林地占22%，疏林地和灌木林地占16%；林种结构不合理，用材林面积占77%，薪炭林面积只占3%；林龄结构不合理，幼龄林和中龄林居多，两者面积达71.12%，可利用的成熟林资源趋于枯竭。

**（四）乱砍滥伐严重、生态环境恶化**

中国每年都规定一定的林木采伐限额，但依然没能有效地控制森林采伐幅度。每年的超限额采伐量达到8000多万立方米，超过限额1/3。目前，中国生态状况局部有所改善，但整体恶化趋势尚未得到根本扭转，土地荒漠化加剧，水土流失严重、旱涝灾害频繁、病虫鼠害严重等。有资料表明，全国荒漠化土地面积达262万平方千米，相当于国土面积的27%，并且每年以2460万平方千米的速度在扩展。其中沙漠和沙漠化面积达170多万平方千米，占国土面积的17.85%；水土流失面积达367万平方千米，且强度不断增加，年均增加水土流失面积达1万平方千米，全国每年流失土壤50亿吨。全国年发生森林病虫害0.08亿公顷，每年减少林木生长面积1700万平方米，经济损失达50多亿元，远超过森林火灾损失。其中森林资源总量不足、分布不合理、森林生态环境功能不强是引起当前生态环境问题的重要原因。

**（五）林业政策法制建设滞后**

1. 林业发展的体制问题

林业可持续发展涉及经济、资源、环境、社会等领域，需要有综合的协调决策体系，才能实现资源、生态环境和社会经济的良性循环。目前中国林业发展面临的问题：一是各有关部门缺乏有效的协调关系，更谈不上建立通畅的协作运行机制；二是部门和地方条块分割使林业可持续发展的宏观决策往往缺乏综合、长远的考虑；三是林业可持续发展的行为主体责、权、利关系不明确，作为市场主体的个人、企业在追求利益最大化的过程中，往往破坏了森林资源和生态环境，而政府管理部门往往为了经济、政绩，不惜牺牲林业生态效益发展；四是生态效益补偿制度缺乏。由于林业生态效益巨大，对维持森林的可持续发展具有重要意义，因而对于一些入不敷出的重要林业区域，国家应该设置维持生态平衡的专项基金。

2. 退耕还林政策得不到切实执行

现在实行的退耕还林政策是由政府操作的政府行为，各级政府由下而上上报退耕还林面积，再自上而下下拨粮食。在政策的执行过程中，由于缺乏有效的监督机制，基层政府出于地方利益、个人利益的因素，往往会发生基层官员与农民合谋欺骗上级的事情。一方面，农民虚报退出的耕地面积，拿到补助；另一方面，农民还林积极性不大，加上自然条件和经济条件的限制，导致种植林木效率不高，成活率低。

3. 林业权属制度不完善

中国森林资源绝大部分属于国家和集体所有，但使用森林资源的权利一般是国有林业局、林场或个人承包者。这种所有权与使用权分离的结果是国家、集体享有森林资源的所有权，但经营权一般由集体或私人通过承包、租赁等方式享有。由于经营者有权收回投资乃至获利，不愿从长远考虑，所以实现了过早、过多采伐，甚至是乱砍滥伐的现象。

4. 林业执法力度亟待加强

中国之所以出现乱砍滥伐林木、乱垦滥占林地、乱捕滥杀野生动物等违法犯罪行为，且屡禁不止，与有案不查、以罚代刑、重罪轻判等执法不严不无关系，所以急需执法部门加大林业执法力度，严惩违法犯罪行为，维护法律、法规的权威性和严肃性。

**（六）从甘肃舟曲发生的泥石流灾害，来分析保护森林和植被的重要性**

2010 年 8 月，甘肃舟曲发生的泥石流已造成 1364 人死亡、401 人失踪。有关专家分析，导致自然灾害、地质灾害易发和频发的主要因素有两个：一是地质和气候的异常变化，二是人为因素。一方面全球气候变化加剧，极端气象异常，灾害性天气如局部干旱、局部强降雨、强热带风暴等频繁发生，再加上全球进入地壳活动频繁期，环太平洋地震带进入活跃期，诱发了地质灾害。另一方面地质灾害中人为活动的因素占到50%以上，尤其是非法活动。国土部在2009年通报中也指出，自然条件变化和不科学的人类工程活动是地质灾害发生的主要引发因素。早在甘肃舟曲发生泥石流的前几年，中国地质环境监测院专家就发现，引发这次重大人员伤亡的三眼峪沟泥石流区域，滑坡体上堆积区呈扇状，向白龙江倾斜，且人为改造强烈，前缘被城区建筑物占用，中、上部大部分地带为耕地，即没有植被。截至2003年，当地群众砍伐森林，破坏植被的行为还在继续，部分地区林线已退至分水岭附近，并提醒如不采取果断措施，地质环境将进一步恶化，地质灾害的发生将更加频繁。这份报告最终一语成谶。

据报道，舟曲的地质灾害的诱因，人为地破坏地质和环境主要有两个方面：

1. 砍伐树木使生态环境遭到严重破坏：据史料记载，舟曲境内过去一直森林茂密，林木采伐始于明清时期，但真正造成破坏是近几十年的事。1958年“大跃进”时期，这里的森林资源遭受到掠夺性破坏。据统计，从1952年8月舟曲林业局成立到1990年，累计采伐森林12.7万公顷，许多地方的森林成为残败的次生林，加上民用木材和乱砍滥伐、倒卖盗用，全县森林面积每年以10万立方米的速度减少，植被破坏严重，生态环境遭到超限度破坏。

2. 开垦坡地破坏地质环境：当地农民大规模开垦坡地使舟曲的地质环境遭到严重破坏。舟曲是一个典型的农业县，农业人口占全县总人口的89%，单一的产业结构模式迫使农民通过开垦坡地增加土地面积而获得利益。近40年间，全县总播种面积从0.7万公顷增加到了1.44万公顷。据了解，县内各乡40度以下的坡地如今已被大部分开垦。开垦坡地不仅严重破坏了植被，而且破坏了地质环境，开垦出的土地不仅未给当地群众带来经济效益，反而造成了大面积的水土流失，加剧了滑坡、泥石流等灾害的发生。这种做法虽见到了眼前的短暂小利，却失去了长远的大利，并以牺牲上千人的性命为代价，如果我们不从中吸取血的教训，那么更大的悲剧会接踵而至。

## 三、中国林业的绿色循环途径

### （一）提高全民对林业可持续发展战略的重要性认识

长期以来，由于人们对林业的重要地位和作用认识不够，许多地方乱砍

滥伐林木、乱垦滥占林地、乱捕滥杀野生动物、乱采滥挖野生植物等现象十分严重，造成森林资源不足、土地沙化、湿地减少、生态环境日益恶化。各级政府和广大人民群众要充分认识实施林业可持续发展战略具有重要的现实意义和深远的历史意义，认识森林是陆地生态系统的主体，在保持生态平衡、涵养水源、保持水土、保护物种、调节气候、庇护农田等方面发挥着巨大作用。政府应通过加强森林资源管理，大力宣传教育，提高全社会及广大人民群众的生态保护意识，切实保护好现有森林资源，杜绝人为破坏，积极投入和支持国家林业建设和生态建设，实现林业的可持续发展。

**（二）充分认识社会发展对林业的需求和任务**

社会发展对森林的需求，总体上可分为物质产品需求和森林环境功能需求两大类四个方面：

1. 保护国土和改善生态环境的需求：通过扩大造林面积，限制采伐量，保护仅剩的天然林，建设各类防护林工程，扩大自然保护区等措施，提高森林覆盖率，扩大生态功能高的森林比重，保护农田，控制水土流失和土地沙化面积。

2. 满足提供工业原材料和其他林业产品的需求：通过扩大木质和非木质工业原材料的森林培育以及林副产品的培育，增加森林物质资料的供给，包括食品、医药、化工、轻工等多个行业所需物质。

3. 合理利用森林资源，满足人类休闲保健的需求：扩大森林公园及森林景观点的建设，为人们提供众多回归自然的旅游休憩场所。开发山区森林资源，改善山区生态环境，发展以林业为基础的多种经济，增加山区就业机会，改变山区落后的社会经济面貌。

4. 保护和维护生物多样性的需求：生物多样性不仅提供了人类生存不可缺少的生物资源，同时也构成了人类生存与发展最基本的生命保障系统。其中，森林生态系统是孕育生物多样性最重要的陆地生态系统类型。因此，要必须加大天然林保护力度、扩大森林面积、维持森林生态系统平衡，促进生物多样性的保护。

**（三）明确林业可持续发展的各项目标**

林业的可持续发展目标由相互联系、相互制约的生态环境目标、社会目标、经济目标构成。

1. 生态环境目标：主要包括水土保持、涵养水源、碳储存、改善气候、生物多样性保护、流域治理、荒漠化防治等目标。从本质上说，生态环境目标是要为人类社会的生存发展提供适宜和可循环利用的生态环境。

2. 社会目标：一般来说，持续不断地提供多种林产品，满足人类生存发展过程中，对森林生态系统中与衣食住行密切相关的多种产品的需求，是林业可持续发展的一个主要目标。除此之外还包括为社会提供就业机会、增加收入，满足人的精神、文化、教育、娱乐等多方面需求，提供良好的森林景观及其环境服务。林业可持续发展还必须肩负起发展经济、消除贫困的社会目标。

3. 经济目标：一是通过对森林的可持续经营获得多种林产品，为国家或区域经济发展作贡献。二是通过对森林的可持续经营，使森林经营者和管理部门获得持续的经济收益。在森林生态环境允许的范围内，取得经济目标的应得收益，是改善林业经济条件的关键。忽视经济目标，林业可持续发展就会失去动力；而超越生态环境界限，一味地追求自身的经济目标，则会丧失林业可持续发展的基础。三是通过对森林的可持续经营，促进和保障与森林生态系统密切相关的农业、水利、旅游、渔业、畜牧业等发展，提高相关产业的经济效益。四是通过对森林的可持续经营，提高国家或区域的防灾和减灾的目标。

**（四）实现林业可持续发展的对策**

1. 依靠科技发展林业

既要发展经济又要保证资源与环境的再生和发展，是林业可持续发展的主要内容，最有效的解决办法就是依靠科技来发展林业经济。实施科技兴林方针，不断提高林业建设的科技含量，是林业可持续发展的关键。改变传统的以牺牲环境和自然资源为代价的粗放型经济发展模式，建立起以企业为主体、以市场为导向、以科技为核心、以生态、社会、经济效益共同提高为目的的林业科技创新体系，加快科技成果的转化，以促进林业生产力的提高。利用现代信息科技手段，推动林业经营和管理的规范化、科学化，加快实现林业的可持续发展。加强森林生态系统的研究和监测，充分利用先进的技术，提高良种苗培育及生产和加工水平，增加林产品的经济价值，加强林业病虫害的防治，确保林业的可持续发展。

2. 优化林业经济结构，促进林业的可持续发展

以市场需求为导向，大力推进短周期原料林、速生丰产林、竹林和名优经济林建设。加大新产品开发力度，促进从低层次原料加工向高层次综合精深加工转变的步伐。加大森林旅游业、花卉业的发展。调整生产布局、淘汰落后产业、改造传统产业、培育新兴产业、推动产业优化重组、界定林权、解决林业产业结构不合理的问题。调整林业产品结构，发展优势产品，努力

开拓林产品的新用途，延伸产业链，增加附加值，解决林产品结构不合理和产品缺乏竞争力的问题。实施大集团、大公司发展战略，共同开发新产品、新技术和新市场，提高企业专业化程度和产品技术含量，提高市场的竞争力。

3. 注重林业生态效益和经济效益的结合

生态效益是一种以绿色循环产业为重要支柱、以保持环境系统良性循环为约束条件的社会再生产活动。林业的生态效益和经济效益二者之间具有互相依存、互相矛盾、互相影响、互相作用的关系。在一般情况下，经济效益往往最先受到关注，在忽视生态环境而过度追求经济增长的阶段，尽管当时的经济增长速度相当快，但后期的经济发展却受到了因生态环境严重破坏所带来的巨大制约，使得经济发展停滞不前或萎缩。人们在受到一次又一次的惩罚后，才开始认识到林业的生态效益远远大于其经济价值，而且良好的林业生态效益还可以创造出高效的经济效益。当然单纯注重生态环境而放弃必要的经济增长，那么终究会因缺乏强有力的经济实力支撑，而使生态环境保护失去现实意义和经济基础，导致无财力来维护良好的生态环境，最终将产生事与愿违的不良后果。因此，林业的可持续发展必须是既重视经济效益又高度注重生态效益。

4. 创新、完善林业可持续发展的模式

一是林农结合式：采用科学的生产和管理方法，在山区或丘陵等特殊地带要坚持以林为主、经济林与农业结合、多种经营，逐步建成具有生态、社会和经济效益的林业发展模式。大力推广生态价值和经济价值兼备的生态经济兼作。如实行林草间作、林药间作，乔灌混交等种植模式，最终使退耕还林成为调整农村产业结构，增加收入的良机，同时也实现了生态和经济效益的综合效果。二是造林规模化：从提高生态效应、景观效果、经济效益出发，成片造林的效果为最佳。片林建设以发展苗木基地、经济果林、速生丰产林等经济型林地为主。三是造林多样化：采用多样化的以林养林方式，以发展苗木养林、林木加工养林、经济果林养林等模式。农民还应采取林苗结合、林牧结合、林菜结合、林果结合等方式，提高林地产出和经济效益。

5. 防灾减灾、野生动植物和湿地的保护战略

荒漠化防治要坚持以防为主、保护优先、积极治理、合理利用、恢复植被、协调发展的原则。保护、恢复和扩大野生动物栖息地，实现濒危重要物种资源的充分保护，维护和丰富森林生物多样性。制定实施强有力的措施，防止火灾和有害生物对森林的破坏，保护森林安全。通过建设国家级湿地保护区，主张退田和退牧后还湖、还泽、还滩、还草，建立天然湿地生态监测

和生态风险评估报告制度，保护和恢复湿地生物多样性及栖息地。

6. 农村和城市林业发展的战略决策

在农村要大力开展农村绿化，加快农村生态综合治理，建设高质量的农田防护林，开展大江、大河、湖泊流域生态综合治理，实行山区综合开发，使广大农村生态环境状况有明显改善。在城市要建设城区绿岛、城边绿带、城郊森林，使城市生态环境建设由单一绿化型向生态绿化型转变，创造安全、优美、自然、舒适的人居环境。要让森林走进城市，让城市拥抱森林。

**（五）建立林业可持续发展的法律体系**

1. 林业行政立法与可持续发展

大力宣传《中华人民共和国森林法》和林业的相关法规，让广大人民群众认识到自己的行为是否与法律的要求相一致，从而在思想上自觉地遵守相应的法律和法规。实行环境保护优先原则，在生态利益与经济利益及其他利益发生冲突时，优先考虑生态利益。林业立法应当突出生态利益与经济利益协调平衡的原则，真正通过立法实现生态、社会、经济三大效益的均衡和综合发展。

2. 建立生态效益补偿制度

目前，中国还没有生态效益补偿制度，可参考国外的相关政策，对于为维持生态平衡而限制或禁止采伐的区域要实施保护性补偿制度。这些区域包括：一是林地陡峻或土层浅薄、恢复造林困难的区域；二是伐木后土地易被冲蚀或影响公益的区域；三是位于水库集水区、溪流水源地带、河岸冲失地带、沙丘区地带等；四是名贵和稀有林木品种等的保护区域。只有采取了切实可行的补偿制度，才能主动解决盗林和乱砍滥伐等问题，从而有效地保护林业资源和生态平衡。

3. 严格执法确保林业的可持续发展

一是必须实行森林采伐限额管理，控制森林资源过量消耗，健全管理和监督机制，特别是加强对承包人的管理。二是严惩乱砍滥伐、毁林开垦和乱占林地的违法犯罪行为。在依法处罚的同时，还可以参照加拿大有关对乱砍滥伐的人性化处罚规定。例如，砍 1 棵树要种 3 棵树，从而达到全面禁止乱砍滥伐的行为。三是坚持依法治林，加强基层执法队伍建设，将森林资源保护管理置于法律、法规的约束之中，实现森林资源保护管理的规范化、制度化。严厉打击破坏森林资源的违法犯罪行为，各级政府和林业主管部门要加大对破坏森林资源的违法犯罪活动的打击力度，确保林业法律、法规得到切实的执行。四是建立严格的监督制度，对所有林业经营者实施定期或不定期

的监督和检查，对一切违法乱纪行为进行及时处理。

## 四、中国林业可持续发展的前景

可持续发展已成为当前国际林业发展的最高目标，追求环境与发展的协调统一，重视和加强生态环境建设已成为世界林业发展的主流。只有充分认识林业在生态环境建设中的地位、在维护国土安全中的作用、在建设生态文明社会中的职责，才能实现资源丰富、功能完善、效益显著、生态良好的可持续发展现代林业的目标。中国林业发展战略已开始由木材生产为主转向以生态建设为主，以采伐天然林为主转向以采伐人工林为主，由毁林开荒转向退耕还林，由无偿使用转向有偿使用森林生态资源，由部门办林业转向全社会办林业的五大转变。

中国林业是一座巨大的生态与资源宝库。有关资料统计表明，中国林区和山区，有种子植物3万多种，其中木本植物8000多种、乔木2000多种。中国特有的珍贵树种50多种，木本油料100多种，木本干鲜果400多种。药用植物在李时珍的《本草纲目》中就记载了1041种，现已达到3000多种。芳香植物300多种，牧草在5000种以上。中国是竹类资源丰富的国家，有300多种，其中大径竹占到78%。中国山区和林区动物种类众多，其中兽类450多种、鸟类1186种、两栖类和爬行类516种。上述情况充分说明，在中国山区和平原大力发展经济林、中药材是农民致富奔小康的重要途径之一。

中国目前耕地仅有1.2亿公顷多一点，离红线（1.2亿公顷）已很近。且不说能否守住，但仅靠这1.2亿公顷耕地，已无法保证13亿人口的食物来源。

中国如何打开山区与林区这座生态与绿色资源宝库，是一个重大的战略问题。因此，必须遵循山区与林区的特点和经济发展规律，实行乔、灌、草最佳结合，取得生态、社会、经济效益，实现山区与林区既绿色生产又绿色循环的可持续林业，最终实现“林草兴邦”这一宏伟目标，为子孙后代造福。多年的实践证明，台湾的林果业在应用技术上比大陆先进，取得了显著成效，大陆应当学习、借鉴台湾的经验，推动大陆林果业可持续发展。

中国未来林业的发展，最终要走以生态建设为主的可持续发展道路，建立以森林植被为主体的国土生态安全体系，建设山川秀美的生态文明社会。核心内容是生态建设、生态安全和生态文明。这三者之间相互关联、相辅相成，生态建设是生态安全的基础，生态安全是生态文明的保障，生态文明是生态建设所追求的最终目标。中国的生态环境将由目前的局部治理、整体恶化转向生态稳定、良性发展，林业经济发展方式也将由目前的粗放、低效、高耗转向集约、高效、低耗，最终实现中国林业的绿色循环与可持续发展。

很多有远见的专家指出："大力发展中国林区绿色循环经济，是中国林业发展的必由之路和必然选择，同时也是增加山区人民收入，建设山区社会主义新农村的重大战略措施。"

# 第六章　转变农业发展方式促现代农业发展

## 加快转变生产经营方式 实现传统农业向现代农业的跨越

河北省赵县农业畜牧局　王英州　李永志　魏　乐

“三农”工作历来都是我党工作的重中之重。从2004年的《关于促进农民增加收入若干政策的意见》到2013年的《关于加快发展现代农业 进一步增强农村发展活力的若干意见》，党中央、国务院连续10年将1号文件锁定“三农”问题，彰显了决策层对“三农”问题的高度关注，而“农业基础仍然薄弱，最需要加强；农村发展仍然滞后，最需要扶持；农民增收仍然困难，最需要加快”也说明了持续推进农业发展的重要性和紧迫性。而发展现代农业是解决“三农”问题的关键所在，也是全面建设小康社会，构建社会主义和谐社会的必然要求。作为传统农业大县的赵县，如何实现由传统农业向现代农业的跨越，是我们所必须面临和破解的重要课题。

### 一、赵县农业生产现状

赵县地处华北平原中南部，全县总面积675平方公里，辖11个乡镇，281个行政村，总人口60万，其中农业人口49.13万。境内地势平坦，土地肥沃，全县耕地面积75.73万亩，粮食常年播种面积104万亩以上，优质小麦、玉米、梨果、食用菌等主导产业特色突出，资源优势鲜明，是全国著名的优质小麦和优质商品粮生产基地县、“中国雪花梨之乡”。近年来赵县把农业作为基础产业、安民产业大力实施“农业稳县”战略，积极探索扬长优势、发挥优势、再造优势的现代农业发展之路。2006年、2008年和2010年三次被农业部命名为“全国粮食生产先进县标兵”，2009年、2012年两次被农业部命名为“全国粮食生产先进县”。2011年12月份被国务院授予“全国粮食生产先进单位”荣誉称号。

赵县农业基础条件优越。2007年以来连续实施了优质专用小麦、玉米良种补贴、国家优质粮产业工程等一系列国家级优质粮项目，推广了优质专用小麦石新828、石新733、石麦15，玉米浚单20、郑单958等优质良种，全县良种覆盖率达到100%，累计推广种植优质粮400多万亩，带动农民增收近2亿元。在全县10个粮食主产乡镇规划建设了13个小麦万亩高产示范片和12个玉米万亩高产示范片，整体推进了全县粮食均衡增产。2011年全县小麦亩产519公斤，玉米亩产574公斤，粮食总产达到58.2万吨，2012年全县小麦亩产达526.4公斤，夏粮总产达31.1万吨，玉米亩产625公斤，单产、总产再创历史新高。2013年全县60.18万亩小麦平均单产突破546.2公斤，实现了夏粮生产连续第十年增产。

赵县农业科技优势明显。赵县农科所与中国农科院、中国科学院、中国农业大学、河北省、市农科院等十余家科研院所建立了长期合作关系，中国农科院作物研究所赵县试验站，中国科学院遗传与发育生学研究所赵县试验站，中国科学院遗传与发育生物研究所赵县小麦育种基地先后在赵县挂牌成立，逐步形成了北方农业新技术科研基地。先后研发出具有自主知识产权的小麦新品种“轮选061”，玉米新品种“石玉9”、“石玉10”，推广和示范小麦等行距种植、播后镇压、测土配方施肥、节水灌溉、病虫害综合防治等10余项先进技术，形成了“高产、优质、节水、简化”的粮食生产“赵县模式”。

赵县现代高效农业发展迅猛。发展了1个万亩蔬菜示范区、2个千亩设施蔬菜示范方，14个无公害蔬菜标准化示范村，成立蔬菜专业合作社31家，建成唐家寨、肖庄、丁村、野鸡铺和旭海蔬菜示范园、佳利蔬菜种苗示范园区等8个无公害蔬菜生产示范园。完成了8个无公害农产品产地认定和30余个产品认证，无公害产地认定面积达9万亩，蔬菜种植面积达11.37万亩，区域化、特色化、标准化的蔬菜生产格局逐步形成。建成了以高村乡中棚双孢菇和东部梨区梨树套作黑平菇为中心的两个食用菌生产基地，全县食用菌栽培面积达400万平方米，年产鲜菇4万吨，年产值1.8亿元以上，经济效益和

社会效益显著。

依托较好的自然条件和农业生产基础，我县已形成了以粮食生产为主，蔬菜等特色产业初具规模的农业生产格局。但是，也应当看到农业发展仍具有弱势性、传统性等特点，影响现代农业发展的一些根本问题依然存在：一是人多地少，水、土等资源供应严重不足，粗放式的经营方式导致水资源严重短缺、地力下降和环境污染等；二是农业科技总体水平不高，高新技术的应用较少；三是特色主导产业不够突出，农民组织化程度不高，农业经营主体分散，农业抵御市场风险的能力还不强；四是农民的生产经营理念落后，科技文化素质较低，经营范围狭窄，难以适应当前农业发展形势的需求等。这些问题都严重制约着我县现代农业的发展。

## 二、现代农业的发展方向

现代农业是继原始农业、传统农业之后的一个农业发展新阶段，是广泛应用现代科学技术、现代工业提供的生产资料和科学管理方法进行的社会化农业。其核心是科学化，特征是商品化，方向是集约化，目标是产业化。与传统农业相对而言，现代农业有三大特点：一是农产品生产标准化并按优势进行区域布局；二是种养加、产供销、贸工农一体化生产；三是管理和服务体系配套完善。

赵县作为重要的粮食主产区，农业资源和劳动力资源丰富，农业生产优势突出。应进一步提高土地产出率和劳动生产率，通过加强农业基础设施、农业科技、物质装备、现代产业体系等保障措施，促进农业生产的规模化、区域化和集约化，稳定提高农业综合生产能力，强化粮食生产等主要农产品供给的区域功能。同时要结合各地种植特点，扶持引导蔬菜产业发展，形成一批特色优势产业。要实行产业化经营，大力扶持发展农产品深加工企业，延伸农业产业链，加快农业产业化发展步伐。

因此，我县农业的发展方向是：优化农业区域布局，加大投入力度，稳定和提升粮食这个传统主导产业；发展农产品精加工，提高农产品附加值，做大做强蔬菜等特色产业；加大对龙头企业、农民专业合作组织的扶持力度，不断推进农业产业化进程。

## 三、稳定粮食生产，提升粮食主导产业

赵县发展粮食产业不仅具有良好的基础条件，也具有巨大的产业优势。

全县有面粉、食品加工企业220余家，年生产能力30万吨，消化小麦40万吨；以兴柏、利民淀粉集团为龙头的玉米淀粉生产企业49家，玉米淀粉年生产能力100万吨，年消化玉米150万吨。赵县淀粉加工业经过20多年的发展，如今已成长为省重点产业集群，有着华北最大淀粉生产基地之称，已形成与“药都”相匹配的医药原料园。淀粉加工企业不仅带动了周边玉米的大量种植，也辐射带动了运输和包装等相关产业的发展，促进了大批农民就业，淀粉及相关行业从业人员达15万人，年创产值15亿元，农民增收5000万元。因此，我们要紧紧立足于粮食生产大县这一根本优势，坚持把粮食产业作为基础产业、安民产业，继续推进粮食产业又好又快发展。

（一）依靠项目工程带动促进粮食生产。要坚持“稳定面积、优化品质、主攻单产、保证总产”的指导思想，大力实施优质粮项目，落实国家各项农业补贴政策。一是要继续争取和实施国家优质粮食产业工程项目、粮食丰产科技工程、标准粮田建设项目等重大农业项目，提高粮食生产整体实力；二是加大良种推广力度，不断引进推广优质小麦玉米良种，定期更新品种，进一步提高优种覆盖率。结合我县粮食产业发展趋势，大力引进推广优质专用小麦、玉米新品种，小麦重点发展强筋优质专用小麦，玉米重点发展药用玉米、高淀粉玉米；三是科学规划生产布局，推进粮食生产整体均衡发展，建设高产创建示范方，形成成方连片的规模化种植、区域化布局，提高小麦、玉米的品种纯度。

（二）深化科技创新，增加粮食生产的科技含量。积极探索技术推广体系创新和科技创新集成配套技术。一是要进一步健全农技推广体系，建设乡镇区域站和村级服务站，着力解决技术推广最后一公里问题，构建“县（农技中心）一乡（区域站）一村（科技进村服务站）”三级新型农业科技推广体系。二是要加强“院县合作”，引进新品种、新技术。聘请中国农科院、省、市农科院等国内知名专家学者，进一步加大优质粮食新品种、新技术的引进示范和推广力度，努力建立北方农业新技术科研基地。三是落实关键技术，按照“高产、优质、节水”的工作思路，大力推广配方施肥技术和节水灌溉技术、测土配方施肥、病虫草害全程综合防治等技术。通过大力推广应用农业新技术，推进粮食标准化生产进程，不断提高粮食产量和品质。

（三）大力推进产业化经营，实现粮食生产提值增效。要立足粮食资源优势，在发展小麦、玉米深加工、实现就地转化增值上寻找突破口。依托优质专用粮食基地发展淀粉、面粉、食品加工企业等，以兴柏、利民淀粉集团为龙头带动玉米淀粉生产企业，进一步提高玉米淀粉年生产能力，并研究开发

变性淀粉、无水葡萄糖等深加工产品，以粮食加工龙头企业带动全县及周边地区的优质粮食生产基地，不断提升我县粮食产业。

## 四、因地制宜，发展壮大高效农业

蔬菜产业是我县的特色产业之一，具有很好的发展基础和较大的发展潜力，要按照特色化布局、标准化生产、品牌化经营的方向，扶持发展蔬菜产业，使我县成为蔬菜大县。

（一）合理规划布局，加强蔬菜基地建设。按照“因地制宜、突出特色、统一规划、区域布局”原则，对全县蔬菜产业进行科学合理的规划，实行区域化、规模化生产。要在韩村镇宋城、前大章镇安现、高村乡猛公等村重点发展大中棚保护地蔬菜，在王西章乡南寺庄村重点发展冬瓜，在高村和沙河店镇重点发展芦笋和西瓜，在北王里镇沟岸村重点发展中小棚南瓜，在高村乡、沙河店镇及东部梨区重点发展食用菌等。通过建立集约化程度高、规模适度的专业化生产基地，全面提高蔬菜品质和种植效益。

（二）实行无公害标准化生产，确保农产品质量安全。一是要加强技术指导，大力推广无公害生产新技术。积极引进“名、特、优”菜新品种，开发适销对路的特色蔬菜产品，不断引进、试验、示范、推广新技术。要对基地农户及相关管理人员经常性开展蔬菜标准化生产技术培训，重点推广应用无公害生产关键技术。二是制定和完善标准化生产技术规范。要按照标准化生产的要求，制定无公害蔬菜生产管理的一系列规范性文件，从籽种选择、有机肥施用、农药使用、产品包装等都有明确的细则规定，实现“三统一”，实行统一的生产管理技术规范；种子（种苗）、农药、肥料等投入品统一采购和供应；制定统一的病虫害防治方案，实行统一的生产记录档案。三是加大投入品监管和农产品质量检测。要加大投入品监管力度，从市场到地头，严格禁止高毒、高残留农药的销售和施用，确保蔬菜产品中农药残留不超标，符合市场准入标准。同时，要完善县级检测中心建设，强化乡镇区域站农产品检测职能，并在各村设立农产品质量监管员，实现蔬菜生产的全程跟踪检测。

（三）实施产业化经营，走品牌发展之路。一是发展蔬菜深加工，努力开发外销蔬菜、礼品蔬菜，提升产品档次，提高产品附加值。二是扶持培育壮大一批营销企业和专业合作组织，提高蔬菜产品的流通组织化程度；加强蔬菜储藏、包装、加工等设施建设，提高蔬菜产品包装率、加工率；发展蔬菜连锁专销店，建立新型、高效的农产品营销网络。三是着力打造“绿色”品牌。要加强无公害农产品的认证，积极申报蔬菜绿色食品和有机食品，并利用广播、电视等媒体，大力宣传特色蔬菜品牌，扩大品牌的知名度和影响力。

## 五、扶持发展龙头企业，促进农业产业化

产业化是农业的根本出路，解决农业增效、农民增收问题，必须要跳出农业看农业，以工业化的理念谋划农业，以工业化的经营带动农业。要在规模上求突破，在品质上求高新，在农产品附加值上做文章，通过发展精深加工，着力提高农产品的附加值，以龙头企业为带动，走规模化、集约化、产业化之路，推动农业快速发展。另一方面，通过农业这个第一产业、基础产业的突破式、跨越式发展，促进工业和服务业增长，形成“二产带动一产、一产促进二产”的良好格局，实现全县经济实力的全面提升。

（一）扶持发展粮食深加工企业，进一步做大做强粮食产业。要紧紧立足于我县粮食生产大县的优势，利用利民、兴柏等龙头企业的带动作用，积极扶持发展一批具有一定规模的粮食生产、销售、加工企业，形成产业集群，提高产业规模，提升产业档次。要把小麦、玉米深加工的链条纵向延伸，加快开发附加值高、市场竞争力强的新产品。要抓住石药、华药等知名大企业纷纷扩大产能，新兴的生物制药企业蓬勃发展，原材料产品需求量极大的有利时机，大力发展液体葡萄糖、麦芽糊精、山梨醇、阿维菌素等淀粉的下游产品，延长产业链条，进一步提升产品附加值。

（二）积极引导各类农民专业合作组织发展。要发展农民自己的合作经济组织，充分发挥产业协会的作用，对内组织生产、筹措资金、协调关系、规范行为；对外开拓市场，建立起稳固可靠的营销网络，逐步形成生产、流通与销售系统化操作，提高集约化、组织化程度，增强抵抗市场风险的能力，使农业生产走上生产、加工、销售一体化的产业化经营发展之路。

（三）健全土地流转机制，加快土地流转和集中，扩大生产经营规模。规模化经营是现代农业发展的重要内容。规模化经营通过扩大生产经营规模，实现经营成本下降，收益上升，达到效益的最大化。当前，要加快农村经济的发展，在稳定农村家庭联产承包制的前提下，必须把大力发展规模化经营，作为农村经济发展的方向。要积极引导农民进行土地的流转和集中，形成规模化生产，提高农业生产力。要积极探索土地股份合作模式，在充分尊重农民意愿，保护农民合法权益的基础上，运用市场机制，借鉴现代企业制度的成功经验，采取农村土地使用权入股，农民变为股民，参与龙头企业、专业合作经济组织和业主从事规模经营，成立农业股份公司、探索“村企合一”管理模式，实现农民保底收入外“持股分红”。使土地使用权逐步向具有较高

生产种植技术和高效益的专业化公司、合作社和业主集中，实现土地的规模化、集约化、专业化经营，不断提升土地产值和经济效益，带动农业增效、农民增收。

**作者简介：**

王英州，男，汉族，1963 年 1 月出生，中共党员，大学学历。现任河北省赵县农业畜牧局局长。

# 围绕种养业的规模化　发展现代农业

河北省鸡泽县农牧局　赵献芳

所谓的种养业的规模化即在某个地域的种植、养殖业具有一定的数量，有自身的特色，对当地经济影响较大的产业集群。

现代农业是广泛应用现代科学技术、现代工业提供的生产资料和科学管理方法进行的社会化农业。也可以理解为用科学管理方法、先进的生产资料、生产技术、生产的农产品符合现代生产水平需要的生产方式。现代农业的产生和发展，将大幅度地提高农业劳动生产率、土地生产率和农产品商品率，使农业生产、农村面貌和农户的经济、生活水平发生重大变化。它是农业发展程度的标志，是社会主义新农村建设的整体再现，是一个国家、一个地域经济实力的象征，因此从一定程度上说种养业规模扩大化是现代农业内涵发展的要求。围绕规模化种养，推进现代农业建设提出以下看法。

## 一、科学布局，促进种养业规模化

现代农业的发展首先是要实现种养业的规模化、产业化，只有种养规模化才能广泛应用先进管理技术，使用先进种子、农药及农机县，应用先进科学管理方法。为此，我们首先从实际出发，因地制宜，依据各乡镇、村的种养特色，科学规划，合理布局，积极探索现代农业区域性、规模化发展道路，按照“一县一业”、“一村一品”模式，将产业发展的规划落实到乡镇、村。

其次，要重视农业科技示范点的建设与引导作用，推广先进技术和管理理念，使用优种、优法。通过典型示范，做给农户看，引着农户干，由点到面，进行推广，让农民从中受益，偿到甜头，自觉的转到特色种养上来，使地方的基础特色向规模化发展。再则全力推广标准化生产，打造优质农产品品牌，拿到优质农产品的“无公害、绿色、有机”证件，强力举办农产品推介展销活动，促进农产品的销售，增加农民收入，带动种养业的规模化。

从我县来看，在种植业上可以大体分为 4 大区域：第一，粮食核心区。主要在双塔镇、店上乡南部、曹庄乡西部、风正乡西部。第二，棉花核心区。主要在小寨镇、曹庄乡东部。第三，辣椒核心区。主要在鸡泽镇南部、吴官营西部、店上乡北部。第四，其他蔬菜核心区。主要在鸡泽镇中部、吴官营

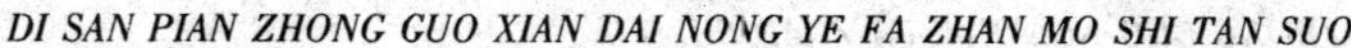

乡中部、店上乡中部、风正乡东部。

## 二、以工业化管理观念，发展现代农业

要实现种养业的规模化，制约其瓶颈关键在于资金的缺乏，无论从种植方面，还是养殖方面，不少农户由于受资金的限制，只能在“小”上做文章，造成规模上不去、加工设备旧、产品质量差、销售市场小、经济效益低的败局。针对上述问题，建议通过财政补贴、银行贷款、民间集聚各类农业专业合作社联合入股等方式促进农户种养向规模化方向发展。

首先要借助外力壮大发展实力。要大力争取国家政策性资金投入。要大力招商引资，吸引外资投向农业，主要用于发展农产品加工业，带动特色产业的发展。培植壮大天下红、维品红企业带动全县辣椒产业；发展凯达食品，带动肉鸡产业；发展鼎力奶牛小区和夏君乐乳业公司，带动奶类产业。同时面向市场需求，集中生产要素的投入，发展“一县一业”、“一村一品”培育地方特色，采取龙头带基地，基地连农户的方式，大力发展定单农业，实现产加销一体化，种养加一条龙，提高农产品商品率和加工转化率，用抓工业理念发展农业，打造地方精品农业。

## 三、以技术服务为载体，加快现代农业发展步伐

推广先进的农业技术、优良品种，为农业生产服务是实现现代农业的基础。发展现代农业，农民是主体，没有高素质的新型农民，建设和发展现代农业就无从谈起。而只有培养造就千千万万高素质的新型农民，才能让农民使用现代物质条件装备，广泛运用农业科技成果，具备提升产业需要的能力，掌握推进经营方式转变的本领，形成持续推动现代农业建设的力量源泉，加快现代农业建设步伐。

2013 年县农牧局围绕我县种植、养殖业向规模化、标准化、现代化要求，从做大做强龙头企业和基地建设做起，全面实施“4123”和“千、百、万”工程全系统干部技术人员工作重心下沉，深入一线，加强技术培训和宣传，解决实际困难和问题，开展农牧技术人员长期分包农牧龙头企业、示范方、规模养殖场活动。通过推广应用先进的农业技术，为发展现代化农业奠定基础。

在种植业上，重点建设好 3 个示范方，①小麦—玉米连作示范方 2 个，每方 10000 亩，分别建在店上乡黄沟村北，双塔镇东申底村北。通过科学管

理，全年达到平均亩增产50公斤的目标。②杂交棉示范方建在风正乡中风正村西，面积5000亩，2013年亩产籽棉达到350公斤以上。③在发展特色产业上，实施辣椒“8458”富民工程。即全县种植辣椒8万亩，其中春辣椒4万亩，发展无公害辣椒种植基地5万亩，使椒农亩增效益达到800元以上。辣椒示范方以吴官营乡西张六固村为中心，面积3000亩。在畜牧生产上，抽出25名技术人员分包12家重点养殖、加工企业，重点发展凯达食品有限公司、冀牧源饲料有限公司、绿泽生态园、润华牧业公司、沙阳猪场、马坊营猪场、东双塔猪场等，重点发展肉猪标准化养殖，年出栏优质猪1万头以上。蛋鸡产业重点扶持水利局种鸡场、东双塔种鸡场、范村种鸡场及风正种鸡场，标准化鸡场建设种鸡存栏万只以上，年提供优种鸡苗200万只以上。以凯达食品有限公司为龙头，带动全县养殖肉鸡、蛋鸡发展到500万只以上，奶业重点把鼎力奶牛小区建成标准化奶牛养殖场，年存栏奶牛300头以上，年产优质纯奶1500吨。

截至目前，已给3家猪场、2家鸡场、1家奶牛场争取资金120万元，提出种养业合理化建议20多条，宣传种养新技术20多项，有利地推动了我县现代农业的进一步发展。

## 四、发挥龙头企业作用，实现种养业规模化

龙头企业是农业产业化经营的中心环节，它负有开拓市场、带动农户、科技创新和促进区域经济发展的作用。它是农业产业化链条中心的关键环节，是带动产业发展的核心动力。因此，应围绕加快龙头企业建设这一工作中心，带动辣椒种植面积的扩大。同时在加强龙头企业建设的过程中，要坚持高起点、高档次、高水平，使其真正起到区域辐射和龙头带动作用。围绕辣椒产业的发展，积极打造辣椒产品知名品牌，提高产品市场占有率，进一步做大做强辣椒产业。

我县当前，农村经济的一个最大的弱点就是农业产业化程度低。实现农业产业化是解决这一问题的有效途径，也是农业走向工业化、现代化的必由之路。一是培植农业龙头企业。要围绕工业抓农业，通过建立农产品加工“龙头”企业来推进农业产业化，通过调整农业结构，带动我县农业发展。要及时掌握市场变动，培育多元化、多层次的市场流通主体，生产产销对路的农产品，壮大龙头企业，围绕市场发展现代农业。二是大力发展标准化生产，提升农产品的质量档资。围绕发展无公害农业，使我县农产品朝着无公害、绿色、有机农产品方向发展。三是发展优势特色农业。要更新观念，跳出传

统的农业发展习惯局限，遵循经济规律、发挥地方优势和特色优势，围绕我县辣椒、棉纺等优势产业，延伸优势产业加工链条，形成产业集群，带动种养业向规模化发展。

## 五、制定优惠政策，促进种养业规模化

近几年，国家相继出台了诸多惠农的政策，在很大程度上调动了广大农民的种田积极性，加快了传统农业向现代农业发展的进程。在我县农业生产上利用的国家优惠政策有：粮食综合直补、良种补贴、农机补贴、标准化养殖场补贴、奶牛补贴、能繁母猪补贴、沼气补贴等，这些政策的落实，广大农民受益匪浅。我县也应该制定相关政策，特别是占地、资金、税收等并严格落实，尤其在发展辣椒产业和养殖上，让广大农民享受到更多实惠，充分调动广大农民的种养积极性，促进我县种养业向规模化方向发展。

## 六、优化环境，带动种养业的规模化

环境是孕育产业的摇篮，是造就区域产业优势的基地，是对外开放的窗口，是吸引外来投资者的吸铁石。尽管我县相继制定了一系列优惠政策，但由于或多或少涉及部门利益，因此在落实上，不少政策形同虚设，成为空谈，在很大程度上，影响了投资者、生产者的积极性，制约了农产品加工企业的入驻和发展，影响了种养规模的扩大。进一步优化环境，就是创造有利于县域经济发展，有利于增加群众收入，有利于产业化培育的环境。通过开放新的“绿色通道”，带动种养业向规模化发展。

## 七、激励全民创业，促进现代农业发展

通过学习实践科学发展观，调动全县人民创业的积极性，积极发展农产品加工企业、养殖企业，带动种养业向标准化、规模化发展，推动现代农业的建设进程。

同时，随着我县各种企业的出现，广大农民的就业渠道得到了进一步扩大，从事农业生产已成为不少农村人的“第二产业”，2013 年，我国已出台了土地流转的相关政策，鼓励土地向少数人集中转移，这也为种养业向规模化发展提供了一个强势平台。

此外，进一步加强对广大农民的技能培训，培养一批有文化、懂技术、会经营的农村新型实用人才，造就一支精明强干、思想解放的科技明白人、

农村经纪人和致富带头人。加快农村富余劳动力转移的步伐，把大多数农民从土地上解放出来，投入到全民创业的激流之中。不断拓宽农业投入渠道，积极调整投入方向，整合多方资金搞好种养基地、农产品加工、观光生态农业等项目建设，为发展现代农业奠定基础。

**作者简介：**

赵献芳，男，1966年1月出生，中共党员，大学学历。现任河北省鸡泽县农牧局农技推广研究员。

自1988年7月参加工作起，先后在鸡泽县农业局、县风正乡政府工作；曾任邯郸市政协七届、鸡泽县四、五、六届政协委员和邯郸市十四届、鸡泽县十四届人大代表。

曾获得农业部《甘薯高产栽培技术》科技成果一等奖；黄顶菊发生规律与防治省科技进步二等奖；被河北省授予“双学双比”先进个人、省农业厅技术推广先进个人、鸡泽县科技人才专家；邯郸市委、市政府夏粮生产先进个人等奖项和荣誉称号。

# 创新机制　强化服务
# 全面推进国家现代农业示范区建设

河北省肃宁县农业局　靳宝全

## 一、示范区建设现状

肃宁县隶属河北省沧州市，总面积525平方公里，辖6镇3乡，253个行政村，总人口35万，耕地面积56万亩，农业基础较好，为粮食主产县、蔬菜大县、特种动物养殖及加工交易集散地。2012年全县粮食总产26.6万吨，单产422公斤，粮食生产实现“九连增”；全县蔬菜占地面积达到17.6万亩；年出栏毛皮动物342.6万只，禽出栏1067.8万只；鲜肉总产量达到2.8万吨，鲜蛋产量2.7万吨，鲜奶总产量4191吨。肃宁县先后被确定为“国家现代农业示范区”、“全国农村土地承包经营权流转规范化管理和服务试点县”、“全国蔬菜产业重点县”、“全国粮食生产先进县”。

## 二、农业主导产业发展情况

### （一）大力推进标准粮田建设，提高粮食综合生产能力

肃宁县是国家级商品粮基地，也是河北省产粮大县之一。肃宁县委县政府始终将强调粮食生产的基础地位，将促进粮食稳定增产作为农业工作的重中之重。一是认真做好良种补贴、农机购置补贴等强农惠农富农政策和小麦“一喷三防”物化补贴工作的宣传与落实，大大调动了农民的种粮积极性。二是依托整建制推进粮食高产创建项目，打造粮食生产核心区，促粮增产。以县城西部及北部乡镇为主建设8万亩的优质粮食生产核心区，核心区内粮食生产全部实现品种优质化、耕作机械化、生产标准化、灌溉管道化、道路硬面化、田间林网化的要求，整体提高全县粮食生产水平及效益。三是大力推进农业科技创新，在粮食生产上重点推广了小麦良星66、良星99，玉米郑单958等优良品种，并集成示范推广秸秆还田、测土配方施肥、机械化条播、病虫害综合防治、一喷多防、贴茬播种、玉米适时晚收等高产综合配套技术，为粮食生产提供了强有力的科技支撑。2012年全县粮食总产达26.6万吨，粮

食生产实现“九连增”。2007年以来，肃宁县三次荣获“全国粮食生产先进县”称号。

**（二）建设万亩现代设施农业示范区，全力打造设施蔬菜产业**

为推进现代农业发展，2012年，肃宁县政府规划了占地2.5万亩的现代设施农业示范区，整合各类农业资金向示范区集中投放，设立金融投放激励基金、土地流转补贴基金、经济领办人扶持基金，三力合一打造设施蔬菜产业。2012年，投资3900万元，在示范区内新打机井32眼，硬化道路19公里，建设高标准农田1.2万亩，铺设地下管道48公里，新建规模蔬菜园区10个。在示范区带动下，蔬菜产业实现快速发展，全县新增设施蔬菜8000亩，蔬菜总面积达到17.6万亩。先后注册农产品品牌25个，有机蔬菜产品77个，无公害蔬菜产品4个，“玉怀”牌商标被评为河北省著名商标。积极开展农超、农校、农企、农社、农宅对接工作，产品先后打入北京家乐福、美廉美、绿富隆、物美、华联等大型超市，有12家合作社实现与大中城市的“农超对接”，26家合作社实现与农业产业化龙头企业的直接对接。

**（三）开展标准化示范场创建，推进畜禽标准化养殖**

大力开展标准化示范场创建活动，规模养殖场实现了产品可溯源管理，有效提高了农产品质量安全和市场竞争力，养殖业实现了提档升级。投资1.96亿元的鹏程小店种猪繁育项目全部建成，成为全市最大的生猪养殖基地之一。全县省级标准化示范场达到5家，无公害畜产品产地达到12家，4个畜产品通过了农业部无公害认证。中国皮革协会养殖工作组第一次会议和全国毛皮动物行业高峰论坛相继在我县召开，有力地促进了毛皮产业的发展。

**（四）推进农村土地流转工作，引导农业规模经营**

肃宁县是河北省唯一一家“全国农村土地承包经营权流转规范化管理和服务试点县”，为推进农村土地流转工作科学有序开展，制定出台了农村土地承包经营权流转方案和奖励办法，在县乡两级建立了流转服务中心，积极探索推行了预流转模式，即由农户向村委会提交包括希望流出的地块、面积、流转期限、最低流转费标准等内容的委托书，村委会筛选审核后与农户签订预流转合同，报乡土地流转中心，由乡上报县土地流转中心，县土地流转中心汇总后统一对外发布土地流转信息，一旦有合适的规模投资主体，由乡土地流转服务中心指导流转双方签订流转合同。预流转模式的推行，增加了规模用地储备，缩减了流转双方土地对接的周期和难度，为规模经营主体的发展注入了“催化剂”。2012年，全县新增土地流转面积10800亩，预流转土地面积9300亩，土地流转总面积9.9万亩，占全县土地面积的17.7%。据统

计，全县流转的土地当中，51%流入到农民合作社，14%流入到专业大户和家庭农场。

**（五）发展壮大经合组织，提高农民组织化水平**

坚持用工业化理念抓农业，出台了扶持农民经济合作组织发展奖励办法，建立了农民经济合作组织服务中心和县乡村三级网络平台，农村经济合作组织进一步发展壮大，有力促进产业规模和产业化水平的快速提升。全县各类农村经济合作组织达到442家，涉及全县233个行政村，带动农户6万户，绿苑、丰安、春蕾、建福农机合作社分别被农业部和国家供销总社评为“国家级示范社”。新增农业产业化龙头企业省级1家、市级3家，全县共有国家级1家、省级4家、市级44家，产业化经营率达到79.1%，居沧州市首位。

**（六）加大扶持，引导现代农业健康快速发展**

一是制定奖励政策。肃宁县政府自2012年开始加大了对现代农业发展的支持，县财政每年拿出4000万元作为农业发展基金，设立金融投放激励基金、土地流转补贴基金、经济领办人扶持基金，三力合一全力推进示范区建设。2012年出台了《肃宁县支持设施蔬菜发展奖励办法》、《肃宁县扶持农民合作经济组织发展奖励办法》、《肃宁县推进农村土地承包经营权流转促进设施农业发展奖励办法》、《肃宁县支持养殖业发展奖励办法》、《肃宁县鼓励金融机构扶持设施蔬菜生产奖励办法》、《肃宁县扶持万亩现代设施农业示范区建设暂行规定》和《肃宁县发展设施蔬菜招商引资奖励优惠办法》7个专件。专件从经合组织发展、土地流转、金融贷款支持等方面为农业工作开展提供强有力的政策支持和资金帮扶，使统筹城乡经济发展、工业反哺农业工作落到了实处。二是加大项目建设力度。先后实施了高标准农田示范工程、农村路网和农田节水管网全覆盖等一批重点工程。投资2.8亿元的付佐水库正式开工建设，总投资1.96亿元的肃宁县鹏程小店种猪繁育有限公司已建成投入使用，并通过部级示范场验收。

**（七）健全农技服务体系建设，加速农技推广步伐**

肃宁县与中国农业大学、河北农业大学、河北农科院等高等院校、科研机构建立了长期密切的技术合作关系，在设施蔬菜、节水农业、畜禽养殖、农村专业合作建设等领域进行合作，为肃宁县农业技术的引进和推广奠定了坚实的技术后盾。肃宁县农技服务体系健全，有一个县级农技中心，九个乡镇均为农技服务站，2012年开始，在全县每个村遴选3~5个示范户，共培育了1000个农业科技示范户，农村新品种、新技术率先在示范户进行推广，辐射带动全县农户开展农业生产，形成了健全的农技推广体系。

## 三、示范区建设的基本思路

2010年，我县首创了创新农村社会管理“四个覆盖”（农村基层党组织全覆盖、农村民主组织全覆盖、农民经济合作组织全覆盖、农村维稳组织全覆盖）工作模式，“四个覆盖”活动开展以来，取得了显著成效，国家和省市领导先后做出了重要批示，推广肃宁经验。依托“四个覆盖”这一工作平台，全县农业实现了大发展、快发展。结合肃宁实际，我们进一步明确了肃宁县国家现代农业示范区建设的总体思路，即以科学发展观为指导，以“四个覆盖”工作为统领，以建设现代农业、促进农民增收，农业增效为目标，努力打造“高产、优质、高效、生态、安全”的现代农业产业体系。全面推进农民组织化、生产标准化、基地规模化、产品品牌化、经营产业化、装备现代化，有效提升蔬菜产业和特色养殖业的现代化、产业化水平，全力推进国家现代农业示范区建设。2012年，县委出台了《肃宁县关于依托“四个覆盖”统筹城乡发展的实施意见》（肃发［2012］1号文），明确了“公共财政向农村倾斜、基础设施向农村覆盖、公共服务向农村延伸、城市文明向农村辐射”的指导思想，成为指导我县农业发展的纲领性文件。县直各相关部门也分别根据各自职能，寻求与“四个覆盖”工作的对接融合，积极引进资金、项目，并优先在农业农村实施，全县上下形成了各行各业共谋农业发展的浓厚氛围。

## 四、示范区建设的主要任务

现代农业示范区建设以市场需求为导向，按照现代农业生产管理体系配置要素和科学管理的要求，建立“品牌+标准+规模”的生产经营体制，显著提升本区域粮食、蔬菜、畜禽生产的产业层次和市场竞争力。在现有基础上，通过2011~2013年的建设，建立起具有区域特色的现代农业产业体系和创新发展模式，形成主导产业特色突出、服务体系配套完善、设施装备水平显著提高、农业效益明显提升的现代农业示范样板区，并辐射带动周边地区现代农业发展。具体包括：

### （一）示范区建成一批粮食、蔬菜及畜禽标准化养殖基地

全县优质粮食基地播种面积保持在60万亩，产量和品质指标提高；全县蔬菜面积达到18万亩，其中设施蔬菜基地面积达到14.6万亩，无公害农产品、绿色食品、有机食品所占比例逐年增加；发展规模化、标准化畜禽养殖场（小区）。全县生猪、肉鸭、蛋鸡、奶牛和毛皮动物良种覆盖率分别达到

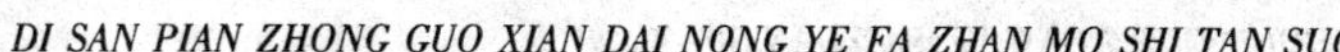

98%、100%、100%、99%和90%。畜禽出栏率、饲料转化率处于国内先进水平。大力发展无公害、绿色、有机畜产品生产，积极引导规模养殖场（小区）申请无公害、绿色、有机农产品认证。

**（二）示范区农业龙头企业群体壮大，产业化程度明显提高**

加速龙头企业建设步伐，全县农产品加工率达到80%以上，发展农民合作组织建设，加速培育示范社培育力度，扶持一大批农产品购销大户和购销组织，培育形成以专业批发市场为骨干，集贸市场为主体的城乡贯通的农产品市场网络，其中年交易额亿元以上大中型农产品批发市场达到1家以上。

**（三）按照现代农业产业体系建设和发展循环农业经济要求，推进种植、养殖、加工业之间的资源循环高效利用和农业清洁生产，农业生产方式有明显转变**

全县农作物秸秆综合利用率达到95%以上；畜禽粪便处理和综合转化利用率达到85%以上；测土配方施肥应用普及率达到95%以上；高效、低毒、低残留农药应用普及率达到100%。

**（四）主导产业的产业化经营和社会化服务体系基本完善，形成优质专用粮食、绿色蔬菜及畜禽养殖的产业集群和品牌效应**

建立起“产品－市场－产业”协调发展机制和“品牌＋标准＋规模”的生产经营体制，形成和完善“公司＋基地＋农户”、“公司＋合作社＋农户”、“科研机构＋协会＋农户”等产业化运作模式，显著提升本区域农产品市场竞争力。

**（五）在农村改革与区域农业发展模式创新试验方面取得进展**

积极推进农村社会管理“四个覆盖”工作。建成经济发达、社会和谐、三个文明协调发展及富有浓郁地方特色的新农村建设示范村，开展科技知识、农业实用技术、职业技能、生产经营、法律法规等方面的农民教育与技术培训累计达到10万人次以上。

## 五、保障措施

肃宁县成立了由县长任组长、主管副县长为副组长的现代农业示范区建设工作领导小组，负责全县现代农业的规划指导、政策扶持和工作协调。领导小组下设示范区管理办公室，办公室设在县政府办。农业、林业、水利、科技等职能部门通力合作，其中，农业部门负责示范区总体规划的制定，确定示范区发展思路，做好示范区内粮食、蔬菜、畜禽三大主导产业提质增效；林业部门负责做好农田林网建设，提高农田林网控制面积和控制率；水利部门负责农业节水工程建设，推进农田灌溉节水管网全覆盖工程建设；科技部门负责健全科技服务体系，深化基层农技推广体系建设，促进农业可持续发展。财政、金融、工商、税务、供电等相关部门，积极主动地做好相关工作。宣传、广电等单位通过加强农业政策、农科知识、市场信息等的宣传发布，及时推介发展现代农业的典型经验，为加快肃宁国家现代农业示范区建设创造良好的舆论氛围。各乡镇也成立了相应机构，落实责任分工，保证现代农业示范区建设工作协调有序地进行。同时加强督导、观摩、交流推进力度，实行联席会议制度，每季度召开一次。发展现代农业的工作绩效，列入各级党委、政府和有关部门的年度考核内容，每年进行单独考核。完成任务好的单位，给予表彰，任务完成不理想的单位，给予通报批评。

## 六、下一步工作安排

### （一）加强基础研究，理清建设思路

在成立专门管理机构的基础上，借助外部专家和科研机构对国家现代农业示范区建设进行基础性研究，包括示范区建设的内涵、重点领域、关键环节等方面，结合本地实际进行深刻研究和总结，对自身的建设需求进行透彻研究，对未来示范区建设的远景有一个科学的认识，对自身基本实现农业现代化所需的人力、物力和财力大体具备一个科学的概念。并通过一系列基础研究，理清建设思路和制定具体实施方案。

### （二）完善总体规划，科学推进建设

完成肃宁县国家现代农业示范区规划，通过科学编制规划，创新发展理念，合理确定示范区未来发展定位、主导产业和重点建设任务。

### （三）重点加强基地建设，梯度推进现代农业发展

进一步抓好国家级万亩小麦高产创建示范片和开展高产创建整建制推进示范乡活动；在已建成的规模化蔬菜生产基地基础上，建立现代设施蔬菜核心示范片区；扶持引导带动能力强的龙头建设一批规模化标准化畜禽养殖场和小区；加快农业高科技示范园创建和功能拓展，开展新技术示范、展示和良种繁育推广，开放科技园为农民提供技术服务和培训，成为本区域现代农业技术示范应用的“窗口”和技术辐射源。

### （四）整合支农资金，提高建设效率

强化统筹职能，并发挥规划引领作用，促进各种支农资金整合。在保证渠道、用途不变的情况下，加强协调，集中投入重点基地建设，提高资金效益，实现规划、项目、资金的对接和整合。

**（五）加大招商引资力度，加快对接龙头企业**

采用多元化的融资渠道，把招商引资作为产业发展和示范区建设的重要抓手，充分利用区位、资源、环境三大优势，优化投资环境，创新招商方式，树立“国内外开放式、全球化招商”理念，按照产业发展统筹谋划、强力推进。注重发挥企业、园区的招商作用，加强与大公司、大集团的联系，突出引进战略投资者，促进资金、技术、人才、智力、管理配套引进和吸收，实现以社会资本和力量可持续建设示范区，主动推广现代农业发展模式。

# 转变产业结构模式<br>全面加速现代畜牧产业的发展步伐

内蒙古自治区科尔沁右翼中旗农牧业局　赵连喜

内蒙古自治区科尔沁右翼中旗是内蒙古三十三个牧业旗之一，全旗畜牧业的发展走过了由传统产业、优势产业、支柱性产业到农村牧区主导产业的发展过程，多年来，我旗的畜牧业经济从小到大、从弱到强，从草原畜牧业到目前生态效益型畜牧业，从2000年开始，我旗的畜牧业确实现了连续十二年的快速增长，大小牲畜由2000年的82.2万头（只）发展到2012年的203.5万头（只），实现了数量、质量、结构、产值、效益等方面的历史性突破。体现了畜牧业是我旗广大农牧民赖以生存的基础。

多年来，旗委、政府把发展畜牧业作为强旗富民、促进经济发展的最佳增长点，千方百计地发展畜牧业经济，使全旗畜牧业在很多方面出现了前所未有的发展局面：

## 一、着力区域布局优化产业结构，加速“区域化、优质化、品牌化”结构型畜牧产业的调整步伐

一是几年来，不断的以区域资源优势调整畜牧业产业结构和空间配置，着力推进北部肉羊基地，南部肉牛基地，中部绒山羊基地，城镇周边的生猪、禽蛋基地，沿国道、省道的奶牛基地建设，二是加快优质品种结构的调整，全旗的家畜改良工作开创了前所未有的好局面。目前，我旗南部三个苏木实现了“无公牛全冷配”，每年固定开展冷配工作的冷配站、点就达到150多处，年冷配黄牛2.5万头以上。2002年，我旗在内蒙古自治区旭日生物高科技公司的支持下，在我旗首次运用了胚胎移植的高新技术进行黄牛良种繁育，并取得了成功，胚胎移植成功率达到了30.1%，为我旗运用高新技术进行畜种改良工作奠定了基础。2010年，我旗有投资建设了一处改良培训基地，为全面开展家畜改良的培训和推广奠定了基础。

## 二、突出产业转型转变发展方式，助推“规模化、标准化、工厂化”基地型畜牧产业的提档升级

一是强力推进产业化进程，畜牧业现代化养殖园区建设有了新突破。近两年，全旗以推进畜牧业产业化为发展理念，积极推进现代化畜牧业养殖园区建设。目前，我旗已经建设了50个畜牧业养殖园区，为畜牧业融入大市场，参与大流通，实现产业化奠定了基础。二是加快引进培育龙头企业，延伸产业化经营链条。依托蒙牛建设起了两处奶牛养殖园区，并且引进了肉羊、浙台牧业等在我旗建设起了养殖基地和畜产品加工龙头企业。三是积极发展家庭适度规模化生态经营。目前，全旗适度规模经营的家庭牧场和养畜户已经发展到了8000户。

## 三、强化体系完善支撑产业转型，实现“技能化、社会化、一体化”科技型畜牧产业的跨越发展

一是推进技术服务体系建设。全旗建设起了旗、苏木（镇）嘎查三级防疫体系，使养殖场（小区）的基础建设、配套设施、养殖技术、防疫手段、生产效能得到全面提升。通过技术指导、试验示范、技术培训等多种方式开展科技服务，使基层畜牧科技队伍能力不断提高。积极发挥基层畜牧技术推广机构作用，形成了以旗站、乡站为主体的多层次、广覆盖和强服务的畜牧技术推广体系。二是强化饲草饲料生产体系建设。大兴草业，随着生态效益型畜牧业建设步伐的加快，我旗调整种植业到粮、经、草、三元结构，在发展生态效益型畜牧业的指导思想下，每年人工种草面积都达到40万亩。其中青贮田面积达到30万亩。通过推广青贮、氨化秸秆，提高秸秆转化利用率。三是狠抓草原保护与建设，加大草原禁牧和“三化”草原的治理力度，开展基本草原划定工作，使草原生态环境不断优化，实现了草原资源的高效、有序、合理配置，为我旗畜牧业生产提供了充足的饲草饲料。

## 四、注重项目拉动，促进畜牧业的快速发展

一批国家、自治区立项投入的项目，对我旗的畜牧业生产起到了巨大的推动作用。2000年以来，我旗相继实施了国家、自治区立项的《牧区开发示范项目》、《京津沙源治理项目》、《草原围栏项目》、《草原生态补奖项目》《禾本科牧草种子繁育基地项目》、《天然草原退牧还草项目》（2002～2012

年）。《世行贷款雪灾援助项目》，《冷链建设项目》，《农牧民科技培训项目》《中澳技术合作内蒙古草场保护项目》一期、二期工程都在我旗实施。对拉动我旗的畜牧业发展起到了强有力的作用。

**作者简介：**

赵连喜，蒙古族，1968 年 10 月出生，中共党员，大学学历。现任内蒙古自治区科尔沁右翼中旗农牧业局局长。

自 1988 年 9 月参加工作起，历任教师，科尔沁右翼中旗高力板镇副书记，科尔沁右翼中旗代钦塔拉苏木苏木达，科尔沁右翼中旗代钦塔拉苏木党委书记等职。2008 年 3 月至今，任科尔沁右翼中旗农牧业局局长。

# 规范与完善土地流转模式 推进现代农业发展

内蒙古自治区扎赉特旗农业局　孔繁玉

从1984年《中共中央农村工作的通知》，提出“鼓励土地逐步向种田能手集中”，“社员在承包期内，可以经集体同意，由社员自找对象协商转包”。到2013年中央1号文件《关于加快发展现代农业 进一步增强农村发展活力的若干意见》，“鼓励和支持承包土地向专业大户、家庭农场、农民合作社流转，发展多种形式的适度规模经营”。土地流转在农村经济社会发展过程中的作用不断发生着变化，其中利弊也成为一段时期内社会关注和讨论的焦点。但随着农业现代化进程的不断加快，土地流转已然成为发展现代农业的基础、前提和必要手段、必然选择。内蒙古扎赉特旗作为国家现代农业示范区，肩负着农业现代化的示范和引领重责，现就如何开展好土地流转推动国家现代农业示范区建设，阐述以下几点意见。

## 一、扎赉特旗现代农业及土地流转发展现状

### （一）现代农业发展现状

扎赉特旗国家现代农业示范区，是2010年国家首批认定的现代农业示范区，现有耕地面积510万亩，其中水浇地面积150万亩，水田25万亩，粮食作物播种面积稳定在400万亩以上，粮食产量保持在30亿斤以上。草原总面积470万亩，家畜总数达216.3万头（只），农业机械总动力达172万千瓦，农业综合作业率达到81%。境内有大小河流74条，水资源总量11.4亿立方米。是“全国粮食生产先进县”，国家生猪调出大县，全国绿色食品原料标准化生产基地，自治区农畜产品质量安全监管示范旗。经过三年来的努力，我旗农业基础设施建设、种植业结构调整、生产经营方式转变等方面得到了显著提升。建造粮食生产核心示范区300万亩，打造了种植业八大产品基地和养殖业五大基地，构建和完善了基层农技推广和农畜产品质量安全监管两大体系，农业现代化水平得到了显著提高。

### （二）土地流转发展进程及现状

2011年扎赉特旗开展土地流转试点工作。制定出台了《扎赉特旗农村土

地承包经营权流转推进适度规模经营试点工作方案》，确定目标和原则，落实责任，成立了旗、乡、村三级组织机构，规范了流转模式和程序。重点推进了南部4个乡镇和北部8个苏木乡镇共23个嘎查村的试点工作，试点村流转土地3.8万亩，带动全旗土地流转面积达到52万亩。

2012年进一步完善了苏木乡镇流转服务中心和嘎查村流转服务站条件建设，配备了专兼职人员并行使其职能职责，300亩以上规模经营户达1461户，土地流转总面积达68.4万亩。

2013年扎赉特旗重点围绕种粮大户、家庭农场、农民专业合作组织等新型经营主体，全体推进土地流转，发展适度规模经营，制定出台《扎赉特旗鼓励和引导民间资本发展现代农牧业优惠政策（实行）》，明确政策补贴标准，规范土地流转程序，实现土地流转达到150万亩。

## 二、土地流转对推动农业现代化的作用

1982年中共中央发布第一个农村工作1号文件，对农村家庭联产承包责任制予以了认可，随后1984年在全国普遍实行，有效带动了农民从事农业生产的积极性，解决了温饱问题。20世纪的后十年，家庭承包制缺陷的讨论和推进集体经济规模经营的主张在全国范围内不断升温，到2003年国家决定取消农业税，并对种粮农户发放粮食补贴和综合补贴，我国农业得到了快速的发展。到目前，随着科技的不断进步，国家综合实力显著增强，人民生活水平得到了大幅提高，以家庭为单位的农业生产已不能满足农业现代化发展的需要，对农业规模化、机械化、产业化都形成了一定的制约。所以传统粗放农业因其生产率较低必将被淘汰，土地的流转及因之而兴起的现代农业规模经营将成为未来的发展趋势，土地规模流转是发展现代农业、推动城镇化进程、促进国民经济发展的前提和基础。

## 三、扎赉特旗土地流转的相关建议和意见

### （一）加强政策引导，扩大宣传

2013年中央1号文件明确提出“坚持依法自愿有偿原则，引导农村土地承包经营权有序流转，鼓励和支持承包土地向专业大户、家庭农场、农民合作社流转，发展多种形式的适度规模经营。”“继续增加农业补贴资金规模，新增补贴向主产区和优势区集中，向专业大户、家庭农场、农民合作社等新型生产经营主体倾斜。”可见，扎赉特旗进一步扩大规模经营的机遇期已来

临，土地流转工作领导小组及相关成员单位要充分发挥其职能作用，组织协调和调动专兼职工作人员的积极性，仔细研究吃透上级相关政策，深入地进行调查研究，制定出台符合扎赉特旗农业生产实际的流转办法、扶持政策。充分利用好旗、乡、村三级土地流转机构设施装备，发挥好旗内电视、广播、报纸等媒体的宣传作用，将土地流转的政策宣传纳入农牧民科技培训的内容里，增强农民对土地流转的认识，了解相关扶持政策。

**（二）强化从业人员培训，规范流转程序**

综观全国各地的土地流转失败和问题案例，其主要原因就是流转程序不够规范，没有签订流转合同或已签订的流转合同中个别条款不够合理，甚至违法违规。目前就扎赉特旗来说，旗、乡、村三级流转机构虽已建立，流转程序已明确，但多数的土地流转行为仍为私下流转，这就留下了程序不规范、合同不合理等易发的矛盾隐患。其主要原因：一是农民认识不够，二是从业人员监管不到位、业务不熟练，三是个别村干部或公职人员与农民之间关系处理的不够融洽。解决这个问题我们首先就要从提高从业人员的自身素质入手，加大从业人员的培训力度，建立健全从业人员奖惩机制和责任追究机制，规范和完善土地流转相关程序，避免因土地流转造成农民失地或利益受损而引发社会矛盾，影响农民参与土地流转规模经营的积极性。

**（三）探索流转新模式，确保农业增产、农民增收**

我国的土地流转主要兴起于南方沿海经济发达地区，其前提一是人均耕地少，农业生产收入无法满足生产生活需要，二是工业化和城市化快速推进的必然结果，三是所在省区经济较为发达，政策扶持力度大、起步早。扎赉特旗的地理位置、社会环境、经济状况与之相差甚远，无法比较，但扎赉特旗具有生态环境良好、耕地资源丰富、有成功经营可以借鉴的后发优势。扎赉特旗自 2011 年开展土地流转试点工作，经过近三年的试点和探索，我旗土地流转面积已达到了 150 万亩。

总结以往，笔者认为以下几种土地流转模式较为适合扎赉特旗当前农业发展现状：一是大户模式，种粮大户或专业能人凭借技术、资金和项目优势，进行土地流转，开展规模经营，其特点是流转方式灵活、程序简单，流转期限多为一年，流转价格为双方口头约定，无第三者介入，避免和减少了因土地流转而产生的纠纷；二是合作社模式，主要采取土地承包经营权入股等企业化形式，由合作社统一选择项目，统一组织生产，统一技术管理，统一市场销售，实现风险共担、利益共享，其特点是流转方式和利益分享程序较为复杂，需有制度保障和专业人员实施，规模经营水平高，适用大型机械作业，农民在土地入股后可进行劳务输出，从事二、三产业，增加收入；三是企业参与模式，农产品加工企业为满足原料供给，集中连片租赁农民土地，企业确定种植的作物品种，提供生产资料和技术指导，再雇佣农民为其种植，实行“企业 + 基地 + 农户”生产经营模式，其特点是流转程序规范，流转期限较长，农民进行土地流转后即可转为产业工人，但该种流转模式多为大规模流转，常出现政府主导的行为，在农地基础设施建设、价格制定、流转期限、政策保障等方面易产生矛盾纠纷，建议通过政府引导，由农民专业合作组织或村民代表与企业进行沟通洽谈，在出现纠纷后政府利于出面调解。

**（四）探索投融资新模式，实现土地流转市场化**

农业是一个生产周期长，回收慢、效益微的行业，需要有长期稳定的投资，同时农业生产又存在自然灾害风险、病虫草害风险、粮食价格波动风险。民间资本尽量规避，金融部门涉农产品有限，政府财政支持力度不大。经营规模越大，投入成本也就越多，存在的风险也就越高，这就导致了土地流转资金来源的困难。针对这一情况，要充分发挥政府职能部门作用，鼓励引导金融部门开发出利于规模经营的金融产品，鼓励引导保险部门开发出覆盖面更广、理赔金额更大的险种，鼓励引导涉农企业及其他民间资本投入到土地流转，开展规模经营，同时加快民间土地流转中介组织的培育，进一步促进土地流转市场化。总之，完善金融支持土地流转的相关政策对促进农村土地流转具有现实重要的意义，我们可以采取财政贴息、税收优惠或进行风险补偿等多种方式支持进行规模经营的各种经营主体，从而加快农村土地流转。

**（五）发展现代农业产业体系，实现产、加、销一体化**

现代农业产业体系是在市场机制与政府调控综合作用下，农、工、贸紧密衔接，产、加、销融为一体，多元的产业形态和多功能的产业体系。具有较高的综合生产率，是可持续发展、高度商业化的产业体系，具有物质条件、科学技术、管理方式、农民素质等全面现代化的显著特征，可进一步实现生产的规模化、专业化、区域化，同时具有与现代农业发展相适应的政府宏观调控机制。进入“十二五”以来，扎赉特旗在现代农业产业体系建设中已有长足发展，如绰勒银珠米业有限公司、保安沼农工贸有限责任公司、新谷园生态农业有限公司等都已经实现了产、加、销一体化，品牌效应对农产品附加值的提升作用显著。下一步，我们应结合农牧业专业乡镇建设，在重点区域、重点乡镇打造“一乡一业”，充分发挥农民专业合作组织的纽带作用，把种植户与生产加工企业实现有效衔接，最终达到规模经营，提升农业综合生产率的目标。

**（六）健全制度，保障农牧民合法权益不受侵害**

无论何种方式的土地流转，我们都要坚持农户家庭承包经营制度和稳定农村土地承包关系的基础上，遵循平等协商、依法、自愿、有偿的原则，不得改变承包土地的农业用途，不得强迫和阻碍承包方依法流转其承包土地。在《农村土地承包法》、《农村土地承包经营权流转管理办法》和中央、自治区等各级政府出台的相关文件中都已进行了明确规定。我们要在依法依规的前提下，结合我旗农业发展现状，建立健全流转台账、合同签订、纠纷调解及政策扶持等方面的规章制度和管理办法，要做到在土地流转过程中有法可依、有章可循，切实保障土地流转双方利益不受侵害。

# 抢抓龙头企业　提升综合生产水平

内蒙古自治区多伦县农业局　杨建军　宋喜武　刘传勇

回顾建县以来走过的一百年历程，多伦县农牧业从民国时期的青黄不接、寅吃卯粮，到新中国成立初期的白手起家、艰难创业，再到改革开放后的抢抓机遇、锐意进取，曾经坎坷曲折的发展道路越走越宽，终于在21世纪之初，创造了属于自己的辉煌。

## 一、多伦县农业发展现状

### （一）生产经营体制迅速转变，现代农业已具雏形

多伦县农牧业生产经营体制先后经历了1947年土地改革后的分户经营、1952年开始的农业社经营、改革开放后的家庭联产承包责任制多次转变。从20世纪90年代末，为了适应现代农业规模化生产、集约化投入这一发展要求，有效提高土地产出，多伦县开始鼓励农民群众在自愿的前提下通过置换、转包等方式进行土地适度流转，发展多种形式的适度规模经营。截至2012年年底全县农村土地流转面积达到13.85万亩，流转户数5210户，其中实现500亩以上规模经营的土地面积11万亩。在土地流转的基础上，通过发展规模化生产，进行资金、技术、生产资料的集约化投入，我县种植业生产效益显著提升。

2003年，十五号村蔬菜种植协会挂牌成立，拉开了多伦县农村经济合作组织发展的序幕。截至2012年全县有各类农民专业合作经济组织255个，其中林业苗木专业合作社48个、种植业98个、养殖业83个、特色种养业8个、农机14个、其他4个，注册资金2.52亿元，入社社员7200余人，带动农户9000余户。完成创建国家级示范社2个、自治区级示范社3个、盟级示范社3个。通过“合作社+农户”、“企业+合作社+农户”生产经营模式的推广，我县农牧业生产正由传统的一家一户分散经营方式逐步向组织化、市场化方向转变。由于龙头企业加工原料基地和合作社农户可以获取有保障的农资供应和贷款扶持、有价值的技术服务和生产指导、无风险的生产订单和市场渠道，这些农户的收入水平普遍高于分散经营型农户。据统计，2012年合作社社员人均生产经营性纯收入为6009元，较全县农民人均生产经营性纯收入

4360.7 元高出 1648.3 元。通过龙头企业及合作组织的桥梁纽带作用，2012 年我县实现农业订单生产 9 万亩，其中马铃薯 6 万亩，蔬菜 1 万亩，青贮 2 万亩。

**（二）产业结构逐步优化，主导产业已成规模**

过去多伦县农作物种植以小麦、莜麦为主，直到 20 世纪 80 年代末，两麦种植面积仍在总播面积的 80% 以上，由于生产投入低、种植条件落后，产量及经济效益均不高；畜牧业以羊、土种牛养殖为主，由于过度依赖天然放牧，饲草料种植较少，导致多伦县草场资源不断退化，载畜量连年减少。2000 年以后，多伦县开始在立足本地资源实际和合理规划的基础上，进行科学的种养结构调整，并逐步确立了“肉、乳、菜、薯”四大农牧业主导产业进行重点推进。种植业按照“少种精种、高产高效、为养而种、为牧而农”的发展思路，重点发展马铃薯、蔬菜等高产高效作物以及玉米、青莜麦、紫花苜蓿等高产优质饲草料种植；养殖业按照“禁牧舍饲”、发展设施化、规模化养殖的思路，重点发展奶牛、肉牛养殖。到 2012 年，全县马铃薯种植面积达 23 万亩、蔬菜种植面积 7 万亩、高产饲草料（结实玉米、青贮玉米、青莜麦、紫花苜蓿等）近 42 万亩。牧业年度牛存栏 14.1 万头，其中肉牛 12 万头，奶牛 2.1 万头。主导产业蓬勃发展的同时，多伦县特色产业也在悄然兴起。特色种植方面，全县温室水果种植已发展到 50 余座，主栽品种包括油桃、草莓、大樱桃、葡萄等；特色养殖方面现在有的狍子、鹿、大雁、乌鸡养殖。由于背靠草原，生态优良，目前多伦县已成为锡盟乃至整个京北地区重要的优质农产品生产基地。2004 年多伦县被国家和自治区认证为蔬菜无公害生产基地；2008 年指定为北京奥运会蔬菜供应基地；2009 年蔡木山乡炮台村胡萝卜生产基地被中国社会科学院认证为“中国百县（市）优特经济调研开发基地”及“中国优特胡萝卜生产基地”；2010 年成为上海世博会的蔬菜供应基地。此外多伦湖水库几种鱼类和超大生产的鲜奶均获得有机农产品认证。据统计，2012 年全县蔬菜总产 3.15 亿斤、马铃薯总产 3.45 亿斤、肉类总产 18045 吨（其中牛肉 13886 吨、猪肉 3302 吨、羊肉 253 吨）、鲜奶总产 96800 吨。

**（三）基础设施不断完善，综合生产水平显著提升**

长期以来，由于农牧业基础设施建设滞后，多伦县种植业靠天吃饭，养殖业过度放牧，不仅影响了农业增效、农民增收，生态环境也遭受了严重破坏。在这种形势下，不断加强农业基础设施建设，发展设施化农业生产，走农牧业可持续发展道路既是我县农牧业产业结构升级的必要依托，也是农业增效、农民增收的必然途径。从2006年起，我县财政每年都会安排一定预算，并整合各类惠农项目资金，对农民建设日光温室、塑料大棚、标准化暖棚、青贮窖、保鲜库、喷灌圈等基础设施进行补贴，这一政策有力的激发了农民群众建设农业基础设施的积极性，大大加快了我县农牧业由传统靠天吃饭向现代设施化生产转变的步伐，我县农牧业综合生产和抵御自然灾害的能力均显著增强。截至2012年年底，全县累计建成温室1085座、大棚1423座、牲畜暖棚387064平方米、青贮窖3399座、标准化猪舍75596平方米；建成蔬菜保鲜库15座，单次贮藏能力0.9万吨；建成大中型马铃薯贮藏窖360座，贮藏能力3.5万吨；建成马铃薯喷灌圈278处12.5万亩，滴灌6处8150万亩；建成规模化奶牛养殖场13处，规模化肉牛育肥场10处。

**（四）产业化进程加快推进，龙头企业蓬勃发展**

直到上世纪末，多伦县有实力的农产品生产加工企业还仅永白精淀粉有限公司一家。进入新世纪，随着多伦县农牧业优势产业基地的逐步形成，一大批农畜产品生产加工企业相继入驻，为本地的相关产业发展增添了新的动力。2005年，超大良种奶牛繁育场一期建成投产；2007年，伊利多伦奶粉厂建成投产，日处理鲜奶能力150吨，奶粉年生产能力5000吨；2009年，超大二期建成投产，同年绿满家生态养殖有限公司成立；2010年大地天然食品有限责任公司成立；2012年，大元牛业肉牛屠宰厂建成投产；2013年，我县第一家蔬菜精深加工项目大升脱水蔬菜及土特产品加工项目开工建设。五年间，我县农产品生产、加工、流通企业无论数量、实力还是带动能力上均有了较大提升，在延长我县农牧业产业链、提高农产品附加值、扩大优势产业基地和订单种养规模等方面做出了突出贡献。

**（五）惠农项目遍地开花，科技支撑能力更加坚实**

新中国成立后的相当长一段时间，由于工业欠发达，农业经济占据国民经济主导地位，农民群众也要上交一定税金支援国家建设。随着我国工业经济的迅速发展，综合国力日益增强，我国于2000年开始试行农村税费改革试点工作，农民负担开始逐步减轻。2004年，多伦县作为锡盟地区免征农业税试点，开始免征农业税。也是从这一年起，我县开始实施一系列惠农项目，农民不仅不再需要上交农业税，在农业生产、基础设施建设等方面还可以享受各级财政补贴。到2012年，我县相继实施了农作物良种推广补贴项目、农机具推广补贴项目、退耕还林后续产业项目、测土配方施肥项目、农业灾害保险项目、农产品产地初加工项目等20余项，一大部分项目都是连续多年实施。这些项目的实施一方面为我县农牧业发展带来了各级财政大量的直接资

金投入，另一方面通过项目拉动，我县农民在基础设施建设、新科技新品种应用方面的投资均大大增加。同时，测土配方施肥、马铃薯旱作高产栽培等一大批先进科技在我县农牧业生产中广泛应用，科学技术对农业生产的支撑能力更加坚实。2012 年我县已实现玉米良种全覆盖，马铃薯种植脱毒种薯使用率达到 65%；测土配方施肥实现 76 万耕地全覆盖；保护性耕作面积 10 万亩，喷（滴）灌面积 13.3 万亩；农业机械总动力 18.2 万千瓦，农业综合机械化水平达 86%，远高于全国 57% 的平均水平。

**（六）农民整体素质全面提高，收入持续稳定增长**

如今，我县基层农技推广服务体系正在不断健全完善，农技人员自身知识水平和服务三农的能力都在逐年提高。在县乡各级基层农技推广服务机构做好对农民进行适用技术培训这一本职工作的基础上，我县通过积极争取实施阳光雨露培训工程、巩固退耕还林成果技能培训、基层农技推广补助等项目，强化培训工作力度，提升培训质量。培训内容除了围绕主导产业发展、基础设施建设等重点展开外，还根据新时期农牧业发展实际和农民需要，增加了涉农法律法规、现代农业生产经营方式、合作社建设等新的内容，使农民接受的知识更加丰富和全面。2012 年共完成对农民适用技术培训 3.5 万人次，发放各类技术资料 40000 余份。通过这些工作的开展，我县农民整体素质科学知识、用科技的能力得到全面提高，生产观念得到解放和转变，农民群众作为农业生产主体的作用充分显现。

近年来，我县农民收入保持着持续、稳定增长态势。2012 年农民人均纯收入达到 8000 元，仅用 4 年就基本上翻了一番。农民增收渠道更加多元化，除种养业收入不断增长外，劳务收入和以休闲农业为代表的服务业收入也均有较大幅度增长。

## 二、今后的发展思路和措施

**（一）发展思路**

继续围绕产业结构升级做文章，加快现代农业“四化”（标准化、规模化、集约化、产业化）建设进程。进一步加强基础设施建设和新技术新品种推广力度，积极做好各类惠农项目的争取和实施工作，提升农牧业生产科技含量。力争在三品认证和农产品品牌建设方面有新突破，壮大优质农产品基地规模。

**（二）重点措施**

1. 进一步推进土地适度、合理流转，扩大规模化种植，提升农业生产集约化水平。

2. 充分利用好农产品生产企业、合作组织、种养大户在资金、生产规模上的优势，引导、扶持他们在优质脱毒种薯繁育、设施蔬菜种植、肉牛育肥等产业方面加大投入，在引领我县农牧业产业结构升级方面发挥更大作用。

3. 将农村经济合作组织工作重心由发展数量转向改善质量方面。从2013年开始，我县将按照《中华人民共和国农民专业合作社法》等法律法规对合作社的要求，全面展开对农民专业合作经济组织规范化运作的督查和指导工作，对于运作不规范的合作社，今后将不予考虑项目安排和政策倾斜。

4. 继续做好龙头企业引进和培育工作，全力做好服务好已入驻企业，积极协调项目和政策，帮助他们做大做强，进一步提升我县农产品就地加工转化能力和农牧业产业化水平。重点在蔬菜等生产加工企业仍是空白的产业上加大招商引资力度。

5. 通过争取项目、引进企业、扶持合作组织及大户等措施，加强资金投入和政策支持，引导农民转变生产方式及观念，力争在农牧业标准化推广及三品认证工作方面取得进展，同时全力做好农产品质量安全工作，提升农产品监测检验水平和监测覆盖面，多项并举打造我县“绿色草原农产品”品牌。

6. 积极争取实施各级惠农项目，增加地方财政投入，整合涉农资金在基础设施建设、农民技术培训、新技术新品种推广工作等方面进行有针对性的重点投入，夯实农业生产基础，提升农牧业综合生产水平。

7. 进一步做好县、乡、村三级基层农技推广服务体系的改革与建设工作，改善农技人员待遇和工作条件，及时充实人员和设备，确保基层农技推广服务体系在推广新品种新技术、对农民进行适用技术培训、病虫害监测与控制、动物疫病防治、牲畜改良等工作中充分发挥应有的作用。

8. 继续做好生态保护工作，积极发展低消耗、高效率的农牧业生产，以提高资源利用效率为关键，以节地、节水、节肥、节药、节种、节能和资源的综合循环利用为重点，以耕地和水资源的节约和合理利用为中心，加快保护性耕作、精量播种、测土施肥、节水灌溉等新技术推广应用，通过鼓励“无公害、绿色、有机”农业、节水节肥型农业、设施农业的发展，实现生态保护与农民增收的双赢，促进农业可持续发展。

**作者简介：**

杨建军，男，汉族，1977 年 8 月出生，中共党员，大学学历。现任内蒙古自治区多伦县政府副县长。

自 1993 年 12 月参加工作起，历任多伦县大河口乡党委副书记、党委书记、乡长，县委常委、宣传部部长等职。现任多伦县政府副县长。

宋喜武，男，汉族，1968 年 5 月出生，中共党员，大学学历。现任内蒙古自治区多伦县农牧业局局长。

自 1989 年 9 月参加工作起，历任多伦县城关镇科技副镇长兼科技站站长，多伦县农业局副局长，多伦县农牧业局副局长兼产业化办公室主任，多伦县大北沟镇镇长，多伦县大河口乡党委书记等职。2013 年 3 月至今，任多伦县农牧业局局长。

刘传勇，男，汉族，1982 年 2 月出生，本科学历。现在内蒙古自治区多伦县农牧业局工作。

# 发展农业规模化经营　推进农业现代化建设

吉林省东丰县农业局　赵云龙

## 一、农业规模化经营总体情况

东丰县农业规模化经营是以产业化龙头企业为基础，以种粮大户、粮食生产合作社为依托进行的。全县现有农业产业化龙头企业40家，2012年全口径农产品加工销售收入实现95亿元，其中规模以上企业农产品加工销售收入实现76亿元。可以说农业产业化龙头企业在调整我县种植业结构、防范农业风险、提高粮食市场竞争力、延伸粮食产业链条、增加农村劳动力就业、加快农民市民化进程、增加地方财力等方面做出了积极的贡献。土地规模化经营主要是集中在种粮大户上，全县种粮大户中单户经营面积在100亩以上的有80户，总经营面积为12310亩，每户平均经营面积为154亩，2012年实现粮食总产6278.1吨。起到了引领现代农业科技、应用现代农业成果、辐射和带动更多农民采用集约化模式提高耕地产出效益的作用。规模化经营另一个运行方式就是建立粮食生产合作社，这些合作社按照自愿、有偿、互惠互利的原则开展了农业规模化经营，截至2012年年底，全县粮食生产合作社发展到55个，经营耕地面积为8490亩，其中流转面积950亩，2012年实现粮食总产4355.4吨，入社社员总数为335名，合作社的建立，维护了入社社员的合法权益和可得利益，有效地提高了抗御自然灾害和市场风险的能力。

## 二、存在突出问题

1. 农业产业化龙头企业数量少，运行模式不够完善，在企业、基地、农户之间利益分配上还不够合理，特别是农户可得利益增加幅度较小。在具体运行中农户惜售、企业压价等现象还很突出。一部分粮食生产企业产业链联系松散，简单加工多，精深加工少，粮食产业产品几乎不产生附加值，与现代化农业发展模式还有很大距离。

2. 粮食经营大户和粮食专业合作社数量少、规模化程度低。全县粮食经营大户占全县经营粮食作物农户数8.7万户的0.9%，粮食生产合作社只占农民合作社总数的12.8%，份额小，集约化、规模化程度明显偏低，经营规模

小而散的局面依旧存在。特别是当前土地产出效益较高，农民惜地现象比较普遍，导致土地难以实现规模化经营。

3. 经营质量不高。种粮大户和粮食专业合作社应用适应性技术田间到位率不高，粮食增产的可持续手段尚未建立，靠经验和简单的常规性管理手段经营粮食作物，缺乏对自然规律、生产规律和市场规律的科学认识，粮食生产安全仍存在很大隐患，只注重产量不注重质量的现象还普遍存在。一部分粮食生产合作社未建立合作社章程，或者虽然建立也只是流于形式，未按合作社运行流程从事各项工作，只在工商部门注册登记，而未开展任何活动。还有一部分粮食生产合作社投机思想严重，专门等待国家优惠政策，而且一旦优惠政策得到后便销声匿迹，侵害了国家、集体和入社社员利益。

4. 粮食经营成本居高不下，单位面积可得效益仍然不高。许多经营大户盲目追求高投入，超量使用化肥、农药，导致单位面积的边际效应降低。

5. 重视当前利益、轻视长远利益。不少种粮大户对耕地保护措施不到位，致使土壤理化性能遭到严重破坏，土壤抗旱、保水、保肥机能降低，对粮食生产的平稳性、均衡性、长效性造成致命的创伤，注重经济效益，轻视社会效益、生态效益的现象还没有从根本上改变。

## 三、措施及建议

1. 加强对农业产业化、农民专业合作社发展政策的顶层设计，宏观调控、监管服务、事后审计等一定要科学、严谨，坚决克服政策一面倒，两面光现象，既要让企业和农民合作组织按市场化运行，又要防止利益分配极端化。有关部门要从企业资质认定、政策配套、扶持方式、运行模式上严格把关，切实维护企业、农民合作组织、农户的利益。

2. 完善粮食直补、农资综合直补、良种补贴和农机购置补贴政策，加大对种粮大户的认定、考评，建立长效认定、评价、奖励体系和机制；建立种粮大户准入和退出制度；积极开展种粮大户粮食高产优质创建活动，对经营面积大，应用适应性技术效益显著，在当地有一定影响的种粮大户予以物质奖励和政策倾斜。

3. 建立稳定粮食生产的长效资金扶持配套体系建设。金融部门要抓好利用粮食直补资金和土地收益抵押贷款工作，保险部门要抓好粮食作物保险工作，发改、财政等部门要抓好土地整理、农田水利、地力提升等农田基础设施建设项目的申报和实施，国家用于粮油高产创建的资金要向种粮大户及粮食生产合作社倾斜。着力改善农村机耕道、道路桥涵的改造与维护，对符合条件的粮食合作社给予必要的基础设施和装备投入。

4. 努力构建粮食生产品种多元化格局，实施市场化调控，鼓励农民发展效益好、易经营的特色粮食作物。

5. 粮食生产主管部门、财政、各级专业协会、学会要加强对种粮农民特别是种粮大户的技术培训，利用阳光工程、春风工程等进行多渠道、多形式的培训，创新培训方式，利用农时各个环节，有针对性地开展田间课堂型培训、实地指导型培训、技物结合型培训。

6. 稳步推进土地流转规模经营，优化资源配置，提高土地生产能力。进一步完善土地流转制度，规范和引导土地流转中介服务组织的发展，增强土地流转的规范性和经济性。

# 转变农业发展方式<br>推进传统农业向现代农业跨越

黑龙江省虎林市农业局　曹　刚

近年来，虎林市深入实施“现代农业富市”战略，着力转变农业发展方式，推进“传统农业向现代农业跨越”。上年粮食总产超过20亿斤，同比增长31.6%；农业总收入17.3亿元，同比增长87.8%，创历史最好水平；农民人均纯收入10177.8元，同比增长66.4%，首次突破万元大关。我市先后被评为全国粮食生产先进县（市）、全省新农村建设先进县（市），并在2013年省委农村工作会议上作了“发展优势产业，促进农民增收”的典型发言。我们的主要做法是：

## 一、优化产业结构，大力发展现代农业

不断调整优化农业和农村经济结构，大力发展以绿色食品产业为重点的现代农业，促进了农业增效、农民增收。

一是突出结构调整，优化农村经济结构。按照扩稻、减豆、增玉米，调整种植业结构。2012年，水稻、玉米种植面积分别增加到130万亩、47.6万亩，同比增加13%、93%；大豆面积减少到60万亩，同比减少39%，粮食总产增加4.8亿斤。大力发展绿色、有机食品产业，绿色食品基地认证面积113万亩，有机食品认证面积1万亩。实施了畜牧业“万头牛、四万吨奶、百万头猪、千万只鹅鸭”工程，奶牛存栏达10781头，同比增长7.2%；黄牛、羊、生猪、家禽饲养量分别达到1万头、1.8万只、7.1万头、75万只，同比分别增长13%、10%、5.5%和1.2%。畜牧业产值2.2亿元，同比增长10%。大力发展劳务经济，转移劳动力2.13万人，实现收入2.14亿元，农民人均增收2376元。

二是突出龙头带动，加快农业产业化进程。坚持走产业化发展道路，实施了中粮集团30万吨稻米加工、远东远达生物质能热电联产等项目，扶强绿都集团、娃哈哈乳业、清河泉米业等产业化龙头，延伸了产业链条。龙头企业达到130家，其中地市级以上龙头企业17家，年加工能力143.2万吨。实

施百万亩水稻订单工程，带动农户1.9万户，促进农民增收3300万元。

三是突出科技支撑，转变农业增长方式。推广水稻隔寒育壮苗技术25万亩，增产5000多万斤，亩均增产200斤。大力推广毯式育秧、机械穴播和玉米通透、大豆垄三栽培等先进技术。在全省率先启动了农业视频服务系统，为各村安装了LED信息显示屏，解决了农业信息传递“最后一公里”难题。借助农垦农机和科技优势，深入开展农业“三代”合作，共建智能化催芽室9个、农机合作社16个、高标准育苗小区14个、科技示范园区13个，完成代耕作业80.6万亩、飞机航化及人工降雨200多万亩，提高了农业科技水平。

## 二、强化基础建设，为发展现代农业提供支撑和保障

一是强化农田水利化建设。积极整合涉农项目，打造现代农业示范基地，建设“路相通、渠相连、涝能排、旱能灌、地力高”的现代标准农田。累计投资1.5亿元，建成了阿北灌区国家级现代农业示范区、小荒山水库除险加固和阿北土地整理等工程，加快推进了虎林灌区建设。上年，新增水田14万亩，改善水田30.5万亩，排涝面积81.2万亩，增产幅度达25%。

二是强化农业机械化建设。争取补贴项目，扩充农机总量，扩大作业面积。争取大型农机补贴资金1250万元，购置农机具1062台（套），带动农民投资达5500多万元。重点推广了水稻机械催芽、播种、整地和玉米收获机械化、等离子种子处理等技术，实施水稻全程机械化面积40万亩，综合机械化程度达95%。

三是强化农民组织化建设。建立健全土地流转服务机制，采取转包、转让和入股等方式，引导农户有序、规范流转土地，100亩以上规模经营面积达到91万亩；200亩以上规模经营面积达到56万亩。培育农民专业合作社102个，带动农民1.3万户。

## 三、着力改善民生，加快推进新农村建设

一是完善基础设施，改善农民生活条件。以路、水、电、气、房和环境整治为重点，加强农村基础设施建设，改善乡村面貌。投资8761万元，修建农村水泥路250.2公里。投资315万元，实施安全饮水工程15处，农村自来水普及率达到78%。投资2146万元，改造泥草房806栋，农村砖瓦化率达到83.3%，虎林被评为全省泥草房改造先进县。投资360万元，建设大型沼气

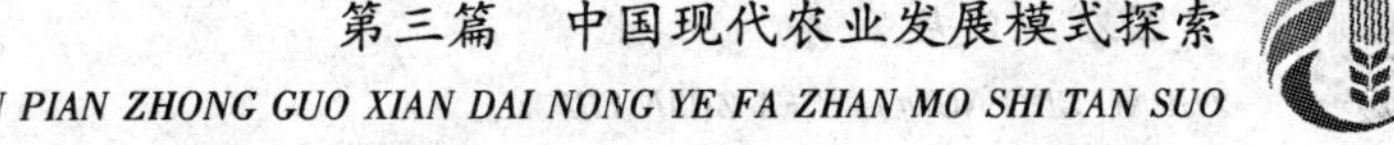

池1个、户用沼气池200多个，带动了农村改厨改灶。投资2870万元，实施农村电网改造，虎林进入全国电气化县行列。圆满完成了“三年绿化虎林大地”任务，造林绿化面积3.34万亩，虎林被评为全省造林绿化先进单位。深入开展“城乡环境整治攻坚年”活动，有效解决了农村“脏、乱、差”问题，在鸡西地区城乡环境综合整治拉练中名列第一。

二是发展公益事业，完善社会保障。撤并农村中小学2所，6所农村义务教育标准化学校全部达标。新农合实现全覆盖。新建和扩建休闲广场27个，建设乡镇文化站10个。在全省新农保参保率99%，居全省第一，虎林模式在全省推广。建成了社会福利院、中心敬老院，五保户集中供养水平居全省前列。农村低保实现应保尽保，发放大病救助金147.8万元。

## 四、加强组织领导，健全推进落实机制

整合力量、强化措施，全面提升农业农村工作领导和组织水平。

一是成立机构，加强领导。成立了市委书记、市长任组长，涉农部门参加的农村工作领导小组；组建了现代绿色农业发展和新农村建设推进组，负责全市农业农村工作的规划、指导、推进。各乡镇、涉农部门也成立了相应机构，形成了齐抓共管、上下联动的工作机制，为全市农业农村发展提供了强有力的组织保证。

二是明确任务，落实责任。制定了“由传统农业向现代农业跨越”及“农业产业化发展”等实施意见。建立了包乡扶村责任制，全市22个市级领导和113个中省直、市直部门及重要二级单位，与11个乡镇、85个村结成帮扶对子，落实帮扶责任，形成了市级领导负总责，乡镇党政一把手具体抓，部门分工配合抓，一级抓一级、层层抓落实的工作局面。

三是督办检查，严格考核。把农业农村工作纳入市委、市政府重点督办事项，月汇报，季总结，及时发现问题，跟踪推进。制定了“考核标准及奖励办法”，考核结果作为评价各部门班子和领导干部的重要依据。2012年共投入包扶资金422.75万元，支持造林绿化和农村环境整治。形成了以城带乡的工作合力，加快了农村经济发展。

我市农业农村工作虽然取得了一定的成效，但与广大农民的期盼仍有一定差距。我们将虚心学习兄弟县市区经验，取长补短，再接再厉，不断推动农业农村工作再上新台阶，尽快实现传统农业向现代农业的跨越。

# 全力以赴抓推进<br>提高庆安县农业综合水平

黑龙江省庆安县农业局　刘　雁　许彦春

## 一、农业工作新进展

2013上半年，在县委、县政府的坚强领导下，农业战线干部群众齐心协力，攻坚克难，战胜了50年一遇的自然灾害，取得了春耕生产阶段性胜利，奠定了丰产丰收基础。同时，在五项重点工作上取得了新进展：

1. 水利设施稳步加强

表现在五个方面：一是治理中小河流。完成了呼兰河治理初步设计；完成了安邦河、墨尔根河治理工程招投标；格木克河治理受前期清障工作影响，现仅治理河长1.0公里，加固堤防0.5公里，已清淤1.0公里，建防洪闸1座，占总工程量的10%。二是水保工程已近尾声。计划治理杨宝珠、邵维田两条小流域，目前，已除地埂植物带163.57公顷，综合治理面积2009.61公顷，占任务指标的85%。三是水田示范区深入推进。在久胜镇久宏村、久旺村和水利试验站建设高标准水田示范区。目前，灌溉泵站已建完，铺设管道850米，其中竹塑渠道300米；完成土地整理高标准农田200亩。四是农村饮水工程进展顺利。规划解决致富乡、新胜乡、久胜镇饮水安全问题。现已完成新胜乡新宏村水源井2眼，新建水源井房1座，铺设输水管线12万延长米。五是水库及渠首改造工程竣工。柳河水库和北盖渠首拦河坝、进水闸主体工程已经完成；大顶山、大泉眼、前程水库完成堤坝加高培厚和混凝土护坡，修建了泄洪闸、输水洞，经验收已投入使用。

2. 现代农业成效显著。

2013年年初以来，集中主要力量，严把农时标准、技术标准，精心打造伊绥、鸡讷两条公路示范带，建设种植业科技示范园区27处，突出久宏水稻园区和欢胜玉米园区，集中实施大水利、应用大机械、推广大科技，实现了标准化作业、规模化经营，达到了一流的园区建设标准。伊绥公路西线为玉米产业带，以大垄双行模式为主推，5月5日完成了播种；伊绥公路东线、鸡

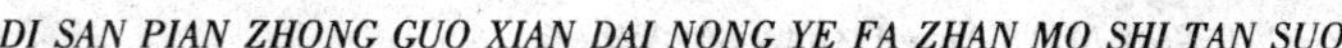

讷公路沿线90%作物是水稻，5月5日前基本完成搅浆整地，5月7日启动园区插秧，与常年相比做到了农时不拖后。依托园区新建的5处芽种车间全部投入使用，全县10处基地共生产水稻芽种2550吨，供应70万亩水田，提升了水稻科技含量。

3. 农机装备引进更新

一是争取补贴资金。2013年争取到国家农机购置补贴资金834万元，农民申报工作已经结束，正在进行微机录入，7月中旬将进行公开摇号确定补贴对象。通过购机政策补贴，拉动农民匹配资金2000万元，可增加各类农机具500多台套。二是申报农机合作社。通过筛选，现有23个水田、4个旱田合作社符合申报条件，申报书已经分别报送到省、市农机管理部门待批。三是建设大型农机停放场。2012年组建的6个旱田农机合作社，机具已基本到位，大型拖拉机和播种机在春耕生产中发挥了作用。为了提高农机合作社管理水平，在庆安镇规划建设一个4万平方米的农机停放场，可容纳3个以上农机合作社机具停放。目前已完成建筑规划和图纸设计，即将进入施工阶段。

4. 规模经营深入推进

已注册农民专业合作社396个，较上年末增加56个，合作社成员总数3562人，带动非成员农户10536户，注册资金51389万元。大力推进土地流转，扶持推广企业牵动、股份（专业）合作、家庭农场、村级组织领办、种田大户引带、场村共建等六种合作农业经营模式，打造整乡整村土地规模经营试点。全县已流转土地144.3万亩，落实整乡土地规模经营试点5个（民乐镇、新胜乡、平安镇、同乐乡、久胜镇）、整村土地规模经营试点18个，全县规模经营面积达到218.6万亩，占耕地总面积的76.5%。

5. 农业科技普及推广

大力推行模式化栽培，水田全程实施“深翻整地、选育良种、工厂催芽、毯式育苗、钵体摆栽、科学防控、机械收获”28字生产模式，“超早钵育”、节水控灌技术应用面积分别达到50万亩和100万亩；玉米大力推广“深松整地、镇压保墒、大垄双行、精量播种、节水喷灌、绿色防控”生产模式，110厘米大垄双行栽培面积达到15万亩。争取久胜镇为水稻高产创建整镇推进试点，争取分散创建水稻万亩示范片13处，玉米1处，大豆2处，形成了以点带面的粮食高产创建态势。在春耕生产期间，先后四次组织种田大户、合作社理事长、科技带头人共计5000人次，观摩了欢胜玉米、庆安镇玉米、久宏水稻、兴隆水稻等重点现代农业园区，充分发挥了园区示范引领作用，提升了广大农户对深松整地、对智能浸种催芽，以及对早播种、早插秧的认识，促进了农业生产提档升级，同时也为秋季重点工作开展做了提前动员。

6. 林畜产业同步发展

林业，春季实施常规造林 1.7 万亩，完成了市里下达的任务指标；营造红松坚果林 1 万亩，总面积发展到 2 万亩。实施大树进屯上路，栽植云中杨 6000 棵、柳树 5000 棵、栽植云杉 1000 棵。畜牧，未发生重大动物疫情、未发生重大畜产品安全事件。重点打造了巨宝山种猪场、发展双杰养殖场和欢胜盛兴大鹅养殖场 3 个畜牧园区，引带全县畜牧产业发展。

## 二、主要措施

### （一）统筹规划

2013 年年初召开了全县农村工作会议，落实了水利化、农机化、科技化、产业化建设任务目标，在鸡讷、伊绥两条公路示范带上确立了重点工程建设项目，同时以两办名义下发了《庆安县发展合作农业推进土地规模经营实施方案》等九个方案，既突出重点、又兼顾整体，使现代农业形成了点上集中打造，示范引带；线上层级推进，沿路展开；面上综合配套，到处开花的良好局面。

### （二）突出重点

针对久宏水稻、欢胜玉米等重点园区，以部门为主体，集中主要精力、物力、财力，实施重点打造，达到全省一流标准；针对百公里科技示范带建设以及抗涝保种等重点工作，则以乡镇为主体，实施会战推进，切实保证农时标准、技术标准。

### （三）督办考核

两办督查室对重点工程项目、工作进度进行适时督办，跟踪考核，乡镇、部门每月一报送工作进展情况。在春耕生产关键期，及时抽调 200 名机关干部下基层，深入乡镇村督办推进，起到了较好的工作效果。

## 三、存在问题

2013 年上半年，在现代化大农业建设上取得了一定成效，获得了一些经验，但也存在诸多不容忽视的问题，需要逐步解决，主要表现在：

### （一）项目资金不及时

很多项目资金在去年、甚至前年就与省级主管部门进行了沟通申报，但工程项目审批和资金下达滞缓，不能按原订计划及时组织实施。比如，农机

购置补贴在春耕期间到不了位，发挥不了作用；中小河流治理、节水增粮等项目资金到位迟缓，错过了春季最佳施工期。

**（二）设施装备不配套**

表现在春耕生产中，旱田由于整地播种时间过于集中，造成机车保障紧张；水田机电井数量不足，一眼井供应七八垧地，一个泡田周期需要10多天，后泡田的还要为先插秧地块的返青水让路，造成苗等地；旱改水地块，井、电不配套。

**（三）规模经营不够实**

虽然在作物种植上形成了规模连片，但经营链接不紧密，作用没发挥。表现在春耕期间大机械作业量较小，所有的合作社都没能达到满负荷运营，个别合作社没活干，原因是形成不了规模作业，空运费用大，作业成本高，农民难接受。

**（四）工作方法不超前**

部分农民，尤其是公路沿线农民，把发展现代农业当成了政府的事情。一些乡镇村在发动群众上，号召力不强，组织职能没有发挥好，不动钱就束手无策，被农民牵着鼻子走，形成了恶性循环。

## 四、加大工作力度，抓推进

就是全力以赴抓推进，确保完成年初既定工作目标，重点在四个方面加大工作力度：

**（一）推进大合作**

在现有工作的基础上，做好三件事：一是发动群众，扩张数量。在县、乡经管部门建立土地流转服务中心，完善服务平台软硬件环境，积极组织农民围绕“六种模式”，对承包土地经营权进行依法有序流转，大力发展规模经营，逐步实施整乡、整村推进。二是突出沿线，解决难点。要把沿路沿线，尤其是重点公路沿线的农民耕地转移到龙头企业或乡村干部手中，从根本上解决制约现代农业发展的瓶颈问题，宁可多花点承包费，也比被农民牵着鼻子走强。然后再通过争取产业化政策扶持、落实种田大户政策补贴等措施办法，鼓励承租者积极性。三是树立典型，示范引领。围绕“六种模式”，每个乡镇打造1~2个合作农业亮点，紧密链接机制，强化软硬件建设，形成比较优势，带动规模经营发展。

**（二）建设大水利**

主要工作有五项：一是加强河流疏通治理。加快格木克河治理工程进度，争取年末竣工，启动安邦河、墨尔根河2条河流综合治理。二是完成水田示范区建设。对久胜镇久宏村、久旺村和水利试验站三个水田示范区的水源泵站、输水管道等设备设施修补完善，完成既定建设任务（新建泵站1座，铺设输水管道8公里，斗渠衬砌24条8公里，修排水管道2条3.2公里；新打机电井5眼，机耕路2公里）。三是实施节水增粮项目。按照省水利厅批复，完成1.25万亩建设计划，其中：中心支轴式0.55万亩，绞盘式0.7万亩，落实在庆安镇吉安村及新胜乡的新胜村和新升村。四是推进农村饮水安全。在上半年工程基础上，再建水厂6座、打水源井8眼、安装水处理设备7套。铺设主支输水管线长度为37万延长米，解决致富乡、新胜乡、久胜镇3个乡镇110个自然屯5.03万人的饮水安全问题。五是立项建设十六道岗水库。做好项目前期工作，争取早日施工见效，增加下游灌溉面积，解决洪涝成灾问题。

**（三）发展大农机**

主要工作有三项：一是加强现有农机合作社规范化管理。建立健全合作社财产、财务、机务、安全管理和技术培训等方面规章制度，春秋两季作业结束后，做好机具清洗入库封存及数量清点工作。同时，加强合作社理事长及业务人员培训，着力解决合作社不会管、设备不会用、技术不到位等问题。二是建立土地自主规模经营和代耕运行机制。农机合作社要建立在种植合作社基础上，每个千万元旱田合作社规模经营土地要达到3万亩以上，每个500万元水田合作社规模经营土地要达到1万亩以上，确保合作社发展的持久生命力。切实保障大机械作用发挥。三是积极争取国家大型农业机械更新补贴指标。对新申报的23个水田、4个旱田合作社，一方面要严格把关筛选，另一方面要积极争取建设指标，提高全县农业综合机械化程度。同时，要有效利用农机购置补贴资金，加快调整、完善和优化机具结构，确保效用得到更好发挥。

**（四）实施大科技**

主要工作有三项：一是建设科技园区。要增加园区数量，从鸡讷、伊绥两带向其他通乡公路沿线拓展，让更多农民看得见、方便学；要提升园区质量，从现在开始谋划明年园区建设工作，逐一落实建设地点、逐一形成实施方案，逐一研究生产模式，逐一搞好规划对接。要以乡镇村为承载，直接对接到户，园区不求大规模，但必须打造高质量，增强示范引领功能。要从秋备工作入手，做好超早钵育、大垄双行等新技术推广保障。二是引进推广新技术。积极对接知名农业科研院所，引进现代农业科技，培育、试验、引进

适宜我县种植的优良品种。大力扶持培育“田秀才、土专家”，尊重其首创成果，并使其成为新技术的推广者和新品种的示范者。三是建设水稻育秧基地。争取项目资金，建设智能浸种催芽车间，配套集中育秧大棚，扩大工厂化催芽育秧覆盖面，增加水稻科技含量。

**作者简介：**

刘雁，男，1966 年出生，中共党员。现任黑龙江省庆安县农业局局长。

自 1987 年 8 月参加工作起，历任庆安县农委科员、副主任，发展乡乡长、书记，庆安镇党委书记等职。2010 年 2 月至今，任庆安县农业局局长。

许彦春，男，1974 年 4 月出生，中共党员，本科学历。现任黑龙江省庆安县农业局工会主席。

# 大力发展现代农业　积极推进改革创新

江苏省泗洪县农业委员会　卜家民　霍建军

2012年，泗洪在农产品价格异常波动、农业生产成本不断攀升、灾害性天气不断频发的不利形势和严峻挑战下，紧紧按照上级领导关于加强“三农”工作的总体部署，全面落实各项强农惠农政策，加快转变农业发展方式，大力发展现代生态农业，积极推进改革创新，全县农林牧渔业经济发展取得了较好成绩。2012年，全县实现农林牧渔业增加值42.05亿元，农民人均纯收入9339元，第七次被评为“全国粮食生产先进县”。

## 一、农业经济运行情况

2012年，在县委、县政府的正确领导下，在省、市农委及林业局的大力支持下，全县上下以农业基本现代化工程为总抓手，狠抓关键环节，强化措施落实，全县农业工作取得了显著成绩。

### （一）农业基本现代化扎实推进

针对我县农业基本现代化工程中的薄弱环节，多次召开会办会、推进会，对照目标任务细化分解，形成合力，圆满完成全年任务。据市农委公布的数据，2012年我县农业基本现代化得分83.73分，比上年净增16.58分，在全市上升2个位次。

### （二）粮食总产实现九连增

狠抓农业生产条件改善，努力提高农业科技贡献率，优化种植业结构，开展了一系列高产创建活动。粮食单产、总产超历史，全年粮食总产26.56亿斤，增产2.7亿斤，实现了九连增，第七次被表彰为全国粮食生产先进县。

### （三）高效设施农业提质增效

全年新增高效设施农业5.8万亩，累计达到23.06万亩，占耕地面积11.59%，在全市名列前茅，被省农委表彰为全省现代农业建设先进县。县现代农业产业园区被认定为省级农业产业园区，是全市唯一成功创建2个省级农业（渔业）园区的县（区）。

### （四）畜牧业健康发展

年出栏生猪102万头，奶牛存栏1.2万头，存栏蛋禽221万羽，出栏肉禽

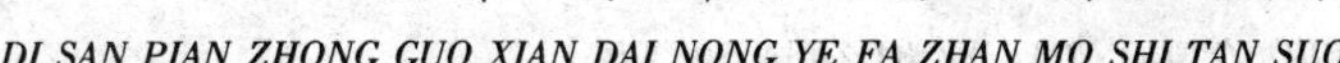

2705 万羽。新建畜禽养殖基地 10 个，累计达到 72 个。新发展温氏合作户 78 户，温氏合作户总量达 434 户。生猪、肉禽、蛋禽、奶牛规模化比重进一步提高。第四次被评为生猪调出大县。

**（五）生态文明建设突飞猛进**

全县农村绿化栽植苗木 1056 万株，是市委、市政府下达任务的 4 倍。营造成片林 6.34 万亩，是全市的 60%。森林覆盖率新增 2.03%，达到 18.34%。被省绿化委、省林业局表彰为绿色江苏建设植树造林先进县。

**（六）农副产品营销**

全年新增农副产品直销店 12 家，总数达 98 家，农副产品销售额 12 亿元。

## 二、主要做法

以增加农民收入为中心，以推进农业现代化、打造“全国绿色食品基地县”为目标，充分利用和发挥资源优势、区域优势和产业优势，按照“打生态牌、走绿色路、拉产业链、建特色区”的发展思路，抓住机遇、差别发展、错位竞争、放大优势、以特取胜，不断提升全县农业产业的综合生产能力、抗风险能力和市场竞争能力，推动我县农业又好又快发展。

1. 推进农业结构调整，不断升级农业发展层次。紧紧围绕“蔬菜、水产、生态畜禽、优质稻米”四大主导产业，按照第十一次党代会确定的“两园两区两带”规划布局，坚持“扩量与提质并举，园区与龙头共建，品牌与市场齐抓”的策略，加快形成企业和经济合作组织引领，基地与农户联动的现代农业发展新格局。

2. 实施“双增双减”绿色泗洪计划，大力开展“绿化造林年”活动，逐步完善“三区五带六沿”绿化网络。2012 年以“一湖、二线、三区、六十个村”为重点（“一湖”：即洪泽湖湿地周边；“二线”：即 245 省道、宁宿徐高速公路；“三区”：即西南岗片区、东南片区、北片区；“60 个村”：即在全县建设 60 个绿化合格村）。

3. 大力开展农副产品直销工作。当前农产品行情不稳，做好农副产品营销工作显得尤为重要。我们以新建农副产品直销店为主抓手，加快构建以农贸市场为基础、现代流通业态为补充、农民专业合作组织和农民经纪人广泛参与的农产品现代流通体系。同时，积极发展连锁专卖、农超对接、网络销售等现代流通业态，举办各类农产品促销活动，搞活农产品流通。

4. 实施品牌战略，不断提高农副产品的市场占有率和美誉度。鼓励、引导农业龙头企业、农民专业合作组织以及专业大户实施品牌战略，积极申请地方特色名优农产品注册集体商标，使用地理标志保护特色农产品，努力打造出我们的农业名牌，切实提高农产品的知名度和市场占有率。继2008年获批60万亩稻（麦）全国绿色食品原料基地后，2012年又有40万亩麦（玉、豆）全国绿色食品原料基地获批，是全国获批面积最大的县区，为我县创建“绿色食品原料基地县”奠定了坚实的基础。“三品一标”总数达306个，居全省前列，苏北首位。蔬菜、畜禽、水产品监测抽检合格率都在99%以上。O型口蹄疫和高致病性蓝耳病、禽流感、奶牛结核病等重大动物疫病得到有效控制，实现了力争不发生、确保不流行的目标。

5. 突出龙头带动，重拳打造农业产业化龙头企业。通过政策激励、资金扶持、服务保障，抓好“外引内培”，大力农业产业化农业龙头企业。广东温氏、天津宝迪、江苏雨润等7个国家级农业龙头企业纷纷投资我县。截至目前，全县已培育龙头企业省级8家、市级27家、县级55家，总数全市最多。

## 三、存在的主要问题

1. 农民生产投入积极性有所下降。受农资价格上涨、务农效益低的影响，农户种田增加投入的积极性普遍下降，虽然近期部分农产品价格有所回升，但是远远低于农资价格的涨幅。

2. 农技服务效果欠佳。由于乡镇农技站划归乡镇管理，农业综合服务中心运转不正常，实用新技术到户率不高，存在技术断流现象，加之目前农村缺乏青壮年种田，这些都制约了新技术、新品种的普及与推广，使精心选择的技术推广项目效果大打折扣。

3. 农业发展基础仍然十分薄弱。我县的农田水利等农业基础设施和装备建设仍然滞后，农业综合生产能力和抗灾能力不强，仍未从根本上摆脱靠天吃饭的被动局面，对农业增产和农民增收影响很大。特别是近两年自然灾害严重，农业基础薄弱显得更为突出。

除此之外，我县农业产业化水平低、规模小、带动力差，种养观念落后等问题，都需要我们通过以后更加努力的工作加以解决。

## 四、政策建议

1. 要严格控制农资价格大幅上涨。近年来，农资价格持续上涨，上涨幅度超过粮食价格上涨幅度，老百姓的种粮效益较工资性收入较低，农业生产投入的积极性下降。希望政府要适时启动生产资料价格上涨与增加种粮农民

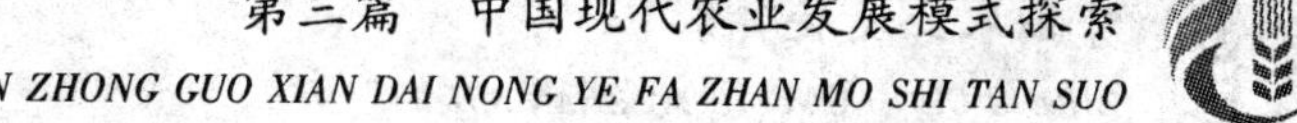

补贴的联动机制，多管齐下，重拳出击，将大幅度上涨的农资价格控制在合理水平，促进粮食生产的持续发展。

2. 要加大农业基础设施投入。以我县为例，农田基础设施多为20世纪七、八十年代所建，已经老化，大部分农田是靠天收，抗灾能力差，综合生产能力低。农田有效灌溉面积仅占40%。西南岗地区60万亩中低产田仍然没有得到较大改观。希望省政府能够安排专项资金，帮助改善农业基础设施，乡村水泥路能够逐渐向生产田延伸，方便农业生产；帮助建设设施粮田，帮助完善良种繁育和供应体系，实施良种工程，提高农业生产抗灾减灾能力和粮食综合生产能力。

3. 出台政策，进一步完善乡镇基层农技推广服务体系。在当前事业单位机构改革中，存在着管理权下放，由乡镇管人，县业务主管部门管事，上下农技服务机构业务脱节情况。加之，因财政投入有限，基层农技推广存在“三无”，即无办公场所、无办公设备、无办公经费，导致许多工作多年架在空中，落不到实处。希望政府能够增加农技推广经费，帮助尽快完善乡镇基层农技推广体系，更好的服务“三农”。

**作者简介：**

卜家民，男，汉族，1962年2月出生，中共党员。现任江苏省泗洪县农业委员会主任。

自1980年10月参加工作起，历任泗洪县大楼乡人武部副部长、部长，泗洪县陈圩乡党委副书记、乡长，四河乡党委书记，城头乡党委书记，泗洪县粮食局党委书记、局长，泗洪县开发局党组书记、局长等职。2013年2月至今，任泗洪县农业委员会主任。

# 以农业两区建设为平台 扎实推进现代农业发展

浙江省象山县农林局　林曙光

象山山海资源丰富、生态环境良好，拥有耕地42万亩、林地110万亩、各类农渔产品种养殖面积36万亩，是传统农业大县，尤其水产品年产量58万吨，居全国县级前五强。2010年以来，我县认真贯彻落实省委、省政府战略部署，把农业“两区”建设作为转变农业发展方式的主抓手，以工业化思路加以大力推进，坚持规划引领、项目带动、创新驱动、服务保障，全力打造现代农业科学发展的示范区、深化改革的先行区、高效生态农业的集聚区、公共服务的样板区，建成大塘港省级现代农业综合区1个、现代农业示范区4个、农业精品园22个，通过省市验收10个；建成粮食生产功能区10.1万亩(其中完成标准化建设3.9万亩)。通过扎实推进农业“两区”建设，我县农业规模化、集约化、标准化水平显著提升，农业总产值跃居全省各县（市、区）首位，粮食自给率从28%提高到44.1%，“两区”亩均效益、科技贡献率分别提升30个和17个百分点。我们的主要做法是：

## 一、思想重视，规划引领，全力打造现代农业科学发展的“示范区”

坚持放宽视野、创新理念，跳出农业抓农业，积极探索具有象山特色的“两区”建设新路子。一是转变工作理念。随着农业领域对外开放的不断加深和市场竞争的日趋激烈，我县农业生产经营组织化程度不高、基础设施和科技装备薄弱等制约因素日益凸显，如何加速从传统农业向现代农业转型，促进农业增效、农民增收和农村繁荣，是县委、县政府一直以来深入思考探索的重大课题。省委、省政府及时作出关于加快农业“两区”建设的战略部署，为我们指明了方向、提供了契机。我县迅速落实省里决策部署，专题召开农业“两区”建设动员会，并多次召开全县农村工作会议、农口读书会等，层层统一思想认识，引导全县上下自觉像抓工业园区一样抓农业“两区”建设，切实增强推进“两区”建设的主动性和紧迫感。二是科学修编规划。坚持规

划为先，系统编制农业产业总体规划及重点园区专项规划，加快构筑以环大塘港现代农业先导区为核心，以环大塘港十万亩生态农业综合区为核心，五园四基地（宁波水产种业园区、象山白鹅种业及产业园区、现代农业精品园、象山国际水产物流园区、石浦水产加工园区二期及西沪港低碳健康养殖示范基地、高塘台湾石斑鱼工厂化养殖基地、宁波远洋渔业基地以及晓塘、高塘岛对台农业交流基地）为主体的农业"两区"布局。计划到 2015 年，"一区五园四基地"覆盖面积达 13.6 万亩，占全县种养殖面积的 37.8%；完成粮食生产功能区标准化建设 6 万亩。三是注重统筹协调。成立县、镇乡两级农业"两区"建设工作领导小组，制定专项扶持政策，县财政每年安排 2000 万元专项资金进行以奖代补，并将"两区"建设纳入各地各有关部门目标责任制考核，通过召开现场会、协调会等加以强力推进，确保"两区"建设取得实效。

## 二、机制创新，科技支撑，全力打造农业领域深化改革的"先行区"

坚持把创新作为第一驱动力，最大程度激发农业"两区"建设活力，释放体制机制改革红利。一是创新现代农业发展机制。持续推进改革创新，有效激活农村"沉睡资源"，形成一批体制机制创新的"象山模式"。针对农业融资难，在全省率先推行农村住房、渔船、海域使用权、大型农机具、林权等 8 项抵押贷款，农业贷款余额达 10 亿元。针对土地流转难，率先设立县农村产权交易中心，鼓励规范土地、林地、养殖水域承包经营权等流转交易，累计完成 488 宗、1.4 亿元，并在 29 个村推行土地整村流转的土地股份合作制改革，形成"土地变股权、农户当股东、收益有分红"的经营新机制，提高了农民土地流转的积极性。针对农业发展用地难，开展海洋产权交易中心全国试点，率先尝试以建设用海使用权证换发国有土地使用权证，缓解"两区"项目建设用地不足问题。二是创新科技强农体系。依托浙大农技推广中心象山分中心、市农科院象山工作站等平台，加强与上海海洋大学、浙江农林大学、宁波大学等大专院校及省农科院等科研单位合作，引进推广新技术、新品种、新装备、新工艺，并大力提炼推广原创型的实用技术，形成生态高效循环模式 11 种、推广 3.5 万亩。如宁波石昌南美白对虾养殖精品园首创"虾—菜（瓜）"、"虾—草—鹅（鱼）"生态循环轮作养殖模式，节本增效 1000 元/亩以上。在全省率先推行粮食功能区水稻耕地、育苗、插秧、收割全程机械化，建成区域化农机服务中心3个，超级稻机插率、最高亩产量（874公斤）居全省前列。目前，“两区”高产田不断涌现，南美白对虾、石斑鱼、梭子蟹和象山红柑橘等年亩产效益已达10万元以上，不低于工业经济的产出率。三是创新人才保障模式。加强农业创业人才队伍建设，鼓励工商业主、大学生等投身现代农业发展，通过专题培训、典型引导等方式，加快传统种养大户向有技术、懂管理、会经营的“新型农民”转化，形成与“两区”建设相适应的高素质现代农业创业群体。加强“两区”服务人才队伍建设，坚持引育并举，造就一批农业领域创新型紧缺型领军型人才，重视农村“乡土人才”培养，评选“农民首席专家”并给予专项津贴，完善基层农技服务网，确保每个行政村和主要特色产业有一名以上的实用技术带头人。

## 三、项目带动，多元投入，全力打造高效生态农业的“集聚区”

把农业项目作为“两区”建设的生命线，以农业招商促增量、以基础配套促提升，使“两区”成为现代农业发展的主战场。一是狠抓农业大项目。组建农渔业招商小分队，参照工业项目建设模式，优化项目审批环境，实行重大项目全程“代办制”，并积极引导县内工商资本和其他社会资本投资现代农业，2010年以来，累计引进建设投资1000万元以上农业项目13个，投资总额50.6亿元。如引进投资45亿元的中国供销集团象山国际水产冷链物流园，建设华东地区一流的国际（农）水产品保税冷链加工和物流基地；宁波三联公司投资1亿元建成占地660亩的全省首家大型鲜切花基地，形成年营业额2500万元的鲜花产业链；定塘沙地村投入1600余万元，建成以民食、民宿、民游为一体的生态休闲农庄，年接待游客超过12万人次、营业收入突破1000万元。二是深化对台农渔业合作。台湾精致农业亚洲领先，其先进的品质管理和市场营销模式非常值得学习借鉴。我们依托浙台（象山石浦）经贸合作区，全方位扩大两岸精致农渔业合作，引进建成投资2亿元的高塘岛台湾石斑鱼中转精养基地、投资1500万元的全省首个兰花主题公园和台湾精致果园，并与台湾影响力最大的CAS优良农产品发展协会签订合作协议，在象山设立CAS大陆推广中心，逐步将我县优质农产品纳入CAS的管理营销体系。尤其是与台湾水产种苗协会开展深度合作，共建石斑鱼中转精养基地和各类水产苗种基地，全力复制移植其先进的育种、饲料、精养等技术，构筑完整的现代渔业产业链。年底入驻高塘石斑鱼中转精养基地的台湾技术人员

将达到70余名，今后会形成一个“台湾村”。三是强化基础设施配套。把基础设施建设作为农业“两区”建设的关键支撑，统筹农口相关部门项目资金，组建农业投资开发公司，落实“两区”基础设施建设项目资金保障，切实提升设施装备水平。累计投入资金4.8亿元，建成温室、大棚等种养殖设施2.2万亩，完成池塘标准化改造3.3万亩，新建和修缮机耕路445公里、泵站321座。

## 四、科学管理，优质服务，全力打造现代农业公共服务的“样板区”

健全完善与现代农业发展相适应的公共服务体系，为“两区”建设提供专业化、精细化、规范化的公共服务。一是打造综合服务中心。投资4100余万元建成集农业服务、农业经济、智慧农业三大总部于一体的现代农业综合服务中心，开设农业金融、科技等9项服务，着力打造集农技指导、技术推广、农机服务、疫病防控、农民培训、农资配送、信息服务于一体的公共服务平台。二是扶持发展农业社会化服务组织。推行“龙头企业+合作社+农户”等模式，充分发挥农业龙头企业、农民专业合作社的引领带动作用，扶持发展农机、测土配方施肥、统防统治等专业化社会化服务组织，显著提高农业生产组织化、社会化程度。累计建成县级以上农业龙头企业96家、农民专业合作社574家、各类社会化服务组织25个，辐射带动和服务农户10.5万户。三是建立多元化保障体系。持续推进农业防灾减灾体系建设，在全省率先建成基层数字化防汛防台体系，投资2600余万元建成全国首个渔船避风锚地，在全面建成150公里标准海塘的基础上，近年来又投入7.5亿元新建改造标准海塘11.2公里，治理山塘565座、整治河道247公里。高度重视农业保险，逐年加大财政贴补力度，率先在全市推行毛竹、水产养殖大棚保险试点，并通过其他政府性保险进行“以险养险”，目前农业政策性保险品种达19个，涵盖粮油、蔬菜、畜禽、林业、水产养殖等领域，年参保5万户以上，累计理赔2530余万元，为参保户自缴保费的4.6倍，显著提升了农业抗风险能力。

# 培育农业发展新优势 全面推进现代农业发展

山东省安丘市农业局 于庆满 赵 凯

近年来，我市围绕农业增效、农民增收的目标，加快推进城乡统筹，大力发展安全、优质、高效、品牌农业，农业农村经济呈现持续快速发展的良好势头，尤其是特色、高效、外向型农业的蓬勃发展有力地带动了全市农民增收、农业增效。

## 一、当前农业发展情况

### （一）特色农业发展区域化、规模化格局基本形成

近年来，我市通过发挥地域优势，大力发展地域品牌农业，形成了50万亩国家大型商品粮基地；40万亩姜葱蒜出口蔬菜产业带；20万亩国家地理标志产品花生生产基地；10万亩蜜桃、樱桃等特色林果及有机杂粮基地；3万亩国家级草莓农业标准化示范区和1万亩桑蚕基地的特色农业生产格局。其中，姜葱蒜出口蔬菜产业带的形成进一步促进了优势特色农业产业的蓬勃发展，目前，全市大姜种植面积稳定在16万亩、年总产100多万吨，分别约占全国的7%和18%，大蒜面积6万亩，总产量近15万吨，成为江北最大的姜蒜生产基地；大葱种植实现了周年栽培、周年供应，种植面积发展到30万亩，总产量达110万吨，对日出口量每年达30多万吨，占日本进口市场的70%～80%，是全国最大的面向日本出口的大葱产地。

### （二）特色品牌农产品呈现优质化、差异化和高端化的鲜明特色

全市现已拥有一批知名度高、带动力强、辐射面广的安全优质农产品品牌。目前，我市生姜、大葱、大蒜、草莓、大樱桃、西瓜、花生、板栗等优势农产品品牌覆盖率达到85%以上。全市农产品品牌达到55个，获有机、绿色、无公害农产品认证的农产品品牌41个、产品243个，基地面积达40.13万亩；有7个农产品获地理标志产品认证，产地保护面积43.3万亩。全市87家潍坊市级以上龙头企业均发展起了“拳头”品牌产品，在国内外市场占据了一定的位置，其中“鲁丰”牌水果罐头荣获中国名牌产品，“鲁丰”牌冷冻面食品被评为山东名牌产品，“万鑫”商标被评为山东省著名商标，“润康源”果蔬罐头被确定为备战伦敦奥运会专用食品。

**（三）特色、高效、外向型农业的特点更加突出，优势更加明显**

从20世纪90年代开始，安丘市依托丰富的资源优势和便利的区位优势，通过大力兴办农产品加工企业，突出外向型、强带动，积极搭建农民通向国内国际市场的桥梁，走出了一条国际化、标准化、产业化的现代农业发展新路子。目前，全市有一定规模的农产品加工企业431家，其中在检验检疫部门备案的农业龙头企业达到167家，年出口创汇超过200万美元的龙头企业达到52家；全市潍坊市级以上农业龙头企业87家，其中国家级龙头企业1家，省级龙头企业7家。全市农产品加工已发展到保鲜、脱水、速冻、腌渍、罐头、熟食制品六大类600多个品种，年加工农产品200多万吨，出口市场扩大到日本、美国、欧盟、香港等50多个国家和地区，初步形成了以葱、姜、蒜、果蔬等优势出口农产品为主的农产品加工产业集群。2012年，加工出口保鲜、盐渍、冷冻等蔬菜60万吨，货值达3.68亿美元。

**（四）推行一个标准，统筹两个市场，特色农产品市场竞争力不断增强**

从2007年开始，我们在全国率先提出并实施了农产品质量安全区域化管理，实现了“源头无隐患，投入无违禁，管理无盲区，出口无障碍”，打造出货真价实的“农产品质量安全示范区”。目前，全市已建成大姜、芦笋、大樱桃、草莓4个国家级农业标准化示范区，发展标准化种植基地85万亩，种植业农产品质量安全生产示范园区60处。在稳定日韩、欧美等国际市场占有份额的同时，积极推行“一个标准两个市场”，相继产生了供港、供澳蔬菜、世博菜、亚运菜等特色产品，提高了品牌农产品的市场影响力和竞争力。目前，全市自产蔬菜约80%以上外销，其中出口销售约占40%（约100万吨），主要销往日本、美国、欧盟、香港等50多个国家和地区；国内销售约占60%（约150万吨），主要销往北京、上海、广东、浙江、湖北、四川、新疆以及东北三省等20多个省市。

## 二、主要做法

**（一）创新农药监管机制，加快发展安全农业**

坚持从实施农药登记备案制度入手，创新思路举措，强化措施落实，初步建立起市场准入、连锁经营、联合执法的农药监管机制。2010年，全省农药经营备案制度推广会议、全国高毒农药定点经营管理试点现场会议相继在我市召开，推广了我市的经验做法。一是实施登记备案，建立市场准入机制。根据《农药管理条例》和《安丘市农药管理办法》规定，对进入我市的农药产品与生产企业进行登记备案，实施有条件的市场准入，并完善市农药电子交易市场功能，对农药批发企业实行集中交易管理。目前，已对398家农药生产企业、2731个农药产品进行了审查、备案，全市31家批发商全部进驻电子交易市场。二是推行连锁经营，规范经营管理制度。对全市31家农药批发商实行统一编号、标识管理，每个单品进入市场前必须加贴防伪标签，便于农民识别购买和执法监管。在此基础上，统一建立质量承诺、安全管理、农药销售实名等制度，健全"两账两票、一书一卡"，全面推行连锁经营模式。目前，全市31家农药批发商、819家零售店全部实行了连锁经营。三是加大整治力度，健全联合执法机制。在市农药集中整治活动领导小组的协调下，联合工商、质监、安监、公安等部门，加大执法力度，深入开展"放心农资下乡"、"农药专项整治"、"农资打假"等活动，严厉打击农药生产、流通、使用环节的违法行为，进一步净化了农药市场。四是成立农药协会，加强行业自律。按照"政府指导、市场引导、企业自主、中介服务"的原则，成立了安丘市农药发展与应用协会，积极宣传贯彻执行农业法律、法规，探索农药新品种及推广应用的新途径，进一步推进了全市农资信用体系建设。

**（二）突出农业示范园区创建，加快推进农业标准化**

按照区域化布局、专业化生产、产业化经营的发展要求，对所有标准化基地实行统一生产资料供应、统一技术指导、统一组织生产、统一质量检测、统一收购销售的"五统一"管理模式，充分发挥龙头企业、专业合作社的组织协调和辐射带动作用，全面实施"五个一百"工程，积极搞好以有机食品和绿色食品为重点的现代农业示范园区建设，促进了基地管理规范化、生产标准化。目前，全市建成了通过认证或出口备案的标准化种植基地85万亩，种植业农产品质量安全生产示范园区42处、标准化示范园100处，拥有大姜、芦笋、大樱桃、草莓四个国家级标准化生产示范区。2011年4月，我市被农业部确定为全国种植业产品质量安全可追溯制度建设整县推进试点，按照统一规范、企业带动、推广示范的指导原则，开展了以实施良好农业规范为核心的种植业产品质量追溯制度建设试点工作，取得了良好的成效。试点企业潍坊市鑫盛食品有限公司和安丘市华凌食品有限公司先后参加了上海国际有机食品博览会和全国农交会，安丘华仔食品有限公司向山东烟草集团供应基地大姜10万公斤，全部加贴产品追溯标签，提高了效益，扩大了影响。

**（三）培育农业龙头企业，加快发展出口型农业**

按照"扶优、扶大、扶强"的原则和集群化、园区化发展的思路，对带动农业和农村发展有力的涉农企业，从资金、技术、土地、人才等方面予以重点扶持，培育起了一批带动能力强、辐射范围广、产业集中度高的农业龙头企业，为农业产业化和外向化提供了重要支撑，农产品出口贸易进入快速发展的新阶段。目前，全市有一定规模的农业龙头企业发展到400多家，其中潍坊市级以上龙头企业87家，省级农业龙头企业7家、国家级农业龙头企业1家；安丘外贸食品、潍坊万鑫食品、潍坊润康食品等60多家龙头企业获得了国际上通用的美国零售销售协会认证、日本有机产品认证和全球良好农业操作认证，在同行业中率先拿到国际市场的通行证，搭上了产品出口国外的直通车，有近10家农业龙头企业“走出去”到日韩、南亚、东南亚等国家和地区设点办厂；优势农产品出口市场扩大到50多个国家和地区，2012年加工出口保鲜、盐渍、冷冻等蔬菜60万吨，货值达3.68亿美元。

**（四）发挥科技先导作用，加快发展高端农业**

积极引导企业与科研院所合作，推进农业科技创新，全市组建省和潍坊市级工程技术研究中心、企业重点实验室13家；依托山东农业大学、青岛农业大学、山东省农科院等6家科研院校，联合全市葱类品种生产、加工的26家企业及协会，组建成立了山东省葱类产业技术创新联盟，增强了科技创新能力，为提升农业生产水平，加快品牌创建，提供了有力支撑。整合农业教育、科技和推广力量，创新培训载体，广泛利用12316“三农”热线、送科技下乡、科技直通车等方式，以主导品种和先进技术的引进推广为重点，加强培训与指导，先后示范推广了良种良法配套生产、优化平衡施肥、病虫害综合防治等十余项先进实用技术，加速了科技成果转化，多项农业科技创新成果获得潍坊市以上奖励。其中，“生姜精准栽培技术研究与推广”项目获省丰收奖二等奖，“生姜安全控害技术研究与集成”项目通过专家成果鉴定，达到国内领先水平，目前已推广应用面积19万亩。近年来，我们先后承办了山东省大姜病害防控新技术示范观摩暨经验交流会、全省葱姜蒜优质安全生产关键技术交流暨现场观摩会，并作了典型发言。

## 三、存在问题与困难

一是农业产业化水平仍然较低。农民合作组织不规范，农村仍以一家一户生产经营为主，农业生产组织化程度低；龙头企业数量虽然不少，但规模小，带动力不强，龙头企业规模档次亟须提升；农产品精深加工远远不够，农产品附加值偏低，产业链延伸不长；市场营销体系不健全，城乡市场一体化建设步伐相对滞后，农产品缺乏有效的营销手段，难以形成品牌优势，市场竞争力普遍较弱。

二是农业生产基础条件仍然脆弱。农业投入不足、农业基础设施薄弱的问题仍然比较突出，尤其是农田水利建设、农村基础设施配套建设等相对滞后，农业抵御自然风险的能力不强，导致农业生产成本较大，不适应现代农业发展的要求。

三是规模化经营水平低。基地规模化是推动农业标准化重要载体。目前土地流转问题是制约规模化的主要瓶颈：土地流转规范性操作不强，缺乏中介服务组织，土地流转的供求、价格等信息不能及时有效沟通，农民参与土地流转积极性不高，土地集中连片流转难度较大，土地流出难和流入难等问题并存，导致基地规模化建设进程缓慢，农业产业化、规模化经营水平低。

四是农业的社会化服务体系不完善。集中表现在乡镇农技推广队伍、机构建设仍不完善，一线推广力量薄弱。当前基层农技推广队伍中存在人员老化、人才断档、知识层次低，知识结构急需优化，尤其是实践经验水平，已不能适应当前现代农业发展的需要，农技推广队伍素质亟待提高。基层农技推广机构普遍存在“职能、人员、经费、手段、服务、场所”落实不到位，专人专干机制不健全的问题。

## 四、政策建议

（一）加强政策扶持引导土地流转，推进适度规模经营。积极探索农村土地新的流转机制，加强土地承包经营权流转管理和服务，健全流转市场，在依法自愿有偿流转的基础上发展多种形式的适度规模经营；鼓励发展农村土地股份合作，支持发展专业大户、家庭农场、农民专业合作社等经营主体，促进土地集约化经营，不断提高土地的规模效益；强化中介服务，要充分发挥土地流转平台的指导和服务功能，引导广大农户稳妥让渡土地经营权，通过经营权的集中使用，推动基地规模发展；强化自愿、依法规范流转，依法采取转包、出租、互换、转让等方式流转，使农民“失地”不离土。

（二）优化运行机制，提高农业组织化、产业化程度。从政策、资金、人才、税收等各方面积极出台相应的优惠政策，加大对农民专业合作组织、行业协会等的扶持力度，从政府层面引导各专业合作组织逐步建立健全相应的管理、运行及利益分配机制，规范农民专业合作组织、行业协会的运行；扩大金融、信贷政策扶持的覆盖面，在龙头企业培育上给予更大的扶持，鼓励企业加大在科技研发、品牌培育、农产品精深加工等方面的资金投入，建设全产业链企业集团，实行标准化原料生产、规模化精深加工、现代化冷链物流一体化经营，促进龙头企业规范化、集群化发展。加大项目资金的整合力度，最大限度地把财政资金、信用资金集中投向主导产业的重大项目，注重

发展设施农业、特色优势农产品基地、农产品专业集散市场等。

（三）加强基层农技推广机构建设，提高基层农业公共服务能力。不断深化农业科技推广体制改革，健全完善公益性农技推广机构，强化服务功能和服务手段，提高服务效能。重视农技推广机构改革，理顺管理体制，确保专编专人、专岗专事，各乡镇（街道）及市级部门不得随意安排和调用农技推广人员从事与农技推广无关的工作，畅通农技推广渠道；健全人员队伍，扩大专业力量，增加经费投入，明确推广职责；加强农技推广人员培训、管理，健全农技推广激励机制，促进农技成果转化运用到位；加强农技推广工作目标责任考核，确保农技推广各项工作任务落到实处，让广大农民群众切实体会到科技兴农带来的更多实惠。

（四）推动多元化服务组织发展，提高社会化服务水平。引导和支持农民专业合作社、涉农企业、农业专业服务组织等多元服务组织发展，规范服务内容，明确服务标准，提高服务质量，积极开展产前、产中和产后技术服务，与公益性推广机构统一规划、统一部署，互为补充、取长补短，不断提高农技推广工作效能，扩大基层农技推广服务覆盖面，满足农民的多样化需求。积极探索建立社会力量广泛参与的新型、多元化的农技推广服务体系，鼓励、扶持涉农企业、民营科技机构、农民合作组织等社会力量，广泛参与农业新技术、新成果的推广应用等农业科技服务活动，有效整合科技资源，加速农业科技成果转化步伐。

**作者简介：**

于庆满，男，1962 年 6 月出生，中共党员，本科学历。现任山东省安丘市农业局党组书记、局长。

在任安丘市农业局党组书记、局长期间，市农业局连续多年被潍坊市委、市政府评为“全市农业产业化工作先进单位”，2010 年被山东省政府评为“全省高效特色农业先进单位”。本人也多次受到市委、市政府嘉奖，并记三等功一次。

# 合约服务 统一管理 土地规模经营新探索

河南省封丘县农业局 王振洪

如何确保粮食安全；如何解决农民进城务工后农忙时农村劳动力匮乏；如何使生产经营方式得到进一步优化；如何使土地产出率、劳动生产率、资源利用率进一步提高……针对这些问题，封丘县从实际出发，依托永业集团，中粮集团、亲耕田合作社，大力推广土地托管，创新土地托管形式，对土地规模化经营做出了新的探索，破解了一系列困扰农村经济发展的难题，这一做法值得推广与借鉴。

## 一、主要做法和成效

（一）合约服务，统一管理。封丘县土地托管的基本做法是，合约服务，统一管理。即合作社与农户签订合同，合同约定农户托管每亩小麦需向合作社交托管费300.7元，托管每亩玉米向合作社交托管费265元。合作社作为管理主体，负责为农户提供种子、化肥、农药等农资，为农户进行及时地统一播种、统一施肥、统一病虫草害防治，并为农民提供及时、科学、合理的技术指导、咨询和相关服务。农民须以村或乡为单位做到生产成方连片（每方面积原则上不少于50亩），以便于大型喷药机等大型农业机械的使用和土地的统一管理。粮食收获后，由亲耕田合作社按照国家收购粮食最低保护价再加价5分~1角的价格负责回收托管农民的粮食。

（二）因地制宜，创新形式。封丘县在推进土地托管中，因地制宜对土地托管形式进行了新的探索。归结起来他们托管的主要形式有三种：

一是由科技服务站牵头托管。永业集团亲耕田专业种植合作社在全县设立了110个永业新农村科技服务站，每个服务站设一名负责人，并从当地聘请了既懂技术又懂经营的技术人员。服务站的负责人和技术人员的工资由托管合作社支付。服务站负责协助合作社进行宣传、推广、土地管理等服务，合作社按合同收购农民的小麦。

二是由村委会牵头托管。通过与村委会合作，由村委会牵头，从种到收，托管合作社负责提供技术、农资、服务，并与村委会合资购买农业机械设备，村委会负责土地托管后的管理。小麦收获后，由合作社为中粮集团以高于市

场价 5 分 ~ 1 角的价格代收。现今，我县有一半托管土地都是以这种形式托管的。

三是与种粮大户、种粮能手联合托管。亲耕田合作社采取与村里的种粮大户、种粮能手合作的形式，以种粮大户、种粮能手为依托，由种粮大户、种粮能手以点带面，带动周边农户加入托管行列。农民按合同交托管费用，亲耕田合作社按合同收购农民的小麦。

（三）加强组织，正确引导。封丘县在推进土地托管中，县、乡、村都成立了相应组织，县里成立了农村土地流转管理指导中心，乡里成立了土地流转管理服务中心，村里设立了专职信息员。确保了土地托管层层有人抓，事事有人管。为了促进土地托管，县里利用电视台、报纸对土地托管大户进行了报道，正确引导土地托管健康发展。

通过一年多的探索，全县土地托管取得了显著成效：

一是提高了生产效益，促进了农民增收。开展土地托管服务后，由合作社对土地进行科学合理的统一管理，不仅提高了生产效率，还减少了农民对土地的投入成本。合作社集中采购种子、化肥、农药等农资，从企业直接到农户，还减少了流通环节，在降低农业生产成本的同时，还杜绝了假冒伪劣农资坑农害农现象的发生。据测算，农民每亩每季可减少投入 120 ~ 130 元，如果全县有 50 万亩土地进行托管，全年全县可增收 5000 万元。对于农民来说，土地托管更大的实惠还在于有时间出去打工增加收入。应举镇应举村村民崔若军长期在家种地，自从加入土地托管后，2012 年 10 月份出去打工，6 个月收入了 18000 元。他说："如果能把浇水、犁地也管了，就更好了，我一年打工能挣 20000 多元。"应举镇应举村农民崔玉坡平时在中船重工打工，将 7 亩地全部托管给亲耕田合作社，省劲不说，还不耽误打工。崔玉坡说："7 亩地自己种，光犁地、耙地耽误的工资一年都得 1500 元，农资投入一年也得 2000 多元，托管后真是省了不少劲，还省事。"应举村村民宋平说，平时自己在外地做木工活，每天打工收入 200 多元，每到农忙时都得赶回家，回家一次至少耽误一周的时间，光误工费都 1400 元，再加上路费，一次将近 2000 元，实在是不划算，土地托管后，这些问题都解决了。

二是促进了土地的规模化、集约化经营和管理。现今，农村年轻劳动力大部分外出务工，剩余的老人、妇女、小孩没有管理技术，很容易对土地进行粗放管理，土地托管后，由托管合作社把土地连成片进行统一管理，不仅可以避免土地粗放管理，还为土地规模化种植、集约化经营奠定了基础。通过实施托管，有助于打破户与户之间的界限，实行统一耕种、统一管理、统一收割的新模式；有助于大型农业机械的推广、使用；有助于土地规模化、集约化经营和管理。

三是减少了农业面源污染，增强了产品的市场竞争力。土地托管后，实行"三统一"管理，农药、化肥等农业投入品的使用更加谨慎，不仅可以避免化肥、农药的滥施滥用，同时还提高了农产品品质，减少了农业面源污染。

## 二、土地托管的优势和启示

土地托管这一土地流转形式，有着旺盛生命力，它的优势主要表现在六个方面：

1. 土地托管可以把农民从土地上解放出来，实现农民增收方式的根本转变。农民把土地托管后，可以进城务工，从整体上增加了家庭收入。

2. 土地托管可以促进新型农村社区建设。土地托管后，农民就不用考虑农机具的购买与存放等问题，从而解决了农民进社区后耕种土地的诸多不便，有利于新型农村社区的建设。

3. 土地托管可以促进规模化、集约化经营。土地托管是土地流转的一种新形式，它是通过把零星土地集中到一起，使用大型农业机械进行大田作业的现代化生产方式，不仅可以推动土地规模化、集约化经营，还解决了农村农耕时劳动力缺乏的问题。

4. 土地托管是由社会化组织给农民进行服务，有利于推动政府职能的转变，促使政府把精力放在监管上。土地托管前，政府必须把大部分精力放在农业技术服务上，土地托管后，合作社承担了大部分的技术服务和管理工作，使政府及有关部门有时间将精力放在农业监管上。

5. 土地托管有利于良种、良法的推广，可有效防止假冒伪劣农资坑农害农。土地托管后，合作社在管理土地的过程中，不仅对良种、良法进行了很好的宣传和推广。同时，农资都由合作社从农资企业直接购买，减少了农资在市场中的流通费用，降低了生产投入成本，还可有效防止假冒伪劣农资坑农害农事件的发生。

6. 土地托管有利于粮食产量的提高和粮食的安全生产。大多数农民依靠经验种田，方法比较传统且更新较慢，管理也比较粗放，粮食产量整体趋于稳定但很难有大的提高。亲耕田专业种植合作社依托中粮集团，不仅拥有专业的土地种植、管理技术，还拥有先进的大型农业机械。合作社运用先进技术对托管的土地进行现代化的管理，可以大大提高粮食产量，保证粮食安全生产。

土地托管在封丘是一个新事物，虽然其发展势头迅猛，但实施起来也不可能一帆风顺。从土地托管实践中我们得到以下启示：

选好土地托管的“龙头”，即土地托管公司，是取得成败的关键。“龙头”在土地托管中处于核心、中枢和关键的地位，事关土地托管的成败。“龙头”一要有诚信，农民信赖；二要有实力运作；三要有人才经营；四要有营销网络。只有这样的“龙头”才能保障农民的利益最大化。

发挥乡镇政府和村委会的服务功能，是托管取得成效的保证。乡镇政府、村委会在土地托管中起着举足轻重的作用。乡镇政府、村委会在土地托管中可以发挥中介、中转、监督和协调的作用。村委会不仅是村民的自治组织，还有很大的潜在服务功能。充分发挥村委会的服务功能，对发展土地托管有着重要的作用。

签订规范的合同是规避纠纷，保证双方利益的主要保障。土地托管双方，应签订规范的合同，明确双方的责、权、利，以此保护双方的合法权益，杜绝经济纠纷隐患。

实施优惠政策，是推动土地托管的有效动力。土地托管这个新生事物，还处于起步阶段和初级阶段，亟待鼓励、支持和帮助。封丘县委、县政府在推动土地托管工作中，以经济扶持和政策激励为导向，确保了土地托管健康发展。一是资金扶持。县乡政府协调有关部门，加大对土地托管的资金扶持力度，以满足土地托管正常运行的资金需求。二是项目扶持。为了给土地托管创造良好的生产条件。封丘县要求所有涉农项目优先在土地托管田块实施或土地托管优先在生产基础条件好的村实施，以确保托管双方的效益最大化。三是奖优罚劣。县政府出台了奖罚政策，对托管工作开展好的乡镇和个人给予一定的资金奖励，对土地托管工作落后的给予鞭策，有力地推动了土地托管工作的开展。

# 用“四个创新”引领农业现代化建设

湖北省武汉市江夏区农业局　黄东海

党的十八大提出：“坚持走中国特色新型工业化、信息化、城镇化、农业现代化道路，推动信息化和工业化深度融合、工业化和城镇化良性互动、城镇化和农业现代化相互协调，促进工业化、信息化、城镇化、农业现代化同步发展。”中央从放眼全国的高度，高屋建瓴地站在时代前沿为农业指明了方向，明确了与工业化、城镇化、信息化同步实现农业现代化，是当前农业工作的首要任务。全面贯彻落实十八大精神，武汉市江夏区委区政府提出了“在全市乃至全省率先实现农业现代化”的战略目标。实现这一目标，需要我们客观评判近年农业工作取得的成效，科学分析面临的有利和不利形势，准确把握农村经济结构转型的历史机遇，切实创新思路和发展方式，加快推进以现代都市农业为核心的农业现代化建设步伐。

江夏地处武汉南大门，山水资源丰富，区位、交通、科技优势明显。近年来，江夏农业坚持现代都市农业方向，突出“特色、规模、品牌、效益”，加快发展设施农业、生态农业、休闲农业，取得了明显成效：农业供给保障能力显著增强，被确立为“十二五”期间全市最大的菜篮子基地，获评全国生猪调出大县、全省粮食大县（区）、水产大区；农业竞争张力显著提升，引进培植市级以上农业龙头企业 38 家，农产品加工年产值达到 86 亿元，建成规模农产品生产基地 120 万亩，农业品牌总数稳居全省前列，农产品出口创汇额达到 8000 万美元；农业安全水平明显提高，建成以区农检中心为龙头和 51 个基层农产品质量安全自检点为辅翼的“两级三层”农产品质量安全检测体系，连续 7 年重大农产品质量安全事故零发生；农业经济发展速度显著加快，农民人均纯收入连续 10 年保持 2 位数以上的增幅，2012 年首次突破万元大关，江夏区连续五年蝉联全省县域经济综合考评第一名。

尽管近年来江夏农业在发展上取得了明显成效，但仍然存在着一些不足与问题。相比于工业化城镇化，江夏农业现代化明显滞后，在全市乃至全省率先实现农业现代化，还存在着诸多制约瓶颈。一是资源环境约束。江夏农村人均耕地仅 1 亩多，农业资源相对贫乏，人地关系十分紧张，农村生活污染、农业面源污染及工业“三废”污染、土壤肥力下降等问题仍很突出；二是农村发展仍然存在一些体制性障碍。城乡分割的二元经济社会结构尚未彻底打破，现行的财政、金融、产权、户籍、社会保障制度尚未改革彻底；三是农业生产科技含量不高。全区多为丘陵地带，南部街乡大多还是传统农业，生产方式和生产水平相对落后；四是农产品加工程度较低，农业附加值不高；五是农民素质整体偏低，高素质复合型的农业人才相对匮乏；六是城镇化工业化吸纳农民工的需求与农村劳动力供应不对称，影响农民市民化进程。

竞进提质促跨越，加快发展惠民生。面对新时期农业工作新机遇新挑战，我们认为，江夏实现农业现代化是产业呼唤农民期盼，刻不容缓；外部环境内部条件已经具备，正逢其时；科技水平装备能力不断提升，可期可行。

## 一、坚持因地制宜，大力推进都市农业发展路径创新

实现农业现代化，首要的是因地制宜选择与区域实际相适应的发展路径。实践证明，以“服务城市、致富农民”为宗旨的现代都市农业是江夏农业发展的必然路径选择。

首先，江夏农业核心生产区距武汉市区距离不足20公里，得天独厚的区位条件使得江夏农业与城市发展密不可分；其次，随着武汉城市化进程加快，都市农业发展所需的基础条件和外部环境日益改善；其三，城市化进程加速了“工业反哺农业、城市支持农村”，农业发展经济基础不断夯实；其四，随着城市人口大幅增长和人们生活水平不断提高，由此产生的农产品供给、农业休闲旅游以及农业信息服务等诸多市场需求应运而生，消费规模不断扩大，给都市农业发展提供了巨大的市场需求空间。

创新江夏现代都市农业发展路径，要深刻把握都市农业发展模式多样化、经营形式产业化、生产技术专业化、体制机制灵活化、市场开拓全球化等趋势特征；要清醒认识面临的城市规划欠缺，发展空间受限，生态环境脆弱，污染治理滞后，融资渠道狭窄，资金投入不足，专业化程度不高，产业化进程缓慢，体制机制落后，经营模式低端等现实问题。要通过推进“五个融合”创新江夏都市农业发展路径：一是坚持“发展区、限制区、严控区”三大战略，全面推进农业产业结构布局与城市规划相融合；二是通过农业主题公园等形式，把都市农业的休闲、娱乐、观赏、体验以及教育等多种功能融入城市建设，推进农业产业拓展与城市建设创新相融合；三是鼓励农民以转包、出租、互换、转让、股份合作等形式流转土地承包经营权，推进新型农村经营主体培育与土地流转相融合；四是通过成果转化建立一批高技术、高投入、高产出的农业科技创新示范项目，推进农业进步与技术创新相融合；五是出

台鼓励与扶持都市农业发展优惠政策，从土地、人力资源、资金、技术等方面提供强有力支持，推进都市农业发展与体制机制创新相融合。

## 二、坚持前瞻谋划，大力推进现代农业发展思路创新

现阶段，江夏农业发展处于传统农业向现代农业转型的关键期，加快农业现代化建设，要厘清思路，在发展目标上敢于争先，在发展进程上勇于领先，在发展水平上立足率先。重点把握好“四个突出”。

1. 突出打造大园区。一是突出打造现代农业示范观光园区。以区域内107国道沿线农业、林业基地为依托，按照生态化、景点化，观赏化、特色化的标准，全面实施升级改造，完善各基地的区间路网和标识标示，形成以107国道为中轴，空间互通，功能互补，利益互联，集生态、休闲、科普、农事体验等多种功能于一体的综合性现代园区。二是突出打造农产品加工产业园区。着力提高安山农产品加工产业园规划标准，加快推进园区建设，重点加快华夏种都项目推进，强化农产品深加工项目的招商力度。积极筹划法泗农产品加工产业园，重点发展优质大米深加工、籽莲深加工等特色农产品深加工项目。力争5年内2个园区产值达到150亿元。

2. 突出做强大产业。坚持生态优先的原则，天子山大道和梁子湖大道沿线重点发展以农家乐为主的休闲农业；107国道沿线重点发展林业和特色种植业；武嘉及金水河沿线重点发展蔬菜、粮食产业，打造鱼米之乡；南部乡镇重点打造高端畜牧业和健康水产业。种植业重点突出10万亩蔬菜板块基地，10万亩籽莲、莲藕为主的水生蔬菜板块基地建设；休闲农业重点打造武汉地区规模最大的农家乐产业集群和赏花经济亮点；畜牧业发展坚持总量控制，结构优化，产业转移的原则，逐步缩小商品猪养殖规模，推进养殖企业向种猪行业转型，坚决控制沿湖地区生猪养殖规模，鼓励生猪养殖企业向南部乡镇及区外发展转移，推进畜禽深加工产业发展；水产业坚决对梁子湖等湖泊实施围网拆除，湖区实行天然放养，严格控制精养鱼池的新建，加大旧池改造支持，推进水产养殖结构调整，重点发展名优特水产养殖，推广健康化养殖技术。

3. 突出推进大流通。深入研究物流产业自身发展规律，深化政策研究，充分利用江夏区位优势、基础优势和项目优势，着力推进北部郑店农产品物流园，南部山坡机场物流港，西部金港新区物流港、网上农产品销售新型网络建设，从而实现南北呼应，水、陆、空、网立体全覆盖的全新物流体系。北部农产品物流园以郑店海吉星为依托，做强农产品物流业，建设辐射全国

的华中地区最大的农产品物流港。南部山坡机场物流港以武汉第二机场建设为契机，超前规划好配套服务业；新型农产品网上直销体系以“家事易”等新兴物流企业为依托，支持以企业为主体的净菜加工配送综合体建设，不断创新本地农产品购销模式，建立从田头到餐桌的直销体系。

4. 突出整合大信息。一是前瞻性建设高规格区级现代农业信息综合展示服务平台。平台建设主要通过系统研发、信息采集录入、实时数据传输体系建设等现代高科技手段，通过电脑、多媒体大屏幕等载体全方位、多角度、多层次展示江夏农业现代化建设取得的进展和成效。内容涵盖农村城镇化建设、新农村建设、特色板块基地、农业企业、农产品物流、农产品质量安全、农村产权、产品特色等涉农行业现状和最新进展以及实时动态。平台展示大到全区的整体概况，小到每户村民住房现状，乃至主要基地生产实况，都可以实现实时点击，实时呈现。二是以区级平台为核心，配套建设覆盖街、村、企、基地四级信息服务体系。服务体系主要功能是及时收集涉农最新动态，及时发布涉农信息，加速农村资源资本要素市场流动。

## 三、坚持要素聚集，大力推进农业发展方式创新

以工业化为支撑，以城镇化为依托，大力推进农村改革，盘活农村资源资产资本；大力推进新型农村经营主体培育，加快农业生产要素聚集；大力推进生态农业发展，增强农业可持续发展能力；大力推进城乡一体化建设，实现城乡统筹发展，是转变农业发展方式的重要途径。

1. 多途径推进农民身份转变。适度减少农业人口，提高劳平产出。一是要变农民为市民，优先将城中村、开发区、工业园区等占地较少的农民变为市民，纳入市民管理；二是变农民为股民，借鉴复制怡山湾模式，鼓励农民通过土地等资源入股成为经营性公司股东；三是变农民为新型职业农民，通过培训、引导，使之一部分成为通过技能培训上岗的标准化产业工人，一部分成为农业产业生产过程中的投入品经销商或农产品经纪人，一部分成为农业及其衍生行业的创业者。

2. 多途径培育农村新型经营主体。重点培育生产、加工、流通一体化农业企业，合理布局农产品直销店，完善加工配送链条，建立从生产基地直达消费主体的一站式通道。引导经营主体以市场经营为核心，向农产品生产环节延伸产业链，拓展生产经营范围。重点支持市场前景广阔、带动力强的农民专业合作社的组建和壮大。加大家庭农场、种养大户扶持力度，鼓励农民自主创业。大力发展农产品加工业，加快形成蔬菜、水产、肉食、饲料、粮

油五大加工产业链，重点培育3~5家年加工产值过10亿元，联结基地过万亩的龙头加工企业。

3. 多途径推进生态农业发展。一是在产业方向上坚持有所为有所不为。优先发展蔬菜产业，全区蔬菜基地保有量要由目前的22万亩增加到30万亩；天然湖泊、大型水库实行生态养殖，人工渔池实行健康养殖；全面推行畜禽养殖与规模种植相配套，实行种植与养殖循环利用；加大农田保护力度，非农产业不得逾越基本农田保护红线。二是精心打造休闲农业，培育一批观光型、文教型、体验型、博览型的精品休闲农业景点，拓展农业多种功能，加快农业由第一产业向第三产业转移。三是大力推行农业标准化生产。全面推行农产品生产和加工技术标准化；积极推进农业标准化示范区创建；全面落实农产品质量安全标准化生产制度、产地准出制度、市场准入制度和质量可追溯制度。

4. 多途径提高农业科技水平。一是要突破性发展设施农业，到2015年，全区设施大棚面积发展到5万亩，到2020年力争达到10万亩。二是要突破性发展种子种苗产业，依托华夏种都，在安山街建立1000亩的种子种苗研发、加工、物流基地，在郑店、法泗街建立2000亩优质种子种苗繁育基地。三是要突破性实施沃土工程，运用第二次土壤普查成果，对全区耕地包括林地地力实行网络化、信息化动态监测，针对不同类型土壤、不同地力状况、不同作物需求，开展个性化配方施肥服务。四是要突破性实施农业节约技术，通过推广精量播种、免耕栽培、喷滴灌、配方施肥技术等，实现农业投入的减量化。五是要突破性发展农业机械化。加快农机、农艺集成技术的研究推广，促进农业机械化快速发展。

## 四、坚持政策利导，大力推进农业扶持体制机制创新

现阶段，农业依然处于弱势地位，急需进一步加大农业扶持投入，加快发展步伐，才能实现农业现代化与工业化、城镇化、信息化的同步发展。

1. 建立现代农业财政支持机制。有效整合农业综合开发、土地整理、扶贫开发、农田水利基本建设等涉农项目、资金捆绑使用，形成支持农业发展合力。区级财政本年度列支不低于1亿元的专项资金，专门用于补贴农业发展，专项资金向农业重点区域、重点产业、重点项目、重点企业倾斜。

2. 推进农村金融改革和创新。加大政策性金融支农力度，增加支持农业和农村发展的中长期贷款，在完善运行机制基础上强化金融部门的支农作用。鼓励银行探索建立更加贴近农民和农村需要，由自然人或企业发起的小额信

贷组织。加快落实对农户和农村中小企业实行多种抵押担保形式的有关规定。扩大农业政策性保险的试点范围。

3. 完善农业投资管理体制。发挥财政资金投入的导向作用，鼓励社会资本积极投资开发农业。通过规划引导、统筹安排、明确职责、项目带动等方式整合投资，提高资金使用效率。对国家投资和补助的农业项目，要实行公示制度，通过招投标、资金跟踪监督和项目评估等办法，确保管好用好资金，保证项目质量。

**作者简介：**

黄东海，男，汉族，1962年10月出生，中共党员，大学学历。现任湖北省武汉市江夏区农业局局长、党委副书记。

自1987年参加工作起，历任湖北省武汉市原武昌县（现江夏区）范湖乡统计员、宣传统战干事、办公室主任、党委委员、党委副书记，江夏区金口街党委副书记，国营金水农场党委副书记、场长，江夏区金水办事处工委书记、主任等职。现任江夏区农业局局长、党委副书记。

曾获得江夏区抗洪抢险先进个人，优秀党务工作者，优秀党员，先进工作者，防汛抗洪先进个人等荣誉。

# 抓机遇　促发展　加快转变农业发展方式

湖北省公安县农业局　王良虎　钟　琼　赵　尧

转变农业发展方式是贯彻落实科学发展观的根本要求，是实现农业现代化的必然选择。只有加快推进农业发展方式转变，才能不断破解农业发展面临的矛盾和难题，提升农业产业的质量、效益和竞争力，为国民经济平稳较快发展提供强力支撑。

## 一、充分认识加快转变农业发展方式的必要性和紧迫性

我国正处在现代化建设的重要时期，工业化、城镇化、市场化进程加快推进，城乡之间、农业与非农产业之间联系日趋紧密，国内外经济形势变化对农业发展的影响越来越大，对农业基础性支撑作用的要求越来越高。在此背景下，进一步强化农业基础地位，加快推进农业发展方式转变，尤为重要和迫切。

转变农业发展方式是巩固农业基础地位、推进农业现代化的必由之路。农业是国民经济的基础，是安天下、稳民心的战略产业。随着经济发展，农业在国民经济中的比重会逐渐降低，这是经济发展的一般规律，但农业在国民经济中的基础地位没有变，农业依然是衣食之源、发展之本。经济越发展，城镇化、工业化水平越高，越要转变农业发展方式，强化农业的基础地位，这是保障工业化、城市化顺利进行的必然要求。2008 年我国人均国内生产总值超过 3000 美元，这是经济发展阶段的重要分水岭，标志着我国已进入现代化建设的加速推进时期。从国际经验看，现代化加速推进期既是农业现代化建设的重要机遇期，也是农业发展的风险期；把握得好，农业现代化加快发展；把握不好，农业发展则会出现徘徊甚至倒退。美国、西欧各国在进入这个阶段后，都注重农业发展方式转变。而拉美国家在这个阶段由于轻视农业农村发展，整个国家由此陷入经济徘徊、社会动荡的发展“陷阱”。因此，在我国工业化、城镇化加速推进期，只有加快农业发展方式转变，才能有效地保障国家粮食安全和经济安全，从而扩大发展回旋余地，实现经济社会又好又快发展。

转变农业发展方式是扩大国内需求、缩小城乡差距的重要举措。扩大国

内需求特别是消费需求，是实现我国未来经济发展目标的战略举措。扩大消费需求，潜力在于扩大农村消费需求，关键在于使农民有消费能力，核心在于增加农民收入。目前，我国农村消费严重滞后，占总人口近2/3的农民仅消费了全国1/3的消费品。农村消费水平低，根本原因是农民收入水平不高。近年，尽管农民收入增长较快，但城乡居民收入差距继续扩大，2004～2009年城乡居民收入相对差距由3.21∶1扩大到3.33∶1。农民收入增长相对迟缓主要源于农业内外两方面。从农业内部看，目前我国农业劳动生产率不足第二产业的1/7，不到第三产业的1/3，传统农业经营方式很难大幅度提高劳动生产率，制约了农民的农业收入。从农业外部看，外出农村劳动力的文化素质和就业技能还难以满足就业岗位的需要，制约了农村劳动力外出就业的规模扩大和充分就业。因此，无论是提高农业劳动生产率，增加农民的农业收入，还是促进农村劳动力稳定转移就业，拓展农民的非农收入来源，都迫切需要加快农业发展方式转变。

转变农业发展方式是应对国际市场挑战、增强农业竞争力的必然要求。随着对外开放的不断扩大，我国农业面临着激烈的国际竞争。一方面，小麦、玉米、大豆等大宗农产品的价格普遍高于国际价格，国外低价农产品的进口压力始终存在；另一方面，园艺、畜禽、水产等优势农产品出口难度加大，竞争优势面临挑战。我国农产品贸易已连续6年呈逆差走势。当前，发达国家正在大力推动农业尖端科技研发应用，跨国公司正在加快产业布局和资本渗透，在种业等关键领域抢占发展制高点，给我国农业产业安全带来新的风险。特别是这次国际金融危机爆发以来，发达国家不仅没有放松农业，反而把转变农业发展方式、提升农业发展水平作为克服危机的重要战略，在新能源、低碳经济等领域培育新的经济增长点，这将对未来国际农业发展格局产生深刻影响。因此，只有加快转变我国农业发展方式，充分利用“两种资源、两个市场”改善要素结构，提高资源配置效率，大力提高农业科技自主创新能力，推动产业结构优化升级，才能增强我国农业的核心竞争力，在激烈的国际竞争中赢得主动。

转变农业发展方式是突破资源环境约束、实现可持续发展的根本出路。农业是高度依赖资源条件、直接影响自然环境的产业，农业的资源利用方式对实现可持续发展具有重要影响。新中国成立以来特别是改革开放30多年来，我国农业发展取得了举世瞩目的成就，但也要看到，我国农业发展方式粗放，资源消耗过大等问题也日益突出。我国农业用水量占全社会用水量的70%以上，有效利用率只有40%多，而先进国家达到70%多，以色列达到

80%～90%。我国化肥、农药利用率仅在30%～40%，单位面积化肥使用量是美国的两倍多。从第一次全国污染源普查结果看，每年来自农业面源污染的化学需氧量（COD）1324多万吨。农业生态环境局部改善、整体恶化的势头没有明显改变。农业发展方式如果不转变，资源环境约束不突破，农业发展就没有前途，国民经济发展也将受到影响。因此，只有加快转变农业发展方式，提高资源和投入品使用效率，发挥农业的多功能性，才能突破资源环境约束，实现可持续发展。

## 二、进一步明确转变农业发展方式的思路和重点

现阶段，我国农业农村发展出现了多年难得的好形势，加快转变农业发展方式面临难得的机遇。粮食连续6年增产，粮食综合生产能力基本稳定在5亿吨水平上，为加快转变农业发展方式奠定了物质基础；初步建立的强农惠农政策框架，农业支持保护水平的逐渐提高，为加快转变农业发展方式提供了政策保障；农业科技进步取得的新进展，科技对农业增长贡献率的稳步提高，为加快转变农业发展方式提供了动力支撑；不断完善的农村基本经营制度，农业组织化程度的稳步提升，为加快转变农业发展方式提供了制度保障；农民收入连续6年快速增长，农村经济全面发展，为加快转变农业发展方式提供了经济基础。但也要清醒地看到，我国农业基础仍不牢固，农业发展方式仍然粗放，农业劳动者总体素质不高，转变农业发展方式的任务十分艰巨。

当前和今后一个时期，加快转变农业发展方式的总体思路是：深入贯彻落实科学发展观，坚持统筹城乡发展方略和工业支持农业、城市支持农村方针，坚持走中国特色农业现代化道路，以确保国家粮食安全和农产品有效供给、增加农民收入、实现可持续发展为主要目标，以夯实农业基础、提高农业综合生产能力为主攻方向，以保障农产品质量安全为关键环节，以加快科技进步和改革创新为根本动力，切实把农业发展转到依靠科技进步、提高劳动者素质和管理创新的轨道上来，努力提高土地产出率、资源利用率和劳动生产率，巩固农产品保障能力，提升农业国际竞争力，增强农业可持续发展能力，力争在提高农业综合生产能力上取得新进展，在转变农业发展方式上争取新突破，在发展现代农业上取得新成效。

转变农业发展方式涉及方方面面，要重点在五个方面实现根本性转变。

一是促进农产品供给由注重数量增长向总量平衡、结构优化和质量安全并重转变。近年来，受城乡居民生活水平提高等因素影响，我国农产品需求呈刚性增长态势。据测算，到2020年粮食自给率要稳定在95%以上，全国每

年大体增加粮食需求400万吨、肉类80万吨、植物油50万吨。而在国际农产品市场变化加剧的情况下，我国利用国际市场调剂余缺的不确定性在增加，保障国家粮食安全和主要农产品总量平衡、结构优化、质量安全的压力不断增大。因此，必须加快转变农业发展方式，不断提高农业综合生产能力，保障主要农产品有效供给，确保国家粮食安全。同时，要坚持推进产业结构、产品结构、区域结构调整，不断提升农产品质量安全与竞争能力。

二是促进农业发展由主要依靠资源消耗向资源节约型、环境友好型转变。缓解我国农业面临的资源环境约束，从根本上改善农业生态环境，必须转变粗放的农业发展方式，走内涵式发展道路。要采取综合措施，切实加大农业资源和生态环境保护力度，深入推进农业生态文明建设，坚决执行最严格的耕地保护制度和集约节约用地制度，推广农业节本增效技术，发展循环农业，提高资源利用效率，减少面源污染，促进资源永续利用和农业永续发展。

三是促进农业生产条件由主要“靠天吃饭”向提高物质技术装备水平转变。物质技术装备水平既是现代农业的重要标志，也是提高农业综合生产能力的关键环节，更是加快转变农业发展方式的重要条件。要坚定不移地用现代物质条件装备农业，用现代科学技术改造农业，大力发展设施农业，加快推进农业机械化，强化农业防灾减灾体系建设，提高农业科技进步贡献率，增强农业抵御自然风险的能力，形成稳定有保障的农业综合生产能力。

四是促进农业劳动者由传统农民向新型农民转变。我国农村劳动力资源丰富，但总体上科技文化素质偏低，相对缺乏适应发展现代农业需要的新型农民。要把提高农民科技文化水平放在突出位置，大力发展农村职业教育，积极开展农民培训，切实加强农村实用人才开发，培养一大批有文化、懂技术、善经营、会管理的新型农民，为转变农业发展方式提供智力支撑。

五是促进农业经营方式由一家一户分散经营向提高组织化程度转变。我国农户经营规模小、组织化程度低，特殊的国情又决定了不能简单地通过土地的集中来解决小生产与大市场的矛盾，这就需要不断提高农业的组织化程度。要在坚持农村基本经营制度基础上，加快推进农业经营体制机制创新。要大力发展各类产业化经营组织特别是农民专业合作社，进一步健全农业社会化服务体系，促进农户分散经营向适度规模经营转变，形成多元化、多层次、多形式的经营方式，切实提高农业组织化程度，把农户引领到农业商品化、专业化、社会化的发展轨道上来。

## 三、采取有效措施加快推进农业发展方式转变

加快构建农业现代产业体系。当前，我国农业面临的主要任务是适应日益增长和升级的农产品需求，继续做大做强农业产业，构建农业现代产业体系。要加大粮食战略工程实施力度，稳定粮食播种面积，推进国家粮食核心产区和后备产区建设，健全粮食安全保障体系。积极推进农业结构调整，实施优势农产品区域布局规划，提升高效经济作物和园艺产业、现代畜牧水产业的比重，加快形成优势突出和特色鲜明的农产品产业带。大规模开展园艺产品生产和畜牧水产养殖标准化创建活动，加快发展无公害农产品、绿色食品和有机农产品，实行规模化种养、标准化生产、品牌化销售和产业化经营，进一步提升农产品质量安全水平。

大力加强农业基础设施建设。把建设高标准粮田、改造中低产田和完善农田水利设施，作为农业基础设施建设的重中之重，抓住中央大幅度增加基础建设投入的有利时机，全面实施新增千亿斤粮食生产能力建设工程、新一轮“菜篮子”建设工程等项目，科学谋划和实施一批提高保障支撑水平、增强发展后劲的农业重大工程项目，推进农业基础设施建设跨上新台阶。探索建立国家奖补与农民投资投劳相结合的农业基础设施建设新机制。积极推动中国特色农业机械化发展，进一步提高农机装备水平和服务能力。

积极推进农业科技创新和应用。大力促进农业技术集成化、劳动过程机械化、生产经营信息化。强化农业基础研究和科技储备，积极抢占农业科技竞争制高点，在转基因生物新品种培育等关键领域和核心技术上取得突破。以节地、节水、节肥、节药、节种、节能，资源综合循环利用为重点，开发农业节约型技术。坚持规模化、标准化的种子产业发展方向，依托大企业和大基地做大做强种子产业。大规模开展粮食高产创建活动，集成推广良种良法，通过提高单产水平来克服耕地资源限制。加快推进基层农技推广体系改革与建设，积极提供新品种供应、新技术推广、统一耕种收获、病虫害专业化统防统治、农资统购统供等服务，提升公共服务能力。

加快推进农业经营体制机制创新。不断深化农村改革，加快创新农业体制机制，是加快推进农业发展方式转变的重要抓手。在稳定土地承包关系的基础上，加快建立健全土地流转市场，引导土地承包经营权规范有序流转，发展多种形式的适度规模经营。创新农业经营制度，大力提升农业产业化经营水平，完善利益联结机制；加快发展农民专业合作社，加强合作社规范化建设；深化农村集体产权制度改革，增强集体服务功能。

不断完善农业支持保护体系。大力实施工业反哺农业、城市带动农村战略，坚持多予少取放活的方针，逐步建立与国家经济实力相称、有利于强化农业基础的支持保护制度。持续加大国民收入分配格局调整力度，推动资金、人才、技术等资源要素向农村配置。继续扩大农业补贴规模，提高补贴标准，完善补贴办法，逐步形成目标清晰、收益直接、类型多样、操作简便的农业补贴政策框架。完善主要农产品最低收购价制度，健全重要农产品临时收储政策，提高农产品价格保护水平。加大农产品出口支持力度，推动完善农产品进出口调控机制。创新农村金融制度，通过机构、组织、产品和服务创新，满足农村金融服务需求。

进一步强化对农业的管理和调控。转变农业发展方式，要充分发挥政府“有形之手”的功能，不断加强和改善政府对农业的管理和调控，确保中央关于转变农业发展方式的重大部署落到实处。要加强利益协调，建立健全利益补偿机制，保护和调动农民务农种粮和地方政府重农抓粮的积极性，这是加快农业发展方式转变的重要推动力量。积极转变农业部门职能，重点强化技术推广、检验检测、行政执法等关键环节。借鉴“米袋子”省长负责制和“菜篮子”市长负责制的做法，以主产区为重点逐步建立新的绩效考核评价体系，强化地方政府夯实农业基础、加快转变农业发展方式的责任。

# 发展家庭农场　促进现代农业发展

湖南省郴州市苏仙区农业局

按照省农业厅的安排部署，2013年上半年，苏仙区农业局组织粮油站、推广站有关专家，在总农艺师的带领下，对苏仙区的家庭农场现状进行了为期6个月的调研。现将调研情况报告如下：

## 一、苏仙区家庭农场发展现状

2013年的中央一号文件中，首次提出了家庭农场这一概念。家庭农场是指："以家庭成员为主要劳动力，从事农业规模化、集约化、商品化生产经营并以农业收入为家庭主要收入来源的新型农业经营主体"。

家庭农场的提出为破除土地流转的瓶颈提供了一个很好的突破口。调研中，区农业局局长提出，我区家庭农场的认定应该符合下列两个条件：

一是家庭农场的规模。要认定家庭农场，必须确定其适当规模，一般以30～50亩为起点线。规模太小，没有规模效应，效益低下，家庭农场没有发展后劲；但起点线过高，则没有可操作性，与我区鼓励发展家庭农场的初衷相悖，不利于大力发展家庭农场，因此适当的规模对我区发展家庭农场意义重大。

二是土地承包时限。家庭农场所承包的土地应该具有5年以上的时限。这主要是有利于家庭农场主对自己的农场发展制定长远规划，而且家庭农场主的土地承包期越长，家庭农场主对其承包的土地的投入会相应增加，而不会采取短期的掠夺性生产，有利于耕地的地力保护、提升和耕地生产效率提高。同时也为家庭农场的融资和政府对家庭农场进行扶持提供了便利和保障。

据预测，我区的家庭农场将来大部分都可能是由种粮大户或专业户升级发展而成。

近几年来，我区的种粮大户逐年增加，2012年有30亩以上的种粮大户100余户，50亩以上的种粮大户60余户，涉及土地流转5000多亩，部分种粮大户积极购买农机，开展多种经营，已初具家庭农场雏形；像望仙镇和平村的杨小州，现状每年进行水稻，油料种植及加工，同时还开展禽畜牧鱼业养殖，在已经购置农业机械具价值20余万元，2011年产值292000元，实现利

润82000元，已经初具规模。种粮大户和家庭农场的发展，对我区农业生产实现规模化和现代化、促进粮食稳定发展、减少耕地抛荒起到了积极作用。但是同时我们也看到，我区的家庭农场发展也还只是处于萌芽状态：首先没有形成规模效应。我区种粮大户所流转的耕地面积只占我区总耕地面积的0.025%，示范作用有限；其次我区的种粮大户发展情况良莠不齐，有的种粮大户承包耕地面积较大，购买了全套的农机具，耕种基本实现了机械化，而有的大户承包耕地面积较小，且全凭手工耕种，效率低下，效益不佳。有的大户流转的土地不规范，承包的耕地属于临时性质，没有长远发展规划，也没有投入，发展极不稳定。

## 二、家庭农场发展存在的困难

综合分析我区种粮大户近几年来的发展状况，我们认为，种粮大户要发展成为家庭农场存在着巨大困难。

一是土地流转难。现有的种粮大户（家庭农场）土地流转困难，囿于土地承包责任制政策，种粮大户要想流转土地却没有政策支持，出现了想种地的没有地可种，不愿种地的人的耕地却抛荒的现象，加上我区属丘陵地带，土地零碎分散，要连片大面积承包一块耕地极为困难，要长期承包别人的耕地更是难上加难。

二是土地流转成本高。租地成本现在增长很快，热点地区租金奇高，我区目前要承包一亩耕地裸成本需要100~700元，偏远地区的租地成本要低点，像杨小舟2010年前拾荒租的地，到现在还是每亩150元，而当地2013的租地费用，直接涨到每年1000元的租金。加上承包者承包到土地后不能享受中央的各种种粮补贴政策；有些耕地荒芜多年，要进行耕种必须要进行复垦，需要投入巨大复垦资金，无形中增加了承包者的土地流转成本。土地流转不畅还形成了种植大户耕地的严重插花，影响耕种机械的使用，降低了耕种效率。

三是融资困难。由于种粮大户相对一般农户普遍耕种面积较大，相对投入多，很多大户首次承包后要购买农机具、建设仓储设施、农田基本建设、购买生产资料、建设设施农业等，都需要大量资金，而一般家庭自有资金有限，必须要进行融资才可能扩大生产规模，但由于承包的土地只有使用权，不能用于抵押贷款，而信贷机构认为农业生产风险太大，不愿向种粮大户提供资金，国家对种粮大户没有明确的信贷支持政策，导致种粮大户融资极为艰难。而家庭农场的耕地面积更大、经营项目更多，其融资难度将更高。

四是卖粮难。2013 年苏仙区很多种粮大户还有大量的 2012 年的粮食没有售出，从 2 月到 7 月粮价呈下行状态，销售量下降，小型粮食加工企业仓库里的粮食销售受阻，粮食销售市场呈现病态，很大程度影响了 2013 年的粮食生产。

五是地理条件差。苏仙区地处湘南山地丘陵区，很多耕地在山区和岗地，水源条件差、机耕道路差甚至是没有，单块耕地小等因素极大地影响了机械化生产程度，如五盖山镇、良田镇、坳上镇、和平镇的许多山区村，单块耕地极小，耕种机械无法使用，无法进行机械化生产。

## 三、建议

针对目前苏仙区农业生产发展现状和种粮大户及家庭农场发展具体情况，提出了以下一些建议。

1. 对大户或家庭农场给予补贴。按照承包者承包土地的面积，全额享受国家对种粮农民的补贴政策规定的补贴资金，鼓励承包者稳定发展生产。

2. 整合苏仙区水利项目、农业开发项目，优先向种植大户和家庭农场主倾斜，使其抗自然风险能力增强。

3. 提供融资便利。出台专门针对家庭农场的融资政策，给予贴息贷款。

4. 建议将望仙镇和平村列为土地流转试点村。目前和平村是苏仙区现代农业示范园，但由于土地流转难，种植无规划，不利于现代农业发展的需要。建议尽快由村级组织统一对全村土地进行流转，否则土地流转的成本将会愈来愈高。

# 推进高标准农田建设　加快农业现代化进程

四川省泸州市土壤肥料站　杨大金

高标准农田建设就是依据主导产业作支撑，在不影响农业生态环境条件下，进行必须的田土型调整，完善的田间基础设施及耕作条件，基本消除土壤农业生产主要障碍因素，以达到田网、渠网、路网“三网”配套，实现农田排灌能力、农机作业能力、耕地生产能力“三力”明显提升，耕地地力普遍提高。高标准农田终极目标是“田成方，土成型，渠成网，路相通，沟相连；旱能灌，涝能排，土壤肥，无污染，产量高”。通过近年高标准农田建设的实践，本人对高标准农田建设有了更加深入的理解，对高标准农田示范区建设有了更加直观的概念，对高标准农田建设中存在的问题有了更加深刻的剖析，对推进高标准农田建设工作有了更加明确的信心。

## 一、主要成效及经验

### （一）三年完成情况

据统计2010～2012年全市已建成高标准农田44.95万亩，是省下任务的128.43%，累计完成总投资71658万元，其中财政53744万元、完成投工428万个。2012年共完成高标准农田建设15.2万亩，其中：改田11.3万亩，改造坡薄土3.9万亩。新建（整治）农田排灌渠88千米；建蓄水池980口，容积18.6万立方米；筑地埂35.2千米；建设田间生产路304千米，整治机耕道76千米；改良土壤1.7万亩；示范推广秸秆还田57万亩，种植绿肥12万亩；举办各种技术培训50.1万人次，印发技术资料38万份。

### （二）抓机遇，实现“四大突破、四个转变”

1. 规模化建设有新突破，实现了由零星分散向集中成片推进转变。虽然全市每年以10万亩以上的速度推进高标准农田建设，但我市中低产田土比例大，占到3/4以上，如若零星分散，很难见到成效，无亮点可言，难以取得示范带动作用。我们在规划和实施中，尽力做到项目的有机整合，始终坚持“三不变”（管理主体不变、资金性质不变、管理渠道不变）、“三统一”（统一编制规划、统一建设标准、统一建设区域）的原则，突破常规，打破了乡镇和村界，实现跨村、跨乡镇连线成片，集中打造，如江阳区的通（滩）—

石（寨）、黄（舣）—弥（陀）和泸县得（胜）—云（龙）高标准农田建设示范区均打破乡镇界限，成为我市高标准农田建设示范区的典范。

2. “三网”配套和“三力”提升有新突破，实现了由低产低效向高产高效转变。在高标准农田建设中所有项目均依据规划的主导产业和地形地貌，因地制宜加大田网、渠网、路网“三网”配套建设，实现了农田排灌能力、农机作业能力、耕地生产能力“三力”明显提升，耕地地力普遍提高1个等级以上。所建高标准农田抗御自然灾害能力得到很大提高，同时为农业结构调整、农作物高产创建、种植业规模化和生产标准化提供了必备条件，农业综合生产能力显著提高。如江阳区黄舣镇永兴泸州老窖有机原粮基地就是我们高标准农田建设得到的有效发挥，成为省、市相关会议的参观现场和现代农业示范区的典范。

3. 项目资金整合有新突破，实现了由分散投入向集中投入转变。依照四川省政府相关文件要求，按照“三不变”（管理主体不变、资金性质不变、管理渠道不变）、“三统一”（统一编制规划、统一建设标准、统一建设区域）的原则，在政府主导、部门配合下，整合一批目标一致、内容相近的相关项目，集中投入，整体推进，做到建设区域统一，建设内容互补。如泸县福集、江阳黄舣弥陀、合江三江新农村示范区（合江镇、虎头乡、实录乡和密溪乡4个乡镇）、叙永县麻城新农村示范区等万亩高标准农田示范区就是财政、国土、农发、水务、交通等部门项目与农业部门项目有机整合的有力例证。3年来累计完成总投资71658万元，其中财政53744万元，群众自筹17914万元。

4. 拓展服务功能有新突破，实现了由服务农业向服务农村转变。高标准农田建设始终坚持“粮食生产重点区域布局在哪里、现代农业产业基地建设在哪里、新农村示范片落实在哪里，高标准农田建设就布局安排到哪里”的原则，3年来围绕“全国新增1000亿斤和全省新增100亿斤粮食生产能力建设工程”、土地整理、扶贫开发、农业综合开发、小农水等项目，新建高标准农田26.63万亩，促进粮食新增生产能力4万吨以上；围绕“现代农业千亿示范工程和产业基地强县培育示范工程”等，新建高标准农田10.5万亩，促进农民增收3亿元以上；围绕新农村示范片建设等，新建高标准农田7.82万亩。为培育壮大支撑产业，实现产村相融、互动发展创造了良好条件。江阳区华阳、况场蔬菜基地，黄舣弥陀高粱——蔬菜基地，泸县龙脑桥新农村示范片优质稻、桂圆基地，合江三江新农村示范片荔枝、真龙柚基地，叙永县麻城新农村示范区马铃薯、烤烟基地等无不是与高标准农田建设紧密相连，同时也加快该片新农村示范片的建设，江阳区永兴获得2011年省级优秀新农村示范片称号、泸县龙脑桥和合江三江均获得2012年省级优秀新农村示范片称号。

**（三）抓落实，探索出“四个坚持、四个确保”新路子**

为推进高标准农田建设，市、区县均建立了联席会议制度，市财政拨付了专项工作经费，区县政府加大了投资整合力度，狠抓示范区建设，探索出了“规划引领、政府推动、部门联动、示范带动、科学管理、创新机制”的高标准农田建设新路子，总结起来有“四个坚持、四个确保”值得继续坚持和发扬。

1. 坚持政府主导，确保合力推进。市上建立了由农业局牵头，发改、财政、国土、水务、农机、林业、交通、扶贫办、农发办、以工代赈办等11个部门参加的高标准农田建设工作联席会议制度，市政府分管市长亲自主持会议并作重要讲话，区县也成立了由政府主导、有关部门参加的高标准农田建设领导及办事机构，统筹高标准农田建设工作，做到密切协作、有事共商、资源共享、信息互通、共谋发展，基本形成了部门互动、合力推进的工作格局。

2. 坚持规划落地，确保项目整合。省政府印发《建设1000万亩高标准农田工程规划纲要（2011～2015年）》后，市农业局高度重视，派出技术人员帮助指导区县搞好县级规划编制工作，区县农业部门及时与相关部门沟通衔接，认真编制本区县规划纲要，尔后组织进行集中评审，达到互相学习，共同提高之目的，确保了在省上评审一次通过，6个区县政府均发布了高标准农田建设规划，实现了政府主导，规划先行，有利于项目及资金整合。实现基本农田、粮食产量、群众收入“三增加”，农业生产条件、群众生活水平、生态环境“三改善”的目标。

3. 坚持示范带动，确保集中连片。为深入推进示范区建设，我局先后在泸县、叙永、江阳和合江召开全市高标准农田建设推进工作现场会和技术培训会，推广市内外先进经验和作法。目前，全市打造了泸县福集、江阳黄舣弥陀、合江“三江省级新农村示范片”、叙永“麻城新农村示范片”4个万亩高标准农田示范区，突出了建设成效、展示了建设成果、有力地推动建设工作，并注重建后利用和产业发展，4个万亩示范区分别以优质稻、桂圆，高粱、蔬菜，荔枝、真龙柚，马铃薯、烤烟为优势主导产业作支撑。

4. 坚持验收认定，确保建设标准。高标准农田建设数量与质量如何把控，牵涉政府形象和部门工作扎实程度，就只有通过验收认定来衡量。按照省上部署，市农业局于2012年7月上旬在叙永县召开了全市高标准农田验收认定培训工作会议，对全市市、区县业务骨干进行了系统培训，计划组织区县相关技术人员前往省内试点市学习，2013 年年初将开展对 2012 年新建的高标准农田进行全面验收认定工作，逐步建立全市高标准农田数据库，确保建设高标准农田的数量及质量。

## 二、存在的主要问题

（一）发展不平衡。由于种种原因，各区县在规划编制、项目落地、资金整合、建设规模、建设标准、田土型调整、核心示范区打造、建后管护、主导产业确定以及地力提升等与市内外比较都存在不同程度差距，就是本市范围也发展不平衡。

（二）认识不到位。一是一些区县没有明确高标准农田建设的责任主体，造成规划不合理、项目及资金难于整合、综合治理整体推进难、工作不落实等。高标准农田建设责任主体就是各级党委、政府，应把高标准农田建设工作作为推动县域经济发展的重点工程来强力推进，是产村相融成片推进新农村建设的重要抓手，纳入各级目标考核的内容之一。二是牵头部门履职尽责还未完全到位。省、市政府相关文件已明确高标准农田建设工作由农业部门牵头，进行统一规划协调，但农业部门在实践中操作难度大，各部门支持配合不够充分。

（三）示范区不亮。高标准农田建设工作虽由农业部门牵头，但自身项目少而资金小且标准低等先天不足，全靠整合其他部门的项目，由于牵涉部门多，所下项目时间不一致、要求不一样、投资标准不统一，且各有侧重，既使整合在同一区域，若不进行很好规划协调，很难打造出像样的示范区，未能发挥示范带动作用。

（四）涉及环节多。项目多、环节多，既是好事，示范区有项目支撑，能把好事办好做实，亮点突出，但也是难事，就以一个项目为例，从项目下达——方案编制——方案评审报批——财评——招投标——实施、监理、跟踪——竣工、审计——验收等各个环节，而田间工程部分施工时间就只有短短的几个月，若一个环节没有跟上，就直接影响工程进度，甚至工程质量，乃至农业生产季节。

（五）验收认定难。虽然有省政府办公厅“关于印发四川省高标准农田建设技术规范和验收认定办法的通知”等文件规定，但高标准农田建设涉及多个部门，项目、资金来源渠道不一样，建设投资标准不一致，因此工程质量不易把控，验收认定开展难度大。

## 三、努力方向

### （一）深化认识

各级各部门在今后的高标准农田建设中要在党政重视、统筹规划、重点示范、措施配套、机制创新和产业发展等方面继续深化认识，思想源头解决问题，充分发挥潜能。

1. 党政重视是推进高标准农田建设的根本保障。各级党委、政府是高标准农田建设的责任主体，要形成党政主要领导亲自安排部署、分管领导狠抓具体落实的良好工作格局，才能保障高标准农田建设工作的顺利推进。只有主要领导重视了，规划落地、项目整合、部门联动才能实现，高标准农田建设才能取得辉煌成果。

2. 统筹规划是推进高标准农田建设的前提条件。在加强规划引导、统筹谋划、联动推进，把高标准农田建设规划与现代农业产业发展规划、土地利用规划、新村建设规划衔接，集中连片推进等方面省、市高度重视。要按照统筹规划、分步实施、连片集中的原则，加快形成“两区五带”（即泸县优质稻生产示范区，合江县优质稻生产示范区，古叙赤水河流域鲜食精品甜橙产业带，长江大地蔬菜产业带，长沱两江沿岸荔枝、龙眼产业带，酿酒专用高粱产业带，古叙烤烟及马铃薯产业带）的优势特色主导产业格局。

3. 重点示范是推进高标准农田建设的有效手段。江阳区黄舣——弥陀高标准农田建设能够有如此大的规模，并不是一开始就被领导和群众认可的。正是因为他们在永兴村高标准农田建设核心示范区中展示出的卓有成效（油菜 = 高粱 = 蔬菜产值万元钱），对当地农业生产和农民生活带来的彻底变化，对传统耕作方式方法的有效改变，使党政领导看到了现代农业的发展方向，使农民群众看到了增收致富的希望所在，才有 2013 年更大规模、更快速度的推进。只要集中打造一批高标准农田建设重点示范区，以片带面，全面提升农业基础设施建设水平，才能更加有效地推动高标准农田向深度和广度发展。

4. 措施配套是推进高标准农田建设的突破方向。就高标准农田示范区建设而言，在田型调整力度和工程建设标准上要与综合配套结合、要与实用与美观结合。始终坚持以提高农业机械综合生产水平为目标，以田间生产道路和排灌渠系为骨架，大规模开展田土型调整，配套完善附属设施，并与产业支撑、新村发展相结合，实现产、村综合治理。

5. 产业发展是推进高标准农田建设的有力支撑。江阳区围绕高标准农田建设示范区，启动建设“国家现代农业示范带”，大力扶持高粱——蔬菜和桂圆等极具市场竞争力的优势主导产业，积极打造“千斤粮万元钱”粮经复合模式，吸引国家级龙头企业——泸州老窖建立有机高粱园区。一方面帮助农民实现了增产增收；另一方面，也带动了企业、业主、大户对高标准农田建设示范区的投入，形成多方参与高标准农田建设，为高标准农田建设注入了新的活力。

**（二）具体做法**

1. 理清思路。以党的十八大精神为指导，根据各区县“十二五”高标准农田工程规划纲要确定的目标，以科学规划为引领，以示范区建设为引导，以田型调整为重点，以地力提升为目标，提高机械化水平，整合资源、创新机制、综合治理、整体推进，大规模持续加强高标准农田建设，为保障粮食安全、发展现代农业、促进新村建设、满足民生需求提供有力支撑。

2. 明确任务。按照规划纲要要求，在“十二五”期间全市每年建设高标准农田不低于11.5万亩，2015年达到190万亩以上，占耕地面积的比例达到33%，比“十一五”末提高11个百分点。

3. 抓住重点。一是以总体规划为依据，细化年度实施计划，落实到田到土到户；二是抓好高标准农田示范区建设，逐年扩展延伸，逐步建成一批五千亩以上示范片、万亩以上示范区、十万亩以上示范带；三是抓好建管机制创新，激发群众参与活力，切实增加农民收入；四是抓好开发利用，建设粮经复合现代农业产业基地，推动产村相融、互动发展。

**（三）扎实努力工作**

1. 抓思想观念转变。一是转变观念，抓住机遇，主动求进，乘势而上。用踏实工作去感染领导，用工作实效去感动领导。二是履职尽责，创新工作。各区县均建立了联席会议制度或设立了领导小组，下设办公室在农业部门。但工作力度不够，议事制度没有形成，项目整合不到位。钟勉副省长在南充会议上明确要求：农业部门要牵头抓好高标准农田建设工作。因此，要创造性地开展工作，认真履职尽责，加强统筹协调，切实担负起高标准农田建设牵头协调单位的责任。三是大规模推进，高标准建设。要用建设现代城市的理念去建设高标准农田，集中连片开发，努力使高标准农田建设项目区成为农业新技术集成展示区、成为现代农业产业基地核心示范区。

2. 抓典型引导示范。一是集中连片，扩大示范区建设规模。各地要在去年高标准农田示范区建设基础上，延伸拓展，提质扩面，按照有利于资源合理配置、有利于产业发展的需要，打破行政辖区界线，打破土地承包权属限制，奋力推动高标准农田建设工作上台阶，努力实现全域示范区建设。二是

综合配套，提升示范区质量水平。一要把农业机械综合生产水平作为评价高标准农田示范区的重要指标，按照坝区格田化、丘区梯格化、山区梯田化的不同建设模式，大规模开展田土型调整，大面积推广网格护坡技术；二要着力完善田间生产道路，形成干道搭骨架、支路进田间的路网格局，有效改善农业机械化通行作业条件；三要整治维修农机提灌等小型蓄水、提水设施，形成水源有保障、排灌有沟渠的农田渠系网络；四要加强新建示范区地力培肥建设，提高农田基础地力。三是整合项目，确保示范区资金投入。坚持“三不变”、“三统一”原则，抓好项目拼盘打捆，通过各种手段协调整合。在实现建设内容互补、建设标准有提高的前提下，逐步扩大建设规模，发挥财政资金的引领效应，发挥项目资金的叠加效应。

3. 抓建管机制创新。一是创新项目建设机制。要认真贯彻落实省政府办公厅《关于以民办公助方式推进财政支农项目建设的意见》，推行一事一议、民办公助、先建后补、以奖代补等建设方式，充分调动农民参与高标准农田建设的积极性。二是创新建后管护机制。要充分发挥农民专业合作社、用水协会等组织的作用，加强对高标准农田建设项目区的建后管护，要协调争取县级财政安排一定的项目运行管护经费。三是创新验收认定机制。积极开展高标准农田验收认定工作，将所建高标准农田全部列表上图，确保建设数量和质量。

4. 抓项目监督管理。一是切实加强工程质量监管。坚持把工程质量放在第一位，实行专业监理和群众监督相结合，推行工程质量群众认可制度，在工程资金支付、工程竣工验收时，必须由群众监督小组出具书面的工程质量认可证明。二是切实完善项目管理软件资料。要树立软件不“软”的观念，建立完善规章制度，规范整理档案资料，及时设置标识标牌，认真总结经验做法，强化项目宣传报道，做到制度健全、操作规范、资料完整、社会知晓。

5. 抓综合效益提升。基础夯实了，产业要跟进，技术要配套，要以高标准农田建设带动产业发展，以产业发展助推新村建设。一是培育和引进农民专业合作组织，实现规模经营。在充分尊重群众意愿、保障农民利益前提下，积极推进高标准农田建设项目区的土地合理有序流转，重点培育当地种粮大户，发展农民专业合作组织，从而提高土地的集约化、规模化经营水平。二是示范和推广农业高产高效技术，确保粮食安全。坚持“四新”结合、“六良”示范，积极开展粮油高产创建，促进粮食连续增产，保障农产品有效供给。三是发展和壮大粮经复合产业基地，提升综合效益。要以实现“千斤粮万元钱”、“吨粮五千元”为目标，建成一批粮经复合现代农业产业基地，促进产业基地提升发展，培育壮大优势特色产业，实现产村互动相融、同步推进，为新村建设提供产业支撑，全面提升新村建设水平。

**作者简介：**

杨大金，男，1964 年 10 月出生，本科学历。现任四川省泸州市农业局土壤肥料站站长。

# 围绕现代农业发展目标<br>有力推动传统农业向现代农业的快速转变

四川省遂宁市安居区农业局　张　羽

建区以来，全区各级党委、政府和涉农有关部门认真贯彻落实中央一号文件精神和区委、区政府关于建设现代农业产业大基地的战略，围绕现代农业发展目标，大力推进现代农业产业基地建设，农业素质和效益不断提高，农村经济保持稳步发展的良好态势。2012 年，实现农业（种植业）总产值 24.7 亿元，农民人均纯收入 7329 元，分别是建区初的 205.83% 和 301.85%。

## 一、特色效益农业的基本框架初步形成

全区大力推进优势农业产业的规划和发展，具有较强地方特色和市场优势的蔬菜、水果、优质粮油等已经成为农业经济的支柱产业。2012 年，蔬菜年种植面积 24 万亩、总产量 35.7 万吨，产值占种植业产值的 61%；水果种植面积 17.36 万亩，总产量 6.34 万吨。特色农业基地成为农业经济的重要载体，形成了多个“一村一品”的村和“一镇一业”的乡镇。粮食规模化、专业化生产取得新进展，2012 年完成粮食播种面积 133.3 万亩，总产 45.5 万吨、较上年增长 0.8%，实现了粮食六连增。

## 二、农业基础设施建设步伐加快

至 2012 年年底，全区已建成高标准农田 34.59 万亩，达现有耕地面积 113.9 万亩（据国土资源详查资料）的 30.37%。耕地质量达到《四川省标准粮田等级划分标准》三级以上，耕地肥力总体达到中等偏上或高肥力水平，平均基础地力提高了 0.6 个等级，农田灌溉水利用效益提高 15%，灌溉保证率两季田达到 75% 以上，旱耕地达到 75%，中等旱（涝）灾年份粮食减产风险降至 8% 以下，农业机械到田率达 90% 以上，亩新增粮食生产能力 100 公斤以上。农业机械化进程加快，农机总动力达到 29.1 万千瓦，主要农作物综合机械化水平达到 38.2%，机耕面积达到 63 万亩，常年提水保灌面积 28 万亩。

## 三、科技兴农不断取得新进步

农业科技创新和服务能力加强。2012 年共引进粮油新品种 38 个，建立展示试验 4 个。以优质、高产、高效、生态、安全为目标的农业生产新品种、新技术、新材料、新工艺得到广泛应用。全区水稻、玉米、油菜良种覆盖率达 95 %以上，小麦、红苕达 80%以上，农业生产基本实现良种化。多形式开展农民科技培训，农业科技培训逐步走上经常化、制度化轨道，培训人数逐年递增，培训内容逐年丰富。2012 年完成新型农民培训 3500 人，开展实用技术培训 15.5 万人次，实施阳光工程农业职业技能培训 910 人，农业专项培训 800 人。

## 四、农业产业化经营扎实推进

累计有农业产业企业 16 家，年产值 6 亿元、市场交易额 9 亿元，联结农户 6 万多户，带动户均增收超过 1500 元。注册农民专业合作社 279 个，其中有 1 个“全国农民专业合作社示范社”，13 个列入省级示范社，拥有成员 2.86 万户，带动 9.58 万户，户均年增收 2200 元。

## 五、农业逐步从初级产品生产向加工流通环节延伸

全区拥有农产品加工企业 200 多家，年加工农产品 25 万吨以上。具有地方特色和市场优势的“泥脚杆”花生加工、蔬菜速冻和保鲜贮运、“辛农民”油料加工呈现良好的发展势头，农业产业链不断延长，附加值增加。联结产地的农产品市场体系建设步伐加快，有 1 个农产品专业批发与集贸市场。

## 六、农村新能源发展较快

以发展农村户用沼气池为重点，同时配套建设好农村沼气服务网点，并将养殖小区联户集中供气工程、大型沼气发电工程、秸秆气化、太阳能利用等纳入我区农村能源开发的长远战略规划。2012 年建成农村户用沼气池 3503 口，完成计划任务的 113%，大型沼气工程 1 处，小型沼气工程 23 处、容积 3240 立方米，城镇生活污水净化沼气工程 38 处、容积 2285 立方米，农村沼气服务网点 15 个。全区农村户用沼气池拥有量达到 77951 口，适宜农户沼气普及率达到 85.55%，养殖小区沼气工程 31 处，乡村沼气服务网点 142 处，养殖场大型沼气工程 4 处。

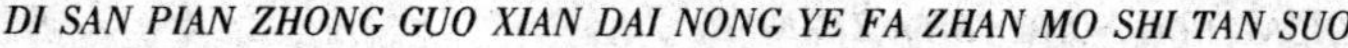

## 七、农产品品牌发展迅速

通过推进农产品质量安全管理工作，严格执行农业标准，建成绿色食品原料标准化生产基地 20 万亩。我区被认定为四川省无公害农产品产地，粮油、水果、蔬菜等面积达到 65.4 万亩，认证无公害农产品 27 个、绿色食品 A 级产品 9 个、有机食品 4 个。524 牌红茗、辛农民牌食用植物油被省政府确认为“四川名牌产品”。农产品检验检测体系建设取得较大进步，农产品质检中心和产地、市场检测站点不断配套完善。

## 八、农村政策得到较好贯彻落实

推进农村土地经营权登记确权颁证工作全面启动了农村产权制度改革。稳妥推进农村土地承包经营权有序流转，成立农村土地股份合作社 3 个，至 2012 年年底，全区土地流转面积达到 21.54 万亩，土地流转率达到 33.1%。认真落实扶农惠农政策，2012 年中央、省、市级财政投入的支农专项资金达到 10588 万元。

# 加大投入　创新机制　加快现代农业建设

四川省广安市广安区农业局　常启均

## 一、基本区情

广安区是邓小平同志的出生地，位于四川省东部、华蓥山中段西侧、长江二级支流渠江下游，属典型的丘陵农业大区。全区幅员面积1032平方公里，耕地面积46.91万亩，辖36个乡镇（街道），总人口73万，其中农业人口约50万。广安区是全国基层农技推广体系改革与建设示范区（县），曾先后三次获得“国家粮食生产先进县”称号，2010年夺得四川省粮食丰收杯。2010年8月，被农业部正式确定为全国首批国家现代农业示范区，同年被四川省政府确定为全省首批现代农业产业基地强县。

## 二、工作成效

我们将现代农业产业发展作为确保农业增效、农民增收的重要载体，坚持“政府主导、园区示范、龙头带动、专合引领、农民主体”的工作思路，有效推动了现代农业大发展。

（一）农业工作发展格局不断更新。2012年，全区粮食产量突破50万吨，实现六连增，已获得全国粮食生产先进县（区）称号。全省产村相融新农村建设现场会在我区成功召开，省委书记、省人大常委会主任、省长、省政协主席率全省各市州市委书记、省级有关部门主要负责人及全省50个产业重点县县委书记在我区召开现场会，我区千万工程粮经符合型产业、产村相融新农村建设、渠江流域灾后重建产业在现场会上受到与会者的高度赞赏。

（二）现代农业基地建设不断扩展。2012年，新建了协兴—大龙万亩蔬菜示范园区、崇望万亩柚菜示范园区、悦来—大安万亩优质粮油基地、虎城万亩特色蔬菜示范基地，其中有2个万亩示范园区获得省农业厅认定。全区优质粮油基地面积达到20万亩，优质蔬菜基地达到45万亩，优质龙安柚基地超过10万亩。目前，龙安柚挂果面积达10万亩，年实现产值4.5亿元，种植区人均可增收1600多元。年产优质蔬菜90余万吨，产值可达14亿元。

（三）现代农业产业水平不断提高。充分发挥龙头企业、农民专合组织的

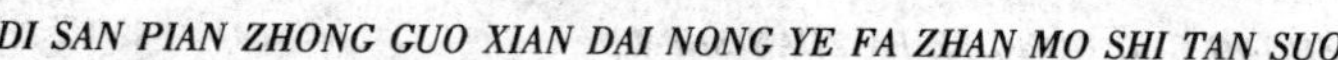

牵引带动作用，大龙安柚、蔬菜等农产品经纪人超过1000人，引导龙头企业参与现代农业产业基地建设，形成“市场+龙头企业+合作组织+基地+农户”的产业化经营模式，引领全区农业产业基地快速、有效、健康发展。引进和培育了20户科技含量高、综合实力强、发展潜力大、年销售收入在500万元以上的龙头企业，规模流转土地2.2万亩，带动18万户发展现代农业，农户进入市场的组织化渠道不断提高，抵御市场风险的能力不断增强。

（四）农业科技推广步伐不断加快。本着优势互补、互利共赢、共同发展的原则，与川农大开展15项新技术、新产品项目合作，在北京与农科院柑橘研究所签订合作协议。主要农作物良种覆盖率达100%，推广测土配方施肥、旱作节水、低耗能设施农业、沼气池等资源节约技术。按照“服务跟着产业走，体系建在基地上”的目标，建成南桥片区农业综合术服务站，构建了农业“三大”服务体系，依托农业综合信息服务平台，完善“七大”系统，承担技术推广、农产品质量安全监管、农业机械化服务体系三大职能。

（五）农业基础设施建设不断加强。2012年，我们继续采取加大对上争取力度，争取资金1.9亿元；固定资产投资计完成1.6亿元；招商引资完成到位资金1.73亿元。一年来，我局实施实施了一批旱涝保收标准农田项目、现代农业产业基地项目、退耕还林口粮田项目和农能沼气项目等，切实改善了农业基础设施条件，提高了粮食生产能力。

## 三、主要做法

（一）打造比较优势，坚持规划制定科学化。立足构筑比较优势突出的主导产业，在产业选择上进行了反复调研、论证，并广泛征求基层干部和农民群众意见，最终将“优质粮油、优质龙安柚、优质生猪、优质蔬菜”作为我区农业发展的主导产业。在此基础上，科学制定了广安区现代农业产业发展规划。规划突出了三个特点：一是突出高起点。确立了“建设全国商品粮基地、中国西部绿色菜都、中国红柚之乡、国家优质商品猪战略保障基地”的发展定位。二是突出全域性。按照有利于资源整合、有利于产业发展的原则，打破乡村辖区界线，全域性地建设现代农业产业基地。三是突出集约化。坚持效益优先、集中连片、规模经营、集约开发，科学规划现代农业产业基地。

（二）打造机制优势，坚持实施主体多元化。主要推行三种模式：一是以专业合作社为主要形式的“互利合作”模式。主要是龙头企业引导建立、农民通过专业合作社参与生产经营，龙头企业负责提供种子、技术和产品回收服务。二是以原料生产为主要形式的“订单收购”模式。主要形式是订单生产，农产品加工企业与当地农户实现了多年的合作，企业与农户达成协议，企业提供种子种苗，农户自行组织生产，企业负责收购。三是以返租倒包为主要形式的“承包经营”模式。企业返租倒包给农户，农户按公司要求和标准自行组织生产及管理，产品返销公司，解决了农民投资难、企业自行组织生产成本高的双难题。

（三）打造产业优势，坚持基地建设规模化。经过几年的建设，我区的优质龙安柚、蔬菜基地已初具规模。从去年年底开始，我区将重点放在了优质粮油产业上来，使我区四大主导产业并驾齐驱。在已建成14万亩优质粮油基地的基础上，以“千斤粮、万元钱”工程项目以支撑，大手笔、高规格规划建设河西20万亩优质粮油基地。该项目涉及大安、悦来、崇望等12个乡镇200个村20万亩，围绕“4+1”（优质粮油、龙安柚、蔬菜、畜禽+观光旅游农业）产业重点，高起点规划，力争建成全国一流，全省领先的丘区有机优质粮油基地。目前，已完成平整调型土地4万余亩，改良土壤、培肥地力9000亩，改造中低产田土2万余亩，做好了水电路基础设施配套，耕地年粮食生产能力达到800公斤/亩以上，项目区耕地面积70%以上达到标准农田三级以上。项目区内采取新技术、新品种、新装备、新机制，玉米已经喜获丰收，水稻长势良好，丰收在望。

（四）打造科技优势，坚持科技应用本地化。一是推广新品种。每年引进选育50多个粮油、蔬菜新品种进行对比试验，筛选适合广安的优良品种进行推广。2012年，确定了水稻、玉米、小麦十大主推品种，柑橘产业主要推广龙安柚、白市柚、白马柠檬等优良品种，蔬菜产业重点推广辣椒、花菜、甘蓝、葱蒜等50余个销售前景好、产品价值高的精品蔬菜新品种。二是采用新技术。粮油主要推广水稻旱育秧、玉米肥团育苗等关键实用技术，蔬菜育苗推行工厂化育苗、电热育苗、穴盘育苗，播栽推行双模栽培、大棚种植，同时推行脐橙留树保鲜、蔬菜气调贮藏保鲜、生物菌肥等技术。龙安柚大窝、大肥、容器苗栽培技术推广面积达到100%。三是探索新模式。推行油-稻-菜、稻-菇、玉-椒-菜、菜-稻-菜四种生产模式，亩产在1万~1.2万元，保证实现千斤粮万元钱目标。

（五）打造质量优势，坚持农业生产标准化。一是推进基础设施标准化。按照“田成方、路相连、渠相通、涝能排、旱能灌”的标准，高规格实施田网、路网、水网、电网等配套，提升耕地产出水平。二是推进生产管理标准化。围绕粮油、龙安柚、蔬菜等主推品种，严格执行“四有”、“五统一”，即：有牌子、有田间生产档案、有生产技术标准、有专人指导，统一育苗、

统一农资供应、统一生产标准、统一订单收购、统一品牌销售，实施质量追溯制度，实现产地环境优良化、投入品使用安全化、生产过程规范化。三是推进产品质量标准化。加强农产品质量检测检验体系建设，建成区级农产品检测机构1个，农贸市场农药残留快速检测室8个，基地农产品检测室10个，农产品质量监管体系进一步完善。加快了农产品品牌化进程，去年新注册农产品品牌3个，总计达12个。

（六）打造市场优势，坚持产品营销网络化。一是培育本地市场。以农产品优势产区、产业发展重点区为依托，建成了龙安柚、蔬菜等产地市场近10个；以现代农业核心园区为重点，先后建成批发市场3个；以无公害农产品创建为契机，依托优势特色农产品，在农贸市场规范建设本地优势特色农产品销售专区2个。二是挺进重庆市场。充分发挥毗邻重庆的区位优势，建立了广安籍重庆蔬菜批发商恳谈会制度，与重庆100多名广安籍蔬菜批发经销商建立了固定的销售渠道，促进了重庆蔬菜批发商与我区农业专业合作社、龙头企业的产销对接，打通了进军重庆市场的主通道。三是拓展国内市场。多次成功举办龙安柚品果节会，组织本地优势特色农产品参加了西博会、渝洽会、四川农产品上海展销会等，拓宽了销售渠道。四是开辟海外市场。积极培育农产品出口企业，为广安农产品远销海外创造了条件。培育蔬菜出口企业1家，初步建成了销往韩国、日本、中国香港等国家和地区的出口通道。

（七）打造服务优势，坚持产业服务立体化。一是开展培训服务。把懂技术、善管理、敢闯敢干的干部选拔到产业发展第一线，切实抓好农村经营人才、乡土技术人才和村社基层干部三支队伍建设，培养了一大批产业发展领头人。二是开展科技服务。各乡镇农技站、蚕桑站统一合并成立农业服务中心，农业服务中心的人财物由所在县（区、市）统一管理，形成了垂直管理、条块结合、以条为主的农技服务体系管理模式。全区共有乡级农业服务中心31个，人员200多人，机构健全，队伍稳定。三是开展财政金融服务。建立健全了“三农”投入稳定增长机制，2012年，区乡财政投入近2000万元，用于农户种子种苗和农资补助。组建农业产业发展担保公司，破解主导产业发展中的融资难题。四是开展农资服务。在产业基地按照“两统四定”提供农资服务，即统一供种、统一测土配方施肥，定地、定时、定作物、定施肥量；在大面积上推行“三统三定”服务模式，即“统一测土、统一配方、统一制卡、定点配肥、定向供肥、定人服务”。

## 四、主要差距及努力方向

我区现代农业发展虽然取得了一些成绩，但存在的问题也不容忽视：思想解放不够，对现代农业产业发展规律研究较多，但对发展的模式、方式、经验总结提升较少；基地资源要素特别是项目整合困难，导致基础设施配套标准不高；品牌打造力度不够，在一定程度上影响了现代农业产业发展效益；加工龙头企业培育不多、链条不长。面对这些问题和困难，我们坚持在六个方面下工夫：一是迅速壮大产业集群，产业基地建设坚持全域规划、滚动实施，连片发展、整体推进，实现无缝衔接、全面覆盖。二是有效提升基地发展质量。坚持田网、路网、水网配套，良种、良法、良制配套，新品种、新技术、新模式配套，从外延和内涵上提升现代农业发展质量。三是强化产业同步发展。坚持产业与良繁体系同步发展，种植基地与养殖基地同步发展，主导产业与特色产业同步发展，实现现代农业产业发展的互促互进。四是突破发展产业龙头。大力发展农产品加工企业、专业合作社、大业主，发挥好产业龙头的带动作用。五是强化农产品质量安全，避免重大农产品质量事故发生。六是推进市场体系建设，畅通农产品流通渠道，破解农产品卖难症结。

**作者简介：**

常启均，男，汉族，1968年12月出生，中共党员，大学学历。现任四川省广安市广安区农业局局长。

自1989年9月参加工作起，历任浓溪镇人大办副主任、企办主任、全民办事处总支书记、党委委员、政府副镇长，乡党委书记、人大主席等职。2008年10月至今，任广安区农业局党委书记、局长。

曾获“优秀乡镇党委书记”，“优秀共产党员”等荣誉称号。

# 发展生产　增加收入　实现“三农”间的互动

贵州省赫章县农牧局

## 一、关于农业产业发展的思考

### （一）突出重点，扶持和壮大“龙头”企业

在农业产业化经营中，“龙头”企业是关键环节，因此，对农业产业化经营中的“龙头”企业，要按照“规模、规范、效益”的标准，进行科学管理，加强动态监测和认定，给予重点扶持，不断壮大产业化规模。树立在资金、经营管理、创名牌、提高产品质量和帮助拓宽市场渠道等方面扶持“龙头”企业，就是扶持千家万户农户发展生产，增加收入的观念，突出重点，扶持和壮大“龙头”企业。

### （二）积极开拓市场，努力搞活流通，激发实行农业产业化经营的活力

一是要有计划，有重点地落实优惠政策，创造宽松的市场环境，发展各种经济成分并存的股份制营销企业，大力提高产品批量和质量，从而提高农产品市场占有率和竞争力。二是创造条件组建农业企业集团，充分发挥农产品加工和营销企业组织的优势，与农产品基地、农户组成利益共享、风险共担的经济共同体，进军市场。三是采取多元化、多渠道、多层次的市场营销战略，不断巩固老市场，开拓新市场，重点是建好农产品产地批发市场。四是充分利用农村经济网，捕捉国际国内市场信息和农产品市场动态，定期向群众发布，指导农业产业化经营。五是积极鼓励和支持农民营销队伍建设，大力发展中介组织和经纪人。

### （三）高度重视农业工程项目在基地建设中的作用，不断提高基地的生产水平

基地建设是农业产业化经营的重要环节。在各类农产品商品基地建设中，要充分利用当前正在实施的各项农业工程，这样既可节约大量的基地建设资金，同时又可以提高工程项目实施的水平。

### （四）促进农业信息化和农业生产标准化建设，是推进农业产业化经营的迫切任务

加强农业信息网的建设，充分利用各种媒体和已有农业技术推广体系，

加大信息的进村入户力度，扩大信息的覆盖面，建立信息定期发布制度，加强市场信息的开发和预测分析，提高信息的准确性和时效性，及时为农民提供农产品供求和价格信息。同时，积极引导农业产业化经营中"龙头"企业执行国家农产品的质量标准，参与"无公害食品行动计划"，加大对"龙头"企业的产品质量抽查力度，引导"龙头"企业带动基地实行标准化生产，以提高农业产业化经营水平和参与市场竞争能力。

**（五）强化科技支撑，推进农业产业化发展**

在推进农业产业化发展过程中，我县要进一步强化科技在产业发展中的强大引擎作用，按照"政府组建、企业运作"的模式进一步加强核桃、草地生态畜牧业、中药产业等产业办公室的建设，加大核桃新品种培育、"黑马羊""可乐猪"的提纯扶壮和半夏 GAP 申报、原产地认证等工作。同时加大新型农民培训力度，组织开展黑山羊养殖技术、养牛技术、冻精输配、核桃种植技术、中药材种植技术等培训。

**（六）因地制宜，推进农业产业化发展**

我县坚持以规划引领产业集聚，继续采取校地、校企合作等方式，邀请省内外有关专家，按照因地制宜、统筹规划、分类指导、综合开发、突出重点的原则，继续完善三大产业发展规划，将三大产业规划布局到村、组、户、山头地块，推进产业集聚。结合乡镇资源优势，按照"千年夜郎栈道，百里核桃长廊"布局，重点打造城关、财神、朱明、可乐；按照"环韭菜坪草地生态畜牧集聚区"布局，着力打造野马川、威奢、兴发"黑马羊"保种繁育区、杂交肉羊产业化规划区；按照"整乡推进，滚动发展"的运作模式，以河镇乡、平山乡为核心区域，将半夏种植扩展到 16 个乡镇 67 个村。

**（七）强化基地建设，加快农业产业化发展步伐**

要提高基地组织化程度，必须坚持以市场为导向，紧紧围绕提高农业产业化经营水平，增强农产品市场竞争力这个核心，重点做好四项基础工作。一是立足资源优势，提升规模基地，实现"基地组织化"；二是育强企业龙头，创新经营机制，实现"企业组织化"；三是培育市场体系，构建销售网络，实现"流通组织化"；四是发展专业合作，注重自我服务，实现"合作组织化。

## 二、"三农"主要目标和举措

**（一）"三农"主要目标**

适应我国经济发展的新形势和全面建设小康社会的新要求，紧紧围绕中

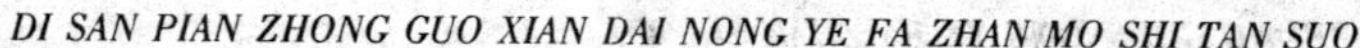

央、省委、省政府的"稳粮保供给、增收惠民生、改革促统筹、强基增后劲"的战略决策，全力推进"特色农业、绿色产品、服务城县、富裕农民"的目标建设。做优产品、做响品牌，稳定粮食生产，实现农业增效、农民增收，切实增加农民纯收入。实现农民、农业、农村三者间的互动，最终达到全面建设小康社会总目标。

**（二）解决"三农"的重要举措**

1. 切实加强政策落实。赫章县始终把落实上级部门的各项方针政策作为促进新农村建设的重要举措，抓好学习传达，强化责任落实，召开农业农村工作会议，安排部署全县"三农"工作，对"三农"工作实行目标管理，建立客观公正的目标管理考核评价体系，将各年目标任务层层分解落实到各部门和乡镇，抓好惠农补贴，确保足额发放。

2. 加强基础设施建设。扎实抓好我县人饮工程、生态建设、中低产田土改造，乡村公路建设，狠抓农村"电网"建设，农村新能源利用等基础设施建设，使农业综合生产能力进一步增强。积极争取上级支持，切实加大农业综合开发力度，不断加大农田水利设施投入，农业水利建设上台阶；把县乡村道路建设作为加强农村基础设施建设的硬任务来抓，多方筹集资金，对县乡村公路进行新建、维修和改造，农村道路建设迈大步；扎实抓好沼气建设，改善农民生活条件。

3. 加快基地建设。加强特色农业基地建设是推进农业产业化进程，增强农业发展后劲，提高农业综合竞争力的重要途径。我县围绕蔬菜产业、核桃产业、生态畜牧业产业、中药材产业、优质马铃薯产业、特色烟叶产业、特色精品果业和生态有机茶产业八大产业，经过认真的调研分析，因地制宜，重点推出"三个百万工程"（种植100万亩核桃、人工种植中药材30万亩，野生抚育70万亩、年出栏100万只黑山羊）项目，作了详细规划，并取得了一定的成效。

4. 大力扶持和发展农业龙头企业。大力扶持和发展农业龙头企业，赫章县按照中央"扶持农业产业化就是扶持农业，扶持龙头企业就是扶持农民"的精神指示，加大扶持力度，培育出一批辐射面广、带动力强的农业龙头企业。以野马川农特产品加工工业园区为依托，以银泉淀粉厂、县屠宰场、利民食品加工厂、苦荞糊加工厂、核桃乳厂等企业为基础，着重发展农畜产品加工等农牧深加工企业。要求农业龙头企业研究市场、开拓市场，狠抓标准化生产，打造品牌，注重产品质量和安全。积极探索连锁经营、物流配送等新的流通方式，提高企业盈利效率。逐步规范龙头企业与农户的产销合同，完善双方主体的义务和权利的规定。

5. 改善民生 维护稳定。加强全县各级各部门通力协作，狠抓民生工程落实，大力开展农民创业就业技能培训，进一步提高广大农民就业技能和素质，多渠道开发就业岗位，促进农村和谐发展。一是因地制宜、合理布局，在稳定粮食生产前提下科学调整结构，带动产业转型；二是按照“实际、实用、实效”的原则，围绕“三县战略”和“三个百万工程”的实施，切实抓好阳光工程培训、扶贫干部培训、农民技术培训，努力提高农村劳动力素质和自我发展能力；三是深入开展文明乡（镇）、文明村创建活动，进一步完善社会保障体系，稳步开展新型农村养老保险工作。

6. 建立法制保障机制。赫章县不断坚持和完善农村的基本经济制度，构建适应新农村建设的体制和机制。稳定土地承包关系，健全农技推广、农产品市场和动植物病虫害防控体系，建立符合县情的农业支持维护体系，鼓励和引导农民发展各类专业合作经济组织，提高农业的组织化程度。

# 转变经济发展方式　发展现代农业

甘肃省酒泉市农牧局

## 一、概述

近年来，全市各级深入贯彻中央和省、市关于农业农村经济发展的一系列政策措施，紧紧围绕省第十二次党代会、市第三次党代会确定的现代农业发展任务，以转变经济发展方式为主线，以促进农民增收为目标，以发展现代农业为重点，加强组织领导、加大政策扶持、注重信息引导、突出典型示范、强化科技服务，全市农牧业经济总量持续增长，农民收入较大幅度增加。2012 年，全市农业增加值63 亿元，增长6%，农民人均纯收入9645 元，增长18. 2%。

## 二、农业结构调整

各级坚持节水、高效、特色、优质的原则，遵循市场规律，按照专业化布局，调整种植业结构，着力发展蔬菜、棉花、制种、啤酒原料和优质果品。全市新增蔬菜、制种、林果、中药材等高效特色产业 27. 5 万亩，总面积达到180 万亩，占耕地总面积的 72%。新建日光温室 5752 亩，完成任务的 125%，新建塑料大棚 27770 亩，完成任务的 173. 6%，建成 100 亩以上集中连片小区141 个，建成 300 万株瓜菜育苗基地 6 个。全市三千元以上高效田累计达到125. 5 万亩，比上年增加 35. 5 万亩，实现了人均 2 亩三千元以上高效田。全市羊饲养 620 万只，增加 32 万只，羊出栏率提高 3 个百分点，达到 72%。规模养殖场（户）2. 5 万户，规模饲养量占到全市畜禽饲养量的 54. 8%，提高了 4 个百分点。新改扩建标准化规模养殖小区 150 个，累计达到 982 个。调引良种羊 6. 5 万只，秸秆加工转化利用总量达到 130 万吨，利用率达到 65%。

## 三、农业科技示范推广

肃州区国家级现代农业示范区、敦煌市省级现代农业示范区分别得到农业部和省政府批复认定并启动实施。全市认真组织实施农业科技千人联万户行动，巩固提升建设了20个市级农业科技示范园区水平，组织912名农业专家和技术人员，举办农业科技培训班1654期，培育科技示范户1.6万户，培训农民21.45万人（次），印发技术资料18.6万份。推广激光平地、膜下滴灌、棉花采摘机等农艺农机节水新技术31项，新机具6432台。落实有机生态无土栽培5400亩，粮棉高产创建示范9.2万亩，高效立体种植126万亩，测土配方施肥244.4万亩。新建以膜下滴灌、垄膜垄作沟灌等农业节水示范96.69万亩，完成冻配牛8.18万头，杂交改良肉羊80万只，全市农业新品种新技术推广率达到90%以上。

## 四、项目建设及招商引资

各级农业部门始终按照“齐心协力抓项目、抓好项目促发展”的思路，积极探索项目建设的新机制、新办法，在严格加强在建项目监督管理，组织开展专项检查和进度督查工作的同时，继续加大农业重点项目争取力度，确保农业重点项目落实到位。全市共争取到位国家强农惠农补贴资金2.1亿元，中央和省级农业发展项目投资2.2亿元，市财政专项扶持现代农业发展资金达到4700万元，各县（市、区）投入农业发展资金8000万元，落实招商引资项目21个，总投资32.5亿元，其中已开工建设19个，总投资8.5亿元，到位资金3.2亿元。充分利用小额担保贷款等资金，多渠道增加投入，支撑现代农业发展。

## 五、农业产业化经营

各级认真贯彻市政府《关于促进农产品加工贮藏流通企业发展扶持办法》，以种子精选、酒花加工、果蔬和肉品贮藏保鲜为重点，支持发展销售收入在2000万元以上、重点培育销售收入在1亿元以上的农业产业化龙头企业，大力发展农民专业合作社，有效提升了农业产业化经营水平。支持销售收入在5000万元以上的果蔬、乳品、制种、肉牛肉羊等农产品贮藏和加工企业，重点培育销售收入在1亿元以上的农业产业化龙头企业，全市新续改扩建农业产业化项目43个，总投资13亿元，新增农产品加工能力5万吨，新增鲜活农产品贮藏能力3.6万吨。全市各类农产品加工企业达到296家，加工量160万吨，加工增值率53.4%，增长3.9个百分点，实现销售收入58亿元。年销售收入5000万元以上的龙头企业30家，增加2家。继续组织开展示范社建设行动，全市农民专业合作社达到456个，新增55个，市级以上农民

专业合作社示范社达到150个，新增40个，其中国家级示范社23家，省级示范社25家，市级示范社125家。新建30个便民肉菜销售点，在肃州区建立了20个农超对接蔬菜直销点，超市鲜活农产品产地直接采购比例达到了55%。依法引导农村土地流转，累计流转土地36.85万亩，新增6.93万亩，占到家庭承包耕地面积的20.4%，建立县级土地流转服务中心7个、乡（镇）级56个。

## 六、农业执法与农业安全

各级始终把保障农业生产安全放在重要位置，集中人力物力才力，全面落实各项措施，确保农业安全。市、县两级成立了农业执法机构，64个乡镇建立了农产品质量监管站。动植物防疫、农业生产安全措施全面落实。严格农业投入品监管，强化生鲜乳和农药、兽药、渔药、饲料及饲料添加剂质量安全管理，落实农药经营许可制度，对国家禁用、限用的农业投入品实行专营和定点销售。坚持推进农业标准化，组织实施无公害农产品标准化生产技术规程，开展无公害农产品产地认定和产品认证，全市共认定无公害农产品产地55个55万亩，畜禽146万头（只）；认证无公害农产品62个72万吨，获得农产品地理标志保护产品5个，绿色食品认证证书14个。把重点生产基地、批发市场、农贸市场纳入质量安全监测范围，实行季度检测，农产品总体抽检平均合格率99.38%。全市完成农村户用沼气540户，占任务的108%。落实新建农村清洁工程示范点2个。开展废旧农膜回收利用工作，全年回收加工利用废旧农膜1.3万吨，回收加工利用率达到68%。加强尾菜综合治理，处理利用尾菜5万吨。

# 加快转变发展方式 推动草原畜牧业转型升级

甘肃省甘南州舟曲县农牧局 房东明

根据甘南州农牧局《关于做好草原畜牧业发展方式转变和转型升级有关情况调研准备工作的通知》〔州农牧字（2013）100 号〕文件精神，现就舟曲县草原畜牧业发展方式转变和转型升级有关情况调研情况汇报如下：

## 一、发展现状

近年来，随着补奖政策的深入落实和畜牧业产业结构的合理调整，舟曲县草原畜牧业呈现蓬勃发展的势头，草原生态植被有效得到恢复，饲草产量提高，畜牧养殖发展迅速。

（一）经济社会状况。舟曲县地处甘肃省西南部、青藏高原余脉山地，与本省陇南市接壤。介于东经103$^0$45'30"，北纬33$^0$13'34"，海拔1173～4504米。全县辖19个乡镇、210村、2个社区，总土地面积约451万亩，其中耕地面积14.29万亩，天然草原面积为88.03万亩。全县农业人口125130人。粮食作物主要为小麦、玉米、荞麦等，经济作物主要为油菜、蚕豆等。截至2012年年底，农业人口纯收入为3601元

（二）草原畜牧业发展情况。截至2012年年底，全县牛存栏：38743头，出栏：5728头；羊存栏：28015只，出栏：26518只。全县肉类产量为1181吨，其中牛肉949吨，羊肉232吨。全县有人工种草面积11.32万亩，年产干草5.66万吨。舟曲县为农业县，2012年年底，全县畜牧业产值为10712万元，占全县经济总产值的34.12%。

（三）草原生态保护。主要是实施了“8.8”灾后重建草原生态修复工程项目。于2011年7月～2012年年底，在县域内进行了50万亩的草原围栏建设，支持发展人工种草3万亩，以发展舍饲圈养业、减轻天然草原放牧压力为目的，扶持养殖户共建设棚圈3万平方米。

（四）草原补奖政策落实情况。舟曲县现有可利用草原面积82.42万亩，其中落实禁牧面积50万亩，实施草畜平衡面积32.42万亩，人工种草面积11.32万亩。每年全县落实补奖资金1185万元，其中禁牧补助1000万元，草畜平衡奖励72万元，人工种草补贴113万元。全县划定基本草原82.42万亩，

均已规范化承包到户。县政府已发布了禁牧令，草原禁牧和草畜平衡各项制度措施均落实到位。

（五）落实草原补奖政策取得的成效。

1. 生态效益提高。我县把“8.8”泥石流灾后重建草原生态修复项目——草原围栏工程与补奖政策统筹兼顾，有机结合，把围栏管护列入乡、村绩效考核和农户落实禁牧政策情况作为考评的内容，切实提高了围栏草原的生态效益。根据实地调查显示，在海拔3000米以下，建管到位、禁牧围栏完好的工程区，植被高度比2010年同期提高了2个百分点，植被盖度比2011年同期提高了6个百分点。草原产草量达到了3500万公斤。

2. 牛羊饲养方式逐步转变。随着减畜计划的深入推行和农户思想观念的转变，牛羊在天然草原上的放牧数量减少，逐步向“多数农户无牛羊、少数农户规模养殖”发展，在实现减轻天然草原放牧压力的目的同时，也坚持了“减畜不减肉”的原则。

3. 政策性收入增加。草原生态补奖政策惠及我县19个乡（镇）、210个行政村的28536户、118147农民群众，户均占有草场28.88亩，人均占有草场6.97亩，通过补助奖励，农民人均增收102元。

4. 生态观念得到转变。通过政策宣传、实施体验、参与监管，广大干部群众在领会政策的同时，对草地的生态地位和作用有了新的认识，朴素甚至狭隘的生态观念得到一定转变。增强了种草、贮草、减畜及设施维护、管理草原的自觉性。

（六）草原畜牧业发展特点。一是规模养殖的比重不断提升。以养殖场、家庭适度规模养殖为主的规模化养殖和标准化饲养呈现快速发展的趋势。现有肉牛标准化规模养殖场2个，投资主体为个人自筹和合作融资。存栏基础母牛分别为120头和160头，年出栏肉牛分别为50头和85头，共135头，占全县出栏总量的2.3%。二是畜牧养殖业合作组织增多。全县现有正式工商注册的畜禽养殖专业合作社273个，比2010年同期增加263个，养殖种类以生猪、肉牛、肉羊为主。三是草食家畜牧业发展迅速。截至目前草食家畜规模养殖场在我县已达到13家，养殖大户已达到700户，秸秆青贮0.178万吨。四是饲草业开始崛起。全县目前已发展有人工种草近15万亩，建成标准化的饲草加工厂2个。五是林牧结合的生态养殖业已起步。我县把发展畜牧业与巩固退耕还林成果相结合来抓，充分利用丰富的森林资源和大块退耕还林地，积极扶持推行林下养殖业，实现向生态养殖转型。

## 二、存在的问题

（一）产业化水平低。主要表现为草原畜牧业工业化、标准化规模水平低。特别是能形成一定规模和带动效应的饲草料和畜产品加工龙头企业数量少，企业与农户利益联结不紧密，不能有效形成“企业＋基地＋农户”的利益均沾、风险共担的利益共同体，造成市场竞争乏力，产销衔接不畅，直接影响了草原畜牧业的快速长远发展。

（二）资金严重缺乏。从调查的情况得知，很多农民对草食家畜的养殖愿望非常迫切，已有养殖场的还想再扩大规模，但苦于资金短缺。

（三）科学饲养水平有待提高。在农村，沿用传统习惯饲养家畜的现象还很普遍。粗放经营、品种更新换代不及时，都影响了养殖户的经济效益。

（四）发展畜牧业的环境尚需进一步改善。受国家政策的影响，目前，土地已成为制约我县畜牧业进一步发展的瓶颈，国土部门对土地管理严格、养殖用地审批手续过于烦琐，导致新上养殖场用地审批困难，已有企业很难扩大规模，限制了企业进一步发展。

## 三、发展思路与建议

（一）加大科技培训力度，全面提高农民的综合素质。一是政府部门要经常组织科技人员和养殖大户代表，深入到各乡镇进行专题讲座、科技培训和经验介绍，提高广大农民科技水平。二是积极开展“阳光工程”培训，让农民学会1~2门畜牧养殖技术。三是适时邀请专家分析省内外畜牧业发展的趋势，灌输知识，开阔视野，增强信心，鼓励发展畜牧业。

（二）抓好畜牧业基地建设。一要在良种繁育、技术推广上下工夫。我县生猪、肉牛种繁育水平还不高，需提高改良繁育水平。二要在技术调新、规模调大、示范作用调强上下工夫。建立标准化、规模化，科技含量高的示范基地，通过绿色、安全、优质、高效的基地带动农户。三要以市场为导向，在品种调优、效益调高上下工夫。

（三）发展龙头企业。产业化的发展关键在龙头，要以加强龙头企业建设为重点，积极探索龙头企业带动农户的有效组织形式，健全利益共享、风险共担的经营机制，共同抗御市场风险。

（四）加速建立、健全社会化服务体系。一要进一步完善疫病防治服务体系及县、乡（镇）、村三级防疫网络体系。二要健全信息网络系统和管理体

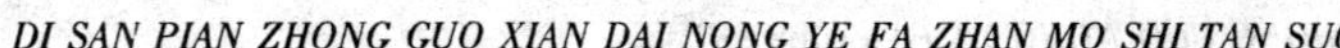

系，直接为畜牧业的生产提供供需和市场前景预测等各项服务，以达到调整生产、减少风险的目的。三要加快发展专业合作组织，积极创办养殖协会，为农民提供直接有效的服务。四要加强对畜牧业建设用地的规划和管理，确保畜牧企业用地指标的审批和土地使用费用的最大优惠。

（五）增加对畜牧业的投入。要采取多方融资的办法，解决畜牧业发展资金的瓶颈问题。一要将国家关于农村小额贷款的政策用好、用足，用于支持畜牧业发展。二要通过政府协调，加大扶持畜牧养殖业的扶贫资金投入。

# 转变农业发展方式<br>大力提高农业现代化水平

陕西省三原县农林畜牧局　乔功昌

## 一、基本情况

三原县位于陕西省关中平原中部，渭河以北，地处鄂尔多斯地台南缘褶皱带上，地势西北高，东南低，海拔362~1409米，东经108°47′~109°10′，北纬34°34′~34°50′东迄临潼、富平，南界高陵，西邻泾阳、淳化，北靠耀县，东西长37公里，南北宽30公里。县域交通运输四通八达，西铜铁路横贯东西，西铜高速纵穿南北，107关中环线、西韩路、咸宋路穿境而过，三高路、三旬路、三马路、三洪路连接周边各县。县城距西安咸阳国际机场20公里。境内南北以四十里原坡为界，东西以清峪河相隔，将全县自然分割成三个不同的地形地貌形态。即：南部冲积平原，系泾渭河流阶地，面积290.37平方公里，地势平坦，海拔362~500米，平原中部又被清峪河切割成南北两部分，北半部分习惯上称为“小灌区”（因该区历史上属于清惠渠灌区），南半部分习惯上称为“大灌区”（因该区属泾惠灌区）。北部黄土台原，面积215.84平方公里。西北嵯峨山原，面积70.69平方公里。气候特点四季分明，光照充足，雨量充沛，属北温带大陆性季风气候，全年太阳总辐射113.18千卡/$cm^2$，平均日照2156小时，全年地面温度平均15.8℃，年平均降水569cm。

三原县是一个农业大县，辖14个乡镇，205个行政村，145900户人，总人口40.4万人，其中农村人口33.1万人，占总人口的82.8%，农业从业人口11.9万人。耕地面积53万亩，2013年农民人均纯收入预计达到9833元。是全国和陕西省商品粮、蔬菜、秦川牛、生猪、奶山羊、笼养鸡、时令水果基地县。

### （一）主导产业优势明显

粮食生产：围绕“稳定面积、依靠科技，提高单产、增加总产、保障供给”的目标，全县粮食播种面积稳定在62万亩，总产20万吨以上，粮食年

产值4亿元。

蔬菜生产：大力实施蔬菜精品化工程，坚持“建基地、强科技”方针，全县现有蔬菜面积25.8万亩，设施栽培面积14.95万亩，蔬菜年产量92万吨，年产值14.2亿元。

果业生产：坚持“调结构、提质量”的原则，全力实施优果工程，突出抓好以苹果、鲜桃、大枣、葡萄、樱桃、杏为主的时令水果生产，马额苹果、高渠鲜桃已成为市场知名品牌。全县现有各类果树面积16.8万亩（杂果面积7.5万亩），产量20.5万吨，年产值6亿元。其中苹果面积10万亩，产量10.8万吨。

畜牧养殖：以畜牧大县建设为目标，依托关中奶牛产业带、全市500万生猪大市和陕西正大现代化蛋鸡示范园区项目，以养殖小区建设为突破口，推广规模化、标准化、集约化生产，全县大牲畜存栏6.73万头，生猪存栏18.8万头，羊存栏16.5万只，禽类存栏236万只。肉、蛋、奶产量分别为2.9万吨、3.2万吨、6.1万吨。

按照“南菜北果全县畜”的总体要求，农业产业布局基本形成。

发挥国家商品粮基地县优势，以形成了高渠、陂西、独李等乡镇为重点的粮食产业带；

发挥苹果优生区、适生区的区位优势，已形成了以马额、新兴、陵前为重点的优质中早熟果业产业带；

实施蔬菜精品化工程，形成了沿三独路、关中环线、西韩路等反季节蔬菜产业带，以城关、鲁桥为重点的粮菜间套产业带，以新兴镇、陵前镇为重点的大葱产业带；

大力推广陕西正大畜牧养殖模式，形成了全县发展畜牧业的产业格局。

**（二）产业化经营水平逐步提高**

以工业化理念抓农业，扩大农业招商，建设食品工业园区，加快产业集聚。全县培育国家级农业龙头企业23家、省级15家、市级8家。

**（三）“一村一品”建设成效显著**

“一村一品”是发展现代农业的重要载体，是实现“生产发展”目标的根本途径。目前全县一村一品示范村已达到60个，其中省级示范村17个，市级示范村7个，“一乡一业”示范乡镇2个，从业农户为2.03万户，从业人员达7.8万多人。产业发展涉及粮食、果品、畜牧、蔬菜、农产品加工等多个产业类型。

**（四）农村剩余劳动力转移步伐加快**

农业现代化的发展方向是实现“工业化”生产，“工业化”生产势必剩余大量的农村劳动力，因此将更多的农民从第一产业转移到第二、三产业，对于提高农业现代化水平，增加农民收入具有十分重要的意义。目前我县成立有专门负责转移农村剩余劳动力的机构，年可转移农村剩余劳动力2万余人，且数量逐年增加。

**（五）农业服务体系初步构建**

1. 标准化体系建设。全县现已建成绿色、无公害基地15个，认证通过6个。现已制定种植业、蔬菜、水果、畜牧等行业的标准化生产规程，标准化生产规模得到推广应用。

2. 市场体系建设。全县已建立各类农产品批发市场11个，年交易额达5.8亿元。惜字恒丰蔬菜批发市场被列为农业部全国定点批发市场和陕西省省重点农副产品批发市场之一。全县有农产品经销大户116户，从事农产品流通的经纪人363人，产品远销国内20多个大中城市，年农产品经销额3.86亿元。

3. 农民专业合作经济组织。随着农业产业化推进中主导产业的健康发展，自发组建的农民专业合作经济组织发展迅速。现有各类农村专业合作经济组织300家，会员总数25000人，带动农户66950户，占全县农户总数的76%左右。

4. 农业信息网络体系建设。从现代化农业的要求出发，我们积极推广“三电合一”的信息服务建设，全县205个行政村均有健全的村级农业信息站。

5. 畜牧防疫体系建设。依托乡镇兽医站建设项目，用足用活国家有关政策，全县14个乡镇均建立了兽医站，业务工作正常开展。特别是西阳镇兽医站，动物防疫标准化建设取得了很大成就。村级防疫员队伍健全率达到了100%，形成了完整的动物疫情测报网络。

6. 农业执法体系建设。我县农业综合执法虽未核编建队，但建有内设的农业综合执法牵头股室，即局农业综合执法大队。局农业综合执法大队按照农资打假专项治理行动方案要求，组织局属各执法单位开展农业综合执法工作，确保农资市场健康发展。

## 二、存在问题

一是农业产业结构不尽合理，主导产业不突出，特色产业聚集度小。

二是农业基础设施和物质技术条件总体水平低，农业社会化服务体系建设依然滞后，特别是农业基础设施经不起自然灾害的考验，农技服务体系乡

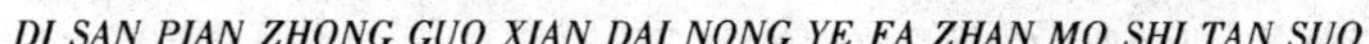

村两个链条缺位，信息和技术服务不能满足广大农民的需要。

三是农业产业化程度不高，农业综合效益较低，龙头企业特别是精深加工企业数量少，农民专业合作社规模有待进一步壮大。

四是农业生产的标准化程度不高，农产品品质和质量亟须提高。

五是农村市场发育不全，农产品流通渠道仍不顺畅，农产品商品化率较低。

六是农民科技素质较低，农业科技推广力度不够，农业科技成果转化率低。

七是农业投融资体制不畅，资金短缺仍然是制约生产发展的瓶颈因素。

八是农村剩余劳动力转移数量偏小，对农民收入贡献份额不高。

## 三、对策和措施

### （一）指导思想

以党的十八大精神为指导，全面贯彻落实科学发展观，以促进农业增效、农民增收、农村富裕为根本出发点，按照“农村工作突出抓产业”要求和“南菜北果全县畜”产业格局，大力实施粮食单产提高工程、畜牧业收入倍增工程、果业提质增效工程、万亩设施蔬菜工程，进一步壮大粮、菜、果、畜四大支柱产业，以“一村一品，一乡一业”建设为抓手，大力发展加工农业、都市农业、生态农业，加快农业工业化、农村城镇化、农民市民化进程，走循环、高效、可持续的特色农业发展之路，实现三原农业又快又好发展。

### （二）基本原则

1. 坚持生态高效的原则。依托生态优势，重点发展经济效益高、环境污染少的农业循环经济，促进农业的可持续发展。

2. 坚持市场导向的原则。充分考虑国内和国际两个市场，瞄准现实和潜在两种需求，立足多样化、优质化，重点发展市场占有率高、国内或国际市场前景广阔的特色优势农产品。

3. 坚持特色竞争的原则。坚持有所为、有所不为，加快农业产业结构的优化调整，深度挖掘地方特色农产品，突出重点，优中选优，走特色化、差异化竞争之路，做大、做强、做优特色优势农业。

4. 坚持科技创新的原则。在汲取继承传统农业的基础上，应用现代科学技术、设备、手段、管理进行创新和发展，转变农业增长方式，依靠科技进步和提高劳动者素质，提高优势农产品内在品质，提高农业比较优势和经济效益。

5. 坚持统筹发展的原则。把特色农业发展纳入整个国民经济社会发展全局之中，全面提高整个区域发展的协调程度，坚持规划目标的适当超前性，规划措施的可操作性，加大对各类资源要素的整合力度，实现优化配置。

6. 坚持体制机制创新的原则。不断完善农村经营制度，消除影响和束缚农业发展的体制机制性障碍，积极探索促进农业增效、产品增值、农民增收的新途径，增强特色农业产业发展活力。

**（三）发展重点**

1. 加强农业基础设施和农技服务体系建设。以政府投资为主体加大农业基础设施建设，进一步增强农业发展的后劲。充分利用国家政策，积极创造条件，加快农技服务体系建设步伐，为农民发展现代化农业提供技术支持。

2. 改革投融资体制，增加对农业的投入。一是加大政府投入力度，投入资金优先向产业发展、优势产品和优势产区倾斜；二是以政府投资为主，吸纳企业、个人、社会资金，建立县级专项基金，重点支持区域性特色产业发展、农民专业合作社建设、农民种养业大户和发展农产品精深加工龙头企业；三是完善金融机构信贷机制，建立政府担保政策框架，切实解决农民、企业贷款难问题；四是扩大实行农业产业保护、保险政策，降低市场风险，保护产业发展。

3. 因地制宜，突出产业发展。按照“十大优质农产品基地”定位，通过优化布局和区域分工，因地制宜，进一步调整农业结构，突出抓好具有区域竞争优势、有规模的主导产业和支柱产业。

4. 培育壮大龙头企业、加快农民专业合作组织建设。立足资源优势和产业特色，坚持用工业化理念经营农业，大力实施龙头带动战略。外抓招商引资，内抓改造提升，培育一批带动力、竞争力强的龙头企业。通过示范引导、政策扶持、规范运行、部门配合、上下联动，加快农民专业合作组织建设，提高农民专业合作组织运行质量。同时按照“立足特色，抓好规划落实；立足提升，抓好科技推广；立足做强，抓好品牌建设”的工作思路，大力实施“一村一品”“一乡一业”。

5. 加快农业标准化生产步伐，着力提高农产品品质和质量。尽快建立和完善农产品质量安全检测体系，配备专业人员和设备设施。大力实施农业标准化工程，加快农业标准化基地建设步伐，实施无公害、绿色、有机食品认证和农产品地理标志登记、名牌产品评定，打造绿色农产品品牌，增强市场竞争力。

6. 着力发展农村市场，畅通农产品流通渠道。通过统一规划，加强立项

管理，逐步形成布局合理、产销结合、公平竞争、统一开放的农产品市场体系。重点培育产地农产品批发市场，充分发挥服务功能。强化农产品市场准入机制，积极引导优质、品牌农产品直接进入超市，促进无公害绿色农产品发展。同时加大农产品贩销大户、经纪人队伍培育，扩大农产品对外宣传，畅通农产品流通渠道。

7. 加大农业科技推广和培训力度，提高农业科技成果转化率。要创新农技推广体制。逐步探索完善以政府推广机构为主体，科研机构和农村科技人才多方参与的推广机制。积极培养农村科技带头人、农业科技示范户和农业科技致富能手。着力抓好实用技术培训，不断提高农民科技文化素质，提高农业科技成果转化率。

8. 加快农村剩余劳动力转移力度，提高对农民收入的贡献份额。对内积极引进和培育劳动密集型、技术含量低的中小民营企业，大力发展第三产业，就地转化部分农村剩余劳动力。对外畅通就业渠道，加强农民职业教育和技术培训，提高劳务价值，为农民“走出去”务工创造条件。同时加强外出务工农民跟踪服务工作，提高一次性输出的成功率，减少二次输出比例。还要搭好创业平台，鼓励具有一定资金、技术和经营能力的外出务工者返乡创办企业，带动地域经济发展。

# 调结构转方式　抓发展惠民生

宁夏回族自治区石嘴山市农牧局　刘　虎

## 一、农业发展概况

（一）石嘴山市位于宁夏回族自治区北部，1960 年设市，总面积 5310 平方公里，总人口 72.55 万，城镇人口 70%，回族人口 19.5%。经过 50 余年的发展，石嘴山市从享誉全国的煤炭工业城市成功转型为独具特色的山水园林新型工业城市。近几年来，石嘴山市大力发展特色农业、精品农业、优质农业，我市依托资源优势，加快转变农业发展方式，调整农业结构，着力推进农业提质增效，农业农村经济发展进入历史最好时期。

（二）农业综合生产能力显著增强。2012 年，全市农业增加值达到 22.44 亿元，五年年均增长 14.9%，粮食种植面积稳定在 94 万亩，总产量稳定在 40 万吨，连续八年丰产丰收，蔬菜、肉、蛋、牛奶、水产品产量大幅增长，市场供应充足，满足了城乡居民对农产品多样化的需求。

（三）农民收入快速增长。2012 年达到 7967 元，五年年均增长 12.4%，增幅连创历史新高。

（四）优势特色产业快速发展。形成了清真牛羊肉、蔬菜、枸杞、水产、制种五大优势特色产业带，牛羊饲养量分别达到 20 万头和 270 万只，蔬菜种植面积达到 40 万亩，枸杞面积 8.66 万亩，水产养殖面积达到 18.7 万亩，制种面积达到 11 万亩。优势特色产业产值占农业总产值的 80%。

（五）农业产业化实现重大突破。中粮集团、雨润集团、汇源集团、野娇娇集团等一批国内外知名的大集团先后落户我市，率先在全区形成了“一个产业、一个加工龙头企业带动”的格局。全市农产品加工企业达到 1889 家，实现产值 23 亿元，主要农产品加工转化率达到 54%。

（六）招商引资工作成效显著。坚持实施项目带动战略，大力开展招商引资。五年来争取落实国家、自治区项目 32 个，资金 1.32 亿元。率先在全区开展乡镇村招商引资工作，累计落实招商引资项目 245 个，完成投资 47.84 亿元。

（七）农业科技创新与推广步伐明显加快。全区现代农业示范基地建设全面推进，一大批农业、农机、畜牧、水产新技术、新机械、新品种得到广泛普及和推广，农业科技贡献率达到60%，主要农作物机械化率达到84%。积极开展“阳光工程”、“新型农民”等培训工作，农民教育培训工作走在全区前列。

（八）农业保障体系不断健全。不断健全完善重大动植物疫病防控、农产品质量安全、农业综合执法、新型农民培训、农机道路交通安全体系。全市连续多年无重大动物疫情、农产品质量安全事件、农机道路安全事件发生。

（九）农村改革深入推进。全面取消农业税，五年来累计落实粮食直补等强农惠农政策补贴资金37443.7万元。创新土地经营模式，“中粮模式”、“小店子模式”等大规模土地流转模式走在全国前列，我市被列为宁夏统筹城乡试点市，平罗县被列为首批国家级农村土地改革实验区。全市土地流转面积达到46.8万亩，占耕地面积的40%，流转农户2万户。农业政策性保险从无到有，覆盖面不断扩大，2012年参保农户3.19万户，落实补贴保费1069万元。大力发展家庭农场和农村专业合作组织，家庭农场达到53家，专业合作社达到256个，带动农户4.04万户。率先在全国全区开展股份制农场试点工作，发展股份制农场5个。

（十）新农村建设取得重大进展。深入开展了农村环境综合整治战役，全市农村环境面貌明显改善。提前完成了村村通公路、村村通电话，率先实现了农村有线电视全覆盖和村村通宽带，农村信息化走在了全区乃至全国前列。

## 二、今后五年石嘴山市农业农村工作思路

（一）推进优势主导特色产业集聚升级，打造现代农业产业集群。着力建设宁夏北部现代农业示范区，大力发展“两高一优”农业，在稳定提高粮食生产能力的基础上，巩固提高牛羊肉、蔬菜、枸杞、水产、制种等优势特色产业，建设一批现代农业示范基地，加快培育形成草畜产业、生态水产、农作物制种、葡萄枸杞产业为主导产业的现代农产业集群。

（二）以加工型农业为主攻方向，建设农产品精深业加工龙头企业集群。以建设宁夏内陆开放型试验区为契机，大力实施农产品精深加工基地建设，扶持做强中粮、雨润、汇源、野娇娇、立达尔、贺东庄园、荣亨达等一批农产品加工龙头企业，整合、改造和提升脱水菜、大米、面粉、油料、制种等加工企业，力争建设成为全国加工型农业示范基地；加快农产品市场体系建设，建立以批发市场为中心、以集贸市场为基础、以连锁超市为补充、以加工配送为重点的农产品加工流通体系，保障市场繁荣稳定。大力实施品牌战

略，支持企业争创“中国名牌产品”、“驰名商标”。

（三）加强农业支撑体系建设，提高农业现代化水平。构建现代农业科技支撑体系。加大对种养殖园区、示范基地的扶持力度，全面推广和应用各类先进、适用技术，提高技术创新能力，大幅度提升特色产业发展水平。按照“一个产业，一支研发推广队伍”的要求，组建产业科技创新团队和产业示范推广团队，加快新技术、新品种、新模式、新设施的研发、引进和示范、推广。进一步健全农业科技推广体制，探索实施农业科技承包机制，努力形成多元化农业社会化服务体系。

（四）加强农业保障体系建设，保证农业安全生产。不断健全完善重大动植物疫病防控、农产品质量安全、农业综合执法、新型农民培训、农机道路交通安全体系，严厉查处制售假冒伪劣农业投入品等坑农害农案件，确保无重大动植物疫病、农产品质量安全事件和农机道路交通安全事件发生。大力实施“新型农民培训工程”。五年内培养各类农业高技能人才1000名。重点培养500名农业产业化龙头企业负责人和专业合作社负责人、5000名生产能手和农村经纪人等优秀生产经营人才，建立1万个科技示范户，每年完成1万名农民技能培训，每年输出农民工3万人（次）。

（五）创新农业经营体制机制，加大统筹城乡发展力度。全面完成平罗县农村土地改革试验区项目，建设成为全国农村土地改革示范项目。积极扶持发展土地信用合作社、家庭农场、农民专业合作社、农业科技服务公司和农业产业化龙头企业通过多种方式流转土地，提高土地集约化经营水平。大力发展新型农村专业合作经济组织，在数量上发展一批，在管理上提升一批，在经营上规范一批，在机制上创新一批，把合作社真正打造成发展现代农业的中坚力量。

**作者简介：**

刘虎，男，1962年9月出生，中共党员，经济师。现任宁夏回族自治区石嘴山市农牧局局长。

自1986年7月参加工作起，历任副乡长、镇长、党委书记、人大主席，平罗县公安局政委、平罗县政府副县长，惠农区委常委、政府副区长，大武口区委常委、政府副区长，宁夏隆湖经济扶贫开发区管委会主任、石嘴山经济开发区管委会副主任、市政府副秘书长等职。现任宁夏回族自治区石嘴山市农牧局局长。

# 转变农业发展方式　发展中宁现代农业

宁夏回族自治区中宁县农牧局　武文诣

为深入贯彻落实科学发展观，加快推进中宁县现代农业发展，促进农业增效、农民增收和农村经济发展，力争与全区、全国同步进入小康社会，结合中宁实际，现提出如下发展思路及对策。

## 一、发展中宁现代农业，必须理清思路、明确目标

1. 总体思路：以科学发展观为统领，以加快转变农业发展方式为主线，以增加农民收入为核心，以发展特色优势产业为重点，按照“一优三高”农业发展要求，加快推进农业结构战略性调整，不断创新完善农业经营体制，着力强化政策、科技、设施、人才和体制支撑，努力构建规模化发展、标准化生产、集约化经营、品牌化销售、社会化服务的农业产业化体系，促进农业向质量型、生态型、安全型转变，加快农业现代化进程，推进“四化同步”，全力打造“中华杞乡”，加快建设和谐富裕新中宁。

2. 发展目标：以创建国家级现代农业示范区为目标，通过调结构、建基地、举龙头、深加工、创品牌、活流通、促销售，加快推进现代农业发展，促进农业提质增效、农民持续增收、农村经济发展、社会和谐稳定，加快全面小康建设步伐。力争2013年全县实现农业增加值16亿元，增长6.7%，农民人均纯收入达到7880元，增长13%以上。力争到2015年，建设40万亩优质粮食生产基地、20万亩枸杞种植基地、5万亩出口枸杞生产基地、35万亩硒砂瓜生产基地、18万亩苹果基地、20万亩红枣基地、5万头母猪生产基地、100万头仔猪生产基地、生猪年饲养量达到100万头、3个万头奶牛养殖基地、5个肉牛标准化养殖基地、1个现代化种禽繁育基地，培育国家、区、市级重点骨干龙头企业100家，打造全国知名农业品牌10个，农业科技贡献率达到70%以上，农民人均纯收入年均递增12%以上。

## 二、发展中宁现代农业，必须准确定位、科学布局

1. 发展定位：一是全力打造“中华杞乡”。抢抓“两区”建设发展机遇，立足中宁实际，发挥地域优势，围绕做亮品牌、做强产业，力争建成全国最

大的绿色生产、加工、销售和出口基地，大力发展中宁枸杞文化，充分发挥“中宁枸杞”中国驰名商标的品牌效应和中国中宁国际枸杞交易中心交易集散地的平台作用，立足国内，实现中宁枸杞销售在全国各大城市的全覆盖，面向国外，以“两区”建设为契机，实现中宁枸杞出口贸易大增长，促进“中华杞乡”美誉度大提升；二是创建国家级现代农业示范区。在引黄灌区集中发展有机枸杞、优质粮食、苹果、供港蔬菜、生物环保鲜猪肉等特色产业；在中部干旱带发展绿色硒砂瓜、红枣、草畜等高效旱作节水农业，建设一批国家、区、市级现代农业示范基地，力争自治区命名挂牌13家，示范带动全县乃至全区农业快速发展；三是建设沿黄经济区优质农产品综合加工基地。大力发展农产品加工业，培育壮大农业产业化龙头企业，建设一批国内知名的枸杞、苹果、红枣、硒砂瓜系列产品加工基地；四是打造西北地区特色农产品物流节点。充分发挥中宁县承东启西、连接南北的交通区位和资源优势，加强物流园区和中国中宁国际枸杞交易中心基础设施建设，提升物流装备水平，优化枸杞、硒砂瓜、供港蔬菜、生物环保猪肉等特色产品商贸流通方式，有效集聚物流要素，促进农产品流通销售。

2. 产业布局：以粮油产业为基础，围绕枸杞、红枣、苹果、硒砂瓜、供港蔬菜、生物环保养猪、畜禽养殖等特色优势产业，因地制宜，科学规划，合理布局。（1）优质粮食产业。重点以鸣沙、白马、宁安、石空、余丁、大战场6个乡镇建设5万亩优质大米、20万亩优质玉米生产基地；（2）枸杞产业。巩固舟塔、大战场等乡镇标准化枸杞基地，建设以宽口井、清水河、红梧山地区为核心的中国优质枸杞生产示范区，高标准建成中宁枸杞产业园、易捷庄园、舟塔、宽口井10万亩枸杞高效节水示范基地；（3）供港蔬菜产业。重点发展以宁安、新堡、恩和、石空镇为核心的供港蔬菜基地，扩大基地建设规模和覆盖范围，在巩固香港市场的同时，不断开拓销售市场，提升经济效益；（4）硒砂瓜产业。抓好白马滚泉坡、鸣沙二道沟10万亩优质硒砂瓜和喊叫水、徐套3万亩高档甜瓜基地建设，继续巩固北京、广州、成都等国内市场，积极拓展香港、蒙古等国际市场，确保硒砂瓜丰产俏销；（5）生猪产业。抓好天利、正阳、刘桥、盛源、迎鑫源等规模生猪养殖场的提档升级，启动实施宽口井魏兴坡5万头能繁母猪和100万头仔猪基地建设项目；（6）奶产业。以天宁牧业万头奶牛现代化养殖场为示范引领，加快对兴宁、河滩、余丁、大战场等奶牛园区更新改造，力争到2015年全县优质奶牛存栏量达到3万头，大力提升奶牛养殖水平、单产水平，跻身全区奶牛养殖高产核心区；（7）清真牛羊肉产业。抓好宽口井、撒不拉滩、红梧山等四个肉牛养殖基地补栏工作，建设打麦水、马家塘2个基础肉牛养殖示范村，肉牛饲养量达到10万头，力争打造全区高档牛肉生产示范基地，鼓励扶持兴旺、文茂肉羊标准化养殖场建设，引进黑山羊10000只，建设全区唯一一家特色肉羊养殖基地，建设红梧山千只梅花鹿养殖基地1个；（8）红枣产业。重点建设滚泉坡、天景山、红梧山10万亩枣瓜间作旱作节水农业综合示范基地，石空镇金丝圆枣种植、冷链储运加工示范基地；（9）苹果产业。抓好白马、鸣沙、恩和、新堡和林业“三场”SOD苹果基地建设，加快恒新果汁公司迁建项目建设进度，力争早日达产达效；（10）适水产业及休闲农业。积极推进池塘标准化改造，大力发展水产健康养殖，不断扩大黄河鲤鱼、黄河鲶鱼等土著鱼类养殖规模，着力打造中宁水产品生态绿色品牌、黄河特色品牌。沿南北滨河路发展高档休闲观光农业，新建农家乐、生态餐厅10家。

## 三、发展中宁现代农业，必须突出重点、强化措施

### （一）发展重点

1. 把确保粮食稳定生产作为发展现代农业的重要基础。坚持把粮食生产放在现代农业发展的首位。要紧抓中央、自治区对粮食扶持的政策机遇，全面落实各项强农惠农富农政策，以实施粮食高产创建项目为契机，切实抓好粮食产能提升田间工程建设项目，开展高产稳产良田创建活动，充分发挥古城子西北作物种子检验检测站作用，建设小麦、玉米、水稻三大作物综合实验区、新品种展示区、生产示范区，全县粮食作物播种面积稳定在72.5万亩以上。在稳定粮食生产的同时，加大产业结构调整力度，优化品质，主攻单产，充分挖掘和发挥重点区域、重点作物、重点措施的增产潜力，实现稳粮促增收。灌区乡镇稳定水稻种植面积，扩大单种小麦和玉米种植面积，山区乡镇以扬黄灌溉和覆膜保墒集雨补灌建设为平台，继续压减旱作小麦，扩大玉米、马铃薯种植面积，稳步提高粮食产量和经济效益。

2. 把确保农产品质量安全作为发展现代农业的根本任务。认真贯彻落实《国务院关于加强食品安全工作的决定》，狠抓执法监管，推进标准化生产和全程质量监控，深入推进专项治理、农业标准化生产，切实做好应急处置，强化监管体系建设。加快县农产品质量安全检测中心、监管中心、乡镇农产品质量安全检测站和中宁国际枸杞交易中心枸杞监测站的建设管理，积极推进“三品”认证和标准化示范基地建设，切实加强无公害农产品认证工作，以县城、大战场等5个农资市场为重点，加大农业投入品的监管力度，加强挤奶站、肉品市场安全整治，建立完善盛源、天利等养殖场质量安全追溯体

系，建成枸杞、供港蔬菜等出口农产品质量安全示范区5万亩。

3. 把建设特色产业基地作为发展现代农业的主攻方向。一是抓好生物环保养猪示范基地建设。大力实施生猪规模养殖示范项目，切实抓好新建和改扩建工作，巩固全国农业标准化生猪示范县，打造全区乃至西北出口生猪示范基地；二是抓好奶牛、肉牛养殖示范基地建设。以“天宁牧业万头奶牛养殖基地”为中心，辐射鸣沙、大战场等乡镇的奶产业带建设，启动宽口井肉牛养殖园区，加快推进优良基础母牛繁殖基地提质扩量；三是抓好生态养殖基地建设。加快恒泰元40万羽肉种鸡项目建设，扶持发展林下生态养殖，以天景山区域为核心，辐射带动全县经济林带生态养殖；四是抓好硒砂瓜示范基地建设。加快白马、鸣沙、喊叫水枣瓜间作现代农业示范基地建设，大力推行标准化生产，规模化经营。

4. 把培育特色优势产业作为发展现代农业的主要手段。在枸杞产业上，抓好枸杞良种苗木繁育，加强标准化基地建设，狠抓加强枸杞鲜果烘干、加工新产品、生物质农药的研发推广，提高枸杞品质，形成由10万亩枸杞、国际枸杞交易中心和一批专业合作社、龙头企业、贸易公司及系列品牌产品构成的集种植、加工、贸易为一体的中宁枸杞特色优势产业；在供港蔬菜产业上，引进名、优、特、新蔬菜品种，推广绿色有机蔬菜标准化生产技术，推进外向型蔬菜产业发展，在巩固香港市场的同时，不断开辟新生市场，形成由供港高档蔬菜基地、专业合作社、冷链物流中心构成的供港蔬菜产业；在瓜果产业上，大力推广硒砂瓜种植新技术、新品种，提升硒砂瓜品质，加强中宁硒砂瓜地理标志保护，开拓销售市场，抓好红枣良种苗木繁育，建立品种采穗圃与苗木繁育基地，建设苹果高标准示范基地，鼓励对现有苹果低产园进行改造提升，形成由高档硒砂瓜、优质苹果、中宁金丝圆枣构成的特色瓜果产业集群；在生猪产业上，推行出口生猪标准化养殖模式，培育龙头企业，打造生物有机品牌，建成100万头生猪养殖基地，形成养殖、屠宰、加工、分割、冷储、出口产业链；在奶产业上，以天宁牧业为示范，培育建设一批规模较大、品质面向高端、单产水平高、饲养管理水平先进的现代奶牛养殖企业，形成由奶牛养殖企业和乳品加工企业构成的优质高档奶源产业。

5. 把实施农业建设项目作为发展现代农业的重要抓手。按照“巩固基础、提升能力、保障发展”的要求，坚持抓项目就是抓发展的指导思想，遵循有利于结构调整、产业化经营、农民增收的原则，充分发挥农业建设项目快速聚集资金、技术、人才等各种生产要素的作用，紧抓住国家建设种养业良种体系、农业科技创新与应用体系、动植物保护体系、农产品质量安全体

系、农产品市场信息体系、农业资源与生态保护体系、农业社会化服务与管理体系等农业“七大体系”的机遇，充分运用市场经济手段，引导社会资本、工商资本、域外资本参与农业和农村经济建设，进一步加大招商引资力度，以项目建设带动资金投入，以资金投入推动现代农业发展。

**（二）对策措施**

1. 大力推进农村集体产权制度改革。坚持和完善农村基本经营制度，不断创新完善农业经营体制，大力培育与现代农业相适应、与市场经济相衔接的新型农业经营体系，为加快农业现代化和促进农民持续增收提供基础保障。认真开展农村集体产权确权登记颁证工作，抓好鸣沙、白马、舟塔三镇六村土地产权确权登记颁证试点工作，建立完善土地承包经营权流转机制，加快推进全县农村土地流转，逐步建立覆盖全县的土地流转有形市场。建立调解仲裁平台，完善土地权益纠纷调处机制，确保维护农民群众权益。鼓励农民以土地所有权参股，参与枸杞、供港蔬菜等现代农业基地建设。引导龙头企业、专业合作社与农户流转土地建设特色优势产业基地，2015 年全县土地流转面积达到 15 万亩。

2. 建立完善现代农业产业体系。全面推进种养加、产学研、育繁推一体化经营，进一步延伸拉长产业链条，进一步加快农业社会化服务体系建设，实现经营规模化、管理企业化、生产标准化、营销市场化、农民组织化、服务社会化，促进一二三产业融合发展。要重点以“四化”推进现代农业发展。

一是以企业化推进现代农业发展。加大对龙头企业的扶持方式，建立龙头企业动态监控机制，推动龙头企业加快产业升级、技术创新和集群发展，认真做好国家级农业产业化重点龙头企业认定的前期准备和协调争取工作，搞好区、市重点龙头企业的遴选申报工作。到 2015 年，规模以上农业龙头企业达到 100 家，其中区级重点龙头企业 10 家，市级重点以上龙头企业达到 62 家，县级龙头企业达到 24 家，力争 4 家企业进入国家级重点龙头企业范围，参与产业化经营农户达到 60%。

二是以标准化推进现代农业发展。积极争取农业标准化整体推进示范县建设项目，大力实施品牌带动和标准化战略，全面提高农产品的质量和档次，加快推进农业生产由注重产量数量向注重质量效益转变。建立健全农业质量标准体系、农业标准推广实施体系、农业生产全过程质量监管体系。大力推进高效、优质农作物生产设施化、畜禽水产养殖规模化、标准化生产，创建农作物标准生产基地、畜禽养殖标准化示范场和水产健康养殖示范场，创建设施蔬菜、食用菌、畜禽、果品质量安全示范区。积极开展无公害农产品、绿色食品、有机农产品、地理标识认证工作，到2015年力争新增“三品”认证10个，争创国家级或区级农产品品牌3个。

三是以生态化推进现代农业发展。大力发展生态循环农业，推广节肥、节水、节药、节能技术。以大型养殖加工企业为重点，建设一批大中型沼气工程，实施秸秆综合利用示范项目，加快推进以保护性耕作为重点的秸秆综合利用，使全县的秸秆综合利用率提高到90%以上，围绕沼渣、沼液和农业残留物的资源化利用，依托项目的实施和发展，培育一批生态农业示范基地和示范园区，努力实现粪便进沼池、沼渣进农田、作物秸秆做饲料的循环生态农业。充分发挥测土配方施肥项目推荐施肥专家系统作用，大力推广测土配方施肥和减量控害植保技术，提高化肥、农药利用率，减少面源污染，实现农业节本增收。

四是以科技化推进现代农业发展。通过科技进步实现创新驱动、内生增长，大力推进农业科技与农业农村经济的融合，加强科技创新和农业科技成果的引进、推广、应用研究，以现代科技为手段发展精品农业、智能农业，实现种养加、产学研、良繁推一体化发展，推动增长方式从依靠物质投入向依靠科技进步转变，提高土地产出率、资源利用率、劳动生产率，建成智能农业信息化服务平台，把互联网运用于瓜菜种植、畜禽养殖，实现技术信息高效联结，提高科技在农业中的转化率。

3. 努力提高农业生产经营组织化程度。围绕特色优势产业发展各类农民专业合作社，深入实施示范合作社创建活动，建立合作社考评机制，充分发挥农民专业合作社在现代农业发展中的积极作用，推动统一经营向发展农户联合与合作，形成多元化、多层次、多形式经营服务体系的方向转变。积极发展农业农村各种社会化服务组织，为农民提供便捷高效、质优价廉的各种专业服务。鼓励农民以土地入股参与农业龙头企业的生产经营，建立多层次的利益分配机制。到2015年，农民专业合作社发展到300个。

4. 着力提高农业综合生产能力。加强农村基础设施建设，争取国家、自治区各类政策、项目、资金支持。继续搞好小型农田水利重点县建设和节水灌溉，鼓励社会融资投资农村水利基本建设，紧抓国家扩大内需的战略机遇，继续争取国家新增千亿斤粮食工程建设、区级小麦规范化播种技术示范推广、国家级测土配方施肥、国家标准粮田、国家级粮食高产创建等项目，认真开展国家、区级标准化示范场创建活动，积极申报国家、自治区标准化示范场扶持项目，进行标准化改造，达到示范带动作用，努力提高农机装备水平，加快发展农业机械化，提高农业综合生产能力。

5. 切实加强农技推广和人才培养。大力推广良种繁育、病虫防治、配方施肥、土壤改良、生态养殖、节水灌溉等适用技术，加速科技成果的转化和产业化，加强公益性农技推广服务体系建设，提高农业科技推广服务能力，实施农技队伍素质提升工程，加快培养一批农村经济发展急需的创新型人才。大力实施农村实用人才教育培训和农村劳动力转移培训工程，重点培养一批懂经营、会管理、能创业的技术型、创业型、技能型、生产经营型、管理型和农技推广型实用人才队伍。创新农技推广机制，鼓励引导农技人员走出办公室，真正沉下去，领办农业科技示范推广项目，创办经营性实体等服务模式，开展多种形式的科技服务，为中宁县现代农业和特色产业发展提供强有力的科技支撑。

6. 进一步加大农业招商引资力度。按照培育大产业、引进大项目、建设大园区的要求，以农业示范园区、优势农产品基地和农产品加工园区为重点，围绕拉长农业产业链，打造农业项目承载平台，拓宽农业招商引资的方式与途径，采取合作开发、项目融资等多种形式，吸引外来资金投入农业开发和基础设施建设，有针对性地吸引资金、人才、技术等要素发展农产品加工企业、高效生态农业基地、仓储物流业和乡村旅游休闲观光农业，建立农业项目落地协调机制，搭建农业投融资平台，突出产权式农业招商模式，发挥财政资金的放大作用，引导金融资金投入现代农业发展。

7. 加大对现代农业发展的投入。严格按照中央、自治区扶持现代农业发展的优惠政策，加大财政用于现代农业的资金投入力度，发挥政府在农业科技投入中的主导地位，逐步提高农业研发投入占农业增加值的比重，认真落实种粮、农资综合、良种和农机具购置补贴政策，新增补贴向种养大户、农民专业合作社、家庭农场倾斜。加大对农业产业化经营的资金扶持力度，县财政每年拿出不低于500万元的专项资金，对发展现代农业先进单位、农业产业化龙头企业、标准化种养基地、农民专业合作社、“三品”认证、地理标识认证等项目进行扶持奖励，进一步加大对种养大户、农民专业合作社、科技型企业等涉农信贷投入。

# 建设现代农业示范区　创新发展新举措

新疆维吾尔自治区呼图壁县农业局　于斌裕

2012年，呼图壁县把现代农业示范区建设作为增强农业可持续发展和实现农牧民持续增收的重要抓手，立足于区位优势、资源优势、特色产业优势，努力转变生产经营方式，加快农业产业结构调整，推进农产品基地建设，全面提升现代农牧业的发展水平。2012年，全县农牧民人均纯收入达13178元，全县80%的村农牧民人均纯收入超万元。

## 一、现代农业建设的初步成效

（一）现代农业示范园建设规模不断扩大。坚持“一年打基础，两年上规模，三年出效益”的工作思路，立足资源优势及产业布局，按照专业化、规模化、标准化、集约化发展方向，采取资金扶持、项目带动、技术承包等措施，在示范园的规模及效益上下功夫。对示范园实行“规划、品种、技术标准、农业投入品使用、综合防治、质量监管”六统一管理服务，全力打造万亩机采棉示范园、万亩制种玉米示范园、滴灌辣椒示范园、食用菌生产加工示范基地等10个现代农业示范园建设，面积达10.5万亩，辐射带动周边50万亩农田集约化种植。每个示范园的面积均在万亩以上，示范园的种类由种植业向畜牧业、林业、渔业扩展，示范园的效益在五千元以上。

（二）现代农业加快转型升级。按照“稳粮、减棉、扩苗、兴牧、上设施、增特色”的思路，进一步优化农业产业结构和区域布局。一是种植业结构进一步优化。以千元田、万元棚和粮棉高产创建为抓手，加快优质粮食、棉花、加工番茄、瓜菜、辣椒等特色作物和万亩设施农业七大基地建设。2012年全县农作物总播面积116万亩，其中：粮食作物38万亩，经济作物69万亩，饲草面积9万亩。棉花种植面积45.8万亩，平均单产353Kg/亩（籽棉），总产16.2万吨；加工番茄种植面积5.5万亩，平均单产6.5吨/亩，总产35.75万吨；辣椒4.8万亩，平均单产2.8吨/亩，总产13.44万吨。全县设施农业面积2.78万亩，其中温室0.252万亩、拱棚2.53万亩。加快发展贮藏保鲜业，农产品保鲜仓储总库容达14万吨，果蔬保鲜年交易量达20万吨以上。二是畜牧业快速发展。以创建全国奶业30强基地县为目标，将畜牧业作为现代农业发展的主导产业，强力推进畜牧业由规模扩张型向质量效益型转变。预计年内牲畜饲养总量达到180万头只，生猪饲养量40.7万头，年末牛存栏9.2万头，荷斯坦奶牛6万头，年内牲畜出栏125万头（只），肉产量9.6万吨，奶产量22万吨，禽蛋产量0.33万吨，先后荣获“全国牛奶生产强县”、“全国奶业加工创业基地”称号。三是苗木花卉产业快速发展壮大。坚持把苗木产业发展作为调整农业种植结构、促进农牧民增收、推进社会主义新农村建设的突破口，全力打造西北重要的优质苗木物流集散交易基地。投资5000余万元建成苗木花卉产业发展服务中心，成为辐射带动全县及周边县市苗木花卉产业发展的重要集散地。全县苗木面积达到6.4万亩以上，年出圃苗木花卉1.6亿株，已成为全疆最大的苗木花卉生产交易集散基地，被国家林业局授予“国家级苗木交易市场”。新疆呼图壁国家级苗木交易市场揭牌暨新疆首届苗木花卉博览会在我县成功举办，签约项目24个，签约额达9.4亿元，参会人数近千人。

（三）农业产业化程度明显提高。一是农业产业化进程步伐加快。2012年，我县共有农业产业化经营组织2516家，其中：农产品加工企业186家、个体经营户2000户、农民专业合作社323家、协会7家，辐射带动农牧民2万余户，农牧民纯收入的80%以上来自产业化经营，农业产业化带动能力显著增强。二是优质产业链不断延伸。依托维维乳业、西域春乳业，形成了日处理鲜奶750吨的生产能力。依托丰富的畜产品资源，积极开展肉产品精深加工，已形成年屠宰分割牛2.1万头、羊7万只的生产规模。围绕产业结构调整，形成了年加工番茄30万吨、年加工小麦6万吨、年加工油脂10万吨、年加工酿酒葡萄3万吨、年加工5000吨啤酒花颗粒的生产能力。三是农产品质量安全和品牌建设成效显著。无公害、绿色、有机农产品基地认定分别达到57.8万亩、11.08万亩、0.9万亩，产品分别达14个、10个、22个。农产品加工企业创建品牌共16件（个），其中：中国驰名商标1件、中国名牌1个、新疆著名商标4件、新疆名牌5个、新疆农业名牌3个，地理标志2个，农民专业合作社注册商标8个。

（四）农业基础设施建设不断加强。加大农田水利基本设施建设的投入，进行小型水库除险加固、修建加固防洪堤坝、检修重点引水闸口、疏通渠道、小流域沙土保持、改造中低产田、高效节水、购置农机等。因地制宜的推广了滴灌自动化控制、低压小流量等9种新型技术，流域大首部自压滴灌等模式得到广泛认可和推广。2012年，全县新增高效节水面积15.8万亩，达到80万亩，高效节水覆盖率达68.6%，创建为全疆高效节水示范县。不断提升农机综合化水平，农机总动力30万千瓦，增长6%，百亩农机总动力27千瓦，综合机械化率达85%，其中：小麦、玉米机采率达到100%，棉花机采率达到13%，甜菜机采率达到90%。按照农业部《关于征求对国家现代农业示范区农业现代化进程考核评价办法》进行综合评定，我县农业现代化程度得分75分，农业现代化程度处于基本实现阶段，处于全疆领先水平。

## 二、创新发展举措

（一）高起点做好产业规划。坚持边建设边完善边发展的原则，进一步完善《呼图壁县国家现代农业示范区总体规划》、《呼图壁县国家现代农业示范区建设规划》、《呼图壁县蔬菜产业发展规划》、《50万吨农产品贮藏保鲜及物流基地规划》，制定《呼图壁县现代农业示范园建设实施方案》，通过示范区“两核、两轴、三园、四带、多区”空间布局安排，全面提升示范区现代化水平。

（二）加大政策扶持和资金投入力度。一是制定《呼图壁县农业农村重点工作及强农惠农政策安排意见》。2012年，我县财政安排5700余万元对农、林、牧、渔业发展给予重点扶持，着力打造四大主导产业链和北疆地区重要的农副产品加工基地。二是坚持项目拉动。2012年实施了旱涝保收农田、农产品质量检验检测中心、小型农田水利专项工程、德源林木良种繁育基地、重点防护林、“驯鹿”紫花苜蓿良种繁育基地等各类项目64个，投入建设资金共计9.44亿元。三是优化农业投资环境。随着全社会重视发展农业、工业反哺农业的氛围日益浓厚，对农业投资项目在土地、资金、电力等各方面给予倾斜，吸引了一批如绿宝酒花、泰克比亚、辣椒加工及制种等高效特色企业落户我县，推动了现代农业产业化发展。

（三）坚持“科技兴农”，构建现代农业发展服务体系。一是建立完善县乡村户四级农业服务网络。建成以8名首席农技推广专家、40名农业技术员为骨干，100多名村干部、1150多个科技示范户共同参与的农业服务队伍。二是落实服务责任，实施绩效考核。对技术人员采取农业主管部门、乡镇政府、服务对象三方考核方式，实行评聘分离、奖罚分明的绩效考核机制。技术人员共落实12项5万亩标准技术推广和8个农技推广项目、35项新品种、新技术试验示范任务，10个示范园、1150个科技示范户培育建设任务。三是积极与高等科研院校开展科技结对活动。聘请新疆农业院校和福建食用菌专家，指导现代农业示范园建设。分别与新疆农业大学、新疆农业科学院、石河子大学、新疆农业职业技术学院达成合作协议，充分利用科研院校的各类优势，全力推进示范区建设。

（四）积极探索创新现代农业发展新模式。一是生产资料合作联营种植模式广泛推广。政府积极引导农民实施以土地、资金、生产资料等入股、合作社统一经营和社员年底分红的新型生产资料合作联营种植方式。按照“公司＋合作社＋基地＋农户”的种植模式，通过采取统一贷款、统一购置农资、统一品种、统一播种、统一管理、统一收获等生产经营方式，形成了合作社上连市场下连农户的利益联结机制，实现了现代化农业生产规模化、集约化的发展要求。2012 年全县生产资料合作联营种植模式种植面积达到 53.48 万亩。二是我县创造性地实施了“三社手拉手”工程（三社：农村信用社、供销社、农民专业合作社），以农村信用社金融支持为后盾、以供销社服务网络为依托、扶持农民专业合作社发展为纽带的互利合作建设工程。2012 年，信用社共扶持合作社 87 家，并给予不低于 10% 的利率优惠，贷款金额共 1.58 亿元，利率优惠额达 240 万元。三是推广了“托牛所”生产经营模式。引导养殖户“退散进区”，发展现代畜牧业，实现规模化发展、科学化养殖、标准化管理，提升奶牛养殖综合效益。经过入托集中养殖的奶牛日产奶量平均提高 3 公斤以上，奶价每公斤提高 0.5 元以上，奶农入托一头奶牛年收益达到 4500 元以上。2012 年全县累计建成托牛所模式合作社 8 家，入托奶牛 4000 余头。四是创新发展草畜联营合作生产模式。引导和鼓励牧民以草场、牲畜、畜牧业设施为资本入股，推行“四统一”（统一放牧、统一改良、统一防疫、统一销售）的草畜联营合作经营模式，并按股份实行年度固定分红的形式，实现生产经营规模化、富裕劳动力转移，促牧民多元化增收。2012 年全县扶持牧区组建草畜联营合作社 3 个。

## 三、现代农业建设中迫切需要解决的问题

（一）关于农业可持续发展问题。长期以来，为了解决农产品短缺和农民持续增收的问题，我县在一定程度上依赖于土地等资源的高强度开发，随着经济社会发展和人口增长，人口与资源、环境的矛盾越来越突出。特别是水资源短缺、连作地膜、污染等造成耕地质量下降，给农业生产带来诸多困难，需要进一步加大农业基础设施建设。

（二）关于农业组织化问题。目前，以家庭联产承包为主的分散生产、分散经营的方式已不适应现代农业的发展。在充分保障农民土地承包经营权的前提下，仍需要进一步转变生产经营方式，大力推进以构建集约化、专业化、组织化、社会化相结合新型农业经营模式，加快解决农民组织化程度低和现代农业建设动力不足等问题。

（三）关于农产品市场建设的问题。我县现有的农产品销售缺少大型的规范的农产品交易市场，迫切需要围绕农产品生产实际，建设一个国家级农产品交易市场，加快农产品流通，推动农产品市场体系建设。

## 四、推进现代农业示范区建设的工作打算

按照2012年7月20日召开的全国现代农业建设会议精神及全国现代农业发展“十二五”规划，2013年，我县将以“巩固技术创新成果、体制机制实现突破”为目标，以转变农牧业发展方式为主线，按照“明确重点、突出亮点、攻克难点、示范引领、全面推进”的思路，转变经营方式，加快土地流转，全面推进国家现代农业示范区建设。

（一）突出抓好畜牧业，实现传统畜牧业向现代畜牧业转变。一是突出抓好奶业发展。以打造全国30强奶业基地县为目标，加快完成西域春乳业3000头、维维乳业2000头、西部牧业千头牛场建设，将“西域春乳制品”作为国家级农业品牌进行重点培育。积极引导企业、合作社大力推行“双托、双险、双证、双赢”的托牛所经营模式，争取3～5年内全部退出散户奶牛养殖。到2015年，建成千头牛场15个，标准化养殖小区60个、标准化挤奶厅50个、托牛所50个，高产优质奶牛存栏达到8万头，奶产量达到32万吨。二是做大肉牛产业。将肉牛产业作为现代畜牧业发展的主攻方向，不断提高规模化、标准化养殖经营水平，提升牛产业总体效益和市场竞争力。以承办全国牛业大会为契机，引进1～2个清真肉产品深加工企业，强力推介中国荷斯坦之县和中国西门塔尔故乡的“牛文化”名片。预计到2015年年末，全县农牧民将实现人均三头肉牛，全县肉牛存栏达到15万头，肉牛出栏40万头，全县农牧民来自畜牧业的人均纯收入达到6500元以上，其中来自牛产业收入达到3900元，占畜牧业人均纯收入的60%。三是做优种羊产业。以区域化布局、专业化生产和产业化经营为方向，以牛羊肉深加工企业为依托，加快肉羊繁育场、示范村、养殖场区建设，2015年，发展优质肉羊100万只，建立肉羊二级繁育场10个，核心群100个，年提供种羊1000只。四是做精猪禽业。依托天康集团，大力推广“公司＋合作社＋基地”模式。2015年，建成生猪养殖小区45个，生猪出栏量达到50万口。依托泰昆集团，建立健全“产、供、销”体系，发展绿色生态养殖基地和小区。2015年，建成家禽养殖小区60个，家禽出栏量达到4000万羽，将我县建成为全疆重要的优质畜产品生产加工和外销基地。

（二）巩固提升种植业，提高传统种植业的产量和效益。一是巩固提升棉花产业。抢抓自治区出台振兴纺织业规划、建设“两城七园一中心”的有利

机遇，实施30万亩机采棉和10万亩有机棉示范种植项目，提升优质棉基地生产能力。到2015年，单产皮棉达到150公斤，棉纺能力达到50万锭以上，棉油加工10万吨以上，形成集棉花种植、轧花、榨油、籽粕、纺织、针织、印染、服饰制作为一体、规模达50亿元的棉花产业集群。二是精深发展红色产业。推行无公害栽培模式，争取2~3年内推广普及番茄、辣椒育苗移栽技术，扶持番茄加工企业扩大生产规模。到2015年，建成年加工500吨辣椒红素的生产能力。三是加快发展设施农业。建成百亩基地小区10个，千亩连片设施农业小区4个，万亩设施农业基地1个，重点发展食用菌生产、番茄、辣椒育苗生产和蔬菜春提早、秋延晚。到2015年全县设施农业达到2万亩，建成面向国内外市场的50万吨果蔬保鲜交易集散基地。

（三）做大做强林果业，提升苗木花卉产业发展水平。依托我县"国家级苗木交易市场"的品牌，以苗木花卉产业发展服务中心为平台，加快苗木、花卉产业及经济林发展。借助新疆首届苗木花卉博览会的召开，加快实现我县苗木花卉产业生产与大市场的对接，积极引入国内外资金以及先进技术、管理经验、发展模式，构建更具活力、更加开放的产业格局。加快推进苗木花卉产业科技园区、万亩良种繁育基地建设，辐射带动全县苗木花卉产业发展。围绕我县50万吨果蔬保鲜交易基地项目建设，引导加工、流通企业与农户、种植大户签订葡萄种植订单，进一步加快以鲜食葡萄、酿酒葡萄、啤酒花为主的特色林果业发展。到2015年，全县苗木花卉种植面积达到15万亩。

（四）注重农产品品质，增强市场竞争力和占有率。树立"质量为本、以质取胜"理念，把加快农业标准化建设与农产品品牌培育紧密结合起来，推行品牌农产品标准化生产，建立农产品质量安全检验检测中心，完成4个乡镇农产品质量安全检测点，完成2个农产品批发市场和超市的检测室建设，构成完善的农产品质量安全检测网络。发展以水稻、葡萄、蔬菜等为主的有机农产品基地10万亩，打造草鸡、牛羊肉等有机畜产品基地5个以上。实施品牌扩张战略，开展"农产品品牌名牌创建活动"，推行特色农产品包装上市，将西域春牌乳品培育创建为国家级农产品品牌。

（五）创新生产经营方式，打造现代农业发展基础平台。坚持把生产资料合作联营模式作为加快转变农业生产经营方式的重要举措，围绕节水、农业机械化及养殖小区建设，全面推广生产资料入股、合作社统一经营的生产资料合作联营模式，打造现代农业发展的基础性平台。深入实施"三社手拉手"工程，组建农机服务、农产品营销等合作社，提高农民的组织化程度，形成专业化生产、集约化经营的新格局。

# 转变经营方式　突出质量效益<br>加速推动现代农业发展

新疆维吾尔自治区奇台县农业局　刘　昱

近年来，奇台县农业工作紧紧围绕提质增效核心目标，以构建现代农业产业体系为着眼点，通过规范提升农民专业合作社，推进农业生产经营方式创新，扩大规模，提升品质，各项工作取得了明显成效。2012 年，全县农牧民纯收入达到 11133 元，较上年增加 15.4%。预计 2013 年年底可达到 13484 元，较上年增加 17.4%。

## 一、主要措施及成效

（一）财政支持力度空前，发展后劲明显增强。县财政连续两年每年安排 6000 万元专项资金，通过以奖代补支持高效节水、农民专业合作社、农副产品加工、品牌打造、畜牧业、林业等农业农村重点工作。认真落实各项惠农政策，积极争取项目，为进一步夯实农业生产基础、增强农业抗风险能力提供了可靠保障。全县累积建成大中型沼气工程 3 个，全部投入正常运行。

（二）专业合作社规范提升，农业生产经营机制加快转变。重点培育依托 60 个中心村建立的“村委会 + 党支部 + 农民专业合作社”经营服务模式，为推动规模化经营、标准化生产、市场化运作搭建了平台，实现了“三赢”（合作社有稳定收入、农民入社有分红、打工有收入）。全县农民专业合作社达到 270 家，注册资金 3 亿元，入社农户 1.5 万户，带动农户 3.1 万户。依托合作社建立制种玉米、淀粉土豆、甜菜、蔬菜等特色作物专业村 15 个，特色作物面积稳定在 50 万亩。全县土地规模化经营比重达到 54%。

（三）农机农艺技术集成推广，高产创建效应明显。执行首席专家管理制度，农机、农业技术人员全程跟踪服务，加压滴灌、机播机收等重大技术覆盖率、到位率和转化应用率大大提高。玉米、甜菜、土豆采用大马力农业机械实现了耕种收一条龙作业，耕作质量明显提高，小麦、玉米、甜菜采用精少量播种技术，节约了用种、间定苗和收获成本，节本增效作用明显。全县农作物总播面积 187 万亩，农业综合机械化率达到 95% 以上。“千元田”面积

达到 90.2 万亩，其中双千元田 30.84 万亩。

（四）设施农业发展模式创新，综合示范效益凸显。引进壹方阳光、龙腾天宇、康佳伟业商贸有限公司等企业投资设施农业，增强了设施农业发展后劲和示范带动作用。完成半截沟镇江布拉克生态园、吉布库镇华侨村示范园、碧流河乡塘坊门村闽奇现代农业示范园建设，完善了“公司 + 合作社 + 设施农业基地”的经营管理模式，扩展了观光采摘、生态养殖、生态林果、生态餐厅等内容，使设施农业的功能更加完备，效益更加突出。全县现有自然温室 2722 座（标棚 5670 座）6805 亩。落实万元棚 3480 座（标准温室），培育春提早蔬菜苗 1386 万株、花卉苗 48 万株，种植春提早蔬菜 2423 座，温室生产率达到 89%。培育秋延晚果菜苗 27.6 万株、鲜切花苗 20 万株，计划 7 月 20 日开始定植。积极开展设施农业保险宣传发动，全县 60% 的大棚参加了农业保险，增强了抗灾抗风险的能力。

（五）“七大基地”巩固完善，农业产业化进程加快。加大对县域内农业产业化龙头企业的扶持力度，通过订单农业、发放预购订金、购销农资、保护价收购等方式，强化龙头企业与合作社、专业村的密切联系，帮助龙头企业建基地、创品牌、增效益，巩固提升了小麦、玉米、油料、甜菜、淀粉土豆、蔬菜、制种“七大基地”建设成果。全县农产品订单率达 92% 以上，加工转化率提高到 74% 以上，预计年内完成农产品加工企业营业收入 18.6 亿元，乡镇企业营业收入 26.8 亿元，休闲农业营业收入 2200 万元。

（六）监管检测并重，质量安全水平上台阶。在 14 个乡镇站建立了农产品质量安全监管站，“三品一标”工作全面推进。申报绿色食品基地 40 万亩，建立农产品监测自检机构 6 个、蔬菜市场监测点 3 个、基地监测点 6 个，抽检各类蔬菜 51 批次 634 个样品，合格率 99.9%。

（七）制种产业扎实推进，农业执法取得新成效。优化种业发展环境，种业协会成立、逐步规范并日益发挥作用。全县制种面积达到 20 万亩，查处农资经营违法案件 22 件，挽回经济损失 280 万元。

（八）农业培训力度加大，科技支撑能力增强。培训农民专业合作社负责人、农产品加工企业负责人、新型农民 1.67 万人次。构建了农技推广报、农技 110、广播电视讲座、宣传培训、农业信息网等多形式、全方位的农业科技信息服务平台，信息技术服务覆盖率达到 100%。开展各类新品种、新技术试验示范 48 项次，引进农作物新品种 57 个，完成冬小麦精少量播种等各类试验示范 68 个，完成测土配方施肥技术应用面积 104.9 万亩，完成沼渣沼液综合利用 5.2 万亩。

（九）狠抓农业项目，落实惠农政策。实施政府投资重点项目有4个：良种补贴项目计划补贴面积150.7万亩；农机具购置补贴项目首次实行“全价购机、县级结算、直补到户”的新办法，完成第一批补贴资金2000万元，补贴各类新机具1422台（架），受益农户946户。保护性耕作项目总投资530万元，其中中央投资360万元，已完成小麦、大麦、红花等作物保护性耕作面积3.1万亩，占计划3万亩的103.3%。基层农技推广服务体系建设项目总投资364万元，正在实施中。

## 二、今后的思路打算

坚持以科学发展观为指导，按照现代农业高产、优质、高效、生态、安全的要求，以调整优化种植业内部结构为主线，以规范提升农民专业合作社为统领，强化政策、科技、装备、人才、体制“五个支撑”，积极培育新型农业经营主体，转变农业发展方式，构建现代农业产业体系，促进农业增长向注重质量效益的提高转变，农业效益向经济、社会、生态效益相统一转变，农业功能向生态保护、观光休闲、文化传承等多种功能转变，大力提升农业可持续发展水平。主要对策：

（一）优化结构，促进主导产业和特色农业协调发展。要充分利用本地自然资源，在做优做强主导产业的同时，积极培育发展优势特色产业，不断推进农业结构优化升级。一要坚持以市场为导向。围绕餐桌消费需求、工业原料需求、饲料生产需求以及国际市场需求，把市场需求作为调动农民调整结构的动力源泉，以开拓市场促进调整。二要切实加强农产品质量品牌建设。大力推进农产品质量标准体系建设，着力抓好绿色食品、有机食品和无公害农产品认证。积极挖掘和开发传统特色农产品，打造一批地方特色农副产品精品名牌。三要积极发展生态农业、低碳农业。科学合理利用农业资源，提高资源利用率，推进农业节能减排。大力普及农村沼气，积极开发生物质能源，搞好综合利用，大力发展循环农业。培育生态旅游、休闲观光等绿色产业，推广先进生产模式，大做“生态、环保、安全”农业文章，实现经济效益、生态效益和社会效益同步提高。

（二）推进组织创新，发展合作经济。在稳定家庭承包经营基本制度的前提下，将家庭生产经营单位有效地组织起来，增强农业抵御市场风险的能力，是现阶段农业组织创新的重要内容。一是要将发展农民专业合作组织与推进农业产业化经营有机结合起来。要着眼于提高农业产业化整体水平，适应农业市场体系和现代化要求，引导农民专业合作组织在农业的产前、产中、产后各个环节，加强对农户的服务，形成农村社会化服务的良好环境。二是要坚持多样化发展。在合作形式上多样化，坚持群众自愿和民办、民管、民受益的原则，打破地域、行业和所有制界限，采取多种形式，发展多种类型的农民专业合作组织；在合作内容上多方位，可以提供技术、农资、信息、产品收购等一项或多项服务，也可以提供产前、产中、产后系列化服务；在牵头“法人”上多元化，可以由专业大户、经纪能人牵头兴办，也可以依托龙头企业兴办。三是要坚持边发展边规范。要大胆尝试，不断完善发展模式，重点在内部管理和运行机制上下工夫，建立健全民主管理制度、利益分配制度、财务管理制度以及其他议事规则，规范运作行为，保障合法权益，不断提高合作水平。

（三）强化科技支撑，提升农业科技素质。在农业面临日益严峻的资源约束条件下，科技进步和创新是实现农业发展方式转变的关键。一要加强与大专院校、科研院所的合作，实行农科教、产学研相结合，通过技术创新、产品创新和管理创新，争创品牌企业、名牌产品。二要加快农业新技术的推广与普及。建立新型多元化农技推广服务机制，强化农技推广服务职能，重点抓好优良品种、节水灌溉、配方施肥、病虫害综合防治、作物栽培与管理的推广。三要加强对农民的培训。转变农业发展方式需要高素质的农业劳动力作保障。要开展多种形式的文化教育和科技普及活动，突出抓好实用技术、专业技能和创业能力培训，提高农业劳动者的素质，为发展现代农业提供智力支撑。

（四）加强基础建设，提高保障能力。农业抗灾能力弱、生产力水平低下是制约农业发展的关键环节，必须采取有效措施，扭转这种局面。一要加强农田水利设施建设。要积极申报实施水利工程项目，推进农田水利建设，鼓励农民自愿投工投劳开展直接受益的小型水利设施建设。二要推进高标准农田建设。支持农田排灌、土地整治、土壤改良、机耕道路和农田林网建设，加大农业综合开发和农村土地整治力度，有计划分片推进中低产田改造，加快建成一批高产稳产基本农田。继续抓好测土配方施肥，推广保护性耕作技术，提高耕地的持续增产能力。三要加强农业机械装备建设。继续落实好农机具购置补贴政策，加快推进农业机械化，着力在甜菜、番茄、玉米等作物上加快机械化收获步伐，减轻农业劳动强度，提高生产效率。

（五）抓好加工转化，深化产业经营。一要突出发展主导优势产业。紧紧依托面粉、粮油、糖料、淀粉、番茄、蔬菜等龙头企业，引导和支持农民专业合作组织、专业大户、农民经纪人等各类市场主体积极参加生产基地建设，促进龙头企业与合作社、农户有效对接，巩固好订单农业。二要突出建好工业园区。要按照“高起点规划、高标准建设、高强度投入、高水平管理”的要求，加强农产品加工园区建设，增强园区的吸纳和承载功能，推进产业集聚，创造发展环境。三要突出壮大龙头企业。根据我县农业重点产业发展规划，策划一批招商引资项目，引进一批大型农产品加工企业落户园区，同时，支持园区现有企业做大做强，发挥龙头的引领带动作用。四要突出抓好质量安全。建立健全农产品加工业的质量安全监督检测体系，开展无公害农产品、绿色食品、有机食品的认证，鼓励企业积极争取 ISO9000、ISO14000 等标准化体系认证，从各个环节抓好质量安全管理，不断提升农产品市场竞争力。五要突出抓好品牌建设。引导企业进一步加快农产品品牌注册和名优品牌创建工作，积极鼓励企业通过电视、报纸、互联网、户外广告等宣传媒介，借助农博会、营销会等各种宣传平台，扩大产品宣传面，提高我县农产品的品牌知名度。六要着力抓好农产品加工项目建设。围绕现代畜牧业、现代种植业和现代林果业产业发展，积极引进一批果蔬、特色林果、乳制品、肉类农产品精深加工龙头企业，延伸产业链，提高农产品加工总量和水平。

**作者简介：**

刘昱，男，汉族，中共党员。现任新疆维吾尔自治区奇台县农业局局长。

# 加快推进农牧业现代化 促进农牧民增收

新疆维吾尔自治区霍城县农业局　曹世平　陈启先　马力彦

为加快推进我县由农牧业大县向农牧业强县转变，促进农业增产、农民增收、农村稳定，现就加快推进农牧业现代化提出以下实施意见。

## 一、总体要求和目标任务

（一）总体要求。全面贯彻党的十八大、中央新疆工作座谈会、自治区八届四次全委（扩大）会议、自治区农村工作会议、自治州党委工作会议和县委十二届三次全委（扩大）会议精神，坚持用工业化理念谋划和推进农牧业，紧紧围绕“以产业化提升农业，以工业化致富农民，以城市化带动农村，创新农业生产经营体制机制，加快建设标准化、规模化、产业化的现代农牧业发展体系”思路，把农业产业化作为推进农牧业现代化的战略举措，把做大做强现代畜牧业、大力发展特色种植业和特色林果业作为推进农牧业现代化的重要内容，把建设社会主义新农村、提高装备水平作为推进农牧业现代化的持久动力，促进农牧业增效、农牧民增收，努力维护农村社会和谐稳定。

（二）目标任务。实现农村经济总收入33.3亿元，增长15.5%。农牧民人均收入达到11037元，增收1440元，增长15.5%。实现村集体经济增收200万元，总收入达到1600万元。

## 二、加快农业产业化进程

（一）大力扶持、引进龙头企业。认真落实中央、自治区、自治州有关政策，统筹区域资源配置，依托薰衣草、畜产品、肉制品、林果产品等优势资源，着力提升引进一批成规模、上档次、辐射带动作用强的农业产业化龙头企业，支持企业扩大生产规模，建立原料基地，增加市场投放，带动农业产业化发展。重点扶持四方糖业，全力改造提升昌泰实业、养生堂果业、伊犁大草原畜牧等农副产品加工企业，充分发挥农业专业合作社引领带动作用，通过“企业+合作社+基地+农户”模式，实现种植、加工、销售一条龙服务。2013 年，各乡镇（中心）要围绕本乡镇主导产业，培育、引进农业产业化龙头企业 1 家，力争“十二五”末，全县培育发展国家级龙头企业 1 家、自治区级龙头企业 2 家、自治州级龙头企业 8 家。

（二）加快农产品出口基地建设。抓好以莫乎尔牧场、清水河镇、兰干乡为重点的葡萄种植基地建设，以伊车乡、大西沟乡为重点的苹果、桃种植基地建设，以三宫乡、兰干乡、伊车乡、芦草沟镇、水定镇、萨尔布拉克镇为重点的牛羊育肥基地建设，以水定镇为重点的奶业发展基地建设。做好产品认证，建立健全农产品质量安全追溯体系和检验检测体系，确保农产品质量安全。2013 年，完成 3 万亩绿色基地认证和苹果、树上干杏、葡萄 3 个绿色食品认证及霍城薰衣草地理标志认定。

（三）集中力量打造知名品牌。加快农产品品牌整合、提升，集中力量打造一批在疆内外市场有重要影响的著名商标及以苹果、葡萄、桃、樱桃李、树上干杏为主的林果品牌，以番茄、甜菜、胡萝卜、薰衣草等为主的特色种植品牌，以定居畜牧业、现代畜牧业为主的畜牧业品牌。2013 年，争创自治区级农业名牌产品 2 个。

（四）着力推进现代农业物流发展。加快农产品流通速度，降低农产品流通成本，提高农产品的市场竞争力。积极推进清水河经济技术开发区农副产品日用品综合物流园区建设。建立完善从农业生产资料采购、农业生产组织到农产品的加工、储运、分销为一体的现代物流体系，促进县域农产品市场流通。

## 三、大力发展特色产业

（一）大力发展优质、高产、高效特色种植业。一要重视抓好粮食生产。着力提高单产、优化品质，确保粮食安全，完成冬小麦种植 19 万亩、玉米 25 万亩。二要发展设施农业。因地制宜发展现代设施农业，巩固完善温室建设 200 座。三要调整优化农业产业结构。立足我县水土光热资源优势，科学规划，合理布局，大力发展优质、高产、高效特色农业。2013 年种植甜菜 9 万亩、蓖麻 1 万亩、中草药 2 万亩、香料（薰衣草）0. 5 万亩、蔬菜 4 万亩（含复播），积极扶持连片种植在 500 亩以上的薰衣草、复播蔬菜等特色产业发展。完成千元田 35 万亩、两千元田 5. 5 万亩、五千元田 2 万亩、万元田 2 万亩。四要抓好种子工程建设。完成各类作物制种面积 2 万亩、三圃田 250 亩、良种推广面积达 96% 以上。

（二）大力发展特色林果业。一要巩固造林面积。以伊犁河谷百万亩生态

经济林建设工程为依托，按照生态、经济、观光为一体的建设模式，启动北山坡和图开沙漠生态建设工程，积极做好大西沟自治区级森林公园建设、霍城湿地公园建设、北山坡生态建设、特色林果业发展、四爪陆龟救护繁育工程的规划工作。不断推进林业生态体系和林业产业体系建设，全年造林 2 万亩，巩固经济林面积 1.5 万亩，年内新增苗圃 1000 亩，完成义务植树 120 万株。二要提升林果品牌。大力推进无公害、绿色和有机果品生产基地认证，出口注册果园登记申报工作，巩固扩大外向型林果业基地，努力提升林果产品的知名度和竞争力。三要加强防灾体系建设。进一步加强林业有害生物"三大体系"（监测预警、防治减灾、检疫御灾体系）建设，优化经济林防灾体系，大力推进防雹网建设，确保经济林增产增收。

（三）重点抓好种植示范园区及基地建设。坚持以市场为导向，抓好种植园区、种植基地建设。按照州级示范园建设标准，完成四个种植示范园区建设（莫乎尔牧场千亩优质葡萄种植示范园，伊车乡千亩苹果种植示范园，惠远镇千亩新品种蔬菜种植示范园，芦草沟镇千亩薰衣草种植示范园）。其余各乡镇（中心）要创新生产经营模式，优化产业结构，加快推进特色种植业发展，按照品种统一、集中连片、规模发展的要求，完成千亩特色种植示范基地建设。

（四）做大做强现代畜牧业。一要加快标准化养殖小区建设。改变传统散养放养模式，按照"龙头企业 + 专业合作组织 + 农户"的产业化模式，鼓励农牧民成立养殖合作社，建设标准化养殖小区，推进畜牧业养殖区域化、集约化、专业化，提升养殖规模。2013 年扩建标准化养殖小区 4 个（兰干乡新荣村、三宫乡上三宫村、水定镇解放村、芦草沟镇长山梁子村），新建标准化养殖小区 2 个（伊车乡伊车嘎善村、惠远镇央布拉克村）。大力推进奶产业发展，加大优质奶牛、管道鲜奶的资金扶持力度。二要加大畜禽品种改良力度。积极引进新疆褐牛种公牛、萨福克优质肉用种公羊、德美细毛肉用种公羊、优质哈萨克种公羊和良种公马，建立三宫乡萨福克肉羊杂交繁育基地，支持育种企业研发、培育新品种，重点转化和推广普及蛋鸡、生猪、奶牛、羊等养殖技术，提升家畜品质和养殖效益。三要抓好疫病防治体系建设。建立健全疫情监测网，实现动物防疫率 100%。四要抓好优质饲草料基地建设。加大人工草场种植力度，通过利用喷滴灌等先进技术，进一步优化草原生态，提高牧草质量和产量，精心打造 5000 亩优质饲草料基地。加大草原监理力度，严厉打击破坏草原生态的违法行为，完成禁牧 60 万亩，草畜平衡 398 万亩。五要加大牧民定居和国营农牧场危房改造项目建设力度。完成牧民定居 540

户，国营农牧场危房改造1700户。

## 四、拓宽农牧民增收渠道

（一）认真落实强农惠农富农政策。用足、用活、用好各项支农惠农政策，进一步整合涉农资金，健全县、乡财政支农管理体制，将“三农”资金纳入财政预算，促进现代农牧业发展。

（二）着力加强农村信用体系建设。巩固完善农村信用体系建设评价机制，优化金融支农环境，解决农民贷款难问题，着力促进新农村建设和城乡经济发展。2013年，新增信用乡镇2个（良繁中心、大西沟乡），全县信用户达到35000户，信用户覆盖面达到85%以上。

（三）大力发展劳务经济。加大劳动密集型产业扶持力度，建立健全城乡劳动者就业网络，为农民转移就业提供政策咨询、就业指导和职业介绍。引导有志于农业创业、市场意识强、文化程度较高的农民通过扩大种养殖规模转化为专业种养大户。鼓励外出务工人员带资金、技术、项目回乡创业，支持大中专院校毕业生、专业技术人员、企事业单位干部职工发挥科技优势和人脉资源创办农业实体或领办现代农业发展项目，带领群众增收致富。加强外出务工人员的组织培训，提升就业能力。全年完成农牧民职业技能培训5000人，实现农业富余劳动力转移8万人次，创收3.5亿元，人均创收4375元。

（四）加大扶贫开发力度。以整村推进为重点，以农民增收为核心，以改善群众生产生活条件为关键，通过专项扶贫、行业扶贫、社会扶贫、援疆扶贫，进行多元化帮扶。投入专项资金，完成三道河乡沙门子村和清水河镇牧业村整村推进，实现1900人稳定脱贫（自治区级），贫困户人均增收810元以上。

## 五、加强农业基础设施建设

（一）大力推进水利建设。一要加大实施水利骨干工程建设。以农村饮水安全和病险水库除险加固、高效节水、水毁工程修复为重点，着力解决工程性缺水问题，协调做好伊犁河北岸干渠工程，麻杆沟二库建成并下闸蓄水，完成战备沟水库工程前期申报审批。完成果子沟东干渠工程、大西沟河大西沟上下村段防洪工程、三宫乡高效节水灌溉工程、麻杆沟二库牧区水利节水示范工程、大东沟河三道河乡段水土保持小流域综合治理及莫乎尔一库、四

库水库除险加固工程。新建防渗渠道120公里、永久性防洪堤12公里、高效节水灌溉面积3.5万亩。二要积极做好项目前期申报争取工作。完成总投资6.8亿元、库容5000万立方米的切德克苏水库项目建议书设计，力争总投资3000万元的果子沟病险水闸除险加固工程、总投资3000万元的萨尔布拉克下游龙口段综合治理工程、总投资2000万元的霍城县中型灌区改造项目、总投资1800万元的伊犁河惠远段防洪堤工程、总投资350万元的三道河乡沙门子村人畜饮水安全工程、总投资350万元的莫乎尔牧场开干村人畜饮水安全工程立项。三要狠抓安全饮水工程。完成果子沟牧场、芦草沟镇、三宫乡、良繁中心人畜饮水安全工程，萨尔布拉克镇切特萨尔布拉克村、兰干乡双渠村人畜饮水安全工程。通过县财政补助，逐步完成对未列入自治区规划的农村人畜饮水安全工程、农村饮水老旧管网改造工程。

（二）加快农村道路建设。加快农村公路改造建设，完善农村道路网络体系，提高道路通行水平。2013年，新改建重要农村公路20.6公里、通村油路50公里、通达公路24公里。积极做好清水河—惠远立交匝道城际快速通道、果子沟沟口至三台转场指挥部牧道建设等干线公路建设项目前期工作。确保X733线全线建成通车；争取实施惠远镇新城村—伊犁河旅游景区Z763线26.5公里外环旅游公路建设。加强农村公路日常养护管理，完善公路养护小修、路政管理、超限治理监管制度，农村公路完好率达到65%以上。积极推进城乡客运一体化进程，加大公交车、出租车投放力度，增开客运班线，新建乡镇客运站1座，农村招呼站10座。

（三）扎实推进新农村建设。加大环境整治力度，坚持规划先行，做到高起点规划、高标准施工、高水平服务，加快改厨、改厕进度，按照自治州“百村创建、千村整治”工作要求，加大村容整治力度，积极创建自治州级“百村创建、千村整治”示范村26个（每个乡镇（中心）创建2个示范村），州级社会主义新农村示范村3个。

（四）加大土地管护力度。严格执行国家《基本农田保护条例》及《新疆维吾尔自治区基本农田保护办法》，层层落实基本农田保护责任制，确保基本农田数量不减，质量不降。结合新农村规划建设，因地制宜进行土地资源综合整治，改善农业生产条件和生态环境。完成总投资1.06亿元的北山沟土地整理项目，做好土地确权工作，加强草场、四荒地、河道及河道保护地管护，禁止随意转包、肆意开垦、擅自改变土地用途等违规行为的发生，确保农业生产安全有序。

（五）积极鼓励土地流转。按照依法、自愿、有偿原则，在保持农民土地承包经营权不变、国家惠农强农富农政策不变的情况下，引入市场机制，鼓励农民采取土地入股、转包转让、能人领办、联户经营等方式推进农村土地承包经营权合理有序流转和规模经营。

## 六、加快农业服务体系建设

（一）推进农业机械化进程。一要落实农机补贴政策。认真落实好中央和自治区、自治州农机补贴政策，加强对农机大户、种养大户和农机服务组织购置大中型农机具的售后服务并给予信贷支持。二要做好新农机具推广应用。实现农机固定资产总值达到2.95亿元，农机总动力达到21.3万千瓦，拖拉机拥有量达到7700台，新机具推广完成700台，完成农机化示范区建设2个、农机田间作业质量合格率达到88%、精少量播种机械化技术40万亩、联合整地技术25万亩、牧草机械化收获技术6万亩、保护性耕作技术0.1万亩。三要加强农机管理。建立和巩固基层农机服务组织，加强农机操作员技能培训，做好农机具年检，完成农机新机手培训400人，拖拉机年检率达到100%，创建平安农机乡镇2个。

（二）大力实施科技兴农战略。一要抓好现代农业科技示范园区建设。完成农业科技示范园核心区控制性详规审批。投资2890万元，实施创新创业服务区和配套区8.4公里道路建设、科技综合服务中心专家公寓及配套设施建设。完成1000亩薰衣草基地和1000亩玉米高效滴灌种植示范区建设，改造提升2000亩葡萄产业种植示范区。二要加强农业科技成果转化和推广运用。以强化产业基础、增加农民收入为目标，有针对性地引进、转化、开发先进适用技术成果，培育特色优势产业。三要加快推进基层农业技术推广体系改革和建设。以满足农牧民科技需求为出发点，以服务农民成效为检验标准，坚持县管乡用、分布实施的总体思路，坚持改革创新，推动科技进步，加大农业新技术的引进、实验、示范、推广，切实提高农业综合生产能力。四要实施农业技术推广普及工程。转化推广普及蔬菜、特色林果种植技术和蛋鸡、生猪、奶牛、羊等养殖技术，大力推行秸秆青贮、黄花加工技术，秸秆加工率达到65%以上。五要做好科技特派员、乡土人才培养与管理。发挥科技特派员、乡土人才作用，确保科技人才为经济建设服务。六要继续深化供销社体制改革。充分发挥供销社组织和服务农民、保障农资供应、稳定农资价格的主渠道作用。

（三）全力推进防灾体系建设。完善农业政策性保险体系，增加保险品种，农业政策性保险覆盖率达到50%以上。加快防洪排涝抗旱设施建设，健全气象综合信息服务系统，完善监测网络，加大监测密度，提高监测水平和预警能力。

（四）充分发挥农民专业合作社作用。紧紧围绕“一乡一业、一村一品、一品一社”的发展思路，不断推进农民专业合作社建设，依托合作社优势，加大农业新技术推广，提升农产品质量，有效解决农民分散经营弱点与市场经济规模化、品牌化、资本强势化特点的冲突，帮助农民有序参与市场经济竞争，切实增加农民收入。2013 年培育州级示范合作社 3 个（莫乎尔西域龙珠葡萄种植专业合作社、果子沟绿山红花贝母种植专业合作社、三宫乡三华养殖专业合作社）、县级 5 个（芦草沟众盛农机服务专业合作社、伊车乡西域之星果蔬专业合作社、三宫乡群星农业专业合作社、兰干乡英努尔养殖专业合作社、惠远镇伊惠胡萝卜种植专业合作社）。

## 七、加强基层组织建设

（一）加强基层组织活动场所建设。加强基层组织活动场所管理，投入资金，加强村（居）委会阵地建设，扎实推进社会管理创新，不断深化“四知四清四掌握”工作机制。按照“六大平台”、“六个起来”的要求，各乡镇（中心）每年确定 1～2 个村队（社区）进行样板村队（社区）创建。

（二）发展壮大村集体经济。以江阴霍城结对共建为突破口，积极探索发展壮大村集体经济新模式。出台《霍城县发展壮大村集体经济的实施意见》，在部分经济强村成立村集体经济合作社或试行公司制实体运作，建立责、权、利对等的责任体系，吸引营销和企业能人为集体创收，实现集体经济“倍增计划”。积极争取州“火种计划”项目资金，扶持集体经济发展。继续开展清理“三资”（资金、资源、资产）工作，盘活资产，用好资源，力争 2013 年年底消除 5 万元以下的集体经济薄弱村。

## 八、切实加强对农牧业现代化建设的领导

（一）强化组织领导。各乡镇（中心）要站在全局和战略高度，及时研究解决工作中存在的问题，认真落实发展现代农牧业的各项措施，确保取得实效。各有关部门要切实增强责任意识，按照职能分工，认真履行职责，制定完善各项配套措施和办法，形成推动农牧业现代发展合力。

（二）加强队伍建设。大力引进、培养、选拔各类管理人才、专业技术人才、高技能人才，完善人才评价、流动、激励机制。鼓励广大科技人员服务

于现代农牧业发展第一线，加大农口干部职工在职教育和培训力度，不断提升干部队伍素质。

（三）动员全社会力量关心支持农牧业现代化推进工作。各乡镇（中心）、各有关部门要加大宣传力度，营造农牧业现代化建设良好舆论氛围。不断提高全民市场意识、质量意识、品牌意识、效益意识、科技意识和开放意识，广泛动员全社会力量参与农牧业现代化建设，对在加快农牧业现代化建设中取得显著成绩的单位和个人，按照有关规定给予表彰奖励。

**作者简介：**

曹世平，男，汉族，1969 年出生，中共党员。现任新疆维吾尔自治区霍城县农业局局长。

自 1989 年 3 月参加工作起，历任霍城县水定镇武装部部长、党委委员，伊车乡党委副书记，霍城县农业综合开发办公室主任、财政局副局长等职。2012 年 7 月至今，任霍城县农业局局长。

陈启先，男，汉族，1958 年出生，中共党员。现任新疆维吾尔自治区霍城县农业局党组书记。

自 1976 年参加工作起，历任伊车乡党委副书记，格干沟管理区区长，霍城县教育局党委书记等职。2009 年 4 月至今，任霍城县农业局党组书记。

马力彦，女，回族，1976 年出生，中共党员。现任新疆维吾尔自治区霍城县农业局办公室主任。

自 1999 年 3 月参加工作起，历任三道河乡政府副乡长，芦草沟镇副镇长等职。2012 年 3 月至今，任霍城县农业局办公室主任。

# 培育新型经营主体 促进农业发展方式转变

新疆维吾尔自治区沙湾县农业局 宋鸿飞 罗志明

2009年，沙湾县委、政府提出利用3~5年时间率先在全疆基本实现农业现代化。围绕这一目标，我县坚持以农牧民增收为核心，制定一系列加快推动农业现代化发展的政策措施，2010年着力提高农业“五化”水平，2011年着力抓好现代农业示范区建设，2012年着力加强国家级现代农业核心示范区建设，农业现代化三年迈出三大步，农业生产长足发展、经营方式加快转变，棉花等主要农作物单产水平跃上新台阶，农牧民收入大幅增加、生产条件不断改善、生活水平不断提高，初步探索出一条沙湾特色的现代农业发展之路，为今后现代农业发展打下了坚实基础。自治区人民政府主席努尔·白克力视察沙湾县现代农业建设阶段成果后欣然题词：“农业现代化看沙湾”。

2013年中央一号文件提出，要继续加大农村改革力度、政策扶持力度、科技驱动力度，围绕现代农业建设，充分发挥农村基本经营制度的优越性，着力构建集约化、专业化、组织化、社会化相结合的新型农业经营体系，进一步解放和发展农村社会生产力，巩固和发展农业农村大好形势。沙湾县委十一届三次全委（扩大）会议又提出经过2~3年努力使我县农业现代化达到全疆领先、全国一流水平的奋斗目标，初步形成“以促进农业提质增效、农民持续快速增收为目标，加快转变农业发展方式，探索以合作社为主体，促进农业向社会化大生产转变，提高农业生产集约化水平”的现代农业发展新思路，为我县现代农业发展指明了方向。

## 一、总体要求

深入践行党的十八大和中央农村工作会议精神，全面贯彻中共中央、国务院《关于加快发展现代农业进一步增强农村发展活力的若干意见》（中发〔2013〕1号）文件精神和县委十一届三次全委（扩大）会议的要求，坚持“以改革促发展，以改革促建设”和“鼓励创造、大胆实践、注重实效”的原则，以开展国家现代农业示范区改革与建设工作为载体，按照“先行试点、创新驱动、逐步展开”的部署，通过综合运用财政、金融等手段，培育壮大农民专业合作社、农民股份合作社等新型经营主体，建立集约化、专业化、组织化、社会化相结合的新型农业经营体系和“新型经营主体+订单农业+财政资金+保险资金+其他资金”有机结合的农业适度经营模式，不断增强农村经济发展内在活力，加快推进国家现代农业示范区发展进程。

## 二、工作目标

现代农业经营主体快速发展，到2015年，全县集约化、专业化、品牌化、社会化和高度组织化的农民专业合作社达到300家以上，农民综合合作社达到10家以上，农村土地股份合作社达到100家以上，股份制和股份合作制的家庭农场达到100家以上，成立沙湾县农民专业合作社发展服务中心和沙湾县农民专业合作社发展担保中心，农村资金互助社实现零的突破，农业产业化龙头企业带动能力进一步增强，全县60%以上的耕地（突破百万亩）实现集约规模化经营。

## 三、创新农业生产经营体制机制，着力培育新型经营主体

1. 稳定完善农村土地承包关系。按照依法自愿有偿原则，在确保不损害农民权益、不改变土地用途、不破坏农业综合生产能力的前提下，大力发展土地托管、租赁经营、股份合作等多种形式的适度规模经营，引导农村土地承包经营权有序流转，鼓励支持承包土地向专业大户、家庭农场、农民合作社流转。探索建立严格的工商企业租赁农户承包耕地（林地）准入和监管制度。加快农村土地承包经营权流转市场建设。截至目前我县农村土地流转总面积63.52万亩，其中转让0.015万亩，转包8.2万亩，互换54.55万亩，出租0.75万亩。我县在借鉴先进省市的先进经验，积极进行试点，出台了《关于加快农村土地依法有序流转、建立农村土地规范有形交易市场的试点实施方案》，在县级成立了农村土地使用权交易中心，在金沟河镇等五个乡镇成立了农村土地使用权交易服务所，使农村土地使用权从无形变为有形，实现了农村土地使用权资本化，为金融部门服务拓宽了空间，有效地解决了合作社对生产资料、设备购置等集中采购的资金需求，确保了土地合作社健康、规范、有序地进行，促进了农业生产的区域化布局，专业化生产，规模化、集约化经营，资本化运作。

2. 培育农业产业化龙头企业。按照功能丰富、运转高效、资本运作、承上启下、市场突破的要求，大力支持农业产业化龙头企业发展，使农业产业化龙头企业成为有效连接家庭农场和合作社的重要力量。今后，重点打造肉

食品、家禽、辣椒深加工、蔬菜深加工、果品深加工产业，提高绿色食品行业农业产业化水平，使所有特色产业都有龙头企业带动。积极打造纺纱、印染、织布、成衣制造、浆粕等完整的棉花产业链，力争“十二五”末纺纱能力达到100万锭。引导龙头企业牢固树立品牌意识，积极打造一批国家、自治区级农业名牌产品。2013年上半年我县农业产业化经营组织114家，订单带动农户18959户，增幅12.6%．农产品加工业产销衔接继续保持良好势头。形成规模的县级以上农业产业化龙头企业67家，年营业收入500万元以上的企业44家，自治区级以上农业产业化重点龙头企业11家，地区级农业产业化重点龙头企业12家。规模企业特别是规模以上乡镇企业、农产品加工业的整体实力和水平稳步提高。龙头企业已成为我县农业增效、农民增收的重要渠道，并在调整农业产业结构，转移农村富余劳动力，促进农村经济发展等方面发挥出显著带动作用。

3. 建立产学研战略联盟。创新建立引进企业、科研院校等参与培训新模式，联合青岛农业大学合作社学院、中国农产品流通与经纪研究院等有关院校和部门，以国家农业部三道沟农村实用人才培训基地等为载体，整合农业、教育、人社部门及社会各类教育资源，重点抓好试点区新型农民专业合作社管理人才、农民实用人才带头人和新型农民培训。以农民专业合作社为主体，加强与兵团农八师及周边大中专院校在农业高产开发、先进农业生产技术试验推广等方面的交流与合作，建立以产业发展为导向的科研立项机制，创新农科教、产学研紧密结合的大协作机制，加快先进农业生产技术转化。建立有偿服务机制，引导农业技术人员深入一线创业，大力培养科技领军人才和农村实用人才，提高农民科技文化素质，增强现代农业科技支撑能力。县农业技术试验站有耕地面积250亩，是我县产学研展示窗口。由县农业局牵头，农业技术推广中心、种子管理站联合自治区种子管理站和深圳创世纪转基因技术有限公司共同建立北疆育种中心，加大品种试验、展示、示范、丰产示范、良种繁育等工作。

4. 促进农民合作社持续健康发展。按照组织规范化、生产专业化、经营集约化和服务社会化的要求，加强农民合作社规范化建设，提高合作社的带动能力。加强对建设农民合作社的组织领导，建立县乡两级党政齐抓共管、各部门分工负责的工作机制。加强农民合作社的党组织建设，有条件的合作社要成立党支部，不具备条件的，可从党政机关、站所抽调干部到合作社任指导员，切实发挥基层组织的模范带头作用，强化对合作社建设运营的组织引导。强化“龙头企业＋基地＋农户”利益联结机制，提升抵御市场风险、带富共富能力。积极开展以龙头企业为主体的合作社建设试点，以沙湾棉业为主体，成立棉花合作社联合社；以沙湾县粮油收储公司为主体，成立以小麦、玉米等生产为主的粮食生产合作社联合社。截至5月，正式在工商部门注册登记的农民合作社282家，较上年增加62家，注册资金3.44亿元，入社登记社员6200余人，带动农户3.3万户，服务面积50万亩，建立高标准示范合作社14个，其中：国家级示范社1个、自治区级示范社14个、地区级示范社10个。为规范农村土地有序流转，组织部分乡镇农经站负责人参加农业经济经营体制创新培训班2期。成立了保障土地流转交易服务中心和农村交易服务所 。截至2013年5月，正式在工商部门注册登记的农民专业合作社282家，较上年增加62家，注册资金3.44亿元，入社登记社员6200余人，带动农户3.3万户，服务面积50万亩，建立高标准示范合作社14个，其中：国家级示范社1个、自治区级示范社14个、地区级示范社10个。

## 四、探索建立相关体制、机制

1. 建立紧密有效的利益联结机制。支持和引导现代农业经营主体各方通过签订生产服务合同、协议，确立责权关系，通过生产效益的合理有序分配，使农民专业合作社、农业产业化龙头企业和家庭农场形成利益共同体。各有关部门，各乡、镇（场）要积极引导各农业经营主体围绕棉花、畜牧和蔬菜等重点产业，按照自愿联合、优势互补、工贸结合和城乡互动的要求，组建农民合作社联合社、联合会和行业协会，统一购销农药、化肥、饲料、兽药等农资，推广农业新成果新技术，降低生产成本，提高农产品质量；发展订单农业，形成稳定的农资采购、供应和农产品产销渠道，提高应对自然风险和市场风险的能力；申请商标注册，发展品牌农业、设施农业、加工农业和创汇农业，提高农业经营主体的生产经营效益，提升我县农产品市场竞争力。

2. 建立新型农民专业合作社为主体的农业经营新体系。以农口各部门和各乡、镇（场）为主，2013年，计划规范和新成立新型农民专业合作示范社30个，2014年增加到100个，2015年达到200个以上（其中30%达到国家级或者自治区级示范社）。规范新建的农民专业合作社除了种养领域外，也要拓展到农机和农资服务等领域，不断完善专业化、社会化体系建设。种植业方面，老沙湾片区重点在以机采棉花为主的土地专业合作社和农机合作社进行试点，山区片乡镇（场）重点选择以小麦、玉米等生产为主的专业合作社试点，公路沿线片乡镇（场）重点选择发展以辣椒、蔬菜生产加工和农资配送为主的专业合作社进行试点。畜牧养殖方面，重点选择发展以养牛、养猪、

养羊等为主的专业合作社进行试点。农机方面，重点以鑫业、铁牛等为主的农机专业合作社进行试点，同时对绿诚、天鹰、聚力等专业合作社进行试点探索，使之基础设施完善、经营管理制度健全、经济实力增强，成为专业化、产业化、规模化程度较高的农业综合合作社和股份合作社。

3. 建立订单农业为基础的产销新模式。以沙湾棉业、粮油购销公司、盖瑞乳业、中粮屯河番茄制品公司等农业产业化龙头企业为主，引导其与农民专业合作社等新型经营主体签订订单合同，进一步完善企农利益共享、风险共担的农产品产销衔接和订单履约机制。2013 年重点在老沙湾片机采棉花和山区片小麦生产推广，2014 年扩大到全县，2015 年扩展到六大特色产业。

4. 建立财政支农新方式。以财政、国土资源、农业、林业、畜牧兽医、水利、科技、农业开发等相关部门为主，统筹整合高标准基本农田建设、优质棉生产基地县建设、中低产田改造等项目资金，加快以水电路林渠为主的农业基础设施建设。2013～2014 年，将整合项目资金重点投入到 18 个现代农业示范园；2015 年，按照整村整乡推进的原则，以 18 个现代农业示范园为核心进行辐射。同时广泛吸纳各类资金支持建设示范园区，每年财政投入的支农资金增幅不低于 10%。

5. 建立农业投融资新机制。以财政局、财政担保中心、农发行、信用联社等为主体，创新农业投融资方式，重点壮大财政信用担保中心平台建设，主要对涉农贷款建立风险保障机制给予补助；对新建或计划规范的新型农民专业合作社，畜牧业标准化、规模化养殖小区（场）基础设施建设，特色产业发展、农业产业化龙头企业技改等方面给予贷款贴息。

6. 探索建立风险防范新措施。以财政局、人保财险公司、农业产业化龙头企业为主体，在中央、自治区财政补贴的基础上，进一步提高新建新型农民专业合作社保费的额度和补贴比例，进一步完善涉农风险保障机制，不断提高农业保险保障水平。

7. 建立科技服务体系新机制。以科技局、农口各局委办、农业产业化龙头企业为主，围绕现代农业发展需求，先行在种养领域试点进行有偿科技指导服务和建立产学研联结机制，鼓励农机、农资和农产品流通、销售等农业服务业发展，构建社会化服务体系。服务体系建设先行在试点区进行，逐步扩展到示范区进行建设，最后发展放大到全县。

# 发展农区畜牧业
# 推进阿勒泰农牧业现代化

新疆维吾尔自治区阿勒泰地区农业局　乔立平

阿勒泰地区的畜牧业，主要包括草原畜牧业和农区畜牧业两种类型。草原畜牧业又称传统畜牧业，主要是以游牧为主，其特点是生产成本低，产品质量好，主要劣势是：受自然气候、草原条件、生产方式等诸多因素影响，管理十分粗放，尤其是受品种的影响，牲畜一年只能出栏一次，生产效率低下。现阶段，生态环境保护要求退牧还草，实行草原禁牧、休牧，把原有载畜量减下来，这就使得草原畜牧业难以做大做强，所以说，加快农区畜牧业发展便成为当务之急。当前以及今后一个阶段，发展阿勒泰地区畜牧业，首要任务就是要重新定位，明确发展方向，解决好定位问题是阿勒泰畜牧业向现代畜牧业转变的关键。

## 一、发展阿勒泰地区畜牧业的新定位

传统畜牧业又称为草原畜牧业。由于天然草原牧草丰富，品种繁多，集聚各种营养成分，因此生产出来的各类畜产品品质极高，具有很好的营养保健价值和天然食疗作用，属原生态有机产品，可针对局部高端市场销售，体现有机畜牧业的经济价值。因此把地区草原畜牧业定性为生态畜牧业，更能凸显其传统畜牧业的特点和优势，加以保护性发展，符合阿勒泰地区作为国家生态保护主体功能区的要求。

要实现上述提法和设想，从现实和专业的角度出发，必须抓好三方面工作：一是要充分发挥传统畜牧业的特点和优势，确定合理适宜的载畜量和品种，实现牲畜养殖和生态保护的和谐发展。二是要从培育产业的角度出发，从一线大城市引进能推动高端销售的企业进行拉动，实现草原畜牧业牲畜数量减半、经济效益倍增，走出一条优质高效的生态畜牧业发展之路。三是要做好定居后游牧民的身份转变和安置工作，由牧民身份转为农民或产业工人，结合定居兴牧工程，由过去自然放牧转为舍饲圈养或参加集约化种植、养殖生产劳动。

目前，阿勒泰地区天然草场超载过牧现象十分严重，而要实现畜牧业的可持续发展，就必须要减少天然草场的载畜量，这就与扩大养殖规模、促进农牧民持续增收的目标相悖。解决这一问题的关键，就是要发展农区畜牧业，这是做大做强阿勒泰畜牧业的必然选择。

## 二、发展农区畜牧业效益分析

### （一）农区饲草料和秸秆资源丰富

随着阿勒泰“八大灌区”的建成，到“十二五”末，全地区耕地面积可达到400万亩以上（包括农区耕地和定居牧民饲草料基地）。按照农业围绕畜牧业发展进行种植结构调整的指导方针，预计种植小麦40万亩，籽粒玉米100万亩，青贮玉米50万亩，苜蓿及各类高产牧草50万亩，其他各类作物160万亩以上，可生产各类青贮饲草、青干草及秸秆440万吨，精饲料60万吨。按标量每天3公斤饲草料计算可满足450万只标准羊全年饲养需求，扣除现有农区牲畜需求和不可回收部分也可满足300万只新增标准羊的需求，可再造一个阿勒泰畜牧业的总量。

### （二）养殖经济效益十分显著

以多胎肉羊为例，保守估算每年可新增出栏200万只标准羊，每只羊按市场价800元计算，农区可获新增产值16亿元（如果按传统养殖阿勒泰大尾羊年出栏130万只标准羊计算，每只羊市场价1100元，产值14.3亿元）。由此可见，发展农区养殖，每年新增产值16亿元，扣除养殖成本5亿元，新增效益11亿元，农牧民直接来自于养殖方面人均增收3000元左右。同时，由于农区养殖比较集中能形成规模，可实现四季出栏，有利于产品精深加工和品牌销售，大型加工企业入住后还可以极大带动提升奶业、家禽业发展，后续产业的发展可间接带动农牧民增收2000元左右，因此，发展农区畜牧业潜在效益巨大。

### （三）有利于循环农业发展

发展农区畜牧业，通过种植结构调整，便于农作物的轮作倒茬，减少或降低病虫害发生，同时，大量有机肥料返还土地，土壤质量进一步提高，为发展绿色和有机农业创造有利条件。农区畜牧业的发展会相应减少天然草场的载畜量，使天然草原得到休养生息，生态环境得到改善，草原畜牧业的发展后劲会进一步增强。由此可见，农牧业互相补充，相互促进，对实现大农业的良性循环具有重要意义。

（四）有利于农村劳动力转移就业

高度发展的农区畜牧业可催生相关的产业的快速形成，如集约化养殖、屠宰、肉联加工、饲料加工、毛皮加工等都需要大量的产业工人，这就为农村劳动力就近就地转移就业提供了广阔空间，对增加农牧民工资性收入作用巨大。

## 三、发展农区畜牧业对种植业影响意义深远

农区畜牧业得到发展提升以后，可催生农业产业类型的进一步划分，对农业的规模化，集约化、专业化和产业化加工将产生重大促进作用。主要分为四大类，分别是规模农业、特色农业、精品农业和传统农业，这四大类型将奠定地区现代农业的产业基础，并围绕大的农牧业生产格局进行发展并提供坚实物质保障。

（一）规模农业

围绕推进地区畜牧业规模化、集约化养殖，必须保证足够的优质饲草料的种植，同时促进生产要素经营方式的有效组合和转变。通过规模养殖带动规模种植，在品种方面以籽粒玉米、青贮玉米和优质牧草为主，形成规模化的集种植、饲草料加工、养殖、畜产品加工为一体的产业链条。

（二）特色农业

围绕发挥阿勒泰独特的地理区位优势、光热水土优势、生态环境优势来选准特色、突出特色、培育特色，生产人无我有、人有我优的优势特色农产品，譬如中药材、食用菌、小浆果、花芸豆等，把这些特色产业做精、做优、做强，扩大市场知名度，提升产品竞争力，打造阿勒泰的农业“名片”。

（三）精品农业

围绕地区旅游业发展，在主要景点周边大力发展观光农业、采摘体验农业、现代示范农业和集休闲餐饮为一体的园林农业，打造出与5A级景区相适应的农业旅游品牌。

（四）传统农业

主要是围绕粮食安全抓好小麦、蔬菜、油料等农业生产，确保重要农产品的有效供给，为地区各行业大发展提供基础性保障。

通过农业类型的划分，各生产要素能够更好地优化组合，能有效发挥各方面优势，实现有针对性地发展农业，提升农业。

## 四、强力推进农区畜牧业发展的措施

受传统观念和行业划分以及落后生产方式的影响，阿勒泰农区畜牧业一直未能很好地发展起来，由于秸秆没有充分利用，农民也失去了一亩地二次产出和过腹还田自然养地的机会，造成农区畜牧业在地区整个畜牧业当中所占比重不足20%（这个比例应倒置），难以形成循环农业，成为制约地区畜牧业发展的一个瓶颈，更是制约现代农牧业发展的一个最主要因素。因此，围绕发展农区畜牧业，合理调整种植业结构，使农区畜牧业的产出超过现有种植业和传统畜牧业，使一产内结构更趋合理，保障畜产品产量的大幅增长，为实现规模加工奠定基础。

1. 具备的条件：一是政策层面。目前国家对发展畜牧业有许多项目支持和税收减免政策，自治区出台的肉羊倍增计划也有很多项目支持，地县两级又出台很多扶持政策，因此在政策方面的条件十分优越。二是市场方面。近几年随着消费观念的转变和消费水平的不断提高，牛羊肉价格一路走高，并有继续上升趋势，且呈现供不应求局面，处于绝好的市场机遇期。三是农村劳动力可实现就近就地转移，变冬闲为冬忙，从而开辟新的增收渠道。

2. 具备的优势：一是耕地面积大，到“十二五”末将达到400万亩以上，可生产大量的优质饲草和秸秆，总量440万吨左右（包括玉米的青黄贮及各类秸秆），可生产饲料粮60万吨。二是农村可利用建设用地多，养殖小区和牲畜棚圈建设面积不受限制，选择余地大。三是阿勒泰农牧业是混合型的大农业，从业人员基本都具备一般的养殖经验和技术。四是自然条件好，无污染，所属产品都是绿色、有机产品，市场销售看好。因此我们要充分利用有利条件，发挥优势，加快推进农区畜牧业发展。

推进农牧业融合发展，促进农牧民较快增收，是建设现代农牧业、实现可持续发展的现实需要和重要途径。而要加快推进地区农牧业现代化，从现实意义上来讲就是思想上的转变和生产、生活方式上的转变，实现由单一的小生产向集约化、规模化、产业化的大生产转变。在这个过程中必然会出现这样、那样的问题和阻力亦或阵痛，所以说，推进这项工作必须要在政策和措施方面予以保障。

一是制定保护和提升草原畜牧业，加快推动农区畜牧业发展的相关政策。根据生态保护和退牧还草的要求，严格核定在天然草场放牧的牲畜种类和数量，把调减下来的牲畜安置到农区养殖，加大扶持力度。同时，探索把自然放牧者的草原补偿转移到定居牧民上来，加之其他配套政策，使其定居下来得到更好更快发展。凡是农民或定居牧民在农区实行舍饲圈养的，按不同规模给予政策支持和项目倾斜。

二是合理选择适宜农区舍饲圈养的牲畜品种，一般以发展多胎肉羊和肉牛为主，并搞好禽类养殖。建立配套的良种繁育体系，对不同所有制形式的种畜（禽）场，在圈舍建设、种畜（禽）引进方面给予支持。

三是分类型、分批次调整好繁育周期，做到一年两次出栏，加上育肥措施实现一年四季出栏，通过精深加工保障畜产品持续上市供应。

四是在饲草料种植方面制定相关惠农政策，引导鼓励农牧民种植高产、优质、高效的玉米、牧草品种，抓好先进实用技术的推广应用，为农区畜牧业发展提供充足的饲草料保障。

五是从一线城市引进大型的有市场的畜产品加工企业和饲料加工企业，实现畜产品经过分割、精深加工后进入高端市场。对生态（草原）畜牧业产品（有机产品）要加快品牌培育，针对高端市场进行高价格定位，并将部分收益反馈给生态畜牧业的从业者，使其得到丰厚的回报。

六是围绕农牧业组织和制度创新，着力构建新型农牧业经营主体，加快发展家庭农牧场、专业种植养殖大户，进一步规范农牧民专业合作社，大力培育农牧业社会化服务组织，稳步提高农牧民组织化程度。鼓励各类经营主体积极参与养殖、育肥、加工和销售等各个环节，从而掀起发展农区畜牧业的热潮。

七是建立人才培养机制。一方面，对农牧民开展多渠道、多层次、多形式的科技培训，提高从业人员生产技能，充分调动他们的积极性和创造性；另一方面，强化对各类管理人员和专业技术人员的引进与培养，为发展现代农牧业奠定人才基础。

**作者简介：**

乔立平，男，汉族，1962年11月出生，中共党员，本科学历。现任新疆维吾尔自治区阿勒泰地区行署农业局局长、农业产业化发展局局长、农产品加工局局长。

# 第七章　发展生态农业和有机农业促进农业可持续发展

## 快速崛起的赤峰绿色农畜产品生产加工输出基地

内蒙古自治区赤峰市农牧业局　李自学

赤峰市位于内蒙古自治区东部，蒙冀辽三省交汇处，总面积9万平方公里，耕地2100万亩，草原8600万亩；总人口434万，其中农村牧区人口300多万。1993年以来坚持不懈地贯彻落实《中华人民共和国农业技术推广法》，已建设成为内蒙古自治区重要的绿色农畜产品生产加工输出基地。

### 一、赤峰市农牧业亮点纷呈

（一）赤峰市已跻身于“全国粮食生产先进市”行列。2012年全市粮食总产达到100.02亿斤，比2010年和2011年分别增长29亿斤和13亿斤，首次突破百亿斤大关，2012年全市粮食作物播种1346.7万亩，粮食单产达到740斤，比全自治区平均水平高140斤，人均占有粮食2188斤，比全区平均水平高188斤。赤峰市进入了全国27个百亿斤粮食生产地级市行列，被评为“全国粮食生产先进市”。

（二）赤峰市设施蔬菜规模列北疆寒冷地区第一位。实施新一轮“菜篮子”工程，加快蔬菜产业发展步伐。抓好“菜篮子”工程不仅是保供给的需求，同时也是农民增收的需要。各级农牧业部门进一步强化领导责任，加强技术指导，加大投入力度，组织示范引导，逐步实现规模化种植、标准化生产、商品化处理、品牌化销售和产业化经营。同时积极开展了蔬菜标准园创建活动。蔬菜标准园创建活动是农业部大力推动蔬菜产业优化升级的重要举措，也是种植业发展的一个趋势所在。赤峰常年种植蔬菜近百万亩。2007 年以来，以每年发展 10 万亩的速度推进，设施农业总面积累计达到 81 万亩，规模位列边疆寒冷地区第一位；蔬菜总产达到 464. 45 万吨，比 1993 年增加 419. 32 万吨，蔬菜销往京、津、唐，北、上、广等地区。

（三）赤峰市连续八年家畜存栏列内蒙古第一位。大力发展畜牧业生产，以推进标准化规模养殖为主攻方向，确保赤峰市年度牲畜存栏稳定在 1800 万头（只）以上。抓好百万头优质肉牛育肥工程，加大扶持优势区域肉牛繁育，鼓励规模育肥，提高规模养殖比重和效益；加强肉牛品种改良，提高肉牛品质。在肉羊养殖方面，突出抓好昭乌达肉羊新品种基地建设和品牌打造，推进肉羊规范化生产和规模养殖场标准化创建工作，全面提高了肉羊产业效益。在生猪养殖方面，充分发挥广东温氏集团、江苏雨润、北京挑战集团等龙头企业的带动辐射作用，提高集约化生产水平。

2013 年 6 月末，赤峰市家畜存栏达到 1963 万头（只），比 1993 年增加 1135 万头（只），家畜存栏连续八年位居内蒙古自治区首位。肉蛋奶产量 115. 99 万吨，比 1993 年增加 95. 96 万吨，其中禽蛋产量占北京市场的 40%。目前赤峰市有各类规模化养殖场 22086 个，生态家庭牧场 534 个，牧业合作组织 754 个，养殖小区 185 个，养殖专业户 40742 个，有 20 个规模养殖场被农业部评为国家示范创建单位。

（四）赤峰节水灌溉紫花苜蓿保有面积居全区之首。在“农牧结合、以牧为主、草畜分离、立草为业”总体思路的指引下，节水灌溉人工种草吸引了北京首农集团、美国辛普劳（北京）贸易公司、北京绿田园公司等十几家独资企业进入赤峰开展节水灌溉人工草地建设。2013 年赤峰市节水灌溉紫花苜蓿保有面积 83. 6 万亩，年产优质青干草 50 万吨以上，为畜牧业的发展提供了优质的饲草料保障。“十二五”期末，赤峰市将在北部五个牧业旗建设优质高产人工苜蓿草地 200 万亩，每年提供优质紫花苜蓿干草 16 亿公斤，平均为项目区牧民每人增加收入 8400 元。率先在蒙东地区建成苜蓿优势产区，实现草原“小面积建设、大面积保护”和牧民增加收入的目的。在全自治区率先走上专业化集约化高效现代畜牧业发展之路。

（五）赤峰市农牧业产业化经营花开大草原。一是主要经济指标稳步提升。全市年销售收入 500 万元以上的农牧业产业化加工企业达到 448 家，完

成销售收入 314.8 亿元，比 2011 年同期增长 7.4%；全市年交易额 500 万元以上的农牧业产业化流通企业达到 185 家，完成交易额 216.7 亿元，比 2011 年同期增长 6%。二是一批新项目开工建设。江苏雨润集团、广东温氏集团、北京挑战集团、首农集团、山东神州集团、沈阳万盛达集团、宁夏伊品、美国华特希尔、辛普劳等一大批国内外产业化龙头企业落户我市，加快了我市农牧业产业结构调整的步伐。全市投资在 1000 万元以上的农牧业产业化新、改、扩、续建项目达到 123 个，完成投资 61.2 亿元。三是园区建设规模不断扩大。全市 13 个重点园区已入驻企业 191 家，园区内加工企业完成销售收入 96.2 亿元，占全市年销售收入 500 万元以上的产业化加工企业销售收入的 31%。四是基地建设进一步加强。全市市级以上重点龙头企业形成种植业基地 151 万亩，冷山糖业、翁旗紫辰等 5 家龙头企业带动基地的规模均在 10 万亩以上。五是品牌建设不断强化。蒙都羊业被认定为国家农业产业化重点龙头企业，全市国家级重点龙头企业达到 5 家，自治区级重点龙头企业达到 68 家。全市有 5 家企业被授予“中国畜牧行业百强优秀企业”。全市农牧业产业化龙头企业中有塞飞亚、草原兴发、宁城老窖、“蒙都” 4 个中国驰名商标；夏家店小米、克旗达里湖鲫鱼、克旗达里湖华子鱼、敖汉荞麦、阿旗天山明绿豆、喀喇沁牛家营子北沙参和桔梗 7 个国家地理标志产品，阿鲁科尔沁旗牛肉、羊肉获得国家工商总局授予的地理标志证明商标。全市绿色无公害农产品认证面积达 700 多万亩。

全市农作物良种覆盖率达到 96.2%，家畜改良率 96.3%，农牧业科技贡献率达到 55%。自主培育的品牌肉羊被国家农业部正式命名为“昭乌达肉羊”，填补了国家草原型肉羊育种工作的空白。2012 年全市农机总动力达到 492.2 万千瓦，耕、种、收机械化作业水平达到 64%。

## 二、采取的主要措施

（一）提早安排，全面部署全年农牧业生产各项工作任务。一是在春节假期过后，召开了全市农牧业工作会议，传达贯彻了全市农村牧区经济工作会议精神，研究确定了全年农牧业和农村牧区经济工作思路，为全面做好今后农牧业各项工作奠定了基础。二是对《政府工作报告》涉及农牧业和农村牧区经济发展的重点工作及全市农村牧区经济工作会议确定的农牧业重点工作目标和任务进行了分解落实，明确了责任领导、责任单位（科室）和责任人，并把主要工作目标分解落实到各旗县区，确保了全年农牧业各项工作任务的圆满完成。

（二）狠抓落实，确保各项惠农惠牧政策落到实处。一是及时转发了自治区关于草原生态补奖政策和农机购置补贴政策的实施方案，并要求旗县区根据各自实际情况，制订具体实施方案报市农牧业局汇总备案。二是充分利用电视、广播、报刊、网络等新闻媒体，采取出动宣传车、印发宣传册、发送短信等灵活多样的形式，广泛宣传各项惠农惠牧政策，使广大农牧民群众了解政策、用好政策、受益于政策。三是在政策落实的过程中，严格规范程序，加大监督检查力度，通过电话调查、派督查组下乡检查、入户抽查、张贴公示等方法，确保补贴资金及时足额兑付到位，保障农牧民的利益。

（三）切实加强农牧业系统自身建设，为做好农牧业各项工作提供保证。以科学发展观为指导，以调整优化产业结构、推进现代农牧业发展、提高农牧民收入为工作中心，以学习型党组织建设、创先争优等主题实践活动为载体，加强党的组织建设、廉政建设和思想作风建设，充分调动农牧业系统广大干部职工的积极性和主动性，深入农村牧区为民解难、为民谋利。

# 加大草原生态保护与建设力度 全面提升畜牧业产业化水平

内蒙古自治区东乌珠穆沁旗农牧业局　巴特尔　金　泉

东乌珠穆沁旗（简称东乌旗）地处内蒙古自治区锡林郭勒盟东北部，大兴安岭西麓，北与蒙古国交界，国境线长 527.6 公里。全旗总土地面积 4.73 万平方公里，总人口 6.09 万人。2012 年，牧民人均纯收入达到 16800 元，连续 26 年位居全区牧业旗之首。东乌珠穆沁草原的植被类型主要由东部的草甸草原、中部的典型草原、西部的半荒漠草原组成，可利用草场面积 4.2 万平方公里。

东乌旗按照"两转双赢"战略要求，坚持把握生态保护前提，突出生产力布局调整、基础设施建设两大重点，围绕转变生产经营方式、新牧区试点建设、牧区基层组织建设三项主要任务，全力抓好牧区人口转移、生产资料整合、牧民素质提高工作，推动畜牧业生产向规模化、组织化、产业化方向发展，走出了一条牧区体制机制不断创新、现代畜牧业体系初步形成、牧民收入稳步增长的发展路子，基本实现了东乌旗草原畜牧业由传统粗放型向现代集约型增长方式的转变，取得了显著成效。

## 一、主要做法及取得的成效

### （一）草原生态保护

东乌旗坚持保护与建设并重的原则，依据牧区自然资源、生态环境、社会经济状况等基础条件，积极实施京津风沙源治理等重点生态建设工程，并全力争取国家退牧还草项目及森林、草原、湿地、水域等生态脆弱区补偿专项资金。

全面落实草畜平衡责任制，签订草畜平衡责任书达到 100%。牲畜头数从 2007 年的 313 万减少到 2012 年牧业年度的 253 万头（只），减少 60 多万头（只）牲畜，按每 30 亩草场饲养 1 个单位计算，有效遏制了近 3000 万亩草场因超载放牧而引起的退化、沙化；全旗休牧、轮牧、禁牧面积分别达到 5117 万亩、3250 万亩和 1360 万亩，分别占可利用草场面积的 79%、50% 和 20%；

草群高度、盖度、产量分别达到35cm、40%和40公斤/亩。

草原生态保护补助奖励政策涉及东乌旗9个苏木镇、57个嘎查、7229户牧民的5750.06万亩草场，2011~2012年通过“一卡通”共发放奖补资金25056.36万元。

**（二）科学确定生态功能区划，永续利用草原措施全面推行**

近年来，东乌旗通过实践、调研、总结、论证，根据全旗草场承载能力和植被类型，分区域对草原实施了功能规划，以确保草原生态环境长期稳定。结合优势基础产业，依据草原生态环境状况，推动肉羊、肉牛、莱马和牧草四大产业区建设。具体为：在草原生态比较脆弱的中西部地区，重点发展以标准化划区轮牧为主的半舍饲集约型畜牧业，开展肉羊经济杂交、羔羊育肥、良种肉牛育肥试点建设，并逐步推广；在草原生态较好的东部地区，重点发展以分季轮牧、大区轮牧为主的草原畜牧业，开展以家庭牧场为主的乌珠穆沁羊纯种繁育、西门塔尔牛和乌珠穆沁马专业养殖，特别是在乌拉盖河流域重点建设西门塔尔肉牛产业带，大力扶持发展肉牛养殖专业户和牧民专业合作社；在生态功能区宝格达山森林公园和乌拉盖湿地保护区，重点发展特色观光型养殖业。逐步建成20万只商品种羊基地、25万头良种牛养殖基地、30万只羔羊育肥基地、100万只商品羊精深加工基地、5万匹蒙古马保种基地和2亿公斤天然牧草基地。以上的工作实践证明，草原生态功能区划推动了基础产业专业化、标准化、规模化、产业化水平不断提高，而现代畜牧业进程也同步推动了草原生态实现正向演替。同时，按照“点上开发、面上保护，用1%的土地集中推进工业化和城镇化，实现保护99%草原”的工作要求，认真研究解决在推进新型工业化过程中出现的环境影响问题，特别是严格工业“三废”排放和植被复垦标准，把工业对草原生态环境的影响降到最低限度。同步建立以“企业出资、政府补贴”模式为主，工矿企业生态保护核心区和缓冲带补偿机制，确保工矿企业周边草原生态良好。

**（三）全面提升畜牧业产业化水平，大力引导经营观念转变**

构筑祖国北疆草原生态屏障，不能就生态论生态，还应该在基础产业发展过程中持续抓好牧民的经营观念和产业升级，通过科学发展，实现富民增收和草原生态美好。在工作实践当中，东乌旗着重做了以下工作：第一，着力实施乌珠穆沁羊选育提高和良种牛繁育两大工程，不断提高牲畜个体品质和效益，扩大乌珠穆沁肉羊品牌知名度和影响力，努力推进自治区重要的有机牛羊肉食品生产加工销售基地建设步伐，通过产品的优质优价实现草畜平衡与牧民增收同步，从根本上消除以牲畜数量实现增值增收造成超载过牧而导致草原生态恶化的趋势。第二，着力推动草牧场、牧业基础设施、畜种资源和牧区劳动力的有效整合，通过促进资源要素的有效重组和优化调整，形成以加快商品种羊选育、商品羔羊繁育、羔羊早期补饲育肥、良种牛养殖、天然牧草储备基地建设为重点内容的政策保障体系和投入保障机制，突出牧民生产经营环节的组织化程度，通过加强牧区各类经济合作组织的培育、规范和作用发挥，细化牧区社会服务体系分工，引导专业合作社（协会）成为牧户与市场的有效联结纽带，极大地提高了现代畜牧业生产经营水平，优质畜牧业资源逐步集中到畜牧业经营能手和专业合作社（协会）手中，使得牧区剩余劳动力和畜牧业经营能力相对较弱的牧民逐步从一产中有效转移出来，从而缓解了草原生态容量压力，促进草原生态环境好转。第三，着力扶持现有畜产品加工企业改造升级，打造精深加工企业集群，不断延伸和拓展畜产品加工产业链条，提升龙头企业在行业内的辐射带动能力。如，东乌旗引进的台湾元盛集团实施了年产60万吨冰鲜羔羊肉加工项目，带动东乌旗原产乌珠穆沁肉羊精深加工产品远销中东、港澳等地，打开国际市场的同时也使乌珠穆沁肉羊产品成为2008年北京奥运会、2010年上海世博会制定产品。台湾元盛集团配套实施的乌珠穆沁羔羊工厂化育肥项目的经济效益也十分明显，在带动牧民增收和生产示范方面均体现了积极的正面意义。

**（四）着力实施家畜品种优化工程，搞好地方良种选育**

我旗家畜品种优化工程以科学发展观为指导，紧紧围绕牧区改革发展的实际，加快现代畜牧业发展和社会主义新牧区建设进程，以家畜提质增效为核心，科学养殖，加强饲养管理，提高技术服务水平，实行冷配、本交结合，引进、选育并举，提升了家畜个体性能和群体生产水平，全旗家畜改良工作取得了突破性进展。2012年，全旗乌珠穆沁羊存栏头数达到212.7万只，乌珠穆沁白山羊31.7万只，良种比重分别达到99.48%和97.6%，较2008年同期提高1.82和1.14个百分点。良种及改良牛总数为7.38万头，良改牛比重达到91.8%，较2008年同期提高9.08个百分点。

为加快黄牛改良步伐，我旗采取引进、本交、冷配等综合措施。加快良改化进程，坚持改良与引进并举“以劣换优、以土换良”的原则，加大西门塔尔牛引进力度，加强西门塔尔牛核心群建设工作，并加强选种选配，建立育种档案。同时，每年组织专业技术人员对基础母牛全面普查登记，种公牛全部进行普查、鉴定，合格的种公牛进行佩戴耳标，登记造册，不合格的淘汰更新，建立建全养牛户牧户档案。从2008年起累计完成黄牛冷配3.3万头、本交改良10.75万头；普查、鉴定合格种公牛6539头；淘汰不合格公牛

1753头；去势、清群二岁公牛7719头；引进西门塔尔牛5820头；建立西门塔尔牛核心群40群，核心群基础母牛达到1576头。

全旗现有乌珠穆沁种公羊集中管理群67个，共集中种公羊2.4万只；乌珠穆沁标准化畜群2800个，基础母羊112万只；种公羊生产专业户320个，基础母羊11.2万只，年生产种用后备公羔1.1万只；多脊椎乌珠穆沁羊核心群2群、基础母羊900只，扩繁群35繁群、基础母羊1.05万只。

**（五）加大乌珠穆沁羊原种场建设**

乌珠穆沁羊原种场成立于1999年，是我旗乌珠穆沁羊良种繁育体系的主要组成部分。旗委、政府高度重视乌珠穆沁羊产业发展，大力实施乌珠穆沁羊选育提高和加强乌珠穆沁羊原种场建设工作，进一步加大对乌珠穆沁羊原种场资金投入力度，加强基础设施扩建及基础母羊群的整群、种公羊的淘汰工作。经过几年的建设和重新规划，乌珠穆沁羊原种场取得了良好的生态效益和社会效益。同时2012年乌珠穆沁羊原种场成为国家级乌珠穆沁羊保种场。乌珠穆沁羊原种场建设迈出了坚实的步伐，已成为全旗畜牧业科技示范基地、乌珠穆沁羊繁育基地和牧民畜牧业实用技术培训基地，逐步将建设成为国家一流的种羊培育基地和国家级保种场。

乌珠穆沁羊原种场现有草场面积原种场草场面积5.5万亩（其中育种场草场面积3.2万亩、保种场草场面积2.3万亩），牧工住房及场房15间，491.4平方米，暖棚44间，1184.4平方米，羊圈2313平方米，饲料储存库、加工车间86.52平方米，储草棚圈581平方米，机械库及维修车间250.56平方米，机电井三眼，各类机械设备15台（套），大型风光互补发电机一套，药浴池两处，现有羊总头数2224只，其中基础母羊800只，成年种公羊512只，育成种公羊362只，羔羊550只。并具备资料档案室、兽医室、配种室及实用技术培训室。现有管理人员8名，牧工5名。

建立健全种畜系谱档案，为防止近亲交配，对核心群基础母羊使用特级多脊椎乌珠穆沁种公羊开展人工授精工作，主要将14个胸椎、7个腰椎的乌珠穆沁羊作为首选目标开展选育。经过几年的选育，核心群中多脊椎乌珠穆沁羊达到60%。原种场草场总面积5.5万亩（其中育种场草场面积3.2万亩、保种场草场面积2.3万亩）育种场草场划分成五大区域，其中打草场2处、各6000亩，确保打草场生产力水平不下降，实行隔年轮刈，种公羊群放牧草场5000亩、母羊群放牧草场5800亩、育成种公羊群放牧草场7300亩以及公羔羊群、母羔羊群放牧草场各1000亩。羔羊群放牧草场设计成10个小区各200亩，实行划区轮牧。

原种场改善畜牧业生产条件，提高畜牧业综合生产能力。打草、剪毛、清圈进行机械操作，逐步实现畜牧业机械化，同时节约人力，有效提高工作效率。

场部专门设置了技术资料档案室，系谱档案，种公羊、基础母羊生产性能测定档案，配种记录、接羔记录、兽医防疫和兽药使用记录、饲料使用记录、死畜处理等记录全部输入微机，进行电子化管理。

原种场基础母羊、种公羊、种公羔羊分群管理，为转变传统冬季自然放牧饲养模式，原种场每年12月1日至次年5月1日羊群保持进行舍饲150天，每天每只羊补喂精饲料0.4斤、青干草5斤，保证羊群满膘过冬。通过舍饲饲养，怀孕期母羊营养良好，产羔期膘情还未显著下降，产羔后，母羊奶汁充足，有利于产的羔羊体大、结实，生长发育快，母羊产双羔率提高到15%，繁殖成活率达到100%。

经过重新规划与建设，有效地改善乌珠穆沁羊原种场基础设施条件，乌珠穆沁羊原种场取得了良好的生态效益和社会效益。由于对草场合理利用，使植被盖度和高度明显增加，优良牧草在草群中的比重明显增加，天然草地各项生态指标得以恢复。通过建设和转变经营模式，乌珠穆沁羊原种场逐步成为全旗畜牧业科技示范牧场。乌珠穆沁羊原种场每年向周边牧户提供多脊椎优质种公羊500只，按60%比例计算牧户能接多脊椎羔羊10000只，多脊椎羔羊体重比普通羔羊重3公斤左右，每只羔羊每公斤按20元的价格计算出售，多脊椎羔羊比普通羔羊单体产值多出60元，使牧民增收60万元。通过人工授精有效地提高了个体生产性能和群体生产水平，人工授精所产的羔羊初生重比普通自然交配产的羔羊初生重平均高0.2kg，羔羊生长发育良好，六月龄体重比普通羔羊体重高5kg左右，按市场价格每公斤20元计算，每只羔羊比普通羔羊多出售100元。通过标准化饲养管理羊群抗寒抗病能力明显提高，死亡率明显下降，减少了羔羊人工喂奶和兽药品等费用，同时羔羊发育快、出栏早，从而可以减轻草原压力。

## 二、东乌旗草原畜牧业发展存在的问题

改革开放以来，东乌旗依靠自然资源禀赋以及口岸优势，立足西部大开发政策平台，以推进工业化、城镇化进程带动现代畜牧业进程，实现了牧区发展、牧业提效、牧民增收。尽管如此，草原畜牧业仍然面临着许多困难和挑战：

**（一）草原畜牧业抗御各种风险的能力较弱**

东乌旗属于北温带大陆性气候，处于高海拔和中、高纬度带的内陆地区，由于传统的草场利用方式粗放、局部超载过牧因素影响，草场沙化、退化的趋势尚未从根本上遏止。草原生态环境十分脆弱。由于标准化疫病防治体系尚未建立，且边境线长，原发和输入性的动物疫病对畜牧业平稳发展形成严重威胁；草原牧区受特殊的、分散的“一家一户”经营模式影响，规范的信息化管理体系尚未形成，各类合作社、专业协会的利益联结机制松散，牧民共同应对市场价格波动的能力仍然存在较大差距，加之生态环境非正常循环，造成旱灾、雪灾、风灾、虫鼠等自然灾害频繁，草原火灾、沙尘暴、洪水等突发性意外灾害威胁，往往给畜牧业带来毁灭性打击。

**（二）草原畜牧业政府投资和补贴机制有待进一步完善**

近年来，按照“多予、少取、放活”的方针，农牧业投入有了明显提高。但综合来看，畜牧业的贡献与投入不成比例，投入偏少，各种要素资源客观上仍向城市、向工业倾斜，在投入力度上与城镇建设和工业发展的投入相比还存在差距。

**（三）草原畜牧业发展规划不全面**

整体性的牧区发展规划，特别是牧区基础设施建设规划、生产力布局规划、集镇规划、教育布局规划、医疗卫生设施建设规划、牧区剩余人口转移规划、草牧场保护建设规划等，对草原畜牧业健康持续发展至关重要。

**（四）草原畜牧业缺乏系统宽松的金融支持**

就目前情况来看，牧区资金供求矛盾非常突出。一方面，国有商业银行贷款审批、发放权过于集中，制约了基层行贷款发放的灵活性和时效性，不适应县域经济中小企业信贷需要急、期限短、频率高、数额小、风险大的特点，加之激励机制和约束机制失衡，严重制约了信贷对牧区经济发展的支持。

**（五）草原畜牧业配套的基础设施不完备**

东乌旗牧区地广人稀，居住分散，户间相距较远，由于投入不足，已通的公路等级不高或破损严重，特别是靠近边境地区，交通极不方便；部分地区机电井等水源井建设不足，人畜饮水困难；牧民使用网电率不足5%，生产生活用电有一定局限。高水平的乡村道路、电力网络、水源分布格局远未形成。由于牧区基础设施建设不足，导致牧民看病就医、出行探访、生产生活资料采购和畜产品销售等方面的成本长期居高不下，特别是建筑材料、饲草料、汽柴油料等生产资料购买成本较城镇高许多。牧区基础设施投入不足现状，将是长期制约牧区发展、影响牧民生活质量提升的主要因素之一。

**（六）牧民综合素质较低，推进现代畜牧业发展的能力有限**

人是生产力中最积极、最活跃的因素。人的主观能动性的发挥常常受到知识、经验、阅历环境等方面因素的影响。从2011年牧区劳动力现状来看，全旗牧区劳动力中，初中以下文化程度占70%（其中，小学文化程度占27%），牧区劳动力平均受教育年限为5年，特别是在专业技能培训方面较为滞后，尤其是技术型实用人才、乡土能人型人才、带头致富型人才比例较低，这都直接影响到畜牧业科技成果在牧区生产实践中的转化，制约着现代畜牧业发展进程。

**（七）草原畜牧业生产经营组织化程度和产业化水平较低**

东乌旗的基本旗情之一是地广人稀，牧民居住分散，牧区人口密度为0.6人/平方千米，在生产方式上主要是以家庭为单元分散经营，还没从根本上摆脱“小而全”的经营模式，产加销利益联结机制尚未形成，特别是“公司+基地（协会）+牧户”的产业链条没有很好地链接起来，一定程度影响到与统一大市场的对接，削弱了市场竞争能力，降低了市场竞争的主导地位。

## 三、东乌旗草原畜牧业发展对策

东乌旗草原畜牧业的发展虽然面临许多问题和挑战，但有利因素多于不利因素，机遇大于挑战。特别是国务院《关于促进牧区又好又快发展的若干意见》和《关于进一步促进内蒙古经济社会又好又快发展的若干意见》的出台，为加快牧区基础设施建设和社会事业发展、改善牧业生产条件、促进农牧民持续增收提供了有力的政策保障。综合工作实践和现行政策来看，实现草原畜牧业科学发展，着力在以下几个方面需要推进。

**（一）坚持全面规划，促进生产力布局调整**

坚持按照工业化对现代畜牧业发展的产业结果高级化、经济规模最优化、技术应用现代化的要求，根据自然气候和环境条件差异，对草原生态功能区划、畜牧业生产力布局、牧区基础设施建设、牧民定居点优化布局、牧民住房保障、牧区社会事业发展等方面进行全面的科学规划。

**（二）坚持多元化投入，实现畜牧业可持续发展**

畜牧业是边境少数民族地区经济发展、社会稳定的基础，国家和相关部门要从全面建设小康社会和社会主义新牧区建设的战略高度上，提高对牧区畜牧业基础地位的认识，出台相关优惠政策，加强对畜牧业的支持和保护。要加大牧区人口转移就业培训及创业资金、牧业主导产业培育、牧民专业合作经济组织等涉及“两转双赢”关键环节的投入力度。

**（三）坚持强化培训，全力提高牧民整体素质**

牧民转移虽然是一个复杂的系统工程，但也是生产发展的必然阶段和缓解草原生态压力的必要途径，包括牧民的产业转移和身份置换。近年来，如何转移牧区人口、往哪里转移牧区人口，一直是各级党委、政府在努力探索和实践的一个课题。在实践过程中，牧民有效转移受制于现行机制、体制滞后的问题日益明显。

**（四）坚持牧区机制制度创新，确保生态恢复和牧业效益增长**

草原生态恢复是畜牧业持续发展的根本保证，通过草场资源的有效整合和科学合理利用，逐步形成一整套的草原环境保护与建设机制，是快速推进畜牧业规模化、集约化发展，实现草场资源永续利用的基础。

**（五）坚持城乡统筹，全面提升牧区基础设施水平**

一方面，要以社会主义新牧区建设为抓手，大力发展和解决牧区教育、医疗卫生、科技文化、社会保障、扶贫攻坚问题，实现牧区小康建设任务。要突出抓好民族教育，将牧区户籍幼儿和高中生全部纳入义务教育经费保障改革实施范围，建立牧区户籍义务教育阶段学生地方性“两免一补”政策和困难大学生学费补助政策长效机制，基本实现牧民教育支出“零负担”。

**（六）坚持推进现代畜牧业建设，全面建设社会主义新牧区**

要以发展现代畜牧业为目标，有效整合项目资金，通过改善基础设施条件和扩大公共服务范围，全面加强社会主义新牧区试点建设，在这个过程中要更加注重体制机制的创新和典型引路作用，采取联户经营、合作经营和股份经营等方式，发展一定规模的家庭牧场，把草场、牲畜、基础设施和劳动力等资源有效地进行整合，降低成本支出，提高畜牧业综合生产能力。要加大畜牧业结构调整力度，在压减牲畜总量的同时，调整优化畜种和畜群结构，逐步实现专业化养殖，标准化生产，规模化经营，不断提高组织化程度和应对市场的能力和实力。要扶持发展经纪人队伍、专业合作组织，提高牧民的组织化水平，增强抵御市场风险的能力。要优化各类面向牧区的服务资源，加快构建以公共服务机构为依托、合作经济组织为基础、专业户（企业）为骨干、其他社会力量为补充，公益性服务和经营性服务相结合、专项服务和综合服务相协调的新型畜牧业社会化服务体系。使新牧区试点真正成为“两转双赢”的示范点。

# 坚持生态立县　大力推广生态农业发展模式

浙江省泰顺县委农办（农业局）　赖立斌　刘化春

近年来，在县委、县政府的正确领导下，在省、市农业部门的大力支持下，泰顺县委农办（农业局、扶贫办）坚持以科学发展观为指导，以农业产业发展更有水平、农业安全更有保障、农民致富更有档次、农村建设更加美丽、农村改革更具活力、干部队伍更加给力为目标，推进农业农村保持平衡健康发展。

**（一）大力推进农业标准化生产，促进产品“绿色化”**

一是着力抓好农业标准化推广和应用。近年来，我县加大了三杯香茶叶、泰顺杨梅、山地辣椒、无公害薏苡、水稻等农业标准化生产技术的制订和推广应用工作，印发标准化生产技术模式图5万多份，每年利用农民知识化等平台开展农产品无公害、标准化生产技术培训4000人次以上；同时，积极抓好省、市农业标准化推广示范项目创建工作，强化典型示范，全面推进农业标准化的推广和应用。二是着力开展农业“三品”认证工作。为提升农产品品质，打造一批特色鲜明的优质农产品品牌，我县加强宣传、积极引导、强化监管，做好农业“三品”认证工作。目前，全县已获认证的国家级无公害农产品26个、绿色食品4个、有机农产品14个，“三品”认证面积达9万多亩，农产品合格率达98%以上。三是加强农业经营主体的培育工作。全面实施强龙兴农“12345”工程，做好农业龙头企业、目前，全县共有省级农业龙头企业5家、市级24家、县级34家；部级示范合作社1家，省级13家，市级31家，县级规范化合作社111家。

**（二）加强农业品牌建设培育力度，推进产品“品牌化”**

品牌蕴涵着巨大能量和经济效应，用好了能发挥“点石成金”的作用。近年来，我县不断加强品牌培育和市场开拓，农业品牌效益日趋显著。目前，已鼓励引导农业龙头企业、农民合作社等各类生产主体创出国家、省、市驰名（著名、知名）商标40枚。特别是为进一步加快泰顺茶产业发展，我县统一打造了“三杯香”品牌，通过组织茶业企业参加系列的茶事活动，推广和宣传泰顺“三杯香”茶叶品牌知名度，使“三杯香”茶成功荣获中国驰名商标、中国地理标志证明商标。并举办“泰顺茶产业转型升级与发展战略高峰论坛”、茶产业发展——院士专家泰顺行活动，推动茶产业转型升级与创新发展，使泰顺茶叶在国内外市场更具竞争优势。目前，全县获得许可使用“三杯香”中国驰名商标和证明商标的企业达23家。

**（三）大力开展农村环境整治和养殖污染治理，推进环境“清洁化”**

随着“生态立县，绿色崛起”战略和国家级生态县建设规划的深入实施，我县开展了美丽乡村建设、农村环境连片整治、养殖污染治理、“千百工程”、“三边三化”、农村清洁等工作，我县农村生产生活环境得到逐步改善。其中农村清洁能源利用率达71%，秸杆综合利用率97.3%，规模化畜禽养殖场粪便综合利用率98.5%，化肥施用强度231.5公斤，主要农产品中有机绿色无公害农产品种植面积比重为62%；存栏100头以上规模养猪场和存栏10头以上养牛场的养殖污染治理工作已全部完成，全部实行尿粪分离、干湿分离、雨污分离和沼气池无害化处理及种养结合模式，共新建或改造雨污分离管道设施60625米、新建干粪池3920立方米、沼气池4090立方米、净化池11197立方米、污液储存池（氧化塘）7437立方米，配套农田9496亩，连接种植基地20000多亩，实现了干粪作有机肥、沼气送农户、沼液和沼渣还田（地）、污水零排放。并组织家庭散养户的畜禽养殖舍（点）推广“一池三改”（沼气池、改圈、改厕、改厨），实行相对集中饲养、污染集中处理。

**（四）大力推广生态农业发展模式，推进生产“无害化”**

一是推广病虫害绿色防治技术。近年来，我县始终坚持“预防为主、综合治理”的植保方针，贯彻“绿色植保”理念，大力推行农作物病虫害绿色防控技术，目前，全县病虫害综合防治技术每年示范推广18万亩以上，推广应用了包括黄板和性信息诱杀控害、杀虫灯理化诱空控害、杨梅罗蔓桥头技术等绿色防控技术。其中，在全县各大种植基地推广应用杨梅罗蔓桥头技术300个，杀虫灯2400只，水稻及蔬菜性诱剂1500亩，黄板诱杀害虫8000亩，每年可少施农药2次以上，节省成本50元/亩。全县建立永丰农业植保合作社等植保、农机专业服务组织15家，开展茶叶、水稻等统防统治25000亩，合理安全用药，减少农药使用量，禁止销售和使用“双高”农药。二是大力推广测土配方施肥技术。在现代农业园区和粮食生产功能区，积极做好测土配方施肥和商品有机肥推广项目，建立测土配方施肥示范方27个，发布主导产业配方施肥技术意见，年推广测土配方施肥15万亩次，秸杆还田4万亩次，推广商品有机肥3000吨。三是积极推进生态循环农业示范工程。大力推广“猪－沼－茶”、“猪－沼－薏苡（油菜）”、“水稻－木耳”生态循环农业模式。目前，全县共建设省级生态循环农业示范区2个、生态循环农业精品

园16个、生态循环农业示范点20个。四是大力推广节约集约农业技术。依托“两区”建设，新建各类标准化钢架大棚2000亩、钢架生产性用房50000平方米，灌溉渠道18500米、园区生产道路硬化33公里，微滴灌3000亩，改善农业生产条件。

**（五）制定产业发展政策和规划，促进发展“多元化”**

一是加快休闲农业发展。坚持“以农促旅、以旅兴农”，加强规划引导、政策引导和服务引导，加快休闲农业观光园建设，替代一些面源污染较重的传统农业项目，促进旅游业与现代农业的融合发展。依托生态农业产业发展，大力发展农家乐、水果采摘等乡村体验旅游项目，2012年，仅农家乐旅游收入达8700多万元。二是全力抓好农业招商引资。出台农业招商引资政策，召开农业招商引资现场会，引进浙江味美思农牧有限公司、浙江同成农业开发有限公司等农业招商引资项目40多个，累计完成投资7亿多元。

**（六）建立健全网络和机制，实现服务监管“常态化”**

一是着力打造现代农资经营新机制，组建泰顺县农友农资有限公司，建立规范的连锁配送流程和管理制度，对示范区农业生产资料实行了统一配送，供应质优价平的“放心农资”。二是在全县10个乡镇及规模较大果蔬基地统一配置农残速测等设备，建立了抽检和自检相结合的农产品质量安全检测网络。三是建设省级示范性农业公共服务中心4个，市级示范性农业公共服务中心6个，将相关服务落实到生态循环农业示范区、精品园和示范项目。四是深入开展珊溪库周环境整治工作，几年来，共取缔“新五小”企业98家；拆除禁限养区畜禽养殖栏舍面积76847平方米，削减生猪单量（含其他畜禽折算）35000头。目前，库区存栏生猪单量为8000头，低于市下达我县15000头的指标。

**作者简介：**

赖立斌，男，汉族，1966年出生，中共党员。现任浙江省泰顺县委农办（农业局）局长、党委书记。

刘化春，男，汉族，1979年出生，中共党员。现任浙江省泰顺县委农办（农业局）办公室主任。

# 建设现代农业示范区
# 加快发展黄河三角洲高效生态农业

山东省东营市农业局　李士勇

东营市被国家农业部、山东省政府整建制列为国家级、省级现代农业示范区以来，东营市委、市政府高度重视，提出了“全面推进现代农业示范区建设，打造全国知名、特色鲜明的北方鱼米之乡”的奋斗目标。全市上下充分发挥黄蓝国家战略叠加交汇、整建制实施现代农业示范区建设的优势，始终坚持现代农业发展方向，强力推进现代农业示范区建设，形成了农业现代化与工业化、信息化、城镇化同步发展的良好局面。

## 一、强化组织保障，努力营造良好环境

市委、市政府把农业园区建设作为发展现代农业的首要任务，切实摆上重要议事日程，精心组织谋划，全力推进实施。先后出台了关于加快农业园区建设的意见和全市农业园区建设总体规划，对产业布局、阶段目标和政策措施等做出全面科学安排；严格实行园区规划专家评审制度，力求功能定位准确、主导产业突出、规模布局合理，并确保执行到位；加大投入力度，市财政每年安排1亿元专项资金，同时整合各类涉农资金集中支持园区建设，近两年各级财政用于扶持农业园区发展的资金超过15亿元；制定实施金融信贷、用地、用电、用水、税收等优惠政策，吸引工商资本、民间资本投资园区建设；将园区建设纳入科学发展综合考核体系，定期督导，年终考核，切实增强了各级各部门推进园区建设的责任感、主动性。截至目前，全市已规划建设各类农业园区156个，总面积超过160万亩，占全市耕地面积的近50%。

## 二、调整产业结构，突出重点园区建设

始终把园区建设与农业产业结构调整同步推进，先后与泰国正大、印尼佳发、新加坡澳亚、江西正邦等国际国内大型农牧业集团进行战略合作，实施高端农业园区建设项目；同时鼓励引导农业龙头企业、农民合作组织

等经营主体建设不同类型、不同规模的优势产业园区。畜牧业，组织实施了总投资78亿元的12个过亿元重点园区，已完成投资25亿元。印尼佳发3万头肉牛项目建成后，将成为目前全国最大的优质肉牛牧场。已建成万头奶牛牧场4个，存栏规模5.6万头，成为港澳、东南亚地区和国内高端乳制品企业重要的奶源基地。渔业，30万亩现代渔业示范区完成投资26亿元，20万亩海水板块已建成高标准海参池塘10万亩，成为全国规模最大、标准最高的单片滩涂养殖区；10万亩淡水板块已成为黄河口大闸蟹产业核心基地。河口50万亩生态渔业示范区建设启动实施，已完成投资3.8亿元。全市渔业园区总面积70万亩，产量和产值分别占到全市的70%和80%。食用菌业，重点发展荣丰、华骜、正汉等12家食用菌生产加工企业，年生产能力已达30万吨，并逐步由生产主导型向加工主导型转变，是全国最大的工厂化食用菌生产基地。种苗花卉业，选育优良品种，打造知名品牌，发展具有地方特色、高附加值的观赏苗木花卉基地15.7万亩。集温室育苗、花卉交易、苗木栽植于一体的广饶李鹊1.5万亩优质苗木花卉基地基本建成，总投资5.9亿元。规划建设总面积30万亩的11处生态林场，促进了苗木花卉业的快速发展。种植业，按照高效、生态、智能、精准的标准和要求，把龙头企业原料基地与休闲观光、品种展示、农机推广、新型经营主体培育有机结合，建成了山东蓝海生态农业园区等一批以设施农业为主的高标准园区，建设智能温室大棚近50万平方米，为传统农业向生态高效农业转变提供了示范和样板。

## 三、推进产业融合，提升园区建设水平

以农业园区为载体，加快发展现代农业，促进农业增效、农民增收。一是打造全产业链开发链条。始终把生产、加工、流通、储运等环节作为农业园区建设的重要内容，统筹考虑、统一谋划、同步推进，拓展产业领域，全面提升质量和效益。已建成的4个万头奶牛牧场，引进国际一流的养殖技术和生产设备，每头奶牛年产奶9.5吨，纯收益1.3万元。适应大型牧场发展需要，新增优质饲草饲料种植面积7万亩，平均每亩增收300元以上。畜牧园区产品加工、冷链物流、沼气发电等配套项目同步实施，全产业链开发框架初步形成。进一步完善渔业产业链条，青农大8000立方、烟台大学6000立方水体育苗车间建成投入使用，拥有全国最大的海参育苗车间；实施了东营海跃公司1200吨/年、景明海洋科技公司5000吨/年水产品精深加工项目。二是提升标准化生产水平。积极引导、规范各类园区按标准化要求组织生产，

加大农产品质量监管力度，建立了集病虫害防治、农产品质量检测、生态环境监控于一体的质量检验检测体系。鼓励开展无公害、绿色、有机三品认证和地理标志申报工作。目前，全市累计232个农产品、57.67万亩生产基地通过“三品”认证，5个农产品通过国家地理标志认证。三是构建带动农民致富的园区运营模式。积极引导农民以土地、技术、资金等要素参与园区建设，通过协议收购、股份返还等措施让农民全面分享园区建设成果。广饶丰泰胡萝卜合作社按照“合作社+基地+农户”的运作模式，与1610户农民签订蔬菜种植合同，实行统一供种、统一机播、统一技术指导、统一合同价格回收，发展无公害标准化蔬菜种植基地5000亩，带动周边区域种植1万亩，户均年增收3万多元。在市现代渔业示范区划出3000亩土地作为富民板块，由76户农民共同出资开发，每亩池塘年纯收益1万元以上。

## 四、优化资源配置，增强园区发展活力

围绕事关园区发展的关键因素，加大创新力度，挖掘资源潜力，增强发展后劲。一是提升园区科技水平。实施“百家院所进东营”行动，与27家农业高校院所建立了科技合作关系，建成24家科研站所，在食药用菌、耐盐林木、名优水产品、畜牧等特色产业领域，取得一批拥有自主知识产权的适用技术成果。东营农业高新技术产业示范区分别与国家杂交水稻工程技术研究中心、中科院微生物研究所合作建设了中国超级水稻产业化（北方）中心、中科荣丰食药用菌科研中心，被科技部批复为国家农业科技园区。整合中德农牧业技术培训中心、新型农民学校等资源，加大农民培训力度，推广先进适用技术，促进了科技成果向现实生产力转化。二是创新投融资机制。搭建了鑫立方农业投资公司等融资平台，引导辖区内金融机构加大对农业园区建设支持力度，累计融资3.7亿元。与中保财险山东分公司签署战略合作协议，探索信贷与保险相结合的互动机制，拓宽了农业园区融资渠道。市县两级财政共同出资8000万元设立担保基金，农民合作组织、农民种养大户投资建设农业园区的融资环境进一步改善。三是扎实推进未利用地开发。充分发挥土地后备资源优势，抓住东营被列为全国未利用地开发改革试点的机遇，启动实施了17.5万亩的未利用地开发项目，新增耕地6.6万亩；加强耕地质量建设，改造中低产田4.6万亩，为园区建设项目的布局创造了条件。

农业现代化是区域现代化的基础支撑和重要组成部分。东营市将充分发挥资源优势，紧紧抓住整建制建设现代农业示范区的重大机遇，积极用现代物质条件装备农业，用现代科学技术改造农业，用现代产业体系提升农业，

用现代经营形式推进农业，用现代发展理念引领农业，用培养新型职业农民发展农业，努力把东营市打造成整建制建设现代农业示范区的典范。

**作者简介：**

李士勇，男，1959 年 1 月出生，中共党员，本科学历。现任山东省东营市农业局党组书记、局长。

# 发展特色农业　助推生态农业大发展

山东省日照市岚山区农业局　费秀梅

岚山区总人口42万人，75%是农民；总面积759平方公里，70%土地上有农业；2012年全区农民人均纯收入10500元，其中一半以上来自特色农业。目前，全区各类特色农业面积26万亩，其中：茶园12万亩，茶产量8200吨，产值10.3亿元，面积、产量、产值分别占全省的51%、58%、63%，是全国北方最大的绿茶生产基地（俗话称：北方绿茶看山东、山东绿茶看日照，日照绿茶在岚山）；桑园2.3万亩、蚕茧总产量196万公斤，桑园面积、蚕茧产量居全省第三位；日本栗3.5万亩、产量2800吨，为全省最大的日本栗产地；蔬菜、黄烟面积分别发展到3.6万亩和1万亩。

近年来，全区坚持以人为本、生态优先、全面协调、绿色发展的理念，多措并举全面推进生态文明乡村建设，努力把广大农村建设成为产业生态高效、环境优美宜居、生活文明健康、户户幸福和谐的生态文明家园。2009年以来，岚山区一举囊括“全国重点产茶县”、“全国特色产茶县”、“中国名茶之乡”三项全国茶叶界最高奖；2011年被山东省政府表彰为全省高效特色农业先进单位；2012年荣获全国茶叶产业发展示范县、全省生态文明区、全省科技兴农先进单位等荣誉称号；2013年6月又被授予“中国绿色生态农业示范区”称号，标志着绿色生态农业发展再上新台阶。

## 一、以优化产业结构为重点，促进特色产业规模发展

制定了农业结构调整五年规划（2012～2016年）及农业结构调整每年1000万元扶持奖励政策，指导镇村规模发展茶、菜、桑、果等特色产业。计划到2016年，全区新发展茶园5万亩、设施蔬菜0.5万亩、桑园0.5万亩、黄烟1.0万亩，植树造林4万亩（包括林果8240亩），新发展浅海立体养殖等2.3万亩，五年内实现农业结构调整面积13.3万亩。

## 二、以产业化提升为重点，加快生态高效农业发展

一是大力发展农业产业化经营。发展“农业龙头＋合作社＋现代农业示范园＋农户”模式，以茶叶、蔬菜、林果、畜牧养殖等产业为重点，集中力

量创建一批面积相对集中连片、设施装备先进、科技水平领先、经营机制完善、经济效益和辐射带动效应明显的现代农业示范园区。目前，全区市级农业龙头企业已发展到34家（省级7家），各类农民专业合作社444家（全国示范合作社4家），现代农业示范园区8个；二是大力发展生态循环农业。积极推广“畜+沼+茶（菜、果）”生态循环农业模式，先后实施了国家级2009年、2010年、2011年农村沼气服务网点建设项目，重点打造了金星、宏宇、旭日3处生态循环农业示范园和浏园、百满、海韵3处生态茶叶示范园建设。三是大力发展休闲观光农业。依托巨峰镇“百里绿茶长廊”和中楼镇、黄墩镇、高兴镇油桃、板栗、苹果生态采摘园建设，积极开发茶产业文化和“春看花、秋摘果”生态休闲游。

## 三、以“品牌”创建为重点，助推特色产业发展

以创建现代农业示范园区为契机，深入推动品牌富农战略，加快日照红茶、尧王贡米、日照麻鸡、日照岚芹、菜精灵蔬菜和天盛苹果等农产品地理标志产品认证；强化碧波、御园春、浏园春等优势茶产品品牌培育。目前，全区拥有农业著名商标14件，中国驰名商标1件，地理标志商标3个，农产品“三品”认证60个（无公害46个、绿色食品2个、有机食品12个），并有53个农产品“无公害”认证正在申报过程中，必将进一步提升岚山农产品在全国的知名度。

## 四、下一步工作打算

### （一）坚守好三条底线，确保粮食生产安全

在深入推进农业结构调整的同时，始终严格坚守好全区粮食生产三条底线，保障全区基本农田稳定在41.6万亩以上，耕地面积稳定在49.38万亩以上，粮食总产稳定在17万吨以上。在春、夏、秋等农业生产关键时期，及时搞好技术指导，大力推广好小麦、玉米以及花生等农作物良种，深入搞好配方施肥等配套技术的普及应用，努力提高粮食单产，保障全区粮食生产安全。

### （二）围绕现代农业示范园创建，打造高效生态农业先行区

一是积极发展“农业龙头企业+合作社+现代农业示范园+农户”模式，集中力量创建一批面积相对集中连片、设施装备先进、科技水平领先、经营机制完善、经济效益和辐射带动效应明显的现代农业示范园区，进一步提高全区农业产业化水平。二是发展“畜+沼+菜（茶）”和发酵床生态循环养

殖模式，打造全市生态循环养殖亮点。三是大力发展休闲观光农业。依托巨峰镇“百里绿茶长廊”和金星生物动力农业示范园，积极开发茶产业文化和“春看花、秋摘果”生态休闲观光游，打造休闲农业与乡村旅游示范点。

**（三）实施“品牌富农”战略，推动农业提质增效**

培育农业品牌经营主体和核心，进一步扩大合作社、龙头企业辐射范围。围绕优势主导产业，引导农户统一生产技术、统一商标标识、统一操作规程、统一生产标准，实行规范化管理、品牌化开发，有效激发开发品牌的活力，提高农产品的附加值，增加农民收入。

**（四）突出重点领域，确保农产品（畜产品）质量安全**

一是抓好重大动物疫病防控。进一步强化基层动物防疫体系建设，充分发挥基层动物防疫人员作用，以春秋两季重大动物疫病集中免疫为重点，不断规范档案建设，完善重大动物疫病防控考核体制机制，确保我区不发生重大动物疫病，全面保障全区畜牧业健康发展。二是严格抓好农业生产安全。突出茶叶、畜产品和蔬菜三个重点行业，以农业龙头企业、合作社、标准化农业生产基地为重点对象，从源头入手，强化市场监管，严禁高剧毒农药、违禁药物和添加剂的使用，严禁“毒韭菜”、“瘦肉精”等事件的发生，确保我区优势产业健康发展，确保农产品质量安全。

**（五）借助新型农机具补贴，积极推广玉米机播及秸秆还田综合利用技术**

一是通过召开保护性耕作现场会、演示会，加快推广普及小麦联合收获、秸秆切碎还田、玉米免耕播种“一条龙”机械化作业技术模式。全区设立连片200亩以上的保护性耕作示范片5处以上，保护性耕作面积达到3万亩，秸秆综合利用达到7万亩。二是充分发挥茂宽、金枚、宏山等农机专业合作社的作用，利用农机合作社懂经营、会管理、技术水平高、流动作业范围广、影响力大的特点，积极组织开展多种形式的跨区作业活动，进一步扩大保护性耕作作业面积，推动该项技术在全区的示范推广。

**（六）以点带面，稳步推进农村产权制度改革**

一是指导乡镇彻底摸清农村土地承包情况，着重做好农村土地承包经营权确权登记颁证工作。在完成试点的基础上，年内启动面上工作；二是以乡镇农村三资交易平台为依托，着重做好农村产权交易服务体系建设，推动建立以区为重点，市区镇三级联网、服务配套的综合性农村产权交易市场；三是加快探索股份制、股份合作制等村集体经济的有效实现形式，着重做好农村集体经济组织股份制改革。

**（七）认真抓好惠农项目落实，确保农村社会和谐稳定**

进一步加大工作措施和力度，争取国家、省、市在农业标准化生产、农

业产业化扶持、农业技术推广等方面的政策扶持，力争对上争引资金达到1500万元。严格落实小麦种植补贴、良种补贴、农机购置补贴等各项惠农补贴，不断改善农业生产基础条件，提升现代农业发展后劲；严格农村财务监督管理，认真落实农村土地承包政策，加快推进农村公益事业“一事一议”筹资筹劳，严防农民负担反弹；及时稳妥解决好各类涉农信访案件，维护好农民的合法权益，保障农民的利益，确保农村社会和谐稳定。

各位领导，我们将以区人大常委会工作评议活动为契机，克服各方面制约因素，强化措施、突出重点，全力推动全区农业、畜牧业、农机工作再创新水平。

**作者简介：**

费秀梅，女，汉族，1971年10月出生，中共党员，大学学历。现任山东省日照市岚山区农业局局长。

# 发展循环经济　建设生态农业

山东省蒙阴县农业局　李宗滋

蒙阴县地处沂蒙山区腹地，是典型的山区县。近年来，我县以市场为导向，以“生产发展、生活宽裕、乡风文明、村容整洁、管理民主”为目标，始终坚持把发展循环农业作为加快现代农业发展的重要措施来抓，有力地促进了全县生态文明乡村建设，农业、农村生态环境显著提升，实现了农业提质增效、农民增收致富、农村安乐祥和。

## 一、现状及成效

### （一）农业生态环境不断优化

循环农业的发展，有效减少了污染物排放，极大地优化了农业生态环境，走进蒙阴，处处山清水秀，遍地花果飘香，清清的河水泛起涟漪，岸边的垂柳随风飘动，飞翔的水鸟云集而至，悠闲的垂钓者自得其乐，到处都是欣欣向荣的景象。目前，全县森林覆盖率 45.5%，比五年前提高了 12.5 个百分点，蒙山为“国家级森林公园”、AAAA 景区，素有“天然氧吧”之称。

### （二）农业生产效益显著提高

循环农业的发展，让老百姓得到了实实在在的实惠。全县优质农产品率达到了 70% 以上，产品的优质化带来了高效益，如杏山园合作社生产的“蒙荫”牌无公害优质蜜桃，成功打入上海、广州、深圳等大城市，并出口日本、新加坡、香港等国家和地区，基地生产的蜜桃每斤均价高出普通桃 3 ~ 5 毛钱。岱崮镇旺庄果品专业合作社生产的“蒙山脆”蜜桃，取得了“国家绿色食品认证”，蜜桃销往福建、广东、云南等地，并打入上海联华、济南银座等超市，精包装的 12 个蜜桃卖到 48 元，产品深受消费者欢迎。2010 年赛桃会上蒙阴桃王更是卖到了 5000 元一个的天价。2012 年，“蒙阴蜜桃”成为“中国农产品百强品牌”，2013 年蒙阴成功举办了第三届全国赛桃会，并被中国园艺学会桃分会授予“中国桃乡”荣誉称号。

### （三）农民生活质量显著提升

循环农业发展，特别是沼气技术的普及推广，带来了农民生活的显著提升。从“吃得饱”到“吃得好”，从“土坯房”到“小楼房”，从“黄泥路”

到“水泥路”，从“烟熏火燎”到“使用上清洁的沼气”，从“脏乱差”到“窗明几净”……农民也过上了和城里人一样富足的好日子。

**（四）农民收入显著增长**

2012年全县农民人均纯收入9099元，比五年前的5325元，增加了3774元，五年增长了41.5%。

**（五）多种模式齐头并进**

除了常规的秸秆还田、秸秆过腹还田模式外，结合蒙阴实际探索建立了常路镇以“四位一体”为主的“千棚千池”无公害蔬菜生产模式；以实施一池六改与生态旅游开发为一体的蒙山管委会桃花源村“生态富民家院”建设模式；以岱崮镇先头峪村和联城镇禹家城子村业民生态园等为主的联户沼气模式；以高都镇古道沟等为代表的“畜－沼－果”模式；以蒙阴街道办八达峪等为代表的“兔－沼－果”模式等，有效实现了物质能量的多重循环利用。

## 二、主要做法

**（一）推行农业标准化生产，优化农业生态环境**

一是建立和完善农业标准化生产体系。县里成立了农业标准化生产技术领导小组，各乡镇设立技术指导小组，村成立技术推广小组，形成了县、乡、村三级服务网络。从产前、产中、产后各个环节，提供全方位的技术服务。按照标准化生产的要求，制定了各种农产品的生产技术操作规程、质量管理标准、农资管理措施等指导性文件，并实行了生产管理备案制度，建立健全了施肥、用药等生产记录档案。

二是大力实施测土配方施肥等技术。通过举办技术培训班、送科技下乡、科技人员包村、包片等措施，加大了科技推广的力度，特别是通过开展测土配方施肥，化验土壤2000余个，全县测土配方施肥面积达到60余万亩，减少了化肥施用量，改善了农业生产环境，提高了农产品质量。

三是加强优质农产品基地建设，典型示范，滚动发展。先后建立了野店苹果、垛庄板栗、岱崮蜜桃等无公害农产品示范基地，这些示范基地严格按照无公害农产品的标准进行生产。通过示范基地的带动，有效的促进了全县农业标准化生产，目前，全县已建成优质农产品基地和示范小区128个，面积59.8万亩，初步形成了以高都、野店、桃墟等乡镇为主的苹果生产基地，以岱崮、野店、旧寨等乡镇为主的蜜桃生产基地，以垛庄、野店等乡镇为主的板栗生产基地、以联城、界牌等乡镇为主的黄烟生产基地，以常路、坦埠等乡镇为主的蔬菜生产基地、以高都、联城、垛庄等乡镇为主的花生生产基地等六大特色农产品产业带。果园总面积达到100万亩，年产果品23亿斤，成为“全国果品综合强县”、“全国无公害果品生产示范基地县”、“优势区域苹果出口基地县”、“中国长毛兔之乡”、“中国蜜桃之都”。

四是大力实施品牌战略。积极开展“三品认证”，创建无公害、绿色、有机食品品牌128个。成功申报“蒙阴蜜桃”、“蒙阴苹果”、“蒙山全蝎”“蒙山蜂蜜”为国家地理标志产品。成功举办了第三届全国赛桃会、全国赛兔会，通过中央电视台及省、市新闻媒体对蒙阴特色农产品进行深入宣传，进一步推动全县农业标准化生产，改善生态环境。

**（二）采取综合措施，控制农业面源污染**

一是搞好发展规划。在全面调查研究，综合评价农业资源的基础上，结合生态功能，划分了四大农业区，即：北部低山林、桑、果、油、牧区；东部低山丘陵工副、粮、烟、牧、林区；中部丘陵粮、菜、烟、工副、渔区；南部中山林、牧、药区。实行山水林田路综合治理，严禁盲目开发荒山，推行了“山顶青松戴帽、山间果树缠腰、山脚麦浪飘香”的开发模式，涵养水源，防止了水土流失。

二是加强执法检查，堵住污染源头。每年都开展“送放心农资下乡进村”、农资经营业户培训、农资打假集中专项治理行动和3.15消费日宣传等活动。仅去年以来发放“给农民群众的一封公开信”和农业法规条文宣传纸20000余份，在各乡镇、村和农资经营单位张贴标语口号1500余幅，接受群众咨询5000多人次，培训农资经营业户、果农7400余人，在全县禁止销售使用48种农药，严格实行农药登记备案制度、两账两票、实名制购买等制度，保障了全县农业生产安全。

三是搞好农业残留物的综合利用。大力推广秸秆还田和秸秆过腹还田，做到用地、养地相结合，严格控制单一化肥的使用量，有效减轻了农业自身生产过程中造成的污染。桃墟镇庙子岭村绿色蜜桃专业合作社，在果园管理中推广生物秸秆反应堆技术，不仅降低了生产成本，而且有效地提高了蜜桃质量，每斤果品比普通果高出0.3元，且产品供不应求。

**（三）建立新型合作组织，搭建生态文明乡村建设新平台**

针对农户分散经营，统一组织实施难度大的实际，探索建立了实施生态文明乡村建设的有效组织形式，通过合作社实施了统一品种，统一施肥，统一用药，统一技术规程，统一组织销售等措施，大力实施农业标准化生产，不仅确保了各项管理措施的落实，而且有效地促进了生态村建设。近年来，全县以合作社为单位，新建水利设施4000余处，投入总额5000余万元，新发展果品6.22万亩，其中，仅桃一项就新发展5.45万亩。由合作社统一组织深翻土地6000余亩，开垦荒岭3000余亩，新发展经济林5600亩，优化了农业生态环境。

**（四）大力发展沼气，推动生态文明乡村建设**

通过项目带动等措施，大力推广“生态富民家园”、“无公害种植园”、“猪－沼－果”、“兔－沼－果”、“一池三改”以及“四位一体”等综合利用模式，形成了“多能利用、多链结合、资源共享”的循环农业新格局。过去农村烧水做饭主要靠燃烧薪柴和秸杆，不但热能利用率低，而且烟熏火燎，柴堆到处是，鸡、羊等粪便满天井，一到阴雨天更是连饭都做不熟。建了沼气后，随手一拧就能烧水做饭，柴草粪便都进了沼气池，沼渣还是很好的有机肥，昔日浓烟滚滚、插不进脚的农家小院，如今也和城里人一样卫生方便了。目前，全县农村户用沼气池总量已达到2万余个，其中达到“一池三改”标准的有8000户，70%以上的村有了沼气。

## 三、存在的问题

一是对发展循环农业的重视程度不够。特别是2003年农村税费改革以来，国家取消了农业税、农业特产税，原有的税收没有了，工作中抓农业的积极性有所降低，各级主要精力都转移到了发展工业和招商引资上。

二是对发展循环农业投入不足。农业是受自然风险和市场风险双重约束的弱质产业，生产周期长，风险大，尤其是发展生态循环农业，生产有机、绿色食品要求高，投入大，资金回报周期长，各级投入，特别是一家一户的普通群众投入积极性不高。

三是农民的组织化程度较低。当前我县循环农业发展主要靠农民专业合作社、农产品协会和村两委等提高组织化水平，处于“低、小、散、弱”状态，尽管我县组建了800多家专业合作社，但真正发挥大作用和效益的还是少数。而单靠农民一家一户发展循环农业收效甚微，很难体现效益和优势。

四是示范带动效应强的亮点少。近年来，我县突出林果、畜牧、黄烟等优势高效农业，逐步建成了一批高产、优质、高效的农产品生产基地和精品示范园区，但真正在全省、全国叫得响的科技含量高、品牌效益好、带动能力强的高标准精品示范园区少。

## 四、进一步加快循环农业发展的几点思考

循环农业是运用物质循环再生原理和物质多层次利用技术，实现较少废

弃物的生产和提高资源利用效率的一种环境友好型农业生产方式，具有较好的社会效益、经济效益和生态效益。只有不断输入技术、信息、资金，使之成为充满活力的系统工程，才能更好地推进农村资源循环利用和现代农业持续发展。工作中应遵循四个原则、把握六项重点。

**（一）现代循环农业必须遵循四个原则**

一是“减量化”，尽量减少进入生产和消费过程的物质量，节约资源使用，减少污染物排放。二是“再利用”，提高产品和服务的利用效率，减少一次用品污染。三是“再循环”，物品完成使用功能后，能够重新变成再生资源。四是“可控化”，通过合理设计，优化布局接口，形成循环链，使上一级废弃物成为下一级生产环节的原料，周而复始，有序循环，实现“低开采、高利用、低排放、再循环”，最大限度地利用进入生产和消费系统的物质和能量，达到经济发展与资源节约、环境保护相协调。

**（二）循环农业要进一步发展，已成为人们的共识，工作中，应着力把握好六项重点**

一要突出“绿色”，调整结构。我县农业结构的战略性调整已取得明显成效，今后要在优化调整上下工夫，突出发展绿色食品、无公害食品和有机食品的生产，按照高产、优质、高效、生态、安全的要求，建立和完善《无公害农产品标准化生产规程》、《畜禽标准化养殖规程》，实行规划设计、设施建设、农资供应、生产技术、品牌包装、宣传销售“六统一”，以无公害、绿色、有机食品等认证为基础，积极推行质量管理体系标准、环境管理体系标准和危害分析与关键控制点等体系的认证，大力推进循环农业发展。

二要保护耕地，提升质量。坚持推广秸秆还田与保护性耕作技术，实现种地与养地有机结合，加强耕地质量工程建设。大力推广测土配方施肥，推广太阳能杀虫灯等生物防治技术，加强农业执法，严禁高毒、高残留农药使用，推广喷灌、滴灌，发展节水农业。

三要项目带动，企业参与。积极鼓励有条件的农业产业化龙头企业、合作社等参与循环农业建设，鼓励他们建立自己的标准化生产基地，走“农业产业化龙头企业＋合作社＋基地”或“农业产业化龙头企业＋基地”的路子，各级农业扶持资金、项目和优惠政策要优先向他们倾斜，选出像玉皇山良种养殖场、金锣集团界牌镇莫峪子养猪场等有一定基础的企业，进行重点帮扶，择优培育，发挥其带动作用。

四要发展沼气，有效转化。实施农村能源建设工程，助推循环农业发展，以户用沼气工程为重点，结合农村改圈、改厕、改厨，大力推广“千棚千

池”、“生态富民家园”、“畜－沼－果”、“兔－沼－果”、“联户沼气”和“一池三改”等为主要内容的六种生态模式，实现村庄、庭院废弃物再生利用的良性循环。突出大沼项目建设，积极争取实施玉皇山、联城布洼村等大沼工程，打造以沼气生产为中心的循环农业新亮点。

五要提升载体，打造平台。农民专业合作社是市场经济条件下助推循环农业发展的有效载体，要进一步“规范、完善、提升”农民专业合作社，从林果、畜牧、黄烟等优势产业中，选出像文友家禽养殖、金桥农产品等示范社进行重点培育，帮助他们健全内部机制，制定发展规划，加强技术指导和服务，健全“六统一”经营服务体系，积极开展农超对接，拓宽销售渠道，提升合作社的规模、档次和发展循环农业的辐射带动能力，发挥其带动载体功能。

六要打造亮点，示范带动。按照“五高要求”，加强农业精品示范园区建设，着力打造蜜桃、苹果、板栗、黄烟、中药材、花生、畜牧、水产等优势产业生产基地，从科技推广、结构调整、沼气建设、测土配方施肥等各方面向此倾斜，实行山水林田路综合治理，科技、资金、项目三个集聚，努力打造循环农业新亮点，进一步助推生态文明乡村建设。

# 建设生态文明
# 推进生态绿色产业健康有序发展

湖北省丹江口市农业局　张保全　张少仙

我市作为南水北调核心水源区、鄂西北国家级重点生态功能保障区和汉江生态经济带的核心区，其功能定位就是要一库清水永续北送。对此，我们必须用生态绿色意识重新审视传统的产业经济发展模式，突出生态绿色主题，以科学化、集约化、标准化、产业化为主要特征，加速推进传统产业向生态绿色产业转变，同时也是打造中国水都、十堰龙头和“三宜五化”城市要做的一篇大文章。

## 一、围绕“一个主题”

即加快发展生态绿色产业。紧紧围绕“生态”理念，着力引导广大农民大力发展生态绿色产业经济。以生态科技为支撑，科学运作生态资本，着力建设以循环经济为主导的生态绿色产业体系、美丽滨江城市生态环境体系。

## 二、突出“两个创建”

一是创建“三宜”生态城市。“三宜”目标的提出，是致力于城乡生态系统一体化，使区域生态更具特色。一要着力建设库区生态屏障。把汉江两岸打造成百里绿色长廊和库区生态示范区。二要构建生态绿色产业体系。大力发展循环经济、低碳经济、绿色经济，构建适应水源地要求的新型产业体系。三要打造生态绿色滨江城市。立足“一江两岸”的空间格局，形成“城水一体”、彰显绿色。四要开发生态文化旅游。依托“武当山、源头水”两张世界级旅游名片，努力把丹江口市建成国内著名、国际知名的生态旅游目的地。二是创建全国生态农业示范市（县）。生态农业是“三宜”生态城市建设的重要组成部分，围绕生态绿色产业集聚区建设，着力实施“四大工程”。第一，以实施退耕、封山、造林为重点的水源涵养工程。据研究，每公顷森林可涵养降水1000立方米，因此，要坚持长抓植树造林，封山育林，退耕还林和退耕还林后续产业工程建设，营造一个以水土保持、涵养水源为主的生

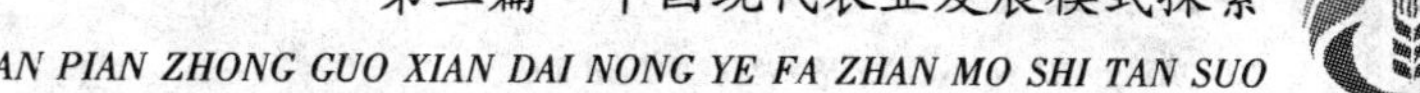

态绿色经济体系。第二，以实施推进综合生态治理为重点的循环经济工程。坚持经济与生态并举，林、草、果、茶、药全面发展，确保库周绿起来，农民富起来；加大小流域综合治理力度，实现山、林、水、田、路统筹规划，综合整治；把洁万家和“一建三改”相配套的农村能源建设作为重要工程措施；坚持分层、分带，建设高山、中山、低山、库区、城郊五维生态绿色产业集聚示范区。以多元间套、种养加结合等复合生态产业模式，不断提高资源的利用率，实现节本、降耗、增效。第三，以实施绿色美丽家园，构建优美环境为重点的生态细胞工程。充分利用农户房前屋后的空闲地，栽树种花、植果种药，发展庭院经济；以优惠政策引导民间资本，兴建集生态产业开发和休闲娱乐为一体的生态庄园，培植庄园业为主，创办生态实体，促进特色产业开发；要大力开展“生态绿色家园”、“生态绿色村庄（社区）”、“环境优美乡镇”等各种行之有效的创建活动，以此推进和改善宜居环境。第四，以实施调水源头农业面源污染治理为重点的生态监管体系建设工程。加强水源区环境保护和农业面源污染的治理，显得十分重要而又迫切。目前的现状：氮肥使用量高，利用率较低，流失严重；农药结构不合理。化学农药用量占到97.3%，其中，高毒、高残留农药占40%多。畜禽粪便产生量大，无害化处理滞后。这些不仅对土壤、地下水造成污染，同时也将使调水源区水质富营养化。因此，要加大投资治理力度，制定有关保障措施，依法禁用或限用化学农用投入品。

## 三、培植“三大园区”

建设生态城市，需要绿色产业经济作支撑，更需要一批重点产业园区辐射带动，以生态绿色引领其他产业发展。

### （一）重点抓好省级农产品加工园区建设

推进农业产业化经营，园区是龙头，更是孵化器。各部门要以“企业家老大”的思维，全力服务龙头、服务企业，大力实施“满园和园外园工程”。在园区现有规模和项目上，抓好东环路产业园区扩建，积极招引一批后备项目进园发展，即招商引资10万吨柑橘深加工项目，3万吨汉江淡水鱼加工项目，果品蔬菜气调储藏及农产品交易中心建设项目，15万吨红薯深加工项目以及茶饮料、果蔬饮料加工等后备项目。到2015年，入驻园区企业达到150家以上，农产品加工总产值超过百亿元，农产品加工总产值与农业总产值之比达到1.35∶1。

**（二）着力抓好特色产业标准化园区建设**

以质量标准化为抓手，以打造品牌为突破，抓好特色产业标准化园区培育。加大柑橘、水产、畜禽、蔬菜、烟叶、茶叶、食用菌、油茶、核桃、中药材等特色产业建设力度，力争用 3～4 年时间，绿色柑橘标准化园区达到 20 万亩，结合武当道茶新茶城建设，有机茶面积达到 10 万亩，无公害“双低”优质油菜 5 万亩、蔬菜 6 万亩、中药材 4 万亩，精养水产面积达到 15 万亩，畜牧标准化养殖小区达到 100 个以上。到 2015 年，核心示范区打造 3～5 个叫得响的国际权威认证的有机农业品牌，国内认证的绿色、有机品牌达到 20 个以上，同时抓好驰名商标、名牌产品、地理标志申报。使生态绿色、有机产值占到农业总产值的 50% 以上。

**（三）加快推进休闲农业园区建设**

休闲农业是农业农村固有资源的“无限次”随机开发利用，循环利用率高，成本几近为零，可极大地提升农业价值。根据我市富集的农业资源特征，休闲农业园区建设：重点打造环城区休闲农事体验区、孟土路沿线生态观光农业区、环武当山乡村旅游度假区、丹郧路沿线观光考察农业区、大柏河流域生态农业观光园等“五大”休闲观光农业园区。同时培育一批休闲观光产业品牌和休闲精品线路，进一步挖掘休闲观光农业内涵，将农耕文化与现代文明相融合，大力宣传宜居、宜业、宜旅城市魅力。到 2015 年，农业休闲观光人数达到 50 万人次以上，农业休闲观光旅游收入达到 1.5 亿元以上。

## 四、建设“四支队伍”

生态绿色产业的发展与推进，需要科技、人才支撑和领军人物的推动。一是强化农业科技服务团队建设。以知识更新培训，进一步提升农业科技人员服务产业发展能力。围绕生态绿色产业开发，加速新技术、新材料、新品种的推广转化。二是积极培育现代农业建设领军队伍。从我市目前情况看，具有部分较强示范作用和标杆意义的村组干部、农民企业家、农村专业合作组织负责人和农业科技带头人已成为产业发展的骨干力量。但是，存在着总量不足，分布不均，带动不强的问题，这就需要引进、培养、帮扶、引导、整合、奖励等措施加以培育。从现在起，我们要着力培养那些有立志谋划农业、创造性地发展农业、献身农业以及有较高科学文化和经营管理素质、有强烈事业心和奉献精神的人成为领军人物。真正实现一个领军人物，带兴一个产业、带富一方百姓、带新一地面貌，成为“三农”发展的一面旗帜。到 2020 年，全市培养具有较强带动实力的各类现代农业领军人物达到 2000 人以

上。三是示范培育家庭农场主队伍。围绕生态特色产业发展，结合推进土地流转，把多种经营基地作为流转经营的重点，引导农村生产要素重点向家庭农场和专业大户有序流转。2013 年可选择在柑橘、茶叶、畜牧养殖且有适度规模经营的产业，示范培育 10 个家庭农场，同时培育 100 个种养大户，年收入达到 50 万～100 万元。四是大力培育新型职业农民队伍。针对目前农业劳动力“空心化”的严重问题，培育新型职业农民不仅能解决“谁来种地”的现实难题，更能解决“怎样种地”的深层问题。根据我市实际情况，第一，鼓励、支持大中专毕业生回乡创业，采取“政府引、大户带、专家帮、政策扶”的方式每年引导一批大中专毕业生回乡从事农业创业，将其培育成新型职业农民；第二，加强核心示范农户培育，采取“1＋10 和核心示范＋培训＋推广”的实用农业技术培训模式，增强核心示范户的辐射带动能力；第三，加强农业生产技术工人培训，以“阳光工程”培训和科技入户为切入，加强对农民植保员、专业养殖员、休闲农业导游员、果树嫁接修剪、茶叶加工制作等专业技术培训，提高专业技能，成为职业能手；第四，加强返乡农民自主创业培训，并给予相关优惠政策支持在农业领域创业。

## 五、健全“五大体系”

为推进生态绿色产业健康有序发展，需要建立健全服务于产业发展的体系和机制。一是强化农产品质量安全监管体系建设。进一步完善市、镇农产品质量监管体系，努力做到“两个确保”。首先确保农产品质量安全，围绕“菜篮子”和特色农产品，保证农产品消费安全。进一步完善农产品产地准出和市场准入制度，加大监测、检验、检疫力度，扩大抽检范围和频次，坚持打检结合，严格落实农产品质量安全属地责任制。确保农业投入品安全，重点抓好种子、农药、化肥等投入品的质量监管，确保农业生产安全。二是建立网格化农业技术服务体系。借鉴社区网格化管理模式，实行农技人员包片区、联村组的网格化推广，以科技进农家、指导进田园方式，把组装配套的农业实用技术推广到千家万户，不留死角、不留空白。三是完善农业标准化体系。在国家和省级标准的基础上，结合我市实际，围绕生态建设，突出无公害、绿色、有机食品标准，分产业、分作物制定出畜禽养殖、疫病防治，作物栽培管理、施肥施药等标准化生产流程，以物联网方式实施质量安全追溯。四是健全植物疫病防控体系。遵循“公共植保、绿色植保”要求，建立市乡联动的植物疫病统防统治防控机制。五是健全农业防灾、减灾保障体系。十年九灾，低温、干旱、洪涝、重大病虫害是丹江农业灾害的主要特征。针对频发的自然灾害，在原来应急管理预案的基础上，按照“横向到边，纵向到底”的要求，应对各种灾害的应急预案要做到全覆盖，健全系统化的应急预案快速反应机制。同时，用足用好农业保险政策，随着《农业保险条例》的实施，将保险品种由单个逐步扩大到农业全领域，让农民在产业发展中减少灾害造成的风险，进一步促进生态绿色产业健康发展。

# 转变农业发展方式 发展现代生态农业

湖北省荆门市东宝区农业局 丁大贤 赵 俊 冯青春 郭艳兵

发展生态农业可以改善农村环境卫生，减少农药化肥的污染，推动农业发展，引导农民增收，同时还可以为社会提供丰富、优质的绿色农产品，是转变农业发展方式、发展现代农业的有效途径。为摸清我区生态农业发展情况，我局安排专人开展了生态农业调研。现将调研情况报告如下。

## 一、基本情况

东宝区是经省政府批准比照县（市）管理的市辖区，是全省现代肉羊示范区、全省特色水产健康养殖建设单位、国家现代农业示范区。全区现辖1乡5镇2街道，国土面积1295平方公里，耕地面积24.6万亩，总人口33.3万，其中农业人口15.8万。东宝区抢抓“中国农谷”和国家现代农业示范区建设机遇，大力发展高效特色农业，加强基地建设，积极调整结构，加快推进农业产业化经营，加大基础设施建设力度，农业产业结构进一步优化，生产生态条件明显改善，实现了粮食增产、农业增效、农民增收。2012年全区农民人均纯收入9462元，同比增长13.9%，农业总产值25.05亿元，同比增长5.17%。

### （一）农业产业规模不断扩大

加大优质粮油、菌菜、高效林果、精品养殖等基地板块建设，累计建设省部级优质粮油高产创建示范片共22个，示范面积达到30万余亩。蔬菜年种植面积达到11436亩，年产量3.26万吨。袋料食用菌稳定在1650万袋，干鲜混合产量达到7411吨。建成速生丰产林35万亩。建成万头标准化猪场11个、千头以上标准化养羊场42个。栗溪镇为全省肉羊养殖第一镇。目前，全区创建国家级畜禽标准化示范场3个、省级8个。生态水产养殖面积突破11万亩，年产量达到2.5万吨，产值达到2.8亿元。2012年全区粮食面积41.3万亩，总产17.1万吨，油料种植面积15.8万亩，总产2.69万吨；生猪出栏46.21万头，肉羊出栏25.1万只，肉牛出栏10798头。

### （二）生态农业示范园不断涌现

坚持走高效化、精细化、品牌化、集约化发展路子，引进新品种，应用新技术，配置新装备，不断提高生产效率和产出效益。全区农机作业率达到

70%，轻简栽培技术普及率达到60%。大力推广“150”、“300”、“500”养殖模式，标准化健康养殖水平不断提高。加大“精品名牌”创建力度，“三品一标”认证企业15家，认证产品达到34个，其中“仙居红”获地理标识认证。山缘牌香菇通过了中国质量认证中心（CQC）的干香菇《有机认证》，是湖北地区首家通过了有机认证的香菇类产品。2012年新建食用菌示范基地2个，菇棚1万个，马铃薯示范基地1个，千亩茶叶生产示范基地1个，蔬菜产业示范园区5个。拓展农业经济功能、生态功能和文化旅游功能，大力发展生态观光农业，建成龙凤山、博丰等一批现代农业示范园。同时，坚持典型引导、示范引路，以荆钟、革集为核心的杨竹流域都市生态农业示范区正在建设中。

**（三）生态家园建设有序**

以发展循环农业、生态农业为宗旨，开展了“猪－沼－渔”、“稻－鸭－油”等生态农业发展模式示范，取得了良好的生态效益、经济效益、社会效益。大力实施农村清洁能源入户工程，改善农村居住环境，至2012年年底，建设清洁能源达2.8万户，建设大、中型沼气工程分别为2座、15座。

**（四）乡村旅游蓬勃发展**

充分利用新农村建设成就和丰富的乡村自然风光、人文遗迹等资源，以城镇居民为主要客源市场，大力开展旅游活动，初步形成了以“农家乐、旅游观光、农事节庆”活动“三位一体”的乡村旅游发展模式，全区乡村旅游呈现出“蓬勃发展、方兴未艾”的良好局面，乡村旅游正逐步成为全区旅游经济新的增长点。

## 二、主要做法

**（一）抓板块建设，发展特色高效生态农业**

坚持以推进种植科学化、品种多样化、生产标准化、发展规模化为重点，以市场为导向，不断扩大农产品基地建设规模，推动优质粮油、林下经济、精品蔬菜、特产畜禽、名优水产等板块建设。2012年全区优质稻种植面积22万亩，油菜双低化率达到100%，实施部、省级粮油高产创建项目8个，蔬菜基地面积9000亩，其中大棚设施蔬菜面积1700亩，山区食用菌基地2600亩。创建市级以上标准化规模养殖示范场18个，其中部级3个，省级7个，市级8个，全区生猪、蛋鸡、肉羊规模化比重分别达到80.1%、85.3%、90%。已建设部级水产健康养殖示范场1个和省级水产健康养殖示范场3个。板块基地造林2.4025万亩（速生丰产林1.1475万亩，经济林0.8235万亩，花卉

苗木0.4315万亩）。

**（二）抓排污整治，保护养殖场生态环境**

随着养殖业规模化比重的不断攀升，粪污处理设施改造和排污治理一直作为畜牧业工作重中之重。一是通过争取国家生猪改扩建项目和联合沼气入户工程建设，对大、中型规模养猪场粪污处理设施进行改造，解决规模养殖场的排污问题。从2007年以来，全区共争取国家项目资金1500万元，涉及规模养殖场72个；已配套建设600立方以上大型沼气站3个，80～100立方沼气池近20个，30～50立方沼气池近30个。二是对新建畜禽规模养殖场严格把握建设标准，采取事前介入，先申请后报批，先规划后建设的原则，规范养殖场建设标准，确保粪污处理的达标。三是对规模养羊、养牛场，在养殖模式上主要推广标准化“1235养羊”、“165养牛”等家庭健康养殖模式，在粪污处理上采取干清粪－堆积发酵－施入农田等方式，消除粪污随意堆积现象，经发酵后的羊粪、牛粪可满足家庭农场、林果基地有机肥需求。

**（三）抓龙头带动，提高生态农业产业化水平**

一是培育壮大农业产业化龙头企业，大力扶持农民专业合作社等合作经济组织，充分发挥其组织生产、推广技术、推销产品的带动和示范作用。目前全区共有国家、省、市产业化重点龙头企业19家，农民专业合作社346家，从业人员达16000人，带动生产基地38.9万亩、农户3.5万户。二是完善利益联接机制。积极推行“企业＋基地＋农户”订单生产，密切企业与基地、农户的利益联结机制，积极推行农超对接，组织农产品经营龙头企业、超市、菜市场与农业生产基地建立农产品直采基地。德源石碾米业有限公司在栗溪建设了“荆碾1751”大米生产基地，签订53000亩冷泉稻谷收购合同。山缘香菇因地制宜推行标准化种植，建成占地12万平方米食用菌标准化示范基地及5000万袋食用菌种植合同基地。三是不断加大宣传力度。组织龙头企业、专业合作社参加武汉农博会、油菜花节农产品展销会，并鼓励和引导农业龙头企业和种养大户按标准化组织生产，积极发展绿色生态农业，加快“三品一标”认证，不断增强市场竞争力。全区“三品”企业达到15家，认证产品达到34个，其中“仙居红”获地理标识认证，山缘牌香菇通过了中国质量认证中心（CQC）的干香菇《有机认证》，荣获第七届中国武汉农业博览会金奖农产品，德源石碾米两次荣获武汉农博会金奖，逐步打入全国市场。

**（四）抓模式推广，实现生态农业持续发展**

一是以测土配方施肥为重点，推广减量化、精准化的施肥用药技术，避免农业生产对生态环境的污染，同时大力推广秸秆综合利用技术。2012年全区测土配方技术推广面积45万亩，配方肥应用面积达20万亩，秸秆综合利用面积达到25万亩。二是加快推进农业病虫害统防统治，选用生物农药，培养害虫天敌，应用频振式杀虫灯等生物、物理防治技术防治农作物病虫害，减少农药用量，防治农田和农产品农药残留污染。2012年全区新增机防队22家，病虫害统防统治率达到40%以上，农作物防控面积达到了189.4万亩次，病虫危害损失率控制在了3%左右。三是推广"稻－鸭－油"、"猪－沼－渔"等绿色生态农业模式，实现种养生态结合，改善生态环境，实现农业可持续发展。累计推广"稻－鸭－油"模式10.5万亩次、"猪－沼－渔"模式11万亩次，共增收节支3843万元。四是大力实施农村清洁能源建设，美化农村环境，推进生态文明建设，全区推进清洁能源入户达2.8万户，入户率达60%。五是推广香菇"柴改煤"办法。针对香菇生产工艺落后，耗费山林资源，破坏生态环境的现状，政府出专资，更换香菇灭菌和烘烤设备。在仙居乡、栗溪镇、马河镇选定20个香菇种植户和香菇专业合作社，作为试点，以此逐步推广"柴改煤"办法，淘汰香菇生产中传统的灭菌和烘烤方式，减少燃料用柴，保护森林资源，保护生态环境，提高香菇品质，增加种菇效益，促进我区食用菌产业健康可持续发展。

## 三、存在的问题

一是农业产业化经营的整体水平还比较低，农产品精深加工能力不足；二是农业基础设施配套弱，高产农田比例较低，工程性缺水的问题突出，抵御自然灾害能力弱；三是农业面源污染仍然存在，工厂污染较严重，农业生态环境建设的任务还十分艰巨。

## 四、加快生态农业发展的对策

### （一）加强科技投入，以科技创新促进农业建设

不断推进农业科技创新，加大农业科技研发、引进和推广力度，建立以农业生态环境保护和资源综合利用技术为核心的科技支撑体系。加快农业科技创新平台建设，建立农业科技投入专项基金，鼓励和引导涉农企业开展生态农业技术创新研究，开发高产高效的立体种植技术、养殖技术、加工技术、施肥技术、土地持续利用技术、病虫草害的综合防治技术、农村清洁能源开发与节能技术、农业环境污染综合整治和污染物净化处理技术、无公害产品生产技术、转基因技术、信息技术。大力推进农作制度改革和生态农业模式

创新，推广虾稻连作、秸秆综合利用、间套种植、猪－沼－稻等生态农业生产模式。

**（二）科学规划，因地制宜，探索和选择生态农业发展模式**

根据农业可持续发展战略要求，结合地区的自然条件、社会经济、农业资源和生态环境的特点，因地制宜，制订出有利于调整农村产业结构，有利于农民增收，有利于保护和改善生态环境，实现资源高效和多层次利用的循环农业规划。把建立与完善农业循环经济管理体系，推行农业清洁生产，以开展农业废弃物减量化、资源化、无害化和产业化，发展无公害、绿色和有机食品生产作为重点，推动农业循环经济的发展。充分发挥地区资源优势，选准发展路子，建立起各具特色的生态农业发展模式；搞好无公害原料生产基地建设，积极扶持龙头企业，大力发展农产品加工企业；按照农产品生产质量标准，大力发展无公害农产品、绿色食品、有机食品生产，打响“生态牌”、“绿色牌”、“特色牌”和“民心牌”，争创名牌产品，增强市场竞争力和创汇能力，提高农产品商品率和国内外市场占有率。

**（三）拓宽融资渠道，保证生态农业投入的持续增长**

进一步加大政府投入，地方政府要整合项目资金，在性质不变、渠道不变、管理不变的前提下，在农业、林业、旅游、扶贫、开发新农村建设专项资金中切出一块用于扶助生态农业基地建设。地方财政要拿出一定数量的专项配套经费，专门用于生态农业建设，并根据财政状况逐年增加。遵循市场规律，发挥政府投入的导向作用，采取财政贴息、投资补助等手段，引导社会资金投向生态农业，逐步形成政府投资为导向，农民与企业投入为主体，信贷投入为补充的市场化、社会化、多元化的生态农业投入新机制。

**（四）建立生态农业园区，发展特色生态农业**

充分利用土地资源和生物、技术、信息等资源，将农、林、牧、副、渔、加、商等各行业进行有机联合，建立多层次的、持续高效的农业生态系统。遵循自然规律，利用生态系统物流和能流进行生态系统组成要素配置，调优生态系统结构，优化农业经营管理模式，尽量减少废弃物，进行无公害清洁生产，实现农产品高产优质高效、环境幽美、人与自然和谐发展的目标。同时，要特别加强工业生产、城市生活垃圾和污水的资源化、无害化处理，树立生活用水进田、雨水进河的观念，避免对生态农业园区的污染。加强生态园区、旅游景区、休闲农庄、风景名胜区景观的同步规划与建设，发展生态旅游。将种植、养殖、绿化结合起来，增加各景点的垂钓、采摘、农产品品尝、土特产购物、观光等内容，使循环型的旅游农业成为经济增长的新亮点。

# 突出区位优势<br>推进广西标准化蔬菜生产基地建设

广西壮族自治区农业厅　刘日旺

## 一、广西蔬菜产业发展现状

### （一）蔬菜产业规模大，战略地位和优势突出

2012 年，全区蔬菜种植面积 1613 万亩，蔬菜总产量 2357 万吨，均在全国排名第九。

广西充分利用天然温室气候资源，大力发展秋冬季喜温蔬菜产业，具有生产低成本优势，并与长江流域冬春喜冷凉蔬菜优势区形成产品互补优势，在均衡我国冬春淡季特别是保证"两节"、"两会"蔬菜供应中的战略地位突出。近年来，广西每年秋冬菜生产面积 1300 万亩左右，外运秋冬菜 950 万吨以上，已成为全国最大的"南菜北运"生产基地，战略地位突出。2010 年广西秋冬菜种植 1319.81 万亩，占我国南菜北运的主产区（广东、广西、海南、云南）秋冬种蔬菜总面积 2765 万亩的 47.7%，其中冬菜 720 万亩，可供应 1.9 亿人的蔬菜需求。广西秋冬种蔬菜中播种面积超过 100 万亩的有 5 大类品种，其中叶类蔬菜占 36%，茄果类蔬菜占 12%，根类蔬菜占 11%，豆类蔬菜占 10%，瓜类蔬菜占 7%，这些大多是大宗蔬菜，满足大众消费、平抑价格作用明显。

### （二）蔬菜生产见效快，对农民收入贡献大

蔬菜是农民增收"短平快"项目，是许多地方实施农民人均纯收入倍增计划优先选择的产业，蔬菜产业收入已成为广西农民收入的重要来源。2012 年全区蔬菜产值达到 463.21 亿元，占农业总产值 26.87%。田阳县 2011 年蔬菜种植面积 36 万亩，总产量 100 万吨，产值 15 亿元，农民人均种菜收入 4700 元，成为引领全县农业经济发展的主导产业；田阳县田州镇 2011 年种植番茄 4.18 万亩，产量 12.55 万吨，产值 3.01 亿元，全镇农民人均纯收入 7320 元，其中种植番茄一项农民人均纯收入 3961 元，占农民人均纯收入的 54.11%。

**（三）蔬菜种植区域化，优势区域基本形成**

广西蔬菜种植优势区域基本形成，蔬菜播种面积超过200万亩的有南宁市、桂林市，100万~200万亩的市有5个，50万亩以上的县（市、区）有10个，20万~50万亩的有16个县，10万~20万亩的有35个县，基本形成了右江河谷和湘桂通道的秋冬菜、沿海夏秋反季节菜、中心城市菜篮子、桂中桂东南丘陵山区、桂西北高山特色无公害蔬菜、创汇蔬菜、食用菌等六大商品菜生产优势区，全区上市蔬菜90%以上由这些优势产区生产。

## 二、广西标准化蔬菜生产基地建设情况

**（一）基地认定和产品认证不断发展**

近年来，由于消费者对蔬菜产品的质量安全要求越来越高，我区加强了推进标准化生产基地建设工作。到2012年年底，全区完成蔬菜无公害基地认定111个，认定面积481.4万亩。完成无公害蔬菜产品认证单位70家，占总数130家的53.85%；完成无公害蔬菜产品认证256个，占总数424个的60.38%；认证产量377万吨，占总数644万吨的58.5%。完成蔬菜绿色食品认证企业2家，面积2.44万亩，产量4.55万吨。

**（二）标准园建设逐步推进**

到2012年年底，全区创建农业部蔬菜标准园24个，面积2.3万亩，自治区级蔬菜标准园15个，面积0.7万亩。2013年，自治区级蔬菜标准园创建项目17个，面积0.8万亩。蔬菜标准园建设为我区蔬菜标准化生产提供了示范样板，是今后蔬菜生产的重点。

**（三）存在问题比较突出**

当前蔬菜标准化生产基地建设也面临着一些亟待解决的突出问题：

1. 农田基础设施尚难满足蔬菜标准化生产的要求

广西蔬菜生产重点在秋冬菜，秋冬菜生产基地主要依托水稻产区，推广“稻－菜”种植模式，水利灌溉条件基本具备，但大多数灌溉渠系标准不高，秋冬季灌溉保障率偏低，且排涝设施不配套；田间道路密度不足，地面硬化少，因颠簸易造成外伤难以远销；水肥一体化微喷灌设施严重匮乏，制约蔬菜生产技术全方位应用，产品参差不齐。

2. 蔬菜标准化育苗发展严重滞后

目前全区符合技术标准要求的集约化育苗能力约10亿株，覆盖率不足10%。

3. 采后商品化处理程度很低

广西蔬菜外调高峰期的日调出量已达到3万吨以上，至少需要田头分级预冷处理能力达到4万吨以上。目前全区符合要求的田头预冷处理能力不足10%，缺口很大。

4. 质量安全追溯体系亟待完善

广西已初步建立了区、市、县、乡四级农产品质量安全检测体系框架，但技术力量薄弱、流动速检条件落后、质量监管经费不足等问题还很突出。农产品质量安全监管还不能有效覆盖种子种苗、农药、化肥等关键投入品和土壤水质环境检测，蔬菜抽检的范围和频次还比较低。同时，蔬菜生产规模化、组织化程度比较低，产地准出、市场准入、全程监管的质量安全监管机制还未建立。

## 三、推进广西标准化蔬菜生产基地建设的对策建议

广西发展蔬菜产业优势和战略地位突出，发展基础好，发展潜力大，农民增收效果好。为此，建议：

**（一）加强政府对蔬菜产业的宏观调控，降低蔬菜生产风险**

进一步强化“菜篮子”市长负责制。合理确定蔬菜产品生产用地保有数量、产品自给率和产品质量安全合格率等指标，并作为大中城市市长负责制的内容；将确保产品质量、市场价格基本稳定、产销衔接顺畅、市场主体行为规范、突发事件处置及时、风险控制迅速有力、农业生态环境得到保护等纳入考核指标体系。

多渠道筹集建设资金。建立政府投资为引导、农民和企业投资为主体的多元投入机制，吸引社会资金参与蔬菜生产、流通等基础设施建设。鼓励银行业金融机构加大对带动农户多、有竞争力、有市场潜力的龙头企业的支持力度。

进一步完善扶持政策。确保鲜活农产品“绿色通道”畅通，继续落实整车合法装载鲜活农产品车辆免收通行费政策。提高蔬菜生产用地征占补偿水平，加强城市郊区现有菜田保护。逐步加大对蔬菜基地实施标准化生产和认证的支持力度。扶持发展蔬菜专业合作组织，提高“蔬菜生产与流通组织化程度。

建立健全风险应对机制。建立蔬菜产品生产和供应平衡调节机制，用信息引导生产，避免总量供求失衡和价格大幅波动。出现局部性供过于求时，支持批发市场、龙头企业等入市收购，异地远销；局部供不应求时，支持流

通企业跨区域调运并促进生产恢复。

**（二）加大现代蔬菜产业设施投入，提高蔬菜产品均衡供应能力和标准化水平**

建设设施蔬菜生产基地及其蔬菜采后商品化处理配套设施，是提高蔬菜商品率和调节市场供应的重要措施。要加大现代蔬菜产业设施建设力度，在右江河谷、湘桂通道、钦北防沿海、桂东四大区域的蔬菜基地建设一批区域性蔬菜集约化育苗基地和设施蔬菜生产基地，提高不良天气条件下蔬菜生产能力；建设蔬菜采后商品化处理配套设施，如清洗、分级、包装、预冷、储藏保鲜等配套设施，提高蔬菜商品率和调节市场供应能力。加强促进产销对接，农超、农企对接，直供直销，蔬菜产业信息体系建设，促进蔬菜产品流通。

**（三）强化监管，确保质量安全**

转变发展方式，提高质量安全水平。加强蔬菜产品质量安全监管，完善或建设蔬菜产地安全检测站，蔬菜质量安全追溯体系、产地安全质量认证、产地安全检测设施，提高蔬菜产品质量安全监管能力。

提高蔬菜质量安全水平，必须在加强市场监管的同时，着力推进标准化生产。以标准园创建为抓手，大规模开展标准化创建活动，抓好生产全过程的规范管理，推进标准菜园由‘园’到‘区’、由产到销拓展，逐步实现规模化种植、标准化生产、商品化处理、品牌化销售、产业化经营；加快标准制（修）订和推广应用，制定产品生产技术要求和操作规程，开展标准化生产宣传培训，推动放心农资进村入户，指导建立生产档案；加快蔬菜产业的科技进步，选育一批高产、优质、多抗的新品种，并大力发展集约化、工厂化育苗，以科技促生产；加大品牌培育和认证力度，积极发展无公害农产品、绿色食品、有机农产品。

**作者简介：**

刘日旺，男，1964 年出生，中共党员，大学学历。现任广西壮族自治区农业厅经济作物处副处长。

# 健全生产社会服务体系　促进木薯产业发展

广西壮族自治区北海市农业技术推广中心　邓坤章

北海市地处南亚热带海洋性季风气候，年平均气温22.6℃，全年平均日照时数2119.6小时，年降雨量1636.2毫米，无霜期362天。高温多雨，阳光充足，无霜期短，很适合木薯生长。全市耕地面积117400hm$^2$，其中旱地56300hm$^2$，旱地土壤土种主要有海积红沙土、黑泥散土等，土壤质地大多为沙壤土，通透性好，土层深厚，无障碍层次，很适合发展木薯生产。木薯历来是该市主要作物之一，常年面积在13000hm$^2$左右，目前平均单产23t/hm$^2$左右，产量较低，还有很大的增产潜力。

## 一、木薯生产现状

### （一）面积和主要品种

近年来，木薯面积每年在13200hm$^2$左右，其中2007年12810hm$^2$，2008年13400hm$^2$，2009年13450hm$^2$，广泛分布于各乡镇。种植的主要品种有华南205（占全市木薯面积的60%左右），仍是木薯主要当家品种。其次有华南5号、GR911、南植199、桂热4号（SM1600）等，其中华南5号、SM1600、GR911等品种，产量高、品质好，很受农户欢迎，有逐年扩大种植的趋势。

### （二）产量和效益情况

北海市木薯产量历来较低，产量在23t/hm$^2$左右，近年来随着木薯良种引进推广和栽培技术的有所提高，木薯产量也有所提高，据调查统计，近3年平均产量24.8t/hm$^2$，其中2007年26.4t/hm$^2$，2008年受台风影响产量较低，只有19.5t/hm$^2$，2009年28.6t/hm$^2$。

在经济效益方面，2007～2009年平均产量24.8t/hm$^2$，平均价450元/t，产值11160元/hm$^2$，在投入成本方面，以农户自主经营为例，肥料、农药、机械、人工等合计成本为7950元/hm$^2$，纯收入3210元/hm$^2$，若不计人工纯收入约为8500元/hm$^2$，总的来看，经济效益还是很低的。

### （三）栽培管理情况

目前北海市木薯生产以农户分散经营为主，广种薄收，栽培管理粗放，投入人力物力较少。

大多农户安排偏远和地力较差的地块种植木薯。由于农户分散经营，地块小，不利于机耕，尚有五成左右的面积使用牛耕，耕作层较浅，大多在12cm左右，且大部分还是平地种植，不利于高产。近年来随着种植大户的增加和机械化普及程度提高，也有部分面积实行了机耕和起畦种植，机耕深度在25cm左右，有利于木薯高产。

在种植规格及施肥管理方面，大多以密植和少投入肥料的种植式为主，株行距一般为0.6～0.7m×0.8～0.9m，大多在19000株/$m^2$，大多农户施尿素180kg/$hm^2$，过磷酸钙1050kg/$hm^2$，氯化钾150kg/$hm^2$或施国产养分含量为25%～30%的三元复合肥600～750kg/$hm^2$，并且大部分不施有机肥料。施肥水平较低，单产也较低，也有少部分面积采取合理密植配以高水平施肥模式的产量和效益较高。

在灌溉方面，目前80%以上不灌溉，靠天下雨，因此在春秋的干旱季节大多受干旱影响较大，对木薯高产影响较大。

在草害防治方面，对防治杂草普遍使用化学除草剂防治，并在种植后几天内使用乙草胺等除草剂封闭杂草，效果很好。

在病害方面，主要有木薯细菌性枯萎病，在没有台风影响的年份发病较轻。在受台风影响的年份发病较重，大部分农户不喷药防治，个别农户喷药防治，但效果不佳，因此，往往造成木薯减产30%～50%，并且木薯淀粉含量大大降低，价格也随之降低，是影响我市木薯生产的主要不利因素之一。

虫害方面，对我市木薯造成为害的主要有大蟋蟀，主要为害幼苗，防治不好，一般造成缺苗5%～20%。

在间套种技术方面，只有极少部分面积进行木薯套种花生、木薯套种大豆、木薯套种玉米、西瓜套种木薯等，并取得较好的经济效益。

**（四）社会服务体系**

目前，政府方面还没有扶持木薯生产的政策，在良种良法推广方面，近年来在引进良种和间套种技术试验示范方面力度加大，对促进木薯生产发挥较大作用。此外，企业参与带动对木薯生产也发挥了较大作用，如北海田野种业有限公司，广西中粮生物质能源公司北海参泉淀粉厂等企业，在木薯良种引进推广、木薯产品收购等方面发挥了较大作用。

## 二、木薯生产主要存在问题

### （一）集约化、规模化经营程度低、产量低、效益不高

1. 品种老化。目前，仍以华南205为主，约为木薯总面积的60%，该品

种从20世纪70年代以来一直成为当家品种，品种有所退化。

2. 种植规格普遍过密，大多在19000株/$hm^2$，在雨水调匀的年份往往阴雨造成小木薯徒长，不利于攻肥攻高产。

3. 肥水管理水平低，一般施肥量为N80kg/$hm^2$，$P_2O_5$120 kg/$hm^2$，$K_2O$ 90 kg/$hm^2$，大多不施有机肥。施肥量达不到高产要求，氮磷钾配比不合理，施磷偏多，施钾偏少。木薯大多不灌溉，干旱季节受干旱影响较大，影响产量。

4. 木薯与其他作物间套种技术普及水平低，不到20%，没有充分提高木薯地块的经济效益。

5. 病虫草害防治水平较低，也是影响木薯产量的因素之一。

6. 机械化程度低，不到一半的地块实行机耕，大多为牛耕，耕层浅薄，不利高产，机械种植、施肥和收获没有推广开，没有很好解决木薯种植人工多成本高问题。

**（二）自然灾害频繁**

约有半数年份受台风影响，造成木薯倒伏、折断等机械损伤，且台风后往往造成木薯细菌性枯萎病暴发，严重影响木薯产量，一般减产30%～50%；由于普遍不灌溉，每年都受不同程度干旱影响，特别是约有半数年份有不同程度的旱灾发生，对木薯产量影响很大。

**（三）社会服务体系不健全**

还没有建立木薯专业合作社，木薯生产协会等专业化组织，政府也没有出台有关木薯生产扶持政策。

## 三、木薯生产发展的主要对策

木薯生产没有大发展，主要是农民种植木薯产量低、效益低，因此，要促进木薯生产大发展，关键要提高木薯单产，节约生产成本，提高木薯种植经济效益。

**（一）大力推广良种良法，提高单产和效益**

1. 大力引进示范良种，根据近年农技部门和北海田野种业公司、广西中粮生物质能源公司等企业的试验示范，目前除了当家品种华南205外，适合推广的木薯品种主要有：

华南5号：在北海市种植表现低位分技，薯块较长，较耐旱，抗风性好，风后恢复生长能力强，较耐寒，不早衰，丰产性好，产量在42t/ $hm^2$左右，该品种中迟熟，淀粉含量较高。在台风频繁情况下，是较为高产稳产的品种，其主要缺点是分枝多收获较费人工。

GR911：在北海市种植表现早中熟，结薯较多较集中，易收获，品质好，无分枝，适合密植，单产较高，在38t/ $hm^2$左右。

新选048：表现早中熟，高位少量分枝，结薯多而集中，易收获，抗性好，品质也较好，产量较高，在40t/$hm^2$。

桂热4号（SM1600）：表现中熟，节间短，植株较矮壮，抗风耐旱，株型直立无分枝，较适合密植，品质好，产量较高，在40t/ $hm^2$左右。

在品种搭配上，应早中迟熟品种合理搭配，以调节木薯收获上市季节，以利木薯销售和稳定价格，并优先考虑矮秆抗风品种。

2. 合理密植，根据农技部门的试验和田间调查，在土壤肥力和施肥水平较高，种植植株较高大的品种（如华南5号等）情况下要适当稀植，种植规格以0.9~1.0×1米，每 $hm^2$种植10000~11000株/$hm^2$左右为宜；在土壤肥力和施肥水平较低，种植不分枝或少分枝的品种（如CR911、华南205、新选048……）要适当密植，种植规格以0.8~0.9m×0.7~0.8m。种植15000株/$hm^2$为宜。

3. 科学施肥，大力推广测土配方施肥技术。改变大多数农户存在的不施有机肥，重施磷肥少施钾肥的不良施肥习惯，大力推广测土配方施肥技术。根据北海市土肥站和合浦县土肥站等农技部门近年来的试验表明，目标产量38t/$hm^2$左右的，在施有机肥15000kg/ $hm^2$的基础上，每 $km^2$施纯N 150kg、$P_2O_5$50kg，$K_2O$ 230kg为宜，在种植规格较宽、植株较高大、分枝较多的品种时，可适当增加施肥量反之可适当减少施肥量。肥料品种，以木薯专用肥或三元复合肥为主，配以尿素、硫酸钾或氯化钾调节N、P、K比例。在施肥时期和方法上，有机肥、磷肥宜作基肥使用，N、K肥基肥和追肥各占一半，追肥在苗高40~60cm，木薯苗封行以前结合中耕除草沟施或穴施，施后盖土。

4. 搞好排灌。改变大部分农户传统不灌溉只靠天下雨的习惯，在干旱时要人工灌水，保持土壤湿润，有条件的最好铺设滴灌管（为节省滴管成本，可每隔一行铺设一条），木薯是块根作物，最忌积水，在雨季要做好排水工作。

5. 适当早植，增加生育期。在2月中旬~3月上旬温度稳定在12℃以上时种植，在节气上掌握在春分前种完。

6. 搞好病虫草害防治。种植后用乙草胺等除草剂喷洒封闭杂草，做好木薯细菌性枯萎病、大蟀蟀等病虫防治。

7. 实行木薯与其他作物的间套种，提高土地产出率。木薯可以套种在早春的西瓜、南瓜地上，木薯地里可以套种花生、豆类、玉米、蔬菜等作物，据农技部门试验，木薯间种花生，平均花生产量 950kg/hm$^2$，可增加收入 5000 元/hm$^2$，套种黄豆平均可收黄豆产量 820kg/hm$^2$，增加收入 5800 元/hm$^2$ 左右。

8. 实行深耕起畦种植。深耕起畦种植有利于木薯生长和块茎膨大，提高抗旱能力，有利于高产，同时，起畦种植收获时易拔起，可节省人工。

**（二）大力推广木薯生产机械化**

推广木薯生产机械化可节省生产成本和提高经济效益。

一是大力推广拖拉机深耕和起畦种植，可加深土壤耕作层，提高保水、保肥能力，有利于木薯生长和块茎膨大，有利于高产。

二是大力推广木薯收获机械化，目前农机部门在我市正在示范推广，木薯机械收获，人工不易拔起的木薯地块，可节约人工 25 个/hm$^2$ 左右，可节成本 1250 元/hm$^2$，并可起到多耕作一次，耕层的作用，受到农户的欢迎。

三是推广机械粉碎木薯茎秆还地技术，由于农户现在已很少用木薯茎秆作燃料，因此，推广机械粉碎木薯茎秆还地，犁地时把粉碎了的茎秆翻沤入地，可增加土壤有机质和养分，是一种优质的有机肥料，此技术在开鸣县等地受到农户的普遍欢迎，在全市可示范推广。

**（三）健全木薯生产社会服务体系，促进木薯产业发展**

1. 政府加强对木薯生产的领导，协调农业、农机相关企业等从信贷、木薯加工企业的税收分配、良种补贴、农机补贴等方面给予扶持，如政府可从木薯加工企业上缴的税收中拿出一定资金作为木薯发展资金，对具有一定规模的木薯种植大户，可给予信贷优惠、良种补贴、机耕补贴等方面的扶持，从而鼓励农民规模经营，提高种植效益，对从事木薯良种良法推广的农业、农机和相关企业给予一定的工作经费支持，从而促进木薯良种良法的大力推广。

2. 建立木薯生产专业合作社。合作社成立以木薯种植大户为主，部分与木薯产业相关的企业参与。聘请农技部门木薯科研单位作技术指导合作社，主要为木薯种植农户提供木薯良种良法示范推广。生产资料（如除草剂、肥料等）供应和木薯产品收购销售等有偿服务。因为合作社成员大多为木薯种植大户，他们直接影响其他木薯种植农户，因此，应鼓励和引导企业参与木薯产业发展。

3. 建立公司 + 合作社 + 农户 + 基地等木薯产业发展多种模式。建立公司 + 合作社 + 农户 + 基地的联合发展模式，公司和合作社为农户提供良种良法

服务、生产资料供应服务、产品收购服务，保价收购农户木薯，并且可以与农户联合开发木薯生产基地，从而使农户的木薯生产从产前、产中、产后服务得到保障，从而大力推动北海木薯产业化的发展。同时，通过木薯的发展，使企业对木薯原料的需求得到保障。

# 实施生态农业建设　喜看越州换新貌

广西壮族自治区浦北县农业局　黎世敏　龙万伸

山上硕果满枝、栏中禽肥畜壮、塘里鱼群悠游，田野一片翠绿，村里人们笑脸荡漾。这是浦北县生态新农村建设的缩影。8 月 16 日，非洲南南合作 19 个国家的 35 个官员以游客身份参观游览了浦北县北通镇福多堂村的农家生态庭院、生态荔枝园、生态钓鱼塘等景点，尽管我们听不懂他们的外语，但他们的举止神态分明向我们传达出了惊奇、艳羡和向往。他们通过翻译表示，回去后要抓紧试验和示范，争取在非洲发展生态农业。这是福多堂村首次迎来非洲团队游客，表明浦北县生态农业建设已扬名非洲。几年来，该县生态农业建设点面结合，既有规模，又有实效，群众得到实惠，建设热情不断高涨，创造出了显著的生态效益、经济效益和社会效益。

浦北县从 2003 年开始对“猪 + 沼 + 果”生态农业模式进行提升。当年选定北通镇的福多堂、勒山和小江镇的上荣三个自然村作为重点示范村来抓，扶持培训重点示范户 60 户，推广“猪 – 沼 – 果 – 灯 – 鱼”等生态模式，建沼气池 64 座，建生态鱼池 60 个（面积 740. 2 平方米），安装诱虫灯 45 盏。2004 年，在北通、白石水、大成、张黄、龙门、江城、樟家 7 个乡镇选定 20 个自然村作为生态农业建设示范村，共安装频振式诱虫灯 150 盏、普通诱虫灯 150 盏，建各式生态鱼池 300 个，全年放养本地塘角鱼 100 万尾以上，以及单性罗非鱼、禾花鱼等一批。

从 2003 年到 2013 年上半年，该县共建生态农业示范村 80 个，示范面积超过 5 万亩，示范农户 1500 户，建生态鱼池 1500 多个，应用推广频振式诱虫灯 500 多盏。

在实施生态农业建设中，浦北着重抓好生态鱼池和诱虫灯这两个环节，取得了比较好的效果。2005 年，北通镇福多堂村陈安科户，建生态鱼池 12 平方米，两造共收获商品鱼 100 多公斤，销售得款 1300 多元，投入成本 400 元，获利 900 多元。2006 年，泉水镇大坡头村养蛙专业户，建蛙池 18 个，面积 150 平方米，养蛙二批，收商品蛙 3500 公斤，除去成本纯收入 3 万多元。按每个生态鱼池增收 3000 元计，全县可增收 450 万元。

建设生态农业促进了浦北县水果业的发展。施用沼渣沼液、安装诱虫灯，

减少了果园的化肥、农药使用量，使水果生产取得了如下效果：一是产量增加。如北通镇勒山村的荔枝亩产一般只有650多公斤，而该村曾明广等多个农户实施生态农业管理的荔枝亩产量连年达到1000公斤左右，增产53.8%左右；二是节本增效。实施生态农业管理的果园，由于安装诱虫灯，有效地控制了虫害的发生。据调查，实施生态农业管理的荔枝虫口密度为3.13%，而一般管理的为41.15%，虫口减退率达93.06%。虫口密度的降低，减少了农药的使用量。安装诱虫灯的果园每年只需喷药2次（一般管理的要喷药5次），每亩每年节约开支50元左右；三是品质提高，市场竞争力增强。如近年荔枝丰产，由于某些因素的影响，价格降低。但是，生态农业建设示范村、示范户生产的荔枝，由于生态、安全、品质好，显示出较强的价格优势，与非示范村、示范户生产的荔枝相比，市场售价平均增加20%以上。该县荔枝实施生态建设示范面积3000多亩，平均亩产750公斤，平均每公斤单价增加0.4元，每年共为农民增收90多万元。几年来，该县通过实施生态建设示范，促进荔枝增产增收超过800万元。

实施生态农业建设，打造出了田园休闲观光品牌。如小江镇田山村委的农户宁×，利用种植的百香果园、番桃园、草莓园做休闲饮吧，按照生态农业的模式管理果园生产，安装了诱虫灯、黄板、捕蝇器等，不用喷农药，生产出来的水果没有农药污染，鲜榨的果汁浓香可口，深受观光者好评。休闲观光品牌增加了该农户的收入，每年增收超过2万元。

几年来，浦北县实施生态农业建设取得了较好成效，北通镇的福多堂村、铺儿村、清湖坡村，小江镇的杨桃根村，龙门镇的茅车坪村，泉水镇的江富湾村等一批示范村变成了生态新农村，使群众得到了实惠。该县先后获得广西无公害香蕉生产基地县、广西水果套袋第一县，福多堂村获得广西特色生态果园村等荣誉，中央电视台、广西电视台、广西日报、广西人民广播电台等多家上级媒体先后多次报道了该县生态农业建设的成功经验。同时，上级政府和各级部门领导也对该县生态农业建设给予了充分肯定，自治区多位领导亲自参观了该县福多堂生态示范新村，特别是2006年7月份该县受洪灾期间，自治区党委书记刘奇葆同志亲自到该县视察灾情，看到福多堂生态示范新村时感到非常满意，认为该县的生态农业很有特色，做得较好，为农民增收做出了榜样，要求该县继续做好生态农业建设工作。

**作者简介：**

黎世敏，男，1964年出生，大学学历。现任广西壮族自治区浦北县农业局党组书记、局长。

自参加工作起，历任浦北县教师进修学校教师，县纪委干部，浦北县平睦镇镇长、党委书记、人大主席，浦北县北通镇党委书记、人大主席，浦北县林业局党组书记、副局长，县人防办主任，县商务局局长等职。现任浦北县农业局党组书记、局长。

龙万仲，男，1962 年出生，大学学历。现任广西壮族自治区浦北县农业局经济作物站站长。

# 发展生态循环农业<br>实现低碳发展与经济建设“双赢”

海南省海口市农业局　张志坚　曹进基

近年来，海口市大力发展生态循环农业，积极走低投入、低消耗、低排放和高效益的发展之路。在经济快速增长的同时，资源消耗不断下降，环境空气质量在国内城市中名列前茅，实现低碳发展与经济建设“双赢”。

海南是热带地区，是全国最具发展沼气建设条件的省份，光热条件好，生物质资源丰富，原料充足，优越的地理环境使海口发展以沼气带动的生态循环农业具有巨大的潜力。

2003年以来，海口市就积极推进低碳农业发展，在以资源有效利用、生态型、设施型、环保型为特点的低碳农业经济等方面进行了探索。种养基地沼液综合利用模式就是海口市初步探索总结出的其中一种农业循环经济新模式，其特点是集中连片，综合利用，规模大、效益好。此外，海口市罗牛山股份公司经过摸索与实践，也创出了一条“建造大型沼气池，集中统一供气”、“沼肥的开发利用”等畜牧业循环经济模式。

“一个村建设一个养殖小区、配套一个大中型沼气池，引进一个龙头企业带动，成立一个合作社进行管理，建设一个沼气服务站完善后续服务，带动建设一个无公害种植基地。”的较完整、较科学的“七个一”模式在实践中运应而生，“猪—沼—果”、“猪—沼—菜”、“猪—沼—粮”等多种循环农业模式在新建项目中广泛应用，使“猪入圈、粪入池、气入户、肥入园、厨无烟、灯非电”成为现实。生态循环的有效措施和亮点模式，成为海口市多年实践的经验结晶！

经过多年来的沼气大建设，我市农村沼气建设和综合利用已初步迈上了产业化发展轨道，沼气池建设从分散的户用型向更集中、供气能力更强的大中型、联户型转变；综合利用从简单的气灯照明、生活燃料向集中供气、沼气发电、沼肥综合利用转变；后续服务从松散型向规范化物业管理转变；沼液利用从桶装肩挑向车辆运送、管道输送转变。沼气综合利用取得显著的经济效益、生态效益和社会效益。

## 一、生态效益

一是沼气可作替代燃料，保护生态环境。2009年以来，海口建成大中小型沼气工程228处，年产沼气约1800万m3，折标煤约1.26万吨。二是处理畜禽粪便，净化空气。每年净化畜禽粪污达360多万吨，显著减少因粪便，随意堆放、粪水肆意排放而产生的甲烷气向大气排放。三是有机肥部分替代化肥。年产沼渣、沼液80多万吨，沼渣、沼液都是有机肥，可大量替代化肥使用，改良土壤。四是以气代柴降低了森林资源消耗，保护林木生产。如全市9000户沼气受益农户，以每户年节柴1.3吨算，共计全市年可节柴1.17万吨，相当于可以保护林木2.16万亩。五是有效地改善了农村环境卫生。农村沼气“一池三改”（改厨、改厕、改猪圈），实现了猪有圈、牛有栏、人有厕。人畜粪便污水全部进入沼气池发酵，农村卫生条件大为改善。

## 二、经济效益

一是直接经济效益，据典型调查，沼气用户使用沼气做饭、炒菜及点灯照明，每户年节省生活燃料和电费开支约1400元，利用沼液、沼渣施用农作物每年可节省化肥350公斤以上，减少化肥农药等开支约1600元，二项合计每个沼气用户年节支增收的直接经济效益达3000元，按全市新增沼气用户0.9万户计算，年节支增收可达2700万元。二是间接效益，农民以沼气为纽带发展养猪业增加收入，再利用沼液、沼渣优质有机肥，发展优质果菜等作物增加收入，全市新建“猪—沼—农作物”生态循环农业生产基地6.3万亩，按每亩毛利润2200元计，年总毛利润为13860万元；单是联户、户用沼气农户2700多户，按每户年增加出栏生猪12头获纯利600元计算，年增收可达160万元。综上所述，全市通过实施沼气，实现年增收节支达1.67亿元以上。

## 三、社会效益

一是农民增加多种经营机会。目前全市沼气建设已惠及1.9万农户，由于解决农村生活燃料问题，促使劳动力能腾出时间开展多种经营活动。二是减少疾病传播，降低居民的发病率和死亡率，改善健康状况。据初步调查，凡集中连片发展农村沼气的地方，蚊虫减少70%以上，农民消化系统疾病发病率减少10%以上，流行性疾病明显减少，体质得到增强。三是提高海口农产品品牌效应。通过发展“猪—沼—菜（果）”农业模式，创办无公害农产

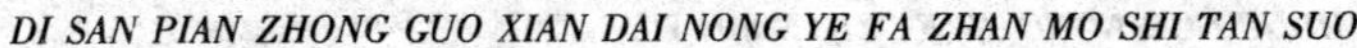

品基地，及通过产品推介、展示展销等方式有计划地组织市场营销，培育优质品牌，扩大海口农产品知名度和市场占有率。

在海口市农业局不断地探索和努力下，以沼气为纽带的生态循环农业实现了从无到有，由弱到强的跨越式发展。

一路走来，海口市的沼气建设也遇到过许多难题，一是由于建筑材料价格不断上涨，建池成本较高，建设好一个户用型沼气池，配套好改厨、改圈、改厕等“三改”的成本需要上万元，群众自筹资金能力有限，负担重。二是海南省地处亚热带地区，易受高温、暴风雨和台风等灾害性天气影响，不少沼气工程经多年运转，已出现老化、腐蚀、损毁等问题，管护及维修任务较繁重。三是养殖、沼气、后续服务和沼肥利用几大环节相互联系、相互制约、环环紧扣，然而各环节建设速度、规模、水平的不一，需求与投入的矛盾制约，影响了生态循环农业快速发展。

针对这些难题，海口市农业局迎难而上，积极寻求解决问题的办法，一是争取加大财政扶持力度，拉动社会资金投入。市委、市政府把农村沼气建设列入公共设施均等化工程之一，在政府投资决策上给予了倾斜，把生态循环农业项目沼气等专项资金列入年度市财政预算，每年均兑现财政配套资金，加大资金投入力度，近年来，全市农村沼气建设累计投资近 2 亿元，同时，积极拉动企业、农民专业合作社等社会资金投入建设。二是积极创新沼气建设和管理模式，以“七个一”的建设模式打造海口绿色生态循环农业，积极推行养殖小区、沼气工程、沼气服务站、沼气技工服务队伍同步建设，采取“政府引导，建立队伍，健全网络，完善机制，服务农户”措施，坚持“政府引导、农户参与、专业化服务、非盈利运作”的服务模式，完善沼气设施的后续维护和跟踪管理，确保沼气设备正常运作，畅通生态农业的循环链条。三是大力推广沼气的综合利用，以点带面，围绕绿色、有机、无公害食品，推进沼气、沼液、沼渣综合利用，创办了荔枝、香蕉、瓜菜、莲雾、热作等喷灌设施和沼液施肥于一体的沼肥综合利用示范基地。

在传统农业积极向现代农业转变的背景下，海口将继续推进沼气循环农业建设，走“以规模发展生猪为主线、沼气建设为纽带，以资源综合利用、农业增效农民增收为目标”的生态循环农业路子，助推海南省国际旅游岛建设，促进海口经济发展的绿色崛起。

# 立足生态优势　壮大有机产业

四川省西充县农牧业局　郭峥嵘　谢永江

西充县位于四川盆地中偏北部，幅员1108平方公里，辖44个乡镇，总人口68万（其中农业人口59万），耕地面积68万亩，是典型的丘区农业县。2008年以来，西充树立“生态经济化、经济生态化”理念，围绕“建设生态经济强县”目标，立足自身优势和市场需求，高起点启动“中国西部有机食品基地县”建设。至2013年7月，全县建成有机食品基地53个、面积10.3万亩，其中53个基地、93个品种、5.1万亩通过有机认证，年出栏有机畜禽30万头（只）。实现有机产业产值11.5亿元。2010年被上海世博会联合国馆授予“低碳中国行品牌建设中国西部有机食品基地县”称号、2011年10月被国家认监委批准为“国家有机产品认证示范创建县”。探索出一条“生态为基、绿色崛起”的丘区农业科学发展发展之路。

## 一、坚持科学规划，明确发展思路

明确围绕一大目标（打造中国西部有机食品第一县）、突出两大重点（新型经营主体、特色产业基地）、培育三大主业（畜禽、果蔬、粮油）、优化四大区域（212线、太平区域、双凤区域、槐树区域）的总体构想，始终遵循自然规律和生态学原理，大力促进经济效益、生态效益和社会效益相统一，实现有机产业集中连片种养、规模发展，力争5～10年新建和认证转换蔬菜、水果、麻竹等有机食品种植基地20万亩，建立有机畜禽养殖基地15个，年出栏有机畜禽500万头（只），有机农产品年产值达到100亿元；初步建成10平方公里的南充经济开发区多扶食品工业园，打造12平方公里的多扶食品产业园和2平方公里的有机农产品物流配送中心，工业产值达到100亿元，建成立足成渝、面向西部、辐射全国的有机食品生产供应基地。

## 二、加快建设基地，拓展产业规模

以国家现代农业示范区建设为平台，以“畜禽—沼气—果蔬”循环发展为主推模式，以机制创新和科技支撑为动力，实现基地规模与建设质量“两促进”。对照GB/T19630有机产品国家标准，编制有机种植技术规程36项、

有机养殖技术规程13项并严格执行。近三年整合涉农项目资金7.8亿元，集中投向有机产业基地，重点实施常林万亩有机特色产业园、凤鸣万亩有机循环农业园、义兴万亩有机供港农业园、观凤青狮万亩有机粮油产业园“四园工程”项目，完成田地调型3.5万亩，新建渠系320公里、产业道路178公里、钢架大棚1300个、基地腐熟池2576口、产业基地隔离带21公里，建成万头生猪养殖小区18个、全国一流的3000头智能化种猪场1个。严格按照“四有一可”（操作有规范、过程有记录、产品有标识、市场有监管、质量可追溯）生产标准，安装太阳能杀虫灯2300盏，配置黄板120余万张，新建腐熟池2576口，设置基地标识牌1300多个。坚持企业自愿申报、有机办审核推荐、认证公司颁证确认，强化证后监管，实行退出机制，对违规使用违禁投入品“一票否决”，质量信誉有力保证。

## 三、培育带动龙头，延伸产业链条

以实施组织化经营作为有机农业的生产组织保障，积极培育和发展有机农业龙头企业、专合组织、农村新型集体经济组织和家庭农庄，完善有机产业链条。先后引进农业企业31家，采取融资担保、财政贴息、技改扶持等办法，培育省级农业龙头企业3个、市级农业龙头企业24个，初步形成果蔬、肉食品、粮油三大类有机产品业。坚持政府主导，落实农民主体，规范发展各类专业合作社86个，推行“六个一”（一个产业、一个专业合作社、一套操作规程、一套质检体系、一个注册品牌、一批标准园区）有机产业发展模式，做到技术推广、投入品使用、产品收购、品牌标识“四统一”，实现有机产品生产组织化经营，有力带动农民增收致富。

## 四、实施品牌战略，拓展市场领域

采取多种形式广泛普及有机农业知识，提高生产者和消费者的认知度，在成南高速、国道212县等要道设置大型宣传牌20余处，在各类主流媒体扩大西充有机食品基地建设影响力。成功注册“西凤脐橙”、“充国香桃”、“槐树禽蛋”等有机农产品商标28件，重点创建“百科牛奶猪”、“有机莲花茶”等高端品牌12个，“西充二荆条”辣椒被国家质检总局评为国家地理标志保护产品，富硒猪肉、丰源禽蛋、“竹娃娃”竹笋被上海有机博览会评为最受欢迎产品，成功打入韩日和东南亚市场。加快建设“两个中心”（西充有机产品体验展示中心和冷链物流中心），采取“政府扶持、企业主体、市场运作、自主经营、自负盈亏”模式，促进保鲜、冷藏、检测、运输“四配套”，构建信息、物流、结算“三系统”，在北京、上海等地建设西充有机农产品生活旗舰会馆8个。精心组织经营实体参加博览会、农展会，开展“农超对接”，农兴公司被上海世博会联合国馆命名“特许有机产品生产供应基地”，百科公司与香港五丰行、深圳华润万家等大型连锁网点建立合作关系，直接向1.4万VIP客户配送西充有机产品。

## 五、严格全程监管，确保有机品质

深入贯彻实施《农产品质量安全法》，建立健全全程监控、质量追溯和企业诚信三大体系，努力提高农产品质量安全水平，务实筑牢有机产品发展“生命线”。健全有机农产品质量安全检测体系，成立南充农产品质量检测中心西充分中心，完善检验检测手段，实行企业自检、部门抽检、上市必检制度，重点加强对基地农业生产环境、投入品、上市产品的强制性检测。指导企业、协会规范建立农事操作记录档案，完整记录投入品购置、使用、病虫草害防治等情况；对生猪、鸡鸭等畜禽等实行定点屠宰，坚持集中检疫；对有机产品标识标准化条码，确保有机产品质量可追溯。健全以果蔬、畜禽和粮油等有机农产品为重点的市场准入制度，严格把好有机产品“身份”关口。在农产品批发市场、农贸市场和大型超市设立西充有机农产品展销专区专柜，大力提升品牌形象。定期不定期开展农资市场综合执法整顿，严格有机产品质量、商标、包装管理，加强认证基地动态监管。

## 六．强化组织领导，保障发展实效

成立由县政府主要领导亲自挂帅的工作领导小组，县委、县人大、县政府、县政协主要领导经常研究部署，分管领导具体靠前主抓，县级相关部门积极通力协作。组建副科级事业单位—县有机办，实现机构、人员、经费、任务“四落实”。将有机食品基地建设纳入财政预算，2009年投入8500万元且实现逐年稳步增长；对从事有机农业生产的企业（业主），在前三年有机认证转换期给予土地租金100%的补贴，对有机肥等农资在推广期落实50%的补贴；加大新品种引进、有机食品参展、对外宣传等投入。多方共同建立风险基金，不断提高发展有机产业抵御市场风险能力。加强同四川农大、省农科院等科研院校合作，举办有机知识培训，大力推广以提高土壤肥力、减少土壤污染，减少病虫危害等使用物理、生物和农业等综合配套新技术；实行部门联系企业、科技人员联系基地制度，基地乡镇设立有机专员、建成县、乡、村、企四方联动的技术服务体系。细化年度建设任务，采取台账管理、前期提醒、跟踪督办等方式，将有机产品基地建设完成情况纳入综合目标考核，与政绩考核、评先奖优、职务升降等密切挂钩，一月一督查，一季一通报，年终兑现奖惩，形成了全县上下同心协力建设有机食品基地县的良好氛围。

**作者简介：**

郭峥嵘，男，汉族，中共党员。现任四川省西充县县委委员，农牧业局党组书记，局长。

谢永江，男，1965年6月出生，中共党员，本科学历，高级农艺师。现任四川省西充县农牧业局办公室主任。

# 发挥地域生态优势<br>努力发展生态农业和有机农业

四川省雅安市农业局　杨明江　龙　辉

雅安市位于四川盆地西缘，是四川盆地通向青藏高原的过渡地带，全市幅员面积1.53万平方公里，总人口156万人，其中农业人口117.17万人。一直以来，市委、市政府高度重视农业发展。2012年年底，全市耕地面积84.34万亩。全年农作物播种面积271.88万亩，其中粮食180.16万亩，总产量52.02万吨。全市生猪存栏116.7万头，出栏147.6万头，牛存栏15.8万头，出栏9.7万头，家禽存栏681万只，出栏1633.8万只。农牧业带动农民人均纯收入比上年同期增长297.5元。

针对我市自然资源，生态环境条件优越，森林覆盖率达62.5%，空气质量优良，城市饮用水源地水质达标率均为100%的优势和顺应国际有机农业发展潮流，我局将生态农业和有机农业发展作为我市农业未来发展的重点和方向。

## 一、着力转变生产发展方式，大力发展有机农业

积极推进“国家有机产品认证示范区”创建工作，把雅安初步建设成立足四川、面向西部、辐射全国、发展海外的有机食品生产基地，把有机食品产业打造成带动全市经济发展和促进农民增收致富的优势支柱产业，实现产业转型跨越发展。

### （一）建成一批有机食品原料基地

充分利用土壤、水质和空气检测结果，科学制定区域性有机农业发展规划。重点在天全、芦山、荥经、宝兴中高山地区和雨城、名山的部分区域发展有机茶叶产区；在汉源、石棉、宝兴建设中高山叶菜类有机蔬菜基地；在汉源、石棉发展甜樱桃、黄果柑、枇杷、核桃、花椒等有机产品基地；在天全、芦山、荥经、雨城、宝兴发展猕猴桃、杜仲、竹笋及蕨菜等有机产品基地。2013年，建成3万亩有机农产品基地，到2016年，力争实现全市有机农产品基地达7.4万亩。2015年年底前完成荥经、石棉两县创建“有机产品认证示范县”。

### （二）培育一批有机龙头企业

引进培育发展经济实力厚、市场竞争力强、产业拉动大、产品档次高的

有机食品加工企业，做大名优特新农产品规模，形成具有雅安特色和比较优势的有机食品精深加工产业链。以大型茶叶企业为龙头，做大做强做精有机茶叶加工业。全力培育花椒、水果、蔬菜、畜禽等为主的有机食品加工特色产业集群，着力打造有机食品产业链。支持有机食品加工企业利用资金、技术、品牌和市场网络优势，进行横向重组和上下游整合，向集团化方向发展。鼓励有机食品加工企业开展诚信管理体系认证工作，引导企业早日达到食品工业企业诚信管理体系认证（CMS）要求，通过认证提高企业诚信保障能力和食品质量安全管理水平，提高企业综合竞争能力。对扩张型、科技型、营销型、出口型、效益型的有机食品精深加工重点企业，给予政策倾斜，在资金上予以扶持，促进其快速发展壮大。

**（三）申报一批有机食品产品**

加强对有机产品认证的领导。以茶叶、高山蔬菜、水果、特色畜禽、核桃等产品为重点，落实有机肥施用、规范化栽培管理、田间生产记录、统防统治、产品分级包装、统一标识标牌、产品质量可追溯等系统工作，积极支持企业或专业合作社申请认证。2013 年，全市认证有机食品达到 50 个，力争到 2016 年，全市有机食品生产及加工企业（专合社）达 56 个，认证有机食品 105 个以上。

## 二、扎实推进生态环境保护，努力维持自然生态系统平衡

坚持预防为主、综合治理，在保护中发展，在发展中保护，不断提升现代农业对水、大气、土壤的综合治理能力。

**（一）大力推广绿色生产。**

一方面，结合高标准农田建设、农业综合开发土地治理等重点项目，大力推广新品种、新技术、新模式、新机制“四新”示范和良种、良法、良壤、良灌、良制、良机“六良”配套，2013 年，完成测土配方施肥面 100 万亩。另一方面，因地制宜，在“北茶竹、南果蔬”的大布局下，着力优化农业产业结构，进一步遵循自然规律和生物多样性规律，做强做大优势特色产业。

**（二）全面推进绿色防控**

从有效利用自然生态系统自然生产力及其完善的生态服务出发，最大限度地减少农业生产过程中农用化学杀虫剂、除草剂、动植物助长剂等有害物品的使用量。利用生物多样性的相互关系，指导生产单位和种植户采取绿色防控措施，重点实施灯光诱杀、色板诱杀、性诱剂诱杀等绿色病虫害防治方式。2013 年，力争全市绿色防控示范面积达 15 万亩，辐射带动 20 万亩。

**（三）稳步推进沼气池建设**

一是坚持将沼气池建设与新农村建设、城乡环境综合治理、地质灾害移民新村建设、扶贫新村建设等项目实施相结合，着力推动改厕、改圈、改厨，减少人畜排放污染。二是把沼气池建设与生态茶园、生态养殖小区建设相结合，大力推广“猪－沼－茶（果、蔬等）”循环生产模式，促进以“投入品减量、废弃物再利用和整体物质再循环”为原则的循环农业的加速发展。2013年，力争建成“生态养殖＋绿色种植”示范小区3个。

## 三、切实加强农产品质量监管，确保农产品质量安全

围绕“让老百姓吃的放心”，将进一步加快农产品质量安全监管，突出抓好“菜篮子”主产县和生产基地、市场流通等各环节监管力度，确保农产品质量安全。

**（一）健全农产品质量监管体系建设**

推进农产品检测向乡镇延伸，在市、县（区）两级农产品质量安全监管机构和农业执法机构的基础上，健全乡镇或区域性公益性农技推广体系，实现100%覆盖。成立乡镇农产品质量安全服务站，落实好机构、编制、人员、职责，逐步建立村级农产品质量安全监管员制度。依托龙头企业和专业合作社试行农产品质量安全可追溯制度，力争实现环境有监测、操作有规程、生产有记录、销售有标识、流向可跟踪、产品可追回目标。

**（二）狠抓农产品安全专项行政执法**

围绕节假日和农业生产重要节点，深入开展农药专项整治、蔬菜农残超标整治、农资打假专项整治以及食品添加剂专项整治。深化农资打假，加强案件查处，引导诚信经营。

**（三）创新开展“农产品质量安全综合体”建设**

稳步实施“农产品质量安全综合体”建设，通过打组合拳，整合项目资金，把绿色防控、质量可追溯、农业投入品监管、统防统治、检测室建设、猪沼茶循环种养、疫病防控等一系列工作纳入统一管理、建设，建立农产品质量安全多层次防御体系，并逐步在全市范围内推广。

## 四、加快调整农业资源利用结构，不断提升农业经济综合效益

推进生态文明建设，最终要让老百姓感受到实惠。加强对农业资源的深

度开发和多层次的综合利用，积极开发利用农地资源的非耕地部分和与之相匹配的各种优势生物资源，大力发展山地农林业、适水农业、草地畜牧业等非耕地农业，建成高效耕地农业和多样化非耕地农业有机结合、协同发展的农业结构体系。

**（一）大力发展“立体农业”**

因地制宜，加大“种养结合、林农复合、水旱轮作、粮经简作”等生态方式的应用力度，在维持生态系统平衡的基础上，挖掘好、利用好农业资源潜力。推进林下养殖业发展，2013年，力争实现山地鸡林下养殖100万只；推进“茶+桂”、果蔬间种、套种发展等，2013年，力争建设示范面积10万亩。

**（二）推进“接二连三”**

不断拓展农业产业价值链，从农业的单纯种养，向农副产品加工业和涉农服务业对接。切实开展招商引资，做大做强做精茶叶、花椒、水果、蔬菜、畜禽等为主的特色产业链，增强农副产品附加值。依托产业基地，不断完善基地基础设施，大力发展休闲农业和观光农业，让“农+旅”结合成为农民增收、农业增效的又一个增长点。

**作者简介：**

杨明江，男，1968年12月出生，中共党员，大学学历。现任四川省雅安市农业局党组书记、局长。

龙辉，男，1981年12月出生，本科学历。现任四川省雅安市农业局农业执法支队副支队长。

# 以生态建设为基础　推动草原畜牧业发展

四川省雅江县农牧和科技局　谭　兵　张嘉叙

雅江县位于四川省西部甘孜藏族自治州，地处青藏高原东南部，全县幅员面积7854.5平方公里，辖4个区工委，17个乡镇，人口为4.9万。全县国土面积中林地占51.2%，草地占47.8%，耕地仅占0.39%，特殊的地理位置和地势分布决定生态建设成为全县重要的基础工作。我县按照“以牧为主、草业先行”的发展方针，把草原生态保护建设与发展农村经济、促进农民增收结合起来，以生态建设为基础，推动草原畜牧业发展，取得了可喜的成绩。

雅江县的草地以高原草甸草地为主，海拔均在4000米以上，气候恶劣、生态脆弱，该类型草地的恢复是世界级难题，为此我们采取“保护、发展、利用”的方针，积极探索、多措并举加强全县草地生态的保护和发展。

## 一、依法做好草原保护

大力宣传《中华人民共和国草原法》、《草原防火条例》、《四川省牧区草原禁牧管理办法》、《甘孜藏族自治州草原管理条例》等相关法律法规，使广大牧民群众从思想和行动上重视草原生态保护；认真落实草原保护建设各项法规、政策，强化对违法草原法律、法规行为的处罚力度，同时积极通过建立草原管理的“乡规民约”，使草原保护和合理利用落到实处；抓好草地围栏设施的建设管理，把管护责任落实到了乡、村、联户；动员整合力量做好草原防火和防灾抗灾、鼠虫害防治等工作，积极推进草原确权及深化草原承包工作试点工作；全县建成草原监测点3个，其中国家级草原固定监测点1个。

## 二、严格实施减畜增草

根据实际情况我县制定了草原禁牧管理和草畜平衡管理制度，严格指导、督促各村社、牧户开展禁牧封育、减畜增草工作。以村为基本单元，合理划定了草原禁牧和草畜平衡区域，禁牧区全年禁止放牧，禁牧期为5年，根据草地监测植被恢复情况适时解禁。县草原监理站每月开展1次巡查工作，各村草管员每星期至少1次对禁牧区放牧情况和减畜完成情况进行巡查。全县认真落实草原生态保护补助奖励政策，2012年发放补助资金共计1565.8万

元，实施禁牧草地108万亩，禁牧地块189个，分布于红龙等13个乡镇，69个行政村，涉及4996户；草畜平衡区393万亩，分布柯拉等17个乡镇，113个行政村，涉及8207户。2012年全县完成减畜15458头（只、匹），折合5.03万个羊单位，超年度计划16%。

## 三、大力开展人工种草

全县重点以项目为载体，积极整合各类涉农资金，在牧业主产区实施了一系列草原生态建设、人工种草工作，通过实施“人、草、畜”三配套工程、牧民定居计划、天然草原退牧还草工程、天然草原生态保护补助奖励等项目，全县完成建设围栏草地210万亩、割草基地30万亩、卧圈种草地0.2万亩、牧草种子基地0.1万亩，补播草地71万亩，在祝桑乡建成优质牧草（草种）基地610亩。通过大力开展人工种草，全县草原生态系统得到进一步恢复，部分区域超载过牧现象得到了扭转，水土流失得到进一步治理，优良牧草比例、牧草产量、植被高度和盖度均大幅提高。

雅江县通过强化草原生态建设保护了草地生态平衡，有效推动了雅江畜牧业的发展，2012年全县各类牲畜存栏18.87万头，各类牲畜总增4.72万头，总增率25%，肉类总产量为5236吨，奶类总产量4103吨，全县牧业产值预计达1.25亿元。

2013年年初，雅江县获批“四川省第二轮畜牧业建设重点县”，现代畜牧业重点县建设大幕已经拉开，雅江草原畜牧业的标准化、规模化、产业化水平将不断提升，草地生产能力进一步增强，畜产品加工产业链深度延伸，现代草原畜牧业体系将逐步形成。到2015年，全县草原畜牧业产值将达到2亿元，畜牧业产值占农业总产值60%以上，农牧民生产生活条件明显改善，人均纯收入将达8000元以上，达到全省平均水平。

**作者简介：**

谭兵，男，汉族，中共党员，大学学历。现任四川省雅江县农牧和科技局局长。

曾在雅江县林业局、雅江县扶贫办、雅江县农牧和科技局工作。现任四川省雅江县农牧和科技局局长。

张嘉叙，男，汉族，现任四川省雅江县农牧和科技局副局长（挂职）。

# 发展壮大青稞产业　带动农牧民致富

西藏自治区堆龙德庆县农牧局　次旦朗杰

堆龙德庆县古荣乡青稞农牧民合作社在短期的时间内从无到有、从小到大、从单纯的合作组织向产业化逐步发展，都离不开区、市、县有关部门大力支持和县委、县政府的正确领导，现将我堆龙德庆县古荣乡青稞合作社的情况作如下汇报：

## 一、合作社的基本情况

合作社没有独立的基地，暂借租在堆龙古荣朗孜糌粑公司的基地，朗孜糌粑公司位于青藏路沿线的古荣乡嘎冲村境内，离县城约22公里，交通十分便利，合作社组建于2008年5月，合作社定位为：购销服务型，合作社由科技户、示范户及普通户组成，合作社下设购销部、财务部、办公室、储运部。合作社现有管理人员8名，其中：会长1名、副会长2名及成员5名，目前合作社共有农户210户，注册资金50万元。最近从收购青稞购销来看，2008年预计收购2000万斤，年销售收入可达到2200万元。

## 二、主要做法

合作社一直以来，把带动农牧民致富作为合作社发展壮大的途径，非常支持收购当地群众的精制青稞及销售精制青稞的订单方向。目前，合作社直接带动农户210户，其中青稞收购农户164户，销售农户46户，每年每户平均收入1.8万元；管理人员8名，年人均收入1.2万元。合作社与农户之间架起了桥梁，系起了纽带，充当了红娘，是产品从生产、收购到贮藏、运销形成一条龙经营，从而顺利实现“公司+合作社+农户+基地”的产业化经营各环节，取得了事半功倍的明显效果。公司始建已有15年的时间，合作社成立半年以来，做了以下扶贫项目：

1. 每年给老百姓无息借款40万元左右，农牧民主要用于盖新房、扩建房、购买运输工具，如手扶拖拉机，共40多台及学生上学费用等。

2. 每年给五保户、贫困户、学校赠送生活用品、学习工具、粮食、现金等截至目前总计价值人民币8万元至10万元左右。

3. 2008 年“5. 12 汶川大地震”捐赠糌粑 11 吨，西藏当雄县地震捐款人民币 1 万元。

4. 合作社成立以来，组织了群众业余艺术团并多次下村“慰问演出”，提高了群众的精神文化素质。

## 三、合作社今后的发展方向

1. 发展农业是市场经济条件下出现的新事物，为增强农牧民的收入，合作社与当地农牧民签订了收购青稞的合同，成品原料的 60% 从我县的各乡镇收购，40% 从日喀则地区收购。最近几年随着科技的发展，一是进一步提高了农牧民群众参与市场的能力，提高了农民的生产积极性，二是加强引导，理新农民观念。紧紧围绕“加强科普宣传、提高农民素质”这一主题，多渠道，多形式加大农民培训力度，教育引导群众转变传统观念，增强市场观念，倡导科学种植理念。

2. 2009 年我公司计划收购青稞 2500 万斤，进一步增强群众的增产增收意识，形成了“合作社 + 公司 + 市场 + 农户”的运作模式。在保证合作社发展的同时，收购的青稞主要以堆龙德庆县古荣乡嘎冲村为主，并和南嘎村、南巴村、杰布村、巴热村签订收购青稞合同，与马乡、德庆乡等同时签订收购合同，确保农户与合作社按照收购合同进行合作，充分发挥自身优势，尽最大的力量帮助贫困的农牧民走出贫困，走向富裕，同奔小康尽到合作社应有的职责和义务，真正促进农牧民增收。

为支持我县现代农业的发展，进一步强化我县粮食生产的基础地位，不断提高粮食综合生产能力，按照 2012 年中央财政支持现代农业生产发展资金项目要求，结合堆龙德庆县现代农业发展规划和粮食生产实际情况，特制订本实施方案。

## 四、青稞产业概况

### （一）生产情况

堆龙德庆县现有五乡两镇，34 个行政村，现有人口 47105 人，其中农业人口 41742 人，2011 年年末全县总耕地面积 83174. 2 万亩。

堆龙德庆县青稞生产以春播为主，良种覆盖率 95%，优质率 90% 以上。年机耕面积 7. 5 万亩，机耕机收率分别达到 90. 2% 和 93. 5%。常年粮食播种面积稳定在 6. 02 万亩，其中青稞播种面积稳定在 4. 12 万亩，青稞总产 1. 7 万余吨，粮食商品率45%，粮食总产连续四年超过2.6万吨，是以青稞生产为主、冬播声场为辅的农业县。

**（二）存在问题**

县城内部分水利设施年久失修，难以满足青稞生产需求；田间机耕道窄小，不利于机械化作业；田块形状不规则，不利于规模化生产；农民科学种田水平不高，制约了青稞生产发展；地力下降，削弱了青稞创高产基础。

**（三）良种补贴全覆盖，品种选用对路，布局合理**

主要推广了青青稞：藏青320、藏青148；冬小麦：麦冬6号；油菜：藏油5号、山油2号等高抗性品种，辅以稳产、长势旺的喜拉19、喜拉22等弱春性品种，整体涨势好、穗粒数较往年多。

**作者简介：**

次旦朗杰，男，藏族，1973年12月出生，中共党员，本科学历。现任西藏自治区堆龙德庆县农牧局局长。

自1993年8月参加工作起，历任县柳梧乡人民政府科技副乡长，县农牧局蔬菜基地副局长、副食办主任，县柳梧乡人民政府副书记、乡长，县东嘎镇人民政府人大主席，县农牧局沼气办主任等职。现任堆龙德庆县农牧局局长。

# 绿色蔬菜种植 增收新渠道

西藏自治区昌都县农牧科技局 扎西泽仁 泽几卓玛

2012年以来，在地委、行署的正确领导下，在上级有关业务部门的大力支持和精心指导下，我县按照“突出特色、发展产业、形成规模”的要求，立足区位优势、资源优势，大力发展特色农牧业，以新农村建设的总体要求和部署为抓手，以增加农牧民收入为最终目的，2013年我县实施了“昌都县第一期蔬菜生产基地”“昌都县第二期蔬菜生产基地建设项目”，项目总投资6232.72万元（其中：第一期蔬菜生产基地建设项目总投资3992.7万元，第二期蔬菜生产基地建设项目总投资2240.02万元），均为国家投资。第一期蔬菜生产基地建设项目在我县日通乡温达村、如意乡杜嘎村、城关镇白格村新建高效日光温室440栋（总占地面积451.61亩）。其中：白格90座（温室净占地面积64亩），温达村109座（温室净占地面积66亩），杜嘎村241座（温室净占地面积126亩）；第二期蔬菜生产基地建设项目在我县卡若镇特贡自然村实施，新建高效日光温室171栋，总占地面积195.61亩。

项目的实施，在发挥区域优势、推进产业结构调整、增加农牧民收入等方面效果明显，通过项目的实施，不仅使项目区人均现金增收达1200多元，而且提高了农牧民的商品意识和劳动技能，农牧业生产规模化、标准化、专业化、特色化发展的态势开始逐渐呈现。2012年全县农村经济总收入达到7.78亿元，农牧民人均收入达9399.04元，受益户达3个乡镇、15个村、500户、2516人，户均增收0.6万元，人均增收0.12万元。

1. 抓机遇、重落实。从项目立项初期就建立健全项目组织管理，及时成立昌都县特色产业项目领导小组，采取领导带头、群众参与、分片包干的办法，形成了各部门相互配合、齐抓共管、共同促进农牧业特色产业加快发展的良好氛围，切实做到了项目到村、规模到户、责任到人、明确目标、措施有力，为我县农牧业特色产业项目建设的顺利实施提供了强有力的组织保障。

2. 开展培训，提高项目建设效益和科技含量。我县结合实际，针对项目区群众的需求和项目建设、运行、管理要求，在项目区群众中广泛深入地开展了形式多样、内容丰富的科技培训工作，形成了有特色产业项目的地方有科技人员蹲点服务、现场指导的科技服务体系，有效地提高了农牧民的科技素质、项目建设效益和科技含量。

3. 抓成效，出亮点。经过一年来的努力，我县实施的“蔬菜生产基地”项目已逐渐发挥其经济效益和社会效益，成为我县农牧民增收的新渠道。蔬菜生产基地共建成611栋高效日光温室，每栋温室年产各类蔬菜8000斤以上，每栋每年实现纯收入约0.5万元以上。

可见，我县特色农牧业产业发展规模正不断壮大、发展层次不断提高、发展效益日益明显，正逐渐成为农牧民新的增收点。大力发展绿色、无公害蔬菜，蔬菜产品全部达到优质安全水平，覆盖我县15个乡镇，蔬菜面积达451.61亩，产量达到0.24万吨。对调整以往种植业结构，增加种植业附加值，提高农牧民经济收入，提高生活水平，平稳昌都县蔬菜价格有着极其深远的影响。

4. 建立农村经济合作组织，推进项目建设。农村专业合作组织的建立和发展，是新阶段农村经济适应市场经济要求的必然产物，为了使项目区群众生产有目标、销售有渠道、收入有保障，我县根据项目建设需要，成立了“昌都县农牧民蔬菜专业合作社”，经过不断探索和发展，目前合作社基本形成了风险共担、利益共存的生产经营管理模式和“公司+基地+合作社”的运作模式。但仍然存在组织规模小、带动作用有限、活动资金短缺、管理不够规范、综合素质不高、服务手段滞后等突出问题，下一步我县将从抓宣传、抓典型、抓发展、抓规范、抓创新、抓培训、抓龙头企业发展方面进一步完善和规范农村经济合作组织，为使农村经济合作组织成为我县特色产业发展的强劲后力而不懈努力！

5. 打造绿色品牌蔬菜，走健康生态道路。我县蔬菜生产基地不仅在规模上壮大，更加大对绿色安全蔬菜食品的打造，注重无公害蔬菜的生产。做到蔬菜上农药残留不超标、硝酸盐含量不超标、“三废”等有害物质不超标、有害病原微生物不超标、避免环境污染的安全商品蔬菜。主要做法：

1. 无公害蔬菜施肥技术。无公害蔬菜生产掌握以有机肥为主，其他肥料为辅；以多元复合肥为主，单元素肥料为辅；以施底肥为主，追肥为辅的施肥原则。尽量减少化肥的施用量，确实需要时，可以有限度、有选择地施用部分化肥。在使用化肥时要掌握不使用硝态氮肥，每亩用量不得超过25公斤，化肥必须与有机肥配合施用，少用叶面肥。

2. 无公害蔬菜生产的肥料种类。根据昌都县蔬菜基地实际情况，当地无公害蔬菜生产中，允许使用的肥料种类主要是农家肥。农家肥包括堆肥、厩肥、沼气肥、绿肥、作物秸秆等。在生产中应大力提倡使用高温堆肥，在堆

制过程中，物料发酵能使温度达到55～70℃，保持10～15天，可杀死物料中的病原微生物、虫、卵及杂草种子，并对其中的有害物质有降解作用。在施肥过程中，以农家肥为底肥，是施用量最大的一种有机肥。其他肥料如矿物质肥料（钾肥、磷肥）等，不宜超量施用。

3. 综合防治法。通过采用系列农业技术措施，提高蔬菜抗逆性，减轻病虫为害。包括：①因地制宜选用抗病虫品种。②种子处理和苗床高温消毒。③根据当地气象预报和蔬菜品种特性，选择适宜的播期。④深翻地，施足腐熟基肥，合理轮作、间作。⑤改进栽培方式，加强管理控制温室、大棚的生态条件，防止病害发生。

4. 草木灰杀虫法。草木灰是重要的农家肥。它含有丰富的钾等矿物质，有极好的防虫效果。其方法有三种：一是土壤施用，每亩用草木灰30～40公斤，最好施于种植沟内，播种或定植后再覆土，可防治根际害虫；二是直接撒施，将草木灰经研磨后于早晨露水未干时喷施于害虫为害部位，每亩用草木灰1～2公斤；三是喷洒灰液，将3公斤草木灰加水10公斤浸泡3天，滤渣后喷洒草木灰浸出液，每亩喷液量50公斤。

**作者简介：**

扎西泽仁，男，1973年11月出生，中共党员。现任西藏自治区昌都县农牧科技局。

泽几卓玛，女，藏族，1982年9月出生，中共党员，本科学历。现在西藏自治区昌都县农牧科技局工作。

# 深入贯彻落实科学发展观
# 全力推进生态畜牧业健康发展

甘肃省合作市农牧局　旦正道吉

2012年，合作市农牧局为了认真学习贯彻中央1号文件和中央第五次西藏工作座谈会议精神，团结带领农牧系统干部职工，以科学发展观统领经济社会发展全局，充分运用“联村联户、为民富民”行动这个有效载体，紧紧围绕“农牧业增产、农牧民增收、农牧村稳定”这个中心，强化措施，狠抓落实，不断巩固提升我市生态文明建设与环境保护工作成果，提高生态文明建设水平，认真执行草原生态补奖机制政策等各项强农惠农政策，全力实施农牧互补“一特四化”战略、“生态立州”战略，扎实推进“生态甘南”建设，有力推动了传统农牧业向现代农牧业转变，促进了农牧村稳定发展、农牧民持续增收。

## 一、充分发挥草原奖补政策效应，全力推进生态畜牧业健康发展

落实草原生态保护补助奖励机制政策是保障国家生态安全，促进牧区牧业发展和牧民增收的一项民生工程，是新中国成立以来我市在草原生态保护方面安排资金规模最大、覆盖面最广、补贴内容最多的一项惠民政策。合作市作为草原补奖政策落实的受惠区之一，全市六乡四个街道办事处255.94万亩草原纳入了草原补奖范围，五年累计落实草原补奖资金15355万元，年落实草原补奖资金3071万元，共涉及41个村委会、5684户、33890人。目前，已完成界限确认，核准地域、类型、面积、划定基本草原、编制绘图、草场承包、确权发证等全部工作，并顺利通过省、州验收。项目资金在核实造册、张榜公布后奖励补助资金全部通过“一册明一折统”的方式，直接发放到全市5684户农牧民手中。两年共落实草原补奖资金6142万元，每年户均增收5306元，人均政策性收入906元；草场面积较大的佐盖多玛乡年户均资金达15601元，年人均增收3000余元；草场面积较小的勒秀乡年户均资金达3400元，年人均增收510元；最高的户年领取草原补奖资金达39000元，2012年

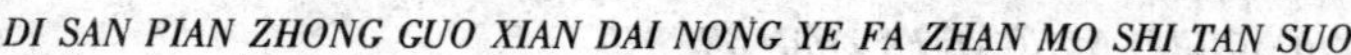

农牧民人均纯收入达到3702元，同比增长16%。通过草原生态保护补助奖励机制政策的全面实施，有效保护和恢复了草原生态植被，转变了草原畜牧业生产方式，提升了畜牧业生产水平，拓宽了农牧民增收渠道，大大提高了农牧民群众的政策性收入。切实做到了“禁牧不禁养、减畜不减收”的草原牧区可持续发展目标。

## 二、全力实施黄河水源补给区项目，扎实推进“生态甘南”建设

实施甘南黄河重要水源补给生态功能区生态保护与建设项目，是国家重要高原生态安全屏障，恢复草原湿地水源涵养和补给功能有着十分重要的作用。合作市是以牧为主，农牧结合的草原新城，草原、湿地、旅游、动植物等资源比较丰富，改善生态环境，建设生态合作已成为合作市社会经济发展和牧区可持续发展的必然选择。因此，我局紧紧围绕州委确定的实施“生态立州”，建设“生态甘南”这一战略目标，2012年在20多个“一特四化”试点村联户牧场实施了牛羊育肥小区、农牧户养殖设施、奶牛养殖小区建设项目修建养畜暖棚373座，35680平方米，总投入资金1251.92万元。购进良种基础母畜1075头，良种奶牛860头，引进良种黄种公牛200头，发展舍饲圈养转移育肥出栏4.88万个羊单位，使草场减轻了载畜压力，基本实现草畜平衡。缩短育肥周期，减少牲畜死亡率，暖棚养殖户户均增收1.23万元。同时，为了进一步巩固草原保护建设成果，以坚持生态文明的理念，技术集成为核心，采取弓箭捕捉、招鹰控鼠、生物制剂灭鼠和人工补播等综合防控技术，综合治理鼠害地2.17万公顷，人工捕捉1.21万公顷，招鹰灭鼠0.4万公顷，生物毒素灭鼠0.4万公顷，鼠害地补播0.16万公顷。投入资金192万元。通过实施草原鼠害综合治理项目草原鼠害得到有效控制，退化草原植被覆盖度由原来的45%～70%提高到70%以上，产草量由4207.5kg/hm$^2$提高到4582.5kg/hm$^2$，年挽回牧草损失750万kg，生物种类增多，从根本上提高了草原鼠害的防控水平，促进了草原生态系统良性循环和草原畜牧业可持续发展。

## 三、实施农牧互补战略，全力推进“一特四化”

2012年，我们紧紧围绕“农牧业增产、农牧民增收、农牧村稳定”这个中心，把以“犏牛繁育和奶牛养殖为主的高原生态畜牧业培育成为我市

的战略性主导产业”作为最终目标，大力推进专业化布局、产业化经营、标准化生产、技能化培训，促进农牧民增收。充分发挥“牧区繁育、农区育肥、农区种草、牧区补饲”的优势互补作用。一是发展联户牧场、专业养殖户成效显著。为了发挥专项资金的导向和扶持作用，在7个“一特四化”试点村培育建设联户牧场20个，专业养殖户544户，购进基础母畜900头，奶牛517头，良种黄种公牛150头，优质牦牛杂交生产犏雌牛0.52万头，建成了一批看得见、有实质进展的特色优势产业集群，发挥了示范带动、以点带面、分步推进的作用。目前，全市各类牲畜存栏29万头、只。犏牛繁育带牦牛能繁母畜存栏达4.4万头，户均达到45头以上，专业化比例达到70%以上，能繁母畜比例达到70%以上；奶牛养殖带奶牛存栏达到6万头，户均达到10头以上，专业化比例达到70%以上。二是饲草料收割和储存技术得到推广。通过“一特四化”试点村圈滩种草3000亩、建立半人工刈割草场7.3万亩，连片种植多年生优质牧草0.72万亩以及各项适用技术的推广和应用，农牧民群众自觉收割和储存利用饲草料的意识增强，为家畜冬春季圈养补饲提供了物质保障，畜牧业抗风险能力显著增强。三是畜群畜种结构调整成效明显。通过政府投入补助资金和试点村群众自筹、贴息贷款等多种方式，鼓励引导群众自觉进行畜群畜种结构调整，全市年出栏各类牲畜11.92万头（只、口）。四是农牧民专业合作社建设稳步推进。通过鼓励引导和业务指导，2012年申报州级示范社8家。全市依法注册登记的各类农牧民专业合作社103家，带动牧户2434户15736人，占农牧民人口的45%，农牧民组织化程度显著增强。

## 四、加强农业新技术品种推广，促进农牧民增产增收

积极推广农牧民实用技术，实施粮棉油（青稞）高产创建项目，适时为农牧民发放青稞良种16640公斤，二胺16440公斤，农药140瓶等农资确保了春耕生产，并以科技技术支撑为保障重点推广以合理密植、轮作倒茬、适时播种、大力推广精量播种、推广平衡施肥、病虫害综合防治等技术播种高产田1万亩，惠及农牧户616户，达到了增产增收的目的和科技种田的示范带动作用。与此同时推广青稞全膜覆土穴播技术新技术、测土配方施肥新技术，深入田间地头指导该技术的应用，对覆膜、覆土、穴播、施肥、种植以及机械调试进行了示范讲解和示范种植。为了更好适应现代农业的发展步伐，结合农村土地承包经营权流转工作，积极引导培育种植大户成立农牧民专业合作社，为进一步提高耕地产出率和集约化种植模式的发展奠定基石。现流转

耕地3500余亩，建立药材种植基地3个2000亩，繁育苗木基地500亩，蔬菜基地2个170.79亩，饲草料繁育基地1个1000亩，养殖小区1个20亩，农户个体之间流转65亩。据统计，每亩比流转前经济效益提高50%～70%，根据种植品种不同经济效益不等，亩产均在1000～1500元，输转剩余劳动力500多人，拓宽了第三产业的攻坚力量，切实增加了农牧民劳务收入。

## 五、积极落实强农惠农政策，全力构建社会和谐稳定

为着力构建全市“三农”保险保障体系，提升“三农”保险服务能力，在我市六乡设立了“三农”保险服务站，“三农”保险服务站正式运营后，率先完成了牦牛藏羊保险工作，承保牦牛68028头，藏羊74565只，投保青稞面积388亩，全额收缴保险费1043.378万元，并发放牦牛藏羊保险赔偿资金3000余万元，农作物洪涝灾害出险保险赔偿资金54.31万元。切实降低了农牧业生产损失，有效地调动了农牧民参保积极性。完成省上争取安排农机购置补贴资金60万元，农机具补贴226台，其中：70－75马力拖拉机1台；轮式拖拉机6台；手扶拖拉机5台，耕地机械类97台；饲（草）料加工机械饲料99台；畜产品采集加工机械设备奶油分离机14台；农产品加工机械榨油机1台；收获后处理机械：稻麦脱粒机1台；农用平地机2台。落实2011年能繁母猪总补贴38.8万元；种粮农民直接补贴资金37.06万元；农作物良种补贴资金57.09万元；粮食作物农资综合补贴资金46.91元。草原补奖资金3071万元，黄河项目实施养畜暖棚373座，投资1059.92万元；整合扶贫整村推进项目修建牲畜暖棚60座，投资78万元；购进基础母畜及奶牛1813头，投资362.6万元；种养业贷款贴息90万元。以上每年共落实各类民生资金达7255.69万元。通过落实各项强农惠农富农补贴政策，切实降低了农牧业生产损失，加大了农牧业抗风险能力和政策性收入，农牧民群众感受到了党和政府对藏区发展的关心和政策扶持力度，更深切感受到了各项强农惠农富农补贴政策带来的实惠和好处，进一步激发和调动了农牧民群众脱贫致富奔小康的内生动力。不断加强了涉农事项管理，加大了强农惠农补贴资金争取力度，用更多的民生项目来促进了当地农牧业生产，为“生态立州”、“产业富州”战略和经济转型跨越发展、社会和谐稳定发展、民族共同繁荣发展、生态绿色持续发展奠定了坚实的基础支撑，有力推动了传统农牧业向现代农牧业转变，促进了农牧村稳定发展、农牧民持续增收。

**作者简介：**

旦正道吉，男，藏族，1973 年 8 月出生，中共党员，本科学历。现任甘肃省合作市农牧局局长。

自 1994 年 7 月参加工作起，历任甘肃省甘南州合作市周街道办事处主任、卡加道乡党委书记等职。现任合作市农牧局局长。

# 调整优化农牧村种植业结构
# 加强林业生态建设

甘肃省夏河县农林局

盛夏的夏河群山滴翠，碧空蓝天，芳草如茵，生机盎然。在6274平方公里的土地上，绿色的天然屏障，护佑着夏河的生灵土地。天道酬勤，绿满夏河。随着城乡统筹和生态文明建设、农牧村种植业调整优化的持续推进，夏河县年青的一代农林人在生态文明建设、种植业结构调整的征程中不懈努力留下了辉煌的足迹，用实干和热情绘就了一幅幅山川秀美的生态画卷。

2013年夏河县农林局在县委、县政府的正确领导下，在上级主管部门的精心指导下，在全局人员的共同努力下，紧紧围绕建设社会主义新农村的任务和要求，认真贯彻落实中央、省、州、县农村工作会议精神，把农民增收作为生态文明建设的工作核心，以“生态立州”战略为契机，按“严管林、慎用钱、质为先”的林业生态建设方针，农业增效、农民增收和生态环境持续改善这条主线，积极推进结构调整，大力推广新品种、新技术，强化各项为农服务措施，全面推进农业产业化进程和新农村建设步伐，促进了农林工作的转型跨越发展。

2013年，夏河县农林局继续以种植业结构调整为主线，进一步调整优化农牧村种植业结构，继续通过政府推动、市场拉动、资金启动、示范带动、群众行动等措施，尊重农牧民意愿，尊重农民的生产经营权，大张旗鼓地进行宣传，以身边事教育身边人，算账对比，现身说法，以典型引路，提高群众自觉性，积极推进结构调整，取得了良好成效。全县共播种各类农作物14.7422万亩，按照特色产业发展的新思路，积极推进农业结构的战略性调整和特色产业向区域化布局、专业化生产、规模化发展和产业化经营的方向迈进。全县集中连片、规模化生产的特色产业基地面积达到12.2357万亩，继续巩固青稞基地建设30000亩。为落实县委县政府领导提出强农惠农政策的精神，县农林局结合自身业务，为全面完成2013年农业科技建设任务，筹措资金21万元，给南片五乡镇购买青稞良种40000公斤，落实青稞繁育面积2200亩，并组织县种子站技术员宣讲了良种科学种田的技术。推广测土配方施肥技术面积17万亩，配方肥施用面积5万亩，提总节本增效100万元，为项目区农户免费提高肥料利用率3至5个百分点，亩节本增效10到14元以上，供测土配方施肥技术服务，同时加大宣传力度，培训乡镇、村组和示范农户1500人次以上。

2013年，在全县种植藏中药材6350亩，在大夏河沿岸乡镇推广杂交油菜2000亩，推广秸秆玉米2523亩，为我县发展高产优质青饲料探索路子。为了做好农机购置补贴工作，夏河县农林局根据历年农机购置补贴工作实施情况和夏河县农机化工作实际，在全县各乡镇进行了为期4天的农机购置补贴宣传活动，并依托各乡镇人民政府包队干部进行宣传，受到了良好的宣传效果。截至6月底，全县共完成补贴资金19.85万元，占年度任务的67%，农牧民群众共购买各类农机具59台套，受惠农户30户。

莫道雄关征途远，而今迈步从头越。2013年是“十二五”期间加快生态文明建设的重要一年。为了进一步改善夏河生态环境，加快城乡绿化美化步伐。夏河县农林局按照“项目载桩、资金整合、产业带动、推动全局”的工作方针，不断地完善、不断地深化、不断地创新！

2013年，夏河县农林局共完成造林面积4500亩，其中新造面积2500亩，均为乔木林。地点选择在县城南北两山和来吉合村面山：在南山和来吉合村面山完成云杉苗木栽植2180亩；县城北山完成祁连圆柏栽植320亩；完成2010年度颜克尔沟荒山造林补植补造1500亩；共栽植云杉17.59万余株，圆柏1.92万株，沙棘56万株；在曲奥乡完成柳树栽植1万株，县城居民区房前屋后栽植杨树1万株，折合造林面积500亩。自1998年国家“天保”工程启动后，森林管护责任制是盘活森林资产，降低护林成本，提高林地生产力，巩固造林绿化成果，实现森林资源永续利用的重要举措。夏河县农林局进一步完善森林管护的各项规章制度，制定措施，两场与林区村组建立了护林联防组织，签订了联防责任书，提高了林区群众参与护林工作的积极性和主动性，使森林管护工作效果尤为明显，按照《夏河县天然林资源保护工程实施方案》的要求，我县狠抓森林管护工作，切实将森林管护任务落实到了山头地块，落实到了每个管护人员，并层层签订管护责任书。全年共落实森林管护面积132.1969万亩，森林管护责任落实率达到100%，确保了森林资源的安全生存。

三分造，七分管，森林防火是关键。面对我县冬季气候干旱，气温偏高，森林火险等级居高不下，防火形势十分严峻的状态，夏河县农林局高度重视，将护林防火工作放在一切工作的首要位置，纳入重要议事日程，坚持“预防为主、积极消灭”的方针，始终把宣传教育，思想发动，增强全民防火意识

作为一项重要的基础性工作，重点抓、常年抓。

进一步加强森林防火宣传教育，严格火情报告制度，为确保森林资源安全，为确保2013年护林防火工作的顺利开展，农林局领导班子高度重视，提前动员部署，层层落实森林防火责任制，确保责任到人，坚持24小时值班制度和火情报告制度，及时深入护林防火一线单位安排部署2013年护林防火工作，按照“分片包干、分工负责、互相配合”的原则，以宣传教育为主，形成全社会关注护林防火的良好氛围。两个林业派出所切实加大公路巡查力度，增加夜间巡查次数，对重点路段、重点村庄定期不定期地实行排查，火情信息得到了传递准确、及时、全面，确保了我县防火期森林资源的安全。

为了切实转变护林方式，努力保护我县现有森林资源，全面加强系统内队伍管理与制度建设。2013年，夏河县农林局继续坚持“两个转变”的护林思路，年初督促两国有林场严格按照《天保工程实施方案》的要求，对森林管护人员进一步明确了管护职责、管护范围、管护措施和工作重点，按照“四定六无”的要求，林场同各护林点、防火站、森林管护人员层层签订了管护责任书，严格管护考核和奖惩制度，从源头上加强了管理，组织开展严厉打击各类涉林犯罪专项整治。按照省、州业务主管部门的统一部署，县森林公安局先后组织开展了“亮剑行动”、“春季行动”等严厉打击和预防破坏森林和野生动植物资源的违犯犯罪专项行动，有效地遏止了盗伐偷运歪风。根据统计，累计共出动执法人员260（人次），其中，森林公安民警110（人次），出动车辆47（台次）；清查征占用林地6处，其中水电站建设4处，矿区建设2处，清查木材经营加工场所5处，维护了林区秩序的稳定，确保了森林资源的安全。

“一枝独秀不是春，百花齐放春满园”。夏河县农林局的广大干部职工正豪情满怀地走向美好未来，走向生态文明建设光辉灿烂的明天。我们坚信，有“十二五”规划的宏伟蓝图，有各级领导的关心支持，有各级业务主管部门的大力帮助，有广大农牧民群众和社会各界的共同努力，有全局广大党员干部和职工的精诚团结、奋斗拼搏，农林工作将会硕果累累，更加灿烂、更加辉煌！

# 挖掘资源优势 开展生态畜牧业建设

青海省共和县农牧局 华 嘉 仁曾多杰

共和县是一个以牧为主、农牧结合的县，全县共辖4个镇7个乡，99个行政村，14个社区居委会，总面积1.73万平方公里，总人口13.06万人，其中农牧民人口19511户87637人（牧户9558户43924人），有藏、汉、回、蒙等22个民族，其中少数民族占总人口的70%。全县共有天然草场1931.6万亩，其中可利用草场1828万亩，占草场总面积的95%，耕地45.76万亩，其中水浇地20.79万亩。2012年年末存栏各类牲畜162.67万头（只），适龄母畜比例为53%；全县累计建成标准畜棚6901座72.73万平方米，围栏草场814万亩；组建生态畜牧业专业合作社43个；全县农牧业总产值达7.55亿元，同比增长17.02%，农牧民人均纯收入达到5606元，同比增长17.1%。

随着改革开放的不断深化，市场经济体系的进一步完善，以家庭承包经营为主的生产方式显现了经营规模小、经营成本高、开拓市场难、增加收益缓慢等现象，无法适应日益激烈的市场经济挑战。为了既发挥家庭承包经营的优点，又克服家庭经营规模小、与大市场脱节等局限性问题，党的十七大报告明确提出要“发展多种形式的集体经济、合作经济”和“探索集体经济有效实现形式，发展农民专业合作组织”。从2008年开始，省政府在牧区六州开展了以农民专业合作社为载体的生态畜牧业建设试点工作。根据省政府的安排部署，共和县委、县政府认真贯彻落实省、州政府关于开展生态畜牧业建设工作的有关文件精神，加强组织领导，开展调查研究，吃透村情民意，挖掘资源优势，理清发展思路，突破工作难点，在倒淌河镇哈乙亥村组建了生态畜牧业建设试点村和江西沟乡元者村生态畜牧业建设示范村的基础上，探索出了一条符合本县实际的生态畜牧业发展之路，为今后全面推进生态畜牧业建设工作奠定了坚实的基础。

共和县牧区主要分布在环湖地区、共和盆地和黄河谷地，各区域畜牧业等资源优势很不平衡，主导产业不尽相同，区位优势差异较大，这对研究生态畜牧业发展思路提出了具体要求。近年来，县委、县政府在认真学习和深刻领会省委、省政府关于开展生态畜牧业建设工作有关文件精神的同时，坚持因地制宜、因村施策、挖掘潜力、各具特色的原则，全面掌握村情民意，充分尊重群

众意愿，不断加强政府服务，积极发挥广大牧民群众丰富的创造力，自下而上研究发展思路，确立了符合共和实际的四种发展模式。一是坚持生态畜牧业建设与旅游资源开发相结合。依托区位优势，发展旅游经济，实现旅游业反哺畜牧业、畜牧产业促进旅游业发展的目标。以环湖四乡（镇）为代表的藏民族原生态文化旅游产业蓬勃兴起，各具特色、配套完善的“牧家乐”旅游接待点如雨后春笋不断发展壮大，现已发展到260余家，年实现旅游收入达700余万元；二是坚持生态畜牧业建设与发展多种经营相结合。依托劳动力资源优势，合理开发优势资源，有序分流富余劳力，实现多种经营助推牧民群众增收。为了解决富余劳动力就业问题，共和县政府成立了劳务输出工作领导小组办公室，各乡镇设立了劳务输出工作站，指定专人负责劳务输出协调服务工作，并结合“阳光工程”培训，加大富余劳动力技能培训，共培训建筑、餐饮服务业、驾驶员等技术人员3600余人，年实现劳务收入5400余万元；三是坚持生态畜牧业建设与牧民进城定居相结合。依托户籍制度改革，鼓励能人及有一定经济基础的牧民群众进城定居，引导发展二、三产业，实现牧民群众收入增加和生活方式的根本转变。县委、县政府结合退牧还草、游牧民定居等工程，在恰卜恰地区优先解决建设用地、建设资金，鼓励牧民进城定居，已建成牧民进城定居点4处，安置牧民871户；四是坚持生态畜牧业建设与培育主导产业相结合。依托畜牧业资源优势，加大科技投入力度，提高科技对畜牧业的贡献率，提升“一村一品”水平，培育畜牧业主导产业，实现畜牧业增效、牧民增收的目标。共和县以优化畜种结构，提高牲畜个体生产性能为突破口，大力开展高原牦牛提纯复壮和藏系羊本品种选育推广工作，巩固发展加什科半细毛羊改良成果，改建了共和县良种畜繁殖场，建成了大通牦牛繁育基地1个，藏系羊本品种繁育基地5个，加什科半细毛羊良种场1个，引进大通牦牛630头，青藏牦牛852头，藏系种公羊5700只，藏系母羊12000只。

总之，在省州委、政府的坚强领导和上级部门的大力支持下，经过全县上下4年来的共同努力，共和县的生态畜牧业建设工作取得了阶段性成效，专业合作组织组建实现了全县牧业村全覆盖的目标。专业合作经济组织的优势得到充分发挥，广大牧民群众参与合作社建设的激情空前高涨，为今后全面推进生态畜牧业建设工作积累了丰富的经验。但是，与省州委、政府及上级部门的要求和群众的愿望相比，仍有一定的差距和不足，在今后的工作中，共和县将进一步加强组织领导，全面总结工作，借鉴成功经验，不断理清工作思路，强化工作措施，以谋发展、惠民生的高度，全力推进全县生态畜牧业建设工作再上一个新台阶。

# 强化全民生态意识　调整产业结构
# 发展高原生态畜牧业

青海省玛多县农牧工程调研工作组

## 一、玛多概况

### （一）自然状况

1. 地理位置

玛多县辖属青海省果洛藏族自治州，位于青海省南部，巴颜喀拉山北麓，其地理位置东径96°50′~99°20′，北纬33°50′~35°40′，北与海西蒙古族藏族自治州都兰县相接，西靠玉树藏族自治州曲麻莱县，西南以巴颜喀拉山为界，与玉树藏族自治州称多县相连，南北宽约207公里，东西长约228公里。国土总面积3940.09万亩，占全省土地总面积的3.3%；天然草地面积3448.64万亩，为全县土地总面积的87.53%，可利用草地面积2707.95万亩，占全县草地面积的79%；沙滩、沙丘80.57万亩，占2.04%；石山131.53万亩，占3.34%；湖泊279.35万亩，占7.09%。

2. 地形、地貌

玛多地势高峻，平均海拔4200~4800米，河流切割较弱，高原面保留完整。黄河贯穿其中，四周有巴颜喀拉山、阿尼玛卿山（玛积雪山）和布青山环绕，巴颜喀拉山主峰为最高，海拔5266米，山顶终年积雪，发育有现代冰川。各山脉之间相对高度不大，地形开阔，起伏平缓，呈现出低山宽谷和湖盆地貌，宽谷和湖盆地貌多为断陷作用所形成。整个地形由西北向东南倾斜。

3. 气候

玛多县属高寒草原气候，一年只有冷暖两季，无四季之分，年均气温-4.1℃，极端气温达-48.1℃，平均最高气温出现在7月份为7.4℃，极端最高温22.9℃，无绝对无霜期，≥10℃的持续日数只有4.1天，即使冷凉作物也不能成熟。年均降雨量为303.9mm，86%集中于5~6月，多为冰雹和雪，全年蒸发量为1264mm。光照充足，太阳辐射量大，全年日照时数在2498~2799小时，境内各月的日照时数以5月最多，2月最少，年太阳辐射量在

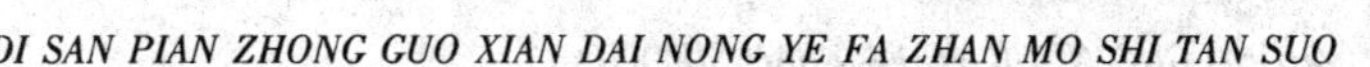

6238.94～6786.9kj/cm$^2$，高于我国东部同纬度地区。风季在当年12月至翌年4月中旬，最大风速34m/s。大气中的含氧量仅为海平面的59%，沸水不足80℃。气温低，日照强烈，水热同季，灾害频繁是其显著的气候特点。

4. 水文

玛多地处黄河源头，河流众多，黄河在本县境内流经约300公里，其流程的70%在黄河乡境内。黄河平均河宽为90m，水深不足1m，平均流量19.1m$^3$/s，最大流量为50.6m$^3$/s。境内主要有麦曲、麻石加、白马曲、东曲、麦格茸、托索河、康前等八条河流。除托索河为内陆河外，其余河流均属黄河水系，且是黄河的主要一级支流。黄河河源区流域面积2.09万km$^2$，占循化水文站控制面积的14.4%，径流量6.02亿m$^3$，占循化站径流量的2.62%，全县境内自产地表水资源14.3亿m$^3$，丰水年地表水径流量17.3亿m$^3$；平水年14.0亿m$^3$；偏枯年11.7亿m$^3$；枯水年8.88亿m$^3$，每年10月至下年5月，全县经流总量仅为3.21亿m$^3$，6～9月，径流量为11.09亿m$^3$。这是因为降水是境内地表水的主要来源，由于大气降水年际变化大，各月间分配不均匀，导致地表水产生相应的变化。

玛多县素有“千湖之县”之称，境内大小湖泊4077个，较大湖泊有扎陵湖、鄂陵湖、黑海、星宿海、岗纳格玛措、尕拉拉措和日格措等，其中扎陵湖、鄂陵湖是我省最大的淡水湖，盛产无鳞湟鱼。玛多黄河源区是黄河在青海境内的主要产流区。水资源主要特点是水资源丰富，但利用率低。

5. 土壤与植被

县境内土壤类型以高山草甸草原土、碳酸盐高山草甸土和高山草甸土为主，分别为各类土壤面积的25.03%、24.58%和19.96%。高山草甸土多分布在扎陵湖、鄂陵湖区周围山体的中下部及高山坡麓地带；高山草原土分布在本县东部的花石峡、黑海等地区；碳酸盐高山草甸土在境内分布较广，除局部地区外，大部分地区土壤均有强烈石灰反应。全县各类土壤的土层厚度只有20～70cm，平均为38cm，土壤粗骨性强，且绝大多数土壤中含有较多石块，保水肥能力差，土壤流失和沙化，生产潜在能力低下，天然植被一旦破坏，恢复十分困难。土壤表层有机质平均含量为6.05%，全氮0.28%，全磷0.16%，全钾2.187%，速效碱解氮平均为120.59ppm，速效磷4.85ppm，速效钾138.17ppm，碳酸钙平均为3.99%。因此，玛多县土壤资源呈现出土层薄、质地粗、生产潜在能力低；速效养分供应不足，少氮缺磷；含碱性土壤面积大的显著特点。

植被主要以草地为主，其次是灌木林。草地类型以高原草甸为主，占可利用草地面积的71.05%，以小嵩草、藏嵩草和矮高草、异叶针茅等种群为优势，其余为高原干草原和平原草甸类，以青藏苔草和紫花针茅等为主。全县以二等和三等草地为主，分别为可利用草地面积的49.54%和29.62%。境内除天然灌木林有雪星分布外基本无乔木生长。灌木林主要分布于黄河、黑海、清水、花石峡等地海拔4300～4500米的阴坡。组成灌木林的优势种有高山柳、金露梅，伴生种有高山绣绒菊、鬼箭锦鸡儿等，灌木平均高30～70cm，盖度20%～40%，植被的原始性和脆弱性十分突出，部分地区仍保持原始灌丛景观。

6. 野生动植物资源

县境内的珍禽异兽较多，是野生动物繁衍生息的天然乐园。据统计，有鸟类38种，兽类29种（重要经济兽类17种）。主要的兽类有雪豹、白唇鹿、藏野驴、野牦牛、藏羚羊、野狼、棕熊、盘羊、岩羊、猞猁、荒漠猫、黄羊、香子、沙狐、旱獭、鼠兔、高源田鼠等。鸟类有黑颈鹤、大天鹅、雪鸡、斑头雁、棕头鸥、赤麻鸭、玉带海鸥、鹰隼、雕、秃鹫、猫头鹰等。其中列入国家一级保护动物的有雪豹、白唇鹿、藏野驴、野牦牛、藏羚羊、黑颈鹤等；被列入国家二级保护动物的有盘羊、岩羊、猞猁、荒漠猫、黄羊、大天鹅、雪鸡等。

药用植物资源品种有284种，蕴藏量在100万kg以上的有秦艽、大戟、棘豆、红景天、小大黄、马尿泡、黄芪等，质量好，味道纯真，是藏药中的重要药品。

7. 自然灾害

玛多县的自然灾害主要有雪、干旱、冰雹、风和地震等五种，其中雪灾最为严重。藏族牧民中流传着“十年一大灾，五年两头灾，隔年有小灾”的一句话，概括了雪灾的频繁和规律。雪灾给当地畜牧业生产和人民生活造成严重的不良后果，严重制约着本县畜牧业生产的发展。本县大风日数多，主要集中在11月至次年的4月，约占大风天数的70%～85%，大风日数年度变化大，最多的110天，最少的也有12天。大风不仅加剧了天然草地的干旱程度，而且加重了剥蚀表土、推移沙丘、草地沙化的进程。

**（二）社会经济状况**

县辖扎陵湖、黑河、黄河、花石峡镇三乡一镇一场。全县总人口10803人，以藏族为主，其中牧业人口7680人1637户，占总人口的71.1%，牧民劳动力3964人，占全县牧业人口的51.6%，平均人口密度只有0.43人/km$^2$。全县学龄儿童入学率91%，其中牧民子女入学率87.6%。

玛多是一个纯牧业县，截至2001年年底，全县各类牲畜存栏28.5万头（只、匹），适龄母畜比例为53.9%，马牛羊比例为1.1：26.1：72.8，人均占有牲畜37.2头（只），国民生产总值3622.8万元，工农业总产值1625.61万元，其中工业总产值214.44万元，牧业总产值1411.17万元，地方财政收入313万元，牧民人均收入1470.65元。

玛多地域辽阔，地势复杂，牧民居住分散，交通状况比较落后。公路建设起步晚，标准低，路况差。现有青康公路（214国道）横穿县域全境，花吉、倒邦公路、黄河源头旅游公路（2003年完工）等，境内公路里程为758km。在34个牧委会中，只有简易公路通行，但不能保证常年通车。

## 二、生态环境现状

1993年以来，在省委、省政府的领导和支持下，全县"四配套"建设出现了前所未有的热潮，并形成了一定规模，抗御自然灾害的能力有所提高。截至2001年年底，建成牧民定居点922房2907间，定居率为57.7%，修建暖棚6万平方米，围栏草场50.63万亩，畜圈620个。畜牧业基础条件的改善，缓解了天然草地的压力，促进畜牧业的发展，牧业总收入达到1731.12万元。牲畜结构经过调整，母畜比例由1993年的43.2%提高到2001年的53.9%，提高了10.7个百分点。但由于生态环境条件严酷，退化草地面积大，治理和重建工作任重道远。

世纪之交，党中央、国务院作出了西部大开发的战略决策，其主要内容之一就是生态建设。为了贯彻党中央的战略决策，保障黄河流域的生态安全，满足国家可持续发展的需要，根据玛多县生态环境建设总体规划和上级部门的安排，玛多县国家生态环境建设项目从2000年开始实施，项目建设采用农业措施、工程措施和政策措施相结合的手段，重点对扎陵湖、鄂陵湖区和沿黄河流域的退化草地，大力开展人工种草、人工育林、围栏封育退化草地和灌木林、灭治鼠害，恢复草地植被。经过玛多县生态治理一、二期工程的实施，使部分地区的退化草地植被覆盖度增加，草地生产力有所提高，水土流失减少，为改善黄河上游地区生态环境和治理国土起到了一定的作用。

但是，由于特殊的地质气候因素和频繁的自然灾害，再加人为的破坏，黄河源头生态治理建设远远跟不上生态恶化的速度，突出表现在以下几个方面：

### 1. 水土流失面积扩大，侵蚀程度日趋严重

受风、水、冰融侵蚀影响的水土流失面积达63万$hm^2$，其中中度以上侵

蚀面积达 32.8 万 $hm^2$。县域内黄河流域侵蚀程度是源头最严重的地区之一，占黄河源区水土流失的 15.09%，占全省水土流失总面积的 9.21%。河流携带大量泥沙进入湖泊，使湖泊的淤泥加剧，从而减少湖泊的蓄水量，引起湖泊调蓄功能的降低，区域地下水位下降，地下水调蓄功能锐减。大面积的水土流失，造成县域内黄河干流的平均含沙量达 1.8kg/$m^3$，年平均输沙量达 14.6 万 T；草地地表土大量流失，带走大量的氮、磷、钾等土壤养分，土壤肥力下降，无法支持应有的植被覆盖力和生产力，使畜牧业生产严重挫伤，加重了牧民群众的贫困程度，畜牧业生产水平长期低而不稳，人畜饮水困难。

2. *草场退化面积增加，受害程度日益加重*

自建政以来，玛多县草场资源作过三次大的调查，结果表明：1973 年退化草场面积 506.5 万亩，占草场面积的 17.1%；鼠害 224.8 万亩，占草场面积的 7.6%；缺水草场 463 万亩，占草场面积 15.6%。1987 年区划时，全县天然草地退化面积 1605.3 万亩，占草地面积的 46.6%，其中轻度退化面积 1084.17 万亩，中度退化 76.15 万亩，重度退化 444.91 万亩，其比例为31.4∶2.2∶12.9；鼠害面积达 930.89 万亩，占草地面积的 27%。据 1998 年调查统计，退化草地面积 2414.4 万亩，占草地面积的 70%，占土地面积的 63.7%，其中轻度退化 199.05 万亩，中度退化 834.6 万亩，重度退化 1380.75 万亩，其比例为 0.58∶24.2∶40；鼠虫害 2249.25 万亩，占草地面积的 65.2%。据遥感监测分析，玛多退化草场每年仍以 2.6% 的速度在不断扩展。退化草地中以干旱、半干旱气候类型的冬春季节草场最为严重。同 20 世纪 50 年代相比，目前单位面积产草量分别下降 30% ~80%，毒杂草高居 76% 以上。

3. *水源涵养功能下降*

恶化的生态环境，使河道径流逐年减少，出境水量减少，湖泊水位下降，湖水内流化和盐碱化，众多湖泊干涸，黄河源头出现断流，湿地锐减。据黄河沿水文站资料，黄河年平均流量为 20.35m3/s，年径流量为 6.42 亿 $m^3$，年径流深为 30.66mm，年径流模数为 0.972L/（s. $km^2$），历年最大流量 152$m^3$/s（1981 年 10 月 1 日）。1960 年 12 月 10 日黄河在源头玛多发生第一次断流，1961 年 3 月 5 日河水开流，流量为 0.008$m^3$/s；1979 年 12 月 20 日第二次断流，1980 年 3 月 11 日开流，流量为 0.002$m^3$/s；1997 年黄河在国道 214 线黄河桥河段断流；1998 年 1 月 1 日在黄河沿河段断流，同年 10 月 20 日至 1999 年 6 月 3 日黄河在扎陵湖、鄂陵湖中间出现断流，且断流时间长达半年之久。1999 年两湖之间的黄河断流现象是玛多水文勘测队建队以来历史上从未发生的现象，1993 年鄂陵湖出水口最低水位为 4268.12m，相应流量为 7.8$m^3$/s；

1999 年 5 月 24 日相应流量仅有 2.71$m^3$/s，水位降至 4268.10m，扎陵湖出水口至鄂陵湖入水口的黄河段，出水流量仅 0.001$m^3$/s，出水口 7km 处发生断流，完全裸露的河床长达 8km，输入水流明显小于输出流量，造成每 4～5 天鄂陵湖水位下降 1cm 的现象，1988 年至 1996 年黄河源头地区水量比正常年份减少 23.2%，共计少来水 277 亿 $m^3$，鄂陵湖、扎陵湖、黑海等湖泊水位平均下降 2m 以上。高原冰川末端每年上升 30～50cm，因冰川和雪山的萎缩，直接影响了当地湖泊和湿地的水源补给，致使玛多 2800 多个小湖泊干枯，湿地面积逐年缩小，沼泽地消失，泥炭地干燥并裸露，沼泽地水源涵养功能降低，沼泽低湿草甸植被向中旱生高原植被演变。

4. 土地沙漠化强烈发展

土地荒漠化是玛多最严重的生态环境问题之一，主要表现为土地沙漠化、盐碱化和次生裸土化。据初步统计，玛多有沙漠化土地 1176.15 万亩，其中严重沙漠化土地 134.08 万亩，强烈发展中沙漠化土地 127.02 万亩，正在发展沙漠化土地 306.35 万亩，潜在沙漠化土地 608.7 万亩，其比例分别为 11.4：10.8：26.1：51.7。主要分布在扎陵湖、黄河、黑海、清水等乡和河流两岸的地区，已占到土地面积的 29.85%，且每年以 20% 的速度加剧，其扩展速度之快为历史罕见。草地的退化与沙化，不仅使草地载畜能力急剧下降，也加剧了超载过牧的必然性，且已经严重威胁着牧民群众的生产力。

5. 物种生存条件恶化，分布区域缩小，生物多样性受到威胁

青藏高原孕育了独特的生物区系和植被类型，被誉为高寒生物种质资源库。许多生物物种为青藏高原特有种，如藏野驴、野牦牛、岩羊、藏原羚、白唇鹿、雪豹等野生动物及红景天、藏茅等野生植物。由于生态环境的恶化，特别是湿地的退缩，以及对野生动物的偷捕盗猎和药用植物的大肆采掘，生物种分布区缩小，一些物种逐渐变为濒危物种。

6. 自然灾害频繁

全县每年遭受不同程度的自然灾害，经济损失严重，严重制约了经济、社会的发展。据气象资料：1995 年 5 月受亚洲高温气候影响，遭受数十年来少有的严重干旱，缺雨少雪百日，降水量仅为 21mm，全县地旱面积达 1716.5 万亩，占可利用草场面积的 63.4%。据 1995 年 8 月 22 日牧草长势卫星遥感信息图分析表明，除少数地区牧草产量略高外，绝大部分地区牧草干枯，致使畜牧业生产受到较大的损失。2001 年 6 月份以来，玛多县持续高温天气，出现历史上极为罕见的干旱，最高气温达 22.4℃，月降水量只有 20.8mm，比上年同期偏少 71%，处历年最低水平，而蒸发量却达到 196.4mm，二者比值

为1：9.4，达历年极值。由于降水量减少，靠降水作为补给源的又有800多个小湖泊、水溪、河流、水井因缺水而干涸，县境内最大的哈姜盐场也因湖水干枯被迫停产。

7. 对经济社会的影响

玛多生态环境恶化的问题对本地区及黄河流域造成的损失远比本地经济发展落后本身所造成的损失广泛、严重得多，但这种损失的很大部分不能被常规的经济统计所测度出来，其后果显现的迟滞性、曲折性使其发生并扩大的经济性原因及过程机制不能被清楚认识到。长时期里，黄河源头生态环境恶化仅被看做是局部地区问题而未得到及时重视，直到发展到对黄河流域乃至全国生态环境及经济发展造成严重影响的程度才被注意到。即使源头生态环境治理的重要性被认识到，但由于资源配置机构和政策体制的缺陷，经济发展与生态保护之间的资源配置矛盾，东中西部地区之间的利益差异与冲突，对黄河源头生态环境治理的资源投入造成制约，玛多生态环境治理也仍然难以得到足够有力的经济支持。目前，玛多草地植被破坏、水土流失、黄沙肆虐、鼠害猖獗、黄河断流、湖泊干枯、人畜饮水危机，已成为生态环境急剧恶化的主要症结，外扩性影响后果仍在扩大。如果玛多生态环境得不到治理，生态恶化趋势不断加速，将给整个国民经济的持续发展及整个黄河流域乃至中华民族的生存带来重大威胁。玛多大地曾经肥美辽阔的草原将会成为新的“无人区”，越来越多的人们也将痛失生活了千百年的家园，沦落到“生态难民”的行列中去，成为高原乞儿。这种危机感非常明显，比如，2001年夏秋季持续120多天的干旱，致使全县1599户7640牧民38万头（只）牲畜受灾；50%的人畜饮水出现困难，到了守着源头没水喝的境地，租借他人草场进行放牧，维持生计；造成60%的牧民生活无法保障，吃、穿、住、医出现困难；导致50%的母畜的再生产能力下降，带来的直接、间接经济损失是无法估计的。1999年2月16日至3月9日遭遇百年不遇的扬沙、沙尘暴天气，最大风力达11级，死于这次沙尘暴的各类牲畜达5.47万头（只），其中大畜1.13万头（只），仔畜4.34万头（只），使65户325人无家可归，带来的直接经济损失高达1072.14万元。每年冬季到来时，全县牧民中有630多户被迫弃家而走，占牧民总数的40%以上，人口占全县1.08万人的四成。尤为严重的是扎陵湖第四牧业社26万公顷草场中，95%以上已严重退化、沙化，牲畜基本无草可食，牧民只好弃下自家草场，与牲畜一道在周边县过起“乞牧”生活。全县现有无畜户、少畜户355户1515人，分别占全县牧业户和牧业人口的22.3%和20.01%。自1960年黄河发生断流以来，断流频率逐年增加，

断流时间逐年提前，断流河断逐年延长。1997 年断流时间长达 228 天，使下游 25 平方公里、1 亿多人口的生产生活发生严重困难，黄河断流对全黄河流域河道、水库、电站各种水利设施、农田、城镇、油田、厂矿造成全面损害和威胁。据有关部门研究，1997 年仅华北地区各城市，因缺水造成的工业和农业损失达 2000 亿元，相当于当地当年 GDP 的 3%。1979 年是玛多县牲畜存栏数最高的年份，达 67.67 万头（只），人均占有牲畜 115.1 头只。步入 90 年代牲畜存栏一直在 38～48 万头（只）徘徊。2001 年下降到 28.54 万头（只），比之最高年份下降了 57.9%，人均占有牲畜为 37.2 头（只），下降 67.7%。80 年代初人均收入全国第一，连冠三年的首富县如今变成了财政入不敷出的困难县。因此，有效地保护好黄河源头地区的草地生态环境，合理开发草地资源，切实加强黄河源头玛多县的生态环境保护和建设，是实现黄河流域经济可持续发展，消除贫困，保持社会长治久安的必经之路。

## 三、生态环境恶化的原因

当今时代，造成生态破坏的一般主客观原因已被人们所揭示认识。玛多如此恶化的生态环境，与全球气候变暖的温室效应有关，与特殊的地质气候环境有关，更与人类自身经济活动，不尊重自然规律，奉行实用主义的短期行为有关。但是，要实现玛多生态环境的有效改善，我们就必须深入挖掘这些表面行为背后的深层次原因，以便找出症结所在。

### （一）自然原因

在区域高寒的黄河源区东西有积石山阻挡了东南湿暖气团的东进，南西巴颜喀拉山又削弱了溯谷北上的西南季风，北有布尔汗布达山脉作为屏障将黄河源区与干旱的柴达木荒漠区相邻。在这一地质气候环境下，干旱、寒冷、大气降水变率与大风吹蚀等导致黄河源区生态环境脆弱的气候因子不仅抑制了动植物生长发育与进化、草地生物量减少，还导致水、风、冻融荒漠化、水环境异化等浅表地质作用增强，引发诸多生态环境问题发生，并反作用于气候环境。这一特殊的地质气候原本对高原植被形成和生长，存在致命的隐患，如果其他气候稍作变化，比如年均温度升高，或遭受人为因素影响，其后果便不堪设想。

近期全球正处于小冰期之后一个相对的干暖时期，加之近代气候变化异常，在温室气体的作用下，过去 100 年的快速增暖是 1 万年所未曾经历的。近 20 年来，黄河源区的平均气温呈变暖趋势，温度变化倾向率为 0.58℃/10 年，这种全球性的气候变化对青藏高原的黄河源头产生重要影响，使整个高原生态更趋脆弱和不稳定，有利于荒漠化过程的发展。这是黄河源区生态环境恶化的主要客观原因。

（二）人为原因

人类对自然资源、生态环境的过度开发和不当利用，是导致生态环境恶化的重要原因。随着人口增长对环境和资源的压力加重，黄河源头生态环境将面临严峻的局面。滥垦滥伐、采金、过牧等人类行为严重破坏了地表植被，植被的破坏和地表结构的改变使得地表层物质抵御外营力侵蚀的能力降低，在风力、水力、重力等外营力及冻融的交替作用下，地表物质被剥离外移，地表细小颗粒失去后，由于土壤结构恶化，营养元素流失，使植被复生困难，加剧了土地荒化、草场退化和水土流失。超载过牧主要是由牧民放养牲畜数量的大幅度增加和时间以及空间上不合理的放牧造成的，过度的放牧使草原退化，加速了草原沙化，水土流失加剧，风蚀作用加强，干旱程度增加，降水减少，湖区水资源减少，导致湖水下降加剧。而湖水位下降和湖面缩小反之影响湖区气候，使其更趋于干燥，如此构成恶性循环。

由于生态环境资源的公共性，使得生态资源破坏的结果可以转嫁入社会成本。70 年代全县牲畜存栏高达 67.67 万头（只）的情况下，“牧业学大寨”高潮中在哈拉滩、擦擦尼却、洛角卡、措哇尕泽、参木措等地区建设草库伦 11 万亩，并种植和补种牧草，如今致使该地区成为全县草场退化最为严重的“黑土滩”之一；解放前马步芳家族统治青海时期，在布青山一带采金，1980 年以来，又开始了砂金生产，成千上万的外地金农拥入该地淘金，致使大面积的草场被破坏；90 年代青海省为了开发宗巴隆农业项目，从托索湖无节制的取水，致使该湖水位下降 2 米多，环湖草场沙化面积逐年扩大。通过牺牲公众的财产、健康以及生命换取自身利益体现最为明显。这对于经济相对落后的玛多地区而言，是一笔不小的收入，但是这笔“不小的收入”却让社会为此付出高昂的代价。

90 年代以后，就人为因素来看，玛多地区生态环境恶化速度加快，主要不是因为以前那种缺乏生态保护意识的不合理开发行为增强，而主要是新出现的另外一些原因：一是生态建设投入不足。黄河源区生态治理的投入带有浓厚的计划经济色彩，治理生态恶化的资金更是寥寥无几。近几十年，黄河源区生态建设投入不足，生态治理进度抵不过生态恶化的速度，土地沙化和水土流失面积没有减少反而增加，干旱风沙灾害减弱之后复又加重。二是生存发展和生态保护的矛盾很大。玛多自然条件恶劣，生存发展困难，而为生存温饱进行的低水平生产活动很容易使生态环境遭受破坏。玛多草场基本上

是贫草区，草原载畜能力低，较小畜群也会形成超载。牧民自古以来就知道轮牧养草的道理，现在更理性地认识到过度放牧、轮封轮牧对于生态保护的长远效果。但是贫困牧民在眼前生存困难没有解决的情况下，无法按科学道理实行封牧轮牧育草，也不得不陷入超载放牧与草场退化的恶性循环中。玛多如果不能从原始落后、低度开发的生产方式及生存困境中完全解脱出来，温饱问题得不到解决，难以从生存发展与生态保护的矛盾困境中走出，玛多生态环境就难以实现全面的恢复、保护与治理。三是西部地区发展滞后下的生态恶化。80 年代以来，国家实行向东倾斜效率优先的政策，西部经济缓后发展，致使生态保护投入不足。

**（三）鼠害原因**

草地鼠害是玛多地区与雪灾、旱灾并列的三大自然灾害之一，因其分布地域的广泛性和为害的特殊性，对草地生态环境、草地生产力以及草地畜牧业造成的破坏远远超过雪、旱灾的危害，全县有 50% 多的黑土滩型退化草地是鼠害所致。区内草原害鼠主要有高原鼠兔和高原田鼠，其中以高原鼠兔分布最广，危害最大。由于鼠兔为群居鼠类，密集分布，数量极大。据玛多实测数据，每公顷高原鼠兔平均洞口有效洞口 579 个，每公顷有鼠兔 120 只，鼠兔不仅大量采食优良牧草，与牲畜争食，更为严重的是洞道密集、纵横交错，使草地植被受到不同程度的破坏，造成草地水土流失，肥力衰减，使优良牧草难以生长，逐渐被毒杂草替代。特别是经夏秋雨水冲刷和冬春冻融侵蚀的影响，使大量草皮逐块塌陷，次生裸地逐渐扩大，从而形成“秃斑”和“黑土滩”，加之人类对鼠类天敌的捕杀，致使草地生态环境出现了“鼠进人退”的现象。

## 四、生态治理措施

**（一）确立“生态之县”战略，强化全民生态意识**

强化全民生态意识，必须要从改善人类生存与发展环境，实践“三个代表”要求，从对人民、对历史、对子孙后代负责的高度出发，坚定不移地确立草地生态环境、经济、社会可持续发展中的地位。可持续发展，是当代人类新的发展观的体现，也是世界各国经济社会发展的基本途径，是源区人民必须遵循的一条基本原则。过去非可持续发展因素中，核心是“大锅饭”体制问题，现在这方面的影响仍然存在，但已不起主要作用。当前，首要解决的问题是教育群众树立人与自然协调发展观念，彻底摒弃草地只是发展牲畜的狭隘观念，重新认识草地生态环境和经济社会强持续发展中的地位和作用，坚持克服以牺牲生态环境为代价，追求眼前利益的“小农经济”意识，杜绝新一轮破坏草场资源的行为，这是对人的一项重要工作。因此，源区干部群众要在观念上进行革命性变革，挖掘、发扬地方绿色文化，自上而下确立人与自然和协共存，协调发展的文明意识，平等地善待自然、关心自然、体贴自然，更要认识和了解自然，自觉地按自然规律办事，合理开发利用天然资源，使人们的活动不仅有利于生态效益畜牧业的发展，还有利于土地、草原、森林、水等自然资源的保护及可持续利用。同时，政府要切实加强宏观调控。观念的转变是基本的，但是见效比较缓慢，现阶段还不能把对自然资源和生态环境的保护过高地寄希望于人们的自觉性上，必须十分重视行政、经济、法律手段的作用，加强宏观调控，在注意运用经济手段、思想教育进行引导的同时，要通过实行强制性措施，促进和监督牧民严格履行保护管理、合理开发利用自然资源的职责，特别是充分利用当前国家加强“三江源”生态治理，加强基础设施建设的有利时机，加强宣传教育工作，通过广泛深入宣传强化《环境保护法》、《土地管理法》、《森林法》、《水资源法》、《水土保护法》、《草原法》、《野生动植物保护法》等法律和科学文化知识的学习普及，使大家正确认识人与生态环境的关系，树立“生态道德”和生态责任感，明确防止生态危机，保护自然资源，维护生态平衡，是人类共同的使命，每个人都要为此作出贡献。要形成保护生态为荣、破坏生态为耻的道德观，不但为当代人的利益，而且要为了子孙后代的长远利益负责，把可持续发展视为人生的道德准绳。

**（二）搞好大规划，实行综合治理**

长期以来，党和国家高度关注我国生态环境的保护与建设问题。1998 年，党中央、国务院从我国跨世纪可持续发展的战略高度出发，作出了全面停止天然林采伐的重大决策，把长江、黄河流域的生态环境治理作为生态建设的重点，并加大了投资力度，安排了一大批水土保持和水利建设项目，标志着一个全国性的大规模生态环境建设序幕已正式拉开，生态环境保护和建设进入了一个新的阶段。玛多借此机遇加强生态环境的保护与建设是今后工作的重要内容。政府要根据《青海省生态环境规划》和《青海省三江源自然保护区总体规划》，制定玛多生态可持续发展规划，避免过去零敲碎打、各自为政的做法，在战略上突出“以防为主、局部治理、全面保护”的一个“大”字，在治理上突出一个“综”字。“大”就是把全县作为一个整体，跟《青海省黄河源区生态规划》、《三江源自然保护区总体规划》相衔接，作为一个系统工程，通盘考虑，周密部署，实施大规划、大工程措施。“综”就是紧紧

围绕黄河源区重要水源涵养地和生态环境恶化区域建设的有利时机，搞好全县综合治理生态可持续发展规划，坚持科学规划、突出重点、集中治理、宜林则林、宜渔则渔、宜草则草、宜药则药的原则，采取休牧育草、封山育林、减畜育草、工程治理、建立人工高效生态畜牧业等措施，实行恢复自然生态系统和建立人工生态系统相结合的原则。

1. 禁牧育草

在全县草场退化严重的扎陵湖、鄂陵湖、星宿海、黑海等湖周边及扎陵湖乡、黄河乡、黑河乡地区全部实行封闭休牧育草，通过清理附着于或依赖于草场的第二性生产者和人类活动来实现。这种模式牵涉面广，需处理的各种矛盾和问题也较多，但这是恢复草场植被的最佳选择。牧户饲养的牲畜可全部估价出售，其收入存入银行，建立专户，待草场植被及生态改善后，再购买母畜，进行适度的畜牧业生产。其间，牧户由国家参照退耕（牧）还林（草）的政策，负担必需的生活费用，牧户原直接从事牧业生产的，其劳动力1/3要开展种草、灭鼠、治虫等草场建设，2/3从事以生态旅游为主的二、三产业，增加收入，补充生活费用。牧户原有草场承包经营权不变，并实行“谁休牧、谁育草、谁管护、谁经营、谁收益”的政策，任何单位、集体和个人都不得随意改变合同内容，不得无偿平调、侵占育草地，坚决保护牧民休牧育草的积极性和长远利益。实施休牧育草期间，国家应通盘考虑，建立生态建设补偿机制，并制定各项优惠政策，以增强休牧育草生态建设的后劲。

2. 减畜育草

在全县轻度退化的花石峡乡、清水乡、黑海乡等地区，实行减畜育草来减少附着于或信赖于草场第二性生产者和人类活动来实现。采取以草定畜的措施，牧户只留部分生产母畜和基础母畜群，压缩超载牲畜数量，减轻牲畜对天然草地的压力，使草场群落中优良牧草有休养生息和复壮的机会，使天然草地生态系统实现良好循环。实践证明，适度放牧对维系草原生态良性循环，起着重要的作用。实施这一措施，必须按照可利用草场的单位产草量，把牲畜总量限定在一个科学合理的范围内，即所有牧户按每人2～3头牛、5～7只羊（15～20只羊单位）为限定载畜量，将现有的牲畜减少到50%以下，只留少量生活畜，其余出售后留作草场恢复后的购畜资金。这部分资金由牧委会或乡政府统一管理，进行分户记账。牧民口粮国家给予无偿补贴，免征牧业税等税费，其财政收入缺口由国家补助。

3. 沙漠化综合治理

沙漠化土地主要分布在扎陵湖、黄河、黑海、清水等乡。通过减畜育草、封沙育林育草、人工培育植被、工程固沙、综合防治等措施，恢复天然植被，重建与本区气候带相适应的自然生态系统，随着天然植被被逐步恢复与更新，生物生产力相应提高，风沙环境便会逐步逆转。

4. 加强湿地保护

湿地具有调蓄洪水、调节气候、净化水体、保护生物多样性等多种生态功能。人们把湿地称为“地球的肾脏”、“天然水库”和“天然物种库”。保护湿地是生态环境治理的一项重要内容。黄河源区的扎陵湖鄂陵湖湿地、黄河河域湿地、托索湖湿地保护已刻不容缓，国家应及早成立保护区，采取抢救性措施，比如增加人工降雨和草原灌溉项目，逐步恢复其原有的调节功能。

5. 建立人工高效生态畜牧业

在完善草场家庭承包责任制的基础上，依靠建设和科技兴牧，改变传统、粗放、靠天养畜的被动局面，以草地生态治理和草场建设为基础，以科学养畜为中心，以家庭牧场建设为龙头，以完善社会服务为体系为依托，优化草地畜牧业生产流程，将各种生产要素优化组合，合理配置，逐步实现高寒畜牧业的资源配置市场化、市场主体化、经营集约化、发展持续化、管理科学化、社会发展同步化。

**（三）调整产业结构，发展高原生态畜牧业**

经济增长的关键是以科技力量为基础去促进结构调整。长期以来，经济结构不合理、产业、产品缺乏地方特色，已成为影响玛多经济发展的重要制约因素，不下决心进行调整，就走不出困境，就没有出路。当前，要抓住西部大开发的历史机遇，遵照朱镕基总理视察青海时所作的重要指示，坚持以优势资源为依托，以市场为导向，对经济结构进行战略性调整，发展具有市场竞争力的产业和产品，逐步形成具有青藏高原特点的特色经济。只有如此，才能实现玛多经济的持续快速健康发展。为此，依据生态环境可持续发展规划，对玛多的产业结构进行调整，彻底扭转目前过分信赖畜牧业、草场超载过牧的严重局面，减轻牧民对草场的压力。一是引导调整产业结构，由单一的畜牧业转向以牧业为主，生态旅游和多种经营多业并举的产业结构。玛多的牧业产值在国内生产总值中占有绝对优势，而加工业和第三产业占比重微乎其微。不合理的产业结构导致经济效益低下，市场适应能力差，对资源直接消耗增加，过牧现象会越来越严重。因此，通过建立自然保护区，生态治理等方式逐步改变这种不合理的产业结构，建立资源－环境、成本－效益最佳的产业结构模式。将有限的财力和人力投向对生态环境保护有利的多种经营和生态旅游业，利用黄河源的资源优势和品牌效益，大力发展生态旅游，带动第三产业发展。充分发挥玛多的野生动物资源优势，发展国际狩猎、药材种植加工业，开展多种经营，增加副业收入。二是引导调整产品和品种结构，由单一的畜牧业初级畜产品生产或附加值极低的畜产品初加工转向畜牧业产品的深加工。黄河源区的畜牧业主要是畜牧产品的初级生产。由于市场信息不灵，商品意识差，现有的大量初级产品无法转化成商品，迫切需求引进和开发畜产品加工先进技术，提高深加工产值，大力开发畜产品市场，形成畜牧业的产、供、销网络。同时，大力推广优良品种，提高优种率，实现良种化。结合退牧还草和小城镇建设，在县城、花石峡、野牛沟等交通沿线通过扩建改造，完善功能，提高档次，建成一批具有一定规模的活畜、畜产品交易市场。鼓励和提供私营企业、个体户、单位干部职工特别是机构改革中的分流人员参与畜产品流通，拓宽畜产品的流通渠道，使之充分起到集散商品、传输信息、引导生产、促进流通的作用。逐步引导从事畜牧业生产的劳动力向生态治理、生态旅游、畜牧业的服务和非牧业分流。三是引导调整畜牧业的生产方式，由传统的游牧转向围栏养殖的高效牧业。实行以草定牧，轮牧轮休。草场无界、游牧散养是造成草场严重过牧的主要原因之一，结合三江源自然保护区工程建设，转变广大牧民的传统生产方式，以科学放牧代替游牧。四是加快小城镇建设步伐，打破地域限制等政策壁垒，在人口相对较为集中的花石峡、野牛沟、县城地区，加大投入力度，加快小城镇建设，在四配套建设中，调整部分牧民定居点建设地点，对深山、交通不便，条件极差，建设难度很大的牧户，争取迁出来后给予生活补助的方式，结合小城镇建设就地安排定居，从事二、三产业或从事生态治理，增加收入。

**（四）开展生态旅游**

据世界旅游组织预测：21 世纪国际时尚旅游的新热点是生态旅游、文化旅游、海洋旅游、沙漠旅游和探险旅游等。国内有关专家预测，随着西部开发步伐的加快，国内旅游热点将由东部转向西部。大多数旅游消费者已开始对大都市观光及江南的小桥流水、小庭小院、小街小巷的景观失去兴趣，而把旅游的目光移向西部的名山大川。因此，生态旅游、高山旅游、草原旅游、荒漠旅游和探险旅游的人群将日趋增多。

旅游业是西部开发战略的重要组成部分，而生态旅游是旅游开发的一种新战略，通过资源开发与保护之间的相互促进，经济效益与社会效益之间的相互协调，以实现同资源的持续利用和区域的可持续发展。生态旅游有助于保护资源，保护生物的多样性，维持资源利用的可持续性。生态旅游能对资源、当地社会和行业提供长期益处、有助于促进地方经济发展，经济发展后才能真正重视保护自然资源。开展生态旅游，通过旅游项目的开发设计，加强与外部交流，有助于提高当地居民的科技文化水平。

黄河源区具有丰富的高原草甸、野生动物、珍禽鱼类、高原湖泊、冰蚀地貌、风土人情、宗教信仰、山神庙宇、美丽淳朴的神秘传说、文成公主进藏和亲的足迹、藏族英雄格萨尔王遗迹历史画卷、黄河源国际狩猎场等独特的自然和历史人文旅游资源，以此为基础的生态旅游是保护性利用独特的资源优势促进社会可持续发展的有效途径。目前生态旅游业一方面向国内外宣传推销不够，因而众多的游客还不了解；另一方面基础设施滞后，开发力太小，交通不方便。今后随着生态旅游的兴起，三江源地必将成为国内旅游的一个热点。因此，我们应当抓住机遇，结合全省旅游总体规划制定出结合玛多实际的旅游总体规划，拓宽多种投资渠道，完善基础设施，开展以狩猎、探险、观光、考察、民族风情、人文景观为一体的生态旅游。为串联更多的旅游景点，应主要设置三条生态旅游线。1. 拉加寺—阿尼玛卿雪山—星宿海—扎陵湖、鄂陵湖—黄河源头—莫格德哇—黄河源国际狩猎场—冬格措纳合湖。2. 格萨尔狮龙宫殿—隆恩寺—白玉寺—年保玉则—拉加寺—阿尼玛卿雪山—星宿海—扎陵湖、鄂陵湖—澜沧江源—文成公主庙—觉吾山—索加—可可西里—格拉丹冬。3. 扎陵湖、鄂陵湖—星宿海—莫格德哇—黄河源国际猎场—冬格措纳合湖—阿尼玛卿雪山—拉加寺—年保玉则—白玉寺—隆恩寺—格萨尔狮龙宫殿。

**（五）发展绿色食品**

玛多有丰富的自然资源，但未能充分地将资源优势转化为经济优势，更未在商品竞争优势中显示出玛多的资源优势特色。这就是说有自然资源不等于就有经济优势，关键在于如何合理利用自然资源，及早解决资源的配置结构，改变牧区世代以牛粪作为燃料的生活习惯，这样可以大幅度提高土壤肥力，增加草场产量，提高牧民生活质量。在现代经济发展中，自然资源对一个国家和地区的经济具有积极作用。尽管自然资源具有相对稀缺性、不易再生性和位置不可移动性的特点，但技术进步可能有效地促进自然资源的生产力深化，使自然资源的利用价值更广泛，从而转变为经济优势。在资源开发过程中除了应坚持依法开发、合理开发、有序开发等原则外，在资源的利用过程中更应强调高效的原则，以最小的资源投入获取最大的产出。这不仅减少了资源的消耗量，延长了对不可再生资源的利用时间，同时也减少了废物的产生量，减少了环境压力，在节约资源的同时保护了环境。同时避免对高原脆弱的生态环境构成威胁。应该注意的是，在西部大开发的过程中，容易

出现东中部的重污染行业向西部转移的现象。因而在审批投资建厂时，应特别加强对重污染性行业的控制。黄河源区具有一些其他地方不可替代的绿色资源，且具有绿色食品生产的优良自然环境以及一定的经济基础，因此，发展绿色食品（如羊、牦牛肉、药用植物等绿色产品）走绿色食品产业化的贸工农一体化发展之路，处理好黄河源区生态环境，经济发展与需求增长这三方面的关系，促进本区经济社会可持续发展有着重要意义。水产业是当今世界上的新兴产业之一。过去，受生产力水平和对自然规律知识水平的局限，人们对水资源的利用和对生态资源的掘取是不计成本、不付代价的，把它看成是自然界的“恩赐”，因此未将提供这种利用和提取条件的经济活动（如水源涵养、人工增雨）视作产业。随着世界人口的增长和人类经济与社会发展，水资源尤其是淡水资源的短缺问题已经越来越突出，水产业的兴起和发展已成为历史的必然。玛多完全可以利用这方面的优势，抓住历史机遇，超前发展独具特色的水产业。

# 加强草原生态保护<br>建设现代高效生态畜牧业

青海省乌兰县农牧局　苏　宁　张长英

畜牧业是青藏高原的传统产业，也是乌兰县农牧区经济的支柱产业和农牧民群众赖以生存和发展的基础产业。畜牧业发展与否，直接关系到我县群众生产、生活水平的提高，直接影响农牧区广大群众致富奔小康、实现共同富裕的进程。当前，传统畜牧业发展面临着前所未有的挑战。在实现科学发展、建设生态文明的大背景下，实现畜牧业的可持续发展、转变农牧民群众生产经营方式、提高生活水平，是摆在我们畜牧部门面前的一个重大课题。如何实现畜牧业可持续发展与草地生态保护相协调，实现既减轻草场压力又提高畜牧业经济效益，最终实现农牧民增收与生态保护的双赢，是摆在我们面前需要解决的一项紧迫任务。

## 一、生态畜牧业发展现状

### （一）组建生态畜牧业专业合作社

按照初步建立以牧民合作经济组织为载体的生态畜牧业发展机制的要求，在1个示范村和10个启动村每村成立一个生态畜牧业专业合作，全县共成立11个生态畜牧业专业合作社，入社牧户达1201户，占总牧户的98.20%，社员人数为4275人，占牧业总人口的91.44%。建立健全了合作社管理制度和经营凭证，制定了合作社章程、制度、入股协议，建立了社员名册和登记材料，办理了工商营业执照、组织机构代码证、税务登记证、开户证明和任命书等“四证一书”，刻制了合作社法人章、公章、财务章。

### （二）牲畜草原向合作社入股

在宣传引导的基础上，鼓励和支持牧民将草场、牲畜等生产资料合理作价后向合作社入股，发展股份制经营。全县共流转草场864万亩，占草场总面积的74.77%，入股牲畜16.82万头（只），占牲畜总数的39.12%。牲畜、草场流转入股后由合作社统一管理、统一经营、统一销售。

### （三）开展以草定畜和草畜平衡工作

对天然草场的产草量进行科学测量，按照草场的实际生产能力，在准确

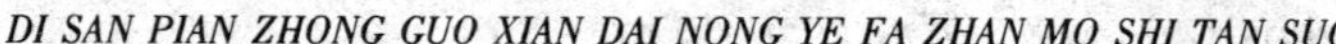

掌握牲畜数量的前提下，科学合理地核定草场载畜量。按照每亩草场平均产草量120公斤计算，全县草场理论载畜量为32.8万只羊单位。通过制订减畜工作方案，落实减畜措施，每年核减牲畜达20万只羊单位以上，基本完成减畜任务。

**（四）加强畜种改良和本品种选育**

把畜种改良和本品种选育作为生态畜牧业建设工作的突破口，加大种畜的鉴定、淘汰和引进力度。近三年引进大通野牦牛种公牛250头、高原牦牛300头、半细毛种公羊800只、柴达木绒山羊种公羊450只。牛羊选育改良面达到60%以上，半细毛羊改良、牦牛复壮步伐加快，牲畜个体生产性能不断提高。

**（五）配套建设牧业基础设施**

把基础设施建设作为发展生态畜牧业的重要方面来抓，捆绑项目和资金，加大游牧民定居工程、畜用暖棚、围栏等基础设施建设力度，大力发展建设养畜。截至目前，全县配套建设游牧民定居房780户6.7万$m^2$，畜用暖棚3274栋39.3万$m^2$，围栏建设62.7万亩，注苗栏556个，蓄水池1600立方米。进一步夯实了牧业基础设施，为生态畜牧业建设提供良好的设施保障。

**（六）推进富余劳动力转移**

加大宣传和引导力度，要求草原、牲畜入股后被解放了的牧民劳力，转变观念，解放思想，进城入镇在游牧民定居房中定居，积极发展二、三等非牧产业，拓宽增收渠道，增加牧民收入。每年在县城、金子海帐房宾馆、茶卡黑小子帐房宾馆等处务工人数达60人以上，劳务收入达140万元。

## 二、生态畜牧业发展特点

**（一）引进龙头企业，带动生态畜牧业发展**

引进北京“青海之窗”，在茶卡镇注册吉仁生态畜牧业有限公司，作为龙头企业带动全县生态畜牧业发展。2012年，吉仁生态畜牧业有限公司建设畜棚20栋、围栏3万亩，通过与生态畜牧业专业合作社签定订单收购合同，收购茶卡羊12000只，充分利用其工艺技术和销售网络，加工销售茶卡羊产品，积极打造茶卡羊品牌，提高茶卡羊品牌知名度。通过订单收购、股份参与、品牌带动等措施，推进生态畜牧业专业合作社股份制经营，壮大股份制经营规模。

**（二）细化生产分工，优化配置生产要素**

全县生态畜牧业建设以各牧业村生态畜牧业专业合作社为基本单元开展

股份制经营。生态畜牧业专业合作社内设财务部、生产部、销售部、副业部4个管理服务机构，生产部内设种公羊管理组、育肥组、放牧组、饲草料管理组、畜疫防治组5个基层小组，各机构根据各自分工密切配合，各司其职。对草场和牲畜重新调整和组合，草场划分为禁牧区和草畜平衡区，其中禁牧区272.4万亩，草畜平衡区439.4万亩，牲畜分为种公羊群、母羊群、羔羊群、羯羊群、牦牛群等畜群，通过围栏建设，将草畜平衡草场划分为若干个小区，实行划区轮牧，分群放牧，优化配置生产要素，提高草地资源科学利用水平。

**（三）转变生产经营方式，拓宽增收渠道**

牧民牛羊和草场等生产资料向合作社入股，由合作社统一集中起来进行规模化经营，改变了原前一家一户分散养殖经营方式。牧民将牛羊和草场向合作社入股后，结束了牧民靠传统畜牧业增收方式，形成了多元增收格局。一是年终红利收入；二是在合作社参与生产、经营、管理等工作收入；三是进城务工，发展二、三产业等非牧收入。

**（四）落实草原生态补奖机制，推进草畜平衡**

发放2011年草原生态补奖机制各项奖补资金2093.25万元，其中禁牧补助1349.2万元，草畜平衡奖励659.1万元，牧民生产资金补贴56万元，牧草良种补贴28.95万元。牧民领到草原生态补奖资金后，主要用于定居房、畜棚、围栏建设以及购进种畜、饲草料储备等畜牧业再生产，推进畜牧业生产持续快速发展。草原生态补奖资金的发放，使牧民在“减畜”和“转人”方面无后顾之忧，有利于推进生态畜牧业建设，转变生产经营方式，发展非牧产业，拓宽增收渠道，增加牧民收入，全面实现减畜不减收、禁牧不禁养的目的。

## 三、发展生态畜牧业资源潜力及优势

**（一）环境条件独特**

乌兰县位于青海省中部，柴达木盆地东北部，隶属海西蒙古族藏族自治州，是一个以牧为主农牧结合的县，县辖4镇38个行政村，全县农牧业总户数为5227户，总人口为2.3万人。海拔高度2721～4970米。乌兰县深居大陆，地势较高，气候干燥、寒冷，具有明显的高寒大陆型气候特征：冬季漫长严寒，夏季短暂温凉。日照时间长，光能资源丰富，热能资源集中。无霜期为120～130天，年平均气温3.2℃，昼夜温差16.4℃，年日照时数在2869～3113小时，年降水量200毫米，年平均相对湿度45%，年辐射量在

702.5 ~726.4 千焦耳/平方厘米。

**（二）草地资源丰富**

乌兰县草原总面积为1692.27万亩，其中可利用草场面积达1043.81万亩，基本草原面积1347.28万亩，冬春草场718.35万亩，占草场总面积的42.45%，夏秋草场973.92万亩，占草场总面积的57.55%。落实草原生态补奖机制，划定禁牧区272.4万亩，草畜平衡区439.4万亩。天然草场的植被以盐生植物为主，主要是禾本科、沙草科植物，营养品质较好，牧草粗蛋白含量在10%左右，粗脂肪含量在3% ~4%，无氮浸出物40%左右，粗纤维24% ~40%。

**（三）牲畜品种优良**

乌兰县境内饲养的牲畜品种较多，品质优良。有品质优良的青海高原毛肉兼用半细毛羊和柴达木特有的绒山羊，适宜高寒牧区的牦牛，适宜荒漠、半荒漠地区的骆驼和其他家畜及禽类。2012年全县饲养各类牲畜总数达60.82万头（只），其中半细毛羊32.7万只，柴达木绒山羊18.4万只，柴达木牦牛1.2万头。全年肉类总产量4423吨，毛绒产量720吨，禽蛋产量45吨，鲜奶产量2560吨。

**（四）“茶卡羊”品牌深受消费者青睐**

乌兰县茶卡镇是柴达木盆地东大门。茶卡羊生长在海拔3000米以上纯天然、无污染的青藏高原柴达木盆地茶卡盐湖周围天然盐生植被牧场。青藏高原和柴达木盆地独特的地理气候环境下生长的茶卡羊被世人冠以“贡羊”的美誉。被注册的“茶卡羊”品牌在上海、长沙、广州、郑州等地，因肉质鲜嫩、风味独特、营养丰富而深受消费者青睐，产品供不应求。2012年茶卡羊存栏8.5万只，平均体重达37.8公斤，胴体重23.5公斤，平均毛长13厘米，毛细56微米，产毛量4.7公斤，平均体高69.8公分。

## 四、生态畜牧业发展面临的矛盾和问题

三年来，乌兰县生态畜牧业建设取得了初步成效，但在其发展过程中，还存在着以下矛盾和问题：

**（一）转变发展方式难度大**

生态畜牧业是一项宠大的系统工程，目前在全县仍处于启动阶段。广大农牧民群众对生态畜牧业的经营理念了解甚少，发展意识不强。全县传统养殖方式仍比较普遍，散养户比重大，牛羊规模养殖比例小。饲养500头（只）牛羊以上的规模养殖户有287户，仅占总农牧户的5.49%，牛羊规模养殖数

达16.73万头（只），占总存栏数的30.80%。

**（二）基础设施建设滞后**

全县畜牧业基础设施建设滞后，抗御自然灾害能力较差。畜用暖棚建设户占总农牧户的62.64%，而且大部分为分散建设，围栏草场仅占可利用草场面积的6.01%，蓄水池的数量仅占总牧户的2.83%。基础设施建设滞后成为制约我县生态畜牧业发展的主要瓶颈，农牧民仍然没有摆脱靠天吃饭的被动局面。

**（三）牲畜超载严重**

核减超载牲畜、减轻草场压力的问题没有得到根本解决，草场负担依然很大。2012年，在1043.81万亩的可利用草场上放牧着54.34万头（只）牛羊，每19.21亩的草场上放牧1只羊，与全县理论载畜量32万只羊单位，平均32.62亩草场可养一只羊相比，超载严重，超载率达69.8%。

**（四）龙头企业带动能力弱**

龙头企业规模小、实力弱、带动能力差，与养殖户之间基本上是一种买卖关系，没有形成经济利益共同体。生态畜牧业专业合作缺乏资金，牧民缺乏专业技能，就业渠道狭窄，就业率低。

**（五）产业化经营水平低**

畜牧业设施化水平较低，产业规模不大，集约化程度不高，总体上处于“小而全”的经营格局。产业化经营水平不高，品牌优势不突出，市场竞争力弱，尚未形成特色优势产业。

## 五、采取的主要措施

**（一）积极转变生产经营方式**

一是组建生态畜牧业专业合作社。在全县11个牧业行政村，组织动员牧民建立合作社，对草场、牲畜等生产要素进行全面优化重组，建立新型牧场，实现专业化分工、集约化经营、规模化生产，提高组织化程度。二是转变畜牧业发展方式。以保护草原生态为前提，以科学合理利用草地资源为基础，全面落实草原生态保护补助奖励机制政策，坚持分流富余劳动力与减畜相结合，调整生产关系，创新经营机制，从体制、机制上闯出一条现代高效生态畜牧业发展的新路子。三是建立草畜平衡机制。加快草场承包经营权流转，调整优化畜群结构，加速畜群周转，发展幼畜经济，提高出栏率和商品率，减轻草场压力。大力实施禁牧、休牧、划区轮牧制度和舍饲、半舍饲养畜，实现草率平衡。

**（二）加强草原生态保护与建设**

一是加大生态工程实施力度。继续实施好退牧还草工程、青海湖流域及周边地区生态环境保护与综合治理工程，扩大实施范围和规模。采取补播、鼠虫害防治、毒杂草灭治等综合措施，改善草原生态环境。二是全面落实草原生态保护补助奖励政策。认真做好实施禁牧补助、草畜平衡奖励工作，引导牧民群众压缩超载牲畜，完成减畜任务，实行以草定畜，实现草畜平衡。三是大力发展牧区饲草业。鼓励牧户种草，力争实现户均5亩饲草地，推行舍饲和半舍饲养殖。调整优化种植结构，加强优质高产人工饲草地建设，增加饲草供应和储备。扩大牧草良种基地建设规模，推进牧草良种产业和饲草产品加工业发展。

**（三）加强生态畜牧业产业化发展**

一是建设标准化规模养殖场（小区）。以半细毛羊、牦牛、绒山羊、三元牛、野血驴、奶牛、生猪、家禽等产业为重点，坚持“扶强专业合作社、扶大专业户、带动养畜户”的基本原则，加快标准化规模养殖场（小区）建设，扩大养殖规模，发展舍饲和半舍饲养殖，确保实施禁牧和草畜平衡后全县畜产品产量稳中有增，实现禁牧不禁养，减畜不减收的目的。二是加强畜禽良繁体系建设。着力完善良种繁育体系，加大建设一批有规模、上档次的畜禽良种场，大力推广良种良法，不断提高良种化程度和自繁自育能力。三是加快发展茶卡羊产业。充分利用茶卡镇得天独厚的地理位置优势和“茶卡羊”品牌知名度，通过龙头企业带动，打造茶卡羊品牌，提升品牌形象，发挥品牌效益，带动生态畜牧业股份制经营、产业化发展。

**（四）改善畜牧业物质装备条件**

一是加强设施畜牧业建设。加大设施畜牧业建设，着力提升设施档次，完善配套设施，力争畜用暖棚、畜圈、贮草棚、免疫注射栏、药浴池、蓄水池等基础设施满足生态畜牧业发展的总体需求。二是加强草原基础设施建设。加大人工种草、草原围栏、草原防火和水、电、路、房等配套基础设施建设，提高防灾减灾能力，为生态畜牧业建设提供设施保障。三是提高机械装备水平。引导生态畜牧业专业合作社合理配置剪毛机械及饲草料种植、收割、加工贮运配套机械等，提高畜牧业生产的机械化水平。

**（五）增强畜牧业科技支撑和技术推广能力**

一是健全技术推广服务体系。建立健全畜牧业、动物防疫、草原、质量安全等服务体系，强化动物防疫监督、草原监理、兽药饲料监督等执法体系建设。按照县有生态畜牧业指导站、镇有畜牧兽医站、村（社）有防疫室的要求，加快推进基层生态畜牧业服务机构条件建设，全面提升公共服务能力。二是壮大畜牧业人才队伍建设。以现代农牧业人才支撑计划为抓手，大力培养畜牧业技术推广骨干人才，重点培养生态畜牧业专业合作社生产型、经营型、技能服务型人才，提高合作社生产管理和技术服务能力。

**作者简介：**

苏宁，男，汉族，1969 年 11 月出生，中共党员，本科学历，农艺师。现任青海省乌兰县农牧局局长。

张长英，男，汉族，1973 年 9 月出生，中共党员，本科学历，高级兽医师。现在青海省乌兰县畜牧兽医工作站工作。

# 强农业促增收　发展现代生态农业

新疆维吾尔自治区博湖县农业局　解正国　胡成学　王冬梅

博湖县区域总面积3808.6平方公里，其中，水域面积1646平方公里，耕地面积22万亩，因气候温和湿润，土地平坦肥沃，宜农宜牧，被誉为鱼肥、草茂、粮多的“塞外江南”。主要农作物有小麦、番茄、辣椒、棉花及其他瓜果蔬菜。2012年，全县完成各类农作物正复播面积32.96万亩，同比增长4.8%，其中小麦播种面积3.8037万亩，产量1.797万吨；工业番茄、辣椒种植面积达10.0169万亩，产值达2.2亿元以上；设施农业面积达到2.0071万亩；新建果蔬气调库3万立方米，无公害农产品面积达到9万亩。全县牲畜存栏17.79万头（只），与上年同期相比增加0.15万头（只），增长1%。；牲畜出栏30万头（只），与上年相比增加2.06万头（只），增长7.4%；其中：生猪出栏20.02万头，比上年同期增加1.28万头，增长6.8%；家禽出栏49.1万羽，增长104%；肉产量3398吨，比上年减少116吨，同比减少3.3%。禽蛋产量615吨，比上年增加35吨，同比增长6.03%。

近年来，博湖县紧紧围绕“保粮、控棉、扩红、增绿、强畜”的战略发展思路，扎实推进生态立县、特色强县、科教兴县，不断提升和强化传统农业，发展现代生态农业。按照“高产、优质、高效、生态、安全”的要求，坚持“以市场为导向，以科技为支持，以基地建设为依托，以龙头企业为驱动”，创新体制机制，转变发展方式，实行区域化布局，多元化投入，标准化生产，产业化经营，市场化运作，品牌化发展，科技化支撑，综合化开发，积极探索现代生态农业发展新模式，促进生态优势向产业优势转化，产业优势向经济优势转化，取得了良好的经济效益、社会效益和生态效益。

## 一、县委1号文件贯彻落实情况

广泛宣传、贯彻落实政策，调动农牧民生产积极性。在县委1号文件下发后，县农牧局就认真传达学习，并通过“科技之春”、科技大集、田间学校、“赴基层、转变作风、服务群众”等活动，采取走村串户、深入田间地头宣讲，发放政策明白纸等形式，把我县出台的关于《农牧业生产发展资金补贴的办法》强农惠农政策宣传贯彻到乡、到村、到户，让广大农牧民了解该项强农惠农政策，发放政策资料1.5万余份，广泛宣传了县委1号文件惠农支农强农精神，进一步激发农牧民生产积极性。下一步发挥好职能作用，扎实开展好协调、部署实施、摸底调查等工作。

## 二、春耕备耕生产情况

2013年全县各类农作物意向种植面积33.5万亩，其中粮食意向种植5.4万亩（其中小麦3.5万亩、玉米1.7万亩、水稻0.2万亩）、棉花8.0万亩，工业番茄4万亩，辣椒7万亩，甜菜1.0万亩，蔬菜4.5万亩（其中设施蔬菜2.2万亩、其中拱棚2万亩）。

强化农资供应，积极引导各农资经销点抓好化肥、农药、种子、兽药等物资的调运储备和供应。投放8亿元贷款用于支持春耕备耕生产，涉及农户5400余户，储备各类化肥6816吨，其中氮肥2700吨、磷肥2600吨、钾肥1500吨、农家肥16万吨；储备各类农作物种子1173吨，其中棉种220吨、春麦种子875吨、玉米种子60吨、瓜菜种子18吨；储备农膜400吨、农药36吨，检修各类农业机械4894台架。

全县各乡镇已播种农作物面积达5.49万亩：其中小麦3.89万亩，播种已全面结束。甜菜0.62万亩；小茴香0.47万亩；辣椒0.18万亩；拱棚蔬菜1.8万亩。

认真做好2013年加工番茄、辣椒“红色产业”温室大棚育苗工作，育苗面积达827亩，可供大田10.7万亩，确保培育出壮苗，4月中旬顺利移栽大田。

## 三、生态农业发展现状

我县生态农业近年来得以发展，主要体现在：一是积极打造农产品品牌。加快农产品质量认证及农民专业合作社建设步伐。73个农产品品种获无公害农产品认证，无公害蔬菜认证面积达到6万多亩，形成了60万吨以上蔬菜的生产能力，成为全国蔬菜产业化县，各类农民专业合作社达到80家。二是积极做好农业环保工作。在农作物病虫害防治上推广绿色防控，从保护农产品生产安全出发，树立“绿色植保”新理念，坚持“预防为主，综合防治”的植保工作方针，以农业防治为基础，推广应用杀虫灯，性诱剂等物理、生物防治虫害技术，全方位地提升我县农作物病虫害防治工作能力，确保我县农产品稳产增产和农业生态环境安全，促进我县农产品安全质量提高。三是做

好农村可再生能源工作。改善农村卫生条件，改变农民传统的生产生活方式，提高农民的生活质量；有利于农业面源污染综合防治，保护了生态环境，加快生态建设步伐。现全县拥有户用沼气池6591户，建成沼气服务点20个。

我县现有农产品加工龙头企业7家，近年来，通过“基地带农户、公司加农户、市场联农户”生产模式，积极抓好“规模种植、产品加工和市场销售”三个主要环节，促进了农业产业化经营上规模、上档次。一是从建设“基地农业”入手，把“基地与龙头企业、龙头企业与农户、农户与市场”紧紧联系在一起，涌现出多个加工番茄、辣椒、蔬菜特色农业种植基地。二是注重推广良种良法，推广优质蔬菜、粮棉、畜禽等种养新品种60余个，使我县种养业良法普及率达到85%以上。三是实施科技示范入户工程。建立科技示范户780户，辐射带动农户7800余户。四是按照“企业+基地+农户”，“企业+合作社+农户”的运作机制，大力发展各具特色的商品生产基地，带动广大农民增收致富。

## 四、当前生态农业发展的主要特点

### 1. 推广低碳种田，保护农业资源

以发展无公害、绿色农产品种植养殖为契机，大力发展“低碳型”特色蔬菜、瓜果、畜产品，引导农民通过发展畜禽养殖、秸秆还田、生物防病虫、施用生物菌肥、高标节水灌溉、测土配方等综合措施，进行“低碳化”管理，减少农业生产成本，不但提高了农作物产量、品质，还实现资源低消耗、废弃物有效利用，有效改善土壤结构，保障了全县农村经济持续健康发展。

### 2. 抓农产品质量，实行无公害养殖

以农产品质量安全监管为平台，加大农产品质量检测力度，推行无公害标准化养殖，给养殖企业和农户带来可观的经济效益。

### 3. 推广多熟制种植

在确保“粮袋子”不能空，“钱袋子”也必须鼓起来的前提下，充分利用本地丰富的水土光热资源，进一步优化作物布局，解决种植小麦、玉米等粮食作物比较效益低、农民积极性不高的问题，二可以解决作物结构单一，饲草料不足，有利于促进现代畜牧业发展。三可以缓解主要农作物加工番茄、棉花等主要农作物种植面积大、时间长、轮作倒茬困难和病虫害加重的矛盾。发展多熟制，变一季为多季，变常规栽培为立体栽培，既能充分利用其有效的生长时间，又可以充分利用其生长的空间，达到资源利用的最大化。

预计全县间作、套种、复播各类农作物7.0万余亩，占总播面积的30%

左右，亩均产值4000元以上，亩均效益2500元以上。

4. 经济作物特色凸显

2012年全县工业番茄、辣椒种植面积达10.0169万亩（其中：工业番茄3.0739万亩，比上年减少3.2561万亩，同比下降49.7%，单产6000千克，同比减少1000千克；辣椒6.943万亩，比上年增加2.383万亩，增加52.26%），单产475千克（干椒），同比增加18千克；红色产业（工业番茄、辣椒）产值达2.2亿元以上。

5. 设施农业蓬勃发展

以设施农业质量效益年为契机，立足县情，突出特色，在资金支持、技术扶持、蔬菜生产产业化水平上加大投入，全面提升博湖设施农业整体发展水平。着力打造以本布图镇、塔温觉肯乡为主的蔬菜基地，蔬菜种植面积达到4.5万亩，其中设施农业面积达到2.0071万亩，突破2万亩（其中：温室0.2345万亩、中小拱棚1.7726万亩），较上年1.78万亩（其中：温室0.1530万亩、中小拱棚1.627万亩），增加0.2271万亩，增长12.76%，其中新建和改建大棚327座；新建果蔬气调库3万立方米，无公害农产品面积达到9万亩，形成了年产60万吨以上蔬菜的生产能力，成为全国蔬菜产业化县。

6. 做好测土配方试验

2012年测土配方施肥推广面积23.3万亩，其中配方肥施用面积9.1万亩，采集土样750个，分析化验5932项次，其中大量元素3328项次，微量元素2390项次，其他项目214项次。完成工业番茄3414肥效试验10个点和校正试验10个点，指导服务农户数3780户，发放施肥建议卡1000张，建立示范样板5个，面积0.25万亩。

发放测土配方施肥资料2100份，并录制测土配方施肥电视讲座3次、网络宣传1次、报刊简报5条、悬挂宣传横幅、制墙体标语7条、制作了示范村宣传牌5块，等多种形式大力宣传普及测土配方施肥技术知识，做到了项目区内家家有明白纸，户户有明白人。

7. 扎实开展治蝗灭鼠工作

我局派专业技术人员对博斯腾湖湖区、博斯腾湖乡地区、和硕县曲惠沟地区、博湖县北部山区亚洲飞蝗、鼠害的发生情况采取GPS定位调查，集中对北山蝗虫鼠害防治，防治面积达8万亩。

8. 农业科技含量不断提升

建立各类农作物高产示范田11万亩；建立航天蔬菜种植示范基地，引进

航天蔬菜新品种15个；推广精量、半精量播种面积15万亩，多熟制种植2万亩，高标节水21万亩，测土配方20万亩、病虫害综合防治面积28万亩，示范推广高产品种20余个，良种覆盖率达95%，机械耕作率达95%。受自然灾害影响，各类农作物受灾面积达4.96万亩，受理保险赔付协议268万元，投资449万元的塔温觉肯乡1500吨蔬菜加工项目进展顺利。狠抓农机安全监理。检查农用车、拖拉机1200余台次，发放宣传资料3000多份，培训驾驶员146人，完成检修各类农机具6423台（架）。

9. 动物防疫工作有序开展

一是为防范输入性疫情发生，派出20余名干部分别在焉博公路、扬水站等路口设立动物防疫监督检查站，检查运输牲畜车127辆次，下发督查通报信息12期，二是规定全县每月最后一周为补免周，确保免疫密度100%。三是及时进行免疫抗体监测，确保重大动物疫病防控工作安全有效。

10. 争取国家资金扶助，开展生态养殖建设

通过改良猪舍、建沼气池，实行生态养殖生猪。

## 五、利用和保护农业资源，减少对生态污染的主要做法

一是改善农业生态环境。争取到了国家财政扶助的测土配方施肥和沼气国债项目，通过项目实施，改变了农民施肥习惯和家畜家禽粪便处理方式。搞好农业污染源普查，派遣技术人员深入田间地头，指导农民合理使用化肥、农药、农用薄膜，增施有机肥料，减少化肥、农药、农膜对环境造成的污染，使农业生态环境得到了有效改善。

二是加强生态农业技术推广。全县各乡镇均承担了测土配方施肥项目，努力建立合理的施肥体系，大力推广农家肥、复合肥、有机肥、微生物肥等绿色肥料，在保证农产品数量质量的同时尽可能减少化肥的施用量。同时全县还大力推广猪—沼—果、猪—沼—菜等养殖模式，以病虫机械化防治、生物农药、农家肥生物肥为主的绿色种植技术，促进农业持续稳定地发展，实现经济、社会、生态效益的统一。

三是提升农产品质量。从2010年起我县开始进行无公害农产品认证，随着“无公害食品行动计划”的深入推进，目前全县无公害农产品产地认定和产品认证工作已步入“统一规范、简便快捷”的发展轨道，产地认定和产品认证数量规模快速发展。

## 六、发展生态农业、特色农业与推进标准化生产，创建无公害食品基地及农业产业化方面的经验做法、存在问题

博湖县发展生态农业、特色农业，以农业产业化工作为纽带在确保粮食稳产高产、品质优质的前提下，充分利用本地资源做强做大红色、设施蔬菜、畜牧产业，加快龙头企业发展与产品升级。

一是领导重视，政策到位。县委、县政府把生态农业工作纳入重要议事日程，出台县委 1 号文件采取以奖代补机制，引导农民发展生态农业、特色农业、特色养殖，鼓励企业开展技术创新和产品创新。

二是做大做强龙头企业、带动行业发展。

三是大力发展农产品加工企业。在抓好质量标准建设的同时，积极进行农业招商引资，增加农业产业化投入以加快农业产业化经营及发展。

四是龙头企业及其产品争上档次。

五是搞活农产品流通，加强信息网络建设，培育壮大营销队伍。在积极引进龙头企业，农民专业合作组织参加各类农产品展示、展销会，加大对特色农业产品宣传力度的同时，鼓励龙头企业上网，充分利用网络信息资料，推介农产品。

博湖县农业产业化从纵向比有很大进步，但从横向与邻县相比差距不小，总体水平还不高，发展中还存在一些待解决的问题：

一是龙头企业规模偏小，带动农户增收能力不强。龙头企业与外地企业相比，规模和实力都相对较弱，市场开拓能力和带动农户增收能力不强，抗御市场风险的能力也比较弱。同时龙头企业的科技技术含量还不高，大部份农产品加工企业的技术装备水平还是比较低，只能进行简单的初加工，能开展精深加工的不多，从而导致农产品生产、加工、流通的产业链短，产品加工深度不够，产品研发能力低，新开发产品少，包装差，质量档次不高，加工转化和增值不高。

二是缺少知名品牌作支撑。虽已结合无公害农产品申报认证申请注册了一批商标，但知名的品牌少，市场和消费者对博湖农产品的认知程度还比较低。

三是农民进入市场的组织化程度低。目前博湖县有 80 个农民专业合作社，但真正能够完成从生产到销售全过程为农民提供服务较少，难以发挥应有的作用。协会、龙头企业与农户的利益联结机制尚需进一步探索、健全和完善。

从生态农业发展来看，仍存在着农业社会化服务体系不健全，缺乏对生

态农业的支撑。目前，为农民提供生态农业建设服务的主要依靠农口部门，还没有形成以公共服务机构为依托、合作经济组织为基础、社会力量为补充，多方参与、覆盖全程、综合配套、便捷高效的社会化服务体系。为此，生态农业发展相对滞后，其次农业科技水平低，农民整体素质不高。地方财政对农业的科技投入十分有限，对农业新品种和先进实用技术的开发引进推广力度不大，农民实用科技掌握不多，科技对农业的贡献率还不高，要搞好生态农业还有一个过程。

## 七、落实《农区畜牧业发展实施方案》情况

2013 年，我县畜牧业在县委、县人民政府的统一领导和自治州人民政府正确的指导下，认真贯彻执行国家、自治区、自治州畜牧业发展规划，扎实实施好《农区畜牧业发展实施方案》，积极发展现代畜牧业，努力实现农牧民增收。

**（一）加强动物卫生监管，全面落实畜产品质量安全**

强化免疫，保障牲畜生产安全。免疫工作是防控重大动物疫病发生的关键环节。我县始终坚持“预防为主”的方针，认真落实“外堵内防”、“常年免疫、月月补针”、“监测监督两强化”、“基础免疫四到位（防疫物质落实到位、疫苗保苗措施到位、防疫程序到位、秋防信息统计到位）”等各项防控措施，使重大动物疫病防控工作取得实效。2012 年重大动物疫病免疫，我县共组织调拨禽流感疫苗 26 万毫升；鸡新城疫 10 万羽；猪口蹄疫疫苗 15 万毫升；牛、羊口蹄疫疫苗 12 万毫升；猪瘟疫苗 25 万头份；猪蓝耳病 8 万毫升。防疫猪口蹄疫 6.7133 万头、牛口蹄疫 1.5878 万头、羊口蹄疫 9.1581 万只；猪瘟、猪蓝耳病 13.1205 万头、禽流感、鸡新城疫 33.7479 万羽。基本做到了“应免尽免、不留空当”，较好地完成了秋防免疫注射任务。

**（二）强化监督，保障畜产品质量安全**

为提高产地检疫率，我县成立了 7 个动物产地检疫中心报检点，3 个流动报检点，设立报检电话，以提高产地检疫率。县动物卫生监督所严格按照“随报随检、严格出证”的原则，不断完善县乡两级动物产地检疫报检点的建设，建立各项制度，加强管理，力争做到产地检疫开展面、进场屠宰、交易动物的产地检疫持证率达到 100%。截止目前，产地检疫动物 10.01 万头（只）。同时，严格执行屠宰检疫规范，抓好检疫人员按规定要求到岗到位，严把“五关”，即准宰关、宰前检疫关、宰后检疫关、盖章出证关、无害化处理关，做到屠宰动物严格检疫，染疫动物产品不出屠宰场，严格进行无害化

处理。截止10月底，全县完成屠宰检疫5.41万头（只），无害化处理病害肉165公斤，脏器198公斤，确保了上市动物及动物产品安全。

**（三）加强饲草料储备管理，提高牲畜越冬能力**

近年来，为加强牲畜安全越冬，县畜牧兽医局加强越冬牲畜的饲草料储备工作。通过长草短喂、种植苜蓿、正副播玉米的播种及压制青贮等措施，为农牧民筹集大量饲草料储备，据统计，全县贮备青贮饲料7.6万吨，优质饲草6.03万吨，可满足9.45万头（只）牲畜饲养。

**（四）加强牲畜改良步伐，全面推行良种化**

牲畜改良是加快农牧民增收的有效途径，积极推进良种化进程对促进畜牧业发展具有积极的推进作用。2013年以来，县畜牧兽医局努力夯实成果，不断推进良种化进程。目前，全县已完成牛品种改良347头，其中黑白花123头，西门塔尔224头；全县接羔育幼4.96万只，此项工作已基本完成。

**（五）今后的工作计划**

在今后的工作中，我局将从以下几方面着力提升畜牧产业发展。

一是继续做好重大动物防控工作，加强督查，强化免疫措施，确保免疫密度和质量。

二是落实动物卫生监督各项工作任务，加大了动物检疫、畜产品安全监管力度，做好牲畜无害化处理统计和补偿等各项工作，尤其是在养殖、屠宰、检疫、流通环节病死畜禽无害化处理工作。

三是做好重大动物疫病防控物资的储备工作，开展应急演练，提高疫情处置能力。

四是做好饲草料种植技术服务工作，设立牲畜转场检查站，对转场牲畜数量等进行检查。

五是认真做好口蹄疫、禽流感、新城疫、猪瘟等的集中监测工作。

六是认真落实好畜牧业惠农政策。

**作者简介：**

解正国，男，汉族，1962年12月出生，中共党员，大学学历。现任新疆维吾尔自治区博湖县农业和畜牧兽医局党委书记、畜牧兽医局局长。

胡成学，男，汉族，1968 年 2 月出生，中共党员，大学学历。现任新疆维吾尔自治区博湖县农业局办公室主任。

王冬梅，女，汉族，1980 年 1 月出生，大学学历。现任新疆维吾尔自治区博湖县农业局助理农艺师。

# 第四篇
# 现代农业经营与管理

# 第一章 现代农业经营管理的内容与目标

本章介绍农业经营管理的概念、特征，现代农业经营管理与传统农业经营管理的区别，农业经营管理与农业经济管理的共同点与区别。通过学习本章，我们将对现代农业经营与管理有一个基本的认识和了解。

## 第一节 农业与农业经营管理概述

农业是有鲜明特色的产业，农业的经营管理与其他产业有明显的不同，在农业经营管理中首先需要掌握农业的特点。

### 一、农业的特征及农业经营主体

农业是人类依靠植物、动物和微生物的机能和自然力，通过有目的的劳动影响动植物的生理机制，以获得符合社会需要的产品和为人类创造良好生活环境的物质生产部门。在不同时期和不同国家，农业概念所包含的具体内容又有所不同。在社会分工仍不发达的国家或地区，农村的非农生产活动通常作为副业包括在农业中。因此农业概念又有狭义和广义之分。狭义农业，又称为“小农业”，仅指种植业、养殖业；广义农业，又称为“大农业”，包括农、林、牧、渔和农村工副业等。

在现代社会中，农业已逐渐演化为一个产业体系。农业的分工日益精细，从横向看，谷物业、蔬菜业、水果业、养殖业等逐步发展成为生产经营特点不同的生产部门；从纵向看，又演化为产前部门（农业生产资料供应）、产中部门（动植物生产）与产后部门（农产品加工、销售等）。此时，狭义农业专指生产动植物的产中部门，而广义农业包括产前、产中、产后在内的农业产业系统，农村中第二产业和第三产业不再包括在农业中，称为农村非农产业。

**（一）农业的特征**

农业和其他产业比较，存在显著的区别，体现了农业的产业特征。

1. 经济再生产与自然再生产相互交织

马克思指出："经济的再生产过程，不管它的特殊的社会性质如何，在这个部门（农业）内，总是同一个自然的再生产过程交织在一起。"并进一步指出："在所有生产部门中都有再生产，但是这种同生产联系的再生产只有在农业中才同自然的再生产一致。"进入21世纪后，尽管科技进步对传统农业的生产和组织方式产生了极大的冲击，工业文明和现代技术的发展，农业生产工具不断改善，劳动者技能日益提高，农业经济再生产过程的主导作用表现得越来越明显。但从本质规定性上看，农业仍然主要是通过植物栽培、动物饲养等自然再生产来取得社会所需产品。而这一过程总是要和动植物生长发育的自然再生产过程紧密联系在一起，至少现有的技术水平还没有可能绝对地把这两个过程分割开来，农业仍然要受到自然力的强烈制约，自然力在一定程度上限制了农业活动的广度和深度。由于至今自然条件的变化仍是难以预测和不可抗拒的，这就构成了农业生产的自然风险，造成农业生产的波动性。同时，又由于农业的经济再生产循环还必须通过市场实现，因而必然面临市场的风险。这些使农业成为典型的具有自然和市场双重风险的高风险产业。

2. 农业的劳动时间与生产时间不一致

与多数工业生产不同的是，农业的劳动时间只是生产时间的一部分。因为受自然规律的制约，农作物的生产过程只是农业生产过程的一个环节，由此形成了农业的两个显著特点：（1）农业生产周期长，通常以"年"为度量单位，因而它的资金周转速度慢。（2）农业具有显著的季节性，人力、物力利用不均衡。在农忙时，劳动力、农机具等生产资料利用充分，出现需求的高峰；在农闲时，人力、物力等得不到利用，出现需求的低谷，这就给农业经营管理工作带来一定的复杂性。

3. 多数农产品需求弹性小

农产品需求扩张受到人的生理条件的限制，超过人体生理需求的那部分农产品，人们对其效用的评价趋近于零或为负数。随着科学技术的进步和人们生括水平的不断提高，人们对商品和劳务增加的需求偏好越来越偏离农产

品或农业。也就是说，随着人们收入的增长，对农产品的需求也有增加，但是其增加比例远较其他商品的消费增加比例低。值得注意的是，农产品包括多种品类，其各自的收入弹性彼此相差很大，有些农产品可能是富有弹性的，特别是一些非生活必需的农产品，如花卉、观赏鱼、宠物等，其收入的弹性比较高。

4. 农业具有空间扩散性和独特的产权反应

农业是一个准公益性部门，生产活动在自然空间中，产权保护费用高，并且外部性流失大，同时，由于农业生产要在广阔的田野上作业，空间扩散性使得对集体行动中个人劳动质量和努力程度的计量具有难度大、费用高的特点。由于监督的成本高，很容易发生普遍性的“免费搭车”现象，即劳动者个人不愿付出代价而要求分享群体劳动的收益。在农业的经营管理中需要考虑这一特点，采取相应的措施。

5. 土地是农业特殊的生产资料

马克思说：“土地是一切生产和一切存在的源泉。”“劳动并不是它所生产的使用价值即物质财富的唯一源泉，正如威廉·配第所说，劳动是财富之父，土地是财富之母。”土地是农业生产利用各种自然力的基础，农业生产分布在广阔的土地上，而土地又具有自身的自然特性和经济特性，从而产生一系列与工业不同的经济问题。如土地本身不可移动，形成了经营土地的垄断性，由于各地土地资源以及其他自然资源禀赋存在巨大的差别，使农业生产具有突出的区域性特征。

### （二）农业经营主体

农业经营主体是指使用一定劳动资料，独立经营，自负盈亏，从事商品性农业生产以及与农产品直接相关活动的盈利性经济组织。它既包括以土地为投入要素直接经营农、林、牧、渔业的经济组织，也包括从事农业产前、产中、产后各环节的加工、服务等相关活动的组织和个人。

1. 农业经营主体的特征

（1）经营对象是农作物和农产品

以农产品为经营对象是农业经营主体区别于其他产业经营主体的最显著特点。农产品生产涉及多种自然因素和经济因素，有些因素可以控制，有些因素则无法控制。农产品具有生产资料和消费资料的双重属性。作为生产资料，农产品一般是农业加工的原材料，农产品质量至关重要，将会直接影响加工下一个再生产过程中产品的质量和产量。

（2）经济效益带有较大的不确定性

农业生产过程周期长，受客观因素，尤其是自然条件的影响较大，不可控因素较多。农产品的市场消费面广，生产和消费者多，掌握生产和消费的具体数据难度大，不可控因素也多，市场风险较大。自然风险和市场风险双重夹击致使农业经营风险较大，投入与产出的因果关联常受偶然因素的影响，经营结果难以准确测定，经济效益常有波动。

（3）农业经营主体具有多样性

农业经营主体作为农业生产的基本单位，其形式可以灵活多样，规模可大可小，可以是一个家庭、几个家庭的联合或公司等，可以是法人，也可以不是法人（业主制和合伙制）。但这并不意味着对农业经营主体规模没有要求，在经营规模很小时，农业经营便会丧失规模经济效果，然而，在经营规模过大时，农业又常常出现规模不经济的问题。故此，农业生产必须讲适度规模经营。

（4）农业经营主体的决策难度大

由产业的特性所决定，农业生产受自然因素制约而周期较长，农业生产决策以及产品结构调整对市场需求变动的反应相对迟滞，决定农业经营主体经营成败的因素错综复杂，加大了农业经营主体经营决策的难度。

2. 农业经营主体的类型

根据不同的分类标准可以简要地把农业经营主体做多角度的分类。一般可作如下划分：

（1）按照生产经营领域划分

按照农业生产经营的领域，农业经营主体可以分为种植业经营主体、林业经营主体、畜牧业经营主体和水产业经营主体等。

（2）根据要素集约化程度划分

根据要素集约化差别，农业经营主体可以分为劳动密集型农业经营主体、资金密集型农业经营主体和技术密集型农业经营主体等。根据上述集约的组合，还可进一步划分为劳动技术密集型，资金技术密集型等。

（3）按照经营内容划分

按照在农业产业链中经营的内容和重点，农业经营主体可以分为农业生产资料供应或技术服务经营主体、农业生产经营主体和农产品加工经营主体与销售服务经营主体等。有的经营主体所涉及的领域涵盖了农业产业循环过程中两个以上环节，可以称为产业经营主体，组织化程度较高的可以叫做农工商一体化经营主体。

随着我国经济体制改革的深化和农业产业化经营推进，农业经营主体的具体形式将呈现多样化、综合化、高级化的发展趋势。

## 二、农业经营管理

### （一）农业经营管理的概念

1. 经营管理的概念

农业经营主体作为一个盈利性经济组织，服从于经营管理的一般规律。管理是指在一定的生产方式和文化背景下，由管理机构按照客观规律的要求，对生产经营活动进行计划、组织、指挥、协调和控制，充分合理开发和优化利用各种可以支配的资源，尽可能又好又多地创造和增进社会福利并实现自身盈利目标的过程。在现代市场经济条件下，对其生产经营活动进行决策与行为的全过程，主要是对内部生产技术活动进行有效组织与管理，以及对充分利用外部市场机会和协调环境关系等活动进行有效分析与决策两个方面。前者通常称为狭义的管理，后者则称为经营。“经营”加“管理”构成了管理农业产业活动的全部内涵。

2. 农业经营管理以市场为中心

当前，农业的市场化程度日益提高，农业与市场的联系愈来愈紧密，市场等环境因素对其影响力度和范围日益增大。因此，农业经营主体全部生产经营活动中关于处理市场机会和协调外部环境关系的活动成为决定生存发展最重要的管理活动。所以当前农业经营者必须把搞好经营放在重要的战略地位。按照一般经营的概念，可以把农业经营概念定义为：农业经营主体为了及时有效地抓住和利用外部环境提供的机会，最大限度地发挥自身比较优势，努力实现内部条件、经营目标与外部环境三者的动态平衡，进而实现效益目标和发展目标，侧重于围绕协调和处理与外部环境的关系以及有关发展方向与战略决策等问题而进行的一系列综合性管理活动。这个概念要从四个方面去理解：首先，经营是市场经济特有的范畴；其次，经营的基本动因是为了及时有效地抓住和利用外部环境提供的机会，目的是实现效益目标和发展目标；再次，经营的过程是努力实现和保持内部条件、经营目标与外部环境的动态平衡，手段是充分认识和把握外部环境变化，最大限度地发挥比较优势；最后，经营的重心是协调和处理与外部环境的关系，重点是搞好经营战略决策，不断优化资源的动态配置。

3. 农业经营与管理的关系

随着市场经济的发展，农业经营管理必须由以生产产品为中心的生产型管理转变为以生产经营为中心的经营型管理。农业经营管理的任务之一是要合理地组织生产力。这就要求把农业作为整个社会经济系统的一个要素，按照客观经济规律，科学地组织全部生产经营活动，对内外各方面活动进行统一决策、计划、组织、领导和控制，才能保证再生产和扩大再生产的顺利进行。农业经营和管理的关系，实际是两种相互联系又相互区别的对内和对外管理活动的关系。系统是一个开放的经济系统，其经营活动与环境紧密相连。由于受外界条件的影响和制约，故农业经营管理者要善于捕捉和利用外部环境提供的机会和条件才能求得生存和发展。管理活动分为内部和外部，是农业经营主体有效参与市场竞争的需要。但是内部活动和外部活动是密切联系不可分割的，这决定了农业经营和管理的划分仅仅是管理职能分工的一种表现，是各级管理人员之间的一种分工和协作的关系。经营和管理都贯穿于农业生产经营活动的全过程，且两者都服从于同一目标，即追求合理的盈利和可持续发展。从另一角度看，在现代市场经济条件下，农业经营就是在动态的市场环境中寻求盈利和发展的机会，其任务就是千方百计抓住环境机会并对此提出相应的对策；管理则侧重于发挥内部优势去适应和影响环境的变化，实现经营的目标。从这个意义上说，经营决定了管理的方向与目标，管理对经营过程予以调节和控制；经营是管理的依据，管理源于经营并为经营服务，两者相互分工、相互补充和相互作用，共同促进现代管理的整体运动。

**（二）农业经营管理的特点**

农业经营管理具有二重性，即生产力属性和生产关系属性。两者互相联系并寓于生产要素结合和供应、生产、销售、分配等环节运行之中。

1. *经营管理的自然属性*

经营管理是社会化大生产和共同劳动的客观要求，任何社会、任何生产部门，只要有许多人在一起协同劳动，就需要有管理。随着生产社会化程度的提高，共同劳动规模扩大，劳动分工协作日益精细、复杂，愈来愈要求有严格的组织、正确的指挥、精细的核算等，这是任何社会制度下都普遍存在着的一种客观要求。经营管理的自然属性主要体现在合理组织生产力的职能上，它与社会制度没有直接的关系。

2. *经营管理的社会属性*

经营管理又是生产关系的反映和体现，它的性质取决于生产关系的性质，这是经营管理的社会属性。经营管理的社会属性主要体现在维护和调节社会生产关系的职能上，维护现行的生产关系和社会制度是农业经营管理的首要任务。虽然我国与世界上其他国家在社会制度，生产力的发达程度，有关法律等方面有明显的区别，但这并不妨碍农业经营管理者在经营管理活动中学

习和借鉴其他社会制度下经营管理的经验。同时，由于经营管理的社会属性，在经营管理活动中，又不能完全照搬其他国家和地区的现有做法，需要根据当地、当时条件调整和改变经营管理的具体实践。

**（三）农业经营管理与农业经济管理的关系**

农业经营管理与农业经济管理是农业管理的不同学科，两个学科有明显的区别也有密切的联系。农业经营管理人员既需要学习农业经济管理，也要了解和学习农业经营管理。

1. 农业经济管理

农业经济管理是对农业生产总过程中生产、交换、分配与消费等经济活动进行计划、组织、控制、协调，并对人员进行激励，以达到预期目的的一系列工作的总称。

农业经济管理属于宏观经济管理。它是以整个农业经济活动为考察对象，研究和总结农业经济运行的一般规律，旨在做出有利于一国或地区农业经济发展的决策。农业经济管理就是要按客观经济规律和自然规律的要求，在农业生产部门之间、区域之间合理地组织生产力，正确地处理生产关系，适时地调整上层建筑，以便有效地使用人力、物力、财力和自然资源，合理地组织生产、供应和销售，妥善地处理国家、单位和劳动者之间的物质利益关系，调动农业生产经营主体的积极性，提高农业的经济效益，最大限度地满足社会对农产品的需要。

农业经济管理的内容主要包括：在科学预测基础上正确制定农业经济发展战略，编制区域农业发展计划；在农业区划基础上进行农业地区布局，优化农业生产结构；合理开发利用农业自然资源、劳动力资源、物质技术资源和财力资源；建立合理的农业经济管理体制，确定农业生产经营中各方面的责、权、利关系以及分配中的积累与消费关系；正确地组织农产品的商品流通；综合运用各种经济手段，调节农业经济活动，并全面评价农业经济效益等。

2. 农业经营管理

农业经营管理是对具体的农业生产经营活动进行计划、组织、控制、协调，并对成员进行激励，以实现其任务和目标的一系列工作总称。

农业经营管理属于微观经济管理。它是以单个经济单位的经济活动为考察对象，研究农业微观组织经营活动的规律，其目的是合理地组织内外生产要素，促使供、产、销各个环节相互衔接，以尽量少的活劳动消耗和物质消耗，生产出更多的符合社会需要的产品，实现农业经营者的目标。

农业经营管理的内容主要包括：合理确定农业的经营形式和管理体制，设置管理机构，配备管理人员；搞好市场调查，掌握经济信息，进行经营预测和经营决策，确定经营方针、经营目标和生产结构；编制经营计划，签订经济合同；建立、健全经济责任制和各种管理制度；搞好劳动力资源的利用和管理，做好组织内成员的思想工作；加强土地与其他自然资源的开发、利用和管理；搞好机器设备管理、物资管理、生产管理、技术管理和质量管理；合理组织产品销售，搞好销售管理；加强财务管理和成本管理，处理好收益和利润的分配；全面分析评价农业活动的经济效益，开展经营诊断等。

3. 农业经营管理与农业经济管理的关系

如上所述，农业经济管理是研究农业经济活动的总量及其运动变化的规律性，又叫总量分析或整体研究。其目标是通过制定合理的产业政策来实现农产品总供给与总需求的平衡。农业经营管理是研究农业经营管理的规律性，又叫单量分析或个体研究，其目标是通过提高竞争力来实现农业单位利润最大化。

农业的可持续发展要依靠宏观的农业经济运行与微观的农业活动来实现，农业经济管理与农业经营管理都贯穿于农业活动的全过程，且两者都服从于同一目标，即满足社会日益增长的对农产品需要。同时，在现代市场经济条件下，农业经营者若想在动态的市场环境中寻求发展的机会并盈利，需要有一个稳定的、持续发展的农业经济体制平台。从这个意义上说，农业经济管理为农业经营管理决策提供制度环境或政策依据，农业经营管理是在这一平台上进行的，同时又保证了经济目标的实现。

## 第二节　现代农业经营与管理的内容

现代农业是以资本高投入为基础，以工业化生产手段和先进科学技术为支撑，以社会化的服务体系相配套，用科学的经营理念来管理的农业。与传统农业相比，现代农业可谓有了“脱胎换骨”的变化。现代农业是一种大农业。它不仅包括传统农业的种植业、林业、畜牧业和水产业等，还包括产前的农业科技开发，市场研究，农业机械、农药、化肥、水利和地膜的供应，以及产后的加工、储藏、运输、营销以及进出口贸易等，实际上贯穿了产前、产中、产后三个领域，成为一个与发展农业相关、为发展农业服务的庞大产业群。

## 一、发展现代农业的意义

基于我国基本国情，党的十六届五中全会从中国特色社会主义的全局出发，明确提出建设社会主义新农村的重大战略任务，并对建设新农村提出了“生产发展、生活宽裕、乡风文明、村容整洁、管理民主”的20字方针。生产发展是新农村建设的基础，而实现生产发展的首要任务是发展现代农业。

### （一）提高农业效率

发展现代农业，就是要努力实现农产品增产、农民增收和农业多个发展目标。这既是实现农村生活宽裕的重要途径，又是实现乡风文明、村容整洁、管理民主的重要基础，也是社会发展对农业的要求。可以说，现代农业建设进程快慢、成果大小，决定着新农村建设的进展和成效。

现代农业与传统农业的不同点之一是传统农业强调农业的增产，要求生产更多的农产品。为此，传统农业常常需要投入更多的人力和物力，而现代农业强调在农业增产的同时实现农民增收，实现这一目标的关键是提高农业生产的效率，在不增加或少增加投入的同时，使农业的产出大幅度增加。

### （二）加快农业进步

发展现代农业，是从根本上解决农业发展滞后、难以适应工业化和城镇化需要的重要举措。近年来，我国农业和农村工作形势很好，但也面临若干挑战。当前，我国农业基础设施依然薄弱，农民稳定增收依然困难，农村社会事业发展依然滞后，城乡经济社会发展失衡、差距继续拉大等基本状况尚未根本改变，农业仍然是国民经济中最薄弱的环节，特别是在人增、地减、环境变差的情况下，要继续发挥农业对国民经济的支撑作用难度越来越大。

因此，使我国农业完成从传统农业向现代农业的转变，大力发展现代农业，需要从技术进步入手，以现代科技解决我国农业生产中的新问题，通过新的技术手段，在保证生产效率提高，环境优化的同时，向社会提供更好更多的农产品及新型服务。

### （三）保证粮食安全

发展现代农业，是保障我国粮食安全的根本途径。粮食安全是实现经济增长、社会发展的前提和基础。多年来，我国农业以世界7%的土地，解决了世界上约20%人口的吃饭问题，这是一个非常了不起的成就。尽管当前我国的粮食生产问题解决得比较好，实现了总量平衡、丰年有余，但由于人口增长和社会建设的发展，粮食需求日益增加，耕地逐年减少，能源供应日趋紧张，从长远看，保障粮食安全仍然面临巨大压力。只有加快建设现代农业，依靠科学技术进步，走“稳定面积、提高单产”的路子，才有助于全面提高粮食综合生产能力，提高农业综合效益，从根本上夯实粮食增收的基础，确保国家粮食安全。

**（四）加快工业化、城镇化进程**

现代农业的发展水平直接关系到工业化、城镇化的发展进程。农业的现代化表现之一是：在农业产量增加的同时，全社会从事农业劳动力的总量和比例要不断减少。如果农业现代化搞不上去，不仅会制约农业和农村经济的健康发展，也势必会拖工业化、城镇化和整个国民经济的后腿。因此，加快发展现代农业，既抓住了推进社会主义新农村建设的关键，又适应了整个国民经济的发展要求。

**（五）促进环境的良性循环**

现代农业是大规模、现代化的商品农业，由于生产的机械化、社会化程度高，各方面的投入较多，与传统农业相比，对环境的影响也更大。在现代农业的发展中，除了要保证更高的投入产出比，取得更好的经济效益外，还需要注重农业对生态环境的影响，保证现代农业的可持续发展，使生态环境在现代农业发展中实现良性循环。

## 二、发展现代农业的基本思路

现代农业虽然也是农业，具有农业的一般特点，但其完全不同于传统农业的经营管理。从传统农业向现代农业发展，必须完成以下六个方面的转变。

**（一）从满足家庭需求向满足市场需求转变**

传统农业经营适合自然经济社会，生产的主要目的是满足个人和家庭的需求。现代农业是在市场经济条件下的商品农业，经营的主要目的是取得盈利，这就需要生产满足市场需求的商品。为了使生产的产品或提供的服务在市场上实现，现代农业生产经营者要紧紧抓住市场需求，这就要学会认识市场、分析市场、了解市场的变化，根据市场需求做出自身的经营决策，制定经营管理的目标。特别是进入21世纪后，我国农产品市场已经从地区市场、国内市场向国际市场转变，作为农业经营者仅仅认识当地市场、国内市场都不足以最大限度地获得盈利。农业生产要减少风险，提高盈利水平还需要认识世界市场，了解国际市场的各方面信息，从国际分工的角度考虑农业生产经营，现代农业的经营管理者制定决策的基本出发点是当前以及未来的市场需求。

在市场经济条件下，现代农业的另一个特点是分工和专业化程度不断提高。在传统农业条件下，农业生产者为了满足自己和家庭的需求在生产上往往采用多种经营的形式，一个家庭生产多种农产品，并完成农业从生产到收获的几乎全部活动；而现代农业为了取得市场竞争上的优势则主要采用了专业化的形式，现代农业生产经营单位往往只生产一个产品或一个品种，或完成农业生产的一个环节。通过农业生产的专业分工能够提高生产技术和效率，更好地满足市场对这一产品的需求。

传统农业生产与现代农业生产的另一个重大区别是：传统农业囿于本地生产条件，为了满足个人及家庭的需求，主要耕种自己家乡的土地，利用本人及家庭的劳动力及自家所有的生产工具从事生产经营活动。而现代农业生产者经营的基本目的是获取更大的盈利，只要有盈利的可能，现代农业经营者可以在世界任何一个区域以市场的方式获取生产经营的条件，通过租用生产资料，股份制生产或合作的方式，利用社会提供的服务，雇用生产和管理人员从事农业的生产经营活动。因此，现代农业有了更大的规模，更高的效率，也有了更多的风险。

**（二）从小规模生产向适度规模生产转变**

传统农业以家庭经营为主，家庭联产承包曾经在我国农业生产中发挥出巨大的作用。然而，进入21世纪后，我国农业生产条件已经与推行联产承包的20世纪80年代的生产条件有了根本的不同。一方面，我国加入了WTO，农业经营者需要面对国内外的大市场；另一方面，由于市场产品日益丰富，竞争已经十分激烈。面对国内外市场的竞争，农业经营者要增加收入必须提高自身的竞争能力。由于小规模经营方式很难深化分工，缺乏规模效益，难于提高在市场上的竞争力，农业生产者需要通过组织起来和扩大规模等提高竞争能力。当前我国现代农业的主要经营方式有农业合作组织、农业的产业化、以公司带动农户经营，同时也有一些形成较大规模的专业农户，及现代农业庄园。

生产规模的扩大或农业组织的形成提高了对农业经营管理的要求，但也有利于农业生产经营单位实现更有效的分工与协作，有利于使用能力更大、效率更高的机器设备，有利于在产品销售中取得更有利的地位，有利于在市场上得到价格更低的生产资料，同时也有利于扩大农产品在各地市场上的知名度和提高产品的价格，从而为农业生产者带来更高的经济效益。

**（三）从依靠传统技能向依靠现代科技转变**

传统农业与现代农业的重大区别之一是采用的农业技术。我国农业技术曾长期停滞在传统技术上，改革开放前后，畜力耕作和人力收割等还是我国农业的主要生产手段，锄头、镰刀等手工工具是农户的主要生产工具。相应的，传统农业技术的传授主要依靠家庭生产的实践，青年人在与长辈的共同劳动中学习和掌握历史传承的农业生产技术。进入21世纪后，世界农业科技进步又有了新的飞跃，除20世纪农业在育种、化肥、机械、电器等方面的技术进步外，目前农业科技又通过遗传工程，基因工程、生物工程、遥感技术、航天技术、微电子技术、核技术等取得了大量新成果，推动农业技术更快进步。如我国农民已经利用微电子技术制造的温室娃娃判断设施农业的各项指标，利用宇宙飞船搭载的太空种子改变农产品的特性，利用GPS卫星定位实现农业生产的精准控制等。现代科学技术极大地提高了农业生产效率，为农业生产经营带来了取得更高盈利的新途径。采用农业新技术可以有效提高生产的竞争能力，使农业生产上升到一个新的水平。由于现代农业新技术主要来自于农业的科研单位、大专院校以及新型农业经营单位，现代农业的经营管理者需要在上述单位接受现代农业技术的培训，需要学习和掌握现代农业科技知识，需要在相关的院校中有一定的学习经历。

**（四）从依靠体力和经验向依靠知识和信息转变**

传统农业与现代农业的另一个明显的不同是：传统农业生产主要需要体力和经验，只需要了解本地情况，通过向其他农业生产者学习和自己的经验积累，再加上良好的体力就可以实现传统农业的生产。而现代农业则不同，第一，现代农业要面向市场，这就需要有经营、财务、金融保险、销售商品等知识，在市场上要保护自己的利益还需要有相关法律的知识。第二，现代农业建立在现代农业科学技术的基础之上，这就需要农业生产者掌握有关农业生产的技术知识，特别是在专业生产的条件下，需要对有关专业有深入的了解。第三，现代农业生产和经营中需要利用大量的机器设备，这也需要经营管理者了解机械和电子、电器设备的有关知识。第四，在现代农业条件下，生产经营者需要随时掌握各方面的信息，还需要农业生产经营者掌握有关信息技术方面的知识。最后，现代农业生产是大规模、专业化的生产，需要不断提高生产的经营管理能力和水平，这也需要农业生产经营者掌握经营管理方面的知识，如了解经营学、管理学、会计学、经济学、市场学、商品学等方面的知识。现代农业涉及自然和社会再生产，需要掌握市场和技术，需要有对人和对物的管理知识，在这种条件下，仅仅有体力和经验是远远不够的。一个合格的现代农业经营管理者必须有充沛的体力和精力，又要有较高的知识和文化水平，同时还要有丰富的经验和一定的组织能力。在现代农业条件

下，丰富的经验和知识比强壮的体力更为重要。

**（五）从独立经营向多方协作社会服务转变**

在传统农业条件下，农业生产主要是家庭独立经营，一个生产单位完成农业几乎全部的生产活动，基本上不需要其他单位的协作。而在现代农业条件下，每一个生产经营单位都是现代农业生产体系中的一员，农业生产经营活动在市场条件下，需要有密切的分工与协作，完成农业活动的主要环节需要得到来自各方面的服务。如种植业中，从生产前的种子培育、土地的耕种、土壤肥力的测试，到生产中的植保、浇水、打药、收割，一直到生产后的烘干、保管、运输、销售，几乎每一个生产环节都依靠社会有偿服务。在传统农业条件下，生产者的勤劳和努力是降低生产成本，提高生产效率的主要因素。而在现代农业的条件下，生产者选择农业服务的单位，利用社会提供的服务成为提高效率，降低生产成本，保证完成生产经营目标的最主要因素。在现代农业条件下，利用以及提供农业服务成为现代农业经营与管理中的重要内容。农业生产者一方面要能够找到最适合本单位的社会服务，以合理的价格得到社会上提供的最优服务，如找到最好的种子，用较低的价格完成农业的生产准备，用最适合的技术收获农产品等。另一方面则是找到在农业生产中新的服务项目，为其他农业生产者提供他们需要的服务，这样一方面满足了社会的需求，同时也有可能为本单位获取更高的盈利。

**（六）从以提供产品为主向综合效益转变**

传统农业的主要功能是向社会提供农产品，而现代社会对农业有综合性新需求，农业的其他功能越来越为现代社会所重视，这些功能主要有：一是环境与生态功能。即在农业发展的同时，减少对资源的消耗和环境的不利影响，使农业发展与环境和生态保护结合起来，促使生态环境改善并实现可持续发展。二是观光旅游功能。当前部分农业正朝着融休闲、观赏、游乐、采摘、服务等方向拓展，在农业发展中让其他行业的成员了解和认识农业，并通过农业活动得到休息和娱乐。三是文化传承功能。农业是具有文化传承功能的产业。农业和农产品是传承文化的重要载体，通过现代农业发展，传承弘扬农业文化，适应人们日益多样化的物质与文化需求。四是农业其他新功能。这些新功能又体现在两个方面：一是开发农业生物能源，缓解人类日益紧缺的能源；二是开发农业的医药功能，为人类的健康长寿找到新的途径。随着农业科技和现代化的发展，农业还会出现一些新的功能。

现代农业的多种功能性更好地满足了社会发展对农业的需求，有利于人类社会的可持续发展，同时也增加了农业的经济效益、社会效益和环境效益。

## 三、现代农业经营与管理的任务

现代农业经营与管理的任务是合理地组织生产力，维护和完善社会主义生产关系，使供、产、销各个环节相互衔接，密切配合，人、财、物各种要素合理结合，充分利用，以尽量少的活劳动消耗和物质消耗，生产出更好更多的符合社会需要的产品，并实现可持续发展。

现代农业经营与管理的出发点是农业经营主体运用经济理论对农业经营主体的性质、地位与作用，以及经营目标进行分析，从现有条件出发，利用现代手段，满足社会的长期综合的需求。

农业经营管理者要着重研究如何正确解决生产（经营）什么、生产（经营）多少、如何生产（经营）和为谁生产（经营）这些基本问题。根据现代农业科学的研究对象，其基本内容可概括为：按市场经济的要求，建立健全的农业经营组织，确定正确的经营组织形式，编制合理的经营计划，运用计划、组织、指挥、协调、控制等职能，合理开发农业资源，搞好农业产、供、销诸环节，并实行科学的财务核算和环境管理，达到经济效益、社会效益与生态效益相统一的目的。其具体的内容是：

### （一）完善农业经营制度

合理的农业经营制度能够更好地适应现代农业生产经营的要求。目前，我国农业面对的是国内外大市场日益增长的多样化需求，将农业的经营活动组织起来，形成更大的规模，更专业化的分工，更有效的协作，同时以组织起来的农业生产单位面向国内外的大市场，农业生产经营者才能够有更大的实力。当前，无论是农业专业合作，农业的产业化组织还是形成一定规模的家庭农场等都在设立的初期，农业经营制度的完善，农业组织的形成和发挥作用还需要有较长的时间。

### （二）确定农业经营目标和项目

现代农业面对的是国际化的大市场，利用的是通过各种渠道得到的农业生产资源，其目的是通过农业经营与管理得到更高的盈利。这就需要根据市场情况、农业生产的条件和各方面的能力确定最适合的目标和项目。选择合适的项目，确定合理的目标才能使农业生产有明确的方向和具体的稳定的安排，才能发挥农业资源的优势，最终在更好地满足社会需求的同时，保证农业生产者的利益。

### （三）实现农业增收

经营管理的最终结果体现在农业增收上。实现增收需要在两个方面努力，一是实现更大的销售额；二是将生产的成本降到更低的程度。销售额的增加主要靠扩大规模，提高产量，搞好质量，适应市场的需求，同时还要有产品品牌、销售组织及有关的策略等。降低成本的渠道有提高现有资源的利用率，提高工作效率，降低原材料及服务的价格。在现有条件下，最有效地提高销售、降低成本的途径一靠经营管理，二靠科学技术。而农业生产单位的科技进步也要通过经营管理来实现。

**（四）培养适合现代农业的管理者和劳动者**

如前所述，现代农业完全不同于传统农业。历史上，我国既没有从事现代农业的经营管理人员，也没有从事现代农业的劳动者。现代农业的经营管理者和劳动者虽然可以通过学校教育来培养，但最主要的途径还是通过发展现代农业，在实践中培养和锻炼能够担任现代农业管理的经营管理者和从事实际操作的劳动者。从实际效果来看，学校培养出来的经营管理人才和劳动者也需要通过实际从事一定时间的现代农业后，才能真正掌握现代农业的经营管理和各项业务。只有现代农业普遍发展起来，同时配合现代农业教育和培训工作，我国才有可能出现一大批现代农业的经营管理人才和适合现代农业的生产劳动人员。

**（五）保护农业生态环境，实现可持续发展**

农业生产活动可能对生态带来不利的影响，也可能有利于生态和环境的保护。现代农业在生产经营活动中要消耗大量的资源，同时也向市场提供大量的资源。是不利于还是有利于生态环境，是消耗了社会资源还是丰富了社会资源，起决定作用的主要不是农业生产经营活动本身，而主要取决于农业经营管理者的认识和采取的决策。选择适当的项目，采用合理的耕作，采用有利于环境的品种和农艺，在考虑生态环境和可持续发展的基础上决定农业生产活动，就有可能使农业在持续增长的同时，环境得到有力的保护。反之，农业也有可能带来水土流失，河流的富营养化，地下水质污染以及农业对环境的污染及生态的破坏等。现代农业经营管理不仅有经济目标，还有生态与社会目标与责任，良好的经营管理能够在农业发展的同时，使生态环境向良性循环方向发展。

## 第三节　农业经营与管理目标的确定

农业经营与管理的目标是由农业生产的社会经济环境、生产条件以及农业经营者的意愿决定的。不同的经营管理目标影响着农业的经营方式、项目发展、资源安排和生态环境。

农业经营与管理的目标是农业经营管理者希望达到的目的。这一目标是多种因素结合而成的，它不仅取决于社会经济发展进程，更取决于农业生产的外部环境和内在条件。确定农业经营与管理的目标，就是综合考虑这些社会经济以及农业内外部因素的影响，寻找一个既能为经营管理者带来最大经济效益，又切实可行的期望成果。

## 一、农业经营与管理目标的基本构成

农业经营与管理的目标是农业所要达到的具体成果，它涉及农业经营管理过程中重大的、全局的和长远的问题，是经营管理者为之奋斗的方向。一般而言，农业经营与管理的目标分为三个层次，即由决策层制定的总体目标、由执行层落实的部门目标和分解到个人的具体目标。

总体目标表明农业生产经营单位在一定时间内实现的目的。在现代商品农业条件下，总目标一般由生产总量、生产总值或拟得到的利润或减少的亏损等表示。提出总目标要适合外部条件与单位内部的能力。目标过高，容易使单位内成员失去信心；目标定得过低，则不利于调动有关人员的积极性，不利于发挥出更大的干劲。最有利的目标是经过努力可以实现的。

部门目标是对总体目标的分解，落实到农业生产经营单位中的各个部门或科室，将总体目标落实到各个部门和基层单位也是对总体目标可行性的检验，可以通过对目标的分解，找到总体目标的问题。

具体目标是部门目标进一步分解到农业生产经营单位的有关人员或班组，具体目标的实现保证了总体目标的完成。同时，总体目标安排了在各项工作中有关单位的配合和协调的内容，没有具体目标的落实，总体目标不能完成，而没有总体目标的提出，具体目标执行中就没有依据和完成的条件。

下面的案例可在一定程度上说明上述问题。云南省红河州弥勒县的唐正红在养殖山鸡中发现，在养殖数量少的情况下，每只山鸡的运输成本很高，销售中又常常被经销商压价。为了改变不利的局面，他确立了要在三年内主导当地山鸡产销的经营目标。围绕这一目标，他采用了扩大养殖量的方法。在这里，“主导当地山鸡产销”可以看做总体目标，“扩大养殖量”是实现总体目标的方法途径，“扩大养殖量”的每一项工作都会涉及一些具体目标。

## 二、不同社会条件下农业经营与管理的目标

农业经营与管理的目标不是一成不变的，农业生产经历了传统农业、商品农业、现代农业等发展阶段，不同阶段农业经营的目标有很大不同。

### （一）传统农业的经营管理目标

在自然经济条件下，农业生产以自给自足为目的，农业生产者生产的是满足自身及家庭需求的农产品，此时农业生产的目标主要是保证家庭生活及简单再生产的需求。由于此时生产的主要是满足家庭生活的产品，加上生产条件落后，生产水平低，产品数量常常是满足家庭需要的主要因素。因此，在传统农业条件下，农业生产的目标往往是生产出数量更多的农产品；在土地面积有限的条件下，则是以得到更大单位面积产量为农业生产的主要目标。

改革开放前，我国农业生产方式落后，生产数量长期不足，提高农产品的产量曾是我国农业生产的主要目标。当时曾提出了粮食亩产过黄河、过长江，及实现吨粮田等作为农业生产的主要目标，当时农业生产的大部分活动都是围绕提高单位面积产量这一目标进行的。改革开放后，实行联产承包责任制的初期，由于在相当长的时间内我国市场上农产品的供应不足，农业也是以提高产量为主。提高农产品的产量曾经是相当长时间内我国农业经营与管理的最主要目标，这一目标直到 20 世纪 90 年代中后期才开始有所改变。

当前，在某些特定条件下，如农产品的市场需求已经十分明确，或某一农产品在市场上有长期稳定需求，或农业生产者已经与有关方面签订了供货合同，有明确的市场需求时，短期也可能以增加农业生产的产量为一部分农业生产经营单位的主要目标。

### （二）商品农业的经营管理目标

在市场经济条件下，农业经营与管理的目标开始转变。早在 19 世纪，农业经济学者就将追求最大利润定义为农业经营的最主要目标，更简单地说，致富成为农业经营与管理的主要目标。目标的改变带来农业经营方式的一系列根本性改变。在生产的产品上，不再是产量最高的产品，而主要选择市场上价格最高同时生产成本最低的农产品。同时，为了降低生产成本，农业不再追求生产的最大产量，而是能够获取最大利润的产量。农业经营与管理工作主要围绕两个方向，一是提高所生产产品或提供服务的价格。这就带来了对市场的研究，经营项目的选择，信息的收集整理，提高产品质量，更好地满足用户的要求等。另一个方向则是降低生产的成本，提高生产效率。为此有了改善农业生产条件，充分利用已有的资源，提高农业生产技术，创新生

产组织，提高人的工作效率和机器设备的利用率，在不增加投入的基础上提高产量等一系列问题。同时，在经营管理中还增加了短期盈利与长期盈利等问题，本书的内容主要是针对实现农业经营管理者提高盈利能力这一目标。

商品农业满足的是社会需求，由于市场经济条件下价值规律调节着生产的品种，使社会在提高生产效率的基础上每一个人的需求得到满足。通过农业经营管理者目标的实现，人们得到了更丰富、品种更多、价格更低的农产品。

**（三）现代农业的经营管理目标**

现代农业具有很强的系统性，这使得农业经营与管理的目标变得更为复杂。进入21世纪后，生活水平不断提高，生产能力也在增强，与此同时，新的矛盾和问题也在大量涌现。这时，人们不仅关心盈利和农业生产效率，同时也开始关心农产品安全、社会生产稳定、人类生活环境改善和可持续发展等问题。这使得现代农业的经营管理目标除了盈利，又增加了许多新的内容。

由于农产品的特殊性和农业的多功能性，农产品供应的保障，农产品对人身的安全，农业发展对环境的影响，农业可持续发展等问题，虽然不能直接从市场上得到利益，但在新条件下，国家和社会开始着手解决这些问题。现代农业经营的目标受到市场、政府、社会以及生态环境四个方面的影响。为了保证农产品供应，国家开始给予农业生产者以一定的补贴，保证主要农产品或农产品的生产能力能够长期持续保证社会的需求。为了生产出无污染、无公害的农产品，国家制定了各种政策、法律、法规并采取相关措施，包括给予补贴减少税收等，鼓励有机绿色农产品的生产，以保证农产品的安全。为了保护环境，国家出台了从防治水土流失到减少化学污染等的各项政策和措施，同时，对节水农业，节能农业措施给予补贴和扶植。在新的条件下，我国现代农业目标开始从单纯的增加盈利转向实现经济、社会和环境等综合目标。在现代农业经营与管理中，一方面，要考虑在市场上获得更多的利润，另一方面，也需要取得相关政策的扶植和社会公众的支持，综合目标的提出保证了农业经营的长期、稳定和可持续发展。这是现代农业经营与管理特点之一。

## 三、影响农业经营与管理目标的因素

对于具体的农业经营管理者，其经营管理的目标是受现实的外部环境和内部条件影响的。外部环境是农业生产者所无法掌控的，但能够在一定程度上认识，这是农业生产的客观条件；农业经营管理者在一定程度上能够左右内部条件，但对这些内部条件的认识和驾驭存在差异。

**（一）影响农业经营管理目标的外部环境因素**

影响农业经营与管理目标的外部环境主要包括政治法律环境、经济环境、社会文化环境、科技环境和自然环境等。

1. 政治法律环境

政治法律环境是指对农业经营活动具有现实的和潜在作用与影响的政治力量、政治制度、体制、方针政策以及法律和法规等。对于农业经营者而言，政治法律环境因素一旦影响到农业，就会使农业经营管理发生十分迅速和明显的变化，尤其是影响农业经营者较长期的投资行为，而这一变化是农业经营者驾驭不了的。因此，这是农业经营者必须考虑的一个重要因素。

同时，政治和法律环境的变化也是有规律可以遵循的。如在改革开放前，我国实行的是计划经济体制，农村以人民公社为主体，实行三级所有、队为基础。农业生产为国家计划所决定，在这种环境下，农业经营与管理受到的限制因素非常多。而在改革开放后，我国转向市场经济体制，完善了有关市场经济的法律，为农业经营开辟了广阔的舞台。

注重条件的变化，适应条件的变化，可以尽早掌握工作上的主动权，避免政策法律变化可能给农业经营与管理活动带来的损失。

2. 经济环境

经济环境主要是由社会经济结构、经济发展水平、经济体制、宏观经济政策、社会购买力、消费者收入水平和支出模式、消费者储蓄和信贷等要素构成。农业作为主要经济活动之一，其行为直接受到经济环境的制约，所以，经济环境对农业经营与管理战略目标的影响是最直接、最明显的，它是影响农业经营者生存、发展的重要因素。管理者应当随时了解国民经济目前处于什么阶段，是产业结构调整时期、经济低速增长时期或是高速增长时期，并具体分析有关的经济指标，如国民生产总值、国民收入、国家预算收入水平及其分配的状况等，并根据经济环境随时调整自己的目标。

在加入WTO，我国经济扩大对外开放的条件下，农业经营与管理者不仅要关注国内的经济环境，而且要关注世界的经济环境。2008年世界油价大幅度上涨，导致部分粮食作物用于生产燃料，而这又引起世界粮价大幅度上涨，这些对我国的粮食生产、农产品进出口以及燃料供应等都带来了直接的影响，从而对农业经营与管理的目标带来了直接的影响。

3. 社会文化环境

社会文化环境包括一个国家或地区的社会思想意识、人们共享的价值观、文化传统、生活方式、人口状况、教育程度、风俗习惯、宗教信仰等各个方面。这些因素是人类在长期的生活和成长过程中逐渐形成的，其变化也是缓慢渐进的，人们总是自觉不自觉地受这些行动准则的影响。社会文化环境对农业经营的影响是间接的、潜在的和持久的。

在现实中，农业经营与管理要面对各地的市场，利用国内外两个资源，在这种条件下，首先要了解各地的社会文化环境，掌握各地的风俗习惯，根据各地不同的条件，确定自己的目标。

4. 科技环境

科技环境包括科学技术的发展情况及商业化程度，可供选择的机器装备、工艺、材料的种类及性能，良种的培育，生产技术可能造成的环境破坏，技术及管理咨询业的发展情况。农业的发展在很大程度上受到科学技术方面因素的影响，包括新材料、新设备、新工艺、新良种等物质化的硬技术和体现新技术新管理的思想、方式、方法等信息化的软技术。科技因素对农业经营者的影响是双重的，一方面，它可能给某些农业经营者带来机遇，尤其是现代生物技术对农业经营者的生产经营活动影响深远；另一方面，科技因素会导致社会需求结构发生变化，从而给某些农业经营者甚至整个行业带来威胁。科技的发展，新技术、新工艺、新品种、新材料的推广应用，对农业经营者产品的成本、定价等都有重要影响。这种影响就其本质而言，是不可避免和难于控制的，农业经营者要想取得经营上的成功，就必须预测科技发展可能引起的后果和问题，可能带来的机遇或威胁。

5. 自然环境

自然环境包括土壤、空气、水等自然资源，以及地理位置、地质地貌、气候等因素。由于农业生产是自然再生产和经济再生产相交织，因此农业生产受自然条件影响较大，自然条件往往会直接影响到农业产品的品质，自然环境对农业经营至关重要。只要农业经营者的经营依赖稀缺的自然资源，它的活动就必然要受到自然物质环境的限制。自然环境与科学技术环境有密切的联系，如耐旱作物的培育使部分农产品可以在干旱的区域种植，耐寒作物的培育使原来不可能生产农作物的区域可以生产农作物。这些条件的变化，都会对农业经营的目标产生一定的作用，促使农业经营管理者调整甚至改变农业经营管理的目标。

总之，环境对于任何组织来说都是一种客观存在，农业经营者的外部环境大多是其自身不可控制的因素。一般来讲，绝大多数农业经营者不可能采取有效措施去改变外部环境，但可以通过各种方式和渠道去认识、了解和掌

握所处的环境。现代农业的发展要求经营管理者认真研究环境变化的规律，预测其变化的趋势及可能对组织产生的影响，适应客观环境，并据其制定出相应的目标。

**（二）影响农业经营与管理目标的内部条件**

农业经营与管理内部条件一般包括经营形态、经营资源、经营文化和经营的核心能力等。

1. 经营形态

经营形态是指农业经营者在创建之初向政府有关机构登记注册时确定下来的资产所有权关系。不同的产权关系对经营管理者的约束程度有很大的差别。独资农业经营者对经营管理者的约束较强，股份公司对经营管理者的约束则较弱，这种不同的约束力会导致农业经营者在决策时的偏重有所不同，从而体现出不同所有制形式对农业经营者的影响。此外，不同产权关系的农业经营者其利益分配方式不同，行政管制的宽严也有区别，在资金筹措方式和能力上也有很大差异。这些差异会造成对农业经营者经营活动的影响，包括影响对外部环境的反应，对内部要素的动员等，致使有的充满活力，应变能力强，有的则缺乏活力，对外部环境变化反应迟缓。

2. 经营资源

农业经营者的经济活动必须要有资源，资源也反映一个单位的实力，通过对资源的分析，可以明确每一个生产经营单位的优势和劣势。农业经营者的资源包括有形资源和无形资源。

有形资源主要包括财务资源、物质资源、人力资源和组织资源。其中，财务资源表现为农业经营者的自有财力、借款能力、资金的再生能力；物质资源包括农业经营者的位置、土地的数量及肥沃程度、良种的培育方法、设备的精良程度、原材料的获取途径；人力资源包括农业经营者的经理人员、科技人员、管理人员和操作人员，其科学文化素质、技能、经历、承担的义务和忠诚等；组织资源包括农业经营者的机构设置及正式的计划、控制和协调机制。有形资源是农业生产经营的基本条件，决定了农业生产的规模和可能产生的效益。

无形资源既包括技术资源如专利、商标、版权和商业秘密等及成功运用它们所需要的知识，涉及信誉、品牌、对产品质量、耐久性、可靠性的认识和对供应商的信誉、有效率和效益的相互支持的互惠互利合作关系等。因为无形资源不具有实物形态，竞争对手难于掌握和模仿，所以它们是持续竞争优势的可靠来源，是农业经营者核心竞争能力的基础。

3. 经营文化

经营文化是农业在长期发展过程中逐步形成的，有着丰富的内容，其精华体现在深入员工心中的精神。例如勇于创新、精益求精的精神，勤奋敬业、忠于职守的精神等，农业经营者的经营战略以及实施过程无不受文化的影响。外部环境和内部条件差不多的两个单位，往往由于彼此文化传统的差异，有可能导致在产品的质量、经济效益等方面的很大差别。管理者要充分认识文化对于增强员工的凝聚力、激发员工的积极性和创造性等方面的巨大作用，努力改变历史所形成的落后的传统文化，建立与现代市场经济相适应的崭新的文化，树立良好的风貌。

4. 核心能力

核心能力是农业经营者依据自己独特的资源（自然资源、技术资源或其他方面的资源以及各种资源的综合），培育创造的不同于其他单位的最关键的竞争能力与优势。这种竞争能力与优势是本单位独创的，也是最根本、最关键的经营能力，凭借这种最根本、最关键的经营能力，才拥有自己的市场和效益。越来越多的农业经营管理者把拥有核心能力作为影响长期竞争优势的关键因素。如果有意在未来的市场上获取可观的利润份额，现在就必须着手建立自己的核心能力。仅仅是依靠某一项或几项职能战略，最多只能获取短暂的一时优势，唯有追求核心能力才会永久立于不败之地。在某一产品或某一方面具有一定的优势，并不代表就一定具有较强的核心能力，只有这种产品和技术使竞争对手在一个较长时期内难于超越而得以保持时，才是真正的核心能力的体现。

## 四、农业经营与管理目标的确定方法

确定目标是农业经营与管理的首要工作之一，同时这项工作也是一个极其复杂的过程，它包括分析外部环境与内部条件、确定总体目标、目标的分解与协调等。

### （一）调查了解外部环境

外部环境因素涉及非常多的内容，全面、系统、深入地掌握外部环境对于农业经营管理者来说是非常困难的。但外部环境中有些因素对农业经营管理者确定目标是非常重要的，如外部的市场环境、市场行情，竞争环境、资源条件，生产技术环境、农业科技环境等。抓住这些要点，才能使有限的精力集中于重点工作之上，才能对外部环境有清醒的认识。

在有关外部环境的资料中，有大量的历史内容，也有大量的现实材料，还会有根据历史和现实决定的对外部环境将来的预测。由于制定农业经营与管理目标依据的是未来环境的变化，对于这三个内容，最主要的是外部环境将来的变化。如农业经营中，燃料和运输费用对经营目标的确定有直接的影响。在20世纪90年代时，世界市场上石油的价格曾经为30美元一桶。但在2007年后，已经上升到130美元一桶。根据现时及未来的条件，有关专家预计，石油有可能上涨到200美元一桶，然而，也有专家认为，未来石油价格会下降到60美元一桶。采用不同的预测结论会对未来农业目标的制定产生极为不同的结果。制定农业经营目标时，需要依据的是对未来环境的分析和预测，没有正确的预测，就不会有长期、稳定的目标。

**（二）分析自身的内部条件**

农业经营管理者认识自己也是不容易的，需要付出一定的努力。在现代农业经营中，面对的是竞争的市场，目标的实现在相当大的程度上取决于竞争的优势。故此，认识内部条件时，不能仅仅掌握单位内的资金、技术、土地等条件，而要从本单位条件与外部条件，特别是从竞争的角度来认识自身的条件。判断是在竞争中有完全的优势，还是处于劣势条件下，还是通过自身的努力能够改变不利的状况，争取到竞争的优势。没有对比，就不能说是正确认识自身的内部条件。

现代农业经营与管理的目标最终是靠人的努力才能实现的。农业经营单位中人的思想状况如何，能否接受或认可可能制定的目标，特别是中层干部和最广大的员工群众对农业经营目标有什么认识，这些都会在相当大程度上决定目标制定得是否合理，也决定了目标能否实现。在制定目标时，仅仅有对内部硬件条件的认识还是不够的，还需要有对人的能力、人的思想条件的掌握。

**（三）确定总体目标**

现代农业经营与管理的总体目标是在外部环境与内部条件分析基础上提出的，它一般包括经营方向和绩效水平。经营方向具体表现为确定目标市场和生产经营项目，绩效水平则偏重于市场占用率、财务指标等。现代农业经营与管理目标往往不是单纯的，它会涉及经营管理的多种要求，包括市场、技术进步和发展、提高生产力、物质和金融资源、利润、人力资源、员工积极性、社会责任等。

制定经营管理总体目标需要进行机会分析。所谓机会就是能够促进经营项目发展，而外部环境与内部条件又比较适宜的结合点。对于农业市场经营项目，机会总是有轻有重的，总体目标要结合那些重大机会的方向。

**（四）目标的分解与协调**

当经营管理的总体目标确定下来后，需要将其分解成具体目标。目标分解可以按时间和管理体系两种方式进行。按时间进行目标分解就是将最终目标按年、季度、月、日等时间进程，设置成分阶段目标。按管理体系进行目标分解可以从纵、横两方面进行，纵向目标分解是根据管理层次，从上往下分解，把总体目标落实到部门、班组或个人；横向目标分解则是把总体目标按专业化分工原则分解到各职能部门、职能组。

目标分解是一项精细的工作，需要经营管理者采用系统思考方法，考虑生产经营过程和所涉及的方方面面。具体目标要能够体现总体目标的要求，保证总体目标的实现；具体目标之间要在内容上、时间上协调、平衡，防止出现目标冲突。

## 第四节　农业经营与管理目标和现代农业发展

一般来说，农业经营与管理的主要目标是从经营项目中获取经济效益，但现代农业的复杂性决定了农业经营与管理的目标是一种复合型目标。农业经营与管理的目标与经营项目间应该建立良性互动关系，在不断进行生产经营和调整经营管理目标的过程中，使农业经营项目走向成功。

### 一、农业经营管理的目标与经营者目标

农业经营与管理的目标是依靠人来实现的，这就要求经营管理者具备经营特定项目的技术和管理能力，能够适应快速的市场变化和社会发展。

现代农业经营与管理是一项高级的、复杂的劳动。农业经营者需要掌握与经营项目相关的多方面知识，熟悉生产的各个环节，能够将产供销、人财物等生产要素有机组合，围绕经营管理目标进行组织、协调、指挥、监督和审计，实现经营项目的经济效益和社会功能。

随着社会、经济、技术的发展，农业经营与管理对经营管理者的要求越来越高。从市场角度看，农业生产经营活动已经从侧重生产转向满足市场需求，这就要求经营管理者具备更强的把握市场的能力。从技术角度看，农业技术更新速度在加快，这要求经营管理者能够不断地学习新知识、掌握新技术。从社会角度看，现代农业经营与管理涉及了村镇建设、农民就业和生态

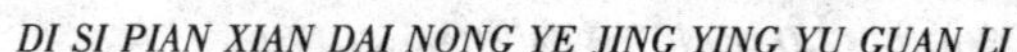

环境，这需要经营管理者能够解决多种因素交织在一起的复杂问题。

为了实现经营管理目标，现在多数农业经营项目都对经营管理者提出了特殊的业绩目标和任职要求。上海市金山区吕巷镇从21世纪初开始推进耕地规模化经营，2007年有4.6万亩（1亩约等于667m↑2，下同）耕地实现了规模化经营，占该镇耕地的98.9%，农业总产值达到了2.83亿元。为了提高耕地规模化经营的效果，吕巷镇对承包经营者提出了严格要求，只有符合条件的经营者才能承包经营。这些要求有：经营者必须是本地户口，最好在本村、组选择；经营者要具有一定文化基础，年龄不得超过60周岁；经营者要长期从事农业生产，有一定种田经验；经营者要能服从镇农技中心、村级农业综合服务队指导。

## 二、农业经营管理的目标与农业经营方式

农业经营与管理的目标与农业经营方式是相互影响的，农业经营与管理的目标常常是在特定农业经营方式基础上产生的，而农业经营与管理的目标又要求农业经营方式提供最有效的实施保障。对于已经确定的目标，选择生产经营方式和进行生产经营方式的升级转变是两项重要工作。

选择农业生产经营方式要从当地条件和农业经营与管理的具体目标入手。对于传统农业多数采用家庭经营方式；而经营项目规模较大、专业化程度要求较高、需要抵御较大经营风险时应当采用农业合作经济方式；对于市场发育好、技术要求高、组织能力强的经营项目则可以采用企业化经营。

农业家庭经营方式是以农民家庭为单位从事农业生产经营活动的。20世纪70年代末我国在土地集体所有的前提下开始通过土地使用权与所有权相分离推行农户家庭承包经营，至今农户家庭承包经营仍是我国多数农村采用的农业生产经营方式。采用农业家庭经营方式主要源于农业生产、劳动力和农村社会发展的特点。农业生产受自然条件和季节约束大，而自然因素是复杂多变、难于控制的，农业家庭经营方式可以灵活适应自然条件和季节变化。农业家庭经营方式能够实现劳动力的充分利用，有效地调动农民劳动积极性。对于城市化程度不高的地区，以家庭为单位是实现农民与土地结合的有效方式。

农业合作经济组织在我国已有20多年的发展历史，依据经营主体及其协作关系可分为农户+公司、农户+协会、农户+合作社、农户+合作组织+公司以及农户+股份合作组织等多种形式。农业合作经济组织存在的根本原因是农民家庭经营实力较弱，当农业经营项目的生产规模大、技术要求高、

面临风险多时必须把农民通过合作方式组织起来。

企业化是农业生产经营的较高级形式，这种方式是把土地、劳动力等农业资源按照现代企业要求进行组织，在内部实行专业化分工，进行独立经营、自负盈亏。目前，企业化经营方式在林业、养殖、农产品加工、农产品流通、农业中介、农业贸易、农业科技等行业正在迅速增加。企业化经营方式与市场结合更为紧密，经营管理的目标是追求利润的最大化；企业化经营强调生产过程和分工协作，在组织方式上对自然条件的依赖正在减小；企业化经营时农民也要从单纯性生产向具有市场、技术、投资、风险的企业化生产转变。

当农业经营与管理目标与现实生产经营方式有差距时，需要通过转变生产经营方式来适应目标的要求。

恩施市地处湖北省西南腹地的多山地区，聚居着土家族、苗族、侗族等少数民族，涉农产业主要是水稻、果品和观光旅游，过去的农业生产经营主要以农户个体为主。21 世纪初，为适应市场经济和农业技术的发展，恩施市开始推进农业生产经营方式的转变，重点是使农户个体生产向产业化适度规模转变，从家庭经营方式向农业企业化转变。恩施市通过农村土地流转使土地集中，让农业经营规模由小规模发展到适度规模。到 2008 年，恩施市出现了一大批种养大户、农业生产企业，农业规模经营的总户数达到 3000 多家。农业企业化程度也越来越高，各类农业企业 195 家，其中种植业 15 家、养殖业 5 家、农产品加工及经营 175 家，有各类专业合作经济组织 68 个，建成的无公害农产品基地达到 90 万亩以上。

## 三、农业经营管理目标与经营项目发展

经营管理目标是与农业生产经营项目的发展历程相适应的。由于农业经营项目要依赖土地和农业自然资源，因而其受土地和农业自然资源的限制很大，项目发展的灵活性较其他行业要小。除扩大规模、提高效益、增强品牌知名度、提高经营管理水平外，农业生产经营根据其经营项目的发展阶段可分为独立项目经营、经营扩张和综合开发等几个阶段。

独立项目经营阶段主要是围绕一个或几个有限的经营项目来进行农业生产经营活动的。农业生产经营项目一般源于市场需求和经营者所掌握的资源条件，是两者的有机结合点。另外，在现代农业经营项目中技术、资本运作和经营管理的成分也越来越大。生产经营项目是农业经营管理的基础，通常情况下经营管理目标就是指生产经营项目所要达到的预期成果。

农业经营管理者在进入扩张阶段后，主要经营管理目标是沿农业产业链

进行经营领域扩展，扩大生产经营规模，并在核心业务点上强化自身优势。农业产业链一般分三个链条，基本产业链包括播种、生长、施肥、收获、农产品的加工、农产品的销售行业；辅助产业链包括农资种源的供给、农用机械设备的供给、技术支持以及最终客户服务；延展产业链是基本产业链上某些独特产业的延伸，或是通过与高科技及其他产业的结合形成的产业升级。经营扩展可以沿农业产业链的上、下游或相关产业进行，也可以根据经营者的自身资源优势进入不同市场。

综合开发阶段的经营管理目标是进行区域开发和产业集群建设，这是农业生产经营的高级阶段。区域开发是根据农业区划，以地区农业资源优势为基础建设的多企业群体。区域开发涉及土地、自然资源、生态环境、基础设施等多种因素，产业包括种植、畜牧，渔业、加工业、农垦等。区域开发多数由政府主持，小范围的区域开发可以由大型企业或企业集团进行。综合开发的另一种方式是在同一行业，以资本为纽带建设跨地区的企业集团。

蒙牛乳业是一家在农业经营领域非常成功的民营企业。蒙牛乳业 1999 年 1 月在内蒙古呼和浩特市和林格尔县盛乐经济园区成立，成立之初由自然人投入的资本仅 700 余万元，是典型的独立农业项目经营企业。蒙牛乳业总裁牛根生曾任伊利公司生产经营副总裁，因此初期的蒙牛乳业在经营方式上基本沿用了伊利模式，目标就是复制伊利公司。经过 8 年的经营，到 2008 年蒙牛乳业已经成为可以与伊利公司匹敌的乳业集团。2007 年年末，蒙牛乳业总资产达 76 亿元，职工 3 万人；蒙牛乳业在全国 15 个省市区建立于 20 多个生产基地，在基地的周边地区建立了 3200 多个奶站，联系奶农 200 万户；经营产品有液态奶、冰激凌、奶品三大系列 200 多个品种，乳制品生产能力达每年 400 万吨；2006 年 9 月，国家统计局发布了“中国大企业集团首届竞争力 500 强”名单，蒙牛集团位居第 11 位。此时的蒙牛乳业已经进入了全面经营扩张阶段，使蒙牛成为全国乳业的领军企业，也成为这一阶段的经营管理目标。

## 四、农业经营管理目标与农业资源安排

农业经营管理的目标是基于资源条件而形成，其根本是发掘资源条件的社会、经济价值，而农业经营管理的目标本身也会对资源条件的存续、改良有重大影响。

农业自然资源是农业生产可以利用的自然环境要素，如土地资源、水资源、气候资源和生物资源等，农业自然资源是确定农业经营管理目标考虑的首要因素。科学的农业经营管理目标应着眼于农业自然资源的可持续开发利

用，即在维持农业自然资源的再生、增值基础上对其进行充分利用。

土地是一种特殊的农业自然资源。我国土地资源条件并不优越，我国人均耕地只有0.11公顷，人均林地面积0.114公顷，人均天然草地0.33公顷，同时土壤肥力下降、土壤板结、酸化趋势严重，水土流失、土地沙化现象也在扩展。因此，农业经营项目要尽可能减少土地浪费，通过提高生产力和利用率使土地利用更加充分；要防治土地退化和损毁，提高土地质量；通过土地综合开发，提高土地的自身价值。

劳动力是影响农业项目经营效果的又一重要因素，农业经营管理目标既要充分利用当地劳动力资源，又要促进当地劳动力素质的提高。充分利用劳动力就是要使农业经营项目与当地劳动力状况相符，发展农产品加工业、旅游农业等行业能够有效地吸纳当地劳动力。提高农业劳动力素质可促进产业升级，使农业经营项目达到更高目标。

宝应县位于扬州市，拥有耕地90万亩、水面70多万亩，是全国著名的“荷藕之乡”、“水产之乡”、优质粮棉基地、有机食品基地。宝应县发展农业的经验之一就是搞好农业资源的深度开发和综合利用。宝应县围绕荷藕、棉花、水产、畜禽、林木五大系列产品，实行综合、产业链、高科技三项结合的资源开发。综合资源开发利用重点是发展间套复种、立体养殖、特种农副产品的种养，推广以养促种、以种促养、种养结合、良性循环的生态经营方式。产业链资源深度开发是拉长农业产业链条，实现农业资源的二次开发利用。高科技农业资源深度开发包括建立资源开发科技示范体系、提高资源开发的技术能力、通过加强培训提高劳动者的科技素质等。

## 五、农业经营管理目标与生态环境

农业生产是以土地和自然资源为基础的，这决定了农业对自然环境的依赖和影响要大于其他产业。然而，由于生产观念、生产方式和社会需求的增加，长期以来农业生产处于重经济和社会效益、轻生态环境的状态。20世纪50年代我国粮食平均亩产多数在100千克以下，20世纪90年代中至2006年我国粮食平均亩产达到了300千克，粮食产量增加是显著的。但20世纪90年代以后，我国每年生产农药的原药有40万吨，每年使用农药达3亿公顷次，农药的大量使用破坏了自然界原来的生态平衡，高毒、高残留农药使粮食、蔬菜、水果和其他农副产品中有毒的成分增多。与此同时，农业生产大量施用化肥，引起湖泊、水库的富营养化和地下水污染，也使生态环境受到严重摧残。

农业生产与生态环境的矛盾日益加剧，要求农业经营与管理目标必须注重农业生产经营与生态环境的协调、互补。在初级目标上，农业生产经营应尽可能减少对生态环境的破坏，减少对自然资源的掠夺性开发。在高级目标上，通过农业生产经营本身改善生态环境，提高生态资源的价值，从而获得更高的生态收益，例如种植生态林、建设休闲农区和绿色食品生产基地、加强农业生产过程中自然成分等。

湖南省益阳市把生态农业作为农业发展的一个目标。该市的南县是国家生态农业县，资阳区是国家级生态示范区试点区，赫山区是国家级生态旅游示范区，全市建设了一批生态示范村和6个绿色食品、有机食品基地。益阳市白石塘乡的生态农业示范基地于2002年开始建设，主要采用“猪—沼—稻”生态农业的生产经营方式。“猪—沼—稻”是利用猪粪制造沼气，再用沼气有机肥生产优质、无公害的稻米。目前，白石塘乡的生态农业示范基地建有沼气池700多个，施用沼气有机肥的稻田面积达到3000亩。“猪—沼—稻”的生产方式控制了化学肥料的施用，避免化肥对农业生态环境的危害和对稻田安全品质的损害。生态农业使白石塘乡的稻谷品质提高、食用更安全，稻谷生产的经济效益也随之增加，这里的优质稻谷比其他地区价格高出30%，农民种植水稻每亩就可增收200元左右。

# 第二章　现代农业经营管理的组织形式

农业经营管理有多种组织形式，适合不同的农业项目，不同的农业生产条件和不同的经营管理人员。各种经营管理的组织形式有各自的特点，在农业经营与管理中需要选择适合的组织形式。

## 第一节　农业家庭经营

河北省张北县的王志强在本村承包了 10 亩地，其中 2 亩种庄稼满足家庭需要，其余 8 亩种植西瓜。每年西瓜收入是家里主要的经济来源。平日地里的农活从播种、田间维护、农作物收获，一直到西瓜销售都由老王和老伴共同完成，孩子们偶尔会搭把手帮帮忙。

黑龙江省宝清县的王大力承包了本村的 200 亩土地，同时又租用了本村其他农户的 700 亩土地，这些土地全部用来种植大豆，耕种和收割都是机械化。耕作的拖拉机是王大力自己购买的，除了耕种自己的土地外，他参加了本村的农机服务合作社，为其他农户包括外县的农户提供机耕服务，而大豆的收割则是通过邻县的收割服务队完成。由于农业基本实现了机械化，专业性强，王大力家庭其他成员很少参与农业生产劳动，农忙时，王大力除了利用农业服务外，还需要雇一些专业帮工来完成生产活动。

上两例虽然有很大的差别，但都是农业的家庭经营。

### 一、农业家庭经营及其特点

家庭经营是一种农业生产经营方式，可以与不同的制度、不同的物质条件、不同的生产力水平相适应。因此，在农业生产中，家庭经营目前仍在我国和世界上占据主要地位。它主要指农民（又称为农户）以家庭为单位，独立或相对独立地从事农业生产经营活动。

我国农业经营条件与世界上多数国家不同，农业家庭经营也有我国的鲜明特点。

**（一）集体经济内部的承包经营**

与世界上多数国家不同的是我国农村土地归集体所有，农户没有土地的所有权，只拥有土地使用权，土地的所有权和使用权是分离的。农民家庭是独立的经营主体，承包的地用来种什么，怎么种，农产品收获后如何到市场销售，完全由经营户决定。

**（二）农户享有土地的收益分配权**

农户以家庭为单位与集体签订承包经营合同，除了依法交纳一定的费用外，土地产生的收益均归农户所有。由于我国已经取消了农业税，上文中的老王经营农业所获收益除向集体交纳部分费用外其余归自己支配。对于老王而言，收入多少主要取决于自己家庭经营的成果。因此，为了获得好的收益，在整个生产经营过程中，他会积极努力地投入自己的劳动。

## 二、农业家庭经营的优势和劣势

**（一）农业家庭经营的优势**

农业的家庭经营之所以长期广泛存在，是因为有着它自身的优势。

1. 家庭经营适合农业的特点

首先，农业生产受自然条件影响，生产的周期一般比较长，而家庭比较稳定，适合农业长周期的特点。其次，农业生产固定在土地上，不宜移动，整个过程多数可以由同一个劳动者连续完成，即使劳动者之间合作也是简单协作，家庭经营基本可以完成农业生产的过程。

2. 家庭经营决策更快

农业生产往往受复杂多变且人力不可控制的自然环境影响，需要经营者根据天气、种苗、市场以及手中的资源等采取正确的决策。只有把决策权交给生产者才能取得较好的收益。

3. 家庭成员分工合理

实行家庭经营，家庭劳动者及其全体成员可以进行家庭内部分工，使劳动力得到较充分利用。在劳动安排上，平时一人为主，忙时全家都上，必要时还可雇工，农闲时除照管外，还可外出兼业。这在严格分工的劳动组织中是难以做到的，而家庭分工却能很好地满足这种要求。

4. 家庭经营成本低

家庭是以血缘、亲情等为纽带来维系存在的，这就使家庭成员在合作劳动时常常可以保持自愿的协作和努力工作，农业的家庭经营管理支出小。同时，在农业生产经营中，家庭中的资产常常可以同时用于生产和生活，这就降低了生产的成本，使农业家庭经营有较强的竞争力。

农业家庭经营存在着其他经营方式不可比拟的优点，这也是这种经营方式得以长期、广泛存在的根本原因。

### （二）农业家庭经营的劣势

随着我国农业市场化进程和加入世贸组织后农业竞争的加剧，以家庭经营为主经营农业显现出诸多问题。

1. 生产规模小导致规模经济难以实现

经济学上提到“规模经济”的概念，简单地说是指企业或生产者从事生产经营活动时，通过扩大规模使得单个产品成本降低，经济收益提高。对于某些农业项目，扩大规模有时可以有效降低成本，但家庭经营规模难于扩大，使其不可能适合部分农业生产项目。

2. 生产规模小导致进入市场难度大

小规模农户在市场竞争中处于不利地位。因为农户经营规模小且分散，不可能充分而准确地掌握市场信息，所以在市场竞争中往往承担的风险很大而获利较少，使农户在市场竞争中处于弱势地位。

农户在市场交换中，相互处于无序、过度竞争状态。现实中单个农户直接面对市场，不仅市场交易成本很高，而且占有的市场份额很少。同时，由于许多农户同时在同一市场中竞争，相互压价的现象非常普遍，常常造成增产不增收。

## 三、解决家庭经营局限的方法

### （一）实现区域专业化生产

为解决家庭规模小，不能适合现代市场的问题，改革开放以来，我国农村发展了专业化生产的形式。20 世纪 90 年代以来，通过学习国外“一村一品”的生产方式，我国农村不少区域逐步转向专业生产一种产品，在农业生产中产生了群体效应。由于一个地区农户专业生产一种或几种产品，与生产多种产品相比，不但生产规模有所扩大，同时也便于接受产前、产后服务，有利于机械化生产和专业分工的深化等，专业生产有效降低了生产成本，在

一定程度上解决了农民家庭经营规模小的问题。

**（二）建立农民经济合作组织**

从20世纪80年代初期以来，我国农民经济合作组织开始产生并稳步发展起来，它突破了家庭经营的局限，能够改变农户在市场中的弱势地位，提高农产品的市场竞争力，促进农民增收。对于家庭经营的广大农户而言，更新观念，积极组织和参与农民经济合作组织是实现收入增加的一条途径。

## 第二节　农民合作经济组织

山东省垦利县农民赵军在1995年就已经加入了本村创建的绿新蔬菜合作社。合作社自成立以来，一直坚持“不以营利为目的，最大限度地为社员服务”的宗旨，围绕社员生产的产前、产后诸环节开展系列化服务。合作社按照民主原则选举理事会，制订了合作社的章程以及配套的运营制度，由全体社员监督执行。作为社员，赵军的义务是严格遵守合作社章程，维护合作社权益，每年交纳10元钱作为社费。在经济交往中，一律按合作社与社员签订的合同办事，双方均须遵约，不管哪一方违约，均承担违约责任。同时，他还积极参与合作社的集资项目，比如建立蔬菜大棚、恒温地下室等。在此过程中，赵军也享受到了合作社给他带来的各种好处，比如享受合作社专门聘请专家的技术服务，参加合作社组织的蔬菜种植技术培训；享受合作社提供的市场信息服务，实现异地销售，解决蔬菜卖难的问题，降低直接面对大市场的风险；享受合作社提供的统一蔬菜保质储存服务；更重要的是合作社还为社员积极开拓国内外市场，建立蔬菜加工厂，实现产业的深加工等。经过几年的发展，赵军家里不但有了属于自己的蔬菜大棚，而且家庭年收入已从最初的不到1000元达到目前的几万元。

如同赵军加入的绿新蔬菜合作社，农民合作经济组织对于中国广大农民早已不是一件新鲜的事情。农民成立专业合作经济组织能够克服农业家庭经营的一些弊端，提高农民的组织化程度和农产品的市场竞争力，较好地实现小生产与大市场的对接，增加农民收入。农民合作经济组织是农民自己的组织，它具备家庭、企业等其他多种农业经营方式所没有的特点。农民从合作经济组织中能获取多方面多层次的服务，提高家庭收入。

## 一、农民合作经济组织的特点和作用

农民合作经济组织是由从事同类产品生产经营的农户（专业户）自愿组织起来，在技术、资金、信息、购销、加工、储运等环节实行自我管理、自我服务、自我发展，以提高竞争能力、增加成员收入为目的的专业性合作组织。它是建立在家庭承包经营基础上的，为适应农村改革与发展的需要而发展起来的。

### （一）农民合作经济组织的特点

在我国，农民合作经济组织最早出现在经济比较发达的北京、山东、江苏、浙江、广东等省市，在我国中西部的专业生产区域，农产品商品化程度高的区域农业合作社发展的速度也很快。这些合作经济组织具有以下主要特征。

1. 入退自愿，形式多样

农民专业合作组织在组建中基本上都坚持了入会（社）自愿，退会（社）自由。组建形式多种多样，既有种养业大户或经营能手牵头，又有龙头企业带动；既有基层农技部门领办，又有村干部领办。

2. 以维权为目的，协调行动，保障利益

专业性合作经济组织对内服务每个成员，协调行动，统一标准，统一品牌，不以盈利为目的；对外统一经营，组织起来进入市场，追求利润最大化。通过联合，提高了谈判地位，减少了流通环节，减低了交易成本，可以分享流通和加工环节的利润。

3. 以利益为纽带，市场运作，民主决策

合作经济组织内部每个成员既是利益共享者，又是风险承担者。一般根据产品销售额所占的比例返还利润，也有按劳动和资本的投入量分红。很多农民合作组织自组建开始，就按规定建立了《章程》和有关管理制度，选举产生了理事会、监事会，并设立了内部机构。实行民主管理、民主决策。

4. 立足产业，区域特色明显

各地都围绕本地主导产业和特色产业，建立了一定数量的农民专业合作经济组织。有的还突破地域范围组建了跨区域的专业合作组织。

5. 服务广泛，范围逐渐延伸

农民合作组织已由过去单纯的主要从事农业技术宣传、咨询和推广服务，组织供应农用生产资料，向兴办实体，帮助农民解决新品种引进、农产品加工、运输、储藏、销售等环节，为农民提供全方位服务方面转变，由“松散

型”逐步向“紧密型”转变，范围逐渐延伸。使合作组织成员在激烈的市场竞争中获得了较好的经济效益和社会效益。如四川省万州区分水镇石碾村李子专业合作社，1999 年成立，成片种植李园 800 多亩，2004 年列入部级示范，现已注册“广洞牌”李子，销售重庆、湖北等地，产品供不应求。

**（二）农民合作经济组织的作用**

农民成立各种类型的合作社组织与农产品生产的商品化程度日益提高和市场竞争日益激烈有关，特别是我国加入世贸组织以后，国际农产品贸易自由化程度提高，这就迫使农民必须联合起来应对更为激烈的国内外农产品市场竞争。农民专业合作组织为促进农业经济发展发挥的重要作用主要体现在：

1. 增强农户的市场竞争力

农民专业合作组织的组建，解决了一家一户面对市场势单力薄的状况，提高了农民进入市场的组织化程度。使农业经营者从过去一家一户面对市场转变为一个组织面对市场，在销售中有了更强的实力。

2. 增加农民收入，强化了保护和增效的作用

通过专业合作组织向农户提供产前、产中、产后的服务，降低了种子、肥料、农药等生产资料成本。合作组织统一与企业签订合同，实行最低保护价，并优质优价销售，减少了中间环节，提高了销售价格，降低了交易成本，从而增加农民收入。如重庆市綦江县隆盛镇兴隆养猪专业合作社，通过实行统一技术培训、统一圈舍设计、统一供应猪种、统一供应饲料、统一防疫、统一销售的“六统一”，为社员户平均增收 7000 多元。

3. 完善了农业社会化服务体系

过去农业部门开展技术培训、新技术试验、示范主要由农技服务机构进行，这些机构面对单独的农民家庭，工作很难开展。农民专业合作组织的成立，可以直接与大专院校和农业技术推广部门联系、合作，或由合作社聘请技术顾问，举办科学技术培训，或由合作社牵头开展科技示范活动，多形式、多渠道开展农业先进技术和实用技术的普及与推广，完善了农业社会化服务体系。如横山优质稻产销协会，从 2002 年 8 月成立以来，先后组织各种技术培训 10 多期，培训会员 1000 多人次，完成了重庆市 5 个优质稻组合示范试验和优质稻区的肥料区域对比试验，在优质稻区开辟绿色产品精品区，通过协会推广新技术、新品种，进一步提高优质稻的绿色品质。

4. 加快农业产业结构调整步伐

农民专业合作组织把分散的千家万户农民有序地带入农业产业化经营发展轨道，与“龙头”企业建立稳固合作伙伴关系，既改变企业原料供应分散

和不稳定的状况，又解决了农产品销售问题，并通过培育农产品生产基地，为农业产业化经营的发展奠定坚实基础。有的采取股份合作的方式，使“龙头”企业、农户及其他经济组织之间相互参股，真正形成多元参与，主体“风险共担、利益共享”的紧密关系，从而保证农业产业化经营健康发展。如重庆市綦江县郭扶镇富家辣椒专业合作社，有社员108人，带动农户2500多户（占该镇8个种植村总农户的40%）种植辣椒1000亩，并建立了700亩无公害辣椒基地2个，已被国家质监局列为“全国标准化生产基地”。通过与重庆美乐迪食品有限公司龙头企业联合，形成了“公司+专业合作组织+农户”的模式，有力地推动了农业产业化的发展，全县已发展了辣椒6万多亩。

## 二、农民合作经济组织的运作

### （一）农民合作经济组织的基本运作方式

#### 1. 建立农民合作经济组织所需的条件

农民专业合作组织是与一定社会经济发展水平相适应的，它的建立应具备以下条件：

（1）具有一定的产业基础。农民专业合作组织要围绕当地已形成的果品、畜产品、蔬菜、水产等主导产业或特色产业组建，要有一定规模，要形成产业。为保证农业经营者的利益，只要形成产业的地方，每一类特色产品或主导产业都应建立相应的农民专业合作组织。

（2）有一定数量从事同类或相关产品的生产经营者。各国对于农业生产合作社有不同的规定和条件，如法国3户农民就可以组织合作社，国家对于合作社有贷款方面的优惠。我国多数地区农业生产规模小，一般来说，专业协会20户，专业合作社7户以上成立合作社比较适宜。

（3）农民自愿合作、联合。在组建专业合作组织前，要召开相同产业农户的座谈会，宣传专业合作组织成立的目的意义、服务范围、成员的权利和义务、分配原则等，让农民自愿入社，绝不能搞行政命令，采取不正当的手段强迫农民加入。

（4）有生产经营服务场所和必要的生产经营服务条件。合作社作为一个独立的生产经营者需要有办公场所、农资供应、销售场所等基本的生产经营服务条件，依据这些条件完成生产经营活动。

（5）有一定的注册资金。按照规定，农民专业合作经济组织应该有一定的注册资金，但我国各地对此的规定有所不同。比如按照重庆市的有关规定，在民政部门登记的社团法人专业组织，注册资金需2000元，在工商部门注册

登记的企业法人专业组织需 0.5 万 ~10 万元不等。

2. 农民合作经济组织的组建过程

农民合作经济组织是为农户搭建的一个平台，以实现经济利益最大化。因此，它的组建必须是站在农户的角度，充分考虑农户的切身需要。目前，我国农业合作社多数规模较小，这就要求组建合作社的手续不能太复杂，筹建费用不能太高，尽可能明确业务范围，要有对外代表合作组织的法人资格等。一般的程序是，由合乎法律规定数量的发起人发起成立，制定章程，召开组织大会，然后向法律规定的机关登记即可。具体程序如下：

（1）进行可行性分析。这是设立农民合作组织的基础。主要是对本地区、本行业农民群众专业合作的需求状况进行调查分析，确定所要设立的合作组织的经营范围。

（2）明确发起人。发起人可以是自然人，也可以是法人。包括龙头企业、社区合作经济组织、各级政府及其他经济组织。

（3）起草农民合作经济组织的章程和细则。章程是合作组织一个最重要的法律文件，是申请有关部门注册的主要文本。一般它的起草工作由发起人负责。主要内容包括：合作组织地址、目标、经营区域、营业期限、组织的权利和限制，组织内成员的权利义务及分配问题的原则规定。细则与章程相比规定要更加详细和具体，是合作组织经营管理的准则。

（4）吸收成员。要按照国家有关规定，本着自愿原则，在本地区或者本行业吸收合作组织成员。凡是认同本合作组织章程、交纳加入组织股金的农户和农业生产经营组织都可以成为合作组织的成员。

（5）召开成立会。当人数和股金达到章程规定的数额以后，就可以召开成立大会。由全体成员民主选举理事会、监事会，讨论通过合作社的各项规章制度。

（6）依法进行登记，取得法人资格。

3. 农民合作经济组织的业务活动

从根本上来说，农民合作经济组织主要任务就是通过提供生产诸环节服务而促进组织内农户发展生产，它的主要活动内容是围绕农户展开的。

（1）为农户提供服务。这些服务有对社员进行技术指导和服务，引进新技术、新品种，举办技术培训，开展技术交流，组织内外经济合作；采购和供应社员所需要的生产资料和生活资料；收购和推销社员生产的产品；兴办社员所需要的贸易、加工、运输、储藏等经济实体；向社员提供有关经济、技术信息。

（2）提高农产品质量，努力创造本社品牌。包括对新品种的引进，对原有品种的改良，提出农产品的生产标准，监督农产品生产质量，统一合作社品牌，申请农产品商标，对品牌进行保护等。

（3）开展对外合作。经社员代表大会通过，合作社可以整体或一部分与其他国有、集体、个体、外资等经济实体进行股份合作。所获收益按本社的分配原则进行分配。同时也可开展与经济部门、科研单位及其他经济组织的合作。

（4）实行资金互助，把闲散资金投入扩大再生产。合作社可以利用成员之间的相互了解和信任，在生产和经营中实现资金的互助。如可以通过作价的方式向社员提供种苗和部分生产资料，也可以将社内的部分生产资料提供社员使用，在商品销售后支付费用。

**（二）不同类型农民合作经济组织的运作**

农民合作经济组织类型多样，主要有大户牵头型、龙头企业带动型、股份合作型、科技服务型和实体型五种类型，它们的适用条件和运作方式各有特点。

1. 能人牵头型

能人牵头型农民合作经济组织是由种养大户或经营能手牵头，农户以会员的身份加入，在组织内部开展产前、产中、产后系列服务，形成“农民合作经济组织＋农户”的运行机制。这种类型目前在我国最普遍。

周家果业协会是在农村科技能人周晓明的带动下，由农民自发自愿组建的。目前，协会会员202人，果园面积810亩。会长周晓明从20世纪80年代开始就同有关部门合作进行果树品种的改良、观察和试验，探索果园管理技术。90年代中期后，在他的示范倡导下，30余个农户自发联合，形成果业协会的雏形。他们集中连片建设140亩中、早熟优质品种园，一方面自筹资金建温室小棚，培育优良品种，实行统一供苗，每户观察一个试验新品种，30余户共有20多个观察试验新品种；另一方面培训专业技术骨干，成立技术服务队，无偿为果农提供技术服务，所需农药等物资先使用，后结账，初步达到苗木、品种、修剪、农药、病虫害防治、销售“六统一”。

到2003年6月，该协会已替150多个贫困会员担保贷款30余万元，以帮助农户高标准投资建园。协会还按谁建园、谁投资的原则，帮助农户进行土地整治。同时，协会还以主要领导垫付资金6万元，群众投劳、争取世界银行贷款等方式，修建了3条主干路3000余米，水泥衬砌“U”形渠5000米。

周家果业协会的运转，初步形成了果业产业链“农户＋专业合作组织＋

公司”的经营模式，建立了上接科研单位、下连广大农户，引进、示范、推广有机结合的农技推广机制，有效地带动了农业结构调整和农民增收。以协会为主体，面向市场统一销售，维护了果农的整体利益。以2002年为例，协会积极与华圣果业等公司联系，以每千克高于零散农户0.90元的价格收购会员的苹果80余吨，仅此就增加农民收入7万多元，户均近350元。

2. 龙头企业带动型

龙头企业带动型农民合作经济组织是以龙头企业为依托，以生产同类产品为基础，以合同形式连接农户，与农户签订购销合同，实行保护价格的合作组织，形成“龙头企业+农民合作经济组织+农产”的农业产业化运行模式。这种模式对龙头企业来说，可以减少成本，保证原料的稳定供应；对农户来讲，可以通过合作社与企业对话，维护自身利益，改变对龙头企业的依附地位。

广野物产实业公司（简称广野公司）作为从事外向型农产品加工的龙头企业，每年需要6.5万吨蔬菜原料。但公司在开发国际市场和管理自身生产的同时，如果还要进行原料基地建设，容易分散精力并增加管理成本，还可能因为公司与蔬菜种植户之间的联系不够紧密，形成原料供应与生产的脱节，从而导致企业受损、农民利益难以保障。因此，由广野公司发起，300个农户自愿参加的广野农产品合作社（简称广野合作社）于1999年3月正式成立。

广野农产品合作社制度安排和运作模式是：①坚持合作社基本原则，实行民主管理。农户入社和退社完全自愿，合作社有自己的章程，实行理事会管理体制，但重大事项由其最高权力机构——社员大会表决通过。②实行股份合作制，独立核算、自负盈亏、利益共享、风险共担。合作社成立资金由农户和广野公司按照4∶6的比例出资入股。农户和广野公司分别出资6万元和9万元，形成15万元的总股本。目前，广野合作社已在遵化及周边市、县建立了12个合作分社。分社在总社指导下独立核算、自负盈亏。③签订合同，统一管理。广野公司每年9月以后，根据已签订的来年生产订单，将计划下达到广野合作社（总社），总社再下达到分社，分社根据订货数量与品种，在12月前同社员签订种植合同。合同文本中明确规定种植品种、面积、技术规范、质量要求及最低保护价。广野合作社对社员发放股金证、购物证和交货证，实行种植档案管理，并统一安排种植计划，统一供应种子、药品、化肥，统一技术培训和制定栽培技术方案，统一制定收购质量标准，统一规定收购价格，统一销售。④利润返还，风险救灾。每年原料收购结束后，广野公司按照实际收割量给予合作社每吨30元的利润返还，合作社将其作为社员红利、风险金和合作社的日常开支。2003 年，合作社收购蔬菜所得的利润返还收入 16 万元，其中 50% 作为社员红利分给入社社员，30% 作为风险基金，20% 作为合作社的经费开支。1999 年春季，由于种子和气候等原因使农民种的萝卜抽薹，影响农民收入。为此，合作社从风险金中列支 2 万余元，对受灾农户给予补偿。

合作社的运行，在龙头企业与农户之间发挥了桥梁作用，初步形成了农民、龙头企业、合作社利益良性互动的局面，主要体现在：①促进了农户与市场的有效对接，解决了农产品卖难问题。合作社社员种植 1 亩广野蔬菜的收入，平均相当于种植 6 亩粮食。2003 年，在合作社的入社社员中，年纯收入在 5000 元以上的占 75%。占广野合作社蔬菜基地总面积 70% 的示范区，亩均收入在 4000 元以上。②带动了农户和农业生产方式的转变，促进了蔬菜种植的区域化和规模化。广野合作社注意面向整个蔬菜生产、加工和营销产业链，改进质量安全管理，进行绿色蔬菜生产。合作社已通过 ISO9001 质量体系认证和 HACCP 食品安全体系认证。其现有的 1.5 万亩蔬菜基地全部成为绿色无公害蔬菜基地。目前，合作社实行区域化、规模化种植的示范区面积已达基地总面积的 70%。③促进了新品种和农业技术的推广。合作社成立以来，已引进新品种 50 多个，推广种植 10 多个，推广新的栽培技术 10 多项，每年深入到村举办培训班 50 多期，培训基地社员 3200 多人。对于龙头企业稳定原料供给、提高原料质量和降低管理成本，也发挥了重要作用。

3. 股份合作型

这种形式引入股份合作的机制，由农产自愿组合，共同出资、共同经营、共担风险、共享利益，用产权连接而建立的紧密型专业组织。

4. 科技服务型

主要由原来乡镇的“七站八所”转制后组建的，为会员提供技术咨询、培训等方面的服务。

5. 实体型合作经济组织

实体型合作经济组织采用“合作社 + 龙头企业 + 农户”形式。基本做法是，根据市场经济发展的客观要求，发展各种合作社，当合作社发展到一定规模，拥有相当的经济实力时，由合作社直接建立龙头企业，或者购并其他加工企业，以此带领农户走向产业化轨道。企业与农户的关系已由合作社外部企业变为合作社内部企业。这种变化标志着一种产业化类型的形成，即在农业领域内的某种产业已具备自我激励、自我发展的能力。这种模式的利益连接纽带有合同契约、产权，与此相对应的分配方式既有保护价收购、按交易量，又有“风险共担，利益共享”。这种类型由于受资金人才等因素限制，目前数量有限，规模不大。

## 第三节　农业产业化经营

农业产业化经营是20世纪90年代后我国发展较快的一种农业经营形式。由于其适应了农业向现代化和专业生产发展的方向，在部分项目上产生了明显的效益，在一定程度上提高了农业的收入。

### 一、农业产业化经营的含义

农业产业化经营简单地说就是引导小农户与大市场接轨，将分散的农户经营转化为社会化大生产的组织形式，是传统农业走向现代化的一个产业化过程。具体来说是指农业不再只是一个传统的生产部门，而是要逐步成长为生产商品化，流通市场化、现代化，产前、产中、产后服务社会化，完全开放的现代农业产业。农业产业化经营的基本特征为：以市场为导向，围绕区域优势产业或主导产业，从产前、产中、产后和产业链进行系列开发，实行产供销、农工商结合，把农民、龙头企业和市场结合起来，形成经济利益共同体，增加市场竞争能力。

目前我国城乡市场销售着来自世界各地的农产品，农业生产必须适应全球化竞争。农业产业化经营首先要求产量大，也就是要求生产规模化；其次，生产的产品要到市场上交易，即要完成商品化：第三，农业生产要围绕主导产品或支柱产业进行，把农业的产前、产中、产后作为一个系统来运行，即要做到生产专业化；第四，产前、产中、产后各环节服务要统一起来，实现服务的社会化：最后，在经营上需要多种形式的联合与合作，也就是经营一体化。

### 二、实行农业产业化经营的条件

农业产业化经营又被人们称之为：“产供销一条龙，种养加一条龙。”从其定义和人们对其认识上，可以看到农业产业化经营需要的基本条件：

**（一）商品生产程度较高**

当地的农业生产除满足人口自给需求外，已经有了可以成批量的剩余产品出售。或者具有可供开发、能够发展成长为当地支柱产业的资源，无论前者还是后者，都产生一种客观需要——首先组织农产品购销，有条件时发展加工，这就用得着农业产业化经营。

**（二）市场经济体制已经确立**

市场经济体制已经确立，各种农产品可以自由购销，不存在政府或经济部门对市场、购销和价格的垄断。不论什么地方、什么产品，只要有垄断，环节增多，交易成本增加，就会使产业化经营受到限制。

**（三）已建有正常运作的农业企业**

农产品加工企业、销售或外贸企业为稳定持续地获得合格的原料，都需要与农户构建新的产销关系。

**（四）已经建有或能够建立农民组织**

当地已经或者能够建立农民专业技术协会、农民合作协会、专业合作社等，为实施农业产业化提供服务。

**（五）政府支持，农民合作**

有当地政府支持，农民有共同致富的志向，干部和群众能够结合当地情况，效法先行者的成功经验。

## 三、农业产业化经营的组织形式

农业产业化的经营管理形式主要有以下几种：

**（一）龙头企业带动型（公司+基地+农户）**

龙头企业带动型是以农产品加工、运销企业为龙头，重点围绕一种或几种产品的生产、销售，与生产基地和农户实行有机联合，进行一体化经营，形成风险共担、利益共享的经济共同体。在实际运行中，龙头企业联基地，基地联农户，进行专业协作。龙头企业带动型的主要特点是企业在农业产业化经营中发挥主导作用，与农产品生产基地和农户结成紧密的贸工农一体化生产体系。在“公司+基地+农户”发展类型中，龙头企业与基地、农户之间有以下几种联结方式：

1. 合同订购

企业与农户签订产销合同，明确规定收购产品的质量标准、价格、时间、数量、结算方式，对完成任务好的，企业每年可拿出一定的资金予以奖励。

2. 保护价收购

企业对农户生产的农产品根据生产成本、市场行情制定最低保护价，让农民获得平均利润。市场价高于保护价时，按市场价收购。

3. 建立服务体系

企业承担按优惠价提供生产资料，免费进行技术指导，提供信息，提供低息或无息贷款，及时上门收购产品等产前、产中、产后系列服务，还可以把生产资料定时定量先发放给农户，待产品回收时扣还款项。

4. 利润返还

企业将所获利润按一定比例返还分配给农民，以提高广大农民生产和学习科技文化知识的积极性。

5. 提供风险保障

对所有签订了合同的农民，由企业出资投保，使农民因自然灾害所受损失得到一定的补偿，解除农民的后顾之忧。

6. 返租倒包

龙头企业先以向农户租赁土地的方式，取得土地的使用权，再以新的条件承包给农户或雇用农户。采用这种联结方式，企业承担更大的风险，但提高了对生产的调节、控制能力，农户获得最基本的经济保障，从而能够使企业与农户结成较紧密的产业一体化关系。

7. 互相参股

农户向龙头企业参股，或龙头企业以股份形式向开发新项目的农户投资，以资金为纽带建立企业与农户之间较紧密的产业关系。

鄂尔多斯羊绒集团是按现代企业制度的要求，以资产为纽带建立和发展起来的大型企业集团。集团利用“集团＋基地＋农牧户”的方式，同时将三者利益紧紧捆在一起，使企业具有了强有力的发展潜力和优势。企业投资8000万元，在内蒙古羊绒主要产地实施绒山羊舍饲圈养工程，发展了2万多核心牧户。

为了牢固地建立企业与农民之间的产业链，鄂尔多斯集团建起了3个羊绒选洗厂、8个羊绒分梳厂、8个羊绒衫纺织厂。为防止羊绒价大起大落，企业一方面拿出巨额资金进行羊绒储备，平抑羊绒价格；另一方面积极组织农牧民发起或成立羊绒协会，保护了养羊农牧民的利益。

在企业与农牧民结合的过程中，企业想方设法为农牧民提供服务，农牧民主动为企业分解压力，与企业荣辱与共，实现了企业与农牧民的双赢。

在以鄂尔多斯集团为代表的羊绒纺织业的带动下，山羊绒20世纪90年代每千克为240元，2000年达到500元。农牧民养羊的积极性大大增强，成千上万的农牧民由此告别贫困，过上了文明和富裕的生活。

**（二）市场带动型（专业市场＋农户）**

市场带动型的主要特点是专业市场在农业产业化经营中发挥枢纽作用，

它上连专业生产基地或农户，下接消费者和客户，拓宽了实现农业产业化经营的流通渠道。

市场带动型的形式，主要以专业市场与生产基地及农户签订农副产品购销合同的方式建立产业化经营关系。同时，专业市场与客户也通过签订农副产品购销合同的方式建立供销关系。

专业市场带动型的形式具有广阔的发展前景。目前，出现这种形式的地区，市场发育较完善，竞争充分，农民素质较高，有能力把握市场动向和保护自己的合法权益，批发商无法左右市场。

山东寿光蔬菜批发市场占地340亩，年销售蔬菜10亿千克，经营额突破10亿元，产品销往24个省市区的190多个中心城市，并在全国180个大中城市设立了销售网点。这个批发市场已经成为全国最大的蔬菜交易中心，信息交流中心和价格形成中心，专门从事蔬菜经销人员达数万人。从专业市场上，农户能够快捷地接受市场信息，灵敏地做出反应。批发市场的发育不仅带动了当地的蔬菜生产基地，并且促进了加工企业的发展，建立起蔬菜加工企业10多家，年加工蔬菜3万吨，出口2万吨。

**（三）合作经济组织带动型**

合作经济组织带动型是农民自己创办专业合作社或专业协会等合作经济组织，使其在农业产业化经营中为农民提供产前、产中及产后的多种服务，从而解决农民分散生产与大市场之间的矛盾。农民合作经济组织是农民在自愿的基础之上组织起来的，具有群众性、专业性、互利性和自治性的特点。专业协会一般以某产业的协会为依托，创办各类农产品生产、加工、服务、运销企业，组织农民进入市场。专业合作社都是生产经营实体，在某种产品的生产上为入社农民提供生产资料、资金、信息以及产中环节各种服务，有的还建立起加工、运销企业，直接组织农民走向市场。

合作经济组织带动型最显著的特点是农民专业协会和专业合作社按合作制的原则和机制组建和运作，在农业产业化经营中发挥重要的作用。

合作经济组织带动型通过股份的形式，把农业产业化组织中企业与农户两个独立的利益主体变成一个利益主体。在合作组织中，所有成员都拥有各自明晰的产权，在集中某些共有权利的基础上，统一进行某些生产、销售活动或其他活动安排，成员的加入、退出、权利、义务及决策机构、程序都在组织章程中明确。企业和农户真正结成风险共担、利益共享的经济共同体。

由于合作经济组织是广大农民联合自治性组织，能够有效地调节和实现成员之间的合法权益，真正体现农民的切身利益，所以它将成为农业产业化

经营的主要组织形式。

江苏省海安县隆政镇从20世纪80年代开始发展家禽饲养业，到20世纪末，该镇养禽业已形成养加销一条龙、贸工农一体化的生产经营体系，全镇户均养禽量达到600只以上，万羽以上的大户有近百户，禽业产值占农业总产值的比重达到60%以上，农民人均纯收入中有一半来自养禽业。早在1986年，该镇在有关方面的支持下，创办了全国第一家农村基层科普协会——隆政蛋鸡研究会。协会积极为农民提供信息、良种、疫病防治、饲料供应、加工销售等方面的服务，并先后兴办了禽蛋服务部、孵化厂、蛋品加工厂等实体，使蛋鸡研究会走上了自我积累、自我发展的道路，发挥了专业协会的桥梁和纽带作用。

**（四）中介组织带动型**

中介组织带动型是以中介组织为依托，在某一产品的经济再生产全过程的各个环节上，实行跨区域联合经营和生产要素大跨度优化组合，并逐步形成市场竞争力强、经营规模大，生产、加工、销售相联结的一体化企业集团。目前，这种类型的中介组织主要是行业协会。

这种联结方式是政府推动、企业联动成立的松散型组织。这种松散型组织在促进农业产业化发展方面进行了有益的尝试，对政府如何发挥其对农业的适度调控职能提供了重要借鉴。

为发展规模经营，提高经济效益，从1985年开始，浙江重点渔村（社）开始筹办集体渔业公司，到1992年全省已建成劳动群众集体渔业公司85家。1993年后这些公司进一步实施股份合作制改革，形成前方股份合作，分散经营；后方统筹服务，综合经营相结合的双层经营模式。这种模式使在渔业公司内得以形成相对独立的渔船（户），从事分散生产，同时这些渔船（户）又以渔业公司统一层次的服务为联系纽带，形成共同的经济利益。从而，既体现了股份合作的优越性，又发挥了区域性合作经济的优势，推动了渔业产业化的较快发展。

## 第四节　农业庄园

农业庄园是农业经营的一种古老形式，早在中世纪就已经出现，到商品经济时期曾是发达国家经营商品农产品的主要形式之一。新中国成立前我国也曾有一定的农业庄园。新中国成立后，由于实行了土地改革，实行统购统销，农业庄园一度在我国销声匿迹。随着土地承包经营，农业生产的商品化和外资的引进等，农业庄园在我国各地又开始大量出现。

左权县是典型的贫困山区和国家级贫困县。近年来，县委、县政府大力治贫，对生存条件极其恶劣的19个行政村、109个自然村实行整体搬迁，并创造性地引导企业和个人，利用移民搬迁后的“空壳村”、撂荒地等土地资源开发庄园经济。不到两年时间，石匣乡大林村皂角养殖庄园、龙泉乡水凹村藏獒繁育基地、粟城乡关长沟庄园、桐峪镇小阴沟庄园、羊角乡滚子岩庄园……一个个特色种植、养殖园不断涌现，庄园经济开发成为左权县新农村经济建设最引人注目的亮点。截至2007年9月，全县发展农业庄园40个，经营面积达12万亩，完成开发治理面积4.7万亩，累计投资2634万元。左权县的庄园经济不但发展规模不断壮大，而且正在逐步向生态农业、精品农业、观光农业方向发展。随着产业链条的延伸，庄园经济带动广大农民通过规模种养实现了增收，同时为许多农村富余劳动力提供了就业岗位。以左权县粟城乡庄茂丰庄园为例，“庄主”小赵共种植了500亩核桃树，5年后挂果，每年可产优质核桃10万千克，一年就有100多万元的收入。到了盛果期，年收入还会翻番，达到200万元。与此同时，小赵在大力发展林木种植的同时，还计划投资200万元在半山腰和山顶上盖20座农家院，搞农家乐及采摘等旅游项目。目前，该庄园常年雇用的村民有20多人，季节性用工达到200多人。

## 一、庄园经济的现实意义

农业庄园是一种利用现代融资渠道，以市场为导向，以科技为支柱，以经济效益为中心，资产股份化、经营规模化、管理企业化的农业发展模式。农业庄园体现了现代农业的发展趋势。通过庄园将当前农村最缺乏的现代管理、科技、资金引入土地，可以大大增加产出，并促使土地升值。

作为农村经济转型时期的新生事物，庄园经济以其全新的经济形态，先进的经营理念，雄厚的规模实力，对农村经济社会的发展产生着很大的影响，它是推动传统农业向现代农业发展的一种选择。

### （一）有利于发展新产业

庄园经济主要有短期租赁、长期承包、股份合作、独资经营四种经营方式。它能在巩固传统的种植、养殖业的基础上，延伸到农业的其他领域，不断拓宽农业经营方式和规模。可以通过创办农产品加工龙头企业带动和促进订单农业发展，形成“公司一基地一农户”产业链，保障农民增收致富，支撑起真正意义上的新农村建设。

**（二）有利于农业技术的发展**

具有一定科技优势的农业庄园聚集了一批农业科技人才，储备了一定的农业科研开发力量，是新品种、新技术、新方法的孵化中心，代表着现代农业技术进步的方向。同时，先进的种养方式，为广大农民改变传统的种养方式提供了成熟经验。

**（三）有利于建设新村落**

庄园经济具有现代管理技术、科技和资金方面的优势，它可以在建设新村落时，朝“经济繁荣、设施配套、功能齐全、环境优美、生态协调、文明进步”方向发展，建成庄园式的村落，从而改变村落建设杂乱无序、水平低下的问题，切实改善农民群众生活环境。

**（四）有利于培育新农民**

庄园经济不同于家庭联产承包责任制下农民分散经营，它的经营具有规模化，管理具有企业化的特点。这就要求对加入庄园经济的农民进行职业技能培训和实用技术培训，从而使适龄农民成为具有较高科学文化素质和较高就业能力的新型农民或产业工人。同时，庄园经济可引导和教育农民遵纪守法、提高修养、崇尚科学、移风易俗，造就一代具有较高思想道德素质，又有一定专业技能、文明守法的现代化农民。

**（五）有利于外部资源的引进**

在现代社会，现代农业项目吸引了不少投资人的目光，部分城里人为了得到农村的休闲、娱乐，开始在郊区农村投资建设农业庄园。由于我国现代农业明显落后于发达国家和地区，国外及我国台湾省、香港特区也有不少投资人投资于我国农业庄园的建设。这一形式的发展在一定程度上加快了对外来资金和技术的引进，加快了我国农业现代化的进程并提高了农业的收入水平。

## 二、庄园经济的经营方式

目前我国农业庄园主要有以下三种经营方式：

**（一）种植、养殖加工、种养加一体方式**

从产业的角度来分，各地庄园经济主要有种植、养殖加工、种养加一体等几种类型。我们分别选取三个不同地区的案例分析佐证。

左权县主要是依托地区优势，发展以林业为主的种植业和以养羊、养猪、养牛、养鸡为主的养殖业，从整体而言，还处于庄园经济发展的初级阶段。但随着左权县的庄园经济发展规模的不断壮大，也有不少人提出了建设集农业观光、采摘、休闲度假为一体的现代庄园的长远设想，而且在实践上也正在逐步向生态农业、精品农业、观光农业方向发展。

甘肃省玉门市积极鼓励家庭和集体发展农场式的庄园经济。该市黄闸湾乡的李培军，在当地政府的引导、支持下，充分利用村里闲置的荒滩资源，大搞家庭农场式的特色农业庄园，一次性投资30万元承包了村里30亩荒滩水域发展水产养殖和旅游业，当年实现纯收入5万元。下西号乡石河子村的张明智，看准玉门大业公司落户当地后饲草产业的广阔发展前景，从1999年开始开荒种草，并依靠饲草种植发展养殖业，以家庭为单位形成了种养一条龙的产业链，去年，他家仅饲草种植的纯收入就达6.8万元。柳河乡官庄子村的王振民，在承包土地搞规模种植的同时，投资200多万元兴办了独具特色的美葵加工厂，不仅依靠特色种植增收，而且使农副产品实现了加工增值，同时还带动本村农户种植优质美葵4200多亩。

广东庄园经济的发展层次则已发展到集商贸、种养业、加工业、旅游农业于一体的开发型庄园。

榕洽果庄占地12000亩，是广东特大型现代农庄企业，创建于1996年11月，地处粤东沿海的饶平县。公司创办以来，始终明确“林果农业，科技兴业”的经营思想，紧紧围绕“以市场为导向，以科技为依托，以产业化为目标”的经营方针，以“高资金投入，高标准规划，高起点建设，综合化利用，多元化发展”的经营策略。经过3年的不懈努力，公司各方面建设有了质的飞跃，已发展成为粤东地区最大的集商贸、种养、加工、旅游农业开发于一体的科技型、综合型、生态型的现代化农业企业。目前，该农庄种植果树12万株，速生工业林木2万多株，拥有各具特色的果场5个，养猪场1座，拥有名、特、优果树育种基地和科研中心、生物有机复合肥厂、果品销售中心，总资产达6000多万元。

**（二）休闲观光方式**

这种类型在我国台湾省发展较快，近几年开始进入我国的广东、福建和上海、北京等地。目前在我国特大城市的郊区发展的速度很快，不少庄园取得了良好的收益。

观光农业已成为广东庄园经济的显著特色，常见的形式有：①采果园。它包括荔枝、柑橘、杨桃、葡萄、橄榄等果实以及蔬菜、茶、花卉的采摘，属产地采果业型农业观光。这是新型农业经营形态，主要利用农业生产的场地、产品、设备、作业及成果作为观光对象，获取收益。②挖掘园。挖掘园以种植红薯为主，兼种马铃薯、芋头、花生及竹笋等，农庄在收获期间供学生和市民挖掘，让其接近自然。③观光园。这类庄园培植花卉、树木，创造优雅环境，使之成为生产和观赏结合的花卉园。目前，随着人民生活水平的提高，花卉市场发展潜力很大，除鲜花、盆景外，对阴生观赏植物需求量很大，攀援植物行情也很好。④药材园。这类农庄利用本省山区野生药材资源繁多的优势，栽培许多名贵药材和普通药材，并建立一些贵重或市场紧缺而需要量大的药材如甘木通、肉桂等的生产基地，进行批量生产。⑤娱乐园。它包括休闲别墅区、饮食文化区，汇集粤菜佳肴、地方小吃，让游客一饱口福。或供应潮汕功夫茶，以其浓郁的地方色彩和传统的功夫茶茶艺吸引游客。

番禺市化龙农业大观园占地6000亩，这里原来以种植甘蔗为主，经济效益很低。数年前，该镇农业总公司与当地6个村租赁了此地，组织了本地、广州和香港23个单位联合开发，在此基础上兴建出农业大观园的首期工程——“绿野乡风”。类似的还有顺德生态公园、三水荷花世界等。

北京密云红酒庄园有千顷葡萄园，并有住宿、休闲、康乐、会议等设施。还设有赛马、高尔夫、狩猎、赛艇等多项休闲娱乐。在庄园里可品尝亲手采摘的葡萄，畅饮庄园酿造的美酒，骑马、垂钓、泛舟、狩猎。庄园的设施为五星级，实行俱乐部会员制，这是一种农业与三产结合的新形式。

**（三）以独资、股份合作等开发方式**

庄园经济的发展模式并不是单一的，像左权的庄园经济发展就从最初的单一模式发展为多种模式并存。目前，左权县已形成企业家独资开发、农户独资开发、股份合作、整村对接开发、企业租赁农户土地经营及农民组建专业合作社合作开发、外资开发等10种开发模式。投资者有企业老板、普通农民，有离岗干部、在职职工，有当地群众，也有外来人士，折射出庄园经济强大的吸引力和生命力。广东省则是在原有家庭联产承包责任制基础上，以股份合作制或“公司+农户”形式联合组建的庄园。广东湛江的廉江县长青水果场比较典型，该场是1981年组建的，是生产廉江红橙的基地，种植面积达3000公顷，产品的40%对外出口，在场承包种果的农民近8000人。1998年以长青水果场为依托，成立了廉江水果企业（集团）公司。这是一个综合性企业集团，公司下有农资、红楼、果菜、工贸、运输、旅游等7个分公司和果品加工、塑化、纸箱、饲料加工、肥料等6个工厂，成为一个种养、加工、包装、储运、销售一条龙的全国最大的水果集团。

# 第三章　农业经营管理的利用条件

农业经营与管理离不开土地、资金、劳动力、技术等相关条件，如何利用农业条件有不同的思路和方法。方法正确就能使有限的条件发挥更大的作用，为农业经营管理者带来更多的收益。本章主要探讨如何利用土地、资金和劳动力条件。由于农业经营与管理中的技术条件涉及的内容较多，本书单列一章专门探讨。

## 第一节　农业经营管理的土地条件

在农业经营中，经营者首先需要取得所需要的土地，这就需要对于我国土地利用条件，利用要求及取得土地的方法等有全面的了解，在符合国家有关政策的条件下，以最适合的方法，合理获得所需要的土地。

### 一、农业生产用地的种类

农业生产用地包括耕地、林地、草地、农田水利用地及其他依法用于农业的土地。主要包括荒山、荒沟、荒丘、荒滩等“四荒”，以及养殖水面等。

**（一）农业用地的分类**

1. 耕地

耕地是指种植农作物的土地，包括新开荒地、休闲地、轮歇地、草田轮作地；以种植农作物为主间有零星果树、桑树或其他树木的土地；耕种三年以上的滩地和海涂。耕地除了用于种植粮食作物外，还可用于发展果树、蔬菜等种植业项目。

2. 园地

园地是指种植以采集果、叶、根茎等为主的集约经营的多年生木本和草本作物的土地，包括果实苗圃等用地。

3. 林地

林地是指生长乔木、竹类、灌木、沿海红树林的土地，不包括居民绿化用地，以及铁路、公路、河流沟渠的护路、护草林。林地主要用于种植树木。

4. 草地

草地指生长草本植物为主，主要用于畜牧业的土地。

5. 水面

水面主要泛指能用于发展渔业的河流、湖泊以及坑塘水面等，适合于养殖的海面也常常在农业经营管理者的考虑之中。

**（二）现代农业用地的特点**

1. 配套用地增加

现代农业具有设施化、机械化、车间型生产的特点，现代农业生产用地分为直接和间接用于农业生产的土地。间接农业生产用地包括各级固定排灌渠道和道路等用地，生产设施用地，临时管理用地，农产品加工车间投入品仓库、电力排灌站等。农业功能拓展及农业转移就业需要一定的农业休闲设施，现代农业持续发展也需要一定的建设用地。

2. 农业用地范畴扩大

随着社会经济发展，现代农业的项目不断增加。当前已有许多农业作物可以种在基质上、长在大棚里，有的地区还在废弃的矿洞中发展蘑菇种植和鱼类养殖，扩大农业生产能力已经不仅只有扩大耕地面积一种选择，农业生产的耕作层也不仅只有地面一个选项，农业生产也不仅只有种植业和养殖业，这些都使农业土地的范畴进一步扩大。

3. 可用面积增加

现代农业的另一个特点是通过新的技术将原来难于利用甚至不能利用的土地转变为农业用地。如，以色列通过开发新的灌溉方法使沙漠中的土地转为高产的农业用地，我国宁夏通过新技术在年降水 200 毫米左右的极度缺水地区种植了高质量的西瓜，而辽宁的农民通过养殖新技术将海参等养殖从原来只能在 10 米的深度内扩大到 50 米的深度内，极大地扩大了海面的利用面积。通过新的技术、新的思路，扩大农业用地的范畴是现代农业经营与管理的重要任务之一。

## 二、我国农地利用方式的变化

### （一）土地出租数量增加

当前，土地在农民家庭经营中的地位发生了变化。一些农村劳动力自愿将经营承包的土地转让，或外出打工，或到农村城镇经商创业，或从事于第二、第三产业。另外，还有部分农民把土地经营权转让给其他农户承包，自己则成为打工的“农业工人”。在这种条件下，一些农业生产经营者：将闲置或利用不高的土地集中起来，扩大了农业经营用地的规模，较好地利用了现有的土地。为了促进农业的发展，我国不少地区出台了鼓励土地流转的政策。

### （二）土地经营由分散趋向于集中

农业产业化经营要求农业经营规模化，大量农民走向城镇为土地集中创造了一定的条件。随着我国各地不断加大农业布局调整、农产品结构优化和农业生产条件的改善。农业生产逐步从传统型向集约型、科技型、大规模方向转变。土地在农民经营中的地位发生着变化，一部分农民的责任田集中到农业生产经营大户手中。这些大户通过承包、租赁等多种土地流转方式取得土地的经营权，更经济有效地发展各种农业生产项目。各种各样的农业种植园、养殖场在全国各地大量涌现。如 2006 年，在广东的南海市已有 3000 多名种植养殖能手成为大户，在我国的黑龙江、新疆等地，少量农产经营的土地甚至达到万亩左右。农业集中适应了农业现代化的要求，加快了农业现代化的发展。

## 三、农业生产用地的取得与流转

### （一）农业生产用地的取得

1. 采取承包方式

根据《中华人民共和国农村土地承包法》，农村土地承包采取农村集体经济组织内部的家庭承包方式，不宜采取家庭承包方式的荒山、荒沟、荒丘、荒滩等农村土地，可以采取招标、拍卖、公开协商等方式承包。

承包户可以转包家庭承包的土地，国家保护承包方依法、自愿、有偿地进行土地承包经营权流转。农业经营者要扩大土地的经营，可以利用其他农户转包、出租、互换、转让或者其他方式流转的土地，转包期限视承包合同而定。耕地的承包期为 30 年；草地的承包期为 30 ~ 50 年；林地的承包期为 30 ~ 70 年；特殊林木的林地承包期，经国务院林业行政主管部门批准可以

延长。

2. 采取其他方式

为利用好现有的土地，在当前的农业经营中出现了一些新的土地利用方式。如部分农业经营者采用合同方式委托承包土地的农户生产市场上需要的农产品。也有部分农业经营者采用土地入股的方式，通过向农户提供土地的红利，取得农业经营所需的土地，同时也保证了农户的利益，受到了农户的欢迎。

**（二）农业生产用地的流转**

土地承包经营权流转，是指通过承包取得的土地承包经营权可以依法采取转包、出租、互换、转让或者其他方式流转。鉴于土地的特殊性，我国建立了一套严谨的农业生产用地流转制度。在土地承包经营权流转制度中规定：①承包主体的权益。农村土地承包法第34条规定，土地承包经营权流转的主体是承包方。承包方有权自主决定土地承包经营权是否流转和流转的方式。即，土地承包经营权的流转必须建立在农户自愿的基础上，在承包期内，农户对承包的土地有自主的使用权、收益权和流转权。任何组织和个人不得强迫农户流转土地，也不得阻碍农户依法流转土地。②承包中产生的费用与收益。土地承包法第36条规定，土地承包经营权流转的转包费、租金、转让费等，应当由当事人双方协商确定。流转的收益归承包方所有，任何组织和个人不得擅自截留、扣缴。③以其他方式将农村土地发包给本经济组织以外的单位和个人应当经过的程序。农村土地承包法第48条规定，发包方将农村土地发包给本集体经济组织以外的单位或者个人承包，应当事先经本集体经济组织成员的村民会议2/3以上成员或者2/3以上村民代表的同意，并报乡（镇）人民政府批准。由本集体经济组织以外的单位或者个人承包的，应当对承包方的资信情况和经营能力进行审查后，再签订承包合同。

为了更好地进行农业生产用地的流转，农业生产经营者应注意几个关键问题：①平等协商，自愿有偿。土地承包使用权的流转，必须是承包农户完全自愿，不允许违背农民意愿强行要求流转或者阻碍流转。土地转让的期限、数量、补偿办法、定购任务和承包费的处理等具体问题，要由流转农户之间协商确定。②流转期限不得超过承包合同规定的承包期限。③经发包方备案或同意，并坚持土地集体所有和不改变土地农业用途。④在同等条件下，本集体经济组织成员享有优先权。

## 四、提高土地资源利用效果的方式

农业生产经营者在取得农业生产用地后，应在经营管理中提高土地资源的利用效果，重点是加强土地资源保护、对土地实行集约化经营、适当扩大土地经营规模。

### （一）加强土地资源保护

土地资源的保护有两重含义。其一是土地资源在利用中会发生变化，在现代农业的经营管理中要使土地资源向适合于农业利用的方式转换，如防止水土流失，防止土地的盐碱化，增加土地的有机质含量等。另一含义是土地可以用于农业，也可以用于非农产业，为了社会稳定和环境保护，需要有一定比例的土地用于农业，减少非农业对农业土地，特别是优质农业土地的占用。现代农民要想在所经营的生产项目上获得稳定的经济效益，不但要树立现代农业生产经营的意识，而且要改变陈旧的不科学的农业劳作方式，从而合理利用和保护我们珍贵的土地资源。

### （二）提高集约化经营程度

随着我国经济社会的发展和人口数量的增加，非农用地的面积在不断增加，而用于农业的土地面积在不断减少。与此同时，人民生活和工业发展对农产品的需求量在不断提高，解决这一矛盾只有通过对土地的集约利用。集约利用土地包括劳动集约、技术集约和资金集约。具体而言，在农业生产中有以下几种途径。

1. 增加资金投入，提高农业技术装备水平

实行农业机械化、电气化，以及使用其他现代化先进农业技术装备来进行生产经营。具体来说，如果是从事种植业，要在平整土地、改良土壤、水利灌溉等方面投入较大人力物力；如果从事的是养殖业，就要在渔场的环境建设上多投入；另外还有畜牧业、农副产品加工等行业，都要有针对性地进行科学投入和建设。

2. 利用现代农业科学技术，提高土地生产率

在耕种时，普遍使用良种，科学增加使用化肥和有机肥数量，不断提高肥料的质量可以有效增加土地的产出。学习现代技术防治病虫害和杂草，合理密植，有意识地改进耕作技术和耕作制度，也可以有效地提高土地的生产率。另外，还可以利用科学技术改变种植的方法，使土地利用率得到提高。如在相当长的时间内，我国西瓜的种植是采用种过西瓜的土地歇 30 年的方法，这是因为西瓜种植后真菌的残留使其不能进行连续种植，要通过种植其

他作物30年来逐步消除这种真菌的残留。新中国成立以前，我国人少地多，这种种植方法影响不大，但进入21世纪时，我国对西瓜的消费大量增加，而适合种西瓜的土地大量减少，如果沿用传统方法，一是严重影响当地农业经营者的收入，二是可能造成市场供应不足，同时也不利于西瓜种植技术的提高。在科技人员的努力下，近年来这一问题已经得到了彻底地解决，使农民能够在有限的土地上连续种植西瓜，有效提高土地的利用，也增加了农民的收入。另外，我国水稻亩产过去一直在500千克左右，通过水稻品种的改良，投入肥料的增加，以及精耕细作等，特别是杂交水稻的普及使当前我国水稻亩产已经接近900千克，达到了世界先进水平，有效利用了现有的土地。

3. 扩大复种面积，提高复种指数

在同一块耕地上，一年内种植和收获一次以上的作物叫做复种，这样使用的土地面积叫做复种面积。在我国目前的气候条件下，大部分地区的耕地都可以做到二年三熟或者更多，有些地区还可以做到一年两熟甚至三熟。因此，要因地制宜创造条件适当地扩大复种面积，提高复种指数，这是进行土地集约的重要途径。

我国北方多数地区复种条件较差，但在进入21世纪后，我国北方设施农业面积大幅度增长，设施农业通过投入改变了土地的条件，使其可以在过去不适合种植的条件下实现农产品的生产，明显提高了土地的利用率。

4. 生产市场需要的新品种

生产和经营适合市场需求的新品种，往往能够使同样的土地得到更大的效益。如历史上葡萄只能种在北方，江南不能种植甜葡萄。而在改革开放后，农业科技人员开发出适合在江南地区种植的葡萄新品种。苏州市尧南村抓住这一机会，掌握了这一技术，不但利用了本村的土地，而且在其他村租用800亩土地种植新品种的葡萄，主要销售到上海、苏州等大城市。2006年，葡萄的销售价格为每千克30元，产品供不应求，极大地提高了土地的生产水平。

5. 提高经营管理水平和劳动力素质

在相同的土地和同等技术条件下，不同的计划、组织、协调条件下，生产的产品产量和质量不同，为了更好地利用我国现有的土地，需要提高农业经营管理的水平。

劳动力的技能、知识和经验对于土地的利用也有重要的意义。劳动力的技术需要培训，知识需要教育，经验需要积累。一般来说，长期专业从事一种农业活动对提高农业劳动力的能力有重要的作用。同时，提高农村劳动力的基础条件，增加农业培训的费用，改善农业劳动力培训的条件也有利于农业用地产生更高的效益。

**（三）农业用地的适度规模经营**

土地适度规模经营是指根据农业生产发展的客观要求和社会、经济、技术、自然条件的可能，将土地生产要素适当集中使用，从而获得最大经济效益。简单地说，就是在最适宜的土地面积上的经营。对于现代农业生产经营者而言，实现适度规模经营不但依赖土地流转制度，依靠有关政策的落实，同时也要靠农业经营者自己采用灵活的方法和有效的措施。如可以通过转租的方式，也可以通过对荒地的开拓，对土地的改良，与农户的合作及土地入股等灵活方法。现代农业经营要有开拓的思路，除了在本地外，还可以在其他区域承包土地。

## 第二节　农业经营管理的资金条件

目前我国广大农民想致富，但苦于没有资金。贷款难是农民面临的最大问题之一。近几年来，我国政府正不断地完善农村金融方面的政策和规定。利用好国家的相关政策和现有条件，有可能得到农业发展所需的资金，而这就需要对利用农业资金的条件有全面的了解。

### 一、农业资金概述

所谓农业资金，是指在农业再生产过程中不断循环和周转的价值形态，是农业再生产过程中所占用的物质财富和劳动的货币形态。具体来说就是指社会各投资主体投入农业生产的各种货币资金。

**（一）农业资金内容**

农业资金按照所服务对象的不同，主要包括以下内容。

1. 农业生产资金

农业生产资金主要是指直接用于购买农业生产资料所需要的资金，或在农业生产活动中消耗的资金。具体来说，包括购买农业生产机械设备、租用土地，建设设施农业设备等固定资产的资金，购买农药、化肥、种子、饲料等消耗性生产资料的资金，生产过程中支付的水电费、收割费，其他维护费用所需要的资金，以及人工费用、管理费用等。

2. 农产品销售资金

农产品销售资金是指农产品在销售过程中周转使用的流动资金或消耗的销售费用支出。包括农产品销售过程中的收获后用于维护、存储、运输和市场交易等所需要的农业资金。

3. 农业基础设施资金

农业基础设施资金是用于修建农业水利设施、农田基本建设改造、农村道路、电力通信设施及其他农业生产所需基础设施的资金。

4. 农业科研及推广资金

农业科研及推广资金是用于农业技术和科学研究，农业技术革新的中间实验，农业技术的示范推广，农业技术服务等所需的资金。

5. 农业公共服务资金

农业公共服务资金是指用于农业公共信息、农业气象、农业教育、农业管理等公共服务项目的资金。

**（二）现代农业依赖资金的融通**

与传统农业相比，现代农业对资金融通有较强的依赖性，主要是由于现代农业与传统农业不同的几个特点带来的。

1. 现代农业的规模大

现代农业有较大的规模。在现代农业条件下，仅仅以家庭承包的土地，或家庭自身拥有的劳动力都不足以支持其发展，需要租用、购买一定数量的生产资料，需要外界提供大量的社会服务，有时还需要雇用劳动力。取得上述条件都需要通过资金的支付，没有一定的资金条件，现代农业无法开展。

2. 现代农业专业性强

现代农业专业于一种产品，一个品种甚至农业中的一项服务。由于专业性很强，往往在活动开展起来前就需要创造一定的条件，如信息条件、办公条件、销售条件、设备条件等，有时还要进行一定量的宣传。这些都要有一定的投入，都需要有资金的支持。

3. 现代农业的集约程度高

现代农业多数是资金和技术集约型农业，如现代的设施农业，一亩地的投入需要几千元甚至上万元，现代养殖业需要购买大量的设备。技术集约型农业也要有大量的资金投入到技术的培训、设备购置等方面。

现代农业是专业性的商品农业，一方面，现代农业对资金的要求量大；另一方面，现代农业也有较高的经济效益，能够得到更高的收入。农业资金的融通可以为现代农业的发展创造条件，同时也为融资者带来可观的收入，在这方面有大量的实例。

江苏省沭阳县拥有花卉生产基地30多万亩，花农每年购苗、温室大棚设备投入资金总需求在15亿元以上，个别花卉企业投资总额达1亿多元，每年资金需求达2000多万元。为了解决农业经营所需资金，农业经营者想了不少办法，并充分利用了现有政策。如苏北花卉有限公司通过县担保公司担保从沭阳农村合作银行贷款500万元，有了这些贷款，该公司在扎新公路中段新建了2500多亩的集观光、旅游、休闲等服务于一体的农业旅游观光园。由于资金相对充裕，建设标准高，该园被评为国家级农业旅游观光园，吸引了众多的观光者，扩大了产品的销售，提高了经济效益。由于公司的成就得到了金融单位的认可，有了更好的贷款条件，形成了发展的良性循环。

## 二、农业资金来源

农业生产经营资金主要来源有四条渠道：一是农业经营主体的积累，二是财政的补贴和支持，三是银信部门的贷款，四是社会筹集。

### （一）自有资金的投入

农业经营主体是农业资金最主要的投资者。农业经营主体用于农业的资金涉及农业的生产、销售等环节。改革开放以来，我国农业经营主体规模扩大，经营形式多样，部分经营主体发展速度快，效益好，农业经营主体自有资金的数量有所增长。

进入21世纪以后，部分经营其他产业的经营者，包括从农村到城市的经营者以及一直在城市经营非农产业的经营者有一部分转向农业项目，这些人利用在其他产业积累的资金投入到农业项目，在相当大的程度上推动了现代农业的发展。

### （二）国家财政对农业的支持

国家财政对农业的支持是指国家财政预算中用于农业的各项投资支出。包括农业科研推广、农业基础设施、农业公共服务等公共支出以及为支持和调控农业而发放的各种农业补贴。在当前的新农村建设中，国家财政加大了对农业支持的力度，增加了对农业的补贴，各级地方政府也有对不同农村项目的资金支持。

### （三）吸收来自各方面的信贷资金

这主要包括国家银行的贷款、农村信用社的贷款、农村的社会集资以及民间借贷等。信贷资金特别是国家银行和信用社的贷款在农业资金中占有重要地位。

**(四) 吸收各方的直接投资**

所谓直接投资即以取得红利为投资报酬的形式，而不以取得利息为投资报酬形式的投资。这方面的资金来源主要包括通过合股经营、横向联合等方式吸收的资金。它是中国改革开放以后逐步发展起来的筹资方式，具有广阔的发展前景。

**(五) 国外农业资金**

改革开放特别是我国加入世界贸易组织以来，农业的发展环境从根本上得到了明显的改善，利用外资发展我国农业生产的情况越来越普遍，我国农业利用外资的渠道主要有多边、双边和外商直接投资三类。

1. 多边渠道

主要包括世界银行贷款、世界粮食计划署无偿粮食援助、国际农业发展基金贷款、联合国粮农组织技术援助、联合国开发计划署技术援助、欧盟财政技术援助、亚洲开发银行贷款和技术援助等。这些援助主要针对我国政府，农业经营者间接可以得到这些项目资金的支持。

2. 双边渠道

主要指来自国外政府或组织的贷款及技术援助。目前，与我国建立农业双边交往的国家和地区已达 90 多个。此外，我国还与 20 个国家签订有政府间的农业合作协议。

3. 外商直接投资

相对来说，目前外商直接投资于农业项目的资金在整个外商投资中所占比例较小，在国外投资于农业的资金中直接投资所占的比例也比较小，但在部分地区外商直接投资起的作用比较大，效果也比较好。外商投资于农业主要有独资、合资、合作等形式。农业经营者可以利用自己的条件争取这些资金的支持。在与外商的合资、合作中，除了可以得到资金的支持外，一般还会有国外先进技术，销售渠道、经营管理等条件。虽然外商投资的目的是获利，但可以在一定程度上改变我国农业资金不足，技术不高，管理不善等问题，在合理的条件下可以取得双赢的结果。

## 三、我国农业信贷资金融资机构

农业信贷资金是我国农民从外部获得资金用于发展农业生产项目的主要方式，农业经营管理人员只有充分了解现阶段我国农村金融组织和机构有关发放贷款的政策、程序和各项规定，才能给自己的生产项目注入基本的资金来源，从而走上致富的道路。

**（一）商业性农业信贷机构**

商业性的农业信贷机构是依法注册成立的以盈利为目的的金融中介组织。这种金融组织不仅吸收存款而且提供贷款，贷款的利率高于存款利率，以赚取贷款与存款之间的利差。盈利是这类金融机构的主要目标。其提供贷款的资金来源主要来自吸收的存款和自有资本。商业性的农业信贷资金的利率一般会比较高，而且常常应用于盈利性较强的农业项目。就我国目前情况而言，这类的金融机构以中国农业银行等商业银行为主，主要提供商业性的农业信贷资金。

**（二）合作性农业信贷机构**

合作性农业信贷组织一般是由农业信贷需求的农业经营者按照合作制原则组建的信贷组织。它的信贷资本金由一些农业经营者共同出资，只在合作经济组织内部提供信贷服务，相互融通资金，以盈利性与服务性为双重目标的一种合作金融组织。我国目前的农村信用社和曾经出现的农村合作基金会都属于这样的组织。

**（三）政策性农业信贷机构**

政策性农业信贷组织是由政府出资成立并经营，专门为农业提供政策性信贷的金融机构。它一般不直接吸收存款，其信贷资金来自于政府提供的信贷资本金及其公积金，提供的农业贷款一般按照优惠的利率提供给有农业信贷需求的农业经营者，并且不以盈利为主要经营目标。目前，中国农业发展银行属于此类组织。

**（四）民间农业信贷机构**

民间农业信贷组织是指除上述提到的金融组织之外存在的非正规的金融组织，比如经济服务部、金融服务部、各种合会、私人钱庄等。这样的民间组织信用活动不规范，在实践中存在诸多问题。然而民间信贷组织在我国农村很多地方非常活跃，在很大程度上推动了我国现代农业的发展，只是通过此种方式融资的农业生产经营者往往要承担很大的风险。

## 四、农业信贷资金的申办

农业信贷资金的取得需要有一系列的手续，具体内容如下。

**（一）农业生产经营资金的一般申办要求**

1. 合理选择贷款种类

目前，农业银行和信用社为农民主要开办了生产周转贷款、生产设备贷款、预购定金贷款、开发性贷款、生活贷款、抵押担保贷款等。如从事种养

殖、加工、销售、运输、服务、娱乐等所需资金，可申请生产周转贷款。购买牲畜、农机具、建畜禽圈舍、烤烟房等所需资金，可申请1～3年期生产设备贷款。

2. 申办过程和要求

（1）申办贷款时，应首先向当地农业银行或信用社写出书面贷款申请书。贷款申请书要写明贷款用途、贷款金额、还款来源、还款时间、担保单位或担保人、抵押品名称、银行存款账号、家庭住址、营业地址、借款人身份证号码等内容，并按规定开立存款账户。

（2）贷款户必须有一定数量的自有资金和可靠的还款资金来源，所生产和经营品种必须符合国家政策规定，产品符合社会需要，有产销或承包合同，经营效益好，遵守《贷款通则》，接受银行信贷部门的检查监督，贷款专款专用，讲信用。

（3）种养业大户、开发性项目等贷款户，还要找具备有一定经济实力的单位或个人担保，或者以其财产、有价证券等进行抵押。当上述条件达到后，银行或信用社再进行贷款调查、论证、审查，对符合贷款条件者，发给贷款借据，签订借款合同或抵押担保合同，即可办理借款。

**（二）小额信贷资金的申办程序**

农户小额信用贷款是指农村信用社基于农户信誉，在核定的额度和期限内向农户发放的不需抵押、担保的贷款。要申请小额信用贷款，农户应首先向当地农村信用社申请办理“贷款证”。农村信用社接到申请后会对申请者的信用等级进行评定，并根据评定的信用等级，核定相应等级的信用贷款限额，并颁发“贷款证”。农户需要小额信用贷款时，可以持“贷款证”及有效身份证件，直接到农村信用社申请办理。农村信用社在接到贷款申请时，要对贷款用途及额度进行审核，审核合格即可发放贷款。

需要注意的是，按照现行规定，只有种植业、养殖业等农业生产费用贷款，农机具贷款，围绕农业产前、产中、产后服务贷款及购置生活用品、建房、治病、子女上学等消费类贷款才可以使用农户小额信用贷款的方式。农户在申请贷款时应注意检查“贷款证”上所注明的额度，在规定的范围内进行申请。

## 五、科学管理，增加农业资金

老孙是多年从事养猪的专业户，他虽然资金不多，但养殖规模不小，在有限资金条件下扩大养殖规模，主要是通过科学管理，灵活运用社会上的资金。

**（一）通过租用，减少固定资金投入**

对多数人来说，办养猪场首先要投资建场，要有一定规模的生产场地，这是一笔数额巨大的投入，而且建设周期长，需要较长的时间才能使用，而投入的资金需要几年时间才能收回。为减少资金占用，加快资金周转，老孙通过大量考察，发现县城边有一个倒闭的养猪场，通过认真考查，该场设施基本齐全，只要略加修理就可以使用，由于该养猪场规模较大，当时又是养猪效益最低的时期，大量的农户正在放弃养猪。这一猪场无人承租，故此，老孙以较低预付金租下了养猪场，不但减少了自建养猪场的时间，而且有了更大的养殖规模。

**（二）通过赊销，减少流动资金投入**

有了养猪场后，养猪的主要投入是仔猪和饲料。由于老孙选择在养猪收益最低的时期进入，仔猪的价格很低，甚至有部分放弃养猪的农户将仔猪赊给老孙。最终，老孙以养猪效益好时三分之一的价格取得了养殖需要的全部仔猪。

由于老孙的养殖规模大，饲料是很大的一笔开支，为了解决资金不足的问题，老孙联系了全县所有的饲料经营户，选择了饲料质量高，销售量最大的经销商。由于当时养猪效益低，饲料销售困难，这一经销商手中的部分饲料已经积压了一定的时间，如果不能及时使用，这部分饲料有可能变质。了解了这些情况后，老孙向饲料经销商提出，以猪场和仔猪为抵押，先使用饲料，在生猪销售后再付饲料款，同时向饲料经销商支付利息。饲料经销商考查了老孙的养殖场后，看到老孙养殖经验丰富，猪场规模大，有可能长期使用自己的饲料，同时考虑到当时的情况，同意了老孙的条件。

**（三）维护信用，扩大利用资金的条件**

通过这一系列的努力，老孙以常规经营需要的十分之一的投资建起了规模化的养猪场，并以少量的资金实现了大规模养殖。凭借他长期从事养猪积累的对市场判断能力，在 2006 年 10 月我国生猪价格上涨时老孙的肉猪开始出栏，当年盈利 50 多万元。生猪销售后，老孙及时交纳了养猪场的租金、饲料经销商的货款，并同这些单位建立了良好的关系，在有关单位的支持下，2007 年进一步扩大了养殖规模。

# 第三节　农业经营管理的劳动力条件

农业劳动力条件是决定我国现代农业发展的主要因素之一。改革开放30年来，特别是新农村建设以来，不仅农村的经济条件、村容村貌等方面发生着巨大的改变，我国农村劳动力的教育和培训条件也有了巨大的变化。

## 一、农业劳动力的基本特征

一是农业劳动力在农业生产中具有特别重要的作用；二是农业劳动生产率是决定农业发展和经营规模及农业以外各产业部门发展规模与水平的基础和决定性因素；三是农业生产依附于土地的特点常使农业劳动力使用具有分散性，但在农田基本建设、抗御自然灾害等活动中，又必须采取集中劳动的形式；四是农业劳动力的多样性、季节性、多变性及地域差异性，要求农业劳动力必须掌握多种技术和技能；五是农业劳动受多种自然因素和生态环境的制约，常使付出同样多的劳动取得不同的劳动成果。

## 二、我国农业劳动力的特点

长期以来，我国农业发展相对缓慢，比较效益低，造成农业劳动力的大量流失。一些青壮年劳动力纷纷进城务工或从事非农产业，农业劳动力面临年龄老化、文化素质降低等问题。

### （一）农业劳动力文化素质较低

2007年我国农业部的调查表明：懂得如何正确使用化肥和农药的农民不足从业农民数量的1/3。主要原因有二，一是受教育程度高的劳动力多数脱离了农业；二是历史上长期缺乏这方面的培训投入。

另外，根据对我国从业人员的分析，农业劳动力的受教育程度也是最低的。

### （二）劳动力的流动促使素质得到提高

根据《中国农民工调研报告》（2006年），我国现在外出农民工数量为1.2亿人左右。我国农村劳动力的流动，大部分是从不发达地区向发达地区的转移，农民在流动过程中，边干边学，可以积累许多经验，技能素质、生活适应能力和生产经营能力都得到了提高。外出劳动力在城市工作和生活过程中，接触了大量的现代文明，逐渐形成了能够与城市生活相适应的价值观、生活态度和社会行为模式。随着农民逐渐摆脱了乡土关系的束缚，传统的小农意识逐渐减弱，在学习新的知识和技术的同时，开阔了眼界，增加了社会阅历，培养了风险精神、商品意识和市场观念。他们在流动过程中将掌握的知识、技术、信息带回家乡，在农业领域开辟新的生产项目，选择农业中的规模化种植和畜禽、水产养殖业，发展为当地的种田能手、经营大户，起到了经济带头人的作用。并通过示范效应带动其他农户的生产，促进输出地农业产业结构的调整，对产业化经营的发展起到积极的推动作用。外出劳动力对人力资本积累的影响不仅体现在劳动者本人素质的提高，还体现在家庭其他成员的身上，特别是对子女的教育问题上，从而为整个农村地区今后发展所需人力资本的积累奠定了一定的基础。

**（三）农业女性和老年劳动力比例上升**

从我国目前农业劳动力的性别构成看，农业女性劳动力占农业劳动力的比重有上升趋势。这一方面是由于我国农村城镇化进程加快，致使农村剩余劳动力大量转移，而转移的劳动力多以青壮年男性为主，另一方面是由于在青壮年劳动力转移的同时，农村家庭中的老人和孩子往往需要有人照管，而女性劳动力更适合于这一工作。

在农业女性劳动力比例上升的同时，我国农业劳动力老龄化速度也在加快。根据有关调查，2007 年，我国农业劳动力的平均年龄在 45 岁以上，50 岁以上的劳动力占到农业劳动力的 45% 以上。老年和妇女劳动力已经成为农业劳动力的主要组成部分。从其他国家的经验看，多数发达国家都有与我国相同的农业劳动力问题。

**（四）拥有专业技能和知识的人才增加**

近年来，随着农业生产条件的改善和农业市场条件的转变，使经营农业有了更多的致富条件，因而，一批有见识、有知识、有技能的人才开始把视线投向农业。在我国的东北和内蒙古，一些投资者投入上千万元甚至上亿元搞牛奶产业。在我国其他地区，投资于畜牧业、林业及水产养殖的典型例子数不胜数。这些投资者从事的农业销路明确，产品质量要求高，市场需求量大，对生产管理和技术人员的要求相对较高，在一定程度上改变了农业劳动力的结构。

在相当长的时间内，我国农村的中专以上毕业生绝大部分都进入了城市或乡镇机关。而在 2001 年，从西南农业大学毕业的吴艺明、韦立波和从福建农业大学毕业的赖善林放弃到城市就业的机会，毅然来到福建省晋江市紫帽镇山区，合作创办三益农业有限公司。他们承包2000多亩山地种植速生树种巨尾桉，并在林中放养土鸡，同时发展休闲式农业观赏园。目前，他们的公司年出栏土鸡近5万只，且供不应求，成片的巨尾桉树也长势喜人。进入21世纪后，这样的知识青年回乡创业的例子不胜枚举，不少青年人经营农业取得了较好的收益。

**（五）劳动力培训条件不断优化**

新农村建设中的一个重大变化是各级政府对农村劳动力培训的投入有了明显的增加。一方面，我国不少乡镇建立了农民培训中心或职业技术培训中心，在经济发达的省市这些中心拥有完善的多媒体教室，计算机教室等。近几年，部分集体经济或农业专业化程度较高的农村中也建了农民培训教室，有关部门为其配备了一定的教学设备。另一方面，部分大中型农业生产经营单位也在有关部门的支持下完善了培训的条件，并利用这些条件开展经常性的培训工作。与此同时，国家及联合国等组织对我国农民培训的投入也在增加。在不少地区，有关部门组织农业科研单位和高等院校等免费对农民进行农业技术培训，并利用多媒体设备进行远程教学，解答农民生产技术方面的有关问题，还有的地区请有实际经验的农民传授农业技术。大量的培训在不同程度上提高了农民的技术能力，丰富了农民的知识和文化，解决了历史上长期不能解决的部分农业技术问题。

## 三、利用农业劳动力的方法

**（一）雇佣劳动力**

农业经营者可以聘请本地农村劳动力来完成农业的生产和经营，这在我国农业经营大户中已经非常普遍。除本地劳动力外，现代农业的经营者已经开始跨省市雇佣农业劳动力。如我国新疆的棉花采摘，目前甘肃等地的农民承担了大部分工作。又如，我国的东南沿海地区，由于大量劳动力从事非农产业，来自中西部的农民在一定程度上承担了当地农业的生产劳动。在我国黑龙江、吉林、云南、海南等地都有大量的外来农民在现代的农场中从事农业劳动。

从一个农业大户的例子中可以了解农业劳动力的雇佣情况。安徽省宿松县的种粮大户徐晓林拥有25台（套）农业机械，2007年，经营土地的总面积达到了3100亩。为了经营管理好农业项目，当年他聘请了30多名固定工人，其中农机操作人员16人，专业维修师1人，农业专业技术员1人，并使月临时工 100 多人。

**（二）与高校、科研机构合作**

与高校以及科研机构合作，不但使农业科研成果迅速转化为生产力，促进农业生产的不断发展，而且使农业生产项目获得技术支持，这也间接地为农业经营者提供了具备相当技术含量的劳动力支持。

陕西省西青区养殖大户宋德丰，从西北农林大学聘请专家搞起了波尔山羊胚胎移植。经过 3 年多的努力，共繁育出纯种优质肉羊 1000 多只，在自己发家致富的同时带动周围近百户农民养殖肉羊，增加收入近百万元。同时，当地农民的养殖观念、养殖技术均有了根本的改变。

**（三）聘请高层次的经营与管理人员**

农业经营者通过社会招聘等方式吸引大专院校和中等职业学校毕业生以及具备相关知识的人才参与生产和经营活动，这在我国很多地区的农业经营中已不少见。进入 21 世纪后，我国对于大学生到农村就业出台了一系列的优惠和鼓励措施，这为农业经营管理者聘请知识人才创造了更为有利的条件。

**（四）开发和组织农业女性劳动力**

由于我国农业机械化水平的提高，专业分工的深化等在一定程度上减轻了农业劳动的强度，使农业劳动已经可以完全由妇女承担。特别是在畜牧业生产上，饲料由开发商运送，成品由专业组织收集和运输，经营户只负责饲养。在农业种植上，耕种、收获等过去体力劳动最强的环节在大部分平原地区已经实现了完全的机械化、社会化，这也为妇女劳动力从事种植业提供了条件。在大量男劳力离开农业后，广大妇女通过培训掌握了现代农业的知识，又通过专业协作解决了各个生产环节的难题，通过专业合作组织解决了农产品经营方面的各种问题，这就为发挥妇女劳动力从事农业创造了良好的条件。

# 第四章　农业科技应用与管理

在科技进步日新月异的条件下，掌握农业科技的新动态，利用行之有效的农业新技术，是现代农业经营与管理的重要内容之一。本章针对农业科技的新成果及未来发展动态，阐述农业新技术、新成果的利用对现代农业经营与管理的影响，以及如何利用农业新技术，在农业科技进步方面要做好哪些工作。

## 第一节　国内外农业科技发展及作用

### 一、国内外农业科技发展的状况

发达国家和部分发展中国家分别于20世纪四五十年代到七十年代完成了以农业科技进步为基础的农业科技革命和“绿色革命”，这标志着人类进入了农业现代化阶段，科技成为农业发展的主要推动力。20世纪后期，世界农业科技发展更为迅速，以美国、日本、欧洲为代表的国家出现了大量农业科技成果，我国也在农业科技方面取得了巨大成就。

美国是世界农业第一强国，现代化水平极高，它以不到全球7%的耕地，占全球4.5%的人口，生产出占全世界农业总产值12.6%的农产品。美国自然条件优越，这成为其发展农业的坚实基础，然而居于世界领先地位的农业科技则是其高效农业的另一个更重要的原因。美国农业科技的目标是提高农产品品种和产量，有效利用农业资源，建设高效农业生产体系，提高农业在世界市场上的竞争力。自20世纪后，美国农业科技发展最快的领域有：①农业生物技术。生物技术主要涉及基因工程、细胞工程、酶工程和发酵工程。该领域重点研究农作物的高产和抗病、提高畜禽的免疫能力、扩大生物能源的来源、利用发酵工程研发具有商业价值的微生物，通过常规农业、发酵工程和食品加工工业的结合，扩大人类食物的来源，提高食品的营养价值。最具价值的成果如"定向设计"作物育种技术、新型生物激素、利用遗传工程生产药品、动物克隆技术、转基因农产品技术等。②农业信息技术。通过把高新科技应用于农业，使美国农业进入"精确农业"。"精确农业"利用遥感技术、地理信息系统和全球定位系统，以及计算机技术、自动化技术、网络技术等，实现精确化、集约化、信息化地控制农业生产，精细准确地调整各项土壤和作物管理。③改进农、畜、水产品的加工和储藏技术。重点是提高农产品运销的效率、降低加工和储存成本、加强检疫或质量监测。④保护水土资源技术。着重研究人类、生物界与水、土、空气间的联系，自然资源管理和保护，减少对农业资源的污染。⑤扩大种质等农业资源。通过改良大田作物、园艺和特种作物以及草原、牧场的遗传群体，增强作物和畜禽对营养物质的利用能力，提高繁殖能力和增强抗病虫能力。⑥农业科技创新与教育体系建设。重视农业的教育、研究和技术推广，完善教育、研究、推广"三位一体"体系，使政府、产业和学术界紧密结合、相互合作。

日本是个岛国，又是多山的国家，山地和丘陵占总面积的80%，耕地面积占国土面积的12%左右。土地资源贫乏促使日本十分重视农业，尤其重视农业科技进步。20世纪90年代以来，日本的农业技术发展步伐加快，其成果主要遍布在多个领域：①品种改良。日本在水稻、大豆、蔬菜、水果、花卉等农作物的品种改良上一直常抓不懈，近几年主要开发农作物的品种、产量的新功能。在品种改良中水稻是重点，1994年日本农林水产省的十大科研成果中有4项是关于水稻的。②农业生产技术改良。这方面涉及土地改良、防治病虫害、环保技术等，例如"水田—旱地轮作技术"、微生物循环、水稻保温育苗、农药和化肥改良等。③农业信息技术。日本农业信息化进程慢于美国，但20世纪90年代后发展也十分迅速，主要是地域农业信息系统、农产品电子商务、IT技术在农场作业中的应用。④发展农业更新技术。除信息技术外，日本还把机器人技术、纳米技术、基因科学等最先进技术应用于农业，大力发展设施园艺、生物传感器技术、植物内生菌技术，以大幅度地提高农业生产效率。⑤农业科技普及和人才培养。20世纪80年代后，日本通过加强农科教、产学研一体化运作，发挥农协的作用，改革农科普及员制度，大力提高农业科技创新能力、科技推广效率和向农民普及使用技术。

欧洲农业的发展并不均衡，但是那些科学技术先进、国民素质高、市场经济发达的国家，其农业的产业化、集约化、专业化程度，以及生产设施和劳动生产率相对要高。

法国是一个农业大国，农产品出口长期居欧洲首位。目前，法国农业生产处于从高度机械化向信息化过渡的阶段，从育种、耕作、播种、灌溉、施肥、除草、除虫、收获到运输等环节，全程实现了机械化，大型农机具应用已普遍化，农场的生产经营通过电脑等实现信息化操作。在种子工程上，法国的基因技术、生物杂交技术等取得了突飞猛进的发展，其小麦、大麦种子的改良成效显著，使其50年间小麦每公顷的产量提高了7～8倍。在病虫害防治技术上，大力开发生物农药。在农业肥料方面，大力使用有机肥，减少化肥的使用。在动物饲料方面，开发和使用混合饲料、矿物饲料。

德国农业的科技含量很高，在农业机械化的基础上，现代科学技术的运用主要集中在信息技术、农业生物技术和环保型种养技术三个方面。信息技术方面主要是广泛应用农业电子商务链、“3S”技术（地理信息系统、全球定位系统和遥感技术），以及智能型“农业决策支持系统”。农业生物技术方面成果主要在植物遗传育种、动物优良品种培育，以及利用农业生物技术为工业提供原材料。环保型种养技术方面的成果主要是有机农业采用与环境高度协调生产方式。

英国是人口高度城市化的国家，农业劳动力数量少，农场主要依靠广泛采用现代技术、现代科学和现代管理，着重提高劳动生产率。目前，英国农业机械化、化学化、良种化以及农业科技、教育、推广服务等，均已达到相当高的水平。英国种植蔬菜的农场和养猪养鸡的农场都实现了机械化。英国的农业机械配套，农业机具齐全，从耕作到收获、进仓，每个程序都有相应的机械。20世纪90年代英国在农业生物技术和“持续农业”研究上有丰硕成果。

丹麦是一个出口导向型国家，严重依赖国际市场，其农业科技水平也居世界前列。农业科技发展较强的领域有养猪及猪肉产品、养牛及乳品、裘皮、有机食品、草种科研和生产、农业环保。

中国是农业大国，但直到20世纪80年代，中国农业还处于传统农业阶段。80年代以后，中国正式开始向农业现代化迈进。中国农业现代化的主要特征是农业的技术性、创新性、效率性、持续性，科技进步在其中扮演着关键性角色。近30年来，中国农业技术进步的主要方面有：①农业现代化的综合试验。开展基层和专项科学试验，促进科技与经济的结合，20世纪末期在全国范围建设农业科技示范区。②农业综合开发技术。从总体出发，开发具有综合效益的技术，例如生态工程、旱地农业技术等。③农业工厂化的设施技术。20 世纪 80 年代初开始大量建设现代化饲养场、加工厂，普及复合饲料，化肥、农药、农机使用量大大增加。90 年代设施农业得到进一步发展。④大力推广先进适用的农业技术。农作物新育品种数量大大增加，水稻新育品种取得了巨大成功，小麦、玉米、棉花、甘薯品种得到普遍更新。建立起配套的畜禽繁育体系，淡水鱼育种进入产业化阶段。农作物栽培技术和单项增产技术、畜禽饲养技术、水产养殖技术有了很大提高。对农作物病虫害采用综合防治，畜禽疫病防治技术有了改进。⑤高新技术应用于农业。部分生物技术达到世界先进水平，例如基因工程、细胞工程、克隆技术。把新兴技术引入农业，例如辐射育种、仿生技术。计算机、遥感、航测等应用于农业，90 年代后现代信息技术对农业发展起到了重要作用。⑥农业科研、推广和农业教育得到了进一步发展。

## 二、科技在各国农业发展中的作用

国内外农业的发展表明，科技在当今农业生产的发展中起着至关重要的作用，这种作用已经渗透到农业生产的各个方面。

农业经济的增长正在从依靠物质投入转变为提高科技贡献水平。根据近 20 年的资料，世界谷物的增长 75% 来自于提高单产。在提高农作物生产力水平方面，品种改良的作用为 30% ~50%，增施肥料的作用为 40% ~60%，良好的灌溉条件为 33%。20 世纪末，美国农业增长值中的 81%、劳动生产率提高的 71% 来自农业技术。2004 年，我国农业科技贡献率为 45%，其中种植业、林业、畜牧业、渔业的科技贡献率分别为 42.4%、31.4%、42% 和 45%。2006 年，我国农业科技贡献率已经达到 48%。

农业科技创新的首要任务是开发农产品新品种，这些农产品新品种的出现使农业产品多样化，大大增加了农业产出。加拿大在 1943 年前完全不种植油菜，由于经过 20 年的努力，培育出低芥酸、低硫甙葡萄糖甙油菜新品种，现已成为世界上油菜子的主要生产国和加工品出口国。法国由于玉米抗寒品种的培育成功，使玉米带向北推移，玉米播种面积扩大了 4 倍，总产量增加了 30 倍，由欧洲最大农产品进口国成为农产品出口国。

种植、养殖和加工技术在农业技术创新中比重很大，是农业技术创新的又一个重点，对各国农业发展都有重要影响。旱育稀植和抛秧技术是 20 世纪 90 年代发展起来的，对我国水稻增产起到关键作用的两项技术。水稻旱育稀植由日本最早开发，20世纪80年代引入中国，这项技术能够提高秧苗的素质和抗性，秧苗栽插后生长快、无效分蘖少、个体发育健壮，增产效果显著。这项技术使我国北方地区每公顷增产1200千克，南方地区每公顷增产750千克。抛秧技术于20世纪80年代开始推广，这项技术能够带土移栽，使秧苗损伤少、返青快、分蘖早、群体受光均匀，这项技术使我国水稻平均每公顷增产450千克。

农业新科技的应用会改变农业生产的过程和方式，从而提高产量和产生综合性收益。欧洲国家的农业生产技术很多处于世界先进地位。以意大利与中国相比，其农场规模相差悬殊，意大利一般是中国的5～6倍。意大利的单位农作物产量大大高于中国，其中小麦高18%，玉米高96%，大豆高83%，苹果高50%。意大利的单位收益也高于中国，其中小麦高42%，玉米高15%，大豆高39%，苹果高120%。

科技对农村，乃至整个国家的社会、经济发展有直接影响。荷兰是一个国土面积仅为4.15万平方千米的小国，人口密度为每平方千米375人。土地、气候均不利于农业生产。然而荷兰却成为世界第三大农产品出口国，每年有350亿美元的农产品供出口，占农产品总产量的2/3，其中高价值的农产品有90%。荷兰农业成功的最根本因素是农业科技发达、农民素质高，荷兰有世界最先进的农业技术推广体系，国家对农业技术和农业教育有高额的投入。

## 三、我国农业科技创新的发展方向

2006年，我国政府提出了到2021年农业科技发展的主要任务。我国未来农业科技创新将以自主创新、加速转化、提升产业、率先跨越为指导，将在6个方面进行重大突破。

### （一）动植物新品种创新

动植物新品种创新的主要任务是：研究开发主要农作物、牧草、畜禽、水产等种质资源发掘与构建技术，应用常规技术以及转基因技术、分子定向育种等生物技术，挖掘动植物高产、优质、抗逆等重要遗传潜力，突破种子种苗规模化繁育技术和综合生产加工技术，培育新一代动植物超级种、优质种和特色种。在亩产900千克超级稻、超级小麦、三系转基因杂交抗虫棉、杂交大豆等品种培育方面取得较大突破，在猪、牛、羊、禽和水产等优质品种培育方面取得明显进展，在果树、蔬菜、花卉以及特种动物、名贵水产等出口创汇型特色品种培育方面取得明显成效。

**（二）优质高效安全生产技术**

优质高效安全生产技术的主要任务是：建立高效健康种养模式和生物灾害、外来入侵物种监测预警与防控技术体系，创制一批基因工程疫苗、生物农药、生物肥料、饲料添加剂等高效安全农业生物制剂，在禽流感、口蹄疫、蝗虫、稻瘟病、小麦锈病等重大农业生物灾害防控方面取得重大突破。加强农产品和环境中有毒有害物质检测与监控技术研发，将产地环境监控、农产品品质提升与质量监测、投入品安全使用、有害物质降解等技术进行配套集成，建立从“农田到餐桌”的农产品全程质量控制技术体系，提高食品的质量安全水平。

**（三）农产品精深加工新技术**

农产品精深加工新技术的主要任务是：重点突破酶工程、生物工程、现代发酵工程以及高效分离、杀菌、防腐、干燥等农产品精细加工技术，开发高附加值工业产品、医药中间体、功能性健康食品和配料等，发展农产品精深加工、产后减损和绿色供应链产业化关键技术，加快新型保鲜、储运、加工技术及设备的自主开发，促进食品加工业的技术进步和产业升级。

**（四）农业生态环境保护和资源综合利用技术**

农业生态环境保护和资源综合利用技术的主要任务是：大力开发和应用节地、节水、节肥、节药、节种等实用技术，重点突破生物节水、农艺节水等水资源安全高效利用技术，研发多功能、智能化节水农业关键设备与重大产品。加强源头控制、过程治理以及末端资源化治理等农业面源污染防治核心技术的攻关。突破农田土壤改良、保护性耕作、水肥协同调控技术等，建立区域性土地生产力恢复和重建技术体系。开发应用生物质能、太阳能、风能和微水电等农村清洁能源，开发农村废弃物循环利用技术。以秸秆燃料、肥料、饲料和基料转化为手段，推进生物质能源、有机肥、秸秆养畜和食用菌等产业的发展。

**（五）农业工程技术与智能化装备**

农业工程技术与智能化装备重点研究农业装备自动导航、过程监视、智能测控和远程网络通信技术等，在粮食作物、经济作物、畜牧水产养殖、农产品产地加工等成套技术装备开发方面取得突破，显著提高我国农业装备现代化水平。重点研究农业环境调控、超高产高效栽培等设施农业技术，研制适合我国农业特点的多功能作业关键装备，经济型农林动力机械，定位变量作业智能机械和保护性耕作机械，开发温室设施及配套技术装备，提高农业劳动生产率。

**（六）基础研究与高新技术领域研究**

基础研究与高新技术领域研究以提高自主创新能力、推动学科发展、增强科技后劲为目标，在功能基因组、植物高光效机理、生物固氮、抗旱机理、动物克隆、生物反应器等应用基础理论研究和农业高技术研究领域取得一批原创性成果。在生物技术领域，重点克隆一批优质、抗虫、抗病、抗除草剂、抗旱、耐盐碱和品质改良的动植物基因，加大转基因技术研发力度和安全性评价研究，抢占前沿领域的制高点。在信息技术领域，重点突破数字化设计、农业遥感、虚拟农业等数字农业核心技术，构建我国农业产前、产中、产后三大环节的数字农业技术和应用体系。继续探索航天育种新途径，加快品种筛选和育种材料创新。

## 第二节　农业科技创新与推广

农业科技创新是把农业新科学技术成果应用于农业生产的过程，它包括科技研发、成果推广、技术应用等一系列环节。农业科技研发是在农业领域进行的科学研究和新技术发明，科技创新成果是其具体形式。农业科技推广是将科技创新成果从研发领域向生产领域的转移和扩散，这一过程意味着科技创新成果应用范围的扩大，是科技创新成果发挥第一生产力作用的前提。农业科技应用则是把具体的科技创新成果直接应用于农业生产过程中，这一过程既是农民接受科技创新的过程，也是科技创新成果与以往技术体系融合的过程。农业科技创新要受研发、推广、应用各个环节的影响，任何一个环节出现问题都会减弱农业科技创新的最终效果。因此，从总体上看，搞好农业科技创新的关键是建立有效的农业科技创新机制，加快农业科技创新成果应用的速度。

从农民角度看，农业科技创新的重心是利用农业科技成果解决农业生产所面临的问题。这一过程从发现农业生产中的问题，了解农业科学技术的作用开始，历经选择技术、学习技术、使用技术的过程。

随着社会的发展，国家对农业技术创新与推广日益重视，并把它作为农村建设的重要内容。与此同时，广大农民群众也日益了解科技作为农业发展第一生产力的作用。在当今农村中依靠科技致富、依靠创新发展的事例比比皆是，我们可以从中借鉴不少经验。下面，我们从辽宁省清原县发展龙胆草生产中，看看农村如何搞好农业科技创新与推广。

## 一、充分认识科技在农业发展中的作用

以往的农业生产更多依赖人们长期总结的经验，生产方法以老一辈传授的技术为主，但在今天，社会日新月异，科技进步速度超过了以往任何一个时期。认识到科技在农业发展中的作用是应用科技成果的前提，只有让农民认识科技的作用，才能使农民自觉学习、应用农业科技。

辽宁省清原满族自治县英额门镇椽子沟村是偏僻山沟里的一个小村庄，人均占地1.5亩，主要靠种玉米等农作物维持生活，1998年时全村人均年收入还不足1500元。当时椽子沟村的村民看到龙胆草很值钱，每千克能卖30多元，很多人种起了龙胆草。开始时，全村共种植了200多亩地的龙胆草，长势喜人。但这些龙胆草突然得了斑枯病，成片成片地死亡，到了秋天活着的龙胆草只剩下了50多亩。

种龙胆草赔了个老底朝天，村民们失去了再搞龙胆草的信心。这时县科技局李局长对村民说："清原县参加了省科技进山增效示范工程，把种植中草药作为主要项目来抓，椽子沟村要发挥科技示范村的作用，抓好中药材生产。"村民说："龙胆草斑枯病太厉害了，我们不敢再种。"科技局领导说："放心，这次把你们村种的龙胆草作为沈阳农业大学专家组的龙胆草斑枯病防治技术研究课题组试验田。"村民觉得这回有科技撑腰，就同意再试一次。

2000年，椽子沟村的20多户村民又种植了300多亩龙胆草。在沈阳农业大学教授的指导下，采用了种苗消毒、田园卫生、遮阴栽培、作业道覆盖、叶面喷肥、药剂防治六项防治龙胆草斑枯病的配套技术。2002年村民们栽种的龙胆草平均亩产达到了1200多千克，晒干后每亩平均300多千克，一亩地收入9000多元。这回村民们发了大财，全村收入280多万元，种植药材户家家都乐得合不上嘴，大家高兴地说："这科学技术可真管用啊!"

## 二、从多种渠道获取农业科技成果

农民群众能够在农业生产中摸索经验，但农村不是科技创新成果的发源地。从目前农村的现实条件看，农民获取农业科技成果最有效的渠道有三个，即直接从科研机构获取，参加农业技术推广活动，农民自己进行学习。

### (一) 从科研机构获取农业技术

沈阳农业大学植物保护学院是1952年成立的，在我国植物保护学科中有

很强的科研实力，研究范围包括北方农作物病虫草鼠害的发生规律和综合防治、植物病理生理学、植物病害流行学、植物免疫学、真菌分类学、植物线虫学、植物病毒与基因工程、农业昆虫学、害虫生物防治与昆虫病理学、昆虫生态学、昆虫分类学以及农药学、生物农药、农药分析等。

清原县英额门镇在种植龙胆草中，由于处于野生变人工集约栽培生产之初，6 千余亩龙胆草出现了叶部斑枯病，这在当时是龙胆草生产上的一种毁灭性病害。2000 年沈阳农业大学植保学院把龙胆草叶部斑枯病作为重要项目，组织教师进行攻关，通过与当地有关部门合作，分别在病原菌的确定、病原学、流行规律、关键防治技术等领域取得突破，建立起高效防治病害的技术体系，控制住龙胆草叶部斑枯病在生产中的危害，确保该产业的健康发展。研究成果“龙胆草斑枯病综合防治技术研究”，于 2002 年获得辽宁省科技进步三等奖。龙胆草斑枯病综合防治技术的推广，大幅度提高药农的收入，扩大了龙胆草生产面积，为当地龙胆草对外招商引资、对上争取发展项目、打清原品牌奠定了坚实基础。

**（二）农民积极参加农业技术推广活动**

清原县非常重视农业技术推广，这对发展当地的中药材产业起了重要作用。2000 年，清原县农发局在英额门镇幸福村、南口前镇北口前村分别建两处野生中药材科技示范种苗园，面积 200 亩，主要进行龙胆草、穿山龙、玉竹、防风、柴胡、关附子等品种野生变家种试验。建立这两个科技示范种苗园一方面为广大农民示范中药材种植技术，另一方面对野生地道药材进行归圃试验，总结栽培模式及病虫害防治技术，试验成功后再向全县推广。

为了解决龙胆草斑枯病问题，清原县与沈阳农业大学植保学院进行了合作，还邀请法国植病专家洛玛女士到清原县进行科技攻关，并派人到国内先进地区学习。清原县利用农闲季节广泛开展“科普之冬”科技大普训和科技下乡，现场示范等活动，利用办培训班，印发科技资料、录像专题片等各种形式传播中药材栽培技术。每年印发资料 5000 余份，发布信息 1000 余条，起草了《抚顺市龙胆草栽培技术标准》。在生产期间，组织科技人员深入到乡镇、村屯，进行面对面指导，及时解决生产环节中的技术问题，使乡镇的受训面达到 80% 以上。同时利用计算机网络及药材协会，及时向药农提供准确的价格信息和供求信息，使清原县地道药材销往广州、亳州、上海、安国、深圳等地。

**（三）农民主动学习农业科学技术**

英额门镇椽子沟村的农民徐恩国是中药材人工栽培大户，他深知把野生中药材归圃人工栽培不是一个简单事，其中有很多科技含量。他经常参加镇政府有关科技的培训班，结交了不少技术员。他还主动到各科研院校和科研单位去向专家讨教，认识和结交了不少专家、教授，东北三省的农科院和科研单位几乎被他跑了个遍。书店里有中药材种植技术方面的书，他都要买上一本，至今家里已攒了60多本。他在实践中细心钻研，肯下苦功，不怕失败，把专家传授的科技知识和书本上的知识在实践中活学活用，逐渐摸索出一套成功的栽培技术，使得不少中药材品种都从山野中走出，归圃在平地生长。徐恩国在实践中不断细心钻研，在防治龙胆草斑枯病等技术环节上取得了成功的经验，终于使龙胆草适应了当地的气候、土壤等条件，人工栽培成功。可以说，主动学习先进技术是中药材生产成功的前提，也是徐恩国成功的一个根本条件。

## 三、从实际出发选择农业科学技术

现在农业技术成果非常多，有时会让人无从下手。选择农业科学技术的出发点是解决农业生产中的问题，或是让农业生产上一个新台阶。当然，应用科学技术也是有条件、有成本的，必须依据农村现实条件选择农业科学技术。在此，我们说选择农业科学技术应掌握“实用性、先进性、经济性”三个方面。

**（一）选择农业科学技术首先要实用**

龙胆草是东北三省的地道药材，过去以采集野生龙胆草为主。近年由于乱垦、乱牧、乱采挖使野生资源遭到严重破坏，龙胆草越挖越少、越挖越小，野生龙胆草面临绝种。20世纪80年代末人们开始进行人工驯养栽培，90年代初野生龙胆草露天种植成功。全露天培育的龙胆草由于光照充足，根须发达、韧性增强、干物质积累多，移栽成活率也提高了。但是，全露天培育遇到一个问题，就是春天东北风沙较大，使龙胆草出苗率低。野生龙胆草一般生长在草甸、山坡及灌木丛中，喜阳光充足，较湿润的地方，喜凉爽气候，可耐－40℃以下的严寒，怕炎热和烈日暴晒。2000年，人们采用松针覆盖技术解决了龙胆草发芽率低，出苗不齐的难题，为防风栽培的稳产高产打下良好的基础。松针覆盖技术成本低，作业方便，透光透气性好，对龙胆草育苗非常实用。

**（二）选择农业科学技术要讲先进**

斑枯病是龙胆草的主要病害，对龙胆草威胁最大。过去由于没有找到有效防治办法，龙胆草斑枯病发生严重，使龙胆草难于高产。1999年，沈阳农业大学植物保护学院和法国植物病理专家洛玛女士共同提出了科学综合防治方法和防治药剂。在这之后，清原县按照科学家提出的方法进行了实验，筛选出了理想的高效、低毒、无残留的防治药剂。试验证明，龙胆草斑枯病防治技术非常有效，这项研究成果于2000年9月被省科委鉴定达到国际先进水平。

**（三）选择农业科学技术要注意经济性**

讲求经济性就是考虑应用农业科学技术的效益和成本，一般不宜选择那些成本高、难度大、收益低的技术。从效益上看，利用落叶松松针覆盖保水遮阴的全露地育苗技术和龙胆草斑枯病防治技术都具有很高的经济、社会效益。松针覆盖全露地育苗技术的育苗成本比传统的大棚育苗降低60%，每平方米出商品苗3000株。龙胆草斑枯病防治技术使农药用量由原30～50次减到11次，管理费用降低3～5倍。该技术能使每亩增产50千克，增收1500元，综合经济效益达到2186万元。另外，人工种植龙胆草避免了过去农民进山采挖，保护了野生资源和生态环境，社会效益也十分明显。

## 四、抓好农业科学技术的应用

科学技术成果只有在应用中才能发挥作用，而应用过程常常牵扯到方方面面。从农村的实践看，搞好农业科学技术应用要发挥政府、农民、科技人员的积极性，把三股劲儿使到一起。政府要做好规划，进行政策引导，对新技术创新予以支持；科技人员要做好技术传授工作，要树立榜样，让农民容易学习；农民群众则要努力尝试、不怕挫折，总结经验。最后，在科学技术成果推广应用的基础上，把好的经验进行规范化，这样可以巩固农业科学技术应用成果。

**（一）做好农业科学技术应用的规划**

清原县在龙胆草发展中，县政府的规划、引导和扶持措施起了很大作用，这也是龙胆草生产技术迅速推广的重要原因。清原县政府把中药材生产列入全县五大支柱产业之一。2003年时清原县有良田50万亩，而中药材生产面积就有10万亩，这足以说明县政府对中药材生产的重视程度。清原县政府建设了龙胆草生产基地，协助解决了龙胆草斑枯病，对农民进行技术培训，组织技术人员下乡指导和现场示范，利用计算机网络及药材协会向农民提供信息，还加大了对中药材生产的投入，对中药材生产实行政策倾斜。

**（二）做好试验与示范**

在我国农村，示范常常显示出异乎寻常的作用。被人称做“中草药专家”

的徐等一是橡子沟村的党支部书记，原本是一位地地道道的老农民，只读过小学。徐等一早年在生产队管理人参园时，就对中草药产生了浓厚兴趣。从20世纪90年代初，他开始潜心研究龙胆草野生变家种技术，一转眼就是十来年。为了培育龙胆草，徐等一常常吃住在地里，一守就是十天半个月。了解全国药材市场信息，徐等一每年要花3000多元订阅十几种专业报刊，还曾经自费到丹东等地玉竹加工厂考察生产和市场行情。1998年徐等一购买了电脑，成为抚顺地区第一个自费上网的农民。功夫不负有心人，徐等一突破了龙胆草人工栽培中最难的两道关：播种和后期管理中常见的斑枯病防治，在东北地区成功创造出了裸地播种、针叶覆盖人工种植龙胆草的独门技术，被科技部授予“星火科技致富带头人”称号。

徐等一成功之后，在科技局的大力支持下，成立了一个民营中药材种植研究所，并建立了网站，在专家帮助下将龙胆草人工栽培实用技术编印出来，进行科研成果转化。他每年组织全乡药材种植户进行学习、交流、技术培训等活动，亲自担任老师给会员讲课，并采取理论与实践相结合的方式，根据不同季节，结合种植实践，分段进行培训，边种、边学、边指导、边提高，有时遇到技术难题，就组织学员共同进行研究、进行技术交流。

在清原县，“由人带村，由村带县”，示范作用不断扩大。2005年全县种植龙胆草的农户达3000多户，面积5000多亩，产量达1000多吨，年销售收入达5000万元。仅此一项，全县农民人均收入增收达到160元。目前，清原县已经成为全国北龙胆的主产区，龙胆草种植面积达到2万亩，占全国北龙胆草总产量的90%。

**（三）不怕困难，不断摸索**

对于农民来说，应用科学技术也不是一帆风顺的，常常会遇到很多困难和挫折。巨浪牧场有个叫李鸿滨的农民，2002年种了100亩龙胆草。为了种好龙胆草，李鸿滨非常辛苦。可临近秋天，龙胆草种苗开始发黄，药材地里野草疯长，李鸿滨费了半天劲，竟然分不清哪棵是草哪棵是苗。亲戚、朋友都劝李鸿滨放手，可他反思了以前的经验教训，认为问题出在经验不足上。李鸿滨虚心向行家学习，聘请省北药开发研究所的研究员到基地指导有关生产技术，还雇用了10多名民工每日锄草、灌水。经过一个多月的奋战，原来枯萎的种苗终于重新焕发了生机。

前面提到的徐恩国在生产中也经历过旱、涝灾和病虫害等多次失败，可他说“成功者在于坚持”。徐恩国不怕失败，而是从失败中找原因，不断总结经验或找专家帮助分析总结，然后坚持探索，这才最终取得了技术上的成功。

**（四）农业科学技术应用要规范化**

规范化是巩固农业科技应用成果的重要手段，它的作用在三个方面：第一，在不断试验、积累经验的基础上，找到最有效的应用技术，并把这些应用技术固定下来。第二，新技术与其他生产技术手段相融合，形成新型技术体系。第三，以规范形式推广新技术，可以减少走弯路，加快技术推广速度。

规范化包括两个方面：一个是产品的规范，通常落实到产品的质量标准上；另一个是生产过程的规范化，即对操作方法、操作程序进行的规范。这些规范是新技术的集中体现。

辽宁省清原县在推广龙胆草生产技术时非常重视制定和完善龙胆草的质量标准、种养生产标准及操作规程。清原县进行了龙胆草规范化种植相关生产标准操作规程（SOP）的制定及完善，以《龙胆草规范化标准操作规程》为标准进行了环境质量监测评价和万亩绿色中药材（龙胆草）基地建设。清原县起草了《抚顺市龙胆草栽培技术标准》，后来抚顺市按这一标准于2004年7月19日出台了《龙胆草生产技术标准》。清原县在2007年的工作报告中，还明确提出要实施《地道中药材龙胆草规范化种植标准体系建设》。

清原县的另一项重要工作是龙胆草生产基地通过了国家GAP（即中药材生产质量管理规范）认证，这是我国唯一的龙胆草GAP基地。GAP认证要求种植基地从环境质量检测、生产技术、用肥用药到质量标准、产品加工、储藏、运输等全程按照GAP标准进行管理。通过严格的标准化管理，以确保基地龙胆草生产涉及植物药的79项指标全部合格。

## 第三节　科技进步对农业经营管理的要求

随着科技进步速度加快，农业经营管理对科技管理提出了更高的要求。农业科技管理的核心工作是推广与应用新技术，解决农业生产中的技术问题。农业科技管理非常复杂，它要求农业经营管理者做好多方面工作，特别是从农村技术人才、农业技术信息、农业技术引进、农业技术市场、农业技术协作和农业技术项目储备等方面挖掘农业技术进步的潜力。

### 一、管好农业技术人才

人才是农业科技管理的关键，这是因为人才是科技创新成果的传导者，是农业生产中技术问题的解决者，是农业科技实力的体现。农业科技创新成果来源于科研机构、技术专家和技术资料，这些必须通过农业生产一线的科技人员才能应用于农业生产。而农业生产中所产生的问题也要依赖农业科技人才去发现、去寻找解决方法。从这意义上讲，农业科技水平的高低最终取决于农业科技人才的数量、素质和管理方法。

山东省沾化县的利国乡是我国著名的冬枣之乡，为加快农业发展，该乡十分重视农业科技人才的开发和使用。利国乡采用了举办农业科技培训班、选派优秀科技人才外出参观学习、培植农业科技示范户、组织农业科技人员下乡、利用远程教育网络、围绕产业基地建设进行农民培训、建立健全《农村实用人才培养制度》等措施，以提高农民的科技素质，帮助村民学习运用农业科技知识，解决冬枣种植以及棉花种植、畜牧养殖中的技术难题。

从利国乡的经验看，农业科技人才的管理有三个重点，即人才培养、管理和使用。

农业科技人才的培养有自己的特殊性。我国农村教育水平、文化条件相对城市还较落后，而农村是农业技术的应用场所，因此农业科技人才的培养要借助外部力量，着力培养本村本地的科技人才，培养方向是能够解决问题的实用技术人才。我国农村在生产实践中总结出不少行之有效的培养实用技术人才的方法。①以当地职业学校、技术学校、农业局、就业培训机构等为基地，聘请科研机构和院校专家，以培训班的形式对农民进行中短期培训。②采用科技下乡形式，请科研机构和院校专家、农村技术能人直接到农村现场向农民传授技术，对农民进行技术指导。③引进专业技术人员、高校毕业生等技术人才，到农业生产一线进行工作，为农村解决技术难题并带动农村技术人才的成长。④结对技术扶贫，采用自愿结合的方式，由农村技术员、当地技术能人与扶贫对象结对，定点进行技术辅导。⑤利用技术推广活动，在推广技术过程中使农民掌握农业技术、提高技术水平。⑥利用广播、电视、文化活动中心，普及农业科技知识。

农业科技人才较为分散，技术水平参差不齐，这为农业科技人才的管理带来了困难。针对这些特点，农业科技人才在管理中要注意集中管理、水平管理和专长管理。集中管理是要把农村技术人才尽可能以各种方式集中起来，以便发挥这些人才的集体优势；水平管理是要提高农业科技人才的技术水平；农业科技人才，常常在特定方面拥有技术优势，专长管理就是要了解农业科技人才的专长，以便人尽其才。要想达到这些目的，可以有多种方式。①重视农村技术人才的选拔，把那些有专长、有潜力、文化素质较高的农民选拔出来，对他们有针对性地培养，并以他们作为解决农业技术难题、推广农业技术的核心。②对农村技术实用人才实行认证管理，认证包括实用人才资格证书、技术职称等，实行认证管理可以促进农民学习技术，也可以了解农村实用人才的真实水平。③建立农村技术实用人才信息库，了解这些人才的数量、水平和专长，以便及时调动这些人才，使其在农业生产中发挥作用。④建立农民专业技术协会等基层科技服务组织，通过这些组织管理农业科技人才，带动农民学习科学技术，推广科技成果。

农业科技人才的使用主要有技术攻关、技术推广和技术示范三个方面。技术攻关是围绕农业生产中存在的难题，对农业技术进行集成，通过不断试验探索，寻找解决难题的方法。农业技术推广是对农业新技术、新品种的引进、试验和推介，以促进农业科研成果和实用技术应用于农业生产。技术示范通过应用农业新技术，展示农业新技术的价值，从而促进农业新技术推广和带动其他农民致富。要想搞好这几个方面的工作，对待农村技术人才要做到：①科学技术具有创造性，必须发挥技术人才的主动性，放手让技术人才去探索，防止把技术人才变成行政管理的工具。②把分散的农业科技人才集中起来，建立技术攻关组、技术服务队，充分发挥集体的力量。③有目标、有计划、按项目方式运作，防止农业科技人才盲目地探索。④对有突出贡献的农村技术实用人才进行表彰和奖励，并在培训机会、农业科技推广、项目开发、小额贷款等方面提供优惠。

## 二、利用农业技术信息

农民不是农业技术创新的主体，多数农业技术创新成果来自研究机构和农业技术专家。农业技术成果要传达到农民手中必须依赖信息的传播。信息作为农业技术的载体，对农业技术发展有重要影响。当今农业技术成果绝大部分不是通过人对人传播的，而是以信息形式进行收集、储存、加工、发布和传播的。这些成果的最初形式是技术专利、学术论文、技术专著、技术项目、技术资料，这些成果或公开发表、或由专门机构评审和收集，获取技术成果在很大程度上就是获取这些技术信息。教育和宣传是信息传播的另一项功能，而教育可以提高农民的知识文化水平，提高他们对新技术成果的接受能力和应用新技术的能力；宣传可以扩大新技术成果的影响力，加速其在农民中的传播。现代信息技术发展很快，互动式专家咨询、技术资料库、各类专家支持系统等都已经达到对农民的直接技术服务功能。例如：通过互动式专家咨询，农民可以提出自己在农业生产中所遇到的问题，而专家可以提出咨询建议。技术资料库能够存储大量技术信息，农民可以通过查询这些资料来获得技术支持。地理信息系统、农业决策支持系统等可以帮助农民分析、判断和安排生产。现代社会的各种信息交织在一起，尽管这些信息与农业技术没有直接的关系，但这些信息能够从侧面反映农业生产和农业技术的发展趋势，为农民获取农业技术提供便利。

基于农业技术信息的重要作用，农业经营管理者必须重视农业技术信息设施和农业技术信息资源的建设。

农业技术信息设施是硬件条件，现代信息系统由计算机、信息网络、应用系统和其他传统媒体组成。计算机是信息化时代的最基本工具。信息网络目前已经发展到由互联网、有线网、无线网、卫星网结合成的一体传输体系，可以随时随地进行信息获取、传递与交流。应用系统是基于计算机开发的应用软件，可以直接应用农业生产，例如作物生长模拟模型、农业专家系统、农业生产实时控制系统、作物遥感估产等。传统媒体包括电视、报纸、杂志，是一些大众化的信息传播工具。目前，我国农业生产信息设施建设的重点放在两个方面：一个是把电视、电话、电脑“三电合一”，建设现代信息网络；二是搞好农业生产信息站建设，针对农民需求收集、整理、更新和传播各种信息，特别是农产品信息、农业技术信息和农业政策信息。

信息资源是指农业技术的信息内容，它主要体现为数据形式。如果信息资源缺乏，信息设施的功能就无法发挥，因此我国从国家到地方都十分重视信息资源的建设。国家级有代表性的农业数据库有：中国农林文献数据库，中国农业文摘数据库，农副产品深加工题录数据库，植物检疫病虫草害名录数据库，农牧渔业科技成果数据库，中国畜牧业综合数据库，全国农业经济统计资料数据库，农产品集市贸易价格行情数据库，农业合作经济数据库等。大部分省市也建成了农业信息资源库，包括农业生物资源、农业环境资源等自然资源信息；农业科学研究数据、农业技术数据等科学技术信息；农产品市场信息、资本信息、政策法规、管理信息等农业社会经济信息。

### 三、加强农业技术引进

农业技术引进是从外地、外国输入先进的技术成果。引进的技术可以是科研创新成果，也可以是正在应用的技术成果。农业技术引进的基本过程是根据当地农业出现的技术问题选择外地、外国同类农业生产的先进技术，然后在当地进行使用前的开发实验，如果该技术能够适用于当地，则进一步推广应用。由于引进的农业技术是现实存在的，推广、应用这些技术的时间会

大大缩短；又由于这些技术成果在外地、外国进行了使用或验证，其技术成效也比较容易判别。

广东省徐闻县的重要产业是甘蔗种植，实现亩产吨糖一直是徐闻县期望达到的目标。但是，徐闻县位于雷州半岛南部，气候干旱少雨，天气干燥，水分蒸发较快，地表水相对贫乏，而地下水资源比较丰富，属结构性而非资源性的缺水地区。为了解决地表缺水的难题，徐闻县在2005年开始从灌溉技术发达的以色列引进了耐特菲姆农业系统。耐特菲姆农业系统是一种先进的低压节水灌溉技术，它通过电脑、输送管道、感应器等设备和控制技术，利用专门设计的小口径管道配合预先镶入其中的精密滴头，科学调节供给甘蔗生产各个时期所需的水分、肥料、农药。这项技术具有吸收快，利用率高，成本低，效果明显的特点。徐闻县2005年采用这项技术种植甘蔗352亩，2006年种植面积3600亩。2007年达到3950亩。到2007年榨季，甘蔗亩产量达到7.2吨至9吨，基本实现了亩产吨糖的目标。

## 四、进入农业技术市场

随着我国市场经济的逐步发展，农业技术市场正在逐步形成。农业技术市场是一种新型的连接农业技术研发和农业技术需求的纽带，对改变政府主导型的农业技术发展局面有重要意义。在我国很多地方，政府确定农业产业发展的方向，组织引进农业技术，搞农业技术示范园区，进行农业技术推广。在未来，这种政府主导型的技术发展方式将必然性地被市场主导型的技术发展方式所取代。依托市场发展农业技术就是农业经营管理者在遇到技术问题时，通过市场购买相应的农业技术成果。通过市场寻找农业技术可以使供求双方结合紧密，农业技术转让、应用的周期缩短，能够适应当今农业技术飞速发展的步伐。

石家庄市是我国农业技术市场建设较快的地区，到2006年石家庄市已经有省级农业技术市场1家、市级农业技术市场2家、县级农业技术市场6家，初步形成农业技术市场网络。石家庄农业技术市场是河北省首家规模最大的专业性常设农业技术市场，几年来该农业技术市场在石家庄市部分区县和乡镇建立了13个分市场，共推广农业新品种400多个，新成果20多项，年交易额10亿元，成为石家庄市农业技术转移的一条新渠道。

我国农业技术市场的发育从总体上看还处在初级阶段，农业经营管理者对农业技术的市场化运作还比较陌生。为此，农业经营管理者应了解相关知识，尽快进入这一市场。第一，要学习农业技术知识产权制度，深入了解农业技术的商品特性。第二，掌握农业技术市场运作规则，学习通过市场进行农业技术交易的方法。第三，培养自己的农业技术交易人员，加强与农业技术经纪人的合作。

## 五、搞好农业技术协作

当今农业技术的开发、推广和应用已经不能局限于科研机构或农民孤立地进行，而要把农科教和产学研等多个方面进行衔接、联动。这一联动链条的最终应用端是农民，中间应用端是农业企业和农业经济组织，推广环节是农业教育和农业技术推广组织，研发端是科研机构和农业技术专家。沿着联动链条，从应用端向研发端传递农业发展和市场对农业技术的需求，然后从研发端向应用端传递技术研发和推广项目。这样才能够保证农业技术上、中、下游相关产业间的无缝对接，减少科技资源浪费，及时解决农业技术问题。

农业技术的开发、推广和应用要通过具体项目来实现，农业技术项目同时又作为一种纽带把各方面的力量联系起来。通常做法是确定项目负责人和建设一个技术研发、推广或应用团队，通过资源信息共享和权益分配，把不同学科、不同技术专长、不同行业、不同地区的相关人员或机构组织起来，然后进行分工协作，共同解决技术问题。

农业技术项目运作涉及研发和推广、应用等多个环节。在农业技术研发中，项目过程包括选题、项目论证、研究试验、成果审查等；在项目研发过程中项目立项是关键，要使项目设计与农业生产需要紧密结合，做到从问题中找研发项目，研发项目必须解决实际问题。在农业技术推广、应用中，项目过程包括前期准备、实施、项目验收等；在这一过程中，项目实施组织是关键，要做到周密计划、责任到人、保证项目质量。

技术协同攻关能够发挥各方面的资源优势，解决一村一乡所不能解决的技术问题，是现代社会对农业技术进步的必然要求。

## 六、充实农业技术储备

技术项目储备对农业经营管理有重要意义。当今世界的农业发展是持续进行的，今天的新技术很快会被更新的技术所取代，不储备新技术，自己的技术水平必然落伍。技术的应用有一个周期过程，如果总是从技术源头开始，那么新技术应用的时间将很长。社会经济的发展也会带来新问题，对这些问题要有预见，通过技术储备的方法做出提前准备。通过技术储备，还能提高

一个地区的技术实力，因为农业技术实力的一个重要方面就是这个地区能够实现技术创新的数量和深度。从这些方面看，农业技术储备十分必要，农业技术也必须走应用一代、储备一代、研发一代的道路。

农业技术储备的方式有多种：一是根据地区农业发展战略进行技术储备。这种方式是根据农业发展战略的要求，储备农业产品品种、生产方法、设施条件的技术研究。二是跟踪先进技术成果。这种方式是根据当地农业生产所涉及的领域，对这些领域国内外所出现的技术创新成果进行跟踪，以把握农业技术的发展方向，选择适用的农业技术。三是开展广泛的农业技术设想。这种方式是发动当地技术人才，针对农业生产中所出现的问题，广泛地进行技术研究和试验，提出技术设想和建议。四是通过农业科技项目的申报进行农业技术储备。申报农业科技项目的人员常常对该领域有深刻的理解，他们提出的项目具有前沿性，把这些项目收集起来就可以作为当地的技术储备。五是进行技术学习、交流，改善生产技术条件，通过吸纳新知识、新设备，间接地促进当地农村农业技术发展。

农业技术储备最好以科技项目来体现。科技项目是一种完整的技术实施方案，它通常都包括：①农业技术的原理和方法，这是科技创新的源头成果；②当地的实施条件，通常针对当地农业生产所面临的具体问题或发展需要；③项目实施周期，即项目应用农业技术的全部过程；④项目实施效果，即对应用某项农业技术所带领的效益的预测。从这一角度看，科技项目具有实用性和先进性，以此形式进行农业技术储备是比较有利的。

自 2005 年起，我国各地陆续开始进行农业科技项目库的建设，以期最终形成省、市、县三级农业科技项目库。农业科技项目库建设作为技术储备的手段，使农业经营管理者能够方便地寻找自己需要的农业技术。以陕西省的农业科技项目库为例，其征集范围面向全社会、面向涉农技术服务的各领域，不限数量、不限身份，以普查的方式，充分挖掘农业科研、农技推广、农民科技专家、农民专业合作经济组织、龙头企业等单位在服务“三农”过程中研究、引进、集成、总结的实用技术。征集内容围绕农民增收、结构调整和粮食安全，按“稳粮、优果、兴牧”的基本要求，最大限度地满足农业科技贮备和重大适用技术筛选、立项、推广工作的需要，征集在种植业、养殖业、加工业、农业机械和农用物资（种子、肥料、农药）等领域的先进技术，及农民在种植业结构调整增收致富的典型。

# 第五章 加速农业科技进步推进经济发展

## 依靠科技创新 转变发展方式 建设现代草原畜牧业

内蒙古自治区鄂托克前旗农牧业局 奇阿日并 蔺永明 常 仲

### 一、鄂托克前旗自然经济社会概况

鄂托克前旗位于内蒙古自治区鄂尔多斯市西南端，地处蒙、陕、宁三省区交界，素有内蒙古自治区“西南大门”之称，是草原文化与农耕文化的交汇之地。全旗土地总面积1827万亩，其中基本草原面积1395.38万亩，现辖4个镇、13个社区和68个嘎查村，总人口7.6万人，其中蒙古族占31.4%，是一个以蒙古族为主体、汉族占多数的少数民族地区。是内蒙古自治区33个牧业旗县之一。境内主要由毛乌素沙地和鄂尔多斯梁地两大地貌构成，属典型的荒漠化草原类型区。全旗四季明显，气候干燥，年平均降水量为267毫米，年平均蒸发量在2542毫米左右，无霜期135天左右，年平均日照时数3398小时，年平均风沙天气30天左右，十年九旱，气候条件十分恶劣，自然环境极其脆弱。

2011年，全旗农作物总播面积43万亩（其中饲草料基地40万亩），牧业年度牲畜总头数达到194万头（只），畜种主要由肉牛、宝日套亥肉羊和绒山羊构成，牲畜改良率达99.7%，建设现代农业生产基地17万亩，建成规模养

殖园区8个，现代草原畜牧业示范户218户；推广使用维蒙特、保尔和林赛喷灌设备1361台（套），拥有农机具2032台（套）；完成退牧还草工程1083万亩；落实草原生态补奖面积1661.78万亩，发放草原生态补奖资金6945万元；建立生态自然恢复区460万亩，公益林129.7万亩。

## 二、鄂托克前旗现代草原畜牧业发展模式的探索与实践

鄂托克前旗地处典型的荒漠化草原类型区，长期以来，由于受自然条件、经济建设、人口增长、传统养畜、超载过牧等因素的影响，致使人草畜矛盾日益突出，造成草原生产力下降，草原生态环境不断恶化，农牧民增收缓慢，草原畜牧业发展受到严重制约。为了从根本上破解农牧业生产发展与生态保护建设相互制约这一历史性难题，近年来，鄂托克前旗高举科学发展的旗帜，深入实施"城乡统筹、集中发展"战略，坚持生态优先的发展理念，认真贯彻落实退牧还草、草原生态补奖政策，启动实施生态保护与建设工程，紧紧围绕"给自然生态减压，依靠科技创新，转变发展方式，提高生产能力，促进农牧民增收，实现畜牧业转型升级"的奋斗目标，以转变畜牧业发展方式为主线，以保护生态环境为重点，以农牧民增收为目标，坚持走"环境友好、资源节约、优质安全、生态高效、规模经营"的现代畜牧发展路子，努力把草原牧区建设成为生产发展、生态良好、生活富裕、民族团结、社会和谐的新牧区。

"十二五"规划开局之年，鄂托克前旗按照"三区"规划产业定位，结合统筹城乡试点工作及现代农牧业发展目标，着力建设肉牛肉羊养殖园区、现代草原畜牧业示范户和现代农业生产基地，构建生态型、效益型、环保型、产业化的现代农牧业产业体系。重点在无定河流域发展现代高效节水农业，新发展现代农业基地1万亩，实行标准化、集约化、规模化生产经营，使全旗水浇地稳定在42万亩。旗里根据全旗天然草原的产草量和可食草贮量，将全旗1395万亩基本草原载畜量限定到45万只羊单位，科学合理利用草原，让草场得以休养生息，促进草原可持续发展。

鄂托克前旗农牧业局高度重视科技攻关和科技成果转化，充分发挥科技领先的作用，在旗委、政府的坚强领导下，在国家绒毛用羊产业技术体系、内蒙古自治区农牧业厅、内蒙古农牧业科学院、鄂尔多斯市农牧业局等有关单位的鼎力支持下，全体农牧业科技人员攻坚克难、大胆探索，勇于实践、自主创新，经过多年的探索与研究，先后取得生态养羊模式、绒山羊增绒技术、肉羊三元杂交技术、舍饲半舍饲养殖、草原3S数字化管理、"三化"草

原快速治理与利用、自动化饲喂机械、疫病综合防控技术等多项科技创新与发明成果，并充分利用科技成果，积极转变生产方式，破解畜牧业发展难题，在科学合理利用和保护草牧场，减轻草原生态压力的基础上，走出了一条“禁牧不禁养、减畜不减产、减畜不减肉、减畜不减收”的新路子，探索出具有荒漠化草原鲜明特点的生态型、环保型、效益型现代畜牧业发展新模式。

模式一，实施“三区”规划发展模式

2000年以来，鄂托克前旗对全旗草原生态现状进行了全面认真分析，以人、草、畜为主要要素的草原生态系统严重失衡，仅靠草原生态系统自身无法得到有效修复，必须依靠外部力量，调整优化人、草、畜三要素及其相互作用的机理，逐步实现草原系统的平衡与良性循环。旗委、政府按照农牧业发展“三区”规划要求，坚持分区治理、优化区域发展的方针，坚决走减畜、转人、增绿、增收的畜牧业发展新路子。按照全农牧业发展三区规划要求，将南部无定河流域水资源相对丰富地区，确定为农牧业优化开发区，通过整合土地资源，加大投入，完善农业基础设施，大力发展现代农牧业，引导农牧民转变生产方式，调整产业结构，积极发展生态型、效益性农牧业，扩大饲草料、人工草地种植面积，全面推行“四季配种、三元杂交、一年两茬羔、四季出栏”的养殖模式，形成“为养而种，以种促养，以养增收”的生产格局；将东南部草原和东部水土资源条件较好的地区确定为农牧业限制开发区，不再扩大农牧业基础建设，采取插花式搬迁转移，坚持依法、自愿、有偿的原则，采取租赁、转包、代管的方式整合土地、草牧场资源，推进草牧场向种养殖大户集中，建立培育现代草原畜牧业示范户，推广绒山羊增绒技术，实行规模经营、集约发展；将北部干旱硬梁地区、草原“三化”区域和工矿采掘区不适宜农牧业生产的地区确定为禁止开发区，不再搞农牧业基础建设，在保持农牧民草原经营权属不变的情况下，通过落实“六个一”转移补贴优惠政策，即给转移农牧民提供一套转移住房、找一份就业工作、缴纳一份社保补贴、发放一份生活补助、享受一份教育奖励、领取一份土地收益，实行整体搬迁转移，建立生态自然保护区，促进草原生态休养生息、自然恢复。目前鄂托克前旗已建立草原生态自然保护区747万亩、实施搬迁转移农牧民2913户，7949人，草原植被覆盖度由2000年42%提高到目前74%，草原植被群落种类增加12种，极大地改善了草原生态环境，同时也促进了荒漠化草原的碳汇作用。通过加强宏观调控，合理配置生产要素，积极调整畜牧业经济发展布局，让传统畜牧业向生态畜牧业、高效畜牧业、现代畜牧业转型，形成可持续发展的新格局。

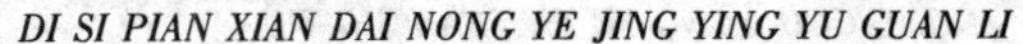

模式二，实施改善畜牧业生产条件模式

近年来，鄂托克前旗把加大草原畜牧基础建设、改善畜牧业发展条件作为加快推进草原畜牧业转型升级的一项重点工作来抓，结合新农村新牧区建设、城乡统筹建设、现代农牧业建设，举全旗之力改善农村牧区生产基础设施和公共基础设施，旗委、政府每年拿出财政收入的60%用于民生工程投入，每年承诺为改善民生办10件惠民大事，加大对农田水利、电网改造、乡村公路、饲草料基地、养殖棚圈、农牧机械、节水灌溉、人畜饮水、农畜市场等基础设施的投入建设。加快牧区危房、人居环境的改造，统筹推进新牧区和小城镇建设，大力发展牧区教育、医疗卫生、文化体育等社会事业，努力实现基本服务均等化，让牧民共享改革发展成果，有效地提高了现代畜牧业的生产能力，为加快推进现代草原畜牧业的转型升级奠定了坚实的发展基础。

模式三，推广生态养羊增绿增收模式

生态养羊模式是鄂托克前旗立足荒漠化草原类型研究的一种遵循自然规律，根据一年四季气候变化和牧草生长以及冷季可食牧草情况，建立的一种生态型、科学型、环保型的新型养羊模式。在每年3月中旬至6月中旬牧草生长期，对以草定畜区实行3个月季节性休牧，全部实行舍饲养殖；对农业生产区、生态自然恢复区、退牧还草项目区、天然林保护区、退耕还林区、农业综合开发区、水土保持治理区和“三化”草原实行全年禁牧，旗、镇、村三级联动，齐抓共管，加大禁牧、休牧的监管和宣传力度，旗草原监督管理部门加大对夜牧、偷牧行为的执法查处力度，让草原得以休养生息，促进植被恢复生长；在6月中旬至10月下旬牧草生长成熟期，为全放牧期，实行划区轮牧和限时放牧，缓减草原放牧压力；10月下旬至翌年3月中旬枯草期，实行半放牧半舍饲，严格执行以草定畜政策，依据天然草原监测情况，对不同类型天然草原核定适宜载畜量，对超载的牲畜限期出栏，保持草畜平衡。

模式四，推广肉羊三元杂交增产增收模式

鄂托克前旗为了从根本上破解农牧业生产发展与生态保护建设相互制约的难题，经过科技人员多年的研究与攻关，将适应性强的本地羊和具有多胎性、性早熟、四季发情的小尾寒羊杂交后为母本，再与纯种肉羊为父本进行杂交，形成肉羊三元杂交技术。其特点是在限制牲畜头数的基础上，通过三元杂交，基础母羊一年可生产两胎羔、一胎双羔，不仅大大提高了生产，而且改善了肉羊品质，羔羊通过短期舍饲育肥，无需在草原上放养就能出栏，以户均100只为基础母羊计算，采用三元杂交技术生产羔羊，户均增收6.4万元，人均增加收入1.8万元，在减轻草原生态压力66%的基础上，提高净产出达200%以上。鄂托克前旗已将三元杂交生产的羔羊注册为“宝日套亥”商标，肉羊三元杂交生产技术与模式在全旗普遍推广应用，形成了“百万只宝日套亥羔羊”生产基地，依托农业部命名的三段地农畜交易市场和羊产业合作经济组织的带动，羔羊畅销宁夏、陕西、甘肃、青海、河北等地，形成稳定的销售市场。2009年以来，经科技人员对不同类型的草场，选定同一类型的项目区与非项目区放牧草原，设立20个对比监测点，分别于每年7月25日、8月25日、9月25日、10月25日进行实地监测，结果项目区比非项目区放牧草场草丛高度提高5.5~7.5厘米，每亩天草原产草量增加59~78千克，植被盖度提高了7~15个百分点。在改善草原生态环境，减轻草原承载压力的同时，促进了荒漠化草原的碳汇作用。

模式五，推广绒山羊增绒、增效模式

2000年以来，鄂托克前旗为了从根本上遏制草原生态环境恶化的局面，有效解决人口、山羊、环境、增收相矛盾的问题，紧紧依靠知识经济和高新技术手段作支撑，通过科技创新，创造性地将人口、山羊、环境、增收相矛盾的问题转化相互统一、相互协调和相互促进的关系。经过科技人员多年的探索与实践，成功研究出了荒漠化草原绒山羊增绒技术成果。在暖季非长绒期，通过控制日照时间，将优质绒山羊圈入增绒棚内，进行标准化、机械化饲喂，促进羊绒生长。同时，在暖季增绒期间将放牧时间每天缩短到6~7小时，一方面大大减少了山羊对草牧场的践踏破坏，减轻生态压力50%；另一方面增加产绒量达70%以上，增加了农牧民的经济收入。通过推广山羊增绒技术，在保护天然草原、减轻生态压力的基础上，走出了一条生态环境良好、山羊产业协调发展和农牧民增收的三赢路子，促进了生态、经济、社会可持续发展。2009年至今，经科技人员对不同类型的草场，选同一类型的项目区与非项目区放牧草场，设立18个对比监测点，分别于每年6月20日、7月20日、8月20日、9月20日、10月20日开展实地监测对比，监测结果表明项目区比非项目区每亩产草量平均增加59~71千克，草丛高度提高4~7厘米，盖度提高5~11个百分点。同时，鄂托克前旗为了促进山羊增绒技术在全旗范围推广应用，旗人民政府制定出台了绒毛、生态、科技“三项”奖励补贴政策。一是对应用山羊增绒技术的农牧户，在羊绒销售市场价的基础上，绒细度在14.5微米以上的每公斤补足600元，绒细度在14.5微米以下的每公斤补足500元，用于增绒基础建设补贴；二是生态奖励补贴：对应用山羊增绒技术的农牧户，在拿到羊绒补贴的同时，每亩草场给予1.5元的生态奖励补贴；三是科技人员补贴：按照牧户拿到补贴的20%标准，作为技术人员科技

服务补贴。以此调动农牧户应用绒山羊增绒技术和科技服务人员的积极性。鄂托克前旗正在以每年100户的规模推进，以户均饲养100只增绒山羊为例，户均年增收入2.9万元，人均增收8055元。该项技术和生产模式得到了国家绒毛用羊产业技术体系和农业部的认可，先后2次在鄂托克前旗举行了全国白绒山羊增绒技术推广现场会。目前，该项技术已在河北衡水、新疆巴州、陕西榆林、蒙古国等地推广应用。

模式六，应用“3S”技术监管草原模式

鄂托克前旗为了科学保护和合理利用草原，不断依靠科技创新，推进数字草原建设，提高草原信息化管理水平。2012年率先在全市启动了遥感技术（RS）、地理信息系统（GIS）和全球定位系统（GPS），应用“3S”现代信息技术对草原进行动态监测管理，将2011年最新草原普查数据（包括全旗草原类型、等级、“三化”草原分布面积）作为基础数据，每季度应用“3S”系统监测数据，对全旗各镇、各嘎查村、牧户草原牧草返青、牧草生长、牧草生产力、植被覆盖度及草原“三化”情况进行动态监测，对农牧户同一年度不同季度、不同年度同一季度草原利用情况进行对比分析，由草原监督管理部门编写全旗草原季度监测报告，制作出以嘎查（村）为单位的不同季节草原利用状况图，对出现植被覆盖度、牧草生产力、牧草产量下降进入警戒线（三等七级以下）的草原，由草原监督管理部门及时通知镇人民政府进行治理。由镇人民政府组织嘎查（村）“两委”召开村民大会，按照“四权四制”议事制度，对进入警戒线的草原，责令农牧户限期减畜，对出现重度“三化”草原，由嘎查村“两委”组织农牧户进行封闭治理，村民监督委员会进行监督。

模式七，荒漠化草原快速治理与利用模式

鄂托克前旗在十年九旱的气候条件下，采取“免耕、补水、补播”的生产模式，探索出了一条快速治理荒漠化草原的有效途径。在水资源条件相对好、宜开采的三化草原地区，对荒漠化草原进行人工补播种植柠条、苜蓿、杨柴、沙大王等优质牧草，加大补播种植密度，采取人工补水方法，应用节水灌溉技术，在暖季给予年平均降水量约3倍（570毫米）的补水，实现荒漠化草原生态植被快速恢复，提高单位牧草产量。此生产模式不仅有效解决了治理“三化”荒漠化草原的问题，提高了荒漠化草原的生产能力，实现了生态保护治理与农牧民增产增收的双赢目标。

## 三、几点建议

1. 建议把鄂托克前旗取得的科技成果和成功经验，作为现代草原畜牧高效生态示范典型，作为现代草原畜牧业转型升级、提质增效的示范工程，列入国家相关产业规划，给予政策、项目、资金支持，在全国草原牧区推广。

2. 建议把绒山羊增绒饲养模式的新型多功能棚圈建设列入肉牛、肉羊标准化养殖小区建设项目中；按照标准化暖棚增绒，人工饲草料种植，草牧场围栏，划区轮牧，限时放牧，水电路讯“四位一体”配套，整体推进基础设施建设。

3. 借助农业部公益性行业专项，绒毛产业技术体系项目的实施，组建内蒙古和国家科技支撑、推广示范团队，安排专项资金推进。

4. 建议组建遗传资源开发企业集团，形成地方品种优势的产业体系，开展“1396”超级绒山羊新品种培育，实施功勋种质资源品种产业开发。

5. 建议加快现代畜牧生产信息化建设，通过建立现代畜牧业网站，丰富网站内容，让农牧民足不出户，就能了解到全国、全区、全市和本旗的惠农政策及科技信息、市场信息等，为现代畜牧业的转型升级提供信息服务。

**作者简介：**

奇阿日并，男，蒙古族，1969 年 12 月出生，中共党员，大学学历。现任内蒙古自治区鄂托克前旗农牧业局局长。

自 1987 年 9 月参加工作起，历任中学副校长，昂素镇党委委员、纪检书记、党委副书记、人民政府镇长，鄂前旗扶贫办主任等职。2012 年 12 月至今，任鄂托克前旗农牧业局局长。

# 依托科技　强化服务
# 全面提高农业科技含量

黑龙江省讷河市农业局

为更好地促进农业发展，增强农民的科学文化素质，加快农村科技成果转化能力，2011、2012两年以促进科技成果转化、提高农业科技含量为目的，以科技下乡、科技培训为主体，强化服务，坚持做好科教工作，极大地促进了农业增产、农民增收。

## 一、2011年科教兴农推广情况

按照省、齐市业务站的安排和部署，结合本地实际，重点推广农业技术项目大豆重迎茬综合高产栽培技术35万亩；大豆垄三栽培技术80万亩；大豆45cm双条密植栽培技术30万亩；玉米大垄密植通透栽培技术5万亩；玉米小垄密植栽培技术20万亩；玉米保护地栽培技术3.5万亩；水稻大棚育秧综合高效栽培技术25万亩；测土配方施肥技术50万亩；马铃薯大垄栽培技术10万亩；甜菜小垄密植栽培技术6万亩；保护地蔬菜高产高效栽培技术2万亩；农作物病虫草鼠害绿色防控技术270万亩；农田低残留化学除草剂使用技术360万亩。

推广四大作物生产技术规程245万亩，其中，大豆100万亩，玉米80万亩，水稻25万亩，马铃薯40万亩。推广项目为：一是玉米育苗移栽技术；二是马铃薯应用脱毒种薯大垄种植技术；三是水稻大棚育秧技术；四是甜菜以肥保密技术；五是大豆应用110厘米大垄密植和45厘米双条密植栽培技术。

## 二、2012年科教兴农推广情况

2012年推广大豆垄三栽培技术100万亩，大豆45cm双条密植栽培技术20万亩，玉米大垄通透密植技术20万亩，玉米小垄密植栽培技术50万亩，玉米保护地栽培技术5万亩，水稻大棚育秧综合高效栽培技术20万亩，测土配方施肥技术100万亩，马铃薯大垄栽培技术10万亩，大豆大垄密植5万亩，大豆高蛋白种植20万亩。农作物病虫草鼠害绿色防控技术270万亩，农田低残留化学除草剂使用技术360万亩。

## 三、主要做法

### 1. 立足科技培训，提高广大农民科技素质

为增强广大农民科技素质，提高全市农业科技含量，我们在全市范围内开展了以“科技兴农，富民强市”为主题的科普之冬活动和送科技下乡活动，利用农业专家大院、科普之冬、科普大篷车、广播、电视讲座、科技大集、开通110热线等形式进行培训，重点推广优质专用品种种植、特色经济作物栽培、绿色无公害农产品生产栽培、测土配方施肥等专题技术培训，全市累计受训人数达到14.2万人次。同时，成立科技大厅，科技人员轮流值班，接待农民前来技术咨询，为农民解答农业生产存在的实际问题。提供防病技术、施肥技术、栽培技术、名特优高效作物、农产品市场信息等。组织农民专业合作社、专业大户参加绿博会、哈洽会等农业博览会，让其看的见、摸得着，实实在在地认识到农业新技术带来的种种好处，并根据自身引进适合本地的新技术、新品种。加强良种良法的引进、示范和推广，提高科技成果转化率，为发展现代农业提供有力的技术支撑。

### 2. 加快土地流转，带动先进技术发挥作用

由于传统农业一般是由一家一户生产经营，经营分散，规模不大，对农业先进技术推广接受有限，不利于大农机应用、先进技术推广和标准化生产。几年来，我们通过抓合作促科技，抓科技促规模，认真抓、实在抓，通过合作组织建设，推进规模经营飞跃，实现整屯推进，整乡推进。坚持数量与质量、发展与规范、示范与创新并重，积极引导土地承包经营权流转，大力培育家庭农场、专业大户和专业合作社等规模经营主体，加快发展多种形式的适度规模经营，提高农业机械化、水利化、标准化、规模化、组织化、集约化、市场化水平。加快发展以土地股份合作、劳务合作、农产品营销合作为重点的农民专业合作社，全面提升农民专业合作社综合实力，提高对农户的覆盖率和带动力。组织开展农民专业合作社示范社创建活动，发挥示范社的辐射带动作用。在种、管、收、售全过程实行统一规模经营，整合政策资源向合作社倾斜，加大宣传推介力度，全市入社农民达5.7万户，带动规模经营320万亩。

### 3. 增加科技含量，提升产品市场竞争能力

大力促进农业技术进步，努力提高农产品质量和效益，解决传统农业生

产方式消耗高、品质差、效益低，没有竞争优势等不利因素，围绕发展无公害农产品、绿色食品和有机食品，加快农业标准化示范基地建设。通过开展示范，积累经验，树立典型，以点带面，促进农业标准化的应用。同时，把质量标准认证作为农业标准化工作的一个突出重点，大力发展无公害农产品，稳步发展绿色食品，适度发展有机食品，推进名牌农产品认定，促进农业生产经营方式的转变，加快产销衔接，提高生产的组织化程度和产业化经营水平，带动农业增效和农民增收。

4. 加快园区建设，促进高新技术示范辐射

2011 年，投资 1000 万元，建成占地面积 500 亩的讷河市现代农业示范园区，建设农耕文化广场 1 万平方米，科技成果展示厅 600 平方米，引导农民发展玉米、水稻和马铃薯等优势和高效作物。同时，根据不同区域进行合理规划，在乡、村两级创建一批高、精、尖科技示范园区，重点突出地域的特色，示范筛选一批新品种、新技术、新装备，加快推进农业技术成果集成。充分发挥现代农业产业技术体系的重要作用，完善以产业需求为导向、以农产品为单元、以产业链为主线、以综合试验站为基点的新型农业科技资源组合模式，形成技术创新、试验示范、辐射带动的成果转化快速通道。

# 加强科技创新 提高农业科技成果转化能力

安徽省合肥市农业委员会 何 杰

作为省会城市，农业发展有其特有的约束性因素。在合肥跨越赶超的重要时期，如何加快农业转型步伐、推动产业升级、建设与大城市建设与发展相适应的现代农业产业？面对这些发展问题，市委、市政府“锁定”农业科技创新，以科技创新为动力，全面提高农业农村经济运行质量，走出一条科技与农业紧密结合的新路子，全方位提升合肥现代农业的综合实力和竞争力。

## 一、合肥农业科技创新对现代农业发展支撑效应概要

### （一）农业生产“保供稳增”能力显著增强粮食产量稳步提高

种业保障和科学生产推动了单产提升和面积稳定，促进了粮食大面积平衡增产，实现了连续九年增产。主要农产品产量明显增长。2012 年全市菜瓜果总产量达 235 万吨，肉蛋奶水产品总产量达 100 万吨，分别增长 11%、6.8%，奶牛养殖成为全省第一大市。特色高效规模农业加速发展。推动了农业产业布局、结构和产品三大调整，2012 年全市建设特色规模农业总面积达 280 万亩，其中“万元田”面积突破 30 万亩。

### （二）引领现代农业发展能力大幅跃升

农业科技企业日渐壮大。建设市级以上农业科技示范园 150 个，培育市级以上科技创新型企业 70 余家、产学研基地 69 个、农业科技成果转化和示范基地 300 个，166 家农业企业建立了技术研发中心。农产品加工业水平快速提升。2012 年全市规模以上农产品加工业产值 1113.6 亿元，增长 24.9%，总量全省第一，并成为全省第一个农产品加工业千亿市，对全市工业增长贡献率达 11.4%。科技优势“磁场效应”凸显。联合利华、可口可乐等 7 家世界 500 强企业和国内中粮国际、伊利乳业等一批上市公司和国家级龙头企业，相继入驻合肥。战略性新兴产业快速发展。培育种苗企业达 118 家，蔬菜瓜果工厂化育苗总量突破 10 亿株，合肥成为全国重要的种业科技研发基地。全市已有近百家涉农企业率先嫁接物联网技术。农业自主创新能力持续提升。全市拥有各类农业研究与技术开发机构 128 个，获得省部级奖励农业科技成果 103 项，每年农业专利授权量突破 150 多件，主要农作物良种覆盖率达到

96%。科技创新载体建设不断加强。实行“产园村”一体化发展机制，市级现代农业示范园区发展到295个，设施农业突破40万亩；制定地方标准和行业标准63个，农业标准化已覆盖全市90%的主导农产品；全市农机总动力突破378万千瓦，机播面积突破100万亩；全市培育涉农商标4578个，省级以上名牌农产品商标124个，“三品”农产品达621个，总量位居全省首位；农业科技贡献率达58%。

**（三）促进农民持续增收基础作用不断增强**

加速农业科技与农民有效对接，2012年，培训新型农民和实用技术培训82.4万人次，11万农民实现自主创业，130多万农民实现转移就业；建立农业科技专家大院96家，成立农业专业技术协会509个，农民人均纯收入9081元，增长15.5%，实现连续五年跨千元增长和超过城镇居民收入增幅；全市农村信息化覆盖面达98%，农民专业合作社信息化建设成为全国“标杆”，较好地解决了农民产品销售难问题。

## 二、合肥农业科技创新的探索路径

**（一）创新理念，形成农业科技创新鲜明导向**

牢固树立“全域科技，全域创新”理念，坚持把“科技兴农”作为全市科技创新型试点市建设重要内容、推动农业现代化主体战略、提升农业核心竞争力关键举措和全市“转方式、调结构、促发展”重点工作之一，贯穿于工业立市、县域突破、城乡统筹等一系列重大决策部署全过程。以深化农业科技创新与推广体制改革为动力，着力构建农业科技创新、农业技术推广、农民教育培训“三大体系”和农业科技运行、成果快速转化、科技服务、技术培训“四大机制”，深入推进新品种、新技术、新模式、新机具、新材料“五新工程”建设，推动合肥农业科教优势加速先产业经济发展优势转化。

**（二）健全政策，强化科技创新引导**

市委、市政府先后制定出台了《关于加快农业科技进步，推进农业现代化建设的若干意见》、《承接产业转移进一步推进自主创新若干政策》、《承接产业转移促进现代农业发展若干政策》一系列政策，同步推进行政审批制度改革，大力清理行政许可事项，农业科技创新的氛围日益优化。

**（三）加大投入，加强科技创新支撑**

在全省率先构建了促进农业科技创新产业链发展扶持政策，建立了市自主创新专项资金，2012年市本级投入农业科技创新资金突破1.2亿元，形成了以财政投入为引导，企业投资为主，工商和社会资本广泛参与的农业科技创新投入增长机制。

**（四）壮大主体，提升自主创新能力**

围绕种源、生物、设施、生态、农产品加工和智能等农业重点领域，大力实施“龙头集聚”战略，全市农业企业发展到2600家，农民合作社发展到2037家，家庭农场发展到421家，实现了从无到有的历史性突破；超过60%的企业自建研发机构或与科研院所建立紧密合作关系，2012年投入科研经费4亿元左右，开发研制创新成果200多项；建立了粮油、畜禽、水产、果蔬等16个省级以上现代农业产业技术体系。把农业科技企业纳入全市《创新型企业行业评价指标体系》与工业企业同等“对标”评价，增强产业技术支撑和自主创新能力。

**（五）构筑平台，助推科技成果转化**

先后与安农大、省农科院、全国杂交水稻技术研发工程华东分中心等在省部级重点实验室等科研院校和机构合作，建立了以“合肥农产品加工研究院”、生物育种产业技术创新等为代表的一批农科教和产学研战略合作联盟，以及以粮油高产创建、蔬菜标准园、畜牧水产标准场为主的区域性农业科技创新与转化平台，构建了以科技合作联盟为中心，龙头企业和现代农业园区为骨干，合作组织和种养大户为基础，农户为延伸“四位一体”，集研发、中试、普及一体化运行和系统化创新的“1＋N”农业科技创新体制。建立省级以上农业技术综合试验站37个，省级以上龙头企业均建立了技术部或研发部。2012年实施市级以上重大农业科研项目突破100项。农业科技创新和农业经济相结合、科技链与产业链相衔接、科研机构与农业企业发展相融合的农业科技创新机制加速形成。

**（六）建立体系，构建多元服务机制**

市财政安排专项建设资金1000万元，大力推进农技服务体系建设，在全省率先完成了基层农技推广体系改革任务，建立了覆盖市、县、乡三级的农技推广、农产品质量安全监管和动物防疫三位一体的服务体系，基层农技公益性职能不断加强。积极引导和支持高等院校、科研机构和涉农企业、合作社等各方力量参与农技推广服务，新型社会化农业服务组织达3000家，形成了一主多元、有机结合、互为补充的农技推广服务新体系。

**（七）注重推广，创新农技应用模式**

深入实施农技人员进村入户“百千万”行动和“十百工程”建设，探索建立了适宜不同产业和地域特点的“首席专家＋创新团队＋农业企业、合作社”的农技推广联盟、“农业专家＋农技人员＋科技示范户”、“种养大户＋农户”等一批种养结合、林牧结合、粮经轮作等“万元田”高效种养农技推

广新模式。近年来先后有20项新技术、500项新品种得到推广普及，推进了农业优新品种主体化、高新技术普及化和高效模式多元化，促进全市农业生产由季节农业向常年农业转变。

**（八）培育人才，增强科技兴农内力**

建立健全政府主导、农科教结合、社会广泛参与的现代农民教育培训体系，着力加强农业科技专业人才和新型农民两支队伍建设，拥有基层公益性农技推广人员近1400人。创新新型农民培训“学校课堂、田间课堂、农家课堂、远教课堂”教学和管理机制，每年培训农业技术推广、农村生产经营型、农村服务型、农村管理型等现代农业人才10000名。

**（九）深化改革，增添科技创新活力**

在全国省会城市率先开展市级农业经济管理体制改革，成立了综合性的市级农业经济技术监督管理总站。在全省率先建立了以土地流转管理为基础的市县乡农经综合管理服务体系和农村综合产权交易平台。2012年年底，全市土地流转面积达到202万亩，适度规模经营面积占总耕地面积40%，土地流转合作社发展到131家；试点推进农村土地承包经营权、林权、商标权等抵押融资，拓宽企业融资渠道。全市建立融资性担保公司44家，农村小额贷款公司72家，累计提供涉农担保金额18.6亿元。

## 三、大力提升合肥农业科技创新水平的对策措施

**（一）把握农业科技创新重点**

充分发挥我市科教资源优势，突出抓好生物育种产业、设施农业、生态农业、农业信息技术、农机装备、农副产品精深加工、防灾减灾等领域科技创新，形成一批具有自主知识产权的科技成果，着力构建适应现代农业发展要求的农业科技体系，促进农业技术集成化、劳动过程机械化、生产经营信息化，大力提高农业科技创新的组织化、系统化和集成化水平。

**（二）推进农业高新技术产业发展**

深入实施“种子种苗升级”工程建设，培育一批具有原始创新能力和较强影响力的种业企业，做大做强种源农业。加快生物农业技术研究，开发一批生物农药等生物农业产品，培育和发展一批生物农业科技企业和示范基地。推进农业信息技术与农业生产技术融合，大力推进农业物联网技术运用，促进智能农业发展。充分发挥合肥农产品加工研究院平台作用，加强农业清洁生产技术、农产品产后处理和精深加工技术研发，形成一批关键技术和特色产品，提高农产品质量安全水平和市场竞争力。

**（三）加速农业科技创新主体集群发展**

深入实施农业产业化“双千亿”跨越发展行动，大力实施“科技创新、龙头集聚、产业集群、开放驱动、项目拉动、合作联动”六大新战略，加快农业龙头企业集群培育和发展，形成大产业、大龙头、大园区、大基地系统支撑的农业现代化建设新格局，努力打造中部地区乃至全国重要农产品加工基地和现代农产品物流中心，争当全省现代农业科技创新的样板区、现代高效农业的引导区。

**（四）创新科技成果转化应用机制**

深入推进校企、院企等产学研战略合作，探索建立“首席专家＋创新团队＋农业企业（合作社）”的农技推广联盟，重点推广20项农业重大技术和100个农业科技成果转化基地建设，促进农业优新品种主体化、高新技术普及化和高效模式多元化。

**（五）加强农技推广服务**

突出基层农技推广服务体系功能，加快构建完善农业推广、种子种苗、农机作业、专业防控、质量监管、公共品牌、信息服务、农村金融“八位一体”的新型农业服务体系。探索农资、科技、政策、保险、气象、信息等一站式服务机制；推进农技“网格化、组团式”服务机制和“农民需求订单型”的六类服务模式；大力推进种业、设施、农机、加工、信息等技术集成创新和组装配套，提升农业生产经营信息化和智能化管理水平。

**（六）培育新型职业农民**

鼓励发展家庭农场，将其培育成当地农业生产科学化管理、农机化作业、标准化生产的示范。培育发展新型职业农民，鼓励大学生从事农业创业金和农技人员投身现代农业建设，领办和创办示范基地。加强农业经营管理和农技人员培训教育，打造一批有文化、懂技术、会经营的新型职业农民，开展新型农民培训、阳光工程培训、农民创业培训和农业实用技术普及培训100万人次。

**作者简介：**

何杰，男，汉族，1961年10月出生，中共党员。现任安徽省合肥市农业委员会主任、党组书记，兼任市城乡统筹发展委员会副主任兼办公室主任。

# 应用推广农业科技　发掘粮食增产潜力

河南省陕县农业局　李彦青

民以食为天，食以粮为先。我县历来重视粮食生产，一直把粮食生产作为安天下、稳民心的战略产业来抓。从群众来看，“手中有粮，心里不慌”。从政府来看，在历次农业结构调整中，粮食面积基本没有出现大起大落现象。从2001年到2012年，我县粮食生产稳步发展。

## 一、粮食生产发展情况

我县是个典型的豫西丘陵山区农业县，耕地面积2001年为43.57万亩。粮食作物主要是小麦、玉米和大豆，其次是红薯、谷子、绿豆、红小豆等。种植模式主要为小麦—玉米（豆）为一年两熟制。2001年，农作物播种面积为67.95万亩，复种指数为155.9%，粮食作物播种面积为52.42万亩，占农作物总播种面积的77.1%，其中小麦播种面积为29.31万亩，占粮食作物播种面积的55.9%，玉米播种面积为7.26万亩，占粮食作物播种面积的13.8%，大豆播种面积为4.47万亩，占粮食作物播种面积的8.5%，小麦、玉米、大豆播种面积占粮食作物播种面积的78.2%。

2012年，耕地面积为45.3万亩。农作物播种面积为68.81万亩，复种指数为151.9%，粮食作物播种面积为47.66万亩，占农作物总播种面积的73.5%，其中小麦播种面积为20.76万亩，占粮食作物播种面积的43.5%，玉米播种面积为21.7万亩，占粮食作物播种面积的45.5%，大豆播种面积为2.5万亩，占粮食作物播种面积的5.2%，小麦、玉米、大豆播种面积占粮食作物播种面积的94.2%。

2012年较2001年，农作物播种面积减少了3.14万亩，粮食播种面积减少了4.76万亩，其中小麦播种面积减少了8.55万亩，玉米播种面积增加了14.44万亩，大豆播种面积减少了1.97万亩。综合分析的结论是，我县粮食作物78.2%～89.6%为小麦、玉米和大豆，从2006年以来粮食播种面积一直稳定在42万亩以上。

粮食总产由2001年的7.66万吨到2012年的14.348万吨，增加了6.688万吨。粮食单产由2001年的112.7公斤/亩到2012年的301.05公斤/亩，提高了188.35公斤/亩。综上所述，从2001年到2012年，10多年间粮食面积有所减少，单产不断提高，总产逐渐增加。原因是多方面的。

从政府的作用形式来看，国家加大了对粮食生产的扶持。粮食生产已由过去的行政领导为主转变为政策引导、支持为主。政府对粮食生产的影响也只能更多地采用政策引导来实现。通过近年来粮食直补、农机补贴、良种补贴、农田水利建设、粮食高产创建和巩固退耕还林成果基本口粮田建设项目等项目的实施，项目区的农业生产条件得到了明显的改善，基地建设取得了明显的经济效益和社会效益，为我县的农业乃至农村经济的发展注入了新的活力和发展后劲。2005年，国家小麦直补惠农政策在我县开始实施。2008年，我县开始实施国家小麦良种补贴项目，使我县小麦生产从产量到质量都产生了新的跨越。2006年我县开始取消农业税。2007～2009年，我县实施测土配方施肥项目，2010～2012年被列为国家测土配方施肥续建县。从2009年以来，国家的小麦、玉米等粮食高产创建项目，连续在我县实施。到2010年，国家强农惠农政策惠及我县越来越多，对我县粮食生产的促进作用越来越大。

从生产投入来看，农民的物质投入越来越多，越来越科学。在种子上，小麦推广了优质高产品种和包衣技术，良种覆盖率越来越高，产量提高，品质改善；玉米推广了“一增四改”等技术即合理增加种植度、改种耐密型品种、改套播为直播、改粗放用肥为配方施肥、改人工种植为机械化作业。良种覆盖率达到了99%以上，产量大幅度提高。在肥料上，化肥施用面广量大，渐趋平衡，目前强力推广的土壤有机质提升项目和秸秆还田技术，有望解决长期存在的有机肥投入不足问题。在农药上，杀虫剂、杀菌剂、植物生长调节剂、除草剂品种丰富，施用普遍，减轻了病虫草害，保障了粮食高产、稳产。农业机械化程度不断提高，旋耕机、联合收割机、秸秆还田机、精量半精量播机大量推广，大部分实现了机耕、机播、机收等机械化作业。粮田机井、蓄水池、灌溉渠道、移动喷灌等设备数量逐年增加，具有灌溉条件的面积连年增大。这些投入为粮食生产提供了越来越好的物质、技术保障。

从科技水平来看，围绕粮食生产，不断引进示范推广新品种，实施良种良法配套措施，推广粮食生产新技术。在小麦生产上，推广了半精量播种高产栽培技术、测土配方施肥技术、氮肥后移技术、病虫害防治技术。在玉米生产上，推广了“一密四改”等高产栽培技术、化学除草技术、化学调控技术、适期晚收技术。这些新技术的推广，使小麦、玉米单产水平得到了较大幅度提高。

从气候来看，在小麦、玉米生长季节，光照充足，热量丰富，适宜小麦、玉米生长。春旱秋涝晚秋干旱，干热风、冰雹、霜冻、大风，时有出现，是主要农业气象灾害，不同程度地影响着小麦和玉米的正常播种、生长发育和适期成熟。春旱和晚秋旱、秋涝时常影响着小麦的生长和适时播种；干热风可使小麦逼熟；冰雹多发生在6月，危害玉米；霜冻影响小麦春季生长。2010年粮食受灾面积为11.8万亩，其中小麦受冻害面积4.3万亩，秋粮受涝灾面积7.5万亩，受灾面积占粮食总播种面积的27.7%；2011年粮食受灾面积为12.3万亩，占粮食总播种面积的28.7%。其中小麦受旱灾面积9.2万亩，秋粮受涝灾面积3.1万亩。

## 二、粮食生产格局变化情况

在粮食作物种植上，主要是小麦、玉米和大豆，占粮食作物种植面积的八成左右，粮食作物主要是小麦、玉米和大豆，其次是红薯、谷子、绿豆、红小豆等。

小麦和玉米品种多，更新换代快。

小麦：从豫麦18、内乡188、郑旱1号、百农64、宝丰7228、宝丰949、洛旱2号、晋麦47、豫麦38，到目前的当家品种豫麦49－198、开麦18、洛旱6号、矮抗58、郑麦366、西农979等。

玉米：从丹玉13、农大108、豫玉18、掖单2号、掖单12号、掖单13号，到目前的当家品种郑单958、浚单22、滑玉11、中科4号、中科11、郑单528等。

红薯：从豫薯7、8号、陕州1号、2号、鲁薯8号，到目前的秦薯5号、里外红、红心431等。

## 三、粮食增产潜力及主要制约因素分析

### （一）粮食生产潜力

综上所述，我县粮食生产的基础扎实。这一基础，保障了我县粮食单产不断提高，总产呈增长趋势，并具可持续性。

以小麦为例，2012年，全县平均单产301公斤/亩，正处在由中产向高产过渡的阶段，所以小麦生产还有较大的增产潜力。按1毫米降雨每667平方米生产0.98公斤小麦（国际先进技术1毫米降水每667平方米生产2～2.5公斤谷物），我县降雨量能满足每亩400公斤以上小麦生长的需要。玉米及小杂

粮亦如此。发掘粮食增产潜力，既要充分发挥现有生产能力，更要彻底克服一切制约因素。

**（二）存在的问题**

粮食增产的制约因素，主要表现在以下几个方面：

一是规模化集约化程度不高，90%以上是一家一户分散经营，不利于机械化操作和科技成果应用推广。

二是粮农素质不高，由于现在从事农业生产的人员，大多是老人和妇女，在家务农的主力军为45岁以上的老弱群体，其文化素质普遍不高，虽然经过近年的新型农民培训和巩固退耕还林培训，收到了一定效果，但还是与现代农业技术推广不相适应。

三是生产基础设施薄弱，特别是农田水利设施陈旧老化较多，粮食生产一定程度上靠天收，抗御自然灾害能力较弱。例如在去冬今春的旱灾面前，还不能完全解决全县耕地的灌溉问题，制约着粮食生产的发展。

四是农业技术推广体系建设投入不足。乡镇一级农业技术推广体系是以农业综合办公室的形式存在的，只是业务受业务部门指导，普遍存在人员不足，业务不专，没有专门办公经费等问题，技术推广设备、检测仪器等几乎一无所有，村一级推广体系基本不存在或形同虚设，使得技术推广出现了断层。

五是农业生产成本如化肥、种子、农药、机械、水电、人工等上升较快。如化肥、农药、农膜、农业机械和农用柴油等主要农业生产资料，近两年涨幅过大。据调查2011年碳铵每吨价格800元，比2010年600元增长200元；尿素每吨2300元左右，比2010年1900元高400元，增近21%；45个含量的复合肥2011年每吨3200元，比2010年2400元增33%；二铵2011年每吨3800元，比2010年3100元增23%。农资的涨价一定程度影响了农民的投入。与粮食比价不合理，应采取宏观调控措施，为粮食生产稳定增长提供物质保障。

六是种粮比较效益低，造成复种指数降低或粮田改种蔬菜等经济作物，导致粮食播种面积有下降的趋势；且农田抛荒现象又现苗头。

## 四、主要对策

要发掘粮食增产潜力，就要克服上述制约因素。要克服制约因素，就要增加投入。投入是个纲，纲举目张。只有加大投入力度，才能使以下措施落到实处：

1. 加强农业基础设施建设，尤其是水利设施建设

“十二五”国家加大水利建设投入力度，我县也要利用这一历史机遇，充分挖掘利用好我县水利资源，加强农田水利建设，提高抵御干旱等自然灾害的能力。

2. 健全农业技术推广体系，尤其是要保障经费

要切实加强《中华人民共和国农业技术推广法》的实施力度，保障农业技术推广体系建设，要坚持“一个稳定”、“三个不变”的原则。“一个稳定”是要稳定好一支长期服务农村、农业、农民并作出巨大贡献的基层农技推广队伍。而“一个稳定”的具体表现形式就是“三个不变”，即基层农技推广组织和国家编制内农业技术人员的事业性质不变；农技人员的事业经费不减，财政拨款项渠道不变；基层农技推广组织国有资产所有权不变。

3. 农业科技的应用，尤其是旱作栽培技术的应用

晒旱地要一次深耕多次耙磨，遇雨即耙；多施有机肥（粗肥），配方施肥，小麦氮肥后移等；选用适宜品种；合理密植；病虫害防控；秸秆还田及覆盖技术，以保墒和提高土壤水分利用率为中心加强田间管理，实现“蓄住天上水，保好地下水”，充分提高土壤水分利用率。

4. 真正加快科技培训，避免培训活动只走形式

通过广播、电视、报纸等多种方式，传播现代农业科技成果，指导群众科学管理，依靠科技，提高产量。并通过电视媒体、科技人员包村、村文化大院、村图书室、田间地头讲解等多种形式，对农民进行手把手、面对面地开展技术指导和技术培训，帮助农民解决粮食生产中的技术难题，切实做到“技术人员到户、技术要领到人、技术措施到田”。

# 搞好社会化服务　提升科技水平

湖北省武穴市农业局　梅金先　张堂树

武穴市位于湖北省东部、大别山南麓，版图面积1200平方公里，辖12个镇（处），331个村（社区），总人口80万人，其中农村人口56万人；耕地面积55.4万亩，其中水田45.1万亩，人均耕地0.69亩，是湖北省粮棉油生产大县，以水田“油稻稻”三熟制、旱地“麦棉”多套多熟制著称。在长期农技推广实践中，我市农技推广体系不仅线不断网不破，而且在每次的改革中得到了巩固提高和发展壮大，特别是自2005年全省基层农技推广体系改革与建设以来，我们结合本地实际情况，率先在湖北省推行了“管理在县市、服务在基层”的农业行政主管部门“派出制”管理模式，经过不断探索、总结和完善，对武穴农业的发展起到了巨大地促进作用。

## 一、创新管理模式

我局实行“管理在县市、服务在基层”的县市级行政主管部门派出制管理模式，核心是将12个基层镇处农技服务中心人、财、物归口农业局管理，以市农技推广中心为龙头，镇处农技服务中心为纽带，科技示范村和示范户为载体的全市农技推广服务体系保持了相对的稳定，为全省基层农技推广体系改革树立了一面旗帜。主要做法是：

1. 编制三定

定性质、定岗位、定人员，按照每万亩耕地面积配备一名农技人员标准，确定56名农业公益性服务岗位，对竞争落选40人，实行自愿置换身份、提前退养及创办经济实体等办法分流，切实做到了无情改革、有情操作。

2. 落实经费

市级农技推广机构经费每年99万元，其中省级产粮大县专项推广经费33万元、市级安排推广经费10万元、办公经费5万元、人员工资51万元；镇处农技推广中心经费214.6万元（其中17万元用于物化投入），其中省级转移支付及市每亩1元推广费用134.6万元，市级财政预算80万元。

3. 保障待遇

全市镇处农技推广服务中心现有在岗56名农技人员，全部纳入市农技中

心人员编制管理，列入财政补贴，全员参加保险。市级推广机构人员也都纳入事业编制。

4. 改善阵地

各镇处农技推广服务中心拥有单独的办公场所，完善了办公室、培训室、标本室、试验室等设施配套，全部配置了电脑、电视机和影碟机，有条件的服务中心还购置了全套多媒体培训设备。干部职工的工作和生活条件有了明显的改善，农技人员工作更加安心。2012 年，我们又投入 20 多万元，以高标准重新改造石佛寺镇农技中心，新设服务大厅，配套完善相关设施，提升了服务功能，得到了全省农业秋播工作现场会领导的赞赏和高度评价。

我市基层农技推广体系改革走在全省乃至全国前列，得到了农业部和省农业厅充分肯定。近几年来，先后接待外省、外县各级考察调研、参观学习近 50 余次。2009 年 6 月 10 日，农业部副部长张桃林在省人大常委会副主任罗辉等陪同下来我市调研，对我市农技推广体系改革和建设成功经验给予了高度肯定，认为值得全国借鉴和学习。

## 二、改进服务方法

我们始终坚持以人为本，着眼于提高农技人员和农民的科技素质，通过不断改进完善服务方式方法，把农技推广服务做到基层，解决农技推广最后一公里的问题。

1. 开展试验示范

每年安排各类试验 40 多项，示范 10 万亩。每个农技中心都有自己的试验基地和服务半径。梅川农技中心租包丛政村 20 亩田，组织农技干部自己办旱育秧试验，成为全市水稻旱育秧技术推广的发源地。同农户一道办示范，开展高产创建活动，在大金镇开展的早晚连作超高产攻关经省农业厅组织专家验收，双季稻同田单产 1378 公斤，连续七年突破 1300 公斤；在大法寺镇大屋雷村百亩双低油菜核心攻关方经专家组测产理论单产达 236. 85 公斤；棉花高产创建，实现亩成桃突破 11 万桃的省内纪录。同时，我们积极与科研院校和推广单位合作，2013 年 6 月 19 日，我市与华中农业大学签订全面战略合作协议，并挂牌建立“农业院士专家工作站”。这种校市合作模式在全省县市一级属首家，对推进武穴现代农业发展，解决武穴市农业生产关键性技术问题，提升武穴市双低油菜和优质稻产业化水平发挥着重要作用。

2. 创办示范中心

我们在原花桥镇农业技术试验示范基地的基础上创办了武穴市现代农业

示范中心，2011年经武穴市编委批准成立机构，属农业局管理的公益性农技服务事业单位。中心现有各类专业技术人员8人，其中高级职称4人，中级职称4人。示范基地展示园区面积1000亩，其中核心区面积400亩，划分六大功能区，即管理服务中心、高新技术展示区、设施农业区、新优品种展示区、良种繁育区、生态休闲区。2011年被农业部、共青团中央认定为首批全国青少年农业科普示范基地。

3. 大搞农技培训

结合各类农民培训工程，每年举办农业技术培训会100多次，组织田间学校办班50多期次，直接培训农民2万人，培养新型农民2000个，培训转移富余劳动力2000人，极大地提高了农民的文化素质。同时我局确立了人才兴农战略，开展以学历层次提升为主的培训班。组织了93名农技人员参加了华中农大大专班和专升本函授班学习，有57人获得华农大专学历；开展“五个一”活动，培育拔尖人才。即“一个专家、带领一个团队、定一个课题、给一笔经费、出一批成果”。

4. 科技入户指导

2005年开始，我们按照农业部要求实施科技入户工程，解决农技推广“最后一公里”的问题。每年聘请100多名科技指导员，联系1000多个科技示范户，辐射带动2万多个农户。花桥镇示范户刘文华原来不敢接受新技术，在指导员田剑入户帮助下，带头旱育秧和宽窄行技术，当年亩平增产197.5斤，增幅达20%以上，使该项技术很快在花桥镇推广。

5. 搞好社会化服务

引导成立各类农业专业组织和协会，吸收农民加入。一是全市建立植保机防队400个，成立农民植保统防、蔬菜产销等协会35家，入会社员达8000多人。二是开展农业保险服务，从2008年开始，累计农作物投保面积达到400多万亩（水稻，油菜），降低农民种田风险。三是发展农业订单生产，引导龙头企业参与基地建设，切实解决农产品卖难问题。四是开通了农业新时空信息服务项目，创办了《武穴农业》报和《科技直通车》节目，设立了专家和技术人员坐诊咨询台，为农民提供全程农技信息服务。

## 三、提升科技水平

农技推广体系改革激发了广大农技人员的积极性，加快了新品种、新技术、新成果的推广转化速度，促进了农业增产和农民增收。2012年全市实现粮食总产8.24亿斤，油料1.52亿斤，棉花22.4万担，分别比上年8.0亿斤、

1.3亿斤、18.6万担增长3.0%、10.1%、20.4%；农民人均纯收入7880元，增幅12.2%。经测算我市农业科技贡献率达到56%，高于全国平均水平。

1. 加速了新品种更新

积极办好全省新品种品比试验和生产示范，实行主推品种和主推技术制度。先后召开省级新品种示范观摩会80多次，接待参观人数达3万多人；每年推广主要农作物新品种10个以上。据统计，全市主推品种覆盖率达90%，新品种更换缩短至3年，品种增产优势明显。仅黄花粘品种推广五年来，为我市增产粮食1000万斤以上。

2. 加快了新技术应用

我市先后推广了双免双套、免耕移栽、直播、旱育秧、棉花两无两化、"一菜两用"等轻简化栽培技术，普及测土配方施肥技术、病虫害综合防治技术。全市每年轻简化技术推广面积应用达100万亩，测土配方施肥技术120万亩，病虫害综合防治技术150万亩。据调查，水稻实行轻简化栽培技术，亩增收可达100元以上；采用测土配方施肥技术和病虫害综防技术每亩节约成本在100元左右；推广双低油菜"一菜两用"技术多收一季菜苔，亩增收350多元，增幅达60%。

3. 加大了新成果开发

我们通过试验示范水稻双季双抛、双免直播、高产强化栽培等技术，集成了一套以"超级稻品种、精量播种、旱育壮秧、宽窄行栽植、定量控苗、好气灌溉、配方施肥、综防病虫"为核心的水稻高产栽培技术。"稻油双免"栽培技术推广面积进一步扩大，集成了一套中稻油后免耕技术，即"优良种、适期播、种包衣、均匀种、杆还田、狠除草、平衡肥、节管水、综合防、轻节本"。"三免三抛"、"早直晚抛"、"中稻高产栽培"、油菜"一菜两用"等课题分别获得了湖北省科技进步奖、农业部丰收计划奖和黄冈市科技进步奖7项。

4. 加强了新品牌创建

我们积极发展优质稻、优质油和地方特色农产品，建基地，创品牌。全市农业"三品一标"（无公害农产品、绿色食品、有机食品和农产品地理标志）已获得农业"三品一标"认证的有50家、65个产品，其中市农技推广中心申报的武穴佛手山药地理标志产品获得国家农业部批准。"接福"牌植物油、"莲花"牌优质大米、"美雅"牌酥糖和"广济"牌云片糕等一批名特优农产品俏销省内外。

**作者简介：**

梅金先，男，汉族，1958年8月出生，中共党员，高级农艺师。现任湖北省武穴市农业局局长、党组书记。

近年来，先后获全国农业丰收计划一等奖1项，二、三等奖各2项，省丰收计划奖2项，是黄冈十大科技拔尖人才、劳动模范；全省农业科技先进工作者、优质稻工程先进个人，国务院政府特殊津贴人员、全国农业科技入户先进个人。

# 精谋划　抓重点　科技兴农见成效

湖南省桂阳县农业局　唐和光

2012年，又是一个丰收年。一年来，在县委、县政府的正确领导和上级农业部门的精心指导下，我们团结带领全局干部职工，认真贯彻落实各级农业农村工作的方针政策，全面完成了各项工作任务，全县农业健康可持续发展，预计全县农业总产值达53.61亿元以上，农民人均纯收入将过万元。2012年，成绩喜人，捷报频传。我县在全省产油大县项目中期评估中名列第三名；我局荣获郴州市现代农业示范园建设工作先进单位、郴州市粮食生产工作先进单位、郴州市经济作物生产工作先进单位，全省农药管理、农作物病虫害专业化统防统治、农产品质量安全和农民素质教育工作先进单位；特别是我局在郴州市农业工作目标管理考核中连续三年荣获一等奖，我县粮食生产工作在全市排名第一，县政府获全市粮食生产先进单位。

## 一、加强自身建设，班子综合素质明显提高

我局班子首先把党建工作放在极为重要的位置，坚持学习，创造性的开展了多项组织活动，提高了党组织的凝聚力和战斗力；领导班子注重加强自身建设，坚持和健全民主集中制，班子成员分工明确，科学决策，保证了组织生活正常开展；班子成员严格落实“一岗双责”，紧紧围绕县委、县政府工作重心，立足本职、加强学习、服务大局，以科学发展观的态度创新工作，使班子更加团结务实，富有朝气。2012年，我局共组织召开民主生活会4次，党员座谈会6次，采纳各类可行性建议10条，有力促进了全局各项工作的顺利开展。

## 二、精谋划抓重点，农业经济又好又快发展

### （一）大力发展生产，确保主要农产品有效供给

全年完成粮食播种面积101.33万亩，总产突破41.26万吨，粮食生产实现九连增；新增经济作物种植基地6个，茶叶生产来势喜人，已达1.1万余亩，产量200吨；水果生产强势发展，新增优质水果面积3500亩，水果面积达到21.47万亩，水果产量迈上50万吨；秋冬种生产面积突破30余万亩，其

中油菜生产7.7万亩，确保了主要农产品的有效供给。

**（二）突出高产创建，粮油生产实现新跨越**

以压单扩双增面积，以高产创建增产量，以旱粮生产为突破口，把粮食生产放在工作的首位。一是认真抓好粮油高产创建，促进粮油增产增收。创建高产示范片6个，其中水稻3个、玉米1个、大豆整乡建制推进1个、千亩优质稻高产示范片2个。在正和、太和、四里、莲塘等乡镇创建了早稻集中育秧示范片，在正和镇、太和镇非烟区创办3个村连片的“稻稻油”模式示范片。通过创建高产示范片的辐射带动，有力地提升了全县粮食综合生产能力，我县连续7年被列为全省“产粮大县”、连续4年被列为全省“产油大县”。二是扎实开展秋冬种生产，冬季农业潜力进一步显现。争取到各级资金142万元发展以油菜为主的秋冬农业生产，重点落实了2个万亩油菜高产示范片、4条油菜产业核心带，17个乡镇创办了百亩示范片，示范总面积达3万余亩。落实秋冬种生产面积30余万亩，油菜播种7万余亩，长势良好。三是大力抓好旱粮生产，确保粮食生产安全。我们克服我县是烤烟生产大县，水稻生产受限的困难，挖掘旱粮生产潜力，积极发展旱粮生产，旱粮生产面积快速增加，玉米生产面积达15.7万亩，薯类15.29万亩，豆类11.3万亩。四是粮食直补和良种补贴工作按时完成。按时按质完成面积核实和发放工作，共发放粮食直补和良种补贴1119.6万元，面积82.44万亩。

**（三）注重开发培管，经作产业提质增效**

2012年，推广种植宽皮柑桔山下红0.7万亩，时鲜水果0.5万亩；参与推广种植特色辣椒0.3万余亩。在浩塘乡菖蒲村创建了一个现代示范园，水果生产基地达5000亩，全年产优质水果1万余吨；在桥市镇辉山村、光明乡李白村建立生态有机茶园示范基地各1个；嫁接中秋酥脆枣2万余株，在枣树适宜的流峰、泗州等乡镇发展枣树生产1200余亩，重振枣子产业。

**（四）积极争资立项，农业发展后劲增强**

续建实施了测土配方施肥、基层农技推广体系改革与建设、阳光工程、农作物病虫害专业化统防统治、全国有害生物预警与控制区域站建设、产油产粮大县和7个粮食高产创建等项目，新建了基层农技推广机构条件建设、水稻产地重金属污染修复试验示范等大项目，全国有害生物预警与控制区域站建设有望2013年年底全面建设完工。全年累计争取上级资金达3650余万元，我县农业项目建设工作在全市继续保持领头羊地位。

**（五）强化技术服务，科技兴农见成效**

一是强化培训和示范推广。全年完成各种培训2万余人，超额完成省市分配阳光工程培训任务 2290 人。先后引进推广了水稻、玉米、大豆、花生、水果等产业的优质高产新品种 10 余个，推广新技术 8 项，落实集中育秧面积 835 亩，开展烤烟行间育秧示范 2 万余亩，2013 年还作为了全市农技推广工作观摩会唯一观摩现场；在龙潭梧桐汪村创建了晚稻品种展示示范区，展示优良品种 27 个，新品种品比试验 26 个。2013 年，省人大蔡力峰副主任等省市领导亲临了该品比示范区。在参观现场，蔡力峰副主任连说了五个好，并对陪同的庹县长讲，“桂阳的农业工作做得好，粮食安全有保障”。结合本县农业生产特点，开展了土壤墒情监测工作，及时发布《湖南省桂阳县土壤墒情简报》12 期、信息 6000 余条，开创了我市土壤墒情监测之先例，取得了良好效果，得到了省厅的肯定，2012 年 9 月在吉首召开的全省节水农业工作会议上，我县作了典型发言。二是加强技术服务。完成测土配方施肥服务面积 120 余万亩，推广测土配方施肥 61 万亩，完成专业化统防统治服务面积 16. 22 万亩。开展科技下乡活动达 600 余人次，发放技术资料 30 余万份，印发病虫情报 14 期，印发技术手册 5 万余册。3 月 8 日，我们在仁义承办了市农业局 2012 年“送法下乡、放心农资下乡、科技下乡”活动启动仪式。三是全面推进改革。种子公司改制基本完成，基层农技推广体系改革正在稳步推进，健全了农技服务体系，也为维护社会稳定大局做出了应有的贡献。2012 年，我们承办了全市农技推广工作会议，会议取得了良好效果。

**（六）依法行政，监管水平稳步提高**

建立健全乡镇监管机构，构建由县乡两级共管延伸到村组的监管网络。现全县 26 个乡镇（街道）全部设立了农产品质量监管机构，做到了机构、人员、场地、设备全到位。一是强化源头监管，确保农产品质量安全。对全县已认定的 10 万亩无公害农产品产地进行了监督管理，建立标准化生产基地 6 个，申报认证“三品”生产基地 20 个、品种 10 个、企业 10 家。对全县各大农贸市场、超市的农产品进行全面检测与监管，共检测样品 2982 个，合格率均在 95% 以上，达到省定标准，确保了农产品消费安全。2012 年，我们还组织 3 家企业参加了在上海举行的全国绿博会，浩塘福兴生态农业有限公司生产的春蕾牌脐橙荣获 2012 年上海绿博会最畅销产品。二是规范农资经营，确保农业生产环境安全。全年共抽检农药、肥料和种子样品 57 个，检查农资经营户 186 家，立案查处案件 9 起，查获未审先推、超审定范围推广的种子 300 多公斤、劣质果苗 1. 5 万株、不合格肥料 11 吨、不合格农药 1. 37 吨，涉案金额 20 余万元，为农民挽回经济损失达 400 余万元。我们还针对多年来农资事故常有发生和因各种原因种子投诉较多的问题，改变监管方式，变事后处理为事前监管，为农业生产保驾护航。11月16日，我们组织全县种子、农药和肥料200余位经销商，召开了全县农资监管工作会议，在农资冬储和春耕前部署农资市场监管工作，得到了农资经销商和广大农民的好评。三是切实加强耕地质量保护，确保农业生态安全。一年来，共处理柏树村等农业环境污染事故6起，送测土样24个，水样8个，整治耕地面积1000余亩。

**（七）加强信息宣传，桂阳农业形象显著提升**

我们积极、全面推介桂阳农业人和农业形象，全方位、多方式、多角度，对我县农业生产工作的亮点和重点进行宣传报道。一年来，投入宣传资金20多万元，上报各类信息468条，被市级媒体录用32篇，被县级媒体录用60篇，为湖南农业信息提供信息37篇，为中国农业信息网、中国农业推广网提供信息60篇，桂阳手机报每周有农业工作报道，发行《湖南农业》杂志3300份。同时，我们认真做好县政府OA系统农业局子网平台的信息更新、日常维护和管理工作。

**（八）加强综治维稳，确保大局和谐稳定**

进一步健全维稳责任机制，落实维稳工作责任，在十八大、“七一”、“国庆”及“省、市党代会”重要期间实行专人24小时值班制度，主动摸底排查各类不稳定因素，化解各类矛盾，重点做好了乡镇农技站未转编人员和种子公司干部职工等的防控，确保稳定。认真办理代表委员提出的涉农建议和议案，回复办理代表委员提出的涉农建议和议案3个，及时答复和办理各类信访件10余起，化解各类矛盾纠纷10余起，最大限度地解决了涉农问题，基本实现了“零上访”目标，维护了大局稳定。

## 三、转作风强服务，廉政建设不断加强

2012年，我们进一步加强了领导班子党风廉政建设，继续强化了作风建设，进一步完善了各类管理规章制度，进一步强化了机关效能建设，开展了“五一”先锋岗及“五一”先锋评选活动，积极创建学习型、服务型、节约型、创新型、廉洁型“五型机关”以树立机关“为民、务实、清廉”形象，营造最优农业发展环境。

一年来，农业局领导班子虽然取得了一定的成绩，但与县委、县政府的要求和群众的期望还存在差距，工作中还有不足之处。今后，我们将在县委、县政府的正确领导下，团结奋进，扎实工作，努力开创我县农业发展新局面，为加快追领步伐，建设幸福桂阳作出新的更大贡献。

# 大力提升土壤有机质　提高耕地地力水平

广西壮族自治区恭城瑶族自治县农业局　盘家海

土壤有机质具有增温、疏松土壤、改良土壤结构、改善土壤理化性状的功能，其含量的高低，直接影响着农产品的产出率，特别是对提高农产品质量起着决定性的作用。

## 一、恭城县耕地有机质现状

恭城瑶族自治县现有耕地面积53.29万亩，比全国第二次土壤普查的28.035万亩，增加了25.241万亩。这是因为第二次土壤普查后的1987年至今，农民大量发展水果产业，已将低于25°坡度的山地、荒地、丘陵及台地开发而成耕地。

1. 水田土壤有机质状况

根据2008～2010年的测土配方施肥调查数据显示，水田土壤有机质含量：≥40g/kg的0.054万亩，占水田面积的（下同）0.42%；30～40g/kg的0.85万亩，占0.64%；20～30g/kg的5.43万亩，占42.42%；102～0g/kg的6.44万亩，占50.19%。以3～4级为多数，面积达到11.86万亩，占总面积的92.61%（见表1）。

表1　恭城县各乡水田土壤有机质含量及各等级面积表　单位：亩、g/kg

| 乡镇名称 | 各等级面积及占总面积比例 | | | | | | 合计 |
|---|---|---|---|---|---|---|---|
| | 等级 | 1 | 2 | 3 | 4 | 5 | |
| | 范围 | ≥40.0 | 30.0－40.0 | 20.0－30.0 | 10.0－20.0 | ＜10.0 | |
| | 等级描述 | 极高 | 高 | 中等 | 低 | 极低 | |
| 恭城镇 | 面积 | 3 | 34 | 1219 | 6193 | 166 | 7615 |
| | 占% | 0.04 | 0.45 | 16.01 | 81.33 | 2.18 | |
| 观音乡 | 面积 | 48 | 111 | 4696 | 1023 | | 5878 |
| | 占% | 0.82 | 1.89 | 79.89 | 17.4 | | |

| 嘉会乡 | 面积 | 2 | 22 | 5825 | 6717 | | 12566 |
|---|---|---|---|---|---|---|---|
| | 占% | 0.02 | 0.18 | 46.36 | 53.45 | | |
| 栗木镇 | 面积 | 54 | 1958 | 10511 | 19624 | 4 | 32151 |
| | 占% | 0.17 | 6.09 | 32.69 | 61.04 | 0.01 | |
| 莲花镇 | 面积 | 259 | 5413 | 11615 | 4945 | | 22232 |
| | 占% | 1.16 | 24.35 | 52.24 | 22.24 | | |
| 龙虎乡 | 面积 | | | 1690 | 4298 | | 5988 |
| | 占% | | | 28.22 | 71.78 | | |
| 平安乡 | 面积 | | 31 | 5237 | 6339 | 94 | 11701 |
| | 占% | | 0.26 | 44.76 | 54.17 | 0.8 | |
| 三江乡 | 面积 | 100 | 2454 | 2848 | 2 | | 5404 |
| | 占% | 1.85 | 45.41 | 52.7 | 0.04 | | |
| 西岭乡 | 面积 | 99 | 688 | 5976 | 3591 | | 10354 |
| | 占% | 0.96 | 6.64 | 57.72 | 34.68 | | |
| 合计 | 面积 | 565 | 10711 | 49617 | 52732 | 264 | 113889 |
| | 占% | 0.5 | 9.4 | 43.57 | 46.3 | 0.23 | |

2. 旱地土壤有机质状况

全县现有旱地面积41.9万亩，基本上全部种植月柿、沙田柚、柑橙等水果。其土壤有机质含量：≥40g/kg的0.39万亩，占旱地总面积（下同）的0.93%；30～40g/kg的3.79万亩，占9.05%；20～30g/kg的19.15万亩，占45.7%；10～20g/kg的18.3万亩，占43.67%；<10g/kg的0.27万亩，占0.65%（见表2）。

**表2　恭城县各乡旱地土壤有机质含量及各等级面积表　单位：亩**

| 乡镇名称 | 各等级面积及占总面积比例 | | | | | | 合计 |
|---|---|---|---|---|---|---|---|
| | 等级 | 1 | 2 | 3 | 4 | 5 | |
| | 范围 | ≥40.0 | 30.0－40.0 | 20.0－30.0 | 10.0－20.0 | <10.0 | |
| | 等级描述 | 极高 | 高 | 中等 | 低 | 极低 | |
| 恭城镇 | 面积 | | 7 | 3695 | 20581 | 1659 | 25942 |
| | 占% | | 0.03 | 14.24 | 79.33 | 6.4 | |
| 观音乡 | 面积 | | 890 | 18950 | 1884 | | 21724 |
| | 占% | | 4.1 | 87.23 | 8.67 | | |

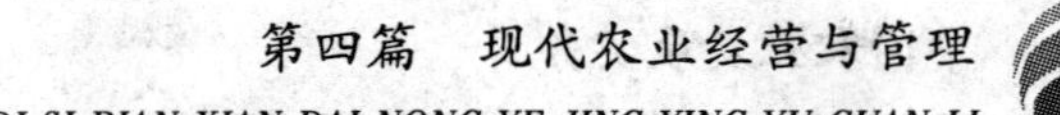

| | | | | | | | |
|---|---|---|---|---|---|---|---|
| 嘉会乡 | 面积 | | 89 | 28705 | 37551 | 106 | 66451 |
| | 占% | | 0.13 | 43.2 | 56.51 | 0.16 | |
| 栗木镇 | 面积 | 1173 | 7455 | 32020 | 24924 | 454 | 66026 |
| | 占% | 1.78 | 11.29 | 48.5 | 37.75 | 0.69 | |
| 莲花镇 | 面积 | 108 | 2212 | 44180 | 15959 | 24 | 62483 |
| | 占% | 0.17 | 3.54 | 70.71 | 25.54 | 0.04 | |
| 龙虎乡 | 面积 | | | 4513 | 12637 | 70 | 17220 |
| | 占% | | | 26.21 | 73.39 | 0.41 | |
| 平安乡 | 面积 | 111 | 515 | 11148 | 22277 | 1 | 34052 |
| | 占% | 0.33 | 1.51 | 32.74 | 65.42 | | |
| 三江乡 | 面积 | 2390 | 20844 | 9382 | 171 | | 32787 |
| | 占% | 7.29 | 63.57 | 28.61 | 0.52 | | |
| 西岭乡 | 面积 | 135 | 5892 | 38905 | 47006 | 397 | 92335 |
| | 占% | 0.15 | 6.38 | 42.13 | 50.91 | 0.43 | |
| 合计 | 面积 | 3917 | 37904 | 191498 | 182990 | 2711 | 419020 |
| | 占% | 0.93 | 9.05 | 45.7 | 43.67 | 0.65 | |

从表1数据显示，水田土壤有机质下降明显，与全国第二次土壤普查数据相比较，一级（≥40g/kg）由第二次土壤普查（简称“二普”，下同）的7.75%下降到0.5%，降幅1550%；二级（30～40g/kg）由二普的18.24%下降为9.4%，降幅194.04%；三级（20～30g/kg）由二普的53.15%上升到43.57%，升幅121.98%；四级（10～20g/kg）由二普的20.43%上升为46.3%，升幅226.62%；五级（<10g/kg）由二普的0.18%上升为0.23%，升幅127.77%。（见表3）。

旱地土壤有机质含量与全国第二次土壤普查的数据相比较，一级、二级下降明显，分别从占总面积的14.53%、14.27%下降至0.93%和9.05%；而三级、四级则从总面积的32.09%、32.14%上升为45.7%和43.67%（见表4）。

**表3　恭城县各乡水田土壤有机质现在与二普比较表　单位：亩**

| 乡镇名称 | 等级 | 一级 | | 二级 | | 三级 | | 四级 | | 五级 | |
|---|---|---|---|---|---|---|---|---|---|---|---|
| | 范围 | ≥40.0 | | 30.0－40.0 | | 20.0－30.0 | | 10.0－20.0 | | <10.0 | |
| | 比较 | 二普 | 现在 | 二普 | 现在 | 二普 | 现在 | 二普 | 现在 | 二普 | 现在 |
| 恭城镇 | 面积 | 629 | 3 | 662 | 34 | 4521.7 | 1219 | 8793 | 6193 | 356.5 | 166 |
| | 占% | 4.20 | 0.04 | 4.42 | 0.45 | 30.22 | 16.01 | 58.77 | 81.33 | 2.38 | 2.18 |
| 观音乡 | 面积 | 1213 | 48 | 1799 | 111 | 4260 | 4696 | | 1023 | | |
| | 占% | 16.68 | 0.82 | 24.74 | 1.89 | 58.58 | 79.89 | | 17.4 | | |
| 嘉会乡 | 面积 | 961.5 | 2 | 1265 | 22 | 18736.5 | 7515 | 5348 | 11015 | | |
| | 占% | 3.65 | 0.02 | 4.81 | 0.18 | 71.21 | 40.5 | 20.33 | 59.36 | | |
| 栗木镇 | 面积 | 2445 | 54 | 4282 | 1958 | 3278.3 | 10511 | 8043.2 | 19624 | | 4 |
| | 占% | 5.14 | 0.17 | 9.01 | 6.09 | 68.94 | 32.69 | 16.92 | 61.04 | | 0.01 |
| 莲花镇 | 面积 | 6005.9 | 259 | 13455 | 5413 | 12705.2 | 11615 | 471 | 4945 | | |
| | 占% | 18.40 | 1.16 | 41.23 | 24.35 | 38.93 | 52.24 | 1.44 | 22.24 | | |
| 平安乡 | 面积 | 940 | | 5292 | 31 | 18015 | 5237 | 5858 | 6339 | | 94 |
| | 占% | 3.12 | | 17.58 | 0.26 | 59.84 | 44.76 | 19.46 | 54.17 | | 0.8 |
| 三江乡 | 面积 | 1755.6 | 100 | 3621.2 | 2454 | 1804.6 | 2848 | | 2 | | |
| | 占% | 24.45 | 1.85 | 50.42 | 45.41 | 25.13 | 52.7 | | 0.04 | | |
| 西岭乡 | 面积 | 1274 | 99 | 5430.5 | 688 | 11538.5 | 5976 | 11608 | 3591 | | |
| | 占% | 4.20 | 0.96 | 17.90 | 6.64 | 38.03 | 57.72 | 38.26 | 34.68 | | |
| 合计 | 面积 | 15224 | 565 | 35806.7 | 10711 | 104359.8 | 49617 | 40121.2 | 52732 | 356.5 | 264 |
| | 占% | 7.75 | 0.5 | 18.24 | 9.4 | 53.15 | 43.57 | 20.43 | 46.3 | 0.18 | 0.23 |

**表4　恭城县各乡旱地土壤有机质现在与二普比较表　单位：亩**

| 乡镇名称 | 等级 | 一级 | | 二级 | | 三级 | | 四级 | | 五级 | |
|---|---|---|---|---|---|---|---|---|---|---|---|
| | 范围 | ≥40.0 | | 30.0－40.0 | | 20.0－30.0 | | 10.0－20.0 | | <10.0 | |
| | 比较 | 二普 | 现在 | 二普 | 现在 | 二普 | 现在 | 二普 | 现在 | 二普 | 现在 |
| 恭城镇 | 面积 | | | | 7 | 528 | 3695 | 3972.4 | 20581 | 1007 | 1659 |
| | 占% | | | | 0.03 | 7.37 | 14.24 | 55.49 | 79.33 | 14.07 | 6.4 |
| 观音乡 | 面积 | | | 979 | 890 | 525 | 18950 | 530 | 1884 | | |
| | 占% | | | 48.13 | 4.1 | 25.81 | 87.23 | 26.05 | 8.67 | | |
| 嘉会乡 | 面积 | | | 38 | 89 | 5592.1 | 33307 | 7748.2 | 50188 | 820 | 176 |
| | 占% | | | 0.26 | 0.13 | 39.38 | 39.8 | 54.57 | 59.98 | 5.78 | 0.21 |

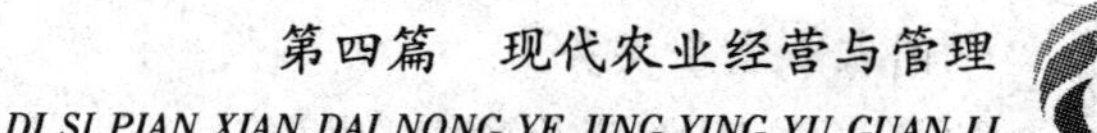


| | | | | | | | | | | | |
|---|---|---|---|---|---|---|---|---|---|---|---|
| 栗木镇 | 面积 | | 1173 | 1831 | 7455 | 1631.2 | 32020 | 7300.3 | 24924 | 1083.4 | 454 |
| | 占% | | 1.78 | 15.12 | 11.29 | 13.47 | 48.5 | 60.30 | 37.75 | 8.95 | 0.69 |
| 莲花镇 | 面积 | 968 | 108 | 1221 | 2212 | 5286.2 | 44180 | 3818 | 15959 | 210 | 24 |
| | 占% | 8.41 | 0.17 | 10.61 | 3.54 | 45.95 | 70.71 | 33.19 | 25.54 | 1.83 | 0.04 |
| 平安乡 | 面积 | 6302.5 | 111 | | 515 | 4954.5 | 11148 | 2494 | 22277 | 261 | 1 |
| | 占% | 44.98 | 0.33 | | 1.51 | 35.35 | 32.74 | 17.80 | 65.42 | 1.86 | |
| 三江乡 | 面积 | 2693 | 2390 | 3330 | 20844 | 754 | 9382 | | 171 | | |
| | 占% | 39.73 | 7.29 | 49.14 | 63.57 | 11.13 | 28.61 | | 0.52 | | |
| 西岭乡 | 面积 | 2260 | 135 | 4605 | 5892 | 7719 | 38905 | 1171 | 47006 | 563 | 397 |
| | 占% | 13.85 | 0.15 | 28.22 | 6.38 | 47.30 | 42.13 | 7.18 | 50.91 | 3.45 | 0.43 |
| 合计 | 面积 | 12223.5 | 3917 | 12004 | 37904 | 26990 | 191587 | 27033.9 | 182990 | 3944.4 | 2711 |
| | 占% | 14.53 | 0.93 | 14.27 | 9.05 | 32.09 | 45.7 | 32.14 | 43.67 | 4.69 | 0.65 |

从表3比较看，水田土壤有机质含量的下降，以一、二、三级最严重，四、五级上升明显，即土壤有机质含量高的面积越来越少，含量低的面积越来越多，由原来（二普，下同）有机质含量≥30～40g/kg的79.14%，下降到53.47%，降幅148.12%，四、五级（含量<10～20g/kg）由原来的20.61%，上升到46.53%。表4比较结果是：一、二级由原来的28.8%，下降到9.98%，降幅288.58%，三、四、五级由原来的68.92%，上升到90.02%，升幅130.61%。

## 二、土壤有机质下降原因与分析

从2008年至2010年测土配方放肥的土壤调查与土样分析数据与全国第二次土壤普查统计分析数据比较看，恭城县耕地土壤有机质下降相当严重，不论是水田，还是旱地，一、二、三级含量的有机质，已经越来越少，四、五级的面积越来越多。这表明自全国第二次土壤普查后，我县对耕地的用养方面存在问题：即忽略了有机肥的培植与施用。造成耕地土壤有机质下降的原因，主要有以下几个方面：

### 1. 绿肥种植面积逐年减少

绿肥是土壤有机质的主要来源，我县种植绿肥的主要品种是红花草和茹菜。全国第二次土壤普查期间，即1979～1982年，全县绿肥种植面积10.71万亩，占水田面积19.63万亩的54.56%，占耕地面积的38.25%。但是，从1994年开始，恭城县大力推广“养猪—沼气—种果”三位一体生态农业模式，农民只重视水果生产，大量的农家肥全部用于果树上，水果产量逐年增加，水果品质不断提高。2009 年全县水果面积达 43.65 万亩，总产量 65.6 万吨，与此同时，农民忽视了对绿肥的种植，绿肥面积越来越少，到 2009 年，全县绿肥面积只有 4.98 万亩，只有水田面积的 25.36%，占耕地面积的 0.11%。

2. 稻草秸杆还田地逐年下降

20 世纪的八九十年代中期，全县水稻种植面积年均达到 35 万亩，其早稻稻草基本上全部用于还田，随着水果产业的发展，水稻种植面积越来越少，特别是超级稻品种的推广，双季稻种植面积逐年减少，到 2009 年，全县种植双季稻面积仅 5.28 万亩，稻草基本上用于饲养牛和垫猪栏。稻草还田已不复存在。这又是土壤有机质下降的一大原因。2007 ~ 2008 年实施的"沃土工程"，县、乡两级人民政府购送了 9 万公斤红花草、茹菜绿肥种子给农民，但多数只种不管，少部分农民则不愿种。

3. 农家肥产量及施用量减少

土壤有机质的来源，除依靠绿肥和稻草还田提供外，还有最为重要的农家肥——猪牛栏粪和人粪尿。据统计，1982 年全县牲畜存栏数 11.102 万头：牛 2.62 万头，猪 8.48 万头。按每头牛年产粪 5475 斤（下同）、每头猪年产 1095 斤（下同）计算，一年有猪牛栏粪 11.824 万吨，加上人粪尿、家禽便等，平均每亩耕地拥有 1.45 吨有机肥（1982 年统计年报数）。1996 年全县有猪牛 24.855 万头（牛 66575 头、猪 248549 头），产猪牛栏粪 35.79 万吨，按 53.29 万亩（耕地 28.035 万亩，原地 25.241 万亩，下同）耕地计算，平均每亩 0.67 吨，与二普时期相比，每亩减少 0.78 吨，减幅 216.41%；2000 年全县猪牛 25.806 万头（牛 69433 头、猪 188624 头），年产猪牛栏粪 32.08 万吨，平均每亩耕地（按 53.29 万亩计）0.60 吨有机肥，比二普时期每亩减少 0.85 吨，比 1996 年每亩减少 0.07 吨；2009 年全县猪牛 20.43 万头（牛 57938 头、猪 146328 头），年产猪牛栏粪 29.45 万吨，平均每亩耕地 0.55 吨，比二普期间的每亩 1.45 吨减少 0.9 吨，减幅 263.63%。

4. 施肥品种以化肥为主

随着化学工业的迅猛发展，我国的化学肥料：复合肥、尿素、氯化钾和硫酸钾、磷肥等产量逐年提高，化肥在农业领域普遍运用，农民已经习惯复合肥来种植农作物，它简单、方便、快捷，省力省工，易于操作，容易被广大农民采纳。因此，造成了施肥品种的化学化、单一化，是造成土壤有机质含量下降的最直接的原因。1996 年全县化肥施用量 62114 吨，平均每亩施用量 116.56 公斤；2000 年 63163 吨，平均每亩 118.53 公斤；2009 年 64043 吨，

平均每亩120.18公斤（见表5）。

1996年每亩氮磷钾施用量为：氮（以尿素为主，下同）:磷:钾:复合肥=30公斤:26.5公斤:14.5公斤:18.5公斤；2009年每亩施氮:磷:钾:复合肥为26.5公斤:21.5公斤:17公斤:33.5公斤。

**表5　1996年、2000年、2009年化肥施用量　单位：吨**

| 年度<br>口种 | 1996年 | 2000年 | 2009年 |
|---|---|---|---|
| 尿素 | 16133 | 15321 | 14002 |
| 碳铵 | 14237 | 14417 | 11564 |
| 磷肥 | 14203 | 13218 | 11480 |
| 钾肥 | 7635 | 9115 | 9036 |
| 复合肥 | 9906 | 11092 | 17961 |
| 合计 | 62114 | 63163 | 64043 |

5. 管理粗放产量低

恭城县历年种植的绿肥品种，主要是红花草和茹菜，近年有少量黑麦草种植，但主要用于饲养牛兔鹅等畜禽。20世纪的八九十年代，不论水田种红花草，还是水田、旱地种茹菜，基本上都用腐熟的猪牛栏粪等农家肥进行覆盖种子，绿肥鲜苗产量高，平均每亩产量在3000～5000公斤，高的达7500公斤。随着水果产业的发展，农家肥主要用于水果施用，种植绿肥基本没有农家肥可利用，因此，绿肥产量年年下降。据近两年测产验收，亩产鲜苗3000公斤的已经很少了。

## 三、提升耕地有机质的措施和建议

土壤有机质主要来源于绿肥、农家肥和动植物残体，以及沼气渣液。要提升耕地土壤有机质水平，应从重视、提高、用养三方面进行。

1. 搞好技术培训，加大宣传力度

从发展农业经济的角度，各级领导都应该大力宣传有机肥在农业生产中的重要性，不论是提高农产品产量，还是品质，都有着其他化学肥料不可替代的作用。要认识到土壤缺乏有机肥，会给农产品质量造成的不良后果，农产品质量的好坏，直接关系到市场上的竞争力。县乡两级农业技术干部要做好绿肥栽培的技术培训工作，一是品种介绍，二是栽培技术要点指导。

2. 用养结合，保持平衡

要保持耕地土壤地力水平的不断提高，必须保证用地与养地相结合的原则，一要恢复和发展冬种绿肥。大力种植冬季绿肥，目前水田已基本上全部种植水果，不利于红花草种植，可改种茹菜。茹菜较红花草耐旱，耐涝，易种植，产量也相对较高。二要走有机与无机相结合的途径，既要重施有机肥，又要适施速效氮磷钾等化肥，保持土壤有机质与速效肥的平衡。

3. 充分利用生态肥源

恭城县现有沼气池 6.54 万座，按照每座年产沼渣液 8 吨计算，年产沼渣液肥 52.32 万吨，可供每亩耕地 924.38 吨沼肥，但是目前的沼肥仅限制在燃料方面。因此，建议农民多利用青草秸杆和嫩树叶，进行沤制发酵沼气，既提高了沼气产出率，又提高了沼气渣液肥的产量。

4. 加大财政扶持力度

一是要完善农田基础设施建设：恭城县的耕地因发展水果产业，农田用水灌溉基本缺失，对冬种绿肥灌溉或排涝不利，因此，县乡两级政府应尽快恢复和修通原有灌溉系统，保证灌溉水渠的排灌自如。

二是加大对种养大户的财政支撑力度。猪牛禽的粪便产量高，肥效好，是主要的农家肥来源，政府应该加大对养殖大户及大型养殖场的财政支持力度，既利于肉类供应，更利于有机肥的来源。

# 科技助力田阳农业　蔬菜产业实现腾飞

广西壮族自治区田阳县农业局　陈叔敏　黄　宁

田阳县位于广西西部，右江河谷中部，距首府南宁市180多公里，是一个以壮族为主体的多民族聚居县，集水、陆、空于一体、交通便捷，属南亚热带季风气候，一年中春来得早，夏多炎热，秋有余暑，冬无严寒，光照充足，热量丰富，地处“天然大温室”，一年四季均可种植农作物。近年来，田阳县依托优越的自然资源优势，大力发展现代农业，秋冬蔬菜生产得到很好发展，相继被国家农业部确定为全国无公害蔬菜生产基地、全国园艺产品出口示范区、全国农业标准化示范县（示范产品：蔬菜），蔬菜产品畅销长沙、武汉、上海、郑州等国内200多个大中城市和俄罗斯、越南等国外市场，农民从种菜中真正得到实惠。

## 一、基本情况

田阳县在解放初期至20世纪80年初农业生产主要以种植玉米、水稻等为主，耕作制度为一年一熟或两熟；1985年，田州镇兴城村率先种植以番茄为主的冬菜260多亩，取得亩产1500元的好效益，县委、县政府对此给予充分肯定和重视，并把发展冬菜生产作为增加农民收入新的经济增长点和脱贫致富的一大支柱产业来抓，随着改革开放的不断深入，不断调整种植业结构，大力推行“稻－稻－菜”、“菜－稻－菜”、“稻－菜－菜”等耕作模式，全县领导干部、农民群众都积极响应和热情参与。1990年全县蔬菜种植面积只有2万亩，此后，生产逐渐形成规模，至1995年全县种植面积已达到10万亩，蔬菜品种主要有番茄、辣椒、四季豆、黄瓜等，2000年已发展到28万亩，2005年至2013年种植35万亩以上。

目前，田阳县年种植蔬菜面积36万亩、总产量达100万吨，产值达15亿元，主要种植蔬菜品种为番茄、西葫芦、黄瓜、苦瓜、冬瓜、辣椒等；其中，番茄的生产面积、产量和产值，分别占全县蔬菜面积、产量、产值的66%、70%和80%；番茄品种中又分为水果型小番茄和大果型番茄两大类，水果型小番茄主要是以台湾精品亚蔬系列红色小番茄、粉红色小番茄和金黄色系列小番茄为主，占全县番茄生产面积的75%～70%，大果番茄主要是以荷兰、美国和以色列等世界顶尖优良的硬果型品种为主，占全县番茄生产面积的25%～30%。

## 二、主要做法

### （一）政府支持引导，各界积极配合

在田阳蔬菜产业发展过程中并非一帆风顺，而是一度陷入几乎崩盘的境地，在90年代中期，由于宣传力度不够，销售渠道不通等原因，田阳番茄遭遇烂市，1996年本县番茄价格大跌，一担番茄只卖1元钱，农民怨声很大。对此，县委、县政府一方面号召县直机关单位帮助农民打开销路，鼓励机关企事业单位干部职工参与营销等；另一方面筹集资金收购番茄到邻近县市销售，缓解本县市场供大于求的状况，保护了群众的积极性；同时，组织人员到外省市召开新闻发布会、座谈会等形式宣传，引导和组织外地客商前来购销蔬菜，组织农业、工商、供销等有关部门和乡镇领导、种植大户到全国许多大中城市考察蔬菜市场，并根据调研结果论证，利用本县“天然温室”之周年都能生产上市的优势，瞄准北方蔬菜市场供应“断档”时期，调整生产时段，有效扭转蔬菜生产面积。

### （二）加强科技投入，提高产业水平

一是不断加大新技术新品种引进力度。近年来，每年引进以色列、台湾等国家和地区蔬菜新品种10个以上。同时，推广应用蔬菜避雨、避寒、避晒“三避”技术，推广蔬菜集约化育苗新技术，番茄嫁接技术和蔬菜测土配方施肥技术，频振式太阳能诱杀虫灯、黄板杀虫、性诱剂等绿色综合防治病虫害技术。二是加强技术培训。多年来，年均举办80期次，培训人数超过1万人次以上。在我县农村中还形成了一股农业科技学习的“攀比”风。三是举办现代农业展示交易会，搭建新技术新品种传播交流平台。从2007年起每年举办中国—东盟（百色）现代农业展示交易会，每年参展的企业不少于300家，年参观人数不少于15万人次，农展会已成为我县新技术新品种传播推广的重要平台。

### （三）加强基地建设，提升产品品质

一是注重蔬菜标准园和示范基地建设。我县注重示范带动作用，近年来先后在田州镇龙河、凤马村等地建立了五个高产标准示范基地，全县无公害标准化蔬菜生产基地认定面积达11万亩。二是完善秋冬蔬菜标准化体系建设。我县多年前就制定和颁布了《田阳县无公害蔬菜生产管理办法》等六个无公害蔬菜生产技术规范和管理制度，并严格实施，确保了农产品生产的质

量和标准。三是完善检验检测体系建设。我县投资建设相对完善的检验检测网络，通过对农产品实施严格的检测监控，全县秋冬蔬菜合格率长期保持在99.5%以上，近十年来，没有发生一起因质量不合格造成的食品安全事故，秋冬菜真正以质量和品质赢得市场。

### （四）加强产销服务，促进产业发展

一是加强市场建设。我县先后投资建设了田阳农产品综合批发市场、中国—东盟现代农业物流园等总占地面积达3000多亩的大型市场，为全县农产品特别是秋冬菜产后销售服务筑牢平台。二是抓好冷链建设。建成冷库400座，总容积达5万立方米，实现蔬菜精选、分级、包装和保鲜贮藏，延长产品保鲜期，确保产品质量，缓解销售压力。三是建立一支本地经纪人队伍。经过近十年的发展，形成由本地蔬菜销售经纪人组成的超过3000经纪人队伍，成为我县果菜销售中坚力量。四是抓好全国销售队伍和销售网络建设。通过吸引外地的客商到本县营销和在全国大中城市设立秋冬菜营销网点等方式，建成完善的销售网络，目前，每年常驻我县的秋冬菜销售商已超过2000人，并在全国100多个大中城市设立销售网点。

## 三、存在的主要问题

### （一）蔬菜产业化程度还不高，品牌效益不明显

目前，田阳县蔬菜产业化龙头企业，无论从数量上或是规模上都远远达不到产业化发展的要求，抵御自然灾害和市场风险的能力不强，这些企业与农民只能停留在产品的买卖关系上，还不能为基地和农户提供全面的生产信息、技术指导、收购产品、深加工等系列服务，没有与基地农户结成风险共担，利益共享的经济共同体。在这种情况下龙头企业难以承担起带动农户闯入市场的主角，蔬菜产业化发展就很慢。

目前，我县蔬菜生产大多是单家独户生产经营，这种联产到户生产方式，一方面难以保证市场蔬菜商品的一致性，质量安全水平较难控制，也很难创立名牌产品；另一方面使小生产与大市场之间的矛盾不好解决，在一定程度上限制了蔬菜产业的升级。此外，分散的家庭联产经营和地块分散的现状，不利于技术成果的大规模推广应用，产生规模效益。

### （二）生产基础设施条件较差，抵御自然灾害能力较弱

田阳秋冬菜生产主要是利用冬闲田地作为生产基地，虽然部分水利设施较好，但因水利部门每年都停水冬修，再加上秋冬菜生产正是田阳最干旱季节，很容易受干旱影响，全县秋冬菜田能够配套电水利灌溉的不足50%，设

施蔬菜生产更加没有，生产效率低。

**（三）蔬菜贮藏保鲜环节薄弱，市场调节能力不强**

目前田阳县建有小型保鲜冷库350座，总容积达2.8万立方米，实现蔬菜精选、分级、包装和保鲜贮藏，延长产品保鲜期，确保产品质量，销售压力有一定的缓解；但冷链保鲜车还是非常少，要依靠向外调用；冷链保鲜能力还达不到利用保鲜贮藏和加工能力调节市场产品价格，以销促产，提高商品价格的要求。

## 四、下一步发展对策

面对新阶段、新机遇和新挑战，田阳县将以科学发展观统揽全局，加快秋冬菜产业化、标准化、现代化和国际化步伐，实现产业的发展和升级。

**（一）扩大产业规模，提高市场占有率**

在多年发展的基础上，探索向本县以南北两翼山区和邻近县区开发，不断扩大秋冬菜的区域种植规模，打造中国南方最大的无公害蔬菜基地。通过错开季节种植，延长上市期，达到扩大种植面积，增加总量，提高市场占有率。

**（二）提升秋冬菜品质，打造绿色优质产品**

通过持续扩大无公害蔬菜基地的认定和无公害蔬菜产品的认证，引进龙头企业，培育专业合作社，建立标准化生产基地和扩大营销网络，力争生产安全营养的绿色优质蔬菜产品。

**（三）提高秋冬菜营销水平，瞄准中高端和国际市场**

一是引进国内、国际竞争力强的龙头企业、经销商，大力发展本地秋冬菜经营公司、运销专业户、营销合作社等中介组织和流通大军；二是加快推进现代化营销，减少秋冬菜流通中间环节。三是立足国内现有市场，瞄准中高端和国际市场，打造中国南方主要的秋冬菜集散中心、价格形成中心、信息交流中心。

**作者简介：**

陈叔敏，农艺师。现任广西壮族自治区田阳县农业局局长。

黄宁，农艺师，研究生学历。现任广西壮族自治区田阳县农业科学研究所所长。

# 加快农业科技示范园区建设<br>提升农业产业化经营水平

四川省布拖县农业局　阿措色子　穆　鹏

布拖县位于四川省凉山彝族自治州东南部，地理位置东经102°43′~103°03′，北纬27°16′~27°55′。距凉山彝族自治州州府西昌114公里。区域内属亚热带滇北高原气候区，具有立体气候景观的特点，素有“一山分四季，十里不同天”之说，海拔1200米以下的区域，属南亚热带气候，海拔1200~1800米属中亚热带气候，海拔1800~2300米属北亚热带气候，2300米以上地区，分别属暖温带和温带气候。据多年的气象资料表明，平均气温11℃，极高气温30.3℃，极低气温-25.4℃，≥10℃年均积温2384.2℃，无霜期201天，年降水量1191.4毫米，年均日照时数1991.4小时，年均蒸发量1776.2毫米。全县幅员面积1685平方公里，耕地面积42万亩。属典型的半农半牧高寒山区贫困县。

由于历史原因及信息滞后，我县农业种植水平落实，耕作粗放，大多数农民素质低下，难以接受科学种植方式，仍然沿袭刀耕火种的原始耕作方式。为改变我县农业现状，一代又一代的农业人不断地努力，从20世纪70年代末80年代初试验推广带状种植、马铃薯高厢垄作、荞子点播、配方施肥获得成功；80年代中期的“白色革命”（地膜玉米）解决全县农民温饱，到“土豆变金豆”增加农民收入。一直以来，县委、县政府都十分重视农业工作，始终把“三农”工作作为全部工作的重中之重，把农民增收摆在“三农”工作的核心位置，通过农业产业结构的调整，使我县粮食作物逐步向产业化、标准化、规模化发展，农业产业化的进程不断加快，出现三个显著的特点：一是龙头企业不断增多。目前，全县有10余个龙头企业；二是基地建设步伐不断加快。典型的有优质高产马铃薯生产基地、良种繁育基地、优质苦荞麦生产基地、中药材附子生产基地、全国绿色特色马铃薯基地、无公害燕麦基地、无公害荞麦基地等；三是农业品牌知名度不断提高。“布拖洋芋”、“布拖乌洋芋”、“布拖附子”等品牌不断做大做强。

2004年，中共布拖县委、布拖县人民政府提出“建设马铃薯产业大县”；2005年，中共布拖县委、布拖县人民政府提出“集中联片种植，大面积轮作换茬，加大马铃薯种薯基地建设力度”；2006 年，中共布拖县委、布拖县人民政府把马铃薯产业作为农业增效、农民增收的主导产业。提出“建设马铃薯种薯基地县”、打造“中国附子第一县”的目标；2008 年，中共布拖县委、布拖县人民政府提出打响“布拖洋芋”、“布拖乌洋芋”的品牌战略。通过不断地努力，2007 年，布拖县被四川省农业厅列为“四川省县级马铃薯原种繁育基地县和马铃薯生产种薯扩繁基地县”，布拖附子通过四川省食品药品监督局中药饮片附子加工 GMP 认证；2008 年，布拖县被中共凉山州委、凉山州人民政府列为“凉山州马铃薯原原种繁育基地县”，布拖附子取得国家工商总局“附子”商标；2009 年 1 月布拖县被命名四川省优势特色效益马铃薯基地；2010 年布拖附子通过国家食品药品监督局中药材附子种植基地 GAP 认证。四川佳能达攀西药业有限公司在传统工艺的基础上，引进科技成果，认真按照药典标准，生产出了炮天雄、刨附片、黑附片、白附片等十几个品种的商品，远销日、韩、东南亚及全国各地，在市场上取得了良好的声誉，使布拖附子的加工走上了一条稳定发展的道路。

党的十八大确定了在新的历史条件下全面建成小康社会和全面深化改革开放的宏伟目标，确立了中国特色社会主义事业“五位一体”的总体布局，提出了两个“翻一番”的发展新要求，开启了全面建成小康社会“倒计时”。省委要求集中力量打一场全面小康决战决胜的总体战，推动四川由经济大省向经济强省跨越、由总体小康向全面小康跨越。州委提出在实现“一步跨千年”“经济跨千亿”历史性跨越的基础上，锁定“三级跳”奋斗目标，谱写“共筑中国梦”“同步奔小康”新篇章。中共布拖县委十一届四次全会于 2013 年 6 月 27 日召开，本次会议是我县在改革发展处于关键时期，全面建成小康社会进入决定性阶段召开的一次重要会议，为我县今后一个时期的农业发展提出了方向。

会议提出：贯彻落实党的十八大、省第十次党代会和省委十三届三次全会、州第七次党代会和州委七届四次全会精神，加快发展现代农业，按照“统筹城乡、产村相融、成片推进”思路，大力实施山水田林路综合治理，加大中低产田土改造力度，加快推进土地综合开发与利用，切实提高农业综合生产能力。以争创农业综合开发县、现代农业示范区重点县为载体，立足“马铃薯种薯基地县”“中国附子第一县”基础，努力打造“中药材种植大县”，加快农业科技示范园区建设步伐，积极引示新品种、新技术，发展农业科技、推动农业发展。稳定粮食生产，大力发展特色效益农业，着力培育联户经营、专业大户、家庭农场等新型经营主体，支持龙头企业和农民专合组织发展，推动农业向优质化、标准化、集约化、品牌化方向发展，提升农业产业化经营水平，加快我县传统农业的改造步伐，努力增加农民收入，走出一条具有时代特征、布拖特色的新路子，塑造布拖农业的新形象，寻求布拖农村经济的新发展，全面实现小康。

我县农业发展面临的主要困难：农业生产基础条件差，水利基础设施薄弱，抵御自然灾害能力较弱，水资源利用率低，农机具作业条件差，新科技、新技术推广难度大，农业科研综合实力薄弱，农业技术推广人均经费少，农业科技成果转化率低，中低产田土比例大，农业综合生产能力低，生产方式落后等严重制约了我县的农业和农村经济发展。在今后的发展中希望能有更多的项目、技术支撑。

# 加大科技投入力度　改善农业发展均衡

西藏自治区错那县农牧局　多　吉　洛桑平措

## 一、农业发展简介

西藏自治区错那县地处东径91°28′~94°22′，北纬26°25′~28°27′，位于西藏自治区首府拉萨的南部、喜马拉雅山脉东南。县东与印占珞隅地区相接，西南与不丹王国接壤，南与印度交界，西北与区境内的洛扎县、措美县相邻、东北与隆孜县、朗县相毗邻。错那县属藏南山原湖盆谷地中的喜马拉雅区，地势北高南低，相对高差7000多米，最高海拔7060米，最低海拔18米，平均海拔4300米以上。县城距山南地委、行署驻地泽当220公里，距拉萨402公里。全县边境控制线长268公里，共有边境通道17个，其中长年性通道4个，是西藏自治区的乃至中国的重要边境县之一。气候大致可分为喜马拉雅山南麓亚热带山地半湿润、湿润气候区和喜马拉雅山北麓半干旱高原季风气候区两类，前一类气候特点是降水多，气候湿润，日照时间短，旱雨季不分明；后一类干旱少雨，日照时间长，冬春寒冷多大风，年日照时数2588小时，年无霜期49天，年降水量度384.3毫米，年平均气温-0.1℃。自然灾害主要有地震、龙卷风、水、雪、霜、雹、虫、旱灾。县辖区总面积为34979平方公里，其中包括印度占领的“麦克马洪线“以南的门隅地区。现实际控制面积约10094平方公里。全县辖10个乡（镇），2个居委会，25个行政村，55个自然村。截至2012年年末全县总人口15791人，其中劳动力人口7651人，占总人口的47%。错那县属于半农半牧县，重点发展方向是牧业。

## 二、农业发展简介

全县总耕地面积2.22万亩，2012年年末全县粮食总产量达4179.01吨。主要的农作物有青稞、小麦、豌豆、油菜等作物。自1982年全面实施土地承包经营责任制以来，我县历届县委、政府高度重视农业发展，并结合国家有关强农惠农政策及自治区的地方自治法律法规，依靠科技力量，在全县范围内持续开展了强农兴农工作，为全县农业健康稳定发展，增产增收奠定了良好基础。一是加大品种改良力度。据史料记载，20世纪80年代末90年代初开始，我县大力实施了品种改良工作，从后藏区引进了优质白粮种子3000余公斤，对4个重要农业乡率先试点实施了品种改良，年终产量由原来的每亩250斤提高到350斤，从根本上解决了当地种子老化退化严重，产量低的问题。21世纪初，我县总结经验，依靠科技支撑，全面实施了第二次品种改良工作，从原来平均产量350斤提高到了现在的450~550斤的产量。2012年年末，我县农牧局按照县委、政府的要求，从2013年开始实施第三次品种改良工作，从自治区有关研究单位调运藏青2000号青稞种子，在四个重要农业乡镇实施了5000余亩的试种工作，有望年末使单产达到650~700斤左右。二是设立事业机构。1995年开始，我县专门设立县农牧局下属股级事业单位错那县农业技术推广站，专门为全县农业发展服务，该机构从原来的2名技术人员到2012年年末的16名技术人员。该机构从事农作物病虫害治理、技术培训、课题研究、农产品质量安全等工作，是我县农业发展的重要力量。鉴于机构改革需要，从2013年我县将县农业技术推广站和县兽防站合并成县农牧业综合服务站，下设农业科技牧业科。农业科继续为农业发展提供技术保障和人才支撑。三是加大基础设施改善。农业基础设施薄弱是我县农业发展面临的重大难题，也是摆在我县广大农牧民群众增收面前的重大问题。从1982年实施土地承包经营责任制以来，我县先后累计投入3000余万元的基础设施改善资金，着力开展了产田改造、开发弃荒地、修建水渠、老田老地修复等工作。经过几代人的努力，现我县农业基础设施基本满足现代化农业发展的客观需求。四是提高科技含量。传统的耕作方式及观念严重影响我县农业发展。近几年来，我县十分注重科技对农业的贡献，始终坚持走科技支撑农业发展道路。具体是施用化肥提高产量，加大科技监测及基层技术人员的科技培训力度，加大病虫害的科学治理，加强田间管理。

## 三、下一步展望

一是加大科技投入力度，实施中低产田改造。鉴于我县几个乡镇的农业发展不均衡问题，从2014年开始，我县将争取有关中低产田改造项目，预计投入5000万元，对产量低、基础设施薄弱的乡镇重点实施改造项目。通过改造后单产有望实现从现在的550斤每亩提高到650~700斤每亩的目标。二是着手建立产业经营体制，打造特色产业。鉴于我县目前没有规模及以上的产业龙头企业或合作组织，未来几年内，我县将抓住有关扶持政策的契机，建立一批产业经营组织，实现农业产业规模化、标准化。

# 强化市场监管 推行科技创新

甘肃省古浪县农牧局 张树更

## 一、古浪县畜牧业发展现状

古浪地处河西走廊东端，东南分别与甘肃省景泰、天祝两县相连，西北与武威市凉州区接壤，北邻腾格里沙漠，为古丝绸之路要冲。全县总面积5046平方公里，属甘肃省43个国家级扶贫开发工作重点县和18个干旱县之一。现辖9镇10乡1个街道办事处，257个村（居）委会，总人口39.65万人，其中农业人口36.52万人。境内居住着汉、回、藏、蒙、苗、满、东乡、土、毛南、瑶十个民族。

近年来，古浪县委、县政府高度重视畜牧业发展，结合实施省级草食畜牧业发展行动项目和石羊河流域重点治理项目，以农田种草、养殖暖棚建设、养殖小区建设为主导，以转变畜牧业发展方向为目标，农民增收为目的，采取政策引导、项目带动、资金扶持等措施，古浪县畜牧业有了长足发展，在农业经济中的比重逐年提高，发展环境越来越好，区域布局日趋合理，产业结构进一步优化，规模化养殖程度得到迅速提高。至2011年年底，古浪县各类畜禽存栏量达到191.1万头（只），其中牛、猪、羊、鸡存栏分别达5.7万头、43.6万头、63.8万只和78万只，各类畜禽出栏达到176.6万头（只），其中牛、猪、羊、鸡出栏分别达1.7万头、65.4万头、51万只和58.5万只，肉、蛋、奶产量分别达到5万吨、1020吨、960吨。畜牧业已由传统畜牧业逐步向现代畜牧业转变，生产方式得到明显改善，畜牧业产值逐年提高。

### （一）区域布局逐步合理

从调研的情况看，通过近几年的发展，我县畜牧业在养殖方式上，逐步形成了大户养殖、规模养殖场养殖和标准化小区养殖多种养殖模式和格局；在发展方式上，初步形成了以沿沙区域和东部山区为主的肉羊基地，以井河灌区和西部山区为主的肉牛养殖区，以黄灌区为中心的生猪养殖基地。养殖暖棚面积累计达到3.4万亩，入棚畜禽达到100多万头（只），累计建成标准化养殖小区398个、养殖场110个，规模养殖户达到2万多户，规模养殖示范乡镇发展到11个，示范村86个，示范组462个。建成了以金滩生猪养殖场、森茂羊业、马路滩林场肉牛养殖场、迎凤养鸡场等为代表的一批养殖示范企业；以天源羊业为代表的集养殖、加工、销售为一体的省级重点龙头企业；以黄花滩乡黄花滩、大靖镇黄家台、海子滩镇高家窝铺村、西靖乡高峰村等为代表的养殖小区；注册了“土门羔羊肉”品牌；成立了以广益养殖合作社为代表的养殖专业合作组织20多个，公司+农户、市场+农户的产业化优势逐步显现。特别是瘦肉型生猪和肉羊销往兰州、西宁等多个省会城市，收到了广泛好评和认可。特殊的区域优势和地方特色，加上市场、龙头企业的拉动，逐步形成了生猪和肉羊二大优势产业。

**（二）服务体系进一步健全**

目前，古浪县有在岗畜牧业技术推广人员108人，村级防疫员239人，有国家级疫病监测站1个，19个乡镇兽医站（肉品检疫站）和2处公路监督检查站，共同承担着古浪县畜禽的防疫灭病、检验检疫、市场监管及技术培训等任务，保证了畜产品安全和畜牧业健康发展。

**（三）科技含量得到大幅提升**

近年来，古浪县加强了无公害畜禽生产技术示范推广以及规模养殖场疫病综合防治技术的培训指导，包括选育、饲养管理、卫生防疫、饲料、环保等各个环节的新技术不断得到推广引用，生产水平有了显著提高，牛、羊、猪、鸡的因病死亡率分别控制在了0.8%、2.4%、2.8%、12%以内；牛、羊、猪、鸡的良种化比例分别达到86.2%、90.6%、98.2%、99.4%。建成黄牛改良冻配点19个，肉羊人工受精点18个。饲料生产方面，积极应用全价配合饲料、青贮、氨化等技术，减少了饲草资源浪费，饲草利用率大幅提高。良繁体系实现了三个根本性转变：一是地方品种向优良品种转变，二是粗放型饲养向规模化养殖方式的转变，三是家庭副业养殖向产业化经营转变。

**（四）饲草料发展及物质装备实力进一步增强**

目前，古浪县牧草业生产面积达339.48万亩。其中，天然草场420万亩，可利用面积259万亩；采取围栏封育、飞播种草、封沙育草等措施，人工育草53.45万亩；农田种植紫花苜蓿等牧草和复种油菜、蔓菁、胡萝卜等饲料作物27.03万亩。经测算，2011年鲜草产量达26.04万吨，农田作物秸杆达30.1万吨。同时，下大力气为各动物实验室、化验室以及畜产品质量安全监测中心等技术服务机构配备必要的仪器设备，强有力地推动了现代畜牧业建设进程，提高了综合生产能力。

**（五）标准化生产技术得到广泛推广**

一是从养殖设施与环境标准化着手，积极鼓励引导群众走规模化、专业

化、标准化养殖的路子，建成的养殖小区、养殖场和重点养殖户全部实施“人畜分离”的饲养方式，养殖生产区域远离居民区及水源。古浪县4个乡镇通过无公害猪产地认定，10个乡镇通过无公害肉牛产地认定，11个乡镇通过无公害羊产地认定。二是从管理标准化入手，主要围绕标准化生产的标准、饲料生产标准、防疫程序标准、畜产品质量标准以及相应的法律法规等，组成联合执法队，每年春秋两季在古浪县范围内积极开展畜禽安全生产大检查活动。使古浪县畜禽生产、流通等环节得到进一步规范。

## 二、发展的有利条件和潜力

我县土地面积宽阔，地理条件和区域特色明显，特别是日照时间长、草原面积大、饲草丰富，加之国家和省、市、县优惠的发展政策，为做强做大畜牧产业创造了得天独厚的条件。

### （一）优惠的扶持政策

近年来，省上将草食畜牧业发展行动列为促进农民增收“六大行动”之一，并将我县确定为全省牛羊大县，连续几年通过多渠道整合草食畜牧业发展专项资金，主要用于良种繁育体系建设、青贮窖建设、秸秆加工利用、养殖小区建设、能繁母牛补贴、贷款贴息等。同时县上结合石羊河流域重点治理项目将畜牧业发展作为强县富民的支柱产业来抓，明确目标任务，强化保障措施，从政策层面上为畜牧业发展提供了良好的机遇和广阔空间。

### （二）群众积极性高

多年来，我县农民群众一直比较重视养殖业，对发展畜牧业接受程度高，加之近几年猪、牛、羊产品市场行情较好，相对种植业的比较效益明显，同时县上一系列扶持政策的出台，农民群众对畜牧业的发展前景比较看好，有很强的积极性和主动性。

### （三）区位优势明显

古浪县是河西走廊的门户，距省城兰州200公里，县境内兰新铁路、312国道纵穿南北，干武铁路、308省道横贯东西，十条路、武古路、大海路等县乡公路四通八达，为畜产品的流通奠定了极为便利的条件。就区位来说，南部山区紧依祁连山北麓，与天祝牧区相互连接；中部绿洲地区地势平坦，适宜于粮食和经济作物生长；北部沿沙地区土地广袤，饲草资源种类多、品质优。在畜产品品质上，由于我县干旱缺水，日照时间长，无论是天然牧草还是人工种植的饲草，富含盐碱，喂养的牛、羊，肉质细腻鲜嫩，味美爽口，深受消费者青睐，在省内外市场上有一定声誉。

**（四）产供销服务体系初具雏形**

古浪县现有省级畜牧业龙头企业1个，养殖业专业合作社18个，畜禽交易市场8个，县、乡技术服务机构20个，省市技术依托单位4个，县、乡技术人员108个人，其中高级兽医（畜牧）师12人，县内外商贩300多户，基本满足了目前畜牧业产前、产中、产后服务。特别是一部分养殖大户和养殖企业，在兰州、青海等地建立了畜产品销售点，畅通和扩大了畜产品的销售渠道。

## 三、存在问题和原因分析

**（一）产业化程度低**

从古浪县来看养殖基地虽初具规模，但存在整体数量不大，辐射带动作用不强，缺乏有效的组织，规范化生产意识淡薄，无品牌意识等问题；龙头企业的拉动作用不强，品牌效益未能真正体现。尽管这几年也涌现出像海丰养殖场、荣昌种猪场、古浪县天源羊业等一些畜禽养殖、畜产品加工、集中屠宰、长途贩运的龙头企业，并注册了“沙漠土鸡”、“土门羔羊肉”等品牌，但缺乏辐射带动能力强的企业和商标品牌，龙头企业对畜牧业发展的拉动作用十分有限，加工企业品种单一，吞吐量小，基本处于初级加工和原料型产品层次，缺乏精深加工的高附加值产品，与产业化经营的要求相差甚远。

**（二）服务体系不健全**

古浪县有乡镇防疫人员67人，每人每年需负责约7万头只（次）畜禽的防疫任务，但按照省上大乡6~8人，小乡4~6人的编制要求，人员缺口很大，部分专业技术人员素质偏低；科技推广经费投入不足，新品种引进数量少，改良速度缓慢，产品质量较差，科技示范点建设标准低，杂交改良、胚胎移植等新技术推广工作力度不够；畜产品质量检测体系和信息服务体系不健全，动物防疫工作难度大，疫病检测防治手段落后，服务工作跟不上畜牧业形势发展的需要。

**（三）发展资金不足**

由于地方财政紧张，国家投资有限，农民自身的积累资金不足，银行贷款的额度较低，用于畜牧业发展资金缺乏，又没有形成畜牧业开发多元化投入机制，致使基础薄弱，没有形成规模优势，高新实用技术试验示范基地少，转化应用缺乏必要的硬件支撑，加快转化的手段和方法不多。

## 四、发展思路和建议

### （一）加大扶持力度，提升产业化水平

一是多渠道争取或整合相关项目资金，设立畜牧业发展的专项基金，进一步加大畜牧业资金投入力度。二是在养殖暖棚建设、良种引进推广、养殖专业合作社建设、基础设施建设等方面出台奖补政策和措施，加大政策支持力度，同时，要大力提高招商引资，鼓励社会各类投资主体建设示范区、重点生产基地、加工贩运和批发零售市场等。三是积极推进“公司 + 小区 + 农户”的经营模式，形成“风险共担，利益共享”的新机制，保护企业和农户的利益。四是要以科技进步为支撑，以发展养殖小区和规模场户为载体，加快畜牧业规模化、集约化、标准化和产业化是采取股份整合步伐。五是多种形式发展养殖小区。养殖小区建设要因地制宜、科学规划、合理布局，统一规划用地、统一设计标准、统一养殖品种，突出动物防疫和环保设施建设，实施严格的管理制度，规范养殖工艺和规模，实行统一的良种繁育、饲料供应、疫病防治、饲养管理、市场销售服务。六是培育具有一定规模和比较雄厚资金实力、有现代管理意识和较高科技水平的企业、专业合作社，使畜牧业生产方式的转变有真正的依托和载体。

### （二）健全服务体系，推行科技创新

进一步加强基层畜牧兽医技术推广服务体系建设，全面完成兽医管理体制改革，理顺管理体制，建立起承担公益性服务职能的基层畜牧兽医体系，提高服务的质量和水平，同时充实并稳定基层技术人员队伍，积极改善乡镇畜牧兽医站的基础条件，解决人员的工资待遇问题，调动工作的积极性。发挥畜牧推广机构和专业协会的作用，加强实用技术的推广和高新技术的引进工作，加快畜牧科技成果的转化和推广。要以设施技术为基础，良种技术为核心，饲料技术为支撑，大力推进实用技术的组装配套和推广应用，重点推广猪牛羊繁殖改良技术、配合饲料、分段饲养、全进全出的生产工艺和科学饲养管理技术，饲草料加工调制、优质牧草栽培和青贮技术，动物保健及防疫技术、畜产品安全生产技术等。加强畜牧科技知识培训，创新培训方式，提高农民接受和应用技术的能力。进一步抓好畜禽良种工程，不断完善种畜禽场的基础设施建设，加强地方优良品种的保护利用和优良品种的引进、繁育、改良和推广，积极扶持和推进胚胎移植技术的应用，以技术推动产业发展。

**（三）科学指导生产，合理规划布局**

遵循因地制宜、合理布局、全面规划、突出重点、以点带面、点面结合、循序渐进的原则，明确区域布局，制定相应的发展规划，在猪产业上，要培育壮大以井河灌区、黄灌区为中心的无公害瘦肉型猪养殖基地，不断扩大规模，进一步优化品种，提升产业链条，提高市场竞争力；在羊产业上，南部山区要大力发展传统养羊业，以其低成本、肉质鲜美的优势占领市场，沙漠沿线灌区要积极推行肉羊改良，通过引进德克塞尔、波德代等肉羊品种，对当地羊进行杂交改良，进一步提高经济效益；在牛产业上，要以西门塔尔为主对当地黄牛进行杂交改良，在川区进一步加大肉牛养殖场建设，扩大养殖规模。

**（四）强化市场监管，保障畜牧业安全**

一要加大动物防疫体系建设，进一步完善县、乡、村三级动物防疫网络，按照“预防为主、养防结合、防重于治”的方针，对于严重危害畜牧业生产和人体健康的动物疫病实行全覆盖强制免疫。二要加强畜产品质量标准和检测监控体系建设，加大对动物及动物产品的检疫监管力度，强化饲料加工、兽药及生物制品的生产及其流通、使用以及违禁药品的监管，加大检查力度，确保畜产品安全。三要根据畜牧业发展特点、资源分布情况，实行畜牧保险运行机制，进一步提升畜牧业抵御自然灾害能力和农民灾后自救能力。

# 依靠科技创新发展壮大县域特色产业

青海省循化撒拉族自治县农业和科技局　韩进祥

青海省循化县是全国唯一的撒拉族自治县，也是国务院确定的首批扶贫开发工作重点县和重点扶持发展的22个人口较少民族地区之一。位于青海省东部黄河谷地，总面积2100平方公里，年均气温8.6摄氏度，全县辖3镇6乡154个行政村12.69万人。其中农业人口10.7万人，全县总耕地面积21.68万亩，其中水浇地8.6万亩，占总耕地面积的38.28%，浅山13.08万亩，占总耕地面积的61.72%。全县农业人口占总人口的85%。也就是说农业问题是关系全面建设小康社会的根本问题，是维护全县政治稳定和社会安定的基础和保证。立足这样一个县情实际，近几年，循化县在贯彻落实青海省委、省政府“四区两带一线”规划纲要和打造“河湟特色农牧业百里长廊”建设的总体部署中，始终坚持以市场为导向，以效益为中心，以农民增收为目标，积极引导农民调整种植业结构，大力优化种植业区域布局，取得了显著成效。

## 一、特色引领，实践创新，确保增效

### （一）特色为导向的结构调整取得显著成效

2012年，全县特色作物种植面积达到18.5万亩（其中冬小麦4万亩，线辣椒2.5万亩，优质油料7万亩，薄皮核桃种植面积累计达5万亩），特色作物种植率达86%以上。

### （二）种植业集约化、规模化发展初具规模

全县土地流转经营面积稳定在6万亩以上，建成了12个优势特色农产品基地（积石镇忠华、托坝和文都乡拉循、清水乡红庄、查汗都斯乡苏只5个核桃示范基地；查汗都斯乡团结、新建2个线辣椒示范基地；清水乡孟达花椒基地；道帏乡循哇春小麦示范基地、白庄镇科哇冬小麦示范基地、清水乡唐赛山、街子镇孟大山、文都乡抽子山全膜马铃薯种植基地和尕楞乡中药材种植基地），在推进现代农业发展中初步具备了土地集约化经营，特色种植业规模化发展的雏形。

**（三）城乡居民“菜篮子”日益丰富**

到2012年年底，全县累计建成设施温棚4300栋，露天蔬菜总播面积达6.2万亩，蔬菜种植品种达42种，主总产量达11242万公斤，总产值2.4亿元，全县城乡居民蔬菜夏秋季节自给率达到100%，冬春季节自给率为55%。

**（四）科技对农业增效的支撑效应正在显现**

2012年，全县推广全膜覆盖双垄栽培技术41050亩（其中马铃薯36050亩，玉米3000亩，蚕豆2000亩），亩均实现产值2500元。通过大力推广全膜双垄覆盖技术，全县13.09万亩浅山耕地中的三分之一彻底改变了“逢旱绝收”的历史。

循化县21万亩的耕地面积，其中62%的面积处于干旱、高海拔的浅脑山地区，38%的耕地面积处于黄河及其支流河谷台地，多数靠一级或二级提灌灌溉，加上耕地形态细碎，不具备发展规模化现代农业的土地资源条件，所以，循化县的农业生产大部分区域以一家一户小规模经营为主，农业机械虽有一定程度的推广和应用，但人力以及传统的耕作习惯和耕作方式仍占主导地位，农业科技水平低，农业生产力落后，土地产出率不高。基于这样一个现状，循化县立足气候条件、群众种植传统方面的一些优势，按照“顺天应市、因地制宜”的原则，抓特色，打品牌，做产业，使全县种植业结构调整实现了比较快的发展，产业效益有了大幅度的提高。

## 二、依靠科技创新发展壮大县域特色产业

**（一）以特色优势主导结构调整方向**

近几年，循化县在调优种植业结构、做大特色基地规模作为促进农业增效、农民增收方面，立足“一川两山三沟”的县情实际，按照沿黄川水地区大力发展“一核两椒”（核桃、线辣椒、花椒）和设施农业，中上部地区发展杂交油菜，浅脑山地区发展全膜马铃薯的思路，推进种植业结构调整，优化种植业的区域布局。特别是把大力发展“一核两椒”优势种植作物主攻方向，积极引导，加大扶持，加快推广。特别是从2010年以来，循化县按照“上山、下滩、进沟、占边、不与粮食争地”的原则，在白庄、积石镇、清水、查汗都斯、街子5个沿黄乡镇大面积推广优质薄皮核桃，累计种植优质核桃5.05万亩（其中百亩以上的核桃基地有39处，500亩以上的有21处，已结果的核桃面积达2.3万亩），约170多万株，成功培育了中华核桃园、苏只核桃园等一批核桃种植示范园，2012年，全县线辣椒种植面积达2.5万亩，产量达3225万公斤，平均产量达1290公斤，产值达6100万元。花椒种植面

积达0.75万亩，总产量达7.5万公斤，产值达525万元。薄皮核桃种植面积达5.05万亩，已挂果面积达2.3万亩，生产核桃85万公斤，总产值达4250万元。

**（二）科技示范园区引种植业向高效转型**

通过建设现代农业科技示范园区，加快农业产业向高端、特色、高效转型。从2009年开始建设到2010年“大园区”核心区、示范区、辐射区区域的确定，累计完成投资4亿元，建成了比较完善的水利渠系、供电、道路等基础设施，核心区形成了特色杂果、蔬菜大棚、农产品加工园等7个特色种养加工小区，19家农业产业化企业入驻园区，并形成年产1亿元的产值。智能温室项目的实施，极大地推动了循化县“一核两椒”优势种植作物工厂化育苗的进程。同时，开展新技术、新品种的引进实验、示范创造了条件。

**（三）产业化企业带动种植业提高效益**

特色种植业的发展，为龙头企业的发展提供了丰富的优质农产品原料保障。近几年，循化县通过积极扶持发展农业产业化龙头企业，拉动种植业效益的不断提升，农民收入的持续增加。到2012年年底，全县共有7家农业产业化龙头企业，其中国家级1家，省级2家，市级4家，资产总额达到3.1亿元，其中：固定资产9203万元；2012年年底实现销售收入1.2亿元，设计加工（交易）能力为13000吨，实现利润总额1450万元，辐射带动农户13730户。企业主营产品的原料有辣椒、花椒、核桃等，主营产品主要有辣椒粉、辣酱系列、辣面系列等，产品产销率在98%～100%。全县涉及花卉、蔬菜、粮食等种植业的农民专业合作经济组织有104家，专业合作社及协会会员人数近2000人，合作组织带动农户5400户。农业产业化企业的发展，带动了线辣椒、花椒、核桃的种植，形成了一批特色作物种植“一品村”，形成农户与企业互利双赢的带促发展模式。

**（四）强农政策的有效落实强化农业的基础地位**

循化县是少数民族贫困地区，得益于国家西部大开展、人口较少民族扶持发展等政策扶持，加上县上自身通过各种渠道争取的农业发展项目资金，每年全县直接用于农业基础设施建设的投资达2亿元以上，直接落实到农户的各类支农、富农、强农政策项目和资金达8000万元以上。这些国家项目资金的有效落实，持续地改善了农业生产的基础条件，提高农业综合生产能力和防御自然灾害的能力。同时，循化县作为国定贫困县，在县级财政极其困难的情况下，每年专门列出100万元用于土地流转实现规模化经营的扶持资金，并通过积极履行政府公共服务职能，充分发挥县级融资平台作用，优先为农业生产和产业发展提供担保，拓宽农民、种植大户、产业化企业的筹资渠道，每年全县仅农村信用联社、农业银行两家金融机构为农业生产的贷款资金达1.2亿元，此举有效提高了对农业的投入能力，促进特色农业快速发展。

**（五）新技术、新品种支撑农业生产持续增效**

在特色种植业发展过程中，循化县高度重视新技术、新品种的引进和推广，着力加快良种良法推广步伐，大力推广对增产增收、提升品质作用明显的农业实用技术，更注重传统优势种植品种的提纯复壮。每年全县扎实完成“阳光工程”、绿色证书为主的农业科技培训1100人次，基本实现了每个家庭的主要劳动力掌握1项实用技术的目标，并确定了275户科技示范户。同时，加大科技示范创建力度，建立了50名农业科技专业人员承包12个科技示范基地、4个科技示范乡镇、8个科技示范村、26户种植大户的科技承包服务机制，促进了“农业科技入户”工程有效落实，基本做到了技术人员到户、科技成果到田、技术要领到人的要求，有效提高了科技对农业生产的贡献率。

**作者简介：**

韩进祥，男，撒拉族，1971年3月出生，中共党员，本科学历。现在青海省循化撒拉族自治县农业和科技局工作。

# 探索农业科技体制改革新路子 提高科技持续创新能力

新疆生产建设兵团第三师农业科学研究所　彭　延

改革开放以来，党和政府高度重视农业科技事业的发展，先后出台了多项改革政策与措施，尤其是农业科技体制改革为农业科研单位的发展指明了方向；农业科研管理办法，使农业科研单位人才辈出，特别是兵团党委和兵团1991年10月作出《关于科技振兴兵团的决定》、1996年国家科委同意兵团科委实行计划单列体制以来，科学技术进入新的发展时期，成果丰硕。

地市级农业科研单位明确定位为公益性科技服务机构。在新疆各地广泛调查农牧区自然条件及生态环境，深入研究垦区农业生产特点及产业化发展途径，因地制宜，热心科研，勇于创新，跻身于农业生产第一线。师级农业科研单位对各地农业生产发展、团场经济繁荣做出了巨大的贡献。

兵团科研直面生产，突出自主创新。其显著特点是科研与生产的紧密结合。从初期建立的农业试验、水土改良站到后来成立的专业研究所、院，不论是观察试验、品种对比试验、耕作栽培试验和立题研究都本着一切从生产出发，为生产服务。科研机构又建立在垦区，更具有贴近生产实际，贴近群众的天然属性，构成了科研与生产良好的利益关联机制。生产上的难点、职工的技术需求，恰好是科研单位难得的研究对象；科研人员的发明、创造(研究成果)，可直接进入农场示范、推广；在示范中还可吸纳农场的实践经验作为补充，这就促进科研与生产相互交织，相互渗透。有的项目是先试验后生产的，在生产中完善；也有些项目是一面生产一面试验，又用试验的结果来提高改进生产，使之更好地转化为生产力。同时，兵团具有党、政、企（业）一体化的集团管理优势，对看准了的重大科研项目，可以通过行政手段组织多学科联合攻关，整合人力、物力、财力集中使用，并造成较强的带动能力，把成果很快地辐射出去。兵团历史上的良种、良畜推广和选育，绵羊冷冻精液技术普及、地膜植棉技术开发、地膜植棉机研制以及当今的节水灌溉技术、节水器材开发、转基因技术应用、智能化农业信息技术应用示范等无不与此有关的。兵团科研工作的又一个显著特点是学习与创新相结合。兵团是在新中国成立后诞生的，具有“后发”优势，可以将他人的经验、成果

“移植”过来学习应用。开始主要是向苏联和我国内地学习。学习他们先进的生产经验、先进的生产技术，引进先进的技术装备、优良的作物品种和优良的禽畜。这种学习可以使兵团少走弯路。

## 一、发展历史

兵团师级农业科研单位是1954年12月兵团根据中央农垦部《关于切实整顿农业试验场所，稳定建立技术指导站的意见》，对兵团建立的21个农场试验场、站、所，调整为11个试验站点。其中较大的试验站为石河子试验站、伊犁试验站、阿克苏试验站。1959年在原有试验站基础上成立兵团和各师农科所。经50多年的成长壮大，师级农业科研单位科研能力不断加强，在各垦区的农业生产、民族团结、边疆稳定和团场经济建设上做出了不可估量的贡献。1965年为了响应兵团党委关于“开发叶河，繁荣南疆”的号召，兵直单位、各师抽调人员、物力组建农三师，兵团农科所选派16人支援农三师筹建农科所，农三师农科所曾选育并审定小麦品种1个（喀垦2号）、玉米品种1个（喀垦单1号）、棉花品种1个（新海3号）。获农牧渔业部技术改进奖二等奖一项，获自治区、兵团科技奖5项。经历六次搬迁，2008年搬迁至图木舒克市。师级农科所从创立至今，笔者依据2007版《新疆生产建设兵团科技志》发展大体上划分5个时期。

### （一）初创时期

该时期为1960～1966年。这一时期建立起较为完备的科研体系，较广泛地开展了多学科的科研活动，开始进入出成果、出人才的初创时期。农一、二、三、四、五、六、七师于1960～1966年后在农业试验站（点）的基础上成立农科所。到1963年，全兵团有农业研究所14个，水土改良站经调整后为10个、农业试验场（站）26个、蚕桑研究所2个、气象站（哨）63个。这就在全兵团范围内形成了较为完备的科研体系和网络，对扩大兵团科研广度和深度都有很大作用。

### （二）受挫时期

该时期为1967～1977年（“文革”时期），这一时期农业科研院所遭受重创。科研机构瘫痪，农业科学研究被迫中止，农业科技人员下放，导致农业科研人员锐减，农业科研工作处于停滞和倒退的状态，但在逆境中科研活动仍未全部终止，在此逆境中，身处生产第一线的科技人员不少仍顶住压力坚持科研，特别在育种工作上保持一定的持续性，含农垦科学院农作物新品种相续育出40多个。

**（三）恢复时期**

该时期为1978～1982年，改革逐步进入较为全面的时期。1978年，党的十一届三中全会顺利召开，发展生产力作为全社会的主要任务，落实知识分子政策，原各师科研机构同各地、州合并的均回归农垦系统，并逐步得到加强，师级农业科研单位科研人员数量增加，添置科研仪器，组建课题小组，农业科研呈现新的起色。

**（四）探索时期**

该时期为1983年至20世纪末，此时期处于经济改革日益深化、农业科研不断调整的探索时期。1985年3月，中央颁发的《关于科学技术体制的决定》，拉开了师级农业科研体制改革的帷幕，调整专业设置、搭建科研小组、确立区域内农业发展重点、探讨与建立垦区专业特色与优势、寻找对外合作途径、研究科技成果转化方式等成为这一时期工作的主要内容；1991年10月，兵团党委和兵团作出《关于科技振兴兵团的决定》，制定了《1991～2000年科技发展规划纲要》和《“八五”重点攻关计划》进一步明确了师级农业科研应紧密结合本师农业经济发展，并推出了若干深化改革措施，实施“科教兴国”战略，通过多形式、多渠道对外合作，培养高、精、尖人才，加速向现代农业转型，为兵团农业走向现代化作铺垫。

**（五）加速发展时期**

进入21世纪至今，“西部大开发”、国家棉花产业梯度转移和全国援疆的大好环境下，师级农业科研日臻成熟，处于大发展时期。2000年，党的十五届五中全会指出：“提高科技持续创新能力，实现技术跨越式发展，为经济结构战略性调整和现代化建设提供强大的技术支持。”现代农业技术研究、应用与发展现代农业，成为战略调整的重点，农业外电子工业、化学工业等技术突飞猛进，带动了农业技术的一次又一次创新，农业生物工程技术、农业信息管理技术、设施栽培及农产品深加工技术等研究蓬勃兴起，六大精准农业日益被广泛应用。2004年，中央经济工作会议指出：“我国现在总体上已到了以工促农、以城带乡的发展阶段，我们应当顺应这一趋势，更加积极支持‘三农’发展。”这一时期我国经济处于二元经济结构的转变时期，农业生产处于传统向现代农业过渡的时期。师级农业科研单位正加大集成技术研究力度、大力发展农业科技产业、不断创新农业科技服务模式，极力解决垦区农业前沿问题。

2003年图木舒克市正式建设，2008年第三师农科所搬迁至图木舒克市，农科所成功申请到了自治区、兵团棉花早中棉花区试点，还申请到棉花产业体系建设（叶尔羌河综合试验站），是年兵团科技局给予了项目和设备金费支持，三师科技局给予了科技三项费倾斜。至2013年第三师农科所收集棉花品种资源近3000份，参加自治区、兵团棉花新品种比较区域试验新品系5个，获第三师科技进步奖8项，二等奖三项，三等奖五项，三师农科所进入了快速发展期。

## 二、发展现状

目前，在兵团范围内形成了师级农业科研体系，师级重在应用技术开发与研究。据新疆生产建设兵团科技统计资料汇编（2010年度）显示，目前，兵团农业科研机构共有20所，师级13所，占总数的65%。2010年，兵团师级农业科研单位从业人员计735人，是兵团科研人员总数1152人的63.8%；师级农业科研经费总投入1.06亿元，约占全部的48.1%。从所占份额可以看出，师级农业科研单位覆盖各垦区，是兵团农业科研的重要力量。

农业科研的能力主要体现在科技成果的获奖等级和数量上。据统计，从1978～2003年，兵团师级农业科研单位获国家科技奖1项、农垦部农业部科技进步奖2项、自治区科技奖12项。1982～2002年，兵团师级农业科研单位获兵团科技奖励一等奖7项，获兵团科技奖励二等奖37项。

在农业科技示范推广普及和应用上，研究创新机制，通过开展“科技之冬”定期培训、兵团城市农业科技园区建设等多种科技服务模式，在垦区服务中与职工直接接触，在农业生产前沿做出了大量科研与服务工作，带动了垦内农业向现代农业迈进，对垦内农业经济发展起着强劲的科技支撑。现在师级农业科研单位正以科学发展观为指针，坚持把发展“六大精准农业”作为主攻方向，积极服务兵团农业现代化。

在科学研究方面，进一步掌握垦区资源条件，主攻农业节水、高产出、低残留、高回报、无污染技术研究与开发，加强新品种的培育、新模式的创新，走环境友好型、资源节约型农业的可持续发展道路，如农一师农科所培育多个海岛棉新品种，取得良好的经济效益和社会效益。在科技服务方面，探索科技成果转化新模式，进一步加强垦区建设，打造崭新科技服务平台，促进农业科技成果的应用。在发展后劲的培养上，注重学科建设，强化人才培育，优化专业结构，突出特色学科优势专业的培植，用力研究人才梯队与结构，引进各类有用人才。

## 三、存在的问题

从师级农业科研单位发展的状况来看，由于各垦区经济、科技、文化等发展不平衡以及农业科研的重视程度不相同，加之在反分裂前沿，相比内地还肩负维稳工作，表现出各师级农业科研单位发展快慢不一，存在的主要问题有以下几方面。

**（一）认识不足，重视不够**

师级农业科研单位的服务主体是团场，家庭式农业生产的分散性和农业技术推广的普遍性，兵团新品种更换快，新技术推陈出新，显现出农业这一弱势产业的特点。生产周期长、收益的不确定等，南疆干旱少雨，灾害性天气频发，出售粗加工农产品，农业效益低，使得农业生产难以引起人们的重视。尽管再三强调农业现代化，农业基础地位不动摇，但缺乏对师级农业科研单位的地位和重要性的认识，加之人才不足，科研经费少，成果不多，师级农业科研单位的地位不高。

**（二）科研经费尚缺，科研手段落后**

据统计，“十一五”期间，师级农业科研机构经费中，共承担各级科研项目437项，到账可支配经费总额为8015.6万元。以三师农科所为例，科研人员人均支配科研项目经费额仅为12万元，人均科研仪器设备占有额仅15.8万元，经费不足导致科研手段相对落后、基础设施陈旧。师级农业科研单位办公用楼、试验用道路、库房、晒场等基础建设资金不足，严重影响了农业科研的创新和发展。

**（三）学科建设乏力，人才培养乏力**

改革开放初期，政府片面追求经济效益，忽略了学科建设、专业结构、人才培养等。师级农业科研单位的学科建设是依据社会发展、垦区农业生产特点、自然资源条件，对农业研究学科进行设立、调整或重组，是充分应用现有人、财、物等要素，增添、补充科研设备与人员，开辟新学科等一系列活动。多个师级农业科研单位偏远，经济不发达，新人吸引不进来，现有工作人员不稳定。现在，师级农业科研单位在人才培养上，仍存在盲目混乱现象。人才是关键，培养人才涉及科学研究技术开发、科技服务等整个过程。

**（四）研究与应用脱节，科技转化不高**

农业科技成果转化率是衡量农业科技重要性的主要指标，我国农业科技成果转化率仅40%，而发达国家该指标近80%，兵团2010年科技进步对农业的贡献率达57%，虽高于全国平均水平，但与发达国家相比仍有较大差距，与兵团“三化”建设不相适应。在农业科研选题上，科研单位存在着随机性，缺乏应用上的考虑。在新型科技与成果的储备和筛选上，仍较为薄弱，对有价值的科研项目协作攻关力度不够、技术集成化程度不高，科技成果转化的平台建设仍有待加强。学科建设、研究和应用推广脱节，科研目标与市场需求脱节，研究目标单一。研究领域狭窄，不适应社会主义市场经济条件下团场经济发展的需求。总的来说，表现出研究的课题多而应用的成果少，重复研究的课题多而有创意的研究少，农业科研与生产脱节的现象仍然存在。

**（五）体制机制不健全，缺乏长期性和有效性**

师级农业科研单位发展过程就是体制机制不断健全、不断完善的过程。师级农业科研单位重科研轻开发或重开发轻科研，体制与机制尚不健全。在人事制度、分配制度、福利制度、激励机制、考核机制、评价机制、拨款体制等方面仍存在弊端。单位内部人员忙闲不均、人浮于事、平均主义、大锅饭现象严重，影响高水平成果的产生。农业科技的创新能力不强，农业科研、培训、推广割裂现象明显，农业技术创新流程不能相互衔接。利益关系不明，农业科技的体制和机制都不能很好适应农业创新的需求。

**（六）重大突破少**

一个国家只有拥有强大的自主创新能力和掌握关系国民经济命脉与国家安全的核心技术、关键技术，才能在激烈的国际竞争中把握先机、赢得主动。目前，兵团农业科技创新成果并不少，但真正处于国家前沿水平的科技成果却不多。对待科技创新的态度，存在单位为了获取名誉、取得地位和个人为了前途、获取利益的倾向，功利色彩比较浓厚。很多科技成果被自夸为兵团领先、国家先进，但事实上是夸大其词，充其量不过是在国家科技发展的轨道上进行跟踪研究，并没有取得实质性的突破。还存在重复研究，对过去研究成果进行重新包装，以及对国内外研究成果进行肢解拼凑的现象，这既是一个学风问题，又是对科技创新资源的浪费。

**（七）科技创新精神不够**

科技创新之路是崎岖和漫长的，特别是发展中国家要在先进国家已经取得科技成果的基础上有所突破则是极其困难的，这其中充满着风险，可以说1%的科技成果往往是以99%的失败为基础的，这对科技人员自强自尊的精神是一个极大考验。然而，师级科技人员的科技创新精神还有待提高，因种种原因存在浅尝辄止的现象。特别是农业科技创新不仅要在实验室里进行，大多情况下还要在自然环境中进行，条件更加艰苦，失败的几率更高，科技人员往往缺乏淡泊名利、持之以恒的探索精神，往往失去再努力一把就可能取得重大成果的机会。培养科研人员求真务实、拼搏奉献、勇于创新的科学精神是科技创新成功的关键所在。

## 四、发展对策

地市级农业科研单位在我国科研开发与应用体系中属基层，而在服务团场中直接与广大农户零距离接触，在农业科技成果推广应用中处于先端，既有研究开发垦区特色农业技术的义务，又担负科技服务的重任。因此，如何在科技创新科技服务中发展壮大师级农业科研单位值得探讨。

### （一）加强农业科技体制创新建设

按照农业科技发展规律和社会主义市场经济规律，深化农业科研体制改革，优化科技布局及机构设置，创建新的运行机制，改变农业科技管理模式和内容。推进灵活、公平竞争、蓬勃向上的运行机制建设，实行公开招标、竞争立项，人员自主结合、竞争上岗的办法，有效发挥每个农业科技岗位的实际作用。兵团以农垦科学院为“龙头”、农科所为“龙身”、农科站为“龙尾”的运行机制加快建设，转变观念，提高认识师级农业科研单位在服务团场中的“龙身”地位，认真挖掘现有的科研潜力，统筹兼顾，切实贯彻中央一系列惠农强农政策，利用师级农业科研单位面临基层、紧贴垦区的条件，发挥其对垦区农业经济的促进作用和对农业生产的支撑作用。

### （二）加强投入，强化创新能力

兵团农业大面积生产仍表现出产量不确定性，是低端产业。师级农业科研单位科研的公益性，要求在政策上、财政上予以大力支持，并逐年加大财政投入力度，大幅度增加师级农业科研单位人均事业经费的投入，避免无序或盲目的竞争，减少过度市场化竞争性专项科技经费在财政投入中的比例。可通过政策，规范各师投资农业科研的比重、方式、范围等，可广开门路，建立多层次、多形式、多元化、多渠道的融资体系，保障师级农业科研单位的公益性的非营利性。

### （三）抓住重点，优化专业结构

要发展，人才是关键。我国每1万名农业人口拥有农业技术人员约4人，每666.67$hm^2$耕地拥有农业科技人员5人，远远低于西方经济发达国家同类指标。相对现代化建设的需要来说，我国农业科研人员数量上很是欠缺。要进一步加大各类农业科技人才的培养力度，适当放宽事业编制，提高福利待遇，吸引硕士、博士到基层农科单位工作，为人才发挥才干提供科研平台。根据垦区情况进一步优化学科设置和专业结构，确立优势专业，开辟生物技术、信息技术等新型学科，发展特色产业，注重新品种的选育，加快新技术应用，使师级农业科研单位出现人才带学科，科研出成果，成果促产业，使兵团整个产业升级换代良性循环。

**（四）明确职责，突出科技服务**

公益性决定了师级农业科研单位的基本职能与目标取向。应当突出科技服务，围绕兵团农业现代化，大力推广农业科技新成果，积极探索多种科技成果转化渠道，通过科技之冬、电台农事安排、农业科技手册、地头指导等培训方式，将先进科技直接教给职工；依靠团场支持，以承包方式，服务大面积农业生产；开辟农业科技示范园区建设，用“看得见，摸得着”的示范效果，引介推广新技术。仍需花大气力，拓开农业科技服务模式，使师级农业科研单位各项工作在服务农业中有着事半功倍之效。

**（五）立足长远，完善保障体系**

要面对现实，立足长远，制订一系列政策措施、管理办法，完善各项体制机制，保障科研与开发协调发展。在我国农业科研投入长期不足的条件下，院所科技产业技术创新转化收益对弥补我国农业科研院所事业费缺口、留住人才、稳定队伍、深化改革、反哺科研、改善条件等方面都起到了重要作用。兵团仍然是农牧为主，团场聚集着90%以上的人口。农牧丰产丰收事关兵团经济建设基础。师级农业科研单位的发展、创新，在垦区农业生产中有着巨大贡献。在科研选题、立项、成果等评定中，要建立科学合理的科技评价制度；在选人、用人上，要导入恰当的、确切的人才评价制度，营造稳定的竞争环境，以激励机制等创新机制激发科研人员的工作热情与创新精神，如兵团和部分师加大科技奖励力度，个别农科所科技成果转化40%为该课题组所用，使师级农业科研单位步入长期、稳定、健康、快速的发展轨道。

**（六）重视创新点的选择**

科技创新的成功，有赖于对科技创新机会的适当把握和创新点的理性选择。在国际科技发展动态信息的收集和研究基础上，要分析得出核心科技成果是否已经形成、科技研究的主流方向、关键突破点、科技创新成果的推广应用前景、科技创新成果的“溢出效应”、科技创新的可能性和资源保障以及科技创新的成本和完成时间等，特别是创新成果是否可以提升为国家甚至国际标准以形成有影响力的知识产权。只有在得出这样一系列的分析结果后，才能决定创新点是否成立和创新活动是否有价值。同时，需要有经验的专家对创新点进行审定把关。

**（七）注重创新文化建设**

人有趋利避害的本能，科技人员也不例外。在农业科技创新活动中，建

立良好的创新文化氛围十分重要。要大力提倡敢为人先、敢冒风险的精神，同时要有宽容失败的胸怀。特别是在创新失败时，要给科技人员更多的关怀和信心，对年轻人创新非人为的失败要包容。要充分信任科技人员，努力营造鼓励科技人员创新、支持科技人员实现创新的环境氛围。要建立有利于创新人才突颖而出的体制机制，最大限度地激发科技人员的创新激情和活力。注重科技人员的利益保护，让科技人员毫无后顾之忧地献身于创新事业中。

## 五、结语

师级农业科研单位在垦区内面向团场，强化服务，立足农业科学研究，在农业基础地位不动摇，生产持续丰产丰收、促进垦区经济工作进一步繁荣中取得巨大的成绩，然而师级农业科研单位的发展仍面临诸多问题。就现实情况来看，师级农业科研单位发展，一是正确处理研究与开发的关系，使科研与开发呈良性互动；二是摆正垦区特色农业研究位置，激励创新，在垦区农业生产上施展技术优势；三是加强科技服务模式创新，科技服务是基层农业科研服务的职责之一，只有对科技成果进行有效的开发和应用，使其服务于垦区农业生产，科技成果的价值才能得以充分体现，师级农业科研单位才能在经济建设中作出更大贡献。

**作者简介：**

彭延，男，汉族，1972 年 5 月出生，中共党员，研究生学历，高级农艺师。现任新疆生产建设兵团第三师农业科学研究所技术科科长兼棉花研究室主任。

曾获团、师级奖励多项，2004 年获兵团党委组织部授予“优秀选派生”称号；2010 年获兵团党委组织部、宣传部等授予“2010 年度优秀科技特派员”称号。

# 实施科技兴农战略　打造温泉现代农业

新疆维吾尔自治区温泉县农业局　刘华明

温泉县地处中国西北部，准噶尔盆地西缘，隶属于新疆博尔塔垃蒙古自治州，有"西部边陲第一城"之称，是一个边境大县和农业大县。其西北与哈萨克斯坦共和国接壤，边境线长达 276 公里。辖内有汉、蒙、哈、维、回等 24 个民族。全县总面积 5881 平方公里，有可耕地 56. 6 万亩，草场 619 万亩，2011 年荣获"全国粮食生产先进县"，2012 年获"自治区农业产业化先进县（市）"。作为一个边境县城，维稳工作是头等大事，而促进农业发展、提高农民收入和生活水平是实现长治久安的关键和根本。农业发展，科技是牛鼻子。以科技为支撑，建设现代农业是推进温泉县跨越式发展和长治久安的必然趋势和重要途径。

## 一、构建农业科技创新体系，提高科技创新能力

经过多年来的发展和产业调整，全县已初步形成了以小麦、玉米、油料为主要作物，沙棘、酱用番茄、甜菜、马铃薯、设施农业等特色作物为点缀的种植业结构。2013 年，共种植小麦 13. 1 万亩、玉米 35. 2 万亩、油料 6. 2 万亩，各类特色作物 2. 1 万亩。现有农作物生产能力已达到较高水平，如玉米均为吨粮田，甜菜亩产达 4. 2 吨。虽然农产品资源丰富，但在加工转化方面一直是个"短腿"，农业产业化发展水平较低，经营管理理念滞后。全县仅有自治区级农业产业化龙头企业 4 个，自治州级农业产业化龙头企业 11 个，年营业收入 1000 万元以上企业 2 家。大多数农产品加工企业仍属作坊式生产，经营规模普遍较小，呈零散分布，特别是在技改、科技开发方面更为薄弱，产品基本上是初级加工，高附加值、精深加工产品比重小，高科技、外向型产品少，产品质量和包装档次低，增值幅度小，市场竞争力弱，绝大多数产品仅限于州内市场，众多品牌的市场优势未充分发挥。要实现农业科技创新，首先是要在农产品品质上创新，要结合气候环境、土壤质地、光热条件等实际因素，建立健全一批无公害有机农产品栽培模式和地方标准，在提高农产品品质上多下工夫、多做文章。其次是要在机械化栽培上创新，要结合农作物种植、管理、采收的实际情况，不断完善、更新、改进机械设备，

提高科技含量，既便于标准化栽培，又提高生产效率，将农民从繁重的体力劳动中解脱出来。最后是要在农产品加工上创新，更新工艺，改良设备，改进包装，逐步实现初加工向精深产品加工转变。如何将资源优势转化为经济优势、商品优势，是我们探索和研究的永恒话题。

## 二、完善农业科技推广体系，加快科技成果转化

全县现有农技推广机构 7 个，其中县级农技推广机构 1 个，乡镇级农技推广站 6 个；专业技术人员 62 名，其中高级职称 7 人，中级职称 19 人。农业科技推广是县级农口部门的中心工作。一是要加强基层农技推广基础设施建设。目前，我县基层农技推广服务体系条件建设，基本实现办公有场所、服务有人员、检测有设备。县农业技术推广机构有功能齐全的土肥化验室、植保化验室、植物营养诊断室、农产品无公害检测室。下一步，要加大投入力度，逐渐完善基层农技推广设施设备，建立健全与现代农业相匹配的基层农技推广基础设施条件。二是要加强基层农技推广队伍建设。要结合县情实际出台《温泉县农业技术推广奖励办法》，形成较为完善的激励和考核机制，将考核结果与其工资报酬、晋职晋级、业务培训等挂钩，激发农技人员的能动和创造性；采取“请进来、送出去”的办法，加大继续教育及培训力度，提升技术人员专业素质；常态性开展“岗位练兵”，练就一支上台能讲课、下乡能服务、能与农民交朋友的“三能”推广队伍。三是要充分发挥基层农技推广队伍的主力军作用。通过采取成立专家组、兴建农业科技试验示范基地、完善专家咨询服务制度等措施，以科技之冬等为载体，将先进技术及经验传授给农民，让农民能操作、见成效。四是要与大中专院校、科研机构联合，加强技术合作交流，提高科技成果转化率。作为一个县级涉农职能部门，直接面对农牧民，要加强引导、指导与服务，应把工作重点放在科技推广及成果转化上。

## 三、健全农民教育培训体系，提升农民综合素质

农民是农村经济社会发展的主体。用现代科学技术加速提升广大农民群众的素质，用现代文化增强广大农民加快发展的精神动力，提高其依靠科技增收致富的能力和本领，培养和造就有文化、懂技术、会经营的新型农民，既是农业农村工作的出发点，也是落脚点。一是要深入乡镇村组广泛调查研究，了解掌握基层群众对农业科技知识的实际需求，有针对性的编印一批群

众喜欢看、看得懂、易学会用、有“吸引力”、多种文字版本的农村科普读物、口袋书和音像制品等，通过电视、网络、报刊等渠道和多种语言文字形式传播到农民手中，形成学科技、用科技、依靠科技增收致富的浓厚氛围。二是要充分利用农村党员远程教育资源，以阳光培训、科技之冬、科技文化卫生三下乡、农民转移就业培训等为平台，有针对性地开展田间地头、设施农业、农村节水、测土配方施肥、农机、农产品加工等技术的实际操作培训，切实提升广大群众使用农业科技的实际能力。三是要继续加强“一年一户一人一技”致富技能培训和科技示范户培训，面对面地给农民宣传农村实用科技知识，手把手地教他们掌握致富技能，确保农村实用科技知识进村到户、入脑入心。只有农民综合素质提高了，农业农村工作才会取得质的飞跃。

**作者简介：**

刘华明，男，汉族，1972 年 9 月出生，中共党员，本科学历。现任新疆维吾尔自治区博尔塔拉蒙古自治州温泉县农业局副局长；湖北省宜昌市夷陵区林业局森林防火办公室主任。

自 1992 年 7 月参加工作起，历任生产技术科长、办公室主任、工会主席、副场长，宜昌市夷陵区林业局办公室副主任等职。2010 年 12 月至今，任博尔塔拉蒙古自治州温泉县农业局副局长。

# 科技兴农　加快特色现代农业发展

新疆维吾尔自治区轮台县农业局　辛炯辉　张红梅

加快特色现代农业发展是新农村建设的首要任务。目前，轮台县农业既面临许多良好的发展机遇，同时也面临着一些不容忽视的严峻挑战。

## 一、轮台种植业和特色农业发展现状

当前，轮台县依托本县特色资源优势，坚持以市场为指导，农牧民增收为中心，产业结构调整为主线，坚持“多予、少取、放活”的方针，奋力推进农业产业化，全县农业和农村经济取得显著成效，农村经济全面发展，综合实力明显增强，农业生产丰产丰收，已建成杏子、蔬菜、西甜瓜、棉花、工业番茄等多个农业产业带，资源配置进一步优化。2012 年，全县粮食种植面积22.23 万亩，增加1.04 万亩，总产8.17 万吨；棉花61.76 万亩，单产增加2 公斤达138 公斤，总产8.52 万吨，均创历史新高；新建设施农业300 亩，总面积达2543 亩；瓜菜等其他作物播种面积1.43 万亩；特色林果业不断巩固，杏子总产8.5 万吨，人均杏子纯收入达2027 元，增收466 元；香梨等其他林果面积4.03 万亩，农作物良种普及率达到100%，农村改革不断推进，农业发展活力明显增强。

## 二、轮台县发展特色现代农业的原则和建设重点

我县特色现代农业产业体系建设基本原则：发展现代农业、构筑轮台特色现代农业产业体系，遵循最大限度发挥资源优势、政府引导和市场导向相结合、产业体系协调发展、经济社会生态效益统一原则。

按照着眼长远、立足当前的要求，构建轮台特色现代农业产业体系，突出抓好以下几项重点：

一是坚持用现代物质条件装备农业，大力开展农业基础设施建设，着力夯实现代农业产业体系的物质基础。发达的物质装备条件，是现代农业区别于传统农业的重要标志。着眼夯实现代农业发展的物质基础，重点抓好农田水利设施建设、农业机械化发展和农村生态环境建设。

二是坚持用现代科学技术改造农业，大力推进农业科技进步，不断强化

现代农业产业体系的科技支撑。加快农业科技进步，在健全完善高效率农业科技创新体系和推广服务体系的基础上，重点围绕特色畜牧业、林果业和种植业发展的关键性技术难题，实施联合攻关、集中突破，集成配套、集中推广，不断强化现代农业发展的科技支撑。

三是坚持用现代产业体系提升农业，大力推进农业产业升级，不断拓展现代农业产业体系的多种功能。在现代经济技术条件下，农业功能已由单纯的食品保障向原料供给、就业增收、生态保护、文化传承等多领域延伸。在确保粮食和农产品安全的前提下，大力培植发展特色产业和休闲观光、生态旅游等新兴产业。

四是坚持用现代发展理念引领农业，大力推进农业的规模化、集约化、市场化，不断强化现代农业产业体系建设的引领带动。生产经营规模化、集约化是现代农业发展的大趋势。适应现代农业发展的要求，不断增加生产要素投入，特别是增加科技和资本要素投入，提高农业有机构成，推进土地与其他生产要素优化组合，推进农业规模化、集约化发展，不断提高农业综合素质和效益。

五是坚持用培育新型农民建设农业，大力开展农民教育培训，努力造就现代农业产业体系的人才队伍。农民是现代农业经营主体，也是新农村建设的主体。没有大批有文化、懂技术、会经营、善管理的现代新型农民，就不可能实现现代农业的加快发展和新农村建设的扎实推进。通过农民培训、农村劳动力转移就业培训、农业科技专门培训等多种形式，努力培养造就适应现代农业发展和新农村建设需要、不同类型不同层次的大批现代知识型农民，为现代农业发展提供强大的智力支持。

## 三、轮台县发展特色现代农业的措施与对策

### （一）项目强农，加大农业投入

一是实施项目带动战略。力争勤跑项目，善跑项目，积极争取上级财政支农资金投入轮台县农业，夯实农业发展基础，增强农业发展后劲。积极向自治区农业厅、发改委、财政厅、科技厅争取项目，做到四个“一批”：即储备一批项目、争取一批项目、实施一批项目、投产一批项目。到2015年年末，力争建成5个自治区级瓜果、蔬菜农产品标准化综合示范区、1个国家级农业标准化示范基地，全面提升全县农业产业档次。

二是积极做好农业招商引资工作。加强农业招商引资，提高农产品加工能力，加快农业结构调整和农业产业化经营步伐，是农业和农村工作的重要

任务，是开辟农民就业增收的新途经、新领域的重要举措。通过联谊招商、参展招商、外出招商等多方位、多渠道招商方式，有的放矢组织项目推介招商，捆绑引进农业新品种、新技术、新管理、新工艺设备，增加农业投入，改善农业和农村经济发展的条件和环境，全面提高农业的综合效益和农产品竞争力。

三是增加财政投入。我县人民政府新增财力力争向“三农”倾斜，以提高农业综合效益和促进农民增收作为重点，加强中低产田改造和以水利为中心的农田基础设施建设，进一步完善财政支农资金管理体制，对重点农业项目的投入资金进行整合，提高资金使用效率，确保重点农业项目落实

**（二）科技兴农，大力推广新品种新技术**

一是大力引进、示范和推广良种。加大“种子工程”实施力度，加快品种更新换代，加大对优质、高产新品种的引进试验、示范和推广力度。全县粮食、蔬菜、畜禽良种覆盖率达96%。小麦、玉米主推自治区、自治州推荐品种，逐步取代常规品种；蔬菜每年有重点的引导农民种植3～5个新品种，筛选适合轮台县种植的优质、高产、抗病新品种；在畜牧业上，重点发展肉用型绵羊，高寒草场主要发展牦牛；家禽生产突出优势产区和优势品种，重点发展优质蛋鸡和肉鸡生产；奶牛生产大力推广饲养优质高产的黑白花、西门塔尔等品种。

二是大力推广应用新技术。种植业重点推广高产高效模式化栽培、规范化间作套种、日光温室、抗旱节水、精量播种，普及推广农作物平衡施肥技术、专用肥应用技术、病虫害生物防控技术、病虫害综合防治等新技术，禽畜推广人工授精技术、畜禽疫病综合防治等技术。

三是加强技术培训与合作。重点加强农科教结合，加速农业科技转化。一方面做好农技干部的再学习再教育工作，组织高中级农业技术人员定期培训、外出参观学习，提高专业队伍素质；另一方面以农广校为阵地加强农业专业教育，培养农民技术骨干力量。同时，扩大对外技术交流，特别加强与农业发达县市农业科技交流与合作，采取走出去和请进来两条途径加强对外交流，引进吸收发达地区在动植物品种、农艺设施、管理水平、加工技术上精华。每年组织农业技术骨干和种养大户外出参观学习1～2次，每年邀请农业知名专家来轮台县授课2～3次，从理论和实践两个方面全面提高全县农业技术与管理水平，加快农业现代化进程。

**（三）信息引农，强化服务**

加强农业信息网络建设。进一步加强全县农业信息平台建设，办好全县

政府网站，丰富网页内容，提高网站点击率，提高信息处理能力，及时收集并发布各类农业信息，充分发挥农业信息在生产中的指导作用。完善全县各级农业技术服务机构功能，开展技物结合农业咨询服务，拓宽服务领域，延伸服务内容，改变单一的产中咨询服务为产前决策咨询、产中技术指导、产后加工销售信息引导等全程服务。

**（四）依法治农，促进农产品标准化进程**

一是加强农业生产环境保护。树立生态就是动力、生态就是效益、生态就是后劲的观念，从以下三方面促进农业的可持续发展：环保部门加大工业污染物排放的检查监管力度，加强工业污染物达标排放管理，优化农业生产环境；对畜禽饲养物的粪便、下脚料等废弃物以及农产品的下脚料进行无害化处理；加强科学使用农药化肥地膜的指导与管理，推广应用高效、低毒、低残留农药、生物农药和易降解的农用薄膜，合理使用化肥，有效控制农业污染。

二是建立蔬菜、畜禽等农产品质量检验检测中心。建成轮台县农产品质量检验检测中心，开展农产品质量的安全监测，提高全县农产品市场竞争力，逐步实行市场准入制度，确保消费安全。

三是加快农牧基地和产品认定认证步伐。围绕实施“无公害食品行动计划”，按照绿色、无公害农产品生产规程，抓好生产基地建设，加快认证进程，扩大认证覆盖面，做好绿色、无公害农牧基地和产品的认定认证申报以及认证后管理工作，提高认证产品的市场占有率。

四是加强农业行政执法。加大《种子法》、《农约管理条例》、《兽药管理条例》等有关法律、法规的宣传力度，及时向社会公布禁、限用农业投入品的品种类型，严格执行农产品质量安全标准，规范农药、兽药等投入品的使用、限用、禁用的监督管理。严厉打击制售和使用假冒伪劣、禁用农牧业投入品的违法行为。

**（五）多予少取，落实支农富民政策**

全面落实中央、自治区及轮台县制订的一系列支农政策，把政策优惠转化为农民看得见、算得清的实惠。加大减负力度，健全农民负担监督管理长效机制，确保农民负担稳步下降，进一步落实三项补贴（农资直补、良种补贴、农机补贴），进一步建立村务公开和民主管理制度，保障农民群众的知情权、决策权、参与权和监督权，依法加强对村集体财务管理与运行监督，促进村集体经济健康发展。

**（六）龙头壮农，推进农业产业化建设**

一是发挥优势，科学规划。围绕棉花、粮食、杏子、蔬菜、畜禽五大产业，按照各乡镇的不同的区位、土壤气候条件进行科学规划、布局。在进一步巩固轮台县“全疆粮食生产基地县、国家优质棉生产基地”成果的基础上，以轮台镇、阿克萨来乡、园艺场为重点区域，以强化基地建设为重点内容，通过新建和改造标准温室大棚，建立无公害生产示范基地、推广地暖、卷帘机、测土配方、高效节水灌溉、沼液应用、病虫害防治等技术，加快设施农业发展，使设施农业成为轮台县农牧民增收的主导产业，力争发展到5000亩，推广卷帘机技术占50%，建立无公害生产示范基地3个，本地蔬菜市场占有率达70%。

二是大力扶持和发展农业龙头企业，按照中央“扶持农业产业化就是扶持农业，扶持龙头企业就是扶持农民”的指示精神，加大扶持力度，培植出一批辐射面广、带动力强的农业龙头企业。以华隆、杏宝、胡杨、大德恒、轮胜等企业为龙头的产业群，以着力引进并建立1～2家畜产品加工龙头企业，着重发展杏子加工、畜产品加工等农牧深加工企业。

三是加快土地流转，提高集约化水平，发挥农业规模效益是当前我县面临的迫切课题。在家庭联产承包责任制基础上，通过转租、转包、转让、合作等形式，加快土地经营权流转，积极探索“公司＋基地＋农户”、“公司＋中介＋农户”等农业产业化经营模式，加强产销对接，提高农业一体化水平。

四是加快农村富余劳动力转移。强化对农村劳动力转移的组织、协调和政策引导，按照“公平对待、合理引导、完善管理、搞好服务”的方针，做好农村富余劳动力就业的各方面工作，坚持统筹城乡发展的思路，加大城乡一体化劳动力市场的培育，变被动应付转移为主动服务转移，逐渐建立起政府推动、市场主导、农民自由流动，多层次多渠道、多形式的劳动力转移就业机制，促进农村富余劳动力转移。

**作者简介：**

幸炯辉，男，汉族，1968年12月出生，中共党员，研究生学历。现任新疆维吾尔自治区轮台县农业系统党总支副书记、农业局局长。

自参加工作起，历任轮台县委基层办干部，哈尔巴克乡党委副书记，阿克萨来乡党委书记等职。2011年至今，任轮台县农业系统党总支副书记、农业局局长。

张红梅，女，汉族，1981年9月出生，中共党员，本科学历。现任新疆维吾尔自治区农业局副主任科员。

# 第六章　调整优化农业结构　全面提高农业效益

## 强化管理　多业并举　推动农业有效快速发展

河北省唐县农业局　张中杰　陈同福

近年来，我局紧紧围绕建设县委县政府提出的“经济强县、和谐唐县”的奋斗目标，按照“文化引路、工业领航、多业并举、彰显特色”的发展思路，履职尽责，狠抓各项工作的落实，确保了全县农业农村经济的持续、稳定、健康发展，农民人均收入明显提高。

### 一、农业主要概况

唐县位于河北省保定市西部约 50 公里处，县域面积 1417 平方公里，地势自西北向东南倾斜，现有人口 59. 7 万，其中农业人口 52. 6 万，有耕地 41. 5 万亩，是一个农业生产大县。近年来，在县委、县政府的正确领导下，在上级主管部门的大力支持下，我局围绕三农发展，积极调整思路，狠抓协调服务，为全县农业和农村经济的快速发展做出了积极贡献。2012 年，我县的粮食生产实现了“九连丰”，并于 2011 年获省政府颁发的夏粮生产先进县称号。另外我县于 2009 年完成了基层农业技术推广体系改革工作，通过进一步理顺管理方式、强化制度建设、努力争取上级项目支持等措施，基层服务能力提升明显。

2012 年，我县全年种植面积 56.80 万亩，总产达到 23.78 万吨，其中夏粮 9.50 万吨，秋粮 14.28 万吨，总产量同比增长 6.2%。棉花播种面积 1.5 万亩，产量 1300 吨。油料作物播种面积 2.1 万亩，产量 3000 吨。蔬菜瓜果类播种面积达到 6.6 万亩，产量 25.9 万吨。食用菌生产基本上与去年持平，种植面积达到 1.7 万亩，总产在 7.5 万吨左右。小杂粮生产面积达到 8 万多亩，年总产量达到 2.5 万多吨。2012 年，全县农民人均纯收入达到 3679 元。

我县在农业产业结构调整中，把畜牧养殖业放在了显要位置，畜牧养殖业发展迅速，特别是肉羊、生猪两大产业，呈现了长足发展。2012 年，全县生猪存栏 25.3 万头，出栏 35.2 万头；牛存栏 1.48 万头（其中，奶牛 4740 头），出栏 0.52 万头；羊存栏 42.5 万只，出栏 149.2 万只（包括短期育肥羊只）；禽存栏 160.2 万只（其中蛋鸡 139.1 万只）。规模养殖发展迅速，全县规模养殖场户达到 2100 多个，其中肉羊 1800 多个，生猪 100 头以上的 147 个；2000 只以上的鸡场 156 个，万只以上鸡场达到 30 个；奶肉牛场 22 个。肉类总产量 3.9 万吨，禽蛋产量 1.65 万吨，奶产量 1.5 万吨。

## 二、积累经验，推动有效快速发展

### （一）大力发展畜牧养殖

一是抓好技术培训工作，增强农民科技素质。充分发挥现有技术人员的技术优势，每年组织培训不少于 60 次，每年的培训人数不低于 5000 人。另外，通过采取抓典型、树标兵、搞示范等多种形式，把科学养殖技术普及到农村千家万户。二是搞好选种选育，提高良种覆盖率。生猪以大白、长白、杜洛克为主，肉羊以小尾寒羊为主，积极推广舍室圈养，到“十二五”末，猪、羊、牛、鸡、兔的良种覆盖率均达到 90% 以上。三是抓好防检工作，确保畜牧业的健康发展。首先是搞好防疫灭病，按照“预防为主”的原则，搞好每年春秋两季的疫苗接种免疫，对强制免疫疫苗要应免尽免，规模养殖场达到 100%，散养户要达到 95% 以上。另外是加大执法力度，做好检疫工作。做好检疫技术人员进行定期培训，每年集中培训两次，每次培训时间不少于一个星期。在提高检疫人员素质的基础上，认真开展产地检疫工作，对所有出栏的畜禽，做到批批检疫，车车消毒，按照国家规定的检疫标准、项目、程序，办法实施检疫，做到检疫“四到位”，确保检疫结果准确无误，对那些检疫不合格的动物及其产品，一律按有关规定进行处理，必要时要强制进行无害化处理和销毁。四是充分利用秸秆优势，积极发展草食动物。唐县每年产近 25 万吨秸秆，积极推广青贮、氨化和微贮技术，发展牛、羊等草食动

物。五是坚持发展与监管并重原则，以“瘦肉精”整治为重点，抓好农产品质量安全监管工作。狠抓投入品监管，推行检疫检测同步制度。2012年，共投入检测资金100多万元，监测肉羊、生猪、肉牛尿样共计35676份，未发现阳性产品。

**（二）抓好龙头带动，推进产业化进程**

我县是农业大县，资源丰富，农业产业化发展前景广阔。近年来，在县委、县政府正确领导下，农业产业发展优势愈加显现，2002年被河北省政府命名为“河北食用菌之乡”。在工作上，主要体现在：一是结构调整成效明显。形成了食用菌、蔬菜、瓜果、畜禽养殖等支柱产业，截至2012年年底，粮食总产量稳定在了23万吨左右；蔬菜总产量达到25多万吨；棉花总产量达到1300吨；油料总产量达到3350吨。二是产业基地初具规模。几年来，按照专业化生产、区域化布局的思路，培育和发展了一批具有区域特色的生产基地，全县已初步形成了以食用菌、畜牧养殖、林果等为主的农产品生产基地。到2012年底，全县食用菌种植1.7万亩，杏鲍菇、鸡腿菇、金针菇、平菇等生产已经形成规模；规模化生猪养殖场100多个，奶牛小区11个，肉羊规模养殖专业村50多个。另外，小杂粮种植面积达到8.5万亩，设施农业种植面积发展到1.5万亩。三是龙头企业发展壮大。到2012年年底，全县已形成了辐射带动能力较强、与农户联结关系较紧密的农业产业化龙头企业30多家，市级以上重点龙头企业15家，其中，省级重点龙头企业1家。全县14家市级以上龙头企业资产总额达到101927万元，其中固定资产达到55328万元，企业职工人数达到2849余人，带动农户数量15万户，实现年销售总收入7.2亿元。四是专业市场不断完善。围绕肉羊、食用菌、果品等主导产业，全县已建成17个农产品专业市场，年交易额5亿元以上，特别是东同龙、水头食用菌专业批发市场，葛堡羊肉批发市场等，在搞活农产品流通、推动产业化经营中发挥了重要作用。同时，农产品信息、网上销售、科技等社会化服务也已逐步建立和完善。五是中介服务日益规范。按照“民办、民管、民收益”原则，全县初步培植起涵盖食用菌、养殖、棉纺、果品等各类农民专业合作经济组织达到360多家，其中市级示范社2个，县级示范社4个。为加强管理，规范运行，确保发挥应有作用，我局结合财政、农工委等部门，对现有的农民合作经济组织认真筛选，上报了两个合作社项目，争取资金20万元，有力地带动了其他组织的规范发展。到2012年年底，农业产业化组织带动农户数将达到30%以上。

**（三）抓好农民的农业技术培训和农民工技能培训**

充分发挥农民教育培训中心的作用，把农民科技培训列入“十二五”期间的工作重点。一是积极争取项目支持。依托农技推广补助项目，构建了“专家—农技人员—科技示范户—辐射带动户”的科技成果转化应用快捷通道，2012 年，辐射带动 22000 户农民。二是抓好常规技术培训。充分发挥日益完善的农技服务体系，抓好实用技术的推广工作，通过采取举办培训班、电视讲座、出动宣传车、发放明白纸等形式，年培训农民在 5 万人次以上，有力地为农民技术水平的提升、提高农产品科技含量、提高科技成果转化率做出了积极贡献。

**（四）争取并做好项目建设工作**

2012 年共争取并实施了基层农技推广服务体系建设项目、农村劳动力培训阳光工程项目、测土配方施肥补贴续建项目、基层农技推广体系改革与建设补助项目、国家级万亩粮食高产创建示范片项目、农作物良种补贴项目、农机具购置补贴项目、生猪标准化项目、菜篮子工程项目等，共争取上级资金 1900 余万元，进一步推进了为我县农牧业生产工作的发展。

## 三、下一步工作安排

党的十八大对农业农村工作提出了新的更高要求，我们要以学习贯彻十八大精神为动力，加快发展现代农业，积极推进现代农业示范区建设，提高农业规模化、标准化、集约化水平。坚持和完善农村基本经营制度，加强农村经济管理，积极发展壮大农民专业合作经济组织，培育新型经营主体，促进农民增收。

1. 在近年农业生产丰收基础上，继续抓好技术服务，抓好高产示范创建和良种补贴的落实，提高农民技术水平，确保我县继续增产增收。另外，继续引导抓好结构调整，突出抓好食用菌、无公害蔬菜、优质小杂粮等高效作物种植，提高产品品质，培育名牌，提高市场竞争力。

2. 抓好规模化养殖。切实加强奶牛养殖基地建设，加强奶站管理，促进奶牛业发展；切实加大对养羊基地的资金投入和政策支持，充分发挥龙头企业的带动作用，重点搞好养羊基地建设，最终形成牢固的产业链条，促进特色产业发展；抓好生猪养殖的规模发展，搞好规模养殖企业的技术指导和服务，扩大规模，做好生猪养殖基地的入统工作。

3. 抓好无公害技术操作规程的落实，推行无公害标准化生产。以现有的技术标准为基础，在抓好技术服务的同时，抓好无公害标准的落实，建设标准园区，实现以点带面，全面推行标准化生产。

4. 做好引资和农牧业对外开放工作。重点抓好农业项目的谋划、储备、

申报工作，在继续抓好农作物良种、食用菌、沼气池和基层动物防疫体系续建项目争取基础上，突出做好旱作农业、高效设施蔬菜生产、土壤有机质提升等项目的谋划和申报；大力实施生态家园富民工程，做好用户沼气池及联户型沼气池项目的申报及建设，改善农村居住环境；加强基层动物防疫设施建设，提高对动物疫病监测、预防、控制、扑灭的技术水平和综合管理能力；立足实际，强化调研，积极争取并落实农机具补贴项目，进一步提升机械化水平；积极争取，抓好有害生物预警项目的批复工作；抓好基层农业技术推广体系建设项目争取工作。

5. 抓好农村经济管理工作，尽快完成一事一议项目村的检查验收工作；加强农村财务审计和监管力度，确保村集体财务规范管理；争取国家对农民合作经济组织的支持，搞好各类专业合作经济组织建设，使其逐步走上规范化、制度化轨道，提高组织化程度，规避市场风险。尽快建设土地仲裁机构，保护农民的合法权益。

6. 推进依法行政，加强种子、农药、肥料、农机配件、兽药、饲料生产、经营和使用领域的全程监管。加大农产品质量安全监管，加大抽产监测力度，全面推进市场准入工作的进行。

**作者简介：**

张中杰，男，1964 年 6 月出生。现任河北省唐县农业局局长。

陈同福，男，1971 年 8 月出生，本科学历，高级农艺师。现任河北省唐县农业局办公室主任。

# 以十八大精神为指导<br>推动芮城县农业农村工作实现跨越发展

山西省芮城县农业委员会　郝永峰　崔　强

刚刚闭幕的党的十八大，对“三农”工作进行了深刻阐述，对推动城乡发展一体化，作出了新部署，指明了新方向，提出了新要求。如何认真学习、宣传、领会十八大有关“三农”的论述，结合县情，深入思考，是农业系统广大干部职工的首要政治任务；如何把握机遇，真抓真干，推动我县农业农村工作实现新跨越，是摆在农业人面前的一项重大课题和光荣使命。

## 一、领会精神实质，增强做好“三农”工作责任感和使命感

十八大报告的第四部分，用较大篇幅（共504字）对“三农”工作做了专门阐述。

报告提出，要“坚持走中国特色新型工业化、信息化、城镇化、农业现代化道路，推动信息化和工业化深度融合，工业化和城镇化良性互动、城镇化和农业现代化相互协调，促进工业化、信息化、城镇化、农业现代化同步发展”。可以说，这“四化同步发展”的提出（20世纪中叶，中央提出的是工业、农业、国防和科学技术四个现代化，几十年的发展变革，过去的四化中保留了工业和农业这两化）。首次把农业现代化放到了国家战略的高度，其基础性的地位作用和重要性进一步显现，发展道路问题进一步明晰。

报告指出，要“推动城乡发展一体化”。报告强调，“解决好农业农村农民问题是全党工作重中之重，城乡发展一体化是解决“三农”问题的根本途径。要加大统筹城乡发展力度，增强农村发展活力，逐步缩小城乡差距，促进城乡共同繁荣”。可以说，一个“重中之重”，一个“根本途径”，充分彰显了中央对“三农”工作认识上的高度、深度和力度。报告还提出了“三个坚持”，一是“坚持工业反哺农业、城市支持农村和多予少取放活方针，加大强农惠农富农政策力度，让广大农民平等参与现代化进程，共同分享现代化成果。加快发展现代化农业，增强农业综合生产能力，确保国家粮食安全和

重要农产品有效供给”。二是“坚持把国家基础设施建设和社会事业发展重点放在农村，深入推进新农村建设和扶贫开发，全面改善农村生产生活条件，着力促进农村收入，保持农民收入持续较快增长”。三是“坚持和完善农村基本经营制度，依法维护农民土地承包经营权、宅基地使用权、集体收益分配权，壮大集体经济实力，发展农民专业合作和股份合作，培育新型经营主体，发展多种形式规模经营，构建集约化、专业化、组织化、社会化相结合的新型农业经营体系。改革征地制度，提高农民在土地收益中的分配比例”。这“三个坚持”可以说是实现城乡发展一体化的方向性原则和具体措施，是对“三农”工作的总部署总要求。尤其是“平等参与”、“共同分享”两个词的提出，充分体现了党中央亲民爱民为民情怀，提高农民主人翁地位，推进公平、走共同富裕道路的信心和期待。培育新型经营主体、发展新型农业经营体系，也是两个新提法、新概念，需要我们认真的把握和领会。报告强调，要“加快完善城乡发展一体化体制机制，着力在城乡规划、基础设施、公共服务等方面推进一体化，促进城乡要素平等交换和公共资源均衡配置，形成以工促农、以城带乡、工农互惠、城乡一体的新型工农、城乡关系”。可以说，发展城乡一体化，机制体制将进一步完善，建立和形成新型的工农、城乡关系前景光明。

通过以上阐述和解读，我们不难看出，中央对“三农”工作更加重视，发展目标更加明确，发展路径更加明晰，发展重点更加锁定，支持扶持更加给力。作为我们战斗在“三农”工作一线的干部职工来讲，责任重大，使命光荣。我们完全有理由相信：随着上述精神的逐步贯彻落实，“三农”蛋糕必将越做越大，“三农”工作的又一个春天来到了。

## 二、准确把握县情，找准制约我县“三农”工作的症结和困难

近年来，我县“三农”工作在县委、政府的正确领导下平稳有序推进，成绩有目共睹。表现在：粮食生产稳中有增，（实现了“九连增”，去年总产达2.8亿公斤，2013年总产3.32亿公斤，连续两年被授予全国粮食生产先进县称号，中央奖励资金1600多万元），特色产业优势明显（苹果、枣、花椒、大棚菜），合作经济组织发展方兴未艾（全县各类合作经济组织已达555家），强农惠农富农有效落实，设施农业发展势头看好（面积已达11953亩），农业基础设施明显改善，农民人均收入连年增长（平均增幅

15%），新农村建设日新月异。可以说目前是我县历史上“三农”工作最好的一个时期之一。

在肯定成绩的同时，我们也要清醒的看到，与发达地区相比，与党的十八大报告提出的目标来衡量，我们的工作和“三农”的发展，还存在着差距和不足，面临着不少挑战和困难，概括起来有以下几点：

1. 从客观因素上讲，①我们是传统农业大县，39 万人口，近 30 万农民，而农业又是“弱质产业”，农民又是“弱势群体”，这是最基本的县情。据 2013 年认定，全县目前尚有贫困人口 3.09 万人（年收入 2300 元以下），加之地形情况复杂，沿山一带居住农民为数不少，生产生活条件较差。为此，实现由农业大县向农业强县转变，实现“十二五”末农民收入翻番，实现城乡一体化，全面建成小康社会，任务艰巨。②农业基础条件仍然较差，农业生产受制于“天”、受制于“水”的状况仍未彻底改变，增产增收的空间受到制约。③农村青壮年劳动力转移人数逐年增加，发展设施农业近而推进现代农业、科学种田、精细管理所需的高素质新型农民人才缺乏。一方面需要转移农村劳动力，增加农村收入，改善农业生产条件，另一方面，又存在现代农业发展对新生力量、有知识、懂技术新农民高度需求的矛盾日益突出，“谁来务农”、“谁来种田”的矛盾更加突出。

2. 从思想认识上讲，部分涉农干部对中央提出的“解决好农业农村农民问题是全党工作的重中之重”的要求认识上还不够到位，行动上还不够自觉，在人力、物力、财力、精力的调配上还不十分到位，对本地区、本乡镇的农村经济发展和产业结构调整、对农民增收的途径、步骤、措施，缺乏思考，缺乏分析论证，缺乏统筹安排和长远规划。总之，缺乏“心中有数”。

3. 从工作推动上讲：①农业系统干部队伍整体素质亟待提高。农口部门普遍缺编缺员，工作经费缺口较大；技术干部缺乏，年龄偏大，知识老化，即使“科班”出身者，也往往对主导产业的关键环节指导乏力，老技术不能用，新技术不会用，显得力不从心；部分干部的精神状态也存在着与面临的形势和任务不相适应的问题，有暮气，缺朝气，闯试不足，四平八稳。②农业农村工作点多、面广、涉及范围大，牵涉部门多，工作规划、部署、实施、考核上，缺乏一套行之有效的机制。

## 三、提振决心信心，努力开创我县“三农”工作的新局面

今后几年应在以下方面狠下工夫：

一是举旗，举起“农业稳县”的旗帜，叫响“农业稳县”口号，在全县

上下形成抓“三农”工作是“重中之重”的氛围，把“农业稳县”同“工业强县、文化强县”一样，列入芮城经济社会的发展战略，成为建设国家级生态文明县的重要举措。

二是统筹，着手谋划统筹芮城“城乡发展一体化”的总体规划，做到年度有目标、实施有举措，逐年稳定推进。在目前县直单位包村帮建、县乡干部联包的基础上，探索形成以城带乡、以工促农的新机制。

三是项目，紧紧抓住中央提出的“坚持把国家基础设施建设和社会事业发展重点放在农村”的大好机遇，整合农口各部门的规划，积极争取国家扶持、争大项目好项目，努力改善农业的基础设施条件，尽早实现人均两亩水浇田，更快地推进新农村建设和扶贫开发，争取在“十二五”末完成全县49个自然村5000人的扶贫搬迁工作。

四是稳粮，稳定全县粮食面积（80万亩），通过新品种、新技术、新投入，在提高单产的基础上，使全县粮食生产能力稳定在2亿公斤以上，保持全省乃至全国粮食生产大县的称号，确保为国家粮食安全再作贡献。

五是特色，坚持走特色农业发展道路，通过一县一业、一村一品，壮大果、枣、椒、菜、畜等特色产业，加快设施农业的发展进程；增强专业合作社的辐射带动作用，继续培植做大做强农产品加工龙头企业，采取鼓励机关干部人员投资承包、入股投资和以优惠政策招商引资的办法，建设新园区、新企业，积极发展休闲观光农业，使之与芮城的文化、旅游相融合，延伸产业链；探索培育新型经营主体和新型农业经营体系，形成投资多元化、经营多样化、设施现代化、效益最大化的新格局。在保证农产品有效供给的同时，大幅度增加农民收入。

六是人才，努力解决人才和素质问题。通过多种形式的培训，在提高广大农民科技素质、技术技能上狠下功夫；通过招聘、培训再教育、实践提高等途径，解决农业技术干部缺乏的问题；通过宗旨党性教育、考核与绩效工资挂钩等手段，解决农技人员的精神状态问题。

做好“三农”工作是一篇大文章。我坚信，以十八大精神为指导，在县委、政府的坚强领导下，只要我们抓住机遇，同心协力，真抓实干，克难攻坚，我们农业人在推进芮城农业现代化的道路上，一定会有所作为，一定会大有可为，芮城国家级生态文明县、城乡一体化的进程就会越走越快，越来越好。

**作者简介：**

郝永峰，男，1965年9月出生，中共党员，大学学历。现任山西省芮城县农业委员会主任。

1981年9月参加工作，曾在2009年被县委、县政府授予“生态文明县建设十大标兵”称号。

崔强，男，1980年9月出生，中共党员，本科学历。现任山西省芮城县农业委员会办公室副主任。

自参加工作起，有多篇通讯报道刊登于西部时报、山西日报、山西农民报、运城日报、芮城信息等。

# 创新经营体制　建设现代农业
# 实现农牧科技新跨越

内蒙古自治区新巴尔虎右旗农牧业局　徐国庆　额尔敦毕力格

近几年，在旗委、旗政府的正确领导及上级主管部门的大力支持下，我旗农牧业局以提质增效为中心，继续实施压缩战略，全面推行草畜平衡和禁牧休牧制度，优化畜群畜种结构，加快畜种改良，重点扶持良种肉牛、肉羊等优势畜种发展，实施“增大减小、少养精养、围绕草养”工程，突出现代农牧业发展，不断推进农牧业产业化进程，为全旗经济平稳较快发展奠定了坚实的基础。

## 一、依法行政迈上新台阶

一是遵守和执行宪法、法律、法规，认真贯彻党的路线、方针、政策，坚持学习各类法律法规，制定干部职工学法制度，利用多种方式开展学法活动，切实增强全局干部职工的法律意识和法制观念。

二是加强政务公开，促进规范化服务。每年通过各种形式对执法人员进行轮训，提高执法人员素质；通过印发农牧业法制宣传单和法规手册，接待农牧民咨询，举办培训班，利用电视、广播、报纸专栏等媒体切实加强法制宣传，营造良好的法治氛围。各行政执法单位都建立了政务公开制度和行业工作守则，接受社会监督，加大服务力度。

三是农牧业各行政执法单位严格执行兽药、农机、农机产品配件经营、维修市场准入制度，对经营主体实行登记、备案、检查制度，对多家兽药经营商店、个体兽医进行年审，发现问题及时处理，增强了业主依法经营的自觉性。农牧业局与下属各站所还签定了行政执法委托书，执法人员按法律法规执行公务，依法办理各类行政审批事项，提高了执法水平和严格依法办事的自觉性，切实做到了依法行政、依法治权，防止行政权力的缺失和滥化，逐步实现执法管理目标化、执法行为规范化、执法程序公开化。几年来，未出现执法人员玩忽职守、滥用职权、乱收费、乱罚款等违纪违法行为，未出现行政作为被执法监督机关责令纠正或者予以撤销的情况。

## 二、农牧工作实现新跨越

近年来，我们牢牢坚持“生态立旗、畜牧业稳旗”发展战略，进一步加强草原生态建设，以大力发展现代畜牧业为突破口，在促进牧业增产和牧民增收，转变畜牧业发展方式，调整畜群结构，提高畜产品质量，增加牧民收入上狠下工夫。围绕这一思路，重点抓了以下几项工作，呈现出明显成效。

**（一）畜牧业持续稳定发展**

几年来，我们克服多种自然灾害，切实做好抗防灾工作，确保了接羔保育等畜牧业生产工作的顺利进行，畜牧业基础地位得到巩固，基础设施建设得到显著改善，牧业年度牲畜头数都达到200万头（只）以上，牲畜棚圈增加到1638座（707702平方米）、草库伦3130处（938万亩）、机电井1982眼，农牧业机械3237台，为畜牧业生产提供了保障。

**（二）草原建设和保护力度进一步加大**

认真实施国家退牧还草工程，确保每年的工程质量和进度。近年来，新右旗禁牧总面积80万亩，休牧总面积635万亩，涉及牧户1985户，人口7180人，牲畜73.6万头（只）。草畜平衡面积2700万亩。草原植被覆盖度达到45%～65%，比近四年来提高了20%。

**（三）牲畜改良工作有新突破**

按照旗委、政府的牲畜改良发展思路，每年在全旗范围内开展种公畜鉴定、选留种子工作，认真开展牲畜改良配种工作。几年来建标准化人工授精站点2处、肉牛肉羊育肥基地3处。改良牲畜1568725头（只），改良及良种比重达78.78%。

**（四）动物防检疫工作扎实有效**

为进一步加强牲畜疫病防治工作，我们严格贯彻落实市防五指挥部等相关文件精神，每年认真开展春防、秋防工作，免疫密度均达100%，几年来无重大疫情发生。同时按照“动物防疫法”、“动物防疫条例”规定对全旗动物运输、屠宰及动物产品进行严格的检疫消毒工作，杜绝了违规案件和中毒现象的发生，保障了畜产品的安全和人民群众健康。

**（五）草原执法力度明显加大**

一是为了解决草畜矛盾和草场退化严重的问题，采取了饲料种植、生产、草地围栏、草场改良、治理沙化、灭鼠灭蝗等诸多措施，使我旗草原生态明显改善，草原生态建设总规模迈上了新台阶。四年来累计完成人工种草保留面积6万亩，饲料作物2万亩。二是切实加大草原执法力度，坚决打击草原

上各种破坏草原的违法行为。认真贯彻落实内蒙古自治区《草畜平衡暂行规定》，签定草畜平衡责任书，确保以草定畜工作顺利进行。共签定草畜平衡责任书2666户，占总牧户的66.2%，其中与外来户100%签订了草畜平衡责任书。

**（六）牧经工作有序推进**

经营管理站以“服务牧民，壮大嘎查集体经济”为目标，结合我旗实际完成了嘎查级债权债务的调查摸底、统计上报等各项任务。每年各嘎查财务审计情况报旗政府和各苏木镇，为基层组织建设提供财务依据。进一步推进管理创新，建立健全了嘎查集体经济、财务管理档案。2012年在全面调查核实草场承包经营权证到户情况的基础上，补发经营权证，实现了我旗草场承包经营权证全部落实到户，并于11月份成功举办了嘎查集体经济规范化管理培训班。

**（七）渔政执法工作迈上新台阶**

渔政渔港监督管理工作深入贯彻落实《渔业法》及自治区实施办法，不断理顺渔政管理体制，渔政渔港监督管理工作有效开展。每年通过多次进行重点突击、清理和出动渔政检查，有力地打击了在禁渔期、禁渔区非法捕捞渔业资源的违法行为，确保了克鲁伦河畅通，鱼类正常洄游繁殖。

**（八）进一步强化农机监理工作**

认真开展全旗农机年检、年审、换号牌、安全大检查工作，开展拖拉机及其驾驶员专项整顿工作，做好“黑车非驾”为重点的农机专项整顿活动，从源头上消除了险患，确保了安全生产。

**（九）稳步开展农机推广工作**

全旗农牧业机械总数连年增加。拖拉机总数达1683台；畜牧业机械372台；机耕1万亩；机械打草5万吨；新增机械剪毛机11台/套，使牧区机械化事业迈进了一步。认真落实农机购置补贴工作。近年来，全旗经过申请、公示、审核、签订协议补贴购置机具260台，实施中央补贴共300万元，自治区补贴资金25万元，目前受益户共240户，合计使用资金1106万元。

**（十）认真落实“增大、减小、增草”工程产业转型补贴工作**

建立“增大、减小、增草”工程的示范点。近年来给各苏木镇大畜养殖户，模范执行以草定畜户和受灾户补贴性发放青贮饲料共4000吨，共补贴60万元，另外其他饲草10万捆，补贴100万元（每捆补贴10元），计160万元，几年共240万元。旗农牧业局为保护生态环境和防止露天接羔，从2006年开始制作活动棚圈发放给少畜贫困牧户，每年制作120顶，棚圈每顶造价

7000 元，每顶政府补贴 4000 元，每年补贴 50 万元（共补贴 150 万元），牧户自筹 3000 元。

通过认真贯彻落实“增大减小，少养精养”战略，小畜头数从 2008 年的 205 万只减少到 2012 年的 193 万只，同比减少 6.2%；大畜头数从 2008 年的 49834 头增加到 2012 年的 54470 头，同比增加 9.3%；移动棚圈从 2008 年的 640 座，增加到 2012 年的 850 座；流动宿营车从 2008 年的 255 辆，增加到 2012 年的 340 辆；青贮种植面积从 2008 年的 7000 亩增加到 2012 年的 11600 亩；

几年来，在做好农牧业各项基础工作的同时，我们创造性的开展工作，努力为牧民群众办实事，为农牧事业增添了多个新亮点：2006 年筹措资金新建了农牧业综合大楼，包括住宅楼、办公楼及抗防灾辅助设施，并将所属环境统一实施亮化、硬化、美化工程，切实改善了农牧系统的办公条件和职工居住条件；2007 年全区草原监督管理现场会在我旗胜利召开，我旗被授予“基本草原划定工作达标旗县”荣誉证书；投资 65 万元修建了抗灾救灾物资储备库及相应配套工程，最大限度的减少了灾年牧民损失；新建了地方良种肉羊种羊基地和赛畜交易市场，提高了巴尔虎羊的个体生产性能，加大了宣传力度；坚持因地制宜，在阿镇六村新建两座新型材料反季节蔬菜大棚，有效提高了我旗无公害蔬菜基地建设步伐；组建了农牧业服务车队，为农牧业生产、青贮饲料种植、收割、抗灾工作等提供机械保障，解决在农牧业生产中牧民群众一家一户难以解决的问题，提高了农牧业的科技含量和抗灾水平。特别是在实施“品牌战略”上取得了前所未有的新突破，自主创新打出了“西旗天绿”肉业品牌，并顺利通过国家认监委审核验收，多次参加国内和国际农交会都得到了各地区参展单位的高度赞赏，同时加大巴尔虎羊宣传与推广力度，为西旗有机肉食品打入国内国际市场开辟了新的渠道。2012 年我们还新建了蒙古牛扩繁场，确保了蒙古牛保种工程和草原牛的发展，还尝试养殖了安格斯牛和西门塔尔牛。筹建了农牧业科普基地，全面展示了农牧业发展历史和科技内涵，具有较高的参观学习、宣传推广和纪念意义。

## 三、精神文明建设取得可喜成绩

### （一）进一步加强领导班子建设

我局领导班子团结奋进，在旗委、旗政府的正确领导下，认真贯彻落实党的各项方针政策及自治区、呼伦贝尔市的指示精神，深入开展学习社会主义荣辱观教育和公民道德教育工作。在工作中始终坚持党的民主集中制原则和民主生活会制度，开展批评与自我批评。深入开展政治素质好、工作业绩好、团结协作好、作风形象好的领导班子创建活动，保证了班子的凝聚力和战斗力。领导班子分工明确，做到分工不分家，互相协调，积极配合，班子团结向上。同时坚持每周一局委会学习，周三全体职工学习，周五各站所业务学习制度，开展党性、党风、党纪、廉政教育，发扬艰苦奋斗的优良传统，把领导班子建设成一支作风民主、办事公道、群众满意、表率作用突出的领导集体。在党建方面，做到三会一课正常化、制度化，党群关系密切，互相帮助，采取多种形式加强党员教育，提高党员素质，发挥党员的先锋模范作用，在创建文明单位活动中积极带头。

**（二）进一步加强了机关建设**

农牧业局坚持用作风促进机关和谐；用信念凝聚机关和谐；用工作推动机关和谐；用制度保障机关和谐。深入开展了以加强领导干部作风建设、狠抓思想道德教育为核心的和谐机关建设，机关建设得到了进一步加强。一是局属各站所精心组织，狠抓落实，教育引导党员干部按照科学发展观的要求切实转变作风，真正做到为民、务实、清廉。广泛开展了“八荣八耻”、“三个代表”重要思想，树立科学发展观等学习教育活动。使党员干部进一步树立了“以民为本，为民解困，为民服务”的核心理念。二是进一步加强了党风廉政建设。重点抓好《建立健全教育、制度、监督并重的惩治和预防腐败体系实施纲要》的贯彻落实，进一步加强机关党风廉政建设责任制；集中时间组织了对照检查，开展党风廉政教育活动。三是把业务培训、岗位练兵作为提高职工业务素质的重要工作来抓。坚持每周五业务学习日制度，组织干部职工学习农牧业相关法律法规，学习业务知识和技能，不断更新业务知识，提高业务工作能力。另外，还鼓励、支持干部职工参加相关单位和上级主管部门举办的业务专业培训，提高干部职工的专业文化素质，以适应不断发展的农牧业事业的发展需要。

**（三）进一步推动了文明机关创建活动的制度化、规范化和经常化**

为把我局建成廉洁、勤政、务实、高效的职能部门，局班子按“高起点、高标准、严要求”的思路，建立起规范化、制度化、科学化的工作制度，坚持用制度管人、规范人，使机关作风步入制度化良性轨道，实现单位管理的民主科学。一是按照旗政府政务公开的指导思想，以群众关注的热点、敏感问题及重大事项为重点，将执法依据、办事程序、收费标准、服务承诺、廉政规定、职责权限等向社会公开，并保证广大职工对机关事务有充分的知情权，有利于民主监督、民主管理。同时，制定出《重大事项决策制度》、《政务公开制度》、《公开承诺制度》、《党风廉政建设责任制度》、《财务管理制度》、《岗位责任制》、《岗位奖惩考核制度》等，通过这些制度的建立和实施，规范了全体干部职工的行为，实现了用好的制度管理人、教育人、规范人，使我局的各项工作逐步走上了规范化道路。二是高度重视机关的精神文明创建工作，农牧业局主要负责人兼任精神文明建设工作领导小组组长，统揽机关的精神文明创建工作。领导小组成员单位由局属各站所负责人组成，局机关办公室负责领导小组的日常工作。我们进一步加强精神文明建设领导机构建设，健全了精神文明建设领导小组的工作职责和工作制度，完善了局委会齐抓共管、各站所各负其责、全体干部职工积极参与的领导体制和工作机制，进一步推动了文明机关创建活动的制度化、规范化和经常化。三是卫生、绿化工作成效显著。在爱国卫生工作中，坚持每月一次的办公楼卫生检查，多次被评选为爱国卫生先进单位；精心维护机关大院内的绿化地带。坚持从细处着眼、从小处着手，通过健全机构、强化节约意识、明确节能责任，大力开展节能宣传教育活动，进一步提高了广大干部职工的节约意识。四是综合治理工作全面达标。以争创平安单位为契机，通过强化安全管理工作责任，加强对重点部门和要害部门的监管，安装了视频监控设备，确保了机关安全无事故；进一步加强了机要、交通、安全保卫等工作政策的学习宣传，不断创新学习方式，促进学习交流，保证了各项工作的顺利开展。

## 四、经营体制建设计划

按照旗委、旗政府的指示精神，2013 年在农牧业工作中，要重点抓好现代生态家庭牧场建设。目前从我旗实际出发，可行的组织形式有牧业大户自建型、联户型、合作社型及养殖小区建设型四种形式。

1. 牧业大户自建型

养殖大户依靠自身经济能力投资兴建家庭牧场。牧户要自建生态家庭牧场应具备的基础条件是：现有 2 万亩以上草场，1000 头（只）以上牲畜，家庭成员中至少有一名具有初、高中以上或相应职业技术学历，养殖经验丰富的畜牧业从业人员。年内抓 2 个典型牧业大户，发展大户自建型生态家庭牧场。旗政府对此类型牧户投资 40 万元，用于完善棚圈、储草库等基础设施建设。

2. 联户型

两个或两个以上牧户在家庭经营的基础上，通过租赁流转草牧场的联户经营模式。联户型生态家庭牧场应具备的基础条件是：现有 3 万亩以上草场，

1500 头（只）以上牲畜，棚圈、固定住房或宿营车、饮水井、牧业机械设备完备。年内抓 4 个典型牧场，每个牧场政府投资 40 万元。

3. 合作社型

专业合作社是生态家庭牧场的组织形式之一。2012 年以克尔伦苏木芒来嘎查作为合作社型生态家庭牧场建设典型，旗政府投资 40 万元。芒来养羊专业合作社由 18 户牧民入社，以草场合牲畜合的组织方式，进行合作经营，目前合作社有草场 12 万亩，基础母羊 4000 多只，马 89 匹、牛 110 头。

4. 养殖小区型

我旗现有养殖小区 2 处。2013 年重点抓阿镇和贝尔苏木的养殖小区建设，投入资金 200 万元，养殖小区要发展舍饲、半舍饲圈养，推进饲养方式转变。捆绑生转移安置项目在宝格德乌拉苏木新建养殖小区一处，计划安置 55 户牧民。

**作者简介：**

徐国庆，男，蒙古族，1963 年 10 月出生，中共党员。现任内蒙古自治区新巴尔虎右旗农牧业局局长。

额尔敦毕力格，男，蒙古族，1980 年 10 月出生，中共党员。现任内蒙古自治区新巴尔虎右旗农牧业局办公室主任。

# 家庭农场　开辟现代农业发展新途径

内蒙古自治区阿拉善盟孪井滩生态移民示范区农牧业局　格日勒达来

2013年中央一号文件首次提出“家庭农场”的概念，引导农村土地承包经营权有序流转，鼓励和支持承包土地向专业大户、农民合作社流转，这些个人和机构将获得更多的国家补贴。随着中国发展农业现代化和产业化进程加快，突破“一家一户”局限，高效盘活闲置土地，创新土地流转模式，实现土地规模化经营将成趋势。较大面积的土地流转，让土地规模经营成为一种选择，这标志着新一轮农村改革的拐点已然到来。新一轮农村改革，以土地规模经营为核心，必将再一次让生产力得到极大的解放，支撑起农业现代化的发展，进而极大地推动工业化、城镇化的进程，对中国未来必将再次产生深远的影响。

家庭农场在欧美国家已有近两百年的发展历史，在农业现代化进程中起到了极其重要的作用。与现代农业发展相适应的中国家庭农场，在经历30多年的农村改革发展后的今天也开始启程出发，如今正在上海松江、湖北武汉、吉林延边、浙江宁波、安徽郎溪等地迅速拓展，在促进现代农业发展方面发挥了积极作用。据统计，农业部确定的33个农村土地流转规范化管理和服务试点地区，已有家庭农场6670多个。

笔者所处的内蒙古自治区阿拉善盟孪井滩生态移民示范区（以下简称孪井滩示范区），是阿拉善盟盟委行署实施转移发展战略的移民安置基地，也是自治区唯一的黄河四级提水灌溉的农业种植区，总面积2916平方公里，总人口1.1万，9000人集中居住在镇区，现有农业人口1560户4174人。1990年，阿拉善盟盟委行署面对不断恶化的生态环境和严酷的生存条件，果断地提出转移发展战略，做出了开发建设孪井滩的决定，经国家水利部批准，将孪井滩扬水灌溉工程列入了国家发展西部黄河流域经济战略和拟建的大柳树扬黄工程范围，并作为内蒙古自治区“八五”期间“生态示范农业综合开发”重点项目付诸实施，2009年计划单列。

在孪井滩示范区开发建设中，历代拓荒者用智慧和力量营造出一片充满生机和活力的绿洲，先后共开发耕地11.3万亩，目前农业人口人均拥有耕地27亩左右，每户家庭平均拥有耕地81亩左右。丰富的土地资源为示范区发展

现代农业，从事规模化、集约化、高效化种植提供了重要保障，十八大报告指出发展多种形式规模经营，构建集约化、专业化、组织化、社会化相结合的新型农业经营体系，中央一号文件首次提出家庭农场这一新型经营主体，为李井滩示范区开辟现代农业发展新途径注入了强劲动力。笔者结合李井滩示范区实际和农牧业发展现状，就建设家庭农场所存在的有力和不利因素做简要分析。

## 一、建设家庭农场的现实基础

家庭农场是指以家庭成员为主要劳动力，从事农业规模化、集约化、商品化生产经营，并以农业收入为家庭主要收入来源的新型农业经营主体。这种经营形式既坚持了以农户为主的农业生产经营特性，又扩大了经营规模，解决了家庭经营低、小、散问题，以集约化、商品化促进农业增效、农民增收。更为重要的是，家庭农场正在改变中国农业分散的家庭承包经营导致的农民老龄化、兼业化等问题。由于以家庭成员为主要劳动力、农业收入为家庭主要收入来源，家庭农场在发展过程中会自动实现农业劳动力的新老交替；家庭农场逐渐吸引一批年轻人留在农村务农，通过农业生产实践成长为职业农民，解决“无人种地”的问题；家庭农场的经营规模以一个家庭所能顾及的范围为限，可实现规模经营与精细化管理的有机结合，实现收益最大化，避免了规模小而无效、规模大而不精的双重弊病。

李井滩示范区土地相对集中，家庭户均占用土地量适合建设家庭农场，农业机械化已初具规模，2011 年拖拉机拥有量达 1700 台，其中大中型拖拉机 1200 台，玉米收割机 18 台，各类配套农牧机具 3200 台（套）。玉米、油葵、棉花等优势农作物基本实现了机械化作业，到 2011 年示范区耕、种、收机械化水平分别达到 98%、96%、80%。综合机械化水平达 91.3%，机械收割牧草、机械青贮秸杆及饲草料加工，农副产品加工等大幅提升。示范区目前区域统筹不够，缺乏建设标准，基地化生产规模小，产供销经营服务水平不高，组织农户生产帮助覆盖面不广。归集示范区现有的 11 万亩熟地，促进土地流转，发展以家庭农场为主的生产经营主体，划分区域、集中成片、规模化种植养植，以规模效益带动农户的生产积极性，有效解决搬迁移民二次就业难问题，培养新型职业农民，促使示范区种植养殖业向规模化、集约化、产业化发展便成为当务之急。目前李井滩示范区所辖嘉尔嘎勒赛汉镇塔日阿图嘎查（村）和乌兰恩格嘎查（村）部分观念较新的村民，已申请建设以特色种植业和舍饲养殖业为主的家庭农牧场 3 个。

## 二、建设家庭农场的政策导向

继中共中央出台《关于推进农村改革发展若干重大问题的决定》后，内蒙古自治区党委政府随即出台《关于进一步推进农村牧区改革发展的实施意见》，明确各地要紧紧围绕农牧民增收目标，采取有力措施，广辟增收渠道，加快形成农牧民增收长效机制。通过集中力量扶持农畜产品主产区发展生产，促进农牧民增收。大力组织实施优质粮食产业工程、沃土工程、土地整理、农业综合开发、标准化规模养殖小区（场）建设等，不断改善农牧业生产条件，推进现代农牧业进程，提高农牧业综合生产能力，以增产促增收。通过调整优化农牧业内部结构，促进农牧民增收。按照高产、优质、高效、生态、安全的要求，走精细化、集约化、产业化的道路，向农牧业发展的广度和深度进军，积极挖掘农牧业内部增收潜力，以提质增效促增收。十八大报告和2013年中央一号文件进一步明确了农村土地流转和建设家庭农场的现实意义，在2013年1月5日举行的首届“清华三农论坛”上，农业部农村经济体制与经营管理司司长孙中华表示，国家近期有望出台多项扶持种粮专业大户、家庭农场发展的政策措施，促进土地、财政资金等资源流向专业大户、家庭农场。

按照阿拉善盟2013年农牧业工作会议及孪井滩示范区2013年党工委扩大会议部署安排，示范区农牧部门及时研究制定《内蒙古阿拉善盟孪井滩生态移民示范区关于发展现代农业建设的实施意见》，至“十二五”末力争建设家庭农牧场40个，同时研究出台《内蒙古阿拉善盟孪井滩生态移民示范区关于扶持现代农业建设的若干政策》，重点扶持在阿拉善盟孪井滩生态移民示范区范围内，从事农牧业生产、经营、销售、加工的农牧户、家庭农场、农牧民合作组织、产业化龙头企业及个体工商户，鼓励示范区农牧民在现有土地基础上发展家庭农牧场，对签订土地流转合同10年以上、流转土地300亩以上，连片经营面积达到500亩，发展规模化、标准化种植、养殖以及休闲观光农业，达到家庭农牧场规模化建设标准，且经营三年以上的，分年度予以5万元奖励。该政策目前仍处于完善阶段，尚未实施。

## 三、建设家庭农场的市场支撑点

发展家庭农场，走现代农业道路，要求农民从过去的种田能手转变为经营管理能手，对产前、产中和产后整个过程进行统筹规划。农户的种植规模

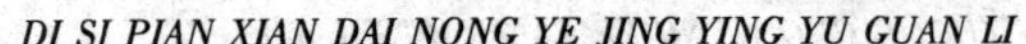

达到一定程度后，要考虑种什么才能比较赚钱，如何通过节约成本或者改进技术提高经济效益。农产品收获后，还要考虑销售渠道能不能打通，市场信息是否准确。经营家庭农场，实际就是经营一个企业，农牧民专业合作社、农产品加工龙头企业和农牧民电子商务交易平台的建设，将为家庭农场搭建农产品市场支撑点。至“十二五”末，李井滩示范区计划组建大型农牧民专业合作社8个，引进大中型农畜产品销售、加工龙头企业2~3家；建设开通农牧民电子商务交易平台1个，开设农牧民网店100家，建成1座特色鲜明的现代农业产业示范园区，辐射带动示范区发展不同产品、功能各异的现代农业产业示范园4个，无公害、绿色、有机农产品达到80%以上，形成以玉米、葵花、设施蔬菜、畜牧养殖为主的四大农业产业板块，为家庭农牧场打造完整的产－供－销市场链条。

## 四、建设家庭农场的技术支撑点

做好家庭农场的技术服务工作，应把握服务对象和服务内容的变化。一方面，规模化、集约化、商品化是家庭农场生产和经营的主要特点；另一方面，与家庭联产承包经营相比，农业生产和经营已成为农民的固定职业和家庭农场收入的主要来源，农民从事农业生产和经营的意愿更加稳定，积极性也更高，因此他们更希望尽快提高自身的专业素质和科技文化水平。就目前而言，首要任务是提高农业技术推广、动物疫病防控、农产品质量监管等公共服务机构的服务能力；同时，还要通过创新农业社会化服务方式和手段，培养多元化服务主体，扶持农民专业合作社、供销合作社、专业技术协会、涉农企业等社会力量，广泛参与农业产前、产中、产后服务，以满足家庭农场发展的需求。搭建区域性农业技术社会化服务综合平台，积极发展农业信息化服务以及农村远程数字化和可视化、农业灾害气象预警等技术服务。其次是针对家庭农场特点，采取积极措施有计划地对农民进行培训，提高他们的专业素质和科技文化水平，特别是要提高农民的品牌意识、农产品精品意识、市场意识、带动意识，使他们成为能生产、懂业务、会经营、有技术的职业农民。近年来李井滩示范区通过实施“区校合作”、扶贫开发“雨露计划”等项目，多次聘请内蒙古农业大学教授、新疆宁夏等周边农业产业化相对发达地区的专家、学者，向农牧民讲授农业病虫害防治、测土配方、节水灌溉、科学养殖等技术和知识，一定程度上为农牧民建设家庭农牧场起到了启蒙和引导作用。

## 五、建设家庭农场的组织保障

家庭农场建设需要全面优化的发展环境。因此，地方政府要加大农业政策性保险支持力度，优化家庭农场保险服务，加强对家庭农场的信贷支持，同时地方农牧部门要切实加强组织领导，将发展家庭农场列入创新农牧业经营体制机制的突出任务，主要领导亲自抓，分管领导具体抓，确定专人负责，完善工作机制，确保家庭农场发展工作扎实推进。要密切加强与工商、财政、税务、国土、水利、金融、保险等部门合作与协作，形成合力，共同推进家庭农场的培育和发展。2013 年年初在李井滩示范区 2013 年经济工作会议上，管委会明确了“十二五”末示范区现代农业发展目标，就“十二五”末计划建设 40 个家庭农场等计划，督促农牧部门制定相关实施意见，并出台相关配套政策，同时做好农牧民家庭农场建设的宣传和指导等服务工作。

## 六、建设家庭农场存在的不利因素及相关对策

家庭农场的发展因缺少资金、基础设施薄弱、土地流转不规范等因素制约，并非一帆风顺。主要表现在：一是缺乏清晰定义。尽管一号文件中提及“家庭农场”，但存在建设规模、享受政策标准等如何界定、如何扶持、如何引入登记制度等一系列问题。二是缺少相应的扶持政策。一些处于试验阶段的家庭农场想扩大规模，但却遭遇了融资难题。三是土地流转难以形成规模。面对农户承包地细碎的现状，要实现土地规模经营，最大难题就是不能租到成方成片的耕地，并确保租期相对稳定。主要原因来自于中国农村土地产权模糊和农民的惜地意识。

对策：一是建立注册登记制度。探索建立家庭农场注册登记制度，明确认定标准、登记办法，扶持专业大户、家庭农场逐步成为具有法人资格的市场主体，但不可一刀切，应根据实际的农业生产环境，把经营规模控制在适度范围内。二是给予政策扶持。应认真落实中央关于各类补贴向种养大户倾斜的要求，将家庭农场与农民专业合作社、农业龙头企业有机统一，制定专门的财政、税收、用地、金融、保险等优惠政策，明确家庭农场可优先承担涉农建设项目。三是尽快落实土地承包经营权确权登记工作。尽早下发土地流转规范合同书，引导签订规范的书面合同，禁防口头契约。对大规模流入土地的主体，必须进行资格审查，防止非农户经营主体假借家庭农场之名大规模租赁农地，并借此套取扶持资金。在土地流转和集中过程中，必须严格遵循双方自愿和平等互惠的原则。

**作者简介：**

格日勒达来，男，蒙古族，1964年7月出生，大学学历。现任内蒙古自治区阿拉善盟孪井滩示范区党工委委员、示范区扬黄灌溉管理局副局长，孪井滩示范区农牧林业局局长、扶贫办主任。

自1988年7月参加工作起，历任旗人民政府办公室秘书、副主任科员，阿左旗粮食局副局长，木仁高勒苏木人大主席，嘉尔嘎勒赛汉镇政府镇长、党委书记，孪井滩示范区农牧林业局局长、扶贫办主任等职。2013年3月至今，任孪井滩示范区党工委委员、示范区扬黄灌溉管理局副局长，孪井滩示范区农牧林业局局长、扶贫办主任。

曾获旗级优秀党务工作者，优秀人大主席，示范区优秀领导干部等荣誉。

# 狠抓六项农业 扎实推进发展

辽宁省法库县农村经济局 沈成刚

2013年年初以来，在县委、县政府的正确领导下，县农经局认真学习贯彻落实中央、省、市农业农村工作会议精神，以“品牌建设年”为主线，创新举措，狠抓落实，深入推进农业现代化进程，取得显著成效。

## 一、2013年上半年主要工作回顾

### （一）抓品牌农业，重塑农业形象

一是积极争取国家级、省级项目。完成了国家级现代农业示范区、“一县一业”示范县、国家出口农产品质量安全示范区、辽宁省农业标准化示范县、辽宁省农产品出口示范基地、辽宁省农产品质量安全风险监测示范点、国家休闲农业与乡村旅游示范县等项目申报工作，目前部分项目基本得到批复。二是积极申办“三品一标”。2013年上半年已经申报国家地理标志保护产品3个，即五龙山葡萄、叶茂台花生、秀水河辣椒；申报有机食品9个、绿色食品5个、无公害食品92个，“三品一标”申报达到109个，实现历史性突破，位居全省第一。三是培育知名商标。围绕辣椒、葡萄、花生、水稻、寒富苹果等优势产品，积极支持鼓励企业、合作社、家庭农场申报知名商标，截至2013年6月初已经申报盛京叶茂、秀金朗、家垚等农产品商标11个。

### （二）抓设施农业，提高质量效益

2013年落实设施农业面积10万亩，其中新建6万亩、旧棚改造4万亩。首先抓实建棚质量、品种定位，截至6月初，有8个千亩以上大区已开工建设。其次抓实市场营销工程，加大品牌建设力度，夯实经纪人和农民专业合作队伍，健全了蔬果产销服务网络，沈阳新东胜农业发展有限公司、辽宁民生有机食品有限公司已成功地被十二运组委会批准为蔬菜专供基地，确保设施农业提质增效可持续发展。

### （三）抓现代农业，推进产业升级

以沈康高速现代农业示范带、秀水河流域现代农业示范带为核心落实特色农业面积90万亩，其中设施农业40万亩、辣椒20万亩、花生21万亩、树莓5万亩、万寿菊4万亩，预计果蔬产量90万吨；建立千亩以上葡萄、辣椒、树莓、花生、万寿菊标准化示范基地20个；落实新技术、新品种、新栽培模式等科技项目15项；实现农产品直接出口创汇120万美元，年底有望突破1000万美元，法库农产品直接出口实现了零的突破。

**（四）抓粮食生产，巩固产粮大县成果**

一是加大农业科技培训力度。组建了100名以农技人员、业务骨干为主的农业专家服务队，举办各类农业技术培训班210期，培训农民5万人次；引进玉米、水稻、蔬果良种96个，重点围绕蔬菜标准化生产、玉米高产创建、水稻全程机械化栽培及特色农业等内容开展培训，大大提高了农业生产水平。二是加大了农资市场、农产品质量安全监管力度。开展了春季种子、化肥、农药等农业生产资料的专项整治行动，印发各项宣传资料5000多份，共出动执法人员300人次，查处案件5宗。重点果蔬基地、产地批发市场果蔬产品抽样检测，检测蔬菜样品820个，合格率98.9%，全县粮食作物播种面积140万亩（其中水稻全程机械播种面积5.8万亩，占总面积的82%），预计粮食产量突破18亿斤。

**（五）抓农业产业化，提高农产品附加值**

一是积极推进龙头企业升级。实施了“千、百、十工程”，即：培育农业产业致富带头人1000人，AA级农民专业合作社（家庭农场）100家、省级农业产业化龙头企业10户（市级龙头企业30户）。二是大力培育新型农民专业合作组织。认真学习落实中央一号文件精神，举办了法库县培育家庭农场产业培训班，在全省率先推出第一批家庭农场，共5家，其中粮食产业2家、蔬菜2家、花卉1家，平均每家经营规模1200亩。三是创新农业产业化发展新模式。积极推广“企业+合作社（家庭农场）+专家”模式，实现了市场引领、专业化服务、标准化生产、科技支撑为后盾的全新农业运营模式。

**（六）抓“三资管理”，夯实村经济基础**

为进一步规范和完善农村三资管理工作，出台了《法库县村级集体经济组织资金、资产、资源管理细则》，并纳入对各乡镇年终绩效考评指标。组织开展了全县村级三资管理培训工作，培训乡村干部、财务人员1100名，使农村三资管理工作有章可循、有法可依，管理人员素质得到明显提升，取得了良好效果。

## 二、扎实推进重点工作

1. 扎实推进品牌农业，全力争取国家级、省级项目，对“三品一标”，抓好样品检测、完善管理体系，确保完成年初既定目标。

2. 扎实推进设施农业提质增效，抓品牌、促销售，确保设施农业可持续发展。

3. 扎实推进现代农业质量、规模，抓实“千、百、十工程”，大力培育家庭农场，推广“企业+合作社（家庭农场）+专家”产业化新模式，大力扶持农业产业化龙头企业，力争出口创汇突破1000万美元。

4. 扎实推进农产品质量安全监管，做到果蔬基地全覆盖检测，全年检测样品3000个以上；加强农业投入品管理，确保“十二运”、飞行大会期间法库农产品安全无事故。

5. 扎实推进“村级三资管理”，狠抓村干部培训及督促检查工作，确保“村级三资管理”工作规范有序。

总之，我们农经局有信心、有决心，在县委、县政府的坚强领导下，继续大力发扬“争第一、创唯一”的法库精神，开拓创新，真抓实干，为早日实现“三大目标”做出新的贡献。

# 大胆探索　积极实践<br>推进农村“三个方式”转变工作

吉林省梨树县农业局　孙德智　王贵满　顾　明　祁振军

梨树县位于吉林省西南部、松辽平原腹地，地势平坦，土质肥沃，素有“东北粮仓”和“松辽明珠”的美誉。梨树县是全国重点商品粮基地县和玉米出口基地县。全县耕地面积386万亩，其中玉米的播种面积在90%左右。几年来粮食产量保持稳定增长，2012年实现了总产量60亿斤，稳居全国县级第四位，农民人均收入为8783元。

在生产发展中，我们逐渐感到，目前农村一家一户分散经营模式越来越不适应生产力的发展，当前农民致富慢的一个重要原因就是土地零散和经营分散。随着农村劳动力持续向外转移，农忙季节缺人手问题越来越突出、务农劳动力老龄化越来越明显、农业兼业化副业化越来越普遍。“谁来种地”、“地怎么种”，日益成为我们必须面对和解决好的重大问题。近两年，我县在实施“国家基层体系改革与建设示范县”项目中，以抓好“10公顷村级展示田”为突破口，积极探索土地规模经营模式，期间凸显了“小宽西河”两个方式转变模式的典型（即生产方式转变和经营方式转变），在此基础上，县委县政府以创新发展的视角，创造性地提出了“三个方式转变”（即生产方式转变、经营方式转变和生活方式转变）的农村工作思路。现就梨树县“三个方式”转变工作汇报以下几方面。

## 一、“三个方式”转变的主要内容

“三个方式”转变是指生产方式、经营方式和生活方式的转变。一是将传统均匀垄作生产方式转变为平播宽窄行保护性耕作生产方式；二是将传统一家一户分散的生产经营方式转变为合作集约经营方式。以合作社和种粮大户为核心，将农民组织起来进行规模经营。在耕地经营权和用途不改变的前提下，充分整合农村劳动力资源和农村土地资源，实现风险共担，利益共享，共同富裕；三是将农村落后的生活方式转变成现代市民化的生活方式，推进农村劳动生活方式、消费生活方式、闲暇生活方式、政治生活方式等根本性的变革。“三个方式”转变的核心是耕作方式和经营方式的转变，在此基础上才能实现生活方式的转变。

## 二、“三个方式”转变所取得的成效

### （一）基本情况

从2011年开始，我县开展了“311”工程，即在全县建立300个村级展示田、每点面积10公顷、粮食产量提高10%。当年实施总面积达4484公顷。在此基础上，2012年村级展示田凸显了小宽西河双亮合作社的典型，他们率先实现了耕作方式和经营方式的转变，引领广大农民走上了土地、技术集约之路，总结了一整套成功经验。县委县政府对此高度重视，第一时间组织专家对其进行深度调研论证，据此提出“三个方式”转变的基础理论，并制定三年发展规划。第一年搞示范。实现5000～10000公顷（295个村实现每村抓1个合作社）；第二年成规模，实现5万～10万公顷（2441个社每社抓一个合作社，每公顷土地在上一年的基础上再增加1吨粮，农民人均收入再增加2500元）；第三年实现全覆盖，全县目标计划达到20万公顷。

### （二）取得成效

一是落实面积达到预期目标。2013年全县落实“三个方式”转变模式下的玉米宽窄行保护性耕作面积18.5万亩，组建规模经营专业合作社73个，涉及171个村，232个规模经营地块，全部实现“四统一分”模式。

二是“三个方式”转变地块苗情优势明显。今春在低温多雨播种时间紧等不利因素的条件下，保护性耕作机械显现了很大的优势，实现了播种速度快，质量好，在最短的播期内完成了播种。特殊气候特点也让宽窄行及秸秆覆盖保护性耕作种植模式体现了很大优势，宽窄行平播比传统垄作出苗率提高了10%～15%，且苗势好，整齐、保墒、抗旱、抗倒伏明显。

三是农民在节约成本及解放劳动力增收上获得显著社会效益。据测算，规模经营地块每亩可节约成本42元，这样18.5万亩累计节约成本为777万元，同时每公顷节约工时按5个劳动力日计算，每个工时按150元，那么劳动力把节约的工时用于打工，则18.5万亩（1.33万公顷）增收925万元，社会效益十分显著。

四是农民对“三个方式”转变认识明显提高，呼声强烈。目前，“三个方式”转变的经营方式和耕作方式在广泛的宣传引导下，在明显的苗情对比下，已得到广大农民的普遍认识。群众呼声强烈，给明年的推广带来了良好的发展势头。

## 三、采取的具体举措

一是成立组织，提供有效保障。按照“政府主导、农民主体”“部门服务、政策倾斜”的“三个方式”转变的总原则，以县农业局为主成立了10个“三个方式”转变宣传指导服务组。服务组由一名组长、二名技术指导宣传员和一名典型合作社代表组成，每个组包保服务2个乡镇，进行宣传发动和指导，详细解读“三个方式”转变的具体内容、重大意义，具体落实步骤，以及指导实施过程中合同、契约的签订等。同时农业局成立督查组，对项目落实情况进行督查验收。

二是下发方案、明确推进目标、纳入乡镇考核。先后制定了《2013年梨树县农业规模化经营实施方案》（讨论稿）、《2013年梨树县农业规模化经营实施细则》、《梨树县三个方式转变推进工作实施方案》及“三个方式”转变宣传指导提纲等，统一编印了《梨树县农业生产方式与经营方式转变操作指南》并下发至各级干部、科技人员和广大农户手中。同时县里制定三年发展规划，并把该项工作作为农业中心工作纳入乡镇考核中。

三是整合项目，出台扶持政策。“三个方式”转变的实施与国家示范县项目有机结合，也与国家高产示范片项目、配方施肥项目有机结合、同时还与高产竞赛有机结合，实现相互促进。同时，县政府针对“三个方式”转变制定了优先农机补贴、免费技术培训、帮助协调优惠生产资料等政策，同时有奖励措施，以土地连片20公顷为标准，达到连片规模的地块，每公顷补贴200元，同时结合省里“高光效栽培技术”推广，凡是高光效栽培地块，可享受补贴500元（其中省里补贴300元，县里补贴200元）。

四是有效组织，加强社会化服务。在工作中，我们加强与农机、金融等涉农部门的横向联合，加强与科研院所及中国农业大学、吉林农业大学等高等院校合作，获得强大技术支撑，同时，各合作社、种田大户、科技示范户形成一个有机联合体，通过“梨树农网”、“梨树农技推广网”平台交流、通过手机集团通话、梨树电视台创办“走进乡村”栏目，广泛发挥现代媒体作用，让“三个方式”转变工作得到农民的广泛认识。

五是召开会议宣传发动，推进落实。早在2012年9月份围绕“三个方式”转变工作我们先后召开了“土地规模经营种植现场观摩暨研讨会”、“全县科技之秋培训大会”、“三个方式转变经验介绍会”、“全县2013年科技备耕提前启动千人大会”、全县“三个方式”转变工作推进大会“。尤其在全县千人大会上，小宽西河成功经验得到了所有科技示范户的认同，反响强烈。

六是规范模式，保障健康发展。合作社在具体工作中全部采取“四统一，一分散”的经营模式。“四个统一”，一是统一采购生产资料。二是统一种植方式，采用免耕宽窄行种植新技术。三是统一机械播种。四是统一田间管理。“一分散”是秋后各家各户分散收获。

在实施程中规范抓好“五制四会”。“五制”是指申请制、民主制、协商制、合同制、有偿服务制；“四会”是指：座谈会、培训会、现场会、总结会。

通过规范模式，减少了操作的盲目性，保证各项工作健康、有序、高效运行。

## 四、“三个方式”转变工作的几点启示

启示一：“三个方式”转变解决了将来土地由谁来种的问题。土地通过转变生产方式和经营方式，必然向种田能手集中，留守在家的老弱病残户，可以将土地“托管”，由过去的把土地廉价转包变成现在的有能人帮种，大大增加了土地收入。同时从土地解放出来的劳动力，通过打工增加了收入，社会效益十分明显。

启示二：“三个方式”转变解决了将来土地怎么种的问题。土地不论是由合作社经营还是由种田能手经营，都有一个共同的特点，那就是，他们都具有一定的农业科技水平，是现代农民的代表，同时他们通过和上级业务部门的沟通和联合，通过与专家零距离接触，能够更好地应用农业新技术，实现技术合理的组装配套，能够最大限度地提高科技含量，增加土地效益。

启示三：“三个方式”转变促进了农业机械化发展。土地集约以后，一些在一家一户条件下无法实施的农业项目也可以得到实施，一些大型农业机械可以发挥重要的作用，有利于提高劳动效率，有利于种植结构的调整。可以说，农业机械化是农业现代化的重要标志，必将带动农业现代化发展。

启示四：土地规模经营为农业的基础设施建设创作了条件。土地规模经营发展到一定程度的基础上，合作社可以按面积给农户相应的收益，农户不再关心自已地该怎么种怎么管，边界在哪里，这样，农田的基础设施建设就可以统一布局，如灌溉设施，排灌设施等。

启示五：土地规模经营为农业产业化发展创造了条件。目前，“三个方

式”转变是以玉米为主体作物构成，从长远看，在规模经营基础上，根据土壤特点、当地栽培习惯以及市场需求，以效益为核心，将实现一村一品的农业产业化生产格局，促进农业产业化发展。

## 五、对“三个方式”转变工作下步发展建议

一是要加强政策扶持。建立相应的扶持政策，完善措施，加强管理，给参与“三个方式”转变的人才一个广阔的空间，调动积极性，可以起到事半功倍的效果；

二是培育和壮大合作社。合作社是“三个方式”转变工作的重要支点，目前已经涌现出一大批规模较大，在当地产生一定影响的典型，如，小宽西河双亮农民植保合作社、四棵树千程农民合作社、红嘴富民合作社、小城子中央堡蒋春利合作社等是2013年实施耕作方式和经营方式转变的很好例证。我们必须加大对合作社的培育，让更多的农民都认识合作社，更多有志之士去组建合作社，更多农民加入合作社，使合作社遍地开花，促进农村“三个方式”转变的发展。

三是保证必要的资金支撑。从2013年的运作看出，播种机械在一定程度上制约着“三个方式”转变的“统一播种”，同时“统一生产资料”问题也有一个统一购进问题，所以政府除制定倾斜政策外，还要在基金上给予扶持，要增加补助内容，如除草补助、病虫害防治补助、深松补助、大型收割机补助等各关键环节补助，好的项目及资金向合作社倾斜，给予扶持，促进合作社更好发展。

**作者简介：**

孙德智，男，汉族，1957年6月出生，中共党员，研究生学历。现任吉林省梨树县农业局局长、党委书记。

自1979年8月参加工作起，历任团支部书记，党支部书记，党委书记、乡长，局长等职。2011年12月至今，任梨树县农业局局长、党委书记。

曾获得市劳动模范，人大代表优秀代表，优秀共产党员，优秀乡镇党委书记等荣誉。

王贵满，男，大学学历。现任吉林省梨树县农业局副局长兼农业总站站长推广研究员。

自1979年7月参加工作起，历任梨树县农业技术推广总站副站长、站长等职。2004年6至今，任梨树县农业局副局长兼农业总站站长推广研究员。

顾明，男，1974年10月出生，中共党员，大学学历，农艺师。现任吉林省梨树县农业局调研科综合科长。

曾获四平市科技进步一等奖，吉林省农业技术推广一等奖等荣誉；发表论文及著作多篇。

祁振军，男，1963年出生，中共党员，本科学历，高级农艺师。现在吉林省梨树县农业局调研科工作。发表论文及著作多篇。

# 加速农业立场　推进经济发展

黑龙江省八五三农场　李明喜　张贤新　张士宇

八五三分公司坚持农业立场战略，通过优化种植结构、夯实基础建设、依托科技支撑，使粮食产能不断攀升。2010 年实现粮食总产 47.4 万吨，2011 年实现粮食总产 57.59 万吨，2012 年实现粮食总产 61.1 万吨。连续 8 年获得农业部“产粮大场”奖励，被农业部评为“优势农产品产业带建设示范农场”和“无公害农产品示范基地农场”。

## 一、优化种植结构，提高粮食产能

国家的粮食安全就是分公司的历史责任，我们把粮食生产作为现代化大农业建设的重中之重抓在手上。为了提高粮食总产，分公司不断调整和优化种植结构，突出重点扩大水稻、玉米高产高效作物面积。水稻面积由 2010 年的 45 万亩增加到现在 55 万亩，玉米面积由 2010 年 28 万亩增加到目前的 38 万亩。确保水稻、玉米等高产作物面积每年以 10% 的速度递增。分公司因地制宜继续做好开发水田和扩大玉米面积工作，计划 2013 年新增水田 6.5 万亩，2013 年水稻种植面积 60 万亩，水稻、玉米面积要达到 95 万亩，占总耕地面积 93.1%。

## 二、挖掘土地潜能，增加土地产出

近两年来，分公司加快老稻田改造、土地整理等标准良田建设步伐，增加土地产出率。2011 年共投入资金 1800 万元，完成水田埂池改造 35 万亩，拆除育秧带增加绿色面积 2.1 万亩，增产水稻 1.26 万吨，增加产值 5560 万元，增加效益 3160 万元。计划到年底累计完成稻田改造 50 万亩，共计可增加绿色面积 2.65 万亩，增产水稻 1.73 万吨，增加产值 6570 万元，每年可增加效益 3600 万元。

土地整理共投资 650 万元，围绕建虎高速和雁窝岛旅游线路进行重点土地治理，回填水泡子 75 个，增加耕地面积 2250 亩，为农场分公司增加收入 80 万元，为农场增加粮食收入 1350 吨，增加产值 350 万余元，为职工创造效益 112 万元。累计拆除临时泥草房 256 座，新建规范保温房 228 栋，晒水池固化、硬化10个。

通过标准良田建设和严格生产管理，使全部水田达到池平、田净、渠直、埂匀。100余公里的农业示范带实现水田网格化、林带景观化、沿线草坪化、园区花园化。

## 三、强化标准建设，增强示范带动

近年来，分公司重点强化集中育秧基地、智能化浸种催芽基地、农业园区科技含量、农机装备结构和装备区等标准建设，显著增强示范带动能力。

### （一）加强水稻集中育秧基地建设

累计建设水稻集中育秧场51个，占地面积1.29万亩，标准育秧大棚9560栋，55万亩水田实现100%集中育秧。水稻集中育秧大棚综合利用率达100%，复种西瓜、香瓜、红小豆等高效作物。计划2012年底再建标准化集中育秧场7个，使水稻专业化育秧达到100%。

### （二）加强水稻集中智能化浸种催芽基地建设

累计建设智能化浸种催芽基地8个、浸种催芽线17台套，总占地面积7800平方米，可供芽种面积55万亩。计划2012年在第一、第六管理区各建1座智能化浸种催芽厂，使水稻智能化浸种催芽工厂化生产达到100%。

### （三）增加农业园区科技含量

分公司在第一管理区建设旱田灌溉园区400亩，由深井泵压力供水，实现水、肥、药滴溉一体化信息化智能化生产。在第四管理区建设水稻高科技示范区，示范区装备水稻智能化浸种催芽生产线；园区内200栋超级大棚配备自动监控系统，实时进行温、湿度数据传输，通过微喷和电动卷帘系统调整大棚温、湿度。在水稻育秧生产上实现智能化、集约化、工厂化。示范区内，还根据水稻不同生育阶段需水规律，制定完善灌溉制度，实现水稻本田生育期智能化灌溉；园区还有关于土肥、灌溉和品种等试验示范研究成果的展示区。

### （四）提高农机更新装备质量

近年来，分公司实施农机“跨越工程”，加大以高性能插秧机、旱田精密播种机、GPS导航仪、大马力拖拉机和收获机为重点的农机更新力度，累计投入农机更新资金2.26亿元。2012年，农场投资4463.35万元，购置引进推广新机具204台套，使全场分公司的各种农业机械达到3680台套，各类配套农具达到21560余台件，农业机械总动力24.32万千瓦，水旱田作业机械化综合程度达98%以上。近三年来，农场分公司加大高标准现代化农机装备区建设，累计投入资金5300万元，已在第三、第四、第五、第六管理区各新建1个农机装备园区，计划用3年实现农业机械100%集中管理。八五三分公司连续13年荣获垦区“农机管理标兵”单位。

**（五）加强农业基础设施建设**

分公司从2009年起农业基础建设已投入6880.6万元，其中：完成水利设施投入2752.4万元，沟渠清淤50万 $m^3$，灌渠衬砌34公里，建筑物188座；完成农业设施投入3853.6万元，土地复垦480亩，水泥晒场16万㎡，机耕路49公里；完成科技推广投入274.6万元，建立研发、科技园区、测土施肥、科技培训等项目。

## 四、依托科技支撑，转变服务职能

为了提高新技术普及率和常规技术到位率，建立健全五项服务体系，提升了农业科技服务效能。

（一）建立以试验示范为核心、科技园区示范带为载体、以科技入户工程为带动的新技术推广体系，建立科技示范户700个。2012年分公司承担农业部水稻、玉米、大豆高产创建项目，其中，玉米高产创建万亩片1个、大豆高产创建万亩片1个、水稻高产创建万亩片2个。力争在垦区高产创建评比中实现三大作物获奖的目标，保持高产创建先进荣誉。

（二）建立了测土配方施肥服务体系，实施测土配方施肥面积85.5万亩，覆盖面积100%。建立了自然灾害防御体系，建成10个雨量监测站，组建了人工增雨防雹体系。

（三）建立了以植物保护为中心、航化作业为载体的防病、虫、草害的服务体系。指导农户进行病、虫、草害防治，杜绝长残效农药的使用。

（四）建立健全种子试验繁育体系，种子生产管理规范。实现种子管理制度化，良种繁育规模化，加工质量规范化。通过种子精选、分级、包衣，实现种子生产加工配套完善，建立完善种子追溯制。实现统一质量标准化包衣供种100%，实现种子订单销售。2012年供应良种3798吨，其中水稻2778吨、大豆450吨、玉米570吨。

（五）成立农业专业合作组织。累计成立农业专业合作社11个，其中水稻专业化合作组织4个，豆类专业合作社1个，经作专业合作社1个，普及以多个地号为单位的生产联合体。农场给予指导、扶持，确保专业化生产合作组织规范管理，守法运作。

（六）建立农业科技培训服务体系，为农户提供农业信息服务和培训。农场组织各类农业技术培训班16期，培训技术人员及产粮大户1632人；举办高产创建培训班8期，培训70人。各管理区、作业站分别举办技术培训班57期，培训人数达2857人。

## 五、建设绿色农业，保证食品安全

为了保证食品安全，分公司完成了优质特色作物基地和进出口农产品基地建设。基地种植指定作物、品种，主要以水稻、大豆、玉米和小杂粮为主。拨专款建立、健全了农产品质量安全生产与追溯制度，已实施项目检验和检测。农场分公司进行全面积无公害农产品认证工作，无公害认证面积80万亩，绿色食品基地13万亩；积极推进有机农产品生产认证，有机农产品认证面积达8.8万亩。带有北大荒标识的绿色和有机红小豆、绿豆、芸豆、大米等精包产品已进入市场销售。

## 六、提高管理标准，抓好农业生产

一是加强农业标准化基础建设；二是坚持农机标准化作业；三是加强农业投入品的监管力度；四是将高产创建措施落实到位；五是加强水、旱田标准化管理，地头、池埂上线、田间四清；六是加强病虫害监测防治工作，坚持航化健身防病；七是增加科技含量，提高技术普及率；八是加强科技园区建设，提高生产标准；九是强化绩效考核跟踪问效；十是抓好安全生产，确保作业安全。

分公司在实施“农业立场”战略基础上，深入贯彻落实好两级半年经济工作会议精神，严格“六字”精细化管理，加快建设国家安全食品生产基地步伐，圆满完成年度工作目标任务。

**作者简介：**

李明喜，男，汉族，1964年12月出生，本科学历，农机工程师。现任黑龙江省八五三农场生产副总。

张贤新，男，汉族，1962年10月出生，本科学历，高级农艺师。现任黑龙江省八五三农场机关农业科科长。

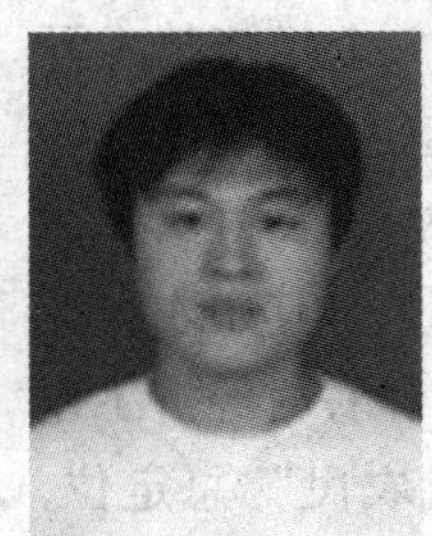

张士宇，男，汉族，1981年11月出生，本科学历。现在黑龙江省八五三农场工作。

# 加强目标管理　统筹城乡发展

江苏省连云港市海州区农林水利局　陈可鹏　陈健华　朱盛艳

海州区是连云港市区的主要农业区，全区下辖宁海一个乡，新坝、锦屏、板浦三个镇，朐阳、洪门、海州、幸福路四个街道办事处，一个经济技术开发区，共计60个行政村；另辖锦屏林场一个国有场圃。全区总面积282.09平方千米，集体所有耕地面积22.8万亩，占总面积的53.9%，农村总户数3.83万户，拥有乡村人口14.87万，占全区户籍人口的62.3%，其中农村劳动力5.56万人，占农业人口的37.4%。近年来，海州区农业和农村经济工作紧紧围绕"都市型现代农业、城郊型现代农村、创业型现代农民"总定位，抢抓沿海开发的重大历史机遇，以农业增效、农民增收为目标，坚持用抓工业的理念抓农业，以建工业园区的思路发展现代农业园区，发展规模高效农业，加强目标管理，统筹城乡发展，推进社会主义新农村建设，取得明显成效。2012年实现农业总产值17.74亿元，增幅11.71%，农民人均纯收入10579元，增幅19.1%。

## 一、农业发展情况

### （一）粮食生产稳定

海州区主要作物是稻麦两熟种植模式，通过实施高产创建、测土配方、小麦"一喷三防"工程、水稻统防统治等项目，粮食亩产逐年提高，截至2012年，全区粮食播种面积35.4万亩，年产量18.2万吨。全区现有农机总动力21.3万千瓦，拥有拖拉机6988台（其中大中型452台），联合收割机1576台，植保机械2300台，插秧机218台，其他机械15000余台套，农业机械化水平稳步提高。

### （二）农业产业结构调整步伐加快

近年来，全区高效设施农（渔）业面积累计达18369亩，占耕地（渔业）面积比重达8.59%；建成市级现代农业园区3个，分别是新坝现代农业园区、板浦中正现代农业园区和锦屏镇刘顶高效示范园。建有规模化特色农业基地19个，其中蔬菜基地7个，食用菌基地3个，优质瓜果基地9个，另有花卉苗木基地5个，特色养殖基地4个；为增强农户发展高效设施农业抵御自然灾害等风险的能力，海州区农水局、财政局、金融办等部门多次深入基层开展高效农业保险宣传活动，提高农户风险意识，并取得明显成效，高效农业保费占农业总保费比重达31.15%；全区生猪饲养量15.3万头，三禽饲养量175万羽，畜禽规模养殖比重逐年提高，全区生猪规模养殖饲养量达到96.5%，三禽规模养殖98.6%，畜禽规模化养殖进场加快；全区现有规模以上农业龙头企业21家，其中省级农业龙头企业1家，市级农业龙头企业12家，区级农业龙头企业8家。规模农业龙头企业固定资产达59533.52万元，销售收入达66.5880亿元，利润1.38547亿元，上缴税金2072万元，出口创汇570万元，带动农户数80106户，带动种植基地12.308万亩、畜禽养殖基地0.018万亩、水产养殖基地2.2万亩。

**（三）大力实施生态农业工程**

海州区现有林地面积83840.6亩，森林覆盖率19.82%，林木覆盖率22.4%。木材蓄积量135756立方米。村庄绿化示范自然村15个；海州区无公害农产品生产基地达到15个，无公害农产品数量40个，总面积12.84万亩，占耕地面积比重达56%；大力推广养殖场粪便无害化处理、发酵床生态养殖技术，综合治理畜禽养殖场10个；作物秸秆综合利用率逐年提高，通过推广秸秆全量还田技术、秸秆固化成型技术等，全年作物秸秆综合利用率达90%以上。

**（四）土地规模化经营程度进一步提高**

培育土地流转中介组织，建立土地流转有形市场。全区有建土地流转服务中心5个，土地流转面积达6.956万亩，占耕地面积比重30.5%，土地适度规模经营面积达13.812万亩，占耕地面积比重60.59%。农民专业合作组织带动能力进一步提升。全区成立各类农民专业合作经济组织102家，入社农户累计达23318户，农民参加专业合作组织比重达63.36%。

**（五）强农惠农政策落实到位**

海州区认真贯彻落实中央、省市惠农政策，每年发放粮食直补、农资综合补贴、良种补贴、能繁母猪补贴和农机购置补贴资金3000余万元。为解决农民发展生产的资金短缺问题，全区开展“金融周”系列活动，鼓励发展农民资金互助合作社，至年终已组建新坝合信农村资金互助合作社、蔷薇小额贷款公司等农村投融资平台，累计释放贷款6900万元，惠及农户1200户，农村金融市场活力不断增强。农村康居工程建设加快。海州区新坝镇和板浦镇先后纳入市城乡统筹发展试点镇，开工建设康居示范村共有4个，入住农户853户，农户居住条件大为改善。

## 二、主要存在问题

近年来，海州区农业农村工作取得可喜成绩，但是依然存在一些问题，一是农村基础设施历史欠账较多，特别是农田水利基础设施较为落后；二是农业科技贡献率不高，农业科技推广经费仅靠省级财政项目扶持，形不成大面积示范带动作用；三是农业科技队伍建设滞后。海州区已有多年未引进专业人才，特别是乡镇农技人员流失更为严重。

## 三、三大建设，加强管理

### （一）加快农村基础设施建设

海州区属于苏北欠发达地区之一，地方财力有限，急需通过中央、省级财政扶持项目，帮助推进农田基础设施建设。

### （二）加快基层农技人员队伍建设

在招聘大学生村官、苏北志愿者等计划，重点向农林专业倾斜，扩充基层人才队伍，通过农民培训项目，加大农村实用人才培训力度。

### （三）规范农村队伍管理

现今由于地方财力问题，造成众多农技人员是在岗不在编，工资待遇较差，为了能稳定农村基层队伍管理，以此为借口，挪用或占用农业项目财政资金，造成项目建设内容大打折扣，项目示范带动不明显。故建议将基层农技人员全部纳入事业在编人员，工资待遇由省级以上财政承担或予以一定扶持，提高基层农技人员干事热情，同时可以有效遏制基层项目资金被挪用或占用的情况发生。

**作者简介：**

陈可鹏，男，汉族，1967 年 2 月出生，中共党员，大学学历。现任江苏省连云港市海州区农林水利局党委书记、局长。

1988 年 7 月参加工作，2012 年 3 月经江苏省林业局批准，授予绿色江苏建设先进个人称号。

陈健华，男，汉族，1983年3月出生，中共党员，研究生学历。现任江苏省连云港市海州区农林水利局办公室副主任。

2005年8月参加工作，先后被海州区委、区政府授予2011年度全区信访工作先进个人，连云港市农委授予2012年度市农业信息工作先进个人，海州区政府授予2012年度全区安全生产监管工作先进个人。发表论文8篇，参与发明专利1项。

朱盛艳，女，汉族，1983年1月出生，中共党员，大学学历。现任江苏省连云港市海州区农林水利局办公室副主任。

2005年8月参加工作，先后被海州区农林水利局授予2010、2011、2012年度全区农水系统工作先进个人。发表论文2篇。

# 积极推进粮棉油高产创建工作<br>不断提高农业生产水平

安徽省芜湖市农业委员会　刘家林

芜湖地处皖中沿江平原，常用耕地面积262.65万亩，下辖无为、芜湖、繁昌、南陵四县和镜湖、弋江、鸠江、三山四区以及经济技术、长江大桥两个国家级开发区。土地肥沃，气候湿润，雨水充沛，自古便有“长江巨埠，皖之中坚”之称。水稻栽培历史悠久，曾位居全国四大米市之首，是安徽省主要水稻产销集散地，也是国家优质稻标准化生产基地、国家商品粮生产基地和优质良种选繁基地。近年来，按照农业部和省农委的战略部署，我市将开展粮棉油高产创建活动作为种植业的核心工作紧抓不放，在科技创新上做文章，在落实各项技术上下工夫，努力扩大创建规模、提高创建质量、增强辐射影响，通过良种与良法配套，政、技、物有机结合，不仅实现了示范片增产增收，而且促进了全市粮棉油生产稳定发展。

## 一、工作成效

### 1. 增产增收效果显著

2008年，在农业部《全国粮食高产创建活动年工作方案》和安徽省关于开展粮油作物高产创建活动的实施意见指导下，我市正式启动高产创建活动。截至2012年共在五个县区先后承担部级粮棉油高产创建示范片80个，其中水稻示范片58个（单季稻32个，双季稻26个），面积68.69万亩（单季稻39.72万亩，双季稻38.43万亩），涉及38个乡镇、195个村；油菜示范片13个、面积15.19万亩，涉及15个乡镇、67个村；棉花示范片9个，面积17.02万亩，涉及15个乡镇、67个村。2013年共实施部级粮棉油高产创建示范片38个，其中水稻示范片28个（单季稻16个，双季稻12个），油菜示范片4个，棉花示范片6个。高产创建活动的实施使芜湖市粮食生产整体上了台阶，近年来芜湖市先后多次被评为“全省粮食生产先进市”，无为县、南陵县、芜湖县也多次被评为“全省粮食生产先进县”。截至2012年，水稻高产创建示范片总增产6.77万吨，总增收17372.66万元，其中单季稻示范片平均

单产709.49公斤，亩增收288.12元，总增产5.56万吨，总增收14906.9万元；双季稻示范片平均单产986.3公斤，亩增收98.06元，总增产1.21万吨，总增收2465.76万元；油菜示范片平均单产211.05公斤，亩增收168.23元，总增产1.58万吨，总增收8871.79万元；棉花平均单产134.52公斤、亩增收852.48元，总增产0.76万吨，总增收15303.9万元。粮棉油高产创建合计总增产9.12万吨，总增收41548.35万元。

2. 技术集成应用率提高

通过高产创建活动，新品种、新技术得到集成推广。高产创建万亩示范片主推品种覆盖率达到100%，测土配方施肥应用面积100%，示范片全部实现了病虫害专业化防治和统防统治。推广轻简化栽培技术和水稻机械插秧面积占38.5%，水稻机械化收脱面积达到100%。创新了油菜直播复式作业、油菜免耕机开沟覆盖等技术，其中《棉田套栽油菜生产技术规程》被省农技推广总站选编纳入《安徽省油菜轻简化栽培技术规程》。

3. 辐射带动作用明显

五年来，全市共实施高产创建面积100.9万亩，涉及62个乡镇、304个村，其中水稻高产创建辐射带动面积共计337.3万亩，棉花辐射面积54.5万亩，油菜辐射面积81.97万亩，通过高产创建实施，我市水稻、油菜及棉花单产水平大幅提高，连续多年位居全省前列，促进了全市粮棉油生产水平大幅提升。2012年全市粮食种植面积296.8万亩，总产133.7万吨，比上年增4.6%，水稻总产114.05万吨，增4.3%，单产487公斤，增5.0%。棉花总产6.09万吨，比上年增11.81%，单产90.45公斤，增13.74%。油料总产15.30万吨，比上年增1.38%，单产164.38公斤，增4.6%。

## 二、主要做法

1. 强化领导，行政推动

行政推动是实现高产创建目标的基础。各项目县都成立了由分管县长、项目镇镇长和相关单位负责人组成的高产创建领导组。特别是2008年以来，芜湖市将高产创建和超级稻推广、国家优质油菜基地建设项目等有机结合，通过建立市、县、镇、村四级联动工作机制，逐级签订目标责任书，强化责任，细化分工，做到产量目标、种植面积、技术方案、支持措施四落实。使得芜湖市超级稻种植面积不断扩大，单产连创新高，五年来累计为农民增加直接经济收入2亿元。在实践中摸索出超级杂交水稻推广“政府推动、科技支撑、企业运作、农民参与”的“芜湖模式”，完成了我市超级稻推广的

“凤凰涅槃”，为在长江沿岸大面积推广超级稻、开展水稻高产创建提供了可靠的理论依据和宝贵的实践经验。

2. 整合项目，资金牵动

为促进高产创建活动各项工作顺利开展，各地政府逐年加大了对高产创建活动的投入，把农田水利、土地整理、农业综合开发、优质油菜基地、水稻良种良法配套、农业科技入户、粮食丰产科技工程、土壤有机质提升、测土配方施肥、新型农民培训、专业化防治等项目建设与高产创建结合起来，集中项目资金向示范区倾斜，在示范片率先落实。其中无为县对棉花水浮育苗等技术推广设立了专项补助资金，每年投入资金平均达200万元，芜湖县在项目区共投入配套资金达3.6亿元以上，向大户配套资金达300万元以上。南陵县从2011年开始在水稻项目区推行了全程代管服务，四年来县、镇两级财政共配套资金1260多万元。繁昌县在项目区大力开展土地流转工作，以每年每亩80元补贴给种田大户，每年还从农业产业化资金中安排专项资金，用于对在高产创建活动中工作成绩突出人员的奖励。

3. 技术集成，服务促动

一是选定主推品种。按照“品种合法、性状优良、农民接受、生态适宜”的原则，集中粮食加工龙头企业、农民代表（大户）和农业专家三方共同协商，确定种植品种。通过5年创建工作的开展，目前创建区全部实现“一镇一品”和“一村一品”，基本实现了品种良种化、商品化、优质化，优质化和品种优良率达100%。二是推广模式化栽培技术。制定完善《单季中稻机插秧丰产优质高效栽培技术》、《棉田套栽油菜生产技术规程》、《双季稻高产高效配套栽培技术模式》等技术规程，实现了技术统一。三是核心技术集成应用。将高产优质品种、轻型简化栽培、测土配方施肥、秸杆还田、病虫综合防治、无公害化栽培、避灾抗灾栽培、农机农艺结合等技术集成组装，制定并印发了水稻、棉花、油菜等作物的高产创建技术指导意见。四是加强农机农艺结合。摸索并总结出了适合我市水稻全程机械化种植配套技术和油菜全程机械化技术，并充分利用示范片和高产攻关点，着力推进水稻机耕、机插、机抛、机防（植保）、机收等全程机械化技术。

4. 深化培训，宣传发动

在高产创建工作中，我市充分发挥媒体宣传导向作用，利用电视台制作滚动宣传字幕、农业信息网、《芜湖日报》、《粮棉油高产创建专刊》等多层面、多渠道、多视角宣传高产创建活动的政策措施、品种技术、工作机制、经验典型、专业大户及取得的成效。在技术培训上，采取“四个结合”，一是把室内培训与室外培训相结合，强调培训工作的灵活性，丰富培训内涵；二是把培训时间与农事活动相结合，强化培训工作的针对性；三是把现场培训与田间地头培训指导相结合，提高和增强农民的感性认识；四是把技术培训与现场观摩相结合，提升培训及技术应用效果。加大气象为农服务工作，与气象部门合作通过短信平台发布农事短信息，截至目前，已发送农事短信息98期18.4万条次，市、县、镇农技部门共计发放明白纸125.2万余份，举办广播电视讲座223次，技术运用现场观摩会262场次，参加人员13550余人。全市组织农技人员进村入户驻点共120名，包户数3580户，服务面积99.92万亩。

5. 创新机制，企业带动

积极培育社会合作组织或协会作为高产创建活动主体，组织企业在示范片内与农民签生产订单，实行规模化种植、标准化生产，探索高产创建活动新路子。2013年无为县首次引入“无为县种植技术协会”参与红庙部级棉花高产创建示范片建设，协会在示范片建设过程中接受县农委的指导、管理和监督，示范片通过省级验收后，全额拨付项目补助资金。繁昌县利用本县“华园米业”等龙头企业加工销售优质大米和食用油的优势，选用“两优6326”、“丰两优香1号”、“核杂5号”等优质高产品种作为主推品种，与之签订订单合同，承诺水稻每50公斤加价5元以上、油菜每50公斤加价10元以上收购，为创建目标的实现奠定了基础，为农民踊跃参加高产创建活动增添了动力。南陵县把高产创建同土地流转相结合，全县因高产创建带动土地流转20多万亩。南陵县兴科农机专业合作社等一批合作组织参与粮油高产创建社会化服务，从机耕、机防、机收、机烘等提供全程代管服务，大大地降低了示范区农户生产成本。

6. 验收考核，激励引动

为进一步激发和调动全市各级农业部门和广大农技干部的积极性和创造性，继续营造比、学、赶、超的良好氛围，推进粮棉油优质高产创建工作再上新台阶，市及各县出台措施对高产创建工作涌现出来的先进乡镇、村组和高产户进行奖励。市政府出台了《芜湖市人民政府关于做好全市超级稻服务工作的通知》、《芜湖市稳粮增粮实施意见》。及时组织专家对各类示范区进行田间现场测产验收，年终根据检查和验收结果，进行考核评比，考核结果作为项目所在镇、村当年年度考核工作的重要内容之一。其中无为县政府把高产创建活动列入了全县重点工作考评内容，并从发展现代农业专项资金中列支30万元，重点表彰粮油棉“万千百户”高产竞赛活动乡镇、高产创建活动中涌现的先进个人、高产示范户。

7. 积极探索，创新领动

不断探索新的工作机制和方法，进一步提升高产创建水平。

一是整建制推进。在综合条件较好的镇、村，开展整建制高产创建活动。2008年以来，芜湖县试点推进“油－稻”模式整建制3个镇，面积12万亩，无为县开展棉花高产整建制创建镇4个，面积8万亩。二是无偿配送有机肥。为避免过量使用化肥，改善土壤耕作质量，芜湖县在每个万亩示范片选1个千亩核心区、2～3个百亩攻关点，按每亩25公斤油菜饼肥标准进行免费发放，送肥到户并督促使用。5年来，带动饼肥运用3500吨以上，覆盖7万亩，使示范区土壤有机质得到较大提升。三是创新农业保险。2011年开始，芜湖市农委与市财政局、市气象局、农业保险公司合作，积极探索单季稻穗期“高温热害”农业特色保险，3年来已累计在全市开展这一新险种面积19万亩，预计2014年将在全市推广。

## 三、下一步工作思路

1. 深化技术研究

加大同农业科研院所的联系，引进和筛选高产、优质、多抗的适宜本地种植的新品种，在综合分析示范片气候、土壤、水源等各种因素的基础上，分区域、分作物制定高产创建栽培技术体系，形成各具特色、不同生态类型的技术模式，为以点带面、大面积推广先进实用技术提供支撑。

2. 强化部门协作

今后高产创建覆盖的范围更广、涉及的部门更多、工作的要求更高，农业部门要发挥主导作用，加大部门联动和项目整合力度，引导多部门共同参与，协调配合，合力推进，形成政府主导、部门配合、科研院校参与的大协作格局。

3. 培育创建主体

坚持依法自愿有偿的原则，吸引加工龙头企业、专业合作社、老板、大户，参与高产创建。健全土地承包经营权流转，引导耕地向种粮大户集中，促进农业生产从分散式一家一户经营向集约化、规模化、标准化、产业化转变，推进农业生产优质化、专业化、机械化发展。

4. 科学使用资金

进一步加大各级财政投入，加强资金的科学管理，确保高产创建工作的资金支撑，发挥财政资金的最大效益。统筹利用好各种投资项目和专项资金，集中资源、集中力量、集约项目、合力推进。

**作者简介：**

刘家林，男，汉族，1958 年出生，中共党员。现任安徽省芜湖市农业委员会主任。

# 培育新型农业经营主体<br>构建现代农业经营体系

安徽省休宁县农业委员会　宋更生

近年来，我县把培育现代农业新型经营主体，作为推进农业产业化和创新农业经营机制的重要抓手，以农业龙头企业、农民专业合作社、规模种养大户等为代表的新型农业经营主体呈现快速发展态势。

## 一、我县新型农业经营主体发展现状

截至2012年年底，全县县级以上龙头企业达到49家，其中国家级农业龙头企业1家、省级8家、市级13家，规模以上农产品加工企业年加工产值达到23亿元；农民专业合作社达到119家，入社社员2.25万人，联系带动农户5.45万户、生产基地12.5万亩，农民专业合作社经营收入达到6.84亿元；规模种养大户917户，其中种植业424户，种植面积达到3.6万亩，养殖大户493户，全县畜禽规模养殖比重达61%。新型经营主体的壮大，带动和促进了农业增效、农民增收、农村和谐和城乡一体化发展。2012年，全县农业总产值达到19.6亿元，农民人均纯收入达到9239元。

我县的主要做法：一是从技能培训上入手，引导新型经营主体发展。立足提升传统农民、引入新型农民的发展思路，以新型农民培训工程、农民创业培训项目为载体，以科技示范户、农民专业合作组织负责人为重点，加强农民技能培训和创业培训。近年来，全县培训新型农民超过1.3万人，培育科技示范户2000余户，培训农民专业合作组织负责人100多名。设立了返乡农民工创业投资引导资金，鼓励与支持大中专毕业生、返乡农户从事农业创业，市级以上农民创业带头人达118人。

二是从土地流转上入手，保障新型经营主体发展。农村土地流转是发展新型农业经营主体的前提与基础，我县先后制定了《关于推进农村土地承包经营权流转的实施意见》、《休宁县农村土地承包经营权流转管理实施办法》等相关文件，在21个乡镇建立了土地流转服务中心，规范了土地流转程序、流转合同文本，健全的土地流转服务体系，促进耕地、茶园、山场等资源要素向农民专业合作社、种植大户等新型经营主体集中，目前全县共流转耕地2.5万亩，茶园2万亩、山场10万亩。

三是从优化服务上入手，促进新型经营主体发展。我县每年摸排一批有发展潜力的农民专业合作组织，建立示范社创建联系帮扶制度，帮助解决在销售渠道、人员培训、内部管理、品牌建设等方面的问题，截至目前全县市级以上示范性合作社达到8家，其中省级4家，全国示范社1家；结合基层农技推广改革与建设示范县项目建设，完善了农技服务责任制度，为农业科技示范户“一对一”配备农技服务人员；建立银企对接工作机制，积极帮助龙头企业、专业合作社、种养大户解决“贷款难”问题，开展了农村集体土地承包经营抵押贷款试点，2012年全县林权抵押贷款达到6041万元，抵押面积3.74万亩。

四是从政策扶持上入手，推动新型经营主体发展。围绕新型农业经营主体培育，我县从资金投入、项目支持、金融服务等方面制定了相关政策。先后出台《农业产业化发展财政专项资金扶持奖励办法》、《休宁县农民专业示范合作社扶持奖励办法》，县财政每年对种养大户、农民专业合作组织、龙头企业的奖补资金超过300万元；同时整合农业综合开发、扶贫开发等涉农项目资金投入农民专业合作社的基地建设；在基础设施、登记税收等环节给予各类新型农业生产主体政策扶持，有效形成了各部门合力推进新型农业生产主体发展的整体合力。

## 二、下步加快新型农业经营主体培育主要措施

### （一）培育“三大主体”，优化农业经营主体结构

一是以提素质、强技能为重点，着力培育新型农民。结合我县实际，围绕“四茶二花一叶”特色产业，强化技能培训、鼓励自主创业、加快土地流转，着力培育一批专业种养大户；鼓励农户以土（林）地承包经营权作价入股或者以林权出资成立合作农场；积极探索家庭农场认定管理办法，2013年重点在茶叶、养殖、粮油、蔬菜等产业，选择条件较好的专业大户，扶持建立一批家庭农场；二是以建制度，促规范为重点，着力提升农民专业合作社。认真落实省政府关于促进农民合作社持续健康发展的意见，积极开展省级农民合作社示范县和省级示范合作社创建活动；以产业链、产品、品牌为纽带，选择1～2个主导产业开展示范联合社的建设，力争2013年新增农民专业合作组织18家，市级以上示范合作社达到10家以上；三是以强实力、增带动

为重点，着力壮大农业龙头企业。鼓励农产品加工龙头企业发挥自身产业和品牌优势，大力引进资金和现代管理技术，着力引进战略投资者，实现强强联合，借力发展。围绕我县的“三区”建设（现代农业示范区、农业产业化示范区、茶叶茶干产业集聚区），以农业企业为龙头、专业合作组织为纽带、专业大户和规模基地为基础，选择1~2个产业开展现代农业产业联合体建设试点。

**（二）完善“三大机制”，增强经营主体发展动力**

一是完善土地流转机制。完善县、乡（镇）土地流转服务体系，开展流转供求信息、合同指导、价格协调、纠纷调解等服务，积极推广委托流转、股份合作流转等方式，重点探索推进整村整组连片流转；完善森林资源交易平台和公共服务平台，促进林权有序流转，力争全年土地、茶园、山场流转面积1万亩以上。二是完善服务指导机制。健全“农业科技、人才培养、市场营销”等服务体系，全面落实农技推广责任制度，支持涉农科研机构、高等院校与农民专业合作社、龙头企业进行对接，建立长期协作服务关系；积极组织农业企业、农民专业合作社、种养大户参加省、市、县各类展会，做好“农超对接”工作，鼓励与扶持龙头企业、专业合作组织在杭州、上海等大中城市开设农产品专卖店。三是完善利益联结机制。引导龙头企业采取订单、股份合作、利润返还等多种形式，与农民专业合作社、农户建立紧密利益联结机制。支持农民专业合作社兴办农产品加工企业或参股农业龙头企业，实现融合发展。加强对“订单”农业的指导，推广应用规范的合同文本，提高合同履约率。

**（三）强化“三大保障”，改善经营主体发展环境**

一是强化政策保障。制定加快新型农业经营主体培育的实施意见，加大对农业龙头企业、农民专业合作社、种养大户在技改投入、产品认证、品牌创建、市场拓展等方面奖补力度；扩大农村土地整理、农业综合开发、农技推广等涉农项目由合作社承担的规模；以龙头企业、专业合作组织规模基地为重点，建设一批现代农业示范区。二是强化基础保障。加大对农民专业合作社、种养大户、龙头企业规模基地的基础设施建设，推进农田林网、水利设施、良种良法的集成配套；加大农机具补贴向新型经营主体倾斜力度，积极引导农民专业合作社、种养大户引进先进适用的农机装备；合理安排农业龙头企业、农民专业合作社加工项目用地，优先保障新型经营主体项目用地需求。三是强化资金保障。大力推行农户小额信用贷款和农户联保贷款，探索设立农业产业化龙头专项贷款、小企业联保贷款等特色信贷产品，简化农

村青年创业小额贷款办理流程。积极探索扩大对种养大户、专业合作组织的农业保险险种和覆盖面，降低经营主体生产风险。

加快培育壮大新型农业经营主体，是当前及今后一个时期农村发展与改革的重要内容之一。我们将认真贯彻落实中央一号文件精神，创新机制、强化扶持，多渠道、多层次、多形式培养一批新型经营主体，加快构建新型农业经营体系。

**作者简介：**

宋更生，男，汉族，中共党员。现任安徽省休宁县农业委员会主任。

# 加快农业结构调整<br>推进合作发展现代农业

安徽省全椒县农业委员会　张万民

为了深入贯彻中央一号文件精神，围绕“四化同步”的总目标，统筹城乡一体化发展，完善、创新农村土地经营机制，推进土地规模化经营，增强农业生产活力，建设现代农业示范区，走农业现代化发展之路。

## 一、创新工作机制，打造现代农业新体系

全面贯彻落实县委、县政府《关于加大统筹城乡发展力度进一步夯实农业农村发展基础的实施意见》、《关于加快土地流转　推进城乡统筹发展的实施意见》、《全椒县建设用地置换工作实施方案》和《全椒县建设用地置换资金管理暂行办法》等文件，规范和扶持农业转型、农村发展，探索现代农业发展之路。

### （一）创新组织机制

完善“三农”指挥部工作流程，出台重点工作推进机制，成立了现代农业推进工程指挥部，对现代农业重大项目和重点工程，抽调精干力量，明确牵头领导，搭建专门班子，成立辉隆集团全椒现代农业产业园建设指挥部，实行一套班子，一抓到底；实施名片工程，目标任务细化到天、责任分解到人，确保各项工作落到实处。

### （二）强化责任考核

一是落实工作方案。县委、县政府印发了《全椒县现代农业推进工程实施方案》，全椒神山农业生态园建设、辉隆集团现代农业综合开发、百子原种猪场建设等重大项目分别制订了三定方案，明确专人帮扶，明确责任分工；二是出台全椒县机关效能建设工作机制，抓落实、抓问责，县委、县政府把现代农业发展工作作为各镇和县直有关单位年度综合考评的重要内容。

### （三）完善农技服务队伍

一是完善十字、大墅、西王 3 个镇农技站设施设备建设，加快其他 7 个

镇农技站建设，构建10个镇农产品质量安全监管站，加快县农产品质量安全监测中心建设，完善国家级动物疫情测报站建设；二是健全基层农技推广服务机构考核机制，保障镇农技站的办公条件和工作经费；三是完善教育培训体系，依托科技示范县项目，每年组织百名农技人员外出脱产学习，大力实施新型农民培训工作。

## 二、转变生产方式，提升农业产业化水平

加快农业生产方式转变，做大做强农业产业化企业，出台县级农业产业化企业认定标准，加大政策支持力度，力争实现50亿元农产品加工产值。

### （一）实施农业产业化转型倍增工程

一是做大做强现有的20家市级以上农业龙头企业，力争新增1家省级农业产业化龙头企业；二是加大农业产业招商力度，招引培植1－2家省级以上农业产业化龙头企业；三是扶持现有的粮食、畜禽等农产品加工企业，构建县级农产品加工园、农产品交易园。

### （二）实施现代农业示范区创建工程

一是积极争创5个县级以上现代农业示范区，创建襄河省级现代农业示范区；二是加快建设白酒生态农业园、联盟生态农业示范园、卧龙湖有机农业园、神山国际生态精品农业休闲度假村、荒草圩现代农业示范区、大墅龙山宜居养生度假村等；三是力争全椒县国家级现代农业示范区申报成功。

### （三）推进科技研发产业工程

一是完善全县20个市级以上龙头企业内部技术服务部，加快达诺乳业、温氏畜牧、未来饲料等企业研发中心和技术服务体系建设；二是做强县农科所试验示范基地，不断加大财政扶持力度，实施国家、省、市、县种业新品种实验示范，积极开展安徽省水稻品种联合鉴定，和浙江宁波市农科院、浙江农科种业、川农高科种业、丰望种业等单位联合进行新品种试验示范项目。

## 三、推进规模生产，加快农业结构调整

加快推进土地流转工程，完善县镇村三级土地流转体系，土地流转面积达40万亩；500亩以上土地流转大户发展到130户；全县基本形成30万亩规模化经营基地；县财政每年安排不少于500万元的专项资金用于引导和促进农业结构调整。

**（一）实施生态粮仓建设工程**

打造9亿斤优质粮生产基地。开展56万亩水稻产业提升行动，继续实施良种补贴与良种挂钩试点工作，重点抓好水稻高产创建工作；全年杂交粳稻面积达20万亩，超级稻面积达15万亩，粮食优质率达98%以上。

**（二）实施畜牧强农工程**

创建6个市级以上畜禽标准化养殖场。继续实施畜牧业升级计划，做好重大动物疫病防控工作，强化动物及其产品的检疫工作；力争创建1个国家级、2个省级、3个市级标准化规模养殖场；畜禽规模养殖比重力争达78%，其中标准化规模养殖比重占35%以上。

**（三）实施水产跨越工程**

巩固完善10大特色水产品养殖基地。实施农业部安徽全椒襄水鳜良种场建设项目；完善十字金坝虾蟹、六镇大张鳜鱼、白酒俊云渔业、东王泥鳅、武岗特种水产、古河鮰鱼、襄河小湖圩渔业、白酒甲鱼、武岗丰农水产、二郎口稻田十大特色水产养殖基地。

**（四）实施基地培育工程**

重点建设十字芦蒿、石沛联盟现代农业园、武岗荒草圩生态蔬菜、千佛庵无公害蔬菜、大墅健禾蔬菜等10家蔬菜标准化生产基地；大力推进白酒皖江、石沛联盟两个市级蔬菜标准园建设，争取蔬菜种植面积达7.5万亩，年产蔬菜18万吨。

## 四、打造合作模式，开创农村发展新格局

创新生产要素组合方式，优化农村资源，促进合理流动，加快农村各项事业有序健康发展。

**（一）实施新农村建设工程**

重点建设50个示范镇村和农村社区。加快美好乡村建设，继续建设3个示范镇30个示范村；抓好20个新型农村社区建设，创新农村社会管理机制。

**（二）实施合作组织提升工程**

规范发展450家农民专业合作组织。一是加快示范社创建工作，力争新增5个市级、3个省级示范社；二是完善合作社指导员制度，力争农民合作组织发展到450家；三是分类别组建粮食、畜牧、水产等联合社；四是构建农民专业合作社网，提升辐射功能，完善18个农民专业合作社网站，加快其他农民专业合作社网站建设。

**（三）推动农科教结合工程**

一是建立农业科技专家大院。县农委建立种植业、畜牧业、水产业专家库，指导粮油棉高产创建、科技入户和新农村产业发展；二是建立农业科技信息服务网络平台。大力实施农技110、测土配方施肥短信平台、病虫害综合测报、动物疫情监测等工作，推进县农业信息网、县农民专业合作社网优化升级。

# 以振兴发展为契机 促进现代农业稳步较快发展

江西省赣州市农业和粮食局

近年来，赣州市认真贯彻落实上级三农工作和推进现代农业建设的部署要求，坚持“发展为先、生态为重、创新为魂、民生为本”的理念，以“三送”工作为总抓手，以加快转变经济发展方式为主线，以赣南苏区振兴发展为契机，不断提升农业产业化、组织化和标准化水平，加快推进传统农业向现代农业转变，有力促进了农业和农村经济持续、平稳、健康发展。

## 一、发展现代农业

### （一）因地制宜，扬优成势，优势特色农业产业稳步较快发展

在稳定发展粮食生产的基础上，着力培植壮大了生猪、蔬菜等优势主导产业，加快发展了茶叶、家禽、水产、白莲等区域特色产业。

1. 稳定发展了粮食生产，实现了“九连丰”

始终把粮食生产放在重要位置，坚持“稳面积、攻单产、增总量、保供给”的发展思路，认真落实各项强农惠农富农政策，通过深入推进标准粮田建设、高产创建、测土配方施肥等粮食稳产增产“十大行动”，近年来，全市粮食种植面积基本稳定在770万亩左右，单产和总产稳中有升。2012年，粮食面积769.6万亩，总产达到280万吨，实现了历史性的“九连丰”。

2. 做优做强了生猪产业

率先在全国提出和推广“猪－沼－果”生态模式和“三零”工程（零疫情、零残留、零污染），打造养殖、屠宰、加工、品牌建设和销售终端相结合的全产业链。引进温氏等一批大型企业集团，采用“公司＋小区＋农户”等多种模式，实行产业化经营。南康、定南、信丰、兴国4县（市）被列为全国生猪调出大县。2012年，全市生猪出栏588万头，名列全省第二；供港活猪16万头，位居全省第一。

3. 培植壮大了蔬菜产业

按照“扩大规模、优化结构、提高单产、提升品质”的思路，狠抓蔬菜

基地建设，推广无公害生产技术，推进标准化生产，初步形成了“一带三区”（沿大广高速蔬菜产业带，中心城区蔬菜供应区、粤港澳外销蔬菜产区、闽东南外销蔬菜产区）的产业布局。龙南、全南列入了国家蔬菜产业发展重点县。加快建设了中心城区商品蔬菜生产基地。2012 年，全市蔬菜播种面积达 163.3 万亩，总产达 249 万吨，累计建成 100 亩以上蔬菜基地达到 208 个。其中中心城区新建基地 32 个，面积 4469 亩。

4. 加快发展了区域特色产业

根据各地资源、气候、区位等条件，因地制宜地发展了茶叶、家禽、水产、白莲等区域特色产业。全市有茶叶生产企业近 60 家，涌现了上犹剑绿、崇义馨阳岭、宁都小布岩、于都盘古龙珠等一批有影响的茶叶品牌，2012 年全市茶园面积达到 15.25 万亩。“宁都黄鸡”、“兴国灰鹅”、“大余麻鸭”列入了《中国畜禽遗传资源志》，获得国家“证明商标”注册等多项荣誉。2012 年全市家禽出栏达 1.01 亿羽。水产产业初步形成了以商品鱼养殖、水产苗种繁育、水产品加工为主的“六带四基地”的产业格局。2012 年全市水产品总量达 27.5 万吨。引进推广了百花莲、太空 1 号、3 号、36 号等 400 多个系列白莲新品种，石城县被国务院有关部委联合授予“中国白莲之乡”。2012 年全市白莲面积达 8.54 万亩。

**（二）推广发展经营模式，推进产销对接，有效促进了农业产业化经营**

大力发展农村合作经济组织，培植农业龙头企业，形成了“公司 + 农户”、“基地 + 农户”、“合作组织 + 农户”等多种产业化经营形式。着力提高农民生产的组织化、专业化、规模化水平，全市农村家庭承包土地经营权流转达到 51.4 万亩，占总承包面积的 11.5%，组建各类农民合作社 2697 家。鼓励合作社在社区设立直销店，积极推进了“农超对接”、“农社对接”等产销对接模式，大力推进了以“四大经营网络”为主的农村现代流通体系建设，有效促进了农产品流通业态转型升级。聘请了农业部规划设计院编制全市《特色农产品（生产）加工产业发展规划》，目前正在修改完善之中。加大农产品市场开拓力度，每年都积极组织一批企业参加农产品展销推介会。2012 年我局获得了江西省第八届上海农展会最佳组织奖、江西省第三届（宜春）花博会室内展馆金奖。加快农产品品牌建设，全市共有国家命名的“中国名特产之乡”13 个、注册省著名商标 50 个、国家驰名商标（中国名牌产品）3 个、农业知名品牌 100 个、“江西省名牌农产品”13 个。

**（三）深化基层农技推广体系改革，推广新技术新品种，农业科技支撑能力不断增强**

按照省里“32”字总体要求，全市282个乡镇基本完成了农技推广综合建站改革任务，“人、财、物”纳入县级农粮部门管理，共核定编制2768名。争取和实施基层农技推广服务体系示范县项目资金1868.23万元，基层农技推广服务体系条件建设项目中央资金4290万元。深入开展了“科技促进年”、“送科技下乡”、“千名农技人员科技兴农大帮扶”等活动，2012年全市培训农民30万人次以上，完成阳光工程农民培训2.36万人次。大力推广良种良法，现代农业水稻新品种展示、测土配方施肥项目实现了全市覆盖，建设水稻新品种展示点90个，展示新品种105个，水稻良种覆盖率达96%，良种更换率超过20%。加大推广先进实用技术，主推了无公害蔬菜栽培、生猪“五位一体”养殖等10余项农业重点技术，2012年推广测土配方施肥685万亩、超级稻210.5万亩、抛秧450万亩、免少耕栽培220万亩。加快推进农机化步伐，推广了机耕、机插、机收以及滴灌、喷灌等设施农业。2012年落实农机购置补贴10067万元，农机总动力达到682.6万千瓦，耕种收机械化综合水平达到44.1%，农业部《2013年国家支持推广的农业机械产品目录》共增加适宜赣南丘陵山区中小型农机具1134个品种，为增加总数的65.12%。

**（四）完善质检体系，强化执法监管，多年来未发生重大农产品质量安全事件**

认真贯彻实施《农产品质量安全法》，18个县（市、区）已全部争取了国家农产品质量安全检测站建设项目，15个县级站完成了项目建设任务，初步构建了“市+县+重点乡镇”农产品质量安全监管体系。强化了平时农药等投入品的监管检查，重点开展了春秋两季种子、农药、肥料、饲料等专项整治活动。妥善处置了肉牛、生猪“瘦肉精”事件。我市果蔬产品、畜产品、水产品合格率逐年上升。近三年来，省农业厅例行抽检样品4750个，合格率达98.7%，位居全省前列；市本级例行抽检果蔬类合格率达98.6%。全市累计培植无公害农产品、绿色食品、有机食品、农产品地理标志产品分别达141个、39个、21个、9个。加强了植物疫病防控，每年挽回经济损失约1亿元，全市没有因植物疫情造成重大的危害和损失。全力做好重大动物疫病防控，较好地实现了“两个确保”。

**（五）继续实施沼气工程，努力开展面源污染防控，农村生态能源建设稳步推进**

全市发展沼气用户50多万户，建成养殖场（小区）沼气工程56处，年处理粪污2千万吨，培植沼肥综合利用示范户22万户，推广沼肥种植农作物600多万亩。全面完成了农业面源污染普查数据更新。重点开展了农产品产地土壤重金属污染普查，布控监测点2060个，监测耕地100万亩。重点推广了滴灌、绿色植保农药减量、测土配方施肥、新能源建设、秸秆还田、合理轮作、资源循环利用等低碳农业技术。积极实施畜禽清洁生产，开展了规模养殖场粪污污染治理，大力推广了“猪-沼-果”生态种养、沼液滴灌、节水栏舍、发酵床养殖等环保技术。现有部级标准化示范场22家、省级28家，累计总数居全省第一。连续六年开展了渔业资源增殖放流活动，累计放流鱼苗9639.72万尾，国家级水产种质资源保护区达到5处。

**（六）积极申报争取，现代农业示范区创建步伐加快**

以现代农业示范区（点）建设为平台，按照高产、优质、高效、生态、安全的要求，逐步推进传统农业升级改造，积极推进现代农业示范区（点）的申报创建。目前全市共有现代农业示范区（点）25个。其中国家现代农业示范区1个，省级现代农业示范区8个，均占全省总量的1/6。根据国务院《关于支持赣南等原中央苏区振兴发展的若干意见》，积极开展了赣州市全域创建国家级现代农业示范区工作，也得到了省农业厅的重视和支持，并向农业部转呈了请示报告，同时同步编制了示范区建设规划。赣县国家级现代农业示范区建设规划顺利通过了省厅评审并向农业部备案，正在加快创建。

长期以来，我市现代农业建设做了一些工作，也取得了一些成效，但也还存在不少困难和问题：一是上级农业基本建设项目资金有限，农业资金投入不足，农业生产基础设施建设依然薄弱。二是农业产业规模化、组织化水平较低，土地流转困难，农业合作社档次不高、数量偏少。三是农产品质量安全监管压力加大，监管检测体系有待健全，人员力量薄弱，检测设备水平偏低，检测工作经费保障不足。四是农业社会化服务体系有待健全，特别是县级农业部门技术推广机构人员少、结构不合理问题较突出。

## 二、加大工作力度

一是以苏区振兴发展为契机，继续积极对接，做好上级有关项目资金扶持和政策平台的争取工作。精心梳理策划、编制储备好项目，积极跑部进厅对接汇报，争取有更多的中央、省级项目资金扶持和有关工作平台。同时，强化项目监管，狠抓落地项目的实施。

二是以做大做强优势特色产业为重点，夯实现代农业发展产业基础。稳定粮食生产，进一步发展壮大、做优做强生猪、蔬菜等优势主导产业，加快发展茶叶、家禽、水产、白莲等区域特色产业。

三是以加快培育新型农业经营主体为着力点，促进农业适度规模生产和组织化经营。加强土地流转管理和服务，促进农业适度规模经营。大力发展农民专业、股份合作社，按照发展、规范、提升的工作思路，重点发展优势产业合作社，积极发展二、三产业合作社，组织开展示范社创建活动，鼓励引导合作社开展联合与合作。积极培育专业种养大户、家庭农场等新型经营主体。

四是以科技进步为支撑，加快构建农业社会化服务体系。深入开展农业技术指导与服务，大力推广良种良法和集成技术，稳步提高农机化水平。积极实施好农民培训阳光工程，加快推进农业信息化服务。强化农业公益性服务体系建设，培育发展经营性服务组织。不断提升乡镇农技推广机构服务能力，重点抓好硬件、能力、制度、信息化“四大”建设。

五是以农产品展示展销节会为载体，促进农产品加工流通。积极组织、支持农业企业、合作社、种养大户参加国家、省有关部门组织的名优农产品展示展销节会，提高市场影响力。协同有关职能部门，改造建设一批物流加工园区和批发市场，拓宽产业深加工，延长产业链，增加农产品附加值。积极推动产销对接，支持开展农超对接、农社对接，促进农产品流通。

六是以农产品质量安全为保障，增强农业风险管控能力。加强农产品质量安全监管，推动农产品质量安全监管县（市、区）长负责制、属地管理责任制和“一票否决制”落实。大力推进农业标准化生产，加快发展“三品一标”和品牌农产品。加强动植物疫病（情）防控和农业防灾减灾，提高现代农业风险管控能力。

七是以现代农业示范区（点）建设为平台，引领带动全域现代农业发展。做好全域申报创建国家现代农业示范区的前期工作，积极申报第三批国家现代农业示范区。指导县（市、区）加强现代农业示范区（点）建设，国家级、省级示范区重点打造核心区，其他县（区）选择1～2个乡镇作为重点区域推进示范区建设。各县（市、区）每年分别抓好一批高起点、高标准、高水平的现代农业示范点，实现县县出精品、有亮点，引领传统农业向现代农业转变。

八是以积极发展低碳农业为切入点，推进农业生态、可持续发展。积极发展农村沼气建设，推进沼气产业化发展进程。加大农村环境综合整治和农业面源污染防治力度，重点推广滴灌、绿色植保农药减量、测土配方施肥、新能源建设、秸秆还田、合理轮作、资源循环利用等低碳农业技术，推行畜禽清洁生产，推进渔业生态建设，促进全域低碳农业的发展。

## 三、有关工作启示和建议

1. 发展现代农业是一项系统工程，需要各级、各部门齐心协力，共同推进。需要市政府成立现代农业工作领导小组，以加强现代农业建设的具体组织领导。

2. 要加强对各县（市、区）政府发展特色优势产业考核评比，以进一步形成上下合力。市、县两级每年要安排一定数额的扶持生猪、茶叶、家禽、水产等优势特色产业发展专项扶持资金，主要用于高标准种养基地设施建设、“三品一标”和品牌农产品建设奖补及农业新技术和新品种的试验示范等所需的工作经费。

3. 为破解农村土地流转难题，促进农业适度规模经营，提高组织化程度。一是借鉴外地有效做法，市、县两级共同设立土地流转奖励政策，对土地流转户给予一定数额奖励；二是从2013年起，按照一定条件每年评定一批市级农民合作社示范社，由市财政设立一定数量的资金进行扶持。

4. 为加快农产品市场体系建设，要尽早衔接、研究中心城区建设集储藏、加工、配送于一体的现代粮食物流园区、开发区内建设赣南农特产品深加工园区（加工物流中心）的规划布局和选址。

5. 要加快推进农产品质量安全检验检测建设工程，市政府要支持新（扩）建市级农产品质量安全检验检测中心业务用房，以解决业务场地、硬件严重不足的问题，全面提升市级农产品质量安全监管检测能力和水平，更好地发挥区域辐射作用；县（市、区）政府要落实好县级农产品质检站必要的工作经费，解决好人员不足的问题，确保正常运转，发挥作用。

6. 市、县在继续开展公开招考选拔生到乡镇的同时，允许包括农粮部门在内的有编制的市、县公务员及参公管理的部门和单位切出一定的编制，纳入全省统一招考专业性公务员，以解决当前一些专业性较强的市、县机关公务员队伍人员不足、老化、结构不合理等问题。

7. 重视并支持市农粮局设立综合执法机构。加快推进县（市、区）畜牧体系改革。

# 优化农业产业结构 打造现代农业生产基地

河南省新蔡县农业局　高党玉　程秀法

近年来，新蔡县以科学发展观、中央一号文件为指导，紧紧围绕保障粮食、畜禽、蔬菜等主要农产品有效供给、促进农民增收、加快转变农业发展方式、实现农业可持续发展等重大战略目标和“发展经济抓农业、抓好农业促发展”的思路，加快转变农业发展方式，认真落实国家惠农政策，大力推进农业产业化经营和高产创建活动，坚持不懈地提高农业综合生产能力，发展高产、高效、优质、生态、安全农业，打造粮食生产和现代农业基地，不断提高农业专业化、规模化、标准化、集约化水平，不断增强农业综合效益和竞争力，农业和农村经济得到了长足发展，取得了巨大成就。

## 一、主要农产品生产稳定增长，粮食生产实现“九连增”

近年来，新蔡县把抓好粮食生产摆在落实中央一系列惠农强农政策和促进农业农村经济发展、实现农业增效、农民增收的重中之重来抓，坚持“稳粮保供给、增效促发展、增收惠民生”的思路，在稳定面积、提高单产、增加总产、依靠科技、优化品质、增加效益的前提下，实施科技项目带动战略，认真落实党的惠农政策和高产高效生产配套技术，积极开展“万名科技人员包万村”活动，不断完善农业推广体系建设，大力推进粮食高产创建活动，完善农田水利基础设施建设，坚持不懈地提高粮食生产能力，取得了显著成效。2006 年，全县粮食播种面积 193.965 万亩，单产 357.71 公斤，总产 6.93837 亿公斤，被国家农业部评为“全国粮食生产先进县”；2009 年，全县粮食播种面积 196.66725 万亩，单产 380.64 公斤，总产 7.48594 亿公斤，实现我县粮食生产“六连增”，被省委、省政府评为“全省粮食生产先进县”；2011 年，全县粮食播种面积 199.953 万亩，单产 384.61 公斤，总产 7.69046 亿公斤，实现我县粮食生产“八连增”，居全省 108 个县市第 19 位，增幅居全省 10 个省直管县第一，被国务院表彰为“全国粮食生产先进县”，奖励我县 1000 万元，是我县粮食生产史上首次获得的最高级别的国家级荣誉。2012

年，全县粮食播种面积200.7045万亩，总产7.84601亿公斤，总产增加0.36亿公斤，实现了我县粮食生产“九连增”，再次被表彰为“全国粮食生产先进县”。

## 二、农业产业结构不断优化，积极打造现代农业生产基地

实施农业结构的战略性调整，在确保粮食种植面积的前提下，适度发展适销对路、效益较高的经济作物和饲料作物生产，大力发展蔬菜、油料、食用菌、棉花等经济作物，经济作物种植比重调整到45%。同时，大力发展畜牧业，猪、牛、羊、禽四大畜禽饲养总量大幅度增长，畜牧业产值占农业总产值的比重达到45%以上，成为农村经济的支柱产业。积极培育现代农业产业体系，打造优质小麦、玉米、水稻、红薯、棉花、油料、食用菌、蔬菜、畜禽养殖等粮食生产和现代农业基地，初步形成以韩集、化庄、龙口等乡镇为重点的优质小麦生产基地，以棠村、黄楼等乡镇为重点的优质红薯生产加工基地，以宋岗、练村等乡镇为重点的优质棉花生产加工基地，以顿岗、关津、河坞、佛阁寺等乡镇为重点的优质稻米种植加工基地，以砖店、黄楼、陈店、余店等乡镇为重点的优质玉米生产基地，以孙召、龙口、弥陀寺等乡镇为重点的油料生产基地，以关津、宋岗、砖店、韩集等乡镇为重点的优质蔬菜生产基地，以古吕、黄楼等乡镇为重点的食用菌生产基地。

## 三、强化农村经济管理，扎实推进农业产业化经营

### （一）加强农村土地承包管理，积极促进土地流转

我县深入贯彻实施《农村土地承包法》、《农村土地承包纠纷调解仲裁法》、《农村土地流转管理办法》等法律法规和国家政策精神，积极稳妥推进农村土地承包经营权流转，在经济条件、土地流转基础较好的乡镇先行试点，示范带动，做到依法、自愿、规范、有序流转。如黄楼莹坤薯业有限公司、练村兴棉棉业有限公司、韩集老庄孜连庄等，通过土地流转，取得了显著的经济与社会效益，促进了农民增收。通过近几年的努力，我县土地流转工作取得了明显成效，有力地推进了农业的规模经营，促进了现代农业发展。至目前，全县通过转包、出租、转让、互换等形式的土地流转总面积达15万亩，约占全县耕地面积的10.1%。

### （二）注重培育品牌，扎实推进农业产业化经营

我县把发展农业产业化经营作为加快农业农村经济发展、促进农民增收

的重要措施来抓，立足本地农副产品资源丰富、畜牧养殖大县等优势，进行农产品深加工，造就了一批批鹅鸭加工、面粉加工、精米加工、酱菜生产、棉花纺织等门类齐全的农产品加工企业。至目前，我县已培育农业产业化重点龙头企业26家，其中省级龙头企业5家，市级龙头企业21家；同时，大力发展生态农业、特色农业、品牌农业和标准农业，增强优质农产品的市场竞争力，积极培育农产品品牌，先后培育叫响“顿岗牌”大米、棠村“三粉”、“南程庄”精杂粮、河坞“水上漂”酱菜、莹坤薯业、兴棉棉业等农产品品牌和塘湖生态休闲观园、未来循环农业等区域品牌。

**（三）加快农民专业合作经济组织建设，促进农民持续增收**

按照“政府支持、全民参与、多方投资”的原则，积极鼓励企业、经营实体、个人戕资兴办农民专业合作社。至目前，全县在工商部门注册登记的种植、养殖、农机、加工、储藏等各类农民专业合作社累计达到230家。

## 四、精心组织，认真落实惠农政策

**（一）农作物良种补贴**

近年来，我县按照上级要求，先后组织实施了优质小麦良种补贴、棉花良种补贴、水稻良种补贴、玉米良种补贴、花生良种补贴等农作物良种补贴工作。2005年以来，累计开展小麦良种补贴面积525万亩次，补贴标准为每亩10元；累计棉花良种补贴面积35万亩次，补贴标准为每亩15元；累计水稻补贴面积40万亩次，补贴标准为每亩15元；累计玉米良种补贴面积219万亩次，补贴标准为每亩10元；花生良种补贴面积21万亩次，补贴标准为每亩10元。

**（二）农村沼气建设**

近年来，我县抓住有利时机，加大政策宣传力度，组织技术人员进村入户，加大技术指导力度，为建池农户提供完善的建前、建中、建后服务，提高沼气综合利用率，取得了明显成效，已累计建池3.2万座。

## 五、统筹规划，扎实开展高标准粮田“百千万”工程建设

按照省政府统一部署，我县制定出台了《新蔡县高标准粮田建设实施意见》，编制了2012年至2020年高标准粮田“百千万”工程建设规划，规划建设高标准粮田“百千万”工程1068980亩，其中万亩方30个，面积495988亩；千亩方217个，面积572992亩。2012年，我县已在宋岗、练村等乡镇建

成高标准粮田16万亩，总投资2.3亿元。

## 六、创新思路，加快农业产业化集群发展

为加快我县农业产业化集群发展，县政府成立了新蔡县农业产业化集群发展工作领导小组，认真学习讨论《河南省人民政府关于加快农业产业化集聚发展的指导意见》，制定了《新蔡县人民政府关于加快农业产业化集群发展的实施意见》，并深入相关企业认真调研，召开农产品加工企业负责人座谈会，编制了《新蔡县农业产业化集群发展规划（2012～2020）》，涉及禽业养殖深加工、薯品深加工、面食品深加工、生猪养殖深加工、米品深加工、油脂深加工、棉品深加工、生态观光休闲八大类产业集群，已着力培育莹坤薯业、亨通粮油、麦佳制粉、天龙禽业、兴棉棉业、顿岗米业、未来高效农业示范园等农业产业化企业，抓好农业标准化建设，积极发展生态农业、特色农业、安全农业，夯实现代农业发展基础。2012年以来，重点培育区域性优势产业集群和特色产业集群，已培育形成省级农业产业集群1个（莹坤薯业），目前，该集群省里已批复。

**作者简介：**

高党玉，男，汉族，1966年1月出生，中共党员，本科学历。现任河南省新蔡县农业局党组书记、局长。

自1985年7月参加工作起，历任韩集镇团委书记，砖店镇副镇长、副书记、镇长，李桥回族镇镇长，顿岗乡党委书记，县委办副主任等职。2011年4月至今，任新蔡县农业局党组书记、局长。

曾被市委、市政府评为“全市招商引资功臣”、“信访工作先进个人”、“全市农业农村工作先进个人”等荣誉称号。

程秀法，男，汉族，1974年4月出生，中共党员，本科学历。现任河南省新蔡县农业局机关办公室主任。

# 深入实施“农业稳县”战略<br>加快推进农业产业化经营

湖北省郧西县农业局　徐光普

近年来，郧西县委、县政府以科学发展观为指导，以扶贫开发为抓手，深入实施“农业稳县”战略，坚持用工业化理念谋划农业、用产业化理念经营农业、用旅游业理念建设农业，实现了农民增收、农业增效、农村发展。2012年，实现农村经济总收入45.9亿元，农业总产值23.8亿元，农业特色产业产值达17亿元，农民人均纯收入4253元。

## 一、“农业稳县”战略实施成效

### 1. 农业特色产业基地初具规模

通过近几年的发展，全县特色产业基地达到36.4万亩。蔬菜产业通过实施巩固退耕还林成果后续产业蔬菜基地建设项目和南水北调中线工程新辟菜地项目建设和巩固了商品菜基地4万亩，其中设施菜基地达到2000亩，实现了高山蔬菜、设施蔬菜、城郊时令菜、水生蔬菜、加工蔬菜五大基地齐驱发展，本地蔬菜供给率明显提高。大力推广蔬菜新品种、新技术、新模式，提高了蔬菜复种、套种指数，蔬菜年播种总面积26万亩以上，总产量达到32万吨以上。

林特产业立足“西部百公里核桃走廊、东部万亩核桃基地”的发展布局，建设核桃基地15万亩，已挂果5万余亩，年产量1200吨以上。

畜牧产业着力打造“郧西马头山羊”地理标志产品，注册了马头山羊商标，创建省级标准化肉羊示范场达3个、市级标准化示范场10个、县级标准化示范场37个，发展山羊“1235”模式户354户，推广人工种草2万余亩。全县羊、猪、牛、禽的年饲养量分别为53万只、50万头、7.6万头和342万只，出栏量分别达到25万只、26万头、1.68万头和170万只。

烟叶产业发展烟叶种植基地3.2万亩，年产烟叶4.5万担，其中烤烟2.8万担、香料烟0.98万担、晒烟0.72万担，烟农实现收入4500万元以上、烟叶税收1100万元。

蚕桑产业桑园总面积达到2.2万亩，年发放蚕种7000张，产鲜蚕茧204.5吨以上，养蚕户实现蚕茧收入达750万元以上。以中绫公司为龙头，组建了4个蚕桑专业合作社，“企业+合作社（基地）+农户”的产业化生产模式显现雏形。

中药产业以振兴“黄姜之乡”、“杜仲基地”为突破口，集中在上津、湖北口、马安等乡镇，发展黄姜、杜仲、金银花、苍术等特色中药材基地12万亩。

茶叶产业精心打造“神雾”、“仙姑玉眉”等有机茶品牌，按照“公司+基地+农户”的集约化生产模式，通过企业自筹、农户出劳、政府扶持的方式，在安家、槐树、观音、马安、河夹等乡镇茶叶基地总面积1.7万亩，年产绿茶75吨以上。

2. 农业产业化龙头企业不断壮大

五龙河农产品加工园区建设取得成效，鸿大粮油、中绫缫丝、益群菜业、神武天滋、宏达食品、五龙河食品等一批农业产品加工相继建成投产，入园加工企业已达12家，培植省级重点龙头企业3家、市级7家。全县农产品加工产值9.2亿元，其中农产品加工园区产值6.5亿元以上，农产品加工产值与农业总产值之比为0.3:1。认证“三品一标”品牌16个，产品基地达到20万亩以上。“回家”牌加工菜和“好香口”蔬菜获首届湖北省名优蔬菜银奖。

3. 农业合作中介组织作用日趋显现

培育专业大村、大户、农村经纪人、农村专业合作组织，吸引外出创业成功人士和大学生回乡领办基地，农业生产由单兵作战、分散经营，走向专业合作、减工增效之路。截至目前，全县已流转土地5.5万亩；已注册农村专业合作组织110个，入会会员0.8万人，带动周边农户2.9万户；全县特色产业专业村达132个、专业大户1.6万户，农民组织化水平明显提升。培植农民经纪人总数64人，年经营额3.52亿元。观音黄石梁村农民经纪人胡朝柱利用当地农产品加工和生产优势，实行“订单”农业，为企业与农民牵线搭桥，为我县农业产业化发展发挥了重要作用。通过农民合作组织培育了一批高素质的村党组织队伍，为农业产业化经营、农村社会管理和农村基层组织建设，提供了稳定的组织保障。

## 二、农业产业化发展中存在的问题

1. 农业产业化发展程度较低

我县几个主导产业生产规模较大，但由于千家万户的小生产难以协调统一，品种多、乱、杂，生产技术水平参差不齐，农产品质量差别较大，不能满足龙头企业的加工需求，优质农产品产业化开发的面积规模较小。

2. 农业产业化科技含量不高

龙头企业与基地农户签订的合同仅限于预购数量和价格等，对农户生产缺乏严格的质量要求，不能为农户提供优质种苗和先进的生产技术规程。企业对农产品的加工水平不高，产品档次低，包装、宣传和营销手段落后。

3. 龙头企业流动资金不足

农产品产业化龙头企业大多是农副产品深加工企业，原料季节性收购，收购期间对流动资金的需求量集中，有的企业一年的生产加工原料必须在2个月内全部收完，造成流动资金严重短缺，甚至周转不灵，制约企业的发展。

4. 农民合作组织经营松散

农民专业合作经济组织只处于发展阶段，结构松散，不能应对千变万化的市场。龙头企业和农民之间的利益分配机制有待健全，农业流通服务组织与农民联系不够紧密，对农业产业化发展推动力不强。

5. 服务组织信息化建设滞后

目前，农业流通服务组织和农民经纪人搜集农产品市场供求信息手段落后，通讯工具仅仅是电话、手机而已。销售渠道不宽，多为过去建立的客户群体，缺乏开拓意识。与此同时，农业流通服务组织和农民经纪人受自身条件限制，为农户生产和农产品流通提供全面、持续的市场信息。

## 三、发展农业产业化经营主要措施

1. 实施“能人培育”工程

支持专业大户、合作组织和企业家投身特色产业发展。鼓励在外创业成功人士、务工人员、转业军人、退休干部、大中专毕业生回乡领办基地、创办产业，争当致富“带头人”。注重从致富带头人、转业军人、大学毕业生中选优配强村两委“当家人”。完善政策激励机制，用好农业技术人员，用活乡土人才，打造一支懂技术、善推广、稳得住的农村实用“科技人”。把龙头企业与专业合作组织的员工及种养大户纳入“阳光工程”和“雨露计划”，针对性地开展实用技能培训，力争让产业辐射带动的农户都有一名懂技术、会应用的“明白人”。

2. 实施高效示范工程

按照专业化、规模化、市场化的要求，加快推进标准化示范基地配套建设，强化基地建管，指导种养大户推广良种良法，为现有龙头企业配置标准化原料生产“车间”，为引进农产品加工龙头企业提供基地支撑。鼓励、引导龙头企业与乡、村联办产业示范基地，“能人”与农户联建专业合作组织，逐步形成“龙头+基地+专业合作组织+农户”的产业发展模式。2015年前，建设高效示范基地10万亩，其中：设施蔬菜0.5万亩、露地蔬菜1万亩、烟叶3万亩、蚕桑2.5万亩、核桃3万亩；实现农业总产值46亿元以上、农产品加工产值15亿元以上。

3. 实施精品名牌工程

加大名、特、优农产品开发力度，严格农产品产地追溯和市场准入制度，致力生产“有机”、“绿色”、“无公害”产品。支持申报国家地理标志产品，争创省著名品牌、国家驰名商标和省市农产品加工龙头企业。支持农产品加工企业开发、应用新产品、新技术、新工艺和新设备，不断延伸产业链条，提高产品附加值。到2015年，培植规模以上农产品加工企业达到20家，其中：年产值过亿元的加工企业1家，省、市级龙头企业10家；新发展服务特色产业的专业合作组织60家，其中省级专业合作组织5家。

4. 实施保种复壮工程

着力构建以培育马头山羊规模种羊场及繁育中心为核心，以发展省级标准化养羊场为重心，以培植“1235”模式养羊户为支点，形成集种羊保护、良种繁育、肉羊育肥于一体的马头山羊保种提纯复壮体系。在重点乡镇建立马头山羊种源保护区，加强马头山羊品种资源保护，建档立卡，合同管理，定额补贴，科学串种，确保全县年马头羊原种数量达到1万只以上。到2015年，建设马头山羊标准化养殖场50个、年饲养量2000只以上的标准化保种场1个，全县马头山羊规模养殖年出栏量达到10万只以上。

5. 实施机制创新工程

不断健全和完善耕地、林地经营权流转机制，支持耕地、林地向龙头企业、专业大户、家庭农场、专业合作组织有序流转。结合农田基本建设，鼓励农民采取互利互换方式，解决承包地块细碎化问题。推广龙头企业带动乡镇“四化同步”发展的“福娃模式”、以企业发展促进新农村建设的“彭墩模式”，探索农业农村发展新机制、新办法。鼓励企业、老板、专业大户兴办专业合作组织和股份公司，支持龙头企业和专业合作组织采取农业订单、入股分红、利润返还等方式，建立自愿平等、利益共享、风险共担的利益共同体。引导农民开展用工互助，降低劳动强度，减少用工成本，提高产业效益。进一步扩大政策性农业保险范围和品种，推进农业政策性保险的集中承保和理赔。积极探索农业产业投融资机制，引导更多民间资本、金融资本、产业发展基金、政策配套资金向农业产业重点倾斜。

# 转方式 调结构 农业发展保持良好势头

湖南省长沙市农业局 吴石平

近年来，长沙市农业工作在市委、市政府的正确领导下，成功应对复杂宏观形势和诸多不利影响，紧紧围绕“转方式、调结构”的总体要求和“发展城乡一体化、建设两型新农村”的发展主线，进一步优化产业结构，不断强化技术支撑，切实加强农产品质量安全管理，大力发展农产品加工，农业发展保持良好势头。

## 一、强化特色引领，种植业提质发展获得新局面

通过精心培育优质粮、放心菜、品牌茶、小水果、中药材等优势产业，全市农业生产结构不断优化，生产效益稳步提升。一是粮食生产继续稳步增长。通过认真落实各项扶持政策，深入实施湘米振兴工程，加快推进核心示范区建设，全市粮食生产实现“九连增”。全年粮食收获面积556.7万亩，同比增加7万亩；总产247.9万吨，同比增加3.4万吨。湘米振兴工程全面实施，优质稻面积413万亩，占水稻播种面积的77%，其中高档优质稻达到100万亩。冬季农业计划已落实到乡镇，总播种面积超250万亩。特色稻米产业化开发成为粮食产业提质增效亮点，总种植面积近2万亩。金霞米业“沁香一号”有机稻米售价达每公斤58元，亩平实现利润6700元；尚海科技开发具有保健作用的系列胚芽米，功能稻米每公斤售价72元，亩加工利润近14000元。二是蔬菜生产确保供应。全年蔬菜播种面积202万亩，产量46.2亿公斤，总产值突破60亿元，标准化专业蔬菜基地面积达14.5万亩。蔬菜生产“百、千、万”工程快速推进，百亩蔬菜种苗中心年底开始种苗生产，各县（市）区千亩示范园、万亩示范片建设初见成效，长沙县宁田、龙华山、国进、隆平等沿S207线建设的标准化专业蔬菜生产基地已连片，望城区的斌辉、柯柯，宁乡县的明德、农夫，浏阳市的浩博、长发，开福区的文中等基地都已初具规模。以“三品一标”认证为依托，蔬菜品牌化运作再上台阶。全市重点打造了众发、采鲜园、金双园、隆平等地方蔬菜特色品牌，博野、浩博、天野山等有机蔬菜品牌，国进、致远摩谷等食用菌品牌。在市场供应上，马王堆、红星两大批发市场吸纳能力更为强劲，全年完成交易量37亿公

斤，成交额83亿元，分别同比增长13%和26%。两大市场日均成交量保持在600万公斤以上，市场供应充足。蔬菜直销工作加快推进，全市已有10多家蔬菜基地与家润多、沃尔玛等大型超市签署了合作协议，社区蔬菜直销店达到200多家，年交易量突破6000万公斤，年销售额近3亿元。三是经作生产提质增效。茶叶产业方面，全年新建良种茶园5400亩，改种黄金茶1号、白毫早等良种，全市茶园总面积达21万亩，其中良种茶园占56%。"万元茶"打造已见成效，湘茶公司推出的金毛猴红茶被美国白宫选为特供红茶，价格已达每斤1500美元。水果产业方面，全市共有33个果园申报标准化水果基地，水果生产总面积38万亩，新扩1万亩。白沙时鲜水果产业带目前已初步建成以杨梅、中秋酥脆枣、布朗李等品种为主的2000亩高档时鲜水果基地，其"东方明珠"杨梅以100元每公斤的价格进入"百元果"行列；金洲光明时鲜水果产业园已完成规划编制，将引进翠玉猕猴桃、锦绣黄桃、夏普蓝、奥尼尔蓝莓和乌皮樱桃等高档水果新品种进行生态种植。中药材产业方面，全市种植面积11.8万亩，年产值1.7亿元，以种植栀子、金银花、玉竹为主。由于近年来药材收购价格攀升，种植户每亩年净利润将近9000元。

## 二、强化龙头带动，农产品加工业逆势增长保持好势头

过去一年，虽然经济下行压力增大，但市场对农副产品的需求保持高位，加之政策层面上的利好和发展环境上的优化，刺激我市农产品加工业呈现逆势增长的良好势头。全年农产品加工企业实现销售产值848亿元，同比增加20%，已完成固定资产投资50亿元，直接吸纳农民工就业12.2万人。一是龙头企业不断壮大。全市农产品加工企业达到7487家，其中规模以上企业455家，国家级龙头企业7家、省级50家、市级255家。农产品企业快速壮大，年销售额过5亿元企业达到15家，过20亿元企业3家（加加食品、旺旺食品、绝味食品），过50亿元企业1家（湖南粮食集团）。全市重点加快推进投资规模大、带动能力强、市场前景好的重点新项目和技改项目建设，目前已完成投资50亿元，新增产能90亿元以上。加加食品在深交所挂牌上市，企业发展开始走上"快车道"。二是带动能力显著增强。全市农产品加工企业积极领办、参办种养专业合作社，带动农产品原料基地面积300万亩以上，带动农户75万户，给农民带来收益10多亿元。盐津铺子与三友、绿野、富康等水果种植专业合作社合作，共建种植专业合作社，带动周边农户6558户，每年直接增加本地农民收入4000万元。三是中小企业发展势头良好。为提升企业的生产能力，提升农产品品牌效益，我们充分利用市政府32号文件

的优惠政策，积极引导中小企业进行提质改造，促进农产品由粗加工向精深加工转变，由传统加工向现代农产品加工转变。全市中小企业共申报农产品加工技术提质改造项目45个，完成投资3.8亿元，为快速发展打下了良好基础。

## 三、强化城乡融合，休闲农业优化升级呈现新形势

我局进一步完善了全市现代休闲农业的发展规划，将其与推进现代农业发展、加快城乡一体化进程统筹推进，努力打造全国休闲农业第一市。目前，全市休闲农业和家庭农庄规模不断壮大，各类农家乐、休闲农庄达到1712家，其中规模以上休闲农庄369家，拥有从业人员3.4万人。一是产业功能不断拓展。2013年全市共有71家规模农庄扩大了农业产业基地面积，通过建设标准化产业基地，生产无公害、绿色农产品，以产业打造景观，发展观光农业、都市农业、创意农业，休闲农业产业功能得到了有效拓展。全年休闲农业接待人数2350万人次，实现经营收入49.8亿元，上缴利税3.4亿元，带动近8万户农民受益；休闲农业企业农产品销售收入达19.3亿元，同比增长16%。二是提质发展稳步推进。全市各农庄共投入7.6亿元，以示范创建和星级评定为载体，带动和促进农庄提质改造和规范化建设。全市已拥有国家级、省级星级农庄78家，其中国家级五星农庄6家、省级五星农庄35家，星级农庄总量位居全国第一。宁乡县关山村入选“中国魅力乡村”，百果园农庄入选全国休闲农业示范点。三是综合影响不断扩大。通过积极争取，全国第四届休闲农业与乡村旅游节在望城区举办，进一步提升了长沙休闲农业的美誉度与影响力，以休闲农业为主题的“长沙现象，望城模式”在全国得到宣传推广，成为全国休闲农业与乡村旅游又一名片。

## 四、强化立体监管，农产品质量安全保障实现全覆盖

以贯彻实施《农产品质量安全法》为契机，结合“两节”专项整治、农资打假等行动，农产品质量安全管理各项措施得到有效落实，质量安全水平明显提升，全市已连续九年未发生农残中毒重大事故。一是农业标准化生产全面推进。2012年全市共组织136个基地开展农产品标准化生产创建。示范总面积38.1万亩，比上年增加11.2万亩。为规范标准化生产基地建设，我们组织制定并严格施行《农业（种植业）标准化生产基地管理规范》等14个市级农业地方标准，确保了农产品生产源头的质量安全。大力培育标准化农

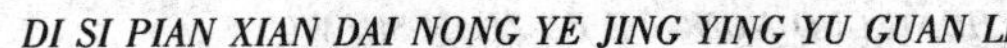

产品品牌，全市“三品一标”认证农产品达到422个，总认证面积近300万亩，总产值近30亿元。二是农产品质量监测能力显著增强。全市农产品质检机构的硬件设施进一步完善，检测能力已处于全省领先水平，检测农药品种增加到61种，市、县检测中心检测频次每年超过4万批次，马王堆、红星蔬菜批发市场常年完成检测10万批次和7万批次。三县（市）、望城区、岳麓区、马王堆市场、红星市场以及35个蔬菜专业基地均统一配备了农残速测仪，检测数据实时上传，可随时联网监测。2013年在全市农贸市场、生鲜超市、生产基地抽检蔬菜样品12065批次，合格率为99.5%；农业部对我市蔬菜质量安全进行了四次“国检”，平均合格率为96.65%，达到了农残控制目标。三是农业执法能力不断提升。通过积极贯彻实施《农业法》、《种子法》、《农业技术推广法》等有关农业法律法规，加强执法督查，有力推动了农业法制建设和依法治农工作。全市共出动执法人员2000多人次参加农资市场整治行动，共查获假劣农资259吨，为农民挽回经济损失1672万元。

## 五、强化应用成效，科技创新助推现代农业发展上台阶

通过大力推广高产示范、病虫害综合防治、机械化、信息化等关键技术，农业科技成果及时转化成了现实生产力。一是良种良法广泛应用。全市共推广农业新技术8项，优质农作物新品种10个，应用面积127万亩。超级稻生产共创建万亩示范片7个、千亩示范片49个，总面积达94万亩，亩产超过700公斤。完成水稻专业化统防统治148万亩次，开展水稻病虫害综合防控3154万亩次，实施测土配方施肥面积533万亩次。二是农机化推广重点突破。全年共争取国家购机补贴资金6750万元，已落实5517万元，对9756台（套）农机具给予了购置补贴，受益农户6600户。全市农机总动力达540万千瓦，同比增加6%。水稻机耕和机收水平分别达到99%和96%以上，通过机插的重点突破，全年综合机械化水产达到70.6%。全市重点打造14个工厂化育秧基地，建立了二一集团、北盛、龙伏基地三个育秧工厂，新增插秧机251台。水稻机插秧示范面积超50万亩，亩平增产22公斤，示范效应显著。水稻飞机植保试点成效良好，相关农业企业和合作社目前已达成40多架飞机的购买意向，北京博航将在我市设厂制造小型植保飞机。三是农业科技深入服务。依托“市院合作”机制，全市采取科普集市、科技培训和实地指导等形式，邀请省、市专家开展送科技下乡活动10次，发放科普宣传资料12000份，为农户提供了及时的政策咨询和技术指导。阳光工程培训农民22040人，转移就业率达89%，年创收超过4亿元。农业气象灾害预警短信平台投入使

用，服务对象超过20万人次。12316农业公益服务热线升级，服务职能已拓展到农资打假、农业技术和政策咨询、农产品质量安全投诉等多个领域。

**作者简介：**

吴石平，男，汉族，1964年5月出生，中共党员，大学学历。现任湖南省长沙市农业局局长、党委副书记。

自1982年8月参加工作起，历任区供销社干部，县购销公司统计员，县政府办干部、副科级秘书、副主任，镇工委副书记、办事处主任，工委书记，县委常委、玉潭镇党委书记、第一书记，县委常委、县委办主任，宁乡县委常委、常务副县长，宁乡县委副书记。2012年2月至今，任长沙市农业局局长、党委副书记。

# 发展农业生产　提高粮食产量

湖南省沅陵县农业局　李必华　李季玉

## 一、农业生产基本情况

### （一）播种面积较大、单产低

2013 年全县粮食作物播种面积 72.01 万亩，其中水稻播种面积 42.31 万亩，占实际稻田总面积 86.5%；旱粮播种面积 32 万亩，其中玉米 20.01 万亩，薯类 6.6 万亩，豆类 4.2 万亩。2013 年全县粮食总产量预计 24.69 万吨，粮食单产预计 343 公斤/亩。

### （二）耕地环境恶劣、基础差

一是天水田、二干田比率大，总量占全县稻田的三分之一，为 13.76 万亩，这类稻田只能栽种生育期在 110 ~ 125 天以内的早熟水稻，这类水稻生长期短，产量不高；二是农业小气候复杂，沅陵幅源辽阔，山高林茂，小气候复杂，至病生理小种多，仅水稻病瘟病菌小种就有 64 个，易发生作物病虫害流行；三是山高坡度，耕地贫瘠，水利基础设施陈旧，抵御自然灾害能力不强。

### （三）劳动资源不足、年龄大

据统计，全县共有劳动力 35.5 万人，其中劳动力外输 16.5 万人，约为总劳动力的 47%。其中 45 岁以下劳力外出约为 14 万人，且文化程度相对较高；在家务农多为文化程度较低，年龄偏大，不利于农业经济的稳定与快速发展，尤其在边远山区情况特别严重，如荔溪乡、大合坪乡、马底驿乡、明溪口镇等乡镇劳动输出量超过总劳动力的 50% 以上。

### （四）产业化进程慢、规模小

目前我县粮食加工企业如七优米业、百姓园米业等虽已初具规模，但由于受基础条件、开发资金、技术力量等因素制约，农业产业化整体发展不快，体现在数量不多，规模不大，实力不足，品质不高，品牌不强，效益低下。大批粮食产品不能就地进行转化升值，政府投入相对滞后，开发力度非常薄弱。粮食产品加工企业生产基地较小，订单式农业规模不大，不能更好地带动生产的发展。

## 二、农业生产发展策略

### （一）稳定粮食播种面积

千方百计确保粮食播面，充分发挥面积规模优势。一要加大惠农政策宣传力度，为农业的发展提供强大的舆论支持，县内新闻媒体要开辟专栏对农业生产发展动态进行宣传报道与服务；二要进一步落实好中央、省、市、县关于粮食生产的一系列惠农政策，确保灾后恢复重建资金、粮食直补、良种补贴、农资综合补贴及时足额发放到种粮农户手中；三要采取行之有效的措施，迅速遏制耕地抛荒苗头，尽量减少耕地抛荒面积；四要因地制宜发展双季稻，提高复种指数，稳定并扩大粮食播种面积；五要严格保护耕地，严格实行耕地保护制度，确保现有基本农田面积不减少、用途不改变、质量不下降。

### （二）更新农作物品种

粮食生产发展的历史，可以说就是种子技术进步的历史。要进一步提高粮食产量，必须在种子革命上再下工夫。一是大力发展超级稻；二是加大高抗品种推广的力度；三是大力普及推广杂交玉米，目前我县杂交玉米产量一般在400~450公斤，相当于一季中熟中稻产量，且生产成本低于水稻生产，因此要大力推广天水田与二干田的改制与改种，利于提高单位面积产量；四是要发展订单农业，制定优惠政策加快土地流转，发展种植大户，粮食加工企业要建立与发展优质稻生产基地，以优惠价格订单收购，在企业发展的同时带动农民发展粮食生产；五是高度重视小杂粮的生产，荞麦、小米、高粱、红豆等辅助性粮食作物虽然不是主食，但有较好市场需求与经济效益，在生产中积极引进优良品种，会有效推动这些粮食作物的发展，促进粮食增产；六是在品质上下力气，以发展优质稻为主体，全面提升粮食作物品质，如大力开发高奈胺酸玉米，高淀粉红薯、马铃薯，高蛋白大豆等。

### （三）加大冬季农业开发力度

一是重点抓好小麦生产的发展，积极推广稻—麦二熟制。我县在20世纪50年代小麦曾发展到8.5万亩，但长期以来，我县小麦生产一直处于面小低产低质状态，现仅麻溪铺、筲箕湾镇有零星种植，全县总面积不到1000亩，大部分农田处于冬闲状态；二是种植粗放，比较效益低，农民的积极性不高，提高小麦的产量，既抓良种，也抓良法，如果全县种植5万亩小麦，亩产按200公斤计算，能增产粮食约1.0万吨，将为粮食增产作出重要贡献。

### （四）改造耕地提升地力

一是积极做好与巩固全县19万亩低产田的改良工程，加大土地开发整理

复垦力度，积极争取国家、省、市三级土地整理项目，加快小型农田水利基础设施项目区的建设，实现耕地总量动态平衡；二是大力推广桔秆还田技术，以及大面积推广绿肥种植，提高土壤有机质含量；三是全面推广测土配肥技术，科学施肥，平衡施肥，防止偏施氮肥造成土壤板结。

**（五）改善农田水利基础设施**

扎实推动农田水利设施基本建设，巩固农业发展基础，提高抵御自然灾害的能力。一是进一步加大投入力度，大力开展小型农田水利建设，对农户、农民合作组织、村组集体的建设项目，县财政给予一定的补助；二是努力提高抵御洪涝、干旱等自然灾害的能力，切实抓好病险水库整治，突出抓好田家坪、岩屋潭两座中型水库及婆田、金子溪、龙洞、千公坝、四方岩、田家坪、官庄、栗坡8座小（Ⅰ）型水库及米溪、黑毛冲等86座小（Ⅱ）型水库的除险加固项目建设，并做好以上水库运行状况、安全评定工作；三是以中低产田改造为重点，加强农业基础设施建设，提高以粮食为主的农业综合生产能力与抵御自然灾害的能力，充分发挥国家以工代赈与扶贫专项资金作用，加大我县园田化建设力度，努力巩固农业发展基础。

**（六）优化粮食生产环境**

一要加强基层技术力量，保障正常工作经费，确保技术措施到位，根据各乡镇粮食生产面积大小，按每5000亩左右面积确定一名农业技术指导人员，或打破条块限制，整合我县农业技术资源，建立跨区域的综合农业技术服务机构；二要组织好全县农业技术力量主攻粮食单产，农业科技管理要素是粮食生产中的重要生产力，大力推广高产、优质、低成本的粮油生产技术，全面提高粮食单产；三要控制农资价格，减少农业生产成本，保护好农民的生产积极性；四要加大农业行政执法力度，打击各种违法违规行为，为农业生产创造一个良好的生产环境；五要改变现行各项对农补贴形式，选条件较好的乡镇进行补贴改革试点，改由现行的现金直补为农资直供，直供农资实行政府采购，由基层政府发放到种粮农户，尽量减少中间流通环节，直接受惠于民，以提高广大农民的生产积极性。

**作者简介：**

李必华，男，1966年出生，高级农艺师。现任湖南省沅陵县农业局粮油站站长。

# 提升农业产业化经营水平<br>做好麻阳县蔬菜产销工作

湖南省麻阳苗族自治县农业局

根据全国农技中心《关于开展大中城市蔬菜生产技术推广和市场供应情况调查的通知》（农技栽培函［2013］264号）和省市蔬菜办文件要求，我办组织人员于8月8~12日对全县蔬菜的生产技术推广应用、市场供应和保障生产供应措施及成效等情况进行了认真的调查，走访了10个专业基地、5户种植大户、20户城镇居民、20户农村住户、2家超市和3家蔬菜批发市场，听取了他们的意见和建议，并就如何进一步做好我县蔬菜产销工作进行了探讨，现将调查情况报告如下：

## 一、麻阳蔬菜产销现状

1. 蔬菜（含甜瓜和西瓜）种植面积、产量和产值呈逐年递增态势

2005年全县蔬菜种植9.5万亩，年产量17.5万吨，平均亩产2.05吨，实现产值1.65亿元。到2012年，全县蔬菜种植面积达11.2万亩，年总产量为26.8万吨，平均亩产2.39吨，实现产值2.56亿元，列入了全国蔬菜生产重点县和湖南省蔬菜生产大县。全县人均蔬菜种植面积0.28亩。2005年以来，蔬菜需求量年度间呈窄幅波动，2005年我县蔬菜需求量为12.6万吨，2010年为14.2万吨，2011年为14.8万吨，2012年为15.5万吨；外购调入蔬菜2005年为3.5万吨，2010年为4.1万吨，2011年为4.8万吨，2012年为4.65万吨。调出外销量2005年为7.4万吨，2010年为15.5万吨，2011年为16.2万吨，2012年为15.95万吨。

2. 全县人均蔬菜（含甜瓜和西瓜）占有量（产出）和城镇居民家庭人均购菜支出均呈逐年递增态势

2005年、2010年、2011年和2012年全县人均占有量分别是437.5公斤、640公斤、655公斤和670公斤；按县城常住总人口数进行统计分析，城镇居民家庭年人均购菜（含甜瓜和西瓜）分别是325.5公斤、385.6公斤、395.2公斤和415.3公斤，消费支出呈现增长态势。由此可以看出，我县蔬菜产量

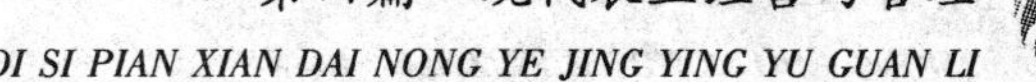

能够满足本地市场的需求，并且能够有相当数量的蔬菜销往外地，特别是在生产旺季。当然，也存在部分时令蔬菜和本地没有生产蔬菜品种从外地流入我县蔬菜市场的情况。

3. 基地建设步伐明显加快

一是设施蔬菜栽培初见成效。2012 年全县设施蔬菜面积达 4200 亩，比 2005 年增加 2100 亩，形成了以平原、锦洲、车头、龙池、高坪、宋家湾、骆子村等村为重点的设施蔬菜生产基地。二是商品蔬菜基地快速发展。商品蔬菜基地于 2010 年就被列入全县十大农业产业化基地建设任务之一，涌现了水管房、楠木桥、砂马洞、大桥江、兰村、五三、骆子村、河湾等一大批商品蔬菜基地，目前面积已达 2. 8 万亩，其中专业蔬菜基地 4859 亩。三是标准化蔬菜生产基地不断发展。2012 年发展标准化蔬菜生产基地 1. 5 万亩，比 2005 年增加 0. 7 万亩。特别是 2012 年在江口骆了村成功创建 200 亩国家设施蔬菜标准园，起到了良好的示范作用。四是特色蔬菜基地得到长足发展。发展秋季蔬菜基地面积 6400 亩，比 2005 年增加 1500 亩。使我县蔬菜产量增加，品质提升，保证了市场供应，维护菜价稳定。

4. 先进生产技术得到推广应用

2005 年来，根据市场需求调整结构，引进优质品种，抓好耕作制度改革，压缩滞销低效瓜菜生产，扩大畅销瓜菜的生产，优化农业结构。到 2012 年，推广应用了蔬菜标准化生产技术、菜 - 稻连作技术、礼品西瓜栽培技术、反季节栽培技术、设施栽培技术广、大棚高效利用技术、病虫综合防治技术、专业化育苗技术和测土配方施肥技术等，新技术新成果应用不断普及率达 96% 以上，同时积极引进优良品种，全县蔬菜生产的品种达到 120 多种，品种结构日趋丰富，良种覆盖率达 90%。特别是全县的设施蔬菜专业化育苗应用率达 80%，推广应用微滴灌和新型保温材料，新技术应用率和良种覆盖率 100%。2005 年、2010 年、2011 年和 2012 年的设施基地产值分别为 0. 2296 亿元、0. 445 亿元、0. 5648 亿元和 0. 6635 亿元。此外，生产结构进一步优化，不断扩大反季节、延迟瓜菜生产，面积产量明显增加，全县达 1. 16 万亩。由于良种良法的普及，产量、产值和蔬菜质量都有较大幅度的提升。

5. 创新生产组织形式，发挥示范基地的示范作用和合作社的组织引导作用

2005 年以来，全县成立蔬菜生产经营公司 5 家，专业合作社 24 家，这种蔬菜生产形式把农户组织起来，把基地和企业联系起来，形成了“公司 + 合作组织 + 基地农户”这一独特的经营模式，生产的“绿然寿”蔬菜和“富

州”黄瓜等蔬菜备受消费者和各商家青睐，产销两旺，为麻阳蔬菜产销构筑了新的亮点。

## 二、存在问题

1. 规模生产实施难，基地建设标准不高

一方面，土地联产承包责任制制约了规模发展蔬菜产业，群众自行调整难度较大，传统的种植模式和单家独户的生产方式一时转变不了，栽培品种、生产技术、种植模式等要素难以统一，很大程度上影响了蔬菜规模化生产；另一方面，设施蔬菜生产成本较高，仅1亩标准钢架大棚所需资金至少在1.8万元以上，群众自筹困难，加之项目资金投入甚少，蔬菜标准化生产以及设施栽培技术所需的生产基础设施建设严重滞后，导致基地建设标准化水平不高。最后是我县为山区县，土地条块不一，高低不一，不利于标准化作业。

2. 种植风险较高，效益提升难度大

蔬菜种植既面临市场风险，也存在技术、病虫害、自然灾害等诸多风险，如果价格不稳定，遇到风险，菜农一年受损，三年都难以恢复。比如2013年年初连续两个多月低温阴雨天气造成秧苗死苗率高、质量低，6月29日以来的连续40~50天的高温干旱，灾情严重，对蔬菜生产影响严重；加上化肥、农药等农业投入品成本过高，农资价格不断上涨，导致蔬菜生产效益相对下降。

3. 菜价偏高波动不稳

我县地产蔬菜的主要流通模式是：菜农→经纪人（收购商）→运输→销地批发市场→零售商（零售市场）→市民，其价差主要产生于生产、流通及批发零售市场、超市等环节。本县菜价一般都高于周边县市7%左右，每斤蔬菜在2~3元，市民菜篮子负担过重，特别是一些低收入群体生活难以承受。蔬菜的保鲜储存和抗风险能力低，中间环节过多，运输成本过高，本地市场菜价波动大，旺季菜贱伤农，菜农的利益难以保证，伤害了菜农的积极性。

4. 蔬菜的流通与加工滞后

一是冷藏设施不足，流通时间受限，市场半径被压缩。蔬菜在流通过程中最大问题莫过于保鲜，不仅在蔬菜的暂时储藏中需要保鲜，在运输的过程中也要通过保鲜才能为蔬菜的流通争取时间。但是目前全县还没有建立冷藏仓库，我县的蔬菜流通也就被死死地钉在周边省市。二是蔬菜流通中主体仍然是商贩和零售商，组织化程度低。调查中发现，外销蔬菜中有50%以上靠菜贩、零售商在进行，这样的流通主体比较分散，没有形成组织化程度高的公司式运作企业。因此，难以形成蔬菜流通的规模效益。

5. 蔬菜市场形势严峻

目前，麻阳虽然拥有 3 个蔬菜批发大市场，但是不是专业的批发市场，导致流通模式落后。一是缺乏知名品牌，品牌效应相对不足。二是市场信息相对更新慢，菜农获取信息的渠道不足。市场信息瞬息万变，而在蔬菜交易时，农户们更多的是采用过时的市场信息，缺乏市场信息的背景下，当前蔬菜价格上涨的额外利润，绝大部分就被中间商和菜贩子拿走了。

6. 蔬菜生产经营从业人员素质有待提高

目前在家从事蔬菜生产的菜农年龄偏高，不能掌握先进技术，经营方式较原始，导致产量不高，价格低，经济效益差。

## 三、建议及对策

1. 加强组织领导，增加产业投入

一是成立领导班子。要成立以县长为组长，分管商贸流通的副县长和分管农业的副县长为副组长，县直相关部门为成员的县蔬菜产销工作领导小组，进一步明确职责，建立健全好工作协调机制；商品菜面积较大的乡镇要明确 1 名副乡级领导直接抓，至少配备 1 名蔬菜技术员。二是出台优惠政策。在落实土地流转、资金扶持、银行融资及生产保险等优惠政策的同时，尽快制定专业菜地管理办法和新菜地开发建设基金征缴办法，确保我县专业蔬菜基地建设可持续发展。三是加大经费投入。蔬菜产业作为我县 3 大农业支柱产业之一，县财政每年在安排专项经费上要等同于柑橘、养殖产业；同时，每年要从县物价调节基金中安排较高比例的资金用于“菜篮子”工程建设；此外，县发改委、县农业综合开发办、县农业产业化办等部门积极争取上级项目资金，并且整合相关资金，不断加大经费投入。四是强化科技支撑。要进一步加大培训力度，建立健全好县、蔬菜生产重点乡镇、专业蔬菜村 3 级蔬菜技术推广网络，配备一定的技术力量，确保蔬菜工作有人抓；要积极引进新品种、新技术，加大设施栽培、标准化生产、无公害生产等关键性技术的研究与推广。

2. 优化产业布局，强化基地建设

一是合理布局。以提高品质、精深加工、扩大出口为切入点，结合不同区域、地形以及蔬菜产品流向的特点，着重建好 3 大蔬菜产业带，即锦江沿岸万亩商品蔬菜产业带，主要生产鲜销蔬菜；以江口墟镇骆子村、锦和镇锦洲村、高村镇车头村、兰里镇高坪村、长潭乡石马洞村、谭家寨乡宋家湾村和楠木桥村等为重点的设施蔬菜产业带，利用设施条件抓好春提早和秋延后栽培；以兰村、大桥江、江口、文昌阁、舒家村、兰里等乡镇为主的生产反季节蔬菜产业带，利用自然立体气候优势抓好反季节栽培，并适当发展高山蔬菜和山野菜。二是抓好示范。每个产业带都要建立500亩以上的示范基地，示范基地建设要按照全面规划、统筹兼顾、标本兼治的原则，加大道路、沟渠、水池、水井、电路和机埠等配套设施建设，增强菜地排涝抗旱能力，提升基地建设水平。

3. 创新经营模式，提高产业化水平

一是培育龙头企业。培育和扶持一批竞争力、带动力强的蔬菜加工型和科技型龙头企业，推广“公司+农户”，“基地+农户”等产业化经营模式，抓好产后加工保鲜，提高附加值和商品率。二是健全蔬菜专业合作组织。在蔬菜重点乡镇、村要大力引导农民建立健全蔬菜生产专业合作组织（协会），鼓励菜地向种菜能手集中，实行规模经营，提高农民的组织化程度和抗市场风险能力。三是加大招商引资力度。相关部门和乡镇要加强“菜篮子”工程项目的招商引资工作，宣传落实我县招商引资的各项优惠政策，优化招商引资环境，大力引进外资带动我县蔬菜规模化、标准化生产。四是创建产业品牌。要鼓励和支持蔬菜龙头企业和专业合作组织加大无公害蔬菜、绿色蔬菜产地认定和产品认证工作力度，努力创建一批具有麻阳特色的蔬菜品牌，增强市场竞争力，不断扩大销售空间和品牌影响力。

4. 加强监督管理，确保质量安全

一是抓好市场监管。要加大蔬菜产品市场的监管力度，在城区现有的农贸市场和批发市场、100亩以上规模的蔬菜基地以及新建的农贸市场建立质量检测点，大型超市生鲜区和生鲜配送中心建立自律性检测点，确保蔬菜产品质量。二是抓好生产监督。加强蔬菜产地环境监测，建立投入品管理制度、监督检查制度和生产管理制度，规范农药、肥料等投入品的使用；聘请安全监督员，在蔬菜生产的各个关键农事季节，组织技术人员深入基地田间地头，指导菜农安全生产。三是抓好农资执法。要深入开展农资市场专项整治，加大种子、化肥、农药等农资市场的监管力度，严厉查处生产、销售、使用假冒伪劣农资和禁用限用农业投入品等行为，切实保障“菜篮子”生产安全。四是下大气力规范涉农价费行为，严格贯彻执行农产品绿色通道政策，降低过高的农贸市场摊位费和超市进场费，加大清费治乱力度，降低农产品生产、流通、经营成本，切实维护农产品市场经营秩序。

5. 完善服务体系，保障稳步发展

一是建立生产信息服务体系。抓住麻阳列入全国蔬菜生产重点县和蔬菜

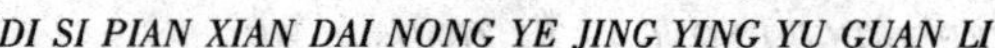

生产信息监测县的有利机遇，建立健全蔬菜生产信息监测体系，逐步实现蔬菜生产科学化、规范化和制度化管理，引导蔬菜生产稳定发展。二是建立市场监测服务体系。以商务部门为主对菜蓝子产品、重要生产资料和菜蓝子产品流通加强监测，建立监测准确、分析深刻、预测科学、反应快速、调控及时的县、乡、村3级城乡市场监测服务体系；同时大力推广“农超对接”，在大型超市、农贸市场和社区建立健全平价直销门店，鼓励蔬菜经营者直接进大棚，看产品、谈价格、签合同，最大限度地减少传统批发模式的中间环节；鼓励扶持新兴的蔬菜流通销售模式，实施从蔬菜生产基地到物流配送企业再到社区销售网点的销售网络体系，降低流通成本，让菜农增收居民得实惠。三是建立农业信息服务体系。以农业部门为主面向农村和农民，整合发布农村、农民需要的蔬菜政策信息和市场信息，通过及时、实用的市场信息和政策信息服务，帮助农民了解蔬菜产量、价格等生产和流通情况，协助解决农村市场信息不畅、农民销售难问题。四是建立流通服务体系。鼓励蔬菜加工企业、农村专业协会、经纪人等中介组织参与经营流通，利用便民超市、统一配送和电子商务等交易方式构建蔬菜配送网络，逐步拓宽我县蔬菜产品的市场空间。

# 创新生产模式　助力农业增效农民增收引擎

广西壮族自治区扶绥县农业局　黄兆驶

近年来，我局认真学习党的十六大、十七和十八大重要思想，深入贯彻落实中央一号文件，落实科学发展观，紧紧围绕打造农业强县战略，全县“三农”工作取得了显著的成效，农业持续增效，农民持续增收。

## 一、主要工作成绩

近年来，我县先后获得广西粮食生产先进县、全区农业系统先进单位、全区“十大”粮食生产先进县、广西壮族自治区无公害水果生产基地、全区优果工程先进集体、广西百万农民党员实用技术大培训先进单位、广西无公害水果生产示范基地县、广西无公害蔬菜生产示范基地县、全区农村中等专业实用人才培养先进集体、广西特色农业“十大”蔗糖产业强县、广西无公害农产品生产示范基地县、广西糖料蔗标准化生产综合示范区、全区推广“三避”技术标兵单位、全区千万亩间套种示范推广标兵单位、全区“优果工程”升级行动先进县、广西智慧兴农十佳标兵县等奖项，各项工作均走在全区前列。

## 二、采取的措施和工作亮点

### （一）创新实施农作物间套种，支撑全县农业增效农民增收

我局深入探索新时期新形势下现代农业新发展的新路子，不断创新工作方法，突破“三农”工作难题，着力破解农业增效不快、农民增收不多瓶颈。2007 年，以实施百里间套种助农增收示范长廊工程为抓手，配套推广农作物“三避”技术，形成了“叠加种植，叠加增收”栽培种植模式。分别在山圩、渠黎、东门、岜盆等乡镇各建立 1 万亩以上甘蔗间套种西（南）瓜示范片，以点带面，在全县范围内逐年推广技术，取得了显著的成效。2012 年，共推广 48 万亩，产值 6. 24 亿元，仅此一项，全县农民人均纯收入 820 元，成为全国创意农业和特色农业的亮点。2008 ~ 2011 年，自治区农业厅连续五年在我县召开农作物间套种现场会，国家农业部多次组织调研组到我县考察调研，并对我县推广的农作物间套种模式给予了高度评价。

**（二）大力推进农业产业结构调整，优势产业不断壮大**

2003年以来，我局把推进农业结构调整作为工作重中之重来抓，不断加大加快我县农业结构调整的力度和步伐，在扩大粮食良种种植面积、提高粮食品质量、确保粮食安全的基础上，扩大具有市场前景的甘蔗、瓜菜、水果、剑麻等高效经济作物种植面积，大力实施“水果上山、甘蔗下田”工程，使我县传统优势产业得到不断发展和壮大。2012年，全县甘蔗种植面积125万亩，比2003年增加61.36万亩，入厂原料蔗551.29万吨，比2003年增产216.65万吨，增长64.74%；水果种植面积18.86万亩，比2003年减少4.96万亩，产量15.33万吨，比2003年增产9.36万吨，增长156.78%；西瓜（类）种植面积27.2万亩，比2003年增加25.32万亩，产量32.93万吨，比2003年增产29.59万吨，增长885.93%；蔬菜种植面积18.9万亩，比2003年减少8.71万亩，产量32.9万吨，比2003年减少4.33万吨，减少11.63%；全县剑麻种植面积5.2万亩，比2003年增加1.35万亩，产量36.4万吨，比2003年增产28.66万吨，增长370%；木薯种植面积4.13万亩，比2003年减少0.72万亩，产量1.8万吨，比2003年增产0.49万吨，增长37.4%。

**（三）大力实施科技兴农战略，农业科技推广工作成效显著**

一是推广甘蔗“三化”和“六化”技术生产。十年来，我局大力推广甘蔗生产“三化”（智能化、良种化、机械化）和“六化”（智能化、良种化、机械化、水利化、规模化、契约化）技术，甘蔗产量和品质得到大大提高。2003年，全县甘蔗“三化”生产面积10万亩，“六化”生产刚进行示范推广，目前，除水利化外，其余五化已实现全覆盖，甘蔗平均产量从2003年的4吨提升到5.3吨，甘蔗含糖量及糖质也得到进一步提升。二是测土配方技术施肥。2006年，我局开展农作物生产测土配方施肥技术，主要用于甘蔗、粮食、瓜菜等主要农作物，现已推广面积100万亩，占全县耕地面积的65%。三是“三免”（水稻、玉米、马铃薯免耕）技术。2003年，我局引进推广水稻、玉米、马铃薯免耕栽培生产技术，从2003年推广面积的7500亩增加到2012年的12.54万亩。四是“三避”（避雨、避寒、避晒）技术。2006年，我局开展推广农作物“三避”技术，主要推广作物有甘蔗和瓜菜等经济作物，推广面积从2006年的12.6万亩递增到2012年的45万亩。五是节水灌溉技术。2003年以来，我局不断探索农作物节水灌溉技术，2010年，通过配套农田水利建设项目，在全县大力推广，2012年共实施30万亩，其中仅甘蔗推广面积6.02万亩，亩平均产量增加1吨以上。以上农业生产实用技术的推广应用，有力地促进了全县农业生产的增产增收，为农民增收提供了强有力的科技保障。六是实施绿色清洁生产技术。2003 年以来，我局共投入资金 3000 多万元，大力推广清洁农业生产技术，安装太阳能振频杀虫灯，建设生产垃圾发酵池和垃圾池，推广农作物病虫害清洁绿色防控技术、配套测土配方肥料、土壤有机质提升、生物有机肥等清洁高效肥料和新型农药等清洁农业生产新技术，带动辐射周边群众利用绿色环保生产技术。

**（四）大力实施土地整合（小块并大块），实现传统农业向现代农业创新发展变革**

从 2007 年起，我局首先从昌平乡联豪村试点，发动群众互换土地、政府加以规范的土地整合模式。经过几年的探索和实践，2012 年，出台《扶绥县甘蔗生产用地互换整合规模经营工作实施方案》等文件，配套扶持政策，整合农田水利设施项目，创新实施了以“农民主体、政府引导、企业扶持”和“科学规划、示范引导，群众自愿、民主管理”的土地整合和甘蔗高效节水灌溉工程，得到原自治区党委书记郭声琨的高度评价，要求在全区推广的土地整合“扶绥模式”，有力推进全县土地整合进程。仅 2012 年，全县完成土地整合面积 6. 21 万亩，全县累计完成土地整合面积 22 万亩，此项工作排在全区前列。

**（五）扶持发展“一乡一品”特色农业，培育具有竞争力的农产品品牌**

积极推行“公司 + 基地 + 农户”经营模式，大力发展“一乡一品”特色农业，并推行规模化、标准化生产和经营。先后制定出台了澳洲坚果、野生姑辽茶发展实施方案，在政策、资金上对澳洲坚果、野生姑辽茶种植进行大力扶持，建立标准化特色农业生产示范基地，积极培育具有市场竞争力的特色产业。2012 年，我县产澳洲坚果 570 吨，产值 1500 多万元，产野生姑辽干茶 1. 5 吨，产值 150 多万元，产上龙西瓜 30 万吨，产值 6 亿多元。姑辽茶已通过有机质茶认证，一批特色产业已初具规模，并形成在区内外均具有一定的影响力的品牌，逐渐发展壮大。

**（六）强力推进无公害果菜生产基地建设，群众的“菜篮子”不断丰富、“钱袋子”不断胀大**

我局充分利用我县是首府后花园的区位优势，大力发展标准化无公害果菜生产，成为了首府南宁市重要的无公害果菜供应基地。以龙头乡现代化农业示范园为代表，该基地面积 1000 亩，通过引进和应用新品种、新技术、大力种植标准、优质无公害蔬菜，每年每亩蔬菜产值超万元，辐射带动周边群众种植无公害蔬菜 6000 亩。2012 年，全县蔬菜种植面积 45. 02 万亩，产量 75. 83 万吨，产值 10. 95 亿元，群众“菜篮子”不断丰富。与此同时，近年来，我局将淘汰低产龙眼、柑橘果园，以市场为导向，引导群众改种香蕉、番桃等水果，在果园里推广间套种其他经济作物。2012 年，香蕉种植面积 3. 6500 万亩，产量达 16. 36 万吨，间套种 1. 02 万元，亩产值超万元，形成一定规模的特色水果产业，农民“钱袋子”不断胀大。

**（七）大力实施农业项目建设，有力推动全县“三农”各项事业快速发展**

2003 年以来，我局紧紧围绕农业增效、农民增收为目标，以项目建设为抓手，大力实施农业生产项目建设，全面驱动全县“三农”各项工作向前快速发展，取得了显著的成效，我县农业工作保持走在全区前列。据统计，十年来，共实施项目 150 多个，累计投入资金 7000 多万元，主要实施粮油双高、甘蔗“三化”、“六化”和双高创建、“三避”间套种、农业救灾、测土配方、土壤有机质提升、病虫害测报测防、现代农业示范、农产品质量安全体系建设、阳光培训、实用人才培训、科技推广、农业执法项目等，为我县农业快速发展、农民持续增收打下了扎实的基础。

**作者简介：**

黄兆驶，男，1968 年 9 月出生，中共党员，本科学历。现任广西壮族自治区扶绥县农业局局长。

自参加工作起，历任农技站站长，农业服务中心主任，扶绥县渠黎镇政府副镇长，农业局副局长，水产畜牧兽医局局长等职。2011 年 5 月至今，任扶绥县农业局局长。

曾多次获“先进个人”、“先进工作者”等荣誉。

# 大力调整农业产业结构 推进农业和农村经济发展

海南省白沙黎族自治县农业局　王秀玺

2012 年我局在县委县政府的正确领导下，在省农业厅的大力支持和指导下，认真贯彻落实全县农业和农村工作会议精神，全面贯彻落实科学发展观，以“三农”工作为重点，以农业增效、农民增收、农村稳定为目的，大力调整农业产业结构，推进农业和农村经济的发展。

## 一、2012 年工作开展情况

### （一）加强自身精神文明建设

我局结合县委县政府开展的“创先争优”、“建立学习型党组织”、治理“庸懒散贪”专项活动，组织全体干部职工深入学习“十七大精神”，中央一号文件、省第六次党代会、县第十二次党代会精神及全省信访维稳工作会议的讲话精神，通过开展各项专题活动，局机关工作纪律得到了进一步加强，工作效益明显提高，办事程序进一步优化，行政执行能力显著增强，服务“三农”水平有所提高，有力推进了各项工作的开展。

### （二）大力调整农业产业结构

2012 年来，我局紧紧围绕“六种二养两大特色”十大富民产业发展方针，贯彻落实科学发展观，不断调整农业产业结构，在抓好橡胶、甘蔗、木薯等传统产业发展的同时采取广泛发动、基地示范、企业带动等措施，大力发展生姜、南药等新兴特色产业，取得了一定的成绩。2012 年，全县完成橡胶种植面积 14235 亩、甘蔗 108190 亩、木薯 42944 亩、生姜 10164 亩、瓜菜 25827 亩、南药 33451 亩，新建了橡胶高产示范基地 33 个、甘蔗高产示范基地 17 个、木薯高产示范基地 13 个、生姜种植示范基地 44 个、南药种植示范基地 14 个、常年蔬菜示范基地 3 个，逐渐形成细水乡裸花紫珠种植区、青松乡益智种植区等乡镇核心的南药优势产业区。

### （三）抓好重点项目建设

1. 常年蔬菜基地建设情况

根据省农业厅下达我县 2012 年常年蔬菜基地建设 1153 亩的任务目标，

在县委县政府的指导下，我局组织相关人员深入各乡镇实地调研，落实常年蔬菜种植地块，把牙叉镇什奋田洋、元门乡印妹田洋、向民一二队什隆坡田洋确定为常年蔬菜基地，总面积为1200亩，通过招商引资，引进了海南富泽实业有限公司、海南和熙投资有限公司等蔬菜种植企业，采取公司+合作社+农户等多种形式，带动人民群众大力发展蔬菜产业。目前，什奋田洋已完成500亩的田洋改造工程，建设320亩的设施大棚，其中50亩为集约化育苗场；什隆坡田洋完成530亩的田洋改造工程，建设280亩的设施大棚。通过基地建设，带动周边500户农民种植白沙香芋、黄秋葵等蔬菜580亩。

2. 沼气工程建设情况

2012年省下达我县农村沼气项目建设任务为户用沼气150户，养殖小区沼气8个，大中型沼气工程1个，计划总投资575.7万元，其中：中央投资261万元，省配套94.5万元，县配套15万元。农民（企业）自筹205.2万元。为按时按质完成任务，我局成立农村沼气项目建设工作领导小组，深入调查研究，不断完善招投标、工程监管等制度，认真做好土地、规划、环评等前期工作，制度工作实施方案，有序开展工作。目前，已完成农村户用沼气建设150个，占任务的100%，完成养殖小区建设8个，占任务的100%，大中型沼气1个，占100%。

**（四）抓好农民专业合作社建设**

为提高农民组织化程度，增强市场竞争力，我局采取政策引导、重点扶持等有效措施，培育一批科技含量高、带动能力强、发展潜力大的农民专业合作社，通过公司+合作社+农户等多种模式，带动周边群众发展瓜菜、南药等产业发展，促进农民增收。2012年，培育成立各类农民专业合作社55家，累计达151家，引导农民专业合作社申请注册特色农产品商标10个，2家合作社建立网页。

**（五）抓好农业执法及农产品质量安全监管工作**

一是认真抓好农业法律、法规的宣传教育和培训工作。采取多层次、多形式、多渠道的方式开展农业法制宣传教育，2012年先后举办《农业法》、《农药管理条例》等法律知识培训班9期，培训800人次，印刷《海南经济特区农药管理若干规定》、《海南省农药批发零售许可管理办法》3000多册，发放到农药经销商以及农民手中。二是认真抓好农业执法工作。我局主动会工商局、质量技术监督局、科技局、畜牧局、物价局、公安局等部门，深入各乡镇农贸市场、农药经营店等场所多次开展联合执法行动，重点抓好农药、化肥、种子等农业执法工作，一年来，共组织出动执法人员565人次，出动车辆146辆次。共检查农药店350家次，肥料店200家次，查处农药案件一起，没收农药41件（瓶），肥料案件一起，查封违规肥料800斤。三是加强农产品质量安全检验检测工作，共抽检瓜菜样品7533个，合格率达99%，确保了瓜菜质量安全。

**（六）全面落实强农惠农政策**

为全面贯彻省、县关于加强“三农”工作、促进农民增收的各项政策，认真落实粮食直补、农资综合直补、水稻良种补贴等政策，坚持做到各项政策不打折不走样，真正使各项政策不缩水、各项资金不改变用途，确保各项惠农资金及时足额兑现到群众手中，让广大农民在享受改革发展成果中实现增收。我局结合实际，认真填制、发放惠农财政补贴明白册，对各项补贴的政策、依据、项目、标准和发放金额、时间等内容详细记录，使广大农户对自身享受的各项补贴心中有数。2012年，农资综合直补共补贴资金792万元，补贴面积60925.08亩；农作物良种共补贴资金185.9万元，补贴面积35854.12亩（其中水稻良种补贴面积107181.18亩，补贴资金160.77万元；玉米良种补贴面积25135.94亩，补贴资金25.13万元）；橡胶良种苗木共补贴资金96.525万元，补贴面积6500亩。

**（七）完善农村土地承包管理**

一是稳步推进农村土地承包经营权流转。在坚持农村基本经营制度的基础上，从规范管理和服务入手，积极指导和促进土地流转。2012年，共办理土地承包经营权证补发、换发200多宗；接待农民政策咨询50多人次，调处土地流转纠纷5件。二是顺利开展农村土地承包管理信息网络系统建设。为了规范农村土地承包、土地流转、土地承包经营权等工作的管理，按照省农业厅关于农村土地承包信息系统项目计划安排，我局于8月份启动此项工作，已向11个乡镇发放电脑、软件，通过将土地承包合同及登记簿中的承包方、家庭成员、承包面积、地块、四至等内容输入电脑，形成完整的信息化管理档案，实现农村土地承包信息网络化。三是进一步规范农村土地承包纠纷仲裁工作。加强仲裁机构建设，成立了农村土地承包仲裁委员会，认真贯彻落实《农村土地承包法》和《农村土地承包经营纠纷调解仲裁法》，依法规范调解仲裁土地承包纠纷案件。

**（八）规范民营橡胶收购管理**

为了加强我县民营天然橡胶原产品收购及加工管理，规范橡胶原产品收购及加工的正常秩序，结合我县实际，根据县委县政府的工作要求和有关规定，制定2012年民营橡胶收购加工管理工作方案，公平、公正、公开地开展民营橡胶收购加工管理工作，2012年共有10家县内外橡胶收购加工企业参加我县的民营橡胶收购。截至目前，企业共支持民营橡胶资金278.3万元，共收购橡胶13860吨，完成税收1200万元。

**（九）加强人才队伍建设及农民科技培训**

注重科技人选队伍建设，引进了2名研究生及2名本科生农业技术人员，壮大了人才队伍建设。以“送教下乡”活动为契机，充分利用农村劳动力“阳光工程”培训、“万名中专生培养计划”等项目，会同省农干校、科技局等部门深入各乡镇积极开展橡胶割胶技能、病虫害防治等农业实用技术及各种技能工种的培训工作。2012年，共举办各类培训班70期，共培训6000多人次。

**（十）加大农业宣传力度**

为更好地宣传、报道白沙农业，让广大农民群众和社会各界及时了解白沙农业信息，2012年，我局创建了“白沙农业信息网”，并充分利用网络传播优势，强化对我县农产品商标品牌和特色农产品的宣传，大力提升白沙农产品附加值和市场竞争力，有效地促进了农民增收和企业发展。

**（十一）抓好联村进企帮扶工作**

把“联村进企”作为开展结对帮扶、创先争优活动的重要载体，充分发掘和整合各方资源，在技术、资金、信息等方面给予重点帮扶。一是在农业生产、急救排洪沟、环境卫生等方面共给予20万元的资金帮扶。二是通过举办各类种、养殖技术培训班，帮助村民增强致富意识和本领，开辟致富渠道，增加收入。三是开展节日慰问活动，先后组织慰问了困难户、老党员，发送慰问品共计款5000元。四是积极配合镇村调处各类矛盾纠纷6宗，调处率100%，调处成功率100%，及时化解矛盾纠纷。

**（十二）圆满完成“冬交会”各项工作**

2012年冬交会于12月12～15日在海南国际会展中心举行。此次的冬交会得到了县委县政府的高度重视，投入86.02万元的工作经费。在县委县政府的正确领导下，我局积极组织协调各有关部门，有序开展各项工作，使得白沙县参加本届冬交会取得圆满成功。一是队伍整齐形象好。本次冬交会白沙县参会人员共138人，统一穿着带有白沙生态农业标识的服装，彰显了我县领导、干部职工、群众的整体形象。二是展馆设计新颖。展馆设计一改传统模式，以皇冠的外形设计，体现了白沙馆优雅、大方、独特、新颖、生态、文化的特点，成为海南市县馆的一大亮点，并获得海南市县馆展馆设计第三名的好成绩。三是展品包装精美。参展展品都进行了精心包装，并统一使用白沙生态农业标识，包装评比获得一名金奖，两名铜奖，三名优秀奖的好成绩，有2个商标产品被评为海南省著名商标产品。四是展品摆放美观。展品摆放摒弃传统的零摆散放模式，将整个白沙馆设计规划为八大系列区，六十多种农产品摆放规范有序。五是订单招商成果丰硕。白沙展馆吸引了大量的客商和散客，三天时间订单签约达2.1亿元，零售超20万元。

## 二、存在问题

2012年以来，我县农业农村经济发展良好，我局各项工作也取得了一定的成绩，但同时也存在一些问题和不足：一是农业产业结构调整力度不够，特色产业规模小、龙头企业带动力弱，农产品市场竞争力差，农民收入增长缓慢；二是农民传统思想观念落后，制约着农村经济的发展，多数农民“等、靠、要”思想依然存在，多数村仍然经营着传统农业，对于优质高效农业和改变现有种植结构还存在抗拒心理；三是整体科技素质较低，农业科技的转化率、贡献率不高；四是农村劳动力素质不高，造成了输出人员就业面狭窄，就业层次低，收入水平低；五是农业基础设施差，综合生产能力不强；六是农业资金投入不足，农村经济发展缓慢。

## 三、2013年工作计划

### （一）继续调整农业产业结构

继续围绕“六种二养两大特色”的产业发展方针，扩大经济作物面积，计划全年种植橡胶（更新、新种）1.72万亩、甘蔗种植面积稳定在10万亩、木薯新种植面积3.5万亩、生姜新种植面积1万亩、竹子新种植面积0.5万亩、瓜菜新种植面积4.6万亩、南药新种植面积1.5万亩、香蕉新种植面积0.5万亩，加大设施农业的发展，以发展特色高效农业为突破口，大力发展现代农业，实现多元化产业发展，拓宽农民增收渠道。

### （二）积极做好重点项目申报工作

为进一步加强农业重点项目的管理，加快推进农业重点项目建设，在继续抓好常年蔬菜基地、农村沼气工程等项目实施的同时，大力招商引资，积极申报项目，重点做好预冷库、生态农业、农业产业化等方面的项目申报工作，切实加大投入，加强农业基础设施建设，增强我县农业发展的活力和后劲。

### （三）抓好农民培训

一是大力实施农民科技培训。以农业科技和经营管理知识为重点，采取多种形式，加强农民培训，提高农民的务农技能和素质，计划全年举办各类实用技术培训30场次，培训农民3000人次。二是继续加强农村劳动力转移培训工作。认真落实2013年阳光工程培训工作，加强培训指导，提高转移就业率。

**（四）加快推进农业产业化**

大力实施农业设施化，积极推广以喷滴灌为重点的设施大棚建设。加强规模化、标准化的特色产业基地建设，立足主导产业和优势特色产业，大力推广公司+农户+基地、订单农业等发展模式，推进各类农民专业合作组织发展，提高农民组织化程度和农业市场竞争能力。

**（五）加强农产品质量安全管理**

一是加强农产品质量安全体系建设。抓好农产品质量检测站建设项目的实施，建立健全质检中心，加强检测人员业务培训，提高检测水平。二是大力推进“三品”认证。抓好龙头企业、专业合作组织的产品认证，做好地理标志农产品的保护，加强“三品”和地理标志农产品质量的监管。三是加强农业投入品管理，特别是禁限用农药管理。重点抓好国家明令禁用高毒农药的检查工作，对全县各农资经营点开展不定期的拉网式检查，从根本上杜绝高毒禁用农药的流通使用。四是加大涉农法律法规的宣传力度，提高农民法律意识。

**（六）加强学习和机关作风建设**

一是加强政治学习和业务培训。深入学习“十八大精神”，继续开展“庸懒散贪”专项整治工作和农业新技术、新知识的学习培训工作，全面提升干部职工的政治、业务素质，提高服务水平。二是进一步加强制度建设，严格依法办事，加强内部管理，提高行政效能和服务质量，构建高效文明和谐机关。

# 立足丘区优势　围绕都市需求<br>统筹推进都市现代农业跃升发展

四川省金堂县农业局　张炳跃　吴　桐

金堂县位于成都平原东北部，距成都中心城区28公里，是全国优质脐橙生产基地县、全国食用菌十大主产基地县、全国粮食生产先进县、全省产业20强县、四川省无公害蔬菜生产基地。全县幅员面积1156平方公里，辖21个乡镇，总人口近百万，是一个山、丘、坝皆有，以丘陵为主的农业大县。

近年来，金堂县围绕宣传贯彻十八大精神和贯彻落实市“五大兴市战略”，把加快发展现代都市农业作为推进丘陵地区城乡统筹的重要战略，立足丘区优势农业资源，推进农业的生态化、有机化、特色化、品牌化、加工化，工作取得了明显成效。2012年，全县实现农业增加值37.3亿元，同比增长（下同）4.6%，农民人均纯收入9409元，增长14.5%，增幅位“三圈层”前2位；荣获全国粮食生产先进县、全省“三农”工作先进县等表彰奖励。2013年上半年，全县实现农业增加值13.3亿元，增长3.3%，增速位列三圈层第一位；农民人均现金收入达5657元，同比增长13.4%，增速位列全市三圈层第一位，初步奠定了都市现代农业倍增式发展格局。

## 一、强化政策引导、科技支撑、基础设施三大基础，着力务实都市农业发展保障

### （一）强化政策支撑，提升发展效能

成立了现代特色农业示范区建设领导小组，牵头推动全县现代农业发展；成立县督导乡镇工作组，县四大班子领导联系乡镇，全力协调农业招商和涉农项目促建。自2011年起，连续3年每年统筹6亿元财政资金，集中用于农村交通、水利、产业扶持，每年竞争比选3个城乡统筹示范乡镇和3个现代农业示范乡镇，每个乡镇给予1000万元的财政专项资金支持。

### （二）强化科技支撑，提升产业水平

与省农科院、川农大等四家学院签订“院县合作”协议，在各乡镇建立农业专家大院，邀请科研院所技术专家定期来我县，加大优新品种、技术研

发和推广运用。在各院校举办“金堂县发展现代农业高级研修班”和“金堂县现代农业特色产业培训”，推进骨干人才院校培训、职业农民县内培训的分级培训模式。推进农业科技组织创新，以乡镇标准化农业综合服务站建设为契机，将151名科技人员下派到各乡镇农业综合服务站，推动农业科技服务向乡镇、村（社区）、农户延伸。推动农业由传统方式向科技进步转变。

**（三）强化基础支撑，提升承载能力**

实施东风水库改造、龙泉山脉水源工程等重大水利项目，2011年开建龙泉山脉人工湖50座，2012年再开建75座，年底建成龙泉山脉人工湖50座，到2013年基本实现非都江堰灌区全域灌溉，比较彻底地解决全县30万亩“望天田”的用水问题，力争村村通自来水，城乡供水能力创全省丘区一流水平。加快城乡路网建设，围绕“干支相连、布局合理、城乡一体”全域交通路网目标，加快通村、新型社区及产业化道路建设，力争三年完成1000余公里农村道路和农业产业园区道路，彻底解决山丘区群众出行和农产品运输难题。提升农业生产能力，围绕建设10万亩高标准农田目标，启动赵家镇万亩核心示范区建设，力争2013年在赵家、福兴、竹篙、隆盛等地建成高标准农田4万亩，实现农田排灌能力、土壤培肥能力、农机作业能力“三力”提升，全面提高农业生产能力。

## 二、狠抓结构调整、质安体系、品牌建设三大工程，着力提升服务都市能力

**（一）发展优新产业，提升产品档次**

按照错位发展的思路，着力优化农业产业结构，连片发展以蔬菜、食用菌、水果优势产业为主导，以油橄榄、蓝莓、杨梅等优新特产业为补充的“3＋N”现代特色农业。

**（二）建立质安体系，提升质量安全**

制定和实施了《金堂县农产品质量安全可追溯体系建设意见》，在全省率先启动主要农产品质量安全体系建设，加强农产品生产、包装、流通等环节的监管，实行农产品“产地准出”和“市场准入”，全县106家企业、园区、专合组织进入了县农产品质量追溯系统，可追溯范围涵盖蔬菜、水果、食用菌、畜产品等主要农产品，全面提升了金堂农产品安全质量。我县2013年将全力争创全省农产品质量安全监管规范化县。

**（三）打造品牌农业，提升竞争能力**

着力构建以公共品牌、“三品一标”、四川名牌产品、省市著名商标为主

的农产品品牌体系；创建“田岭涧”综合性农产品公共品牌，在中央、省、市媒体加大对“田岭涧”品牌的营销推广力度，提升“田岭涧”品牌的美誉度和知名度。我县在全省率先获无公害农产品基地整体认证，创四川省著名商标3个、市著名商标8个；四川名牌4个；GAP（良好农业规范认证）2个；创地理标志产品3个。

## 三、探索完善公共服务、利益联结、转移就业三大机制，构建农民持续增收能力

### （一）完善公共服务机制，增加农民经营性收入

构建完善农技推广、疫病防控、质量监管、公共品牌、农村金融“五位一体”农业公共服务体系。建立科技人员联系企业特派员制度，推广乡镇科技人员包村、包田、包棚、包产业的技术承包制；以“农业服务超市”为重点，建立新型农业社会化服务机构，为农户和规模经营业主提供劳务、疫病防控、机械化生产等综合性服务，全面提升农业综合效益，增加农民产业性收入。

### （二）创新利益联结机制，增加农民财产性收入

深化城乡生产要素自由流动改革，探索利用农户土地（集体建设用地）发展设施农业、农产品加工业，利润以租金、分红等形式返还给农户的模式，加大农村土地承包经营权抵押融资力度，推动土地资源资本化，持续稳定增加农民的财产性收入。

### （三）健全转移就业机制，增加农民转移性收入

县财政设立1000万元农民创业就业培训基金，开展技能和创业培训，拓展转移就业渠道，全县常年在外务工人员18万人。开展全民创业，引导农民宜工则工、宜农则农、宜商则商，自主创业、就地创业、进城创业、返乡创业，拓展非农就业和增收空间，着力加快就近就地就业、创业与城镇化进程，积极引导农民入园务工，不断增加农民转移性收入和工资性收入。

## 四、突出种源农业、设施农业、有机农业三大重点，大力发展都市高效农业

### （一）突出发展高端种业，储备发展潜力

充分发挥企业在商业化育种、成果转化与应用等方面的主导作用，以华龙种业、众智种业、金满堂公司、天海农业公司等“育繁推一体化”企业为

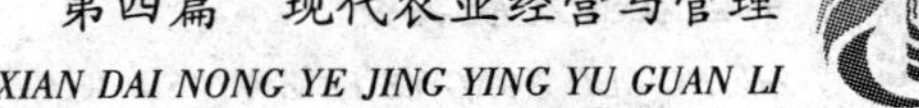

主体，整合农作物种业资源，采取“管理单位+制种公司+制种专业合作社+农户”等模式，推动食用菌、蔬菜、水果、粮油等种源农业发展。

**（二）突出发展设施农业，转变生产习惯**

围绕转变依赖自然条件的传统农业习惯，积极推广农业设施化新技术、新设备，促进设施与农艺融合，积极发展标准钢架大棚，提高农业生产能力；全县共发展钢架大棚、日光温室、专业棚架和节水灌溉等设施农业3万余亩。

**（三）突出发展有机农业，实现品质升级**

利用我县山丘区独特的地理条件和良好的生态环境，推广病虫害物理、生物防治等绿色防控技术，认真执行有机农产品生产、加工规程，大力发展有机农业，在龙泉山、资水河等地建连片有机农业基地3.3万余亩。

## 五、着力精深加工、物流体系、休闲观光三大环节，延伸都市农业链条

**（一）着力精深加工，倒逼结构调整**

探索利用集体建设用地发展农产品加工业，加工利润以租金、分红等形式返还给农户的模式，鼓励有条件的地方大力发展以食用菌、蔬菜、水果为主的农产品粗加工和精深加工，全县现有农产品加工龙头企业33家，年产值近10亿元。加快推进竹篙农产品精深加工园区建设，规划占地1.54平方公里，重点发展粮油、食用菌、蔬菜、水果、畜禽精深加工，引导农产品加工企业和项目向园区集聚，增加农产品精深加工率和农产品附加值。

**（二）着力物流体系，提高营销时效**

积极发挥农产品物流专合组织作用，加快推进农产品“五进”，减少中间环节，把流通环节利润更多留给农民，提高农产品营销时效，占领更广领域的农产品终端消费市场；推动大规模市场建设，扩建官仓镇农产品批发市场，加快隆盛、赵家等有条件乡镇的农产品批发市场建设；创办农产品网上交易市场，积极开展名优特新农产品在网上展销活动；大力发展外向型农业，在国内大中城市建立农产品直销网络，组织农产品进超市、成专供。

**（三）着力休闲农业，深化一三互动**

充分发挥休闲观光业服务市民，惠及农民的功能；依托特色产业本底，挖掘风俗文化内涵，打造高端观光农业景点和乡村旅游产品，大力发展休闲观光业、运动休闲业、生态体验农业。成功举办多届“国际油菜花节”、“花果同树奇观乡村旅游节”、“富硒油桃采摘节”、“梨花节”、“资水河有机蔬菜

采摘暨钓鱼节”等农业节庆活动，带动特色农产品销售20万余吨，推动了一三产业互动发展，为农业增效、农村繁荣、农民增收找到了发展新路径。

## 六、实施招商引资、园区建设、新型主体培育三大战略，促进都市农业集中集约经营

### （一）强化招商引资，壮大实体经济

围绕优势主导产业，依托节会网络，瞄准产业链短板，紧盯国内外行业领先的龙头企业，突出以商招商、政策招商、专业招商，注重“多中选好、好中选优”，着力引进了一批科技含量高、示范效果好、带动能力强的现代农业项目。从2011年至今，共举行现代农业项目集中签约仪式9次，签约现代农业招商项目180个，协议引资128亿元，2011～2012年实际到位资金23亿元。

### （二）强化园区建设，扩充发展规模

始终把现代农业示范园区建设作为改造传统农业，实现农业现代化的突破口和有效途径，整合项目资金、资源、政策，分层级打造全国、全省知名的现代农业示范园、示范线、示范镇，形成“点、线、面”相结合的发展体系，有效带动和推进全县现代农业集中集约发展。截至目前，我县采用“大园区、多业主”、“园区＋企业＋科研单位”等多种方式，基本建成5000亩以上“一镇一园”21个。

### （三）培育新型经营主体

一是培育农业经营组织，推动企业规范化经营、品牌化发展，鼓励和引导农民组建各种类型农民专业合作社，充分发挥专业合作组织推动土地流转的辐射效应，推动农业产业化发展；二是鼓励家庭适度规模经营，引导土地有序流转，着力培育家庭农场等适度规模经营业主；三是培育新型职业农民，抢抓我县作为全国100个新型职业农民培育试点县之一机遇，做好生产经营、管理、创业人才的培训。

# 创新经营体制机制　激发农业发展活力

四川省崇州市农村发展局　陈启舟　高　原

近年来，崇州市立足自身实际，围绕解决“怎样种田”和“谁来种田”的问题，探索实践了以土地股份合作社为核心，新型农业科技服务、新型农业社会化服务、农业公共品牌服务和农村金融服务四大服务为支撑的“1 + 4”新型农业经营体系，培育了一支现代农业职业经理人队伍，开创了粮食生产新局面。

## 一、以农民为主体，推动土地股份合作化经营

2010 年以来，我市运用农村产权制度改革成果，引导农民自愿以土地承包经营权入股，构建了以农民为主体形成内生动力推动农业适度规模经营的机制。目前，已在 21 个乡镇的 141 个村组建土地股份合作社 312 个，入社土地面积 12.02 万亩，入社农户 4.12 万户，初步实现农业生产由分散经营向规模经营、集约经营转变，较好地解决了“怎样种田”的问题。2013 年年底力争实现土地股份合作经营达到 15 万亩。

### （一）充分尊重农民意愿，承包经营权入股

按照入社自愿、退社自由和利益共享、风险共担的原则，农户自愿以土地承包经营权折股、出资组建农村土地承包经营权股份合作社。土地股份合作社按照《章程》选举理事会、监事会，产生理事长、监事长，建立健全各项规章制度。

### （二）公开竞聘职业经理，实行科学种田

理事会代表社员负责决策“种什么”，公开招聘农业职业经理人。农业职业经理人负责“怎样种”、“如何种”，提出具体实施意见、生产成本预算、产量指标等，交由理事会讨论通过后执行。农业职业经理人统一组织生产管理，开展“四新”（新品种、新技术、新模式、新机制）示范建设，推进“六良”（良种、良法、良壤、良灌、良制、良机）配套，实行科学种田，每亩可减少投入 100 元。

### （三）生产成本社员自筹，财务规范管理

农业职业经理人预算土地股份合作社生产成本后，首先由社员按照入股

面积筹集生产成本，由理事会统一进行生产经营管理。其次若社员没有能力或不愿筹集生产成本，由合作社理事会开展社员资金互助，明确互助的金额、还款时间等，吸收民间资本参与土地合作社发展，政府给予社员互助资金贴息扶持，拓展土地股份合作社生产经营资金渠道。土地股份合作社生产支出，由职业经理人提出申请，理事长和监事长共同审签列支入账。土地股份合作社农资和农机具的放置、申领、使用、处理实行专人负责。收支情况及时公示，接受社员和监事会的监督。

**（四）利益联结方式灵活多样，保障各方利益**

土地股份合作社利益联结机制和分配方式灵活多样，由职业经理人与入社社员共同协商决定，通常采取除去生产成本经营纯收入按 1∶2∶7 比例分配（10%作为公积金、20%作为职业经理人佣金、70%作为社员土地入股分红）；再辅以超产分成（如水稻保底产量 800 斤/亩，超产部分按 1∶3∶6 分配，即 10%作为公积金、30%作为职业经理人佣金、60%作为社员土地入股分红），以及保底二次分红（如每年每亩 400 斤稻谷保底经营，除去生产成本及保底成本后，纯收益按 1∶7∶2 比例分配，即 10%作为公积金、70%作为职业经理人佣金、20%作为社员土地入股分红）。据统计，2012 年，我市农业职业经理人每年每亩收益 150 元，平均年收入 4.5 万元；公积金平均每年每亩提取 50 元左右；农户入社后，既可以在土地股份合作社打工挣钱，也减少农忙季节往返费用、安心外出务工增加收入，户均年增收可达 6000 元以上。

## 二、着力构建四大服务体系，推动农业生产向现代社会化大生产转变

合作社的组建及推广，提升了农业生产的规模化、集约化水平。为有效提升粮食生产的经济效益，我们通过政府引导、市场参与、多元合作，探索建立了公益性的农业科技服务、市场化的农业社会化服务、高端化的农业公共品牌服务和新型农村金融服务四个服务体系，为土地合作社的效益提升、可持续发展提供了有效保障，促进了农业生产的专业化、市场化和社会化发展。

**（一）建立公益性的农业科技服务体系**

为有效解决农业科技成果转化、推广、应用的具体问题，崇州市政府与省内重点农业科研院校进行“院市合作”，组建了四川省首家综合性的农业专家大院，进行农业科技成果的研发、中试转化，破解了农业科技转化“最后

一道坎”；建立了农业专家团队、职业经理人、职业农民上下互通的农业科技服务体系，疏通了农业科技推广运用的“最后一公里”；以土地股份合作社为载体，搭建了农业科技应用平台，破解了农业科技应用面对一家一户的不利局面，解决了谁来应用科技的问题，提高了农业科技应用水平，形成了农业科技“产、学、研、用”的完整链条，构建了农业科技成果转化、推广、应用和价值体现为一体的新型农业科技服务体系。目前，农业专家大院聘用农业专家101名，引进推广成果59项，同119家农业企业、专合组织签订了科技服务协议，组建农业科技专家服务团队105人、农业科技推广服务团队120人。在土地股份合作社重点应用了测土配方施肥、病虫害统防统治、水稻机插秧、油菜机播机收、绿色防控等节本增效技术12项，从2012年土地股份合作社大春生产经营的情况看，入社种植水稻产量亩产平均556公斤，粮食单产远高于四川省和成都市平均水平，比未入社农户种植水稻平均每亩高出48公斤，入社农民每亩直接增收100元以上。

**（二）建立市场化的农业社会化服务体系**

坚持主体多元化、服务专业化、运行市场化的方向，充分发挥农业公共服务机构作用，完善了公益性服务与经营性服务相结合、专项服务与综合服务相协调的新型农业社会化服务体系。按照“政府引导、公司主体，整合资源、市场运作，技物配套、一站服务”的发展思路，引导社会资金参与，组建综合性农业社会化服务公司——成都蜀农昊农业有限公司。公司以片区建立农业服务超市，搭建农业技术咨询、农业劳务、全程机械化、农资配送、专业育秧（苗）、病虫统防统治、田间运输、粮食代烘代贮、粮食银行等“一站式”农业专业化服务平台。目前，成都蜀农昊农业有限公司在全市已设立农业服务超市6个，拥有农机具320台（套），从业人员662人，服务面积14.63万余亩。

**（三）建立高端化的农业公共品牌服务体系**

坚持以市场为导向、以产业高端为取向、以科技为支撑、以农产品质量安全为重点，着力打造农产品公共品牌，搭建了农业公共品牌服务体系，推动农业规模化、标准化、设施化生产和品牌化经营。政府成立农业公共品牌管理委员会，从事农业公共品牌打造的策划规划、包装推介、政策扶持、指导监管。土地股份合作社根据品牌公司的生产技术标准进行农业生产，与品牌公司签订品牌使用协议、订单合同，提高了农产品的附加值，实现了农产品与市场的有效对接。目前，已培育文井源、仟佰上善、土而奇、枇杷茶等农业公共品牌，在农业公共品牌的引领带动下，建成桤泉万亩国家级标准化蔬菜示范区、桤泉省级精品农业标准化示范区；全市“三品一标”认证产品78个，建成优质大米生产基地5万亩、有机蔬菜基地4000亩和4万头健康猪基地。

**（四）建立新型农村金融服务体系**

崇州市加快农业投融资平台建设，组建成立了蜀兴投资有限责任公司、蜀兴农村产权融资担保有限责任公司，与成都市农商银行、村镇银行建立战略合作关系，建立了农村产权抵押融资风险基金、产业风险互助基金，推动土地承包经营权、集体建设用地使用权直接抵押贷款，如2010年杨柳土地股份合作社以101.27亩土地5年的经营权抵押，从农商行获得贷款16万元，用于合作社发展小春食用菌和小麦良种繁育。扩大农业政策性保险参保面，土地股份合作社种植面积参保率达到100%。积极探索农民资金互助土地股份合作社，吸收民间资本用于土地股份合作社从事生产经营，2013年，合作社开展社员互助资金762.1万元，资金互助社员1528户。扶持土地合作社参加政策性农业保险，土地合作社参加政策性农业保险率达到了100%，有效化解自然灾害等风险。

## 三、着力提升“1+4”新型农业经营体系，推动传统农业向现代农业转变

**（一）有利于完善农村基本经营制度，保护农民权益**

“1+4”新型农业经营体系实行农民自愿联合，统一生产经营，按股份享受权利，既保留了产权“分”的状态，又强化了生产经营“统”的功能，实现了有统有分、统分结合，提高了农业组织化、集约化程度。同时，充分尊重了农民的产权、决策权、收益权，农民离地但不失地、不失权、有效益，农民主体地位得到进一步强化，促进了现代农业社会化大生产格局的形成。

**（二）有利于推动粮食生产效益提升，保障粮食安全**

“1+4”新型农业经营体系采用现代农业职业经理人经营管理和专业化生产，运用良种良法实现科学种田，进行品牌管理、市场营销，节约了生产成本，进一步提升了农业综合效益。实践证明，“1+4”新型农业经营体系不仅保证了合作社有稳定、可持续的发展，更保障了粮食生产的面积不减、产量和质量“双提升”。

**（三）有利于加快现代农业发展，推动新农村建设**

“1+4”新型农业经营体系在实现农业规模化、集约化的同时，通过配

套体系建设推动了现代农业科技化、社会化、专业化、品牌化、市场化发展，延长了农业产业链，创出了新的生产力，促进了农业信息、金融信贷、生产资料、各种生产技术指导以及农副产品收购储存、运输、销售等服务业发展，加速了富余劳动力向二、三产业和向城镇转移增收，农业生产和农民生活方式得到极大改善，为新农村建设奠定坚实基础。

**作者简介：**

陈启舟，男，1964 年出生，本科学历。现任四川省崇州市农村发展局党组书记、局长。

高原，男，本科学历，中级农艺师。现任四川省崇州市农村发展局信息中心主任。

# 深化农业管理体制 加强组织领导 实现木里县农业生产的新跨越

四川省木里藏族自治县农业局 邓天祥 李彤龙

木里藏族自治县是一个以藏族为自治民族，包括彝、汉、蒙古、纳西、苗等17个民族的自治县，是全国仅有的两个藏族自治县之一，也是四川省唯一的藏族自治县。由于地理、历史和宗教等原因，木里自古以来就与西藏和康巴藏区联系紧密，成为四川乃至全国藏区的重要组成部分，在藏区中具有较大的影响和较为鲜明的特点。

木里地处青藏高原和云贵高原结合部，地理坐标东经100°3′～101°40′，北纬27°40′～29°10′。东邻冕宁、九龙两县，南连盐源、宁蒗、香格里拉三县，西接稻城、中甸两县，北通理塘、雅江、康定三县。是横断山脉在四川境内最典型的地带，地质、地貌复杂，地形为沟壑纵横、切蚀深刻的残余高原。相对高差达4328米，全县平均海拔3100米，

木里县属亚热带气候区受地理位置和大气环流影响，全境属暖温带半湿润季风型气候，冬暖干燥，夏凉润湿，四季无明显区别。随地势高低不同，形成气候的主体分布有“一山有四季，十里不同天”的说法。境内年平均气温为11.5℃，无霜期219.7天，年均降水量818.2毫米，最高年降水最1050.2毫米；最低年降水量为541.0毫米，雨季集中在6～9月，降水量占全年总量的86%，光照可达2291.9小时，日照率在60%以上，但利用率差。自然灾害频繁，有雹灾、泥石流、山体垮塌，地震、雷暴、风暴、春旱、秋旱等。

幅员总面积13252平方公里，在全省位居第三位。2011年末全县总人口13.4万，其中藏族人口占总人口的33%，是全省藏区人口最多的县。全县辖29个乡（镇）和9个国营牧场，113个行政村，603个村民小组。

由于历史和地理的原因，再加上长期以来投入严重不足，我县经济社会发展水平还比较落后，特别是基础设施建设滞后。1994年被确定为国定贫困县，2001年被确定为国家级扶贫工作重点县。目前全县29个乡（镇）和9个国营牧场中，有25个乡不通固定电话，16个乡不通电，1个乡、不通公路，

成为严重制约我县发展的瓶颈因素。

我县的基本情况可概括为“工业小县，农业弱县、财政穷县”，同时，也是藏区大县、幅员大县、资源大县，尤其具有非常明显的四大优势：一是森林资源优势。我县现有林业用地面积93.8万公顷，森林覆盖率67.3%，活立木蓄积量1.17亿立方米，占全省的十分之一，全国的百分之一。是长江上游重要的水源涵养林，也是我国仅存不多的原始林区之一。二是水能资源优势。县内雅砻江、木里河、水洛河自北向南纵贯全境，县境内天然径流量为58.13亿立方米。三是旅游资源优势。木里县自然景观与人文习俗受外来干扰较小，保存完整，民族文化特色浓郁，开发旅游潜力很大。四是矿产资源优势。据区域地质调查和初步普查，我县铁、铜、铅锌、黄金四个矿种探明了一定的储量。自古就有“黄金王国”的美誉。

## 一、农业生产基本情况

全县国土面积1987.8万亩，其中：农业用地1042.3784万亩，有林地379.9845万亩，牧草地638.3610万亩。

现有耕地223785亩，其中：水田5354亩，占2.4%，旱地218431亩，占97.6%，农民人均耕地1.8亩。

在农业生产方面，粮食播种面积达到263655亩，粮食产量实现54617吨，全县人均粮食占有量为397.9公斤。主要粮食作物为玉米、马铃薯。两大作物年均播种面积19万亩左右，其播种面积占全县大春粮食播种面积的89%，年均总产量占全县粮食总产的75%。

## 二、农田基础设施现状

由于我县地处偏远，交通滞后，信息闭塞，群众文化素质低，农业基础设施薄弱，全县无大型的沟渠水堰塘等，耕地分散，且大多处于贫瘠的山坡上，无山水林田路的配套建设，平坝和台地只占耕地面积的0.14%，百亩以上规模连片的耕地基本没有，日常农业生产灌溉用水都沿用以前一些老的沟渠水堰塘等，年久失修，且随着耕地面积的不断扩大，目前这些过去的基础设施也远远不能满足日常农业生产用水的需要。农业生产抵御自然灾害的能力极低，基本处于靠天吃饭的局面。

农村道路建设情况：1个乡（三角桠乡）不通公路，但由于我县幅员辽阔，居住分散，交通滞后，道路质量差，县境内所有公路均为土路山路，一般乡（镇）距县城都有上百公里，边远一点的乡（镇）动辄数百公里，这给我县开展正常工作增加了巨大的成本。近年来，由于我县三大河流（木里河、水洛河、雅砻江）正在大规模进行水电开发，交通条件也随之得到逐步改善，而且基于县域经济和产业发展需要，我县正通过项目申请和社会引资逐年增大农村道路建设投入，不断改善道路交通条件。

## 三、农业发展成果

在木里县县乡两级广大农业科技人员多年不懈的努力下，农业生产各项指标逐年上台阶、破纪录。

### （一）粮食生产

全县粮食作物播种面积从1990年的221732亩发展到2011年的263505亩，增加41773亩；全县粮食总产量从1990年37093吨发展到2011年的53828吨，增加16735吨。2011年农民人均纯收入达到3540.00元。

各项农业增产技术措施的推广普及也得到了迅猛发展。杂交玉米1990年为19321亩，2011年达到75000亩，增加55679亩；玉米覆膜种植1990年5000亩，2011年达到50000亩；马铃薯基本实现脱毒化，脱毒薯推广面积达到7.88万亩，推广率98%；洋芋高厢垄作面积达到7.1万亩，占马铃薯播种面积88.7%；药剂拌种面积6万亩次；病虫害综合防治6.5万亩次；配方施肥15万亩；年培训人员6.9万人次。

### （二）果蔬生产

1990年，木里县29个乡镇蔬菜面积2034亩，全县22134户，户平不足一分地，就算是县城市场上的蔬菜供应也相当紧张且品种单一，乡镇一级基本无蔬菜供应。在县委、政府的高度重视和县农业局全体人员的共同努力下，建立了乔瓦镇娃日瓦村、下核桃湾村、波箕洛村三个蔬菜队100亩，年产菜30万斤。1990年至2011年通过21年的努力木里蔬菜有了较大的发展，至今，全县有条件的乡镇已建成蔬菜市场，建设施蔬菜大中棚400亩，小棚500亩，地膜蔬菜1500亩。全县蔬菜种植面积达0.87万亩，年产菜3.48万吨，年产值达6900万元以上。基本解决了吃菜难问题。

果树方面，1990年，全县有各类水果1760亩，主要以苹果、梨、桃、柑橘、柠檬为主，1993年后，县农业局引进种植了柑橘类果树1000余亩，苹果新品种种植2300余亩，各类小水果500余亩，使全县水果面积达到5500多亩，近20多年来，通过不懈的努力水果面积达到1.23万亩，年投产面积达

1.04万亩，产量达0.53万吨，产值达1200万元。

（三）农村能源

我县自2006年开始实施农村能源建设项目，共建设完成7208口农村户用沼气池，安装880套高效低排生物质炉，为减少森林砍伐，优化农村用人结构，改变农村卫生状况，提升藏区文明程度，促农增收起到了重要作用。

## 四、主要措施

（一）强化组织领导

为了确保每年各项粮食生产任务的完成，从县政府到乡镇人民政府逐级成立各级粮食生产领导小组，负责项目的整体动作和各部门间的协调。农业部门成立专家组，承担项目技术服务、指导、生产管理等。各乡镇成立相应的领导小组，负责本行政区域内项目的组织领导和实施。

（二）创新机制，优化服务

层层分解落实粮食生产各项目标任务，明确责任并具体到人，签订目标责任书，实行技术承包。通过明确目标责任、明确管理办法、明确奖惩措施，把农民的生产效益和技术干部的利益挂钩，激励干部群众的生产积极性。

（三）加大资金投入

近年来，县财政每年投入大量资金对我县杂交玉米良种、粮油高产创建等进行补贴。这在一定程度上缓解了农民群众的经济压力，不仅提高了农民的生产积极性，而且为粮食增产增收奠定了坚实基础。

（四）加强技术培训

由于我县是一个以藏族为主体民族，集汉、彝、苗、蒙、纳西等17种少数民族的民族聚居区，各地区各民族文化程度深浅不一，交流困难，这也给各项农业技术的推广工作造成了一定障碍。为此，培养一批少数民族技术干部，并采取以会代训、播放录像、黑板报、图画资料等多种形式对农民进行全方位技术培训，以逐步提高农民的对科学技术的感知和吸收能力。

（五）检查验收、兑现奖惩

领导小组和专家组在农作物不同的生产阶段、项目实施各过程组织相关部门、专业技术人员到乡、村、组、户进行不定期的检查和指导，以便及时发现和解决问题。并在年终对在工作中成绩突出的集体和个人进行表彰和奖励，根据年初签订的目标责任书兑现奖惩。

## 五、对今后工作的思考及建议

**（一）稳定粮食生产面积**

认真贯彻落实《国务院关于深化改革严格土地管理的决定》严格保护好耕地和基本农田，建立健全耕地保护责任目标考核体系、动态监测、预警制度。杜绝非法占用耕地作为他用现象。

面积是产量的基础。确保全年粮食播种面积不少于26万亩，提高复种指数，扩大小春作物播种面积，推动撂荒地复耕。

**（二）加大投入力度**

打好藏区牌，举好西部旗，结合实际，千方百计争取上级及国家投入，改善农业生产基础条件，抓项目，促开发，以项目支撑科技措施，以科技措施保证任务目标的实现，以改变地方财政投入严重不足的现状。用投入保证措施的落实，用措施实现农业增收。

**（三）加强农业教育和农民技术培训**

农民科技教育是农业科技扩散的基础，今天的农业教育，就是明天的农业科技，就是后天的农业经济，离开农民素质的提高，农业技术的创新和农村经济的发展就成了“无源之水，无本之木”。要重视对农民技术和技能方面的培训，把提高农民素质作为“科教兴农”、发展现代农业的一项重大措施。只有农民素质提高了，才能把科技转化为生产力，实现粮食安全生产。特别是针对木里县这样的少数民族聚居区，劳动者素质普高偏低，要让农民接受甚至吸收一些先进的理念和技术，更是需要一个长期的潜移默化的过程才能实现。

**（四）狠抓农业科技示范基础建设**

木里县的农民群众是最务实，最讲究实际，极注重经验。又相对保守，狭隘，要改变他们传统的生产方式，只有通过一些看得见、摸得着的事实他们才容易接受，所以要加强农业科技示范基地的建设，在科技示范基地建设中要充分利用典型示范、综合展示优良品种及配套高产栽培技术，开展示范性农业技术培训，促进和带动大面积的生产，这也是加快农业科技成果转化的一个重要途径。

**（五）加大中低产田土改造力度**

木里县属高寒山区，土壤贫瘠，并且大多为坡度大于25度的坡耕地，土层薄，产出率不高，综合生产能力弱。加之近年来各种化学肥料的大量施用，

不注意耕地的用养结合，完全是在一种掠夺式的方式下进行土地经营，导致土地质量下降。要提高土地单位面积产量，对现有的中低产地进行改造势在必行。也是大幅提高土地综合生产能力的一条有效的途径。

**（六）大力发展水利设施及节水型农业**

针对我县水利基础设施薄弱，加大投入力度改善现有的水利设施条件，增强低御自然灾害的能力，努力扩大灌溉面积，发展节水型农业，提高复种指数。

**（七）争取政策扶持**

自2007年起，木里县主要农作物玉米、水稻、青稞、小麦等四类作物先后纳入了国家良种推广补贴项目，一定程度上缓解了农民群众的经济压力，提高了农民群众的种粮积极性。抓住近年来国家扶持西部地区、贫困地区、特别是藏区的强劲东风，积极争取国家对木里藏区的政策支持、项目支持、资金支持，努力实现木里农业质的飞跃。

**（八）努力创新农民专业合作组织**

目前，木里县农民专业合作组织还是空白，应加快农民专业合作组织的发展，促进农业经济良性循环的运行机制，为农民提供技术、信息、资金、物资和产品销售等方面的信息，走“公司＋基地＋农户”的路子，大力发展订单农业，切实解决农民群众后顾之忧。

**（九）深化农业管理体制**

应按照建立健全农业社会化服务体系、农产品市场体系和对农业的支持保护体系要求，转变政府职能，整合行政资源，逐步建立与社会主义市场经济相适应的设置合理、行为规范、运转协调、公正透明、廉洁高效的农业行政管理体制。

**（十）实行目标管理**

目标明确，责任到位，实行目标管理责任制，一级对一级负责，形成主要领导亲自抓，分管领导全力抓，其他领导配合抓，相关部门协同抓的良好局面，广大科技干部要带着感情、带着责任，深入基层，广泛宣传，科学规划，精心组织，加强管理，大力发展木里县粮食生产，努力实现木里县农业生产的新跨越。

**作者简介：**

邓天祥，男，汉族，1964 年出生，中共党员，大学学历。现任四川省木里藏族自治县农业和科学技术局局长。

自 1990 年参加工作起，历任凉山州木里藏族自治县三角桠乡党委书记、县农业局副局长、县农机局局长等职。现任木里藏族自治县农业和科学技术局局长。

2011 年度被中共木里县委评为“优秀共产党员”，2012 年度被凉山州农业局评为综合目标考核先进单位、被凉山州科技局评为科技工作先进单位。

李彤龙，男，汉族，1968 年出生，中共党员，大学学历。现任四川省木里藏族自治县农业和科学技术局高级农艺师、农技站长。

曾获得粮食生产先进工作者，粮食生产先进个人等荣誉及多项科技成果奖。

# 调整农业产业结构<br>着力打造现代都市型农业产业园

贵州省六盘水市钟山区农业局　孙　勇

2013年上半年，钟山区农业局在区委、区政府的正确领导下，在上级业务部门的支持下，认真贯彻落实中央、省、市农业农村工作会议精神和国发2号文件精神，立足区情，扎实抓好我区农业农村各项工作，着力调整农业产业结构，多渠道增加农业投入，努力推进农业产业化进程，促进了农民收入稳步提高，保障了新农村建设工作稳步推进，在农业和农村工作中取得了较好的成绩。

## 一、主要指标完成情况

### （一）粮食生产

全区粮食播种面积22.71万亩，同比增长0.799%；粮食产量预计为23079吨，同比预增2.25%，为任务的115.39%。其中夏粮播种面积16.73万亩，同比增长0.28%，产量为10937吨，同比增长2.53%（其中马铃薯播面15.23万亩，同比增0.33%）；秋粮播种面积5.98万亩，同比增长2.05%（其中玉米播种面积4.35万亩）。

### （二）蔬菜生产

蔬菜种植面积为5.4118万亩，占任务的49.2%，同比增长15%（其中商品蔬菜基地面积为1.0464万亩，占任务的104.64%）。

### （三）肉类总产量

半年肉类总产量1.10295万吨，同比增长32%，完成年初计划的53%。

### （四）禽蛋总产量

半年禽蛋总产量1850吨，同比增长48%，完成年初计划的50%。

## 二、农业产业化工作

（一）商品蔬菜基地建设已完成1.0464万亩，占任务的104.64%。

（二）完成马铃薯种植 10.226 万亩，占任务的 102.26%；马铃薯高产示范完成 2.04 万亩，占任务的 102%。

（三）园区主导产业建设方面。完成园区生产建设投入 3955 万元；完成园区蔬菜种植 0.98 万亩、葡萄种植 0.20 万亩、中药材种植 0.25 万亩、生猪存栏 0.5 万余头；注册有“钟海”商标 1 个，建成 1 处产地农产品批发市场，装备了农产品信息发布平台和冷藏库；引进了 2 家企业入驻园区从事蔬菜和中药材种植，签约资金 1.7 亿元，已到位资金 1050 万元。

## 三、采取的主要措施

### （一）认真抓好农技推广，抓好粮食增产工程

为发挥农业实用技术的示范辐射效应，我局在大河镇、汪家寨镇和月照乡实施粮食增产工程完成 4.5 万亩（占计划的 112.5%），有效推广面积 4.05 万亩（占计划的 101.3%）；在汪家寨镇吴家寨村办高产示范样板点一个，面积 153 亩（为计划的 153%）。高产示范样板点共 6 个，其中汪家寨镇吴家寨村 2 个，面积 100 亩（为计划的 100%）；大河镇鱼塘村 2 个，面积分别为 100 亩（为计划的 100%）；月照乡 2 个，面积为 100 亩（为计划的 100%）。

### （二）大力发展养殖业

以品种改良为基础，加快养殖业发展。全区现在猪改点 53 个，种公猪 143 头，推广杂交猪 12 万头（其中三元杂交猪 10 万头）；现有牛改点 2 个，完成输配任务 113 头次，巩固全区 9 个羊改点，完成输配任务 2012 只次；推广良种禽 80 万羽；已完成人工种草 1030 亩，饲料推广 0.835 万吨、秸秆处理 0.102 万吨。

畜牧业生产预计：生猪存栏 9.1 万头，同比增长 10.3%，完成年初计划的 74.8%；牛存栏 0.78 万头，同比增长 16.8%，完成年初计划的 80%；羊存栏 0.95 万只，同比增长 8.8%，完成年初计划的 66%；家禽存栏 72 万羽，同比增长 22%，完成年初计划的 76%。生猪出栏 9.05 万头，同比增长 27%，完成年初计划 50%；牛出栏 0.165 万头同比增长 14.5%，完成年初计划 55%；羊出栏 0.785 万只，同比增长 25.7%，完成年初计划的 52%；家禽出栏 125 万羽，同比增长 29.4%，完成年初计划的 50.7%。

### （三）加强动物疫病控制工作

上半年完成猪口蹄疫 7.21 万头份，密度 100%，抗体合格率 73%；牛口蹄疫 0.51 万头份，密度 100%；羊口蹄疫 0.833 万头份，密度 100%；猪高致

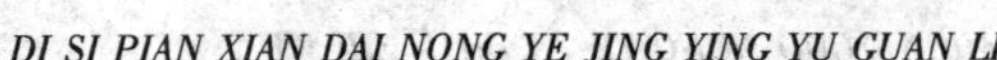

病性蓝耳病7.13万头份，密度100%，抗体合格率73%；猪瘟7.21万头份，密度100%；高致病性禽流感免疫家禽48.86万羽，密度100%；鸡新城疫47.76万羽，密度100%。全力做好H7N9疫情防控，共组织67人次排查了46个农村社区和动物交易市场、养殖场、养殖户等共302个，排查家禽15.11万羽，免疫家禽16万余只。按上级要求和工作需要储备了消毒药品1吨，酒精200瓶，药棉200包，免疫档案100册，注射器60把，针头2万枚等防疫物资。

**（四）动物卫生监督**

1. 加强屠宰工作和流通环节的检疫监管。到5月底，完成市中心区屠宰检疫猪3.146万头、牛0.004万头、羊0.017只、禽24.996万羽（检出病害猪肉14头，高温销毁处理14头）；流通环节监管工作，完成检疫生猪3.842万头、牛0.008万头、羊0.019万只、家禽26.007万羽；组织市场检查、督查20场次，参加人员40人（次）。

2. 免疫标识及溯源工作。牲畜佩带耳标共5.802万枚（其中猪4.729万枚，牛0.338万枚，羊0.735万枚），耳标佩戴数为发放耳标数的89.3%；动物标识在12个乡、镇、办开展，开展面100%；疫病可追溯体系建设工作在5个乡镇开展，7个街道办事处没有开展这项工作，开展面41.7%。

3. 能繁母猪保险工作的摸底调查从4月份就已经开始，到目前由各乡镇办报来的能繁母猪存栏数是6950头，参加投保数6466头，收取12元/头的保险费合计77616万元，平均承保率为93.06%。

**（五）保障农产品质量安全**

加强与有关部门的协作配合，严查违法案件，全区上半年共出动执法人员500余人次、执法车辆270余台次；检查市场300余场次，检查经营户600余户次；办理一般程序处罚案件8起，立案查处农资经营违法行为7起，结案4起。

对饲料、兽药、“瘦肉精”、药物残留等项目的抽检，抽检饲料10批次，合格率100%；兽药5批次，检验结果均合格。当前有9户兽药经营户正在申请通过省级兽药GSP验收。建立农作物病虫害监测点1个，农药市场建立示范户2个，农药质量抽样5个，标签抽样15个，标签合格率为100%。切实做好了全区农产品质量安全工作，确保了人民群众身体健康和生命安全。

**（六）及时落实农机政策和加强农机管理**

组织农机服务“三农”，检修农机6025台次，完成机耕面积9.0万亩，共培训各类农机人员285人次；半年共137台机具享受农机购机补贴政策，总补贴比例为50%（其中：中央补贴25%，区级补贴25%）。

截至目前，未发生农机安全事故。已年审农用车700台，签订安全责任书700份；在道路交通安全百日整顿期间共出动25次；配合交警检查农用车60辆，查处非法、违法农用车12辆。

**（七）抓好新农村项目建设**

1. 已竣工新农村建设项目有1个。投入资金29.61424万元（其中：新农村建设专项资金20万元、农户以劳以物折资5.74万元、村级领导及农户自筹资金3.87424万元），完成混凝土硬化村寨道路4282平方米，于2013年2月通过区级验收。

2. 2013年度巩固退耕还林成果基本口粮田建设项目3120亩，总投入资金187万元，项目已竣工。完成工程量主要是：（1）排洪沟1400m，完成率100%；（2）修建30m$^3$的蓄水池50口，完成率100%；（3）水桩20个，完成率100%；（4）安装田间输水管网19983米，完成率97%；（5）田间耕作便道5230米，完成率100%；（6）石灰改良土壤2000亩，完成率100%。

**（八）加强农民技能培训和扶持指导农业合作经济组织**

我区积极组织农户进行技术培训，共组织各种培训315期20456人次，发放技术资料30000余份。阳光培训共23期1350人（其中：技能培训750人，专项培训600人，为任务数的100%。继续扶持和指导好农业合作经济组织，目前农业专业合作经济组织达84家，预计发展10家农民专业合作社，目前已经发展了6家，发展会员2900余人，认真做好指导工作。

**（九）科技方面工作**

1. 知识产权工作：到2013年4月共完成专利申请40件，占全年任务的14.8%（其中发明专利9件；专利授权31件，占全年任务的41.8%）；商标注册完成40件，占全年任务46%；经区科技局、区质监局报请区人民政府同意启动了葡萄农产品地理标志保护申请工作。将区内的水矿股份有限公司机械制造分公司、六盘水宏山托辊制造有限公司列入2013年贵州省知识产权试点单位；将六盘水金星机电设备有限公司列为2013年贵州省中小企业知识产权战略推进工程实施单位。

2. 科技管理工作：加强对钟山区现代农业科技示范园管理指导；区委区政府制定出台了《关于加强科技创新工作促进经济社会更好更快发展的实施方案》，将6大科技支撑计划8大科技工程6大科技行动进行任务分解。积极推动科技项目工作，辖区内的首钢水钢集团公司、六盘水神驰生物科技公司、六盘水职业技术学院等向省科技厅申报的项目均已取得立项，共立项5个省级科技计划项目。

3. 防震减灾工作：组织了1次大规模的防震减灾现场观摩演习；组织120所学校开展防震减灾演练，开展防震减灾宣传8次，向群众发放防震减灾宣传资料8500份，接受群众咨询300余人次。

## 四、存在的问题

1. 由于城市的拓展和工业企业的发展，“菜篮子”基地逐年被压缩，新蔬菜基地开发难度大。

2. 农业基础设施相对薄弱，与农业生产要求矛盾较突出，基地发展壮大的支撑能力不强。

3. 部分农户思想观念落后，对发展农业产业建设的认识不足，参与积极性不够高。

4. 各级资金不能及时到位，影响各项工作进度。

## 五、2013年下半年工作计划

为进一步加快我区都市农业产业化发展步伐，决定对2013年农业工作打算如下：

1. 继续完成各项主要指标：粮食产量同比持平，蔬菜播种面积8万亩，畜牧业产值、畜牧业增加值同比增长10%，畜牧业产值占农业总产值比重增长1个百分点；马铃薯播种面积15万亩；农民人均纯收入增长15%；精品水果0.5万亩，商品蔬菜1万亩；创建畜禽养殖基地6个，新建规范养殖场6个，新建村级兽医室5个。

2. 全力抓好钟山区现代都市型农业产业园等建设，着力打造、巩固和完善具有一定规模和较强生产能力的产业园区。

3. 努力提高农业生产的产业化水平，大力培植加工龙头企业，积极培育合作经济组织，提高组织化程度。

4. 继续加强项目支持。坚持“产业发展，项目为先”的理念，鼓励和吸引能够提高能够带动区域布局和有效提高农产品市场竞争能力的产业项目。

# 积极探索　多措并举<br>寻求农业发展的新路子

西藏自治区加查县农牧局　索朗强久　才毛措

近年来，加查县农牧局在农牧业科技推广工作上不断进行探讨，寻求农业发展的新路子，使我县各项农牧业生产指标大幅度提高，成果显著。

## 一、加查县基本情况

加查县地处雅鲁藏布江中下游，位于岗底斯—念青唐古拉山与喜玛拉雅山大地构造的陷凹地带，属西藏东南部，总土地面积4646平方公里。全县辖安绕镇、加查镇、冷达乡、洛林乡、拉绥乡、崔久、坝乡7个乡（镇），共有77个行政村，2.16万人。总耕地面积2.39万亩，草场面积284.96万亩。目前，全县有农牧业专业技术人员和科技副乡（镇）长7名，科技明白人77名，科技特派员45名，农牧业技术推广服务体系框架已基本形成。

## 二、加查县农业生产现状

加查县是以农业为主，农牧林兼营的一个县，农牧业生产内部结构单一，经济结构不合理，粮食种植面积过大，经济作物面积较小。全年总播种面积达2.94万亩，其中秋播种植面积为1.1万亩，春播面积1.19万亩，复种5500亩，饲料作物1000亩，粮经饲比例稳定为65：22：13。粮食产量达到7949.46吨，油菜产量达403.91吨，蔬菜产量达3004吨，饲草料产量达8000吨以上；各类疫苗注射率达到了100%，新生仔畜为14649头（只、匹），新生仔畜成活率达95.3%，全年禽类养殖达20000只，年底全县牲畜存栏数达75181头（只、匹），出栏数达24608头（只），出栏率达30.41%以上，成畜死亡数达1143头（只、匹），成畜死亡率控制在1.41%以内，肉产量达到1889.72吨，奶产量达到4502.22吨，绵羊毛产量达到4.65吨。全年完成冻配1290头。

## 三、主要工作做法和取得的成效

### （一）狠抓科技工作，农牧业技术含量迅速提高

一是农牧业生产科技支撑力度不断加大。一方面狠抓了农作物新品种引进与试种工作。去年试种的陇油6号、冬麦、山冬7号、藏青320、藏冬20号等优良品种面积达124.4亩，山冬7号、藏冬20号冬小麦亩产量高达1025斤和1034斤，第一次创我县粮食作物亩产量最高水平；县政府专门拿出科技支农资金90多万元，在冷达乡嘎玛吉塘村开展了100亩试种工作，试种作物有花生、柿子 、胡麻、山楂、石榴、大枣、板栗等，在试种点引进了各类植株36500株，苗木成活率在80%以上，花生和胡麻都取得了成功，胡麻亩产量达到336斤，花生口感明显优于外地花生。另一方面从根本上解决作物品种老化退化现象。为了提高单位面积产出率，我局从地区推广中心调运了58275斤青稞优良品种和3147斤油菜优良品种进行推广，逐步从根本上解决了农作物品种老化、退化现象。二是狠抓中低产田改造及山肥下山工作。去年，我县统一下山、统一发酵的山肥达3305立方，总出资39.332万元，春播工作中沿江群众积造农家肥达4.5万吨，对4600亩农田进行了围栏，为春播工作顺利开展奠定了良好的基础。三是切实做好青饲玉米种植工作。2012年顺利完成了2100亩青饲玉米工作种植任务，超额完成了100亩，青贮饲草料达2100吨。

### （二）狠抓“三秋”工作，确保来年粮食稳产增收

重点体现在三个方面：一是在抓好秋收工作的基础上，积极做好秋翻工作，10月初秋翻面积达到2.03万亩，占总耕地面积的85%。二是积极筹措秋播农资。提前着手313吨秋播化肥的调运工作和种子筹措工作。三是做好种子的推广工作。我县去年在安饶镇和加查镇两个乡镇试种秋播新品种，在秋播种植时连片推广了藏青320品种400亩、山冬7号200亩。四是努力抓好复种工作。去年我县从地区共调运了7.35万斤复种种子，复种面积达5500亩，为农区畜牧业的发展提供了充足的饲草料。

### （三）狠抓动物防疫工作，确保畜牧业正常生产秩序

我县坚持“内防与外堵相结合”的方针，做到政府保密、部门保质量，建立免疫责任制度和责任追究制，确保免疫密度达到100%，确保全县清净无疫。加强了对重大动物疫情的监测、实行严格的疫情报告制度，切实做到了早发现、早报告、早处置、早控制。一年来共检疫猪达1800头，牦牛38头，鸡4000只以上。

**（四）全力抓好草场承包和草补工作，确保畜牧业可持续发展**

一是认真开展草承包工作，全县草场总面积为284.96万亩，其中可利用面积270.38万亩。实际承包到户冬春草场面积20万亩，夏秋草场面积20万亩，联户承包面积217.7万亩，全部划分为二等草场。二是努力抓好草原生态保护补助奖励机制工作，首批奖励资金于2012年年底在冷达乡兑现，极大地鼓舞了群众保护草原生态的积极性。

**（五）狠下灾后重建工作，确保群众正常的生产生活秩序**

2012年完成畜圈建设208座，其中新建33座，维修175座；从隆子县和乃东县购买优质奶牛207头，本县内购买犏牛239头、牦牛76头、藏香猪106头，完成购买牲畜任务的70.5%；购置农机具118台（部），完成率达到100%；106座温室的基础工作已完成。

**（六）狠抓项目建设工作，促进农牧业快速发展**

我局在“十二五”期间争取落实16个农牧业特色产业项目。“十二五”期间的第一批重点农牧业项目的前期申报工作也于3月中旬全部完成，5月底，又成功申报了沿江五乡镇农业公共服务综合站建设项目，2个优质蔬菜生产基地项目于10月份开工建设。

**（七）统筹兼顾，努力做好其他工作**

一是分步做好防抗灾工作。二是全力做好今冬明春防抗灾工作，农牧局调运了45.6吨精饲料，作为今冬明春的防抗灾应急物资。三是扎实做好2012年虫草采集管理工作。虫草采集期间，全县20个清山工作组133人扎根采集一线，在12个虫草采集点开展清山工作。虫草采集人数达8017人，发放采集证8017本，成功劝退外来采集人员565人，全县共办理虫草经营许可证356户。另外，解决了以往虫草采集管理中的遗留问题，对因虫草产区误食垃圾而死亡的牲畜给予补贴，补贴资金达89.284万元。四是高度重视农民科技培训工作。根据我局2012年工作计划，全年内举办了春秋农民科技培训5期（2期科技明白人培训、2期兽医培训、1期沼气培训）。五是创造性开展和完善村级科技明白人队伍建设。从77个行政村中选聘了77名科技明白人与23名科技特派员一起服务于各村的农牧业生产工作。7月份开展了培训工作，年底对科技明白人和科技特派员进行了年终考核。

在肯定成绩的同时，我们也清醒地认识到，我县农牧业发展还存在以下问题，主要体现在：一是农牧业基本技能培训力度不够，农牧民群众摄取的现代农业信息量较少。二是县兽防站严重缺乏专业技术人员。三是项目后续管理工作力度不强。四是群众受虫草采集收入的影响，发展禽类养殖存在一定的难度等问题。

# 加快产业结构调整<br>促进江孜县畜牧业健康持续发展

西藏自治区江孜县农牧局　边　罗

## 一、指导思想

2013年我县农牧业工作的总体思路是：深入贯彻落实党的十八大精神，以科学发展观为指导，认真贯彻落实中央农村工作会议、中央一号文件精神及区地两级涉农工作会议精神，按照一稳、二扩、三突、四保、五重的方针开展各项工作。一稳：稳定粮食产量；二扩：扩大经济作物面积，扩大饲草种植面积；三突：突出科技推广，突出特色产业，突出农牧民专业合作组织；四保：确保现代农牧业建设迈出新步伐，确保农牧业项目建设有新突破，确保各项支农惠民政策落到实处，确保农牧民收入明显提高；五重：重点抓好五大基地建设，即青稞生产基地、畜牧业生产基地、蔬菜生产基地、农机示范基地、农村户用沼气示范基地。

## 二、目标任务

主要目标任务为：落实农作物播种面积16.19万亩，粮：经：饲三元比例为54:24:22，粮食产量达到12000万斤，油菜1240万斤，蔬菜5300万斤，饲草料产量达5000万斤。年末牲畜存栏量控制在32万头（匹、只）以内，新生仔畜成活率达到93%以上，成畜死亡率控制在1.1%以下，出栏率达到44.7%以上，肉、奶产量分别达到3100吨和17500吨。

为确保我县农牧业各项工作目标任务顺利完成，我县将着力抓好以下6项工作。

### （一）狠抓各项综合措施落实，促进种植业再上新台阶

#### 1. 狠抓粮食生产

一是严格落实青稞种植面积8.65万亩，其中优质青稞7.5万亩；小麦种植面积0.78万亩，其中优质小麦0.7万亩；油菜种植面积1.9万亩，其中优质油菜1.2万亩。二是扎实落实好“双脱”工作。对2012年重发区耕地采取

"扎扭"措施，要求2013年大田每平方米不超过3株。三是积极深入田间地头开展病虫害综合防控工作。吸取2012年我县农作物普发蚜虫的教训，提前制定2013年病虫害应急预案。由县农牧综合服务中心牵头派出技术员，组织各乡镇政府科技特派员、技术指导员及农牧民进行"统防统治"。四是积极加强种子工程，种子精选率达到100%；种子包衣工作将0.6万亩二级种子田、1.5万亩青稞新品种及黑穗病重发区金嘎乡、日朗乡作为重点，种子包衣率达到100%。

2. 强化科技在种植业中的主导地位

一是继续加大测土配方工作，2013年在全县建立9个田间肥效实验点，并推广1.5万亩测土配方施肥示范区。二是积极示范推广青稞新品种，其中藏青2000播种面积1万亩，喜拉22号播种面积0.5万亩。三是落实二级种子田0.6亩，分别在江孜镇、年堆乡、车仁乡集中连片种植。农牧局将加大种子田的建设及监管力度，做到"八个统一"，统一供种、统一去杂精选、统一包衣、统一整地播种、统一肥水管理、统一技术培训、统一病虫害防治、统一机械收获，并与相应乡镇签订目标责任书。四是创建5.65万亩标准化生产与高产示范田，其中春青稞5.5万亩，品种为藏青320号；冬小麦0.15万亩。品种为山冬6号。五是积极实施保障品种区域试验示范工作。承担自治区安排的春小麦、春青稞、春油菜三大作物28个品种，84个小区的品种试验示范工作。六是继续加大科技培训力度，2013年拟计划落实种植业科技培训2.8万人/次。

3. 扎实落实基层技术推广体系改革与建设补助项目

2013年我县着力建设好四支队伍：一是组织管理队伍，二是专家队伍，三是技术指导队伍，四是示范户队伍。同时，严格落实绩效考核的方法兑现补助，拟聘请10名专家、30名指导员、遴选300户示范户。充分发挥该项目的优越性和实效性，打造江孜农业强县的新亮点。

4. 强力推进农业机械化进程

一是积极争取农机购置补贴资金，加快我县的农业机械化步伐。二是借鉴兄弟县经验，以"合作组织+农户"的模式，在年河乡镇大力推广农业机械化，山沟乡镇进行试点推广。三是将补贴的重点向大中型农机具倾斜，2013年计划扶持补贴购置10台大型联合收割机，将紫金乡努堆村打造成我县第一家农业机械专业合作组织。四是提高农机三项作业率，其中机耕70%以上，机播80%以上，机收80%以上。

5. 人影工作稳抓不放松

一是6月下旬到9月下旬是我县的冰雹频发期，为了降低雹灾造成我县

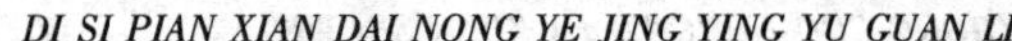

种植业减产绝收的危害，2013 年人影工作不容松懈，7 月之前人员培训、设备检修等准备工作必须完成，7 月初所有高炮进入炮点。二是 2013 年全县参加农业保险资金达 160 多万元，要求各乡镇设立农保协管员，发生灾害后 24 小时内上报县农牧局，农牧局以电话形式上报地区保险公司，及时进行勘察理赔，做到受灾农户减产而不减收。

6. 加强对有毒有害农资的监管

农牧综合服务中心将所有有毒有害农资进行造册登记，并与各乡镇人民政府签订农药安全使用目标责任书，做到安全使用各项农资，杜绝群体危害事件的发生。

**（二）抓好常规，突破重点，确保安全，推动畜牧业经济健康、持续发展**

为了进一步改善农牧民生产生活条件、增加农牧民收入，畜牧业工作必须抓紧、抓实、抓出成效。针对我县畜牧业发展现状，特制定 2013 年具体措施：

1. 畜牧业增收关键在于春季的接羔育幼工作

严格落实饲草料及接羔所需药品器械等物资，保障技术服务，提高新生仔畜的成活率，使 2013 年新生仔畜成活率达到 93% 以上。做好春季防抗灾工作，按照“以人定燃料，以畜定饲草料”，饲草一只绵羊单位不得少于 10 公斤。

2. 扎实落实好 2013 年草奖工作和减畜任务

年内全面实现草畜平衡的目标。县农牧局与各乡镇签订减畜目标责任书，将责任落实到乡、村、户、人，全县 2013 年年末牲畜存栏量控制在 32 万头（匹、只）以内，12 月初完成 2013 年牲畜清点任务。

3. 坚持“预防为主、防治结合”的方针

做到三原则，一是乡镇政府保密度，二是技术员保质量，三是村委会保证防疫档案完善，实现乡不漏村，村不漏户，户不漏畜，畜不漏针，针不漏剂，切实做好春秋两季各种疫苗的注射工作，使全县重大防疫密度达到应疫牲畜的 100%。

4. 积极推进牲畜良种化

加快畜种改良步伐是推动我县畜牧业发展的一种投资少、见效快的重要途径。年内种羊和种牛引进及内部调剂达到 1600 只和 88 头，完成 2013 年黄改 10294 头，其中动配 6000 头，绵羊改良 16830 只。

5. 实施短期育肥，加大畜牧业结构调整力度

做到“一变、二高、三发展”。一变：冬圈夏草；二高：良种化程度高，

能繁母畜比例高；三发展：突出发展以奶牛养殖和牛羊短期育肥为特色的畜牧业，大力调整农牧区畜牧业结构、进一步扩大人工种草面积，2013 年种植饲草料面积 35282 亩，将玉米、苜蓿、箭舌豌豆作为重点种植品种。

6. 加大科技培训力度

科学技术是第一生产力，要想推动我县畜牧业又好又快发展，必须抓好现有乡村兽医及农牧民技术培训工作。年内计划完成畜牧业技术培训 9182 人/次。

7. 加强综合执法，确保农畜产品质量安全

全面贯彻农产品质量安全法，加大农畜产品质量安全宣传教育力度，营造合法经营、依法维权、安全消费的舆论氛围；组织动植物检疫执法人员，加大对农畜产品市场、运输、屠宰、加工等环节的检验、检疫和监督力度，严把源头关、基地关、市场关，确保上市农畜产品的质量安全。

**（三）加大菜篮子工程建设力度，适度发展反季节蔬菜温室大棚**

2013 年我县将在原有项目基础上积极争取新项目，将新建温室大棚 100 座。巩固江孜镇拉则居委会塑料温室大棚，延伸紫金乡、江热乡和热索乡大棚蔬菜基地，提供技术指导和技术培训，将基地做大做强，丰富全县人民群众的菜篮子，提高基地村的农牧民收入。

**（四）积极争取项目，努力改善基础设施，发展特色产业**

围绕产业布局和资源优势，本着“区域集中，重点突破”的思路，以优质青稞、大棚蔬菜、畜禽养殖等农副产品为重点，大力发展特色产业项目，形成既有特色和品质优势，又具备较强规模的优势产业。做到重申请严管理，实行责任制管理，后续管理由各个乡镇负责，项目村管理，县农牧综合服务中心负责技术服务，县农牧局督促检查效益评估，要确保建成一个项目发展一个产业，增收一方百姓。坚决杜绝勤申请，轻建设、松管理的现象。2013 年以青稞生产基地项目为主，积极争取基础特色农牧业等项目，为现代农牧业夯实基础，力争农牧项目投资 5000 万元落地江孜。

**（五）进一步加大农村户用沼气建设和后续管理**

2013 年沼气工作着重做好以下几个方面：一是加大宣传力度，全面完成沼气新建任务，创造美好的舆论环境，不断提高农户对沼气的认识程度。二是建立以乡镇服务站为龙头，以村服务组织为支点，以农村服务人员为基础的农牧区沼气服务体系。三是聘请专业技术员对我县各乡镇沼气服务站的技术员进行专业培训一次，提高业务能力。四是进一步加大我县农村户用沼气的建设力度，按照《2013 年江孜县“9. 18”地震受损农村沼气重建项目实施

方案》要求年内完成玻璃钢沼气1786户，实现每个乡镇建立1~2沼气示范村的目标。

**（六）抓好培育扶持农牧民专业合作组织工作**

加大《专业合作组织法》的宣传力度，提高农牧民群众和各专业合作组织依法办事的能力。努力抓好农牧民专业组织的指导与服务工作，规范行业行为，加强行业交流，完善服务功能，依靠专业化、规模化、信息化增强行业竞争能力，促进专业合作组织效益的发挥。按照“先组建、后规范”的原则，加快发展农牧民专业合作社，帮助完善有关制度，使其制度化、规范化。

2013年我们将巩固好江孜镇东郊村奶牛合作社，搞活紫金乡努堆村奶牛养殖协会，壮大康卓乡、藏改乡绵羊改良基地，进一步扶持热索乡养猪协会和金嘎乡噶西村的犏牛繁育基地。推广“基地+协会+农户”、“能人+协会+农户”发展模式、推行“一乡一色、一村一品”工程，进一步提升我县特色养殖业，增加农牧民收入。

## 三、组织管理

**（一）加强组织管理**

实行行政领导负责制，技术专家负责制，技术干部包干负责制。县政府成立由主管农牧副县长为组长，农牧局局长为副组长，农牧局副局长、农牧综合服务中心主要领导及19个乡（镇）人民政府乡（镇）长为成员的领导小组。各乡镇也要根据2013年的工作要求，成立相应组织机构，分解工作任务，明确目标责任，切实有效地推进2013年的农牧业工作。

**（二）加强实施管理**

一是按照计划扎实落实各项工作。二是建立健全惩奖机制，要实行目标管理，做到奖罚分明，充分调动工作积极性。

**（三）加强进度管理**

各乡（镇）根据实际情况，做好相应工作。同时根据农事季节和工作经度情况，农牧局对各乡镇开展定期、不定期督察，及时发现新情况、解决新问题，确保我县2013年农牧业工作顺利推进，并达到预期目标。

## 四、存在的问题和建议

1. 建设农业标准化园区：江孜县作为全区农业大县，拥有广阔的农田，但至今还未向农业强县跨进，主要原因在于基础设施薄弱、农业科技水平低、缺少规模化生产以及耕地利用率低，所以建设农业标准化园区势在必行。园区通过“农户+基地+合作社+园区”的运行方式，把原本粗放型经营转变为集约型经营，提高耕地的利用率，主要通过建设蔬菜种植基地、牲畜养殖基地、特色产业基地、农技人员培训基地等，在合作社的带动下，从生产、加工、运输、销售等环节上形成一体化经营，并不断扩大规模和销售途径，发挥好示范园区给农户带来经济收入的提高。

2. 农业机械化程度低：要实现城乡一体化，就必须解放生产力、把剩余的劳动力转移到城镇。我县农村人口占全县人口的80%以上，每年春耕和秋收需要耗费大量的劳动力，主要原因在于农业机械化程度低，虽然我县从2006年享受国家农业机械政策性补贴，至今已有7年，但覆盖率低，远远满足不了农业机械化的要求，并且每年购置的农机具主要以小型机具为主，从去年开始引进大中型机械，若仅仅依靠农业机械政策性补贴，我县离实现农业机械全程化遥遥无期。

# 深化农牧业结构调整　扩大特色业规模

西藏自治区萨嘎县农牧局　索朗赤列　李华波　李　文

为了确保我县农牧民经济收入更好更快发展，积极推动农牧民增收情况。我局将认真贯彻党的十七大精神，坚持以增加农牧民收入为中心，立足区域特色和资源优势，按照种养业协调发展，一、二、三产业全面进步的要求，依靠科技，努力搞活我县的农牧业经济。以发展特色产业及产品为突破口，坚持产业化经营发展方向，着力培育农牧业经济新的增长点，推动农牧业增效，促进农牧民增收，为大力推进跨越式发展、为全面建设小康社会新胜利奠定好基础。

近几年来，我县农牧业经济保持了良好的发展态势，呈现出农村经济总收入不断增长、农牧业稳定发展、结构进一步优化、农牧民收入持续较快增长的特点。

## 一、萨嘎县基本情况

萨嘎县是西藏自治区西南边陲的一个县，是日喀则地区西部三县（仲巴、吉隆、萨嘎）的中心，是通往阿里地区的要塞，边境线长 105 公里。全县总面积为 1.24 万平方公里，平均海拔在 4600 米以上。全县下辖 8 个乡（镇），共有 38 个行政村。截至目前，全县农牧业经济总收入为 5249.13 万元，农牧区总人口为 2374 户 11570 人。

种植业稳定发展。全县继续深化种植业结构调整，高度重视粮食特别是青稞生产安全，不断提高种植效益。全县共落实各类农作物播种面积 7213.46 亩，各类农作物长势良好，全县粮食总产量与去年相比有较大增产。

特色业规模逐渐扩大，效益日渐凸显。从 2005 年的示范户到如今的白绒山羊示范基地和扩繁场，养殖规模已经从当初的 10 户 1900 只增加到现在的 179 户 5567 只。2013 年我县的特色业主要有藏西北绒山羊基地建设项目。项目土建工程已全部完成。所需基础母畜也已准备就绪，棚圈、羊圈、草棚等基础设施建设已经完工，种公羊引进由于受阿里小反刍兽疫疫情的影响，延迟到 2013 年引进。

畜牧业不仅能够促进粮食转化，缓解我县粮食阶段性供求矛盾，而且能够带动种植业结构调整，带动相关产业的发展，增加农产品附加值，提高农牧民收入。我们在积极发展农区畜牧业的同时，加大了畜种结构调整力度，采取示范、引导、教育、对比的方法，有计划地逐步改变“小而全”、马属动物居高不下、饲养管理水平严重滞后的传统方式，把畜种朝良种化、专业化、规模化、市场化的方向上调整。

## 二、大力发展以特色农畜产品加工为主的乡镇企业和多种经营

1. 推进产业化

充分利用农畜产品、民族手工业和资源优势，规划、建立特色产品基地，采取适宜方式，重点扶持几家具规模的特色农畜产品加工企业，扩大其规模。

2. 继续把劳务输出作为增加农牧民收入的重要措施

进一步加强对劳务输出工作的领导，积极探索政府引导、能人带动、企业支持的劳务输出机制。完善和落实向工程建设输出劳务的方法和措施。

## 三、科技培训情况

采取集中培训和议会代训及以劳代训的方式，共培训乡村干部 19 人，乡村技术人员 139 人，户主培训 580 人，劳力培训 786 人，通过各种方式接受培训的农牧民约 8000 人。着力开展了农牧科技培训，2013 年会更加注重，为切实提高农牧民生活保障打下坚实的基础。

## 四、存在的困难和不足

第一，我县各乡镇大多自然条件差，散落在大山的沟壑里，位置偏僻，道路不畅，土地贫瘠，缺水少电，客观上导致经济贫困落后。第二，这些自然村落人口较少，所获得的教育、文化、卫生等社会公共资源相对匮乏。第三，常年在村固定居住的以老弱病残居多。第四，基层组织管理弱化，带领群众致富能力不强，传统产业增收无望，农牧区发展的生机不够明显。

## 五、意见与对策

1. 农牧业产业化工程

多年来，上级有关部门不断扶贫济困，但如何才能变“输血”为“造

血”呢？根本的出路是要以科学发展观为指导，因地制宜，实现农牧业产业化，着力夯实农牧业产业基础地位，实现农牧业增效、农牧民增收、农牧区发展的目标。产业化方式通过将产、供、销联合起来，比较好地解决了小农生产与大市场之间的矛盾。在农牧区，首先要由有关农牧业部门聘请专家根据当地的地理、土地、气候等条件以及我县农民传统种植青稞类、豆类、薯类等的优势和处于西部三县中心的区域优势，确立农业发展的主导产业并相应发展与之相关的农畜产品加工业，研究提出该区域优势农畜产品的开发战略，依据项目开发建设形成特色，金融部门要大力支持。其次，联系挂靠龙头企业。按照“公司 + 农户”、“公司 + 基地 + 农户”或“公司 + 行业协会 + 农户”产业化模式，作为产品或原料基地的形式加入到其他地区的龙头企业中去。另外也可以积极发展农畜产品加工或农畜产品流通业，形成一种“县举龙头、乡村建基地、农户齐参与”的农牧业产业化新格局。

2. 农牧民就业工程

农村剩余劳动力向非农业和城镇转移是农民增收的直接途径和重要渠道，是促进城乡经济社会协调发展，全面建设小康社会的庞大战略，是实现增收致富的快捷方式，是走向工业化、现代化的必由之路。当前，我县农牧区中青壮年劳动力大多数属于自发性半就业，或季节性临时就业状态。农民工似乎成为两栖人，农忙回家种地收庄稼，农闲进城务工赚钱，他们当中的80%没有进行过专业技能的专门培训，综合素质不高，还不能适应进城就业的要求，难以长期融入城市的正常生活，进城做工只能做些粗活、累活，影响了就业的空间和收入水平的提高。因此，农民就业工程分两个步骤：一是实用技术培训，采用财政资助、集体扶持和个人缴费的方式开办培训班，重点选择简便易学、实用性强的技术对农民进行再就业培训，如特殊种养技术、建筑、烹饪、理发、家政服务，使他们拥有一技之长，促进劳动力逐步从土地上解放出来，使更多的农民外出务工能够端上“技术碗”，吃上“手艺饭”；二是就业信息收集与发布，由县政府出资建立就业信息机构，定期向辖区内村民分布劳动力需求信息，扩大农民就业范围并使他们能够充分就业。

**作者简介：**

索朗赤列，男，藏族，1973年9月出生，中共党员，大学学历。现任西藏自治区萨嘎县农牧局局长。

自参加工作起，历任萨嘎县达吉岭乡科技副乡长，萨嘎县昌果乡乡长兼书记，萨嘎县国土局局长等职。2012 年至今，任萨嘎县农牧局局长。

李华波，男，汉族，1984 年 6 月出生，中共党员，本科学历。现任西藏自治区萨嘎县农牧局副局长。

自 2007 年参加工作起，历任萨嘎县国土资源局科员，萨嘎县拉藏乡人民政府副乡长等职。2011 年 5 月至今，任萨嘎县农牧局副局长。

李文，男，汉族，1985 年 5 月出生，中共党员，大学学历。现在西藏自治区萨嘎县农牧局工作。

# 狠抓农业产业转型升级　大力推进现代农业建设

陕西省子洲县农业局　张飞国　李建国　姚　磊

子洲县位于榆林市南缘，1944 年从绥德、米脂、清涧、横山等县划地建县，为纪念革命烈士李子洲而命名。全县总面积 2042 平方公里，辖 11 镇 3 乡，550 个行政村，11 个居民委员会，总人口 31.55 万，其中农业人口 29 万。耕地面积 103 万亩，年平均气温 9.3℃，无霜期 170 天，降水量 427.5 毫米，属典型的黄土高原旱作农业区。2012 年完成县内生产总值 40.2 亿元，农业总产值 14.0797 亿元，同比增长 20.8%，其中农业产值 9.3579 亿元，农民人均纯收入 6582 元。

## 一、农业农村工作情况

近年来，我县大力发展玉米、大豆、羊子、马铃薯四个主导产业和蓖麻、黄芪、山地苹果、小杂粮四个特色产业，推进旱作农业和特色产业规模化、标准化、产业化。形成了以“陕西省淮宁湾现代农业示范园区、榆林市天河现代农业园区为主体，子洲县清水沟村生态农业示范园和南洼村白绒山羊产业示范园为两翼”的格局，辐射带动全县农业发展。一是加快推进新农村建设步伐。以新农村建设统揽农业农村工作全局，注重产业发展，创新发展模式，扎实推进新农村建设。2012 年总投资 1462.43 万元，实施了 19 个新农村建设项目；狠抓了 156 个示范村村容村貌综合整治工作。二是旱作农业建设成效显著。2009 年全省粮油高产创建活动中，我县创造了旱地大豆万亩、千亩和绿豆千亩、百亩平均亩产 4 项全国高产纪录，被农业部授予“全国粮食生产先进县”，2008 ~2012 年连续五年粮食总产稳定在十万吨以上，提前实现了省农业厅规划子洲县 2020 年粮食产量达到 10 万吨的目标。2012 年 5 月被认定为“陕西省现代旱作节水农业示范县”。2013 年财政预算农业总支出 1.6 亿元，其中县本级财政支出 6000 万元，计划完成农作物总播面积 71 万亩，其中春播玉米面积 14.5 万亩（其中完成全膜双垄沟播玉米 4 万亩，双沟覆膜玉米 3.2 万亩），较 2012 年增加 5.6 万亩。三是畜牧产业化势头良好。2011

年以来，县政府加大畜牧产业化建设扶持力度，安排专项资金800多万元扶持畜牧产业化建设，带动民间投入资金2600万元，畜牧产业化建设发展势头良好。两年共新建成了中小规模养殖场118个，2012年畜牧业产值4.0034亿元，较2010年增长了90.6%，占县内生产总值的10%。四是扶贫开发工作成效显著。2011年以来，共安排搬迁贫困人口3347户、11924人。配套产业平整土地500亩，修灌溉蓄水池1座，建成10亩养羊场1座、鱼池6座，扶持企业及专业合作社13个。五是基础设施逐步完善。治理水土流失、兴修高质量基本农田，夺得省政府水利振兴杯“十连冠”，并荣获全国水利先进县。累计实施通村县乡公路115.1公里、通村油（水泥）路189.65公里、通达工程967.45公里，实现了乡乡通油路、村村通公路目标。新建改造低压线路191.12公里，行政村改造面达到99.09%。积极开展三年植绿大行动，狠抓林业生态工程建设，全县森林覆盖率达22.6%。六是农副产品精深加工取得突破性进展。三丰、富华、鼎盛、天赐等农副产品精深加工龙头企业逐步壮大，元嘉糠醛、正泰饲料、正谷油脂等一批新的涉农企业正在培育。

## 二、旱作节水农业发展情况

近年来，县委、县政府始终把旱作农业工作放在突出位置，精心组织，逐步探索出了一条“调结构、兴科技、集雨水、促增收”的现代旱作节水农业新路子，实现了由被动抗旱向主动抗旱、由传统抗旱向科学抗旱的转变。2003年至2012年，累计建设旱作农业核心示范田22.5万亩，引进、示范、推广马铃薯、大豆、玉米等农作物新品种24个，配套推广了地膜覆盖、沟垄种植、测土配方施肥、病虫害综合防治等旱作农业集成技术。粮食总产由2003年的3.2万吨增长到2012年的11.09万吨，累计增产粮食12.7万吨，总增产值5.54亿元，亩均增加产值246.3元。

2012年，我们按照“典型引路、示范带动，突出重点、全面推进”的基本思路，强力推进子洲现代旱作节水农业示范县建设。累计投入资金2900万元（其中县财政投入专项资金1260万元），共建设旱作农业示范区8万亩。示范区建设过程中，一是科学统筹规划。入春以来，及早着手抓规划，先后邀请了省土肥站、农技总站、市农业局、市农技中心和市农科院等单位领导、专家，对我县旱作节水农业进行了全面规划。二是加强组织领导。县委、县政府把旱作农业项目作为全县农业农村工作的重点工程来抓，县、乡主要领导和广大干部群众齐心协力，积极参与，形成了“省市县联建、以县为主、乡镇配合”的工作机制。三是加大宣传力度。县、乡镇和示范村积极配合，密切协作，层层召开动员会，做到了宣传工作的全覆盖。四是加大扶持力度。立足县情，结合实际，制定了多项优惠政策。仅2013年示范区建设累计为农民提供玉米良种112吨、马铃薯良种2000吨、绿豆20吨、大豆良种40吨；提供地膜188吨、化肥7729吨、农药134吨、各类农机具1442台（套）。五是强化技术服务。先后多次邀请了省土肥站、农技站有关专家来我县实地指导、培训。抽调了100名技术人员，包村蹲点，形成了技术培训到农村，技术服务到农民的服务机制。累计举办培训120场次，受训农民12000余人，印发资料30000余份。在2012年遭受十年不遇的严重春旱且旱情持续时间较长的情况下，旱作农业示范区农作物长势良好，呈现出显著的集雨保墒、抗旱增收势头。预计示范区可总产粮食2.63万吨，增产7300吨；总产油料1400吨，增产560吨；总产中药材500吨；可实现产值1.04亿元。

## 三、现代农业园区建设情况

近年来，我县狠抓农业产业转型升级，加快转变农业发展方式，大力推进现代农业园区建设工作。投资2955万元，建成了陕西省淮宁湾现代农业园区，2011年7月，被认定为全省首批启动建设的25个省级现代农业园区之一，2012年，被省农业厅和榆林市农业局分别认定为“陕西省现代农业科技实训基地”、“榆林市旱作农业科技实训基地”，已成为一个集试验示范、农民培训和休闲观光为一体的旱作农业科技示范基地。榆林市天河现代农业园区及子洲县清水沟村生态农业示范园和南洼村白绒山羊产业示范园业已建成，初步形成了“省市园区为主体，县级园区为两翼”的格局，辐射带动全县农业发展作用明显。下一步，我县将着力培育淮宁湾麻塔万亩核桃基地、何家集旱川地粮油高产示范园区、电市旧水库土地复耕区等园区，加大园区示范力度，推动全县农业农村工作迈向新台阶。

## 四、存在的问题

一是资金投入不足。我县2013年地方财政收入5350万元，总量偏小。安排旱作农业示范县建设1260万元，仍有资金缺口1640万元。我县有水浇地面积5.4万亩，目前可灌溉面积0.6万亩，旱作节水农业基本条件落后，集蓄水工程亟待修缮，滴灌、喷灌、渗灌等现代节水灌溉发展滞后，完善旱作节水农业基础设施缺口资金4800万元。农业机械化投入、普及较低，农机具技术含量低、种类不全，生产仍以人力为主，劳动强度大，利用率、作业效率和生产效率相对较低，农业机械化投入缺口资金较大。

二是旱情严重。自去年冬季以来，我县降雨持续偏少，出现了冬春连旱的严重旱情。据气象部门统计，截至2012年6月19日，全县降雨量较正常年景减少6成左右，到6月20日农作物入种面积51万亩，20万亩正在组织入种秋粮。初步评估，旱灾造成粮食减产36300吨、直接经济损失约9645万元，现需投入抗旱经费500万元。

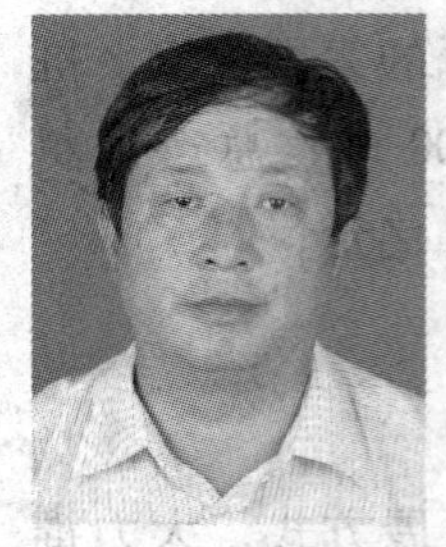

**作者简介：**

张飞国，男，1962年出生，大学学历。现任陕西省子洲县农业局局长。

自1983年参加工作起，历任子洲县李孝河乡副乡长，子洲县三眼泉乡副书记，子洲县周家硷镇镇长，子洲县电市镇、苗家坪镇党委书记，子洲县卫生局局长等职。2012年9月至今，任子洲县农业局局长。

李建国，男，1973年出生，大学学历。现任陕西省子洲县农业局总农艺师。

姚磊，男，1980年出生，大学学历。现在陕西省子洲县农业局工作。

# 完善稳定农村基本经济制度和政策<br>贯彻农业可持续发展战略

甘肃省天水市秦州区农业局　张　良

秦州区农业局地处秦州区环城西路5号，全局下设能源办、经管站、农业综合执法大队、农机监理站、农广校、土肥站（农环站）、植保站、农技站、农机管理站、质检总站，经作站、种子管理站、西十里良种场14个站校场，现有干部职工252人，主要职能：贯彻执行国家关于农业和农村经济发展的方针政策和法律法规，研究提出全区农业和农村经济发展中的对策和措施；研究拟定全区农业和农村经济发展战略、中长期发展规划和年度计划，经批准后组织实施；研究拟定农村奔小康、农业现代化建设的规划、措施并组织实施；研究深化农村经济体制改革的意见，指导农村改革试验区工作；指导农业社会化服务体系建设和乡村集体经济组织、合作经济组织建设；完善稳定农村基本经济制度和政策，指导、监督减轻农民负担、耕地使用权流转工作，调节农村经济利益关系；指导协调菜篮子工程和农业生产资料市场体系建设；贯彻农业可持续发展战略，负责农业资源区划、生态农业工作；指导农用地、宜农滩涂、农村可再生能源的开发利用以及农村节地和农业生物物种资源的保护管理；组织实施农业重大科研项目攻关和国内外高新技术、先进实用技术的引进、示范、推广工作；组织实施农业方面的国家、省和行业标准，拟定县级技术标准和产品质量标准；组织协调农业环境监测和农产品、农业投入品质量监测、鉴定和执法监督管理，组织农业种子、农药、有关肥料等农产品的登记工作；组织指导市内植物防疫、检疫工作；组织实施农业名牌产品认定、申报和有机食品、绿色食品、无公害产品认证及农业植物新品种保护工作；组织指导、监督全区农业机械管理（包括农用运输车管理和安全监理）工作；承办区委、区政府交办的其他事项。

## 一、粮油种植

农作物播种面积109.75万亩，其中粮食作物69.89万亩；经济作物24.13万亩（油菜13.5万亩，胡麻1.5万亩，葵花2.7万亩，其他油料0.7

万亩，中药材5.73万亩），蔬菜15.03万亩，瓜类0.2万亩，其他0.5万亩。粮食总产量19.88万吨，较上年增长3.8%；油料总产量2.05万吨，较上年增长3.5%。

**（一）粮油高产创建**

2012年我区积极开展了粮油高产创建活动，一是冬油菜高产创建项目。该项目主要在太京、藉口2乡镇实施，完成面积13610亩，建立万亩示范片1个，万亩示范片区平均亩产169.3公斤，较每亩160公斤目标产量亩增产9.3公斤，增幅5.8%，该项目已顺利通过省上验收。二是玉米高产创建项目。2012年省上下达我区玉米高产创建项目任务1万亩，实际完成11200亩，超额完成1200亩，分布在平南镇的26个行政村36个村民小组，示范区平均亩产737.5公斤，较去年该片区玉米平均亩产692.30公斤增产45.2公斤，增幅6.53%，实现了带动高产创建示范片玉米亩增产5%以上的目标，并顺利通过了省级测产验收。三是冬小麦高产创建项目。省上下达2013年冬小麦高产创建项目任务1万亩，完成冬小麦高产创建良种播种面积14600亩，涉及藉口镇26个行政村2940户农户。目前冬小麦出苗整齐，技术人员正在指导项目区农户进行越冬前的田间管理工作。

**（二）良种引进**

主要粮食作物良种率在95%以上，其中小麦良种率达96.3%，玉米良种率100%，马铃薯脱毒种薯率100%，胡麻良种率100%，油菜良种率100%；完成国家优质小麦良种补贴33.6万亩，玉米良种补贴18.7万亩，小麦良种繁殖面积3.2万亩；完成马铃薯脱毒种薯推广面积12.35万亩，脱毒种薯普及率100%，马铃薯良种繁殖面积1.262万亩。

**（三）科技措施推广**

完成全膜覆盖双垄沟播栽培面积15.3万亩，比任务15万亩多0.3万亩，占任务102%，建立天水—华歧、汪川—大门、平南—齐寿、牡丹—秦岭、藉口—关子5个万亩片区和15个千亩示范点，14个500亩示范点，项目田全膜覆盖率、良种率、统供率和玉米种子包衣率均达100%，该项目已顺利通过省上验收。完成示范推广测土配方施肥面积81.2万亩，建立4个区级测土配方智能化配肥施肥示范点和30个测土配方施肥试验点。完成无公害农药防治面积20.9万亩，生物农药防治6.5万亩，完成苹果蠹蛾监测点30个，监测面积1800亩。完成各类农作物病虫害防治379万亩次，全区小麦条锈病防治43万亩次，防治覆盖率100%，全区重大病虫害造成的损失控制在2.6%。

## 二、蔬菜产业

全年蔬菜种植15.03万亩，其中设施蔬菜1.05万亩（日光温室0.18万亩、塑料大棚0.49万亩、小拱棚0.38万亩），地膜蔬菜9.56万亩，露地蔬菜4.42万亩；全年完成复种地膜菜瓜和架豆王2.5万亩，完成地膜早洋芋种植2.1万亩。主要种植航椒、韭菜、芹菜、番茄、大蒜、胡萝卜、茄子、甘蓝、大白菜等作物，每棚番茄平均产量1800公斤，收入2800元；辣椒平均产量1100公斤，收入2900元；韭菜平均产量800公斤，收入2600元；芹菜平均收入3200元。已基本形成了以城郊精细菜为主，多品种布局，周年生产，四季合理搭配的生产格局。

### （一）菜篮子基地建设

加快“菜篮子”基地建设规模，确保蔬菜有效供给，河川道区新建大棚1380亩，玉泉镇多家庄新建大棚260亩，中梁乡李家庄、红卫等村新建大棚360亩，汪川镇柏家沟、斜坡新建塑料大棚120亩，平南镇王坡新建高标准双层钢架大棚30亩，娘娘坝刘家河新建塑料大棚50亩，全区其他乡镇新建大棚310亩。

### （二）品牌创建

2012年，新增无公害蔬菜产地认定0.7万亩；新增天水镇嘴头无公害辣椒、番茄产品认证2个。截至目前，全区认证无公害农产品基地4处（中梁乡无公害韭菜生产基地300公顷、汪川镇无公害芦笋生产基地600公顷、玉泉镇杨何无公害蔬菜生产基地300公顷、天水镇嘴头村无公害蔬菜生产基地600公顷），面积2.7万亩。累计认证了有机食品1个（天水昌盛食品有限公司秦岭泉牌双孢菇罐头），绿色食品6个（大蒜、马铃薯、糯玉米、早酥梨、富士苹果、红苹果），无公害农产品3个（韭菜、辣椒、番茄）。

## 三、农村经济管理

### （一）土地流转

为全面掌握我区土地流转现状，进一步规范农村土地承包经营权流转，对全区16个乡镇农村土地承包后续完善和经营权流转工作进行了一次全面摸底调查。采取听汇报、查档案、看资料、实地查看等形式深入乡镇和有关村组，全面掌握了我区农村土地的基本情况、基本数据，给各乡镇都建立了土地承包基本档案，为我区依法、有序、规范的开展农村土地承包和土地经营权流转工作打下了坚实的基础。截至2012年，全区土地经营权流转面积共10.12万亩，2012年新增流转面积3.43万亩。

**（二）农民专业合作社**

大力支持发展农民专业合作社是促进农村经济发展一项重要内容，提出了"建一个组织，兴一个产业，活一方经济，富一方百姓"的农民专业合作社发展方向，明确了在发展中规范，在规范中发展的工作思路。多次深入到各个合作社调查研究、出谋划策、解决实际问题，积极引导、大力扶持，推动农民专业合作社规范快速发展。截至2012年年底，全区农民专业合作社总数已达到168家，其中种植业102个，畜牧业52个，渔业1个，服务业2个，林业9个，其他行业2个。

## 四、农业机械

全区农机总动力达到了20.6万千瓦，农机经营总收入1亿元，农机经营纯收入0.35亿元，机耕24.7万亩，机播5.5万亩，机收6.39万亩，机深施化肥25万亩，机铺膜1.5万亩，机灌14.9万亩，机镇压4.95万亩，投入农机具2167台。拖拉机检审验率达91%；驾驶员审验换证率达88%；注册入户拖拉机270台，全年农机事故死亡数为零。

农机具购置 农机具购置补贴项目是我区实施的强农惠农项目之一，2012年该项目总投资380万元，购置农机具13大类16个品牌2061台（套），使16个乡镇959户农民直接受益，有力地促进了农业综合生产能力的提高，加快了农民的增收步伐。

## 五、农村能源建设

2012年我区沼气新建任务800户，涉及15个乡镇118个村。全区开挖完成800眼，占任务的100%；浇注完成800眼，占任务的100%；建成池完成800眼，占任务的100%；"三改"完成800户，占任务的100%。

## 六、农技推广

全年组织230余名技术人员深入农业生产一线，采用专题讲座，现场指导，开广播会，发技术资料，现场咨询、集中培训与个别指导相结合、示范讲解与农户提问相结合等多种形式进行农业科技推广培训，以提高农民科技素质，推动全区农业生产工作顺利开展。共举办各类生产技术培训班123期、

培训农民1.23万人次。推广全膜覆盖双垄沟栽培面积15.3万亩，比计划15万亩多0.3万亩，占计划的107.33%，项目田全膜覆盖率、良种率、统供率和玉米种子包衣率均达100%，该项目已顺利通过省上验收。完成示范推广测土配方施肥面积81.2万亩，建立4个区级测土配方智能化配肥施肥示范点和30个测土配方施肥试验点。完成无公害农药防治面积20.9万亩，生物农药防治6.5万亩，完成苹果蠹蛾监测点30个，监测面积1800亩。完成各类农作物病虫害防治379万亩次，全区小麦条锈病防治43万亩次，防治覆盖率100%，全区重大病虫害造成的损失控制在2.6%。

# 整区域推广高效节水技术<br>全方位促进农业转型跨越

甘肃省武威市凉州区农牧局　蔡正德

武威市凉州区地处河西走廊东端，石羊河流域中上游，是全省人口最多的县级农业区，是全国生猪调出大县、全省牛羊产业大县和重要的设施蔬菜生产基地，是省上确定的节水型社会建设试点县区之一。全区辖37个乡镇、2个生态建设指挥部，总人口102.96万人，其中农村人口77.9万人。土地总面积5081平方公里，耕地面积146万亩。年均降水量171毫米，年蒸发量1943毫米，农业用水量占到总用水量的75%以上，结构性用水矛盾突出。

近年来，我区按照市委、市政府科学发展、转型跨越、富民强市、赶超进位的目标要求，全力推进“设施农牧业+特色林果业”的主体生产模式和“贮藏加工+运输销售”的营销模式，调整优化农业结构，大力发展高效节水农业。2012年全区实现农业增加值48.3亿元，农民人均纯收入7554元；粮食总产量66.6万吨，瓜菜总产量145.5万吨，肉蛋奶总产量9.8万吨；累计建成设施农牧业25.6万亩，特色经济林27.1万亩；养殖暖棚亩均收入1.2万~2.6万元，日光温室亩均纯收入1.8万元，农民来自主体生产模式的人均纯收入达3900元（设施农牧业3643元），占农民人均纯收入的52%，主体生产模式成为节水增收的主要途径。2012年凉州区成为全省第一个成建制推广100万亩高效节水种植的县区，2013年实现了高效农田节水技术整区推进。全区2010~2013年累计推广高效农田节水技术317万亩，其中：2013年推广116.5万亩，占任务97万亩的120%。预计到2013年年底，四年累计增产21万吨，增收3.9亿元，节水2.3亿立方米。高效农田节水技术的推广，有效破解了结构性用水矛盾突出的问题，农业用水占比由2010年的82%调整到目前的75%，有力地促进了农业增效、农民增收，为《石羊河流域重点治理规划》确定的2020年蔡旗断面下泄水量达到2.9亿立方米以上的约束性年度过水目标提前8年实现，做出了重要贡献。

为切实做好整区推广高效节水技术工作，凉州区的主要做法是：

**（一）加强组织领导，落实工作责任**

近年来，区委、区政府高度重视高效节水农业发展，按照重点工作项目化推进的思路，分产业成立了设施农牧业、特色林果业、大田高效节水等项目建设领导小组，建立“一个领导小组负责一项工作，一项工作一套工作班子”的工作制度，实行重点工作领导责任制。始终将高效节水农业发展作为乡镇和职能部门年度实绩考核的重要内容，明确目标任务，狠抓工作落实，形成了行政推动、技术支撑、示范引导、农户受益的有效推广机制。

**（二）优化区域布局，培育特色产业**

坚持以水调结构、以水定产业、以水定规模，全面落实“一个零种植、两个全覆盖”（井水灌区小麦零种植，区域化种植全覆盖、高效节水技术全覆盖），调整优化布局结构。井水灌区以高产高效为方向，重点发展精细蔬菜和生猪、肉牛规模养殖，打造设施农牧业标准化生产示范基地；河水灌区以节水高效为方向，大力发展全膜垄作玉米、马铃薯种植，特色林果栽培，肉牛、肉羊规模养殖，打造日光温室红提葡萄、全膜双垄玉米、草食畜牧业等特色优势产业集群；沿沙沿滩区以生态节水为方向，重点打造以酿酒葡萄、黄冠梨、枸杞为主的生态经济产业集群。

**（三）加快水利建设，夯实推广基础**

抢抓石羊河流域重点治理项目实施机遇，大力开展农田水利基本建设，2010 年以来，共改建干支渠 340.5 公里，配套田间节水面积 115.5 万亩，其中：渠灌 93.1 万亩、管灌 8.6 万亩、大田滴灌 9.2 万亩、温室滴灌 4.7 万亩，完成投资 17.7 亿元。累计实施土地整理项目 36 个，总投资 2.98 亿元，建设高标准农田 10 万亩，衬砌 U 型渠道 305.4 公里，整修道路 202.7 公里，营造农田防护林 3100 亩。通过平整土地，修建道路，建设农田防护林，增施有机肥等措施，有效提高了农田蓄墒、保灌能力，为高效节水技术推广创造了良好条件。

**（四）创新工作机制，提升服务水平**

建立了“技术单位领导 + 首席专家 + 技术服务组 + 专业合作社 + 农户”的“五位一体”技术服务模式，推行行政、技术双轨责任制，确定 1 名高级农艺师为首席专家，抽调 20 名区级技术人员和 60 名乡镇技术人员组成技术服务小组，深入村组开展技术服务，做到技术指导到人、措施落实到地。创新技术培训，按照“农民需要什么，就培训什么”的要求，开展“菜单式”培训，在起垄、覆膜、种植、滴灌安装等关键环节，采取集中培训、观摩学习等形式，切实提高培训效果。共举办各类培训班 1796 场（次），培训区乡技术人员620人，农民16.3万人（次），科技入户率达到100%，切实提高了技术服务水平。

**（五）强化科技支撑，提供技术保障**

大力推广以垄膜沟灌、垄作沟灌、管灌、滴灌等为主的高效节水技术，集成配套优良品种、机械化作业、测土配方施肥等节本增效关键技术，提高科技含量。注重示范引领，按照“五统一”要求（统一种植规范、种植品种、配方施肥、灌水模式、病虫害防治），整村整组推进，累计建成高标准示范点121个，其中1000亩以上41个、500亩以上65个、300亩以上15个；在清源镇建立了万亩酿造葡萄滴管示范基地，在丰乐镇建立了千亩玉米滴管示范片，发挥了很好的示范、辐射带动效应。开展不同覆膜方式、种植模式、间作模式等对比试验13项（次），完善了高效农田节水技术体系。积极引进推广优质、高产、抗病、耐旱的金穗4号、武科2号等玉米品种10个，大西洋、克新等马铃薯品种4个。选育出“吉祥一号”玉米品种等一批具有自主知识产权、有重大推广价值的农作物新品种，粮食作物良种覆盖率达到95%以上，为高效农业发展提供了技术保障。

**（六）严格水权管理，提高用水效益**

坚持“政府调控、市场引导、明晰水权、强制节水、节奖超罚”的原则，严格执行用水总量控制、用水效率控制和限制纳污“三条红线”制度，全面推行分类水价和阶梯式水价制度，做到了水权向高效节水农业倾斜，水价向高效节水产业优惠。建立了抗旱高峰期供水机制，对采用大田滴灌、垄膜沟灌、垄作沟灌等高效节水技术种植的作物和高效益、低耗水作物优先供水。实行“一个零配置、两个25%”，对井水灌区种植的小麦不予配置水权；对日光温室、大田滴灌种植的作物水费优惠25%，免征水资源费；对山水灌区种植的小麦、露地平作玉米等传统方式种植的作物灌溉水费上浮25%。通过落实以水促结构调整措施，运用市场机制和水权水价杠杆，有力助推了高效节水农业的发展。

**（七）强化政策扶持，加大投入力度**

整合农业综合开发、土地整理、测土配方施肥、科技入户、良种补贴、旱作农业等项目，对按主推技术要求，集中连片种植的辣椒、大蒜、中药材、马铃薯等高效经济作物，300亩以上的每亩补助50元，500亩以上的每亩补助100元。对集中连片种植的全膜双垄沟灌玉米，500亩以上的每亩补助40元。推行机械化作业，加大玉米起垄覆膜机、单双垄马铃薯起垄机等配套农机具的引进、研发和推广力度，投入480多万元购置农机具1200多台，重点

推广整地、起垄、覆膜、点种等机械耕作技术，实现了农机、农艺节水的有效结合。加大财政奖补力度，落实资金320万元，对发展高效节水农业的合作社和企业，采取以奖代补的形式给予扶持，有力地促进了高效节水技术推广。

在省、市的大力支持下，凉州区高效农田节水技术推广实现了整区推进，为加快农业结构调整，发展高效节水农业和促进农民持续增收发挥了显著作用，但干旱缺水、农业基础设施薄弱、农业科技创新不足、灌溉制度与高效节水技术还不完全匹配等问题仍然存在，发展高效节水农业的任务仍很艰巨。下一步在整区推广垄膜沟灌、垄作沟灌、膜下滴灌等高效节水技术的基础上，大力推广大田滴灌，抓好田间农艺节水技术创新，注重农机农艺融合配套，抓住输水、配水、技术推广等关键环节，加快构建高效节水农业技术体系，努力把凉州区建成全省高效节水现代农业示范区。

# 优化农业结构　日益提高农民生活水平

甘肃省泾川县农业局　白满元　薛玉锋

改革开放以来，泾川县农业生产发生了翻天覆地的变化。农产品产量和质量稳步提高，农产品种类和品种呈现多元化，农业生产条件大大改善，农村和谐稳定，农民生活水平实现了跨越式提高。农业的快速发展，不仅为全县人民提供了丰富多彩的农产品，而且也加快了全县现代化建设进程，为全面建成小康社会奠定了坚实的基础。

## 一、农业改革和发展的历程

农业改革和发展的历程是伴随农村的改革而进行的。党的十一届三中全会后，农村逐步推行家庭联产承包责任制。我县从1979年3月开始，1982年6月结束，全县1468个生产队全部实行包干到户，农业生产进入恢复期，广大农民群众的吃饭问题基本得到解决，1978年粮食平均单产是124公斤，到1984年粮食平均单产达到133公斤，比1978年增长7%。1984年以后，农村经济体制改革进一步深入。在稳定家庭联产承包责任制的基础上，完善承包经营机制，延长合同期，鼓励农民积极向土地投入，加之风调雨顺，农业进入快速发展期，到1991年粮食平均单产达到156公斤，比1978年增长26%。1992年开始实行第二步改革，调整生产结构，发展乡镇企业，建立新的服务体系，双层经营，统分结合，在抓住粮食生产不动摇的基础上，以市场为导向，大力发展烤烟、果品、瓜菜、肉牛、乡镇企业五大产业，通过多年努力，烤烟完成累计收购总值6570万元，创税2124万元（2002年烤烟面积为1349亩，以后逐年减少，烤烟生产退出了泾川历史舞台）。2012年果品产量达到32.06万吨，大牲畜存栏达到12.97万头，蔬菜产量达到19.05万吨，瓜类产量2万吨，规模以上农业产业化龙头企业共10户，年产值达到1.25亿元，从业人数836人。我县继2004年全县农业税税率降低1个百分点、取消了除烟叶以外的农业特产税和牧业税之后，2005年全县又整体取消农业税。从2002年到2012年，我县提出“生态立县、果畜富县、工业强县、旅游活县、科教兴县”的战略，把农业结构调整及扶持培育壮大果品、草畜、蔬菜产业作为农牧业工作的重点，逐步进入全面建设小康社会的关键时期，从中央到地方扶持“三农”发展政策密集出台，农民信心倍增，农业推广机构健全，农业科技快速发展，特别是旱作农业技术推广面积逐年提高，农村沼气建设步入多元化健康发展轨道，设施蔬菜全面发展，2002年投资3564万元建成了五里铺县级农业综合开发科技示范园区，建成日光温室500座，累计达到1040座，设施蔬菜面积1000亩，到2012年建成日光温室2000座，大中拱棚1.8万座，设施蔬菜面积达到1万亩，比2002年增长9倍，平均每年增长90%。

## 二、农业生产取得的成就

自农村改革实行家庭承包责任制后，生产力得到极大发展。特别是进入新世纪新阶段，国家坚持“多予、少取、放活”的方针，取消了农业税，出台了一系列支农惠农政策，对主要粮食作物实行保护价收购政策，农业生产持续稳步增长。

1. 农产品产量增加

经过35年的发展，全县农业取得了长足进步。2012年全县粮食总产量达到16.98万吨，比1978年增加近6.83万吨，增长67%，平均单产1978年为124公斤，2012年达到243公斤，增长96%；油料产量达到0.82万吨，比1978年增加0.8万吨，增长76倍；果品产量达到32.06万吨，比1978年增加31.67万吨，增长82倍；大牲畜存栏达到12.97万头，比1978年增加9.01万头，增长2.3倍；蔬菜产量达到19.05万吨，比1978年增加19.04万吨，增长6349倍。主要农产品的人均占有量也有较大幅度提高，2012年粮食人均占有量483.76公斤，比1978年提高25%，油料2012年人均占有量达到23公斤，比1978年3.97公斤提高4.8倍，蔬菜2012年人均占有量541公斤，比1978年10.28公斤提高52倍，果品2012年人均占有量910公斤，比1978年15公斤提高60倍。粮、油、水果、蔬菜等农产品全面稳定增长，为人民生活水平日益提高提供了物质基础。

2. 农产品品种改善

在产量不断提高的同时，全县农产品品种也得到不断改善。一是优质品种覆盖率提高。在全县现有主要农作物和蔬菜的种植品种中，良种覆盖率已达到98%，比1978年至少提高了50~60个百分点；二是无公害、绿色、有机食品生产发展迅速。2012年无公害绿色农产品生产面积达到26万亩，玉米、苹果、蔬菜标准化覆盖率分别达到98%、76%和85%。通过大力实施优果优菜工程和绿色生产技术，培育的“泾龙”牌红富士苹果及“贡池”牌、“回中”牌、“泾丰”牌等地方名优蔬菜品牌，先后36次荣获国家及省市优质奖，在2007年第四届果菜产业发展论坛上荣获“中国果菜无公害市（县）特别贡献奖”。三是农产品安全性提高。目前全县生产的粮食、蔬菜、畜产品、水产品等合格率达到96%～100%，农产品质量总体安全放心。

3. 农业结构优化

一是粮食比重稳中有降，蔬菜产业、林果业、畜牧业所占比重不断上升；二是种植业结构优化。在粮食作物稳定发展的同时，蔬菜、水果等经济作物突出发展，粮经比由1978年的9∶1调整到2012年的4.9∶5.1，种植业结构日趋合理。

4. 农业产值和农民收入增加

一是农业本身产值增加。1978年全县农林牧渔业总产值5435.5万元，2012年达到19.37亿元。按可比价格计算，全县农业总产值平均增长了35倍。二是农业发展带动农产品加工企业的发展，促进工业增值。全县农产品加工企业25家，完成工业总产值1.3亿元，比2011年同期增长9%。三是全县农民收入有了大幅增长，1978年，全县农村居民家庭人均纯收入仅为72.8元。按可比价格计算，平均增长了59倍。

5. 农业科技进步

农业的发展，始终是离不开科学技术的进步。截至2012年，农业系统共有85名专业技术人员，其中高级职称6名，中级职称64名，初级职称15名，至2012年年底共取得了21项科研成果。近35年以来，全县农业科技迅速发展，现代生物技术、信息技术以及新技术的推广运用，对农业的发展是十分显著的，如旱作农业新技术对全县粮食增产，维护国家粮食安全起到了极其重要的作用。2012年全膜玉米平均亩产808公斤，比露地玉米亩产568公斤增产240公斤，增产42%。全膜小麦平均亩产412公斤，比露地小麦平均亩产214公斤增产92%。据测算，目前科技进步对全县农业发展的贡献率达到50%以上。

## 三、农业生产的重大举措

1. 基础建设产业拉动

县委、县政府在进一步加大以县城陇东瓜果蔬菜批发市场为龙头，以玉都、高平、丰台、荔堡等八大集镇市场为骨干的市场基础配套建设的同时，顺应市场发展潮流从强化服务入手，以公共服务机构建设为依托、合作经济组织为基础、龙头企业为骨干，招商建办了泾川县恒兴果汁公司、元通果蔬经销公司等加工销售龙头企业10家，成立农民专业合作经济组织178家，据初步统计，2012年龙头企业及各类专业合作经济组织共帮助农民销售蔬菜、果品、肉禽蛋类、奶类、谷物类38.5万吨，实现销售收入10.36亿元，同时在咸阳新阳光市场设立蔬菜直销窗口，与兴鼎超市、万家和购物广场开展了农超对接，拓展了销售市场。有效地促进蔬菜生产向规模化、集约化、产业化方向发展。

2. 抓点示范全面带动

在县委、县政府的正确领导下，各级政府把农业示范园区建设作为加快科技成果转化、带动农业结构调整和培训农民的重要载体和平台，立足区域主导产业，建成了优质果品、蔬菜、草畜、粮食等各类农业科技示范园区45处。县委、县政府为提高县域经济开发综合水平和提高示范带动效果，集全县之力在城关镇五里铺建成了县级高效农业科技示范园区，累计投资3564万元，完成开发面积15156亩，建成无公害日光温室蔬菜生产示范区、特种养殖示范区、设施养殖示范区、花卉苗木繁殖示范区、秦王桃生产基地示范区等六个功能区，新建高标准三代日光温室154座，智能化连栋温室一栋和渔塘、科技研发中心，已累计实现产值3031万元。园区已成为展示现代科技的窗口、培训农民的基地，在县域经济发展中发挥了重要的典型示范、辐射和促进作用。

3. 技术服务科技兴农

面对农业用地不断减少的现状，通过加强农业科技服务，狠抓关键措施落实，扩大技术覆盖面，推广地膜覆盖技术、测土配方施肥等一系列技术，粮食平均单产由1978年的124公斤提高到2012年的243公斤，增长96%，技术增产效果十分明显。同时与西北农林科技大学、省农科院、甘肃畜牧研究所、兰州农校等单位建立横向联系。引进一大批粮食、蔬菜新优品种，大力推广滴灌、膜下暗灌等节水灌溉技术和地膜覆盖、双膜栽培、小拱棚生产、日光温室等设施农业技术，有效地促进了农业科技成果向现实生产力的转化。

## 四、农业生产取得的基本经验

1. 市场是农业产业化发展的巨大动力，是农民发家致富的法宝

农产品走向市场是农业产业化的必由之路。90年代中后期，由于市场培育滞后，我县农村不同程度地存在“菜贱伤农”现象。通过大力发展龙头企业、农民专业合作组织，已经为农民走向市场架起了桥梁，从根本上提高了农民进入市场的组织化程度。

2. 规模化、区域化、专业化生产是农业获得较高经济效益的有效途径

规模化、区域化、专业化经营是现代农业发展的重要内容。通过扩大生产经营规模，实现区域化布局、专业化生产，可以实现经营成本下降，收益上升，达到效益的最大化。

3. 龙头企业是实现农工商一体化，产供销一条龙的关键环节

龙头加工企业上联国内外市场，下联千家万户，处在农业产业化的中间环节，抓好了龙头企业，就抓住了关键。龙头企业与广大分散的农户通过经济组带建立稳定的经济联系，把分散的农户联合起来，进行统一规划、市场化、集约化经营，不仅有利于提高农业的专业化和集中化水平，同时也把先进的科技带到农业领域，提高农产品的附加值，从而提高整体利益。

4. 大力发展农民专业合作社，提高农民组织化程度，以获得合理的利益分配

专业合作经济组织是农民自愿联合，民主管理的互助性经济组织。这种组织适应了市场经济的发展需要，有效地把农民组织起来，提高了农民抗御市场风险的能力，降低了交易成本，保护了农民利益，满足了农民的多种要求。

# 加快现代农业发展步伐<br>提升农业产业化经营水平

甘肃省阿克塞哈萨克族自治县农牧局　巴克彦

农业产业化是促进农业发展，增强农业竞争力，增加农民收入的需要，也是统筹城乡发展，实现和谐社会的需要。近年来，我县把产业化发展摆在首要位置，按照“调结构、抓特色、增效益”的思路，不断优化产业结构，使特色产业开始起步发展，逐步开始实现区域化、专业化、集约化的生产布局。

## 一、农业产业化发展开展情况

### （一）注重结构调整，提高种植业生产水平

按照“扩大饲草、推广高产经济作物及林果业、大力发展高效设施农业”为发展思路，大力推广高产、高效作物种植，进一步优化调整种植结构。2013 年各类农作物播种面积达 8137.9 亩，较上年多播 268.9 亩；其中粮食作物 1704.9 亩，较上年少播 57.1 亩，经济作物 2325.5 亩，较上年多播 917.5 亩，饲草 4107.5 亩，较上年少播 591.5 亩。粮经草比例达 21∶29∶50，使作物品种结构、品质结构明显优化。

### （二）注重提质增效，加快提升畜牧业产业水平

按照“山上减畜增草、山下扩群增畜、城市加工交易”的发展模式，大力推进传统畜牧业向现代畜牧业转变。在前山地区、安南坝荒漠、半荒漠草场饲养以绒山羊、骆驼等为主的经济型畜种产业区，在哈尔腾、海子地区高寒边缘草场以发展毛肉兼用型的绵羊畜种产业区，在红柳湾农牧业开发区和多坝沟发展设施养殖产业区，逐步形成一地一品的发展格局，提高规模效益。同时，按照“规模化养殖、工厂化育肥、科学化管理、市场化经营”的发展思路，在红柳湾村和多坝沟村集中连片发展饲草种植基地 4107.5 亩，百亩连片的饲草基地达到了 6 个，为畜牧业产业化发展奠定了基础。

### （三）注重示范带动，加快现代农业发展速度

为加快全县“菜篮子”发展步伐，县上从实际和市场需求出发，将品种

调新、布局调优、效益调高的原则做为蔬菜产业发展的主题。2010 年至 2013 年，为把开发区日光温室蔬菜产业做大做强，逐步向专业化布局、规模化经营、标准化生产迈进，大力推进高效设施农业快速发展，重点打造了阿克塞县现代农业科技示范园区。共搭建设施温室 168 座（其中塑料大棚 42 座，日光温室 126 座）；配套建设园区办公用房、多功能蔬菜展示厅、无公害蔬菜检测中心和农业科技培训中心、蔬菜保鲜库、储藏地窖等基础设施。园区年产蔬菜 1100 吨，净收入 385 万元，为种植户人均增收 6000 元以上、全县农牧民人均增收 1000 元。有效的解决城乡居民吃菜完全依靠外地调运的问题，缓解蔬菜供求矛盾，推进了我县蔬菜产业化的进程。

**（四）注重培育龙头，加快农业产业化发展步伐**

近年来，阿克塞县按照“抓龙头、建基地、兴产业”的发展思路，做大做强草畜乳产业，大力支持兴办龙头加工项目，相继建成了红柳湾浩丹饲料厂、金山兴发养殖场和哈尔腾兴牧有限公司等一批龙头企业，成为产业化发展的“排头兵”。发展以特色风味乳肉制品为主的畜产品深加工业，重点培育了肉制品、乳制品加工生产项目，建成了集牛羊屠宰、分割、包装、冷藏为一体肉制品生产线，建成了乳制品规模生产企业 2 户，饲草料加工厂 2 个。同时，建成阿克旗乡东哥列克村霍尔勒斯养殖专业合作社、阿勒腾乡鑫源养殖合作社、阿克旗乡德胜养殖农民专业合作社、阿克旗乡天胜养殖农民专业合作社、阿克塞县红柳湾镇布拉克养殖专业合作社、阿克塞县特列克农机合作社和阿克塞县农牧业开发区达木蔬菜农民专业合作社 7 个。公司加农户的生产经营格局初步形成，畜牧业产业化龙头企业效应得到有效发挥，促进了县域经济的可持续发展。

## 二、存在的主要困难和问题

我县农业产业化经过近十年的探索和发展，取得了一定成效，已呈现出良好的发展势头。但与发达地区相比，还存在诸多差距，主要表现在以下几个方面：

**（一）农业产业化规模小，产品附加值低**

我县是纯牧业县，由于历史上无农业生产经验，大田农业生产一直处于生产技术简单、管理粗放、经营落后、效益低下状况；设施栽培业品种单一，技术陈旧，设施设备老化；耕地仍然以一家一户的小规模经营为主，较为分散，农业科技水平不高，种植结构单一，农业生产力落后，劳动生产力还较低，土地产出率不高，形不成产业链条，市场竞争力弱。

**（二）农业基础设施薄弱，抗灾能力差**

农业生产条件日渐严峻，农业生产风险加大。一方面，我县处在荒漠地带，降水分布不均，旱灾多发。另一方面，农业生产基础设施仍然薄弱，建设严重滞后。多巴沟和红柳湾农区现有灌 U 型斗渠大部分超期运行，老化失修，设施不配套，调、蓄水能力较弱，其余渠道都为土渠，造成农水利用率低、抵御自然灾害的能力较差，成为制约农业产业化结构调整的“瓶颈”。

**（三）劳动者种植能力低，产出效益不高**

表现为由于农户分散种植，缺乏必要的栽培管理技术和市场导向，优质高效农业意思淡薄，种植品种杂、乱，管理水平低，造成农业产出率低，农产品质量差，严重影响了群众生产积极性，制约农业产业化发展进程。

这些问题的存在极大地制约了我县农业产业化进程，我们必须认真对待，深入研究，落实措施，破解发展难题。

## 三、意见和建议

当前，我县的农业产业化正处于起步时期，我们必须紧紧围绕省、市“365”现代农业行动计划和农牧民收入倍增计划要求，以农业和农村经济结构战略性调整为主线，以发展高效生态农业为目标，突出特色和重点，狠抓农业产业化发展的关键环节，采取切实有效的对策和措施，加快农业产业化发展进程。

**（一）加快推进产业结构调整步伐，发展高产优质高效农业，以产业化提升农业**

通过调整农业产业结构，加快特色产业突破性发展步伐，提高农业的比较效益，是开发区农牧民增加收入的主要途径。为了解决农业生产方式落后，农业生产效益低下的问题，我们要转变发展方式，以市场为导向，立足我县资源优势，真正把优质畜草、果品、中药材、温棚蔬菜、现代制种、特色养殖等优势产业做大做强，按照“一特四化”的原则，运用规模化引导、政策性支持、示范类带动等方法，积极推进农牧业结构的调整。

**（二）出台相关惠农政策，推进土地承包经营权流转，发展适度规模经营**

通过积极探索土地承包经营权流转办法，发展适度规模经营，优化农村生产要素配置，实现农业增效、农民增收。按照依法、有偿、自愿的原则，对种植农户采取鼓励或政策扶持，鼓励和动员种田能手、种植大户转包农牧民耕地集中经营，扩大优势农产品生产规模，提高土地经济效益的最大化。通过积极宣传、组织引导、协调服务、效益分析，在农民自愿的基础上，以合理的费用从原承包户手中调回土地，统一规划后，再由种植大户认种，进行集约化生产。

**（三）创新草畜产业发展机制，加快草畜产业发展步伐**

按照走“饲草种植与设施养殖相结合”的路子，坚持把草畜业作为战略性主导产业来培育。饲草种植业按照“继续扩大饲草种植面积、优化结构、依靠科技、提高单产、增加总产”的思路，确保饲草稳定发展。设施养殖业通过典型引路，政策扶持，加快养殖专业户的发展，增加对设施养殖技术，种畜繁育方面的资金投人。逐步形成以农养牧、以牧促农、农牧结合、优势互补的发展格局。

**（四）加快农业水利设施建设步伐，夯实农业发展的基础**

农田水利建设需要长期地积累和不断地更新完善，具体抓好三个方面的工作。一要完善水利工程配套。水利部门要投人资金加快推进农渠节水改造和病险水渠除险加固，突出抓好田间配套，充分发挥现有的水利设施的作用。二要加快农田水利设施建设。争取将红柳湾开发区农田水利建设列为农田改造基本项目，优先安排资金，兴建灌溉工程，在水利设施配套不健全的地方，进行土渠改造、渠系延伸，扩大灌溉面积。三要普及推广节水灌溉技术。大力发展节水灌溉，推广应用滴灌、微灌、渗灌等节水灌溉技术，发展地埋管道、软带微喷等经济实用的节水灌溉模式。

**（五）立足交通便利实际，大力发展农村二、三产业，以城镇化带动农村**

从我县实际来看，在促进农民增收方面具有两大优势，即交通便利优势，距县城近，其在经济方面的发展对开发区具有辐射和带动作用；市场优势，县城及周边城市是一个具大的消费市场，便于各种农副产品销售和劳务输出；我们要充分利用这些优势，大力发展二、三产业。随着敦当公路、敦格铁路的建设，我县的农村经济发展、基础建设、劳务输出、农民增收等都面临极大的发展空间。

**（六）积极发展农村经济合作组织，提高农民组织化程度**

农村合作经济组织是实现农业产业化经营和结构调整、促进农民增收的有效组织载体。我们要鼓励农民以产品和产业为纽带，按照“民办、民管、民受益”的原则，兴办各类农民专业合作经济组织。在合作组织的创建和运作中，充分尊重农民意愿，突出农民主体地位，使农民能够独立自主地开展劳动、资本、技术和营销合作，逐步形成功能齐全、体系完备、结构合理的农民合作组织体系，提高农民的组织化程度，进而改变在市场中的弱势地位。

**（七）加强科技推广培训，提高农民素质**

加强农业技术推广体系建设，改善推广条件，提高人员素质，大规模开

展有效的农业生产技能培训，不断增强广大农民的市场意识、生产技能和管理能力。加强农业科技创新体系建设，采取“请进来，走出去”的方式，邀请外地农业专家和技术人员到红柳湾农牧业开发区来举办科技知识培训，不断提高农牧民科技种植水平和农业生产中科技含量，保证农牧民收入的稳定增加。采取“走出去”的方式，组织专业技术人员和种养能手用到外地学习先进技术和经验，加快依靠科技致富的步伐。

**作者简介：**

巴克彦，男，哈萨克族，1968 年 4 月出生，中共党员，本科学历。现任甘肃省阿克塞县农牧局局长。

自 1990 年 7 月参加工作起，历任县政府办副主任，团结乡党委副书记，县纪委办公室副主任，县卫生计生委党委书记，县委组织部副部长兼老干局局长等职。2010 年 5 月至今，任阿克塞哈萨克族自治县农牧局局长。

# 做精第一产业　加快现代农业建设步伐

甘肃省敦煌市农牧局　谢崇斌　朱延虎

近年来，敦煌市依托自然资源优势，以甘肃华夏文明传承创新区建设和敦煌国家级文化产业示范区创建为契机，按照"做精第一产业"和"一抓四融合"的发展思路，围绕创建敦煌市国家级现代农业示范区，大力发展高效节水特色农业，全力推进生态文化旅游和现代农业融合，推进"四主攻、四打造"，即主攻瓜菜产业，打造城郊菜园；主攻特色林果，打造近郊果园；主攻设施养殖，打造远郊牧园；主攻休闲农业，打造旅游家园，形成了特色林果、高效瓜菜、草畜产业和优质棉花四大主导产业。敦煌市现有耕地24.79万亩，农民人均2.4亩，户均5亩，2012年四大主导产业产值占农业总产值的69.7%，农民人均纯收入达10254元，城乡居民收入之比2.04:1，远低于全国平均水平。敦煌市先后获得甘肃省无公害蔬菜生产示范基地县、甘肃省省级现代农业示范区，全国优势农产品产业带建设示范县，全国农业高效节水新技术示范园、国家可持续发展实验区，全国休闲农业与乡村旅游示范县等荣誉称号。

## 一、加大财政投入，夯实农业发展基础

2008～2012年，敦煌财政支农投入年均增长25%，资金从9956万元增加到3.1亿元，实施土地整理、建设高标准农田、高效农田节水、棉花高产创建、测土配方施肥等项目，改善基础条件。按区域条件合理布局，发展特色林果、高效瓜菜、草畜产业和优质棉花四大主导产业。同时，通过优惠政策引导社会资本，兴建各类农产品批发市场，形成较完备的农产品市场体系。

## 二、发展高效节水特色农业，种植结构优化效益凸显

敦煌市以甘肃华夏文明传承创新区建设和敦煌国家级文化产业示范区创建为契机，加快敦煌市国家级现代农业示范区创建工作，集中项目、资金、技术、政策等投资1.7亿元聚力打造七里镇葡萄产业化示范园区、肃州镇非耕地现代农业特色林果示范园区、莫高镇现代农业节水高效示范园区、转渠口镇现代农业设施瓜菜示范园区、郭家堡乡万亩红枣示范园区、郭家堡乡现

代农业设施养殖示范园区六大现代农业示范园区。同时，以园区建设为载体，全力推进农业与文化旅游融合发展，按照"为城而农、为文而农、为游而农"的思路，建成了2个旅游示范乡镇、110家高标准农家客栈、6条休闲农业观光旅游风情街。2012年全市种植棉花16.47万亩，瓜菜8.2万亩，其中蔬菜6.86万亩，日光温室面积累计达10122亩，塑料大棚面积累计达到10214亩，全市蔬菜亩均收入达到8990元，日光温室亩均收入达到21400元，塑料大棚亩均收入达到10051元；棉花平均亩产籽棉354.7公斤。有效灌溉面积达100%，耕种收综合机械化水平85%。全市各类畜禽饲养总量达到182.64万头（只），其中羊饲养量达71.92万只，牛饲养量达1.23万头，猪饲养量5.01万头，鸡饲养量达93.13万只。建成了郭家堡乡、转渠口镇、黄渠乡、肃州镇等五个10万只肉羊生产基地乡镇，建成标准化规模养殖场（小区）35个；培育发展万元规模养殖户2897户。

## 三、搭建为农服务平台，加强人才队伍建设

多渠道推进农民培训，建成视频服务中心，在全市8个乡镇56个村建立接收终端，适时开展视频培训，举办专家讲座、即时培训，发布优惠政策、市场信息，让农民及时了解和掌握与农业相关的技术信息。开通了农业信息网、农信通手机信息、《为农服务》电视栏目，将葡萄、红枣、瓜菜标准化栽培、科学化管理、畜禽标准化养殖等适用技术及时有效地传播到千家万户。通过选送人才到农林院校及科研院所学习进修、选聘国内专家学者开展有偿服务、举办林果学术交流会等办法，为全市农业产业发展出谋划策、讲授技术、破解难题。充分发挥"市级技术员包乡、乡镇技术员包村、农民技术员包组"的科技服务体系作用，基本实现了"技术人员到户、科技成果到田、技术要领到人"的科技推广目标。采取多种方式开展农民素质提升活动，组织实施农村实用人才培训工程，重点培养了一批种养能手、科技带头人、农村经纪人和专业合作组织领办人。

## 四、规范提升农合组织，发展壮大龙头企业

按照"合作社+农户+标准化"的发展模式，发挥合作社服务群众、联系市场的桥梁和纽带作用，累计建设农民专业合作社106家，其中：建成国家级示范合作社5家，省级9家，酒泉市级32家，敦煌市级22家，带动近2.03万户农户，资产总额达1.8亿元，入社社员1.2万人。加大力度培养和

扶持经纪人队伍，鼓励本地经纪人向外拓展市场，全市70%的大宗农产品通过合作组织进行产销。全市具有一定规模的各类农产品加工流通企业94家，加工能力20万吨。主要包括宏石棉业、联友棉业、双银棉业等棉花收购加工企业20家；敦煌酒业、飞天果汁生物工程有限公司、天顺泽有限责任公司等果品加工企业14家；莫高面业、双元乳品、津皇油脂厂等食品加工企业7家；敦垦果品、建荣物业等鲜贮流通企业48家；其他农业产业化企业5家。其中，省级重点农业产业化龙头企业2家，酒泉市级农业产业化龙头企业6家。荣获甘肃省名牌产品的企业有2家、荣获甘肃省乡镇企业名牌产品的企业5家、荣获陇货精品的企业1家、获著名商标产品5家。建立“龙头企业+基地+农户”的模式，通过招商引资、私人创办和合作兴办，引强做大龙头企业，推动敦煌酒业、飞天果汁、敦垦枣业等龙头企业优化升级，引进培育了一批与葡萄、红枣、瓜菜及棉花产业相关的农业产业化大龙头、大项目集群，使棉花收购加工企业产品加工率达到76%、果品类企业加工率达到65%、油料类企业加工率达到70%，粮食类企业加工率达到60%。

## 五、发挥市场主体作用，实现农业标准化生产

完善推广主要农作物生产标准化技术规程，不断加强精细化管理。政府开展产前、产中、产后市场监管，加大对农业标准化生产的政策扶持，重点依托农民合作社、加工企业和销售市场等市场主体，大力发展无公害、绿色、有机农产品，通过定规程、签订单、带农户的方式，建设农业标准化生产基地，不断提高农产品质量，实现农产品质量可追溯，使家庭生产成为农业产业链上的一个环节。

## 六、加大三品一标认证，强化农业品牌化建设

政府把农业品牌建设作为现代农业发展的一个重要内容，加大农产品“三品一标”和“敦煌”牌商标的管理使用力度，巩固瓜果、蔬菜无公害农产品基地建设成果，在阳关镇无核白葡萄、七里镇红地球葡萄、郭家堡乡红枣已取得绿色农产品认证8万亩的基础上，着力打造一批全国有竞争力的知名品牌和驰名商标，现已登记中国地理标志保护产品2个，注册农产品商标28个，甘肃著名商标2个，认证无公害农产品9个，绿色农产品3个。鼓励各类农产品加工企业和合作组织开展品牌经营，提高敦煌特色农产品的市场知名度和影响力。

**作者简介：**

谢崇斌，男，汉族，1958 年 11 月出生，中共党员，本科学历。现任甘肃省敦煌市农牧局局长。

自 1978 年 3 月参加工作起，历任敦煌市吕家堡乡政府副乡长、肃州乡政府乡长、肃州镇政府书记、科技局局长等职。现任敦煌市农牧局局长。

朱延虎，男，汉族，1976 年 8 月出生，中共党员，本科学历，农艺师。现任甘肃省敦煌市农牧局办公室主任。

# 调整产业结构
# 促进农牧业和农牧村经济全面稳定发展

甘肃省甘南州临潭县农牧局　孙为民

近年来，在州委州政府的正确领导下，我县认真贯彻落实国家和省上农村工作的一系列方针政策，依托农牧业资源优势，加大农牧业投入力度，积极调整产业结构，把增加农牧民收入作为农牧业和农牧村工作的中心任务，着力打造安全、健康、绿色、有机食品基地，促进农牧业和农牧村经济全面、稳定发展。经过近几年的建设，农牧业产业化发展已初具规模，农牧村经济实力进一步增强。

## 一、基本情况

临潭古称洮州，地处青藏高原东北边缘，是国家扶贫开发重点县。全县总土地面积1557.68平方公里，海拔在2209～3926米，平均海拔2825米。全县辖3镇13乡、141个行政村723个村民小组，总人口14.99万人，农业人口13.38万人，占总人口的88.2%。有汉、回、藏等15个少数民族。全县有耕地26.52万亩，人均不足2亩，部分村组人均不足1亩，农作物品种单一，产量低而不稳。

## 二、指导思想

以深入贯彻落实科学发展观为指导，坚持发挥比较优势、发展特色农牧业，突出把握好稳中求进、好中求快的总基调，按照“因地制宜、优化结构、科学指导、农牧结合、大力发展具有临潭特色的高原生态农牧业”的发展思路，紧紧围绕发展现代农牧业和全面建设小康社会目标，以加快农牧业产业化发展为方向，以农牧业增效、农牧民增收为核心，以调整主要农作物和畜种结构及特色优势产业为重点，以实施农牧业产业化推进工程为载体，扩总量拓领域，抓推广调结构，提水平增效益，着力推进农牧业技术创新、组织创新和制度创新，着力加强农牧业社会化服务体系建设，着力促进农牧业经营方式协调发展，推动我县农牧业产业化不断向前发展。

## 三、发展现状

### （一）优势特色产业初具规模，基地化生产建设得到进一步巩固

1. 特色产业基地逐年强大

经过多年的发展，全县逐步形成青稞产业以西路为主，油菜、马铃薯产业以中西路为主，药材产业以东南路为主，豆类产业以北路为主的农业产业化发展格局，共完成药材、油菜、青稞、豆类、马铃薯等基地建设23万亩。

2. 蔬菜产业稳步发展

以设施农业为主的蔬菜种植业发展迅速，全县建设蔬菜日光温室399座，蔬菜大棚150座，店子嘉园蔬菜种植园区已经初具规模。

3. 畜牧产业快速发展

近年来随着一特四化工作和甘南州黄河水源补给生态功能区建设项目的深入实施和不断的推进，全县修建暖棚4380座，牛羊育肥户达到3800户，建成各类养殖小区24个，年出栏牦牛3.6万头、出栏藏羊5.5万只，发展奶牛养殖专业户339户，存栏奶牛3390头，年出栏商品猪3.8万头。

4. 草产业稳步推进

由于畜牧养殖业不断走向产业化，带动了我县的饲草料产业的发展，盘活了山区闲置耕地，改善了生态环境，又增加了农民的收入，为畜牧养殖业产业化发展提供了饲草保障，2012年全县新建饲草料基地1.32万亩。

### （二）龙头企业日益壮大，带动能力明显增强

通过加大扶持力度，全县共建成金洮、华新养殖产业，弘泰和、高原绿色加工厂小杂粮产业，精淀粉加工洋芋产业等各类种养殖加工业为主的企业11家，其中，省级重点农业龙头企业认证1家。省级重点农业龙头企业由于起点高，规划设计科学合理，经营机制灵活，经营领域涉及生产、加工、销售等多个环节，带动了全县产业的发展，促进了农牧业产业化可持续发展步伐。

### （三）市场体系逐步完善，农村合作经济组织发展较快。

1. 积极引导和培育各类农村专业市场

根据优势特色产业的分布情况，以贸易集市为载体，已初步形成城关、新城的肉食市场，新城的仔猪市场，城关、新城、冶力关、王旗的牲畜交易市场，新城、王旗、冶力关的综合市场，促进了我县农畜产品及林副产品的有效流通。

2. 积极发展农村合作经济组织

按照民办、民管、民受益的原则，以“企业+专业合作组织+基地+农户”的组织形式，为农民提供产前、产中、产后服务，实施“订单农业”生产，现已成立560家种植、养殖专业合作社。潭绿青稞、燕麦种植专业合作社和雯商中药材专业合作社分别于2008年、2010年被评为全省百强农民专业合作社。

3. 积极开展农产品促销和推介活动

组织专业合作社、企业参加由省农牧厅举办的全省农产品展销会，通过参加展销和推介会提高了我县农产品的知名度，促进了农产品的销售，2007年利民中药材专业合作社加工生产的羊肚菌、人参果（蕨麻）在中国国际林业产业博览会上获银奖。

4. 种植、贩运大户不断涌现

流顺乡张孝贤、古战乡牛志平等中药材种植、贩运大户促进了全县藏中药材的发展。

5. 农业品牌建设力度加大

在农牧业产业化经营的带动下，通过加大宣传力度，组织产品参展外销等措施，全县的农产品品牌建设初见成效，目前，已涌现出一批优质特色产品，如“哈达”牌土特产、“姆那”牌麦索、“洮绿”牌青稞、燕麦系列产品、“弘泰和”牌青稞炒面系列、“新绿”牌珍珠鸡。

**（四）农村土地承包经营权的流转速度明显加快，农业产业规模化发展日趋成熟**

全县共有耕地26.52万亩，土地流转面积2.8万亩，通过农村土地承包经营权流转，土地转出农户直接获得地租收入，土地转入方直接获得规模经营效益，加快了农业产业化发展步伐，为农业产业规模化发展奠定了基础。

## 四、主要做法

**（一）加强组织领导，确保农牧业产业化顺利开展**

县委县政府把农牧业产业化发展摆到重要的位置，成立了由县政府分管副县长任组长，农牧、发改、财政、林业等部门负责人为成员的农牧业产业化工作领导小组，并将农牧业产业化发展列入各级领导目标管理责任书进行考核，有力地推动了全县农业产业化建设的顺利开展。

**（二）注重项目建设，为农牧业产业化建设搭建平台**

我县始终把项目建设抓在手上，紧抓不放，完成了中药材基地、高原特色农产品基地、新城王旗农贸市场、退牧还草等一系列农牧业产业化建设项目的可行性研究报告，并上报省上有关部门，积极争取国家和省上的资金扶持。与此同时，论证、筛选、储备了一批农牧业发展项目。以合作社为依托，整合整村推进项目，通过给群众无偿提供优质种子、肥料、地膜等农资，实施中药材生产环节扶持项目和青稞高产创建、马铃薯、油菜等示范点建设项目，以点带面，扩大示范带动作用。目前，全县建成藏中药材基地 10 万亩，杂交油菜基地 5 万亩，青稞基地 1.5 万亩，豆类基地 1 万亩，马铃薯基地 1 万亩，推动了农牧业产业化经营向深度和广度迈进。

**（三）加大对龙头企业的扶持力度，促进产业化发展**

我县把建设现代农业作为农牧业产业化发展的方向，把优化外部环境作为农牧业产业化发展的保障，按照大规模、高起点、多形式、强带动的原则，通过黄河生态奶牛养殖小区、农牧户养殖设施、牛羊育肥小区等建设项目，对华新、洮江、金洮等养殖场、养殖小区重点扶持，培育和发展龙头企业。通过扶持和壮大龙头企业，将先进的经营理念、管理方式、物质装备、生产技术等要素引入农牧业领域，提高了农牧业的整体素质。

**（四）加大对农民合作组织的扶持力度，推进产业化发展**

我县把维护农民利益放在农牧业产业化发展的首位，按照不同发展阶段、不同产业、不同产品的特点和要求，积极探索不同的利益联结模式，真正把龙头企业和农户建设成为经济发展的共同体，有力地推动了农牧业产业化发展进程。目前，全县农民专业合作社逐步形成了“合作社 + 市场型”、“合作社 + 基地 + 农户 + 市场型”、“公司 + 合作社 + 基地 + 农户型”、“合作社 + 基地型”、“合作社 + 基地 + 农户型”、“公司 + 合作社型”等多种有效的发展模式，解决农民分散经营与企业难以对接的问题。

# 调整种植业结构　规模化草畜产业发展

宁夏回族自治区泾源县农牧局　马津云

泾源县是自治区确定的宁南山区肉牛养殖核心区，独特的气候条件、水草资源和人文生态环境优势，最适宜发展肉牛养殖。近年来，我县抢抓自治区大力发展宁南山区优势特色产业机遇，把以肉牛养殖为主的草畜产业作为调整农业结构、增加农民收入、培育地方特色、壮大县域经济的“一号工程”来抓，取得了令人瞩目的成就，尤其是在区、市党委、政府和自治区农牧、发改、财政、扶贫、科技等厅局及固原市农牧局的大力支持下，全力组织实施了《泾源县肉牛产业发展项目》（2006～2008年）和《泾源县肉牛设施养殖项目》（2009～2011年），进一步加快了草畜产业发展步伐，初步形成了市场牵龙头、龙头带基地、基地联农户的发展格局和产业结构，实现了畜产品供给由长期短缺到总量平衡的转变；肉牛养殖业由“小群多户”的传统粗放型养殖模式向规模化、标准化和集约化现代养殖模式转变；产业定位已由家庭副业转变为现在的支柱产业。目前，全县肉牛养殖人均占有量、肉牛良种化程度、肉牛科学化养殖普及率均居全区之首，草畜产业秸秆加工调制、黄牛改良、养殖基础设施建设、养殖技术推广等各项工作跻身宁南山区各县前列。草畜产业已真正成为全县农业增效、农民增收，带动地方经济可持续发展的主导产业。宁夏优质肉牛核心区地位基本确立，被自治区人民政府命名为“宁夏优质肉牛养殖示范县”。

## 一、现状及成就

### （一）肉牛饲养量显著增加，逐步向规模化方向发展

2012年年底，全县肉牛饲养量达到23.1万头，增长14%，其中：存栏9万头、出栏14.1万头，农民人均牧业收入达到1174元，同比增长37.5%。存栏基础母牛6.1万头，占牛群比例的68%。全县肉牛养殖户达到2.1万户，占全县总农户的85%以上，其中：存栏5～9头的1328户，存栏10头以上的825户。共建成千头肉牛养殖场3处，百头以上肉牛养殖公司（园区）32处，肉牛养殖逐步向规模化方向发展，初步形成了“大户带全村、园区带全乡、龙头带全县”的发展模式。

**（二）基础设施逐步改善，标准化生产日益普及**

按照“统一设计、统一规划、统一标准、统一验收”的要求，以肉牛产业项目为依托，加大暖棚牛舍和青贮池等基础设施建设“以奖代补”扶持力度。全县累计建成肉牛养殖示范村 76 个，建造标准化暖棚牛舍 18290 座、“三贮一化”池 11123 座，养殖农户标准化暖棚牛舍、“三贮一化”池户均占有率分别为 0. 87 座和 0. 53 座；累计投放各类铡草机、粉碎机 13970 台、割草机 611 台、饲草打捆包膜机 6 台（套）、秸秆揉丝机 36 台，养殖户肉牛养殖条件大为改善。先后编制印发了《泾源县肉牛养殖技术规程》等规范化实用技术读本，积极推广了玉米青贮、秸秆黄贮、微贮和氨化等饲草加工调制新技术。制定发布了《泾源县肉牛设施养殖系列标准规范》，填补了我县肉牛设施养殖技术规范空白，进一步提高了肉牛科学化养殖水平。通过“新型农民培训工程”、“阳光工程培训”和“科技入户工程”的实施，使养殖户普遍掌握了肉牛混合饲料饲喂、分群饲养等技术，肉牛标准化养殖逐步普及。

**（三）种植业结构调整成效显著，饲草料基础进一步夯实**

按照“农业为畜牧业服务，种植业为养殖业服务”的思路，以种植业结构调整为主线，压缩冬小麦播种面积，加大饲料玉米和优质牧草种植力度。通过种植业结构调整使冬小麦播种面积从 2005 年的 12. 5 万亩减少到目前的 3. 5 万亩，降幅为 72%，玉米种植面积从 1. 1 万亩增加到 6 万亩，增长近 6 倍。同时，以人工种草为抓手，狠抓草业建设，每年新种或补播 3 万至 5 万亩紫花苜蓿，全县多年生优质牧草留床面积达 43 万亩，初步建成了双龙岭、胭脂岭、青龙山等 10 个万亩人工牧草流域。据测算，年产各类牧草及农作物秸秆 4. 3 亿公斤，饲草总容畜量为 75 万个绵羊单位。

**（四）良种繁育步伐加快，牛群结构明显优化**

按照“结构合理、层次分明、重点突出、快改快繁”的原则，全面推广黄牛冷配改良技术，引进西门塔尔、利木赞、安格斯等优良肉牛品种实行杂交改良，加快肉牛良种繁育步伐。目前，全县冷配改良点达到 57 个，黄牛冷配改良覆盖全县 110 个行政村，年冷配改良黄牛 3 万头，肉牛良种率达到 95%，居全区之首。

**（五）动物防疫服务网络日趋完善，畜产品质量安全体系初步建立**

结合草畜产业项目实施，不断强化动物防疫服务体系和畜产品质量安全体系建设。全县共配备村级动物防疫员 110 名，县、乡、村三级动物防疫服务体系建立健全。启用了二维码免疫标识，建立了疫病可追溯体系，动物免疫率、标识率和抗体检出率均达到 100%，抗体保护率达到 70% 以上。动物及动物产品检疫监督体系趋于完善，全县9个产地检疫点常年开展工作。312国道蒿店公路动物检查站按照“外疫不入、内疫不出”的原则，对过境动物及畜产品运输车辆进行车车消毒、头头检疫，确保宁夏“南大门”的安全，全县畜产品质量安全体系进一步完善。

**（六）养殖中介组织发展壮大，市场体系逐步形成**

全县共成立肉牛养殖合作组织50个，初步探索形成了“公司+基地+协会+农户”的模式，市场体系建设达到新水平。成功注册了“泾源黄牛”地理标志证明商标，充分发挥“泾源黄牛”网站的平台作用，加大对外宣传推介力度，努力研发“六盘山”、“泾河”清真、绿色驰名品牌牛肉系列产品，不断丰富产品内涵，提升产品质量和“泾源黄牛”品牌效应。先后成功举办了三届中国宁夏六盘山黄牛节，在银平公路泾源入口处建造“泾源黄牛雕塑”一座，全面展示了“宁夏优质肉牛养殖示范县”形象，产业品牌影响力不断扩大。

**（七）总结形成了独具特色的“泾源肉牛发展模式**

充分发挥自然资源优势，抢抓第二轮西部大开发战略实施机遇，进一步优化产业结构，不断改善生产条件，保护生态环境，通过政府强力推动、养殖园区拉动、营销大户带动、养殖协会联动、群众积极主动、科技服务促动“六动”形式，突出规模，创新机制，破解瓶颈，以繁为主，以贩促养，养贩结合，部门联动、整村推进，走出了一条富有地方特色和符合县域经济的发展之路，养殖规模化、饲养标准化、品种优良化、结构合理化、饲草多元化、营销市场化、生产品牌化、服务科技化的养殖方式，被自治区总结形成了“泾源肉牛发展模式”，并在全区广泛推广。2011年8月，我县被自治区人民政府命名为“宁夏优质肉牛养殖示范县”。

## 二、主要做法

**（一）强化组织领导，狠抓责任落实**

将草畜产业建设工作置于农业和农村工作的首位，高度重视，明确责任，坚持一套班子抓到底、一个规划干到底，实行“县委常委包乡（镇），副县级以上领导包村，副科级以上干部包户，业务部门包技术的“四包”责任制，做到人人头上有担子，个个肩上有责任，形成了一级抓一级、层层抓落实的工作机制，确保了草畜产业各项目标的有效完成。

**（二）创新管理机制，精心破解难题**

一是创新融资机制。建立了草畜产业协会融资、协会相互担保贷款、招

商引资融资机制，有效解决了群众资金短缺问题，为草畜产业深入发展提供了有力的资金保障。二是创新项目投入机制。按照“渠道不变、各计其功”的原则，整合新农村建设资金，在标准暖棚牛舍建设、良种母牛投放、青贮池建造、铡草机投放、人工饲草种植等方面加大投入力度，采取以奖代补的形式，给予大力扶持，充分调动了群众养牛的积极性。三是创新以奖代补机制。在总结历年产业发展经验的基础上，创新以奖代补机制，加大对养殖大户、百头肉牛养殖公司、产业带头人、中介组织、加工企业扶持力度，给予了资金支持，促使草畜产业按照“持续发展、提质增效，上台阶、提档次”的思路快速发展。

**（三）突出两个重点，夯实产业基础**

一是突出优良基础母牛扩繁补栏。通过项目带动，整合各类资金，实施以奖代补和良种基础母牛建档立卡等措施，加快优良基础母牛的扩繁补栏步伐，扩大基础母牛存栏比例。二是突出多元化饲草基地建设。在进一步调整种植业结构的基础上，稳定了43万亩以紫花苜蓿和红豆草为主的多年生牧草留床面积，优化品种，提高单产，确保了牧草的品种和质量。同时，加大了以全株青黄贮为主的地膜玉米种植，使全县地膜玉米种植面积扩展到6万亩，种植以甜高粱、大燕麦为主的一年生禾草5.3万亩，并有效利用其他农作物秸秆、山野草和林间草，确保了多元化饲草种植和多样化饲草供给。

**（四）主推两项技术，增加科技含量**

一是主推黄牛冷配改良技术。继续加快肉牛良种化进程，通过项目带动，加大冷配点建设步伐，进一步扩大冷配改良覆盖面，培训配备黄牛冷配改良员，做到技术熟练，持证上岗。二是主推饲草加工调制技术。实行行政和业务双轨责任制，真正做到了“政府部门保数量，业务部门保质量”，实行县级领导包片，科级领导包乡，一般干部包村，技术人员到户全程指导，任务到人，责任到人。通过地膜玉米全株青贮、玉米秸秆黄贮及鲜草打捆包膜三种模式，着力加大饲草调制技术的推广实现饲草由地上堆放为地下贮化。同时，通过招商引资形式引进西安新天地草业有限公司在我县注册了“宁夏大田新天地生物工程有限公司”和“宁夏大田新天地机械设备有限公司”，建成万吨饲草配送中心、因子复合肥厂和日光温棚等基础设施并投产运营，饲草料加工调制新技术推广和饲草料配送面不断扩大，效益显现。

**（五）抓好四个环节，提升产业层次**

一是抓好动物防疫。坚持动物疫病的强制免疫和疫情监测不放松，开展重大及重点动物疫病预防控制，建立完善了一系列动物卫生监督措施和制度，保证了重点养殖区域无疫情发生。二是抓好标准化饲养。通过养牛园区、规模户，充分利用当地饲草料资源，根据肉牛生产性能和不同阶段生理需要开展科学试验，研究制定科学饲养配方，对基础母牛和育肥牛实行分群饲养，合理日粮搭配，推广快速短期育肥技术，提高出栏率和胴体重，针对当地部分微量元素缺乏，配发饲料舔砖和微量元素添加剂，避免和减少了因代谢疾病造成的经济损失。同时，结合“三贮一化”技术的全方位推广，提高了肉牛养殖的饲养管理水平。三是抓好畜牧基础设施建设。加大对肉牛科技示范村黄牛冷配改良点、暖棚牛舍、铡草机、“三贮一化”池、割草机等基础设施的投入建设力度，改善饲养条件，夯实饲养基础，加快肉牛养殖规模化生产、标准化饲养、科学化管理进程。四是抓好农民经纪人队伍培育。农民经纪人一头连着千家万户的养牛户，一头连着千变万化的大市场，大力培育养牛经纪人，带领养牛户共创市场，同发“牛财”，实现双赢。

# 坚持结构调整　促进产业化发展

新疆生产建设兵团第四师农业局　张华新

近几年，新疆兵团第四师农业现代化工作在兵师党委的领导下，认真贯彻落实兵团党委农业现代化建设工作会议精神，创新思路、狠抓落实，围绕农业增效、职工增收的目标，大力推进高标准农田建设、特色林果、万畜精养、大宗作物全程机械化等双十主体工程，有效地推动了四师农业现代化的建设步伐，四师农业现代化建设取得了较好的成绩，下面就四师农业现代化发展情况做如下介绍。

## 一、四师农业现代化建设取得的主要成绩

### （一）农业结构进一步优化，初步形成了种植业、畜牧业、园艺业三足鼎立的格局

种植业主栽作物实现规模化种植，在63、64、67团形成20万亩优质棉生产基地；在伊犁河谷的62、64、66、67、70团形成了17万亩玉米制种基地；在昭苏垦区74、75、76、77团形成了60万亩粮油生产基地。畜牧业依托已建成的50个万畜精养基地，带动全师畜牧业快速发展，年末牲畜存栏108.09万头（只），实现产值19亿元。园艺业以高标准果园、标准棚建设为抓手，强化管理，提高果品、蔬菜的产量和质量，2012年实现园艺业产值9.62亿元。

### （二）农业标准化工程成效显著

2012年，新建高标准农田20万亩，新建高标准果园3.4万亩，新建标准万畜精养工程12个。通过典型示范带动作用，有利地推动了我师现代农业的发展。

### （三）农业新技术推广应用力度不断加大

团场紧紧围绕着师结构调整思路，大力推广先进实用新技术，取得了可喜的成绩。2012年全师推广滴灌面积28.33万亩，精量播种面积46.51万亩，测土配方施肥面积84.56万亩；棉花、甜菜机收种植模式分别达到13.5万亩和5.76万亩，机收面积分别达5.8万亩和4.34万亩；地膜覆盖44.61万亩，其中双膜覆盖达到12.79万亩，保护性耕作23.44万亩，激光平地面积6.1万

亩，滴水出苗面积14.85万亩，机械育苗移栽面积9.29万亩，均达历史新水平，农业技术普及率进一步得到提高。

**（四）农产品质量安全水平进一步得到提升**

一是全师陆续成功申报有机农产品1个，绿色食品认证企业3家，产品12个，无公害农产品产地认证9个，产品21个，农产品地理标志2个，建设国家级绿色食品标准化生产基地两个；二是继续实施农产品质量追溯工作；三是已完成对61团（苹果）等八个生产基地进行了出口基地备案工作。

**（五）农业产业化发展进一步加快**

截至目前，农产品加工贸易型龙头企业达136家，其中国家级和兵团级重点龙头企业达8家。通过“龙头企业+基地+农户”的产业化经营机制，基地为龙头企业提供原料占所需原料的85%以上；全师有53个农产品注册了商标，创建1个国家驰名商标、9个自治区知名品牌，品牌效应使我师农产品加工产品的市场占有率逐年提高。

## 二、推进农业现代化采取的主要措施

**（一）认真贯彻落实各项强农惠农政策**

2012年我师获小麦农资综合直补、良种补贴、农机购置补贴、保护性耕作、能繁母猪补贴和测土配方施肥等各种强农惠农政策资金达2.2亿元，我师严格执行国家相关政策及补贴标准，确保落实到位，一系列强农惠农政策的有效落实，对于提升农业综合生产能力、提高职工种粮积极性和增加职工收入发挥了重要作用。

**（二）夯实农业基础，增强农业综合生产能力**

大力开展农业基础设施建设，一是以高标准田、高标准园和万畜精养工程为抓手，不断提升农业整体效益。二是通过水肥耦合技术和改造提升现有节水滴灌设施来提高作物产量，降低生产成本，达到节本增效的目的。三是做好中低产田改造，加强与农业生产环节相配套的烘干、晒场、初加工等基础设施建设力度，切实提高农业综合生产能力。四是依托霍尔果斯、都拉塔口岸优势，大力发展出口创汇农业。

**（三）壮大产业实力，增强企业带动能力**

一是实施品牌带动战略，在现有知名品牌和商标的基础上，继续打造“伊帕尔汗”等全国驰名商标和“金天圆”、“伊帅”、“伊香”等一批知名品牌。二是积极发展制种产业，重点推进金天元制种品牌提升，将四师打造成为全疆知名的制种基地。三是支持农业产业化发展，通过政策引导、资金扶

持，围绕四师特色农产品基地优势培育果品、粮食、香料、马铃薯、蔬菜等深加工龙头企业，建立农产品营销网络。

**（四）抓好科技创新推广及示范工作**

2013 年的中央 1 号文件把“农业科技”摆在更加突出的位置，着重强调了农业科技创新，我师围绕现代农业发展需求，着力解决制约产业发展的瓶颈技术难题，同时加大节本增效、防灾减灾、农机农艺融合等技术攻关与集成配套，重点做好采棉机和甜菜收获机械的引进力度与配套技术，以带动农业整体管理水平的提高。

**（五）抓好农产品质量安全工作**

农产品质量安全关系人民群众的身体健康和生命安全，我们紧紧围绕“努力确保不发生重大农产品质量安全事件”重要目标不动摇，一是深入开展农资打假专项治理活动；二是抓好农业投入品的管理；三是抓好出口基地备案工作；四是抓好对农产品批发市场和农资销售市场的产品检测工作；五是抓好“三品一标”的申报工作。

## 三、农业现代发展中存在的问题及解决办法

在农业现代化发展中，我师坚持以调整农业结构、落实惠农政策和科技投入为重点，以万畜精养、特色林果、机械采收工程为抓手，逐步完成农业现代化步伐，但在实际的发展过程中也存在一些问题，一是农业基础设施薄弱，受灾严重；二是产业带动能力不强，增强产业发展政策少；三是受条件影响新技术运用有局限性。

针对这些问题，我师在种植、林果、畜牧、农机、乡企产业等方面分别采取了措施来促进农业现代化的发展：

种植业主要采取的措施：一是进一步调整优化农业结构，不断增加果蔬园艺业和畜牧养殖业在农业产值中的比重，逐步形成种植业、果蔬园艺业和畜牧养殖业三足鼎立的格局。二是继续扩千元利润田面积。三是要继续抓好高标准田（园）建设工作。四是要开展好现代农业示范连队创建工作，在全师率先创建 31 个现代化农业示范连。五是进一步加强设施农业管理工作。六是抓好科技推广及示范工作，重点推广棉花、甜菜机收栽培模式，大力引进采棉机和甜菜收获机械，加大机械收获比例；进一步加大高标准农田、果园标准化、节水灌溉建设力度；加快甜菜单粒种、育苗移栽，双膜覆盖，测土配方施肥、滴水出苗、化调化除、综合植保等技术推广应用力度；加快农产品绿色生产规程的推广与实施，加快农产品质量检验监测站建设步伐，逐步

开展农产品质量准入制度的建立。

林业主要采取的措施：继续推进高标准果园建设。每年确保5万亩高标准果园建设任务保质保量完成。

畜牧业主要采取的措施：努力保障畜产品的有效供给，以动物疫病防治为重点，建立并完善疫病防治和监测体系。继续落实国家草原生态保护补助奖励机制，稳固饲草料保障体系。加大万畜精养基地建设力度，进一步加强畜牧产业化建设。

农机建设主要采取的措施：加大购机力度，逐步实现我师各类作物全程机械化，使我师农业综合机械化率突破95%。

乡企产业化主要采取的措施。实施品牌带动战略。继续打造一批全国驰名商标，增强产品的市场竞争力。

**作者简介：**

张华新，男，汉族，1963年3月出生，中共党员，本科学历。现任新疆生产建设兵团第四师农业局局长。

自1982年7月参加工作起，历任连队技术员、副连长、连长、农业科科长、团场副团长，四师农业局副局长等职。2012年至今，任新疆生产建设兵团第四师农业局局长。

# 打基础　谋长远　惠民生<br>推进现代农业又好又快发展

新疆维吾尔自治区吉木萨尔县农业局　闫龙仕　黄晓凤

## 一、吉木萨尔县现代农业建设特点

现代农业，从宏观上看，是指以现代发展理念为指导，以现代科技和物质装备为支撑，运用现代经营和管理手段，贸工农紧密衔接、产加销融为一体的多功能、可持续发展的产业体系。从微观上讲，是指应用先进生产技术和良种，专业化、规模化、标准化、机械化生产，企业化、产业化经营，商品率高，优质、高效、低耗的农林牧渔产业。吉木萨尔县现有耕地面积75万亩，下辖3乡6镇56个村委会。农业总人口87968人，是一个以农业为主，农牧结合的县。近年来，吉木萨尔县在现代农业发展上进行了积极的探索，并从2012年开始，按照“建设一批、提升一批、滚动发展，持续推进”的要求，以现代农业示范区建设为抓手，以农业增效、农民增收为目标，以科技为依托，以规模化、产业化、标准化、专业化为保障，将利用三年时间致力改造传统农业，大力培育品质优良、特色明显、附加值高的优势特色农业，力求把现代农业示范区建成现代农业生产与新型农业产业培育的样板点、农业科技成果和现代农业装备应用的展示点、农业经营体制创新的试验点和农业功能拓展的先行点。目前，全县已累计建设现代农业示范区18个16.06万亩，现代农业示范区建设取得了明显的成效，呈现了又好又快发展：

### （一）促进了农业生产基础条件显著改善

现代农业示范区内交通便利、农基础设施完善，基本实现路、条田、林网、节水、机械化和电配套的生产要求，劳动生产率和综合生产能力显著提高。实现条田林网化100%；节水灌溉覆盖率100%；农机化水平100%；主要道路硬化100%。目前，全县在现代农业示范区内累计新修高标准条田道路250公里、渠道15公里、节水大、小首部10个，完成节水灌溉11.1万亩、栽植条田林带3634亩、土地整理2.47万亩。

### （二）促进了规模化种植水平大幅提高

全县16.06万亩现代农业示范区全部实行千亩连片、万亩连片种植模式，其中万亩现代农业示范区 10 个，千亩现代农业示范区 8 个，并重点推广番茄、瓜菜、玉米、制种等高效作物，规模化、标准化种植模式改善了全县多年来种植业少、小、杂、劣的现状，有效提高了示范区的生产管理水平。如庆阳湖乡双河村万亩示范区内种植的加工番茄、甜糯玉米、食葵都分别与屯河酱厂、中储粮收储公司、内蒙古金禾有限公司签订了订单，实现农产品销售订单化。

**（三）促进了运行机制不断创新**

通过组建以种植、加工、劳动力转移、农牧机械化等产业为纽带的农民专业合作社，提高土地产出率、资源利用率和劳动生产率，农民入社率达到 60% 以上。同时，推行区域化布局、专业化生产、一体化经营，形成市场、企业、基地、合作社和农民紧密相连的产业化格局，大大改善了原有的生产条件，实现综合开发、循环利用、品牌整合、多次增值奠定了基础。据统计，全县围绕现代农业示范区组建合作社达 66 个，现代农业示范区由企业租赁和合作社经营的达 14 万亩，参与示范区建设的加工、制种等企业 12 家、合作社 15 个。如吉木萨尔镇千亩现代农业示范区内 44 户农民将 1100 亩耕地经营权以入股的方式由红丰农作物种植专业合作社进行统一管理、统一种植、统一经营，在解放生产力、节约生产成本的同时促进了农民增收；三台镇万亩现代农业示范区 332 户的种植户分别加入了种植、农产品加工、劳动力转移等合作社，辐射带动了 410 户农户，实现了示范区种植户组织化程度达到全覆盖。

**（四）促进了农民增收渠道进一步拓宽**

现代农业示范区通过大力发展特色、优质、高效、安全的农产品，经济效益居全县前列，亩均纯收入预计达到 1200 元以上。随着农业装备水平的提高和企业、合作社的介入，农民收入出现了多元化。首先，因生产条件的改善，土地租赁费由原来的每亩 300 ~350 元达到了 2012 年的每亩 450 ~550 元，农民从土地流转、租赁中可以得到一份稳定的收入。其次，土地流转后农民到企业、合作社打工每天每人平均 100 元，又可得到一份丰厚的收入。再次，部分农民将土地经营权入股并进行分红，又是一份可观的收入，这样，农民的收入可提高 20% ~30%。以吉木萨尔镇北地村现代农业示范区建设为例，该示范区在建设以前，农民种植以分散种植为主，生产成本高、劳动强度大、劳动力紧缺是农民面临的首要难题，自现代农业示范区的投入使用后，不但降低了生产成本，提高了劳动生产率，同时还可转移劳动力 105 人，可为全村 685 人人均增收 1500 元以上。

**（五）促进了新品种、新技术推广应用进一步落实**

在现代农业建设过程中，吉木萨尔县大力推广标准化生产和新品种、新技术的推广应用。测土施肥、密度调控、生态经营、精细化管理等关键技术普及率达到90%以上。现代示范区有较强的科技应用、成果转化和示范能力，科技贡献率达到70%以上。每个示范区都安排1～2名农业专业技术人员进行全程跟踪服务。两年来，该县现代农业示范区内累计建设标准化生产示范点18个、新品种实验26个。玉米一穴多株、番茄单膜单行栽培模式、腐植酸肥料、沼渣、沼液综合利用、生物杀虫得到了全面推广和应用，利用科技提高生产能力和水平得到了有效落实。

## 二、吉木萨尔县现代农业建设存在的问题

虽然吉木萨尔县现代农业已形成了良好的发展态势。但仍存在着许多困难与问题，主要表现在：

**（一）种植结构与需求结构不匹配**

我县由于种植面积小，蔬菜种植布局和种植单元分散，种植季节和种植品种不均衡，新品种、新技术推广力度不够，没有形成一定批量生产的品种，既增加了塑造品牌的难度，又无法与大市场实现紧密对接和直接供应，只能与小贩对接，导致流通环节过多，菜农和市民的利益都受到不同程度的挤压。

**（二）新技术、新品种推广应用与农民的观念不匹配**

普遍缺乏有经验、懂技术的专业技术人员，种植户大部分文化程度较低，科技意识不强，技术掌握程度差、接受速度慢，蔬菜生产的先进实用技术难以及时有效地传授到千家万户。

**（三）生产环节与市场环节不匹配**

从市场经营的角度看，该县现代农业示范区中的龙头企业与合作组织少，辐射带动能力不足，产后经营链条不完善，加工企业少且加工档次低；经营方式仍以分散农户经营为主，农户对市场的认知程度不够，市场信息不对称，生产存在一定程度的盲目性，小农经济与大市场、大流通的矛盾仍比较突出，导致产品销路不畅，生产与市场需求脱轨，农民收益不稳定，抗风险能力较低。

**（四）基础设施建设投入与经济效益不匹配**

加大现代农业建设投入力度离不开基础设施建设，随着现代农业建设规模的加大，特别是现代设施农业建设中，必要的保温、增温、用电、用水等设施要配套，这些基础设施花费每座棚需上万元，由于用工短缺且用价高，

菜价低，种植大户无法雇工，尤其是一些种植规模小的大棚每个大棚生产收入在1万元左右还不够雇工。严重影响了种植户的生产积极性。

## 三、加快发展我县现代农业示范点建设的对策思考

### （一）以“现代农业”为理念，进一步加快特色优势产业发展

按照“条田林网化、管理科学化、经营规模化、产品标准化”的建设要求，逐步发展中介组织和“订单农业”等方式，使龙头企业与农民联结机制逐步从松散型向紧密型发展，龙头企业已经与农户之间建立了稳定的产销协作和多种形式的利益联结机制和相对稳定的购销关系。积极鼓励土地流转，引导大户连片种植，促进优势特色产业向示范点集中。做精设施农业，做强特色产业。巩固提升马铃薯、黑加仑、大蒜三张名片，加快培育番茄、瓜菜、红花、土豆、特色林果五大产业。着力打造设施农业、生态农业、效益农业、科技示范、休闲观光和农产品加工这“六大”类型农业产业特色示范点，进一步提高全县农业专业化、规模化、科技化、标准化生产水平。加快推进现代特色农业强县、强镇、强村、强社（企）建设，促进农村经济又好又快发展。

### （二）以品牌建设为重点，进一步增强农业市场竞争力

按照“整合特色农产品品牌，支持做大做强名牌产品”和“保护农产品知名品牌”的要求，切实做好品牌的打造和整合工作。依托庄子、金庭果蔬等龙头企业，大力推动农产品点域化布局、规模化生产。充分发挥地缘优势和点位优势，围绕番茄、土豆、瓜菜等主导产业，鼓励龙头企业积极实施名牌带动战略，打造一批具有吉木萨尔县鲜明优势特色的农产品优势品牌。通过科技创新、引进先进技术设备、加强企业管理等措施，将绿色食品、有机食品认证工作、培育中国驰名商标、地理标志、中国名牌产品、中国农业名牌产品、新疆著名商标、新疆名牌产品和新疆农业名牌产品作为创建农业品牌的重点工作来抓，切实做好品牌创建和提升，不断提升全县农业整体水平和市场综合竞争力。

### （三）以创新机制为抓手，进一步提高农民组织化程度

围绕现代农业示范区建设，以农业增效，农民增收为目标，进一步加强农民专业合作组织的建设力度。充分发挥农民专业合作社的作用，促进农民专业合作社规范化、规模化建设。特别要围绕该县番茄、土豆、大蒜、设施农业等特色产业，通过抓样板、抓发展、抓规范、抓创新、抓培训“五抓”措施，组建以产业为纽带的农民专业合作社，全面实现农民专业合作社整村

推进的目标。

**（四）以科技兴农为支撑，进一步提高农业科技含量**

不断完善和健全农业科技创新和推广体系的建设，以推进责任农技推广制度为重点，切实抓好基层农技队伍建设，充分发挥首席农技专家和责任农技员作用，加强科技集成与纵向联结，集中力量加快推广一批优良品种和先进生产技术。扩大测土配方施肥面积，实施农药减量、控害、增效工程，加强动植物重大疫情防控体系建设。加大农民培训力度，培养懂政策、懂法律、有文化、懂技术、善经营的新型农民。充分发挥农村远程教育平台、“吉木萨尔县农业信息网”、“农民信箱”、“农技 110”和科技特派员等信息资源的作用，加快推进农村信息化建设，进一步强化服务功能，提高服务水平，有效推动农业科技进步，实现科技兴农。

**（五）以“强本固基”为目标，进一步加强农业基础设施投入**

现代农业示范点既是一个展示点、增收点，又是一个引领点、辐射点，因此，在加强现代农业基础设施建设投入方面要通过组织实施好土地整理、中低产田改造、土地整合、农田防护林建设、条田道路硬化、高效节水灌溉、测土配方施肥等项目落实，使现代农业示范区基本形成“田成方、林成网、路相通、管相连”的高产高效现代农业示范点，同时，在示范点建设过程中，必须要以机械化水平不断普及提升的要求长远规划，不断推进。

# 调整农业结构
# 提高农业经济效益和农民增收

新疆维吾尔自治区拜城县农业局

中央新疆工作座谈会召开三周年来临之际，农业局在县委、政府的坚强领导下，认真贯彻落实地、县农业农村工作会议各项决策和部署，统一思想，提高认识，牢牢把握“稳中求进、提速增效”总基调，围绕推进“两个率先”总目标，充分发挥职能作用，践行“四干”精神，干成了一系列实事，呈现出农村经济发展、农民生活改善、社会稳定良好态势。

## 一、农业工作发生的变化、取得的成绩及存在的问题分析

### （一）发生的变化

农业结构调整取得新进展，全县粮食面积达到50万亩以上，粮食总产接近35万吨，平均单产达到了662.3公斤，比2010年增产60.6公斤，获得国家粮食生产先进县荣誉称号。以酱番茄、马铃薯、辣椒、甜菜为重点的特色经济作物实现了区域化、基地化、规模化种植，依托特色优势产业基地，加大了涉农龙头企业扶持力度，全县28家农产品加工企业中，自治区级龙头企业6家，地区级龙头企业12家，依托龙头企业持续扩大了农业订单规模，年订单面积达到了60万亩以上，农业产业化进程进一步加快，获得自治区农业产业化先进县荣誉称号。农产品加工园区设施建设更加完善，产业聚集作用凸显，获得自治区级农业产业化园区荣誉称号。农业标准化建设稳步推进，完成农业标准化生产示范基地建设23.7万亩，已取得无公害农产品认证4个，绿色农产品认证1个，有机农产品认证2个，取得无公害农产品基地认证1个，面积22万亩；农产品加工企业注册商标16个，其中，获得新疆著名商标2个，新疆农业名牌3个，地区知名品牌2个，品牌效应凸显，农产品质量安全进一步提高。设施农业多元化生产格局已经形成，集中育苗、滴灌、卷帘机等先进技术和装备得到普遍推广应用，其中，集中育苗年育苗量达到了1亿株，移栽定植面积达到了1万亩，全县13000亩设施农业亩均效益达到

了5294元，比2010年增1978.4元，获得自治区设施农业先进县荣誉称号。高产创建、测土配方施肥、沼渣沼液综合利用、高效节水等农技推广工作有效落实，依靠科技促农增收效果凸显。民生工程扎实推进，全县共建设农村户用沼气15223户，惠及5万余农民；国有农场危旧房改造项目扎实推进，惠及农民402户。农民专业合作社发展壮大到75家，其中，6家农民专业合作社获得自治区首批示范社称号，农民组织化程度显著增强。农村政策落实有力，三年累计发放良种补贴、农资综合补贴、粮食直补强农惠农补贴资金9516.64万元，全县农民人均享受政策性补贴590.96元。农业项目扎实落实，三年来共有17个农业项目获得批复实施，累计争取上级项目资金3169万元，夯实了现代农业发展基础。

**（二）取得的成绩**

一是农村经济总量不断增长，农民收入持续增加。2012年年末，全县实现农村经济总收入23.32亿元，农民人均纯收入7412元，农村经济总收入较2010年增长42.58%，农民人均纯收入较2010年增长45.68%，其中，种植业人均纯收入2741元，较2010年增长35.6%。二是全县种植业在品种结构、区域布局、种植规模等方面呈现多元化，“产、供、销一体化”农业产业化发展格局凸显。三是农业科技投入力度进一步加大，高产创建、测土配方施肥、沼渣沼液综合利用、高效节水等农业新技术应用率和转化率逐步提高。四是农业产前、产中、产后各个环节纳入标准化生产和标准管理的轨道，现代农业水平进一步提高。五是开展“企农”利益联结机制创新试点工作，企业和基地、农户的联结更加紧密，农业产业化进程加快。

**（三）工作的亮点**

一是承办了国家现代种业现场会、自治区农业产业化龙头企业党建现场会，得到了国家农业部、自治区农业厅等有关部门的充分认可。二是大力开展集中育苗工作，有效解决了农民分散育苗成本高、技术不稳定、育苗质量差的问题，提高了设施农业的经济效益。三是全面推广了种衣剂包衣技术，普及率达到了100%，位居全疆前列。四是积极开展了粮食高产创建活动，提高了粮食单产和品质，得到自治区农业厅的充分肯定。2013年1月，我县被授予国家粮食生产先进县荣誉称号。五是全面推广测土配方施肥技术，实现亩均节本增效69元。六是建成了南疆最大规模的马铃薯脱毒种薯繁育基地，实现了马铃薯品种良种化、栽培标准化，改善了品质，提高了单产。七是制定印发了《现代农业提质增效实施方案》，通过落实“三田”责任制，抓示范、建基地、提单产，农业现代进程明显加快。

（四）存在的问题及原因分析

一是农业基础设施建设投入不足，基础设施建设薄弱，抵御自然灾害的能力有待加强。二是随着乡镇农科站的下放，部分乡镇农业技术推广员已被调离原有工作岗位，基层农技推广工作难度加大，一些新技术、新品种不能及时得以推广应用。三是设施农业老旧温室提升改造投入资金不足，造成工作滞后。

## 二、“十二五”农业规划

（一）发展思路及目标

认真落实中央、自治区、地区促进农民增收的一系列方针政策，不断优化种植结构和产业经营管理模式，推进农业现代化建设。2015 年年末，力争全县农民人均纯收入达到 10000 元，其中，种植业人均纯收入达到 3500 元。

（二）主要任务

概括起来为四句话：即建好八个基地、做强八大产业、实现三个优化、抓好三个建设、完成两个增加。

1. 建好八个基地

抓好粮食、辣椒、番茄、甜菜、马铃薯、瓜菜、制种以及设施果蔬八个优质农产品基地建设，实现基地农产品占全县农产品总量的 90% 以上。

2. 做强八大产业

扶优扶强涉农龙头企业、农村合作经济组织，加速粮食、辣椒、番茄、甜菜、马铃薯、瓜菜、制种以及设施果蔬八大优势特色产业链条延伸。

3. 实现三个优化

一是种植结构更加优化。粮食作物稳定在 50 万亩左右，特色产业因地制宜、规模化发展。二是品种更加优化，努力实现种植业良种覆盖率达到 100%。三是产品质量更加优化，通过实施农业标准化生产，力争到 2015 年主要农产品 100% 实现无公害标准。

4. 抓好三个建设

一是加强农业技术专业知识更新和技能培训，培养一支农民满意的科技人员队伍。二是全面推行选拔聘任和绩效考核制度，建立效能淘汰机制和工资与工作任务、效果挂钩的分配机制，全面提升科技服务水平。三是完善基层农技推广站办公设施和实验仪器配套，提高农技推广能力。

5. 完成两个增加

一是农村经济总量增加。预计到 2015 年年末，全县可实现种植业总收入达到15.03亿元，较2012年增3.25亿元；二是农民人均纯收入增加。预计2015年年末，全县农牧民人均纯收入超万元，较2012年人均纯收入增2588元，年均增长率为16.15%。

**（三）保障措施**

1. 进一步推进种植结构的调整和优化

按照“稳面积、抓高产、增总产”的思路，优化粮食品种布局和品质结构，提高综合生产能力。因地制宜、规模发展特色种植，着力在建基地、扩规模、上档次、提效益上下工夫，逐步形成产业化经营格局。加快农艺农机结合，确保作物产量、品质和效益上一个新台阶。

2. 扎实抓好优质农产品基地建设

抓好优质农产品原料基地建设，实施无害化生产。以打造南疆第一制种大县为目标，抓好小麦、玉米、马铃薯5万亩制种基地建设。

3. 认真抓好设施生产

按照“调结构、增投入、抓培训、提效益”的工作思路，稳定生产面积，引进和发展名、优、特、稀优质高效品种，普及推广应用先进生产技术和机械，提升设施农业的综合生产能力。至2015年，平均亩均效益达到7000元以上。

4. 加快科技在农业生产领域的应用

一是加快品种更新换代，确保良种覆盖率达100%。二是引进、试验、示范作物新品种，普及各项农业生产新技术，提高农业科技水平。三是推进农业科技创新，重点支持旱作节水、沼肥综合利用等农业技术的研究和推广。

5. 政策扶农，改善农业发展环境

扎实落实国家、自治区、地区各项扶农支农的政策措施，加大减负力度。进一步健全“两会两票”管理制度，规范村级财务管理。积极出台对主导产业的产业化扶持政策，完善相应的产业发展规划、目标和配套措施。

6. 加快农业产业化进程

一是紧抓温拜合作的契机，引进农业产业化园区上、中、下游相配套行业，捆绑引进农业新品种、新技术、新管理、新工艺设备，提高农业科技装备水平。二是积极开拓农产品外销市场，与有实力的企业、批零市场、连锁超市直接建立稳定的购销关系。三是壮大和规范各类农民专业合作组织，提高农民的组织化程度。力争至2015年，全县农业订单面积达到70万亩，占总播面积的近90%。

7. 加强重点项目建设

“十二五”期间，重点抓好《拜城县优质甜菜生产基地建设项目》、《巩固退耕还林成果专项资金基本口粮田建设项目》、《拜城县测土配方施肥项目》、《拜城县小麦农资综合补贴项目》等重点项目的建设，夯实农业发展基础，增强农业发展后劲。

# 加快发展步伐　提升农业产业化水平

新疆维吾尔自治区英吉沙县农业局　邓玉宝　丁　楠

按照"农业增产，农民增收，农村稳定"为总目标及县委、县政府对我县农业的安排部署，在上级业务部门的大力支持下，我局以加快农业科技进步为重点，以强化各项服务措施为主抓手，高起点定位、快节奏推进、全方位落实，各项农业工作有序推进，取得了阶段性成效。

## 一、主要做法和措施

**（一）因地制宜，因势利导，以市场为导向，大力调整农业产业结构，多元化增加农民收入**

我县现有耕地面积43.38万亩，农村人口23.3263万人，农村人均占有耕地面积1.8亩，近几年随着人口的不断增加及产业结构的不断调整，人多地少，自然灾害频繁，水资源缺乏，土地资源利用受到极大的限制，严重制约着我县农业的发展步伐，使农民收入面临着严峻的挑战。如何以市场为导向，进一步优化农民收入以带动全县经济的发展，是摆在我局面前的一个重要任务。为此，我局按照县委扩大会议上确定的"微调棉、大扩园、上畜牧、转劳务"的发展方向，在调整农业结构，促进产业化发展，实现两个根本性转变和适应的历史阶段形势方面，取得了一定成绩，具体体现在以下方面：

1. 调整优化农业结构，全面提高农业效益

2013年，我县农业生产在稳定粮食生产的前提下，重点引导农民根据市场需求，以提高农产品质量和档次、增强市场竞争力、提高农产品效益为目标，科学地调整优化农业结构。一是进一步改善品种和品质结构，提高优质化水平。全县统一种植优质小麦23.85万亩，播种优质玉米20.55万亩；优质小麦品种种植占总面积100%；优质玉米品种率100%。二是稳步发展高效经济作物，优化种植业内部结构。全县种架子瓜面积400亩。三是加快科技兴农步伐，增强支撑作用。2013年积极引进各类农业新品种、新技术，一年多熟、地膜覆盖、配方施肥、集中育苗等新技术推广迅速。

就目前我县农业生产的发展状况来看，农业各业中种植业仍然是基础性产业，占主导地位。我县的种植业产业调整的前提是保证农村农民的温饱，

粮食能自给自足。在此基础上，进一步提高农民的经济收入，发展林业、畜牧等产业。现我们采取的主要技术措施是大力进行低产田改造，棉花种植放开，继续加大对林果业的发展力度，积极推广饲料兼用型玉米，品种苜蓿等饵草的种植和贮藏技术，发展设施农业，推广农村能源建设，推广良种的多方面发展战略。就目前情况来看，取得了很好的经济效益和社会效益。

2. 抓好设施农业，促进农民增收

在县委、县政府的宏观调整下，种植业结构进一步优化调整和深入，设施农业逐步进入广大农户，成为农民增加经济收入新的增长点。目前全县设施农业总面积达到3655.2亩；其中：日光温室647座，占地面积1035.2亩。拱棚6988座，占地面积2620亩。为了使这些大棚充分发挥经济效益，增加农民收入，满足群众对反季节蔬菜、瓜果的需要，专门聘请了技术员，积极引导大棚种植户合理安排种植计划，提供介绍优良品种，重点加强对大棚种植户和县乡技术人员进行实用技术培训，并发放实用技术资料，使他们掌握温室大棚蔬菜瓜果、育苗、管理、病虫害防治等实用技术，增强了他们种植好、管理好大棚的信心。

3. 加强农业执法检查，切实保护农民利益

为了规范农资市场，强化市场管理，杜绝假冒伪劣农资进入市场，为此，重点对县农资批发经销商进行监督管理，对新品种进行登记，同时在全县范围内对农资经销商采取拉网式巡查，发现问题及时解决。此外，为了我县农业安全，由农业局牵头联合执法，县种子管理站和农技中心派出执法人员一同到农药营销门市部和肥料营销门市部进行了调查，同时，每个巴扎天开展调查。不允许销售过期、高毒、药残高的农药。

通过专项治理和执法行动，打击了经销者的不法行为，有力地防范了坑农、伤农、害农违法行为的发生，保护了农民群众的利益，从源头上打击和堵住了不合格农产品进入市场。

4. 全面落实各项惠农政策

针对农业税取消后，农民负担监督管理工作出现的新情况、新任务，我局及时调整农民负担日常监督管理工作的重点，加强支农惠农政策落实情况的监督，强化部门责任制的落实，以高度的政治责任感，坚决执行和落实减轻农民负担的各项措施，积极督促落实各项支农惠农政策。使农民群众来电来访减少，农村干群关系能进一步得到改善。

强农惠农政策的落实工作涉及面广，情况复杂，工作难度较大。为此，我局将统一思想认识，充分认识开展强农惠农政策落实情况监督检查的重要

性和必要性，增强做好这项工作的责任感和使命感，克服畏难情绪，积极主动开展工作，农业局各有关部门加强组织协调，各司其职，各负其责，认真落实各项强农惠农政策，切实把这项工作抓紧抓实，抓出明显成效。

5. 积极搞好农业项目工作，促进农业产业化经营

抓好项目建设，改善农业生产条件。申报的农业项目落实到人，随时跟踪问效，一村一品项目、种子补贴项目、能源建设项目、农民工阳光工程培训项目等要一追到底，确保成功。对在建项目严肃认真地进行项目建设和管理，切实做到专款专用，保证质量，按时完成，确保项目争得来、放得下、建得好、收效高，经得起上级验收。

6. 立足科技培训，开展试验示范

利用农闲的有利时机，采用多种形式，广泛开展技术培训，提高农民科技文化素质。一是以农广校为基地，开展学历教育。二是开展“科技之冬”工程送科技下乡活动，组织局系统内农业专业技术人员，对各乡镇、重点村开展技术服务，受到了广大农民的热烈欢迎。三是开展实用技术培训。在大力开展科技培训的同时，加大了试验示范推广工作力度，重点做好新技术、新品种、新模式的引进、试验、示范和推广。

7. 主攻农产品加工，大力推进农产品加工业发展

针对我县农产品加工企业规模小，技术创新能力不够强，质量安全标准体系不完善，政策扶持不到位等问题，积极采取有力措施，大力推进农产品加工业发展。一是抓好以特色农产品为主导的原料保障体系建设，建立原料基地，形成产业化经营。二是积极推进农产品加工品、加工企业的质量认证进程，开展食品安全体系（HACCP）无公害食品、绿色食品、有机食品等质量安全认证。我县“三品一标”获证产品面积达到68.1万亩。其中萨罕乡等7个无公害果蔬生产基地认证面积达到21.99万亩，绿色食品认证产地面积达到10万亩。有机农产品认证产地面积达到10.1万亩，地理产品标志登记保护认证产地面积达到27万亩。三是抓好农产品加工技术创新服务体系建设。采用先进适用技术，提高农产品加工技术水平和质量，推动农产品由粗加工向精深加工转变。大力推进名牌战略，积极引导农产品加工企业进行“产、学、研”对接。

**（二）当好参谋，实事求是，为我县农业生产决策服务**

由于我县所处的地理环境及受历史因素的影响，自然条件差，农业生产基础设施十分薄弱，农民科学种田意识比较落后，人均收入低，生活水平差。如何解决农民的温饱问题，改变农村贫穷落后的面貌，切实保护农民合法权

益，加快我县脱贫致富奔小康的步伐，是摆在我局工作面前的一个重要任务，而我县以是一个以农业生产为主的典型的农业县，要改变贫穷落后的面貌，只有依靠农业，以农业为依托发展其它产业。

及时了解掌握基层的农业生产信息及动态，是县委、县人民政府指挥全县农业生产并进行决策的前提。我局全体工作人员大力发扬艰苦奋斗的精神，在工作中克服种种困难，不怕累、不管是三伏酷暑，还是三九严寒都坚持深入到田间地头，了解基层的生产情况，及时为他们排忧解难，并将搜集到的生产信息及生产中发现的问题及时向县委、政府汇报，并提出解决问题的方案以供参考。在工作中，我局按照县上的要求及时认真安排组织了农业生产现场会，检查、评比、测产等调查督导工作。我局始终坚持公正的原则，实事求是，按原则办事，为县委、政府在安排、部署全县的农业生产中及时、准确的决策提供了可靠的科学依据。

## 二、存在一些不足之处

（一）无办公场所，编织人员不全，办公经费严重不足。由于我局的工作范围广，工作性质不同，财政安排严重不足。给我局的工作带来了很大的困难。

（二）农业队伍的整体素质还跟不上当前农业生产的需要，还有待提高，而且基层的问题复杂多变。全体农业工作者需要不断提高自身素质，以适应农村工作新形势的需要。

（三）农业产业化经营水平不高，传统农业向市场农业、现代农业转变慢，无带动性强的农业龙头企业。

（四）农业科技经费投入不足，科技人员知识老化，仪器设备落后，办公条件差。

## 三、对今后工作的思考及建议

（一）加快农业基础设施建设，着力提升农业的设施化程度。抓住国家加大农村基础设施投资的有利时机，积极向上争取项目，加大农业配套工程投入力度。

（二）加快农技推广，着力提升农业的科学化程度。加强农民科技培训，实施“农民素质提升工程”，对农民进行职业化、规范化、专业化、标准化培训，提高农民的科技致富能力。同时，着力推进百万亩全程农业机械化，加

快实现全程农业机械生产。

（三）加快农业结构调整，着力提升农业的集约化程度。立足建设现代农业示范基地，突出特色和规模，做大做强农业的主导产业。按照高产、优质、高效的发展思路，采取项目定投、科技保障等措施，积极推进全国粮食生产基地建设。加快发展温室蔬菜大棚园区和标准化、集约化养殖小区建设。

（四）加快培育龙头企业，着力提升农业的产业化进程。扶持发展一批产业关联度大、产品附加值高、带动能力强的龙头企业，延长产业链条，实现农产品多层次加工增值。

（五）加快新型农民培训，着力提升农业的组织化程度。丰富培训内容，突出进行科学种养、设施农业和标准化生产等农业科技培训和各种专业技能培训，把农民培养成为农业生产和市场经济中的人才。

**作者简介：**

邓玉宝，男，汉族，1961 年 6 月出生，中共党员，本科学历。现任新疆维吾尔自治区英吉沙县农业局局长。

自 1981 年 8 月参加工作起，历任英吉沙县苏盖提乡副乡长，英吉沙县农业局副局长、局长，英吉沙县种子站站长，英吉沙县第十二届政协委员会委员等职。2011 年 9 月至今，任英吉沙县农业局局长。

30 年从事农业工作，先后 14 次受到上级行政奖励，多次获得科技成果奖励。2001 年和 2005 年被英吉沙县委员会评为“优秀共产党员”。2011 年被英吉沙县委员会二次会议评为“优秀政协委员”。

丁楠，男，汉族，1987 年 12 月出生，预备党员，本科学历。现任新疆维吾尔自治区英吉沙县农业局科员。

# 第五篇
# 农业标准化与信息化

# 第一章　农业标准化概述

标准化是一门大学科，是继科学、技术和人类生产经验之上的，是人类生产、服务和管理的各个方面的最优化规定的理论与实践探索研究的学科类，标准化是在推动着人类为实现自身的愿望而不断地提升其行为的质量到最佳的规定和最优规范动作所做出的不懈努力。标准化应当包含着工业标准化、农业标准化、社会与公共服务标准化三大领域。在这里，我们主要论述的是关于农业标准化。目前，我国标准化方面的理论，主要是工业标准化理论，在其他方面的理论和基本概念迄今仍然是十分模糊的。就农业标准化而言，从理论层面到实践的模式层面还在探索和建立之中。本章主要展示一些关于标准化与农业标准化的演进过程主线，提示人们注意标准化与农业标准化的密切联系和明显不同，从而懂得，在当今国家全面实施农业标准化时，不至于因理论学科的模糊性和应用的偏颇性而导致方向和路线上的错误，误将标准化的一切理念与方法硬套农业系统。

## 第一节　标准化概述

### 一、标准化起源

追溯人类发展的历程，寻觅标准化起源与发展的轨迹，我们绝对不难觉察，标准化的起源应当与人类发展中的学会和使用工具是同步的。由于采食、围猎，需要多种多样的工具，而在经验的不断总结中，会发现某一种或者某一形状的工具使用最为得心应手，工作的效率最高。这种工具，自然会赢得人们的喜欢和拥有欲望，进而就会成为其他人模仿校制和使用的模板与范例。标准最初的韵味和古朴的作用也因此而体现出来了。

到了人类步入定居农业时期，农耕的思想与文化逐渐形成的过程中，人类的各种小发明多了起来，古朴的技术在生产中应用时，横向传播的能力加强，相互模仿和学习的成分增加，一种思想上的模式和实际中的样板以各种方式产生和形成了，结果成为朴素的标准化作用渗透和联络着人类劳动的方方面面。

随着社会发展，群体之间的利益冲突和各自利益保护越来越突出了，逐步演变到一定规模的冲突，那么，以往那种纯粹与自然、与野兽争斗的时期渐渐被团体利益的维护与资源规模性的争夺所取代，部落产生，国家出现，处理外患优先于内部矛盾，各种工具的产生目标与性质随之演变为对外功能的发挥，标准化从真正的农业领域扩大、移动并走向利益的外围边界，使人们在生活、生产和保卫家园等的功能需要中均有标准化的内涵功能在不断发挥出一定作用，标准化从此有了基本的分化：农业标准化、手工作房中的标准化、社会生活中的一定标准化等。特别突出地是在维护部落安全、向外扩张以夺取更多资源和保障国家利益与安全方面，工具的有效化、大量化和通用化悄悄地产生重要作用，社会集团在这些方面的用功和研制胜过其他领域，即以军事力量加强为首要的部落、团体和国家推动，那么，标准化在其中便起了其他作用难以替代的功能作用。在这方面，考古发现，世界上最早的“标准化”产物，当属秦兵器的标准化。2200 多年前，我国秦代兵器标准化已取得了惊人的成就！对秦俑坑兵器实测结果，数百件弩机的牙、栓、悬刀和其他部件，完全可以通用互换，轮廓误差不超过 1 毫米。铜镞按照应用需要，生产分为 4 种类型，形成系列产品。同类型铜镞 3 个面的轮廓线误差不大于 0.15 厘米，镞头锋刃采用流线型三锥空间曲线，放大 24 倍后与当代生产的手枪弹头轮廓线竟奇迹般重合（图 5－1）。可见秦代兵器生产型号、式样已规范化和系列化。

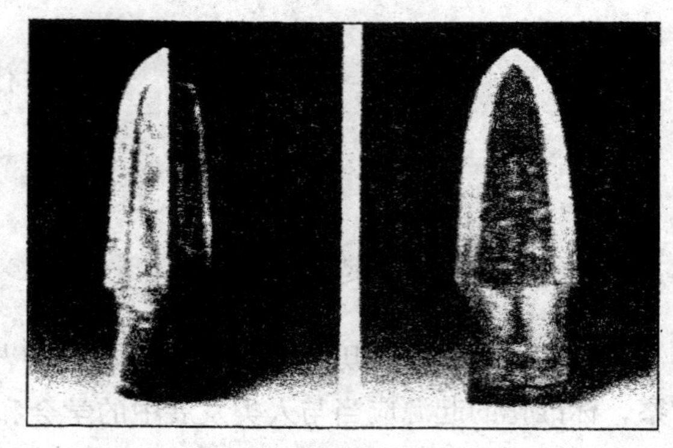
图 5－1　秦兵器中的铜镞标准型

1982 年英国标准化专家、学者，看到这批兵器赞不绝口，并公认标准化起源于中国。

试想在当时没有现代机床，兵器铸造工艺能取得如此之高的科技成就，实在令人惊叹。秦俑兵器之所以能取得这样大的成就与秦代对兵器铸造的科学管理分不开。秦代兵器铸造不仅分工严密，而且以立法形式保证兵器铸造的质量。从兵器形制、尺寸大小到每一道工序的加工；从兵器的题记，甚至到兵器木柄彩绘的先后工序都有严格的规定。违犯者随时会受到法律的制裁。此外，还有一个重要因素是由于秦代有一大批技术熟练、经验丰富的优秀工匠，他们继承和发展了传统的青铜精密铸造技术，并创造了古代兵器工艺标准化成就和兵器表面铬盐氧化处理技术。这在中国和世界古代科技史上都不失为重要的发明创造。如果那时候有专利保护公约的话，标准化技术自然属于中国先民的一大发明“专利”了。

到了近代和现代，历史上 3 次大的分工的出现，标准化行为与思想也随之进入不同领域和行业。从当代角度看，如果将我们的社会大业看做农业、工业和社会服务业的话，标准化的思想与理念及其发展的速度、质量提升，应当在工业当中，特别在军事工业当中。无论如何，标准化的起源在农业，标准化的发展在工业，标准化的作用则发挥在人类社会的角角落落。从历史观看问题，人类的标准化发展和标准化对人类要作出更大贡献的领域仍然是在农业领域。

## 二、标准化内涵

目前为止，国人对标准化的理解仍然处在皮毛，尽管工业方面我们从苏联那里学到了一些，特别在改革开放后，引入了欧盟、美国、日本、韩国等发达国家的标准化理念、程序和方法，但从思想意识和自学行为的角度审视，我们形成的结果与实际要求的确相差太远了。

标准化是怎样产生的？它到底想干什么？回答十分简单：标准化是因应运而生的，它的功能就是，使用之能够使过程和结果达到最理想状态，并且在满足人们需求的过程中，处理和解决出现的各种矛盾以最简、最省的方式进行，最终体现各个方面的利润与效益最大化。正因为如此，标准化在社会的发展和人类生活当中的应用是必然的和无法取缔的。归纳起来，标准化的内涵表现在以下几个方面：

1. 追求最佳性　现实的社会是，人类为不断追求高标准的生活条件，期望和实施的一切过程必须以高效、低成本和最佳结果出现，而能够满足人类这种愿望与需求的唯一工具就是标准化。为了这个目标，在实际的经济发展过程中，无论是出自技术方面的成果要求，还是产品交易方面的效果性，均以“最佳”、“最优”的愿望进行着努力，标准化就是追求着这样的目标。其次，为保证最大利益的实现，在任何交换过程中成本就得最低，而低成本的实现，就只有应用和综合应用与之有关的新方法，形成新体系或者新系统，进行严格的分工分流，各执其事的同时相互间应当配合得天衣无缝。这一点，在当今社会的主要表现即商品交易以大宗、超大宗的量出现，以信息、物流、资金等分别“各行其是”的方式，在整体系统的控制下运行着。这种交易行为，如果没有过程内、过程间和过程外的统一尺度与规则的约束，是根本无法实现的。而这种尺度与规则，正是标准的统一性在发挥着作用。因为有了标准和标准实施的规则，才有了大规模、超大规模的社会集成式物流、信息过程，才有了标准目的的尺度统一性、结构优化性、过程最简性、系统最佳性。

2. 继承性　由于标准化与人类生产工具使用的同步性，本身就具备了严格的时间继承性和横向学习扩散的应用性。一方面，标准结合经验与生活需要传承着优秀的历史性东西，另一方面，标准与标准化又在不断吸收科学和技术研究中的可用成果来不断更新和强化自身，使人类需要不断地、更是愈加依赖地应用标准和推进标准化。所以标准化是一门综合性、系统性和实践性极强的系统科学类，也是一门严格的管理方法学，它具有系统发育的历史过程和未来需求，是为生产效率提高，满足生活愿望中最理想的有机组成部分。标准化从早期在生产个体间横向模仿，为在生产内部传播一项重复技术，做出专门程式规定而相互学习使用，到后来的有组织生产时以大量标准为组织管理的衡量准绳，再到模块化、集成化和大规模集成化所不能离开标准的今天，其上源性不但有系统的显现，其功能已经远不止上述所能囊括。标准化如今已经成为人类社会一切行为的准则，成为国家之间、集团之间利益关系上的纽带，既通过标准在相互传播和学习，又以标准为关键进行着壁垒式封锁，最终还是快速地推动了社会的总体发展，将更有力地和更加广泛地应用到人类社会所有领域及活动中。

3. 最大效益性　人类为追求生活的最完美性，在创造生活与劳动付出之前及劳动的过程中，始终关注着效益的最大化，也为了效益的最大化，不断地在劳动的周期中寻找和总结更好的劳动途径与方式。在市场经济时期，利益集团，甚至个人，在追求着这种效益的前提下，不但组织和改造其劳动生产的内部结构，而且寻找着提高与自身利益有关的外围结构。一是对内为组织更有序的过程而降低成本，不得不用更大范围的层次化理论和模式进行组织内的优化；二是为更大规模生产，在进行集团间的相互作用时，在接口的

通畅性方面和方法的最佳统一性方面，必须规定共同的标准和要求以保障超级系统的建立；三是相互间的重复技能、零配件的横向互用传播便利。

4. 利益保护性　由于目前世界经济发展的不平衡，存在着各集团利益的分割和保护，各利益集团首先考虑自身的利益最大化发展方式、途径和手段，使标准化这一本来从各个方位都在追求最优、最佳的有效工具，在利益集团之间有时就变成本集团利益的有效工具，这就是我们常说的各种壁垒。虽然标准在技术和经验的横向传播上有独到的作用，当利益集团内部具备了发展的能力和一定的科技秘密，一定的先进管理经验和一定相关技巧时，就可能利用和控制标准在确定区域内的传播范围性，建立起有得自己而不得对手的无形壁垒。在各种壁垒中，最常见的是以技术先进为背景所建立起来的技术壁垒，其次是以管理先进的模式纳入而建立的管理壁垒。

另外，基于世界的矛盾性和利益冲突的必然性，当矛盾和问题出现时，总需要一种能够公平衡量的工具的介入来加以解决矛盾，此时，相关的标准就成为说服对方、控制时态和解决争议的最有力武器。由此，也得到了不同利益集团的最大限度的各自利益保护。

5. 共赢性　在标准化规定的世界中，我们会明显觉察到，虽然利益集团之间为了自己的最大利益的维护和保障，采取各种手段进行一定封锁，在绞尽脑汁地研究和建立各种壁垒，然而当我们后退一步，从更宏观的角度和发展地眼光审视时，会发现在总体水平上是促进社会进步和总体共赢的事情。并且，如果尽早地认识到这一问题，各利益集团内就会不失时机，甚至创造时机来迎接这种共赢的早日出现，各利益集团之间就会更多地将眼光放大、放远，从更高水平和角度设计和策划本集团的发展。

标准化，从更大、更高的时空讲，必然是一种共赢。只有这样，才真正符合标准化的本质目标。这种共赢，是建立在集团间不断地竞争和短时间的封锁矛盾基础之上，在宏观的水平上却给出了光明而有效地共赢结局。

长期的封锁、促进与提升，最终必须走向共赢。

## 三、标准化的门类

当今，标准化已经完全存在于人类生活的方方面面，不管你认识还是没有认识到。人类为了自身利益和全部生活水平的不断提高，也为了自身的生活环境向着希望的友好型和可持续发展型推进，投入少、过程简、结果好、利益最大等方面形成了自动的聚集，形成了唯有标准和标准化可在最大限度上满足和实现这些理想和愿望的系统氛围。所以，标准化已经成为一种操作到泛指、具体到抽象，成为人们无论是有意还是无意的行为理念无不被规范的知识体系、理念体系和理论体系，成为一种实在的客观存在，所以，需要我们从规律的角度，加以具体地发掘、明确的理论组织和具体的规定应用。

标准化是人类需要基础上的所有规则与过程的总和，是规定人类发展向有益方向运动的行为指南，标准化的门类既简单又复杂。说其简单，认为我们从事的标准化事业宏观分为农业标准化、工业标准化和社会服务事业标准化3大类；若论复杂，标准化是一门复杂的巨型系统。因为在其3大类中，就农业本身，本是一类复杂的巨型系统。建立在这些复杂的巨型系统之中的标准化作为该系统的骨架和神经系统，自然是不简单的了。标准化包揽了人类活动的全部行为过程，其融于一切为人类生活水平提高和利益增加的服务体系中，要从科学的角度观察和分类这一学科，必然能够建立起一门标准分类学系统。在这里，由于篇幅和编写定位的要求，我们不做进一步的分类划解和描述了，只想以农业为例，显现标准化学科分类的层次性和多样性。在农业标准化中，可分为种植标准化、养殖标准化、加工标准化和产品经营标准化，也可分为产前标准化、产中标准化、产后标准化和产品销售标准化，也可分为原料标准化、过程标准化、结果标准化与商业化标准化，等等。总之，标准化的门类划分是一门学科，按照阶层化的要求和观察，必然形成一种复杂而有序的网络结构。

## 四、标准化与农业

从标准化的起源和发展历程，我们不难看出，农业是人类赖以生存的基本，也是人类产生和发展的基础保障，农业是标准化诞生和成长的基本土壤，也是标准化发展基础。由于标准化在人类需求的发展中，是一种伴随而不能独立存在，也就是说，脱离人类生产与生活需要，单独看待标准化时，是没有意义的。即使当今标准化作为一门学科，形成独立的理论体系时，也不是独立的发展体系，而是以社会劳动为依赖的。说其独立于社会实践之上，正是为了更好服务于社会实践而出现的一种自我升级、再度完善的过程和状态，在升级和一定自我完善之后或者其目的仍然是要进入下一轮实践的推动过程。

农业是基础，农业是人类社会发展的源本，农业支撑和分化了其他各业，农业与其他各业之间分是一种必然，合也是一种必然，基本的规律是，先分再合，再分化。当各业自身的发展受限时，当其与农业再度结合时，就会出现新的曙光与成果，那么，作为发展中的骨架与神经系统的标准化，必然以一种伴随的独立的状态发展其中。所以，标准化与农业永远是密切而相随的，当标准化在农业领域表现优秀时，其他各业的标准化自然就会表现优秀的。

## 五、我国农业标准化背景

中国是一个以农耕文化为背景，农业连续发展有一万多年历史的农业国家。按说，以农为核心的事业发展应当是先进的和发达的，然而事实恰恰相反，农业在中国经济发展中成为较落后的领域。从农业标准化在中国农业中的作用、历史以来，以一种内涵的、隐蔽的和鲜为人知的形式在“默默地”发挥作用，而没有从实践到理论的需要角度，及时、有效地加以晰出、提纯、整理和优化。发生这种情形的根源在于小农经济，“自给自足”的经营方式，养成了眼光短浅的小圈视觉，对自己经验的反复应用一直摆在突出位置，即使后来有先进的技术可供使用，也是在被动状态下纳入部分成分。因此，我国农业标准化有客观的背景存在，却没有主观的需要思想，有自然的发育过程，却没有人为地促进和提升利用。

当小农不得不走向大农时，当自然经济、小农做法不得不向社会经济和更大市场转换时，虽然我们的农业发展中有那么多的优秀成分，却因标准的不一和过程的内耗过大而得不到市场的认可和横向交易的平等对待。从而，构成了当今中国农业不得不政府性、全民性地推动标准化，补拾这一历史性丢失的课程和遗憾。显然，目前为止，在标准化方面、农业标准化方面遇到的困难是艰巨的。首先我们没有成熟、成套的标准化理论体系做指导，特别是农业标准化方面几乎空白。其次，农业生产者、管理者从历史性角度看，均来自于小农经济的特色农耕文化中，在面向标准化和农业标准化时，犹如没有上过学的人看自然科学一样，无从着手。尤其是我们的农业结构迄今以小农经营为主，形式和格局上不具备大规模、统一化的结构性农业标准化活动，而仍然处在思想武装和意识解放的水平上。正因如此，农业标准化的理论、方法和具体的操作模式等先行的条件，迄今仍处于初级状态，翻过来严重影响了农业标准化的推动进程。最后，大量从农人员的思想观念与现代经济全球化发展高度差距较大，特别是人数最多的农民阶层的文化知识水平不高，将会成为农业标准化推进的第一障碍。

## 第二节　农业标准化的内容

### 一、关于农业

提起农业，对我国人来说，应当是既熟悉又陌生的。说熟悉，中国本来就是农业大国，以农耕文化哺育了国家。论陌生，严格讲起来，却没有多少人注意和研究农业到底是什么。在我国，历史性地将农业只定位到解决吃、穿方面，以保障“基本口粮”为要务，为农业发展的最低警戒线。当粮食生产丰收的时候，农业就会出现无人再像过去那样关心局面。农业靠天吃饭而不稳，农业人为操作的忽高忽低（社会背景作用）而不稳。

真正农业是什么？真正的农业，是以太阳能为基本能源，以土和水为基本的生产资料，以生物为基本的生产对象，通过劳动，所从事的一项劳动事业。用这一概念衡量我们以往思想上所存在的“农业”概念，只能归入一种“狭义农业”的概念了。

在大市场背景下，特别在现代农业的思维、管理和操作理念之下，如果不跳出狭义农业的圈子，胸怀大农业的概念，搞现代农业，实施农业标准化就会因理念问题而束缚起来，就会理解不出农业标准化的真正用意，也就无法真正发挥农业标准化的作用了。

农业既具有复杂性的一面，即农业是一个复杂的巨大系统，农业又具有强烈的包容性。也就是说，人类为拓展自身发展的空间和创造更美好生活而始于农业、得益于农业，并且在农业发展中，从农业中分离出来了现存的各行各业，表明了农业的基础性和根本性，同时，无论现存的哪个行业，只要从中有新的发明出现，就会在农业领域有用武之地，只要本领域发展出现困难，只要与农业结合时，就会出现新的方向、道路和成果。农业的生命性更强大，历史性表明了其将永远伴随人类前进；其次，农业的自身就是一个典型的生命创造和生命运动的过程；再次，农业会给各业提供生命的源泉，提供力量的再现，提供创新的机会。

### 二、农业主要类型

农业主要类型，既是一个分类的问题，又是一种复杂的思维与劳动过程。

由于农业的复杂性，对农业进行主要类型的划分，只要你提出划分的条件和目的，就会出现农业的主要类型。如以水为条件，划分农业类型的目的是从宏观角度理解和管理不同类型农业的过程，因为“水利是农业的命脉”，具体可划分为干旱农业、半干旱农业、水地农业和水域农业；以农业的安全水平和管理要求分有机农业、绿色农业和无公害农业；以农业物种特性分种植业、养殖业和加工业；以人类对农业有限时空的控制能力分精准农业、粗放农业和自然农业，或者分设施（大棚、温室）农业和露地农业；从农业的发展水平分古代农业、近代农业和现代农业；等等。随着发展，农业领域出现的描述词语越来越丰富，针对的目标和范围也越来越广泛，如综合农业、生态农业、可持续农业、休闲观光农业、都市农业、采摘农业、文化农业、生物农业、艺术农业等。

严格地讲，不同农业类型，有不同的标准体系作保证。由此可见，农业标准体系及农业标准化过程也是复杂而多样的。

## 三、我国农业的产业化强调

首先看产业和产业化概念。所谓产业，是指国民经济的各种生产部门，有时专指工业。后来随着三次产业的划分和第三产业的兴起推而广之，泛指各种制造提供物质产品、流通手段、服务劳动等的企业组织。“产业”这个概念是属居于微观经济的细胞与宏观经济的单位之间的一个“集合概念”，它是具有某种同一属性的企业或组织的集合，又是国民经济以某一标准划分的部分和总和。

农业产业化的理论定义或基本内涵是，以市场为导向，以效益为中心，依靠龙头带动和科技进步，对农业和农村经济实行区域化布局、专业化生产、一体化经营、社会化服务和企业化管理，形成贸工农一体化、产供销一条龙的农村经济的经营方式和产业组织形式。

农业产业的基本思路，确定主导产业，实行区域布局，依靠龙头带动，发展规模经营，实行市场牵龙头，龙头带动基地，基地连农户的产业组织形式。

农业产业化的基本类型主要有市场连接型、龙头企业带动型、农科教结合型、专业协会带动型。我国大部分地区是以龙头企业带动型为主，多种形成相结合的综合形式。

农业产业化的基本特征：①面向国内外大市场；②立足本地优势；③依靠科技的进步，形成规模经营；④实行专业化分工；⑤贸工农、产供销密切配合；⑥充分发挥“龙头”企业开拓市场、引导生产深化加工、配套服务功能的作用，采取现代企业的管理方式。

农业产业化的实现方式和目的：①使农民真正得利，这是实行农业产业化经营的核心，实行产供销一体化，目的是使农民不仅获得生产环节的效益，而且能分享加工、流通环节的利润，从而使农民富裕起来，这是推进农业产业经营的宗旨；②土地产出率和农产品转化为商品率得到最大限度的提高，这是实行农业产业化经营的目的；③农业科技贡献率有较大幅度的提高，这是实行农业产业化经营的关键；④农产品的生产与市场流通有效地结合起来，这是实行农业产业化链条的首要环节；⑤以“龙头”企业来内联千家万户，外联两个市场为引导，带动、辐射农业产业化的发展，这是实现农业产业化的中枢；⑥有一批主导产品、一批“龙头”企业、一批服务组织、一批商品基地。

我国农业，由于几千年来的历史性原因，以农户为基本单位的生产单元结构，在固定面积的土地上所生产出的产品，进行着没有任何自主行为的分配——纳粮贡税后留作糊口，即使剩余，也不进入市场交易。如此，久而久之，我们没有农业市场化的意识，人们也没有按市场需求生产的行为，有时的规模形式和内容的出现，还是在政府命令的驱动下所成。所以，就其形式、内容和格局均不能很好地集中和集成，不能构成产业的基本需求水平。如今，农业的政府行为彻底改变了，农业的全球地位彻底改变了，农业的市场化成为几乎唯一出路，农业的高效性、利益性和自我发展性均要求我国农业走规模化道路，走联合发展道路，也即必须走产业化道路，因此，农业的产业化发展就成为当今中国农业的主流方向。

我国农业的产业化强调，其用意核心是想摆脱小农格局，走向大农结构，并且以市场为导向，以发展农业经济为核心，促进农业的进步和农民增收。与此同时，小农经济的思想意识也会弱化，面向全球市场的农业经济架构就会建立，农业的产业化目标就会实现了。

农业产业化的实现与推动，核心是标准化。因为产业化是集团性工作，内容是集成性组织，甚至超大规模的集成性组织工作，无论在其内部还是外围，没有严格而有效的标准体系和标准化运行过程，是根本无法实现的。

我们必须明确地认识到，中国农业是历史中的小农，农耕文化的意识所形成的短浅见识，对农业由小户走向大农构成了严重的约束，而现代的农业转变是无可商量、无可再等待的现实事实。所以，我国与市场接轨、走全球化道路成为一种绝对，而其中的骨架作用和神经指挥系统的农业标准化，就

成为唯一支撑这一事业的主角色。

## 四、农业与农业标准化的特点

### （一）农业的特点

西北农林科技大学李鑫在“中国农业标准与农业标准化体系框架研究”一文中，将农业生产与工业生产相比较，提出农业有以下6个特点：

1. 农业环境调控下的生物系统发育持续性特点　这一特点，就使得农业标准的应用只能以适应性跟随的状态来实施，同时，暗示这一过程一旦启动，是没有可逆性的，也就是说，是不能再重复的。所以，往往在同样的情形下，由于这一过程的复杂性，可能需要几个标准的共用或者交叉使用，才能达到目的。

2. 对不可控因子的依赖性特点　这是农业的另一大特点，众所周知，农业过程中的不可控因子的出现是常有的事，需要人在操作过程中良好的随机应变能力的应用，以便使这种偏离人们愿望的因素的影响力尽可能地减少。

3. 可控性操作的限制性特点　我们知道，农业过程是一个相当复杂的生物过程，有许多因子的互动和牵制，以及生物体对单因子的一般反应的隐蔽性和时滞性导致可控性操作上的瞬时度、量等问题均很难精确把握，因此，尽管有许多因素是可控的，但在操作上却显现出相当程度上的限制性。

4. 过程质量点的不确定性特点　人人知晓，我们这么多的人，要想找到两个完全相像的人，几乎是不可能的。进行农业生产过程，同样是生物过程，其中蕴涵了随时可调的巨大异质性机会，人的操作是一种干预，环境的变化也是一种干预，在这些多变因素的共扰下，无论在过程的任何一处，想要像工业品那样，取得理想的统一性，是无法做到的。这些干预的结果，均以生物的补偿性和质量控制的多路性最终表现出来。

5. 产品质量上的多层性特点　由于农业生产或生物生长过程的大量不确定性因素，使产品质量必然只能落在可信区间，而不是一个事先确定的点值。在工业生产中，高度自动化的过程，就很容易地做到这一点。

6. 标准操作上的变弹性特点　由于我们进行标准化的农业平台自身存在了大量不平稳的因素，尽管农业标准是极其科学，但标准本身不具备自控性生命力调节，是靠人的理解、行动来付诸实施的，这时，操作者的经验和对情况应变、随机调整等的作用就十分明显了，这种影响，有时会是巨大的。

从以上6个特点看出，在标准化思想体系中观察农业与工业的区别，的确差异十分突出，二者有好多不可替代性和无可比拟性。也看出了，农业过程的本身就是一个十分复杂的、具有强大的自运动过程的体系，不像工业过程，多数情况下，可以完全在人的控制范围内运行。这样，进行农业标准化，必然在符合标准化思想体系的前提下，有农业标准化自身的运行特点和方法。

**（二）农业标准化的特点**

根据农业的特点，我们来分析和观察农业标准化，自然就有了农业标准化的特点了。概括起来，农业标准化具有以下5个特点：

1. 必先约定生物对象　农业标准化，从理论角度来讲，就是一门系统性的科学，它建立在具体的农业科学的研究成果、实践过程和经验总结之上，运行在整个农业的管理层面和涉及农业的各个社会系统当中，落实在市场、人文以及与我们所处的生态环境各个角落。实际上，农业标准化科学跨越了许多学科，如农业科学、生物科学、人文科学、社会科学等，包罗了人类进行的生物培育中的绝大多数生命，是一个巨大而庞杂的系统，进行农业标准化自然也成为一个复杂而宏大的过程。所以，从整体角度讲农业标准化的问题，那是理论研究和体系建设的话题。而从农业标准化实施和效益的角度来看，进行农业标准化，就必须首先要确定对象，也就是施加劳动的生物对象，其次才能实施下一步的标准化其他步骤。具体来说，就是先确定农业中的行业，行业中的作物或者动物对象，再确定其中的具体目标。根据目标，策划具体的标准化方案、标准化步骤与标准化方法。不同的生物对象，有不同的标准化途径，甚至在不同的生长阶段，标准化方法也是显著不同的。这要比工业方面对原料的选择复杂得多。

2. 双重发展过程特点　农业标准化中的作用对象和被实施的操作者的目标之间，存在着双重发展的特点。也就是说，施加以标准化过程的生产对象、生物体，有它们自己的特有的发展规律和方式，我们是不能够去超越这种特有规律的某个界限的，也就是说，想在同一个操作水平上，无止境地去改变甚至超越它，是不可能的；另一方面，人要进行农业标准化，目的还是想尽可能地获得最大利益，这就不得不无限地向生物规律中的某些“禁区”挑战，以达到最理想的目的。这两种发展过程，往往同时存在，共轭前进，形成了对总不能平行的矛盾。这种双重发展过程，具有利弊共存，逐步突出的特点，直到掌握得不好的情况下，可能发生明显地负面效应甚至灾害。要避免这种负面效应甚至灾害，就要看用于这个过程的农业标准化的实施和控制的技术水平的高低。这种技术水平的要求，翻过来必然促使农业标准化的发展水平，需要再提高和再升华。

3. 多变的环境因子作用　迄今为止的农业活动，一直处在环境的多因子

影响之中，如降雨影响、热冷变化、光照变化、风沙等，还有许多灾害性天气，都是不可控制的一些自然条件。这些条件的变化，多数是在人的控制范围外运行的，那么，实行农业标准化，就必须随时与这些不可控因子之间寻找平衡，以取得较为理想的结果。这在其他标准化领域中是难以见到的，也是农业标准化过程中难以把握的环节。另一种多变还体现在，当环境中某一个因子的变化，给农业标准化过程造成了损失时，除了调整标准化本身的方案，从人为的角度加以弥补之外，对象生物的主体，还可以启动其内在的自恢复、自平衡和自适应系统，来加强和提高其抗性，提高产量和质量。可见，在这种双重发生发展的过程中，应用农业标准化方法进行二者之间的平衡和科学利用，又是提高农业标准化水平的又一重要途径。

4. 调控与顺应并举　由于在农业标准化中，所作用的对象具有双重发展特性，又是在多变的环境条件中进行的，因此，在实行农业标准化、尽量提高农产品质量与产量的同时，还必须顺应生物体本身的特有生长规律的发生趋势，按照当时的技术水平和对动态过程的把握水平，进行自平衡和外加力之间的动态平衡工作，使之达到最佳的运行状态。这就是调控与顺应并举的原因，也就是要在顺应农业中生物的生长发育的基础上，采取接近某种以对我们期望目标的有效控制极限，开展一些措施，获得最佳运行秩序，直至取得最佳效果。

5. 标准与经验结合　农业标准的产生，是科学、技术和经验的高度总结和浓缩，而要对这些标准进行贯彻执行，则是另一回事情。简单地说，就是对硬的标准条文与执行方案、过程及各种必须的管理措施等这些软的措施怎样进行有效结合和优化运作的过程，是一个在动态水平上运行的变弹体系。在这种体系中，还有生物体自身变性、不可控的环境因子的随机变化等，要做到整体上的运行良好，只有随时随地从实际出发，因地制宜的进行“粗调、微调”措施，加以不断地修正。这种修正，在农业标准的条文中是无法告知的，农业标准化的过程也不可能事先完全把一切都设定完美。这正是农业标准化实施过程中的一个难点。这个难点，只有通过经验的应用，通过实施标准化的参与者，无论是管理者还是具体的执行者，在上下一心、步调一致的前提下，发挥集体的智慧，与当时所采用的具体标准内容的有机结合，拿出可行的微调方案，加以修正，达到整体的一致和系统的统一，才能真正实现一个农业过程的标准化。如果不这样进行，要想达到理想的农业标准化过程，是不可能的。可见，在这里，经验会起到非常重要的作用，有时，经验在一定意义上会起到决定性的作用。所以，实行农业标准化，经验的有无和多寡，直接影响着农业标准化过程的质量和最终目的的达到。

**（三）我国农业标准化特点**

我国的农业标准化与国外有着明显的不同，具体表现在以下几个方面：

1. 耕地产出与人口争食严重　国外农业，以农场经营为主，每一个家庭农场，至少要几千亩土地做支撑。这样，自然条件下的耕地拥有规模化和顺应市场需求的区域性统一操作，使得农产品经营者、农业管理的政府机构，不会为农业的发展在非常具体的问题上大费周折，只需要给农场主以技术、信息和政策就行了。具体的生产过程及其质量控制，完全是农场主的事情了。而农场主只要按照收购者的农产品质量规格要求，生产出达到或者符合要求的农产品，交给目标购主，就完成了各自的任务，同时一个农业生产周期过程也就结束了。然而，在我国，我们无法做到这一点。原因是，除了生产兵团、农垦系统的少数区域有农场化生产体系外，全国9亿农民中的绝大多数，与土地发生直接关系，都需要从事土地的生产过程，平均每人在两亩多地的面积上首先为自己的温饱问题来考虑。足见，单位面积上的人力分布和多人数的生产过程参与，成为我国与国外农业过程中的一个显著不同点。

2. 农耕生产的目的完全不同　中国农业历史悠久，可上下追溯几千年。在这样久远的农业历史中，始终是围绕着以解决各自的衣、食为首要目的的“自给式”农业过程，即便是有一些交换，也是在部分剩余，或者迫于某种需要而进行的市场活动。真正的农产品走向市场，不过是近十多年的事情。因而农产品市场发育极不健全，生产过程十分混乱，所生产的产品也五花八门，这与农耕历史中的着眼点有着十分密切的关系。国外农业发展的着眼点，从一开始，就建立在商品经济的基础之上，从事着农业商品的生产，把自用放在了次要位置，或者使自用也成为市场中的一部分，即成为一切过程均服从市场规律的社会性活动。可见，两种明显不同的生产目的，必然使最终的结果截然不同。从这里也看出，进行当今商品化的农业生产过程，几千年来留传下来的自给式农业过程给人们思想中的烙印，特别是给农民队伍中的影响，将成为我们进行现代农业的标准化生产过程中的又一障碍。

3. 从农人口文化素质低下　众所周知，在中国人口中，文化程度最低、思想最为保守的群体，莫过于农民群体。特别是改革开放十几年后，农村大量的精壮、相对具有较高知识水平的农民，大量外流打工，留存在村中守门的，多为老、妇、幼这些弱势群体，给农业生产的进行带来了不小的冲击，使整体文化素质处于下降趋势。而国外的农民，情况就大不相同了。在美国，农民的文化水平为大学毕业。其他国家，农民的文化水平也非常高，至少每

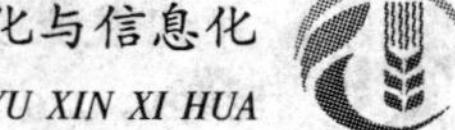

个农民必须学会操作多台农机，能够进行农机具的保养维护，学会用国家所提供的技术指导手册来从事自己的生产过程，并且还能够根据未来市场的变化预测，安排自己的种养计划。这种差异，已经明确地表现在教育农民，提高他们的技术水平，改变他们的思想观念，成为我国农业腾飞、国家整体经济发展的首要问题。

4. 农业过程高度分散　包产到户，实行土地承包责任制，是我国农村改革最为成功的事例。农民人人拥有土地，户户经营在自己的土地上，生产计划自行安排，充分体现了农民的土地自主权，这一点，成功地解决了中国人的吃饭问题和农民的温饱问题。但是，在面对市场化的农业产品商品化生产和经营的新形势下，又体现出了其弱势的一面，而要很快集中土地，实行规模化的农场式经营，也是不可能的。因而，我们仍然面对的是一个较长时期的农业过程高度分散于农户之中的经营水平。这种状况，进行农业标准化，就绝不能像国外那样，只管农产品的质量标准，不管农业生产过程；只管宏观上的农民培训计划，不管对农民的具体操作指导。而应当把最大的精力放在对农民的实际培训和具体操作指导方面来，以教育、改造农民为中心目标，开展农业标准化工作。

5. 农业标准化独有特色　从上述4个方面可以看出，在我国进行农业标准化，与国外是有着本质的差别的。国家、农科教学、研究机构、农业推广体系、涉农企业、农业各个协会等，均要从农业的产前人员培训抓起，直管农业生产过程，以人为本，围绕农民这个中心，进行系统性农业标准化知识的宣贯、指导和质量关键的控制，同时要让农民了解市场，参与市场过程，扶植农民建立自己的物流体系，逐步而又要尽快地推动农业经营规模化的进程。可见，我国农业标准化的任务十分繁重，仅仅就面对人的教育来说，完全可以说是量大面广了，是一个十分艰难的过程。

从上述5个方面使我们明显感觉到，在中国，要实现农业标准化，对农民的教育和提高他们的综合水平以及科学操作技能是问题的关键。可见，从根本意义上与国外的农业标准化推进就大不相同了。那么，农业标准化，农民是关键，这就直接涉及人的问题，而且是面对着低文化素质、量特别大的一个群体，进行农业标准化的实现，就不能照搬某个模式来推进工作，只有在遵从客观实际的基础上，探索适合自己特点的农业标准化推行模式。

由于农业标准化的本身就是一门科学，又要在具有十分明显特色的中国农村实行，理论指导就显得特别的重要，正确的理论体系是保证农业标准化实施不走弯路、迅速推进的唯一保证。因此，面对严酷的全球经济一体化和我国必须加入世界经济贸易组织中的追切形势，在农业标准化底子十分薄弱的基础情况下，只能以十分冷静的头脑、大胆创新的思维和沉着稳进的精神，在各项工作齐头并进的同时，加快农业标准化理论研究，使其迅速渗透到各个角落，指导农业标准化进程健康有序的发展，保证农业标准化工作在农村的开展不出差错，稳中求快。目前为止，关于农业标准化的理论研究，还没有引起有关方面的足够重视，业内人士应当积极呼吁和反映情况，使农业标准化更快步入正轨运行。如果不尽快地进行农业标准化理论研究，不能使理论指导走在前面，农业标准化这一系统工程的有序过程必然难以保证，到那时，其后果就不堪设想了。

## 五、农业标准化内容

简单地讲，农业标准化的内容，包括了农业过程的一切，也包括了为农业过程提供服务及农业过程后与农业有关的一切行为与结果。在农业领域，农业标准化无所不在，无处不有。从宏观层面看，农业标准化内容包括农业环境标准化、农业投入品标准化、农业投入品应用标准化、农业过程标准化、农业有害控制管理标准化、农产品质量安全标准化、农产品贮运销售标准化，以及保障这一体系的过程质量监督标准化、农业管理标准化、品牌建立与认证认可标准化、农业溯源体系标准化等。农业标准化渗透在农业过程的一切时空中，所以，农业标准化具有相当广泛的内容，无论任何农业行为，只要其需要最佳、最优化、效益和利益最大化时，都属于农业标准化的内容。

从农业标准化的实施和管理、操作层面看，农业标准化的内容有农业标准的制（修）订、农业标准体系的架构、农业标准的应用、农业标准应用过程的质量控制、管理过程良好实现的监督，以及产地和产品的认证认可、品牌建设和保障服务的溯源体系建设、市场反馈体系运行等。农业标准化的质量保障核心是标准，农产品质量达标的实现手段是农业标准化，农业标准化更包括了措施的一切过程必须是最优，农产品质量安全的检测是对农业标准化过程和结果的验证，农业标准化的结果，成为农业实现最大利益的基础和资本。

农业标准化的基础是两大成果（农业科学成果、农业技术成果）和农业经验的目标性有界化的高度结合、升华、集成和优化；农业标准化的依据是农业标准和经济市场的要求；农业标准化的目的就是为获取最大利益，使农业过程投入最少、过程最简、结果（效益）最佳、利益保护性最好；农业标准化的目标是实现经济社会中农业系统运行的最佳与各方满意。

## 第三节　农业标准化的表现形式

目前为止，在谈到农业标准化时，人们思想上对农业标准化不了解的实质性空白成分仍然占上风。许多人利用了思想上的标准化传统积累和较为零碎的一点知识，来推测、描绘和衡量农业标准化；在头脑中分析和加工时，对农业标准化得不出相对明确而系统的概念、路线或者程序来。这其中，与对农业标准分类的架构体系和形式表现不清楚有很大的关系。

### 一、标准的本意与农业过程不确定性

众所周知，标准的本意是以最优、最佳和高效、低成本的方式，对某一可重复事物的过程加以量化而严格的固定，时刻追求精确结果的程序化表现形式。标准所对可重复利用的事物越具体，就越能够显示出其严格的度量和测定，从整体性上也越显现其精确而系统的优化优势来。这类标准，在工业操作方面最为有力。工业生产和产品标准及标准化过程，应当是所有标准化过程最为精确、最为严格和无余地的标准体系。

当我们把标准化的思想与原理应用到生命系统或者有生物参与的系统时，这种本意严格优化的思想体现，就需要放大空间，关注整体，在确定和严格把关的前提下，必须给予一定的“松动空间”或“旷度”，限定操作或管理精度在某一允许的范围，而不是一个点或一个面，如工业标准化中的管理制度与运行机制、农业标准化及社会与服务标准化中的标准要求。可以这样讲，在标准化社会中，从具体产品的生产到产品群生产，再到车间生产者管理、公司管理乃至集团管理，均需要用标准、标准化思想和方法进行。但是，在这些层面中，越是向宏观方向走，不同层面的标准化精度也就越向低的方向伸展。这种现象是符合规律的，是科学的，更是对标准化的正确理解和辩证应用。事实也表明，只有这样，才能在自然和社会客观有限的条件约束下从事标准化工作来获得最大效益。

在农业系统中，由于其自然复杂性与大量不确定性因素的存在，农业标准化工作，就不可能与工业标准化的精度要求同类，农业标准化必然在更加宏观的层面上进行。但是，我们不能因为这些原因，主观意识上无限放大容忍，将农业标准化搞成粗放的过程。农业标准化仍然在不断地追求精度，因

为越有精度，就越能够有效控制，越能够增加最大效益获得的空间，越能够对结果有控制性的预测。要提高农业标准化中的精度，就要依靠农业科学的发展和农业技术的进步，同时对农业经验的科学总结、提升与再挖掘来实现。

农业的不确定性，使我们在应用和执行农业标准化时，不能以无缝级、高精度实现最佳目标，但这是农业标准化高远追求的目标。我们进行农业标准化，要尽量提高精度，尽量做到具体过程最优，尽我们最大能力充分利用已经产生的农业科学成果与技术成果，结合长期积累的农业经验、系统综合和优化标准过程，不断接近农业过程控制的“高精度”目标，使农业标准化的结果体现达到最好。

## 二、农业标准的表达与形式

由于农业的特殊性，使农业标准化必须适应和融合这种特殊性，导致在操作层面上，农业标准化与工业标准化就直接表现出了“精”和“粗”的结果比对。这是一种实质性差别，也是一种必然，更是永远不可能同步的差异。对于这类差别，在标准制定、标准应用以及标准的表现方面也就体现出来了。因此，农业标准的具体表现形式，就有以下方面的内容（图5－2）：

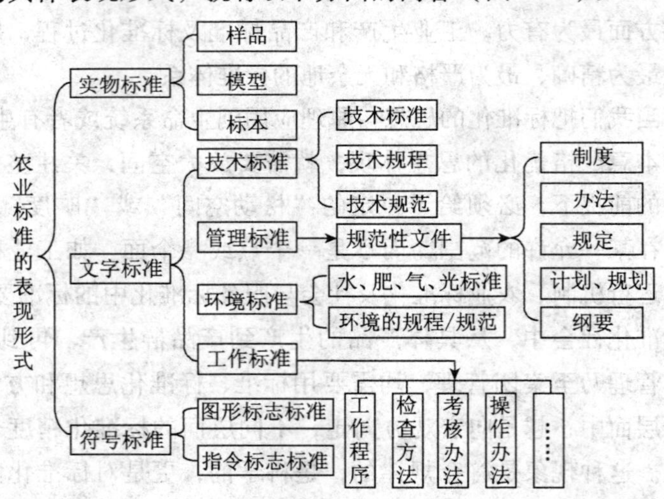


**图5－2　农业标准的具体表现形式**

总体上讲，农业标准的表现形式分实物标准、文字标准和符号标准3类。在实物标准中，以实物与模物对应性的差异度，又分为样品、模型和标本3类。样品，要求模仿和复制的实物要与其相同；模型，是在原理和关键结构方面与实物相同，而允许实物与模型之间在实用性方面有差异，特别是以模型为样板而模仿出来的实体，必须具有实际使用的结构和功能；标本，是对

生物类的研究和探索后选择具有种的或群体代表性的个体，被特制成形式样品，用于与其他个体比较的直接参照物。

在文字标准中，由要求的宽泛性到精细度的要求水平过渡，依次分为规范性文件、规范、规程和标准。"规范性文件"在标准中是最粗的一类，多出现在管理标准方面。"规范"则相对严格了些，一般会规定一些明确的尺度范围，但这种范围比"规程"中规定的尺度范围要广一些，如其中有不可控因素的存在。"规程"规定的标准化过程，时空因素比较于"规范"时就更具有可控性，即使其内部存在不可控因素，也比"规范"少；"规程"比较于"标准"的控制能力就要弱许多，至少在规程规定的标准化范围中，有某些因素是难以控制的。"标准"内部的规定全部是确定的尺度要求，不存在"范围"的概念，执行之，是与我们不商量的，也是无条件执行的，完全体现了"一是一，二是二"的说法。

符号标准也分为两类：图形标志标准和指令标志标准。图形标志标准是指用于表达特定信息的一种标志。它由标志用图形符号、颜色、几何形状（或边框）等元素的固定组合所形成的标志。它与其他标志的主要区别是组成标志的主要元素是标志用图形符号。指令标志标准是强制人们必须做出某种行为或动作的图形标志。这两类符号标准，现代农业中将会用得越来越多。如在休闲农业庄园中会出现大量这种标准。尽管这类标准是一个符号，但其作用却时刻在规范和修正人们的行为，指引着前进的正确方向。

农业标准的表现形式有多种，如果按照基本到一般的思路，或者基础到应用分类时，就得出如下表现，这也是按照国家对标准的另一种分类思路的套用：

基础标准：具广泛适用性和通用性的农业标准类型。

术语标准：与术浯有关的农业标准，其表现形式除有专门标准外，由于农业任何过程的复杂性，几乎在多个技术标准中，都可能对某些述语表达做出标准的规定。

试验标准：与试验方法有关的农业标准，如对农业技术成果需要制定标准以推动生产而制定出来的，用于成果向实际转换的试验规则与方法性农业标准。

产品标准：规定产品应满足要求，以确保其适用性方面的农业标准。

过程标准：规定过程应满足要求，以确保其适用性方面的农业标准，如 GAP。

服务标准：规定服务应满足要求，以确保其适用性方面的农业标准，如培训规程、管理规程等。

接口标准：规定产品或系统在其互连部位与兼容性有关的要求方面的农业标准，这在我国农业中非常重要。原因是长期分散性、小户性农业经营的历史，使横向联合的基础薄弱，形成部门时部门间的利益分割严重。那么，克服有意分离和部门、利益集团甚至集团内各班组间的分割缺陷，就只有接口标准进行部门和团体间的连接与系统化。

数据待定标准：列出产品、过程或服务的特性，但其特性的具体值或其他数据需要根据产品、过程、服务的规格化要求或具体使用要求另行规定的农业标准。这类标准易受外界因素影响，如市场变化的影响，本身在某些数据方面有待其他因素的支持和证明后确定，在农业标准中会暂时地以定性描述或者某区间方式的规定而表现，但这些数据标准的特点是会很快地或者在一段时间内确定这些数据，形成量化数据的标准内容。

## 三、农业标准应用的约束

每项农业标准都是按照该标准本身在事先制定时的目的与范围确定了其层次与内容的，也是在某一具体的农业过程时段和有限空间的要求下制定的，它只能管理其所被赋予管理的一小段内容或者一小范围，其核心和组成本标准的关键点及其顺序相当于标准的厚度，存在于标准的中心位置；在该标准周围，与相邻的标准之间，会以两端式或者周边式叠加和融合方式相联系，或者直接以接口方式对接成新的整体，组成新的目的下的农业标准组合，从而会在一定范围构成农业标准的有界大组合，形成某个特定大系统的基础或者实际可用的小系统。这实质就是不同层面、不同范围要求上的农业标准体系。所以，在农业标准的应用方面，明显有着多个约束条件需要理解、明确和遵守。

一般而言，每一项农业标准的应用，都脱不开其事先制定和颁布时的规定与范围。这项标准，在其所辖的范围内部，一切都是清楚的，在其外部，就可能肯定了。关键是，本标准在其体外运行时，尽管可能构成某一标准体系的要素，它在新系统中成为一个元素，而不是左右本系统的主体。当多项农业标准以其必然的联系和实际需要相结合而构成新的整体（具备一定结构与功能）时，这个整体所发挥的作用和作用后所表现出的结果，必然比单一标准的数量加合的能力强许多。

每一项农业标准还受到其参与的最小标准体系结构与功能的约束。两个以上的农业标准所组成的标准体系，就形成了新体系需要的结构与功能，参与体系的每一项农业标准当然也会受到这一新体系的约束了。

每项农业标准也受到高一层次的农业标准体系的约束，更受到其参与的农业标准化系统约束。可见，每一项农业标准既具有单一性特点，也具有非单一性特点。

随着农业标准体系结构的庞大化（农业标准集成数量很多），由单个标准到农业标准，在某种特定目的下，构成农业标准体系集群的过程中，农业标准的集成度越高，体系越庞大，某一项具体的农业标准在其中所发挥作用力就会越小，但即便作用力再小，也可能成为必不可少的因素或者关键因子基础。翻过来讲，对于具体的一项农业标准来说，当其单个存在时，结构与功能就具有唯一性；当其加入多个标准组成的体系时，它就成为系统成员，自我主体的成分就会减少；这项标准参与的标准体系越庞大，个体的重要性就越弱，反而体系的作用和功能却能够大大超越组成体系的所有农业标准的总合。

## 第四节　农业标准的分类

与其他科学一样，为了学习、研究和应用的方便，必须对农业标准进行分类。分类又受不同目的的影响，也就是说，不同的目的，有不同的分类结果。以下对农业标准进行初步的分类表述：

### 一、农业标准的种类

农业标准的种类，其宏观角度比较清楚，如国家将经济结构组成的行业以标准的形式被分为20个，其中将农业细分为“农、林、牧、渔”四大子行业，由此，从大的方面来说，农业标准就可以说有四大行类了。需要注意的是，这里的“农业”，我们只能理解为一种狭义农业的概念和范围，表现的特征是以粮为主的生产经营方式。实质上，在现代社会中，这种分法会逐渐地趋向于少用了。当越向微观（越向具体的农业标准靠近）时，农业标准的种类就显得复杂而难以划分其界限了。

农业标准的种类，本身的结构和关系就处在一种动态变化之中。变化的根本原因，就是任何农业过程的某个阶段因生产目的不同而方向不同。虽然到具体的农业标准表现出的是一种相对固定的种类，但到了组成为农业标准体系时，农业标准的种类归属，就得服从这种体系的目标、要求和方向了。

农业标准的具体归类有以下多种，主要是因分类的定位不同、角度不同和目的不同而产生的。

1. 依照农业过程发生的顺序环节　按照农业操作管理顺序的分法，就是按照农业的产前、产中、产后、加工、贮运和销售的思路分类，形成六大环节（大类）的农业标准种类。

2. 从农业标准出现的不同层面归类　最常见的归类法，莫过于四大说法，即技术标准、管理标准、工作标准和环境标准。

3. 管理角度的农业标准归类　如果单考虑管理，站在策划、运作与推动的角度，又可将农业标准分为管理基础标准、技术管理标准、经济管理标准、行政管理标准和生产经营管理标准。

## 二、农业标准的层次划分

农业标准的层次划分，也因不同目的而有不同的划分方法。一般的，通用的和公共认可的划分是按照农业标准的覆盖范围结合集团（如一个国家）的管理机构层次功能进行划分的，从宏观到微观大体有：

1. 国际标准　是指国际标准化组织 ISO 和国际电工委员会 IEC 所制定的标准，以及国际标准化组织已列入《国际标准题内关键词索引》中的 27 个国际组织制定的标准和公认具有国际先进水平的其他国际组织制定的某些标准。对待这类标准，我们应当以主动的态度随时关注，积极采纳，并争取加入到这类与农业有关的组织当中去开展工作。

2. 区域性农业标准　适用于一个地理区域的农业标准，由该区域的国家代表组成的区域性农业标准机构制定。如欧洲标准化委员会（CEN）、亚洲标准咨询委员会（ASAC）、泛美技术标准委员会（COPANT）等产生的农业标准。这类标准，需要我们高度关注，不但要注意其发展动态，而且要从中选取对我们适用的农业标准。同时，应当积极加入相关组织，成为其中成员。

3. 国外先进标准　是指国际上有影响的区域性农业标准，世界主要经济发达国家，特别是农业发达的国家制定的农业标准和其他国家某些具有世界先进水平的国家农业标准，国际上通行的团体标准以及先进的企业标准。也就是说，无论什么样组织、集团制定舶农业标准，只要其具备了行业中的先进性，对我们有很高的实用性，均可认为是国外先进的农业标准而积极采纳和应用。

4. 国家标准　是指对全国经济技术发展有重大意义，需要在全国范围内

统一的技术要求所制定的标准。如中国标准（GB）、德国标准（DIN）、英国标准（BS）、美国标准（ANSI）等。国家标准在全国范围内适用，其他各级标准不得与之相抵触。国家标准是四级标准体系中的主体。

5. 行业/协会标准　是指对没有国家标准而又需要在全国某个行业范围内统一的技术要求所制定的标准。行业标准是对国家标准的补充，是专业性、技术性较强的标准。行业标准的制定不得与国家标准相抵触，国家标准公布实施后，相应的行业标准即行废止。

行业标准的代码，国家有专门的标准规定，如农业行业强制性标准为NY，农业行业推荐性标准为NY/T；林业行业标准为LY、LY/T；国内贸易行业标准为SB、SB/T；国家标准指导性技术文件为GB/Z；企业标准为QB；国家军队标准代号为GJB。

6. 地方标准　是指对没有国家标准和行业标准而又需要在省、自治区、直辖市范围内统一工业产品的安全、卫生要求所制定的标准，地方标准在本行政区域内适用，不得与国家标准和行业标准相抵触。国家标准、行业标准公布实施后，相应的地方标准即行废止。

地方标准的代号为DB，后跟地方标准的代码，如陕西地方标准代码为DB/T，代码为61。

7. 企业标准（QB）　是指企业所制定的产品标准和在企业内需要协调、统一的技术要求和管理、工作要求所制定的标准。企业标准是企业组织生产、经营活动的依据。

我国目前的农业标准有4类，即国家农业标准、行业/协会农业标准、地方农业标准和农业企业标准。需要注意的是，这些标准的层次划分，并不代表它们是否是高级的还是低级的水平，而是一种标准的责任与义务的体现，是一种能够波及或适用范围的交代，是一种应用程度的表达。严格讲，农业标准是没有高低之分的，只有其出台的目的和注意重点有所不同，因而使其应用的范围和精度有所不同。如国家标准就多注意规定农业领域的基础性方面，而企业标准则非常注意标准的应用效益性，在精确性、先进性和实用性方面下的工夫最多；有人认为，国家标准在一个国家中应当是最高级的，这是不对的，是一种误导。真正正确的理解应当是，各层次农业标准没有地位高低的划分，只有实用性和先进性的衡量。内容先进，结构实用的任何一项农业标准，无论其是哪一个层面上的，就是最先进的和最高级的标准。

## 三、农业标准的约束性

制定农业标准的目的，就是为人们的农业过程提供一种约束，来约束人们的行为对农业过程产生最佳影响，获得最佳效果。这种约束，会有不同的程度，有些对行为过程的约束就很松动，如“×××管理办法”、“关于×××的规定”等；有些则非常严格，如许多检验检测标准，要求操作过程一点也不能马虎。还有一些标准，当其被制定颁布后，就会成为人们无条件服从和执行的硬性规定，我们把这类标准称为强制性标准。另一些标准则没有这样的强制性要求。所以按照农业标准的约束性讲，分为以下两种：

1. 强制性标准　强制性标准是指在一定范围内通过法律、行政法规等强制性手段加以实施的标准。具有法律属性。强制性标准一经颁布，必须贯彻执行，否则，对于造成恶劣后果和重大损失的单位和个人要受到经济制裁或承担法律责任。

强制性标准是国家通过法律的形式明确要求对于一些标准所规定的技术内容和要求必须执行，不允许以任何理由或方式加以违反、变更，这样的标准称之为强制性标准，包括强制性的国家标准、行业标准和地方标准。对违反强制性标准的，国家将依法追究当事人法律责任。国家强制性标准的代号是 GB。

强制性标准的范围，我国《标准化法》规定：保障人体健康、人身财产安全的标准和法律，行政法规规定强制执行的标准属于强制性标准。以下几方面的技术要求均为强制性标准：

（1）药品标准、食品卫生标准、兽药标准。

（2）产品及产品生产、储运和使用中的安全、卫生标准，劳动安全、卫生标准，运输安全标准。

（3）工程建设的质量、安全、卫生标准及国家需要控制的其他工程建设标准。

（4）环境保护的污染物排放标准和环境质量标准。

（5）重要的通用技术述语、符号、代号和制图方法。

（6）通用的试验、检验方法标准。

（7）互换配合标准。

（8）国家需要控制的重要产品质量标准。

省、自治区、直辖市政府标准化行政主管部门制定的工业产品的安全、卫生要求的地方标准，在本行政区域内是强制性标准。

2. 推荐性标准 推荐性标准是指国家鼓励自愿采用的具有指导作用而又不宜强制执行的标准，即标准所规定的技术内容和要求具有普遍的指导作用，允许使用单位结合自己的实际情况，灵活加以选用。

国家推荐性标准的代号是GB/T，字母“T”是“推荐”的意思。

强制性标准和推荐性标准是中国特殊的划分法，在实行市场经济的国家，标准都是自愿性的。但至少在目前，这种规定是十分有效的，特别容易规范有些人中的不良行为或者制约那些对社会不利的事件。

3. 两类标准的异同比较 两类标准在以下两方面反映出相互的异同：

（1）不同点。

①属性不同。强制性标准具有法的属性特点，属于技术法规，而这种法的属性并非强制性标准的自然属性，是人们根据标准的重要性、经济发展等情况和需要，通过立法形式所赋予的，同时，也赋予了强制性标准的法制功能，即制定法律、执行法律、遵守法律这3个方面的功能，而推荐性标准不具有法的属性特点。属于技术文件，不具有强制执行的功能。

②内容规定不同。强制性标准在技术内容方面，一般都规定得比较具体、比较明确、比较详细、比较死，其特点是缺乏市场的适应性，推荐性标准的技术内容，一般规定得比较简单扼要，比较笼统、灵活。推荐性标准其特点是强调用户普遍关心的产品使用性能，对一些细节要求一般不予规定，有较强的市场适应性。

③检验项目不同。强制性标准的强制性检验项目多；推荐性标准中强制性检验项目少，供用户选择或由供需双方协议的项目多。产品标准中规定的检验项目，主要是根据产品的主要用途和制定标准的目的来确定的。如对于高温下使用的材料，应检验并保证其高温性能，而对于在常温下使用的材料，则只需检验和保证其常温性能就行了。

④通用程度不同。强制性标准，通用性较差，覆盖面小，这主要是强制性标准内容规定得比较紧、比较死；推荐性标准通用性较强，覆盖面大，这主要是该标准的内容规定得比较灵活、宽裕。

（2）相同点。

①推荐性标准中也存在强制性的因素。这个因素就是标准的实施日期，这是一个具有明显法的属性特征的标志。标准的实施日期是对新标准自即日起开始生效，被新标准所代替的所有以前的旧标准或旧标准文本自新标准生效之日起，将自行废止的时间规定。这是强制性与推荐性标准所共有的特点与相同点所在。

②强制性标准与推荐性标准在标准的印刷封面、内容排列格式方面是相同的。推荐性标准用“/T”的标识符号与强制性标准区别开来。

## 四、农业标准的其他分类

按照农业标准化的对象在生产过程中的作用又分为：

原料标准。

阶段性达标（半成品）标准。

操作标准。

纠错调平标准。

产品标准。

检验与试验方法标准。

等等。

按照农业标准的属性分为以下4类（前已涉及）：

技术标准：这是对农业标准化领域中需要协调统一的农业技术事项所制定的农业标准。主要包括基础标准，产品标准，检测试验方法标准和安全、卫生与环境保护标准。

管理标准：是对农业标准化领域中需要协调统一的管理事项所制定的相应标准。主要包括农业生产管理、技术管理、经营管理和劳动组织管理等农业标准。

工作标准：是对农业标准化领域中需要协调统一的工作事项所制定的标准。如工作的责任、权利、范围、质量要求、程序、效果、检查方法、考核办法、操作方法、设计程序、工艺流程等农业标准。

环境标准：是为保证农业生产的自然基础优良性所制定的相关农业标准。这一点与其他标准体系很不相同。农业的生物生产体系最终质量与所生产环境的一致性密切相关。适宜或非常适宜的生态环境条件是进行生产适宜这种生物生长结果的质量和数量的基本保证。

可以看出，农业标准的种类，在目前不是一下子能够表达清楚的，是需要进行研究和探索的课题。至少目前为止，要对农业标准的种类提出让人信服的各类来，必须考虑市场作用、现代农业架构的要求、当地农业经营的物质基础和人们系统性发挥能力。上述的农业标准的表现形式中，还有一种划分，就是从基础到一般的一般性分法，也可构成农业标准的8个种类的。

# 第五节　农业标准的产生、应用与升级

## 一、农业标准产生的依据

农业标准的产生依据，可从社会的和自然的两个方面看待：

1. 农业标准产生的社会依据　在社会方面，涉及农业发展的历史过程和现代市场需要两个角度。对于历史依据方面，这里不想做更深的讨论，因为有专门的农业标准发展历史描述。

农产品的市场化，是农业标准产生的其中一个重要依据。作为商品的农产品，它既是农产品，又是满足商品属性的物品。商品的基本属性是在有明确用途的前提下，具有相同的规格和美观的外表。为了达到商品级的农产品目标，对农产品的先期统一标准的规定，便促使了为生产这一农产品的一切过程中的相应标准也必须建立，并且形成完全配套式的标准体系。这就是面对经济条件下以市场需要为前提的农业标准产生的主要依据。当然，还有其他的依据。如一个农产品生产集团，在其下属的多个区域或者公司中，如果没有依照市场要求的某种农产品生产标准体系来约束这些单位的生产过程，其产品就不能被统一，生产的最终目的也就无法达到了。

在现代市场经营的要求下，农产品成为商品的规模性要求越来越大，农产品成为商品后的活动空间也越来越大，农产品成为商品后的交易完全处在“各行其道、互不见面”的系统分工状态下，那么，纸质的、电子的信息表达交易，成为更符合标准化思想与理念要求和现代社会需要的简化、优化的交易方式，甚至会很快在我国兴起一种农产品交易方式：一条规格化的农产品信息表达，会在期货平台、电子交易平台上产生买卖双方的多次交易，并且这种交易的信托，以来自于信息表达的一批还没有生产出来的农产品商品作保证的！这种交易，凭什么保证其过程和结果的安全性，那就是市场信誉和生产的标准体系及落实。如果没有完整而统一的和共同使用的标准做保障，这种系统的建立和运行将是无法想象的。

2. 农业标准产生的自然依据　从自然角度讲，人类不断地以各种理由在探索客观事物，发现事物规律，并且应用其中所得的结果，发明多种劳动工具，总想应用到延伸自己的手臂、减少自己的负担、获得最大收益，从而最大限度地改善自己的生活条件。实现这种目的过程，又是一个劳动过程的进行，需要许多投入，所出现的矛盾就是如何做到最佳，即投入最少、过程最简、结果/效果最好，答案只有一个：农业标准化。翻过来，农业科学研究、技术发明和经验的积累，构成了农业标准出现、体系产生和农业标准化过程一切行为运动的自然基础，也就是自然依据。

具体到产业链的过程中，某一个标准的产生，是要看确定这一过程的技术是否成熟，操作程序上的重复性是否统一，对其进行标准约束是否可以明显提高效率等条件来决定。

农业标准的产生，是由农业标准制定部门对需要制定为标准的项目编制计划、组织草拟、编号审批、批准发布等一系列过程来实现的。这也是将农业科技成果、经典经验纳入到农业标准中去的过程。其最大的特点是集思广益，反映客观过程，体现全局利益。

## 二、农业标准产生的基本要求

这与标准产生的基本要求是没有区别的。农业标准产生的基本要求，首先是社会经济发展的需要和需求。其次是对具体标准格式和结构的基本要求。这里对于社会经济发展的需求不展开论述，主要对农业标准的具体格式与结构的基本要求做以下表达：

1. 标准名称的构成　标准名称的构成，一般分两大部分：即标准代号和标准标题结构。在标准标题结构当中，又由引导要素、主体要素和补充要素 3 个独立要素构成。如在国家标准："GB/T23416. 2—2009 蔬菜病虫害安全防治技术规范。第 2 部分：茄果类"的标题中，代号在前面，后面为文字表达的标题部分。即"GB/T23416. 2—2009"为本标准的代号，"蔬菜病虫害安全防治技术规范"为本标准的引导要素（肩标题），"第 2 部分：茄果类"则为主体要素（主标题）。本标准没有补充要素（副标题）。这 3 个要素的内容表达如下：

引导要素（肩标题）：表示标准隶属的专业技术领域或类别，即标准化对象所属的技术领域范围。

主体要素（主标题）：表示在特定的专业技术领域内所讨论的主题，即标准化的对象。

补充要素（副标题）：表示标准化对象具体的技术特征。

又如："GB/T17451—1998　技术制图　图样画法　视图"标准，其中"GB/T17451—1998"为标准代号，"技术制图"为引导要素（肩标题），"图

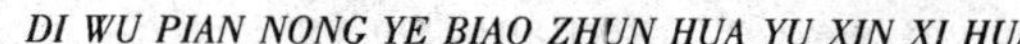

样画法”为主体要素（主标题），“视图”为补充要素（副标题）。

每个标准必须有主体要素，即标准的主标题不能省略。如果主标题和副标题一起使用便可清楚、明确地表达标准的主题时，可省略肩标题；如果主标题包括了主题的全部技术特征，则副标题也可以省略。如“GB/T8370—2009　苹果苗木产地检疫规程”，就只有主标题。

由上述论述，我们明显可以看出，构成标准名称的三要素，是按从一般到具体（或者说是从宏观到微观）排列的。各要素间既相互独立和补充，内容又不重复和交叉。

2. 标准内容的要求　每项具体的农业标准在诞生过程中，对内容的要求应当有以下3个方面思想指导：

（1）具有明确的边界规定，即本标准的规定范围和内容与其外界要清楚。

（2）具有本标准所需要明确的，并可重复应用的技术关键点。

（3）标准内容的表达符合农业标准化学科的思想体系要求，而不是技术过程的描述。

至于语言的表达规范性、层次的清晰性、术语应用的准确性等方面，就应当自觉地遵守国家有关标准制定的基本要求。

## 三、农业标准的制定程序

农业标准的制定，是指农业标准制定部门需要制定标准的项目、编制计划、组织草拟、审批、编号、发布等活动。它是农业标准化工作的任务之一，也是农业标准化活动的起点。

标准化技术委员会，是制定国家标准、行业标准和地方标准的一种重要组织形式，它是一定专业领域内从事全国性标准化工作的技术工作组织。目前，我国标准化技术委员会逐渐扩展到省（直辖市）级，各地（市）级也正在筹建分技术委员会，各省市不但有自己的标准化技术委员会，而且还有独立的农业标准化技术委员会。

在经济、政治、生产发展到一定阶段，以市场为龙头的社会化农业大生产过程，需要一系列的规范制度，农业标准必须要产生出来。农业标准的制定遵从标准制定的一般规则，要经过7个阶段才能最终产生：

研究、论证的预阶段。

审查确定的立项阶段。

组织撰写的起草阶段。

广泛讨论的征求意见阶段。

程序核对的审查阶段。

全面审核的批准阶段。

指定刊印的出版阶段。

将其用一个图来表示（图5－3）。

与农业标准制定及有关的还有几个概念：

农业标准备案：是指一项标准在其发布后，负责制定标准的部门或单位，将该项标准文本及有关材料，送标准化行政主管部门及有关行政主管部门存案以备查考的活动。

农业标准复审：是指对使用一定时期后的标准，由其制定部门根据我国科学技术的发展和经济建设的需要，对标准的技术内容和指标水平所进行的重新审核，以确认标准有效性的活动。

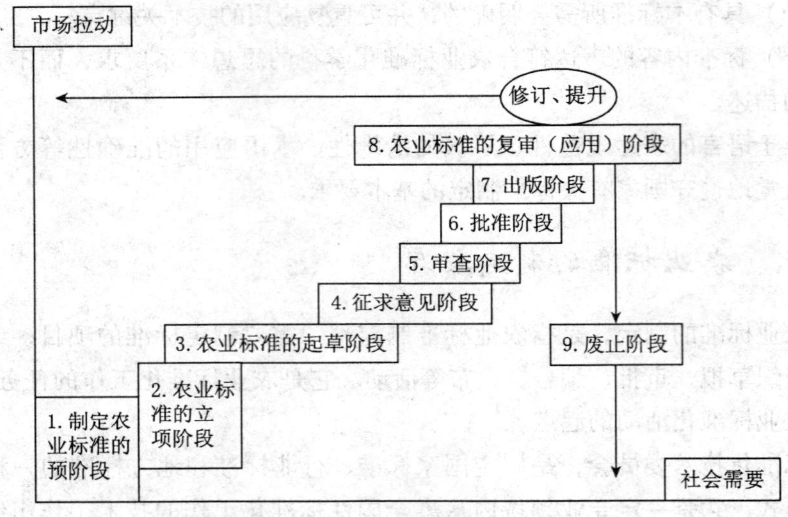


图5－3　农业标准制（修）定9阶段的台梯关系示意图

## 四、农业标准的采用

一个科学的农业标准，是否被采纳和应用，要根据当时的经济、政治、科学技术发展水平甚至被采纳地的文化氛围来确定。一般分为3个不同情形。第一种情形是，某项农业标准的产生，是应当时、当地的生产、社会需要，有计划地制定出来，那么，这种标准就具备了被及时采纳应用的巨大潜力。第二种情形是，有些农业标准，虽然从整体内容上看具有很大应用前景，也是被指定制定，甚至通过一定程序，对其加以认可，但由于可能存在着一定的超前性，或者标准本身存在着不实用的因素，而在实际目标区被拒绝应用。

第三种情形是，某些农业标准完全符合了法定程序，但在采用阶段受阻，这种情况的主要原因是，要么不符合当地实情，要么超前，要么受其控制的结果产品尚未确定市场。

由以上情况可见，农业标准是否被采用，首先是看它所负责的面对市场过程的生产或者管理约束是否对效益有明显促进作用；其次是看标准本身的客观符合性和应用顺手与否；最后看该项农业标准是否被指定机关认可颁布。

当然，在有序化和系统化集成生产条件下，对于农业标准的认可颁布是相当重要的环节，这也是宏观有序化社会活动和组织生产的保证。起码没有这一过程，农业标准无法进行横向交流和系统规范。目前农业标准的社会认可的标志就是看是否通过指定部门登记发布。

农业标准的采用分两种情况，形式采用和实际采用。前者就是已经由认可部门登记发布，在某一个时空中被请求或者要求应用；后者则是对标准在实际中的应用，将农业标准落实到农业过程中去。在农业标准的采用过程中，这两种形式并存，形式采用在前。

具体到采用标准方面，有几个基本概念需要清楚：

1. 采用国际标准　这里也把采用国外先进标准包括进来。是指把国际农业标准和国外先进农业标准的内容，通过分析研究，不同程度地纳入我国的各类标准中，并贯彻实施以取得最佳效果的活动。这一点，我国目前采取的政策是完全鼓励的态度。

2. 等同采用国际标准　这是采用国际农业标准的基本方法之一。它是指我国农业标准在技术内容上与国际农业标准完全相同，在编写上不做修改，或者稍作编辑性修改而采用的农业标准。这类标准可用图示符号“≡”表示，其缩写字母代号为 idt 或 IDT。

3. 等效采用国际标准　也是采用国际农业标准的基本方法之一。它是指我国农业标准在技术内容上基本与国际农业标准相同，仅有小的差异，在编写上则不完全相同于国际标准的方法。为适合我国实际，就得从形式上加以改变和采用。这类农业标准可以用图示符号“=”表示，其缩写字母代号为 eqv 或 EQV。

4. 非等效采用国际标准　它是指我国农业标准在技术内容的规定上，与国际农业标准有重大差异，部分可用于国情下的标准采用，但采用需要做出较大幅度的修改。采用这类标准，在表现形式上，可以用图示符号“≠”表示，其缩写字母代号为 neq 或 NEQ。

等同采用国际标准、等效采用国际标准和非等效采用国际标准，是我们目前面向国际采标的三大基本方法。

## 五、农业标准应用与升级

农业标准的应用，也就是农业标准的实施。农业标准的实施是指有组织、有计划、有措施地贯彻执行农业标准的活动，是农业标准制定部门、使用部门或企业将标准规定的内容贯彻到生产、流通、使用等领域中的过程。它是标准化工作的任务之一，也是标准化工作的目的。

农业标准的实施过程，还需要有外部管理手段的督促和检查，这就是农业标准实施的监督。农业标准实施监督，是国家行政机关对农业标准贯彻执行情况进行督促、检查、处理的活动。它是政府标准化行政主管部门和其他有关行政主管部门领导和管理标准化活动的重要手段，也是标准化工作任务之一，其目的是促进标准的贯彻，监督标准贯彻执行的效果，考核标准的先进性和合理性，通过标准实施的监督，随时发现标准中存在的问题，为进一步修订标准提供依据。

每一项农业标准的出台与应用，不能说这一标准就成就了甚至成为真理了。农业标准本身也在发展，应用中的问题发现和应用一个时期后可能不适用，都是非常正常的事情。这就需要对农业标准在应用中进行跟踪监测和其效果的不断评判。同时，为了延续这一标准的生命力，就要不断地总结和吸收与该标准有关的新技术、新经验，准备适时加以补充和修改。这一个时期，从农业标准的制定管理角度来说，就是跟踪效用的复审阶段，它决定农业标准是继续使用，是升级，还是废止。人们希望的结果是最好的，就是对该标准进行修改、补漏，吸收新的成果，让其产生更大的活力和更多的效益。

当然，如果某项标准，由于科学技术发展的更新，或者本身无法弥补的缺陷，在应用中不得不淘汰，或者已经没有再修订的必要时，就进入农业标准的最后一个阶段，即废止阶段。至此，某项农业标准的整体生命过程就算完成了。

以上所述的9个阶段，也称农业标准的制定程序。

# 第六节　农业标准的法律性特征

我国农业标准的法律性特征，明确地表现在强制性标准方面。这些强制性农业标准，有时又称农业技术法规，即指在推动农业方面，从技术角度，规定强制执行的产品特性或与其相关工艺和生产方法，包括适用的管理规定在内的文件。该文件还可包括或专门关于适用于产品、工艺或生产方法的专门术语、符号、标志或标签要求。严格讲，强制性标准与技术法规不是全等的。以下对农业标准的法律特性加以概略地讨论。

## 一、农业标准的强制性意义

国外农业标准的使用隶属，多为一种自愿，我国则提出了明确地强制性标准类型的执行。这是符合国情的。

实质上，强制性标准所规定的内容，主要是对有些涉及安全、卫生方面的商品规定了限制性的检验标准，以保障人体健康和人身、财产的安全。

强制性标准与法规同效，强制性标准内容因表现和规定在技术层面上，也称技术法规（实际上，技术法规的概念所表达的内容较强制性标准狭窄，即对技术或者应用技术手段提出强制执行，以保障人体健康和人身、财产的安全)。因此，推而广之，一切法律、法规应当都属于强制性标准的范围。

在强制性标准的性质要求下，平常农业过程出现的必须执行的情况有以下6个方面：

（1）法律法规引用的推荐性标准，在法律法规规定的范围内必须执行。

（2）强制性标准引用的推荐性标准，在强制性标准适用的范围内必须执行。

（3）企业使用的推荐性标准，在企业范围内必须执行。

（4）经济合同中引用的推荐性标准，在合同约定的范围内必须执行。

（5）在产品或其包装上标注的推荐性标准，则产品必须符合。

（6）获得认证并标示认证标志销售的产品，必须符合认证标准。

在农业面对标准化时代和向现代农业高度迈进的今天，强制性农业标准类型的出现，会对“三农”，特别是农民队伍的水平提高和农业标准化行为的自觉意识的加强起到很好地推动作用。由于历史性的农业小户经营和非标准化发展过程沉淀太深，在农业几乎一夜之间要转向集约化和市场时，人们的思想观念则成为最重要的转变关键点。然而，面对农民这个特殊群体，仅靠说服和做思想工作，就显得行为表现太慢了。当采取管理方法上的一定强制性措施，结合技术法规的约束时，就可以做到思想和行动一起动的效果，就可以缩短时间距离，实现快速发展。

## 二、非强制性农业标准的自觉机理

非强制性农业标准，就是推荐性农业标准。推荐性农业标准的应用，完全采取了自愿的方式，也就是说，这类农业标准，只由公认的标准机构颁布成为某类正式标准，向社会发出必要的信息，至于农业经营者用不用这些农业标准，就完全取决于自己了。

这样的话，可能会有人担心：如果这类农业标准发布后，有些就一直没有人采用怎么办呢？答案只有一个，这项农业标准不适用。不适用的原因，或许是内容不适用，或者是环境不适用，或者太超前，或是明显落后了。无论哪个“不适用”，应当均是本标准的不适用，应当在标准有效修订期内进行重新评估和处理。

推荐性标准能够推行的自我机制，是博弈学理论的支持。如技术研究创造出某一项标准（或是一种新工具），许多人根本不知道，也不认识，此时公认机构通过颁布，农业标准推行人员为推广而加紧工作，结果使具备潜在应用能力的人群都获得了这种信息，由于人群个体的差异性，就会使其中少数人先以试探性的心理采用这些标准。应用的结果和感受是，他们应用后的工作比没有用这些标准效果至少要好，这样，就会刺激其反复使用。而未使用的周围同行，当看到或者感觉到这个人在应用某项新的标准而反复进行时，会引发自身加入试探的行列。如此，加入应用的人会越来越多，传递和学习应用的速度在呈指数型上升的加速度，这项农业标准就根本不愁推不开了。

当一项对农业过程有推动作用、效果明显的标准出台，通过公认机构颁布实施后，只要有少数人采用，经过一个小的过程，就会有越来越多的人应用并成为应用的主体。可见，如果我们能够将多年来在实际中推行的农业技术加以标准规定，制定成为技术标准颁布，那么所谓农业技术推广的成本就会大大下降，人们应用标准的自觉性就会很快培养起来。

在我国分为强制性标准和推荐性标准。这是中国特殊的划分法，在实行市场经济的国家，标准都是自愿性的。这一点，符合我国国情，至少在目前，这种规定是十分有效的，特别容易规范有些人中的不良行为或者制约那些对

社会不利的事件。从推荐的角度看，对于中国农民，有“老百姓，百人百姓”的说法，意思是，这类人群中，各方面的特征表现多样化，从思想意识到行为过程均比较复杂。那么，面对一个不能统一而复杂的群体时，如何将每项有用的推荐性农业标准推广，显然齐头平推的方法是行不通的。最快最好的方法，就是让农业标准自动渗入这个体系，靠体系内的应用动力推动标准横向传播，以点带面，很快铺开。这实质靠的是推荐性农业标准的增效潜力和农民队伍中的部分先进率先“尝试”应用，直到自觉应用，进而带动一批人应用，最终发生连锁式的应用反应，在短期内使标准广泛应用。

## 三、农业标准化法律

标准化法律的概念内容较为丰富。从严格意义上讲，标准化法律有广义和狭义之分。

广义的标准化法律，是指调整涉及有关标准化的社会关系和社会秩序的法律规范的总和，它包括《标准化法》，以及与之相配套的各项法规和规章。

狭义的标准化法律，是指1988年12月29日第七届全国人民代表大会常务委员会第五次会议通过、1988年12月29日中华人民共和国主席令第11号公布、1989年4月1日起施行的《中华人民共和国标准化法》，以及1990年4月6日中华人民共和国国务院第53号令发布《中华人民共和国标准化法实施条例》（自发布之日起施行）。这些都是我国标准化管理工作的根本法。

我国农业标准化法律，是在遵从上述标准化法律条款的基础上，产生和发展的农业标准化法律体系。农业技术法规，应当是具体的农业标准化法律的组成部分。

# 第二章 农业标准体系

农业标准的制定、修订是一项极其细致、复杂的工作，也是农业标准化的基础工作，更是一项技术性和经济性很强的工作。它涉及面广，政策性强。一个科学合理的标准对农业生产、增加农业收入有着不可低估的促进作用，否则就会阻碍生产、降低农民收入，影响农业的可持续发展。因此，必须结合上海市农业特点，以党和国家的方针、政策为依据，充分发挥各种生产资源优势，搞好农业标准的制定、修订工作，满足我国现代化建设和农业、农村经济发展需要。

## 第一节 农业标准的制定、修订

### 一、农业标准制定、修订对象

凡涉及农业生产、需要统一技术要求的都应当制定农业标准（含标准样品的制作）。

根据农业标准工作实践应有如下四个方面：

第一，作为商品的农产品及其加工品（统称农产品，下同）、种子（包括种子、种苗、种畜、种禽、菌种等，统称种子，下同）的品种、规格、质量、等级和安全、卫生要求。

农业是利用植物、动物与微生物的生活机能，通过人工培养而取得产品。因此，农产品应是广义的农产品，即种植业产品、林业产品、畜牧业产品、渔业产品和农用微生物业产品。

第二，农产品、种子的试验、检验、包装、储存、运输、使用方法和生产、储存、运输过程中的安全、卫生要求。这里指的安全、卫生要求是指涉及农产品安全、卫生的农药、兽药、渔药等，以及食品安全卫生和劳动安全卫生的规定。

第三，农业方面的技术术语、符号、代号。

第四，农业方面的环境、条件、生产技术和管理技术。

## 二、制定、修订农业标准应遵循的原则

1. 宏观（非技术性）原则

（1）要符合国家有关政策、法令，有利于技术进步和经济发展

农业标准是农业生产和市场贸易的技术依据，必须符合国家的农业技术和经济政策，不允许与国家的方针政策和法规相抵触。必须有利于安全卫生、环境保护，必须有利于运用市场机制，有利于调整和优化农业结构，有利于农产品加工增值，有利于进一步扩大国内外市场资源转变，促进农业生产向专业化、商品化和社会化发展。

（2）要符合我国国情和农情，做到技术先进，经济合理，切实可行

制定、修订农业标准要吸收国外先进技术和管理经验，但必须符合我国的自然环境条件、农业资源情况和农村经济条件及经济技术管理水平。

技术先进是指农业标准水平而言。农业标准应反映出当代农业科研成果及农业生产实践的先进技术和实践经验。从国外或外地引进的技术，必须经过鉴定程序和试点示范，符合国内或当地的要求，成熟后才能制定标准进行大面积推广。对于引进的先进测试手段，制定标准时应纳入标准。在条件不具备的情况下可先纳入标准，作为补充件，与现有测试手段同时使用，待条件成熟时转入正式文本中。

经济合理是指测算实施农业标准的有关经济指标可行。这些经济指标有利于确保粮食总量的稳定增长，在品种结构上能适应消费者对优质农产品日益增长的需求；有利于提高农产品生产的经济效益；有利于农业生产的不断增长；有利于农业生产向商品经济发展。

经济上合理，技术上先进是制定和评价标准质量的两个重要条件。

（3）要积极采用国际标准和国外先进标准

采用国际标准和国外先进标准是将这些标准经过分析研究，不同程度地转化为我国的标准进行实施。为了增强我国农产品在国际市场上的竞争力，要积极采用国际标准和国外先进标准，在采用时，要根据国际市场需求，密

切结合我国国情，遵照积极采用与认真研究和区别对待相结合的方针，做好分析对比和实验验证工作。对国际和国外农业标准中各种不同类型的标准，应根据我国农业生产和市场的实际区别对待，采取等同、修改两种形式。

——在制定标准时凡是已有国际标准（包括制定中的标准）的，应以其为基础来制定我国相应的标准。

——对国际标准中的安全卫生、环境保护的标准，应根据国际市场和我国进出口贸易及经济技术合作的需要优先采用。

——采用国际标准和国外先进农产品标准应同时采用相关配套的标准（如检验方法等），贸易需要的标准应先行采用。

——对我国特有的农产品应尽快制定出具有先进水平的标准以保持我国优势。

2. 微观（技术性）原则

（1）应结合农业区划，注意生态平衡、环境保护，合理利用资源

我国位于欧亚大陆东部，东濒太平洋，地域辽阔。南北跨越 50 个纬度，东西横贯 62 个经度。自南向北依次出现赤道带、热带、亚热带、暖温带、中温带和寒温带 6 个温度带。由东向西形成海拔不同的三级阶梯。自东南沿海到西北内陆形成湿润、半湿润、半干旱和干旱 4 个雨量不同的地区。同时，我国是多山国家，山地占国土总面积的 66%，从山麓到山顶垂直变化显著。因此，我国农业自然条件和资源既丰富多彩又变化万千，具有相对稳定的地域差异和分布规律，加上各地社会经济条件、生产技术水平和劳动者素质不同，就使农业生产形成了强烈的地域性，进而产生了农业自然区划、农业部门区划、农业技术区划和综合农业区划四大类区划。各区划分区都有各自的特点。发展农业生产，必须因地制宜，充分发挥各区优势，扬长避短，实现资源的永续利用和农业的可持续发展。同样，制定农业标准，也要密切结合农业区划，注意生态平衡、环境保护，合理利用资源。

（2）要充分考虑农业生产的特点

与工业生产不同，农业生产是以生物对象为活动主体的综合性生产过程，具有生产周期长，影响因素复杂，稳定性和可预见性较差等特点。制定、修订农业标准，要充分注意这些特点，尤其要重视生物性、区域性、季节性和连续性等特点。

——生物性。生物体的最大特点在于其生物性，它是有生命、有序列、有结构的复杂开放的系统，涉及分子、组织、器官、个体、群体和群落等不同的层次水平，既有种内关系，又有种间关系。这些特点决定了农业生产的

其他特性，如周期性、波动性、复杂性、不可逆性和难控制性等，也决定了生产过程的不确定性和最终产品的变异性。这就要求在制定、修订农业标准时要有一定的灵活性，某些技术指标要允许有一定的变化范围和幅度。例如，大豆品种沈农8510，其籽粒脐色同时存在白色和黑色（一般品种籽粒脐色为同一颜色)，但是其株高、成熟期等农艺性状整齐一致，产量、品质、抗性等也较为优良，在生产上推广种植多年，创造了较高的经济、社会效益。因而在制定品种标准和产品标准时，要考虑这一特点，区分主要性状、一般性状和次要性状，并允许某些性状有一定的变化幅度。

——季节性。无论是种植业还是养殖业，农业生产都占有广阔的时空范围，系统内外不断地进行着物质和能量的交换，生产主体对外界温度、光照、水分和养料等自然环境条件有着较为严格甚至苛刻的要求，对环境条件产生了强烈的依赖性。环境条件的变化会使农业生产发生相应的变化。日地运行的规律性变化使自然环境条件形成了春、夏、秋、冬等不同的季节变化，因而也就使农业生产具有了季节性特点。植物性生产季节性的典型体现是植物的温周期和光周期。如麦类作物、油菜等需在日照长于某一时数，稻类作物、玉米、棉花、烟草等需在日照短于某一时数条件下才能开花，而甘蔗的某些品种只有在日照短天某一时数条件下才能开花，而甘蔗的某些品种只有在日照12小时45分时才能开花。不同作物对温度的要求也表现出类似情况。动物性生产的季节性也很明显，如鱼类的洄游，昆虫的迁飞，鸟类的迁徙等，体现出了动物对生活环境的季节性要求。近年随着设施农业的出现，在部分蔬菜果品生产上实现了“反季节栽培”，但其前提是满足作物的温光等条件要求，实际上依然体现了作物的季节性要求，只不过是人为改变了季节的时空位置，其本质并未改变。由此可见，制定农业标准，研究农产品综合标准化对象及其相关要素时，应在指标、参数和适用范围上反映季节性特点。

——区域性。我国各地区自然条件千差万别，分布有着明显的差异性。复杂的气候形成了不同的农业区和农业类型，表现出农业的区域性。

就大的范围来说，全国共划分为10个一级区和31个二级区，各区都有其适宜种植的作物种类，形成相对稳定的比较优势和特色。例如，东北盛产大豆、春麦和玉米，西北则以优质棉花、瓜果和甜菜著称；北部高原以小杂粮闻名，而华南地区则以出产热带水果享誉中外。对同一作物种类来说，在不同地区往往有不同的表现和特点。如水稻在北方寒冷地区种植，表现为一季单纯粳型，品质优良；在南方种植，则表现为多季籼粳型并存，品质参差不齐。其他作物如棉花、麦类、玉米等也都与此相似，表现出较强的区域特色。

就小的范围来说，不同的地区形成了各具特色的原产地域产品，如“灵宝大枣”、“焦作四大药”、“卢氏莲翘”以及“南阳牛”、“沙田柚”和“灵宝苹果”等。这些产品离开了原产地域，就丧失了其独特的品质和风味，有的甚至不能异地生长，表现出了强烈的地区性。

因此，制定农业标准，在指标、参数和适用范围上，要注意反映农业生产的区域特色。这也是我国农业标准体系中设有地方标准的根本原因之一。

——连续性。农业自然资源是可以重复使用和连续使用的，而农业生产是人类赖以生存的基础，其自身也是一个连续的生产过程。就种植业来说，这种连续性既反映在同一季作物的各个生长阶段之间，又反映在不同季作物的前后茬之间；既反映在同一年份的不同复种作物之间，又反映在不同年份的年度轮作作物之间。农业生产是一个用和养结合的辩证过程，只有把用和养结合起来，把当前利益和长远利益结合起来，才能使农业资源常用常新，经久不衰，使农业生产持续稳定发展。因此，在制定农业标准时，要充分重视农业生产的连续性特点，注意产前、产中和产后的各个环节，做到农业资源的永续利用，防止资源退减化和衰竭。

（3）必要时可纳入标准样品（实物标准）

文字标准来源于实践，是客观事物的文字表达。但是文字标准比较抽象，对同一标准，人们往往会产生不同的认知结果。特别是对一些农产品的色泽、口味等感官指标，文字标准更是难以确切表达，从而容易使标准的贯彻出现偏差。因此，一些农业标准特别需要制作实物标准，以便顺利地贯彻实施。如烤烟的质量是根据叶片的部位特征、成熟度、身份（油分、厚度、叶片结构）、色泽（颜色、光泽）、叶片长度，杂色与残分等技术条件来衡量和定级的。以颜色为例，就有金黄、橘黄、正黄、淡黄、深黄、红黄、黄带青、青黄、黄多青少、青多黄少等11种之多。尽管文字表达比较详细，但人们仍很难掌握，而应用比色板标准和烤烟实物标准，就使这项标准得到很好的表达和实施。所以制定农业标准时，在必要情况下须考虑建立和制作实物标准（实物标样）。实物标准的制作和审定一般与文字标准同时进行。实物标准又分为基本实物标准和仿制实物标准，二者具有同等效力。对仿制实物标准有争议时，以基本实物标准为准。

（4）要理顺相关关系

——农业标准涉及面广，技术性和政策性都很强。因此，在制定农产品标准时要有科技、生产、经营、物价、进出口贸易等有关方面参加，以便正

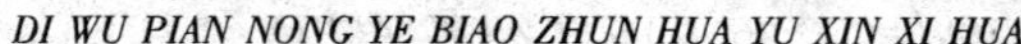

确处理需要和可行的关系。

——要理顺农产品质量与价格的关系，体现优质优价原则。

——要理顺当前生产水平、技术条件与采用新技术发展生产力的关系。

——确定农产品质量等级时，要全面考虑生产、加工、经营方面的利益，特别要保证农民增收的问题。

——制定标准既要满足市场的高档次需求，又要满足广大消费者的一般性要求。

（5）要努力实现生产型向贸易型转变

长期以来，我国标准化工作围绕的是国内市场。现有的众多标准是在计划经济体制下制定的，带有浓厚的计划经济色彩，属于生产型标准。这种标准缺乏必要的自由度和应变性，过分强调企业组织生产的依据，内容不但多而全、而且细而严，只考虑生产水平，不考虑市场和消费需求变化，标准使用周期长、更新速度慢，致使我国相当多的产品难以与国外产品抗衡，企业因执行生产型标准而无法出口的事屡见不鲜。从这个角度来说，必须将生产型标准转为贸易型标准。

我国加入 WTO 后，参与国际贸易竞争日趋激烈。各国间互设技术性贸易壁垒已成必然。一个好的标准，既要利于促进国内产品的出口，又要合理限制国外产品的进口。这就要求我们在制定标准时，要在充分了解国外有关标准的基础上，有针对性地制定符合当前国内外贸易形势的标准，也就是要制定贸易型标准。这在制定农业标准时要特别加以注意。

总之，标准的制定、修订与国际惯例脱节，与贸易技术壁垒协定脱节，与检验检疫的实际情况脱节，与中国国民生活水平提高的状况脱节，就必然导致在贸易中落后于人，受制于人。没有一套适应国际市场的标准体系，对外贸易是不可能发展的。这就要求我们在制定标准尤其是农业标准时，要努力实现从生产型向贸易型的转变。

## 三、农业标准制定、修订程序

为了确保标准的编写质量，协调各方面的关系，根据我国农业标准化工作的实践经验和农业标准化的特点，制定、修订农业标准一般按下列程序进行。

1. 编制农业标准制定、修订项目计划，编写计划任务书

我国农业标准涉及部门较多，农业标准实行统一管理，分工负责的原则。制定、修订农业标准，由有关标准的主管部门牵头，吸收有关部门参加；当

制定、修订农产品标准涉及几个管理部门时，应由一个部门牵头，联合其他有关部门共同研究制定。

（1）对标准项目进行可行性论证，编制项目计划和项目任务书

项目论证的内容有标准名称，制定、修订标准的目的、内容、国内外现状，现有工作基础和工作条件，存在的问题和解决的办法，有关方面对项目的意见，项目所需的技术力量和参加单位，经费预算和项目进度安排等方面。论证内容和项目计划要按要求填写在项目任务书中，要写明标准名称、进度、项目主管单位、归口单位、负责起草单位和参加单位及采用国际标准情况等。

（2）立项

可行性论证后，立项由标准化技术委员会或技术归口单位等组织协调，报上级单位审查。国家标准和行业标准的计划分别经标准化行政主管部门和行业主管部批准下达，农业地方标准经各地标准化行政管理部门批准下达。根据国家质量技术监督局颁布的《农业标准化管理办法》规定，农业标准化计划应纳入相应各级国民经济和科技发展计划中。

为贯彻农业国家标准和行业标准，根据地方发展农业生产的实际需要，开展农业综合标准化工作，县以上各级标准化主管部门可以制定农业标准规范，推荐执行。这方面标准计划管理由各地标准化主管部门负责。

2. 标准起草

标准计划下达后，承担制定标准任务的单位，要将标准制定任务纳入本单位的计划，按下达的标准计划要求组织制定。根据制定、修订标准的工作量和难易程度，组织标准编制组。编制组应具有一定的政策水平、相应的专业技术能力的实践经验，并具有一定的代表面，要有科研、生产、经营、使用等方面的人员参加。编制组根据项目任务书制定标准编制大纲，确定编制人员分工。

编写标准草案讨论稿，形成标准草案征求意见稿，最后确定标准草案送审稿。标准编制组根据项目任务书和编写大纲，深入到具有代表性的地区生产第一线和科研、使用、流通环节进行调查研究，收集资料，编写并完成标准草案讨论稿。然后进行必要的试验验证和测算。根据验证测算情况，修改标准草案讨论稿，形成标准草案征求意见稿，并撰写标准编写说明。广泛征求意见后，将反馈意见整理分析，确定取舍，最后形成标准草案送审稿（包括标准编写说明、意见汇总处理表和其他有关资料）。

3. 标准审查

标准编制组将标准草案送审稿报送到制定、修订主管部门或标准化技术

委员会审查。审查内容包括标准起草工作是否按标准计划和标准项目任务书要求完成，资料是否符合要求，主要技术问题是否基本解决，有关方面意见是否基本一致，等等。

审查有函审和会审两种形式。重要的农产品、种子标准应采取会审形式。审查开始前，要严格按规定的程序和要求进行准备；审查过程中，要充分发扬民主，征求科研、生产、经营和使用等各方面的意见；审查结束后，函审的要形成函审结论，会审的要形成会议纪要，并按审查意见对标准草案送审稿进行修改，形成标准草案报批稿（包括标准编写说明、意见汇总处理表和其他有关资料）。重大的、复杂的标准，需要先经过初审，再进行正式审查。

4. 标准批准发布

标准草案报批稿经标准化技术委员会或主管部门最后审定后，呈报给标准化管理部门或主管部门，进行批准，编号，发布，实施。

农产品国家标准和特别重大的农业标准报国务院主管部门审批，由国家标准局编号、发布。通用性农业基础方法标准由国家标准局审批、编号、发布。专业标准由国务院主管部门审批，送国家标准局编号，主管部门发布，并报国家标准局备案。地方标准报省（市）标准化主管部门审批、编号、发布；重大的报同级人民政府审批，并报上一级标准化部门备案。企业标准，由农事企业或主管部门审批和编号、发布，并报当地标准管理部门备案。

## 第二节　农业标准体系的具体内容

农业标准体系涉及范围十分广泛，这个体系主要围绕农业、林业、畜牧业和水产业范围制定的以国家标准为基础，行业标准、地方标准和企业标准相配套的产前、产中、产后全过程系列标准的总和，还包括支撑和服务农业的饲料、动植物保护和检疫、化工、水利、机械、环境保护和环境能源等方面的标准。一个国家或一个部门、一个地区、一个企业的所有标准，无论是在质的方面，或在量的方面，都存在着客观的内在联系，相互衔接、相互补充、相互制约，构成一个有机整体，这就是标准体系。标准体系是从标准化的角度，对整个国民经济体系的内在联系的综合反映，即对整个国民经济的体制与政策、经济结构、科技水平、资源条件、生产社会化和组织程度、经济效益，以及这些方面的标准化程度的综合反映。

农业标准体系是农业的标准化系统工程的基本要素，它具有管理工程的所有特性，如目的性、协调性、相关性以及层次性、成套性等，是农业领域运用系统工程思想来组织农业标准化工作的重要工具。

## 一、农业标准体系构成的基本特征

农业标准体系的内在结构就是农业标准体系的构成。农业标准体系的结构存在于空间和时间之中，而且是在空间和时间中发展的。因此，农业标准体系的结构包含空间结构与时间结构两个方面。影响农业标准体系构成的因素是多方面的。至少有以下六个方面：一是国民经济与农业经济体系的管理体制与政策。二是国民经济与农业经济体系的结构特点。三是农业科学技术的发展水平与特点。四是资源条件。五是农业生产社会化与组织程度。六是农业标准化自身在广度和浓度方面的发展水平。

以上这些因素因时间、地点、条件而变化发展，因此，农业标准体系的构成也不是一成不变的，而是一个动态的发展过程。整个农业标准体系构成有三个比较明显的基本特征。

1. 配套性

农业标准体系的配套性是指各种农业标准互相依存、互相补充，共同构成一个完整的有机整体的特性。如果不具备这种配套性，就会使农业标准的作用受到限制，甚至完全不能发挥。配套性是反映农业标准体系完整性的特征。

2. 协调性

农业标准体系的协调性是指农业标准之间在相关的质的规定方面互相一致、互相衔接、互为条件、协调发展。协调性有两种表现形式。相关性协调是指相关因素之间必要的衔接与一致。扩展性协调是指农业标准向相邻领域的扩散、展开，是农业标准所包含的技术特性向更大范围的面和三维空间其他领域的扩展。扩展性是协调的一种高级的发展形式。

协调性反映的是农业标准体系的质的统一性与和谐性。

3. 比例性

农业标准体系的比例性是指不同种类的标准之间和不同行业的标准之间存在着的一种数量比例关系。它是对于国民经济和农业经济体系的内在比例关系和农业标准化状况的量的反映。农业标准体系的比例性反映的是农业标准体系的量的统一性。

保持农业标准体系的合理构成，也就是保持农业标准体系完整的配套性、

高度的协调性和适当的比例性，对于促进国民经济和农业经济的发展以及农业技术管理水平的提高，对于有效地利用农业标准化方面的人力、物力、财力和时间，充分发挥农业标准化的效果，加速农业标准化事业的发展都具有重要意义。

农业标准体系不仅有着三性的基本特征，还有层次性。一般而言，一个国家的农业标准体系包括农业国家标准体系、农业行业标准体系、农业地方标准体系和农业企业标准体系四个层次。

与实现一个国家的农业标准化目的有关的所有农业标准，按其内在联系形成的科学有机整体就是农业国家标准体系。我国的农业国家标准体系不是以农业国家标准为主体，农业行业标准、地方标准、企业标准为补充的农业标准体系，反映了我国农业标准化水平。行业是生产同类产品或提供同类服务的经济活动基本单位的总和。与实现农业行业标准化目的有关的所有农业标准，按其内在联系形成的科学有机整体就是农业行业标准体系。

与实现农业地方标准化目的有关的所有农业标准，按其内在联系形成的科学有机整体就是农业地方标准体系。如地方无公害农产品标准体系包括：产地环境质量标准，产地污染物排放标准，农药、兽药、渔药施用原则，肥料、饲料合理使用规程，农业生产资料标准，种子（包括种苗、种畜、种禽、菌种）标准，种植（养殖）操作技术规程，农产品质量标准，农药、兽药、渔药残留量限制标准，标志、包装、运输、贮藏等相关标准。地方无公害农产品标准体系是地方无公害农产品的生产技术和经营管理的依据。

与实现农业企业标准化目的有关的所有标准，按其内在联系形成的科学有机整体就是农业企业标准体系。显然，农业企业标准体系应该受该农业企业所在国家、行业及地方标准体系的制约，但它可以直接采用相关的农业国际标准、国外先进标准和出口目标国标准。因此，农业企业标准体系的水平可以也应提倡高于农业国家标准体系、农业行业标准体系与农业地方标准体系的水平。在农业产业技术进步日新月异的背景下，农业企业如果等待公共机构来制定标准，就可能失去发展事业、扩大市场、进军国际市场的机会，因此，已明显出现了市场先行，通过竞争实现农产品及深加工品规格统一和农业标准化的动向。这意味着农业标准化正在从“公共（官定）标准”时代走向“市场原理主导”时代。而能够确立“事实上的标准”的农业企业就能在市场上赢得优势，并且随着市场扩大，一旦抢得优势的农产品就越来越有优势。因此，“农业标准化”问题必然成为农业大企业开展合纵连横战略的一个重要动机。

农业标准体系还有着一个十分显著的时间结构。

农业标准体系存在于时间的流程之中，是在时间的流程中逐渐形成、变化和发展的。在一事实上时期中存在着与农业科学技术和农业经济发展程度相适应的一定的农业标准体系。伴随着时间的推移和农业科学技术、农业经济的发展变化，农业标准体系也不断发展变化。决定农业标准体系时间结构的主要因素也至少有以下六个方面：一是农业科学技术、农业生产与农业经济的发展程度及其变化。二是社会需要的发展变化。三是农业标准化原理和方应运的发展。四是农业标准化活动本身也需要一个时间过程，需要消耗一定的人力、物力、财力和时间周期。因此，在一定的时期内，在一定的限制条件下，只能完成一定量的农业标准化活动。五是农业标准是“一种有生命的机体”。随着时间的推移，农业标准需要不断修订，但也可废止，以新标准替代旧标准。六是农业标准在空间中因果制约关系，在时间中就表现为先后制约关系。

因此，农业标准体系的时间结构就是农业标准体系的空间结构的发展在时间流程中的具体表现。在研究农业标准体系的空间结构的同时，必须研究农业标准体系的时间结构。具体地说，农业标准体系的时间结构指的是在一定时期内，必须有与当时的农业科学技术、农业生产与农业经济的发展需要相适应，并受当时可使用于农业标准化方面的人力、物力、财力和时间周期所制约的一定的农业标准体系。如果把存在于时间长河中的农业标准体系作为一个总系统，那么，存在于不同时间阶段的农业标准体系就是它的分系统。

在一定时间阶段内的农业标准体系也需要具备配套性、协调性和比例性的要求。因此，在一定时间阶段内应该制定哪些农业标准，在国家、行业、地方和企业各个层次应该制定哪些农业标准，各个层次之间如何协调配合等，所有这些就成为十分重要的课题。这类课题应该通过对现存的农业标准体系及各项农业标准的状况分析，通过对农业科学技术、农业生产与农业经济各方面发展趋势的预测，对国家农业技术经济政策和农业标准之间的内在联系与优先顺序的研究，在统一领导和各层次协调配合的条件下，通过制定一定时间阶段的农业标准体系表和农业标准化规划的办法来解决。

## 二、农业标准体系的支撑与服务

20 世纪 90 年代以来，农业标准在世界范围内，特别是在欧、美、日等发达国家得到了空前迅速的发展，渗透到农业领域的各个方面，并正在形成世界范围内新的农业标准体系和农业标准化系统。近年来我国虽作了很大努力，

正迎头赶上，但相比之下，仍有较大差距。

2000 年，时任国务院副总理的温家宝在当年中央农村工作会议上的报告中指出："要加快农产品质量标准体系建设。只有建立起严格的、科学合理的质量标准，才能真正实现农产品的优质优价，也才能促进农产品质量的提高。目前，我国农产品质量标准体系很不完善，一些产品标准不能适应市场需求多样化、产品用途专门化的要求，迫切需要加快制定和修订，并认真贯彻实施。"这既指出了农业发展急需农产品质量标准体系建设的服务，也是对广大农业标准化工作者共同的鞭策。农业标准化是农业科学技术成果转化为农民易于掌握的先进实用技术的桥梁。农产品质量标准体系是实行农产品优质优价、促进农产品质量提高、争创农产品优质品牌的技术依据。构建农业标准体系是推进农业产业化的重要技术基础保障和迫切要求。

1. 农副产品标准体系

粮、油类标准体系包括种子质量等级、检验规程、繁育规程、包装、标志；原粮和油料的质量等级、技术要求、检验规程和方法；流通管理标准，包括包装储存、运输技术要求；粮油精加工、深加工产品技术要求、检验方法；涉及人身安全、卫生、健康的标准和规范；栽培技术规范。

果品蔬菜类标准体系包括种子苗木标准，包括品种、繁育技术、质量等级、检验方法；栽培技术规范；产品与深加工制品的等级、检测方法、检验规范；包装、标志、保鲜、贮藏、运输技术规范；安全卫生要求。

果品标准还有果品品种（早中晚熟、鲜食与加工、深加工）；果园管理；果品采后贮藏设施；果品上市前的商品化处理设施；果品行业信息技术；果品产业规范和标准。

无公害蔬菜标准还有无公害蔬菜生产基地条件，包括土壤质量、空气质量。

畜牧业类标准体系包括畜禽、经济动物品种标准，牧草种子质量等级、检验规程；畜禽产品的分级及检验、冷冻、保鲜、包装、储运标准；兽医医疗器械标准；畜禽饲养环境、卫生防疫标准；饲料标准；畜禽生产设施及工程标准；饲养及管理技术规范。

养猪生产还有猪种选育、猪场管理、商品猪生产规范。

瘦肉型猪：我国主要引进猪有中国杜洛克猪、中国大白猪、中国长白猪等（包括品种的选育、测定、评定、鉴定验收、种猪销售）瘦肉型猪肉质标准（猪种选择、肉质评定）、种猪出场标准。

水产类标准体系包括水产资源保护、利用标准及水产品养殖技术规范；

水产苗种标准，包括品种、质量、规格、分级、记数等；鱼病防治、医药标准；水产品质量、规格、加工、冷冻、保鲜、检验、包装、标志、储存、运输和安全卫生标准；渔具材料的质量、规格、检验标准；渔业船舶和渔业机械及专用仪器标准；

养殖业包括淡水养殖、海水养殖和捕捞业。淡水养殖标准化体系包括种苗；规范；产品。海水养殖标准化体系包括种苗；规范；产品。

捕捞业标准化体系包括水产品保鲜标准化。

林业标准化体系包括：林业种子、苗木等级、检验规程、繁育规程、包装、标志；防护林、用材林、经济林、速生丰产林等的营林造林规程；森林保护标准，包括病虫害防治、森林防火、自然保护区建设等标准；木材加工品及林化产品的质量和配套检验方法；木材及其采伐运输标准，包括木材质量及检验方法、材积计算、采伐运输设计规程、伐区作业安全等标准。

其他农产品（包括茶叶、烟叶、糖料、热带作物产品、食用菌、花卉等）标准化体系包括：种子标准，一是种子（苗木）质量分级及其检验规程（方法），二是包装、标志、贮藏、运输，三是种子加工，四是原（良）种繁育规程；育苗及其栽培技术规范；采摘（采割）技术规范；产品初加工技术规范；产品分等分级标准、经验规则及其检验（评价）规程（方法）；产品包装标志、储存、运输技术要求。

纤维植物种子质量等级、检验方法标准化体系包括：棉、毛、麻、茧等动植物纤维质量等级标准；检验方法和规程；栽培（饲养）技术规范。

2. 支撑和服务农业的标准化体系

（1）饲料方面相关标准：饲料原料质量等级、包装、标志、储存、运输、安全卫生及检验方法；饲料添加剂质量等级、检验方法、安全卫生要求；饲料产品质量、包装、标志、储存、运输、安全卫生及检验方法；饲料加工设备标准。

（2）动植物保护与检疫方面相关标准。

（3）农用化工产品（化肥、农药、农用塑料薄膜、管线等）使用相关标准。

（4）农业机构管理、使用方面相关标准

（5）农田水利与水土保持方面相关标准

（6）农村能源方面相关标准：沼气设施标准、沼气产气工艺及沼气质量标准；太阳能、风力、小水电利用标准；农村节能技术与应用标准。

（7）农业环境保护方面相关标准：荒漠化防治标准，盐碱改良标准，低洼易涝整治标准、河流及湖泊污染治理标准等。

（8）有关土壤方面的标准。为合理施肥、因地制宜种植农作物，应制定土壤样品的采集与制备标准、土壤物理性质分析方法标准、土壤化学性质及常量养分分析方法标准、土壤水溶性盐分分析方法标准、土壤矿物持全量分析方法标准、土壤微量元素和金属元素分析方法标准、改良和保养土壤标准、作物轮作和耕地轮作标准。

目前，我国农业标准体系已初步建立起来。截至2002年年底，制定、修订农业国家标准1911项、行业标准3144项、地方标准5463项。涉及农业方面的基础标准、种植业、畜牧业、水产、林业、饲料、生物肥料、动植物保护与检疫、实验动物、农药合理使用、土壤、水土保持、农业机械化作业、农业林业机械等方面。随着我国市场经济的深入和科学技术的发展，以及加入世界贸易组织，上述标准体系需要不断地补充和完善。

农业标准体系的建立的根本目的是要保证农副产品有效供给和农民收入稳定增长，这也是建立农业标准体系的指导思想，要在如下四个方面建立标准：

一农副产品等级标准；

——种子、苗木、种畜禽、水产种苗等品种和用种质量标准；

——农艺技术规范；

——产品包装、贮藏（冷藏）和运输标准。

## 三、种植业、林业、畜牧业和水产业的标准化

### （一）种植业标准化工作

种植业标准化是指对人类有使用价值的人工培育的植物、野生植物的生产、加工等制定和实施标准的过程。其范围包括粮油、果树、蔬菜、药材、食用菌、可食用野生植物、观赏植物、绿肥、牧草等方面的种子、生产技术和产品的标准化工作。

#### 1. 种植业种子标准化

种植业种子标准化是对其优良品种的种子，包括果实、种苗、种芽、种根、种薯、种块、菌种、砧木、接穗等所有的繁殖材料，实行标准化管理。

种子标准包括：品种标准、种子质量分级标准、原（良）种生产技术规程、包装、贮藏、运输标准、检验方法标准、技术规程标准等。

品种标准是鉴别某一品种真伪的技术依据。品种标准是对优良品种的特征特性作出明确的说明，对它的栽培技术要点作出科学的技术规定。主要内

容应包括：品种名称、来源、典型特征特性、生育期、质量性状、抗逆性能、产量、适应范围、成熟期和种植技术要点等。

种子质量分级标准是鉴定种子质量优劣的依据。主要包括：品种纯度、种子净度、种子发芽率、种子水分和杂草种子等内容。

原（良）种生产技术规程规定了制种、种子繁育技术的要求和方法。它是提高种子繁育质量，防止混杂退化的有效措施。原（良）种生产技术规程因繁殖对象、繁殖方式、授粉方式、繁殖系数、技术要求和外界环境条件不同，而内容不一。

种子检验规程是依据品种标准和种子质量分级标准的规定，对种子检验项目、内容、程序、方法和手段做了统一的技术规定，以使检验达到较高的准确性。

种子检验包括田间检验和室内检验。

田间检验以品种纯度（指品种典型一致的程度）为主，同时检验杂草的程度、病虫感染率、隔离条件及生育情况等。田间检验应在品种典型性表现最明显的时期进行，一般分苗期检验、花期检验、成熟期检验，以花期检验为主。田间检验前，检验员必须掌握被检品种的特征、特性，同时了解种子来源、种子世代、上代纯度、种植面积、前作良种繁育技术等情况。杂交制种要检验其隔离条件，然后计算品种纯度等百分率，填写田间检验结果单。

室内检验的内容，因检验目的不同而异。如收购入库前进行全项目检验，包括种子纯度、净度、发芽率（生活率）、水分、千粒重、容量及病虫害、杂草等项；贮藏期主要检验种子水分和发芽率。检验后按有关规定进行评定和签证。

2. 种植业产品质量标准化

种植业产品质量标准是对种植业产品的质量性能所作的技术规定。它是生产、经营、使用等方面共同遵守的技术准则。种植业产品是有机物质，有的还维持着生命，其质量指标取决于品质性能、外观形态性能、加工技术性能和安全卫生性能四个方面。种植业产品质量性能标准是产品质量分等分级和产品质量检测检验的主要依据。

种植业产品质量性能指标视不同产品而异，如稻谷的出糙率、杂质、水分；色泽气味；玉米的纯粮率、不完善粒、杂质、水分、色泽气味；小麦的容重、不完善粒、杂质、水分；小麦粉的加工精度、杂质、水分。

3. 种植业生产技术规程

种植业生产技术规程是从发挥种植业优良品种的优势性能和增产潜力，

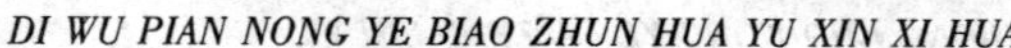

合理利用种植业自然资源为出发点，通过正确选用良种，充分应用现代种植技术，合理调整播种期，科学利用水肥等一系列技术措施进行标准化管理，实现农业高产、优质、高效发展。

种植业生产技术规程的内容，因作物种类不同、品种不同及种植方式不同，所规定的项目和指标就不同。通常包括以下内容：经济技术指标；种子（作物品种与种子质量）；种植设施、设备要求；选地；整地；播种；育苗；定植（移栽）；预防低温冻害；诊断（形态与营养）；病虫、草害防治（农药使用要求）；肥料使用要求；收获、贮藏。

**（二）林业标准化工作**

1. 林业标准化的作用、范围、特点和任务

林业标准化的作用是以林业为对象的标准化活动。林业标准化的作用是保护和合理利用林业资源，扩大森林面积，节约木材，保护环境，维护生态平衡，增加社会效益和经济效益。

林业标准化工作范围包括林业基础工作和通用方法、种子和苗木、造林、森林经营管理、林木、木材、人造板、林产化工、经济及其产品、林业机械等。

林业标准化的特点有以下几点：

——林业生产周期长，增加了林业标准化调查研究、实验验证和标准实施的难度，使林业标准制定、修订周期长。

树木从种子发芽、由幼苗到成树，生产过程需十几年、几十年到上百年。如杨树人工林成材需15年，红松人工林需80年，天然林要100年以上才能成材。同时，林木分布地域广，增加了标准制定周期和难度。

——林业生长区域性强。每个树种生物学特性不同，其生存条件和生长规律也不同，且受自然因素制约。同一树种不同地区种子所形成的林分在生长、林分稳定性和木材品质上均有较大的差异，给林业标准化工作带来了明显区域性特点。

——林业既农又工，是多专业学科领域。林业包括营造林和森林工业，如林木种子、育苗造林、经营、保护等属营林范畴；林产化工如松香、工业糠醛、活性炭、木材生产及采伐运输、加工机械又属于工业。开展林业标准化工作对林业的综合发展，合理调整农村产业结构，推进农业立体开发，繁荣山区经济具有重要作用。

——林业生产社会效益突出、作用长远。林业标准化在促进实现经济效益的同时，更要从发展国民经济、改善生态环境、造福于人类的大局出发，

增加力度。

我国是个少林国家，森林覆盖率仅13.4%。长期以来，由于过量采伐，忽视营造林工作，造成采育失调。由于林业管理水平低，经营粗放，使有限的森林资源遭到不同程度的损坏。所以，加快森林资源培育，加强林业管理，搞好综合利用是林业标准化工作的长期任务。因此，林业标准化工作的重点应该是搞好林木种子苗木，加速植树造林，保护生态环境，科学利用森林，发展木材综合利用，促进产品质量提高。具体任务是：搞好营林标准、木材标准、人造板标准、林产化工产品标准、林业机械标准、森林防火标准、林区道路标准、防治病虫害标准、检疫安全卫生标准等。

2. 林业标准化的内容

营林标准包括林木种子的采集加工检验、苗木培育、造林、森林天然更新、幼林抚育、病虫害防治、抚育采伐、护林防火。我国的营林标准化，要加强对林木种子、苗木、工程造林、主要材林树种，以及主要经济林树种、丰产林、部分用材林树种林的密度和采伐更新、主要阔叶树种优良品系鉴定及推广、土壤分析等标准的制定工作。

（1）林木种子和苗木标准化

林木种子和苗木的质量，直接影响到植树造林的质量制定与实施林木种子、苗木的质量标准，就是使林木种子和苗木达到规定的质量要求才能种植，从而提高植树造林的成活率和保存率，使树木从苗期就有生长发育的良好条件。

林木种子标准化应做好以下三方面工作：

——种子资源管理。包括种子资源调查和建档、资源库、种源试验、种子区划、种源保护等。

——种子经营管理。包括种子采集、加工精选、质量等级、检验方法、检验仪器、贮藏、运输、调拨销售、种子库等。

——良种选育繁殖。包括优树选择和编号登记、采穗圃、表型测定、种子园、母树林、林木引种、良种鉴定、育种程序等。其中，林木种子资源调查，选择优良的林分，进行疏抚育，搞好母树林建设，从母树林选优良单株，营造种子园。需要建立优良单位标准、优良林分标准。

林木种子区划是为了控制造林用种的地理来源而对一定的地域范围的划分。其原因是同一树种不同地区的种子所形成的林分在成活、生长、木材品质和林分稳定性上是有差异的；同一树种内部不同种源在生长和抗逆性上存在着显著的地理变异趋势。林木种子区划是以树种进行划分的。如红松、樟

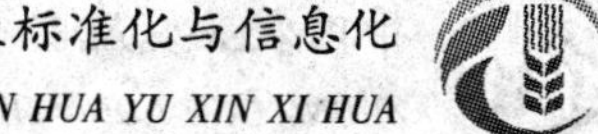

子松、杉木、侧柏等。搞好种区划，有利于合理用种，适地适树，建造优良林分。

林木种子质量标准：林木种子质量状况直接影响苗木质量和造林质量。根据GB7908林木种子国家标准规定：质量等级划分的技术指标，为树种种子的纯度、发芽率、生活力、优良度和含水量。对于生理休眠的种子，由于休眠期长、短期内难以测定其发芽率，则以生活力或优良度表示。种子发芽率或优良度指标与净度等级不属于同一级时，以单项指标低的定等级、林木种子划分三个等级。

林木种子检验方法：根据GB2772林木种子检验规程国家标准主要内容规定，为了保证种子质量、减少损失与浪费，凡是经营和使用种子的单位，在收购、贮藏、调运和播种时须进行种子质量检验。GB2772林木种子检验规程国家标准参照了国际种子检验规程的内容，结合我国的实际情况制定的。其内容包括抽样、净度测定、千粒重测定、发芽率测定、生活力测定、优良度测定、含水量测定，病虫害感染程度测定、X射线测定等。该标准的附录中列出了主要树种种子检验技术规定表。

苗木标准化：苗木是植树造林的基础材料。苗木质量与产量直接影响植树造林的质量和植树造林的进程。苗木标准包括主要造林树种苗木标准、苗木质量检验方法、育苗技术规程、林木容器育苗技术等。

主要造林树种苗木标准以地径、苗高为依据分为三级，Ⅰ、Ⅱ级为合格苗可以出圃，Ⅲ级不能出圃。合格苗应具有发达的根系且具备：苗木通直、色泽正常、针叶树种顶芽发育饱满、充分木质化、无机械损伤、无病虫害等性状。苗木检测方法主要是测地径、苗高、根系长度，并以感观检测苗木外观。育苗技术标准内容包括苗圃的建立、作业设计、土壤管理、施肥、作业方法、播种育苗、营养繁殖、移苗、苗期管理、灾害防除、苗木调查与出圃、苗圃建档等。

（2）造林标准化

我国过去每年造林成活率低，保存率更低，其中原因之一是造林技术标准化工作没有跟上，没有研究和重视造林质量所致。造林方面的标准有：

造林技术标准包括林种和林种的选择、混交林营造、种苗的选用、造林整地等；林种应是多林种相互结合、避免单纯林种占过大范围；林种的选择应达到适地适树；混交林应合理搭配，采用人工造林与封山育林相结合所形成的混交林效果更好；选取优良种源，使用适合当地的良种；造林前必需整地，整地要保持水土。

丰产林标准包括主要用材林树种丰产林和主要经济林树种丰产林。丰产林标准划分了速生丰产林栽培区域，规定了各栽培区域的丰产林指标、丰产林规模、主要技术措施及丰产林的质量管理等内容。

（3）森林经营管理标准化

森林经营管理标准化是科学采伐与更新，适时抚育与保护，使森林资源可持续发展利用。主要标准有森林经营技术、森林抚育与采伐、森林病虫害防治、护林防火等。

（4）林产品标准化

林产品标准主要包括木材、人造板、林产化工产品和经济林产品、竹材等。

木材标准是为了合理化地利用森林资源，节约木材，发展木材综合利用，提高木材加工质量，满足市场需求。木材标准主要有原木（直接用原木、加工用原木）、锯材（针、阔叶树锯材、专用锯材、枕木、车辆材、机台木、罐道木等）。木材质量等级，主要通过树种、尺寸、加工质量、加工公差和木材缺陷等项来确定。

人造板标准包括胶合板、纤维板、刨花板、细木工板、热固性树脂装饰层压板等。

林产化工产品标准包括栲胶、松香、工业糖醛、强化松香施胶剂、木质活性炭、橄榄油、桂胶、合成樟脑等。

经济林产品标准：生漆、紫胶、核桃等。

（5）林业机械标准化

林业机械标准包括营林机械标准、采伐运输机械标准、人造板机械标准等。

营林机械标准有造林整地机、挖坑机、植树机、筑床机、喷灌设备、起苗机、林木种子光照发芽器等标准。

采伐运输机械标准有油锯、弯把锯、集材机、原木索式运输机、绞盘机、集材和装车索道、森林铁路及车辆等标准。

人造板机械标准有砂光机、单板干燥机、浸胶机、胶机、板单热压机等标准。

**（三）畜牧业标准化工作**

畜牧业标准的对象是畜、禽，包括畜禽产品标准化、畜禽品种标准化、饲养标准化、饲料标准化、饲养管理标准化、草原系列标准化、兽医卫生标准化、兽药及动物检疫标准化、饲料加工设备标准化、畜禽棚舍及环境与设

备标准化。

1. 畜禽产品标准化

畜禽产品标准化是围绕畜禽产品的质量等级、加工、检验、包装和贮存等方面开展的标准化工作。畜禽产品主要有肉、奶、蛋、皮、毛（绒）、羽（绒），还有油、肠衣类、鬃类等。

2. 畜禽品种标准化

畜禽品种是指在一定的生态和经济技术条件下，人们根据需要选择、培育、创造的某种饲养畜禽的一种群体。以畜禽品种为对象的标准化活动，从而达到保证畜禽品种质量的目的过程就是畜禽品种标准化。

畜禽品种的质量要素有两个方面：一是经济性，即畜禽品种的个体生产性能。就是说不同品种个体，分别生产的肉、蛋、奶、毛等方面的数量和质量的能力。二是遗传性能。由个体组成的群体应具有相对稳定的遗传性能，即具有相同的血缘，一致的特征特性。畜禽品种标准是评价其某一个体质量的技术依据。以下着重介绍猪、牛、羊、鸡四种畜禽品种标准。

猪的品种标准内容主要包括品种特征特性和良种登记两个方面。特征特性主要规定品种的外貌特征、生长发育、繁殖性能和肥育性能。外貌特征常用体形、体躯和乳房特征表达；生长发育特性常用一定月龄的公猪和母猪的体重与体长表示；繁殖性能常用一定饲养条件下的窝仔数、育成仔数以及一定日龄断奶窝重表示：肥育性能常用一定饲养条件下的日增重、一定体重时的屠宰率、背膘厚、胴体瘦肉和肉质等特性表示。良种等级主要规定在保持品种特性的前提下，不同等级的良种在生长发育性能和繁殖性能方面的响应要求，同时还规定坚定这些性能的时期及方法。

牛的品种标准内容主要规定品种的外貌特征、生产性能和良种等级。外貌特征常用体形、体躯、四肢和乳房特征表述；生产性能分别用产乳和产肉性能表述；产乳性能主要规定一个产乳周期的产乳量，以及乳脂和肉质。良种等级主要规定不同等级的良种在产乳量、体尺（体高、体斜长、胸围、管围）、体重和外貌鉴定评分方面的相应要求，同时还规定了外貌鉴定方法与评分标准。役用牛还规定了挽力等级标准。

羊的品种标准内容主要规定品种的外貌特征、生产性能和良种等级。外貌特征的表达与牛近似，但对于毛的特征要充分表述，如毛的色泽、柔软性、形状、细度、皮毛密度等。生产性能包括产毛、产肉、产奶、毛皮和繁和繁殖等性能。产肉、产奶殖性能的规定与牛相似。产毛性能主要规定育成羊的最低产毛量、净毛率和含脂率等。毛皮性能主要是对少数以产裘皮为主的羊规定的内容，如滩羊，常用皮板质地、厚度、面积、花纹、毛股形状等特征表述。

鸡的品种标准内容主要规定品种的外貌特征及产蛋、育肥等生产性能。外貌特征主要规定体形、羽毛、喙、冠、脚等方面的特征；生产性能主要规定鸡蛋的开产月龄、年产蛋个数、平均蛋重、蛋壳颜色、育肥性能和肉质等。

3. 饲养标准化

饲养标准化的目的是在一定经济技术条件下，科学地确定畜禽生长发育需要营养的种类和数量，并合理地供给畜禽日粮。为此，饲养标准化开展了营养标准、饲料标准和饲养管理标准三个方面的标准化工作。

营养标准科学地确定了营养需要量。它是指不同种类的畜禽，在不同生长发育阶段所需要的营养素的种类和数量。营养标准是依据畜禽营养科学、经反复试验、验证确定的。

4. 饲料标准化

饲料是畜禽产品所需要的营养物质的主要来源。在集约化、现代化的饲养条件下，作为饲料，可利用的物质非常广泛，有植物产品、动物产品、地矿产品等。饲料标准包括配合饲料、混合饲料、浓缩饲料等工业配制饲料的标准，及各种植物性、动物性、矿物质等的原料标准，还包括能保持饲料营养状态、促进畜禽生长发育的物质的质量标准。归纳起来有二个方面：一是供给的主要营养素要求即蛋白质、脂肪、纤维、能量等；二是安全卫生要求即对畜禽产生化学与生物毒素的安全卫生要求。

5. 饲养管理标准化

饲养管理是指根据畜禽的生长发育规律，追求畜禽的更好生长发育效果的一系列活动。这些活动的重点：一是科学供给日粮和确保畜禽卫生防病、防疫；饲养管理标准包括的内容：棚舍的建筑模式和设备、饲料的配制、调制和供给卫生防病防疫要求，还有针对不同用途的畜禽产品和畜禽生长发育的不同阶段进行特殊管理的标准。

6. 草原系列标准化

为了保护草原生态系统平衡，防止草原沙化、碱化、退化，建立人工草场，改良草场，为畜牧业提供充足、优质的牧草，需要建立草原系列标准。包括改造天然草原标准、天然牧场合理利用与保护标准、人工草场及电围栏标准、草原评价标准、饲养贮存标准、牧草种子标准等。

7. 兽医卫生标准化

兽医卫生标准包括兽药及动物检疫标准、消毒规程、畜禽生理生化检测标准。还有饲料加工设备标准、专用养殖机械标准，如养鸡、养猪、养羊、养牛等机械设备标准。

**（四）水产业标准化工作**

水产业为人类提供鱼、虾、肉、藻等水产品。水产业包括海洋捕捞和海水、淡水养殖，渔具材料，渔船、渔机、渔用仪器仪表，渔港、渔业基地设施等。水产业标准化就是围绕上述内容进行的标准化工作。

1. 水产品标准化

水产业主要产品是食品，它含有丰富的蛋白质、多种维生素和微量元素。目前我国水产产品的年产量已超过1800万吨，占世界总产量的1/5左右。

水产品具有易腐败变质的特点，因此水产品的保鲜加工是首要问题，水产品标准化工作就是围绕保鲜加工进行的。

鲜活水产品标准内容主要包括感官指标、理化指标、卫生指标和规格等级；冷冻冷藏水产品在保鲜的基础上还需要有冷冻冷藏工艺规范和包装运输技术要求。水产品加工也是在保鲜的基础上进行的，有盐渍、干制、烤制、熏制等方法。水产品加工制品其标准内容有外观、色泽等感观指标、细菌等卫生指标和质量等级。

2. 苗种标准化

苗种标准是海水、淡水养殖的基础。苗种质量直接影响到养殖产品的质量和产量。苗种标准有亲代质量标准、亲代培养技术要求、催产技术要求和商品苗种质量标准。

亲代质量标准指的是繁殖苗种用的亲鱼、亲虾、亲贝标准。亲代质量标准要求来源明确、生物学特征突出、体质健康、繁殖性能好。目前我国已发布了青鱼、草鱼、鲢鱼、鳙鱼、团头鲂、对虾等亲鱼、新虾质量标准。

亲代培养技术要求和催产技术要求：亲代培养技术要求因品种而异，需要对培育池、亲代放养、饵料投放或施肥、水质调节、疾病检查与防治等方面随品种、季节、地区不同而提出不同要求。催产技术规定了催产环境（季节、水温等）、催产的手段和方法、受精技术条件等。

苗种质量标准内容：有术语、外观质量、可数可量指标（如畸形率、带病率、损伤率、体长、体重、检验方法等）。目前我国已发布了青鱼、草鱼、鲢鱼、鳙鱼、团头鲂、对虾等养殖品种、商品苗种质量标准。

3. 养殖标准化

水产养殖标准化包括营养、饲料、养殖规格规范三个方面标准内容。饲料标准包括主要营养素和安全卫生。水产饲料在物理性状的一个特点是水中的稳定性。稳定性不好，不仅饲料利用率降低，而且还会污染水体，降低水质。养殖规范是根据海水、淡水养殖生物的生长发育规律制定的技术标准，用以指导水产养殖工作。养殖规范的内容有苗种、饲料、病害防治、养殖管理（水质调节、越冬管理、日常观察护理等）。

总之，必须把整个农业标准化活动的全过程作为一个系统来研究。农业标准化系统是一个复杂的人造开放系统，如何建立和管理农业标准化系统，研究构成这个系统的若干子系统，分析子系统之间、子系统与总体系统以及农业标准化系统与农业经济大环境之间的辩证关系，使它们协调稳定运行，以求最佳效果，这便是农业标准化系统工程研究的内容。

农业标准化基础工作是系统管理的前期工程，农业标准化系统是在农业标准化管理的基础上，又运用了控制论和信息论等现代管理理论、电子计算机技术及逻辑思想程序等，它是更为先进的现代化技术手段。

**（五）农业标准体系表**

农业标准体系表是将一定范围内的农业标准按其内在联系而形成的科学有机整体，以图表的形式按层次排列的框架，最下一层的单个农业标准集合按综合重要程度排列的多栏目的农业标准明细表则是内容部分。上述两者的结合构成完整的农业标准体系表。

1. 农业标准体系表性能

农业标准体系表性能主要体现为：

——效益性。设计各种各样的农业标准体系表的主要目的就是获取最佳效益。因而，效益性是任何农业标准体系表的主要性能之一。农业标准体系表的全体效益要大于单个农业标准效益相加的总和，从追求单一农业标准效益到追求农业标准体系的整体效益是农业标准化工作的巨大进步。追求农业标准体系的整体效益的大小是衡量农业标准化水平的重要尺度。

——范围性（包容性）。农业标准体系表范围的大小（国际、区域、国家、行业、地方、企业）决定农业标准体系的大小。

——整体性。单个农产品标准为主可以组成一个最小的农业标准体系表。要注意正确处理局部与全部的关系，站在整体高度，不断优化和完善农业标准体系表这个整体。

——集合性。单个农业标准是自由的最小的基本要素（单元）。单个农业标准之间只要有内在联系就可集合到农业标准体系表中去。每一个农业标准只能在同一个农业标准体系表中占据一个位置，同一个农业标准可在不同的农业标准体系表中占有其位置。农业标准子体系和农业标准分体系可视为农业标准总体系的要素。

——可分解性。农业标准体系是可分解的，一个大范围的农业标准体系表可分解为若干较小范围的农业标准体系表。农业标准体系表分解后，失去原有的整体性能，只具有其分解状态下各组分本身的特性。

——内在联系客观性。农业标准是为获取效益而对农业领域内复杂性事物和概念所做的统一规定。“事”、“物”和“概念”三者中，“物”是为主的，一般属于产品标准；“事”围绕“物”而动，一般属于技术标准和管理标准；“概念”是从“事”和“物”中产生的通用技术语言，一般属于术语、代号、符号、标志等基础标准。农业基础标准和通用方法标准各有其共性联系，宜自成完整的体系。这两类农业标准的最大特点适用范围广，通用性好，基础性强，是农业标准体系中最重要的标准，优先抓好这些农业标准是农业标准化工作成熟的表现。一定范围内的农业标准体系之间均存在着内在联系。如图5－4所示。

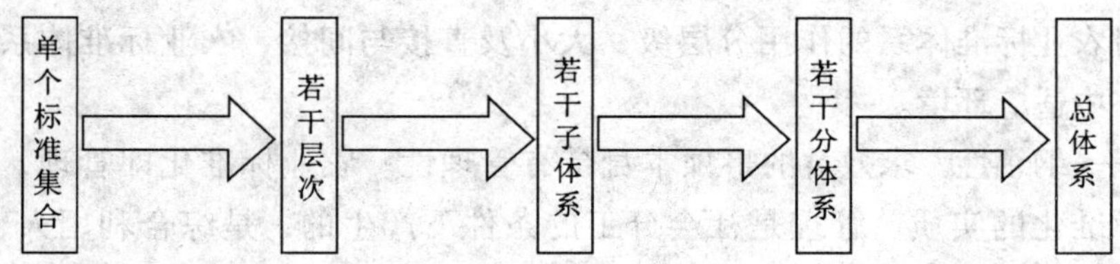


图5－4　农业标准体系的内在联系

——层次性。层次性是农业标准体系表的一个很重要的性能。层次是指标准体系结构的层次性。将农业标准体系表从上至下或从左到右按共性的大小划分的等级，将大共性划分成若干小共性，将小共性划分成更小共性，逐级划分，直至不需再向下划分为止，最下一层为单个农业标准的集合，即为农业标准明细表。

——相关性。农业标准体系的整体性质和功能是由彼此相关的各分体系、子体系、层次和单个农业标准分工合作而获取的。分析方法标准可作为产品标准中的一个组成部分。

——协调性。广义的协调是指农业标准体系与外部环境之间的协调。狭义的协调是指农业标准体系内部的协调。协调一定要围绕既定目标进行，协调的宗旨是使农业标准体系各层级之间密切配合消除矛盾，不断优化和完善，使之成为一个有机整体。

——多功能性。农业标准体系表是一项复杂的综合性系统工程。其功能较多，除了获取最佳效益外，还是一定范围内农业标准化工作的总体蓝图，也是按轻、重、缓、急立项制定、修订农业标准的依据。建立农业标准体系表，有利于提高农业标准化整体水平，可便捷地综观农业标准体系有机整体的全貌。农业标准明细表可按设计者的要求而赋予某些功能和提供较多信息，如农业标准水平、国内外相应农业标准目录、品种、规格、等级、原产地域等。农业标准体系表的功能、信息量愈多，其价值愈大。农业标准体系必须优化结构。实现一种功能可能有多种结构，一种优化结构可以产生多种功能。

——可扩性（开放性）。农业标准体系是一个开放的发展的有机整体。农业标准体系及其分体系、子体系、层级均应留有扩展的余地。扩而不乱，展而不散，才能构成有机整体。

——动态性。动态性包括农业标准体系内部的互动和农业标准体系与外部环境的互动。农业标准体系内部要经常制定新标准，特殊情况下还要制定超前标准，修订老标准，废止少数标准。

对于一个农业企业而言，地理位置、水源、能源、生产资料、生产设备、市场需求、成员素质和国家有关法律、法规都可影响农业标准体系的变化。环境对农业标准体系的作用分层级、大小及直接与间接，农业标准体系必须在动态中适应环境。

——纲领性。求效益的事项本身带有管理性。农业标准化即管理，这是农业标准化的实质。管理是社会分工的条件下产生的，是综合利用人、财、物、信息、时间等条件来实现特定目标的社会活动。农业标准化管理系全部涉及效益的全面管理，是需要制定农业标准的管理，是农业科学管理的核心和纲目。

——时空性。农业标准化范围愈大，所占的空间愈大，制定、修订该标准的难度一般较大，制定、修订的时间也较长；反之也是。农业标准体系是单个农业标准的有机集合，必然占有更大的空间和时间，且随层级、子体系、分体系和总体系而逐渐增大。

2. 农业标准体系表编制原则

全面成套原则应充分反映农业标准化领域中应该协调统一的各类、各项标准，应符合农业发展规划和计划的客观需要，标准齐全，成龙配套。

层次恰当原则是指依据各项标准的适用范围，恰当地将每项标准安排在不同的层次上，层次结构简化合理，并能揭示农业生产实施的各类标准之间的内在联系。

划分准确原则是指依据每项标准的特性或特点，科学地划分其标准类别。同一项标准不能列入两个以上的标准类别。

科学先进原则是指农业标准体系表中的已有标准均应现行有效，并能有

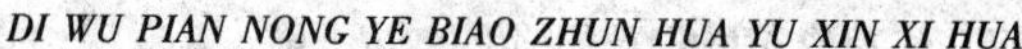

效地促进农业生产部门和企业生产技术和管理水平的提高。所有标准符合农业发展规划和计划的要求，从而起到指导农业标准化工作的作用。

简便易懂原则就是为便于理解和执行，农业标准体系表的表述形式应简便明了，表述内容应通俗易懂。

实用有效原则就是农业标准体系表应符合农业实际情况，具有行业特点，同时行之有效，能获取较为显著的农业标准化效益。

编制农业标准体系表是为了加强对农业标准工作的计划管理，对农业领域内的标准进行总体规划。从某种意义上说，它是把农业标准按标准化管理层次进行分类汇总。因此，农业标准体系表的编制原则，在于追求一定范围内标准的完整性。为了尽快适应蔬菜产销体制改革发展变化的新情况，应该着手对原来的蔬菜商品标准体系的结构、内容进行必要的调整和完善，使之形成一个层次恰当、功能配套、协调统一、科学先进、充分考虑国情并向国际水平靠近，能适应蔬菜产销发展，灵活快速反映国内外市场需求的标准体系，并在此基础上进一步补充和编制蔬菜标准体系表。

从农业标准化管理，特别是加强农业标准化计划工作来说，农业标准体系表的编制是一项重要的基础性工作，也是农业标准化计划工作的重要手段，它为实现管理决策提供一定的依据。但是，农业标准体系表并不能保证相关农业标准之间内在协调关系，不产生总体效果，因而无法保证解决整体是否最佳的问题。

3. 农业标准体系表的编制内容和要求

农业标准明细表应以农业标准体系结构图中排列的标准类别为序，依次编制。栏目应充分反映标准号、标准名称、标准依据及采用标准程度等信息。

农业标准汇总表是依据不同的农业标准化管理目的和需要设计、编制不同内容、格式的农业标准汇总表。

编制说明为农业标准体系表主要依据 GB/T13016—91《标准体系表编制原则和要求》的规定进行编制。它是农业领域内的标准按其内在联系形成的科学有机整体，是农业标准化的一项基础性的科研工作。

农业标准体系表的编制说明应简明扼要，主要说明：农业生产经营内容与特点；各层级农业行业标准体系表状况；农业标准体系表的基本结构介绍，标准水平分析及一些必要的内容解释；农业标准体系表的编制依据及有关参考资料等。

农业标准体系表明编制农业标准制定、修订规划和计划的依据之一，是促进农业标准化工作范围内农业标准组成达到科学化、合理化的基础，是一个地区包括现有、应有和预计发展的农业标准的全面蓝图。因此，农业标准体系表的结构存在于空间和时间之中，包含空间结构和时间结构两个方面，而不是按产品过程、服务或管理的特点来划分，也不应将农业标准体系表编成产品、过程、服务或管理的分类表。

## 第三节　农业标准化体系结构与要素

谈农业标准化体系，首先应当与农业标准体系相区别，同时应当明确什么是“体系”。关于体系，是指若干事物相互联系而构成的一个整体。这里的若干事物，在农业标准化体系中，就是指那些构成农业标准化体系的基本单位和要素，如农业标准体系、农业标准实施管理体系、农业标准化保障体系等。农业标准化体系是为实现农业劳动过程以最优、最佳状态和最大效益保障，所规划设计的农业标准化体系单元与要素的集成或超集成的实施蓝图，其表面静态，层次分明；其内部互动，有机联系。它成为农业标准化落实的前提和目标依据。

### 一、农业标准化体系结构

农业标准化体系是一个分层、有界的有机复杂系统，它与经济集团的体系结构及集团间的联系是相关联的，也与社会集团的组成与联系相关联。如一个区域联合体的农业标准化体系、一个国家的农业标准化体系、一个农业经济实体中的农业标准化体系，甚至在我国，一个农户经营下的农业标准化体系等。这个农业标准化体系，无论其处在宏观还是在微观（农户）层面上，均有相似的内部结构，因为其功能是相似的。农业标准化体系还携带着浓厚的团体文化味道，这在实施与管理中是需要注意和培养的。

#### （一）农业标准化体系结构特点

1. 系统性　从以上农业标准化体系的介绍就可看得出来。农业标准化体系结构的系统性是由农业标准化自身性质所决定的，由于过程的“简化、统一、协调、优化”的要求，使实施农业标准的任何程序与内容必须从其宏观组成到微观结合方面以系统性为优先，否则，全方位“最佳、最优”的目的就无法实现。因为，只有体现出真正的系统性来，才能在过程最佳的前提下最大限度地利用系统性之上的“涌现”而增效，才能轻松取得比原设计更大

的效益。这一点与农业标准化的本意是十分吻合的。农业标准化体系结构的系统性还表现在体系内结构各要素的相互联系、相互影响和相互利用方面，无论我们取农业标准化体系结构中的任何一个相对独立的亚体系或者要素出来，都会发现其与周围其他亚体系或者要素有着不可分割的互动、互应性的联系，任何一个要素的变化和动作，都需要相关要素的配合，而且要求其以正效性的一面进行合作。

2. 层次性　农业标准化体系结构的层次性，从各个方面体现出来。其以从事农业产业的社会化集团层次性结构而表现，如从国际联合组织的农业推动到一个国家、层次化行政区划，直至最小经营单位的农户；其以一个农业产业集团的内部经营与管理的层次化划分而体现，如生产资料管理、生产部门、服务部门、质量管理、产品管理，直至市场运作等；也以某一分工下的子系统结构体现出来，如生产过程的时令性、生长发育的阶段性、阶段管理的顺序性等。

3. 互应性　从农业标准化体系结构的系统性和层次性明显看得出来，体系内的子体系、各要素，因体系结构的要求而各占各位，各职其事。当体系处于一种暂时静态时，各要素之间保持一种平衡和静稳定；当体系启动或者正在运行、实施中时，体系内各子体系、各要素就会以完成各自任务的同时对周围其他子体系和要素给出协作，以达到相互间协调、内部协调的目的，最终完成合作的最佳。否则，这个体系就可能被修改、被变动，体系内某一子体系或者要素会发生改变甚至被取缔。因为，组建之前和组建之后的这一农业标准化体系结构所要求的功能实现，必须在全架构、全程中表现最优，必须使子系统、各要素内及其之间有非常好的配合性和互应性。如果不是这样，农业标准化的要求，就会有主动修改、重新优化，甚至结构调整的措施发生。

4. 效应性　这是农业标准化体系结构体现在系统学科上的一个重要特性，也是真正的独立化系统在运作时对外所表现出来的本系统没有的东西，称系统效应。这是所有能够构成系统，且以最优状态运行的独立结构体必然显现的性质。真正科学的农业标准化体系结构，在运作时必须体现出这种特性。非常有意思的是，农业标准化结构体系的工作过程及结果，在这一方面的表现尤其突出。因为农业标准化所追求的目标中，最希望的是这种结果的出现。所以，农业标准化体系结构的建立过程就已经深深植入和摆布了大量这种发生信息与基础。

一个农业标准化体系，在执行中不会或者没有表现出其系统之上的效应来，说明这个体系结构和最初的设计与建设是有问题的，是不符合农业标准化基本要求的，是一个无用的农业标准化结构体系，至少是一个不完善的体系系统。

特定的农业标准化体系结构，与特定的农业标准化目的密切相关。因此，在具体的结构建立方面，因目标的不同使结构有所差别，这是每一个农业标准化体系结构的特质性或者差异性。

**（二）农业标准化体系结构的构建条件**

构建农业标准化体系结构要有明确的功能实现的目的性。在明确的目的性前提下，需要针对实现区域的综合判断，要满足如下条件来进行：

1. 生态许可性和生态优质条件利用　由于农业的环境依赖性特点，在某一区域实施明确的农业标准化，就必须考虑实施区域的生态许可性，且尽量达到高的生态符合性。如果是生态许可，我们就可能利用科学、技术成果和当地农业经验对实施区环境加以有度的改造，使其符合生产要求；如果处在最高的生态符合性上，则在经济发展中，无形成本会特别低，如果生产过程低成本，还会以原产地保护和品牌的认证，取得较大的无形的利润空间。

2. 产品的市场性和销售成本降低　良好、优厚的生态条件确定，奠定了农业标准化成功的自然基础，但还缺乏农业标准化成功的市场基础。不考虑这一点，“效果最好（效益最大）”的农业标准化目标就难以实现。因此，在确定适合某一区域的农业标准化体系结构时，需要综合考虑市场的过去、现在和未来发展态势，在进行方向性预测之后，确定本区域农业标准化体系结构中的产品要素与产品档次，依此，进一步设定生产过程水平，以及围绕生产过程的一切保障和管理措施，从而再进行系统调整、风险分析的定性活动，保证在此结构规定下的产品销售成本最低。

3. 科学成果、技术成果利用与农业经验集成　前已述及，农业标准化体系结构的落实，除了满足其所需要的自然基础和经济基础外，社会基础也是农业标准化能否成功的另一个关键。我国是农业古国，农耕文化统治了国家文化体系，发展农业长达万年历史，农业标准化的自然基础和经济基础早就满足，却没有农业标准化的社会基础，使国家在近15年来才进行推行，也使农业标准化在中国土地上成为刚刚起步、幼期发育的一个学科和实践体系。农业方面的科学成果、技术成果已经不少，农耕文化引导下的农业经验，在我国已经是深厚而丰富的。然而，由于农业标准化的意识没有建立，农业标准化的社会氛围没有形成，使大量农业科学成果、技术成果和农业经验以裸露的躯体暴露在公众面前，以不计成本的方式艰难地应用在农业一线，以古老的方式展现自身的价值。当满足了这种社会氛围时，农业科学成果、技术成果和农业经验的组合、集成、超集成及大规模集成过程又遇到了困难，原因是，我们此前没有相关方面的经验积累和支撑依据，不得不以最初的水平进行学习、摸索和发展。当前，在推进农业标准化时，需要大量农业标准的出台，而制定农业标准的基本依据是需要将农业科学成果、技术成果和农业经验站在标准制定的角度加以研究和升华，进行集成和取真，这成为我们推进农业标准化的最基本难题之一。

4. 产业过程组织与管理的体制机制保障　由于农业标准化体系结构的社会化联系，在产业组织和生产过程中，制度的有效性与管理有效性以及推动事业发展的有效机制，就成为农业标准化体系结构中的重要内容和支撑条件。翻过来，该体系又为社会农业经济的发展起了良好的支撑和服务作用。在农业标准化体系结构落实的运作中，完全是由具备各种能力的各类人群来支配的，这就表明了体系的管理性与组织机制的作用发挥有多么的重要了。因此，对体系结构的时空摆放、相关人群的安排布局以及这些人群的组织管理所需体制与机制的保障，就成为该体系结构落实的重要环节。在我国农业发展中，当前农业转变的主要形式是，从小农经济到市场经济，从分户经营到大农业经营，从分散操作到统一尺度，这每一个环节、每一个过程，所包含的组织管理问题、理念转变问题以及思想解放问题等均成为组织管理的重要对象，特别是保障组织管理正确运行的体制机制问题，都需要从新的角度、现代的水平上去研究、组织和体现。

5. 系统氛围架构与相关文化培养　农业是一个持续的、永恒的人类社会发展产业。农业与环境、农业与社会以及农业与政治的关系十分密切，农业是在复杂的巨大系统中进行，农业的自然系统性和社会复杂性是众所周知的，农业发展的根本属性在于自身的规律性与社会需要的符合性相结合。由此可见，农业体系必然有自身的要求和相关文化体系的形成，农业标准化体系结构中，系统的氛围和相关文化体系就成为这种体系结构中不可缺少的要素了。因此，在建成和推动农业标准化体系结构的时候，主观有意创造用于促进结构形成的系统氛围，建立适应的相关文化体系，对农业标准化体系结构的完善、升级和落实有着意想不到的好处，也会产生意想不到的效果。如由于长期小农作用的结果，国人对于标准化的概念十分淡漠，即使有，也是从工业那里零碎得到了一些知识，当转入和面对农业标准化时，人们根本不会相信：农业还能标准化？这样一个复杂而琢磨不定的生产系统，标准化是不可能的。从而，思想上的怀疑、行为上的迷惘和执行上的无助，形成了眼前“无所适从”的背景，行动上不知如何做起的境地。总体来讲，中国农业历史虽然久远持续，却没有形成像农业标准化这样的文化氛围和思想体系。国人对农业标准化十分生疏，而经济发达的国家，人们对标准化的理念与应用则早已成为行为中的自觉成分。

**（三）农业标准化体系结构内容**

由以上两点的讨论，我们得知了农业标准化体系结构的特点与架构的支撑条件，同时，明白了农业标准化体系结构的整体性与有机性。在农业标准化体系结构的内容方面，由于体系的复杂性与多面性，还受本书的应用性及篇幅限制，这里只能从宏观角度，以要素方式提出其内容的主要点。大体讲，农业标准化体系结构内容的主要点有：

农业标准化体系结构建设的意识定位

农业环境的有效性保障（1SO14001）

产品目标市场的定位

农业标准化体系结构的目标规划

农业生产过程的标准体系（GAP）

生产、加工的组织管理（1SO 9001）与机制

农产品、产地的认证认可（有机、绿色、无公害；品牌和原产地保护等）

农产品加工过程的有效纠偏（GMP、HACCP）

过程与产品的质量、安全性（1SO 22000）标准保障

标准应用的监督与有效控制

农产品的包装与商标标准化规定

农产品存贮与物流的标准体系

记录的管理与溯源体系的建设

农业标准化体系结构中的文化塑造

通过以上 14 个方面的内容的有效组合与系统集成，在满足生态要求和市场需要的前提下，就构成了一个农业标准化体系结构的有效形式与内在内容。

## 二、农业标准化体系要素与功能

实际上，从上述讨论过程中，我们可明确地看出农业标准化体系中的要素与功能。在这里，我们从另一个侧面再提炼和总结一下其中的关键要素和基本功能。

归纳起来，在我国，农业标准化体系的关键要素应当有 6 个：

1. 农业标准化的自觉、自愿意识　事实表明，推进农业标准化，人们的

观念和意识起了很大的决定作用，在推行的开始尤其如此。前已述及，在小农背景下已经推行了几千年的中国农业格局，生产经营中的“大概”、“经验教训的利用”成为相当长的时期内我国农业进步和发展的支撑基础，农业与市场保持着长期稳定的远离状态。其结果，使人们在思想上根本就没有标准化这一概念，思想中也就没有农业标准化的意识了。所以说，当国际早就进入了全程正常秩序下的农业标准化过程时，我国在这方面还没有做这样的梦。即使已经加入 WTO（2001），且作为 WTO 成员近 7 年（2007 年初），中国人中的大多数仍然在发问：农业还能标准化？可见思想意识的落后和对农业标准化的阻碍，这种情况迄今仍然在制约着许多地方的农业标准化发展。所以，在中国，推行农业标准化，必须将改变人们的观念意识、引导人们将农业标准化的行为变成一种自愿、自觉行为，是我们真正落实农业标准化的关键。这种自觉、自愿的农业标准化意识，会在农业标准化进程中起到持续而特效的积累性正向推动作用，这正如人（本来就是一个相对独立性的复杂运行系统）这个在农业标准化中起关键作用的特殊系统，在农业标准化的推动中，从认识和意识角度明确而有方向后，将产生出系统“综合效应”，成为农业标准化体系结构中持续正向性的动力加速器，将农业标准化的推动变成自发性过程。

2. 特定目标确认下的农业标准化区域/范围　农业标准化的范围虽然分全球性、区域性、全国性、地区性和利益集团性，因农业标准化的本意使然，重要的和直接的是农业标准化应用在具体的、有目标的农业过程，以获得最大效果。所以，农业标准化的具体落实，前提应当有特定的、具体的生态地域和数量化的空间（如土地面积、加工场地大小等）保障。同时，认定某一种或者少数几种生物为特定区域的生产加工的对象。由于农业标准化的核心要求，农业过程应以“简化、优化、协调、一致”为宗旨，那么特定范围内的农业标准化工作就必须在明确的目标下进行，才会做到真正的有的放矢。所以，特定目标确认下的农业标准化区域/范围的确定，就给特定农业标准化划定了界限和目标、方向与任务，就将农业标准化真正地落实了，这是一个不能忽视的农业标准化结构中的关键要素。

3. 相关农业标准体系与管理制度的建设　推行农业标准化，建设农业标准化体系结构，核心的内容之一就是在特定目标要求下的农业标准体系的产生和定位。这种农业标准体系，也是由多个亚体系构成和相互链接的，展现在我们面前的是一种大体系中的亚体系的有机组合，这是农业标准化落实的基本要素。有了农业标准体系，在落实时，更需要相关的管理制度的促进，特别是人事制度的有效性与贯穿。还需要基本的资料（生产资料、信息资料）支撑，而运行和使用这些资料，仍然需要管理制度的建设。所以，农业标准体系和相关的管理制度建设，成为农业标准化体系落实的动力源，二者处于某种共轭关系状态下，显然，这一点也是农业标准化体系中的要素之一。特别在标准实用性推动时，对农户、农业合作社以及与系统没有直接责任关系的人员（但他们被邀请加入了实施队伍）必须采取“利益驱动、奖励需求”的运行机制加以促进。

4. 过程监督管理的措施与体制机制的实现　农业标准化体系的内部要素已经清楚。要保障这一体系的顺畅、有力落实，外部的监督与促进要素也必不可少。在农业标准化中，内部运行，可按照 GAP、HACCP 等思想原理进行，而运行的质量保障和标准化可靠性程度，就需要从技术监督、过程纠偏和质量检验等方面来保证，农产品的质量安全，也是由这一关键来保证的。要完成这些保障，实施的措施、建立的制度和制度运行的机制等均要产生，并且必须符合农业标准化的本质要求和系统迎合。农业标准化过程监督管理的措施与体制机制的实现，核心仍然需要反映“利益驱动、奖励需求”的运行机制。

5. 公认机构的认证认可　要实现农业标准化的真正目的，农业标准化的结果产品就必须依照市场规则，走向市场和接受市场的检验。为了生产者利益的最大化和生产集团的利益最大化，一个经济组织（如欧盟）、一个国家，甚至一个具体的利益集团，为了减少成本，可利用自身的知名度和社会信任度，以最大公认机构（不一定是选出的，如一个国家的政府对另外国家的信任影响）为核心的身份，对自己的甚至相关的产品、产地进行认证和认可。由于这种认证认可，使特定范围内形成的一定技术、经验和文化积累的凝固，集中在被认定的产品上（如品牌认定、原产地保护认证、非物质文化的利用等），这种认定后的结果，可利用无形资源的力量（如公认机构），以十分简单的方式发布信息，便可完成对消费者心理的接受和消费行为的产生。甚至这种认定，以无形资产的注入，产生价格的明显上升，进而取得了产品的最大效益价值，完成了农业标准化要求的基本目标。可见，这一功能，不能不作为农业标准化过程的关键因素来对待。

6. 生产到销售中的档案记录与溯源体系　农业标准化，一个最为显著的特征就是对过程的任何痕迹应当做出详细记录。这种记录，是降低下一过程循环成本和产业发展过程中成本能够持续下降的基本依据，是农业标准推行人员与标准执行的操作者之间、标准化管理人员与其下属之间沟通和商议工

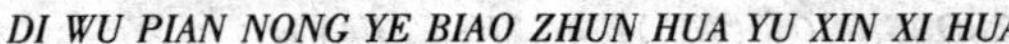

作的核心平台，是展现给消费者对本单位生产的产品以最大信任水平消费的唯一保障。有了详细的过程记录，建立了有效可查的记录档案，就能够建立顺畅可信的农产品质量安全溯源体系，建立完整而可靠的溯源制度，进而能够向世人、消费者对自己的产品以最完美的交代，换取交易上更多的潜在的和无形的资本。由生产到销售的一切档案记录与溯源体系的完整建立和运行，是本集团利益产品展示与宣传的最有力平台，是换取长期市场认可的基本依据，是农业标准化结果的社会认可之重要渠道，是农业标准化体系中重要的关键性要素之一。

## 三、农业中农业标准化的体系体现与核心

在我国，自新中国成立后，国家对农业的重视程度有目共睹，虽然沿用了历史性的农业纳税收费政策（到本世纪初才得以取消），但进行的全民性的农业科学试验、上下一致的专业技术推广以及改革开放后启动的各种农业科技承包、科技人员下乡服务和农业科技推广的四级网络加强等，对农业科技的推动起到了十分积极的作用。因此，“农业科技推广”这个名词成为全国家喻户晓、人人皆知的农业科技进步的象征和内容。

在中国人心里已经形成的、几乎是根深蒂固的农业内容与景观，以及农业科技的概念与影响，也几乎覆盖了人们对农业思维的全部。那么，在这样的农业格局和范畴中，农业标准化和体系体现就显得有些困难了。因为，综合分析和研究得出，农业标准化是现代农业中的有形条件下的骨架体系，具有强力而全面的效益支撑作用；同时，农业标准化在现代农业体系中成为无形情形下的“神经网络”系统，对农业体系的全部起着直接的指挥和协调作用。农业标准化体系的核心，是高质量的农业标准，以及这些标准按照一定要求所构成的农业标准体系。

# 第三章　中国农业标准化的形势与任务

农业标准化是农业和农村经济重要的基础性工作，直接关系到实现农业的市场化、产业化、集约化、现代化，具有重要意义。但是，随着农业市场化进程的不断加快，农业标准化工作面临着一些新的形势与任务，亟待我们统一思想，更新观念，加强学习，提高认识，开拓创新，付诸行动，积极踏实地推进农业标准化的进程。

## 第一节　农业标准化面临的形势与任务

加快农业和农村经济结构调整，大力发展产业化，发展优质专用农产品，全面提高农产品质量安全，千方百计增加农民收入是当前农业和农村经济的中心工作，也是农业标准化工作面临的新形势与新任务。

农业和农村经济结构调整，是在新的历史条件下进行的一次重大的战略性调整。农业和农村经济结构调整不是单纯的农产品数量的增减，而是稳定总量，保障供给，全面优化农产品品种和质量；不是局部地区的封闭式调整，而是发挥比较优势，优化农业的区域布局；不是原有生产能力的简单扩张，而是以先进科学技术改造传统农业，努力提高农业的劳动生产力和土地产出率；不是单纯调整农业的产业结构，而是在发展生产的基础上，大力发展农产品加工业，发展二三产业，促进城乡经济社会协调发展。今后一个时期农业和农村经济结构调整的目标是：通过农业区域布局调整，优化资源配置，发挥各地的比较优势；通过农产品结构调整，全面提高农产品质量和安全水平，加快我国农产品的优质化、专用化；通过农村产业结构调整，加快发展农产品加工业，大幅度提高农产品的附加值；通过农村就业结构调整，加快转移农村劳动力，拓宽农民增收渠道。达到这个阶段性目标，我国的农业发展将提高到一个新的水平，农民收入将保持持续稳定增长，整个农村经济将出现一个新的发展。因此，当前农业和农村经济的战略性结构调整，是农业发展过程中的一次深刻变革，是农业结构、农业科技与农村经济管理水平的全面升级，是关系到农民、农业和农村经济长远发展，关系到国民经济全局的重大部署。

## 一、调整经济结构与增加农民收入

调整农业和农村经济结构，千方百计增加农民收入是当前农业的主要任务。

1. 优化资源配置，发挥比较优势

通过农业区域布局的调整，优化资源配置，发挥各地的比较优势。从大的区域布局上对农业生产进行调整，是农业结构战略性调整的重要方面。东部地区和大中城市郊区发展高科技农业、高价值农产品和出口创汇农业，沿海地区率先基本实现农业现代化。这些地区经济比较发达，农业和农村经济结构调整的潜力较大，积极参与国际竞争，努力扩大我国农产品在国际市场中的份额。中部地区发挥粮食生产优势，优化粮食品种和品质结构，发展加工转化和产业化经营，把粮食产业做优做强。西部地区加大退耕还林、还草的步伐，发展特色农业、生态农业和节水农业。把广种薄收的农田和山坡地退出来，封山育林，植树种草。不仅改善生态环境，还可以发挥生物资源和气候资源多样性的优势，发展畜牧业和林果业，使当地经济加快进入良性循环，为粮食主产区腾出市场空间，还可以通过以粮代赈方式，直接增加农民收入。

2. 提高质量安全水平，加快优质化、专用化

通过农产品结构调整，全面提高农产品质量和安全水平，加快农产品的优质化和专用化。这是提高农业素质和效益的关键，也是适应国内需求变化和国际市场竞争的要求。要建立科学完善的农产品质量标准体系，逐步改变农产品无标生产、无标上市、无标流通的状态，尽快做到与国际标准接轨。要十分重视农产品的安全卫生，改变单纯依靠多施化肥、多施农药提高产量的做法，切实解决目前普遍存在的农畜产品疫病较多、农药化肥残留较高等问题。加入世界贸易组织大大拓宽了我国农产品出口的空间，但是出口的最大障碍还是农产品质量尤其是安全卫生标准不符合国际市场的要求。必须狠

抓优化品种，提高质量，确保安全，才能增强我国农产品的竞争力。

3. 发展加工业，提高附加值

通过农村产业结构调整，加快发展农产品加工业，大幅度提高农产品的附加值。

这是结构调整的主攻方向。随着人们收入的提高，食物消费占收入的比重是不断下降的。单纯依靠扩大人们对初级农产品的消费来增加农民收入，潜力是相当有限的。必须发展农产品精深加工，提高农产品的附加值，开拓食品市场，创造新的需求。今后，乡镇企业重点是发展农产品加工业，适应市场的不同需求，提高农产品质量和档次。农产品加工企业既要面向城市市场，又要发展各种生产地方风味和特色的传统产业和作坊。这些企业分布面广，能够带动就业，促进农民增收，应当支持发展。

4. 转移劳动力，拓宽增收渠道

通过农村就业结构调整，加快转移农村劳动力，拓宽农民增收渠道。提高中国的现代化水平，解决农民的就业和增加农民收入问题，必须走工业化、城镇化的路子，把农民尽可能多地转移出来。这是世界各国走向现代化的共同规律。继续发展乡镇企业和农村二、三产业提高发展水平；积极发展小城镇，增强吸纳劳动力就业的能力；正确引导农村劳动力有序流动和城镇就业。这是发挥城市带动作用，沟通城乡经济，发育市场和缩小城乡差别的必然要求。

## 二、增加农民收入重点抓好的几项工作

1. 加大扶持龙头企业的力度

不盲目扩张，不搞低水平重复建设，要突出主业，把有限资金集中用在农产品加工、销售和生产基地建设上。龙头企业承担着带动农民生产、帮助农民增收的任务，龙头企业的兴衰关系到大批农民的生产和收入。扶持产业化就是扶持农业，扶持龙头企业就是扶持农民。

2. 积极推进农业技术创新

农业的根本出路在于科技。推进农产品的优质化，发展农产品的加工增值，实现农业的可持续发展，都必须建立在技术进步和提高农民素质的基础上。农业技术创新是新阶段农业结构调整的重要支撑。逐步建立起经营性服务和公益性职能的技术推广体系和多渠道、多层次、多形式的农民技术教育培训体系。

3. 加强农产品质量标准体系和检验检测体系建设

确保农产食品质量和安全，是市场经济条件下政府的一项重要职责，是新阶段政府推动结构调整的一项基础工作。我国的农产食品质量安全问题还非常严重，蔬菜、水果、畜禽产品。茶叶、水产品的质量安全尤为突出。抓好农产食品质量和安全，必须在建立科学完善的农业和农产品质量安全标准体系的基础上，加强农产品质量检验监测体系建设。从搞好农产品检验检测入手，在生产、流通等各个关口严把质量安全关，建立农产品市场准入制度，不让有毒有害的农产品上市流通，确保人民吃上放心食品。解决农产品质量安全问题，必须关口前移，从生产源头抓起。要结合农产品基地建设，推行标准化生产示范，推广和实施质量安全标准。加强对农用生产资料的质量监管，引导农民科学施肥，合理用药，从生产上保障农产品质量安全。建立健全优质农产食品质量安全认证和标识制度，促进无公害农产品、绿色农产品和有机食品发展。加强农产食品质量安全的宣传，提高全社会的质量安全意识，形成社会监督机制，引导农户和企业生产优质安全农产食品。

4. 切实加强畜禽疫病的防控工作

发展畜牧业是农业结构调整的一项重要任务，当前首先要做好畜禽防疫防控工作。畜禽疫病的暴发和流行，不仅严重影响畜牧业的发展，给农牧民造成经济损失，而且关系到食品的安全，危及消费者健康，甚至引起人们的恐慌，带来严重的社会问题。畜禽疫病防控，一要制定和完善疫病防控标准，健全动物疫情测报网络；二要建立重大病虫害的快速扑灭机制；三要加快“无规定疫病”畜禽产品出口保护区建设，完善区域封闭制度，严格按照国际标准组织生产、加工、运输，扩大畜禽产品出口。

5. 加强农业信息体系建设

信息充分和畅通是市场机制充分发挥作用的前提条件。加强信息化体系建设是政府在新阶段推动农业结构调整的一项基础性工作。其中标准化信息是农业信息体系建设的重要组成部分，要把信息服务作为重点。一是建立起规范的有效的高质量的信息处理系统；二是各种信息传递渠道要畅通，农户和企业能根据市场需求变化及时调整生产经营决策。

6. 深化粮棉流通体制改革

当前正在进行的“粮改”，有利于发挥不同地区农业的比较优势，让粮食主销区多发展高价值的经济作物和养殖业，同时为粮食主产区腾出市场空间，促使粮价合理回升，这对加快农业结构调整、增加农民收入具有重要意义。逐步建立统一、开放、竞争、有序的粮棉市场。

7. 加强农业和农村小型基础设施建设

这是推进结构调整的基础条件，也是增加农民收入的重要措施。近几年国家实施积极财政政策，大幅度增加了对大江大河治理、农村电网改造、储备粮库和生态环境等大型基础设施建设，有效地改善了农村生产生活条件和生态环境。在完成这些项目的同时进一步增加农村小型基础设施建设的投入。重点支持节水灌溉、人畜饮水、农村沼气、农村水电、乡村道路和草场围栏等。

从农业、农村经济和农民利益的大局出发，正确理解和深刻认识当前我国农业和农业标准化面临的新形势，才能明确农业标准化工作目标和任务，才能在实践中创造性的发挥农业标准化不可替代的积极作用。这是开展农业标准化工作的基本前提，离开了这个前提，农业标准化工作就成为无源之水，无本之木，就失去了意义。因此，时刻关注“三农”问题的大局是每一个从事农业标准化工作者必须具备有的基本素质。

## 第二节　加入 WTO 后农业标准化面临的新形势与新任务

### 一、加入 WTO 后我国农业及农业标准化工作面临的机遇和挑战

1. 机遇

我国加入世界贸易组织（WTO）是为加快改革开放和社会主义现代化建设做出的重大战略决策，符合我国的根本利益。入世对我国农业改革也将产生重大而深远的影响。

——充分利用两种资源、两个市场，促进我国农业比较优势的发挥和农业资源的合理配置。我国农业标准化将如何适应国际市场与贸易的需求，是新的课题。

——有利于改善农产品出口的国际环境，逐步取消一些国家对我国出口农产品的歧视性限制，扩大优势农产品的出口，农业标准化有不可替代的作用。

——有利于调整农业结构，提高农产品质量，提高产业化水平，从整体上提高我国农业的国际竞争力。农业标准化是重要的技术基础。

——有利于吸引国外资金、技术和管理经验，加速传统农业改造，推进农业现代化。农业标准化是促进技术进步，建立科学管理和现代管理的重要手段。

——有利于加快建立健全农产品市场体系和国家对农业支持保护体系，带动农业和农村经济体制以及外贸体制的改革和完善。

2. 挑战

加入 WTO 也给农业带来了严峻的挑战。从近期看，由于国际市场农产品的成本和价格较低，我国农业经营规模小，土地密集型的大宗农产品生产，如小麦、玉米、大豆、棉花等会受到较大冲击。其他具有比较优势的劳动密集型产品，如园艺产品和畜禽产品，由于质量、卫生安全水平不高，市场开拓能力不强，不仅大规模出口面临困难，而且国内市场也可能被国外农产品占领。当前我国农业正处在供大于求、相对过剩的时期，如果国外农产品大量涌进，势必加剧国内农产品卖难状况，影响农民增收，甚至影响社会稳定。因此，抓紧研究建立农产品质量安全标准体系既是突破国外技术壁垒扩大农产品出口，也是利用技术手段控制进口和保证国内食品安全的需要。要帮助出口企业提高标准化管理水平，增强出口产品竞争力。要扬长避短，研究检验检疫技术标准，以利于控制国外产品的市场冲击，保护农民的利益。

## 二、入世后有关标准化与质检工作内容的多边、双边承诺

在中国加入 WTO 法律文件中，有关标准与质检工作的内容约占全部条文的1/10，其中大部分内容为承诺性条款。我国与 10 个 WTO 成员国签署了包含质检内容的双边市场准入协议。在这些协议中，均有有关标准化内容的双边承诺。

1. 多边承诺

——《中国加入 WTO 协定书》（简称《协定书》）中的第十三条（TBT——技术性贸易壁垒）和第十四条（SPS——卫生和植物卫生措施），共两条，占《协定书》第一部分 18 条的 11.11%；

——《中国加入 WTO 工作组报告书》（简称《报告书》）的第 145 条和第 146 条（装运前检验，PSI）；第 177 ~ 197 条（TBT）；第 198 ~ 202 条

(SPS) 和第316条（检验服务，IS)。共计29条，占《报告书》全部342条的8.48%。

——《中国加入WTO协定书》附件一的《过渡期审议机制条款要求中国提交的信息》中技术性贸易壁垒部分的全部13项内容（为需审议的各类别中审议项目最多的)。

——《中国加入WTO协定书》附件九的《服务贸易减让表》中的《技术测试和分析服务及贸易服务（不包括法定货物检验服务)》。

根据上述所列条款序号，可以说有关标准、质量监管、检验的内容占《协定书》和《报告书》全部条文内容的1/10。将这些承诺内容归纳起来可以概括为原则性承诺和具体承诺两部分。原则性承诺就是承诺中国的质检工作均须遵守WTO/TBT协定、WTO/SPS协定、装运前检验协定（PSI协定)、《原产地规则协定》和服务贸易的有关协定，及有关的国际组织制定的标准、指南和建议的规定；并须在中国入世前修改我国与这些协定不符的有关法律、法规、行政规定、管理规定、合格评定程序和标准。具体承诺包括对《商检法》及其《实施条例》的有关条文进行修改；按照《TBT协定》的含义使用术语“技术法规”和“标准”，中国的技术法规的制定和标准的制定将以国际标准为基础，并使以国际标准为基础制定技术法规的百分比在5年内增加10%；向WTO/TBT委员会提交中国所有权制定技术法规和合格评定程序的政府机构和非政府机构的名录；国家质检总局负责中国所有的与合格评定有关的政策和程序，其他政府部门和机构在发布其制定的合格评定政策和程序前须经国家质检总局授权；在入世30天内，向WTO通报中国的所有SPS措施(包括法律、法规、规章等)；修改对进口化学品、汽车与零部件检验的法律，以符合国民待遇的原则等；公开发布有关TBT、SPS的各项规定、标准，并接受有关成员的咨询。

2. 双边承诺

在中国加入WTO双边市场谈判中，与欧盟、美国、加拿大、瑞士、墨西哥、阿根廷、乌拉圭、埃及、印度、挪威等40多个成员国，签署了包括质检工作内容在内的双边市场准入协议或与双边市场准入谈判有关的或挂钩的双边质检工作协议。在这些协议中，既有有关对方向我国出口，也有我国向对方出口的市场准入的质检要求。如：在中欧SPS谈判中，我方坚持对等的原则，因此，在签署的中欧备忘录中，既有欧盟输华产品的我方承诺，也有我国输欧产品的欧方承诺。

## 三、国外农业标准化体系的现状与发展

国际上对农产品及其加工产品质量标准体系的建设非常重视，有众多官方和非官方的组织从事这方面的工作，并且制定了配套性、系统性、先进性、实用性较强的标准体系。联合国粮农组织（FAO）和世界卫生组织（WHO）联合成立的食品法典委员会（CAC），专门协调和制定有关农产品及其加工产品的质量安全标准。特别是世界贸易组织（WTO），在其卫生等相关协定中将CAC的标准作为国际贸易的参考依据后，世界各国参与CAC活动的意识不断增强。其他还有诸如国际乳品联合会（IDF）、美国油脂化学会（AOAC）、美国小麦协会（AACC）、国际标准化组织（1SO）的农产食品技术委员会（1S0/TC34）、国际谷物化学协会（ICC）、加拿大谷物协会、澳大利亚小麦协会等，每年都通过公告向世界发布标准信息，对世界农产品及其加工品的标准化起着重要作用。截至1999年，ISO制定有关农产食品标准777项，其中食品技术标准601项、微生物45项、精油131项；CAC制定项，其中法典标准242项、法典指导原则21项、国际推荐操作规程40项、其他法典文件22项、法典推荐分析方法标准55项；IDF共发布标准180项，其中分析方法标准166项、产品标准8项、乳品设备及综合性标准6项，有125项标准是与ISO共同发布的。国际和国外发达国家的农产品及其加工产品质量标准体系较为完善，主要表现在以下方面。

1. 制定农产品标准的目的明确

以提高农产品质量，促进农业发展为目的，以市场为导向，以最大限度满足消费者需要为重点，以为农业服务，为市场贸易服务为宗旨，促进本国农产品的出口。如美国农业标准制定工作始于1917年，现在已制定了大量的主要农产品及其加工产品标准、技术标准和法律法规，基本能满足全美农业生产、加工、贸易活动有序进行的多种要求。美国《联邦法规法典》包含的352项农产品380含等级标准中，仅新鲜水果、蔬菜和其他产品的等级标准就有160个，水果、蔬菜和其他产品的加工产品等级标准又有143个。从标准数量上看，美国的农产品标准专业性强，能满足市场需求。标准是法规的基础，法规又是制定标准的依据，使标准具有可操作性。ISO2000—2004年战略计划中突出强调五大战略思想分别是：增强ISO的市场相关性；扩大ISO的国际影响力和ISO制度的认可；提升ISO体系及其标准；资源利用的最优化；支持发展中国家的国家标准机构。其中在增强ISO的市场相关性战略中又有以下强调。

（1）更好地了解市场需求并鼓励企业积极参与。因为企业在ISO标准的制定过程中积极参与各项重要决策，有助于企业对市场需求的了解；反之，了解市场需求将促进企业积极参与ISO的各项工作。ISO将自身定位于努力预测市场在标准化方面的需求，以便在巩固市场上先行一步，并在制定标准方面拥有更多的主动权，成为制定国际标准的领头羊。另外，ISO还将致力于分析各个行业的标准化需求，包括对采用现有的国际标准和各个项目的进展状况进行系统的评审，对未来可能采取的行动制订相应的计划，以便准确的把握不同行业的特征并预测其发展趋势。ISO将积极地寻求新的产品和服务以满足日益变化的市场需求。

（2）更有效地维护消费者和社会的利益。ISO的各项工作都以消费者的最终利益为出发点。ISO将继续提高各项工作的透明度以及满足最终用户同时也是标准最终受益者期望的能力。ISO处在维系和平衡世界贸易持续发展的一个特殊地位，必须承担更多的职责并积极的证明有能力满足市场和社会对全球标准和合格评定程序的需求。为了实现这个目标，ISO将继续在标准化工作中进一步完善一致性和透明度原则的应用。

2. 标准与法律、法规紧密结合，执行有力

标准是法规的基础，法规又是制定标准的依据，二者相互依从，使标准具有很强的可操作性。一般而言，国际上也将标准分为强制性和非强制性两类，前者为政府部门的法律、法规所采用，具有强制性，必须严格遵守。如美国联邦食品药物管理局（FDA）的《茶叶进口法》、《食品卫生标准法规》、《婴幼儿食品法》等。后者是指由受政府委托机构或行业协会制定和管理并普遍得到社会承认的技术性和管理规范的要求。虽然后一类标准为非强制执行标准，但由于长期的市场经济影响，消费者和生产者的质量意识和市场意识较强，且市场贸易是依据等级标准，按质论价，因此，农产品的非强制标准在欧美都能严格执行。在市场经济发达国家的技术标准一般为推荐性，不具有强制约束力，但是标准与法律、法规紧密结合。当用作技术性贸易壁垒时技术标准往往以法律、法规形式出现，法律、法规引用标准时体现出灵活性，既可全部引用，也可引用部分标准中的条款，并可随国家经贸政策和市场形势的改变而随时修改，不必顾及标准的技术属性。目前越来越多的发达国家都在利用标准这种技术壁垒形式。

3. 产品标准先进实用

欧美等国家农产品的标准一般是根据国内外市场的需求，在听取生产者、经营者、消费者、科研人员的意见后，由政府组织，经充分研究，本着实用

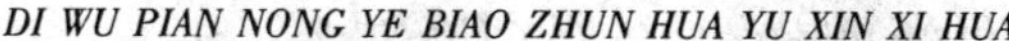

的原则制定的。其标准中的各项技术指标力求量化，具有较强的科学性和可操作性。如加拿大、澳大利亚的小麦标准，是以区域化种植为基础将小麦品种分类，在各类小麦中再制定不同的质量等级，这样的标准在服务于市场时，具有很强的实用性。为保证标准的先进性，拓展农产品的出口，欧、美、澳等国地区的农产品标准尽量与国际标准和国外先进标准接轨，经过一段时间后，都会将原标准复审修订一次。如美国规定标准每五年复审一次。

4. 实施标准的配套措施健全

欧、美、澳等发达国家/地区为保证标准执行有力，建立了与标准相适应的配套措施。具体表现在：建立完善的农产品加工标准实施保障体系，包括农产品品种、质量等级、生产技术规程、运输贮藏、加工等各个方面都实行标准化管理；保证科研投入，使生产、加工技术水平始终处于国际领先地位；提高国民素质和标准化意识，强化法制观念，标准执行有力；统一农产品标准的执行，全国统一质量标准，统一检验方法标准，统一检验仪器，统一培训检验员；农产品标准与法规管理机构分工明确，管理严密，信息反馈快，处理问题及时，宏观控制有力。

## 四、发达国家利用技术壁垒保护农业的主要措施

随着全球经济一体化格局的逐步形成，整个国际贸易呈现出自由化的趋势。世界各国，特别是欧盟、美、日、澳等发达国家/地区，为了保护本国农业市场，限制国外农产品的进口，制定了一系列繁多的标准、法规。如欧盟以环保为名义，对进口茶叶制定了非常苛刻的农药残留最大允许限量（MRL）标准，受检农药品种多达56个。据欧盟经济委员会调查，非关税壁垒中25%以上的贸易障碍是由技术标准造成的。在加入世贸组织以前，关税、数量限制和外汇限制等因素是影响我国农产品出口的主要壁垒。而现在，复杂苛刻的技术法规、标准和质量认证制度，以及名目繁多的进出口商品包装、标志、检验和卫生、环保等要求，构成了更为隐蔽、更难应对的技术壁垒，对我国农产品出口的影响日益增强。

1. 利用技术法规设置技术壁垒

美国联邦法规比较健全，很多直接或间接与进口贸易有关，如《联邦食品、药品和化妆品法》、《联邦进口牛奶法》、《茶叶进口法》、《消费产品安全法》等。欧盟不少技术法规都比较苛刻复杂，其中关于食品添加剂和防腐材料方面的法规中附有“可靠物质一览表”，规定无论直接的或间接的食品添加剂，符合表列物质方可使用。日本在进出口贸易方面制定了有关法规，如

《消费生活用品安全法》、《蔬菜水果进口检验法》、《肉类制品进口检验法》等。

2. 利用技术标准设置技术壁垒

在日本有关农药、兽药残留限量标准多达6000多个，仅对大米进口就设置了47项农药残留检测标准。近年来，农药残留限量标准个数还在迅速增加，1994~1998年分别为56，64，81，91和104项，2000年达112项。美国农业部对于活畜、肉类、禽类、畜产品兽药和新鲜农产品的贸易制定了强制性标准，如要求肉禽产品必须附有证书，证明符合美国标准后方可进入美国市场。欧盟各国也制定了有关安全、健康和环境的统一标准，完成200项商品数万种标准的制定。1999年欧盟对进口动物源产品含抗生素的检测标准是$5X10^{-9}$，2001年提高到$1 \times 10^{-9}$，2002年又提高到$0.1 \sim 0.3 \times 10^{-9}$，超过这个标准就地销毁。$0.1 \times 10^{-9}$的概念就是1万立方米水滴入一滴氯霉素就会超标。制定这个标准后，欧盟于2003年1月25日寻找借口，宣布对我国动物源产品全面封关。

3. 利用合格评定程序设置技术壁垒

目前很多国家都制定法律、法规，规定了凡是没有经过指定机构认可的产品，不准进入市场销售。如美国的FDA、UL认证，欧盟的CE认证等。利用合格评定程序，设置贸易技术壁垒是发达国家经常使用的手段。商品在进口过程中由于合格评定所产生的争议，常常会导致复杂的，旷日持久的调查、取证、辩护、裁定等程序。在履行了这一系列复杂程序后，即使认定有关商品符合规定而准许进口，该进口商品销售成本可能已经大为增加，从而失去与本地产品的竞争力。如1981年7月31日，欧盟通过一项决议，禁止销售激素添加剂饲养的牛肉及制成品，不论其产地在何处。这引起了美国牛肉生产者的不满，因为很多美国农场使用激素添加剂饲养肉牛。欧盟的法令于1989年1月1日生效，美国1988年12月30日宣布提高关税。1989年2月，美国和欧盟建立了一个“牛肉荷尔蒙问题高级专案组”，研究如何解决这一纠纷。此时，已有2亿美元的牛肉及肉制品双向贸易受阻。

4. 利用包装与标签设置技术壁垒

在欧美等国的环保法规中对商品包装材料的安全性、对人体和自然环境的无害性、易处理性和可回收率有较高的标准要求，并规定对一些天然材料生产的包装物要进行卫生和动植物检疫以防止动植物病虫害的传人。利用标签标准设置技术性贸易壁垒是发达国家普遍采用的一种方法。美国是世界上食品标签标准和法规最为完备、严谨的国家，其食品标签标准、法规规定所

有包装食品（除新鲜肉类、家禽、鱼类和果菜外），包括全部进口食品，都必须强制使用新的标签。欧盟一直通过产品标签的立法来设置对外国产品的进口限制，1979 年发布了《食品标签说明及广告法规的指令》，并两次做了修订，1996 年又颁布了《关于食品营养标签指令》，CE 标签。欧盟还规定，自 2003 年起市场所有零售食品均将实行产品追踪标签制，即在外包装标签上要注明经销商、进口商、出口商、生产商及确切种植地和加工工厂，以便在发生问题时可以从销售商一直追踪到产地的中间各环节。关于转基因食品的标识制度，1998 年 9 月生效的欧盟《新食品法》要求，转基因食品加贴特殊标签；1998 年 8 月日本农林渔业部宣布了关于对含有转基因成分的食品加贴标签的初步计划；2000 年 1 月，俄罗斯政府通过法令规定，上市转基因食品应于 2000 年 7 月 1 日前在包装上做出提醒性标记。

5. 利用商品检疫检验设置技术壁垒

海关卫生检疫检验制度一直存在，但是近些年发达国家据此设立贸易壁垒。欧盟对食品中残留的 22 种主要农药制定了新的最高限量标准，从严控制残留量。欧盟进口肉类食品，不但要求检验农药的残留，还要求检验出口国生产厂家的卫生条件。日本对于入境的农产品，首先从动植物病虫害角度进行检验，然后对具有食品性质的农产品从食品的角度进行卫生防疫检查。日本进口食品卫生检疫分为命令检查、监测检查和免检三类。其中命令检查即强制性检查，是对于某些易于残留有害物质或易于沾染有害物质的食品逐批进行百分之百的检验。日本允许进口一些活动物家禽，但要提前 1 ~ 4 个月申报，出口前需要专门隔离 35 天；到岸后实行逐个检验，需耗时 10 ~ 15 天。根据日本《植物检疫实施规则》规定，我国大部分水果、瓜类蔬菜被列入禁止进口名录。

6. 利用绿色环境设置技术壁垒

通过环境技术标准、环境标志、环境卫生检疫制度、环境包装等，对外国商品的进口进行限制。如美国环境署规定，从 1995 年 6 月 1 日起，凡出口到美国的鱼类及产品，必须贴有美方证明的来自未被污染水域的标签。欧盟既对动物源食品中的残留（包括常规农药和重金属）做出规定，又要求限制磺胺、氯霉素类、喹喏酮类、左旋咪唑、依维菌素。苯并咪唑等抗生素和己烯雌酚等激素的使用。我国出口商品大都是劳动密集型产品受环境保护因素的影响较大。如由于我国的渔船上没有装海龟逃生装置，危害某些海龟的生息，美国因此禁止进口用这种捕捞技术捕获的虾类。1995 年美国 FDA 宣布对中国虾类制品实行“自动扣留”，中国输往美国的虾类制品大大减少。据中国海关统计，冻龙虾由1995年1203.9万美元减少到1997年56.7万美元，冻整虾由23.8万美元减少到2.4万美元。

## 五、国际农产品质量安全监控体系发展新趋势

目前，全球（包括我国）农产品安全不容乐观，主要表现为食源性疾病不断上升，恶性食品污染事件接二连三发生。新技术、新工艺带来新的危害，致使世界范围内农产品贸易纠纷不断（主要是安全问题），成为影响国际贸易的重要因素。农产品的安全控制已成为国际最关注的问题。农产品安全控制不是一项权宜之计，也不是单独某一个政府部门能搞好的，而是一项需要多个政府部门共同负责的长期任务。我国加入WTO后，农产食品安全问题将是我国农产品获得进入国际市场通行证的基础。要真正保证安全，必须在农产品生产加工过程中对原料的产地、栽培、选料、加工、包装以及贮存运输直到销售，进行全过程标准化管理与控制。许多国家都强化了农产食品生产全过程质量安全控制体系，以获得更加安全、健康的食品。

1. 国际农产食品质量安全控制的共同要求

——建立法律、法规，制定严格标准，最大限度降低食源性疾病发生的风险。

——建立农产食品从农田到餐桌的安全质量监控标准，加强生产加工过程中的安全质量监控。

——加强农产食品原料中的农药残留、兽药残留、毒素及放射性污染标准化监测。

——强制性要求在农产食品生产过程建立实施HACCP等标准化管理体系，建立有效的质量安全标准实施计划。

——有健全的安全监控法律、法规体系；有严密的安全组织机构与检验、检疫监控资源；建立有效的动植物疫病防疫体系；建立实施农药残留、兽药残留与毒素残留监控计划；对出口国出口的农产食品进行严格的风险分析。

2. 安全监控

——明确政府与生产者在安全监控上的责任，即政府只负责制定相应法律、法规及标准，企业必须按政府制定的标准生产安全产品。

——在科学、合理的风险评估基础上建立安全保障系统，实施从农田到餐桌的安全预防战略。

——遵守CAC制定发布的安全卫生标准，实行统一监控、检验与农产食品的安全教育培训。

——加大农产食品安全卫生监控管理部门的法律授权，加强对不法生产者的惩罚及对不合格产品回收处理。

3. 建立官方监控管理体系

目前各国官方对进出口农产品的安全监控，从改进现行的安全体系着手，积极制定相应的安全法规、准则和标准，并采用风险分析方法作为制定安全标准的基础。风险分析的主要内容有风险评估、风险管理、风险交流。

——风险评估是评估农产食品风险，建立危害与风险的内在联系。其中包括危害识别，危险描述，暴露评估，风险措施。

——风险管理是制定和实施控制风险的措施（包括安全标准，公共教育，改进农业生产规范等）；风险评价指风险管理选择评估、管理规定的执行、监控与审查。

——风险交流指在风险评估、管理人员、消费者和有关团体之间相关情况的交流。其中包括：国际组织（FAO，WHO，CAC，WTO）、政府管理机构和特定群体之间的情况交流，以及消费者可采取的保护措施。

4. 建立生产企业安全管理体系

近年来世界各国重视并采用作为农产食品加工行业的一种新的产品质量安全保证体系（HACCP），它是 1959 年美国皮尔斯帕利公司与美国航空和航天局纳蒂克俄实验室在开发航天食品时形成的。1971 年，皮尔斯帕利公司在美国仪器保护会议上首次提出 HACCP，几年后，美国食品与药物管理局（FDA）采纳并用作为酸性与低酸性罐头食品法规的制定基础。1988 年 3 月 18 日，美国食品微生物咨询委员会（NACNCF）建立，负责微生物标准工作，于第二年 11 月起草了《用于食品生产的 HACCP 原理的基本标准》，并用它作为执行 HACCP 原理的法规。该准则于 1992 年以来历经修改完善，形成了 HACCP 原理的法规。该准则于 1992 年以来历经修改完善，形成了 HACCP 七个基本原理。美国是最早应用 HACCP 原理的国家，并在食品加工行业中强制性实施 HACCP 的监督与立法工作。1995 年，要求每种肉禽产品执行 HACCP。1998 年，又要求果蔬汁加工者执行 HACCP。同时，欧共体、日本、澳大利亚、新西兰、泰国等国家都相继发布其实施 HACCP 原理的法规和命令。另外，良好操作规范（GMP）作为一种具有专业特性的品质保证或管理体系，许多国家将其应用于食品工业，制定出了相应的 GMP 法规。美国于 1969 年发布了食品制造、加工、包装和贮存的 GMP 基本法，并陆续发布了各类食品的 GMP。自美国之后，世界很多国家如联盟、德国、澳大利亚等都积极推选了食品的 GMP。自美国之后世界很多国家，如欧盟、日本、加拿大、新加坡、德国、澳大利亚等都积极推行了食品的GMP。

总而言之，HACCP的标准化先进管理理念和模式已被世界各国认可，很多国家制定成为技术法规或强制性标准，要求农产食品加工企业实施。即在良好操作规范（GMP）和卫生标准操作程序（SSOP）基础上，采用HACCP原理预防农产食品的不安全危害，已成为农产品生产加工企业全过程质量安全控制技术发展的新趋势。

5. 建立农产食品进出口控制体系

近年来世界各国重视农产食品贸易全球化，使各国为保证本国消费者利益对进口食品做出了各种规定。例如：对进口农产食品的要求等同于国内农产食品要求；认可出口国主管当局安全控制体系的规则，确保执行要达到的结果、目的与国内产品相一致。比如：美国对进口的双壳贝类，要求符合《美国贝类卫生纲要》（NSSP）的规定，如果出口国也有本国的贝类卫生控制计划且能与NSSP等效，则两国可以签署双边谅解备忘录（MOU），出口国的双壳贝类产品可以进入美国。为了便于国际贸易，FAO/WHO/CAC的农产食品进出口检验和认证体系法典委员会（CCFICS），正在制定农产食品进出口的控制体系和实施对进出口产品安全卫生控制等效性的判断。

## 六、我国农业标准体系现状与国际对比分析

1. 现行农业标准体系状况

到目前为止，我国已制定发布了农业国家标准2000项左右，农业行业标准4000项左右，农业地方标准近6000项左右。其中涉及农产品、食品标准2100余项（国家标准100多项，行业标准1000多项）。无论从标准的数量看，还是从标准的技术水平看，这些技术标准和质量安全标准已远不能满足现代农业发展规模、市场流通、产品贸易、质量监控和提高产品质量安全的需求。我国目前还没有一套较完整的既符合中国国情又能与国际接轨的农产品及其加工产品质量安全标准体系，不能满足市场发展和进出口贸易的需求。大量的农产品还处于无标生产、无标上市、无标流通的混乱局面，而且优质不能优价，严重制约了农产品质量的提高。从农产品、食品加工全程质量控制技术标准方面来看，从20世纪90年代起开始进行食品加工业HACCP的运用研究，制定出了“在出口食品生产企业建立HACCP质量管理体系”通则，及在一些食品加工方面建立HAOP体系的具体实施方案。在第十一届亚运会食品卫生防病评价中也应用了HACCP原理。同年，开始在乳制品。熟肉及饮料等三类食品生产中实施HACCP监控体系的研究，但是由于研究和实施经验不

足，HACCP 管理概念、原理、应用等问题仍未引起农产食品企业甚至管理部门的重视，这种状况已严重影响了我国农产品对外贸易的发展。

2. 目前农产品质量标准体系存在的主要问题

——不能适应市场经济发展的需要。计划经济条件下制定的标准，不能满足当前市场经济发展的需要。随着人民生活水平的提高，消费者对农产品质量提出了更高的需求，绿色食品、无公害食品、有机食品颇受青睐，然而，我国缺乏相应的标准。转基因食品虽然在提高农作物产量和抗病性方面起到很大作用，但其对人体可能存在潜在的危害，从而许多国家在进口转基因农产品时都要求标签标注，或加强检验，而我国目前缺乏相应的技术标准。

——不能适应农产品市场竞争的需要。由于我国农产品及其加工产品质量标准偏重国内市场，强调国内实际情况较多，采用国际标准和国外先进标准较少，不能适应对外开放的要求。农产品及其加工产品的国际竞争能力不强，难以打入国际市场，致使我国许多本在国际市场上非常有竞争力的特色农产品及其加工产品的创汇潜力难以发挥。

——不能适应农产品质量安全监控的需要。我国目前主要农产品及其加工产品质量安全标准严重滞后于国际同类标准，滞后于国际贸易的需求。主要农产品如：粮油、茶叶、水果和蔬菜农药残留和有毒有害物质以及畜、禽、水产品，在兽药残留上还存在许多无标可依现象，其主要原因之一是缺乏相应的质量安全标准，为不法分子有机可乘。

——标准技术水平普遍偏低。一是缺少必要的技术内容。如菜籽油质量标准中缺少抗氧化剂和增效剂使用限量指标，及无脂肪酸组成与含量范围规定；二是已有的技术标准内容落后，如我国黄曲霉毒素检测标准仍采用国外早已淘汰的薄板层析法，导致检测数据低于国际先进方法；三是部分内容实用性不强，如小麦质量标准中杂质规定的 5 个等级是相同的，而美国标准 5 个等级有 5 个不同的指标，显然标准的实用性不强；四是标准数量少，体系不健全，特别是缺少加工全过程质量控制的技术标准。

——缺少农产品加工过程中的质量安全监控标准。FAO/WHO/CAC 自 1963 年成立至今已拥有 165 个成员国家，覆盖世界人口 98%，近 40 年卓有成效的工作已制定了 8000 多个国际标准。据最近信息表明，已建立了 237 个商品（食品）标准；41 个卫生、安全技术法规；185 种农药评价；1005 个食品添加剂和 54 个兽药及 25 个食品污染物的评估；已建立 3274 个农药 MRL。现在 CAC 向所有国家提供正确使用农药的规范（GMP）、兽药规范（GVP，GPVD），为农产食品生产加工企业提供安全卫生技术规范（HACCP）；为人们的健康，为避免有毒有害污染物提供保障，为反欺诈行为提供道德规范。而我国目前尚未建立健全农产食品质量安全标准保障体系。

——农药残留、兽药残留限量标准体系不健全，相关检测方法标准少。国际食品法典委员会（CAC），对176种食品规定了2439条农药最高残留限量标准，我国相应的标准与之相差悬殊。在先进的检测技术水平支持下，发达国家采取提高食品标准限制以保护国家利益和国民健康。欧盟制定的乙烯雌酚残留的最高限量标准是$1\times10^{-9}$，而我国国家标准是$250\times10^{-9}$，相差250倍；美国牛奶中铅的最高限量值为0.01mg/kg，欧盟限量标准0.05ml/kg，而不发达国家规定为0.1mg/kg，这些标准相差100倍和50倍。我国现有农药残留、兽药残留限量标准远远不够，且与之配套的检测方法标准更少。

——植物检疫标准体系不健全。植物检疫是一项重要的技术性贸易措施，许多国家都是利用植物检疫限制农产品的进口。同时，随着改革开放的深入，农产品贸易的发展，各种外来有害生物随着贸易产品传入的风险越来越大，植物检疫是防止外来有害生物传入的最主要手段，历来为各国政府所重视。联合国粮农组织的植物保护公约负责国际植物检验标准的制定，到2002年已发布了17项国际标准。而我国目前仅有4项国家标准，远远不能满足需要，加快我国植物检疫标准化工作的步伐已经迫在眉睫。

——采用国际标准的比例低。截至2005年10月，我国共有国家标准21575项，行业标准34000多项（已备案），地方标准12000多项（已备案），企业标准近90万项。在21575项国家标准中，采用国际标准和国外先进标准的有8000多项，采标率为45%。现有ISO、IEC标准近18000项，已转化为我国标准的有6000多项，转化率近38%。然而目前，我国80%的农产品标准难以与国际标准接轨。

3. 我国农业标准体系与国际同类标准的差距

第一，缺乏配套性。随着社会的发展和科技的进步，提高农产品质量已延伸到了农产品生产的产前、产中、产后各个环节。因此，把标准贯穿在田间管理、收获、收购、加工、包装、贮藏、运输、检验直到销售的整个过程，是发展优质农产品及高产量、高附加值加工产品的有力保障。我国主要农产品加工标准的构成与外国同类标准相比仍存在不足。

第二，缺乏系列化。同一作物因品种的不同，加工方式的不同，食用和使用方式的不同可获得不同的产品。所有产品都需要标准对其质量加以监督控制，对市场加以规范，以引导新产品的发展；规范生产企业的生产行为，从而满足农产品市场贸易的需求。但我国缺乏相应的系列化标准。

第三，缺乏先进性。与国际上同类标准相比，我国的一些农产品及其加工产品标准技术内容落后，有些重要的，随国际贸易需求而产生的质量指标没有相应的标准内容加以规范，或者指标界定虽存在，却远低于同类指标的国际标准要求，使产品失去应有的竞争力。如欧盟对进口茶叶农药残留限量达56项，德国56项，英国13项，日本64项，这些国家颁布此类标准的主要目的是保护本国茶叶市场，对外实行有效的技术壁垒。而我国迄今只规定了两项指标六六六和滴滴涕，导致按我国国家茶叶卫生标准检验合格的产品，却在出口贸易中往往不合格，严重影响了茶叶出口。

第四，缺乏实用性。我国现有农产品及其加工产品标准与国际同类标准比较，标准制定往往重科研，轻市场，不能满足国内外贸易的需求，应用程度低，导致农产品很难走出国门，占领国际市场。加入WTO后，为了尽快与国际贸易接轨，我国的农产品及其加工产品要在国际市场上占有一席之地，必须尽快建立自己的质量安全标准体系和质量安全监控体系。

## 第三节　加快农业标准化发展的措施

加快农业结构调整，促进农业产业化和现代化的发展是近年来中央农村工作会议的主题，也是解决“三农”问题的重要任务之一。我们要紧紧围绕这个任务开展工作。要以改革创新为动力，与时俱进，开拓创新，把农业标准化工作提高到一个新的水平。

1. 进一步加快农业标准制（修）定工作，建立健全统一、权威的农产品质量标准体系

农业标准体系建设是加快农业发展的重要技术基础工作，也是提高农产品质量、扩大内需和增强国际竞争力的迫切需要。农业标准化，制（修）定标准要先行。充分研究WTO/TBT和WTO/SPS规则，借鉴一些国家利用WTO相关规定而有效保护本国市场的成功经验，针对近年来国外小麦、玉米、大豆、棉花、食用油、食用糖等农产品进口量较大的情况，抓紧对相应国家标准进行制（修）定，通过标准指标的调整，适度限制国外有关农产品的过量进口。

针对近年来农业投入品的不合理使用和农业生态环境的恶化所造成的农产品安全问题，首先要抓住重点制定有毒有害物质限量、检验方法、无公害

农产品和有机农产品等标准；加快与农产品质量安全有关的基础标准、检验方法标准、加工（包括加工设备）、包装、储存和运输标准的制（修）定，确保质量安全标准的协调与配套。要尽快补充和完善种子（种苗）、种畜质量标准；围绕加强水利设施建设和天然林保护、退耕还林还草、重点地区防护林体系建设、防沙治沙、野生动植物保护、速生林基地等重点工程，加大相关国家标准、行业标准的制（修）定，促进改善生态环境。各地区要结合本地农业发展特点和优势产业，做好农业生产操作技术规范、特色农产品质量安全标准、检验方法等农业地方标准的制（修）定工作。

要积极采用国际标准和国外先进标准，注重与国际接轨。逐步形成以国家标准为主体，行业标准、地方标准相互协调配套，科学合理，满足农产品生产、加工、储存、包装、运输和销售等各个环节需要的农业标准体系。

对现行农业国家标准、行业标准、地方标准进行清理。为建立统一的权威的农产品质量标准体系，必须对现行的农业标准进行清理。通过全面清理，使农业国家标准、行业标准。地方标准层次清晰；解决行业标准之间重复交叉、不协调的问题；统一农产品质量安全的检测技术和检测方法；使农业强制性标准和农业推荐性标准界限分明；推进采标工作，积极采用国际和国外先进标准，提升一批农产品质量安全标准的技术水平；废止一批不适用的农业标准，确保农产品质量安全标准体系在科学合理的基础上有效运行。为了加大“龙头企业 + 农户 + 基地 + 标准（科技）”的产业化模式的推广力度，积极鼓励制定为农业产业化发展需要的有竞争力的农业企业标准，使国家标准、行业标准、地方标准、企业标准之间互相补充，从而提高农业标准的统一协调性、科学全理性、先进实用性，为农业产业结构调整，提高农产品质量水平，增加农民收入服务。

2. 进一步加强农产品质量安全标准的实施，保障消费安全，提高人民群众生活质量

随着农业和农村经济进入新的发展阶段，农产品安全问题已成为农业发展的主要矛盾之一。近些年来，农药、兽药、饲料添加剂、化肥、激素等投入品的使用不断增加，在为我国农业生产发挥积极作用的同时也产生了农业污染日益突出的问题。这不仅危害人们的生命健康损害消费者利益，而且也影响农产品的市场竞争力和出口，损害了我国的国际形象。当前应迅速建立重要农产品安全标准体系和监督检测体系。在两个体系建设的基础上，以重要农产品为突破口，实行从产地到加工、销售全过程的质量安全控制，使那些无信誉、产品质量安全不符合标准要求的产品无市场、无销路。

农产品质量安全直接涉及人民群众的健康和生命安全。要始终紧紧抓住与人民群众健康和生命安全密切相关的农产品质量安全标准，结合“无公害食品行动计划”，加大无公害农产品、食品卫生等安全标准的实施力度。要通过加强对无公害农产品安全要求系列标准的宣传，引导农民按标准组织生产，杜绝禁用农药的使用，严格控制高毒农药的使用。有关部门要按标准严格监督管理，促使标准实施到位，切实落实国务院领导关于无公害农产品生产中要“强化农业投入品的管理和生产环节的控制，大力推进农业标准化生产”的精神，保障消费安全。

围绕实施“无公害食品行动计划”、“三级工程”和“食品药品放心工程”，通过制定并实施一系列食品卫生标准和市场准入标准，建立“无公害农产品”、“绿色食品”和“有机食品”等优质安全产品标准化生产管理和流通渠道，加强源头管理，抓好食品源头污染治理和市场准入两个环节，打击假冒伪劣产品，维护公平竞争的市场环境，保护广大消费者的合法权益，保证消费者买到真正符合标准要求的安全食品。

围绕农业结构调整，加快我国优势农产品和专用农产品的发展，切实抓好农产品生产、加工、流通环节质量安全标准的实施。在生产环节，要重点抓好优质、专用农产品质量标准和生产操作规范的实施，帮助和指导农民从种子（含种苗、种畜）的选育到产品生产的各个环节严格执行标准，确保优势农产品产量的不断提高和质量的持续稳定；要针对近年来农产品生产过程中不合理使用农药、兽药、化肥等农业投入品，造成农产品污染严重的情况，着重抓好农药兽药残留限量等安全标准、良好农业操作规范（CAP）和检验检疫等标准的实施，实行标准化、规范化的生产模式和管理制度。在加工过程中，着重强化质量和安全标准、过程控制标准的实施，建立企业标准体系及关键控制点和危害分析（HACCP）系统，搞好加工过程的质量安全监控，提高加工和保鲜、储运和包装质量，提升产品档次。在流通环节，要切实加强农产品分等分级标准、标识标准和质量安全标准等市场准入标准的实施，防止二次污染，不符合质量安全标准要求的产品严禁销售，确保消费者的权益不受到损害。

3. 进一步扩大农业标准化示范区建设，促进区域经济持续快速健康发展

农业标准化示范区的生命力就在于用标准化将分散经营、各行其是的农户，用统一的标准来规范他们的种植、养殖行为，从而生产出规格一致、质量显著提高的农产品，提高农业生产经济效益。加快实施《农业标准化示范区管理办法》，以加强对示范区建设的管理。各地要广泛开展形式多样、富有

实效的农业标准化示范区建设，积极创建出口农产品示范基地，按国际标准组织生产，切实做到“选好一个项目，建立一个体系（标准体系），形成一个龙头，创立一个品牌，致富一方百姓”。

提高农业标准化示范区建设的综合管理水平、建立良好的示范机制和网络。示范区建设，应以先进技术为手段，推动现代科学技术在农业生产中的应用为目标，培育机制先进。创新性强、带动作用大的龙头企业为重点，发挥农业标准化示范工程对改变传统农业生产方式、组织形态和经营理念的示范带动作用，推动农业产业结构优化升级，提高农产品市场竞争力，促进农业增效，农民增收和农村经济的可持续发展。示范区项目的选择原则应是：有利于优化农业区域化布局，因地制宜，分类指导，各具特色，能促进农业技术升级，农业增效和农民增收；有利于建立适应市场经济规律的现代农业生产组织的产业化经营模式。项目建设以企业为主体，以国内、国外两个市场为导向，探索各种农业生产要素之间紧密结合、良性互动的现代农业产业化生产方式，增强标准化示范的辐射带动作用；有利于推动农产品质量安全标准体系的建设。把建立标准化的生产和管理模式，加强对原产地、生产过程、投入品、产品的全过程质量监控作为重点内容，提高农产品的质量和安全水平；有利于农业标准化信息服务体系的建设，利用现代信息技术，探索具有良好自我发展能力的农业标准化的社会化服务体系发展模式。

4. 进一步推行农产品流通领域标准化，建立诚信、高效的农产品市场体系

完善农产品市场流通体系，是推进农业结构战略性调整的迫切需要，也是建设现代农业的重要组成部分。深入开展农产品流通领域的标准化管理，是促进农产品有序流通，减少农民在农产品销售方面的困难和风险的重要手段。随着生产技术和企业管理技术的不断提高，企业之间的竞争日趋激烈。当降低生产成本，提高生产效率的竞争发展到一定程度利润平均化时，竞争的焦点开始由生产领域转向流通领域。一个比较成熟完善的现代农产品批发和零售市场应该具备推行农产品质量安全标准的功能。即对农产品按照标准施行质量安全检验、分级和标准化的管理。通过实施农产品标准化使产品在销售、拍卖时，一看产品规格、等级就可以交易。因此，实施农业标准化要与规范购销行为和市场秩序结合起来，合理调整农民、经销商和企业的利益，从而促进农业产业化的健康发展。

当前，农产品流通领域的标准化工作要以大中型农产品批发市场、农产品物流配送公司和大型连锁超市为主体，以标准化管理规范农产品交易，促

进全国统一开放的农产品大市场的形成。要以物流为核心，在交通运输、仓储、货运、报送、通信等现行国家信息分类标准的基础上，规范农产品信息网络平台建设，实现农产品供求信息共享，为农产品实现网上交易奠定基础。要围绕农产品市场准入制度的建立，推进农产品质量安全、等级、定量包装、包装标识等标准的实施，加强对进入农产品批发市场的农产品检验检测工作和认证工作，杜绝有毒有害物质超标的农产品流入市场。要用标准化规范农产品批发市场，提高管理水平，规范经营主体的市场行为，严格市场准入，促进市场有序运行，建立公开、公正、透明、诚信的农产品流通机制。要建立标准化、规范化管理的农产品批发市场。采取切实措施，确保进场销售的农产品质量安全达标率为95%以上。要通过认真实施标准化管理，培育流通领域批发市场的诚信体系和品牌经营方式，进一步提倡讲诚信、重契约、守标准的良好经营作风，为农产品流通领域营造一个诚信的良好环境。

实施“一个计划两个工程”，即“无公害食品行动计划”、“三级工程”和“食品药品放心工程”，加快在大中城市实施市场准入制度的步伐。

我国是发展中国家，食品生产主要采取千家万户小生产的方式，农业产业化、标准化程度低，品牌化经营刚刚开始，从生产环节进行安全监管十分必要，但监管难度很大，有些地方发现了污染食品很难找到直接责任人。根据商品流通指导生产、引导消费的理论，对存在问题较多的、与老百姓日常生活密切相关的肉、禽、蛋、奶、米、面、油等食品，着手实行食品质量安全市场准入制度。

对食品生产加工企业实行食品质量安全许可。对食品生产加工企业的环境条件、生产设备、工艺流程、原材料、产品标准、技术人员、储存运输、检验设备、质量管理、食品包装等方面，进行企业保证产品质量安全必备条件审查，符合条件的核发质量安全许可证，准许开工生产。

继续巩固消灭无标生产成果，以“消灭无标生产、无标上市、无标流通”为目标，提高农业生产、农产品加工产品档次。在农业加工企业推进全面质量安全管理，正是推进结构调整解决我国部分农产品档次低、质量不稳定、安全性不强、等级合格率低等问题的有效手段。

对企业生产的农产食品实施强制检验。依法要求企业对其生产加工的农产食品必须实施出厂检验，未经检验以及经检验不合格的农产食品不得出厂、销售。

对检验合格的农产食品加贴市场准入标识。没有农产食品质量安全市场准入标志的农产食品不得出厂、不得销售；其他农产品逐步实施市场准入制度。

5. 围绕农业产业化市场化发展需要强化龙头企业标准化，全面提升我国农业产业化经营水平

农业产业化经营是农村经营体制的创新，强化龙头企业的标准化工作是引导农民运用农业标准、加快推进农业标准化的一条有效途径。它之所以取得显著成效，主要是通过合同把龙头企业和农户的共同利益有机结合在一起，用标准规范农户的种植（养殖）生产操作，保证农业生产过程的统一性，从而显著提高农产品质量和农业效益。这里，从事农产品经营的专业公司和农产品加工企业是农业产业化经营的龙头，要充分发挥其对农业生产基地和农户的标准化工作的主导和带头作用。实践表明标准化是所有产业化、市场化经营活动的基础性工作，具有不可替代的作用。因此，积极倡导“公司+农户+标准（科技）+基地”的产业化经营模式。开展农业标准化，要以促进农业生产技术和经营管理的指标化、规范化、系统化和科学化，体现在这些方面的量化的、可操作的标准，是促进农业产业化发展的切入点。由公司制定企业标准，指导农民严格按标准规范操作行为，从而保证农产品的质量和品牌。在具体实践中，要结合当地政府提出的产业化发展规划提出农业标准化的要求，把农业标准化的实施与发展农业产业化有机地结合起来。农业标准化的规划和项目重点放在当地农业的支柱产业和主导产品上，各项技术标准、工作标准、管理标准的制定要有利于标准体系的完整性和配套性，更要注重先进技术的推广和便于农民操作。要把农业标准化渗透到农业产业化的全过程中去，从种子、种禽、种畜、种苗、苗木及生产过程的标准化抓起，逐步在产品加工、质量安全、贮藏保鲜和运输销售环节实施标做管理，引导龙头企业建立标准化体系，不断提高产品的质量。在社会主义市场经济条件下，农产品的质量等级标准将成为市场准入的基本条件，对规范市场，打击假冒伪劣产品等不法行为，提高农产品的竞争力都具有积极作用。

突出农业品牌的创建，充分发挥农业标准化的作用。创建农业名牌是农业产业化的“牛鼻子”，农业标准化和农业品牌是互为促进，密不可分的关系。农业标准化应围绕区域农业如何在形成品牌，形成规模，增加产量，提高质量，创建名牌，扩大市场方面做文章。我国许多知名的农产品，因缺乏标准化的生产和加工，质量时好时坏，市场竞争力不强，形不成品牌优势。加强农业标准化工作，将有助于有效地创建农产品的品牌。

要积极引导企业实施良好农业操作规范（GAP）、良好操作规范（GMP）、危害分析与关键控制点（HACCP）和GB/T19000－ISO9000《质量管理体系》

标准和《企业标准体系要求》等系列标准，引导企业建立以技术标准为主体，包括管理标准和工作标准在内的企业标准体系，以工业管理的理念来管理农业产业化经营的全过程。按照分类指导的原则，重点引导和帮助中小企业和出口企业建立企业标准体系，重点推广示范区建设与“公司＋农户＋标准（科技）＋基地”相结合的市场化经营模式，以农业标准化促进我国农业产业化发展水平的全面提升。农产品的质量与安全是创品牌农业乃至培育市场化农业的首要条件。

继续跟踪乡镇和个体私营企业生产产品的发展变化，对其执行标准的情况及时进行登记并实行有效的动态管理；切实加强乡镇和个体私营企业标准的备案管理，严格备案制度，认真办理产品的标准备案工作，对于不符合备案规定的企业标准，不予备案，并令其限期加以改正；鼓励乡镇和个体私营企业不断提高标准水平，积极采用国际标准和国外先进标准，促进产品质量上档次；引导农村乡镇和个体私营企业完善标准体系，逐步建立健全以技术标准为主体，兼有工作标准、管理标准在内的企业标准体系。

6. 进一步加大采用国际标准和国外先进标准力度，大幅度提高我国农产品质量和市场竞争力

从总体上看，我国现行的农业标准与国外同类标准相比还有相当大的差距，标准水平偏低，不能完全满足发展出口农产品的需要。目前，在农药残留限量指标上，国际食品法典委员会（CAC）有 2572 项，欧盟有 22289 项，美国有 8669 项，日本有 9052 项，而我国只有 484 项（包括国家标准、行业标准）。按照 WTO/TBT 和 SPS 协定的标准国民待遇原则，出口产品要执行国际标准或进口国标准。从扩大我国农副产品出口着眼，我们要在充分考虑我国国情的基础上，加快采用国际标准和国外先进标准的步伐，尽快提高标准水平，适应国际贸易的需要。同时，要严格按照标准化组织生产，以符合国际市场需求。对发达国家设置的种种技术壁垒，不合理的，要开展针锋相对的斗争去破除它；符合 WTO 规则的，引导和帮助企业按国际标准和进口国的标准组织生产，提高产品质量去跨越它。在加入 WTO 以来的两年中，我国许多企业面对国际贸易中技术壁垒的严峻挑战，正在学会严格按照国外先进标准的要求组织生产，使我国农副产品畅销各国。

打破国外农产品技术标准等技术性贸易壁垒和动植物检验、检疫壁垒，促进我国农产品出口。根据各地农业经济的特点和产业优势，有针对性地研究欧美、日本、南美、中东。非洲等地所采用的标准和技术法规，弄清国外市场准入条件和程序，按照进口国技术标准，组织农业生产，为我国农产品

市场的多元化和扩大出口服务。

通过SPS咨询点和双边合作交流多种渠道广泛收集资料，编印《进口国输入我国农产品的检验检疫法规、标准和要求》，使出口检验检疫有的放矢，让生产企业心中有数。

建立信息数据库，随时发布最新国际检验检疫信息，以便出口企业准确了解信息，避免货物到达输入国后因不符合有关规定而遭退货或销毁处理等。

从源头抓起，确保出口农产品从农场到离境口岸各个环节环环相扣，层层把关，明确责任。

加大出口农产品检验检疫力度，严禁带有疫情和不符合安全卫生要求的农产品出口，巩固和扩大我国出口农产品的国际市场。

加强多边、双边检验检疫合作与交流，改革双边谈判方式，邀请相关企业参与谈判，提高市场准入谈判的针对性与措施的可操作性，打破进口国对我国农产品的检验检疫技术壁垒。检验检疫准入谈判时出口谈判和进口谈判挂钩，加快出口解禁速度，充分发挥总局统管进出口动植物检验检疫国际市场准入条件的优势，使更多的中国优质农畜水产品打入国际市场。

7. 合理使用TBT、SPS等非关税贸易措施，保护国家和农民的权益

要组织研究国外农产品与我国农产品的差别，分析国外农产品有无涉及我国国家安全、防止欺诈行为、保护人类健康和安全、保护动植物生命和健康以及保护环境的有关因素，运用TBT、SPS规则，合理保护国家安全，减少国外农产品对国内农业产业的冲击。

利用技术法规、标准和合格评定的手段，合理有效地设置技术措施，保护农民的利益。

密切关注国外动植物疫情，完善风险预警机制，加强源头管理和进境后续管理，完善运作程序，使之尽快发挥作用。

充分利用风险分析手段，适时调整入境检验检疫要求，限制国外高风险动植物及其产品入境。

加强并规范进境动植物检疫审批工作，严格限制从疫区进口动植物及其产品，进一步加强进境审批的管理，及时研究进口动态，为宏观决策提出建议。

加强产地预检、监督和疫情调查，在将不合格的动植物及其产品拒之国门之外的同时减少进口企业的不必要损失。

加大农产品入境的检验检疫力度，提高疫情检出率，发现问题，依法采取严格的处理措施，该退货的坚决退货，该销毁的坚决销毁，必要时暂停有

关国家、地区生产的动植物及其产品进口，根据疫情动态，适时制定或调整口岸检验检疫策略与工作重点。

8. 建立相应的农业标准化技术推广体系

农业标准化需要推广和实施，才能变成现实的效益和成果，建立标准化推广体系是农业标准化工作的重要环节，农业标准化推广体系至少应包括以下几个方面。

宣传体系：采用多渠道，多形式的宣传手段，大力宣传标准化在农业中的作用，增强生产者、经营者和消费者的标准化意识。

科技体系：在传授农业技术的同时，将标准寓于其中，使农民在掌握农业科学技术知识的同时掌握农业标准化的原理和方法。

监督检查体系：对标准实施进行监督检查，建立必要的标准许可制度，对生产产地或企业进行质量审查和标准审核，确保标准得以正确地贯彻执行。大力改善监督监测手段，研究开发能够快速监测的方法，实现监督监测手段的现代化。

标准化示范体系：积极开展农业标准化示范区工作，做到组织有效，行动有力，效果显著根据各项技术标准，技术规程，加强宣传培训，指导实际操作，引导农民按标准化组织生产；大力培育示范户，典型引路，以点带面扩大推广范围。

建立标准化信息咨询服务体系：做好信息的收集工作，包括国内国际技术标准、国际先进的检测方法等方面的变化情况，为及时调整质检工作提供依据。为农民和产业化企业以及社会及时提供国内国际市场需求的技术标准方面的信息，及时传递农产品质量安全监督检查和检验检疫情况的信息，以及正确引导市场消费的信息。加强与有关部门的协作配合，扩大资源共享，提高工作水平。

9. 加强农业标准化理论与技术的研究

为进一步完善有关农产品质量标准体系和标准化工作水平，当前主要是研究体现市场对农产品优质要求的质量等级划分的科学依据和方法；研究并确定农产品中有毒有害物质残留等涉及质量安全方面的限量标准及配套的检测分析方法；研究和开发适用于现场应用的快速检测技术和设备；研究农业标准化示范的理论与技术途径；研究世界各国农业标准体系以及我国农业标准体系如何与国际接轨等内容和问题。积极开展农业标准化理论与方法的研究，对指导当前乃至今后开拓标准化工作的深度和广度都有着重要的意义。

随着我国农业由传统自然经济向现代市场经济的转化，农业生产从源头到最终产品，都需要以标准化为基础。农业标准化不仅是发展农业产业化的需要，也是现代化农业的一个重要特征，代表着现代农业发展的方向，成为现代农业的新概念。在我国，鉴于农业生产经营的小规模分散性，农民的素质不高等客观因素，使得农业标准化的发展必然有一个艰苦的过程。但是随着农业的市场化、产业化、集约化的不断推进，越来越多的人将认识到农业标准化的重要性和积极作用，而成为农业标准化的倡导者。特别是加入 WTO 后在国际化竞争的巨大压力下，各级政府将会更加深刻地认识到，农业标准化是提高农产品国际竞争力的有力手段，从而积极加以宣传推广应用，这一过程将会不断加快。

# 第四章　农业与农业生产信息化

发展农业信息化，首先要认清农业信息化的概念、内涵及其重要性。本章在借鉴信息化、农业信息化、农村信息化以及农业农村信息化等概念的基础上，提出了农业信息化的内涵。之后，阐述了农业信息化的地位与作用以及农业信息化的发展进程。最后，对农业信息化的理论基础进行了简要的探讨。

## 第一节　农业信息化的内涵与作用

### 一、信息化

信息化的概念起源于20世纪60年代的日本，西方社会普遍使用的“信息社会”（Information Society）和“信息化”（Informatization）的概念是20世纪70年代后期才开始的。1997年召开的首届全国信息化工作会议，对信息化和国家信息化进行了描述，信息化是指培育、发展以智能化工具为代表的新的生产力并使之造福于社会的历史过程。国家信息化就是在国家统一规划和组织下，在农业、工业、科学技术、国防及社会生活各个方面应用现代信息技术，深入开发并广泛利用信息资源，加速实现国家现代化进程。

中共中央办公厅、国务院办公厅2006年印发的《2006—2020年国家信息化发展战略》对国家信息化做了如下定义：国家信息化是充分利用信息技术，开发利用信息资源，促进信息交流和知识共享，提高经济增长质量，推动经济社会发展转型的历史进程。国家信息化主要包括建设国家信息网络、开发利用信息资源、发展信息技术和产业、推进信息技术应用、建立信息安全保障体系、培育信息化人才、制定和完善信息化政策法规七个方面。

## 二、农业信息化的内涵

目前，国内对农业信息化的定义没有统一的说法，有农业信息化、农村信息化和农业农村信息化三个定义。

定义1：农业信息化是指以现代科技知识提高劳动者素质，大力开发利用信息资源以节省和替代不可再生的物质和能量资源，广泛应用现代信息技术以提高物质、能量资源的利用率，建立完善的信息网络以提高物流速度和效率，提高农业产业的整体性、系统性和调控性，使农业生产在机械化基础上实现集约化、自动化和智能化。

定义2：农村信息化是指在人类农业生产活动和社会实践中，通过普遍地采用以通讯技术和信息技术等为主要内容的高新技术，更加充分有效地开发利用信息资源，推动农业经济发展和农村社会进步的过程。农村信息化内涵丰富，外延广泛，涉及整个农村、农业系统。主要有农村资源环境信息化、农村社会经济信息化、农业生产信息化、农村科技信息化、农村教育信息化、农业生产资料市场信息化、农村管理信息化等。

定义3：农业农村信息化是指通过加强农村广播电视网、电信网、和计算机网等信息基础设施建设，充分开发和利用信息资源，构建信息服务体系，促进信息交流和知识共享，使现代信息技术在农业生产经营及农村社会管理与服务等各个方面实现普及应用的程度和过程。

借鉴上述定义，我们认为，农业信息化是在农业生产、经营、管理和服务等各个领域应用计算机技术、网络与通讯技术、电子技术等现代信息技术的过程。农业信息化的特点为数字化、网络化、精准化、智能化。其内容主要包括农业生产信息化、农业经营信息化、农业管理信息化与农业服务信息化。

农业生产信息化是指在农业生产过程中广泛应用现代信息技术的过程。主要包括大田种植、设施园艺、畜禽养殖、渔业生产及农产品初加工信息化。农业生产信息化的目标是提高农业的生产效率，降低生产劳动成本，转变农业生产方式和发展方式。

农业经营信息化是指在农业经营过程中广泛应用现代信息技术的过程。主要内容包括物流信息化和市场信息化。农业经营信息化的目标是提高交易效率，降低交易成本。

农业管理信息化是指在农业管理活动中广泛应用现代信息技术的过程。本书主要论述农业主管部门政务管理信息化，即农业电子政务，内容包括农业资源管理、农业综合执法（含行政审批）、农业行业管理、农业应急指挥、农产品质量安全。农业电子政务的目标是提高政府工作质量和效率。

农业服务信息化是指在农业服务活动中广泛应用现代信息技术的过程。内容主要包括农业信息服务体系、农业信息服务机制以及农业信息服务模式。农业服务信息化的目标是实现信息服务进村入户，提高信息化服务“三农”水平。

## 三、农业信息化的作用

农业信息化是发展现代农业，推进农业发展方式转变的重要支撑，是保障国家农产品供给安全、农产品质量安全、农业生态安全和农业生产作业安全的基本技术手段，是推进农业产业化经营和促进农民增收的重要途径，也是实现农村和城市生产要素、经济要素、生活要素合理配置和双向流通，破解城乡二元结构、促进城乡统筹发展的必由之路。深刻认识农业信息化的地位和作用，对认识农业信息化工作的战略性和重要性，对指导开展农业信息化工作具有重要的现实意义。

### （一）农业信息化是发展现代农业的重要支撑

当前，我国发展现代农业面临着资源紧缺与资源消耗过大的双重挑战。我国消耗了世界25%的化肥和30%的农药，但肥、药利用率则不足35%，浪费严重。农业的生产方式、管理方式和发展方式迫切需要转变，迫切需要在农业生产过程中对动植物、土壤、环境从宏观到微观的实时监测，以定期获取动植物生长发育动态、病虫害、水肥状况以及相应生态环境的实时信息，以达到合理使用农业资源、降低生产成本、改善生态环境、提高农产品产量和品质的目的。

农业信息化通过对大田种植、设施园艺、畜禽养殖、水产养殖，渔业作业等农业生产的各种要素实行数字化设计、智能化控制、精准化运行、科学化管理，大大提高农业生产的标准化、集约化、自动化、产业化及组织化水平，通过利用现代信息技术及装备提高农业的生产效率，降低生产劳动成本，确保农业高产、优质、高效、生态、安全。因此，农业信息化是改变传统农业生产方式、管理方式和发展方式，实现传统农业向现代农业转变的重要支撑，是未来现代农业发展的基本方向。

**（二）农业信息化是保障国家农业安全的基本手段**

当前我国农业发展面临着一系列的安全问题，一是13亿人口的农产品供给安全问题，二是农产品质量安全问题，三是18亿亩耕地和水产养殖水域的农业生态安全问题，四是农业生产作业安全问题。如何科学、客观地监测这些问题并最大限度地规避风险，迫切需要建立相应的信息化监管平台。

农业信息化就是要在宏观尺度上，普遍应用通讯技术、计算机技术和微电子技术等现代信息技术对农业资源、市场、农业管理部门、机构和管理体系实行信息化、科学化、透明化的管理，对种植业、畜牧兽医、渔业、农垦生产、农机作业、生产资料（农药、种子、化肥、饲料）、农产品质量安全进行科学的监管，提高政府的监督管理水平、工作效率，确保国家农产品供给安全、农产品质量安全、农业生态安全和农业生产作业安全。因此，农业信息化是保障国家农业安全的基本手段，大力发展农业信息化是保障国家经济安全乃至国家安全的重要途径和措施，务必引起各级政府和领导的充分重视。

**（三）农业信息化是促进农民增收的重要途径**

目前，我国个体农户的经营规模小，组织化程度很低，小农户和大市场的矛盾越来越突出，成为影响农民增收的重要"瓶颈"，迫切需要把农业产前、产中、产后连接成统一的链条，减少流通环节和交易环节，降低交易成本，增加市场透明度，把千家万户的分散农民和越来越大的市场衔接在一起。

农业信息化就是通过信息技术将农业生产、流通、市场、交易有机地连成一个整体，延长产业链条，减少流通环节和交易环节，降低交易成本，增加市场透明度，建立起覆盖农业产业化龙头企业、农产品批发市场、农民合作组织和经营大户的农村市场信息服务网络，形成横向相连，纵向贯通的农村市场信息服务渠道，实现小农户与大市场的有效对接，进而推进农业产业化，促进农民增收。因此，大力发展农业信息化是推进农业产业化经营，提高农民组织化程度，降低交易成本，扩大市场需求，促进农民增收的重要途径。

**（四）农业信息化是促进城乡统筹发展的重要举措**

目前，发达的城市与落后的农村，发达的工业体系与落后的农业体系，已经成为制约我国综合国力发展和国家政治经济稳定的根本瓶颈，如何破解城乡二元结构，实现城乡统筹发展是我国未来一个时期面临的最重要的任务，是任何一届政府不得不面临而且亟需解决的基本问题。

农业信息化一头连农民，一头连市民，一头连城市，一头连乡村，一头连工业，一头连农业，是实现农村和城市生产要素、经济要素、生活要素合理配置和双向流通，富裕农民和方便市民的重要桥梁，是缩小城乡数字鸿沟，改变农民文化意识的重要手段。因此大力发展农业信息化是破解城乡二元结构、促进城乡统筹发展的重要举措，务必引起各级领导的充分认识和高度重视。

## 第二节　农业信息化的发展进程与理论基础

### 一、历史回顾

#### （一）新中国成立以来至20世纪80年代末

这一阶段，计算机主要应用于农业科学计算，也开始应用到农业经营管理领域。1979年，我国从国外引进遥感技术并应用于农业。1979年我国引进农口第一台大型计算机——Felix C—512，主要用于农业科学计算、数学规划模型和统计分析等。1981年中国建立第一个计算机农业应用研究机构，即中国农业科学院计算中心，开始以科学计算、数学规划模型和统计方法应用为主进行农业科研与应用研究。1984年，农业部为全国各省农业厅统一配备了长城0520微机，举办3期计算机培训班，有效推动了计算机在农业领域的应用。1987年，农业部成立信息中心，开始重视和推进计算机技术在农业和农村统计工作中的应用。

#### （二）20世纪90年代

这一阶段，政府开始推进农业信息化工作，加强规划指导，建立信息化工作体系，启动建立示范基地。同时，互联网开始应用于农业领域。1992年，农业部制定了《农村经济信息体系建设方案》，成立了农村经济信息体系领导小组，加强信息体系建设和信息服务工作的统筹协调与规划指导，农业信息工作被提到重要日程。1994年，农业部成立主管信息工作的市场信息司，随后各省（自治区、直辖市）农业部门相继成立了对口的信息工作机构；同年12月，在“国家经济信息化联席会议”第三次会议上提出，建立“农业综合管理和服务信息系统”加速推进农业和农村信息化，“金农工程”问世。1995年，农业部制定了《农村经济信息体系建设“九五”计划和2010年规划》。1996年召开第一次全国农业信息工作会议，统一思想，提高认识，加强推进农业信息工作。1996年科技部启动了“国家智能化农业信息技术应用示范工程”重大专项，得到各方支持和努力，22 个省（自治区，直辖市）建立了 23 个示范区。1996 年中国农业信息网建成开通，并为省、地农业部门和 600 多个农业基点调查县配备了计算机，实现了统计数据的计算机处理。1997 年 10 月中国农业科学院建立的“中国农业科技信息网”开始运行。1998 年，广电总局开始实施“广播电视村村通工程”，以解决广播电视信号覆盖“盲区”农民群众收听广播、收看电视问题。1999 年，国家发改委正式批准北京市建设国家精准农业研究示范基地，同年，北京市率先成立农业信息技术专业研发机构——北京农业信息技术研究中心。

**（三）21 世纪以来至今**

这一阶段，政府高度重视，纷纷出台了相关政策，加强农业信息服务建设；中央部委启动建设了一大批重大信息化项目，完善农业信息化基础设施及信息服务体系。2001 年农业部启动了《“十五”农村市场信息服务行动计划》，全面推进农村市场信息服务体系建设。2001 年科技部批准成立国家农业信息化工程技术研究中心，“十五”科技攻关计划实施农业信息技术应用示范工程，“十一五”863 计划实施“数字农业”专题和“精准农业”专项。2003 年建立了以“经济信息发布日历”为主的信息发布工作制度。2006 年下发了《关于进一步加强农业信息化建设的意见》和《“十一五”时期全国农业信息体系建设规划》。2007 年出台了《全国农业和农村信息化建设总体框架(2007—2015)》，全面部署农业和农村信息化建设的发展思路。2009 年工业和信息化部、农业部、商务部、科技部和文化部五部委联合发布了《农业农村信息化行动计划（2010—2012 年)》。一批重大项目的建设，为全面推进农业农村信息化建设提供了重要支撑。2002 年文化部启动建设“全国文化信息资源共享工程”，通过卫星和互联网等手段，将优质文化信息资源传送到基层。2003 年，中组部“农村党员干部现代远程教育工程”开始在山东、湖南、贵州三省试点。2004 年，原国家信息产业部组织中国电信、中国网通、中国移动、中国联通、中国卫通、中国铁通 6 家运营商，在全国范围开展了以发展农村通信、推动农村通信普遍服务为目标的重大基础工程——“村村通电话工程”。2005 年，农业部启动实施“三电合一”农业信息服务项目，充分利用电话、电脑、电视等载体为农民提供各种信息服务。2006 年，农业部统一农业信息服务热线“12316”，并在全国推广。2007 年，农业部启动建设“金农工程”一期项目。

## 二、发展趋势

随着农业农村经济的发展，农业现代化进程的加快，我国农业信息化发展将呈现技术产品化、信息市场化、装备智能化、作业精准化和服务个性化五大趋势。

技术产品化。国外一些国家的成功做法表明，加快农业信息技术研发成果转化，作为产品进入市场，有利于推动信息技术研发企业健康成长，有利于推动自主创新，解决拥有自主知识产权和核心技术的产品缺乏，对外依存度高的问题，有利于加快信息技术的推广应用，促进中国农业信息技术及产品产业化发展。

信息市场化。信息本身属于一种商品。在信息产品交换和信息服务中，引入市场竞争机制，实现信息市场化，是国家信息市场以及市场经济快速发展的必然要求。信息市场化经营有助于发挥市场在信息资源配置中的基础性作用，促进信息流通，发展信息经济，促进社会主义市场经济不断发展。

装备智能化。信息技术的不断发展和在农业领域中的不断渗透，为农业科技的进步注入了强大的动力，农业装备已从传统的功能型逐步向自动化、智能化方向发展。智能农业装备是具有感知、分析、推理、决策和控制功能的农业装备的统称，它是先进制造技术、信息技术和智能技术在农业装备产品上的集成和融合，体现了农业信息化的数字化、网络化、精准化和智能化的发展要求。

作业精准化。农业精准化就是用最佳配方、最小投入，在自然环境的约束下，实现农业最大产出。未来农业生产，农业作业全链条各个环节的要素高度细化，全球定位系统、农业遥感监测、电脑自动控制等现代信息技术深入运用，定时、定量、定位的实施耕作，实现对农业资源的精细利用与管理，提高农业产出率。

服务个性化。随着农民、各类涉农企业、合作组织等农业信息需求主体信息意识的提高，信息需求的多样性和针对性将越来越突出。有了个性化的需要，就要有个性化的服务。服务个性化就是要求以信息需求主体为中心，根据不同信息需求主体的不同需求，向其提供和推荐相关信息，以满足个性化需求。

## 三、农业信息化理论基础

本节提出了农业信息化的理论基础：农业科学、计算机科学、系统论、信息论和控制论等。

**（一）农业科学**

农业科学主要包括作物学（作物栽培、耕作、遗传育种）、园艺学（果树学、蔬菜学、茶学）、农业资源利用学（土壤学、植物营养学）、植物保护学（植物病理、农业昆虫与害虫防治）、畜牧学（动物营养与饲料科学、动物遗传育种与繁殖、草业科学、特种经济动物饲养学）、兽医学（基础、预防、临床）、林学（林木遗传育种、森林培育、森林保护、森林经理、野生动植物保护、园林植物与观赏园艺、水土保持与荒漠化防治）以及水产学（水产养殖、捕捞学、渔业资源学）。发展农业信息化要弄清农业科学的内涵和范畴，进而促进信息技术在农业上的应用向数字化、精准化、智能化的方向发展。

**（二）计算机科学**

计算机科学根植于电子工程、数学和语言学，是一门研究计算机及其周围各种现象和规律的科学，它在20世纪最后30年兴起成为一门独立的学科，并发展出自己的方法与术语。计算机科学是一门包含各种各样与计算和信息处理相关主题的系统学科，从抽象的算法分析、形式化语法等，到更具体的主题如编程语言、程序设计、软件和硬件等。农业信息采集、传输、处理与控制离不开计算机科学涉及的硬件、算法以及软件等技术的支撑。

**（三）系统论**

世界上任何事物都可以看成是一个系统，系统是普遍存在的，系统论的基本思想方法是把所研究和处理的对象当做一个系统，分析系统的结构和功能，研究系统、要素、环境三者的相互关系和变动的规律性，并优化系统的整体功能。农业信息化是一个包含农学知识、信息技术等多层次的大系统，该系统具有大型性、复杂性、多学科性、开放性、风险性等基本特征，研究农业信息化，不能仅凭单目标、单因素，必须运用系统论的观点和系统工程方法统观全局。

**（四）信息论**

信息论是信息科学的主要理论基础之一。信息论是应用近代概率统计方法研究信息传输、交换、存储和处理的一门学科，是源于通信实践发展起来的一门新兴应用科学。信息论主要是应用近代概率统计方法来研究信息的传输、交换、存储和处理，而农业信息化是以农业科学的基本理论为基础，以农业生产活动信息为对象，以信息技术为支撑，进行农业信息的采集、处理、分析、存储、传输等具有明确时空尺度和定位含义的农业信息管理与决策。信息论是农业信息化的技术理论基础，农业信息化是信息理论的实际应用，

依据信息理论、结合信息技术实现，最终实现农业信息的利用。

（五）控制论

控制论是研究生命体、机器和社会的内部或彼此之间的控制和通信的科学，其基本思想是把动物（生物或生态）和机器（工程对象）加以比较，发现共同存在着对信息的提取（传感）、交换（通信）和利用（支配或控制）的过程，特别是信息反馈称为动物和机器进行调整以适应环境的共同规律。在经典控制理论与方法中，最基本的是自动控制系统。农业信息化要研究农业信息的采集、传输、处理和利用等，每一个环节都离不开控制。

按照农业行业的划分，农业生产信息化主要包括大田种植信息化、设施园艺信息化、畜牧业生产信息化和渔业生产信息化。加强农业生产信息化建设，就是要对大田种植、设施园艺、畜禽业生产、渔业生产等的各种要素实行数字化设计、智能化控制、精准化运行、科学化管理，大大提高农业生产的标准化、集约化、自动化、产业化及组织化水平，确保国家农产品供给安全、农业生态安全。

## 第三节　大田种植信息化

加强大田种植业信息化建设就是大力建设推广应用基于 GIS 的农田管理系统、测土配方施肥系统、墒情监控系统、农田气象监测系统、作物长势监控系统、病虫害监测预报防控系统以及精准作业系统，确保大田高产、优质、高效、生态、安全。

### 一、基本农田保护管理系统

基本农田保护管理系统充分运用遥感技术（RS）、地理信息系统（GIS）以及全球定位系统（GPS）技术，以土地利用现状数据库为基础，依托国家、省、市、县四级互动的基本农田网络化管理运行体系，建立基本农田保护数据库及基本农田保护管理信息系统，实现快速准确掌握基本农田现状与利用变化情况，同时通过定期监测，应用信息技术为执法人员提供随身便携式巡查终端，及时对执法对象做出定性、定位、定量的分析与判断，提高执法工作的准确性。

系统主要有以下功能：①具有提取基本农田图斑以及界线，按照国家统一大地坐标系统，套合在土地利用现状数据上，制作套合图作为工作底图等功能，同时，提取基本农田图斑信息，制定保护责任人签名表格，做好各项技术、资料准备工作。②在应用系统上主要集成土地利用现状、基本农田、标准农田等数据，能够实现基本农田查询、汇总统计、成果输出、变更等功能。③支持网络发布土地利用现状、基本农田、道路水系基础地形等信息，以及基本农田查询等。

## 二、测土配方施肥管理系统

测土配方施肥管理系统是指建立在测土配方技术的基础上，以3S技术（RS、GIS、GPS）和专家系统技术为核心，以土壤测试和肥料田间试验为基础，根据作物需肥规律、土壤供肥性能和肥料效应，在合理施用有机肥料的基础上，提出氮、磷、钾及中、微量元素等肥料的施用数量、施肥时期和施用方法的系统。测土配方系统的成果主要应用于耕地地力评价和施肥管理两个方面。

（1）地力评价与农田养分管理。是利用测土配方施肥项目的成果对土壤的肥力进行评估，利用地理信息系统平台和耕地资源基础数据库，应用耕地地力指数模型，建立县域耕地地力评价系统，为不同尺度的耕地资源管理、农业结构调整、养分资源综合管理和测土配方施肥提供指导服务。

（2）施肥推荐系统。是测土配方的目的，该系统借助地理信息系统平台，利月建立的数据库与施肥模型库，建立配方施肥决策系统，为科学施肥提供决策依据。地理信息系统与决策支持系统的结合，形成空间决策支持系统，解决了传统的配方施肥决策系统的空间决策问题，以及可视化问题。目前GIS与虚拟现实技术（虚拟地理环境）的结合，提高了GIS图形显示的真实感和对图形的可操作性，进一步推进了测土配方施肥的应用。

## 三、墒情监控系统

墒情监控系统建设主要含三大部分。一是建设墒情综合监测系统，建设大田墒情综合监测站，利用传感技术实时观测土壤水分、温度、地下水位、地下水质、作物长势、农田气象信息，并汇聚到信息服务中心，信息中心对各种信息进行分析处理，提供预测预警信息服务；二是灌溉控制系统，主要是利用智能控制技术，结合墒情监测的信息，对灌溉机井、渠系闸门等设备的远程控制和用水量的计量，提高灌溉自动化水平；三是构建大田种植墒情

和用水管理信息服务系统，为大田农作物生长提供合适的水环境，在保障粮食产量的前提下节约水资源。

## 四、农田气象监测系统

农田气象监测系统建设主要包括三大部分。一是气象信息采集系统，是指用来采集气象因子信息的各种传感器，主要包括：雨量传感器、空气温度传感器、空气湿度传感器、风速风向传感器、土壤水分传感器、土壤温度传感器、光照传感器等；二是数据传输系统，无线传输模块能够通过 GPRS 无线网络将与之相连的用户设备的数据传输到 Internet 中一台主机上，可实现数据远程的透明传输；三是设备管理和控制系统。执行设备是指用来调节农田小气候各种设施，主要包括：二氧化碳生成器、灌溉设备；控制设备是指掌控数据采集设备和执行设备工作的数据采集控制模块，主要作用为通过智能气象站系统的设置，掌控数据采集设备的运行状态；根据智能气象站系统所发出的指令，掌控执行设备的开启/关闭。

## 五、病虫害远程诊治与预警系统

农业病虫害是大田作物减产的重要因素之一，科学地监测、预测并进行事先的预防和控制，对农业增收意义重大。大田农作物病虫害远程诊治与预警系统建设主要包括如下内容：

病虫害知识库系统建设。基于本体的病虫害远程诊断数值计算技术、基于手机拍照的病虫害图像自动诊断技术、病害数值模糊诊断技术、基于呼叫中心的病害知识自动获取技术以及基于 M2M 技术，开发建设小麦，玉米、水稻、大豆、棉花等主要农作物病虫害知识库系统，进而为大田作物病虫害远程诊断、预测、预报、预警提供基础。

病虫害诊断、预警网络平台。主要采用人工智能、移动互联、M2M、呼叫中心等现代信息技术，开发农业病虫害远程诊断专家系统、短信咨询系统、呼叫咨询系统、远程会诊系统、远程移动监控系统、病虫害预警系统、重大动物疫病预警防控系统，实现专家系统平台、短信平台、呼叫中心平台、M2M 平台、Web 系统平台的有效集成，面向农户提供适用于计算机、手机、固话、掌上电脑等不同终端的病虫害诊断、咨询、预警、防控需求。

## 六、作物生长模型

作物生长模型大体上可以分为生理生态模型和虚拟植物模型两种。一般而言，生理生态模型具有容易获取参数、对计算机性能要求不高等优点，适宜于产量预测、土地生产力评价等方面；而虚拟植物模型的参数较复杂，对计算机性能要求较高，在植物形态结构相关领域的应用具有优势，如在精确农业、生态系统物流、植物生长状况遥感监测、园林设计，虚拟教学等领域具有广阔的应用前景。从20世纪60年代中期开始，研究人员就开始了植物生长的模拟研究。所建立的模型能够预测不同环境条件下生长的植物的某些综合指标，如作物的产量、牧草的生物量、叶面积指数动态、器官的生物量等。这类模型与专家系统结合，对农业生产等领域具有重要的指导意义。

## 七、精准作业系统

精准作业系统主要包括变量施肥播种系统、变量施药系统、变量收获系统、变量灌溉系统。

（1）自动变量施肥播种系统。就是按土壤养分分布配方施肥，保证变量施肥机在作业过程中根据田间的给定作业处方图，实时完成施肥和播种量的调整功能，提高动态作业的可靠性以及田间作业的自动化水平。采用基于调节排肥和排种口开度的控制方法，结合机、电、液联合控制技术进行变量施肥与播种。

（2）基于杂草自动识别技术的变量施药系统。利用光反射传感器辨别土壤、作物和杂草。利用反射光波的差别，鉴别缺乏营养或感染病虫害的作物叶子进而实施变量作业。一种是利用杂草检测传感器，随时采集田间杂草信息，通过变量喷洒设备的控制系统，控制除草剂的喷施量；另一种是事先用杂草传感器绘制出田间杂草斑块分布图，然后综合处理方案，绘出杂草斑块处理电子地图，由电子地图输出处方，通过变量喷药机械实施。

（3）变量收获系统。利用传统联合收割机的粮食传输特点，采用螺旋推进称重式装置组成联合收割机产量流量传感计量方法，实时测量田间粮食产量分布信息，绘制粮食产量分布图，统计收获粮食总产量。基于地理信息系统支持的联合收割机粮食产量分布管理软件，可实时在地图上绘制产量图和联合收割机运行轨迹图。

（4）变量精准灌溉系统。根据农作物需水情况，通过管道系统和安装在末级管道上的灌水装置（包括喷头，滴头、微喷头等），将水及作物生长所需的养分以适合的流量均匀、准确地直接输送到作物根部附近土壤表面和土层中，以实现科学节水的灌溉方法。将灌溉节水技术、农作物栽培技术及节水灌溉工程的运行管理技术有机结合，通过计算机通用化和模块化的设计程序，构筑供水流量、压力、土壤水分。作物生长信息、气象资料的自动监测控制系统，能够进行水、土环境因子的模拟优化，实现灌溉节水、作物生理、土壤湿度等技术控制指标的逼近控制，将自动控制与灌溉系统有机结合起来，使灌溉系统在无人干预的情况下自动进行灌溉控制。

### 八、案　例

黑龙江垦区是我国重要商品粮基地和国家粮食安全战略基地，也是国家重要的农畜产品生产和绿色特色农产品深加工基地，是我国耕地规模最大、现代化程度最高、综合生产能力最强的国有农场群，垦区作为我国现代化农业综合试验区，肩负着发展现代农业、率先实现农业现代化的重任。目前，垦区正在积极推进大田种植物联网示范，其种植业物联网云应用服务平台层次结构如图5-5所示。

## 第四节　设施园艺信息化

加强设施园艺信息化建设就是大力建设推广应用温室环境监控系统、植物生长管理系统、产品分级系统以及自动收获采摘系统，确保温室实现集约、高产、高效、低耗、生态、安全。本节重点介绍以下两个方面：

（1）自动化与智能化管理。主要是指基于作物生长模型，应用温室自动控制技术，实现光照、温湿度和二氧化碳等温室环境参数的自动化控制、水肥药运筹管理与视频监控。主要应用于投资多、基础设施好的连栋温室和高档日光温室生产过程，自动化与智能化管理是设施园艺内部装备技术及其信息化的发展方向。

（2）智能作业与机器人。是指应用嵌入式技术、计算机技术和机械技术，研制开发各种作业装备减轻或代替设施园艺生产过程中繁重的体力劳动，提高生产效率和品质控制水平。采摘机器人是当前设施园艺智能作业装备研发的热点。

### 一、设施园艺自动化与智能化管理

温室环境控制涉及诸多的领域，是一项综合性的技术，它要涉及的学科和技术包括：计算机技术、控制和管理技术、生物学、设施园艺学、环境科学等。要为温室作物营造一个适合作物生长的最佳的环境条件，首先要熟悉温室环境的特点和环境监控的要求，然后制定温室控制系统的总体设计方案、控制策略并付诸实施。

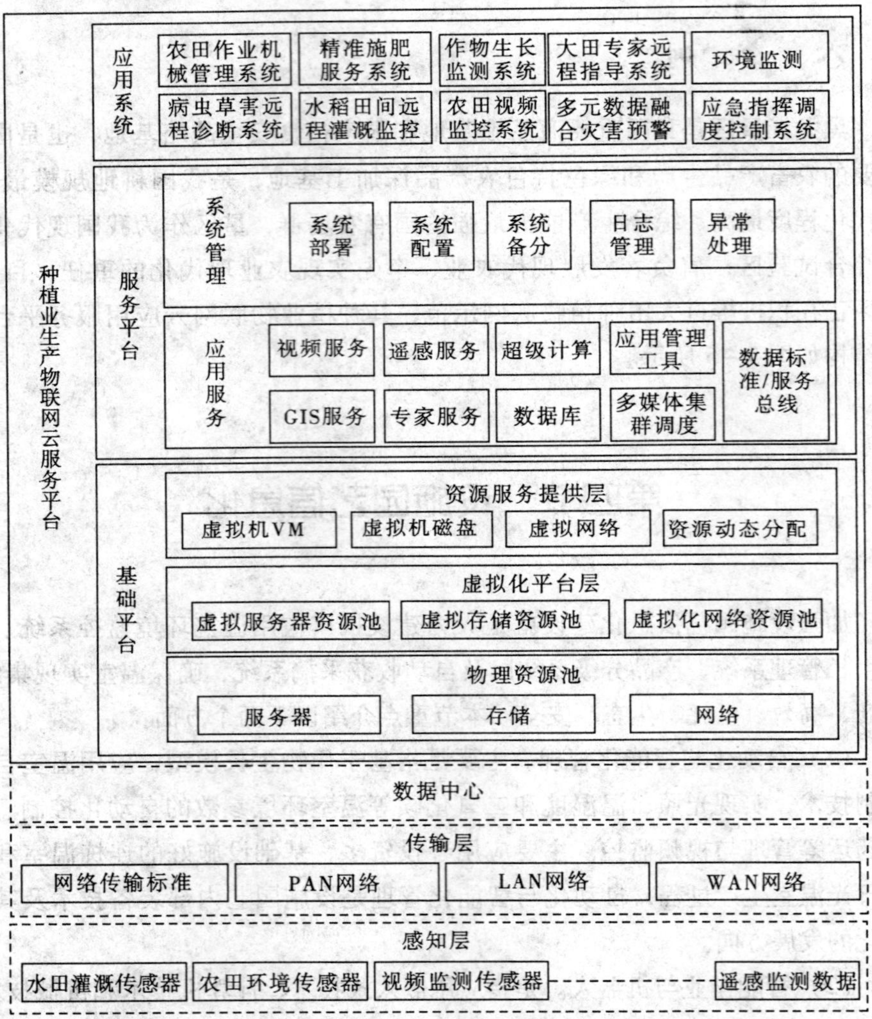

种植业生产物联网云服务平台

应用系统：农田作业机械管理系统、精准施肥服务系统、作物生长监测系统、大田专家远程指导系统、环境监测、病虫草害远程诊断系统、水稻田间远程灌溉监控、农田视频监控系统、多元数据融合灾害预警、应急指挥调度控制系统

服务平台：
- 系统管理：系统部署、系统配置、系统备分、日志管理、异常处理
- 应用服务：视频服务、遥感服务、超级计算、应用管理工具、GIS服务、专家服务、数据库、多媒体集群调度、数据标准/服务总线

基础平台：
- 资源服务提供层：虚拟机VM、虚拟机磁盘、虚拟网络、资源动态分配
- 虚拟化平台层：虚拟服务器资源池、虚拟存储资源池、虚拟化网络资源池
- 物理资源池：服务器、存储、网络

数据中心

传输层：网络传输标准、PAN网络、LAN网络、WAN网络

感知层：水田灌溉传感器、农田环境传感器、视频监测传感器、遥感监测数据

**图 5－5　种植业物联网云应用服务平台层次结构图**

温室内的各种环境因素都可以通过相应的设备进行控制：①加热设备：热水锅炉、燃油风炉、电加热器及太阳能加热器等；②自然通风系统：包括天窗和侧窗；③强制通风设备：轴流风机；④湿帘风机降温加湿系统，屋顶喷淋系统；⑤遮阴保温设备：遮阳网、保温被；⑥$CO_2$ 施用系统：纯 $CO_2$ 或 $CO_2$ 发生器；⑦人工补光设备：生物效能灯（补光钠灯）等；⑧灌溉施肥系

统：各种营养液罐、混合器、滴灌机等。

**（一）温室自动控制系统技术方案**

温室环境状况对温室环境控制有着决定性的影响。一般建筑物最多只针对气温及湿度等进行检测，而现代温室环境控制则还需兼顾光量、光质、光照时间、气流、植物保护、$CO_2$ 浓度、水量、水温、肥料等多种因素进行控制。完整的环境控制系统包括控制器（包括控制软件）、传感器和执行机构。最简单的控制系统由单控制器、单传感器和执行机构组成，可由温度自动控制器控制加热、开闭天窗或是打开卷帘，由时间控制器控制定时灌溉，由 $CO_2$ 浓度控制器控制释放 $CO_2$ 进行施肥等。在实际生产中采用这些控制系统可以大大节省劳动力，节约成本。目前的计算机环境控制系统通过采用综合环境控制方法，充分考虑各控制过程间的相互影响，能真正起到自动化、智能化和节能的作用。

分布式控制系统主要组成部分包括：温室群、多个分布式温室控制器、监控管理部分（监控管理软件和数据库系统）、通信总线。其中，温室群指大型连栋温室群，各个温室包含传感器和执行机构及设施，通过采用大型连栋温室群控制系统硬、软件和数据管理系统，包括分布式温室控制器研制、监控管理软件的开发、数据库系统的设计和管理、维护以及总线的选择和通信实现等相关技术研究，实现温室的分布式网络自动控制。具体如图 5－6 所示。

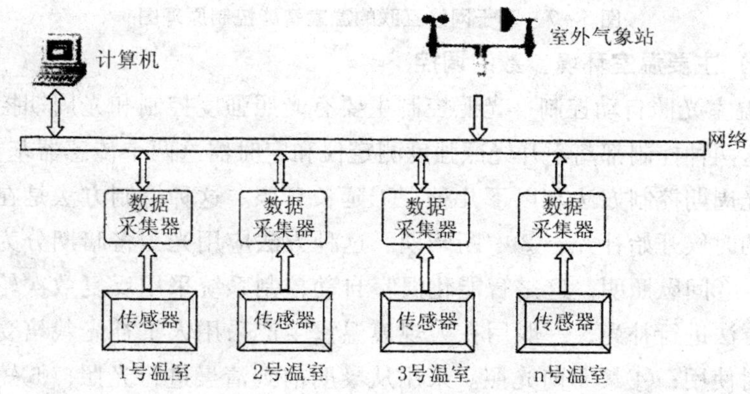


**图 5－6 分布式温室控制系统**

温室内安装土壤水分传感器、空气温湿度传感器、无线测量终端和摄像头，通过无线终端，可以实时远程监控温室环境和作物长势情况。在连栋温室内安装一套视频监控装置，通过 3G 或宽带技术，可实时动态展现自动控制效果。通过温室环境手机管理平台，可实现通过手机网络或短信的方式，监测大田传感器网络所采集的信息，以作物生长模拟技术和传感器网络技术为基础，通过常见蔬菜生长模型和嵌入式模型的低成本智能网络终端，通过共享、交换、融合，获得最优和全方位的准确数据信息，实现对该蔬菜施肥、灌溉、播种、收获等的决策管理和指导。并且该测控系统可以通过中继网关和远程服务器双向通信，服务器也可以做进一步决策分析，并对所部署的温室中灌溉等装备进行远程管理控制。基于无线传感器网络技术的系统网络结构如图 5－7 所示。

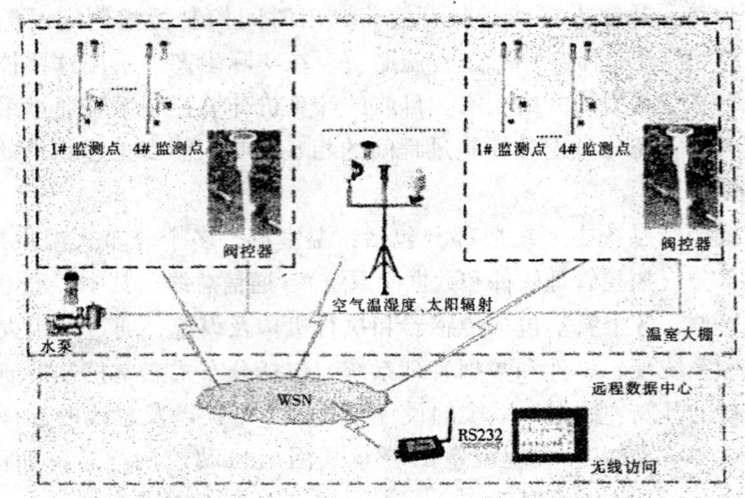


图 5－7　基于网络互联的温室智能控制原理图

**（二）主要温室环境参数的调控**

1. 温室光照自动控制　光照控制主要有光照强度控制和光周期控制两种方式。这两种控制都离不开光照强度测定仪和定时器这两个传感器基本部件。常用的光周期控制方法有以下几种；①延长日照。这种控制方法是在傍晚天色变暗的时候开始补光；②中断暗期。这种方法应用光照将暗期分为两段进行补光；③间歇照明。这是智能化温室自动控制系统采用反复数次轮流暗期中断的方法进行补光，一般用在大规模温室生产采用人工补光栽培受电源容量限制时使用；④黎明前光照。采用从黎明前到清晨进行光照；⑤短日中断光照。

2. 温室温湿度自动控制　温室空气湿度调节的目的是为了降低空气相对湿度，减少作物叶面的结露现象。降低空气湿度的方法主要有以下 4 种：①通风换气。这是调节温室内湿度环境的最简单有效的方法；②加热。在温室内空气含湿量一定的情况下，通过加热能够提高温室内温度，就能起到降低

室内空气湿度的作用；③改进灌溉方法。在温室内采用灌溉、微喷灌等节水措施可以减少地面的集水，显著降低地面蒸发量，从而降低空气湿度；④吸湿。采用吸湿材料吸收空气中水分可降低空气中含湿量，从而降低空气相对湿度。有些情况下温室需要加湿以满足作物生长要求。最常见的加湿方法是细雾加湿，即在高压作用下，水雾化成直径极小的雾粒飘在空气中并迅速蒸发，从而提高空气湿度。

3. $CO_2$ 浓度的自动控制　实时监测温室内部的 $CO_2$ 浓度，并根据作物生长模型对 $CO_2$ 浓度的需求，通过 $CO_2$ 发生器自动补充，满足作物呼吸要求。主要的 $CO_2$ 补充方法有：①日光温室增施有机肥，提高土壤腐殖质的含量，改善土壤理化性状，促进根系的呼吸作用和微生物的分解活动，从而增加二氧化碳的释放量。目前此方法是解决二氧化碳肥源最有效的途径之一；②石灰石加盐酸产生二氧化碳，此方法简单、价格低，是理想的二氧化碳肥源；③硫酸加碳酸氢铵产生二氧化碳；④施用二氧化碳固粒肥；⑤采用二氧化碳发生器。

### （三）水肥药智能管理

高效水肥药智能管理系统应用基于物联网技术的臭氧消毒机、施肥喷药一体机、灌溉施肥机等设施农业肥水药调控管理智能装备，为实现设施安全生产、肥药精确调控提供支撑，实现温室现场消毒、灭菌，对作物病虫害有很好的预防作用，大大节省施药量，有效改善设施蔬菜产地环境。

### （四）温室视频监控

视频监控实现了温室作物图像的实时采集和远程传输，以便监测作物的长势以及作物生长过程中对水分、养分的需求情况和作物发生病虫害情况，为温室的管理和决策提供直观的依据和便利。视频监控系统由嵌入式核心处理器、视频图像采集前端、外部大容量存储卡、LCD 显示屏、JTAG 接口、网络接口等部分组成。系统的工作原理是：视频图像采集设备把采集到的图像信息通过 USB 接口传送到核心处理器，通过核心处理器处理后在 LCD 显示屏上显示，存储到 CF 存储卡中，并通过网络发送到远端的监测中心。

## 二、设施园艺智能作业与机器人

农业机器人是一种以完成农业生产任务为主要目的、兼有人类四肢行动、部分信息感知和可重复编程功能的柔性自动化或半自动化设备，集传感技术，监测技术、人工智能技术、通讯技术、图像识别技术、精密及系统集成技术等多种前沿科学技术于一身，在提高农业生产力，改变农业生产模式，解决劳动力不足，实现农业的规模化、多样化、精准化等方面显示出极大的优越性。它可以改善农业生产环境，防止农药、化肥对人体造成危害，实现农业的工厂化生产。用于设施园艺的农业机器人按作业对象不同通常可分为以下两类：①可完成各种繁重体力劳动的农田机器人，如插秧、除草及施肥、施药机器人等；②可实现蔬菜水果自动收获、分选、分级等工作的果蔬机器人，如采摘苹果、采蘑菇、蔬菜嫁接机器人等。

中国农业大学于2010年研发出国内第一台黄瓜采摘机器人。该黄瓜采摘机器人能在温室内自主行走，根据黄瓜和叶子的光谱学特性差异实现黄瓜的有效识别，采用双目立体视觉对黄瓜的位置进行三维空间定位后采用柔性机械手实现对黄瓜的无损抓取。关键技术包括：基于多传感器融合的果实信息获取技术、基于双目视觉的特征点匹配技术、智能导航控制技术、柔性和力觉感知的黄瓜采摘机械手控制技术。其采摘效率及温室示范技术处于国际领先水平。

## 三、案　例

近年来，北京农业信息技术研究中心与北京市及各区县农委合作，以设施蔬菜、花卉生产为切入点，积极开展了设施农业信息化的试验示范；在北京大兴、通州、顺义、昌平等8个区县的规模设施农业生产基地集中应用了一批具有自主知识产权的信息化与物联网技术产品，建设了基于生物环境感知技术、低成本无线宽带传输技术和智能反馈控制技术等的设施农业生产远程指导、设施环境综合调控，肥/水/药智能投入等信息化综合应用系统。其中在大兴区涉及5个乡镇的6个生产基地和15家规模化农业龙头企业、标准化生产基地、专业合作组织；主要应用了具有自主知识产权的室外气象自动监测系统、温室娃娃、温室环境监测与智能控制系统、移动式温室精准施肥系统、负水头精准灌溉系统、移动式温室精准施药机、温室网络视频语音监测系统、基地GIS管理系统等，同时采用动漫技术开展农民培训，使农民容易掌握设施农业信息化技术系统的使用。经过实践摸索出了一套“可看、可学、可用、可推广”的设施农业信息化生产技术应用模式，显著提高了设施农业应用示范基地的生产效率和管理水平，提升了设施农产品品质和质量安全水平；提高了肥、水、药等设施生产投入品的利用率，促进了产地生态环境的改善，提升了从业农户的生产技术水平。

以北京市大兴区采育镇鲜切菊花生产基地为例，该基地占地面积400余亩，拥有日光温室200栋，基地以生产切菊花为主，年产鲜花500万枝，产品90%出口日本。该基地通过安装网络型温室环境智能控制系统，对温室内温度进行

实时监控，农民根据温度变化随时调整用煤量，保持菊花生长的最佳温度，避免了原来的盲目加温，一方面煤炭使用量比以前节约了近30%，节约成本30万元左右；另一方面，通过温度的有效调节，使菊花从分化到现蕾时间缩短了5~7天，而且品质得到了提高；通过网络型精准灌溉管理系统使用，用水量节省了69%，170栋温室年可节水1.4万吨；采用精准施肥系统，提高肥料利用率10%左右，年节约化肥资金1.5万元；通过精准施药系统，节省农药20%，年节约农药费用1万元左右；安装的温室娃娃系统，集成了基地高级技术人员掌握的菊花管理关键技术，可以根据菊花不同生长阶段对温湿度的需求，自动提示农民进行通风、加温等操作，实现了菊花生产的有效管理控制；信息化技术设备的综合运用使温室内的温度、湿度保持在最有利于菊花生长的范围内，减少了农作物因温度、湿度的不适而发生的病虫害，使菊花出口品质的合格率提高了20%。图5-8为该基地的温室大棚远程监控系统。

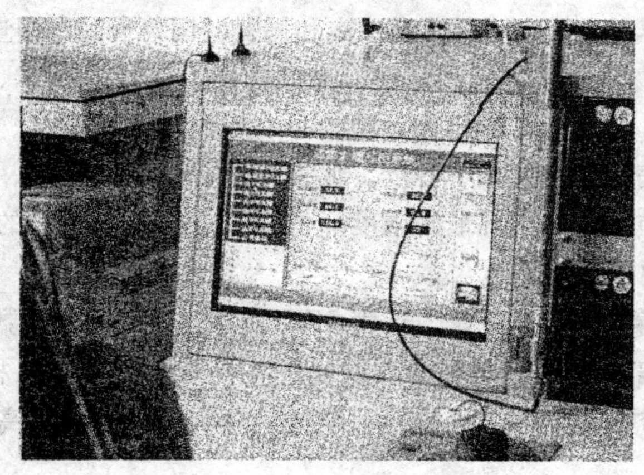

图5-8　温室大棚远程监控系统

## 第五节　畜牧业生产信息化

加强畜牧业信息化建设就是大力建设与推广应用畜禽养殖环境监控系统、饲料自动给喂系统、育种繁育系统、疫病诊断与防控系统、养殖场管理系统、质量追溯系统，最终实现畜禽养殖集约、高产、高效、优质、健康、生态，安全。

（1）畜禽养殖环境监控系统。利用传感器技术、无线传感网络技术、自动控制技术、机器视觉、射频识别等现代信息技术，对畜禽（猪、牛、羊、鸡、鸭、鹅等）养殖环境参数进行实时的监测，并根据畜禽生长的需要，对畜禽养殖环境进行科学合理的优化控制，实现畜禽环境的自动监控，以实现畜禽养殖集约、高产、高效、优质、健康、节能、降耗的目标。

（2）饲料自动饲喂系统。主要采用动物生长模型、营养优化模型、传感器、智能装备、自动控制等现代信息技术，根据畜禽的生长周期、个体重量、进食周期、食量以及进食情况等信息对畜禽的饲料喂养时间、进食量进行科学的优化控制，实现自动化饲料喂养，以确保节约饲料、降低成本、减少污染和病害发生、保证畜禽食用安全。

（3）畜禽育种繁育系统。主要运用传感器技术、预测优化模型技术、射频识别技术，根据基因优化原理，在畜禽繁育中，进行科学选配、优化育种，科学监测母畜发情周期，从而提高种畜和母畜繁殖效率，缩短出栏周期，减少繁殖家畜饲养量，进而降低生产成本和饲料、饲草资源占用量。

（4）畜禽疫病诊断与防控系统。主要利用人工智能技术、传感器技术、机器视觉技术，根据畜禽养殖的环境信息、疾病的症状信息、畜禽的活动信息，对畜禽疾病发生、发展、程度、危害等进行诊断、预测、预报，根据状态进行科学的防控，以实现最大限度降低由于疫病疫情引发的各种损失，控制流行范围的目标。

（5）畜禽养殖场管理系统。运用RFID技术、条码技术、数据库技术、网络技术、管理信息系统等对畜禽养殖场的畜禽个体情况、出栏情况、饲料、人员、市场等方方面面的信息进行科学的管理和配置，以提高工作效率，减少浪费。

（6）畜禽产品质量管理与追溯系统。运用RFID技术、条码技术、数据库技术、网络技术、移动通信等技术，对畜禽个体进行标识，对个体信息、畜主、养殖过程、加工过程、流通过程等相关信息进行登记，从而达到能进行质量管理和溯源的目标，确保畜禽产品质量安全。

## 一、畜禽养殖环境监控系统

畜禽养殖环境健康系统主要由畜禽养殖环境信息传感系统、畜禽养殖环境信息无线传输系统、畜禽养殖环境自动控制系统3个子系统构成：

### （一）畜离养殖环境信息传感系统

传感系统主要用来能感知畜禽养殖环境质量的优劣，如冬天畜禽需要保温，畜禽舍内通风不畅，二氧化碳、氨气、二氧化硫等有害气体含量，空气中尘埃、飞沫及气溶胶浓度，温、湿度等环境指标，按一定规律变换成为电信号或其他所需形式的信息输出，以满足信息的传输、处理、存储、显示、记录和控制等要求。它是实现自动检测和自动控制的首要环节。

**（二）畜禽养殖环境信息无线传输系统**

无线传感网络（Wireless sensor net，WSN）系统是计算机技术、传感器技术和网络通信技术相结合的产物，是由大量随机分布的、具有实时感知、无线通信和自组织能力的传感器节点组成的分布式监测系统。主要的无线监控系统采用的通信方式包括中国移动的 GPRS 和中国联通的 CDMA，各自拥有其优势。

**（三）畜离养殖环境自动控制系统**

自动控制系统用于控制各种环境设备。系统通过控制器与养殖环境的控制系统（如红外、风扇、湿帘等）实现对接。控制设备主要采用并联的方式接入主控制器，主控制器可以实现对控制设备的手动控制。除此之外，通过增加继电器（控制器控制继电器）并联入现有的控制电路，实现原系统的手动控制功能继续有效，新增远程智能控制功能。控制器具有与各主控设备进行数据交换功能，可以接收并执行智能养殖平台反向发送的控制指令，对各主控设备进行控制。控制器还可以实现手动、自动功能切换，在进行手动和自动切换时，切换的信号自动反映到主控中心。手动控制时，通过软件平台上的控制按钮便可以进行加温、降温等控制操作。自动控制时，完全由控制软件根据采集到的传感器数据和阈值设置进行联动自动操控。

**（四）畜禽养殖环境监控解决方案**

畜牧业环境监控的一般应用是将大量的传感器节点构成监控网络，通过各种传感器采集信息，以帮助农民及时发现问题，并且准确地确定发生问题的位置，这样农业将逐渐地从以人力为中心、依赖于孤立机械的生产模式转向以信息和软件为中心的生产模式，从而大量使用各种自动化、智能化、远程控制的生产设备。

智能养殖系统的网络架构为：在养猪舍内部署各类室内环境监测传感器，通过 CD – MA 网络传输到电信基站并进入互联网。智能养殖系统的平台服务器可以托管在电信 IDC 机房中，也可以放在本地机房。在本地不需要集中建立中央监控中心，任何能接入 Internet 的地方都可以通过登录系统网站监测养猪舍内的室内环境，并根据系统的告警信息进行告警处理，进行远程控制。智能采集系统整体拓扑结构图如图 5 – 9 所示。

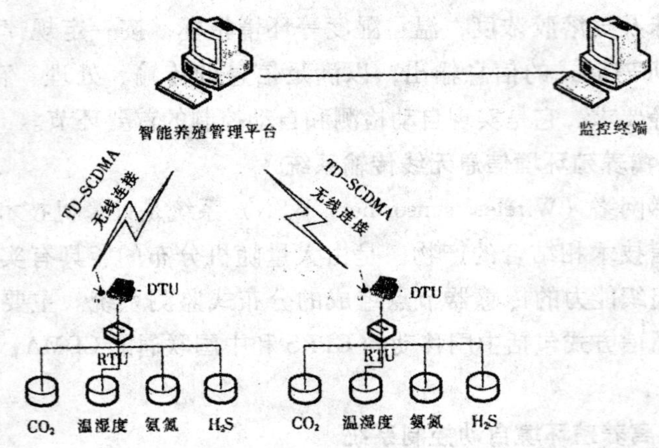


图5-9 智能采集系统拓扑结构图

系统可实现如下功能：①养殖舍环境信息智能采集系统：实现养殖舍内环境（包括 $CO_2$、氨氮、$H_2S$、温度、湿度）信号的自动检测、传输、接收。②养殖舍环境自动调控系统：实现养殖舍内环境（包括照度、温度、湿度）的集中、远程、联动控制。③智能养殖管理平台：实现对采集自养殖舍的各路信息的存储、分析、管理；提供阈值设置功能；提供智能分析、检索、报警功能；提供平台账号与权限管理功能；提供驱动养殖舍控制系统的管理接口。

## 二、饲料配方系统

我国是畜禽饲料生产大国，2009 年商品饲料总产量达到 1.45 亿吨，居世界第二位，但是，我国的饲料配方计算技术仍然相对落后，远远不能满足畜禽饲料配方的需要。研发饲料配方系统，重点是集成构建以品种、环境参数及预期生产目标为驱动因素的主要畜禽动态营养需要量模型库，突破传统的线性规划技术，研究多产品、多因素约束的大样本配方模型构建技术，以及复杂的智能云优化计算技术，逐步替代引进的饲料配方，减少大型企业为此而承担的过高外来技术支出费用，增强我国企业竞争力和畜禽养殖水平。

## 三、自动饲喂系统

### （一）电子识别系统

动物电子标识（Animal Electronic Identification）系统是用来标识动物属性的一种具有信息存储和处理能力的射频标识，是射频技术在动物管理中的应用。在实际应用中，根据不同的用途，动物电子标识通常设计并封装成注射

植入型、耳挂型、瘤胃型和脚环型等多种形式。电子标识系统是牲畜饲养和管理系统使用的前提和基础。电子标识管理系统，除了企业内部在饲养的自动配给和产量统计等方面的应用之外，还可以用于动物标识、疫病监控、质量控制及追踪动物品种等方面，是掌握动物健康状况和控制动物疫情发生的极为有效的管理方法。

**（二）计量传感系统**

计量是准确下料过程中的重要组成部分。目前，用于家畜精料自动补饲装置中的计量方式主要为容积式和称重式两大类。称重式具有计量精度高、通用性好和对物料特性的变化不敏感等特点，但计量速度慢、结构复杂、价格高。容积式是靠盛装物料的容器决定加料量，其计量精度主要取决于容器容积的精度、物料容重及物料流量的一致性，其结构简单、成本低、速度快于称重式。

称重式定量计量方法采用重量传感器和秤，其中秤主要有机械式杠杆秤、电子秤和机械电子组合秤。从给料方式来看，有单级给料和多级给料。为了提高给料速度和计量精度，大都采用多级给料并一边给料一边称重的动态称量，通过粗给料器或粗细给料器一起快速往称量料斗加入目标量的大部分（一般80%～95%），然后粗给料器停止给料，剩余的小部分通过细给料器缓慢加入称量料斗，给料过程结束后，控制称量料斗投料机构打开投料门，完成投料。

**（三）配料控制系统**

物料从储料仓到称重器的控制方式是自动饲喂控制过程的关键所在。一般设计称重控制器的做法是：先启动喂料机开始喂料，然后在喂料的过程中不断地检测喂料的重量。当理论用料量和当时的实际喂料量的差值小于喂料提前量时，关闭喂料器的喂料阀门，停止喂料，靠惯性和阀门关闭后的物料流量补足理论料量；若提前量太大，靠点动喂料完成。

## 四、动物繁育与育种系统

**（一）动物发情监测系统**

发情监测系统根据品种生理和行为特征，自动地对动物发情进行鉴定。发情监测系统根据相关传感器把这种动物交流的过程精确记录下来，当达到系统设置的发情指标以后，系统自动将该头母猪喷墨标记。

**（二）畜禽遗传育种评定算法**

选种是育种工作中的关键环节，正确的选种要基于对畜禽遗传素质的准确评定，因此，畜禽个体的遗传评定是畜禽遗传改良工作的重要环节。畜禽遗传评估涉及众多的目标性状、生产管理和育种的大量数据，目前我国各种畜禽，特别是奶牛、养猪生产的遗传改良，采用的主要方法是BLUP（Best Linear Unbiased Prediction，最佳线性无偏预测）法估计性状育种值，BLUP育种值估计方法最大的优势在于能够采用多方面的育种数据，从而提高遗传评定的准确性。

## 五、畜牧业机器人

畜牧业机器人可替代人养牲畜、挤牛奶、剪羊毛等工作，如牧羊、喂料及挤奶机器人等。任何一种农业生产机器人的正常工作均有赖于对作业对象的正确识别与定位，但由于畜牧的流动性和环境的复杂性，特别是光照条件的不确定性、环境的相似性、个体差异性和遮挡等问题的存在，希望对作业对象有比较精确地识别与定位。目前主要采用基于RFID的机器视觉技术，并改进图像获取和图像处理算法等，以提高识别与定位的准确性与精确度。

由于畜牧的流动性，需要有比较准确的自主导航能力和精确的路径规划来找到目标。导航能力是多功能行走农业机器人应具备的重要认知特性。机器人应能根据环境知识和目标位置或位置序列，确定自身的行走方向，从而尽可能有效和可靠地到达目标位置。解决导航问题的方法有许多种，如基于地图的导航、基于信标的导航、基于卫星的导航、基于视觉的导航以及基于非视觉传感器的导航等，农业机器人多采用视觉导航方法，或采用以其为主的组合导航方法。

实用化的挤奶机器人都是以在牛舍等放养（不拴系）的牛为对象的，由牛自己走到放有饲料的挤奶室挤奶。在挤奶室对牛进行识别、清洗乳头、装上挤奶杯、检测奶的质与量、卸下挤奶杯、给乳头消毒、将牛从挤奶室赶出等一系列操作，同时计算机进行数据管理。乳头检出有激光，超声波、光电等方式。乳头检出后，由机械臂将挤奶杯装上。

## 六、案　例

荷兰Nedap公司的Velos智能化母猪饲养管理系统以无线射频识别为技术平台，在群养环境下对怀孕母猪进行单体精确饲喂、自动分离管理母猪和自动鉴定发情母猪。目前，国内30余家猪场已经使用了Velos智能化母猪饲养管理系统，这一系统真正在母猪饲养管理上实现了猪场智能化管理。

猪精确喂料、监测发情母猪以及分离需要处理的母猪（如发情、临产、生病以及打疫苗）是猪场管理者最头疼的问题，而Velos智能化母猪饲养管理系统正好解决了这三大棘手的问题。

Velos系统配置的单体精确饲喂器解决了给母猪精确喂料的问题。通过扫描电子耳标、系统自动识别该母猪的饲喂量，并且单独饲喂，确保母猪在完全无应激的状态下进食，而且达到精确饲喂，有效控制了母猪体况，也减少了饲料浪费，为提高母猪利用年限和生产成绩奠定了基础。

Velos系统配置的发情监测器解决了监测母猪发情的难题。发情监测器通过和公猪的联合使用，24小时不间断监测母猪的发情状况。当母猪发情时，和公猪的交流会更加的频繁。发情监测器把这种交流的过程精确记录下来，当达到系统设置的发情指标以后，系统自动将该头母猪喷墨标记。

自动分离器的使用解决了第三个问题——分离需要处理的母猪。当发情监测器喷墨标记下发情母猪时，人工把这头被标记的发情母猪从大圈分离出来是很耗时耗力的，而且对大圈的其他母猪也有一定的应激。分离临产母猪、生病母猪以及需要打疫苗的母猪也一样。而Velos系统配置的分离器可以让母猪在不知不觉中被分离到待处理区域，不需要分离的猪则回到大圈，既节省人力，又避免了猪的应激。

## 第六节　渔业生产信息化

加强渔业信息化建设就是大力建设与推广应用水质环境监控系统、养殖场管理系统、饲料自动投喂系统以及疾病诊断防控系统，最终实现水产养殖集约、高产、高效、优质、健康、生态、安全。同时大力推进船舶动态监管系统、捕捞作业系统、船舶自动导航系统、渔船管理系统建设，保障渔业作业安全，提高渔业捕捞产量。主要包括以下内容：

（1）水产养殖水质环境监控系统。利用传感器技术、无线传感网络技术、自动控制技术，机器视觉、射频识别等现代信息技术，对水产养殖环境参数进行实时的监测，并根据水产养殖的需要，对养殖环境进行科学合理的优化控制，以实现水产养殖集约、高产、高效，优质、健康、节能、降耗的目标。

（2）饵料自动饲喂系统。主要采用动物生长模型、营养优化模型、传感器、智能装备、自动控制等现代信息技术，根据水产品种的生长周期、个体重量、进食周期、食量以及进食情况等信息对水产养殖的饵料喂养时间、进食量进行科学的优化控制，实现自动化饵料喂养，以确保节约饵料、降低成本、减少污染和病害发生、保证水产品食用安全。

（3）水产疫病诊断与防控系统。主要利用人工智能技术、传感器技术、机器视觉技术，根据水产养殖的环境信息、疾病的症状信息、养殖品种的活动信息，对水产疾病发生、发展、程度、危害等进行诊断、预测、预报，根据状态进行科学的防控，以实现最大限度降低由于疫病疫情引发的各种损失，控制流行范围的目标。

（4）捕捞生产系统。利用声、光、电等现代信息技术，如光诱围网、光诱敷网激光围鱼捕捞技术、自控控制钓机等技术，提高渔业捕捞的命中率和产量，推进渔船捕捞的现代化进程。

## 一、水产养殖水质环境监控系统

渔业养殖环境中养殖水体监测的主要内容包括水体温度、pH、溶解氧、盐度、浊度、氨氮、COD、BOD 等对水产品生长环境有重大影响的水质及环境参数，另外气候因素对水体的变化也会产生较大影响，作为相关因素也应进行监测。养殖环境监控的信息化技术手段主要采用智能水质传感器来监测水质参数变化，采用无线传感网络、移动通信网络和互联网来传输水质参数数据，采用水质控制机械来调控水质参数。

水产养殖水质环境监控系统主要由水环境监测站、水质控制站、气象站、无线传感网络、现场及远程控制中心和中央云处理平台组成。

水环境监测站包括智能水质传感器与无线数据采集终端，主要完成对溶解氧、pH、水体温度、氨氮、水位、叶绿素等各种水质参数的实时采集、在线处理与无线传输。

水质控制站包括无线控制终端、电控箱以及空气压缩机、增氧机等各种水质调控设备，无线控制终端汇聚水质监测站采集的数据，并接收来自监控中心的控制指令，通过电控箱控制空气压缩机、增氧机、循环泵等水质调控设备的动作。

气象站主要完成对风速、风向、空气温湿度、太阳辐射以及雨量等气象数据的实时采集、在线处理与无线传输，依据该气象数据可分析水质参数与天气变化的关系，以便更好地预测水质参数的变化趋势，提前采取调控动作，保证水质良好。

无线传感网络和移动通信网络及互联网实现水质监控数据的传输。

现场及远程监控中心分别依托无线传感网络和具有 GPRS/GSM 通信功能的中心服务器与中央云处理平台，通过水质智能控制算法，实现现场及远程的数据获取、系统报警、系统预警、系统控制等功能。

中央云处理平台是为专门现场及远程监控中心提高云计算能力的信息处理平台，主要提供鱼、虾、蟹、鳖、参、贝等各种养殖品种的水质监测、预测、预警以及为用户管理决策提供工具。此外方案中可以配备远程视频监控技术，实现渔业养殖环境安防监控和水质调控设备运行状况反馈，提高方案的可靠性。

## 二、水产健康养殖管理信息化系统

水产健康养殖信息化系统是将饵料配方优化、精细喂养决策、水产疫病预警与诊断等关键系统进行集成，关键技术涉及：饵料配方优化模型、精细喂养决策模型、疾病预警与诊断模型。下面分别阐述：

### （一）饲料配方优化模型

饵料配方优化模型是通过分析不同养殖对象在不同生长阶段对营养成分的需求情况，在保证养殖对象正常生长所需养分供给的情况下，根据不同原材料的营养成分及成本，采用遗传算法、微粒群等优化设计方法，优化原材料配比，降低饵料成本。

### （二）精细喂养决策模型

精细喂养决策是根据各养殖品种长度与重量关系，通过分析光照度、水温、溶氧量、浊度、氨氮、养殖密度等因素与鱼饵料营养成分的吸收能力、饵料摄取量关系，建立养殖品种的生长阶段与投喂率、投喂量间定量关系模型，实现按需投喂，降低饵料损耗，节约成本。

### （三）水产疾病预警与诊断模型

水产疾病预警与诊断是针对水产养殖场水产品疾病发生频繁、经济损失较大且鱼病预防和预警系统缺乏等实际问题，从水产品疾病早预防、早预警的角度出发，在对气候环境、水环境、病源与水产品疾病发生的关系研究的基础上，确定各类病因预警指标及其对疾病发生的可能程度，根据预警指标的等级和疾病的危害程度，研究并建立水产品疾病三级预报预警模型；采用统计概率和主观概率相结合、CBR 和 RBR 相结合的方法，研究以现场调查、目检和镜检、防治为主要内容的疾病症状，病因、病名与防治方法、疾病诊断推理网络关系模型，实现水产养殖疾病精确预防、预警、诊治。

## 三、捕捞生产信息化

我国是渔业大国，海洋渔业水域面积300多万平方千米，渔业船舶28.14多万艘。分散的作业船只加大了管理难度，同时海洋渔业的特点和海上作业环境复杂多变，决定了海洋渔业生产是高危事故高发行业。因此，必须采用信息技术提高捕捞生产效率，降低渔业风险，强化安全生产，实现渔业经济可持续发展和渔区社会和谐稳定。捕捞信息系统是借助无线电通信、导航和助鱼设备，如电台、对讲机、雷达、测向仪、鱼探仪等信息技术，配备内置海图、卫星导航的多功能仪器。采用声、光、电技术结合的渔法如光诱围网、光诱敷网等技术，增加捕鱼的命中率，提高捕捞作业效率。

## 四、案　例

2009年以来，江苏省宜兴市农林局面向“感知农业”发展的重大需求，积极寻求现代农业与物联网的结合点，按照“引人才、建园区、上项目”的总体思路，积极开展农业信息化试验示范，和中国农业大学信息与电气工程学院合作在宜兴市高塍镇建立了宜兴市水产养殖环境智能监控系统示范基地。该系统既可以实现本地的养殖环境实时监测和控制，也可以实现远程监测和控制；既可以实现利用计算机的监测和控制，也可以实现利用手机的监测和控制。该系统通过对水质参数的准确检测，数据的可靠传输，信息的智能处理以及控制机构的智能控制，实现了水产养殖的科学养殖与管理，最终达到增产增收、节能降耗、绿色环保的目标。

基地已经为宜兴市高塍镇的1000亩河蟹养殖池安装了13个水质参数采集点，5个无线控制点，5个GPRS设备，配备了一座小型气象站，建立了一个监控中心，并通过手机短信平台将采集到的数据以短信的方式发送给全市445户水产养殖大户，为他们提供河蟹水产养殖参考数据，真正做到服务到户。经过一年的试运行，蟹苗的活性、存活率和亩产量与系统投入使用前相比提高了10%～15%左右，经济效益增收明显。目前宜兴市农林局和中国农业大学信息与电气工程学院正在进一步加大示范力度，预计最终示范面积将达到20000亩。

其应用系统组成结构如图5－10所示。

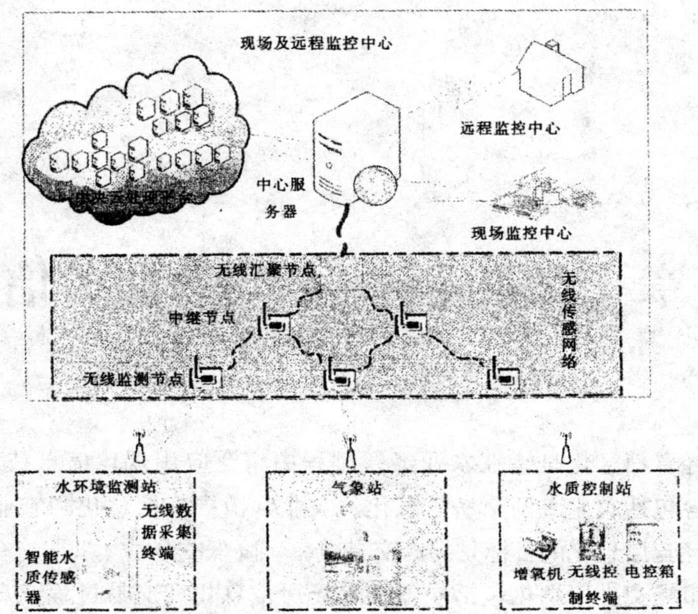


图 5－10　渔业养殖环境监控应用案例系统结构

# 第五章　农业经营、管理、服务信息化

农业经营信息化是指在农业经营过程中广泛应用现代信息技术的过程。其主要内容包括农业市场交易信息化、农业营销推广信息化和农业物流信息化。农业经营信息化的目标是提高交易效率，降低交易成本。

农业市场交易信息化包括农业交易场所信息化和交易过程信息化。农业交易市场是指农产品和农资产品的所有现实和潜在的买者与卖者交易的场所。本书中农业交易市场包括网上商城、批发市场和期货市场。农业批发市场是农资产品和农产品集中交易的有形市场，是产品流通体系与营销体系的重要环节。

农业与期货市场渊源深远，不论国内还是国外，期货市场都是起源于农产品，农产品在期货市场中的位置举足轻重。期货市场作为有组织的谷物远期交易市场（首先是玉米，其次是小麦）是 19 世纪 50 年代以后在芝加哥产生的。经过期货市场不断发展，农产品期货交易品种不断扩大，至今已形成以下几大类：一是谷物类，包括玉米、燕麦、小麦、大麦、大米、黑麦等；二是油料作物类，包括棉花、大豆、大豆油、大豆粉、豆粕、菜子油、橙汁、可可、咖啡、糖等；三是畜产品类，包括猪肚、活猪、活牛、小牛、猪腩、冻鸡、羊毛等；四是林产品类，包括木材、板材、天然橡胶等。其中，大豆、玉米、小麦是最主要的三大农产品期货。

期货市场是进行期货交易的场所，它是按照“公开、公平、公正”原则，在现货市场基础上发展起来的高度组织化和高度规范化的市场形式。广义上的期货市场包括期货交易所、结算所或结算公司、经纪公司和期货交易员；狭义上的期货市场仅指期货交易所。本书的期货市场是指狭义的期货市场，即期货交易所。我国期货市场从 1990 年郑州粮食批发市场在小麦交易中引进期货交易机制算起，至今已经有 21 年，农产品期货一直占据着重要的位置。

# 中国农业发展实务

ZHONG GUO NONG YE FA ZHAN SHI WU

《中国农业发展实务》编写组 编

经济日报出版社

**图书在版编目（CIP）数据**

中国农业发展实务 / 《中国农业发展实务》编写组编.-- 北京：经济日报出版社，2013.10
ISBN 978-7-80257-553-0

Ⅰ.①中… Ⅱ.①中… Ⅲ.①农业发展－研究－中国
Ⅳ.①F323

中国版本图书馆CIP数据核字（2013）第227780号

# 中国农业发展实务

主　　编：本书编辑部编
责任编辑：肖小琴
责任校对：董在仁
出版发行：经济日报出版社
社　　址：北京市西城区右安门内大街65号 (邮政编码:100054)
电　　话：010-63567683（编辑部） 63588445（发行部）
网　　址：www.edpbook.com.cn
E-mail：edpbook@126.com
经　　销：全国新华书店
印　　刷：北京亿联盛彩印刷厂
开　　本：787×1092mm　1/16
印　　张：127
字　　数：1500千字
版　　次：2013年10月第一版
印　　次：2013年10月第一次印刷
书　　号：ISBN 978-7-80257-553-0
定　　价：976.00元（精装三卷）

ZHONG GUO
NONG YE
FA ZHAN
SHI WU

# 《中国农业发展实务》编委会

和建华　云南省丽江市农业局局长

达　娃　西藏自治区日喀则市人民政府副市长

王峰云　甘肃省张掖市农业局党组书记、局长

切　军　青海省海南藏族自治州农牧局局长

刘　虎　宁夏回族自治区石嘴山市农牧局局长

格日勒达来　内蒙古自治区阿拉善盟孪井滩生态移民示范区农牧林业局局长

李　满　辽宁省葫芦岛市南票区农村经济局局长

张昭江　山东省聊城市东昌府区农业局局长

黄东海　湖北省武汉市江夏区农业局局长

覃永秋　广西壮族自治区南宁市兴宁区农林水利局副局长

杨生喜　广西壮族自治区桂林市雁江区农牧水产局局长

乔立平　新疆维吾尔自治区阿勒泰地区农业局局长

张中杰　河北省唐县农业局局长

田源山　内蒙古自治区莫力达瓦达斡尔族自治旗农牧业局局长

赵连喜　内蒙古自治区科右中旗农牧业局局长

杨建军　内蒙古自治区多伦县人民政府副县长

宋喜武　内蒙古自治区多伦县农牧业局局长

孙德智　吉林省梨树县农业局党委书记、局长

苗云年　黑龙江省甘南县农业局局长

张克松　湖南省溆浦县农业局局长

秦荣归　广西壮族自治区兴安县农业局局长

陈叔敏　广西壮族自治区田阳县农业局局长

郭峥嵘　四川省西充县农牧业局局长

潘林虎　四川省长宁县农业局局长

李　俊　四川省金川县农业水务局局长

马民德　四川省越西县农业和科学技术局局长

杨晓金　云南省易门县农业局局长

达瓦顿珠　西藏自治区察隅县农牧局局长

苏　宁　青海省乌兰县农牧局局长

邓玉宝　新疆维吾尔自治区英吉沙县农业局局长

ZHONG GUO
NONG YE
FA ZHAN
SHI WU

张长英　张训东　张华新　张红梅　张　羽　张志华
张志坚　张　良　张宝坤　张宝昌　张建平　张贤新
张金河　张保全　张树更　张炳跃　张　峰　张堂树
张　跃　张嘉叙　李士勇　李元富　李少灵　李　文
李必华　李永志　李立鹏　李华波　李庆明　李自清
李彤龙　李季玉　李宗滋　李尚平　李建国　李明喜
李　玲　李　莉　李晨之　李梦旭　李雪艳　李　敦
李　毅　杜宏伟　杨万胜　杨大金　杨永毅　杨红军
杨贤宏　杨金洪　杨　斌　沈成刚　沈洪学　邱　彬
邹才东　阿拉腾宝力格　阿措色子　陆　进　陈长德
陈可鹏　陈　军　陈同福　陈向东　陈成思　陈启先
陈启舟　陈金国　陈　珏　陈健华　陈家强　陈　峰
陈鹏鸣　周小宁　周圣朝　周靖入　周　赟　奇阿日并
幸炯辉　易建辉　易　玲　林曙光　欧　兰　欧成中
武文诣　泽儿卓玛　罗　真　罗景萍　金　伟　金　寿
金　泉　侯立宏　姚兴华　姚　农　姚　磊　姜　瑞
洛桑平措　胡伟清　胡成学　胡秀芳　胡　敏　费秀梅
贺文平　赵云龙　赵邓强　赵　尧　赵　凯　赵国军
赵　俊　赵保忠　赵　辉　赵锋杰　赵献芳　赵德府

郝永峰　钟　琼　唐发宏　唐和光　徐光普　徐国庆
柴友蓝　栾国泰　桑　培　海金云　益西丁真　秦剑飞
索　朗　索朗赤列　索朗强久　莫廷诗　袁　飞　贾政斌
郭万武　郭　凡　郭小丽　郭　果　郭艳兵　郭锁华
顾　明　高党玉　高　原　崔　强　常　仲　常启均
常来红　常建国　康宝林　曹世平　曹进基　曹映友
曹德军　梅金先　盘家海　鄂永利　黄　宁　黄兆驶
黄晓凤　黄晓平　黄耀忠　喻文华　彭　延　彭　岚
曾令华　曾晓青　温　冰　程玉琳　程秀法　葛福顺
董宏伟　董根中　蒋宏伟　谢永江　谢连有　谢崇斌
韩进祥　鲁新国　蒲永宏　蓝　平　虞　洪　解正国
赖立斌　赖军臣　雷军旗　雷在云　雷建华　雷　霹
靳宝全　熊长权　熊庭东　蔡正德　蔺永明　谭　兵
谭明华　谭新民　额尔敦毕力格　黎世敏　穆　鹏
薛玉锋　霍建军　魏　乐　魏　巍

## 编审人员（以姓氏笔画为序）

马士涛　王　军　王　鑫　刘　威　孙　文　宋美文
张　兵　张　静　李　佳　李　甜　陈　永　陈　艳
郑　言　梁海刚

当前农产品全面短缺时代已经结束，市场格局已由卖方市场转化为买方市场，传统的以资源开发与增产增量为特征的农业生产增收能力萎缩，增产与增收并未按照我们的预期成正比例关系，这表明农产品的营销时代已经来临。信息技术的日新月异，尤其是因特网（Internet）的发展，不仅改变了人类传递信息的方式，而且改变了实体产品的市场结构与生产者的经营方式，为商业交易开创出崭新的交易方式。农业网络推广在农业经营信息化过程中是比较重要的一个环节，决定了农产品能否实时实地、价格合理地进行销售。

农产品网络营销对农产品物流提出了更高的要求。我国目前的农产品物流配送存在两大困难，一是农产品生产分散在农村千家万户，农业生产组织规模较小，不利于农产品的迅速集中。二是农产品大多具有生鲜的特点，尤其是鲜活农产品含水量高，保鲜期短，极易腐烂变质，因此对运输效率和流通保鲜条件提出了很高的要求。而我国的农产品物流是以常温物流或自然物流形式为主，因此农产品在物流过程中的损失是常见的事情。

农业物流信息化是农业现代化的新内容和世界农业发展的必然趋势。农业物流是指以农业生产为核心而发生的一系列物品从供应地向接受地的实体流动和与之有关的技术、组织、管理活动，也就是使运输、储藏、加工、装卸、包装、流通和信息处理等基本功能有机结合，贯穿于农业生产的产前、产中、产后各环节。

## 第一节　农业市场交易信息化

### 一、农业交易场所信息化

#### （一）网上商城

一个标准的网上商城系统一般包括以下子系统：查询子系统、店铺管理子系统、竞拍子系统、系统管理子系统、商品目录管理子系统、商品信息管理子系统、信用管理子系统、帮助子系统、实名认证子系统等。如图 5－11 所示。

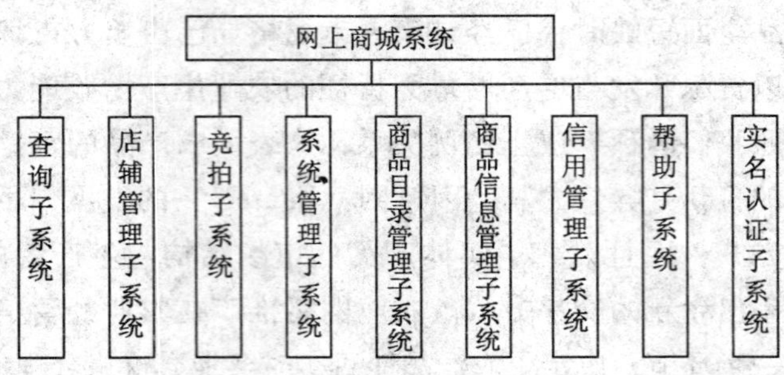


**图5－11　网上商城系统功能图**

查询子系统：系统要为方便互联网用户快速的找到自己感兴趣的商品或店铺，提供各种方式的查询功能。

店铺管理子系统：系统为想要开店的买家（必须是有法人资格的企业）提供开店的功能，店主可以修改自己的店铺信息和进行店铺管理。管理店铺包括维护店铺风格，建立、修改或删除店铺内的栏目。

个人信息管理子系统：在网上商城中注册，拥有自己的账户的互联网用户，可以对自己的注册信息、个人资料进行有效的管理。

竞拍子系统：系统要为卖家提供卖东西的功能，为买家提供买东西的功能。卖家可以按多种方式出售自己的商品，为了方便卖家和买家，尽快地、尽可能地促成交易，系统应提供代理出价，自动发送交易提醒的功能。

系统管理子系统：包括目录管理、店铺管理、用户管理、推荐位管理和信用等级的管理。其中目录管理，也就是添加、删除或修改系统目录（即商品分类）；店铺管理就是完成添加店铺和删除店铺的功能；用户管理就是为了保证系统的安全（网络安全和交易安全），可以启用或禁用用户在网上商城中的账户。

商品目录管理子系统：店主可管理店铺内的商品目录，对其进行添加、删除或修改。

商品信息管理子系统：店主可以管理自己店铺内的商品，包括添加商品信息，删除或修改商品信息等。

信用管理子系统：系统提供买卖双方互发警告，做出评价的功能，并且系统可以根据交易者获得的警告和评价情况，给交易者划分信用等级。

帮助子系统：为了方便用户使用网上商城系统，系统对于用户在使用过程中可能遇到的各种问题，给出详细的解释和引导。

实名认证子系统：对于想要开店的用户（必须是有法人资格的企业），必须要通过实名认证，只有认证通过后，他才能开设自己的店铺，出售自己的

商品。

**（二）农业批发市场信息化**

农业批发市场综合业务管理信息系统，一般应包括电子结算系统、综合管理系统、数据交换系统、电子监控系统。其中综合管理和数据交换系统为需要开发部分。农业批发市场综合管理信息系统功能图如图 5－12 所示。

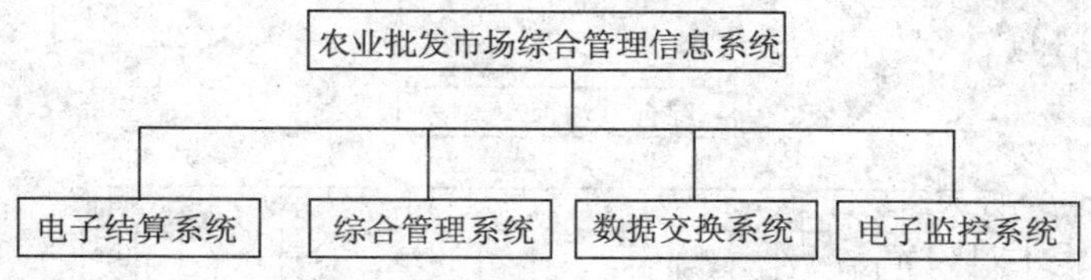


**图 5－12　农业批发市场综合管理信息系统功能图**

1. 电子结算系统　电子结算系统是农业批发市场综合管理信息系统的核心，它掌握农业批发市场中的全部市场交易和供求信息，便于为客户提供服务，建立科学、严谨的结算和交易方式，满足交易管理、资金结算及市场各项费用的收缴，同时为信息发布提供准确及时的交易信息和供求信息。可实现中央结算方式、交易现场结算方式、电子地磅结算方式、进出门收费方式等。

电子结算系统结构图设计如图 5－13。

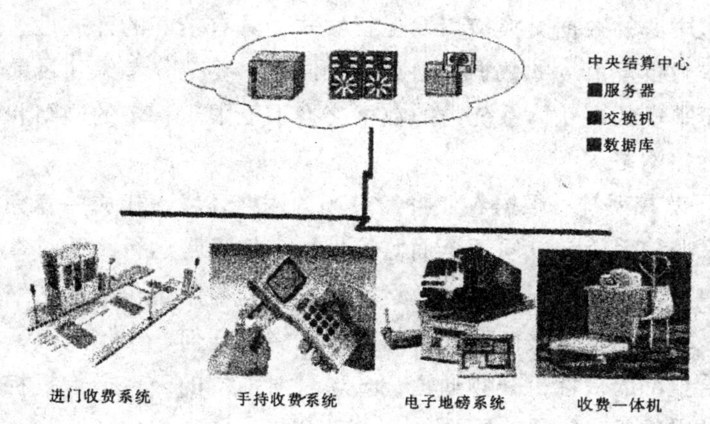


**图 5－13　电子结算系统结构图**

电子结算系统功能包括 IC 卡管理、会员管理、交易管理、交易结算、费用管理、使用者管理、综合统计查询、票据打印、品种管理等部分。

电子结算系统在保证交易速度、提高交易效率的基础上，增强了市场管理方对市场运营情况的全面了解；在保障商户资金安全、方便商户资金周转的基础上，提高了商户对市场的信赖程度；公开的交易统计信息促进了农产品的有效交易和流通，丰富了市场的交易功能。

2. 综合管理系统　实现批发市场的人、财、物集成化管理，提高市场自身的工作质量和效率。综合管理系统主要包括以下功能：人事管理、租赁管理、财务管理、摊位管理、水电车辆管理、仓储管理、结算管理、信息发布管理、系统管理、网站管理等相关功能模块，涵盖了整个批发市场的各个部门（图 5－14）。

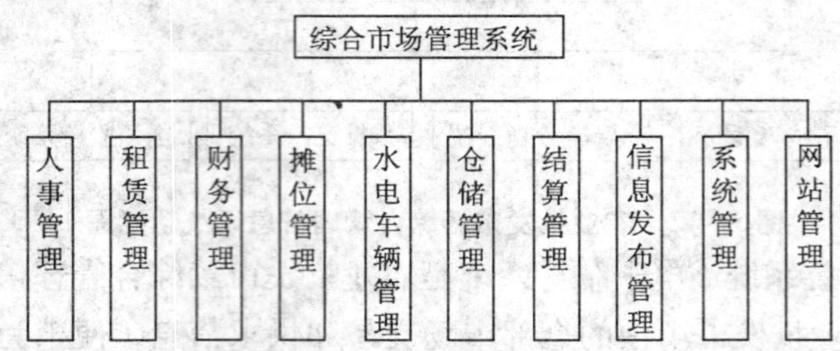


**图 5－14　综合市场管理系统功能结构图**

该系统用在农业批发市场中，可以加强农业批发市场的人、财、物集成化管理，提高市场自身的工作质量和效率，为市场的低成本合理化运作及实现效益最大化提供了一条最佳途径。

3. 数据交换系统　数据交换系统是农业批发市场信息管理系统与国家指定数据上报中心的数据交换接口及运行模式，具有较好的开放性，兼顾各个平台下的农业批发市场的数据交换需求。同时，要充分考虑到目前各地通信状况发展不平衡的现状，系统内的数据交换不受限于特定的网络状况，可以支持无线通信网络。

4. 电子监控系统　根据农业批发市场的网络环境，建成一套完整、先进的网络视频监控系统，以便于全面监控批发市场日常运行，及时掌握并迅速处理相关事宜，确保市场安全高效运作。电子监控系统包括：①采用数字化网络监控系统；②在批发市场现有的局域网络的任何一个接入点，都可以通过电脑监看全部的摄像机视频通道；③通过对前端的云台摄像机控制，安装一定数量的摄像机，实现市场的全场监控（图 5－15）。

**（三）期货市场信息化**

期货市场交易系统一般由 3 个部分构成；一是期货公司与银行之间的业务功能实现；二是商品交易所与银行之间的业务功能实现；三是以上两个模块间的信息经过银行处理后的转化与传递。

1. 期货公司与银行之间的业务功能实现

期货公司功能实现模块的层次如下：明细账查询、保证金划转申请录入、

图 5－15　市场监控室

保证金划转申请授权、保证金划转申请查询。

（1）期货公司保证金划转功能实现模块。保证金划转申请录入的要素：时间显示，去密钥的时间戳；企业名称：系统根据登录用户和密钥自动显示；保证金账号：根据企业开通资金划转系统的时候自动记录；会员代码；会员代码是期货公司在商品交易所的编号，也是在根据企业开通资金划转系统的时候自动记录。小写金额：由前台柜员输入，系统自动检查输入是否合法；大写金额：根据小写金额自动转化为大写金额。

（2）期货公司保证金授权功能实现。期货公司在向银行提出注册申请的时候，签订保证金结算系统客户服务协议，填写银行保证金划转网上交易系统业务申请表。具体填写各操作员权限，企业账号要求权限，由银行工作人员在银行系统中设置。企业可以设置多个录入和授权员，可以互相兼任，或者互相分离，并且企业可以要求保证金账号最高 3 级授权，也可以要求只要 1 级授权，并且可以要求 1 级授权要多人授权，也可以只要 1 人授权。并且可以审定根据每次划转的金额不同，要求不同的授权级别。

（3）期货公司保证金查询功能实现。此功能可以实现该企业保证金账号下所有业务的状态，可以根据日期做选择，程序列出本日期内的所有交易状态，其状态包括如下：同意，拒绝，等待商交所审批，审批拒绝，审批同意，银行记账成功，银行记账失败。

2. 商品交易所与银行之间的业务功能实现

商品交易所发起的联机交易主要有：保证金划转（追加和清退），保证金划转查询，审批期货公司保证金申请（同意和拒绝），账户明细查询等。

在银行系统主机记账的过程中，每一个联机交易都有多种可能和状态。

等待授权：由于金额巨大，每笔交易都需要不同级别的柜员授权，以保证资金的安全，这种授权采用灵活的方式进行，可以根据不同期货公司，不同金额做不同级别的授权。

等待交易落地：交易可能通过录入或者授权后，提交到 Server 端后，发现交易输入的要素不全，此时交易处于落地等待状态，允许柜员补充要素后再次提交。

等待提交：交易经过授权，并且满足授权级别后，可以等待提交，存放在发送队列中。

提交完毕，等待响应：交易提交后，到银行主机开始记账，此时交易处于等待响应阶段，银行返回的状态可能是成功，也可能是交易失败，或者没有任何响应时，处于待查证状态。

交易可疑待查证：交易提交后，由于网络或者其他系统故障有可能导致交易没有任何响应，此时，将交易标记为可疑待查状态。

联机交易服务模块完成期货公司和银行管理台的联机交易，其主要功能是初始化、组包、拆包、交易日志记录、公共校验、流程调度等。

3. 信息经过银行处理后的转化与传递

商品交易所到银行的数据通路是 Socket 通讯，从期货公司到银行的数据通路是 Web 服务器，为了使这两部分有机的联系起来，需要设计信息经过银行处理后的转化与传递模块，该模块起到桥梁和转发信息的作用。

## 二、交易过程信息化

### （一）比价搜索系统

本系统主要针对用户网上购物的需求设计开发。主要分为 3 个模块，购物抓取模块、网页数据解析模块、查询索引模块。其中前两个模块主要对系统提供实时的数据支持，主要是一些商品信息的数据。数据源获取是从各大购物网站抓取过来的数据，经过解析模块抽取重要数据建立索引。

抓取模块主要从各大农产品购物网站如中农网等抓取相应的商品信息作为对购物系统的数据支持。抓取的目标主要是覆盖可信用的等级买家以及他们有成交的可信商品。抓取模块框图所示，主要分为两个部分，一个是数据库部分实现对商品信息及卖家信息的存储，另一个部分是蜘蛛节点播放，主要是动态抓取网站的信息，抓取动态更新的原则是根据解析模块部分传回给抓取模块的商家信用的改变确定商家信息是否发生改变，从而确定是否需要对商家信息重新抓取。同时，抓取模块抓取的商家信息以及商品页信息需要传递给解析模块解析。另一个数据库模块部分主要包括数据库、数据库接入接口、卖家选择器、卖家缓冲器以及卖家选择器实现卖家种子的收集。

网页数据抽取模块与其他两个模块都有关联，通过抽取商家网页中的数据给抓取模块，以确定是否对网页进行重新抓取，同时将相应的解析商品网页中的数据给搜索引擎模块，从而用此数据文件建立索引。

网页数据抽取主要是将从抓取模块抓取下来的商家信息和商品信息页进行解析，将解析出来的数据通过协定的数据文件格式传给抓取模块和索引模块。因此，网页抽取模块是此项目中承上启下的环节，涉及此项目数据的准确性和抓取策略的执行。索引模块主要是将解析模块传递给的数据建立索引。抓取模块根据解析模块传过来的商家信誉值，与数据库中存储的商家信誉值是否相等来确定对此商家的重新抓取。网页数据抽取模块主要涉及对数据的处理，涉及的工作量也比较烦琐。

查询索引模块主要包括查询、索引、数据分发、分词搜索。查询包括三台查询服务器，其中一个作为前端服务器，另外两个通过虚拟服务器的形式与前端服务器共同工作。索引包括十台索引服务器，可配置。查询服务器与索引服务器通过并发多线程机制实现更快速的查询索引功能。数据分发主要将抓取过来的商品数据，分发到不同的索引服务器。分词搜索主要对用户输入的查询信息进行分词处理，采用的是中文分词词库分词方法，在建立索引的时候也运用相应的分词处理机制。

**（二）在线谈判系统**

因特网的普及使得网上在线交易变得越来越普遍，而人们在互联网上的交易活动也日益频繁。在目前电子商务的实际运作中，大多数的情况只是网上开展广告、查询、订货、展览等经济活动，缺乏交易双方之间的交互。而谈判作为商务活动中的一个重要环节，在现实的电子商务中却还没有实现。在现实中，人与人之间的谈判烦琐而复杂，而且存在很多的感性因素（如心理因素、情感和一些表面现象等）而影响谈判的结果，因此在电子商务系统中设计一个在线谈判系统尤为重要。

一般的商务谈判过程可以分为3个阶段：初期准备阶段、实际谈判阶段和谈判结束阶段。因此，本系统的工作流程也分为这3个阶段。

*1. 初期准备阶段*

（1）注册和登录：本系统采用了会员制，只有会员才能进行操作，包括提供求购或供货信息、查询信息、谈判等。因此，用户需要注册自己的用户名、口令等信息。在谈判开始之前，谈判者使用浏览器访问网站，并用自己的用户名和口令进行登录，系统记录用户的登录情况。

（2）发布、查询信息：谈判者登录网站成功后，根据自身的需求发布求购商品信息或需要委托某项工程的信息，或者是发布提供商品销售信息或代理某种工程的信息。谈判者也可以根据自身需求查询别的用户发布的信息，若有谈判意向则点击进行谈判。

2. 实际谈判阶段

在线谈判系统是一个基于 WEB 和代理技术的智能淡判系统，WEB 方式可以解决异地谈判的不方便性，减少了谈判成本，代理技术的运用可以解决谈判某方或双方离线情况下谈判的继续，使异时谈判成为可能。因此，本系统可以支持两种谈判方式：人工谈判方式、代理谈判方式。人工谈判方式是人与人的直接谈判，谈判双方必须同时在线，且双方采用回合制报价。代理谈判方式是谈判方设立一个 Agent 代表自己来与对手进行谈判，Agent 谈判时真实的谈判者可能已离线。当谈判最终结束时，达成的谈判协议需要谈判者进行确认。

下面以系统的谈判流程来具体分析：

谈判握手过程

第一步：用户 A 登录后查询到用户 B 发布的信息。用户 A 点击该信息，提交谈判请求消息，并发送该消息至用户 B 的消息箱中，等待用户 B 确认。

第二步：用户 B 查看消息箱中用户 A 发送过来的谈判请求消息。若同意其请求，则通知系统建立一个虚拟的谈判室，用户 B 进入谈判室，并把谈判室的地址（网址）作为谈判请求同意消息的一部分发送给用户 A，等待用户 A 进入，若在握手时限内用户 A 没有进入谈判室则谈判中止，系统撤销谈判室；若不同意，则发送谈判请求拒绝消息发送给用户 A，谈判中止。

第三步：用户 A 查看信息箱中用户 B 发送过来的回复消息，若回复同意则点击谈判室地址进入谈判室；若不同意则谈判中止。

回合报价过程

在谈判握手过程的第二和第三步中，谈判双方可以选择是否采用代理进行谈判。因此本过程有两个部分：人工报价和代理报价。

人工报价的过程比较简单，实际上就是双方的轮流报价，当某方同意对手在该回合的报价时，表示谈判已达成协议，报价过程结束。

代理报价流程如下：

第一步：在进入谈判室时，谈判者选择用 Agent 进行代理报价。

第二步：谈判者选择需要谈判的商品的各个属性，并对每个属性设置谈

判底线、谈判目标以及谈判时间限制。系统接收到谈判者的属性设置后，为谈判者建立 Agent 线程，并把属性设置作为 Agent 的模型参数。

第三步：谈判者对系统给出的各项谈判规则进行选择，并设置各规则中的细节参数。系统接收到规则选择和规则参数后，在用户对应的 Agent 中建立谈判评估集。至此，整个谈判 Agent 构建完毕。

第四步：谈判发起方以各个属性的谈判目标作为初始方案发送给另一方。

第五步：淡判 Agent 接收到对方的报价，在谈判评估子层对该报价进行评估，重新调整 Agent 意图参数，并得到初步行为值。如果谈判超限则转第八步。

第六步：谈判 Agent 对最终解集和初步行为集进行综合评估。如果最终的行为接受，则转第七步；若为终止，则转第八步。若是拒绝对手的该次报价，则根据最优解和 Agent 行为创建一个新的 Agent 回价消息并发送给谈判对手，转至第五步。谈判双方的谈判始终在五、六两步中循环直至谈判中止或双方就某方案达成一致。

第七步：谈判成功。谈判双方就该次方案达成一致，谈判结束等待谈判者进行确认。

第八步：谈判中止，未达成一致，谈判失败。

3. 谈判结束阶段

如果失败，则系统把失败信息发送给谈判双方的信息箱，同时在谈判历史表中记录该次谈判，并删除系统中的谈判进程。如果谈判成功，则有以下流程：

第一步：系统把谈判成功信息以及达成的协议发送给谈判双方。

第二步：谈判双方收到谈判成功消息后，察看达成的协议。如果同意该协议则向系统提交同意消息。如果双方都同意则转第三步；若有一方不同意，其可以选择继续谈判或不继续谈判，选择继续谈判则谈判重新开始；选择不继续谈判则转第四步。

第三步：系统根据谈判达成的协议建立合同文件并发送给谈判双方，转下一步。

第四步：删除系统中的该次谈判进程，并在系统的谈判历史表中记录该次谈判。

**（三）支付与结算系统**

支付与结算系统包括 4 个实体：商家、客户、银行、CA 认证中心。其中，商家和客户完成订单的生成和提交，银行负责处理支付信息，CA 认证中心用作保证系统的认证。

1. 客户端

客户必须是银行的银行卡用户，而且需提前到银行柜台申请开通网上银行支付功能，申请由银行颁发的客户证书来保证安全、实现签名。客户的浏览器要支持 128 位安全加密。

2. 商家端

商家是网上商城的经营者，需在银行开立结算账户。商家除配置 CA 中心颁发的数字证书外，还需向银行书面申请开通 B2C 在线支付服务，配置商家证书，获得银行分配的唯一 ID 号以及包含签名算法的 API 组件和与银行间传输的订单格式标准，需将商家证书和签名 API 安装到自己的服务器中，用于与银行支付系统之间的信息加密，身份识别、数字签名．商家通过银行发放的商家证书还可以登录银行的商家管理服务器，实时查询订单支付信息，进行对账处理。

3. 银行端

配置银行服务器证书，用于与客户、商家之间的信息加密、身份识别、数字签名。银行端系统能为商家和客户提供注册服务、支付服务和查询、对账服务。

4. CA 中心

由专业的第三方机构担当，它对其他各参与方颁发数字证书，可以起到认证各参与方身份的作用。

系统的交易流程按下列步骤进行：

（1）客户到银行网点进行注册，开通网上银行功能，得到银行的网上支付授权，获得银行颁发的客户证书，下一次网上支付就不需要再注册了。

（2）客户登录网上商城，选择商品后，与商家服务器建立 SSL 连接，自动验证商家服务器的数字证书。

（3）客户确认资金金额等信息，商家产生一个包括订单号、订单金额、签名数据、商家证书等信息的支付订单。

（4）客户选择银行网上支付，系统将上述表单通过 SSL 传送给银行。客户机浏览器弹出新窗口页面，提示将于银行端网络服务器直接建立 SSI，安全连接。

（5）客户端自动验证银行端网络服务器的数字证书，银行网上银行支付系统对请求数据中的“商家证书”、“签名信息”进行验证。

（6）验证通过后，客户端出现银行在线支付页面，显示从商家发来的订单号及支付金额信息，客户输入支付银行卡号和支付密码，确认支付。

（7）银行验证客户的卡号、密码（签名信息）。验证通过后，业务处理系统处理支付请求，进行记账处理，把资金从客户账号划转至商家银行账号上。

（8）订单支付成功，银行用自己的私钥签名订单信息和支付成功信息，将信息传送给商家。

（9）商家对接收到的签名信息用银行的证书进行验证。

（10）商家验证成功后，根据自己的需要进行记账处理，向客户发送取货通知等。

**（四）个性化推荐系统**

一般个性化推荐系统主要可以分为3个模块：用户输入功能模块、推荐方法模块、输出功能模块。

1. 个性化推荐系统的输入

不同类型的电子商务推荐系统，其输入信息也不相同。不同电子商务推荐系统根据不同的输入信息产生不同类型的推荐。电子商务推荐系统的输入可以是用户当前的行为，也可以是用户访问过程中的历史行为。在大型的电子商务系统中，为了产生高质量的推荐，推荐系统可能需要多种类型的输入信息。

推荐系统的输入包括多种形式，主要包括：

（1）隐式浏览输入：将用户访问电子商务Web站点的浏览行为作为推荐系统的输入，用户的浏览行为与访问一般的Web站点没有区别。并不知道电子商务推荐系统的存在。用户当前正在浏览的商品、用户购物篮中选择的商品、用户的浏览路径等都可以作为隐式浏览输入信息。

（2）显式浏览输入：也是将用户的浏览行为作为电子商务推荐系统的输入，但与隐式浏览输入不同，用户的显式浏览输入是有目的的向电子商务推荐系统提供自己的兴趣爱好。例如，电子商务系统提供一系列热门商品供用户选择，用户只选择浏览自己感兴趣的商品列表，电子商务根据用户的浏览行为向用户提供个性化的推荐服务。

（3）关键字和项属性输入：用户在搜索引擎中输入关键字作为推荐系统的输入，或者将用户当前正在浏览的商品类别作为推荐系统的输入。这种类型的输入不同于用户随意的浏览行为，用户输入的目的就是在电子商务系统中搜索自己需要的商品。

（4）用户评分输入：将用户对商品的数值评分数据作为推荐系统的输入。

电子商务推荐系统列出一系列商品让用户评分，用户的评分可以是一个数值，数值大小表示用户对商品的喜好程度，也可以是一个布尔值，0 代表不喜欢，1 代表喜欢。用户提供的评分数据使得电子商务推荐系统可以为用户提供个性化的推荐服务。

（5）用户文本评价输入：用户对已经购买的商品或自己熟悉的商品以文本的形式进行个人评价，推荐系统本身并不能判断这些评价的好坏。其他用户浏览该商品时，可以看到用户对商品的文本评价信息。

（6）编辑推荐输入：将领域专家对特定商品的评价作为推荐系统的输入，领域专家对商品的性能特点进行全面详细的介绍，用户通过专家的专业介绍，可以对自己并不熟悉的商品加深认识，从而决定是否购买该商品。

（7）用户购买历史输入：推荐系统将用户的购买历史作为隐式评分数据。一旦用户购买了特定商品，则认为用户喜欢该商品。推荐系统根据用户的购买历史产生相应的推荐。但是用户购买了某件商品并不代表用户喜欢该商品，所以在精确的推荐系统中，用户可以对购买的商品进行重新评分，从而使推荐系统产生更精确的推荐。

2. 个性化推荐系统的输出

不同类型的推荐系统，其推荐结果的输出形式也各不相同，大型电子商务系统可以同时向用户产生多种不同形式的输出。

推荐系统的输出形式主要包括：

（1）相关商品输出：推荐系统根据用户表现出来的行为特征或电子商务系统的销售情况向用户产生商品推荐，这种方式是电子商务推荐系统中最为普遍的一种输出。相关商品输出可以基于简单的销售排行向用户推荐热门商品，也可以基于对用户的行为特征进行深入分析，发现用户的购买行为模式，从而产生个性化的推荐。

（2）个体文本评价输出：电子商务推荐系统向目标用户提供其他用户对商品的文本评价信息，个体文本评价一般是非个性化的，对每个商品而言，所有用户得到的个体文本评价均相同。

（3）个体评分输出：向目标用户提供其他用户对商品的数值评分信息。个体评分输出没有大量的文本描述信息，因此更加简洁明了。个体评分输出比较适合于个体数值评分数据比较少的场合。

（4）平均数值评分输出：电子商务推荐系统向用户提供其他用户对商品数值评分信息的平均值。这种输出形式具有简洁明了的优点，用户可以立即获得对该商品的总体评价。

（5）电子邮件输出：电子商务推荐系统通过电子邮件的形式向用户提供商品的最新信息。这种输出形式可以吸引用户再次访问电子商务系统，从而达到保留用户，防止用户流失的目的。

（6）编辑推荐输出：向用户提供领域专家对商品的专业介绍，用户通过专家的专业介绍可以对自己并不熟悉的商品加深认识，了解商品的性能特点，从而决定是否购买该商品。

3. 推荐系统的图形化用户界面

电子商务推荐系统向客户进行推荐的方式有许多种，它可以是建议或者通过计算得到的预测，也可以是其他客户对产品的个人评价、评论等，而选择哪一种方式主要取决于该电子商务网站希望客户如何使用推荐。按照推荐系统的界面表现形式主要分为以下几种：

（1）浏览：客户提出对特定商品的查询要求，推荐系统根据查询要求返回高质量的推荐。

（2）相似项：推荐系统根据客户购物篮中的商品或客户感兴趣的商品推荐类似的商品，为客户提供个性化的推荐。

（3）电子邮件：推荐系统通过电子邮件的方式通知客户可能感兴趣的商品信息，使网站与客户保持联系，提高客户对网站的信任度，从而增加对该网站的访问量。

（4）评论信息：推荐系统向客户提供其他客户对相应产品的评论信息，客户根据他人对产品好坏的评价，来做出自己的判断。

（5）等级评价：推荐系统向客户提供其他客户对相应产品的等级评价，而不是产品的评论信息，通过对等级评价的相应统计和分析，较直观地表示出其他客户对产品的观点或看法，使客户易于接受该种推荐。

（6）Top. N：推荐系统根据客户的喜好向客户推荐最可能吸引他的 N 件产品，一方面可以把网站的浏览者转变为客户，另一方面帮助客户决定是否购买自己最初感到犹豫不决的产品。

（7）搜索结果排列：推荐系统列出所有的搜索结果，并将搜索结果按照客户的兴趣度降序排列。

**（五）用产身份管理系统**

用户身份管理系统主要解决可信任网络中用户身份认证、身份存储以及身份管理 3 个方面统一处理的问题（图 5－16）。

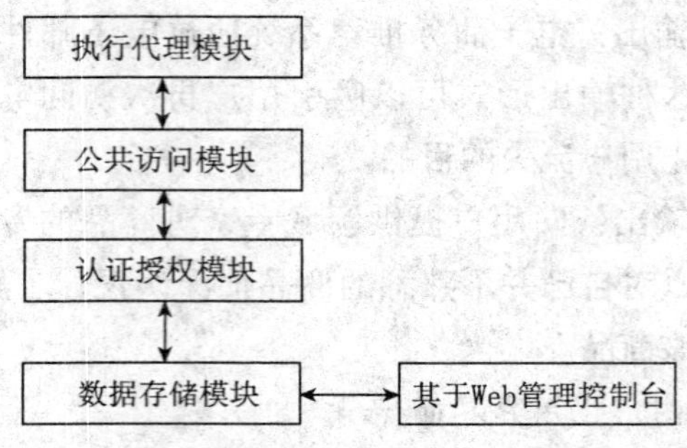


图 5－16　用户身份管理结构图

身份管理系统由执行代理模块、公共访问模块、认证授权模块、数据存储模块和基于 Web 管理控制台组成。

认证授权模块是对用户身份进行统一认证授权，生成身份令牌，并根据用户身份提供用户可访问系统列表和管理控制台内该用户可使用的功能。认证授权模块包括 3 个功能：认证服务、授权服务和身份供给。

身份供给负责用户统一身份的构造、存储、查询、验证以及注销。

认证服务是鉴定用户身份，根据目录服务器中存储的用户信息，为用户生成认证和属性声明。

授权服务是为已鉴定身份的用户提供授权服务，根据用户属性等信息做出决策，生成用户授权声明。

公共访问模块是通心模块，供认证授权模块和执行代理模块调用，完成符合请求响应消息的传输和解析。公共访问模块包括三部分：访问请求/解析、访问响应/解析和消息传输模块。

访问请求/解析是负责根据用户需要生成符合标准的请求，并负责解析符合标准的请求，从中取出请求内容．根据内容给出请求结果。访问响应/解析是负责根据查询出的结果，构造出符合标准的应答消息，以及解析符合标准的应答消息，从中取出查询结果，供应用系统使用。消息传输模块是负责将生成的符合标准的访问请求或响应消息封装成消息，传递到目的端。再在目的端将消息解析，取出包含其中的符合标准的请求或响应消息。

执行代理模块是统一认证服务器与授权系统之间相互通信的桥梁，负责为已有系统分发用户信息，为新增系统传递授权决策。执行代理模块包括认证代理和授权代理两个模块。

认证代理配置在各个已有应用系统端。主要负责收集用户信息，传递用户信息给已有系统认证授权模块，重定向到统一登录界面等功能。其具体工作流程是：用户通过浏览器访问应用系统，配置在该应用系统端的认证代理

检查用户有无身份凭证。如没有身份凭证，则要求用户输入该系统的用户名密码，并将用户名密码提交到已有系统的认证授权模块。认证成功则提供服务。认证不成功，认证代理将用户请求重定向到统一登录界面，要求用户进行统一身份认证。如有身份凭证，认证代理需向安全控制中心请求验证身份凭证有效性，如该身份凭证有效则解析身份凭证，取出有用信息传递给已有系统。

授权代理配置在各新增应用系统端。授权代理功能相对简单，主要负责根据传递来的身份凭证，向统一认证授权端请求验证该凭证有效性，有效则根据提供服务，无效则拒绝访问。

数据存储模块是安全信息包括用户身份、应用系统信息以及审计日志等基本信息的集中存储端，并提供存储接口供认证授权模块和管理控制台使用。

数据存储模块主要包括三个部分：存储接口、目录服务器和数据库服务器。其目的是采用目录服务器集中存储用户身份信息和应用系统信息。采用数据库服务器存储用户身份凭证，方便增加和注销。存储访问接口，封装对于目录服务及数据库进行操作的接口，便于其他部分对存储内容进行访问。

存储接口提供统一的存储访问接口供其他模块调用。主要包括两类存储接口：目录服务器访问接口，封装对目录服务各种条目及其属性进行操作的接口；数据库服务器访问接口，封装对数据库表进行操作的接口。

目录服务器负责存放用户身份信息、应用系统信息等信息。这些信息的特点是一旦建立就不会进行频繁的增加删除操作，对其进行的操作主要是读操作。

使用数据库服务器存储，可以进行方便操作，并且能够将身份凭证保存在身份生成端，可以保证身份的安全性。

基于 Web 的管理控制台是为用户和管理员提供可视化的管理信息的管理系统。主要是为用户（用户包括普通用户和系统管理员）提供基于 Web 的基本信息管理系统。可以使管理员方便地管理用户信息、应用系统信息等基础信息，并提供用户自助的功能，可以大大减少管理员工作量，提高工作效率。管理控制台分为前台和后台两部分：前台为用户提供显示页面，后台处理业务。控制台具体功能模块有用户管理模块、应用系统管理模块、审计日志模块和用户自助模块。

用户管理模块提供用户的添加、删除、修改等功能。应用系统管理模块提供应用系统添加、删除和更新等功能，以方便系统管理员对应用系统的管理和维护。审计日志模块是记录用户访问信息，主要包括记录、显示、查找、备份和导出等功能。用户自助模块是用户可查看、修改自己的基本信息、修改口令、添加新的应用系统到其个人账户。

## 第二节　营销推广信息化

### 一、网络广告推广

网络广告，是指广告主利用一些受众密集或有特征的网站摆放商业信息，并设置链接到某目的网页的过程。

网络广告是常用的网络营销策略之一，在网络品牌、产品促销、网站推广等方面均有明显作用。网络广告的常见形式包括：BANNER 广告、关键词广告、分类广告、赞助式广告、Email 广告等。BANNER 广告所依托的媒体是网页，关键词广告属于搜索引擎营销的一种形式，Email 广告则是许可 Email 营销的一种，可见网络广告本身并不能独立存在，需要与各种网络工具相结合才能实现信息传递的功能。因此也可以认为，网络广告存在于各种网络营销工具中，只是具体的表现形式不同。将网络广告用户网站推广，具有可选择网络媒体范围广、形式多样、适用性强、投放及时等优点，适合于网站发布初期及运营期的任何阶段。

### 二、搜索引擎推广

搜索引擎推广是指利用搜索引擎、分类目录等具有在线检索信息功能的网络工具进行网站推广的方法。从目前的发展现状来看，搜索引擎在网络营销中的地位依然重要，并且受到越来越多企业的认可，搜索引擎营销的方式也在不断发展演变，因此应根据环境的变化选择搜索引擎营销的合适方式。

由于搜索引擎的基本形式可以分为网络蜘蛛形搜索引擎（简称搜索引擎）和基于人工分类目录的搜索引擎（简称分类目录），因此搜索引擎推广的形式也相应的有基于搜索引擎的方法和基于分类目录的方法，前者包括搜索引擎优化、关键词广告、竞价排名、固定排名、基于内容定位的广告等多种形式，而后者则主要是在分类目录合适的类别中进行网站登录。随着搜索引擎形式的进一步发展变化，也出现了其他一些形式的搜索引擎，不过大都是以这两

种形式为基础。

搜索引擎推广的方法又可以分为多种不同的形式，常见的有：登录免费分类目录、登录付费分类目录、搜索引擎优化、关键词广告、关键词竞价排名、网页内容定位广告等。

搜索引擎推广优化的基本方法：

（1）添加网页标题（Title）；

（2）增加描述性标签（Meta）；

（3）在网页粗体文字中加上关键字；

（4）保证第一段出现关键字；

（5）导航设计要易于搜索；

（6）针对关键字，做特别的页面；

（7）主动向搜索引擎提交网页；

（8）调整重要内容页面以提高排名。

搜索引擎的原理，可以看做三步：从互联网上抓取网页—建立索引数据库—在索引数据库中搜索排序。

从互联网上抓取网页是利用能够从互联网上自动收集网页的 Spider 系统程序，自动访问互联网，并沿着任何网页中的所有 URL 爬到其他网页，重复这一过程，并把爬过的所有网页收集回来。

建立索引数据库是由分析索引系统程序对收集回来的网页进行分析，提取相关网页信息（包括网页所在 URL、编码类型、页面内容包含的所有关键词、关键词位置、生成时间、大小、与其他网页的链接关系等），根据一定的相关度算法进行大量复杂计算，得到每一个网页针对页面文字中及超链中每一个关键词的相关度（或重要性），然后用这些相关信息建立网页索引数据库。

在索引数据库中搜索排序是当用户输入关键词搜索后，由搜索系统程序从网页索引数据库中找到符合该关键词的所有相关网页。因为所有相关网页针对该关键词的相关度早已算好，所以只需按照现成的相关度数值排序，相关度越高，排名越靠前。最后由页面生成系统将搜索结果的链接地址和页面内容摘要等内容组织起来返回给用户。

按照信息搜集方法和服务提供方式的不同，搜索引擎系统可以分为三大类：

（1）目录式搜索引擎：以人工方式或半自动方式搜集信息，由编辑员查看信息之后，人工形成信息摘要，并将信息置于事先确定的分类框架中。信息大多面向网站，提供目录浏览服务和直接检索服务，该类搜索引擎因为加入了人的智能，所以信息准确、导航质量高，缺点是需要人工介入、维护量大、信息量少、信息更新不及时。这类搜索引擎的代表是：Yahoo、Look Smart、Open Directory、Go Guide 等。

（2）机器人搜索引擎：由一个称为蜘蛛（Spider）的机器人程序以某种策略自动地在互联网中搜集和发现信息，由索引器为搜集到的信息建立索引，由检索器根据用户的查询输入检索索引库，并将查询结果返回给用户。服务方式是面向网页的全文检索服务。该类搜索引擎的优点是信息量大、更新及时、无须人工干预，缺点是返回信息过多，有很多无关信息，用户必须从结果中进行筛选。这类搜索引擎的国外代表是：Alta Vista、Northern Light、Excite、Infoseek、Google；国内代表为：百度、天网、悠游等。

（3）元搜索引擎：这类搜索引擎没有自己的数据，而是将用户的查询请求同时向多个搜索引擎递交，将返回的结果进行重复排除、重新排序等处理后，作为自己的结果返回给用户。服务方式为面向网页的全文检索。这类搜索引擎的优点是返回结果的信息量更大、更全，缺点是不能够充分使用所使用搜索引擎的功能，用户需要做更多的筛选。这类搜索引擎的国外代表是 Web Crawler、Info Market 等；国内代表为：中搜。

## 三、交换链接推广

通过网站交换链接、交换广告、内容合作、用户资源合作等方式，在具有类似目标网站之间实现互相推广的目的，其中最常用的资源合作方式为网站链接策略，利用合作伙伴之间网站访问量资源合作互为推广。

每个企业网站均可以拥有自己的资源，这种资源可以表现为一定的访问量、注册用户信息、有价值的内容和功能、网络广告空间等，利用网站的资源与合作伙伴开展合作，实现资源共享，共同扩大收益的目的。在这些资源合作形式中，交换链接是最简单的一种合作方式，是具有一定互补优势的网站之间的简单合作形式，即分别在自己的网站上放置对方网站的 LOGO 或网站名称并设置对方网站的超级链接，使得用户可以从合作网站中发现自己的网站，达到互相推广目的。

交换链接的作用主要表现在几个方面：获得访问量、增加用户浏览时的印象、在搜索引擎排名中增加优势、通过合作网站的推荐增加访问者的可信度等。交换链接还有比是否可以取得直接效果更深一层的意义，一般来说，每个网站都倾向于链接价值高的其他网站，因此获得其他网站的链接也就意味着获得了与合作伙伴和一个领域内同类网站的认可。

## 四、博客推广

博客通常叫 Blog，是 Web Log 网络日志的简称。它作为一种新的营销推广方法，正在被广泛的运用。简单地说，Blog 就是个人在网络上书写的日记，是一种简易的网络个人信息发布方式，以不断更新的个性化内容吸引访问。博客这种网络日记的内容通常是公开的，自己可以发表自己的网络日记，也可以阅读别人的网络日记，因此可以理解为一种个人思想、观点、知识等在互联网上的共享。由此可见，博客具有知识性、自主性、共享性等基本特征，正是博客这种性质决定了博客营销是一种基于个人知识资源（包括思想、体验等表现形式）的网络信息传递形式。

博客营销的技巧：

营销形式越简单越好，使用越容易越好（用户吸取信息速度就会加快）；营销重点放在内容上，内容越专业越相关越好；在定位确立后，先广后深地进行内容扩张；展开相同主题 Blog 的交互链接，及时更新；提供免费的下载/专业化的使用信息；由于 Blog 多为个人所写，要擅用说故事的技巧，创造互动的交流机会；从 Blog 参与者每一个人身上寻求合作契机。

## 五、电子邮件推广

以电子邮件为主要的网站推广手段，常用的方法包括电子刊物、会员通讯、专业服务商的电子邮件广告等。基于用户许可的 Email 营销与滥发邮件（Spare）不同，许可营销比传统的推广方式或未经许可的 Email 营销具有明显的优势，比如可以减少广告对用户的滋扰、增加潜在客户定位的准确度、增强与客户的关系、提高品牌忠诚度等。

根据许可 Email 营销所应用的用户电子邮件地址资源的所有形式，可以分为内部列表 Email 营销和外部列表 Email 营销，或简称内部列表和外部列表。内部列表也就是通常所说的邮件列表，是利用网站的注册用户资料开展 Email 营销的方式，常见的形式如新闻邮件、会员通讯、电子刊物等。外部列表 Email 营销则是利用专业服务商的用户电子邮件地址来开展 Email 营销，也就是以电子邮件广告的形式向服务商的用户发送信息。许可 Email 营销是网络营销方法体系中相对独立的一种，既可以与其他网络营销方法相结合，也可以独立应用。

Email 营销的技巧：在发出的邮件中，增加一个签名；定期向客户发送邮件；向客户发布产品信息，如优惠券、新产品促销等；可以租用专门的邮件列表。

## 六、虚拟社区推广

网络社区是借助计算机网络环境，将兴趣喜好、经验、专长或背景相似的人群聚在一起，就相同的兴趣或需求互相沟通、互动，分享观念、信息所逐渐形成的对所处社区有认同感的群体。我国的网络社区已上百万个，企业没有必要也不可能在所有的网络社区上进行营销活动，企业必须有针对性地选择，所选择的社区不仅要求浏览量要大，而且社区主题要与企业的产品或服务相一致。这样企业才能使自己的营销活动效益最大化。具体的选择上，企业可以利用现有的网络社区，如果现有的不能满足企业要求也可以自建社区。

### （一）利用其他网站的网络社区

目前在网络上几乎每一行业、每一类产品都有与之相关的社区。只要农业企业的产品与社区的主题相吻合，社区的浏览量足够大，那么农业企业就不需要投入人力、物力自建社区，利用其他网站上的网络社区开展网上营销将是最方便的方法，现存的社区成员将是最廉价营销的合适对象。一般社区都有特定的讨论主题，参加社区的人都是对主题感兴趣的人。不管农业企业是推广产品还是树立品牌形象，都要尽量使自己的内容与社区主题相一致，尤其重要的是自己的内容不能成为赤裸裸的广告帖，那样不仅不能起到宣传效果，相反还将引起网民反感。

具体的作法有两种：一是农业企业主动在某个社区中单独挑起一个话题，来吸引感兴趣的网民进入。选用这种方式的关键是农业企业提出的话题要具有一定的吸引力。如果话题得不到别人的响应，农业企业的广告目的也很难达到。如何提出有吸引力的话题就要求农业企业的相关人员不仅要熟悉网络社区的一些发帖常识，熟悉该社区的内容和风格，还要求具有高明的软文写作技巧。一个大中型的社区每天的发帖量最少几十篇最多可达上百篇，如果企业的帖子不吸引人得不到置顶，那么关注的人就少，起不到应有的营销效果。二是如果正在讨论某个话题正好与农业企业有关，企业也可以巧妙地插入，就可以马上介入进去发表自己的观点，同时将自己的产品优点有机而巧妙地融入其中，比如“我用过某某农产品可以解决这个问题”等。在话题的参与人数较多，讨论比较激烈的时候选用这种方式的效果不错。

### （二）自己建立网络社区

如果农业企业对已有的相关社区不满意或者觉得利用别人的社区受到限制，也可以建立自己的网络社区，直接吸引对公司产品有兴趣的网民共同探讨如产品、技术、服务等相关问题，为网络营销提供直接渠道和手段。因为农业企业新建设的社区知名度低，且内容狭窄，所以一个突出问题就是不能很好吸引网民前来浏览。因此，农业企业的首要问题就是提高社区的知名度，不仅可以利用传统的传播途径，还可以与已有的相关社区进行互动，链接自己的网址。在内容设置上要多介绍产品的使用和维护信息等消费者关心的话题。

企业建立网络社区有 3 个突出优点：一是只针对本公司产品，避免了在其他社区中存在的与其他公司产品同台宣传的现象；二是可以直接获得大量的有用信息；三是可以更好地为用户进行售后服务。

## 第三节　农业物流信息化

农业物流信息化的目的就在于使输入最少，即农业物流成本最低，资源消耗最少，而作为输出的农业物流服务效果最佳。同时，还可以让农业供应链上的各企业共享物流信息资源，更好地协调工作。一般农业信息管理系统包括以下几个系统。

### 一、仓储管理系统

农产品生产季节性较强，而且有地域性的特点。所以库存能力既要有伸缩性，又要避免资源的浪费。仓储管理系统不仅要满足现有的仓储要求，还要有“预见”能力，从而为即将到来的农产品仓储高峰做好充分的准备。另外，仓储管理系统可以更好地协调农产品生产的季节性和消费的日常性之间的矛盾，在生产和消费之间起到缓冲的作用。仓储管理子系统包括农产品或农业生产资料入库信息管理、出库信息管理、库位资源管理、堆存费用及其他费用管理、单证管理以及流程监控、报表管理、档案维护，并提供计算机辅助决策，对即将达到或超过上下限库存量范围的不同程度进行分级预警。利用农业物流管理信息系统进行仓储管理应注意以下几个方面：一是农产品出入库信息的及时、准确录入。出入库信息的录入是仓储管理乃至整个农业物流信息管理的至关重要的部分。二是农产品库内管理的精细化。农产品仓储管理的水平在很大程度上取决于管理的精细化程度，尤其是实行库位管理的经验。库位管理可以使得农产品有序地存储，便于农产品的摆放、寻找和分拣。在农产品物流管理信息系统中，仓储管理子系统是一个非常重要的系统模块。该子系统的功能模块包括出/入库管理、库存管理、调拨业务及其他功能（图 5－17）。

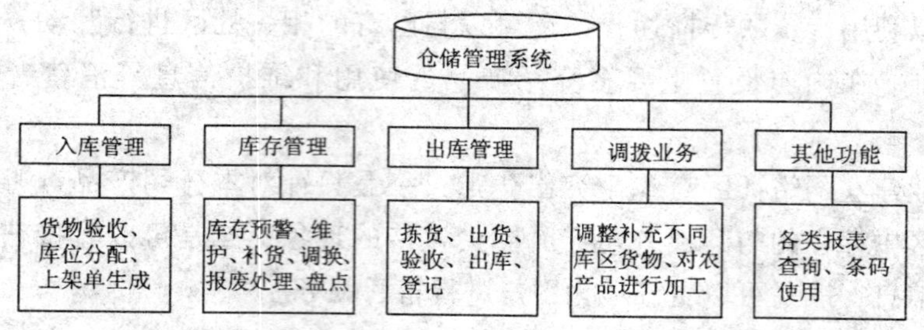


图 5－17　仓储管理系统结构图

目前在农产品仓储管理过程中可采用的信息采集手段主要包括条形码技术和 RFID 技术。条形码就是指由一组规则排列的而宽度不同的条、空及其对字符组成的标记，用来表示一定数量的字符及数字等符号信息，存储量很小，根据不同码制有不同的特点；RFID 技术是一种非接触式的自动识别技术，通过发送射频信号自动识别目标对象并获取数据，整个识别过程无须人工干预，对环境条件要求低。与条形码技术相比，RFID 技术更适合于农产品仓储管理，主要是因为 RFID 与传统的条形码相比较具有良好的抗电磁波干扰能力，可用于多目标识别及对运动目标进行识别等，符合农产品快速入库的要求；RFID 电子标签及阅读器对环境温度和湿度适应能力强，可以在不同的温度范围及湿度范围内正常的工作；子标签具有良好的防冲撞性，封装形式多种多样，使用寿命长，可以重复利用，而且很难伪造等优点。新型的 RFID 标签集成了温湿度感应器，可以很方便地随时获取仓库的温湿度数据，为农产品的安全存储提供了保障。这种新型 RFID 技术除具有普通 RFID 所拥有的各种优点外，还增加了温湿度检测上传功能，使得数据的采集更加准确、全面，范围更加广泛。仓储可视化监控技术实现了对仓库内各种保安防范措施和功能的集中监控管理、报警处理和联动控制。仓储监控系统主要功能应包括闭路电视监控功能、防盗报警功能、火灾报警与控制功能、出/入库监控功能、紧急报警功能、巡更管理功能、周界防卫功能、门锁控制功能和智慧卡系统等。在监控系统的终端，可以利用传感器技术，持续不断地将仓库的各种环境参数收集并传输到系统，系统通过对这些数据的分析可以对仓库环境作出实时

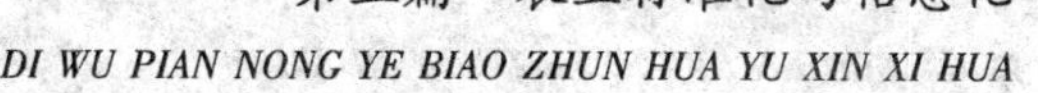

调控。在监控系统中还可以运用视频和图像处理技术，对分散的仓库进行实时控制。

## 二、订单管理系统

要实行订单作业，首先要有一个农业物流信誉保障体系，对农产品及农业生产资料供应人、承销人和零售商等的信誉进行备案，并在以后的作业过程中逐步完善。客户可以通过传统的邮件等书面方式或电子邮件下达订单，然后处理人员将邮件内容上传到农业物流管理信息系统，由系统进行后续的仓储或运输方面的业务执行安排，或者也可以从门户网站上的订单下达窗口将数据写入农产品物流中心为客户专设的信息录入页面，再由物流中心的单据处理人员定时下载订单信息，并上传到农业物流管理信息系统中进行后续处理。农产品或生产资料等的订单信息录入后，还要进行订单资料查核与确认，进行库存分配，并生成详细的取货清单，包括农产品及生产资料等的种类、数量、相应的到货时间、拣货、分配、派车等。在物流业务中，入库处理、配送处理、调拨处理一般来自供货方发送的发货申请单和配送申请单。订单处理中心主要针对商户下达的各种指令提供管理、查询、修改、打印等功能，同时将业务部门的处理信息反馈至商户，主要包括订单类型、订单分配、订单确认、订单打印、订单查询等。具体流程见图 5 – 18。

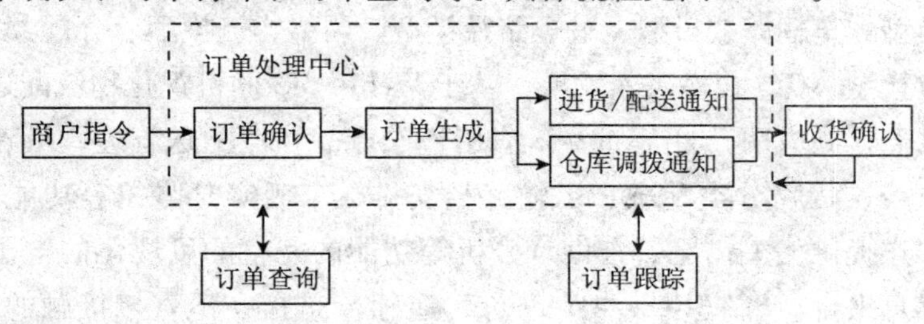


**图 5 – 18　订单处理中心业务流程图**

## 三、运输管理系统

“新鲜”是农产品的生命和价值所在，但由于鲜活农产品的含水量高，保鲜期短，极易腐烂变质，会大大缩短运输半径和运输时间，因此要求很高的运输效率和流通保鲜条件。农产品本身的这些特点，决定了要采用不同的车辆对不同的农产品进行运输，所以要对不同的车辆及运输任务进行合理的搭配，例如粮食的散装运输、水产品的冷冻运输、分割肉的冷藏运输、牛奶等制品的恒温运输及运输道路和方式的选择等。运输子系统综合运用 GPS 定位系统、GIS 地理信息系统等技术及时跟踪农产品的运输状况并得到反馈信息，通过对农产品运输成本和时间要求的分析比较，优化农产品运输路线以便控制运输成本和时间，并能够快速反应。它包括了农产品运输任务产生、运输调度、运输过程管理\查询、运输资源管理、运输费用结算 5 个功能模块。农业生产资料的运输也可以整合在这个系统中，以更好地利用现有的运输资源。如某辆运输车将农产品运送到目的地后，可以适当安排，让它再运回一些农业生产资料，以减少车辆空驶对资源造成浪费。其中，运输与配送过程的跟踪技术主要指的是“3S”（GPS、GIS、RS）技术，在实际工程中，这三大技术的应用逐渐向集成化方向发展，单独地运用其中的一种技术其效能都将受到极大限制。GPS（Global Position System，全球卫星定位系统）在农产品物流领域主要用于农产品运输车辆的跟踪与三维导航。GPS 技术跟踪利用 GPS 物流监控管理系统，结合 GPS 技术的行车路线软件能够随时跟踪货运车辆与货物的运输情况，使货主及车主随时了解车辆与货物的位置与状态，保障整个物流过程的有效监控与快速运转。使用了网络 GPS 的车辆能实现实时监控双向通信、动态调度、数据存储分析等功能。GIS（Geographical Information System，地理信息系统）在农产品物流领域主要用于农产品运输车辆的自定位、跟踪调度，利用 GIS 强大的地理数据功能来完善物流分析技术，解决物流配送路线优化问题，完善的 GIS 农产品物流配送分析系统主要有以下几个功能模型：车辆路线模型、最短路径模型、网络物流模型、分配集合模型、设施定位模型。GIS 技术飞速发展，基于 Web-GIS 的可视化物流配送信息平台技术已经得到应用，将 Web GIS 应用于农产品物流配送管理，可建立一套集库存监控、货物分类配载、运输路径安排、车辆实时监控等功能于一体，为不同客户提供相关浏览、查询、分析等功能的完整的可视化的电子商务物流配送信息平台。RS（Remote Sensing，遥感）是指在不直接接触的情况下，对目标或自然现象远距离感知的一种探测技术。GIS 技术可以利用 RS 技术获得的信息资料形成道路路线设计的最优方案与辅助决策系统，为农产品物流配送系统设计最优配送路径方案。3S 技术在物流中的具体应用有如下几方面；监测运输车辆位置及工作状态；按配送需求，基于网络通讯系统，迅速地发布配送和装载报告；车辆导航；最佳路径选择。GIS/GPS 在物流领域的应用分为四个方面：车辆和货物的跟踪、货物配送路线规划和导航、信息查询及指挥与决策。从第三方物流业的应用角度，3S 技术的应用主要分为以下方面：物流资源配置和管理、物流配送调度管理、物流业务动态监控、物流信息查询和物流实时决策支持。目前，3S 技术在车辆导航和货物配送中的研究与应

用在国内刚刚起步，全球卫星定位系统、地理信息系统等仅在少数大型物流企业得到应用。中小企业在这方面基本上是空白，而国外在这方面的研究早已开始并在实践中得到广泛应用。如美国研制了应用于城市的道路交通管理系统，利用 GPS 和 GIS 建立道路交通数据库，为物流最佳路径选择提供了有力依据。此外，GPS、GIS 与其他技术的集成同样可以广泛应用于农产品物流跟踪系统。GPS、GIS 与 GSM（Global System For Mobile Communication，全球移动通信系统）技术的集成：运输车辆通过车载 GPS 进行自身定位，通过 GSM 发送短消息至监控中心，监控中心显示车辆位置、车辆在途货物和已送达目的地的货物信息，监控中心和客户可以向车载系统和驾驶员发送查询信令、控制信令或调度指挥信令，实现对货物的动态跟踪和监控。GPS、GIS 和 RFID 技术的集成：可应用于车辆物流配送管理系统，实现车辆位置的实时监控和可视化的管理。GPS、GIS 与 GPRS（General Packet Radio Service，通用无线分组业务）技术的集成：运输车辆通过 GPRS 网络将 GPS 定位信息、货物信息等发送到监控中心，实现车辆在途监控。

## 四、其他系统

### （一）决策支持系统

在农业物流管理信息系统中，所有的客户订单、农产品及农业生产资料的库存变化、运输车辆调配情况、人员使用情况、成本费用支出情况因为需要以单据的形式落实，而被强制在系统中随时更新。因此，系统中存储着相当完整的业务相关数据。统计和分析这些丰富的业务数据，可以很好地分析和指导农业生产和经营。农业物流信息决策支持子系统提供一些分析方法，如统计分析方法、滑动平均分析法、多元回归分析法、线性或非线性优化方法、多目标规划法、智能计算方法等，而且还可以用可视化技术实现数据作图（如柱状图、饼状图、线形图等），以不同的视图进行资源信息的比较分析，使分析结果直观、明了。此外，系统还提供决策分析的模块与方法，包括区域农业发展要素组合模式和方法、农业现代化水平评价、可持续水平评价、区域发展规划、农业信息智能检索引擎、用户需求智能判断系统、农产品市场分析与预测系统等，农户和有关部门可以根据这些数据分析安排和指导下一年度以及更长时间内的农业生产和经营。

### （二）平台维护管理系统

负责管理信息系统的日常运行和维护、网络检测、防火墙、安全验证等。为保证系统的稳定运行，要注意建立系统的预警机制。

**（三）接口系统**

主要完成各种子系统之间以及系统与其他系统之间的数据融合，包括与GIS地理信息系统的接口、与GPS卫星定位系统的数据接口、与条频器的数据接口等。

## 第四节 农业电子政务管理信息化

农业管理信息化是在农业管理活动中广泛应用现代信息技术的过程。本章主要论述农业主管部门政务管理信息化，即农业电子政务。

### 一、农业电子政务概述

电子政务作为信息技术与政务工作有机结合，是国民经济和社会信息化建设的重要组成部分。关于电子政务（Electronic Government）的概念，目前有多种理解和表述，例如：电子政府、网络政府、政府信息化等。随着时代的发展，电子政务的概念还在不断深化和拓展，但其基本内涵是一致的，即：电子政务是政府机构应用现代信息和通信技术，将管理和服务通过信息技术进行集成，在网络上实现政府组织结构和工作流程的优化重组，突破时间、空间及部门之间的制约，向社会公众提供全方位优质、高效的服务。

电子政务是一项系统工程，具有3个基本特征：第一，电子政务须借助于信息技术和通信技术，依赖于信息基础设施和相关软件技术的发展。第二，电子政务是处理与政府有关事务的综合系统，不是简单地将传统的政府管理服务转移到网上，而是要对其进行组织结构重组和业务流程再造，是对传统政府管理服务的重组和创新。第三，电子政务要利用计算机、通信等现代信息技术更好地履行政府职能，为公众、企业和社会提供更好的公共服务，构建政府、企业、公众和社会的和谐关系。

电子政务的内容非常广泛，在信息化社会中，与电子政务相关的行为主体主要有政府、企业和公众，政府的业务活动也主要围绕着这些行为主体展开，包括政府与政府之间的互动、政府与企业之间的互动、政府与公众之间的互动等。相应的，电子政务的业务模式主要有G2G、G2E、G2B和G2C四种模式。

1. G2G 模式

指政府（Government）与政府（Government）之间的电子政务，即上下级政府、不同地方政府和不同政府部门之间实现的电子政务活动。G2G 模式是电子政务的基本模式，传统的政府与政府间的大部分政务活动都可以通过信息技术的应用高效率、低成本地实现。

2. G2E 模式

指政府（Government）与公务员即政府雇员（Employee）之间的电子政务，是政府机构通过信息技术实现内部电子化管理的重要形式，也是 G2G、G2B 和 G2C 电子政务模式的基础。G2E 电子政务主要是利用政府内部网络建立起有效的行政办公和管理体系，以提高政府工作效率和管理水平服务。

3. G2B 模式

指政府（Government）与企业（Business）之间的电子政务，即政府通过网络进行采购与招标，为企业提供各种信息服务，向企业事业单位发布各种方针、政策、法规、行政规定等，企业通过网络进行税务申报、办理证照、参加政府采购、对政府工作进行意见反馈等。

4. G2C 模式

指政府（Government）与公众（Citizen）之间的电子政务，政府通过电子网络系统为公众提供各种服务。G2C 电子政务所包含的内容十分广泛，主要应用包括公众信息服务、电子身份认证、电子税务、电子社会保障服务、电子医疗服务、电子就业服务、电子教育、培训服务、电子交通管理等。

农业电子政务是通过应用现代信息和通信技术，将农业部门的管理和服务工作通过信息技术进行集成，实现组织结构和工作流程的优化重组，向社会公众提供全面优质、高效的服务。农业电子政务围绕农业主管部门履行经济调节、市场监管、公共管理、社会服务和应急管理等主要政务职能，是管理信息化在农业政务领域的具体应用和体现。

## 二、作用

围绕全面建设小康社会的现代化建设总体目标，着眼于农业增效、农民增收、农产品质量安全和竞争能力增强，深入推进农业电子政务建设，有利于促进农业主管部门更好地履行农业经济调节、农业市场监管、农村社会管理、农村公共服务和应急管理的政府职能，发挥农业主管部门的行政主导和信息引导作用，以确保国家粮食安全和农产品有效供给，增加农民收入，实现农业可持续发展。

**（一）推进社会主义新农村建设**

建设社会主义新农村是我国现代化进程中的重大历史任务，大力推进农业信息化，以信息化带动农业现代化，是统筹城乡经济社会发展，建设社会主义新农村的必然选择，对于促进农村繁荣和社会进步，全面建设小康社会具有重大意义。积极推进农业信息化建设，是加强农村基础设施建设，改善新农村建设物质条件的一项重要内容。加快推进农业信息化，有利于建设现代农业，逐步改变城乡二元结构，提高现代科学技术在农村的普及和推广应用水平，促进农村经济社会实现又好又快发展。农业电子政务是农业信息化的重要内容，深化农业电子政务建设，有利于促进农业信息化进一步发展，更好地发挥在推进社会主义新农村建设中的作用。

**（二）增强政府决策和市场监管能力**

在我国社会主义市场经济不断发展的形势下，市场主体多元化，决策分散化，使得影响经济运行的因素越来越复杂，政府调控农业和农村经济运行的难度也越来越大。利用现代信息技术建设农业电子政务决策支持系统，汇集、处理动态信息，可以为宏观决策和管理提供支持，实现对农业资源与环境、防灾减灾等方面的信息化管理，有利于提高政府管理服务水平和效率。

**（三）提高农产品质量安全监管水平**

农产品安全监管难度高，主要在于农产品“从田间到餐桌”的供应链条长、环节多。建立贯穿农产品产供销整个流通环节的信息化质量安全监管体系，开展溯源技术、条码技术、RFID 技术等信息技术在农业电子政务中的应用，对于提高农产品质量安全监管水平和效率，提升我国农产品质量安全的保障能力具有重要意义。

**（四）提升突发事件应急处理能力**

近几年，农业重大动植物疫病、农产品质量安全事故时有发生。针对突发性事件，建立畅通的信息传递渠道，可及时掌握事件信息，及早发现处理，提高工作主动性。加强农业电子政务应急管理建设，可明显增强政府的快速应急反应能力，通过与相关体系协同建设，实现对重要农产品、重大动植物疫病、农业资源环境等的动态监测。

**（五）增强农业社会化服务能力**

建立新型农业社会化服务体系，是发展现代农业的必然要求。建立农村信息综合服务体系，完善农业电子政务信息采集和发布体系，可进一步增强农业社会化服务能力，从而推动农产品现代流通方式发展，加快形成成本低廉、运行高效的农产品营销网络，有效避免市场风险和自然风险，降低交易成本，提高农业社会化服务的整体水平和市场竞争力，促进现代农业发展。

## 三、农业电子政务内容

### （一）农业资源管理

农业资源管理主要包括农用地资源、水资源、气候资源和生物资源等农业资源的管理，其中农用地资源是农业生产最基本的条件，是农业农村经济社会发展最基本的条件。农用地资源具体包括种植业、养殖业（含养殖水面）、设施农业所使用土地、草原等，其自然属性有位置、面积、气候等，附加于其上的经济属性有使用人，土地承包权动态信息、土地用途变更、投入品登记、产出品登记、自然灾害情况、动植物疫病情况、农田基础设施情况、产量预测、长势或养殖生长情况、地理标识等方面。随着经济社会的发展，农用地等资源的紧缺约束越来越突出，农业环境局部改善、整体恶化的势头没有明显改变，资源环境与农业发展的矛盾越来越突出，转变农业发展方式、有效利用农业资源的要求越来越迫切。开展农业资源管理电子政务建设，对农用地等资源实施规范化、信息化管理，对于进一步提高农业部门决策管理水平具有重要作用，对于保障国家粮食安全具有重要意义。

农业资源管理电子政务建设主要从加强农用地管理、规范土地流转、稳定和完善农村基本经营制度、保障农民土地承包权益等方面入手，通过农村耕地、草原、水面、农垦国有土地资源管理和农村集体土地承包经营权流转平台建设，逐步实现农用地流转和经营管理的规范化、信息化。重点以农用地（耕地、草原、养殖水面）空间分布、面积、质量等自然属性信息以及使用权、承包权动态信息、农用地基础设施情况等经济属性信息为基础，建设农用地资源管理信息系统。以基层村镇和国有农场为单位，采集农用地权属管理、农用地经营管理、农用地使用人管理、农用地设施管理等信息，利用“3S”技术和现代网络通讯技术，对土地进行精细化、信息化、动态化管理。实施农村土地承包经营权证书信息化管理，实现农村土地承包和流转信息自动化统计和实时查询，实现农村土地承包合同、经营权流转合同、经营权证书变更登记等管理业务的网上办理等，实现土地流转信息的系统性、实时性、完整性和可追溯性，实现土地流转信息的公开、透明，并为流转各方提供充分的知情权，提供更宽的信息传播渠道、更快的信息传播速度和更广的信息传播范围，为土地流转管理部门提供实时的统计汇总数据，实现农村土地承包经营权的动态管理。建立共享机制和校核机制，实现农业资源信息跨部门共享，为解决耕地面积不断减少、资源利用率低、农产品有效供给压力不断增大和生态环境日益恶化等问题提供保障。

**（二）农业行业管理**

农业行业管理主要包括农、牧、渔、垦、机等农业行业的管理。开展农业行业管理电子政务建设，逐步推进农、牧、渔、垦、机管理的信息化，实现行业管理的规范化、标准化和科学化，对于农业行业进行动态监测和趋势分析，对提高农业主管部门在生产决策、资源配置、指挥调度、上下协同、信息反馈等方面的能力和水平具有重要支撑作用。加强农业行业管理电子政务建设，可为提高农业行业的管理效率和水平、加快农业现代化建设提供重要手段，从而促进农业劳动生产率和生产水平的提升，提高农业行业安全生产监管能力，促进农业产业健康可持续发展。

农业行业管理电子政务建设主要以农业行业信息资源为基础，建立农、牧、渔、垦、机指挥调度系统和农业安全生产管理信息系统。通过实时和动态信息采集、信息存储、信息整合、信息分析、指挥调度等，对农业生产和市场信息进行动态监测、趋势预测，提出综合分析报告和对策建议。按照国家加强安全生产监管监察能力建设的要求，以农机安全作业和渔船安全生产为重点，构建农业安全生产信息系统，对农机和渔船进行统一监管和应急联动。加强农产品贸易信息和国际农产品价格监测，完善农业产业损害监测预警体系。大力推进农村集体资源管理信息化建设，建立农产品加工业监测分析和预警服务平台，促进农产品加工业健康发展。

**（三）农业综合执法（含行政审批）**

农业综合执法是农业部门的重要职能。利用先进的信息技术和管理手段实现包括行政审批在内的农业综合执法的统一管理、统一运行、统一监控，实现农业综合执法工作的规范化、标准化，可有效提高政府的办事效率和透明度，降低企业成本，实现跨部门、跨地区网络信息共享，为农民及涉农机构提供及时的政府服务支持，逐步实现行政审批和市场监管事务的网络化办理，提高办事效率，增加工作透明度，降低企业办事成本，同时为进一步规范和整顿市场经济秩序，打击假冒伪劣农业生产资料提供有力的信息支撑。加强农业综合执法电子政务建设，可进一步提高农业综合执法的电子化水平，为监管对象、社会公众和相关监管主体提供高效的网络化服务，实现规则公开、过程公开、结果公开的“一站式”服务。

农业综合执法电子政务建设主要是建设和完善行政许可审批管理信息系统，实现行政许可审批信息化，提高审批效率，为企业提供一个便捷、丰富、及时的信息服务平台。逐步完善种子、饲料、兽药等经营许可证审批流程，建设农作物种子、进口兽药、草种、渔业捕捞许可证、农作物基因安全管理等行业的执法信息管理系统。加强农业执法有关法律法规的舆论宣传，营造和谐的农业法制氛围，及时曝光农业违法案件，依法规范生产行为，提高农民群众的依法生产与维权意识。

**（四）农产品质量安全**

农产品质量安全是指农产品质量符合保障人的健康、安全的要求。农产品质量安全关系人民群众身体健康，关系社会和谐稳定，关系我国的国际形象。由于农业生产分散、农产品流通环节复杂、市场准入机制不健全，农产品质量安全风险隐患大，主要包括产地环境污染因子、农业投入品、外源性添加物、动植物病虫害和生物毒素等。加强农产品质量安全电子政务建设，可以实现对食用农产品生产、加工、流通等各个环节关键信息的全程跟踪、监管和预警分析，是发生农产品质量安全事件后落实农业生产责任主体的有效手段，是实现农产品质量安全监管部门之间协调一致，强化其监督管理的管理平台，也是畅通信息渠道的重要途径，对于认真履行《农产品质量安全法》和《食品安全法》等法律赋予的职责，保障农产品质量安全，营造安全可靠的消费环境具有重要意义。

农产品质量安全电子政务建设主要是建设和完善农产品质量安全监测管理信息系统，实现农业主要投入品、农产品质量安全追溯等方面的管理。一是建立农业主要投入品市场监管系统。农业主要投入品安全市场监管是农产品质量安全的基础，主要通过完善对农药、兽药和种子等市场的监测和监管，建立追溯系统，掌握市场运行状况，维护市场秩序，切实保护生产者利益。通过系统建设，在农兽药和种子领域解决流通环节混乱，货源复杂，质量无法得到有效保障，农兽药使用不规范等问题。二是建立农产品质量安全管理系统。利用溯源技术、条码技术、RFID 等技术建立贯穿农产品产供销整个流通环节的信息化质量安全监管体系，建立有关标准，建立统一的查询发布系统，实现对食用农产品生产、加工、流通等各个环节关键信息的全程跟踪、监管和预警分析，实现农产品质量安全监管部门之间协调一致，畅通信息渠道，为政府有效实施监督管理提供科学依据，为公众及时了解农产品质量安全现状提供权威信息，引导生产者正确生产、经营者依法经营、消费者正确消费。

**（五）农业应急指挥**

农业应急指挥是在农业突发事件应急处置活动中，农业部门应对突发事件进行的组织领导，充分发挥应急力量，在突发情况下减少损失、保护生命财产安全。改革开放以来，我国农业发展取得了长足进步，但是农业是弱质产业依旧没有改变，突出表现在对自然的高度依赖。近些年，我国重大自然灾害、重大农业公共应急事件时有发生，为保护人民群众的生命财产安全，减少经济社会损失，迫切要求利用现代信息手段加强农业电子政务应急管理建设，建立畅通的信息传递渠道，及时掌握事件信息，及早发现处理，增强政府的快速应急反应能力。通过与相关体系协同建设，实现对重要农产品、重大动植物疫病、农业资源环境等的动态监测。

农业应急指挥电子政务建设主要是按照《国家突发公共事件总体应急预案》和《中华人民共和国突发事件应对法》要求，充分发挥信息技术在农业应急管理工作中的重要作用，建立高效的农业应急指挥系统，采取多种手段，利用各种渠道，及时掌握农业重大动植物疫病、农产品质量安全事故等农业突发事件信息，提高工作主动性和应急处理能力。农业应急指挥系统建设要实现覆盖部、省、地、县对农业重大自然灾害、重大动植物疫病防控、草原生态、渔船事故、农机事故等的高效应急指挥，并实现对其他应急子系统的无缝扩展建设，从通讯指挥、数据共享、预测分析、指挥决策等多个方面协同全国开展农业突发事件的应急指挥，并完成与国务院应急平台的数据共享与指挥协同，为农业应急指挥提供及时可靠的支撑手段和环境。

## 第五节　农业服务信息化

搞好农业信息化，其中关键的一环是把农民需要的信息及时、快捷、准确地送到农民的手中，因此搞好农业信息化必须搞好农业信息服务，同时，农业服务信息化也是我国农业信息化工作的亮点。本章从农业信息服务体系、农业信息服务机制两方面来介绍农业服务信息化。

### 一、农业信息服务体系

#### （一）信息服务机构

1. 省地县信息服务机构

省地县信息服务机构通过建设信息平台为农户提供信息服务，提倡在高层级行政区域部署涉农信息服务平台，使平台集约建设在省或市或县，县以下不必建立涉农信息服务平台。县级信息服务机构是基层农业信息服务的最高层次，是基层信息服务的领导机构，一方面，要利用网络为当地各方面查询、整理农业信息，为政府农业决策当参谋；还要把农民需要的信息整理后向各乡镇发布，向农民发布，同时，还要把当地农村需要发布的信息向互联网系统发；另一方面，还要投入巨大精力组织协调乡级搞好农业信息服务。

2. 乡村信息服务站点

（1）政府推动建立的信息服务站　近年来，中央各部门分别在农村建立农民远程教育点、政府便民服务点、社区服务中心、农民之家、农村信息驿站等多种形式的信息服务站点。这些服务站大多数达到了互联网公共接入点“五个一”的要求，即有一间房子，有一台计算机，有一条互联网的专线，有1~2名专职或兼职服务人员，有一套管理和服务制度。信息服务站实行免费信息服务，如上互联网发布农产品市场信息和查询农业科技信息等。

（2）农民专业合作社的信息服务点　我国农村实行的是以家庭承包经营为基础的基本经营制度，农户是市场经营主体。但由于其经营规模小、应对自然风险和市场风险的能力弱，难以发展和壮大，因此，组织起来集合智慧和力量进行联合生产经营，成为市场经济体制下农户们的必然选择。其中，受到农民群众普遍欢迎的一种重要的组织形式就是农民专业合作社，它在带动农业发展方面的作用日益显现。一方面，合作社把分散经营的农户组织起来，使生产有计划、销售有渠道、发展有目标，并降低了成本，解决了农民生产销售难的问题。另一方面，合作社通过建立示范基地，有针对性地开展农业科技培训和经验交流，提高了农民的科技水平，增加了产品的科技含量、产量及收益，有效地促进了农业增效、农民增收。

（3）电信运营商承建的信息服务点　我国电信运营商在开拓农村市场和承担社会责任双重愿望驱动下，积极投入到农村信息化建设中。如中国电信“千乡万村”工程的乡镇信息服务站和村信息服务点、中国联通“农业新时空”信息工作站、中国移动“农信通”信息服务站。一些地区的做法是：村信息服务站办公场所由当地政府和电信运营企业与村委会共同协商选址。尽可能利用村委会现房或公共活动场所，设备由电信运营商提供，资产归电信运营企业所有，农村信息站的日常运行和设备维修、用电、耗材等所产生的费用由建站的电信运营企业承担。使用宽带所需的上网费用，由县级财政给予一定的补贴。通常这些服务点也兼作电信业务代办点，电信部门给予服务人员一定的代办费用或奖励。

（4）企业参与建设的信息化体验中心　国内一些企业把培育农村市场与承担社会责任结合起来，积极参与农村信息化综合服务的试点。比较典型的有广东建立的“信息化体验中心”。2003年，广东省启动山区信息化工程，政府每年投资3500万元，为期5年，促进全省51个山区县的信息化。工程从启动开始，就将公私合作的市场化运作引入进来，以信息体验中心为载体，引导有实力的企业共同参与。目前，广东省60%的镇、村体验中心都是采用公私合作模式，农村信息化体验中心除了免费向农户提供信息化培训及各类信息服务外，还提供电脑产品的销售及售后服务。

(5) 农资店兼营信息服务　一些行政村农资店卖主在给农民销售农药、化肥、种子的同时，充当了农业科技信息员的角色，这些农资店卖主农业生产经验丰富，深受农民信任，农资店是农民获取农业科技信息和市场信息的一个重要途径。

**(二) 信息服务队伍**

1. 农业信息服务专家队伍

专家队伍建设是农业信息服务体系建设的重要环节，他们在提供农业技术和农业经济发展咨询服务，参与农业新技术推广与开发，组织农业技术培训，制定各种防治农业灾害预案和实施方案等方面发挥着重要的作用。专家队伍的多专业性和权威性，有效提高了农业生产活动中的服务质量。近年来，各省（自治区、直辖市）在加强农业专家队伍建设方面采取了积极行动。如北京全市农业专家队伍达600多人，其中，北京市农业局组建了北京“12316”农业服务热线专家服务队伍，包括蔬菜、粮经、饲料、畜牧、水产、农机、植保、质量安全、能源环保以及农业政策等多种行业，共有专家45名。

2. 农村信息员队伍

农村信息员，是指在农村（经纪人、种养大户、村组干部等）和产业化龙头企业、农产品批发市场、中介组织中从事农业信息服务的人员。农村信息员队伍是连接基层农业信息服务机构与广大农民的桥梁和纽带，加强农村信息员队伍建设是解决信息服务“最后一公里”问题的有效途径。目前，我国已发展70多万人的农村信息员，建立了从中央到地方的农业信息工作体系。

**(三) 信息服务平台**

农业信息服务方式既包括互联网站、电话语音信息服务平台、手机短信平台、网络电视、数字广播等以现代通信技术为基础的服务方式，也包括信息栏、宣传手册、简报、报刊、会议、讲座等。采用何种手段作为主要服务方式，既受到经济上的运行成本和农民承受能力的制约，也受到农民接受能力和使用习惯的制约。服务方式的选取，不是以技术先进程度为标准，也不应排斥先进技术的采用。随着农业信息基础设施建设的推进和农村经济的发展，先进技术逐步被广大农民和农村工作者所接受，现代化服务方式的高效率，广覆盖的优势日益显现，逐步会融合或替代传统的服务方式。

1. 互联网系统

互联网的迅猛发展为我国农业提供了广阔的信息交流与资源共享环境，从根本上改变了传统信息收集和交换的方式，正在全面渗透和深刻影响着社会的各个领域，为农业信息服务工作带来了巨大的挑战和良好的发展机遇。互联网作为农民获取信息和发表信息的重要渠道之一，通过资源共享，用户可随时上网查询所需信息，信息服务内容不仅包括目录、索引，全文本文献，而且还包括声音、图像、影视、动画等多媒体信息。根据实际情况，网站可以提供多种形式的信息服务。

2. 语音信息服务系统

当前我国农村电话普及率较高，借助语音信息系统可为开展农业信息服务搭建一个便捷的平台。利用先进的语音网络技术，通过自动的语音设备，接受用户的语音请求，语音服务系统自动与后台数据库连接，进行查询与检索，并通过电话、传真、手机、人工语音服务等方式将所需信息传递到用户手中，使农民打电话就可查询到所需要的科技、政策、市场、经营、生活信息；农民还可以借助电话通过语音信息系统在网上发布信息，达到获取生产技术帮助、传递农产品经营信息的目的。

## 3. 移动短信息服务

随着农民手机用户的不断增加，语音移动短信息服务为农民提供了个性化、主动、灵活地获取农业信息的途径。其服务内容可包括供求信息、农产品市场价格信息、农产品生产资料信息、特色新闻、农业实用知识和小技巧等。

4. 网络电视

网络电视又称 IPTV（Interactive Personality TV），它将电视机、个人电脑及手持设备作为显示终端，通过机顶盒或计算机接入宽带网络，实现了数字电视、移动电视、互动电视等服务。网络电视的出现给人们带来了一种全新的电视收看体验，它改变了以往被动的电视观看模式，实现了电视按需观看、随看随停。有关农业的网络电视，可以根据需求随时通过电视获取有关农业信息。

5. 数字广播

数字广播有别于传统 AM、FM 的广播技术，是一种通信和广播相融合的新概念多媒体移动广播服务，又称为第三代无线电广播。它通过地面发射站来发射数字信号，以达到广播以及数据资讯传输的目的。随着技术的发展，数字广播除了传统意义上仅传输音频信号外，还可以传送包括音频、视频、数据、文字、图形等在内的多媒体信号。就世界范围看，数字广播已经进入了数字多媒体广播的时代，受众通过手机、电脑、便携式接收终端、车载接收终端等多种接收装置，就可以收看到丰富多彩的数字多媒体节目，数字广播也为农业信息的传播提供了一条途径。

6. 其他

可以充分利用信息栏、宣传手册、简报、报刊、会议、讲座等多种现代便民设施与方式传递农业信息，全方位提高农业信息服务的质量。

**（四）信息服务内容**

信息服务内容指以文字、数字、图形、图片、表格、音频、视频等各种方式表达出来的信息内容，这些内容是网民直接可以阅读、收看或者收听到的，其中农民最迫切需要的是农业政策信息、农业科技信息以及农业市场信息。

1. 农业政策信息

农业政策信息是农户最关注的农业信息之一，尤其是各种惠农政策。因此，政府应该依托各种惠农服务平台为农户提供各种农业政策信息，此外，平台应围绕农业行政机关当前的重点工作和公众关注热点，开通在线访谈、热点解答、网上咨询等栏目，做好宣传和解疑释惑工作，正确引导舆论；开设单位领导信箱、公众监督信箱等，接受公众建言献策和情况反映，适时开通留言板功能；围绕政府重要决策和与公众利益密切相关的事项，开展网上调查、网上听证、网上评议等工作，征集公众的意见和建议，及时分析汇总，为决策提供参考，提高科学民主决策水平。

2. 农业科技信息

农业科技信息直接关系到种养质量，因此，农业科技信息是农民最迫切需要的信息之一。农业科技信息包括农业科技知识、实用技术、新优品种、科技推广等信息。农业科技信息除具有一般信息的时效性外，还具有科学性、及时性、实用性、推广性和区域性。农业科技信息内容必须是科学的，这是农业科技信息的最基本特征。农业生产的自然环境是千变万化的，农业生产过程中自然灾害的发生随时都有可能，这就决定了农业科技信息的及时性。

推广性是指农业科技信息内容不但是科学的，而且应具有较强的应用性和可推广性，能够指导生产者或科研者进行实践操作。由于我国农业生产具有很强的区域性，不同区域的农业科技的内容是有别的，其信息具有很强的区域性。

3. 农业市场信息

农业投入品和农产品价格直接影响农民的收入，因此，农业市场信息是农民最迫切需要的信息之一。农业市场信息具有广泛性、连锁性、周期性和区域性。农业市场信息覆盖了不同行业、不同社会阶层，影响广泛。连锁性表现在市场信息内部之间存在密不可分的关系；周期性是指农业生产和农业经济活动具有年度和季节性的同期变化，致使其农业市场信息的产生具有周而复始的变化；区域性是由于农业生产的区域性使得农业生产资料供应、农产品的销售与流通和农产品加工等市场信息内容也具有很强的区域性。目前农业网站提供的市场信息反映现象的、原始状态的信息较多，经过综合加工、分类整理、分析提炼的信息少；反映过去和现在的信息多，对未来预测的信息少；登载的政策信息多，解读政策用于指导生产和经营的信息少；向公众提供付费增值的信息品种和数量不多。因此，迫切需要进一步为农户提供他们需要的农业市场信息。

4. 其他信息

除了上述最主要的三类信息外，农业信息服务平台提供的信息还有农业新闻、政务动态、通知公告等其他信息。

## 二、农业信息服务机制

服务机制主要有 3 种形式：政府主导型机制、市场驱动型机制和社团自助型机制，3 种机制分别具有各自的优势和不足。由于我国经济发展很不平衡，地域差异很大，如何因地制宜地选择不同区域的农业信息化运行机制对我国农业信息化的健康快速发展具有重要的意义。

### （一）政府主导型

政府主导型机制是以政府的财政“输血”为资金保证开展公益性信息服务为基本特征，农业信息的供体主要是政府各级涉农部门，受体主要为广大农民，服务方式是无偿服务。在我国农村经济发展水平普遍较低、农民信息消费能力普遍不强的情况下，政府主导型机制仍然是现阶段农村信息服务采用的主要运行机制。

1. 运行特点

（1）在组织结构上沿用现有的农技推广体系　政府主导型机制是以政府为主体的组织形式，体系结构上仍然沿用现有的从国家农业部、省农业厅、市农业局、县农技推广中心、乡镇农技推广站到基层村组织的多级农业信息服务体系。其优点是宏观调控能力强，能够把农技、农资、供销、金融、教育等部门协调统一起来，协同完成大型的技术推广项目和促成大规模的农业市场交易；另外，由于在政策、法律法规、农业信息资源数据库、财政资金等方面的优势，使得这种组织形式在农业信息的综合服务方面具有显著的优越性；但是以政府为主体的组织形式也存在着行政色彩较浓、服务针对性较差、缺乏有效的激励机制、信息人员利益难以保障、服务积极性不高等缺点。

以政府为主体的组织形式特别适合于商品经济意识薄弱，农业生产方式还严重制约着农村商品经济发展的贫困地区和经济欠发达地区，对这些地区的农业新技术、新品种等信息的大规模宣传、扩散和使用，可发挥极其重要的作用。

（2）信息服务的动力来源于行政干预力　政府主导型机制中开展信息服务工作的动力主要来源于政府的行政干预力。行政干预力是指政府的农技推广机构按照政府制定的农业信息服务计划开展信息服务工作，并以行政手段保证计划的实施和任务的完成。

行政干预的优点是国家便于集中人力、物力、财力开展大规模的普及性信息服务活动，为制定和实施统一的农业信息化建设规划提供了保障。但是由于农业信息服务主体直接执行上级指派的信息化工作任务，如果政府的服务目标与信息用户的需求目标不一致，容易造成农业信息的供求不平衡甚至脱节，将会严重影响农业信息服务的效果。

（3）信息服务工作的资金主要依赖于财政支持　在政府主导型机制下开展信息服务工作的资金投入主要是政府行为，目前，社会组织仍然很少介入政府的信息服务活动。传统的农业信息服务资金筹措方法是在国家财政收入总额中，根据当年的财政收支情况，划拨出一部分作为农业信息化建设专项，然后从专项资金中抽取基层农业信息服务所需的资金。

这种资金筹措方式在筹集大额资金，进行整体性、大规模基层信息服务工作时具有一定的优势，政府容易利用行政手段集中力量进行统筹实施。但是这一筹措机制也具有很大的弊端，一是筹措渠道单一，受政府财政的影响太大，缺乏投资的稳定性和可持续性；二是资金筹措的使用对象不明确，使得资金筹措具有很大的随意性，很难保证专款专用，导致农业信息化专项资

金被挪用的情况时有发生。

（4）信息服务中的调控手段采用行政和法律调控　政府主导型机制形式下对于农业信息服务的资金、服务的范围、服务的风险等内容的调控主要采取的是行政、法律等非经济手段，具有调控迅速、及时、可控性强的优势，但是由于缺乏市场机制，对信息用户的有效需求把握不足，难以根据信息需求准确把握投资方向，致使当信息服务资金流向与资金需求出现偏差时，不能实现很好的调控。

2. 运行方式

（1）信息服务的投资内容　包括各级信息服务机构的设置、农业信息资源的建设、信息基础设施建设、农民通信费用的补贴、信息服务队伍的建设等内容。

（2）资金的筹措方式　公益性主体进行信息服务的投资属于公益服务的资金投入，所需的资金大多来自政府的财政拨款，拨款方式主要采取全额拨款和差额拨款两种，基层政府农口部门的信息服务经费主要采用差额拨款的方式，即一部分来源于国家、省、市的信息化项目资金支持，另一部分则需要各区县根据自身农业信息化服务现状自筹资金进行全县的统筹规划。

（3）主客体间的利益联结机制　政府主导型机制中信息服务的主客体是指基层政府部门和广大农户，主客体之间在利益联结机制上比较简单，一般采用政府担保的方法，即政府部门对所提供信息能够产生的预期效益做担保，引导部分农民利用政府提供的信息做相应的生产经营投资，投资获得预期收益则起到新品种、新技术的示范推广目的，投资不当造成的经济损失政府根据担保条款给予适当赔偿。

（4）运行流程　首先国家、省、市、县财政划拨信息化建设经费，由基层政府农口部门支配，组织指导信息基础设施、信息资源、信息人才等的建设工作，然后把资金的投入转化为农业信息的输出，依靠农村信息员、种养大户、供销大户，辐射带动广大农户，完成农村信息的进村到户。整个过程依赖于政府投资，基层农户不需要承担任何费用，如图 5 - 19 所示。

3. 适用环境

由于政府无偿服务在针对贫困农户、开展大规模普及性服务方面的优势，依靠政府主导的农业信息服务运行机制适用于经济发展水平较低、农民经济承受能力较弱、组织程度不高、信息意识不强的农村地区。

**（二）市场驱动型**

市场驱动型机制是以商业组织为实现自身利益而开展的有偿服务为基本

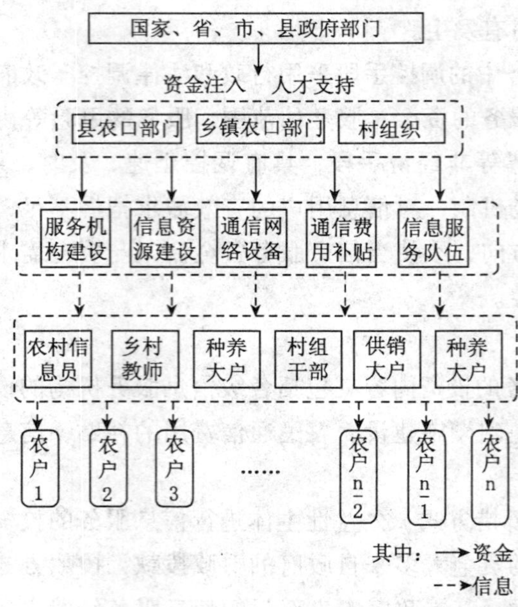


图5-19 政府主导型机制的运行流程图

特征的。信息的供体主要包括农业龙头企业和信息企业两大类，信息的受体依然是广大农民。目前，我国农业信息的商品化、市场化还处于初级阶段，农业信息市场还没有完全形成，企业与农民之间的信息交易还不能完全遵循商品价值规律，企业从事的有偿信息服务仍然具有很大的风险性。从长远来看，我国农业信息服务工作的开展必须广泛引入市场机制，才能实现信息服务的可持续发展。

1. 运行特点

（1）商业性组织开展的市场化信息服务　信息服务主体是以公司为主体的组织形式，根据服务的性质以及在市场中扮演的不同角色，一种是从事农产品加工、经营的农业龙头企业，另一种是根据农户需求，开发具有使用价值和经济价值的农业信息产品，依赖市场机制买卖信息产品获得经营利润的信息通信公司。

与其他信息服务组织相比，以公司为主体的组织形式有其自身的特点：一是利益的诱导性。企业的一切经营活动都是以实现自身利益最大化为目标，无论是农业龙头企业还是信息企业，开展针对农民的信息服务都是建立在维护自身利益、获得有偿回报的基础之上的。二是具有合同约束性。龙头企业与农户往往通过合同或者契约来确立双方的利益关系，这样可以更好地约束双方行为，使各方都能够主动履行自己的义务。从事信息服务业的信息公司

提供的信息定制业务也同样具有法律约束力，在信息用户交纳信息定金后，信息公司必须能够按照定制的要求提供用户所需的农业信息，否则，要根据相关规则赔偿信息用户的损失。

可见，以公司为主体的商业性组织提供信息服务在满足信息用户的信息需求，为信息用户创造利益增值的同时，自身也获得了预期的收益，使信息服务在形式上达到了“双赢”的效果，既提高了服务效率，又兼顾了公平。但是，以公司为主体的组织形式开展信息服务也存在着下列问题。

①无论是农业龙头企业还是信息公司，相对于农户来说都属于强势群体，在发生利益冲突时，企业相对农户占有很大的优势，很容易偏向于损害农民的利益。

②企业是以实现自身利益最大化为目标的，由于企业和农户没有结成完全统一的利益共同体，又由于农户的弱势地位，在信息服务过程中，发生信息风险时，农业龙头企业和信息服务企业具有把风险嫁接给广大农户的本能。

③由于农户的超小规模分散经营，致使企业对农户的信息服务监管成本非常高，无法保证农户能够正确利用各种信息，充分发挥信息作用。

（2）以通过市场化运作获取利润作为信息服务的动力来源　市场驱动型机制最大的优点在于信息服务主体进行信息生产时，是以结合农业大市场与农户的信息需求为基础，并对此做出反应，来确定信息服务的内容与方式，能够解决信息与农业生产和农业市场的脱节问题，产生更大的经济效益。

在市场的驱动下，农业龙头企业为了获得优质原材料，保证市场竞争力，必须提供适应市场需求的技术信息给农户，保证农户生产合格的农产品，农户为了完成订单，也必须顺应市场要求，积极接受新技术、新信息，生产市场需求的原材料；信息企业只有在准确把握农业信息大市场，充分了解需求的前提下，才能决定生产何种类型的信息产品，并根据生产信息产品需要的劳动时间为信息产品合理定价，以适应作为主要信息用户的基层农户的需求。

（3）采用“谁投资、谁受益”的双向投资机制　以市场为导向的投资机制在投资方式上有别于政府主导型机制的政府单方面无偿投入，也不同于社团自助型机制的自我投资、自我服务、自我受益的自助式投入，而是采用了谁投资谁受益的双向投资机制，使参与信息服务的双方都参与信息服务活动的投资，最后双方共同分配信息服务带来的利益。

信息服务企业的资本投入属于风险投资，农户为了农业生产、生活的需要，购买信息产品属于消费型投资行为，信息服务企业与农户为了自身利益最大化以不同形式共同投资于农业信息服务，拓展了信息服务资金的来源渠道，使投资者都能够有利可图，增强了投资的积极性和投资效率，壮大了农业信息市场。

但是商业性投资机制在基础性投资项目、大型服务项目、大范围信息服务活动的开展等方面具有很大的局限性。一方面这些投资投入资金巨大，具有很大的投资风险，对于以盈利为目的的农业龙头企业和信息服务企业来说大都不敢冒险投资；另一方面基础性信息服务建设投资大、见效周期长，要求投资企业具有深厚的财力，而目前的信息服务企业大都还不具备这种实力。

（4）利用市场价值规律自动调控企业的服务行为　市场调控是指以农业信息市场的供求波动引起的信息价格变动为主要依据，指导商业机构的农业信息商品生产、加工及销售行为。从目前的情况看，我国农业信息市场仍处于初级发育阶段，农业信息资源的配置中运用农业信息的价格机制调解农业信息服务活动的范围和程度还很有限，较少应用信息供给和需求方面的调节去影响价格，进而影响信息服务主客体的利益活动。目前依然多采用法律约束的方式对市场中出现的不公平买卖行为、竞争行为进行规范，引导市场利益的合理流动及分配。

2. 运行方式

（1）信息服务的投资内容　农业龙头企业在信息服务中的投入主要在对客体的农业技术培训、发放农业科技资料、聘请农业专家等方面。信息企业在信息服务中的投入主要在自身信息基础设施建设、信息服务队伍建设、信息资源的购买与搜集、聘请专家等诸方面。

（2）主体资金筹措及收益来源　农业龙头企业开展信息服务首先依赖于企业的盈利，企业从盈利中抽取一部分作为对信息用户的技术指导费用，以配合基层农户生产适合企业加工标准的原材料，确保原料的有效供应，提高企业劳动生产率，获得更多利润，从而实现资金利用的良性循环。

信息企业在建设前期，由于硬件、软件方面的投入，成本上升很快，而服务收益上升缓慢，需要一段时间内资本的持续注入。建设完成后，随着信息容量的增加和服务业务的开展，逐渐开始盈利并达到收益平衡点，此后盈利将持续增加，保证信息服务资金的稳定供应。

（3）企业与农户的利益联结方式　农业龙头企业与基层农户的利益联结方式是采用具有法律约束力的订单联结，在龙头企业为农户提供了必要的技术信息服务的前提下，农户有义务根据订单要求的数量和质量为企业生产合格的农产品，企业根据订单或市场制定合理价格，尽量维护农户利益，保证下一季度订单的顺利签订。

信息企业向信息用户收取信息服务费完全按照市场价值规律，为各类信息产品合理定价，用户根据自身需求和承受能力购买合适的信息产品，交易双方利益依靠市场机制联结。

（4）运作流程　市场驱动型机制的运作流程首先是由集团资金对农业信息服务市场的投入，建立以盈利为目的的商业性信息企业，企业根据市场需求生产有价值的农业信息，并根据市场信息行情，对信息进行合理定价，信息用户以购买商品的方式购买自己所需的信息产品，在经营良好的情况下，信息企业可以获得信息服务利润，如图5－20所示。

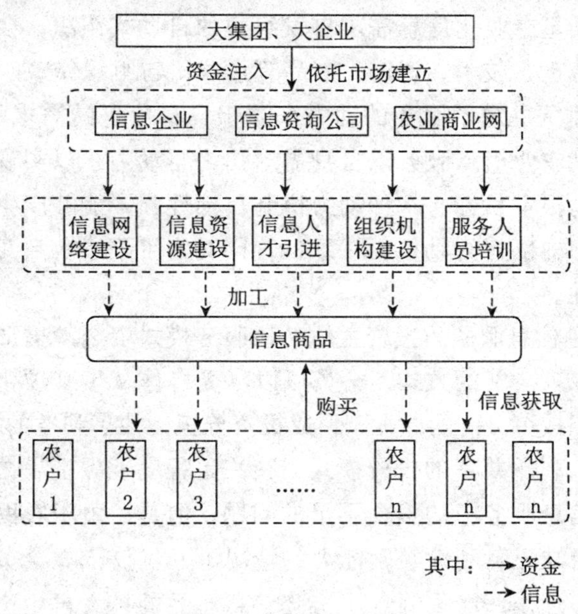


**图5－20　市场驱动型机制的运行流程图**

3. 适用环境

市场驱动型机制适用于农民经济承受能力强、具有较强信息消费的能力，农民组织程度高、能够形成共同的信息需求，农民信息意识强、能够认识到农业信息商品性等条件的农村地区。在政策条件方面，需要制定地方性信贷、税收等倾斜性扶持政策，政府也要投入必要财力来完善农业信息市场，为农业信息商品化提高良好的外部环境。

**（三）协会带动型**

协会带动型机制是以协会自筹资金开展自助式信息服务为基本特征，农业信息服务的供体是农业专业技术协会、农业行业协会等组织。信息受体是协会内部成员，惠及周围农户，属于自我服务的方式。

1. 运行特点

（1）协会为信息服务工作的载体　按照专业化生产对科技、市场和日常生活等信息的需求将农户组织起来形成的农业专业技术协会、农业行业协会开展农业信息服务工作，可以实现信息供体和信息受体零距离接触，有利于促进信息服务和信息利用相结合、技术信息的应用和新技术的研究开发相结合，在根据需求导向制定针对性服务、在农民与政府之间建立协调机制等方面具有明显的优势。

（2）以自身信息需求作为服务动力　农业专业技术协会、农业行业协会是广大农民为满足专业化信息需求自发组建的自助式组织，会员在同一目标和章程下，以劳动、技术、资产、产品等形式，与组织结成利益共同体，这种自我服务的性质决定了服务的动力来源于自身信息的需求和利益的实现。因此，协会开展农业信息服务以自身需求作为驱动力，以实现协会成员的整体利益最大化为根本目标。这种动力机制目标性强，能够产生很强的激励作用，保证了组织内部行为动机的一致性，同时为了不影响自身利益，也确保了信息的可靠性。

（3）农民是信息服务的投资主体　该服务模式资金筹措形式大体上采用向参会会员收取入会费的方式，会员可以享受合作从事某项生产经营活动获得的利益，按照按劳分配的原则，形成投资分担，共享利益的投资合作机制。这种投资分担、利益共享的投资模式，在一定程度上保证了公平性，能够合理解决协会在信息服务中的资金不足的问题，但是，由于农民的承受能力有限，在协会本身缺乏营利性经营能力的情况下，仅仅依靠会员自身的自筹资金进行信息服务运作，严重制约了协会信息产品的扩大再生产，也使协会本身难以获得更大的发展空间。

2. 运行方式

（1）信息服务的投资内容　协会开展的信息服务主要投资于协会组织机构的建设、专家咨询、组织培训、领域内农业信息的收集与整理等方面。

（2）资金筹措方式　协会开展信息服务的资金主要由组织成员以会员费的形式集体筹措，会员费交纳标准按照会员农业经营规模由会员大会合理制定。另外，还可以寻求当地政府财政和社会组织的支持，以减轻会员的会费压力。

（3）与会员的利益联结方式　由于协会内部成员基本上是普通农户，组织本身代表的就是广大组织成员的利益，信息服务主体与客体间结成了利益共同体，形成“利益均沾，风险公担”的利益联结方式。

（4）运行流程 协会带动型机制的运行流程首先是由会员向协会交纳一定的会费，保证协会能够有基本的运作资金，以维持正常的服务功能，协会利用活动经费投资于信息搜集、整理、聘请专家以及组织服务活动等多项工作，为会员开展全方位的服务工作，并带动其他农户。信息服务过程中，协会可以与其他组织或企业建立合作关系，并从中获取一部分资金支持，缓解协会资金短缺影响信息服务正常开展的问题，如图 5－21 所示。

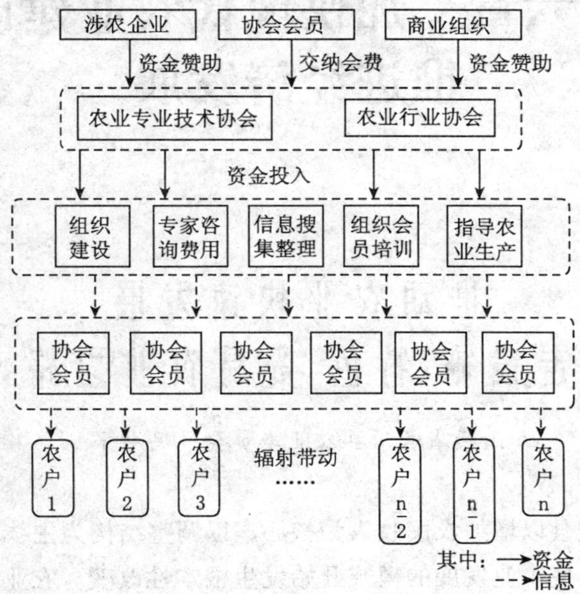


图 5－21 协会带动型机制的运行流程图

3. 适用环境

协会带动型机制的运行必须由政府制定相关政策，确立协会的合法地位，从政策、制度等方面规范协会的组织行为，该运行方式适用于农村经济发展水平较高、农户具有一定的信息投资能力和分析、整理、使用信息的能力、农民组织程度较高的地区，并能够通过各种手段争取政府的财政补贴。

# 第六章　加快现代农业建设推进经济发展

## 推动农业快速发展 走设施 特色 贸易农业之路

山西省长治县农业委员会　冯书平

近年来，我县以增加农民收入为核心，以调整结构为主线，以推进农业产业化为抓手，使农业发展的模式开始发生根本性改变。农业农村经济发展出现良好态势，取得有目共睹的成效。然而面对“十二五”新规划，面对我县“四个发展战略”、全国冲刺百强和“五个一”跨越目标，无疑给农业的发展提出了新的挑战。那么，如何适应新形势，抢抓新机遇，进一步推动今后农业快速发展，已成为摆在我们面前的一个重要课题：我县农业发展如何定位思考，必须打破传统农业思维，走设施、特色、贸易农业之路。

### 一、今后农业的发展趋势

#### （一）利用区位优势，发展设施农业

我县地处上党腹地，雄居南北要塞，北邻长治市郊，南靠晋城、中原，地势多半平川，交通十分便利，发展设施蔬菜，供应城市副食，具有先天的优势和潜力。因此我们必须从这一实际出发，以设施蔬菜建设为突破，带动现代农业的发展。目前，大路蔬菜种植面积有 2 万亩，蔬菜日光大棚面积 10000 余亩，两者仅占全县粮田面积的 9% 左右。去年以来，我县按照

"6131"发展战略，建起了农业物流园区，为农产品的流通奠定了坚实基础。而全县蔬菜生产总量仅10多万吨，离物流园区第一期工程年交易量36万吨的设计能力还有很大缺额，加上其他的销路，蔬菜发展总体上是价格居高、供不应求的态势。同时物流园区也需要丰富的农产品产量作为支撑，这就给发展设施蔬菜提供了强大后盾，给农民增收带来了较大空间。投资一个日光蔬菜大棚5万~7万元，年收入可达4万元左右，其经济效益是种粮食的几十倍之多。所以，我县农业今后发展着力点，应该放在设施蔬菜上，突破山区平川的框框，打破经济体制的束缚，只要有条件就可以搞。以东贾、南呈、上村、前土门、荆圪道等先进典型为依托，辐射带动周边地区，建设几个以至十几个设施蔬菜种植聚集区，每个聚集区搞1000座以上日光大棚。到"十二五"末，使全县设施蔬菜种植面积达到6万亩以上，力争全县蔬菜种植面积占到粮田面积的20%以上。2013年市政府下达我县1.2万亩的设施蔬菜建设任务，各地区正在落实措施，有了新的进展，年底有望达到这一目标。实践证明这一工作是有很强的可行性、操作性和前瞻性，确是一项实实在在的惠民工程。只要我们因势利导，服务到位，措施到位，形成合力，就一定能把好事办好。

**（二）利用自然优势，发展特色农业**

我县属于半干旱、半湿润的暖温带大陆性气候，无霜期平均178天，平均气温9.7℃，有效积温3386.5℃，年平均降雨量550mm，平均日照2460.8小时，日照率59.9%，光照充足，温差大，四季分明，气候适宜，立地条件好，适种性广，并且是全国最佳玉米生产带之一，有着良好的自然条件优势。随着人们生活质量的不断提高，农产品的市场需求也发生了变化。人们吃讲营养、讲绿色，讲健康。因此名、优、特农业已成为今后农业生产的发展趋势。

一是搞好标准化种植。全县27万多亩玉米，最低有5万公斤产量即10万亩的玉米是充当货币价值用来交换，上市流通产品。我们应当重点抓住这10万亩，作为一个农业大项目工程，捆绑在一块，在玉米主产区集中搞标准化种植。引进优质品种，推广先进技术，特别要在无公害、无污染、有机绿色等措施上下工夫，制定统一的种植标准，落实有关的监督措施，实行重点扶持办法，生产绿色有机产品，打响标准化种植品牌，建成绿色玉米生产基地，形成绿色农产品优势。

二是扩大小杂粮种植。围绕产品质量要高。作物种类要精的要求，着重在东部和东南山区，发展以豆类、小米、黍米等小杂粮作物，从目前的不足1

万亩杂粮，建设成3万亩优质小杂粮基地。例如要推介曹家堰、平家、关家、南天河的小米，培植小杂粮的重点产区。发挥平川优势，形成北呈、东和、郝家庄、韩店等地区的优质小麦生产区，向食品加工和高精产品原料型发展。

三是恢复干鲜水果种植。干鲜水果是一种口感性好、营养价值高，市场需求稳定的长远性产品，也是农民增收的风险小、效益高的生产项目。过去我县在干鲜水果生产上曾经有过辉煌，基本上是村村有果园，乡乡有重点，成为农业农村经济增长的主要来源之一。然而随着体制变革，市场变化，金融冲击，这一生产逐步走向衰落萧条，种植面积仅剩下不到10000亩。其中挂果面积不足5000亩。现在从农业结构调整，农业跨越发展的角度出发，发展干鲜水果生产仍不失为一个农民增收的主要门路。我们必须坚持科学的发展观，巩固现有基础，恢复果业生产，形成果业特色。一是从一开始起步就要高。要科学规划，合理布局，突出重点。引进新优品种，推广先进技术，围绕优质、绿色、高效，更新改造旧果园，扩建一批新果园。二是要注重规模发展。有条件的要集中连片，平川以水果为主，山区以干果为主，全县力争发展面积达到3万亩以上。三是要注重发展模式。可以实行企村挂钩、企户联合、出租承包、引进资金、引进人才、农户入股等多形式，多模式，多渠道发展，运用现代化管理，发展现代化果业生产。

**（三）利用产业基础，发展贸易农业。**

贸易农业说到底就是龙头企业加基地加农户加市场。贸工农一体化，产供销一条龙。

1. 巩固和新上一大批“农字号”龙头企业。龙头企业要利用现有产业、新兴产业，重点在农副产品深加工增值上下气力。近年来我县农业龙头企业发展初见成效。以振东五和、芸生粮业、康寿园面粉、龟汁驴肉等为标志，一批农副产品加工龙头企业正在崛起。有效地带动了产业化发展和拓宽了农民增收渠道。今后我们还必须在这一工作上加大力度，推进重点“农字号”龙头企业的发展，“十二五”末争取发展50个市级龙头企业，20个省级龙头企业，上百个县级龙头企业。打造10个以上全省全国著名驰名品牌。

2. 建设多种农业基地。

（1）种植业基地。总体上我们要建好九大农业基地：即除了前面讲的设施蔬菜基地，玉米标准化基地，小杂粮基地，果业基地外，还要建好花卉苗木基地，中药材基地，综合生态园基地，食用菌基地，农业休闲观光园基地。

（2）养殖业基地。大力发展规模健康养殖，以柳庄双雄养鸡场、南和威杰养鸡场为纽带，带动全县养鸡业达到300万只；以金科养殖有限公司和洁思养殖有限公司为桥梁，带动养猪业存栏规模达到100万头；以日鑫养殖、凤凰岭养殖为龙头，带动全县养羊业存栏达到5万只；以大鹏奶牛专业合作社和康业养殖有限公司带动全县奶牛养殖突破万头规模。

（3）流通业基地。以农业物流园区为支撑，打造多个农业交易市场，培育百个重点农民专业合作社，万名流通能人。形成农业贸易流通网络。

## 二、发展对策

1. 将农业的投入按上级要求和本县实际列入预算，并逐年加大比例。

2. 利用媒企基础，工业反哺农业，确定吨煤提取比例，成为农业投入的重要支撑和来源。

3. 创造宽松的农业发展环境，有关部门、行业都要树立服务农业、支持农业、全县一盘棋的思想。

4. 在稳定农业家庭联产承包责任制基础上，深化农村改革，特别是在农村土地流转，土地利用上创新思路、创新办法。可以集体引导流转，财政补贴流转费用，可以企村联合，集中开发，分散出租。可以土地入股，利益共享，风险共担。

**作者简介：**

冯书平，男，1963年出生，中共党员。现任山西省长治县农业委员会主任。

自1986年9月参加工作起，历任西故县乡煤管员、土管员、党委秘书、党委副书记，柳林乡党务副书记，南宋乡人大主席、乡长，长治县林业局局长兼总支书记等职。2011年8月至今，任长治县农业委员会主任。

# 大力搞好现代农业　实现农业转型跨越

山西省稷山县农业局　张文鸿　王利伟

近年来，在省、市业务部门的支持下，稷山县委、县政府以改善农业基础设施为突破口，以现代农业项目为支撑，以实现农业增效、农民增收为目标，全力抓好现代农业示范区建设工作，极大地促进了全县农业和农村经济的发展。

## 一、全县农业基本情况

稷山县位于汾河下游，山西省西南部，运城市北端。辖7个乡镇1个社区办，200个行政村，总人口34万，其中农业人口28万，耕地总面积58万亩，种植业以“粮、果、蔬、枣、畜”五大产业为主，截至2012年年底，全县常年粮食播种面积72万亩，总产达到2亿公斤以上；水果总面积11.3万亩，总产14.9万吨，总产值4亿元，其中葡萄面积3万亩，总产4.6万吨；红枣总面积15.3万亩，总产4.8万吨，年总产值4.9亿元；蛋鸡存栏760万只，产蛋6.8万吨，年总产值2.07亿元；蔬菜、药材、小杂粮等面积6.1万亩，年总产值1.5亿元以上，2012年全县农民人均纯收入6798元，农业产业化经营稳步推进，农业经济实力明显增强，农民收入大幅提高。

## 二、全县现代农业示范区建设情况

近年来，稷山县委、县政府认真落实省、市现代农业发展规划，共确定了46个重点建设项目，其中产业化发展项目6个，基础设施建设项目27个，支撑体系项目13个。总投入资金4.8098亿元，其中申请国家投资1.7148亿元，自筹3.14亿元。

### （一）2010、2011年现代农业项目完成情况

2010年实施的项目共28个，涉及10个单位，其中农委15个、林业局2个、畜牧局2个、水利局1个、国土局1个、开发办1个、交通局1个、旅游局1个、农经中心2个、中小企业2个（怡林公司、两红市场）。28个项目共计投资2.8946亿元，申请国家投资0.9873亿元，自筹1.9073亿元。

全县2011年现代农业项目共计18个，涉及7个单位，其中农委9个、水

利局1个、畜牧局2个、交通局1个、农机局1个、农经中心2个、中小企业2个。共投资1.9602亿元，其中申请国家投资0.7275亿元，自筹资金1.2327亿元。

通过项目的实施和现代农业各种技术的组装配套，现代农业核心示范区及示范区效果明显，产出率明显提高，基础设施明显改善，农业综合生产能力明显提高，农民纯收入大幅度增长，生产能力较非示范区提高35%以上，每亩平均增收300元。

**（二）现代农业示范园项目建设进展情况**

1.2010年稷峰镇荆平葡萄优质高效示范园建设项目，投资235万元，其中省煤炭可持续发展基金135万元，财政支农资金100万元。

建设内容：交易大棚500平方米、管理大厅126平方米、微型冷库160平方米、地面硬化500平方米等；增施钾肥3300亩；安装杀虫灯3300亩；悬挂粘虫板3300亩。

项目工程完成情况：（1）果品交易市场：包括果品交易大棚500平方米，果品管理大厅126平方米及其配套，地面硬化500平方米，总投资3.1万元；微型恒温冷藏库160平方米，按照设计方案正在建设之中；（2）设计增施钾肥3300亩，实际完成3300亩；（3）设计安装杀虫灯3300亩，实际完成3300亩；（4）设计悬挂粘虫板3300亩，实际完成3300亩。

项目的资金使用情况：（1）果品交易市场：总投资65.09万元。其中：果品交易大棚500平方米，总投资19万元；果品管理大厅126平方米及其配套，总投资13.23万元；地面硬化500平方米，总投资3.1万元；微型恒温冷藏库160平方米，总投资29.76万元；（2）增施钾肥3300亩，总投资33万元；（3）安装杀虫灯3300亩，总投资8.44万元；（4）悬挂粘虫板66000个，总投资6.6万元。

效益情况：项目的顺利实施，3300亩葡萄每亩可增产500公斤，共可增产165万公斤，可增收660万元，优质果率提高10%，可增收约40万元；果品交易市场的使用，极大地促进了产品的贸易，预计每公斤增收0.2元，3300亩葡萄增收165万元，总计可增收850万元。同时可带动全县3万亩葡萄每亩增收200元，带动包装、运输、商业相关产业增收1亿元。

2.2010年山西晋龙集团晋华畜牧产品开发有限公司50万只蛋鸡养殖畜牧示范园建设项目总投资2800万元，资金来源：省级投资185万元，自筹2615万元，目前工程已全部完工。

建设内容：建设标准化鸡舍7栋10500平方米，蛋库及鸡蛋分级包装车间1000平方米，围墙5000平方米，蓄水池1200立方米，道路硬化8000平方米，绿化6900平方米，购置115台（套）等。

效益情况：项目的实施每年可向社会提供晋龙品牌鸡蛋收入6080万元，年均淘汰母鸡收入680万元，总收入6760万元，实现纯利润1000万元。同时带动相关产业的增收1.5亿元。

**（三）稷王现代农业示范园建设优势明显**

稷王现代农业示范园建设项目于2011年3月开工建设，截至目前已累计投资1亿元。建有蝴蝶兰种苗智能化连栋温室、102个五代高档日光温室开始花卉和蔬菜生产，2011年秋至现在蔬菜生产达到550万斤，蝴蝶兰、凤梨及其他名优花卉15万株。以及农产品质量安全检验检测中心、科研培训中心、水肥一体化、配肥站、电网改造、供排水设施、项目区绿化、硬化及相应的配套设施等。2011年6月被认定为市级农业产业化龙头企业。建设名优花卉种苗繁育和有机蔬菜育苗项目，包括建设智能化连栋温室2座，每座6000平方米，共计12000平方米。高档日光温室100个，每个实用面积720平方米以及工厂化育苗，无土栽培，清洁能源（地下温泉），热带鱼养殖，青少年素质拓展中心和相应的配套设施。明年还计划建设高档日光温室100个以及休闲农业和濒危植物保护基地等项目。

该项目从2012年开始投入运营后，年产值达1亿元以上，带动300户农民发展花卉产业和蔬菜产业，可解决600人剩余劳动力再就业，项目区内，每户农民年可增加2万元的收入。

**（四）稷山板枣旅游观光现代农业发展势头强劲**

稷山县城郊五万亩优质板枣观光示范园区是县委、县政府全面贯彻落实省委袁书记提出的打造山西特色农业，到“十二五”末实现农民人均收入翻番战略目标的重大举措，也是稷山县发展特色农业促进农民增收的重大项目。

园区位于稷峰镇境内，涉及13个村，总面积5万亩，受益群众3万多人。稷峰共有52个村，10.8万人，作为稷山板枣原产地和主产区，我们按照县上统一部署，制定了“老枣区管理增效益，新枣区补空扩规模”的发展思路，确立了“十二五”末，实现“一人一亩枣粮田，人均收入过万元”的目标。

园区分为二期进行：一期主要是实施基础设施建设，景点布设，目前已基本完成；二期完善综合配套工程，提升标准，挖掘潜力。整个园区建成后，田间枣树成林连片，蔽天遮日，延绵百里，道路四通八达，渠道管灌交织成网，直达地头。是一个集生态观光、田园采摘、休闲娱乐、农耕文化、历史传说为一体的高标准综合性的现代化特色农业示范园区。园区内的千年枣树

王、慈禧园、贡枣园、高欢寨、老龙川，与大佛寺、青龙寺、宋金墓、法王庙等文物景点相映生辉，形成人文历史、自然风光、名优特色的有机交融。使游人感受原生态农耕之乐，品味千年板枣的文化内涵，体验现代化、田园式的农家生活，产生良好的经济效益、生态效益和社会效益。

**（五）强力推进“一县一业、一村一品”，拓宽农业增效农民增收主渠道**

近几年，全县涌现出以发展上李、李老庄、下费的大棚蔬菜，示范带动周边村发展“一村一品”蔬菜基地建设；发展张家庄、三界庄、西段、小阳、东王、西王等村健康蛋鸡养殖小区建设；发展下王尹、杨家庄、三交、南松鹤等村药材基地建设；发展荆平、范家庄等村无公害葡萄基地建设；发展秦家庄、董家庄、马家庄等村鲜桃生产基地建设；发展东蒲、坑东、均和等村苹果基地建设；发展稷峰镇、化峪镇各村板枣基地建设等典型村。

目前，全县“一村一品”示范村共发展到30个，占全县200个行政村的15%。全县从事一村一品的农户25650户，占全县总农户的21.4%。这些示范村农民从事主导产业的收入占农民人均纯收入的75%以上，示范村农民人均纯收入高于全县农民人均纯收入6798元20%以上。在30个一村一品示范村中，其中板枣业7个、水果业7个、畜牧养殖业8个、蔬菜2个、干果业2个、中药材3个、小杂粮1个等，形成了优势鲜明的主导产业和特色产业。

## 三、主要经验做法及建设成效

**（一）县政府大力支持**

县政府成立现代农业示范区建设领导组，制定项目申报奖励等相关政策，县政府拿出2000万元财政资金扶持现代农业示范区的建设。具体采取以下两个措施：县直各单位积极申请中央、省级项目的扶持资金，与现代农业规划中有关的项目作为申报的重点；县直各单位与市局对口单位联系，尽量争取市政府安排的现代农业配套资金。

**（二）大力推进体制机制创新**

稷山县大力发展现代农业，推动全县农业升级发展。（1）粮、果、畜、菜优势产业高产、优质、高效组装、集成、配套新技术的应用和推广；（2）农产品加工与食品生物制造技术的推广和应用；（3）农药、肥料、兽药、饲料、农膜等农业投入品有效利用、合理使用新技术的应用和推广；（4）节能生态型设施农业技术、机械化农业技术；（5）加大农业信息技术的运用水平，逐步建立精准农业技术体系。重点开发应用电子计算机技术，智能化农业专家系统和农业信息网络化技术和农业资源环境监测技术。聘请设施蔬菜专家、葡萄专家、果树专家对农民进行大型培训50场，培训农民8000人次。对专业合作组织、各类协会、农民经纪人进行定期培训、通过考察、交流、讲座等形式，提高各类人才素质。

**（三）加大农业经纪人的带头作用以及农业品牌建设**

目前全县农业产业化企业总数已达13个，全县有农业产业化省级重点龙头企业4家，运城市级重点龙头企业9家（新申报5家）。全县农业产业化龙头企业加工产值达12.8亿元，农产品加工转化率超过75%，规模种植、养殖大户307个；已注册“稷绿”、“蜜林”、“胃乐”“后稷”“晋龙”等商标，已通过了无公害农产品认证，认证面积达11300余亩；这些龙头企业及农业经纪人的发展带动稷山及周边县市13万农户从事相关产业。

**（四）建设成效**

近几年我们现代农业示范区项目的顺利实施，切实为稷山县的农业发展起到了良好的带头作用。示范区的水果、蔬菜、粮食产量明显高于非示范区23%以上。示范区相关项目的实施为稷山县农民提供近5万个就业岗位，每年增加农民纯收入近5000元。

## 四、存在问题及今后工作思路

稷山县现代农业建设中存在的主要问题表现在三个方面：（1）现代农业示范区建设主要依靠农业项目为支撑，重点是要抓好示范区的工程建设，因此，争取各方面工程项目的投资显得尤为重要，目前我县涉农部门争取项目投资的力度不够，是存在的首要问题；（2）现代农业示范区及项目建设实施方案还不够具体，需要进一步细化，各相关单位依据工作推进方案，对所涉及的示范区和项目制定出详细的实施方案，并贯彻落实；（3）建设现代农业示范区需要涉农部门的项目有机衔接和配合，目前涉农部门的项目松散管理，组织还不得力，需要进一步加强组织管理。

今后工作思路：（1）加快推进农业现代化，重在增强农产品供给保障能力。稷山县农业基础设施薄弱，装备水平不高，科技推广应用能力低，社会化服务滞后，迫切需要加大扶持力度、提升产业竞争力；（2）加快推进农业现代化，重在构建农业现代产业体系。要加大粮食战略工程实施力度，稳定粮食播种面积，推进国家粮食核心产区和后备产区建设，健全粮食安全保障体系；（3）加快推进农业现代化，重在加强农业基础设施建设。农村基础设施建设要以水利为重点，大幅增加投入，完善建设和管护机制，加快大中型灌区配套改造，搞好抗旱水源工程建设，完善农村小微型水利设施，全面加

强农田水利建设；把建设高标准粮田、改造中低产田和完善农田水利设施，作为农业基础设施建设的重中之重；（4）加快推进农业现代化，重在培育新型农民。建设现代农业，最终要靠有文化、懂技术、会经营的新型农民。必须发挥农村的人力资源优势，大幅度增加人力资源开发投入，全面提高农村劳动者素质，为现代农业建设提供强大的人才智力支持。

**作者简介：**

张文鸿，男，汉族，1963 年 8 月出生，中共党员，本科学历。现任山西省稷山县农业委员会负责人。

自 1987 年参加工作起，历任县委办信息组组长，财贸党委副书记、纪检书记，司法局党支部书记、副局长，政府办副主任、法制办主任，司法局党支部书记、局长等职。2013 年 6 月至今，任稷山县农业委员会负责人。

王利伟，男，1985 年 7 月出生，中共党员，本科学历。现任山西省稷山县农业委员会办公室副主任。

# 加大服务力度 做大做强设施蔬菜产业

内蒙古自治区清水河县农业局

2008～2012年，我县全面贯彻落实中央财政支持现代农业生产发展战略部署，把现代蔬菜生产发展作为财政支农工作的重中之重，充分发挥现代农业生产发展资金的政策效应，将蔬菜作为我县一大优势农业产业来做大做强。目前，我县蔬菜产业项目实施进展顺利。现将有关情况总结如下：

## 一、政策实施的效果

（一）任务完成情况。五年来，我县现代农业生产发展蔬菜产业项目分别在2010年和2012年两个年度实施。2010年我县完成厚墙体蔬菜温室70亩，项目布局在城关镇八龙湾村实施。项目覆盖60户农户，165口人受益。据测算，每亩温室年生产蔬菜1.5万公斤，收入4.5万元。仅种植蔬菜一项，项目区人均产值达4万元。2012年市下达我县厚墙体蔬菜温室任务2000亩，目前正紧锣密鼓开展项目建设工作，预计年底前可全面完成项目建设任务。项目布局在宏河镇的园子湾村实施。项目覆盖130户农户，有436口人受益。项目建成后，预计项目区年可产蔬菜1000万公斤左右，可增加产值3000万元。

（二）资金规模。2010年我县现代农业生产发展蔬菜产业项目自治区财政投资500万元。2012年我县现代农业生产发展蔬菜产业项目自治区财政投资1000万元。

## 二、主要做法

（一）搞服务，解决生产难题。改变政府职能，加大服务力度，解决农民一家一户解决不了，办不了的事情，是发展设施蔬菜产业一个重要举措。各有关部门分成几个工作组，分工包片，以服务为主导，直接入户做工作，了解和解决农民生产中遇到的难题，有力地推动了厚墙体蔬菜温室建设。一是多形式调整土地。解决土地散的问题。全县采取三种方式，统一调整温室用地。第一种是征得80%以上农民同意，统一规划，分户实施；第二种是户与户之间自行协商调整；第三种是以粮补地、定价租赁、级差找补等形式调整。

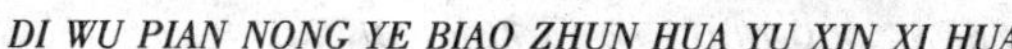

对自己不建温室又不把土地调给别人建温室的个别户实行乡镇干部、亲戚、朋友包户包人做工作，直到做通为止。二是协调服务，解决群众不好办、办不了的问题。在温室建设中，对温室用水用电，协调水务、电力等部门给予支持。通过为广大农民提供有效及时的服务，得到了农民认可，密切了干群关系。

（二）抓技术，提高温室效益。在建温室当中，引进山东寿光温室的先进技术和建筑材料，从温室建造到生产技术，规范建设标准、各类参数和建造工艺，大力推广最适宜当地气候条件的日光温室。在抓技术服务中，一是高薪聘请山东等地技术人员，长期住在基地，现场指导，全程进行技术服务，不断推广新技术。二是采取农民适合什么技术就送什么技术，需要什么技术就培训什么技术，什么形式适合就搞什么形式等灵活多样的送技术入户办法，搞高科技成果的转化率和普及率。农忙季节，技术人员就进入温室指导，遇到共性问题，就将温室种植户集中到一起，现场讲解、指导、示范。对个性问题，实行个别对待，专题解决。农业局技术人员将温室管理的技术关键环节装订成册发给广大农民，提高农民自我服务能力。通过技术人员的培训，广大农民重视技术，学技术的积极性明显提高，很多农民自费订阅科技书刊，边学边实践，技术水平不断提高。

（三）讲政策，加快温室发展。我们紧紧抓住春节前后，农户家庭成员比较齐全的有利契机，深入到各村进行宣传发动，利用身边典型进行引导示范，广泛宣传当前中央、区、市、县的各项惠农政策，引领农民积极改善种植结构，提高农民种植的热情。

## 三、主要经验

城关镇八龙湾村、宏河镇园子湾村的温室蔬菜建设，为农民增收、农业增效找到了一条可持续发展的好路子，不仅致富了农民，也为全县推动温室蔬菜建设发挥了典型示范带动作用，他们在推动产业发展过程中的成功做法，使我们从中得到了许多有益的启示。

（一）持之以恒是做大做强产业的根本。设施农业有规模才会有市场，有市场才能有效益。在设施蔬菜产业发展上，不论遇到群众埋怨、资金匮乏等各种各样的困难和阻力，都要始终坚信，设施蔬菜产业是一条节水、增效、增加农民收入可持续发展的好路。对认准了的路，只有紧盯目标不放松，咬紧牙关抓落实，持之以恒扩规模，才能实现大发展。我县利用三年时间，建设蔬菜温室 2070 亩，2010 年已建成 70 亩，2012 年建设 2000 亩，现已建成

570 亩。

（二）干群一心是做大做强产业的前提。发展规模化设施蔬菜产业，群众的思想不统一、土地不能集中是制约产业化发展的瓶颈。但是，统一群众的思想不是从宏观、行政管理的角度开几个会就能解决问题，而是要靠一批能动之以情、晓之以理，用真情换民心的干部；要靠一批能忍辱负重，耐心说服、正确引导群众的干部。只有使群众与党委、政府思想同心、认识同步、工作同向，才能使设施蔬菜产业基地落得下、建得起。我县在温室建设上，坚持“统一规划，集中连片，规模发展”的原则，保证了各项技术措施的落实。

（三）政策扶持是做大做强产业的保证。厚墙体温室相对于农民来说，是一个投资比较大的项目，发展和壮大温室离不开政府的推动和扶持。要一改过去培育产业“撒胡椒面”的做法，坚持大干大支持、不干不支持的原则，把加大投入作为推动产业发展的主要动力。同时，还要加大水、电、路等基础设施配套投入，使有限的资金真正用在“刀刃”上，使政府的投入发挥“四两拨千斤”的作用，才能推动设施蔬菜产业的发展。

（四）科技支撑是做大做强产业的关键。科技是提升产业水平、实现产业增效的有力抓手。在设施蔬菜产业发展中，要依托产业优势，整合人才资源，建立科技人员共享机制，推行科技人员一线服务。不断创新完善科技服务体系，加大新技术新品种推广力度，使良种良法直接到田、技术人员直接到户、关键技术直接到人，科技对产业的贡献率逐步提高，为温室种植户带来明显的经济效益。

（五）典型示范是做大做强产业的杠杆。培育一批经济效益明显的温室成功示范户，是撬开温室产业建设局面的“杠杆”。要变包办代替和强迫命令为“做给农民看，引着农民干”，集中人力、财力、物力，向发展思路准、发展速度快、发展潜力足的重点村组和有头脑、懂经营、会管理的专业户倾斜，在不同区域、不同层面培育出一批各具特色的先进典型，以点带面，全盘推进，形成一户带多户、一村带多村、多村成基地的发展模式。

## 四、主要成效

由于财政监管支持到位，项目组织实施到位，现代农业生产发展资金补到了关键、补大了产业、补出了效果，不仅起到了挖掘蔬菜产业巨大潜力的积极作用，而且激发了农业生产者的积极性，有效推进了我县传统农业向现代农业转变。

（一）夯实了现代农业生产发展基础。温室蔬菜基地建设，极大地改善了农田基础设施和装备条件，提高了农业综合生产能力，夯实了现代农业生产发展基础。通过项目实施，我县保护地蔬菜播种面积逐年扩大，成绩的取得包含着现代农业生产发展项目的积极贡献。

（二）提升了现代农业生产发展的科技支撑。通过项目实施，全县各级农业技术推广体系得到完善和加强，大大提高农业技术推广体系的服务能力，提高农业技术的覆盖率；综合农业技术示范区的建设，有利于提高单项农业技术的效率，带动项目区农民提高科学种田水平，提高农业投入品利用率，节约资源，节本增收，促进农业的可持续发展；通过指导农民积极发展绿肥生产，合理用药、合理施用化肥、可以减少农药化肥的用量、增强土壤的保水保肥性能、提高农作物的抗逆能力，提高农产品品质、减少环境污染，改善生态环境，协调人与自然的关系。

## 五、下一步工作建议

（一）请求加大对我县蔬菜产业发展的资金支持。蔬菜在我县有悠久的种植历史，适于蔬菜种植的土地资源非常充裕。为此，建议国家今后加大对我县蔬菜产业资金的投入力度，扩大蔬菜产业项目实施范围，更好地发挥示范和带动作用。

（二）请求适当提高中央补助标准。据测算，目前建设 1 亩厚墙体蔬菜温室的投资一般 13 万元左右。作为一个经济欠发达地区，农民筹资十分困难。资金不足成为制约我县蔬菜产业发展的最大障碍。为此，希望国家能适当提高厚墙体温室补助标准，缓解农民发展蔬菜温室的经济压力。

# 打造农牧业发展区<br>带动农村牧区经济的发展

内蒙古自治区包头市石拐区农牧水利局　贺文平　杨万胜

石拐区域面积765平方公里，其中98%是山区，辖1镇1苏木，17个行政村，98个自然村。土地面积仅有6.3万亩，水浇地不足2.5万亩，在册农业人口有2.75万人，实际常住人口不足1.5万人，人均土地面积不足3亩，水浇地面积不足1亩，从事农业生产的人口只有四五千人，其余地区留守人员不足20%，多数村庄仅有3~5户。

## 一、农牧业经济发展的现状

2012年是“十二五”发展的关键之年，在区委、政府的坚强领导下，在上级业务部门的大力支持下，以实现农牧业增效、农牧民增收为目的，实现了农牧业经济的平稳较快发展。

**（一）农牧业生产稳步推进**

2012年推广种植覆膜马铃薯、脱毒马铃薯；温室种植各类特色蔬菜：其中种植西葫芦、西红柿、豆角等各种应季蔬菜；种植花卉。极大地提高了经济收入。特种养殖业稳步发展，已发展具有规模化：土鸡养殖，獭兔养殖，肉牛养殖，舍饲肉羊养殖，发酵床养猪。

**（二）支农惠农力度不断加大**

认真落实了各项惠农政策，落实了“四免四补”政策，发放粮食直补；发放农资综合补贴；落实种植业保险；发放良种补贴；发放农机具补贴。

**（三）进一步强化动物防疫、检疫、农畜产品质量安全检测及水行政执法力度**

完成全年动物防疫任务，强化动物检疫工作及种子、化肥、各种农资的查处力度，加大对饲料、兽药的执法力度，对奶站、奶牛场采取定期与不定期反复检查，圆满完成羊布病溯源灭点任务及“瘦肉精”等违禁药品清查收缴工作，有效的保证了我区市场的安全运行。

**（四）大力发展节水灌溉，农田水利建设成效显著**

2012年农田水利基本建设取得了巨大进步，调回水泵及时发放到各村委会，改善灌溉面积达5000亩。实施了高效节水灌溉项目，改造低产田1250亩，有效的改善了我区农牧民的生产生活条件。

**（五）农牧业产业化进程加快推进**

一方面加大农牧业产业结构调整力度。利用温室大棚种植各类特色蔬菜及花卉，积极推广覆膜马铃薯、脱毒马铃薯等高产品种，极大的提高了经济收入。继续加强肉羊、肉牛、土鸡等舍饲、肥育、定向养殖的发展力度，极大的扩展我区的发展空间，提升养殖水平。另一方面强化各类服务机构和合作组织的建设，全力推进我区农牧业经济的升级转型。到目前为止，共完成蔬菜、马铃薯、奶牛、养羊、土鸡等8个协会组织的建设，很好的促进了我区农牧业经济的健康发展和转型，下一步将继续充实和拓展协会组织的各种职能，全面服务于我区农牧业经济的发展。

**（六）深入推进好事实事项目实施，确保各项政策落到实处**

完成好事实事，安全饮水工程，解决了3155人的安全饮水问题；节水灌溉工程改造低产田1250亩。

## 二、发展思路

**（一）指导思想**

全面贯彻党的十八大，深入践行科学发展观，以构建统筹城乡政策体系为关键，以优化配置城乡资源为手段，加快农民居住向社区集中、公共服务向镇村集中、产业发展向规模经济集中、土地扭转向合作组织集中、农民就业向企业和园区集中“五个集中”进程，加快实现农村城镇化和农业现代化，构建“以城带乡、以工促农、城乡联动、协调发展”的城乡一体化新格局，实现城乡统筹发展。

**（二）总体思路**

坚持以科学发展观为指导，贯穿一条主线（工业化、城镇化、农业现代化“三化并举”），扭住“两大关键”（促进农民增收和公共服务均等化），推进“三个集中”（土地向适度规模经营集中、农民向城镇和新型社区集中、项目向园区集中），实现“五个一体化”（城乡规划建设一体化、城乡产业发展一体化、城乡基础设施一体化、城乡公共服务一体化、城乡政策机制一体化），坚持示范带动，典型引路，力争用3～5年的时间，推动全区统筹城乡发展农村牧区经济取得实质性突破。

**（三）总体目标**

到2020年，利用8年时间，将我区集中打造为四大农牧业发展区，农牧业现代化水平显著提升。具体发展目标：打造高效农业园区，重点发展设施农业和高效经济作物种植，重点扶持规模经营和农业企业；打造生态农业区，重点进行人口转移、生态修复，重点发展经济林或不依赖土地和草场的特种养殖业，包括土鸡、肉羊、肉牛育肥等项目；打造工业带动区，走工业带动型经济；打造都市农业区，重点发展服务城市的现代高效农业、休闲观光农业、科技教育农业和大型农畜产品加工业。

**（四）近三年目标**

1. 全力发展优、特、高效农牧业经济。2. 积极发展旅游、休闲农业。3. 加大资源整合，充分利用现有资源，努力争取规模养殖场、家庭农场、菜篮子工程建设项目支持，适度发展规模经营。4. 大力培育龙头企业，实现龙头带动和产业化发展。5. 加大人口转移力度。通过大量转移人口，并实现稳步安置，大力推行适度规模经营的家庭农庄、专业户经营、农业企业的发展。6. 改变生态环境，坡改梯项目，利用荒山荒坡改造，大力发展经济林。

## 三、保障措施

**（一）政策保障**

加强粮食直补、良种补贴、草原生态保护补助奖励等惠农惠牧政策的落实，严格落实各项补贴资金的发放，定期进行村务公开，确保补贴政策公开、公平进行，实现政策性增收。

**（二）制度保障**

1. 改革城乡二元户籍制度

完善土地流程，全力推进农业人口转移，促进农民进城就业创业，增加工资性收入和非农业经营性收入。

2. 改革土地征用制度和产权制度

进一步明确农民土地、房产的财产权，让农民充分享有使用权、继承权、收益权、流转权。确立农民独立的产权主体，赋予市场主体地位，提高征占用地标准，增加基础土地的财产性收入。

3. 大力发展农村土地股份合作制

一是集体土地与集体经营性资产折股量化，明确股份，按股分红。二是将城郊或工业占用的农户土地承包经营权股权化，组建公司统一开发，经营或以土地入股公司经营，进行分红。三是农户以土地承包经营权折价参股，进行农业项目开发，农民既可以承包项目，又可以入园工作并参与分红。

4. 以土地换身份，为失地农民提供基本的生存保障

让失地农民在获得征地补偿的同时，获得城市人的身份，享有城市人的待遇。政府、企业和失地农民共同建立起一套较为完整的农民养老、医疗等保障制度。

5. 积极引导农民进行理性投资

目前我区非经营性收入主要来源于工资性收入，今后通过加强改革创新、机制体制建设，扫清障碍，全力推进财产性收入和转移性收入的增加。

**（三）项目保障**

积极争取项目，不断强化基础设施建设，通过项目的实施来带动农村牧区经济的发展。

1. 强化农田节水示范项目建设

加大高效节水灌溉技术的推广力度，按照《自治区水利十二五规划》的安排，计划正式安排“四个一千万亩”节水项目。

2. 推进镇村建设

镇村发展是城乡统筹最为关键的环节，我们坚持城镇开发建设与产业发展、改善民生协调共进，以产业发展引领建设，以中心镇建设辐射带动周边镇村。围绕城乡规划建设、基础设施、产业发展、社会事业、生态建设“五个一体化”思维，推进公共资源向农村配置、公共设施向农村延伸、公共服务向农村覆盖，加快农村城镇化、城乡一体化进程。按照新农村“六通、五化、四提高”的目标，加大示范村建设，进一步改善试点村生活环境和基础设施建设。

石拐区正处于转型发展的关键时期，通过加大城乡统筹发展农村牧区经济力度，有力推动“一轴三核”联动发展、生态隔离科学转型，是加快实施我区“转型发展、富民强区”战略的重要举措。

# 完善现代畜牧业建设　全面提高农业效益

内蒙古自治区察哈尔右翼前旗农牧业局　贾　瑾　马　龙　刘占有

2013年我旗农牧业工作以党的十八大报告为指针，全面贯彻落实中央1号文件精神，着力解决好农业农村农民问题。加快发展现代农业，增强农业综合生产能力。深入推进新农村建设和扶贫开发，全面改善农村生产生活条件。着力促进农民增收，保持农民收入持续较快增长。

## 一、农牧业经济指标完成情况

农作物总播面积72.8万亩，完成市下达69万亩的105.5%；粮食作物播种面积56.28万亩，完成市下达52万亩的108.2%；马铃薯播种面积20万亩，完成市下达20万亩的100%；马铃薯精品种植工程1万亩，完成市下达1万亩的100%；马铃薯原原种繁育基地0.1万亩，完成市下达0.1万亩的100%；玉米全膜覆盖1.51万亩，完成市下达1.51万亩的100.7%；草莓基地500亩，完成市下达500亩的100%；高产创建4.424万亩，完成市下达4万亩的110.6%；测土配方肥使用面积72万亩，完成市下达60万亩的120%；应用配方肥面积42万亩，完成市下达25万亩的168%；专业化统防统治面积21万亩，完成市下达18万亩的116.7%；蔬菜和设施马铃薯1.4万亩，完成市下达1万亩的140%；大田作物19.6万亩，完成市下达15万亩的130.7%；农业保险种植业参保面积55万亩，完成市下达55万亩的100%；奶牛标准化规模化养殖5处，完成市下达新建、改扩建标准化奶牛牧场园区5处的100%；生猪标准化规模化养殖8处，完成市下达新建、改扩建生猪标准化养殖场6处的133%，目前出栏生猪16.8万口，完成年出栏生猪达29万口的57.9%；肉鸡标准化规模化养殖场7处，完成市下达新建、改扩建肉鸡养殖场5处的140%，目前全旗出栏肉鸡118.5万只，完成任务220万只的53.8%；草原建设总规模29万亩，完成市下达29万亩的100%；草原鼠虫害防治40万亩，完成市下达防治面积50万亩的80%；草原生态补奖机制13.95万亩，完成市下达草原生态补奖面积13.95万亩的100%。

## 二、主要措施

**（一）加强设施农业建设**

1. 新增膜下滴灌4.7万亩，总投3500万元，现已全部完成。

2. 落实日光温室960亩：三岔口十四号370亩，平地泉花村250亩，平地泉南村340亩；大棚2820亩：巴音水泉1100亩，巴音段家村290亩，平地泉花村210亩，平地泉天生圈200亩，土镇南营230亩，土镇南河渠100亩，玫瑰营庞家村80亩，玫瑰营哈拉沟40亩，玫瑰营古营盘280亩，乌拉哈保丰80亩，黄旗海移民区210亩，总投资7000万元，现已建成560座，完成投资2100万元，其余预计8月底全部建成。

3. 千亩马铃薯原种基地建设总投资5020万元，现已建成700余亩，完成投资2800万元，其余300亩预计8月底全部建成。

4. 50平方公里冷凉蔬菜产业园现已流转土地6000余亩，主要种植品种有甜玉米、青尖椒、芋头、有机菜花、紫甘蓝、洋葱等，落实订单蔬菜种植2万亩。

**（二）完善现代畜牧业建设**

2013年计划建设规模养殖场（园区）22处，总投资52200万元，现已完成投资6150万元；其中新建4处，总投资48400万元，现已完成投资3350万元；续建总投资3800万元，现已完成投资2800万元。

奶牛养殖园区。新建玫瑰营小巴山万头奶牛养殖园区1处，总投资36000万元，现已完成50万元，预计年内完成基础设施建设；续建巴音碱滩奶牛养殖园区、涌泉奶牛养殖园区，十大股奶牛养殖园区，土镇汇福源奶牛养殖园区4处，总投资1200万元，现已完成750余万元，其中巴音的涌泉、十大股奶牛养殖园区已投入生产，现分别有存栏奶牛450头、400头；土镇的汇福源奶牛养殖园区续建工程已完工，现正在购置配套设施；巴音碱滩奶牛养殖园区仍在进行配套设施建设，预计8月份建成运行。

肉羊养殖场。新建三岔口十四号肉羊养殖场、黄旗海赛汉肉羊养殖场2处，总投资400万元，现已完成300万元，其中黄旗海赛汉肉羊养殖场以投入生产，三岔口十四号肉羊养殖场预计9月份建成投入生产；续建蒙奥农牧业发展有限公司肉羊养殖场、黄茂营北海沿肉羊养殖场、仕美肉羊养殖场以及平地泉花儿村种养繁育场4处，总投资1100万元，现已全部投入生产运行，存栏总数达到24000只。

生猪养殖场。新建朋诚农科良种猪繁育场生猪养殖场、启鑫大地养殖有限公司、巴音镇庞家村猪场3处，其中朋诚农科良种猪繁育场生猪养殖场总投资1.2亿元，现已完成投资3000万元，预计9月份一期工程可建成运行；另2处预计10月投入生产；续建黄茂营马家村生猪养殖场、巴音南店富源生猪养殖场，平地泉郝家村生猪养殖场、黄茂营大淖雪飞生猪养殖场、乌拉哈乡黄元生猪养殖场5处，总投资1000万元，现已完成投资600余万元，其中黄茂营马家村生猪养殖场、乌拉哈黄元养殖场已投入生产，剩余预计8月份建成投入生产。

肉鸡养殖场。续建内蒙丰业肉鸡养殖场、弓沟林场肉鸡养殖场、三岔口兄弟肉鸡养殖场、巴音碱滩肉鸡养殖场、巴音周家地肉鸡养殖场、乌拉哈河西养殖场、三岔口十二州鸡场7处，总投资500万元，现已完成350余万元，内蒙丰业肉鸡养殖场、巴音周家地肉鸡养殖场、乌拉哈乡河西鸡场现已投入生产，肉鸡存栏总数4.5万只，其余预计7月份投入生产。

**（三）加强农牧业产业化建设**

1. 新增马铃薯仓储能力规划建设情况。我旗已落实新增马铃薯储窖2座，仓储能力7200吨。其中：内蒙古银川物流有限责任公司在巴音镇赛汉建马铃薯储窖1座，仓储能力5600吨；马莲滩农业种植专业合作社在三岔口乡二十号建马铃薯储窖1座，仓储能力1600吨，现正在建设中。

2. 龙头企业建设。我旗鼓励和引导龙头企业参与规模化、标准化基地建设，做大做强龙头企业，扎实推进农畜产品产地初加工行动，着力培育经营性农牧业服务组织。已列入自治区的龙头企业有：内蒙古牛妈妈乳业有限公司、内蒙古天辅乳业有限公司、内蒙古富广有限公司、内蒙古天露糖业有限公司；已列入乌兰察布市的龙头企业有：内蒙古伊利集团股份有限公司乌兰察布乳品厂、蒙帝乳业有限责任公司、察右前旗蒙欣蔬菜制品有限公司、乌兰察布市雄鹰蔬菜加工有限公司、乌兰察布市东来顺肉类加工有限公司、乌兰察布市察哈尔大地养殖有限公司、内蒙古金汇农畜产品有限责任公司。

2013年在察哈尔工业园区中小企业园区新建设了内蒙古万欣肉业有限公司生猪肉制品深加工厂，年产6万吨生猪肉制品，其中高温肉制品48000吨，低温肉制品12000吨。

**（四）加强农业科技推广**

1. 开展高产创建

高产创建活动是我旗承担的国家重点项目，按照乌兰察布市制定的高产创建活动实施方案的要求，我旗分别玉米、甜菜三大作物上开展了高产创建活动。2013年全旗高产创建项目共4个，其中玉米3个、甜菜1个。玉米高

产创建完成33890亩。并且在高产创建百亩攻关田内全部实现了“四个百分之百”，即良种覆盖100%，测土配方施肥100%，病虫害专业化防治100%，机械化耕作100%。示范田重点推广了膜下滴灌、增施有机肥、机械化作业、配方施肥、甜菜纸筒育苗等增产栽培技术。

2. 精品种植工程

2013年马铃薯精品种植工程任务1万亩，完成1万亩，其中玫瑰营哈拉沟4000亩，嘉恒种植。乌拉哈乡王明村2500亩，三岔口乡大土城3500亩，民丰薯业种植。水肥一体化落实1000亩，其中玫瑰营哈拉沟400亩，乌拉哈乡王明村300亩，三岔口乡大土城300亩。品种为克新一号原种，切块连片种植。玫瑰营哈拉沟喷灌高垄种植，乌拉哈乡王明村、三岔口乡大土城滴灌高垄种植。

3. 玉米全膜覆盖技术推广

任务15000亩，完成15100亩，其中巴音塔拉镇郭跃地3700亩，三岔口乡小土城3600亩，土贵乌拉镇呼和乌素3100亩，乌拉哈乡支家村300亩，巴音塔拉镇杨士村300亩，大哈拉1520亩，吉庆1680亩，红富850亩，涉及农户2725户。在具体措施上实行地膜全补贴、播种机全补贴，籽种补贴三分之一，拖拉机每台补贴10000元。

4. 五项核心技术推广

全旗马铃薯、玉米两大作物两项核心技术推广面积任务43万亩，完成45万亩，占全旗农作物总播面积72.8万亩的61.8%，涉及全旗8个乡镇、133个自然村。其中玉米25万亩（粮饲兼用玉米15万亩，草玉米10万亩）、马铃薯20万亩。完成培训农民3.5万人次，派出科技人员30名指导农业生产，落实高产示范片60个，面积4.2万亩。项目田内的良种覆盖率、机械化作业率、高产栽培配套技术到位率都达到了百分之百。在玉米上种植主要推广了“一增四改”技术：即增加密度，改种耐密型品种，改粗放施肥为配方施肥，改人工种植为机械化作业，改匀垄为大小垄种植；在马铃薯种植推广了“两增五推”技术：即增加密度，增施有机肥，推广脱毒种薯，设施栽培，地膜覆盖，机械化作业，施用专用肥技术。

5. 试验、示范情况

玉米品种对比试验：在巴音镇吉庆村安排粮饲兼用玉米品种试验17个，试验面积15亩，品种有种星7号、承单16、真金202、先达201、方玉24、登海19、包玉2号、种星56、久龙15、丰垦008、SN2139、龙源3号、蒙龙46、方玉3号、兴垦5号、兴垦9号、赤早5号。覆膜谷子4亩，品种张杂谷。覆膜胡麻8亩，品种晋亚7号。在巴音镇郭跃地安排粮饲兼用玉米品种试验9个，试验面积6亩，承单22、方玉24、兴垦10号、大民3号、久源2号、嘉禾10号、大地11号、久龙3号。

甜菜试验：在土贵乌拉镇呼和乌素村安排品种对比2个，安排种植模式三种，一是纸筒育苗膜下滴灌移栽、二是纸筒育苗滴灌机械移栽、覆膜直播。

6. 瓜菜新品种引进

2013年从全国各地科研机构引进西瓜、南瓜、洋葱、甜玉米等6个瓜菜新品种开展示范推广，示范推广面积达1200万亩，其中在察右前旗金桥农业新技术示范推广专业合作社种植基地内示范种植翠王甜玉米60亩、红峰洋葱10亩、加里森黄皮洋葱30亩，目前长势良好。

**（五）加强动物防检疫工作**

1. 认真贯彻落实国家、自治区、乌兰察布市关于布病、禽流感、五号病重大动物疫病防控文件精神，对重大动物疫病防控工作始终给予高度关注，在旗财政十分紧缺的情况下拨付防疫费20万元，旗政府并以旗政办（2013）21号下发了《关于组织开展畜禽疫病春季防疫大会战的通知》，同时在旗政府会议室召开了由各乡镇主要领导和相关部门主要负责人参加的秋季重大动物疫病防控工作会议。

2. 为进一步加强全旗防疫工作，提高防疫密度，确保牲畜健康，人民身体健康，促进畜牧业快速发展。我旗实行科技人员包乡包村督查验收及技术指导全旗动物防疫工作。春季重大动物疫病全部以100%的密度进行了免疫接种。

3. 为做好我旗重大动物疫病监测、预警报告工作，按照《2013乌兰察布年动物疫病监测方案》要求，对全旗7个乡镇下达了春防抗体集中监测血样采集样品共计2400份，其中牛（WO、亚I型、布病）500份，羊（WO、亚I型、布病）400份，猪（W、蓝耳病、猪瘟）300份，鸡（禽流感、新城疫）600份。为提高我旗对重大动物疫病的防控能力，提供科学的防控依据奠定了基础。

4. 进一步充实加强了应急物资贮备。我旗在旗财政十分困难的情况下，千方百计筹措资金，对应急贮备物资进行了更新和补充，做到必要时刻，补给充足，目前全旗共贮备5万元的应急物资。其中包括疫苗，消毒药、消毒器具，防护服等。

5. 两病监测情况。全旗8个乡镇，每个乡镇50%的行政村的所有养羊自然村开展了布病流行病学调查工作，共流调61个行政村，363个自然村，

4701 养殖户（场）113916 羊。特别是对全旗 2011、2012 年拔除的疫点进行了重点回访工作。面积达 30 多万平方米，使用消毒药品 7 吨。同时完成羊布病监测净化的备案软件工作。

6. 在畜间布病溯源灭点工作中，为加强我旗工作人员防护，增强防范意识，印发了《布病溯源灭点工作中生物安全防护措施》《科学防控布病、确保人畜健康》宣传单和布病防治知识挂图，并购置防护用品：一次性防护服 1000 套；重复性防护服 70 套；胶鞋 70 双；眼镜 70 个；布口罩 5000 个，一次性防护口罩 5000 个；一次性 PVC 防护手套 500 双；一次性脚套 5000 个；一次性防护帽 5000 个，消毒药品 3 吨。规范了疫病监测生化药品管理及严格消毒药，防护等实施制度的落实，并对旗化验室和乡镇兽医站通风、消毒等欠缺条件进行整改，配备了移动式紫外线消毒车。

## 三、狠抓农畜产品质量安全

### （一）高度重视，确保食品安全工作取得实效

一是领导高度重视。把开展食品安全工作作为改善民生、构建和谐社会的重要措施，摆上农牧业工作的重要议事日程，狠抓综合治理，全面推进食品安全监管工作。二是责任落实到位。及时制订了《2013 年农资打假和监管工作实施方案》，确立了我局食品安全工作任务和目标，按照职能职责，把工作任务落实到相关单位。三是学习宣传到位。利用全国食品安全宣传周的契机，大力开展各类宣传活动，出动宣传人员 20 人次、发放宣传资料 1.2 万余份，宣传单、宣传卡 3000 余份，现场解答群众问题 35 件。

### （二）突出重点，依法加强食品安全监管工作

一是围绕农产品生产加工环节抓监管。目前全旗无公害农产品通过整顿达到 7 个（蔬菜 6 个，羊肉 1 个）、有机农产品 1 个（蒙欣马铃薯），现已将投入登记本、生产管理记录本和生产技术规程下发到各认证企业、标准化生产基地、种养殖大户手里，指导安全生产，做到“有准确可以，依标准生产”，有力地推动了全旗标准化生产进程。出动执法人员 12 人次，印发宣传资料 1000 余份，检查农药市场 2 次，检查中未发现假劣、禁用农药。

二是围绕养殖环节抓监管。切实加强对动物免疫工作的监督力度，监督指导规模养殖场、养殖小区、养殖户建立养殖档案，统一印发了规章制度，确保每一个养殖场、户建立健全养殖档案，做到家家有记录，户户有档案，使动物卫生监督工作向规范化、法制化、制度化转变。

三是围绕畜禽流通环节抓监管。动物检疫员对出栏畜禽实施到点检疫，

经检疫合格的畜禽出具产地检疫证明；对调入的畜禽实行隔离观察，对调出我旗的动物及其产品出具相应的出县境检疫合格证明，详细登记检疫记录并对检疫结果负责，严禁无免疫标识及规定检疫证明的畜禽进入流通领域和屠宰厂。

四是围绕畜禽屠宰环节抓监管。严格按照《动物防疫法》、《检疫管理办法》的有关规定开展工作，依法检疫。对未经产地检疫的牲畜，依法实施补检，补检率100%，对已检疫合格上市的动物产品，依法出具《动物产地检疫品格证明》证，并加盖已检验印章，出证率100%；对被检出的病死动物产品，作无害化处理。

五是围绕畜产品交易环节抓监管。安排监督检疫员不定期的对集贸市场、餐饮点进行查证、验证工作，对无检疫证明或持失效检疫证明的动物及动物产品一律不得进入经营场所，对销售病、死畜禽及其产品的，禁止其销售，并作无害化处理。目前共监督检查屠宰厂1处（原有3处，取消2处）。

六是围绕兽药使用环节抓监管。深入开展打击假冒劣质兽药，加强辖区内兽药经营户的日常监督管理工作，建立完善兽药购、销记录，做到出现问题能追查到源头和去向，有效地促进兽药经营秩序，保证畜牧业生产用药安全。截至目前，共监督检查兽药经营场所5家，出动执法人员13人次。

## 四、创新农牧业体制机制

现全旗有农民专业合作社约150多个，运行良好的合作社约占总数的20%，其中上报市级示范社8个，分别是察右前旗金桥农业新技术示范推广专业合作社、察右前旗吉丰农业专业合作社、察右前旗平地泉南村蔬菜种植合作社、察右前旗马莲滩农业种植合作社、察右前旗同发种养殖合作社、察右前旗巴音兽家村腾飞养殖专业合作社、察右前旗西五洲亮亮养猪合作社、察右前旗元旦山生态养殖合作社。

土地流转全旗约6万亩，主要流转于农场、民丰薯业等，流转面积约占总耕地面积8.2流转的面积大的乡镇是玫瑰营、巴音、平地泉。

## 五、开展草原生态保护建设

2013年下达我旗牧草良种补贴任务：多年生保留面积5万亩，补贴资金50万元；新增多年生牧草6.5万亩，补贴资金325万元；饲用灌木保留3.4万亩，补贴资金34万元；新增饲用灌木2万亩，补贴资金20万元；2013年

度总计补贴资金429万元。

截至目前，人工种草面积任务已全部落实到位，其中，土贵乌拉镇落实多年生牧草1万亩，饲用灌木0.3万亩；乌拉哈乡多年生牧草0.5万亩，饲用灌木0.5万亩；巴音镇多年生牧草0.5万亩；平地泉镇多年生牧草0.2万亩；三岔口乡多年生牧草0.5万亩，饲用灌木0.5万亩；玫瑰营镇多年生牧草3万亩，饲用灌木0.2万亩；黄茂营乡多年生牧草0.8万亩，饲用灌木0.5万亩。草种通过政府公开招标采购工作正在开展，已有4家草种供应商应标，招标大会今日召开，2013年草种总的需求量为9万公斤，其中紫花苜蓿及沙打旺7万公斤，柠条2万公斤。

## 六、进一步落实惠农惠牧政策情况

1. 良种补贴：马铃薯良种补贴1.8万亩，每亩补贴100元，补贴180万元。玉米、小麦、大豆补贴27万亩，每亩补贴10元，补贴270万元。

2. 农牧业保险：2013年全旗完成承保面积52万亩，缴纳保费1200万元，各级财政负担1080万元，农民负担120万元。

3. 膜下滴灌累计完成19.68万亩，补贴295万元。

4. 设施蔬菜每建1亩日光温室补贴2万元，每建1亩大棚补贴0.8万元。

5. 太阳能实施3年来，惠及农户2640户，每户补贴1500元。

6. 测土配方实施6年来，技术推广面积达60万亩，并配备了测土配方肥触摸屏，农户可以随时查阅自家地如何施肥。

7. 禁牧补助：对我旗5个牧业队139500亩天然草原实行草原生态保护补助奖励机制禁牧补贴，每亩补贴5.1元，补贴总金额715000元。

8. 牧草良种补贴：多年生保留面积5万亩，补贴资金5万亩×10元/亩=50万元；新增多年生牧草6.5万亩，补贴资金6.5万亩×50元/亩=325万元；饲用灌木保留3.4万亩，补贴资金3.4×10元/亩=34万元；新增饲用灌木2万亩，补贴资金2万亩×10元/亩=20万元；2013年度总计补贴资金429万元。

## 七、全面加强新农村建设

近年来，我旗新农村建设取得一定成绩，特别是乌拉哈乡乌兰格日勒村，平地泉镇南村、花村，巴音镇大哈拉村、水泉村建设成效显著。

一是加强新经济组织建设。按照“先运行、多扶持、后规范”和“民办、民管、民营、民受益”的原则，围绕发展“新品种、新技术、新组织”的要求，培育、壮大农村新经济组织，完善各种利益联结机制，为农民提供产前、产中、产后服务。

二是加强村容村貌建设。采取全面整治“空心房”、破旧房、残墙断壁、环境卫生，道路通畅等内容进行村容村貌改造。搞好绿化，建立村规民约，使村庄达到“环境整洁、道路畅通、功能齐全、管理规范”的基本要求。进一步完善村际道路交通网，结合村庄整治工程，硬化村中道路，加强村内公路建设并且进行绿化。

三是加强农民素质教育建设。建立了农民教育培育工作的长效机制。以先进实用农业技术、务工技能和三产服务技能培训为主要内容，把农民培养成产业农民、产业工人和三产服务者为基本目标，对农民进行职业化、规范化、专业化、标准化的培训，提高农民的科技致富能力、市场竞争能力和自主发展能力。

四是加强精神文明建设。村风文明是新农村建设的关键环节，其实质就是要不断提高农民群众的思想、文化、道德水平，不断丰富农村文化生活，形成崇尚文明、崇尚科学、健康向上的社会风气。

# 建设优质农产品基地　大力发展现代农业

辽宁省葫芦岛市南票区农村经济局　李　满　张宝坤

南票区位于葫芦岛市东北部，辽西走廊中段，地处葫芦岛、锦州、朝阳三市交界处，距锦州机场10公里，锦州港5公里，葫芦岛市区15公里。东北部与凌海市班吉塔为界，东部与锦州市太和区、经济技术开发区为界，南部与连山区塔山乡、沙河营乡、钢屯镇、山神庙子乡接壤，西北部与朝阳县根德营子乡、大屯乡、松岭门乡毗邻。坐标位于东经120°33′～120°04′，北纬40°82′～41°12′之间。是渤海经济圈扩大对外贸易，与东北中蒙、中俄边界经济带边贸经济往来的重要通道，在渤海经济圈发展中占有重要地位。该区土地肥沃，气候温暖，水源充足，十分有利于农业的产业化。全区总面积1002.78平方公里，全区耕地面积为35.8万亩。全区辖乡镇、街道共17个，其中：6镇为暖池塘镇、缸窑岭镇、高桥镇、虹螺岘镇、台集屯镇、金星镇；4乡为黄土坎乡、沙锅屯乡、大兴乡、张相公屯乡；7街道为九龙街道（涉农）、赵屯街道、邱皮沟街道、小凌河街道、沙锅屯街道、苇子沟街道、三家子街道。全区辖行政村135个、社区16个。是一个多民族聚居县区，有汉族、满族、蒙古族、回族等20个民族。全区总户数10.37万户，人口28.87万，其中农业人口20.17万、农村劳动力11.8万人。

区委、区政府经过充分调研、根据全区农业生产实际，提出了“大枣、畜牧、棚菜、葡萄”四大农业主导产业，坚持以科学的发展观为指导，着力抓好农村产业结构调整和特色产业的培植，近年来，在党的农业和农村经济方针、政策指引下，不断加强农业基础地位建设，以粮食生产为根本，以农业增产和农民增收为目标，围绕四大农业主导产业，着力调整农牧业产业结构，大力发展高产优质高效农业，加强优质农产品基地建设，加快流域综合治理，提高抗御自然灾害的能力，改善农牧业生态条件和环境条件，已初步形成粮食生产与特色产业相结合产业发展格局。

## 一、农业生产成效

1. 粮食生产 。在“决不放松粮食生产，积极发展多种经营”的方针指导下，提高粮食单产，稳定总产。推广引进种子包衣，农田补钾，测土配方施肥，赤眼蜂防治玉米螟、滴灌节水等6项栽培技术，加强了良种良法、农技农机的有机结合以及党的富民政策、农业综合开发、各级政府加强基础设施建设，粮食综合生产能力不断提高；2012年，南票区粮食播种面积34.07万亩，粮豆总产量达14.6万吨。农田农机作业率达到65%。

2. 蔬菜业效果显著。2012年年底蔬菜播种面积12万亩、其中保护地面积5.5万亩，总产量35万吨。蔬菜业的长足发展得益于2008年开始的辽宁省设施农业跨越式发展的政策支持和区委、区政府把棚菜作为我区农业四大支柱产业；区农技推广部门引进推广新品种50余个，引进推广防虫网、节水灌溉、精量定果、秸秆反应堆、叶面肥、机械化深松等新技术8项。基本建成了以金星镇、黄土坎乡、大兴乡为代表的棚菜生产基地；以高桥镇、金星镇、虹螺岘镇、黄土坎乡、大兴乡为代表的裸地菜生产基地；以葫芦岛市南票区高桥镇万家绿丰蒜苗专业合作社为龙头的蒜苗生产基地，年产蒜苗3000万斤。金星镇2002年获得辽宁省审批的三万亩无公害蔬菜生产基地，全镇发展高标准日光温室2200栋、大型冷棚800余栋；2005年黄瓜、番茄、马铃薯、大白菜、大葱、萝卜、胡萝卜、圆葱8个无公害农产品被农业部评为绿色蔬菜，品牌为“绿呱呱”牌，2004年10月被列为省级现代农业园区，2005年10月被列为省级科技进步示范镇，2006年10月又被列为省级现代农业示范基地。暖池塘镇北边的黄瓜，具有独特的风味有较高的知名度和市场占有率，已成为我区无公害蔬菜的特色品牌。

3. 果业生产发展迅速。全区现有果树12.84万亩、610.6万株，年水果产量4.7万吨。果业发展以“一提、两改、三增”工程为载体，以果树管理和更新改造为重点，以无公害果品或绿色食品生产为目标，全面提升果品质量，增加产量和效益，打造我区水果品牌，走出区门。推广引进黄金梨、爱宕梨、大果水晶梨、新世纪等新品种8个。更新改造老果树30万株，推广果园简化管理、无公害葡萄栽培、山地果园节水、果实套袋等技术6项，提高果品质量增加果农收入4000万元。葡萄栽植面积达2.2万亩，产量1.3万吨，产值0.78亿元。形成了以暖池塘镇为代表的红提葡萄生产基地；以台集屯镇为代表的巨峰葡萄生产基地；缸窑岭镇、张相公屯乡为代表的水果生产基地；虹螺岘镇南沟百年以上历史、千亩鲜食桑葚生产基地。

4. 南票区四大农业主导产业之一大枣：南票区拥有丰富的林地资源和酸枣资源（酸枣树2亿株左右），自然环境适合大枣的生长。大枣在南票区有着悠久的栽培史，二百多年前清乾隆年间，就开始零星种植，南票区独特的地理环境及气候条件，使得本地生产的大枣品质优良，通过省有关部门检验测

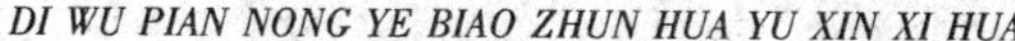

试和消费者评价，南票大枣具有以下特点：果皮薄、有光泽、果实长圆形或倒卵形、鲜红色，单果重 15 ~ 30 克，大小适中，光亮美观，肉质细脆、致密、肉厚、汁多、味甘美；成熟期含可溶性固形物 32.05%；果核细小，可食率 97%，果肉富弹性，果皮韧性强，不怕挤压，极耐贮运，制干率 67%，富含维生素、可滴定酸、类胡萝卜素、粗蛋白质、可溶性总糖，清甜而无苦辣味，品质上乘，适于鲜食、制干、加工。

1983 年建区时，大枣存量为 50 多万株，随着市场经济的不断发展，市场的需求越来越大，农民对种植大枣的积极性也越来越高。“九五”之初，区委、区政府组织有关部门外出考察，结合区情及广大农民种枣的热情，确立了发展大枣产业的战略构想，把发展大枣列入全区“资源开发、结构优化、城乡一体、科技兴区”四大发展战略之首。2007 年 3 月 7 日，“南票大枣”地理标志证明商标在国家工商行政管理总局商标局成功注册。到“十一五”期末达到 1411 万株，年产量已达到 1.25 万吨，农民人均有枣树 180 株。“十二五”期间，每年发展大枣 5000 亩，五年发展 2.5 万亩，发展大枣 400 万株，使大枣产业面积达到 14.5 万亩，全区拥有大枣总量为 1571 万株，农民人均拥有大枣 200 株以上，大枣产业总产量达到 2.5 万吨，比现在翻一番，总产值达到 8000 万元。经过十多年的努力，南票区大枣产业取得了长足发展，南票大枣已远销到沈阳、大连、长春、哈尔滨、北京等 10 多个大中城市，在各地市场享有良好声誉，南票大枣已闻名省内外，已成为广大农民致富的一条重要途径。

5. 品牌效应凸显。我区先后注册农产品商标 27 个，其中地理标志商标 1 个，集体商标 1 个，其中“南票大枣”、“暖池葡萄”、“高桥陈醋”、“锦港小菜”、“虹豆香干豆腐”、“北边黄瓜”等优势农业品牌已经家喻户晓。通过经营运转，“虹豆香”干豆腐、“高桥陈醋”被评为辽宁省著名商标；“暖池”葡萄被评为葫芦岛市著名商标。获“辽宁省名牌农产品”称号的有高桥陈醋、“暖池”葡萄。高桥小菜厂荣获“中国淹渍菜传统工艺研发生产基地”和“中华老字号”称号，高桥陈醋荣获“中华老字号”称号，锦港牌系列产品被评为葫芦岛市名牌新产品。

## 二、工作措施

党的十六大以来，我区深入贯彻落实科学发展观，全面构建农业生产经营、农业支持保护的制度框架，农业生产得到很大发展，区委区政府先后出台了《关于促进设施农业发展的意见》（南委发［2008］3 号）、《关于促进设施农业发展的补充意见》（南委发［2009］5号）、《关于进一步促进设施农业发展的意见》（南政发［2011］2号）、《关于进一步促进全区农业发展的意见》（南委发［2012］2号），明确发展农业生产的扶持政策。

1. 粮食生产坚持稳定面积、优化结构、主攻单产的总要求，确保丰产丰收。推广实施测土配方施肥，加强重大病虫害监测预警与联防联控能力建设。落实和完善最严格的耕地保护制度，加大力度推进高标准农田建设。大力发展高效节水灌溉，提高防汛抗旱减灾能力。

2. 提升食品安全水平。落实从田头到餐桌的全程监管责任，健全农产品质量安全和食品安全追溯体系。强化农业生产过程环境监测，严格农业投入品生产经营使用管理，积极开展农业面源污染和畜禽养殖污染防治。加大监管机构建设投入，全面提升监管能力和水平。

3. 落实国家惠农政策。对种粮农民直接补贴、良种补贴政策，农机具购置补贴及时到位。稳定农村土地承包关系。坚持依法自愿有偿原则，土地流转不搞强迫命令，确保不损害农民权益、不改变土地用途、不破坏农业综合生产能力。引导农村土地承包经营权有序流转，鼓励和支持承包土地向专业大户、家庭农场、农民合作社流转，发展多种形式的适度规模经营。结合农田基本建设，鼓励农民采取互利互换方式，解决承包地块细碎化问题。全区目前流转土地5.1万亩。

4. 大力培育新型农民和农村实用人才，着力加强农业职业教育和职业培训。充分利用各类培训资源，加大专业大户、家庭农场经营者培训力度，提高他们的生产技能和经营管理水平。组织并聘请农业、果树、蔬菜、农机、葡萄5个方面的专家，采取课堂授课与实地指导相结合方式进行培训。截至目前实名制培训8100人，通过培训，辐射带动培训非基本学员10000余人，印发各种自编教材2万余册，培训资料2万余份。为服务农村第一产业提供强有力的人力资源和智力资本，增强农民转岗就业的能力。

5. 大力支持发展多种形式的新型农民合作组织。农民合作社是带动农户进入市场的基本主体，是发展农村集体经济的新型实体，是创新农村社会管理的有效载体。按照积极发展、逐步规范、强化扶持、提升素质的要求，加大力度、加快步伐发展农民合作社，切实提高引领带动能力和市场竞争能力。鼓励农民兴办专业合作和股份合作等多元化、多类型合作社。截至2012年年末，全区发展农民专业合作社224个，其中国家级示范社1个为葫芦岛市暖池葡萄专业合作社、省级重点社2家为葫芦岛市兴达蔬菜专业合作社和葫芦岛市南票区虹豆香大豆专业合作社；省级示范社20家，市级示范社7家。农

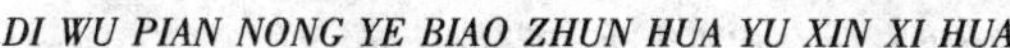

民专业合作社的建立发挥了积极的作用，一是减少了市场风险。农民专业合作社依据国家有关产业政策，按照市场信息，引导农民有组织进入市场，使一家一户小生产与千变万化的大市场有效对接，壮大了其市场竞争力，在一定程度和范围内解决了农民进入市场时的“卖难”问题，缓解了市场价格及供求波动给农民带来的风险。二是满足了农民的不同需求。随着市场经济的发展，农民对服务内容和需求日益多样化，农民专业合作社正是适应了这种要求，有的合作社统一引进新技术、新品种，开展技术推广与培训，有的提供信息咨询服务，有的进行生产资料统购及产品统销，有的开展资金互助等，深受农民欢迎。

6. 培育壮大龙头企业。创建农业产业化示范基地，促进龙头企业集群发展。全区有农产品加工企业 54 家，其中获得省级农业重点龙头企业称号的 3 家，市级龙头企业 10 家；积极培育扶持有出口实绩的兴岛蔬菜加工有限公司，高桥陈醋厂、高桥小菜厂、葫芦岛市虹豆香豆制品有限公司使之成为连接国际市场、带动农民增收的主体，以高桥镇、金星镇、大兴乡为中心，建设具有“公司 + 基地 + 标准 + 品牌 + 市场”一体化发展模式的农产品出口示范区，逐步形成产业集群。

**作者简介：**

李满，现任辽宁省葫芦岛市南票区农村经济局局长。

张宝坤，现任辽宁省葫芦岛市南票区农村经济局副局长。

# 齐心协力 推动“两型”农业蓬勃发展

山东省济南市长清区农业局 贾政斌

## 一、主要工作开展情况

近年来，我区按照济南市发展“两型”农业的总体部署，共发展长清茶、马山中药材、石都庄西红柿等9个市级特色品牌基地；发展伟农庄园、昌源山庄、长香源等25个市级都市农业园区；发展了万德、平安街道2个市级现代农业示范乡镇及长清区现代农业科技示范园；打造了长清茶、乒乓Q鸡蛋等多个知名品牌；累计认证“三品一标”农产品143个。为全区农业增效、农民增收夯实了基础。

### （一）以规划为起点，谋划“两型”农业发展蓝图

2010年年初，科学制定了《济南市长清区都市型现代农业发展规划(2010～2014)》。根据我区不同地域的资源状况和产业功能特点，构建了“一区、一带、三线、70个都市现代农业示范园区”的“1137”都市型现代农业区域经济布局新框架。产业布局着眼于具有长清特色的农产品，形成特色鲜明的林果、蔬菜、花卉苗木、畜牧、良种五大主导产业，快速发展茶叶、中草药两大新兴产业。

2012年根据《济南市长清区都市型现代农业发展规划（2010～2014)》的“1137”总体规划制定了《济南市长清区2012年两型农业工作重点》，将着力围绕“两条线、一大片、一个重点乡镇和两个示范乡镇”的“2112”规划布局，进行整体策划和区域推进，统筹土地、科技、资金等要素优化配置，集中打造“2112”范围内的基地园区。两条线，即现代农业观光长廊、优质粮菜生产带，现代农业观光长廊重点发展观光旅游农业、茶产业两大产业，优质粮菜生产带重点发展粮食、蔬菜两大产业；一大片，即马山镇道地中药材产业片，重点发展中药材产业；一个重点镇，即双泉镇休闲农业示范乡镇，重点发展休闲农业、特色种植；两个示范乡镇即万德镇、平安街道办事处两个市级现代农业示范乡镇。

### （二）以品牌打造为重点，引领“两型”农业发展步伐

一是做好农产品“三品一标”认证工作。截至目前，我区累计认证“三

品一标”农产品143个，“马山栝楼”、“张夏玉杏”被确定为国家地理标志产品，2012年新增“长清茶”地理标志保护产品。

二是开展特色农产品品牌评优活动。组织我区农产品生产、加工、经营企业、农民专业合作社等，积极参加省市范围内的名优农产品评选活动，整合我区各项优势，形成合力，对我区农产品品牌进行集中打造。我区“乒乓Q鸡蛋”于2012年4月17～20日参展了“第18届新加坡国际食品餐饮展览会”，展会期间同澳大利亚、新加坡、马来西亚、台湾、香港客商签订了合作意向5000万元，自此乒乓Q鸡蛋走出国门走向世界；9月27～30日参展了北京的“第十届中国国际农产品交易会”，“乒乓Q”牌木鱼石微量营养有机山鸡蛋荣获本届“中国国际农产品交易会金奖”。“乒乓Q”鸡蛋先后荣获世博会唯一禽蛋类专供产品、“国家一颗鸡蛋工程”供应商等荣誉；灵岩绿茶获得“省级著名商标”、第八届中国国际农产品交易会金奖产品等荣誉；金西李山药、乒乓Q鸡蛋、灵岩牌长清绿茶、舜平西红柿获得济南市名牌农产品；长清茶获得“济南市农产品区域公共品牌”称号。

三是全面宣传推介我区知名农产品品牌。充分利用各种媒体，采取多种有效形式，不断推介我区知名品牌农产品和企业叫响全市乃至全国。2012年我区先后举办了第一届长清茶文化节、泉城第一锅、第三届石都庄西红柿文化节等活动，其中以“千年古刹灵岩寺、灵山秀水长清茶”为主题的第一届长清茶文化节活动取得了巨大成功，先后被山东电视台、中国农业信息网、山东农业信息网、齐鲁晚报、济南时报、济南日报、长清电视台等多家新闻媒体报道，社会影响巨大，有效助推了“长清茶”品牌发展。

四是品牌农业成为我区农民增收法宝。我区通过大力发展品牌农业建设，培育出八宝峪乒乓Q鸡蛋、长清茶、石都庄西红柿、金西李山药、齐鲁华新爱宕梨、孝芹、海翠草莓等一大批品牌农产品，品牌的影响力与价值日益彰显。据初步统计，品牌农业为我区农民每年增收超过5亿元。石都庄基地生产的舜平牌西红柿收购价比周边蔬菜每斤增加0.5元，2011年全村仅大棚西红柿一项增收600万元，人均增收3000元。长清茶灵岩基地茶农在种植茶四年后，每亩茶鲜叶纯收入可达2万元，“一亩茶，十亩田”在基地得到了很好的验证，在基地早期茶农的带动下，外出打工的农民纷纷返回家乡种植茶叶。

五是突出农产品配送的“桥梁”作用。一是面向开发区企业、大学科技园、省会济南各大机关配送。伟农、特地、万源等配送中心看好这一商机，安排生产基地，配送农产品。二是面向超市、专营店配送。北京、天津、济南的大型超市也看好我区的良好环境，分别签约。伟农庄园每年为银座、心连心等超市配送蔬菜200万公斤，产品广受欢迎。三是作为机关生活基地。目前省直机关、大型企业先后近20个单位在我区租用土地3000余亩，建立生产配送基地，年配送蔬菜等农产品1200万公斤以上，转移农村劳动力2000余人。

**（三）以产业化为载体，推进“两型”农业整体效益**

实践证明一家一户的分散经营，实现不了农业的标准化，更谈不上农业的现代化。因此，发展两型农业必须大力提高农业组织化程度，将龙头企业、合作社、市场等农业产业化经营主体同步推进。

一是大力扶持农业龙头企业发展。积极帮助和指导龙头企业，争取国家省市投资参股项目、贴息项目扶持，不断强化企业与基地农户的利益联结，带动农民持续增收。截至目前，全区共发展农业龙头企业168家，其中市级以上农业龙头企业44家、省级农业龙头企业4家，收入过5000万元的8家，2011年销售收入突破15亿元，带动农户5万余户。济南天健堂茶叶有限公司，年销售收入800多万元，带动周边1000余户农民共同致富。公司成立了中国柿叶茶研究所，所产的“金果树”柿叶茶由原来的单一香型发展到四个香型，以其独特的香型和保健功能，深受中外消费者认可。公司参展了在香港举办的“山东农业精品展”，产品远销韩国、日本、香港等地。

二是大力提升农民专业合作社建设。从提供全方位技术服务入手，培育出一批具有自主品牌、产业优势明显、助农增收显著、运行规范的示范性合作社。目前，全区农民专业合作组织发展到634家，其中市级以上示范社61家、省级示范社19家，注册资金4.27亿元，社员1.8万户，2011年总收入达4.9亿元，带动5万农户增收致富。富源干鲜果专业合作社拥有社员280人，种植核桃、花椒、小米等作物面积2000余亩，2011年销售收入760万元，辐射带动周边2000户，5000亩的种植面积。

三是大力推进现代农业特色品牌基地建设。2012年我区品牌基地建设重点打造基地核心区。一是在抓好土地流转基础上搞好规模提升；二是在培育核心区科技支撑体系、打造科技制高点上搞好提升；三是在培育安全农产品打造放心品牌上搞好提升；四是在加强基础设施建设、产地环境美化上搞好提升；五是在拓展基地服务功能、提高产品市场竞争力上搞好提升。截至目前，全区共发展市级特色品牌基地9个，其中长清茶灵岩特色品牌基地、马山中药材特色品牌基地、万源蔬菜基地被评为2012年市级重点基地。经过几年的发展，逐步建成了以石都庄西红柿、孝芹、万庄蔬菜、西李山药、袁庄甘蓝、孝里西瓜、平安圆葱等近10万亩瓜菜基地；以万德镇马套村、坡里庄村为核心，以立泰山、南湖玉露为龙头的3000亩长清茶基地；以马山双泉庄为核心的2.5万亩中药材基地；以柳杭村为核心的1.2万亩五彩花生基地；以曹楼村为核心的3.2万亩归德大蒜基地。

四是大力加快都市型现代农业园区建设。2012年我区都市园区建设围绕“十个一”展开，重点突出现代农业生产功能提升，做大规模、做精产品、做响品牌、做强龙头，创建现代化设施、新技术应用、质量管理和循环农业四个典范。截至目前，全区共发展市级都市农业园区25个，其中伟农庄园、长香源、昌源山庄、南湖玉露有机茶园、和生庄园5个园区被评为市级重点园区。伟农庄园占地500亩，原是一座废弃的砖厂，2009年由市级农业龙头企业济南伟农农业技术开发有限公司投资兴建，总体规划投资5000万元，现已完成投资2200万元。经过4年的建设，现已建成集农业种植、餐饮住宿、果蔬配送、采摘垂钓、休闲旅游等多功能于一体的都市型现代农业园区。先后获得济南市十大都市农业园区、生态循环农业示范基地、科技特派员示范基地、山东省四星级农家乐单位等荣誉。

五是大力督促市级现代农业示范乡镇和农业科技示范园建设。2012年年初，我区万德镇、平安街道被认定为第一批市级现代农业示范乡镇。两街镇立足区域资源优势和产业特色，均制定了三年发展规划。万德镇2012年集中整合农业、林业、水利、科技等项目资金重点打造长清茶产业，打造坡里庄、马套两大长清茶核心区；平安街道依托济南西部新城发展的区位优势、交通条件、产业基础和物流市场需求，为5000亩“首农济南安全农产品标准化园区”建设项目做好前期工作，同时重点打造长清科技示范园、伟农庄园、常香源、特地等区域内的园区基地。长清现代农业科技示范园（现良种场）2012年完善配套了国家区域试验站、济南农业科技示范培训中心（良种）。国家区域试验站承担国家和省级小麦、玉米新品种区试、预试、生产试验、新品种（系）展示和示范工作；济南农业科技示范培训中心（良种）建设，承担了阳光工程培训（种子代销员、蔬菜园艺工、肥料配方师、专项技术培训）、高产创建等项目。示范园示范推广小麦宽幅精播、秸秆还田、氮肥后移、配方施肥、“一喷三防”，玉米“一增四改”、双晚栽培等技术。

**（四）以服务为保障，提升“两型”农业发展潜力**

一是加强领导，做好组织服务工作。区政府成立了区都市现代农业建设领导小组，全面负责规划实施过程中的决策、指挥和组织协调等工作。2010

年以政府一号文件的形式下发了《济南市长清区人民政府关于发展都市型现代农业的意见》，明确了整合项目和资金，实行部门包村、扶贫包村、产业包村，重点打造“一区、一带、三线”内的重点项目；加大政府扶持力度，制定奖励政策直接扶持，实行产业贴息等政策。

二是不断完善农村土地经营机制。我区按照“依法、自愿、有偿”的原则，采取切实措施，促进农村土地承包经营权流转，推进农业规模化经营。全区10个街镇分别成立了农村土地流转服务中心，613个村建立了农村土地流转服务站，每村设立一名土地流转信息员，区、镇、村三级土地流转体系已基本建成。目前全区耕地流转面积5.8万亩，“四荒”流转面积2.8万亩，土地流转呈现出流转规模日趋扩大，流转主体多元，流转效益日趋综合等特点。舜丰蔬菜果品种植专业合作社由100余户蔬菜大棚种植户组成，合作社成员以自己的责任田为依托，采取土地入股、租赁、互换等方式，在山区建成了300多个大棚。

三是加强农产品质量安全监管。坚持以提高农产品质量安全水平为核心，以特色育品牌，以品牌拓市场增效益，从重点作物、重点市场、重点季节、重点环节入手，加强禁限用农业投入品的监管，强化农产品质量抽检，严格农业标准化生产，努力实现“从土地到市场”的全过程监控。全区10个街镇依托农技站成立了农产品质量安全监管办公室，聘请了60名农产品质量安全协管员，农产品质量安全体系已初步建成。基地园区重点做好田间管理、种植户生产、田间农产品抽检三个档案管理，不断加大产中、产后抽检力度，确保农产品质量安全。

四是科技创新，为现代农业发展注入新的科技活力。一是推广农业科技，提升农业生产能力。高产创建实施了3个小麦、2个玉米和1个花生共6个万亩高产创建示范片项目，其中小麦高产创建再创佳绩，百亩示范方平均单产达到650公斤以上；测土配方施肥项目制作施肥建议卡5600余份，推广配方肥700多吨；植保统防统治实施了全省植保病虫害专业化防治项目，为5家植保专业化防治合作社配备专业化防治设备100套。二是加快农业科技示范培训中心建设。我区目前正在实施的良种、茶叶、花生、蔬菜、农产品配送5个市级农业科技培训中心建设项目，其中良种、蔬菜科技培训中心已建成使用。培训中心围绕信息服务、技术培训、试验示范和质量保障四大体系建设，充分发挥其作用。三是深入实施农业“双推”项目。围绕特色品牌基地和都市农业园区建设，重点实施花生单粒精播、韭菜优质栽培、西红柿设施高产优质栽培、茶叶优质栽培、中药材优质栽培等30多项农业“双推”项目，进

一步加快我区农业新品种、新技术的更新换代，为我区现代农业发展注入新的科技活力。四是突出抓好农业科技人才队伍和现代农民队伍建设。2012 年实施的基层农技推广体系建设，聘任 80 名农业技术指导员，指导培训 800 个农业科技示范户；阳光工程共计培训 1640 人，其中农业职业技能培训 800 人，农业专项技术培训 840 人；新型农民科技培训 200 名农民辅导员，示范带动培训 4000 名科技示范户；新型农民创业培训 100 人，其中农民专业合作社 50 人，农村带头人 50 人，着力培养一支潜心科研、锐意创新，适应农业生产实际需求的两支队伍。

## 二、制约因素

### （一）土地流转瓶颈尚未突破，农业规模经营发展缓慢

发展两型农业，只有土地等要素被激活，规模化、标准化两型农业才能健康发展。但从目前看，我区土地流转市场还不健全，土地流转规模偏小、层次较低。同时，随着城市化、工业化进程的不断加快，土地增值潜力、可能被征用补偿、级差地租等因素，让农民对于土地愈加珍惜，进一步增加了土地流转难度。由于土地流转受到瓶颈制约，我区农业经营主体仍以分散的农户为主，致使农业规模经营难以发展，园区、基地规模较小，示范带动能力不够强。截至目前，全区耕地流转面积 5.8 万亩，占耕地面积的 9.9%；“四荒”流转面积 2.8 万亩，占耕地面积 4.8%。

### （二）农业产业化水平低，现代农业发展不充分

一是传统农业比重偏大。2011 年我区传统作物播种面积占全区农作物总播种面积 78%，特色种植、茶叶、中药材等产业发育不够充分，具有省内外影响力的产业基地数量较少。二是农业标准化程度低。与先进地区相比，我区绿色农业、生态农业、高效农业发展不够快，农产品多为鲜活上市，季节性集中，产品趋同，知名品牌不多，还不能满足市民优质化、绿色化的消费需求。三是产业化水平不高。农业龙头企业特别是具有较大规模和较强带动力的龙头企业少。四是农民组织化程度偏低，大部分农民仍是独自承担生产和市场风险，难以适应都市农业发展的需要。

### （三）资金投入不足，两型农业的多功能没有充分发挥

一是财政扶持资金少，我区两型农业发展扶持资金全部来自济南市，区里缺少配套资金扶持。二是金融资金进入难。在两型农业发展中，由于缺乏抵押物和担保，农民很难从银行等金融机构获得资金支持。

## 三、下一步建议

在成立区都市现代农业建设领导小组基础上，各街镇也要建立相应的领导机构，把两型农业建设工作列入工作重点，切实落实好规划。各有关部门要密切配合，通力合作，形成合力，多层面地推进我区两型农业发展，真正形成分级管理、上下联动的良性推进机制，共同推动全区两型农业持续健康稳定发展。在此基础上：

一是强化政策扶持，创新发展机制。首先不断完善农村土地经营机制。加大政策引导力度，鼓励土地资源向有规模效应的基地、园区集中，积极稳妥地推进农业生产的集约化、规模化经营。其次着力提高农村产业化水平。大力推进农民专业合作社建设和农业龙头企业发展，引导合作社、龙头企业相互嫁接、融合，形成真正的利益共同体。还要不断创新农业投入机制。发挥强农惠农政策的引导作用，争取各方面的支持，增加对我区现代农业建设的投入。加大支农资金的整合投入，放大财政资金的聚合效应。加大招商引资力度，鼓励引导各类社会资金参与我区两型农业开发建设。

二是强化农业科技支撑体系建设。一是完善农业技术推广网络。通过田间学校、科技入户等多种渠道，解决农技推广“最后一公里”的问题。二是打造高素质农业科技人才队伍。依托农业科技项目，培育一支结构合理、业务素质高、爱岗敬业的农业科技创新队伍。三是提高农业科技成果转化能力。制定激励政策，调动广大农业科技人员的积极性、创造性，把更多的科技成果转化为生产力。

三是强化农产品质量安全体系建设。一是大力推进农业标准化生产，提高农产品质量。加快相关标准的制定，指导全区绿色和有机农业、外向型农业的发展。二是完善农产品质量检测网络。建立完善的检测制度，提高检测能力。定期进行产品检测，对监测不合格的产品要追溯源头，并依法追究生产者、经营者的责任。三是积极开展农业投入品监督检查、农产品质量安全监督抽查、农产品产地环境定点监测等工作。全面实施“从土地到餐桌”的全过程质量安全监控制。

四是强化督导考核力度，确保各项措施落实到位。在两型农业建设中，将目标任务与领导责任制相结合，与工作人员岗位责任制相结合，任务责任层层落实，形成区、街镇、基地园区及相关部门齐抓共管的系统工作网络。将该项工作纳入街镇科学发展目标考核，年终进行考核评比，形成合力，共同推动两型农业科学、持续、健康发展。

**作者简介：**

贾政斌，男，1959年11月出生，中共党员，大学学历。现任山东省济南市长清区农业局局长、党委书记。

自1981年7月参加工作起，历任教师，教导主任，长清县平安镇委秘书、委员、党政办主任、副镇长、党委副书记，长清县孝里镇党委副书记、镇长、党委书记，长清区统计局局长等职。2008年1月至今，任济南市长清区农业局局长、党委书记。

曾荣获农业部粮食生产大县先进个人，山东省农业系统先进个人，济南市长清区委区政府全方位目标管理先进个人等荣誉。

# “六化建设”助推传统农业嬗变

河南省淮阳县农业局　张训东

河南省淮阳县地处豫东平原、中原腹地，全县总面积1401.9平方公里，辖7镇11乡2个场，467个行政村、4581个村民小组，总人口135万，其中农业人口124万，耕地总面积156.4万亩，是传统的农业大县。4500年前，炎帝神农氏曾在此“尝百草、艺五谷”，开创了原始农业。近年来，淮阳县以科学发展观为指导，以确保粮食安全为前提，以增加农民收入为目的，以转变农业发展方式为手段，围绕“优质、高产、高效、生态、安全”目标，按照“用现代物质条件装备农业，用现代科技改造农业，用现代产业体系提升农业，用现代经营方式推进农业”的要求，着力加强农业规模化、产业化、标准化、科技化、组织化、市场化建设，促进了传统农业向现代农业的快速转变。先后荣获“国家绿色农业示范县”、“全国粮食生产先进县”、“全国生猪养殖调出大县”、“国家科技富民强县专项试点县”、“全国科技进步工作先进县”、“全国万村千乡市场工程先进县”等荣誉称号。

## 一、以基地建设为重点，加强农业规模化建设

在政府引导和市场推动下，优化种植业结构，发展特色高效经济作物，建立了80万亩优质强筋小麦基地、50万亩高油玉米基地、35万亩优质花生基地、20万亩大豆基地、10万亩棉花基地。在龙头企业、产业协会、农民专业合作组织的带动下，以“企业+基地”、“协会+基地”、“专业合作组织+基地”的全新模式，强化基地建设。依托金农实业有限公司，新增2万亩黄花菜种植基地；依托河南宏达脱水蔬菜有限公司，巩固建设了10万亩大蒜基地；依托陈州华英集团、邦杰大用集团建设肉种鸡养殖小区100个，大型种鸡场14个，总量达到100万套，巩固了华英肉鸡生产基地、大用肉种鸡生产孵化基地建设。依托曹河地保姆、淮阳肉鸡养殖协会、林产品加工协会等842个农民专业合作组织，带动全县发展种植基地60万亩，养殖基地135个、育林基地23万亩。通过规划建设万亩现代农业示范园区，扶持发展6000亩黄花菜基地、2000亩良种繁育基地、建设十个100万只规模肉鸡养殖小区，一个10万头生物环保养殖小区，科学引领农业示范区建设，新建改造生态环保

生猪示范场92个，建立了19处高效农业示范园，逐步形成了一乡一业、一村一品的产业发展格局。

## 二、以龙头企业为载体，加强农业产业化建设

通过招商引资、项目带动，培育壮大农业产业化龙头企业，引进陈州华英、邦杰大用、辉豪实业等亿元以上企业落户。目前，全县各类农产品加工企业达137家，其中省级以上重点龙头企业6家，年产值超亿元的8家。上半年，中美矿业集团、浙江永在等农业产业化龙头企业落户淮阳，投资均在亿元以上。通过规划建设占地3平方公里的食品加工、纺织服装产业集聚区，引导各类农产品加工企业聚集发展，促进了农业产业化发展，实现了由点到链、由散到集、由自发到规范的跨越。目前，68家企业入驻聚集区，年产值达82亿元。通过拉长农业产业化生产链条，促进农业产品向工业产品转化、农副产品向系列利用转化，全县形成了面粉、肉鸡、纺织服装、蔬菜加工、林产品加工等9条农产品加工生产链，其中6条产业链年产值在10亿元以上，初步形成了面粉、肉鸡、纺织服装、林副产品4个系列深加工产业集群。通过拉长产业链条，全县各类龙头企业带动原料生产基地80万亩，农户10万户，促农增收8亿元，人均增收1452元，农业产业化对全县农民人均纯收入的贡献率达到30%。

## 三、以培育名优产品为目标，加强农业标准化建设

借助农作物和畜产品新品种新技术的引进研发，提升品质。近年来，全县农业部门累计引进郑麦366、新麦19、郑麦7023等强筋小麦、高油高蛋白大豆、脱毒红薯等农业新品种、新技术290多项，全县良种履盖率达98%以上。同时，帮助金农实业、银丰塑业等20家农业企业推进农作物技术栽培创新、农副产品质量检测创新，建设了省级和国家级技术研发中心和质量检测中心。借助无公害、绿色农业认证，推进标准化生产。在无公害基地建设中，实行全程质量监控，坚持从源头控制入手，加强产前、前中、前后的施肥、用药生产监管和质量管理，实现从田头到餐桌的全程标准化监控。依托李强、新生种植合作社等建设的2万亩有机蔬菜生产基地，全部采用生物农药、平衡施肥技术；依托新天地农业循环经济发展有限公司建立的规模生猪养殖场全部采用EM液零排放、无污染、生态、环保技术。目前，全县已建设10个省级以上无公害农业生产基地，完成了10万亩标准化示范基地无公害农产

品、绿色A级食品和有机产品认证，其中8个农产品获得省级无公害农产品认证，2个农产品获得绿色食品认证，淮阳黄花菜被认定为“国家原产地地理标志保护产品”。借助农副产品名品名牌创建，增强竞争力。对获得名牌产品、著名商标、质量认证体系的企业，给予奖励。集中打造“淮阳黄花菜”、“淮山羊”、“丰源醇植物油”、“陈州酱菜”等知名品牌，全县农业品牌达到20多个，其中联塑、华英、大用等品牌获“中国名牌”称号；河南宏达脱水获得自营进出口权，年创外汇4000多万美元。

## 四、以科教兴农为抓手，加强农业科技化建设

在全县推广农业新科技和农业新品种，建立了集“种子繁育、推广、加工、包装”为一体的综合服务体系。组建了农业科技服务队，实施农业科技入户工程，每年选派150名农业科技人员深入150个行政村蹲点，担任农业科技指导员，每个农业科技指导员联系10～20个示范户，进行技术承包、定期指导、全程服务。系统举办农业科技培训班、组织宣讲团、开展科技下乡等活动，定期邀请全国著名农业专家开展农业科技大讲堂活动，积极推广优质、高产、高效栽培技术，全年农业科技累计投入不低于500万元，印发技术资料不低于50万份，开展电视技术讲座不少于24期，保证培训农民不低于25万人次。着力实施“国家粮食丰产科技工程”和高标准粮田百千万工程建设，制定了高标准粮田建设规划，至2017年5年内把全县102.4万亩耕地建成永久性高标准粮田。深入推进“沃土工程”、“测土配方施肥”项目，每年持续推广测土配方施肥面积80万亩。重点抓好科技示范园区、示范户和示范项目建设，全县先后建立了农业科技示范园区13000亩，实施了25项农业科技示范项目，培育各类农业示范大户1000余户，科技对农业的贡献率达35%以上。

## 五、以提高农民组织化程度为导向，加强农业组织化建设

按照“自愿加入、相互合作、风险共担、利益共享”的原则，组建各类农民专业合作社、农产品行业协会和其他服务性组织。目前全县有农民专业合作社842家，会员3.5万人，注册资金13.3亿元，培育农民经纪人2000余名，其中带动农户20户以上的农民经纪人600多人，销售收入达250万元以上、累计带动非成员农户5.2万户。这些组织由技术能人牵头，农民自愿参

加，集中整合农业生产资料和资源，在生产、销售和各环节为成员及其他群众提供服务。如淮阳刘振屯大蒜专业合作社，融无公害大蒜生产、收购、销售、加工、出口为一体，拥有5万亩专业生产基地，并通过了省级无公害农产品生产基地认证和产品认证，收购市场年交易额达1亿元。陈州农机合作社利用技术服务站为成员提供项目技术培训、信息交流和农机维修服务；组建农机作业服务队跨区作农业，提高会员的经济收入。郑集农业种植专业合作社，发展良种繁育、林木育苗、反季节蔬菜2万多亩。曹河地保姆专业合作社，与农民签订土地管理服务协议，为外出务工农民提供耕种、管理、收割服务，托管流转土地3.5万亩，切实提高了农民进入市场的组织化程度。

## 六、以提高农产品市场占有率为核心，加强农业市场化建设

加快农产品市场化建设，为农产品搭建交易平台。目前全县有6家年交易额超亿元的农副产品专业批发市场，其中刘振屯花生、大蒜专业批发市场为全省重点农产品批发市场之一，每年收购季节，吸引1000多家外地客商入驻，年交易额达2亿多元。同时，通过农村专业合作组织和农民经纪人队伍，构建农户参股、协会经营的市场销售模式，及时以稳定价格把农副产品销往全国各地；通过围绕粮食生产，积极发展面粉、食品加工企业；围绕棉花生产，发展纺织、服装加工企业；围绕蔬菜、大蒜、辣椒，发展蔬菜冷储加工企业；围绕生猪、肉鸡养殖，发展屠宰加工企业，实现农产品就地转化，转变农副产品销售方式，解决农业小生产和大市场的矛盾，提高农产品的市场占有率，确保了农业增产、农民增收、农村稳定。

**作者简介：**

张训东，男，汉族，1963年出生，中共党员，大学文化。现任河南省淮阳县农业局办公室主任。

# 抢抓先期开发有利机遇　发展现代农业

湖南省岳阳市君山区农业局　万　越　付罗荣　喻文华

岳阳市君山区依洞庭、靠长江，被誉为“洞庭明珠”“胜境名区”。全区辖六镇一办二场，总人口25万，其中农业人口18.2万。总面积718平方公里，其中耕地面积42万亩，盛产粮、棉、油、菜、瓜、果、畜禽、水产等农产品，是名副其实的“鱼米之乡”。基于独特的区位特色、资源优势，对接环洞庭湖经济圈建设，全区要抢抓先期开发的有利机遇，加速现代农业发展步伐。

## 一、现代农业的发展现状

近几年来，区委、区政府创新思路，强化措施，大力推进现代农业示范区建设。先后被确定为全国农产品加工业示范基地、全国休闲农业与乡村旅游示范县、全国第一批蔬菜标准园、全国健康养殖小区、全省首个蔬菜标准化生产示范区和农业部早稻、棉花、油菜高产示范创建基地；被省政府评为全省农业产业化经营先进县市区、全省发展县域经济先进县。2012年农民人均纯收入达到10161元，同比增长18%，示范村达11470元，同比增长23%。

### （一）主要成效

1. 农产品生产能力稳步提高。着力建设粮、棉、油、菜、林、水产、畜禽、芦苇、水果、茶叶十大主导农产品基地，重点建好了8万亩蔬菜标准化生产示范基地、2万亩无公害设施（精细）蔬菜基地、10万亩双低油菜示范基地、10万亩商品粮产能基地和1万亩新品种花卉、水果、茶叶生产基地及1万亩特种水产品养殖基地。通过加强基地建设，主要农产品生产能力稳步提高。

2. 农业结构进一步优化。农村产业结构趋于优化，三次产业结构为45:30:25，实现了调减一产业，调强二产业，调快三产业的目标。基本形成了蔬菜、棉花、粮食、油菜、生猪、水产等优势产业，其产值占农业总产值比重达90%。农产品优质率达85%以上，全区农作物良种覆盖率达90%以上，比前年提高8%。

3. 农业产业化取得长足进步。2012年全区农产品加工业总产值33.5亿元，比上年增加5.2亿元，增长18.4%，全区农产品加工企业达186家，规模以上农副产品企业39家。2012年规模以上农副产品加工业增加值18761万元，全区省市级龙头企业达21家，其中省级3家、市级18家，农业产业化龙头企业利润总额达2.09亿元，比上年增长11.8%。

4. 科技兴农水平显著提升。全区粮食、蔬菜、油菜等作物良种覆盖率达到95%以上，大批高产、优质、高抗品种得到推广应用。全区测土配方施肥、统防统治实现全覆盖，标准化生产示范、设施栽培、粮棉油关键增产技术得到全面推广，应用率达80%以上，科技为农业生产的可持续发展提供了强大支撑。

5. 农业生产方式得到有效改善。建立健全了农业资源与环境保护监督管理体系和监测预警体系，全面完成了农产品产地环境监测评价认定，加大了农村净化工程、农业野生植物原生境保护区建设力度和外来入侵生物防治力度，开展了农业面源污染防治、高效生态农业模式技术示范试点，全区农业资源得到了有效保护和合理利用，农业生产正在朝着高产、优质、高效、安全的方向发展。推进新型农机具更新换代和推广应用，农业机械化发展水平逐步提高。2012年年底，全区机耕率达99%，机收率达90%，农业综合机械化水平达到62%。推进土地流转，全区土地流转总面积达5.6万亩。

6. 农业生产经营经济组织不断壮大。全区共发展各类农民合作组织113家，拥有成员8256人，带动农户5.8万户，占农户总数的85.6%。大多数农民合作组织的经营范围由一村一乡发展到涉及多个乡镇及周边县市，涵盖领域从单纯的农产品销售发展到种植、养植、加工、运输、信息、科技和销售等多个领域。全区一村一品、多乡一业等区域化布局、标准化生产、产业化经营、品牌化销售发展加快。2012年，全区农民合作组织经营纯收入2150万元，农民人平增收128元。

7. 生态休闲农业不断拓展。全区5.8万亩蔬菜基地通过无公害农产品产地认证，获农产品湖南国际农博会金奖10个、无公害和绿色产品11个，地理标志1个、中国驰名商标和中国名牌产品2个，湖南著名商标3个。发展休闲农业企业39家，农家乐145家，其中国家五星级休闲农庄2家、四星级休闲农庄1家，省级五星级休闲农庄1家，省级三星级休闲农庄7家，全国休闲农业与乡村旅游示范点1家。2012年，休闲农业与乡村旅游实现总收入4.7亿元，同比增长30.12%。

**（二）存在的主要问题**

一是农民持续增收压力增大。近几年，我区农民增收幅度较大，得益于国家政策的推动和市场的驱动作用，农民增收的长效机制尚未建立，解决农民增收的治本之策还在积极探索之中。

二是农民组织化程度有待提高。农民更多的是生产主体，不能有效与市场对接。现有的各类合作组织结构松散，稳定性差，难以适应激烈的市场竞争，农民的弱势地位没有根本改变。

三是建设现代农业投入仍然不足。推进现代农业发展，战线长、涉及广、投入大，我区建区时间不长，底子较薄，区财政压力较大，现代农业示范区建设的步子还不大，进程还不快。

## 二、现代农业发展目标

（一）总体思路。深入贯彻落实科学发展观，以加快转变方式为主线，以科技进步和改革创新为动力，大力推进农业标准化、品牌化、产业化、规模化、机械化和信息化建设，着力增强农业综合生产能力、抗风险能力和可持续发展能力，通过目标引领、政策引导、资源整合、项目支撑，促进农业增效、农民增收、农村发展。

（二）发展目标。主导产业形成区域化布局、规模化生产、专业化操作、一体化经营的生产格局，基本建立与农业现代化相适应的标准化工作体系，整体运行能力达到全国、全省先进水平；全区无公害农产品、绿色食品、有机食品认证面积达30万亩以上，优势农产品基地标准化率达80%以上；创建国家级农业产业化龙头企业2家以上、省级龙头企业5~8家；省级以上农产品品牌达10个以上，国家级品牌3个以上，90%以上农产品品种获得产品质量认证。到2015年，全区农业总产值达到36亿元，年均递增10%；农民人均纯收入达到1.15万元以上，年均递增15%。

## 三、现代农业发展对策

### （一）重点工作

1. 立足湖区生态保护，推进生态农业发展。认真组织实施测土配方施肥、乡村清洁工程、农村能源建设、地力提升等项目，加强野生莲荷花等湖区野生植物原生境保护，普及标准化种植，健康养殖，大力推广病虫害绿色防控、统防统治，推广应用高效、低毒低残留生物农药，加大农产品质量安全监管力度，切实加强农业生态环境保护，要让境区内“水更清、土更肥、花更艳、鱼更欢、鸟更多”。

2. 突出基地建设，推进农业产业化发展。一是建好农产品生产基地。认真组织实施全国小农水建设重点县、全省沟渠疏浚试点县、环洞庭湖基本农田整理、农业综合开发等项目，加快农村土地整治、农田水利建设和田水路林综合治理，建设一批路相通、渠相连、田成方、林成行的“标准田”、“风景田”、“富民田”。引导土地规范流转，着力建设粮、棉、油、菜、林、水产、畜禽、芦苇、水果、茶叶十大主导农产品基地，重点建好了8万亩蔬菜标准化生产示范基地、2万亩无公害设施（精细）蔬菜基地、10万亩双低油菜示范基地、10万亩商品粮产能基地和1万亩新品种花卉、水果、茶叶生产基地及1万亩特种水产品养殖基地。二是发展农产品加工龙头企业。依托全国农产品加工业示范基地建设，扶持永盛油脂、国泰食品、李记食品、有利发纺织、瑞丰纺织等企业做大做强，推进君山银针、洞庭山茶叶等企业尽快建成投产，实现农产品加工转化率80%以上。支持农民专业合作组织建设，抓好农村农业信息化服务网络建设，提高为农服务水平。三是推进订单农业生产。大力培育丰盈蔬菜、银丰棉花、隆平粮社等农民专业合作组织。鼓励引导永盛油脂、李记食品、国泰食品等省市级农业产业化龙头企业与农户建立紧密型利益联结机制，发展公司+基地+农户的产业化经营模式，实现农业常年订单生产30万亩，提高了农业生产组织化程度，促进了农业增效、农民增收。

3. 搭建加工园区平台，推进农业集约化发展。着力抓好农产品加工业园区建设，发挥园区要素集聚、资金集约、产业集群的“洼地”效应，推进农业集约化发展。启动建设集现代农业示范、农业科技示范、农产品精深加工于一体的洞庭湖绿色食品产业园，加快园区配套设施建设，引导永盛油脂、李记食品、国泰食品等农产品加工规模企业和省市级龙头企业向园区集中。

4. 完善农业科技体系，推进农业标准化发展。一是抓好科技创新。加强与省农科院、市农科所等科研机构的产学研联合，争取全国棉花良种繁育基地项目，组织实施粮食、油菜高产创建示范，测土配方施肥，病虫害生物综合防治等农业标准化生产技术，加快推进2个万亩标准化蔬菜生产基地、3个万头生猪规模养殖小区和5个水产健康养殖示范场建设。二是抓好质量安全。建立健全农产品质量安全监管体系和检验检测体系，重点加强主导农产品、名特优农产品农药残留、兽药残留、重金属残留等方面的监测。加大农业安全执法力度，确保农民用上放心种、放心肥、放心药，生产绿色、安全农产品。推广科学种养模式，抓好农村沼气能源建设，形成“猪—沼—菜”、“猪—沼—果”、“猪—沼—渔”等生态种养链条。三是抓好品牌创建。积极发展无公害、绿色、有机农产品，开展产地、产品认证工作，区内农产品基本实现绿色、无公害，达到生产有数量、加工有质量、技术有含量、市场有分量。

5. 拓展现代农业功能，推进休闲农业发展。推进农业与三产业深度融合，擦亮目前环洞庭湖经济圈首张“全国休闲农业和乡村旅游示范县区”名片。着力发展观光体验型休闲农业，引导、支持发展星级休闲农庄，培育虹宇生态园、团湖野生荷花世界、六门闸鱼家乐、君山怪味鸭等一系列知名品牌。着力发展科普教育型休闲农业，乡土民俗型休闲农业，建设民俗度假村，挖掘农耕文化、乡土文化、民俗文化，丰富乡村休闲文化内涵。

**（二）保障措施**

一是政策扶农，优化农业发展环境。认真落实各项扶农支农政策措施，完善相应产业发展规划和配套措施；持续增加农业投入，整合实施重点项目，提高资金使用效率。二是项目强农，增强农业发展后劲。积极争取和认真实施上级农业、财政、科技等部门项目，加快现代农业发展进程。扎实做好农业招商引资工作，吸引更多项目和资金投向农业，不断增强农业发展后劲。三是科技兴农，拓宽农民增收空间。增加农业科技投入，大力推广农业新技术，提高科技应用率、转化率和贡献率。四是依法护农，保障农业生产安全。加强农业生态环境保护，推广应用生物农药，加大农产品质量安全监管力度，提高农产品质量安全水平。五是龙头壮农，促进农业产业化发展。加快培育一批辐射面广、带动力强的农业龙头企业；狠抓标准化生产，通过提高农产品质量、增加科技含量培育农业品牌；大力发展订单农业和农业中介组织。

# 以设施建设为依托 促进蔬菜标准化生产

广西壮族自治区南宁市兴宁区农林水利局 覃永秋

## 一、蔬菜生产基本情况

兴宁区位于南宁市东北部，下辖三塘镇、五塘镇、昆仑镇和朝阳办、民生办等，现有农业人口12.4万，耕地面积15.4万亩。2012年兴宁区农业总产值为13.67亿元，农民人均纯收入为7812元。近年来兴宁区按照“一带两区三基地”的工作构思，加快标准化蔬菜基地建设，把提高蔬菜产品质量、卫生标准和安全水平作为提升整个蔬菜产业优势的关键措施来抓，蔬菜产业成了促进农民增收的主要来源。据2012年统计，兴宁区蔬菜种植面积12.6万亩，年产量17.4万吨，产值达4亿元以上；其中苦瓜种植面积保持在2万亩以上，产量5万吨，产值1亿元以上。蔬菜生产呈现出良好的发展态势，形成了以三塘镇常年种植叶菜、辣椒、茄子等多个品种的生产基地，产品主要供应南宁市；以五塘镇主要生产苦瓜、茄子、荷兰豆、毛节瓜等大宗农产品，远销北京、上海、长沙等国内大中城市的格局。

## 二、推进蔬菜标准化生产的主要措施

兴宁区按照“基地规模化、生产标准化、产品无害化”的要求，积极推进基地建设，加快蔬菜标准化生产。每年通过加大力度筹措资金，加快完善蔬菜生产示范基地基础设施，目前已完成了以蔬菜病害研究为主体的三塘镇福禄基地；以外运蔬菜生产为主的三塘镇那笔垌、五塘凌慕垌、五塘沙平垌等生产基地；以公司、合作社经营现代设施农业为主的民政蔬菜基地、国翠超越绿色甜蜜农业基地等建设，有效地推进了标准化蔬菜生产基地建设，我们的主要做法是：

### （一）加快完善基地基础设施建设

为加快标准化蔬菜基地建设，兴宁区通过向上争取项目，实施项目捆绑和政策倾斜等方式多渠道筹措资金，加快搞好蔬菜基地的水、电、路、渠等配套设施建设。共投入资金735万元，大力开发集中连片蔬菜示范基地，加快基地改造农田机耕道路、水利设施等基础设施建设，涉及五塘镇西龙村、英广村、民政村、友爱村、昆仑镇联光村5个行政村2200亩蔬菜基地，促进分散种菜农户向规模化发展，标准化经营；同时加快开发现代化农业生产基地建设，通过招商引资，引进广西野田肥业公司及广西山外山农牧发展有限公司在五塘民政村和沙平村建设现代农业示范基地发展蔬菜生产，引进南宁市桂福圆公司建设百亩新品种展示基地，建立起现代农业生产基地，带动了兴宁区蔬菜向标准化生产发展，促进兴宁区标准化生产基地建设的新高潮。

**（二）加大蔬菜标准化建设技术推广力度**

为普及标准化生产技术，兴宁区加强对新建设的生产基地，按照蔬菜标准化示范区建设的要求，加大宣传和技术推广力度。农业部门组织人员加强生产指导，组织技术人员深入田间地头对育苗、移栽、病虫防治和无公害蔬菜栽培、苦瓜套种等技术进行现场示范指导，推进基地的标准化生产。科技部门组织实施农民科技培训、农村基层干部培训和农业科技入户培训，通过现场技术咨询、专题讲座、展示示范、观摩演示、办班培训等方式，加强标准化蔬菜生产技术培训，尤其是对新建设地标准化蔬菜生产基地力求达到村村办班，户户受训的要求。近年来兴宁区每年开展标准化生产技术培训不低于5000人次，发放技术资料10000份。无公害标准化生产技术普及率达95%以上，标准化生产技术已被广大农民逐渐掌握和应用，蔬菜基地逐步走向规范化、标准化生产，达到产业高产高效的目的。

**（三）加快推进完善蔬菜质量监测体系建设**

为加强对农产品的监管，兴宁区加快完善镇、村蔬菜质量安全监管队伍建设，加强监督，严格按照无公害蔬菜生产的基本要求，监督蔬菜生产基地进行标准化生产。从2004年开始组建蔬菜质量检测监管队伍，开始对大型农贸市场开展抽检工作；同时在各镇村成立了镇村级农产品质量安全检测队伍，聘请了村级蔬菜质量监督员加强对蔬菜基地的质量监控工作，坚持从生产环节入手，严格执行各项技术指标，随机对基地内生产的蔬菜产品进行检测，每年抽检样品量达到1.5万个以上，确保基地蔬菜产品上市安全。2012年在城区及乡镇成立农产品质量安全检测站，进一步落实增强人员，完善检测设备，为切实有效地加强对兴宁区农产品质量安全的监管。

## 三、开展“三品一证”认证促进标准化生产

为加快推进蔬菜标准化生产，兴宁区积极鼓励农业企业或合作组织“三品一证”开展认定工作，通过积极扶持指导农业生产企业完善企业管理制度，积极开展标准化蔬菜基地建设，推进标准化生产技术，加快推进连片标准化

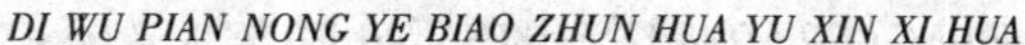

生产基地建设，辐射带动农民开展标准化生产。目前兴宁区共完成无公害认定面积4.19万亩，其中蔬菜无公害种植认定面积3.06万亩。完成苦瓜、辣椒、黄瓜、茄子等30多个蔬菜产品通过农业部无公害农产品认定。

## 四、存在问题

总的来看，兴宁区蔬菜标准化生产发展势头良好，但还存在不少问题，主要是基地的基础设施建设还比较薄弱，连片基地的组织化程度比较低，蔬菜生产品牌少等问题，这些问题制约了兴宁区蔬菜产业标准化的发展。

## 五、下一步打算及建议

### （一）继续基地基础设施建设

由于生产劳动力及生产物资成本的上涨，以及当前人民生活质量要求提高等，造成蔬菜种植成高投入农业生产项目，因此必须继续坚持以政府投入为主，民间资本投入为辅的多渠道筹措资金机制，继续加强基础设施建设，改善农业生产条件。同时协调金融部门进一步加大信贷的力度，实施项目捆绑和政策倾斜，激活民间资本并鼓励农民自筹资金，尽可能地把有限资金投入到现代农业设施建设上来，彻底改善农业生产、经营条件，提高基地抵御自然灾害能力和标准化生产。

### （二）推进产业链延长

努力转变经营方式，大力发展大户经营，以民营化为方向，引导和鼓励企业参与工厂化、规模化、标准化的基地建设，促进全城区蔬菜产业的标准化生产。同时通过土地流转等形式，加快扶持加工企业、大型批发市场或家庭农场等，大力开发蔬菜新品种，形成蔬菜冷藏保鲜、物流配送、深加工体系，延伸产业链条，实现蔬菜生产、加工、销售一体化，提高产业化水平，推进蔬菜产业化经营、标准化生产。

### （三）提高社会服务能力

加快完善基层监管队伍建设，加强源头管理，对基地在生产过程中用肥、用药要建立详细档案，落实好生产责任制，加强产前、产中、产后的监督检测，促进蔬菜生产基地进行标准化生产。下大力气培育和提高产业队伍素质，使他们成为懂技术、善经营、会管理的能人，加快培育农民专业合作社、家庭农场等，充分发挥服务引领作用，促进整个产业标准化生产。

**作者简介：**

覃永秋，男，研究生学历。现任广西壮族自治区南宁市兴宁区农林水利局副局长。

# 建立有效机制
# 促进城区家庭农场健康有序发展

广西壮族自治区南宁市邕宁区农林水利局　卢　斯

家庭农场是指农民以家庭成员为主要劳动力，从事农业规模化、集约化、商品化生产经营，并以农业为家庭收入主要来源的新型农业经营主体。2013年中央1号文件明确指出要扶持发展联户经营、专业大户、家庭农场、农民合作社等新型农业经营主体。如何认真落实中央有关部署和要求，促进我城区家庭农场健康有序发展，是各级各部门面临的一个重要课题。

## 一、城区家庭农场发展现状

据工商部门提供的信息，截至目前，南宁市邕宁区发展家庭农场有2个，均是从事种养结合的家庭农场，2013年5月在工商部门登记注册。两个注册的家庭农场的基本情况：

1. 南宁市伯丰家庭农场基本情况：法定代表人为周婷婷，农场劳动力总数8人（其中临时工6人），经营耕地总面积100亩，以养殖黄颡鱼为主，年经营总收入50万元左右。

2. 南宁市毓升家庭农场基本情况：法定代表人为黄家兄，农场劳动力总数8人（其中临时工3人），经营耕地总面积50亩，以养猪及种植有机蔬菜为主，年出栏商品猪100头左右，种养年经营总收入55万元左右。

家庭农场主要有以下特点：

1. 以经营种植、养殖业为主，经营面积在50亩以上，从事的是蔬菜种植，家畜家禽、渔业养殖等主导产业，促进了农业规模化、集约化、商品化生产经营。

2. 家庭农场主普遍具有经营头脑，有一定的资金基础和从事种养业的技术、经验。他们专心发展农业生产，农业收入是家庭收入的主要来源，相比普通农户的粗放经营，家庭农场在土地、资金和技术等方面的规模化和集约化水平较高，在采取先进技术、使用优质品种资源、建立农产品质量安全体系等方面都具备明显优势。

3. 由于家庭农场经营者采用新的管理手段，引进新品种、新技术，家庭农场的经济效益较一般农户要好。如南宁市伯丰家庭农场成立后，通过改变鱼塘的鱼种，引进黄蜂鱼（学名黄颡鱼）鱼苗，尝试特色鱼种养殖，依靠黄颡鱼的养殖，鱼塘面积从当初的52亩扩大到了100亩左右，家庭经济收益倍增。

4. 家庭农场的管理体制为农场主个人负责制。

5. 目前，各级政府相关的支持家庭农场发展的政策和资金扶持尚未出台。

## 二、城区家庭农场面临的困难和问题

由于城区家庭农场建立刚刚起步，国家的认定标准、登记程序还未出台，相关部门正在探索中指导发展，发展过程中还存在一些问题：

1. 干部群众对发展家庭农场的重要性还缺乏足够认识。2013年中央1号文件把家庭农场作为重要新型农业经营主体予以确认。家庭农场在城区刚刚起步，培育发展需要有一个循序渐进的过程。如何认定家庭农场，如何指导培育发展家庭农场，如何从财政、税收、用地、金融、保险等方面扶持家庭农场发展都在实践和探索之中。农民群众对发展家庭农场的认识还有待提高，各级政府和有关部门的宣传力度还有待加强。

2. 农业劳动力技术和经营管理水平较低，经济效益不高。城区农村青壮年劳动力和高素质劳动力大多转移到非农产业和大中城市，从事农业生产的劳动力大多年龄偏大，受教育程度不高，对先进农业生产技术和品种了解较少，缺乏现代的经营管理理念，限制了家庭农场生产集约化水平的提升。加上季节性雇工成本快速上涨等众多因素的影响，家庭农场经济效益难以得到大幅度提升，制约着家庭农场的健康发展。

3. 家庭农场融资困难。家庭农场扩大生产规模，不但需要租赁土地、购买农资，前期还需要一定的基础设施建设投入，比如进行土地平整、水利设施建设、购买部分农业生产机械等，需要一定的资金投入，多数家庭农场由于自身资金积累不足，往往需要一定的资金借贷，而金融机构大多不愿意为农户发放农业生产设备抵押贷款。

4. 对家庭农场的扶持政策不完善。和传统的农户相比，家庭农场的经营有所扩大，在养殖、耕作、播种等生产环节具有一定的规模，但家庭农场在产前、产后环节仍然显得规模偏小，与其他市场主体谈判地位不对等，抵御自然灾害和农产品市场波动的能力较弱。另一方面，国家对家庭农场的工商登记还没有明确的法律规定，对家庭农场也欠缺专门的扶持政策，影响了农

民发展家庭农场的积极性。

## 三、加快培育家庭农场的对策和建议

加快培育家庭农场是发展现代农业的现实需要。下一步，应加大宣传力度，健全土地流转服务体系，尽快出台支持家庭农场发展的扶持政策，加大对家庭农场的奖补，积极培育发展家庭农场。

1. 加大宣传力度，提高农民发展家庭农场的积极性。建议尽快制定出台家庭农场的认定标准、注册登记办法及扶持家庭农场发展的相关政策，积极营造支持家庭农场发展的良好氛围和舆论环境。工商、税务、国土等部门对家庭农场的登记、税收、农业建设用地等方面予以优惠、减免等。

2. 加快推进农村土地承包经营权流转。切实为家庭农场流转土地做好服务工作，引导农民向家庭农场流转土地，鼓励专业农户扩大土地流入，建立家庭农场。遵循依法自愿有偿原则，因势利导推进农村土地规范有序流转，指导签订规范化流转合同，确定合理的流转年限和流转价格，反对强制流转，维护流转双方利益。按照不同产业的发展特征，因地制宜，科学把握规模适度原则，防止越大越好的片面认识，引导家庭农场发展适度规模经营。

3. 积极开展示范家庭农场建设。围绕城区政府提出的发展“蔬菜、火龙果、生猪、肉鸡”四大主导产业，鼓励种养能手、大中专毕业生和农民工返乡组建家庭农场，制定并落实财政、税收、用地、金融、保险等优惠政策，积极扶持培育一批示范性家庭农场，发挥其示范带动效应。

4. 引进新的龙头企业，扶持壮大原有龙头企业。在发展家庭农场当中，龙头企业的带动作用是毋庸置疑的，因为，服务好现有的龙头企业，引进新的龙头企业，是发展壮大我城区家庭农场的重要举措。政府帮助他们解决生产发展用地，协调金融部门解决资金问题，解决好企业职工子女的入学问题等，创造一个良好的投资环境，让龙头企业愿意来，来了能发展。在龙头企业的发展过程中，政府既要热心帮助企业，也要尊重企业根据市场规律发展的意愿，切忌用行政手段干涉企业生产发展。

5. 强化社会化服务，为家庭农场提供专业服务支撑。根据家庭农场生产经营特征，加强具有针对性的专业服务，为家庭农场的发展创造有利条件。把家庭农场作为农业技术推广和社会化服务的主要对象，为家庭农场提供科技服务、质量检测、加工营销等方面的服务，提高家庭农场的集约化、专业化生产水平。鼓励家庭农场开展合作经营、共同经营、委托经营，联合组建合作社，进一步提升农业经营的社会化、组织化程度。从帮助家庭农场完善农村土地流转合同，健全内部管理制度，为家庭农场提供各项技术服务等方面入手，开展针对家庭农场的人才培训、技术指导等。

6. 加大扶持力度，为家庭农场发展创造有利条件。把家庭农场作为财政支农项目的申报和实施主体，在项目立项上给予倾斜，支持家庭农场争取和实施项目，改善生产经营条件。对家庭农场、合作社、龙头企业要实行分类指导、分类扶持等。

# 充分发挥“三大市场经营主体”作用 强力推进现代农业园区建设

四川省双流县农发局　李晨之

近年来，双流县紧紧围绕中央、省、市农村工作会精神，深入推进“两化”互动、统筹城乡总体战略，坚持“以工促农、以贸带农、以旅助农”，深入实施“135610”现代农业发展思路，积极发挥农村新型集体经济组织、家庭农场、现代农庄“三大市场经营主体”作用，坚持政策引导、健全机制、示范带动、创新服务、机制创新，大力推进都市现代农业园区建设，探索出了具有双流特色的现代农业发展之路。

## 一、主要做法

### （一）以政策扶持为引导，加快培育农村三大市场经营主体

通过分类指导、加强培训和政策扶持等方式，加快培育了能闯市场、能担风险的农民合作社、家庭农场、现代农庄。一是分类指导，继续抓好院县合作，引导农业专家、教授加强对我县家庭农场、合作社的分类指导。二是加强培训，大力开展农业职业经理人、种养技术、经营管理、市场营销等专业化、个性化培训，切实提高各类主体创业能力和经营管理能力。三是政策扶持，紧密结合各类农村市场主体发展实际，制定了现代农业扶持激励办法，在土地流转费用、高端产业发展、担保贷款、贷款贴息等方面进行服务和扶持。目前，三大市场主体共464家。其中：家庭农场38家，合作社368家（市级示范合作社25家、省级示范合作社15家），现代农庄58家。

### （二）以健全机制为核心，大力推动农村市场经营主体长效发展

双流县着力健全农村市场经营主体法人治理机制、运行机制和利益分配机制，不断健全发展机制，促进农村市场经营主体长效发展。一是建立法人治理结构。指导农村新型集体经济组织、现代农庄完善章程，按照现代企业制度强化法人治理，健全股东（成员）代表大会、董事会和监事会“三会”制度，明确责任和权利，完善议事程序和制度。鼓励开展工商登记，完善法律关系，巩固和发展市场经济主体地位。二是健全发展模式。在合作社组织

形式上，引导其由松散型向紧密型发展方向靠近，鼓励成立以龙头带动、技术联合、服务联合、托管合作、多种产权入股等多种类型的合作社；在发展模式上，鼓励主体向适度规模自主经营为方向，加快土地流转，搞好特色产业适度规模种植，延伸农产品加工、流通、营销等产业链，做强产业，打响品牌。三是健全利益联结机制。引导农民以各类农村产权入股、产品入社等方式参与农村新型集体经济组织、家庭农场、现代农庄建设，构建紧密的利益联结机制，指导合作社建立按交易额分配和按股分红相结合的分配方式，健全“二次分配”机制，使合作社成为同担风险、共享利益的共同体。

**（三）以示范带动为重点，推动农村市场经营主体发展高端产业**

通过示范带动，引导农村市场经营主体进行高端种植、农产品加工、流通和产品营销、品牌建设，进一步提升市场竞争力。一是引导建设标准化产业基地。有重点地选择一批特色突出、运转规范、带动能力强的合作社、家庭农场、现代农庄和公司进行重点指导和重点扶持，如翰林粮油合作社、四季青家庭农场等，引导其建设标准化特色优势产业基地，引进新品种新技术，运用高科技设施装备，发展双流粮油、草莓、葡萄、枇杷等高端特色产业。二是发展一、三产业互动。在家庭农场、现代农庄的发展上，鼓励吸引社会资金、城市工商资本，共同建设特色高端种植，并延伸到农产品加工、营销、物流等领域。依托标准化、规模化、景观化的生产基地和园区，因地制宜发展乡村旅游业，同时聚集休闲、观光、采摘、体验等都市现代元素，提升综合效益。三是强化农产品营销和品牌培育。鼓励和支持“三大市场经营主体”开展有机种植，有机（转换）认证、注册农产品商标，建立了“云崖兔”、“二荆条辣椒”“丹龙”渔业、“牧山香”有机香梨等品牌；加强有机品牌整体包装和营销，推广“农餐”对接、有机配送、下田采摘、单位团购、认种认购、网络营销等营销方式。目前，三大市场经营主体发展产业高端上涌现了一批如翰林粮油合作社、海佳农场、久天农场，汇众粮油、艺隆草莓园等先进典型。

**（四）以创新服务为导向，推动农村市场经营主体参与农业服务**

积极探索主体提供农民培训、科技创新、动物防疫等农业综合服务，进一步鼓励主体参与公益性服务和社会化服务模式。一是加强农业科技培训，以合作社为载体，开展以农业生产技术及技术更新、生产管理、农产品营销为重点的农业专项技术和职工技能培训。二是引导科研院校与合作社合作，开展高端种苗、设施应用、栽培技术等研究，推广新品种和新技术，应用新机具，创新农机“三代”和农机全程服务模式，积极推行技物结合、技术承

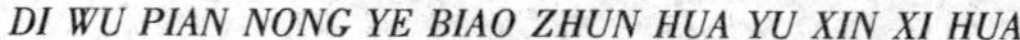

包、全程托管服务。三是采取政府订购、定向委托、招投标等方式，引导专业合作社参与农业生产经营服务，大力开展农资配送、病虫害统防统治、动物疫病防控、农田灌排、农膜回收等生产性服务。四是积极发挥供销合作社、农业协会等在农业社会化服务的作用。

**（五）以机制创新为突破，吸引农村市场经营主体参与园区建设**

积极探索创新农业经营模式、投融资机制、涉农项目倾斜等体制机制，吸引农村市场主体主动推动现代农业园区建设。一是探索创新农业经营模式。推进土地规模经营，鼓励和支持承包土地向家庭农场、合作社和现代农庄流转，深入推广“1+4”现代农业发展方式，深化永安天府红提园的“大园区+小业主”和汇众有限公司的“龙头企业+合作社+农户”等发展模式。二是创新涉农项目实施主体。逐步扩大园区内农业综合开发、农技推广等涉农项目由合作社承担的规模；鼓励三大市场主体吸引社会资金和金融资金，增加发展资金，改善生产经营条件，自主建设农田水利基础设施。三是创新园区建设机制。综合运用产改成果，结合农村土地综合整治，充分发挥土地股份合作社（公司）作用，创新园区建设投融资模式；鼓励“三大市场主体”建设晒坝、农产品仓储物流设施、产品包装车间等配套设施，增强发展动力。目前，双流生产设施用地和附属设施用地管理办法即将出台。

## 二、存在的问题

尽管我县农村市场经营主体起步较早、发展较快，但还存在一些困难和问题，主要表现在以下方面。

（一）经营机制不健全。多数市场经营主体制度不完善，运行机制不健全，主要表现在：发展定位不准，未适度规模经营，内部管理薄弱，决策的科学性、民主性不充分，种种原因导致自我发展能力、市场竞争能力不足。

（二）利益联结不紧密。利益联结松散，带动力、辐射力较弱。有的合作社主要是少数人或企业开展活动，被“私人化”、“企业化”、“村干部化”，“空壳”现象不同程度存在。有的合作社理事长与成员是比较单纯的市场交易行为，未形成二次分红等紧密型利益机制。部分家庭农场、现代农庄发展较好，但无可“复制”性，未形成良好的带动和影响。

（三）发展层次较低。总体上看，我县合作社以种养殖业为主，从事农产品加工和乡村旅游的较少，即便进入加工领域，也主要是向企业提供原料或进行初加工。同时，绝大多数家庭农场和现代农庄经营范围仅仅局限于“种养业+餐饮业”，科学种植、养殖和休闲、观光、体验等都市现代元素吸聚不足，科技含量和附加值较低，市场空间较小、竞争能力较弱。

## 三、存在的困难

（一）发展资金不充足。家庭农场、合作社的主体主要是农户，资金累积不足，资金来源较少，融资上缺乏有效抵押物、融资额度较小，且农业产业风险大、利润小，缺乏融资对象，资金方面难以满足农业项目实施的要求。担保贷款上，由于办理程序较多、获贷周期较长、利率相对较高等原因，农村市场经营主体参与担保贷款的积极性不高。

（二）设施配套相对滞后。在合作社、家庭农场、现代农庄发展过程中，往往涉及道路等基础设施和仓储、管理用房、初加工等配套设施的建设，特别是家庭农场、现代农庄发展休闲、娱乐、观光业，均需要使用一定比例的建设用地。但由于我县设施农用地和附属设施农用地管理办法还没出台，致使部分农村市场经营主体实施的一些项目难以落地。

（三）登记和管理相分离。目前我县合作社、家庭农场、现代农庄一般先在工商部门登记注册，再到县农发局登记备案。由于信息的不对称，各镇、街道、县农发局均无法准确掌握农村市场经营主体的发展情况，镇街道上报数据、县农发局统计数据、工商部门登记数据出入较大。对不规范的，县农发局无权注销，造成部分“三大市场经营主体”先天不足；对于符合条件不进行工商登记的，也不能采取强制措施。

## 四、培育壮大农村市场经营主体的几点建议

针对我县农村市场经营主体的发展实际和产业基础，下一步我们将坚持市场化、民主化、规范化，按照积极发展、逐步规范、强化扶持、创新机制的要求，在工作中，建议突出以下几个重点。

一是县国土局和农发局尽快出台生产设施和附属设施用地管理办法，解决农业项目用地瓶颈问题。

二是县金融办、县农投公司和县农担公司积极探索以“三大市场经营主体”为重点的金融产品，优化融资方式，引导金融资金、社会资金投向市场经营主体。

三是县农发局和县工商局积极探索合作社联社登记管理办法，建立家庭农场注册登记制度，进一步加强登记管理，严格注册、登记、备案、管理一条线。

四是县农发局、县水务局、县园林局等涉农部门要积极采取委托实施、公开竞标等方式，支持农村市场经营主体参与土地整理、新农村建设、农田水利设施建设、农技推广和农业综合开发等项目，探索建立项目扶持与资金扶持相结合的新途径。

# 探索发展现代农业和新农村建设的特色之路

四川省蒲江县农业局

蒲江县位于成都、眉山、雅安三市交汇处和川西旅游环线发展带，是成都市的西南门户和“出川进藏入滇”的咽喉要道。县域生态环境优越，旅游资源丰富，森林覆盖率达50.05%，享有“成都花园·绿色蒲江”的美誉。

## 一、蒲江现代农业发展基本情况

近年来，蒲江县紧紧围绕推进“四化同步”，突出生态立县、绿色发展，坚持“优质茶叶、生猪、水果“三业”并举，规模化、标准化、品牌化“三化”联动，“接二连三”融合发展，着力打造“现代农业产业基地”，走出了一条以现代农业为本底、联动二三产业的特色发展之路，实现了农业增效、农民增收和城乡共同繁荣。先后荣获国家生态县、全国旅游休闲示范县、四川省“三农”工作先进县等称号，被列为四川省现代农业建设重点县，现代农业发展和新农村建设的“蒲江模式”受到各级领导肯定。

1. 茶叶产业。目前，茶叶种植面积达20万亩，其中无公害、绿色、有机、GAP认证面积10余万亩，创建出口茶叶示范基地4万余亩，良种优质率达99%，“蒲江雀舌”公共品牌价值达12.57亿元，已启动中国驰名商标申报工作；目前，拥有规模以上茶叶加工企业12家，省级农业产业化重点龙头企业4家，茶叶产量1.2万吨，年产值8.5亿元；全县茶叶行业协会2个，茶叶专合组织16家；已获得“中国绿茶之乡”、“国家级茶叶标准化示范区”、“全国‘三绿工程’茶叶示范县”、“全国重点产茶县”、“全国茶产业发展示范县”、“四川省茶叶产业基地强县”、“四川省出口茶叶生产示范基地”、“成都市茶产业牵头县”等称号。

2. 水果产业。猕猴桃产业：目前，全县猕猴桃标准化种植面积达8.5万亩，创建出口猕猴桃示范基地7000余亩，通过有机和GAP认证累计4938亩，良种优质率达100%；2011年全县猕猴桃产量2.5万吨，产值达3.5亿元；猕猴桃产业化经营企业5家，专合组织5家，其中省级重点龙头企业1家，市级示范农民专合组织2家；“蒲江猕猴桃”成功申报国家地理标志保护产品和证明商标，2012年，其公共品牌价值已达10.55亿元，蒲江被命名为“猕猴桃

国家农业标准化示范区”。

柑橘产业：目前，柑橘种植面积达21.2万亩，良种优质率达98%；2011年柑橘产量29万吨、产值达6.12亿元；拥有农民专业合作社25个；“蒲柑”获得国家地理标志保护产品称号。目前主要推广晚熟杂柑春见，青见和不知火等。

3. 生猪产业：年出栏生猪100万头以上，良种优质率达90%，拥有成都佳享食品有限公司、中食成都巨丰食品有限公司2家国家级龙头企业，“佳享”获得中国驰名商标称号。

## 二、主要做法

在推进现代农业发展中，我们重点抓了以下工作：

（一）坚持因地制宜，优质茶叶、水果、生猪“三业并举”。突出以打造国际化、世界级产业基地为目标，以推进国家现代农业示范区建设等为载体，以统筹发展、绿色发展、聚集发展理念为指导，统筹规划农业三大产业，完善配套政策，健全服务体系，引导三大产业集中连片发展，形成了覆盖全部乡镇、区域化布局的三大特色产业带。目前，全县已规模发展优质茶叶20万亩、柑橘18万亩、猕猴桃8.5万亩，年出栏优质生猪稳定在100万头以上，获批“国家级茶叶、猕猴桃标准化示范区”和全国首批“国家出口农产品质量安全示范区”，荣获“中国绿茶之乡”、四川省现代农业产业基地强县等称号。

（二）坚持取向高端，规模化、标准化、品牌化“三化联动”。强化市场配置资源的基础性作用，瞄准农业产业高端，规模化发展、标准化生产、品牌化推动，农产品产能、品质、效益全面提升。一是规模化发展。以农企合作、公司托管以及家庭适度规模经营等形式推进规模发展，做大农产品产能。二是标准化生产。以建设国家级出口食品农产品安全示范区、全国农产品质量认证示范县等为载体，引导企业推进科技创新，实施现代农业产业人才工程，以及与中科院、武汉植物所、中国农科院等科研院校深入开展“院县合作”，全力推进农业生产标准化，提升农产品品质。三是品牌化推动。以联想佳沃、中食集团、佳享食品等龙头企业为带动，通过专合组织推动、专业市场拉动以及农超对接，大力实施品牌化战略，提高农产品效益。目前，全县已建设农业标准化核心示范区50个，优势农产品标准化生产覆盖率达90%以上，茶叶、生猪良种优质率分别达99%和90%；已建成西部首个中央储备肉冷库、中食蒲江农副产品专业市场和成佳茶叶交易中心，培育发展包括2家国家级在内的农业产业化企业138家、各类专合组织285个，联结带动农户6.1万户，带户面达85%以上。先后获得“蒲江雀舌”、“蒲江猕猴桃”、“蒲江杂柑”3件地理标志保护产品，区域公用品牌创建居全省、全市前列。目前，“蒲江雀舌”、“蒲江猕猴桃”品牌价值分别达12.77亿元、10.55亿元，现代农业在全国的知名度和影响力进一步提升。

（三）坚持融合发展，三次产业互动发展助农增收。突出以高效生态现代农业为基础、低碳生态加工业为主导、生态旅游业为新增长点，加强农业上、中、下游产业联动，推进一二三产业融合发展，促进“四化同步”，最终实现广大群众在参与三次产业发展中增收致富。一是一二产业融合。以现代农业产业基地为基础，横向拓展农业功能，纵向延伸产业链条，建设三大农产品加工基地，初步形成了县城工业区休闲食品、饮料加工和寿安工业区肉食品加工、成佳茶叶加工等农产品精深加工和配套产业集群，实现了产业的集约集群发展。二是一三产业互动。坚持文化润色产业、景观改造农村，积极吸引社会资本进入，按照国家A级景区标准建设现代农业基地，打造了一批不同类型的一三产业互动特色区，成功创建光明樱桃山、成佳茶乡等AAA景区。坚持“政府搭台、企业唱戏”，全力争取国家、省、市级重大农业营销、展览活动在蒲举行，先后举办国际猕猴桃节、中国采茶节、新农村建设高层论坛、猕猴桃北京推介会等一系列国际国内重大农事活动。2012年，全县旅游接待人数765万人次、旅游总收入8.3亿元。乡村休闲旅游的蓬勃发展，进一步拓展了农业功能，开辟了农业农村发展新空间，带动了群众增收致富，2012年，全县农民人均纯收入10135元，高于全国、全省平均水平，城乡居民收入比仅为1.8∶1。

蒲江县探索发展现代农业和新农村建设的特色之路，受到各级领导的高度关注。浙江大学中国农村发展研究院院长黄祖辉、浙江省人民政府咨询委“三农”部部长顾益康等专家学者，多次来蒲调研现代农业发展和新农村建设，认为我县从自身处于丘陵山地的欠发达县和作为成都西南生态屏障的县情出发，坚持绿色发展、兴农强县、生态富民，走出了一条西部发展现代农业和新农村建设的特色之路。2011年，农业部“三农”工作调研组两次到蒲江进行深入调研，认为蒲江书写了一篇高效生态现代农业的精彩文章、展示了一幅特色新农村的美丽画卷、创造了一项城乡统筹的丰硕成果、探索了一个休闲农业和乡村旅游的成功案例，为西部丘陵山区发展县域经济、建设社会主义新农村提供了很好的借鉴，所总结形成的蒲江县发展现代农业的经验材料，受到农业部领导的高度肯定。

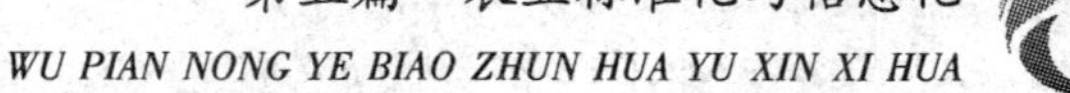
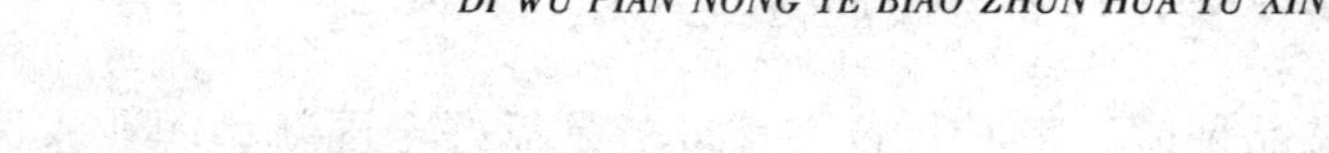

## 三、下一步工作

下一步，我县将以“强农兴邦中国梦·品牌农业中国行”活动为契机，对标“西部一流、全国领先”，继续坚持“三业并举、三化联动、融合发展”，做优都市现代农业，推动城乡发展一体化，加快建设“生态体系最佳、城乡形态最美、产业体系更优、群众更加满意”的最美田园城市。

（一）做优基地，夯实发展基础。一是依托蒲江优质茶叶、生猪、水果三大主导特色产业优势，编制完成《蒲江县有机农业县总体规划》，整县实施全国有机农业示范县、国家级食品安全示范区和国家地理标志产品保护示范区建设，争创国家有机产品认证示范县。二是突出“国际化、世界级”，以全省现代农业产业强县提升县为载体，以产业化龙头企业为主体，大力推广“龙头企业＋专合社＋家庭适度规模经营”、“龙头企业＋基地”、“园区（专合社）＋家庭适度规模经营”等经营模式，全面实施省级新农村建设成片推进示范县和成新蒲集中连片产村相融新农村示范带建设，加快建设茶叶、猕猴桃两个10万亩成片基地，确保全县标准化茶叶和猕猴桃种植面积分别达18万亩、9万亩，改良柑橘品种2.8万亩，创建省级标准化养殖示范场2家，年出栏优质生猪稳定在100万头以上，着力打造中国优质绿茶产业基地、中国高端猕猴桃产业基地、国家级柑橘标准化示范区和中国西部肉食品商贸中心及产业基地。

（二）做强龙头，推进示范带动。突出特色产业，瞄准产业高端，紧盯行业领先，强化龙头企业的引进培育，着力引进核心竞争力强、能够带动产业升级和集群发展的农业百强企业。加大对现有企业的扶持力度，着力培育一批规模化、集团化，产业链完整、整体竞争力强的龙头企业，全力推进联想控股2.5万亩猕猴桃种植示范园及冷链物流、廊桥生态农庄、西部茶都等项目建设，带动全县农产品加工业，特别是精深加工业突破性发展。

（三）做响品牌，提升核心价值。以农业区域公用品牌建设为重点，完善农业品牌战略规划，深入实施品牌战略，扎实抓好农业公共品牌创建，全力推进“蒲江雀舌”、“川蒲”两大品牌争创中国驰名商标，建设全国农业品牌强县。全面推进一三产业融合发展，举办好中国猕猴桃节等系列农事节庆活动，促进生态特色向旅游特色转变、现代农业向现代服务业跃升，进一步提升蒲江的对外知名度和品牌影响力。

（四）做好支撑，强化服务保障。一是依托联想控股公司建好国家级猕猴桃工程中心，依托嘉竹茶业公司建成茶叶研发中心和茶叶品种园，依托中国柑研所建立柑橘品种园，夯实科技支撑。二是抓好全国新型职业农民培育试点，开展好农民实用技术、新型职业农民、农民职业经理人等培训，夯实人才支撑。三是健全基层农业综合服务站规范化服务机制，加快发展社会化专业服务机构，完善“五位一体”的农业公共服务体系，夯实公共服务支撑。四是充分发挥政策引导和市场机制“两只手”作用，有效结合土地综合整治、新农村建设等项目实施，进一步加大基础设施投入，完善现代农业发展和新农村建设的外部条件。

# 加快发展现代农业<br>促进农业增效 农牧民增收

四川省康定县农牧和科技局　吴　刚　冉国华

我县农业产业发展紧紧围绕建设“四个康定”的总体目标和“城乡统筹、四化互动”的发展战略，立足实际，依托资源优势，充分挖掘农业内部增收潜力，增强农村经济“造血”功能。按照“突出特色建基地、依托龙头建基地”，把基地建设与特色产业培育紧密结合起来。通过近两年的努力，形成了一批有一定带动力的特色产业基地，为我县农牧业特色产业发展，农民持续增收打下了坚实的基础。

## 一、突出规划编制，确保产业发展的科学性

按照州委、州政府对康定县“率先发展、引领发展、跨越发展”的总体要求，加快发展现代农业，促进全县农业增效，农牧民增收，努力把我县建成全州生态绿色现代农业示范县，编制了《康定县高原特色农牧业发展规划》。力争通过三年的努力，逐步形成八大产业基地、两大农产品加工园区、一带两区的休闲观光农业发展格局，建成15个产村相融的特色新村，逐步建立完善适合现代农业发展的市场服务体系，农业现代化的水平不断提高，农业综合效益全面提升。到2015年，全县农牧民人均纯收入达到7000元。

## 二、突出政策扶持，加快产业发展步伐

一是加强对农业特色产业发展的组织领导。县政府成立以分管副县长为组长，涉农部门为成员单位的农业特色产业推进领导小组，确保产业有人专抓、有人专管，县委、县政府出台了《康定县加快发展现代农牧业实施意见》，有年度推进计划目标，并纳入县级目标考核；二是出台产业扶持政策。制定出台了《康定县农业产业化扶持奖励办法》，在基地建设、龙头培育、市场拓展、科技研发等方面落实具体有效的支持政策。2012年县财政落实产业发展资金500万元，并纳入财政预算，逐年递增；三是整合涉农项目。坚持政策向产业集中、项目向基地集中、土地向业主集中思路，整合涉农项目集

中投向特色产业。目前，共整合投放项目资金 880 万元，吸纳社会资金 1360 万元。

## 三、突出科技支撑，强化产业竞争力

切实加强所县合作（州农科所、州畜科所与康定县）、校地合作（川农大与康定县），开展广泛的农业科技合作，积极配合院州项目的实施。紧紧依托设施蔬菜、优质林果、特色养殖等优势产业，推动农村土地流转与发展特色产业有机结合起来，引导农户积极发展生态农牧业、高效农牧业。2013 开展农业实用技术培训 47 期，11449 人次，新型农民培训 100 人次，培训村级兽防员 237 人。同时，邀请省、州农业专家加大对农民专项技术培训，加快科技成果的转化，有效增加农民收入。

## 四、突出龙头支撑，强化主体带动力

一是培育引进龙头企业。近年来引进了雅安中基、成都恩威、重庆太极、四川千叶等企业，重点在农产品加工、市场营销方面打开局面。同时加大对本地涉农企业的监管，把公司、基地、专业合作社、农户紧密连接起来，做到利益最大化；二是培育专合组织。围绕提升产业发展的组织化程度，注重发挥专合组织的利益联结作用，建成专业合作社 43 个（国家级示范社 1 个，省级示范社 3 个），合作社社员 580 人，辐射带动农民 5000 余人，形成了上联市场、下联农户、多方共赢的局面；三是引进业主、培育大户拓基地。坚持市场引业主、业主拓基地思路，以市场为导向，以土地依法合理流转为切入点，打造特色种养殖基地。2013 年已建成标准化甜樱桃种植基地 1000 亩，苹果基地 800 亩，枇杷基地 300 亩，优质青稞（含专用黑青稞品系）基地 10000 亩，中藏药基地 6000 亩，绿色蔬菜基地 6000 亩，食用菌 100 万袋，魔芋种植 1000 亩；完成草场禁牧 113 万亩；四是加强品牌创建。利用各种传媒手段，实施品牌宣传，多次组织参加农产品交易会、西博会等各类农产品展示展销会。目前已注册农产品商标 11 个，正在申报注册涵盖农业多类别产品“康巴玛卡”商标。通过品牌建设，形成“人无我有、人有我优、人优我精”的产品，促进农产品变成特色工业产品和旅游商品。

# 建设现代农业园区
# 推进我区农业现代化进程

云南省昆明市五华区农林局　雷在云

现代农业园区是推动农业科技成果转化的重要平台，是培育典型、积累经验、带动发展的有效途径，对加快推进我区农业现代化进程具有十分重要的意义。为进一步促进现代农业园区的建设和发展，着力转变农业发展方式，提高农业整体效益，促进农业增效、农民增收，结合我区实际，特制订本实施方案。

## 一、指导思想

以科学发展观为指导，服务昆明大都市、带动农村地区发展，以实现区域农业战略转型、价值提升与全面升级为目标；坚持以工业化理念谋划农业、市场化取向发展农业、城市化推进提升农业和“三化”化“三农”、带“三农”、服务“三农”的方针；遵循“理念为指导、空间为载体、服务为链接、价值为核心”的基本准则；园区规划以理念创新、模式创新及机制创新为基点，以价值与利益创造为根本；园区规划以设计休闲农业为核心，构建综合效益良好的都市型屏障化生态农业示范区、绿色集约化精品农业展示区、都市“第三空间”休闲农业体验区、面向产业发展和市场开拓的创意农业试验区；坚持生态环保、可持续发展。在科技研发中，加强农业技术的创新和应用，为辐射地区的农业发展提供全新的借鉴模式。核心区以大力发展农业科技研发、博览会展、旅游购物等产业，促进农村发展，构筑和谐之园，最终将园区建设成为农业新技术示范、龙型经济带动、农产品精深加工、科普教育培训、休闲观光等多种功能于一体的现代农业园。

## 二、建设背景

### （一）云南省重视现代农业的发展

云南省委关于制定《云南省国民经济和社会发展第十一个五年规划》建议提出：要建设优势特色农产品生产基地，构建优质粮烟产业带、蔬菜花卉园林园艺产业带和畜禽养殖及农产品加工产业带，推进农业产业化经营，重点建设特色农产品基地，尽快形成一批优质农产品产业群、产业带。

根据《云南省人民政府关于加强耕地保护，促进城镇化科学发展的意见》（云政发［2011］185号）中指出：要严格保护耕地特别是坝区优质耕地，转变城乡建设用地方式，切实促进土地资源节约、高效利用，推动经济社会科学发展，保护坝区耕地，城镇建设上山。大力建设山地、山水、田园型城镇”。深入贯彻落实省委省政府“两强一堡”战略和市委、市政府全面实施“三化”联动的关键时期，结合五华区区位、区政府提出的举全区之力，抓全域城镇化试点，实现西翥生态旅游试验区开发新突破。

**（二）昆明市委、市政府支持现代农业与现代农业园区发展**

在宏观发展背景下，昆明市提出了都市型农业的发展战略，指出现代农业园区是昆明市由传统农业向都市型农业转型的主要载体之一，强调了现代农业园区发展的重要意义。根据昆明市人民政府办公厅《关于全力推进都市型现代农业发展4210工程的实施意见》（昆政办［2009］107号）和《昆明市人民政府关于推进现代农业园区建设的意见》（昆政发［2010］13号）文件精神，在新昆明建设的背景下，以工业化理念谋划农业，积极创办农业园区，推动优势产业向农业园区集中。

**（三）昆明市委九届七次全体（扩大）会议提出：促进重点环节提速，发展都市型现代农业**

坚持用现代物质条件装备农业，用现代科学技术改造农业，用现代产业体系提升农业，用现代经营形式推进农业，努力走出一条具有昆明特色的都市型现代农业发展之路。到2015年，农业增加值达到170亿元以上，优化布局，加快进程，实施农业产业“东移北扩”战略，构建滇池流域生态农业区、东西部高效农业区、北部特色农业区。

**（四）昆明五华生态农业科技示范园的发展建设符合昆明市农业都市化发展方向**

城市化不是放弃农业，而是由传统农业向以工厂农业、生态农业和效益农业为代表的都市型现代农业转身。满足都市需求、接受都市辐射、服务都市发展，转变农业发展方式，更加突出产业链的延伸和产业间的融合，促进一产向二、三产渗透，二、三产业反哺农业，坚持经济功能、生态功能和社会文化功能的融合，更强调与城市发展的和谐统一，实现农村增富、农业增效、农民增收。

**（五）依托五华作为昆明市主城区之一的区位优势，该项目是新形势下解决五华区“三农”问题，推进全域城镇化的重要举措**

## 三、建设内容

园区采用“一心四片区”的结构形式，即一个中心区，辐射四个片区。一心为在中心区的核心区五华生态农业科技示范园，四片区为沙朗坝子山水田园风光民族农耕文化示范园、厂口休闲养老景观旅游区、陡普鲁生态高效生产示范区、迤六生态高效生产示范区。

依照园区的规划原则和理念，将核心区分为：一心、二轴、三片区。一心：现代会议会展核心区；二轴：农业种植景观南北轴、农业休闲景观东西轴；三片区：山体拓展区、生物种业研发展示区、农产品加工及仓储物流区。核心区位于新民居委会，占地面积1万亩，涉及田冲、庄子、花坡、小独山、秧草塘等居民小组。重点打造集农业科技示范推广、休闲观光、农产品精深加工、科普教育培训、龙型经济带动等多种功能于一体的现代农业园区。1. 厂口青龙水库周边3000亩休闲养老景观旅游区，位于厂口居委会，充分利用区位优势和资源优势，结合当地少数民族人文资源优势，打造涵盖旅游观光、休闲度假、养老民居，舒适宜人的世外桃源；2. 现代会议会展区，位于核心区南部入口处，面积1378亩；3. 山体拓展区，位于核心区东南部，面积1219亩；4. 生物种业研发展示区，位于核心区北部，面积5796亩；5. 农产品加工及仓储物流区，位于核心区西部，靠近园区入口，面积1607亩。

## 四、基础建设

### （一）给水工程

在供水方面，因水库库容有限，无法实现供需平衡，规划中注重节水技术，中水利用，将园区纳入城市供水管网。引入“节水灌溉，中水利用”，增加景观生态用水，设计时纳入城市供水管网。产业供水要利用地势条件，园区内的生活用水系统应纳入到厂口片区的供水系统统一考虑，本园区供水管网采用枝状网，干网管径为DN300mm，支网管径为DN200mm。给水管网布置在道路西、北侧机动车道下，埋深为0.6～1.0m。给水管网系统应满足园区的用水量、水质、水压及园区消防、安全给水的要求。

### （二）排水工程

1. 排水体制

园区采用雨污分流制排水体制，雨水就近排入河流；园区污水经过适当处理后，通过污水管网收集通往镇区污水处理厂进行集中处理和达标排放。

2. 污水排放

污水排放量按照污水收集率75%计算，园区污水量为3924立方米。园区内埋设DN400mm～DN600mm的污水管，并与厂口片区污水管网衔接。

3. 雨水排放

园区内的车行道路上埋设DN400的雨水管，就近排入附近水体。大部分场地通过竖向设计，实现雨水自流，汇入附近水体。

**（三）供电工程**

1. 负荷预测：园区电力负荷预测采用单位建筑面积指标法，即：对相对确定的开发项目，主要是公共建筑以及各类温室，采取单位建筑面积负荷密度法；参照相关专业规范，对最大日用电量预测如下表：规划区用电系数采取0.6，预测规划期末园区日用电量约为51502kw。

2. 道路照明：鼓励采用节能、环保、自动化程度较高的照明设备，如风光互补路灯，这种路灯在能量采集形式上采用了风光互补技术，无风有光时通过太阳能板发电，有风无光时通过风力发电机发电，二者皆备时同时发电，并可日夜蓄能。

3. 电力线路敷设：园区电力线路一律沿道路东、南侧采用地下敷设方式，位于道路路肩之下，埋深0.6～0.8m，采用直埋敷设。

**（四）弱电工程规划**

园区内的弱电线路主要为电信线路、网络线路。这两类弱电线路与园区的弱电线路网络连接，满足本园区的通讯需求和电子商务交易的需求。

**（五）园区工程管线**

**（六）生态隔离林建设**

## 五、工作计划

2010～2011年，在区委、区政府和相关部门的关心支持下，我局高度重视园区规划建设工作，对园区的规划做了大量的基础研究和相关部门联系对接工作，2011年开展了规划的编制工作，3月召开规划成果报告会，征求项目区和各级各部门意见、建议，经过反复修订，于7月顺利通过专家及有关部门评审，并在区政府组织召开了对规划的听证会议，再次听取了专家、主管部门和项目区群众的意见建议，按照所提意见建议再次对规划进行修改完善。2012年，我局计划对园区开展基础设施的建设工作。建设内容包括土地整平、生态隔离林、供水、供电及道路交通等基础设施。

## 六、保障措施

**（一）加强组织保障**

成立“五华农业园区建设工作领导小组”，负责农业园区建设的统筹、组织、协调等工作。领导小组下设办公室在农林局，负责做好农业园区建设的日常工作，负责项目的编制、监督及管理等工作。

**（二）加强项目管理工作**

园区建设由政府规划、招商和管理，企业投资自主经营，使政府的经济目标和企业利益目标达到有机结合。建立项目工作的目标管理和考核制度，强化考核结果的运用，努力形成激励、约束、考核的工作机制，确保园区建设扎实有序地推进。

**（三）广泛宣传，全民动员**

要充分利用广播、电视、报纸、网络等新闻媒体，广泛宣传区委、区政府实施五华现代农业园区建设的重大意义、政策措施及园区建设规划要求，及时报道社会各界对工程建设的愿望和反响，激发广大干部群众参与支持园区建设的积极性和主动性，推动园区建设深入有序开展。

**（四）加大政策扶持**

坚持政府引导、企业主导、社会参与，认真落实昆明市促进现代农业发展若干政策，整合高效设施农业、规模高效农业、农业科技、农业综合开发、农业产业化经营、农产品质量建设、农民专业合作组织、品牌建设、农业标准化建设等财政扶持资金，加大现代农业产业园区建设的扶持力度，支持园区建设和产业发展。围绕现代农业园区建设，精心包装一批农业招商项目，引导社会资本、民间资本和金融资本进入现代农业园区领域，积极引导园区建设向优势产业带集聚发展。

# 加快现代农业建设<br>促进日喀则农牧业发展

西藏自治区日喀则市农牧局　达　娃

## 一、日喀则市基本情况

日喀则市行政区域面积 3875 平方公里，2011 年全市耕地总面积 16052.2 公顷，农作物播种面积 188419.95 公顷，草场总面积 265742.2 公顷，当年造林面积 1940.01 公顷。目前全市所辖 10 个乡，2 个办事处，171 个村（居）民委员会，2011 年全市总人口 110991 人，其中：城镇人口 4.3 万人，农牧业人口 6.8 万人，是一个典型的以农牧业为主的县级市。

2011 年年底，日喀则市耕地面积 24.07 万亩，种植业三元结构进一步调整优化为 52:29:19，即完成实播面积 18.55 万亩，其中：粮食作物 9.63 万亩、经济作物 5.38 万亩、饲草料作物 3.54 万亩；良种推广面积 15.6 万亩，占实播面积的 84.1%。2011 年粮油总产达 13921.3 万斤，其中粮食产量 13188.03 万斤；草场总面积 398.61 万亩。

饲养牲畜总量为 33.76 万头（只、匹），其中大畜 69682 头、小畜 264391 只、猪 3506 头，牲畜存栏同比增加 5.63%。

2011 年，日喀则市国内生产总值达到 375120 万元，同比增长 32%；全市经济总收入达到 97352.43 万元，同比增长 12.03%；地方财政收入达到 6610 万元，固定资产投资达到 7.91 亿元，农牧民人均纯收入达到 7193.6 元，同比增长 14.73%。

## 二、主要做法和先进经验

### （一）农业机械化发展方面

日喀则市作为自治区重要的商品粮基地，耕地面积大，但是各乡村耕地差异大，在推进农业机械化进程的过程中，我市坚持遵循因地制宜、因时制宜、统分结合、区别对待的原则，结合各乡各村、各农机社会化服务组织的发展实际，选择适合的发展形势，坚决不搞一刀切，不套一种模式。

对于山沟乡、山沟村，继续加大对小型农机具的补贴力度，以适应当地农业生产；对于农机大户、种养大户、农机合作组织等具有一定经济基础和发展需求以及面积辽阔的平坝村以及优势粮油主产区倾向于大中型农机具的配套；对于城南、城北等城郊农户由于耕地面积少，适合于发展农产品加工业、设施农业的地区，重点补贴农产品加工类机械。

为充分顺应全区乃至全国农机化发展进程，适应现代农业发展需求，推进农机社会化服务体系建设不断完善，我市2012年第一、二、三批和2013年第一批农机购置补贴资金中为边雄甲根农机合作社、聂日雄乡格地农机合作社和甲措雄乡比杂农机合作社共计补贴188万余元。同时争取项目资金和政府投入共计295万元用于打造日喀则市现代农业示范合作社（“娘麦”种子合作社、“娘麦”农机合作社），通过资金扶持投资多元化，不断打造具有日喀则市特色的全程农业机械化示范基地。

**（二）打造农业全程机械化示范基地**

为顺应全国农业化发展进程，我市通过政府引导、能人带动、群众参与，多方筹资750余万元率先在边雄乡打造第一个农机示范合作社。其中合作社启动资金30万元，农户入股资金24万元，地区烟草公司（驻村工作队）投入78万元，政府投入201.22万元，农机购置补贴资金77万余元，成立边雄农机合作社，扶持购置大中型农机具，建立农业全程机械化示范工程2510亩，实行集中连片种植、统一经营统一管理，同时配套奶牛养殖和蔬菜基地建设、农村户用沼气等项目建设，按照“牛－沼－菜”的循环经济发展模式，将农户“分类定型”，由农机合作社和农机大户全面负责全村示范农田的统一生产经营管理，全面实行统一整地、统一播种、统一机收的机械化连片作业，实现全村粮食稳产增产。由奶牛养殖和蔬菜种植合作社以及种养能手全面负责蔬菜基地和奶牛养殖基地的统一经营管理，全村实现由合作社示范带动农牧业发展。在农户自愿的前提下，示范村建设既可以全面提升农业集约化、机械化水平，同时也为农业生产效率的提高、农牧民经济收入的增加提供有力的保障。

**（三）项目交由农民实施，实现项目增效、群众增收**

我市2012年现代青稞生产基地建设项目和2012年青稞生产基地建设项目共计申请国家投资3200万元，建设青稞生产基地共计27667亩，通过客土改良、深耕深松等方式整治土地23000余亩。项目的实施，预计能够促进项目区平均每亩增产25公斤，带动项目区农户增产69.16万公斤，增收249万元，平均每户增收800～1350元。同时项目区的客土和平整等工程原则上交由项目区农户和农牧民施工队组织实施，既有效带动了农户参与项目建设的积极性，又在增加农牧民收入的同时，通过项目建设带动大面积集中规模化土地整治，为传统农业冲破田垄的束缚，实现大面积范围内的机耕、机播、机收，为全市农业机械化、规模化、集约化奠定了坚实的基础。

**（四）扶持农民专业合作社产业化发展，彰显农牧业特色产业优势**

近年来，我市坚持把发展合作社作为贯彻党的十七届六中全会和自治区第八次党代会精神的重要举措，围绕特色优势产业，充分发挥组织、引导和服务等职能作用，积极促进农民专业合作社的健康快速发展。

目前，全市共有农民专业合作社 75 家，注册资金达到 2528 万元，获得国家合作社扶持资金 1267 万元，发展社员 2297 人，建设地区级龙头企业 5 家，主要集中在农机、奶牛、生猪、蔬菜等优势产业。依托这些合作社和龙头企业的带动，有力推进农业产业化进程，成为带动农业增效、农民增收和发展农村经济的重要渠道。

**作者简介：**

达娃，男，现任西藏自治区日喀则市人民政府副市长。分管农牧、水利、林业、安居等。

# 提高资源利用
# 走畜牧业经济可持续发展道路

西藏自治区革吉县农牧局　牛　群　桑　培

走可持续发展道路，是全世界各国政府、特别是生产力发达的国家在新形势下发展本国经济所选择的一个基本原则和发展模式。中国作为一个发展中的大国，从20世纪90年代初期以来，也把可持续发展的方针贯穿到了国民经济宏观发展的战略思路中，并就如何落实这一指导国民经济发展的新思路制定了一系列的具体措施。西藏国民经济作为中国国民经济整体中的有机组成部分，也应当在发展思路上与全国相一致。就西藏畜牧业而言，它作为西藏国民经济中的一个重要组成部分，走可持续发展战略更具有非同寻常的战略意义。

## 一、西藏畜牧业的基本情况及意义

### （一）自然环境

西藏高原是我国自然地理上的一块极有特殊性的地区，它位于祖国版图的西南端，国防战略、经济及社会意义都非常重要。高原四周有高大的巨型山脉环绕（海拔均在5000米以上），气势高峻雄伟，气象复杂多变。由于高大的喜马拉雅山脉、横断山脉、昆仑山脉及帕米尔高原等，分别从南、东、北、西四面将西藏高原环抱，使高原呈现出一个闭塞的高原大陆盆地地貌，这里平均海拔在4000米以上，其中海拔在5000米以上的地区占西藏全部土地面积的45.6%。海拔在4500~5000米的地区（藏北地区），是西藏的主要天然草原分布区。就全区的地势而言，其特点是：东南低西北高，东部为起伏较大的高山峡谷地带，南部为雅鲁藏布江宽谷和开阔盆地组成的藏南河谷地带，西北为起伏平缓、地势较高的平坦开阔的藏北高原地带，即西藏的主要牧区。由于高原本身地势高亢，又有高山大峰环抱，拦截了来自印度洋和太平洋的温润气流，使西藏具有极端的高原大陆性气候特点。这样，由于高海拔低纬度的共同作用，使西藏总的气候呈现出高寒缺氧、复杂多变的特征，世人谓之此情况为“世界屋脊”及“地球第三极”。西藏草原由于气候、地形地势等条件的变化，形成了热带、亚热带、暖温带、北温带、寒温带和寒带等自然带。从而形成了雨林、季雨林、常绿阔叶林、常绿—落叶阔叶林、针叶林、草甸、森林草原、草原、半荒漠和荒漠等草地类型。就全区而言，草原大部分海拔在4000米以上，高寒草地占主导（海拔4500米以上），面积约占其总草地面积的75%以上。

西藏是我国五大牧区之一，目前全区共有天然草地面积12.44亿亩，约占西藏土地面积的70%，占全国草场面积的26%，居五大牧区之首，但这辽阔的草原分布极不均匀。那曲地区面积最大，占全区草原总面积的34.3%，其次是阿里地区为25.9%，日喀则地区为16.2%，昌都地区为13.3%，而山南、拉萨、林芝三地（市）的草原总面积仅占10.3%。在广阔的草场资源中，可供利用的约8亿亩，约占全区草原面积的67%，其中丰盛草场0.8亿亩，中等草场5.8亿亩（1997年），荒漠草场1.9亿亩，已利用的约6.5亿亩，占草原总面积的56%左右，围网草场面积677万亩，草原灌溉面积322万亩，约有2亿亩草原面积尚待开发利用，按已经开发利用的草场面积计算，全区人均达300多亩，为全国人均4.3亩的70多倍、世界人均11.4亩的26倍。

**（二）生产进步状况**

辽阔的草场是西藏畜牧业经济发展的客观自然条件。目前全区已有人工种草面积近20万亩，适宜种植大多数品种的高产优质饲料作物。在这些区域内，牲畜数量较多，品种齐全，可引进和开发的品种也很多。牲畜改良技术已有了一定突破，具备了一定的饲养技术，经营方式也在酝酿着新的突破，为畜牧业的稳定发展培育了新的生长点。改良黄牛已向全区推广，牦牛品种选育取得显著成绩，“澎波毛肉兼用半细毛羊”和“拉萨白鸡”已形成两个有高原特色的新品种种群，绵羊毛已成为世界公认的最优质的地毯毛，山羊绒也在国际上享有盛誉，其他畜产品如经过一定的加工和有效的广告营销宣传，有成为世界驰名产品的潜质。在各级畜牧兽医组织的服务指导下，科学的饲养技术正在为部分农牧民所认识和接受，并开始得到应用推广。家庭牧场、国营（或集体）饲养场、承包或租赁经营等多种经营方式正在实践中逐渐得到推广。

经过各方的不懈努力，使西藏畜牧业经济有了较大的发展，据统计，1998年年末，全区牲畜存栏总数为2252万头（只），肉类总产量12.91万吨，奶类产量19.56万吨，产羊毛9351吨，山羊绒606吨，牛皮153万张，羊皮403万张，牲畜出栏率为24.0%。农牧民人均纯收入1158元，恩格尔系数约

为0.5，尚处于温饱状态。

（三）发展畜牧业的意义

西藏的畜牧业不管是在西藏的第一产业中，还是在整个国民经济体系中都居于举足轻重的地位。在目前和将来一段时间内，若没有畜牧业的持续和稳定发展，就没有西藏整个国民经济的健康和快速发展。下面将分别从三个方面来说明西藏畜牧业持续稳定发展的意义。

1. 经济意义。据统计，1998 年，西藏全区工农业总产值为 56.8 亿元，其中农业产值为 42.37 亿元，而作为农业有机组成部分的畜牧业产值高达 19.04 亿元，分别是前两项的 33.5% 和 44.94%。可见，畜牧业有着与种植业同等重要的地位，是西藏社会经济的重要支柱，畜牧业发展的好坏，直接影响到整个国民经济的发展水平。比如，1972、1982、1983、1988、1989、1997 等年份，西藏畜牧业因受自然灾害的影响而欠收，进而也使同期的整个国民经济出现停滞、负增长或发展速度大幅减缓，产生“同步共振现象”。畜牧业也为西藏工业提供重要原料。由于多种客观条件的限制，使西藏地区不能像内地那样发展钢铁、精密仪器、石油化工、现代电子等加工工业，也不具备发展以外来原料为主的加工工业。只能走以当地原料为依托的加工工业。因此，西藏的工业要想得以持续快速发展，畜牧业所提供的毛、绒、皮、乳、骨、角等原料就显得尤为重要。另外，畜牧业也为种植业提供运输工具、役畜和大量的有机肥料，为农业生产的发展和运输条件的改善提供重要的物质保障。

2. 社会意义。首先，畜牧业担负着西藏各族群众特别是与牧业有着直接关系的近二百万农牧民的衣食重任。西藏受特殊地理环境的影响，高寒缺氧，气候条件很恶劣，在这种环境下，要保障劳动力的再生产就必须摄取含热量较高的高蛋白、高脂肪类食物。所以，在长期的社会生产及消费实践过程中，以藏族为主体的西藏各民族形成了以肉奶为主、糌粑为辅或者以糌粑为主、肉奶为辅的食物结构。1996 年农牧区人均消费各种肉类 56.38 公斤，消费奶类 81.20 公斤，人均拥有大小牲畜超过 10 头，这在全国各省区中是最高的。其次，从西藏实际来看，畜牧业不但是农牧民世代经营的产业，是农牧民宜于进入的领域，也是农牧民重要的经济收入来源（甚至是唯一的），特别是重要的现金收入来源。广大牧民通过发展畜牧业，综合运用多种手段，促使牧草繁茂，提高单位面积的产草量和载畜量，也是农牧民尽快致富奔小康的重要门路和走向市场的基本方向。最后，畜牧业对发展牧区社会、加强牧民与外界的交流具有重要意义。牧民用以交换的畜牧产品是牧区同其他地区及城市进行经济交流的物质载体，牧民用牛羊绒、酥油、牛羊肉等畜产品换取粮食和日用品的过程，也就是打破牧区与外界封闭、隔绝状态，使牧区经济由自给自足向商品化、市场化转化的有效途径，也是西藏社会不断朝着文明、进步方向健康发展的重要方面。

3. 生态意义。牧区在全西藏土地面积的比例占到近70%，维持牧区的生态平衡及确保牧区有一个良好的生态环境不仅对西藏高原，乃至于对整个青藏高原及周边地区的生态环境都有着重要影响。就区内来说，草原是西藏人民赖以生存和发展的重要自然基础和物质条件，由于成沙的地质基础和寒冷干燥的气候，使西藏牧区的生态环境非常脆弱，任何过度的经济活动，都极为容易打破它的生态平衡。那些经过千百万年自然形成的天然植被一旦遭到破坏，就极难达到新的平衡，甚至会很快出现沙漠化现象。而且土地沙化的趋势若不加控制，一旦变成流沙，再想改变回来，其自然恢复过程非常缓慢，即使采取人为措施，花费大量的人力、物力，也至少要用50~100年的时间。因此，走可持续发展之路，在发展西藏畜牧业经济的同时切实保护好生态环境，在注重经济效益时应首先考虑和关注生态效益，这样不仅可以为西藏社会经济发展提供一个良好的自然环境，而且还可以为子孙后代的生存和幸福创造一个坚实的生态环境基础。其次，从对周边地区的影响来看，西藏高原有120多万平方公里的土地，北临我国的新疆、青海，东接四川，东南与云南交界，南面和西面分别与缅甸、印度、不丹、锡金、尼泊尔五国接壤。另外，西藏境内还有众多的河流流向境外，如长江、金沙江、澜沧江、怒江、湄公河、萨尔温江、伊洛瓦底河、恒河、印度河等都是发源或流经这里。“城门失火，殃及池鱼”。可以想象，如果西藏的生态平衡遭到破坏，不仅会有大量的泥沙流入河里，而且还会对大气系统产生重要的影响。这样，势必会影响到周边国家和地区的气候和生态环境，对其造成不可估量的负面效应。

## 二、西藏畜牧业存在的主要问题

从西藏民主改革以来的四十年，我们在发展西藏草原畜牧业经济的过程中，由于指导思想上的失误，使我们步入了一条掠夺式经营的路子，其结果是尽管取得了不小的产值和产量，但却将极其脆弱的草原生态环境推向了可怕的境地，带来了许多严重的后果。具体问题表现如下。

### （一）草场退化沙化严重

草原是草原畜牧业最为基本的物质条件，是牧民生存的命根子，长期以来由于利用不当，退化现象非常严重。目前全区已有草毒泛生的轻度退化草原草场11800万亩，严重退化草原6750万亩（沙化1200万亩，鼠害5000万亩，虫害500万亩，开荒破坏50万亩），合计退化18550万亩，占可利用草场面积的21.32%。草场退化直接导致牧草质量和产量的下滑，现在绝大部分草场平均每亩产鲜草只有40公斤左右，即使是优等草场也不过100多公斤，平均每35亩草场才能养活一只羊，1996年每百亩草场（按已利用草场计算）产出的牛羊肉仅16.74公斤，牛羊奶25.59公斤，牛羊绒1.39公斤。西藏的天然草场面积是五大牧区中最大的，目前的载畜量却居第三位，经济效益处于最末位。这一现象应该引起有关部门及全区广大农牧民群众的高度重视。

造成草场退化的原因是多方面的，归纳起来主要有以下几点：第一，对草原的利用不平衡。西藏的草原不仅海拔高，而且地处偏远，地广人稀，交通不便，自然环境极为恶劣。由于大部分牧民群众至今仍然沿袭历史上的放牧习惯，致使交通便利、自然条件相对较好的地区草原载畜量过重，草场遭到过度啃食，草场退化严重。第二，人为破坏严重。长期以来，人们错误地认为，草原是一个封闭的能自我循环统一的系统，饲草是取之不竭、用之不尽的，因而不加节制地过度利用，造成草原退化，加之一些人为的滥垦、滥挖等破坏，这就更进一步恶化了西藏的草原生态系统，其直接的后果就是可供牲畜食用的草资源呈逐步减少的态势。1960年，平均每头（只）牲畜拥有60多亩草地，到了目前就减少到30亩左右，若考虑到退化草场，单位牲畜拥有的草地仅20亩左右，超载现象非常严重，有相当一部分牲畜在冷季（冬春季节）时常处于半饥饿状态，形成了严重的冷季春乏死亡问题（据估算，正常年份成畜死亡率为6%左右）。据有关资料介绍，由于草场退化的影响，使牲畜质量也普遍下降，耗牛的胴体重一般减少40~80市斤，绵羊减少5~10市斤。第三，对草原的投入不够。民主改革后的近40年来，草原载畜量由1960年的1051头（只）增加到1996年的2276万头（只）（有些年份甚至超过2300万头），净增了116.56%。每年产值约近20亿元的草地，投入却不到3000万元，每亩不到3分钱，这种掠夺式的利用也是西藏草原退化的一个重要原因。

**（二）牲畜品种老化，畜群结构不合理**

牲畜是人类用来将植物性产品转化为动物性产品的活的“转化工厂”。同一种牲畜，由于遗传性不同，对原料的利用和转化方式也很不相同，因而所产的畜产品在数量上和质量上就有很大的差别。如良种牛的产奶量可比原种牛提高十几倍甚至几十倍，良种羊的产毛量和产值比土种羊要高几倍至十几倍。畜种改良的程度如何，已经是世界上每个国家衡量其畜牧业发展水平的重要标志。西藏的牲畜品种绝大多数是在粗放的繁育放牧的形式下驯养、培育出的原始品种，这些品种也基本上是自然选择的结果，其优点是对当地自然环境（高寒、缺氧、低压）具有极强的适应性和对恶劣条件的抗逆性，也正因为如此，就使得西藏当地的牲畜除个别品种外（牦牛等），绝大多数个体偏小，也不具备定向的生产用途，生产性能不高，因此，经济效益也较差，极大地阻碍了西藏畜牧业的进一步发展。

由于受传统小农经济意识的影响，使目前西藏的畜群结构也极不合理，既未反映出西藏草原畜牧业的特有规律，也未能很好地与市场的供需情况相结合。第一，畜群结构中小牲畜、特别是山羊的比例偏小，而近年来市场上山羊的价值（皮、绒等）在不断升值，并且，此类牲畜易于放牧和管理，抗病能力也较强，单位草原面积的产值率较高。第二，畜群结构中，基础母畜的比例明显偏小。据有关资料介绍，最近几年西藏基础母畜在畜群结构中所占比例与畜牧业发达国家相比，要低近20个百分点。目前，全区牛群中适龄母牛仅占30%，羊群中适龄母羊占40%左右，不仅制约着牲畜的周转速度，也浪费了大量饲草和人力物力，商品率和经济效益的提高失去了可靠保障。第三，畜群内部分工不明显。受多种条件的限制，西藏各种牲畜多属兼用型品种，经济效益较差。1994年平均每头牛产肉118斤，产奶94公斤，而同期澳大利亚平均每头牛产肉为400公斤，产奶量为4500公斤。

**（三）自然灾害严重**

由于特殊的地理环境和气候条件的相互影响，使西藏的草原草业的建设和发展，经常性地遇到各种破坏性因素。第一，频繁而严重的雪灾。在正常情况下，每三年左右有一次小型雪灾，每5～6年左右有一次中型雪灾，每8～10年就有一次大型（严重）的雪灾，且已形成规律，每当中、大型雪灾降临都会给草业及畜牧业带来极其严重的损失。第二，鼠灾。西藏草原上的鼠类主要有高原鼠兔、喜马拉雅旱獭、黑线仓鼠等，其中前两种是群居性的，洞口较多，对草原破坏比较严重。特别是鼠兔主要啃食优等牧草，食量较大，据测算，每42只成年鼠兔一日对牧草的消耗量相当于一只藏系绵羊每日的饲草量，在鼠害严重的草场内，可使草原产草量减少15%～50%。更为严重的是鼠兔在春季啃食牧草的根和芽，破坏了牧草的生长组织。而喜马拉雅旱獭则主要是鼠疫的主要传播者，对人畜都有很大危害。第三，毒草也是西藏草原牧草业的一个天敌。主要有西藏紫云英、狼毒（狗牙花）两种。它们不仅与牧草争夺生存空间和营养，而且还对牲畜构成严重威胁。此外，还有虫灾等。

**（四）生产方式落后**

游牧、半游牧或定居游牧仍然是西藏畜牧业的主要生产经营方式。在西藏传统畜牧业中，由于社会生产力水平及地理环境所决定，草原广阔，单位面积产草量少，人口密度低（牧区每平方公里不到一人），使游牧成为一种必然的生产及生活方式，这种生产及生活方式是合理利用草场、趋利避害的有效途径，在过去具有一定的积极意义。但是，纵观古今中外，游牧不是畜牧业唯一形式，更不是最理想的形式。随着人类社会的进一步和牧业经济的不断发展，这种游牧方式所表现出来的诸多弊端就日益显露出来，如发展余地小、经济效益差潜力不足、受自然条件限制大、牧民生活条件简陋、社会公用事业发展困难等种种弊端已越来越与社会的发展不相适应。然而，仍有为数不少的牧民群众时至今日还基本上沿袭着传统的生产经营模式。这种模式既不能科学、合理地利用草资源，也不能科学地安排不同季节牲畜的繁育及出栏的合理比例，更不能理性地去调整自己的生产组织形式，而总是采取一种顺其自然、因循守旧的心态，不仅疏远了与社会进步趋势的联系，而且也远离了市场、违背了现代市场经济的运行规律。畜牧业作为西藏的支柱产业，在国民经济中占有相当重要的地位，在世界经济发展到知识经济时代的今天，这种落后的社会生产和生活方式已与历史的进步不相合拍，也严重制约了西藏其他产业的进步发展及整个国民经济的协调发展。

**（五）牧民群众文化素质不高，生产观念落后**

据第三次人口普查的资料显示，全国五个自治区中12周岁以下的文盲率西藏为74.72%，宁夏为43.27%，新疆为31.56%，内蒙古为31.11%，广西为25%，西藏居于首位。而牧区面积辽阔，牧民居住分散，乡镇化程度极低，文盲半文盲的比重就更高了，再加之地域的封闭性，从而造成广大牧民群众的生产观念比较落后，主要表现在以下几个方面：第一，市场观念淡漠，“惜杀”现象普遍存在。在牧区存在着许多的“千岁羊、万岁牛”，甚至还有部分永不宰杀的“放生畜”，不少牧民群众以此为经营原则，宁可饥肠辘辘、身无分文，也不愿宰杀和出售。加之一定程度存在鄙视屠夫的现象，就更加助长了“惜杀”现象。这对市场经济的健康发展是极为不利的。第二，受宗教影响大。宗教在西藏具有特殊的地位，全区大部分群众信教（农牧区的比例则更高一些）。牧区社会发育程度很低，牧民群众宗教意识更是根深蒂固，宗教感情比较强烈。由于受宗教的影响和支配，有为数不少的牧民群众甘愿将自己的生产经营活动纳入宗教活动范畴。20世纪90年代初期，仅昌都地区每年用于放生的各类牲畜就超过二十万头（只），群众自愿给寺庙的布施也在十万头（只）左右，甚至还出现了放生村和绝杀户。另外，也由于受宗教意识的影响，牧民群众的货币价值意识和竞争意识尚未充分培育，稍富即安，听天由命，崇信来世，其商品意识和效益意识直接影响了西藏牧业经济的发展。第三，人为的延长牲畜的出栏时间。长期以来牧民群众总是固守着传统的生产意识总认为只能等到牲畜完全成熟后才能出栏，殊不知按现实的市场行情来看，幼羔的价值往往超过成熟畜，老了反而不值钱。再者，养的时间越长，浪费的饲草、人力、物力就越多，单位草原面积的经济效益就越低。投入多而产出少，这是不符合市场发展的要求的。所有这些都是牧民群众脱贫致富奔小康的严重障碍。

**（六）基础设施严重不足**

受历史和自然条件的限制，西藏牧区的社会基础设施严重滞后，远远跟不上牧业经济发展的需要，主要表现在以下几个方面：第一，交通运输条件极差。和平解放以来，国家共投入 50 多亿元巨资用于西藏的交通运输事业，但是由于历史和客观自然条件的制约，致使今天西藏的交通仍然非常不理想。在广大牧区，情况就更为严峻。阿里和那曲是西藏草原和牧区最集中的地方，但这两个地区各县之间，大部分还靠简易公路相连，牧区与外界的联系和交流非常困难。落后的交通运输条件已成了制约牧区市场经济发展的瓶颈。第二，邮电通信业服务的覆盖面非常有限。1998 年兰西拉光缆全线开通，对西藏紧张的邮电通信有所缓解，但在广大牧区，这种落后的局面并没有得到根本的改观。由于起点太低，欠账太多，目前打电话、邮寄信函等在广大牧区的乡村尽管不是空白，但却是绝对的不方便，从内地发往西藏稍偏远地方的信函比发往国外的信函还要慢得多。1996 年农牧民人均支出的交通邮电费用仅 10. 99 元，远远低于同期城镇居民人均 242 元的水平。第三，能源供应严重不足。西藏有丰富的太阳能、风能、地热能、水能等资源，但由于分布不均及投入的不足，使许多资源并没有得到充分的利用。现在，除拉萨外，日喀则、山南、昌都、那曲、阿里等地区都普遍存在着用电困难的问题，在这些地区，城市用电尚难得到有效地保障，广大牧区群众的生活用电问题就可想而知了。第四，水利设施不能保证人畜及灌溉用水的需要。草场是畜牧业赖以生存和发展的基础，在利用的同时保护好草场，灌溉是最有效的措施之一。1996 年西藏实际利用的草场面积为 43300 千公顷，而灌溉草场面积仅为 153 公顷。仅从这一组数字就可以看出，目前的草原水利灌溉设施是很不够的。第五，市场硬件设施严重不足。牧区地广人稀，自然环境极为恶劣，建设经济发展所需要的市场交易设施固然有很大的难度，但是若没有一定数量的交易场所和条件，就使牧民群众很难走出传统生产方式的小天地，市场经济的发展就失去了起码的基础。第六，兽防设施不健全。兽防等牧业服务设施是牧区经济发展的有效保障，但由于受市场设施的同步影响，兽防设施目前也很不健全。

# 规划引领 园区带动<br>西安都市型农业又好又快发展

陕西省西安市农业委员会

近年来，西安市以“服务城市、富裕农民”为目标，以保障农产品有效供给为前提，以园区建设为抓手，突出发展休闲农业，加快转变农业发展方式，全市现代农业产业体系进一步完善，优势农产品区域布局更加合理，农产品供给保障能力稳步增强，农产品质量安全水平持续保持领先。

## 一、科学布局，产业规划成为引领都市农业的总纲领

规划是行动的先导和基础。西安市根据发展状况，立足西安独特的自然和区位优势，按照“一次规划、弹性发展、分步实施”的规划思路，先后编制了《西安市加快发展都市型现代农业规划》、《西安菜篮子发展规划》等多个规划，编制印发了《西安市秦岭北麓西安都市现代农业示范区规划（2012～2020）》，以此作为都市型现代农业加速发展的着力点和发力点。规划总面积860.6平方公里，涉及蓝田、长安、户县、周至4个区县、37个镇街和602个行政村，东西跨度约140公里，南北宽3～10公里。重点打造“一轴四区、六廊八心”的现代农业发展格局。（“一轴”即一条都市现代农业发展轴，“四区”即长安现代农业示范区、户县葡萄瓜菜产业区、周至猕猴桃产业区、蓝田山水生态农业区四大产业功能区。“六廊”即沿黑河、涝河、沣河、潏河、浐河、灞河的六条大农业景观生态廊道。“八心”即着力打造滦镇、王曲、蒋村、草堂、马召、集贤、汤峪、玉山八大都市农业服务中心）。通过8年的规划建设，力争使秦岭北麓西安都市现代农业示范区成为我国西部都市现代农业的先行区、西安国际化大都市的重要功能区和农业先进生产要素的聚集区，示范区内农民人均纯收入达到3万元以上。随着规划的颁布实施，我市的农业产业体系进一步完善，农产品区域布局更加合理。

## 二、深度融合，园区建设成为都市农业的主抓手

农业园区是现代农业发展的基本标志，是推动现代农业转型升级的有效

载体和重要抓手。近年来，西安市按照政府引导、市场运作、企业经营、中介参与、农民受益的原则，将园区建设作为主抓手，强力吸引生产要素优化配置，促进产业布局集中，延伸农业产业链条，拓展农业多种功能，更好地将资源优势转化为产业和经济优势。市区（县）两级均建立了农业园区管理机构，科学编制规划，出台扶持政策，协调部门力量，合力进行推进，全市农业园区平均投入达到1000万元以上，园区流转土地25.1万亩，引进示范新技术、新品种810项次，推广应用410项次，承担市级以上科研课题140项，培训农民4.5万人次，从业农民52.4万人，园区内农民人均纯收入达到1.7万元，高出全市农民人均收入平均水平5000多元。目前，全市现代农业园区已发展到290个，园区总面积32万亩，实现年产值近26亿元。农业园区已逐步成为拉动社会资本投入的大平台、发展适度规模经营的新载体、农业科技成果的辐射源、创新经营方式的好模式和促进农民增收的助推器。

## 三、丰富内涵，休闲农业成为都市农业的新亮点

西安市地处秦岭北麓渭水河畔，依山傍水的区位特点和800万市民假日出游的巨大需求，是休闲观光农业发展的巨大优势。西安市立足西安大城市、大农村共生并存的实际，始终把休闲农业作为促进现代农业发展的重要手段和城乡融合的对接口，坚持高起点规划、大力度推进，全市休闲观光农业取得长足发展。近年来，西安市先后印发了《秦岭北麓30万亩休闲观光农业发展规划》、《西安市关于加快旅游观光农业发展的指导意见》、《全市休闲农业发展指导意见》等指导性文件，重点布局了“两带三区”休闲农业发展新格局，即秦岭北麓休闲农业产业带、沿渭休闲农业产业带、白鹿原休闲农业示范区、杜陵塬休闲农业示范区和荆山塬休闲农业示范区。西安市制定了《西安市休闲农业示范园区认定暂行办法》，进一步加快了休闲农业示范县和示范镇建设力度。目前，全市休闲农业面积已发展到35万亩，休闲农业园区达到96家，其中：国家级农业旅游示范点11家，省级休闲农业示范点6家，省级休闲农家明星村4个，年接待游客800多万人次，实现经营收益11亿元。休闲农业项目区内农民人均纯收入都在2万元以上，大部分农家乐经营收入都在20万元以上。休闲农业的迅猛发展，进一步丰富了现代农业的发展内涵，加速了一产对三产的促进作用。

## 四、强化监管，保障安全成为都市农业的硬要求

民以食为天，食以安为先，农产品质量安全关乎着每个人的贴身利益。

西安市从农产品安全的源头抓起，不断强化农业投入品的监管，组织开展禁限用高毒农药、膨大剂、“瘦肉精”、违禁添加剂等专项整治行动。加大了无公害农产品基地建设力度，全市建成无公害农产品生产基地276个，面积90多万亩，无公害农产品、绿色食品、有机农产品达到351个。建立健全了市、县、镇、村“三级四层”农产品质量安全监测网络，西安市集中为62个乡镇站配发了价值434万元的检测仪器，同时，计划将剩余的83个乡镇全部纳入2013年财政扶持，不断增强检测能力。加强了从业人员的培训，增加了检测的批次和密度，扩大了检测范围，在全市范围内推行了产地准出和市场准入制度，目前在10个涉农区县的70多个生产基地全面推行“标准化生产、一体化认证、品牌化经营、制度化检测、标识化准出”五项产地准出制度，在全市13个区县的7个大型农产品批发市场、50多个连锁超市和30多个农贸市场深入推进“入市验证、无证抽检、安全承诺、信息公示、不合格农产品就销毁”五项市场准入制度，实现了全市农产品市场准入制度的全覆盖。全市主要农产品抽检合格率连续6年稳定在96%以上，没有发生一起重大动物疫情和农产品质量安全事件。

## 五、政策支持，资金保障成为都市农业的助推器

政策和资金是推动现代农业快速发展的重要保障。近年来，市委、市政府高度重视农业工作，每年都要出台至少一份支持农业工作的政策性文件，农业投入也一年比一年大，去年市政府出台了支持粮食生产和蔬菜建设政策性文件，每年分别拿出1000万元和5000万元专项资金用于基地建设和发展。在农业产业结构调整资金中，西安市拿出5000万元，专门用于市级现代农业园区建设，每个园区依照发展规模分别给予200万~300万元的扶持，2013年全市拟认定扶持市级现代农业园区15个以上，发展培育区县级现代农业园区40个以上，不断增强园区辐射带动能力。同时，2013年市委、市政府还出台了《西安市加快推进城乡发展一体化三年行动计划》，提出到2015年要实现“四个翻番、四个提升、一个消除”，在政策和资金上都给予了极大的支持，推动西安都市型现代农业又好又快发展。

# 加快现代农业园区建设<br>推动山阳农业区域化发展

陕西省山阳县农业局　陈金国

上半年以来，我局认真贯彻全县农村工作会议精神，重点开展了对全县春耕备耕生产的技术指导和协调配合工作；组织开展了动物春季防疫灭病大会战和畜间布病溯源灭点；协助各乡镇搞好生猪、肉鸡生产基地建设规划，全面开展技术指导、建设进度督查以及与龙头企业协调对接。总体工作进展顺利，农牧业生产与建设效果良好。

## 一、农业生产效果显著

入春以来，全县各支农涉农部门积极开展工作，先后调运化肥 2.47 万吨，地膜1100 吨，调入玉米籽种 1000 吨，马铃薯良种 6 万吨，出动各类农机具 10 多万台（次）。我局组织 100 多名县、乡两级科技人员开展了声势浩大的科技下基层活动，并先后举办各类农牧业科技培训班 145 期，培训农牧民 8500 人（次），发放资料 2.1 万余份（册），有效地保证了全县春耕生产顺利开展。据统计，2012 年全县农作物播种面积 150.6 万亩，粮食作物播种面积 114.4 万亩，完成考核指标的 101%。

为增加节水农业，减少耗水农业，全县新增滴灌面积 6.37 万亩，累计达到 23.97 万亩。各级政府继续加大设施农业建设力度，新增蔬菜保护地面积 1500 亩，其中日光温室 459 座，面积 300 亩；塑料大棚 1800 座，面积 1200 亩。全县累计保护地面积达到 1.265 万亩，其中日光温室 6709 座，面积 3550 亩，塑料大棚 16960 座，面积 9100 亩。全县基本形成了以七台镇为主的保护地种植基地，以小海子镇为主的西芹种植基地，以十八顷镇为主的大白菜种植基地，以大黑沙土镇为主的甘蓝种植基地。

## 二、畜牧业生产及建设效果明显

6 月末，全县家畜存栏 67.9 万头（只），其中奶牛 7800 头，肉羊 60 万只，生猪 13.6 万口。上半年累计出栏肉牛 1.14 万头，肉羊 8 万只，生猪 11

万口，肉鸡80万只，销售鲜奶3.6万吨。

截至6月末，全县完成扩建存栏100头以上奶牛标准规模养殖场2处（中谷良种奶牛繁育有限公司、七台镇万福奶牛养殖专业合作社）。落实新建年出栏1000只以上肉羊规模养殖场3处，建设地点分别为七台镇骆驼盘村、小海子镇丰润村和屯垦队镇乌彦沟村，目前所有圈舍已全部完工，预计7月份开始生产。全县已规划落实年出栏2000口以上生猪养殖场8家，拟建猪舍面积1.2万平方米，年可出栏生猪2.77万口。目前，生猪圈舍建设进度明显，已开工8家，正在建设的6家，已完工2家。规划落实年出栏2万只以上规模养殖场10家，拟建鸡舍面积3.2万平方米，年可出栏肉鸡117.5万只，目前正在建设中。同时我局在县委、政府的直接领导下，开展了大量的招商引资工作，成功引进了北京大北农现代化生猪养殖基地建设项目和优美生态养殖园建设项目。同时，我局已协助各乡镇种植多年生牧草14万亩、饲用灌木15万亩。

## 三、重点工作进展情况

### （一）马铃薯精品工程田

2012年市下达我县任务3.5万亩，我县实际落实马铃薯精品工程田3.8万亩。其中屯垦队镇1.3万亩、小海子镇1.5万亩、七台镇5000亩、玻璃忽镜乡5000亩，主要涉及4个乡镇的18个村502户。其中100亩以上种植大户112户，马铃薯专业合作社26家，社员1390户。在精品工程田中，喷灌马铃薯2.0万亩，膜下滴灌马铃薯1.8万亩，种植品种主要以克新一号、夏波蒂为主。水肥一体化核心区落实在七台镇永顺堡村，面积1000亩。

### （二）全膜覆盖技术推广情况

2012年市下达我县全膜覆盖技术推广任务2000亩，截至目前，该任务指标已全部落实，其中西井子镇大木匠村1000亩，并在示范片内落实200亩高标准示范点一个；屯垦队镇前海子村750亩，玻璃忽镜乡瓜坊子村250亩。新购置播种机5台，厚度0.008㎜以上、宽幅1.3米地膜6吨，玉米良种“冀承单3号”5000公斤。

### （三）马铃薯良种补贴项目

2013年市两次下达我县良种补贴任务指标为3.4万亩。我县按照市局要求组织开展工作，2012年全县马铃薯脱毒种薯采购价为1.3元/斤，其中农民自筹0.8元，国家补贴0.5元；补贴品种为“克新一号”；供种企业为内蒙古民丰薯业公司、内蒙古正丰薯业公司；供种方式是由供种企业将种薯拉运到农户所在村。2013 年全县调种工作从 4 月 26 日开始，到 5 月 16 日结束，共调运“克新一号”种薯 680 万斤、种植面积 3. 4 万亩，（每亩按 200 斤、补贴 100 元计算）涉及 10 个乡镇 91 个村委会 116 个自然村。调种对象是农民专业合作社和农民个体户。截至 6 月底没有发现种薯质量问题，而且马铃薯苗情长势良好。

**（四）动物疫病防控行动早、进展快**

3 月末，我局组织开展了全县春季动物疫病防疫灭病大会战，集中完成了鸡新城疫、禽流感二联苗免疫 20. 83 万只；猪 W 苗、猪瘟苗、猪蓝耳病免疫 2. 21 万口；用口蹄疫 O 型 - 亚 I 型双价苗免疫牛 1. 8 万头；用 O 型—亚洲 I 型—A 型三价灭活苗免疫奶牛 4513 头；羊 W 苗免疫 63. 87 万只（次），免疫密度均达 100%。畜间布病溯源灭点工作正在准备阶段，县财政已下拨专项经费 115 万元，我局已采购防护服 800 套，手套 1000 双，口罩 5200 个，采血器 5 万只，消毒药品 5 吨。6 月 20 日至 7 月 20 日将按照压尘消毒—采样—检验—病畜确认—拉运补偿—无害化处理—现场消毒的一条链工作方案全面开展羊布病溯源灭点工作。

**（五）编制了 2013 ~2015 年马铃薯、蔬菜、畜牧业发展规划**

马铃薯、蔬菜、奶牛、肉羊是我县主导产业。按照市农牧业局和县委、政府的要求，我们编制 2013 ~2015 年马铃薯种薯、蔬菜、畜牧业发展规划，以提高规模化、集约化、现代化发展水平。

**（六）农牧业项目实施情况**

1. 基层农技推广体系改革与建设项目自 2011 年 9 月份开始实施，抽组 80 名技术指导员共落实科技示范户 800 户，落实基地 6 处，建立田间学校 5 所。

2. 测土配方施肥项目实际完成测土配方肥使用面积 150. 6 万亩，应用配方肥面积 72 万亩，配方肥施用 4110 吨（折纯）。与此同时，采集分析、化验土壤样品 500 个，化验工作正在准备中。

3. 已有六所基层服务站落成，分别在十八顷镇、大黑沙土镇、玻璃忽镜乡、屯垦队镇、西井子镇、七台镇。目前办公用品已经到位，化验设备、服务车已经招标进货，预计九月份能够验收。

**（七）有关惠农惠牧政策落实情况**

1. 良种推广补贴：2012 年市下达我县马铃薯良种补贴任务 3. 4 万亩，4 月底前我局共组织调运“克新一号”种薯 680 万斤，按每亩 200 斤，每斤 0. 5 元补贴标准投放到户。已落实玉米全膜覆盖技术推广补贴 13. 8 万元，主要用于播种机、地膜和玉米种子购置。

2. 生猪肉鸡补贴：县政府继续实施新建年出栏2000口以上生猪养殖场和年出栏2万只以上肉鸡养殖场，每平方米圈舍补贴100元，没出栏一口商品猪补贴仔猪款100元，每出栏一只商品肉鸡补贴鸡苗款1元优惠扶持政策。

3. 草原生态保护补助奖励机制：2012年我县继续为小庙子嘎查兑付禁牧补贴41万元，通过“一卡通”发放到农户手中。同时落实了多年生牧草保有面积、当年种植饲用灌木补贴面积和地块，同样采取“一卡通”发放到户。

4. 2012年我县继续开展了农业保险工作，截至目前共落实参保面积130. 0万亩，农民自交保费260. 0万元。

**（八）围绕部门职能，努力协调支持农牧业龙头企业发展，提升农牧业产业化水平**

2012年我们重点落实投资千万元以上新续建农畜产品加工项目3个，分别为林西冷山糖业有限公司、天船食品有限公司和恪青食品有限公司。同时，全县落实新建马铃薯储窖3. 41万吨，其中10吨储窖50个，20吨储窖60个，60吨储窖90个，100吨储窖10个，农户计划新建土窖2500个。

**（九）加强农田、草原鼠病虫害测报工作，不断加大生物防治推广力度**

为将全县农田、草原病虫鼠害损失降到最低程度，我局植保站、草原站积极发挥技术职能，坚持按技术规程开展各类病虫鼠害预测预报工作，在及时向各级政府和业务部门上报测报信息的同时，先后投放鼠夹2万个，发放肉毒素3. 1吨，防治农田鼠害面积5. 89万亩，涉及农户0. 5万户，防治农田虫害面积32. 2万亩，防治工作还在进行当中。

**（十）加强农畜产品质量安全监管，确保不发生重大农畜产品质量安全事故**

按照农产品质量安全属地管理原则，我县农产品质量安全检验检测站以应季蔬菜农药残留速测为重点，坚持对即将上市的蔬菜进行抽样检测，截至目前已抽检3批次，24个品种，检测结果均为合格。同时县动监所、草原站坚持按要求对规模养殖场和定点屠宰场的家畜定期进行尿样速测和送检。兽药监察所按要求对兽药经销场所进行抽检，及时完成上级业务部门下达的不合格兽药抽检任务。全县落实新建乡镇农产品质量安全监管站10处，每个乡镇1处，目前已建成2处，另有5处正在建设中，预计7月底前全部投入使用。

**（十一）坚持以推广人工授精技术为主攻方向，切实加强基层家畜改良服务体系建设**

2012年我们利用国际农发项目基金6万元，规划新建五处人工授精站，其中新建肉羊人工授精站三处，猪人工授精站两处，目前正在抓紧建设中，预计7月底可全面投入使用。截至目前为止，全县奶牛配种2256头，肉牛改良配种2653头。从市改良站调回荷斯坦奶牛冻精2000支，西门达尔肉牛冻精3300支。夏洛莱肉牛冻精2400支，使用冷冻液1560升，保证了全县14处牛冷配站点的服务需求。肉羊人工授精工作通过去冬今春对种公羊的集中饲养管理，于5月底前向肉羊人工授精站点和养殖大户投放种公羊56只。

**（十二）切实加强制度建设，不断强化农牧业行政综合执法**

2012年以来，农牧业行政综合执法的重点依然是专项整治与制度建设相结合，加强对农资、农药等市场的监督管理。执法大队、质检站、动监所、兽药监察所，分别开展了春季农资、农药等市场检查整治、春夏农药专项整治、兽药抽检、“3.15”国际消费者权益日宣传和农资打假等活动。先后制定落实了《重要农业投入品索证备案制度》、《进销货台账和农资商品质量承诺制度》、《种子留样备查制度》、《农药销售人员持证上岗制度》和《执法人员包店制度》等。通过制度建设极大地提高了农资、农药等经营者的法律意识和经营责任意识，有效控制了不合格农资产品和高毒农药、不合格兽药的流入，基本实现了农资产品及农兽药的可追溯管理常态化。

# 抓产业 强基础 促发展<br>全力推进都市现代农业发展

甘肃省皋兰县农牧局 宋翰林

近年来，我们深入贯彻落实科学发展观，解放思想，创新观念，抢抓机遇，应对挑战，主动融入兰白都市圈，强力推进城郊经济，都市农业，城乡一体化发展，围绕兰州、白银两大都市的“菜篮子”、“饭桌子”，以“服务都市、发展农村、提升农业、富裕农民”为根本出发点，充分发挥区位和土地资源两大优势，精心打造七个千亩设施农业示范园区和五个万亩标准化生产示范基地，大力发展生态旅游观光农业，将我县建成优质农产品的生产加工配送基地和都市居民的休闲度假场所，都市现代农业发展取得了显著成效。七个千亩设施农业示范园初具规模，已建成西电园区、什川、水阜、九合、黑石、忠和、西岔七个千亩设施农业示范园，带动全县设施农业面积达到3万亩。五个万亩标准化生产示范基地面积不断扩大，累计达到14.38万亩，带动全县特色产业面积达到24.7万亩。同时，大力发展农业生态旅游经济，以什川百年梨园为核心，精心打造城市旅游休闲胜地，现已建成什川旅游度假园区55家，农家乐110个，从业人员1000多人，年旅游收入达到1700多万元。

在具体工作中，我们突出抓好以下八项措施。

## 一、优化产业布局，调整产业结构

我们始终把优化布局，加快农业结构调整，作为推进都市农业发展的一条主线来抓。围绕北部农牧结合区，中部特色优势产业区，南部生态农业旅游观光区“三大区域布局”，大力发展以高架大棚、日光温室为主的设施农业，推广粮菜间作、粮菜复种、菜菜复种等多种复种模式，形成春有高架大棚、夏有高原夏菜、秋有复种、冬有日光温室的四季生产格局。大力推进以草食畜为主，生猪、家禽和特种养殖为辅的畜禽养殖。实现种粮向种菜、露地向设施、一茬向多茬、分散经营向集约经营、散养向舍饲养殖或养殖小区“五个转变”。全县粮经比例调整为48:52，水地粮经比例调整为44:56，畜牧

业在农业总产值的比重占到19%，优质农产品比例占到75%。

## 二、突出标准化基地建设，发展特色产业

我们按照“标准、绿色、安全、高效”的要求，坚持集中连片、规模经营的发展原则，着力建设标准化示范基地，突出设施农业，大力发展高原夏菜、红砂洋芋、西甜瓜、畜禽养殖四大特色产业。一是着力建设四个万亩标准化生产示范基地。我们将四个万亩标准化示范基地建设作为都市农业发展的重中之重来抓，建成高原夏菜、设施白兰瓜、旱砂西甜瓜、红砂洋芋四个万亩标准化示范基地11万亩，其中：高原夏菜4.1万亩、设施白兰瓜1.8万亩、旱砂西甜瓜2.6万亩、红砂洋芋2.5万亩，培育主导产业村49个。二是精心打造七个千亩设施农业示范园。我们将设施农业建设作为调整农业结构，发展都市农业，增加农民收入的主要举措来抓，制定了《皋兰县设施农业建设管理办法》，规划建设7个千亩设施农业示范园。2009年至2012年，完成投资9561.5万元，其中：县级补助1234.5万元（2009年139万元、2010年418万元、2011年286万元、2012年391.5万元）、整合资金1621万元（2009年320万元、2010年415万元、2011年462万元、2012年424万元）、农民自筹6706万元，每年新增设施农业面积3000亩，累计达到3万亩。三是加快标准化养殖小区建设。按照“抓大户、建小区、优品种、强防疫”的畜牧业发展思路，狠抓标准化养殖小区建设，做到“两室六舍”（消毒室、防疫室、配种舍、妊娠舍、分娩舍、保育舍、育成舍、育肥舍）齐全配套，全县累计建成标准化养殖小区36个，规模养殖达到2780户，全县畜禽饲养量达到155万头（只）。

## 三、加快土地流转，实现规模化生产

将加快农村土地流转，作为发展现代农业，实现规模化生产的主要举措来抓。出台了《关于加快推进农村土地承包经营权流转促进规模经营的实施意见》，对全县农村流传土地工作进行规范。实行档案化管理，完善农村土地承包合同及管理，建立健全县土地流转服务中心、乡镇土地流转服务站和村级土地流转工作室三级服务体系，完善土地流转工作程序，建立健全农村土地流转调节仲裁机构，建成县级土地流转信息发布平台1个，每年建立农村土地流转示范点10个。带动全县土地流转面积累积达到3万亩以上。示范点实现农田“田、林、路、渠”修整配套，农机“耕、播、收、运”作业配

套，“种、养、加、销”综合配套三配套。截至目前，全县已有土地流转经营大户40户，累计达到5.63万亩，占土地承包面积的14.5%。其中百亩以上规模经营面积2.32万亩。

## 四、扶持龙头企业，延伸产业链条

一是加大招商引资力度。通过招商引资，积极引进农产品深加工企业，延长产业化链条，提升农产品附加值。甘肃民安公司成功引进蔬菜速冻生产线建设项目，已征地31.6亩，完成冷藏库和加工车间等基础设施建设。二是加大对龙头企业、农民专业合作社的扶持力度。目前，现有蔬菜保鲜运销企业9家，饲料企业2家，畜禽养殖企业3家，粮食及其他加工企业4家，注册农民专业合作社90家，农民经纪人队伍累计达1000多个，涉及种、养、加等专业门类，形成了产、购、销立体营销网络。积极争取产业化扶持资金，加大扶持力度，促其上规模、上档次、上水平，积极探索发展“基地+企业（合作社）+农户”等经营模式，搭建市场与农户之间的桥梁纽带。

## 五、实施品牌战略，开拓销售市场

一是实施品牌包装战略。按照统一包装、统一品牌、统一标准、统一监管、统一指导性价格的“五统一”的要求，注册了“万和”、“绿佳源”、“秦王川”、“乐和之家”高原夏菜商标，“金城泥湾”西甜瓜商标，“龙禾”红砂洋芋商标，所有高原夏菜统一使用“兰州高原夏菜”子母商标，西、甜瓜统一使用“兰州旱砂西瓜”和“兰州白兰瓜”子母商标，分级包装、品牌上市，每年举办赛瓜会和市场推介会，扩大知名度，进一步提高了农产品的市场竞争力。二是建立现代物流体系。加快实施“万村千乡”、“双百市场”等工程建设，加快推进发展农产品连锁店、超市、配送中心等现代物流业。高度重视皋兰都市农产品配送中心建设，已完成“皋兰都市农产品配送中心”注册登记工作，联系选定配送车75辆，在兰州、白银建立配送点154个，每年向兰州、白银配送各类蔬菜瓜果7000多吨。三是建立完善批发市场。在农产品生产集聚地区建设地头批发市场15个，进一步规范农产品收购活动，防止恶意竞争，漫天要价等行为，切实维护农民的合法利益，确保市场稳定。

## 六、推行标准化管理，保障产品质量

我们严格按照《兰州市无公害蔬菜管理条例》，狠抓农业标准化生产，确

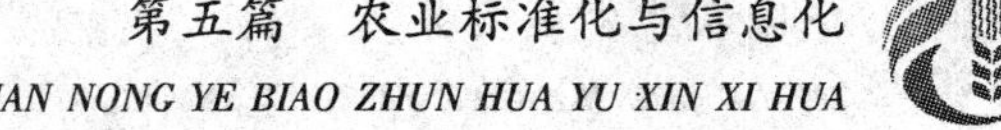

保产品质量安全。一是建立完善的管理体制。实行生产档案登记制度和属地化管理。大力推行“联户联保”和《农户生产手册》管理制度，累计达到1.8万户，发放《农户生产管理手册》2.2万册。二是加大宣传力度。通过大力宣传近年来农产品质量安全引发的不利影响，印发《致广大农户、农药经销商的一封信》等措施，使广大农户、农资经营户真正认识到质量安全是一个产业的生命线，一荣俱荣、一损俱损。通过宣传，统一了思想认识，提高了群众参与产品质量安全监管的自觉性和主动性。三是强化农产品质量检测。建立健全农产品质量监测体系，实行产地准出市场准入制度，建成蔬菜检测站6家，在高原夏菜集中上市期间，每周每批进行抽检，对未检测或检测不合格的农产品严禁销售或外运。年抽检蔬菜17个品种3000个样品以上，合格率达到99%以上。四是积极申报认定无公害农产品生产基地和认证无公害农产品工作。认定无公害农产品基地面积累计达到34万亩，无公害农产品19个，认证地理商标4个。

## 七、实施科技战略，提升科技含量

加快农业科技普及应用，提升农业生产力。一是加强科技成果的推广应用，大力推广地膜回收利用等农业生态环境保护技术，建成农村沼气池8170座，改善农村能源结构，发展循环经济，引进农作物、畜禽新品种20个以上，推广新技术10项以上。二是建立健全农技推广体系，强化农技服务队伍，充分发挥农民技术员和村级防疫员的作用，提高综合服务功能。建立农业科技专家大院，依托省市科研院所，开展联合协作，加强新品种、新技术引进和试验、示范，加速农业技术高新化、高新成果产业化。三是加强农业科技培训工作，以从事农业生产经营的农民和种养能手、科技带头人、农村经纪人和专业合作组织带头人等农村实用人才为重点，以村为基本单元，开展农业生产技能和相关知识培训，年举办培训班400期以上，培训农民2万人次以上。四是持续提升信息服务水平，建立一支由县、乡、村、企业人员、组成的信息员队伍，着力发挥农民技术员和村级信息服务网点的作用，广泛采集信息，为农民提供方便快捷的信息服务。

## 八、出台扶持政策，加大投入力度

一方面紧紧抓住中央和省、市有关产业政策和投资方向，不断加大项目、资金争取力度，落实各项强农惠农政策，全力扶持特色产业基地建设，已落实政策性资金1000多万元，重点实施富硒白兰瓜特色产业发展、双垄沟播和灌区农田节水技术推广、优质良种推广补贴、农村能源建设、养殖小区建设、农机购置补贴等项目。另一方面，县委、县政府高度重视农业产业化发展，不断加大资金投入力度，为特色产业又好又快发展提供了强有力的支撑。出台了《关于加快推进农村土地承包经营权流转促进规模经营的实施意见》，加大土地流转扶持力度，凡流转100亩以上水地且流转期限3年以上的，一次性给予每亩50元的补助。统一选聘了70名农民技术员，每人每年补助2000元，协助开展科技试验示范、农业技术指导、农情信息服务等工作，有效推进了农业科技成果的应用转化。

# 梯田修出高产田

甘肃省通渭县农牧局　陈鹏鸣

“山高地又陡，风吹肥土跑，十沟九坡头，耕地滚了牛。”这是对通渭县农业基础条件的真实写照。为了改变落后的立地条件，一直以来，祖祖辈辈的通渭人在这片贫瘠的土地上与天斗、与地争，谱写了一曲曲可歌可泣的动人壮歌，但是，到2005年年底，全县才修成梯田70多万亩。梯田建设的滞后，严重影响着全县农业的增产和农民的增收。

从2006年开始，县上响亮提出“一人赴疆拾花两个月，全家当年实现梯田化”的口号，并在全县迅速掀起了梯田建设的高潮。按照“跨乡镇、整流域、整山系推进”的模式，六年来，全县新修梯田42万亩，使梯田面积达到了118万多亩，占总耕地的64.5%。坚持山、水、田、林、路综合治理，按照“山顶林草戴帽、山腰梯田系带、山脚塘坝穿靴”的治理模式，打造了马营长川流域坡耕地综合治理等一批精品流域，新增水土保持综合治理面积367平方公里。通过大规模兴修梯田，把“三跑田”变成了“三保田”，极大地改善了农业生产条件，提高了耕地的产出水平。

## 一、全膜玉米成为“铁杆庄稼”

干旱少雨一直是困扰通渭县农业生产的一大障碍，寻求多种途径解决缺水问题、发展旱作农业是全县各级党政组织长期探索的一项重大课题。

2005年秋季，在省农技总站的支持指导下，通渭县引进全膜双垄沟播玉米栽培技术获得成功。2007年，依托全省旱作农业项目，全县推广全膜双垄沟播玉米1.73万亩，在前半年遭受60年不遇的大旱、后半年又遭受冰雹灾害的情况下，示范推广区全膜玉米平均亩产达到602.5公斤，被广大干部群众形象地称为“旱不垮、打不倒”的“铁杆庄稼”，使全县人民看到了发展旱作农业的新希望。

为了把以玉米种植为主的全膜双垄沟播技术真正普及到全县的家家户户，近几年来，县上先后20次组织抽调千名干部下基层，给群众送技术、搞服务，帮助解决他们生产生活中的实际困难。同时，县乡两级还在抓典型、树样板、带全面上狠下工夫，通过创建高产示范片带和高产示范点，让老百姓看到了实惠、学到了技术、增强了种植全膜双垄沟播作物的信心。2012 年，全县推广全膜双垄沟播技术 111.92 万亩，其中种植玉米 88.73 万亩，种植的全膜玉米平均亩产达到 592.6 公斤。同时，在全县 18 个乡镇推广全膜覆土穴播冬小麦 9.56 万亩，在马营镇黑燕、涧滩、回岔等村推广全膜覆土穴播春小麦 0.51 万亩，全县全膜覆土穴播小麦推广总面积达到 10.07 万亩，全膜覆土穴播冬小麦平均亩产可达 280 公斤左右，较露地小麦亩产约 190 公斤平均亩增产在 90 公斤以上，增幅为 47.4%；全膜覆土穴播春小麦亩产在 240 公斤左右，比露地小麦亩产 160 公斤增产 90 公斤，增幅为 50% 左右，为确保全县粮食生产安全和全县粮食稳定增产做出了贡献。

祁咀村是全县最干旱少雨的村之一，长期以来，粮食生产仅能满足农民的吃饭问题。从 2008 年开始，这个村每年种植全膜玉米 4000 亩以上，并取得连年丰收，目前，全村每户人家的仓里都堆满了粮，户均每年还卖粮收入 3000 元以上。

## 二、风正扬帆正起时

“民以食为天，食以粮为先”。粮食，是关系国计民生之根本，是社会和谐稳定之保障。

作为农业大县，通渭县委、县政府高度重视粮食生产工作，在成功探索实践出旱作循环农业发展路子后，提出了创建全国粮食生产先进县的目标，并确立了“稳玉米、扩洋芋、种药材、兴杂粮、增果菜”的农业发展思路。

今后，县上将在各级领导的关心支持下，紧盯创建粮食生产大县的目标不动摇，坚持不懈地修梯田、综合治理小流域，走好“梯田 + 科技 + 产业配套”的路子，促进粮食高产；坚持不懈地突围“十年九旱”，打造粮食高产的“铁杆庄稼”，今秋，县上按照“点上创精品、面上扩规模，村村布点、社社开花，家家覆、户户种，做到适宜区全覆盖”的要求，已经完成秋覆膜 105.76 万亩、全膜覆土穴播冬小麦 19.1 万亩，明年全膜双垄沟播技术推广面积将达到 110 万亩以上、全膜覆土穴播小麦 20 万亩以上；继续加大扶贫开发力度，不断培育粮食生产专业村和种粮大户，提高产业化经营水平；抢抓引洮一期工程通水的大好机遇，大力发展以日光温室为主的现代高效农业。

心若在，梦就在。面对新的目标，通渭，一定会以更加坚定地信念创造出粮食生产新的辉煌！

# 发展设施农业建设　开拓农产品销售市场

新疆维吾尔自治区吐鲁番地区农业局

2012 年，吐鲁番地区设施农业协会紧紧围绕棚主增收，指导帮助农民种什么对，怎么卖贵，用啥农资最实惠，克服种种困难，创造性的开展了“联区蹲点”六进棚活动，即：一进棚看棚主精神状态，抓信心落实；二进棚看棚权归属，抓产权落实；三进棚看产前准备，抓种植落实；四进棚看作物长势，抓管理落实；五进棚看果实品质，抓销售落实；六进棚看市场销路，抓效益落实。有效地推动设施农业健康发展，各项任务指标超额完成。

## 一、设施农业种植等完成情况

1. 种植情况。截至 11 月 15 日，全地区完成温室深秋种植 35111 座，占温室总座数的 83.6%。截至 12 月 10 日，完成深冬茬种植 3746 座，占温室种植座数的 9.6%。合计全地区共完成秋冬茬种植 38857 座，占温室总座数的 92.5%，较去年同期增加 12.2 个百分点。

2. 经济效益情况。2012 年，全地区销售设施瓜果蔬菜 24 万吨，实现销售总收入 7.1 亿元，较上年增长 5.97%；实现农民人均收入 863 元，较上年增加 45 元，增长 5.5%。温室生产座数（除去新植林果）28959 座，每座标准棚生产 2 ~ 3 茬，产量达 8.28 吨，平均每座棚实现收入 2 万元左右。

3. 老旧温室改造工作。全地区改造老旧温室 750 座（吐鲁番市 250 座、鄯善县 300 座、托克逊县 200 座），完成当年改造计划任务的 103%，完成前期改造剩余老旧温室改造任务的 52%。鄯善县新建日光温室 331 座。

4. 棚权制度改革工作。截至目前，全地区收缴棚权确认资金 5623.48 万元，其中：吐鲁番市收缴 3126.4 万元，鄯善县收缴 2108.88 万元，托克逊县收缴 388.2 万元。

5. 设施农业保险试点工作。全地区承保设施农业蔬菜大棚 3084 座，上缴保险费 61.68 万元，累计赔付保额 201.73 万元。

6. 设施农业培训工作。全地区完成设施农业实用技术培训 60451 人，其中：吐鲁番市 20165 人，鄯善县 27926 人，托克逊县 12360 人。完成设施农业管理干部、村两委负责人、专业技术干部等培训 1480 人，完成设施精品哈密瓜技术培训1700人。

7. 设施农业信息录入工作。截至12月15日，我地区设施农业信息统计分析管理平台采集录入自然棚25688座，是录入数量最多的地州，录入数量约占全地区自然棚总数的77.1%；采集录入87个基地、27个合作社（或企业）、4515个农户基础信息，同时采集录入4234座温室生产信息。

## 二、各项工作开展情况

**（一）指导农民种什么对，即大棚种植品种结构的调整，种什么品种对路**

1. 推广优良品种。根据市场需求情况，2013年我协会利用现代农业科技示范园区等育苗基地，培育优质育苗4800余万株，确保了设施农业良种覆盖率得到提升。

2. 引导品种种植工作。及时发布各类设施农业信息2300多条，指导农民选对种植品种，使农民在选择品种上做到心中有数。哈密瓜协会发挥主导作用，首破哈密瓜“夏种秋收”的成功，实现吐鲁番哈密瓜一年两收种植技术的新突破。

3. 积极引进新品种，改善种植品种结构。全年引进新品种52个，初步筛选出番茄新粉7号、黄瓜碧丽2号、多抗富韭六号等品种。为加快新品种引进工作，协会领导春节刚过就亲自带队深入河南扶沟县，从该县韭菜研究所引进抗低温、短休眠、产量高的多抗富韭六号、太空神韭、韭宝等韭菜品种。同时，我们根据设施农业种植布局情况，加强种植布局调整，瞄准市场，大力扶持发展“一村一品”、“一区一品”，初步形成了以鄯善县吐峪沟、达浪坎乡、吐鲁番市二堡乡、三堡乡为的主“设施葡萄产业经济带”；以托克逊夏乡为中心辐射带动吐鲁番市部分乡镇的“设施韭菜产业经济带”；以吐鲁番市恰特卡勒乡设施哈密瓜为主，鄯善县辟展乡、托克逊县郭勒布依乡等为辅的“设施哈密瓜产业经济带”等的特色果蔬种植区域。

**（二）帮助农民怎么卖贵，即大棚蔬菜通过什么渠道上市，卖给谁最赚钱**

1. 合作组织不断壮大。积极培育农民合作经济组织，尤其是以设施蔬菜为主体的农民专业合作社，大力推广“龙头企业+合作组织+基地+农户”的产业化经营模式，建立企业与农户利益共享、风险同担的紧密联结机制，目前全地区农民专业合作社发展到316个，其中以蔬菜种植、加工、销售等为主体的农民专业社达146个。

2. 市场开拓成绩斐然。我们非常重视对农产品销售市场的开拓，地委分管领导多次召开会议对上海、北京等农展会筹备工作进行安排部署，并亲自

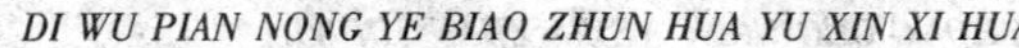

带队组团参加，通过努力共获得产品金奖16个，产品银奖2个；优秀组织奖、最佳组织奖、展厅设计金奖、突出贸易成交奖等综合奖项4个，签订农产品购销协议金额27.77亿元。

3. 市场建设初具规模。依托土乐繁邦农业投资股份有限公司，我地区投入6300万元资金启动了吐鲁番农产品中心市场建设项目，抽调11名干部全力推动，仅用了10个月时间建成“吐鲁番农产品中心交易市场”并启动经营。市场的建成进一步拓宽了我地区农产品销售渠道，并逐渐正在成为农产品冷藏、保鲜、加工、销售为一体的大型综合批发市场，使我地区产前种苗、产中服务、产后销售一条龙的产业化雏形初步形成。同时，我们积极争取项目支持，目前已经有全国葡萄制品和葡萄产品检测、农业部定点市场、东疆区的农产品检测中心等概念性项目将落地吐鲁番农产品中心交易市场，这些项目的实施必将加快推动中心市场的发展，促进农民怎么卖贵。

4. 惠农补贴促进销售。按照自治区的安排，我们积极实施了惠农利民蔬菜运输财政补贴工作，组织合作社累计向乌鲁木齐市运送销售地产蔬菜1万多吨，发放蔬菜补贴160万元，同时，扶持合作社在乌市设立专销店45家，进一步拓展了销售渠道。

5. 高端配送初显成效。两年前，我们启动了向国家农业部、质检总局、自治区党委、政府高端配送有机蔬菜的工作，目前已形成了稳定的配送运行模式，此项工作可以说是历经磨难，看似小事，其间运作实在困难，但是我们坚持了，赢得了高度的评价和认可，现在对于我们提出的困难，他们都表现出100%的愿意帮助。

6. 有机认证再次突破。2013年我协会再次开展了对大棚的有机认证工作，完成了13551座温室大棚的有机蔬菜再认证，并获得有机证书，这个规模在全疆也是比较少见的。

**（三）管理农民用啥农资最实惠，即大棚用上优质安全的农资，提高产品质量**

1. 积极培育农资企业。为给设施农业提供优质的农资，我们引进设施棚膜、肥料等农资生产企业12家，负责生产供应棚膜、肥料等农资。目前，儿子娃娃肥料厂已经生产出针对不同品种蔬菜施用的专用肥料。

2. 保障农产品质量安全。为提高设施农产品的质量，地区领导多次对农资打假工作进行专项安排，并从资金、人力方面全力支持，取得不错的成绩。全地区开展了一系列农资打假专项行动，出动执法人员1124余人次，检查农资经销店487家，立案查处销售假劣肥料、种子、农药案件72起，并全部结案，扣押涉案肥料600多吨，棉花种子450公斤，罚款数8万多元。

## 三、存在的问题

一是我地区设施农业企业起步晚、水平低，精深加工水平不高，附加值较低，产业链条较短，对设施农业的整体带动作用还不强。同时，农业专业合作组织发展水平也不高，市场开拓、品牌建设、合作机制等还不完善，需要提高发展质量。

二是专业化生产水平还处于初级阶段。目前吐鲁番设施农业基地形成了一定的规模，一些基地“一村一品”发展较快，但也有一些基地仍处于什么都种、什么都有的阶段，主导产品、主打品种不突出，从而出现了没有生产订单农民不敢大规模生产，有了订单却因为生产规模小完不成订单任务、大宗订单不敢签的现象。

三是农业生产资料受上游产品价格上涨的影响价格不断上涨，同时用工成本也增长较快，加之设施农业本身就属于高投入的产业，使蔬菜生产的成本不断增加，给农民增收带来一定影响。

四是市场流通体系建设不完善，农产品初加工和分级包装水平低。虽然吐鲁番农产品中心市场已经建成开业，但是还处于起步阶段，设施蔬菜集散地、批发地的作用还未凸显，对全地区的蔬菜销售促进作用还不够明显。在农产品加工分级包装上，多数设施农产品仍以裸菜混装和塑料编织网袋混装运输为主，还没有形成统一的包装标准，导致产品运销污染、质量等级下降、售价价格降低。

# 发展设施农业　促进农业增效农民增收

新疆维吾尔自治区昌吉州农业局　马生刚

设施农业是现代农业重要内容，发展设施农业对于促进农业增效、农民增收、保障城乡淡季蔬菜供应具有十分重要的意义。2012 年，昌吉州认真按照自治区提出的“标准配套、巩固提高、加大培训、强化服务、提质增效、稳步发展”的总体要求，努力工作，攻坚克难，深入开展设施农业发展质量效益年活动，全面完成了自治区下达的各项目标任务。

## 一、昌吉州设施农业基本情况

2012 年昌吉州共改造老旧温室 4480 座，新建温室面积 1076 亩，新建设施农业标准示范园 8 个，新增贮藏保鲜库（窖）20.8 万吨，全州设施农业总面积达到 12.66 万亩（其中温室 4.09 万亩），贮藏保鲜库容达到 50 万吨。全年共生产反季节瓜果蔬菜 49.97 万吨、苗木 6 亿株，设施农业纯收入达到 73785 万元，其中温室亩均纯收入达到 12218.3 元，拱棚亩均纯收入达到 4656 元，设施亩产量、亩纯收入指标均超额完成自治区下达任务。

## 二、昌吉州采取的主要措施

1. 加强领导，统一思想，真抓实干。州政府成立了由州长亲自挂帅负责的设施农业工作领导小组，并制订下发《2012 年自治州设施农业质量效益发展年活动实施方案》，工作经费列入年度财政预算，工作任务逐项分解、逐级落实。同时将设施农业发展质量效益年活动纳入综合目标管理考核内容，列入重点督查项目，专门立项督查，全年共专项督查设施农业工作三次。配合专项督查，州农业局领导及农技专家全年深入各县（市、园区）检查指导设施农业工作十余次，及时发现问题，及时指导解决。通过强有力的行政推动，确保了 2012 年我州设施农业发展质量效益年活动的顺利开展和任务的完成。

2. 争取财政和项目资金投入，提高设施装备水平。2012 年州财政共计拨付 2200 万元补贴配套资金用于旧棚改造、育苗中心建设、示范园建设、新品种新技术试验示范、新建贮藏保鲜设施和节水灌溉。此外，我州还通过争取国家蔬菜标准园建设项目、自治区财政支持设施农业发展专项资金项目等方式争取到项目资金540万元。与此同时，各县市也出台相关政策，重点对设施农业生产环节给予补贴。多渠道财政资金的到位，确保了我州设施农业装备水平的提高。9个育苗中心全部投入使用，每个育苗中心的育苗数量达到150万株以上；全年引进瓜菜新品种154个，引进推广设施新技术49项；温室节水滴灌配套率达到96%，棉被配套率达到94%，其中冬季生产型日光温室棉被覆盖物配套100%。

3. 依靠科技，节本增效，保障食品安全。2012年我州继续加强了对设施农业科技人才队伍的管理工作力度。制定并完善相关工作制度，安排骨干力量分片包干，深入温室基地进行技术指导与跟踪服务，千亩连片基地技术服务人员达到2~3名，千亩以下基地达到1~2名。全年累计服务22513人次，举办各类设施农业培训班220期，组织专家开展技术巡回指导5次，培训农民29452人次，对县、乡分管领导、农业部门负责人和技术人员普遍培训1次。农产品质量安全工作取得显著成绩，全年检测各类设施蔬菜样本5211个，合格率达到100%，设施农产品质量安全水平较上年有很大提高。

4. 推进产权改制，处理好投资、经营、收益主体三者利益关系。按照自治区“设施农业信息统计分析管理平台”建设要求，以及《昌吉州温室产权（使用权）登记管理办法》的规定，2012年我州对温室大棚进行了统一编号和逐一登记，对登记的温室由乡（镇）村审查备案，县（市、园区）农经局负责对主体资格审核及认定，遵循温室所有权（使用权）有效年限不超过土地承包经营年限原则，由各县市政府统一印制、发放温室大棚产权证书或使用权证书，做到投资和收益主体统一。去年，我州的温室大棚100%完成产权改制工作，设施产权或使用权均落实到了自然人或法人。

5. 培育设施农业专业合作社，推进标准化生产。合作社是未来农业发展的主要形式，为此，我州各级政府及农业行政部门加大了对在设施农业基地组建合作社的指导帮扶力度。重点从项目资金、制度建设、品牌创建、农产品质量安全等各个方面和环节给予倾斜和实质性的帮扶。截止到2012年年底，我州共培育各类设施农业专业合作社86家，设施农业的专业化和组织化程度进一步提高。在合作社的统一组织下，品种、供苗、定植、管理、采摘、销售等环节实现了统一，茬口安排更加科学合理，无公害栽培技术得到推广，温室生产的标准化水平大幅提升，单产及效益进一步提高。

6. 开展设施农业保险，降低生产经营风险。2012年，州人民政府制定并下发了《自治州2012年政策性农业保险工作安排意见》及《设施农业政策性保险承保方案》。其中规定：对因暴雨、洪水、风灾、雹灾、雪灾、强寒流、火灾等造成保险温室或温室内作物受损的给予赔偿，保费（温室保费 140 元，作物保费 100～300 元）由州财政补贴 30%，县市、园区财政补贴 45%，其余的 25% 由农户承担。保险金额每个标准温室为 7000 元，温室内作物按经济价值 2000～6000 元不等。去年，我州共有近千座温室参加了保险，设施农业保险工作也至此打开局面。

## 三、2013 年设施农业工作目标与保障措施

### （一）2013 年工作目标

设施投产率达到 100%，设施产权或使用权全部落实到自然人或法人；按设施生产面积核算：全年单产和亩均纯收入，温室分别达到 8 吨/亩和 12000 元/亩，拱棚达到 3 吨/亩和 3500 元/亩；老旧温室技术改造 4000 座（标准棚），创建万元棚 13500 座；设施农产品 100% 符合无公害产品标准；推进设施农业信息平台建设、育苗中心建设及示范园建设。

### （二）保障措施

1. 解放思想，继续加大财政支持力度。进一步解放思想，跳出生产农业的思维模式，以社会农业的理念全视角发展设施农业，由此拓展设施农业产业功能、休闲创意功能、社会服务功能，实现设施农业经济、生态、社会效益最大化的目的，把我州建成乌昌地区“菜篮子”生产储备供应基地。加大各级财政的支持力度，积极争取国家和自治区设施农业及“菜篮子”工程建设项目，加快现代蔬菜产业体系建设，解决重点设施农业基地的鲜菜直供车和社区直销店直供建设，减少中间环节，确保市场供应和价格基本稳定。

2. 转变发展方式，向新型现代农业发展。在深入调研、集思广益的基础上，探索土地和温室产权流转机制的建立，盘活农业生产资源，吸纳社会资金投入新型现代农业的发展中来。让适合高度机械化产业发展的大田作物土地集中规模化经营，让原有土地流转起来，打破身份和区域界线，进入劳动和技术密集的设施农业产业发展中来。同时按照“六有”合作社的基本标准，组建、规范设施农业专业合作社，创建示范合作社，并积极开展标准化生产、品牌创建、市场开拓等工作，力争设施农业规模化基地全部都建有合作社，设施农业从业农民入社率达到 60% 以上。

3. 改善装备条件，建设特色设施农业科技示范园。以农业产业功能区划为基础，各县市重点建设 1～2 个适宜本地区产业特色的设施农业休闲旅游、专业育苗、专业生产的科技示范园，把工作重点转移到提高设施农业的质量效益上来。围绕科技示范园建设，进行旧棚改造，完善温室基地水、电、路

等基础设施以及节能、自动化装备的配套，同时配套机制活、有创造力的科技服务队伍和市场营销队伍，运用好财政投资与社会资金，通过对设施农业科技示范园进行市场化运作，增强竞争力和活力。

4. 提高服务质量，强化科技支撑。州、县两级农业技术推广部门结合基层农业技术推广机构改革工作建立责任机制，按照每人负责150座温室的比例，抽调技术人员深入设施农业科技示范园区开展多种形式技术指导服务，加强科技推广应用，提高设施农业发展质量与水平。坚持不懈地开展设施农业高产高效品种、技术的引进、试验示范和推广工作，加快重大集成技术推广应用步伐，全力加强科学技术对产业发展的支撑力量。农产品质量检验检测部门加快仪器装备和资质认证工作进度，提高对设施农业基地产品的检测质量、检测覆盖面和抽检次数，并依法做好检测结果的反馈工作，坚决禁止农残超标农产品流入消费市场。

5. 优化产业结构，提高生产水平。围绕本地优势和市场定位，以及产业化龙头企业需求，采取基地开发的广度与深度相结合、资源开发与配套建设相结合、生产开发与市场开发相结合、产品开发与加工增值相结合“四个结合”，发展设施农业的现代化生产。坚持以温室生产为主体，拱棚生产为辅，贮藏保鲜相结合，填补相互之间在生产季节和种植品种上的空白；稳步扩大设施农业生产规模，努力实现生产的标准化、区域化、规模化、优质化、专业化的目标；加快贮藏保鲜业的发展，以市场为导向，以企业为主体，加快设施农产品冷链物流体系建设，培育冷链物流企业，确保产品品质和消费安全，促进产品流通增值。

6. 锐意进取，增强设施农业发展活力。快速、稳步地推进设施农业政策性保险工作，2013年计划以木垒、奇台、吉木萨尔县为重点，使全州温室参保数量达到2000座，努力解除生产者的后顾之忧。其次对纳入城镇规划建设用地范围内的温室、长期废弃的老旧温室和零星夹杂在村庄周边、田间地头且无改造价值的废旧温室进行登记清理，报备拆除，对土地进行复垦利用。再加强设施农业信息平台建设，力争全面完成产销信息上线工作，为设施蔬菜生产者提供产销信息服务。

# 以科学发展观为指导<br>推进农业和农村经济快速健康发展

新疆维吾尔自治区于田县农业局

近年来，在县委、政府的坚强领导下，于田县农业局紧紧围绕农业产业结构调整，以农民增收为突破口，践行执政为民宗旨，坚定不移地坚持“群众第一，民生优先、基层重要”的原则，认真组织，精心安排，切实提高农牧民的生活质量，实现了于田县农业和农村经济快速健康发展。

## 一、辉煌发展中的于田农业

一是粮食生产逐年增加。2012 年于田县粮食种植面积 33. 2 万亩，较十年前 31. 53 万亩增加 1. 67 万亩，增长了 5. 3%；粮食平均单产 454. 8 公斤，总产 150993 吨，分别较 10 年前增加 42. 9 公斤和 21110 吨，增长了 10. 4% 和 16. 3%。

二是棉花产量不断增加。2012 年棉花种植 6. 74 万亩，平均皮棉单产 116. 5 公斤，较十年前平均单产增加了 16. 3 公斤，增长了 18. 1%。

三是设施农业产量和质量不断提高。于田县自 2003 年发展设施农业以来，不断探索，不断创新，取得了设施农业质量和效益的不断增长。目前我县设施农业种植面积 7280 亩，其中日光温室种植面积 6618 亩，拱棚 662 亩。年销售各类蔬菜 36329 吨，实现产值 8628. 98 万元，亩均产值 11853 元，亩均纯收入 8298 元，较上年增加 1003 元。

四是特色种植实现了新突破。2012 年根据各乡发展实际，重点发展了架子南瓜、蓖麻、天山雪菊、小茴香、西甜瓜等特色经济作物。落实种植面积 7. 65 万亩，较上年增加 2. 01 万亩，增长了 35. 6%，亩均纯收入 1958 元，较上年增加了 53 元，增长了 2. 8%。

五是实施了农资综合补贴、良种补贴、沼气建设等各项支农惠农政策，使广大农牧民真正得到了实惠。2012 年落实中央、自治区良种补贴和农资综合补贴资金 2230. 5 万元，并以“一卡通”的形式直接发放到农民手中。2012 年新建沼气池 900 座，建设农村沼气服务网点 8 个，使全县沼气池总数达到

9358座，农村沼气服务网点62个，改善了于田县农村环境，有利提高了农村生活环境，为发展我县农村沼气奠定了基础。

## 二、构建现代农业发展体系，实现于田农业和农村不断向前发展

### （一）牢固树立科学发展观，加快构建现代农业产业体系

树立现代农业发展新理念，突出抓好优势传统产业提质增效。进一步解放思想，转变发展观念，坚持以新型农业化理念引领现代农业，用现代科学技术改造农业，用现代经营方式推进农业，用新型农民发展农业。坚持把稳定发展粮食生产、保障农产品稳定均衡供给放在突出位置。强化耕地保护，加强农村土地综合整治，建设旱涝保收高标准农田。主要依靠农业科技创新，着力提高粮食单产、品质和生产效益。积极推进粮食优质高产创建行动，重点抓好中低产田改造新增粮食产能建设工程、“三圃一田”种子工程建设，力争粮食产量稳定在15万吨以上。以设施农业发展质量效益年活动为契机，抓好设施农业建设。加强农业标准化建设，强化农产品质量监管，提高“米袋子”、“菜篮子”等供给保障能力和质量安全水平。

按照区域化布局、规模化经营、标准化生产、一体化发展要求，做大做强粮油、蓖麻、玫瑰花、大芸等优势特色产业。着力构建于田县科克亚设施农业重点乡镇、于田县阿热勒乡玫瑰花之乡、奥依托格拉克乡大芸之乡、托格日尕孜乡红枣、喀尔克乡蓖麻等为重点的农业主体功能区。加快培育3~5个特色明显、类型多样、竞争力强的专业乡镇，建设一批高标准、上规模的优质农产品生产基地。

### （二）加大科技创新力度，强化现代农业科技支撑

围绕保障农产品有效供给，加强小麦、玉米、水稻等主要粮食作物品种选育、大面积均衡增产技术研究；开展以节地、节水灌溉、节肥为主的农业节能减排技术，以土壤测土配方施肥技术，农业重大灾害防控技术和农业生态安全等关键技术研究，构建农业产业技术体系，“十二五”末农业科技进步贡献率达50%以上。把种子工程作为农业战略性新兴产业的首选项目，认真抓好“三圃一田”种子工程建设。认真组织实施优质种苗工程，选育一批适合我县种植的高产优质水稻新品种，加大引进示范推广力度。

### （三）加强基础设施，改善农业生产条件

一是要围绕培植主导产业、发展龙头企业、建设生产基地和农业市场体

系，加快农田水利、农机化、交通通讯、城乡市场、科教文卫五大系列基础设施建设，不断改进新型农业现代化条件；二是要根据于田县经济社会中长期的发展目标，统一制订建设计划，配套完善、巩固提高和管好用好现有设施、加快建好在建设施，积极研究，开发后备设施；三是要坚持抓好防洪、灌溉、排涝三大体系为主的农田水利基础设施建设，坚持高起点、高标准、高质量开展以改造中低产田、中低产塘为重点，实行水、田、村、林、电、路综合治理的农业综合开发，提高土地、水面等利用率和产出率；四是要坚持以交通通讯开路，不断提高农机装备水平和农机化服务水平，不断完善新型农业现代化基础设施。

**（四）强化引导，完善服务体系建设**

一是搞好政策服务，切实制定和落实支持新型农业现代化的优惠政策，在龙头企业的立项、申报、审批以及土地征用，税费征收等方面给予优惠；切实落实农业科技人员的优惠政策和各项待遇，鼓励科技人员到农村承包、领办各类农业项目，营造良好发展氛围；二是搞好资金服务，调整资金投向，加大对新型农业现代化的投入；三是搞好领导服务，转变政府职能、工作作风、工作方式和思维方式，由过去的重点抓地域、抓环节转移到重点抓产业，抓产品，由过去抓个别乡、镇、村、组示范转移到抓主导产业。

**（五）加强农村市场建设，完善市场流通体系建设**

首先要培育市场载体，坚持以农村市场的依托和载体，不断聚集生产、聚集人口，提高农村新型城镇化水平，使农村城镇化、工业化、市场化同步发展；其次要加强市场建设，要有计划地建立农产品批发市场、生产资料批发市场，逐步形成以批发市场为核心的农产品市场体系、生产资料市场体系；再次要壮大市场主体，通过思想引导、信息引导、典型引导等方法，不断提高农民的商品意识和竞争能力，使越来越多的农民进入流通领域，拓宽农产品购销渠道。

**（六）着力用科技武装农民，全面造就现代农业人才队伍**

一是大力培养和引进高层次创新型农业科技人才，引导和鼓励高等院校毕业生到农村基层工作，深入推进大学生“村官”计划和科技副乡长计划。实施更加开放灵活的现代农业人才激励政策，完善基层农技推广人员职称评价标准，注重工作业绩和实效，鼓励科技人员在生产一线从事农技推广和创新创业，加快培育农业科技人才队伍。二是以提高农民科技素质、职业技能和经营能力为重点，大力开展现代农业实用技术、农村经营管理技术、农村信息化技术、农民就业创业技能培训和农村实用人才培训，大力培养新型农民。加速实施农村党员干部远程教育工程、农村职业技能培训工程、实用人才创业培训工程、农村劳动力培训“阳光工程”、农村信息化骨干队伍培训工程，重点培养科技致富带头人、种养业能手、农村经纪人、专业合作社领办人、农民企业家和农村高技能人才。

**（七）加强农产品质量安全检测检验体系，确保农产品安全**

依托县级农产品质量安全体系项目建设，加快形成“三级四层”的农产品检测检验体系，要定期开展对蔬菜品种的定性、定量检测，定期发布国家农产品质量安全的新政策、新规定和质量安全信息发展动态，建立全方位的农产品质量安全检测和监控站点。制定优质小麦、蔬菜等生产技术规程，加强农产品生产、流通环节监管，确保从农田到餐桌全过程的农产品质量安全。同时，在积极发展无公害产品、绿色食品的同时，选择质量档次高、市场竞争力强、发展前景好的产品，积极建立有机农业生产基地，示范带动全县有机农业发展。有机农业重点发展无公害、绿色、有机农产品，使试验区全面推进“三品一标”认证，即无公害产品、绿色食品、有机农产品生产基地及产品认证、农业标准化。

# 加强设施农业建设
# 做大做强设施农业项目

新疆维吾尔自治区乌恰县农业局 尤国礼

2012 年农业局在县委、县政府的正确领导下，在自治州农业局的指导下，全面贯彻落实党的十七届六中全会、中央农村工作会议和县委十届二次全会精神，紧紧围绕县人民政府 2012 年《政府工作报告》工作要点及其责任分解的要求，以增粮增收为中心，以科技创新为手段，以发展戈壁产业和项目实施为切入点，以民生为重点，开拓创新、扎实工作，使各项工作取得较大的成效。现就我局 2012 年度各项工作总结如下：

## 一、加强设施农业的建设和管理，做大做强设施农业项目

从 2008 年试种戈壁蔬菜大棚全面展开以来，截至目前，戈壁蔬菜大棚已发展到 2006 座，定植 1936 座，蔬菜品种有辣子、西红柿、黄瓜、莲花白、葫芦瓜、豇豆、萝卜等品种，瓜果有草莓、葡萄、油桃、无花果、樱桃 5 个品种。截止目前乌恰县戈壁蔬菜产量达到 2723 吨，产值达 1361. 5 万元，每个棚效益 7032 元。常规蔬菜大棚每座可创收 7500 ~ 10000 元，特色林果大棚种植收益达 2. 5 万 ~3. 2 万元，切实增加了牧民收入。

### （一）运行管理模式及情况

设施农业作为乌恰县戈壁产业的重要组成部分，县委、人民政府高度重视设施农业的发展，抓好设施农业建设，成立了设施农业领导小组，明确了目标责任分工，有效地促进了设施农业的顺利实施。在具体实施中做到了县领导牵头，部门负责，基层落实的管理工作体系。在生产中，实行军事化管理，在集中连片生产区域，以连、排、班（组）为建制，把工作落实到了末端。科技示范园主要职责是新品种的引进、试验、示范、技术培训；戈壁产业园、玛依喀克负责高品质蔬菜的规模化生产与新技术、新品种的推广工作。

### （二）设施产品销售情况

乌恰县设施农业规模化经营，产品统一销售，近三年不断总结经验，开

拓市场，在本县现有市场不断壮大的情况下，在县城中心建立了“惠民”蔬菜超市，主要销售我县生产的蔬菜。同时依托克州－喀什－乌恰经济圈、交通圈及两个口岸，大力开拓中亚市场，成立了高原有机绿色食品物流配送中心，实行订单上门服务，拉长产业链，创知名品牌，提高市场竞争力，并开拓喀什周边市场，进行蔬菜批发。上半年，共向县（境）外销售蔬菜600吨。

为解决农牧民生产果蔬保鲜、错季销售，提升乌恰县果蔬等农产品市场竞争力，提高农副产品附加值和保鲜加工能力，乌恰县投资600万元新建2座果蔬保鲜库，可保鲜各类果蔬800吨，总占地面积近2万平方米，项目于2012年5月全部竣工并投入使用。

## 二、农业基础性工作

### （一）大力做好粮食生产工作

乌恰县2012年度总播种农作物面积36676亩，粮食播种面积32735亩，产量9996吨，比去年增加15%。其中，冬播播种面积为18270亩，产量6182吨，春麦播种面积1838亩，产量422吨。玉米播种面积11067亩（其中复播玉米7100亩），产量3047吨；青稞播种面积988亩，产量234吨；豆类播种面积572亩，产量111吨；棉花播种面积140亩，产量14吨；油料作物播种面积2680亩，产量334吨；其他作物播种面积1121亩，产量902吨。

2013年计划播种冬小麦19000亩，截至目前完成16531亩，一周后全部完成播种计划。

为使粮食生产保持持续上行的发展势头，农业局采取有利措施，确保粮食增产、农业增效、农民增收。一是把好主推品种关，2012年共推出高产优质冬麦新品种“83－171号”；二是把好了病虫防治关，全年共发布小麦、玉米、蔬菜等主要农作物病虫情报8期，病虫情报进村率达100%，有效地控制了病虫的危害，一年来未发生病虫严重危害现象；三是推广测土配方施肥技术，土肥站指导服务农户0.6万户，发放施肥建议卡3000张，填写农户施肥情况调查表100份，使玉米平均单产达到350公斤、提高1.6%，冬麦单产达到320公斤、提高1.8%，逐步建立了当地主要经济、园艺作物施肥指标体系；四是大力宣传贯彻惠农政策。

### （二）粮食新品种的引进和试种工作

2012年，种子站完成试种冬麦新品种“83－171号”43亩；试种玉米品种“金玉1028号”、“元华116”、“3376号”20亩；试种油菜品种“青油14号”、“八农9号”10亩；进行了30人次培训。全县推广优质品种种子面积

达到 3000 亩。

（三）做好农广校培训工作

农广校自 2011 年成立以来，承担设施农业发展专项资金农民培训项目 300 人及退耕还林专项资金农民培训任务 3170 人的任务，主要开展区域为玛依喀克、黑孜苇乡、膘尔托阔依乡、波斯坦铁列克乡、吾合沙鲁乡等乡，培训内容紧紧围绕项目和各乡村产业发展，以主推品种、种植、养殖、林果等实用技术为主，开展面对面、手把手的现场示范指导。

2012 年乌恰县农广校安排植保技术员 2 名深入乌恰县玛依喀克管委会、城东、城南设施农业科技示范园区开展设施农业培训，培训基层技术员及菜农 395 人。

自启动退耕还林农民培训工作以来，农广校相继在黑孜苇乡艾克铁列克村、阿依不拉克村、康西湾村、坎久干村和库拉日克村连续培训一个多月，共计培训玉米种植户、杏树种植户和牛养殖户 1249 人。

（四）加强农村经济管理

2012 年人均收入预计可达到农牧民人均纯收入达到 3418 元，增加 1035 元。实现劳务输出 10000 人次、创收 7000 万元以上。实施柯尔克孜羊标准化养殖，改良牲畜 12 万头，改良率达到 95% 以上。新建养殖育肥基地 8 个，加快发展以企业、合作社、家庭为主的特禽养殖业，养殖特禽 80 万羽（只）。

2012 年注册了 7 家农民专业合作社，还有 10 家农民专业合作社正在注册中。

（五）加强农村能源建设

1. 沼气池建设及使用。我县建设沼气池 1264 座，连体户用沼气池 2 座。涉及 5 个乡 13 个村委会，项目总投资 825 万元，其中中央投资 450 万元，地方投资 37. 5 万元，农户自筹 337. 5 万元。建设沼气物业服务网点 10 个，农村户用沼气池建设完成了自治区下达的任务，服务网点完成了计划任务，已建成的沼气利用率达到 80%，玛依喀克单体户用沼气池已全部建完，示范带动效果显著。同时还开展了天然气利民工程，使全县 1494 户农牧民用上了天然气，并给入住县城的农牧民交了天然气入户费，每户 1900 元。农业局在巩固提高沼气利用的基础上，对已建成的沼气进行了全面检查并手把手教农牧民如何换料，沼渣、沼液如何利用，加大宣传力度，使农牧民进一步认识到使用沼气的好处。

2. 农产品检测。农村能源监测站对县农贸市场内蔬菜共进行农药残留抽样检测 10 次，每次检测抽取 10 个样品，每样抽取 10 份进行分批次的检测，检测结果合格率均在90%以上。

**（六）继续做好农技推广工作**

农业技术推广中心2012年实施项目4个，分别是基层农技推广体系建设项目、乡镇基层农技推广服务体系建设项目、基层农技站标准化建设项目、测土配方施肥项目、编报项目2个，一个是基层农技推广体系建设补助项目，一个是有害生物预警与控制区域站建设项目。

1. 扎实开展测土配方施肥项目建设。2012年测土配方施肥面积达到5万亩，其中配方肥施用面积达到3万亩，配方肥施用量40吨，通过推广优良品种、适时早播、合理密植、化学调控等高产栽培技术，为农牧民亩节本增效30元。截至目前，土肥站指导服务农户0.6万户，发放施肥建议卡3000张，填写农户施肥情况调查表100份，使玉米平均单产达到350公斤、提高1.6%，冬麦单产达到320公斤、提高1.8%，逐步建立了当地主要经济、园艺作物施肥指标体系。

2. 落实有害生物测报制度，集中开展了病虫害防治工作。坚持预防为主，综合防治，科学治理的方针，以“早防，早治，控制范围，彻底根治”为目标，扎实做好了农业、设施农业产前、产中、产后的病虫害防治工作，把统防统治和建立专业化防治队伍做为病虫害的主要防控措施，建立病虫害防治观测点，时时进行测报；开展了番茄花曲叶黄化病毒病、小麦雪腐病、条锈病、蚜虫等病虫的集中防控工作；在温室普及黄板诱杀、紫光灯诱杀等无害化防治措施，确保了有机蔬菜的生产安全。全年共防治各类作物10000多亩，温室各种病虫害1900棚次，防治率达80%以上。通过新知识、新理论、新技术的学习提高农技人员水平。

3. 突出抓好一园、一中心、一基地建设，为戈壁产业发展增加了新的亮点。2012年科技示范园试验设施栽培果树新技术2项，推广设施栽培蔬菜新品种12个。特别是戈壁温室延后少土栽培大果樱桃、葡萄、无花果、红枣栽培技术的集成规范为乌恰县设施栽培品种多元化打好了推广基础。2012年葡萄长势良好，每棚可产葡萄800公斤左右，通过综合比对，全球红、克瑞森、红宝石、木纳格品质较好，适宜规模化推广种植；红枣当年就产生了经济效益，冬枣、园脆、俊枣、梨枣四个品种综合性状表现优良。2012年生产阿魏菇15万袋，预计可产鲜菇30吨。在巩固产量的同时，重点在鲜菇和干菇的品质进行了改善，达到稳产、稳质、高效益。

4. 建好、用好育苗中心，连栋育苗温室保障水平得到提升。两座连栋温室已育苗4茬（次），共育西红柿、辣椒、莲花白、茄子、黄瓜、西葫芦、叶菜类等蔬菜苗600多万株。

**（七）农业产业化工作**

1. 自治区龙头企业2012年上半年开始申报，申报企业为金旺矿业，目前正在报批过程中。

2. 积极抓好《农民专业合作社法》和《农村土地承包法》等法律、法规的宣传工作，积极引导和指导各乡（镇）、村结合实际，组建各类农产品、农副产品、畜牧业养殖、特色养殖、特禽养殖等农民专业合作社，上半年共正式注册7家农民专业合作社，还有10家农民专业合作社正在组建、注册中。

**（八）农业局负责实施的项目**

2012年批复的项目：

1. 2012年乌恰县巩固退耕还林基本口粮田建设项目，建设规模9339亩，项目总投资466.95万元。

2. 2012年巩固退耕还林成果专项资金退耕农民就业创业转移技能培训项目，计划培训1170人，该项目总投资17.55万元。

3. 乌恰县老旧温室技术改造项目，项目资金到位60万元，用于对玛依喀克生产基地100座大棚和城东设施农业300座大棚墙体、钢架和铁丝进行改造维修。此项目已经完工。

2012年实施的项目：2012年乌恰县巩固退耕还林基本口粮田建设项目，2012年巩固退耕还林成果专项资金退耕农民就业创业转移技能培训项目，乌恰县老旧温室技术改造项目，2010年乌恰县巩固退耕还林基本口粮田建设项目，乌恰县育苗中心建设项目（两座育苗中心已经完工并使用，第三座正在实施中），2011年乌恰县第一批农村沼气池建设项目。

## 三、存在的问题及不足

（一）农产品质量安全监测体系和执法体系建设需要加快，检验专业技术人员缺乏，不能保证农产品的安全生产。

（二）在农技工作具体实施中植保、测土配方技术工作环节薄弱，植保、测土配方专业人才匮乏，工作不能顺利开展，希望上级业务部门予以技术支持，并加大对这些技术人员的培训力度。

（三）传统农业专业技术人员严重匮乏，对更好地服务农业有影响。

## 四、2013年农业局工作目标及思路

1. 做好传统农业的服务工作，引进优良品种，提高粮食品质、粮食单产。

加强科技培训和技术指导，攻单产、促总产、提品质，实现粮食总产量突破10000吨。大量引进、试种经济作物，提高农牧民的经济收入。2013年继续推广冬麦新品种“83－171号”。

2. 继续把基层农业技术推广体系建设做为重点来抓，抓好黑孜苇乡农技站标准化建设，对波斯坦铁列克乡、膘尔托阔依乡、巴音库鲁提乡农技站硬件设施、软件设施进行完善，达到乡农技站建设的标准；同时，抓好2012年剩余5个乡农技站改、扩建项目建设。

3. 2013年设施农业要在体制上下工夫，扩大、推广优良品种的种植。主要是扩大葡萄、红枣等果树种植规模。在全县推广葡萄50～100棚，红枣5棚，葡萄品种以全球红、克瑞森、红宝石、木纳格品种为主，红枣以冬枣、园脆、俊枣、梨枣为主，提高设施农业的质量、效益。

4. 强化农产品质量安全保障。加快农产品质量安全检验检测体系建设，积极推进“三品”认证和标准化示范基地建设；进一步加大市场监管力度，筑牢农产品质量安全防线。

5. 加强科技培训，为农民增收提供智力支撑。大力开展农村实用人才培训、农民职业技能培训、阳光工程培训等科技培训，提高农民科学种植和创业能力。培训农民人数不低于1000人次。

6. 加大招商力度，引进农产品加工企业1～2家，提升农产品的附加值。

# 实施农业推广体系建设 加快伊宁县现代农业发展

新疆维吾尔自治区伊宁县农业局　赵国军

伊宁县地处新疆西北伊犁河谷中部，是伊犁州设治最久、屯垦最早、人口最多的大县，辖20个乡镇场（其中16个乡、2个镇、2个地方国营农场），总人口42.68万人，由维、汉、哈、回等33个民族构成。全县有耕地110万亩，伊宁县属大陆性气候温和干旱区域，水源充沛、气候温和、日照充足、土壤肥沃，宜农宜林宜牧，物产资源十分丰富，是新疆重要的粮食、甜菜、亚麻、果品生产基地。

## 一、基本情况

2012年全县第一产业收入33.8亿元，其中农业收入15.5亿元；比上年增长12.4%；林业收入1.7亿元；牧业收入16.3亿元；渔业收入3870万元。农牧民人均纯收入达到9138元，比上年增长18.4%。全县完成正播面积为108.5万亩。其中小麦29.2万亩，平均单产399.7 kg/亩，玉米67.56万亩，平均单产820 kg/亩，大豆4.13万亩，马铃薯种植1.1万亩，棉花0.33万亩，油料作物3.44万亩，甜菜6.2万亩，蔬菜2.4万亩，其他作物6.4万亩。

我县自2009年开始并连续实施三年“全国农技推广体系改革与建设示范县”项目，2012年实施“农技推广补助项目”，通过项目的实施，带动我县的农技推广体系更加健全，制度更加完善，服务能力有较大提高，服务效果非常显著。同时以土地流转为基础，加大了“县有示范园、乡有示范区、村有示范片、户有示范田”的四级农业示范体系建设，分别建成了三个县级现代农业示范园，二十个乡级示范区，一百个村示范片，四百个科技示范户，为新技术、新品种试验、示范和引进推广提供了有效的平台，加快了我县现代农业的发展。

## 二、主要问题

一是人才队伍总量不足，“高学历、高职称、高能力”的高层次人才缺乏。经过多年的人才队伍建设，我县农业专业技术人才短缺的状况已得到有效缓解，但高层次人才仍然短缺，取得高级技术职称的专业技术人才较少，难以满足农业现代化发展的需求，难以为现代农业发展提供人才保证和技术支持，特别是在建设社会主义新农村关键时期，这种状况更是亟待改变。

二是人才队伍结构不尽合理。首先是高学历、高质量的人才偏少，高级人才的年龄结构不太合理，高级职称人员已呈现老龄化趋势；高素质创业型人才短缺，非常缺乏高素质的复合型人才、缺乏带领农民进军市场的经营管理人才、缺乏有创新能力的创业人才。

三是在农业技术人才的培养、使用、引进上存在问题。农业专业技术人才的引进、培养和使用，是农业发展中一个极其重要的环节，关系到“科教兴农”战略的实施。近年来，伊宁县在农技人才的引进、培养和实用工作上取得了一定成绩，但是与其他行业比较，对农业技术人才的引进力度仍然不够。另外，农技人才的梯队建设处于停滞状态，致使一些积累多年的专业技术不能得到有效延续和传承。

四是人才的成长机制、流动机制等不健全。农业专业技术人才工作机制、激励机制缺少创新，人才的流动不够畅通，手续复杂。重使用，轻培养，重学历，轻能力。此外，现有人才学非所用、专业不对口的现象在一定程度上存在，不利于农业人才作用的充分发挥。

五是人才分布不平衡。较为优秀的农村专业技术人才多集中在经济较强的乡镇，交通便利的城区，偏远地区农村专业技术人员及优秀人才相对较少。

## 三、做法建议

伊宁县基层农技站“三权”收回农业局管理以来，县委政府主要领导对农技推广工作非常关心，多次召见我局领导倾听专题汇报，并专门安排人员就农技推广体系建设展开调研，形成调研报告，找出新时期农技推广工作应该做什么、存在的问题及对策方向，加速推进我县农技体系建设。

一是理顺管理体制。根据国务院国发［2006］30号及自治区新政发［2010］25号文件要求，我县各基层乡镇农技站全部改革到位，于2010年将基层农技站三权收归县农业局管理。实现了“县管乡用”管理模式。伊宁县县乡共有农技人员编制197个（县级40个、乡镇级157个），实际在编人数162人（县级34人、乡镇级128人），其中在岗人员142人（县级34人，乡镇级108人），技术人员到位率88%。

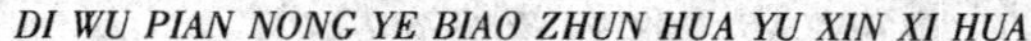

二是建立合理的人员聘用机制。我县根据按需设岗、竞争上岗、按岗聘用的原则，确定具体岗位，明确岗位等级职责，聘用工作人员，实行一年一聘，签订聘用合同。每名工作人员均有两次竞聘选择，打破职称、身份限制，力争让最合适的人到最合适的岗位上。

三是打破论资排辈职称享受格局。2012 年以来，我县打破了职称享受的"排排坐、吃果果""论资排辈""先来后到"的格局，而是根据技术员目标责任完成情况，采取多方考核的办法，选聘业务能力强、有责任心和工作热情的技术人员享受高级职称待遇，反之将职称高但业务能力差缺乏责任心和工作热情的技术员职称工资建议县财政预留出来作为奖励工资由农业局统筹拨发。另外，根据人事部门规定，技术人员职称聘期为三年，去年农业局与人事部门及时沟通，我县将农业部门技术人员职称聘期改为一年，以增强技术人员的责任感和忧患意识。2012 年 11 月底利用 4 天的时间对全县技术人员集中进行年终述职、考核，根据考核情况确定了 2013 年各技术人员的职称聘用。通过管理创新，极大地调动了技术人员工作的积极性。

四是逐步建立完善培训机制。高素质的农技推广人才是实现农业现代化的决定因素之一。我县有计划地对农技推广人员进行新成果、新技术、新动态、新方法培训和专业拓展培训，不断提高农技推广队伍素质，提升推广服务能力。我局规定，全县农技人员每年进行脱产学习时间不少于 15 天，学习方式包括"请进来""送出去"。另外，每名技术员每年"技术实操"学习时间不少于 3 个月。在 2011 年抽调 50 多名技术员实训的基础上，2012 年，我局从各乡镇农技站抽调 37 名技术员赴两个县级农业科技示范园进行实操锻炼，要求每位技术员跟踪一种作物，全程记录作物生长情况，从而对该作物的生长特性、需肥需水特性等建立近距离的感性认识，年底形成试验报告提交局考核小组。2013 年新年伊始，我局组织上级专家来我县为全县技术人员进行为期 6 天的专业培训，培训内容包括设施农业生产、农作物病虫害防治，新品种推介、高效作物栽培技术等，学习结束进行统一闭卷考试，通过强化培训，使技术员进一步掌握新型实用农业技术，更好地对农民进行技术指导。

五是建立健全考评激励机制。缺乏有效的激励机制，推广人员的推广结果往往与其利益并不挂钩，使推广部门及推广人员不注重推广效果，往往只是为了完成任务，更谈不上帮助农户进行生产决策和进行推广教育，推广人员与农户之间缺乏有效信息沟通。我县根据当地农业生产实际，确定对农业技术推广人员的考核内容和方式，建立健全科学的绩效考评机制和指标体系，强化农业技术推广人员的责任。同时，改革分配制度，建立健全激励机制，根据农业技术推广人员的岗位职责、工作业绩确定其绩效报酬。我县将技术人员工资中津贴的20%预留下来，作为绩效工资，针对不同职称的技术人员结合其所在乡镇，制定不同的考核内容，于年中、年终进行交叉、公开考核，考核分优秀、合格、不合格三种，合格全额拿回自己的绩效工资，不合格的绩效工资奖励给优秀人员，同时，单位再拿出一部分对优秀者进行奖励，通过奖勤罚懒，调动农技人员工作积极性。

六是建立推广责任制，全面完成农技推广任务。2012 年，我局对全县技术人员明确任务，在确保完成上级安排的推广任务的前提下，明确每位技术员的工作任务，其中，到示范园轮训人员主要是跟踪作物，乡镇农技站留守人员主要建立“练功田”和“示范田”，同时要求每名技术员建立5户左右结对子示范户，通过做给农民看，带动农民干的方式，大力推广农业新品种、新技术。目前来看，这种推广模式效果比较显著。

七是利用现代化手段开展推广工作。伊宁县“三农”信息中心不断完善现代化服务模式，比如，升级和扩板“伊宁三农信息网（维、汉文版）”，提高了浏览速度和效果；三农信息服务中心与广播电视局联办的汉语板“连线三农”广播栏目正式上线播出，每天下午5点、9点各一个小时，内容包括市场信息、劳务信息、政策信息、科技信息等内容，使农民群众不管在田间、在家里都可以免费获取所需的涉农信息；2012 年继续发挥手机短信平台传播信息“短、平、快”的优势，选择性地为农口部门领导、乡村干部、种养大户、劳务经济人、富余劳动力等各类人群发送短信 42000 余条；开通“4022222 三农热线”，提升服务三农水平；与自治区电信公司签订长期合作协议，由三农中心每周将本县农产品市场信息、科技信息、政策信息上传至自治区“网络电视”平台，不仅扩大了本县信息的发布范围，也方便本地农民群众可以通过“网格电视”获取全疆的各类涉农信息。

八是全面完成农技推广补助项目实施内容。我县该项目共落实示范户1000 户，专家5名，技术员100名，基地10个，其中示范户是在总结前几年的经验基础上筛选确定的，主要包括每名技术员的结对子示范户以及全县进行土地流转的农户。基地建设重点是青年乡及萨地克于孜乡两个县级示范基地，据统计，2012 年两个示范基地累计接待示范观摩8000人次以上，包括自治区、州级、其他县市领导及本县各乡镇场分管领导、技术人员、种植大户、大学生等各界人士。

**作者简介：**

赵国军，男，汉族，1977 年出生，中共党员，在读研究生。现任新疆维吾尔自治区伊宁县农业局党组书记。

# 发展设施园艺产业　促进农民增收

新疆生产建设兵团第六师农业局　赖军臣

## 一、设施园艺业基本现状

新疆五家渠市位于天山山脉博格达峰北麓，准噶尔盆地南缘，面积711平方千米。市辖城区和101团、102团梧桐镇、103团蔡家湖镇3个团场。可耕地面积53千公顷，其中蔬菜种植面积5.6千公顷。

六师五家渠市党委一直以来高度重视设施农业的发展，把推进设施园艺业作为培育农业增效、农民增收的重要产业和致富渠道，积极打造区域特色农业产业，推进设施农业向规模化、标准化、市场化方向发展。

**（一）生产基地标准化、品牌创建**

1. 101团：截至2012年共建立256座温室和650个暖棚，拥有100吨贮藏窖30个，2000吨保鲜库1个，主要生产茄果类、叶菜类、瓜菜类和豆类蔬菜，60%的大棚亩产值达到1万元。取得无公害蔬菜产地认证1个，产品认证2个；绿色食品认证有2个产品。注册了“农鑫园”、“双渠”、“通古”等商标，成立了新疆五家渠双渠蔬菜果品有限公司，采取“公司+基地+农户”的经验模式，主要从事蔬菜种植、初级加工包装、贮藏、配送及销售服务，是六师第一家以蔬菜基地建设为平台主要经营蔬菜的专业公司。

2. 102团梧桐镇：目前，有温室60座，暖棚40座，主要种植西红柿、辣椒。2013年投入872万元，在建温室82座，暖棚118座。

3. 103团蔡家湖镇：现有40座温室，主要种植番茄、辣椒、反季节甜瓜。

**（二）生产经营特点**

1. 农户自行经营和蔬菜种植比重高。师市设施园艺发展以家庭作坊的农户经营为主，经营人数主要在2人以下，设施农业生产的组织化和专业化程度不高。从种植品种看，以单纯的设施蔬菜为主，蔬菜又以常规茄果类和叶菜类为主，设施园艺瓜果、特色设施种植、种植和养殖结合的模式较少。

2. 销售市场以所在地为中心覆盖周边。从销售市场看，目前各设施农业经营户的设施农产品销售市场以本团和周边团场为主的居多，其次是附近的乌鲁木齐市北园春蔬菜批发市场，选择疆内其他地州蔬菜批发市场和疆外市场的较少，市场占有份额有限。

3. 销售渠道以自主销售和商贩上门收购为主。从销售渠道看，各团设施农业的销售渠道以自行销售和商贩收购为主，设施农产品的销售渠道比较单一，市场流通体系尚不健全，抵御市场价格波动的能力较弱。

**（三）成本效益情况**

据国家统计局兵团调查总队 2011 年调查，师市设施园艺业亩均成本在 2500～3500 元，亩均纯收入处于 4000 元以下的较低水平（低于兄弟师）。全兵团 239 个调查户中，亩均纯收入 10000 元以下占 77.8%，亩均纯收入在 10000～20000 元，占 17.6%；纯收入超过 20000 元，占 2.1%。亩均纯收入较低的多种植低端叶菜类，亩均纯收入较高的户则大多种植高端特色果蔬且从事全年设施生产，户均经营 3 个设施大棚，户均经营设施面积 3.27 亩，户均纯收入 33270 元，总体上职工从事设施园艺业的亩收益还处于较低水平。

## 二、存在的问题分析

**（一）蔬菜种植品种杂，规模小，区域优势尚未发挥**

设施蔬菜生产集约化、规模化程度低、农户自选品种、自主育苗、生产、销售比例大，没有统一的管理和组织协调。特别是在育苗中，基本采用日光温室＋营养土的传统育苗方式。五家渠市冬季寒冷，光照不稳定，培育壮苗难度大，而传统育苗方式占地多，能耗高，苗质差，劳动强度大，育苗风险大，技术水平参差不齐，缺乏专业化分工，规模种植水平低，这种状况将制约设施产业的快速发展。

品种结构方面，品种多，面积小，优势主导产品不明显，特别是具有影响力的外销品种和加工品种少，规模效益未发挥出来。目前主要以设施蔬菜为主，蔬菜又以常规茄果类和叶菜类为主，大众菜占 80%～90%，而高档果菜和新特菜仅占 10%～20% 左右。普通菜市场价格低，不占优势，而设施园艺瓜果、花卉、特色设施种植经济效益相对较高，但是规模又偏小。总体上设施园艺的总量小、集约化程度低、种植品种更新和扩展慢，导致经济效益普遍不高，直接影响到职工对种植温室大棚蔬菜的积极性。目前，我市设施园艺业吸纳土地富余劳动力转移的能力有限，尚未形成一个成熟的生产模式，还没有向质量效益型转变，带动效应有限，生产还处于初级发展阶段。

**（二）设施园艺技术标准和生产社会化服务体系不完善**

师、团虽有农业技术推广体系，但缺少专门从事蔬菜栽培专业技术推广队伍，同时没有建立起有效的设施农业示范推广基地，设施农业科技投入不足，缺少适合于本地温室大棚蔬菜生产的规范的管理技术，配套栽培技术研究滞后，蔬菜生产模式单一，常规技术缺乏有利的技术指导，国内外先进的高科技项目和技术没有得到有效的示范和推广，使得设施农业发展水平难以提高。设施农业对品种、栽植、管理的技术要求高，职工掌握设施生产技术难度大，对提高生产积极性有一定的影响。

现行设施园艺技术标准较为零散，适合师市设施农业特点，涵盖设施农业生产产前、产中和产后全过程的技术标准体系尚未完善，缺少产品快速检验检测设备，没有蔬菜生产资料方面的专卖店，产品品质无法保障，致使操作规程的制定与实施存在脱节现象，标准化技术普及率低，很难做到以质论价，优质优价。

**（三）市场流通体系不健全**

市场环境、发育程度、流通秩序和信息服务、中介服务组织等还不够完善，没有产地和集散地大型批发市场。龙头企业规模偏小、数量偏少，带动能力弱，大部分仍停留于一般购销关系或松散的联合层面。目前，我市蔬菜生产仍以单家独户生产经营为主，生产经营主体多而分散，产业化程度不高，蔬菜商品一致性较差，蔬菜包装、保鲜、冷藏和加工数量小，市场延伸增值能力低，设施农产品销售主要通过职工自产自销和商贩收购，稳定的销售渠道和市场还没有建立起来，抵御市场变化的能力较弱。蔬菜在流通过程中增加的利润在各流通主体之间的分配极不均衡，与职工相比，批发商的成本利润率高出职工6~10倍，零售商的成本利润率高出农户5~7倍。市场流通体系不健全使设施农业对职工增收的作用大打折扣。

**（四）设施农业发展资金筹措压力大**

设施建设是一项高投入、高产出的项目，修建使用面积为0.8亩的温室大棚需要资金8.5万元左右，加之水、电、路基础设施建设资金投入更大。虽然团场积极采取措施为职工筹措资金，团场大棚每棚投入3万元，个人投资5万元，而这部分资金主要由经营户自筹实现，多渠道投入的机制还未形成，加之银行贷款的落实存在一定难度，职工从事设施农业建设的自有资金压力较大，对低收入职工而言，资金不足的矛盾仍然十分突出，不同程度影响了设施农业的顺利发展。

**（五）比较效益低，影响职工的积极性**

大田每年劳作4~5个月，收入3万多元，剩余农闲时间外出打工收入相对稳定；种植大棚“白+黑，5+2”每年劳作10个月，收入3万~5万元，与大田生产相比较，机械化程度低效率低，劳动强度大，市场风险大，收入相对不稳定，造成职工种植积极性不高。

## 三、加快设施农业发展的对策建议

### （一）尊重民意，科学规划，稳妥推进设施园艺业发展

1. 因地制宜规划设施农业发展。发展设施农业既要考虑气候、温度、光照等自然条件，也要对本地的市场定位、品种结构、种植模式进行认真分析，更要尊重职工的决定权。在推动设施农业发展过程中，要尊重客观事实，科学规划设施农业发展的空间布局，必须立足资源禀赋和市场需求，确定各自设施农业的发展定位和方向，要按照“特色产业规模化、规模产业集约化”的方针，进一步调整设施农业结构，实施小规模大群体的集中连片发展战略，引导优势产品向优势区域集中，加速培育各自特色鲜明的主导产业，做大做强区域特色优势产业，形成对市场竞争力强的产业格局。一是按照“因地制宜，突出特色，统一规划，区域布局”原则，突破“小而全”生产格局，推进规模化、专业化生产，重点建设专业化生产基地。主产连队要根据本地的资源优势，确定自己的骨干品种与专业连，逐步形成一连一品、一区一业、规模化经营新格局。二是进一步建立集约化程度高、规模适度的蔬菜生产基地。利用气候多样性的条件，利用区域小气候的优势建立一批高标准、具有一定规模的超时令、反季节蔬菜生产基地，将现在的分散种植改为连片种植，集约经营管理，促进规模生产，提高种植效益。例如101团依托农头企业、区位优势和品牌资源做大做强胡萝卜、山药产业，同时围绕种子供应、工厂化育苗、设施园艺生产资料、储藏保鲜做大做强设施园艺物流业；102团应将庭院大枣和设施大棚结合发展反季节大枣，做大做强鲜实大枣，同时积极争取利用六师煤电的热力资源发展反季节果蔬花卉；103团应依托自身优势，发展反季节哈密瓜、食用菌（依托天山雪龙）和种养结合设施循环农业（与养猪结合），着力强化特色，扩大规模，提升优势。

2. 充分调动职工发展设施农业的积极性。要建立“政府搭台、企业运作、群众受益、辐射带动”的管理机制，充分发挥“展示、示范、辐射、带动”功能。要进一步加大对设施农业的扶持力度，加强对设施农业的领导，在政策和资金上给予重点支持，适当扩大设施农业贷款范围和政府补贴。要进一步强化基础设施建设，提高设施农业标准，增强综合配套能力。要加大对落后设施的改造力度，新建设施要高标准，适度超前。对50座以上的设施农业基地实施水电路等基础设施综合配套建设，提升设施农业园区的综合配套水平。

3. 合理引导种植户积极发展特色果蔬和花卉。有效引导种植户积极发展特色瓜果、特色蔬菜和花卉的种植，丰富设施农业品种。把设施农业的规模、

质量、效益和保障蔬菜市场供应以及价格基本稳定有机结合起来；要充分认识广大职工是设施农业科学发展的主体，始终把提高设施农业的经济效益放在首位，切实让职工从中得到实惠。

**（二）以设施标准园为抓手，建立高效设施农业示范基地，推广设施农业标准化生产**

围绕主导产业、以标准园为抓手，建立各具代表性的规模化和标准化高效设施农业示范基地，推广标准化生产技术。一是因地制宜引进优质、高产、高效的蔬菜良种，丰富品种种植结构，按照一连一品、一区一业、规模化种植的技术路线种植好大陆菜外，为适应市场需求，积极发展新、特、优、稀菜、食用菌、果树、花卉以及育苗等的生产，做到人无我有，人有我优，人优我新；二是在提高常规栽培技术如灌水、施肥、整枝、控温控湿、病虫害综合防治等技术到位率的同时，大力推广节能日光温室生产技术、育苗移栽技术、测土配方施肥技术、节水滴灌技术、二氧化碳施肥技术、有机生态型无土栽培技术、无公害生产技术、温室自动化机械化操作技术等先进适用技术及设备的推广，并加强单项技术组装集成，形成高、优质、高效栽培技术体系，不断推动设施产业的发展；三是积极推广以沼气为纽带的种养相结合的温室大棚“四位一体”生态技术模式，推进设施农产品向无公害、绿色、有机方向发展，提高温室生产综合效益。

**（三）加快研发，培养人才，加强设施农业科技服务体系建设**

1. 加强设施农业科技研发。针对影响和制约设施农业发展的关键技术，组织农业科研、教学、技术推广部门联合开展科技攻关，做好设施品种选育和引进，深入开展设施农业病虫害的研究防治工作。健全设施农业技术推广体系，增强师、团农业技术推广部门在设施农业技术推广上的技术和力量支持，做好设施农业建设，开展设施生产技术指导、技术培训和科普宣传；负责农产品质量安全标准制定、产品质量认证、生产过程的质量管理、储运保鲜等环节技术的服务。

2. 加快培养设施农业技术人才。加强以职工技术人员为主的设施农业土专家的培养。依托山西援疆的契机，定期组织山西设施农业方面的专家来师市传送技术、开展培训，同时组织师市相关技术人员赴山西实地学习，提高我市设施农业生产水平、专业技能和实践能力。

**（四）加强设施农产品销售体系建设，提高设施农业经济效益**

1. 提高设施农业的生产组织化程度。按照“龙头企业 + 合作组织（经纪人） + 职工”的运作模式，成立、引进设施农产品销售企业、专业大户和经纪人队伍，提高大棚蔬菜生产的组织化程度，减少生产的随机性和盲目性。鼓励流通企业、农技人员和营销大户创办各类中介服务组织，推进蔬菜营销组织与农工之间的产销链接，疏理进城通道，最大限度地减少从田间到餐桌的中间环节，保护种植户的合法利益。

2. 建立完善的设施农产品销售体系。管理部门应充分发挥其在生产、流通之间的纽带作用，加强设施农产品销售体系建设。组织专门力量常年收购、分析、研究周边市场农产品需求信息，建立起蔬菜种植和销售窗口，实现对市场信息的快速反映。一要下大力气推动布局合理、辐射面广、带动力强的区域性农产品批发市场建设，形成区域性市场对设施农业发展的带动力。二要积极应用互联网等现代便捷手段，加快发展设施园艺电子商务，畅通流通信息，提高流通效率，有效拓展区内外市场。

3. 积极开拓外向型消费市场。新疆与中亚农业产业结构互补性强，蔬菜、瓜果等农产品在中亚国家市场潜力很大。团场应紧紧抓住地缘优势，要积极参与国内外农产品经销、展销活动，积极开拓中亚市场，努力打造“西出、东进”外销战略，发展和开拓外向型消费市场。

4. 要打响设施农业品牌，增强生态绿色优势。品牌是设施农业走向市场的通行证，有好的品牌，才能有好的价格，有好的价格，才能实现农业增效、农民增收。一要充分发挥五家渠市的地理优势、区位优势、环境优势，重视增加设施农业名、优、特、稀品种的生产比重，着力推进生态绿色发展，维护和提升设施农业“绿色、生态、无污染”的品牌。二要积极推动设施农业标准化生产，大力创建国家级农产品标准化示范区和产品生产基地，加快无公害农产品基地认定和产品认证步伐，扩大获取绿色食品标志农产品的范围和种类，提升设施农业质量和水平。三要进一步加大对特色农产品龙头企业的支持力度，推动企业发展精深加工，提升产品档次，形成知名品牌。

**作者简介：**

赖军臣，男，汉族，1972年9月出生，中共党员，博士学历。现任新疆生产建设兵团农六师农业局副局长。

曾任中国农业技术推广协会信息技术专业委员会理事，新疆建设兵团植保专家组成员。现任农六师五家渠市农业局副局长。

曾先后荣获十三师先进工作者、兵团“两高一优一低”专家技术服务先进个人、兵团科技进步一等奖、国家级技工教育和职业培训精品教材、兵团优秀科技特派员等荣誉称号。编写专著15部之多。

# 第七章 特色种植技术推广

## 挖掘山地资源 推动兴安葡萄产业新发展

广西壮族自治区兴安县农业局 秦荣归

兴安县位于广西东北部的"湘桂走廊"要冲，地处北纬25°18′~26°55′、东经110°14′~110°56′之间，属桂林市辖县，是湘江漓江二水之源，也是世界上最古老的运河——灵渠的所在地，古为"粤楚咽喉"，自古以来即是楚越文化交汇之区。全县总面积2348平方公里，耕地面积32万亩，其中水田25万亩；下辖6个镇，3个乡，1个民族乡，人口37.2万，其中农村人口31.1万，居住着瑶、壮、苗等17个民族。湘桂铁路、国道322线一级公路和衡昆高速公路斜贯全境，全部乡镇和村通汽车，交通优势十分明显，县城南距"山水甲天下"的桂林市区57公里。

兴安境内以丘陵、平原为主，分布着谷地、高山等地形。近年来，兴安县以规模农业、特色农业为特点大力建设特色效益农业县，2010年全县实现农业生产总值30.15亿元，同比增长16.7%；实现农业增加值19.18亿元，同比增长4.34%；农民人安根据本县自然资源和生产基础情况，实行"钱粮并举，效益优先"的原则，在保面积增单产、保障粮食有效供给的基础上，通过出台系列农业产业化发展扶持政策均纯收入达6552元，同比增长13.84%，居广西壮族自治区前列；农业基础强实，是广西北部农业大县，素有"商品粮之乡，白果之乡，柑橘之乡、南方吐鲁番"的美誉。

兴安属中亚热带季风气候，年平均温度17.8度，多年平均降雨量达到了1901毫米，大大超过了适宜葡萄生长的最高800毫米降雨量的红线，但是兴

安人民在并不是最适宜发展葡萄的地方，经过积极探索，发展出葡萄“三避”设施农业，以科技的手段弥补了自然条件的不足，做大做强葡萄产业，产生了巨大的品牌效应，使兴安成为广西乃至华南地区最大的南方葡萄生产基地县，有着“南方吐鲁番”的美誉，并辐射带动了周边县市甚至周边省份南方葡萄产业的发展，在全区乃至国内赢得了良好声誉，2010 年 8 月 18 日，兴安县人民政府和吐鲁番市人民政府签署了《建立友好县市关系协议书》正式缔结成为友好县市。

## 一、兴安葡萄的发展过程

我县从 20 世纪 80 年代中期开始引种巨峰葡萄品种，经过多年的摸索，到 90 年代末基本上形成了一套适宜我县巨峰葡萄栽培的模式。每亩产值 5000～6000 元左右，比种其他经作效益要好，种植葡萄的农民开始富了。1999～2000 年由于连续大雨，葡萄大面积受到葡萄霜霉病为害，产量下降、价格下跌、曾经出现了部分农民伤农毁树的不良局面。为了寻找兴安葡萄产业的出路，我们从 2001 年进行葡萄避雨栽培技术实验研究，选用单行避雨棚架栽培技术，经过 5 年的试验示范，降低了用药，葡萄产量上升，取得了可喜的成效，葡萄亩产值开始达到 1 万元甚至超万元，农民找到了自信，意识到发展葡萄产业，必须进行科学管理，实施避雨栽培。2003 年县政府为了鼓励果农进行葡萄避雨栽培。凡进行葡萄避雨栽培的果农，每亩补助 300 元农膜款，经过推广应用葡萄避雨栽培技术，有效地提高了葡萄产量和品质，2004 年和 2007 年兴安县种植葡萄出现了第一次高峰，全县葡萄种植面积达到 5.3 万多亩，2007 年兴安巨峰葡萄获得广西农产品名牌产品称号，2008 年 6 月被中国果品流通协会和中国葡萄分会评为“全国优质葡萄生产基地”。

## 二、钱粮并举、效益优先

葡萄种植的良好效益激发了我县葡萄种植户扩种葡萄的积极性，由于兴安为丘陵山地地形，水田面积有限，一些葡萄种植户自发地开始往荒山荒坡种植葡萄，为了引导农户往山上种植葡萄，不与粮食争土地，实现钱粮并举，兴安县委、县政府提出了“充分发掘缓坡荒地资源、引导葡萄扩种向旱地发展”战略决策，经过全县大规模的宣传，深入人心；兴安县农业部门大力进行山地葡萄种植技术指导，推动葡萄上山种植，还积极开展山地葡萄和平地葡萄果品的对比研究，为葡萄上山种植提高科学依据，特别是我县从 2008 年开始至今的每年开展的优质葡萄果品评比活动，评出的巨峰葡萄品质最优种植者和我县种植最甜的葡萄品种金手指、温克、红玫瑰等，基本为山地种植葡萄，这些葡萄鲜果比平地葡萄鲜果更具有果型美观、色泽鲜艳、口感脆甜、耐贮运等特点，通过举办优质葡萄果品评比活动，用事实说话，让果农开了眼界，兴安葡萄种植户开始相信山地葡萄品质优于田地葡萄，并往山地种植葡萄，增加了山地种植葡萄的信心和勇气，开始大规模山地种植葡萄，让农民切身感受到了葡萄山地种植带来的经济效益；在2008年、2009年两年的全县秋冬农业综合开发工作中，紧密结合现代规模农业、标准化农业生产的发展要求，动员和引导了一批具有战略眼光，有开发实力的种植专业户，集中人力、资金、管理经验、技术应用方面的优势，以基地示范的形式，建成了一批上规模、上档次、效益高、示范带动效应好的标准化旱地葡萄种植示范典型。到目前为止，我县山地葡萄种植面积达3.8万亩。特别是2009年、2010年中国桂林·兴安葡萄节连续两年的成功举办，宣传推介了“南方吐鲁番”，增加了我县葡萄产业的知名度，延伸了葡萄产业链，提高了附加值，农民得到了实惠，据县有关部门调查，通过举办葡萄节，葡萄价格比上年同期上涨了0.8～1.2元/公斤，而山地葡萄又比平地葡萄口感好，销路更好，我县不仅溶江、严关、兴安镇等桂黄公路沿线的葡萄种植乡镇在大面积往山上扩种，就连很少种植葡萄的白石、漠川等山区乡都在连片种植优质葡萄，甚至以前从未种过葡萄的山地瑶乡华江乡、高尚镇，2010年也种了不少葡萄。据统计，去冬今春我县扩种的近3万亩葡萄基本为山地种植，全县葡萄总面积达到了13万亩，实现了县委县政府提出的葡萄上山扩种的发展计划。目前我县已成立了葡萄研究所，正在做平地葡萄与山地葡萄在品种、品质、产量、产值、成本等方面的数据收集，为我县下一步葡萄上山扩种进一步提供翔实的科学依据。

## 三、兴安葡萄一年两收技术发展情况

兴安地处亚热带气候带，到12月为我县葡萄落叶期，葡萄生长期比较长，而种植的早熟葡萄品种在7月中至8月底成熟，原来采摘葡萄后，管理技术到位，底肥充足的葡萄苗往往会接着开花，自然成熟，又形成一季收获，农业部门注意到这一情况后，利用我县有利的自然条件开始选择不同的葡萄品种进行葡萄一年两熟技术对比试验，在区、市农业部门的大力支持、指导下，取得了一定的成效，2012年，我县正扩大葡萄一年两熟技术的试验研究品种范围和面积，为我县葡萄一年两熟技术的全面开展寻找更翔实的科学数据。

## 四、兴安发展山地葡萄和葡萄一年两熟技术的打算

贯彻落实科学发展观，继续实施葡萄上山、钱粮并举、效益优先的战略目标，根据兴安县委、县政府提出“精品农业、礼品农业、工业农业”的发展思路，按照《兴安县农业发展“十二五”规划》，调整品种结构，适当发展早熟品种和欧亚品种，使巨峰系列与欧亚系列的比例达到7:3，早熟与中熟品种比重为37；继续在湘江流域和漓江流域重点发展山地葡萄，每年再扩种1万亩，到2015年达到总面积15万亩、总产量15万吨的规模，形成“工业农业”；控制葡萄单产，提升葡萄品质，实现品牌化经营，形成“精品农业”；2012年我县还将继续承办中国桂林·兴安葡萄节，以葡萄节为契机，强化葡萄销售包装，提高葡萄包装档次，形成高档次的“礼品农业”。

充分发挥我县2011年3月8日成立的兴安县葡萄研究所的作用，着力指导我县山地葡萄区域化、产业化的布局发展；以优质葡萄种苗繁育场为基地，建设好我县葡萄新品种的引进、试验、示范，不断改良现有葡萄品种体系，做好山地葡萄实用栽培技术的总结推广及一年两熟等新技术的试验示范，筛选出适合我县发展一年两熟的最优葡萄品种和成熟的管护技术，最终实现我县葡萄新品种、新技术等生产、管护、流通和销售等方面信息的共享，提高了农业生产抗风险能力，并及时解决葡萄种植生产过程中的有关技术问题；积极开展与县内外相关单位有关葡萄生产、加工等方面的经验和学术交流，不断拓展兴安县山地葡萄发展空间和后劲。以新技术来克服兴安葡萄发展受自然因素的影响，增加葡萄山地种植和一年两熟生产发展中的技术含量。

按兴安县委政府近年扶持“三农”工作的三个《办法》，继续鼓励山地葡萄产业化发展：按照《兴安县农村土地承包经营权流转实施办法》，对山地葡萄规模种植示范基地给予土地经营权流转方面的奖励，加大对葡萄种植示范基地的扶持；按照《兴安县2010年农业规模化经营开发奖励办法》，对山地葡萄规模种植基地在种苗、农业设施建设上给予物资或资金上的重点扶持；按照《兴安县农产品流通奖励办法》，扶持葡萄销售队伍发展壮大，实现我县葡萄产销两旺，推动葡萄产业的长远发展，实实在在使兴安农业增效、农民增收、农村稳定，全县经济持续快速发展。

# 浅析农村小规模猪场饲养管理技术

广西壮族自治区梧州市长洲区倒水镇水产畜牧兽医站站长　胡伟清

广西壮族自治区梧州市苍梧县岭脚镇水产畜牧兽医站站长　陈成思

近些年我国畜牧业得到了快速、稳定、健康发展。全国人大常委、农委副主任尹成杰说：我国自改革开放以来，畜牧业取得了重大成就，畜牧业的生产规模逐渐扩大，畜牧产品也日益丰富且有多增加；畜牧业的产生方式已经发生转变，规模化、标准化、产业化步伐加快。畜牧业产值已占中国农业总产值的34%，这说明畜牧业的发展在农业发展中起到不可替代的作用。广西壮族自治区近几年畜牧业发展较快，主要以猪、鸡的饲养为主。本论文主要针对农村小规模养猪饲养管理提出一些建议。

农村小规模猪场饲养管理主要注重以及下几个方面：

## 一、优化猪舍环境

猪舍环境对猪的生长产生的影响不容小觑，猪舍建设要注重其内外环境，通风、向阳、干燥是建设猪舍必不可少的条件，室内不能太热、太潮，太冷，要根据具体情况进行调节。在相应温度下，相对湿度在45% ~90%都属于正常，这种情况下对猪的生长没有明显影响。据相关资料显示，仔猪的不同生长阶段室内的温度有所不同（详见图表1）。御寒在冬季猪的饲养尤为重要，要维持室内温度就要采取措施。御寒的主要方法有：第一，猪舍墙体外加上一层保温层；第二，在猪舍内垫草或者其他具有保暖性能的东西（要及时进行清理更换）；第三，在猪舍内搭建火墙、火炕（广西不可能用这个）；第四，增加猪舍的采光面积。总之，猪舍环境要符合生猪的生长健康标准和生态养殖、绿色环保的要求。

图表1

| 生长阶段 | 室内适宜温度（$^0$C） | 昼夜最大温差度（$^0$C） |
|---|---|---|
| 小于4.5kg | 30.3 ~36 | 2 |
| 5 ~11.5kg | 32 ~29 | 3 |
| 12 ~27kg | 29 ~24 | 5 |

| 生长阶段 | 室内适宜温度（$^0$C） | 昼夜最大温差度（$^0$C） |
| --- | --- | --- |
| 22.5～60kg | 24～21 | 8 |
| 大于60kg | 18～20 | 8 |

## 二、明确饲养模式

农村的饲养模式最好以小规模滚动式饲养，建议年饲养量不要超出120头。要根据猪舍的大小来定饲养猪的头数，切记饲养头数不能过多或过少。

## 三、品种的选择

品种的选择会直接影响饲养农户的收入，所以饲养的选择非常重要。肥猪的选择：第一，要看眼睛。选择眼睛明亮有神，不带眼屎且眼毛短的仔猪；第二，看猪的鼻盘。鼻盘湿润且有汗珠的可以选择，如果鼻盘干燥没有汗珠而且苍白、鼻孔内藏有大量黏液发红、发紫、发黑的不能选购，这种现在仔猪可能患有慢性病；第三，看猪嘴。选择嘴团的，这类猪不拱食不拱圈；第四，看猪腿。在选择猪仔时要看猪的腿，要长、高，这样骨骼放得开，有利于缩短饲养天数；第五，看仔猪的肩。仔猪的背要宽，前肩要高，胸部要宽阔，呼吸旺盛，食量大，这样生产迅速，可以缩短饲养时间；第六，看尾巴。选择尾巴短，毛稀少，尾根端粗，尾稍细；第七，看头部。头大耳圆，头顶无脱毛黄毛现象。

## 四、饲养管理

（1）在猪仔入室前要注入青霉素钠160万U 2支加上链霉素100万U 1支加上注射用水。在入室当天先让猪仔休息4小时左右，人工加入水50kg加上1kg红糖加上0.25kg盐再加上$Vit_C$（防止暴饮）让其进行饮用，在饮水之后不要喂太干的料，要办稀水料，不要喂太饱，7～8成饱即可（防止暴食）。

（2）在仔猪进入时要对其进行严格分栏、分群饲养，主要跟据仔猪的大小、体重、胖瘦进行分类。避免个体差距过大，这样会导致以大欺小现象，使仔猪不能均衡增长，从而影响出栏时间，浪费饲料，增加饲养成本。如果条件允许的情况下可以聘请技术顾问针对不同类型、不同阶段的仔猪进行合理配料。每一个猪舍要控制一定头数（详见图表2），这样对于夏天的防热和冬天的防寒都有一定的好处。

图表 2

| 生长阶段 | 有效使用面积/$m^3$头 | 每栏头数 |
|---|---|---|
| 小于 18kg | 0.2 | 10 |
| 18～45kg | 0.45 | 8 |
| 45～72kg | 0.65 | 8 |
| 72～100kg | 0.8 | 8 |

## 五、疾病控制

作为规模较大的猪场一定要聘请专业的兽医对疾病进行预防和治疗。农村没有这个条件，但是可以几家共同聘请一位兽医，或者自己多阅读相关书籍，积累经验。所聘请的兽医可以 15 天左右进行一次全面检查，以便及时发现问题并尽快处理。养猪的农户必须具备消毒设施，比如：消毒池、紫外线灯、进出洗手池等。消毒工作主要有以下几种：第一，猪场饮用水消毒工作；第二，采取带猪喷雾消毒，杀灭猪舍空气中的病原微生物。

# 发展马铃薯产业<br>走优质 高效 增产的产业化道路

四川省越西县农业和科学技术局　马民德

## 一、越西县马铃薯产业发展现状

越西县位于四川省西南部，凉山州北部，地处康藏高原东缘横断山脉的东部，由于特殊的立体气候，一年四季均可种植马铃薯，主要为春、秋、冬作。2009 年年末，全县马铃薯播种面积 9733. 3 公顷（其中：大春马铃薯 8866. 7 公顷，小春马铃薯 800 公顷，秋马铃薯 66. 6 公顷），占全县粮食播种面积的 31. 8%；平均单产 1906 kg/亩（其中：大春马铃薯单产 1950 kg/亩，小春马铃薯单产 1500 kg/亩，秋马铃薯单产 1000 kg/亩），总产 27. 835 万 t，占全县总产的 42% 左右；是全县播种面积最大、产量最高的优势作物，有 6666. 7 公顷全国绿色食品马铃薯标准化生产基地、2000 公顷国家级马铃薯无公害生产基地，是部、省马铃薯高产创建示范县，是凉山州马铃薯重点生产县。有大型马铃薯淀粉加工企业 3 家，年生产精淀粉 3 万吨。2009 年马铃薯产业实现产值 1. 95 亿元，助薯农人均增收 462 余元，是继烤烟之后促农增收的又一支柱产业。

全县 40 个乡镇均有马铃薯种植，面积 200 公顷以上的有 32 个乡镇，主要集中在依洛乡、尔赛乡、古二乡、竹阿觉乡、保石乡、五里箐乡、南箐乡、书古乡、保安乡等。

## 二、越西县马铃薯产业开发的必要性

（一）市场需求潜力大。我国既是生产马铃薯的大国，也是净进口大国，承担着生产大国和进口大国的双重角色。全国马铃薯种植面积接近 600 万公顷，约占全世界的 1/4；产量 8500 多万 t，约占全世界的 28%，但每年还需花费 10 亿多元人民币从国外进口马铃薯及其加工产品。同时，我国还有 13 亿人口构成的巨大消费市场。目前，中国每年人均消费马铃薯量为 72. 5kg，仅为世界平均水平的一半，远远低于发达国家人均消费量 370kg 的水平。按世界平均水平计算，我国每年的马铃薯需求量在19500万t以上，这些优势的充分发挥，都足以使我县的马铃薯产业取得长足的发展。

（二）是实现农民增产增收，进行农业产业结构调整，统筹城乡经济协调发展的重要选择。现在，我县农民基本上还没有跳出靠种水稻、玉米来实现小幅度增收的怪圈，水稻、玉米的单产水平基本发挥到了极限，单产增长的空间十分小，依靠水稻、玉米来增加农民收入已经受到严重制约。而马铃薯每公顷均产在29250kg左右，按市场价格0.7元/kg计算，每公顷收入20475元，除掉10650元费用，纯收入9825元；水稻每公顷按6000kg、价格按2.8元/kg计算，收入16800元，去掉10500元费用，纯收入6300元；玉米每公顷按6000kg、价格按2元/kg计算，收入12000元，去掉9750元费用，纯收入2250元。种马铃薯比种水稻、玉米每公顷多收入3525元、7575元；如果马铃薯改变传统耕作模式，采用脱毒马铃薯品种，单产产量还存在巨大的赶超空间，公顷产量可达4.5万kg，公顷收入31500元，去掉费用纯收入20850元，比种水稻、玉米每公顷多收入14550元、18600元。全县若种10000公顷，可比种水稻、玉米多收入1.455亿元、1.86亿元，全县5.9万农户，户均增收2466元、3153元。

（三）生产加工增值效益显著，农民增收效果明显。一是农民能增收。马铃薯是产量高、适应性强、分布广、营养丰富、经济价值高的宜粮、宜菜、宜饲、宜作加工原料的传统栽培作物，是我县二半山及以上地区种植面积最大、经济效益最好的优势作物，平均亩纯收入600~650元。二是企业加工能增值。马铃薯由于其独特的营养价值，被认为是世界性的新兴作物，尤其是深度开发价值高是其他作物所不能比拟的。和鲜薯相比，马铃薯若加工成精淀粉，可升值1倍；加工成变性淀粉、全粉，可升值1.5倍；加工成油炸薯片，可升值25倍；加工成薯类膨化食品，可升值30倍；加工成肯德鸡的薯泥，可升值40倍；加工成麦当劳的薯条，可升值50倍；马铃薯加工既可富县又可裕民，完全可以成为全县产业结构调整中的支柱产业。

（四）加入WTO后，农产品关税降低，马铃薯受到的冲击最小。目前我国农产品的平均关税已从45%下降到17%，许多农产品的关税普遍下降了20%~30%。国际农产品在中国市场的价格也将下降20%~30%，在这一背景下，我国的玉米、水稻等大宗农产品的国际市场竞争力将日趋减弱，农民的收入也会随之减少，而马铃薯却以其增产潜力大，成本低、市场好等特点显示出强劲的优势和发展空间。

## 三、越西县发展马铃薯产业的潜力及问题

### （一）做大做强马铃薯产业的优势条件

1. 国家政策有利，各级领导高度重视。2013 年，国务院宣布对马铃薯原种生产实行补贴，对薯农原种生产每亩补贴 100 元，原原种生产每亩补贴 500 元；中央农村工作会议已将马铃薯作为优势扶持作物，将给予大力扶持，同时省委、省政府、州委、州政府也相继出台了一系列促进马铃薯产业发展的惠农政策，县委、政府已将马铃薯产业发展纳入了政府工作的议事日程，并给予高度重视和大力支持，马铃薯产业开发前景广阔。

2. 客观地理生态条件优越，马铃薯品质好。我县属西南马铃薯种植区，最高海拔 4791 米，最低海拔 1170 米。独特的立体气候条件孕育了多种生态类型的马铃薯，特别是在作为马铃薯主产区的二半山及以上地区，生态条件与马铃薯原产地极其相似，是最佳的马铃薯种植区域。同时，马铃薯主产区远离城区，无工业污染，海拔较高，昼夜温差大，光照充足，空气清新，水质纯净，雨水充沛，气候冷凉，有利于马铃薯的生长发育、薯块膨大、干物质积累和保持良好的品种特性，所生产的马铃薯薯块大，商品薯比例高，畸形薯、小薯、烂薯较少，耐贮藏。干物质含量平均在 24% 以上，相同品种在我县种植，淀粉含量比其他地区提高 1～2 个百分点，会使企业的利润高于其他地方。马铃薯在我县可作春、秋、冬三季种植，而且能规模发展，有利于在不同季节生产不同用途的马铃薯品种，错开上市高峰期，避免集中上市造成价格低下，减缓运力紧张矛盾；并且，鲜薯上市时间的延长亦可为加工企业周年提供原料供应。

3. 农民有种植习惯，群众基础好。马铃薯是我县传统的优势作物，解放前就有种植，种植历史悠久，全县 40 个乡镇农民均有种植马铃薯习惯，经过长期的生产经验积累和多年的科技示范推广，农民群众基本掌握了良种提纯、双行垄作、地膜覆盖等实用种植技术，农民种植积极性高，具备大规模发展马铃薯的群众基础，目前全县马铃薯种植已发展到 15 万余亩，占粮食播种面积的第一位，为马铃薯产业的开发创造了条件。

4. 生产适宜区广泛，增产潜力巨大。一是增加面积潜力大。我县现有宜农耕地 20000 公顷，马铃薯的推广潜力可超过 4000 公顷以上，可新增鲜薯 10 万 t 以上。二是单产增加潜力大。我县马铃薯单产为 1906kg，远远低于荷兰 2990kg、美国 2850kg、欧盟 15 国平均 2340kg 的世界水平，只要栽培措施得当，单产提升空间巨大。

5. 技术力量雄厚，推广有保障。越西县农业局现有技术干部83人，其中高级农艺师8人，农艺（农经）师37人，乡镇农业技术员40人，具有很强的技术力量，能够全面实施和指导马铃薯产业开发。

6. 有龙头加工企业做后盾。目前，我县润鑫、三民、丰年三家马铃薯龙头加工企业已具备年产3万吨淀粉的生产能力，市场上淀粉销售十分紧俏，每吨售价在4500元左右，生产3万吨淀粉可创税2040万元，安置900人就业，带动6000公顷的种植户。

7. 有充足的市场需求。马铃薯淀粉及变性淀粉产业被誉为朝阳产业，应用十分广泛。马铃薯变性淀粉以其粘度高、成膜性好等特性，广泛用于食品、医药、石油、纺织、造纸、工业酵母等20多个行业，被称为工业生产中的“添加剂”。国内需要变性淀粉30万t，年产量只有5万t左右，年进口约18万t。仅纺织业每年使用浆料就达10万t以上，方便面对变性淀粉需求量每年在20万t左右，速冻食品、乳制品也广泛应用，市场需求非常大。从年消费淀粉量上看，我国人均2.5kg，而欧洲、日本为10kg以上。我国人均消费水平较低，增长潜力较大，需求总量将进一步增加，在可预见的将来，由于发达国家的加工能力已达到最大，马铃薯淀粉、全粉加工的中心必将向发展中国家转移，随着中国工业的不断发展和食品行业的兴起，对马铃薯产品的需求将会更大。

**（二）制约马铃薯产业发展的因素**

1. 生产基础条件较差，产量不平衡。我县马铃薯主产区集中在二半山及以上山区，该地区多山，交通不便，农田基础设施缺乏，基本靠雨养农业，抗御自然灾害能力弱，生产稳定性差，农民文化素质普遍较低，对新技术、新品种的接受、掌握、应用较慢，脱毒种薯生产设施建设滞后，良种推广难度大。高的亩产可达3000公斤以上，低的不足1500公斤，产量差距较大。

2. 加工专用型品种比较缺乏。当前，我县加工专用型品种的引进、推广步伐慢，生产上使用的品种大多以鲜食菜用型品种为主，品种相对单一。由于现有品种普遍存在还原糖含量较高、淀粉含量较低、干物质含量低、薯形不规则、芽眼较深、表皮不够光滑等缺陷，难以适应加工企业的需要。目前可用于炸片、炸条加工的马铃薯品种较少，可用于淀粉加工、淀粉含量高于18%的也仅有米拉、凉薯14等少数几个品种，加工专用型品种严重缺乏已成为我县马铃薯加工业发展的桎梏。

3. 高产栽培技术推广应用不够，生产水平有待提高。由于多年来在马铃薯技术研发和技术推广方面投入的经费极少，我县在马铃薯配套栽培技术、贮藏及加工技术等方面缺乏系统研究，马铃薯主产区栽培技术落后，突出地表现在换种率低、种植粗放、密度不合理、有机肥和钾肥施用量小等方面，导致马铃薯单产水平低下。

4. 良种繁育体系亟待完善。由于长期投入不足，缺乏统一的规划和管理，我县尽管构建了繁育体系框架，但缺乏有效的运行机制和规模生产能力，存在布局不合理，基础设施落后，生产及运输成本高，品种混杂，繁殖倍数低等问题，繁种供种能力不足，原种生产规模小，良种串换机制尚未完全形成，生产的前瞻性不足，品种生产与推广和大田生产需求脱节，导致我县马铃薯脱毒种薯数量少，质量差，价格高，生产上普遍以商品薯当做种薯使用，品种退化严重。

5. 企业与农民的利益联结机制不完善，产业开发能力较弱。目前我县优质专用马铃薯生产基地规模小，尚未建成一个稳定的规模化加工专用马铃薯生产基地，加工专用马铃薯种植零星分散，品质差，加工与原料生产脱节；订单面积小，部分企业不得不到县外购买原料；马铃薯加工企业实力弱，在收购马铃薯品种时还未能实施优质优价，参与马铃薯产业化开发少，促进高淀粉品种良种推广乏力，龙头企业本身的带动力不强，导致马铃薯产业化程度较低。一是加工比例偏低。目前，我县的马铃薯加工比例仅8%，比全国15%的水平低了近一倍。二是加工产品单一。当前我县马铃薯加工产品主要以淀粉为主，同时辅以少量粉丝，薯条、薯片加工，高价值的全粉尚无一家企业生产。

6. 保鲜贮藏技术不过关。据统计，我县每年至少有10%～15%的马铃薯，因不良储运、管理、病理和生理等因素造成腐烂，经济损失难以估量。马铃薯是一种鲜活、易烂原料，它的贮藏是马铃薯加工企业需要解决的一个突出问题。保鲜贮藏技术的进步，可有效延长马铃薯的贮藏期限，减少马铃薯损耗，进而延长企业的加工周期，降低收购成本，解决马铃薯收购旺季企业超负荷运转和收购淡季企业“无米下锅”矛盾，提高企业的经济效益。我县在保鲜贮藏技术方面总体比较落后，基本上以农户为单位的分散贮藏。设施简陋、贮藏量小、技术水平低、损耗大，远远不能适应现代化生产的要求。

## 四、越西县发展马铃薯产业的对策与措施

面对国际国内良好的市场优势，发挥我县特殊的原料优势，做大做强马铃薯产业是我县在结构调整时期的一项战略选择。必须认清马铃薯产业发展的良好态势，统一思想，形成共识，加大保证的措施，确保马铃薯这一产业

成为支柱型产业。

（一）加强组织领导、强化政府统筹。马铃薯产业化建设不仅是时间跨度长的长期任务，而且又是跨部门、跨行业，需要多方协调配合的工作，要建立马铃薯产业发展联席会议制度，切实抓好马铃薯产业发展的组织、协调、服务工作，为马铃薯产业持续、稳定、健康发展提供有力的组织保证。只有做到领导重视，搞好政府统筹协调，才能打破条块分割，变“分割管理”为一体化管理，做到一个产业、一个班子、一个规划、一套政策和办法，从人力、财力、技术上给予重点倾斜支持。

（二）进一步健全社会化服务体系，提高组织化程度。积极建立健全多种成分、多种渠道、多种形式、多种层次的服务体系。大力发展农业中介组织和农民专业合作经济组织、培养一批有市场经济意识、头脑灵活、信息灵通的农业经纪人。通过各服务体系来搞好产前、产中、产后的全方位、系列化、专业化的服务。从而推动马铃薯产业的可持续发展。充分发挥专业组织的作用，延长产业链条，培育龙头企业，建立“龙头企业 + 专业组织 + 基地 + 农户”的产业化开发模式，把资源配置、产业发展、经营活动、市场容量统一起来，有效克服盲目的低水平生产和产销脱节、生产起伏等现实难题。

（三）围绕市场，加大产业开发力度，为龙头企业创造良好的发展环境。各级政府要从政策、信贷、技术、税收等方面给予马铃薯加工企业一定扶持，将实力较强、基地条件较好的马铃薯加工企业列为县农业产业化重点龙头企业，享受有关优惠政策，以此扩大马铃薯的加工比例和规模，增加龙头企业的产业化带动能力，推动马铃薯产业快速发展。同时鼓励龙头企业投资商品马铃薯产业化建设，积极利用深加工的新技术和新设备，提升加工能力和水平，延长马铃薯加工链条，由粗加工向精深加工发展，增加马铃薯的附加值，引导马铃薯加工企业争创品牌。另一方面，加强市场培育和完善，积极创造条件，培育马铃薯营销市场，逐步实现由市场主导向主导市场方向转变，采取“引进来，走出去”的办法，完善营销网络，搭建市场信息平台，掌握市场动态，提高产品竞争力，多渠道组织马铃薯销售，最终实现生产基地与消费市场的有效对接。

（四）科学种植，改变传统的种植模式。推广优质高产栽培技术和标准化生产技术，以脱毒良种为基础，以优质化、标准化生产技术为突破口，推广高垄双行高产栽培技术、配方施肥技术、晚疫病综合防治技术，实行“五统一”标准化生产，统一规划、统一供种、统一配方施肥、统一种植标准、统一品牌。狠抓“五良、五改”，即“良壤、良灌、良种、良法、良制”配套

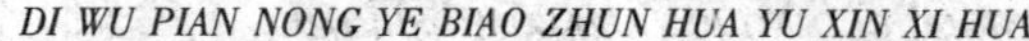

到位；“改使用劣、杂品种为实用的主导品种、改粗放播种为精细密植播种、改‘满天星’种植为双行垄作、改一次中耕为二、三次中耕培土垄墒、改偏施磷肥为氮、磷、钾配方施肥”的具体落实。

（五）狠抓马铃薯良繁体系建设。以我县被列为四川省马铃薯良繁体系项目建设县和四川省马铃薯高产创建项目县为契机，依托科研和推广部门，按照国颁、部颁马铃薯种薯繁育标准，规范我县脱毒种薯生产技术和种薯质量评价检测方法，整合技术，尽快组建我县具有权威性的种薯质量检测、认证与监控体系，逐步建立县、乡、村三级联动的良繁体系，确保高产、优质马铃薯种薯的有效供给和良种覆盖率的提高。

（六）加强技术培训，提高技术成果转化率。依托我县实施“阳光工程”和“新型农民培训”这一平台，进一步整合科研力量，建立马铃薯产业开发的科技支撑体系，加强对农民技术员的知识更新，提高农民的马铃薯标准化种植技术水平，通过“农民大培训、品种大示范、技术大推广”，建立新品种、新技术示范园，提高科技入户率和到田率，均衡马铃薯产业区域发展。

（七）加强企业与种植户联结的紧密度。通过增加订单生产，建立“公司＋农户”的利益联结机制，让千家万户的小生产与大市场中的龙头企业相对接，改变加工企业和种植户之间纯粹的买卖关系，形成利益共享、风险共担的稳固产业链，实现产品收购、储存、加工利用、营销一体化，促进马铃薯生产技术体系的组装配套，实现企业与农户、政府的三赢。

（八）积极依托科研院校，加大科研研发力度，不断开展马铃薯系列产品开发，创优品牌，提高市场竞争力。通过开发马铃薯产业这个平台，积极开展与省内外科研院所的广泛合作与交流，实现资源、成果、信息共享。加大科研研发力度，加强新品种开发，树立以科技促进生产经营的理念，不断研制新产品，增加产品的高附加值，打造精品，创造品牌，做好市场开发、产品宣传、品牌推广、信息发布等工作，积极进行无公害绿色农产品产地认证和产品认证，申请商标，实行包装上市，提高商品转化率，增加效益，不断提高企业的知名度和市场竞争能力。

（九）完善投入机制，加大资金投入整合力度。充分整合农发、财政、扶贫、科技、金融等部门项目资金，在保证资金性质、用途不变的情况下，捆绑使用资金，加大资金投入力度，引导社会闲散资金投入马铃薯产业开发，加大对马铃薯产业的投入，建立各级政府投入与社会投入各有侧重的多元化投入体系，形成上下联动、左右协调、功能齐全、统分结合的综合服务工作格局和县、农户、企业多层次参与的投资格局。

（十）加大马铃薯批发市场建设力度。建设马铃薯专业批发市场，发挥信息供求、车皮协调、分类分级、包装、检疫、配送、贮藏等市场功能作用，形成批发、集贸和零售市场相结合，多层次、多形式、多功能的市场体系。一头连市场，一头连农户，发挥市场的带动作用，拓宽商品流通渠道，增加销量，搞活马铃薯市场，持续稳定增加农民收入。

# 特色农业种植　洋蓟致富好项目

云南省易门县农业局　杨晓金　陈向东　陈　珏

洋蓟（英文名为 Artichoke），又名法国百合，荷兰百合，为菊科菜蓟属，多年生草本植物。原产于北欧地中海沿岸，生长于阳光充足、温暖且不太潮湿的海边地区。是一种作为食用，且极具营养和医疗价值的蔬菜。在早期的欧洲地区，它是皇家及贵族才能享受到的高级菜肴。目前欧美国家种植面积较大，尤其是法国、荷兰。近年来，我国云南等省也有少量引进种植，并且取得成功。

## 一、洋蓟概况

洋蓟，原产地中海沿岸，系由菜蓟演变而成。南欧及中亚细亚尚有野生种，2000 年前罗马人已食用。法国栽培最多。洋蓟营养丰富，是一种具有高营养的保健蔬菜，被誉为“蔬菜之皇”，食用部分为花蕾的花苞和花托，有类似板栗的香味，每 100 克洋蓟可食部分含蛋白质 2. 8 克、脂肪 0. 2 克、碳水化合物 9. 9 克、维生素 A 160 国际单位、维生素 $B_1$ 0. 06 毫克、维生素 $B_2$ 0. 08 毫克、维生素 C 11 毫克、钙 51 毫克、磷 69 毫克、铁 1. 1 毫克、钾 310 毫克等。洋蓟有助于降低血中的胆固醇和尿酸，具有保肝护肝、解酒等功效。对于高胆固醇、糖尿病、动脉粥样硬化、慢性肝炎、黄疸病患者而言，食用洋蓟很有益处。此外，洋蓟中还含有菜蓟素、黄酮类化合物和天门冬酰胺等对人体有益的成分。洋蓟的花蕾可以制作开胃酒，法国、西班牙、意大利等国均有洋蓟罐头和洋蓟开胃酒销售，经常食用可保护肝肾和增强肝脏排毒功能，防止动脉硬化保护心血管的功效，花蕾产品在国内主要供应宾馆饭店，并逐渐被广大市场所接受。

## 二、栽培地自然概况

易门县地处滇中西部，玉溪市西北，位于北纬 24°27′～24°57′、东经 101°54′～102°18′之间，东与安宁市、晋宁县相接，南连峨山，西和双柏隔绿汁江相望，北部与禄丰、安宁两县（市）接壤。县城龙泉镇，东南距玉溪市机关驻地红塔区 106 公里，东北距省会昆明 94 公里，里程 38 公里的高等级公路从县城至安丰营与杭瑞公路和成昆铁路贯通，1小时可直达昆明、玉溪和楚雄等地。县域东西横距44公里，南北纵距57公里，总面积1571平方公里，居玉溪市第4位。两条南北走向、贯通全境的山脉之间，镶嵌着主要山间盆地——柏树、方屯两个坝子，面积为46.77平方公里，占总面积的3%，其余是广大的山地面积，占总面积的97%，全县辖四乡两街道一镇56个村民委员会，746个村民小组，总人口173001人，县属人口160107人，其中农业人口134461人，占84%；现有耕地17.3万亩，其中水田7.2万亩，山地10.1万亩，是一个以种养业为主的典型山区农业县。

境内最高点为北部小街乡甲浦老黑山顶雀窝尖山，海拔2608米，最低点是绿汁镇南部炉房村旁易门与双柏、峨山交界处的绿汁江面，海拔1036米，县城海拔1573米。地形特征为东、北、西三面高山屏立，中部是溶蚀性盆地，东南面为中山河谷地带，全境状似马蹄。江河沿岸受河流切割影响，较陡峭，山谷相间、地形复杂。属中亚热带气候，受地形地貌的影响，立体气候明显，县内具有热带到温带的气候类型。2000年，极端最高温度31.5℃（8月25日），极端高低气温-2.0℃（1月6日），全年平均气温16.3℃，日照数为1706小时，降雨量为856.9毫米。

## 三、栽培地种植基础

围绕农业综合开发项目，2003年易门县开展洋蓟试验、示范，通过加强技术培训，手把手指导农户进行规范种植，建立示范样板，组织实施根外追施微肥，统一用喷施宝、磷酸二氢钾、硼砂等，探索出了一套洋蓟高产栽培技术。洋蓟的引进种植获得成功。

2013年昆明恒源食品有限公司与驿马坡、下江两个村签订了收购合同，易门县农业技术推广站负责种植技术指导，其种植水平平均亩产1000.13千克，平均亩产值2400.29元，平均亩产居全省第二位。

## 四、洋蓟栽培技术

### （一）分株繁殖

选择生长健壮无病的成年植株，在10月上旬分株繁殖，将有5片叶以上的大分蘖苗分株切下繁殖，直接定植，株、行距为0.7m×1.2m，及时中耕和浇水追肥，要注意每株带有一定数量的根系。

### （二）播种育苗

在8月中下旬播种，667平方米大田用种800~900粒，因种皮厚且坚硬，

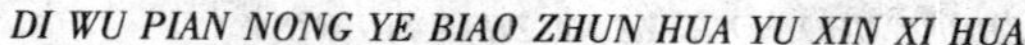

先将种子在55℃温水中浸30min，要不停用木棍搅动种子，当水降至常温后再浸12～16h，捞出用清水冲洗后再用湿棉布包好，放至20℃左右条件下催芽，待种子露白后播种。用72孔塑料穴盘或6cm×6cm的营养钵育苗，以草炭和蛭石为基质。苗期温度18～20℃，尽量少浇水，2片叶以后适当追肥和叶面喷肥。苗龄40～45d，有5～7片真叶时即可定植。

**（三）整地定植**

选排灌条件良好的地块种植，667平方米施用腐熟细碎有机肥3000kg以上，耕深25cm以上，平整后按1～1.2m的行距做成50cm宽，20cm高的小高畦，上铺黑地膜，破膜移栽。10月初方可定植，每畦栽1行，株70～75cm，667平方米栽700～800株，栽植深度3～5cm，栽后及时浇足定根水，然后用细土封膜口，覆土注意不能盖心叶。

**（四）田间管理**

栽后缓苗8～10天浇1次水，15天后浇苗肥，667平方米用复合肥5～8kg，促幼苗生长，30天后进行适量追肥，在距植株20cm处开穴，667平方米施蔬菜专用肥20kg（氮、磷、钾），12月和2月份再各施肥1次，667平方米穴施蔬菜专用肥30kg。防止干旱注意中耕松沟内土并及时除草，11月中旬至次年4月视天气情况浇水2～3次/月。

在此期间易受蚜虫、地老虎的危害，在11月至次年4月份要及时防治，蚜虫用吡虫啉1600倍液喷雾防治，小地老虎3龄幼虫用辛硫磷1000倍液灌根防治。11月至次年2月份易发生根腐病，浇水或灌水过多易发，应注意适时中耕松土并及时排除积水，如发现病株茎髓开始腐烂，要立即割去植株平茬，并撒生石灰消毒。

**（五）春季管理**

随气温的回升要加强春季管理，2月上旬在根系两侧追1次复合肥，667平方米施25～30kg，然后清沟培垄，晴天浇1次水。3至5月份采收期间每10d左右浇水1次，根据长势可再追肥1～2次，并叶面喷肥2～3次，0.2%尿素加0.3%磷酸二氢钾、硼砂混合喷施。灌水后要及时排水，以防积水烂根。要注意防治蚜虫和棉铃虫钻入花苞为害。

**（六）采收后的管理**

在3月上旬开始采收花蕾，直至5月上旬。以花蕾重80g至120g时采收为宜，过早产量低，过迟商品价值低，以花蕾外部萼片青绿或淡紫色，具有光泽，基部萼片欲开未放时最佳。采收宜在早晨进行，用剪刀从蕾苞下方剪下，每隔3～4天采收一次，50～100g的小花苞用做制罐头；单株可采花蕾

15～22 个。

花苞采收结束后，要将老茎的地上部分割去，清除残叶，在植株四周松土，然后在植株两侧开沟施肥，667 平方米施氮、磷、钾三元复合肥 20kg，并结合浇水，以促进分枝萌发。当分枝由地下茎基部腋芽发出后，在适当时期要进行选留分枝，一般在分枝长至 15～20cm 时，选留生长健壮、分布均匀的分枝 3～4 个，以后将陆续萌生的分枝定期割除。挑选生长健壮的继续管理，可采收秋花苞，也可套种玉米，留宿根苗待 10 月上旬分株繁殖。

## 五、市场分析及前景展望

据统计，世界上共有 20 个国家生产和出口洋蓟，意大利、西班牙、法国、阿根廷、美国和智利是其中几个主要国家。意大利洋蓟的种植面积在 5 万 $hm^2$ 以上，其中阿普里亚区是最大的种植区，占总种植面积的 36%，其次在西西里和撒丁岛。意大利每年出口鲜销 11000t、罐头 36t 和冷冻 380t，主要集中在 9 月到次年 5 月。美国也是洋蓟的生产大国，年产量达 52210t，但美国每年还要从西班牙等国进口 40860t 罐装洋蓟，且消费需求还在增长。美国市场上经销的所有洋蓟都来自加里弗尼亚，种植面积大约有 $2000hm^2$。据秘鲁农业出口协会介绍，2003 年秘鲁洋蓟出口量比上年增长了 239.3%，出口额达到 719 万美元。目前，国际市场仅对洋蓟花苞的需求量每年在 150 万 t 以上，而全世界的产量却只有 110 万 t 左右，缺口较大。特别随发达国家土地成本和劳动力成本的上升，还会产生更大缺口。另外，国际市场对于洋蓟加工产品，如茶包、保健食品、干粉、提取物的需求量也在逐步增加。但由于洋蓟的种植依赖独特的地理气候条件，生产规模的迅速扩大和产量的大幅度提高都受到限制，市场始终处于供不应求的饥饿状态。

在我县几年来的引种栽培试验使我们初步掌握了洋蓟的生物学特性、主要栽培技术及食用加工方法。但洋蓟是一种外来西洋蔬菜，国内的生产者和消费者多数并不了解，故而，对于洋蓟的生产栽培必须进一步示范推广，对于洋蓟的产品则必须进一步开拓挖掘国际和国内市场。洋蓟花苞产量不高，但产值较高，而且叶片可以酿酒，花序可供观赏，只要综合开发利用，是大有发展前途的。洋蓟耐旱、耐瘠，可作为节水型、外向型农业发展的对象。所以，在我国气候条件适合的地区开展洋蓟的引种栽培和各类产品的开发利用，有极大的市场潜力和经济效益。

**作者简介：**

杨晓金，男，汉族，1964 年 8 月出生，中共党员，研究生学历。现任云南省易门县农业局局长，易门县乡镇企业局局长。

自 1985 年 7 月参加工作起，历任易门县方屯区副区长，铜厂乡副乡长，龙泉镇党委副书记、镇长，计委副主任，科技局局长等职。现任易门县农业局局长，易门县乡镇企业局局长。

2006 ~ 2008 年连续三年被县委表彰为优秀共产党员，2009 ~ 2011 年连续三年被市农业局表彰为先进农业工作者，2010 年被国家农业部表彰为全国粮食生产先进个人。

# 第六篇
# 农产品质量安全与生产安全

# 第一章　农产品质量安全

## 第一节　农产品质量安全概述

在当今世界，无论是发达国家还是发展中国家，都面临着农产品质量安全问题的挑战。发达国家的主要问题在于，新技术、新工艺、新材料在农业中应用而产生的污染，其中生物污染占很大比重。经济快速成长的发展中国家则面临着化学污染和生物污染的双重挑战。欠发达国家的主要矛盾是增加农产品供给的压力，质量安全问题大多还没有提上议事日程。本章首先对农产品质量安全的内涵、特点和发展阶段等进行分析。

### 一、农产品质量安全的内涵

#### （一）农产品

根据《中华人民共和国农产品质量安全法》第二条规定，“农产品”是指来源于农业的初级产品，即在农业活动中获得的植物、动物、微生物及其产品。

关于食用农产品和食品的区别，主要是从产生环节上区分，食用农产品侧重于生产环节，是来源于农业生产活动的动物、植物和微生物产品，未改变基本自然性状和化学性质，属于第一产业的产品。而食品是以农产品为原料，经过加工制作，由工业化过程生产，改变了原料产品基本理化性质，可供食用或饮用的产品，属于第二产业的产品。从我国食品消费总量上看，约80%是鲜活农产品，比如蔬菜、水果、畜禽水产品等。

由于我国食品安全实行分段管理的体制，因此本书从食品的源头入手，主要研究农产品及其生产环节的管理，而农产品和食品的流通、加工等环节暂不列入本书的研究范围之内。

**（二）农产品质量安全**

质量是满足明确和隐含需要的能力和特性总和，农产品的质量主要是指农产品的外观和内在品质，如营养成分、色香味、口感、加工性能等。安全是防范潜在的危害，农产品的安全主要是指防范农药残留、兽药残留、重金属污染等对人、动植物和环境的危害。

农产品质量安全中质量安全的概念在不同的场合有不同的理解。第一种是把质量安全作为一个词组，既包含质量又包括安全，是农产品安全、优质、营养等要素的综合体，这个概念被我国现行的国家标准和行业标准所采纳。第二种是指质量中的安全，安全性是农产品质量特性之一。第三种是指质量和安全的组合，即质量和安全是两个独立的词组，将农产品的安全品质同农产品的其他品质区分开来。

本书根据目前我国现行标准所普遍采纳的解释，将质量安全作为一个整体概念。农产品质量安全，是指农产品质量符合保障人的健康、安全的要求，以及农产品内在品质和外观满足贮运、加工、消费、出口等方面的能力。

**（三）农产品质量安全水平**

农产品质量安全水平是指农产品符合规定的标准或要求的程度。一般来说，农产品质量安全水平是一个国家或地区经济社会发展水平的重要标志之一。当前提高农产品质量安全水平，主要就是提高防范农产品中有毒有害物质对人体健康可能产生的危害的能力。

**（四）农业投入品**

农业投入品是指在农产品生产过程中使用或添加的物质，包括农药、兽药、农作物种子、水产苗种、种畜禽、饲料和饲料添加剂、肥料、兽医器械、植保机械等农用生产资料产品。农业投入品的使用与农产品质量安全水平密切相关。

**（五）农产品质量安全管理**

保障农产品质量安全一靠生产、二靠监管。本书所研究的农产品质量安全管理包括两个层面的管理活动，一是政府宏观层面的监管，二是生产者微观层面的管理。

政府监管是指有关行政主管部门为保障农产品消费安全和产业健康发展，依据有关法律法规，对农产品生产环节所开展的监督管理活动，包括实施执法检查、监督抽检等。

生产管理是指生产者在追求自身利益最大化的前提下，按照有关法规和规范要求，对于实施农业标准化生产技术、保障农产品质量安全而做出的一系列决策反应，包括使用低毒安全农业投入品、落实休药期管理等。

政府监管和生产管理二者相互作用，生产者管理行为很大程度上取决于政府监管，而政府监管的最终目的也是通过规范生产管理活动，来保障农产品质量安全。

## 二、农产品质量安全危害的主要来源

依据农产品污染的来源和性质，造成农产品质量安全问题的因子可分为以下4类。通常情况下，在不同国家、不同的发展阶段和消费水平，对于这4种污染类型，有着不同的关注重点和热点。

### （一）本底性危害

本底性危害是指农产品产地环境中的污染物对农产品质量安全产生的危害。比如，工业“三废”和城市生活垃圾不合理地排入到江、河、湖、海，污染了农田、水源和大气，如果环境污染没有得到有效的控制，重金属及有害物质在水、土、气中超标，就会导致农业生态环境恶化，进而影响农产品质量安全和人体健康。本底性危害治理难度较大，需要通过净化产地环境或调整种养品种等措施加以解决。

### （二）物理性危害

物理性危害是指由物理性因素对农产品质量安全产生的危害，形成的主要原因是在农产品生产过程中操作不规范，在农产品中混入有毒有害杂质，导致农产品受到污染。物理性危害包括任何在农产品中发现的不正常的有潜在危害的外来物，如金属碎片、玻璃渣、沙石、木屑等，这也是最常见的消费者投诉的问题，因为伤害立即发生或吃后不久发生，并且伤害的来源是容易确认的。此类危害可以通过规范操作来加以预防。

### （三）化学性危害

化学性危害是指在生产、加工、保鲜、运输等过程中，不合理使用化学合成物质而对农产品质量安全产生的危害，常见的有，农药、兽药、非法添加剂等残留。化学性危害是目前很多发展中国家（包括中国）农产品质量安全管理的重要内容，此类危害可以通过标准化生产进行有效控制。

1. 农药污染。农药是现代农业生产不可或缺的生产资料，据统计，每年通过使用农药防治农作物病虫害而挽回的粮食损失约占粮食总产量的15%～20%。但作为一种被人为大规模投入到环境中的有毒物质，农药在发挥保障农业生产作用的同时，如果使用不当极易造成农产品中农药残留超标和产地环境污染。在我国，农药污染一直是农产品质量安全的主要问题之一，根据农业部2001～2003年对农产品质量安全的例行监测结果，全国主要城市的蔬菜中农药残留平均合格率不足80%。2005年，我国因农药导致食物中毒事件占全国中毒事件的16%，排在食物中毒致病因素的首位。近几年来，农药污染问题有所缓和，但是风险隐患仍然比较大，根据农产品质量安全风险分析结果，蔬菜农药污染仍旧是当前我国种植业生产中面临的最主要质量安全风险隐患。

2. 化肥污染。化肥在带来作物增产的同时，也会产生污染，给农产品质量安全带来一系列问题。比如，过量施用氮肥会使作物体内硝酸盐累计量增高，亚硝酸盐可以致癌，对人畜产生危害。此外，化肥中含有的其他污染物，如砷、铅、铬等重金属，随化肥施用进入土壤，降低农产品品质，对环境造成污染，也会危害农产品质量安全。

3. 兽药污染。随着兽药用量逐年增加，兽药残留问题逐渐成为国际社会关注的热点。目前兽药污染主要包括激素类药物和抗生素的残留。长期摄入残留有激素的动物性食品会影响人体的激素水平，甚至有致癌的危险。抗生素使用方式不当不仅损害畜禽健康，影响畜产品品质，而且会对人体健康产生危害，抗生素残留可引起人体病原菌对多种抗生素产生抗药性，造成机体肠道正常菌群失调，同时会使抗生素过敏体质的人出现过敏反应。

4. 非法添加剂污染。近年来，由于添加剂等化学物质的违法添加所导致的农产品质量安全事件越来越多，人类长期接触这些化学物质后可能产生毒性反应（包括致畸、致癌等）。在我国，生产者整体素质相对较低，对化学物质的毒害性认识不够，一些不法生产经营者受利益驱使，在生产过程中违法添加有毒有害化学物质，比如，瘦肉精、苏丹红、三聚氰胺等，造成了农产品质量安全事件的发生，给消费者身体健康带来危害，同时也影响了相关产业的健康发展。

**（四）生物性危害**

生物性危害是指自然界中各类生物因子对农产品质量安全产生的危害，如致病性细菌、病毒以及某些毒素等。生物性危害具有较大的不确定性，控制难度大，需要采取综合治理措施。生物性危害是目前很多发达国家农产品质量安全管理面临的突出问题。

1. 细菌污染。在生物性危害中，细菌污染是涉及面最广、影响最大、问题最多的一种污染，很多农产品质量安全问题都是由于生物性因素引起的。

生物性污染最主要的是致病性细菌问题，以往一些常见的细菌性食物中毒目前尚未得到有效的控制，如沙门氏菌、金黄色葡萄球菌、肉毒杆菌等。近年来，新的细菌性食物中毒也在不断出现，如大肠杆菌 $O_{157}$、李斯特氏菌等。因此，控制细菌污染是解决农产品生物性危害的主要内容。

2. 真菌毒素污染。真菌广泛存在于自然界中，其产生的毒素致病性强，随时都有可能污染农产品，从而产生农产品质量安全问题。此外，真菌广泛用于食品工业中，新菌种的使用、菌种的变异以及已使用的菌种是否产生危害等问题也值得关注，比如，黄曲霉可产生黄曲霉毒素、米曲霉可产生 3－硝基丙酸、曲酸、圆弧偶氮酸等。

3. 病毒性污染。近年来流行的“疯牛病”、“禽流感”等都是由于病毒而引起的动物疫病，如果控制不好，很容易通过接触动物或食用动物产品而感染人类，从而引发农产品质量安全事件。据统计，从 1996 年 10 月到 2001 年 6 月初，英国报告了 101 起与“疯牛病”感染有关的“新变异型克雅氏病（VCJD）”病例，这是人类一种罕见、致命的神经退化病例。研究表明，备受全球关注的“疯牛病”等病毒性农产品污染及其危害的控制还有大量工作要做。

4. 寄生虫污染。目前，在一些国家和地区，生吃水产品以及一些其他动物肉类的行为比较普遍，这使得人们患寄生虫病的危险性大大增大，部分地区的食物源性寄生虫发病率也逐年增加。

## 三、农产品质量安全危害的特点

### （一）危害的直接性

农产品质量安全状况主要是指其对人体健康造成的危害程度，大多数农产品一般都直接食用或加工后食用，受到物理性、化学性和生物性污染的农产品均可能直接对人体健康和生命安全产生危害，引起急性中毒或不良反应。

### （二）危害的隐蔽性

农产品质量安全的水平仅凭感观往往难以辨别，需要通过仪器设备进行检验检测，有些甚至还需要进行人体或动物试验后才能确定。受到科技发展水平等条件的制约，部分农产品质量安全参数或指标的检测难度大、检测时间长。因此，农产品质量安全状况难以及时准确判断，危害具有较强的隐蔽性。

### （三）危害的累积性

通常情况下，农产品的危害对人类生命和健康的影响是慢性的、长期的，比如农药、重金属残留的影响都需要较长时间才能显现。还有一些未经过安全评价的转基因食品，其对人类健康是否有影响、有什么影响，都需要经过一定的时期才能体现出来。

**（四）危害产生的多环节性**

农产品从农田到餐桌，要经过农业产地环境、农业投入品使用、收割屠宰、储藏运输、保鲜、包装等多个环节，供应链条长，运用技术复杂，每个环节均有可能对农产品产生污染，引发质量安全问题。

**（五）危害影响的传递性**

农产品的同质性及经验品、信任品的特性，导致了一旦个别农产品出了质量安全问题，消费者往往会“一棍子打死”，对所有这类产品都不信任。这是因为在信息不对称情况下，消费者要在这类产品中找出质量可靠、安全有保障的产品，成本往往很高，他们理性的、本能的办法就是整体抛弃，以减少风险。

**（六）危害管理的复杂性**

农产品种类多、生产周期长、产业链条复杂、区域跨度大，农产品质量安全管理涉及多学科、多领域、多环节、多部门，控制技术相对复杂。加之一些国家和地区农业生产规模小，生产经营者素质不高，致使农产品质量安全管理的难度进一步加大。

## 四、农产品质量安全发展的一般规律

**（一）农产品质量安全水平与经济社会发展水平密切相关**

农产品数量安全是保证人类生存的基本条件，随着经济的发展和社会的进步，当数量安全得到保障后，追求农产品的质量安全也就逐渐成为必然，这就需要对农产品质量安全水平的提高给予更多的关注，提供更有力的支撑。世界农业发展的历史表明，农产品质量安全水平往往随着社会经济发展水平的提高而提升。在我国，农产品生产大体经历了追求数量增长、数量与质量并重、质量安全快速发展三个阶段，这三个阶段与我国国民经济发展阶段也是密切对应的。

**（二）农产品质量安全水平与科学技术发展水平密切相关**

随着现代工业和农业的发展，化肥、农药、兽药等农业投入品在农业生产中大量使用，造成了农产品污染。在解决农产品污染的过程中，科学技术起到了关键的作用，特别是现代科学技术成果的运用，使得农产品检验检测技术得到迅速发展，大幅度提高了检测精度和准确度，对农产品中的各类危

害已经基本能够做到及时发现并进行有效监控。近年来，随着疯牛病、禽流感、苏丹红、瘦肉精等事件连接发生，农产品质量安全新问题不断出现，对农产品质量安全管理技术提出了更高的要求，提升农产品质量安全水平需要科学技术的不断进步和发展。

**（三）农产品质量安全水平与人们生活总体水平密切相关**

经济发展规律表明，有效供给必须满足不断变化的市场需求。随着收入增加和消费水平的提高，人们健康意识和安全要求不断增强。纵观当今世界各国，越是经济发达、人们生活水平较高的国家，消费者的健康意识、安全意识和生态意识就越强烈，人们对农产品质量安全水平的要求也就越高。一般来说，当恩格尔系数在50%以上，人们主要关注的是农产品的数量安全；当恩格尔系数在40%～50%之间，人们逐步注重农产品的质量安全；当恩格尔系数降至40%以下，人们对农产品的营养、安全卫生水平要求更高。

**（四）农产品质量安全水平与生产经营集约化程度密切相关**

经济学原理表明，追求利润是生产者的第一目标，农产品的生产经营也不例外。由于添加剂、农药、化肥、兽药等农业投入品的使用，能够大幅度提高农产品的产量或外观品质，因此，不规范使用投入品就可能给生产经营者带来超额利润。在分散与小规模的生产经营状况下，标准化生产和市场监管难度很大，如果违规行为未受到应有的惩罚，生产经营者便乐于违规使用投入品，引发农产品质量安全问题。因此，农产品生产和经营的集约化程度与农产品质量安全状况存在密切的相关关系，集约化程度越高，其质量安全状况相对来说也就越好。

## 五、农产品质量安全管理的新视角

**（一）农产品质量安全管理是个科技管理问题**

从科技的角度看，农产品质量安全是知识和技术辩证发展的过程。农产品质量安全与农业及其相关知识和技术的发展密切相关，一方面，现代科学技术的发展，为农产品质量安全管理提供了技术支撑，科学技术越发达，对农产品质量安全管理的支撑作用就越强。比如，先进检验检测技术的发展，为农产品质量安全提供了快速、准确、高效的技术手段以及全面、系统、严谨的科学依据；另一方面，农产品质量安全问题，本质上说也是科学技术发展的副产品，比如三聚氰胺、瘦肉精、激素等，都带有现代科技的烙印。因此，必须管理好科学技术这把“双刃剑”，有效解决农产品质量安全问题。

**（二）农产品质量安全管理是个经济管理问题**

从经济的角度看，农产品质量安全是市场与政府“两只手”共同作用的过程。在市场经济条件下，必须发挥市场机制作用，促进农产品质量安全水平提高。但与此同时，仅靠市场本身难以完全有效解决农产品质量安全问题。一是信息不对称问题导致农产品质量安全存在市场失灵。在农产品市场上，由于质量安全信息是商品的内在属性，一般消费者难以识别优劣，所以“优质不优价”的现象较为普遍，从而导致农产品质量安全供给的市场动力不足。从经济学上看，市场对于数量的均衡更具效力，而对于质量的均衡能力相对较弱，这也是为什么能够发挥市场机制作用较好解决数量问题，但却不能从根本上解决质量安全问题的原因。二是外部性因素导致农产品质量安全市场失灵。农业生产的负外部效应包括农田、水源和空气的污染等，这些问题不可能通过市场自身调节的作用来解决。因此，加强农产品质量安全管理，既要不断健全市场机制，推动形成统一、竞争、规范、有序的农产品市场体系，又要加强政府宏观调控与管理，强化各项监管措施，推动农产品质量安全水平提升，保障农业产业持续健康发展。

**（三）农产品质量安全管理是个社会管理问题**

从社会的角度看，农产品质量安全是社会进步和现代农业相互推动的过程。保障农产品质量安全是社会进步的客观需要，也是现代农业产业发展的基本目标，更是社会和谐稳定的基础。随着现代农业产业和现代社会消费需求的升级，农产品质量安全越来越受到关注，特别是进入信息时代后，农产品质量安全信息的透明度大幅度提高，信息传播速度可以用“秒行万里”来形容，一旦发生农产品质量安全事件，不仅会给产业发展带来长期不利影响，而且极易被传播、炒作、放大，引发社会恐慌、公共危机等问题。因此，在“以人为本、关注民生”的今天，农产品质量安全管理已经超越经济范畴，成为政治、社会管理的重要内容。

**（四）农产品质量安全管理是个法制管理问题**

从法制的角度看，农产品质量安全是强制责任与自觉行为相互影响的过程。农产品质量安全历来是法律规范的重点内容，世界多数发达国家均适时建立并不断完善了关于农产品质量安全的相关法律法规，推动依法监管。2006 年，我国出台了《中华人民共和国农产品质量安全法》，标志着我国农产品质量安全管理步入法制化轨道。而农产品质量安全水平的提高，归根结底是要靠生产经营者的劳动创造出来，也就是常说的“安全农产品最终是生产出来的，不是监管出来的”。因此，只有加强法制管理，推进综合执法，强

化制度约束，将农产品质量安全法律规范转变成广大农业生产经营者的法律意识和自觉行动，才能从根本上保障农产品质量安全。

## 第二节　中国农产品质量安全现状分析

当前我国农产品质量安全总体状况，可以总结为“三个并存”：一是管理成效显著与一些质量安全问题突出并存，二是执法查处力度不断加大与个别质量安全事件易发多发并存，三是人民群众对农产品质量安全期望值不断提高与质量安全突出问题短期内难以根治并存。

### 一、监测合格率保持较高水平，总体上安全

近些年，随着我国经济社会的发展以及人民生活水平的提高，城乡居民对农产品的质量安全要求也日益提高。20 世纪 90 年代，我国农业发展进入数量安全与质量安全并重的新阶段，为进一步确保农产品质量安全，国务院明确提出发展高产、优质、高效、生态、安全农业的目标，并于 2001 年启动实施了“无公害食品行动计划”。实施这一行动的背景主要有 3 个：第一，1998 年，我国粮食产量超过了一万亿斤，农产品供求进入总量基本平衡、丰年有余的新阶段，国家提出了要实施农业战略性结构调整，而提升农产品质量安全水平就成为战略性调整的重要内容。第二，2001 年，我国加入世贸组织，在此之前影响农产品出口的主要原因是关税和配额的限制，入世后技术壁垒和质量安全问题成为影响农产品出口的一个重要因素。第三，在当时，因高毒农药和“瘦肉精”等引发的急性中毒事件时有发生，迫切需要加强农产品质量安全监管，扭转这种被动的局面。实施“无公害食品行动计划”的主要目标是要解决农产品的基本安全问题，形象地说就是要解决“吃了不倒”的问题。实践证明，这个行动计划的提出和实施是带有方向性和战略性的，是符合农业发展阶段实际的，对于加快推动农产品质量安全监管工作起到了牵一发而动全身的作用。“无公害食品行动计划”实施以来，国家全面强化农产品质量安全监管，在法律法规、管理体制、标准化生产、源头治理等方面进行了不懈探索，取得了明显成效。2001 年，国家还实施了农产品质量安全例行监测制度，对全国主要城市、大宗农产品、主要危害因子实行定期监测。从 10 多年的监测结果来看，我国农产品质量安全水平有了很大提高，总体是

安全、有保障的。

**（一）蔬菜质量安全总体合格率持续上升**

2001～2010 年蔬菜中农药残留监测结果如图 6－1 所示。从监测结果看，我国蔬菜质量安全总体合格率持续上升，2010 年，蔬菜中农药残留监测合格率达到 96.8%，比 2001 年提高了 30 多个百分点。近几年，总体合格率稳定在 96% 以上。

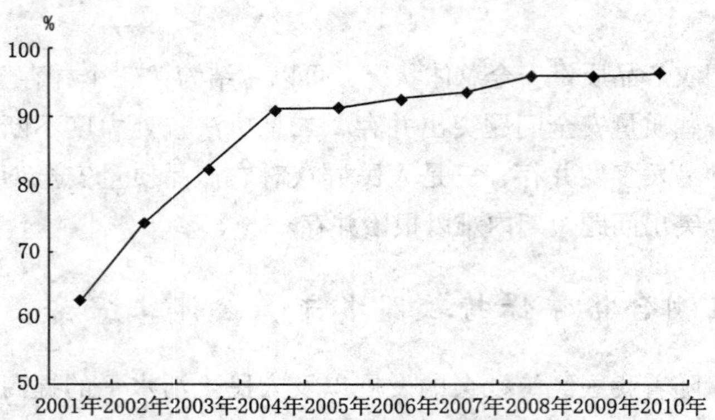


**图 6－1　近年来全国主要城市蔬菜农药残留监测合格率**

资料来源：根据农业部市场与经济信息司、农产品质量安全监管局例行监测数据汇总整理。

**（二）畜产品质量安全总体合格率保持较高水平**

2003～2008 年畜产品中磺胺类药物监测结果如图 6－2 所示。从监测结果看，质量安全总体合格率保持较高水平，2008 年畜产品中磺胺类药物监测合格率为 98.8%，近两年，平均合格率稳定在 98% 以上。

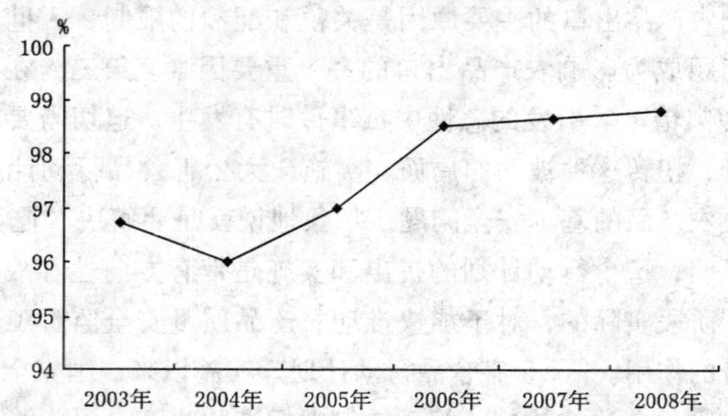


**图 6－2　近年来全国主要城市畜产品中磺胺类药物残留监测合格率**

资料来源：根据农业部市场与经济信息司、农产品质量安全监管局例行监测数据汇总整理。

2001～2008年畜产品中"瘦肉精"污染监测结果如图6－3所示。从监测结果看，质量安全总体合格率大幅提升，2008年畜产品中"瘦肉精"污染监测合格率为98.6%，比2001年提高了30多个百分点，近两年，平均合格率稳定在98%以上。

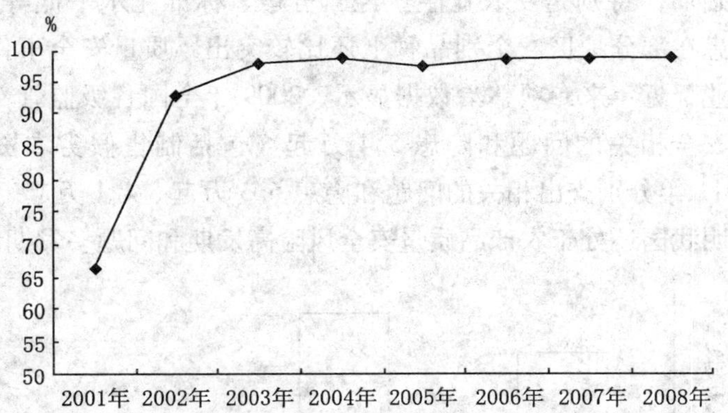


**图6－3　近年来全国主要城市畜产品中"瘦肉精"污染监测合格率**

资料来源：根据农业部市场与经济信息司、农产品质量安全监管局例行监测数据汇总整理。

**（三）水产品质量安全总体合格率稳中有升**

2005～2009年水产品中氯霉素监测结果如图6－4所示。从监测结果看，质量安全总体合格率稳中有升，2009年水产品中氯霉素监测合格率为99.9%，近两年，平均合格率稳定在99%以上。

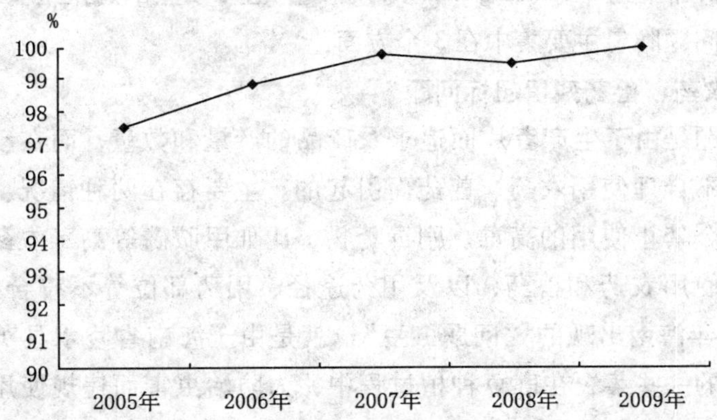


**图6－4　近年来全国主要城市水产品中氯霉素污染监测合格率**

资料来源：根据农业部市场与经济信息司、农产品质量安全监管局例行监测数据汇总整理。

## 二、问题隐患仍然不少，形势不容乐观

尽管这些年我国农产品质量安全水平有很大提升，但由于质量安全工作起步晚、基础弱，特别是受农业生产经营分散、标准化水平低等因素制约，一些问题隐患在部分地区、个别品种上还比较突出，质量安全事件仍时有发生。根据农业部近年来专项整治数据显示，2009 年全国各级监管部门共查出农产品质量安全相关的问题和隐患 5.4 万起（包括制售假劣农资的问题），2010 年、2011 年分别查出相关的问题和隐患 6.3 万起、4.1 万起，如图 6－5 所示，这说明我国还处于农产品质量安全风险高发期和问题多发期。

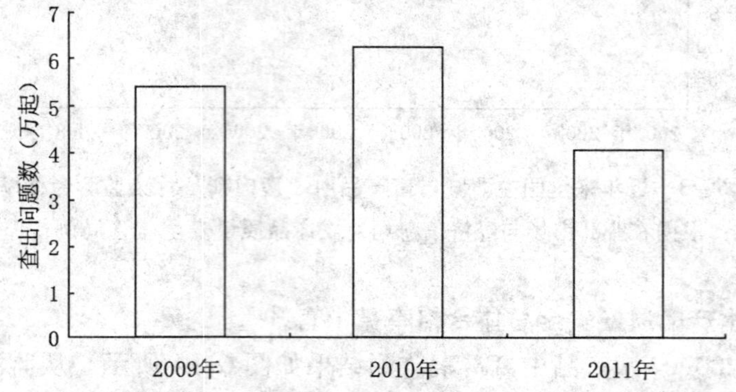


**图 6－5　近年来全国共查出的农产品质量安全问题隐患数**

资料来源：根据 WWW. Moa. gov. cn 农产品质量安全专项整治数据汇总整理。

当前的问题隐患主要集中在 3 个方面：

### （一）农药、兽药残留超标问题

这类问题是由于生产者片面追求农产品的产量和数量，而在动植物疫病防控过程中不合理使用农药、兽药而引起的。主要存在两种情况：一是违法使用国家明令禁止使用的高毒、剧毒药物，比如甲胺磷等高毒农药。二是超量、超范围使用农药和兽药，以及用药途径、用药部位等不符合技术规范。比如，2010 年海南出现的“问题豇豆”，就是由于海南省陵水县英洲镇和三亚市崖城镇的一些菜农在豇豆种植过程中，为防治虫害而违规使用农药水胺硫磷造成的。水胺硫磷在我国属于限用农药，允许在水稻、棉花等作物上使用，但禁止在蔬菜上使用。由于海南多为菜、稻轮作，加上海南气候高温高湿，虫害较多，容易造成个别生产者在蔬菜上违规使用一些限用农药。

从行业来看，种植业产品最突出的就是蔬菜限用农药超标问题，主要超标品种有豇豆、韭菜等，主要不合格指标是克百威和氧乐果等限用农药。据

统计，近几年，半数以上的农产品质量安全问题都是由农药残留引发，比如，张北毒菜、香河毒韭菜、永年毒大蒜、安徽郎溪毒茶叶、海南问题豇豆、青岛毒韭菜、南宁大白菜等。畜牧业产品最突出的是滥用抗生素问题。渔业产品最突出的是孔雀石绿、硝基呋喃问题，合格率低的有鳜鱼、多宝鱼等养殖类产品。孔雀石绿、硝基呋喃类药物在2002年已被国家明令禁用，但由于孔雀石绿治疗水霉病、鳃霉病和小瓜虫病效果明显，硝基呋喃对大多数革兰氏阳性菌和革兰氏阴性菌、某些真菌和原虫均有很好的防效，而且使用方便，价格便宜，所以在养殖业中较为广泛使用。目前，还没有更加高效安全的药物研发出来替代它们。

### 专栏6—1 “多宝鱼”事件始末

多宝鱼学名大菱鲆鱼，原产于欧洲大西洋海域，是世界公认的优质比目鱼之一。其身体扁平，略成菱形，褐色中隐约可见黑色和棕色花纹。由于游动时姿态十分优美，宛如水中之蝴蝶，故又称之为“蝴蝶鱼”。20世纪90年代，多宝鱼引入我国后，其人工养殖发展迅猛，主要集中在山东、辽宁、福建一带。

2006年11月17日，上海市食品药品监管部门从批发市场、连锁超市、宾馆饭店采集了30件冰鲜或鲜活多宝鱼，并对禁用鱼药、限量鱼药残留、重金属等指标进行检测，结果显示，30件多宝鱼样品全部被检出含硝基呋喃类药物，部分样品还被检测出含有孔雀石绿、恩诺沙星、环丙沙星、氯霉素、土霉素等多种禁用鱼药残留。专家称，硝基呋喃类药物、氯霉素、环丙沙星等在国内外均属禁用鱼药。尽管其不会产生急性、亚急性危害，但人体长期大量摄入硝基呋喃类药物，存在致癌的可能性。

一时间，曾经饱受市场欢迎的多宝鱼开始在市场上滞销，人们纷纷对多宝鱼避之不及。事件发生后，相关部门也立即组织了工作组进行调查，对违规企业予以停止销售、监督销毁和罚款等处理。通过排查检测，发现市场上大多数多宝鱼都是安全的。中国多宝鱼之父、中国工程院院士、黄海水产研究所教授雷霁霖表示：“一个人一天吃掉400千克所谓‘毒鱼’，才相当于吃了4片痢特灵。谁能一天吃掉400千克多宝鱼?”尽管如此，此事件后上市的多宝鱼已不复当初的红火场面，北京一些水产品批发市场上的多宝鱼销售变得门庭冷落。

业内人士指出，此次“多宝鱼”事件虽已过去，但由此暴露的问题却需要引起重视。从水产养殖生产的实际状况分析，确实存在养殖疾病增多、用药不规范甚至有少数单位滥用违禁药物等突出问题，以至于出现不合格商品鱼上市的现象。由水产品药物残留超标引起的质量安全问题已成为制约水产品生产与销售的瓶颈。

**（二）违法添加有毒有害物质问题**

这类问题是由于生产者为改变农产品形状或品质，而非法添加有毒有害化学物质造成的，比如，“三聚氰胺”、“瘦肉精”等问题。“三聚氰胺”中含有大量的氮元素，工业上检测奶粉中蛋白质的含量主要是通过检测氮元素的质量，然后通过经验换算成蛋白质质量，加入“三聚氰胺”后可以显著提高奶粉中氮元素的含量，从而错误地得出其蛋白质含量较高的结论。“瘦肉精”属于肾上腺类神经兴奋剂，饲料中添加“瘦肉精”，可以增加动物的瘦肉量，而食用含有“瘦肉精”的肉会对人体产生危害，常见有恶心、头晕、四肢无力、手颤等中毒症状，长期食用则有可能导致染色体畸变，诱发恶性肿瘤。

从行业来看，当前最突出的就是畜牧业产品中“瘦肉精”问题禁而不绝，主要集中在生猪产品上，同时有向牛、羊产品蔓延的倾向，比如，2011年，在山东省利津县就发现有养殖户给羊喂食“瘦肉精”的问题。

**专栏6—2　河南双汇“瘦肉精”案件**

2011年3月15日，中央电视台《每周质量报告》播出了3·15特别节目《“健美猪”真相》，曝光了“养猪户添加违禁药‘瘦肉精’，经纪人联络其中，下游厂家有意收购”的乱象。报道称，在河南孟州市、沁阳市、温县和获嘉县等地，用“瘦肉精”喂出来的“健美猪”，钻过当地养殖环节的监管漏洞，进入贩运环节，每头猪交10元钱就能得到一张“动物产品检疫合格证明”，堂而皇之地进入南京市场销售。更令人不安的是，这种用“瘦肉精”喂食的猪，还流入了肉食行业的龙头老大、以“十八道检验、十八个放心”著称的河南双汇旗下的济源双汇食品有限公司。按照该公司规定，“十八道检验”并不包括“瘦肉精”检测。

3月15日下午，河南济源市畜牧局对济源双汇库存的689头生猪进行尿液检测，发现17头生猪“瘦肉精”呈阳性，证实了媒体的报道。系列报道瞬时在网上引爆热点，面对突如其来的“瘦肉精”事件，双汇集团有点招架不住。3月16日、17日，连发两次声明对消费者表示歉意，并免除了济源双汇总经理、主管副总经理、采购部长、品管部长的职务。

自2011年3月15日“瘦肉精”事件曝光至23日18时，河南全省共排查50头以上规模养殖场近6万个，确认“瘦肉精”呈阳性的生猪126头，涉及

60多个养殖场；排查50头以下散养户7万多个，确认“瘦肉精”呈阳性生猪8头；同时还查获含“瘦肉精”饲料若干批次。随后，国务院食品安全委员会办公室也派出工作组赴事发地检查和整改。同时，在全国范围内关于“瘦肉精”的专项整治活动也在开展，据了解，截至2011年年底，全国共侦破“瘦肉精”案件120余起，捣毁非法加工、仓储窝点19个。

**（三）重金属污染问题**

这类问题是由于部分地区农产品产地环境受到工业“三废”排放影响，导致铅、汞、镉等重金属和化学品污染而造成的。产地污染包括土壤污染、大气污染和水体污染等，当前最突出的问题就是土壤中重金属污染。据统计，我国重金属污染的土地面积已达到2000万公顷，占总耕地面积的21%，主要分布在大中城市郊区、污灌区和一些大中型工矿企业周围。国家环保总局土壤污染调查结果显示，一些经济发达地区的蔬菜、稻米、水果等生产基地不同程度地存在土壤污染问题。2011年，南京农业大学也有学者研究指出，我国南方部分地区的稻米中存在严重的镉超标问题。

以上三类问题比较起来，违法添加的危害最大，防控的难度也大；重金属污染的问题成因比较复杂，潜在的风险较大，需要慎重处置。这三类问题，对于农兽药残留超标，要加强监管，依法组织整改，严格落实好用药记录、休药期等制度。对于非法添加，要坚决打击，严厉查处违法违规行为。对于重金属等潜在风险，要采取控制、治理和化解等综合措施加以防范，控制就是控制各种污染源；治理就是坚持谁污染、谁治理的原则，综合整治被污染的环境；化解就是通过调整种养格局、更换相应品种等农业措施来对污染物进行降解。

## 三、面临制约因素很多，工作任务十分艰巨

产生农产品质量安全问题的原因是多方面的，从根本上讲，是与我国的农业农村发展阶段以及农业生产经营方式相关。当前我国正处于传统农业向现代农业的转型时期，农产品质量安全管理面临最大的制约是我国农业生产经营规模小而分散，最大的困难是基层监管力量十分薄弱，在一定意义上，解决农产品质量安全问题，比解决数量安全问题更复杂、更艰巨。

**（一）思想认识的制约**

1. 生产经营者自律意识不强。受经济利益驱动，一些生产经营者在农业生产中追求“五快一好一多”，即：快种、快养、快长、快运、快卖、好价、多赚钱，容易出现不讲诚信、掺杂使假、违规添加有毒有害物质的问题。以

“瘦肉精”问题为例，据调查，生猪饲喂“瘦肉精”每头成本仅需几元钱，喂出的生猪外观好、瘦肉多，一些屠宰场和收购贩运经纪人高价收购“瘦肉精”生猪，每头比正常的生猪可多卖40元，从而诱使养殖户违法使用“瘦肉精”。国家有关部门对“瘦肉精”的问题打击了将近10年，却仍未彻底根除，充分说明提高生产经营者自律意识的极端重要性。

2. 消费者科学认知水平不高。在我国，许多消费者对于农产品的需求，片面追求“好吃、好看、好闻”，导致一些为改善口感、色泽和品相等的添加物质应运而生，比如荧光增白剂、苏丹红、瘦肉精等，给管理带来了很大难度。同时，由于我国刚过温饱线时间不长，消费者对于质量安全、有毒有害等科学知识，缺乏常识和判断，往往人云亦云，有时一则不实信息，很容易引起过度反应。比如，2011 年 4 月，深圳卫视一篇题为“打药催熟香蕉卖水果也有潜规则”的报道，称“误服乙烯利会出现呕吐、恶心及烧灼感，长期服用对人体有害无利”，立即引起香蕉价格的波动和局部消费者的恐慌，海南香蕉价格一度由每斤 3 元降到了 1 元左右。事实上，乙烯利不属于农产品质量安全问题，主要还是一个技术使用不当的问题，与非法添加等问题有本质的区别。处理这类问题，最重要的是及时进行科学解读，消除消费者的疑虑，提高消费者的认知水平。

3. 地方政府思想认识不到位。目前许多地方的工作重心仍停留在追求农产品数量和发展速度上，没有真正认识到质量安全对全局的深远影响，“重数量、轻质量”的现象还比较普遍。特别是一些基层政府主管部门还没有把质量安全工作摆上重要位置，主要领导抓得不够、综合协调力量配备薄弱，甚至有的个别地方发生农产品质量安全问题后，千方百计遮掩包庇。

**（二）产业化水平的制约**

1. 在农产品生产经营方面。我国农业生产经营主体量大面广、小而分散，监管难度很大。目前全国共有2.4 亿农户，户均承包耕地7.5 亩，仅相当于美国的1/400；年出栏 500 头以上生猪规模化养殖比重仅为 31% 左右（如表 6－1 所示）；存栏 100 头以上奶牛规模化养殖比重仅为 28%；水产养殖户有 500 多万个，其中 80% 左右是散户；农民专业合作社 44.6 万家，实有入社农户 3570 万左右，仅占全国农户总数的 14.3%。如果不改变农业生产组织化程度低、生产经营方式落后的状况，农产品质量安全问题就很难从根本上解决。

表 6-1　2009 年全国生猪饲养规模情况表

| 年出栏数 | 场（户）数 | | 年出栏生猪（万头） | |
|---|---|---|---|---|
| | 数量 | 占比 | 数量 | 占比 |
| 年出栏数 1～49 头 | 64 599 143 | 96.22% | 34 061 | 38.7% |
| 年出栏数 50～99 头 | 1 653 865 | 2.46% | 11 394 | 12.9% |
| 年出栏数 100～499 头 | 689 739 | 1.03% | 14 743 | 16.7% |
| 年出栏数 500～999 头 | 129 369 | 0.19% | 8 397 | 9.5% |
| 年出栏数 1 000～2 999 头 | 46 429 | 0.07% | 7 126 | 8.1% |
| 年出栏数 3 000～4 999 头 | 10 342 | 0.02% | 3 782 | 4.3% |
| 年出栏数 5 000～9 999 头 | 5 117 | 0.007% | 3 285 | 3.7% |
| 年出栏数 10 000～49 999 头 | 3 083 | 0.004% | 4 570 | 5.2% |
| 年出栏数 50 000 头以上 | 96 | 0.000 1% | 730 | 0.8% |
| 出栏生猪合计（万头） | 67 137 183 | 100% | 88 088 | 100% |

资料来源：《中国畜牧业年鉴》2010 年（中国农业出版社）。

2. 在农业投入品方面。农业投入品是农产品质量安全的源头。目前，我国已登记使用的农药有 600 多种，列入国家兽药典的兽药有 1500 多种。现有农药生产企业 2400 多家，80% 以上为小企业；经营单位 60 多万家，绝大多数为小规模个体经营，还有一些游商流贩走村串户销售。在种类繁多的农药、兽药中，有些是允许普遍使用的，有些是在部分农产品生产中限制或禁止使用的，由于农兽药生产企业和经营单位参差不齐，加上农民普遍缺乏科学合理使用知识，极易导致制假售假和出现投入品滥用、乱用、错用现象，产生农产品药物残留超标问题。

**（三）工作基础的制约**

长期以来，我国农业的产业体系、技术体系和保障体系基本上是围绕农产品增产而建立的，质量安全工作基础相对滞后。

1. 在监管体系方面。农产品生产环节多、链条长、影响因素复杂，农产品质量安全监管的重心必须下移到基层，对农产品生产实施全程监管，才能从源头上保障农产品质量安全。目前我国还有 1/3 的地市级和近一半的县级农业部门尚未建立专门的农产品质量安全监管机构，乡镇监管机构建设刚刚起步，越往基层监管力量越弱，监管机构人手少、经费不足、执法能力弱的情况普遍存在，许多基层人员在工作中还是靠“眼睛看、鼻子闻、嘴巴问”，难以满足现代农产品质量安全监管工作的要求。

2. 在标准体系方面。标准是开展农产品质量安全监管的依据，是实施农业标准化生产的基础。目前我国标准制修订远滞后于发达国家，比如，我国现有农药残留限量仅807项，而国际食品法典委员会（CAC）有3338项，欧盟有14.5万项，美国有1万多项，日本有5万多项，是我国的几倍或几十倍，如图6－6所示。

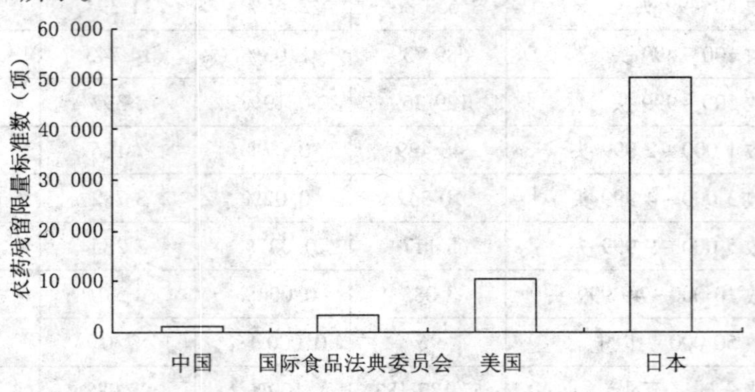


**图6－6　国内外农药残留限量标准对比图**

3. 在检测体系方面。检验检测是农产品质量安全监管最直接、最主要的手段，通过开展定期的监测或不定期的抽检，可以及时发现问题隐患并依法进行处置。近年来国家投资建设了1000多个部、省、县级农产品质检机构，但由于底子薄，从整体来看，仪器设备条件、检测能力仍有待强化，检测队伍人员素质仍有待提高，特别是市县和乡镇基层检测能力仍十分薄弱。同时，保证机构运行和开展工作的经费严重不足，以盐酸克伦特罗检测为例，一次快速检测一头生猪尿样需15～20元，仪器确证检测一份样品需500～1000元，基层要开展从养殖到收购、贩运和屠宰各环节检测，现有经费投入明显不足。

4. 在科学研究方面。目前我国用于农产品质量安全科学研究的专项投入相对比较少，具有较强能力、较高水平的农产品质量安全研究、检测、风险评估的机构数量少、起步晚，农产品质量安全专业技术人才整体素质不高，检测方法研究、风险评估等技术支撑能力弱，在应对农产品质量安全突发事件时，没有充足的科技储备，缺乏大量的风险评估数据，这些都对农产品质量安全管理构成了制约。

## 四、保障农产品质量安全事关经济社会发展全局，意义重大

农产品质量安全既是一个产业问题，也是一个民生问题，它一头连着农

业产业发展和农民增收，是发展现代农业的重大任务；一头连着亿万消费者，是保障消费安全的必然要求，必须要把农产品质量安全管理放到我国经济社会发展全局加以谋划和推进。

**（一）保障农产品质量安全是发展现代农业的关键环节**

在我国这样一个有 13 亿人口的发展中大国，解决吃饭问题始终是治国安邦的头等大事。经过长期不懈的努力，我国农业生产取得了巨大成就，用不到世界 9% 的耕地养活了世界近 21% 的人口。随着工业化、城镇化进程的加快以及居民消费水平的不断提高，人民群众在对农产品需求呈刚性增长的同时，对农产品质量安全的要求也越来越高。对此，党中央国务院高度重视，明确提出“十二五”时期要发展高产、优质、高效、生态、安全农业，促进农业生产经营专业化、标准化、规模化、集约化。这其中，推进农业标准化、保障农产品质量安全是重要内容之一，既是现代农业建设的主要任务，也是现代农业发展的重要目标。另一方面，也必须看到，农产品质量安全与现代农业产业发展的关联度越来越大，一旦发生农产品质量安全事件，即使是个别事件，传播速度也很快，可能影响整个产业的发展。2006 年“多宝鱼”事件，给全国多宝鱼养殖业造成 20 多亿元的损失；2008 年“三聚氰胺”事件不仅使多年辛苦经营的企业毁于一旦，而且对我国奶业发展造成巨大冲击；2011 年河南生猪“瘦肉精”案件，双汇企业在不到半个月的时间内损失超百亿元，长期损失难以估量，再次敲响了警钟。由此可见，建设现代农业，质量安全是关键，必须强化监管，提升质量安全水平，为现代农业发展和新农村建设保驾护航。

**（二）保障农产品质量安全是保持经济平稳较快发展的有力举措**

从扩大内需来看，农产品人人都消费、天天都消费，人民群众对农产品的需求越来越大，对质量、品种、花样等的要求也越来越高。强化农产品质量安全管理，营造安全、放心的消费环境，对于增加消费、扩大内需具有重要的意义。从管理通胀预期来看，稳定农产品价格是稳定物价的关键环节，如果农产品质量安全出现问题，就有可能影响消费信心，引发市场供求波动，对价格总水平和物价调控形成压力。从国际贸易来看，质量安全问题已经成为影响农产品国际竞争力的重要因素。近年来，发达国家普遍以农产品质量安全为理由，制定技术性贸易措施，目的是维护本国利益、保障消费安全、削弱农产品出口国产品竞争力。采取的技术性贸易措施，往往具有名义上的合理性、形式上的合法性和手段上的苛刻性，已经成为影响我国农业国际竞争力的关键因素。特别是 2008 年金融危机以来，贸易保护主义加剧，各国通过实施技术性贸易措施来限制国外农产品进口的现象普遍增加。据统计，受国外技术性贸易措施影响，2009 年我国农产品出口企业直接损失 60 多亿美元，主要影响内容包括：农兽药残留要求、食品添加剂要求、重金属等有害物质限量要求、细菌等卫生指标要求。可以肯定，今后国外各种“技术壁垒”和“绿色壁垒”对我国农产品国际贸易的影响将日益突出，要想稳定和扩大出口市场，除必要的政策扶持外，最为重要的就是要练好内功，确保农产品质量安全保持较高水平。

**（三）保障农产品质量安全是维护社会和谐稳定的现实需要**

民以食为天、食以安为先，农产品质量安全直接关系到人民群众的身体健康和生命安全。随着经济社会的发展，人民群众对农产品的要求，已经由“吃得饱”向“吃得好、吃得安全”转变，更多地考虑农产品是否安全、是否有益于健康，农产品质量安全已成为人们最关心、最直接、最现实的利益问题。我国农产品生产链条长，涉及利益群体广，一旦出现问题，就会带来一系列连锁反应，不仅会造成产业经济损失，而且还会不同程度地引起社会恐慌、恶意炒作、甚至群体上访等社会性问题，成为引发社会矛盾、影响社会和谐稳定的导火索，影响了一方安定和稳定。因此，必须牢固树立“以人为本”的理念，把保障农产品质量安全作为推动经济发展、促进社会和谐的重要内容，把农产品质量安全管理作为完善公共安全体系、加强和创新社会管理的重要任务来抓好。

**（四）保障农产品质量安全是政府依法履行职能的重要内容**

我国《食品安全法》、《农产品质量安全法》、《国务院关于加强食品等产品安全管理的特别规定》等法律法规，明确了“生产经营者负首责、地方政府负总责、各监管部门分工负责”的食品安全责任体系。各级政府在农产品质量安全管理中担负着市场监管、社会管理、公共服务等诸多职能，能否让人民群众吃上安全放心农产品，已经成为衡量政府执政能力、履行职责的重要标尺。我国农产品质量安全工作起步晚，当前一些地方政府还存在着思想认识不到位、职能转变不及时、监管能力不匹配等问题，加上部分农产品质量安全突出问题尚未根治，很容易引发农产品质量安全事件，影响到政府公信力和国家形象。因此，提高农产品质量安全监管水平，是各级政府必须履行好的职责，也是建设责任政府的应有之义。

# 第二章　农产品质量安全管理

农产品质量安全管理是一项系统工程，它涵盖产前、产中、产后多个环节，涉及生产、流通、质量监督多个部门。近年来，中央要求各级政府部门加大专项资金投入，对于关系农产品质量安全管理全局的基础性建设如农业标准体系、农产品质量监督体系、市场准入管理以及优质安全农产品生产基地建设等要集中资金重点安排。从省到市的各级农业部门都把质检机构作为实施农产品质量安全管理的一支骨干力量，使其在生产资料的监督管理、生产管理的技术培训和技术指导、优质安全农产品的认证以及农产品的质量监督等方面发挥重要作用；并且围绕提高队伍素质对有关人员进行培训，使基层的技术管理人员的业务素质得到了很大提高。但是，由于对涉及农产品质量安全管理的一些基本理论没有一个明确的界定，使得农产品质量的内涵外延不清晰，导致生产者和消费者对农产品质量存在错误认识，制约着对优质农产品和安全农产品的引导。因此，明晰农产品质量的基本理论、内涵和外延，对系统地研究农产品质量管理体系有着重要的意义。

## 第一节　农产品质量管理的理论基础

### 一、农产品质量安全管理运用的基本理论

中国的农产品质量安全管理，或者说农业部的农产品质量安全管理，遵循了国际、国内大家共同推崇的理论和原理，同时也创造出了一些独具中国特色的农产品质量安全管理理论。总体上有以下四个大的方面：

**（一）全程管理理论**

这是农产品质量安全管理的基本思路和基础理论。农业部在“无公害食品行动计划”启动之初，便明确提出了农产品质量安全实施从“农田到餐桌”全过程管理的指导思想，打破了过去农产品质量安全管理分行业、分环节管理的理念，强调以生产过程控制为重点，以市场准入为切入点，以保证最终产品消费安全为基本目标。打通了农业部门在农产品质量安全管理上的行业阻隔、环节鸿沟，真正体现了新时期农产品生产的目的是满足消费，消费需求是农产品生产和管理的最高目标。在某种程度上讲，也是农业部门质量安全管理视野和观念的一次大解放。

**（二）过程追溯理论**

这在农产品质量安全管理方向是超前的、大胆的理论运用。从保证消费安全和防患于未然，要求整个农产品生产过程行为应当达到可追溯，实现节节相对，环环相扣，并要求所有生产行为要有记录，事后可再现管理的轨迹，从中寻找管理上的不足，以便采取补救和纠偏措施。应当说追溯理论的运用，比较好地树立了农产品生产者的责任意识，也构建了管理工作的严肃性和真实性，比较好地保证了农产品生产管理的可靠性和质量安全水平的置信度。

**（三）关键点控制理论**

客观地说，影响农产品质量安全的因素多种多样，危害的因子五花八门。在众多的危害因子中，我们如何采取有效措施控制住最为主要的危害因素，既是一个方法问题，更是一种策略和技巧。纵观国内、国际通行做法，那就是推行关键点控制理论，分清轻重缓急，在“无公害食品行动计划”实施过程中，重点是抓好蔬菜中有机磷农药污染控制、畜产品“瘦肉精”污染控制和水产品氯霉素污染控制。通过关键点的控制，举一反三，触及全部。

**（四）“两手抓”的理论**

“两手抓”的理论，既是一个哲学问题，更是一个方法论，广泛运用于我们的工作、生活和学习中。在农产品质量安全管理过程中，从一开始也就充分运用了这一理论。具体表现是：在我们的整个农产品质量安全管理和“无公害食品行动计划”推进过程中，既强调以市场准入为突破口，又明确指出从生产源头入手抓过程控制；既强调抓保障体系建设，又强调抓生产管理；既强调以农业部门为主推动，又强调多家配合，充分发挥各部门的管理和技术优势；既强调国内生产控制为重，又强调口岸检测把关不放松；既强调狠抓专项整治，又强调建立长效机制；既强调治本措施抓污染源控制，又强调应急管理抓检验检测。在整个农产品质量安全管理工作中，比较好地运用了

“两手抓”理论。

## 二、农产品质量安全管理形成的基本概念

我国在最近几年的农产品质量安全管理工作中，借鉴并形成了一些富有特定内涵的基本概念，主要有以下几个方面。

**（一）升华了无公害农产品概念**

这里面包括无公害农产品概念，无公害食品概念，“无公害食品行动计划”概念。也包括无公害农产品产地认定和无公害农产品认证概念。

**（二）创建了例行监测概念**

在农产品质量安全监管中实施例行监测制度，这是农业部的首创，并得到了党中央、国务院的肯定，并正式写入了2002年的中共中央、国务院文件。同时，例行监测制度作为一种行政执法工作纳入了中央财政预算。农业部先后启动了试点城市定点监测，省会城市定点监测，农药及农药残留定点监测，兽药及兽药残留定点监测等工作。目前，这一项工作已完全制度化和经常化，也是目前农业部门在农产品质量安全管理方面最直接、最有效、最权威的一项管理措施。

**（三）推出了专项整治概念**

专项整治即针对突出问题，集中所有的手段和措施，突击性地治理。这种方式比较符合中国传统做法。一是大家非常熟悉，二是大家容易接受，三是容易引起重视，四是见效特别快。针对农产品中的突出污染和危害因素久抓不见明显成效的客观情况，2002年3月，农业部正式启动了专项整治，开展了以控制蔬菜中有机磷农药残留污染为主要内容的种植业产品农药残留污染专项整治，突出了以控制“瘦肉精”污染为主要内容的畜禽产品兽药残留及违禁药物污染专项整治，推进了以控制氯霉素污染为主要内容的水产品药物残留污染专项整治。通过两年多的专项整治，农产品质量安全水平有了大幅度提高，成效显著。

**（四）打造了标准化生产综合示范区（县、场、基地）概念**

标准化生产，是农产品质量安全管理的治本之策。在过去的农产品生产过程中，大多强调单一技术的攻关和推广，效果不是十分理想。在“无公害食品行动计划”实施过程中，农业部提出了标准化生产综合示范区（县、场、基地）的概念，也就是围绕提高农产品质量和保证安全，创建集产地环境管理、农业投入品管理、生产过程标准化、市场准入、检验检测、龙头企业培育、品牌打造为一体的标准化综合示范区（县、场、基地）。通过示范区

（县、场、基地）的建设，创建一批产地名牌，培育出优势区域产业带。这项工作得到了各方面的高度重视和大力支持；截至目前，仅农业部就已在全国建立了86个农产品标准化生产综合示范区，200个无公害农产品标准化生产示范县，100个无公害农产品标准化生产示范农场，20个农产品标准化生产示范基地。与此同时，地方农业部门也跟进创建了一大批农产品标准化生产综合示范区（县、场、基地）。

**（五）提出了农业投入品禁、限用概念**

对农业投入品实施禁用、限用，应当说是最近两年最突出的管理改革。随着“无公害食品行动计划”的深入推进，农产品污染问题集中反映在高残毒农业投入品的非法使用和不科学、不合理使用。而根治的有效办法就是尽快将一批高残毒农业投入品禁止使用，明确一批高残毒投入品限范围使用。为此，农业部提出了对农业投入品实施禁、限用规定，出台了相应的办法，并先后对18种农药、29种兽药和39种渔药作出了禁止使用规定，对19种农药、8种兽药和5种渔药作出了限制使用规定。同时，还作出了分三个阶段削减甲胺磷、对硫磷、甲基对硫磷、久效磷和磷胺5种高毒有机磷农药（以下简称“甲胺磷等5种高毒有机磷农药”）的使用，明确规定自2007年1月1日起，全面禁止甲胺磷等5种高毒有机磷农药在农业上使用。采取的步骤是：第一步，自2004年1月1日起，撤销所有含甲胺磷等5种高毒有机磷农药的复配产品的登记证。自2004年6月30日起，禁止在国内销售和使用含有甲胺磷等5种高毒有机磷农药的复配产品。第二步，自2005年1月1日起，除原药生产企业外，撤销其他企业含有甲胺磷等5种高毒有机磷农药的制剂产品的登记证。同时，将原药生产企业保留的甲胺磷等5种高毒有机磷农药的制剂产品的使用范围缩减为棉花、水稻、玉米和小麦4种作物。第三步，自2007年1月1日起，撤销含有甲胺磷等5种高毒有机磷农药的制剂产品的登记证，全面禁止甲胺磷等5种高毒有机磷农药在农业上使用，只保留部分生产能力用于出口。

**（六）整合了农产品质量安全体系概念**

在“无公害食品行动计划”实施前，所使用和倡导的都是建立健全农业标准体系和监测体系，后来改称为农产品质量安全标准体系和农产品质量安全检验检测体系。到“无公害食品行动计划”启动，农业部正式启用了农产品质量安全体系概念，对农产品质量安全管理相关的技术支撑体系进行了整合，形成了一个全新的概念，包容了所有提法，涵盖了所有概念。按照农业部正式文件给出的农产品质量安全体系，既包括原先倡导的农产品质量安全

标准体系和检验检测体系，更加突出了农产品质量安全认证体系，同时新增加了农产品质量安全技术推广、宣传、培训和信息服务体系，还包括了农产品质量安全执法体系。农产品质量安全体系是一个大概念，是一个全方位的支撑保障体系。与此同时，关于加快建立健全农产品质量安全体系的提法写入了党中央、国务院文件，同时纳入到了农业部的七大支撑体系建设重点，得到了社会各方面的广泛关注、大力支持和普遍认同。

**（七）推出了农产品标识概念**

对上市销售的农产品要加上标识标注，是一种全新的管理概念和责任意识。2002 年 7 月，农业部在全面推进“无公害食品行动计划”实施意见中明确要求，在农产品质量安全管理过程中，要积极推行市场准入，实施标识管理制度。提出要根据不同农产品的特点，逐步推行农产品分级包装上市和产地标识制度。对包装上市的农产品，要标明产地和生产者（经营者）。凡列入农业转基因生物标识管理目录的产品，要严格按照农业转基因生物标识管理规定，明确标识或标注。而且，早在 2001 年 10 月 31 日《农业部关于加强农产品质量安全管理工作的意见》中已有类似的要求。这一概念的提出，推动了农产品包装上市、品牌销售和责任主体的明确，应当说作用巨大，意义深刻。

**（八）浓缩了“三品”认证概念**

新创造了无公害农产品认证和产地认定的概念，2001 年 10 月 31 日，农业部在《关于加强农产品质量安全管理工作的意见》中，第一次将绿色食品纳入了大的农产品质量安全管理范畴，并给予了明确的定位。文件指出，绿色食品作为农产品质量认证体系的重要组成部分，要按照政府引导、市场运作的发展方向，加快认证进程，扩大认证的覆盖面，使绿色食品在促进农业生态环境建设、实施农产品名牌战略、扩大农产品出口创汇等方面发挥积极作用。要进一步发挥绿色食品在农产品生产加工运作方式、质量安全制度建设等方面的示范带动作用。2002 年 7 月 23 日，农业部在《关于全面推进“无公害食品行动计划”的实施意见》中，第一次旗帜鲜明地把有机食品纳入到了农产品质量安全管理的范围，并强调指出“绿色食品、有机食品作为农产品质量认证体系的重要工作组成部分，要按照政府引导、市场运作的发展方向，加快认证进程，扩大认证覆盖面，提高市场占有率。”同时，提出“有条件的地方和企业，应积极发展绿色食品和有机食品”。2002 年 7 月 29 日，农业部范小建副部长在全国绿色食品工作会议上正式提出了农业部在发展和管理无公害农产品、绿色食品、有机食品的方面的指导思想和原则，即“三位一体，整体推进”。2004年4月27日，范小建副部长在农产品质量安全宣传周网络培训讲话中第一次将无公害农产品认证、绿色食品认证、有机食品认证统称为“三品”认证，并强调是当前和今后一个时期农产品质量安全认证的主要类型。

## 三、农产品质量安全管理遵循的基本原则

农产品质量安全管理和“无公害食品行动计划”的实施，遵循了一些最基本的原则，也是最有效的办法和措施。这在很大程度上，也是一种成功的管理方略和技巧。

### （一）源头入手的原则

这一原则的确立，打破了长久以来的农产品质量安全“反弹琵琶”的方法，强调从源头入手抓农产品质量安全管理。终端产品检测固然重要，但农产品是生产出来的，农产品质量安全是在生产过程中产生的，解决问题的根本还是应当着眼于污染源头控制，应当说这是一种管理思路的创新和工作方法的改革。随着这一原则的确定，农业部剖析出了农产品质量安全污染的三大源头。一是动植物病虫害，应当说是污染源头的源头，病虫害减少了或者没有了，化学性污染也就解决了，提出必须加强病虫害防治。二是产地环境污染，包括土壤环境铅、砷、镉等污染，也包括灌溉用水、大气和城市生活垃圾与工业“三废”污染，提出必须实施产地净化措施，采取环境普查，选择性地分区种植、养殖。三是农业投入品污染，包括违禁药物的使用和农业投入品的不科学、不合理使用。提出采取专项整治，该禁用的要停止生产，该限止使用的要严加管理，该合理使用的要加大培训和技术指导与检查。

### （二）市场准入原则

不合格、不安全农产品不准上市销售，这是最重要的一环，也是最为有效的措施。在行动计划中，明确提出了在农产品质量安全管理过程中，积极推行市场准入制度。目的就一个，有证据证明合格、安全的农产品方可销售。这在大中城市中特别见成效。近两年，几乎所有的省会城市都出台了农产品市场准入办法，明确规定不合格、不安全的产品不准上市。具体的办法很多，有的规定经检测合格的方可上市，认证合格的方可上市。也有的规定产销双方认定的基地产品方可上市。形式多样，方式各异，效果是一样的，就是要通过市场销售这一关，推进农产品标准化生产和安全管理，保证消费安全。这一原则被大家广为采用，效果明显。

**（三）过程控制原则**

在抓好两头即污染源头管理和终端产品市场准入的基础上，农业部提出了过程控制的原则。而且强调这是一条最根本的保障性措施。按照国际惯例，不但要求终端产品要安全，而且必须保证过程要规范，要将质量安全风险化解在生产过程之中，将风险指数降低到最低程度。根据这一原则，农业部加大了工作力度，以标准化生产为措施，以示范基地建设为载体，以无公害生产技术培训为手段，狠抓过程控制，有效提高了农产品生产者的质量安全意识和生产保证能力。

**（四）产销衔接承诺原则**

在农产品质量安全法规和制度不健全、不完善的情况下，如何通过生产、销售环节质量安全控制行为自律，是一个很关键的问题。经过大量的调研和试点，在农产品质量安全管理和“无公害食品行动计划”实施过程之中，农业部创造性提出了产销衔接承诺原则。也就是通过农产品市场的两端，即农产品生产者或基地与农产品经销商或批发市场建立一种质量安全自律机制，在购销过程中确定双方的质量安全责任，并通过产销合同的形式予以责任主体化和具体化，以弥补农产品质量安全管理法制方面的不足。北京、上海、深圳、郑州、大连等城市做得比较好，有特色，有成效。北京市从 2001 年 11 月 1 日开始，推行了蔬菜产品的“场地挂钩”、生猪产品的“场厂挂钩”，即北京各大蔬菜批发市场与各地的蔬菜生产基地挂钩，北京的各屠宰场与各养殖厂挂钩，签订购销协议，互认互保质量安全。通过合同承诺方式，有效地保证了产品的质量和安全。

## 第二节 农产品质量管理的内容

改革开放以来，我国对农产品的质量管理已经有了很大的改进，但仍然不能适应市场竞争的需要，特别是不适应国际市场竞争的需要。2003 年我国内地水果在香港市场上的份额从 1995 年的占主导地位降低到 10% 左右，有关市场方面的专家分析，根本的原因是大陆生产和销售中的水果质量管理没有到位，不能保证所销售水果满足市场需要的质量。

国内外市场的竞争表明，在现阶段，农业经营管理者要增加收入，在市场提高竞争力，必须进一步搞好农产品的质量管理。

## 一、农产品质量多元化

农产品质量范围主要包括能够满足消费者所要求的营养成分、卫生安全、口感等特性。农产品质量不仅对农产品本身可度量的质量参数有要求，而且对生产农产品的过程控制有严格的要求，进而对生产的方式和方法也有要求。例如对使用农业化学品的限制要求，对使用生长激素的限制要求，对使用生物技术的限制要求等。此外，农产品的加工程度和方式也是构成质量的一个方面。

### （一）消费者对农产品质量要求

消费者对农产品质量的要求虽然各不相同，但在基本要求方面有一致性，表现在以下方面：

1. 安全、卫生、天然化

要求在种植、养殖和加工过程中尽可能避免不当使用化肥、农药、植物生长素、食品添加剂等，并避免工业“三废”和重金属对食品的污染。人们日益关注农产品的安全，对绿色食品和有机食品的需求越来越大。

2. 方便、快捷、组合化

随着生活、工作节奏的加快，人们对方便食品和快餐食品的需求逐步扩大。这种新需求时尚，给农业生产经营主体和农副产品加工经营主体带来无限商机。除传统食品外，速冻食品、净菜等已深为城乡居民所喜爱。

3. 营养、可口、多功能化

人们不但要求食品营养丰富、美味可口，而且要能保健防病，具有多种功能。如市场上逐步畅销的美容食品、减肥食品、益智食品、保健食品等，在满足食品基本功能的同时增加了新的特殊功能。

### （二）监管部门的质量要求

目前，我国已经开展对以农产品为主要原料的食品安全监管，形成从田间到餐桌，卫生部门管标准，农业部门管种养，质检部门管加工，工商部门管市场，食品药监部门综合监督的体系。

1. 标准环节，卫生部负责标准制定工作

截至目前，卫生部已制订完成食品卫生标准400余项，基本覆盖了从原料到产品中涉及健康危害的各种卫生安全指标，也覆盖了食品生产加工中各个环节的卫生要求。

根据国内外食品安全形势需要，卫生部已经确定了2006~2008年食品卫生标准制修订计划274项。“十一五”期间，卫生部加强食品标准间的协调和

统一，重点做好食品微生物、食品污染物、食品添加剂、食品容器和包装材料等标准的修订工作。

另外，有专家指出威胁人体健康的第一号食品安全问题是食源性疾病。目前，我国食品污染物和食源性疾病监测网络已经覆盖15个省，每年对消费量较大的54种食品中常见的61种化学污染物和多种致病菌进行监测，获得超过40万个监测数据，初步掌握了我国食品中重要污染物和食源性疾病状况及动态变化趋势。

2. 种养环节，农业部门严控农药残留

目前，国家已全面禁止甲胺磷等5种高毒农药在国内的销售和使用。2007年上半年全国农业部门共查获收缴5种禁用高毒农药488吨，从源头上保障了农产品质量安全。同时，农业部正在大力推进农业产业化和农村专业合作经济组织，形成规模化生产，更好地落实农产品质量安全生产的标准化措施。

我国农产品质量监管能力逐步增强，农业标准化水平提升，农产品安全质量水平有了较大的提高。2007年4月份，农业部在全国主要大城市监测结果显示，蔬菜农药残留的合格率达到94.3%，水产品中氯霉素污染的合格率达到99.4%，畜产品中瘦肉精污染合格率达到98.9%。北京、天津、上海、深圳4个城市的检测结果和2001年相比，均提高了30多个百分点。“十一五”期间，主要鲜活农产品质量合格率要达到96%以上。

3. 加工环节，许可证要规范小作坊生产

目前查处的不合格食品许多来自小作坊甚至黑窝点。国家质检总局印发了《关于进一步加强食品生产加工小作坊监管工作的意见》，强化对小作坊一系列监管措施，督促小作坊改造安全卫生条件，不使用非食品原料，不滥用添加剂，限制其生产加工的食品销售范围不得超出县级行政区域。

质检部门正加强食品生产许可证的发放和已获证经营主体的后续监管。目前，国家质检总局实现对国家标准规定的28大类525种加工食品，以及食品包装、容器等7类食品相关产品的认证和颁证，已发放食品生产许可证104716万张，发放食品相关产品许可证2386张，拿到许可证的食品经营主体总体市场占有率已经达到90%以上。

4. 流通环节，实施全程监管开展专项整治

工商部门将食品质量监管作为食品安全的重中之重，对食品质量准入、交易和退市进行全程监管。

各级工商机关普遍建立了经营者自检、消费者送检和工商机关抽检相结

合的监测体系，以及工商系统省、市、县工商局和工商所四级联动的快速检测体系。目前国家工商总局在全国31个省、自治区、直辖市建立了食品安全监测数据直报点，配备食品质量快速检测车372台、检测箱5377个。另外，对依法查处的不合格食品，及时公示信息，责令经营者停售和追回，及时有效实施退市制度。2007年上半年，全国工商机关对5756吨不合格食品实施了退市。

5. 落实环节，部门通力合作建立应急体系

目前，我国已建立了全国重大食品安全事故应急体系，初步构成了食品安全信息的报送网络和发布，组织各个部门开展食品安全信息监测和食品安全状况的综合评价，推进食品安全信用体系的建设。这一体系的建设，将食品问题的危害降低到最小的程度。

## 二、农产品质量管理原则

### （一）以人为本

农产品质量以人的生命安全为第一要务。民以食为天，历史上的这句话说的是食品的生产为天大的事，但在21世纪，在食品的数量问题解决后，食品的质量成为天大的事，食品质量关系到人的健康，不能出现任何差错。

### （二）依法管理

按照《中华人民共和国农产品质量安全法》等有关要求管好农产品生产和销售活动。农产品质量的环节还涉及科研、制种以及储存、加工等阶段。

### （三）科学管理

高品质农产品对生产过程技术性要求很高，农产品生产经营者要按国家强制性技术标准做到科学生产、清洁生产、安全生产、标准化生产。

## 三、农产品质量管理的层次

农产品质量管理就是把专业技术、经营管理、数理统计和思想教育结合起来，建立起从农产品的产前、产中到产后的一整套质量管理体系，从而用最经济的手段，生产出符合标准和令用户满意的农产品。强调提高劳动者的工作质量，保证生产过程质量，由生产过程质量保证农产品质量。从过去的事后检验、把关为主转变为以预防改进为主，从管结果转变为管因素，发动全员、各有关农业部门参加，依靠科学理论、程序、方法，使农业生产经营的全过程都处于受控状态。农产品质量管理有微观管理与宏观管理两个层次。

### （一）微观的农产品质量管理

微观的农产品质量管理是指农业生产经营者为了保证和提高农产品质量所进行的调查、计划、组织、协调、控制、检查、处理及信息反馈等项活动的总称。基本任务是确定合理的质量目标，制订并执行全面的质量计划，建立有效的质量保证体系。农产品质量微观管理内容主要包括质量保证和质量控制。

消费者对质量的要求集中在质量保证上，质量保证是现代商品中最重要的附加利益。这就要求农业经营主体通过生产管理向消费者和加工商提供高信誉的质量保证。

质量保证是为使人们确信某一产品、过程或服务的质量所必需的全部有计划有组织的活动。为确保用户和消费者对质量的信任，经营主体需要向顾客提供其设计和生产的各个环节是有能力提交合格产品或服务的证据，这些证据是有计划的和系统的质量活动的产物。质量保证有两个含义：一是指经营主体向用户提供证据，证明经营主体能够生产提供满足规定质量要求的产品；二是指经营主体为了保证产品质量所必需的全部有计划、有组织的生产经营活动。

就经营主体而言，质量保证可以分为外部质量保证和内部质量保证两种。外部质量保证是使顾客确信，经营主体提供的产品或服务能够达到预定的质量要求而进行的质量活动。内部质量保证是为了使经营主体内部各级管理者确信，本经营主体本部门能够达到并保持预定的质量要求而进行的质量活动。为了提供这种信任，通常要对经营主体质量体系中的有关要素不断进行评价和审核，以证实该经营主体具有持续稳定地使产品或服务满足规定要求的能力。经营主体向用户提供必要保证质量的技术和管理证据，这种证据虽然往往是以书面的质量保证文件形式提供的，但它是以现实的质量活动作为坚实后盾的，即表明该产品或服务是在严格的质量管理中完成的，具有足够的管理和技术上的保证能力。农产品质量保证的主要形式是保证提供的农产品优质可靠、安全卫生，保证提供优质服务。

质量控制是一个确保生产出来的产品满足要求的过程，是一个设定标准（根据质量要求）、测量结果，判定是否达到了预期要求，对质量问题采取措施进行补救并防止再发生的过程，质量控制不是检验。质量控制的目的是保证质量，满足要求。农产品质量控制包括从土地中的成分、种子、浇水施肥、非农药种植等生产过程，到采摘、包装、运输、市场、最后到餐桌上的全部17个环节过程都要严格执行一系列标准。

**（二）宏观的农产品质量管理**

宏观的农产品质量管理是政府、社会组织等为了保证农产品质量所采取的各项措施和活动。2006 年 11 月 1 日起施行《中华人民共和国农产品质量安全法》规范了农产品管理环节包括农产品产地环境、农业投入品的科学合理使用，农产品生产和产后处理的标准化管理，也包括农产品的包装、标识、标志和市场准入管理。规定农产品生产经营主体、农民专业合作经济组织、农产品批发市场、农产品经销者必须执行农产品质量安全标准。

1. 产地环境管理

产地环境管理的实施要依靠环保部门和各级农业行政管理部门。环保部门要开展对农产品生产基地的环境检测。各级农业行政管理部门要解决好化肥、农药、兽药、饲料等农业投入品对农业生产环境和农产品的污染问题。

2. 农业投入品管理

国家陆续颁布了《中华人民共和国兽药管理条例》、《中华人民共和国饲料和饲料添加剂管理条例》、《肥料登记管理条例》、《农药安全使用规定》、《农药限制使用管理规定》等相关法规，健全农业投入品的市场准入制度，严格农业投入品的生产、经营许可制度。

3. 生产过程管理

农业行政管理部门指导农产品生产经营者严格按照相关标准组织生产、加工、科学合理使用化肥、农药、兽药、饲料等农业投入品和灌溉、养殖用水，推广先进的动植物病虫害综合防治技术，健全动物防疫和职务保护体系。

4. 包装标识管理

对包装上市的农产品，要标明产地和生产单位，建立农产品质量准入制度。

5. 市场准入管理

建立自检制度和政府检测检验制度。自检合格的农产品才能投入市场。政府检测检验不合格的农产品，其生产经营者将受到处罚。

## 四、农产品质量管理的特点

相对于其他方面的质量管理而言，农产品质量管理特点是：

**（一）政府主导**

农产品质量关系到人民健康，管理需要由政府强力介入，从生产的源头到各生产环节，强制生产经营者实施质量管理。

**（二）质量管理的环节高度分散**

影响农产品质量的因素多且分散在各个方面和环节。如水、土、气等是否污染，种子、农药、肥料等是否合格等都影响到农产品的质量。

**（三）检验难度大**

当前污染物的种类很多，测试成本高，专业技术复杂。加上农产品来源广泛，生产单位小，全面检测农产品的难度很大。

**（四）农产品质量管理成本高**

农产品质量管理分散在众多农户家庭的生产环节和政府的许多部门，导致管理工作量大，成本高。

**（五）具有动态性**

不同国家和地区对农产品质量的要求不同，即使同一国家或地区的不同时期对农产品质量的要求也在变化。人们对农产品质量要求的不断提高，要求农产品质量管理要不断与提高的农产品质量要求相适应。

## 五、农产品质量安全法

随着《农产品质量安全法》的实施，中国农产品质量安全管理将发生重大变革，将从过去单纯政府管理向全民共同参与转变；从单一政府职责向全社会共同推进转变；从阶段性工作向法定性、持久性和常态化工作转变；从单一的行政顺向推动向行政顺向推动与逆向执法监管相结合转变；从单一的部门职能行为向国家公共事务管理职能转变。在具体表现形式上，较之先前以政府推动为主的农产品质量安全管理相比较，法制化管理将成为重点。

《农产品质量安全法》明确规定了农产品生产者、销售者、技术机构和管理者的法定责任。

对农产品生产者，《农产品质量安全法》明确规定：第一，要合理使用化肥、农药、兽药、农用薄膜等化工产品，防止对农产品产地造成污染。第二，要按照法律、行政法规和国务院农业行政主管部门的规定，合理使用农业投入品，严格执行农业投入品使用安全间隔期或者休药期的规定，防止危及农产品质量安全。禁止在农产品生产过程中使用国家明令禁止使用的农业投入品。第三，销售的农产品必须符合农产品质量安全标准，鼓励申请使用无公害农产品质量标志。禁止冒用农产品质量标志。第四，对农产品生产经营主体和农民专业合作经济组织而言，要求在生产过程中应当建立农产品生产记录，如实记载使用农业投入品的名称、来源、用法、用量和使用、停用的日期，动物疫病、植物病虫草害的发生和防治情况，收获、屠宰或者捕捞的日期。对农产品销售者，《农产品质量安全法》明确规定：农产品生产经营主体、农民专业合作经济组织以及从事农产品收购的单位或者个人销售的农产品，按照规定应当包装或者附加标识的，须经包装或者附加标识后方可销售。包装物或者标识上应当按照规定标明产品的品名、产地、生产者、生产日期、保质期、产品质量等级等内容。使用添加剂的，还应当按照规定标明添加剂的名称。农产品批发市场，应当设立或者委托农产品质量安全检测机构，对进场销售的农产品质量安全状况进行抽查检测。发现不符合农产品质量安全标准的，应当要求销售者立即停止销售，并向农业行政主管部门报告。农产品销售经营主体，销售的农产品应当建立健全进货检查验收制度，经查验不符合农产品质量安全标准的不得销售。

对农业技术机构，《农产品质量安全法》规定：农业科研教育机构和农业技术推广机构应当加强对农产品生产者质量安全知识和技能的培训；农民专业合作经济组织和农产品行业协会对其成员应当及时提供生产技术服务，建立农产品质量安全管理制度，健全农产品质量安全控制体系，加强自律管理；农产品质量安全检测应当充分利用现有的符合条件的检测机构。从事农产品质量安全检测的机构，必须具备相应的检测条件和能力，由省级以上人民政府农业行政主管部门或者其授权的部门考核合格。农产品质量安全检测机构应当依法经计量认证合格。

《农产品质量安全法》的相关规定如下：

**（一）对农产品产地管理规定**

禁止违反法律、法规的规定向农产品产地排放或者倾倒废水、废气、固体废物或者其他有毒有害物质；禁止在有毒有害物质超过规定标准的区域生产、捕捞、采集农产品和建立农产品生产基地。县级以上地方政府农业主管部门按照保障农产品质量安全的要求，根据农产品品种特性和生产区域的大气、土壤、水体中有毒有害物质状况等因素，认为不适宜特定农产品生产的，应当提出禁止生产的区域，报本级政府批准后公布执行。

**（二）对生产过程中保障质量安全的规定**

依照规定合理使用农业投入品。依照规定建立农产品生产记录。对其生产的农产品的质量安全状况进行检测。

**（三）对农产品的包装、标识的规定**

对国务院农业主管部门规定在销售时应当包装和附加标识的农产品，农产品生产经营主体、农民专业合作经济组织以及从事农产品收购的单位或者个人，应当按照规定包装或者附加标识后方可销售。属于农业转基因生物的农产品，应当按照农业转基因生物安全管理的规定进行标识。依法需要实施检疫的动植物及其产品，应当附具检疫合格的标志、证明。

**（四）五种情形的农产品禁止进入市场销售**

一是含有国家禁止使用的农药、兽药或者其他化学物质的；二是农药、兽药等化学物质残留或者含有的重金属等有毒有害物质不符合农产品质量安全标准的；三是含有的致病性寄生虫、微生物或者生物毒素不符合农产品质量安全标准的；四是使用的保鲜剂、防腐剂、添加剂等材料不符合国家有关强制性的技术规范的；五是其他不符合农产品质量安全标准的。

**（五）对不符合农产品质量安全标准的处罚规定**

责令停止销售，进行无害化处理或予以监督销毁；对责任者依法给予没收违法所得、罚款等行政处罚；对构成犯罪的，由司法机关依法追究刑事责任。

## 六、我国农产品质量及质量管理的主要问题

**（一）产量高，质量差**

长期以来，由于农产品供应不足是主要矛盾，市场上农产品长期短缺，农业生产者的主要目标是最大的产出量。为此，农业科技人员培育出高产水稻、小麦、玉米、豆类等农作物，但蛋白质、矿物质和维生素等营养物质却大幅度降低，品质下降。由于长期的生产惯性，农业生产经营中对质量管理重视不足，多数区域生产的产品质量较差，高质量的农产品无论是总量还是在我国农产品中的比例都比较低。

**（二）专用型农产品较少**

目前我国的普通小麦积压在库，但优质专用小麦的年产量仅占消费量的8.5%，供不应求，靠进口弥补。如做饼干、蛋糕等面筋含量低的小麦每年需进口50亿千克。我国苹果生产数量大，但在相当长的时间内，用于榨汁的苹果生产的数量少，虽然在国际市场上这一产品的价格较高，但在我国一直难于满足国际市场的要求。我国是玉米生产的大国，但在相当长时间内，用于煮食的玉米品种在我国一直是空白，不少地区仅用嫩玉米作为煮食的玉米。而在发达国家，煮食的玉米是一种特殊品种的玉米，近几年开始进入我国，受到市场的欢迎，销售价格较高。由于我国农业长期不发达，专用型农产品在整个农产品的比例中还比较低，还需要有相当长的时间来解决这一问题。

**（三）农产品加工技术水平低**

以水果为例，我国水果以鲜食为主，加工量约为总产量的10%，加工产

值与采收自然产值相比仅为0.45:1，而美国和日本分别为3.7:1和2.2:1，发达国家平均为40%～70%。再说面粉，我国专用面粉目前仅10余种，而日本有60多种，美国达100多种。我国马铃薯年产量约500亿千克，但在百余个品种中能够加工法式炸薯条的几乎没有。发达国家农产品加工生产经营主体都从环保和经济效益角度，把农副产品转化成饲料或高附加值产品。如美国利用废弃的柑橘果籽榨取32%的食用油和44%的蛋白质，从橘子皮、苹果渣中提取和纯化果胶质或柠檬酸，已形成规模化生产。美国等国家农产品加工的产值为农业总产值的三倍，美国的食品工业已经成为美国的第一产业。而中国农产品的产值仅为农业总产值的1/3。

**（四）缺乏产前、产中、产后一体化质量管理**

长期以来，由于对农产品质量管理研究得太少，实践上基本上只注重对农业生产的最终产品进行质量管理，忽略了农业生产的一体化特征，没有把注意力放在产前、产中和产后的一体化管理上，致使管理脱节。农产品质量由于没有对全过程进行控制，在多种因素的影响下，农产品质量长期没有提高。

**（五）缺少名牌农产品**

市场需要精品，消费者需要名牌，归根结底是质量问题。农产品的竞争，其核心就是质量的竞争。要想在竞争中获胜，就必须培植名牌农产品。由于农产品质量在很大程度上受自然环境的制约，创名牌的难度相对加大。而且过去人们受传统农业生产经营观念的影响，没有认识到名牌的效益，对农业生产只重产量，忽视了质量提高，没有树立起市场和经济效益观念，因而忽视了对名牌农产品的培育和发展。

**（六）质量安全不足**

当前随着我国农业和农村经济发展进入新的阶段，农产品质量安全问题已成为农业发展的一个主要矛盾。农药、兽药、饲料和添加剂、动植物激素等农资的使用，为农业生产和农产品数量的增长发挥了积极的作用。与此同时，也给农产品质量安全带来了隐患，加之环境污染等其他方面的原因，我国农产品污染问题也日渐突出。农产品因农药残留、兽药残留和其他有毒有害物质超标造成的餐桌污染和引发的中毒事件时有发生。可以说，农产品安全问题的存在，不仅是我国农业和农村经济结构调整的严重障碍，也直接影响到我国农产品的出口和国际市场竞争力。

农产品质量不过关不仅影响我国的农产品出口，国内市场同样难以占领，现有的市场也将逐步失去。目前，在土地密集型农产品的国内市场，例如，

大豆及其加工品的国内市场70%的份额已经被外国占有。在劳动密集型农产品的国外市场，例如，蔬菜及其加工品的日本、韩国和欧洲市场，原本是中国内地农产品的传统优势市场，但现在却正被进入中国的外资农业经营主体逐步替代。

提高农产品质量，包括改进品种和提高品质两个侧面，通过提高农产品的优质率、扩大优质产品在整个农产品中所占的比重，实现农产品生产由以大路货产品为主逐步转向以优质产品为主。例如，目前东北春小麦、南方早籼稻和长江流域小麦以及玉米中的低质品种仍然占有相当的比重，这些品种已经不适应市场需求的变化，应当大力调减，直至退出生产领域，用符合市场需求的优质品种取而代之。虽然近些年我国农产品优质率有所提高，但是与农业发达国家相比还有很大提升空间。我国提高优质率是一个长期的过程，逐步从较低消费水平所要求的优质走向较高消费水平所要求的优质，在目前我国农产品整体优质率仍然较低的起点上，更是大有文章可做。

在农产品出现供大于求的情况下，不宜采取单纯压缩农产品生产等消极的调整办法，而应当采取积极的调整办法，大力发展优质农产品的生产，争取一举两得的效果。由于我国过去长期偏重于追求产量，培育的品种基本上属于高产低质型的，优质农产品往往产量较低。因此，发展优质农产品的生产往往意味着产量相应的下降，优质农产品发展越多产量下降就越明显。提高农产品的优质率不仅有利于从整体上实现农产品品质的提高，也有利于缓解农产品普遍供大于求的矛盾，不失为结构调整过程中一种切合实际的选择。今后随着农业科技水平的提高，优质农产品的产量也会逐步上升，以满足人口增长对农产品数量逐步增加的市场需求。

近几年来，山东省枣庄市山亭区桑村镇王庙村蔬菜专业户陈家宝利用冬暖温室大棚生产反季节蔬菜，年纯收入均在 2 万元以上。陈家宝种植蔬菜致富有“三招”：一是对“口”种菜。针对人们对蔬菜生产提出的品种多、新鲜、品质好、无公害的新要求，陈家宝建起了冬暖温室大棚生产反季节蔬菜。他还经常到济南等地蔬菜批发市场了解蔬菜行情，根据市场需求来安排蔬菜品种种植计划，做到市场缺什么就种什么。如 2005 年冬季，他发现市场上新鲜辣椒短缺，于是就从河南开封引进辣椒新品种，8 月育苗，10 月进大棚定植，元旦时已椒果累累，不到 1 个月就纯赚 1 万多元。二是钻研技术。采用塑料大棚生产蔬菜，必须要有较高的技术，尤其是病虫害的防治技术。为了掌握各种蔬菜种植技术和市场行情，他自费订阅了《蔬菜》等 10 多种报刊，与山东省农科院、北京蔬菜研究所等 10 多家科研部门挂钩联系，请区、镇农业技术人员来村办培训班，现场指导蔬菜生产。三是积极促销。由于他生产蔬菜品种多、质量好、上市早，因而吸引了四面八方的客商前来购买。此外，他还利用农闲时间外出联系销售，不仅扩大了销售渠道，而且还减少了中间环节、增加了收入。

## 第三节　农产品质量安全的宏观管理

### 一、产地环境

我国目前有《农产品质量安全法》、《农产品产地安全管理办法》，以及《食用农产品产地环境质量评价标准》等法规对农产品产地环境进行宏观管理。要提高农产品产地环境的质量，需要做好以下几方面：

**（一）严格监管，控制城市和工业“三废”污染源**

近年来，工业和城市“三废”对农业的污染正在由局部向整体蔓延，对农产品产地环境安全造成严重威胁。严禁向农产品产地排放或倾倒废气、废水、固体废物，严禁直接把城镇垃圾、污泥直接用做肥料，严禁在农产品产地堆放、贮存、处理固体废弃物。在农产品产地周边堆放、贮存、处理固体废弃物的，必须采取切实有效措施，防止造成农产品产地污染。

**（二）健全制度，强化农产品产地环境监测**

建立健全农产品产地环境监测网络，提升监测预警能力和水平。尽快启动农产品产地环境安全普查，优先开展工矿企业区、污灌区、大中城市郊区等重点区域的农产品产地环境安全现状普查，对农产品产地的大气、灌溉水、土壤进行监测，摸清产地安全质量底数。要建立农产品产地例行监测报告制度，设立定位监测点，开展农产品产地安全监测预警。

**（三）分类指导，开展农产品产地污染修复治理**

研究产地土壤重金属污染快速检测、修复、治理等关键技术，开展综合防治技术试点示范。建立农产品产地土壤分级管理利用制度，对未污染的土壤，要采取措施进行保护，防止造成污染；对轻度污染的土壤，要采取物理、化学、生物措施进行修复；对重污染的土壤，要按照（农产品产地安全管理办法），调整种植结构，开展农产品禁止生产区划分，避免造成农产品污染，危害广大人民群众的身体健康。

## 二、农业投入品

2002年4月，国家农业部发布的（无公害农产品管理办法）第十一条规定“从事无公害农产品生产的单位或个人，应当严格按规定使用农业投入品，禁止使用国家禁用、淘汰的农业投入品”，这一规定明确了在无公害农产品生产中农业投入品的管理目标和要求，为搞好农业投入品管理工作明确了任务。在农业推行无公害生产，向绿色食品的迈进过程中，必须牢牢抓住农业投入品安全这个关键。

### （一）农业投入品及其安全的概念

农业投入品及其安全的概念到目前还没有统一的表述，只是在涉及无公害农产品生产、生态农业等有关文件和一些专业文章中见到，作为实施无公害农产品生产和发展生态农业的一项重要措施提出。在实行农业标准化生产的过程中也作为一项重要工作环节、一项重要的生产标准和工作目标加以规范。一般认为，农业投入品主要指投入到农业生产过程中的各类物质生产资料，是农业生产的物质基础，任何农业生产都离不开农业投入品；从无公害农产品生产的角度讲主要指在农业生产（种植业、养殖业）中使用的事关农产品质量安全的农药、化肥、兽药、饲料（饲料添加剂）、种子等重要农业生产资料。它涉及农业生产全过程的各个方面、各个环节（产前、产中、产后）。

农业投入品安全，是指上述农业物质生产资料本身具有的各种有害物质或无害物质投入到农业生产过程中由于使用技术、方法、管理措施等因素直接或间接对农产品质量安全的危害和采取各种措施的控制程度。它是一种动态的综合概念。

### （二）我国农业投入品安全存在的问题

#### 1. 农业投入品的经营者和使用者的自身素质和利益严重制约着农业投入品的安全管理和使用

首先，他们对投入品的安全管理使用重要性认识不足。在推行农业标准化、产业化生产过程中缺乏对生产技术标准、质量标准的规范性、科学性、重要性和国家政策法令严肃性的认识。其次，他们对农业投入品的采购经营使用凭经验，片面考虑价格和自身利益，带有很大的主观性和随意性，同时，监督检测的滞后致使在农业投入品的安全问题上很难实行自我管理和自我制约。

2. 农业投入品的流通管理尚有缺口，部分环节还不到位

农业投入品的流通管理是农业投入品监督管理工作的重要内容，也是农业投入品安全的关键环节。针对农资分散经营的新情况，监督管理工作在一些方面还不到位和监管不力的情况始终存在。

3. 农业投入品的检测监督明显滞后

目前农业投入品的种类之多、品种之广是前所未有的。据统计，就农药而言，市场上的品种可达300种之多；另外，兽药、肥料、饲料的品种也是更新快、替代快。在繁多的农业投入品中可以说是良莠不齐，一些不法经营者为了获取非法利益，生产经营假冒伪劣农业投入品，有的擅自增加使用效果，有的产品登记号不符，有的无生产企业名称、地址等，事实情况说明对农药、兽药、肥料等重要农业投入品的监管非常必要，但在实际管理中缺乏人力、财力，缺乏检测仪器设备和手段。从使用农业投入品领域看，尚无监督检测农业投入品的机制。生产者凭自己的经验和直觉采购使用农业投入品，有的到正规的农资商店购买，有的在路边无证小摊贩或流动的小商贩上购买，只看表面，不了解内在质量。在影响农产品质量关键时期，缺乏监督，凭经验随意乱用、乱施农药、化肥的情况继续存在。在生猪饲养后期继续使用兽药和激素的情况也比较普遍。这些都缺乏生产过程中的监督检测，使之农产品的质量难以保证。

**（三）实现农业投入品安全的措施**

农业投入品的安全管理使用涉及生产、经营、使用等多领域多环节，是一项系统工程和涉及千家万户的社会工程，也是保障广大消费者身体健康的民心工程，事关农业发展和农民增收。因此，农业投入品的安全事关全局，要以加快推进农业标准化为抓手，进一步规范农业投入品安全的各项技术措施、操作规程；要以无公害农产品生产和“绿色食品行动计划”的实施，加快全面落实农业投入品安全的各项措施，最终实现农产品的质量安全这一指导思想来统帅各方面工作。

1. 加大宣传力度，提高对实现农业投入品安全重要性的认识

实行无公害农产品生产，生产安全、优质、营养的绿色食品是提升产业层次，加快由传统农业向现代农业、效益农业、精品农业转变，实现生态效益、社会效益和经济效益统一的有效途径，也是抢占国际市场的落脚点和突破口。加大农业投入品在无公害生产，发展绿色农业中的地位作用的宣传是无公害农产品生产的思想和社会基础，特别是对农业投入品的生产经营和使用者的宣传教育是实施无公害农产品生产中需要解决的首要的也是根本问题。

只有把这个问题很好地解决了，农业投入品的安全才有保障，无公害农产品生产才能健康发展。

2. 依托农业标准化，加快农业投入品安全措施的落实

标准化是农产品质量安全的框架。要使农业提升产业档次，迎接挑战，在激烈的市场竞争中占一席之地，必须实行农业标准化、基地化、品牌化、产业化生产，实施无公害农产品生产和“绿色农产品行动计划”，才能提高农产品的质量品位。目前，关键的问题是要通过标准化，加快制定农产品质量安全技术标准，制定农业投入品使用技术规程，实现标准化使用农业投入品，禁止使用国家规定的违禁和淘汰投入品，真正把握住生产过程中农业投入品使用这一重要环节。

3. 加强监管，强化检测

农业投入品的管理涉及生产、流通和使用三个环节，对农业投入品的监管工作必须从每一个环节抓起，管理的重点应放在经营和使用两个环节上。在经营环节上与有关部门对农业投入品，特别是农药、兽药、饲料、种子等方面采取有力措施。

4. 要培育农业投入品安全的生产、经营、使用信用制度

对重要农业投入品的生产、经营和有一定规模的基地使用单位，每年通过政府及主管部门开展农业投入品生产、经营、使用安全信用评选，经过评选既鼓励先进单位，又提高这些单位的社会信誉乃至商业信誉，达到相互促进，相得益彰的效果，有利于企业有利社会，从而推动农业投入品安全措施的全面落实。

## 三、生产过程

随着生活水平的逐步提高，人们对农产品的需求已经由追求数量转向追求质量和安全的双重需求。提升农产品质量的关键就是技术，农产品质量的竞争实质上就是技术的竞争。目前，以生物技术、信息技术、新材料制造技术等为代表的新的农业科技革命正全面向农业渗透，促进传统农业向现代农业的跨越。加强农产品质量安全生产的关键技术创新，切实提高农产品质量安全的科技含量，对提高农产品质量安全水平具有重要的深远意义。目前，已有许多新技术应用到生产过程中。

### （一）产地环境的调控技术

农产品生产的形成是自然再生产与经济再生产相交织的过程，这就决定了农产品外部生产环境中的大气、水、土壤等因素对农产品质量有很大影响，

产地环境建设是保证农产品质量安全首先要考虑的问题。一直以来，发达国家依赖经济和技术实力的比较优势，对农产品生产制定了严格的技术标准，而且，近年来其对农产品环境方面的要求越来越高，甚至于苛刻。以欧盟进口的肉类产品为例，不但要求检验农药的残留量，还要求检验出口国生产厂家的卫生条件，此举让一般的发展中国家望尘莫及。

针对传统集约型农业生产中的农业生态环境恶化等状况，发达国家下大力气发展精准化管理的无公害农业，将 GIS、GPS 和计算机自动控制系统有机结合，对农产品生产过程产地环境中的耕地质量和耕作方式、农灌水、畜禽、渔业养殖水域、农区空气等受污染状况以及城市垃圾、工业废弃物污染等环节进行精准管理，特别是对灌溉用水开展水环境综合治理行动，将其质量控制在标准范围内。在现代化温室中，更是根据作物对光、温、水、气、养分等环境因子的要求，建立计算机模拟模型，用计算机自动控制系统进行监测和全程自动控制，提高了农产品生产的科技含量。

**（二）生产投入的无公害技术**

目前，世界各国已经认识到过度依赖种子、肥料、农药等常规投入物对资源、环境、人体健康等会造成潜伏性、累计性、扩散性的影响，而且，已经开始重视安全农产品技术（优良新品种和高效、低毒、低残留投入品等）的研究。如美国为了防止农产品的污染和各种病毒，对种子的培育、纯度检测、播种技术的使用等都制定了严格的技术标准：除了能够提供给养外，还富含大量有益微生物的有机—无机复混肥料和缓释肥料也正受到国内外的普遍重视；以现代微生物发酵工程技术为基础的生物农药生产技术以其对环境更加安全而受到重视；研究开发的饲料生产、添加剂质量和畜禽养殖等的全程控制技术，实现了饲料生产环保化、添加剂产品生物化、畜产品健康化。与此同时，为了解决大量使用化学农药来防治农作物病虫害和杂草所造成的污染，世界各国积极推广病虫害综合防治技术和生物防治技术。美国从 20 世纪 70 年代起，就开展了农作物病虫害综合防治的研究工作，现在，其大部分农作物，包括小麦、玉米、水稻、大豆、蔬菜等，先后使用了综合防治措施，实现生态、经济和社会效益的最大化，农产品的质量也显著提高。

**（三）先进的耕作技术**

免耕农业是国际上普遍使用的保护性耕作制度，其主要目的是为了防止土壤侵蚀，因此，相应的免耕技术也应运而生。由于免耕技术可以用作物残留物来减少土壤侵蚀，降低水对土壤生产力的影响，有助于提高农产品质量并缩小生产成本，因此，各国采用免耕技术的面积不断上升。以美国为例，

1963年，该国使用免耕技术的面积只占1%；1993年，增加到35%；2000年，又上升到42%，该项技术措施主要在玉米、大豆以及小品种作物上得到了推广应用。另外，无土栽培技术也是当今美国技术应用的一个显著特点。采用无土栽培的蔬菜极少发生病虫害，即使发生，也相对容易防治。而且，经过无土栽培的蔬菜，具有污染少、品质好、安全性强等特点，更受消费者欢迎。无土栽培蔬菜的面积在美国不断扩大，据统计，2000年栽培面积约为2000$hm^2$，目前，该项技术主要使用在番茄、黄瓜等蔬菜品种上。

**（四）不断进步的检测技术**

先进生产技术的使用并不意味着只要使用了新技术就一定会得到好的效果。所以，为了彻底提高农产品的质量，国际上对其产前、产中和产后进行全程检测：产前主要是对生态环境——产地环境中的水、土、气及工业污染等的安全进行检测；产中则主要对肥料、各种生长激素和调节剂、种子、饲料、农药等农业投入品的质量安全进行检测；产后主要对各种农产品是否能够进入市场进行检测，其检测对象为植物、畜禽、水产品及其制品、转基因产品等。比如，在创建无公害农产品监测检验体系时，韩国把生产过程质量监测检验体系建设作为重点，抓好生产环节中的标准化生产，规范使用农药、兽药、鱼药、肥料、饲料和添加剂，积极推行良好农业操作规范，切实在源头上把住产品的质量安全关。由于高新技术在农业上的应用，对于农产品质量的检测能力不断提高，其灵敏度也越来越高，残留物的超痕量分析水平已达到$10^{-7}$g，环境检测周期大大缩短；高效分离手段、各种化学和生物选择性传感器的使用，使在复杂混合体中直接进行污染物选择性测定成为可能，这些高技术化、智能化和高速化的检测技术的使用，对于提高农产品的质量安全起到了举足轻重的作用。

## 四、包装标识

2006年11月1日起施行的《农产品包装和标识管理办法》详细地规范了我国对农产品包装标识的管理。

（1）农产品生产企业、农民专业合作经济组织以及从事农产品收购的单位或者个人包装销售的农产品，应当在包装物上标注或者附加标识标明品名、产地、生产者或者销售者名称、生产日期。有分级标准或者使用添加剂的，还应当标明产品质量等级或者添加剂名称。未包装的农产品，应当采取附加标签、标识牌、标识带、说明书等形式标明农产品的品名、生产地、生产者或者销售者名称等内容。

（2）农产品标识所用文字应当使用规范的中文。标识标注的内容应当准确、清晰、显著。

（3）销售获得无公害农产品、绿色食品、有机农产品等质量标志使用权的农产品，应当标注相应标志和发证机构。禁止冒用无公害农产品、绿色食品、有机农产品等质量标志。

（4）畜禽及其产品、属于农业转基因生物的农产品，还应当按照有关规定进行标识。

## 五、市场准入

所谓农产品的市场准入，是指对经认证的无公害农产品、绿色食品、有机食品和经检测符合国家、省、市质量卫生安全指标要求的农产品，准予进入市场经营；对未经认证或经检测不合格的农产品，禁止进入市场经营销售的管理制度。

在世界贸易组织体系中，市场准入是指关于别国产品和服务进入本国市场的规定，指在多大程度上允许别国商品和服务的进入，也就是开放市场的问题。为保护国内企业的生产免受进口商品的冲击，多数国家都对在国际市场上没有竞争力的产品或行业进行限制，不让外国商品无限制地进入本国。采取的措施主要有两类：一是征收关税，二是各种非关税措施，即非关税壁垒，如提高质量标准等绿色壁垒。

当前，在推行农业标准化过程中实行的市场准入制度，与 WTO 的市场准入并不是一个完全相同的概念，而是促进标准化生产，推进农产品质量提高，保障人民消费安全，增强生产者、消费者质量意识，实现农产品优质优价的重要手段。实行农产品市场准入制度，主要是严把市场入口的产品质量关，符合一定质量标准的产品可以进入市场，不合格的拒之门外。建立农产品市场准入制度，必须在国家法律、法规允许的范围内，促进优质农产品生产为目标，制定相应的质量标准，确定适当的市场范围。

根据实行准入的市场范围，市场准入可分为两个层次，既实行广义的市场准入制度和在具体的某个市场实行准入制度。广义的市场准入，是在某个区域内的全部或部分市场实行市场准入制度，以地区大市场的概念，制定许可进入本地区的农产品的质量标准。当前各地实行的农产品市场准入制度主要控制农产品有毒、有害物质含量，达到保障人民消费安全的目的。

# 第四节　农产品质量标准体系建设

农产品质量标准制度是政府、企业、农民组织农产品生产、监管农产品市场的重要技术支撑和保障，在评价农产品质量、引导农产品消费和促进农产品国际贸易中具有十分重要的地位和作用。为了保障食品的质量安全，适应国内食品安全消费和国际农产品贸易开展的需要，借鉴国外有益的经验和做法，加快农产品质量标准体系建设，从源头上开始控制食品质量安全将是至关重要的。

## 一、农产品质量安全标准化的性质与特点

在标准化体系中，各个子体系既有共性，也有其各自的个性。研究农业标准体系的建设和完善，首先，应当透彻地研究它的性质和其独特性，这样，深入研究其他相关问题就有了基础和条件。

### （一）农产品质量安全标准化的含义

所谓农业标准化，指的是根据人们或者市场的需求，按照科学的标准，采用相应的科学技术，生产出具有一定规格、一定质量水平和一定包装形式的农产品的过程。这一概念有三方面的含义：

1. 规范化

所渭规范，指的是做法具体、指标量化、尺度标准、程序统一、实施可行。例如，水稻栽培，从选种、育苗、平田、插植、施肥、灌水、防治病虫害到收获都应是规范的。只有规范，才能依章执行、贯彻、实施，才能在不同地区，在不同条件下，由不同的人生产出标准化的产品；如果各行其是，是不能生产出统一标准的产品的。

2. 全面化

所谓全面，指的是技术标准化所指的技术不仅仅是栽培技术，还包括保鲜技术、包装技术、卫生技术、安全技术。技术标准化通过栽培技术标准化、保鲜技术标准化、包装技术标准化、卫生技术标准化、安全技术标准化所体现，从而实现农业标准化。因为农业标准化不仅追求农产品的质量，而且还追求保鲜、包装、卫生安全等内容，所以，技术标准化必须全面。

3. 大众化

所谓大众化，指的是技术标准化中的技术，能够被大多数人所认识、掌握，以及能够被人们在当时当地条件下加以实施。任何技术只有被人们所认识、掌握和实施，才有实际意义，农业标准化中的技术也不例外。不过，在此值得注意的是，技术标准化的适应性包含：这一技术的特征能为大多数人所认识，方法和程序能为大多数人所掌握；能够被人们在当时当地条件下加以实施，即这一技术适合当地的自然条件，当地不但具备足以支撑达到该技术实施的经济能力，而且具备足以运作这一技术的人力资源。

**（二）农产品质量安全标准化的特征**

1. 标准性

即农业标准化所追求的农产品必须具有统一的标准，即一定的规格，一定的质量，一定的包装。尽管不同的产品标准不同，但是，总的原则应该是：在规格上，愈方便食用和使用愈好；在质量上，愈有利于人体健康愈好；在包装上，愈符合人们的审美需求和愈能反映产品的特色愈好。

2. 国际性

即农业标准化追求的农产品标准必须符合国际上的惯用标准。当前，国际经济日益全球化，特别是我国加入世界贸易组织标志着我国农产品已进入国际市场，生产的农产品只有符合国际标准，才能在竞争日益激烈的国际市场中生存和发展；否则，不但很难进入国际市场，就连国内市场也将由于国际产品的冲击而难于占领。

3. 公认性

即农业标准化所追求的农产品标准应普遍得到认可。农产品标准并不是某些人、某些地区、某些行业任意制定的，而是国家授权的部门，根据当时的经济和技术水平，参照国际惯例，结合本国实际制定出来的。它具有权威性和普遍性。权威性表现在，它代表国家的意志，反映人们的需求，生产者只有根据这一标准生产出来的产品，才是符合农产品标准要求的农产品，否则便不是，或是不达标的农产品。普遍性表现在，它得到全行业的普遍认可，共同遵守，即全行业都根据这一标准来生产农产品。

4. 动态性

即农业标准化所追求的农产品标准不是固定不变的，而是随着人们生活水平的不断提高而不断变化的。任何标准都是以一定的经济和技术水平为条件、为前提、为依据的，离开了一定的经济和技术水平制定的标准是没有意义的。过高，无法实现；过低，起不了促进作用。农产品生产标准也不例外。

5. 过程性

即农业标准化是一个过程，而不是一个结果。它包含三层意思：

（1）每一项农业标准的研究、制定和实施是一个过程　农业标准包含的内容很多，每种作物都有标准，每种产品都有标准，每项技术都有标准；即使是一种产品，既有规格方面的标准，又有质量、包装方面的标准；即使是产品质量标准，还可分为品质标准、卫生标准、营养标准等；这些标准从研究到制定，从制定到实施，从初步实施到全面实施，应该是一个过程。

（2）每一地区的农业标准化也是一个过程　任何一个地区搞农业标准化，都不可能在一夜之间就全面推广开来，总是经过试验、示范、论证、推广等环节，而推广又往往是由点到面，由局部到整体，由占比例较小到占比例较大，即也是一个过程。

（3）农业标准化永远都是一个过程。

从上述分析可知，农业标准化具有动态性的特征，即随着人们生活水平的不断提高，农业标准必须相应地加以更新和提高。这意味着，一项农业标准全面实施或还未完全实施之时，往往又要研究、制定和实施更新、更高的农业标准永远都是一个过程。

## 二、我国农业标准化发展现状与问题

整体上看，虽然我国农业标准化的发展路子是曲折的，但仍取得了比较大的成绩。

### （一）农产品标准化的发展历程

我国农业标准化工作是在新中国成立后开始的，到目前为止，经历了五个发展阶段：

1. 起步阶段

新中国成立之初，为满足国家对粮食、油料、棉花等主要农产品的需求，实行统购统销政策，国家先后制定和颁布了主要农作物及种子检验、植物病虫害检验、种马饲养等少量际准。

2. 普及阶段

进入20世纪60年代，农业标准化开始全面普及。农业生产部门与农产品使用、加工、经营部门共同协商制定了一些重要的农产品标准。国家公布了各行业部门的标准代号，其中农业部为NY、农垦部为NK、林业部为LY。一些地方也开始制定地方标准。

3. 停滞阶段

“文化大革命”期间，农业标准化也处于停滞状态，受到严重损害。

4. 恢复和发展阶段

1980年后，农业标准化工作全面展开，在种植业方面，1983年颁布了《全国种子检验操作规程》，随后又陆续颁布了粮食、油料、棉花、马铃薯、甘薯、黄麻、花卉等种子分级标准，使全国有了衡量种子质量的统一尺度和方法，同时，为国际交流和贸易打下了基础。在畜牧业方面，太湖猪、秦川牛、绍鸭、滩羊等重要畜商品种标准相继问世。通过标准的制定与宣传实施，使畜商品种得到了保护，优良特性得到了提高。渔业标准化可谓后来居上，基础标准、产品标准、渔具绳网标准、养殖技术规范相继出台。同时，还相继成立一批全国农业标准化委员会。

5. 快速发展阶段

1999年开始，随着我国农业发展进入新阶段，农产品的生产者、经营者、管理者和消费者对标准的需求越来越迫切，农业标准化工作引起社会各界广泛关注和重视。农业部和财政部于1999年启动实施农业行业标准专项制修订计划之后，农业标准制修订进程加快，一大批生产和市场急需的主要大宗农产品和出口农产品以及部分名特优农产品的产品标准、生产和加工技术规范、检测检验方法标准列入了标准支持重点。同时，为配合“无公害食品行动计划”的实施，还相继制定了两批无公害食品行业标准。

**（二）农业标准化管理体制**

1990年，农业部将原科学技术司的标准管理职能和原计划司的企业管理职能合并，成立了质量标准司，内设包括标准处在内的5个处室，主管全国农业质量标准工作，并在原有农业标准组织制定和实施管理职能的基础上，增加了农产品、农业投入品、农业产地环境等授权质量监督检验测试中心规划建设的职能。1994年，农业部将质量标准司和科学技术司合并，组建科学技术与质量标准司，对外称农业部质量办公室。1998年，农业部将农业标准化管理职能从科学技术与质量标准司分离出来，组建了新的市场与经济信息司，对外加挂“农业部质量办公室”牌子，内设质量技术监督处，综合管理农业标准化工作。与此同时，农业部内种植业、畜牧兽医、渔业、农机化、农垦、乡镇企业、科教等司局设立了标准化主管处室，各省、自治区、直辖市农业部门也都设立了相应的标准化管理机构。

**（三）农业标准化技术队伍**

1996年，国家决定在农业部科技发展中心增设质量标准处，负责全国农

业系统标准的技术管理工作。2001 年，中国农业科学院在科技体制改革中，在中国农科院科技管理局新成立了质量标准处，承担全国农业系统标准化工作的有关政策措施研究与标准的编辑、发行工作。同时，农业部还先后设立了 20 多个专业性的标准化技术委员会，每个委员会吸纳了近 30 名学者和专家，另外，还有大量直接从事农业国家标准和行业标准制定修订的科研、教学、推广和检测方面的技术专家和技术人员。据统计，仅从 1999 年开始实施的 4 批农业行业标准制修订专项计划，就吸纳了 1.2 万多名技术专家参与农业标准制修订工作。近几年还培育了一批参与国际标准活动的专家和技术人员，每年选出 50 多名专家参加国际食品法典委员会（CAC）活动。农业系统基层还有一批从事农业标准实施、示范和推广的技术人员。农业标准化工作队伍越来越充实，人员素质也越来越高，为全面推进农业标准体系建设奠定了坚实的人才基础。

**（四）农业标准的数量和范围**

改革开放以来，我国农业标准化工作得到了比较快的进展，特别是《标准化法》、《食品卫生法》及其配套的规章的发布和实施，将我国食品标准化工作纳入法制化轨道，有力地促进了食品标准体系的建设。农业标准体系基本形成以国家标准为龙头、行业标准为主导、地方和企业标准为补充的 4 级标准结构。农业国家标准（兽药除外）由国家质检总局编号发布，行业标准由农业部审批、编号、发布。各地在国家标准和行业标准的基础上，分别制定了相应的农产品安全卫生、生产技术规程和名特优新农产品等地方农业标准。生产规模大、组织化程度高的农产品生产和加工企业，为满足本企业生产管理和提高产品市场竞争力的需要，制定了相应的企业标准。

现在，农业行业标准范围已扩展到种植业、畜牧业、渔业、饲料工业、农村工业、农机化、农村能源与环境、高新技术等农业各个领域，农业标准类别也从原有的农作物种子、种畜商标准发展到农产品生产的全过程，包括农产品产地环境、品种标准、种子标准、生产加工标准、产品质量安全标准、包装贮运等方面标准。

**（五）实施农业标准化的有效经验**

从我国近年来实施农业标准化的实践情况可以看出，要使农业标准化工作得到顺利的推进，必须具备以下几个方面的条件：

1. 推进农业标准化需要政府积极支持

标准化归根结底是要解决商品质量的同一性问题。只有保证可交易物品的质量同一性，市场机制才能够顺利地发挥作用。如果同一类商品没有通行的标准，则围绕此类商品的交易所发生的费用就会特别地高昂，甚至交易也无法进行下去。所以，近代以来，西方市场化的推进总是与标准化的进展密切相关。

2. 农业标准化的发展必须借助市场利益来驱动

标准化的目的是推进市场化，实现产品的市场利益。所以，无论哪一种主体来主持标准化工作，都必须计算此项工作的成本和收益。从理论上讲，一项标准化，只有在它的实施带来的市场利益大于实施的成本，才能真正得到推行。反之，则此项工作将难以持续开展。我国的几种标准化模式无论在主体上有何不同，但是，一个共同点就是标准化的市场利益非常显著，政府和企业都深受其益。这样的标准化是可维持和扩张的。如果把标准化仅仅作为一项政治任务，不计成本，强制推行，效果就会适得其反。要实现标准化带来的市场利益，归根结底在于降低标准化的成本，提高标准化农产品的附加值。标准化的成本主要由以下几个方面构成：一是组织协调成本，二是推广实施成本，三是监督控制成本。目前，之所以多采取政府主导标准化的模式，成本因素也许是一个主要原因。

3. 农业标准化需要生产者具有基本的自律

如前所说，农业标准化与其他部门的标准化有着明显的不同，农业生产以生命体为对象，分散进行，平均规模小。所以，在组织实施标准化工作时，局外人要做到对每一个生产环节和每一道劳动程序都进行监控是非常困难的，即使可以做，成本也非常高昂。对生产最终成果的农产品进行质量检测也往往很难做到系统全面，但消费者对产品的判别确实是非常全面的。

4. 必须实行多元化的管理主体

农业标准化管理是一项系统工程，管理主体的确立对标准化管理的有效性起着十分重要的作用。目前，我国市场机制发育尚不完善，完全依靠市场机制的作用来推动农业标准化管理条件还不成熟，我们要正视现实，充分发挥政府功能，对地方支柱农产品和经济欠发达地区农产品的标准化管理以实行政府主导型为宜。

5. 农业标准化管理必须以人为本

一方面重视向消费者的宣传，提高消费者的标准、质量意识，引导消费者选择优质、标准化的农产品；另一方面向生产者（农民）和经营者宣传标准化知识，培训标准化生产技术，使他们真正掌握标准化生产技术，掌握识别产品真伪的技能，使标准化管理真正落到实处。

**（六）农业标准化体系建设存在的主要问题**

尽管我国的农业标准化事业取得了不少成绩，为农业和农村经济发展做

出了较大贡献，但从总体上看，农业标准工作还存在标准化意识淡薄、标准体系不健全、技术水平不高、标准制定程序不科学、技术队伍弱、采用国际标准率低等突出问题，远远不能满足农业发展新阶段和日益发展的国际农业经济一体化需要。

1. 农业标准数量少且配套程度差

我国现有农业国家标准、行业标准仅1700多项，与我国可上市的农产品数量110多个大类相比，存在严重不足，无标准生产和无标准流通现象普遍；而且现行标准多为农产品质量标准，缺少有关农产品生产规程、种源、产地环境条件等方面的标准，以及与产品质量标准配套的检测方法标准。在我国以个体农户为主的小规模生产模式下，现有标准无法全面指导农业生产，也无法指导农产品进出口贸易。

2. 农业标准的技术水平低

与发达国家标准相比，我国农业的现行标准一个突出问题是技术水平较低。主要表现在：

（1）标准龄长、质量安全参数设置不合理现行的标准大多数建立于20世纪80年代，尽管一些标准冠以20世纪90年代的年号，但多是数年前起草的，或原来的老标准换上国家推荐标准号后重新颁布。产品标准中参数指标不全，不能完全体现产品所应具有的功能特性。以饲料和饲料添加剂类产品标准为例，目前，配合饲料产品仅考虑粗蛋白的指标，而没有考虑氨基酸的平衡等因素。

同时，我国现行残留限量标准中规定的作物大致上只被笼统地分为粮食、蔬菜（叶菜、根菜、果菜）、水果，（柑橘、梨果）等几大类，而国际食品法典委员会（CAC）等国际组织及美国、欧盟、日本等发达国家，将残留限量标准中规定的作物详细划分到了具体作物品种。这说明，在制定国家标准过程中没有充分考虑农业生产力发展水平、产业发展状况和我国城乡居民膳食结构。

（2）科技水平含量低　我国现行的500余项农业分析方法标准中，大多数都是用常规的重量法、容量法或比色法。这些方法普遍存在操作流程长、费工费时，对伪劣假冒产品特别是恶意掺假的辨别能力弱，不能满足对微量成分的分析要求。例如，氯化胆碱恶意掺假是饲料市场的一个恶瘤，但整治很难，重要原因之一就是掺假者是利用该标准无法分析辨别掺假的弊病，如检测方法一旦用离子色谱法，则该问题就迎刃而解了。

（3）先进的分析技术应用少　目前，对农产品和农业投入品的监控主要是针对安全卫生指标，这些指标多是以微量水平存在的，很难用常规的分析手段进行检测。但我国由于接受、采纳分析领域的最新研究成果进展迟缓。对于先进的分析技术应用少，诸如离子色谱、等离子质谱等先进技术和方法在我国基本上还是空白。

（4）高技术产品缺乏有效的检验方法。

3. 农业标准制定程序不尽科学

标准制定程序不科学也是影响我国农业现行标准技术水平的重要原因。

（1）标准的立题不能快速反映市场的需要　目前，农业领域的标准化专业委员会（或技术机构）不完善；畜牧、草业、种子等还没有建立相应的专业委员会，有些虽建立了专业委员会，但人员构成也不合理。在标准立项和制定过程中，由于缺乏情报信息研究人员和企业、用户的参与，标准立项难以反映市场的真实需要。

（2）标准制修订的承担单位代表性不够　例如，我国农药的登记使用、指导农民安全合理使用农药、控制农产品质量等工作由农业部门主管，但农药残留限量却由卫生部门制定，导致卫生部门在制定农药残留限量标准过程中片面强调农药的毒性，忽视了农药在农业生产中的作用，使残留限量指标规定与生产实践相脱节，对农业生产和进出口贸易带来不利影响；而有关部门在制定农药残留检测方法标准过程中，由于经费和仪器设备、人员技术缺陷等原因，实验数据不科学，验证实验不充分，导致检测方法标准适用件和准确性差。

（3）标准的验证制度不健全　标准的验证工作是保证标准科学性、可操作性的一个重要手段。发达国家发布的标准都是经过多个实验室的全程验证后通过的，这种验证可将很多问题消除在萌芽状态。我国由于时间紧、经费少，一些标准在未经严格的试验验证和对比分析的情况下就发布了，标准中的很多问题是在实施过程中才被发现的，时有因标准不科学、不合理问题引起重大的经济损失甚至政治影响。

（4）行业间标准制定不协调　我国农产品质量安全管理不仅涉及生产条件、生产资料、生产过程、包装标志、储存运输、经营销售、使用消费等诸多环节，而且涉及标准制定、标准实施、认证、监督执法等诸多领域。由于现行的农产品管理体制沿袭于计划经济，农产品质量安全管理的权限分属农业、经贸、供销、外贸、卫生、质检、工商、环保等部门，形成了“多头分散”的局面，农产品管理各部门针对同一个产品制定各自的标准，给标准的执行者带来困惑，使其无所适从。

4. 农业标准化重复交叉现象突出

我国农产品质量安全标准指标重复交叉冲突现象非常严重，影响了我国农产品质量安全标准的权威性。由于标准之间重复交叉指标冲突的现象比比皆是，使得无论国家标准还是行业标准，无论强制性标准还是推荐性标准都无法正常实施，法律赋予标准的权威已大打折扣。

5. 农业标准技术队伍薄弱

相对于发达国家，我国农产品质量安全研究起步晚、专业技术人员缺乏、基础性研究薄弱。如发达国家 20 世纪 70 年代便开始农产品质量安全研究，我国在 20 世纪的八九十年代，仅有少数几个实验室的极少数人员在做这方面的探索性研究，研究经费和手段也极其有限，国家较大规模投入资金和人力开展相应研究还是近 5 年的事。目前，制标单位虽为技术单位，但多为非专职机构，同时，标准研究、制定的技术队伍不稳定，时间和经费得不到保证，导致标准研究、制定进程慢，严重地影响了我国农产品质量安全体系建设进程。

6. 国际合作程度低

发达国家为提高农产品质量安全水平，增强和巩固本国农产品在国际市场上的竞争地位，制定了详细的农产品质量安全标准，而我国的食品卫生标准化工作始于 20 世纪 90 年代，农业标准化工作起步更晚，其标准制定原则、方法及其所形成的标准体系与技术内容与有关协定和国际食品法典委员会、国际动物卫生组织、国际植物保护公约标准存在较大差别，已不能够满足入世后农产品质量安全控制的需要。具体表现为：

（1）对国际食品法典委员会标准的重视和主动参与不够　国际食品法典委员会标准是《卫生和植物卫生措施协定》中唯一规定的食品安全仲裁标准，在国际贸易中具有特殊地位和作用。多年来，以英、法、德为主的西欧国家和美国，一直将很多精力和时间放在国际和区域标准化活动上，企图长期控制国际标准化的技术大权，并且不遗余力地把本国标准变成国际标准。目前，我国农产品质量安全标准工作虽已提上日程，并多次派人参加国际食品法典委员会大会，但大多停留在熟悉、了解情况阶段，对参与或采用 CAC 标准的研究和规划不是很多。

（2）标准的技术要求和指标与国际标准不对接　我国现已制定并发布了包括食品污染物和农药与兽药残留限量标准、包装材料、添加剂等各类食品卫生标准及其检验方法，但不少标准标龄过长，加上缺乏对有关国际标准和先进国家标准的系统研究，标准中技术要求与指标规定都不同程度地与国际标准存在一定差距，指标单一、内容不完善、技术内容落后、实用性不强等问题较为突出。许多标准的指标没有充分利用风险评估技术，而只是照搬和套用，标准的科学性和可操作性都亟待提高。

（3）国际合作的高级人才缺乏　我国现行人才多属专业性人才，懂专业但不熟悉贸易、法律和标准化知识，熟悉标准化知识但不具备专业素养，专业人才外语水平普遍较低，具有全面专业知识、贸易、法律，又具有标准化方面知识，外语水平高的高级人才缺乏，制约了我国参与国际标准方面的交流与合作，影响了掌握国际制标动态和采用标准的前进步伐。

## 三、新时期农业标准体系的基本内容与框架

### （一）标准体系的基本内容

标准的定位决定了标准本身是为产业发展和市场贸易服务的。农业技术标准体系，说到底是农业和农村经济发展的一个支撑体系，是农业各产业健康发展的重要技术保障。农业技术标准体系的构建，应当紧紧围绕农业各行业和产业发展需要进行设计和搭建。首先，应当明确农业技术标准体系构建的第一个层次，至少应当包括种植业、畜牧业、渔业 3 个技术标准于体系。

在此基础上，需要进一步划分产业技术标准系列。在种植业技术标准子体系当中，应当再细分为蔬菜、果品、茶叶、棉麻、蚕丝、粮食、油料等技术标准系列；在畜牧业技术标准子体系之中，应当细分为猪、马、牛、羊、禽、蛋、奶等技术标准系列；在渔业技术标准子体系中，应当细分为鱼、虾、贝、蟹等产业技术标准系列。

在产业技术标准系列之中，还应当划分出第三个层次，即确定到具体的种类，比如果品，还应继续划分为柑橘、苹果、梨、桃、李、杏、葡萄、柿子等种属标准。在具体的种属标准中，还可继续划分出详细的品种，比如，在柑橘标准中，还可具体到柑、柠檬等单一品种上。以行业、产业、种属、品种为主线构建农业技术标准体系，便于行业和产业发展需要，也突出了技术标准体系构建的目的，即服务于行业和产业。

### （二）标准的基本类型

农业技术标准，既要简明配套，更要科学实用。任何一个技术标准，应当说都有其规范、约束和界定的范围。农业技术标准体系也毫不例外，也应当有其主要的规范对象和约束范围。从农业和农产品的生产流通环节看，不外乎包括产前、产中、产后 3 个环节。从技术层面看，主要包括资源环境、农业投入品、生产过程、产品品质、安全限量、包装贮运、检验检疫方法等

几个关键的环节，这几个关键的环节既相互关联又相互配套。在农业技术标准体系构建中，应当以资源环境、农业投入品、生产过程、产品品质、安全限量、包装贮运、检验检疫方法等为轮廓划分农业技术标准体系的基本类型，并依托不同的专业技术队伍加以组织实施和宣传贯彻。

在各个基本类型当中，再细分为品种类型。比如，在农业投入品中，可细分为肥料、农药、兽药、饲料、种子、农机等品种类型。依此类推，还可以在各品种类型当中细分单一品种类别。比如，在肥料类型中还可以细分为氮肥、磷肥、钾肥、有机肥、微生物肥等类别。从标准的针对性和便于使用出发，还可以细分。比如，在磷肥中还可以细分为过磷酸钙、钙镁磷肥等。

应当说以环节为轮廓划分技术标准体系的基本类型，既符合现实，更是发展方向。

**（三）标准的基本层级**

标准作为技术规范和技术法规，有其特定的适用范围和适用对象。目前的标准体系划分出了 4 级标准，即国家标准、行业标准、地方标准和企业标准。这样分类有其积极的意义，强调了各部门、各地方在标准化工作中的齐抓共管职能，比较好地发挥了各部门、各地方的积极性和推动作用，但暴露出的问题也是比较突出的。除了国家标准、行业标准、地方标准 3 个作为政府层面的标准重叠、交叉之外，最重要的是缺少了行业自律和地域自治标准，而这部分标准是在农业走向市场化、现代化过程中最急需的标准，也是量大面广的一类标准。

在新的农业技术标准体系构建中，应当打破现行国家标准、行业标准、地方标准和企业标准 4 级农业技术标准结构，构建新的 4 级农业技术标准结构，即建立新的农业国家标准、农业地方标准、农业团体标准和农业单体标准。新的农业国家标准，应当将现行的农业国家标准和行业标准合二为一，改变起草、制定和发布方式。

新的农业国家标准的起草和制定工作，应当统一由农业行政部门负责，标准的备案编号可统一由国家标准委登录；新的农业地方标准，应当突出地域特色和技术配套性，统一由省级农业行政主管部门组织起草和制定，可由省级质量技术监督部门备案编号；新的农业团体标准包括行业协议。

# 第五节　农产品品牌战略

随着WTO游戏规则的逐步实施、农产品买方市场逐步形成以及农产品流通渠道的深刻变革，农产品品牌问题越来越引起人们的广泛关注。能否快速打造出安全、可靠的农产品品牌，已成为我国农产品综合竞争力的关键，也必将成为农产品扩大出口、参与国际竞争的重要手段。应该说，农产品品牌是一面旗帜，是引领生产者走向国内外市场的战斗纲领；农产品品牌是一种信誉，是一个地区及企业对国内外广大消费者做出产品质量、服务承诺的信誉保证；成功者选择农产品品牌战略，农产品品牌战略又造就了成功者。农产品品牌已成为现代农业产业的核心竞争力。

## 一、农产品品牌的内涵特征和外延特点

### （一）内涵特征

由农产品品牌的科学内涵所决定，农产品品牌有以下几个特征：

（1）品牌是一种无形资产　品牌是有价值的，品牌的拥有者凭借品牌能够不断地获取利润。品牌价值是无形的，它不像企业的其他有形资产直接体现在资产负债上，它必须通过一定的载体来表现自己，直接载体就是品牌元素，间接载体就是品牌知名度和美誉度。因为品牌是无形资产，所以其收益具有不确定性。所以，品牌需要不断地投资，否则，就可能面临“品牌贬值”。

（2）品牌具有一定的个性　品牌的个性，即是品牌文化的象征。赋予品牌一定文化内涵，可满足广大消费者对品牌文化品位的需求。

（3）品牌具有排他专有性　品牌排他专有性是指产品一经企业注册或申请专利等，其他企业不得再用。一件产品可以被竞争者模仿但品牌却是独一无二的，品牌在其经营过程中，通过良好的质量，优质的服务建立良好的信誉，这种信誉一经消费者认可，很容易形成品牌忠诚，它也强化了品牌的专有性。

（4）品牌是以消费者为中心的　品牌是一个以消费者为中心的概念，没有消费者，就没有品牌。品牌的价值体现在品牌与消费者关系之中，品牌具有一定的知名度和美誉度是因为它能够给消费者带来利益，创造价值。而且，

品牌知名度和美誉度本身就是与消费者相联系。品牌是建立在消费者基础上的概念，市场是品牌的试金石。

(5) 品牌是企业竞争的一种重要工具　品牌在产品营销过程中占有举足轻重的地位，既可以向消费者传递信息，提供价值，又可使消费者与产品之间产生联系，消费者以品牌为准。因此，品牌经营应成为生产活动中重要组成部分，并在市场竞争中具有举足轻重的作用。正如著名美国广告研究专家Larry Light所言，未来的营销是品牌的战争——品牌互争长短的竞争。商界与投资者将认清品牌是公司最珍贵的资产。此概念极为重要，因为它是有关如何发展、强化、防卫等管理生产业务的一种远景，拥有市场比拥有工厂重要多了，唯一拥有市场的途径是先拥有具有市场优势的品牌。

(6) 品牌具有不同的类型　按照使用主体不同，品牌有制造商品牌和中间商品牌；按其辐射区域不同，有区域品牌，国内品牌，国际品牌；还有按其持续时间的长短来分的短期品牌、长期品牌及时代品牌。

**(二) 外延特点**

在品牌的外延上，品牌体现出以下特点：

(1) 品牌与产品不同　品牌是产品、是由消费者带来的东西，所体现的是内容更加丰富，价值、个性、与文化可通过品牌集中体现。产品则不同，产品是带有功能性目的的物品，是生产中制造的东西。

(2) 品牌与名牌不同　名牌并无准确的概念，但名牌一定是有一定知名度和美誉度的品牌。名牌代表着优良品质，但名牌并不代表高价位，它可以是高质高价，高质中价，甚至高质低价。名牌具有时效性。昨日的名牌今日未必是名牌。品牌可以转化为名牌，名牌若不注意宣传或经营不当就会失去名牌效应，甚至消失。

(3) 品牌与商标不同　品牌英文名“brand”，商标是“trade mark”，两者是完全不同的概念。品牌前已述及，包含六个含义。而商标则不同，在商标的概念上，商标是产品文字名称，图案记号，或两者相结合的一种设计，经向有关部门注册登记后，经批准享有其专用权的标志。商标一经核准即为注册商标，商标注册人享有商标专用权，受法律保护。尽管商标与品牌都是无形资产，都具有一定专有性，其目的都是为了区别于竞争者，有助于消费者识别，但两者有本质区别，主要表现在品牌无须办注册，一经注册，品牌就成为商标了。商标一般都要注册，是受法律保护的一个品牌或品牌的一部分，其产权可以转让和买卖；品牌主要表明产品的生产和销售单位，而商标则是区别不同产品的标记。一个企业品牌和商标可以是相同的，也可以不相同；品牌比商标有更广的内涵，品牌代表一定文化，有一定个性，而商标则是一个标记。

## 二、农产品注册商标

商标是用来区别商品或者服务来源的标志，包括商品商标、服务商标、证明商标和集体商标如“绿色食品”等。我国《农业法》第四十九条规定：“国家保护植物新品种、农产品地理标志等加识产权。”《商标法》第三条规定：“经商标局核准注册的商标为注册商标，包括商品商标、服务商标和集体商标证明商标；商标注册人享有商标专用权，受法律保护。”因此，商标如果不注册，使用人就没有专用权，就难以禁止他人使用。所以，在农产品上使用的商标要想获得法律保护，应尽快申请商标注册。

### （一）农产品注册商标的意义

广义的农产品包括农、林、牧、副、渔等行业内所生产的产品和初级加工产品，这些产品都可以注册和使用商标。随着农产品市场化程度的不断提高，农产品之间的竞争日益激烈。在农业生产规模化水平不高，农产品供应主体极为广泛、良莠不齐的情况下，消费者自我保护的最好办法就是认牌（商标）购物，因此，商标信誉对于吸引消费者显得尤为重要。可以说，在市场经济条件下，在农产品上使用商标已成为农产品生产者和经营者走向市场的必要条件。农产品商标的注册和使用，对于开拓农产品市场，调整农业产业结构和增加农民收入发挥了重要的作用。

### （二）农产品商标类型的选择

农产品与工业品不同，其产量、质量受气候条件、地理环境的制约，其生产（种植、养殖、加工）方式多种多样，既有传统的一家一户的分散式小规模生产，也有多家联合或以村、镇为单位的联户经营，有公司加农户的一条龙式种、养、加联合体，也有基地化、工厂化的现代农业的批量式规模化生产。不同产品、不同的生产方式，自然需要选择不同类型的商标。

（1）在因受所处地理环境和气候条件的影响而具有独特品质的农产品上，选择注册证明商标。（证明商标是指由对某种商品或者服务具有检测和监督能力的组织所控制，而由该组织以外的人使用在商品或服务上，用以证明该商品或服务的原产地、原料、制造方法、质量、精确度或其他特定品质的商品商标或服务商标。）由于不同的地理环境和气候条件是不可移植的，因此，一地的特色农产品的品质也是独一无二、不可替代的，这样的农产品在市场上会具有明显的市场优势，借助证明商标的保护，在与同类产品的竞争中必然

会大获全胜，使用在其上的证明商标也更容易提高知名度。

（2）在没有独特品质的农产品上，分散经营的农户或规模较小的企业也可以选择注册集体商标，前提是他们要成立一个具备法人资格的集体组织，以该组织名义申请注册。（集体商标是指由工商业团体、协会或其他集体组织的成员所使用的商品商标或服务商标，用以表明商品的经营者或服务的提供者属于同一组织。）集体商标使用人多、商品规模大，容易产生市场优势和广告优势，也比较容易提高知名度。

（3）证明商标和集体商标的注册和使用均有法律上的严格规定，并不是所有农产品都能注册证明商标，也不可能要求每个分散经营的农户或独自生产的企业都参加某个集体组织而使用其集体商标，大量存在的还是生产者自创、自有的商品商标。一提到农产品创名牌就想到证明商标、集体商标，似乎别无选择的认识是片面的。因为，使用证明商标和集体商标也会有一定的风险，由于某一商标使用人的商品出现问题，其他使用人的商品不可避免地会受到牵连。何况，在使用了证明商标和集体商标的同时，还可以使用自己的商标。

**（三）农产品商标注册程序**

根据我国商标法的规定，商标专用权由注册产生。即只有经商标局核准注册的商标才能受到法律的保护。申请注册商标首先要准备有关书面文件：

（1）填写《商标注册申请书》。此申请书格式由国家工商局统一制定，一份申请书只限于一件商标、一类商品，费用的缴纳是以此申请书的件数来确定的。申请书的填写要用钢笔或毛笔，指定的商品应按照《商标注册用商品和服务国际分类表》进行填写。申请人一栏应填写申请人的全称，其全称与申请人的章戳应当一致。

（2）商标图标 10 张（如指定颜色应附着色图样 10 张，黑白墨稿一张）。图样的长和宽应当不大于 10cm，不小于 5cm。

（3）若属申请药品（包括药酒、药茶），卷烟、雪茄烟和有包装烟丝的商标注册，申请将杂志、报刊的名称作为商标注册的还需另外有关的证明文件。申请文件准备齐全后，即可连同应缴纳的费用送交申请人所在地的县级以上工商行政管理局，由其向商标局核转。商标局收到申请文件的日期为该商标的申请日，手续齐备的予以受理，编定申请号，手续不齐备的，予以退回，申请日期不予保留。若两个或两个以上申请人，在同一种商品或者类似商品上，以相同或者近似的商标申请注册的，初步审定并公告申请在先的商标，同一天申请的，初步审定并公告使用在先的商标。经实质审查后，凡具备显著性、合法性、新颖性的商标可获准登记注册。

**(四) 商标注册过程中注意事项**

1. 农产品的通用品种名称不能注册为商标

我国现行《商标法》第八条第一款第五项规定：本商品的通用名称和图形禁用为商标。由于诸如未加工的谷物、水果、蔬菜、植物种子等农产品都有许多品种而每一品种又各有其名称，如果某一农产品的品种名称属于同行业的通用品种名称，这样的名称若作为商标予以注册，由注册人独占使用，显然是不公平的。所以，凡是在具有品种名称的农产品上提出的商标申请，除了进行在先权审查外，还要多方检索以确定该申请商标是否属于某种农产品的通用品种名称，如果是的话，则予以驳回。

2. 直接表示指定农产品的品种特征、特性的商标不能注册

《商标法》第八条第一款第六项规定：直接表示商品的质量、主要原料、功能、用途、重量、数量及其他特点的文字禁用为商标。在农产品上，申请人大多喜欢使用那些包含“早、优、杂、抗”等字眼的商标，而这些字眼恰恰是农业行业中表示农产品品种特征、特性的常用术语，加之农产品的通用品种名称也往往采用这些字眼，所以，这样的商标获准注册的可能性很小。

商标注册后，注册人享有专用权，他人未经许可不得使用，否则构成侵权，将受到法律的惩罚。按照我国《商标法》的规定，发生侵权事件时，权利人可以向人民法院起诉，也可以向侵权人所在地或者侵权行为地的工商行政管理机关投诉。经工商行政管理机关认定侵权的，将责令停止侵权行为，没收侵权商品，并对侵权人处以罚款。权利人还可以向侵权人要求经济赔偿。

## 三、地理标志保护与农产品

地理标志是由“货源标志”、“原产地名称”逐步发展而来的，自 TRIPS 协定后，“地理标志”逐渐被广泛使用。地理标志是世界贸易组织新一轮多边贸易谈判的三大议题之一。地理标志既是产地标志，又是质量标志，它与传统知识、文化、地域特点密切相连，到目前为止，我国约有 600 个地理标志与农业大国是不相符合的，很多优秀的，有特色的农产品、食品有待进一步开发和申请地理标志的保护，人们越来越深刻地认识到地理标志是推动经济发展的重要工具。同时，地理标志的保护有利于促进农村经济增长，有利于农民增收，有利于农村经济结构的调整。为适应我国经济的发展和履行跟 TRIPS 协定规定的要求，也为了保护我国的文化遗产，加强地理标志的保护已经势在必行，积极推动地理标志的保护工作在我国具有重要的意义。

## （一）地理标志概念

### 1. 国际通行的地理标志概念

就国际范围而言，虽然世界知识产权组织早在20世纪70年代中期就已经使用“地理标志”一词，但通常认为，世界贸易组织框架内的TRIPS协定是第一个使用“地理标志”概念的多边国际条约。TRIPS协定第二十二条第一款对地理标志进行了定义：“为本协定目的，地理标志是指识别货物原产自一成员方境内或其境内的一个地区或地方的标志，货物的特定质量、声誉或其他特性主要与地理来源相关联。”从该定义中可以看到地理标志主要有以下特点：①地理标志的地理名称具有真实性；②地理标志所标示的商品或者服务具有独特品质；③地理标志与其所标示商品的特定质量或者服务密切相关。

### 2. 我国法规中的地理标志概念

就我国立法而言，《商标法》是我国目前唯一一部与地理标志直接有关的法律。《商标法》第十六条第二款明确规定：“前款所称地理标志，是指标示某商品来源于某地区，该商品的特定质量、信誉或其他特征，主要由该地区的自然因素或人文因素所决定的标志”。很显然，我国商标法的地理标志概念是TRIPS协定与里斯本协定的“混合物”，前半部分来自TRIPS协定，但后半部分的“自然因素或人文因素”则来自里斯本协定的定义。不过，我国商标法上的地理标志概念的范围似乎大于TRIPS协定和里斯本协定，主要原因在于上述定义的后半部分的文字解释上。

此外，我国在1999年8月17日，由原国家质量技术监督局发布了《原产地域产品保护规定》，这是我国第一部专门规定原产地名称保护制度的部门规章，后来，国家质量监督检验检疫总局于2005年6月7日以局长令的形式颁布了《地理标志产品保护规定》。原来所谓的原产地域产品也被地理标志名称所取代，我们且不说它与商标法之间的冲突，就仅仅在对地理标志的定义上就又作出了另外的规定。当然，该规章并没有对地理标志作出明确定义，地理标志产品：“是指产自特定地域，所具有质量、声誉或其他特性本质上取决于该产地的自然因素和人文因素，经审核批准以地理名称进行命名的产品”。我们从中可以推论出其与商标法中规定的地理标志存在以下区别：①商标法中使用的是“商品”，而该规章中使用的是“产品”；②该规章中规定的地理标志是由地理名称命名的，而商标法中并没有规定；③商标法中规定“商品的质量、声誉或其他特性取决于该地区的自然因素或人文因素”，而该规章中规定“产品的质量、声誉或其他特性本质上取决于该产地的自然因素和人文因素”。

**（二）申报地理标志产品的意义**

地理标志之所以能提高农产品的国际竞争力，是因为地理标志能够：①促进我国农产品质量标准化。获得地理标志保护的产品须具有主要归因于其他地理来源的特定质量和特征。对于原材料的选定、生产地域、生产工艺、安全卫生和加工设备都有严格的标准，并且产品须达到与其地理特征相关的感官等特色标准以及有关产品品质和功能的质量标准。因此，地理标志保护制度将是我国农产品标准化的推动力；②获得持续的品牌效应。地理标志是该地域内达标企业的永久价值源泉；③促进我国农业产业化。地理标志以特定区域的共同传统为基础，并被位于该地域的特定产品生产制造者共同拥有和使用。地理标志授予合法的使用者使用这一标志的独占性，决定了地理标志的不可转让性，本地以外的企业或者个人要想使用此地理标志，就得到该地进行投资。因此，地理标志的保护有助于特定地区、特定产业，尤其是农业产业化的发展；④开拓农业的综合功能。地理标志与传统密切相关，国家自然、历史文化遗产通过地理标志保护制度的有效运作，将对农业综合功能的开发和拓展起到积极作用。如近年兴起的一种将农业生产、农产品贸易和旅游休闲相结合的新型农业模式“观光农业”。

**（三）申报地理标志产品的程序**

任何单位和个人申请使用地理标志产品专用标志来保护地理标志产品，必须依照规定进行注册登记。在程序上，原产地域产品保护实行两级申请，每级申请实行两次审查的制度。

1. 企业向各省、自治区、直辖市质量技术监督局设立的地方申报办提出保护申请，并提交以下资料：

（1）地理标志产品保护申请书。

（2）产品生产地域的范围及地理特征的说明。

（3）产品生产技术规范（包括产品传统加工工艺、安全卫生要求、加工设备的技术要求）。

（4）产品的理化、感官等质量特色及其与生产地域地理特征之间关系的说明。

（5）产品生产、销售情况及历史渊源说明。

国家保护办对地方申报办提出的地理标志产品保护申请进行形式审查，审查合格后，在公开发行的报刊上向社会进行公告。在公告开始的 3 个月之内，任何单位或个人对申报申请有异议可向国家保护办提出。保护办从接到某项异议起一个月内，对其进行处理。公告期满，国家保护办组织专家委员

会进行技术审查，审查合格，予以批准，并向社会公布。

2. 企业向地方申报办提出专用标志使用申请，并提交以下资料：

（1）地理标志专用标志使用申请书。

（2）产品生产者简介。

（3）产品（包括原材料）产自特定地域的证明。

（4）产品符合强制性国家标准的证明材料。

（5）有关产品质量检验机构出具的检验报告。

地方申报办初审合格后，报送国家保护办审核，审核合格后，予以登记注册，向社会公布。经注册登记后，企业即可以在其产品上使用地理标志产品专用标志，获得地理标志产品保护。

## 四、中国名牌

### （一）概念

中国名牌产品是指实物质量达到国际同类产品先进水平、在国内同类产品中处于领先地位、市场占有率和知名度居行业前列、用户满意程度高、具有较强市场竞争力的产品。

国家质检总局2001年12月29日以12号总局令的形式发布了《中国名牌产品管理办法》，并授权中国名牌战略推进委员会统一组织实施中国名牌产品的评价工作，并推进中国名牌产品的宣传、培育工作。

中国名牌产品证书的有效期为3年。在有效期内，企业可以在获得中国名牌产品称号的产品及其包装、装潢、说明书、广告宣传以及有关材料中使用统一规定的中国名牌产品标志，并注明有效期间。中国名牌产品在有效期内，免予各级政府部门的质量监督检查。对符合出口免检有关规定的，依法优先予以免检。

### （二）中国名牌标志

名牌产品标志是用象征经济发展指标的四个箭头图案，组合成汉字“中国名牌”的“名”字和“品评名牌”的“品”字，简洁、形象、直观地表达了“品评中国名牌”带动企业技术创新，增强企业国际竞争力，推动中国经济发展的评价宗旨。见下图。

四个箭头还是四个向上腾飞的阿拉伯数字

"1"字，形象、生动、丰富地象征着中国名牌评价的四个第一的品质标准：即四大评价指标，四大核心理念和"科学、公平、公开、公正"的四项评价原则。

标志中的一大四小五颗五角星象征着新世纪的"中国名牌"脱颖而出，并带动着中国企业不断创新、争创名牌的含义。五颗五角星正好吻合"五星级"的概念，在表达品质的同时，寓示着通过中国名牌战略的推进必将会带动中国经济的腾飞。

四个箭头还是英文"Best"和英文"Business"缩写字首"B"，直观地寓示着中国名牌的品格属性和商业特质。

整体造型采用具有中国特色的图章样式，形象直观地表达了中国名牌认证的严肃性和权威性。

色彩上采取红、蓝两色为主色块。代表着社会主义特色的红色：象征着热烈、庄重和辉煌；代表着"CHINA"瓷器景泰蓝色调的博大、深远的蓝色：既象征着中国的民族特色，又象征着世界和国际市场一体化的大潮，象征着中国的名牌随着中国经济的腾飞正以稳健的步伐走向世界，走向灿烂辉煌的21世纪。

**（三）中国名牌的评价**

1. 评价程序

（1）中国名牌产品评价工作每年进行一次。每年一季度由中国名牌战略推进委员会（简称"名推委"）公布参评产品目录及受理中国名牌产品申请的开始和截止日期。企业在自愿的基础上如实填写《中国名牌产品申请表》、提供有关证明材料，并按规定日期报省质量技术监督局。省质量技术监督局在规定的期限内组织本省有关部门及有关社会团体对申请企业是否符合申报条件、企业申报内容是否属实等有关方面提出评价意见，并形成推荐意见，统一报送"名推委"秘书处。

（2）"名推委"秘书处汇总各地方推荐材料后，将组织有关部门和社会团体对企业的申报材料进行初审，确定初审名单，并将初审名单及其申请材料分送相应的专业委员会。各专业委员会按照评价细则对申请产品进行综合评价，形成评价报告，并据此向"名推委"秘书处提交本专业的中国名牌产品建议名单。

（3）"名推委"秘书处将各专业委员会提出的建议名单汇总分析后，提交全体委员会审议确定初选名单，随后初选名单通过新闻媒体向社会公示并在一定限期内征求社会意见，最后，经过广泛征求意见确定的名单再次提交

"名推委"全体会议审议、确定并公布。

最后，以国家质检总局的名义授予"中国名牌产品"称号，颁发中国名牌产品证书及奖牌。

2. 评价指标

据介绍，评选中国名牌产品是遵循以市场评价、质量评价、效益评价和发展评价为主要评价内容的评价指标体系，其主要内容有：

（1）市场评价指标　主要是评价申报产品的市场占有水平、用户满意水平和出口创汇水平等。

（2）质量评价指标　主要是评价申报产品的实物质量水平和申报企业的质量管理体系等。

（3）效益评价指标　主要对申报企业实现利税、工业成本费用、利润水平和总资产贡献水平等方面进行评价。

（4）发展评价指标　主要评价申报企业的技术开发水平和企业规模水平，评价指标向拥有自主知识产权和核心技术的产品适当倾斜。

上述评价过程，不同产品评价细则的制定、综合评价中评分标准的确定、不同评价指标权数的分配、不能直接量化指标的评价方法、评价中复杂因素的简化以及综合评价结果的确定等，均由"名推委"确定。

3. 申报条件

据了解，企业产品申报中国名牌产品，必须具备符合以下条件：

（1）符合国家有关法律法规和产业政策的规定。

（2）实物质量在同类产品中处于国内领先地位，并达到国际先进水平；市场占有率、出口创汇率、品牌知名度居国内同类产品前列。

（3）年销售额、实现利税、工业成本费用利润率、总资产贡献率居本行业前列。

（4）企业具有先进可靠的生产技术条件和技术装备，技术创新、产品开发能力居行业前列。

（5）产品按照采用国际标准或国外先进标准的我国标准组织生产。

（6）企业具有完善的计量检测体系和计量保证能力。

（7）企业质量管理体系健全并有效运行，未出现重大质量责任事故。

（8）企业具有完善的售后服务体系，顾客满意程度高。特别需要注意的是，企业有以下其中一种行为的，不得申报中国名牌：使用国（境）外商标的；列入生产许可证、强制性产品认证及计量器具制造许可证等管理范围的产品而未获许可证的；在近三年内，有被省（自治区、直辖市）级以上质量监督抽查判为不合格经历的；在近三年内，出口商品检验有不合格经历的，或者出现出口产品遭到国外索赔的；近三年内发生质量、安全事故，或者有重大质量投诉经查证属实的；有其他严重违反法律、法规行为的。

## 五、农产品质量认证

### （一）农产品认证的重要意义

认证认可就是其中一项国际通行的有效手段。农产品认证工作是认证认可工作的一个重要方面，对促进农业和农村产业结构调整、推动农业可持续发展，改善生态环境，保证农产品质量和提高农产品国际竞争力等，具有不可替代的作用。

1. 开展农产品认证适应了农业发展新阶段的需要

在农业生产中，由于大量使用化肥、农药，使生态环境恶化，自然生态系统遭到破坏，农产品受到不同程度污染，农产品安全质量下降。为了实现经济、生态、社会效益的最大化，促进人与自然协调和谐、共存发展，合理开发与利用资源，改善与保护生态环境，用科学的方法管理农业生产，实现农业可持续发展。因此，有机农业、绿色农业、无公害农业等生态农业应运而生，在农业生产中大力推行认证工作，对促进农业可持续发展将起到积极的推动作用。

2. 通过认证能切实提高农产品质量安全

消费者对农产品质量安全越来越关注，要求也越来越高。农产品质量安全，不仅关系人们的身体健康，也关系农产品在国际市场的竞争力和贸易信誉。通过农产品认证，可以从源头上控制和科学管理农产品的生产，促进农业科学技术含量增加和农产品质量的不断提高，保证农产品安全。

3. 通过认证能有效消除技术贸易壁垒，增强农产品的国际竞争力，促进对外贸易发展

世界各国都在最大限度地优化资源配置，积极开拓农产品国际市场的同时，为了维护本国利益，利用世贸组织的规则，对国外农产品提出了许多变相的限制措施。实施农产品认证，使农业生产和加工同步按照国际规范和标准来运作，能切实提高产品质量，保证产品安全，增强产品的国际竞争力，从而有效突破技术贸易壁垒，促进出口。

4. 通过认证有利于实施农业标准化

农产品生产从源头到最终产品，都需要以标准为基础，实现全程质量控制。即对农业产地环境、农业投入品、生产过程、标识、销售过程实行标准

化管理。农产品认证是由第三方认证机构来证实农产品符合特定标准和技术规范要求的活动，是一种实施标准的活动。它将标准的实施贯穿于农产品生产、加工、销售的全部过程，以规范生产、加工、销售的活动，有利于树立农产品生产者、经营者、管理者的标准意识和质量意识，规范生产者、经营者的行为，推动农业标准化的不断深入。

**（二）我国农产品认证类别**

我国农产品认证形式较多，属于自愿性认证。由国务院有关部门推动的认证主要有无公害农产品认证、有机食品认证和绿色食品认证三种形式。三种认证方式的渊源和发展历程各不相同，适用标准和认证规范程度也有很大差别。体系认证主要是ISO 9000、ISO 14000和HACCP（危害分析与关键控制点）认证，主要在食品加工企业，特别是部分出口食品加工企业中开展。

1. 无公害农产品认证

无公害农产品指产地环境、生产过程和产品质量符合国家有关标准和规范的要求，经认证合格获得认证证书并允许使用无公害农产品标志的未经加工或者初加工的食用农产品，其标准重点在解决未经加工或者初加工食用农产品的安全、卫生方面问题。

为规范无公害农产品认证，全面实施“无公害食品行动计划”，国家质检总局和农业部于2002年4月下发了《无公害农产品管理办法》，无公害农产品认证采取“政府推动，并实行产地认定和产品认证的工作模式”，不得收取认证费用。作为一种政府推动的以提高我国基本农产品质量安全为目的的认证方式，在我国将在一定时间内存在。经中编办批准，农业部成立了“农产品质量安全中心”具体实施无公害农产品产品认证工作，产地认定由各地农业行政部门进行。

2. 绿色食品认证

绿色食品遵循可持续发展原则，按照特定生产方式生产，经中国绿色食品发展中心认定，许可使用绿色食品标志商标的无污染的安全、优质、营养类食品。绿色食品认证是20世纪90年代建立的一套认证制度。绿色食品标志及其文字申请为证明商标工商注册。

3. 有机认证

有机食品指符合国家食品卫生标准和有机食品技术规范的要求，在原材料生产和产品加工过程中不使用农药、化肥、生长激素、化学添加剂、化学色素和防腐剂等化学物质，不使用基因工程技术，并通过有机认证使用有机食品标志的农产品及其加工产品。

有机食品认证是国际通行的认证方式，CQC（中国质量认证中心）、万泰、OFDC（国环有机认证中心）等认证机构已获得最大的有机农业国际性组织——国际有机农业运动联盟（1FOAM）的认可或成为其成员。

4. HACCP 认证

危害分析与关键控制点（HACCP）作为控制食品安全的一种重要手段，在世界范围内得到了广泛的应用。2002 年国家认监委，下发了《食品生产企业危害分析与关键控制点（HACCP）管理体系认证的规定》，并且明确了管理机构验证和第三方认证的区别，为规范 HACCP 认证奠定了良好的基础。

5. 良好农业操作规范（GAP）认证

良好农业操作规范是强化农业生产经营管理行为，实现对种植、养殖全过程控制，从源头上控制农产品质量安全的重要方式之一，已在越来越多的国家和地区推广应用，在国际贸易中的作用也日益显著。

6. 饲料产品认证

饲料产品认证是指企业自愿申请，认证机构对饲料和饲料添加剂产品及其生产过程按照有关标准或者技术规范要求进行的合格评定活动。饲料产品认证的对象，包括单一饲料、添加剂预混合饲料、浓缩饲料、配合饲料、精料补充料等饲料产品及营养性饲料添加剂和一般饲料添加剂等饲料添加剂产品。

7. 绿色市场认证

“三绿工程”是国务院确定的确保食品安全的重要措施之一，其主要内容是“开辟绿色通道，建设绿色市场，倡导绿色消费”。认证对象包括：蔬菜批发市场、水果批发市场、肉禽蛋批发市场、水产品批发市场、粮油批发市场、调味品批发市场等专营批发市场和农副产品综合批发市场，食品生鲜超市等专营农副产品的零售市场，以及大型综合超市大卖场、仓储式商场、便利店等兼营农副产品的零售场所。

## 第六节　农业质检机构的作用

我国现运行的农业质检机构分为三类，即农业产地环境、农业投入品、农产品。除各类质检机构承检范围规定其各具特点外，他们所具有的共性职能和优势，为参与农产品质量安全管理提供了条件：第一，通过检验检测工

作，最了解其承检领域的质量安全状态及存在的关键问题对生态、生产与人们生命健康的直接危害或潜在威胁。第二，最熟悉其承检领域标准的要求及推行标准化的作用与意义。第三，最深知建立和完善质量管理体系对其承检领域确保从“农田到餐桌”的产品质量安全的重要性。第四，最善于分析并寻找其承检领域质量安全存在问题的源头或环节上的原因。第五，最大限度地培养和锻炼了一支既懂检测技术又会分析研究并参与管理的专业队伍。具体来说，农业质检机构的作用如下：

## 一、对质量安全存在问题产生因果的分析作用

无论是农业环境检测，还是农业投入品或农产品的检测，只要有相关参数的不合格项，又有送检客户的要求，质检机构就可以通过数据分析或实地调研，帮助寻找其存在质量安全问题的相关因果关系。若是农业环境的问题，除了分析形成的原因外，必然会对农业投入品的使用和最终产品质量带来影响；若是农业投入品的问题，则必然会影响农业环境和相关产品的质量。反之，是农产品的质量问题，必须追溯到农业环境和农业投入品以及相关生产技术应用到位等问题。

## 二、对农业质量安全标准体系建设的促进作用

农业质量安全标准体系是我国农业标准体系的重要组成，也是推进现代农业标准化的重要内容。农业质量安全标准体系建设包括：农业产地环境的评价、农产品无公害化生产技术规则、农产品质量安全检测技术方法、农产品质量安全等级评价、农产品质量安全认证技术准则、转基因农产品鉴定、进出口农产品质量安全评价、农产品质量安全检验检测机构的评审等国家、行业及地方标准的制定和修订。农业质检机构是农业标准的应用者、评价者，有些还是相关国家、行业及地方标准的制修订承担者，其发挥对农业质量安全标准体系建设的促进作用，既有技术基础，又有人才基础，责无旁贷。

## 三、对农业质量安全措施采用的风险评估作用

为了尽快提高农产品的质量安全水平，相关区域的政府会提倡、有关农业企业或农村经济组织会寻求新品种、新技术、新方法、新措施的推广应用。而这些措施的采用，其必然带有双重性，即对农产品的质量安全达标指数的“确定度”与“不确定度”。因此，要对此进行必要的环境影响比对试验、技

术方法的无害或有害比对试验、产品的品质与食用安全性比对试验等，最终依据试验与比对结果，在充分分析论证的基础上作出客观地评估或评价，目标是化风险为平安。所以，对当前农业质量安全措施采用的风险评估最能发挥作用的是农业质检机构。

## 四、对农业质量安全检测技术方法提升的研究作用

应当看到，与发达国家相比，我国目前在农业质量安全很多项目的检测技术方法上存在相当大的差距，在我国现行的检验方法标准体系中，标准长期未修订、缺项、检验方法陈旧且不完善是最大的问题。因此，急需迎头赶上，尤其是国家级、部省级的农业质检机构，一定要在现有先进仪器设备条件下，注重研究涉及农产品质量安全重要限量标准的农药、兽药、食品添加剂残留，重金属元素污染，辐射污染，转基因产品等方面的检测技术新方法，以尽快改变落后被动局面。

## 五、对技术性国际贸易壁垒（TBT）应对的参与作用

在WTO规定的公平国际贸易原则下，各成员国为保护本国的经济利益和国民健康及环境，建立了相关的贸易壁垒，其中一部分发达国家设立的众多食品卫生限量标准明显是针对中国的农产品出口。为此，农业质检机构要根据自身积累的技术优势，积极开展有关国外农产品（食品）技术标准分析研究。同时，部分国家、部省级农业质检机构在认真参与我国有关部门交办的对国外相关新技术标准进行官方评议工作外，要花大力气参与有关部门组织的建立我国自身技术性贸易壁垒工作研究，以利用WTO的原则，实现保护本国国民健康和环境，提高农产品国际竞争力的目标。

## 六、对政府宏观管理与决策的参谋作用

在现代市场经济形势下，全面提升农产品质量安全水平，取决于政府的宏观管理与决策，依托于农业质检机构等技术单位的科技支撑，已成社会共识。为此，农业质检机构要想政府所想、急政府所急。一要积极参加政府组织的农业产业结构调整、农业质量标准体系建设、农产品检验检测体系建设、农产品市场信息体系建设、农产品生产技术服务体系建设及农产品市场准入制度建设等的规划、举措研讨与论证工作；二要认真完成政府主管部门交办的农产品质量安全抽查、普查、调查等任务，在反馈上报相关数据结果的同

时，应有存在问题的分析报告和对策建议报告等；三要根据自身承检范围开展定期的相关检测数据分析，结合农产品质量安全发展趋势及市场动态等信息，在一定的阶段中形成相关的农产品质量安全检验结果综合分析研究报告，主动报送相应的政府主管部门，以供决策参考。

## 七、对生产者及送检大户质量安全及预警信息的反馈服务作用

农业质检机构面对的委托送检者主要是生产者、加工企业、贸易单位和消费者，其中会有一批送检大户或常年客户。面对这样的委托送检群体，农业质检机构要跳出单纯的检测评价格局，站在服务于促进农产品质量安全水平整体提升的高度，主动积极地做好服务工作。一是可将这些送检大户或常年客户的阶段性检测结果汇总作综合分析，在肯定质量要求的前提下，分析存在的主要质量问题并提出改进措施及建议，当好客户的质量顾问；二是可将当前农产品生产上影响质量安全的主要问题、市场流通中发现的主要质量问题、检测中反映的主要质量问题、国际贸易中碰到的新技术壁垒和主要质量问题等有针对性地整理成相关预警信息，以定期走访、接待交流、专程沟通等形式，与他们进行面对面的研讨，当好质量信息的服务员，确保委托者对质量控制有主动权。

## 八、对农产品生产企业建立质量安全管理体系的引导作用

农业质检机构的有效运行靠质量保证体系确保。同样，农产品加工企业是农产品从“产地到餐桌”的桥梁和纽带，其建立与国内市场需求一致的、与国际接轨的质量安全管理体系是确保农产品质量安全的基础。因此，要发挥自身的特长，在与这些企业的业务交往中，积极指导帮助建立健全质量安全管理与控制体系，引导申报GMP（良好操作规范）、GAP（良好农业操作规范）、HACCP（危害分析与关键控制点）、ISO 9000质量体系及ISO 14000环境管理体系并通过认证。如是从事无公害、绿色、有机农产品（食品）及Qs食品生产的，则必须按我国的相关法规、标准的要求，建立专类的符合市场准入认证条件的自身质量管理体系。

## 九、对相关领域质检技术人员的培训作用

全面评价农产品质量安全水平，需要建立从产地到餐桌、从高层到基层、从内贸到外贸的多层次有害物质定性定量兼顾的质检体系与网络。这就需要有一支一定数量的较高素质的现代质检技术队伍。因此，现有的农业质检机构要积极承担农产品生产基地、农业专业合作社、农业生产大户、农业龙头企业和加工企业、各类农产品市场等的现场快速定性质检队伍技术培训任务。部分国家级、部省级属高层次的农业质检机构还应承担地方县市区及大型农业龙头企业、外贸企业、大型国家定点市场等质检机构专业质检人员的农产品定性定量检测技术培训，为完善我国的农产品质检网络并有效提高检测技术水平作贡献。

## 十、对农产品质量安全检测技术国际交流的窗口作用

面对国际农产品的市场竞争，我国需要重点建设一批仪器设备先进、检验技术一流、设施环境优良的农业质检机构，以争取早日缩短与发达国家的差距，能代表国家融入国际农产品质检“大家庭”。为此，现有的农业质检机构中，已初具条件和能力的部省级以上机构，要积极采用“走出去，请进来”的方法，多与发达国家，尤其是我国农产品的主要进口国同行、相关企业、专业人士学习交流技术标准、检测方法、仪器设备功能、质量管理体系等技术学术问题，努力树立中国农业质检机构的窗口形象，为不断确立中国农产品质检的国际信任度而尽力。同时，在条件允许的时候，要多为第三世界国家传授相关检测技术、培训检测专业人才。

# 第三章　农产品质量安全体系建设

## 第一节　构建农产品质量安全体系

### 一、农产品质量安全体系概述

农产品质量安全体系的建设是一项系统工程，需要全国人民的团结协作和艰辛努力才能完成。健全和完善农产品质量安全体系，应以建立健全统一权威的农业标准体系为基础，以构筑标准化生产体系为突破口，以完善农产品质量安全管理体系为保障，采取积极有效的措施，解决各体系建设中存在的问题，并以系统理论为指导，在突出各体系建设重心的同时，注意协调好各体系之间的关系。

在农业标准体系建设方面，主要考虑标准的先进实用、系统配套和贸易发展需要。一是要在合理规划的基础上，加大标准清理和修订力度，解决标准陈旧、技术指标落后、配套性和可操作性差、针对性不强、重点不突出等问题。二是要参照国际通行做法，将现行强制性标准转化为技术法规。三是要积极参与国际标准化活动，对标准实施动态管理。

在体系构筑方面，主要考虑构筑具有较强竞争力的农业产业体系的需要。一是要积极推进优势农产品区域布局，解决我国农业生产力布局不合理、结构雷同的问题，把各地的资源和区位优势发挥出来。二是要进一步加强农业标准化示范区建设，推进优势农产品区域化种植（养殖）和标准化生产。三是要大力开展农业产业化经营，发挥龙头企业和农村合作经济组织在标准化生产方面的带动作用，解决“小农户”与标准化生产的矛盾。四是要严格规范农业投入品的生产、经营和使用行为，开展清洁生产技术研究，解决常规实用技术的使用与农产品质量安全的矛盾。五是要加大环境监管力度，为实施标准化生产、提高农产品质量安全水平创造条件。

在完善农产品质量安全管理体系方面，主要考虑农产品质量安全管理、农业贸易发展的需要。一是要健全和完善技术法规体系，以（农产品质量安全法》为核心，制定和修改相关的法律法规，建立风险评估制度、农业投入品登记许可和淘汰制度、例行监测制度、市场准入制度等基本制度，为农产品质量认证、检验检测和监管工作提供法律制度保障。二是要在整合现有农产品质检资源的基础上，充分利用 WTO 规则中的“绿箱”政策，加大资金投入，加强检验检测技术研究，提高质检人员素质，并根据合理布局、优化结构、重点投入、满足工作需要的原则，尽快形成层次清晰、布局合理、职能明确、反应快捷的农产品质量检验检测服务体系，为农产品质量安全管理工作和农业贸易活动提供技术支撑。三是要建立以产品认证为重点，产品认证（以无公害农产品、绿色食品和有机食品为主要类别）与体系认证（以 GMP、GAP 和 HACCP 为基本类型）相结合的认证体系，遵循客观性、独立性、权威性、标准化和公开性原则，实行统一的国家认可制度，尽快培育一批运作规范、社会信誉高、符合国际通行规则要求的农产品认证机构，并努力寻求质量认证的国际合作和国际相互认可，促进农业贸易的开展。四是要建立农产品质量安全预警系统、农产品质量追溯系统等长效、稳定的农产品质量安全管理系统，提高预防和控制能力。五是要加强对检验检测和认证机构的管理，以规范行为，确保检验检测和认证工作能够客观、公正地进行。

## 二、提高农产品安全科技水平

### （一）发展食源性危害危险性评估技术

建立适合我国国情的评估模型和方法，应参考 WHO/FAO 关于危险性评估的基本原则，以与食源性疾病相关的高危因素作为分析重点，重点进行人群暴露和健康效应评估，重视针对易感人群的危险性评估，适时更新危险性评估，为制定限量标准提供科学依据。

在化学污染物危险性评估方面，应将有意和无意加入农产品中的化学物以及天然存在的毒素都纳入评估范围。在摸清农产品中农药残留、兽药残留、重金属、环境污染物（如多氯联苯和二恶英）以及农产品加工过程形成的有害物质（如氯丙醇、丙烯酯胺、亚硝胺、多环芳烃等）等危害因素污染水平

的基础上，重点研究暴露水平及相应的生物标志物的变化，并找出其致病性阈值。我国广泛使用的农药、兽药、食品添加剂以及其他危害性大的化学污染物是重点评估对象。确保危险性评估结果的正确性，要制定危险性评估标准程序，加强流行病学研究，通过临床和流行病学研究获得数据并充分利用这些资料为开展危险性评估服务。加强动物毒理学研究，确定化学性危害对人体健康产生的不良作用。充分利用生物标志物进行危险性评估，阐明我国主要化学污染物的作用机制、给药剂量、药物作用剂量关系、药物代谢动力学和药效学。

在生物因素危险性评估方面，重点应针对具有公共卫生意义的致病性细菌、真菌、病毒、寄生虫、原生动物及其产生的有毒物质进行科学评估。影响我国农产品安全的最主要因素是微生物污染，其中，致病性细菌对农产品安全造成的生物性危害是最显著的，应该作为重点分析对象，确定其对不同人群和个体的致病剂量。在具体种类上，常见的生物性危害如单增李斯特菌、沙门氏菌、空肠弯曲菌、副溶血性弧菌、出血性大肠杆菌、疯牛病、高致病性禽流感等作为重点分析对象。在进行定性分析的基础上，逐步对生物性危害产生的不良作用进行半定量、定量评估。重点进行人群暴露与健康效应的定量评估以及涉及农产品安全突发性事件的危险性评估。

**（二）发展农产品安全检测技术**

依据我国国情，在近期应重点发展快速检测技术。同时，有选择性地研究与研制部分高、精、尖检测方法，开发部分先进的仪器设备。加快研制检测所需要的消耗品。重点开发农产品安全监控中急需的有关安全限量标准中对应的农药、兽药、重要有机污染物、食品添加剂、饲料添加剂与违禁化学品、生物毒素、重要人兽共患疾病病原体和植物病原的检测技术和相关设备，并拥有部分自主知识产权。建立一批在技术上与国际接轨、经过科学认证的重点研究和检测机构，为农产品安全的检测技术与重点方法提供科技支撑。

1. 建立农产品安全检测实验室质量控制规范

逐步协调我国现有计量认证、ISO/IECl7025 认证以及国家注册实验室认证等实验室质量认证体系农产品安全检测的质量控制规范，规范实验室的管理和测试过程，提高实验室的管理水平和技术能力，并使实验室资源合理配置，积极参与国际竞争，以打破国外技术壁垒。

2. 大力发展残留检测技术

残留检测技术是目前制约我国农产品安全管理水平提高的瓶颈，重点发展以下几项技术：一是农药、兽药残留检测技术。目前，还没有农兽药残留

MRL的，要根据情况来尽快完善。已经有农兽药残留MRL的，要发展农产品中多种农兽药残留的检测技术和方法。对于进出口农产品，要根据提高竞争力的需要制定农兽药残留MRL并发展检测技术和方法，尤其是快速检测技术和设备的研制。二是要解决二恶英、多氯联苯、氯丙醇和其他持久性污染物的检测技术问题，重要有机污染物的痕量与超痕量检测技术。三是食品添加剂与违禁化学品检验技术。要大力发展各种农产品中食品添加剂的检测方法，其中包括快速检测和确证检测的方法。四是发展功能农产品中的有效成分测定方法。五是发展农产品中违禁物测定方法，研制相关设备和试剂（盒）。

检测技术主要解决的关键问题的技术，一是残留快速检测技术，免疫分析尤其是酶联免疫吸附测定法（ELISA）适用于现场监控和大量样品筛查，应予以大力发展。发展利用胶体金颗粒作为标记物的试纸条检测技术、偏振荧光免疫分析技术、免疫传感器等。二是样品的分离、纯化技术。免疫亲和色谱技术、分子印迹技术、基质固相分散技术等是残留分析中非常有效的分离纯化方法。三是多残留定量确证技术。免疫亲和色谱—色谱—质谱检测技术药物残留研究中采用的色谱—质谱联用技术可以集高效分离和结构鉴定于一体，是生物样品复杂混合物中痕量组分定性和定量分析的最有效手段之一，应大力发展。

*3. 积极研发农产品中重要病原体检测技术*

农产品中存在的对人民健康造成威胁比较大的病原体（如疯牛病、禽流感病、新城疫、口蹄疫和水泡性口炎等）种类繁多，千变万化。对重要病原体检测技术、人兽共患疾病的检测技术，要予以高度关注。加快建立食源性致病菌分子分型电子网络的步伐，迅速提高对食源性致病菌的检测能力。

**（三）发展农产品安全全程控制技术**

农产品安全全程控制技术，是以“从农田到餐桌”基本原则制定的，包括农产品生产、加工、贮运、包装等各环节的安全技术，建立对农产品安全进行全程控制的技术体系。

在主要污染物残留控制技术方面，主要做好以下几个方面的工作：一是加快发展农药残留控制技术。组织科技力量，对农产品中农药残留和环境中农药污染消除进行攻关，研究农药分子在植株内的吸收、传导、代谢规律，以及在环境中的吸附、淋溶、迁移、降解规律。继续淘汰和限制高毒、高残留的农药品种。组织科技力量，研制、开发现有高毒、高残留农药的替代品，改进当前剧毒、高毒农药剂型和使用方法。推出一批安全、高效、低毒和相对便宜的化学农药和生物农药。健全农药科学使用标准。选择涉及残留问题

重点农药，优先开展农药科学合理使用国家标准制定、修订工作，使主要农产品生产中使用农药有标准可依。加强病虫害综合防治技术的培训工作，大力推广综合防治技术，进一步提高技术到位率，逐步减少对传统农药的依赖。加强对基层植保技术人员和广大农民的安全合理用药技术指导和宣传培训，提高农民对安全合理用药的意识和科学用药水平。加大对新型高效施药机械推广力度，提高农药的利用率。通过试验示范，大力推广高效低毒的新农药、新剂型和新的用药技术，降低单位面积上的农药使用量。二是加快发展兽药残留控制技术。开展有关兽药残留问题的基础科学研究工作，主要包括动物体内药物代谢动力学研究、兽药安全性的毒理学评价、兽药在动物体内残留消除规律的研究、最大残留限量和休药期的研究。加速高效疫苗、新型兽药研究与产业化开发，争取在较短的时期内开发出一批具有我国自主知识产权的兽药品种。制定和颁布我国兽药检测方法标准、兽药残留限量和兽药休药期标准。制定符合我国国情的更具有科学性和可操作性的兽药使用规范，明确规定允许使用兽药的畜禽种类、用药时期、药物种类和剂量，明确规定禁止使用的兽药和其他化合物的种类。加大宣传力度，向动物防治工作者和养殖者宣传介绍科学合理使用兽药的知识，提高对兽药残留危害性的认识。三是发展饲料安全质量控制技术。开发和推广安全、无污染、高效饲料品种以及安全高效、质优价廉的天然药物饲料添加剂替代品。发展饲料安全配制技术。不断改进饲料的加工工艺和设备，降低饲料中有毒成分残留。根据卫生标准限量，采取喂停结合、间歇饲喂的方式，不饲用含有毒有害成分的饲料。对直接接触饲料的容器、器械、导管及工艺中加入的添加剂中的有毒元素进行限制。四是发展农产品生产、加工、贮藏、包装与运输过程中安全性控制技术。

在农业生产环节，尽可能依靠有机肥、作物轮作、种植豆科作物并合理使用化肥等来培肥地力，大力推广清洁生产技术，利用生物技术和物理方法控制作物病虫害。严禁使用高毒、高残留农药，推广应用高效低毒低残留农药和生物农药，并严格遵守农药使用安全间隔期的规定。大力发展养殖业病害检测和防治技术、健康养殖技术与设备设施的研究开发。实行生产记录卡制度，禁止使用镇静、安眠类饲料添加剂和平喘、激素类药物，对允许使用的兽药和渔药要严格遵守用药时间、用药量、用药方法和休药期规定。

在加工环节，大力加强农产品（食品）加工技术与设备的研究开发。制定科学合理的生产工艺规范，保证生产环境和人员的卫生；保证原料清洗水的卫生质量，科学合理地使用防腐剂、色素、面团改良剂等食品添加剂，延长产品的保存期和改善感官品质。

在贮运环节，研究农产品贮藏过程中有害物质形成规律和采后杀菌剂、杀虫剂的变迁规律，研制安全、经济、高效的农产品贮藏技术措施，开发低温冷藏设备。发展食品辐照技术；确定不同类食品最低辐照有效剂量以及相关辐照剂量参数。发展农产品综合保鲜技术，研究新型清洗剂配方、保鲜剂、保鲜纸，延长农产品保藏期。大力发展农产品专储、专运技术。

研究农产品包装材料和农产品容器进行迁移规律和储藏运输条件的影响，评价包装材料的卫生学危险性、单体物质的安全性。积极推广农产品包装过程中的安全控制技术。进行新型、无毒、经济、受力强度适当、严密性好的包装材料的筛选、推广、应用。发展鲜切类产品可食用膜、气包装技术。

**（四）建立农产品安全控制管理模式**

积极探索研究适合我国国情的、有效的、可行的技术进步模式。根据“从农田到餐桌”过程控制的要求，在农产品安全关键技术应用的综合示范区应用农产品安全生产、加工、检验检测、信息技术，并将农产品安全科技组装配套，加强科技推广与培训工作，从而提高科技的普及率和贡献率。

提出一套在我国农产品行业中广泛推广的 HACCP 技术规范，制定生产、加工企业 HACCP 实施指南和评价原则。制定、修订我国食品加工通用 GMP 和主要农产品加工专用 GMP，逐步形成既与国际接轨、又适合中国国情的 GMP 体系。在重点食品生产和经营企业实行 GMP 和 HACCP 管理。在种植业、养殖业要普遍推行 GAP、GVP 管理。

## 第二节　完善农产品质量安全标准体系

完善农产品质量安全标准体系就是以风险评估为基础，按照“从农田到餐桌”全过程监管的需要，在加强统一管理并充分发挥各相关部门作用的基础上，建立起一套既符合中国国情又与国际接轨的农产品安全标准体系。要在各标准起草部门统一协调的基础上，相关标准之间必须配套形成体系，尽快加强农产品安全标准的制定、修订工作，尽快形成包括农产品安全限量标准、农产品检验检疫与检测方法标准、农产品安全通用基础标准与综合管理标准、重要的农产品安全控制标准、农产品市场流通安全标准的农产品安全标准体系，真正做到农产品产前、产中、产后全过程都有标准作为技术依据。

通过积极的采用国际标准和国外先进标准，加大与国际标准接轨的力度；加快标准的制定、修订步伐，迅速提高标准的整体水平，达到提高农产品质量的目的。

## 一、改革标准管理体制

目前，我国农产品安全标准管理体制的不合理是造成农产品安全标准体系出现问题的原因。因此，必须对质检总局、农业部、卫生部、标委会等部门进行合理分工，加强改革的力度。

方案之一是国家食品药品监督管理局下设食品安全标准协调小组或委员会，对各部门制定、修订标准时进行协调。卫生部门继续负责食品加工和流通领域农产品安全标准的起草工作、质检总局继续负责进出口产品的安全标准起草工作、农业部门继续负责农牧业生产环节以及农用投入品的安全标准起草工作，但是，必须经过多方协调。如果各部门未经过协调，则不给予通过。经过多次协调，在各方签署协调经过书之后，最终由该协调委签字后提交标准委员会。协调委内部根据不同食品类别相应建立若干个分委员会，专门负责该类别食品标准制（修）订的协调工作。

方案之二是借鉴 FAO 和 WHO 共同成立国际食品法典委员会（CAC）的模式，由农业部、卫生部和质检总局三方共同组建食品安全标准或中国食品法典委员会，专门负责食品安全标准的起草工作并与国际食品法典委员会保持沟通与协调。法典委员会成立两类分支机构：一类是法典工作委员会，负责标准草案的准备和呈交工作；另一类是法典协调委员会，负责制定和协调地区标准。法典工作委员会下设的分支机构可分为专题委员会和商品委员会。专题委员会的工作与所有商品委员会有关，称之为一般专题委员会，其工作涉及所有商品的标准，也可称为“水平委员会”，可以借鉴 CAC 法典系统设置九类水平委员会：一般准则委员会、食品标签委员会、取样和分析方法委员会、食品卫生委员会、农药残留委员会、食品添加剂和污染物委员会、进出口食品检验和出证系统委员会、特殊饮食食品营养委员会和食品兽药残留委员会。一般专题委员会的工作还包括明确所有涉及食品的概念并制定准则，包括一般食品、特殊食品和某一类食品；认可检查法典食品标准的相关食品方面的内容，接受科研组织专家建议及有利于消费者健康和安全的建议。而商品委员会的职责是制定特殊食品标准并对食品分类，出于它们的特殊职责并为了区别于“水平委员会”，可以称为“垂直委员会”。可以借鉴 CAC 法典系统设置具体类别的垂直委员会。商品委员会根据需要成立及召开会议，当委员会认为工作已经完成时，该委员会就可以解散。例如，有特别需要完成特殊工作或需制定新标准时，可以再行成立新的委员会。根据需要，商品委员会的主办部门一至两年召开一次会议。

## 二、提高制标过程的科学性

标准的制定要以危险性分析为基础。我国经过近几年发展，虽然在标准的数量上有了明显的增加，但是根本上没有真正做到以科学为基础。针对我国农产品安全标准不适应健康保护和WTO要求的现状，以科学为基础开展设限研究，为制定农产品中重点有害物质安全限量标准提供基础数据。发布的标准必须经过多个实验室的全程验证后才能公布并付诸实施。

## 三、加快标准制定、修订进程，完善标准体系

根据相关标准之间必须配套形成体系的原则，在各标准起草部门统一协调的基础上，加强农产品安全标准的制定、修订工作，逐步完善标准体系的内容。对过时的农产品安全国家标准、行业标准应当立即组织修订，对缺少的应加紧制订。逐步形成重点突出，强制性标准与推荐性标准定位准确，国家标准、行业标准相互协调，基础标准、产品标准、方法标准和管理标准配套，与国际食品标准体系基本吻合，能适应社会主义市场经济体制，满足进出口贸易需要的食品工业标准新体系。

农产品安全国家标准和行业标准要按照建立主要农产品质量标准体系的总要求，重点加强与安全卫生有关标准的制定，动植物病虫害防治与检疫，生态环境标准，投入品及其合理使用标准，农产品包装、贮运、标识标准，真正做到产前、产中、产后全过程都有标准作为技术依据。近期，应着重通过加强农药、兽药、生物激素、有害重金属元素、有害微生物等限量和检验方法标准的研究与制定、修订工作，尽快形成农产品安全标准体系。

### 1. 针对重要农产品安全的限量标准

降低农产品中有害物质的含量是提高农产品安全性的重要环节之一。农药残留限量标准、兽药残留限量标准、添加剂限量标准、污染物限量标准、有害微生物与生物激素限量标准等重要的农产品安全限量标准的制定应进行危险性和暴露性评估，以科学的数据为基础。WTO和国际食品法典委员会（CAC）强调，危险性评估是用于制定农产品安全技术措施（法律、法规和标准及进出口食品的监督管理措施）的必要技术手段，也是评估农产品安全技

术措施有效性的重要手段。我国现有的农产品安全技术措施与国际水平差距较大的原因之一，就在于尚未广泛地应用危险性评估技术，特别是对化学性和生物性危害的暴露评估和定量危险性评估。因此，我国应加强这方面标准的基础研究工作。

2. 制定农产品检验检疫与检测方法标准

农产品检验检疫与检测方法标准是农产品安全监测和管理监督的重要手段。目前，我国对于一些公认的重要食源性危害，在检测方法标准方面，尚存空白或不够完善，不能满足农产品安全控制的需要。

3. 通用基础标准与综合管理标准

国际标准化组织（1SO）食品技术委员会近年来的工作重点由具体的农产品安全检测检验方法标准向综合性、管理性的标准转移，我国应积极跟踪ISO的动态，加快制定我国的农产品安全管理体系标准，为尽早取得国际农产品贸易的又一张“通行证”做好准备，推动我国农产品产业国际化。

4. 重要的农产品安全控制标准

建立从源头治理到最终消费的监控体系是农产品安全的重要保障，因此，按照农产品“从农田到餐桌”的全过程管理的原则，在种植产品生产中应用“良好农业规范（GAP）”、养殖产品生产中应用“良好兽医规范（GVP）”、食品加工生产中应用“良好生产规范（GMP）”、“良好卫生规范（GHP）”和“危害分析与关键控制点（HACCP）”等先进的农产品安全控制技术。而在实施GAP和GVP方面，我国的数据尚不充分；急需开展基础研究。针对农产品生产过程的不同阶段及其特征，应尽快研究制定种植产品安全控制标准、养殖产品安全控制标准、农产品加工安全控制标准和餐饮业食品安全控制标准等方面的安全控制技术标准。

5. 加强农产品市场流通安全标准

农产品市场流通安全标准是食品安全标准体系中不可或缺的重要部分，是农产品安全的重要环节，包括农产品从包装、标签标识、贮藏、运输直至销售到市场流通的全过程。目前，我国的农产品市场流通安全标准的制定工作科学和系统性不强，急需专业指导。需要组织跨学科、跨领域的众多专家联合攻关，为建立和完善我国农产品安全标准体系提供技术支撑。

## 四、进一步优化标准结构

要在科学的风险分析评价基础上，参照国际通行做法，逐步将农产品安全或卫生标准与农产品质量标准分离。农产品卫生标准应以GHP（良好卫生规范）为依据，而不是简单的由感官、物理、化学和微生物标准来衡量，过程由原来的事后抽检处罚为主转变为事先的预防控制为主。要从标准制定与检验检测方法标准制定相互配合的角度解决基础标准、产品标准和方法标准之间的协调问题。从农产品产业链整体角度解决产地环境、生产、加工、流通和进出口各环节标准的衔接配套问题。要以最新科学研究成果和国际先进标准为前提，在与WTO/TBT、WTO/SPS规定相符合的基础上，解决强制性标准和推荐性标准设置不合理、重要标准短缺等问题。要在强制性标准为主、非强制性标准为辅的原则下协调两者的关系，强制性标准应侧重于安全卫生，可以专门制定农产品卫生或安全标准，而在产品质量标准中不再涉及具体内容，即便必须包含卫生指标的内容，可以参照CAC产品标准的做法，用“应遵守我国已制定的有关×××的重金属元素卫生限量标准和农药残留最大限量标准”来代替现行标准中的具体指标。在合格评定方面，取消产品标准中的合格评定内容，参照国外做法，单独制定统一的农产品合格评定程序。

在强制性标准及时修订并保持先进性的前提下，解决国家标准与行业标准配套与互补性问题；在科学研究的基础上，及时修订标准以解决标龄过长和标准滞后问题。

## 五、有效推动标准的国际化

为促进国际贸易、提升我国农产品的国际竞争力，作为WTO的成员国之一，我国必须很好地履行入世承诺。WTO中与农产品质量安全管理有关的承诺主要涉及技术性贸易壁垒协议（TBT）和实施动植物卫生检疫措施协议（SPS）。在农产品安全领域，SPS协议正式承认FAO/WHO食品法典委员会（CAC）制定的标准、准则和建议，主要做好以下几个方面的工作：一要积极参加国际标准的制定。发达国家常用国际标准、准则将自己的意识强加于发展中国家的头上。我国过去由于主观和客观的原因，很少参加国际标准的制定工作，这样不利于维护包括我国在内的发展中国家利益。建议将参加国际食品法典委员（CAC）活动的经费作为财政预算，积极派员（包括官员和技术专家）参加CAC及其分委会的活动；积极争取承担修订国际标准的制定、修订项目，以进一步提高我国参与国际标准化活动的能力。二是要加大采用国际标准力度。国际标准随着经济全球化和一体化进程的加快，成为国际贸易和国际技术合作的桥梁和纽带，成为国际贸易的重要技术依据。因此，我国在制定、修订自己的农产品安全标准时应当参考国际标准和国际先进标准，特别是CAC、ISO、OIE和IPPC标准的采标和发达国家标准力度。

### 六、增强实施标准的监督力度

在农产品的主生产加工区域创办一批示范区，加大标准实施监督的力度，充分发挥农产品质量安全标准的功能。把标准的制定与实施有机地结合起来，真正用标准组织农产品的生产，促进农产品安全水平的提高。

## 第三节　建立高效的农产品安全管理体制

### 一、成立国家食品安全委员会

食品安全委员会的成立，从管理的角度为农产品质量安全提供了强有力的保证。美国1998年在多个部门共同监管的基础上，专门成立了总统食品安全委员会。美国国家食品安全委员会主要职责是制订联邦食品安全行动的综合性战略计划，根据公众意见，对于如何提高现存食品安全体系有效性提出意见和建议。委员会就如何提高食品供应的安全和促进联邦机构、州及地方政府和私有部门之间的协调向总统提供切实可行的建议。

我国现行的负责农产品安全的管理部门多达八九家，最突出的矛盾是各部门之间缺乏统一协调。由于职责不清，在生产过程和市场流通中常出现“谁都管和谁都不管”的现象。因此，我国应尽早组建由相关政府职能部门组成食品安全委员会，专门负责组织协调政府各主管部门对我国食品安全的监管，并为政府制定食品安全政策提供建议，为企事业单位培训食品安全管理人才和提出食品安全保障机制，进行食品安全政策法规知识的宣传和普及，调查评估食品安全状况并提出改进措施。

### 二、明确农产品安全管理机构的分工

为了保障农产品安全管理体制实现“从农田到餐桌”的有效管理，政府农产品安全管理机构应合理分工。一是把现在分布于各部门的食品安全管理机构完全整合在一起，统一放到一个独立的食品安全管理机构，彻底解决机构重复和管理盲区问题。该方案优点是符合国际趋势，缺点是需要一定的准备和时间，对现有行政体制的冲击最大，改革的难度也最大。二是借鉴美国

现有的食品安全管理体制模式，由国家食品药品监督管理局牵头组织有关部门，按照食品的类别在各个部门进行分工。每个部门独立地对自己所分管农产品“从农田到餐桌”进行全过程监管，其他部门无权干涉。至于具体的类别分工，可以根据卫生、农业和质检等部门现有的监测体系和能力进行划分。该方案可以为第一种方案奠定基础，又保证了各个部门都有一定的监管权利。但是，该方案与目前我国的行政管理体制有一定冲突。各部门现有的食品安全监管职能是按照食品产业链条的环节来划分的，类似于日本的模式。农业部门管初级产品生产，卫生部门管加工和流通，质检部门管进出口。因此，改革力度较大，也存在一定难度。三是在现有的管理体制基础上进行小的调整，依然按照农产品产业链的环节进行分工。由国家食品药品监督管理局牵头组织卫生、农业和质检等部门研究制订分工方案，主要解决两个问题：一是就监管方面存在交叉和重复之处进行明确的重新分工，只能由一个部门负责，其他部门退出；二是就无人管理的盲区进行明确的分工，确定哪个部门负责哪些尚无人监管的盲区。在制订分工方案时要充分考虑各个部门已经建立的检验监测网络的实力，实力弱的退出或充实到新的负责机构。这个方案的优点是最接近现有管理体制，但是，必须解决好分工后各环节之间的协调和衔接问题。解决衔接问题的关键之一，在于都应该服从于一个统一的农产品安全标准体系。因此，可以在国家食品药品监督管理局下设一个由卫生、农业和质检部门共同组成的食品安全标准协调小组或委员会，经过该委员会协调后才可以提交国家标准委员会制标；或者直接下设食品安全标准或中国食品法典委员会，专门负责食品安全标准的起草工作并与国际食品法典委员会保持沟通与协调。

### 三、发挥地方农产品安全管理体系的作用

我国应借鉴美国经验实行农产品安全机构联合监管制度，建立中央政府和地方政府既相互独立又相互协作的农产品安全监督网，在县（市）、省（区）和全国全面监督农产品的生产与流通。由于中国地域辽阔，地区间差异明显，缺乏完整的由上到下独立的垂直监管系统，只有质检总局的商检系统属于垂直管理，其余的均为分级管理，各级监管机构的组织和任命由本级政府决定，因此，必须充分发挥地方食品安全管理体系的作用，由各级政府负责所辖区域的农产品安全监管工作，实行主管领导负责制。中央和地方在农产品安全标准上要保持很好的协调。国家标准的领先性和及时修订是确保全国各地农产品安全监管机构相互配合的重要前提。凡是存在国家标准的，地

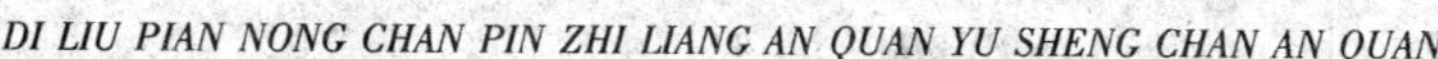

方监管机构必须按照国家标准进行检验监测。农产品在地区间的流通，以国家标准或国际标准进行监管，各地不能变相设置阻碍或降低标准。没有国家标准的，各地可以按照地方标准进行监管。

### 四、建立良好的沟通机制

农产品安全的实现是全社会共同努力的结果，因此，要充分发挥各方力量。农产品质量安全体系有效运转的核心是农产品的生产者、加工企业和流通业主通过自己的声誉来积极维护农产品安全。政府和社会的监管仅仅是外在的约束，生产、加工和流通主体的良好卫生规范与自我检验监测才是内在的决定因素。消费者的支持是农产品生产主体内在积极性的发挥因素，消费者只有珍视自己的农产品安全投票权，购买优质安全农产品而抵制无证商贩的食品、自主维护良好的市场秩序，这样那些提供安全农产品而付出额外代价的农产品生产者和企业才能够得到补偿，从而能够激励他们为社会继续提供安全农产品。各种形式的中介组织对于农产品市场的监督以及相关信息和农产品安全技术的推广也具有重要的作用。行业协会可以约束行业内的企业，权威的非官方质量认证机构也为优秀的企业提供了社会声誉保障，农业生产者组织可以对组织内部成员的生产过程和产地环境进行自主监督。目前，发达国家的农产品（食品）安全监管呈现出从以政府部门监管为主向重视发挥社会力量的作用等的总体发展趋势，这也为我国今后的发展指明了方向。

## 第四节　建立统一的农产品安全检测体系

由于检验检测体系是农产品安全管理的核心环节，因此，要重视检验监测体系的建设。

借鉴国外经验，按照统筹规划、合理布局的原则，根据我国农产品以及农产品国际贸易发展的需要，应力争用5～8年的时间，建立起一个协调、合理、职能明确、技术先进、功能齐全、人员齐备、高效运行的农产品安全检验监测体系。在检测范围上，能够满足对产地环境、生产投入品、生产及加工过程、流通全过程实施安全检测的需要，并重点加强对生产源头检测手段的建设；在检测能力上，能够满足国家标准、行业标准和相关国际标准对食品安全参数的检测要求；在技术水平上，国家级食品安全质检机构应符合国际良好实验室规范，达到国际同类质检机构先进水平，部级质检机构应达到国际同类质检机构的中上水平。争取到2010年，有50个左右的检测实验室得到国际相关实验室的互认。

## 一、有效整合检验检测机构

在充分利用现有各部门及各地方已经建立的检测网络、发挥各自优势的基础上，通过条块结合的方式实现中央机构与地方机构之间、中央各部门机构之间、针对国内和进出口农产品安全检验检疫机构之间的有效配合，从而建立高效权威的农产品安全检验监测体系。

现阶段，国家食品药品监督管理局负责我国农产品安全体系协调管理工作。针对目前多部门分割的实际情况，首要的任务是牵头组织有关部门就检验检测体系的分工进行协调。通过协调来明确各部门各地方的监测环节分工与职责，充分利用已经建立的各种网络，形成统一高效的农产品安全检验监测体系。根据现有检测体系实际，适当考虑今后的发展，按如下思路进行机构整合。食品药品管理局负责组织食品安全检验监测体系的协调工作，就各部门在实际监测中遇到的新问题和必须通过协商解决的问题进行沟通，商定解决办法，建立关于农产品检验监测体系协调工作的制度，定期进行；农业部负责产地环境监测、农业投入品监测、初级农产品生产过程监测、农副产品批发市场监测和国内动植物检验检疫工作；卫生部负责食品加工和流通的过程监测，并负责食品污染物监测以及食源性疾病与危害监测；质检总局负责产品质量监测包括初级农产品、加工食品和餐饮业中的各类食品。农业部门负责农副产品批发市场，动植物进出境检验检疫和进出境农产品安全检验检测；工商和公安部门负责相关秩序的维持工作。

## 二、提高监测机构的检验能力

我国根据入世承诺，从2004年以后，检验检测市场已逐步开放，我国检验检测机构面临新的挑战，这就需要一批高水平的质检技术机构携手联合，发挥龙头作用，提高我国监测机构的核心竞争力。与此同时，面对国际贸易中技术壁垒影响日趋严重的形势和国外农产品的冲击，迫切需要国家级食品技术机构通过引进高科技人才，加快研究和掌握前沿的技术、先进的检测方法和技术手段，破除国外技术壁垒，促进我国农产品顺利出口。

一是跟踪国际农产品检验检测技术发展，加强先进检验检测技术方法的

研究。重点开发农产品安全监控中急需的有关安全限量标准中对应的农药、兽药、重要有机污染物、食品添加剂、饲料添加剂与违禁化学品、生物毒素、重要人兽共患疾病病原体和植物病原的快速检测技术和相关设备，并拥有部分自主知识产权。同时，要有选择性地研究与研制部分先进的（高、精、尖超痕量检测）检测方法、仪器设备。要加快研制检测所需要的消耗品。要积极引进国际上先进的检测技术与设备。

二是建立检验检测信息管理网络，实现监督管理快速反应。利用信息技术，建立全国农产品安全检验检测系统，构建我国农产品安全检验检测数据资源共享平台，形成多部门有机配合和共享的检验检测网络体系，及时记录、监控我国农产品安全状况，排除农产品安全监管工作受地方和部门经济利益的影响，切实发挥检验检测体系的技术性支持功能，切实保护好消费者的合法权益。

三是建立一支高素质的农产品检验检测队伍。培养和造就一支高素质的农产品安全监督管理专业人员队伍，是做好食品安全监管工作的保证。要继续提高全国质检系统执法人员和专业人员技术水平，进行农产品安全监管工作的全面培训。对那些基础好、有发展潜力的专业人员，采取重点培养的办法，尽快使他们成为食品安全检验检测专家；对急需的专业人才采取公开招聘，择优录取的方法补充到检验检测队伍中来；对从事企业保证产品质量必备条件审查和食品安全检验的人员实行职业资格制度，集中培训、统一考试、持证上岗；通过培养、引进、交流等方式，形成门类齐全、结构合理的农产品安全监督管理队伍。

四是开展内审和管理评审，是质检机构自身改进质量管理体系和提高检验技术能力的一项有效措施。产品检验过程偶尔出现质量问题很正常，但其过程是否受控，问题能否及时得到解决，这是质检机构质量管理的头等大事。

## 三、加强企业食品安全的自我检验检测

一个高效的食品安全检验检测体系应该做到政府检测、中介组织检测和企业检测相结合。发达国家食品安全检验检测体系发展的一个重要趋势就是充分发挥农产品业户自主进行检验检测的积极性，如推广良好生产规范（GMP）、良好卫生规范（GHP）和危害分析与关键控制点（HACCP）体系等。

我国今后应注意加强企业自检和中介组织检测，改变现有的检验监测体系以政府机构为主的局面。以行业检测为代表的中介组织检测既可以对农产

品生产企业进行监督，也可以对政府的检验检测机构进行监督并提供建议。企业食品安全的自我检测检验则对从源头上保证食品的安全具有至关重要的作用，是食品行业检验检测体系的基础力量。

农产品生产、加工和流通企业应根据法律规定和相关标准规定，对其自身的原料采购、生产、加工、贮存、运输和销售等各个环节所涉及的设备、人员、环境和有害物等进行自我检测，尽最大可能减少食品安全问题的出现。应倡导和鼓励有条件的企业建立检验检测体系。在做好全面实施这些体系的成本效益分析和可行性分析工作的前提下，逐步推行强制性要求。

## 四、对农产品供应链进行全程监控

对农产品供应链进行全程监控，主要是要健全农产品污染物监测网络、食源性疾病监测网络，加强动植物检疫防疫体系建设、农业、环保等部门的产地环境监测站（室）的建设，完善进出口食品安全监测体系。

农产品污染物数据是制定国家农产品安全政策、法规、标准的重要依据，是控制食源性疾病危害的基础性工作之一。建立和完善农产品污染物监测网络，对化学和生物污染物进行连续主动监测，有效地收集有关污染信息，有利于开展适合我国国情的危险性评估，创建农产品污染预警系统。农产品污染物监测体系的建立有利于确保消费者避免遭受过高化学污染物或有害微生物的暴露危害，同时，还可以进行田头控制，对于减少杀虫剂和兽药残留暴露水平是否有效进行检验。从分离出的病原体数据应该与暴发数据、人类疾病数据和动物疾病数据结合起来，弄清农产品不安全的来源。

健全食源性疾病监测网络应与 WHO 全球沙门氏菌检测网接轨，和具有世界先进水平的国家食源性致病菌及其耐药性的监测网络接轨，对食源性致病菌进行连续主动监测。建立我国食源性致病菌分子分型电子网络，强化我国对食源性疾病暴发的准确诊断和快速溯源能力。

在加强动植物检疫防疫体系建设方面主要做好以下几个方面的工作：一是加强动物防疫检疫体系，建立符合国际规范、高效的兽医实验室体系，完善的诊断标准体系。加大疫情监测力度，以主动监测和疫情快速报告为主，目标监测、特定区域监测、暴发监测、哨兵群监测和平行监测等多种方法共用。改革现有疫情报告体系，对常规的旬报和月报的内容进行详细化、标准化。要严格评估、建立无病认证体系。二是加快植物检疫监控技术支持体系建设。建设从中央到省、地、县植物病虫害监测、监控中心（站），完善各级植物防疫检疫监督机构。针对敏感作物和敏感地区，有计划、有重点加强风

险分析。加强重点地（市）、县（市）植物检疫实验室建设，装备检疫检验基本仪器和设备，提高检疫检验整体水平。认定非疫区和低度流行区，有计划、有步骤地建立健全植物有害生物监测网络体系。

加强农业、环保等部门的产地环境监测站（室）的建设，结合产地认证制度，建立健全产地环境监测网络。对影响农产品安全的土壤污染、水体污染和病原体进行严密监测，为严格控制各类污染物的排放提供基础数据。

进一步完善进出口食品安全监测体系。整合农产品安全实验室资源，根据国际市场变化，不断完善由农产品安全检测中心、全国重点专业实验室和区域性重点实验室相结合的进出境农产品安全监测网络体系。在进口食品安全管理方面，要积极借鉴和学习发达国家先进的管理模式，合理利用 WTO 规则，加强进口食品注册制度及对进口国的检验检疫评估制度。

## 第五节　健全农产品安全认证与应急反应体系

### 一、健全农产品安全认证

#### （一）建立协调有效的认证认可体系

建立统一、规范的认证认可体系，要以是否与国际接轨，是否符合中国国情为目标，建立国家农产品认证标准。实施农产品认证培训机构、农产品认证人员注册、备案制度。实行统一的农产品认证机构、认证咨询机构和认证培训机构的国家认可制度。在近期内，要按照《关于建立农产品认证认可工作体系实施意见》确定的工作目标和任务，规范、完善我国食品认证认可工作体系，使我国农产品认证认可工作统一规范，有序开展。在农产品生产、加工、运输、销售企业中大力推广 HACCP 体系和 GAP、GMP、GDP、ISO 等体系认证，加强全过程安全控制。

#### （二）加强对认证机构的全方位监督管理

国家对认证机构进行监督管理及认证机构应承担的法律责任等问题作出明确规定，制定有利于社会监督和促进有序竞争的农产品认证标志（标识）管理办法。要制定有关在目标部门强制采用各认证体系的法规，以及开发协调一致的各认证体系管理方法等。

**（三）积极推进认证机构社会化改革，规范认证行为**

今后，要适应社会主义市场经济体制的需要与社会事业单位改革的要求，积极推进认证机构的改革，将认证机构改造成为真正独立的第三方机构。为确保客观独立、公开公正、诚实信用，认证机构不得接受任何可能对认证活动的客观公正产生影响的资助。不得从事任何可能对认证活动的客观公正产生影响的产品开发、营销等活动。认证机构不得与认证委托人存在资产、管理方面的利益关系。认可机构应当定期向国务院认证认可监督管理部门提交报告，并对报告的真实性负责。任何单位和个人对认证认可违法行为，有权向国务院认证认可监督管理部门和地方认证监督管理部门举报。

## 二、建立农产品安全应急反应体系

**（一）进一步完善法律法规体系**

农产品安全应急反应体系应建立在完善法律法规体系基础之上，借鉴国外先进经验，应当首先在宪法中明确规定紧急状态制度，其次是制定统一的紧急状态法。制定关于在紧急状态时期如何处理国家权力与国家权力、国家权力与公民权利之间以及公民权利之间关系的紧急状态法是一个国家紧急状态时期实行法治的基础。只有这样才能既保障政府在紧急状态时期依法行政，又能保障公民的权利不受非法侵犯。

从长远考虑，应该制定有关社会救助的立法，对低收入人群、医疗条件较差的地区在遭受突发性事件（不仅仅限于突发公共卫生事件）时给予生活扶助、医疗补助、急难和灾害救助。明确救助的机构、程序、责任，保证弱势群体度过突发事件带来的不幸。

制定配套实施法规和办法。具体包括制定《突发公共卫生事件应急征用程序及补偿办法》、《不明原因疾病防治及药物办法》等。

**（二）建立应急指挥系统**

高效的应急指挥系统是处理突发公共卫生事件的保障。缺乏反应迅速、高效的协调机制会贻误时机，造成更大的损失。应建立专门的责任机构，机构之间、各级政府之间、政府与公众之间的高度协调，果断采取有效措施。农产品安全突发性事件需要预警监测、信息报告、医疗救护、监测检验、监督检查、卫生防护、科技攻关、物资设施保障、财力支持等方面的合作，而且要实现各个方面的协调，必须建立完善的机构。

改革开放以来，由于体制变革，使传统体制的优势逐步消失，而健全的替代体制又没有建立，我国紧急应急事件的处理面临着比较严竣的制度“缺

位"，包括应急反应机制的建设相对滞后。应当根据"中央统一指挥，地方分级负责"的原则，对突发公共卫生事件实行统一指挥，统一部署，统一行动。为此，要设置处理突发公共卫生安全事件应急运作机构，并明确管理部门职责。

在发生重大突发性食品安全事件时，借鉴2004年处理禽流感的经验，由国务院成立专门的农产品安全事件应急指挥部，国务院主管领导担任总指挥，下设救治、防治、监管、科技、保障、宣传、外事、办公室等机构。应急指挥部对总体工作进行决策和部署，提出紧急应对措施，并给地方以指导和支持。作为国务院处理突发事件的应急处理组织，享有法规授予的特别行政权力，它既是应急处理全国突发事件的统一指挥机构，同时也是应急处理突发事件的各个行政部门的协调和领导机构。省级政府成立地方突发事件应急处理指挥部，省级政府主要领导担任总指挥，负责领导、指挥本行政区域内突发事件应急处理工作。

**（三）提高预警能力，完善检测体系**

《突发公共卫生事件应急条例》规定："突发事件应急工作，应当遵循预防为主、常备不懈的方针，贯彻统广领导、分级负责、反应及时、措施果断、依靠科学、加强合作的原则。""国家建立统一的突发事件预防控制体系，县级以上地方人民政府应当建立和完善突发事件监测和预警系统，并确保其保持正常运行状态，对早期发现的潜在隐患、可能发生的突发事件应当及时报告。"根据条理规定，县级以上地方人民政府应当建立和完善突发事件监测与预警系统。县级以上各级人民政府卫生行政主管部门，应当指定机构负责开展突发事件的日常监测，并确保监测与预警系统的正常运行。监测与预警工作应当根据突发事件的类别，制订监测计划，科学分析、综合评价监测数据。

**（四）建立农产品公共卫生突发事件应急报告制度和信息发布制度**

突发性公共事件的突发性特点要求政府在建立反应机制的过程中必须突出一个"快"字。禽流感事件表明，突发事件的应急报告和信息公布制度是非常重要的。首先，信息的输入速度要快；其次，信息的分析要快；再次，信息的输出要快；最后，信息的决策反馈要快。

首先应建立中央垂直的、高效的、统一的信息收集机制，以最快的速度准确掌握情况的变化；其次要打破信息过于集中的格局，适度赋予相关机构的信息发布权，在信息的发布环节，应该增加层级，使更多的掌握有信息的主体均能及时发布信息；最后要建立政府发言人制度，更好地除外发挥新闻媒介的桥梁纽带作用。

**（五）采取快速应急处理措施**

在突发农产品安全紧急事件时，可以采取暂停销售或使用不安全农产品或饲料，规定只有采用了特别条件或临时措施后才能解禁，执行期并没有时间限制。这对防止突发事件影响范围的扩大，具有非常重要的意义。

（1）对突发事件进行技术调查、确证、处置、控制和评价。要分清楚突发事件产生的原因，找准源头。同时，对潜伏的危害进行密切监控，实施跟踪调查制度。在重点地区要设置警示标志。

（2）明确重点，提高效率。根据监测、诊断和评估的结果，划定重点区域、重点人群、重点动物种类、重点污染物，有针对性地采取措施，提高资源的利用效率。

（3）有效救治，加强防疫。对于受危害人群实施有效救治。对于传染性疫病，要由专门的医务人员、具有救治能力的医疗机构专门负责。对于弱势群体要予以救济。对于受威胁的人群实施紧急强制性的免疫接种。必要时，对人员进行疏散或者隔离，依法对疫区实行封锁。对受威胁动物，实施紧急强制性的免疫接种。

（4）突发事件应急处理指挥部可以根据突发事件应急处理的需要，对食物、水源采取控制措施，卫生行政主管部门应当对突发事件现场等采取控制措施。

（5）实施无害化处理。对于染病病死、被捕杀的禽畜、鱼类及其排泄物、被污染饲料、污水、交通工具、禽畜舍、场地等实施无害化处理。

（6）建立完备的信息体系。各级政府在处理食品安全突发事件的过程中，必须完整详细地记录事件的产生、发展和具体处理过程、处理效果、需要采取的后续措施等详细的记录。

**（六）建立应急保障体系**

建立应急保障体系主要包括物资保障、资金保障、机构保障和人员保障。在物资保障方面，国务院有关部门和县级以上地方人民政府及其有关部门，应当保证突发事件应急处理所需的医疗救护设备、救治药品、医疗器械等物资的生产、供应；铁路、交通、民用航空行政主管部门应当保证及时运送。建立食品安全突发事件物资储备制度，储备相应足量的应急物资。储备物资应当置于交通便利、具备储运条件和安全的区域。突发事件应急处理指挥部有权紧急调集人员、储备的物资、交通工具以及相关设施、设备。在资金保障方面，处理食品安全突发事件所需经费应当纳入各级财政预算。对于企业、农产所产生的损失，根据具体情况给予合理补贴。中央财政和地方财政按照

规定比例分担费用。在机构保障方面，国家设立专门的研究机构（如参考实验室和专业实验室），负责食品安全突发事件涉及的鉴定、诊断、救治、防疫监测等技术工作。在人员保障方面，应在省、地两级分别建立一支由专业人员组成的专业救治队伍，遇有重大突发农产品安全事件以及其他公共卫生安全事件，能够迅速组织起来。也可引入市场机制组建民间的专业救援队伍，更要注意发挥社区、群众的自救互救作用，形成专业救援和群众自救相结合的庞大救护援助体系。卫生部门应当掌握专家信息，必要时，组织应急救治队伍进行支援。

## 第六节　建立统一协调的法律法规体系

建立统一协调的法律法规体系应当遵循“从农田到餐桌”、危险性分析、预防为主、明确食品安全责任、透明、可追溯性和食品召回、灵活等原则制定和完善法律法规体系。

### 一、制定农产品安全基本法

目前，我国与农产品安全、质量有关的法律、法规、规章和办法的立法亟须加强，包括对现有农产品有关法律、法规、规章的协调、调整、修订及全面清理工作，建立重在防范，以科学为基础的农产品安全法律体系。这个完善的法律体系应该包括以基本法为龙头，其他具体法律相配合的多种层次的专门具体的法律体系。以国际食品安全法典为依据，建立农产品安全法规体系的基本框架，有利于我国的农产品对外贸易和与国际接轨。

制定统一的农产品安全基本法，借鉴日本等国的经验在基本法对食品安全管理作出原则的规定。该法应当明确以危险性评估为基础来建立农产品安全保障体系；明确各管理机构的权力和责任；明确食品安全管理机构的协调办法和协调机制；制定与政策实施相关的基本方针；明确政府、企业、消费者以及其他相关者在保障食品安全过程中的权利和职责；确保制定政策过程公正性和透明性；综合推进与农产品安全相关的政策实施；明确应付发生或可能发生重大事故的紧急事态的体制；对农产品标签制度进行规定；阐明食品安全教育的重要性等。

## 二、制定不同层次的法律法规

我国已经有了一部分法律，尤其是《农产品质量安全法》已于2006年11月1日起实施。今后还要根据需要制定新的法律。基本的原则是根据确保食品安全的关键环节、关键领域以及确保某一类农产品安全的需要来专门制定单一的法律。目前，我国有一些制度还体现为条例、暂行规定、通知等形式，今后随着时间的推移，应当将一部分上升为法律。对我国来说，《农产品质量安全法》的相关配套法令和条例、《市场准入制度法》、《植物检疫法》、《转基因产品管理法》、《认证法》等是应当考虑的问题。

## 三、建立在同一层次具有多样性的法律法规

应该针对不同种类食品的农产品安全（如畜产品、水产品、蔬菜、粮食、食用油、转基因产品等）、农产品安全支撑体系（标准体系、认证体系、监测体系、产地环境管理等）、进出口农产品安全、确保农产品安全的重要环节管理（如市场准入、标签管理、农药和兽药残留控制）等的要求来制定单一的法律法规。各种单行法规对基本法的不同方面进行更明确的规定。水平性是指通用法规，即适用于所有农产品或农产品部门的法规，而垂直性是指各种农产品的特定法规，即适用于具体某种农产品与农产品部门的法规，有利于涉及该种农产品各方面管理的整合。水平性法规和垂直性法规的协调是一个很重要的问题。在国外经验和教训的基础上，侧重于根据不同种类农产品的特点制定专门的法律法规。这样，可以将各种具体的农产品产品管理标准整合到一个单一的法律中，可以避免通用性法律法规容易产生不适应的情况，更加具有针对性和可操作性。

## 四、充分赋予执法部门权力

对农产品生产相关企业实行强制性管制是提高农产品安全水平的基础。农产品安全比其他任何一种与健康相关的政府活动更需要连续的和强制性的管理。但是，我国目前普遍存在执法不严、违法不究或者处罚较轻等问题，对产品的追踪、检查以及召回还存在不少薄弱之处。因此，要扩大执法部门检查权，包括检查食品生产和销售记录；强制受管理企业把有关不符合法律规定的农产品信息向管理机关通报；要求有关组织提供农药、兽药使用的记录；要求农产品企业向食品管理部门登记并报送产品清单；要求农产品企业

保存与农产品安全有关的食品生产和销售记录等。

## 五、加强执法监督力度

向公众提供初步讨论和发表意见的机会，鼓励受管理的行业、消费者和其他人参与到规章的制定和颁布的过程之中。有关部门在执法过程中，要真正接受公众的监督。

# 第四章　农产品生产安全与评价

## 第一节　农产品生产安全

农产品生产安全是指在农产品生产过程中，生产者所采取的一切农事操作应符合法律法规要求和国家或相关行业标准，以保证农产品质量、生产者和生产环境的安全。一般而言，农产品安全生产包括两方面的含义：一方面是指食用农产品生产过程中的安全，即通常所讲的生产安全，它主要围绕的是食用农产品生产过程中的生产环境是否安全，生产过程是否安全，是否注意防范了发生工伤事故等；另一方面是指所生产出来的食用农产品是否符合安全食用农产品的要求，是否能够确保人类进食后不会产生任何不良反应和不利影响，保障对人体健康有益而无害等。

### 一、植物产品生产安全

植物产品来自于种植业，即以土地为基本生产资料，通过绿色植物的光合作用，把自然界中的二氧化碳、水和矿物质合成为有机物质，同时，将太阳能转化为化学能贮藏在有机物质中而形成农产品。种植业是农业的重要基础，不仅是人类赖以生存的食物与生活资料的主要来源，而且为食品工业提供原料，为畜牧业和渔业提供饲料。因此，植物产品生产安全就是种植业生产安全。

#### （一）土壤条件

质量安全植物性农产品要求产地土壤元素位于背景值正常区域，周围没

有金属或非金属矿山，没有农药残留污染；要求有较高的土壤肥力；土壤质量符合质量安全农产品土壤质量标准。主要评价因子包括重金属及类重金属（Hg、cd、Pb、As等）和有机污染物（六六六、滴滴涕/DDT等）。土壤重金属背景值高的地区，与土壤环境有关的地方病高发区均不能选作质量安全农产品产地。

**（二）灌溉水质量**

质量安全植物性农产品生产要求灌溉水质量要有保证，产地应选择在地表水和地下水水质清洁无污染的地区，水域和水域上游没有对该产地构成威胁的污染源，灌溉水质量符合相关的质量安全农产品水质环境质量标准。其中，主要评价因子包括常规化学性质（pH、溶解氧等）、重金属及类重金属（Hg、Cd、Pb、AS、Cr、F、CN等）、有机污染物（$BOD_5$、有机氯等）和细菌学指标（大肠杆菌、细菌等）。与水源环境有关的地方病高发区均不能选作质量安全农产品产地。

**（三）大气环境质量**

要求产地周围不得有大气污染源，特别是上风口没有污染源；不得有有害气体排放，生产生活用的燃煤锅炉须有除尘、除硫装置。大气质量要求稳定，符合质量安全农产品大气环境标准。主要评价因子包括总悬浮微粒（TSP）、二氧化硫（$SO_2$）、氮氧化物（$NO_X$）、氟化物等。GB/T18407. 1—2001明确了我国农产品安全质量无公害蔬菜产地大气质量应符合的要求。

**（四）农业投入品质量**

所谓农业投入品，从一般概念来讲，主要指投入到农业生产过程中的各类物质生产资料，是农业生产的物质基础。从无公害农产品生产的角度讲，主要指在农业生产（种植业、养殖业）中使用的事关农产品质量安全的农药、化肥、兽药、饲料（饲料添加剂）、种子等重要农业生产资料。农业投入品涉及农业生产各个方面、各个环节（产前、产中、产后）。

植物产品初级生产的投入品是指生产过程中使用或添加的物质，主要包括种子（种苗）、肥料、农药、薄膜、采后化学品及其他化学剂和生物制剂等。虽然这些投入品的使用对作物生产有很大促进作用，但某些农药、化肥等如果使用不当或过度依赖化肥、农药等常规投入物，会导致这些投入品在植物产品中残留，影响农产品安全。

## 二、畜产品生产安全

### （一）养殖环境

用于畜禽生产的养殖环境应远离工矿企业，选择地势较高，开阔干燥、通风良好的非疫区且生物安全性良好的地方，周围环境中无工业污染、生活垃圾和农药污染，空气、土壤和饮用水质量应该符合国家标准要求。

### （二）投入品

畜禽养殖生产的投入品主要指饲料、饲料添加剂和兽药，这是决定畜产品质量安全的关键环节之一。优质的饲料原料、先进的加工调制和科学的营养配比是保障饲料质量的关键。饲料原料要相对固定供应渠道，确保无霉变、无农药残留、无有害物质。购进预混料或浓缩料应认定是通过验收合格的预混料加工厂生产的产品，同时，应了解饲料中各类成分的含量是否超标。按照饲养标准配制饲料，做到科学配比，营养全面、平衡。选用饲料添加剂品种必须严格按照《允许使用的饲料添加剂品种目录》执行，禁用调味剂类、人工合成的着色剂、人工合成的抗氧化剂、化学合成的防腐剂、非蛋白氮类和部分黏合剂；所用产品必须是有生产许可证的工厂生产并有产品批准文号，添加的剂量也必须合理。

药物残留是畜禽产品质量安全最关键的问题之一。养殖业主为防治畜禽疾病或促进畜禽生长发育，必须正确选择和规范使用兽药或饲料药物添加剂。一是要杜绝选用国家规定的禁用药品，二是规范使用饲料药物添加剂，三是严格执行兽药休药期的规定。

### （三）畜禽排泄物

畜禽排泄物中有十几种恶臭物质，对人类及畜禽自身的健康会产生不良影响。其中，如甲烷、氧气、硫化氢、甲醇等气体会对呼吸系统、皮肤、眼睛等有不同程度的刺激和损害。

养殖生产中要合理冲洗圈舍，减少污染物排放，针对不同的畜禽圈舍，采取不同的冲洗方法，避免用水过多，形成大量的液态水粪，增加养殖场排污负荷。同时，改善饲料结构，提高饲料利用率，降低环境污染。采用优良品种、科学饲养、科学配料等技术，如在饲料中添加生物菌剂，提高饲料利用率，尤其是氮的利用率，降低畜禽排泄物中氮含量及恶臭味，减少对大气的污染。

一般粪便都需经过物理、化学或生物处理后，才能还田使用。要严格控制畜牧场排放污水的 BOD 和 COD 含量，对畜禽粪便进行生物处理是比较有效

的方法之一。它主要依靠微生物降解畜禽粪便中有机物，来降低畜禽粪便对环境的污染程度。生物处理主要包括厌氧生物处理和好氧生物处理。

**（四）鲜活体运输**

加强鲜活畜禽运输管理，是控制畜禽疫病流行的重要环节。运输前对畜禽进行健康检查，只允许起运健康无病的畜禽；搞好运输途中的水、料供应，要定点定时，尤其要保证饮水；运输途中，押运员应认真观察畜禽健康情况，发现可疑畜禽时，应及时救治及消毒，情况严重的应与当地动物防疫监督机构联系，在当地检疫人员的指导下妥善处理；必要时应将车、船开到指定的地点进行检查、清扫及消毒，再注射相应的疫苗血清，待确定正常，无散播危险时，方可继续运输。进行鲜活体的安全运输必须选择适当的运输工具和装载方法，要根据各地的自然、地理、交通路程等条件的不同以及畜禽种类、大小、习性、季节的差异，常采用各种不同的运输方式，并备足途中所需的常用药品、器具等，携带好检疫证明和有关单据。

**（五）屠宰加工处理**

屠宰厂必须具备工厂化屠宰、标准化检疫、科学化管理、规范化服务的经营条件。一要执行国家《食品卫生法》，生产流程布局合理。病活体与健康活体分离、分宰或处理，做好人畜共患病的防护工作。保证屠宰过程设备卫生，用品安全，排污合格，确保厂内外环境及肉品加工无污染。二要执行国家《动物防疫法》，接受动物防疫监督机构的检疫和检查监督，进场活体凭动物防疫监督机构和卫生防疫部门出具的产地检疫证明及运载工具消毒证明放行。认真做好活体屠宰检疫和肉品检验，杜绝病害肉出厂。经检疫和检验合格的肉品要在胴体盖上动物防疫监督机构检疫合格和屠宰厂肉品检验合格的验讫印章，并出具检疫、检验合格证明及上市凭证，方能出厂上市销售。

## 三、水产品生产安全

**（一）养殖环境**

水产品产地环境的优化选择技术是水产品生产质量安全的前提，产地环境质量要求包括渔业用水质量、大气环境质量及渔业水域土壤环境质量等要求。应具有满足养殖用水的充足水源，取、排水不会对产地环境造成影响，交通便利，气候适宜。

水源水质和养殖用水水质应符合国家标准的要求，使用时应采取消毒、沉淀、过滤、生态净化等方法进行处理，水质的调控应根据养殖对象进行调节，视水质情况换水。定期进行水质卫生检测，做好水质检测记录。

养殖池塘要远离有害场所，周围无任何污染源，进、排水管道布局合理，无交叉污染环节。池塘修建材料应无毒，池中央设排污孔，雨水、生活污水等不得进入池塘。池塘使用前应彻底消毒。

**（二）投入品**

水产养殖生产的投入品主要指饲料和渔药。饲料应由具有生产许可证的厂家按照有关标准生产，检测合格，饲料应在良好的环境条件下贮存，并在规定保质期内使用，推荐使用氮、磷排泄量低、对环境污染小的环保型配合饲料。渔药使用应严格遵循国家有关部门的规定，严禁使用未经取得生产许可证、批准文号与没有生产执行标准的渔药。

**（三）捕捞收获**

捕捞收获前的养殖产品应经过停药期处理，其药物残留量不得超过农业部颁布的有关规定。对于药残超过标准规定的养殖产品，必须采取净化等处理措施，处理后仍不能达标的，应确定对其采取铂销毁等处理措施。捕捞、运输工具应符合卫生要求，防止养殖产品遭受污染。

**（四）加工、贮藏**

水产品的加工应严格执行水产行业标准。贮藏室存放水产品前要进行严格的清扫和灭菌，周围环境要清洁卫生，并远离污染源，水产品入库要按生产日期、批号等分别存放，所有设备使用前均要进行消毒，要建立严格的贮藏室管理情况记录档案，详细记载入、出物品的种类、数量和时间，要做好贮藏室温度和湿度的管理调控，具有防虫害、防霉措施，严禁使用人工合成的杀虫剂。

**（五）运输**

一般情况下，运输工具须用专用密封冷藏车装运，在装入水产品前必须清洗干净，必要时进行灭菌消毒，装运过程中所用工具应清洁卫生，不允许含有化学品，严禁与其他有毒、有害、有气味的物品一起运输。

**（六）销售**

从事销售的人员必须按食品卫生管理的规定，保持衣服、手及周围环境的卫生清洁，并经常对室内进行清洗与消毒。销售点必须远离厕所、坑塘、垃圾以及生产有毒、有害化学物质的场所，地面易于冲洗，并配有盛放污物的专门容器，销售时所用物品应严格消毒。

## 四、农产品生产全过程质量安全

世界各国普遍认识到食品由农产品的生产到最终用于消费是一个有机、

连续的过程，对其管理也不能人为地割裂，故均强调对农产品质量安全的全程性管理。

**（一）品种因素**

动植物品种是农业生产最基本、最特殊、最有生命力、最不可缺少和替代的生产资料，是决定农业动植物产量与质量的内在因素。21世纪世界农产品质量和效益的竞争，核心是良种的竞争。谁拥有优良品种，谁就拥有了主动权。选育优良的动植物新品种（系）是提高农产品质量的重要举措和必然要求，对保障农产品安全有着重要作用。

各级良种部门专门从事良种管理、繁育、推广工作，应做到客观、公正、准确地向种植养殖者推荐各种类型的品种，使其能够结合当地的实际情况，权衡利弊，科学取舍，以期达到增产、增质的目的。在品种选用方面应当从当地生态类型、生产水平和栽培条件、养殖环境等实际出发，做到因地制宜、合理布局，防止一哄而上、盲目生产。品种繁供方面，必须经正规的中间试验和国家、省级品种审定委员会的审定通过，严格按章办事，加强管理、防止私繁乱供。

**（二）环境因素**

农作物生长发育离不开环境，环境的污染不但直接影响农作物生长，还影响农产品的营养品质和外观品质，更影响农产品的安全性。工农业及经济的快速发展，使我国农业环境污染、质量退化、生态失衡日趋严重，农产品污染普遍、安全性降低、危害人体健康，制约农业、经济、社会的可持续发展。目前，农业产地环境污染源主要有大气污染、水质污染、土壤污染，这些污染源对农产品品质和产量均有极大影响。

**（三）人为因素**

安全农产品是生产出来的。因此，在农产品的全程质量控制过程中，农产品的生产、销售、监管和技术培训推广主体都会对农产品的质量安全水平产生重要影响。

我国广大的农产品生产、销售主体，由于历史原因受科技文化教育程度较低，对农产品的质量安全意识和法制观念不强，在片面追求眼前经济利益的短视行为驱使下，会大量使用催生剂、激素、添加剂，滥施化学剂，导致农产品质量下降，安全性较差。充分发挥农产品质量的监管和培训推广主体的功能是提高农产品质量安全水平的重要保证。

我国《农产品质量安全法》对农产品生产者、销售者、质量安全管理者和技术培训机构都作了相应要求和规定，必须严格遵循。

农产品生产者，要合理使用化肥、农药、兽药、农用薄膜等化工产品，严格执行农业投入品使用安全间隔期或者休药期的规定，禁止在农产品生产过程中使用国家明令禁止使用的农业投入品，销售的农产品必须符合农产品质量安全标准，鼓励使用无公害农产品质量标识。

农产品销售者，规定农产品生产企业、农民专业合作经济组织以及从事农产品收购的单位或者个人销售的农产品，按照规定应当包装或者附加标识的须经包装或者附加标识后方可销售。包装物或者标识上应当按照规定标明产品的品名、产地、生产者、生产日期、保质期、产品质量等级等内容；使用添加剂的，应当按照规定标明添加剂的名称。

农产品质量安全管理者，规定县级以上人民政府应当将农产品质量安全管理工作纳入本级国民经济和社会发展规划，并安排农产品质量安全经费，用于开展农产品质量安全工作，建立健全农产品质量安全服务体系，提高农产品质量安全水平。

农业技术性机构，《农产品质量安全法》规定农业技术培训推广机构应当加强对农产品生产者质量安全知识和技能的培训，农民专业合作经济组织和农产品行业协会对其成员应当及时提供生产技术服务，建立农产品质量安全管理制度，健全农产品质量安全控制体系，加强自律管理；农产品质量安全检测应当充分利用现有的符合条件的检测机构。

## 第二节　农产品加工安全

农产品加工是对农业生产的动植物产品及其物料进行加工，以满足市场和消费者需求的过程。既包括对农、林、牧、水产等产品及物料的加工，也包括对野生动植物资源的加工与利用。加工产品广泛应用于人们的衣食住行、动物饲料、医药保健、建筑材料、化工原料、再生能源及其他生活和生产所需。

农产品经过加工，在给人们提供方便、美味、营养食品的同时，可能由于操作或控制不当而产生新的危害。随着我国社会的进步和经济的发展，加工食品在食物消费中所占的比例将会越来越高，因此，有效控制加工农产品质量安全问题显得越来越重要和紧迫。

## 一、农产品一次加工与产品质量安全

农产品一次加工又称为农产品初加工，是指农产品经脱壳、干燥、磨碎、冷冻、分割、灭菌等初级加工工艺，基本不改变化学组分，仅改变物理性状的加工过程，如小麦制粉、稻谷碾米、动物屠宰等。一次加工产品质量安全的保证主要来自于加工原料质量安全和加工过程，由于加工工艺比较简单或单一，对一次加工产品的影响不大，当然加工产品的包装运输也可能对质量安全存在影响。

### （一）加工原料

优质的产品必须有优质的原料作保证。一次加工原料的安全性主要来自于农业生产过程，且对加工食品的安全性有决定性影响。因此，要提高农产品的加工质量，首先要把好原料关，做好原料的前处理，防止有毒、有害化学物质残留超标的农产品进入原料，防止原料混杂，防止金属碎屑和石块沙粒的混入，防止细菌超标。同时，农产品原料品质可以影响加工产品的营养、感官、保质期等特性，因此，在选择加工原料时还应该注重选择优质品种。

### （二）加工过程

有些食用农产品在农田的生长环境虽然安全，但在初加工过程中如设备、工艺操作和管理不合标准等，极易带进有毒细菌而产生新的污染。在干燥和灭菌过程中，如果干燥时间和温度控制不当，会引起食品变质；在粉碎、分割过程中，如设备不干净，不按卫生操作规程进行，会带来有害物质的残留或引起食品变质等。在生产制作、加工处理的环节中超量、违规地使用食品的色素、激素、防腐剂等成分，都为农产品的安全性埋下隐患。如用甲醛、工业级磷酸钙盐甚至“吊白块”冒充面粉增白剂。这主要是农产品的生产过程质量控制体系和品质监测体系不健全所致。

当然，要保证一次加工农产品质量安全，加工环境卫生和工作人员的卫生操作规程也非常重要，必须符合国家有关标准要求。

## 二、农产品二次加工与产品质量安全

农产品二次加工又可称为农产品深加工，是指加工程度深、层次多，经过若干道加工工序，原料的理化特性发生较大变化，营养成分分割很细，并按需要进行重新搭配。如果汁及果汁饮料加工、火腿肠加工、面包加工等。

### （一）加工原料与质量安全

食品加工所使用的原料是多种多样的，如粮食、水果、蔬菜、肉类、蛋类、水产品等。二次加工农产品对原料质量要求高，并不是所有农产品都符合食品加工要求，因此，在进行二次农产品加工前，必须根据加工产品的特性、工艺技术及产品标准要求，严格选择加工原料。概括来讲，用于二次加工的农产品原料必须符合加工工艺和技术要求，符合食品卫生要求，容易腐败变质的原料必须优质新鲜。

**（二）加工过程与质量安全**

由于加工企业厂址选择不当、厂房设施设备设计不合理、工作人员卫生不规范，都会对加工环境造成污染。食品加工企业选址时应考虑水源是否安全、厂址是否远离污染源，且处于污染源的下风口。厂房设施设备的布局不合理也会带来不必要的二次污染，如生产线缺少污染区与洁净区的划分，地面、天花板、墙壁等卫生不规范，设备的材质及安装不便于清洁消毒，使得微生物滋生。此外，工作人员不遵守卫生操作规程，极易将微生物、病原菌传播到食品上，发生二次污染。

## 第三节　农产品生产安全评价的意义

农产品安全性是农产品必备的基本要素，它不仅关系消费者的生命和健康，而且深刻地影响一个国家经济和社会发展与稳定。进行农产品安全的关键性技术研究，开展农产品安全质量评价，建立农产品安全保障体系，对适应新时期农业和农村经济结构战略性调整，提高我国农产品在国际市场上的竞争力，保障农业的可持续发展有着重要的现实意义和深远的历史意义。

### 一、确保优质农产品生产的需要

安全优质是衡量农产品质量的主要指标，随着我国加入 WTO，对农产品的标准化、安全、卫生、优质品牌化的要求日益迫切，只有符合质量标准的农产品才能在市场竞争中站稳脚跟。安全、无污染的优质农产品成为市场和消费者的必需品，安全性成为农产品生产的重要指标要求。

农产品的安全优质生产，环境质量是条件，规范技术措施是关键。建立清洁的农产品生产基地，推广安全的生产技术，对农产品生产区域和流通市场领域实施安全性质量评价与控制，不断提高农产品质量，逐步缩小与国际、国内优质农产品质量标准差距，使农产品质量不仅要符合国内标准，而且要

符合国际标准或进口国农产品质量标准，才能参与国际、国内农产品市场竞争，扩大农产品市场占有率，促进农业和农村经济快速发展，加快农业产业化进程和农民增收致富步伐，确保人们食用农产品的安全及身心健康。

因此，开展农产品生产安全评价是保障人民群众身体健康和生命安全的有效技术手段，是促进农业可持续发展的技术保障。对主要农产品和农业投入品及农业环境在农业生产的前期、中期、后期按优质无公害农产品技术标准进行全程安全评价与质量控制，是保障农产品安全生产的重要基础，是生产优质农产品的重要保障，对保护生态环境，维护生态平衡，提高农业经济效益具有重要意义。

## 二、提高农产品经济效益的需要

农产品安全生产是提升我国农产品在国际市场竞争力的根本措施。农产品的进出口直接关系农民的切身利益。美、日、欧盟等发达国家和地区是我国农产品出口的主要市场，这些国家和地区对农产品安全要求也很高，特别是与农产品安全密切相关的农药和保鲜剂残留标准。我国出口的农产品因残留超标遭到退货、索赔事件已发生多起。2001 年，日本以我国大葱、香菇等农产品中有害物残留超标为由，对从我国进口的大葱进行严格限制，使山东菜农遭受惨重损失。2002 年，从浙江出口到欧盟的虾仁被检测出氯霉素超标，致使中国水产品全面被禁。

农产品安全生产是提高农业效益的有效途径。一是无污染、安全、有营养的农产品品质好，虽然价格高，但更符合现代消费者的要求。目前，超市中优质果品比一般果品价格高 10% ~20%，甚至更高。二是生产质量安全的农产品的成本低于常规的农产品。因为，生产质量安全的农产品要求所用的农药、兽药、化肥、饲料、添加剂等农业投入品的数量大大少于常规生产，它更强调在生产的每个关键点的控制，肥料上用有机肥来调节地力，病虫害的防治强调生态控制，畜禽水产品生产注重免疫机制，实施产前、产中、产后一体化管理，使单位产品的管理成本低于常规农业生产。

优质、优价是市场规律，无公害农产品比一般农产品价格高 10% ~50%。在发达国家，有机农业食品比一般食品高 50% ~100%，而且市场需求持续高速增长。在经济全球化和我国加入世界贸易组织的背景下，发挥资源和劳动力的比较优势，大力发展无公害、低成本、优质、高档、高效、安全的农产品生产，是大幅度提高农业产业的整体经济效益，有效增加农民收入，实现农民生活现代化的重要途径。

经济全球化和我国加入WTO后，关税配额"坍塌"，我国将失去对农产品的保护和关税控制，绿色技术成为农产品国际贸易中新兴的贸易壁垒，无公害食品的安全性质量控制成为技术壁垒的主要形式，安全的、无污染的优质营养无公害农产品成为提高农产品质量的主要手段。建立无公害农产品生产基地；推广无公害农产品生产技术，清洁生产安全性无公害农产品，成为社会经济发展的客观必然要求。我国是一个发展中国家，环保水平还比较低，农产品的生产方法、加工过程及包装、贮运，组成成分等诸多方面有不利于环保的因素存在，农产品市场卖难问题突出。我国园艺、水、畜产品的国际竞争力差，出口创汇低的主要原因之一，是产品质量差，活体带菌，农药、兽药、添加剂、重金属等严重污染超标，这些都与由于农产品生产安全评价与控制的缺失或不足密切相关。

农产品安全生产已经成为影响农业和食品工业竞争力的关键因素，并在某种程度上约束了我国农业及农村经济产品结构和产业结构的战略性调整。因此，加快无公害农业的发展，加强农产品生产安全评价与控制，突破农产品因污染而不安全的瓶颈，提高农产品的经济效益，是提高我国农产品国际竞争力，增加农民收入的迫切需求。

## 三、促进农业生产资源高效利用的需要

我国有13亿多人口，人均耕地面积约为0.087hm²，农业作为国民经济发展的基础产业，是国家发展和民族存亡的保障。随着工农业生产的快速发展，工业与城市废弃物的大量排放、农用化学品的大量施用，导致农业生态环境急剧恶化。在农业环境污染中，自身污染占到总量的50%左右。我国氮肥损失高达55%～60%，这些氮进入大气和水体而污染环境，直接经济损失近400亿元人民币。我国有机废弃物年产40亿t，大量作物秸秆被焚烧，畜禽粪便进入水体流失率高达25%～30%，COD排放总量9660万t，BOD排放总量8150万t，畜禽场周围河流有机污染指标超过国家地面水环境质量V类标准数十倍以上。

农产品安全生产符合我国农业可持续发展的要求。过去，由于盲目垦耕、滥施化肥农药，造成生态环境的恶化和自然生态的失衡。如施用农药，在杀死害虫的同时也杀死了害虫的天敌，加剧了农业病虫灾害，20世纪90年代的棉铃虫暴发就是一个例子。因此，必须从长远利益出发，实施农产品安全生产，合理使用化肥、农药等农业投入品，以保障我国农业的可持续发展。

21世纪将是一个绿色产品的世纪，随着经济社会的发展和人民生活水平

的不断提高及国际环保技术的快速发展，人们对农产品，特别是食用农产品的质量提出了更高要求。安全、无污染的优质农产品成为市场和消费者必需的第一需要食品，安全性成为农产品质量标准的重要指标要求，提高农产品质量成为广大消费者的迫切愿望和要求。

因此，对农产品实行全过程的质量安全评价与控制，从源头上保障农产品质量安全，创建无公害农产品安全生产基地，保护和改善农业生态环境，从根本上解决农业生态环境的面源污染问题，是适应人口、资源、生态环境的良性循环、永续利用和农业可持续发展的需求。

## 第四节　农产品生产安全评价的基本原理

农产品质量安全程度，是指植（动）物性产品、食用菌产品及其加工制品等，整个生产过程与终端产品，经严格检验各项技术指标与卫生指标符合国家或有关行业标准的状况。根据农产品质量安全所面临的问题，推进无公害食品、绿色食品、有机食品等优质农产品的生产和消费，要加强农产品产地环境、农业投入品、农业生产过程、市场准入等环节的管理，需在农业生态学原理、绿色化学原理、清洁生产原理、技术经济学原理和贸易准则等的指导下，进行农产品生产的安全评价。

### 一、农业生态学原理

#### （一）农业生态学的定义与内涵

农业生态学是运用生态学的原理及系统论的方法，研究农业生物与其自然社会环境的相互关系的应用性科学。农业生态学是生态学在农业领域应用的一个分支学科。主要研究由农业生物与其环境构成的农业生态系统的结构、功能及其调控和管理途径等。

我国正处在由传统农业向现代农业的转型阶段，传统农业对生态环境的破坏，现代农业对环境和农产品的污染双重问题并存，为治理生态环境恶化和污染问题，保证农产品质量安全，必须运用生态学原理，按自然规律办事。

运用生态学的原理及系统论的方法，研究农业生物与其自然和社会环境的相互关系的应用性科学，是农产品安全生产的重要理论依据。

**（二）农业生物与生态环境间的相互作用原理**

农业生态学的基本原理体现在农业生物与环境间的相互关系。其具体原理如下：

1. 环境对生物的制约原理

农业生物的生长离不开环境，它需要不断从环境中获得物质和能量维持生命活动，环境对生命的分布与生长起着限制和制约作用。农业生物的环境包括自然环境和人工环境。自然环境中一切影响生命活动的因子称为生态因子，如辐射强度、温度、湿度、土壤碱度、风力等，太阳辐射以及地球表面的大气圈、水圈、土壤圈综合影响着这些生态因子。农业生物的人工环境包括人工影响的环境和人工建造的环境，人工影响的环境如人工经营防风林、水保林、水利工程；人工建造的环境如无土栽培环境、大棚温室环境、集约化养殖环境。

2. 生物对自然环境的适应性原理

同种生物的不同个体群，长期生存在不同的自然生态条件和人为培育条件下，发生趋异适应，并经自然选择和人工选择而分化形成的生态、形态和生理特性不同的可以遗传的类群。如在稻米绿色食品生产中，辽宁省各地根据当地水资源状况、土壤水分状况选择粳稻、籼粳稻杂交品种以及旱稻品种。另外，生物不只是简单地、被动地接受环境的种种影响，同时，也对其生存环境产生多方面的影响，在农产品安全生产中，利用生物不同程度地改善环境条件，使环境变得更有利于生物生存，要减少生物对环境资源和环境质量的不良影响。同时，农业生物群落的演替也是生物与环境间的适宜性的表现。生物群落演替指生态系统内的生物群落随时间的推移。一些物种消失，另一些物种侵人，群落组成及其环境向一定方向产生有顺序的发展变化，称为群落演替。生物群落总是由低级向高级、由简单向复杂的方向发展，经过长期不断的演化，最后达到一种相对稳定状态。农业生产的目的是要获取大量的初级产品，必须保持农田群落处于初级演替阶段。需要大量辅助能和外来养分供给阻止农田的演替。建立多功能的混交群落可以弥补农田群落结构单一所带来的弊端，有可能减少辅助能使用。如临安市营造森林生态网络，上促青山封山育林、下稳良田、中间开发丘陵缓坡形成莱、竹笋、干果、水果区。利用群落演替原理建造模仿，自然顶极的人工群落，又如云南西双版纳地区，橡胶树中部配置金鸡纳、大叶茶，下部种植砂仁、黄花莱等，形成乔灌草结构的人工混交林。有机食品生产中作物轮作是农田演替的一种常见途径，合理轮作有助于抑制杂草及病虫害，也有助于改善植物的养分供给，防止水土流失。

3. 农业生物间的相互作用原理

主要包括化感作用、种群间的竞争、种群数量调节、种群间的边缘效应、种群的协同进化等几个方面。生物群落的复杂性使系统趋于稳定，保持一个多样的物种及其组成对生态系统的健康和可持续发展非常重要。在农产品安全生产中，采取合理的农业措施在不影响农业生产的同时，保持生境的多样性和生物多样性很有必要。

**（三）农业生态系统调控原理**

农业生态系统是在一定时间和地区内，人类从事农业生产，利用农业生物与非生物环境之间以及与生物种群之间的关系，在人工调节和控制下，建立起的各种形式和不同发展水平的农业生产体系。与自然生态系统一样，农业生态系统也是由农业环境因素、绿色植物、各种动物和各种微生物四大基本要素构成的物质循环和能量转化系统，具备生产力、稳定性和持续性三大特性。

近年来，为解决农业和农村可持续发展，提高有限资源利用率和生活质量，农业生态系统健康研究在国际上日益受到多学科科学家的关注，已成为农业生态学研究的热点和前沿领域之一。农业生态系统健康是指农业生态系统免受发生“失调综合征”、处理胁迫的状态和满足持续生产农产品的能力。近年来，农业生态系统健康状况对农产品的质量起着至关重要的作用，农产品质量安全生产（无公害农产品、绿色农产品和有机农产品生产）研究是农业生态环境管理研究的一个重要方面。

1. 农业生态系统结构功能

农业生态系统的组分与结构包括农业生物组分（农作物、畜禽等）、环境组分（自然环境与社会经济环境）（图6-7）。农业系统的结构可细分为：农业生态系统的层次结构，如不同生产层次的结构的相互关系；农业生态系统的空间结构，如在自然与社会经济条件影响下的地域分布特点、水平及垂直上的结构配置；农业生态系统的时间结构，如系统的演化规律，随时间的变化趋势等；农业生态系统的营养结构，如农业生态系统中的食物营养关系、食物链等。

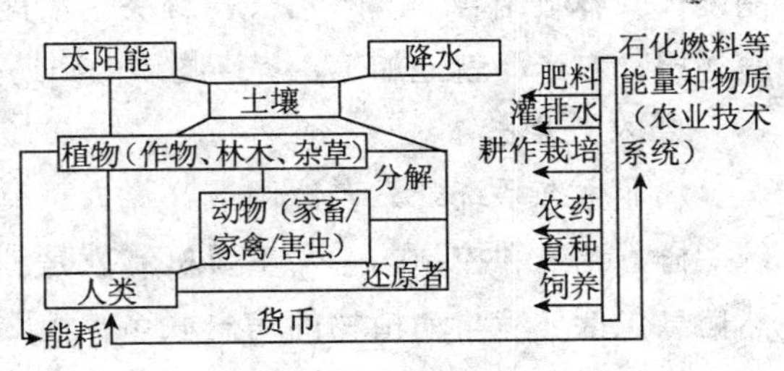

图6-7　农业生态系统基本结构

农业生态系统的能量流动是生态系统的基本功能。生态系统中生命活动所需要的能量绝大部分都直接或间接来自太阳的辐射能，并遵循热力学第一定律和第二定律进行转化和流动。绿色植物利用光能，同时吸收主要来自土壤的营养物质和来自空气的气体，进行转化和流动。这些有机物所蕴涵的能量在生态系统中通过食物链和食物网，自一个营养级传递到另一个营养级，实现能量转化和能量流动。在农业生态系统中，人们通过输入人工辅助能进行调节和控制，以期使能量转化和流动向人们所希望的方向进行。为了尽量避免和减少化石辅助能的负效应，充分利用农业生态系统的自我调控机制和自然生态过程，利用生物间相生相克的关系，达到农产品安全生产的目标。提高农业初级生产力可采用因地制宜增加绿色植被覆盖，适当投入保护和改善环境、选育高光效的抗逆性强的优良品种、加强物质循环减少养分水分制约、合理密植复种、优化作物群体结构等途径。次级生产力的改善方向如建立“粮、经、饲”三元生产体系、优选良种、推广鱼畜禽结合、种一养一加配套的综合养殖模式。

农业生态系统的物质循环特点是输入、输出量大而且迅速，带有许多人工调控的特色。在农产品安全生产中，如水分循环及其管理通过植树造林、加强农田水利基本建设、发展节水农业、防治水体污染、加强全流域的水资源保护与统一调度等。氮素的管理和控制途径是改进氮肥施用方法、平衡施肥和测土施肥、应用硝化抑制剂、合理灌溉等。钾肥利用和管理主要通过秸秆还田及施用草木灰、施用有机肥、合理施用化肥等。农业生态系统养分循环的调节具体途径为合理安排归还率较高的作物及其类型，建立合理的轮作制度；农林牧结合，发展沼气，解决生活能源问题，促使秸秆直接还田或过腹还田；农产品就地加工，提高物质的归还率等。

2. 农业生态系统调控

农业生态系统既靠自然调节又靠人工调节。农业生态系统和一般受控系统一样，调节和控制的一个重要机制就是利用信息流。农业生态系统中的自然信息包括环境与动植物的信息联系；植物与植物间的信息联系；植物与动物之间的信息联系；动物与动物之间的信息联系。农业生态系统中的人工信息流包括人工仿自然信息和人工采集和生成的信息。

农业生态系统的调节和控制兼备了自然生态系统的特点和人工生态系统的特点。兼有中心式调控和非中心式调控两种机制。从自然生态系统继承的非中心式调控机制是农业生态系统的第一层调控，这个层次的调控通过生物与其环境生物与生物的相互作用，生物本身的遗传、生理、生化机制来实现，

调控过程可分为程序调控、机动调控、最优调控、稳态调控等。由直接操作农业生态系统的农民或经营者充当调控中心的人工：直接控制构成第二层调控，这个层次的人直接调度系统的重要结构与功能。农业生产技术是这个层次主要调控形式之一。农业生态系统调控机制的第三个层次是社会间接调控。

熟悉有关调节控制才能最经济有效地协调系统的各种效益，促使系统向着持续高效的安全生产方向发展。

3. 农业生态系统对农产品质量安全的影响

农产品质量安全也可以作为一个生态系统来考察，不但与农业生态系统一样，具备生态系统的各种结构与特征，而且还与农业生态系统有着密切的关系。农业生态系统是农产品质量生态系统的基础。没有农业生态系统的生产功能，就不可能有农产品系统，更不用说有农产品质量生态系统了。然而，农产品质量生态系统不但依赖于农业生态系统，而且还反过来对农业生态系统施加影响。根据人类的需求和愿望建立起来的农产品质量生态系统对农业生态系统的发展方向起着关键作用。先进的农产品质量生态系统有助于农业生态系统朝着更加高级的、合乎人们需求和愿望的方向发展，而落后的质量生态系统会使农业生态系统保持在较低级的阶段徘徊，偏离社会和消费者的期望值。其结果是农业生产力低下，农产品质量不高，农产品的商品率低，市场竞争力不强，农业效益不好，农户收入无法提高，农村不会发展。农业生态系统在科学技术的刺激下不断进化，也会带动农产品质量生态系统的不断提升。农业生态系统与农产品质量生态系统的这种相互依存、相互影响、相互促进的性质决定了农业生态系统必须在先进的农产品质量生态系统的导引下保持良好的健康状态和不断进化的势头，而农产品质量生态系统也必须不断适应农业生态系统的进化和科学技术的发展以及社会的需求及时更新、提升和完善。

农产品质量系统与农业生态系统在结构上和功能上具有相似的性质，在生产、加工、流通等质量形成过程中受技术环境、市场环境、制度环境和人文环境影响，表现出明显的生态型特征。农产品质量生态系统与农业生态系统有着密切的关系，两者相互影响、相互促进，不断推动农业和相关产业的进步，提高人类的食物安全度和改善人类的生态环境。

**（四）资源与效益协调原理**

农业资源是农业生态系统实现生产力的基本物质投入基础。农业资源在各地区之间的数量和质量差异是农业生产地域分异规律形成和农业区域形成的物质基础。农业生态系统在利用资源进行生产的同时，除了农产品的输出之外，农业生态系统也会对整个区域社会、经济和环境产生影响。因此，因地制宜，根据区域农业资源优势，进行区域农业生态系统结构调整，发展有特色的生态农业，提高农业资源的总体利用效率，发展农产品安全生产。

**（五）生态经济区位原理**

随着经济的高速发展，交通、运输、贮藏、保鲜、加工能力的增强，销售网络的健全，使得运费迅速下降，自然资源条件对农业的生产结构格局影响能力上升，逐步在有利的自然环境条件下，按市场需求形成规模效应的专业化生产区域，有利于提高农产品安全生产的劳动生产率和自然资源的利用效率。

## 二、绿色化学原理

**（一）绿色化学的定义与内涵**

绿色化学又称环境无害化学、环境友好化学、清洁化学。即用化学的技术和方法去减少或消灭那些对人类健康、社区安全、生态环境有害的原料、催化剂、溶剂和试剂、产物、副产物等的使用和产生。绿色化学的理想在于不再使用有毒、有害的物质，不再产生废物，不再处理废物，是一门从源头上阻止污染的化学。

绿色化学与传统化学的不同在于前者更多的考虑环境、经济和社会的和谐发展，使环境资源的化学变换体系成为一种更有效的运行模式，对环境支持系统具有更小的破坏作用，进而改善环境质量，促进人类和自然关系的协调发展。

绿色化学与环境化学的不同之处在于前者是研究对环境友好的化学反应和技术，特别是新的催化反应技术，而环境化学则是研究影响环境的化学问题。绿色化学与环境治理的不同在于前者是污染预防，即从源头上防止污染的生成；环境治理是末端治理，即对已经污染的环境进行治理。

因此，从科学观点看，绿色化学是对传统化学思维的创新和发展；从环境观点看，绿色化学是从源头上消除污染，保护生态环境的新科学和新技术；从经济观点看，绿色化学是合理利用资源和能源，实现可持续发展的核心战略之一。绿色化学是对化学工业至整个现代工业的革命。同时，绿色化学的出现也推动了现代化学面向社会生活的伸展，它与人类的生活质量、环境保护、人类福利及可持续发展密切相关。

**（二）绿色化学的双十二条原则**

1998 年，Anastas 和 Wamer 明确了绿色化学的十二条原则，简称前十二

条，它们是：（1）防止污染优于污染治理　防止废物的产生优于在其生成后再进行处理或者清理。

（2）原子经济性　合成方法应被设计成能把反应过程中所用的材料尽可能多地转化到最终产物。

（3）绿色合成　只要可行，合成方法应被设计成能使用和产生对人类健康和环境无毒性或很低毒性的物质。

（4）设计安全化学品　化工产品应被设计成既保留功效，又降低毒性。

（5）采用无毒、无害的溶剂和助剂　应尽可能避免使用辅助性物质（如溶剂、分离剂等），如用应是无毒的。

（6）合理使用和节省能源，利用可再生的资源合成化学品　应认识到能源消耗对环境和经济的影响，并应尽量少的使用能源。合成应在常温和常压下进行。

（7）绿色原料　只要技术和经济上可行，原料或反应底物应是可再生的而不是将耗竭的。

（8）减少衍生物　应尽可能避免不必要的衍生化（阻断基团、保护脱保护、物理和化学过程的暂时的修饰）。

（9）催化　催化性试剂（有尽可能好的选择性）优于化学计量试剂。

（10）设计可降解化学品　化工产品应被设计成在完成使命后不在环境中久留并降解为无毒的物质。

（11）污染的快速检测和控制　分析方法须进一步发展，以使在有害物质生成前能够进行即时的和在线的跟踪及控制。

（12）减少或消除制备和使用过程中的事故和隐患　在化学转换过程中，所用的物质和物形态应尽可能地降低发生化学事故的可能性，包括：泄漏、爆炸和火灾。

W. H. Glage 认为化学转化的绿色度只有在放大、应用与实践中才能评估，这就要求在技术经济与工业所导致的一些竞争的因素之间做出权衡。在此基础上，Neil Winterton 提出了另外的绿色化学十二条原则，简称后十二条，这后十二条的内容是：①鉴别与量化副产物；②报道转换率、选择性与生产率；③建立整个工艺的物料衡算；④测定催化剂、溶剂在空气与废水中的损失；⑤研究基础的热化学；⑥估算传热与传质的极限；⑦请化学或工艺工程师咨询；⑧考虑全过程中选择化学品与工艺的效益；⑨促进开发并应用可持续性量度；⑩量化和减用辅料与其他投入；⑪了解何种操作是安全的，并与减废要求保持一致；⑫监控、报道并减少实验室废物的排放。

绿色化学的前十二条原则涉及合成与工艺的各个方面，十分全面，大多数的化学家和工程师都能从中得到教益并用于指导工作。而后十二条可以帮助化学家们评估每个工艺过程的相对“绿色性”，并与其他的工艺相比较。

因此，绿色化学不是通常所说的对废水、废气、废渣等污染治理的环保局部性治理技术，而是从“源头上”消除污染，即在获取新物质的化学反应中，充分利用参与反应的每个原料的原子，反应过程中不产生其他副产物；反应采用无毒、无害的溶剂、助剂和催化剂，使废物不再产生的一种新的概念。

**（三）绿色化学的应用**

绿色化学不仅将为传统化学工业带来革命性的变化，而且必将推进其他绿色产业的建立和发展。它是一种更高层次的化学，化学家不仅要研究化学品生产的可行性和现实用途，还要考虑和设计符合绿色化学要求，不产生和减少污染的化学过程。目前，绿色化学已经在多个领域中广泛开展并取得了一定的成就和效果。如造纸工业中，采用机械制浆法、生物制浆等无污染制浆技术，并用中高浓度无氯漂白纸浆的新技术取代全氯漂白纸浆的传统方法，解决了造纸工业所产生的废液中含木素和碳水化合物的降解产物的浓度以及含氯废液及废水对环境造成的严重污染。又如塑料工业，以往所产生的一次性塑料废弃物被称为“白色污染”。因其使用量大、难分解、残留时间长、燃烧又会产生有害气体，因此，应用传统废弃物处理技术如填埋和焚烧会遇到占地面积大和二次污染的困难。随着可降解塑料的研制与进展在很大程度上降低了这种污染程度。

1. 在化肥中的应用

在化学工业中与人类生存关系最密切的莫过于化肥。“民以食为天”，肥料在农业生产中的重要作用是不言而喻的。随着世界人口的增加，不断提高农作物产量是人类发展史上一个永恒的主题。联合国粮农组织对全世界化肥肥效试验的统计结果，施用1kg化肥可以增加5～10kg粮食，可见，肥料需求和生产、在农业发展中的地位十分重要。

化肥是农业生产的“必需”产品，是化学工业中产量最大的产品之一。生产化肥需要耗费大量的能源，能源的消耗必然会污染大气，破坏臭氧层，造成温室效应，导致世界气候异常变化，增加空气中 $NO_x$ 和可吸入悬浮颗粒及形成酸雨等，损害人类的身体健康。

在20世纪70年代，美国、英国、法国、日本等发达国家，为摆脱过量使用化学肥料的困扰，提出了要发展生态农业，高效农业，开发绿色食品经

济农业。在肥料的施用上又重新对有机肥料、生物肥料有着极大的兴趣。在施用肥料的历史上，从天然的农家有机肥料发展到施用化学肥料，现又回归到施用有机肥料、化学肥料、微生物菌肥等高度复合的高效的新型绿色肥料上。

绿色肥料是由有机肥料、化学肥料和生物菌组成的新型复合肥料。在生物菌中是以固氮菌、解磷菌、解钾菌等微生物为主体的生物群体，有机肥料和化学肥料为生物群体提供了充分养料和生存、繁殖的良好生态环境。有机肥料和化学肥料大部分先被微生物分解吸收、同化后再排泄出供给农作物吸收利用，这样将会大幅度提高化学肥料被农作物吸收利用的程度，充分地利用了资源。施用绿色肥料可以改良土壤，在农作物根际形成优势生物菌群体、抑制和减少病原菌在植物上的繁殖和损害的机会，增强了作物对有害病原菌产生拮抗作用，具有减少和消除农作物遭受病害的功效，可以起到避免或减少使用农药造成对周围环境和对农产品的毒害与污染作用。绿色肥料是一种回归自然生态、无公害、无污染、无排泄残留毒物的高效农作物肥料，它完全适应发展生态农业、绿色食品与无公害食品的要求。此外，还可以在工厂的工艺技术上进行改革，使化肥在生产过程中尽可能地减少污染。

2. 在农药（杀虫剂、除草剂等）中的应用

除了植物营养（即施用化肥）方面可以来用绿色化学原理之外，在植物保护（即农药施用）方面也可以运用绿色化学原理，以减轻环境污染，维持环境与农业和谐的可持续发展。

传统农业过程中所采用的杀虫剂、除草剂、杀菌剂等化学农药，其成分主要为有机氯、有机磷，此外，还有一些合成农药。有机氯农药（如滴滴涕）具有不溶于水、残留时间长、且可沿生物链进行生物积累的特点，因此，对环境及生态系统都带来危害。

杀菌剂也由于其累积性和高毒性而导致环境问题。农药工业废水污染较严重，具有：①有机污染物水溶性大；②毒性大、成分复杂；③不易生物降解；④含量高；⑤吨产品废水排放量大（如每生产1t敌百虫排28t废水）等特点。一旦排放，就会产生较难治理的环境问题。

虽然除草剂、杀虫剂等化学农药的应用在很大程度上推动了农业发展，提高了作物产量，然而也产生了不可避免的环境问题。因此，低毒性、高效、低残留、针对性强等特点的植物保护药剂是今后化学农药的发展方向。因此，最好的办法是加快淘汰化学合成农药的步伐，力争尽早全部停止生产和使用化学农药，发展生态农业，应用生物技术，实施生物治虫、生态防病和生态

治杂草，才是根本出路所在。

应用绿色化学原理的“绿色农药”（绿色农药是指对病菌、害虫等高效，而对人畜、害虫天敌、农作物安全，在环境中易分解，在农作物中低残留或无残留的农药），是未来农药的首选品种，而生物农药又是“绿色农药”的首选。一般的生物农药是利用自然生态中能杀灭农作物病虫害的微生物，进行大规模培养而制备的生物制剂，指有害生物自然天敌的活体农药，或是某些生物代谢的次生物质作农药等。因其不污染环境，不伤害天敌，害虫难以产生抗药性，对人和动物安全，因而广受世界各国的高度重视。目前，国际上已商品化的生物农药有 30 多种。生物农药按其来源可分为微生物源、植物源、抗生素源、生物化学源四大类。

在化学农药发展中，杂环化合物已是新农药发展的主流，在世界农药的专利中，大约有 90% 是杂环化合物。其重要的原因是在杂环化合物中，超高效的农药很多。有些超高效的农药用量为 10～100g/$hm^2$，有的甚至仅仅为5～10g/$hm^2$。这些超高效农药的使用，不但使用成本低，更重要的是对环境的影响会降低到很小的程度。杂环化合物的另一个特点，是大多数的杂环化合物新农药对温血动物的毒性小，对鸟类、鱼类的毒性很低。近 20 年来，杂环化合物中不但出现了超高效的除草剂、杀菌剂，也有杀虫剂。这为农药的发展带来了极其广阔的前景。

当前研究较多的还有植物性农药。它是利用高等植物体内所含的杀虫、抑菌的化学机理为模板的新型活性物质。也可从几种有效植物的浸提液中按一定比例混合制得植物源农药。其中，前一种方法制成的植物性农药用量已占很大比重。我国目前已批量生产的品种有 10 多个。由木本植物苦核中提取的印楝素已经引起了人们的兴趣。该药剂具有抑制摄食外的昆虫生长调节剂的活性，对多种害虫有效。我国开发生产的抗生素类农药有浏阳霉素、春雷霉素、公主岭霉素、阿维霉素、中生霉素、武夷霉素（阿司米星）、井冈霉素等，其中，上海农药所研制的井冈霉素质量及生产技术已达到国际先进水平，它的工业生产标志着我国生物农药已进入新的开发阶段。

生物化学农药是模拟生物有效成分的分子结构合成的农药，由于对分子结构进行改造，因此，比天然农药有更高的活性、稳定性和环境相容性，在自然界中可分解、无残留。如 20 世纪 70 年代合成的拟除虫菊酯类农药、90 年代开发的烟碱类杀虫剂等。

由于植物性农药一般为多种化合物，可克服化学制剂的单一作用，其成分低毒或无毒，且因其来源于植物，还含有对作物生长有益的多种物质，进

一步开发可拓展绿色农药的领域。

在微生物农药中，最常用的杀虫剂为白僵菌和绿僵菌，能防治200多种害虫。最广泛使用的细菌农药为苏云金杆菌。用于防治柿、苹果大约150多种鳞翅目及其他多种害虫。生物杀虫剂Bt，具有高效杀菌能力，无残存，不污染环境，对人畜安全，不伤害天敌，能有效控制一些当前比较难控制的害虫，如小菜蛾等，可代替剧毒的甲胺醇，在“放心菜”工程中将起很大作用，是目前应用最广、效果最稳定的生物杀虫剂。

发展绿色农药，实现无公害农业，是生态农业发展的大趋势，是农业可持续发展的保障。然而，国内外很多研究都充分表明，实现绿色农业不仅要开发绿色的农用生产资料，而且需要政府政策、社会道德、公众科学素质水平等多方面的建设、提高和努力。

此外，绿色化学原理还可应用于设施农业、良种选育、食品保鲜、植物生长调节等方面。

## 三、清洁生产原理

### （一）清洁生产的定义及内涵

工业现代化促进了全球经济的快速发展，创造了空前巨大的物质财富和前所未有的社会文明。但是，这种以开发自然资源和无偿利用环境为主要标志的经济增长方式，造成了全球性的生态破坏、资源短缺和环境污染等重大问题，从根本上削弱和动摇了现代经济社会赖以生存和持续发展的基础。为此，科学家们运用各种手段，开发了各种污染治理技术和先进设备，以图遏制环境污染继续恶化的势头。但是实践证明，传统以“先污染，后治理”为基本特征的末端治理模式，已难以满足工业化进程加快背景下实施可持续发展战略的要求。因此，清洁生产被提出来了。

2002年6月29日，第九届全国人民代表大会常务委员会第二十八次会议通过《清洁生产促进法》，并于2003年起实行。这标志着我国的清洁生产促进工作走上了法制化的轨道。《清洁生产促进法》将清洁生产定义为“所谓清洁生产，是指不断采取改进设计，使用清洁的能源和原料，采用先进的工艺技术和设备、改善管理、综合利用，从源头削减污染，提高资源利用率，减少或者避免生产、服务和使用过程中污染物的产生和排放，以减轻或者消除对人类健康和环境的危害”。

因此，清洁生产从本质上来说，就是对生产过程与产品采取整体预防的环境策略，减少或者消除它们对人类及环境的可能危害，同时充分满足人类需要，使社会经济效益最大化的一种生产模式。具体措施包括：不断改进设计；使用清洁的能源和原料；采用先进的工艺技术与设备；改善管理；综合利用；从源头削减污染，提高资源利用效率；减少或者避免生产、服务和产品使用过程中污染物的产生和排放。清洁生产是实施可持续发展的重要手段。

**（二）理论基础**

1. 系统论与系统工程

系统论的核心思想是系统的整体观点，正如钱学森所指出的那样，系统方法实质是“从整体上考虑并解决问题”。系统是由相互依赖的若干部分组成，各部分之间存在着有机的联系，构成一个综合的整体，以实现一定的功能。这表现为系统具有整体性，即构成系统的各个部分可以具有不同的功能，但要实现系统的整体功能。因此，系统不是各部分的简单组合，而要有统一性和整体性，要充分注意各组成部分或各层次的协调和连接，提高系统的有序性和整体的运行效果。

所谓系统工程，就是把系统学理论和方法与工程学理论和方法结合起来而形成的一门综合科学。系统工程是按照系统科学的思想，运用控制论、信息论、运筹学等理论，以信息技术为工具，用现代工程的方法去解决和管理系统的技术。它根据总体协调的需要，综合应用自然科学和社会科学中有关的思想、理论和方法，利用电子计算机作为工具，对系统的结构、要素、信息和反馈等进行分析，以达到最优规划、最优设计、最优管理和最优控制的目的。系统工程的特点在于：处理问题的思路首先着眼于系统整体，从整体出发去研究部分，再从部分回到整体。系统工程强调系统整体最优，强调各要素之间的组织、管理、配合和协调；在处理问题时全面综合地考虑，综合利用各种知识和技术，它要求统筹兼顾，避免顾此失彼。

2. 质量守恒定律

物质循环与物质能量的梯级利用是清洁生产的重要内容，物料和能量平衡也因此成为清洁生产实施所需要的重要工具，其理论基石是质量（能量）守恒原理。

能量的形式不同，但是可以相互转化或传递，在转化或传递的过程中，能量的数量是守恒的，能量既不能创造，也不会消灭、而只能从一种形式转换为另一种形式，从一个物体传递到另一物体；在能量转换和传递过程中能量的总量恒定不变。这就是热力学第一定律，即能量转化和守恒原理。

热力学第二定律的实质是能量贬值原理。它指出能量转换过程总是朝着能量贬值的方向进行；高品质的能量可以全部转换为低品质的能量；能量传

递过程也总是自发地朝着能量品质下降的方向进行；能量品质提高的过程不可能自发地单独进行；一个能量品质提高的过程肯定伴随有另一能量品质下降的过程，并且这两个过程是同时进行的，即这个能量品质下降的过程就是实现能量品质提高过程的必要的补偿条件。在实际过程中，作为代价的能量品质下降过程必须足以提高能量品质的改进过程，因为某一系统中实际过程之所以能够进行都是以该系统中总的能量品质下降为代价的，即任何过程的进行都会产生能量贬值。

质量守恒是自然界的普遍规律。根据热力学第一定律，物质在生产和消费过程中及其后都没有消失，只是从原来“有用”的原料（或产品）变成了“无用”的废物进入环境中，形成污染，而物质的总量保持不变。这说明物质流、能量流的重复利用和优化利用是可能的。

物质流是最为基本也是最为重要的，它构成了人类活动和工业行为的载体，但物质流不具备能量流的均质性，因此，难以处理。在产业系统中物质处于运动状态，在运动过程中和最终阶段物质以废弃物的形态返回自然环境。废弃物最终有两个归宿：再循环和再利用，或者耗散损失掉，二者均符合质量守恒定律。再循环的物质越多，耗散到环境中的就越少。清洁生产则是通过废物最小化，循环以及再利用等策略实现物料的最大利用率。

**（三）农业清洁生产**

《清洁生产促进法》第二十二条提出：“农业生产者应当科学地使用化肥、农药、农用薄膜和饲料添加剂，改进种植和养殖技术，实现农产品的优质、无害和农业生产废物的资源化，防止农业环境污染”。

《清洁生产促进法》对农业实施清洁生产也提出了一些要求，这是符合我国国情的。我国当前的农业生产确实存在着对土地、空气、水体的污染问题，也存在着对资源和能源的浪费问题。使农业生产成为一个清洁生产的过程，采取的措施有很多。

（1）应当科学地使用化肥、农药、农用薄膜。为了达到增产而又不污染环境的目的，要组织专家学者帮助、指导农民科学施肥。依据土壤条件、气候环境和作物种类以及生长期定量施肥和施药；帮助、指导农民平衡施肥，倡导使用复合肥料，使肥料中的氮、磷、钾等成分比例适当。同时，要认识到有机肥料在收集、保管和堆存过程中存在着对环境的污染，因此，要加强对有机肥料的管理。在已经淘汰了高毒、不易降解的有机氯农药后，应逐步减少有机磷农药的使用。使用过的或废弃的农膜应收集起来，集中处置。

（2）农业生产是用水大户，科学灌溉是确保农业可持续发展的前提。灌溉用水应符合农田灌溉水质的标准，重金属含量高的废水不能灌溉。节约用水是农业生产者必须遵循的原则，特别是北方缺水地区，大水漫灌是不可持续的，也不利于提高农作物产量。

（3）蔬菜水果上市前的半月内不能再喷洒农药，农作物的秸秆可以做肥料，不能就地焚烧，因为焚烧过程会产生许多污染物，包括一些致癌物。既污染了空气，还可能损害人体健康。收获的粮食不要放在公路上，尤其在沥青路面上晾晒，以免受到污染。

（4）禁止将有毒、有害废物用做肥料或者用于造田或不加任何处置地在田地堆放。废物的填埋场必须符合标准，防渗措施合格，以防污染地下水。

农业清洁生产是一种高效益的生产方式，既能预防农业污染，又能降低农业生产成本，符合农业可持续发展战略。因此，农业可持续发展理论自然成为农业清洁生产的理论基础。

此外，农业清洁生产也是一种经济活动；必然受到相关经济学规律的理论指导。

## 四、技术经济学原理

农产品安全生产是农产品国内外市场需求的基本要求，特别是农产品国内买方市场的形成和加入 WTO 后，对农产品安全生产尤为重视。由于中国劳动力成本低，在猪肉、禽肉、水产和蔬菜、水果、花卉等园艺产品的出口上是有价格优势的，现在的问题主要是：这些产品的质量和卫生标准达不到国际要求，严重制约了这些产品的出口，需要大力提高农产品质量。

为提高农产品安全质量和卫生标准，需要调整农产品生产的生态技术体系。选择生态和技术、经济最优组合方案，保持价格优势。为此，需要对农产品安全生产技术经济效果进行评价。按照农业技术经济效果原理安排农产品安全生产，实现生态效益、经济效益和社会效益的统一。

### （一）技术经济的定义及内涵

技术经济学是一门应用理论经济学基本原理，研究技术领域经济问题和经济规律，研究技术进步与经济增长之间的相互关系的科学，是研究技术领域内资源的最佳配置，寻找技术与经济的最佳结合以求可持续发展的科学。

技术与经济是社会物质生产不可分割的两个方面，尽管它们用于不同范畴，但彼此相互依存、相互制约、相互促进，存在着矛盾对立统一的辩证关系。技术作为生产力的要素，存在于劳动过程中，推动着经济的发展，并且广泛地影响着社会生活的各个方面。技术进步是经济和社会发展的重要条件

和手段。技术的发展在任何时候都离不开经济。经济上的需要，是技术发展的动力和方向，并且应以能否获得经济效益为前提。此外，在实践中，技术进步还受经济条件的制约，技术进步的速度在很大程度上取决于经济的实力。进行技术经济关系的研究，就是要使技术与经济能够互相适应，寻求技术与经济相结合的最佳关系。

**（二）基本原理**

*1. 农业技术经济效果原理*

农业技术经济效果是指农业技术措施、技术方案、技术政策在农业生产中使用贯彻时，劳动消耗与取得的劳动成果之间的价值量的比较。它是通过各种生产资源的投入和使用价值的产出来计算的。这种生产中投入与产出之间关系的实质是物质生产资源投入于一定的农业生产之后，在人的劳动和机械动力的推动下，借助于各种自然力的作用进行生产的一种物质交换关系，这种物质关系通过价值量的换算，可反映生产耗费与产品收益之间的关系。生产每单位农产品所支出的劳动最少，或者一定的劳动支出获得的农产品最多，便是最佳的农业技术经济效果。

农业技术经济效果由于所评价的内容、标准不同，可以分为绝对技术经济效果和相对技术经济效果。绝对技术经济效果，是指某一技术方案或某项技术措施形成的投入产出间的比值或差额，可用来确定技术方案或措施本身的经济效果。相对技术经济效果，是指两种或多种可行技术方案之间，或新技术方案与对照技术方案之间经济效果的相对比较，通过这种比较可以选出最佳的技术方案或措施，一般用相对技术经济效果来进行技术方案的选优。

在农产品安全生产中，根据国内、国外市场的要求安排生产，在生产过程中减少人工调节中化学品的使用，增加自然调节措施，是技术经济效果提高的有效途径。如水土保持的农业技术措施中改平作为垄作，改顺坡垄为横坡垄，防止土壤冲刷，达到保水、保土、保肥的目的；生物技术措施中因地制宜配置林草以及工程技术措施中坡改梯、截流沟、淤地坝，都会收到良好的效果。盐碱土改良中，农业耕作栽培技术如耕、耙、浅翻，合理轮作，以肥改土，选种耐盐碱作物，合理倒茬；种植绿肥以及合理排灌都会有较好经济效果。种植业中人工培肥地力采用正确土壤耕作方法，增施有机肥，土壤改良，品种改良，改进耕作制度，可提高种植业技术经济效果。作物布局既要考虑规模效益，又要考虑提高生物多样性，农林牧全面发展。种植制度中间作、套作、混作、复种、轮作倒茬经济效果好。肥料投放、分配要根据土壤肥力原理，配方施肥，测土施肥，改进施肥方法，获得较好的经济效果。

农区畜牧业中畜群规模经营既要考虑经济效果，又要考虑环境效益。农区畜牧业要农牧结合，种植饲料作物，吸纳厩肥，可取得较好经济效果。

农田防护林林带结构以稀疏结构最好，林带主带走向与主要风害方向垂直，防护效果最大，林带宽度适宜可取得较好经济效果。经济林改良品种，合理密植，立体种植，加强抚育管理能获良好的经济效果。

淡水鱼生产中精养技术，混合放养，改良水质，培育健壮苗种，采用质佳量足价廉的饵料，合理密放密养，轮放轮养，防治病虫害，科学管理可取得较好技术经济效果。

2. 边际平衡原理

边际平衡原理在农业技术经济研究中用途很广。例如，研究农产品产出量达到多少为最适量；劳动、物资、“资金等投入量达到多少为最适度；多种资源配合中，每种资源怎样投放才能达到最低成本的组合；多种经营、综合发展，怎样才能达到最大收入的组合等经济效果问题，都是以边际平衡原理为依据的。

边际平衡原理是以产品的边际产量及其边际收入与资源投入的边际用量及其边际费用作为它立论的基础。产品的边际产量是指每增投一定数量的变动资源所取得的某种农产品的增产数量（如是负值即为减产数量）；产量的边际收入是指边际产量乘以该产品的价格。资源的边际用量是指增产某一数量的产品所增投的某种变动资源的数量。例如，为取得某种农作物一定增产量所追施的肥料量或灌水量，为取得牲畜一定量的增重所增喂的饲料量，都是资源的边际用量，边际费用是指增投的资源代价，等于资源的边际用量乘以该资源的价格。

边际平衡原理，包括如下基本要点：

（1）在其他生产条件固定不变的情况下，要使某种农产品的产出量达到最适量和某种农业资源的投入量达到最适度，是以该种产品的边际产量等于每单位该种资源所生产的产品平均产量为下限，以该种产品的边际产量等于0（即增投资源投有增产产品）为上限，这个区间看做投入产出的经济范围，或者说，必须在边际产量与平均产量的比值等于1到等于0这个区间内考察投入产出的经济效果。投入资源获得产品的最大产出量不能超过其边际产量等于0这个经济临界限，超过这个界限，不但边际产量将会出现负值，导致总产量下降，而且由于资源报酬递减的缘故，农产品安全生产的总收入和纯收入都会减少。

（2）在其他生产条件固定不变的情况下，投入某种变动资源的边际费用

与产出某种产品的边际收入相等时，生产这种农产品的纯收入最大。因为当边际收入大于边际费用时，继续增投资源就能增加纯收入，表明产品的产出量尚未达到最适量；而当边际收入小于边际费用时，则增投资源的所得已不够抵偿其所费，产出产品的纯收入就会减少。相对地说，产出产品的纯收入最大时，产品成奉也最低。为了获得尽量高的投入产出效果，对于商品产品，特别是不属国计民生最必需而在市场上对其有购买力的农产品，尤其是出口换汇的农产品，应当按这个原则经营。

（3）利用多种资源生产等量的农产品时，为了节省生产费用，可以用高效或价廉的资源来替换一部分原用资源。通过这种替换，找出生产等量农产品的成本最低资源组合，从而获得最大的资源代换效果。为此，首先必须找出替换资源的最适替换率（换出资源减少数/替入资源的增加数）。根据边际平衡原理，当替入资源的边际费用与换出资源的边际费用相均等时，就是互相替换资源之间的替换率达到了最适度。同样，互相替换资源的替换率与两者的单位费用的反比率即颠倒了价格比率（替入资源单位费用/换出资源单位费用）相等或接近时，使用资源成本最低，资源代换效果最大，就是找出了生产等量农产品的最低成本资源组合。

（4）根据同一原理，如果将一定数量的资源分配用于生产多种产品，那么，当产出的各种产品的边际收入相均等时，生产收益最大，即为该种资源的最大收入组合。这个原理对于农业生产布局，发展多种经营、资源开发利用等统筹方案中追求最大的综合效果，具有指导意义。

3. 价值转移原理

随着农业发展，自产自用的农业资源将逐渐减少，而外购资源将相应增加。农业利用外购资源所增加的总收益应当大于这种资源转移到农业产品中的价值和使用费用之和，即能带来纯收益。这是农业利用外购资源的第一个经济界限，也是农用工业技术能否广泛应用于农业生产的关键所在。其中，不仅要受到外购资源效能的制约，还有价格因素的作用和时间因素的影响。

农业利用外购资源，还以被换出的原有资源能够得到有效的利用，使其价值转移的原有资源能够得到有效的利用，使其价值转移到其他部门的产品中去并获得资源转移收益为前提。这是农业利用外购资源的另一个经济界限。在这方面，农业技术经济要把价值转移原理与边际均等原理结合起来，就可以使资源利用达到充分平衡，从而获得最大经济效果。

对农田水利设施、规模化养殖工程设施、生产设备等基本建设投资，按投资回收期偿付，即逐渐按比例地投入农产品价值之中，其中，有些改良设施能长期固定在工地上发挥作用。

农业自然资源，如光、热、水、风力等，一般说来，属于非劳动产物，并不存在价值转移问题，只在这些资源的利用效果大于其使用费，充分而合理地利用这些资源，就可以显著提高农业技术经济效果。

## 五、贸易规则

随着全球贸易一体化进程的加快，国际市场对农产品和食品的关税壁垒逐渐减弱，而技术性限制有不断增长、更加严格的趋势。近年来，中国农产品出口屡遭“绿色壁垒”制约。所谓绿色壁垒是技术贸易壁垒的一种形式，是指在贸易中采取了环境保护措施而出现的，一方面，在国际贸易中加强环境管理，有利于保护环境，保护人类健康和动植物安全，它是世界贸易发展的一个新动向，反映了各国对环保的普遍重视，有其合理的一面；另一方面，有些发达国家打着保护环境的幌子，其实是为了达到贸易保护的目的，从而构筑非关税贸易壁垒，是贸易保护主义的反映。不论是为了保护本国的市场还是为了保护生态环境，但在客观上都因其采用的环境保护措施使农产品出口因达不到其要求而被拒之门外。农产品安全生产要充分考虑环境制度规则。遵循 WTO 有关环境规则、国际环保公约有关环境规则和发达国家有关环保法规、标准安排农产品安全生产。

### （一）关税与贸易总协定

《关税及贸易总协定》（General Agreement on Tariffs and Trade），简称 GATT 协定，是一个政府间缔结的有关关税和贸易规则的多边国际协定，简称关贸总协定。它的宗旨是通过削减关税和其他贸易壁垒，削除国际贸易中的差别待遇，促进国际贸易自由化，以充分利用世界资源，扩大商品的生产与流通。关贸总协定于 1947 年 10 月 30 日在日内瓦签订，并于 1948 年 1 月 1 日开始生效。

20 世纪三四十年代，世界贸易保护主义盛行。国际贸易的相互限制是造成世界经济萧条的一个重要原因。二次大战结束后，解决复杂的国际经济问题，特别是制定国际贸易政策，成为战后各国所面临的重要任务。

1946 年 2 月，联合国经社理事会举行第一次会议，会议呼吁召开联合国贸易与就业问题会议，起草国际贸易组织宪章，进行世界性削减关税的谈判。随后，经社理事会设立了一个筹备委员会。1946 年 10 月，筹备委员会召开第一次会议，审查美国提交的国际贸易组织宪章草案。参加筹备委员会的与会各国同意在“国际贸易组织”成立之前，先就削减关税和其他贸易限制等问

题进行谈判，并起草“国际贸易组织宪章”。1947 年 4 ~ 7 月，筹备委员会在日内瓦召开第二次全体大会，就关税问题进行谈判，讨论并修改“国际贸易组织宪章”草案。经过多次谈判，美国等23 个国家于1947 年10 月30 日在日内瓦签订了“关税及贸易总协定”。按照原来的计划，关贸总协定只是在国际贸易组织成立前的一个过渡性步骤，它的大部分条款将在“国际贸易组织宪章”被各国通过后纳入其中。但是，鉴于各国对外经济政策方面的分歧以及多数国家政府在批准“国际贸易组织宪章”这样范围广泛、具有严密组织性和国际条约所遇到的法律困难，使得该宪章在短期内难以被通过。因此，关贸总协定的23 个发起国于 1947 年年底签订了临时议定书，承诺在今后的国际贸易中遵循关贸总协定的规定。该议定书于 1948 年 1 月 1 日生效。此后，关贸总协定的有效期一再延长，并为适应情况的不断变化，多次加以修订。于是，“关税及贸易总协定”便成为确立各国共同遵守的贸易准则，协调国际贸易与各国经济政策的唯一的多边国际协定。

**（二）农业协议**

《农业协议》（Agreement on Agriculture）是世界贸易组织管辖的一项多边贸易协议，由前言和13 个部分共21 条及5 个附件组成。主要条款包括产品范围、减让及承诺的并入、市场准入、特殊保障条款、国内支持承诺、国内支持的一般纪律、出口竞争承诺、出口补贴承诺、防止规避出口补贴承诺、加工产品、出口禁止和限制的纪律、适当的克制、卫生与植物卫生措施、特殊和差别待遇、最不发达国家成员和粮食净进口发展中国家成员、农业委员会、对承诺执行情况的审议、磋商和争端解决、改革进程的继续以及术语定义、最后条款。其中，第八和第十部分有单独的协议或决定。协议的主要内容为对农产品政策三个领域的规定：市场准入、国内支持和出口补贴，并规定了政策实施的时限。

《农业协议》的基本目标与原则是：

（1）建立一个公正的以市场导向为目标的农产品贸易体系，并涉及应当通过在国内支持和保护方面的承诺谈判来建立起强有力的、在操作上更为有效的规则来推动农产品贸易体系改革工作，逐步实现农产品贸易自由化。

（2）农产品贸易体系改革的长期目标是从根本上逐步实现减少现存的农业补贴额和保护，最终纠正和防止世界农产品市场中存在的种种限制和扭曲现象。

（3）在实施市场准入承诺时，发达国家成员应考虑到发展中国家成员的特殊需要和条件，特别是对发展中国家成员具有特殊利益的农产品的准入条件和机会（如热带农产品等）。

（4）在承诺中考虑到非贸易关注问题（包括粮食的安全和环保需要、给予发展中国家成员的特殊待遇和差别待遇），并考虑对最不发达国家与粮食净进口国实行改革计划可能产生的负面效应。

**（三）技术性贸易壁垒协议**

《技术性贸易壁垒协议》（Agreement on Technical Barriers to Trade），简称TBT协议，是世界贸易组织管辖的一项多边贸易协议，是在关贸总协定东京回合同名协议的基础上修改和补充的。它由前言和15条及3个附件组成。主要条款有：总则、技术法规和标准、符合技术法规和标准、信息和援助、机构、磋商和争端解决、最后条款。

协议适用于所有产品，包括工业品和农产品，但涉及卫生与植物卫生措施，由《实施卫生与植物卫生措施协议》进行规范，政府采购实体制定的采购规则不受本协议的约束。协议对成员中央政府机构、地方政府机构、非政府机构在制定、采用和实施技术法规、标准或合格评定程序分别作出了规定和不同的要求。

协议的宗旨是，规范各成员实施技术性贸易法规与措施的行为，指导成员制定、采用和实施合理的技术性贸易措施，鼓励采用国际标准和合格评定程序，保证包括包装、标记和标签在内的各项技术法规、标准和是否符合技术法规和标准的评定程序不会对国际贸易造成不必要的障碍，减少和消除贸易中的技术性贸易壁垒。合法目标主要包括维护国家基本安全，保护人类生命、健康或安全，保护动植物生命或健康，保护环境，保证出口产品质量，防止欺诈行为等。技术性措施是指为实现合法目标而采取的技术法规、标准、合格评定程序等。

**（四）实施卫生和植物卫生措施协议**

《实施卫生与植物卫生措施协议》（Agreement on the Application of Sanitary and Phytosanitary Measures），简称SPS协议，是世界贸易组织管辖的一项多边贸易协议，是对关贸总协定第20条第2款的具体化。它既是单独的协议，又是《农业协议》的第八部分。它由前言和正文14条及3个附件组成。主要条款有：总则、基本权利和义务，协商，等效，风险评估和适当的卫生与植物卫生保护水平的确定，适应地区条件，包括适应病虫害非疫区和低度流行区的条件，透明度，控制、检查和批准程序，技术援助，特殊和差别待遇，磋商和争端解决，管理，实施和最后条款。协议涉及动植物、动植物产品和食品的进出口规则。

协议适用范围包括食品安全、动物卫生和植物卫生三个领域有关实施卫生与植物卫生检疫措施。协议明确承认每个成员制定保护人类生命与健康所必需的法律、规定和要求的主权，但是保证滥用于保护主义，不能成为贸易壁垒和惩罚措施。

协议规定各成员政府有权采用卫生与植物卫生措施，但只能在一个必要范围内实施以保护人类及动植物的生命及健康，而不能在两个成员之间完全一致或相似的情况下，采取不公正的差别待遇。协议鼓励各成员根据国际标准、指导原则和规范来建立自己的卫生与植物卫生措施。

协议的宗旨是规范各成员实施卫生与植物卫生措施的行为，支持各成员实施保护人类、动物、植物的生命或健康所采取的必要措施，规范卫生与植物卫生检疫的国际运行规则，实现把对贸易的不利影响减少到最低程度。

## 第五节　农产品生产安全评价指标

农产品的安全生产是改善农业生态环境，控制农业环境污染，提高农产品质量，增强农产品市场竞争力，提高农业效益，促进农业可持续发展的重要基础。农产品安全生产必须实现“从农田到餐桌”的全过程的质量控制，而对农产品开展安全质量评价则是对农产品生产进行有效控制和监管的重要手段。

### 一、农产品安全生产系统的结构及其功能

农产品安全生产系统的结构和功能是农产品生产安全评价指标选择的重要依据。

农产品生产过程是一个自然再生产、经济再生产和社会生产关系再生产相统一的辩证过程。农业生产过程中环境、社会以及农产品本身进行的物质、能量、信息交换互动性不仅决定了农产品安全受生态环境系统（包括自然资源禀赋、生态环境质量等）的影响，而且不可避免地受到社会、政治、经济、技术水平、信息等条件的制约（表6－2）。

表6－2　农产品安全生产系统构成及其功能（张正卓，2007）

| 系统组成 | 影响因子 | 功　能 |
| --- | --- | --- |
| 环境系统 | 大气、土壤、灌溉用水质量状况等 | 农产品安全的基础支撑 |
| 生产系统 | 品种选育，生产资料投入，病虫草害综合处理，收获、加工、包装等 | 保障农产品安全的中枢神经 |
| 社会系统 | 农业政策，农产品标准，农产品检测，农产品安全认证，农产品市场准入，劳动者数量、素质，农户家庭收入，消费者的认知水平，资金、能量、信息投入水平等 | 农产品安全的社会保证 |
| 信息系统 | 农产品价格，市场需求状况，加工企业的加工能力，国内外技术发展趋势等 | 农产品安全的动力牵引 |
| 流通系统 | 农产品加工、包装（品牌和标识）、运输条件等 | 农产品安全的价值实现 |

## 二、农产品生产安全评价指标体系建立的原则

1. 综合性原则

综合反映农产品质量安全情况，涉及农产品标准化示范区和基地建设、检验检测体系建设、认证体系建设等诸多方面。各指标的设定要力求能够从不同层次、不同层面上比较全面地反映农产品质量安全。

2. 系统性原则

必须应用系统的观点，将总体目标层层分解再继续综合，并体现出系统的层次性和各个子系统的独立性及相关性。

3. 科学性原则

指标体系要能科学准确地反映农产品质量安全的基本状况，为指导农产品质量安全生产提供科学依据。

4. 可比性原则

指标体系的设置，要从本地区实际情况出发，使指标的设置更加符合实际需要，又能够进行地区内纵向比较。

5. 重点突出性原则

评价指标的设置要针对当前和今后一段时期内的重点和突出的问题设置指标，这样可以与重点工作和任务相结合，便于指导实际生产。

6. 可操作性原则

评价指标的设置应有翔实、可靠的数据做支持，应具有资料、数据易得，

方法直观和计算简便等特点，要有一定的代表性，强调少而精，注重规范性，通用性、实用性和公开性。

## 三、农产品生产安全评价指标

根据对成都平原土壤和主要农作物的重金属污染状况进行调查研究的结果显示，成都平原土壤重金属污染程度最大的元素是Cd，其次是Pb。应用农业部颁布的食品重金属限量标准评价的结果表明，小麦中的Pb、Cd、Cr、Cu均存在一定程度的超标，水稻的Pb和Cd也存在超标现象。水稻、小麦、油菜籽对不同重金属的累积率大小顺序为Cd > Zn > Cu > Pb > Cr。

因此，不同的生态环境条件、不同的污染物类型、不同的作物种类、不同的农业生产管理措施等都对农产品质量安全产生显著的影响。另外，农业生产过程的不可逆性使农产品安全不仅体现在生产过程中，而且还需向前延伸到产地生态环境治理，生产投入物的供应、监管，向后延伸到农产品安全检测、认证等方面。因此，必须兼顾不同农产品、不同农业生产水平、不同农业生产环境等，在农产品的产前、产中、产后过程中，选取相应的安全评价指标。

### （一）产地环境评价指标体系

#### 1. 大气环境

近年来，由于工业废气、汽车尾气、农药扩散、大气环境细粒子、臭氧、挥发性有机物、有机污染（$POP_s$）、强致癌物苯并［a］芘及铅等污染物超标，成为农田和农产品的污染源。

针对农作物的主要有：总悬浮颗粒物（TSP）、二氧化硫（$SO_2$）、氮氧化物（$No_x$）、氟化物、铅（Pb）等。针对畜禽养殖场的主要有：氨气、硫化氢、二氧化碳、可吸入颗粒、总悬浮颗粒物、恶臭等。因此，不同农产品对大气环境指标的具体要求是有很大差异的。

#### 2. 土壤环境

产地土壤环境质量是影响农产品质量安全的基础因素之一。近几十年来，随着经济的迅猛发展，工业“三废”的超标排放、城镇居民生活废弃物的增多，农药、化肥、除草剂和农膜使用量的增加，使土壤环境受到一定程度的污染，严重影响农产品的安全。

（1）土壤肥力指标　土壤肥力是土壤物理、化学、生物化学和物理化学特性的综合表现，也是土壤不同于成土母质的本质特性。包括自然肥力、人工肥力和二者相结合形成的经济肥力。自然肥力是由土壤母质、气候、生物、地形等自然因素的作用下形成的土壤肥力，是土壤的物理、化学和生物特征的综合表现。它的形成和发展，取决于各种自然因素质量、数量及其组合适当与否。自然肥力是自然再生产过程的产物，是土地生产力的基础，它能自发地生长天然植被。人工肥力是指通过人类生产活动，如耕作、施肥、灌溉、土壤改良等人为因素作用下形成的土壤肥力。土壤的自然肥力与人工肥力结合形成的经济肥力，才能用以为人类生产出充裕的农产品，只有土壤肥力因子协调适当，才能生产出优质安全的农产品。

土壤肥力指标一般包括土壤环境条件（地形、坡度、覆被度、侵蚀度），土壤物理性状（土层厚度、耕层厚度、质地、障碍层位），土壤养分（有机质、全氮、全磷、全钾）储量指标、养分有效状态（速效磷/全磷、速效钾/全钾）等。评价项目的具体选择，可根据土壤类别、农业生产的实际情况而定。评价标准可以参考《农业行业标准》（NY/T391—2000）。

（2）土壤重金属及类重金属　在大田作物，农产品的主要污染物为重金属类，其中，以镉、铅、砷、铬等最为突出。农田中重金属污染主要来源于污水灌溉，开矿和冶炼等“三废”排放，城市污泥和垃圾、有机肥料（尤其近年来饲料添加剂中含有高量铜、砷等）与磷肥（磷矿石中含镉等）等大量施用，以及大气污染颗粒的沉降等。

土壤重金属（类重金属）污染评价指标主要关注的是毒性大的汞、砷、铅、镉、铬等的含量及其生物活性指标。

（3）土壤有机污染物　土壤有机污染已成为影响土壤环境安全的主要污染物，对农产品的安全危害极大。目前土壤有机污染物主要包括：农药中持久性污染物（六六六、DDT 等）、城市污泥和污水中有机污染物、畜禽有机废弃物中的兽药残留、其他土壤污染物（如稀土中放射性元素）的潜在危害等。

根据目前土壤环境污染的主要来源和农产品质量安全的要求，选择毒性大、作物易积累的汞、砷、铅、镉、铬、六六六和 DDT 等 7 项指标，作为土壤环境评价指标。

3. 水环境

（1）灌溉用水　农产品生产基地环境质量，除了土壤环境质量是基本条件外，灌溉水质也是关键因素。我国农业灌溉水主要来源于地表水源，包括大江大河、各地境内的次级河流以及地表径流，然而这些水源或多或少受到工业废水和生活废水的污染。灌溉用水包括的指标主要有：pH、总汞、总镉、总砷、总铅、六价铬、氯化物、氰化物、氟化物、石油类等。

（2）养殖用水畜禽产品的养殖用水来源较多，有自来水、河水、井水、

池塘死水、工业用水、生泔水、家庭废水、稻田水、农副产品加工后的废水等。

畜禽养殖用水的主要指标为：砷、汞、铅、铜、六价铬、镉、氰化物、氟化物、氯化物、六六六、DDT、总大肠杆菌、pH等。

水生动物养殖的水域是水生动物赖以生存的环境，对水生动物及其安全卫生影响极大。水产品养殖用水的指标主要有：色、臭、味，悬浮物、pH、溶解氧、细菌、总大肠杆菌、生化需氧量、石油类、漂浮物质等。

**（二）农业生产投入品评价指标体系**

我国人多地少、后备耕地资源严重不足，必须主要依靠化肥、农药等农用化学品的投入来实现农产品总量的增长，保证人民生活的需要。但农用化学投入品的增加，不可避免地会影响环境和农产品质量的安全。

1. 种植业生产投入

（1）化肥　除工业废物等造成农田环境污染，农田化学品使用也会带来环境污染和农产品的污染。氮肥、磷肥、复合肥和复混肥等化学肥料中一般都含砷、镉、铅、汞等有害元素，而土杂肥（如粉煤灰、河流污泥和生活垃圾等）中有害元素的含量更高。化肥安全评价指标主要包括：化肥施用强度、化肥中标识污染物指数、农产品中硝酸盐含量等。

（2）农药残留　农作物病虫害不断加剧。农药（包括除草剂、杀虫剂、灭菌剂、生长调节剂等）正被广泛地应用于农业生产中，发挥了积极的作用。据估计，在世界范围内，如不施农药，病虫害将导致粮食总产量减产1/3，使用农药所带来的收益大体上为农药费用的4倍。由此可见，农药的使用给人们带来了巨大的经济效益和社会效益，对人类生存起到了重要作用。但同时，也给农产品卫生质量带来了安全隐患。

农药残留就是影响农产品生产安全的主要因素。农药残留是指农药使用后残存于生物体、农副产品和环境中的农药原体、有毒代谢物、降解物和杂质的总称。残存的数量称为残留量，在一般情况下主要是指农药原体的残留量和比原体毒性更高或相当毒性的降解物的残留量。其中，强毒高残留类有机氯、有机磷农药，是影响种植业农产品安全的主要因素。因此，2002年农业部第199号公告规定：六六六、DDT、毒杀芬、二溴氯丙烷、杀虫脒、二溴乙烷、除草醚、艾氏剂、狄氏剂、汞制剂、砷铅类等18种高毒、高残留和“三致”（致畸、致癌、致突变）农药禁止使用。

农药种类繁多，其限制性标准也较多，针对不同的农产品类型、不同类型的农药均设置了最高残留限量标准，可以参见国家或地方发布的相应标准和规范选择评价指标。

2. 养殖业生产投入

目前兽药、饲料及添加剂等人工合成化学品在农业上的大量投入，成为污染环境和养殖产品的重要途径。

（1）饲料添加剂　我国的饲料状况令人担忧，饲料经营者和畜禽饲养户为了片面追求较高的经济效益，滥用生长激素或公开买卖禁止自配的预混料、添加剂，由于经营者随手配得，剂量把握不准，致使饲料中某些成分过多或缺乏，比如，饲料中随意添加盐酸克伦特罗（俗称“瘦肉精”），虽然对鸡、猪等有促生长，提高动物瘦肉率，降低脂肪沉积，改善饲料利用率的作用；但该药物药性强，化学性质稳定，难分解，难熔化，在体内蓄积性强，在动物组织中易残留，并且一般烹饪方法不能使其失活。若食用含有盐酸克伦特罗的动物性食品，会造成中毒，严重的可危及生命。

我国对饲料添加剂的生产和销售都制定了严格的控制标准，在选择指标时，根据饲料行业现行国家标准和行业标准（饲料添加剂），选择合适的评价指标。

（2）兽药残留　现代养殖业的高度集约化，不可避免地带来大量的疫病，兽药（包括兽药添加剂）在降低发病率与死亡率，提高饲料利用率，促进生长等方面起到十分显著的作用，成为现代畜牧业不可缺少的物质基础。但动物在使用药物预防或治疗疾病后，药物的原形或其代谢产物可能蓄积、贮存在动物的细胞、组织、器官或食用产品（如蛋、奶）中，称为兽药在动物性食品中的残留，简称兽药残留。畜禽养殖产品中的兽药残留多为违禁药物，如性激素（己烯雌酚、己烷雌酚、双烯雌酚、雌二酚）、生长激素、甲状腺激素和抗甲状腺激素、赤霉醇及兴奋剂类和镇静药物，还有氯霉素、呋喃唑酮等；或饲料添加剂中使用的雌激素、同化激素、安定药等。

我国对水产品生产安全控制的兽药残留指标主要有：土霉素、氯霉素、磺胺类、恶喹酸、呋喃唑酮和己烯雌酚等。

**（三）农产品安全生产保障能力指标体系**

农产品从生产到消费是一个有机的、连续的过程，对农产品的安全生产保障是一个体系，不能人为地割裂，需采取全程控制，对各个环节进行严格控制，强调从农业投入品、生产到消费等各个环节进行严格控制与管理。因此，农产品安全生产保障能力指标体系主要从农产品产地生产环境综合评价因子、农产品质量安全标准化因子、农产品质量安全管理因子等几个方面来加以考虑。

1. 农产品产地生产环境综合评价因子

包括空气质量达到二级和好于二级天数占全年天数的比例、农田灌溉水质综合达标率、土壤环境质量达到国家二级标准综合达标率等。

2. 农产品质量安全标准化因子

包括主要农产品按标准生产的比重、无公害蔬菜/水果生产基地占菜田/果园的比例、无公害蔬菜/水果抽查合格率、规模化畜产品生产基地畜产品药物残留抽检合格率、生猪基地"瘦肉精"抽检合格率、无公害生产基地奶牛所占比例、无公害水产基地占水产养殖面积的比例、水产品氯霉素、磺胺类、呋喃哇酮、已烯雌酚等药物残留抽检合格率等。

3. 农产品质量安全管理因子

包括农产品质量安全检验检测体系建设、无公害蔬菜/水果生产基地和蔬菜/水果品种认证数量、无公害畜产品产地和畜产品认证数量、无公害水产品产地和水产品认证数量等。

## 第六节　农产品生产安全评价内容与方法

### 一、农产品生产安全评价内容

对农产品安全评价应从调查、评价农产品生产基地的环境条件入手，获得评价所需的必要数量的信息，对调查、评价的精度要求、参评因子的选择、评价标准、评价方法及质量的分级进行研究，用综合指数等评价方法对基地环境和农产品质量状况进行综合评定，提出分级标准，从而正确评价农产品质量安全状况。

**（一）农产品生产安全评价的范围**

为了对农产品质量安全实施强有力的监控，必须对农产品生产实行"从农田到餐桌"的全过程管理，因而，农产品生产安全评价应围绕农产品产前、产中、产后三个主要环节入手，开展农产品质量安全评价，加强农产品质量安全生产的监控体系建设。

1. 产前

产地环境中的水、土、气，包括耕地受污染状况，农灌水受污染状况，畜禽、渔业养殖水受污染状况，农区空气受污染状况，以及农用的城市垃圾、工业固体废弃物、污泥的污染监控等。

严格禁止向农产品的产地排放重金属废液、放射性废水、未经处理的含病原体的污水，有害气体及其他有毒、有害物质，或者倾倒废弃物和生活垃圾。加强农产品供水水质管理，合理施用肥料、农药，严格控制面源污染；制定相关农产品的产地环境标准，全面开展农产品重点生产基地环境监测，采取切实有效的农业生态环境净化措施，保证农产品的产地环境符合要求，从源头上把好农产品质量安全关。

2. 产中

主要包括农产品生产过程中的肥料、兽药、各种生长素或生长调节剂、农膜、农作物种子（种苗）、种畜、种禽、种鱼（水生物种苗）、饲料（饵料）、农药，以及各种农业生产用机械设备和农产品加工机械设备等。

指导农产品生产、经营者应严格按照标准组织生产和加工，科学合理使用化肥、农药、兽药、饲料等农业投入品和灌溉养殖用水。要加快推广先进的动植物病虫害综合防治技术；推广高效低残毒农药、兽药、饲料添加剂；推广配方施肥技术和有机肥、复混专用肥。健全动物防疫和植物保护体系，加强动植物病虫害的检疫、防疫和防治工作。加快动物无规定疫病区建设，加大对动植物疫病性的监督管理。

3. 产后

以农产品市场准入认可性的监控为主。开展植物产品及其制品（如粮、棉、油、蔬菜、水果、茶叶、食用菌、花卉等）、畜禽产品及其制品（如肉、蛋、奶等）、水产品及制品、转基因产品等的检测和市场准入工作。

目前，很多地区蔬菜等农产品的销售以地头批发和自由市场出售为主，无需验证是否为标准化基地生产，也无人检测其是否含有有害物质；无论是否得到安全食品生产认证，均可进入市场；消费者无法用肉眼看出蔬菜的内在质量，对人体健康造成危害。

在生产基地、批发市场要逐步建立农产品自检制度。产品自检合格，方可投放市场或进入无公害农产品专营区销售。无论是生产基地，还是农产品批发市场、农贸市场，都要自觉接受和配合政府指定的检测机构的检测检验，接受执法单位对不合格产品依法做出的处理。

**（二）农产品安全评价的程序**

1. 前期准备

前期准备包括如下几方面工作：①明确被评价对象和评价范围；②收集相关法律法规、技术标准；③组建评价专家组；④实地调查并搜集相关技术

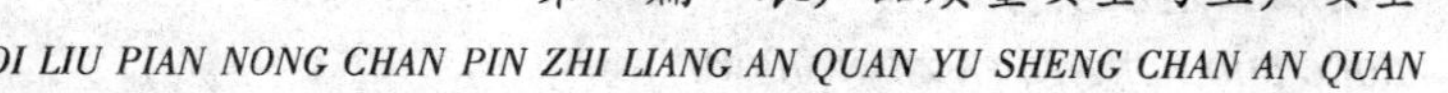

资料。

2. 划分评价单元

按照一定的原则和方法，根据评价对象的复杂程度和实际需要，将评价对象划分为若干相对独立的部分。

3. 定性定量评价

定性定量评价包括如下几方面工作：①选择科学、有效，适用于评价对象的定性、定量评价方法；②充分利用检测、检验数据等科学依据；③对危害、危险因素可能导致农产品安全事故发生的可能性和严重程度进行定性、定量评估；④真实、准确地确定农产品生产安全性的等级及相关结果。

4. 提出安全风险管理性对策措施建议

（1）对已提出的安全风险管理对策措施进行科学评估与论证。

（2）补充提出并明确可采用的安全风险管理对策措施。

5. 形成安全评价结论

形成安全评价结论需注意以下问题：

（1）确定安全评价结论的原则　①充分依据检测、检验报告所提供的直接证据；②通过综合分析得出科学的结论；③注意结论的严谨性，明确评价结论成立所需的条件；④考虑结论的时效性，说明评价结论只适用于评价时的现实状况。

（2）安全评价结论的内容　①对危险、有害因素在进行评价时所处状况下的评价结果；②评价对象在特定条件下是否符合国家有关法律、法规、技术标准。

6. 编制安全评价报告

安全评价报告包括如下内容　①前言；②概述；③危险有害因素分析；④评价方法和评价单元划分；⑤定性、定量评价；⑥安全风险管理对策措施；⑦安全评价结论。

## 二、农产品生产安全评价方法

对农产品生产进行安全评价，必须针对农产品生产、加工、运输、销售和消费全过程，在这个过程中，涉及产地环境、投入品、加工储运、标签、农药等外界因素，为了确保最终产品的质量，必须对农产品产地环境、生产环节、加工环节、市场营销等各个关键环节实行监控，加强农产品质量安全生产的关键就是做好监控和评价。

考虑到农产品生产安全评价指标涉及面较广、完全量化难度大等特点，针对不同的评价指标，确定不同的评价等级，对于易量化的指标评价等级可分细一些，不易量化的指标评价等级则分粗一些，最后通过权重法将所有指标综合起来，从而判定农产品生产的安全程度。

**（一）分等分级评价法**

农产品质量分级是指根据农产品的质量标准，将不同质量的农产品进行分级、归类。等级明确地反映农产品功能用途及其相应的费用与价格，体现消费者对农产品预期、认可的不同质量要求。它的广泛应用能够降低市场的交易费用，促进市场竞争，更是农产品期货市场、批发拍卖市场运行的基础。

分等分级是促进农产品流通和参与国际竞争的基础。在发达国家，农产品质量分等分级是农业标准化的重要内容。目前，国际上基本实现了农产品质量分等分级管理，农业标准化的重要内容就是农产品质量分等分级，但他们更多地叫做食品质量分级，并且，发达国家都有了比较长的历史和成功经验。

如美国食品质量分等分级就是由美国农业部农业市场服务局（AMS）、美国农业部联邦粮食和检验服务局（FGIS）和国家海洋渔业局（NMFS）三部门负责，农产品分级标准大致有300多个：13个奶类产品分级、85个蔬菜和水果分级、225个以上加工产品分级、18个粮食和豆类分级、18个畜产品分级和众多的烟草类分级，大约每年对7%的分级进行修订，而且分级十分详细。

我国农业的现状与发达国家有较大差距，不同的农产品供给能力和消费水平决定了在我国实施农产品质量分等分级的特殊性。由于多方面原因，农产品质量分等分级没有纳入农业标准化的主要工作议程。因此，制定科学的农业标准化规划和农产品分等分级的国家标准体系，尽快在农产品生产，加工和流通领域实施，是增强我国农产品的竞争力的重要手段。

依据农产品生产安全评价理论和行业特点，将农产品生产分等分级评价分为定性评价和定量评价两大类。部分环境指标、原材料指标和产品指标量化难度大，划为定性评价，可分为三个等级；资源利用指标、污染物指标、经济指标和生态指标等易于量化，划为定量评价，可分为五个等级。

1. 定性评价等级

（1）高：表示所使用的原材料和产品对环境的有害影响较小。

（2）中：表示所使用的原材料和产品对环境的有害影响中等。

（3）低：表示所使用的原材料和产品对环境的有害影响较大。

2. 定量评价等级

（1）安全：有关指标达到本行业国际先进水平。

（2）较安全：有关指标达到本行业国内先进水平。

（3）一般：有关指标达到本行业国内平均水平。

（4）较差：有关指标达到本行业国内中下水平。

（5）很差：有关指标达到本行业国内较差水平。

为了方便统计和计算，定性和定量评价的等级分值范围均定为0～1。对定性评价三个等级，按照基本等量、就近取整的原则来划分各等级的分值范围（表6－3），对定量指标依据同样原则来划分各等级的分值范围，具体见表6－4。

**表6－3 定性指标的等级评分标准**

| 等级 | 分值范围 | 低 | 中 | 高 |
|---|---|---|---|---|
| 等级分值 | 0～1.00 | 0～0.30 | 0.30～0.70 | 0.70～1.00 |

**表6－4 定量指标的等级评分标准**

| 等级 | 分值范围 | 很差 | 较差 | 一般 | 较安全 | 安全 |
|---|---|---|---|---|---|---|
| 等级分值 | 0～1.00 | 0～0.20 | 0.20～0.40 | 0.40～0.60 | 0.60～0.80 | 0.80～1.00 |

**（二）评价方法的选择**

农产品安全质量评价结果的可靠程度一方面取决于监测数据的准确性，另一方面依赖于科学的评价方法，包括技术的选择。近年来，对农产品环境质量、重金属、农药残留限量、生产环节、加工环节过程等指标的评价方法的研究相当活跃，综合起来大致分为以下几类，现简单介绍如下：

1. 指数评价法

指数法的特点在于以监测数据与评价标准之比作为分指数，然后通过数学综合运算得出一个综合指数，以此代表污染或超标程度。

评价可分为单项评价和多项综合评价，单项评价一般根据国家标准或本底值采用超标指数法，评价其超标程度，做起来相对容易；综合评价则要考虑各种指标的综合作用，确定综合级别。

（1）单项污染质量指数法

采用以下公式计算：

$$P_i = \frac{C_i}{S_i} \tag{6－1}$$

式中，$P_i$为污染物i的环境质量指数；$C_i$为污染物i的实测浓度；$S_i$为污染物i的评价标准。

采用背景值确定污染起始值和污染分级，污染起始值是当地背景值平均值加2倍标准差，并以此为评价标准计算污染指数。如土壤污染可分为以下级别：

Ⅰ安全级：实测值与背景值相近，属清洁区；

Ⅱ警戒级：污染物在土壤中有积累，作物生长发育正常（$P_i \leq 1$）；

Ⅲ污染级：土壤受污染，农产品亦有污染物积累（$P_i > 1$）。

（2）综合污染指数法（内梅罗污染指数法）

采用以下公式计算：

$$P = \sqrt{[(C_i/S_i)^2 max + (C_i/S_i)^2 (ave) /2]} \qquad (6-2)$$

式中，$C_i$为污染物i的实测浓度；$S_i$为污染物i的评价标准；$(C_i/S_i)$ max为污染物种污染指数的最大值；$(C_i/S_i)$ ave为污染物污染指数的平均值。

$P \leq 1$表示未受污染，符合无公害农产品生产基地环境质量标准，可以作为无公害农产品生产基地；$P > 1$，说明已受污染，不能作为无公害农产品生产基地。

指数法综合评价是对整体质量做出定量描述，只要项目、标准、监测结果可靠，综合评价从总体上看足以反映指标不安全的性质和程度的，而且便于同在时间上、空间上的基本状况和变化的比较，是一种普遍采用的农产品生产安全评价方法。

2. 模糊评价法

模糊综合评价法是一种基于模糊数学的综合评价方法。该综合评价法根据模糊数学的隶属度理论把定性评价转化为定量评价，即用模糊数学对受到多种因素制约的事物或对象做出一个总体的评价。它具有结果清晰，系统性强的特点，能较好地解决模糊的、难以量化的问题，适合各种非确定性问题的解决。由于对农产品评价过程中存在大量不确定性因素，如环境污染级别、分类标准等都是一些模糊概念，因此模糊数学在综合评价中得到广泛应用。

应用模糊数学进行评价时，只需要一个由P项因子指标组成的实测样本，由实测值建立各因子指标对各级标准的隶属度集。如果级别为Q级，则构成$P \times Q$的隶属度矩阵，再把因子的权重集与隶属度矩阵进行模糊积，获得一个综合判集，表明各级标准的隶属程度，反映了综合级别的模糊性。

模糊数学的突出特点在于对事物的判别与评价，体现了客观存在的模糊性和不确定性，符合客观规律，具有一定的合理性。从目前的研究情况来看，由于在模糊综合评价中，一般采用线性加权平均模型得到评判集，使评判结果易出现失真、失效、均化、跳跃等现象，存在类别判断不准确或者结果不可比的问题，而且评价过程复杂，可操作性差。因此，在应用模糊理论进行综合评价方面还需进一步研究，研究的关键性问题是解决权重合理分配和可比性。

3. 灰色评价法

灰色评价是指基于灰色系统的理论和方法，针对预定的目标，对评价对象在某一阶段所处的状态做出评价。在灰色评价中，评价过程可以循环进行，前一过程的评价结果，可以作为后一过程评价的输入数据。因此，通过进行多层次的灰色评价，可以满足复杂系统的评价要求。灰色聚类可以推广到区间上，对于评价指标分级标准为区间数据的安全评价适用。

在评价中所获得的数据总是在有限的时间和空间范围内监测得到的，所提供的信息不完全或不确切，即部分信息已知，部分信息未知或不确切的系统，可以用灰色系统的原理来进行综合评价。

用灰色系统理论进行评价的基本方法是计算各因子的实测浓度与各级标准的关联度，然后根据关联度大小确定实际级别。灰色系统方法有灰色聚类法、灰色贴近度分析法、灰色关联评价方法等。

4. 物元分析法

物元分析法是根据各级标准建立经典域物元矩阵，根据监测值建立节域物元矩阵，然后建立各指标对不同标准级别的关联函数，取关联度最大值对应级别即为所评价级别。关联函数与灰色评价法的关联度及模糊评价法隶属度的区别在于，建立在可拓集合基础上的取值区间拓宽到实数轴，可拓集合的关联函数可用代数式表示，这就使得解决不相容问题时能够定量化，有助于从变化角度识别变化中的事物，更能反映事物的状态，具有较高的分辨率，可进行优劣排序，这在农产品安全等级的制定和比较上具有重要的意义。

5. 人工神经网络评价法

人工神经网络是一种由大量处理单元组成的非线性自适应的动力学系统，具有学习、联想、容错和抗干扰功能，具有客观性。应用人工神经网络进行评价，首先将已有标准作为“学习样本”，经过自适应、自组织的多次训练后，网络具有了对学习样本的记忆联想能力，然后将实测资料输入网络系统，由已掌握知识信息的网络对它们进行评价。这个过程类似人脑的思维过程，因此，可模拟人脑解决某些有模糊性和不确定性的问题。

目前，评价中应用较广泛的是 BP（Back Propagation）网络即反向传播模型，它的基本原理是利用最陡坡降法的概念，将误差函数予以最小化，把网络输出的误差逐层向输入层逆向传播并分摊给各层单元，从而获得各层单元的参考误差，调整相应的连接权，直到网络的误差达到最小化。

（1）BP 网络的结构

BP 网络是基于 BP 误差传播算法的多层前馈网络，多层 BP 网络不仅有输入节点、输出节点，而且还有一层或多层隐含节点（图 6－8），各神经元与下一层所有的神经元联结，同层各神经元之间无联结，用箭头表示信息的流动，这个流动过程是单向的。

在人工神经网络中，最基本的组成单位就是人工神经元（图 6－9）。人工神经元相当于一个多输入、多输出的非线性阈值器件。人工神经元的输出可以描述为：

$$y_k = f\left(\sum^{n=j=1} w_{kj}x_j - \theta_k\right) \tag{6-3}$$

式中，$x_1$、$x_2 \cdots x_n$为输入信号；$w_{k1}$，$w_{k2} \cdots w_{kJ}$为神经元 k 之权值；$\theta_k$为阈值；f（x）为激活函数；$y_k$为神经元 k 的输出。神经元模型中的激活函数可以有多种不同的形式，常用的有阈值函数、分段线性函数和 Sigmoid 函数（S 型函数）。其中 Sigmoid 型函数由于其连续、可微的性质，得到了较广泛的应用。在 BP 网络中就采用了这种类型的激活函数。一般情况下，在隐含层采用 S 型函数，而输出层采用线性激活函数。

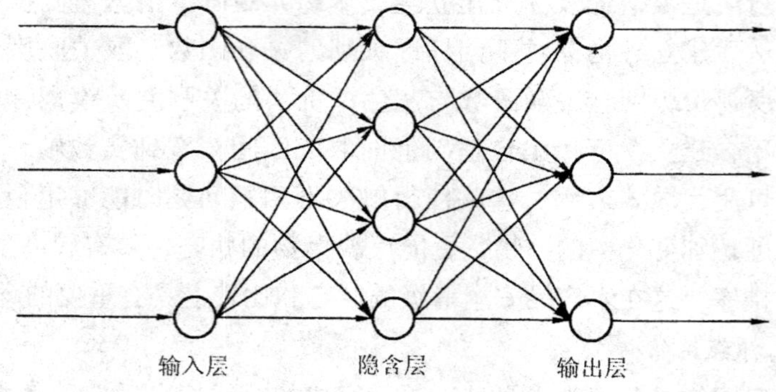


**图 6－8　两层 BP 网络拓扑结构**

（2）BP 网络的学习过程

BP 网络的产生归功于 BP 算法的获得，BP 算法属于 S 算法，是一种监督式的学习算法。其主要思想为：对于 q 个输入学习样本：$P^1$，$P^2$，$\cdots$ $P^q$，已知与其对应的输出样本为：$T^1$，$T^2$，$\cdots$ $T^q$。学习的目的是用网络的实际输出 $A^1$，$A^2$，$\cdots$ $A^q$ 与目标矢量 $T^1$，$T^2$，$\cdots T^q$ 之间的误差来修改其权值，使 A 与期望的 T 尽可能接近。

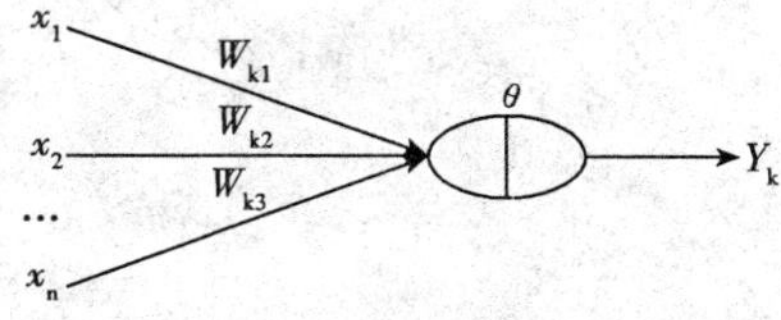


图 6－9　人工神经元模型

BP 算法是由两部分组成：信息的正向传递与误差的反向传播。在正向传播过程中，输入信息从输入经隐含层逐层计算传向输出层，每一层神经元的状态只影响下一层神经元的状态。如果在输出层没有得到期望输出，则计算输出层的误差变化值，然后转向反间传播，通过网络将误差信号沿原来的连接通路反传回来修改各神经元的权值直至达到期望目标。

人工神经网络用于评价有下述优点：①可允许有大量供调节参数；②运算速度快；③具有全息联想功能；④具有自组织、自学习、自适应和容错能力。

缺点是对于协同性较差的样本，评价结果易出现均化现象。

此外，为了加强农产品质量安全监督管理，提高农产品质量，《农产品质量安全法》对农业投入品管理、生产过程管理、经营加工管理都做了规定。目前，我国也引入了多种国际标准和认证以提高对农产品的生产、加工、运输、消费的质量安全保证，包括 GMP（良好生产规范）、GAP（良好农业操作规范）、HACCP（危害分析与关键控制点）等。这些标准的引入将推动农产品生产的标准程度，更重要的是，它们为评价质量安全提供了更有效的保证，使质量安全风险能尽早得到确认，确保农产品生产质量安全。

# 第五章　加强农产品质量安全保障

## 强化源头监管　健全追溯体系<br>全面提高农产品质量安全水平

山东省莘县农业局　宋忠祥　温　冰

莘县地处山东省西部，冀鲁豫三省交界处，全县辖24个乡镇（街道），1154个行政村，104万人，总面积1416平方公里，是国家级生态示范区、国家级出口食品农产品质量安全示范区、中国香瓜之乡、中国双孢菇之乡、中国小肉食鸡之乡。全县常年粮食总产20多亿斤，先后4次被评为“全国粮食生产先进县”；瓜菜菌种植面积90多万亩，产量460多万吨，被授予“中国蔬菜第一县”称号；小肉食鸡年出栏6亿多只，规模全国最大；生猪年出栏110多万头，是全国生猪调出大县。

近年来，在发展现代农业过程中，我县高度重视农产品质量安全工作，以基地和标准化生产为基础，以农业化学投入品控制为关键，以质量监管和可追溯体系建设为保障，切实加强从田头到餐桌的全程监管，农产品质量安全水平不断提升。我们的主要做法是：

### 一、强化组织领导，健全监管队伍

县里成立了由县长任组长的农产品质量安全管理工作领导小组，负责农产品质量安全政策的制定、发布，重大农产品质量安全突发事件的应急指挥，农产品质量安全管理责任目标完成情况的督导和考核；组建了由分管农业副

县长任办公室主任的农产品质量安全管理办公室，负责全县农产品质量安全管理工作的组织实施；组建了县农产品质量安全监控中心，副科级编制，具体负责全县农产品生产基地管理、销售管理、农业投入品市场管理和执法监管等工作。各乡镇（街道）都设立了农产品质量安全监管办公室，各村庄都配备了农安信息员，形成了上下联动、高效运转的县、乡、村三级农产品质量安全监管工作体系。

## 二、强化基地管理，严格按标准生产

一是制定农产品生产标准。在严格执行国家和省、市有关农产品质量标准的基础上，按照“全面、可行、简便”的原则，组织制定了《莘县农产品生产操作规程》、《莘县农业生产规范》等40多项生产标准，使生产有标可依。二是加强基地管理。实行基地管理准入制度。对监控设备、生产记录、检测记录、采摘记录齐全并且能定期上报生产信息的基地，经验收合格后，纳入管理范围。目前，全县有65处农业生产基地纳入管理范围。三是完善配套设施。各基地统一配备检测仪器、微机、标签打印机等设备，有专人负责，并与县监控平台联网。四是按照标准化要求组织生产。基地管理员负责协助督促农户做好生产记录，将记录信息及时录入微机并上传至平台数据库管理系统。五是推广先进生产技术。在生产过程中，优先物理防治，辅以化学防治，推广使用高温闷棚、粘虫板等物理防治措施，使用高效低毒农药和植物源农药，禁止使用高毒农药。

## 三、强化平台建设，实行全程监控

我县从维护消费者知情权出发，从抓基地入手，按照农产品“生产有记录、产品有检测、信息可查询、产品可追溯”的整体思路，组建了农产品质量管理和可追溯平台，配备了服务器、监控显示屏、操控台等管理设备。各试点基地、市场、农资经销点、乡镇农安办等也都安装了监控设备，配备了农残速测仪器和微机，并与县监控平台相连，纳入监管，对种子、种苗、生产、销售、检测、农资销售等环节进行全程实时监控。同时，建立了远程专家诊断系统，10名农业专家通过视频，常年为农民群众提供面对面的技术指导和服务。

## 四、强化信息查询，实现质量可追溯

开通了莘县农产品质量安全管理和可追溯系统网站，及时将纳入监管的基地产品信息在网站上进行发布，供消费者查询；同时，开发了追溯码生成和追溯标签打印系统，凡纳入监管的生产基地、交易市场、农民专业合作社、企业均使用统一模板的追溯标签，消费者可以通过登录莘县农产品质量安全管理可追溯系统网站、手机扫描追溯二维码和拨打人工查询电话3种方式查看产品名称、商标、产地、认证、种苗、浇水、施肥、用药、检测、采摘、销售等信息。

## 五、强化销售管理，打造农产品品牌

在销售管理上，首先对生产基地直接采摘的产品实行抽检。对合格产品，及时将相关信息上报县监控平台，进入销售环节交易。对不合格产品，报县质检中心复检，复检合格后进入销售环节交易；复检不合格的，就地销毁。在品牌使用上，我县根据产业特色，把培育“莘县知名产业品牌、地理标志产品品牌、优质安全品牌”三大品牌体系作为品牌建设的方向和重点，申报注册了“莘县香瓜”、“莘县蘑菇”、“莘县西瓜”等多个地理标志证明商标；目前，正在申报“莘县蔬菜”集体商标；全县无公害、绿色和有机“三品认证”品牌达到38个，初步形成了涵盖莘县主导产品的地理标志证明商标和“三品”认证品牌框架体系。强化品牌宣传，从2011年开始，连续举办了两届国际瓜菜节，2012年又在北京新发地农产品批发市场举办了莘县名优农产品推介会，在新发地设立了莘县蔬菜专销区。

## 六、强化源头监管，确保农业投入品安全

实行农资经营许可、市场准入备案制度，对农资经营单位，要求达到“五有条件”，即有技术人员、有仓储条件、有经营场所、有管理制度、有营业执照后方可经营。凡进入我县市场销售的化肥、农药和种子，都要到县农业部门进行登记备案，抽检合格，获得市场准入证书并加贴“检”字标签后，方可进入市场销售。目前，全县共有256个厂家的1240多种农药、肥料、种子在县农业部门进行了备案。强化农业执法，每年定期组织县农业、公安、工商、质监等部门，组成联合执法队，开展农资打假和禁限用农药稽查专项行动，从源头上确保农产品质量安全。

# 构筑四道防线保安全　建立追溯体系强责任

湖北省宜昌市农业局　熊长权　沈洪学

如何构建农产品质量安全监管工作长效机制，是各级各地农业主管部门及广大农业工作者多年来一直潜心研究和探讨的关键问题。近年来宜昌市在这方面进行了一些很好的探索和实践，在总结多年工作经验的基础上，概括出了“构筑四道防线，建立追溯体系”的农产品质量安全监管“两线工作法”模式。

## 一、“两线工作法”的初步成效

近年来，随着“两线工作法”的不断完善和发展，宜昌市的农产品质量安全工作取得了显著成效。截至2012年6月，全市没有发生一起重大的农产品质量安全事故，农产品质量安全水平稳步提高，有效保障了人民群众的消费安全。在2010年和2011年省政府组织的农产品质量安全工作责任状检查考核中，宜昌市综合考核评分在全省17个市（州）中连续两年排名第一。

### （一）农产品质量安全保持在较高水平

当前，我市紧紧围绕“两个确保，两手抓”的目标，加强监督，落实责任，强化监测，始终保持农产品质量安全监管和执法高压态势，农产品质量安全始终保持在较高水平。2011年，全市蔬菜抽检合格率为98.83%，水果抽检合格率为99.66%，食用菌抽检合格率为99.39%，茶叶抽检合格率为98.6%。2011年农业部对我市种植业产品进行了四次例行抽检，总体合格率为97.47%。省农业厅2011年在我市种植业产品开展了一次例行监测、两次监督检测，总体合格率为97.50%。2013年上半年农业部对我市种植业产品开展了两次例行监测、省农业厅开展了一次监督抽检，部省两级共抽取蔬菜样品80个，检出有2个不合格蔬菜样品，合格率为97.5%。市农产品质量安全监督检测站2013年1~6月在城区市场共抽取蔬菜样品2158个，其中有2个不合格样品，合格率为99.9%。

### （二）专项整治取得阶段性成效

2011年，根据省农业厅有关要求，市农业局联合工商、质监等部门在全市范围内实施了6大专项治理行动，共开展农产品质量安全集中专项整治行动50余次，覆盖市、县两级所有菜市场、生鲜超市，极大地维护了居民健康安全消费权益。2011年，全市农资打假专项行动，各级农业执法部门共出动执法人员4273人次，出动执法车辆300多台次，检查各类农资门店9283家次，整顿市场367个次，抽取农药样品64个，肥料样品18个，饲料样品45个，查处违规农资18.4万公斤，货值285万元，受理举报投诉47件，为农民挽回经济损失885万元。2011年查处各类案件共348起，涉及金额101万元，其中责令整改226起，立案查处158件，结案149件。在市非税局监督下集中销毁没收物质饲料560公斤、辣椒粉31公斤。2013年上半年，我市继续加大专项整治力度，截至目前，全市已出动农业执法人员2013人次，检查农资门店3458个次，整顿市场157个次，查处违规农资4.7万公斤，货值43万元，受理举报投诉3件，为农民挽回经济损失82万元。查处各类案件共35起，涉及金额43万元，其中责令整改6起，立案查处29件。

**（三）农产品标准化示范基地创建深入开展**

2011年10月11日，市政府印发了《宜昌市农产品标准化示范基地创建活动实施方案》，2013年3月6日，市政府组织召开了全市农产品标准化示范基地创建动员大会。市农业局认真贯彻落实标准化创建动员大会和《宜昌市农产品标准化示范基地创建活动实施方案》文件要求，分别组建了蔬菜、畜禽、水产标准化示范基地创建工作专班，制定了《宜昌市蔬菜标准化示范基地创建活动实施方案》、《宜昌市畜禽标准化养殖示范基地创建活动实施方案》、《宜昌市水产品标准化养殖示范基地创建实施方案》及相关考核评分标准。各行业广泛组织规模种植、养殖业主对照实施方案及相关考核评分标准开展示范基地创建宣传与培训，目前已有27家蔬菜生产基地、30家畜禽规模养殖场、15家水产养殖场申报参与示范基地创建。已申报标准化示范基地的单位积极按照示范基地创建实施方案的要求，进行了部分硬件环境改造与完善，加大场地基础设施投入。一些单位在不断完善生产设施的同时，聘请了有关技术专家进行技术指导，使标准化生产能够得到顺利实施。

**（四）监管体系建设取得重大进展**

抢抓国家启动新一轮市级农产品质量安全检测中心项目建设机遇，进一步整合市级农产品质量安全监管资源，加快宜昌农产品质量安全检验检测中心建设。市政府将农业综合检测中心项目纳入市重点建设项目，目前项目的可行性研究报告已获得省发改委批复。市级农产品质量安全检测中心项目已申报到农业部，农业部已确定将我市纳入2012年第一批项目投资计划。各县市区将乡镇农产品质量安全监管公共服务机构建设纳入食品安全保障和现代

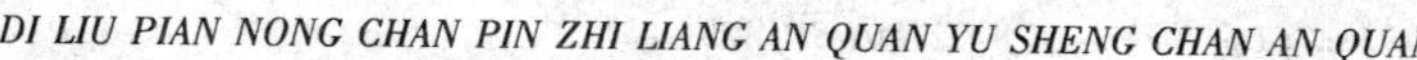

农业建设的重要议事日程，认真制定了建设方案和工作计划，并确定了一名联络员专门负责乡镇农产品质量安全监管站（所）建设进展情况的跟踪统计和信息报送工作。成立了宜昌市农业综合执法支队，核定全额拨款事业编制10名，人员从市直农业系统相关单位中调剂配备，2011年9月5日人员已全部到位。2012年1月11日，宜昌市水产品质量安全检验检测中心挂牌成立，这标志着市直农业系统农产品质量安全监督管理、检验检测、执法行政处罚“三位一体”的工作格局正式形成。

**（五）农产品质量安全网格化管理实现突破**

2012年5月28日，市农业局与市食安办、市社区网格管理监管中心联合召开城区农产品质量安全网格化管理动员培训会议，正式启动城区农产品质量安全网格化管理，实现农产品质量安全工作“部门管理”向“综合管理”、“行业管理”向“社会管理”转变，群众诉求处理和违法违规行为的发现处置更加及时有力，监管走向精细化。一是健全城区农产品质量安全网格化管理监管队伍。通过整合市直农业部门（含种植业、畜牧业、渔业）的监管和执法力量，组成了一支由46名监管执法人员组成的农产品质量安全网格化管理队伍。二是再造农产品质量安全投诉举报处置流程，限定案件签收、调查、检测、处理和反馈五个环节的处置时间，提高举报投诉案件的处置效率。三是完成基础信息数据库的比对，摸清管理对象的现状，做到心中有数。通过现场查看和信息比对的方式从城区121个社区、1110个网格中搜索出有农产品质量安全监管对象的64个社区和108个网格，摸清了城区111家菜市场和生鲜超市所在社区和网格。四是实现监管部门和社区网格员对接，实现农产品销售市场的动态管理。按照集中连片、方便管理的原则，将城区111个市场划分成23个农产品质量安全监管网格，实行2名监管执法人员负责1个农产品质量安全监管网格，进而实现网格监管员与社区网格员的对接，实行定人、定社区、定责任，实现了部门监管与社会监督紧密结合的农产品质量安全监管模式。截至目前，社区通过网格员上报农产品质量安全违法违规信息42件，通过部门核查立案查处2件。

## 二、存在的问题分析

我市的农产品质量安全监管“两线工作法”虽然取得了一定成效，但与法律规定、与省政府和群众要求相比，仍然存在着一些不容忽视的问题，主要表现在四个方面：

（一）宣传不够广泛深入，公众农产品质量安全意识还有待进一步增强。

整体上看，宣传覆盖面存在着重城市轻农村、重市场轻生产、重市民轻农民的现象，特别是对农产品生产企业、农民专业合作经济组织和种养殖大户的宣传不够全面深入，边远农村的宣传还留有死角。少数地方和部门的领导认识还不到位，农产品质量安全工作的自觉性和主动性还不够强。

（二）标准化生产进程亟待进一步加快。全市农产品生产经营分散，组织化程度较低，致使生产标准、技术规范难以落实到位，推进标准化生产难度较大。

（三）农产品基地准出、市场准入制度落实不够。一是农产品基地准出尚处于起步阶段，多数农产品生产企业、农民专业合作社和种养殖大户的生产记录不够规范、还没有配备自检设备。二是市场准入有待进一步完善规范。部分农产品经营者的进货检查验收制度不健全，自检制度执行不严，未建立规范的购销台账。

（四）监管能力建设有待进一步加强。一是机构不健全。大部分县市的农产品质量安全监管工作机构既缺人员又缺经费，难以正常开展工作；乡镇监管机构、村级监管人员有待落实。二是检验检测能力有待进一步提升。市农产品质量安全监督检测站核心检测设备需提档升级，与工作任务和要求不相适应。县（市）区农产品检验检测机构不健全，经费、人员欠缺，设备落后，无法满足工作之需。

## 三、对策与建议

通过近几年的实践和探索，可以说，我市的农产品质量安全“两线工作法”，方向是对的，做法是可取的，效果也是明显的。不仅要继续坚持，而且要进一步加大力度。“第一条线”是加强农产品质量安全监管的重要抓手，“第二条线”则是落实责任追究的重要保障，这两条线都是构建农产品质量安全监管工作长效机制的重要内容，是当前和今后一个时期农产品质量安全工作的主攻方向。具体来讲，下一步“两线工作法”重点从以下几个方面入手。

**（一）牢牢构筑四道防线，确保农产品质量安全**

1. 强化农业投入品监管，构筑第一道农产品质量安全防线。一是严格对农兽药、肥料、饲料、添加剂等农业投入品的市场准入和许可管理，对进入辖区内的农业化学投入品及其生产、经营企业进行考核，实行登记备案管理。二是组织开展农业投入品销售渠道清理，积极培育扶持农资经销龙头企业在农产品生产企业、农民专业合社、养殖场设立专营店，在专营店建立完备的台帐制度、质量赔偿制度，实行质量追溯。三是督促农产品生产企业、农民

专业合作经济组织和种养大户建立经营台账和投入品使用记录，弄清农业投入品的来源和销售去向。四是在全市范围内持续开展农资打假专项治理行动，对县市区主产基地农资经营店进行重点抽查，对城区的所有农资经营店进行“翻箱倒柜”式排查，做到不漏一户，把甲胺磷、瘦肉精、孔雀石绿等一系列国家公布的禁限用药物的非法生产、销售、使用等行为作为监管重点，及时发布国家和省公布的禁限用农业投入品名目。五是建立农业投入品安全使用制度，大力开展农兽药等农业投入品使用技术培训宣传，引导农产品生产者依法、规范、科学使用农业投入品，严格把握农兽药安全使用间隔期。大力推广动植物病虫害农业防治、物理防治、生物防治等绿色防控技术，降低化学农兽药使用量，减少农产品污染。六是开展新上市农用药物的抽检和试验工作，减少含有隐性禁用药物的普通农兽药的危害。

2. 大力推进标准化生产，构筑第二道农产品质量安全防线。以农产品生产企业、农民专业合作经济组织和种养大户为依托，分年度推进农产品标准化生产示范基地建设。到 2015 年底，创建蔬菜标准园 60 个、畜禽标准化养殖基地（小区）100 个、水产品健康养殖基地 50 个。要通过建立规模化、标准化、监管常态化、产品无公害化的蔬菜标准化示范基地、畜禽养殖示范场和水产健康养殖示范场，辐射带动全市三类农产品基本实现无公害生产，产品质量安全水平达到国家标准或行业标准，示范基地产品质量抽检合格率达到 100%，城区市场农产品抽检合格率药稳定在 98% 以上，县市政府所在城镇和乡镇市场农产品抽检合格率要达到 95% 以上。各级农业部门一是要严格按照农业部“规模化种植、标准化生产、商品化处理、品牌化销售、产业化经营”的要求，积极创建蔬菜、茶叶、柑橘、粮油等种植业产品标准化示范基地，突出抓好农业投入品“四统一”（统一采购、统一配送、统一剂量、统一施用），确保农业投入品使用安全，确保生产记录真实。二是要严格按照“畜禽良种化、养殖设施化、生产规范化、防疫制度化、粪污无害化、监管常态化”的要求，深入开展畜禽标准化养殖示范区创建活动。三是按照“基地建设规模化、产地环境无害化、养殖过程标准化、质量控制制度化、产品流通品牌化、生产经营产业化”的要求，加快建设水产品健康养殖示范基地。四是要建立以产品“三品一标”认证、规范化生产记录、严格投入品管理、准出检测、包装标识等为门槛的农产品标准化示范基地创建标准，加强监督检查，严格考核验收。

3. 严格实行产地准出制度，构筑第三道农产品质量安全防线。一是要依照法律法规有关规定，对食用农产品生产企业和农民专业合作经济组织生产的农产品实行以有标准化生产记录、有产品自检或委托检验合格证、有包装（指农业“三品”，鲜活畜禽、水产品除外）、有标识为门槛的农产品质量安全产地（种养基地、企业）准出制度，对从事农产品收购的单位或个人销售的食用农产品实行有标识为门槛的经营场所准出制度，督促市级龙头企业和示范合作社建立自律性检测室并开展准出检测。二是各级农业部门要依法监督，对未达到“四有”要求的农产品不准运销出生产企业和农民专业合作经济组织，未有标识的食用农产品不准运销出农产品收购者的购销点、仓库和门店等经营场所，违者依法查处。从现在开始，要把对农产品生产企业、农民专业合作经济组织和种养大户未按要求建立农产品生产记录的、伪造生产记录的或者发现不合格农产品流出产地不报告不通知的、或者未开展自律性检测的、或者对销售的产品不按规定进行包装标识的，作为农业综合执法和农产品质量安全检查的重点，定期不定期的开展专项检查和抽查，发现问题及时责令整改，逾期不改的依法予以严肃查处。

4. 严格实行市场准入制度，构筑第四道农产品质量安全防线。一是督导各类农产品销售市场严格查验食用农产品入市的四项条件证明材料（农产品产地证明和检验（检疫）合格证明；农业“三品”的有效证书和一年内检验（检疫）合格证明；农产品生产经营者与农产品市场签订的已明确质量安全责任条款的购销合同；进口农产品的检验（检疫）合格证明），具备其中任一项条件的，允许入市销售；不具备其中任一项条件的，经检测合格后方可入市销售，违者依法查处。二是督导农产品批发市场建立固定摊贩和流动商户的经营者身份信息档案（包括经营者姓名、身份证、主要经营品种和主要进货来源地等）；与固定摊贩和流动商户签订质量安全经营责任书，并督促其建立进销货台帐；对经营户进行经常性的质量安全教育。三是督导农产品销售市场建立进货登记制度；对进入市场内销售的农产品实行“逢进必检”，及时公示检测结果。四是监管部门要加强对市场销售农产品的质量安全抽查和市场监督管理，发现问题，及时依法查处，确保不发生农产品质量安全事件。

**（二）加快建立追溯体系，强化责任追究落实**

1. 建立上下连通的全市农产品质量安全追溯信息平台。以提升全市农产品质量安全全程监管和保障能力为目标，以保障消费安全为宗旨，按照农产品“生产有记录、信息可查询、流向可跟踪、责任可追究、产品可召回、质量有保障”的总体要求，建立一个能够涵盖全市所有农产品，网络所有农产品加工企业、专业合作社，覆盖从生产到加工乃至销售全过程的，以政府为主导、企业（合作社）为主体的公共的农产品质量安全监管追溯信息平台，

优先把市级以上龙头企业、农民专业合作社、“三品一标”获证单位和标准化生产基地全部纳入范围，严格推行标准化生产记录，逐步实现档案电子化管理，鼓励种养大户并引导小农户联合加入追溯信息平台。

2. 健全农产品质量安全追溯工作机制。依托各级农产品质量安全监管队伍，以企业和合作社为主要对象，统一要求建立规范的生产档案记录，进行网上登记备案。鼓励并支持建立电子化生产档案记录，进行网上信息公示。单个企业主体负责生产信息的采集、传递和建立电子化档案，区市农业部门负责本辖区生产经营主体的登记管理和信息核查，市级农业部门负责全市农产品生产档案信息的汇总、管理、分析、评价和反馈，市农产品质量安全追溯信息中心负责全市追溯查询平台的可持续运行。

3. 强化追溯实施主体的能力建设。大力实施农产品标注化示范基地创建活动，集中创建一批各具特色的标准化示范基地。通过标准化生产示范带动，积极引导农产品生产企业、农民合作社、认证产品和出口农产品生产基地建立生产档案，规范农产品包装和标识。严格落实产品产地自检制度，产地准出制度，推行农产品批发市场索证索票管理，把产地编码、产品编码、生产档案、包装标识、索证索票有机衔接起来。

4. 加大资金投入与技术支持。坚持行政推动与市场运作相结合的方法，建立农产品质量安全追溯经费多元化投入机制，加大项目经费支持。各级政府要把农产品质量安全追溯平台的运行维护经费列入财政预算，以确保工作正常开展。同时，要充分考虑农产品生产企业、合作社和基地整体管理水平较低，在软件系统应用方面能力较弱，农业部门需要为这些实施主体提供统一的追溯信息基础系统，并培训指导其操作使用。要加强管理人才和技术人才培训，既要培养一批能准确把握体系建设要点、推动农产品质量安全追溯管理的人才队伍，又要形成一批能掌握追溯信息技术要领、解决相关技术问题的专业人才队伍。

5. 科学引导安全消费。推进农产品质量安全追溯体系建设的关键，在于消费者是否认可，并愿意负担保障消费安全的费用。一方面通过加大宣传，积极引导消费者认识追溯标识码，这样可以影响消费者的购买行为，从根本上激发生产者实施追溯的积极性。另一方面，要充分利用信息平台，提升安全生产信息价值，促进产销对接，从而增强实施主体的实施意愿。

# 推进农产品质量安全监管工作 保障消费质量安全

湖南省茶陵县农业局　唐爱亭　谭明华　易建辉

2012年，在省、市主管部门的大力支持下，茶陵县农业局与各有关职能部门密切合作，紧紧围绕年初工作目标和上级下达的各项工作指标，以蔬菜生产和农残检测为重点，扎实推进农产品质量安全管理工作，取得了一定的成效。

## 一、工作成效

（一）公众安全消费意识明显增强。随着社会经济条件的改善和人们生活水平的提高，农产品生产者、经营者安全生产与消费意识不断提高，尤其是广大消费者学法普法的积极性空前高涨，蔬菜食品安全消费已成为人们共同关注的社会热点。近几年，我县农产品质量安全管理工作不断深入，全县上下形成了齐抓共管的良好农产品质量安全管理社会氛围。

（二）农产品质量安全水平明显提升。几年来，我县以蔬菜为主的农产品质量安全状况明显改善，全县没有发生群体性农产品质量安全事故。茶陵县农产品质量安全检验检测中心的监测数据表明，蔬菜农残含量降低是我县蔬菜产品质量提高的主要标志，2012年蔬菜农残检测质量合格率达99.5%，比2008年提高近三个百分点，比2005年我县刚刚启动农残检测工作时高出了近十个百分点。

（三）高效低毒生物农药得到广泛推广应用。近几年来，我县大力普及推广无公害蔬菜生产技术，农业投入品的监管得到显著加强，甲胺磷、甲基对硫磷、对硫磷、久效磷、磷胺五种剧毒有机磷农药按国家要求早已在蔬菜生产上禁用。据统计，2012年茶陵县蔬菜播种面积（含复种）6.5万亩，使用高效低毒生物农药面积达6.1万亩，推广使用率达93.8%。

（四）农产品质量安全检测体系建设得到加强。从2005年起，我县在县城中心农贸市场和城西农贸市场分别设立了蔬菜农药残留检测点，对进入市场交易的蔬菜产品常年进行质量监管。2011年农业局投入资金5万元，对两

个检测点进行全面的装修改造，极大地改善了办公条件，并增添部分检测设施，有效地提高了检测能力。目前，茶陵县农产品检测中心年检测能力已由过去的8000个左右提高到现在的15000个以上。

## 二、主要工作措施

（一）抓大众宣传，提升安全消费意识。农业局始终把普及宣传农产品质量安全法律法规知识作为一项基础性工作长抓不懈，收到了良好的社会效果。据统计，全年我局在《湖南农业信息网》、《株洲市农业信息网》、《茶陵县农业信息网》、县电视台上发布有关农产品质量安全信息20多条，刊印《农产品质量安全例行检测报告》12期，印发《农产品质量安全宣传》、《农产品质量安全法》、《食品安全法》等宣传资料12000多份，指导消费者科学食用、安全消费，取得良好的社会反响，为今后我县全面、深入地开展农产品质量安全管理工作营造了良好的社会氛围。

（二）抓蔬菜生产，严控质量安全源头。蔬菜生产管理是我县农产品质量安全管理工作的重头戏，抓好基地建设、强化技术指导，更是农产品质量安全源头管理的重要环节。2012年，我们重点抓了以下三项工作：一是组织专业技能培训。4月21～27日，选送10名业务骨干和蔬菜种植能手赴山东寿光参观学习反季节蔬菜育苗、种植及栽培新技术；4～9月份，在城关、马江等乡镇举办蔬菜技术培训班3期，培训120人次，重点是普及推广无公害蔬菜生产技术。通过参观学习和业务培训，进一步增强蔬菜生产者安全意识，有力带动了县内农产品质量安全水平的提升；二是规范生产基地管理。按照标准化生产和市场准入制工作的相关要求，进一步加强了对城关前进村、思聪华星村、马江东冲村和界首贺铺村等蔬菜生产基地的田间生产档案管理工作，向农户和基地免费发放《田间生产管理档案》800多本，要求各基地、各农户在蔬菜生产过程中详细记录种子、农药、化肥等农业投入品的购置、使用情况，从源头和基地抓好农产品质量监管，强化基地管理；三是开展“三品一标”认证。目前，我局已认证申报12个无公害蔬菜产品，2个绿色食品。目前，土壤、水体监测及材料申报工作已全部完成，有力地推进了我县农产品质量安全体系建设。

（三）抓农残检测，保障消费质量安全。目前，我县农产品检验检测工作基本实现制度化、规范化、常态化。2012年全县共抽检农产品样16430个，其中合格样14350个，质量合格率达99.5%。在抓好日常例行检测的同时，我们突出了重点时段和关键环节的质量监管。在5月28～30日中国红色旅游文化节和高考期间，我局高度重视，精心组织，对有接待任务的紫荆花、满春园、格兰春天、中天、厨嫂当家等单位和一中、二中两个高考考点学校，将责任落实到人，全力部署，确保了农产品质量安全。9月6日，县食安办、农业局、工商局联合举办2012年农产品质量安全监管工作暨蔬菜农药残留检测技术培训班，来自步步高、福得旺、好家乡等超市管理员及蔬菜销售员参加了培训，全面启动农药残留检测工作，农产品检验检测记录工作同步进行。

（四）抓市场整治，积极履行监管职责。我局以农业行政执法为手段，以农产品质量整治为重点，依法履行工作职责，强化农产品市场监管。一是坚持依法行政。两个农残检测点在日常检测工作中检测出的不合格农产品，坚决依法按程序办事，绝不姑息迁就。目前已累计没收处理量不合格农产品达500多公斤；二是开展执法协作。3～8月份，我局联合工商、市管、广电等职能部门，先后开展了3次农产品质量执法行动，通过明察暗访，摸底排查，对问题农产品进行查处；三是强化投入品监管。上半年，先后出动30批210人次，对蓝天种业、新农农资、亚华种业、隆平种业等195个农资经营店面进行执法检查，共查处未审先推等杂交水稻品种6个，收缴种子993.6公斤；查处违规标示标签农药1个，收缴农药110公斤；立案查处违规经营3例。

2013年重点是抓好以下几个方面的工作。一是加快无公害蔬菜基地建设步伐；二是大力开展农产品质量安全集中整治活动；三是加强农产品销售市场农残检验检测工作；四是切实加强“三品一标”的申报认证工作。

# 第七篇
# 中国新农村建设

# 第一章　中国新农村建设的现状与变化

## 第一节　新农村建设的现状、问题与进展

国务院发展研究中心“推进社会主义新农村建设研究”课题组于2006年就新农村建设现状在全国范围内进行了调查。本次调查涉及17个省（市、自治区）、20个地级市、57个县（市）、166个乡镇、2749个村庄。其中云南、贵州、青海、甘肃、广西、四川、重庆、陕西等西部省市区共839个样本，占30.5%；内蒙古、河南、湖南、湖北等中部省区共759个样本，占27.6%；江苏、上海、浙江、山东等发达地区共1151个样本，占41.9%（表7－1）。样本选择的方法是：每个调查省及地（级）市选3个县（区），每个县（区）选3个乡镇的全部行政村进行问卷调查。基于此次调查了解的情况，形成此调查报告。

**表7－1　调查点的地区分布**

| 西部省份 | 调查村数 | 中部省份 | 诲查村数 | 东部省份 | 调查村数 |
|---|---|---|---|---|---|
| 1. 贵州省安顺市紫云县、平坝县、西秀区 | 169 | 1. 湖北省宜昌市秭归县、枝江市、夷陵区 | 139 | 1. 浙江省湖州市德清县、长兴县、吴兴区 | 145 |

| | | | | | |
|---|---|---|---|---|---|
| 2. 云南省红河自治州个旧县、元阳县，蒙自县 | 50 | 2. 湖北省当阳市、荆州市监利县、黄冈市罗田县 | 100 | 2. 江苏省苏州市吴中区、相城区、张家港、常熟市、太仓市、昆山市、吴江市 | 300 |
| 3. 重庆市万州区、江北区、永川县 | 89 | 3. 河南省鹤壁市淇县、浚县 | 285 | 3. 江苏省南通市海安县、海门市、通州市 | 91 |
| 4. 四川省攀枝花市米易县、盐边县 | 75 | 4. 河北省张家口市尚义县、涿鹿县、赤城县 | 135 | 4. 上海市金山区 | 124 |
| 5. 广西贺州市富川县、八步区、钟山县 | 108 | 5. 湖南省娄底市双峰县、娄星区、涟源市 | 100 | 5. 山东省淄博市桓台县、沂源县、临淄区 | 312 |
| 6. 陕西省铜川市宜君县、印台区、耀州区 | 96 | | | 6. 山东省枣庄市滕州市、枣庄市中区 | 179 |
| 7. 甘肃省庆阳市正宁县、西峰区、环县 | 105 | | | | |
| 8. 青海省海南州贵德县、共和县 | 67 | | | | |
| 9. 内蒙古锡林郭勒盟多伦县、大仆寺旗 | 80 | | | | |
| 合计 | 839 | 合计 | 759 | 合计 | 1151 |

注：河北省因选取的样本县主要位于中部，按中部省份统计。

## 一、村级组织的现状与特点

这次被调查村庄就自然地形而言，属于平原地区的占50%，属于山区的占27%，属于丘陵区的占22%；就城郊类型而言，一般村庄占80%，乡镇政府驻地村庄占13%，中小城市郊区村庄占6%，大城市郊区村庄占1%；就在

当地县内的贫富类型而言，一般村庄占9%，比较穷的村庄占32%，比较富裕的村庄占9%；就农民实际收入水平状况而言，低于或等于全国农民平均收入水平的村庄占53%，高于全国平均水平的村庄占47%。

**（一）村级集体收入差距较大**

总体上看，村集体经济实力相差悬殊，多数村庄的集体经济收入微薄。集体收入低于5万元的村占到近一半，低于10万元的占到近60%，高于50万元的村占22.6%，高于100万元的村占到16%。村级集体经济收入的平均值为190.8万元，剔除少量超过1亿元收入的特殊样本后，调整后的集体经济总收入平均水平为79.2万元。东、中、西部集体经济差距明显。西部、中部各有91.4%、75.9%的村庄收入在10万元以下，而东部有近60%村庄集体收入在10万元以上。西部和中部集体收入高于100万元的村庄分别占比为3.9%和1.2%，而东部这一比值为33%。

**（二）村集体收入的主要来源**

总体上看，村集体本身收入是村级经济总收入的主要组成部分，占到集体总收入的69.15%。其中，村农业承包收入占到总收入的38.08%，占比较大，村办企业收入占17%，财政性补助占16.44%，厂房、土地及其他财产租赁费收入占10.19%，村级农林牧渔直接经营收入占比较少，只有3.88%。分地区看，东部地区村集体本身收入比例最高，为76.20%，东部地区村办企业收入、土地厂房等资产租赁费收入的比例也高于中西部地区。

**（三）东、中、西部集体支出差距明显**

所有被调查村庄中，集体支出在1万～5万的频率最高，为31.1%，支出超过20万元、50万元、100万元和200万元的村庄分别为32.2%、21.9%、14%和5.8%。

西部地区支出在5万元和10万元以下的村庄分别占到78.1%和87.9%，中部这两个支出区间的比例分别为51.1%和74.2%，而东部却只占到17.8%和25.4%。东部有61%村庄支出在20万元以上，而中部和西部村庄分别只有11.7%和5.6%。东部有三成村庄支出超过50万元，而中、西部只有不到1%和3%，差异明显。

综合调查数据看，入不敷出、收支平衡或有盈余的村庄分别占38.23%、14.75%和47.02%（表7－2）。

表 7-2　分地区村集体收支平衡状况（单位:%）

| | 全部村庄 | 东部 | 中部 | 西部 |
|---|---|---|---|---|
| 入不敷出 | 38.23 | 38.29 | 39.64 | 36.59 |
| 收支平衡 | 14.75 | 3.01 | 19.97 | 28.97 |
| 有盈余 | 47.02 | 58.70 | 40.39 | 34.44 |

**（四）村庄集体福利支出地区间差距显著**

东部地区村均福利费开支最大，中部次之，西部最少，东部地区村均开支是中部的19.77倍，是西部的23.54倍；从开支结构分析，中西部地区村均年福利费开支在5000元及以下的村占绝大多数，中西部地区村均年福利费开支在10万元以上的村所占比例都在1%上下，东部则高达28.92%（表7-3）。

表 7-3　分地区村庄集体福利支出情况

| | 西部地区 | 中部地区 | 东部地区 |
|---|---|---|---|
| 福利费村均开支（元/年） | 5415.95 | 6448.90 | 127500 |
| 福利费≤0.5万元的村（%） | 85.95 | 64.78 | 25.47 |
| 0.5万元<福利费<10万元的村（%） | 12.97 | 34.04 | 45.61 |
| 福利费≥10万元的村（%） | 1.08 | 1.18 | 28.92 |

**（五）村级债务负担沉重**

被调查村庄集体平均负债水平为176.23万元，东部村庄平均负债305.61万元，中部平均负债52.48万元，西部平均负债22.77万元。村集体负债主要来自个人借款，平均比重占到了41.43%，中部地区个人借款比重最高，达到了53.46%。信用社也是村庄借款的主要渠道，平均比重占到了17.85%，而且西部地区村庄信用社贷款比重最高，达到了25.86%，说明西部地区对信用社贷款的依赖程度也比较高。

**（六）村干部状况**

一是年龄结构明显偏大。平均每个行政村有村干部5.41人，干群比例为1:331。村干部平均年龄45岁，其中40岁以下（含40岁）的占26%，41岁以上的占74%，平均任职年限10年。调查中发现，在相当一部分村庄，凡是知识水平高、思想相对活跃的年轻人都在外打工经商，而能力差、人缘好、年纪大的又干不了村干部，村干部老龄化问题非常突出。

二是近一半村干部为高中及以上学历，东部村干部学历层次较高。村干部中有高中及以上学历的共7003人，占全部村干部的47.2%，平均每个行政村有2.79名高中及以上学历的村干部。在2510个村的有效数据中，有145个村没有高中及以上学历的村干部，占5.78%；有1645个村有1~3名高中及以上学历的村干部，占65.5%；有720个村有4个以上高中及以上学历的村干部，占28.7%。

三是村干部报酬相差悬殊。村干部年工资平均为8714元。从分布情况看，年报酬低于平均水平的共2038个村，占77.7%，高于该水平的共584个村，占22.3%，其中年报酬在30000元以上的村共266个，占10.1%；年报酬低于2005年全国农民人均纯收入的村共1360个，占51.9%，高于该收入的村共1262个，占48.1%。从区域分布看，东部地区村干部年均工资是西部的7.21倍，是中部的6.27倍。

## 二、农民收入总体水平偏低，收入差距悬殊

### （一）地区之间农民收入差距悬殊

被调查村庄农民人均纯收入水平达到了3823元，高于2005年全国的平均水平。从收入分组情况来看，收入水平在2000~2999元的村庄比重最高，达22.01%，并且近一半的村庄农民人均纯收入低于3000元。

中西部地区和低收入农户收入增收难问题突出。分地区来看，中部和西部地区农民的人均纯收入都远低于东部地区，分别是东部地区人均收入的47.14%和33.09%。贵州安顺市农民人均纯收入只有997元，不到全国人均水平的1/3。苏州市农民人均收入为8797元，超过全国人均水平的2倍，是安顺的8倍。根据浙江省农民人均纯收入五等份分组资料，2005年全省低收入组的20%的农户人均收入1864元，仅比2001年的1611元增加253元；2005年高收入组的20%的农户人均收入14412元，比2001年的9357元增加了5055元。高收入组与低收入组的差距由2001年的5.8倍扩大到2005年的8倍，而这期间的收入增量相差20倍。

表7-4 分地区农民人均纯收入情况

| | 人均纯收入（元） | 村庄样本数 | % |
|---|---|---|---|
| 东部 | 5738.93 | 1229 | 46.55 |
| 中部 | 2705.19 | 594 | 22.50 |
| 西部 | 1898.86 | 817 | 30.95 |
| 合计 | 3866.49 | 2640 | 100 |

从表7-5可以看出，东部地区的人均纯收入在7000~7999元的村庄比重最大，并且将近半数样本村的人均纯收入在6000元以上。中部地区村庄人均纯收入集中分布在2000~2999元，同时，超过6成的村庄人均纯收入在3000元以下。西部地区村庄的人均纯收入也是集中在2000~2999元，但超过半数的村庄人均纯收入低于2000元。

**表7-5　分地区分收入组比重结构（单位:%）**

| 人均纯收入（元） | 东部 | 中部 | 西部 |
|---|---|---|---|
| <1000 | 3.17 | 5.39 | 22.52 |
| 1000~1999 | 6.02 | 20.71 | 31.33 |
| 2000~2999 | 6.18 | 37.21 | 34.76 |
| 3000~3999 | 13.43 | 29.46 | 9.18 |
| 4000~4999 | 12.86 | 6.90 | 1.47 |
| 5000~5999 | 11.07 | 0.00 | 0.49 |
| 6000~6999 | 9.60 | 0.00 | 0.00 |
| 7000~7999 | 14.89 | 0.00 | 0.00 |
| 8000~8999 | 10.82 | 0.00 | 0.00 |
| 9000~9999 | 8.79 | 0.00 | 0.00 |
| >10000 | 3.17 | 0.34 | 0.24 |
| 合计 | 100 | 100 | 100 |

**（二）农资价格过高、缺乏资金与技术是农民增收的主要制约因素**

农资价格偏高是农民增收难的最突出原因。表7-6展示了2491份有效问卷中农民对增收困难的原因选择情况，排在首位是农资价格过高，选择此项的村庄比例接近70%，也是所有原因中唯一超过半数的选项。选择缺乏资金与缺乏技术两项的比例接近50%，分别排第二和第三。交通不便和外出打工不容易，在众多原因中分别排在倒数第三和第二位。这反映出，近几年国家大力改善农村交通问题取得了较好成效，同时农民外出打工的途径比较多。

**表7-6　农民增收困难的原因选择**

| 原因 | 选择该项的村庄所占比例 |
|---|---|
| 农产品价格偏低，农业生产资料价格高 | 69.45% |
| 调整农业结构不容易，缺乏技术 | 47.37% |
| 缺泛资金 | 47.29% |

| | |
|---|---|
| 每亩地收入不高 | 35.25% |
| 本地发展二、三产业不容易 | 33.80% |
| 农民观念落后 | 33.52% |
| 农产品销路不好 | 29.51% |
| 每家土地规模太小 | 27.94% |
| 自然条件差，自然灾害频繁 | 23.93% |
| 位置偏远，交通不便 | 22.60% |
| 出去打工不容易，劳动力仍有富余 | 21.56% |
| 其他 | 1.24% |

## 三、农村土地承包关系与土地流转状况

### （一）农户承包经营是土地经营的主导方式

调查显示，目前土地农户承包经营的比例达到94.2%。其中，东部为91.6%，中部为97.4%，西部为95.2%。土地集体统一经营比例较低，平均为4.3%。其中，东部为5.8%，中部为2.3%，西部为3.6%（表7－7）。仅有上海市土地集体统一经营的比例达到了11.3%，其他省份基本上都在5.0%以下。

表7－7　分地区土地经营方式

| | 集体统一经营 | 农户承包经营 | 部分集体经营 | 部分分给农户经营 |
|---|---|---|---|---|
| 全国 | 4.3% | 94.2% | 4.7% | 1.7% |
| 东部 | 5.8% | 91.6% | 7.3% | 3.0% |
| 中部 | 2.3% | 97.4% | 3.5% | 0.8% |
| 西部 | 3.6% | 95.2% | 1.8% | 0.5% |

### （二）第二轮土地承包以来土地调整情况

调查显示，第二轮承包以来平均已有12.5%的行政村进行过土地调整，东部调整的比例最高，达到了15.6%，中部为11.3%，西部为9.2%，其中，浙江、内蒙古等地土地调整比例较高，分别达到45.5%、36.1%。在调整土地的行政村中，85.1%的村为1～2次，其中1次的比例为54.5%，2次的比例为30.6%；调整时间以3年和5年为主，分别占24.5%和55.1%（表7－8）。

表 7 - 8　分地区第二轮土地承包以来土地调整情况

| | 调整土地村庄比重 | 调整次数 | | | | 调整时间 | | |
|---|---|---|---|---|---|---|---|---|
| | | 1 次 | 2 次 | 3 次 | 其他 | 3 年 | 5 年 | 其他 |
| 全国 | 12.5% | 54.5% | 30.6% | 9.9% | 5.0% | 24.5% | 55.1% | 20.4% |
| 东部 | 15.6% | 56.1% | 30.7% | 7.0% | 6.2% | 20.4% | 63.3% | 16.3% |
| 中部 | 11.3% | 41.7% | 31.7% | 20.0% | 6.7% | 17.9% | 53.6% | 28.5% |
| 西部 | 9.2% | 66.7% | 29.2% | 4.2% | 0 | 42.9% | 38.1% | 19.0% |

### （三）土地流转有了一定发展，以本村内流转为主

多数被调查村庄有出租土地的现象，比例达到 79.3%，平均每个村出租土地农户的比例为 20.2%。东部省份土地流转率相对较高，出租土地的村庄达到 86.5%，每个村出租户的比例达到 27.4%，其中上海市所有被调查村都有土地出租的农户，土地出租户占全村农户的比重达到 42.0%，而中、西部地区出租土地农户占全村农户的比重仅为 11.8% 和 14.1%（表 7 - 9）。可以看出，土地流转与地区经济发达程度、城镇化水平具有很强的相关性，经济比较发达的沿海地区农户土地出租率较高，经济相对落后的中、西部地区出租率较低。

土地流转以村内流转为主，流转到外村的较少。调查显示，在发生土地流转的农户中，63.8% 的农户将自己承包经营的土地全部流转给了本村村民，中、西部的比例明显高于东部。其中东部为 55.1%，中部为 75.5%，西部为 65.8%。江苏、四川两省被调查村流转到村外的比例稍高，其中江苏有 38.6% 的行政村将出租的土地全部流转到了村外，四川的比例为 29.0%，其他省份绝大多数的行政村全部流转到村外的比例都低于 10.0%。可以看出，土地流转以本村为主，跨村流转现象不突出。

调查显示，土地流转租金全国平均只有 293 元/亩。其中，东部省份平均为 417 元/亩，中部省份为 185 元/亩，西部省份为 171 元/亩。经济发达的东部江苏苏州市、上海金山区租金较高，每亩达到 595 元和 468 元。

表 7 - 9　分地区土地流转情况

| | 有出租地的行政村比例 | 平均每个行政村出租户比例 | 流转给本村的比例 | | | 租金（元/亩） |
|---|---|---|---|---|---|---|
| | | | 0 ~ 50.0% | 50.0% ~ 100% | 其中，100% | |
| 全国 | 79.3% | 20.2% | 18.7% | 81.3% | 63.8% | 293 |
| 东部 | 86.5% | 27.4% | 29.5% | 70.5% | 55.1% | 417 |

| 中部 | 69.7% | 11.8% | 6.8% | 93.2% | 75.5% | 185 |
|---|---|---|---|---|---|---|
| 西部 | 79.7% | 14.1% | 14.8% | 85.2% | 65.8% | 171 |

## 四、土地征用是农村矛盾的焦点

土地是农村经济发展的基本要素，土地问题也是农村中矛盾频发的一个焦点，其中尤以土地征用问题比较突出。对2749个村庄的统计结果显示，有村民上访的村庄比例为28.9%。分地区看，东部发生上访的比例最高，为32.5%，西部次之，为27.6%，中部最低，为24.8%。

村民上访反映最集中的问题是土地问题，主要有土地征用、承包地流转和宅基地等问题。调查显示，约40%的村民上访反映的是土地征用问题，承包地流转占26%，合计65.4%；东部地区的土地问题矛盾比较突出，因土地征用上访的占48.1%，因承包地流转上访的占25.6%，合计73.7%；西部地区次之，因土地征用上访的占34.5%，因承包地流转上访的占24.3%，合计58.8%；中部地区因土地征用和承包地流转上访的分别占26%和28.8%（表7－10）。

**表7－10　分地区村民上访反映最集中的问题（单位:%）**

| | 合计 | 西部 | 中部 | 东部 |
|---|---|---|---|---|
| 土地征用 | 39.4 | 34.5 | 26.0 | 48.1 |
| 承包地流转 | 26.0 | 24.3 | 28.8 | 25.6 |
| 污染 | 24.3 | 18.4 | 17.5 | 30.4 |
| 社会治安 | 10.2 | 14.1 | 11.3 | 7.7 |
| 其他 | 7.3 | 8.7 | 16.4 | 6.3 |

根据课题组对北京、江苏、山东、四川四省市范围内的4个县（市、区）、13个乡、39个村的1100多户被征地农民的访谈，按照普遍采用的人均耕地0.2亩的标准计算，69.5%的家庭属于失地农户，55.4%的农户家庭完全失去了土地。征地后仍有39.8%的劳动力从事农业生产，31.5%转向二、三产业，28.6%成为无业人员或年老赋闲。农民失地后大量转向二、三产业，但拥有稳定工作的劳动力并没有明显增加。总体而言，征地后家庭收入普遍提高，家庭收入增加的家庭占被调查家庭的73.75%，收入不变的家庭占2.97%，收入减少的家庭占23.28%。四川和山东两地征地后家庭收入减少的农户接近四成，而北京征地后收入减少的相对较少（17.41%），苏州几乎不存在这一情况（1.44%）。

对于目前的土地政策改革方向，73.96%的农户表示应该提高土地补偿的标准。调查表明，85.75%的耕地被征后用于开发性项目或商业性用地，主要用于修建厂房或进行房地产开发；纯公益性用地比例为7.19%，主要用于学校、政府办公用地；城市基础设施建设用地比例为7.07%，主要用于修路。如此高比例的土地用于商业性用途，土地价值得到提升，而农民获得的补偿在土地出让价值中仅占很小的比例。农民对提高补偿的要求非常迫切（表7－11）。

**表7－11　农民认为征地制度改革最应该解决的问题**

| 调查地区 | 提高补偿标准 | 完善征地程序 | 缩小征地范围 | 允许农民自己开发 |
|---|---|---|---|---|
| 总计 | 73.96 | 28.30 | 12.39 | 7.32 |
| 朝阳 | 76.25 | 17.50 | 1.67 | 9.58 |
| 吴中 | 77.95 | 14.45 | 3.42 | 9.89 |
| 双流 | 85.05 | 32.89 | 4.98 | 5.98 |
| 滕州 | 40.4 | 31.1 | 25.3 | 3.2 |

## 五、农村宅基地的现状与村庄整治

### （一）农村宅基地供求矛盾突出

在被调查的2749个村庄中，户均宅基地面积平均水平为0.59亩，人均面积平均水平为0.16亩（108平方米）。村庄宅基地面积平均相当于同村耕地面积的21%。建设部颁布的村镇规划用地指标为人均用地80～100平方米，发展用地偏紧的地区，宜在人均用地60～80平方米。从本次调查情况看，被调查地区农村的宅基地占地规模和水平总体上略高于村镇规划用地指标。在被调查的2749个村庄中，有超过1/3（39%）的村庄反映农村宅基地供求矛盾突出。

随着大批农民进城从事二、三产业，一些农民还在城市购买了商品房，由于流转受到限制等原因，进城农民绝大多数都没有处理旧房屋或宅基地，农村宅基地及房产长年闲置的程度越来越严重，形成了越来越多的“空心村”。被调查的所有村庄中，有45%的村反映村里还有废弃的旧房及宅基地。这些村多数集中在中西部地区和北方地区。在存在废弃的旧房及宅基地的村庄，闲置宅基地估计占地平均每个村为44.15亩左右，占村庄现居住总面积的比例为10.4%。这表明农村宅基地整理的潜力很大。

在被调查的2749个村庄中，搞过宅基地整理的村占1/4（26%）左右，

节省出来的面积平均为55亩，占原宅基地总面积的比重为16%。节省出来的地主要是用于农业开发，比重达到58%，其次是村办企业，占13%，物业出租，占6%。开展宅基地整理工作最多的前五个地区依次是上海金山、江苏南通、河北张家口、山东枣庄和甘肃庆阳。其中上海金山最高，已经有近一半的村（49%）开展过宅基地整理工作，平均每个村整理出宅基地139.3亩，占原宅基地总面积的比重达到15.7%。

**（二）农民对集中居住及合并村庄的态度**

在被调查的村庄中，认为有必要引导农民集中居住的村的比例略多，为55%，认为没有必要集中居住及合并村庄的占45%。关于引导农民集中居住的难点，调查中反映，最大的难点是贫困户承担不了成本，占被调查村的比例为60%；农业生产不方便、生活成本增加和村里的住房刚建好等则分别占45%、35%和31%。其中反映村里的住房刚建好的比例约1/3，是一个不低的比例，显示对村庄进行改造要慎重。分地区看，有集中反映最大的难点是农业生产不方便的地区，包括重庆市、江苏南通和江苏苏州市3个地区；也有集中反映最大的难点是生活成本增加的，包括河北张家口和上海金山2个地区。有近一半（48%）的村担心进行了村庄改造，农民家家户户都欠债。有34%的村担心违背农民意愿，搞片面的村庄撤并。

## 六、农村劳动力就业结构和供求关系发生显著变化

**（一）近一半农村劳动力转入非农产业**

此次调查涉及2005年212.73万农村劳动力的就业情况，从就业结构看，每个村平均拥有劳动力1081人，务农的占52.43%，在本地从事非农业的占21.06%，外出打工的占26.51%。村庄一级的就业结构地区间呈现明显的差异，东、中、西部地区务农劳动力比重分别为43.37%、58.61%和61.92%；在本地从事非农业的劳动力比重分别为34.66%、10.37%和8.64%；外出打工的劳动力比重分别为21.97%、21.02%和29.44%。中西部地区劳动力流出的比例都比较高。东部地区的农村是劳动力的重要流入地。平均每个村吸收外来劳动力491人，外来劳动力与本村劳动力的比例接近1∶3（表7－12）。

表7-12　2749个村庄农村劳动力的就业构成　（单位：人、%）

| | 本村劳动力 | | 外出打工 | | 本地务农 | | 本地从事非农业 | | 外来打工 | |
|---|---|---|---|---|---|---|---|---|---|---|
| | 人数 | 占全村总人口比例 | 人数 | 比例 | 人数 | 比例 | 人数 | 比例 | 人数 | 占本村劳动力比例 |
| 全国 | 1081 | 55.25 | 260 | 26.51 | 543 | 52.43 | 278 | 21.06 | 273 | 18.03 |
| 东部 | 1226 | 56.7 | 246 | 21.97 | 473 | 43.37 | 507 | 34.66 | 491 | 30.88 |
| 中部 | 768 | 51.11 | 223 | 31.02 | 470 | 58.61 | 75 | 10.37 | 30 | 4.39 |
| 西部 | 1150 | 57.02 | 322 | 29.44 | 735 | 61.92 | 93 | 8.64 | 60 | 4.84 |

注：本表“本村劳动力”、“外出打工”、“本地从事非农业”、“外来打工”为调查数据，“本地务农”的人数和比例为计算倒推数据，计算公式为：本村劳动力-外出打工-本地从事非农业=本地务农。

本表数据中，除本地务农列数据外，其他各项是以每个调查村为样本的数据（包括绝对数和比例）的平均数。如外出打工的比例为各村外出打工人数与该村劳动力人数的比例的平均数，而不是统计后的平均外出打工人数与平均每村劳动力人数的比。

**（二）常年外出和举家外出的农村劳动力稳定增加**

长期以来，农民外出打工主要表现为两种形态：一是“候鸟式”流动，即农民外出务工以年为周期，在城乡和地区之间往来；二是“兼业式”流动，即农村劳动力利用农闲时间季节性地外出打工。此次调查表明，农民外出打工出现了两个新的迹象：一是完全脱离农业生产、常年在外打工的农民工已经占到较大比例。调查表明，以常年外出计算的农村劳动力的转移率平均为18.1%，其中东部23.55%，中部13.69%，西部13.6%（图7-1）。这表明转入非农产业的全部农村劳动力中，已经有接近40%的属于常年在外从事非农业；二是举家外出、完全脱离农业生产和农村生活环境的农村劳动力已经占到一定比例。从调查结果看，举家外出的劳动力占全部劳动力的比重平均为5.29%，东部4.71%，中部4.99%，西部6.61%（图7-1）。与劳动力转移率的地区性差异截然相反的是，经济发展水平较高的东部地区举家外出率最低，而西部举家外出率最高，常年外出的劳动力中已经三分之一实现了举家外出。这次调查表明，越来越多的农村劳动力正在由“亦工亦农”向“全职非农”转变，就业兼业性减弱；由“候鸟式”流动向迁徙式流动转变，转移稳定性增强；由城乡间双向流动向融入城市转变，在城镇定居的农民工逐渐增多。

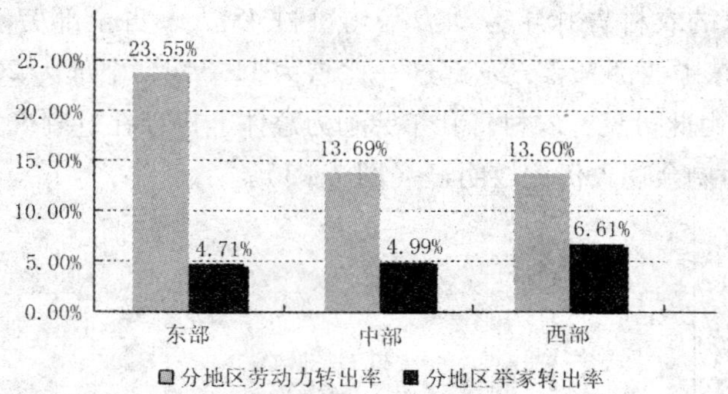


**图7-1　分地区农村劳动力常年外出和举家外出的比例**

## （三）四分之三的村庄已无青壮年劳动力可向外转移

各村拥有的30岁以下青壮年劳动力平均为299人，东部323人，中部260人，西部298人。从农村青壮年劳动力的就业构成看，常年外出打工或在本地从事非农业的劳动力全部村庄平均为154人，东部182人，中部120人，西部144人，农村青壮年外出打工或就地从事二三产业的比例平均为54.12%，比所有劳动力的转移率47.9%略高。

在该项调查中，74.3%的村认为本村能够外出打工的青壮年劳动力都已经出去了，只有四分之一的村认为本村还有青壮年劳动力可转移。这个比例在东部、中部和西部地区分别为71.6%，76%和76.4%。这次村级被调查的对象是村干部，可以看出，无论是东部，还是中西部，大部分村庄的干部认为能够转出的农村青壮年劳动力大都已经转出，他们大都对于青壮年劳动力供给的情况表示担忧。我们对青壮年农村劳动力转移率的进一步考察发现，近三分之一的村青壮年劳动力转移率都在80%以上。而青壮年劳动力转移率在80%以上的地区，大部分（57.1%）是东部沿海经济发达地区（图7-2）。

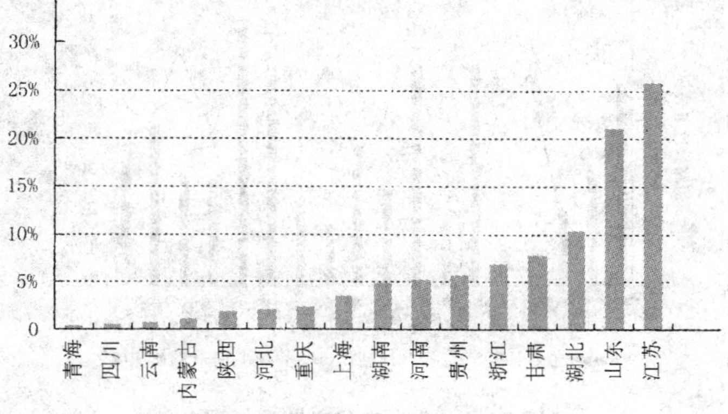


**图7-2　各地区青壮年劳动力转出率高于80%村的比例**

赋闲在家的农村青壮年劳动力平均每村 48 人，占全部劳动力的比重为 17.82%。分东中西部来看，东部这一比重为 11.3%，中部为 20.42%，西部为 26.06%。由此可见，农村青壮年劳动力总体上仍存在过剩现象，特别是西部地区劳动力剩余现象仍比较明显（图 7－3）。

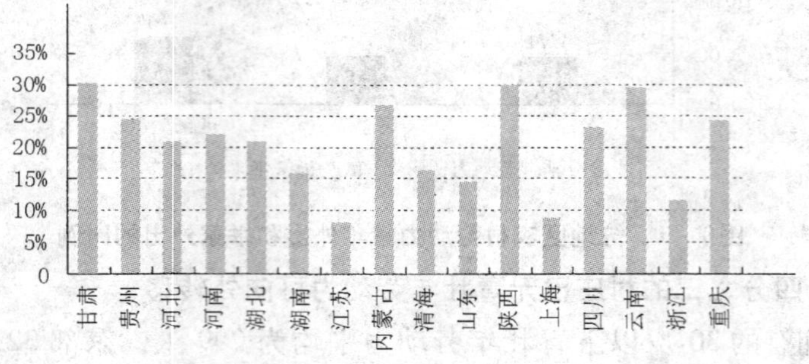


**图 7－3　各地区赋闲农村青壮年劳动力比例**

## 七、农村基础设施与公共服务的现状及需求

### （一）农村道路、饮水状况各地差距大

被调查地区村庄内道路的平均长度 9.97 公里，其中硬化道路 4.69 公里（图 7－4）；77% 的村饮水安全；41% 的村饮水存在困难；55% 的村有集中供水管道，这些村中自来水用户比例为 68%。东部和中西部有明显差异。例如，江苏和上海每个村硬化道路的长度有 8 公里多，而广西不足 1 公里。饮水情况尤为明显，上海、江苏和浙江农村饮水基本全都安全，与之相比，青海、四川和甘肃等地存在饮水困难，甘肃的饮水安全最不能得到保证（图 7－5）。

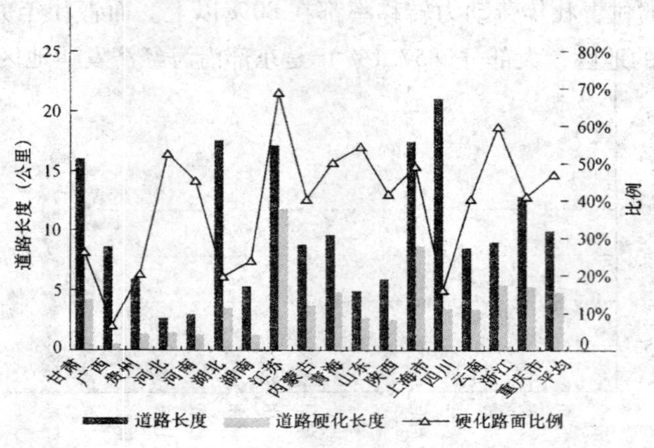


**图 7－4　分省农村道路建设情况**

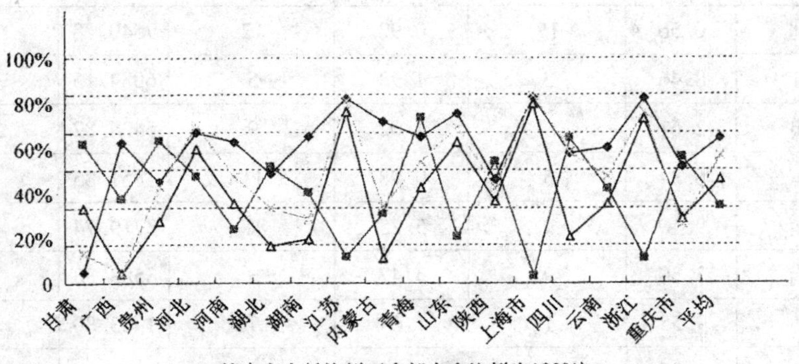


图 7－5　分省农村饮用水情况

### （二）农村公共文化薄弱

被调查地区53%的村庄在近几年中有过公共文化娱乐活动，在2005年，每村平均放映了5.36场电影，剧团演出1.68次，在公共文化娱乐活动方面的支出6000多元（表7－13）。调查发现，上海和浙江农村举办公共文化娱乐活动的比例最高，超过90%，贵州、内蒙古和广西比例最低，不到27%（图7－6）。陕西和河南的农村电影放映次数最多，贵州和河北最少；河南的剧团演出最多，而湖南最少（图7－7）。

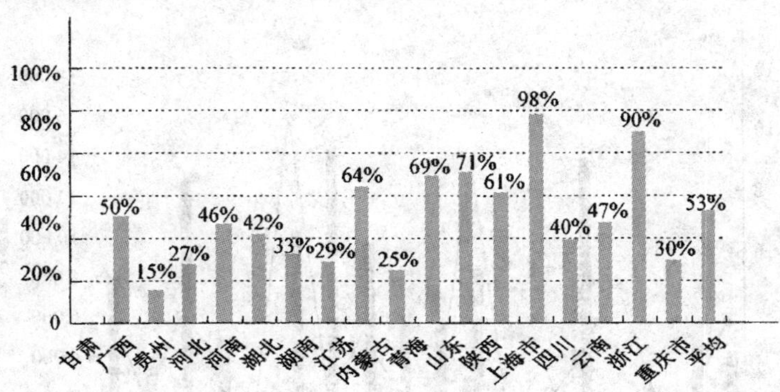


图 7－6　分省有公共文化娱乐活动的村比例

表 7－13　分省开展公共文化活动村公共文化活动情况汇总

| 省（市、区） | 电影场次 | 电影场次排序 | 剧团次数 | 剧团场次排序 | 支出数额 | 支出数额排序 |
|---|---|---|---|---|---|---|
| 上海 | 6.79 | 4 | 1.22 | 8 | 15853.78 | 1 |
| 江苏 | 5.32 | 6 | 1.87 | 6 | 13525.35 | 2 |

| 河北 | 0.56 | 17 | 0.92 | 12 | 7540.28 | 3 |
|---|---|---|---|---|---|---|
| 浙江 | 8.46 | 3 | 1.93 | 5 | 6084.15 | 4 |
| 甘肃 | 2.61 | 11 | 1.02 | 9 | 5434.82 | 5 |
| 山东 | 6.34 | 5 | 0.98 | 11 | 4851.85 | 6 |
| 河南 | 9.10 | 2 | 5.25 | 1 | 3719.74 | 7 |
| 云南 | 3.30 | 9 | 3.47 | 3 | 3583.33 | 8 |
| 陕西 | 9.58 | 1 | 1.67 | 7 | 1983.80 | 9 |
| 青海 | 3.90 | 8 | 0.81 | 13 | 1 905.90 | 10 |
| 贵州 | 0.63 | 16 | 0.41 | 16 | 1 714.19 | 11 |
| 广西 | 2.69 | 10 | 1.00 | 10 | 1 495.63 | 13 |
| 内蒙古 | 4.73 | 7 | 2.63 | 4 | 1 396.92 | 14 |
| 四川 | 1.07 | 15 | 0.49 | 15 | 1 363.86 | 15 |
| 湖北 | 1.22 | 13 | 0.75 | 14 | 1 347.38 | 16 |
| 湖南 | 1.08 | 14 | 0.18 | 17 | 344.17 | 17 |
| 重庆 | 2.23 | 12 | 3.75 | 2 | 1 690.32 | 12 |
| 平均 | 5.36 | | 1.68 | | 6237.80 | |

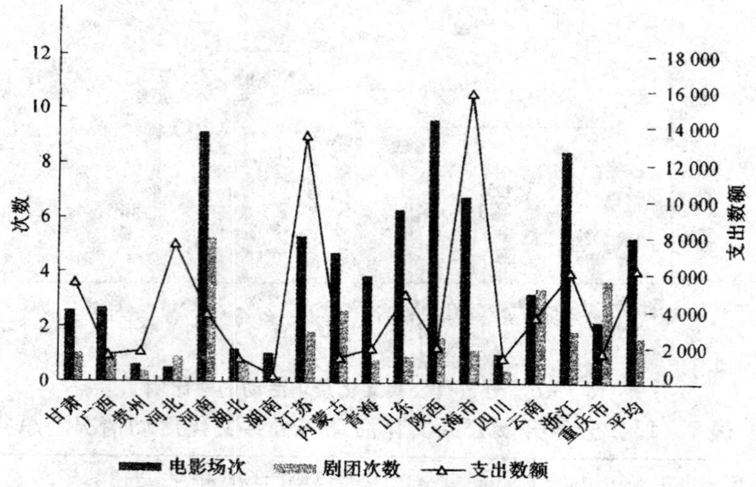


**图7－7　分省村级公共文化活动情况**

调查村庄的文化设施普遍较差，有图书室村的比例为25%，有养老福利院的比例为4.1%，有文化活动中心的比例为29.4%，配备电脑的村比例为

39.9%（表7－14）。中西部地区的文化和福利设施尤其比较薄弱，图书室拥有比例分别为17.2%和18.2%，文化活动中心拥有比例为22.1%和20.1%。东部地区超过80%村都配备了办公电脑，而中西部村庄配备电脑村的比例都在10%左右。

**表7－14　分地区村文化及福利设施状况**

| | 合计 | 东部 | 中部 | 西部 |
|---|---|---|---|---|
| 村两委办公场所面积（米$^2$） | 374.7 | 560.5 | 252.1 | 199.0 |
| 配备电脑的村办公室比例（%） | 39.9 | 82.1 | 10.3 | 9.4 |
| 有图书室的村比例（%） | 25.0 | 34.9 | 17.2 | 18.2 |
| 有养老福利院的村比例（%） | 4.1 | 3.0 | 3.5 | 5.6 |
| 有文化活动中心的村比例（%） | 29.4 | 40.9 | 22.1 | 20.1 |
| 有公共文化娱乐活动的村比例（%） | 52.6 | 73.5 | 38.5 | 37.8 |
| 2005年放电影场次（次） | 5.6 | 6.8 | 4.2 | 3.8 |
| 2005年剧团演出场次（次） | 1.7 | 2.0 | 1.1 | 1.6 |
| 2005年村公共文化支出（元） | 6237.8 | 9240.1 | 3559.6 | 2366.4 |

调查表明，电视是农民获取农村经济信息的最主要途径，广播和报刊其次，手机和互联网也开始发挥作用（表7－15）。

**表7－15　分地区村民获取农村经济信息的主要途径　（单位:%）**

| | 综合 | 东部 | 中部 | 西部 |
|---|---|---|---|---|
| 电视 | 91.0 | 92.8 | 86.8 | 91.5 |
| 广播 | 24.8 | 30.2 | 28.3 | 14.6 |
| 报刊、会议 | 28.0 | 31.7 | 26.2 | 24.3 |
| 手机 | 14.5 | 14.6 | 14.8 | 14 1 |
| 互联网 | 7.1 | 11.3 | 4.3 | 3.3 |
| 其他 | 3.2 | 1.4 | — | 3.3 |

**（三）农村环境污染形势严峻**

被调查地区平均41%的村庄有环境污染问题（图7－8）。从污染源看，主要是污水和垃圾。一半的村所遭受的环境污染主要来源是污水和垃圾。总体来看，17个调查地区中有8个地区周边水面情况变坏，云南的水土流失问题最为严重。环境变化最为恶劣的是河北，植被情况几乎没有好转，周边水面、饮用水、土地沙化和水土流失的情况均越来越恶化（图7－9）。

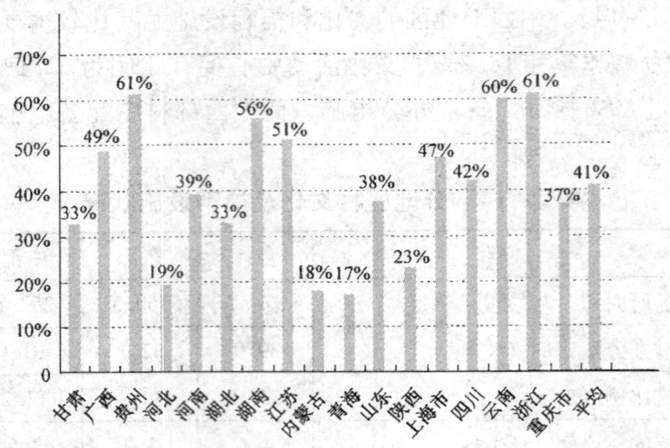


图7－8　分省有环境污染的村所占比例

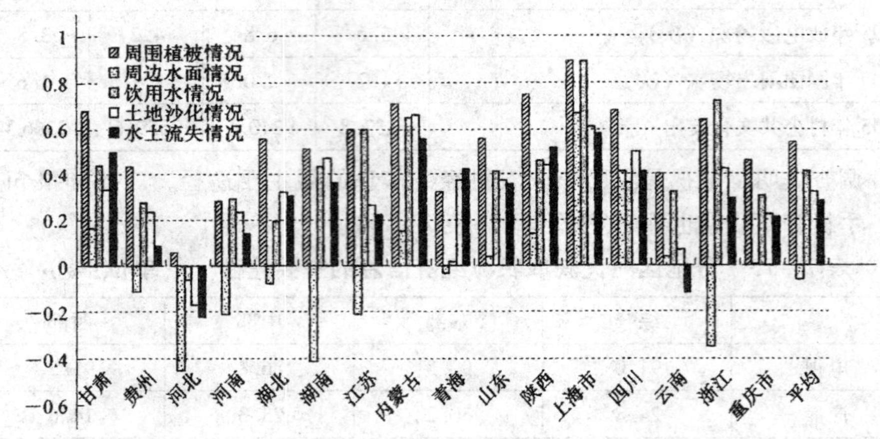


图7－9　分省环境发生变化情况

注：地区按是否有环境污染问题进行排序；正值表示改善，最大值为1，负值表示恶化，最小值为－1。

### （四）"五保户"集中供养比例偏低

在全部样本中，共有"五保户"14404人，平均每个村有6.10个"五保户"，平均每82户农民负担1个"五保户"；共有892个村对"五保户"实行集中供养，占36.42%，其中5674人被集中供养，占比为39.39%。共有104个村建养老院（福利院），占全部调查村庄的3.78%。西部地区"五保户"总人数最多，负担明显沉重，"五保户"集中供养率中部最低，中西部与东部差距大（表7－16）。

表 7 - 16　分地区农村“五保户”集中供养情况

| | 东部 | 中部 | 西部 |
|---|---|---|---|
| 五保户（人） | 4767 | 4564 | 5007 |
| 平均每村五保户（人） | 5.03 | 6.03 | 7.60 |
| 集中供养人数（人） | 2633 | 1422 | 1619 |
| 集中供养率（%） | 55.30 | 31.16 | 32.33 |

（五）农村对各项公共服务的实际需求

农村公共服务涉及内容较多，此次调查专门了解了对公共服务的需求，从调查情况看，迫切需要解决的问题选择比例由高到低依次是文化建设（82.7%）、修路（79.5%）、医疗网点（67.7%）、垃圾收集（66.5%）、厕所改造（64.2%）、饮水（62.3%）、污水处理（58.2%）、建沼气（55.6%）和用电（38.6%）。各地区认可程度的排序情况有类似性（表 7 - 17）。例如，除河北以外，其他 16 个地区均把文化建设认可为最迫切需要解决的问题，或仅次于最迫切需要解决的问题。对某些公共服务需求的认可程度则与地区有关。例如，浙江和上海的农村饮水都得到了很好的解决，饮水不再是迫切需要解决的问题，而四川、甘肃和内蒙古等地则认为饮水是第一位或是第二位需要解决的问题。修路依然是新农村建设中应该关注的重点，东、中、西部都有 85% 以上的村庄认为修路是新农村建设应迫切解决的问题。有相当部分村干部和村民将垃圾收集、厕所改造、污水处理和建沼气选为新农村建设迫切需要解决的问题。医疗网点建设也是新农村建设中一个需要关注的问题，选择此项需求的村民比例为 70% 左右。将用电选为需要迫切解决问题的比例较低，均在 40% 左右。

表 7 - 17　分地区村干部及村民认为新农村建设迫切需要解决的问题

（单位:%）

| | 综合 | 东部 | 中部 | 西部 |
|---|---|---|---|---|
| 饮水 | 62.3 | 76.0 | 71.3 | 76.0 |
| 修路 | 79.5 | 87.6 | 85.8 | 87.6 |
| 用电 | 38.6 | 41.5 | 43.8 | 41.5 |
| 建沼气 | 55.6 | 67.8 | 68.9 | 67.8 |
| 厕所改造 | 64.2 | 70.3 | 69.5 | 70.3 |
| 污水处理 | 58.2 | 54.8 | 54.2 | 54.8 |

| 垃圾收集 | 66.5 | 61.4 | 65.9 | 61.4 |
|---|---|---|---|---|
| 医疗网点 | 67.7 | 74.5 | 73.5 | 74.5 |
| 文化建设 | 82.7 | 87.1 | 80.9 | 87.1 |

## 八、农村信贷状况

### （一）农户向信用社贷款难问题依然严峻

此次调查的村庄中，有47.3%的村庄认为当地农民收入难以提高的重要原因是“缺乏资金”。近年来，随着农村信用社各项改革的推进，各地信用社广泛评定信用户，农户贷款难的问题有了明显的缓解。从此次调查的各村情况看，48.3%村庄反映信用社在当地开展了小额联保贷款业务，各村内信用户的数量占村总户数比重的平均值达到了35.79%。但60%以上的村庄认为目前农户向信用社等金融机构贷款仍然很困难，各村庄获得过信用社贷款农户比重平均值仅为18.86%，仍有大部分的农户不能获得信用社贷款，农户贷款难的问题依然还很严峻。

### （二）农村正规金融服务存在很大的地域不平衡性

从表7－18可以看出，西部地区农户信用社等金融机构贷款获得情况好于中部和东部地区，中部地区农户贷款难的问题最为严重。西部地区信用社小额贷款和扶贫贷款的推动力度很大，评定的信用户比重均值达到38.37%，因而农户从信用社获得贷款最为容易，而且农户的资金需求也更主要是通过信用社满足。

**表7－18　分地区村庄农户信用社等金融机构贷款情况　（单位:%）**

|  | 综合 | 东部 | 中部 | 西部 |
|---|---|---|---|---|
| 认为向信用社贷款难村庄比重 | 62.6 | 65.1 | 69.8 | 53.5 |
| 农户主要从信用社解决资金困难的村庄比重 | 60.3 | 51.2 | 55.5 | 77.2 |
| 农户主要从私人借款解决资金困难的村庄比重 | 39.7 | 48.8 | 44.5 | 22.8 |
| 获得贷款农户占总户数比重均值 | 18.86 | 12.02 | 20.62 | 26.42 |
| 信用户比重均值 | 35.79 | 28.62 | 45.96 | 38.37 |
| 小额贷款的平均规模（元） | 7275.88 | 12404 | 2935.23 | 4 149.90 |

从平均贷款规模来看，因为东部地区资金需求规模大，而且金融机构相对实力也比较强，小额贷款的平均规模比较大（12404元），大部分村庄信用社小额贷款的平均规模都超过了万元。中部地区和西部地区信用社小额贷款

的平均规模比较小，特别是中部地区小额贷款的平均规模仅为 2935.23 元。这也说明中部地区所受的正规信贷约束最为强烈，不仅受到信贷门槛的约束，而且信贷规模的约束也非常严重。

**（三）西部地区存在更多的高利私人放贷活动**

从表 7－19 可以看出，西部地区存在私人放贷人的村庄比重最高，私人放贷人占村总户数的比重也比较高，而且西部地区私人放贷的平均年利率也略高于其他地区。虽然西部地区农户正规贷款的获得情况好于其他地区，但西部地区农户由于收入很低，家庭经济比较脆弱，因而经常性的资金需求使私人放贷人更多地应运而生。加之西部地区资金的稀缺性更强，因而私人放贷的高息现象比其他地区更普遍一些。

**表 7－19　分地区私人放贷的情况　（单位:%）**

| | 综合 | 东部 | 中部 | 西部 |
|---|---|---|---|---|
| 存在私人放贷村庄数（个） | 473 | 217 | 103 | 153 |
| 有私人放贷人的村庄所占比重 | 17.21 | 16.87 | 16.51 | 18.24 |
| 私人放贷人占村总户数比重均值 | 8.31 | 7.89 | 8.67 | 8.67 |
| 私人放贷的平均年利率均值 | 10.14 | 9.68 | 10.01 | 10.77 |

在回答了私人放贷利率问题的 388 个有效村庄样本中，281 个村庄（占 72.42%）私人放贷利率超过了当前信用社平均贷款年利率，这说明了大部分私人放贷人是以市场盈利为目的的，利率高于正规金融利率。但高利贷现象并不普遍，平均年利率在 10% 左右。

## 九、农村义务教育状况

**（一）近一半的村全部学生享受到了免费义务教育**

在全部被调查村中，已经有 45.4% 的村实行了全部免杂费。有 27.7% 的村部分学生享受了免费教科书，16.1% 的村所有学生享受了免课本费。有 25.9% 的村只有部分寄宿生享受生活补助，12.7% 的村寄宿生都享受了生活补助。不同地区“两免一补”的推进程度有所不同。西部地区有 97.2% 的村中小学生上学已经实行了免除学杂费。中部和东部也都有超过 20% 的村免除了学杂费。

**（二）保证教学质量成为最亟待解决的问题**

被调查村庄拥有的学校（教学点）平均数量和比例由高到低依次是西部、中部和东部地区。西部地区每个村平均有 1.47 个学校或教学点，而中部和东部地区村庄平均数量都不足1个。西部地区村庄97.5%都有学校或教学点，中部和东部这一比例分别为78.6%和76.2%。

教学质量已经成为农村居民教育方面担心的首要问题，有76.9%的村认为新农村建设在教育方面最应该尽快解决的问题是保证教学质量，有23.7%的村认为应该通过加强教师培训来解决这一问题。优势教师资源过度向大城市和发达地区集中，教师队伍质量存在巨大的地区差距和城乡差距。农村教师长期处于缺编状态，有的地区出现过一所学校一个教师的现象，虽然布局调整在一定范围内对教育资源的分散和结构性失调有所缓解，但农村仍然依赖着大量代课教师来满足教育教学需求。

**（三）义务教育阶段的负担大大减轻，但非义务教育阶段的个人负担沉重**

根据国务院发展研究中心2005年农户调查数据，该项抽样调查的家庭，其子女有31.39%分布在小学，26.4%分布在初中，21.52%分布在高中或中专，20.46%分布在大学及其以上。一个小学生的教育支出每年平均为1302元，一个初中生每年平均的教育支出为1826元，一个高中或中专生每年平均的教育支出为4674元，一个大学及以上的学生每年的教育支出平均为10242元。从费用看，高中和中专阶段教育支出是小学的3.59倍，初中的2.56倍，大学及以上教育支出是小学的7.87倍，中学的5.61倍。拥有义务教育阶段子女的家庭，其家庭教育总支出占2004年家庭收入的比重平均为60%，而拥有高中及以上子女的家庭，教育总支出与收入的平均达到2.93：1。可见农村家庭的教育负担在非义务教育阶段更加沉重。

从教育支出结构看，义务教育阶段学杂费这样刚性的教育支出占教育总支出的比重平均近50%，其次是书和学习用品，平均比例为23%，第三是住宿费，平均为3%，最低的为交通费，平均为2%。“两免一补”政策的逐步实施，大大减轻了义务教育阶段农村家庭的教育负担。随着农村免费义务教育的推进，高中教育入学矛盾凸显。一方面高中入学机会相对较少，同时高中学费较之中小学要高得多。现在政府给予义务教育高度重视，“两免一补”政策巩固了低收入家庭的入学率，在高等教育阶段，助学贷款体系也逐步完善，很多高校提出“不让一个大学生因为贫困而辍学”，而且地方政府为帮助低收入家庭子女接受高等教育，也给予考上大学的贫困生很多奖励和资助，而作为高等教育之前选拔的重要阶段的高中教育没有受到应有的重视。

## 十、农村医疗卫生状况

### （一）农村医疗设施明显不足，医生素质有待进一步提高

村卫生室平均数量在1.5个左右，每个村庄平均有2.53个医生，其中有医生资格的人数为2.26人。东部、中部和西部调查村庄平均医生人数为2.85个、2.59个和2.03个。平均每988个农村人口中仅1名正式医生。每村卫生室数量地区差别不大，每村有资格的医生数东部最多，中部次之，西部最少，医生与人口之比中部最高，东部次之，西部最低，但均不理想，农村医疗资源严重匮乏（表7-20）。

表7-20　分地区农村医疗卫生状况

| | 东部地区 | 中部地区 | 西部地区 |
|---|---|---|---|
| 建有卫生室的行政村（个） | 966 | 675 | 560 |
| 行政村卫生室覆盖率（%） | 83.93 | 80.45 | 73.78 |
| 卫生室数量（个） | 1336 | 1 064 | 910 |
| 平均每村卫生室数（个） | 1.16 | 1.27 | 1.20 |
| 卫生室总面积（平方米） | 168518 | 84662 | 40568 |
| 平均每个卫生室面积（平方米） | 126.14 | 79.57 | 44.58 |
| 具有资格的医生数（个） | 2338 | 1 605 | 1009 |
| 平均每村有资格的医生数（个） | 1.75 | 1.51 | 1.11 |
| 有资格医生数与农村人口比例 | 1：1019 | 1：704 | 1：1368 |

### （二）农民对实施新型农村合作医疗的积极性较高，但筹资标准偏低

农民对实行新型合作医疗积极性高的村占82.1%，积极性不高的占17.9%；有69.9%的村认为实行新型合作医疗能解决农民看不起病或因病致贫问题，仍有30.1%的村认为新型合作医疗不能解决该问题。

被调查村庄中有74.9%的村庄开展了新型合作医疗。东部地区92.6%的村庄开展了新型合作医疗，明显高于中部65.8%和西部58.3%的水平（表7-21）。从筹资情况看，人均为36.49元，其中个人平均缴费17.62元，占比为48.29%。在江苏、上海、浙江等经济发达地区，不但农民个人收入水平较高，而且政府经济实力较强，筹资额度大，保障水平高，对于缓解大病户的医疗负担的作用更为明显。

表 7－21　分地区新型农村合作医疗实行情况

| | 东部地区 | 中部地区 | 西部地区 |
|---|---|---|---|
| 实行新型合作医疗的村（%） | 92.58 | 65.75 | 58.29 |
| 参加户数（户） | 514587 | 163226 | 115617 |
| 农户参加率（%） | 71.67 | 51.74 | 33.70 |
| 人均集资标准（元） | 51.84 | 21.88 | 20.37 |
| 个人缴费比例（%） | 44.15 | 43.52 | 47.10 |

## 十一、农村致贫原因发生重要变化

被调查村庄中共有103962户贫困户，“贫困发生率”（贫困户/总户数）为7.55%，其中接受救济的贫困户数为52993户，“贫困救济率”为50.92%，贫困救济标准每月平均为57.68元。贫困发生率西部比中部高4.77个百分点，比东部高11.63个百分点；贫困救济率中部最低，比西部低12.4个百分点，比东部低28.35个百分点；救济标准东部最高，西部次之，中部最低，东部是西部的3.89倍，是中部的6.41倍（表7－22），表明中部地区扶贫工作最差，但即使在东部，仍有高达32.79%的贫困人口来获救济。

有资料表明，当2002年我国贫困人口下降到2800多万人时，属于智能缺失型的人口有1500多万人，占50%多；而属于生态资源型人口有700多万，大约占25%，两者相加将近80%。本次调查表明，教育和医疗已经成为农民致贫的重要原因。在对贫困原因的说明中，因“上学导致的贫困”占36.19%，因“患病导致贫困”的占34.09%，因“身体残疾导致的贫困”占19.79%，因“经营失败导致的贫困”占9.88%。根据国务院发展研究中心2005年对近2000个农户的另一项调查，教育成为当前农户借贷的首要原因，医疗成为农户借贷的第三位原因。根据调查，随着孩子上学的年级增加，各项教育支出也随之增加。每个学生的教育开支平均为4030元，而每个家庭的教育开支平均值为5975元。调查表明，70%左右的农户都或多或少每年有一些医疗开支，虽然医疗支出在农户总支出中所占的平均比例比较小，但农户一旦生大病需要去医院看病时，看病支出占总支出的比重平均值达到了41%。国务院发展研究中心“百村农村卫生调查”的数据表明，农民一次大病的平均花费（包括药费、治疗费、交通费等在内）为7051元。中西部地区人均收入水平低，以人均收入2000元计，一个三口之家一年的收入也不过6000元，一次大病的医疗费就花掉了一个家庭一年多的全部收入。疾病造成的家庭经济负担是非常明显的。

**表 7－22　分地区各地农户贫困发生率**

| | 东部地区 | 中部地区 | 西部地区 |
|---|---|---|---|
| 贫困户数（户） | 22 138 | 31 367 | 50457 |
| 贫困发生率（%） | 3.08 | 9.94 | 14.71 |
| 贫困救济率（%） | 67.21 | 38.86 | 51.26 |
| 平均救济标准（元/月） | 106.67 | 16.65 | 27.41 |

中西部地区“因上学致贫”最多，东部相对较少，表明中西部教育负担最重，东部教育负担能力相对较强；东部“因病致贫”最多，这也是中西部致贫的主要因素，表明医疗负担均较重；“因残疾致贫”东部最高，中部次之，西部最低；中西部“因经营致贫”比东部分别高出 3.3 个和 2.23 个百分点（表 7－23）。

**表 7－23　分地区农户致贫的主要原因**

| | 东部地区 | 中部地区 | 西部地区 |
|---|---|---|---|
| 因病致贫（%） | 41.73 | 33.62 | 29.88 |
| 因上学致贫（%） | 24.51 | 34.50 | 43.40 |
| 因残疾致贫（%） | 25.61 | 19.80 | 16.39 |
| 因经营致贫（%） | 7.83 | 11.13 | 10.06 |
| 其他原因致贫（%） | 0.32 | 0.96 | 0.26 |

## 十二、各地新农村建设的进展和存在的问题

从调查的地区情况看，总体上，在中央做出推进新农村建设的总体部署后，各地已经把发展的目光更多地投向农村，从解决农民最关心、最迫切的问题入手，实现了新农村建设良好开局和起步。

**（一）提出了具体的推进新农村建设的目标思路**

江苏苏州市制定了《苏州市建设社会主义新农村行动计划》，明确提出逐步把苏州农村建设成为功能区域分明、产业特色鲜明、经济持续发展、农民生活富裕、基础设施配套、农村社会文明、镇村管理民主的苏州特色社会主义现代化新农村。具体指导思想是，把加强科学规划作为首要前提，把构建新型社区作为有效载体，把推进现代农业作为重要方面，把发展农村经济作为中心任务，把深化农村改革作为关键环节，把繁荣社会事业作为重点内容。

具体目标：一是认识上达到新境界，二是规划上体现新水平，三是发展上确立新理念，四是环境上呈现新面貌，五是组织上形成新机制。确立八个工作重点：注重展现水乡特色，切实加强科学规划；注重农民持续增收，加快发展农村经济；注重推进“农民三大合作”，不断深化各项改革；注重提升生态功能，努力发展现代农业；注重强化建管并举，着力改善农村环境；注重推进“三个集中”，转变生产生活方式；注重提高保障水平，完善社会保障制度；注重培育新型农民，全面繁荣社会事业。

南通市提出把富民强村、村镇规划、人居环境、文明程度和组织建设等作为新农村建设的主要内容。具体目标，一是百姓富，把发展农村经济、促进农民增收作为新农村建设的核心内容，重点推进高效农业规模化和就业创业全民化的“两化”。二是村庄美，重点推进“五个一工程”：一张图，因地制宜制定村庄建设规划；一行树，逐步提高农村绿化比例；一汪水，实现河道无淤积，水面清洁，引排通畅；一条路，进村及村内路网布局合理；一个垃圾箱，加强污染处理。三是风气好，弘扬昂扬向上、文明健康的社会风尚，健全村民自治制度，通过新农村建设使农民成为新型农民。

上海市金山区提出，按照“规划清晰、经济发展、生活安康、镇风文明、村容整洁、管理民主、组织坚强、镇村和谐”的总体要求，围绕“农民生活质量显著提高、现代农业特点充分显现、农村自然文化风貌得到良好保护、农民自身素质全面提升、城乡二元结构和差距明显改善与缩小、基层组织建设得到进一步加强”的目标，加快推进新郊区新农村建设进程。

山东省淄博市以“六个一”推进新农村建设。一是制定一个总体发展规划。二是形成一个长效投入机制。三是强化一个村级领导核心。四是实施一个“亮点”工程。五是开展一项全民共建活动。六是建立一个工作推进机制。提出了“十一五”时期新农村建设要形成五大新格局（产业发展、农民生活、镇村建设、现代文明和社会管理新格局），重点村率先突破，总体走在全省前列。要加快农村城镇化进程。按照产业向园区集中、人口向城镇集中、居住向社区集中的思路，在城市近郊、重要经济带沿线选择部分有产业依托、区位和特色优势明显的中心镇，整建制推进城镇化建设，使之成为连接城乡的节点和繁荣农村、服务农业、集聚农民的重要载体。

甘肃庆阳市基本编制完成新农村建设总体规划。规划分三个阶段：第一阶段，用5年时间试点示范，打好基础；第二阶段，用10年时间扩大规模，整体推进；第三阶段，用15年时间全面建设，加快发展。计划用30年时间初步完成新农村建设的各项任务。

陕西铜川市计划用15年时间，使全市543个行政村基本达到社会主义新农村建设目标。同时，按照“抓两头、带中间”的思路，出台了《关于建设51个社会主义新农村示范村的实施方案》和《关于做好整村推进扶贫开发工作的实施方案》，选择了基础条件好、班子好、有骨干产业的51个村作为新农村建设示范村，对全市剩余的71个扶贫开发重点村进行重点扶持，促进新农村建设整体推进。

贵州安顺市提出“五个四”目标，即“生产发展”做到“四高”，即科技含量高、粮食产量高、劳动技能高、农民收入高。“生活宽裕”要做到“四好”，即吃有好日子、穿有好样子、住有好房子、行有好路子。“乡风文明”要做到“四无”，即无偷盗赌博、无文盲辍学、无封建迷信、无超生超怀。“村容整洁”要做到“四化”，即：村寨道路硬化、群众饮水净化、农户庭院亮化、房前屋后绿化。“管理民主”要做到“四有”，即：有个带头好支书、有个团结好班子、有个致富好思路、有个民主好制度。

广西贺州市新农村建设主要的做法有两个方面：一是抓特色产业，二是大力进行招商引资。虽然都是招商，但是钟山县提出“通过创业环境方面的优化引导和鼓励外地及回乡人员创业”，而富川县提出“加大专业合作经济组织、流通大户、农民经纪人队伍的培育和扶持”。

河北张家口市提出，以发展农村经济为中心，以提高农业效益、增加农民收入、改善农民生活条件为重点，以“干村经济振兴”、“文明生态村创建”、“双万人培训”、“农业科技创新”、“农村‘双基’建设”五大工程建设为依托，不断推进产业相对集聚、居住相对集中、土地相对集约、农村基础设施各类要素相对聚集，构建节约型、稳定型、高效型、循环型农业经济发展格局。

河南鹤壁市确立于“整体规划、分步实施，因村而异、分类指导，整体推进、示范带动，农民主体、政府助推”的新农村建设基本方针，提出了4个“不能”的工作思路：一是不能急。即整体规划、分步实施、稳步推进，不搞大拆大建。二是不能等。即从一件一件事情抓起，从基础设施建设抓起，积少成多，通过若干年的努力使全市农村有较大变化。三是不能偏。即通过新农村建设，发展农村产业、增加农民收入、提高农民整体素质，改善农村的生产生活环境，而不仅仅是建新房、搞好环境卫生。四是不能同。即因村而异，分类指导，不搞一个模式。

**（二）初步建立了新农村建设的工作协调机制**

苏州市由市委、市政府主要领导挂帅，建立新农村建设工作领导小组，下设办公室，设在市委、市政府农办。建立市四套班子领导及有关部门与新农村示范村挂钩联系制度。财政建立新农村建设专项资金，并逐年增长。把推进新农村建设的工作实绩作为考核各级干部政绩和工作水平的重要内容。

河南鹤壁市成立了鹤壁市城乡一体化工作领导小组，明确了城乡一体化工作领导小组成员单位主要职责，对建设、农业、卫生、文化等19个成员单位作了明确、具体的分工，形成了一把手亲自抓、各部门分工负责、各级主要领导齐抓联动的工作格局，确保了新农村建设工作人人有责任，事事有人干。县、乡镇建立帮扶制度。对重点村派驻工作组，全面进行指导帮扶，构建了县乡村三级联动、齐抓共管的工作格局。

张家口市各区县为了更好地推进新农村建设，一方面从有关部门抽调年轻干部，组成基层工作队，深入乡镇和重点村，指导产业发展和基层党建，另一方面，抽调专业技术人员，尤其是派遣科技特派员下乡，专门指导农业生产和从事农业科技服务，此外，各区县也加强了对村“两委”成员的培训，提高农村干部的素质。

淄博市委、市政府确定调整充实市委农村工作领导小组综合、协调、指导、督察职能，作为市委负责农村工作的职能部门，承担全市新农村建设的组织和协调任务。要求各区县、乡镇也成立相应的新农村建设领导小组和新农村建设办公室，配齐配强人员，切实担负起本地新农村建设的各项工作。建立符合科学发展要求的新农村建设工作评价体系和决策目标、执行责任、考核监督机制，把新农村建设作为评价领导班子和领导干部工作能力、工作实绩的重要内容，进行年终考核。

陕西铜川市成立了新农村建设领导小组及办公室，一是采取区县领导、市级部门、企事业单位和驻村干部“四位一体”的联包责任制，因村制宜，一村一策，制订具体工作方案，量化细化目标责任，强化考核。二是在农村项目申报上重点向51个示范村倾斜，区县对现有支农资金捆绑整合，尽量集中在51个示范村。在整村推进扶贫开发重点村建设中，采取市区县党政机关、企事业单位联合包抓，选派干部驻村蹲点的办法，集中扶持，整村推进扶贫开发重点村建设。

**（三）确立了一批新农村建设的典型**

重庆市农村工作领导小组把新农村建设的任务分解落实到各相关部门后，市级各部门积极行动，落实工作方案，采取有效措施推进新农村建设。市委组织部与有关部门一道在全市2000个村建设集“村级两委办公和会议、教育培训、文体娱乐、医疗卫生、农经商贸服务”五大功能为一体的村级公共服务中心。市委宣传部在重庆日报、重庆电视台、华龙网开辟了新农村建设专栏和专题，并与市文化广电局计划每年投入2500万元，建设100个乡镇文化站和1000个村文化活动室。河北张家口市在全市实施以农业品种更新换代、节水农业、农业科技示范园区、农产品加工技术创新、农业循环经济五个方面为重点的“农业科技创新工程”。大力实施“农村双基建设”工程。实施“四项工程”（强基工程、堡垒工程、素质工程、先锋工程），落实“四个机制”（县、乡、村书记管党责任机制、农村干部激励约束机制、典型示范带动机制、明查暗访抓落实机制），推动四项重点工作（第七届村委会换届选举、村务公开、村民民主议事、财务管理与化解村级债务）。

甘肃庆阳市稳步推进示范试点工作。按照“先行试点、逐步推进”的原则，在大量调查分析、研究论证的基础上，确定了正宁县、西峰区为首批试点示范县，形成全市1县1区20个乡镇100个村的新农村建设“1121”示范试点。市委市政府要求各级党委、政府和市直有关部门要集中所有支农财力，加大示范地新农村建设步伐，以达到示范目的。

**（四）各地新农村建设中遇到的问题**

综合调查的情况，由于推进新农村工作尚处于提出和初步发展阶段，受各种条件的限制，各地在发展中还存在一些不容忽视的难题。

1. 农民期望很高，各地进展“参差不齐”

广西贺州市反映基层干部有两种不同的心态，既喜又忧。喜的是新农村建设使“三农”工作有了新抓手，农民有了新盼头，政府会有新举措，农村会有新变化。忧的是上级领导不切实际下任务，搞面子工程，特别是县市以下地方政府的配套建设资金难以落实。

在调查的村庄中，村民反映对推进新农村建设的提出很受鼓舞，期望也很高，盼望中央的政策能给农村的发展带来实惠。经济贫困的地区最希望办几件实事，改进农村的基础设施，包括修路、饮水、通电等，而经济发达的地区更加重视要政策，希望加强村庄发展规划，引导农民集中居住，改善村庄的环境卫生等。但从目前的情况来看，各地推进新农村的工作进展还很不平衡，已经推出的建设新农村的政策措施与村民的期望相比，还有一定差距。重庆市反映，在经济发展水平比较好的区县以及大城市附近的郊区农村，由于村集体和区县财政实力比较强，对建设社会主义新农村的热情比较高，村庄规划和新农村建设的其他工作开展比较顺利。而在一些贫困区县和经济条件差的农村，对新农村建设工作尚未引起应有的重视，工作信心不足。还有一些干部，尤其是基层领导干部对新农村的内涵把握不准，对新农村建设还存在模糊认识，工作不知所措，工作思路不清晰，找不准工作切入点，行动比较迟缓。部分地区农民群众对新农村建设中自身的主体地位和自助、自力认识不够，对政府支持的期望值过高，存在一定的“等靠要”思想。

2. 带动机制不健全，试点政策引发新的问题

为了推进新农村建设，各地在出台的政策措施中都不同程度地采取了典型示范、工程推动的政策，把支持资金集中用于示范点建设，引起了部分村庄的不满。这种现象还比较普遍，也反映了目前推进新农村建设带动机制的不完善。

3. 欠账多，农村发展最急需的是公共服务和社会事业

一是发展缺乏规划及服务。各地反映，目前全国新农村建设缺乏一个整体可操作性强、科学的规划和标准，各项指标缺乏可靠的经济基础和社会环境来支持。从村庄一级看，村庄规划工作也比较滞后。滞后的原因是多种多样的。有的是村干部怕花钱，认为搞一个村庄规划花几万元不值得；还有的认为即使搞了村庄规划，也难以让一家一户按照规划建房，还不如不搞；还有的行政村经费紧张，没有钱搞村庄规划。此外，有的村在编制村级建设规划时与当地实际情况结合不够，同农民的意愿结合不够，规划内容不完整。有的规划脱离实际、贪大求洋，有的规划费用太高，个别单位把编制村级规划视为“生财之道”，增加了农村负担。

二是农村公共基础设施欠配套，社会事业发展不协调，农村公共服务水平低。长期以来，统筹城乡经济社会协调发展的机制不健全，客观上形成了重城市、轻农村，重经济发展、轻社会发展，甚至农村支援城市发展的局面。最为典型的是道路落后。此外，农村教育、卫生、文化广播等社会事业严重滞后，农民子女读书难，看病就医难，弱势群体保障难，农村公共服务缺设施、缺人才，服务能力弱。即使在新农村建设示范村，基础设施配套的工作依然任重道远，已经严重制约和影响农民生活水平的提高。一般村庄的公共基础设施更加落后，资金筹措更为困难。

三是部分地区农村文化设施建设严重滞后。如甘肃庆阳目前尚有9%的农户看不上电视，95%以上的村无文化室或娱乐活动室，只有19.05%的村有公共文化活动，大部分村庄的文化娱乐活动仍然非常缺乏，现代文明和健康生活方式传播途径少。

四是公益事业投入不足，建设力度不大，不能够为农户提供有效的公益服务。内蒙古多伦县中和乡反映：“税费改革及乡镇撤并后，乡、村面临着巨大的财政困难，乡、村债务无法解决，公益事业嗷嗷待哺。”同时，“乡村干

部数量减少，管理面积增大，管理难度大。费用不足，任务艰巨，政府职能仍需进一步转变。”

4. 发展缺乏资金和好的产业、项目

一是新农村建设资金不足。重庆反映，虽然相关部门顾全大局积极支持，但与实际需要相比缺口仍然很大。不仅政府专项资金投入不足，而且项目资金使用比较分散。此外，农民群众自身投入的积极性不高，有的是经济困难所致，有的是受传统观念和习惯影响，不愿在环境整治等一些方面花钱，社会支持尚未形成浓厚的氛围。河南鹤壁市反映资金问题是目前新农村建设工作中面临的最大问题，也是最大的难题，不仅基层政府可投入资金不足，而且金融系统对新农村建设的支持力度不够，村级经济普遍薄弱，社会资金参与较少，还没有形成一种社会资金参与的优惠政策和激励机制等。

二是农村经济发展水平低下，乡村债务负担沉重。如甘肃庆阳市反映，由于农业生产总体水平低，效益差，农民收入低，还有大量贫困人口，二、三产业比重小，全市农民收入增长缓慢，后劲不足。农民自身投入力量非常有限，自我发展能力弱，只能更多地依赖国家投资和补助。由于乡村举债兴办乡镇企业、借贷举办乡村公益事业和非生产性支出、举债应付各种达标升级、借款完税等，乡村两级不良债务已成为制约新农村经济建设、影响农村社会稳定的严重问题。

三是村级干部政策水平和领导发展能力低。部分干部缺乏凝聚力和号召力，少数村组干部作风不正、私心重，民主选举、村务公开等民主管理制度不能落实。农村党员年龄老化、知识老化，不能很好地发挥模范带头作用。特别是村组干部报酬普遍较低，由于薪少事多，很多村干部无心干事。有能耐的青壮年劳力都外出打工或经商，出现了干部和劳力“空壳村”，无人干事。

四是大量的劳务输出影响农村发展后劲。对广西的调查表明，劳务输出虽然成为增加农民收入主要的一个渠道，并形成劳务产业，但初中以上文化的青壮年劳动力大量外出，留守人口文化素质低、接受新事物能力弱，农村发展缺乏后劲。

五是科技对经济增长的贡献率不高，新的经济增长点没有形成。标准化技术不到位；非农业生产技能匮乏，给农村剩余劳动力转移带来很大阻力。农产品产业化经营的规模小，组织化程度低，没有形成品牌效益和稳定市场；与经济发展相匹配的市场建设相对滞后，一定程度上制约着经济的快速发展，影响了产业化进展速度。农民缺乏后续产业，产业化水平不高，没有真正形成规模。农村二、三产业发展缓慢，经济薄弱村的转化缺乏有效的措施等问题影响了农民生活水平的提高。

5. 制度创新和改革滞后，相关政策不完善

中央关于推进社会主义新农村建设的战略部署，明确要求把深化农村综合改革作为新农村建设的重要内容。取消农业税后，农村改革涉及领域更宽，利益关系更复杂，任务更艰巨。各地普遍反映，乡镇机构改革困难重重，乡镇职能转换滞后；乡村债务化解困难，农民负担反弹压力依然存在，农民减负增收缺乏机制保障；省以下财政管理体制不健全，基层政权组织运转困难；公共财政对农村公共产品或公共服务领域投入不足，总体覆盖力度不够；工业反哺农业、城市支持农村的长效机制还没有形成，惠农强农政策还没有规范化、制度化。

## 第二节　改革开放以来我国农村经济发展的重大变化

以1978年党的十一届三中全会的召开为标志，我国农村进入了一个波澜壮阔的改革开放的新时期。在过去28年中，农村改革取得了一系列重大的突破：突破了人民公社制度，突破了统购统销的计划经济模式，突破了单一的集体经济所有制结构，突破了“以粮为纲”的单一的农村经济结构，废除了实行2600多年的农业税制度等。由于农村改革推动、城市化和工业化带动，农村经济发展发生了许多重大变化。新阶段“三农”政策要有大的突破，必须准确把握农村经济发展的重大变化。

### 一、主要农产品供求形势的变化

1998年，党中央、国务院根据农产品供求出长期短缺转变为总量大体平衡、丰年有余的状况，审时度势，作出了我国农业和农村经济发展进入新阶段的重要判断。我国农业和农村经济发展进入新阶段后，农产品供应丰富，为市场稳定和城乡居民生活水平提高奠定下基础，支持了国民经济的持续快速健康发展。近年来，受工业化、城市化快速发展和加入世界贸易组织等的影响，我国粮棉等大宗农产品供求变化出现了新的特点。

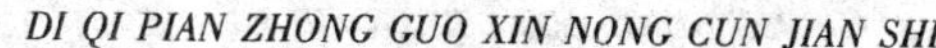

**（一）粮食产销的基础发生变化**

一是粮食生产供应的基础发生重大变化。粮食种植面积快速下降到一个新的台阶（约15亿亩），比10年前下降1.5亿亩；粮食单产提高到一个新的台阶，但不稳定。同时，劳动力要素等投入结构发生变化。与其他作物生产相比，与其他产业相比，粮食生产比较效益不高至今没有改变。2003～2005年三年全国粮食总产量为4.3～4.84亿吨，与10年前的产量水平大体相当，但波动更大；人均粮食产量为334～371公斤，与10年前约380公斤相比下降15公斤以上。

二是粮食的需求结构发生重要变化，商品流通增加，商品粮需求上升。人均口粮消费量减少且趋于稳定，饲料粮和工业用粮比重不断上升。到2005年，我国粮食总需求约4.9亿吨。其中，口粮2.5亿～2.7亿吨，饲料粮大约1.5亿～1.8亿吨，其余为工业用粮、种子用粮和损耗等。在粮食需求中，国内部分占大头，年际间平稳增长。目前的粮食需求水平与10年前相比，增长了2000万～3000万吨。

三是主要粮食的进出口关系和贸易管理体制发生重大变化。大豆和大麦大量进口，2006年进口量分别达到2827万吨和214万吨，十年前大豆还基本上是出口，大麦进口也很少；小麦有进有出有弹性，2006年进口61万吨，出口151万吨，10年前小麦一般进口1000万吨左右，基本没有出口；玉米大量出口有弹性，2006年出口310万吨；大米有进有出。同时粮食物流有所改善，粮食流通体制改革深入进行，购销全面市场化，但统一市场的体制和运行机制还没有全面形成。

四是对粮食的支持和调控政策发生重大变化。10年前我国对于粮食发展的政策主要还局限在提高收购价格和调控粮食企业的购销存上。现在，从支持流通正在转向支持生产，从间接支持正在转向直接收入支持，形成了“两减免、三补贴、四保障”的政策新框架，对促进主产区粮食生产的稳定发展产生了重要影响。

**（二）棉花产销均大幅增长，进口棉花冲击国内棉花市场**

作为纺织工业的重要原料，随着我国纺织品出口贸易的增长，近年来棉花产销两旺。棉花的供求形势的主要变化和特点为：

一是全国棉花生产布局发生重大变化。新疆棉花产量占全国的近1/3，山东、河北等部分省棉花出现恢复性增长。全国棉花总面积基本稳定，仍保持在8000万亩左右，且产量提高到一个新的台阶。2004～2005年我国棉花总产量分别达到632.4万吨和573.4万吨，人均棉花产量为4.9公斤和4.4公斤。

与10年前相比，在同样的面积上，产量提高了150万吨，增长了近1/3。

二是受纺织工业快速发展的影响，全国棉花消费量大幅上升。2005年我国纱产量达到1440万吨，比10年前增长了165%；布产量470亿米，比10年前增长了80%。2005年我国纺织品出口交货值5697亿元。目前，国内棉花仍然产不足需。2005年我国棉花进口265万吨，2006年进口381万吨，远远超过棉花进口配额，进口量约占产量的1/2。

目前国内棉花产量形成一个新的增产高潮，但与需求相比，仍然满足不了需求。棉花大量进口，进口低价棉花冲击国内棉花价格和种植棉花的农民收入，使国内棉花价格并没有稳定在较高水平，国内棉农分享棉花消费增长带来的好处有限。

**（三）油料生产稳定，进口油籽和成品油大量占领市场**

我国油料作物包括油菜籽、花生、芝麻等。大豆按粮食作物统计，只有一半左右用作榨油。2003～2005年我国油料总产量分别为2811万吨、3077.1万吨和3065.9万吨，人均油料产量为21.8公斤、23.7公斤和23.6公斤。油料供求形势变化的特点是主要油料品种和成品油大量进口。2005年大豆进口量分别达到2659万吨，2006年进口达到2827万吨，进口的大豆基本上全部用于榨油；2005年油菜籽进口30万吨，2006年进口74万吨；2005年食用植物油进口621万吨，2006年进口达到672万吨。2005年与10年前相比，大豆进口增加2630万吨，增加约100倍；食用植物油进口增加408万吨，增加约2倍。在进口的食用植物油中，棕榈油进口量迅猛增长，其次是豆油，其他油进口量不大。近年来，国内推行“双低”油菜和高油大豆优势区域发展规划布局，在推进产业化发展上采取了一系列行动和支持措施，但总体进展不大，难以与玉米、小麦等作物种植竞争，也难以与国际油料发达国家竞争。目前，我国油料生产虽然有所发展，但在总体上产不足需。油料市场的特点是需求量增长很快，市场空间大，国外油籽和成品油大举进入中国，成为中国油料市场的重要力量，造成国内油料市场供给充裕，食用植物油供大于求。

**（四）蔬菜和水果产销两旺，大市场大流通格局形成**

2003～2005年我国蔬菜总产量分别为5.4亿吨、5.5亿吨和5.6亿吨。水果的生产特点是面积稳定，产量波动，人均消费量变化不大。2003～2005年我国水果总产量分别为1.45亿吨、1.53亿吨和1.61亿吨，人均水果产量113公斤、118公斤和124公斤。在2005年水果总产量中，苹果2401万吨，柑橘1592万吨，梨1132万吨，香蕉652万吨。蔬菜和水果产销两旺，大市场、大流通格局形成。由于很多地方交通条件改善，水果和蔬菜的物流设施改进，

市场十分繁荣，蔬菜和水果批发市场的交易量快速增长。农民经纪人成为流通的重要渠道。一些地方还发展了连锁配送等新的经营方式。大棚蔬菜栽培迅猛发展，成为蔬菜市场供应格局中的重要力量，使蔬菜的季节性供应逐渐转化为常年供应。

## 二、农业结构的变化

改革开放前，我国农业结构突出表现为两个80%：一是种植业产值占农业总产值的比重将近80%；二是用于种植粮食的面积占农作物总播种面积的80%。农业基本上是以种植粮食为主体的单一型结构。改革开放后，农业结构发生了显著变化。2005年和1978年相比：种植业产值占大农业（农林牧渔业）总产值比重从80%降到51%；种植业内部粮食作物的播种面积由80.3%下降到67.1%。

### （一）种植业生产的区域化布局逐渐形成

与改革开放初期相比，种植业的区域化生产格局已基本形成。目前，长江流域和东北三省水稻面积占全国水稻面积的62.6%；冀、鲁、豫小麦面积占全国的46%；东北玉米占全国面积的32.8%；长江流域、黄河流域和西北内陆的棉花面积和产量都占到全国的99%以上；西北黄土高原和渤海湾两大苹果产业带的面积和产量均占全国的80%以上。2004年，黑龙江、吉林等13个粮食主产省耕地面积占全国的65%，粮食产量占全国的70%以上，提供的商品粮占全国的80%以上。

### （二）主要农作物品种品质结构趋于优化

目前，我国超级水稻播种面积达到320万公顷，占水稻总播种面积的11%；“双低”油菜播种面积达到540万公顷，占油菜总播种面积的75.5%；抗虫棉340万公顷，约占棉花面积的60%。在品质结构方面，2004年优质稻面积1740万公顷，占61.3%。专用优质小麦播种面积达到953万公顷，占小麦总播种面积的44%；专用玉米780万公顷，占31%；优质专用大豆面积达到481万公顷，占大豆总面积的50.2%。

### （三）畜牧业生产逐步向优势区域集中，规模化饲养成为畜牧业主要发展方向

2005年，我国畜牧业实现产值1.3万亿元。同时，畜牧业生产也更加向区域化集中发展。生猪13个主产省猪肉产量已占到全国的76.8%；肉牛产业带8个省牛肉产量占全国的66.3%；7个奶业主产省牛奶产量占全国的62.2%；10个家禽主产省禽蛋产量占全国的79.2%。

从全国范围看，2004 年 50 头以上生猪规模养殖户出栏的生猪占生猪出栏总量的 37.9%；2000 只以上肉鸡规模饲养户出栏的肉鸡占全国总产量的 45.5%；500 只以上蛋鸡规模养殖户的鸡蛋产量占全国总产量的 27.5%；奶牛（存栏 20 头以上）、肉牛（出栏 10 头以上）、肉羊（出栏 30 头以上）的规模饲养程度也分别达到 25%、35.4% 和 44.1%。到 2005 年，全国已有养殖小区 6 万多个，比 2004 年增加了约 2 万个。

**（四）渔业生产方式已从捕捞为主转向养殖为主，海洋养殖发展迅速**

渔业是大农业中产值增长最快的产业，从 1978 年的 22.1 亿元增加到 2005 年的 4016.1 亿元，扣除价格上涨因素，产值增长了 51 倍，年均增长 15.64%，占农业总产值比重从 1.58% 上升到 10.47%。其中，淡水产品占水产品产量的比重从 22.74% 上升到 44.41%，产量接近海水产品，产值则超过海水产品。

改革初期，天然生产的水产品产量占总产量的 73.95%。到 2005 年，人工养殖的产量已占到总产量的 66.46%。其中，海洋养殖发展迅速，养殖面积占水产养殖总面积比重从 1978 年的 3.56% 增加到 2005 年的 22.1%，养殖产量占海产品的比重也从 12.52% 上升到 48.79%。

**（五）市场机制在农业结构调整中的作用愈发突出**

在改革开放初期，农业结构的调整更多的是依靠计划手段、行政力量，其结果便是农业结构调整趋同性强，形成“重复建设”，致使结构调整脱离本地的优势，并和市场需求变化脱节、错位，盲目性很大。而目前农业结构调整作为农业资源的重新组合，也越来越依靠市场为导向。

## 三、农民收入增长来源的变化

改革开放以来，我国农民人均纯收入从 1978 年的 134 元提高到 2005 年的 3255 元，年均增长 7% 左右，总体上保持了持续较快的增长速度。农民收入增长呈阶段性变化，不同阶段农民收入增幅波动大。具体可以分为六个阶段：第一阶段 1978 ~ 1984 年，农民收入快速增长，年均增长 16.5%；第二阶段 1985 ~ 1988 年，农民收入增长速度明显放缓，年均增长 4.9%；第三阶段 1989 ~ 1991 年，年均增长只有 1.9%，其中 1989 年出现改革开放以来唯一的一次农民收入负增长；第四阶段 1992 ~ 1996 年，五年年均增长 5.6%；第五阶段 1997 ~ 2000 年，收入增幅连续四年下降，年均增长 3.7%；第六阶段是 2001 ~ 2005 年，农民收入在平稳中加快增长，年均增长 5.26%。

改革初期，我国农民收入来源单一，以农业和粮食收入为主体，实物收

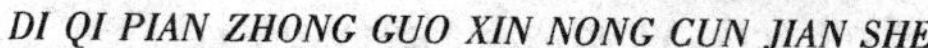

入占很大比重。但是，随着市场经济发展、农业结构调整和体制改革深化，农民收入来源市场化、多元化和非农化的趋势非常明显。1985 年，农民的农业收入和非农产业收入占农民人均纯收入的比重分别为 66% 和 34%。到 1997 年，农业收入的比重第一次下降到 60% 以下（58%），非农产业收入的比重上升到 42%。1997 年以后，随着粮食减产、农产品价格大幅度下跌以及农民外出务工收入增加，农业收入的比重快速下降，到 2000 年，农业收入的比重第一次下降到 50% 以下；到 2005 年，农业收入与非农业收入的比重进一步演变为 45% 和 55%。

农民收入的阶段性变化和收入来源的分析表明，在主要农产品供不应求的情况下，农业增产就意味着农民增收，家庭经营收入是农民增收的决定性因素。随着农产品供求关系的变化，结构调整成为农业生产的主线，而农村二、三产业的发展与农村劳动力外出就业规模的扩大，使工资性收入逐渐成为农民收入新的增长点。这些增长来源的变化具体有三个显著特点。

**（一）来自农业收入的增长空间不断缩小**

尽管农业收入多年来始终是我国农民收入的主体，但依靠农业增长实现农民增收的空间逐渐缩小，其在农民收入中的比重逐年下降。这是符合经济规律的现象。一方面是因为我国农业经营规模过小，农产品产量增长空间有限，另一方面是由于受资源市场的双重约束，农产品上涨的空间也有限。

**（二）农村非农产业和外出打工收入日益成为农民增收的主要部分**

从 1985 年到 2005 年，工资性收入占农民人均纯收入的比重由 19% 提高到 36%。2005 年，工资性收入首次突破千元，比 2004 年增长 17.6%。从工资性收入对农民增收的贡献看，1998 年工资性收入对农民增收的贡献开始超过 50%，近年来其贡献率稳定在 60% 左右，2005 年工资性收入的增加额占全年农民人均纯收入总增量的 55.7%。从我国农民收入变化的轨迹看，从 20 世纪 90 年代中期以来，乡镇企业的发展和农民外出就业人数的不断增多，促使农民增收格局发生了重大变化。从发展趋势看，只有不断地促进农村非农产业发展和农民向城镇转移，才能找到农民持续增收的路径。

**（三）政策始终是影响农民增收的重要因素**

改革初期的家庭联产承包责任制和近年来粮食直补、取消农业税等一系列惠农政策都促进了农民收入的快速增长。此外，政府在逐步放开农产品市场的过程中，政府的价格支持保护，如提高粮棉油等主要农产品收购价格、制定重点粮食品种最低收购价和控制农资价格，都在不同程度上促进了农民收入的增加。

## 四、农村劳动力供求关系和就业格局的变化

**（一）从农村劳动力供给的发展看，新增劳动力的数量呈现逐渐下降的趋势**

农村劳动力总量从1985年的37065万人增加到2005年的50387万人，年平均增长率为1.5%。20世纪80年代后期劳动力的年均增长率在2.5%左右，90年代至今农村劳动力总量的年均增长率维持在1.1%。“十五”时期前四年（2000~2004年），农村劳动力年均增加433万人，年均增长0.9%，与“九五”相比，“十五”年均新增劳动力数量减少了150万人左右，年均增速下降了0.4个百分点。从农民工的特点看，青壮年劳动力外出务工比重最大，随着年龄的增长，外出务工劳动力所占比重迅速下降。新增劳动力减少预示着农民工规模扩大的速度将减缓。

**（二）农村劳动力的就业结构多元化**

农村劳动力的就业范围跨出了第一产业，伸展到第二、第三产业。非农产业就业人数和比重迅速增长。在非农就业劳动力中，外出打工劳动力增长速度大大高于本地转移劳动力增长速度。本地乡村非农产业劳动力从1985年的6233万人增加到2005年的13480万人，年增长率达到3.9%，占全部农村劳动力的比重从16.8%上升到26.7%。外出劳动力从1985年的800万人上升到2005年的12578万人，年平均增长率为14.7%，占所有农村劳动力的比重从2.2%上升为24.1%。

**（三）外出打工农村劳动力的特点**

1. 就业方式上不仅呈现“候鸟式”流动就业模式，还出现了“迁徙式”转变模式。我国农村劳动力的就业转移自开始并在相当长一段时间内，呈现出双向的、职业与身份背离的“候鸟式”流动就业模式。“候鸟式”的就业方式呈现两种状态：农民外出务工以年为单位，在城乡和地区之间流动的“摆钟式”和利用农闲季节短期的、季节性的外出打工的“兼业式”。近年来，农民外出出现了“迁徙式”转变的新迹象。其中一种是完全脱离农业生产、长年在外打工的农民工比例增大，农民打工的兼业性减弱。2004年农民工均外出务工时间为8.3个月，东部地区农民务工时间多于中西部地区。从近几年的发展趋势看，农民工外出务工时间在6个月以上的比例不断上升。另一种是举家外迁，2004年农村举家外迁劳动力多达2470万人。这些农民工在转出的同时存在回流现象，据2004年的推算回流比重为7.1%。

2. 农村劳动力外出的动机不仅为了增加收入，还表现出对城市生活的追

求，既有经济性的，又有生活性的。30～40 岁的第一代农民工，进城打工动机绝大多数是经济性的，而 20～30 岁年龄段的第二代农民工进城的动机同时包括了经济性和生活性。第二代农民工比第一代文化素质有所提高，流动性能力更高，并且要求的报酬也更高。第二代农民工很多没有务工的经历，多是从校门直接走出农村打工。

3. 外出农村劳动力以初中文化程度的青年男性为主，集中了农村中优质的劳动力资源。外出务工的男性和女性比例基本为 2：1，且东部地区农民工中女性的比例要高于中西部地区比例。外出就业的农村劳动力平均年龄为 28.6 岁，21～25 岁年龄段是主要的群体，占外出农村劳动力总量的 27.1%。其次是 31～40 岁群体，占 23.2%。外出农村劳动力的文化程度要高于农村劳动力平均水平，外出农民工中初中及以上文化程度占 81.6%，比全国农村劳动力平均水平要高 18.3 个百分点。青壮年劳动力都外出打工，导致留在农村务农的都是处于学龄期的儿童、需要照顾家庭的妇女以及基本丧失劳动能力的老人。有的地区妇女也大量外出务工。

**（四）我国农村劳动力的供求关系正在从长期的“供过于求”逐步转向“既过剩，又不足”**

从 2002 年开始，我国劳动力市场出现了技术工人全面供不应求的现象。这一轮经济出现强劲增长的势头，主要是依靠重工业投资带动和固定汇率刺激的出口激增，开始进入新一轮经济周期。新一轮经济周期的扩张会带来持续一段对劳动力的强烈需求。2003 年以来，东部沿海经济发达地区开始出现普通劳动力短缺现象。2004 年这种现象更加凸显，特别是在珠三角、闽东南、浙东南等加工制造业聚集地区，重点地区估计缺工 10% 左右。2005 年后，这种用工短缺现象开始蔓延到内陆一些经济发展地区。这种发展的旺盛需求导致劳动力价格上涨。

2004 年我国实施计划生育政策的效果开始显现。1975～1985 年的出生人口比 1965～1975 年少 5000 多万人。改革开放以来中国经济的高速增长，实际上是享受了计划生育政策实施前 10 年内人口大幅增长带来的“红利”。从 1978 年到 1998 年，在中国持续 20 年的经济高速增长中，资本的贡献率为 28%，技术进步和效率提升的贡献率为 3%，其余全部是劳动力的贡献。2004 年是一个转折点，中国劳动年龄人口（15 岁到 59 岁）供给增长率也在 2004 年首次出现下降，预计到 2011 年左右，劳动年龄人口开始不再上升，2021 年开始绝对减少。2010 年以后，受农村人口年龄结构及农村人口数量逐年减少等因素的影响，农村人口向城镇转移的速度将放慢。

我国农村劳动力的供求关系正在从长期的“供过于求”逐步转向“既过剩，又不足”，“过剩”是指总量上劳动力按劳动力时间衡量，折算成劳动力仍然是供大于求的；“不足”是指结构上有技能的、年轻的农村劳动力的供求正在逐步向供不应求转变。正确看待农村劳动力的供求关系，不能抽象地看总量关系，更应该重视结构特征。

## 五、我国农业与世界农业关联度的变化

随着我国对外开放度的大幅提高，我国农业与世界农业的关联程度发生重大变化。在世界贸易体系中，我国作为农产品生产大国和消费大国，既受到国际市场的冲击，同时也对国际市场有着巨大影响。

**（一）农产品国际贸易发展迅猛，进出口双向增长**

我国农产品出口由1980年的43.7亿美元增长为2006年的314亿美元，进口由62.2亿美元增长到320.7亿美元。2004年之后出现贸易逆差，2004～2006年农产品贸易逆差分别为46.4亿美元、11.4亿美元和6.7亿美元。我国农产品进出口贸易的快速发展使我国成为世界上主要农产品进出口国之一。我国农产品进口的品种和数量，对世界市场产生重大的影响。我国市场对大宗农产品的需求价格，成为国际市场的重要参考价格。

**（二）农产品进出口占全部进出口贸易总量的比重逐年降低**

1980年我国农产品进出口占全部进出口贸易总量的比重为27.8%。经过最近20多年的发展，已经转变成一个非农产品出口居绝对优势的国家。我国农产品贸易在贸易总额中的比重目前不到4%，属于世界上该数值最小的国家之一。虽然以贸易额和创汇量来衡量的我国农业贸易地位在不断下降，但农产品国际贸易对提高人民生活水平发挥着积极的作用。现阶段，我国通过进口植物油、大豆、咖啡、可可、水果等产品来弥补国内供给不足或丰富消费品种结构。农业贸易中的原料进口在经济建设中发挥着越来越重要的作用，我国的原木、纸浆、天然橡胶等原料性产品消费量在相当程度上是依靠进口的，其中天然橡胶消费对进口的依赖程度高达63.9%。因此，当农产品贸易不再起主要的创汇作用时，农产品贸易的意义和作用就演变为改善人民生活、提高农民收入和提供资源短缺性原料。

**（三）农产品出口主要集中于劳动密集型产品**

农产品出口越来越集中于劳动密集型的园艺、畜产品、水产品等。水产品在我国农产品出口结构中所占比重最大，2006年水产品出口占全部农产品出口的比重为29.8%。园艺产品出口贸易增长，但增速放缓。畜产品出口具

有价格优势，但是质量问题限制了出口增长。“入世”以来，我国畜产品和部分水产品被技术壁垒和绿色壁垒阻挡在发达国家的市场之外，主要原因：一方面是畜产品质量达不到进口国的要求，一定程度上存在药物残留超标；另一方面是畜产品的质量检测能力与实际需要不适应。这种状况在短期内无法通过世贸谈判得以解决。这种情况需要我国在动物检疫体系及生产技术方面有所突破。

**（四）大宗农产品的进口发生了重大变动**

在我国农产品的进口中，大宗农产品长期以来一直占最大比重，20 世纪 90 年代中期以后这一比重有较大下降。近 10 年以来，大宗农产品的进口发生了重大变动：谷物进口所占比重大幅下降和大豆等油料作物大幅增长。近年来，油料产品进口占大宗农产品进口的八成左右，接近整个农产品进口的一半。食用植物油和油料（主要是大豆）合计占 36%，在所有进口农产品中比重最大。1996 年之后，我国从进口成品油为主转向以进口油料为主，这为国内榨油能力的扩张提供了原料基础，减少了国外低价植物油的冲击。但是，2003 年以来，超过 2000 万吨的大豆年进口量对大豆种植业造成了严重的冲击。而且，大豆产品进口主要来自美国、巴西、阿根廷。进口集中于少数国家，给我国油料、植物油贸易带来一定的风险。

粮食进出口对国内的影响不仅具有经济意义更具有战略意义。在 1983～2006 年的 24 年间，有 8 个年份（1985、1986、1992、1993、1994、1997、1998、2002）出口大于进口，出现粮食贸易顺差，其余 16 个年份为逆差。而且，1999 年以来，进口增加的趋势非常明显，从 1999 年的 772.1 万吨增长到 2006 年的 3186.5 万吨（含大豆，其中谷物 359.5 万吨），而出口大幅度减少，由 2003 年的 2229.9 万吨降至 2006 年的 609.83 万吨，波动幅度很大。中国粮食贸易表现出进出口规模大，年际波动显著的特点。

## 六、农村消费方式的变化

**（一）农民消费水平已进入小康中期阶段**

根据国际经验，人均 GDP 在 3000 美元左右时，居民消费的恩格尔系数均在 30% 上下。根据联合国粮农组织提出的标准，恩格尔系数在 59% 以上为贫困状态的消费，50%～59% 为温饱状态的消费，40%～50% 为小康水平的消费，30%～40% 为富裕水平的消费，低于 30% 为最富裕水平的消费。我国城镇和乡村的恩格尔系数，1980 年分别为 56.9% 和 61.8%；2000 年分别为 39.2% 和 49.1%。20 年来，城乡这一系数分别下降 17.7 和 12.7 个百分点；

最近10年则分别下降15和11个百分点。这表明，我国的恩格尔系数呈加快下降趋势。到2005年，农村居民的恩格尔系数为45.5%，比2000年下降3.7个百分点。这表明，按照国际评价标准，目前的农民消费水平还处于小康中期阶段的消费水平。“十五”以来，随着一系列惠农政策和改革举措的出台，农民收入持续稳定增长，全国农民消费增长出现积极变化，农民生活消费水平和质量有了明显提高。居住、医疗保健、交通通讯、文教娱乐等“享用型”和“发展型”消费比重提高，尤其是具有时代性、现代化的交通及通讯支出明显加大。截至2005年，农村居民人均生活消费支出2555元，比2000年增加885元，年均增加177元，扣除价格因素的影响，年均实际增长6.4%，快于纯收入的增长速度。在居民生活消费中，现金消费支出比重提高。2005年农村居民生活消费中，现金消费支出2138元，比2000年增加853元，增长66.4%，现金消费支出占全部生活消费支出的比重为83.7%，比2000年提高6.8个百分点。虽然农民生活消费水平不断提高，但城乡居民消费差距仍在扩大。由于城乡二元结构的影响，我国城乡居民不仅收入差距很大，而且消费差距悬殊，同时在现阶段仍有不断扩大的趋势。2005年全国农民人均消费支出为2555元，只相当于同期城镇居民消费支出的32%，城乡消费比从2000年的2.99：1扩大到2005年的3.09：1。根据有关专家分析，目前的农民消费水平、消费结构和耐用消费品拥有情况落后城市居民10年以上。

**（二）农村居民消费向注重追求生活便利、提高质量、健康方向发展**

分项来看，2005年农村居民消费的食品、衣着、居住、家庭设备用品的支出水平分别达到1162元、149元、370元和111元，比2000年分别增长了41.6%、54.8%、43.3%和47.7%；交通通讯、医疗保健、文教娱乐方面的消费水平提高更快，分别达到245元、168元和295元，比2000年增加了160%、92%和58.2%。用于交通通讯、医疗保健和文教娱乐的支出增幅明显快于其他支出。2000年农村居民生活消费支出的结构序列为吃、住、文教娱乐、穿、交通通讯、医疗保健、家庭设备及服务，2005年转变为吃、住、文教娱乐、交通通讯、医疗保健、穿、家庭设备及服务。2005年农村居民平均每百户拥有彩色电视机84台，比2000年增加35.3台；电冰箱20.1台，比2000年增加7.8台；洗衣机40.2台，比2000年增加11.6台。现代家庭生活的许多耐用消费品，如电话、移动电话、空调、电脑等也进入了农民家庭。2005年，农民每百户拥有电话机58.3部，移动电话50.2部，空调6.4台，电脑2.1台，分别是2000年的2.2倍、12倍、4.8倍和3倍。造成这些发展趋势的主要原因：一是受农民收入水平增长的拉动；二是农民消费文化观念更新的推动；三是农村现代流通方式的发展和消费环境的改善。

**（三）农民食品消费需求发生新变化**

2005年我国农民人均消费粮食210公斤，比2000年减少15.7%；植物油6.9公斤，比2000年增加26%；奶及奶制品2.9公斤，是2000年的2.7倍；水产品4.9公斤，比2000年增加26.1%。随着高质量的食物数量的增加，农村居民膳食营养状况也有所改善。2005年农村居民每人每日食物热能摄入量为2437千卡，蛋白质摄入量67克，热量、蛋白质来源于动物性食物的比重分别为11.3%和17.5%，分别比2000年提高2.7个百分点和5.4个百分点。

新阶段农民的生活消费需求不断变化，从食物消费的角度而言，主要表现为：一是主、副食消费合理搭配。农民由过去只讲究吃饱转变为讲究吃好，主食消费比重下降，副食消费迅速增加。农民主食消费占食品消费的份额由1994年的71.4%下降为2003年的18.1%，减少53.8个百分点；副食消费则由19.8%上升为31.8%，增加12个百分点。主、副食比重一降一升，结构趋于合理。二是肉类消费增长平稳，形成对饲料粮需求增加。2003年，农民人均肉及肉制品消费量为13.3公斤，较1994年增长15.6%。三是加工方便食品和在外饮食增加。由于农民流动性增强、社会交往增多，农民在外消费增加，同时随着现代食品经营方式的改变和向农民延伸，扩大了农民食品消费的选择范围，农民食物消费品种增多。

## 七、农村金融供给和需求发生了重要变化

我国长期执行的是城市和工业优先发展的战略，决定了金融业事实上执行了牺牲农村金融保城市金融、抽调农村资金支持城市工业发展的政策。改革开放、特别是20世纪90年代以来，这种政策取向虽然有所变化，但金融机构对农村信贷资金投放不足的问题并未得到根本性改变。

目前阶段正规的农村信贷渠道主要有：商业银行、政策银行、合作金融机构和邮政储蓄，具体包括六类金融机构：农业银行、农业发展银行、农村信用社、农村商业银行、农村合作银行和邮政储蓄机构。2005年年末所有农村金融机构的资产总额108271亿元，占金融机构资产总额374697亿元的28.8%；负债总额105523亿元，占金融机构负债总额358070亿元的29.4%；存款总额87363亿元，占金融机构存款总额300209亿元的29%；贷款总额58004亿元，占金融机构贷款总额206839亿元的28%。2005年年末，农村信用社、农业银行、农业发展银行三类机构涉农贷款（包括农村信用社各类贷款，农业发展银行收购贷款和农业银行用于农村龙头企业、扶贫、乡镇企业、

电网改造、基础设施贷款等）余额达到4万亿元，占全部金融机构贷款总额20.7万亿元的19%，其中农业贷款为11575.86亿元，乡镇企业贷款余额为7901.76亿元。

客观地说，近几年来中国在农村金融改革方面做出了很大努力，农村金融组织为农民、农业和农村经济发展提供金融服务的状况有了明显改善。2002~2005年间，我国农民人均纯收入从2476元增加到3255元，年均增长10.49%，农林渔牧业总产值从27390.8亿元增加到39450.9亿元，年均增长14.68%，同期金融机构农业贷款余额从6888.5亿元增加到11575.86亿元，年均增长22.68%。农业贷款余额的增长速度大大快于农业总产值和农民纯收入的增长，有力地支持了农业和农村经济的发展。而且正规金融对农村的覆盖率明显提高，农户的正规贷款获得率已经由过去的25%上升为32%。但农村经济仍然缺乏足够的金融资源，农户和农村企业仍普遍受到不同程度的信贷约束，同时农村资金又大量外流。

**（一）农业银行在农村金融体系中的力量正在减弱**

在20世纪80年代中期之前，98%的贷款是投向农村的。从80年代中期到90年代早期，银行调整了信贷的结构，用农业贷款的60%来支持农产品收购和发展乡镇企业。90年代中期以后，随着中国农业银行商业改革步伐的加快，它加强了对乡村电网、运输和通讯网络建设的支持，其资金投向不再局限于农业和农村了。90年代以后，其体制网络逐渐从农村退出，农业贷款的增加速度放慢，所吸收的农村储蓄开始下降，业务逐渐转向了城市和工业。2000年以来，农行已撤并网点2.25万个、裁员16.9万人。而农行撤掉的大都是乡镇营业所或分理处。目前农业贷款只占到中国农业银行贷款总额的10%。截至2005年9月末，中国农业银行只有61.9%的机构网点、51.5%的在岗员工和34.9%的贷款分布在县及县以下。

**（二）农村信用社成为农业贷款最主要的渠道**

截至2006年3月末，全国农村信用社农业贷款余额11668亿元，占其各项贷款的比例由2002年年末的40%提高到49%：农村信用社农业贷款占全国金融机构农业贷款的比例由2002年年末的81%提高到91%。尽管农村信用社的网络覆盖了广大农村地区，但随着主要商业银行逐个退出农村，仅仅依靠农村信用社的贷款难以满足农户和农村中小企业所面临的资金短缺问题，特别是由于农村信用社资金能力的限制、沉重的不良贷款负担以及不完善的信贷管理手段，使得信用社大额贷款的发放非常有限，获得贷款的农户和农村中小企业仍然面临信贷规模约束的问题。

**（三）随着粮食流通体制改革的深化，农业发展银行的业务急剧萎缩**

2005 年年末，农发行各项贷款余额达到了 7871 亿元，比年初增加 681 亿元，扭转了多年来业务萎缩下滑的局面。但其总体业务格局仍没有大的突破。截至 2005 年年末，农发行累计发放粮食收购贷款 2086.5 亿元，储备贷款 722.5 亿元，产业化龙头企业、加工企业及其他粮食企业贷款 237.2 亿元。粮棉收购与储备的贷款占所有信贷资金比重仍高达 98%，真正针对农村企业和农村发展的信贷资金投放非常之少。

**（四）农户的生活性借贷占有重要地位**

根据国务院发展研究中心的调查，农户的生活性借贷需求大于生产性借贷需求，生活性借款的比重有所增加，而生产性借款的比重有所下降。其主要原因是近年来农户在教育和医疗等方面的负担增加，导致农户的收支缺口扩大。教育投资成为当前农户借贷的首要原因，医疗成为农户借贷的第三位原因。

**（五）民间借贷成为借款的主要途径**

根据国务院发展研究中心的调查，农户所有借款中非正规借款占到了借款总额的 47.4%。从非正规借款的结构看，亲友借款占到农户借款总额的 45.9%，68% 的农户都有亲友借款。大部分农村资金需求是由亲友借款满足的。

## 八、国家与农民关系的变化

**（一）土地制度是国家与农民关系的核心**

新中国成立以来，我国农村发展的两个辉煌时期都始于土地制度的改革。而这两个时期，也是一些学者所形容的国家和农民关系的两次“蜜月”期。新中国成立前后的土地改革，从根本上改变了我国农村的土地产权制度，使广大无地少地农民以无偿的方式获得了对土地的所有权和收益权，调动了农民的生产积极性，农业粮食产量稳步提高，农村经济开始繁荣复苏。党和政府也获得了农民群众的衷心拥护和支持，这些都为国家政权的稳固和国民经济社会事业的百废待兴奠定了良好的基础。这一时期就是所谓的国家和农民关系的第一次“蜜月”。而此后的农业合作化和人民公社化运动对土地制度的彻底改变，却使国家和农民关系跌入了低谷。

20 世纪 80 年代初以家庭承包责任制为主的农村改革，又重塑了农村的土地制度。家庭承包责任制的实施打破了“集体所有、集体经营”的土地产权制度，农村中开始买行土地集体所有、家庭承包经营，使用权同所有权相分离的土地制度。农村基层集体组织不再对土地进行直接经营，农民的生产积极性再次被调动起来，农业和农村经济再次焕发出生机和活力，农民生活水平日渐提高，国家和农民的关系进入了第二个“蜜月”期。但到了20世纪90年代，农村中经济政策和行政管理体制已表现出不合时宜之处，农民负担逐渐加重，农业和农村经济增长缓慢，农民和基层政府矛盾凸显，国家和农民关系再一次陷入低谷。国家开始寻求新的制度变革来破解“三农”发展僵局。

**（二）农村税费制度改革是国家与农民关系的重大调整**

始于2000年的农村税费改革成为国家和农民分配关系的一次重大调整。2006年，中国延续了2600年的“皇粮国税”终结，标志着国家与农民间“汲取型”关系已被打破，国家对农民实现了由取到予的转折。农村税费改革不仅涉及生产关系的改革，而且涉及上层建筑的变革，成为我国打破城乡二元结构的切入点、突破口。这场改革在明显减轻农民负担、推动基层政权组织改革深化、促进农村教育管理体制改革、保障农村社会稳定四方面取得了显著的成效。这场变革对缓和相对紧张的基层政府和农民关系起到了绝定性的作用。农民群众拍手称快，再一次巩固了党和政府在农民群众中的威信和地位。国家和农民的关系步入了新的“蜜月”期。

**（三）保障农民权益是新时期国家与农民关系的焦点**

新时期，国家和农民关系呈现了与以往完全不同的特点，国家和农民关系的重心也发生了转移。保障农民权益已成为新形势下国家与农民关系的焦点，影响着未来我国农村经济社会事业的发展和国家的长治久安。

一是保障农民的土地权益。土地的家庭承包经营解决了我国农村中数亿人的温饱问题，也为我国改革开放以来国民经济的强劲发展提供了坚实的基础。但家庭承包经营制度下也存在土地使用权“虚化”，而不能做贷款抵押、也不能作为土地资本等问题，这些都不利于土地这种重要经济要素作用的有效发挥。当前，我国农村与城市土地制度呈现二元结构，国家和政府保持着强制征用农村土地的权力，农民的土地权利难以得到保障，各地屡屡发生农民土地权益受损、农民和地方政府矛盾激化的事件。国家和农民关系矛盾的焦点已经由税费改革前农民负担重、干群关系紧张，转变为税费改革之后农民的土地权益得不到保障、农民和地方政府土地纠纷频发，农民对政府不满情绪的增加。如何改革土地制度，合理界定国家和农民的土地权利，完善国家、农民、集体、企业等利益相关主体的土地增值收益配置机制，缓解因土地征占用问题带来的社会矛盾，妥善处理国家和农民土地关系，成为当前处理农民与国家关系的一个主要问题。

二是保障农民平等享受公共服务的权利。我国公共服务的提供长期偏向城市，公共财政在农村缺位。税费改革在减轻和取消农民负担的同时，开始对中央和地方政府之间的关系产生巨大的影响，收入和支出的分权框架正在迅速消失，农村公共服务的支出责任也在调整和改革中逐渐上移，“公共财政的阳光逐步照耀农村”，许多乡镇政府的支出责任在逐渐上移到县级政府。“分级投入”的体制开始被中央和地方政府通过转移支付方式进行投入的形式所取代。总之，税费改革通过取消税费和加强政府间转移支付来实现基层政府财政的公共管理和公共服务职能，力图将国家——农民的“汲取型”关系转变为一种“服务型”关系，政府正在承担起农村公共服务供给的责任，但是，调整还需要一个过程，向城市倾斜的公共服务提供政策延续时间过长，使城乡居民在享受公共服务方面存在过大的差距。农村公共服务是改善农民生产生活条件的重要物质基础。改善农村公共服务，是缩小城乡差距的重要内容。

三是保障农民享受社会保障的权利。长期以来，农民多以家庭进行“自我保障”。随着工业化、城镇化的推进，社会流动性的增强，传统的家庭保障功能在减弱，农村社会发展方面面临一些新的情况和亟待解决的现实问题。如：（1）农村老龄化程度比城市严重。2000 年我国第五次人口普查数据显示，农村 60 岁以上的老人已经超过农村总人口的 10.92%，高出城市 1.24 个百分点。事实上，由于农村人口向城市流动以青壮年劳动力为主，农村人口的实际老龄化程度比统计数字显现的要更高。(2）被征地农民超过 4000 多万人，许多农民失去土地后还难以正规就业，面对诸多的社会风险，相当多的人成为弱势群体。(3）全国农村仍有 2365 万人没有解决温饱问题，低收入群体（年收入处于 683 元至 944 元）还有 4067 万人，两者合计 6432 万人。总体来看，农村社会保障覆盖的人口范围有限，保障水平低，城乡社会保障的差距非常悬殊。发展农村社会保障制度，建立社会安全网，可以维护农民权益和相关弱势群体的利益，为维护农村社会稳定、缩小城乡差距创造条件。逐步加大公共财政对农村社会保障制度建设的投入，培育农民社会保障意识，坚持社会保障与家庭保障、社区保障相结合，在立足保障农民基本生活的基础上，加快建立覆盖城乡的社会保障体制，是农村发展面临的重要课题。

## 九、农业、农村经济在整个国民经济中地位的变化

### （一）农业产值比重阶段性下降，农村经济支撑近半壁江山

农业在全国 GDP 中的比重呈现下降趋势，从 1978 年的 27.9% 下降到

2005 年的 12.5%，不到 1978 年比例的一半。

虽然农业在整个 GDP 中的比重下降趋势十分明显，但是农村经济在整个 GDP 中的比重并没有呈现相应明显的下降趋势。1990～2005 年，农业比重从 26.9% 下降到了 12.5%，但是农村三次产业所占比重只是从 48.0% 变化下降到 46.2%，这说明农村二、三产业的快速发展弥补了第一产业发展空间有限的不足，也让我们看到了整个农村经济的力量。

农村三次产业不仅在总量上占有近半的份额，同时对 GDP 年度增长的贡献也不可小视。2005 年农村经济的增长对整个 GDP 增长的贡献率达到 44%，最近 10 年这个比率基本在 40%～50%。农村经济的增长，特别是农村二、三产业的增长对整个 GDP 增长的作用与农业占 GDP 比重或者农业对 GDP 增长的贡献是完全不同的。

**（二）农业就业人数增加，依然是农村就业的主渠道**

改革开放以来，我国城乡就业人数大幅度增加。从绝对数看，1978 年城镇就业人数 0.95 亿，2005 年 2.73 亿，增加 1.8 亿。与此同时，农村二、三产业吸纳的劳动力快速增加，越来越多的人进入建筑业、乡镇企业、交通运输、批发零售或餐饮业等二、三产业。1978 年农村就业人数 3.05 亿，2005 年 4.84 亿，也增加 1.8 亿。其中，从事农业的人数仍然在继续增加，1952 年，从事农业的就业人数为 1.73 亿，1978 年增加到 2.83 亿，2005 年进一步增加到 3.38 亿。1978～2005 年，从事农业的就业人数并非持续下降，反而增加 0.55 亿。由此可见，目前农业本身依然是农村就业的主渠道。

在就业总量增加的同时，就业结构变化明显。一是随着工业化和城市化的推进，农村三次产业总的就业人数占全国就业人数的比重呈现缓慢下降的趋势，从 1978 年的 76.3% 下降为 2005 年的 64.0%。1990～2005 年是持续下降时期，15 年时间总计下降了 10 个百分点。二是从就业结构看，农业就业人数占全部就业人数的比重从 1952 年的 82.1% 下降到了 2005 年的 44.7%。1978～2005 年，农业就业人数占农村就业人数的比重从 92.8% 降到了 69.8%。

**（三）农村消费从六成比重下降到三成比重**

2004 年农村居民消费占 GDP 的比重为 16.8%，这个比例自改革开放以来呈现出下降趋势。从 1978～1983 年，农村居民消费占 GDP 的比重从 30.3% 逐年上升到 34.0%，从 1983 年开始出现下降趋势，其中 1994、1995 和 1996 年出现反弹，从 22.1% 上升到 24.0%，除此之外各年份均下降。由此可见，农村居民消费数量对整个国民经济的影响在减弱，一方面是农村居民消费层次不高，中低档消费多，消费的品种和数量也不如城镇居民丰富，多种因素共同导致农村居民消费在整个国民经济中的地位下降。

虽然农村居民消费地位明显降低，但是农村仍然是消费品零售的巨大市场。如果以消费品零售总额计算，县及县以下消费品零售总额占全部总额的比重为32.9%，如果以消费水平与人口总数的乘积计算，农村居民消费量占全部消费总量的比重为27.4%。农村的消费品市场占到全国的比重还维持在三成左右。由于我国农村居民占全国的57%，农村居民人均消费水平到2005年为2608元，远远低于城镇居民的人均消费水平9278元，所以，增加农村居民的收入，提高农村居民的消费水平将会快速增加全社会的消费总量，从而对全国GDP的增长做出更大的贡献。

改革开放以来，虽然农业在国民经济中所占比重在不断下降，但在整个国民经济中的地位并没有降低。农村经济也不仅仅是农业，还包括二、三产业，农村富余劳动力从农业向第二、第三产业转移，带动了地域概念上农村经济的发展，使得农村经济在整个国民经济中的比重并没有很大变化。

# 第二章　中国城乡差距、农村内部差距的现状与未来趋势

改革开放以来，我国城乡居民收入都得到了较大幅度的增长。1978～2005年，城镇居民收入从343元提高到10493元，农村居民收入从134元提高到3255元。然而，城乡居民、各地区农村居民以及农村居民不同群体之间的收入差距都有不同程度的扩大。这些差距的扩大业已构成对我国持续稳定健康发展的严峻挑战。分析城乡差距、农村内部差距的演变、现状与未来趋势，对于制定统筹城乡发展、建设社会主义新农村和构建和谐社会的战略与政策，具有重要的意义。本文将在分析城乡差距、农村内部差距的现状、演变轨迹及其产生原因的基础上，揭示这些差距的演变趋势。

## 第一节　城乡差距、农村内部差距的现状及演变轨迹

### 一、指标与方法的选择

由于用的指标和方法不同，区域差距的度量结果往往不同。因此，在度量城乡差距、农村内部差距之前，必须明确：（1）观察哪些指标的区域差距；（2）采用何种测量方法。

1. 观察城乡差距、农村内部差距的指标选择

指标的选择，既决定于研究的目的，又受制于数据的可获得性。一般地说，研究区域差距的目的，既在于发现区域之间的发展差距，又在于发现不

同区域的居民享受的福利水平的差距。由于发展的根本目的在于提高居民的生活水平和质量，又由于发展差距主要受经济运行自身规律的影响，政策干预对其影响较小，而福利水平的差距受政策干预的影响较大，测度福利水平差距更具有政策制定方面的意义。因此，本文重在观察不同区域居民福利水平的差距。

人均GDP是最常用的反映区域发展状况的指标，它能够综合地反映一定区域发展的水平。然而，观察城乡差距、农村内部差距却难以选择这一指标。因为在我国的统计体系中，并没有以农村为单元的地区生产总值的统计。虽然在县域经济统计中，存在着地区生产总值这一指标，但是，县域经济并不完全是农村经济，甚至在一些发达县区（如百强县），县域经济也是以城镇经济为主导的。事实上，以下的分析还可以看到，观察人均GDP的城乡差距和农村内部差距，不仅存在数据可获得性方面的困难，而且还存在一定的缺陷。

借鉴已有的研究，根据数据的可获得性，本报告将选择城镇居民人均可支配收入、农村居民人均纯收入和居民消费水平来观察城乡差距和农村内部差距。

——城镇居民人均可支配收入和农村居民人均纯收入。这两个指标虽然不能准确反映相应区域的发展水平，但是却能够比较直接地反映居民所享受到的福利水平。

居民享有的福利水平，与人均GDP有着密切关系，但却直接决定于居民收入水平、物价水平及其享有的公共服务水平，而居民收入是居民生活水平和生活质量最主要的决定因素。

——居民消费水平。居民消费水平是居民在购买货物和服务方面所支付的费用。无论与人均GDP相比，还是与居民收入水平相比，它都更接近于居民享受到的实际福利水平。首先，与人均GDP相比，居民消费水平可以排除GDP构成的不同所造成的影响。GDP是由投资、消费和净出口构成的，而消费是由政府消费和居民消费构成的。由于不同区域的投资、消费和净出口的比例不同，政府消费和居民消费的比例也不同，同样的人均GDP水平，无疑会有不同的福利效应。其次，与收入水平相比，居民消费水平可以排除居民收入支出结构的不同所造成的影响。在过去相当长的时期内，城镇居民家庭的可支配收入，绝大部分用于生活消费，极少部分用于储蓄。随着城镇居民收入的增长，城镇居民家庭的支出结构发生了变化：不仅用于储蓄的可支配收入不断增加，而且用于股票和房地产投资的可支配收入也在不断增长。农村居民家庭纯收入，除了用于生活消费外，还用于生产性、非生产性建设投资和储蓄。随着时间的推移，农民家庭纯收入用于非生活消费的比重也在不断提高。因此，同样的居民收入水平，也可能会有不同的居民福利水平。

2. 测度城乡差距、农村内部差距的方法选择

对不平等程度进行度量也有各种各样的方法可供选择。其中，最为简单的方法是：如果比较对象比较少，尤其是在只有两个比较对象（如城市和农村）时，可以采取直接相比（相对差距法）或直接相减（绝对差距法）的方法；如果比较对象比较多，可以用系列值中指标的最大值和最小值相比或相减的方法。这种方法比较简单、直观，但是，有时尤其是在比较对象很多时，难以准确地反映地区差距的总体情况，因此，还必须采取更为复杂的方法。

在比较对象很多时，人们通常选用以下三种方法度量区域差距：

（1）泰尔（Theil）指数

泰尔指数等于各地区收入份额与人口份额之比的对数加权总和，权重为地区的收入份额。泰尔指数越大，表明各地区差异水平越大。当收入在各地区之间平均分配时，地区之间不存在差异，泰尔指数值最小（为零）；当所有的收入被某一个地区占有时，泰尔指数达到它的最大值（logN）。其计算公式如下：

$$\text{Theil} = \sum_i \gamma_i \log \frac{\gamma_i}{P_i}$$

$\gamma_i$：第 i 个地区的 GDP 份额；

$P_i$：第 i 个地区的人口份额。

泰尔指数的优点是其具有可分解性，缺点是其数值受样本量的影响。当比较组的样本量不同时，不能将泰尔指数值在不同的比较组之间进行比较。

（2）变异系数

变异系数也常被用来测量地区差距总体水平。它等于样本值相对于期望值的总离差，反映的是样本值对平均值的总偏离程度。其值越大，表明地区差距就越大。计算公式如下：

$$V = \frac{1}{X}\sqrt{\frac{1}{N}\sum_{i=1}^{n}(X_i - \overline{X})^2}$$

N：地区个数；

$X_i$：第 i 个地区的样本值；

X：样本算术平均值。

这一指数的优点是计算比较简单，但是，其取值受比较对象的个数影响较大，不适用做两个比较组之间的比较。

为克服这一缺陷，可以对变异系数进行人口加权处理，从而得到如下的经人口加权的变异系数：

$$V=\frac{1}{\overline{X}}\sqrt{\sum_{i=1}^{n}(X_i-\overline{X})^2\frac{P_i}{P}}$$

$P_i$：第 i 个地区的人口；

P：全国总人口。

在进行跨组比较时，这一系数要强于未加权的变异系数，因为进行人口加权的变异系数的取值，受各地区人口所占比重的影响，而不受比较对象数目的影响，但是，其含义比较抽象，难以理解。

（3）基尼（Gini）系数

基尼系数是使用最为广泛的衡量收入不平等的指标，其含义直观而又明确。如果以累计人口份额为横轴、累计收入份额为纵轴，将累计人口份额和其对应的累计收入份额的点用线连接，即可得洛伦茨曲线（图 7－10）。如果用 A 表示图 7－10 中 45 度直线和洛伦茨曲线之间的区域面积，用 B 表示洛伦茨曲线与右下坐标轴之间的区域面积，那么，基尼系数就等于 A 比上 A 和 B 之和。

即：

G＝A/（A＋B）

如果每个人或地区都有着相同的收入（完全平等），则洛伦茨曲线就在 45 度线上，A 区域的面积为 0，基尼系数值最小（为 0），而如果一个人或一个地区占有所有的收入（完全不平等），洛伦茨曲线就与右边和底边的坐标轴重合，基尼系数值最大（为 1）。

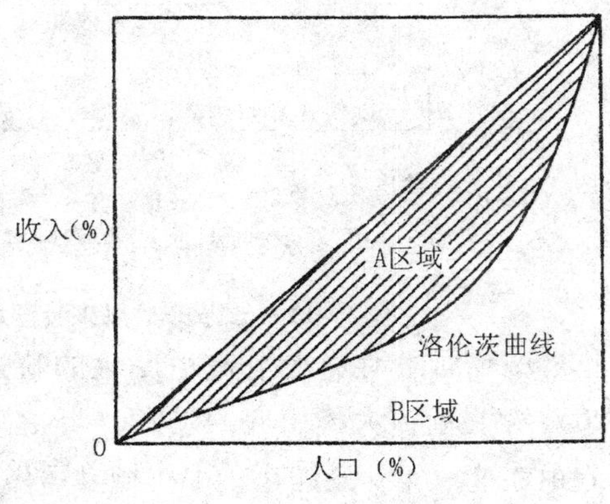


**图 7－10 基尼系数计算示意图**

理论上，基尼系数的取值既不受比较对象数目的影响，也不受比较对象人口比重的影响，其既可以进行跨组比较，意义也比较直接和明确。

鉴于以上分析，本报告在分析城乡和板块之间的差距时，主要采取指标直接相比的方法；在分析全国范围内省际之间和板块内部省际之间的差距时，主要采取基尼系数法。

## 二、相关差距的现状及演变轨迹

1. 城乡差距：1978 年以来有起有伏，但总体上不断扩大

从图 7－11 可以看出，改革开放以来，我国城乡居民收入差距的变化大体上经历了 5 个阶段：（1）改革初期至 20 个世纪 80 年代中期，差距不断缩小；（2）80 年代中期至 90 年代初期，差距不断扩大；（3）90 年代中后期，差距迅速缩小；（4）90 年代后期至 21 世纪头三年，差距不断扩大；（5）2004 年开始，差距缓慢缩小。然而，从总体上看，城乡差距呈扩大之势。2005 年，城镇居民家庭人均可支配收入与农村居民人均纯收入的比值为 3.22，比 1978 年扩大了 25.3%。

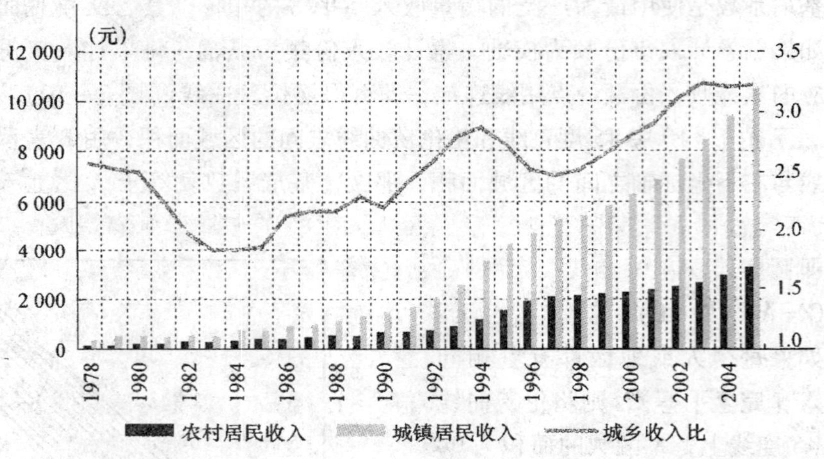


图 7－11 改革开放以来我国城乡居民收入差距的变动轨迹

城乡居民消费水平差距变化的轨迹与城乡居民收入差距的变化轨迹在 2001 年之前，大体相近；在 2001 年之后，有所差别——城乡居民消费水平的差距在这一年开始缩小，早于城乡居民收入差距缩小的时间（图 7－12）。同样地，从总体上看，城乡居民消费水平的差距也呈扩大之态。2005 年，城镇居民消费水平与农村居民消费水平的比值为 3.56，比 1978 年扩大了 21.5%。

从空间范围来看，我国城乡差距的大小在不同的区域之间也呈现出较大的差异性。以城镇居民家庭人均可支配收入与农民人均纯收入的比值为例，2004 年这一比值分别是东部 2.76，中部 2.95，西部 3.66，东北 2.49；从省区之间来看，江苏为 2.20，安徽为 3.01，陕西为 4.01，吉林为 2.61。粗略观察可以发现，人均 GDP 水平越高的地区，城乡差距越小；反之亦然。

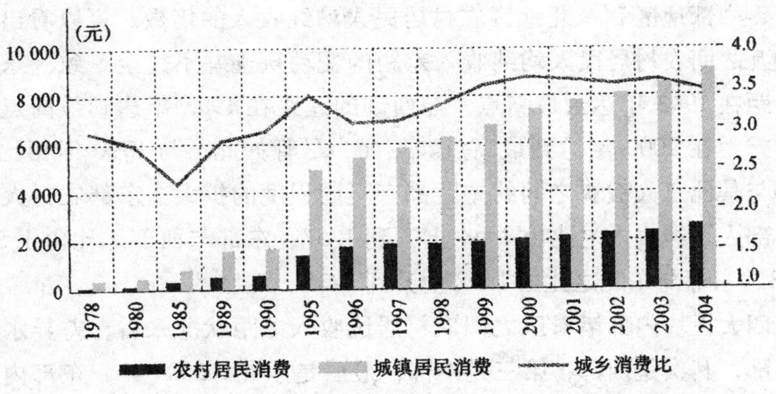


图7－12　改革开放以来我国城乡居民消费水平差距的变动轨迹

2. 地区差距：从省区之间来看，1990～1998年变化剧烈，之后变化相对平缓；从四大板块之间来看，变化过程不完全一致；总体来看，2004年的差距大于1990年的水平，不同地区之间农村居民收入差距呈现扩大趋势

图7－13是按照我国各省区农村居民人均纯收入计算的基尼系数。可以看出，1990年以来，我国省区之间农村收入差距的变动大体上经历了三个阶段：（1）1995年之前，差距迅速扩大，基尼系数由1990年的0.144上升到1995年的0.186，上升29.2%，年均上升5.8个百分点；（2）1995～1998年，差距快速缩小，在短短的3年中，基尼系数下降10.8%，年均下降3.6个百分点；（3）1998年之后，差距先略有扩大，后略有缩小，在1998～2004年的6年之中，基尼系数上升3.0%，年均上升0.5个百分点。然而，应该看到，虽然2004年农村内部差距小于1995年时的最高水平，但却高于1990年的水平。2004年基尼系数比1990年上升18.8%，年均上升1.3个百分点。

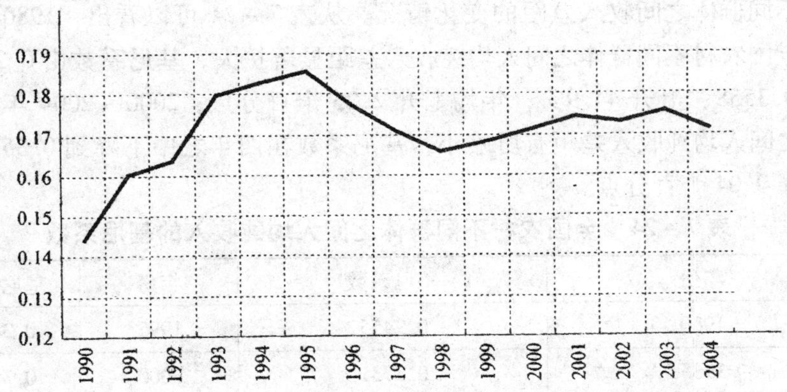


图7－13　90年代以来我国不同省区之间农村居民纯收入差距的变动轨迹

图7－14中的三条曲线分别表示东部地区农村居民人均纯收入相当于西

部地区、中部地区和东北地区农村居民人均纯收入的倍数。可以看出，四大板块相互之间农村居民人均纯收入差距的变动轨迹并不完全一致：东部与中部的差距在1993年达到最高点，与西部的差距在1995年达到最高点，而与东北的差距在2000年达到最高点。然而，尽管如此，与1990年相比，2004年东部与其他三大板块之间的差距都有不同程度的扩大：东部农村人均纯收入与中部人均纯收入之比由1.44上升到1.57，东部与西部之比由1.57上升到1.93，东部与东北之比由1.08上升到1.35。

从四大板块内部诸省区之间农村居民收入差距状况来看，差异水平最高的是东部，其次是西部，第三是中部，最后是东北。2004年，东部内部诸省之间农村居民收入差距的基尼系数是0.125，西部是0.0727，中部是0.031，东北是0.023。

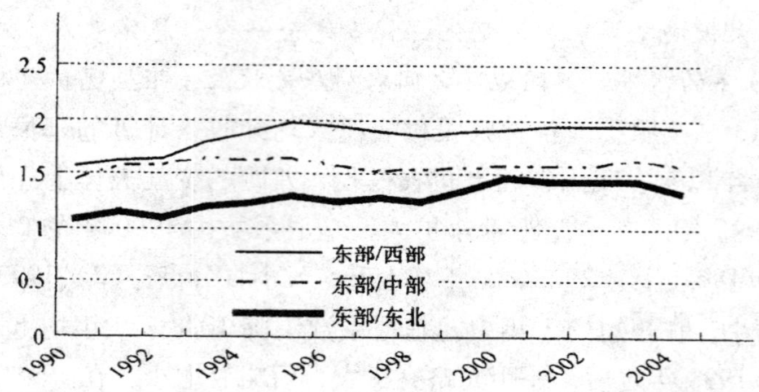


图7-14　90年代以来四大板块之间农村居民纯收入差距的变动轨迹

3. 群体差距：1980~2004年农村内部不同群体之间收入差距显著扩大

由于数据方面的限制，这里我们只能从若干时间点上的数据来观察农村内部不同群体之间收入差距的变化情况。从表7-24可以看出，1980~2000年，全国农村不同群体之间人均纯收入差距显著扩大，基尼系数由0.2455上升到0.3558，上升44.9%，年均上升2.25个百分点；2000~2004年，不同群体之间人均纯收入差距有所缩小，基尼系数在四年之中下降到0.3553，年均下降0.04个百分点。

表7-24　全国农村不同群体之间人均纯收入的基尼系数

| 年份 | 基尼系数 | 年份 | 基尼系数 |
| --- | --- | --- | --- |
| 1980 | 0.2455 | 1995 | 0.3419 |
| 1985 | 0.2731 | 2000 | 0.3558 |
| 1990 | 0.2999 | 2004 | 0.3553 |

从不同收入等级农户人均纯收入的比值来看，2004 年，农村内部不同群体之间的收入差距达到了惊人的程度。是年，最高收入户人均纯收入是中低收入户（五等分组）的 3. 8 倍，是低收入户的 6. 9 倍。

## 第二节　城乡差距、农村内部差距的形成原因

### 一、城乡差距

我国经济社会正处于“二元结构”向“一元结构”转型时期。国际经验表明，在这一时期，必然存在着一定水平的城乡差距。可以说，城乡差距在一定程度的存在，是一种不可避免的历史现象。另一方面，由于我国人口众多，人均耕地资源有限，农业的规模生产始终是难以企及的目标，其城乡差距的存在也有一定的合理性。但是，应该看到，它的产生，也与一些不合理的因素有着密切的关系。这些不合理的因素主要有：城乡居民权利的不平等，以及由此导致的改革开放以来城乡发展起点的不同和发展过程的不公。在这些合理和不合理的因素的共同作用下，农业的劳动生产率长期远低于非农产业。这是城乡收入存在悬殊差距的物质和技术前提。

1. 城乡居民权力的不平等

新中国成立伊始，我国不仅处于经济社会发展极端落后的状态，而且面临着比较险恶的国际环境。为迅速改变国民经济落后的面貌，摆脱在国际上的不利地位，借鉴苏联等国家的经验，我国选择了“重工业优先发展”的工业化战略。重工业是资本密集型产业，建设周期长，投资规模大，需要巨大的资本积累来支撑。那时，我国工业基础薄弱，自身进行资本积累的能力较差，重工业发展所需要的资本不得不来自农业部门的积累。要达到这样的目的，必须在社会制度上做一定安排，以确保农业剩余源源不断地流向工业部门。为此，我国建立了城乡分割的社会经济制度。在改革开放之前，这种制度的特征是：（1）把居民分成农业户口和非农业户口，对农业户口转成非农业户口进行极其严格的控制；（2）城市居民享受较高水平的养老、医疗等社会福利和教育、文化、卫生等公共服务，农村居民没有养老和医疗保险，且几乎不享受政府提供的公共服务；（3）农村实行人民公社制度，农业生产和农产品销售服从于国家的指令性计划。

改革开放以后，这种状况有了明显的改变，农民不仅逐渐有了农业生产和农副产品销售的自主权，而且还有了进城打工的权力。但是，他们很少有人能够成为具有当地户口的城镇居民。正因为如此，这些进城打工的农民，既不能获得与城市居民同等的就业权，也不能获得与城市居民同等的社会福利和公共服务享有权。

2. 改革开放之始，城乡发展起点的不同

我国的城乡发展历来是不均衡的。1957 年，城镇居民家庭人均生活费收入与农村居民人均纯收入之比为 3.23∶1。新中国成立之后，农村应当成为发展的重点。但是，正如前面的分析所揭示的那样，由于工业化的需要，在相当长的时期内，农村不仅未能成为发展的重点，而且还背负着为工业化积累资本的重任。国家对农业剩余的抽取主要是通过对农副产品收购价格的严格控制实现的，或者说是以低价收购农副产品、高价出售农业生产资料的方式（即通常被称为“价格剪刀差”方式）实现的。统计显示，从 1953 年到 1978 年的 20 多年中，农副产品集市贸易的价格指数累计比 1952 年上升了 121.6%，而国家农副产品收购价格指数累计只上升 78.8%。据估计，同期，通过这种方式，国家每年从农村抽取的资金，最多时达 639.4 亿元。另外，国家还通过征收农业税从农村抽取资金。尽管人们对改革开放之前，国家到底从农村抽取多少资金有不同的估计，但是，有一点是毫无疑问的，那就是，国家对农民的“剥夺”使城乡发展在改革开放这一新的历史时期，继续站在了不同的起点上。1978 年，城镇居民人均可支配收入与农村居民人均纯收入的比值为 2.57 倍。这一比值，虽然与 1957 年相比有所减小，但是，与国际平均水平相比，其所反映的差距却是显著的。同时，如果考虑到城市居民享受的公共服务水平远远超过农村居民，那么，1978 年的城乡差距将大于这一比值所反映的程度。

3. 城乡发展过程的不公

由于农村居民的权益未能得到充分的尊重，改革开放以后，我国制定和实施的经济社会发展战略和政策依然具有城市偏向。主要体现在如下几个方面：

（1）国家继续以工农产品“价格剪刀差”的方式从农村抽取资金。虽然农村实行家庭联产承包经营责任制后，农民拥有了农业生产的自主权，但是，由于在相当长的时期内，国家对农产品实行的是定购议购和市场收购并存的制度，农民并没有获得充分的农产品销售自主权和定价权，农产品和工业品之间的价格剪刀差继续存在。与此同时，农村资金还以其他形式流向城市，

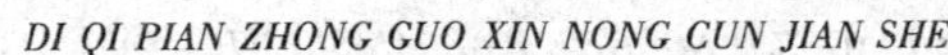

如：乡镇企业创造的税收、邮政储蓄吸纳的存款等。

（2）国家提供的公共服务继续向城市倾斜。以教育投入和医疗投入为例。

——关于教育投入。近年来，虽然国家开始重视农村的中小学教育，但是，农村的教育投入仍然不能与城市相比。2004 年，农村初中生均教育经费支出只有城乡平均水平的 77.2%，小学生均教育经费支出只有平均水平的 84.9%；农村初中预算内教育经费支出只有平均水平的 85.0%，小学预算内教育经费支出只有平均水平的 85.0%（表 7－25）。虽然从预算内教育经费支出占整个教育经费支出的比重来看，国家分担了更多的农村中小学教育费用，但是，考虑到悬殊的城乡居民收入差距，国家承担的部分依然严重不足。

**表 7－25　2004 年城乡中小学生均教育经费支出**

| | 教育经费支出（元） | 预算内教育经费支出（元） | 预算内教育经费投入/教育经费投入（%） |
|---|---|---|---|
| 初级中学平均 | 1926.3 | 1296.4 | 67.3 |
| 农村 | 1486.7 | 1101.3 | 74.1 |
| 农村初中为平均水平的% | 77.2 | 85.0 | |
| 普通小学平均 | 1561.8 | 1159.3 | 74.2 |
| 农村 | 1326.3 | 1035.3 | 78.1 |
| 农村小学为平均水平的% | 84.9 | 89.3 | |

——关于医疗投入。由于没有直接反映政府投入城乡差别的数据，我们可以从表 7－26 提供的数据中，来间接观察政府投入的城乡差别：2004 年，我国农村人口占全国的 58.2%，城市人口占全国的 41.8%；但是，同年，农村卫生费用所占的比例却只有 34.9%，城市卫生费用所占的比例却高达 65.1%。这种差别也可以通过另外一组数据观察。2004 年，城市所拥有的病床数占 80% 左右，而农村只有 20% 左右。更为不幸的是，在国家逐步增加对农村公共医疗卫生事业投入的同时，城乡居民人均卫生费用的差别却在不断扩大，两者之比由 2000 年的 3.8 扩大到 2004 年的 4.2。

**表 7－26　全国卫生总费用测算数（当年价格）**

| | 2000 | 2001 | 2002 | 2003 | 2004 |
|---|---|---|---|---|---|
| 城乡卫生费用（亿元） | | | | | |
| 城市 | 2621.7 | 2793.0 | 3448.2 | 4 150.3 | 4939.2 |
| 农村 | 1 964.9 | 2233.0 | 2341.8 | 2433.8 | 2651.1 |

| 城乡卫生费用比例（%） | 100.0 | 100.0 | 100.0 | 100.0 | 100.0 |
|---|---|---|---|---|---|
| 城市 | 57.2 | 55.6 | 59.6 | 63.0 | 65.1 |
| 农村 | 42.8 | 44.4 | 40.4 | 37.0 | 34.9 |
| 人均卫生费用（元） | 361.9 | 393.8 | 450.7 | 509.5 | 583.9 |
| 城市 | 812.9 | 841.2 | 987.1 | 1108.9 | 1 261.9 |
| 农村 | 214.9 | 244.8 | 259.3 | 274.7 | 301.6 |
| 城市/农村（倍） | 3.8 | 3.4 | 3.8 | 4.0 | 4.2 |

数据来源：卫生部统计信息中心，“2005 年中国卫生事业发展情况统计公报”，http：//www.moh.gov.cn。

由于政府公共服务向城市的倾斜，导致了城乡在人力资本水平上的差异。从图 7－15 可以看出，城市接受高中以上教育的人口所占的比重要高于农村，学历越高，其差异越明显。

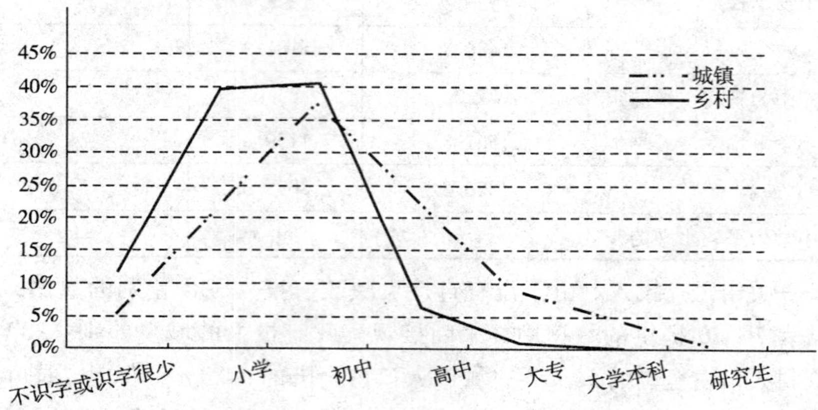


**图 7－15　城乡居民接受不同水平教育的人口所占的比重（%）**

（3）农民在与其他社会集团的利益博弈中处于弱势地位。我国正处于工业化和城市化快速发展时期，每年都有大量的农用地转变为非农用地。2005 年，全年新增建设用地 43.2 万公顷。其中，新增独立工矿（包括各类开发区、园区）建设用地 15.11 万公顷，新增城镇建设用地 9.82 万公顷。由于农民在土地被征占的过程中处于弱势地位，农民所获得的补偿远低于应有的水平。资料显示，在当前的地价构成中，取得成本（征地补偿安置和拆迁费用）、开发成本（几通一平费用）和政府收益（相关税费和土地纯收益），大体各占 1/3，被征地农民的补偿安置费用明显偏低。另外，据估计，仅 2002 年农民无偿贡献的土地收益就达 7858 亿元，而自从实行土地征用补偿政策以来至 2002 年，我国累计支付的土地征用费不超过 1000 亿元。

4. 农业劳动生产率远低于非农产业

由于农业耕作规模、人力资本、价格水平等方面的因素，改革开放以来，我国农业劳动生产率一直低于非农产业。在1980～2004年的25年间，农业对非农产业的比较劳动生产率最高时，也只有0.26。进一步的分析表明，农业比较劳动生产率是城乡收入差距的重要决定因素。从图7－16可以看出，农村居民家庭人均纯收入与城镇居民家庭人均可支配收入之比（即城乡差距的倒数）和农业劳动比较生产率之间有着同方向变动的关系：当农业比较劳动生产率提高时，比值上升（即城乡差距缩小）；反之，当农业比较劳动生产率下降时，比值下降（即城乡差距扩大）。

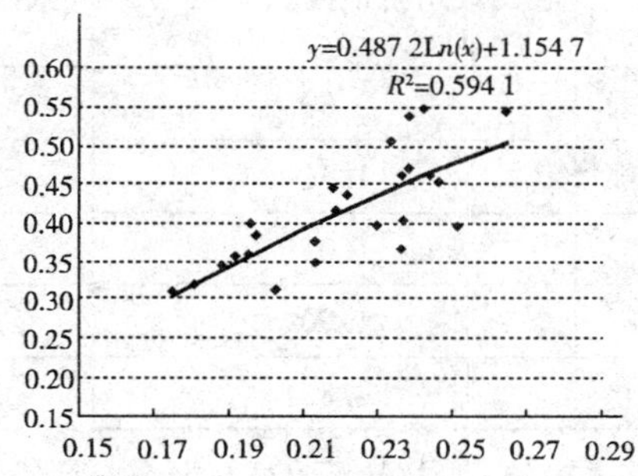


图7－16　城乡收入差距与农业比较劳动生产率的关系

注：在右图中，横轴是农业比较劳动生产率，纵轴为农村居民家庭人均纯收入与城镇居民家庭人均可支配收入之比。

## 二、板块之间、省区之间农村内部差距形成的主要原因

与改革初期相比，目前我国农民的收入结构发生了很大的变化。在改革初期，中国农民的收入几乎全部来自于家庭经营收入，目前，虽然家庭经营收入依然占农民家庭收入的主导部分，但工资性收入已占有相当大的份额，而且前者份额越来越小，后者份额越来越大。2005年，经营收入占农民收入的68.3%，比1990年下降14.0个百分点；工资性收入占25.4%，比1990年上升11.3个百分点。因此，探寻不同地区之间农民收入的差距，除了需要观察农业生产条件外，还需要重点观察农民获得工资性收入的可能性。基本判断我国板块之间、省区之间农村内部差距形成的主要原因是：（1）农业生产条件不同；（2）与城市经济联系的方便程度不同；（3）人力资本不同；以及（4）政府公共服务能力不同。

1. 各地区农业生产自然条件不同

第一产业收入是农民家庭经营收入最主要的组成部分。2005年，第一产

业收入占农民家庭经营收入的79.7%。因此，农业生产自然条件的不同，在相当程度上决定了农民家庭经营收入的多寡。农业生产的自然条件包括土地、水、日照时间等，但其最重要的应当是土地和水。从土地资源状况来看（表7－27），农业户口居民人均耕地最多的省区（黑龙江）达7.5亩/人，最少的省区（江苏等省）只有0.75亩/人，前者是后者的10倍；人均耕地最多的板块（东北）达4.85亩/人，最少的板块（中部）只有1.31亩/人，前者是后者的3.7倍。

**表7－27　四大板块土地和水资源状况**

| | 农民人均耕地面积（亩/人） | 人均水资源（立方米/人） | 地均水资源（立方米/平方千米） |
|---|---|---|---|
| 全国 | 2.09 | 1856.30 | 2513.50 |
| 东部 | 1.56 | 780.52 | 3819.14 |
| 中部 | 1.31 | 1 518.50 | 5396.88 |
| 西部 | 1.90 | 3973.12 | 2 139.47 |
| 东北 | 4.85 | 1 174.33 | 1 596.84 |

从水资源状况来看（表7－27），人均水资源最多的省区（西藏）达170261.3立方米/人，最少的省区（天津）只有139.7立方米/人，前者是后者的1200多倍；人均水资源最多的板块（西部）达3973.1立方米/人，最少的板块（东部）只有780.5立方米/人，前者是后者的5.1倍。

如果孤立地看待土地资源和水资源的拥有状况，那么，似可得出这样的结论：东部和中部的农业生产条件不如西部和东北。然而，如果考虑到农业生产各种条件的组合状况，则不能轻易地得出这一结论。事实上，在一般情况下，农业产出既决定于耕地、水、光照时间等相关资源的禀赋状况，也决定于这些资源的匹配状况。如果一个地区只有丰富的土地资源，但没有适量的水资源，那么，这个地区的土地生产力就难以发挥。

为了大致反映农业生产条件的匹配状况，笔者计算了各地区的地均水资源量。从地均水资源量来看（表7－27），中部条件最好，而东北条件最差。综合考虑各方面因素（包括土地平整度及其肥沃程度、日照时间），可以得出如下结论：东部、中部、东北农业生产条件难分伯仲，而西部条件则明显的不如以上三大板块。进而，仅从资源条件来看，可以认为，西部农民获得家庭经营性收入的机会最少。

2. 各地区与城市经济联系的方便程度不同

与城市经济联系的方便与否是农村居民获得工资性收入机会多少的重要

决定因素。与生活在偏远山区的农民相比，那些生活在大中城市周边地区的农民，将有更多的机会获得工资性收入。同时，还要看到，与大中城市比邻而居的农民，将有着更多的向城市居民销售农副产品的机会，从而有着更多的获得家庭经营收入的机会。

从与城市经济联系的方便程度来看，东部地区农村显然要好于其他三大板块的农村。由表 7－28 可见，无论是从城市化率来看，还是从城市密度及城市人口规模来看，东部的水平都高于中部和西部；虽然东北的城市化率高于东部的水平，但是，它的其他两项指标均不及东部。进一步观察还可以发现，与城市经济联系的方便程度方面的差异也存在于不同的省区之间。2004 年，除三个直辖市外，城市化率最高的是地处东北的辽宁省，达 56.0%；最低的是地处西部的云南省，仅为 28.1%。

**表 7－28　2004 年四大板块城市化水平**

| | 城市化率（%） | 城市密度（个/平方公里） | 城市人口规模（万人） |
|---|---|---|---|
| 东部 | 48.97 | 2.56 | 22051.09 |
| 中部 | 35.12 | 1.70 | 12824.46 |
| 西部 30.35 | 0.26 | 11269.64 | |
| 东北 | 53.93 | 1.14 | 5793.36 |

实证分析表明，与城市经济联系的便利程度不同可以相当程度解释不同地区农村居民收入的差异。从 2004 年 31 个省市自治区截面数据构造图 7－17 可以清楚地看出，农民收入与城市化率有着很强的正相关关系。

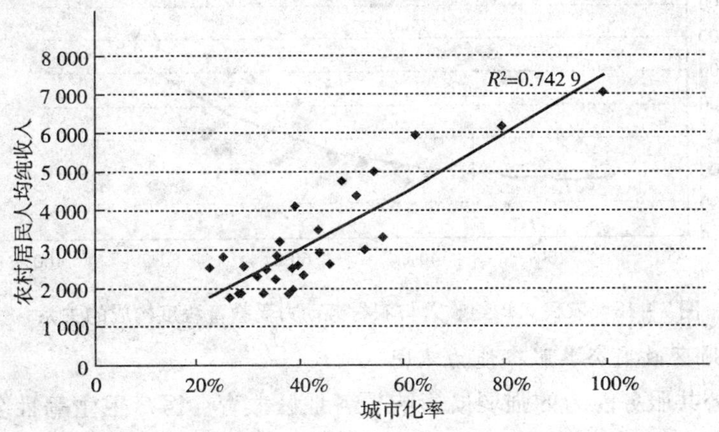


**图 7－17　农村居民人均纯收入与城市化率的关系**

3. 各地区人力资本不同

人力资本既是家庭经营收入的影响因素，也是农民工资性收入的影响因素。从人力资本的拥有状况来看，东北地区农村是四大板块中最好的，西部地区农村则是最差的。由表 7－29 可以看出，2004 年，西部地区农村文盲率比东北高 7.0 个百分点，不识字或识字很少的农村劳动力的比重比东北高 8.6 个百分点，受过初中、高中和中专教育的比重则比东北低 16.2 个百分点。同样地，人力资本方面的差异也存在于不同的省区之间。2004 年，除三个直辖市外，农村劳动力中受过初中、高中和中专教育的比重最高的是河北省，达 73.9%；最低的是西藏，仅为 12.0%。

**表 7－29　2004 年四大板块农村文盲率和农村劳动力受教育程度构成**

**（单位：%）**

| | 农村文盲率 | 不识字或识字很少 | 初中、高中和中专 |
|---|---|---|---|
| 东部 | 10.6 | 4.9 | 68.8 |
| 中部 | 9.9 | 6.4 | 66.4 |
| 西部 | 14.8 | 11.1 | 53.2 |
| 东北 | 7.8 | 2.5 | 69.2 |

人力资本的不同可以部分地解释不同地区农民收入的差距。为分析这种影响，我们构造了农民人均纯收入与农村劳动力受教育程度构成（农村劳动力中受初中、高中和中专教育的比重）的关系图（图 7－18）。从图 7－18 可以看出，两者之间存在着一定的正相关关系。

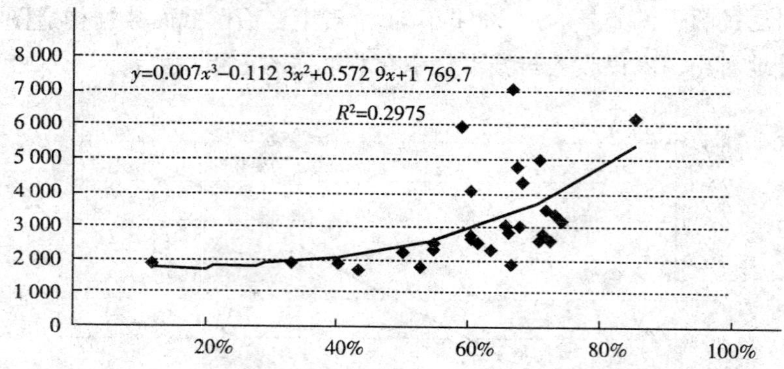


**图 7－18　农民人均纯收入与农村劳动力受教育程度构成的关系**

4. 各地区政府公共服务能力不同

政府公共服务能力的强弱既影响着各地区教育、医疗卫生等社会事业的发展，从而影响各地区农村人力资本的形成；也影响着各地区农业生产条件的改善和农业服务体系运转的效率，从而影响农业的产出。

表 7－30 可以大致反映四大板块在公共服务能力方面的差异。从表 7－30

可以看出，东部和东北政府部门为农村提供公共服务的能力较强，中部和西部政府部门为农村提供公共服务的能力较弱。2004 年，按农村人口平均，东部农村中小学教育经费支出达 290.0 元，东北达 235.1 元，中部仅为 167.0 元，西部仅为 176.0 元，最多者与最少者相差 120 多元；东北支援农业生产财政支出达 156.6 元，东部达 125.0 元，中部仅为 63.8 元，西部仅为 75.3 元，最少者不及最多者的 50%；东部农林水利气象等部门事业费支出为 54.3 元，东北为 41.7 元，中部仅为 17.9 元，西部仅为 23.2 元，最少者不及最多者的 1/3。

**表 7－30　2004 年四大板块农民人均农村中小学教育经费支出等状况**

| | 人均农村中小学教育经费支出（元） | 人均支援农业生产财政支出（元） | 人均农林水利气象等部门事业费支出（元） |
|---|---|---|---|
| 东部 | 290.0 | 125.0 | 54.3 |
| 中部 | 167.9 | 63.8 | 17.9 |
| 西部 | 176.0 | 75.3 | 23.2 |
| 东北 | 235.1 | 156.6 | 41.7 |

## 三、农村内部群体之间收入差距形成的原因

分析农村内部群体之间收入差距形成的原因，首先需要分析不同收入等级农户的收入来源及其构成，然后需要分析是哪些因素导致了不同收入等级农户收入来源及其结构的不同。

从表 7－31 可以看出，无论是工资性收入、家庭经营收入、财产性收入和转移性收入，还是家庭经营收入中来自于第一产业、第二产业和第三产业的收入，下一个等级的收入户都不如上一个等级的收入户高。2004 年，高收入户的工资性收入比低收入户高 2537.6 元，家庭经营收入高 2864.6 元，财产性收入高 256.1 元，转移性收入高 265.4 元。

从相对水平上看，对于不同的收入项目，各等级收入户之间的差异也不同。从表 7－31 还可以看出，2004 年，在工资性收入、家庭经营收入、财产性收入和转移性收入四项收入中，财产性收入的差异性最大，其变异系数为 1.285；家庭经营收入的差异性最小，其变异系数为 0.597。在第一产业收入、第二产业收入和第三产业收入三项收入中，第二产业收入差异性最大，其变异系数为 1.286；第一产业收入差异性最小，其变异系数为 0.464。

表 7－31　2004 年不同收入等级农户的纯收入来源（人均水平）

| | 低收入户 | 中低收入户 | 中等收入户 | 中高收入户 | 高收入户 | 变异系数 |
|---|---|---|---|---|---|---|
| 纯收入（元） | 1006.9 | 1842 | 2578.5 | 3607.7 | 6930.7 | 0.720 |
| 工资性收入 | 264.6 | 542.5 | 854.1 | 1307.9 | 2802.2 | 0.866 |
| 家庭经营收入 | 684.3 | 1 208.2 | 1601.9 | 2 116.9 | 3548.9 | 0.597 |
| 第一产业收入 | 636 | 1 082.1 | 1 391.3 | 1 731.6 | 2414.7 | 0.464 |
| 第二产业收入 | 11.9 | 34.3 | 58.5 | 105.5 | 387.4 | 1.286 |
| 第三产业收入 | 36.5 | 91.8 | 152.1 | 279.8 | 746.8 | 1.094 |
| 财产性收入 | 16.2 | 26.7 | 38.3 | 63 | 272.3 | 1.285 |
| 转移性收入 | 41.8 | 64.6 | 84.3 | 119.9 | 307.2 | 0.863 |

不同收入等级的农户，不仅其各项收入的绝对量不同，而且其各项收入的比重也不同。从表 7－32 可以看出，收入越高的家庭，其工资性收入比重越高，财产性收入比重也越高（基本上如此），而其家庭经营收入比重则越低。反之，收入越低的家庭，家庭经营收入比重越高，其工资性收入比重越低，财产性收入比重也越低。2004 年，最高收入户工资性收入比重比低收入户高 14.1 个百分点，财产性收入比重高 2.3 个百分点；而最低收入户家庭经营收入比重比最高收入户高 16.8 个百分点。

表 7－32　2004 年不同收入等级农户的纯收入构成

| | 低收入户 | 中低收入户 | 中等收入户 | 中高收入户 | 高收入户 |
|---|---|---|---|---|---|
| 纯收入（%） | 100 | 100 | 100 | 100 | 100 |
| 工资性收入 | 26.3 | 29.5 | 33.1 | 36.3 | 40.4 |
| 家庭经营收入 | 68.0 | 65.6 | 62.1 | 58.7 | 51.2 |
| 财产性收入 | 1.6 | 1.4 | 1.5 | 1.7 | 3.9 |
| 转移性收入 | 4.2 | 3.5 | 3.3 | 3.3 | 4.4 |

与家庭纯收入的构成一样，农民家庭经营收入在不同等级的农户之间也表现出不同的结构。从表 7－33 可以看出，收入越高的家庭，其第一产业收入比重越低，第二、第三产业的收入比重越高。反之，收入越低的家庭，第一产业收入比重越高，第二、第三产业的收入比重越低。2004 年，最高收入户第二产业收入比重比低收入户高 9.2 个百分点，第三产业收入比重比低收入户高 15.7 个百分点；而最低收入户第一产业收入比重比最高收入户高 24.9 个百分点。

**表 7－33　2004 年不同收入等级农户的家庭经营收入构成**

| | 低收入户 | 中低收入户 | 中等收入户 | 中高收入户 | 高收入户 |
|---|---|---|---|---|---|
| 家庭经营收入（%） | 100 | 100 | 100 | 100 | 100 |
| 第一产业收入 | 92.9 | 89.6 | 86.9 | 81.8 | 68.0 |
| 第二产业收入 | 1.7 | 2.8 | 3.7 | 5.0 | 10.9 |
| 第三产业收入 | 5.3 | 7.6 | 9.5 | 13.2 | 21.0 |

**表 7－34　2004 年不同收入等级农户耕地、物质资本和人力资本拥有状况**

| | 单位 | 低收入户 | 中低收入户 | 中等收入户 | 中高收入户 | 高收入户 |
|---|---|---|---|---|---|---|
| 人均经营耕地面积 | 亩 | 1.8 | 1.9 | 2.2 | 2.2 | 2.2 |
| 人均年末生产性固定资产原值 | 元 | 1201.3 | 1130.3 | 1240.3 | 1513.8 | 2401.7 |
| 劳动力负担人口 | 人/劳动力 | 1.6 | 1.5 | 1.4 | 1.4 | 1.3 |
| 劳动力文化程度 | | | | | | |
| 文盲或半文盲 | % | 12.1 | 8.4 | 6.6 | 5.4 | 4.4 |
| 小学程度 | % | 34.1 | 31.0 | 29.1 | 26.8 | 24.4 |
| 初中、高中和中专 | % | 53.5 | 60.3 | 63.8 | 66.9 | 69.4 |
| 大专及以上 | % | 0.3 | 0.4 | 0.6 | 0.9 | 1.9 |

各种收入等级的农户在耕地等自然资源、物质资本和人力资本拥有方面存在着程度不同的差异，这是他们在收入总量和结构上存在差别的主要原因。观察表 7－34 可以发现，越是收入等级高的农户，其人均经营耕地面积越多，人均年末生产性固定资产原值越大（除个别情况外），劳动力负担人口越少，接受过初中、高中和中专教育的劳动力所占比重越高。2004 年，高收入户比低收入户人均经营耕地面积多 0.4 亩，人均年末生产性固定资产原值大 1200 元，劳动力负担人口少 0.3 人，接受过初中、高中和中专教育的劳动力所占比重高 15.9 个百分点。

## 第三节　城乡差距、农村内部差距的变化趋势

决定城乡差距和农村内部差距（包括区域之间和不同群体之间的差距）变化趋势的因素，有一些是共同的，有一些是独有的。判断城乡差距和农村内部差距变化的趋势，首先需要辨识影响差距变化的共同因素，其次需要辨识影响差距变化的独有因素。

根据判断，在未来的发展进程中，有利于缩小城乡和农村内部差距的共同因素主要有：

第一，构建和谐社会战略的实施。党的十六届六中全会对构建社会主义和谐社会进行了部署。做到发展成果由人民共享和城乡、区域统筹发展，是构建和谐社会的根本要求。因此，构建和谐社会必将为缩小城乡差距和农村内部差距提供更加有利的政策环境。

第二，国家实力的增强。国内外经验均表明，经济实力的增强，将为缩小城乡差距和农村内部差距提供更多的可能。从图 7－19 可以观察到，我国城乡收入差距的大小与地区人均生产总值大致呈现出一种负相关关系：地区人均生产总值越高，城乡差距越小；反之亦然。而国际经验表明，虽然在经济发展阶段（主要用人均 CDP 衡量）与收入差距之间并不存在铁定的规律；但是，人均 GDP 达到一定水平（接近 10000 美元）之后的国家，通常都具有较低水平的收入差距（图 7－20）。

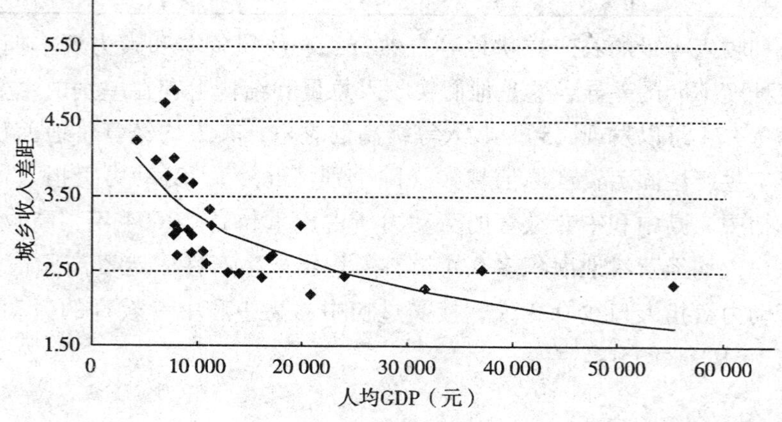


**图 7－19　2004 年各省区城乡差距和人均地区生产总值的关系**

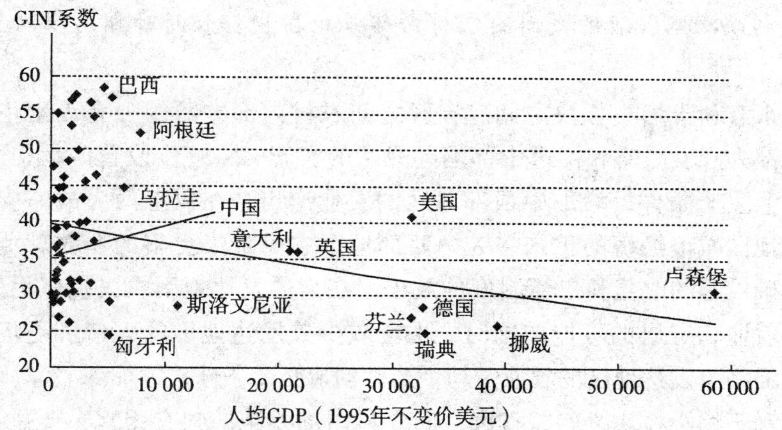


**图 7－20　相关国家或地区收入差距和人均地区生产总值的关系**

不利于缩小地区差距的因素主要是：市场经济具有天然的“嫌贫爱富”倾向。在不受干预的情况下，市场运行通常会强化强者的优势，弱化弱者的地位。换言之，市场的自发运行，有可能使那些发达的区域获得新的优势，而使那些落后的区域丧失原有的优势。

根据以上分析，结合对城乡差距、农村内部差距主要独有影响因素的分析，可以对差距变化做如下判断：

1. 城乡差距在中短期内保持平稳，中长期内可能会缓慢下降

未来有利于缩小城乡差距的独有因素主要有：在建设社会主义新农村的过程中，国家将加强对农业和农村发展的支持，农村的生产生活条件将得到改善，农民子弟受教育的机会将不断增长；工业化、城市化的推进，在为农村劳动力提供更多的非农就业机会的同时，也会为种植业耕作规模的扩大创造更多的可能；等等。

但是，应当看到，在我国农产品市场逐步对外开放，农产品价格在很大程度上受制于国际市场价格的情况下，提高农民人均收入和缩小城乡差别的根本出路，在于不断通过工业化和城市化，将农民吸引到非农产业和城市，减少农村人口数量，增加人均耕地占有量。在人均耕地数量显著增加之前，城乡差距很难有根本的改善。

总体判断，今后有利于缩小城乡差距的因素将会逐步增多，不利于缩小城乡差距的因素将会逐步减少，在 3 ~ 5 年的时期内，前者的合力和后者的合力可能处于势均力敌的状态，随着时间的推移，前者的合力可能会大于后者的合力。因此，城乡差距在中短期（3 ~ 5 年）内保持平稳，中长期（5 ~ 15 年）内可能会缓慢下降。

2. 板块之间、省区之间的农村内部差距在相当长的时期内难以呈缩小之势

未来有利于缩小板块之间、省区之间农村内部差距的独有因素主要有：国家西部大开发战略和促进中部崛起战略的实施，将逐步改善广大中西部地区的农业生产条件，增加中西部地区的农业产出；在以上两大战略支持下，中西部地区城市经济的扩张将为中西部地区农民带来更多的非农就业机会；交通基础设施的改善和户籍制度的放松，在为欠发达地区农民提供更多到发达地区就业和定居的可能的同时，也会减少欠发达地区的人口和环境压力，从而为提高欠发达地区的农业劳动生产率创造必要条件；等等。

不利于缩小板块之间、省区之间农村内部差距的独有因素主要是：发达地区农民将有更多的非农就业机会，也将会获得更高水平的公共服务。因为发达地区将依托其既有的基础设施完善、产业配套能力强、内部市场需求增长快等优势，吸引更多的高质量的生产要素向这一地区转移，从而形成新的优势，发达地区城市经济将因此而更快扩张，地区政府公共服务能力也将因此而更快增长。

综合判断，虽然有利于缩小板块之间、省区之间的农村内部差距的因素在逐步增长，不利于板块之间、省区之间的农村内部差距的因素在逐步减少，但由于不利因素的合力比较强大，在中长期（5～15 年）内，板块之间、省区之间的农村内部差距在相当长的时期内难以呈现缩小之势。

3. 农村内部群体之间差距将继续扩大，但扩大速度将受到抑制

未来有利于缩小农村内部差距的独有因素主要有：国家逐步将农村义务教育全面纳入公共财政保障范围，从而将从制度上保证农村贫寒家庭子弟享有接受义务教育的机会；新型农村合作医疗制度的逐步建立和完善，将减少农村居民因病致贫的可能；等等。

不利于缩小农村内部差距的独有因素主要有：农村富裕家庭子女有更多的接受更高水平教育的机会，从而有更多的获得非工资性收入的可能；农村富裕家庭财富的积累，有可能使之获得更多的财产性收入；等等。

基本判断，由于农村发展水平较低，受经济规律的驱使，农村不同阶层的收入差距尚处于不断扩大的阶段，而国家调节农村内部群体之间收入差距的手段有限，在相当长的时期（5～15 年）内，农村内部群体之间的差距将继续扩大，然而，在构建和谐社会的大背景下，这一差距扩大的速度将受到抑制。

# 第三章　新农村建设中的土地问题

基于近三年来对广东、浙江、江苏、安徽、河南、重庆、陕西、北京、天津、上海等省市进行的实地调研，我们认为，利用土地政策参与宏观调控，从改革土地制度入手转变经济增长方式，是保持国民经济良性发展的重要举措，两者不可偏废。现行土地制度启动了高速经济增长，促成了扩张型增长方式的形成，强化了地方政府主导经济发展的格局。土地与地方财政、城市投资、金融信贷和房地产市场发展等环环相扣，深刻影响着经济增长走势和国民经济运行。土地政策的出台和改革须与财税、金融和政府职能转变等相关改革相配套，以免土地严管措施形成单兵突进，损害经济发展机遇，造成国民经济运行的震荡。土地乱象及由此产生的巨大利益关联均由现行土地制度而生。必须深化改革，将生产要素的配置由政府转为市场，以建立土地支持国民经济可持续发展的长效机制，才是根本解决之道。

## 第一节　土地在当前经济增长中的作用

### 一、土地成为高速工业化和快速城市化的助推器

20 世纪 90 年代末以来，我国工业化和城市化的快速推进得益于独特的土地制度。

在工业化方面，政府创办园区、以地招商引资成为吸纳工业企业的主轴。与 80 年代后期乡镇工业起步时的自动自发、“遍地开花”的情形不同，90 年代以后，工业企业纷纷进入政府创办的各类园区。到 2005 年为止，我国各类

开发区6866个，规划用地面积3.86万平方公里，超过了全国现有城镇建设用地3.15万平方公里的总面积，经过整顿以后的国家和省级开发区还有1568个，规划面积1.02万平方公里。2004年，49个国家级经济技术开发区及5个同类园区实现工业增加值占全国工业总产值的9.19%，一些大中城市和沿海发达省份园区所占份额更高，天津、大连、广州三个经济技术开发区GDP分别占当地GDP的19%、18%和12%；浙江62个省级开发区工业增加值占全省规模以上工业增加值的25.35%；福建省级以上开发区完成的工业产值占全省的45.49%。工业企业向园区集中，除了因为园区能提供更好的基础设施服务、企业聚集具有规模效应外，更主要在于地方政府的工业用地协议出让机制对企业具有吸引力。地方政府一般以土地成本向企业供地，为了招到和留住有实力的企业，有的地方甚至以低于土地成本甚至“零地价”供地。在一些地方，地方政府制定了工业用地协议价最高限价政策。地区之间的招商引资直接演变成压低土地价格的恶性竞争，其背后则是各地政府的财力大比拼，致使工业用地价格长期维持低水平，甚至在有些地区不升反降。据浙江省统计局对全省国家级工业园区的调查，全省平均土地开发成本9.88万元/亩，有些达20万元/亩，大部分工业园区由政府主导开发或授权业主开发，工业用地出让价格低于成本，平均出让价格8.83万元/亩，有近1/4园区土地平均出让价格不及开发成本的一半。这种现象在上海、江苏、广东等地也普遍存在。1998年以来，东南沿海地区工业用地协议出让价格一直维持在12万~18万元区间，2000~2003年，某些县市每平方米工业用地协议价反而降了40~50元。工业用地的低价协议供应，保证了工业化的高速推进，但也减少了政府土地收益，滋生园区土地投机，造成土地利用效率低下甚至大量闲置。

在城市化方面，1998~2005年，我国城市建城区面积由2.14万平方公里增加到3.25万平方公里，年均增长6.18%。无论东部还是中西部，各地通过县城搬迁或县改市、市改区等行政区划调整，连一些县级市城区面积也以每年5~6平方公里的速度向外扩展。664个城市数据显示，到2005年，城镇居民人均用地已达133平方米，比国家规定的城市规划建设用地最高限额高出33平方米，远高于一些发达国家人均城市用地82.4平方米的水平。城市的外延扩张造成城市容积率远远低于国外城市水平，我国城市的容积率仅0.33，而国外一些城市达到了2.0的水平。地方政府之所以能如此轻而易举地进行城市扩张，土地制度是重要工具。

其一，农地的取得成本低而转为城市土地的预期收益高，扩展城市面积成为政府首选。地方政府只需给被征地农民按土地原农业用途的一定倍数的

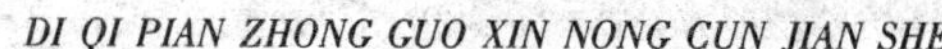

补偿，就可以控制大批未来具有升值潜力的建设用地；而商业等经营性用地的招、拍、挂出让，又为地方政府提供了获取土地价值最大化的通道，导致各地建城区面积超常扩展，城市政府不断修编规划控制大量土地。

其二，土地的使用成本低，激励了用地单位超占、多占土地行为。在城市用地中，除仅占15%～20%的商业、房地产等经营性用地以招、拍、挂出让外，绝大部分城市基础设施和非经营性单位用地都是采取行政划拨方式，不仅学校、用水、道路等公用事业的供地如此，政府行政办公楼、广场等的用地也是如此。以公共目的为名划拨供应土地的制度，助长了各地鹤立鸡群的政府办公大楼、超大型广场、超宽马路等城市景观的出现，成为城市扩张的重要内容。

## 二、土地及其相关收入成为地方政府财政收入的重要来源

1994年分税制的实行，改变了中央和地方在财政分配中的基本格局，增值税的75%及所得税的一半上划后，地方收入占财政总收入的比重由1993年的78%下降到2005年的47.7%。绍兴县2003、2004年的财政总收入分别达到30.8亿元和38亿元，留在地方的收入分别仅为13.5亿元和17亿元，义乌市2003年的财政总收入近59亿元，地税收入只有13亿元。但是，财权上收并未相应减少事权，地方财政支出占总支出的比重由1993年的71.7%提高到2005年的74.1%。地方政府于是积极开辟能为自己支配的收入。

第一个途径就是想方设法增加土地出让收入。2000～2003年，全国土地出让金收入9100亿元，2005年一年就达5500亿元。地方预算外收入占地方财政收入的比重从1993年的82.8%提高到2004年的92.5%以上。据我们在东南沿海地区调查，土地严管前的两三年，土地出让金收入在一些县市少则10多亿元，多则近20亿元，土地出让金收入占预算外收入的比重高达60%以上。在广大中西部地区，由于经济发展程度较低，政府来自于土地收益的比重相对较低，但近几年也呈增长态势，陕西自2000年开征新增建设用地土地有偿使用费以来，到2004年，共收取土地有偿使用费13.6亿元，由2000年的3626万元增加到2004年的4.58亿元。全省土地有偿出让收入由1998年的2869.5万元增加到2004年的8.71亿元。

第二个途径便是通过城市扩张来增加地方政府可支配税收。由于城市扩张带来的税收，包括建筑业和房地产业的营业税和所得税全部由地方享有，

在地方政府选择开掘和扩大能快速增长财政收入的税种征收渠道中，发展城市建筑业、房地产业成为首选。建筑业和房地产业创造的税收成为地方税收中增幅最大的两大产业，一些发达县市增幅高达50%～100%，这两项税收占到地方税收的37%以上；西部地区的咸阳市2001～2003年建筑业和房地产业对地方税收的贡献增幅分别达3.8和2.9个百分点，这两块所产生的税收已占到地方税收收入的四分之一强；西安长安区2003年建筑业创造的税收将近1999年基数的6倍，房地产业创造的税收更是1999年的20倍。

## 三、土地成为撬动银行资金、城市基础设施及房地产投融资的重要工具

在这一轮城市扩张中，城市基础设施投资和房地产投资成为两大主轴。政府大举投资城市基础设施的巨额资金从何而来？在东南沿海一些基础设施投资规模较大的县市，基础设施投资高达数百亿元，财政投入仅占10%不到，土地出让金占30%左右，大头靠土地融资，占60%～70%。在西部，由于地方财政主要靠中央转移支付，土地出让金收入有限，银行贷款占城市基础设施建设投资的份额更高，高达70%～80%。陕西省咸阳市2000年以来已经完工和正在施工的15个项目，实际投资9.53亿元，银行贷款占76.7%。这些资金主要由政府以土地储备中心、政府性公司和开发区管委会作为融资主体从银行获得贷款，其背后则是以土地作为抵押品以及政府信用。绍兴县城投公司从2000年9月成立到2004年为止，从银行贷款3.26亿元，依靠土地抵押的融资贷款占60%以上，该县2003～2004年9月土地储备中心以土地抵押获得贷款21.13亿元。金华市2003～2004年9月各类银行对土地储备中心贷款余额为26亿多元。这一情形在中西部地区也是如此。截至2004年9月30日，陕西省土地储备中心利用储备土地进行抵押贷款的合同金额达33.48亿元，实际贷款余额达19.45亿元，占合同金额的58.09%。西安市土地储备抵押贷款合同金额28.8亿元，占全省的86.03%；土地储备抵押贷款余额达15.71亿元，占全省的80.78%。此外，许多园区也利用园区开发公司的法人资质和园区内储备的土地进行抵押贷款。1994～2003年间，西安高新技术开发区利用各类用地抵押的面积总计达4543.74亩，抵押物评估价值46.49亿元，抵押获得贷款金额30.38亿元。

房地产市场的发展成为政府偿还城市基础设施投资巨额贷款和实现土地出让收入的下游出口，而银行信贷则是房地产投资和居民个人购房的后盾。

1999～2004年，发达地区有些县市四大国有商业银行房地产开发贷款余额增长了近40倍，平均年增长超过100%；在个人住房贷款方面，商业银行住房消费担保贷款余额平均年增长近200%。

## 第二节　现行土地制度面临严峻挑战

我国实行的是城乡分治、政府垄断城市土地一级市场的土地制度。一方面，农村与城市土地分属不同法律约束，由不同机构管理，形成不同的市场和权利体系；另一方面，只要涉及农地变为建设用地，就要通过政府征地，任何单位建设用地都要使用国有土地。政府是农地变为城市用地的唯一仲裁者，是城市土地一级市场的唯一供应商。改革提高了市场配置资源的程度，但是政府和大型国有企业垄断上游资源的格局没有改变，政府对土地的垄断得到强化。中国经济由投资拉动，与大部分投资由银行提供以及地方政府用土地撬动金融的关系密切。法律赋予地方政府对土地的垄断权，不仅是地方政府赖以生存和维持运转的重要保障，而且也促成了地方政府以土地启动经济增长的特殊激励结构：政府征地，卖地越多，地方可支配收入越多；政府掌握土地越多，城市扩张成本越低，招商引资越便利，政府税源越多。这种增长方式的弊端已在财政、税收、金融、投资、价格形成机制、社会和谐、政府行为诸多方面彰显出来。土地政策参与宏观调控，旨在通过约束地方政府行为来调控经济。但是，尽管土地调控的闸门在中央，而土地闸门的把手在地方，既然地方政府还肩负着发展地方经济的重任，地方财政还得严重依赖土地及其相关收入，地方政府就会时时具有将闸门把手拧开的激励，使中央政府的土地调控效果大打折扣，对经济社会的可持续发展提出严峻挑战。

### 一、建设用地依旧维持行政配置与指标管理模式

经过20多年的改革，我同绝大多数产品和生产要素已完成由计划配置向市场配置的转变，而土地却是为数不多的加大审批、上收权力、强化政府垄断的生产要素之一。《土地管理法》规定，“任何单位和个人进行建设，需要使用土地的，必须依法申请使用国有土地。”非农建设用地的供应变成了政府一个管道，地方政府垄断土地一级市场的权力得到强化。为了保护耕地，约束地方政府用地，中央政府对土地实行建设用地指标控制和用地审批制度，

实行近10年，这套管理模式已凸显重大弊端。不改变建设用地的行政配置与指标管理模式，势必导致土地的粗放利用，危及经济可持续发展。

**（一）大量土地被以行政划拨和协议方式出让，造成资源浪费和配置扭曲**

2000年，全国划拨和出让国有土地12.92万公顷，其中划拨供地占62.36%，出让占37.64%。2003年，全国划拨和出让国有土地25.89万公顷，其中划拨和协议出让占72.06%，招、拍、挂只占27.94%。在土地已极为稀缺的东南沿海省市，行政划拨供地仍达40%，协议出让供地在35%左右。在中西部地区，由于工业发展不足，协议出让土地的比重要低一些，但基础设施大幅投资带来的行政划拨用地比重却很高，陕西省1998～2004年协议出让用地比重为22%左右，基础设施和公共项目（公用设施、公共建筑、交通运输）划拨用地比重却高达55%。建设用地被以如此高比例无偿划拨和低价出让，激励相关单位超占、多占土地，造成了土地的不集约利用。据对400个城市的调查，城市建成区闲置土地占建成区面积的1/4。行政划拨用地的无偿性质，诱使城市基础设施部门（道路、铁路、水利等）及具有公共利益性质的单位（学校、医院、政府行政单位）热衷于城市的豪华建设；协议出让土地的低价格一方面诱使企业多圈占土地，另一方面则导致地区之间产业用地配置扭曲，在珠三角和长三角地区出现工业用地比重过高、二、三产业用地结构不合理和城市功能的滞后；中西部地区政府不得不将建设用地主要以划拨方式用于城市基础设施建设，但工业发展严重滞后，真正作为城市化内涵的商业、服务业、金融业等第三产业没有相应发展。

**（二）建设用地的指标管理与经济发展对土地的需求脱节**

加强建设用地的指标管理和审批，旨在保护耕地，抑制土地滥用，但实际上并未达到约束用地行为的初衷，降低了管理的效力。目前中央分配给各地的建设用地指标是1997年编制土地利用总体规划时自上而下下达的，不仅计划色彩太浓，而且与地方经济发展需求脱节。各地（尤其是沿海发达地区）的经济发展速度超过预期，实际用地需求大大超过计划下达量。一些省份5年就用完了10年的指标，到2010年的指标早在2000年前后就已用完。以浙江省为例，2000～2004年，全省建设用地平均年使用量约50万亩，最高年份达70万亩。土地严管后，2005年国家下达的建设用地指标16.5万亩，加上已获批准可使用的折抵指标共20多万亩，使大量已批项目等地开工。按照现行土地利用规划和建设用地指标，5～10年内，浙江的一些城市将面临无地可用的窘况。中西部地区尽管不像发达地区那样全面告急，但局部地区和中心城市也出现了用地指标紧张的局面。陕西全省2010年前的规划指标只用了

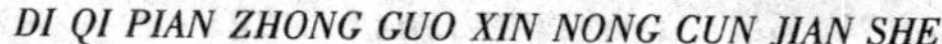

60%，但西安等中心城市建设用地指标已有很大缺口，截至2003年年底，西安市建设用地量已超过规划指标的3.81万亩，还有84个重点项目急需用地6.18万亩，但因没有指标等待开工。随着中部崛起和西部大开发战略的实施，以及沿海大量产业向中西部地区转移，不到几年工夫，中西部一些地区也将陷入与东部发达地区相似的局面。用地指标严控与经济高速发展对土地需求产生的尖锐矛盾，诱发非法用地蔓延。2000～2003年，陕西全省就查出7.93万亩非法建设用地。2000年以来，咸阳市秦都区的建设用地属国家正式批准占用的约为2/3，1/3属于未批先建。

**（三）助长以地设租、寻租行为**

由于政府独家垄断土地一级市场，在土地领域出现大量设租、寻租行为。租金多少难以摸清，来源有以下几种途径：一是部门对土地相关的收费。仅土地部门的收费就有耕地开垦费、管理费、业务费、登报费、房屋拆迁费、折抵指标费、收回国有土地补偿费、新增建设用地有偿使用费等多项名目，总量在部分县市达2亿元以上；二是地方政府为抬高土地“招、拍、挂”价格，人为减少土地供应量，制造稀缺，抬高土地租金；三是一些单位在城市规划修编或“退二进三”时，将行政划拨的建设用地变成商业用地，从中牟利；四是工业园区的企业将以工业用地名义申请的土地用于盖居住楼或职工宿舍，甚至在圈占土地后闲置等待规划变更及土地升值后转手，形成土地租金；五是采取增加划拨用地比重、在非公益性用地中配置一定比例的划拨用地、将中央明确必须招、拍、挂的商业、服务业等经营性用地采取协议出让等方式，为个人和团体牟取巨额利益，滋生腐败。

## 二、地方政府过度依赖土地经营和融资

**（一）政府经营土地风险与盈利并存**

政府经营土地看上去是一桩只赚不赔的买卖，实际上并非如此。政府以公共利益名义划拨供应的道路、绿化、科教文卫用地等，约占整个城市建设用地的50%，约25%～30%协议出让的工业用地，低于成本价、甚至“零地价”供应，政府在近期是无法从土地获取收益的。据典型调查，一般以地招商比较成功的工业园区，差不多待企业成长和税收含养8～10年左右时间才能做到自我发展，而大量的工业园区则因为招商不利导致土地圈而不用，处于长期亏损状态。通过招、拍、挂出让的用于商业、娱乐、旅游、商品住宅等经营性用地才能带来当期收益。在各地，真正通过招、拍、挂出让的土地只占15%～20%左右。这部分土地的经营到底能给地方政府带来多大收益，

取决于当地经济发展水平和房产市场的发育程度，比如浙江、江苏、广东等地市县级政府近几年从土地拍卖获得的土地收益就非常可观，而在中西部地区，由于经济不发展、居民购买力有限导致房产市场发育程度低，土地出让的收益就十分有限，陕西咸阳等地每年只有不到一千万元的土地出让金。即便在发达地区，土地出让收益也可能因宏观政策的影响而大打折扣、甚至落空，比如，在实行土地严控的2003年，浙江省绍兴县和金华市就仅出手了几百亩土地，土地出让金剧减至1个亿，使主要依靠土地出让收益和土地抵押贷款支撑的城市基础设施投资陷入困境，与此相关联的政府性公司的还贷亦成为问题。

**（二）土地储备中心成为经营土地和提供抵押的机构，政府信用风险增大**

土地储备中心入储的土地主要通过行政手段征用农民集体土地。1999年以来，绍兴土储中心共储备土地4873.3亩，征用集体农地3614.4亩，高达74.2%。2003~2004年间，咸阳市土地储备中心收购储备的土地中，有87%来自征用农民集体土地。在绝大多数实施土地储备的县市，入储的土地全部通过招、拍、挂方式用于住宅和商业等经营性用地，没有一亩用于划拨的公益用地，也没有一亩用于协议的工业用地。土储中心以实现政府土地收益最大化为目的，已经蜕变为政府经营土地的工具。

但是，政府土地储备也存在极大风险。一是经营风险。在中西部地区，由于受土地需求制约，只有省会和部分大中型城市的土地储备中心真正运作了起来，许多县级市和小城市政府收购储备土地的量很小。令人担忧的是，中西部地区各级政府土地储备中心收购储备的土地大部分并未实现供应，2000~2004年间，陕西省尚未供应的储备土地高达65.8%，西安市储备的土地也仅供应出37.2%。一部分已供应的土地价格也远远低于政府预期，陕西土地出让价最高的西安高新技术开发区，2003、2004年出让土地的每亩平均纯收益仅59万元，咸阳市储备土地出让亩均纯收益约18万元。二是政策和法律风险。由于政府不能直接贷款，就纷纷成立政府性公司，如城建、城开，来从事城市基础设施投资，这些公司获得贷款的主要工具就是拿土地储备机构的土地到国有银行抵押，期限为1年、2年、甚至10年，银行提供贷款的背后实际依托的是政府信用。这些公司贷款数额巨大，且运作不规范，直接危及地方财政和国家银行的安全性。尽管土地储备在地方盛行，迄今却还没有一部关于土地储备的国家法律或规定，这些做法只是得到地方政府的文件批准。无法可依使得地方政府以不可预期的方式去发展这类机构，其中有些地方已拉响警报。不阻断地方政府经营土地和过度依赖土地的路径，财政和金融风险势必加大。

**（三）房地产商和个人房贷对银行信贷的高度依赖，加大了金融风险**

在这一轮经济发展中，政府可支配收入的高低依赖于土地招、拍、挂的收入，土地出让依赖于房地产商的参与活跃程度和出价，而商品房价格的攀升则取决于居民购房。政府、房地产商、个人购房者均以银行信贷为后盾，最终承担风险的是银行。2006 年以来，中央银行采取了一系列措施控制货币供给的过快增长，但货币供应总量仍然偏大。增长偏快的货币供给量，拉动了政府城市基础设施投资、房地产开发投资和居民购房投资，而为这些投资提供抵押的就是土地。2005 年，广东省四大国有银行贷款余额的 60% 是由土地及与土地相关的抵押品获得贷款的。在上海，房地产信贷已占中资商业银行各项贷款总量的 1/3 ~ 1/2。1999 ~ 2004 年，浙江有的县市四大国有商业银行房地产开发贷款余额增长了近 40 倍，平均年增长超过 100%；个人住房消费担保贷款余额平均年增长近 200%。鉴于中央严令，房地产开发贷款基本冷却后，个人住房贷款成为各家银行的主要着力点，其风险值得警惕：（1）居民住房消费信贷的增长速度远远超过城镇居民人均可支配收入的增长速度。绍兴市个人房贷余额从 1999 年至 2004 年 9 月增长了 77 倍，而同期城镇居民人均可支配收入增长 1.72 倍，前者远远高于后者。绝大多数居民家庭经济收入与高企的房价不相称。中高档住宅每平方米售价 4000 ~ 6000 元，一套 120 平方米的住房约 70 万元，是中等家庭收入的 10 ~ 15 倍。（2）银行对房价上涨持乐观预期，不去细究个人还贷能力。一旦出现房价下跌，居民还贷能力就将影响整个房地产市场的发展、土地市场的运营和整个金融体系的稳定。经历了房市狂热的上海，个人贷款不良率已有所上升，至 2005 年年末，出现连续三个月以上违约的自然人客户达 7869 户，比 2004 年年末增加 2650 户，增幅为 50.78%；违约笔数 8227 笔，比 2004 年年末增加 2771 笔，增幅 50.79%，且这种不良率的上升仍在延续。由此可见，银行风险在房地产市场牛气冲天时，较高的现金回收率似乎不成问题，但是一旦房地产市场步入熊市，房价由涨转跌，情况就会有所不同。因此，市场的成交价格是靠不住的，一旦市场疲软，极易引发银行个人房贷的系统风险。

## 三、对农民的土地财产权利缺乏尊重和保护

快速城市化和工业化的占地主要是通过征用农地来实现的，1997 ~ 2004 年，全国每年新增建设用地 570 万亩，占用农民耕地 304 万亩。在东部沿海省份，每年建设用地量达 40 万 ~ 50 万亩，征用土地占建设用地比重高的到

90%以上，低的也要到75%。在中西部地区，尽管建设用地最远远低于东部地区，1994～2003年，陕西全省各类非农建设占用耕地72.79万亩，但征地仍是主要手段，占建设用地的比重近90%。土地征用量大且集中，严重侵害农民的土地权利，影响被征地农民生计，引发大量群体性事件。不尊重农民的土地财产权利，土地问题势必成为社会矛盾焦点。

**（一）农民对以“公共目的”为由征得的土地用于盈利性活动尤为不满**

按照《土地管理法》的规定，“国家为了公共利益的需要，可以依法对土地实行征用。”但事实上征地权已被滥用于非农建设的任何领域，凡是农地变为建设用地就要实行征地。有人将这种局面的出现归结于“公共目的”的难以清楚界定，但我国大量建设用地具有明明白白的盈利性质，则只能说是“非不能也，乃不为也”！对于农民来讲，政府将征用的土地用于学校、医院、道路、绿地、政府办公楼等，尽管这些具有公共利益目的的用途也有部分转用于盈利性活动，但被征地农民总体还能理解。但是，对于政府将大量土地圈占用于创办工业园区，协议出让给企业，被征地农民就感到很疑惑：为什么只有政府才能出让，我们就不能将土地出租给企业呢?！更让农民不满的是，政府以很低补偿征得的土地被以数个倍甚至数百倍的差价“招、拍、挂”用于商业和房地产，群体性事件多数由此引发。

**（二）农民对土地补偿感到不公平**

按照《土地管理法》，政府给予被征地农民不超过30倍的土地原用途进行补偿。在浙江、江苏等沿海发达省份，随着经济发展水平的提高，土地出让价飞涨，但仍按土地原用途补偿，在经济最发达的一些县市，土地补偿和安置补助费最高也只有2.5万元左右，低的不到2万元。低补偿与农民土地权利意识增强形成的极大反差，是发达地区政府与失地农民矛盾的主要原因。据浙江省国土厅信访室统计，2003年，农民土地权益纠纷已成为全省群众性上访之首位，反映征地补偿与安置问题的来信2000年为512件、2001年为586件、2002年为1058件，分别比上年上升14.5%和80.55%。在中西部地区，尽管农民的土地权益意识不像发达地区那样强，但由于大量耕地被用于国家重点工程及基础设施建设，这些项目往往资金量大，工程紧，补偿要么低于法定标准，要么不到位，一些国家投资项目要求地方资金配套，自行解决征地问题，甚至按每亩平均价或每公里均价包干费用，到地方大多数只能按法定补偿标准的低限执行，造成被征地农民生活水平下降。陕西省给被征地农民的补偿为公路一般仅0.6万元/亩，铁路0.82万元/亩。西安绕城高速最高补偿标准为6000元/亩，调高后也只有8000元/亩。府（谷）—店（塔）

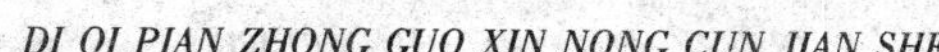

一级公路征用耕地补偿标准为600～3200元/亩；吴（堡）—靖（边）高速公路为800～3200元/亩。半数失地农民的生活水平较失地前下降。武汉绕城高速公路东北段征地1.03万亩，补偿标准为每亩1.89万元，最后只有每亩4800元，降幅达75%。

**（三）征地补偿费被各级政府及集体经济组织截留**

在现行《土地管理法》下，给被征地农民的土地补偿应包括耕地补偿费、劳力安置费和青苗补偿费。但是，在实际补偿中，农民往往搞不清是哪几项，多数地方的做法是将劳力安置费和青苗补偿费给予被征地农户，而将耕地补偿费留在村集体经济组织，甚至乡镇政府也会截留一部分；还有些地方连劳力安置费也不全额发放到被征地农户，而是将其中部分资金纳入失地保险。2004年全国清理出拖欠、截留、挪用农民征地补偿费147.7亿元。2005年，审计署对国家34条高等级公路审计，有21个项目被当地政府及征地拆迁部门截留挪用、拖欠扣减应支付给农民的征地补偿欠费16.39亿元。

**（四）征地程序缺乏透明和协商，农民参与度低**

从各地征地过程来看，1998年修订的土地管理法比以前有了更高的透明性，它要求地方政府必须将安置计划公开，以接受集体组织及被征地农民的评议。然而，值得注意的是，它只是发生于征地已经被认可之后——没有明确要求在征地之前要听取集体或农民的意见以及给予他们对建议作出反应的机会。政府只是就征地目的、位置、补偿标准、安置措施等以一纸公告通知农民，很少事先告知被征地农民。成阳秦都国土局同志告诉我们，在1998年10月30号以前，实施的是“协议征地”，也就是说，由用地者与所在村组直接见面，由双方协商确定土地出让价格，国土部门在其中只起一个中介作用，那时农民得到的还多一些。在1999年新《土地管理法》颁布以后，“协议征地”原则上变成了“公告征地”。所谓“公告征地”就是，其一，由国土部门代表政府直接去征地，用地单位和农民就不再见面了；其二，政府和被征地农民集体之间也没有什么可协商的，政府就是把要征的耕地面积以及这些土地按照《土地管理法》的标准应该给予农民集体的补偿告知他们而已；其三就是在政府从农民那儿征得土地后，与用地单位签订供地协议。征地的过程变成为政府根据用地的需求，以《土地管理法》为依据，从农民那里合法、强制获得土地的行为。

## 四、中央与地方政府在土地功能上的目标差异加大

城市快速扩张伴随农田大面积流失。全国耕地保有量从1996年的19.51

亿亩降至2005年的1.83亿亩，人均耕地从1996年的1.59亩下降到2005年的1.40亩。1996~2002年间，农田平均每年以68.5万公顷的速度流失，速度还在加速，凸显中央政府耕地保护、粮食安全、经济增长的综合目标与地方政府追求经济高速增长的单一目标的不一致。

早在1997年，中央出于对粮食安全的担忧，提出了实行最严格的耕地保护制度，包括占用耕地补偿制度、耕地总量动态平衡制度、基本农田保护制度。占用耕地进行非农业建设的，须开垦与所占用耕地数最和质量相当的耕地，开垦不出的就缴纳耕地开垦费；各级政府要确保本行政区域内耕地总量不减少；耕地总量减少的须组织开垦与所减少耕地数量与质量相当的耕地；各地将80%以上的耕地纳入基本农田保护区，征收基本农田及基本农田以外超过35公顷的耕地或超过70公顷的其他土地，须报国务院批准。

批准占用基本农田的权限在中央，占用耕地及补充耕地实现动态总量平衡由地方政府实施。借助这一制度安排，地方政府想方设法进行耕地占补平衡的编制和变通，以应付中央的审批，达到尽量多征占耕地的目的。一些地方要么通过省内调剂、由建设用地指标有缺口的地方向指标富余地区支付一笔费用来平衡；要么通过土地整理折抵来从中央获得非农建设用地使用的许可，1997~2003年，浙江省已通过土地开发整理补充耕地234.85万亩，连续7年实行了占补平衡有余，累计占补节余43.65万亩，超过国家要求浙江规划期内占补平衡有余16万亩目标任务的173%；要么将鱼塘、河滩、坡地也纳入农保范围，出现基本农田“上山、下水”的现象；前几年还出现了省级之间基本农田代保的做法；甚至干脆违法用地，待土地清查时交点罚款变为合法了事。为了得到中央用地审批许可，一些地方政府甚至直接在账面上编制耕地动态总量平衡，从而出现一个地区的工业和商业用地占有很大比重，而该地区的基本农田数不减反增的戏剧性现象。在一些地方，随着产业结构的变革，原来设定的基本农田保护区被大量工厂、商业大楼所替代，尽管通过土地整理、异地代保等做到了耕地的占补平衡，但是，补充的耕地质量已大大下降，减少的耕地中有灌溉设施的高达2/3，补充的耕地中有灌溉设施的只占1/3。

为此，中央出台28号文件，在执行占用耕地补偿制度和保护基本农田上作出了更严格的规定，31号文件又在此基础上进一步明确了土地管理和耕地保护的责任。但是，现行土地制度所形成的地方政府经营土地的激励机制仍存在，占用耕地及补充耕地实现动态总量平衡的实施权仍在地方，中央与地方政府在土地利用目标上不一致的问题不改变，“指标年年不够用，指标年年用不完”的游戏就不会停止，仅靠严管措施看来不能较好解决农田保护与经济发展相脱节产生的农田保护流于形式的问题。

## 第三节　深化农村土地制度改革的建议

### 一、打破政府垄断土地一级市场，在源头上阻断地方政府卖地机制

**（一）遏止以行政手段推进土地国有化的倾向，保持国有土地和集体土地的“同地、同权、同价”**

贯彻宪法“农民土地实行集体所有、城市土地实行国有”的基本精神，进一步明确土地集体所有和土地国有两种所有制的长期并存，赋予两种所有制的土地参与工业化和城市化的平等权利，改变目前农地只要变为建设用地、其所有制就由集体所有变为国有的格局。遏止地方政府通过规划控制冻结农民对土地的使用，利用行政区划调整、村改居、新一轮的城市规划修编等手段，强行将农民集体土地转制，导致农民失地、失业、失权。

**（二）对明确不是为了公共利益的建设用地，不再通过征用来供地**

土地的征用坚持《宪法》和《土地管理法》规定的“为了公共利益的需要，可以对土地实行征收和征用”原则，改变目前只要是经济建设需要用地就实行征用的做法。为了阻断地方政府以“公共利益”在法律上难以准确界定为由，任意扩大征地范围，应出台专门政策明文规定，只要是明显为了盈利目的的用地，即可判定为非公共利益，明确规定这类用地不得通过征用获得，并列出不属于公共利益用地的名录，作为将来国土监察部门监察的重要内容。

**（三）对行政划拨用地的用途和比重作出严格限定**

目前行政划拨用地的用途过于宽泛，占地过多，尤其是以行政划拨土地建设的大广场、宽马路及豪华办公楼等，既浪费土地，又占用大量资金，建议对建设用地中划拨用于公共设施建设的比重做出严格限定。清理一些以公共利益目的划拨土地而实际上是进行营利性目的的用地。进行某些类公共目的用地的按市场价赔偿试点。

**（四）将政府储备土地限定为存量土地，严禁将征用农民集体土地纳入土地储备范围**

明确土地储备中心主要通过对存量建设用地的收购和收回来获取土地，包括收回用地单位已经撤销或迁移的用地、连续两年未使用的土地、土地使用者擅自改变土地用途责令限期改正逾期不改的用地、土地使用期届满土地使用者未申请续期或申请续期未获批准的用地、长期荒芜闲置的土地，国有河滩地，公路、铁路、机场、矿场等核准报废的土地；收购如因公共利益或实施城市规划调整使用的土地、旧城改造重点地段土地、因企业关停并转或产业结构调整等调整出的土地、土地使用者依法取得出让土地使用权后无力开发和不具备转让条件的土地、土地使用权人申请收回的土地、土地使用权转让价格明显低于市场价格的土地、城市规划区范围内通道两侧的预留地或空地以及按照规划需要统征的土地。鉴于土地储备制度已经在全国1000多个城市实行约六七年之久，中央政府应着手制定有关政策和法规，对土地储备宗旨目的、土储范围、机构设置、法人地位、储备土地的贷款资格、抵押方式等做出相应规定，尽快结束政出多门、各行其是的混乱状态，防止土地储备中心的融资风险。

## 二、尊重农民土地财产权利，让农民以地权分享工业化和城市化的成果

**（一）谨慎对待“以社保换土地”的做法**

为了化解农民与政府在土地利益上的冲突，政策越来越转为“以社保换土地”，即将土地被征农民纳入最低社会保障。这与只按土地原用途给予农民一定倍数的土地补偿费和安置补助费相比是一个进步，但“以社保换土地”一方面要求政府提供的社保能够让农民觉得交出土地权利是值得的，另一方面要求政府财政有足够的能力做这种置换。事实上，城市政府对城市职工的养老保险和社会保障都面临严重资金缺口，他们对失地农民的养老保险和社会保障只能大打折扣，就连发达地区的一些县级政府也仅仅给予被失地农民每月200元不到的保障，与他们失去的赖以生存的土地以及不断升值的土地权益相比相差甚远。但提高失地农民社保费用，又使地方政府不堪重负，广东省预计社会保障费用亩均价会再增6万元之上。因此，弄得不好会落入农民不满意、政府被拖入巨额财政泥沼的境地，须冷静对待，尤其防止一些地区以向农民提供社保的名义剥夺农民土地，给将来的政府留下巨额社保债务

的后遗症。

**（二）推广地方创新性做法，让农民以土地权利分享城市化和工业化成果**

尊重农民的土地财产权利，其基本原则是要按土地的市场价格对被征地农民进行赔偿。在不能一步到位的情况下，应当尊重发达地区的许多创新性做法，并在充分调研基础上予以推广。一是在法律许可的范围内，对土地进行分等定级，改土地补偿以土地原用途的年产值为准为区片综合价。土地补偿额的确定既要考虑土地的现有用途，也要考虑土地的区位特点，让农民的补偿中既有绝对地租，也体现一定的级差地租；二是给被征地村留一定比例的经济发展用地，由村集体经济组织建造标准厂房、铺面等用于出租，租金收益以股份形式在村民中分配。实践证明，村留用地既有利于村级经济壮大，在农村公共财政缺位的情况下，土地出租收入成为农村公共品提供的重要来源，而且土地分红也成为发达地区农民分享土地级差收益的重要途径，这一做法对中西部地区也有普适性，建议中央出台专门的文件，就留用地的比例、使用办法、收益分配原则等作出具体规定。三是保护农民利用宅基地出租房屋获取收入的权利。在城市化进程中，农民受益最大的一块是利用宅基地盖房，获取出租收入。鉴于现行法律中对宅基地的权属没有明确规定，出现政府侵占农民宅基地或农民在现有宅基地上超规定盖房的双重局面，必须在政府和法律上明确宅基地为农民财产的同时，对宅基地的申请、使用与出租等作出明文规定。尤其防止一些地方以旧村改造和新农村建设为名，侵犯农民宅基地权利。

## 三、完善土地出让金的预算管理，积极推进土地财产税改革

**（一）尽快出台土地出让金纳入地方预算管理实施办法，并明确土地出让金由地方使用，中央不参与其利益分配**

中央明确规定要求将国有土地使用权出让总价款全额纳入地方预算，缴入地方国库，实行“收支两条线”管理，这有利于这笔资金的规范有效使用，也有利于防止腐败行为。但是，在操作上要注意以下两点：一是，预算资金管理是年初进行预算，年终审核，而土地出让金是政府出让土地所得，它是一种政府垄断下的市场行为，当年计划出让多少土地还可以由有关机构控制，但到底出让金多少则受市场左右，土地出让金如何纳入地方预算管理须有具体的实施细则。二是，根据各国经验，土地财产税一般作为地方政府主要税

种，因为它有利于调动地方政府征收的积极性，而且地方更容易掌握土地的变化情况，因而也更容易足额征收。中央出台土地出让金纳入预算管理的规定，应该旨在规范和提高土地出让金的使用效率，绝不可成为主管部门在摸清地方家底后分配地方土地收入的契机。

**（二）启动土地财产税改革，让城市政府有永续的收入来源**

在阻断卖地机制和加强土地出让金规范管理的同时，借鉴发达市场经济国家的经验，启动土地财产税改革，让地方政府从土地用途转换和土地交易中获得税收，保证地方政府永续的收入来源。建议将与土地财产相关的税费由多个部门征收，改为只由税务部门征收；将现行的各种土地税费合并为三个税种：土地占用税、土地保有税和土地交易税。土地占用税是对土地农转非的行为征税，将现在的耕占税、耕地开垦费、新增建设有偿使用费一并征收，体现保护耕地的目的；土地保有税是对持有建设用地者的征税，基于土地的不可再生性和随着经济发展必然升值的情况，可由中立的土地评估机构公布一个地区一定时期的土地价格，税务部门根据地价上涨的情形对土地持有者征收一定比例的土地保有税；土地交易税是对建设用地的交易行为征税，既让地方政府可以获得稳定的税源，也有利于土地转向最有价值的使用。

**（三）深化财政体制改革，转变地方政府职能，改变地方政府过度依赖土地收入的格局**

要保证地方政府的正常运行和城市发展，必须对现行财政体制进行大的改革，减少地方政府在地方发展和投融资中扮演的投资性政府的角色，强化政府公共服务的功能，增大地方税收留成，加大欠发达地区的财政转移支付，逐步建立起以提供公共品为目的的公共财政体制。

## 四、尝试工业用地直接进入市场，维持我国制造业的全球优势

**（一）审慎评估政府垄断工业用地招、拍、挂对我国工业化的影响，让农民集体土地直接进入市场**

工业用地招、拍、挂出让政策的出台，可以在一定程度上遏制地方政府压低地价招商引资行为，但无疑会提高工业用地的成本。我国现在正处在工业化的关键阶段，农业劳动力的转移和工业向中西部地区的转移，都有赖工业化继续保持一定的增长速度。地方经验表明，在符合规划和用途管制的前提下，农民直接将集体建设用地以出租、出让、转让等形式供应给企业，既

大大降低了企业的用地成本，又保证了农民可以长期分享土地增值收益，地方政府可以获得企业税收和土地使用费，避免了政府低价协议出让土地导致的土地浪费和政府财政负担。这些地方农民集体建设用地直接进入市场的做法，值得推广。这一政策的出台有利于大量中小企业到广大中西部地区落户，促进制造业向中西部地区转移，继续保持我国制造业在全球的竞争优势。

**（二）尽快制定规范集体建设用地流转的法律，结束集体建设用地大量非法流转的局面**

一是应在符合规划的前提下，集体土地应与国有土地一样，可以出租、出让、转让、抵押；可以获得与国有土地具有同等权利的《集体土地使用权证》；农民可以获得土地流转的绝大部分收益。二是集体非农建设用地必须符合规划控制，依法取得。所有非农建设用地的安排必须符合土地利用总体规划，农用地转非农建设用地必须在规划的控制下，按年度用地计划实行农用地转用，依法进行土地登记，办理转用手续，取得转用证书。要对所处地域的非农建设用地作一次认真普查，制定出补办转用手续的最后期限和罚则，使所有非农建设用地必须依法取得，禁止私下流转的土地黑市。三是建立集体建设用地使用权交易市场。在符合土地利用规划和用途管制的前提下，依市场原则将集体建设用地使用权用于市场客体进行交易，这一过程不改变集体建设用地的集体土地的所有权性质，任何建设用地使用者都可根据市场公平交易的原则与集体土地所有者或建设用地使用者进行等价交换。土地使用权价格应该是市场价格。四是加强集体土地收入的管理，确保农民成为土地流转收益的主要获得者。在土地产权上，严格界定集体经济组织和农民在土地权利和流转收益上的分配；在制度上严格制约集体经济组织对集体资金的使用；将土地流转收益最大限度地运用于农民的社会保障，以保障农民的长远生计。

## 五、客观审视指标管理的效力，探索更有效保护耕地的制度安排

**（一）进行一次全国基本农田实际存量的普查**

自 1997 年实行基本农田保护制度以来，由于保证基本农田量不下降是一条不可逾越的政治“红线”，全国基本农田实际拥有量与上报数量的差异拉大已是人所共知的事实，但谁也搞不清现在到底还有多少优质基本农田，这是我国粮食安全的一大隐患。为此，有必要对全国基本农田实际拥有量进行一

次实事求是的普查，以作为下一轮土地利用规划修编的依据，也使我国的耕地保护落到实处。

**（二）建立基本农田保护的地区补偿机制**

鉴于区域之间以及同一地区不同县市之间发展工业化、城市化程度的差异，它们占用基本农田的量也不一样，各地只能通过县内、地区内、省内基本农田代保来解决经济发展用地与基本农田保护平衡，这种做法一直没有得到中央认可。随着经济发展，这种做法将越来越普遍，甚至出现跨省平衡。建议出台政策规定异地代保的原则与补偿机制，这样既可以解决工业化、城市化快速地区的用地需求，又有利于基本农田保护面积大的地区获得一定的货币补偿。

**（三）科学研究区域产业布局，建立国家粮食安全保护机制**

组织多学科力量，对我国区域产业布局进行科学研究，在此基础上实行国家粮食安全和区域耕地保护挂钩，对为保障国家粮食安全的耕地实行国家财政补偿和工业化地区向粮食保障区域补偿的双重机制，使粮食安全和耕地保护做到目的明确、责任清楚、补偿公平、行之有效。

## 六、启动《土地管理法》等相关法律的修改，在《物权法》中增加农民土地权利保障内容

**（一）《土地管理法》的修改必须提上议事日程**

目前地方土地违法现象蔓延，既有地方政府利益驱动的因素，也有现行土地法律滞后的问题。应尽快启动《土地管理法》的修改，在《宪法》精神下，修订和充实与农民土地权益保障相冲突的有关条款，尤其是要注意《土地管理法》与《农村土地承包法》在农民土地权益保障上的对接；完善土地立法的微观层面工作，如农地的地籍普查和登记制度、统一的土地权证等。

**（二）在《物权法》中增加农民土地权利保障内容**

一是乡（镇）集体经济组织代表集体行使土地所有权，为镇政府占有和经营集体土地提供依据，建议取消“乡（镇）集体经济组织代表集体行使所有权”的条款。二是村民委员会代表集体行使土地所有权，引发村委会圈占村民小组土地等新问题，建议删去“村民委员会代表集体行使土地所有权”的规定，明确“村民小组行使集体土地所有权”。三是农村集体建设用地占建设用地总量半壁河山，建议增加对集体建设用地使用权的一般规定，允许其

在规划和用途管制前提下，可以出租、出让、转让之规定。四是宅基地的出租已成城郊结合部和发达地区农民的重要收入来源，建议修改“宅基地使用权”条款，允许宅基地的转让、抵押，促进农民宅基地的商品化。五是《物权法》对农村承包地再流转权益人之保护存在疏漏，建议对其完善。

# 第四章　农村义务教育、职业教育与农民培训

## 第一节　新农村建设中的农村义务教育

### 一、农村义务教育发展对新农村建设意义重大

#### （一）农村义务教育发展直接关系农村经济与社会发展

在农村经济发展方面，新农村建设必须注重农业现代化，不断提高农业科技创新和转化能力，加强农村现代流通体系建设，稳定粮食生产，积极推进农业结构调整，发展农业产业化经营，加快发展循环农业。在此基础上，不断推进农业产业化和工业化。所有这些，都离不开广大农民特别是新一代农民科学、文化、技术水平的提高。要实现这一目标，大力发展农村教育特别是农村义务教育是必不可少的基础。

除经济的不断增长外，新农村建设还必须注重农村社会发展。营造良好的社会关系和氛围，积极推进农村社会主义道德和文明建设，倡导科学、文明的生活和行为方式，不断提高农村居民生活质量，都离不开教育发展特别是义务教育发展。

#### （二）农村义务教育发展直接关系农民收入

在新农村建设中，不断提高农民收入水平，缩小城乡差距，缓解农村贫困可以说是核心问题。大力发展农村义务教育是最重要的治本之策之一。一方面，如前所述，农村经济增长的长期稳定发展离不开教育；另一方面，作

为一项政府推动、政府投入的社会事业，合理的义务教育制度本身也具有很强的收入再分配功能，可以间接让农村居民享受国家补贴，减少家庭支出压力，提高消费层次。这一点对于提高农民收入特别是消费水平的作用可以说非常突出。从其他很多国家的经验看，真正能够缓解低收入群体收入和消费困境的有效措施往往并不是直接的收入援助，而是包括教育在内的公共品的有效提供。

**（三）农村义务教育发展还直接关系整个国家的工业化、城市化和现代化发展**

从更大的视野看，农村义务教育问题也并非只涉及农村发展，还涉及整个国家经济和社会的发展。经过改革开放以来20多年的发展，我国已经进入工业化、城市化和现代化的快速发展时期。与此同时，还有一个值得充分关注的背景是，我国人口众多、资源匮乏。这种基本经济与社会发展特点决定了未来发展必须立足于劳动力素质的全面提高，充分发挥人力资源优势。由于我国目前大部分人口仍居于农村，目前农村的少年儿童无疑是未来发展所必须主要依靠的人力资源。因此，农村教育特别是义务教育发展将直接关系未来整个国家工业化、城市化和现代化发展。从过去的经验看，改革开放以来特别是加入WTO以来，我国加工工业的迅速发展、国际竞争力的不断提高，很大程度上就是得益于过去重视基础教育所形成的我国劳动力素质与其他发展中国家的相对优势。毫无疑问，劳动力素质的提高不仅关系经济增长，且对城市化以及社会的全面现代化具有至关重要的影响。

简而言之，农村义务教育发展是促进新农村建设的重要基础，也是促进整个国家经济和社会长期稳定发展、促进社会主义和谐社会建设的重要基础，意义极为巨大。

## 二、我国农村义务教育改革取得了显著成效，但仍有很多不足

**（一）改革的基本点是强化政府责任**

我国的农村义务教育体制是在计划经济时期逐步发展起来的。在改革开放前乃至改革开放后相当长一段时期内，所采取的基本组织方式是，国家确定义务教育的基本目标、内容等，具体组织管理乃至筹资等责任主要由乡（改革前为人民公社）、村两级承担。20世纪90年代以后，受农村经济徘徊以及其他因素导致的乡、村投入能力下降和义务教育发展要求提高等多方面

因素的影响，这种体制逐步陷入困境。

针对有关问题，结合从2000年开始的农村税费改革，国务院于2001年5月29日颁布了《国务院关于基础教育改革与发展的决定》，对以乡、村为责任主体的农村义务教育体制进行调整，实行在国务院领导下，由地方政府负责、分级管理、以县为主的体制。其最核心的改革内容是将对教育的投入责任特别是教师工资的筹集和发放责任以及对中小学校长、教师的管理责任由乡政府移交给县级政府。

与乡、村相比，县级政府具有更强的财政能力，可以使农村义务教育发展建立在相对更加坚实的经济基础上。通过县级教育经费统筹，可以缓解过去普遍存在的县域内经济发展不平衡导致的义务教育发展不平衡问题，同时也为农村税费改革消除了现实障碍。但一个无法回避的问题是，以县为主的体制仍然面临挑战。核心问题是受经济发展水平以及财政转移支付体制不完善的影响，相当一部分县特别是中西部地区的县级政府财政能力仍然薄弱，缺乏发展包括义务教育在内的各项社会事业的基本能力。从“以县为主”体制实施后一段时期的情况看，此前所面临的很多问题有了明显好转，但并没有彻底解决。

针对有关问题，从2005年开始，党中央、国务院进一步推进了农村义务教育改革和发展。党的十六届五中全会通过的《中共中央关于制定国民经济和社会发展第十一个五年规划的建议》中指出：“加快发展农村义务教育，着力普及和巩固农村九年制义务教育。2006年对西部地区农村义务教育阶段学生全部免除学杂费，对其中的贫困家庭学生免费提供课本和补助寄宿生生活费，2007年在全国农村普遍实行这一政策。”按照党的十六届三中全会提出的要求，国务院于2005年12月24日颁发《国务院关于深化农村义务教育经费保障机制改革的通知》，进一步规定：“按照‘明确各级责任、中央地方共但、加大财政投入、提高保障水平、分步组织实施’的基本原则，逐步将农村义务教育全面纳入公共财政保障范围，建立中央和地方分项目、按比例分担的农村义务教育经费保障机制。中央重点支持中西部地区，适当兼顾东部部分困难地区。”通知规定，在农村义务教育阶段实行“两免一补”政策，免学杂费资金由中央和地方按西部地区8∶2，中部地区6∶4的比例分担；东部地区除直辖市外，按照财力状况分省确定。中央全额承担中西部地区免费提供教科书资金，东部地区由地方自行承担。地方承担和管理补助寄宿生生活费资金；落实农村中小学预算内生均公用经费拨款标准，所需资金由中央和地方按照免学杂费资金的分担比例共同承担。中央适时制定全国农村义务教育阶段中小学公用经费基准定额，所需资金仍由中央和地方按上述比例共同承担。建立农村义务教育阶段中小学校舍维修改造长效机制，对中西部地区，中央分省（区、市）测定每年校舍维修改造所需资金，由中央和地方按照5：5比例共同承担。对东部地区，农村义务教育阶段中小学校舍维修改造所需资金主要由地方自行承担。巩固和完善农村中小学教师工资保障机制，中央继续按照现行体制对中西部及东部部分地区农村中小学教师工资经费给予支持，省级人民政府要加大对本行政区域内财力薄弱地区的转移支付力度，确保农村中小学教师工资按照国家标准按时足额发放。享受城市居民最低生活保障政策家庭的义务教育阶段学生，与当地农村义务教育阶段中小学生同步享受“两免一补”政策；进城务工农民子女在城市义务教育阶段学校就读的，与所在城市义务教育阶段学生享受同等政策。”目前，党中央、国务院所确定的有关政策正在推进之中。

从上述农村义务教育体制改革过程及改革内容看，最核心的内容就是不断强化政府责任。除在发展规划等方面继续坚持政府主导外，将农村义务教育经费逐步全部纳入政府财政预算是最关键内容。

上述改革内容也基本同步进入法制化轨道。2006年6月29日，第十届全国人民代表大会常务委员会通过了新修订的《中华人民共和国义务教育法》，将党中央、国务院所确定的有关义务教育发展的各项政策规定明确以法律形式予以保障。

除最核心的经费保障机制外，近年来，在农村义务教育的其他相关领域，有关改革也不断推进。

**（二）义务教育改革和发展成效巨大，但目前体制仍有不完善之处**

总体上讲，农村义务教育改革和发展非常迅速，成效也非常突出。明确由政府承担义务教育全部责任后，不仅过去的很多问题得到比较彻底的解决，农村义务教育也开始走向真正的免费教育，这对于减轻农民负担、保障农村居民基本权益的意义可以说如何强调都不过分。另外，2005年开始的改革，突出了中央以及省级政府投入责任，突出了对中西部地区的义务教育转移支付。这对于缓解部分地区财力不足、对于促进义务教育均衡发展的意义也极为突出。立法的推进特别是对《义务教育法》的修订，也使得义务教育特别是农村义务教育发展有了更加坚实的制度保障。

虽然农村义务教育体制改革和发展成效突出，但客观地说，相对于国家长期发展要求特别是新农村建设的需要，当前农村义务教育领域仍然存在一些值得关注的问题。

1. 经费保障机制仍需要进一步完善

自2005年以来，中央政府进一步加大了对中西部地区农村义务教育经费的保障，相对于以县为主的体制，这是一个重大进步。但客观地说，目前的保障机制仍需要进一步完善。一是，目前中央政府与地方的分担只是集中于学杂费、贫困生教科书费和寄宿制学生生活费等若干支出项目，其他如教师工资、基本建设费用以及公用经费等主要支出内容基本仍按原渠道筹资，原筹资方式中存在的问题及其对于部分财政特别困难地区的影响没有得到彻底解决；二是，2005年所确定的对中西部地区若干费用项目的补贴虽考虑到了中西部地区的差异性，进行了分类，但分类标准过粗，难以解决西部地区不同区域间突出的差异性问题。三是，2005年的改革，突出了中央政府的责任和义务，但省级政府的责任没有进一步发挥出来，省级政府多年来在义务教育问题上的责任不足问题尚未有效解决。这些问题的存在仍然影响着农村义务教育发展（特别是困难地区义务教育发展）的费用保障问题。

2. 教学内容和教育方式改革滞后

教学内容和教育方式直接关系义务教育的结果。在过去农村义务教育发展过程中，有关问题一直受到关注，但总体看来，改革明显滞后。一是，义务教育阶段的应试教育特点仍然非常突出，无论是教学内容、教学方式等都紧紧围绕升学开展，素质教育基本仍停留在口号上；二是，教学内容以及课程设计仍存在很多不合理的内容，一方面存在很多无用的或基本无用的教育内容，同时，与农村发展、与少年儿童成长密切相关的知识教育则明显不足；三是，在教育方法上，受应试教育的影响，普遍还是简单的知识灌输，对于教育成效的评判仍简单依据考试成绩，综合能力培养远远不足。

3. 教育组织和管理方式改革滞后

主要问题之一在于政府对教育布局调整和资源均等化的调整职能不足，致使义务教育资源分布不均衡问题仍然很突出，这不单表现在与地区间财力相关的不同行政区域之间，即便在特定行政区域内，受追求升学率等问题的影响，也都不同程度地存在教育资源分配不均衡问题。这不仅带来了教育质量和效果的巨大差异，也带来了其他诸多问题。问题之二是尚没有形成完善、有效的对学校进行管理的手段。缺乏合理规划导致的摊子过大、教职员队伍过分扩张问题，因投入不足、监管不力等多方面原因导致的部分学校行为目标出现偏差、追逐经济利益问题等都不同程度地存在。这些问题既影响教育质量，也影响公共投入的效益。

4. 与其他制度尚未形成合理衔接

目前农村义务教育仍基本是以户籍为基础实施的，简单地说，有关地方政府及学校的服务对象主要是针对具有辖区内常住户籍的少年儿童。面对日益迅速的城市化及劳动力人口的流动，这种体制面临很大挑战，核心是部分流动人口子女的义务教育权利受到影响。对此，中央政府及有关部门曾三令五申，要求进城务工农民子女在城市义务教育阶段学校就读的，与所在城市义务教育阶段学生享受同等政策。2005 年 12 月 24 日颁发的《国务院关于深化农村义务教育经费保障机制改革的通知》对此又给出了明确要求。但基于地方财政压力等因素，有关政策执行并不顺利，一些地方及学校往往还是向流动人口子女收取不同形式的借读费用。另外，虽然都属义务教育，目前已经明确要对农村实施“两免一补”政策，但并没有同步在城市实施。对于部分经济能力较低的流动人口家庭来说，即使不需要缴纳借读费用，在城市学校借读的杂费、书费等事实上也构成了门槛，其受教育权利也因此受到影响。

当前农村义务教育领域存在的问题，对于新农村建设的影响值得认真关注。经费保障机制的不完善仍然影响部分地区特别是部分贫困地区义务教育的发展能力，部分少年儿童的受教育权利仍然难以得到充分保障，这无论对于相关家庭的未来生活还是对于相关区域的未来发展都非常不利。长此以往，城乡差距问题、地区差距问题也难以得到遏制；教育内容和教学方式改革的滞后，阻碍了义务教育成效以及劳动力素质的提高，对长期经济和社会发展的影响不可低估；教育组织和管理方式的不完善，不仅降低了公共投入的绩效，某些不良行为特别是各种仍然存在的收费或变相收费行为对农民家庭构成了很大的经济压力；城乡之间政策的不统一，则对劳动力流动、城市化和工业化的顺利推进以及城乡关系和谐等构成了比较显著的影响。总之，无论是考虑到农村义务教育本身的问题还是考虑到新农村建设的要求，农村义务教育发展仍需要进一步完善。

## 三、进一步推进完善农村义务教育发展的若干建议

农村义务教育发展对于新农村建设、对于国家经济和社会发展的重要性可以说如何强调都不过分。鉴于当前义务教育发展及相关制度建设的不足，我们建议：

### （一）需要进一步调整完善投入体制

确保农村义务教育健康发展首先必须有经费保障。如前所述，目前虽然基本形成了各级政府共同承担投资责任的格局，但总体上看，仍是以地方尤其是以县级财政投入为主，基本还属于分散型投入体制。鉴于不少地方特别是县级政府财政能力不足、且短期内难以改变的现实，必须考虑进一步加大

高层级政府的投入责任。一段时期以来，强调中央政府加大投入，甚至要求中央政府直接承担贫困地区义务教育投入责任的呼声很高。2005 年的改革事实上也是顺应了相关呼声。但必须认识到的是，由中央政府直接承担义务教育投入责任或直接面对县级政府实施转移支付体制是不现实的。中国幅员辽阔，有 2000 多个县及县级市，农村中小学的数量高达数十万所，基础信息分散在基层，不仅难以集中，而且难得准确。由于信息不对称，由中央政府直接承担义务教育投入责任或直接面对县级政府实施转移支付体制显然是行不通的。即使中央政府掌握了足够准确的基础信息，对一个政府层级较多的大国来说，绕过中间层级政府，由中央政府和县级政府直接分担责任，也不符合政府管理的一般规律，容易引发其他方面的政治矛盾。有鉴于此并考虑到其他大国的经验，一个比较可行的选择是从目前的分散型投入体制逐步过渡到相对集中型投入体制。

一是要全面强化省级政府的义务教育投入责任。既然发展义务教育是各级政府的共同责任，省级政府也不能例外。另外，中国不仅存在大区域间的发展不平衡问题，各省之内的发展不平衡问题也很严重。因此，强化省级政府的义务教育投入责任非常必要。就全国绝大多数省份的情况看，以人均财力为标准，省级政府财力远远高于县级政府，提高省级政府对农村义务教育的投入比例，不会对省级财政构成太大压力。此外，省级政府管辖范围内的县级政府数量不算太多，长期以来，多数省份省以下的政府间财政关系也都直接到县，有比较可靠的信息和预算基础。从具体操作与管理的角度讲，强化省级政府的义务教育投入责任也具备可行性。

二是要继续保持县级政府的投入责任。强化高层级政府特别是省级政府的投入责任，并不意味着县级政府可以摆脱责任。一方面，县级政府作为基层政府，组织发展包括义务教育在内的基础性社会事业是其无法回避的基本职责，也是其作为独立财政层级的基本要求。另一方面，义务教育是必须分散组织的社会事业，涉及校舍建设及维护、人员工资发放、日常教学活动等诸多方面，财务支出内容繁杂，如果基层政府不承担投入责任，完全依靠高层级政府，在操作上也很困难。

三是要逐步完善费用分担机制。在不同层级政府之间共同承担投入责任的原则下，逐步建立更为合理的投入责任分担机制是更关键的问题。从国际经验看，比较流行的分担方式大致有两种，一种是分项分担投入责任，另一种是按照平均经费基础水平，由上级政府对下级政府直至学校进行定额补助。比较而言，分项分担更为规范，彼此间的责任更为明确，但对预算管理的要

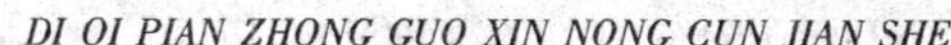

求也更高。按照生均经费基础水平定额补助办法的优点是其工作量较小，可以较好地利用现行以县为主的体制基础，不足之处是讨价还价的余地较大。从中国的现实看，可行的选择是采取分步走战略，在制度建设初期采取定额补助方式，作为长期目标，应逐步过渡到分项分担方式。在操作上，各省首先要根据义务教育发展的目标和基本要求，以保证教师工资发放、学校正常运转和义务教育适度发展为前提，确定生均经费基础水平。以此为基础，根据各县教育发展需求、实际财力等因素，确定省级财政的分担数额。同时根据县级财政增长情况、学生及教师数量变动情况，形成规范的调整机制。在此基础之上，随着预算管理水平的逐步提高，再向分项分担模式过渡。

采取强化省级政府责任、建立相对集中型的投入机制，并不意味着中央政府对义务教育不承担经济责任。但中央政府责任应更多地体现在对省级政府的一般性转移支付上。即通过强化一般性转移支付，确保省级政府发展包括义务教育在内的各项社会事业的基本财政能力。鉴于中国地区间差异过大，偶然因素较多，除主要通过一般性转移支付确保地方发展义务教育的基本能力外，中央政府可以列出部分专项资金，处理可能出现的特殊问题，并对义务教育的发展方向进行探索和引导。

**（二）加快推进教学内容和教育方式改革**

农村义务教育中教学内容和教育方式的改革滞后问题应当引起足够重视。在教育内容上，应考虑对课程及学习内容进行全面调整，全面减少那些对于少年心智发展以及技能培养无意义的内容，同时，结合农村发展，增加能够提高农村少年儿童生活能力和潜在职业技能的知识。在教育方法上，则应结合课程改革以及教师素质的提高，逐步消除那些简单知识灌输的方法，注重培养少年儿童的分析、判断能力和对各种基本问题的处理能力。在教学内容和教育方法改革方面，尽可能消除应试教育影响是非常关键的。受多种因素的影响，取消升学考试不现实，但通过调整考试内容，使其更加注重对基本能力的引导是可以做到的。

**（三）完善教育体系的组织和学校管理方式**

一是要加大对学校布局和资源配置的调整力度。既要突出义务教育服务的可及性，进一步解决部分地区特别是边远山区、牧区学校网点不足问题，也要结合人口流动并基于全面提高投资效益的需要，解决部分地区学校布局过于分散的问题，合理实施规模办学，特殊地区积极发展寄宿制教育。在资源配置方面，应全面强化不同学校间师资力量、基本建设以及其他办学条件的均等化，全面推进区域内以及区域间义务教育均衡发展；二是要对农村中小学发展规模和教职员工队伍形成合理调控机制。在确保教学质量的前提下，近期应着重解决教职工数量增长过快、人浮于事等问题；三是要进一步完善学校管理；在确保政府投入的前提下，严格管理学校财务收支和分配，彻底杜绝各种形式的收费和变相收费，同时，进一步改革人事制度，充分引入岗位竞争机制，形成有效激励。

**（四）完善其他相关体制，形成合理制度衔接**

2005 年出台的以免费教育为核心的改革主要针对农村，城市义务教育尚未实施，这一政策的目标是让农村和农民得到实惠，但也有负面效果。应考虑将有关政策在城市同步实施，这样既可以解决公平性问题，也可以避免差异性制度给部分少年儿童特别是流动儿童就学带来的障碍。现有以户籍为基础，由户籍所在地政府承担义务教育责任的体制也可以逐步过渡到完全以居住地为基础享受义务教育的体制。

## 第二节　新农村建设中的农村职业教育与农民培训

### 一、加强农村职业教育和农民培训对于新农村建设具有重要意义

在一切生产和发展要素中，人是根本。在社会主义新农村建设中，农民是主力。长期以来，我国农村劳动力素质低下、农村职业教育不发达、农民缺乏培训已经成为制约我国农民就业增收和农村经济与社会发展的主要因素。在统筹城乡发展、建设社会主义新农村的时代背景下，如何更好地发挥农村劳动力的作用和价值，促进城乡统筹发展、促进农村的发展和繁荣就成为一项紧迫而艰巨的任务。

根据 2006 年《中国农村统计年鉴》，2005 年我国总计有乡村从业人员 50387.3 万人，其中不识字或识字很少占 6.87%，小学程度占 27.23%，初中程度占 52.22%，高中程度占 10.25%，中专程度占 2.37%，大专及大专以上占 1.06%。高中（中专）及以上劳动力合计只占到农村劳动力总数的 13.68%，而有 86.32% 的农村劳动力受教育都在初中及以下。此外，我国没有接受过技术培训的农村劳动力约占 70%。可见，我国没有受过职业教育或

培训的低素质农村劳动力还比较多。

加强农村职业教育和农民培训是适应经济结构转变、促进充分就业的迫切需要，对工业化发展、解决“三农”问题、富民强国具有深远的战略意义。在我国城乡经济社会结构加快转变的时期，农村职业教育和农民培训与解决“三农”问题、工业化及城镇化发展、建设社会主义新农村、构建和谐社会的重大战略密切联系在一起。

发展农村职业教育及农民技术培训，是提高我国广大农村劳动力素质的客观需要。我国农村职业教育长期相对落后，培训缺乏，导致劳动力整体素质低下。大量农民没有接受适当的职业技术教育，缺乏“一技之长”。全国每年有八、九百万初中毕业生不能升入高一级学校，未接受职业技能培训而直接面临就业。让农村劳动力接受职业教育或培训，提高他们劳动技能和素质的重要性已日益显现。

加强农村职业教育和农民培训有利于培育新型农民，促进现代农业的发展和新农村建设。农民是新农村建设的主体，是农业发展的实践者。新农村建设和现代农业都需要新型农民来推动。而农村职业教育和农民培训就是培养新型农民的最主要手段。新型农业技术的推广、农业机械化程度的提高、农业专业化的增强都对农民从事农业生产提出了更高的要求，农民已不能简单地依靠传统的农业生产方式，而需要更新知识和技能，推进传统农业向现代农业的转变。同时，农村经济和社会结构已发生了重大转变，农村中经济内涵的增强和生产活动的丰富更对农民提出了新的要求。这些都需要依托经过职业教育和培训的农民来进行。

搞好农村职业教育和农民培训有利于我国二、三产业发展。农村劳动力素质对二、三产业的发展水平及企业的国内外竞争力有着决定性的影响。目前我国二、三产业就业人口中，农民工占半壁江山，在制造业中约占60%，在建筑业中占80%。发达地区非农产业包括外资企业员工中，农民工占2/3。在乡镇企业里就业的几乎都是农民工。农村职业教育及农民工培训的状况，关系整个国家工业化的水平、后劲和在国际上的地位。欧美发达国家、日本、韩国等，其发展的共同经验是重视教育、劳动力培训、职业教育。我国二、三产业的发展和优化升级迫切需要我国广大农村劳动力能普遍接受职业教育和培训。2004年以来，我国由沿海发达地区及大中城市发端并向内地及中小城市逐渐蔓延的“技工荒”和“民工荒”，已经反映了我国农民工劳动素质与产业升级和企业技术进步的不相适应。搞好农村职业教育和培训在促进我国二、三产业发展的同时，也会有利于农村劳动力务工就业，农村劳动力向城镇和非农产业转移，提高农民收入水平。

## 二、农村职业教育与农民培训工作中存在的一些问题

近年来，我国已出台一系列支持农村职业教育和农民培训的政策，并陆续开展了一些教育培训项目。农村职业教育和农民培训涉及教育、农业、劳动、财政、科技等部门，在这些部门的主导和推动下，我国农村职业教育和农民培训工作开始逐步得到重视、增强并取得了积极进展，农村职业教育规模不断扩大，农民培训形式、内容也日渐丰富。但农村职业教育与农民培训工作中也存在一些问题，主要表现在以下方面。

### （一）农村职业教育及农民培训发展滞后

从2001年到2005年，农村成人文化学校数从49.64万所下降到16.66万所，农民教育和培训的教职工数从41.35万人下降到25.07万人。农民实用技术培训规模也逐年缩小，从2001年的年培训8732.31万人次下降到2005年的4793.18万人次，不少地方农村成人教育出现发展缓慢甚至弱化的趋势，农民培训的师资力量相对不足。

中等职业学校在校生中农村学生占70%以上，中等职业教育的发展是农村职业教育发展的一面镜子。我国中等职业教育发展态势不稳定，从1994年到2004年11年间呈波浪式发展。其中，2001年中等职业教育的招生人数处于该时期最低水平，为395.22万人，在校生人数1170.34万人。此后，中等职业教育规模才开始逐年扩大。中等教育学校数量则一直处于下降趋势，2004年最低为14454所，比最高年份1997年少7775所，而普通高中数量则稳步增长。中等职业教育占高中阶段教育比重无论是招生数还是在校学生数方面都一直处于下降趋势。中等职业教育招生数、在校生数占高中阶段教育比重分别从1994年的65.20%、62.61%减少到2004年的40.80%、38.83%，降低幅度较大，分别为24.40%和23.78%，体现出高中阶段教育中普通教育和职业教育发展的不平衡，“一条腿长、一条腿短”现象比较明显，中等职业教育发展相对落后。

### （二）农村职业教育和农民培训工作历史欠账不少

长期以来，农村职业教育和农民培训工作没有受到政府和社会真正重视，农村劳动力素质提高方面的历史欠账不少。近年来，中央政府及教育、劳动、农业等主管部门对发展职业教育已日益重视，但需要指出的是，地方政府及社会各界仍然普遍更加重视普通高中教育和高等教育，而忽视农村职业教育和农民培训。由于我国教育资源配置严重不合理，农村职业教育发展资金不

足、生源缺乏、社会和企业认可度低。近年中央在扭转忽视职业教育与培训"重城轻乡"的局面，但从全社会看，忽视农民教育培训的问题尚未解决。在一些地方和部门，缺乏人力资本投资的战略眼光，工作中往往热衷于投资项目和硬件建设，而对农村人力资源开发重视不够、投入不足；培训工作还没有摆上党委、政府的重要议事日程，缺少统筹规划和协调发展，缺少对培训单位、对用工单位、对农民的配套激励政策。这些都相应地造成我国人才结构的不合理，一边是高校毕业生就业压力日益加大，另一边是技能型人才较为紧缺。以深圳为例，据2005年《深圳市技能人才培养和发展问题调研报告》分析，深圳真正存在的不是"民工荒"，而是"技工荒"，深圳技能人才缺口达5万多人。报告描述深圳现在是三个岗位"抢"一个中级技工，五个岗位"抢"一个高级技工。据其预测，2008年深圳技术岗位从业人员将达到180万人，比较现有技能人才存量的142万人，缺口高达38万人。2005年广东全省技能人才657万人，与实际需求量相比，缺口高达130万人，而整个职业技术教育培养出来的毕业生仅30万。技能型人才的紧缺，已经成为增强自主创新能力、推进产业结构优化升级、转变经济增长方式、提高产业技术水平的制约瓶颈。

**（三）农村职业教育投入机制和农民培训支持体系不完善**

我国农村职业教育和农民培训资金投入不足。总体上我国对教育的投入本身就相对偏低，其中用于职业教育和成人教育的投入就更少，这些教育资金向农村的配置则更少。以技能型人才需求大省的广东为例，虽然职业教育的投入从2001年的38.9亿元增加到2005年的52亿元，但职业技术教育占整个教育经费的投入比例却从2001年的10.5%逐年下降为2005年的6.7%。国家和地方财政近年虽然对农民培训投入有了一定增加，但与广大农村劳动力的培训需求不相适应。

近几年，国家财政对农民教育培训有了一些专门的教育项目和培训工程支持，但农民职业教育和培训的投入还缺乏制度保障和相对稳定的收入渠道。农村职业教育和农民培训投入呈现不稳定性，一些培训项目还需要地方申请、部门审批，对地方而言，这种项目的随机性比较强，实施效果也会打折扣。而且多数地方在教育经费中也不安排农村职业教育和农民培训经费，缺乏对农民教育培训的支持。这些都显示出农村职业教育投入机制和农民培训支持体系还不完善。

**（四）农村职业教育和农民培训与劳动力市场需求的衔接不紧密**

虽然从统计数据看，我国农村中接受过职业教育和培训的农民数量大大增加，但实际上农民技能素质还是没有得到有效提高。从劳动力市场看，技工供求矛盾依然存在，许多企业面临技工缺乏的困难，同时一些农民工却不能满足其要求。造成农民职业教育和培训与劳动力市场衔接欠佳主要有两个原因：一是农村职业教育和农民培训的条件不足、水平落后，教育培训与市场需求不适应。职业教育和培训不仅需要理论课程的学习，而且更重要的是实践能力的培养。而我国农村职业教育和农民培训往往面临培训条件落后、实践设备器材缺乏且陈旧、培训方式跟不上技术更新等问题。同时农村职业教育及培训还存在专业和项目与市场不相适应的情况。职业学校在推出适应市场需求的专业方面滞后，一些培训项目跟不上形势需要，从而培养或培训出来的学生不能满足企业的需求。二是一些培训内容比较简单，且只重形式和数量，没有注重实际效果。由于受经费和条件限制，多数培训只能进行一些简单的培训项目，这直接限制了农民接受培训的选择范围和能力的提升。还有一些部门和培训机构没有以提高农民劳动力素质为真正出发点，没有把培训的内容和质量作为重点，使一些培训项目流于形式。相应地受训农民的劳动技能也就不能满足市场的需求。

**（五）农村职业教育和农民培训中社会化办学、市场化培训的机制还有待建立**

我国农村职业教育和农民培训还主要是靠政府部门和机构来进行，社会化办学、市场化培训的机制还没有建立，社会参与力量不足。如我国民办职业教育只占全部中等职业学校的10%，职业教育适应市场经济、市场需求的办学机制还未能真正建立，行业参与性差。政府对于社会办学和市场化培训的扶持政策和财政补贴方式也是值得思考的一个问题。对于带有公共品性质的农村职业教育和农民培训活动，政府的投入和支持必不可少，而如何将政府投入和社会化、市场化教育培训结合起来尤为重要。而在这些方面，中央各部门和地方政府都相对缺乏具体的操作措施和办法。

**（六）农科教资源、政府资源与产业和企业资源的协调性不强**

农村职业教育和农民培训需要各个部门的参与和各种资源的整合。我国农村职业教育和培训资源比较分散，主要分布于教育、农业、劳动、科技等部门。如农业部门在全国有农业职业中专和农民中专3000多所，县级以上农业广播电视学校3000多所，农机学校2000多所，各类农民技术培训学校44.1万个。劳动部门在全国有技工学校和就业训练中心各3000余个，并分管社会力量办的职业培训机构19139个。教育部门有成人高等学校481所，中等职业教育学校14466所，职业初中和成人初中共2665所。各个部门都有自己支配的教育和培训资源，但这些教育和培训资源还都是相对独立运行，在农村职业教育和农民培训方面的合作性不强，缺乏资源共享机制。部门之间由于职责不清和利益关系，也往往存在工作合作和资源整合的困难。而农村职业教育和农民培训是一个系统工程，需要各方面专业力量的介入才能顺利完成。资源的分割和缺乏协作影响了农村职业教育和培训的实力和效率。

此外，政府资源与产业、企业资源之间的协调性也不强，政府的职业教育和培训活动与企业培训之间的互动性不强。政府部门的教育和培训资源还没有被企业很好利用，而企业的培训资源也多数仅局限于本企业，没有发挥最大的价值。

**（七）劳动力流入地与流出地间农民职业教育及培训相脱节**

劳动力流入地与流出地间农民职业教育和培训尤其是劳动力转移培训中存在明显的地区分割现象。一方面是流出地政府认为，教育和培训的农民主要不在当地就业而服务于其他地区，不愿对这些劳动力进行教育培训投资，另一方面流入地政府认为这些农民不是当地人，不愿对他们进行人力资本投资。从而造成了输入地政府和输出地政府对农民职业教育和培训的“两不管”境地。而且流出地在教育和培训的项目、专业等方面也与流入地劳动力市场需求不相适应，以致影响了劳动力的有序转移和具备专业素质农村劳动力的供给。

## 三、推进我国农村职业教育和农民培训工作的政策建议

当前开展农村职业教育和农民培训工作的政策环境良好，加上经济发展及劳动力市场对高素质农民劳动力的强劲需求，我国农村职业教育和农民培训工作迎来了良好的发展机遇。但同时我国农村职业教育和农民培训中还有一些有待加强和完善的方面。

**（一）进一步增强政府和社会对农村职业教育和农民培训工作的认识和重视程度**

温家宝总理在2003年召开的全国农村教育工作会议上曾指出：要彻底转变鄙薄职业教育的传统观念，使农村职业教育在今后几年有一个较大发展。但是，社会意识形态的转变是一个长期的过程，还需要教育体制改革、人事制度变革、企业用人机制转变等做铺垫，才可以形成各级政府和社会各界都重视技能型人才、注重培养和合理使用的良好氛围。

对广大农村地区而言，农村职业教育和农民培训更多的是服务于当地的经济建设和社会发展需要，农村职业教育和农民培训的发展对于地方实用技

能型劳动力的培养，从而对地方经济的发展尤为重要。地方政府部门更应当高瞻远瞩地意识到农村职业教育和农民培训的重要性，将促进本地农村职业教育和农民培训的发展作为执政要务，从政策、资金和办学环境等方面积极给予扶持。

**（二）稳步增加对农村职业教育和农民培训的财政投入，将教育经费更多向农村和农民倾斜**

农村职业教育、农民培训同普通教育一样，具有很强的公共性和外部性，政府财政应对职业教育进行积极支持，尤其是在我国农村职业教育和农民培训发展投入严重不足的情况下，政府更应从财力上加大支持力度。我国政府已经提出到2010年，中等职业教育年招生规模达到800万人，大体相当于普通高中的水平，同时职业教育比普通教育需要更多的资金，这就对职业教育的投入提出了更高的要求。

我国农村劳动力转移培训任务艰巨，也需加大对农村劳动力转移培训的资金投入。根据《2003~2010年全国农民工培训规划》要求，我国从2006~2010年，要对拟向非农产业和城镇转移的5000万农村劳动力开展引导性培训，并对其中的3000万人开展职业技能培训。同时，对已进入非农产业就业的2亿多农民工开展岗位培训。据农业部门推算，仅就完成农村劳动力转移前5000万人的引导性培训和3000万人的职业技能培训任务看，按照开展引导性培训人均100元、职业技能培训人均600元计算，共需资金230亿元左右。这都需要国家和地方政府在将农民工培训经费纳入公共财政预算，并逐步增加预算支出。

**（三）引导企业、社会资本投资农村职业教育和农民培训**

农村职业教育和农民培训事业只依靠政府财政投入还远远不够，必须借助社会、企业和农民力量来进行。政府应采取激励政策，建立激励机制，积极引导企业和社会资本投资农村职业教育和农民培训。一方面，要积极鼓励社会资本兴办农村职业学校和培训机构，支持参与农村职业教育和培训的企业与个人，在审批、税收、财政补贴、信贷等方面给予适当的优惠措施。政府通过购买培训成果等方式，调动社会资本参与农民职业教育培训也是值得借鉴的一个思路。应充分利用农村职业教育培训实用技术性强、与企业具有天然紧密的合作关系特点，将农村职业教育培训资源和企业资本有机结合，创新和发展多种形式、灵活有效的办学模式，不仅可以拓展职业教育投资渠道，还可以为学生实践和就业创造更好的条件，为各类企业选用优秀的技能型人才提供丰富的人力资源。另一方面，政府还应宣传和引导用人单位加强

对企业职工的培训工作，提高他们对培训工作的意识。对农村劳动力也要进行宣传和引导，使农村劳动力认识到接受职业教育和培训的好处与利益，使农民能自觉接受职业教育和培训。最终形成政府部门、社会资本、企业和农民都积极投入、参与农村职业教育和农民培训的多元化投入机制。

**（四）充分运用农业、教育、劳动、科技、扶贫等部门资源，形成开展农村职业教育和农民培训的合力**

综合运用政府部门资源、协调利用社会资源是农村职业教育和农民培训工作中的一个重

要方面。但目前农村职业教育和农民培训中还呈现多部门管理、实施的格局，农业、教育、劳动、科技、扶贫等不同部门都掌握一定数量的政府资源。如何打破部门局限、充分利用这些资源、避免重复建设和浪费、提高财政资金使用效率，就成为推动农民职业教育培训进程中一个需要特别关注的问题。中央和地方政府部门亟须创新体制，综合利用农村各类教育资源、培训资源、科技资源、农业技术推广资源。同时要协调使用政府资源和社会资源，在农村劳动力教育和培训中，也要充分发挥市场在资源配置中的作用，尊重市场需要、尊重农民需要、不搞强迫命令。政府主管部门一定要树立让社会资源积极参与职业教育和培训的意识，实行管理和教育培训相分离的方式，引入市场竞争机制，优化培训资源配置，充分调动不同部门、不同行业、不同类型政府和社会资源参与农村职业教育和培训，形成开展农村职业教育和培训工作的合力。

**（五）完善农村职业教育和农民培训管理体制，创新农民职业教育培训管理模式**

国务院已经设立了由教育部、国家发改委、财政部、劳动和社会保障部、人事部、农业部、国务院扶贫办7部委组成的职业教育工作部际联席会议，农业部等六部门也联合进行了农村劳动力转移培训阳光工程，使我国政府对职业教育和农民培训管理的综合协调能力得到加强。但农村职业教育和农民培训管理体制还需要进一步理顺和改善，中央、省、市、县各级政府的职责和任务也应当进一步明确。农村职业教育和培训还需要坚持市场化方向，以就业和社会需求为导向，创新教育培训管理模式，借鉴国外“教育券”等管理制度。农村职业教育学校和培训机构还应增强自身管理能力，不断创新办学和培训理念，以市场需求确定办学方向和思路，合理进行专业和课程设置，努力加强学校管理，使之成为企业和社会提供高水平技能型人才的培养基地。

**（六）建立健全农村职业教育、农民培训与务工就业、劳动力转移相挂钩的公共服务体制和就业机制**

农村职业教育和农民培训不是最终目的，最终目的是通过这种手段提高农村劳动者素质，进而促进其务工就业和农村劳动力转移。因而，就需要建立农村职业教育及农民培训与劳动力务工就业和转移的公共服务体制和就业机制。以教育培训促进农村劳动力务工就业和转移，以劳动力就业和转移带动农村职业教育和农民培训发展，形成良性互动机制。其中，应强化就业服务体系建设，增强政府部门和劳动中介机构的服务能力，构筑农村劳动力转移和就业的信息平台。不仅在农村，而且在城市都应建立面向农村劳动者的公共就业服务体系。通过劳务输出、职业介绍、市场招聘、亲友介绍等多种方式促进农民工就业和转移，从而更好地实现农村职业教育和农民培训的最终目的，增加农村劳动力的就业机会并提高其收入水平。

**（七）增强输出地与输入地农村劳动力转移培训、就业中的分工协作机制**

我国有1亿之多的外出就业农民工，对于这些农民工的培训和就业工作，输入地和输出地之间在资金投入、合作办学、就业介绍、劳务输出与输入方面应密切配合。输出地不仅要开展当地需要的职业教育和培训项目，而且还要从有助于农民劳动力转移就业的角度出发，开展适应输入地需求的职业技能培训及引导性培训。而劳动力输入地政府也应树立大局观念，适应经济社会发展的新形势，资金上支持外来农民工教育培训，政策上创造有利条件接纳农民工及其子女成为当地的一份子。不仅要让外来农民工留在当地服务企业和经济发展，而且还要让他们接受职业教育和培训，成为高素质的技能型人才。苏州市职业教育系统已经实行了与西部一些地区进行联合办学培养技能人才的模式，劳动力输入地和输出地之间优势互补，实现劳动力输入地与输出地、企业与农民工的多赢局面。

**（八）创新职业教育体制，探索多元化办学模式**

职业教育体制和办学模式是农村职业教育顺利进行的内在条件，山东省滕州市等地在这方面进行了积极的探索并取得了一些实践经验。多元化办学模式主要可以归纳为以下五种：一是教学、科研、生产、经营一体化模式，即职业学校在搞好教育教学的同时，采取多种形式发展校办产业，实行产教结合，以工养学，增强自身造血功能和办学活力；二是职教向普通教育渗透模式，即适应初中毕业生分流，试办综合高中，既为学生提供了成才的“立交桥”，又加速了普及高中段教育的步伐；三是职业教育与成人教育结合模式，就是把职前教育与岗位培训有机结合起来，提高了企业职工和教师的整

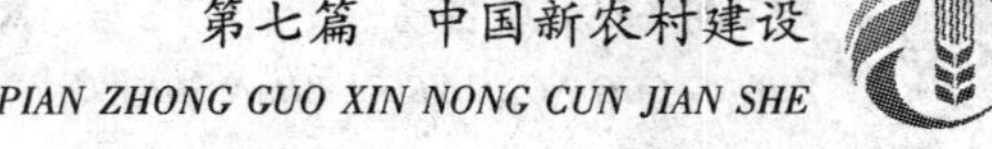

体素质；四是学历教育与技术等级考核结合模式，是对学生进行专业技术等级证书和计算机等级证书考试考核，实行资格等级证书制度，通过考核学生的实践操作技能，提高学生的专业动手能力，增强学生就业的技能和水平；五是挂靠高校联合举办高等职业教育模式，即依托本地职业学校上挂高等院校，横连有资格招收高职的同类学校举办高等职业教育，使教育体制和模式的创新与改善取得了积极的效果。以滕州为例，2005 年全市初中毕业生升入职业学校的人数达 8292 人，占全市初中毕业生升入高中段人数的 42.48%。2000 年以来，各级各类实用技术培训机构为社会培训各类技术人才 56 万人次，培训下岗职工 6600 多人，有力推动了当地经济社会快速协调发展。

# 第五章　发展经济　促进新农村建设

## 股份合作　产业兴村　走共同富裕路

辽宁省沈阳市皇姑区农村工作办公室

十八大报告中强调，解决好农业农村农民问题是全党工作重中之重，城乡发展一体化是解决“三农”问题的根本途径。要加大统筹城乡发展力度，促进城乡共同繁荣。实行股份合作，促进产业兴村，让广大农民平等参与现代化进程、共同分享现代化成果。现将我区上岗子村股份合作，产业兴村的做法介绍一下。

### 一、上岗子村基本情况

沈阳市皇姑区上岗子村位于沈阳昭陵东侧，交通干线二环路贯穿全村。上岗子村占地2.1平方公里，实属本村经营土地1000亩，人口2万人，实属本村管理人口1100人，村属劳动力750人，固定资产近2亿元，村集体收入5000万元。

### 二、上岗子村改革之路

近郊村的发展要适应城市化的需要，城市化是大势所趋，不适应这一变化，就谈不上要在城市化中求发展。为此，上岗子村在1998年实施股份合作制改革，成立沈阳金山实业集团有限公司。原有农民变成股东，设立农龄股，股东750人，人均25个农龄，股份18750股，设立集体股，原村集体所属资产1460万元，1000元为一个股份，合14600个股份，设立现金股，每个股东

可以入10000元，1000元为1股，即10股，土地为集体资产不作股。由以上三种股份加上土地合作为沈阳金山集团有限公司资产，组建企业，发展企业，走产业兴村之路。经过几年的改革发展，招商引资，目前，上岗子村合作企业达80余家，年收入超千万余元。

## 三、就业多元化，择业自由

上岗子村从土地里走出来的农民劳动力，实现了就业多元化，自主择业，一部分有自谋职业的人自谋生路，有的办企业，有的打工，有的搞运输等，有近百人。其余的400多人都安置在集团公司办的企业里，当上了员工。就业多元化符合了发展的需要，在城市发展中发展自己，浑然一体。

## 四、分配多元化，福利全员化

股份制合作使金山人真正得到了实惠。所有股东年年分红，金山员工年收入均已达到了1.8万元，除此之外还有各种福利待遇。改革几年来，上岗子村金山员工收入指数、福利待遇，不断调整，逐年攀升。分配多元化、福利全员化，彰显公平，改革成果全民共享。

## 五、公司民主化，管理制度化

民主选举、民主决策、民主管理、民主监督是保证股份合作制经济健康发展的关键所在，这四个民主是股东政治权利、政治地位的充分体现。几年来，金山集团十分注重制度化建设，用制度管人管事。集团现行46项制度，涵盖公司各个方面，财务制度、经营管理制度、基本建设决策、施工、验收管理制度、董事会工作制度、劳动管理制度等，都能在公司上上下下、各个部门得到较好的贯彻执行。正是这些制度的贯彻执行才使公司的管理走向制度化、正规化、科学化、从而保证了公司健康稳定协调发展。

## 六、对策与建议

### （一）发挥区域优势，合理利用当地农村资源

皇姑区10个村属于城镇近郊村，发展农村经济必须遵循因地制宜的原则，充分发挥区域优势，合理有效地利用当地农村资源，把资源优势切实转化为产业优势，不断增强村级集体经济实力。防止一哄而起，套用一个模式。应根据各村经济基础、资源禀赋、干部农民素质等各方面实际，发挥优势，

挖掘潜力，优化结构，扬长避短。

**（二）管好用活村级集体资产**

农村集体资产是广大农民多年来辛勤劳动积累的成果。要建章立制，强化管理，实现村级集体资产的保值增值，做到聚财有术，理财有方。第一，要建立健全集体资产积累机制。凡是集体项目都要落实责任制，及时收缴承包金或租赁费，把该收的钱收起来。第二，加强资产核资，盘活集体存量资产，构筑资产增值机制。要积极实行集体资产以价值形态为主的管理办法，把土地等资源性资产作为经营性资产来运作，根据有关政策，保护好、发展好宅基地（土地）整理后的成果，促使集体资产的保值增值。要管好土地征用补偿费，严禁乱支滥用。对使用集体房屋和集体公益设施的，要收取一定的使用费和公益事业费。第三，进一步规范村级财务代管制度。强化开支审批、收支预决算、财务审计监管、民主监督、财务公开等工作，堵塞村级财务管理漏洞。

**（三）制定扶持政策，优化集体经济发展环境**

从调查座谈体会到，皇姑区农村集体经济的发展，困难重重，需要政府在政策上给予极大的扶持。一是要活用村级留用地政策。发展壮大村级集体经济，集体必须占有生产资料，而土地是现阶段农村最重要、最基本的生产资料，要维持基层政权的正常运转，必须赋予村级一定数量的土地经营权，确保村级通过土地经营获取稳定的收入。“留用地”，从字面上理解就是留给将来农村发展使用的土地。与其留着将来用，不如现在就用，迟用不如早用，早用早收益。在当前关键建设时期，必须突破僵硬的思维定势，坚持有所为，有所不为，精心保装，适度开发，早开发早发展。二是允许集体经济组织依法以集体所有的非农建设用地使用权入股、联营，与其他投资者共同兴办企业或开展物业经营，获得土地使用收益。三是要建立新增工商税收分享政策。村级在村内或城镇工业园区、经济技术开发区发展民营经济，创办工商企业，新增工商税收可按地方收益部分一定比例给予奖励，用于补充村级收入的缺口。按工业集聚要求搬迁至其他乡镇工业园区的企业上缴税收，原所在村应按一定比例分享收益。通过建立合理的利益分配机制，着力改变引进企业越多，村负担越重的局面，从而调动村级在招商引资和发展民营经济上的积极性。四是要整合各部门政策资源，加大财政转移支付力度。目前，分散在有关部门的涉农政策资金在扶持农村发展上，存在着不确定因素，且随意性较大。为此，要整合部门政策资源，优化资金配置，规范操作，增强方向性，提高透明度。要理清村级组织的财权和事权，按一定比例加大对农村道路养

护、卫生保洁、绿化等市级财政转移支付力度，统筹村级班子成员工资报酬，切实减轻村级组织的开支压力。

**（四）加强农村基层经济组织建设，提高发展活力**

发展和壮大农村集体经济，村级班子建设至关至要。一是要配强配好村级班子。特别是要选配好村党支部书记、村委主任，要不拘一格地把年轻、懂科技、有经营管理能力的高素质人才选配到村级领导岗位上来。二是加强村双委班子成员的培养和教育。加强思想教育，树立为民服务、清政廉洁的思想，明确村级班子在新农村建设中的职责。要加强村干部在市场经济条件下经营管理能力的培训，有计划有目的地组织到集体经济发展较快的典型地方考察学习，借鉴经验，因势利导，强身固本。三是进一步完善激励机制。完善对村干部工作业绩和收益挂钩制度，要把发展村级集体经济纳入村干部目标责任制的主要内容之一，作为考核重要依据，对在一定时期内村级班子建设和村级经济发展成效显著的给予精神和物质奖励，充分调动农村干部发展村级集体经济的积极性。同时，也要防止个别村干部采取虚报瞒报手段，谋取不当利益。四是要切实解决村干部的后顾之忧。对从事村级组织工作达到一定年数的老村干部，离任后要继续落实养老、医疗保险等关爱政策，使村干部有一个盼头，多一份工作干劲。

我们坚信，随着农村城镇化改革进一步深入，加快近郊村经济发展，增加农民收入，发展壮大经济实力，迫切需要加速发展农村经济产业化，有效解决制约农业发展的市场约束，解决结构性和体制性的矛盾。

# 加快休闲旅游农业发展　建设现代新农村

辽宁省丹东市农业委员会　曲洪岩

休闲旅游农业是利用田园景观、自然生态及环境资源，结合农林牧渔生产经营、农村文化及农家生活，为人们提供休闲娱乐、体验“三农”的新型农业经营形态。休闲、旅游农业作为适应消费结构、产业结构、就业结构和社会结构调整变化的最佳产业结合点，作为促进农村三次产业联动发展和经济、社会、生态三大效益协调发展的有效载体，在促进农民增收、推动城乡统筹、建设现代农业、传承农耕文化等方面，发挥着十分重要的作用。

丹东林水资源非常丰富，特色农业优势明显，交通便利，气候宜人，为发展休闲旅游农业提供了良好的外部条件。近几年来，丹东市休闲旅游农业发展较快，目前已经成为农村经济的新增长点，并且发展空间很大。

## 一、发展现状

据不完全统计，截至目前，全市已经建成休闲旅游农业园区总数 40 多个。其中：现代农业科技园 7 个，农业观光采摘园 11 个，休闲农庄 12 个，农家乐 3 个。各类园区吸纳从业人员 1.5 万人，资产总额 7.4 亿元，年营业收入 1.6 亿元，实现利润 1128 万元，上交税金 290 万元，增加农民收入 1.4 亿元。年接待游客 200 多万人次，带动农产品销售收入 2 亿元左右。

具体发展模式主要有以下五种：

1. 农庄经济型。即在一定规模经营土地上实行专业化生产、集约化经营、科技化种养、企业化管理、多元化投资为基本特征的农业生产区内，以农业主导产业为依托，以绿色蔬菜、水果和观赏型农业与住宿、餐饮等服务设施相配套，创建生态旅游，为周边及城区居民提供休闲去处。如大梨树村等。

2. 设施改造型。即通过对原有农业设施的整合、完善和提高，改造而成的休闲观光场所。如白石砬子自然保护区、玉龙湖旅游区等。

3. 基地改建型。即以当地的特色优势农业基地为基础，利用农业基地开辟赏花、采果等休闲旅游等项目改建而成的农业观光园。如长甸万亩燕红桃生产基地、鸭绿江万亩网箱鱼养殖基地、东汤镇陶李村万亩板栗基地等。

4. 项目建设型。即以当地的独特旅游资源为依托，以项目形式建设而成的农业观光园。如东汤镇温泉旅游区等。

5. 旅游带动型。即以旅游业的辐射作用，带动农业休闲观光项目的开设。宽甸河口、赛马蒲石河等。

## 二、主要做法

为切实做好休闲、旅游农业的发展工作，我市各级党委、政府及农业、旅游部门，把发展休闲旅游农业作为发展现代农业的一项重大战略来抓，采取各种有力措施，加大推进力度。

凤城市委、市政府将发展休闲旅游农业作为旅游产业的一个重要组成部分，实现了农业与旅游的有机结合。目前，该市有10余个镇区已开发了有一定规模的农业旅游项目。除大梨树日趋成熟的农业旅游开发项目以外，大堡、鸡冠山、石城等地的农民，利用优越的自然条件和便利的交通也纷纷开发“农家乐”旅游项目。开发推广大梨树春季赏花节、金秋采摘节及蒲石河枫叶节、鸡冠山自然山水节等节庆旅游产品。2011年大梨树生态农业观光旅游区获评“全国休闲农业示范点”，全省仅3个单位获此殊荣。

宽甸县委、县政府把休闲旅游农业当做振兴宽甸经济的一项重要产业来抓。制定了“旅游兴县”的发展战略，改变了单一的农业生产形式，形成了寓农、林、牧、渔于旅游业一体化的发展格局，观光农业已成为宽甸特色农业发展的重要形式。长甸万亩燕红桃生产基地、鸭绿江万亩网箱鱼养殖已成为宽甸旅游农业的发展典范，成为农民致富的主要亮点。同时休闲旅游农业推动了宽甸特色产业的快速发展，广泛建设特色旅游农业产业村，为“一乡一业”、“一村一品”产业发展奠定了扎实的基础，为促进农业增收提供了保障。据不完全统计，全县已建设小蘑菇村5个、细辛村1个、柱参村1个、燕红桃村3个、板栗村5个，不断拉长休闲旅游农业产业链条，形成企业＋基地＋农户的产业模式，推动产业向纵深发展。

东港市在发展休闲旅游农业方面重点规划建设四大农业观光园区。一是海角生态园区。建设地点在新城区刘泡村，是一个以旅游观光采摘垂钓为一体的农业观光园区。二是有机农业开发园区。建设地点在椅圈镇椅圈村，是一个以设施农业采摘、垂钓观光为一体的农业观光园区。三是休闲养殖园区。建设地点在新兴区土方北村，是一个以垂钓休闲娱乐为一体的农业观光园区。四是农业采摘观光园区。建设地点在黑沟镇卧龙村，是一个以采摘旅游观光为一体的农业观光园区。

振安区主要利用城郊有利优势，开发本地区淡水水面资源，发展垂钓业；

利用山林水土资源优势发展水果采摘休闲业；依托农业替代产业特色发展蓝莓、树莓等小浆果采摘休闲旅游业。这些业户，原属于个体私有经营，现以专业合作社的模式经营，个别为村集体经营，每年4月桃花开放即开始接待旅游观光客，直到秋季10月苹果、梨采摘完毕。

从目前看，依托农业发展的休闲旅游项目经济效益都比较好，尽管自身滚动发展速度不快，但项目风险性小、投资回报率较高，具有极强的生命力。

## 三、存在问题

一是思想认识有偏差。一些地区和部门对发展休闲旅游农业存在模糊认识，没有把发展休闲旅游农业放到解决“三农”问题大局上考虑，没有与促进农民增收就业和建设现代农业、新农村建设结合起来。

二是规模效应不强。各地休闲农业发展基本属于自发行为，缺乏区域统筹规划，布局不尽合理，一些地方重复建设现象比较突出，分布零散，没有形成规模效应。

三是建设档次不高。大部分休闲农庄设施简陋、项目雷同、活动单一、服务水平较低，还停留在钓鱼、打牌、吃农家菜这一层次上，文化底蕴不高，吸引力不强，缺乏更有观赏性、体验性的旅游项目。

四是基础设施建设滞后。大多数农业旅游点档次偏低，硬件设施功能不全，缺少整洁的住宿环境、干净的洗漱环境、卫生的饮食环境，还不能完全适应农业旅游发展需要。

## 四、几点建议

第一，要科学规划。发展休闲农业受文化和地理因素的影响较大，并与农业区域布局相关联。因此，必须要做到有序发展、相对集中、规模经营，防止一哄而上、无序开发。各地要加强对发展休闲农业的统筹规划，使休闲农业规划纳入当地经济社会发展总体规划中去，并与土地利用总体规划、农业发展规划、城镇发展规划、城市旅游规划等相衔接，确保规划的整体性、前瞻性和延续性。同时，要坚持可持续发展的原则，将资源节约和环境友好的理念贯穿于规划始终，实现人与自然和谐发展，尽量避免原本是城市的一些生活垃圾、环境压力转嫁到农村，影响农村的生态安全。

第二，要突出特色。休闲农业的生命力在于它的特色，开发休闲农业要在特色农业上做文章。因此，要指导和帮助经营者牢固树立“民俗文化就是资源，特色品牌就是客源”的理念，将富有农业特色休闲项目引入农庄企业，打造特色招牌。休闲农业园区建设要充分利用田园景观、自然生态等资源，开发生态功能和社会功能，将农业生产、生活、生态进行有机融合，将现代农业、科普教育，以及环保、农事体验于一体。要注重吸引游客参与，针对不同的消费人群，开发个性化的休闲旅游产品，以满足不同类型消费者的消费需求。

第三，要加大投入。投入不足始终是困扰农业发展的瓶颈问题。因此，要积极探索，逐步建立政府投入为引导、企业为主体、市场化运作的发展机制。要充分发挥农民主体作用，大力鼓励广大农户、农民专业合作社和村集体经济组织通过股份合作的方式，参与休闲农业的发展。要高度重视休闲农业招商引资工作，积极引导农业龙头企业、工商企业、旅游企业投资开发休闲农业项目，发展休闲农业配套产业。要按照“谁投资、谁受益”原则，通过转让股权、出让冠名权、拍卖经营权等方式，广泛向社会各界筹集资金，引入先进的管理模式，带动休闲农业向集约型、规模化方向发展。

第四，要提升质量。要坚持一手抓发展，一手抓质量。加强对休闲农业质量的控制，制定完善休闲农业相关行业标准和运行规则，努力构建完善的服务质量保证体系；要积极培育行业协会、专业合作社及中介服务组织，不断完善行业自我管理、自我服务、自我约束机制；要严把农产品质量安全关，尤其对于上餐桌的食品，质监和食品监督管理部门和企业自身一定要强化监督管理，严把质量关，确保休闲农业企业的产品和餐桌上不出现食品安全问题。

第五，要优化服务。发展休闲农业是一项系统工程。因此，各有关部门一定要形成工作合力，要自觉为发展休闲农业提供优质服务。要十分重视休闲农业管理和经营人才的培养，组织有关人员进行休闲农业管理与服务知识、风土人情知识、诚信意识及行业服务规范等方面的培训，提高休闲农业从业人员的综合素质和服务水平。

第六，要加强领导。各级党委、政府要把休闲、旅游农业纳入工作日程，组成强有力的推进工作班子，将农业旅游与大旅游合并运作，互通有无，统筹协调解决工作推进中出现的问题，制定切实可行的帮助扶持政策措施。农业、旅游部门要整合乡村旅游与休闲农业资源，明确各自职责，建立紧密型工作机制，共同承担组织推动、工作指导、服务协调、政策研究、标准制定、典型推广等工作。

# 点、线、面相结合 确保新农村建设取得实效

吉林省磐石市农业局　王富江

2010年以来，磐石市认真贯彻落实省市有关文件精神，以“千村示范、万村提升”工程为载体，通过强化组织领导、注重“点线面”结合、强化督查考评，稳步推进新农村建设，取得了显著成效。三年来，共启动建设48个省、市、县三级示范村、220个提升村、34条文明走廊。全市农村呈现出产业快速发展、基础设施显著改善、村容村貌焕然一新、社会事业全面进步的可喜局面。

## 一、加强组织领导，夯实工作基础

组织领导是新农村建设的关键，起到提纲挈领的龙头作用。我市在新农村建设伊始就将组织领导作为工作推动的基石不断强化。

一是建立完善组织工作体系。市、乡、村领导班子是新农村建设的组织者、推动者和实践者。我市建立了由市委书记、市长挂帅，主管副市长具体负责，市直相关职能部门参与的组织领导体系。形成了党政一把手亲自抓，分管领导具体抓，包村干部重点抓，村组干部经常抓的长效联动机制。市政府规定凡涉及示范村建设项目的收费，相关部门要按市委、市政府制定的招商引资优惠政策收取。出台了《关于减免示范村建设占地费用的意见》、《关于允许示范村自主采石的意见》等59项推进新农村建设的相关文件。这些政策措施，在实践中取得了明显成效。

二是建立完善投入体系。市政府自2010年起每年除安排配套资金外，还安排150万元资金专门用于奖补进度快、成效好的示范村。从效果上，起到了“四两拨千金”的激励效应。市新农村建设领导小组对发改、交通、卫生、水利、农业综合开发、一事一议等项目进行整合，按照“渠道不乱、各计其功”的原则，尽可能地把项目匹配到示范村。同时在省、吉林市部门帮扶的基础上，由15位副市级以上领导分别包保一个乡镇，把重点建设村确定为联系点，选取82个部门和32户企业作为新农村建设帮扶单位。三年来，帮扶

单位共为示范村争取项目59个，争取资金1.8亿元，落实帮扶资金1822.1万元。

## 二、以示范村为点，突出示范带动

“千村示范、万村提升”工程开展以来，我市紧紧抓住示范村建设这个重点和难点，将其作为实现辐射带动功能的重要载体，强力推进。

一是实施梯次推进。依据磐石经济社会发展实际，全市15个乡镇街三年内，每年重点打造一个高标准示范村。三年来共建设符合省级标准示范村48个，其中，2010年建设16个；2011年建设15个；2012年建设17个。

二是强化服务功能。我市将农村社区作为党在基层的战斗堡垒和示范村发挥服务功能的平台，投资3885万元建成41个集村办公室、村文化科技活动室等七位一体的社区服务中心，使乡镇的服务功能延伸到了示范村。

三是改善基础设施。共投入资金3.2亿元，新建水泥路251公里、边沟28万延长米、围墙和栅栏18.7万延长米；改造自来水2542户；新发展有线电视用户和直播卫星用户4726户；新建卫生厕所9000个。示范村基本实现了院墙标准化，道路水泥化，排水沟渠化，饮水安全化，厕所卫生化，畜禽饲养圈舍化，卫生保洁经常化。

## 三、以主要公路为线，实施环境整治

按照“全市扮靓三条线”的新农村文明走廊建设总体规划，由各乡镇对辖区内的公路沿线进行绿化、美化、靓化，全面提升磐石市整体形象。

一是打造绿色长廊。三年来，全市公路沿线共修建植树台586公里，植树20.3万株，栽花种草785公里，道路两边实现绿满栽严，打造出绿树成荫、鲜花锦簇的公路风景线。

二是打造洁净长廊。全市出动人力3.5万人次，挪除公路沿线柴草堆4200座，清理粪堆850个、清除垃圾700吨，清除路障2600余处，拆除私搭乱建350处。使困扰我市多年的公路沿线三大堆（柴草堆、垃圾堆、粪堆）得到有效治理。

三是打造靓美长廊。92个公路沿线村屯，共拆除破损栅栏3.5万延长米，新建水泥板围墙4.2万延长米，砖墙1.2万延长米，铁栅栏7700米，艺术围栏3600米，沿线村屯环境进一步改善。

## 四、以提升村为面，实现全面提高

我市一直将“千村示范、万村提升”工程作为一个整体进行推进，既注重点的建设，也重视面的提升。2010年以来，启动建设220个提升村，基本实现了一年内有明显改善，两年内有显著改观，三年实现全面提高的工作目标。

一是以“四清”为重点整治村屯环境。全市共出工9.3万人次，投入资金550万元，出动车辆1.8万台次，清除垃圾8万吨，清理粪堆2850个，清理卫生死角1450个，修排水明沟和暗沟600条，新填死水塘和污泥坑585处，清除路障4500余处。

二是以“四改”为重点建设新设施。三年来提升村总投资9883万元，共开工建设项目628个。其中新建围墙栅栏14.3万延长米；新建卫生厕所1.6万座；新建安全饮水工程128处。

三是以“两化”为重点美化环境。全市共投入资金3017万元，绿化美化村屯234个，植树970万株，栽花种草1240万平方米。

四是以示范村为目标推进提升村晋位升级。三年来，我市将16个条件好、群众积极性高的提升村逐步升级为磐石市级示范村，按照省级示范村标准进行打造，显著提高了建设水平。

## 五、强化督查考评，确保取得实效

为动态掌握各乡镇的建设进度，了解建设成效，发现工作中存在的问题，督促乡镇又好又快地建设新农村。我市切实发挥了督促考核、业务指导的综合作用。

一是制定新农村建设考评方案。年初由市新农村办公室负责制定全市新农村建设考评方案，方案涵盖乡镇街经济工作、基础设施、产业发展、农民致富增收、信访稳定、安全生产、精神文明等项内容。其中，除基层组织建设与廉政建设的20分外，其余80分都由新农村办公室确定工作任务，负责工作考评。

二是建立新农村建设督促检查制度。市新农村办公室按照《新农村建设项目推进流程表》实行明查与暗访、刚性督查与柔性指导相结合，明确预告不同阶段的督查重点，有针对性地督查存在的突出问题和主要工作。每月根据督查情况，定期编制《新农村建设工作简报》，对各乡镇街新农村建设情况

进行通报。市里每年召开两次由市委、市政府主要领导；涉农部门、乡镇一把手参加的，全市示范村建设拉练检查和现场调度会。通过学习先进、敦促后进将示范村建设工作推向高潮。

三是建立新农村建设奖励制度。每年市政府列支125万元，根据年末考核成绩结果，对在新农村建设工作中取得优异成绩的单位和个人给予表彰。

**作者简介：**

王富江，男，现任吉林省磐石市农业局党委书记、局长。

# 建设新型农村社区　造福汝阳县群众

河南省汝阳县农业局　董根中

省九次党代会之后，省委、省政府发出了新型农村社区建设的伟大号召。我们通过深入学习省九次党代会精神，加大宣传力度，深刻地认识到新型农村社区建设是继离土离乡城镇化，离土不离乡城镇化之后探讨出的第三条道路，是既不离土也不离乡的城镇化。新型农村社区建设，可以就地实现土地集约节约，就地实现农民转移转换，就地实现生产集聚集中，就地实现农民生产生活方式转变，是继家庭联产承包责任制之后农村发展的“第二次革命”，是在农村用城市社区的标准进行建设的新型农村社区，是很好地解决群众出行难、上学难、就医难、娶妻难、脱贫难等实际问题，是群众走城镇化道路的有效途径。我们认识到新型农村社区建设是“三化”协调发展的一个重要载体，是分散在广大农村的群众实现城镇化的一种重要形式、一条重要途径、一项重要举措，是我国新时代社会发展的客观要求，深感建设新型农村社区的重要性和必要性。为建设好新型农村社区，经过认真地对汝阳县的调研和思考，对新型农村社区建设我谈几点思路和对策：

## 一、因地制宜，突出规划的高标准和前瞻性

汝阳县位于豫西伏牛山区，北汝河上游，距洛阳市区 68 公里，总面积 1332 平方公里，地势南高北低，地貌呈“七山二岭一分川”分布，现辖 7 镇 6 乡和 1 个工业区 216 个行政村 1986 个自然村，总人口 47 万，其中农业人口 40. 8 万，耕地面积 49. 8 万亩，是中国历史文化名酒—杜康酒的发祥地和亚洲最大的恐龙化石—汝阳黄河巨龙的发现地，有“中国杜康文化之乡”和“恐龙化石之乡”的美誉。汝阳县根据实际情况，按照产业支撑型、农业集聚型、旅游带动型、政策扶持型、搬迁安置型五种类型，将全县 216 个行政村 1986 个自然村规划成为 38 个新型农村社区和 8 个城镇社区，计划共整合人口 438590 人。原有村庄占地 78716 亩，现在规划的新型社区占地 31321 亩，节约土地 47395 亩，节地率为 60. 2%。2012 年汝阳县以市级试点西泰山和杜康风情新型农村社区为重点，并以点带面，年内再开工建设 7 个社区。在杜康风情新型农村社区规划中，坚持“因地制宜、适度超前、节约集约、三产协

调、富有特色、生态宜居”的原则，按照城镇化“四配套”、“五同步”的标准，结合“百年杜康”酒文化，科学规划。在西泰山新型农村社区规划中，我们紧紧围绕服务西泰山生态旅游，规划具有豫西民居风格的住宅和与旅游相配套的商业街、景观桥、门楼、水系等基础设施及供排水工程、超市、学校、卫生室等公共服务设施。在和乐家园新型农村社区规划中，尊重回、汉不同民族文化生活特点，按“四配套”、“五同步”的标准科学规划。

## 二、结合实际，探索在山区建设新型农村社区的模式

汝阳县大部分群众生活居住在深山区，生活条件恶劣，经济基础薄弱，要使群众摆脱现状，就地实现城镇化，我们做了大胆的探索尝试，具体做法是：一是把易地扶贫搬迁同新型农村社区建设有机结合，农民居住条件发生了质的飞跃。认真落实扶贫开发政策，按照扶贫搬迁安置要求，以领导方式转变促进扶贫开发方式转变，依托西泰山旅游产业支撑，在充分吸收民意的前提下，对社区建设统一规划、统一设计、统一建设、统一检查验收。社区建筑设计充分体现豫西民居风情，集居住、休闲、度假、旅游、餐饮功能于一体，与西泰山旅游景区发展相配套。一期工程建成住宅130座，建筑面积达2.58万平方米，130户478人已入住，二期工程规划建筑面积24.6万平方米，计划入住1253户5522人，2012年开工建设200户，其中96户一层封顶、104户正在处理基础，中心大道全线贯通并碾压成形，两条横路路基已处理完毕。新型农村社区建设促进了山区农民多点分散居住向新型农村社区集中、各种生产要素向产业化集中、土地向适度规模经营集中，群众从草房、瓦房搬进了楼房、新房，从边远山沟搬进了新型农村社区；二是把扶贫开发政策同新型农村社区建设政策、惠农政策统筹协调，农民享受公共服务的水平得到了质的提升。在西泰山新型农村社区建设中，汝阳县坚持政策引领，用足、用活、用好各项惠民富民政策，将扶贫搬迁、政府配套、社会化运作等各类资金有效整合、打捆使用，促进公共服务向新型农村社区延伸。西泰山一期社区道路、路灯、供排水管网和垃圾收集等基础设施配套到位，小学、幼儿园、卫生室、商业街、便民超市、图书室、警务室及供电、邮政通讯、文化广场、养老中心等公共服务设施配套齐全，社区居民开始沐浴到公共服务的阳光，生活环境明显改善，生活质量显著提升，生活更加丰富多彩；三是把农民利益保障与新型农村社区建设同步推进，居民身份地位实现了质的转换。汝阳县在西泰山新型农村社区建设中，既注重政府引导，又始终坚持群众的主体地位，努力使老百姓的长远利益、根本利益和现实利益、具体利

益在各项工作中充分体现，让老百姓长期得益、持续得益。社区规划设计广泛征求群众意见，确保群众满意；社区建设施工过程中，政府和群众一道监督，确保工程建设质量；房屋主体建设完工后，将房屋交给群众，由群众按照自己经营项目和喜好装修设计；入住后由群众按照选定的项目自主经营，充分调动了群众参与新农村社区建设的积极性。对入住社区的农户进行房产确权登记发证，增加了农民的财产保障，社区建设的过程成为增加农民财产收入的过程，住房真正成了群众的财产。新型农村社区建设实行同步进行村级组织向社区的管理模式转换、同步完成社区群众的身份转换、同步完成村集体经济向股份制经济的改造、同步建立健全社区群众组织、同步开展社区群众综合素质培训，山区农民身份转换成了新型农村社区居民；四是把产业培育与新型农村社区建设一同谋划，群众就业方式发生了质的改变。西泰山新型农村社区建设之初，当地党委政府就把产业培育作为重要方面认真筹划，着力解决群众进社区后的就业问题。充分利用旅游资源优势，鼓励农民经营农家宾馆，发展旅游服务业，拓展了旅游风景区服务功能，推动了旅游风景区的整体提升和发展。2012 年，已发展家庭宾馆 86 户，户均年收入 3.6 万元，人均增收 6477 元。同时，通过帮助群众开发旅游商品和土特产产品，从事旅游商品经销，安排护林员、保洁员、治安员等景区公益岗位安置就业，通过土地流转，大力发展小杂粮种植、特色养殖、食用菌生产等，使群众变成了有固定收入的农业产业工人，社区居民由过去的出门打工实现了就地就近就业，促进了就地城镇化。

## 三、提前谋划，解决新型农村社区群众的来去问题

新型农村社区建设为山区的群众走上城镇化道路提供了机遇，汝阳县在解决群众进社区方面都做了大胆的探索尝试，并取得了一些成效。汝阳县付店镇西泰山新型农村社区位于伏牛山腹地，是依托西泰山旅游风景区规划建设的旅游带动型新型农村社区。社区将整合府店镇苇园、河庄、泰山、后坪、西坪、牌路六个行政村 1372 户 5160 人，规划聚集 6000 人。已经建成的汝阳县西泰山新型农村社区一期工程，130 户 478 人已入住。这些群众以前分散居住在汝阳西泰山深处 6 个自然村（其中独居户 21 家）的深山沟土坯房里，严重存在出行难、上学难、就医难、娶妻难、脱贫难等实际问题，年人均收入在 1185 元左右，生活条件极差。通过入住社区后，依托家庭宾馆服务西泰山旅游风景区，生活方式得到了根本的改变，精神面貌得到了改善，享受到了较好的教育、卫生、交通等服务，群众年人均收入达到了 13000 余元，彻底

摆脱了贫困局面。杜康风情新型农村社区将整合杜康、蔡店、常渠、闫村、仝沟、何村、孟脑7个行政村4285户18387人，并通过发展杜康酒业及酒文化、沿酒祖大道两侧建设万亩油菜油葵观光带，大力发展旅游产业，不断完善产业配套，使群众住得来、住得下、生活好。

## 四、依据政策，破解新型农村社区建设的用地瓶颈

为正确引领新型农村社区建设，切实保护耕地，节约集约利用土地，根据国土资源部《城乡建设用地增减挂钩试点管理办法》（国土资发［2008］138号）以及相关土地管理法律法规，洛阳市出台了《洛阳市新型农村社区建设用地管理暂行办法》（洛政［2008］122号）。汝阳县坚持新型农村社区建设充分利用闲置土地、未利用地，在需要占用农用地时，通过城乡建设用地增减挂钩。采用周转用地的办法，先占后补，确保占补平衡，解决用地问题。西泰山新型农村社区原6个行政村村庄占地1709亩，规划用地877亩，社区建成后可新增耕地520亩、林地312亩，社区建设有450亩为村庄空闲地和拆迁地。杜康风情新型农村社区原7个行政村村庄占地4336亩，社区规划用地1400亩，可新增土地2936亩，采取边拆边建的方式，社区建设主要为拆迁地。这两个社区建设在能够保证占补平衡的情况下，都有一定的土地节余。

## 五、加强运作，破解新型农村社区建设的资金问题

新型农村社区建设是一个巨大的系统工程，需要大量的资金支撑，经过我们的积极探索，坚强运作，筹措资金。一是通过土地增减挂钩筹措资金；二是通过商业土地出让收益筹措资金；三是通过收取土地出让金筹措资金；四是通过整合部门资金筹措资金；五是通过争取政策性资金筹措资金；六是通过社会化运作，吸收社会闲散资金；七是企业参与筹措资金；八是通过群众自筹资金。如杜康风情社区通过土地出让金可筹措资金1.425亿元、商贸街开发可筹措资金1.2亿元、土地增减挂钩可筹措资金2.47亿元、群众自筹资金1.7亿元等资金主要用于房屋建设，整合水利等部门资金可筹措资金0.875亿元和各级财政支持资金主要用于公共基础设施建设，通过洛阳杜康控股有限公司支持资金0.5亿元，同时洛阳杜康控股有限公司投资5亿元，通过扩大生产规模，支持社区内群众就地就业。西泰山社区通过土地增减挂钩筹集资金1.8亿元、土地出让金0.21亿元、通过商业土地出让筹资0.14亿

元、通过群众自筹 0.29 亿元等资金主要用于房屋建设，通过整合部门资金筹资 0.67 亿万元及各级财政支持资金主要用于公共基础设施建设，社会化运作资金 0.11 亿元主要用于幼儿园、商贸等配套服务设施建设。2012 年，西泰山新型农村社区已运作资金 0.65 亿元，杜康风情新型农村社区运作资金 1.62 亿元。

新型农村社区建设是现阶段的一个崭新的课题，没有工作经验和固定的工作模式，建设过程中不仅需要大量的资金支撑，涉及方方面面的利益，还需要社会各界的共同参与和全力支持。虽然我们也经过了认真的研究，进行了一些探索，但实际建设过程中还会不断地出现方方面面的问题，需要我们去研究、去解决，这就要求我们不断的学习上级的方针政策，扑下身子，扎扎实实地推进新型农村社区建设工作，圆满完成新时期赋予我们的“三化”协调发展工作使命。

# 加快推进永定区休闲农业与乡村旅游发展

湖南省张家界市永定区农业局　张泽民

2012年1月，永定区农业经济发展获得有史以来第一块“国字号招牌”——被农业部和国家旅游局认定为“全国休闲农业与乡村旅游示范县”。永定区作为“张家界旅游核心服务区”，应以此为契机，推进永定区休闲农业与乡村旅游加快发展。

## 一、抢抓机遇，乘势而上

一是利用自身优势。有效利用永定区乡村资源得天独厚，休闲农业经过多年发展已具备良好基础的优势。截至2011年，永定区农家乐与乡村旅游景点发展到480家，年接待国内外游客510万人次，实现营业收入4.5亿元，带动农村富余劳动力2.2万人。二是把握相关政策。有效把握国家出台的武陵山片区区域发展和扶贫攻坚试点相关倾斜和扶持政策，并以全国旅游综合改革试验区建设为动力，因地制宜建立健全永定区休闲农业与乡村旅游发展体制。三是借力“品牌效应”。有效借力“全国休闲农业与乡村旅游示范县”这一“金字招牌”，加强永定区休闲农业与乡村旅游发展的顶层设计，落实永定区休闲农业与乡村旅游发展联席会议机制。

## 二、科学谋划，合理布局

一是编制专项规划。科学编制《永定区休闲农业与乡村旅游发展专项规划》，合理定位区域功能，明确发展方向、发展目标、发展规模，力求选点合理、布局科学、开发有序，实现生态环境、居民日常生活与接待游客等承载量许可范围内的可持续发展。二是建设核心区域。着力建设主题各异、功能互补的核心功能区域——“一园三带三区”。“一园”，即“尹家溪休闲农业示范园”，以尹家溪为中心，辐射枫香岗、罗水、沙堤等乡镇。“三带”，即张清、张罗公路沿线的“乡村客栈休闲旅游带”、尹家溪镇为中心沿线张桑公路的“名特优农产品生产观光与体验休闲旅游带”、玉凰观光农业园为中心沿线张桑公路和枫香岗等乡镇的“蔬菜种植观光和体验休闲旅游带”。“三区”，即西线旅游温塘镇为中心，辐射青安坪、三家馆等乡镇的“山水生态养生休闲旅游区”、罗水等乡镇为中心的“传统农业文化观光与体验休闲旅游区”、王家坪等乡镇为中心的“土家族传统生活习俗与体验休闲旅游区”。三是有序开发资源。按照“政府引导、企业参与、市场运作、统一管理”的工作方针，进行有计划、有步骤、有选择性地开发资源，充分挖掘永定区地方文化，体现永定区民俗特色，连线成片地推动主题型、景区化的“休闲农业与乡村旅游”建设，形成集群效应，并着力打造集项目开发、线路推介、活动组织、体验交流等一体的大型交流服务平台，增强相关宣传、营销和推介能力。

## 三、完善基础，提升服务

一是大力推进基础设施建设。大力推进交通、饮水、电力、电信、广播电视等基础设施建设，重点改善交通条件，把相关区域的道路建设纳入“乡村公路”建设规划，增设旅游专车，规范公共信息图形符号、道路交通指引标志，修建连接道、道路照明、停车场等。打通郝坪、长茂山二级公路，建设茅溪隧道口禹溪段至茅溪水库区环游公路和茅溪水库区至罗水旅游专线公路。沿线张桑、张清公路按照土家族建筑风格进行“穿衣戴帽”改造，并推进居民庭院的绿化建设。二是不断改善休闲接待条件。永定区财政可采取以奖代补等方式，扶持相关区域的水、电、路，厕、厨、房等改造和网络建设，满足游客对饮食安全、生活卫生、住宿方便、信息通畅等方面要求。重点改善长茂山、禹溪、石堰坪、马头溪、罗水、杆子坪、荷花、郝坪等村级乡村旅游游客接待中心，尹家溪休闲农业观光接待服务区，沙堤休闲农业旅游商业街的休闲接待条件。三是强化现代农业引领功能。永定区政府应支持引进农业新品种，采取现代农业生产技术和设施装备，加大品种展示、技术推广、农耕文化传播等力度，着力建设兼具展示、休闲、教育、示范功能的休闲园和示范园，倾力扶持有机食品、绿色食品、无公害农产品生产加工行业，开发独具“永定品味”的系列旅游农产品和纪念品，并积极探索休闲观光农业行业标准和运行规则，成立永定区休闲旅游农业协会，在全区范围内开展休闲农业企业星级评选、地方农家菜评比、优质旅游农产品评比等系列活动。

## 四、依托资源，打造品牌

一是打造“五大园”。依托城郊或风景区，开辟独具“永定特色”的大型果园、菜园、茶园、花圃等，并配套建设相应接待场所，打造集“采、购、游、吃、赏、住”一体的“观光农园”；依托独具“永定特色”的土家族民

俗休闲山庄、文化村、农家乐等，打造吸引游客在休闲旅游度假的同时，了解土家文化、体验土家民俗风情、享受土家乡村野趣的“民俗家园”；依托永定区现有农业生产、农产品加工、消费及休闲旅游场所，打造集观光、农事体验、餐饮住宿一体的“农业公园”；依托当前盛行的健身、户外探险、疗养、养生、休假等方式，打造吸引高端消费群体的“森林公园”；依托大鲵产业、荷花、金银花等特色养殖、种植，打造集养殖种植、科普教育、文化传播、风景艺术、观赏休闲一体的“科普乐园”。二是打造“五朵花”。依托永定区优势农业资源，紧密结合新农村“一村一品”和“一乡一业”建设要求，推出“绝版风景里的乡村牧歌”，打造永定版“五朵花”，即沙堤梨花、后坪荷花、长茂山桃花、桥头金银花及罗水龙凤梯田油菜花。同时，做好有关产品原产地注册和“品牌”申报工作，用知识产权保护“永定休闲农业”的切身利益和长久发展。

## 五、多措并举，创新营销

一是缔结“利益联盟”。缔结“旅游公司＋休闲农业产业园”利益联盟，建立“永定休闲农业”产业链，通过“旅游公司”对“休闲农业产业园”入股、参股等机制，筑牢其联盟关系，推进“旅游公司”对外开展营销、策划和开发国内外客户。做好“休闲农业产业园”接待、观光体验、消费服务等产业分工和互补双赢机制的连锁化、品牌化经营，做精、做美、做强“休闲农业”产业链。整合永定区乡村旅游资源纳入“张家界大旅游”范畴，统一策划、组织、包装和整体促销，形成统一旅游线路。二是携手“新闻媒介”。携手广播、电视、网站及报刊等“新闻媒介”开展营销宣传，并举办如荷花节、六月六文化节、罗水农耕文化节、王家坪民俗文化节、大鲵观光节、瓜果品尝节等“永定活动”，将永定区乡村休闲旅游品牌推向市场，提高社会关注度。

## 六、保障投入，加大引资

一是保障政府引导投入。按照“市场运作为主，政府引导支持为辅”的方针，永定区财政每年安排一定专项资金，保障三星级以上休闲农业项目的规划编制、产业扶持、基础设施建设补助和贷款贴息，可在符合专项资金使用范围前提下，向休闲农业项目重点建设倾斜。二是加大社会招商引资。贯彻“谁投资、谁受益”原则，鼓励具备条件的企业和个人跨行业、跨地域参与永定区休闲农业项目的开发建设及其他相关休闲农业的经营。允许外商投资开发、经营管理永定区生态休闲农业项目，并重点引进一批经济实力强、发展前景广的企业。此外，争取、协调金融部门信贷投入对永定区休闲农业与乡村旅游项目适当倾斜。

## 七、破解难题，流转土地

一是创新模式。创新农村土地流转模式，实行“土地并块变小块为大块”、允许农民自愿“互换并地”、让农民有更多的“土地流转处置权”等，从根本上破解因土地过于分散制约休闲农业与乡村旅游加快发展的难题。二是坚持准则。坚持以实现“不征地、不拆迁”，农民“不失地、不失业、不失权、不失利”，农民“离土不离乡、进厂不进城、就地市民化”的“永定区式互利多赢”局面为准则。

## 八、拓展思路，育用人才

一是建立基地。建立专门的人才培训基地，把休闲农业培训计划列入永定区“阳光工程”、“蓝色证书工程”等培训范畴。二是“多方联姻”。与各兄弟省市区、国内知名院校、专业科研机构等“联姻”，采用代训（轮训）、聘请（聘用）、引进、交流等方式培育和使用专业人才，不断充实永定区休闲农业与旅游发展建设队伍。

# 统筹兼顾　产村相融　互动发展

四川省郫县农业局　虞　洪

近年来，郫县认真贯彻省委、省政府和成都市市委、市政府的部署要求，把新村建设工作作为实施“两化”互动、城乡统筹总体战略和重要途径，以深化农村改革为动力、以三产联动发展为抓手、以成片整体推进为理念、以体制机制创新为突破口，按照“五大兴市”战略和“优化提升”都市现代农业的要求，抓住整县推进生态田园城市示范建设的契机，多措并举，努力推动产村互动融合发展，推进农民生产和生活方式的同步转变。全县综合城镇化率达60.6%，城乡居民收入差距从2006年的2.26:1缩小到2011年的1.94:1，全域新村建设取得长足发展。

## 一、强化规划引领，实现产村相融发展满覆盖

按照“全域成都”和“当好试验区排头兵、率先实现城乡一体化”的思路，把握“经济市场化、社会公平化、管理民主化、产业高端化、农村现代化”的要求，结合郫县区域实际，修订完善了县域总体规划、土地利用总体规划和产业发展布局规划；编制了《郫县农业和农村经济发展十二五规划》、《郫县沙西线和IT大道世界现代田园城市示范建设实施规划》；坚持土地综合整治、产业发展合理布局、基础设施和公共服务合理配套、“十化”导则等“多规合一”的思路，同步做好了城乡基础设施、公共服务设施和生态环境保护等专项规划；完成了安德等3个镇产城一体规划编制；坚持“四性”原则和“四态”融合的要求，编制完成了郫县土地整治规划（2011～2020年）和76个村庄规划，有效拓展了“两化”互动、城乡统筹发展的空间载体，初步构建起“1+9+N”（一个中等城市组团、九个特色镇、若干个新型农村社区）的梯次衔接、功能配套、用地节约的新型城镇体系，形成了区域规划满覆盖。在具体实施过程中，我们本着因地制宜的原则，对主导产业发展较好、土地综合整治同步实施唐昌战旗、新民场云凌等村着力开展产村相融的新农村综合体建设；对主导产业发展有一定基础，土地综合整治正着手实施的花园筒春、安德安龙等村，工作重点放在项目的招引、基地的结构优化和提档升级上，着力建设“人口集中居住、产业集聚发展、功能集成配套”的新型

农村社区和新农村综合体；对主导产业业态又不够明显，地理位置相对偏远的唐昌金星、友爱梅花等村，工作重点放在基地发展规划、基础设施建设配套、工作推进机制建立等方面，通过以上三个层面的工作推动、引领了县域内都市现代农业连片发展、新农村建设成片推进，促进产村融合发展。

## 二、强化产业发展，夯实产村相融本底和根基

一是推动传统农业提质增效。围绕发展农业产业高端，强化科技支撑，走内涵式增长之路，实现产业提档升级，造就了一批以金田育苗、苗夫苗木等为代表的高端种业项目。其中，金田种子种苗公司年生产种苗3000万株，亩平产值超过100万元，实现了蔬菜育苗生产工厂化、规模化。充分利用市县对发展设施农业的各种激励政策，大力发展农业设施栽培，涌现了榕珍菌业、春天花乐园等一批高端设施农业项目。全县设施农业总面积达3万余亩，成都榕珍菌业有限公司在160亩生产用地上实现了产值9000余万元、纯收入2000余万元，真正实现了大投入大产出。遵循“低碳、生态、安全”理念，结合成都水源保护区建设，重点抓好了绿色农业的品牌认证和种植基地规模化发展。全县有机（转换）农业生产规模已达7640亩，绿色食品认证品种60个，创建了“榕珍”系列食用菌有机产品品牌，生态有机农产品总量达14784.75吨，产值达1.8亿元。其中，唐元韭黄基地建成韭菜出口基地237亩，实现了四川“葱韭类”蔬菜出口零的突破。建设了全市最大的鲜盆花彩叶植物基地、无公害韭黄种植基地等各具特色、综合效益明显的农业产业化基地。

二是实施加工倒逼发展策略。按照“改变农产品终端形态，不断提高农业附加值和核心竞争力”的要求，坚持整链打造，加快农产品精深加工项目的引进、入驻，依托川菜产业园区和川菜功能区建设，2011年，园区规模以上工业实现销售收入39.39亿元，增加值达10.72亿元，力争在“十二五”末率先在全市建成100亿元农产品加工园区；整合现有豆瓣企业，培育大企业、大集团，加强质量监控、对外营销，2011年，全县豆瓣企业实现销售收入42亿元，增加值达12亿元。到“十二五”末，努力把郫县豆瓣产业培养成为100亿元产业。龙头企业采取自建、联建等方式形成8万亩配套种植基地，通过精深加工，形成“倒逼”机制，带动一产，实现倍增。

三是促进一三产业联动发展。依托已形成的田园时代葡萄种植园、西部花乡、天府玫瑰谷、战旗第五季等11个现代农业观光旅游园区，基本形成了“以旅带农”的发展格局，2011年乡村旅游实现接待收入10.6亿元。依托林惠等农产品物流企业，推动农产品营销。整合全县蔬菜合作社资源，组建了

"蜀上锦"蔬菜联合社，搭建产销联合体，努力拓展了社区支持农业模式，促进我县蔬菜优质优价，初步形成了"以贸促农"的发展态势。通过满足都市需求、发展现代农业、拓宽农业功能、延伸产业链等有效举措，夯实了新村建设的产业支撑，农村基础设施随之配套完善，村容村貌更加整洁，农民增收渠道得以拓宽。

## 三、强化主体培育，吸引社会资本参与新村建设

一是组建村集体资产管理公司，自主实施土地整理和新村建设。运用农村产权制度改革成果，引导农民自主组建集体资产管理公司，全县已组建40家村集体资产管理公司，县政府与成都农商银行创新银政合作方式，成都农商行向集体资产管理公司提供农村产权直接抵押融资贷款30亿元，实施20个土地综合整治项目。目前已有12家集体资产管理公司向银行融资8.8亿元，已有15家集体资产管理公司向合作企业融资6.5亿元。通过实施土地综合整治，全县已实施12个城乡建设用地增减挂钩项目，可节约3858亩的建设用地指标，挂钩到城市城镇规划区使用；已实施15个农民集中建房整理集中使用项目，可节约3737亩的集体建设用地，就地用于发展产业实体项目，为二三产业发展提供了用地保障，拓展城镇发展和新农村建设的空间载体。全县已累计建成入住72.3万平方米的新型农村社区，已动工建设100余万平方米的农民新居。已建成入住16.6万平方米的农民新居，动工在建的农民新居达65万平方米，有效地解决了土地整理和新村建设钱从哪里来的问题。

二是支持合作社实体化运作。主要落实示范合作社建设、招引职业经理人、出台扶持政策、开展专项培训四项措施，采取合作社以产权进行抵押、平台公司担保、财政三年贴息的方式，支持合作社延伸产业链条，进行实体化运作。2013年已有8个合作社利用农村产权抵押融资550万元，用于气调库建设、标准园创建、农残检测室及清洗、包装、分拣等设施建设。新发展合作社25个，全县累计107个，合作社成员及带动农户5.6万户，带动面超过55%。

三是发展适度规模经营的家庭农场。大力推广以"菜－菜－稻"种植模式为主、30亩为宜的适度规模经营方式，新培育家庭适度规模经营户35户，全县家庭农场累计达260户。唐元镇杨宗智利用土地承包经营权和房屋所有权抵押贷款50万元，用于80亩韭菜基地的大棚设施、喷灌设施建设以及标准化生产等，年纯收入超过100万元，并带动了周边10户农户发展适度规模经营，面积超过500亩。全县还大力发展了土地适度规模经营、土地股份合

作、“大园区小业主”、预流转等方式，全县农用地流转面积累计达19.3万亩，规模经营率达到61%。

在新村建设过程中，同步规划建设配套完善的基础设施和公共服务设施，建成了唐昌战旗、古城花牌等12个新农村综合体，新居工程按要求实现了公共服务“1+21”配套，已入住新型农村社区的1.5万农民享受到与城市居民同样的居住生活环境和基本公共服务，有效地促进了生产生活方式的同步转变。

## 四、强化机制创新，集成推进产村融合发展

一是创新财政投入机制。整合项目，聚集资金；整体打造，综合示范，截至目前，共投入建设资金10.47亿元，其中省、市财政专项资金2287.5万元，县级财政资金5亿元；整合省、市、县级涉农项目资金8386.86万元。

二是创新生产要素自由流动方式：通过搭建郫县农村产权交易中心，已实现各类农村产权流转交易6500余宗、交易总额达7.06亿元；实现农村产权抵押贷款余额达10.4亿元（其中直接抵押贷款余额1.1亿元）；吸引49家企业协议投资220亿元投向农业农村，已累计完成投资31.6亿元。

三是创新涉农服务机制。规范建立了9个镇级农业综合服务站，做到了农业专业技术人才“下沉”到一线，直接服务于现代农业发展。同时，着力推进以技术服务、劳务服务、信息服务、农机作业、疫病防控为重点的社会化服务体系建设，形成了“一主多元”的全方位、满覆盖服务体系。

四是创新人才保障机制。制定激励政策，鼓励大学生、科技人员到农村创业就业，落实了“一村两大”334名，采用财政支付的方式，率先在5个合作社实施了“一社一大”，引办创办农业示范基地；依托友爱镇农科村全国农村实用人才培训基地，整合各类培训资源，加快新型职业农民的培育和村两委干部培训，整体提升了农村人才队伍素质。

**作者简介：**

虞洪，男，汉族，1982年7月出生，中共党员。现任四川省郫县农村发展局（挂职）副局长，四川省社会科学院农村发展研究所助理研究员。

# 田城相融　田居相依<br>全域全程全面建设社会主义新农村

四川省都江堰市农村发展局

都江堰市坚持产业发展与新村建设互动相融的理念，着力推进产城一体、产居一体、产景一体、城乡一体发展，努力建设城在田中、产村相融、一三互动的现代农村，力争率先建成全省产村相融的现代新农村，率先建成成都市世界生态田园城市示范区。

## 一、以城为核，田城相融，构建产城一体的城镇形态

按照“一镇一特色”，突出抓好一批场镇改造建设，着力形成城在田中、城村相融的城镇形态。

（一）做优城镇规划。按照建设国际旅游城市和“四态合一”的总体要求，科学确定小城镇发展定位，组织开展“三规合一”修编工作，重点做好产业发展定位和集镇风貌、风格定位。优化提升小城镇城市设计，抓好特色街道、街区、节点、建筑、文化特色、景观设计，引导城镇突出特色、优势互补、差异发展。

（二）做实城镇功能。优先实施成都市重点镇蒲阳场镇拆迁安置、集镇基础配套和公共服务设施建设，推进太平古镇整体打造、青城山城镇改造、青城山文化产业园等项目建设，着力提升重点镇辐射带动能力。推进大观欧洲风情小镇、向峨中国猕猴桃小镇、虹口中国漂流小镇等特色小城镇基础设施建设和产业功能提升，全面推进16个乡镇的城镇改造项目，形成一批业态突出、风格各异、功能完善的特色城镇。

（三）做浓城镇特色。集成景观、防洪、生态功能，科学实施全域水系道路规划建设，对农田水利工程及河道进行综合打造，抓好“九河十八岸”整治提升，加快引水入城、引水入村，形成“千米见水”、“岸岸见景”的亲水近水特色。结合历史传承、挖掘文化内涵、依托区域特色产业，形成一镇一特色的城镇格局。

## 二、以居为本，田居相依，构建产居一体的居住形态

坚持依托产业建新居，围绕新居兴产业的理念，以三条示范线为重点，进一步加强新农村综合体打造提升和农田整治，着力形成以田为本，田居相依、产居一体的居住形态。

（一）产居一体推进新居建设。年内完成64个城乡建设用地增减挂钩项目和36个农民集中建房整理项目，积极推动41个城乡建设用地增减挂钩项目的实施。严格执行农民集中居住区建设“产业先导、整体规划、同步实施”的原则和“1+21”的配套标准，严格保护具有农耕文化特色的川西林盘，确保新农村综合体建设与产业发展同步实施，着力形成产居一体、宜居宜业的居住形态。

（二）综合集成实施打造提升。按照产村一体发展要求，进一步提升现有新农村综合体的“四态”打造，紧扣产业发展，完善基础配套设施建设和运行管理，加强新农村综合体基础配套设施和公共服务设施的运行管理，提升现有点位的综合性和示范性。以现有“21个综合体”为突破，全力提升管理品质和居住品质，力争年底前建成67个以新居为带动、以产业为支撑的新农村综合体样板。

（三）集中成片推进农田整治。加快已经批准立项的44个农用地整理项目，完成农用地整理19万亩，通过改善农田基础设施建设，推进农业产业结构调整。抓好崇义“高标准基本农田建设项目”，完成该片区农用地整理和天马镇“千斤粮万元钱”粮经示范片建设，形成规模化、标准化、节约化、生态化的现代农业产业示范基地。及时理顺田块归整后的界限，切实做好整治区域的确权颁证工作。

## 三、以园为景，田园相连，构建产景一体的产业形态

强化新农村建设产业支撑，突出项目带动，集中连片地发展农业特色园区、特色基地，并以此为基础，发挥现代农业景观化、田园化的功能作用，将农业项目与新农村“产景一体”示范项目建设有机结合，串珠成线，连线成片，抓好农业基地景观化、旅游设施标准化建设，形成以农田为主体、以园区为景观的产业形态。

（一）坚持产景一体，推进园区景观化打造。依托现有优势特色产业基础，努力建设集农耕体验、教育展示、生态环保、产品销售于一体的多元化

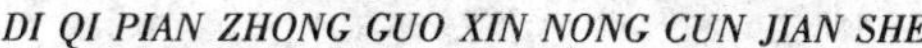

休闲农业。重点打造向峨“中国猕猴桃小镇”、崇义“天府农庄”、玉堂“熊猫谷”、德弘“万亩绿海农趣园”、柳街－安龙川派盆景花卉基地、胥家猕猴桃“仙果寨”、中兴“中国道茶产业园”、青城山乌龙茶产业园、胥家“冷水鱼科普教育产业园”、向峨－蒲阳“竹博园”十个农业景区化示范园区打造。通过试点示范，以点带面，逐步实现点、线、面、体与产业发展互动融合的发展格局。

（二）坚持一三互动，推进设施标准化建设。充分发挥现代农业的旅游功能，培育乡村度假旅游、景观农业旅游、农园体验旅游等新产品体系。引导农民通过土地等生产要素入股方式，建立乡村旅游休闲农业专业合作社、农业旅游经济协会等。全力推进龙门山沿线、成青线、沙西线三条示范线“一线一品”打造工作。龙门山沿线示范线，以猕猴桃为定位产业，打造以“猕猴桃”、“中药材”、“冷水鱼”、“茶叶”、“笋用竹”为特色的农业风光和景观农业，构建猕猴桃研发、标准化种植、储运及加工为一体的全产业链，建成世界知名的猕猴桃旅游观光示范区。成青旅游快速通道示范线，以花木为定位产业，重点发展绿化苗木、川派盆景、盆花等花卉苗木产业，实现专业化、设施化和品牌化，展示花卉苗木景观。沙西示范线，以优质粮油为定位产业，依托花卉苗木、冷水鱼等产业基础，打造以“稻菜轮作”、“设施农业”为特色的农业风光和景观农业。配套完善示范线旅游标识标牌、旅游接待中心等设施的安装建设，并做好示范沿线乡村旅游标识标牌的规范化管理。深入挖掘农村旅游文化资源，按照建设精品文化旅游村寨的要求，打造一批名村名寨。办好虹口国际漂流节、国际猕猴桃节等节会活动，提升农业市场影响。

（三）坚持高端导向，推进农业现代化发展。通过制定和实施农业产前、产中、产后各个环节的技术标准和操作规范，实行全程质量标准控制，建立农产品质量安全追溯体系，加快推进农业标准化种养基地建设，把农产品质量安全工作与推进农业品牌培育战略有机结合，做到质量有标准、生产有规范、过程有监测、销售有标志、市场有监管，强化农产品质量安全保障，打牢农业品牌发展基础。通过充分利用媒体以及参加国际博览会、招商会，在上海建立“都江堰特色农产品馆”，在景区、古城区建设都江堰特色农产品展示直销馆等形式，大力进行品牌创建和产业宣传。以“青城茶叶”、“贡品堂”申报国际、省驰名商标、猕猴桃、茶叶、笋用竹等申报地理标志证明商标为重点，打造都江堰农产品品牌。推进农超对接、连锁经营等高端业态，提升农业市场竞争优势。

# 第八篇
# 新型农民开发与农村劳动力转移

# 第一章　新型农民开发的政策与现状

## 第一节　新型农民开发的政策发展

新农村建设是国家发展的重要战略，新型农民开发又是新农村建设的重中之重，长期以来，国家十分重视“三农”问题的解决，在立法上制定了一系列的新农村建设和新型农民开发的法律、法规和政策条例等，这些法律、法规和政策条例有效地促进了我国新农村建设和新型农民开发的进程。

### 一、国内新农村建设政策及论述

中国的改革开放事业从农村拉开序幕，其中经历了由农村到城市再到农村的历史发展进程。十一届三中全会开始拨乱反正，标志着我国开始进入改革开放的新时代。当年小岗村的“分田到户”冲破了中国农村改革的第一道藩篱，开始了农村轰轰烈烈的大包干、大改革。2008 年底，中共中央召开十七届三中全会，认为在改革开放 30 周年之际，系统回顾总结我国农村改革发展的光辉历程和宝贵经验，进一步统一全党全社会认识，加快推进社会主义新农村建设，大力推动城乡统筹发展，对于全面贯彻党的十七大精神，深入贯彻落实科学发展观，夺取全面建设小康社会新胜利、开创中国特色社会主义事业新局面，具有重大而深远的意义。党的十七届三中全会标志着我国农村的改革开放事业进入深化和调整期，是我国发展的新时代的号角。

在改革开放 30 年间，农业、农村、农民问题一直是我国发展和改革的重心。中共中央和国务院一共发了 13 个中共中央一号文件（如表 8－1 所示）强调和部署“三农”问题的解决。其中，第一阶段是在深化农村改革、突破农村旧体制的背景下，从1982年到1986年连续5个中央一号文件来强调和部署“三农”工作：第二阶段是在新农村建设和推进城乡一体化的背景下，从2004年至2011年连续8个中央一号文件来强调和部署“三农”工作。一般认为，国务院一号文件除了在法律法规上的意义外，还有更深层次的政治意义。30年间共有13个关于“三农”问题的一号文件，这表明中共中央国务院对“三农”工作的关注和重视，也表明“三农”工作是我国发展的重要性。

**表8-1　中共中央，国务院关于“三农”问题的“一号文件”**

| 时间 | 文件 | 主要内容 |
| --- | --- | --- |
| 1982年1月 | 第1个中央一号文件：中共中央批转《全国农村工作会议纪要》 | 进一步放宽了农村政策，肯定了“双包”（包产到户、包干到户）制 |
| 1983年1月 | 第2个中央一号文件：《当前农村经济政策的若干问题》正式颁布 | 开始全面推行家庭承包责任制 |
| 1984年1月 | 第3个中央一号文件：发出《关于一九八四年农村工作的通知》 | 要继续稳定和完善联产承包责任制，延长土地承包期 |
| 1985年1月 | 第4个中央一号文件：中共中央、国务院发出《关于进一步活跃农村经济的十项政策》 | 取消30年来农副产品统购派购的制度 |
| 1986年1月 | 第5个中央一号文件：《关于1986年农村工作的部署》 | 要求进一步深化农村改革，摆正农业在国民经济中的地位 |
| 2004年2月 | 第6个中央一号文件：《中共中央国务院关于促进农民增加收入若干政策的意见》公布 | 这是时隔18年后中央一号文件重新锁定“三农”问题，强调农民增收问题，着力提高农民的收入水平 |
| 2005年1月 | 第7个中央一号文件：《中共中央国务院关于进一步加强农村工作提高农业综合生产能力若干政策的意见》 | 要求稳定、完善和强化各项支农政策，切实加强农业综合生产能力建设，继续调整农业和农村经济结构，进一步深化农村改革 |

| | | |
|---|---|---|
| 2006 年 2 月 | 第 8 个中央一号文件：《中共中央国务院关于推进社会主义新农村建设的若干意见》 | 确保社会主义新农村建设有良好开局 |
| 2007 年 1 月 | 第 9 个中央一号文件：《中共中央国务院关于积极发展现代农业扎实推进社会主义新农村建设的若干意见》 | 提出加强“三农”工作，积极发展现代农业，扎实推进社会主义新农村建设 |
| 2008 年 1 月 | 第 10 个中央一号文件：《中共中央国务院关于切实加强农业基础建设进一步促进农业发展农民增收的若干意见》 | 文件强调，按照统筹城乡发展要求切实加大“三农”投入力度，巩固、完善、强化强农惠农政策，形成农业增效、农民增收良性互动格局，探索建立促进城乡一体化发展的体制机制，并制定一系列政策措施 |
| 2009 年 2 月 | 第 11 个中央一号文件：《中共中央国务院关于 2009 年促进农业稳定发展农民持续增收的若干意见》 | 把《中共中央关于推进农村改革发展若干重大问题的决定》提出的大政方针落到实处，切实增强危机意识，充分估计困难，紧紧抓住机遇，果断采取措施，坚决防止粮食生产滑坡，坚决防止农民收入徘徊，确保农业稳定发展，确保农村社会安定 |
| 2009 年 12 月 | 第 12 个中央一号文件：《中共中央国务院关于加大统筹城乡发展力度，进一步夯实农业农村发展基础的若干意见》 | 把统筹城乡发展作为全面建设小康社会的根本要求，把改善农村民生作为调整国民收入分配格局的重要内容，把扩大农村需求作为拉动内需的关键举措，把发展现代农业作为转变经济发展方式的重大任务，把建设社会主义新农村和推进城镇化作为保持经济平稳较快发展的持久动力，按照稳粮保供给、增收惠民生、改革促统筹、强基增后劲的基本思路，毫不松懈地抓好农业农村工作，继续为改革发展稳定大局作出新的贡献 |

| 2011 年 2 月 | 第 13 个中央一号文件：《关于加快水利改革发展的决定》 | 把水利作为国家基础设施建设的优先领域，把农田水利作为农村基础设施建设的重点任务，把严格水资源管理作为加快转变经济发展方式的战略举措，注重科学治水、依法治水，突出加强薄弱环节建设，大力发展民生水利，不断深化水利改革，加快建设节水型社会，促进水利可持续发展，努力走出一条中国特色水利现代化道路 |
|---|---|---|

20 世纪 80 年代连续 5 个关于“三农”问题的中央一号文件，重点解决了农村体制上的障碍，推动了农村生产力大发展。例如，放松“双包”（包产到户、包干到户），推行家庭承包责任制，取消 30 年来农副产品统购派购的制度等。当历史的车轮驶入 21 世纪，中国经济持续快速增长势头不减，但为中国城市经济体制改革提供了强大动力的农村经济社会发展却陷入滞后窘境。1997～2003 年，农民收入连续七年增长率低于 4%，增长速度大大低于同期城镇居民收入增长速度，粮食主产区和多数农户收入持续徘徊甚至减收，农村各项社会事业也陷入低增长期，部分有志之士发出了“农民真苦、农村真穷、农业真危险！”的呐喊，并上书中央决策层，直言“三农”问题的现状与问题。面对“三农”严峻形势，党中央审时度势，从国民经济全局出发，对城乡发展战略和政策导向作出重大调整。2004～2011 年的关于“三农”问题的连续 8 个中央一号文件，核心思想是城市支持农村，工业反哺农业，重点强调了农民增收，给农民平等权利，给农业优先地位，推进城乡统筹，加快城乡一体化进程。2005 年 10 月，党的第十六届五中全会通过了《中共中央关于制定国民经济和社会发展第十一个五年规划的建议》，提出按照“生产发展、生活宽裕、乡风文明、村容整洁、管理民主”的要求，全面推进农村经济、政治、文化、社会和党的建设，建设社会主义新农村的历史任务。值得注意的是，由于 2010 年我国部分地区的特大旱情，2011 年的中央一号文件关注到农田水利事业，要加快农业水利事业的发展，提高农业的抗旱抗灾能力。

从这 13 个“一号文件”的主要内容和政策重心来看，主要倾注于两个焦点问题：一是农村的土地制度，如 20 世纪 80 年代的 5 个中央一号文件主要就是侧重农村的土地制度，2009 年也重新开始关注农村的新一轮土地制度改革。二是农民的收入，2004～2011 年的中央一号文件都侧重于农民收入的增加。可以说，农村土地制度和农民收入的增加是关于“三农”问题的“一号文件”的“永恒的话题”，新中国成立以来农民问题随着农村的体制改革发生了很大的变化，但农民问题的两条主线没有本质的变化：一是土地制度问题；二是农民的收入问题。

## 二、国内新型农民开发政策及论述

在新农村建设战略提出后，中共中央、国务院在各种关于农村文件中都强调了新型农民开发的重要性。目前，我国新型农民开发的法律、法规、政策主要集中在三个方面（如表8－2所示）：

表8－2　我国新型农民开发的法律、法规和政策分类

| 类别 | 法律类型 | 法律、法规示例 | 主要内容 |
| --- | --- | --- | --- |
| 第一类 | 由人大通过的法律，但并非新型农民开发的专门法 | 《中华人民共和国农业法》、《中华人民共和国农业技术推广法》 | 其主要关注点包括农业科技经费和农业教育经费、农业技术推广体系、专业技术人员、农村义务教育、农村职业教育等 |
| 第二类 | 中央、国务院的部分法律、政策文件，但并非新型农民开发的专门法规 | 2004～2009年中央一号文件（如表8－1所示） | 具体包括农村的科教文卫事业的发展、新型农民的开发体系与农村实用人才的培养、农村社会保障体系的建立和完善、农民的转移就业培训和权益保护等方面 |
| 第三类 | 农业部等相关部门起草的新型农民开发的政策法规 | 《全国新型农民科技培训规划（2003～2010年）》；《中央财政新型农民科技培训补助资金管理暂行办法（财农[2006]349号）》等 | 对新型农民开发的各项工作做出操作层面的详细规定 |

第一，部分法律涉及新型农民开发工作。如《中华人民共和国农业法》、《中华人民共和国农业技术推广法》等都包含了推广农村科技、农民开发和培训农民等内容。其主要关注点包括农业科技经费和农业教育经费、农业技术推广体系、专业技术人员、农村义务教育、农村职业教育等。这些法律都部分涉及了新型农民开发的各个方面，但是这些法律的立法宗旨和立法重点并

不是新型农民开发。

第二，中央、国务院的部分政策文件涉及新型农民开发。例如，在2004年至2009年间，我国连续有六个“一号文件”均有强调新型农民的开发，具体包括农村的科教文卫事业的发展、新型农民的开发体系与农村实用人才的培养、农村社会保障体系的建立和完善、农民的转移就业培训和权益保护等方面。

第三，农业部等相关部门的相关政策法规。其中，专门的新型农民开发的法规有:《全国新型农民科技培训规划（2003~2010)》、《中央财政新型农民科技培训补助资金管理暂行办法（财农［2006］349号)》、《农民科学素质行动实施工作方案（全科组办发［2006］6号)》等，部分涉及新型农民的法规有:《农业部关于实施“九大行动”的意见（农发［2006］2号)》、《国务院办公厅关于切实做好当前农民工工作的通知（国办发［2006］130号)》等。这一系列的法律、法规和政策等为新型农民开发的顺利开展提供了法律保障和政策支持，有力地促进了我国新型农民开发的推进。

我国涉及新型农民开发的法律、法规和政策等较多，但总的来看，新型农民开发的内容大多零散分布在各种关于农村的法律、法规和政策文件中，而专门促进新型农民开发的法律、法觇和政策较少，且大多数法规的法律效力较低，各种法律、法规和政策大多是对新型农民的重要性、原则等内容进行强调，缺乏指导性和实质的操作性。

为了推进我国的新型农民开发的进程，有必要通过一部专门的法律，这在其他国家也有先例，如韩国制定了《农渔民后继者育成基金法》、《农渔民发展特别措施法》，英国制定了《农业培训局法》，德国制定了《职业教育法》、《培训条件总纲》等。我国也应该加强新型农民的立法工作，通过法律的完善来保证和推动新型农民的开发进程。

## 第二节　新型农民开发的现状分析

总的来说，近年来随着新农村建设战略的推进，新型农民开发工作已取得了一定的成绩。但是，由于我国对新型农民的开发起步较晚、发展偏慢、“欠账”太多，导致了我国还有很长的路要走。综合分析各种调研数据和调研案例，我们从以下五个方面分析我国新型农民开发的现状。

## 一、新型农民开发的覆盖面逐步扩大

第一，随着新农村建设的推进，新型农民开发工作覆盖面不断扩大、参与农民不断增多、经济效益不断提高，但整体上我国新型农民开发数量少、范围小、影响力弱。调研发现，各地基本选取重要或者典型的地区作为新型农民开发示范，而鲜有将新型农民开发做整体普及。第二，我国对普通农民与村干部的开发与培训呈现出不平衡的状态，对村干部的开发培训较为完整、密度较为密集，但是针对普通农民的开发培训的覆盖面和深度都远远不及村干部。如图 8－1 所示，在被访者回答“近年内是否接受过培训”时，占总样本 39.56% 的人回答接受过培训，其中，村民 126 人，占受调查农民样本的 21.54%，村干部 177 人，占受调查村干部样本的 97.80%；占总样本 56.92% 的人回答没有接受培训；占村民和村干部总数的 3.52% 的人未回答。因此，在未来的新型农民开发中，应提高对村民或普通农民的开发与培训的覆盖面和开发深度，进一步提高对村干部的开发与培训的质量，建立完整的新型农民开发体系。

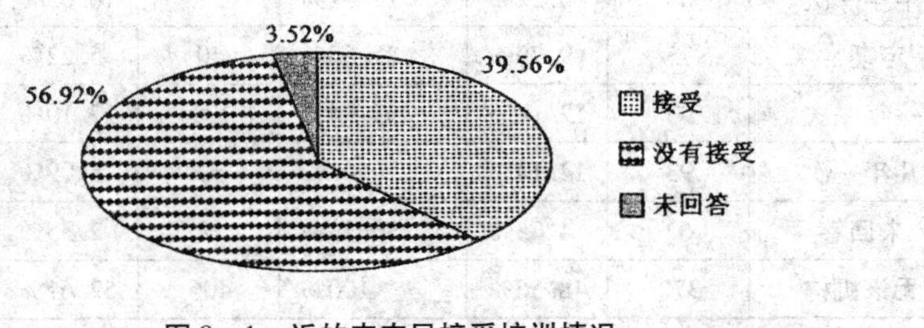


图 8－1　近的来农民接受培训情况

## 二、新型农民开发形式多样但需规范化、制度化

我国新型农民开发活动在各地均有实践，但是并没有形成固定的制度。由于各地区新农村建设战略和农民的需求具有差异性，新型农民开发工作不能照搬照抄。调研中我们发现各地区在新型农民开发的内容主要是教授的“农业实用技术”，但是由于技术的类型、门类不同而呈现出差异性，使不同地区形成不同的培养重心。各地把新型农民开发和科技下乡、农业竞赛、卫生下乡等其他农村工作相结合起来开展，这样既能够举办更多场次的培训和开发，又能够最大限度地利用各种培训经费，降低培训成本。但许多新型农民开发的措施和方法都没有形成固定制度，如为农民提供科技生产指导的科技下乡活动和为新型农民提供医疗卫生服务的卫生下乡服务都不是固定下乡。

如表8－3所示，在被问及“乡镇科技站下乡”和“卫生队下乡”的频率时，一年之内下乡一次或更多次的被调查者占了33.94%和36.95%，而表示当地没有乡镇科技站或者没有下乡卫生队的则占有48.56%和52.61%，这表明科技下乡和卫生队下乡等活动还缺乏相应的硬件条件，而且下乡的频率和质量等都有待进一步改进；因此，我国的新型农民开发虽然有一定成效，但要将新型农民培训和开发制度化、长期化还任重道远。

表8－3　乡镇科技站和卫生队下乡频率表

| 频率 | 乡镇科技站下乡（N＝766） | | | 卫生队下乡（N＝766） | | |
|---|---|---|---|---|---|---|
| | 频数（次） | 频率 | 累计百分比 | 频数（次） | 频率 | 累计百分比 |
| 一月一次 | 10 | 1.31% | 1.31% | 8 | 1.04% | 1.04% |
| 频率 | 乡镇科技站下乡（N＝766） | | | 卫生队下乡（N＝766） | | |
| | 频数（次） | 频率 | 累计百分比 | 频数（次） | 频率 | 累计百分比 |
| 三月一次 | 29 | 3.79% | 5.09% | 27 | 3.52% | 4.57% |
| 半年一次 | 63 | 8.22% | 12.01% | 77 | 10.05% | 14.62% |
| 不定期常来 | 75 | 9.79% | 21.80% | 40 | 5.22% | 19.84% |
| 一年一次 | 93 | 12.14% | 33.94% | 131 | 17.10% | 36.95% |
| 几年一次 | 93 | 12.14% | 46.08% | 62 | 8.09% | 45.04% |
| 未回答 | 62 | 4.05% | 50.13% | 18 | 2.35% | 47.39% |
| 无该机构 | 372 | 48.56% | 100% | 406 | 52.61% | 100% |

## 三、政府在新型农民开发中的作用

政府在新型农民开发工作中发挥重要作用。各地政府均有一定的投入支持新型农民开发，提高农民的科学文化水平；同时，也加大了对基层农村干部的培训力度，提高基层农村干部的工作能力，在新农村建设和新型农民开发中发挥积极作用。如表8－4所示，对“当地政府为农民提供了哪些农民培训”时，被调查者中有366人（占比47.78%）选择了“政府主办的农业技术推广培训”；158人（占比20.63%）选择了“社会举办的短期技能培训”。值得注意的是，有146名（占比85.38%）的村干部选择了“上级领导组织的干部培训”，这表明基层政府对农民特别是农村基层干部的培训力度较大，政府主导的农民开发工作取得了一定的成效。

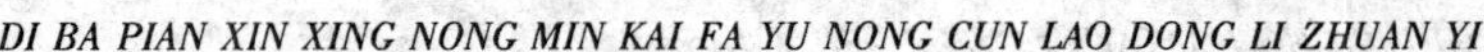

表 8－4　当地政府为新型农民开发提供培训项目表

| 培训项目 | 农民（N＝585） | 干部（N＝181） |
|---|---|---|
| 大学职业教育 | 43 | 24 |
| 职校、技校、农民夜校、农民中专等职业教育 | 75 | 47 |
| 政府主办的农业技术推广培训 | 231 | 126 |
| 社会举办的短期技能培训 | 91 | 58 |
| 企业举办的岗前培训 | 55 | 21 |
| 民间师徒培训 | 69 | 17 |
| 其他途径 | 26 | 49 |
| 上级领导组织的干部培训（只限村干部回答） | | 146 |
| 没有提供（只限农民回答） | 271 | |

但是，在调查中我们了解到政府的新型农民开发工作还缺乏规范。这主要体现在以下几个方面：政府主导的新型农民开发体系不健全；新型农民开发所需的资金、人才、设施等资源缺乏；政府的开发执行机构多头部门的出现，使新型农民的开发活动被条块分割，封闭运行。各部门都有自己支配的教育和培训资源，且各自为政，部门之间缺乏资源共享机制，在农村职业教育和农民培训方面的合作性不强；各部门培训活动也缺乏统一规划管理，农科教统筹协作不足，存在各自培训内容与培训对象互相脱节或重复现象。政府应当进一步规范自身行为，为新型农民开发提供更多的服务和支持。

## 四、农村的基础教育现状

农村基础教育是新型农民开发的基石，我国实施九年义务教育以来，中央和各级政府投入大量的经费和资源来保障广大农村地区九年义务教育制度的实施。我国农村地区的九年义务教育取得了巨大进步，教育部在 2004 年发文指出，到 2009 年农村地区“两基”巩固提高工作要达到的目标：义务教育的普及程度进一步提高，小学适龄儿童都能按时入学，在校生年辍学率控制在 1% 以下；初中阶段毛入学率达 95% 以上，在校生年辍学率控制在 3% 以下，按时毕业率明显提高，17 周岁人口初级中等教育完成率明显提高；视力、听力和智力残疾儿童少年义务教育阶段入学率分别达到 85% 以上；全面扫除有学习能力的青少年文盲（15～24 岁），青壮年文盲率下降到 5% 以下，复盲现象得到有效控制，脱盲人员巩固率逐年提高。经过不懈努力，使教育普及程度明显提高，教育投入明显增长，办学条件明显改善，办学水平和教育质量明显提高，教师队伍素质明显优化，形成农村义务教育和扫盲工作持续健康发展的机制。2005 年 1 月 23 日召开的国务院常务会议提出，将农村义务教育全面纳入公共财政保障范围，从 2006 年开始，全部免除西部地区农村义务教育阶段费用，2007 年扩大到中部和东部地区；对贫困学生免费提供教科书，并补助寄宿生活费，从 2008 年秋季学期开始，在全国范围内全部免除城市义务教育阶段学生学杂费。对享受城市居民最低生活保障政策家庭的义务教育阶段学生，继续免费提供教科书，对家庭经济困难的寄宿学生补助生活费。目前，我国已经全面实现了义务教育阶段免费教育，这是中国教育发展史上的重要里程碑。由于我国仍处于社会主义初级阶段，各地经济社会发展不平衡，城乡二元结构矛盾突出，尽管近年来各地义务教育都有了新的发展，但城乡之间、地区之间、学校之间的差距依然存在，在一些地方还有扩大的趋势，成为义务教育发展中需要高度关注的问题。

本次调研也高度关注了农村基础教育。例如，义务教育阶段的学杂费问题、家庭对孩子教育费用的承受能力、学校的教学设备条件、义务教育存在的主要问题等方面。调研数据显示：20.68% 的村民表示义务教育“完全不用交钱”，34.18% 的村民表示“只交书本费”，35.38% 的村民表示“交一些杂费”，只有 7.18% 的村民表示要交学费。对于学校的教育设备，13.33% 的村民认为教学设备“严重缺乏”，33.67% 的村民认为“可将就着用”，42.91% 的村民认为教学设备“还可以”，仅 8.72% 的村民认为教学设备“比较丰富”和“丰富多样”，村民对农村教学设备总体还是较为满意，但是村民对教学的软件的满意程度较低。农民反映义务教育存在的主要问题是：“费用太高”(20.17% 的村民)；“上学不方便”(41.36% 的村民)；“教学质量不好”(61.20% 的村民)；“教学条件不好”(56.41% 的村民)。农村教育急需不断完善教学硬件，提高教学质量，全面提升农村基础教育的办学水平和办学质量。

## 五、农村的社会保障体系现状

社会保障体系是社会的基本运行体系，我国农村还采取传统的家庭保障方式，所谓的“养儿防老”、“多子多福”都是这种家庭保障方式下衍生的思想。我国农村社会保障体系起步较晚、水平较低、制度还很不完善，农民的养老、医疗等保障水平相比城镇水平还有很大的差距，虽然近年来国家着重加强了这方面的建设，推进新型农村合作医疗保险、新型农村养老保险等一系列的社会保障体系建设，但不论覆盖水平还是保障力度，都不如城镇居民，

我国的社会保障体系还是呈现“割裂”局面，这既不利于提高农民生活水平，也不利于农村的长远发展。

如表 8－5 所示，为被调查者认为最需要的社会保障。其中，最迫切需要的是养老保险、医疗保险、最低生活保障。因此，加强农村的社会保障体系建设是新农村建设的重要任务，农村的社会保障体系的建立还面临许多的难题：如何提高农村社会保障的覆盖率，如何提高农村社会保障的保障水平，如何有效运转农村社会保障资金以保值增值，等等。虽然任务十分艰巨，但是作为改善民生的一项根本性社会制度，只要加大投入、开动脑筋、创新方法，就一定能够建设好农村社会保障体系。

**表 8－5　农民最需要的社会保障一览表**

| 农民最需要的社会保障 | 村民样本（N＝585） | | 村干部样本（N＝181） | | 总样本（N＝766） | |
|---|---|---|---|---|---|---|
| | 频数 | 频率 | 频数 | 频率 | 频数 | 频率 |
| 基本养老保险 | 258 | 44.10% | 103 | 56.91% | 361 | 47.13% |
| 最低生活保障 | 52 | 8.89% | 14 | 7.73% | 66 | 8.62% |
| 大病医疗保险 | 184 | 31.45% | 39 | 21.55% | 223 | 29.11% |
| 失地农民生活保障 | 14 | 2.39% | 8 | 4.42% | 22 | 2.87% |
| 五保供养 | 21 | 3.59% | 8 | 4.42% | 29 | 3.79% |
| 其他 | 3 | 0.51% | 0 | 0 | 3 | 0.39% |

## 第三节　农村村干部工作现状分析

村干部是党和国家的方针政策最基层的执行者，是推动农村发展和社会全面进步的骨干力量。在社会主义新农村建设的进程中，广大村干部的思想道德建设不仅关系到党和政府的形象，也关系到新农村建设的成败。村干部的工作虽然位于基层，但却是建设社会主义新农村的直接组织者、推动者和实践者。村干部身份具有双重性，他们“出门是干部，在家是农民”，“台上是干部，台下是农民”。因此，村干部既能够为建设新农村提供政治保障、思想保证、组织保证，又能够带领广大农民群众积极投身到建设新农村的大潮中去，村干部在社会主义新农村建设的作用和地位具有不可替代性。对村干部的工作现状的分析，有利于及时、全面地了解村干部的工作状态和工作效率，为进一步激励和管理村干部提供决策参考。总的来说，村干部的工作现状主要表现在以下几个方面：

## 一、村干部的薪酬满意度分析

为了衡量村干部对薪酬的满意程度，本书采取了三个指标来衡量：一是对工作收入（经济收入）的满意度；二是对社会地位的感知程度；三是对干部用人和晋升机制的满意度。第一个指标是经济方面的，属于外在薪酬的范畴；第二个和第三个指标均是精神方面的，属于内在薪酬的范畴。

在衡量村干部对经济收入的满意度时，考虑到各地消费水平和人均收费水平以及受访者的个人隐私，我们并没有直接调查受访村干部具体的薪酬水平，而是调查村干部对于自身薪酬的满意程度。

如图 8－2 所示，被调查者中有 2.76% 的村干部对工作收入（薪酬）表示“很满意”；20.99% 的村干部表示“比较满意”；40.88% 的村干部表示“一般”；20.44% 的村干部表示“比较不满意”；13.26% 的村干部表示“很不满意”。总体看来，村干部对于工作收入（薪酬）满意度较低。

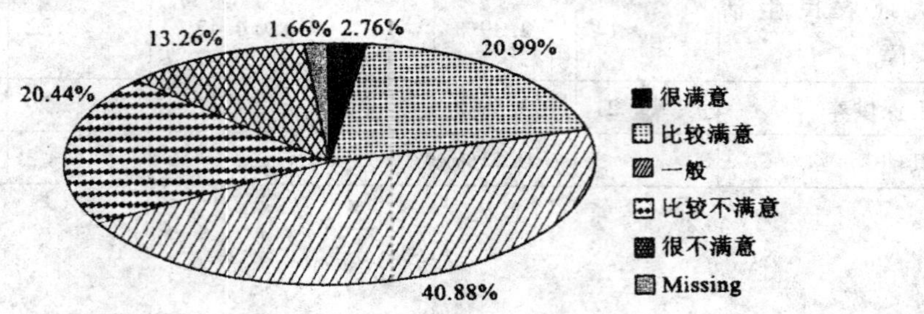


图 8－2　村干部对工作收入的满意度

如图 8－3 所示，当被问及作为村干部对社会地位的认知时，有 3.87% 的村干部表示感觉自己的社会地位“很高”；34.81% 的村干部表示社会地位“较高”；56.35% 的村干部表示社会地位“一般”；2.21% 的村干部表示社会地位“较低”；2.21% 的村干部表示社会地位“很低”。总体来看，村干部对自己的社会地位的认同感和满意度都比较高。

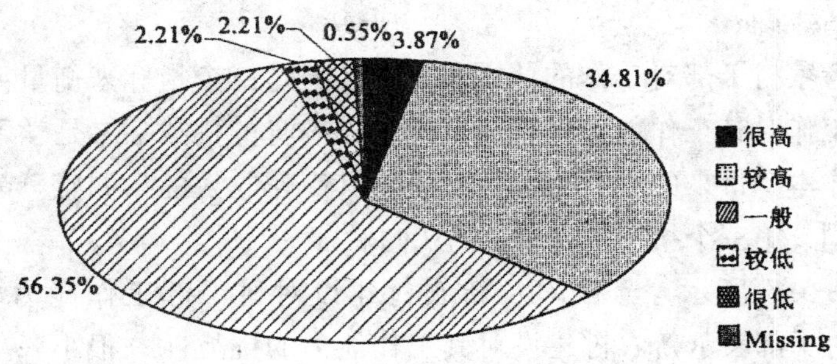


图 8－3　村干部对社会地位的感知程度

如图 8－4 所示，当被问及作为村干部对晋升和用人机制的满意程度时，13.26% 的村干部对村干部的晋升和用人机制表示“很满意”；33.70% 的村干部表示“比较满意”；38.67% 的村干部表示

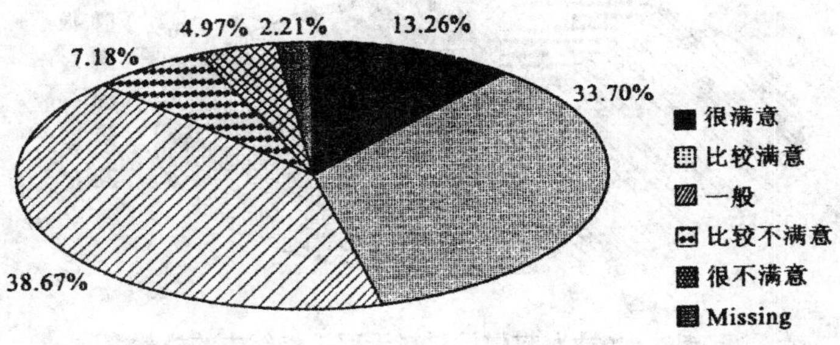


图 8－4　村干部对晋升与用人机制的满意度

“一般”；7.18% 的村干部表示“比较不满意”；4.97% 的村干部表示“很不满意”。由此可以看出，村干部对晋升和用人机制的满意度此较高。

综合来看，农村的村干部对经济激励方面的满意度并不高，而对精神激励方面的满意度较高，这反映了农村村干部的报酬的现状。长期以来，我国对村干部的激励着重于精神方面的激励，而经济方面的激励处于较低的水平，这和农村现阶段的经济发展水平相关，而村干部在角色上具有双重性，一方面他属于农民的一员，另一方面他又是农村基层的管理者，村干部的付出和报酬并没有市场化，村干部也或多或少的带有奉献和服务精神，因此，村干部的薪酬现状整体上呈现内在薪酬较高而外在薪酬较低的不平衡状态。

## 二、村干部的工作认同感分析

村干部对工作的认同感是其做好村基层工作的基础，一般来说，农村基层工作较为烦琐，因此，村干部的工作认同感是其工作参与的重要指标，考察村干部对农村基层工作的工作认同感，对村干部领导新农村建设具有重要的参考价值。

为了考察村干部对工作的认同感，作者通过三个指标来衡量：一是通过农村基层工作对其工作能力的挑战，即工作本身的挑战；二是学习和培训的机会及工作本身带来的学习机会；三是对其工作收入的认同感。前两者是精神上的认同，第三个指标是物质上的认同。

如图 8 -5 所示，当被问及新农村建设对村干部工作能力的挑战时，1. 10% 的村干部表示新农村建设对其工作能力的挑战性“很小”；10. 50% 的村干部表示“较小”；36. 46% 的村干部表示“一般”；40. 33% 的村干部表示“较大”；8. 84% 的村干部表示“很大”。由此可以看出，新农村建设给农村基层干部的工作能力的挑战比较大。

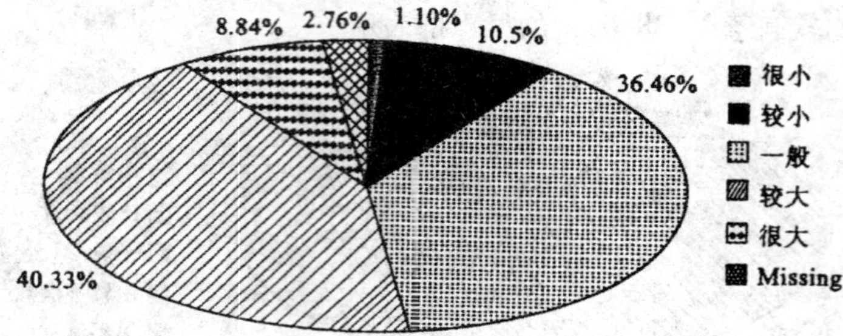


图 8 -5 新农村建设对村干部工作能力的挑战

如图 8 -6 所示，当被问及村干部队伍学习与培训的机会时，8. 29% 的村干部表示学习与培训的机会“很小”；19. 34% 的村干部表示“较小”；38. 12% 的村干部表示“一般”；26. 52% 的村干部表示“较大”；4. 97% 的村干部表示“很大”。由此可以看出，村干部对工作本身带来的学习机会的认同度相对较高。

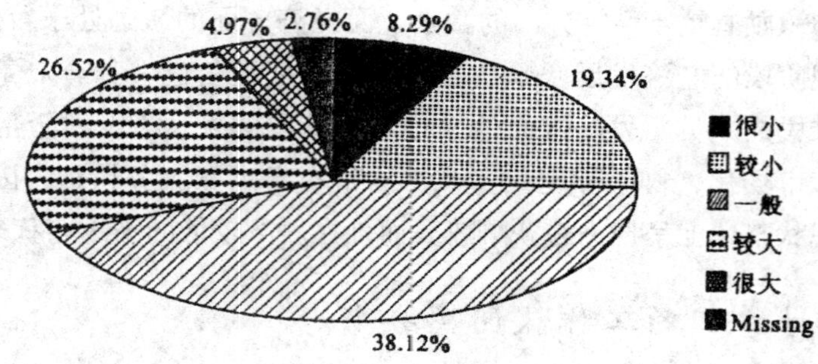


图 8 -6　村干部队伍学习与培训的机会

如图 8 -7 所示，当被问及与其他农户相比，对工作收入的感受时，27. 07% 的村干部表示自己的工作收入处于“低水平”；29. 89% 的村干部表示

“中等偏下”；40.33%的村干部表示“中等”；11.05%的村干部表示“中等偏上”；0.55%的村干部表示“高水平”。由此可以看出，与普通农户相比，村干部的工作所带来的经济回报并没有得到村干部的认同，这和前文所述的村干部薪酬满意度的结论相一致。

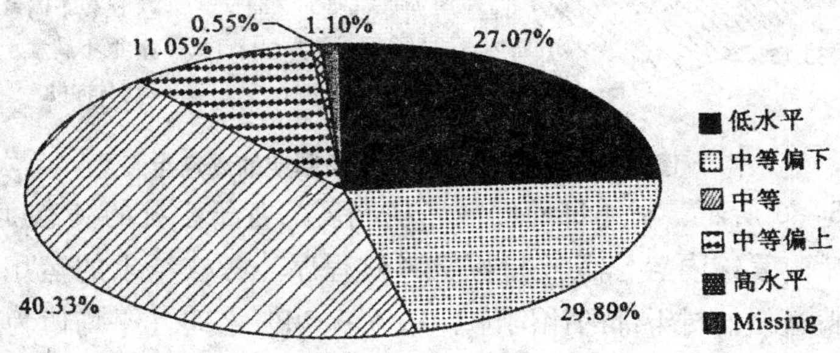


图8－7　村干部对工作收入的感知程度

总的来说，村干部对自身所承担的农村基层工作的工作认同度较高，这有利于村干部积极地投入到农村基层工作中去，但是应该看到，村干部虽然对于工作本身的认同度较高，但是对于工作所带来的物质回报的认同度较低，这将影响到村干部的付出意愿和工作积极性。

## 三、村干部对考核制度的评价

村干部是农村基层管理的最主要的力量，新农村建设不仅要推进各项经济、社会、文化事业，而且要不断完善对村干部的管理。其中，对村干部的绩效考核系统就是重要的管理制度，村干部的绩效考核系统对于客观评价村干部的工作绩效，对发现和提拔农村基层优秀人才具有重要的参考意义，因此村干部的考核制度是村干部管理制度的重点。

本次调研中，作者考察了村干部对当地正在实行的绩效考核制度的满意度，首先调查了村干部对整个绩效考核制度的整体满意度，然后以考核系统的建设为逻辑，对考核制度里的子系统进行了详细的调查，共包括五个子系统：考核目标、考核内容、考核指标、考核程序、考核结果的运用。

如图8－8所示，当被问及对上级对村干部绩效考核制度是否满意时，12.15%的村干部认为对目前实施的绩效考核制度“很满意”；40.33%的村干部认为“比较满意”；33.15%的村干部认为“一般”；8.29%的村干部认为“比较不满意”；1.66%村干部认为“很不满意”。总的来看，村干部对目前实施的绩效考核制度的满意度和认同度较高，这说明农村基本建立了对村干部工作的评价体系，而这个体系得到了农村基层的认同，且发挥着积极的作用。

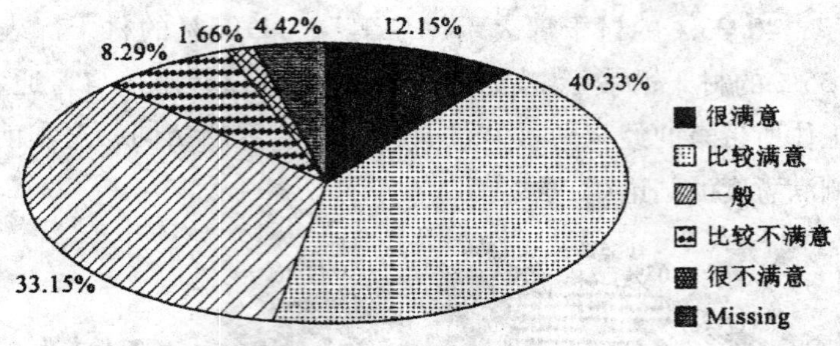


图 8－8　村干部对绩效考核制度的满意度

如表 8－6 所示，村干部对绩效考核制度的各子系统的满意度总体较高。对考核目标、考核内容、考核指标、考核程序、考核结果的运用等子系统，表示“很满意”的村干部的比例位于 10%～20% 之间（平均值为 15.69%）；表示“比较满意”的村干部的比例基本位于 30%～40% 之间（平均值为 32.82%）；表示“一般”的村干部的比例基本位于 25%～40% 之间（平均值为 35.03%）；表示“比较不满意”的村干部的比例基本位于 5%～15% 之间（平均值为 8.40%）；表示“很不满意”的村干部的比例基本位于 5% 以内（平均值为 1.99%），因此，绩效考核制度的各子系统的评价比较高，各子系统的满意度的平均值和村干部对整体的绩效系统的评价较为接近。

表 8－6　村干部对绩效考核制度的满童度

| 满意程度 | 考核目标 | 考核内容 | 考核指标 | 考核程序 | 考核结果的运用 | 平均值 |
|---|---|---|---|---|---|---|
| 很满意 | 16.57% | 16.58% | 17.13% | 15.47% | 12.71% | 15.69% |
| 比较满意 | 33.15% | 40.88% | 28.18% | 28.18% | 33.70% | 32.82% |
| 一般 | 36.46% | 29.83% | 36.46% | 37.02% | 35.36% | 35.03% |
| 比较不满意 | 6.08% | 4.97% | 10.50% | 9.94% | 10.50% | 8.40% |
| 很不满意 | 1.66% | 1.66% | 1.66% | 3.31% | 1.66% | 1.99% |
| Missing | 6.08% | 6.08% | 6.08% | 6.08% | 6.08% | 6.08% |

村干部对绩效考核制度的满意度较高，这也反映了目前对我国村干部评价体系的不断完善，评价体系的标准根据各个地区的实际情况而定。但我们在调查中和村干部访谈过程中发现，部分村干部反映其考核指标相对来说设定较低，或者考核体系不完整，或者部分村干部不愿意在问卷上反映其真实想法而提高评价的满意度，这说明完善村干部的绩效考核体系，提高对村干部工作的评价能力还有很长的路要走。

# 第二章　农民专业合作社培育与发展新型农民模式

农民专业合作社是农业产业化链条中的重要一环，也是培育新型农民的重要组织形式。农民专业合作社的组建和运行，推动了农民的集体行动，整合了有限的农村社会资源，引导了农民从各自为政、分散经营走向了互助合作、开发资源、实现农业产业化和农村产业现代化。一个半世纪世界合作运动的经验表明，农民合作组织是广大分散的、小规模经营农户进入市场、改善自身经济地位的有效选择。农民合作组织是当今世界最为成功的合作组织类型，也是当代世界合作运动的主体。因此，农民专业合作社对在激烈市场竞争形势下促进我国农业和农村经济的发展具有非常重要的意义。

农民专业合作社作为农村产业化经营的重要形式得到党中央和国务院的高度关注。2004 年，中央一号文件《中共中央国务院关于促进农民增加收入若干政策的意见》指出："培育农产品营销主体；鼓励发展各类农产品专业合作组织、购销大户和农民经纪人；积极推进有关农民专业合作组织的立法工作。"2005 年，中央一号文件《中共中央国务院关于进一步加强农村工作提高农业综合生产能力若干政策的意见》指出："支持农民专业合作组织发展，对专业合作组织及其所办加工、流通实体适当减免有关税费。集体经济组织要增强实力，搞好服务，同其他专业合作组织一起发挥联结龙头企业和农户的桥梁和纽带作用。"2006 年，中央一号文件《中共中央国务院关于推进社会主义新农村建设的若干意见》指出："推广龙头企业、合作组织与农户有机结合的组织形式，让农民从产业化经营中得到更多的实惠。积极引导和支持农民发展各类专业合作经济组织，加快立法进程，加大扶持力度，建立有利于农民合作经济组织发展的信贷、财税和登记等制度。"2007 年，中央一号文件《中共中央国务院关于积极发展现代农业扎实推进社会主义新农村建设的若干意见》指出："大力发展农民专业合作组织。认真贯彻农民专业合作社法，支持农民专业合作组织加快发展。各地要加快制定推动农民专业合作社发展的实施细则，有关部门要抓紧出台具体登记办法、财务会计制度和配套支持措施。要采取有利于农民专业合作组织发展的税收和金融政策，增大农民专业合作社建设示范项目资金规模，着力支持农民专业合作组织开展市场营销、信息服务、技术培训、农产品加工储藏和农资采购经营。"2008 年，中央一号文件《中共中央国务院关于切实加强农业基础建设进一步促进农业发展农民增收的若干意见》指出："积极发展农民专业合作社和农村服务组织。全面贯彻落实农民专业合作社法，抓紧出台配套法规政策，尽快制定税收优惠办法，清理取消不合理收费。各级财政要继续加大对农民专业合作社的扶持，农民专业合作社可以申请承担国家的有关涉农项目。支持发展农业生产经营服务组织，为农民提供代耕代种、用水管理和仓储运输等服务。鼓励发展农村综合服务组织，具备条件的地方可建立便民利民的农村社区服务中心和公益服务站。"2009 年，中央一号文件《中共中央国务院关于 2009 年促进农业稳定发展农民持续增收的若干意见》指出："扶持农民专业合作社和龙头企业发展。加快发展农民专业合作社，开展示范社建设行动。加强合作社人员培训，各级财政给予经费支持。将合作社纳入税务登记系统，免收税务登记工本费。尽快制定金融支持合作社、有条件的合作社承担国家涉农项目的具体办法。"综上所述，农民专业合作社是我国新农村建设中重点培育和发展的组织形式。

自党中央提出建设社会主义新农村战略以来，尤其是 2007 年 7 月 1 日《中华人民共和国农民专业合作社法》的颁布与实施，标志着我国农村合作事业进入了制度化建设阶段，农民专业合作社迎来了新的发展热潮。党和政府充分肯定了农民专业合作组织对建设社会主义新农村的作用。扶持和帮助农民专业合作社在农业产业中形成新格局，是建设社会主义新农村的重要任务之一。

## 第一节　农民专业合作社是新型农民开发的有效载体

农民专业合作社的理论源远流长，在我国也经历了较长的实践。目前，农民专业合作社已经成为我国新农村建设和新型农民开发的不可或缺的平台。据统计，截至2009年9月底，全国农民专业合作社21.16万家，比2008年底增长90.8%，平均每3个村已有一个农民专业合作社。其中，山东等10省的农民专业合作社数量占到全国总数的66.23%。实有人社农户约1800万户，比2008年底增长一倍，占全国农户总数的7.1%。农民专业合作社涉及种植、养殖、农机、林业、植保、技术信息、手工编织、农家乐等农村各个产业。农民专业合作社逐步从起步时的技术互助、信息传播、扩展到资金、技术、劳动等多方面的合作，从生产领域逐步向生产、流通、加工一体化经营发展。

## 一、我国农村专业合作社的发展历程

改革开放以来，我国农民专业合作社的发展经历了由自发形成。到政府引导再到自主发展的过程。大体而言，韩俊认为，我国农民专业合作社的发展经历了三个阶段：

1. 萌发阶段（1978~1994年）

改革开放以来，农民专业合作社获得了新的发展机遇。党中央、国务院对农民专业合作社的发展进行鼓励、引导和支持。例如，《当前农村经济政策的若干问题》（中发［1983］1号）提出发展农村技术服务组织。《中共中央、国务院关于1986年农村工作的部署》中发［1986］1号）提出要热情支持和帮助各种农民专业合作组织。1994年，中共中央强调“抓紧制定《农民专业协会章程》，引导农民专业协会真正成为民办、民管、民受益的新型经济组织”，这带动了农业部、中国科协等部门出台了具体的支持农民专业合作社发展的措施。这一时期我国农村改革确立了“家庭联产承包为主，统分结合，双层经营”的体制，客观上需要将分散的农民联合起来面对市场风险，但这一阶段农民专业合作社数量少、层次低、稳定性不强、管理不规范，农民专业合作社的发展还处于初级阶段。

2. 发展阶段（20世纪90年代中期至90年代末）

随着社会主义市场经济体制的确立，我国的农业产业化程度和农产品商品率大幅度提高，农民专业合作组织获得了更大的发展空间，国家也大力支持农民专业合作社的发展。《中共中央、国务院关于做好1995年农业和农村工作的意见》、《中共中央、国务院关于1998年农业和农村工作的意见》、《中共中央关于农业和农村工作若干重大问题的决定》等文件都强调了鼓励和支持农民专业合作社，引导农民进入市场，完善农业社会化服务体系。这一阶段的农民专业合作社蓬勃发展，取得了较好的成就，跨区域、跨专业的农民专业合作社开始出现和发挥作用。

3. 深化和加速阶段（2000 年至今）

进入 21 世纪后，我国农业和农村经济体制改革不断深入，经济结构调整不断加快；同时，加入 WTO 后，农业领域也逐步融入了全球化的生产、销售与服务体系，这凸显了农民组织化发展的重要性和迫切性。为满足农民对合作社的发展要求，提高农业竞争力和农民收入，党中央、国务院制定了更多惠农政策。《中共中央、国务院关于做好农业和农村工作的意见》（中发［2003］3 号）提出要积极发展农产品行业协会和农民专业合作组织，建立健全农业社会化服务体系。2004 ~2009 年，中央一号文件都强调了大力发展农民专业合作组织，认真贯彻《农民专业合作社法》，支持农民专业合作组织加快发展。从这些政策法规可以看出，我国政府在支持农民专业合作社发展的政策思路与脉络。

## 二、农民专业合作社是培养新型农民的有效途径

根据世界各国经验，最普遍、最规范、最有效、最成功的培养农村劳动者的组织形式是合作社。合作社是市场经济的产物，又对市场经济的发展有着显著的补充和支持作用。合作社运动经过 100 多年的发展，已成为社会发展中不可逆转的世界潮流。国际合作社联盟在《对合作社特征的宣言》中，对合作社的定义、基本价值和原则作了明确的具有普遍适用性而富有远见的规定：合作社是人们自愿联合，通过共同所有和民主管理来满足人们共同的经济和社会需求的自治组织。合作社的基本价值是自助、民主、平等、公平和团结。社会主义新农村的建设对新农民提出了新的要求，那就是要“有文化、懂技术、会经营”，而农民专业合作社要求农民运用科学文化来种植，运用技术来生产，运用经营能力来进行运作。因此，新农民开发必须依托农民专业合作社这一种基本形式。

1. 有益于提高农民的文化素质

提高社员的文化知识是合作社为社员提供服务的主要职能和目标之一，合作社在日常的培训工作中，除培训先进的科技实用技术外，内容还涉及党和国家对农村的方针政策、文化教育、精神文明建设等。其培训形式的时效性、多样性、灵活性易被农民所接受，逐渐成为开创新农村科技文化生活的载体和手段，满足了农民多层次、多方位科学文化和精神文化需求。

2. 有助于提高农民的专业技术能力

农民专业合作社是以家庭承包经营为基础，通过土地流转等一系列的过

程将分散的农业资源集中起来进行农业规模化生产。在这个过程中，以农民为主体，以农民技术人员为骨干，吸收科技人员、科技中介结构等各方力量参与。在生产中，农业生产的专业技术就由科技人员、科技中介结构或者科技部门人员手中转移到农民手中，使农民在“干中学”，提高自身的专业技术能力。农民专业合作社是最贴近农业生产、最贴近农户的农业技术推广载体，是联结政府推广机构、农业科研单位、农业教育单位和农民群众之间的有效环节，在农业技术推广活动中起着桥梁和纽带作用。

3. 有利于提高农民的经营管理水平

农民专业合作社坚持“民办、民管、民受益”和“入社自愿、退社自由”的原则，体现了“民主自治”和“公正、公平、公开”的特性。《章程》作为准则把每个社员的行为规范、既得利益、权利职责义务紧密地联系在一起，提高了农民的组织化程度和生产经营管理水平，体现了推进新农村建设对民主管理的要求。我国农村的经营管理人才还十分缺乏，农民专业合作社的各种管理者都和农村村委会的干部有着不同程度的重合，随着专业合作社的不断发展，能够不断提高农民的经营管理水平，培养农村的经营管理人才。

## 第二节　中国农民专业合作社发展模式

自党中央提出新农村建设战略以来，农民专业合作社作为解决“三农”问题的一项治本之策，其发展一直受到理论界与实务界的高度关注。自 2004 年到 2009 年连续出台的 6 个中央 1 号文件均强调了“扶持和加快发展各类农民专业合作社”。党的十七届三中全会通过的《中共中央关于推进农村改革发展若干重大问题的决定》进一步指出，“培育农民新型合作组织，扶持农民专业合作社加快发展，使之成为引领农民参与国内外市场竞争的现代农业经营组织”。经过农村改革开放 30 年的发展，我国农民合作经济组织的数量规模不断扩大，覆盖面扩大，呈现出逐步加快的发展态势。

由于我国的二元经济结构和地区间经济发展不平衡，且广大农村在人文、社会、地理的差异较大，各地区农民专业合作社的发展方式、过程及其效益也不尽相同。研究农民专业合作社的发展模式将有利于总结我国农民专业合作社发展的经验，寻找农民专业合作社发展的普遍规律，更好地指导农民专业合作社的实践。通过检索国内已有的关于农民合作社发展模式的研究文献，归纳与总结其主要的发展模式，提出了一个新的农民专业合作社发展模式的二维度整合框架，有效地诠释了我国现有的各种农民专业合作社发展模式，同时揭示出了适应我国国情的合作社发展的两条路径，对指导农民专业合作社的发展具有重要的指导意义。

## 一、我国农民专业合作社发展模式

近年来，我国农民专业合作社在数量和质量上都迅速发展，学者对农民专业合作社发展的研究也逐渐增多。大部分学者将合作社（“合作社＋农户”或“公司＋合作社＋农户”等形式）作为农业产业化的主要模式之一加以研究。不少学者对农民专业合作社发展模式进行了深入研究。杜吟棠将农民专业合作社的发展类型分为“契约型合作”、“出资型合作”和“会员制合作”；苑鹏将其分为“自办型农民合作组织”、“官办型农民合作组织”和“官民合办型农民合作组织”；韩俊将其分为“投入型农民专业合作组织”、“市场营销型农民专业合作组织”以及“服务型农民专业合作经济组织”。“农业部软科学委员会办公室”从两个视角将农民专业合作社发展类型加以分类：一是根据发展动力分为政府主导式和市场自发式；二是根据发展历史和发展现状分为：自然发生型、政府推动型、社会改造型。“全国人大农业与农村委员会课题组”则将农民专业合作社发展类型按“领办主体”（“牵头人”）和“产业结合紧密程度”等表面特征进行分类，其中，按照“牵头人划分”则主要包括：（1）以农民（包括农村能人和专业大户）牵头领办的合作社；（2）企业（主要是从事农产品加工的龙头企业）牵头领办的合作社；（3）依托涉农部门、乡村干部（主要包括农技推广部门、七站八所、基层供销社、乡村干部）领办的合作社；（4）其他形式兴办的合作社。按照“结合紧密程度”划分主要包括：专业协会（“专业协会＋农民”）、专业合作社（“专业合作社＋农民”）以及专业联合社（“专业联合社＋专业合作社＋农民”）。已有研究文献的具体内容如表8－7所示。

表8－7　已有文献中主要的农民专业合作社发展模式

| 作者 | 划分视角 | 理论基础 | 农民专业合作社发展模式 |
| --- | --- | --- | --- |
| 农业部软科学委员会办公室 | 合作社发展动力 | 无 | 政府主导式；市场自发式 |

| (2001) | 合作社发展历史和现状 | 无 | 自然发生型；政府推动型；社会改造型 |
|---|---|---|---|
| 杜吟棠等(2000) | 合作社制度特征 | 制度经济学 | 契约型合作；出资型合作；会员制合作 |
| 苑鹏(2001) | 合作社创办人与政府的关系 | 无 | 自办型农民合作组织；官办型农民合作组织；官民合办型农民合作组织 |
| 韩俊(2008) | 组织目标功能 | 无 | 投入型农民专业合作组织；市场营销型农民专业合作组织；服务型农民专业合作组织 |
| 作者 | 划分视角 | 理论基础 | 农民专业合作社发展模式 |
| 全国人大农业与农村委员会课题组(2004) | 合作社成立牵头人 | 无 | 以农民（包括农村能人和专业大户）牵头领办的合作社；企业（主要是从事农产品加工的龙头企业）牵头领办的合作社；依托涉农部门、乡村干部（主要包括农技推广部门、七站八所、基层供销社、乡村干部）领办的合作社；其他形式兴办的合作社 |
|  | 结合紧密程度 | 无 | 专业协会＋农民；专业合作社＋农民；专业联合社＋专业合作社＋农民 |

如上所述，我国对农民专业合作社发展模式的研究视角呈现多样化（如表8－7所示）。很多研究者根据各地区合作社发展实践提出了各种模式，并对其进行了理论诠释与比较分析。已有研究文献具有两个特点：一是较少从理论上对农民专业合作社发展模式进行最优验证与分析；二是研究者多是对农民专业合作社发展实践的简单总结，而受我国地区经济发展水平不平衡的影响，各地区农民专业合作社的发展在实践中有许多衍生的形式，因此研究也就无法有效囊括所有农民专业合作社的发展模式。例如，除表8－7中所述的发展模式外，曹丽娟还提出“公司＋合作社＋基地＋农户”等发展模式。毫无疑问，我国农民专业合作社发展的研究存有不足或有待深入：一是缺乏能诠释我国农民专业合作社各种不同发展模式的理论框架；二是大多数研究都是对实践中各个农民专业合作社发展模式的总结，停留于外在表现，而缺乏对合作社发展模式的深层次或发展动力的研究；三是关于农民专业合作社发展模式研究的理论基础薄弱，除少部分运用新制度经济学、产业经济学等来分析外，大多数研究都缺乏理论基础（如表8－7所示）。

## 二、我国农民专业合作社发展模式的“二维度”整合模型

从现有的研究文献看，大多数研究者是从市场的调节角度、政府宏观调控角度对农民专业合作社发展的影响因素展开研究，较少关注两者对农民专业合作社发展的交互影响与作用。有研究者认为农村合作组织的发展需要有外生机制和内生机制的共同推动，尤其是政府对农村合作组织的社会政策支持是第一位的。作者构建了市场调节、政府宏观调控的二维度整合模型，即将市场的调节力量和政府的宏观调控力量整合到农民专业合作社发展模式和发展路径中，形成了一个整体的理论框架。

1. 农民专业合作社发展模式的二维度整合模型

农民专业合作社的发展受到市场“看不见的手”和政府宏观调控“看得见的手”的共同作用。以市场的调节力量（市场拉力）为纵轴，政府的宏观调控力量（政府推力）为横轴，建立二维分析模型，可将农民专业合作社发展模式分为四种类型：双低驱动型、市场驱动型、政府驱动型以及双高驱动型（如图 8－9 所示）。

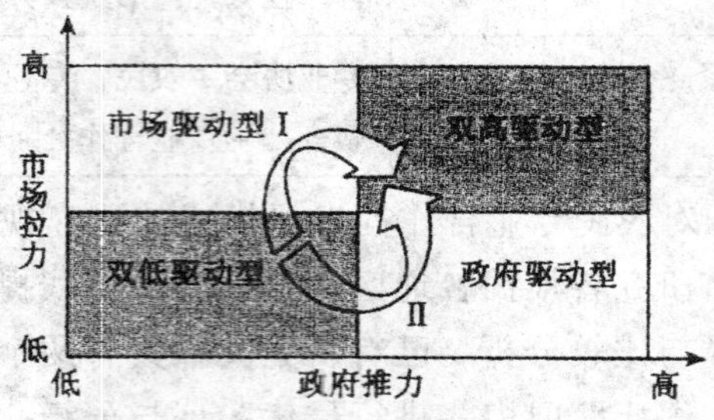


图 8－9　农民专业合作社发展模式的二维模型

“双低驱动型”发展模式是指市场对资源的配置作用低，政府宏观调控的力量弱，农民专业合作社处于自然发展状态下的发展模式。“市场驱动型”一般位于那些离发达的经济中心或者经济带较近，受经济中心或者经济带影响较大的农村地区，是指市场对资源配置起着主导作用，市场机制经过传导转化为合作社内在发展动力，政府的宏观调控力量处于“配角”角色以完善市场缺陷的合作社发展模式。“政府驱动型”发展模式主要位于那些远离经济中心或者经济带的地区，市场配置资源的能力较弱，政府通过宏观调控克服由于自然禀赋以及“后发劣势”的缺陷，促进合作社发展的模式。“双高驱动型”发展模式实际上是在一个市场高度发达（或者比较发达）以及宏观调控

相对完善情况下的一种较为理想发展模式。“双高驱动型”发展模式对经济禀赋、政府的宏观调控能力要求较高，一般认为，在我国东部地区有少部分农民专业合作社能够达到双高驱动型的标准。

**表 8－8　二维度整合模型下已有合作社发展模式的归类**

| 发展模式 | 已有研究总结的农民专业合作社发展模式 | 数量 |
|---|---|---|
| 双低驱动型 | 自然发生型；自办型农民合作组织；以农民牵头领办的合作社，包括农村能人和专业大户；“专业协会＋农民”模式 | 4 |
| 政府驱动型 | 政府主导式；政府推动型；社会改造型；依托涉农部门、乡村干部领办的，主要包括农技推广部门、七站八所、基层供销社、乡村干部的合作社；出资型合作①；官办型农民合作组织；官民合办型农民合作组织 | 7 |
| 市场驱动型 | 市场自发式；契约型合作；会员制合作，投入型农民专业合作组织，市场营销型农民专业合作组织，服务型农民专业合作经济组织；企业（主要是从事农产品加工的龙头企业）牵头领办的合作社；专业合作社＋农民 | 8 |
| 双高驱动型 | 专业联合社＋专业合作社＋农民 | 1 |

在二维度整合模型中，根据 4 种模式的发展阶段和特征，将表 8－7 中已有的 20 种农民专业合作社发展模式进行重新归类（如表 8－8 所示）后，我们发现，表 8－7 中显示的所有农民专业合作社发展模式都被包含于构建的二维度整合模型中，这充分说明基于市场调节与政府宏观调控的二维度整合模型对现有研究成果的解释力。

从表 8－8 可以看出，“市场驱动型”和“政府驱动型”的农民专业合作社发展模式分别有 8 种和 7 种，占农民专业合作社发展模式总数的 40%和 35%，是现有农民专业合作社的主要类型（两者共占了 75%）。“双低驱动型”合作社发展模式有 4 种，占总数的 20%，“双高驱动型”合作社发展模式只有 1 种，占总数的 5%，这说明我国的部分农民专业合作社处于低驱动水平下的发展现状，农民专业合作社的总体发展层次较低，发展道路还很漫长，这与我国部分学者的研究发现和调研成果相吻合。

“市场驱动型”和“政府驱动型”发展模式是通过市场调节资源的力量或者政府宏观调控的力量来发展农民专业合作社的两种典型模式；“双低驱动型”和“双高驱动型”发展模式都是这两种力量不同作用力下的结果。“市场驱动型”和“政府驱动型”的发展模式成为我国农民专业合作社实践的主要模式，那么两者是如何促进农民专业合作社的发展呢?

“市场驱动型”发展模式实质上是“诱致性制度变迁”过程。诱致性制度变迁主要是依据一致性同意原则和经济原则，现行制度安排的变更或替代，或者是新制度安排的创造，是一群（个）人在响应由制度不均衡引致的获利机会时所进行的自发倡导、组织和实行的制度变迁。因此，市场通过价格杠杆诱使农民专业合作社作出经济利益最大化的制度变迁选择，就是要选择符合经济利益最大化原则的发展模式和内部治理结构。认为专业合作社能够降低交易成本，通过确定一套运作模式（如制定价格与税收的政策组合）来指导社员的行为，可以使社员总福利达到最优。因此，“市场驱动型”发展模式是农民专业合作社发展的首要选择。但“诱致性制度变迁”可能导致“搭便车”以及治理结构不平衡等问题，为了克服这些问题，国内外学者在研究合作社内部治理结构上取得了许多研究成果。

“政府驱动型”发展模式实质上是“强制性制度变迁”的过程。强制性制度变迁是指由政府命令和法律引入而实现的制度变迁。我国许多村、社在当地政府的帮助下，建立农民专业合作社，完成合作社初次投资，完善各种管理制度，使农民由单个生产方式转变为合作生产方式。“政府驱动型”发展模式在克服农民专业合作社发展初期原始资本积累少、抵御市场风险能力弱、管理混乱等方面具有相当的优势，这主要是因为在我国现阶段农村经济体制变迁过程中，完全由农产推动的农业产业化经营（农民专业合作社）模式变迁的效率就会有所下降。相反，由于体制因素和习俗观念的影响，地方政府在农村经济生活中仍然扮演着重要角色，尤其在目前“压力传递型”的政治体制下，基层政府仍不失为推动地方经济发展的一支重要力量。它在“暴力潜能”方面的优势使其能够克服农户集体行动的困境，通过示范、引导和带动效应，基层政府能够加快农业产业化经营（农民专业合作社）模式的创新进程，从而降低该项制度变迁的成本。“政府驱动型”发展模式的动力来自于外部，容易让人产生依赖思想，当外部动力削弱或失去的时候，就必须依靠合作社内在动力发展。显然，“政府驱动型”发展模式不是长久之计，在完成农民专业合作社的初步积累和正常运转后，需要从“政府驱动型”发展模式进一步转化，以促使农民专业合作社独立、持续、健康发展。

2. 合作社发展的两条路径

在二元经济结构下，我国的农民专业合作社发展进程较为滞后。“全国人大农业与农村委员会课题组”认为，产业化结合程度较低的“专业协会+农民”模式（属于“双低驱动型”）与经济发展水平呈高度负相关关系，结合

程度较紧密的“专业合作社+农民”模式（属于“市场驱动型”）比例的高低与经济发展水平呈高度正相关关系。这说明我国大多数农民专业合作社特别是中西部地区的农民专业合作社发展还属于“双低驱动型”发展模式，在市场调节能力和政府宏观调控能力两者均低的驱动下，农民专业合作社发展十分缓慢，而东部地区部分农民专业合作社依托经济中心或者经济带的辐射，发展特色产业，实施农业产业化经营管理，属于“市场驱动型”发展模式。

因此，适应我国农民专业合作社发展的有两条路径选择（如图8－9所示），路径Ⅰ是由“双低驱动型”向“市场驱动型”转化最终达到“双高驱动型”；路径Ⅱ是由“双低驱动型”向“政府驱动型”最终达到“双高驱动型”。实际上，不管是路径Ⅰ还是路径Ⅱ，都是呈现出两种驱动力量共同上升的效果，只是主次效应不同。路径Ⅰ和路径Ⅱ本身就是一个动态的发展过程，这个过程中包括了空间维度的差异、时间维度的变化以及相应的合作社发展模式的变化。因此，农民专业合作社的发展，必须依靠市场调节作用和政府宏观调控两者共同作用。

## 三、二维度整合模型的应用展望

综上所述，我国农民专业合作社发展路径应如何选择？有研究者认为，中国的合作社应走中国特色的混合式模式（政府主导式和自然发生式的混合），即短期内合作社应该以政府主导为主，长期来看，应该发挥合作社发展的自然规律。也有研究者认为，合作社制度的反市场性决定了其对国家扶持具有天然的倾向性，政府对农民合作组织的作用应更多地体现在加强合作社立法建设、制定经济扶持政策、提供公共物品等方面，为农民合作组织健康成长营造良好的外部环境，而不是过多地介入到农民合作组织的日常经营决策中。鉴于我国农民专业合作社发展的巨大差异，作者认为，各地区的农民专业合作社可以根据地区实际走相适应的发展模式，但总的来说，适应我国国情的农民专业合作社发展路径有两条：一是那些外部市场条件较好的地区，可以通过市场的调节作用转化为内在发展动力进行发展，路径Ⅰ是其可行的发展路径。而在那些发展禀赋不好的地区（特别是中西部贫困地区），则需要政府加大引导和扶持力度，走“政府驱动型”道路，最终逐渐过渡到“双高驱动型”，路径Ⅱ成为更为可行的发展道路。

为了更好地发展我国的农民专业合作社，建议应做好以下工作：一是各地区农民专业合作社根据实际选择适应的发展模式。在各地合作社实践中，要发挥当地比较优势，选择优势产业，要遵循市场规律，选择合适的合作社发展模式，完善的合作社组织结构，健全合作社治理结构，提高合作社管理水平，促进合作社发展。二是加强政府对农民专业合作社的引导、扶持和规范力度。合作社是解决我国“三农”问题的重要途径，但我国农民专业合作社总体发展水平还比较低，农业产业化程度还有待提高，政府需要进一步引导、扶持和规范农民专业合作社发展，政府应加强新型农民的培养，积极培养具有合作社管理能力的新型农民。同时，积极提供合作社立法、政策、提供公共物品（基础设施）等方面的扶持力度，提高合作社发展水平。

## 第三节　贫困地区农民专业合作社发展的比较分析

实施新农村建设战略以来，农民专业合作社作为发展农村经济的重要力量，受到了理论界与实务界的高度关注。党的十七届三中全会也明确指出：“培育农民新型合作组织，发展各种农业社会化服务组织，鼓励龙头企业与农民建立紧密型利益联结机制，着力提高组织化程度。按照服务农民、进退自由、权利平等、管理民主的要求，扶持农民专业合作社加快发展，使之成为引领农民参与国内外市场竞争的现代农业经营组织。”因此，从我国农业发展趋势和政府农业政策导向来看，我国农民专业合作社将进一步发展和壮大。

已有的研究注重从宏观层面和微观层面对农业合作社发展的比较分析，以期找到合作社高效发展的普遍规律。宏观上主要是国别与制度方面的研究：国别方面的研究主要是对西方发达国家和我国农民合作社发展差异的比较，制度方面的研究包括对合作社和公司；非正规就业劳动组织或者乡镇企业等其他经济组织等的比较；微观上现有研究主要集中于：不同地区合作社发展的差异、某几个合作社的具体实践以及合作社的不同发展模式的研究。总体来看，理论界对农民专业合作社的研究呈现出宏观层面研究较多、微观层面尤其是以具体合作社为样本的实证研究较少的特点。更为重要的是现有关于合作社的研究聚焦于大城市或者发达地区经济辐射范围内的农村地区，较少关注边远贫困地区农民专业合作社的发展。

本部分的研究样本——恩施土家族苗族自治州汾水烟叶专业合作社和雷家坪烟叶专业合作社，位于贫困山区，经济发展水平落后，地处巫山山脉、武陵山脉交汇处，远离经济中心或发达经济带。恩施两个烟叶专业合作社的发展模式具有典型性，这主要表现在以下两个方面：一是已有文献研究的农

民专业合作社，一般是经过市场选择，寻找自己的优势产业进行农业生产，积极开拓市场，与供应商形成长期的供应关系后再走订单式农业的道路。而本书的案例则是企业先下订单，再通过组建农民专业合作社进行规模化、集约化生产。二是其发展动力并不是农民自发所形成的“推力”，而是在国家烟草总局的指导下湖北中烟集团和当地政府经过考察筛选，确定其作为现代烟草农业试点进行烟草定制生产。在合作社组建后，湖北中烟集团和当地政府投入了大量的人力、物力，帮助合作社完成各种投资，以促使合作社实现盈利。因此，两个合作社的发展环境与发展模式具有较大的典型性和极端情形，恰恰符合 Pettigrew 提出的案例选取要求。作者采用实地调研的方法，在恩施两个农民专业合作社的案例研究中，采取了基于行业内的数据收集、跟踪研究和深度访谈分析三种方法获取信息，多样化的研究信息可以使案例研究基础更加坚实有效。基于比较研究的视角，探讨了贫穷地区农民专业合作社的发展模式、制度安排等，并针对贫穷地区农民专业合作社的实践，提出促进其发展的建议。

## 一、合作社发展：比较优势与人口素质短板

为响应党中央新农村建设的号召，国家烟草总局积极参与到新农村建设中，以发展现代烟草种植业为目标，指导各地区建设“现代烟草生产示范基地”。在此背景下，汾水和雷家坪获得了湖北中烟集团和当地政府的支持，成为湖北省和利川市的“现代烟草种植示范村”。

汾水烟叶专业合作社成立于 2007 年初，汾水村现有 6 个生产组，共 869 户农户，加入烟叶合作社农户 445 户，占全村农户的 51.21%。其中，烟农户 380 户、生猪养殖户 23 户、蔬菜种植户 42 户，分别占 85.39%、5.17%、9.44%。汾水村总耕地面积 6200 亩，基本烟田保护面积 5800 亩，常年烟叶种植面积 2600 亩左右，其中加入烟叶合作社的土地面积 3536 亩，占全村总耕地的 57.03%，合作社烟叶种植面积 3392 亩，辣椒种植面积 130 亩，分别占 95.93%、3.67%。

汾水烟叶专业合作社根据自身自然、地理、人文条件，制定了“一体两翼”的战略：“一体”即指以烟草种植为主导的现代烟草农业；“两翼”即指畜牧业和蔬菜种植业。畜牧业主要以生猪养殖业为主，该合作社推动“155 工程”，即发展重点培养 20 户每户年出栏 50 头生猪且拥有 5 头母猪的养殖专业户；蔬菜种植业主要是高山季节性大棚蔬菜，包括辣椒、食用菌等农作物。产业结构充分利用基础设施及土地资源。合作社与当地政府蔬菜办公室签订

产销合同，实现了农产品的产销一体化。通过这种主辅业搭配，实现了合作社收入来源的多元化，分散了农业投资风险。近年来，合作社健全了各种管理制度，加大基础设施建设，吸纳了大量的农民入社，使合作社得到了迅速的发展。

雷家坪烟叶专业合作社位于恩施利川市柏杨坝镇，顺沿利奉路，紧接318国道，平均海拔1100米，属二高山烟区。全村现有农户252户，总人口1042人，劳动力486人，从事烟叶生产150人，占全村劳动力的30.86%。总耕地面积2030亩，其中宜烟面积1800亩，常年种烟面积300亩左右，占总耕地面积的16.67%，2007年，种烟面积280亩，烟叶收入42万元，年人均烟叶收入403元；2008年，种烟面积650亩，比上年增加了132.14%，入社社员65户，占全村农户的25.80%，户平均种烟面积10亩。雷家坪合作社土地流转采取折资入社的方式，统一到合作社当中，由合作社进行统一经营，采取规模化种植、集约化经营。雷家坪专业合作社商品化供苗、集约化烘烤率达到100%；机械化耕地面积达到90%；机械化剪叶、综合防治达到100%。基本实现了雷家坪村烟叶种植从高海拔不适宜区向优质适宜区域转变。

两个烟叶专业合作社在发展时面临一些共同的外部条件和内部条件：

1. 烟叶生产的比较优势

两地拥有相同的自然禀赋和社会经济发展条件。从当地实际情况来看，种植业主要有三种选择：粮食、蔬菜或烟叶，而种植烟草等经济作物则可以发挥当地的比较优势。

如果农民选择种粮食，则其收益会相对稳定但相当有限。由于山区自然条件的限制，汾水的粮食种植特别是大规模种植存在较大的难度和成本。虽然国家实行了粮食保护价收购，近年粮价上涨，但种植粮食的收入仅可解决温饱问题。如果农民选择种蔬菜，则他们将面临高收益和高风险并存的局面。因为农民处于蔬菜的完全竞争市场上，常常因为信息不对称，加之交通等基础设施缺乏，农户种植蔬菜并非是明智之举。

与前两种种植业不同，两地农民选择种植烟草，则具有了比较优势：(1)恩施的自然条件优势能适应未来烟草市场的竞争。随着烟草带来的疾病和健康隐患成为世界性的问题，如何降低烟草的副作用成为关系烟民健康的重中之重，这将成为未来烟草市场竞争的核心。恩施地区土壤富含硒元素，硒元素能被烟草富集，不仅可以提高烟民的血硒水平，而且还可以降低香烟的危害。(2)恩施烟叶种植历史悠久，当地具有经验优势。普通农民都能从父辈那里接受烟叶种植的技术和专业的培训，很多家庭都有自建的烤房等基础设

施。(3) 烟叶种植具有较稳定和可观的收益。在我国实行烟草专卖以及烟草企业又具有浓厚的地方背景下，恩施烟叶成为湖北中烟集团稳定的烟叶供应者，双方形成了长期稳定的供需关系。同时，国家烟草总局还发布烟叶收购指导价格以保护烟农利益。因此，两地种植烟叶成为一种比较稳定的获得可观收益的选择。

2. 选择合作社的比较优势

选择农民专业合作社相比于农户单个生产有以下更为有利的因素：第一，农户形成力量的联合，可以在生产、出售、购买服务等方面形成统一规划与实施，最大限度地保护自己的利益，增强了应对市场的能力。原来农民之间背靠背的博弈变成了面对面的力量联合，减少了降价竞争，提高了谈判能力，增强了市场风险的承受力；同时，由农民专业合作社统一规划各种生产资料和服务的购买，也可以降低采购成本等。第二，成立合作社减少了交易成本，从而使原来的每一个农户都要与收购方（烟草公司）谈判变为以合作社的整体谈判，这样就减少了相当多的人力、物力、时间投入。第三，加强了基础设施、技术、信息的共享。成立汾水烟叶专业合作社后，湖北中烟投入了大量的资金进行基础设施改造，加大了技术规范和更新的培训等，如湖北中烟投入资金全面启动了烟房、烟路、烟水、烟用农机具等配套工程建设，建设密集式烤房群 46 座，分散密集烤房 20 座，普通烤房改密集烤房 20 座，烤能达到 4055 亩，12165 担。建水池 10500 立方米、管网 122.8 千米，修烟路配套工程 7 条共 17.6 千米，购大型农机具 4 台，其他小型农机具 10 多台（套），而根据规划，截至 2008 年底，基础设施建设总投资额将会达到 372.05 万元，这些基础设施为当地的烟叶的大规模、集约化、专业化生产和烘烤提供了基础条件，而湖北中烟也常常派遣技术人员或者当地种烟“能人”对合作社的烟农进行技术和经验方面的指导和培训，规范了种烟技术，解决了部分烟叶种植过程中的难题，且由于合作社内各种信息（如价格、政策、生产知识等）的共享，可以使农户获得更多的信息。

3. 烟农素质水平的约束

烟农素质较低是困扰两个合作社发展的难题。首先是当地农民普遍受教育程度不高。以汾水为例，年龄在 25～35 岁的农民，初中学历占 70%，高中学历占 25%，中专及中专以上学历占 5%；35～60 岁的农民，小学学历占 60%，初中学历占 20%，高中学历占 10%，另外 10% 为文盲。雷家坪的人口素质结构也和汾水相类似。虽然种烟技术是“祖传”的技术，但是现代烟草农业仍然需要有文化、有技术、会经营的新型农民来经营管理。其次是烟农缺乏参加合作社的积极性，过度依赖外界。湖北中烟集团和当地政府为合作社发展提供了良好的外部条件，但烟农自身发展的积极性并不高。这充分说明农民的新农村建设“主体”意识的缺乏使烟叶专业合作社失去发展的动力。最后是小农意识严重。虽然两地人社的农户有一定的比例，但由于农民认识水平和理念的局限，除了部分骨干烟农外，多数人是抱着“搭便车”的思想（如图8－10所示）。因此，提高烟农素质成为烟叶合作社持续发展急需解决的问题。

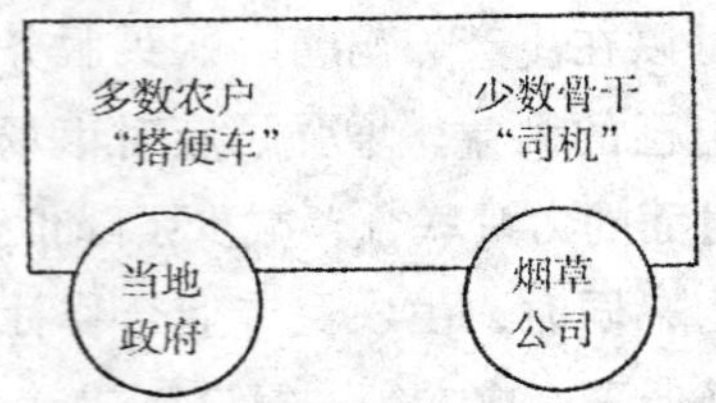


**图8－10　烟叶专业合作社发展动力图**

## 二、相同发展模式下的不同制度安排

通过比较分析，我们发现两地烟叶专业合作社均通过比较优势发展现代烟叶生产，也同样面临着烟农素质较低的约束与瓶颈，两个专业合作社采用了相同发展模式，却作出了不同的制度安排。

1.“公司＋合作社＋农户”的发展模式

两地烟叶专业合作社的发展都是：公司＋合作社＋农产”模式，在管理及发展方向上具有共同点：（1）两个合作社具有相似的治理机构。第一层为决策管理监督机构，主要包括社员（代表）大会、理事会、监事会三个决策管理监督机构；第二层包括中层管理服务机构，设置了办公室（财务、档案等），烟叶生产管理服务组，生猪养殖销售服务组等六个职能小组；第三层依照地域设置了六个分社，各分社由有能力、有威望、负责任、懂技术的烟农或者小组长或社员选举产生分会长，三个层级的负责人和农村基层干部有较大的重合。（2）走现代烟草农业发展道路。两个烟叶专业合作社成立后，按照“以烟为主，多业发展，集中经营，自负盈亏，风险共担，利益共享”模式运作，湖北中烟集团投入了大量的资金进行基础设施改造，全面启动了烟房、烟路、烟水、烟用农机具等配套工程建设，为当地的烟叶的大规模、集约化、专业化生产和烘烤提供了基础条件。同时，合作社在生产、出售、购买服务等方面形成了统一规划与实施，加强合作社内各种信息（如价格、政策、生产知识等）的共享，有效降低了生产成本和交易成本。相比传统粗放型的烟叶生产，在集约化生产后，每亩能够减少成本500元（如表8－9所示）。湖北中烟集团常常派遣技术人员或当地种烟“能人”对合作社的烟农进行技术和经验方面的指导和培训，规范了种烟技术，解决了部分烟叶种植过程中的难题。

**表8－9　传统烟叶与合作社烟叶生产的降工减本对比**

| 生产环节 | 传统烟叶生产用工/亩 | 集约化生产用工/亩 | 亩降工（个） | 亩降工成本（元） |
| --- | --- | --- | --- | --- |
| 育苗 | 3 | 0.5 | 2.5 | 125 |
| 栽前管理 | 9 | 5.3 | 3.7 | 185 |
| 移栽 | 2.5 | 2.5 | 0 | 0 |
| 大田管理 | 10 | 9.2 | 0.8 | 40 |
| 烘烤 | 5 | 2 | 3 | 150 |
| 交售 | 2.5 | 2.5 | 0 | 0 |
| 总计 | 32 | 22 | 10 | 500 |

注：农村习惯上将农民工作一天记为一个工，目前农村一个工的价格为50元左右。

资料来源：汾水烟叶专业合作社内部资料。

2. 社员入社制度安排不同

汾水烟叶专业合作社的社员入社时通过部分现金和土地折资入股。因每户农民的土地有限或者土地分散，汾水主要采取土地承包经营权的土地流转模式，并辅以土地租赁、置换等形式，主要包括农民之间的土地置换或由烟农自行租地，这也和国内的其他合作社模式基本相同。雷家坪的农民也通过类似的方式入社，但是有明显不同的是，雷家坪烟叶合作社社员要求合作社每年支付每亩土地250～300元的固定收益（不管合作社盈亏），这部分收益并不是土地的分红，而是“地租”性质的收益。当地农民既要求固定的“地租”，又要以土地入股并且享受分红等的相应权利。从理论上来说，付给农民地租意味着合作社已经通过这部分补偿获取了农民的土地使用权，那么农民不应同时再以土地折资入股，但山区的农民难以理解这些，合作社在他们眼里不是自己的，甚至有人觉得是村支书（也就是合作社的理事长）的，他们所关心的是如何增加自己的收益。

虽然雷家坪的入社制度并不符合现行法律规定，但是当地农民以此为入社的先决条件。以雷家坪2008年的入社面积680亩计算，每年最低要付给农民17万元，而这部分费用将直接计入合作社成本，将增加合作社运行负担。雷家坪之所以出现这种特殊的情况是具有深刻历史背景的：在我国现阶段农村经济体制变迁过程中，农户小而分散、民间资金活力不强成为制约改革进程的重要因素。农业产业化经营如果单纯地依靠分散的农户和民间资金来推动，要么会因农户行动的组织成本过高而导致集体决策无效，要么会因资本追逐利润最大化而造成投资分布严重失衡。我国贫困地区的合作社，由于受经济或经济带的辐射较小，受市场的调节较弱，因而基层政府在促进贫困山区合作社方面发挥重要作用。汾水和雷家坪也是政府推动下的发展尝试，它对少数骨干社员是一种“诱致性制度变迁”，而对多数社员是“强制性制度变迁”，因而出现了一系列缺乏“自发性变迁”的自觉行为，索要“地租”就是这种非自觉的行为。

3. 合作社“代理人”制度安排不同

两个合作社按照法律的规定选举出理事长，且都是本村村支书。雷家坪烟叶合作社的理事长是本社农民，而汾水烟叶合作社的理事长身份则比较特殊，他是基层政府公务员，被派往汾水村任挂职干部（村支书），然后被成员大会选举成为合作社理事长。尽管这种人事安排并不完全符合现行相关规定，但却具有一定的现实性。在调研过程中，雷家坪的理事长表示他处理合作社的发展事宜已经感到十分吃力，而汾水无论是规模还是影响都远远大于雷家坪。首先，汾水的规模远远大于雷家坪的生产规模，按照烟叶种植面积算，汾水是雷家坪的生产规模的5倍。其次，汾水的投资远远大于雷家坪的投资，汾水各种投资总和接近700万元，而雷家坪的各种投资只有200余万元，汾水的投资规模是雷家坪的3倍。最后，汾水是湖北省的现代农业烟草示范基地，而雷家坪则是利川市（县级市）的种植示范基地。如果由当地农民出任汾水烟叶合作社理事长，则不一定能胜任工作，因此汾水需要寻找更有管理和组织能力的“代理人”，以便更好地创造价值。汾水的理事长虽有公务员背景，但其工作则在农村基层，且其组织和管理能力都较高一些，因此赢得了村民的广泛信任。而且两个合作社理事长的报酬不在合作社领取，而是由政府发放的。合作社负责人的报酬本应由合作社支出，但由于合作社处于发展初期，为了减轻其财务压力，由政府代为支出，待合作社的经济实力强大了，再由合作社支出，这实际上是政府支持当地合作社发展的又一举措。

4. 生产服务制度安排不同

汾水烟叶专业合作社在内部按照市场原则分工协作。其主要举措包括：一是专业化服务承包给个人。将合作社的大棚承包给专业技术人员用于集中化、商品化育苗，再将烟苗以30元/亩的价格出售给烟农；合作社将农用机器等以一定的优惠承包或让社员所有，例如，购买耕地机械费用由国家农机补贴和烟草公司共同出资补贴占70%，个人出资占30%，个人购买农机后必须为社员提供机器生产服务且接受合作社的指导价，目前合作社规定耕地机为35元/亩，价格高于成本价，低于一般市场价格，使每户社员都享受到公共投入的效益。烟叶生产种植过程则由农户自己完成，这样一部分烟农就从烟叶种植者转变为服务提供者，一部分烟农就成为专业烟叶种植者。二是合作社统一管理和调控。合作社在烟叶种植过程中提供生产资料、技术辅导、基础设施支持、统一收购、统一烘烤烟叶等一系列服务。例如，合作社组织育苗专业户与烟农签订供购苗协议，在育苗期间由湖北中烟集团的技术员进行全过程技术指导。

雷家坪专业合作社则是成立了多工种的专业化技术服务队，包括机耕专业服务队、植保专业服务队、烘烤专业服务队与运输专业服务队，这些技术服务队的队员大多来源于本村本专业内的能手，他们的经验与技术能有效地提升整个合作社的烟草产量与质量。同时实现社员之间优质资源的优化配置与人力资源的互补。但农用机器、农业设施属于合作社所有，生产过程由合作社统一生产完成，社员耕作劳动时按天计算报酬。

汾水是将专业化服务分离出来，让一部分农民成为农业专业服务提供者，一部分农民成为生产大户；而雷家坪则是将生产过程和专业化服务囊括在合作社内部，由合作社统一管理。由于汾水专业化分工较为明确，且生产资料等物资的产权较为明晰，合作社可以少付出“监督成本”和“度量成本”，而是通过制度设计来减少社员“偷懒”和“搭便车”的行为；而雷家坪将所有生产作为合作社整体的“团队生产”，则需要付出更多的成本去“监督”社员以及“测度成本”，两个合作社因为制度设计不同，导致了生产过程和专业化服务的运行效率不同。在调研中我们发现，汾水的效率相对较高（如机器折旧率、耗油率等更低，机器维护更好），但是引发了部分农民的不满，他们认为那些服务提供者“得了便宜”，而雷家坪模式令更多人满意，但是却要付出更多的成本，雷家坪的理事长也表示，合作社运行起来“很吃力”。

那么为何相同发展模式下的合作社会有不同的制度安排呢？首先是环境的差异，如前所述，汾水在规模、投资额以及级别上都大于雷家坪，如果汾水采用雷家坪的制度，则存在着更大的“监督成本”和“测度成本”，汾水烟叶合作社将很难正常运转下去。其次是领导层意识的制约，汾水的领导者在设计制度时更多地借鉴了现代合作社的经验，而雷家坪的领导者对合作社的设计更类似以前"生产队"大锅饭的思路。正是由于环境的差异和人的意识的制约造成了同一合作社发展模式下的不同制度安排。

## 第四节 农民专业合作社培育对新型农民开发的启示

### 一、基本结论与发展经验

贫困地区的新农村建设是我国新农村建设过程中最大的难题，但是我国贫困地区的部分村庄在逐步尝试走出符合当地发展的路子，本部分从这些案例中，提炼出贫困地区农村发展普遍使用的经验和启示等。

1. 抓住新农村建设的历史机遇发展农民专业合作社

新农村建设是我国发展的重要战略，也是我国解决"三农"问题的重要历史机遇，新农村建设的过程中，农民、农村基层组织、各级政府、企业都可以有所作为。新型农民是新农村建设的主体，而农村基层组织及各种农民专业合作社则为新农村建设提供了制度保证和平台，各级政府在政策、财政投入上扮演着重要角色。企业，特别是与农业生产相关的企业可以在新农村建设中大有作为，积极向农产品生产的上游挺进，将企业的价值链拓展形成生产—加工—销售的链条。恩施的两村正是在这种背景下，抓住了新农村建设的契机，善于利用外界力量，推动自身发展，在组织内部将农户联合起来，组建烟叶专业合作社，对外获得了湖北烟草公司的支持和投入，将汾水定为"湖北现代烟草种植示范村"，而雷家坪成为"利川市现代烟草种植示范村"，获得进行专业化、集约化、规模化生产的契机，同时积极争取政府的支持，改善交通条件，改善该村人居环境等，提高了农民生产生活条件。

2. 专业合作社有力地推进了社会主义新农村的建设进程

农业要实现现代化就必然要广泛采用和推广农业机械和农业技术，提高农业生产中的技术构成和规模效应，促使农业生产力的较快发展，同时也要加大农业投入。但是，在以上两个基础满足的前提下，仍然以家庭经营为主的传统农业生产形式在技术上和资金上都很难满足农业现代化与新农村建设的要求，农民专业合作社在很多方面适应了农业现代化和新农村建设的要求，加速了传统农业向现代农业的转变，也加大了推进社会主义新农村建设的步伐。调查表明，雷家坪合作社以"减工、降本、提质、增效、可持续发展"

为总目标，采用机械化、专业化作业与机械化作业、专业化服务提高了烟草生产效率。雷家坪、汾水村合作社通过烟水配套、烟田道路、房屋亮化等基础设施建设，改善了烟农生产生活条件，增强了烟叶抵御自然灾害的能力。通过专业化分工和社会服务，实现了减工、增效，每亩用工由传统的32个减少到22个，每亩减少用工10个，按照50元/个工日计算，节约用工成本500元/亩；通过标准化生产可以提高烟叶的产量和质量，烟叶单产由原来的260斤提高到300斤以上，平均增加收入250元以上，烟叶生产总收入可增加80万元。因此，这种专业化合作社模式的运行在推行标准化生产、统一农事操作等方面具有一定优势，在社会主义新农村建设及新农民开发过程中起到较大的推动作用。

3. 专业合作社提高了新型农民开发的质量

建设新农村培养新型农民，就必须普遍推广和切实践行合作社的基本价值和原则。就两村烟草专业合作社在培养新型农民的主要做法来看，这种培养效应可以体现在这些方面：首先，烟草技术专业化的服务队。为了提高烟草质量，两村专业合作社均成立了多工种的专业化技术服务队，包括机耕专业服务队、植保专业服务队、烘烤专业服务队与运输专业服务队，这些技术服务队的队员大多来源于本村本专业内的能手，他们的经验与技术能有效地在广大烟农中进行传播，进而提高他们的专业技术能力，实现“干中学”。其次，合作社通过设立烟农培训学校，经常性地组织烟农开展了育苗、移栽、大田管理、采烤的专门培训，这种直接的培训在很大程度上将有利于烟农技术水平的提高。最后，合作社提高了农民组织化程度和民主管理水平，有利于新农民的培养。就汾水烟叶合作社而言，通过召开社员大会，合作社组织成立三个层级的机构：第一层为决策管理监督机构，主要包括社员（代表）大会、理事会、监事会三个决策管理监督机构；第二层包括中层管理服务机构；第三层依照地域设置了六个分社。并在组建各机构后，选举出理事长、监事长、各中层职能服务机构小组长等，各分社由有能力、有威望、负责人、懂技术的烟农或者小组长或社员选举产生分会长。这种组织架构能体现“民办、民营、民有、民受益”的原则，有利于广大烟农参与合作社的管理与运行。

4. 农业产业化龙头企业发挥重要作用

两村烟草专业合作社均是在恩施市烟叶分公司积极推动下成立与发展运行的，从目前的情况看，龙头企业——恩施市烟叶分公司参与指导农村专业合作社对其发展具有较强的优越性。近年来，恩施市烟叶分公司形成了对烟农和专业合作社的“高规格、高投入、高产出”投入扶持政策。“高规格”

是指对示范田投入的前提是达到一定规模、规范化程度高；“高投入”是指投入的金额大、数量足；“高产出”是指投入后烟农的收入要提高，公司的效益要提高。2008年，烟草公司对烟叶常规育苗农膜、消毒农药、地膜、肥料、烟叶种植保险、烟水配套、科研试验、秸梗还田、烤房改造、农药、抑芽剂等进行无偿投入。为弥补产业发展资金的不足，烟叶公司与信用联社联合下文，明确了烟农实行小额贷款的办法，以确保今年烟叶肥料投入。同时，恩施市烟叶分公司加大了对烟区公路、烟水配套水池等基础建设的投入。

恩施市烟叶分公司利用先进的管理理念与烟农建立了和谐的合作关系。恩施市有30年的种烟历史，传统的烟农无差异管理不仅制约了烟叶水平的提高，而且也阻碍了现代烟草农业的进程。因此，恩施市烟叶分公司着手建立烟农分类管理制度，对辖区内烟农按照种植田块、种植面积、技术水平、诚信度、烟叶基础设施配套、种烟亩平效益等方面进行分类管理。恩施市烟叶分公司积极推行烟农分类管理制度，摒弃以往“烟农必须服从于公司”观念，确立“差异化管理，个性化服务”的理念，与辖区烟农建立起新型、对等的“风险共担，利益均沾”的合作关系，受到了烟农的认可。

5. 培养新型农民是农民专业合作社发展的重要保障

我国农民素质普遍较低，缺乏市场经济观念和合作意识，对于专业合作组织存在种种模糊认识，已成为专业合作组织原则和制度难以在实践中有效执行的重要约束因素。从两个村烟草专业合作社的入社率来看，显然是不理想的，调查表明烟农对这种新型的组织运行模式显然存在着认识上的偏差，而造成这一现象的原因除了合作社本身宣传与推广方面存在着漏洞外，一个重要的原因在于农民文化素质不高，接受新事物的能力较弱。此外，社员同样是文化素质不高，这也使专业合作社的各项活动难以高效开展，使专业合作社只能停留在松散低效的联合上，合作经济组织的功能和效益难以发挥。

培养大批的新农民是推进专业合作社做大做强的关键，当然这也是一个互动的过程。农民是农民专业合作社的真正实践者和受益者，发展农民专业合作社，关键是要调动农民的积极性、主动性和创造性，激发广大农民的积极性、主动性和创造性是发展农民专业合作社中重要的一环。

## 二、贫穷地区农民专业合作社发展的启示

农民专业合作社是农民这一弱势群体为在市场竞争中谋求平等地位、发展现代农业、建设社会主义新农村而采用的一种重要组织形式，政府有必要也有义务对它的发展进行支持和帮助。为此，政府应坚持正确的引导，加大

扶持力度，落实优惠政策，加强典型示范，以点带面，引导发展，促进农民专业合作社的健康快速发展。

1. 全面落实惠农制度，发展地区优势产业

党的十七届三中全会开启了农村新一轮改革的序幕，放宽了农村土地流转的限制，鼓励农民专业合作社的发展，为发展规模化、集约化农业解开了体制束缚。进一步落实党和国家的各种惠农制度，成为贫困地区专业合作社发展的契机。贫困地区合作社应做好整体规划，结合当地实际情况选择合理的发展模式。在发展过程中充分利用各种资源，调动各方的积极性，以市场为主导，发展现代农业，并且积极向纵深发展，拉大产业链条，从而提升合作社的发展和盈利模式。

2. 优化合作社管理，促进合作社发展

贫困地区要优化农民专业合作社管理，主要包括两个方面：一是合理安排合作社的内部制度，促进合作社更好地运行；二是要合理利用外部力量，既包括以龙头企业为代表的市场力量，也包括以基层政府为代表的宏观调控力量。以龙头企业为代表的市场力量是“诱致性制度变迁”的主要力量，以基层政府为代表的宏观调控力量是“强制性制度变迁”的主要力量，企业的支持可以概括为：市场引导、生产指导、信息传递、利益共享；政府的支持可以概括为：政策支持、财政投入、信息服务、管理服务。贫困地区农民专业合作社只有充分结合两者的力量，才能更快更好地发展。

3. 加大财政支持，设立专项的发展基金

在新农村建设背景下，国家对农村的资金投入和政策扶持逐年增多，在良好的宏观环境与政策支持背景下，农民专业合作社要突出其在社会主义新农村建设当中的重要地位与作用，要将这种模式作为新农村建设中提高农业生产率的主要创新模式，从而争取各方面力量的支持。目前，我国农民专业合作社经济实力不强，自我积累能力较弱，给予专业合作社财政资金支持，就是直接扶持农民、扶持农业、扶持农村。国家财政非常重视对农民专业合作社的资金支持，从2003年开始，中央财政在预算中拨出专项资金，并逐年加大投入。2003—2007年累计投入5.15亿元，2008年达到了3.3亿元。政府加大投资的背景下，还可以通过其他方式积极的解决合作社的资金发展困局。

首先，提高社员投资的积极性。要调动社员对农民专业合作社投资的积极性，关键是要提高专业合作社本身的生产经营效率，要让社员清楚地认识规模化专业化的生产与服务要比传统散户经营的效率要高，只有提高了生产经营的效率，社员才会对合作社的未来发展充满信心。其次，争取金融机构

的贷款支持。在社会主义新农村建设的背景下，我国农村金融机构推出很多惠农措施，农民专业合作社可以积极利用金融机构的各种惠农措施，以市场运作的方式来获得资金。最后，合作社要建立健全自身的积累机制。合作社必须能够在市场竞争中不断发展和壮大，这就必须要有一定的积累用于扩大再生产，自我积累、自我发展的机制显然重要。当前，专业合作社必须正确处理积累与分配的关系，兼顾眼前利益和长远利益、生产经营发展与农民收入水平提高的关系，在公积金、公益金和分红方面选择适当的比例，保证农民收入提高的同时推动农民专业合作社的发展。

4. 培养新型农民，转化合作社发展动力

农村发展的症结，归根结底还是在“人”，培养新型农民不仅是促进贫困地区合作社农村发展的重要内因，更是解决“三农”问题的关键点。而新农民的培养主要需要解决以下问题：第一，加大农村基础教育投入，提高农民受教育程度，提高农民素质。第二，建设新农民发挥才能的机制和平台，没有合适的新农民的成长平台，就留不住人才，必须建设发挥其能力的平台，让新农民有用武之地。在合作社发展的初、中期阶段，其规模都比较小，承受风险的能力差，对政策、技术、人才、市场等各方面信息依赖程度较高，而自己搜集各种信息的能力又不足。因此，各级人民政府的相关部门应当为农民专业合作社提供各种信息的搜集、整理及发布等服务。农业部正在组织制订《农民专业合作社人才培训规划》，力争用8年时间培训10万名左右以理事长为主的农民专业合作社经营管理人才，10万名左右以会计为主的农民专业合作社理财能手，10万名左右以生产技术为主的种养能人，5万名左右以经管干部为主的县乡基层业务辅导员。为基层农民专业合作社培养和开发专业人才，是国家扶持农民专业合作社发展的一项重要举措，只有培养了一大批有文化、懂技术、会经营的农业人才，农民专业合作社才能健康、可持续的做大做强，在农村经济发展中起着“火车头”作用。

5. 注重合作社经营管理者的精神与物质激励

合作社的经营管理者是资本、资源和企业家才能等关键要素的所有者和组织者，通常也是经营大户，他们的办社理念和追求会影响农民专业合作社的发展。但由于其所承担着远超过普通社员的社会责任和经营压力，还应采取适当的精神奖励和物质奖励，增强他们的责任感和使命感。通过物质和精神的激励，充分调动合作社经营管理者的工作积极性；同时，这种激励要与经营管理者的贡献和经营合作社的能力挂钩，既要公平体现经营管理者的贡献，又要不超过合作社的支付能力。

# 第三章　农村劳动力转移概况

进入21世纪以来，随着工业化、城镇化进程的推进，农村剩余劳动力向城镇和非农业转移的步伐明显加快，2006年农村劳动力外出就业人数已达2.07亿人。如此大规模的农村劳动力转移就业是社会经济发展的必然结果，也是发展中国家经济增长和农业转型过程中最重要特征之一。农村剩余劳动力转移就业不仅可以有效地促进农业增效、农民增收、农村发展，而且是缩小城乡收入差距、解决好“三农”问题的重要途径。同时，丰富的劳动力供给也为中国经济的腾飞打下了坚实基础。有研究资料表明，1978～2003年间中国GDP增长有17.87%来源于农村劳动力转移的贡献。随着工业化、城镇化进程不断加快，农村劳动力参与非农就业的规模正在不断扩大，已经成为农民增收的重要途径。但是中国农村劳动力城镇化程度落后于工业化，我国农村劳动力转移呈现出“移而不迁”、“兼业化”等特点。同时由于农村劳动力在转移就业过程中，还存在就业工资水平低、劳动强度大、工作不稳定、难以享受公平的社会服务等问题和困难，制约了农村劳动力的转移就业和农民增收。因此，研究如何促进农村剩余劳动力充分、稳定、有序就业对增加农民收入具有重要的现实意义。

## 第一节　改革开放以来农村劳动力转移就业的历史进程

我国农村劳动力转移起步较晚，新中国成立后才真正逐渐启动农村劳动力转移的历史进程。但由于改革开放以前实施了重工业优先发展战略，政府采取了一系列扭曲产品和要素价格的办法来压低重工业发展的成本，对农产品的收购和分配实行统购统销政策，同时实施了严格的户籍管理制度将城乡人口隔离。农民就业限制在农业和农村，除参与农业生产和社队工业外，几乎没有其他的非农就业机会。而改革开放后，中国社会经济情况发生了翻天覆地的变化，一方面，家庭联产承包责任制的确立极大地促进了农业劳动生产率的提高，解放了大量农村劳动力；另一方面，计划经济体制的改革使得城镇非正规部门和各类非公有制企业发展起来，为农村劳动力提供了巨大的转移空间。特别是随着户籍制度的松动和城市改革的推进，大量农村劳动力摆脱了对土地的依赖，获得了自由择业的机会。可以说，改革开放后农村劳动力转移就业的局面才全面打开，逐步实现了由农业向非农业，由以当地乡镇企业就业为主到大规模跨区域转移就业的历史演变。本节主要从劳动力就业地点转换的视角来回顾农村劳动力转移就业的历史进程。我们将改革开放以来农村劳动力转移就业划分为三个阶段：就地转移阶段，全面转移阶段和优化转移阶段。

## 一、就地转移（1978～1991 年）

1978 年 12 月召开的党的十一届三中全会实现了全党的工作重点向经济建设方向的转移，确立了社会主义建设时期的正确路线，形成了一系列符合实际的方针、政策。特别是家庭联产承包责任制的推行，从根本上扭转了农业生产长期落后的局面，农民的种粮积极性空前提升。1984 年，我国粮食产量达到 40731 万吨，比 1978 年的粮食产量增加了 10254 万吨，增幅为 33.64%，与改革前相比有了大幅度增长，基本解决了粮食短缺问题，但与此同时大量农村劳动力由隐性转为显性，寻求非农就业机会，农业剩余劳动力问题凸显出来。

正是在这样的历史机遇面前，乡镇企业异军突起，发展之迅速超出人们的想象。这与政策环境的变化密不可分。在 1979 年 9 月召开的中共十一届四中全会上通过的《中共中央关于加快农业发展若干问题的决定》中提出："社队企业要有一个大发展，逐步提高社队企业的收入占公社三级经济收入的比重。"1984 年 3 月 1 日，中共中央、国务院转发农牧渔业部《关于开创社队企业新局面的报告》（即中发（1984）4 号文件），这一文件将社队企业正式改名为乡镇企业。这些政策的出台具有重要的意义。虽然各方面对乡镇企业的看法还不完全一致，但乡镇企业毕竟得到了正式认可，取得了合法的地位，从此走上了发展的快车道。1983 年，乡镇企业就业人数达到 3235 万人，总产

值1019亿元，发放工资总额176亿元，分别比1978年增长14.4%、97.9%和102.3%。1984～1988年是乡镇企业超速发展的五年，1988年乡镇企业总产值达到7018亿元，就业人数9545万人，企业数量1888万个，分别比1983年增长了5.9、1.9和12.9倍。1989～1991年三年的治理整顿，国家通过紧缩政策对国民经济的增长规模和速度进行总体控制，放慢经济发展的脚步。受宏观政策调整影响，大批乡镇企业停产停业，大量劳动力回流到农业。乡镇企业的发展暂时处于徘徊期，但潜力仍在。1991年乡镇企业总产值达到11622亿元，就业人数9616万人，企业数量1909万个，虽然相比1988年发展明显受阻，但经过市场锤炼的乡镇企业更具生命力，发展也更加理性。

乡镇企业大发展的一个突出贡献就是为广大农村劳动力创造了大量非农就业机会。由于乡镇企业在其发展早期底子薄、基础差，生产的主要是投资小、见效快的轻工业产品，走的是一条劳动密集型的发展道路，其带动就业的作用相比城市国营企业更加明显。据统计，1979～1984年间，我国乡镇企业每年新增1.2个就业岗位和4100元固定资产，可增加1万元产值，而同期各类国营企业同样增加1万元产值，则需新增7460元固定资产投资，却只能新增0.4个就业岗位。1977～1988年乡镇企业对劳动力转移的贡献系数为0.618，而国营企业为0.212，城市集体企业为0.122，城镇个体企业为0.048。可以看到乡镇企业在20世纪80年代是吸引就业的主要力量。1978年，乡镇企业从业人数为2827万人，占农村劳动力总数的9.23%，到1991年达到9614万人，占农村劳动力总数的22.31%，人数增加2.4倍，所占比重增加了1.4倍，其吸纳农村剩余劳动力的能力相当巨大。参见表8－10。

**表8－10　1978～2005年乡镇企业基本情况表**

| 年份 | 企业（万个） | 总产值（亿元） | 从业人员（万人） | 农村劳动力（万人） | 乡镇企业从业人员占农村劳动力比重（%） |
|---|---|---|---|---|---|
| 1978 | 152 | 515 | 2827 | 30638 | 9.23 |
| 1979 | 148 | 561 | 2909 | 30974 | 9.39 |
| 1980 | 142 | 678 | 3000 | 31826 | 9.43 |
| 1981 | 134 | 767 | 2970 | 32637 | 9.10 |
| 1982 | 136 | 892 | 3113 | 33837 | 9.20 |
| 1983 | 135 | 1019 | 3235 | 34785 | 9.30 |
| 1984 | 607 | 1710 | 5028 | 34676 | 14.50 |
| 1985 | 1222 | 2728 | 6979 | 37065 | 18.83 |

| | | | | | |
|---|---|---|---|---|---|
| 1986 | 1515 | 3583 | 7937 | 37976 | 20.90 |
| 1987 | 1750 | 4946 | 8805 | 38960 | 22.60 |
| 1988 | 1888 | 7018 | 9545 | 40105 | 23.80 |
| 1989 | 1869 | 8403 | 9366 | 40545 | 23.10 |
| 1990 | 1873 | 9581 | 9262 | 42010 | 22.05 |
| 1991 | 1909 | 11622 | 9614 | 43093 | 22.31 |
| 1992 | 2092 | 18051 | 10581 | 43802 | 24.16 |
| 1993 | 2453 | 29022 | 12345 | 44256 | 27.89 |
| 1994 | 2495 | 45378 | 12017 | 44654 | 26.91 |
| 1995 | 2203 | 68915 | 12861 | 45042 | 28.55 |
| 1996 | 2336 | 76778 | 13508 | 45289 | 29.83 |
| 1997 | 2099 | 82363 | 13050 | 45962 | 28.39 |
| 1998 | 2004 | 96694 | 12537 | 46432 | 27.00 |
| 1999 | 2071 | 108426 | 12704 | 46897 | 27.09 |
| 2000 | 2085 | 116150 | 12820 | 47964 | 26.73 |
| 2001 | 2132 | —— | 13086 | 49085 | 26.66 |
| 2002 | 2185 | 140434 | 13288 | 48960 | 27.14 |
| 2003 | —— | 152360 | 13573 | 48793 | 27.82 |
| 2004 | 2250 | 172516 | 13866 | 48724 | 28.46 |
| 2005 | 2314 | —— | 14272 | 48494 | 29.43 |

资料来源：历年《中国乡镇企业年鉴》、《中国统计年鉴》。

由于乡镇企业多集中在农村附近，农民此时的就业地点的选择主要还是在本地，此时农户经营的状态主要是兼业型。20 世纪 90 年代初的一项研究显示，其调查的 468 户农户中有 81% 都不同程度兼业，从事非农生产的劳动力有 90.5% 的兼顾农业生产。在 20 世纪 80 年代中期以后，随着改革延伸到城市，国营、集体企业开始发生变化，小型工业、建筑、商业等城市非公有制经济发展起来，农村劳动力逐步开始了异地转移。东部沿海地区是改革的先导，经济的发展首先带动了当地农村剩余劳动力的就业，随着需求的扩张，大量中西部地区农村劳动力也开始涌向了东部的第二、第三产业，开启了跨区域转移之门。以广东东莞为例，1988 年东莞 32 万名外来劳动力中有近 30% 来自外省区。从 20 世纪 80 年代整体来看，农村劳动力转移的规模和增长幅度相当突出（见表 8－11），然而此时的转移主要还是以向本地乡镇企业转移的方式进行的。据统计，1986年，农村劳动力内部转移的占87%，转入城市的仅占13%，而县内转移的占76.2%，县外的占23.8%（见表8－12）。然而此时农村劳动力的转移是非常不平衡的，东部沿海大中城市的经济发展带动了周围农村劳动力的快速转移，而广大中西部不发达地区农村劳动力转移的进程则比较缓慢。据统计，1978～1992年间，仅江苏、浙江、广东三省转移农村劳动力总量就达2700万人，而西南和西北总共才转移了937万人，分别占全国转移总量的41.7%和14.4%，区域间的差异非常明显。

**表8－11 1979～1988年我国农村劳动力转移情况**

| 年份 | 1979 | 1980 | 1981 | 1982 | 1983 | 1984 | 1985 | 1986 | 1987 | 1988 |
|---|---|---|---|---|---|---|---|---|---|---|
| 转移规模（万人） | 3409 | 3848 | 4130 | 4354 | 4912 | 6583 | 7559 | 8534 | 9309 | 9950 |
| 增长（%） | 3.4 | 12.9 | 7.3 | 5.4 | 12.8 | 34.0 | 14.8 | 12.9 | 9.1 | 6.9 |

**表8－12 1986年全国222个村农业劳动力地域转移方式**

| 转移方式或去向 | 数量（人） | 比重（%） |
|---|---|---|
| 一、转移总数 | 70216 | 100.0 |
| 1. 就地转移 | 43223 | 61.6 |
| 2. 异地转移 | 26993 | 38.4 |
| 二、异地转移 | 26993 | 38.4 |
| 1. 本县外乡农村 | 5606 | 8.0 |
| 2. 本省外县农村 | 6513 | 9.3 |
| 3. 本省农村 | 1062 | 1.5 |
| 4. 农村集镇 | 1418 | 2.0 |
| 5. 县城及建制镇 | 3255 | 4.6 |
| 6. 中小城市 | 7941 | 11.3 |
| 7. 大城市 | 1024 | 1.5 |
| 8. 国外劳务输出 | 174 | 0.2 |

## 二、全面转移（1992～2003年）

1992～1996年是改革开放后农村劳动力转移迎来的第二个高峰，农村劳动力外出就业规模迅速增长。1992～1996年，平均每年转移劳动力增加数量超过800万人，年均增长8%。1992年邓小平同志南巡讲话的发表和中共十四大的召开推动了我国计划经济体制向市场经济体制转轨，解除了企业姓"资"姓"社"的思想禁锢，确立了各种经济成分在经济活动中的合法地位，极大地促进了多种所有制企业的发展，也带动了农村第三产业的兴起。乡镇企业在经历了三年徘徊期后率先活跃起来，显示出更加旺盛的生命力，吸纳了大量农村劳动力就业。1992年乡镇企业总产值为18051亿元，从业人数为1.06亿人，到1996年，乡镇企业总产值达到76778亿元，从业人员达1.35亿人，分别增长了325.3%和27.4%。然而，1992年以后农村劳动力转移最大的变化，即异地转移代替就地转移逐渐成为农村劳动力转移的主体。大量农村剩余劳动力由中、西部地区流向经济发达的东部。我国的改革是从东部开始的逐步向内地延伸，特别是在东部沿海地区建立了"经济特区"，以达到以点带面、先富带动后富的作用，从一开始东部沿海地区与内地的发展就存在着巨大差距，东部的发展带动了对劳动力的需求，最早是吸纳本地区劳动力，随着经济发展壮大，逐渐开始吸纳大量外地农村剩余劳动力。20世纪80年代末特别是90年代以后不断涌现的"民工潮"，正是这种异地转移的突出表现。20世纪80年代初我国农村外出打工者不过几百万人，到90年代初则超过2500万人，而到2002年异地转移的农村劳动力已超过8000万人。国家统计局1%人口1996年抽样调查显示：1995年外出就业规模达1.49亿人，其中县外就业劳动力占53.0%。

1997年，爆发东南亚经济危机，正值我国经济刚刚成功实现软着陆，国有企业进行大规模改制重组之时，给中国经济带来了很大冲击，城市就业压力巨大，消费低迷，城市下岗职工再就业问题突出，经济总体出现通货紧缩。乡镇企业也随之开始调整，其发展面临着前所未有的困境，主要表现在：发展速度放慢。1997年产值增长18%，增幅比"八五"平均水平低24.3个百分点。出口增长大幅下降。1997年增长16.5%，增幅比"八五"平均水平低46.9个百分点。外资引进增量减少。1997年增长12%，增幅比"八五"平均水平低61个百分点。亏损面扩大。1997年全国乡镇企业亏损面为8%，比上年有所增加。吸纳农村剩余劳动力的速度减缓。1997、1998两年全国乡镇企业吸纳劳动力减少971万人。针对这些问题，国家开始实施积极的财政政策刺激经济增长，据统计，1998~2000年，国家共增发了3000多亿元国债，带动了银行贷款和自筹资金6000多亿元，建设了近6000个项目，总投资规模达到30000多亿元，一大批水利、交通、能源、环保工程相继建成。这些政策在刺激经济增长的同时，也带给农村剩余劳动力大量就业机会，极大缓解

了乡镇企业滑坡导致的农村劳动力就业不足的困难，成为农村劳动力转移新的亮点，从而影响了农村就业格局的演变。

从产业结构上看，20世纪90年代农民从事非农产业的主体逐渐由第二产业转向第三产业。这与改革开放以来我国经济产业结构和就业结构的演变密切相关，三次产业结构由1978年的28.2：47.9：23.9发展为2006年的11.7：48.9：39.4，三次产业就业结构由1978年的70.5：17.3：12.2变为2006年的42.6：25.2：32.2，农业产值和就业份额分别下降了16.5%和27.9%，而第二产业和第三产业产值份额则不断上升（见表8-13）。从图8-11可以看到，1990年以后第三产业从业人数大幅增加，据统计，1990年从事第二、第三产业人数比1985年分别增加了22.7%、38.0%，2002年从事第二、第三产业人数比1990年分别增加了57.1%，131.3%。可见第三产业已成为吸纳农村剩余劳动力的重要力量。

**表8-13　1952~2006年我国三次产业产值结构和就业结构变化表　单位:%**

| 产业 | 产值结构 | | | 就业结构 | | |
|---|---|---|---|---|---|---|
| | 1952年 | 1978年 | 2006年 | 1952年 | 1978年 | 2006年 |
| 第一产业 | 50.5 | 28.2 | 11.7 | 83.5 | 70.5 | 42.6 |
| 第二产业 | 20.9 | 47.9 | 48.9 | 7.4 | 17.3 | 25.2 |
| 第三产业 | 28.6 | 23.9 | 39.4 | 9.1 | 12.2 | 32.2 |

资料来源：《中国统计年鉴2007》。

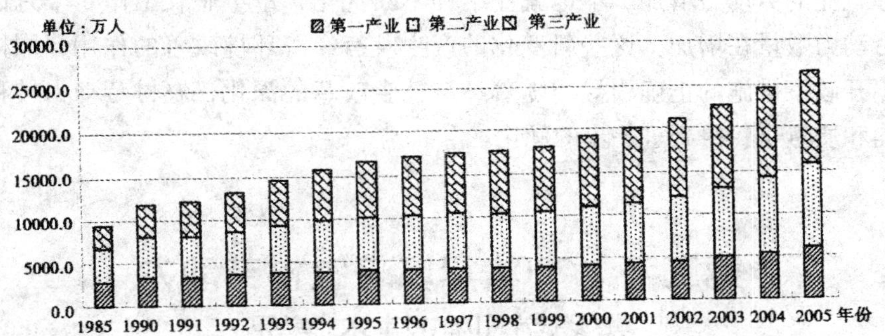


**图8-11　1985~2005年我国农村从业人员三次产业分布图**

可见，这一时期的农村劳动力开始形成多元化多层次的全面转移格局，就业地域本地、异地兼备，就业方向第二、第三产业兼具，虽然存在不少阻力，但总体上看，这一阶段农村劳动力外出就业的规模依然不断扩大，年平均增长500万人左右，年平均增速约4%。国家统计局农调队农村住户2001年抽样调查显示：1997年农村转移劳动力占农村劳动力总数的18.1%，农村转移劳动力总数为8315万人，2000年分别为23.6%、11340万人，到2002年已达26.3%、13740万人，农村劳动力转移在稳步增长中全面展开。

总体上看，1992～2003年中国经济社会的发展从根本上带动了农村劳动力大规模转移，并带动了转移结构的变化，异地转移在各方面条件的综合作用下开始凸显出来，逐渐成为带动农村劳动力转移新的增长点。与此同时，就地转移也在发生深刻变化，就业质量、就业结构和就业产业都得到进一步优化，其适合国情的灵活性随着国民经济的起伏表现得非常突出。这一阶段里，就地转移与异地转移共同构成了农村劳动力全面转移的有机组成。

### 三、优化转移（2004年至今）

2004年以来，我国进入新一轮的经济增长期，党和国家出台一系列顺应时代发展的大政方针，增长质量、社会公平逐渐成为发展的目标。在其影响之下，我国农村劳动力在继续扩大转移的前提下，开始走上了一条结构优化、质量提升的新型转移道路。这主要体现在：①农民工回乡创业热潮凸显，早在20世纪90年代末，不少农民工带着在城市积累的资金、经验，返回家乡进行创业。近几年，这种方式的回流更加普遍，其社会经济效益正在逐步得到显现。②城乡二元格局正在被打破，就业环境不断改善，农民进城务工的制度性限制越来越少；职业培训得到普及，农民工就业质量不断提升，工资也在提高。③转移就业质量不断提高，非农就业收入增加，累计6个月以上转移就业的劳动力增加。本地就业结构不断优化，每年非农工作6个月以上的劳动力数量在增加。这些新变化的产生既有经济环境改善的作用，同样也离不开政策措施的正确引导。随着经济社会改革的深化，农村劳动力转移的结构和质量也将得到进一步的优化。

## 第二节　2004年以来农村劳动力转移就业的基本情况

### 一、农村劳动力转移就业的现状及特征

#### （一）农村劳动力转移规模特征

近几年来，随着经济发展，农村劳动力转移就业规模不断扩大，到

2006 年，我国农村劳动力转移就业规模已达 2.07 亿人，比 2000 年增加 5546 万人，增加了 36.50%，年均增长率为 6.42%。2004 年以来，农村劳动力转移就业呈稳步增长态势，2005 年、2006 年分别比上年增长了 1.07% 和 1.40%。而且，转移就业劳动力比重也逐年增加，2006 年有 45.30% 的农村劳动力参与了非农就业，这一比重比 2004 年增加了 6.87 个百分点（见表 8－14）。

**表 8－14　2000～2006 年我国农村劳动力总量和转移就业基本情况**

| 年份 | 全国总人口（万人） | 乡村人口数（万人） | 农村劳动力数（万人） | 农村转移就业劳动力数（万人） | 转移就业劳动力/农村劳动力（%） |
|---|---|---|---|---|---|
| 2000 | 126743 | 80837 | 47962 | 15165 | 31.60 |
| 2003 | 129227 | 76851 | 48971 | 17711 | 36.17 |
| 2004 | 129998 | 75705 | 49695 | 19099 | 38.43 |
| 2005 | 130756 | 74544 | 50387 | 20412 | 40.51 |
| 2006 | 131448 | 73742 | 45720 | 20711 | 45.30 |

资料来源：《中国农业发展报告 2007》。

**（二）农村劳动力转移地域构成**

从农村劳动力非农就业的地域范围看，可分为本村、村外乡内、县内乡外、县外省内、省外国内和境外，2005 年，以上区域构成分别为 27.76%、14.38%、14.80%、17.23%、25.27% 和 0.56%。其中，在本村范围内非农就业所占比重最高，其次为省外和县外，可见，本村范围内的非农就业是农民转移就业的一个重要组成部分，这可能与农民的兼业特征密切相关。

将以上地域范围归类，由于农村劳动力在县域范围内就业和县域外就业从与家庭的联系、居住地点和与农业的关系方面看都存在着显著的区别，所以以县来划分以上地域范围，在县域范围内非农就业为就地就近转移，而县域范围以外非农就业为异地转移。通过划分我们可以发现，2003～2005 年就地转移和异地转移的规模均在不同幅度的增加，其中，就地转移所占比重高于异地转移，2005 年，就地和异地转移规模分别为 55.51% 和 44.49%；而就地转移所占比重不断减小，异地转移比重不断增加（见表 8－15）。

表 8-15　农村劳动力就地和异地转移构成

| 年份 | 农村转移劳动力（万人） | 比重（%） | 异地转移就业劳动力（万人） | 占转移劳动力比重（%） | 就地就近转移就业劳动力（万人） | 占转移劳动力比重（%） |
|---|---|---|---|---|---|---|
| 2003 | 17711 | 36.17 | 7201.29 | 40.66 | 10509.71 | 59.34 |
| 2004 | 19099 | 38.43 | 8395.92 | 43.96 | 10703.07 | 56.04 |
| 2005 | 20412 | 40.51 | 9081.30 | 44.49 | 11330.70 | 55.51 |

资料来源：农业部固定观察点。

**（三）农村劳动力转移产业构成**

随着农村非农经济发展和城镇非正规部门的兴起，农村劳动力转移就业呈现出多元化的趋势，不仅向工业企业转移就业，第三产业也是农民转移就业的重要支撑，而且第三产业的作用越来越凸显。2005 年，在第三产业就业的农村劳动力比重占 52.66%。从具体的行业分布看，工业仍占据了重要地位，占 29.45%；其次为建筑业，占 17.90%；再次为商业餐饮服务业和交通运输业分别占 14.39% 和 7.68%。

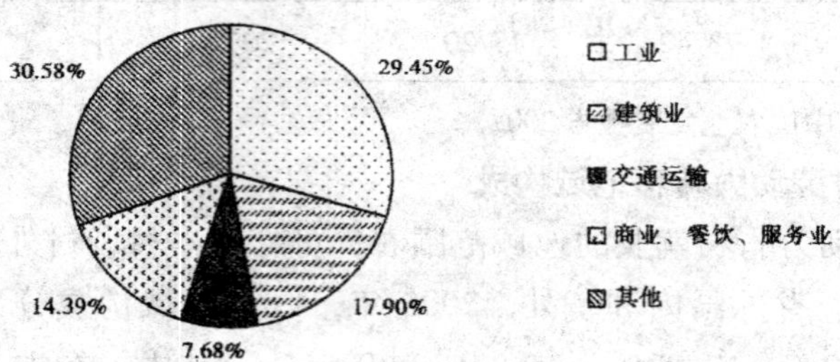


图 8-12　农村劳动力转移就业的产业构成

资料来源：《中国农业发展报告 2007》。

**（四）农村劳动力转移就业的时间构成**

从非农就业时间上看，不同的农村劳动力转移就业时间有较大差异，有些劳动力外出就业时间短，累计不足 6 个月甚至只有十几天，而有些劳动力则全年都参与非农就业。根据农村劳动力转移就业的定义，只有外出就业时间累计 6 个月以上的劳动力才能称为转移劳动力，但实际上还存在许多以农业生产为主兼顾非农就业的劳动力，虽然这部分劳动力没有实现转移，但是进行就地或异地转移的基础；另一方面，当外出就业机会减少，农村劳动力不能充分就业，那么兼业劳动力增加，所以，非农就业时间可以在一定程度上反映出劳动力转移就业的稳定性和质量。

从总体上看，近年来农村劳动力非农就业时间有所增加。2005 年，我国

农村劳动力一年累计平均非农就业时间为205.4天，转移劳动力平均就业时间为278.2天，均高于2004年和2003年的水平（见表8－16）。2003年，由于受到“非典”疫情的影响，农村劳动力外出就业受到限制，因而非农就业时间减少。

从非农就业时间的具体构成看，从事非农就业的劳动力中，有62.92%的劳动力实现了转移，而另外37.08%的劳动力参与了以农业生产为主的兼业。在转移就业的劳动力中，有一半以上累计非农就业时间在300天以上，这说明转移就业劳动力非农就业相对稳定，而在参与非农生产而未实现转移的劳动力中，累计非农就业时间在120天以下的占了主要地位，这也说明了这部分劳动力“兼业”特征明显。可见，从就业时间看，农村劳动力从事非农就业的稳定性有待提高。

**表8－16　2003～2005年农村劳动力非农就业时间基本情况　单位：天**

| 年份 | 非农平均就业 | 转移平均就业时间 |
|---|---|---|
| 2003 | 185.8 | 253.9 |
| 2004 | 201.3 | 274.9 |
| 2005 | 205.4 | 278.2 |

资料来源：农业部固定观察点。

**表8－17　农村劳动力非农就业的时间构成　单位:%**

| | 60天以内 | 60～120天 | 120～180天 | 180～240天 | 240～300天 | 300天以上 |
|---|---|---|---|---|---|---|
| 构成 | 15.66 | 13.53 | 7.88 | 13.85 | 12.37 | 36.70 |

资料来源：农业部固定观察点。

**（五）农村劳动力转移就业的收入情况**

非农就业收入已经成为农民家庭收入的重要来源，而且这一作用越来越凸显。2006年农民家庭人均纯收入为3587元，家庭经营收入为1931元，外出务工收入为1656元，非农收入对农民收入的贡献为46.17%，这一比重比2000年增加了9.52个百分点（见表8－18）。

**表8－18　农民家庭人均收入情况**

| 年份 | 2000 | 2001 | 2002 | 2003 | 2004 | 2005 | 2006 |
|---|---|---|---|---|---|---|---|
| 家庭人均纯收入（元） | 2253 | 2366 | 2476 | 2622 | 2936 | 3255 | 3587 |
| 非农收入的贡献（%） | 36.65 | 38.31 | 39.96 | 41.22 | 40.54 | 43.33 | 46.17 |

资料来源：《中国农业发展报告2007》。

（六）转移就业劳动力的人口特征

1. 年龄特征

从农村劳动力年龄特征看，2005 年，从事农业生产或以从事农业生产为主的劳动力平均年龄为44.1 岁，大于转移劳动力的平均年龄（34.2 岁），在转移就业的劳动力中，异地转移劳动力平均年龄为29.4 岁，而就地转移劳动力平均年龄相对偏大为39.7 岁，而且2002～2005 年的趋势相同（见表8－19）。这说明，外出就业的劳动力与未转移劳动力相比年龄偏小，异地转移劳动力与就地转移劳动力相比年龄偏小。

**表8－19　2003～2005 年我国农村劳动力的平均年龄　单位：岁**

| 年份 | 农村劳动力平均年龄 | 从事农业生产劳动力平均年龄 | 转移劳动力平均年龄 | 转移就业劳动力中 | |
|---|---|---|---|---|---|
| | | | | 就地转移劳动力平均年龄 | 异地转移劳动力平均年龄 |
| 2003 | 39.4 | 42.8 | 34.4 | 39.1 | 28.5 |
| 2004 | 39.8 | 43.5 | 33.8 | 39.4 | 28.9 |
| 2005 | 40.1 | 44.1 | 34.2 | 39.7 | 29.4 |

资料来源：农业部固定观察点。

从各年龄段农村劳动力就业选择看，随着年龄的增长，选择从事农业生产的比重越来越高，而向非农产业转移的比重逐渐降低，特别是向异地转移的比重很低。年龄位于1525 岁年龄段的劳动力外出就业的比重为58.9%，位于26～35 岁、36～45 岁、46～55 岁年龄段的劳动力外出就业的比重分别为49.9%、36.6%和27.5%，56～65 岁农村劳动力外出就业的比重最低，为20.5%（见表8－20）。在外出就业的农村劳动力中，随着年龄的增长，就地转移劳动力的比重不断增加，异地转移劳动力的比重不断降低，年龄相对较小的农村劳动力倾向于选择异地转移就业，而年龄相对偏大的农村劳动力更倾向于就地转移就业，15～25 岁外出就业的农村劳动力仅有38.7%选择在本地就业，大部分都选择了异地转移就业，而56～65 岁外出就业的劳动力有87.8%选择了就地转移。这也验证了就地转移劳动力的平均年龄大于异地转移就业劳动力的平均年龄。就地转移就业年龄相对偏大，可能是由于年龄偏大的劳动者在精力和体力上都要逊色于年轻劳动者，而且年纪偏大的劳动者家庭结构比较庞大，常常是上有老人下有小孩，家庭负担较重，所以他们更倾向于就地转移，这样在增加家庭收入的同时可以有更多的时间照顾家庭。

**表 8－20　农村劳动力各年龄段就业分布　单位:%**

| 年龄段 | 农村劳动力年龄分布 | 从事农业生产劳动力在此年龄段的比重 | 就地转移在此年龄段的比重 | 异地转移在此年龄段的比重 |
|---|---|---|---|---|
| 15～25 岁 | 18.4 | 41.1 | 22.8 | 36.1 |
| 26～35 岁 | 20.9 | 50.1 | 26.4 | 23.5 |
| 36～45 岁 | 22.9 | 63.4 | 26.0 | 10.6 |
| 46～55 岁 | 24.7 | 72.5 | 22.6 | 4.9 |
| 56～65 岁 | 13.1 | 79.4 | 18.0 | 2.5 |

资料来源：农业部固定观察点。

2. 性别特征

从农村劳动力转移就业的性别特征看，男性劳动力所占比重较大。2005年，转移就业的劳动力中，男性劳动力占了63.55%，女性劳动力占36.45%，与我国农村劳动力性别平均构成相比（男性女性比例为55.63：44.37），男性劳动力更偏重于外出就业。而对于外出就业劳动力来说，选择就地转移还是异地转移没有明显的性别偏好（见表8－21）。

**表 8－21　农村劳动力性别构成　单位:%**

| | 男性 | 女性 |
|---|---|---|
| 农村劳动力性别构成 | 55.63 | 44.37 |
| 农业生产劳动力性别构成 | 47.71 | 52.29 |
| 转移就业劳动力性别构成 | 63.55 | 36.45 |
| 就地转移劳动力性别构成 | 64.06 | 35.94 |
| 异地转移劳动力性别构成 | 63.27 | 36.73 |

资料来源：农业部固定观察点。

3. 接受教育和培训情况

农村劳动力受教育程度和接受培训情况对其就业选择有着较大的影响，一般来说，外出就业劳动力的基本素质高于从事农业生产的劳动力。2005 年，我国农村劳动力平均受教育年限为7.03 年，以从事农业生产为主劳动力平均受教育年限为6.48 年，而转移就业劳动力平均受教育年限相对高，为8.05年。但从总体上看，不论农村劳动力还是转移就业劳动力，基本素质还需要进一步提高，以转移就业劳动力为例，受初中级以上文化程度的劳动力仅占了1/2，接受过职业教育或培训劳动力的比例不足1/5（见表8－22）。

表 8－22　农村劳动力受教育程度和接受培训情况

| | 农村劳动力 | 从事农业生产的劳动力 | 转移就业劳动力 |
|---|---|---|---|
| 平均受教育年限（年） | 7.03 | 6.48 | 8.05 |
| 初中以上文化程度的比例（%） | 34.42 | 26.34 | 49.49 |
| 接受过职业教育或培训的比重（%） | 8.23 | 4.15 | 15.86 |

资料来源：农业部固定观察点。

## 二、农村劳动力转移就业的区域差异

### （一）转移就业规模的差异

我国幅员辽阔、资源禀赋，经济发展水平、工业化程度都存在较大差异，因而不同区域在农村劳动力配置上呈现出不同的特点和特征。从西部到东部，随着经济发展水平的提升，农村劳动力外出就业的比重越高，与此同时，就地转移的比重也越高。东部地区外出就业的劳动力中，大多数选择就地转移，这一比例占到了70%以上，而中西部地区选择就地转移的劳动力仅占40%左右。2002 年至 2005 年，东部地区农村劳动力非农就业格局基本没变，而中西部地区，除 2003 年受“非典”疫情影响就地转移就业比重增加外，农村劳动力选择就地转移有下降的趋势，异地转移就业的比重不断增加。2005 年，东、中、西部就地转移占农村劳动力外出就业的比重分别为 69.5%、45.3% 和 40.4%，可见，东部地区农村剩余劳动力就地转移的比例高于中西部地区（见图 8－13）。

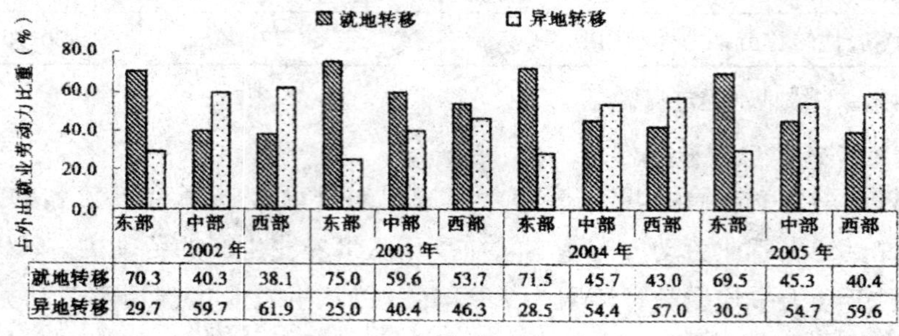


图 8－13　2002～2005 年东中西部地区农村劳动力非农就业区域构成及其变化

2007 年，国务院发展研究中心农村部的社会调查也显示出了这种区域差异：经济不发达、农民收入水平低的中西部地区，农村劳动力更多地选择异地转移就业；而经济相对发达，农民收入水平高的东部地区，农村劳动力更

愿意在当地从事非农就业，通过当地的乡镇企业、民营企业实现就地就近转移。例如，江苏省、浙江省和上海市都是经济发展水平较高的省（市），农民人均收入水平在6600元以上，排在全国前列，农村剩余劳动力主要选择在本地就业，就地转移劳动力占全部外出就业劳动力的2/3。特别是将这些东部经济发达省份与中西部落后省份相比，劳动力就业选择的区域差异更加明显，青海、内蒙古、广西等省份农民人均纯收入不足2000元，其农村剩余劳动力更多的选择异地转移就业，选择就地转移的劳动力只占外出就业劳动力的1/10左右（见表8－23）。

**表8－23　2006年我国部分省（市）农村劳动力非农就业区域构成**

| 区域 | 省、市、自治区 | 转移就业劳动力占农村劳动力比重（%） | 就地转移劳动力占转移就业劳动力比重（%） | 异地转移劳动力占转移就业劳动力比重（%） | 农民人均纯收入（元） |
|---|---|---|---|---|---|
| 东部 | 江苏 | 59.63 | 73.33 | 26.67 | 8151.29 |
| | 浙江 | 42.98 | 69.77 | 30.23 | 6991.17 |
| | 上海 | 53.04 | 66.04 | 33.96 | 6630.31 |
| | 山东 | 43.84 | 38.64 | 61.36 | 4281.06 |
| 中部 | 河北 | 28.12 | 14.29 | 85.71 | 1839.59 |
| | 河南 | 42.11 | 16.67 | 83.33 | 2418.12 |
| | 湖北 | 35.76 | 22.22 | 77.78 | 3146.39 |
| | 湖南 | 53.47 | 25.93 | 74.07 | 2426.95 |
| 西部 | 四川 | 19.86 | 26.32 | 73.68 | 2997.32 |
| | 重庆 | 56.18 | 14.29 | 85.71 | 2796.42 |
| | 广西 | 31.05 | 12.90 | 87.10 | 2084.49 |
| | 青海 | 47.84 | 10.42 | 89.58 | 2049.55 |
| | 甘肃 | 36.68 | 32.43 | 67.57 | 1916.80 |
| | 内蒙古 | 25.75 | 11.65 | 88.35 | 1828.67 |
| | 云南 | 12.51 | 24.78 | 75.22 | 1700.53 |
| | 陕西 | 29.03 | 13.78 | 86.22 | 1641.78 |
| | 贵州 | 40.86 | 14.63 | 85.37 | 981.36 |

资料来源：国务院发展研究中心农村部调查数据整理。

### （二）收入差异

由于转移就业的区域差异，农村劳动力在收入构成上也存在明显的区域差异。东部地区农村剩余劳动力选择就地就近转移的比例较高，因而在农民人均收入的构成中来自本地非农就业的份额相对较大，2006 年，东部地区农民人均收入中有 26.28% 来自本地非农就业的收入。相比较而言，西部地区的农民收入中仅有 19.83% 来自本地非农就业。单独从收入水平看，不论东、中、西部地区本地非农就业的收入都要低于异地非农就业的收入水平，但东、中、西部相比较，依然是东部地区本地非农就业的劳动力收入水平较高，以家庭为核算单位，东部地区本地非农就业的人均收入水平为 978 元，分别比中部和西部地区高 42.01% 和 69.79%（见表 8－24）。

**表 8－24　2006 年东部、中部、西部地区农民人均收入及其构成**

| 区域 | 农民人均收入（元） | 农业 | | 本地非农就业 | | 异地非农就业 | |
|---|---|---|---|---|---|---|---|
| | | 收入（元） | 比重（%） | 收入（元） | 比重（%） | 收入（元） | 比重（%） |
| 东部 | 3721 | 1317 | 35.39 | 978 | 26.28 | 1564 | 42.03 |
| 中部 | 2951 | 961 | 32.57 | 695 | 23.55 | 1446 | 49.00 |
| 西部 | 2904 | 1069 | 36.81 | 576 | 19.83 | 877 | 30.20 |

资料来源：国务院发展研究中心农村部调查数据整理。

**（三）产生原因**

农村劳动力转移就业的区域差异与区域间经济发展水平的差距密切相关，东部地区县域经济发达、交通便利，许多企业和工厂选择到东部乡村落户，为当地提供了大量的就业岗位，使得当地大多数的农村剩余劳动力选择就近转移，同时，还吸引了众多外来就业的农村劳动力。而大部分中西部地区经济发展落后、资源禀赋差、缺乏产业支撑，不能有效带动当地劳动力就业，所以农村劳动力自然向发达地区转移，出现了大部分劳动力选择异地非农就业的局面。仅以乡镇企业为例，2006 年，全国共有 2314 万个乡镇企业，大部分集中在东部和中部地区，其中，东部 1035 万个，占全国总数的 44.73%，中部 910 万个，占全国的 39.33%，西部地区仅拥有 369 万个乡镇企业，占 15.94%（见表 8－25）。由于东部地区乡镇企业以手工业、制造业等劳动密集型企业为主，而中西部地区的乡镇企业多是依靠资源发展起来的，所以，在吸纳劳动力就业上也存在很大的差异，东部地区平均每个企业可吸纳 7.9 个劳动力就业，中部地区平均每个企业可吸纳 5.4 个劳动力，而西部地区每个企业仅可以吸纳 4.2 个劳动力就业。正是这种经济发展水平的差异，使东部地区县域经济成为当地农村劳动力非农就业的主阵地，同时也是外来农村劳动力就业的流入地。可见，受经济发展水平的影响，特别是县域经济发展差异的影响，农村劳动力就地转移的区域差异明显，东部地区农村劳动力以就地转移为主，而中西部地区则以异地转移为主。

表8－25　2006年东、中、西部乡镇企业发展基本情况

| 区域 | 乡镇企业数（万个） | 增加值（亿元） | 从业人员数（万人） |
|---|---|---|---|
| 东部 | 1035 | 40431 | 8235 |
| 中部 | 910 | 14157 | 4893 |
| 西部 | 369 | 3367 | 1552 |
| 全国 | 2314 | 57955 | 14680 |

资料来源：《中国乡镇企业统计年鉴2006》。

## 三、东部沿海地区农民工供给变化趋势

### （一）东部沿海地区农民工总量

2004年在东部沿海地区务工的农民工达6511万人，2001～2004年年均约增加500万人，在东部沿海地区务工的农民工占全部外出农民工的比重2001年为67.8%，2002年为67.3%，2003年为68.2%，2004年上升到70%。在东部沿海地区务工的农民工无论是所占比重还是绝对数量都呈上升趋势。

从2004年东部地区农民工的就业省区看，主要分布在以下省（市）：在广东省务工的农民工占40.8%，在浙江省务工的农民工占11.5%，在江苏省务工的农民工占9.7%，在山东省务工的农民工占6.8%，在上海市务工的农民工占6.3%，在福建省务工的农民工占6%，在北京市务工的农民工占5.5%，在河北省务工的农民工占5.2%。在广东省务工的农民工达2600多万人，而在整个中西部地区务工的农民工也不过2800多万人，全国超过1/4的农民工在广东省务工。

### （二）东部沿海地区农民工的来源构成及变化趋势

1. 东部地区农民工来源构成

2004年，在东部沿海地区务工的农民工49%来自本地区，36%来自中部地区，15%来自西部地区。主要来自以下各省：安徽9.2%，广东8.1%，江苏8.1%，江西7.6%，广西6.9%，山东6.7%，湖北6.5%，湖南6.6%，河北5.7%，四川5.6%，河南5.3%。

2. 东部地区农村外出务工劳动力变化趋势

2004年东部地区农村外出务工劳动力3934万人，其中：农村常住户中外出务工的劳动力3188万人，举家外出务工的劳动力746万人。东部地区农村常住户外出劳动力占东部地区农村劳动力的比重呈逐年增加的趋势，2001年

这一比重为14.4%，2002年为15.6%，2003年为16.5%，2004年为17.4%。

2004年，东部沿海地区外出务工劳动力占乡村劳动力比重高于20%的有4个省（区），分别是江苏、福建、广东、广西；所占比重在10%~20%的有北京、天津、河北、辽宁、上海、浙江、山东等省（市）。

3. 中西部地区农民工向东部地区流动的变化趋势

2004年，中部地区外出务工劳动力4728万人，西部地区外出务工劳动力3161万人。中部地区外出务工劳动力占劳动力的比重为27.2%；西部地区外出务工劳动力占劳动力的比重为25.4%。从外出劳动力的数量看，东部地区外出务工劳动力增加速度要略慢于中西部地区。2004年东部地区外出务工劳动力比2003年增加123万人，增长3.2%；中部地区外出务工劳动力增加205万人，增长4.5%；西部地区外出务工劳动力增加105万人，增长3.4%。

中部地区65.2%的外出劳动力流向东部地区，这一比重比2003年提高了1.2个百分点。西部地区41%的外出劳动力流向东部地区，比2003年提高4个百分点。而相应的在中西部地区务工的劳动力所占比重有所下降，表明外出务工劳动力在一定时期内有进一步向东部地区集中的趋势（见表8-26）。

**表8-26　农民工就业的地区分布　单位:%**

| 输出地 | 输入地 | | | | | |
|---|---|---|---|---|---|---|
| | 2004年 | | | 2003年 | | |
| | 东部 | 中部 | 西部 | 东部 | 中部 | 西部 |
| 全国 | 70.0 | 14.2 | 15.6 | 68.0 | 14.7 | 17.1 |
| 东部 | 96.6 | 2.1 | 0.8 | 96.3 | 2.4 | 0.9 |
| 中部 | 65.2 | 32.8 | 1.8 | 64.0 | 33.9 | 1.8 |
| 西部 | 41.0 | 2.9 | 55.8 | 37.0 | 2.9 | 60.0 |

**（三）东部沿海地区农民工的主要特点**

1. 以青年男性为主，女性比例明显要高于中西部地区，平均年龄有所上升

2004年东部地区农民工中女性占37.4%，中部地区农民工中女性占26%，西部地区农民工中女性占23.6%。

从年龄看，在东部地区务工的农民工平均年龄为28岁。其中，16~20岁的农民工占19%，21~25岁的农民工占30.3%，26~30岁的农民工占16.7%，31~40岁的农民工占20.7%，40岁以上的农民工占12.3%。表8-27显示，近几年在东部地区务工农民工平均年龄有所上升，比较明显的是16

~20 岁的农民工所占比重由 2002 年的 22.1% 下降到 2004 年的 19%，30 岁以上的农民工所占比重则提高了 2.3 个百分点。

**表 8-27　东部地区农民工平均年龄及年龄结构　单位:%**

| | 2004 年 | 2003 年 | 2002 年 |
|---|---|---|---|
| 平均年龄（岁） | 28.4 | 27.9 | 27.7 |
| 16~20 岁 | 19.0 | 21.2 | 22.1 |
| 21~25 岁 | 30.3 | 30.1 | 29.1 |
| 26~30 岁 | 16.7 | 16.1 | 16.2 |
| 31~40 岁 | 20.7 | 19.9 | 20.1 |
| 40 岁以上 | 12.3 | 11.3 | 10.6 |

2. 农民工文化程度高于全国平均水平

2004 年在东部地区务工的农民工中，文盲占 1.4%，小学文化程度占 14.9%，初中文化程度占 67.1%，高中文化程度占 11.4%，中专及以上文化程度占 5.2%。总体上看，东部地区的农民工文化程度要高于农村劳动力平均水平，初中及以上文化程度占 83.7%，比全国农村劳动力平均水平高 20.4 个百分点。

3. 农民工主要从事制造业和建筑业

2004 年在东部地区农民工中，从事制造业的农民工所占比重最大占 37.9%，其次是建筑业占 18.3%，居民服务业和其他服务业占 10.2%，住宿餐饮业占 5.9%，批发零售业占 4.1%。从事制造业的农民工 2002 年占 29.6%，2003 年占 32.4%，2004 年上升到 37.9%；从事建筑业的农民工 2002 年占 7.2%，2003 年占 14.6%，2004 年上升到 18.3%。从事制造业和建筑业的农民工比重逐年上升。

在东部地区务工的农民工以从事制造业为主，而中、西部地区务工农民工以从事建筑业为主，分别占 30.1% 和 37%（见表 8-28）。

**表 8-28　2004 年农民工在不同地区务工从事的主要行业所占比重　单位:%**

| | 全国 | 东部地区 | 中部地区 | 西部地区 |
|---|---|---|---|---|
| 采矿业 | 1.8 | 1.0 | 4.3 | 3.4 |
| 制造业 | 30.3 | 37.9 | 14.1 | 11.2 |
| 建筑业 | 22.9 | 18.3 | 30.1 | 37.0 |
| 交通运输、仓储和邮政业 | 3.4 | 3.2 | 4.0 | 3.7 |

| 批发零售业 | 4.6 | 4.1 | 5.7 | 5.4 |
|---|---|---|---|---|
| 住宿餐饮业 | 6.7 | 5.9 | 9.5 | 7.4 |
| 服务业 | 10.4 | 10.2 | 11.9 | 10.0 |

4. 超过1/3的农民工月收入水平在500~800元

2004年，在东部地区务工的农民工月平均收入798元，比2003年增加89元，增长12.6%。其中，月均收入在300元以下的农民工占7%，比2003年下降1.8个百分点；月均收入在300~500元的农民工占16.7%，下降4.7个百分点；月均收入在500~800元的农民工占36.8%，下降1.3个百分点；月均收入在800~1000元的农民工占17.4%，上升4.3个百分点；月均收入在1000元以上的农民工占22.2%，上升4.4个百分点（见表8-29）。

**表8-29　农民工在不同地区务工月均收入　单位：元**

| | 2004年 | 2003年 | 2002年 |
|---|---|---|---|
| 全　国 | 780 | 702 | 659 |
| 东部地区 | 798 | 709 | 669 |
| 中部地区 | 724 | 643 | 623 |
| 西部地区 | 701 | 644 | 589 |

5. 不同就业地区和不同年龄组的农民工收入水平有差异

在东部地区务工的农民工收入高于在中西部地区务工的收入。东部地区农民工月平均收入比中部地区高74元，比西部地区高97元。从东部各主要省（市）看，北京、上海、江苏、浙江、福建的农民工月均收入高于东部地区平均水平，而河北、山东、广东则低于平均水平。在广东省务工农民工月收入702元，比东部地区平均水平低96元，其收入水平相当于在西部地区务工的平均水平。

在东部地区直辖市和省会城市务工的农民工收入高于在地级以下中小城市务工的收入。在直辖市务工的农民工平均月收入为920元，在省会城市务工的农民工平均月收入860元，明显要高于在地级及以下中小城市务工的收入。在地级市、县级市和建制镇务工的农民工平均月收入分别为761元、759元和740元。

高年龄组农民工收入水平要高于低年龄组的收入水平。16~20岁的农民工平均月收入为643元，21~25岁的农民工平均月收入为743元，26~30岁的农民工平均月收入为849元，31~40岁的农民工平均月收入为901元，41~50岁的农民工平均月收入为933元，50岁以上的农民工平均月收入为832

元（见图8－14）。

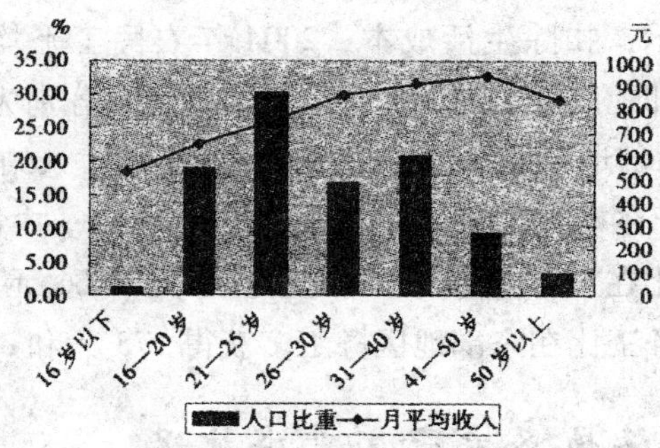


**图8－14　东部地区不同年龄组农民工所占比重及月收入水平**

6. 东部地区农民工生活消费支出相对较高

东部地区农民工六成以上是在地级以上大中城市务工，而近年来城市主要消费品价格的大幅上涨，加大了农民外出务工的迁徙成本。2004年在东部地区务工农民月均生活消费支出为304元，比中部地区高67元，比西部地区高53元。

表8－30显示，中部地区农民工在本地务工的月均消费支出是224元，而到东部和西部地区务工的月均消费支出分别是282元和235元；西部地区农民工在本地务工的月均消费支出是248元，而到东部和中部地区务工的月均消费支出分别是322元和283元。中西部地区的农民工去东部地区务工不仅收入低，而且开销大。

**表8－30　2004年跨区域流动农民工收入和消费支出比较　单位：元/人·月**

| | | 在东部地区务工 | 在中部地区务工 | 在西部地区务工 |
|---|---|---|---|---|
| 东部地区外出劳动力 | 收入 | 892 | 1115 | 1337 |
| | 生活消费支出 | 311 | 349 | 427 |
| | 收入结余 | 580 | 766 | 910 |
| 中部地区外出劳动力 | 收入 | 698 | 682 | 717 |
| | 生活消费支出 | 282 | 224 | 235 |
| | 收入结余 | 416 | 458 | 482 |
| 西部地区外出劳动力 | 收入 | 723 | 859 | 688 |
| | 生活消费支出 | 322 | 283 | 248 |
| | 收入结余 | 401 | 576 | 440 |

7. 中西部地区农民工在东部地区务工收入结余少

如表8－30所示，扣除生活成本，2004年农民工平均收入结余489元，在东部、中部和西部地区务工的农民工平均收入结余分别为494元、487元和450元。而中部、西部地区农民工在东部地区的平均收入结余分别是416元和401元，都明显低于在本地区务工的农民工平均结余。中部地区农民工在中部、西部地区务工比在东部地区务工多获得42元和66元；西部地区农民工在中部、西部地区务工比在东部地区务工多获得175元和39元。

## 四、东部沿海地区农民工需求状况

在广东省务工的农民工约占在整个东部沿海地区农民工的40%，全国超过1/4的农民工在广东省务工，广东省农民工需求的变化对东部地区农民工需求的变化具有代表性和前瞻性。根据2004年年底对广东省白云、番禺、三水和惠阳四个区9家劳务中介机构、20家企业的调查，多数企业经营情况较好，对劳动力的需求增加，而求职登记人数减少，部分企业用工紧缺的情况并没有得到缓解。

### （一）东部地区对农民工的需求继续增加

1. 求职登记人数减少，用工需求登记人数大幅度增加

根据对劳务中介机构调查，2004年1～10月在9家劳务中介机构中求职登记的总人数为29636人，比2003年同期36440人减少6804人，减少18.7%。其中，求职登记的农民工人数20608人，农民工中有技术专长的求职登记人数为3611人，比去年同期分别减少21.3%和10.9%。与此同时，企业用工需求登记人数为255155人，比2003年同期增加142918人，增加1.27倍。其中技术工需求登记人数为99660人，比2003年同期增加1.65倍。多数企业经营情况较好，产品销路比较顺畅，对劳动力的需求大量增加，而求职登记人数的减少，表明劳动力供给的不足。

2. 农民工为企业员工主体，企业用工仍然紧缺

根据对企业的调查：2004年调查企业每家平均有员工837人，其中农民工为757人，占90.4%。在农民工中，外省农民工为621人，占82%，即农民工为企业人员的主体，而外省农民工又是农民工的主体。20家企业中缺少员工的有11家，占55%。调查企业每家平均缺工74人（占现有员工的8.8%），比上年平均缺工51人增长45.1%。每家企业缺少技工26人，比上年增加36.8%。番禺区骏丰鞋厂有岗位2000个，在岗员工有1600人，缺少员工达1/5。

3. 企业工资略有增加，招工费用大幅度上升

2004年，企业中农民工的平均月收入为925.7元（其中企业主对食堂伙食补贴71.3元、对住宿补贴32.6元），比上年平均894.1元提高3.5%。另外，企业为每位农民工每月购买各种社会保险100.2元，比上年86.9元增加15.3%。企业新招一名农民工发生的费用平均为102.9元，比上年77.1元增加33.5%。20家企业中认为“招工比去年困难的”有9家，认为“招工情况和上年差不多”的也有9家，各占45%。

4. 招工不足对企业造成影响，但企业主认为增加农民工工资有困难

调查中，在回答“招工不足，对企业的主要影响”时，12位企业主认为是“影响按时交货和企业利润”，占60%；有5位认为是“影响企业信誉”，占25%；有3位认为是“企业主不敢放手接大单”，占15%。招工不足给企业造成了莫大的困扰，但企业主认为没有能力提高工资。20位企业主，认为企业能够承受普通工人的最高月工资在1000元以上的只有1位，19位认为只能在1000元以下。在回答“难以提高农民工工资的主要原因”时，认为“企业竞争激烈，企业利润很低”的有14位，占70%；认为“原材料价格上升多，产品出厂价上升少”的有6位，占30%。

**（二）东部地区农民工需求的变化趋势**

1. 随着经济社会发展和生产力水平提高，社会各方面对劳动力素质要求越来越高

广东省劳动就业服务管理中心根据对部分企业的抽样调查结果指出，广东省不是“劳工荒”，而是“技工荒”。广东省需要大量有技能的、适应制造业的“新型民工”。广东省要打造“世界制造业中心”，而制造业尤其是机械加工业的快速发展，对工人素质要求越来越高。广东省劳动和社会保障厅在“2004年广东省劳动保障工作意见”中指出：目前广东省获得职业资格证书的技术技能劳动者共有296.5万人，其中高级以上技工11.7万人，不到全国4%的平均水平，与发达国家的40%更是差距极大。

南方人才市场测评中心分析认为：伴随着珠江三角洲等经济发达地区进入工业化中期阶段，产业结构开始调整和升级，科技含量高、对工人素质要求高的产业逐渐替代了原有的劳动密集型、简单来料加工型产业，这些新兴高科技产业自然也对工人提出了更高的要求。

2. 劳动力供不应求的职业趋向技术类工种

据《广东省2004年第二季度劳动力市场供求状况分析》统计数据显示：按职业小类划分供不应求的前十大职业中，技术工人就有裁剪缝纫工、机械

工程技术人员、车工三类，职位供求缺口为25424个，求人倍率为3.41，即每3.41个职位仅有1人应聘。广东省短缺的技能人才涉及模具、数码机床、电子、机电、设备维护、铸造、高级车工、焊工、铣工、钳工、汽车维修和美容、服装设计、网络维护、计算机操作等多个门类。如佛山市供不应求的10个职业小类中，技术类多达7个，平均求人倍率也在3.5以上。

不仅仅在珠江三角洲，类似的情况在长江三角洲也同样存在。据悉，由于缺少技工，浙江省海宁市每天至少流失100万美元的订单。据对近年来宁波市劳动力市场需求状况分析，操作工、裁剪、缝纫工、车工、机电产品装配工、焊工、纺织工等一些制造业的技术工种，被列入缺口最大的前10个职业中。浙江大学经济学院的一位教授指出：随着全球制造业向长江三角洲大规模转移，"技工荒"已经成为制约长江三角洲经济发展的新"瓶颈"。这就要求新生代农民工为提高求职竞争力，必须不断接受培训，掌握适应产业升级后的劳动技能。

## 第三节　农村劳动力转移就业的影响因素

### 一、宏观影响因素

农村劳动力转移就业多元化格局的形成与宏观经济的发展以及国家宏观政策的调整是密不可分的。2003年以来，我国国民生产总值增长率保持在10%左右，固定资产投资不断增加，同时，国家也加大了对"三农"的政策倾斜和资金支持力度，农村经济发展环境不断改善。在这样的背景下，农村劳动力转移就业形成了大规模向东部地区和城市转移以及就地就近转移并存的局面。

#### （一）国民经济增长与农村劳动力转移就业

以往的研究比较多的关注了农村劳动力转移对于社会经济发展的影响，而国民经济的增长对农村劳动力转移就业产生了什么样的影响呢？应该说，经济增长是提高就业率和就业质量的关键，同时，增加就业率也是经济发展的主要目标之一。

通过粗略的统计我们可以发现，国民经济增长与农村劳动力转移就业之间存在着较高的正相关关系。国民经济发展状况以国内生产总值衡量，农村劳动力转移规模，我们在此以农村劳动力从事非农就业的数量表示，具体如表 8 - 31 所示。

**表 8 - 31　经济总量与农村劳动力转移的相关数据**

| 年份 | 名义 GDP（亿元） | 实际 GDP（以 1983 年不变价格计算）（亿元） | 农村劳动力从事非农就业规模（万人） |
|---|---|---|---|
| 1983 | 5962. 7 | 5962. 7 | 3044. 7 |
| 1984 | 7208. 1 | 6869. 0 | 4282. 6 |
| 1985 | 9016. 0 | 7796. 3 | 6713. 6 |
| 1986 | 10275. 2 | 8482. 4 | 7521. 9 |
| 1987 | 12058. 6 | 9466. 4 | 8130. 4 |
| 1988 | 15042. 8 | 10536. 1 | 8611. 0 |
| 1989 | 16992. 3 | 10968. 1 | 8498. 3 |
| 1990 | 18667. 8 | 11384. 9 | 8673. 1 |
| 1991 | 21781. 5 | 12432. 3 | 8906. 2 |
| 1992 | 26923. 5 | 14197. 6 | 9764. 6 |
| 1993 | 35333. 9 | 16185. 3 | 10997. 5 |
| 1994 | 48197. 9 | 18305. 6 | 11964. 0 |
| 1995 | 60793. 7 | 20300. 9 | 12707. 3 |
| 1996 | 71176. 6 | 22331. 0 | 13027. 6 |
| 1997 | 78973. 0 | 24407. 8 | 13526. 8 |
| 1998 | 84402. 3 | 26311. 6 | 13805. 8 |
| 1999 | 89677. 1 | 28311. 3 | 13984. 7 |
| 2000 | 99214. 6 | 30689. 4 | 15164. 6 |
| 2001 | 109655. 2 | 33236. 6 | 15778. 0 |
| 2002 | 120332. 7 | 36261. 2 | 16536. 0 |
| 2003 | 135822. 8 | 39887. 3 | 17711. 0 |
| 2004 | 159878. 3 | 43915. 9 | 19099. 0 |
| 2005 | 183084. 8 | 48483. 1 | 20411. 7 |

资料来源：《中国统汁年鉴 2006》及相关数据计算；《中国农业发展报告 2006》。

以 1983 年不变价格计算，2005 年我国 GDP 达到 48483. 1 亿元，比 1983 年增加了 7. 13 倍，年均增长率约为 10%，而这一期间，从事非农就业的农村劳动力也增加了1.73亿人，是1983年的6.70倍。由此可知，在经济快速增长的同时，农村劳动力参与非农就业、转移就业的规模也在迅速扩大。

可以说，最近几年农村劳动力外出就业主要依赖于经济的发展，特别是非正规部门经济的发展为农村劳动力就业提供的就业岗位。与此同时，城市和农村改革不断深化，为农村劳动力外出就业创造了重要的制度环境。

**（二）产业结构调整与农村劳动力转移就业**

农村劳动力转移就业与产业结构调整和第二、第三产业的发展密不可分，2005年转移就业的劳动力中分别有47.34%和52.66%在第二产业和第三产业就业。

改革开放后，第二、第三产业发展为农村劳动力转移就业提供了广阔空间。2006年年末，第二产业产值达103162.0亿元，第三产业产值达82972.0亿元，三次产业产值构成由1978年的28.2∶47.9∶23.9演变为2006年的11.7∶48.9∶39.4，三次产业就业结构由70.5∶17.3∶12.2演变为42.6∶25.2∶32.2，尽管就业结构调整滞后于产业结构的变化，但这却为农村劳动力进一步转移就业提供了空间。

为了进一步考察第二、第三产业发展对劳动力就业的带动作用，我们计算了2003年以来第二产业和第三产业的就业弹性（见图8－15），结果表明2003～2006年第二、第三产业的就业弹性均为正，这说明第二、第三产业的发展可以带动劳动力就业。计算结果还显示，2005、2006年第二产业的就业弹性高于第三产业，这可能与第二产业中的劳动密集型产业的发展有关，如纺织、加工、建筑等行业等，也说明了第三产业吸纳劳动力就业的能力有待提高。

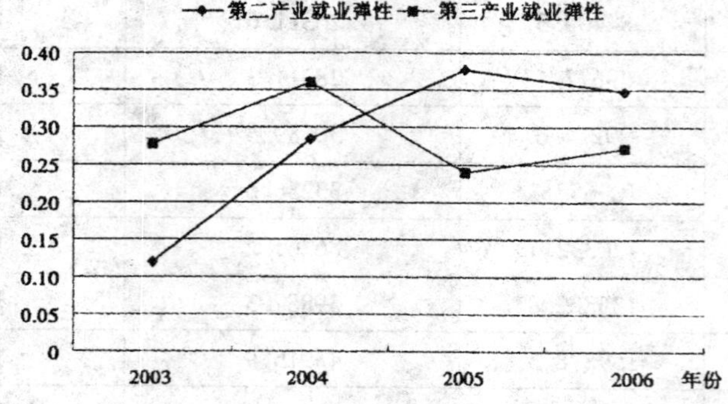


**图8－15　2003年以来第二、第三产业就业弹性**

资料来源：《中国统计年鉴2007》。

**（三）农村非农产业发展与农村劳动力转移就业**

农村劳动力转移就业始于农村非农产业的发展，如社队企业、乡镇企业

等，在历史的演进过程中，尽管大量农村劳动力开始远离故土外出就业，但在农村非农产业就业依然是农民转移就业的重要组成部分，拓宽了农民的就业渠道。

改革开放后，以乡镇企业为主的农村非农产业的发展使得乡村非农产业的从业人数迅速增加（见图 8－16）。2005 年，乡村非农产业的从业人数达到 2.04 亿人，是 1985 年的 3.04 倍，占乡村从业人员总数的 40.51%，其中，工业从业人员数占 29.45%，建筑业占 17.90%，批发零售、贸易、餐饮业占 14.39%，交通运输、仓储及邮电通信业占 7.68%。

从乡村非农产业的企业形式看，乡镇企业是吸纳农村劳动力转移就业的主力军（见表 8－32）。改革开放初期，转移就业的农村劳动力绝大多数在乡镇企业就业，而且随着乡镇企业的蓬勃发展，乡镇企业的就业规模不断扩大，1978 年，乡镇企业仅吸纳 2827 万人就业，到 1990 年乡镇企业吸纳劳动力就业数量增加了 2 倍多，达到 9265 万人。到 20 世纪 90 年代中后期，由于市场供过于求、竞争愈加激烈，再加之大部分乡镇企业规模小、技术水平落后、产品质量差、污染严重等问题，乡镇企业面临巨大的挑战，部分企业被迫关停，农村劳动力转移就业受到影响。经历了短暂的调整期后，乡镇企业的经营模式、技术水平等不断改善，进入了稳步提高的发展阶段，同时也带动了更多的农民就业，2006 年年底在乡镇企业就业的劳动力已达 1.47 亿人。值得注意的是，在乡镇企业发展的同时，私营企业和个体企业也不断壮大，成为吸纳农村劳动力转移就业的又一重要渠道。截至 2006 年年底，乡村私营企业和个体企业分别吸纳了 2632 万人和 2147 万人就业，占乡村非农就业的 13.53% 和 11.03%。

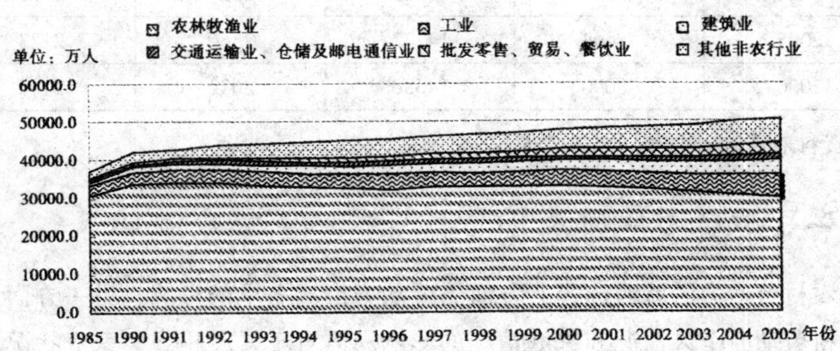


图 8－16　1985～2005 年乡村从业人员行业构成演变

资料来源：《中国统计年鉴 2007》。

表 8－32　1978～2006 年乡村从业人员所属企业形式情况

| 年份 | 乡村从业人员数 | | | |
|---|---|---|---|---|
| | | 乡镇企业 | 私营企业 | 个体 |
| 1978 | 30638 | 2827 | — | — |
| 1980 | 31836 | 3000 | — | — |
| 1985 | 37065 | 6979 | — | — |
| 1990 | 47708 | 9265 | 113 | 1491 |
| 1991 | 48026 | 9609 | 116 | 1616 |
| 1992 | 48291 | 10625 | 134 | 1728 |
| 1993 | 48546 | 12345 | 187 | 2010 |
| 1994 | 48802 | 12017 | 316 | 2551 |
| 1995 | 49025 | 12862 | 471 | 3054 |
| 1996 | 49028 | 13508 | 551 | 3308 |
| 1997 | 49039 | 13050 | 600 | 3522 |
| 1998 | 49021 | 12537 | 737 | 3855 |
| 1999 | 48982 | 12704 | 969 | 3827 |
| 2000 | 48934 | 12820 | 1139 | 2934 |
| 2001 | 49085 | 13086 | 1187 | 2629 |
| 2002 | 48960 | 13288 | 1411 | 2474 |
| 2003 | 48793 | 13573 | 1754 | 2260 |
| 2004 | 48724 | 13866 | 2024 | 2066 |
| 2005 | 48494 | 14272 | 2366 | 2123 |
| 2006 | 48090 | 14680 | 2632 | 2147 |

资料来源：《中国统计年鉴 2007》。

## 二、微观影响因素

农村劳动力的就业选择一方面受劳动力市场需求的影响，另一方面也受到农村劳动力个人情况和家庭情况的影响。但对于素质相当、家庭状况相似的劳动力在劳动力市场上获得的就业机会是相等的，所以我们将问题主要集中在劳动力的微观特征上。

根据农户模型，农户劳动力就业选择行为由家庭偏好（U）、农业生产

(Y)、家庭劳动力数量（L）以及劳动力市场（W）等因素决定。其中，农户的偏好由家庭收入和闲暇决定，而对收入和闲暇的偏好又是由家庭特征决定，如家庭固定资产数量、家庭的结构、劳动力受教育程度等；农业生产情况则是由当地的资源禀赋情况和生产技术决定；家庭面对劳动力市场工资率在很大程度上取决于家庭劳动力素质以及他们所能得到的就业机会，因此劳动力个人特征以及家庭所在地的经济发展水平决定了农户劳动力市场工资率高低，此外，转移成本也是劳动力外出就业考虑的因素之一。因此，农村劳动力就业选择行为可由图 8－17 表示。

农村劳动力就业地点选择是基于农户家庭效用最大化进行的理性选择，根据图 8－17 的描述，农村劳动力就业行为的影响因素可以进一步归纳为个人特征、家庭特征和外界环境因素。其中，个人特征包括劳动者年龄、受教育程度、技能培训情况和性别；家庭特征包括家庭固定资产数量、收入水平、劳动力结构、家庭生产经营情况等；外界就业环境包括劳动力外出就业机会、成本、本地经济发展情况、交通状况等。

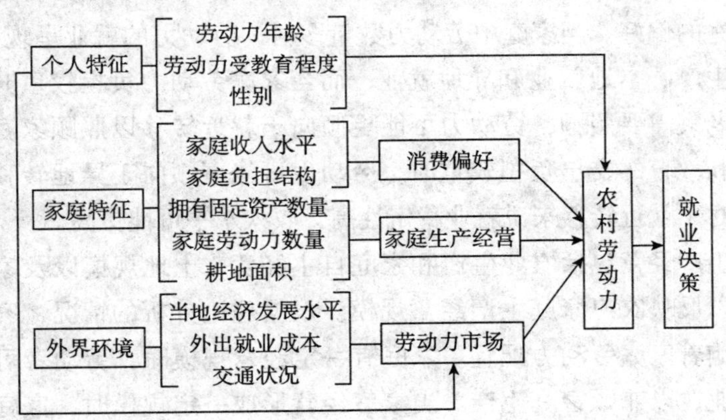


**图 8－17　农村劳动力就业决策影响因素**

1. 农村劳动力个人特征

个人特征是影响劳动力就业决策的主要因素，特别是劳动力的受教育程度及接受培训情况是影响劳动力供给的重要因素。一般认为，接受教育和技能培训对农村劳动力外出就业有正向的影响，即受教育程度越高外出就业机会越多，接受过技能培训越容易找到工作。相对于就业地点选择来说，中西部劳动力人力资本积累越多越倾向于异地就业寻找收益更高的就业机会，而人力资本低的劳动力越倾向于在当地做一些简单的工作。而东部地区由于经济活跃各产业发展较快，很难判断出劳动力人力资本状况对就业地点选择的影响。

劳动者的年龄和性别也是影响就业决策不容忽视的因素。一般处于青壮年时期的劳动力更倾向于异地转移就业。从性别上看，一般女性劳动力更愿意在本地就业，空闲时间可以帮助料理家务事和农业生产，而男性劳动力更多的是外出就业，特别是异地转移就业。

2. 农村劳动力家庭特征

农村劳动力就业选择行为是家庭劳动力配置的体现，必然受到农户家庭因素影响，一是家庭的偏好，二是家庭生产经营情况。

农户家庭偏好由家庭固定资产数量、家庭收入水平、家庭劳动力结构等决定。农户家庭固定资产数量是家庭经济状况的基本反映，固定资产数量多说明农户家庭经济状况较好，可能就降低了劳动力外出就业的愿望，或者劳动者更倾向于就地转移或进行家庭经营。家庭收入水平对于劳动力就业选择是一个内生变量，一方面收入水平影响着劳动力的就业选择，另一方面劳动力就业选择又影响了家庭收入水平，所以考虑家庭固定资产数量、家庭拥有耐用消费品数量及居住条件等来反映农户的收入水平。家庭劳动力结构同样影响了家庭的偏好。当家庭中劳动力数量多时，劳动力的就业呈现出多元化，包括农业生产、本地就业和异地就业；而当家庭劳动力负担较重时，家里面有小孩和老人需要照顾，劳动力可能更倾向于就近转移以照顾家庭，当家庭用于医疗和教育的支出负担较重时，劳动力可能更倾向于异地转移，因为异地转移相对于就近转移来说就业稳定性高，收入水平可能更高。

家庭生产经营包括农业生产和家庭自主经营，土地规模以及家庭自主经营收入可以反映农户家庭生产经营规模。根据理论分析的情况，家庭生产经营情况影响着家庭劳动力配置。家庭有一定经营规模时，劳动者可能更愿意在当地就业，以兼顾家庭生产。当家庭经营形成一定规模时，家庭生产的收益要高于外出就业，家庭不仅不向外提供劳动力，而且还会雇佣其他劳动力。可以说农户家庭生产经营规模与劳动力外出就业呈反向关系。

3. 外部就业环境特征

外部就业环境是劳动力外出就业考虑的主要因素，包括当地经济发展情况、外出就业收入和成本、交通状况等。当地经济发展情况是影响劳动力本地就业的关键因素，当地县域经济活跃，工业企业和第二、第三产业发达，那么就可以为农村劳动力本地就业提供良好的就业环境，相应当地农村劳动力就地转移的比率也高。反之，如果当地经济欠发达，就业机会少，劳动力则更多的选择异地转移就业。

依据农户模型，劳动力市场的工资率影响着家庭的劳动力配置。家庭劳

动力分配偏向于工资率高的劳动力市场，现实也证实了这一点，劳动者大多选择收入水平相对高的地点就业。同时，由于劳动力的选择是理性的，转移就业成本也是他们考虑的主要因素之一。就地就近转移的成本低，当本地就业与异地就业收入差距不大时，劳动者更倾向于选择本地就业。

此外，家庭所处的地理位置、交通状况以及当地风俗习惯和观念等也是影响劳动力就业地点选择的因素。比如，交通便捷的地方劳动力更愿意外出就业，特别是县域范围内交通便捷，农民可以自由、快速的往返于就业地和家庭，那么农民更倾向于就近转移，尤其是摩托车的普及扩大了农民的活动范围。同时，经济相对发达和相对落后地区外出就业的观念不同也导致了劳动力配置的不同等。

综合以上分析，各因素对农村劳动力就业选择的预期作用如表 8 – 33 所示。

**表 8 – 33　各影响因素对农村劳动力外出就业选择的预期作用**

| 分类 | 影响因素 | 对农村劳动力选择就近转移的预期作用 | 对农村劳动力异地转移的预期作用 |
|---|---|---|---|
| 个人特征 | 劳动力年龄 | 正向 | 负向 |
| | 受教育年限 | 负向 | 正向 |
| | 接受过职业教育或技能培训 | 负向 | 正向 |
| | 性别 | 女性更倾向于就近转移 | 男性更倾向于异地转移 |
| 家庭特征 | 家庭劳动力数量 | 正向 | 正向 |
| | 家庭负担结构 | 不一定 | 不一定 |
| | 家庭人均耕地面积 | 正向 | 负向 |
| | 家庭拥有生产性固定资产量 | 正向 | 负向 |
| 外界因素 | 当地经济发展水平 | 正向 | 负向 |
| | 居住地地理位置 | 正向 | 正向 |
| | 交通状况 | 正向 | 正向 |

注：预期作用为各因素对劳动力就业选择的总影响

## 第四节　进入新阶段的农村劳动力就业特点

就业是民生之本，是民富之基。中国是农业大国，有近8亿人生活在农村，农民富则国家盛。农民的就业状态不仅决定了农民的收入水平，也从根本上决定了中国经济社会发展的状态。特别是在国际金融危机袭来之时，在农民就业面临严峻形势之下，促进农民就业增收，不仅是现代化进程中长期而重大的战略课题，也是扩大内需、保持经济长期平稳较快发展的当务之急；不仅是经济问题，也是社会问题。本节旨在进一步分析农民就业结构的演进及其对微观和宏观层面的影响，重新认识农民的就业问题，为研究制定有利于农民增收的就业促进政策提供参考。

### 一、农村劳动力就业：结构的深刻转变

在城乡分割的二元经济中，生产队集中劳动和严格的户籍制度限制着劳动力城乡流动，农村产业发展以农业为主，农民就业以农业为主，工业和城市部门所需劳动力主要来自城市。改革开放以后，农村劳动力从集体劳动中解放出来，获得自由支配劳动时间的权利，并逐步转向非农产业就业。通常，农村劳动力转移包括空间转移和产业转移两种含义，对应的就业方式即是外出就业和在农村本地非农就业，虽然外出就业的农村劳动力中仍有一部分可能从事农业生产活动，但人数了了。在统计上，一般将农村劳动力就业划分为三类：①从事农业生产；②在本地从事非农产业，包括家庭经营第二、第三产业和在本乡镇企业就业；③外出就业，即在本乡镇行政管辖区域以外从业6个月及以上（2008年以前为1个月及以上），后两者统称为农民工。

伴随着国民经济增长和经济社会结构调整转型，我国农村劳动力就业结构发生了历史性的深刻变化，特别是农村劳动力的转移就业进入了一个全新时期，呈现出不少值得关注的新特点、新趋势，成为我国经济社会结构变迁中最引人注目的现象。

#### （一）农业从业人员下降，且女性化，老龄化，低文化化、兼业化趋势增强

据第二次全国农业普查，2006年农村住户中农业劳动力有3.42亿人，比1996年第一次普查时减少0.83亿人，下降19.4%；女性占53.2%，成为农

业劳动力的主力军；从业人员平均年龄为43岁，比1996年增加了4岁；50岁以上的农业劳动力占33%，比1996年增加近15个百分点；平均受教育程度基本不超过初中。从事农业生产活动的时间明显缩短，种植业依然是主业，但畜牧业、林业、非农产业从业人员比重增幅较大。

**（二）40%的农村劳动力已转移到非农产业，农民工已成为我国产业工人的主体**

2006年，农村住户户籍从业人员中从事第二、第三产业的数量为2.2亿人，占农村从业人员的39%，这一转移趋势仍在不断持续，2008年农民工总量已达到2.3亿人。这说明，目前已有40%的农村劳动力转移到了非农产业。全国第二、第三产业从业人员中农民工占50%左右（49.2%），其中从事第二产业的农民工超过了60%，从事第三产业的近40%。

**（三）外出劳动力规模扩大，主要分布在劳动密集性行业，并以男性、青壮年，文化程度较高的精英群体为主**

2006年外出劳动力1.32亿人，占农村住户户籍从业人员的23.7%，比1996年增加0.61亿人。从产业分布看，外出从事制造业、建筑业和服务业的劳动力人数分别约为0.4亿人、0.3亿人和0.2亿人，三者占农村外出从业人员总数2/3以上。外出农村劳动力中男性占64.0%；初中及以上文化程度占80.1%，比1996年增加11.7个百分点；年龄集中在21~30岁。随着女性受教育程度的提高和产业结构调整升级，女性外出比重呈上升趋势，2006年男性外出比例比1996年下降6.3个百分点。

**（四）农村劳动力非农就业增长速率与经济增长周期波动密切相关**

1997年亚洲金融危机之后，我国经济进入了一个调整时期。1998~2002年GDP增长率连续5年小于10%。之后，国民经济进入了平稳较快增长阶段，2003~2007年GDP增长率连续5年大于10%。受国民经济周期波动影响，最近10年农村劳动力转移也呈现出明显的阶段性（参见表8-34）。

**表8-34　农业劳动力向非农产业转移进程**

| 年份 | 乡村从业人员（万人） | 按行业划分 | | | |
|---|---|---|---|---|---|
| | | 农业（万人） | 非农产业（万人） | 农业所占比重（%） | 非农产业所占比重（%） |
| 1986 | 37989.8 | 30467.9 | 7521.9 | 80.2 | 19.8 |
| 1996 | 45288.0 | 32260.4 | 13027.6 | 71.2 | 28.8 |
| 1997 | 46234.3 | 32677.9 | 13556.4 | 70.7 | 29.3 |

| | | | | | |
|---|---|---|---|---|---|
| 2000 | 47962.1 | 32797.5 | 15164.6 | 68.4 | 31.6 |
| 2001 | 48228.9 | 32451.0 | 15777.9 | 67.3 | 32.7 |
| 2002 | 48526.9 | 31990.6 | 16536.3 | 65.9 | 34.1 |
| 2003 | 48971.0 | 31259.6 | 17711.4 | 63.8 | 36.2 |
| 2004 | 49695.3 | 30596.0 | 19099.3 | 61.6 | 38.4 |
| 2005 | 50387.3 | 29975.5 | 20411.7 | 59.5 | 40.5 |
| 2006 | 50976.8 | 29418.4 | 21558.4 | 57.7 | 42.3 |
| 2007 | 51435.7 | 28640.7 | 22795.1 | 55.7 | 44.3 |
| | 各时期年均增长速度（%） | | | 各时期增长百分点 | |
| 1986～1996 | 1.8 | 0.6 | 5.6 | -9.0 | 9.0 |
| 1997～2002 | 1.0 | -0.4 | 4.1 | -4.8 | 4.8 |
| 2003～2007 | 1.2 | -2.2 | 6.6 | -10.2 | 10.2 |
| 1997～2007 | 1.1 | -1.3 | 5.3 | -15.0 | 15.0 |

资料来源：历年《中国农村统计年鉴》。

最近10年，农村非农产业从业人员年均增长5.3%，而相对于这一时期的前5年来讲，后5年非农产业从业人员年均增长6.6%，转移速度明显加快。从农村劳动力就业结构看，近10年来非农产业从业人员在农村全部从业人员中所占的比重，由1997年的29.3%上升到2007年的44.3%，提高了15个百分点，而前五年只增加4.8个百分点，后五年则增加了10.2个百分点。与过去10年相比，最近10年农村劳动力转移也呈明显加快的趋势。从事非农产业的农村劳动力年均增长速度提高了1个百分点，非农产业从业人员所占比重上升了6个百分点。这说明，农村劳动力转移与国民经济周期波动密切相关。回归分析结果看，GDP增长1%，农村劳动力非农就业增长0.866%。国民经济增长是农村劳动力转移就业的前提，经济增长加快时期，对农村劳动力就业的吸纳能力增强；反之，则弱。

## 二、农村劳动力就业转型：对农户收入和消费的影响

农村劳动力就业结构转型最突出的现象就是农村劳动力大规模向非农产业转移。这种转移改善了农户家庭资源要素配置、劳动时间利用和收入结构，也带来农产消费结构的优化和消费行为的改变。

### （一）农村劳动力转移就业对农户的收入增长效应

识别农村劳动力就业结构转型的收入增长效应，一是可以观察劳动力就

业结构导致的收入结构变化，包括收入水平和收入分布的改变；二是可以比较农业就业与非农就业或外出就业与非外出就业的收入差距或收入相对地位的变化。在统计上，农民收入被划分为工资性收入、家庭经营收入、财产性收入和转移性收入四个部分。而农民在本地或外出打工所获得的劳动报酬，被视为工资性收入。

1. 转移就业带来劳动时间的重新分配和资源要素的重新配置

我国人均耕地面积小、农业资源有限，农业存在大量剩余劳动力是不争的事实。第二次全国农业普查按照农村住户家庭成员在不同产业从业时间的多少，对农产按纯农业户、农业兼业户、非农兼业户、非农业户等类型进行了划分。如表8－35所示，1996～2006年的10年间，随着农村劳动力向非农产业转移，以从事农业为主、以农业为主要收入来源的纯农业户比重下降了7.5个百分点，农村住户中以经营农业为主的农户目前只有一半左右（51.8%）；以从事非农产业为主兼营农业的农户占农村住户的37.3%，比10年前上升了24.5个百分点。土地流转现象增多，超小规模经营逐步向规模经营发展。2006年经营规模在30亩以上的耕地所占比重达到22.1%，比10年前提高了8.2个百分点。特别是养殖业的规模化经营发展快，1996年规模饲养量比重只有6.3%，2006年超过50%，2008年已超过60%。但土地和农业的社会保障功能依然不容忽视，相当部分进城农民还是放不下土地。

**表8－35　农户类型的变化**

| 农户类型 | 1996年 | 2006年 | 增减 |
|---|---|---|---|
| 纯农业户比重（%） | 59.3 | 51.8 | -7.5 |
| 非农业兼业户比重（%） | 12.8 | 37.3 | 24.5 |

2. 转移就业带来农业生产方式的转变和劳动效率的提高

农业劳动力向非农产业转移，并不必然带来农业生产能力的下降。相反，由于资本、技术投入的增加，土地产出率、农业劳动生产率、农民人均家庭经营第一产业收入等指标都有明显提高。2007年农业从业人员比重虽然已降到40.8%，但我国耕种收综合机械化水平已超过42%。1997～2007年的10年间，在耕地减少1.2亿亩、第一产业劳动力减少4037万人的情况下，主要农产品产量稳步增长。劳均粮食产量提高200千克，劳均农业产值提高1.3倍，农民来自第一产业的纯收入提高43%。劳动生产率的提高，大大弥补了劳动力减少对农业生产的影响。

3. 工资性收入已取代农业收入成为农民收入增长的主体

农村劳动力向非农产业转移的最大动机是寻求较高的收入。伴随着转移就业和农户的分化，农民收入构成亦发生显著的变化。从表 8－36 可见，近 10 年来，农民收入的增长主要得益于工资性收入的快速增长。

**表 8－36　近 10 年来农村居民收入增长及构成变化情况**

| 年份 | 农民人均纯收入（元） | 构成（元） | | | | 构成（%） | | | |
|---|---|---|---|---|---|---|---|---|---|
| | | 工资性收入 | 家庭经营收入 | 其中：农业收入 | 财产和转移性收入 | 工资性收入 | 家庭经营收入 | 其中：农业收入 | 财产和转移性收入 |
| 1985 | 397 | 72 | 296 | 264 | 30 | 18.1 | 74.6 | 66.5 | 7.6 |
| 1996 | 1926 | 451 | 1362 | 1147 | 113 | 23.4 | 70.7 | 59.6 | 5.9 |
| 1997 | 2090 | 515 | 1473 | 1220 | 103 | 24.6 | 70.5 | 58.4 | 4.9 |
| 1998 | 2162 | 574 | 1466 | 1192 | 122 | 26.5 | 67.8 | 55.2 | 5.6 |
| 1999 | 2210 | 630 | 1448 | 1139 | 132 | 28.5 | 65.5 | 51.5 | 6.0 |
| 2000 | 2253 | 702 | 1427 | 1090 | 123 | 31.2 | 63.3 | 48.4 | 5.5 |
| 2001 | 2366 | 772 | 1459 | 1127 | 135 | 32.6 | 61.7 | 47.6 | 5.7 |
| 2002 | 2476 | 840 | 1487 | 1135 | 149 | 33.9 | 60.1 | 45.8 | 6.0 |
| 2003 | 2622 | 918 | 1541 | 1196 | 163 | 35.0 | 58.8 | 45.6 | 6.2 |
| 2004 | 2936 | 998 | 1746 | 1398 | 192 | 34.0 | 59.5 | 47.6 | 6.5 |
| 2005 | 3255 | 1175 | 1845 | 1470 | 236 | 36.1 | 56.7 | 45.2 | 7.3 |
| 2006 | 3587 | 1374 | 1931 | 1521 | 281 | 38.3 | 53.8 | 42.4 | 7.8 |
| 2007 | 4140 | 1596 | 2194 | 1745 | 351 | 38.6 | 53.0 | 42.1 | 8.5 |
| | 各时期年均增长速度（%） | | | | | 各时期贡献份额（%） | | | |
| 1986～1996 | 15.4 | 18.2 | 14.9 | 14.3 | 12.8 | 24.8 | 69.7 | 57.8 | 5.4 |
| 1997～2007 | 7.1 | 12.0 | 4.1 | 3.6 | 13.0 | 52.7 | 35.2 | 25.6 | 12.1 |
| 1997～2002 | 3.4 | 10.3 | 0.2 | －1.4 | 7.7 | 84.2 | 3.6 | －22.0 | 11.9 |
| 2003～2007 | 10.8 | 13.7 | 8.1 | 9.0 | 18.7 | 45.4 | 42.5 | 36.7 | 12.1 |

过去 10 年间（1986～1996 年），工资性收入对农民收入增长的贡献份额只有 24.8%，家庭经营收入对农民收入的贡献份额占到 69.7%，其中农业收入的贡献份额为 57.8%，农业收入是农民增收的主要来源。而最近 10 年间

(1997～2007年)，工资性收入占农民人均纯收入的比重逐年提高，由1997年24.6%上升到2007年的38.6%，工资性收入对农民人均纯收入的贡献份额达到52.7%，已取代农业收入成为农民增收的主体。特别是1997～2002年的5年间，农业收入出现负增长，农民收入增长基本依赖于农村劳动力转移就业获得的工资性收入的增长，农民人均增收的386元中有325元来自于工资性收入。近5年来，农产品价格形势好转，家庭经营农业收入较快增长，但工资性收入对农民收入的贡献份额仍然有45.4%，高于家庭经营收入特别是农业收入的贡献。可以说，近10年来，正是由于工资性收入的快速增长，一方面弥补了前几年农产品价格下跌对农民收入带来的损失，另一方面支撑了后几年农民收入的较快增长。

4. 工资性收入的高低显著影响农户家庭收入的相对地位

从横截面资料看，收入水平愈高的农民家庭，工资性收入水平愈高，工资性收入对纯收入贡献比率愈大。如表8－37所示，工资性收入的高低与农户家庭收入分布的高低具有高度依存性。按照人口五等分分组，2006年高收入组农户人均纯收入水平比低收入组农户高出6倍，而工资性收入则高出8倍。工资性收入对纯收入的贡献率随收入等级的上升依次提高，高收入组达到41.2%，比低收入组高出8.6个百分点。

**表8－37　按人口五等分分组的农户纯收入及工资性收入贡献率**

| 2006年 | 全国平均 | 低收入户 | 中低收入户 | 中等收入户 | 中高收入户 | 高收入户 |
|---|---|---|---|---|---|---|
| 全年纯收入（元） | 3587 | 1182.5 | 2222 | 3148.5 | 4446.6 | 8474.8 |
| 工资性收入（元） | 1374 | 386 | 814.1 | 1230.5 | 1807 | 3495.2 |
| 工资性收入贡献率（%） | 38.3 | 32.6 | 36.6 | 39.1 | 40.6 | 41.2 |

综上所述，农村劳动力转移就业直接支撑了近10年来农民收入的增长，工资性收入不仅取代了农业收入成为农民收入增长的主体，而且还改变了农户在农村收入分布中的相对地位。这里还没有讨论外出打工寄回或带回的收入对农业和其他产业投资所带来的间接收入增长，如果考虑这些因素，农村劳动力转移的收入增长效应会更大。

**（二）农村劳动力就业结构转型的消费变动效应**

收入决定消费。农村劳动力转移不仅带来收入的增长，也使收入构成发生改变，其显著的特点就是农民收入中现金收入的比重大幅度提高，收入的流动性增强。同时，农村劳动力外出打工就业，经历城市文明的洗礼，其消费观念和消费结构也会随之改变，进而对家庭和周围群体的消费模式和消费结构产生影响。因为，消费者的消费行为不仅受自身收入的影响，而且还受周围人的消费行为影响，高收入家庭的消费行为将对低收入家庭产生“示范效应”。因此，农村劳动力转移就业，不仅仅带来收入格局的变化，对农民消费行为和农村消费市场也产生了重大的影响。

1. *农村消费市场的扩大与农民收入增长高度正相关*

收入决定消费。图 8－18 可见，农民收入的增长与农村消费品市场份额有着高度的正相关关系。通过对近 20 年来农村人均纯收入增长率与县及县以下消费品零售总额增长率两组数据进行回归分析，结果表明，农民人均纯收入每增长 1%，农村消费品市场零售额就增长 0.65%，这说明农村消费市场的扩大与农民收入增长呈高度正相关关系，农民收入的增长是农村消费品市场扩大的前提。

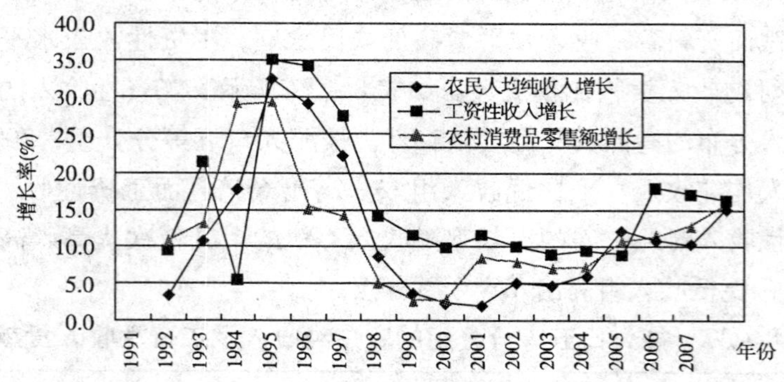


**图 8－18　农民收入增长与农村消费增长的关系**

2. *劳动力转移就业有助于农民消费结构的改善*

工资性收入占纯收入的比重可以从质量上衡量农村劳动力转移的程度，比重越高，转移程度越高。恩格尔系数是食品消费支出占全部生活消费支出的比重，用以衡量居民消费结构优劣程度，恩格尔系数越低，说明消费结构越合理。以农民消费的恩格尔系数为因变量，以工资性收入比重为自变量，根据散点图形，建立如下回归模型：

$y = a + bx$

根据近 20 年的时间序列数据，采用 SPSS 软件对工资性收入比重和恩格尔系数进行回归拟合，得如下回归结果（见表 8－38）。

**表 8－38　回归方程的拟合结果**

| 方程 | 系数 t 值 | 截距 t 值 | P 值 | $R^2$ |
|---|---|---|---|---|
| $Y = 77.803 - 0.904X$ | 77.019 | －26.163 | 684.48 | 0.977 |

从回归拟合结果来看，恩格尔系数与工资性收入比重的拟合结果非常理

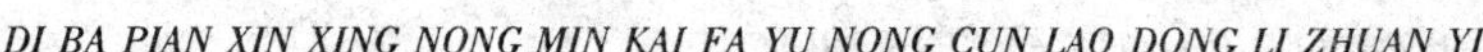

想，$R^2$ 达到0.977，且方程不存在自相关现象。从回归方程的意义看，工资性收入比重每增加1个百分点，恩格尔系数将下降0.904个百分点。农村劳动力转移增加了农民工资性收入，带来收入结构的变化，从而显著改善农民的消费结构。

3. *农村劳动力转移直接影响农民的消费行为*

消费需求收入弹性是指在价格不变条件下，收入变动1%，消费需求变动的百分比，它反映了消费需求对于收入变动的敏感程度。以农村居民人均工资性收入为自变量，不同收入组别农户对各类消费品的人均生活消费支出为因变量，建立农村居民消费需求模型，得到不同收入组别农户对各类消费品的需求收入弹性。如表8－39所示，2007年与2006年相比，各组别对居住、家庭设备用品及服务均表现出较高的弹性（弹性大于1），说明当前农村居民对改善居住条件的意愿都比较强。同时，高收入组别农户对居住、家庭设备用品及服务、交通及通讯的消费需求收入弹性不仅都大于1，而且显著高于其他组别，说明随着转移就业获得的工资性收入增多，农民消费需求升级换代意愿强烈，对住、行的消费需求正呈现上升趋势，对衣、食等一般性的消费需求已相对饱和。

**表8－39　2007年与2006年相比不同收入组别农户对各类消费品的需求收入弹性**

| | 低收入户 | 中低收入户 | 中等收入户 | 中高收入户 | 高收入户 | 全国平均 |
|---|---|---|---|---|---|---|
| 生活消费支出 | 0.8771 | 0.8177 | 0.8076 | 0.7557 | 1.0917 | 0.8670 |
| 食品 | 0.9923 | 0.7935 | 0.8336 | 0.8053 | 0.9695 | 0.8776 |
| 衣着 | 1.1073 | 0.9289 | 1.0011 | 0.7769 | 1.0167 | 0.9388 |
| 居住 | 1.2849 | 1.3707 | 1.2265 | 1.3269 | 1.7157 | 1.3876 |
| 家庭设备及用品服务 | 1.0446 | 0.8227 | 1.2062 | 1.0715 | 1.3479 | 1.1036 |
| 交通和通讯 | 0.7121 | 0.8529 | 0.9604 | 0.5782 | 1.1717 | 0.8515 |
| 文化教育用品及服务 | －0.0645 | －0.1268 | －0.1971 | －0.2410 | 0.6070 | 0.0122 |
| 医疗保健 | 0.3912 | 0.9718 | 0.6341 | 0.7544 | 0.3400 | 0.6064 |
| 其他商品及服务 | 0.6542 | 1.0533 | 0.7262 | 0.9873 | 1.7596 | 1.0923 |

## 三、对农民就业问题的再认识

已经发生并将长期持续的农村劳动力从农业向非农产业、从农村向城镇转移，不仅对农户微观收入、消费、生产效率产生了重大而深刻的影响，而且支撑了国民经济的持续较快增长，为国家现代化建设作出了重大贡献。现阶段农村劳动力就业呈现多元化格局，固然得益于改革开放和国家一系列促进农村劳动力转移就业的政策措施，但农民进入非农产业的过程还多是自发形成的，并非有意的制度安排。一方面是农业低效率和农民收入低迫使农民不得不寻找新的谋生之路，或外出打工；另一方面是国民经济成长过程中产生了大量适合于农民就业的工种和岗位。在当前发展阶段转换、结构调整升级的双重背景下，农村劳动力转移就业既表现出一些新的特征，也面临一些新的矛盾。与城镇的就业问题相比，农民就业问题更加复杂，既有发展的问题，也有改革的问题。正是农民就业问题的特殊性、复杂性和关联性，才凸显出它的重要性。

**（一）农村劳动力转移就业已成为国民经济成长的重要力量**

*1. 农村劳动力向非农产业转移就业促进了国家整体工业化进程*

据第二次全国农业普查，2006 年农村劳动力从事第二、第三产业的人数占农村户籍从业人员的 38.9%，占全国第二、第三产业从业人员的 49.2%。农村劳动力在我国第二、第三产业各行业就业人员中的比重普遍较高，特别是在劳动密集型行业中已成为产业工人的主体。农民工在第二产业从业人员中占 58%，在第三产业从业人员中占 52%；在加工制造业从业人员中占 70%，在建筑业从业人员中占 80%。有关方面测算，2008 年农村第二、第三产业增加值分别占全国第二、第三产业增加值的 45% 和 25.4%，农村第二、第三产业已成为国民经济的重要组成部分。特别值得一提的是，农村劳动力流入非农产业，极大地增强了我国劳动密集型产业的国际竞争力。2006 年我国“纺织原料及纺织制品”净出口 1124 亿美元，占全部货物贸易顺差的 63%，总额和比重均排第 1 位。

*2. 农村劳动力向城镇转移就业推动了人口城镇化进程*

过去一个时期我国实行城乡分割的经济社会管理体制，城镇化一度严重滞后于工业化，形成明显的结构偏差。1978 年，全国 GDP 中第二、第三产业的份额合计为 71.8%，但第二、第三产业的就业份额仅为 29.5%，城镇人口比重仅为 17.92%。随着农业劳动力向非农产业转移、农村劳动力向城镇转移，这种结构偏差逐步得到矫正。特别是 20 世纪 90 年代中期以来，城镇化率加速提高。1995 ~ 2008 年的 13 年间，全国城镇人口比率提高 16.64 个百分点，平均每年提高 1.28 个百分点。在这个过程中，农村劳动力及其共同生活人口的转移发挥了重要推动作用。

3. 农村劳动力转移就业推动了国民经济长期持续快速增长

改革开放30年来，我国经济实现长期持续快速增长。特别是20世纪90年代以后，增长速度更快。1991～2008年，我国GDP和人均GDP年均增长率分别达到10.3%和9.4%。在推动国民经济长期持续快速增长的众多因素中，劳动力资源的再配置效应居重要地位。①劳动力资源从生产率较低的农业部门向生产率较高的非农产业部门转移，提高了全社会的劳动生产率，转移劳动力的劳动生产率“溢价”成为国民财富增长的重要源泉。②农村劳动力以极低的工资水平大量转向非农产业，延缓非农产业劳动力成本的上涨，转移劳动力的工资和福利“差价”成为工业化、城镇化资金积累的重要源泉。③转移劳动力因收入提高而产生的消费“拉力”也是内需增长的重要源泉。据有关专家测算，2006年农村劳动力转向非农产业所产生的劳动生产率总“溢价”达到8.37万亿元，相当于全国GDP的39.5%；农民工的低成本为国家工业化城镇化提供的资金积累达到4.45万亿元，农村劳动力非农就业收入派生出来的生活消费支出为1.6万亿元，占农村居民消费的76%，占全社会居民消费支出的20%。

**（二）现阶段农民就业面临一系列新问题**

近些年来，党和政府在改善农民就业环境、提高农民就业能力、促进农村劳动力转移就业方面做了大量工作，农村劳动力就业范围不断扩大，进入的领域和行业越来越多。但是，一方面制度环境障碍仍在宏观层面制约农民作为生产要素潜能的进一步释放；另一方面农民整体的就业能力低下，主要从事简单劳动，与我国新型工业化和现代农业建设对高素质劳动力的需求脱节。这些问题不仅严重制约农民的就业和增收，也拖曳整个经济结构的优化和提升。

1. 劳动力供给增加面临经济增长放缓的问题

经济增长是扩大就业的前提。农村劳动力转移就业速率与国民经济周期波动密切相关。受国际金融危机的影响，我国经济增长开始步入周期波动的下行通道，就业需求势必减弱。2008年GDP增长速度只有9%，城镇新增就业1113万人。2009年政府提出的GDP预期增长目标为8%，城镇新增就业只有900万人，在扩内需、保增长一揽子刺激政策的强力作用下，目前看，实现这两个目标没有问题。而明年政策的刺激效应有可能减弱，经济增长面临的形势更加复杂，增速不可能太高。而劳动力供给却在不断增加，城乡每年新增劳动力超过2000万人，明年劳动力供需缺口仍然高达1000多万人，就业形势不容乐观，特别是农民工、普通高校毕业生和困难群体就业形势比较严峻。

2. 就业能力低面临产业升级和结构调整的问题

经过20多年持续向外转移，农村劳动力已从数量的“无限供给”阶段转向“结构剩余”阶段，从工资的“低水平徘徊”阶段转向“持续上升”阶段，在总量仍有剩余的情况下，结构性矛盾越来越突出。为应对金融危机，沿海地区加快了产业升级和结构调整的步伐，实施“退二进三”、“腾笼换鸟”的产业转移政策，劳动力市场需求也由过去单纯的体力型、普工型向智力型、技能型转变，特别是需要大量有文化、懂技术、会经营的新型农民工，而目前农村平均不到初中文化程度的劳动力难以适应企业对劳动力技能的要求。加之农民工中有2/3是新生代，对薪酬和工作环境的要求较高。据调查，目前在珠江三角洲甚至长江三角洲一些地区，农民工“就业难”与企业“招工难”问题并存，“技工荒”与“普工荒”现象同在，这正是高素质劳动力需求与农村低素质劳动力供给相脱节的集中反映。据第二次全国农业普查资料显示，2006年农村劳动力平均受教育年限只有7.5年，初中及以下的占92.8%，高中及以上的仅占7.2%。在外出务工农民中具有高中文化程度的仅占12%左右，接受过技能培训的比重为14%。大量农民工只能局限于建筑、纺织、采掘、餐饮等传统产业，从事着简单、繁重、辛苦、低薪的劳动。

3. 就业岗位不足面临城镇化滞后和中小企业成长困难的问题

农村劳动力的转移就业需要载体，城镇、劳动密集型中小企业是最佳选择。但我国城镇化总体落后于工业化，大中小城市与小城镇发展不协调的问题突出，导致城镇化对经济增长的拉动效应、对就业岗位的扩张效应、对产业和人口的集聚效应没有得到充分释放。特别是小城镇建设明显滞后，自身筹资能力弱、国家支持力度小，缺乏科学规划和产业支撑，承载力不高，其用地潜力大、吸纳就业空间大、成本低的优势没有得到发挥。据第二次全国农业普查资料显示，全国平均每个建制镇镇区人口只有1万人，建成区面积只有4平方千米，平均每个建制镇基础设施投资仅为1044万元，县城关镇也只有1647万元。这不仅影响城镇化进程，对进一步发展第二、第三产业也十分不利，极大地制约了农村剩余劳动力的转移。中小企业是吸纳就业的主力军，目前吸纳了80%以上的劳动力就业。但我国中小企业普遍存在着技术创新能力不强、缺乏自主品牌、管理落后等问题，绝大部分处于产业链的低端，而且，中小企业融资难问题突出，抗风险和抗冲击能力较弱，在此轮金融危机中，首当其冲的就是劳动密集型中小企业。经历危机后，又面临产业升级和结构调整的压力。许多企业认识到，如果不进行技术创新，提高劳动效率和产品附加值，将面临被淘汰的风险。

4. 农业内部就业扩容面临产业化水平低和多功能开发不足的问题

工业化、城镇化固然对农村剩余劳动力有巨大的吸纳作用，但农业内部并非就没有就业扩张潜力。目前之所以表现出大量农业劳动力外流或转移，主要是缘于农业产业化水平低，生产、加工、流通各环节脱节，不仅造成农业比较利益低，而且也使农村劳动力就业渠道局限于生产环节，大大降低了农业吸收劳动力的能力。虽然近年来，我国农业产业化经营有了长足发展，但总体上看起步晚、规模小、机制不健全、带动能力较弱。据统计，2008 年全国各类农业产业化组织 20 万个，仅带动就业 4702 万人。特别是农产品加工业不发达，产业集中度不高，中小企业和家庭作坊较多。目前发达国家农产品加工率在 90% 左右，我国只有 45% 左右（初加工以上）；发达国家农产品深加工（二次以上加工）占 80%，我国只有 30% 左右；发达国家农产品加工产值普遍是农业产值的 2～4 倍，我国仅为 1 倍左右。而且近 60% 以上的农产品加工企业集中在城市，不仅增加了成本，也不利于吸纳农村劳动力就业。另外，我国农业资源丰富、市场前景广阔，不仅有 18.3 亿亩耕地，还有 60 亿亩草原、42.7 亿亩林地、42 亿亩大陆架渔场、2.6 亿亩内陆水域；但我们对农业的多种资源开发利用不够，对农业的生态保障、观光旅游和文化传承等多种功能开发不够。农民就业主要局限在耕地上、局限在生产环节上、局限在农业上，农村的就业潜力和容量尚未有效拓展。

5. 农村劳动力融入城市面临户籍制度约束的问题

农村劳动力转向城市就业是各国工业化、城镇化进程中必然要发生的结构变迁，具有普遍性。中国农村劳动力转移的特殊性在于，这一变迁受制于以户籍制度为基础的城乡分割体制。农村劳动力向非农产业、向城镇转移就业具有“就业在城市、户籍在农村，收入在城市、积累在农村，劳力在城市、家属在农村，生活在城市、根基在农村”的特征，是典型的流动式转移，以转移出去的劳动力最终都要回来为逻辑起点。这种流动式转移有其相对优势，如转入城市就业的劳动力有退路，可以避免形成城市贫民窟。但流动式转移的弊端更为突出：转入城市就业的劳动力不能真正融入城市经济社会体系，形成城乡之间、城市内部劳动力市场的分割，不利于劳动力市场的一体化；转移就业劳动力普遍没有劳动合约，或只有短期合约，企业和劳动者都没有提高技能的长远打算，不利于产业工人素质的提高；农民工游离于以户籍为基础的城市社保体系之外，不利于社会保障体系的建立健全；农民工的根基在农村，在城市的消费很低，不利于城市化效应的充分发挥，也不利于农村土地流转和农村空心化的治理。

6. 找工作盲目无序面临劳动力市场不健全与就业服务体系不完善的问题

农村劳动力市场发展落后且与城市劳动力市场不对接，增加了农民转移就业的难度和外出务工的盲目性。劳务中介组织发育不完善，服务水平低，致使农村劳动力转移就业组织化程度低、风险大、成本高，大多处于自发、无序、零散的状态，大多数农村劳动力的流动是经亲朋好友的介绍或引路而实现的。据有关方面调查，通过政府或社会职业中介服务机构组织劳务输出的人数不到流动总数的30%。公共就业服务体系特别是农村公共就业服务体系不发达，小额担保贷款、就业援助、信息服务、职业培训等就业政策覆盖范围窄、落实不到位，一些地方出台地方就业保护政策等，也在一定程度上制约了农村劳动力的流动、就业和创业活动。

**（三）促进农民就业的现实需求和长远影响**

农民就业状态与中国的改革发展紧密相连，与扩大内需、刺激消费、缩小收入分配差距、国家粮食安全以及工业化、城镇化等当前诸多重大问题密切相关。中国的特殊性很大程度上是由庞大的农民群体来建构的，无论作为生产要素，还是作为生产者和消费者群体，对我国经济、社会和政治发展所产生的影响是巨大的，是左右中国现代化进程的主要力量。

1. 扩大内需战略的实现，依靠于农民

主要靠外部需求来拉动经济增长是不可持续的，扩大内需已成为共识。在我国投资率连续多年超过40%的情况下，扩大内需重点在扩大消费需求，而扩大消费重点在扩大农村居民的消费，因为我国消费需求不足主要体现在农民消费不足。2008年，农村居民家庭平均每百户拥有彩电99.2台、电冰箱30.2台、洗衣机49.1台，如果全国2.2亿农户每个家庭都拥有1台电视机、1台电冰箱、1台洗衣机，那么，农村家电市场就能新增176万台彩电、1.54亿台电冰箱和1.12亿台洗衣机的容量。问题是农民的这种消费需求缺乏现实购买力，巨大的消费市场还只是潜在的。而扩大购买力，必须增加农民收入；增加农民收入，核心在改善农民就业。

2. 缩小收入分配差距，重点在农民

我国的收入分配差距在不断拉大，2008年城镇居民收入已是农村居民收入的3.3倍。缩小差距是构建和谐社会的必然要求，但如果没有农民就业状态的改善，那么收入分配差距将永远也不会缩小。党的十七届三中全会提出了到2020年农民人均纯收入比2008年翻一番的战略任务，即今后农民人均

纯收入年均增长速度要达到6%。从2009年看形势不乐观，完成6%的任务有困难，城乡居民收入差距有可能进一步拉大。表面看城乡之间的收入差距似乎是农业生产方式落后和效率低下所致，但农业效率之所以低，不是农业本身的属性，也不是小农的生产方式。农民增收难，主要是就业门路窄、就业技能低、就业不充分。打破城乡分治，改革户籍、社保制度固然是必要的，但这替代不了对农民就业状态的改善。

3. 保障国家粮食安全，维系于农民

在全球化背景下，粮食安全的重要性无须多言。保障粮食安全，取决于农业综合生产能力。在构成生产能力的诸多因素中，最重要、最有能动性的是作为生产者和生产要素的农民，包括农民文化素质、生产技能、科技水平、经营能力等。当前，我国正处在加快改造传统农业、走中国特色农业现代化道路的关键时期，建设现代农业需要有文化、懂技术、会经营的新型农民，否则，农业就不可能持续稳定发展，粮食安全就得不到保证。因此，保障粮食安全，仅仅鼓励农民种粮，是远远不够的，提升农民的生产技能，提高种粮比较效益是前提条件。

4. 推进工业化城镇化，动力是农民，约束也是农民

我国已经进入工业化中期阶段，农民工业已成为我国产业工人的主体，成为推动工业化、城镇化的重要力量。中期以前的工业化，表现为行业规模的扩大、企业个数的增加、就业人数的扩增以及产值份额的提高。这种“平面”的扩展对劳动力素质的要求不高，大量农民工能进入工业部门就业，原因即在于此。进入工业化后期，“平面”的扩展与产业的升级、增长方式的转换结合起来，对劳动力素质、知识、技能上的要求大大提高。在这个阶段，如果农民就业状态得不到改善，要么因为农民的就业能力低下，转移就业受阻，传统农业向现代农业转变难以实现；要么使后期工业化升级受阻，陷入低水平的“平面”扩展而不能自拔，产业升级和经济增长方式转变难以实现。城镇化吸纳农民转变为市民，但城镇化必然占用土地，而土地是农民就业的基本保障，现在还有一些失地农民处于无业状态，不少群体性事件和农民集体上访也都与此有关。我国城镇化之所以落后于工业化，很大程度上就是农民就业状态的约束所致。

## 第五节　促进农村劳动力持续转移的措施

### 一、切实转变观念，防止“煮”农村劳动力转移的“夹生饭”

现在我国农村富余劳动力转移取得前所未有的进展，问题和缺陷是，发达地区部分企业出现了一定程度的劳动力短缺，中西部不发达地区却存在大量中年以上的农村富余劳动力，就业不足，转移困难；亿万走出农村的以青壮年为主的进城农民工，权益受损情况仍然严重，稳定就业的不能实现根本转移，多年呈现“没有人口迁移的工业化”。这严重影响了农民收入增长和不发达地区农村发展，也成为宏观经济不协调的重大因素。而在许多地方，存在着重工业化、城镇化发展，而轻农业富余劳动力转移就业拉动“三农”问题解决的观念，对解决转移就业问题的重要性认识不足。

首先，新农村建设要实现发展农业和农民收入逐步达到与城镇居民收入相当的目标，很重要的是卡在农业富余劳动力尚未有效就地、异地转移就业上。

在破解“三农”问题、推进新农村建设中，发展现代农业与农民就业增收是密切联系的两个基本目标。现在中西部不发达地区农民收入低下，仅相当于发达地区农民收入的1/3左右。收入低下的原因，除对农业支持不够，来自农业的收入增长滞缓之外，关键在于：一是留在农村大量中年以上的富余劳动力就业不足，来自当地的非农收入低；二是大量青壮年流动到发达地区和城市，与那里的企业结合，“人口红利”主要贡献给了发达地区和城市，自己得到的是低工资，流出地农民收入不能随外出非农就业比例的上升获得应有的增长。而且，劳动力流出地遭遇一种与“人口红利”相对应的“人口亏损”：承担外出农民工从出生到上学的抚育及养老的成本，又失去他们的劳动年龄段，对不发达地区乡村发展造成不利影响。长远看，稳定和发展农业，根本在于务农农民的收入要能够与从事其他产业的收入相当，否则，农业就留不住人。在我国人多地少的情况下，即使从农村转移出几亿人，到2030年农村还有6亿人口，户均耕地增加一倍，也才15亩左右，多数农民也不可能单靠农业实现富裕。所以，没有农村富余劳动力转移的有效推进，农业的稳定发展和农民收入目标的实现都是不可能的。

其次，农民工收入和生存状况不能随工业化城市化发展而改善，是影响当前宏观经济的重大因素。

工业化、城市化负有破解“三农”问题，拉动新农村建设的时代责任。目前我国宏观经济存在的突出问题，大多同转移就业农民工的收入、权益与工业化、城镇化发展的失调有关。如投资与消费失衡的矛盾突出，在相当程度上与农民工群体的收入、消费状况相关。劳资关系不协调，农民工工资待遇偏低，被拖欠、克扣，收入少，社会保障、公共服务很少覆盖农民工，他们的个人消费、公共消费都比较少，往家乡汇回的资金也比较少。在国民财富分配中，劳动收入所占份额由 1989 年的 16% 下降到近年的 12%，甚至 10%，劳动力价值发生严重偏离，很大原因是占非农就业人员半数以上的农民工收入少，自然影响消费。农民工家分两地，难以安居，也影响他们的正常生活和耐用品消费。不逐步解决这类基本问题，投资与消费失衡的问题就难以治本。在压低农民工工资、严重超时劳动、劳力透支、没有社会保障的情况下，以对农民工的亏欠获得更多出口创汇，反过来受反倾销、劳动标准的制约和人民币升值的压力。而且，农民工青壮年时期在城市劳动，所得与劳动付出不对应，把他们养老、大部分的子女教育和退回家乡的职业病、伤残人员的社会成本，放到不发达地区的农村，是影响农村发展，城乡、区域差距加大的重要因素。

导致工业化、城市化发展与农民工收益失调、转移受阻的主要原因是城乡二元体制。但体制问题，不能停留在追究它的历史形成上，是现实要解决的问题，影响解决的首先是一方领导者实际奉行的发展理念。劳资关系失衡，政府公共服务与农民工的贡献失衡，是原有城乡二元体制在改革开放后又有新发展所造成的。在沿海一些地方，改革开放前也是没有解决温饱的农业地区，改革开放初在资金短缺、劳力富余的情况下发展经济，出现只顾资方利益，不顾劳动者利益的现象，农民工的利益受到严重损害，甚至出现血汗工厂，虽为形势所迫，也是政府有失公正。一些政府部门还向收入低下的农民工巧立名目“寻租”收费。发展到现在，一些地方户籍人均 GDP 三、五千美元。已像欧洲，但仍然忽视农民工的工资待遇、应有休息、看病养老、居住和家庭分居等基本的生存需求和权利，拒不执行国家提出的对进城就业农民工不能额外收费，对进公办学校的农民工子女不得收取借读费等规定，依然关死他们迁移定居的大门。对于什么时候解决农民工的一些问题，有的认为现在还是要集中于发展经济，提高企业效益、政府效益，建设城市，农民工的一些问题要到以后再解决。把城市发展建立在损害农民工收入和权益的基础上，将包袱甩给农村的运行惯性和形成的利益格局，影响了发展理念的转变。把经济发展、城市发展与农民工的利益相分离，与就业转移、改善民生相分离，距离以人为本、协调发展相去甚远。

然而，在农民工问题上转变发展观已时不我待。首先，不转变不仅继续损害农民工和农村发展，而且就要损及城市经济体自身。在劳动力市场出现年轻劳力有限供给的今天，哪里农民工就业环境、权益保障、公共服务改善得较好，哪里就会有较充分的农民工流入，哪里发展就快些好些，反之，哪里不去解决他们的现实问题，他们就会用脚投票，影响经济发展。其次，从全国看，在1000～3000美元的阶段是农村劳动力转移的关键时期，工业化发展中期仍有相当成分的劳动密集产业是农村劳动力转移的有利条件。这一时期不让他们顺利有序转移，到产业结构升级，而劳动密集产业未能相应提升，因成本提高出现萎缩，就失去了转移机遇，那就形成农村劳动力转移的“夹生饭”，农村不能安定，城里也不能安定。就业无着、低收入的群体要进入资本技术密集的产业不可能，劳动密集企业又丧失竞争力，他们只能到城市去，找零活，不充分就业，形成难以根除的贫民窟，拉大收入差距，造成经济社会的不稳定。这正是一些国家在这一时期发展中提供的教训。

在这一阶段，我们要避免煮下劳动力转移就业的“夹生饭”，走向充分就业，为农村发展创造好的条件，城市、发达地区就要转变发展观念。抛弃只管自己的工业化、经济高级化、城市漂亮，忽视改善农民工的生存状况，排斥农村劳动力向非农产业和城镇稳定转移的发展观，适应城乡劳动力市场变化的新情况，把工业化、城镇化发展与就业转移、改善民生结合起来，从发展政策、制度改革、提高就业能力上促进农村富余劳动力转移。

## 二、促进农村富余劳动力持续转移的措施

### （一）促进中小企业、小城镇和劳动密集产业发展

通过发展乡镇企业、农民进城就业、农民工回乡创业等多种形式转移农村富余劳动力，主要是靠中小企业、劳动密集的工商服务业。中小企业是就业的发动机，工业化、城镇化发展与农村劳动力转移就业、改善民生的主要结合点在中小企业、劳动密集产业。现在中西部地区乡镇企业仅占全国乡镇企业产出的1/3，而且民营经济整体较弱，要素成本上升，国际市场门槛逐步提高。从工业化、城镇化发展，促进农村富余劳动力转移就业，拉动“三农”

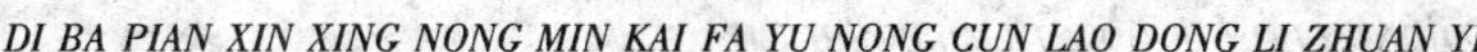

问题解决的总体战略考虑，需要把农民创业，发展中小企业、劳动密集产业继续置于重要地位。

农村大部分青壮年劳动力外出就业，而1亿左右中年以上的农村富余劳动力就业、收入压力大。不可能进城就业，大量是农业季节性的剩余劳动时间。解决不发达地区农村劳动力转移或就业不足的问题，除了做好青壮年劳动力外出就业的服务工作之外，一是工业薄弱的地方可从发展农业、农副产品加工起步，挖掘大农业的"容人之量"，通过发展商品农业，农业加工、流通、服务来扩大就业，并由农而工而商，催生其他非农产业发展。中西部地区也有一些乡村和县市由此取得成功。一些乡镇企业发展条件差的地方，要立足自己的实际，下工夫发展区域化、规模化的特色农业产业体系，把发展农产品加工、流通作为主攻方向，扩大农民就业，培育市场和经营人才，创造工业化和农村劳动力转移的基础。二是就地大力发展民营经济、乡镇企业、中小企业。这些地区乡镇企业的发展受资金外流、缺乏金融服务、人才信息缺乏的制约。同时有些地方政府对乡镇企业仅看重税收，不看对农民就业或增加收入的作用，把希望寄托在引进大企业上，忽视当地民营小企业的发展。农民创办小企业的环境差，要经办多项手续，每道手续都收费，市场秩序混乱，侵权行为得不到追究。应进一步确立以民营经济、中小企业为主体来振兴县域经济，推进乡村工业化、城镇化，扩大农村富余劳动力转移就业，增加农民收入的战略思路，改善农民创业环境，利用当地优势资源，发展吸纳就业能力强的劳动密集型产业和服务业，发展特色产业。一村一品，一镇一品，拉长产业链，与专业市场、小城镇发展相结合，发展产业集群，由低到高把地方特色产品打造成精品，占领市场，扩大农村劳动力向非农产业、城镇转移的空间。

沿海发达地区在产业结构调整升级的过程中，中小企业、劳动密集型产业的发展走向是值得重视的问题。向高新技术产业、资金技术密集型产业调整结构是个趋势，但中小企业、劳动密集型产业在经济、就业和出口创汇上都占有相当大的比重，跨地区流动的农民工主要在这类企业、行业就业。不能人为让劳动密集型产业过早退出，新加坡和我国深圳都有这方面的经验教训。同时发达地区劳动密集的中小企业是劳动关系比较紧张、农民工权益受损较为严重的重灾区，这既有制度上的原因，也有民企弱的问题。一些企业搞了20多年的加工贸易，主要依靠廉价劳动力生存，没有自己的技术，没有自己的品牌，甚至没有自己的营销渠道，处于国际分工的低端，利润空间小。一些民营企业受到劳动成本上升的压力，转移到内地办厂，但技术管理水平并没有提高，照样难以招到人，稳定员工。这种状况与我国作为服装、鞋业、家具、玩具、塑料制品等轻纺产品出口大国的地位很不相称。现在改变这种状况，既有需要，也有可能。发达地区在产业结构调整中，应承担起劳动密集型产业提升的责任，扩展已形成的产业集群优势，组织中小企业产区专业协会，扩大与科研机构、大型企业和国内外市场的联系，推进企业管理和技术创新，提高民营经济的自主创新能力。沿海发达地区劳动密集产业的地区转移形式，目前主要是到中西部地区办分厂，内地与沿海是总厂与分厂的关系，进一步将发展为研发、贸易与加工的关系，把沿海内地的资源优势都利用起来。要明确目标，从过去的贴牌生产发展到打造与作为轻纺工业大国相称的自己的品牌、精品。这样才能改变民营企业弱的状况，扩大利润空间，有利于实现农村劳动力转移和充分就业，增进农民工的福利。

**（二）推进城乡二元体制改革，创造农民工市民化的制度环境**

当前农民工合法权益严重缺失，处于边缘化的社会地位，形成城市内新的二元结构，阻碍了农民工的根本转移。国家出台解决农民工问题的政策，在以人为本、公平对待的原则下，力破二元体制，维护农民工权益，适应转移。但政策的提出不就是问题的解决。各地贯彻执行国家政策，工作有很大进展，但一些地方政策落实不到位，也不能期望在短期内解决很多问题。政策执行中的情况，或执行中的政策，是农民工合法权益受损害的状况仍然严重，稳定就业的农民工不能实现定居，获得平等的市民权利，管理制度缺乏改进，农民工的利益、诉求难以在城市公共政策的制定中得到表达，一些城市社会治理继续沿用管制式管理的方式。这些问题有城乡二元体制的历史原因，但不能把现实的问题总是记在历史的老账上。重要的是现在如何对待共同发展经济、建设城市的农民工，如何对待制度性不公平。不能继续利用旧的二元体制，把城市发展放在牺牲农民工利益的基础上。

坚持为农民工“雪中送炭”，在解决当前农民工最关心、最直接、最现实的突出问题中推进对不公平制度的改革。当前重点解决农民工最关心、最直接、最现实的问题，如工资偏低、拖欠，劳动条件和安全保护，子女就学，看病、居住、养老、培训等，既解决农民工现实的利益问题，又起到逐步改变权益不平等的制度的作用，是改革的可操作性与方向性的统一。各级政府首先要执行政策，在解决农民工实际问题，维护其合法权益上带好头，才能推动社会各方面执行政策。对在农民工问题上不执行国家有关禁止性规定的政府行为应该纠正。如政策规定要把农民工及其所携家属的计划生育、子女教育、劳动就业等，列入各有关部门和社区的管理责任范围，并将相应的管

理经费纳入财政预算，严格禁止向用工企业和农民工摊派。但一些城市仍规定按照一个农民工每月10元的标准，向招收农民工的企业年年收取劳动力资源调配费；取消对农民工子女进公办学校就读收取借读费、赞助费的政策没有落实，甚至有些地方政府依然保留与国家政策相反的规定，对所有农民工子女进公办小学每学期比户籍学生多收500～800元，名为择校费，实为借读费；一些城市仍规定按照一个农民工每年30元的标准，收取治安管理费。在农民工问题上不执行国家禁止性规定的政府行为，直接损害了农民工、农民工子女和企业的利益，影响国家基本政策的严肃性、统一性，使符合实际和群众利益的政策得不到执行，失信于民，需要切实纠正。

创造维护农民工合法权益和有利于农民工市民化的制度环境，要有农民和企业参与，形成以国家政策法律为指导，政府、企业、农民工、社会多方面推进的机制。就业地政府要把农民工纳入城市公共服务体系，使之获得作为城市劳动者、居民、公民的平等权利，履行保护农民工合法权益的责任。企业要强化社会责任，尊重农民工的劳动和创造，不得违反国家法规政策损害农民工权益。党组织、工会、共青团、妇联、城市社区要成为农民工温暖的家，维护农民工合法权益，提供服务，为他们融入城市、同市民和谐相处创造良好环境和条件。同时要把政策、法律交给农民工，发展工会，让农民工参与社会管理，发挥农民工维护自身利益、推进制度改革的作用。

当前也要采取渐进式推进户籍制度改革和农民工市民化的实际步骤。让一部分稳定就业的农民工市民化，更有利于他们参与社会管理，反映农民工的利益要求；有利于改变管理者是清一色户籍人口，忽视农民工利益，拖延改革、甚至不执行国家农民工政策的局面。不能期望没有农民工多种形式的参与，等到不公平制度都取消了的那一天，户籍制度会自然消亡。体制改革和户口迁移并进，可能更有利于逐步解决长期城乡分割的二元结构带来的深层次问题。

**（三）提高农民和农民工就业能力**

现在国家高度重视农村劳动力转移培训和职业教育。这关系适应结构转变、劳动力大规模转移的迫切需要，关系提高劳动力整体素质、就业能力，关系我国非农产业的持续竞争力，关系农民变工人、变市民的稳定转移，是具有社会效益的准公共品，是政府促进转移就业和低收入群体增收的主要切入点。但这方面仍然薄弱，存在很多问题：受训人数少、时间短、质量差，已就业农民工的在职培训十分薄弱，企业普遍没有履行对农民工进行职业培训的法律义务等；对农村劳动力转移培训认识不到位，激励政策不到位，投入不足；教育资源配置不合理，受城乡分割、地区分割、部门分割、培训主体地位不平等体制因素影响，培训资源难以形成合力，培训效率低；一些公办职业教育和培训机构体制改革滞后，凭借政府部门的特殊照顾，过多耗费了培训资源，公办、民办培训机构平等竞争和分工协作的机制尚未形成。因此要清醒认识我国转移就业形势和培训弱势，将职业教育和培训放在国策的地位，作为提高就业能力、促进农村劳动力转移、促进农民和农民工增收、增强产业竞争力的基础性工作，切实加强领导，加大投入，推进改革，加强建设。建立完善政府主导，官民并举，有效整合教育资源，面向发展大农业、乡镇企业、外出就业农民和农民工，积极发展城乡分工协作的全社会的农村劳动力职业教育与培训体系。各级政府应加大对农村劳动力转移培训的投入，建立政府主导、多方筹集的投入机制，完善激励政策。加大公办职业教育和培训机构体制改革力度，形成公办、民办培训机构平等竞争的机制，提高培训效率。引导农民工全面提高自身素质，努力适应新的工作、生活环境。有些发达地区和城市提出“压缩低素质人口的生存空间”，欲把农民工作为低素质人口排挤出去，是错误的。应当改为提高农民工素质，改善他们的生存空间，让稳定就业的农民工市民化，以城带乡，城乡协调发展。

# 第四章　积极促进农民工返乡创业与就业

农民工返乡创业是新形势下农村劳动力转移就业出现的新趋势，在新的历史条件下，促进农民工返乡创业具有重大的意义。

首先，促进返乡农民工创业是我国应对金融危机、确保经济平稳较快增长的一项重大举措。国际金融危机使我国出口大受影响，扩大内需成为拉动我国经济增长的关键。返乡农民工创业能够解决农民工就业问题、增加农民收入，进而激活农村市场、扩大内需、拉动经济增长。做好返乡农民工就业、创业工作，是我国当前保增长、保民生、保稳定的一项重大任务。

其次，农民工返乡创业是拓宽农村劳动力转移就业和农民增收的途径。主要表现在：一是创业者自身收入大幅提高。有关调查显示，创业农民工2006年个人年平均收入为71987元。二是拓展了返乡农民工的就业途径。农民工返乡创办企业所雇用的工人，有相当一部分甚至半数以上是从沿海地区打工回来的农民工。这就延续了返乡农民工作为产业工人的“生命”，满足了他们随着年龄增长所产生的家庭团聚、照顾老小的实际需要。三是扩大了社会就业。调查显示，平均每名返乡创业者带动就业3.8人，其中很大一部分是当地不能外出打工的中年以上农民。

再次，农民工返乡创业有利于现代农业的发展和优势资源回流，从而促进农村和欠发达地区发展。农民工返乡创业，推动了农业的商品化、规模化、特色化和结构调整。调查显示，有16.5%的农民工返乡后从事农业综合开发，成为农业生产的带头人，他们创办的企业平均每个可带动54户农户参与生产。农民工返乡创业，也推动了农业产业化龙头企业和专业合作经济实体的发展。调查表明，农业产业化经营龙头是企业的，带头人曾外出务工的占75.7%；是协会和专业合作社的，带头人曾外出务工的占80%；是批发市场的，带头人曾外出务工的占72.2%。在高效农业开发中，一半以上的项目是由外出返乡的人先搞起来的。

优势资源向城市和发达地区集聚的战略，是造成城乡和区域差距扩大的一个重要原因。农民工返乡创业，把资金和发达地区的市场观念、技术、管理带回家乡，这就把城乡、发达地区与不发达地区的发展联系起来，有利于促进形成发达地区带动不发达地区、"以城带乡"的发展格局。目前，虽然多数地方农民工返乡创业对县域经济发展的作用还不算大，但小企业在贫困农区像雨后春笋般地生长起来，成为推动民营经济发展、发展工商服务业的有生力量，强化着工业化的基础，对于优势资源回流从而促进农村和欠发达地区发展，大有裨益。

最后，促进返乡农民工创业是兴起全民创业、实现经济崛起战略的一项重大举措。坚持以发展的方式和积极的政策，切实解决好返乡农民工就业问题，大力支持返乡农民工创业，有利于努力形成新一轮全民创业热潮。不少地方已经提出了全民创业的口号，虽然也取得了一定的成效，但并未完全达到预期的效果，近年来带动我国经济高速增长的主要还是招商引资。因此，做好扶持返乡农民工创业工作，能够变挑战为机遇，真正兴起全民创业的新高潮，从而促进经济快速增长，实现经济崛起战略目标。

鉴此，深入研究农民工返乡创业问题具有重要的现实意义。

## 第一节　农民工返乡的原因、规模及特点

### 一、农民工返乡的主要原因

受国际金融危机的影响，从2008年第四季度开始，我国的部分企业生产经营面临困难，使部分职工失去工作岗位，形成一股有别于往常的"返乡民工潮"，其中，影响面最大的区域为外向型经济和劳动密集型产业集中的长三角、珠三角、闽三角地区。"返乡民工潮"的到来，且来势凶猛，具有多方面原因：

**（一）金融危机造成企业停产或开工不足，这是最主要、最根本的原因**

随着世界金融危机不断蔓延，我国一大批外向型企业产品出口受阻、订单减少，一些劳动密集型企业效益下滑，出现停产或开工不足、工资水平下

降，由于突然的外部压力造成大量农民工返乡。根据有关调查资料，在湖南省返乡人员中，因企业停产返乡的人员达到45.9%，因企业裁员或开工不足，收入下降返乡的占31.9%。也就是说，湖南省返乡人员中近八成人员因企业原因返乡。在河南省的180位返乡农民工中，因企业关、停或开工不足裁员返乡的有52人，占28.9%，居各类返乡人员之首。四川、湖北两省返乡农民工中这一比例分别达到47.6%和41.5%。安徽省返乡人员中，因企业停工、倒闭或企业裁员返乡的人数也占到24.3%。

**（二）工程完工或歇业引起的农民工返乡**

从事建筑业的外出农民工，受工期影响缺乏稳定性。2008年以来，部分建筑项目特别是房地产项目受到控制，建筑项目工程相对减少。当一项工程结束，又没有新的工程可以承接，外出农民工只能选择返乡。我国北方冬季天冷，不利水泥凝固，部分从事建筑业生产的单位停工歇业，也造成农民工提前回家。在河南省被调查的180人返乡农民工中，有14人（占7.8%）就属于因“工程完工”或者“季节性停工”而返乡。

**（三）过节或家庭原因引致农民工返乡**

一是提前回家过年。春节将至，由于每年都出现农民工返乡难现象，使得一些从事劳动强度大、收入低农民工提前返乡。如安徽省调查中，因提前过年而返乡的农民工占16.3%。二是因为家庭生活问题引起的返乡。如河南省调查中，在180个返乡农民工中，13.9%的人是出于“回家过年、婚丧嫁娶、照顾病人、老人等家庭原因而返乡。在安徽省的调查中，也有30.3%的农民工是因为“家中有事必须处理”而返乡。湖南省调查中，有7.7%人是为了探亲、休假等原因返乡。三是一些特定区域的特殊原因，如在四川省的调查中，有20%的人因灾后重建而返乡。

**（四）国家的强农惠农政策吸引农民工回流**

近几年来，我国扶持农业的相关政策陆续出台，免农业税、粮食直补、良种补贴、畜禽补贴、大型弄机具补贴、综合直补等一系列强农惠农政策得到全面落实，农民务农和外出打工收入的差距缩小，农民发展农业生产的积极性不断提高，“回乡从事农业生产”成为农民工返乡的又一就业选择。河南、四川两省的调查显示，因此类原因返乡的农民工均占返乡农民工总数的10%左右。

## 二、农民工返乡的规模

农业部组织了一次抽样调查，一共调查了农民工输出数量比较多的15个省、150个村。抽样调查显示，到2009年春节前，返乡农民工占到38.5%。其中，有60.4%的农民工是正常的春节回家探亲，也就是说，他在城市的工作仍然是保留着的，节后他会回去正常上班。其他39.6%的人是属于失去了工作或者还没有找到工作就返乡了。

为了摸清农民工底数及外出返乡情况，国家统计局利用农民工返乡过节的时机，在全国31个省、857个县、7100个村和68000个农村住户中开展了一次大规模的抽样调查。根据国家统计局农民工统计监测调查，截至2008年12月31日，全国农民工总量为22542万人。其中本乡镇以外就业的外出农民工数量为14041万人，占农民工总量的62.3%；本乡镇以内的本地农民工数量为8501万人，占农民工总量的37.7%。在外出务工的14041万农民工中，按输出地分，来自中部、西部和东部地区外出农民工数量比例分别为37.6%、32.7%、29.7%。按输入地分，东部地区吸纳外出农民工占外出农民工总数的71%，中部占13.2%、西部占15.4%。在本地就业的8510万农民工主要集中在东部地区，占62.1%，中部地区占22.8%，西部地区占15.1%。

截至2009年春节前，返乡农民工为7000万人左右，约占外出农民工总量（14041万人）的50%。春节后，在返乡的7000万农民工中，大约80%以上已经进城务工，其中，有4500万人已经找到工作，1100万人仍处于寻找工作状态；近20%就地就业或创业或寻找工作。

## 三、农民工返乡的特点

我国农民工返乡潮的主要特点可概括为：

### 1. 返乡时间主要集中在2008年第四季度

根据国家统计局农民工统计监测调查，在2008年第一、第二、第三和第四季度，返乡农民工的人数占返乡总数的比例分别为1.44%、8.46%、19.44%和70.65%。在2008年第四季度，10月份、11月份和12月份返乡的农民工占返乡总数的比例分别为18.2%、27.3%和25.1%。

### 2. 从东部地区返回的农民工较多

从东部地区、中部地区、西部地区返回的农民工的比例分别为62.4%、16.1%和21.3%。其中，从广东省返回的农民工占24.6%；从长江三角洲返回的农民工占17.2%。

### 3. 制造业和建筑业受金融危机的冲击较为严重

分行业看，从外出农民工从业比例最高的两个行业即制造业和建筑业返回的农民工人数占返乡总人数的比例分别为36.1%、28.2%。在制造业和建筑业中，返乡农民工占外出农民工的比例分别为46.2%和73.3%，高于全国的平均水平。

4. 返乡农民工文化程度总体偏低

在返乡农民工中，文化程度为不识字或识字很少、小学、初中、高中、中专、大专及以上的返乡农民工分别占2.4%、14.8%、65.8%、11.1%、4%和2%，其中初中及以下的农民工占到82.9%。这说明文化程度越低的农民工越容易回流，加强培训有利于提高农民工就业的稳定性。

## 第二节　农民工返乡创业的条件

根据有关统计，2007年全国乡镇企业新增个体工商户65万个，安排110多万人就业。农村能人和农民工回乡创办的小型乡镇企业达85万家，当年全部乡镇企业增加值达到69620亿元，上缴税收达到7366亿元。

根据国务院发展研究中心课题组2007年的百县调查，2007年全国回乡创业农民工总数约为800万人，他们创造了约3000万个就业机会。据对3026名回乡创业农民工的调查，1990年以前回乡创业农民工只占4%，1990～1999年回乡创业的占30.6%，2000年之后回乡创业占65.4%。农民工回乡创业的热潮正在兴起，农村劳动力双向流动与双向就业的新局面正在形成。

### 一、农民工返乡创业的主要优势

农民工返乡创业是劳务经济发展的高级阶段，作为特有的经济和社会现象，我国的“民工潮”和劳务经济已经大体经过了三个阶段：第一阶段农民工跳出农门到大中城市、发达地区去务工或经商，解决温饱问题；第二阶段在务工或经商的过程中，一些农民工变成了管理者或者老板；第三阶段越来越多的农民工开始返乡创业，大量地从“打工者”嬗变为“创业者”。农民工返乡创业的主要优势可简要概括为以下六个方面，这些优势也成为农民工返乡创业的主要原因。

**（一）中央高度重视农民工返乡创业**

2008年12月28日召开的中央农村工作会议高度关注农民工就业困难加剧、部分农民工返乡回流问题，会议要求最大限度拓展就业增收空间，落实好解决农民工问题的政策措施，扩大农业产业链，农村基础设施建设以及农村第二、三产业的就业容量，并决定从贷款发放、税费减免、工商登记、信息咨询四个方面开辟“绿色通道”，积极支持农民工返乡创业。

**（二）国家支持农民工返乡创业的系列政策，支持措施密集出台**

一是国务院办公厅发出了《关于切实做好当前农民工工作的通知》（国办发［2008］130号），要求各地抓紧制定扶持农民工返乡创业的具体政策措施，并鼓励农民工发展农产品加工业农村第二、第三产业，生态农业和县域中小企业。二是人力资源与社会保障部向各地发出稳定就业形势的通知，要求劳动力输入省份将已在用工地稳定就业半年以上失去工作的农民工纳入失业登记。

**（三）新一轮宏观经济政策给农民工就业带来新的契机**

中央应对国际金融危机扩大内需的十项政策中，涉及的领域包括基建、水利、民生、文化教育、灾后重建等。农民工是工程建设的主力军，从安居工程、医疗文教、农村基础设施建设，到铁路、公路等交通工程建设，灾后重建等，都将为暂时失业的农民工提供再就业和返乡后的创业机会。

**（四）地方政府积极支持农民工返乡创业**

各地方政府也出台一系列政策，化解从沿海地区返回农民工的就业压力，这些政策包括鼓励创业，减免招收农民工企业的部分税费，放宽准入条件，落实创业用地，支持从事个体经营，建立返乡创业基地，建立返乡创业服务体系等。

江西省南康市农民工回乡创业起步较早，市政府1997年就提出要建设“江西的温州”，把回乡创业与“个私兴康”战略结合起来，支持农民工回乡发展个私经济，把招商引资的重点放在回乡农民工上。截至2006年，南康市回乡办企业的有9821人，创办个体经济、私营企业6000多户。南康市六大支柱产业的形成，回乡创业者起了主要作用。家具、服装六成到七成的企业是由回乡农民工创办的。油漆、涂料为主的化工企业是由从事建筑业的回乡农民工创办的。

河南省固始县从2004年起把招商引资的重点转向回乡创业人员。这些回乡创业者成为承接沿海劳动密集型产业转移的主要力量，回乡创业者带来的资金成为创办民营企业的主要初始资本。截至2006年，固始县回乡创业人数为1.6万人，回乡创业企业投入在100万元以上的有423家；全县工商业经济总量的2/3是由回乡农民工创办的企业支撑的。农民工回乡创业一方面移植沿海有市场需要的劳动密集型产业，发展与城市企业配套的产品，另一方面结合当地资源，开发特色产品，提升传统产业。

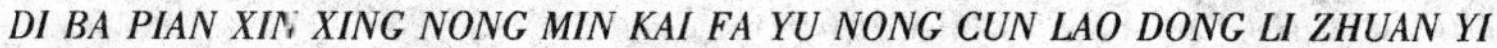

## 二、农民工返乡创业面临的实际困难

### （一）创业机会不足

返乡农民工获取创业机会的途径主要有：一是自己在打工时获得的知识、经验和认识；二是外界的信息与他人的推介。通过第一种途径获取创业机会的人属于先知先觉者，比较容易成功，但并不占多数。除了这部分人外，大多数返乡农民工要依靠第二种途径获取创业机会。由于返乡农民工的居住地主要集中在农村地区，经济并不发达、机遇条件差、信息渠道和市场范围都很有限，发现和识别创业机会的可能性较小。在有关调查中，返乡创业者大多从事非农产业，企业形式以个体和私营为主，企业规模较小，有50%左右的人选择了服务行业，比如开小餐馆，开小店等。在选择加工制造业的返乡创业农民工中，大多主要集中在劳动密集型行业，规模较小、结构单一、产品科技含量低。许多返乡创业企业缺乏竞争力，转而走简单模仿、恶性竞争的粗放发展道路。并且随着竞争的愈发激烈，加上经营不善，很多人只能艰难地维持生计。

### （二）创业能力缺乏

创业能力包括发现和识别创业机会的能力、创办实业的能力、经营管理企业的能力、与政府官员和各种人员沟通的能力，以及克服困难和处理突发事件的能力等。很多返乡创业者文化程度低，办企业存在盲目性，自身经营管理知识也比较薄弱，又很难吸引人才，迫切需要指导。另外由于内陆欠发达地区生活与人文环境较差，服务业不发达，即使是在同等的工资待遇下，很多年轻劳动力也更趋向于外出到沿海经济发达地区打工。农民工在外打工虽然也学到不少的技术和管理能力，但毕竟不全面，也没有亲自实践过，现在要真的创业，负责一项业务或企业的全过程，当然会遇到不少的难题。农民工返乡创业普遍存在经营理念、企业管理、产品研发、技术创新、市场开拓和制度建设等方面的不适应问题。另外，大部分企业实行家族式管理，管理粗放、责权不明、活力不足，难以适应市场的变化。因此，返乡农民工缺乏创业能力是较为普遍的现象，提高他们的创业能力刻不容缓。

### （三）创业环境不佳

#### 1. 政策体系不完备

许多地方政府对农民工返乡创业的重要意义认识不足，缺乏有针对性的优惠政策。如对创办企业税费减免优惠不明显，甚至当前一些内陆地区还没有对农民工返乡创业实施税费减免政策。

2. 政策执行不到位

一些政策操作程序较为复杂，涉及单位部门众多，加上少数政府部门及其工作人员存在服务意识不强、工作作风不正、工作效率不高的现象，使农民工返乡创业办事难，“三乱”现象时有发生，政策效果难以显现。

3. 服务体系不配套

创业的农民工在创办企业时缺乏相关的中介机构为他们提供信息服务，指导服务的针对性不强，办企业存在着盲目性。

4. 基础设施不完善

我国内陆欠发达地区普遍存在基础设施建设差的问题，尤其是县、乡（镇）两级，基本上都存在路、水、电、通信、交通和能源等城镇基础设施建设跟不上企业发展需求的问题。个别地方政府甚至在企业用地、用水、用电和证件办理等方面设置障碍，使有的投资项目迟迟难以落实，直接导致农民工返乡创业额外投资成本增加、交通运输成本升高和产品交易周期拉长等问题，制约了企业的发展。随着这几年农民工返乡创业的增多，有些地方供地指标也开始“捉襟见肘”，对很多想进一步扩大规模的企业而言用地成了一大制约。

5. 融资环境不健全

农民工返乡创业的融资困难主要体现为以下四点：一是农村资金回流城市，供给农户和中小企业的资金短缺；二是贷款利息高；三是信贷担保体系发育迟缓，担保机制不健全；四是政策性贷款和财政扶持贷款极少。

6. 人才短缺

返乡农民工创业的地点与沿海地区在经济、社会和文化方面存在巨大的差距。再加上返乡创业农民工办的实体大多属微利项目，产品科技含量偏低，难以提高工资待遇，导致外地人才和劳动力不愿来，本地人才和优质劳动力大量流向发达地区。青年农民，特别是有一技之长的青年农民，大都愿意到发达地区、到大中城市去就业，余下的很多是老、弱、妇女和儿童。普通员工多，技能型员工少，急需的专业人才熟练工人招不到、留不住，这是农民工返乡创业面临的突出问题。

## 三、农民工返乡创业的主要特点

农民工回乡创业把优势资源由城市引向农村、由经济发达地区引向不发达地区，这样的流动把城乡、发达地区与不发达地区的发展联系起来，形成沿海发达地区带动内陆见发达地区农村发展的格局，已经成为欠发达地区发展乡镇企业、民营经济、县域经济的重要推动力。农民工返乡创业主要有以下几个特点：

**（一）投资方向主要以工商经济为主**

目前返乡创业的农民以第一、二代农民工为主，这些农民工大多在制造业和服务业务工。因此，他们回到家乡后在政府的支持下，同时利用打工期间获得的知识、本领、资金、信息、社会资本等，发展工商服务业，投资商品性的农业经营，主要是兴办规模种植业、养殖业、农产品加工业，兴办第二、第三产业等。

**（二）大多数人选择在小城镇创业和居住**

农民工回乡创业不是单纯的回农村原户籍所在地创业，大多数创业者把企业办在了家乡的集镇和县城，近70%是在小城镇居住。带动资本、劳动力等经济要素向小城镇集聚，扩大了小城镇人口和经济规模。回乡农民工向小城镇集聚，为中西部地区发展小城镇化提供了推动力。

**（三）部分农民工被充实到农村基层组织，成为重要的后备力量**

返乡创业的农民工利用亦工亦农亦商的特点，积极参加合作组织和中介组织，成为经纪人或创办农民合作经济组织的带头人，也有部分人担任村干部或参加村民议事会及村民理财小组。一部分回乡创业农民工带头为家乡捐资修路、修水利、办教育和福利事业，反哺家乡从事新农村建设。陕西省礼泉县西张堡镇白村农民李朝鲜，白手起家，进城打工 18 年，做成了“好望角”、“昭陵”品牌酒店 4 个，以及装饰公司、农业示范基地等经济实体，年利税达 1000 万元。1998 年回村担任支部书记，经过 9 年奋斗，先后从自己的企业拿出 900 多万元支持白村的基础设施建设和产业发展，使本村改变了贫穷落后面貌。2006 年，全村农民人均纯收入 5900 元，是 10 年前的 8 倍。

部分农民工回乡创业的典型事例足以说明，农民工是农村带头致富和带动群众致富的领头人，是新的生产方式、生活方式的推动者、开拓者，也是农村基层干部的后备力量。

## 第三节　各地支持农民工返乡创业的政策措施实施效果与评价

针对部分外出农民工因金融危机等原因返乡问题，各地根据中央有关文件精神，积极采取措施做好返乡农民工工作，摸清基本情况，及时了解返乡农民工的年龄结构、行业地域分布、返乡原因、培训需求和就业或创业意愿，分析农民工返乡对农民增收、当地经济建设的影响，确保返乡农民工工作能顺利开展。各地各部门相继出台了一些政策，下面对相关省市的做法做一个简介。

## 一、各地促进农民工返乡创业的相关政策

### （一）河南省扶持农民工返乡创业的政策措施

1. 登记进行调查摸底

各级乡镇政府成立调查工作组，村支部书记为组长，村干部、村两委班子成员、计划生育管理员和远程教育管理员为成员，对外出务工返乡的农民工逐户走访，进行调查摸底，准确掌握外出务工返乡农民工的年龄、从事的工作、掌握的技能及返乡后的现实需要等情况，并进行分类汇总。

2. 审批：开通“绿色通道”

对农民工返乡创业，除国家法律法规明令禁止和限制的行业或领域外，均允许进入，各级政府和有关部门不得自行设置限制条件。鼓励、支持返乡创业农民工平等参与国有（集体）企业改制改组和公用设施、基础设施、社会公益性项目建设等。降低工商登记门槛，允许返乡创业农民工的家庭住所、租借房、临时商业用房在符合安全、环保、消防等要求的前提下，作为创业经营场所。同时，推行联合审批、一站式服务、限时办结和承诺服务等制度，简化审批程序，为农民工返乡创业开通“绿色通道”。

3. 资金：推出贷款贴息制度

对农民工创办的符合农业产业化贴息条件的企业，适当降低贴息审批条件，优先给予贴息；对农民工在贫困地区创办的企业，符合扶贫贷款贴息条件的，优先给予扶贫项目贷款贴息。同时，农村金融服务机构要推进农村信用工程建设，拓宽农户小额信贷和联保贷款覆盖面，放宽小额担保贷款条件，积极给返乡农民工发放小额担保贷款，扶持期内由财政按规定予以贴息。

4. 待遇：与外地客商相同

对农民工返乡创业者，在登记注册后给予3年扶持期，扶持期内参照就业再就业政策的规定实行税费和小额担保贷款优惠。对从事个体经营的，适当提高营业税起征点，对不征营业税、增值税的返乡创业农民工不再征收个人所得税。符合有关条件的，要按规定享受国家和当地扶持发展中小企业、非公有制经济、现代服务业、高新技术企业、农产品加工业以及农业产业化

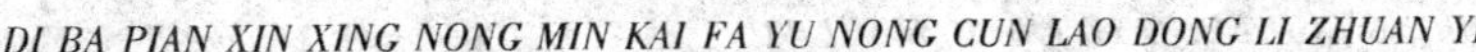

龙头企业的优惠政策。

5. 场地：可用集体建设用地

允许把集体建设用地用于农民工返乡创业。引导和鼓励返乡创业者利用闲置土地、厂房、镇村边角地、农村撤并的中小学校舍、荒山、荒滩等进行创业。通过建立农民工返乡创业基地，发展创业园区、各类专业批发市场、商业街、商贸城等，解决农民工返乡创业的经营场地。鼓励各类开发区、工业集聚区和中小企业创业基地为农民工返乡创业提供创业服务，引导返乡创业者集中经营、聚集发展。返乡创业农民工创办符合环保、安全、消防条件的小型加工项目时，允许在宅基地范围内建设生产用房。

6. 提供信息和技术

要求各级政府和有关部门特别是县、乡（镇）政府为农民工返乡创业提供公共服务，通过建立创业信息发布平台，公布各项行政审批、核准、备案事项和办事指南，传送法律、法规、政策和各类市场信息，加强对返乡创业者的信息服务；依托当地科研机构或高等院校，帮助创业者同有关专家和技术人员建立经常性联系，为农民工返乡创业提供必要的技术支持。

7. 提供免费创业培训

对返乡创业农民工免费开展创业培训，依托现有机构成立返乡创业农民工指导（服务）中心，免费为创业农民工提供项目信息、开业指导、小额贷款、政策咨询等服务，提高其创业能力和经营管理水平。组织有资金、懂技术、会管理、立志返乡创业的优秀农民工到省内外重点企业、龙头企业、大型企业学习锻炼，帮助他们拓展创业思路。

**（二）江西省扶持农民工返乡创业的政策措施**

2008 年 12 月份以来，江西省先后出台了许多相关政策，为农民工创业提供了有力的政策保障。主要有以下几个方面：

1. 开展培训

2009 年，江西省由省财政整合（从就业资金中安排）安排 2 亿元资金用于工业园区企业新招收员工的免费培训和技能提升培训，重点是对招用的返乡农民工的培训。除此以外，江西省还继续安排专项资金，实施好农村劳动力转移培训的“阳光工程”。

江西省农村致富技术函授大学（以下简称农函大）开展了返乡农民工培训总动员，要求各农函大分校进一步创新返乡农民工培训模式，让他们真正把实用技术学到手。江西省农函大围绕返乡农民工的需求和当地经济发展实际，实施“121 工程”，至 2009 年 4 月底，省农函大已在湖口、吉安等十几个县（市、区）举办10多期培训班，共培训学员3000多名，其中已经就业或在家乡创业的约1500人。

2. 对返乡农民工自主创业提供各种政策支持

（1）金融政策

一是拓展各类小额贷款。江西省积极拓展和全面提升小额农贷，满足农民工创业较小金额资金信贷需求，扶持一人创业，带动多人就业。加大小额担保贷款扶持力度，重点实施返乡农民工自主创业“十百千万”工程。

二是加大信贷支持力度。2009年一季度对县域内所有符合贷款条件的中小企业进行授信，对“四有三不”（即有市场、有订单合同、有信誉、有效益，不是高污染、不是高耗能、不是高危产业）企业予以全面支持，确保中小企业贷款增幅不低于贷款的平均增幅。

三是加强对规模化种养、加工的信贷支持，推进农业专业化生产。加强与各级党政部门、各类中介服务组织、农村专业合作社等互动合作，全面推进信用共同体贷款，把信贷项目各利益相关者组织起来，一方面结成利益共享、风险共担的信用共同体；另一方面构建适合农村经济组织特点的新型信贷模式和风险分散机制，解决农村分散经济主体难贷款和农村信用社贷款难的矛盾，满足农村专业化生产经营较大规模的资金需求。

四是采取各种有效的抵（质）押方式，促进农业资源开发。积极开办各类资源抵押贷款，加大林业开发、水面养殖等资源开发类贷款发放力度。

（2）税收优惠政策

一是开展免费创业培训，对符合规定的创业人减免税费；对在创业孵化基地创业的，自创办之日起，一年内减半缴纳房租费和水电费，三年内免缴物管费、卫生费。

二是对返乡农民工新创办小型企业给予税费减免。返乡农民工新创办的小型企业，按规定缴纳房产税、城镇土地使用税确有困难的，实行减半征收，并下放到县级地税部门审批，其中：城镇土地使用税委托县级地税部门审批，由年度审批一次改为半年审批一次。对在生产经营中发生永久或实质性损害造成的财产损失，可抵扣当期的应纳税所得额，实行即报即批。

三是提高返乡农民工自主创业纳税起征点。对返乡农民工新创办的小型企业（即工商注册资本3万元以下），按期缴纳税款确有困难的，可依法延期缴纳。对从事个体工商户月营业额在5000元以下的，免征营业税；销售货物月营业额在5000元以下的或销售增值税应税劳务月营业额在3000元以下的，免征增值税。

为更好发挥地税职能作用，江西省地税局在2009年年初出台了《支持返乡农民工创业就业的税收优惠政策和服务措施》，近期又专门下发了《关于进一步贯彻落实支持返乡农民工创业就业税收优惠政策的通知》。一是全面实施支持返乡农民工创业就业“百千万”工程；二是采取措施，创优服务，促进支持返乡农民工创业就业税收优惠政策落实到位。拓宽宣传渠道，营造浓厚氛围。将支持返乡农民工创业就业税收优惠政策列入2009年全系统税收宣传重点，开展多形式、全方位宣传，确保政策家喻户晓，深入人心；三是督促检查，狠抓落实，确保服务返乡农民工创业就业工作取得明显成效。

（3）其他政策支持

一是为自主创业的返乡农民工减免行政事业性收费。在全面落实该省取消125项行政事业性收费政策的基础上，暂缓一年缴纳所有行政事业性收费，缓缴期满后仍有困难的，可再延期一年。认真清理规范好15项涉农收费，切实降低返乡农民工创业成本。

二是规范中介机构收费行为。对返乡农民工新创办的小型企业和个体工商户涉及的中介机构收费，两年内按以下标准收取：凡是由政府定价的中介机构服务性收费按收费低限减半收取，银行部门收取的抵押物贷款评估费也减半收取；不是政府定价的其他中介机构服务性收费均按最低价收取。

三是对符合条件的工业企业和个体工商户给予社保补贴和岗位补贴。对工业企业招用返乡的40岁以上农村劳动力、贫困户劳动力和被征地农民，并签订一年以上期限劳动合同、交纳社会保险费的，按实际招用人数和有关规定，给予工业企业一定额度的社会保险补贴和岗位补贴；对返乡农民工从事个体经营的，给予一定额度的社会保险补贴。

四是鼓励返乡农民工从事种养业。支持返乡农民工从事规模化种植养殖，并重点提供技术、信息服务。开展“助农兴粮151活动”，省级技术人员为千亩以上种粮大户提供一对一的服务。为创办茶场及在省级茶叶市场开设江西绿茶销售门面的农产提供良种、茶机、租赁费补贴。

五是扶持返乡农民工发展规模型经营主体。鼓励和扶持返乡农民工发展专业大户、农民专业合作社、农产品流通中介组织等规模型经营主体，优先安排资金扶持返乡农民工创办的合作社开展设施建设、技术培训、品牌创建、标准化生产。

## 二、政策效果及评价

各地认真贯彻中央有关精神，高度重视农民工返乡创业问题，在摸清情况、加强培训、激发创业热情、提供各种优惠政策、融资支持、创业平台建设等方面采取了一系列措施，取得了明显的成效。

一是农民工返乡创业带动了就业。湖南省作为劳务输出的大省，30万人返乡创业，带动了110万人就业。2009年1~4月份，江西省新增转移农村劳动力30.1万人，其中省内转移15.9万人。截至2009年4月底，全省304万返乡农民工中已有277万人实现就业创业，就业和创业人数占全省返乡农民工总数的91.1%。

二是在全社会营造了创业文化的浓厚氛围。以江西省为例，该省2005年就提出了“全民创业，富民兴赣”的口号，号召“能人创企业、干部创事业、百姓创家业”，明确“创造财富的主体是人民群众，营造环境的主体是党委、政府”。要求各级党委、政府要明确自己在推动全民创业中的使命和责任，把工作着力点放在大力培育创业文化、营造创业氛围上，放在进一步深化改革、放开搞活，形成平等竞争、充满活力的创业机制上，放在加大政策、信息、技术、市场、资金、人才等方面的支持力度，建立健全全方位、多层次创业支撑体系上，放在进一步提升和创优政务环境、法制环境和用人环境上。充分调动各方面干事创业的积极性和创造性，让更多的创业者放心创业、舒心创业、创成大业。同时，利用各种新闻媒体，采取多种形式，集中宣传返乡农民工创业典型，宣传他们创业过程中的观念转变、曲折道路、成功经验和切身体会，在全社会营造积极向上的创业文化。

三是农民工返乡创业政策还需要更契合其实际，加大政策的执行力度，形成政策支持体系和有利于农民工返乡创业的长效机制。从外部环境来看，农民工培训模式有待改善与创新，在机构设置及管理方面目前关系还没有理顺，农民工培训机构目前尚未明确资金来源，培训积极性不高，培训质量不高。农民工返乡创业就业的政策环境仍然不够宽松。尽管国家和地方政府都为鼓励农民工创业就业出台了系列优惠政策，有的却缺乏操作性和可行性；而且宣传力度不够，农民工并未及时了解到创业就业所能够享受的优惠政策和服务；有的地方政府仍然习惯于“政府本位”，缺乏服务意识，没有切实保护农民工的生存和发展权利，在农民工创业就业的税费制度、土地制度、金融制度和培训制度等方面的政策尚不健全，未形成合力。

从农民工自身能力看，一方面，自身技术本领不够过硬，文化程度不是很高；另一方面，创业启动资金不足，企业管理能力不强，而且在经营理念、产品研发、技术创新、企业制度建设和市场开拓等方面缺乏系统的培训与指导。此外，农民工返乡为农村社会的稳定和谐发展、农业经济的持续增长带

来了一定的影响与挑战，突出表现为：农民工就业压力大、农业增效压力大、农村和谐稳定压力大。如何审时度势、有序组织、正确引导、大力扶持，将农民工返乡对农村稳定、农业发展的消极影响降到最低是地方政府面临的紧迫任务。

## 第四节　促进农村劳动力转移就业

就业是增收之源。促进农民就业，既是保障和改善民生的头等大事，也是扩内需、保增长的当务之急，必须高度重视、妥善解决。而农民就业，其地域范围既有农村又有城镇；能否就业，与就业的制度环境、本身的就业能力和提供的就业岗位密切相关。农民就业的特殊性和关联性，也决定了必须内外联动、多措并举。

### 一、突出宏观政策的就业目标，选择有助于扩大就业的经济发展方式和结构调整方向

扩大就业的原动力在于经济增长。能否实现经济增长与就业增长良性互动，取决于国家对经济发展方式和结构调整方向的选择。劳动力资源丰富，既是我国发展中面临的最大压力，也是最大优势。经济发展方式由粗放向集约转变是必然选择，但这并不意味着一定要用技术和资本密集取代劳动密集经济。因此，技术进步、科技创新、产业升级等技术路线的选择都应有助于发挥我国劳动力资源比较优势，争取把全球有限的就业岗位更多地配置到中国来。建议把就业效应作为经济发展质量的重要评价标准，选择有助于拓展就业空间的经济结构调整方向，着力培育就业增长点，发展战略性新兴产业，创造新的就业岗位。

### 二、支持劳动密集型产业发展，发挥中小企业和乡镇企业吸纳就业的新优势

#### （一）保持制造业、建筑业吸纳就业的能力

制造业在今后相当长一段时期内仍是我国经济支柱产业，也是农村劳动力就业的重要领域。尽管制造业技术在升级，但其特有的大量熟练工种岗位

仍具有广泛吸纳就业的能力，且技术进步并不必然导致就业弹性下降，反而会催生新的就业增长源。要用高新技术改造和提升传统制造业，增强其竞争力，拓展新的就业空间。建筑业产业链条长，是典型的资金密集和劳动密集型兼备的行业。加强基础设施和住房建设也是当前扩内需、保增长的重要投资方向，为建筑业发展和农村劳动力就业增长提供了机遇。

**（二）把服务业作为扩大就业的主渠道，全面开发第三产业就业空间**

要进一步放宽市场准入，引入竞争机制，坚持市场化、产业化、社会化方向，促进服务业拓宽领域、增强功能、优化结构，提高服务供给能力和水平。大力发展面向生产、面向民生和面向农村的服务，特别是社区服务、家政服务、社会化养老服务以及快递配送、大众餐饮等便民服务，吸纳更多的农民工就业。

**（三）大力扶持劳动密集型中小企业发展**

落实国家促进中小企业发展金融和税收优惠等各项政策，着力缓解中小企业特别是小企业“融资难”问题。扩大中央财政扶持中小企业发展专项资金规模，改善政府服务，减少、合并行政审批事项。支持企业技术进步、开拓市场、品牌建设和人员培训，鼓励中小企业采用新技术、新工艺、新设备、新材料，推进创新发展，节约集约利用资源。

**（四）继续强化乡镇企业的“蓄水池”作用**

关键是支持乡镇企业调整产业结构，加快技术改造。引导企业积极承接大中城市和沿海发达地区产业转移，大力发展劳动密集型的轻工产业特别是农产品精深加工业，发展直接为农业农村提供生产投入品和生活消费品的产业。重点支持成长性强、就业容量大的企业做大做强，增强其市场竞争能力。改变乡镇企业等于乡镇工业等于乡镇制造业的不合理产业结构，使之与城市工业形成优势互补的“双赢”格局，拉动乡镇企业新一轮的经济增长。

## 三、推进有就业需求的城镇化进程，构建农民转移就业的新载体

20 世纪 90 年代以来，中国城镇化水平与就业弹性水平同向变动的事实说明，中国已经进入以城镇化为就业增长主动力的阶段。加快推进城镇化，不仅是解决农村剩余劳动力问题的根本出路，也是当前扩大内需的重要举措。

**（一）以加快小城镇建设创造新的就业需求**

小城镇是连接城市和农村的纽带和桥梁。在大中城市难以大规模接纳农民转移就业的情况下，小城镇劳动力需求量大而广，兼具就业、创业的便利和心理归属、文化认同上的优势，将成为农村劳动力尤其是农民工转移就业、置业、居住的重要选择。同时，小城镇基础设施、公用事业等建设投资需求巨大，特别是房地产业前景广阔，发展小城镇既可以释放出强大的投资需求，又具有较好的地区普惠性，有利于缩小城乡、区域发展差距。因此，要充分发挥小城镇在增加就业、扩大内需方面的重要作用，积极寻找和启动小城镇经济发展的增长点。首先，以产业发展带动农村人口和劳动力聚集。抓住国际国内产业升级和结构调整的机遇，积极引导劳动密集型、资源加工型，特别是农产品加工业向小城镇转移，加快发展类型多样的农村服务业以及为城乡居民提供各种生活服务的第三产业。大力发展小城镇房地产业。支持个体私营经济发展，鼓励农民工返乡创业，并在土地利用、税收等方面给予优惠，实现以创业带动就业。其次，加强小城镇基础设施建设，并纳入政府投资支持范围。不仅可以形成有利于多种产业发展的环境，而且可以直接创造大量就业岗位。当前可重点扶持全国 1965 个县级政府驻地镇，支持其改善水、电、路、气等基础设施条件，使其成为县域经济的增长极、进城农民的安居点、城镇化的新动力。

**（二）以壮大县域经济构建农民就业重要平台**

当前和今后相当长时期，我国大部分人口生活在县域，农村大部分劳动力就业在县域，农民大部分收入来自县域，扩大内需的潜力主要也在县域。要加大对县域经济发展的支持力度，加快推进省直接管理县（市）财政体制和管理体制改革，扩大县域发展自主权，增加对县的一般性转移支付，增强县域经济发展活力和实力。引导城市资金、技术、人才、管理等要素向县域流动，增强县域承接产业转移能力和带动就业能力，科学规划产业发展，培育特色支柱产业，大力发展农村第二、第三产业，在活跃农村经济中创造就业机会。

**（三）妥善解决好进城农民工安居乐业问题**

推进户籍制度改革，放宽中小城市和小城镇落户条件，有计划、有步骤地把已经进城，并有稳定就业和居住的农民工转变为城镇居民，逐步实现农民工在劳动就业和报酬、子女就学、公共医疗、住房租购以及社会保障方面与城镇居民享有同等待遇。同时，完善土地流转制度，通过承包土地使用权的流转，包括转让、转包、转租、抵押、入股等，促使土地逐步集中，发展适度规模经营。城镇的就业岗位从何而来？静态地看是没有出路的，城镇的就业压力也相当大。这需要动态地理解，我国的工业化战略要从城乡两条战线同时展开，逐步向一条战线融合，并使工业化和城镇化逐渐融合，并通过这种融合来转换发展模式。走新型工业化道路，将为农民创造更多的就业机会。

## 四、实施农业产业振兴计划，开辟农业内部就业新领域

农业产业化经营不仅是延长农业产业链条、增加农业附加值的关键措施，也是扩大农业就业容量、提高农业增收功能的有效途径，同时也是增强农业稳定发展能力、扭转农业弱质低效局面的根本出路。我们应该像振兴十大产业一样去振兴我们的农业产业，像重视工业化发展一样重视农业产业化发展。

### （一）把农业产业化经营作为振兴农业产业的重要抓手

一要把农业产业化作为一件带有方向性的大事来抓，通过国家层面的支持和鼓励，在税收、信贷等各种政策上的优惠和支持，大力推动农业产业化的发展。二要着力打造一批实力强、带动能力强的国家级农业产业化龙头企业，依靠龙头企业的带动作用，孵化出完善的产业链经济。引导龙头企业做好农产品的精细加工、深加工、产品运输和销售，拉长农业产业链条，提升农业产业的整体素质和竞争能力。三要强化机制建设，支持发展“龙头企业+合作组织+农户”和“农产品行业协会+龙头企业+合作组织+农户”的组织模式，逐步健全农户与企业利益共享、风险分担的合作机制，提升农业产业化带农增收能力。

### （二）把提升农产品加工业水平作为振兴农业产业的重要途径

发达的国家都有发达的农产品加工业。以荷兰为例，农产品加工业就业人数是农业就业人数的2.3倍，农产品加工业产值占工业总产值的比重接近30%，超过农业总产值的1.2倍。在我国吉林、河南等农业大省，农产品加工业不仅成为地方经济的支柱产业，也成为吸纳劳动力就业的重要领域。因此，要大力提升农产品加工业水平，并在国家“十二五”规划中充分体现。加大财政投入，完善税收政策，引导龙头企业、乡镇企业、中小企业发展农产品精深加工，培育知名品牌。支持农产品深加工企业技术进步，推动结构升级和布局调整。现有支持中小企业发展的专项资金（基金）要向农产品加工企业适当倾斜，鼓励农产品加工企业巩固和开拓国内外市场。通过发展农产品加工业，促进农民就业增收。

**（三）把加强农业产能建设作为振兴农业产业的重要基础**

在我国现有的18亿亩耕地中，有2/3属于中低产田，如果对其进行治理改造，不仅可以增强粮食和农业生产能力，而且可以吸纳大量劳动力就业。可考虑将中低产田改造作为扩大内需的重要投资方向，作为农业政策支持的着力点。国家实施的新增千亿斤粮食生产能力规划，重点也应放在农田水利设施建设，特别是中低产田改造、高标准农田建设方面。

**（四）把调整农业产业结构作为振兴农业产业的重要内容**

目前我国在大宗农产品过剩的同时也存在部分农产品短缺问题，特别是优质农产品市场前景广阔。因此，应以市场需求为导向调整结构，开发精细农业、精品农业和农业多种功能，在增加短缺农产品供应能力的同时，增加就业机会。因为优质农产品生产，必然要求更多的劳力、资金、技术等资源要素的投入，会产生更多的劳动力需求。对农业的深度、广度和多功能的开发，特别是非耕地资源开发，发展特色农业、生态农业、旅游休闲农业，也可以大大扩大农业的容人之量。

## 五、实施农民培训计划，着力提升农民就业能力

能否有效提升农村人力资本水平，已经成为能否真正将农村巨大的人口资源转化为宝贵的人力资源的关键。

**（一）大规模开展农民工职业技能培训**

这对于在短期内提高农村劳动力就业技能水平、增强岗位适应性具有明显效果。2009年年初，人力资源和社会保障部、国家发展和改革委员会、财政部三部委联合出台了为期两年的“特别职业培训计划”，把重点放在农民工和农村新成长劳动力群体上。要整合各类培训资源，动态设置培训目标，优化培训内容和方法，鼓励订单培训，打造培训品牌，提高培训的针对性、适应性和有效性。

**（二）大力发展农村职业教育**

从2009年开始，国家重点支持农村中等职业教育发展并逐步实行免费，关键是要把政策落实好。各级政府也要加大对农村职业技术学校支持力度，搞好职校的各种软、硬件设施建设。职校也要按照市场引导培训、培训促进就业的原则，完善办学机制和模式，培养实用技术人才。

**（三）培育一支高素质的青年农民队伍**

建设新农村，必须有新农民。十年后谁来种地，已成为人们普遍担心的一个问题。培养高素质青年农民，是很多国家的普遍做法。如欧盟就有直接

针对青年农民的补贴，对年轻人从事农业，给予数额从5000～30000欧元的一次性创业补贴。韩国也实行农科大学生免费的政策。因此，建议政府有关部门研究制定青年农民培养专项规划，鼓励一部分有知识、有文化的青年投身到农业和农村产业。第一，国家对农民的各项补贴政策要向青年农民倾斜。特别是农机补贴，要优先考虑30岁以下青年农民，并适当提高补贴比例，鼓励青年成为农机服务专业户。第二，国家可设立青年农民创业基金。对有能力从事种养业的青年，如果投资达到一定规模，由创业基金给予一次性的投资补助。第三，加强对青年农民的技术培训。"农业科技入户工程"对青年农民要优先考虑。第四，建立农业教育基金，每年在农闲季节选拔青年农民到农业院校进行相关专业的专门培训；鼓励农业院校、农业职业技术院校的学生回乡务农。

**（四）全面提升农村人口和劳动力素质**

对农民来说，就业能力的提高是最大的，也是最长久的实惠；对政府来讲，农民就业能力提高，可以使农村的人口压力转变为人力资本，必须从娃娃抓起。要巩固农村义务教育普及成果，促进义务教育均衡发展，扭转目前农村基础教育与城市差距不断拉大的趋势，这是提高农民自身素质的治本之策，必须放在全局性的战略高度加以对待。目前要重点做好改善农村教育教学环境、优化农村教育基础设施、提高农村教师队伍整体水平、保障农村教育必要的经费等基础性工作，以切实推进农村基础教育健康发展。同时，公共医疗资源也要进一步向农村倾斜。这除了加大政府投入以外，还要通过相应的改革和政策措施来引导社会资源向农村流动。

## 六、统筹城乡发展，改善农民就业制度环境

**（一）要加快建立城乡统一的劳动力市场**

将农民就业纳入整个社会就业体系，形成城乡劳动者平等就业制度。如可以建立城乡联网的劳动力供求系统，使用人单位招工和劳动者求职得到就地就近服务。对城镇紧缺的就业岗位进行统计和预测，发布劳动需求信息，引导农民有序外出就业，鼓励农民就近转移就业，扶持农民工返乡创业，减少农民进城就业的盲目性，促进劳动力资源的合理使用。

**（二）要健全覆盖城乡的就业服务体系**

强化就业服务机构为劳动者提供包括信息咨询、职业介绍、失业保险等服务责任，搞好农民就业技能培训，提高就业适应能力。

**（三）要完善劳动力市场规则**

加强农民工权益保护，防止市场垄断、歧视、非公正交易及侵犯自主交易权和人身权利、契约权利等不正当行为。彻底清除对劳动力进城务工的不合理限制和乱收费。切实改善农民工劳动条件，扩大农民工保险覆盖面，并逐步同城乡各项社会保障制度相衔接。强化流动人口服务和体制机制创新，将农民工纳入整个社会服务和管理体系，为他们创造良好的工作和生活环境。

# 第五章　农民专业合作社建设

## 发展农民专业合作社 做好农民增收新篇章

黑龙江省齐齐哈尔市农业委员会　吴　昊

### 一、全市农民专业合作社发展情况

年初以来，我市认真贯彻落实中央1号文件和省委农村工作会议精神，按照“加快农业生产经营体制创新”这一核心要求，把农民专业合作社建设作为推进农村经济发展的重要措施来抓，通过宣传引导、加强业务培训、采取倾斜政策等，有力地促进了农民专业合作社的健康发展。截至目前，全市各类农民专业合作社已发展到6898个，占全省22%；入社土地面积2249万亩，占全市总耕地面积的71%；入社农户60万户，占全市农户总数的68%。其中：种植业合作社已发展到4875个、农机合作社635个、养殖业合作社1172个、渔业合作社26个、水利合作社12个、林业合作社69个、流通营销服务业合作社109个。

#### （一）主要工作

1. 理清发展思路，科学确定工作目标。去年以来，为了推进现代农业发展，加快城乡一体化进程，市委、市政府主要领导、主管领导带领有关部门的负责同志多次深入基层调查研究，并组织专家座谈讨论，深刻地认识到当前我市农业要朝着生态化、有机化、规模化方向发展，推进农业的规模化、标准化、组织化进程，使更多农民从土地中解脱出来，就必须把发展农民专业合作社作为重要措施来抓。市委审时度势地在十二届二次全会上确立了

"把农民专业合作社建设作为推进三化重要撬点"的发展思路，提出了两年全覆盖的发展目标。

2. 强化宣传引导，发展步伐明显加快。我们着眼于现代化大农业发展全局，加大宣传力度，引导农民专业合作社发展。一是重点加强对广大农民的宣传引导工作。主要采取典型引路的办法教育农民、启发农民、引导农民。共培育省级"星级"示范社和市级规范化合作社502个，共树立特色鲜明的合作社典型135个，我们把这些典型印成小册子发到农户手中，在广大农民中起到了很大的示范带动作用。同时各县（市）区组织干部大下基层和农民面对面的沟通，靠正确的引导，组织农民自愿有序加入合作社。讷河市组织4个宣讲团，深入乡村广泛宣传发展合作社的目的和意义，先进典型现身说法，正确引导农民群众兴办和办好合作社。二是突出加强对合作社管理者的宣传引导工作。为了激发合作社管理人员办好合作社的工作积极性，我们组织优秀合作社理事长在全市农村工作会议、合作社推进会议上做报告，并到各县（市）区开展巡回讲演，使合作社管理人员深切地体会到领办合作社的好处，更加坚定了办好合作社的信心。三是切实加强对各级干部的宣传引导工作。在市电台、电视台、报社等媒体都开辟了专门栏目，集中播发省市领导关于发展农民专业合作社方面的重要讲话精神、各类典型经验，以此进行广泛发动，使各级干部深刻地认识到发展农民专业合作社的重要性、必要性，进一步增强了抓好农民专业合作社的责任感和紧迫感，切实做到了把这项工作放在心上、抓在手上、落实在行动上。全市上下认真贯彻落实全会精神，采取积极措施，扎实推进农民专业合作社的建设和发展。全会后全市新建各类农民专业合作社2980个，新增农户248745户，新增面积887.6万亩，其中新增种植业合作社2465个、养殖业合作社337个、农机合作社124个、渔业合作社5个、林业合作社23个、服务业合作社26个，有效地提高了广大农民的组织化程度。

3. 加强业务培训，全面提高整体素质。为了全面提高各级干部、合作社法人、广大农民的整体素质，我们突出抓了培训工作。一是采取以会代训方式。2013年2月21日，我市专题召开了农民专业合作社建设推进会议，邀请了省农委主要领导到齐齐哈尔市进行辅导，结合全省农民专业合作社先进典型特别是仁发合作社典型就如何发展、规范农民专业合作社，在组建方式上、分配机制上、国有资产量化上等各个方面进行了重点讲解；同时聘请了中国农大经济管理、浙江大学中国农村经济发展研究院的专家教授，对发展农民专业合作社情况进行了专题讲座，4个典型合作社理事长在会上现身说法。通过视频方式开到村屯，对县、乡、村干部，合作社法人和部分农民群众进行全面培训。据统计，全市有5.2万人进行现场收听收看，让广大干部群众进一步认清了为什么发展合作社的意义和目的、如何办好合作社的基本方法、怎样规范合作社的基本要求。二是集中开展业务培训。2013年年初就制定了全市农民专业合作社培训方案，利用2013年1至3月份在甘南县兴十四村全国农民教育培训基地对农民专业合作社负责人和带头人进行集中培训，重点讲解对合作社模式进行规范、引导、提升，讲政策、讲管理、讲风险、讲社会责任，每期350人，共16期，共培训5426人。每期培训班都组织部分合作社的理事长就怎样发展壮大合作社进行交流研讨，合作社的理事长和财务人员都纷纷表示，参加此次培训受益匪浅。通过对农民专业合作社有关法律和政策的学习，合作社的理事长都说更有信心把自己的合作社办得更规范、更标准，增强抓合作社建设的本能。三是县乡进行广泛培训。通过科普之冬活动，采取市训师资、县训骨干、乡训群众的办法，全市共举办科技培训班5750班次，培训农民47万人，其中合作社成员受训34万人次，占总培训人数的72.3%，有效地提高了广大农民的整体素质。

4. 采取倾斜政策，扶持合作社发展。注重采取政策引导的办法，吸引更多的农民加入合作社。一是资金扶持政策。市政府下发了《关于齐齐哈尔市金融支持农民专业合作社发展的指导意见》、齐银行下发了《支农再贷款支持现代农业发展实施意见》和《中国人民银行齐齐哈尔市中心支行关于金融支持齐齐哈尔市县域经济发展的指导意见》。3月14日，市政府专门召开了全市金融支持县域经济发展暨农民专业合作社发展推进会议，相关金融部门与县（市）区政府代表签署了《金融支持县域经济发展战略合作框架协议》，并与合作社代表签署了《贷款意向协议》，探索建立贷款担保平台，解决合作社发展中的资金瓶颈。二是项目倾斜政策。农口部门通过积极向上争取国家现代农业示范区、现代农机合作社、农机配套补贴、节水喷灌、农技推广以及农业开发、扶贫开发等项目资金，优先向合作社倾斜，加大对农民专业合作社的扶持力度，重点是增加对农民专业合作社建设项目的财政投入。中国吉运集团已与我市签订了50亿元农机融资租赁合作协议，首批已为5个农机合作社融资1000万元，目前已经到位。三是税费减免政策。对农民专业合作社销售本社成员生产的农业产品，视同农业生产者销售自产农业产品免征增值税。对农民专业合作社向本社成员销售的农膜、种子、种苗、化肥、农药、农机，免征增值税。根据财政部、国家税务总局财税字（2008）81号文件规定，对

农民专业合作社与本社成员签订的农业产品和农业生产资料购销合同，免征印花税。

5. 强化组织领导，为合作社发展提供组织保障。市委、市政府高度重视农民专业合作社发展，摆上了十分重要的议事日程，加大工作力度，全力组织推进。一是成立了专门机构。我市成立了由市委书记、市长任组长，市委、市政府主管领导任副组长，相关部门领导为成员的推进农民专业合作社建设领导小组。下设了业务指导、督促检查、考评验收、宣传报道四个组，并在市直相关部门抽调了精干人员专门负责这项工作。各县（市）区也相应成立了由主要领导任组长的领导小组，明确了乡镇党政一把手为第一责任人，切实强化了组织领导。二是纳入目标考核。坚持把农民专业合作社规范发展纳入全年目标责任制考核之中，充分调动各级干部的工作积极性。将农民专业合作社建设工作纳入全市三项重点工作之一，专门下发了《齐齐哈尔市加快推进农民专业合作社建设工作方案》，进一步突出了发展农民专业合作社的重要地位。三是加大了督导力度。市委、市政府领导不仅亲自带队，组织相关人员深入县（市）区，进行了系统调研和指导，还分工联系县区并重点抓一个合作社的典型。市委书记韩冬炎在全市农村工作会议、农民专业合作社推进会议上亲自进行部署，主管领导经常深入基层进行督办。市委、市政府办公厅成立4个督查组对各县区合作社建设工作进行督导检查，对全市农民专业合作社发展情况进行跟踪检查、专题推进。

**（二）主要类型及模式**

从目前我市农民专业合作社发展情况看，主要领办类型有五个：能人领办4762个、企业领办156个、村干部领办1272个、村集体领办17个、其他691个；运行模式有四个：产加销全程合作796个，流通领域合作、生产环节自理4642个，耕作服务类636个，其他824个。

**（三）主要作用**

农民专业合作社的组建、发展规范和提高，使农村社会生产关系进一步适应了生产力发展的客观要求，在促进农民致富增收、推动“三化”建设等方面的多重效应不断显现出来。概括地说提高了“五化”水平。

一是提高了农民组织化的程度。农民专业合作社有效地改变了单个农户与市场和龙头企业谈判的弱势地位。年初以来，通过合作社共为农民购买各种生产资料64.78万吨，共为农民节省资金6.197亿元，户均节省885.38元。同时，协调农业保险面积904.76万亩，对于保障农业再生产的顺利进行，推动农业的可持续发展起到积极的作用。

二是提高了农业标准化水平。年初以来，通过农民专业合作社共推广新技术1522万亩次，占播种面积的43.3%；共引进水稻新品种9个，玉米新品种26个，大豆新品种4个；合作社承担各类新技术的试验示范项目90点次，综合组装、集成配套应用了高新技术，为提高农业生产标准化创造了有利条件。特别是农机装备水平的提升使各种农业新技术得到了综合运用和充分发挥，玉米、大豆、马铃薯大垄栽培、水稻钵体摆栽、大型水利喷灌等先进技术的集成配套，提升了农业标准化水平，提高了农业灌溉条件和抗灾保产能力。

三是提高了土地规模化水平。全市由农民专业合作社形成的规模经营面积达1253.6万亩、统一播种1971.31万亩，占总数的56.1%；统一整地面积达1921.63万亩，占总数的63.8%；统一混雪捞地545.3万亩，占总数的34.1%；统一灌溉554.81万亩。通过合作社的统一播种、统一整地、统一灌溉等方式，使播期缩短了13天，抢夺积温115℃，为全年夺丰收奠定了坚实基础。

四是提高了农业产业化水平。合作社已经成为了农民连接企业的重要桥梁和纽带，不仅有效地解决了龙头企业与生产基地脱节的问题，而且还促进了农民收入的增加。据统计，2012年通过企业参与合作社建设农户年均增加收入11068元、亩均增效121元。

五是加快城乡一体化进程。合作社统一经营，使越来越多的农民不断地从土地中解放出来，年初以来，转移农村剩余劳动力74.56万人，春耕生产期间创造劳务收入15.34亿元。不仅促进了农村分工分业，而且通过农村剩余劳动力向城镇的拥入和聚集，有效地加快了城乡一体化建设步伐。

六是优化了农村劳动力结构。据统计，在6898个农民专业合作社中，有2023个是从事养殖业、农机、林果业、渔业、流通营销服务业的，占29.3%。农民专业合作社涵盖了全市农村经济各个领域，实现了农村资金、土地、技术、劳动力等生产要素的合理配置。促进了“一村一品、一品一社”的发展。

七是增加了农民有效收入。全市由农民专业合作社统一购买生产资料、统一科技服务、统一生产、统一销售等方式，在实现集约化生产的同时，降低了生产成本；水产品团销提高了谈判资本，带动农民大幅增收。据统计，2012年全市农民专业合作社成员人均纯收入10317元，比全市农民人均纯收入8797元平均高出1520元，提高17.3%。

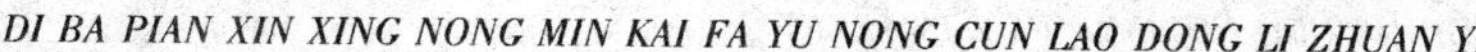

**（四）主要问题**

虽然我市在发展农民专业合作社上取得了一定的成绩，但也存在一些亟待解决的实际问题。

一是运营资金较少。从目前看，多数合作社的运行费用都是由领办人或理事长垫资或自筹，在生产、收购、引进新品种、发展新项目上缺少资金。

二是各类人才短缺。有相当一部分合作社缺少专业生产技术、市场营销和管理人才，使合作社没有特色、没有品牌和标识，外埠销售网点非常少。

三是基础设施较差。第一是现代农机装备不足。除千万元农机合作社外，有相当一部分合作社没有大型农机具，以小型农机具为主，机具不完全配套，作用没充分发挥。第二是水利设施少。多数种植业合作社缺少水利设施，合作社生产受到一定的影响。第三是仓储设施不配套。多数合作社受资金限制，没有库房和储存窖，产品卖不上最高的价格。

## 二、下步工作安排

下一步重点从以下四个方面入手。

一是重点抓发展。按照两年全覆盖的目标，加大宣传引导力度，增加合作社数量的同时，提高合作社的带动能力。

二是继续抓规范。对新组建的合作社要严格按照省市制定的“星级”评定标准，合理优化资金、技术、人力土地等资源配置，采取能人大户领办、家庭农场创办、龙头企业兴办等形式，建设一批带动能力强、管理民主规范、利益连接紧密、分配机制灵活的高标准合作社，使其一步建设到位。同时，规范原有合作社，要狠抓质量、强化管理，来提升一批好的合作社和规范一批作用差的合作社，进一步扩大经营面积和扩增入社农户。重点要抓好 191 个大型现代农机合作社的规范和提高工作，2013 年每个合作社土地经营面积达到 3 万亩以上。

三是全力抓服务。组织有关部门对农民专业合作社的发展和规范在项目、资金、人才等各方面搞好服务，推动农民专业合作社的健康发展。

四是集中抓推进。进一步强化组织领导，组织人员深入县（市）区、乡、村开展督促检查，推进农民专业合作社的快速发展，为实现“三化”目标创造有利条件。

**作者简介：**

吴昊，男，汉族，1964 年 1 月出生，中共党员，大学学历。现任黑龙江省齐齐哈尔市农委党委书记、主任。

自 1981 年 8 月参加工作起，历任克东县委办公室秘书、办公室组长、副主任，克东县农工部副部长、农委副主任，克东县乾丰镇党委副书记、镇长，克东县润津乡党委书记，克东县玉岗镇党委书记，克东县人民政府县长助理、农委主任，克东县人民政府副县长，富裕县委常委、纪委书记、政府副县长，市农委党委副书记、副主任等职。2013 年 6 至今，任齐齐哈尔市农委党委书记、主任。

# 强扶持　优服务　加快农民合作社发展步伐

江西省宁都县农业和粮食局　曾晓青　曾令华

《农民专业合作社法》颁布实施以来，我县把发展农民合作社作为推进社会主义新农村建设的重要内容，按照“加快培育一批、努力规范一批、着力提升一批”的思路，落实扶持措施，加强引导服务，促进其健康发展。

## 一、发展现状

至2012年年底，全县有各类合作社121家，入社成员5126人，注册资金2120万元，带动非成员农民76850户。现有合作社中，有部级示范合作社1家、省级示范合作社6家、市级示范合作社8家，建立县级示范合作社17家。

从我县合作社发展情况看，合作社直接介入到农产品生产、加工和流通全过程，内联农户、外联市场，在促进农业增效、农民增收和农村经济发展等方面发挥了重要作用，其成效初见端倪，主要有以下几个方面：

（一）促进农业结构调整，增加了农业综合效益。合作社适应市场经济要求，以市场为导向，实现了农村资金、技术、劳动和土地等生产要素的合理配置，凝聚农村劳力，使农业和农村经济结构更加合理和优化。同时，合作社通过为农民引进购销服务，传递市场信息，指导农民种养品种的调整，有力地促进了专业生产的发展和产业结构的调整。

（二）培育特色主导产业，加快了农业产业化发展步伐。我县紧紧围绕黄鸡、生猪、脐橙、蘑菇等优势产业创办合作社，进一步培植壮大“一村一品”特色主导产业。梅江镇先发生猪专业合作社，创建“先发母猪繁殖场”，集母猪繁殖、生猪生产、肉猪销售一体化，提升了产业化水平。培育的良种生猪养殖网络已经覆盖全镇的16个村委会，带动近700农户通过养殖脱贫致富，社员户均增收1万余元。

（三）实行农产品标准化生产，提升了农产品市场竞争力。合作社有效克服了分散经营的农户无法对农产品生产环节全程监控的弊端，促进了农产品生产的规模化、标准化和品牌化。合作社因地制宜，精心培育优势产业和主导产品，实施名牌战略，大力打造优势农产品品牌，取得了良好效果。

（四）提高农民的组织化程度，维护了农民的自身利益。合作社在带领千家万户进入市场方面发挥着独特桥梁和纽带作用，较好地实现了千家万户的小生产与千变万化大市场之间的衔接，提高了农民组织化程度，保护了农民切身利益。

（五）转变农业发展方式，实现了农民收入快速增长。合作社通过统一生产、统一销售，提高了生产效率，延长了产业链，推动了农业经济向集约型发展方式转变，增加了农民收入。

## 二、发展合作社的主要做法

几年来，我县积极引导农民大力发展合作社，积累了一些经验，主要做法是：

（一）以党建引发展。近年来，县委、县政府高度重视农民合作社党的建设工作，在26家合作社建立了党支部。并提出“支部建在产业链上，党建融入产业发展中”的工作思路，坚持“产业链延伸到哪里，党组织就建到哪里”，按照产业规律，把党组织覆盖到产业链上，构建“一产业一支部，一链点一小组，一党员一面旗”的格局，推动党的组织建设，使党组织更好服务经济发展，走出了一条农村党建与农民增收紧密结合、优势互助、互动双赢的新路子。

（二）加大政策宣传力度，选准一个发起人，积极引导农民发展合作社。2007年7月1日《农民专业合作社法》实施以来，我县积极组织有关部门和广大乡、村干部深入学习宣传贯彻《农民专业合作社法》，印发农民合作社相关宣传资料，加强宣传。帮助合作社选准一个懂技术、善经营、会管理的发起人，根据发起人的情况和产业特点，指导合作社制定章程和内部管理制度，召开成立大会，依法进行注册登记，设立有效的组织机构和内部管理机构，建立科学合理的内部运行和利益分配机制。

（三）围绕主导产业抓组建，提高合作社的覆盖面。在市场经济的条件下，产业是合作社发展的基础和前提，合作社是产业化的重要手段和途径。在组建合作社工作中，我县重点抓好脐橙、黄鸡、生猪、蘑菇、白莲、烟叶、蚕桑等主导产业和区域特色产业组建合作社。

（四）完善功能，抓好管理，规范运行，提升合作社的带动作用。发展之初，合作社成员缺乏经营管理知识和农业实用技术，缺乏市场信息。我县农业部门组织合作社的理事长、理事、监事长、监事及财务人员，进行了多批次、多方位培训。2010年以来，对全县合作社理事长、理事、监事长、监事及财务人员进行管理业务培训15期，参训人员1216人次；各种种养技术培

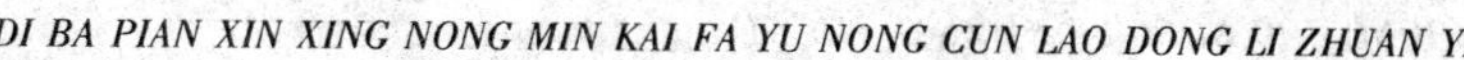

训56期，培训人员4135人次。帮助合作社建章立制，规范会计核算，走规范化管理之路。调查显示，各合作社都有固定的办公场所、有章程、有各项规章制度和财务管理制度，各项制度都张贴上墙，并认真执行。

（五）抓好示范合作社规范化建设，辐射带动全县合作社发展。现有合作社中，我们已建设部级示范合作社1家，省级示范合作社6家，市级示范合作社8家，建立县级示范合作社17家。2010～2012年连续三年分别在梅江先发生猪专业合作社、春茂黄鸡专业合作社和诚联脐橙专业合作社重点抓合作社财务规范化建设，取得了较好成效。我局统一印制了合作社账册、凭证、报表，全县合作社会计核算越来越规范。编印了《宁都县农民专业合作社示范合作社简介》，分发各合作社，全县合作社运行操作有示范有榜样。

（六）把握服务宗旨，优化发展环境，提供合作社成长动力。我县各有关部门以合作社为依托，着重解决农业组织化程度不高和农民进入市场难、竞争力弱的问题，解决一家一户农民办不了、办不好、办了不合算的问题，为农民提供农业生产资料购买、农产品的销售、加工、运输、储藏以及与农业生产经营有关的技术、信息等服务。为使合作社有良好的发展环境，我县做到“三个优先”：农业项目优先安排合作社承担实施，优先为合作社提供生产和经营场地，优先为合作社提供技术培训和指导。这些良好的服务环境，促进了我县合作社健康发展。

## 三、今后打算

我县合作社的发展已呈现出良好的趋势，合作社在发展现代农业、发展农村经济、促进农民增收、深化农村改革等方面虽然取得了很大成绩，但也存在着发展不平衡、经营广度不够、扶持力度不够、缺乏专业人才、经营管理不规范等问题。下一步，我们准备重点在以下几方面加强力度：

（一）加强宣传指导。大力宣传《农民专业合作社法》及相关政策规定，增强农民对合作社的认同感和加入合作社的积极性。同时加强对合作社的组织引导，积极引导合作社走“龙头企业＋合作社＋农户”的发展模式，及时研究解决合作社建设中存在的问题，按照扶上马、送一程的要求把合作社发展列入重要议事日程来抓，确保发展一个、成功一个、带动一批。

（二）加大扶持力度。研究出台扶持政策措施，进一步明确税收、用地、用电、用水、财政、信贷、人才方面的优惠政策和扶持措施，为农民合作社发展提供良好的外部环境。

（三）加强人才培养。引导合作社选好带头人，挖掘合作社的发展潜力；

建立培训制度，重点对合作社负责人、财务人员、农业生产和贩销大户进行业务培训；鼓励大中专毕业生、农技人员、农村能人到合作社入股、任职或兼职，并制订激励政策，增强合作社的发展后劲。

（四）完善制度建设，规范运作行为。建立健全合作社民主管理制度、内部管理制度、财务管理制度，完善合作社的权力机构和日常管理机构，规范内部管理，规范财务核算，完善收益分配。

（五）建立服务体系，促进快速发展。建立专职指导机构，明确职责，配齐人员，确保合作社健康快速发展；搭建合作社信息服务平台，实现各类合作社之间互通；组织举办各种农产品展销会、洽谈会、农产品发布会和知名品牌的评选活动，为合作社开拓市场创造条件。

**作者简介：**

曾晓青，男，汉族，1963 年 12 月出生，中共党员，本科学历。现任江西省宁都县农业和粮食局局长。

曾令华，男，汉族，1977 年 7 月出生，中共党员，大学学历。现任江西省宁都县农业和粮食局办公室主任。

# 扶持蔬菜专业合作社建设
# 推动安全优质高效蔬菜生产

广西壮族自治区桂林市雁山区农牧水产局　杨生喜

近年来，我区坚持以科学发展观为指导，结合本地实际，按照自治区科学发展钱粮双增工程实施要求，采取有效措施大力推进“三个千万亩行动计划”和农户“万元增收工程”的实施，深入开展农业示范市创建活动，抢抓国家实施“菜篮子”工程和市政府建设雁山区“菜篮子”工程基地的机遇，坚持以市场为导向，以科技为支撑，以推进农业产业发展、增加农民收入为目标，以创建“吨粮万元田”示范项目为重点，扶持蔬菜专业合作社建设，通过“合作社+基地+农户”的经营方式，引导、带动农民开展安全优质高效蔬菜生产，使我区蔬菜产业达到了提质增效、提升农产品质量安全水平的目标，已成为我区农民持续增收的优势特色产业和亮点。

## 一、组建蔬菜专业合作社，发展安全优质高效蔬菜生产的概况

自2010年以来，我区因地制宜，突出特色，采取有力措施，围绕主导优势产业和特色产业发展，积极引导社会各方面力量创办或加入农民专业合作社，目前全区已建立农民专业合作社12家，其中蔬菜专业合作社5家。合作社成员316人，带动非合作社成员农户748户；合作社入股金额606万元；合作社全年统一销售农产品2200万元。推行“合作社+基地+农户”的经营模式，引导、带动农民开展安全优质高效蔬菜生产，使我区的蔬菜生产由数量型逐步向质量型转变，蔬菜档次和市场竞争力明显提高。

## 二、取得的成效

### （一）提高了农民组织化程度，促进了蔬菜安全生产

合作社通过为农户提供产前、产中、产后的系列服务，把各自为战的农户组织起来开展安全生产，避免了高毒高残留农药的使用失控，解决了小生产与大安全的矛盾。通过全程监管，提高了蔬菜产业的自律能力和自我保护

能力。2013 年以来，共实施蔬菜农药残留检测 3008 个样，合格率达 99. 67%。目前，全区剧毒农药禁用率达 100%，高效低毒残留农药和生物农药使用率达 90% 以上。近年来，没有发生任何蔬菜中毒事件。合作社充分发挥优质蔬菜的品牌效应，把分散经营的农户组织起来闯市场，提高产品知名度，增强了蔬菜质量安全的可信度。合作社通过组织社员的联合与合作，不但在产业经营中获得规模效益，而且提高了社员在市场交易中的竞争地位，有效地解决了小生产和大市场之间对接的矛盾，有力地保证了蔬菜产品的销售问题，解决了广大社员的后顾之忧，从而调动了广大社员种植蔬菜的积极性。

**（二）扩大了种植规模，促进了产业化经营**

近年来，我区将发展蔬菜产业作为“一区一品”主导产业。蔬菜专业合作社的发展，解决了广大农户生产缺资金、种植技术跟不上、产品销路差的状况，使广大农民看到蔬菜生产的前景，自觉地调整了产业结构，促进了蔬菜的规模化生产。通过建立基地、实行标准化生产等措施，提升产品档次，促进了蔬菜产业健康发展。

**（三）效益显著，促进了农民增收**

合作社把社员农户有序组织起来，通过科技服务提高产品质量，通过销售服务提高产品的商品率，通过农资统购降低社员生产成本，实行统一的销售，避免了千家万户闯市场的状况，节省了一些不必要的重复开支，有效地增加了农民的收入。蔬菜亩年生产成本降低 250 元左右，亩均增效 1000 元左右。

**（四）提高了农产品科技含量，促进农业科技成果转化**

蔬菜专业合作社的组建，充分发挥了科技平台的作用，加强科技培训，开展技术指导，提供科技服务，组织分散社员农户加强生产过程管理，不断改变传统落后的生产观念和管理方式，引导农户推广应用蔬菜新品种 20 余个、先进适用安全生产新技术 7 项，提高了蔬菜产品的科技含量。

## 三、主要做法

**（一）加强组织领导，抓好宣传培训**

为了抓好我区农民专业合作社的发展，区政府高度重视，专门成立了由分管副区长任组长，区直各相关部门为成员的农业产业化工作领导小组，把持农民专业合作社发展作为我区农业产业化工作的一项重要内容来抓，为全区农民专业合作社的发展奠定了领导基础。采用多种形式进行广泛的宣传，宣传的主要内容为《中华人民共和国专业合作社法》等法律法规，真正做到家喻户晓，人人皆知，使农民明白成立农民专业合作社的好处和意义。同时

举办合作社负责人、农村经济能人以及各村委干部参加的农民专业合作培训班，由市、区农经业务干部讲解有关农民专业合作社的知识，使农民明白建立农民专业合作社的条件和手续程序，促进了我区农民专业合作社快速发展。

**（二）做强产业基础，加快合作社发展**

一是强基固本抓产业。近年来，我区紧紧围绕建设桂林市的"菜篮子"工程优质基地的总体目标，大力调整农业产业结构，强化安全优质高效蔬菜生产基地建设，取得了明显进展。2011 年全区蔬菜面积达到 6.8 万亩，比上年增长 10.93%；蔬菜产量达到 8.5 万吨，比上年增长 8.42%。蔬菜总产值 1.45 亿元，总纯收入 7225 万元，仅蔬菜一项实现农民人均纯收入 1165 元，农民人均增收 90 元。二是依托产业抓品牌。我区以已经发展起来的蔬菜优势产业为依托，大力推进农产品品牌建设，使部分蔬菜产品具备了较高的品牌知名度和较强的市场竞争力。主栽蔬菜品种大白菜于 2003 年获得无公害农产品认证，并注册"银雁"牌商标，节瓜、苦瓜、茄子于 2005 年获得无公害农产品认证。我区生产的蔬菜除了主要供应桂林旅游城市外，通过合作社与辖区高校签订供货协议，为高校提供优质蔬菜，同时还远销粤、港、澳、湘等地区，部分蔬菜产品打入国际市场。三是创新机制抓载体。在大力夯实产业基础的同时，我区在农村经营体制机制创新方面进行了积极探索和实践，尤其是在加快农民专业合作组织建设上不遗余力，2010 年年底，我区仅有合作社 1 家，近两年通过强化宣传和积极引导，截至目前全区合作社增至 12 家，其中蔬菜专业合作社 5 家，成为新农村建设中一道亮丽的风景。

**（三）做好服务指导，加大资金扶持**

为了发展农民专业合作社，在宣传发动的基础上，我区农业经营管理部门和乡镇对农民专业合作社做好服务和指导工作，对各个合作社章程的制定、合作社机构的成立、到工商行政部门的注册都进行了跟踪服务和指导，合作社成员非常满意。我区在财力十分有限的情况下，仍然挤出资金支持合作社的发展。近两年来，区财政每年安排农民专业合作社建设专项经费，农业部门也挤出资金用于支持合作社开展信息交流、成员培训、规范化建设、市场营销和技术推广等活动。加大项目争取和倾斜力度，为合作社争取到农业厅农民专业合作组织建设补助项目 2 个，获得扶持资金达 25 万元，促进合作社的规范化建设。

**（四）引进推广，做好示范服务**

针对菜农种植品种较单一等问题，合作社因地制宜地引进推广抗逆性强、商品性好的高产优质品种，采取先试种示范，成功后再推广的办法，积极引进推广新品种，不断丰富蔬菜品种，满足多样化的消费需求。如桂林绿茂蔬菜种植农民专业合作社引进的红叶莴笋新品种在茶江村试种，适应性广、抗病性强，产量高、品质好。2011 年在全区推广面积达 2.16 万亩，比常规莴笋品种增效 15% 以上，深得菜农好评。

**（五）组织培训，提供技术服务**

近年来，合作社通过举办技术培训、外出参观考察、实地交流学习等方式，大力开展蔬菜安全生产技术指导。特别重视蔬菜生产期间的田间现场指导，让农民“享受”地头听课和现场咨询，得到更直接、更有效的技术服务。并充分利用合作社社员的“传、帮、带”和典型引导，带动广大菜农科学种植，提高整体安全生产水平。共举办蔬菜安全无公害生产技术培训班、农产品安全知识讲座 37 多场次，培训人员 3120 人次。印发技术资料 1.02 万份，极大地提高了广大菜农安全种菜的技术水平。

**（六）牵线搭桥，加强信息服务**

合作社充分发挥桥梁和纽带作用，经常开展座谈交流活动，不定期组织外出学习取经，努力为菜农提供信息服务。充分利用桂林农业信息港和雁山农业信息网等现代科技网络，搭建蔬菜生产信息服务平台，定期收集蔬菜新品种、新技术和市场销售、产品供求信息，及时进行信息传递，实现信息资源共享。

**（七）加强监管，确保安全服务**

合作社坚持从产前、产中、产后各个环节全面加强安全监管，产前重点加强蔬菜投入品管理，严禁施用剧毒和高残留农药、严禁使用不合格的农业投入品。产中大力推广蔬菜标准化生产技术和病虫害综合防控技术，产后进一步完善基地准出、市场准入和质量追溯管理制度。及时向社会公布禁止或限制使用的农药名单，设立举报电话，禁止高毒高残留农药的使用。蔬菜基地每月定期抽样检测，切实加强对即将上市蔬菜的农药残留检测力度，严禁未经检测的蔬菜上市销售，促进蔬菜产业由提高产量向提高质量转型。

## 四、典型事例

（一）桂林绿茂（茶江）蔬菜种植农民专业合作社创建安全优质高效无公害蔬菜生产基地。该合作社拥有资产 120 万元，茶江村 90% 的农户加入了合作社。有科技带头人和流通能人 11 人，技术力量较强，管理规范，示范带动作用明显，能自筹资金开展安全优质高效无公害蔬菜生产基地建设。通过“专业合作社 + 基地 + 农户”的经营方式，推广普及无公害蔬菜标准化生产技

术、“猪—沼—菜—杀虫灯（粘虫黄板、性诱剂）—有机肥—生物农药”生态管理模式和蔬菜害虫绿色防控综合技术，在蔬菜生长期每茬平均减少用药2~3次，每亩降低生产成本50~60元，节支增收180~400元，大大提高了蔬菜生产的效益。引导、带动农民调整蔬菜的品种结构，在品种的引进推广上力求多样化和优质化；充分发挥雁山区、雁山镇农产品质量安全监测站的作用，搞好蔬菜上市前的农药残留检测，每月共抽检蔬菜样品150个以上，经检测合格后方可上市，使基地生产的蔬菜达到优质、安全、无公害标准要求。基地生产的蔬菜除了供应桂林市场外，通过合作社与高校签订供货协议，为高校提供优质蔬菜，同时还远销粤、港、澳等地区，部分蔬菜产品打入国际市场，大大提高了蔬菜生产的经济效益。2012年基地秋冬菜种植面积可达到3150亩，以种植夏阳白、莴笋、花椰菜为主，平均亩产4吨，总产1.26万吨，预计秋冬菜总产值2142万元，总纯收入1071万元。仅秋冬菜一项实现农民人均纯收入5628元，农民人均增收647元。

（二）桂林市华洋（陶家）果蔬种植专业合作社创建安全优质高效标准化蔬菜生产基地。该合作社拥有资产30万元，陶家村60%的农户加入了合作社。有科技带头人和流通能人6人，技术力量较强，管理规范，合作社发展迅速，示范带动作用明显，筹集资金100多万元建立连体大棚20亩，合作社拥有蔬菜标准化示范基地370亩，带动村民建立蔬菜基地6000亩，引进示范水果型小黄瓜、辣椒、西红柿等新品种16个，还兼原生中药材的种植和销售；推广绿色防控、无公害标准化生产等先进技术，生产的蔬菜产品非常畅销，经济效益可观，广大农民看到蔬菜生产的前景，现在还有不少群众要求加入合作社，发展蔬菜生产。合作社创立了“合作社+基地+农户”的经营模式和蔬菜育苗种植、技术服务、产品订单、产品加工、市场销售的生产服务链，产品主销超市，年销售收入达300多万元。为蔬菜产业的发展提供了较好的典型示范。

**作者简介：**

杨生喜，男，汉族，1965年12月出生，中共党员，本科学历。现任广西壮族自治区桂林市雁山区农牧水产局局长。

自1984年12月参加工作起，历任柘木镇团委书记、党委政府秘书、镇长助理、党委副书记、镇长、党委书记，雁山区经济贸易局局长、中小企业局局长、旅游局局长、安监局局长，雁山区农业机械化管理局局长等职。2011 年 11 月至今，任桂林市雁山区农牧水产局局长。

曾获自治区、桂林市农机化工作先进个人，自治区“千乡万村农机现代装备推进工程”先进个人等荣誉。

# 引导农民专业合作社的发展　增加经济效益

广西壮族自治区柳州市农村合作经济经营管理站　陈　军　闭宗祺

2012年是《农民专业合作社法》颁布实施的第6年，我市农民专业合作社的发展逐步进入依法发展、规范发展的新阶段。合作社作为市场的新型主体，为促进我市农业增产增效、农民增收、提高农民组织化程度以及推动我市新农村建设，促进我市“一乡一业、一村一品”的快速发展发挥了积极的作用。

## 一、发展现状

1. 目前全市已注册登记合作社947家。按区域分：柳江县116家，柳城县156家，鹿寨县140家，融安县129家，融水县175家，三江县152家，柳南区11家，柳北区47家，城中区14家，阳和区7家。按行业分：种植500家（水果185家），养殖254家，农机159家，其他34家。

2. 2012年新增合作社131家，其中柳江县10家，柳城县27家，鹿寨县6家，融安县14家，融水县30家，三江县42家，城区2家。

3. 全市合作社入社农户18709户，占从事农业生产农户数的4%，2012年新增3022户。带动农户165907户，占从事农业生产农户数的32%，2012年新增15775户。

4. 全市合作社入股金额6.3亿元，2012年新增1.74亿元。全年全市合作社销售各类农产品41.9万吨，比2011年多5.4万吨。销售收入14.18亿元，比2011年多3.2亿元。社员人均纯收入7260元，比当地农民人均纯收入增加10%以上。

5. 2012年合作社年销售收入超过100万元的有130家，其中超过500万元的有45家，超过1000万元的有18家。

## 二、主要做法

### （一）明确目标、成立机构、落实责任

在市人大农委的监督指导下，我市由农业部门牵头，联合财政、工商、林业、畜牧、农机、供销等部门成立了“发展农民专业合作社联席会议”。各

县区农业部门成立了“发展农民专业合作社工作领导小组”，并在全区率先成立各县的“合作社辅导员工作室”。明确各级的工作目标任务，层层布置落实责任到个人，组织协调、监督检查，全面指导我市的合作社各项工作，解决合作社在发展中遇到的各种问题，做到有目标、有计划、有方案、有督促。

**（二）坚持创办原则，完善合作社内部管理机制**

我市在指导合作社的发展过程中，严格按照《农民专业合作社法》的要求，坚持以家庭承包经营为基础，按照“民办、民管、民受益”的原则，发展多种形式的合作社。坚持以推进农业产业化经营为目标创建合作社，结合我市的实际情况，依托各县、各乡的优势产业、特色产业，和我市比较有规模的、加工销售能力较强的重点龙头企业，来创建各种类型的合作社，不盲目建社。并根据《合作社法》来指导合作示范社建立健全以章程为核心的自我管理、自我服务、自我发展的工作机制，建立健全各项规章制度，特别是民主选举、民主管理、民主决策和财务管理制度，完善自律机制。

**（三）出台管理办法，逐步规范发展**

经过几年的合作社工作经验积累及一系列的调研，结合《农民专业合作社法》，出台了适合我市的一系列合作社管理办法，如《柳州市大力发展、依法规范农民专业合作社的意见》、《柳州市农民专业合作社项目申报办法（暂行）》、《柳州市农民专业合作社项目实施管理办法（暂行）》、《柳州市农民专业合作社扶持资金管理办法》、《柳州市农民专业合作社辅导员工作职责》等，对现阶段我市合作社的健康发展、健康成长以及合作社申报项目、项目实施、项目资金管理等提供了政策依据。

**（四）开展项目扶持，打造示范社，树立可比可学的标杆**

积极向农业部、自治区、市财政申请资金，建立项目库，在项目库中选择产业优势明显、制度建全、带动能力强的合作社给予财政项目扶持，打造成我市的合作示范社。扶持内容主要有：办公、交易、仓库等基础设施建设，购买设备，品牌认证，产品包装，技术引进，技术培训等。

2012 年共有 127 家农民专业合作社申报项目，进入了项目库。通过召开我市农民专业合作社联席会议，在项目库中选择了 86 家产业优势明显、制度建全、带动能力强的合作社给予项目扶持。

**（五）加强项目监督检查**

为确保项目按质按量完成，加大了监督检查力度，一是加强对示范社生产经营情况的检查和指导；二是加强对项目资金使用和财务管理的监管，严格执行项目报账制。从资金是否专款专用，使用范围是否符合规定，章程制

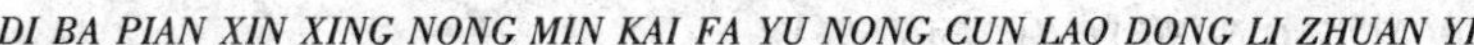

度、运行机制是否规范，项目实施后是否发挥作用并达到预期效果等内容加强监督。对于不按要求实施的、不合规定的，责令其整改或者叫停。于11月下文《关于开展农民专业合作组织建设项目验收前期准备工作的通知》，开展“十大农业工程”之合作社项目验收结题工作。

**（六）大力推进“农校、农超、农企、农社”对接**

于4月召开了“柳州市优质安全农产品直销对接会”，促进农民专业合作社与大专院校、超市、大型企业食堂及城市社区的对接。参加对接会的供货方为粮油蔬菜生产加工的30多家合作社和10家龙头企业；需求方为广西工学院等8所高校、柳州高中等15所中学，以及联华超市、南城百货、柳钢等企事业单位。各企业、合作社、学校代表共120多人参加了会议。

合作社开展“农校、农超、农企、农社”对接可以解决农产品卖难问题，并对农产品生产过程进行有效全程监管，提高了农产品质量安全，还可以减少农产品流通环节和成本，双方都获利。举办这次对接会是一种很好的探索和尝试，在全区甚至全国都没有，今后我市要把这种对接方式常态化。

为了扩大宣传效果，此次对接会还在电视台、柳州日报、柳州晚报、南国今报、广西新闻网、广西农业信息网等媒体进行了宣传。特别是柳州电视台《新播报》栏目，把此次对接会做成了专题节目，于5月1日至3日连续播放，收到了很好的效果。

**（七）加强合作社辅导员队伍建设**

我市共有103名合作社辅导员，“市、县、乡”三级“指导、服务、扶持、监督”的合作社工作体系已初步建成，对合作社开展“定点、定期、定责”的指导工作。2012年以指导合作社建设规范的内部管理机制、提高生命力、增强带动能力为工作重点。于9月和11月分别组织部分合作社辅导员到梧州、钦州、南宁等地参观学习，并参加了自治区举办的推进农业产业化工作培训班，提高了大家的实践操作能力。计划于2013年年初开展全市合作社辅导员强化培育。

**（八）加强培训，提高合作社负责人及财务人员的综合素质**

于2012年9月开展了3期市级合作社负责人、财务人员培训，每期5天，共培训了200人。各县（区）也相应开展了各类合作社培训15期，培训了约1000人。培训内容有相关的农业法律法规、土地流转政策法规、强农惠农政策、农业产业培育规划、新农村建设规划、金融扶持农业政策、农产品流通与品牌创建、农产品标准化生产等。使学员们及时了解现代农业发展趋势，了解合作社的理论知识、农村政策法规、合作思想、合作原则、合作技巧、财务管理、经济合同、信贷和投资等，成为熟悉农村政策，善于经营管理、乐于奉献的合作社带头人。

**（九）打造品牌，积极推介**

指导合作社从绿色食品、特色产业、品牌农业入手，选择产业特色优势明显、有一定基础的合作社进行“三品”（即有机食品、绿色食品和无公害农产品）认证，注册商标，打造品牌，统一包装，统一销售，增加农产品附加值。2012 年我市新增合作社自主品牌 6 个，至此我市共有 50 家合作社通过了认证或注册了商标。

2012 年共组织合作社参加全国、全区的各种农产品展销会，以此为平台提高合作社的知名度及产品竞争力。9 月的北京农产品交易会中，我市融水县怀宝灵芝专业合作社的产品被评为了金奖。

**（十）加强宣传，营造良好的社会氛围**

2012 年合作社宣传工作共在柳州日报、柳州晚报、南国今报等报道了 13 次；在柳州电视台报道了 9 次；在柳州新闻网、广西农网、柳州农业信息网等报道了 53 次。

于 4 月协助柳州电视台摄制合作社与超市对接的专题片，并于 5 月 1 ~ 3 日连续三天在《新播报》栏目播放，播放内容分别为：《农产品直销，多方都欢迎》、《农超对接还有顾虑》、《顾虑有商量，扶持靠红娘》，取得了很好的宣传效果。

于 12 月吸引到中央电视台 7 频道《致富经》栏目的首席记者刘杰和编导毕月到我市采访合作社，并对融安县桔兴金桔专业合作社进行了为期 8 天的专访。

2012 年还邀请到《农民日报》记者、农业部、区农业厅有关领导，以及我市市委党校等多个部门参观指导我市合作社工作，各领导及专家肯定了我市合作社在发展和创业过程中积累的经验和取得的成绩，并对我市今后合作社如何发展壮大提出了建议。

**（十一）评比先进，树立典型**

为鼓励先进，树立典型，扩大示范带动效应，充分展现合作社风采，推广成功经验，推进我市合作社快速、规范、健康发展，2012 年继续开展了柳州市第四批“十大农民专业合作社”评选。评选方法为：基层推荐、网上投票和专家评审。对于评选上的合作社，授予荣誉证书并作宣传报道，今后的项目给予优先安排。通过评优活动，进一步提高了广大市民对合作社的认识，同时也对合作社的建设给予了肯定和鼓舞。

## 三、取得成效

**（一）实现群体规模效益，提高了农民的市场地位**

通过合作社工作的不断加强及重视，我市合作社得到了前所未有的飞速发展，以农民经济组织的身份进入农产品流通体系，改变了我市农产品流通渠道的现状，以前在流通体系处于弱势的农户，通过合作社的形式参与到农产品流通体系中，也就是把无数个"指头经济"变成"拳头经济"，使一家一户的小生产与大市场相连接，从而使农户成为真正意义上的市场主体，在交易中市场谈判能力增强，应对市场变化能力也相应增强，他们的弱势地位正在得到改变。例如：融安金桔的合作社，为摆脱对本地客商的依赖性，成立了金桔产销合作总社，到上海、北京、杭州、贵阳等地进行销售，有效的降低金融危机和"蛆虫果"事件对融安金桔的影响，金桔销售价格比市场同期价格提高了10%左右，同时合作总社已将金桔成功打入了上海的麦德龙超市，为合作社社员销售金桔200多吨，价格由当地的2～3元卖到7～8元。

**（二）引导合作社开展标准化生产，带动了农产品质量监管到源头，促进了农业增效**

我市合作社大多按照"合作社+基地+农户"的经营模式，实行生产集约化、规模化经营，充分体现了"合作"和"自我服务"，已成为实施生产技术行业标准的主体，统一生产技术，统一采购化肥、农药、种苗、兽药、饲料等农资，统一管理，统一包装、统一销售的"五统一"模式运作，既降低了生产成本，又增加了经营收入，既保证了农产品的质量安全，又防止了假冒伪劣农资的危害，特别是可以减少盲目的和不必要的农药及药物的施用量，同时可以避免添加瘦肉精、三聚氰胺之类的有害物质。例如：柳江县百朋镇绿顺莲藕专业合作社和鹿寨县绿源水果专业合作社创建的蔬菜园艺作物标准园，其园地要求、生产管理、加工管理、包装标识、质量管理、品牌建设和认证管理等方面获得了农业部的肯定，有望打造成为广西的创建园艺作物标准园的典型示范样板。

**（三）促进了我市"一乡一业、一村一品"的快速发展**

通过合作社的项目实施，示范带动，由小到大，集中连片形成规模，逐步向"一乡一业、一村一品"发展，构建起农民增收的大平台。实践表明，凡是合作社发展较好的地方，基本上都出现了"建一个组织，兴一个产业，活一片经济，富一方农民"的可喜局面。例如：柳江县成团镇鲁比葡萄专业合作社，连片种植葡萄3800亩，占全村耕地面积的75%，年产量7200吨，产值达5040万元，仅葡萄种植一项就占全村农民人均纯收入的87%。

**（四）项目示范社发挥了典型示范引路的作用**

各项目示范社都非常珍惜实施项目的机会，在资金使用上，都能够按照规定和要求，无论是购置设施设备，还是建设标准化基地，无论是引进良种、开展技术培训，还是外出参展、创品牌搞认证，都能把有限的资金用在刀刃上，大大提升了合作社为成员服务的能力和水平，大大增强了合作社的凝聚力和向心力。例如：柳城县冲脉镇蓝天食用菌专业合作社实施项目后，先后示范推广了蚕粪、糖厂滤泥取代牛粪栽培蘑菇，生料畦栽鸡腿菇，桑杆培栽木耳、平菇、竹荪等新技术，示范种植了黑木耳、毛木耳、姬松茸、金福菇等新品种，还举办了示范推广现场会，县内外不少农民前去参观学习，广西电视台《走进农家》栏目等自治区、市、县媒体记者也相继到该基地进行采访报道。辐射带动周边县内的古砦、寨隆、马山、六塘等乡镇以及县外的河池、宜州、罗城等地，全年总产值350万元左右，可使社员人均年增收1200元以上，带动非成员2500多户。

**（五）积极推进直销对接，增加了经济效益**

随着合作社成为独立的市场主体越做越强，我市合作社与超市、大专院校、城市社区及大企业食堂的“农超、农校、农社、农企”对接已愈见成效。目前我市有60多家合作社的100多类产品参与了各类对接，销售额8870万元。例如：柳江县百朋镇绿顺莲藕专业合作社主要是“联华”超市莲藕的定点供货点。融安金桔合作社打入了上海市的麦德龙超市，在上海、浙江等市场销售金桔500多吨。柳城县古砦大米专业合作社的产品打入了柳州老邻居超市，每年签订300吨优质米购销合同，同时与柳钢、柳化、凤糖集团等大型企业联成优质米特供关系，实现年销售收入600万元。柳北区兴科果蔬科技种植专业合作社与大润发、联华超市、学校及部队签约，2011年配送蔬菜100多吨。

**（六）开展系列宣传、培训活动，影响力越来越大**

随着我市合作社带动农民致富的能力越来越强，吸引到了众多的媒体相继报道和宣传，如：中央电视台、柳州电视台、农民日报社、柳州日报、柳州晚报、南国今报等，共对我市合作社报道了近100次。

2012年引导15家合作社加入了广西农业信息网和广西农产品贸易网，成为会员。有的合作社还搞了网购，在淘宝网就可以卖产品。

**（七）组织参加各种展销及评比，获多项表彰奖励**

2012年我市合作社工作开展得如火如荼，各项成绩在广西名列前茅：

①柳州市农业局获“全区十佳农民专业合作社工作先进单位”荣誉。

②三江县利民茶叶专业合作社获“全国农民专业合作社示范社”荣誉，同时该合作社理事长卢忠利获“全区十佳农民专业合作社带头人”荣誉。

③融安县桔兴金桔专业合作社获“全区十佳农民专业合作社示范社”荣誉。

④组织约55家（次）合作社参加全国、全区的各种农产品展销会及评比会，如中国农产品交易会、“东盟”博览会、中茶杯、桂茶杯等，共计获得奖项约50多项。

**（八）合作社发展壮大，重点龙头企业队伍又增新人**

2012年的重点龙头企业评审会中，我市又有两家合作社被认为“柳州市农业产业化重点龙头企业”，分别是三江县利民茶叶专业合作社和三江县民兴茶叶专业合作社。至此，我市已有4家规模较大、制度健全、管理规范，专业性、带动性强、符合条件的合作社加入到市级重点龙头企业队伍，为全市的合作社树立了榜样。

## 四、工作经验及体会

**（一）产业是合作社发展的基础**

农民专业合作社的一大特点是它的“专业性”或“同业性”，因此，要想合作社有生命力，必须因地制宜，选择有一定产业基础、生产规模和发展前景的产品或产业作为发展的基础。有生产集群就意味着当地农民有专业大户，有生产集群就能从中发展比较优秀的带头人，有带头人就有合作、有开拓市场做强做大的愿望。

**（二）解决“卖难”问题是合作社的生命力**

合作社把分散的一家一户的小生产组织起来，融入到大市场中，解决了农民提篮小卖的“卖难”问题，农民生产出来的农产品，通过合作社，解决了农产品流通问题，就是解决了农民的“卖难”的问题，从而形成了农民增收的连接点，体现了合作社的凝聚力、生命力。

**（三）盈利方能合作长久**

社员加入合作社为什么？当然是为利益。利益是永远的，合作社因利益而创建，社员们因利益而合作。所以，合作社与社员之间的利益联结机制至关重要。在合作社的组织形式下，通过合作社的利益联结方式、联结手段，实现利益纽带，保障利益共享和可持续发展。

**（四）各联席会议部门是主要推动力量**

由于农业是弱势产业，加之合作成员以农民为主体，以服务农民为宗旨，盈余主要按交易量比例返还等特性，决定了合作社不可能是强势组织，也不等于只要联合起来，农业所面临的风险就自然消除，农户小规模和大市场之间的矛盾就会立即解决。联合只能解决部分问题，只有得到地方政府和有关部门强有力的支持和扶持，通过示范带动，创造良好的政策、法制、市场等宽松环境，合作社才能稳步发展，农业的自然风险和市场风险才会有效化解，农民的收入水平才有可能随之不断提高，农民群众才有动力有后劲。

**（五）政府扶持是合作社发展的有力推手**

通过项目扶持，“合作示范社”的社员数、农产品销售量、销售收入及社员人均纯收入都比项目未实施前大大增加，辐射带动农户数及人均纯收入都大大增加。

## 五、存在问题

1. 我市合作社普遍缺乏管理人才，管理水平不高，实行的是低层次、粗放型的管理。尤其是合作社财务管理基础薄弱，资料的收集、整理、保管等工作需要进一步改进。

2. 大部分合作社规模小，经济实力不强，科技水平不高，普遍是以传统的生产、初加工和经营为主，很少有高科技应用到生产和加工项目中，因此，如何广泛应用先进科技开展深加工已经成为今后合作社发展需要研究解决的重要问题。

3. 合作社资金严重缺乏。项目扶持资金过少过散，虽然扶持面广，但是规模也不够大。

4. 开展“农校、农超、农企、农社”对接工作，涉及部门多、面广，并且过程烦琐，需投入大量人力物力。

## 六、建议

1. 各级党委、政府和各部门要进一步支持合作社，为其发展创造良好的外部环境。继续贯彻落实《农民专业合作社法》，继续给予合作社相应的优惠扶持政策。要把发展合作社作为农民增收的重要任务来抓，为合作社做好市场信息、新技术新品种的试验示范、农产品标准化生产及流通等服务工作，提高合作社市场竞争力。

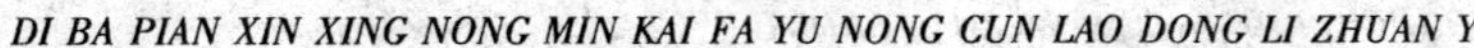

2. 强化领导，部门联动，加强农业、畜牧、供销、林业、农机、工商等部门之间的沟通合作，形成齐抓共管的局面，促进我市合作社健康、稳步发展。

3. 继续以项目为切入点，继续开展示范社建设，以点带面，全面推进。

4. 我市合作社发展数量已逐步趋于稳定发展阶段，下阶段在发展数量的同时，更应注重于对合作社内部规范化管理机制的建设及生命力的提高，逐步做大做强。

5. 县（区）级政府应配套安排一定数量的合作社项目管理经费。

# 加快发展农村合作经济组织<br>推进新农村建设和“三化”同步协调发展

四川省小金县农业局　杨　斌　胡　敏

发展农村专业合作组织，是党的十七大提出的新要求。经过20多年的建设与发展，农村专业合作组织已成为中国特色农业现代化道路的重要内容，成为推进现代农业的一个有力抓手。当前，农村专业合作组织的建设与发展正面临着新的大好机遇。法律法规体系逐步健全、政策支持保护体系逐步完善、组织领导力度不断加强、社会各界广泛关注、农民群众积极参与、对外合作交流逐步展开，指导思想、工作目标、工作思路和重点任务进一步明确，从而促进了农村专业合作组织与现代农业实现更好更快地发展。

## 一、农村专合组织与现代农业的含义

### 1. 农村专合组织的含义

农村专合组织主要是指从事同类产品生产经营的农户自愿组织起来，在技术、资金、信息、购销、加工、储运等环节实行自我管理、自我服务、自我发展，以提高竞争能力、增强成员收入为目的的专业性合作组织。农村专业合作组织建立在家庭承包经营的基础上，不改变现有的生产关系，不触及农民的财产关系，适应了农村改革与发展的需要。近年来，农村专业合作组织的发展呈现出以下五大新的特点：政策支持体系逐步完善、法制建设取得重大突破、试点示范效应不断增强、组织功能作用日渐显著、社会影响逐步扩大。

### 2. 现代农业的含义

现代农业是相对于传统农业而言，广泛应用现代科学技术、现代工业提供的生产资料和科学管理方法的社会化农业，是按农业生产力的性质和状况划分的农业发展史上最新发展阶段的农业。其基本特征是：技术经济性能优良的现代农业机器体系广泛应用，因而机器作业基本上替代了人畜力作业；有完整的高质量的农业基础设施，如良好的道路和仓储设备；在植物学、动物学、遗传学、化学、物理学等学科高度发展的基础上建立起一整套先进的科学技术，并在农业生产中广泛应用；无机能的投入日益增长；生物工程、材料科学、原子能、激光、遥感技术等最新技术在农业生产中开始运用；农业生产高度社会化、专门化；经济数学方法、电子计算机等在农业经营管理中的运用越来越广。现代农业的产生和发展，大幅度提高了农业劳动生产率、土地生产率和农产品商品率，也使农业生产和农村面貌发生了重大变化。

## 二、现代农业的类型

现代农业通常划分为以下 7 种类型：

1. 绿色农业

将农业与环境协调起来，促进可持续发展，增加农户收入，保护环境，同时保证农产品安全性的农业。“绿色农业”是灵活利用生态环境的物质循环系统，实践农药安全管理技术、营养物综合管理技术、生物学技术和轮耕技术等，从而保护农业环境的一种整体性概念。绿色农业大体上分为有机农业和低投入农业。

2. 休闲农业

休闲农业是一种综合性的休闲农业区。游客不仅可以观光、采果、体验农作、了解农民生活、享受乡间情趣，而且可以住宿、度假、游乐。休闲农业的基本概念是利用农村的设备与空间、农业生产场地、农业自然环境、农业人文资源等，经过规划设计，以发挥农业与农村休闲旅游功能，提升旅游品质，并提高农民收入，促进农村发展的一种新型农业。

3. 工厂化农业

工厂化是设计农业的高级层次。综合运用现代高科技、新设备和管理方法而发展起来的一种全面机械化、自动化技术（资金）高度密集型生产，能够在人工创造的环境中进行全过程的连续作业，从而摆脱自然界的制约。

4. 特色农业

特色农业就是将区域内独特的农业资源（地理、气候、资源、产业基础）开发区域内特有的名优产品，转化为特色商品的现代农业。特色农业的“特色”在于其产品能够得到消费者的青睐和倾慕，在本地市场上具有不可替代的地位，在外地市场上具有绝对优势，在国际市场上具有相对优势甚至绝对优势。

5. 观光农业

观光农业又称旅游农业或绿色旅游业，是一种以农业和农村为载体的新型生态旅游业。农民利用当地有利的自然条件开辟活动场所，提供设施，招揽游客，以增加收入。旅游活动内容除了游览风景外，还有林间狩猎、水面垂钓、采摘果实等农事活动。有的地方以此作为农业综合发展的一项措施。

6. 立体农业

又称层状农业。着重于开发利用垂直空间资源的一种农业形式。立体农业的模式是以立体农业定义为出发点，合理利用自然资源、生物资源和人类生产技能，实现由物种、层次、能量循环、物质转化和技术等要素组成的立体模式的优化。

7. 订单农业

订单农业又称合同农业、契约农业，是近年来出现的一种新型农业生产经营模式。所谓订单农业，是指农户根据其本身或其所在的乡村组织同农产品的购买者之间所签订的订单，组织安排农产品生产的一种农业产销模式。订单农业很好地适应了市场需要，避免了盲目生产。全国龙头企业福娃集团就是采用的这种模式。

## 三、农村专合组织的作用及发展措施

1. 农村专业合作组织在推进现代农业和新农村建设中发挥了极其重要的作用。一是提高了农民进入市场的组织化程度；二是促进了农业生产的规模化经营；三是推动了龙头企业的扩张提质；四是加快了农村劳动力的阵地转移；五是实现了农民收入的持续较快增长。

2. 进一步采取措施加快推进农村专业合作组织发展。一是要加强学习宣传，提高对专业合作组织的认识；二是要认真落实政策，创造良好的发展环境；三是要从制度建设着手，加强示范引导和规范管理；四是要加强带头人培养，引导多元主体兴办合作组织。

## 四、农村专合组织是现代农业发展的桥梁

通过20多年的发展，如今我国农村专业合作组织已从起步时的技术互助、信息传播，逐步扩展到资金、技术、劳动等多方面的合作，从简单的购销环节合作扩展到产前、产中、产后的一系列配套服务，形成了合作领域拓展、合作链条延长、合作规模扩大的良好发展态势。一些办得好的合作社还实现了生产标准化、分工专业化和服务社会化，产业链条延伸到精深农产品加工领域，直接面向市场。同时，农村专业合作组织20多年的发展实践，给了我们许多深刻的启示，值得我们不断研究、深化认识。

1. 农村基本经营制度是农村开展专业合作的坚实基础。用农民自己的话讲，就是“生产在家，服务在社”，生产上的问题由家庭经营来解决，产前、产中、产后的服务，则由合作组织来提供。可见，家庭承包经营为基础、统分结合的双层经营体制，既是农民专业合作组织产生的土壤，又为其发展壮大提供了广阔的空间。坚持这样的制度基础，农民群众办社就踏实就放心。

2. “民办、民管、民受益”是农村开展专业合作社的充分保障。政府尽自己的责，农民做自己的主，坚持这样的组织原则办社，农民群众才会拥护赞成。因此，发展农村专业合作组织，关键是要按农民的意愿和要求，让成员独立自主地开展劳动合作、技术合作、营销合作和资本合作。实行民主选举、民主管理、民主决策、民主监督，充分保障成员对组织内部各项事务的知情权、决策权、参与权和监督权。通过合作经营和合作服务获取最大效益，按照惠顾返还原则，最大程度地增加成员收入，以此实现自我组建、自我管理、自我服务、自我受益的宗旨。

3. 以产业发展带动成员增收是农村开展专业合作的内在动力。农民之所以积极开展专业合作，就是因为这种合作形式能为广大成员提供共同需要的市场信息、技术良种、标准生产、物资采购、产品销售、加工增值等多方面服务。

4. 政府的指导、扶持和服务是农村开展专业合作的有力支撑。成员的主体是农民，经营的产业是农业，盈余主要按交易量（额）比例返还给成员等，农民专业合作组织的这些特性，以及“三农”在全面建设小康社会中的重要地位，决定了对农村专业合作组织需要给予多方面的指导、扶持和服务。

走中国特色农业现代化道路，要把发展现代农业、繁荣农村经济作为首要任务。实践表明，广大农民群众创造的新型专业合作组织，根植于农村基本经营制度，成长于农产品市场化、商品化的大潮中，将千家万户的生产与千变万化的市场紧密地联结起来，为农户获取市场信息、得到社会化服务、分享农产品加工增值的利润，拓展了渠道、开辟了通道。

## 五、发展农村专合组织推动现代农业上新台阶

发展农村专业合作组织是现代农业发展的必然趋势和现实要求，目前，农村专合组织已经呈现出勃勃生机，其成效已经显现出来。一是增强农民进入市场的组织化程度，提高农民收入水平；二是积极开展技术培训和对外交流，提高农民整体素质；三是加快农业科技的推广应用，提高农业生产能力和产品竞争力；四是开展社会化服务，提高农业的经济效益；五是发展订单

农业，提高农民发展生产的信心。

小金县的农村专业合作组织在现代农业发展中已经尝到了“甜头”，“试水”效果明显，他们主要是采取如下措施进行，从而推动现代农业上新的台阶。一是加大《农民专业合作社法》的宣传力度，营造农民专业合作社发展的良好氛围；二是加强指导，促进农民专业合作社搞好自身建设，确保健康发展；三是抓好典型示范，促进有地方特色的农民专业合作社发展；四是加强部门协调，优化服务。

## 六、发展农村专合组织是现代农业的必然选择

现代经济学认为，合作是个人或组织为达到共同的目标，通过自愿联合，有意识、有计划地共同协力，相互扶持，从而增强自已群体竞争能力的过程和行为。就是说，合作是人类社会的一种普遍现象。在市场经济条件下，农民为适应竞争的需要，将小规模的分散经营与国内、国际大市场的有效对接，就要选择联合与合作。

随着社会主义市场经济体制在我国的确立以及经济社会的不断发展，以家庭为单位的小规模分散经营方式已无法应对市场经济形势下的大市场，逐渐暴露出抵御自然灾害能力差、抵抗市场风险水平低等问题，组织起来，共同应对自然和市场的双重挑战，已成为农民发展现代农业的必然选择，正是在这种大背景下，农村合作组织应运而生。它的出现有效提高了农业生产和农民进入市场的组织化程度，推进了农业产业化经营和农业结构调整，稳定地增加了农民的收入，也为落实国家对农业的支持保护政策提供了一个崭新的渠道。

在家庭联产承包经营基础上，如何引导和推动农民的合作，尽快建立和完善农业家庭经营制度与农民合作制度相融合的农村合作体系，是农业与农村发展的关键所在。在这方面，小金结合实际，做了一些有益探索。在政府的积极倡议和引导下，农民自愿组织起来，以农业生产家庭经营为主，以行业协会为主要模式的专业合作组织，为成员提供各种生产、加工、储藏、运销、信息、技术、培训等产前、产中、产后服务，在农村经济发展中发挥了极其重要的作用，产生了强大的生命力，发展十分迅速。目前，我县的利民蔬菜农民专业合作社有社员200多人，该社的成功实践，有力地促进了农业结构调整和农民持续增收，提高了农业竞争力。

为了促进农村专业合作组织更好地发展，需要明确以下几点：

第一，农村合作组织的主体必须是由享有农村土地承包经营权的农民组

成。社会各方面的积极参与是农村合作经济组织较快发展的重要保证。在允许各种力量参与兴办的同时，必须保证农民成员真正成为合作经济组织的主人。通过保证农民成员的数量，保证农民成员对组织民主管理的权利，使农民成员有效表达自己的愿望，防止他人利用、操纵农村专业合作组织。

第二，农村合作经济组织的法人地位必须予以明确。农村合作经济组织是农村实行家庭承包经营体制后出现的一种农业生产经营组织，既不同于以公司为代表的企业法人，也不同于社会团体法人，也不是个人合伙或者合伙企业，是一种全新的经济组织形态。

第三，农村合作经济组织的组织机构必须健全。应当参照现代企业管理办法建立健全内部监督制约机制和财产权及利益分配制度。成员（代表）大会应是农村合作经济组织的权力机构，由成员（代表）大会选举和罢免理事长、理事会成员、执行监事或监事会成员，决定重大事项。农村合作经济组织的资金来源应当包括成员出资、公积金、国家财政直接补助、社会捐赠及其他合法收益，出资多少只是作为比例返还财产的依据，成员之间不论出资多少都应享受平等的基本表决权利。

第四，农村合作经济组织的发展必须充分尊重农民的意愿。在充分尊重农村合作经济组织经营自主权的基础上，政府要做好引导兴办、扶持发展、保护权益等方面的工作，充分体现“民办、民管、民收益”的原则。

“民为邦本，本固邦宁”。把农民组织起来，加快发展农村合作经济组织，为实现农业现代化架起了一道坚实的桥梁，发展农村专业合作组织是现代农业的必然选择，是推进新农村建设和“三化”同步协调发展的必由之路。

# 第六章　人才培育及劳动力转移常抓不懈 推进农村土地承包经营权有序流转

## 加强农民培训　提升农民技能 促进农民增收

黑龙江省农村劳动力转移服务中心　宋春雷

黑龙江省现有农村人口1874.2万人，其中农村劳动力989.2万人，富余农村劳动力560万人。我省现有2亿亩耕地，按劳均经营200亩计算，种植业只需要100万劳动力。养殖业、特色产业、农产品加工流通服务业等可吸纳150万人，全省还有300多万农村劳动力需要从土地上转移出来，需要转移到二、三产业当中。但由于农村劳动力缺乏技能，制约着农民转移就业和持续增收。如何通过加强农民培训，提升农民技能，促进农民增收，成为当前迫切需要解决的问题。

2004年起，农业部等6部委共同启动阳光工程项目，由政府财政补贴，对有意愿到二、三产业和城镇就业的农民进行岗前职业技能培训。我省积极组织实施，通过阳光工程培训提升了农民的技能水平，促进了我省农村劳动力成建制、大规模转移和劳务增收，为土地流转创造了基础条件。2009年，阳光工程适时转型，从致力培训非农领域产业工人向培训适应现代农业生产经营者队伍转变。通过涉农培训，我省着力培育一支结构合理、数量充足、素质优良的现代农业生产和经营者队伍，为现代农业发展和新农村建设提供人力资源支撑，培训工作取得了显著成效。

一是促进了农民转移就业。参训后的农民转变了观念，增强了外出信心，

也带动更多农民走出家门到二三产业和城镇就业。2004年至2012年，我省共培训农村劳动力157.5万人，其中非农职业技能培训106.5万人。在培训的拉动下，我省转移农村劳动力数量由2003年的245万人增加到2012年的535万人，增长了2.2倍。通过培训，农民转移层次逐步提高，从事管理岗位的人数占转移总数的比例从2003年的5.6%提高到2012年的9.3%；从事技术岗位人数占转移总数的比例从11%提高到16.4%，劳动力转移由单纯体力型向管理和技能型转变。经过培训后的农民，掌握了一技之长，就业更加稳定。我省常年转移的数量占转移总数的比例从2003年的27.3%，提高到2012年的38.7%，转移稳定性明显增强。

二是促进了农民持续增收。农民技能水平的提升带动了工资水平的上涨。2012年，全省实现劳务收入475.6亿元，比2003年增长6.3倍，年均增长70%，其中阳光工程培训功不可没。2012年全省农民人均纯收入8603.9元，其中农民人均劳务收入2851.7元，对农民增收的贡献率达33.1%，劳务收入占农民收入的三分之一强，培训促转移、培训保增收已成为农民的共识。

三是促进了土地规模经营。实践证明，抓好培训，促进转移是推进农民分工分业的重要手段，是实现土地规模经营和发展现代化大农业的基本前提。全省农村土地规模经营总面积达3411万亩，比2007年增长236.7%，占全省农村集体耕地总面积的26.2%，比2007年提高18.4个百分点。全省1000万元的现代大型农机专业合作社达到118个，综合机械化程度达到89.8%。培训一个农民，输出一个劳动力，就等于在家劳动力的生产率翻了一番。

四是促进了城乡一体化发展。工农业不协调、城乡差距拉大，仍然是当前和今后一个时期实现科学发展、和谐发展面临的重大挑战。提高农民素质和技能，实现农民向市民的转变，向二、三产业的转移，正是新阶段建立新型工农关系和城乡关系的有效实现形式，也是加快构建城乡经济社会一体化发展新格局的直接途径。截至2012年年末，我省已有25.2万户、58.1万农村劳动力实现了举家转移，占农村劳动力转移总数的10.8%，这些转移的农村劳动力成为了城市社会经济发展的一支重要力量。

五是促进了农民自主创业。2010年，阳光工程开始组织农民创业培训。一大批农民通过创业培训成功走上创业道路。肇州县农民李长林在外务工多年，积累了一定资金和经验，但在创业初期遇到了前所未有的困难。通过参加创业培训，他开阔了视野，掌握了技能，熟悉了政策。其经营的猪场现占地2400多平方米，生猪年饲养量1000多头。在他的带领下，整个村养猪户已有10多家，生猪数量近万头，成为远近闻名的养猪示范村。到2012年年末，全省参与创业农民人数达9万人，创办企业2.8万个，拉动就业50.5万人，分别比开展创业培训前增长了80.7%、1.24倍和62.9%。

在工作中，我省各地勇于创新，开拓性组织阳光工程培训工作，率先探索出以对接会带动培训的组织方法；率先打造参训后具备高技能的“龙哥龙妹”人力资源品牌；率先引入第三方检查监管机制；率先在创业培训中推出农民创业服务部等跟踪服务方式。为突出阳光工程培训实效性，我省着重抓好以下几方面工作。一是开展培训需求调查，按需安排培训任务。我省建立了培训需求调查制度。要求各地阳光办在申报计划前必须深入村屯，结合当地主导和特色产业，对农村劳动力资源情况和农民培训需求进行调查摸底，形成需求报告。项目申报时没有报告不予受理。项目需求调查制度使各地项目申报与当地农村经济、产业结构紧密结合，做到了培训有的放矢。二是提早安排组织，抢抓培训最佳时期。黑龙江省是农业生产一年一季，春播前是开展农民培训的最佳时期。为使培训与农业生产同步，我省组织各地抢抓关键农时开展培训，在春播前将农民急需的专业技术传授到位，为全年农业生产打好基础，全力完成好保障国家粮食安全的重大任务。三是围绕产业特点和农民需求，创新培训方式。我省始终将实效性作为培训的重点，鼓励各地创新性开展培训。各地大胆尝试，结合各地农业产业特点和农民需求，探索了“请进来教、走出去学”、“三位一体”培训、“培训主管部门+乡镇政府+培训机构”和“培训主管部门+企业+培训机构”等适合不同岗位、不同行业发展需要的培训模式，我省及时将培训中好的经验进行总结和推广，确保培训实效。四是优化政策环境，推动农民创业。我省不仅注重创业培训质量，更在培训后续服务上下工夫。省阳光办牵头举办了创业培训农民成果展、农民创业专家志愿服务团与农民创业典型结对帮扶对接等内容的农民创业系列活动。同时，依托农民创业服务部，展示和推销创业培训学员的创业成果，做到了农民创业培训与产品、社区、超市对接。并将创业培训学员产品在哈洽会上进行展览展示，收到了良好效果，参加培训再创业深入人心。配合创业培训，我省出台了《关于扶持农民创业的若干意见》，在创业培训、市场准入、创业场地、税收优惠和金融信贷等方面提出了含金量较高的政策措施，进一步营造良好的农民创业环境。五是加强制度建设，严格培训管理。我省在认真执行国家项目实施指导意见的基础上，进一步细化相关制度。出台《黑龙江省阳光工程培训资金管理办法》，对培训资金进行专账管理，把国家的惠农政策落到实处；统一了全省的培训卷宗，统一培训评价标准，为衡量各地培训工作提供素材。省阳光办与市（地）阳光办和农民创业培训机构签

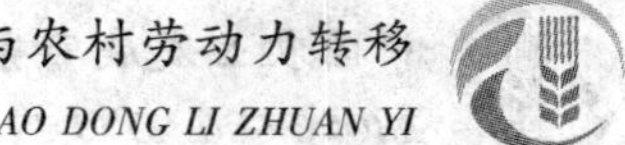

订监管责任状，层层落实责任，谁联系的县市或机构出现问题，谁负责任。六是完善监管机制，强化培训监管。实行管理人员跟班制。培训学校各班次整个培训过程均有当地阳光办人员跟班，并要留存每天视频和图像资料，做到全程监督。实行第三方单位检查验收制度。省农委和省财政厅共同委托第三方审计部门对全年培训进行全覆盖式检查验收，整个检查过程由第三方独立完成，确保验收的公正性和高质量。实行随机抽查制度。各地每月末将下月拟开班的计划以详表形式上报省、市级阳光办。省、市阳光办根据开班时间、地点，在不通知基层和学校的情况下，对培训情况进行突击抽查。抽查制让培训学校保持高度的责任感，力求做到每个培训环节正规化、标准化。

虽然我省阳光工程培训工作取得一定成绩，但仍然存在培训需求大与培训任务少，培训针对性不强，培训质量有待提高，培训方式有待创新等问题。建议中央财政加大对农民培训资金投入力度，扩大培训规模，以满足农民的参训需求。同时，我省将进一步创新培训方式，加强培训监管，提高培训质量，确保培训实效。

**作者简介：**

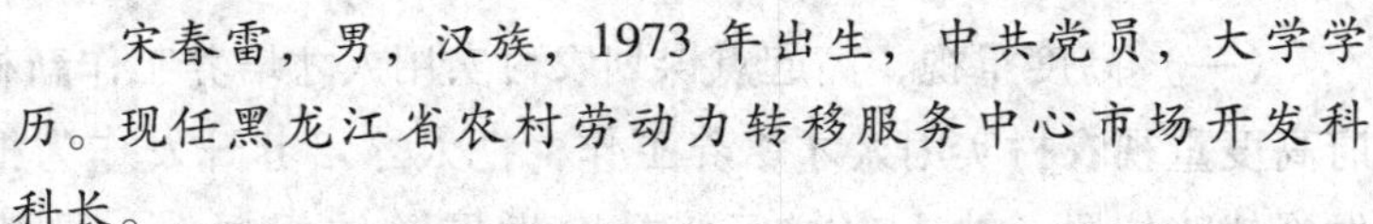

宋春雷，男，汉族，1973 年出生，中共党员，大学学历。现任黑龙江省农村劳动力转移服务中心市场开发科科长。

曾在期刊发表论文 10 余篇，参加了 7 项国家和省级课题研究，撰写 30 余篇专题研究报告。其成果在黑龙江省科学技术协会、省生态经济学会、省农业经济学会等单位组织的评奖中多次获奖。

# 高起点谋划农村实用人才队伍建设

黑龙江省甘南县农业局　苗云年　张宝昌

甘南县幅员面积4792平方公里，耕地310万亩，共辖5乡5镇95个行政村。总人口37万，其中农业人口26万，农村劳动力15.2万人。近几年来，在各级的关心、支持下，甘南县委、县政府牢固树立科学发展观，坚持以农业增效、农民增收为目标，着力实施科教兴农和人才强县战略，精心编制农村人才开发规划，加强宏观管理，抢抓项目机遇，不断创新工作机制，全方位深层次加强农民培训工作，累计培养农村实用人才24180人。其中种养人才8630人、占35.69%；农村合作经济组织人才930人、占3.85%；农村生产生活性服务人才6860人，占28.37%；农村创业人才460人，占1.9%；农村能工巧匠7300人，占30.19%。

## 一、加强农村实用人才队伍建设的做法

（一）高度重视，高起点谋划农村实用人才培养工作新格局。县委、县政府高度重视农村实用人才培养工作，把人才培养开发作为根本大计摆在优先发展战略位置，纳入农村经济社会发展总体规划。一是健全领导机构。从2003年开始，县委、县政府下发了《关于认真做好甘南县新型农民科技培训工作的意见》（甘发［2003］45号）、甘南县委办公室、甘南县人民政府办公室《关于印发甘南县2003～2010年新型农民科技培训规划的通知》，成立了组织、人事劳动、农业、财政、教育、妇联、团委等部门主要负责人为成员的农村实用人才培养工作领导小组。二是提供经费保障。三是健全联系制度。建立了县级领导联系农村实用人才制度，定期走访慰问。同时要求各镇领导班子成员联系本地实用人才，征求意见建议，为他们排忧解难。四是建立督查考核机制。将农村人才开发培养工作纳入全县组织工作和乡镇党政主要领导干部综合考核内容，形成了组织部门牵头抓总，各部门协调配合的工作格局，为我县农村实用人才成长营造了良好环境。

（二）固本强基，高标准打造农村实用人才培养体系。近年来，我们不断加大对农民科技教育培训的投人，完善培养体系。先后投入330万元建立了各级培训基地。

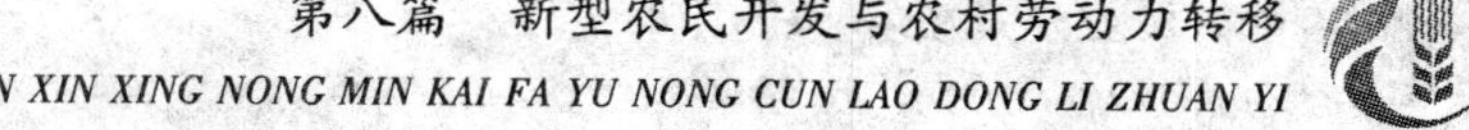

（三）创新机制，高水平培养农村实用人才队伍。如何打破传统的课堂教育模式，转变过去“灌输式”、“填鸭式”的培训方式，培养一支扎根基层，从群众中来到群众中去的实用人才队伍？近年来，我们结合农业项目实施，采用农民田间学校，课堂教学与现场实践相结合，“人人都来讲一课”等形式，解决了过去学员培训“只知其然不知其所以然”的问题。积极实施“科技入户”工程，培养一群扎根农村的科技明白人。组织农技人员开展包村入户活动，办样板、抓示范，在10个镇建设示范基地9个，示范面积13万亩，培养科技示范户2500户，培育致富带头人1800人，这些示范园成为广大农民操作实践、交流实用技术的理想场所。大力开展“阳光工程”、“新型农民科技培训”，2013年农民实用技术培训9.3万人次，培训新型农民1890人，农村劳动力阳光工程培训1590人，农民创业培训80人，培育有文化、懂技术、会经营的新型农民。支持农民“立足本土找出路，围绕主业求发展”，积极倡导外出农民返乡创业，走出了一条以转移促创业，以就业带增收的农村发展道路。

（四）搭建平台，高效率发挥人才在新农村建设中作用。加快创业载体建设，通过建立专业合作社、扶持龙头企业和建设农业科技示范园等形式，为人才发挥用武之地搭建舞台。一是发挥人才在科技传播、技术推广上的作用。几年来通过各类人才在主导产业发展及农产品经营中发挥作用，带动蔬菜13万多亩，创办农业生产加工企业20多个。二是发挥人才在引领创业、带动致富上的作用。两年来，通过培养的农村经营能手，向省内外输出有一技之长的各类农民2000多人。同时依托产业带头人，发挥实用人才技术优势，带动农民办厂创业。三是发挥人才在发展农业产业化上的作用。支持人才带头创办专业合作组织，目前全县已登记注册农民专业合作经济组织651家，培育农村经纪人1310多人，带动农业产业化规模基地181万亩，规模养殖场33个。

（五）规范管理，高品位保证农村实用人才培养质量。一是对培训项目实行合同管理。项目领导小组与培训机构签订培训目标合同，坚持定期检查，及时纠正问题。二是对培训资金进行严格审计。在资金管理上严格按照相关规定，规范管理，严格审计，确保有限资金发挥最大作用。三是对培训人员实行分类登记，建立了实用人才数据库。

## 二、我县加强农村实用人才队伍建设的成效

（一）通过培养农村实用人才，加速了我县农业科技成果转化，促进了农

业科技创新。一是农业实用技术得到了掌握。二是先进设施开始应用。三是高产优质品种得到广泛利用，高效种养模式得到普及推广。近几年来结合农村实用人才培养工作的深入开展，我县在农业新品种、新技术、新机具、测土配方施肥、病虫害综合防治、农业环境污染监控、农产品质量安全保障等多方面广泛开展课题攻关，解决了农业生产中的一些技术性难题。

（二）通过培养农村实用人才，增强了我县农民依靠科教兴农的责任意识。通过培训，广大农民对科学技术是第一生产力有了切身感受，增强了他们发展农业生产、依靠科技致富的信心与责任意识。

（三）通过培养农村实用人才，提高了我县农业生产的组织化程度。通过发展多层次、多领域、多形式的农民专业合作组织，吸引一大批农村能人、专业大户加入，共同规避风险，实现了小生产与大县场的有效对接，农民的组织化程度得到提高。

（四）通过培养农村实用人才，推动了我县农业和农村经济的健康发展。

## 三、我县农村实用人才队伍建设中存在的主要问题

（一）队伍现状令人堪忧。目前全县累计培养农村实用人才 2997 人，仅占农村人口的 1.2%，其中种养人才 1239 人、占 41.3%；农村合作经济组织人才 625 人、占 20.9%；农村生产生活性服务人才 453 人，占 15.1%；农村创业人才 273 人，占 9.1%；农村能工巧匠 407 人，占 13.6%。

（二）结构不合理。目前农村实用人才的年龄普遍偏大，文化程度不高，接受新知识能力较差。

（三）培训程序乱。对实用人才培训缺乏整体规划，培训工作比较无序，培训资源没有整合，既有涉农部门组织的培训，又有各种协会组织的培训，各类培训相互交叉，造成培训资源浪费。

（四）培训经费不足。县级投入不足，乡村级无经费，农民自身舍不得投入，导致培训无场所、无基地、无设备，严重制约了农村实用人才科技培训工作的正常、有序开展。

（五）基层科技网络不够健全。部分乡镇虽开展培训，但培训活动的科技含量低，影响到农村实用人才科技培训的质量。

（六）培训内容针对性不强。由于实用人才技术种类繁多，集中教育培训的课程设置受到影响，专业培训的设置还停留在种植、养殖等大众化项目上，没有根据行业和农事生产季节需求开展，特别是对企业经营管理、信息技术等方面知识培训不够，不能完全适应实用人才培训需要。

## 四、农村实用人才队伍建设工作重点

一是以提高素质。优化结构，激活存量，扩大总量，完善机制为重点，进一步整合教育培训资源，完善教育培训网络，着力培养一大批高学历、懂技术、善经营、会管理的致富带头人；二是以繁荣农村经济为重点，扩大规模，优化结构，使农村实用人才总量大幅度增加，结构日趋合理，素质不断增强；实用人才的培养、服务、评价、激励机制更加健全，配套措施更加完善，基本建立与全县农村经济发展相适应的农村实用人才队伍和培养体系；三是更新创业理念、增强创业意识、掌握创业技能，提高创业能力，促进农村创业人才提高经营水平、扩大经营规模、领办合作经济组织、创办农业企业，带动更多人就业，促进农业增效、农民增收。

**作者简介：**

苗云年，男，1963 年 5 月出生，中共党员。现任黑龙江省甘南县农业局局长。

# 深入贯彻“以劳富农”指导方针 农村劳动力转移常抓不懈

黑龙江省肇源县农业局　李全武　臧玉铭

2012年，肇源县农村劳动力转移工作在县委、县政府的正确领导下，在省市主管部门的业务指导下，紧紧围绕“稳外输、扩内转、强创业、提素质”指导方针，努力开展工作。经过一年来的工作，肇源县农村劳动力转移工作全面登上了一个新的台阶。

## 一、2012年农村劳转工作简要回顾

（一）县劳转办会同县人才中心、县妇联和团县委等部门，在3月份成功举办了新春用工大集。招聘会上，省内外有共计30多家用工单位现场发布了用工信息，近200人到场应聘。肇源县胖刘火锅城，庆客隆超市肇源分店，大庆鸿谷林汽车销售有限公司，罗姆斯制衣有限责任公司，文国冷冻厂，北国米业集团等单位都在对接现场招到了满意的人员。

（二）按照全省农村劳动力转移工作总体思路：深入贯彻“以劳富农”的指导方针，“稳外输、扩内转、强创业、提素质”。肇源县农村劳动力转移办公室2012年在“稳外输”上，积极同省内外几个输出比较集中的基地保持着经常性的联系与沟通，逢年过节都会同他们电话往来，了解工作和生活情况，他们回家探亲时，都会通过座谈茶话等形式掌握他们的思想变化，发展好的鼓励他们多带出家乡的子弟共同致富。在“扩内传”上，我们紧紧围绕县政府提出的“大力发展现代化大农业”指导方针，组织培训学校对农村适龄青年接受棚室生产方面的知识学习，从东北农业大学、八一农垦大学等高校高薪聘请教授，实地深入到田间和农户家中现场教学。经过培训，这批农民学员全部充实到了我县棚室生产第一线，并在不断的实践中成为行家里手，真正实现了守家赚钱两不误。在“强创业”上，自2010年肇源县开展创业培训以来，已经顺利完成180名农民创业培训工作，并全部通过了省劳转办会同第三方的检查验收。2012年，我们一边对前两年创业培训班学员近况，进行了回访；另一方面，在全县范围内开展了创业招生的宣传工作。我们把创

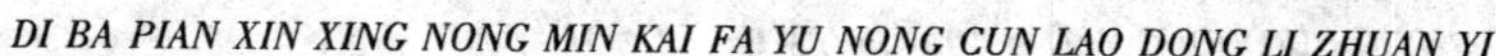

业培训的成功典型事迹做成宣传单，发放到农民手中，让这些普通农民身边有能看得见，摸得着的创业成功实例，鼓舞、教育和感召更多的农村有志青年走上创业致富道路。2012 年，按照省里分配的任务指标，我们培训了 80 名创业人员，都发展比较好。

（三）对上“三争”工作。劳转办 2012 年县里下达的任务指标是 80 万元。对上三争就农民工培训阳光工程一项。2012 年，我们通过项目申报和积极争取。省里给我县农民工培训任务指标 3200 人，创业培训指标 80 人。我们已经按要求由技工学校、职业高中和农机驾驶员培训学校培训完成。3200 名农民技能性培训补贴资金 89 万元和 80 名农民创业培训补贴资金 20 万元，两项共计 109 万元项目资金已经全部到我县财政，待县领导审核后下拨到培训学校。

（四）深入村屯开展调研。2012 年，我们借助省、市领导来肇源调研契机，多次组织机关干部深入到村屯和农户家中，通过座谈等形式开展调研。2012 年我们共深入到 25 个村面对面地同村干部和村民代表座谈，询问和了解农民目前的生活状况和务工需求，并通过他们，对从我县农村出去的成功人士近况及其家庭生活现状做了详细的了解和掌握。还客观听取了农民朋友对我们农村劳转及培训工作所提出的意见和建议，便于我们在今后的工作中好的经验做法继续发扬，不好的要及时克服和改进。

（五）为市劳转办回访全市在外务工群体提供积极配合。肇源县为这次市劳转办会同市电视台回访共提供了五个典型。在国外成功农民典型张其祥；在上海和广州发展减肥瘦身典型周成；肇源县第一个农民段长现在是农民企业家满守春；大庆金帆国宴楼农民老板杨清忠；大连大孤山肇源从事深海养殖和打捞群体。

通过一年的共同努力，肇源县农村劳转工作取得了全面胜利。2012 年，共转移农村劳动力 130220 人，实现劳务收入 14. 5 亿元。开展技能性培训农民工 3200 人，引导性培训 5000 人，创业培训 80 人。成绩得到了省市领导的肯定，在全省百名农民创业之星和百个农民创业示范基地评比中，肇源县三站万头猪场厂长马君和福兴乡复兴村杨学明获得了殊荣。另外，劳转办主任王金山同志被推荐为全省农业系统先进个人候选人。

## 二、2013 年工作打算

一是借助大庆市农民工回访专题片播放，在我县掀起劳转工作新高潮。支持外传，鼓励内传，动员参加培训。

二是围绕“大农机、大水利、大科技和大合作”，把培训向这些领域扩展，培训出一批技术性人才，充实到高效农业生产中去，促进农业增效农民增收。

三是多深入村屯，开展调研。及时发现农民对转移务工的基本动向，及时调整工作思路，变被动为主动，创新工作方式。

四是宣传工作要常抓不懈。通过广播，电视和报纸，对农民身边的转移成功人和典型事，进行广泛宣传和报道，让广大农民朋友继续接触劳转，认识劳转，了解劳转，进而参与劳转。

五是争先创优完成省市县各级领导交办的各项临时性工作任务。

# 壮大农业科技人才队伍 健全农业科技人才队伍管理机制

贵州省台江县农业局　欧成中　熊庭东

农业依靠科技，科技必须依靠人才。台江县作为一个典型的农业大县，农业科技人才的规模水平，素质高低决定着全县农业的发展水平、农村的经济状况、农民的富裕程度。近年来，全县广大农业科技工作者，紧紧围绕全县农业生产和产业结构战略性调整，大力开展农业新技术、新品种的引进、试验、示范推广工作，实现了农技推广与科技服务的双丰收。特别是在建设社会主义新农村、发展现代农业、全面建设小康社会的关键时期，农业科技人才在保证全县粮（油）总产持续稳定增长、农业结构调整、促进农民增收等方面做出了重要贡献。

## 一、全县农业科技人才队伍建设现状

### （一）农业科技人才队伍现状

据统计，全县农业系统总编制是152人（含乡镇农业服务中心），空缺编制数19人，现有干部职工133人，其中管理干部45人，占总数的33.8%，专业技术人员82人，占总数的61.6%，工勤人员6人，占总数的4.5%。专业技术人员所占比例大大低于国家要求80%的近19个百分点。而实质从事种植业的专业技术人员只有县农技站、果蔬站、种子站、植保站、土肥站、农广校6个单位及8个乡镇农服中心，不足63人，仅占总数的47.3%。在现有干部职工133人中，35岁以下11人，占总人数的8.2%；36～44岁58人，占总人数的43.6%；45～54岁的52人，占总人数的39.1%；55岁以上12人，占总人数的9.0%；正高级职称0人，副高级职称3人，农艺师、兽医师等33人，助理农艺师48人。文化程度，硕士的2人，占总人数的1.5%；本科的27人，占总人数的20.3%；大专的58人，占总人数的43.6%；中专及以下的17人，占总人数的12.7%。乡镇农业科技专业技术人员虽有一定编制，但自从乡镇机构改革后，农业科技推广体系划归乡镇管理，从事农技推广工作的人员人事权由乡镇管，乡镇工作变成了他们的主要工作，且全都围绕乡政府的中心工作驻村去了，已名存实亡。全县农业科技人才队伍明显呈“老、少、弱”现状，与保障粮食安全、特色产业的发展极不协调，全县农业科技成果转化明显滞后其他县市。

**（二）我县农业系统紧缺急需人才情况**

因受人员编制和人员变动的影响，目前，我县农业系统科技人才队伍人员缺口 24 人，其中，乡镇农业技术服务中心急需农业技术推广人员 10 人，县畜牧办缺动物疾控专业人员 3 人，动物监督管理所缺 3 人，县农机办缺农机监理人员 3 人，农产品安全检测站缺专业检测人员 2 人，土肥站缺专业技术人员 2 人，农经站缺专业技术人员 1 人。2014 年计划招考或引进人才 15 人，力争到 2014 年每万名农业人口由现在的 5 名农业科技人员增加到 6 名，农业技术推广人才与农业人口的比例由现在的 1∶2000 上升到 1∶1800；2020 年每万名农业人口由现在的 5 名农业科技人员增加到 10 名；农业技术推广人才与农业人口的比例由现在的 1∶2000 上升到 1∶1500。

## 二、农业科技人才队伍建设存在的主要问题

**（一）机制不活，人才流失严重**

台江县的农业系统普遍存在人才流失现象，县农业局的 67 个专业技术人员编制，只有 55 个专业技术人员，补充进来的人员全部为非专业人才，长期占据专业编制和专业岗位，造成专业技术机构缺乏专业技术人员。县农业局行政编制是 7 个，领导职务 6 人，非领导职务的有 14 人（其中主任科员 4 人，副主任科员 10 人），严重超编，非领导职务人员占据了专业技术人员的编制，没有空缺编制招进新人，5 年来，县农业局未招进 1 个专业人才。同时，农业科技人员“在编不在岗”现象在县农业系统不同程度地存在，乡镇则较普遍地存在“在编不履职”的现象。近年来农业局招进的专业技术人员，一些年轻有为的专业技术人才来后又被县委、县政府借调走或面对其他部门工资收入高、工作和生活条件优越等各种诱惑，纷纷“跳槽”转行。乡镇与局机关的人才交流调动权受“三权”下放到乡镇制约，想调到局机关屡屡受阻，但“跳槽”转行的渠道却畅通无阻，造成人才流失严重。

**（二）结构不合，人才布局不科学**

目前，台江县的农业科技人员中 70% 的集中在县上，具有高级职称的农业人才都集中在县农业局，乡镇级没有一人，基层农业技术推广人才明显不足。这种结构，与农技人员布局分配比例上客观要求的“上少下多”正好相反。加之，基层农技人员受乡镇管理，上级业务部门没有选人用人的自主权，

使许多农业技术人员不能发挥自己的专业特长。一方面造成多数人员浮在上边无用武之地；另一方面基层技术推广人员不足或推广工作无人管。就技术人员覆盖而言，全县平均2000亩耕地才拥有1名农业技术人员，每万人中才有5个农业专业技术人员，每一名农业技术人员要指导2000多名农民，农业人才数量极少，与现代农业发展对人才的需求很不相适应。

**（三）人才老化，人才出现断层**

由于机构改革、人员精减、编制控制等因素的影响，全县现有农业专业技术人员平均年龄在40岁以上，年龄老化，学历偏低，知识更新缓慢，新生力量充实不足等现象比较严重，加之近十年来农技推广部门几乎没有分配新的农业大专院校毕业生，新的农业人才没有得到补充，中青年人才严重短缺，农村实用人才青黄不接，出现了人才断档，也导致了农业技术人员整体素质偏低，不能适应新形势下农业生产发展和广大农民群众的需要。

**（四）知识偏低，技术推广乏力**

尽管全县有82名农技人员，但有相当一部分实践经验不足，技术推广和实际操作能力不强，推广工作只停留在发发资料、讲讲课的层面，真正有较强的经验和操作能力的实用型人才没有几个，特别是对农业产业结构的调整，高新农业技术的应用，农业产业化建设等新的农业科技领域更是能力欠缺。特别值得重视的是，由于年龄到要退休，具有丰富实践经验的“专家型人才”和具有较高理论和较好实践基础的“专业拔尖型人才”数量正在不断下降。这些问题和现象的存在，已从不同的角度和不同层面，不同程度地影响了农业科技的推广应用和农村科学技术的普及，影响和制约着科技人员积极性、创造性的发挥。

**（五）机制不活，缺乏创新精神**

受课题研究经费短缺和正常办公经费预算的压缩影响，下基层搞科研攻关和农技推广的力度受到削弱，没有健全完善的专业技术人才激励机制，多数专业技术人员的干事创业热情没有被激发出来，不少专业技术人员之所以坚持下来，无非就是混口饭吃，混个职称提升工资罢了，做一天和尚撞一天钟，出工不出力。想搞点专业研究的专业技术人员，苦于没有资金的支持和激励政策做保障，所以冒险精神荡然无存，闯劲不足，更不要说技术创新了。

## 三、农业科技人才队伍建设的建议和对策

**（一）壮大农业科技人才队伍**

一是要把部门的农业技术人才“沉”下去。县直部门的农业技术人才总

量相对较多，且有一定的技术水平，更有在实践中研究解决问题的便利条件，应多下到乡村组具体指导，充分利用人才资源做到才尽其用。二是要把外地优秀人才“引”进来。由农口各部门分别牵头，通过聘用制、合作、咨询等多种形式，因地制宜地引进、吸收和培训一批县内农业专家和高科技人才，提升和带动农业科技队伍的整体实力和综合影响力。

**（二）提高农业科技人才业务水平**

一方面是设立科技人才再教育基金，分期分批抓好现有科技人员的继续教育，更新他们的知识结构，提高服务水平。另一方面是“走出去”，通过带资学习、赴外锻炼、项目参研等以实践为主的培训形式，提高现有科技人员的专业操作能力。再一方面是完善培育机制，提高农村实用人才素质。要进一步建立健全农村实用人才培养机制，采取多种形式在农村开展实用技术培训，充分发挥农民工就业培训基地、农广校、农校、职业高中等培训资源的主导作用，承担“阳光工程”培训任务，在全县范围内开展农村劳动力引导性培训和职业技能培训，以“订单培训”、“合同培训”和“定向培训”为重点，使农村实用人才不断更新、充实和深化，进一步提高农村实用人才整体素质。

**（三）健全农业科技人才队伍管理机制**

尽快出台我县农业推广机构改革方案，科学确定县乡科技人员编制布局，合理设置农口部门科技人员岗位和数量，落实农业技术推广人员编制，实行“公开岗位、公开选聘、公开报名、公开考试、公开聘用”等程序择优聘用，竞争上岗，实行编制实名制管理。编制一经核定，应专编专用，不得挤占和挪用，并禁止科技人才行业外流动。同时减少非专业技术人员在农口部门的比例。推行上岗人员绩效考核制和动态管理模式，能者上庸者下。同时，上级农业部门要把中、高级职称职数下放到基层，增加基层中、高级职称职数，确保分配比例达到“上少下多”的要求。

# 大力培育新型职业农民<br>全面推进农业现代化进程

陕西省佛坪县农业局　曹德军

职业农民是在传统农业向现代农业发展过程中孕育而生的新型职业群体，具备“以农业为职业、拥有一定的资源资料、具有一定的专业技能、有一定的资金投入能力、收入主要来源于农业”5大特征，具有独立性、自主性、能动性、开放性和创造性等特点。这些有科技素质、有职业技能、有经营能力的高素质劳动力是发展现代农业的主力军，农民增收的先行者，农业产业化的引领者，农业农村先进技术的示范者。因此，加快培育新型职业农民，提高农业规模生产经营者的综合素质、生产技能和经营能力，可以促进现代农业生产经营主体的快速形成，推进专业化、标准化、规模化和集约化的现代农业发展，可以吸引和留下一批爱农、懂农、务农的农业后继者，实现我县农业和农村经济可持续发展。

## 一、佛坪县基本情况

佛坪县地处秦岭南麓，是传统的农业县，属山区林业大县，森林覆盖率高达87%。全县辖8镇，1个城区居委会，59个行政村，264个村民小组。全县有农户7454户，农业人口25628人。农村集体农用地1048551亩，其中：耕地32160亩，家庭承包耕地31735亩，农民人均纯收入6176.00元，有农业劳动力13134个，常年外出务工人员4431人。农业生产已逐步形成山茱萸、生猪、板栗三大主导产业和中蜂、食用菌、魔芋、特种养殖等区域优势产业发展格局。为深入贯彻中央一号文件精神，大力培育现代农业生产经营主体，加快形成门类齐全、素质优良、结构合理的职业农民队伍，我县已逐步培养了一批适度规模生产经营大户、农业专业合作社带头人和农业专业化社会服务型人才，为新型职业农民培育奠定了良好的基础。截至2013年，全县发展适度规模种植大户200余户，畜牧养殖大户300余户；全县登记注册农民专业合作社51家，农民成员总数达到761人，共带动非成员农户6073户走上致富路，约占全县农户数量的77.8%；发展社会服务型防疫员、植保员、农机手和信息员150余人。

## 二、现代职业农民培育存在的问题

我县职业农民培育方面有着很大的发展潜力，但也存在一些问题。一是发展不均衡。根据调查分析，我县现有职业农民队伍存在高龄老化，文化素质偏低等问题；职业农民之间的技术和管理水平差距较大，部分农村实用人才和带头人素质较高，可以说他们已经真正成为职业农民，而部分农（林、渔）业种、养大户只参加过专业技术培训，距高标准要求的职业农民还有一定差距。二是拔尖人才缺乏。现有的职业农民大多数是种植、养殖方面的能手，而经营方面的人才还不多，整体素质不高，难以满足我县农业和农村经济快速发展对高级人才的需求。三是培育机制需优化。我县农村实用人才队伍建设还不能适应现代农业发展的需要，潜在人才资源有待挖掘。现行的农村实用人才制度、职业农民培育制度还不完善，需要建立相应的职业农民培育机制，造就一批新型职业农民队伍，使其成为农业和农村经济发展中新一代的农村致富带头人，成为留得住、用得上的乡土人才。

## 三、加快培育新型职业农民的建议

### （一）统一思想，充分认识培育新型职业农民的重要性和迫切性

建设社会主义新农村，发展现代农业的出路靠科技、关键在农民，要使现代科技发挥出应有的效力，必须培养一支年富力强，有文化、懂技术、会管理的现代职业农民队伍。各级政府要把职业农民培育工作列入当地经济和社会发展的重要工作内容，作为新农村建设的一项具体考核内容。建立职业农民培育实施领导小组，统筹协调职业农民培育工作。要建立健全有关工作制度，加强职业农民教育培训经费使用的监督管理，确保经费的合理安排和使用。

### （二）统筹规划，全面提高职业农民队伍的素质

一要认真规划，全面推进职业农民的职业技能培训。从调查研究入手，全面了解我县职业农民在农业产业的分布和构成情况，了解农民培训需求和市场需求，制定中长期教育培训规划和年度计划，做到因地制宜、因需施教，使每个受训职业农民都能学到一技之长和取得相应专业的职业资格证书。二要整合资源，努力提高职业农民教育与培训质量。要把职业农民培育与农村劳动力培训、农村党员干部远程教育、“阳光工程”等培训工作有机结合，整

合各方面的培训资源，不断拓展职业农民培育的广度和深度。三要以“有文化、懂技术、会经营、善管理”为目标，在“理论授课、基地实训”等培育方式的基础上，重点抓好以种养大户、家庭农场经营者、青壮年农民的教育培育。在培育内容上，农业产业带头人突出创业规划、市场营销、经营管理、政策法规、产品质量、职业道德等培训内容，促使他们掌握创业方法，提升创业能力，率先成为职业农民，并发挥其示范带动作用。对专业服务人员重点开展知识技能提升培训，使其掌握新技术、更新理念，提高对农业科技成果吸纳、承接和转化的应用动力，使之逐步转化为职业农民。对基层一线的生产能人，主要围绕新品种、新技术、农产品初加工、产品质量安全和生态保护等知识的培训，不断提高从业水平和生产能力，使之锻炼成长为职业农民。

**（三）突出重点，职业农民教育培训要“接地气”**

培养新型职业农民，应以满足现代农业发展对农业农村人才的需求为出发点，应立足我国现代农业产业布局和各地农业发展实际，将培养内容与地方主导产业紧密结合，围绕各地现代农业发展急需的关键技术、经营管理知识及市场信息等开展教育培训，同时开展思想道德和文化素质培养，全面提高农民综合素质。还应结合农业生产特点、农民教育规律和学习特点，采取送教下乡、教师进村等农民易于接受的方式，把教育培训办进农村、办进田间、办进合作社和农业企业，实现就地就近培养，农民需要什么学什么，实现不离乡不离土，方便、快捷地让农民接受教育培训。

**（四）加大投入，推进职业农民发展壮大**

近年来，国家对农业基础设施建设的投入不断增加，推进了农业现代化的发展。但是，目前我县的发展水平还处于农业现代化的初级阶段，因此必须进一步加大政府财政在农业基础设施建设上的投入，增加政府财政资金对发展农业产业化的扶持。要把培育新型职业农民放在三农工作的突出位置，坚持“政府主导、农民主体、需求导向、综合配套”的原则，采取更加有力的措施加以推动落实，培养和稳定现代农业生产经营者队伍，壮大新型生产经营主体。各级政府要大力鼓励、支持大中专院校毕业生回乡创办农业产业，特别是在创业初期的资金投入上重点加以扶持。

# 创新体制机制　规范管理服务<br>全力推进农村土地承包经营权有序流转

甘肃省天水市农村经济管理站　李雪艳

天水市位于甘肃省东南部，东临陕西省宝鸡市，南靠陇南市，西与定西市毗邻，北与平凉市接壤，是陇东南交通枢纽和物流中心，也是国家规划建设的关中—天水经济区次核心城市。辖秦州、麦积两区和武山、甘谷、秦安、清水、张家川回族自治县五县及天水经济技术开发区，总面积 1.43 万平方公里，总人口 370 万，年平均气温 11℃，正常年景降水量 570 毫米左右，海拔 700 ~ 2100 米。天水市是农业大市，农业人口占全市总人口的 83%。近年来，我市不断深化农村改革，坚持把推进农村土地有序流转作为转变农业发展方式，加快建设现代农业，促进农民增收的关键措施来抓，积极探索实践，创新运行机制，加大扶持力度，加强指导服务，有效促进了全市农村产业结构调整和农村土地规模化经营。截至目前，全市土地流转面积达 54.3 万亩，占家庭承包经营耕地总面积的 9.9%，其中土地流转规模经营面积达 31.7 万亩，占流转总面积的 58.4%。呈现出流转速度不断加快，流转规模逐步扩大，流转形式灵活多样，流转行为趋于规范的特点。

## 一、加强组织领导，保障土地流转

市委、市政府高度重视农村土地流转工作，市、县两级均成立了农村土地流转工作领导小组，市上先后召开了全市农村土地承包经营权流转工作现场会、土地流转暨规模建园现场会，对土地流转工作进行了专题研究和安排部署，要求各级党委、政府要把农村土地流转作为发展现代农业的重要抓手，强化政策宣传、出台优惠政策、总结推广经验、坚持规范管理，着力推进农村土地健康快速流转。市、县农业部门在坚持农民自愿原则的前提下，把农村土地流转工作纳入目标管理责任书考核内容，每年进行目标责任考核。

## 二、制定政策措施，推动土地流转

市政府相继出台了《天水市农村土地承包经营权流转管理实施办法》、

《关于进一步加快农村土地承包经营权流转促进农业规模经营的意见》等政策文件，对流转行为、扶持政策等进一步明确和细化，市级财政每年安排专项资金，用于土地流转服务体系、土地流转市场建设、规模经营主体的以奖代补和宣传培训等。各县区也制定出台了加快农村土地流转奖励扶持政策，列专项资金对流转面积达到一定规模，流转期限达到一定标准，签订了规范的土地流转合同的规模经营主体给予扶持奖励。市、县两级财政2012年用于扶持土地流转的资金达3400多万元，极大地推动了全市土地流转特别是规模土地流转的快速发展。

## 三、健全服务体系，促进土地流转

我市把建立健全农村土地流转服务体系作为推进农村土地有序流转的关键，组建机构，健全制度，确定人员，明确职责，初步形成了市、县有服务中心、乡镇有服务站、村有服务点的四级土地流转服务体系，重点开展土地流转的管理指导、供求登记、合同签定及鉴证、咨询评估、纠纷调处等服务。截至目前，市级及7个县区均成立了农村土地流转服务中心，114个乡镇成立了土地流转服务站，实现了市、县、乡三级土地流转服务机构全覆盖，1543个村成立了土地流转服务点，占全市总村数的61.9%，基本形成了市、县有服务中心，乡镇有服务站，村有服务点的土地流转服务体系。麦积区于2008年率先成立了全省首家农村土地流转服务中心，以此为依托建立了土地流转交易市场，为土地流转提供周到服务和规范管理。

## 四、开展试点示范，带动土地流转

按照依法、自愿、有偿的原则，采取先行试点、树立典型、示范带动、群众自愿的方式积极推进全市农村土地规范有序流转。各县区每年确定一批乡镇开展农村土地流转试点，通过培育经营主体、制定优惠政策、完善管理服务等一系列有效措施，鼓励和扶持了一大批龙头企业、种养大户、合作社和农户参与到土地流转中，探索和总结出了以山东威龙集团、新民种植专业合作社、种植大户为代表的龙头企业拉动、合作社推动、专业大户带动等多种土地流转模式和以宇龙果品专业合作社为代表的“土地变股权、农户变股东、收益靠分红”的股份合作方式，并在全市进行推广。通过试点示范，建成了三阳川万亩鲜食葡萄、南山万亩花牛苹果、西灵山万亩优质核桃、渭河川道区蔬菜、甘谷渭阳标准化养殖示范园等万亩以上土地流转示范点12个，千亩以上示范点60个。

**（一）强化管理服务，规范土地流转**

我市不断强化管理与服务，一手抓发展，一手抓规范，指导各县区建立健全信息发布、备案登记、政策咨询、合同管理、合同鉴证、档案管理6项工作制度。全面推行了省上统一规范的流转合同文本，严把土地流转对象核实、合同签订程序、合同内容完备“三关”，形成了流转双方有合同、村有台账、乡有档案、县区有备案登记的“四有”管理体系，进一步规范了流转行为。建立了市、县、乡、村四级农村土地流转信息报送制度，每月逐级上报供求信息和流转工作动态，通过天水在线网和天水农业信息网等网络平台及时向外界发布，畅通了土地流转渠道，降低了土地流转交易成本，提高了土地流转效益。

**（二）构建调处机制，助推土地流转**

《农村土地承包经营纠纷调解仲裁法》颁布实施后，我市各县区均建立健全了农村土地承包仲裁机构和各项工作制度，依法开展调解仲裁工作，规范和完善仲裁委员会的章程以及仲裁委员会会议制度、仲裁员培训制度、案件合议制度、档案文书管理等各项工作制度。全市7个县区全部成立了农村土地承包仲裁委员会，设立了仲裁庭，选聘仲裁员169人，全部乡镇成立农村土地承包纠纷调解委员会，1431个村成立了土地承包纠纷调解小组，有效化解了农村土地承包经营和流转中的矛盾纠纷。2010年以来，全市共受理农村土地承包及流转纠纷426件，全部得到妥善解决，为维护农村社会和谐稳定发挥了积极作用。

随着我市农村土地流转的不断深入，对农业农村经济的发展起到了极大的推动作用。促进了农业产业化发展，实现了规模化经营，初步形成了“一基地一产业”的格局；吸引了社会资金向农村回流，仅麦积区3年内吸纳社会各类资金2亿多元投入到农业产业化经营，有效缓解了农业投入不足、资金短缺的难题；促进了农村劳动力转移，增加了农民收入，全市通过土地流转每年有12万人外出务工、经商，有效拓宽了农民增收渠道。

尽管我们在农村土地流转方面做了一定的工作，取得了一定成效，但与农业农村经济发展的新形势、新要求相比，还有一定差距，也存在一些问题。流转规模偏小。全市流转总量仅占全省672万亩的8%，流转率还低于全国21.25%和全省14%的平均水平。服务体系职能发挥不充分。市、县、乡、村农村土地流转服务体系缺乏资金扶持，全部与经管站合署办公，实行两块牌子一套人马，无专门的办公场所和专职工作人员，职能发挥不充分。流转行为还有待进一步规范。有的土地流转是通过私下口头协议进行的，没有签订书面合同，有的即使签订了合同，但内容、程序不够规范。还存在着以村组名义直接和投资业主签订土地流转合同、流转期限超过二轮承包剩余期限等违反法律政策及合同鉴证不规范的现象。

今后，我们将认真贯彻落实党的十八大和中央1号文件精神，把土地流转作为发展现代农业、转变农业发展方式的重要举措来抓，着力构建加快农村土地流转的长效机制，加快完善土地流转服务体系，切实加强土地流转管理和服务，不断加大政策引导和扶持力度，推动全市农村土地流转向更深、更高层次发展。力争通过4年的努力，全市土地流转面积达到100万亩以上，规模经营面积达50万亩以上，实现市、县、乡、村四级土地流转服务机构全覆盖，全面提升农村土地规模经营和农业产业化经营水平，促进农业生产经营的集约化、专业化、组织化和社会化，加速推进传统农业向现代农业转变。

**作者简介：**

李雪艳，女，汉族，1977年出生，本科学历，农经师。现任甘肃省天水市农村经济管理站副站长。

# 第七章　加快特色农业发展 增强农村发展活力

## 有效提高粮食生产能力　确保粮食生产安全

河北省满城县农业局　杜宏伟　葛福顺　张金河

### 一、农业现状

满城县位于太行山东麓，地处北京、天津、石家庄金三角中心。是典型的农业县，属全国商品粮基地县之一。全县辖5镇6乡，183个行政村，总人口39.02万，现有耕地面积35.10万亩，其中水浇地31.7万亩，旱地3.40万亩。粮食生产是满城县农业的传统产业和支柱产业，全县粮食常年播种面积42.6万亩左右，总产稳定在17.1万吨左右。其中小麦面积19万亩左右，总产7.6万吨左右。县委、县政府历来高度重视农业生产尤其是粮食生产，粮食产量和质量一直处于全省先进行列。2013年我县更是把粮食生产作为工作的重中之重来抓，认真落实国家扶持粮食生产的政策，稳定粮食播种面积，推广优良品种和先进适用生产技术，有效提高粮食生产能力，确保粮食生产安全。2013年全县粮食面积42.7万亩，其中小麦播种面积19.17万亩，玉米20.3万亩，其他旱杂粮3.23万亩。

### 二、面临问题

满城县粮食生产虽然取得了可喜成绩，但在发展粮食生产的过程中也遇到一些困难和问题，主要有：

1. 粮食生产效益比较低下，种粮积极性下降

2013年3月23～29日，我们对方顺桥、于家庄、南韩村、要庄、神星、刘家台等6个乡镇24个村的100户农户进行了走访调查，调查结果如下：粮食种植513.4亩。其中小麦237.4亩，玉米251.1亩，薯类21.3亩，大豆2.4亩，其他杂粮1.2亩。小麦总产97.63吨，亩均单产411.2公斤。按2012年平均市场价2.06元/公斤计算，平均亩产值847.07元。较种草莓亩产值11320元低10472.93元，较种棉亩平产值1934.8元低了1087.73元。有农户给我们算了一下2013年种植1亩小麦的成本约692.5元。那么种植1亩小麦按此成本和产值（847.07元）计算，实际每亩收益154.57元。农民辛苦一年，除去生产成本后所剩无几，极大地扼杀了农民种粮积极性。

2. 农资涨价过快，超过农民承受力

2013年春节后，肥料、农药等农资及水电费、农机费价格猛涨，加之用工工资的提高，致使农民怨声载道，将大大削减对粮食生产的投入，不利于提高单产：

一是肥料价格涨幅太大。高含量复合肥零售价180～200元/袋，与去年同期比（以下同）上涨了10～12元，涨幅为5.3%～6.3%；钾肥为240元/袋，上涨了15元，涨幅6.4%；尿素140元/袋，上涨15元，涨幅12%。

二是农药价格大部分上涨。我县农药价格整体水平上涨6.8%左右。如草甘磷6.03元/公斤，氰戊菊酯10元/瓶，较去年同期分别上涨7.6%、4.5%。

三是由于物价上涨，带动农业用机械价格上涨，如机械翻耕均价达25～35元/亩，机械收获（小麦）70～90元/亩，小工工资达100元/天，与去年同期相比分别上涨了5.2%、12.0%和25%。

3. 农村劳动力短缺，严重制约粮食生产

目前，全县有21.76万劳动力，其中约12多万农村劳动力外出务工，这些人大部分是有能力、有文化、年富力强的劳动力。在家从事农业生产的大部分是中老年人，文化素质较低，思想比较老化，体力弱，从事科学种田力不从心；加之粮食生产劳动强度大、季节性强，农忙季节农村劳动力严重不足，精细化耕作难以保障。当前农村劳动力现状，给我县粮食新品种、新技术推广带来了严重障碍，制约了粮食生产发展。

4. 农机装备落后，缺少大型农机具，耕作水平较低

目前农民使用的农用机械大部分在30马力以下，在整地上缺少大机械，现有大机械马力不足，达不到标准化深耕深松整地要求，影响了整地的效果。

5. 农民思想老化，种田水平低，先进技术没有实施到位

部分农民仍然沿袭陈旧的耕作方式，虽然县、乡农业部门多次举办培训

班、电视技术讲座，但是有些农民就是不接受，有些应用了但是因为到位率较低，没有发挥出先进技术增产增收的作用。在推广粮食配套高产栽培技术和深耕深松整地上，有些农民就有抵触情绪，不接受。

6. 水源严重缺乏，导致小麦、玉米面积缩减

目前，我县灌溉主要是地下水。近年来，由于天气持续干旱，地下水开采严重超量，地下水位下降严重。加之农田水利设施投入不足，一旦遭遇大的自然灾害就会对粮食生产造成较大影响。虽然上级每年用于农田水利设施改造的投入逐年加大，但是仍有大多数农田水利设施年久失修，大部分沟、河、渠淤塞严重，排灌不畅，有效灌溉面积及农业综合抗灾能力逐年下降，已不能满足农业生产的需要。特别是丘陵和山区农田，灌溉水源全靠老天下雨，长期陷于“有雨就涝，无雨则旱”的恶性循环中，严重影响粮食生产。因此，我县有相当部分山、丘区粮田因缺乏水源而被迫改作旱地。

7. 地块较小，不利于机械化操作

分地到户，在单位面积产量上、调动农民积极性上确实起到了很大作用。但也存在一些弊病：地块面积小，旋耕机、播种机、小麦收割机都不愿意进去操作，嫌费工费时（半山区尤为严重）。还有草莓种植村、葡萄种植村等，因小麦种植面积少，致使小麦收割机机手嫌面积小，不愿收割。

## 三、建议

1. 加强组织领导，落实生产责任

为抓好粮食安全生产，县委县政府应成立以县长为组长的粮食生产领导小组和以分管副县长为组长的小麦、玉米高产创建活动领导小组，抓好对以小麦、玉米为主的粮食生产的组织领导。一是建立粮食生产目标责任制。县委县政府把粮食生产纳入全县目标管理考核的重要内容，县、乡、村层级签订责任书，实行行政首长负责制，确保粮食种植面积、产量等目标任务的完成。二是制订粮食生产指导计划和高产创建活动工作方案。为加强对粮食生产的指导力度，年初，由政府制订小麦、玉米生产计划，将播种面积、总产等任务逐级分解下达到各乡镇、村，实行一级抓一级，层层抓落实。三是及时召开粮食生产工作会议。我县每年要组织乡镇分管农业负责人、农技人员召开两次以上专题会议，对各阶段的粮食生产工作作出及时的安排部署。四是层层建立责任制。建立县级领导联乡、乡镇领导包村、村干部包组、党员包户的“四包”责任制，负责各项政策的落实，督促粮食生产的各项工作开展。同时，每个乡镇由农业局派驻 2 个技术干部，负责粮食生产技术指导。

2. 广泛宣传发动，营造良好氛围

每年的 3 月初，县政府要召开常务会对粮食生产进行专题研究；并及时召开全县粮食生产动员大会，全面部署粮食生产工作，乡村两级也按要求层层召开会议进行宣传发动。同时，采取电视专栏、电话语音提示、宣传资料、技术讲座和组织宣传车下乡等多种方式，适时向农户宣传中央惠农政策、种粮信息、主推品种、技术动态，做到电视有声像、电话有音讯、培训有技术、资料有典型，营造全社会重视粮食生产的舆论氛围。确保全县粮食生产面积稳中有扩、产量稳中有增、效益稳中有升。

3. 层层建立样板，掀起创建高潮

根据上级要求，结合我县实际，按照“技术人员入户、科技成果下田、技术掌握到人”的要求，认真抓好农业部和省里给满城县安排的 1 个万亩小麦高产创建示范片、2 个玉米高产创建示范片及 1 个高产创建整建乡（方顺桥镇）。同时以创建万亩高产示范片为依托，县里再建立 4 个县级千亩小麦高产示范样板和 4 个县级千亩玉米高产示范样板（县委书记、县长、主管副书记、主管副县长各一个），并且每个乡镇都要建立百亩小麦高产示范样板和百亩玉米高产示范样板各 2 个（乡镇党委书记、乡镇长各一个），产粮大村建立百亩小麦、玉米高产示范样板各一个。把粮食高产创建活动作为 2013 年及以后农村工作的重点，全面掀起高产创建高潮。通过样板示范做给农民看，带领农民干，促进我县粮食生产的大跨越、大发展。

4. 建立激励机制，推动粮食生产

一是落实惠农政策，调动和保护农民种粮积极性。县委县政府在从严规范涉农单位行政事业性收费的同时，要将减轻农民负担工作列入年度岗位责任制考核，实行“一票否决”。与此同时，还将粮食直补、良种补贴、农机补贴、农资综合补贴等各类补贴足额发放，确保中央各项惠农政策的全面落实，让农民切实感受到中央及各级政府重视农村、扶持农业和保护粮食生产的决心。二是制定奖励办法，鼓励和引导农民扩大粮食种植面积和增加粮食产量。为把扩大粮食种植面积、增加复种指数、确保粮食总产和减少撂荒耕地等工作落到实处，县政府拿出一定资金，设立“县长特别奖”，对在粮食生产中涌现的种粮大户、种粮能手、科技示范户、粮食单产状元、基层科技人员和基层农业工作者等进行大张旗鼓的奖励。充分调动方方面面的种粮积极性。

5. 开展技术服务，提高种粮水平

一是以现场会的形式开展技术培训。在小麦、玉米生产的各个关键时期，分别召开技术培训现场会，通过看现场、讲技术、发资料等形式，普及推广新技术。二是以巡回讲座的形式开展技术培训。要不定期组织农业技术人员到各乡镇村巡回开展技术讲座，组织村干部、粮食种植大户参加。三是以“进村入户”的形式开展技术培训。农业部门要派出若干个技术服务小分队，深入粮食主产乡村，与农户进行面对面的交流，宣传国家的粮食生产政策，落实粮食生产面积，传授粮食生产技术，解决他们在生产中存在的问题。四是在电视台开辟《农业科技园》专栏，定期进行技术讲座，集中解惑答疑，推广普及粮食种植新技术。

6. 加强督导检查，确保工作到位

县委县政府成立专门的粮食生产工作督导组，根据农事季节，采取明查暗访的方式，对粮食生产工作进行督查。对检查结果全县通报，并作为年终评比的依据之一。

7. 增加农业投入，确保技术推广

目前，推广经费严重不足，制约着农业新技术、新成果的推广应用。试验示范推广新技术、新品种，指导农民科学种田都需要资金。《农业法》、《农业技术推广法》均明文规定：每年农业技术推广投入不低于县财政收入的1%，而我县从1990年以来基本上没有投入过资金。加之当前农技人员知识老化，推广人员年龄偏大，技术人员结构失衡，出现断层。农业部门普遍存在既无钱养兵，又无钱打仗的困境。为此，一要加强农业投入，保障农业的“试验、示范、推广三步走”；二要吸纳农业院校的毕业生，充实到农业部门，确保农业技术推广不断层。

8. 鼓励群众土地流转，便于土地集中，有利于机械化操作

对劳动力不足、地块零碎等农户，可适当提倡土地流转，便于机械化作业。

# 增强服务意识、改进耕作方法<br>提高稻农种植收入

内蒙古自治区农牧场科学技术推广站　任生亮

食品安全是当前全社会共同关注的话题，解决农产品从农田到餐桌安全、无污染是当务之急。有机农业是农业的重要部分之一。有机农业是一个全面的生产体系，主要目标是发展适应环境、与环境和谐统一的产业。

有机农业的兴起和发展，是人类发展经济和认识自然的结果。国内外有机食品消费市场的不断扩大，为有机食品产业的经济效益提高奠定了基础。资料表明：2005 年国际市场的有机食品销售额已经达到了 500 亿美元，而且正以 20% ~30% 的速度增长，几年内将达到 1000 亿美元。欧洲计划在未来十年内有机食品达到现在的三倍达市场的 50%，北美每年以 30% 的速度发展，亚洲的有机食品市场集中在日本、韩国和东南亚。

内蒙古自治区是我国最具经济发展潜力的地区，地缘辽阔，污染少而且交通便利，水源和空气都符合有机农业的发展要求，这几年设施农业飞速发展，绿色农业也已经起步，但在认识上技术研究和应用上，产品认证和销售上都没有达到有机农业和有机食品的要求。我们需要高起点的有机农业技术，带动我区新农业的发展。

到 2015 年自治区水稻面积达 200 万亩，产量 100 万吨，稻谷加工量 95 万吨，加工率 95%，实现销售收入 50 亿元，产业的重点是获绿色、有机证书的“科尔沁”、“蒙禾”、“哲禾”“蟹岛”、“保安沼”、“天纯”、“源龙源” 等。打造我区有机大米品牌，提高市场竞争力。

海金山种牛场位于赤峰市翁牛特旗境内，已建成内蒙古首家万亩水稻机械化示范园区。万亩水稻机械化示范园区建设的重点是机械插秧、机械化育秧、节水种植和机械化收获加工。水稻总面积 16000 亩，核心面积 10000 亩，辐射面积 6000 亩，2011 年稻谷产量达到 880 万公斤。

## 一、解放劳动力，实行机械化插秧

自本世纪以来，水稻生产全程机械化解决较好的环节仅限于机械整地、收获等。而作为用工量大、劳动强度高的插秧环节主要还是采用人工插秧，由此看来，只有打破水稻插秧机械化这个“瓶颈”，才能实现水稻全程机械化，才能实现真正意义上的农业现代化。

随着农村经济的发展，越来越多的农村劳动力从土地上转移到二、三产业或从事亦工亦农的多种经营活动。机械插秧的发展，不但是个技术问题，也是一个经济问题，最重要的是实施主体能否接受，有没有效益。机械插秧之所以需要加大推广力度，是因为它既能降低劳动强度，还能节约生产成本，经济效益明显。一是增产。一般增产5%以上；二是适时插秧。可延长水稻生长期，避免人工插秧“秧等人”的弊端；三是提高工作效率。一般比人工插秧提高功效10倍以上；四是节省秧田。机插秧田面积是手插秧田的二分之一左右；五是每亩提高效益在190元左右。其中：每亩增产提高110元，插秧费减少80元（插秧机按15年折旧）；六是水稻生产实行全程机械化后，到2011年已达到8600亩，机插率为53.1%，远远高于全国机插平均的23%。

## 二、投放与争取补助资金，大力推广机械化育秧技术

育秧是机械插秧的核心技术，因为插秧机是采取机械针抓插的方式进行插秧，对秧苗的技术要求非常高，不仅要求使用易于装卸的标准化软盘进行育秧，还对秧苗的密度、平均度以及根系盘结有着严格的要求。秧苗商品化生产，使稻农从繁杂的、难以掌握的育秧中解脱出来，本田管理中，稻农只从事操作插秧机插秧、灌水、施肥、除草、机械保植、机械收获等省工省力的农事活动。

采用中棚、小棚设施的工厂化育秧。相比常规育苗：一是增加积温，可种植比常规种植早5~7天的品种；二是棚温比较恒定；三是育秧时方便播种、覆土、喷灌等机械作业；四是改善作业条件，减轻劳动强度，作业时不受气候限制；五是减少秧床管理费用；六是降低育秧物资成本，每亩成本降低7.4元；七是育秧结束后，可用来种植蔬菜或育肥牛羊，走循环经济之路增加收入的优点。

## 三、推广水稻节水种植

我国粳稻种植面积只有水稻总种植面积的1/4，但由于粳米几乎100%是作为口粮直接消费的，国内外稻米市场对粳米的需求日益增长，因此，发展粳稻生产已势在必行。农场属东北粳稻稻作区，水稻种植亩纯收入在2000元

左右，高于其他作物的收益。但水稻种植面积却呈逐年下降趋势，原因中最主要的就是水源短缺，所以要确保现有水稻种植面积不再减少并适度扩大，就必须尽可能减少灌溉定额。提高水资源利用率，依靠科技进步大力发展节水种稻。

采用节水灌溉可节水 30% 以上，它同时可导致产量结构发生变化，增产 5% ~10% 。并可以克服倒伏、易发生病虫害、易早衰三大障碍，且实现稻谷品质的提高。

因此，研究合理的灌溉方式对水稻产量及品质的影响，开发水稻节水高效栽培技术，无论是对水稻生产本身，还是水资源的保护与合理利用都是极为必要的，考虑到合理利用水资源的原则，在水稻灌溉实践中再把增产和节水统一起来。

**（一）建立了水稻节水种植示范点**

采用了先进的节水设施、设备，在节水 20% 的基础上，提高了现有水稻产量和品质，用事实引导和教育了广大稻农学习效仿，提高了他们的节水理念和意识，推动了全场水稻生产发展。

**（二）在水稻节水种植示范区内平整改造现有稻田**

废除原有排水毛渠和横土梗以增加耕地面积，用塑料池埂取代排水毛渠和横土梗，使原来每亩稻田增加有效种植面积 52 平方米，提高水的利用效率。同时免去了土毛渠人工除草的劳动工序，使机械插秧和机械收获自然排除了横土梗带来的障碍，减少了操作程序同时也提高了作业速度。

**（三）改变了过去临近插秧期间集中供水整地的现状**

经过两年探索试验，采用新的整地方法：一是缩短整地时间，节约整地用水；二是提高整地效率 4 倍，减轻驾驶员劳动强度，节省油料，减少机械事故和人身伤害事故；三是提高整地的作业速度，泥浆搅动范围大，与手扶拖拉机平地相对平整度提高了 30% ，为节水种植打下基础；四是可使整地后的泥浆层变厚，增加土壤密度，阻止水稻生长土层水分下渗；五是实现稻草还田，增加土壤养分和土壤通透性，实行保护性耕作；六是省去原来手扶拖拉机水整地的人铲边工和残草捞拾工。

**（四）在缓苗期和缓苗后采取浅湿灌溉**

所谓的缺水，主要是指插秧缓苗缺水，此阶段自然降雨很少，并且干旱炎热、刮风，水蒸发量大，而在此以后的生长阶段已进入自然降雨期，缺水问题逐渐得以缓解。稻农普遍采用手插秧和平盘机插，其弱点是缓苗时间长（一般 7 ~10 天），需水量大。所以在缓苗期和缓苗后即可采取浅湿灌溉，减少了灌溉量40%，增加了土壤通透性，增加了地温，提高了分蘖率和分蘖速度。

**（五）依照水稻生长需水规律进行稻田灌溉，杜绝长期大淹溉的用水方法**

同时在水稻的不同生长期按其生长规律安装了自动控水装置，进行计量，自动控制水量大小，同时为水管部门改按亩收费为按方收费，提供计量依据，以此约束人们节水意识。

## 四、加大水稻种植培训力度，提高水稻综合防治、收获，稻谷加工机械化程度

举办水稻规范化育秧学习班、水稻机械化种植演示会。演示整个机械化育秧的流程，从种籽处理、机械育秧、本田科学管理、机械收割，让广大种植户亲身体会机械化种植的好处，加快新技术在全场地区推广的步伐。

**（一）建设稻谷仓储库与烘干及深加工**

通过稻谷烘干、改造制米工艺设备等措施，优化大米质量，采用小包装、精包装，提高大米竞争力，

**（二）试验旱稻新品种**

**（三）示范应用等离子体种籽处理技术，并且扩大处理范围，对除水稻外的其他农作物种籽进行等离子体处理**

推广先进机械化耕作技术，不仅减少了水稻种植过程中劳动力的使用，提高了劳动效率，降低了生产成本，提高了种植水稻的积极性，还为全场水稻种植起到了示范和领军的作用，为水稻种植全程机械化打下坚实的基础，同时辐射带动周边地区。

**作者简介：**

任生亮，男，1962年5月出生，大学学历，高级农艺师。现任内蒙古自治区农牧场科学技术推广站科长。

# 突出优势　大力发展蔬菜产业

四川省泸州市蔬菜管理站

在市委、市政府和省农业厅的正确领导下，全市各级农业部门紧紧围绕大力发展现代农业的总体要求，克服了特大洪水、持续低温阴雨等诸多不利因素的影响，扎实工作，全面完成各项目标任务，工作成效显著，全市蔬菜产业保持了良好、、快速健康发展，产量、产值均创历史新纪录，产业发展实现新的跨越。

## 一、泸州蔬菜产业发展现状

蔬菜产业是我市农业六大优势产业之一，在市委、市政府的高度重视和省农业厅的大力支持下，在各级各部门及广大菜农的共同努力下，近几年取得了显著成效。一是蔬菜基地规模不断扩大，蔬菜种植面积、总产量、总产值稳步增长。全市蔬菜种植面积达到86万亩，产量达到184万吨，产值达到38亿元。建成了一批蔬菜产业基地和产业聚集带，在江阳区建设成了以长江大地菜为特色的蔬菜百里长廊、龙马潭区建成川南早姜生产基地和错季姜生产基地、纳溪区打造“秋延后”蔬菜万亩现代农业示范基地、泸县建成特色加工菜基地、叙永县和古蔺县山区反季菜基地已初具规模。二是建成了一批蔬菜标准示范园。继江阳区华阳白湾、合江县大桥成功申报农业部第一批蔬菜标准示范园后，又在江阳区、泸县、叙永县、纳溪区、合江县、龙马潭区实施“千亿增收示范工程”，打造11个蔬菜现代农业万亩示范园。三是建成200亩川南蔬菜育苗及新品种展示中心，引进了以茄果类为主的110个新品种试验示范，并取得成功。同时推广示范肥水一体化、植物生长灯等新技术，提高了我市蔬菜种植水平、质量水平。四是市场体系逐步健全、加工能力提高。建成大型蔬菜批发市场2家，蔬菜加工企业10余家，蔬菜加工能力2万余吨，加工产品包括辣椒、竹笋、酸菜、大头菜、芽菜等多种类型。五是我市蔬菜产品辐射了川、滇、黔、渝等18个县市，成为西南地区四省市结合部的重要蔬菜生产供应基地和集散中心。

## 二、主要工作措施

### （一）抓好基地建设，保障市场供给

按照市委、市政府“立足四川、依托重庆、融入成渝、拓展滇黔”的发展定位，根据我市的蔬菜产业发展现状，围绕市场需求，突出特色，优化区域布局，在不断完善原有基地综合生产功能的基础上，充分发挥我市“春提早”、“秋延后”这“一早一晚”优势以及调节市场余缺，重点打造建设沿江蔬菜基地、特色菜基地、山区反季蔬菜基地，保障泸州市场的有效供给，扩大向滇、黔、渝、粤等地外销量，融入成渝经济圈，打造成为成渝经济区重要的“菜蓝子”。

### （二）搞好标准园创建与示范，推动标准化生产

我市在江阳区华阳白湾、合江大桥成功申报农业部第一批蔬菜标准示范园的建设后。2013 年又在实施“千亿增收示范工程”中，加强示范园区基础设施建设，做到了水、电、路三通，建立完善了生产技术规程、质量追溯等制度，实施病虫害绿色防控、配方施肥等技术，重点建设了 11 个现代农业万亩示范区：即江阳区华阳街道、况场镇、黄舣镇 3 个现代化农业万亩蔬菜示范区，泸县得胜镇、福集镇 2 个现代化农业万亩蔬菜示范区，叙永县叙永镇现代化农业万亩蔬菜示范区，纳溪区新乐镇、大渡口镇两个现代化农业万亩蔬菜示范区，合江县大桥镇、白米乡两个现代化农业万亩蔬菜示范区，龙马潭特兴现代农业万亩蔬菜示范区，这些示范区产值都上亿元，为泸州蔬菜产业发展起到了很好的示范带动作用，加快了我市蔬菜规模化、产业化、标准化进程。

### （三）引进新品种、新技术试验示范，丰富市民菜篮子

随着现代农业科技的发展，蔬菜品种更新很快，一般每 2～3 年就会更新一轮。为了丰富市民菜篮子，满足人们不断增长的物质需求，在基地建设中，我们注重对蔬菜新品种的引进、筛选、示范、推广工作，不断引进各类蔬菜新品种进行品种比较试验，以储备和应用高产、适销对路的蔬菜品种。2013 年全市从荷兰瑞克斯旺中国公司、中国蔬菜研究所、上海种都、四川种都、重庆科光公司、美国先正达公司、广州良种进出口公司等引进了 110 个特色蔬菜、观赏性蔬菜新品种，肥水一体化设备、气肥机、补光灯等新技术进行试验，提高了我市蔬菜的生产技术水平，提升蔬菜产业抗御自然灾害能力，丰富了市民的菜篮子。

**（四）加大技术培训，提高种植水平**

为促进全市无公害蔬菜基地建设与新技术推广应用，适应现代农业发展，每年均组织各级各类蔬菜从业人员进行培训，请来国内外专家进行课堂讲解、实地传授、现场答疑等形式多样的培训。在蔬菜生产的关键时期，培训以蔬菜专业生产实用技术为重点，促进技术落实到位，有效提高基地生产标准。为了开阔眼界、交流技术、共同提高，还组织了县区之间互动交流、外出学习等，让从业人员开阔了眼界，认清了形势，学习了技术，坚定了发展蔬菜产业的信心。

**（五）宣传长江大地菜，引导基地与市场的对接**

市县区农业部门与省级龙头企业、省级示范专业合作社等联合，成功组织蔬菜产品参加各类农产品交易会、蔬菜博览会等，特别是成都蔬菜博览会，泸州蔬菜馆实现了“五个多”。宣传资料散发多、参展企业多、参观人数多、媒体报道多、产品合作意向多。中央电视台、四川电视台、成都电视台、泸州电视台、四川日报、四川在线、四川三农网等10余家媒体先后报道了我市蔬菜参会情况，是历届泸州农业参加各类展览关注媒体最多，关注热情最高的一次，四川电视台、成都电视台、泸州电视台等媒体还对我市参展人员进行了专访。泸州蔬菜的成功参展，对泸州，特别是泸州长江大地蔬菜起到了很好的宣传作用，让与会领导和专家认识了泸州，看到了泸州蔬菜产业取得的成果和发展潜力，提高了泸州的知名度，进一步增进了农业部、省政府和省农业厅对泸州蔬菜产业发展的了解，为争取更大的支持打下了坚实基础。

同时，以优秀专业合作社为首，加强菜篮子便民店、直销车等建设，方便市民的“菜蓝子”，缩短基地到市民的产业链条，使基地与市场较好地对接，促进蔬菜产品顺利进入市场营销。

## 三、蔬菜产业发展中存在的主要问题

全市蔬菜产业不管是在基地建设、生产技术、品种更新，还是在产值效益上，都有了明显的提升和突破，但对比先进生产地区，差距不小，问题很多。一是资金投入不足，造成基地建设、抗御自然灾害能力、技术更新较难，体系建设、管理队伍不稳定，服务能力没有得到有效地发挥；二是科技含量不高，大多数基地采用常规栽培方法，管理粗放，设施栽培技术不规范不标准；三是优势品牌缺乏；四是蔬菜产品质量安全水平还有待提高；五是龙头企业带动不强，加工企业自身实力不够，抗风险能力低，蔬菜贮藏、保鲜和加工技术落后，产业链短，缺乏精加工产品。

## 四、下一步工作重点

我市地处四川盆地南缘，属四川盆地中亚热带湿润季风气候，四季分明，雨量充沛，雨热同季，土质肥沃，适宜多种农作物生长，是种植优质蔬菜的最佳区域。我市又是川滇黔渝四省市结合部的交通枢纽，是川、滇、黔、渝四省（市）结合部的商贸中心和重要物资集散地。随着经济发展和人们生活水平的提高，以及交通条件的快速改善和全国蔬菜大流通体系的形成，为蔬菜产业发展带来了新的机遇，泸州蔬菜在省内外都具有非常广阔的市场拓展空间。我们将在市委市政府的坚强领导下，实施好蔬菜产业“四个三”发展战略，着力构建“三大板块”、抓好“三个建设”、强化“三个提升”、实施“三大计划”，强势推进泸州蔬菜产业发展，努力实现产业发展有基础，农民增收有支撑，市场供给有保障。

第一，构建“三大板块”。坚持以科学发展观为指导，以市场为导向，科技为支撑，促进农民持续增收为核心，调整生产布局，通过集成技术、整合项目、增加投入、连片推进，加强蔬菜产业基地建设，结合城市总体发展等规划布局，以长江和沱江流域沿线为发展重点，在全市范围内重点构建三大蔬菜产业板块，即沿江河谷蔬菜基地、丘陵特色菜基地和山区反季节蔬菜基地。沿江河谷蔬菜基地以长江、沱江沿岸乡镇的消落地和河坝冲积地为核心种植基地，其产品以外销为主要目的，在季节上定位“春提早”；丘陵特色菜基地以浅丘平坝的乡镇为核心种植基地，以满足泸州主城供应和区县城市供给为主要目的，是城市供给的核心基地，在季节上定位周年均衡供应；山区反季节蔬菜基地以合江、叙永和古蔺海拔800～1200米的山区适宜种植蔬菜的乡镇为核心，充分利用自身资源，实施设施栽培，种植反季节蔬菜，调节市场供给，形成主城区供给有核心基地，县城供给有重点乡镇，乡镇消费有专业村社的蔬菜产业发展格局。通过努力，使全市蔬菜种植面积到“十二五”末达到100万亩，总产量达到200万吨。与此同时，按照城市人口人均4厘地标准划定常年菜地，实行最低保有量制度和严格的占补平衡及补偿机制。

第二，抓好“三个建设”。一是抓好“千亿增收示范工程”和标准化示范基地建设。在已建成11个“千亿增收示范工程”示范区和一批以设施蔬菜和无公害蔬菜为重点的标准化示范基地的基础上，十二五期将建成30个蔬菜“千亿增收示范工程”示范区，使周围农民有样板可学习，有现场可参观。抓好江阳区以蔬菜产业为主导的国家现代农业示范区建设，争取年内得到农业部命名，为全市蔬菜产业发展起到良好的示范带动作用。推进蔬菜规模化、

专业化、产业化发展，促进特色商品性蔬菜连块成片，连片成带，提高产业的积聚效应。二是抓好营销队伍和市场建设。加强蔬菜产品的市场营销流通体系建设，大力提高蔬菜产业的市场流通能力，着力培育一批年销售蔬菜1000吨以上蔬菜专业销售大户和经纪人。创新流通方式，完善流通体系，合理规划布局产地批发市场、城乡社区菜市场。增加蔬菜直销网点建设，开设蔬菜种植大户直销专区，方便居民购买。三是抓好蔬菜加工龙头企业建设。立足实际，扶持和培育现有的蔬菜加工企业，通过改造、改制等手段，扩大企业加工能力，提高产品质量和档次，努力使其向加工、贮运、技术推广、信息服务为一体的集团型龙头企业方向发展。利用好泸州长江大地菜绿色生态优势，加强蔬菜产业的招商引资工作，引进外向型龙头加工企业，力争5年内引进和培育10家具有较强实力的蔬菜加工龙头企业。

第三，强化"三个提升"。一是强化基础设施的提升。按照建设高标准蔬菜基地的要求，加强菜地基础设施的建设和完善，降低生产成本，提高抗御自然灾害能力，降低自然灾害的成灾率，提高农民的经营收入。加强土地平整，调整地型，培肥地力和以坡面水系综合治理、防止水土流失为重点的蔬菜基地改造提升建设。加强以排灌、蓄水、提灌设施等为重点的蔬菜基地水利基础设施建设。加强以运输道路、菜园耕作道路、人行便道为重点的路网建设，实现100%的基地通车、100%的村通水泥路，使菜农在"家门口卖菜"成为现实。二是强化蔬菜生产技术水平的提升。积极推行蔬菜工厂化育苗，大力推广蔬菜嫁接栽培技术、膜下微喷节水灌溉技术、蔬菜营养块漂浮育苗技术和绿色防控技术，进一步提高我市蔬菜生产技术水平。依托西南大学、四川省农科院、重庆市农科院等科研院所和大专院校，在泸州建立蔬菜专家大院，加强农业技术培训，尽快培养一批蔬菜生产、加工、经营、服务等方面的业务骨干。长期聘请四川省蔬菜创新团队专家，在关键环节蹲点进行技术把关和现场指导。三是强化蔬菜质量检测水平的提升。建立规范的质量控制体系，依法建立产品自检、委托检测、结果报告制度，在重点蔬菜乡镇、专业村、龙头企业、专合社、产地交易市场建立蔬菜产品检测点，逐步建立和完善农贸市场、超市蔬菜产品检测室；进一步完善蔬菜产品市场准入和产地准出制度；加强蔬菜投入品的监管力度，确保蔬菜产品质量安全。

第四，实施"三大计划"。一是大力实施良种计划。加快农业科技成果转化，大力引进最新蔬菜品种，并注重对蔬菜新品种的引进、筛选、示范、推广工作，储备和应用高产对路的蔬菜产品。每年引进蔬菜新品种不少于100个，并从中筛选出适宜泸州地区栽培的瓜果类、叶菜类等优质蔬菜品种进行示范推广，保证我市蔬菜产业的可持续发展。二是大力实施品牌计划。推进蔬菜产地认证和品牌化建设，突出我市蔬菜生态、安全和“一早一晚”优势，整合、培育或创立以长江大地菜、山区生态菜为主的蔬菜知名品牌。继续做好全市蔬菜基地无公害产地认定，整合现有蔬菜品牌，打造省级以上的知名农产品品牌。三是大力实施科技创新计划。强化蔬菜产业人才队伍引进与培养，完善科技创新与激励机制，调动广大蔬菜科技人员积极性，围绕产业发展技术难题，组织蔬菜技术攻关，着重开展生态高效生产模式以及配套技术的研究与推广应用，提高蔬菜产业科技支撑水平。

# 立足特色产业 发展现代农业

江西省石城县农业局

## 一、农业概况

石城是赣江源头县，地处江西省东南部，赣州市东北部，位于赣州、抚州、福建三明、龙岩四地市交汇处，素有“闽粤通衢”之称。全县土地总面积1581.53平方公里，其中耕地面积20万亩，辖5镇5乡，131个行政村，1881个村民小组，总人口31.9万，其中农业人口26.4万。境内交通便利，206国道纵贯南北，“鹰瑞高速”、“吉石高速”构成石城的交通主干线。

石城是典型山区农业县，生态环境良好，产业特色明显，形成了粮食、白莲、烟叶、畜禽、水产、蔬菜等农业主导产业，常年粮食播种面积26万亩，总产量11万吨，白莲6～7万亩，总产5500吨，烟叶4万亩，总产9～10万担，生猪出栏14万头，水产养殖面积7万亩，总产量1万吨，蔬菜2.3万亩，总产量3.8万吨。白莲、烟叶已成为全国特色产业，被国务院农业发展研究中心授予“中国白莲之乡”、“中国烟叶之乡”称谓。

## 二、农业系统机构编制人员情况

县农业和粮食局为县人民政府农业主管部门。下设县农机局、县茶果局、县能源办、县粮食流通服务中心为正科级事业单位，归口县农业和粮食局管理。

局机关内设四个行政职能股（秘书股、计财股、粮食调控股、农业综合执法大队），2个副科级事业单位（畜牧兽医局、农科所），8个事业站（农技站、植保站、土肥站、种子站、科教信息站、农经管理站、动物检疫站、渔政水产站），局机关在职干部职工人数71人，其中行政编制人员25人，事业编制人员46人。

局下设5个农业场、站、所，为差额拨款事业单位，现有职工73人。

全县10个乡镇分别设有农技推广综合站，各个乡镇综合站设有农技、兽医、农经、水产、植保、果茶、能源、农机、农情信息、农产品质量安全10个岗位，各乡镇共有农技推广编制126人，实有在编在岗人员103人。2012

年全面完成了基层农技推广体系改革任务，实行了“三权”归县、双重管理的管理体制，人员工资全额列入了县财政预算，基层农技推广工作已步入规范有序运行轨道。

## 三、2013 年上半年农业经济形势分析

### （一）种植业

1. 粮食

据各乡镇粮食直补统计数据显示。2013 年早稻播种面积 6.08 万亩，较去年减少 1.4 万亩，减幅较大，2013 年早稻播种面积减少的主要原因：一是种早稻与种白莲、烟叶可比经济效益较低，经济作物播种面积有所增加；二是由于农村劳动力减少，部分双季稻改单季稻，一季晚稻面积有所增加；三是由于基础设施建设，导致减少部分农田。一季晚稻预计 7.5 万亩左右。较去年增加 0.5 万亩左右，目前早稻长势良好，如无特殊自然灾害，亩产有望提高，一季晚稻栽插已基本结束。

2. 白莲

2013 年白莲播种面积达 7 万亩，较去年增加 0.5 万亩。而且 2013 年更加注重白莲标准化生产技术和经济效益，早宣传、早着手加强管理，以实现 2013 年白莲产业发展再上一个新台阶。

3. 蔬菜

2013 年春夏季蔬菜播种面积可达 2.6 万亩，比上年增加 0.3 万亩，全县建立了 2 个规模以上蔬菜示范基地，小松耸岗、琴江古樟分别达到 200 亩以上。

### （二）畜牧业

1. 生猪

全县 1～6 月份生猪出栏 67165 头，比上年同期减少 1046 头，下降 1.53%；生猪存栏 82320 头，比上年同期增加 6745 头，增长 8.92%，能繁母猪 8899 头，比上年同期减少 49 头，下降 0.55%，肉类总产品 6591 吨，比上年同期减少 309 吨，下降 4.48%。上半年我县生猪出现下滑的主要原因是生猪市场价格下滑，挫伤养猪户积极性。

2. 家禽

2013 年春季受全国 H7N9 人感染禽流感风波的严重影响，导致绝大多数养禽专业户严重受损。

**（三）水产业**

2013 年上半年我县水产养殖面积与去年基本持平，水产鱼苗投放量较去年略有增加，如不遇较大的自然灾害，预计水产品总产量有望较去年增长 3% 以上。

## 四、2013 年我县农业工作的主要特点

**（一）基层农技推广服务能力全面升级**

我县在去年全面完成基层农技推广服务体系改革与建设的基础上，2013 年上半年着力抓实规范管理，以全面提升基层农技推广服务能力为抓手，以创建星级农技推广服务为目标，全面建立了农技推广工作岗位目标管理责任制，组织和动员全县农技推广工作人员，扎实开展了农技推广面对面服务活动，在全县建立了 1200 户农业科技示范户，培训农民 1800 人次，开展送农业科技下乡活动 2 次，印发技术资料 3 万余份，实现了农业科技服务零距离基层农技推广服务能力全面升级。受到国家农业部，省农业厅领导的高度评价，国家农业部，省农业厅拟将 2013 年 7 月中旬，在我县召开全国创建农技推广星级服务现场会。

**（二）农业科技示范园区建设初具规模**

全县已建设有规模以上农业示范基地（园区）3 个（大畲白莲高产示范园、古樟蔬菜示范园、耸岗盛源果蔬生产基地），园区集中流转农村土地 700 多亩，实施了白莲、蔬菜、莲田养鱼、白莲蜜蜂补辅授粉、测土配方施肥、病虫害生物防治等多项试验示范推广项目。

**（三）农村经营管理工作成效显著**

1. 农民合作社不断发展壮大，截止到目前，我县经工商部门注册登记的各类合作社共 128 个，在 2012 年 95 个的基础上再新增 33 个，增长 34.7%，注册资金总额 9571.42 万元，成员总数 1637 个，其中农民成员 1530 个，占合作社成员总数的 93.5%。

2. 农村土地向种植大户家庭农场、合作社、涉农企业集中连片流转，发展农业适度规模经营，发挥规模效益。目前，全县共流转耕地 3.5 万亩，占全县耕地总面积的 18.7%，其中转包 2.36 万亩，出租 0.86 万亩、互换 0.08 万亩、转让 0.14 万亩、以其他形式流转 0.06 万亩。

3. 农村一事一议财政奖补试点工。以空白村优先、农村土坯房集中改造优先、农田水利基础设施建设优先、群众反映迫切的优先、农户受益面广的优先、资金需求量较小的优先、村民筹资积极性高的优先、项目建设无缺口

的优先“八个优先”原则，遴选出我县2013年第一批一事一议财政奖补试点项目54个，涉及49个村，试点项目总投资预算达682.1万元，参与筹资的村民18211人，可筹集资金54.6万元，社会捐助预计194万元，整合涉农项目资金87.5万元，争取财政奖补346万元。

**（四）休闲农业生态旅游不断壮大**

重点抓了以大畲荷花观光园为龙头的休闲农业生态旅游示范园区建设，园内种植200余亩白莲和400余种观赏莲花，与独特设计，新颖别致的莲文化馆相配区，已成为集休闲农业，观光旅游为一体的休闲农业示范点，国家农业部、省农业厅和市农业局领导2013年上半年分别多次前往考察并给予了高度评价和赞扬，为我县2013年成功申报全国休闲农业乡村旅游示范县奠定了良好的基础。

**（五）动、植物防疫工作抓得紧，抓得实**

按照上级有关文件精神，上半年认真部署和实施了春季动物防疫工作，建立了动物防疫工作目标责任制，全县春季动物防疫注射率达100%，特别是在春季防控人感染H7N9禽流感工作中，严格执行各项防控措施，实现了全县“零”疫情。农作物开展了以防控白莲莲藕腐败病，水稻稻瘟等为重点的综合防控工作，设立了疫情监测点，做到早发现，早防控，使2013年春季农作物病虫害较往年有明显下降。

**（六）农业执法工作重点突出**

农业执法工作以农产品质量安全监管、农资打假和打击非法电鱼、毒鱼、炸鱼为重点。组织开展了专项整顿行动，出动车辆106次，对全县农资经营店的农业投入品和农产品超市进行抽查，并送省、市有关部门进行检测，对检测不合格化肥、农药、农产品和非法渔业行为进行了立案处理，有效地保护了农业的健康发展和农民的合法权益。

# 加快农业产业化发展<br>促进农民长期稳定增收

四川省邛崃市农村发展局　曹映友

世界上最早发现并使用天然气的地方，西汉才女卓文君的故乡，茶马古道的起点……当邛崃厚重的文化地域和优美的自然生态为之家喻户晓时，在这个幅员1384平方公里的土地上，现代农业又蓬勃发展，生机盎然——不仅荣获“全国农业产业化工作先进县（市）”、“全国茶产业政府特殊贡献奖”、“四川省农业产业化经营龙头企业集群发展试点县”和“四川省优势特色效益农业基地（优质稻基地）”等荣誉称号，同时，也是全省林业产业强县、成都市猕猴桃产业发展牵头县（市）、成都市肉食品加工产业链牵头县（市）、成都市茶叶产业牵头县（市）。

近年来，按照我市深入实施城乡统筹、“四位一体”科学发展总体战略的部署，立足生态资源良好的优势，坚持以“工业理念”发展现代农业，积极创新体制机制，充分发挥龙头企业带动作用，不断提高农民组织化程度，加快优势特色高效农业发展，邛崃市现代农业快速发展。该市现有成都市级以上农业产业化重点龙头企业28家，其中省级龙头企业13家、国家级龙头企业2家，农业产业化经营带动农户面达到65%以上；有16个农产品品牌取得了国家无公害认证，有14个农产品品牌取得绿色食品认证，有16个农产品品牌取得有机农产品认证；并成功创建了固驿镇仁寿绿色食品标准粮油生产示范园、卧龙镇杯土文君有机茶特色园区等6个国家级和5个成都市级现代农业示范园区，形成了以优质粮油、生猪、奶牛、茶叶、猕猴桃、中药材为主导的产业发展格局，有力支持该市工业发展，促进农业增效农民持续增收。2011年1~9月，该市实现农业增加值18.5亿元，同比增长10.8%；农民人均纯收入6199.5元，同比增长21.6%。

按照市委“363”工作计划部署，为深入推进都市现代农业发展，邛崃农业产业化以优势产业发展为支撑，不断增强龙头企业实力、加快发展专合组织，促进了农民长期稳定增收，在发展现代农业中发挥了重要作用。

## 一、产业基地建设

以粮油、畜禽、茶叶为主导，果蔬、林竹、中药材为特色的“三主导三特色”产业规模和效益不断壮大，其中粮油：全市粮食种植面积稳定在72.1万亩，粮食总产量达29.7万吨，以稻谷为主的优质粮食比重达65.6%；全市无公害粮油66万亩，绿色食品水稻8万亩，绿色食品油菜12万亩。畜禽：有获得《种畜禽生产经营许可证》种猪场7座，有生猪养殖专业合作社36个，生猪年出栏常年稳定在200万头左右；存栏奶牛9500头，年产奶量1万余吨；以肉鸭为主的小家禽年出栏2000万只以上。茶叶：茶叶栽培面积达13万亩，其中：绿色食品茶面积8万亩，有机茶面积0.4万亩，宝林白茶0.82万亩。果蔬：常年蔬菜种植面积17.5万亩（含复种面积），其中规模化种植面积约4万亩，年产优质蔬菜26万吨；猕猴桃种植面积3.18万亩。中药材：现有川芎1.5万余亩，高山育川芎苓种1500亩；黄连种植面积3000亩；杜仲、黄柏、厚朴等三木药材种植面积1.5万亩。林竹：我市是成都市最大的商品用材林基地，全市现有林业用地79.2万亩，区划为公益林18万亩，商品林61.2万亩。商品林中：竹源基地面积40万亩，短周期工业原料林6.2万亩，其他商品林11万亩，有适宜发展高效林业产业基地的低产林地12万余亩。目前，全市已实现茶叶、生猪、蚕丝绸等优质农产品的对外贸易。

## 二、企业经营带动

目前，全市年产值或销售收入5000万元以上的龙头企业26家，亿元以上的8家。邛崃已有成都市级以上重点龙头企业31家，其中国家级重点龙头企业有金忠公司、文君茶业、花秋茶业3家企业，省级重点龙头企业有嘉禾种子、三甲公司等10家企业，农业产业化经营带户面达到88%，产业化经营收入40亿元，农产品精深加工产值75亿元。

## 三、专合组织发展

截至目前，我市在工商注册登记的农民专业合作社达362个，其中成都市级以上示范专业合作社21个。合作社成员达2386个，带动农户达5万余户，产业函盖我市的畜禽、粮油、果蔬、茶桑、中药材五大优势特色产业以及农业服务业；其中发展种植业类专业合作社179个，养殖业类139个，从事服务及其他类型的44个。2012年农民合作社经营销售收入突破10亿元，农民合作社经营带户面达到40%，为全市农民人均增收贡献达20%。已经工商注册的家庭农场2家。

## 四、示范园区建设

2012年邛崃以前进、固驿、高埂、冉义等镇乡为核心，率先设立了约300平方公里的现代农业开发区，并按照“三区两轴”的功能布局启动建设。一是依托2013年即将启动的新邛路拓宽改造，重点围绕新邛路以北区域，打造以高端种业为核心的现代农业景观区。二是依托冉义万亩高标准农田建设，在冉义镇建设以循环农业、现代种业生产加工为核心的两个现代农业集中展示区。三是依托成新蒲快速通道、成温邛快速通道两条交通主干线，打造以高端设施农业、新农村综合体建设为主导的两条都市农业景观轴，配套完善临邛和羊安两个中小城市都市休闲功能。同时，在固驿、高埂两个新邛路沿线镇乡，布局农业专家大院、农资综合配送服务中心，为现代农业开发区建设提供科技、农机、农资、物流支撑。带动全市建成国家级现代农业示范园区6个，成都市级现代农业示范园区5个。

## 五、产品品牌打造

全市已有62个农产品获得国家“三品一标”认证，“花秋”品牌创建为中国驰名商标。企业获得“四川名牌产品”称号的有8家，获得“四川省著名商标”称号的有8家，获得“成都市著名商标”称号的有8家。

**作者简介：**

曹映友，男，1973年7月出生，中共党员，大学学历。现任四川省邛崃市农村发展局党组书记、局长。

自1997年7月参加工作起，历任邛崃市委组织部组织科副科长，邛崃市目督办副主任，邛崃市规划与建设局副局长，邛崃市平乐镇镇长、党委副书记、人大主席，邛崃市政协党组成员、秘书长等职。2013年3月至今，任邛崃市农村发展局党组书记、局长。

# 积极推广水稻育插秧机械化技术<br>促进农机农艺有效融合

辽宁省农业机械化技术推广站　于　君

水稻是辽宁省第二大粮食作物，种植面积965万亩，水稻生产机械化水平在逐年提高，单产和总产水平持续提升，实现了平均亩产超千斤、水稻总产超百亿斤的历史性突破。虽然全省水稻生产形势总体较好，但目前水稻育苗农艺标准化程度较低，全程机械化综合水平不高，特别是水稻工厂化育苗比重偏小、技术标准化和育苗机械化还很薄弱，还满足不了机插秧的快速发展，农机和农艺在一些方面融合不到位，这在一定程度上制约了全省水稻综合生产能力的提高。对此，辽宁省从水稻工厂化育苗机械插秧等生产薄弱环节入手推进农机农艺融合，现将有关情况总结如下。

## 一、推进农机农艺融合在水稻大棚育苗和机插秧中的重要意义

### 1. 农机农艺融合是发展现代化农业的必然选择

农业生产机械化、规范化、标准化、集约化是现代农业的基本标志。水稻生产是一个复杂的系统工程，生产环节多、农机农艺相互制约。目前，部分地区水稻育苗、插秧、收获等环节的规范化、标准化程度较低，农机农艺融合不到位，土地过度分散等在一定程度上影响了水稻全程机械化生产水平，进而影响到水稻现代化生产水平。工厂化大棚育苗机械插秧是水稻规模化经营、专业化生产、机械化和自动化程度不断提高的关键。实现农机农艺融合，一方面推广标准化大棚、硬盘、机播种育秧，规范秧苗管理等农艺措施为水稻全程机械化生产提供条件。另一方面推广机械插秧技术为田间栽培模式标准化提供保障。农机农艺相辅相承，互为支撑，只有走相互融合之路，才能从根本上实现水稻生产现代化。

### 2. 农机农艺融合是实现粮食生产安全的有力保障

我国经济运行中最为突出的矛盾是物价上涨较快、通胀预期增加。稳增长、控通胀、调结构、惠民生，首先就要保障粮食等主要农产品供给，保持

价格基本稳定。在这种形势下，推广工厂化大棚育苗机插秧技术，实现农机农艺融合就显得尤为重要。大棚硬盘育苗采用自动化播种、移动式喷灌、标准化育苗技术，秧苗长势好于常规拱棚育秧；机械插秧可实现插秧株、行距和秧苗栽插深浅一致，成活率高，分蘖力强。农机农艺融合可促进水稻大棚硬盘育苗机械插秧技术的推广，实现育好苗，保株数、快返青、促分蘖、增单产。

3. 农机农艺融合是规避自然风险的有效途径

受全球气候条件异常变化的影响，近年来全省低温、干旱、洪涝等极端灾害性天气频发，给水稻安全生产带来了严重威胁。2010 年春季，全省大部分地区气温偏低 1 ~ 3℃，土壤耕层温度偏低 1 ~ 2℃，解冻时间推迟 7 天以上。持续低温造成水田育秧期普遍推迟，秧苗生长缓慢，素质下降，发病率提高，移栽大田后返青时间长。为有效应对日益频发的自然灾害，做到防在灾害之前，我们必须建立水稻生产防灾减灾长效机制。实践证明，实现农机农艺融合推广大棚硬盘育苗机械插秧技术是规避水稻种植风险的有效途径。采用大棚硬盘育苗可有效规避春季低温对秧苗的影响，由于大棚保温效果好、棚内昼夜温差小、肥水管理科学，有利秧苗健康生长。机械插秧可有效缩短作业时间，实现抢积温、促早熟，大大降低水稻后期遭受早霜的危害，有助于水稻增产增收。

4. 农机农艺融合是实现节本增效的有效手段

加快现代农业建设，转变农业生产方式，对促进农业节本增效和节能减排具有重要意义，农业部将推广节本增效技术列为 2011 年主抓的八项重点工作之一，要求各地要创新工作思路，加大工作力度，力争在推广节本增效技术上有新突破。大棚硬盘育苗机械插秧技术具有用种量小、占用育苗地少、插秧时间短、省工省力、生产效率高等优点，可实现低耗、高产、高效。大棚硬盘育苗代育代插每亩收作业费 180 元，农户自己育苗雇工插秧每亩需费用 230 元，每亩可节省育插秧成本 50 元。

## 二、在推广水稻大棚硬盘育苗机械插秧技术中促进农机农艺融合的做法

1. 加强农机农艺融合工作的组织领导

农机农艺融合工作是一项复杂的系统工程，涉及农作物品种、种植方式、栽培管理、机械作业等许多方面。做好这项工作必须要强化领导，成立专门

的组织机构，合力予以推进。为做好这项工作辽宁省农委成立了农机农艺融合工作领导小组，由省农委主任任组长，分管农业和农机的副主任为副组长，农机、种植业、种子、土肥等部门负责人和有关专家为成员。各市、县也成立了相应的领导小组，上下呼应，把工作任务目标逐级分解落实，明确工作责任，认真组织实施。在成立农机农艺融合协调小组的基础上，各地还要成立农机农艺融合专家组，定期会商、统筹协调解决生产中遇到的困难和问题。

2. 加大农机农艺融合工作的扶持力度

从2011年开始，辽宁省就把水稻育插秧机械化作为农机农艺融合的重点，加大政府扶持力度。2011～2012年，省财政安排1.25亿元专项资金扶持大棚硬盘育苗生产，落实在18个县，新建育苗中心97个，对农民建棚所用的棚膜、喷淋设备、育秧硬盘给予补贴；安排专项资金，对农机专业合作社购买的水稻育秧机械设备、插秧机和水稻收割机进行购置奖励和贷款贴息。购机奖励具体标准为购机额的10%，每个农机合作社最高享受奖励达到20万元。购机贷款贴息70%，每个农机合作社最高可以获得10万元的贴息；2011～2012年，每年安排专项资金240万元，新建16个省级水稻育插秧机械化示范县，资金全部用于提高插秧机手技能的培训费用，每个县每年新建培训基地1个，培训学员500人。同时，进一步加大对插秧机、育秧播种机、秧盘等设备的补贴力度，调动农民购机、用机的积极性，使大棚育秧技术推广与插秧机、育苗播种机、硬盘等设备增量同步进行。

3. 构建农机农艺融合的技术体系

各地制定了科学合理、相互适应的农艺标准和机械作业规范，将机械适应性作为品种选用和栽培管理的重要指标，进一步完善种子、土肥、植保、农机等推广服务机构紧密配合的工作机制，组织引导农民朝规模化、标准化、设施化的方向发展，为机械化作业创造条件推进农机农艺融合。

一是科学选择育苗地点。指导农民科学选择建棚地点：一要把大棚建在地势平坦、土质肥沃且无农药残留的地块。二要保证供排水方便。三要考虑离水稻田地较近运苗方便。四要考虑管理方便。五要固定，不能一年换一个地方，我省要求大棚育秧示范区建设地点土地承包期至少要在5年以上。

二是规范育苗设备标准。大棚育秧设备包括大棚、育秧硬盘、脱芒器、催芽器、播种机、喷淋设备等。各级农业、农机部门在选择这些设备时要严把质量关，选择正规生产厂家生产、经过省级以上鉴定，并列入省级以上推广目录的产品。育苗播种机选用全自动播种机一次完成送盘、装土、整平、浇水、播种、覆土作业。大棚要选用镀锌管材骨架确保棚型规范，规格为高

2.0~2.5米，宽6.7~10.0米，规定每个大棚面积为0.5亩或1.0亩。硬盘采用长58厘米、宽28厘米、高2.3~2.5厘米、重量450~600克的标准硬盘。

三是采用科学方法培育壮秧。一要引导农民选择经过审定的高产、优质、抗逆性强的优良品种，实现品种合理搭配，防止盲目引种和越区种植。二要在播种前搞好种子清选、晒种处理，进行浸种催芽，减少种传病、虫危害。三要根据水稻品种科学确定播种量，提倡合理稀播，以实现育壮苗，机插秧每盘播种量为100~120克。四要根据水稻插秧时间、插秧速度，确定播种时间和每天的播种数量，保证按时插秧。五是做好秧田管理，要根据秧苗不同生长阶段对水分、温度和肥料的要求，有针对性地搞好水分、温度和肥料调控，保证秧苗健壮生长。

四是按时插秧保证插秧质量。当秧龄达到30~35天、叶片数在三叶一芯到四叶一芯、株高12~16厘米时就可以插秧。插秧前一要做好田块准备，插秧地要旋平耙细、充分沉淀，达到寸水不漏泥。二要做好插秧机的准备和调试工作，保证插秧机满足农艺要求。插秧后要及时进行施肥和防草加强田间管理。

4. 以农业种植大户、农机大户和专业服务组织为平台推进农机农艺融合

农机农艺融合要坚持走市场化经营、社会化服务的路子，依托农业种植大户、农机大户和专业服务组织，搭建农机农艺融合工作平台。要充分发挥大户和专业服务组织规模化、标准化程度高、物资装备先进的优势，组织开展租赁经营或订单作业，推广机耕、机播、育苗、机插和机收一条龙生产，实现农机农艺紧密结合。我省一些地区已涌现出一批“双高”型农业种植大户和专业服务组织，即农艺要求标准高、机械化水平高的农机农艺融合先进典型。盘山凯地农机合作社、辽中会怀农机合作社、北镇双峰合作社等一批专业合作组织，已创造性地开展了工作，有效提高了农业生产组织化程度，为农机农艺融合工作积累了宝贵的经验。盘山凯地农机合作社，2012年服务作业面积3.5万亩；北镇双峰水稻合作社，服务作业面积1.5万亩。他们都与当地农民或公司签订了水稻机械作业合同，采取“五包二定一分散”的经营方式，即：包旋耕、包耕地、包育苗、包插秧、包收获；定价格、订合同；分散管理。实现了农民不下田，到秋就分钱的目标。

5. 加强技术培训和技术宣传促进农机农艺融合

水稻大棚硬盘育苗机插秧技术是一项典型的农机农艺紧密融合的水稻生产实用技术。近两年，这项技术在我省得到了大力推广，水稻育苗大棚、硬

盘、水稻全自动播种机、催芽器、插秧机等机具的数量迅猛增加。为提高用户的使用技能，在育苗插秧前，聘请农机农艺专家、技术人员、企业技师和有经验的农机大户为师资，对水稻示范县、农业种植大户、农机大户和专业服务组织的相关人员从农机和农艺两个方面开展了大规模的反季节技术培训，主要针对水稻育苗的农艺技术要求、插秧机的实际操作、维修调整和保养等技术。全省举办培训班115期，共培训用户26000人。

农民是建设基地和育苗的主体，为加快大棚育秧技术推广，我省在宣传引导上花气力、下工夫。采取各种有效措施调动农户的积极性和主动性。一是着力向农民宣传大棚育秧的好处。多年的水稻生产实践证明，适时育苗、及时插秧是水稻创高产的关键措施，大棚育苗能够抢夺积温、提高产量。二是宣传大棚育秧增产增收的典型。近两年，辽宁省水稻生产春季自然灾害偏重，低温冷害频发，大棚育苗具有抗低温冷害的作用，各地都通过报纸、广播、电视等新闻媒介加强宣传。

强有力的技术培训和技术宣传为全省水稻育插秧机械化技术发展和农机农艺融合奠定了基础。

## 三、进一步搞好农机农艺融合的建议

1. 建立农机农艺融合的长效机制

农机农艺融合不仅仅是技术问题，也有管理、体制和机制问题。促进农机农艺融合，需要对症下药，辨证施治。一是要领导重视，要在决策层建立推进农机农艺融合的领导机构，各行业的领导共同研究农机农艺融合工作。突破部门分割的局限，多联系勤沟通，互相理解支持配合，主动和相关部门建立工作沟通机制，对品种、种植方式、机具配套等影响农业生产的重大问题经常进行会商，提出针对性强的工作建议和具体措施。对于“高产创建”等大的农业技术项目，农机和农艺部门要一起研究，一起制定方案，一起布置，一起检查落实，共同应对和破解制约现代农业建设和机械化发展中的难题。二是在经营机制创新方面，要支持合作社的发展，在稳定土地家庭承包的前提下，通过各种形式实现自愿有偿土地流转扩大生产规模，统一品种和种植模式，实现规范化、标准化作业和机械化作业。三是在科研和推广机制创新方面，要改变农机化技术与农艺技术相分离的科研和推广方式，建议在行业科技项目中增加农机农艺融合的课题，农业产业技术体系的技术队伍中增加农机化专家和技术人员比例，汇集各学科的科技人员协同工作。

2. 建立农机农艺融合的技术体系

制定科学合理、相互适应的农业作业技术标准和农机化作业技术规范，完善农机、种子、土肥、植保等推广服务机构相配合的工作机制，组织引导农民在生产中要统一种植品种、统一耕作方式、统一农艺要求、统一田间管理为农机作业创造有力条件。在水稻生产方面，以推广水稻育插秧机械化技术为重点，加快形成生产规模，在品种选择、工厂化育苗、机械化插秧、植保和田间管理等方面加强农机农艺的融合。

3. 建立农机农艺融合技术推广平台

以农业种植大户、农机专业合作社和农业技术服务组织为依托建立农机农艺融合技术推广平台，对农机农艺融合具有很大的促进作用。要充分认识和发挥专业合作社在农机农艺融合中的优势作用，许多合作社不仅仅依靠农机作业，还要参与产前的生产资料、农机具准备和产后加工，既搞农艺也用农机，既是农艺要求的设计者，也是农机作业的执行者，又是最终农产品的提供者。他们对农机农艺融合的认识既简单又高明，在推动农机农艺融合方面有先天的优势和现实的需求，创造了许多经济实用、行之有效的做法，要依托这些合作社，发挥他们在农机农艺融合中的作用。加强农机农艺融合技术集成示范区建设，结合种植业、养殖业和设施农业的生产特点，推广示范一批农机农艺有机融合、相互促进的先进技术，带动广大农民运用新技术新装备，把农机化技术和农艺技术最大限度地融合起来，取得更大的经济效益。

# 结合国家蔬菜产业发展政策 规模发展番茄产业

广西壮族自治区资源县农业局　黄耀忠

番茄是资源县重要蔬菜作物，近年来种植面积持续稳定2.0万亩，总产达15万吨，主要集中在车田、两水、河口三个乡镇，同时也辐射带动附近乡镇及周边县番茄面积的扩大。番茄产业的发展，不仅丰富了城乡居民的菜篮子，而且促进了农民增收。但由于种植缺乏规划，市场化程度不高，市场价格波动大，卖果难现象时有发生，这些弊病严重制约了番茄产业的健康发展。为此我局以“解放思想、赶超跨越”大讨论活动为契机，深入乡村进行番茄产业调查研究，认真分析了我县番茄产业的现状和存在问题，并结合国家蔬菜产业发展政策，根据我县实际，提出番茄产业发展对策。

## 一、资源县番茄产业的现状

### （一）适宜番茄产业发展的优势

资源县地处广西东北部越城岭山脉腹地，距离桂林市区98公里，以轻沙土质为主，土层相对肥沃，土质松软，有较好的保水保肥和通气性能，极适合番茄作物的生长发育；一年内四季分明，昼夜温差较大，温度变化趋势有利于番茄产量和品质的提高；工业化程度较低，环境污染少，极利于无公害番茄基地的建设；较早的番茄育苗和栽培技术研究，为生产提供较好的科技支撑；较早的设施栽培技术的推广应用和多年的生产实践，培养了一批高素质番茄种植能手；资龙生态二级公路贯穿；桂林“十二五”规划和资源丰富的旅游资源等优势为资源县番茄产业的发展提供了保障。

### （二）番茄的加工与贸易

资源县番茄生产主要用于鲜食，用于加工的量很少，正在积极引进番茄深加工项目。番茄生产除少量供应本地市场外，大部分供应外地市场，如广东、深圳、香港等。主要是利用建成的车田乡农贸市场进行交易，吸收外地客商的上门采购。经多年建设，已发展成华南较大的番茄交易集散地。

### （三）番茄科研状况

资源县是国家大宗蔬菜技术体系桂林综合试验站（番茄）示范县。试验

站由广西大学资深教授王先裕牵头，由广西桂林蔬菜研究所、田东、武鸣、平乐、永福、资源等单位与西红柿种植大县承担。西红柿是广西南菜北运、西菜东运的重要品种，广西农业厅在“十二五”种植计划时，专门把西红柿从蔬菜独立出来，制定了广西农业厅“十二五”西红柿种植计划，2115 年全区达到 80 万亩。为广西西红柿健康发展提供技术支撑，该项目实施三年。一是通过引进、试验、示范、推广等工作，筛选和培育适合我县种植的优良抗病品种；二是进行重要露地蔬菜优势产区安全生产关键技术研发；三是进行蔬菜规模化杂交制种技术研究；四是蔬菜连作障碍克服技术研发及培训技术推广骨干。这一科研项目的实施为资源县番茄产业的稳定发展起到了一定支撑作用。

**（四）番茄基地建设情况**

近几年，由于政府的高度重视和政策资金引导，使番茄种植逐渐由零散向基地化、规模化发展，逐渐形成以“五排三乡”为中心的番茄生产基地。

## 二、影响番茄产业发展的瓶颈问题

（一）番茄种植基地标准化程度较低，种植区域发展不平衡，离国家蔬菜标准化建设标准相差较远；规模化种植水平低。

（二）品种单一、重茬面积较大，土壤盐渍化和病虫害较重（特别是根结线虫病普遍发生），产品质量风险大。

（三）基地技术不规范，管理粗放，特别是关键技术落实不到位，如配方施肥技术，工厂化育苗技术，节水技术等新型农业技术均没得到有效利用。

（四）番茄产业化所需人才匮乏，人才建设机制还没有完善。

（五）基地市场硬件软件建设滞后，农民合作组织不健全，订单农业较少，销售渠道单一，抗市场风险能力较弱，卖果难现象时有发生。

## 三、资源县番茄产业发展的对策及建议

**（一）转变创新方式，为番茄产业发展提供科技支撑**

以国家大宗蔬菜技术体系桂林综合试验站（番茄）示范县落户资源为契机，一是加快品种资源创新力度，提高番茄品种的科技含量。利用多种育种手段对现有种子资源进行性状改良和整合，选育出多抗、高产、抗逆性强、品质好的番茄新品种；二是加强国内外优良品种引进、筛选和利用工作；三是加大财政资金支持力度，促进新型技术快速入户。地方财政应加强对番茄育苗

工厂建设的财政补贴，采用、防虫网、黄板等设施为生产提供优质、健壮、无害化种苗；加强对微灌和水肥一体化设施的补贴，大力推广配方施肥和水肥一体化技术，减轻土壤盐渍化和病虫害发生几率，提高产品的质量。四是完善人才建设机制特别是基地科技人才、市场管理人才、经纪人的引进和培训机制建设，强化人才兴基地战略。建立人才引进、培训、奖励、淘汰机制，充分调动各类人才的积极性。

**（二）正确引导、区域化种植，推进番茄标准园基地建设**

1. 加强政府的宏观指导和政策资金作用，将番茄生产基地进行合理规划和布局，形成不同番茄特色、规模适度的番茄标准园基地和番茄休闲观光基地建设，满足不同客商和消费者需求。加强番茄基地的无公害、绿色、有机食品认证、规范化建设，形成独具特色和可持续发展潜力产业基地。

2. 加强基地标准化生产技术培训，引导农民进行规范化生产。制定完善的标准化生产技术规程，重点推进选择优良品种、工厂化育苗、防虫网覆盖、粘虫黄板、频振灯、性诱剂、避雨栽培高效低毒农药与合理使用、配方施肥等关键技术的落实。可以通过种前集中培训和重点科技示范户单独培训示范带动相结合、产中现场讲解、观摩与利用媒体、手机短信平台及时提供技术信息相结合、产后总结观摩与重点点评相结合，把标准化生产技术尽快落实到户。2012 年我局开展了“下基层送科技提品质助双增春季大行动”，就我县番茄主产区的 13 个行政村进行了培训，培训内容涉及现代农业发展、配方施肥、农产品质量安全、我县番茄产业的现状与前景等多个方面，培训人数达 780 人次，大大提高了农民的种植水平及更新了他们的理念，为推进基地标准化生产，树立无公害产品品牌打下了坚实的基础。

**（三）加强番茄质量保障体系建设**

提高产品质量安全风险防范能力，推进基地标准化生产，建立产品质量检测机构和监测点，形成有效运转的产品质量检测体系；加大对生产、加工、流通、消费等环节的管理过程中各项技术的实施情况记载及农药残留、重金属、违禁激素的检测力度，建立健全的产品质量追溯体系。

## 三、加强基地市场化体系建设，增大产品市场份额

进一步完善车田农贸市场硬、软件建设，强化市场服务功能，及时提供各地产供销信息和公平交易平台；加强番茄专业合作社和番茄协会建设，引导农民积极入社入会，形成利益共享、风险共担的合作组织。建立番茄运输绿色通道，降低物流成本；实施品牌战略，发展农超对接和定向配送服务。

2012 年农业局通过积极引导，按照自愿的原则，争取在每个自然村成立了一个专业合作组织，达到技术、信息共享。

## 四、积极引进番茄深加工项目，提高番茄的附加值和抗市场风险能力

目前国内番茄制品年消费量为 10 万吨，增速超过 15%，国内消费量将达到 20 万吨。巨大和有潜力的国内市场为番茄加工企业提供了发展机会。以番茄为原料的深加工产品线非常丰富，目前上市的番茄深加工产品主要有：番茄酱、番茄沙司、番茄丁果、番茄汁、番茄粉、番茄糕、番茄罐头、番茄蜜饯、番茄籽油、番茄甙、番茄烃、番茄红素等。

# 全面推进草原保护工作<br>不断加强草原生态保护和建设

青海省河南蒙古族自治县草原综合专业队　马戈亮　卡着才让

## 一、基本情况

河南县属纯牧业县，全县辖五乡一镇，39 个牧委会，6947 户牧户，3.1884 万牧业人口，国土总面积为 1006.7055 万亩，其中草原面积 992.3 万亩，全部已承包到户，单户承包户为 6403 户。2012 年年末全县牲畜存栏数为 72.15 万头（只），母畜比例 60.65%，出栏率 54.82%、商品率 50.37%，牧民人均纯收入 5918.49 元。草场优良堪称“青海最美”，拥有全省名优畜禽品种欧拉羊、全国三大名马之一的河曲马两大品牌畜种。全县 90% 的天然草原出现不同程度的退化，全县中度以上退化草原面积达 653.44 万亩，全县草原鼠虫害发生面积达 807.17 万亩，危害面积达 609.8 万亩；草原毒害草发生面积 271 万亩，危害面积 206 万亩。由于草原退化，草原植被群落结构发生了明显变化，与 20 世纪 70 ~ 80 年代相比较单位面积可食鲜草产量下降了 50% ~60%，优质牧草比重下降了 20% ~ 30%，有毒有害类杂草增加了 70% ~80%，草原植被盖度减少了 15% ~25%，优势牧草高度下降了 30% ~ 50%，原生态景观破碎化，植被演替呈高寒草甸——退化高寒草甸——荒漠化的逆向演替趋势。目前，全县天然草原理论载畜量为 106.02 万只羊单位，实际载畜数为 144.32 万只羊单位，超载数达 38.3 万只羊单位，超载率达 36%。

大力实施草原生态保护与建设项目，使草原得到了有效地保护。截至 2013 年 8 月，全县完成生态移民 432 户 1944 人，实施退牧还草工程 6802 户，完成围栏禁牧面积 415 万亩，休牧面积 280 万亩，补播面积 17.74 万亩，累计防治草原地面鼠害 1220 万亩、地下鼠害 353.65 万亩，草原虫害 405.6 万亩、治理草原黑土滩 12.95 万亩。同时，通过这些草原保护项目的全面实施，为草原生态保护和畜牧业可持续发展打下了坚实的基础。

河南蒙古族自治县草原综合专业队现有人员 39 人，其中专业技术人员 17

人，管理人员6人，合同工7人，工勤9人。专业技术人员中高级职称2人，中级职称7人，助理职称8人。近年来共获得省部级及州县级各种集体荣誉近10项，干部职工近9人次获得“省级青年岗位能手”、“黄南州劳动模范”及“全州农牧工作先进个人”等荣誉称号。为切实加强我县的草原生态保护和建设，促进草原畜牧业可持续发展，根据省委、省政府以及州委、州政府的安排和要求，在县委、县人民政府的正确领导下，认真开展了草原生态保护和建设的各项工作，较好地完成了各项工作任务。

## 二、草原保护与建设工作

### （一）灭鼠治虫，全力保护良好的草原生态，为畜牧业可持续发展奠定物质基础

2010年以来，投入达3.4亿元（不包括有机畜牧业方面的），平均每年1.1亿元。其中草地生态保护和建设上投入达1.75亿元，占全县畜牧业项目总投资的51.5%，实施了退牧还草、黑土滩治理、鼠虫害防治等草原生态保护项目。针对鼠虫害重新抬头、严重威胁畜牧业持续发展的现状，把防治鼠害、保护草场作为实践科学发展观的一项重要内容，防治地下鼠150万亩，扑捉地下鼠30万余只；防治地面鼠964万亩（其中自筹防治834万亩），防治效果十分明显；防治草原毛虫180万亩，防效达93%以上，鼠虫害泛滥的趋势初步得到遏制，有效改善了草原生态环境，减少了水土流失，提高了可食牧草产量，促进了草原生态系统的良性循环。

### （二）依托退牧还草、黑土滩综合治理等项目，进一步加大草原建设与草原保护的力度

投资1.10亿元实施退牧还草工程6800余户，建设禁牧围栏415万亩，建设休牧围栏280万亩（合计围栏面积695万亩），建设围栏长度达1449余万米，补播128.8万亩；投资1295.8万元实施黑土滩综合治理工程12.96万亩，项目实施后植被盖度均在75%以上；投资9493.5万元，完成三江源保护工程建设养畜项目493户，修建120平方米暖棚493栋5.92万平方米，修建常规120平方米暖棚2193栋26.32万平方米。

### （三）严格落实草原生态保护补助奖励机制政策，受到牧民群众的欢迎

河南县作为全省草原承包经营规范化工作试点县和基本草原划定试点县，根据省上有关文件要求，实现了档案资料的规范化、统一化、电子化管理，完成了基本草原划定工作，同时完成了进一步完善草原承包工作，为实施草原生态保护补助奖励机制政策打下了坚实的基础。作为全省落实草原生态保

护补助奖励机制政策示范县，2011年以来河南县每年实施草原生态保护补助奖励机制政策总面积884.94万亩（其中：实施禁牧面积653.44万亩，草畜平衡面积231.5万亩）；每年完成减畜任务15.3198万只羊单位，两年共完成减畜30.6396万只羊单位；完成一年生人工种草补贴面积6.5万亩，两年共完成一年生人工种草补贴面积13万亩；每年完成多年生人工种草补贴面积1万亩，两年共完成多年生人工种草补贴面积2万亩；完成牧业生产所需的种公畜良种补贴牦牛种公牛250头；完成牧民生产资料综合补贴牧户6222户，两年共发放补奖资金20833.62万元（种公畜良种补贴项目管理50万元，牧草良种项目管理115万元），所有目标任务均按要求全面实施完成。同时，落实草场管护员队伍，进行了人员培训，建立了岗位职责。通过项目实施，建立了草原保护制度，促进了草畜平衡发展步伐，使草原生态开始向良性循环方向发展，也大大促进了牧民增收，加快了牧区经济社会的全面协调发展。

**（四）各项监测工作扎实有效**

地面鼠害定位监测、草原毛虫生物防治定位监测、草地资源动态监测、三江源草原生态监测、国家级草原固定监测点监测以及鼠虫害毒杂草秋季基数调查等监测工作都能按期完成，通过草原生态监测，对草原保护和建设起到了积极的推动作用，并且对制定草原保护和建设政策、指导河南县草原畜牧业生产、加强草原监督管理、促进草业可持续发展起到了十分重要的作用。

**（五）尽职尽责，全力抓好草原防火工作**

在每年草原防火期内，认真贯彻落实《草原防火条例》，始终坚持“预防为主、防消结合”的工作方针，采取媒体宣传，悬挂横幅、张贴标语、电子信息发送等方式进行防火宣传。并采取24小时进行值班制，和各乡镇人民政府及时签订防火责任书，从源头上杜绝和消除了各种草原火灾隐患，使草原防火工作取得了较好的成效，2012年12月被青海省草原防火指挥部办公室评为全省草原防火先进单位。

**（六）积极争取和参与草原生态保护与建设科技研究推广等项目**

为了使地下鼠危害的治理工作效果得到较大的提高，2012年我单位争取到《青海三江源区地下鼠害综合防治技术研究与应用推广科技项目》在河南县实施；为了改变草原毛虫防治较落后的人工背负式喷雾器防治现状，2012年我单位积极和省草原总站协商，与江西省天人生态集团股份有限公司联系进行了无人驾驶飞机在我县草原毛虫防治试飞工作，在此基础上2013年争取到《青海三江源草原毛虫绿色防控与研究项目》（飞机防治草原毛虫）在河南县实施。在争取并参与以上科研项目实施的同时，积极与兰州大学、青海

大学、青海省畜牧兽医科学院、青海省草原总站、青海省三江源办等单位协作进行了“国家公益性行业（农业）科研专项‘青藏高原社区畜牧业’”、地面鼠“管理式抑鼠技术”公益性课题研究与示范、高原鼢鼠“管理式抑鼠技术”公益性课题研究与示范、高寒牧区优良牧草引种实验等课题的研究工作。为了从根本上解决毒杂草对畜牧业生产的严重危害，提高草原生产能力，积极和省草原总站衔接后与美国陶氏益农公司驻上海办事处协调在我县优干宁镇智后茂村和秀甲村分别用该公司高效低毒、低残留的阔叶除草剂进行黄帚橐吾、黄花棘豆的清除试验示范，该试验不仅从除草剂对毒杂草的清除效果上进行试验示范，更重要的是从药效残留检测上来证明该药物能否在实施有机畜牧业建设的河南县草原上大面积使用。

**（七）为了搞好草原的保护、管理和建设，合理利用草原，改善生态环境，促进畜牧业经济持续、稳定发展**

根据《草原法》和青海省草原承包的相关文件精神，根据县人民政府的安排先后制定了《河南县冬虫夏草采集管理暂行办法》、《河南蒙古族自治县草原承包经营权流转办法》、《河南县以草定畜管理办法》，进一步完善和明确了河南县草原资源的“管、建、用”责任制。

## 三、当前存在的主要问题

一是科技支撑亟待加强。草原科学研究和技术推广均相对较弱，主要表现在技术支撑体系不健全，投入不足，人员素质不高（河南县草专队现有干部职工 39 人“正式职工 31 名，临聘 8 人”，正式职工缺编 6 名，其中专业技术人员 18 人，除去非专业技术人员 7 名后，真正的专业干部占总人数的 25.64 %。真正能在业务工作中独当一面的只有 6 名），县草专队和县草原监理站一直合署办公，实行两块牌子一套人马，由于专业技术干部较少，技术力量薄弱，不能适应当前草原生态建设的需要。

二是草地鼠虫害及毒杂草危害严重，国家下达任务较少。高原鼠兔全县发生面积 276 万亩，其中危害面积 184 万亩，危害区有效洞口数平均 292.5 个/公顷。高原鼢鼠全县发生面积 336 万亩，其中危害面积 255 万亩，危害区新鲜土丘数平均 208.67 个/公顷。草原毛虫全县发生面积 223 万亩，其中危害面积 143 万亩，危害区虫茧密度平均 15.2 个/平方米。草原蝗虫主要全县发生面积 28 万亩，其中，危害面积 18 万亩，危害区虫口密度平均 18.33 头/平方米。毒杂草全县共发生面积 302 万亩，其中危害面积 218 万亩，危害区有毒草数平均 23 株/平方米。毒杂草中黄帚橐吾的危害最为严重，黄帚橐吾危害区毒草数最高248株/平方米，平均160株/平方米，约占可食草类的30%。毒草对草地的危害主要是毒草生命力强，繁殖快，不断地侵占草场，使优良牧草逐年减少，产量逐年下降，草地植被呈逆向演替而逐年退化。草地鼠虫及毒杂草危害面积达800余万亩，2013年省上安排鼠虫防治任务110万亩，县上自筹资金共防治了鼠虫害357万亩。因此要加大对草原鼠虫害及毒杂草的防治投入，提高防治标准，加大草原鼠虫害及毒杂草的防治力度，扩大鼠虫灾害防控面积

三是要确保“退得下，稳得住，不反弹，能致富”，就要在大力治理草地鼠虫害，清除毒杂草，稳定地提高草原生产力的同时加强以草场围栏和暖棚建设为重点的草原基础设施建设，同时要大力培育地方畜产品加工业、采集业和商贸流通等城镇产业，稳定提高牧民的非牧收入；积极引导牧民群众转变思想观念，大力支持生态畜牧业合作社，将牧民的草原和牲畜等生产资料高度集中，由生态畜牧业合作社组织牧民进行联合经营，分流富裕劳动力开展二、三产业，减轻“人”对天然草原的压力。

四是要规范完善草原承包经营权流转制度，大力发展多种形式的畜牧业合作经济组织。积极引导发展各类合作经济组织，提高牧民组织化程度，解决单个牧户无法解决的规模化生产和经营的许多问题，引导扶持牧民采取合作社、互助经营、联户经营等形式整合草原等生产资料，发展适度的规模经营，促进草地资源的集约利用。

**作者简介：**

马戈亮，男，保安族，1969年10月出生，中共党员，大学学历。现任青海省河南蒙古自治县畜牧局副局长兼县草原综合专业队队长。

卡着才让，男，藏族，1981年1月出生，中共党员，本科学历，畜牧草原师。现任青海省河南蒙古自治县草原综合专业队副队长。

# 依靠科技创新驱动　助推现代农业发展

江西省黎川县农业局　程快生

江西省黎川县是一个有着1755年建县历史的文明古邑；地处江西省中偏东部、武夷山脉西麓，是由赣入闽的东大门之一；区域总面积1728.56平方公里，总人口24.2万人，山地面积13.2万公顷，耕地面积1.58万公顷，水面0.57万公顷；“七分半山分半田，一分水面和庄园”是自古以来黎川县称为山区县的真实写照。

为顺应当前“三农”工作在改革时期的阶段变化，遵循农业发展规律，持之以恒强化农业、惠及农村、富裕农民，黎川县紧紧抓住“海西经济区”和“鄱阳湖生态经济区”战略区域定位的历史机遇，大力实施“科技兴农”战略，依靠科技创新驱动，着力提高农业劳动者素质，不断满足农民致富需求；以粮食生产为第一要务，着重“安全、优质、高效”；以调整结构为切入点，突出发展“特色农业”；以品牌创新为支撑，提升“农产品竞争力”，有力推进了现代农业发展进程。

## 一、以粮食生产为第一要务，着重“安全、优质、高效”

### （一）调动抓粮种粮积极性

为稳定粮食生产，黎川县制定和规划确定了基本农田底线及保护条例；强化了各级领导主管粮食生产责任制；全面贯彻和执行国家各项支持粮食生产的优惠和奖励政策；提出了把“粮食增产，农民增收”作为乡镇政府目标责任考核的重要内容；实行行之有效的激励机制；完善农技人员指导服务工作准则；从而从机制体制上充分调动各级政府和广大农民抓粮种粮积极性，在全社会营造重农抓粮的浓厚氛围。2012年，黎川县克服和战胜了多种困难，夺得了粮食“九连增”。粮食总产达14.68万吨，单产从1978年的217公斤增加到418公斤，农业总产值从1978年的0.4152亿元增加到16.5亿元，农民人均纯收入达7717元，是1978年的80倍。

### （二）改善粮食生产条件

着力加强农田基础设施建设，加快中低产田改造，推广包括良种良法、病虫害综合防治、测土配方施肥等在内的各种实用技术；努力提高粮食综合产能，夯实粮食持续增产基础，大多数乡镇的项目区基本实现了“渠相通、路相连、旱能灌、涝能排、渍能降、田成方、林成网”的田园化模式。

### （三）提升粮食生产科技含量

坚持抓科技创新，强化服务手段，全方位推进农业科技产业化建设，提升科技种粮水平。①普及良种。筛选出适宜黎川自然条件、土壤性能、生产力水平的丰产、质优、多抗品种（组合）；②良法配套，推广测土配方施肥面积10万亩/年，亩均节本增收达35元；病虫综防示范片5万亩/年，连续5年开展“水稻高产创建万亩示范片”，示范片先进技术覆盖率达100%以上，科技贡献率达65%左右；③推行农业机械，全县机耕率常年维持在80%左右；机收率达70%以上。

## 二、以调整结构为切入点，突出发展特色农业

### （一）以山兴橘

制订了“蜜橘产业发展规划”，成立了“领导小组”，建立了“发展专项基金”扶助农民种植蜜橘；通过标准化生产技术普及改造中低产橘园；完善配套服务网络和建立高产栽培示范点，注册蜜橘商标一个，全县蜜橘种植面积达3.8万亩。

### （二）以田兴烟

采取聘请技术人员进行技术指导、统一育苗、免费提供烟秧和烘烤辅助材料、乡镇干部实行分片包干挂烤房制度、累计投入资金近4000万元实施“烟水工程”、优化烟草品种结构、发展特色烟叶，年烤烟种植面积3万亩左右，年增税收1.7万元左右，潭溪乡新庄村列为“全国现代烟草农业示范区”，黎川县成为“江西省烤烟种植重点县”，成功跨入了“两个基地单元县”之列。

### （三）以水兴渔

积极调整养殖结构，形成了“龟鳖、鳗鱼、池蝶蚌、大水面网箱养鱼”“四大特色”养殖基地；以健康养殖为重点，设立了水产病害监测点；举办培训班提高养鱼专业户业务素质；发展水产品加工企业解决水产品销售难题；通过“公司+合作社+养殖户”相结合的水产养殖开发模式，实现“资源共享，优势互补”；水产养殖专业合作社达12家，“无公害水产品”基地1个，“省级示范专业合作社”1个；多年评为“江西省特色渔业先进县”、“江西省渔业工作先进县”等称号；打造一个总投资1000万元、总面积4000亩，立足建成“抚州第一、江西一流”的现代渔业示范基地。2008年起连续多年被

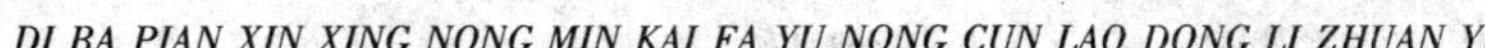

评为“江西省特色渔业先进县”、“江西省渔业工作先进县”等称号。

## 三、以品牌创新为支撑，提升农产品竞争力

**（一）发展“产业基地”**

把“基地与龙头企业、龙头企业与农户、农户与市场”紧紧联系在一起，大力发展特色种养业基地，建成“万亩优质稻生产示范基地”、“千亩烤烟生产示范基地”、“十万羽鹅鸭示范基地”、“百万筒（袋）食用菌示范基地”、“千亩柑橘生产基地”、“千亩黄花菜生产基地”、“千亩生姜基地”及板栗、丛生竹和雷竹等30多个特色农业生产基地，取得很好示范带动效应。

**（二）培植“龙头企业”**

推进产业结构加速优化，积极抓好“规模种植、产品加工、市场销售”三个重要环节，促进农业产业化经营上规模、上档次；通过资金、技术和政策扶持等方式，促进发展了省级龙头企业3家、市级龙头企业25家、3个“自营创汇企业”、5个“无公害龙头企业”、2个“龙头企业绿色食品标志”，1个获“国家农产品地理标志”和1个“江西省著名商标”等称号；积极培育发展组建各类专业合作社191家，带动农民变“单打独斗”的零散种养为“抱团”集约化生产；2012年1家合作社评为“全国农民专业合作社示范社”。

**（三）立足“一村一品”**

按照“一个产业、一名领导主抓、一个领导小组、一套扶持政策”的思路，先后建成了“烤烟生产专业村”、“甲鱼养殖专业村”、“毛竹种植专业村”、“南丰蜜橘专业村”、“蛋鸡饲养专业村”等60多个。洵口镇洵口村以“鸣亚养鸡场”为主的肉鸡饲养年出笼在400万羽，年纯收入在500万元，?2011年被评为农业部标准化养鸡场；荷源乡陈家村成为“美蛙养殖专业村”，年总收入160万元，其带头人2010年曾获农业部颁发的“无公害农产品内检员证书”；中田乡中田村发挥位居洪门水库库区优势，大力发展名优番鸭养殖，年纯收入158万元，其纯天然产品畅销县内外……

**（四）助推“物流其畅”**

大打“招商牌”，营造宽松投资环境、制定优惠政策、实施优质服务吸引闽、浙、粤、沪等地客商和农产品经纪人，推销黎川的粮食、食用菌、水产品等农副产品；大打“物流牌”：建立了以县城为中心，以高速公路、省道为主骨架，省、市、县、乡、村相连接的公路网络，发展了19家物流企业，511辆总吨位达12889吨的运输能力，为现代物流提供了快捷、优质、安全、

便利的通行条件；大打“创新牌”：在积极完善乡镇基层农技推广体系建设的基础上，与省内外多家农科院和科研单位“联姻”，聘请专家教授作为食用菌和水产技术顾问，通过引进新优品种、新技术和新工艺，辅导农民学习掌握网上销售技术，使黎川县农民能在第一时间掌握了解市场信息，市场动态、消费者需求，从而使农副产品的效益明显；大打“商标牌”：鼓励、培育和扶持符合条件的企业、农民专业合作社参加商标申报注册，已打造出“仁旺”茶树菇、“恒兴”鳗鱼、“日峰”甲鱼、“黎峰”大米、“洪洲湖”白茶、“洪洲湖”茶油、“绿沅”美蛙等20多张具有地方特色的“绿色名片”，这些农产品依靠品牌效应成功进入国内外大市场，走俏全国20多个大中城市，尤其是烤鳗已漂洋过海爬上洋人餐桌。

## 四、今后的对策与思考

一是完善土地流转机制，积极探索土地流转新方式，把土地集中流转到有能力开发土地的能人上，实现土地规模化经营。

二是用现代科技提升农业，培育发展优势农产品，突出创建绿色品牌，重点围绕黎川山清水秀的特色，发展茶叶、食用菌、特种水产等特色产业。

三是继续依靠科技创新驱动，力争在较短的时间内，走出一条“市场导向、经济高效、产品安全、资源节约、环境友好、技术密集、资本和人才资源”得到充分发挥的黎川县新型现代农业道路。

**作者简介：**

程快生，男，1953年2月出生，中共党员。现任江西省黎川县农业局副主任科员。

# 大力发展设施农业 实现农业增效 农民增收

内蒙古自治区经济作物工作站　程玉琳

## 一、我区设施农业发展现状

自国家实施农业结构战略性调整以来，内蒙古自治区把发展设施农业视为推动农村经济发展，实现农业增效、农民增收的突破口，通过创新工作思路，加强组织领导、强化科技服务，加大政策扶持，加强监督管理和工作考核机制，使我区设施农业建设取得了长足进展。从 2004 年开始快速起步，2005 年到 2008 年间，以每年平均 10 万亩的速度递增，从 2009 年开始，全区每年新增 20 多万亩，截至 2012 年年底，全区设施农业总面积达到 180 万亩。设施结构以日光温室和塑料拱棚为主，日光温室面积占设施面积的 53.3%，塑料大、中、小棚面积占 46.7%。设施建设主要分布在西辽河流域、燕山丘陵区、大青山与燕山结合部、土默川平原、河套平原东部，占总面积的 90% 左右。

随着设施农业的快速发展，设施农业的种植结构逐步向多元化发展，由过去单一的蔬菜种植发展成为果树、瓜菜、花卉等多元种植。其中，蔬菜种植茬口也完善为早春茬、秋延后和越冬茬多种生产茬次，实现了周年供应。辣椒、黄瓜、番茄等精细蔬菜面积和彩椒、樱桃番茄、西甜瓜等特色瓜菜面积不断扩大。许多地方的农民已经由“粮农”转变为“菜农”、“果农”、“花农”，涌现了一批“辣椒村”、“番茄村”等，为逐步解决蔬菜、瓜果等农产品周年均衡供应，丰富“菜篮子”，改善城乡居民生活发挥了积极作用。

## 二、我区发展设施农业的优越性

### 1. 我区自然条件适宜

一是我区人少地多，现有耕地 1.07 亿亩，全区人均 4.6 亩，居全国之首。二是光热资源丰富，年日照时数为 2600 ~ 3400 小时，10℃以上有效积温达 2000 ~ 3000℃；无霜期 100 ~ 165 天，昼夜温差较大，非常有利于作物营养物质的积累。三是雨热同期，年降雨量200～450毫米，雨热同季，有利于农作物生长。四是种质资源丰富，具有广阔的开发空间。五是农业生态环境污染轻，气候干旱寒冷，农作物病虫害较轻，有利于生产绿色、无公害农产品生产。

2. 地理位置优越

内蒙古具有独特的区位优势，横跨东北、华北、西北，毗邻八省区，内靠京、津等大城市，消费市场十分广阔；外临蒙古和俄罗斯，拥有满洲里和二连浩特两个大型陆运口岸，有着出口创汇的地理优越条件。

3. 技术力量较雄厚

区内有自治区经济作物工作站、自治区农牧业科学院、内蒙古农大农学院等专业推广、研究机构，有一批专业水平和知名度较高的长期从事农业研究的专家，有健全的遍布盟市、旗县、乡镇的技术推广网络以及各种专业学会，拥有一批自主研制开发的优良品种和研究成果，再加上一批经验丰富的农民，奠定了我区经济作物生产坚实的技术基础。

4. 劳动力价格低廉

随着我区农业产业结构的调整和退耕还林还草战略的实施，以及农村经济建设的快速发展，农村劳动力资源进一步重组，剩余劳动力随之逐年增多，而外出打工则由于文化素质偏低受到多方限制，于是一部分人员便投入到劳动密集型的产业中来，这为我区进一步发展蔬菜产业提供了丰富、廉价的劳动力资源。

## 三、我区设施农业发展的经验、做法及取得的成绩

### （一）我区加快设施农业发展的经验及做法

1. 加强组织领导

自治区党委、政府把设施农业作为避灾农业、节水农业和高效农业来抓，进一步明确了发展设施农业的总体思路和发展目标，确定了设施农业的发展布局和建设重点，各盟市采取切实可行的措施，大力发展设施产业。

2. 加大资金投入和扶持力度

近年来，全区各级财政加大了用于发展设施建设的资金，形成了多元化、多渠道、多层次的投入机制，极大地促进了设施农业的快速发展。一是各级政府及相关部门不断加大投入力度，多方争取项目扶持资金。二是加强项目资金整合，集中资金投入设施农业生产建设。整合各类涉农项目资金，重点支持设施农业生产小区的水、电、路等基础设施建设、农民建棚补贴、育苗

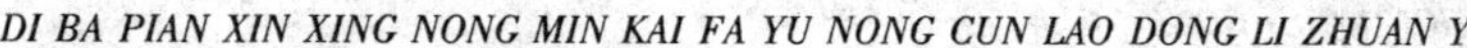

基地建设、农产品质量安全体系建设、信息体系和社会化服务体系建设等。三是积极协调银行贷款，提高贷款额度，延长贷款期限。积极推行联户担保，广泛吸引企业、经济合作组织、农民等各方多元化投入资金或农产品认购。四是加快招商引资，吸引社会资本投入设施农业生产。制定优惠政策，鼓励和支持龙头企业投资参与基地建设，发展设施蔬菜生产；鼓励和支持社会力量采取股份制、股份合作制、租赁制等多种方式参与设施蔬菜生产建设；鼓励工商企业投资设施蔬菜生产，建立“公司＋基地＋农户”的新型产业化组织体系，弥补设施蔬菜生产建设资金的不足问题。

3. 搞好科技服务，加强技术指导

随着设施农业的快速发展，我区各级农业部门和科技人员注重在技术培训、技术指导和“三新”的引进推广方面搞好服务，及时解决农民在设施建设和生产中的实际问题。一是强化科技队伍建设。加大对设施蔬菜生产科技人员的招聘和培养，落实和兑现科技人员职称待遇。二是大力开展科技培训，培养新型农民。着力提高农民的生产技术和管理水平，采取举办培训班、电视讲座、参观示范点、召开现场会等多种形式，让农民掌握先进适用技术，提高农民解决生产经营中实际问题的能力。三是强化“三新”技术试验示范推广工作，增加专项经费，引领设施生产发展的导向力。四是加快乡镇农技人员的培养，支持科技人员和大学毕业生到设施农业生产一线开展多种形式的有偿服务，解决基层科技队伍断档现象，增强基层农技服务力量。五是加强农民技术人员培养，建立以农业技术干部为骨干，以农民技术员为主体的技术体系。针对设施生产技术指导力量不足的问题，各地抽调技术骨干，组建服务中心，加强技术指导服务和市场销售工作。

4. 建设市场，搞好营销

良好的市场体系和完善销售网络是设施农业生产健康发展的前提。各地不断加强农产品产地批发市场建设，确保设施农业产品能够产得出、销得好，切实增加农民收入。一是抓好市场体系建设。对原有的产地批发市场进一步扩大规模，完善设施；新建的批发市场要依托资源，科学规划，合理分布，形成遍布全区的产地市场和批发市场销售网。二是充分发挥互联网信息传媒优势，加强与国内各大蔬菜批发市场信息网、各涉农单位网站的联网工作，建立大型信息交流和发布平台，加强无公害、绿色设施蔬菜产品推介和营销，不断提高优质蔬菜产品的知名度。

5. 加快龙头企业建设

近年来我区采取有效措施，加快以蔬菜、瓜果等设施农产品为主的农业龙头建设，并努力建设开发以深加工产品和高附加值产品为主的大型加工企业，形成龙头企业与周边农户双赢的产业链条，以点带面，起到了示范带头作用。一是制定优惠政策，引进和培植一批以农产品深加工为主的农业龙头企业，开发精深加工产品和高附加值产品，提高企业抵御市场风险能力和对农户的带动能力。二是引导多元化投资兴办龙头企业。三是围绕龙头企业，抓好农产品基地建设。采取“公司+基地+农户”的组织形式，以龙头企业带动基地建设和农民增收。四是打造精品名牌。紧紧围绕标准化和无公害做工作，争取产品国内国际质量标准认证，注册商标、打出品牌，提高品牌知名度。五是加强政策扶持和加大信贷支持力度，为龙头企业发展创造宽松环境。

6. 加快土地流转，推进规模发展

促进设施农业生产规模化发展，必须采取有效措施加快土地流转和利用。一是通过群众相互做工作，自行调整土地，把适宜于发展设施蔬菜生产的土地集中使用；二是对土地调整确有困难的，采取“反租倒包”的方式调整土地；三是通过土地入股，由企业负责建设，农户参与生产。通过这些方式，实现了一家一户零散土地向规模化、集约化、连片开发的转变。

7. 实行奖惩制度

重点盟市都建立了设施基地建设实地验收制度。市政府与各旗县区均签订设施农业责任状，市设施农业领导小组和考核办加大了督查力度，不定期地开展督查活动，并及时通报督查结果。年终进行考核验收，考核结果作为奖惩的重要依据。市政府采取以奖代补的办法，对设施农业发展速度快、规模大、效益好、农民增收显著的旗县和做出突出贡献的科技人员给予奖励。

**（二）近几年取得的成绩**

截至2011年，全区设施农业面积达到152.4万亩，逐步形成了以日光温室、塑料大中小棚为主体的保护地果蔬栽培体系，实现了由季节性生产供应到周年生产供应的跨越。在促进农业生产经营方式的转变，发展集约型农业和避灾农业，促进结构调整和增加农民收入方面取得了显著的成绩。主要表现在以下几个方面：

1. 产业地位逐步提升

以蔬菜产业为例，2011年，全区蔬菜生产面积410.7万亩，总产1429万吨，总产值257.8亿元；其中设施蔬菜面积150万亩，产量600万吨，总产值172.9亿元。据统计，2011年蔬菜产值占种植业比重达33.1%，其中设施蔬菜的总产值在蔬菜产值中的比重达67.1%，占种植业产值的比重达22.2%。

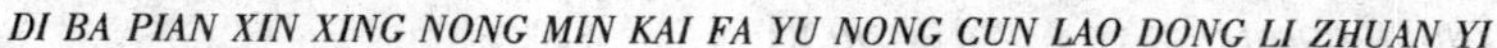

分别比2010年提高1.9、2.8和2.2个百分点。

2. 生产结构渐趋优化

近年来，我区的设施结构模式呈现出节能日光温室发展迅速，普通、加温日光温室发展缓慢，塑料拱棚比例下降的趋势。2011年全区日光温室面积占设施面积的53.3%，大、中、小棚面积占46.7%。设施农产品也正由结构单一向多样化转变。

3. 基地规模不断扩大

我区设施农业的发展重点是抓小区规模建设，以规模求效益，以规模拓市场，相对集中的规模小区不断出现。各盟市按照“科学规划、集中连片、统一标准、规模发展”的原则，通过土地流转等措施，由一家一户小规模生产向集中连片、大规模生产转变。

4. 科技含量逐年提高

在设施农业的发展过程中，各地整合组装推广了一系列日光温室综合配套技术。一是优良品种。主要推广了经济效益较高的茄果类蔬菜，如适合远途运输的国外硬果番茄。二是培育壮苗技术。主要推广了黄瓜、茄子、西瓜嫁接技术。三是大垄高畦、膜下暗灌、滴灌和微灌技术。四是双膜双网技术、多层覆盖保温技术。五是水肥一体化技术，提倡增施有机肥，冲施复合肥，应用二氧化碳气肥。六是保花保果和疏花疏果技术。七是合理安排茬口。八是无公害果蔬生产和病虫害综合防治技术。部分重点盟市设施蔬菜栽培新品种推广应用率达98%以上，新技术推广应用率达80%以上。

5. 农民收入稳步增加

经过几年的建设和发展，目前，设施农业已成为我区农民增加收入的重要产业。以蔬菜产业为主，2011年我区设施蔬菜产值172.9亿元，农牧民人均1454.5元，分别比2010年增加了41.2亿元和345.8元。人均设施蔬菜收入占农牧民人均收入的22.5%。

## 四、我区设施农业发展存在的主要问题

虽然近年来我区设施农业基地建设步入了快速发展阶段，取得了一定的成效，但目前仍存在一些不容忽视和亟待解决的问题：

1. 设施规模较小，整体水平不高

我区的设施总体规模较小，目前占绝大比重的设施蔬菜栽培面积仅占全国设施面积的2.99%。设施环境控制、管理技术、生物技术、人工智能技术、网络信息技术等方面与周边发达省市相比尚有较大的差距。

2. 资金短缺，制约了设施农业的发展

据调查，我区建设1亩高标准的砖混结构型日光温室造价15万~18万元，机械构建厚墙体日光温室，每亩造价在8万~9万元，而我区财政补贴标准最高的地区每建1亩温室补贴3万元，仅占建设费用的16%~37.5%，由于财政扶持资金比重小，农户申请贷款难度大，资金不足的矛盾十分突出，不同程度地影响了设施基地的建设。

3. 基层技术力量薄弱，农民缺乏技术，经营效益低

由于基层技术力量薄弱和技术服务不到位，导致新技术推广滞缓，直接影响设施基地建设和效益的提高。且随着城郊新农田的开发和设施农业的建设发展，大批农民转向劳动密集、科技含量高的设施产业。农民在栽培技术、管理经验、市场营销等方面均缺乏技术和经验。因此，一些地区设施产品品种结构趋同，病虫害发生严重，优质、无公害产品比重小，品牌意识和产品市场竞争能力不强，直接影响经济效益。

4. 土地流转困难，产业化水平低

我区各地普遍存在土地调整难度大的问题，近年来，由于国家政策好，土地收益不断增加，农民惜地意识增强，不愿轻易把自己的土地交换流转出去，造成土地流转困难，致使龙头企业建设滞后。而以个人经营为主体的设施产业，生产单元小，规模效益差，对设施产业高投入和高风险的承受能力弱，难以实现自我积累自我发展。

5. 市场销售问题

设施农业生产的规划布局相对还很分散，缺少具有足够市场竞争实力的大规模种植区域。尽管产出效益较好，但由于配套的储运、加工、包装等环节受到产地规模的限制，无法吸引足够的投资，更谈不上产销同步发展。加之市场销售环节的缺位，使设施蔬菜生产的效益大打折扣。设施农产品在从“田间”到“餐桌”的物流渠道有待于进一步健全完善。这些都是制约我市设施蔬菜生产发展的重要因素。

6. 低温高湿加重病害发生

由于我区设施农业生产上推行的是节能栽培技术体系，棚室内夜温偏低、湿度大是普遍现象，加上相当一部分农户防病意识薄弱，为了省钱省事不落实地面覆盖技术措施，大水漫灌，更加剧了棚室环境的低温高湿状况，致使霜霉病、灰霉病、叶霉病、疫病、早疫病、晚疫病等低温高湿病害在我区设施生产上呈严重多发态势。这种“精细”农业的“粗放”管理，重“产量”而不重“质量”的不协调现象，导致许多地区的设施农产品质量不高，缺乏

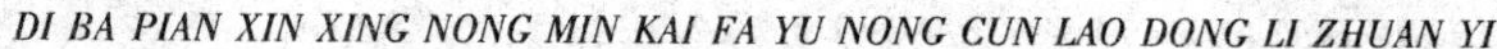

竞争力，经营效益受到严重影响。

7. 设施装备水平低，社会化服务体系尚未健全

我区棚室的温、光、水、气等小气候环境调控能力差，机械化程度低，劳动强度大，劳动生产率低。贮藏、保鲜、深加工等环节薄弱，社会化服务和市场体系不健全。

## 五、我区设施农业发展的对策措施

1. 落实扶持政策，搞好协调服务

要认真落实中央和自治区一系列扶持鼓励设施农业发展的政策，积极争取政府的支持，积极协调有关部门，研究和制定鼓励发展设施农业的产业政策，加大对设施农业财政、信贷和保险政策的支持，逐步建立国家扶持、农民投资、社会投资和企业投资的多元化的投资机制，加快发展设施农业。同时，协调有关部门，对鲜活农产品的运销开辟“绿色通道”，鼓励从事农产品的贮运和销售，为本地区瓜果蔬菜等经济作物产品销售创造一个良好的外部环境。

2. 统一规划，实行区域化布局

要认真做好科学规划工作，在坚持向优势区域聚集的原则下，根据不同的地域条件和特点，按照因地制宜、合理安排、区域化布局、规模化生产的原则，选择优势明显、有发展潜力的主导品种，统一规划，连片建设，规模经营。重点建设围绕俄罗斯市场的大兴安岭南北麓设施基地；围绕京津沈市场的西辽河流域、燕山丘陵区设施基地；围绕京冀鲁市场的大青山、燕山结合部高寒、冷凉设施基地；围绕呼包二市市场的土默川平原设施基地以及河套灌区的反季节瓜果设施基地等。逐步形成设施瓜果、蔬菜的优势产区和合理的产业布局，形成地域优势和规模优势，依靠规模占领市场，实现规模效益。

3. 建立现代农牧业科技服务体系，搞好设施园艺产业的科技服务

认真贯彻落实农业部“科技进村入户，助力增产增收”的主题，积极响应自治区农牧业厅万名科技人员下乡活动，采取“1 +1 +1”的技术服务模式，建立现代农牧业科技服务体系设施农业示范推广团队。在各盟市设置技术服务组，开展产业综合集成技术的试验、示范、农牧民培训和技术推广，建立示范园区。为广大农牧民树立样板和典型，将产业综合集成技术推广到千家万户，深入田间地头和棚舍，手把手地传授新品种、新技术，进村入户开展科技服务，提高我区设施产业的整体科技水平。此外，充分利用 12316

专家热线，为广大农户提供优质的咨询服务。

4. 加大科技投入力度，提高设施园艺的科技贡献率

一是加大科技创新投入力度，支持设施生产关键技术装备研发。加强协作，积极探索设施产业科技创新体系建设。加快科技成果转化应用，提高产业的整体技术水平，实现产业不断升级。二是加强设施标准建设，建立和完善设施农业标准化技术体系。重点加强设施蔬菜建设、生产和运行管理标准的制修订工作，切实提高设施产品的标准化水平。三是建立测土施肥与水分监测管理系统、主要病虫害的预测体系和综合防治的技术体系，实现适合设施作物生长的光、温、气控制及水、肥、病虫害控制的管理系统。

5. 加强培训，扩大宣传

现代设施农业技术需要文化素质较高的现代农民，我们将进一步加大农民科技培训力度，积极开展多层次、多形式的技术培训，培育科技示范户，示范村和示范片。重点推广有自主知识产权的设施专用优良品种、集约化育苗、综合高效利用模式、多功能防雾滴棚膜、膜下暗灌（滴灌）、平衡施肥、防虫网阻隔和黄（蓝）板诱杀防虫、连作障碍治理、机械化作业、采后商品化处理等 10 项技术，切实提高农民设施从业技能水平。同时，在政策、技术、信息等方面做好宣传和引导工作，使广大干部群众对发展“绿色农业”、“特色农业”和“生态农业”有比较清醒的认识，为发展设施农业打下坚实的群众基础。

6. 树立品牌意识，推行无公害生产

发展无公害、绿色产品是市场经济的必然选择和提升经济效益的有效手段。要建立健全有关法律和法规，提高和强化设施农业生产者的职业道德意识，发展无公害化生产。一是要充分发挥我区环境无污染的条件，增加设施农业名、优、特、稀新品种的生产比重。二是积极适应国内外市场需求，大力培育品牌，提高品牌知名度。三是积极普及先进实用生产技术，严格按照无公害产品的要求和商品质量标准组织生产，认真落实集约化育苗、生物防治、配方施肥等技术措施，实行无害化标准化生产。

7. 不断完善产销服务网络，拓宽销售渠道

一是加大对设施农产品宣传力度，拓展市场空间和引导消费。二是依托设施生产基地，建设产地批发市场，促进农产品物流畅通。三是积极培育农产品流通组织和社会中介组织，扶持农村经纪人队伍的发展，提高农民组织化程度，并以此为载体强化服务、连接市场、开拓市场，降低市场风险，确保农民利益。四是要大力拓展外部市场，拓宽流通领域。五是要建立和完善

市场信息体系，及时提供设施产业生产的全程信息服务。

8. 结合国家及自治区项目，大力发展龙头企业和农村专业合作社，辐射带动周边地区设施发展

以自治区《“菜篮子”工程建设》、农业部《园艺作物标准园创建》以及中国农科院《西北非耕地农业利用技术集成及产业化示范》项目为依托，充分利用项目资金和技术服务在各盟市打造数家规模化种植、标准化生产、商品化处理、品牌化销售、产业化经营的高标准龙头企业，作为各地区的典范，辐射带动周边区域共同发展。尤其是通过非耕地农业利用项目的开展，可以有效地解决发展日光温室占用耕地面积较大的矛盾，有效地缓解耕地紧张的问题。进一步探索非耕地区域资源的高效利用模式，建立非耕地设施园艺可持续发展的技术体系，实现生态治理和高效农业的协调发展。既可以拓展我区的农业可利用空间，缓解人口增长与农业用地减少的矛盾，又能促进西北地区农村经济发展，增加农民收入。

**作者简介：**

程玉琳，女，达斡尔族，1963年出生，中共党员，硕士学历。现任内蒙古经济作物站站长、研究员、中国农学会葡萄分会理事，内蒙古瓜果蔬菜协会秘书长，内蒙古自治区防沙治沙协会常务理事和专家委员会委员。

曾入选内蒙古自治区“321”人才库，人民代表大会代表、农业专业委员会委员。获省部及地市级科技奖多项。

# 坚持走农业产业化之路
# 不断提升农业综合生产水平

甘肃省永昌县农牧局　罗　真

## 一、农业现状

永昌县地处河西走廊东部，祁连山北麓，阿拉善台地南缘，总面积7439.27平方公里，其中土地总面积1115.91万亩。东邻民勤、武威，西迎山丹，南依肃南、青海门源县，北与金川区接壤。县内平均海拔1950米。走廊平原绿洲地区海拔在1400～2500米，地势平坦，物产丰富，为主要的农作物产区。兰新铁路、312国道贯穿全境，乡村公路四通八达，交通运输十分方便。总人口25.8万，其中农业人口19万。总耕地面积120万亩，常年播种面积80万亩左右，是以河灌为主、井灌为辅的灌溉农业县。也是全省十二个半农半牧县之一。

近年来，永昌县充分发挥区域优势，不断调整产业结构，强化基地建设，大力发展以胡萝卜、西芹为主的高原无公害蔬菜产业、以啤酒大麦为主的啤酒原料产业、以优质肉羊为主的养殖业、以优质面粉为主的小麦加工业、以双孢菇为主的食用菌产业、以胡麻加工为主的油料产业、玉米制种为主的制种业等特色产业，大力推进农业产业化经营，通过多年的发展，我县农业产业化经营主要有如下特点：一是组织结构趋于合理。二是企业规模不断扩大。三是带动能力不断增强。四是利益机制不断完善，在产业化经营过程中我县主要采取了如下措施：出台政策加强指导，制定规划加强引导，加强培训引导提高，设立专项资金加大扶持。截至目前全县已认定的市级农业产业化龙头企业23家，省级11家，国家级1家。产业化龙头企业固定资产总值达5.6亿元，带动农户数3.6万户，通过ISO9000等质量体系认证的龙头企业7家，获得省以上名牌产品或著名商标的龙头企业三家，获得“三品”认证的企业11家，建成农民专业合作社118个，成员1733人，辐射带动周边农户5000户。啤酒麦芽、面粉、蔬菜、植物油年加工能力分别达到28万吨、20万吨、3万吨和2万吨，农产品加工增值率达61%。“今农”、“金菇”牌胡萝卜、双孢

菇等蔬菜、"河西走廊"、"乌牛"牌麦芽、面粉等 26 个产品取得国家认证的 A 级绿色食品标志使用权，"永昌胡萝卜"、"永昌县啤酒大麦"获得了国家农产品地理标志保护，全县已注册"今农"牌蔬菜等农产品商标 29 件。胡萝卜获得首届北京沙产业博览会金奖，双孢菇、金鲜美辣酱获得甘肃省农交会金奖。制定颁布农产品质量标准和栽培技术规程达 44 项。永昌县被列为国家级啤酒大麦标准化生产示范县和省级无公害农产品示范县。

## 二、存在的问题

近年来，我县农业产业化经营虽然取得了一定的成绩，但与发达地区相比仍存在较大差距，与我市 2015 年前在全省率先全面建成小康社会，实施农民收入倍增计划的目标 差距还很大，主要表现在以下几个方面。

一是产业化经营的层次比较低。我县的肉羊、蔬菜、玉米制种等主导产业都还在为发达地区提供原料的低水平的产业化初级层面上，深加工以增加附加值的很少。

二是发展的扶持力度不够。由于我县地处西北内陆，自身财力艰难，所以对产业化龙头企业的奖励扶持基本没有，省上的项目资金每年名额有限，扶持数量也很少，配套政策也跟不上，所以对龙头企业的快速健康发展扶持力度不够。

三是发展资金短缺。目前建成的龙头企业普遍存在生产经营资金短缺，融资难的问题。

四是专业化基地建设有待加强。我县的蔬菜、玉米制种等产业虽然基地有了一定的规模，但与高度的产业化经营还不相适应，基地规模小，龙头企业原料短缺，标准化集约化水平低致使产品质量低，产业化基地农户的生产水平较低等问题亟待加强。

五是企业经营队伍急需提升。目前的龙头企业的经营者，基本上是小民营企业积累做大的，经营团队也是家庭成员，文化素质不高，与现代企业的经营差距。

## 三、对策与建议

### 1. 确定重点发展思路

在发展产业化要确立顺应天时遵循自然规律，顺应市场，遵循经济规律，顺应时代，遵循科学规律的发展思路。要结合我县实际重点发展优质肉羊繁育加工、啤酒大麦生产加工、蔬菜产业、食用菌产业、油料生产加工、玉米制种等产业。

2. 采取政策引导、招商引资的方式加大农业产业化龙头企业的培育，以完善提升产业化链条和水平

3. 大力提升产业化经营水平

要引导企业向产业化深层次发展，开展农产品的精深加工，打好包装，实施品牌化经营，提高农产品的附加值，以增加农民收入，提高企业在市场上的竞争力。

4. 加大财政资金的扶持力度

建议省市县三级政府要加大对农业产业化龙头企业的财政支持力度。对认定的市级以上龙头企业的奖励力度要加大，对企业上马的精深加工、基础设施建设项目要加大支持力度，在现有的基础上扶持资金要翻番，扶持企业数量要增加。

5. 帮助企业破解融资难的问题

要加大金融支持农业产业化的工作，组建融资担保机构，加大贷款额度，使有基础、符合产业发展方向的企业有发展资金。

6. 加强基地建设

加大产业结构调整，引导龙头企业以多种方式建立自己的原料基地。结合产业发展加大对农民的生产培训，提高生产者的水平，大力实施标准化生产，加大农业基础设施建设，建设专业化的产业化生产基地。

7. 开展龙头企业经营者的培训

要设立专项资金采取实地参观与理论培训相结合的多种培训方式，辅导培训经营者，以提高经营水平，采取现代化的企业组织结构和经营方式，发展农业产业化。

**作者简介：**

罗真，男，1962年6月出生，中共党员，大学学历。现任甘肃省永昌县农牧局局长。

# 在生产实践中不断发展和提高养蚕技术

广西壮族自治区柳州市农业技术推广中心　郭　凡

## 一、桑树栽植技术

一年四季均可种植桑树，但多在“大雪”后，“立春”前种植。这期间桑苗处于休眠状态，开春即萌发枝叶，五月下旬，六月初可采叶养蚕。种植桑树前深翻土层，开沟，施足基肥，亩施土杂肥1500～2500千克，磷肥50千克，施入沟底，回土种桑。杂交桑每亩以5000株左右为宜，有效枝条控制在12000～15000条为好。行、株距规格一般为80～100厘米、15～20厘米；根据桑树品种、土壤肥力、采伐形式、施肥水平或小蚕专用桑园条件不同，种植规格有所不同，如土质肥沃、施肥水平高、小蚕专用桑可适当偏疏。

## 二、小蚕共育技术

小蚕共育技术是把小蚕集中在有专用桑园、饲养技术过硬、设备完善的单位或专业户饲养，在小蚕共育户将蚕养到三龄或四龄起蚕第二口叶后，分发给养蚕户饲养的一种分段养蚕法。我市年共育小蚕50多万张，年增收2000多万元。

## 三、省力化蚕台育（活动式蚕台）技术

从4龄起蚕开始移至省力化蚕台上饲养，除沙前加一张比蚕台稍大一点的蚕网，除沙时，把蚕网的四个角挂在一层蚕台的钩上，一人或两人能快速除沙，可大大提高大蚕除沙的劳动工效。省力化蚕台由于是立体的，比地面育节省占地空间，又有利于防病。利用蚕台养蚕面积是地面育养蚕面积的3～5倍。

### （一）升降活动蚕台的制作

1. 材料

用杉木加工成各种规格的木条：（1）竖柱：240cm×12cm×6cm，4根；竖柱底座：116cm×16cm×5cm，2根；蚕架横档框木：240cm×10cm×10cm，

2根（固定在蚕架顶部）；112cm×20cm×5cm，2根（固定在蚕架中部）；蚕架横档木（活动的，在上蔟和除沙时才用）：230cm×4cm×3cm，6根，其中2根上方钉有5cm铁钉6枚；（2）用于装置滑轮的木料：112cm×5cm×4cm，2根，80cm×5cm×4cm，4根；50cm×5cm×4cm，2根；30cm×5cm×4cm，2根，240cm×5cm×4cm，1根；（3）蚕台用料：200cm×5cm×2cm，18根；112cm×5cm×4cm，18根；112cm×4cm×2cm，18根。尼龙纱窗网18米、编织布18米、塑料大蚕网20张、铸铁小滑轮2个、塑料绳15米。

2. 制作蚕架

用四根竖柱、四根蚕架横档框木及两根底座构成蚕架。蚕架高240厘米，长200厘米，宽100厘米，地面清扫干净或垫铺塑料编织布作为底层蚕座。四根竖柱外侧离地高80厘米处及每隔20厘米处各钉上窗用插销（11cm×3cm）一个，每层蚕台四角底边对应钉上插扣，推上插销就可以固定一层蚕台。每根竖柱外侧，离地高60厘米、120厘米、180厘米处凿凹槽一个，供搁置活动横档木条，以便除沙和上蔟时用。

3. 活动滑轮的安装

可以利用旧机械上的小型铸铁滑轮2个，在蚕架左右竖柱顶上各钉一付人字形木架（与侧边平行），木架中心固定一个滑轮，一根塑料绳折成双股，穿过滑轮，供人拉动的双股连线垂于蚕架右侧边，而另一端分开两头，一头垂于蚕架左边，另一头垂于右边，绳子两头前端均扎有一个铁钩，用来钩蚕台，起到升降蚕台的作用。

4. 制作活动蚕台

每个蚕架配置蚕台9个，每个蚕台面积为：200cm×112cm，在蚕台底部钉上一张尼龙纱窗网，网上再铺一块编织袋布，网下均匀位置上钉2根（112cm×4cm×2cm）横木条作支撑蚕台底部的横档，蚕台四角底下钉一短木条（20cm×5cm×3cm）与蚕台两边框构成三角形而成为框底垫木。蚕台左右短边框外侧各钉一根塑料绳（两边连接呈三角形）和锁扣，以便钩起蚕台和固定蚕台。

**（二）使用方法**

本蚕台共设计九层活动蚕台，加上底座一层，实际有十层蚕台可供养蚕。蚕台可以从收蚁开始使用，也可以从大蚕开始使用。一组蚕台实有蚕座面积（连地面一层）共22.4平方米，可养0.5张蚕种，如两组相并可养1张蚕种。

1. 饲养操作

养小蚕：1龄因蚕儿细小占蚕座面积少，可以只用中间一层或几层蚕台饲

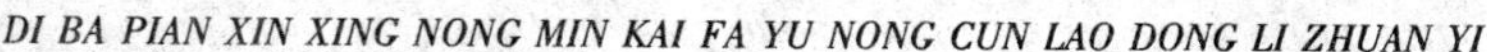

养，可把蚕台放于1米高处，扣上插销固定，方便养蚕者进行给桑、扩座、匀蚕等操作。随着蚕儿逐渐长大，适时扩座，不断增加蚕台。养大蚕：当给桑时，从下而上通过两边塑料绳钩住蚕台四角侧边的绳扣，固定蚕架右侧的双股塑料拉绳，然后拉开蚕台四角的插销，接着放松塑料绳，经过滑轮牵引把蚕台逐个放下堆叠在地上，因蚕台底部有垫木，堆叠的蚕台之间不会挤压。当蚕台放低后，便可以着手给桑叶。每给完一层蚕台桑叶后，先用蚕台两边塑料绳钩钩住蚕台上的绳扣，然后拉动滑轮上的拉绳，把蚕台升到与蚕架上插梢相应的位置，扣住插梢就可把蚕台固定在原蚕架上的位置。依此操作把喂好叶的蚕台提升回原位，并扣上插梢固定。

2. 除沙操作

本蚕台除沙是固定在一定高度位置上进行。先把蚕台逐个下放，堆叠于地上，每放下一个蚕台时顺便铺上蚕网，并在蚕网上撒布桑叶。全部蚕台放下完毕，把有钩钉的两根木条搁于竖柱1.2米高的凹槽上，接着把蚕台提升到1米高的位置上扣上插梢固定，然后把蚕台里的蚕网长边往上提挂在横木钩上，再把一根横木条搁于蚕台外侧架上60厘米高的凹槽上，将蚕台外侧放到这条横木上，蚕台向外倾斜，呈斜面状，将蚕座上的纺织布包卷蚕沙整体向外推出。蚕沙倒入蚕沙箩后，把纺织布放回蚕台展平，将挂钩上的蚕网连蚕、叶放回蚕台上，整理蚕座，拉动塑料绳把此蚕台再提升到蚕架原处，用扣插梢固定。

## 四、桑园套种技术

在不影响桑树生长和不影响到养蚕的前提下，利用桑园行间空闲土地，种植蔬菜、食用菌等，在生产上进一步提高桑园土地整体利用率，改善桑园土壤肥力，促进蚕农增收的一种耕作模式。桑园套种多在养蚕结束后，冬季空闲季节进行。桑园套种蔬菜亩产值可达1000元，套种大球盖菇亩产值可达5000元。

## 五、蚕沙无害化处理技术

利用生物发酵剂在自然条件下对蚕沙进行发酵处理，通过蚕沙堆放升温杀死蚕沙中的蚕病病原，减少蚕沙对养蚕环境的污染，使蚕沙达到安全返田利用的一种处理技术。

## 六、水帘控温补湿小蚕共育技术

水帘控温保湿小蚕共育技术是根据小蚕共育室环境要求和共育小蚕生长的特殊需要，通过改造抽风装置及水帘装置，以抽风、水帘分体化或一体化，配套安装抽风机调控器等电力调控设备，配套安装水帘进出水管、抽水泵、建设蓄水池等，在小蚕共育过程中实现自动控温保湿，改善小蚕共育环境，提高小蚕共育质量，有效地提高了小蚕的成活率和整齐健康度、节省用工量和经济支出的30% ~50%。

# 加快农业产业化进程　促进农民持续增收

山西省翼城县农业局　史　鹏　郭小丽

近年来，翼城县认真贯彻中央1号文件精神，把农业产业化发展作为调整优化农业经济结构、促进农民增收的一项重大举措，按照“稳粮、增收、强基础、重民生”的根本要求，对内狠抓粮、果、菜、畜四大骨干产业的规模化、标准化，积极培育龙头企业，不断加快全县农业产业化进程。对外狠抓劳务输出，不断增加农民工资性收入。经过几年的努力和实践，全县各类农业产业化企业达到54家，其中，翼众公司产值达3.8亿元，超亿元的还有翼城县江源生化有限公司、菁铧农林牧科技公司，5000万元以上的企业有生银屠宰、普蓉油脂、舜王面业3家，翼众公司2012年被纳入国家级龙头企业，翼城县生银屠宰公司、翼城县江源生化有限公司、翼城县富华养殖有限公司正在申报省级农业产业化龙头企业；翼城县菁铧有限公司正在积极申报市级龙头企业。龙头企业的快速发展，加快了农业产业化进程，为农民持续增收奠定了坚实基础。

我们主要抓了以下几项工作：

## 一、抓基地，建园区，着力培育农业产业化发展“集群”优势

农产品基地是农业产业化经营的重要前提。近年来，我县按照“因地制宜、突出特色、优化布局”的思路，充分整合农业生产资源，促进生产力要素向最适宜区域的优势产业集中。经过几年的不懈努力，全县粮食、干鲜果、蔬菜三大种植示范园区发展到50个，形成南唐垣上开发区、垣下丰产区、里砦南部井灌区、中卫平川开发区、王庄平川井灌区等优质粮食生产基地25万亩，南梁园中园、中卫吴寨、王庄石潭、里砦张桥等高效蔬菜生产园区基地1.2万亩，南捍、北捍、南官庄、北卫、中卫、晓史、上韩、北续、西闫、弃里等优质干鲜果基地近25万亩，发展老官庄、冶南、南北绛、南常、中卫、南唐等规模化健康养殖园区32个（场）。通过基地建设和园区建设，粮、果、菜、畜四大骨干产业形成了区域明显、特色突出的“集群”、“块状”发展格局，为农产品加工企业提供了充足而稳定的原料来源，初步建成了农产品加

工龙头企业的“第一生产车间”，全县农业生产开始由“传统型”向“现代型”、由“分散型”向“集约型”转变。

## 二、抓龙头，上规模，着力提升龙头企业的辐射带动作用

龙头企业在产业化中的特殊地位，决定了我们必须把积极扶持龙头企业发展，作为推进农业产业化经营的切入点来抓。近年来，我们以扶持带动力强的龙头企业为重点，着力建设由龙头企业带动、标准化支撑、产加销相互衔接的农业产业化体系，促进产业链各个环节相互促进、共同发展，推动产业化经营向更高层次延伸、向更宽领域拓展。一方面优惠政策“扶”。我们先后下发了《翼城县人民政府关于鼓励工矿企业创办（领办）农业产业化项目的意见（试行)》、《翼城县农业产业化龙头企业评审办法》、《翼城县农业产业化龙头企业考核办法》、《翼城县关于进一步扶持农业产业化龙头企业发展的实施意见》等一系列文件，出台了一系列优惠政策，在企业贷款、建设用地、生产用电、用水等方面实行重点倾斜。另一方面是重点项目“扶”。我们按照“谁有实力谁当龙头企业、谁当龙头就扶持谁”、“谁带动力强就重点扶持谁”的原则，对重点企业予以扶持。近三年来，为龙头企业先后争取项目扶持资金3600余万元，协调贷款2.5亿元。2013年上半年，通过实施规模化健康养殖计划，又为37家养殖企业争取上级扶持资金300多万元。帮助翼众公司百万只无公害蛋鸡养殖及五百万只育雏育成项目争取农发行贷款和农业综合开发产业化资金1780多万元，为普蓉油脂大豆油精炼扩建项目争取贷款350万元。通过对重点企业的重点扶持，其龙头作用日益显现，辐射带动能力明显增强。翼众百万只种鸡场建成以来，以翼众为龙头的10个10万只无公害蛋鸡养殖园区已建成并初具规模，涉及农户300余户。翼众公司从园区规划设计、雏鸡提供、技术指导、产品销售等方面为农户提供全程服务，成为“龙头带基地、基地连农户”的产业化典型，在全省以及华北地区首屈一指。老官庄富华奶牛公司在2007年经过与当地农民协商，从230户农民手中流入1525亩耕地，一方面很好地解决了饲料来源的问题，另一方面又把从土地上解放出来的农民招收为企业职工，使这些农民多方受益、多渠道增收，探索出一条农村土地合理流转、农民增收的新途径。长汇养殖公司采用最先进的电脑控制技术，管理标准化养殖企业，引进当前最优良的PIC祖代种猪500头，每年不仅可出优质商品猪5000头，还可向全县生猪养殖户提供良种母猪5000头，为进一步改良全县生猪品质、提高市场竞争力发挥重要作用。翼众饲料、江源生化、晋源饲料三个企业饲料加工能力达25万吨，年转化玉米原

料15万吨，不仅为畜牧业发展提供了充足的原料，而且有力带动了全县及周边县市种植业结构的调整。据测算，在全县农民人均纯收入中，养殖业贡献达350元左右。目前，全县有20家企业跨入市级龙头企业行列，有3家企业即将跨入省级龙头企业阵营。通过扶持龙头企业，全县已形成“龙头+基地+农户”的经济联合体28个，为进一步巩固扩大生产基地，拉动农户发展、增加农民收入、促进农业产业化良性循环发展打下了坚实的基础。

## 三、抓基建，促改善，着力夯实农业产业化发展基础

改善农业生产条件是实现农业增效、农村发展、农民增收的重要保证。2013年以来，我们继续把加快农业基础设施建设作为应对金融危机、增加农民收入的一项重要工作来抓，争项目、找资金、抓质量、促进度，努力改善我县农业过分依赖自然条件的被动局面。一是加强农业基础设施建设。2013年重点实施了小型农田水利重点县建设项目、北常水库除险加固、南梁万亩基地农田整理、隆化万亩中低产田改造等工程，不断提升农业设施装备水平，改善农业生产条件，增强农业发展后劲。就拿农业综合开发来说，近三年来，共争取投资2424万元，先后完成了开化、封比、老官庄3个项目区建设任务，惠及2个乡镇、13个行政村、2万余人。通过资金、科技、劳力的综合投入，项目区农业生产条件得到了明显改善，基本上建成了集中连片、丰产高效的高标准基本农田。三年新增灌溉面积1.64万亩，改善灌溉面积1.76万亩，新增节水灌溉面积2.5万亩，项目区所有农田均变为水浇田，区域内基本上实现了一年两作。尤其是在2013年的大旱之年，作用更加明显。夏粮生产亩均可达400公斤以上，比改造前增产33%。秋粮面积几乎与夏粮播种面积持平，亩均产量在500公斤以上。项目区新增粮食生产能力达到了827.5万公斤，新增农业总产值达到了1324万元，项目区农民人均纯收入增加400元以上。土地部门四年争取上级投资7480万元，对东石桥、南唐垣下、辛安3.56万亩土地进行了整理，新增耕地5000多亩，改善耕地质量3万余亩，项目区内田、路、林、水四配套，90%的耕地实现了夏秋两茬，成为高效示范田，亩均增加收入在400元以上。二是不断提高农业机械化水平。近两年来，我们强抓国家补贴新型农机具政策机遇，在全县推广发展各种型号拖拉机、收割机及配套农具、大棚卷帘机，微耕机、畜牧养殖及灌溉设备等各类农业机械1726台，全县农业机械总动力不断增加，农业机械化水平明显提升，保护性耕作技术稳步推广，项目实施范围扩展到7个乡镇104个行政村，大大提高了全县农业生产的综合效率。三是加快生态环境建设。我们继续推进植

树造林和生态修复工程，重点实施了通道防护林带加宽、荒山绿化和村庄绿化工程，完成了唐霸大道，南环路、临么线、曲辉县、旅游路、大桥线等路段的绿化任务。新建园林村20个，全县生态环境稳步好转，区域气候正在形成，为农业的持续发展创造了条件。

## 四、抓品牌，搞合作，着力增强农产品市场竞争力和产业化经营活力

一个知名度高、牌子响的拳头产品，能够推动一个产业升级，带动一个区域的经济发展。近年来，我们按照市场运作规律，大力发展绿色、生态、优质农业，积极开展“无公害产品”、“绿色产品”和“有机食品”申报工作，加大品牌整合力度，以品牌带动产业发展。通过大力实施无公害农产品行动计划和精品名牌战略，完成了北捍苹果、菁铧公司设施蔬菜、隆化小米、大众鸡蛋、富华奶牛、舜王面业六大无公害农产品生产基地建设，为菁铧公司、晋荣公司、舜王面业三家企业定制10万枚无公害标识。对翼城县长汇养殖有限公司、翼城县果业服务中心、翼城县唐霸联合社三家企业进行无公害认证申报，截至目前，上级主管部门已对其进行了农产品无公害现场检查，其他程序正在稳步推进。翼众“7℃”鸡蛋、隆化小米、北捍苹果成为享誉省内外的名牌产品，在省内外市场一直畅销。富华、长峰生鲜牛乳、长汇生猪无公害畜产品一体化认证申报工作进行顺利。

同时，为了不断提高农民的组织化程度和抵御风险能力，我们充分发挥农村合作经济组织的作用，加强产前、产中、产后服务，使之真正成为连接农户与龙头企业、农户与市场的桥梁和纽带。目前全县已累计发展各类比较规范的农民专业合作社603家，建成省级示范合作社14家，市级示范合作社13家，县级示范合作社76家，共103家。实践证明，农村合作经济组织不仅解决了农业与市场的对接，加快了农民进入市场的组织化进程，更重要的是加快了农业产业化经营步伐，为农业产业化经营注入了新的生机和活力。

## 五、抓培训，强服务，着力拓宽农民增收渠道

没有农民工就业率的提高，就没有农民人均收入的提高。去年以来，受工业经济整体下滑的影响，我县大量农民工返乡待业，农民工就业形势从来没有如此严峻。据我们调查，2013年春节前后，全县农民工累计返乡36162人，其中省外返乡3283人，省内县外返乡7041人，本县回村25838

人。对此，我们主要抓了以下几项工作：一方面抓培训。我们把“三型“培训（劳动密集型，劳务组织型，乡镇集市贸易型）作为农民就业创业的当务之急来抓，确定了七个培训学校对返乡农民工进行了多层次、多方面的培训。参加引导性培训1.8万人，阳光工程1050人，培训转移3500人，新型农民培训8万人次。另一方面抓服务。一是信息服务。在全县212个行政村设立了创业就业信息联络员，通过传递信息，让农民工掌握了解大市场运行变化。二是技术服务。通过科技下乡，聘请专家教授讲课等形式给广大农民传授农业科学知识。在粮食、蔬菜、林果、沼气、养殖发展集中的园区、基地，实行科技人员直接到户、良种良法直接到田、技术要领直接到人的办法，对农民进行面对面传授、手把手指导。通过技术推广，提高了种、养效益，增加了农民收入。三是项目服务。农村创业离不开项目。对于有志之士在农村创业的，我们给予方方面面的支持。如2013年有八个农业项目，县发改、农业等部门及时办理审批手续，主要领导亲自出马，上下协调，配合跑项目。由于传信息、帮技术、给项目，广大农民工真切感受到了党和政府的关怀，大大增强了农民工创业就业的信心。中卫乡浍史村马天云去年从四川成都打工返乡后，通过参加县、乡培训，深受启发，筹集60万元资金，组织返乡农民工40余人在东王村办起了免烧砖厂。截至五月底，累计返乡农民工再就业14413人，返乡农民工重新外出山东海尔、深圳电子、青海煤业、太原富士康等地打工3403人，返乡创业投资兴办二、三产业1101人，在北捍、牢寨、甘泉、南唐等地发展苹果、蔬菜、芦笋规模种植的有563人，在里砦天马、中卫赵家、南北绛进行养鸡、养猪规模养殖的有97人，农机专业大户145人。

总之，农业产业化发展，极大地推动了全县农业结构调整，带动了主导产业的发展，促进了农村经济总体实力的增强和农民收入的增加。但仍存在不少困难和问题，如我县的农业产业化发展还处于起步阶段，发展速度还不够快，整体发展水平还比较低，产业化程度还不高，名牌产品少，龙头企业规模还不大等，与先进地区相比还有很大差距，与现代农业的发展要求相比还有许多不相适应的地方。在今后的工作中，我们将进一步加大工作力度，针对问题，强化措施，狠抓落实，把发展农业产业化、增加农民收入作为解决“三农”问题的关键措施，抓紧抓好、抓出成效，努力开创新形势下农业发展、农民增收的新局面，为加快全县农业经济转型发展作出新的更大的贡献。

**作者简介：**

史鹏，男，1971 年 4 月出生，中共党员。现任山西省翼城县农业委员会主任。

郭小丽，女，1968 年 10 月出生，中共党员。现任山西省翼城县农业委员会党总支书记。

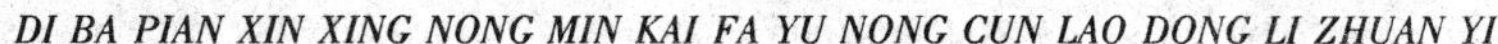

# 扩大开放　促进开发<br>加快太原都市现代农业发展

山西省太原市农业委员会　康宝林

太原古称晋阳，简称并，是一座具有2500多年历史的古城，是山西省政治、经济、文化、交通和商贸中心。太原属于典型的非农业城市，国土面积6988平方公里，辖6区3县1市，共有37个涉农街道办事处，21个镇、31个乡，934个村委会，1553个自然村。全市城乡人口430万，其中农业人口101万。全市耕地面积180万亩，其中水浇地80万亩，坡耕地100万亩。太原属于北温带大陆性季风气候，年均气温8.3～11.6℃，年均日照2122～2603小时，无霜期149～175天，年均降水量303～441mm，独特的气候条件和地理位置造就了多样性生态环境，对发展设施农业、生态农业、休闲观光农业创造了良好条件。

近年来，在市委、市政府的正确领导下，全市农业农村工作紧紧围绕率先转型跨越发展和创建一流省会城市的奋斗目标，坚持以科学发展观为指导，认真贯彻落实中央和省、市委各项强农惠农政策，以增加农民收入为中心任务，以发展都市现代农业为主攻方向，大力实施“十园引领、百园兴农”战略，用科学发展理念谋划发展方式转变，以求真务实精神指导农业结构调整，大力推进农业产业化、生产集约化和城乡一体化，不断开创了工作新局面。2013年上半年，全市农民人均纯收入达到6032元，同比增长13.3%，有力地促进了农业增产增效、农民持续增收和农村繁荣稳定。

一是市委、市政府对都市现代农业的重视前所未有。去年，市委提出“用2～3年时间，在全市打造十个各具特色、全国一流现代农业主题产业园”的园区发展理念。我市从现代种养与集约土地、品牌塑造与文化传承、科技引领与示范推广、矿区复垦与生态涵养、产业转型与带动增收等不同侧面，筛选确定了水塔醋文化产业园等16个农业主题产业园，涵盖了食醋、葡果、花卉、养殖、休闲农业、农产品加工、流通等不同领域，代表了省城太原现代农业的先进水平。以规划为龙头，聘请农业部规划设计研究院专家组深入调研、高标准编制完成《太原都市现代农业主题产业园建设规划（2012～2015）》，顺利通过了农业部、中国农科院等高层专家的评审论证，以市政府文件印发实施。与此同时，筛选确定了102个农业梯次产业园，启动了“十园引领、百园兴农”的一系列工作。2013年以来，市委常委会专题研究全市“三农”工作，要求占领制高点、突出支撑点、打造新亮点，并打破常规，在市委党建工作会上对全市“三农”工作进行安排部署。政府工作报告中指出，要以工业化理念谋划农业，以市场化、产业化、组织化的方式发展农业，集中打造一批各具特色、效益突出的都市现代特色农业产业园。市委、市政府制定印发《关于加快都市现代农业发展的若干意见》，从政策层面强化推进发展的具体措施。

二是省农业厅对太原的关注支持力度空前。省农业厅倍加关注省会太原都市现代农业发展，将太原放在全省现代农业更加突出的位置，通盘谋划，重点推进，继农业部与省政府签署推进山西特色现代农业发展合作备忘录以来，与太原市政府签订了《共同推进太原都市现代农业发展战略合作协议》，成为省农业厅与市级政府签订的第一个合作协议，从信息、科技、人才、资金、项目等方面开展合作，携手共建，对口帮扶，推进太原都市现代农业迈上了提档升级的快车道。省市两级细化了联系指导产业园建设的牵头协办单位和具体人员，明确分工，责任到人，上下对接，形成共识，积极搞好产业园建设的指导服务，着力创建对标、率先、创新、一流的农业发展“太原模式”，进而为全省现代农业转型跨越发展发挥示范引领和辐射带动作用。

三是全市上下发展都市现代农业的势头非常强劲。“十园引领、百园兴农”发展战略在社会各界形成强烈反响，《人民日报》以《山西太原都市农业成为增收“助推器”》为题，《农民日报》以《对标一流，催生“园帅”》为题，对我市全力推进都市现代农业建设工作进行专题报道，给予了高度评价。社会各界一致认为，以产业园建设引领都市现代农业发展，便于更好地把土地集中起来、更好地把农民组织起来、更好地把新产品新技术推广开来、更好地把安全优质的鲜活农产品生产出来、更好地让新农村美丽起来、更好地让农民富裕起来。园区的科学规划和强力实施，使省会城市现代农业的发展定位更加准确，发展方向更加明确，发展思路更加清晰，发展信念更加坚定，也在全社会形成了农村天地广阔、农业大有作为的共识。目前16个主题产业园储备重点项目50多个，总投资100多亿元，多数项目已经完成项目前期的土地、环评、资金等准备工作，集中力量加快付诸实施。项目投产达效后，可解决农村劳动力就业3万人，辐射带动农户10万户。与此同时，在市政府的协调下，引进了江苏润恒60亿元农产品冷链物流项目和天津宝迪50亿元养殖加工项目，在全市上下形成了以园区为平台，以项目为载体，用项目优化结构，用项目增强后劲，用项目提升优势，用项目推动都市现代农业转型跨越发展的良好态势。

四是科技支撑都市现代农业发展的氛围十分浓厚。科技是现代农业发展的动力源泉。我市借助省会城市农业科研院校相对集中的优势，聘请农业部、中国农科院、省农科院、山西农大等学者组建农业专家顾问团，从科技层面与各产业园搭建起科技兴农的平台。立足打造“单体先进、系统一流、部分领先”的都市现代农业主题产业园，按照对标、创新、率先、一流的工作要求，市农委组织人员主动开展对标首都、考察山东、借鉴江浙、学习晋中、取经长治、市内交流等活动，开阔视野，解放思想，形成了合力推进都市现代农业建设发展的工作合力。各产业园坚持“产业集群、资金集聚、技术集成”的思路，你争我赶抢项目，集中精力办大事，相继启动了1个院士工作站、6个博士工作站，围绕规划，结合定位，实施产学研推一体化，指导园区试验、示范科研项目和最新成果，吸收和孵化了一批科技含量高、市场潜力大、增收效果明显的优良品种、先进技术、优势项目，带动现代农业加速发展。

五是太原都市现代农业发展的综合效果初步显现。我市“十园引领、百园兴农”战略实施以来，全市都市现代农业带来了土地增量、农业增效、农民增收、社会增益的综合效应。市政府出台了《关于加快土地承包经营权流转引导发展适度规模经营的意见》，初步建立土地流转服务体系、土地流转市场和土地流转纠纷调解仲裁机构，强化信息沟通、政策咨询、合同签订、价格评估等流转服务，引导农民依法自愿有偿流转土地，支持参与都市现代农业建设，并在产业园发展中受益。截至目前，全市流转土地30.6万亩，推进适度规模经营，发展设施蔬菜5.4万亩，为都市现代农业发展增添了不少的生机和活力。特别是迎泽区润东产业园和古交市龙城向新示范园对废弃工矿用地进行复垦，发展农业高科技产业，成为资源型地区转型发展的典范。

六是发展都市现代农业的思路日渐清晰。按照中央和省、市委的部署要求，我市都市现代农业发展紧紧围绕服从和服务于十八大提出的“四化同步”要求，立足用农业的小比例来解决农村的大发展，明晰了发展的思路。即以保障省城主要农产品安全有效供给和增加农民收入为中心，以打造都市现代农业主题产业示范园为引领，以推进设施农业示范工程为重点，以科技支撑、土地集约和资本投入为抓手，明确“扩蔬菜、强杂粮、增葡果”的种植业结构调整方向，优化“退户入园、出城进沟”的养殖业生产布局，创建“扩规模、树品牌、拓市场”的加工业发展模式，推出“田园风光美、乡土气息浓、体验趣味多”为一体的休闲业亮点精品，加快我市城乡一体化进程。同时，提出了通过强化农产品物流配送体系、农产品龙头加工体系、休闲农业服务体系、技术人才支撑体系、政策扶持体系、项目支持体系、目标责任考核体系、信息支撑体系等“八大支撑体系”，推进都市现代农业产业园引领工程、设施农业示范工程、健康养殖业提档工程、农业产业化升级工程、休闲农业精品工程、有机旱作转型工程、农业新品种新技术推广工程、农畜产品质量安全保障工程、区域主导产业培育工程、扶贫开发增收致富等“兴农富民十大工程”。

新目标、新任务鼓舞着我们，新期盼、新远景激励着我们。我们将在市委、市政府的坚强领导下，抢抓机遇，乘势而上，对标一流，奋力赶超，开创都市现代农业率先转型跨越发展的新局面，为建设一流省会城市做出新的更大贡献！

**作者简介：**

康宝林，男，汉族，1959 年 12 月出生，中共党员，本科学历。现任山西省太原市委农工办主任、市农委党委书记、主任。

# 构建新型农业经营体系<br>加快推动农业转型升级

广东省农业厅

近年来，在广东省委、省政府的正确领导和农业部的大力支持指导下，广东各地认真贯彻落实中央和省的“三农”决策部署，围绕加快农业转型升级、建设现代农业强省的目标，加快培育新型农业经营主体，扎实推进各项工作，取得良好成效。2012年，全省农业农村经济发展超预期完成各项目标任务，实现农业总产值4692亿元，增加值2873亿元，同比分别增长3.8%和3.9%。全省农民人均纯收入突破万元大关，达10542元，增长12.5%，扣除物价因素实际增长9.3%，城乡居民收入比缩小到2.83:1。全省农产品进出口总额213.3亿美元，增长12.5%，其中农产品出口75.1亿美元，增长7.7%。

## 一、着力构建新型农业经营体系，加快农业转型升级

广东各类新型农业经营主体发展现状主要呈现出如下几大特点：一是各类主体规模较大。据粗略统计，全省现有龙头企业2488家，农民专业合作社16219家，具备一定经营规模的种养大户和家庭农场170657户。二是生产经营效益较好。全省龙头企业销售收入2545亿元，出口创汇35亿美元，净利润167亿元。销售收入超亿元龙头企业338家、超10亿元29家、超百亿元2家。农民合作社总收入172亿元，出口约9亿元，盈余约54亿元。种养大户和家庭农场年产值948亿元、利润总额172亿元。三是保障产品质量安全水平较高。全省建有专门质检机构的龙头企业568家，通过各类质量体系认证的515家，获得省以上名牌产品或著名商标353家，获得“三品一标”认证的产品数量1405个。实施生产质量标准、通过产品质量认证、无公害农产品认定的合作社分别有457家、576家、304家，建立质量安全追溯制度2410家。四是经营覆盖行业较广。各类新型农业经营主体涵盖种植、畜牧、林业、渔业、农产品加工以及农业服务业等各行业。五是辐射带动能力较强。龙头企业带动农户431万户，户均增收3814元，合作社成员近41万户，带动农户137万户。

近年来广东推进新型农业经营体系建设，主要抓好了五个“着力”：

**（一）着力抓项目增投入**

近年来，各地高度重视和支持新型经营主体发展，全省逐步形成了省级财政投入引导、市县财政逐级配套的财政激励机制，拉动了金融机构加大信贷投放力度，支持各类经营主体参与中低产田改造，高标准基本农田建设，大力发展设施农业，加强农产品产后服务和流通服务，极大地改善了农业生产经营条件。2012 年，各级财政支持龙头企业项目补助资金 6.8 亿元，金融机构支持龙头企业贷款余额 228 亿元，龙头企业对原料基地建设投入达 106 亿元，省重点龙头企业新增固定资产投资 98 亿元。合作社共获得财政扶持资金 4.2 亿元。

**（二）着力扩产能保供给**

各类经营主体不断增加对生产基地建设的投入，推广应用农业良种良法、加快技术设备更新改造，高标准建设原料生产基地，进一步提升产能。各地积极支持龙头企业、合作社对农业实施深度开发，引导实施品牌带动战略，支持开展“三品”认证，努力保障农产品供应。目前，农民专业合作社组织销售农产品 5256 亿元，通过龙头企业组织生产或供应的农产品及加工制品占全省供应量 1/3，占主要城市菜篮子产品供给 2/3 以上，全省绝大部分供港农产品任务由龙头企业承担。

**（三）着力求创新添活力**

加快建立农村土地流转服务平台，积极稳妥地引导农民承包土地流向合作社、专业大户、家庭农场等经营主体，推动实现规模经营，到 2012 年年底，全省建立各类土地承包经营权流转服务中心 163 个，土地流转面积 787 万亩，占家庭承包面积的 28.1%。龙头企业充分发挥组织带动、产品营销、技术支持等优势，与合作社、专业大户、家庭农场等实行抱团发展，合作社把同类农产品的生产经营者联合起来，统一良种良法、统一农业投入品采购、供应，统一基地认定认证，统一产品包装、销售，使千家万户的小生产变成了专业化、规模化的大生产。目前，超过 80% 专业大户、家庭农场与龙头企业、合作社实现有效对接。根据农业部部署，因地制宜开展农业产业化示范基地建设，佛山市、遂溪县、潮安县以及珠海市斗门区被农业部认定为第一批国家农业产业化示范基地。

**（四）着力抓监管促规范**

为引导合作社规范发展，广东省农业厅制定了《广东省农民专业合作社规范化建设标准》、《广东省种养类农民专业合作社示范社建设标准》、《广东

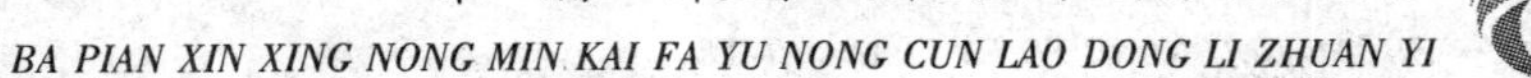

省农机类农民专业合作社示范社建设标准》。2011～2012年，每年牵头组织开展异地三角交叉考评并由农业、发改、税务等部门联合公布省级示范社名录。广东对省重点农业龙头企业实行动态管理，近年来每年新确认40～50家省级农业龙头企业，并对生产经营不善、带动农户乏力的省重点龙头企业予以摘牌，确保龙头企业和合作社的竞争力、带动力和影响力。

**（五）着力搞服务强指导**

积极组织各类重大涉农活动，组织龙头企业、合作社参加全国农产品交易会和绿博会、省现代农业博览会、香港美博会以及泛珠、粤台、粤港等经贸交流活动，支持企业、合作社实施“走出去”战略，解决农产品销路难题。积极组织“农社对接”试点工作，2009年以来广东举办了7场合作社产销对接洽谈展示会，“场场有特色、次次有成效”。对省重点龙头企业办理有关业务实行直通车服务。各级农业部门广泛深入到经营主体开展调查研究，加强沟通协调，协助解决生产经营困难。

## 二、四大举措着力培育壮大新型农业经营主体

下一步，广东省农业厅将认真学习贯彻十八大精神，以省委、省政府关于贯彻落实中央1号文件实施意见为抓手，继续把培育发展新型农业经营主体作为全省农业农村工作的重中之重扎实推进，力争到2015年，全省龙头企业达3500家；到2013年，合作社总量达3万家，农户入社率达15%；2015年，合作社总量达5万家，农户入社率达30%，基本实现农产品品品建社、主导产业业业建社、产业基地处处建社、示范园区园园建社、有农乡村村村建社、龙头企业企企联社。2013～2017年，每年认定挂牌500家省级示范性家庭农场，支持各地培育挂牌一批市、县级示范性家庭农场，示范引领全省家庭农场持续健康快速发展。

一是实施农业龙头企业培优工程。围绕贯彻落实好省政府印发的实施意见，研究制定工作方案，积极协调省农业产业化联席会议成员单位加大对农业产业化和龙头企业扶持。按照“分级培育、集群发展、整体推进”的思路，在粮油、肉蛋奶、水产和果蔬等行业，培育打造一批能引领行业发展的大型龙头企业。???

二是实施农民合作社利民工程。创新财政资金扶持合作社方式，2013年起，拟探索试验通过设立“政银保”贷款扶持基金，撬动银行对联合社及省级示范社实行免抵押贷款，保险公司对银行贷款本金提供超赔率封顶的保证保险服务。加大力度、加快步伐发展多类型农民合作社。鼓励农民以土地

（水面）承包经营权、林权、农机具所有权等入股设立合作社。探索建立生产与消费有效对接、灵活多样的合作社产品营销模式，继续举办“农超”、“农校”对接等产销对接展示洽谈会。

三是培育扶持专业大户、家庭农场发展。在开展省级示范性家庭农场培育认定工作的基础上，指导各地制定培育发展市级、县级示范性家庭农场的实施方案，认定挂牌一大批市级、县级示范性家庭农场给予重点扶持，示范带动全省家庭农场规范化发展。积极支持和引导龙头企业、合作社与专业大户、家庭农场实现有效对接和深度融合。

四是稳步推进农村土地承包经营权流转和确权登记。建立和完善市、县、乡（镇）三级土地流转服务体系，开展流转供求信息、合同指导、价格协调、纠纷调解等服务，引导土地依法、自愿、有偿、稳妥向家庭农场等新型农业经营主体流转。此外，按照农业部的要求，2013 年继续在全省扩大土地承包经营权确权登记试点。除在高要市白土镇的 2 个村作为农业部试点外，还拟增加博罗县 3 个村和蕉岭县 1 个村开展试点工作。

# 以生态文明建设为农业现代化谋篇布局

山西省襄垣县农业委员会　王德宏

党的十八大报告明确了工业化、信息化、城镇化、农业现代化“四化”同步发展的奋斗目标，同时又提出建设生态文明是关系人民福祉、关乎民族未来的长远大计。这就要求我们在实践中要研究如何以生态文明建设来引领和推动农业现代化，加快补上农业现代化这块“四化”同步发展的“短板”。生态文明是一种新的文明形态，是对以耗费大量自然资源和造成环境污染的工业文明的超越，是人类遵循人、自然、社会和谐发展客观规律而取得的物质与精神成果的总和；农业现代化是从传统农业向现代农业转化的过程和手段，是在信息化和工业化深度融合、工业化和城镇化良性互动、城镇化和农业现代化相互协调中实现的。农业作为人类与自然环境联系最为紧密的活动，我们建设的农业现代化，不是传统意义上的依靠破坏自然、掠夺资源获取所谓农业高收益的现代化，而是与推进生态文明建设要求相一致的现代化，是以生态文明建设引领和推进的农业现代化。因此，我们必须以生态文明建设为农业现代化谋篇布局，准确把握生态文明建设新要求，树立生态文明新理念，构建科学合理的“大农业”发展格局，加快转变“大农业”发展方式，大力推进林业生态建设、生态水利建设、农村生态文明建设和美丽乡村建设，促进“大农业”活动与保护自然环境相协调，在推进农业现代化中构建良好的自然生态系统，促进人与自然的和谐可持续发展。

生态文明作为“五位一体”的总体布局与农业现代化作为“四化同步”的发展目标，是党对中国特色社会主义事业发展规律认识深化、科学把握的结果，也是人类对传统文明形态特别是工业文明进行深刻反思的成果。生态文明与农业从来就有天然的联系，农业传统上就是一种生态产业。但所谓生态化的传统农业效率低下，而工业革命使农业摆脱了靠天吃饭、效率低下的问题，也带来了严重的生态环境问题，整个“大农业”的发展与生态环境的依存度越来越强。新时期的农业现代化，除了农业自身的集约化、专业化、组织化、社会化，更加注重工业化、信息化、城镇化对农业现代化的拉动和影响，也应更加注重生态文明建设对农业现代化的引领和推动作用。以生态文明建设为农业现代化谋篇布局是发展农业现代化的客观要求，是可持续发展的大趋势，也是“大农业”发展的最高境界。就是给自然留下更多修复空间，给农业留下更多良田，给子孙后代留下天蓝、地绿、水净的美丽家园。用这个思路来发展现代农业及农村生态文明建设，推进林业生态建设和生态水利建设，可以从整体上促进“大农业”生产的自然生态系统和人类社会生态系统达到最优化和良性运行，实现“大农业”生态、经济、社会的可持续发展。

以生态文明建设为农业现代化谋篇布局，在工作思路上的本质特征就是三个“体现”，一是体现在树立“大农业”的发展理念。所谓“大农业”，就不仅是种植、养殖，还包括产前、产中、产后，贯穿了农、林、牧等业甚至一、二、三产业。是以现代发展理念为指导，以现代科学技术和物质装备为支撑，运用现代经营方式和管理手段，形成贸工农紧密联结，产加销融为一体的多功能、可持续发展的“大农业”产业体系。二是体现在坚持生态建设引领科学规划，谋定而动的实施原则。三是体现在因地制宜，整体推进，充分发挥镇（乡）、村两级积极性和创造性的工作要求。党的十八大报告提出的目标和《中共中央、国务院关于加快发展现代农业，进一步增强农村发展活力的若干意见》中提出的加快发展现代农业，推进农村生态文明建设的要求给我们做好以生态文明建设推动农业现代化这篇大文章提供了难得的新机遇，也给我们指明了如何谋划如何切入的工作方向。在实践中，我们牢固树立“大农业”和生态文明融合互动的发展理念，把握发展现代“大农业”和建设生态文明的统一要求，结合襄垣县发展实际，围绕县情农情，积极探索破解生态文明建设与农业现代化如何共同推动，相互促进这一重大课题。

**（一）强化发展现代生态农业理念，突出建设设施蔬菜园区和规模健康养殖基地，全力打造上党区域“后菜园”**

现代生态农业是现代农业与生态农业的复合体系，体现了发展现代农业和建设生态文明的统一。我们认识到生态建设与农业现代化是相辅相成的，生态建设是农业现代化可持续发展的支撑，农业现代化是生态建设的有力基础。没有生态建设引领的所谓农业现代化是无源之水，没有农业现代化的生态建设是徒有其表。为此，我们立足县情，强化发展现代生态农业理念，突出建设设施蔬菜园区和规模健康养殖基地，全力打造上党区域“后菜园”。襄垣县耕地条件相对充裕，人均三亩左右，地平水浅，规模流转土地具有比较优势；襄垣既有工业大县的支撑，又有农业大县的基础，产业发展和农村劳动力转移有基本条件；襄垣全县国有、民营经济基础扎实，工商资本、民间资金和吸引外资投资生态农业有一定实力；县域境内具有太长高速、208 国

道、榆黄公路和多条省道，上党城镇群快速通道有望打通，南邻长治，北连太原，实现城市与农业有机融合在区位地域上有广阔前景。这些优势与条件的叠加，决定了襄垣围绕生态农业建设，大力发展设施蔬菜园区和规模健康养殖基地，全力打造上党区域“后菜园”成为必然和选择。确定了目标选择，实际工作中我们把坚持“四动”作为推进路径。一是规划先动。经过多方谋划，先行出台了《农业产业发展五年规划》，规划重点建设县城中部休闲观光农业区、东部风景旅游农业区、西部依山傍水生态农业区、北部传统特色农业文化产业区，在全县从总体上把握和谋划做好以生态文明建设推动农业现代化这篇大文章。二是政策推动。目前来看，农业在一个较长时期内仍然是弱质产业，必须不断加大投入力度。基于此，我们出台实施了《关于推进农业产业化发展的扶持办法》，综合运用补助、贷款、贴息、以奖代补、税收优惠等措施，对设施蔬菜、规模健康养殖和干果经济林、休闲观光农业、农业龙头企业、粮食高产进行重点扶持。每年对农业产业化发展的投入大约在2亿元。三是公司牵动。实践证明，发展生态农业，建设设施蔬菜园区、规模健康养殖和干果经济林基地及休闲观光农业园，公司+基地+农户是较好的实现形式。我们每年建立三千万元的农业龙头企业专项支持基金，引导鼓励工商资本、民间资金和外部资金投资生态农业，建设高标准的、规范的、生态的设施蔬菜园区、规模健康养殖和干果经济林基地及休闲观光农业园。四是上下互动。政府通过政策引导、技术服务等有效手段，鼓励种养大户、专业合作社、农业公司、农场主等各类经营主体投资生态农业建设及相关产业链条，建立市场引导、政府推进、多元投入、社会参与的多种投融资机制。目前已发展日光温室和春秋棚、三季拱棚设施蔬菜3.7万亩，设施露地蔬菜7500多亩。建成智能化连栋大棚5.8万平方米、冷库6.5万立方米和一批蔬菜龙头公司、蔬菜标准园、育苗工厂及经纪人队伍，建设了东宝薯业、晋襄王集团、文王山农业观光园、宝邸山庄等一批生态农业龙头企业，创建了晋襄王、黄土蛋、山窝窝、阁老醋、孔泉醋等小杂粮、手工挂面、老陈醋、粉条等农业品牌。特别是林盛果业有限责任公司投资2亿多元建设的集种、养、加、销、学、研、推和农业观光一条龙生态农业循环产业链；东宝薯业循环经济园区形成以“甘薯种苗繁育——基地种植——淀粉加工——粉丝生产——细胞液蛋白粉提取——功能饮料生产——薯渣酒精转化——饲料加工——生猪养殖——沼气生产——有机肥料——甘薯有机种植”为一体的生态循环产业链；广法禽业有限公司的种鸡孵化、育种、饲料加工、生产高锌低胆固醇蛋及液体肥料加工、拱棚蔬菜的养、种循环产业链；鑫源祥农业科技有限公司的蔬菜集约化育苗、绿色蔬菜种植配送、农业旅游观光、教育培训基地的种、销一体与绿色物流产业链；夏店镇化岭村凯丰农牧科技公司＋农户的生态种养加一体模式。引进外资潞宝金和生投资建设的四个百万只肉鸡养殖园区和山西大象集团建设的种鸭基地＋农户养殖模式，引进天威紫晨集团与林盛公司合作的技术及市场＋资本模式，都为全面打造成供应全市乃至全省的上党区域“后菜园”奠定了坚实基础。

**（二）确立林业是生态建设主体的战略思想，大规模掀起荒山绿化和干果经济林建设新高潮，着力营造太行“林果山”**

生态文明建设的基础是生态环境，山清水秀、天蓝气新是生态文明建设最直观的景象，青山绿水、蓝天白云等美景主要依赖森林植被涵养水源、保护土壤、防风固沙、净化空气。林业作为建设生态文明的主体和基础，恰恰在生态文明建设中发挥着主导和核心作用，具有不可替代的独特优势。它承担着建设森林、保护湿地、改善荒漠等生态系统及维护生物多样性的重大使命。襄垣是全市的资源大县、经济强县，但也是典型的丘陵山区县，石质山多，立地条件差，加之工业生产的影响，导致生态脆弱、欠账甚多。可宜林荒山也有58.2万亩，却仅仅绿化了22.8万亩。目前，全县森林覆盖率仅为12.88%，与全国、全省、全市平均水平分别相差了7.48、5.15、18.02个百分点。2010年到2012年，襄垣县新增绿化面积10.8万亩，绿化率提高了6个百分点，如果按照这个速度，全县需要10年才能达到市平均水平。面对这样的情况，县委、县政府果断决定，将造林绿化作为“修路、栽树、兴水、重教”四项基础工程之一来抓，力争在三年内把襄垣县建成山水相间、生态秀美、人与自然和谐共处的三晋名城、太行绿珠。按照“主攻荒山、提升平川、城乡一体、生态和谐”的思路，全县2013年完成绿化面积5.2万亩，其中义务植树荒山绿化4.2万亩、干果经济林1万亩，林木绿化率一下子提高了3个百分点。

森林是非常独特而不可替代的自然资源。太行山的独特区域环境决定了只有通过大规模的造林绿化来建设森林才是最有效的方式，才能发挥林业在推进生态文明建设中的重要作用。实践中我们做到“四个坚持”，即坚持自觉地用生态文明理念指导造林绿化各项规划，坚持把培育稳定的森林生态系统作为造林绿化的主要目标，坚持把责任落实作为科学推进造林绿化的重要措施，坚持把山川大地披上美丽绿装作为造林绿化的重要任务。襄垣县的植树造林不是简单意义上的“造”，而是将生态文明建设融入各项工作之中，并使之以可操作的方式包括造林规划、任务分解、领导牵包、责任明确、质量要

求而得以体现。机关单位和党员干部发挥示范作用，带头在韩王山义务植树1000多亩，通过义务植树在全县干部群众中普遍增强生态文明意识。煤焦、化工等重点碳排放企业按照“一矿一企绿化一山一沟”的办法，转变生产方式和生活方式，根据规划并结合划定区域和任务成立专业队绿化荒山。襄矿集团、七一集团等大企业敢于攻坚，绿化荒山3000亩；民营企业毫不示弱，荒山造林1500亩。同时落实林主绿化责任，完善林改政策，盘活流转机制，支持承包植树，充分调动林农造林积极性。尤其是通过政策和资金扶持，吸引各类资本投入参与荒山绿化和经济林建设。如林农张静波在北底乡三漳汇源处投资百万元承包绿化荒山600亩，全县承包植树达6000多户近25万亩；康润农林公司投资1600多万元建设东山优质核桃高效种植示范园3400多亩。通过动员全社会力量，创新模式，全力推进，在全县形成全民上阵、社会参与，铺天盖地植树、漫山遍野造林的强大声势。我们还注重造林绿化与生态景观，生态效益与经济效益融为一体，善福乡利用荒沟荒坡建起了观赏林与经济林互融的乡村生态游园，夏店镇借助合漳水库建成了集养鱼、采摘、观光为一体的鸿湖景区，侯堡镇借山就坡建起了铁锡关森林公园，王桥镇建设了文峰山“碳中和”森林观光园，西营、下良等镇沿漳两岸栽植了荒山荒坡绿化屏障十多公里，古韩镇投资2000余万元实施了东山防护林和干果经济林综合治理工程5000余亩，并要将东山打造成春华秋实，层林尽染的县城生态东屏障，五彩景观带；加之著名的仙堂山森林风景区、初具规模的文峰森林公园、宝峰寺森林景区、凉楼森林公园、阁老森林公园、韩王山森林风景区。襄垣大地是村村植绿，乡乡布景，遍地是景点，到处有公园。经过几年坚持不懈的努力，一个四季有绿，三季盛花，秋实山川的太行“林果山”会让人流连忘返。

**（三）树立生态水利建设的和谐思维，扎实构筑“一河三源”兴水基础设施，着力打响漳江“水品牌”**

生态水利的新要求使朴素的水利上升到科学的、可持续的水利，以满足更多方位的可持续发展和生态平衡要求。生态水利是生态建设的重要组成部分，也是生态文明对水利建设的必然要求。生态文明建设离不开生态水利建设这个内涵，没有生态水利良好的发展就无法实现完整的、系统的生态文明建设。上党大地“母亲河”浊漳河的西、北、南三源流经襄垣而汇合，县域号称“三漳汇流，百里漳江”，河水众多，水网纵横，在缺水的黄土高原水量相对富足，水资源优势明显。20世纪50年代以来全县大搞水利建设，形成了“葡萄式的水库群、蛛网式的灌溉网、蜂窝式的透河井”，全县水资源总量

1.0479亿立方米，地表水年径流量约0.6717亿立方米，地下水资源流量约0.5882亿立方米。境内有较大河流7条，大中小型水库10座，其中山西省七大水库之一后湾水库（宝峰湖）库容量达1.45亿立方米，泉水13余处，水质好，无污染。得天独厚的水资源彰显着襄垣独特魅力，留住水，用好水，截住“流失”的财富成为我们认真思考的一个重要问题。为把潜在优势转化为现实优势，我县在研究论证的基础上，提出打牢“兴水”基础，用“大农业”理念将农、林、水基础工程设施置于农田水利基本建设体系，在经济大县率先建成水利大县、水景观大县。2013年共计划投资约1.5亿元，一是完成县城周边景观湖水系与浊漳河道治理，形成两河贯通，四湖转城，山光波映，漳水襟抱的十里漳江景观带。二是抓好沿漳湿地整修与水库清淤加固，可以提高水量调蓄和防洪抗旱能力，实现人与自然和谐统一。三是沿河傍流，顺岸就势，蓄水修堰，有效拦蓄和充分利用水资源，实现既有生态效益与景观效果，又发挥调洪调蓄的经济和水利功能。我们认为做足水文章，打响水品牌也是建设生态文明，近年来兴修的后湾水库（宝峰湖）省级水利风景区湖光林秀，鱼果飘香；东湖炎帝农耕文化园烟波浩淼，空蒙水色；已完成除险加固的9处小型水库风景区如九颗明珠闪闪发亮。沿浊漳河正在建设的东湖养殖水景园、教育园景观湖水系、王桥湾湿地、付村湿地、龙凤潭休闲漂流景区及塘堰水景，建成后将是青山绿水自然景致，水光林色交相辉映。“一河三源”生态水利基础设施建成之日，浊漳两岸山绿水丰，远天碧水扑面而来，唰唰水声幽幽入耳，蓝天白云在波光滟漪中荡漾，一幅人水和谐的天然画图将展现在上党盆地。

以生态文明建设为农业现代化谋篇布局的大文章在襄垣大地刚刚破题，经过一段时期的艰苦奋斗和精心描绘，我们必将用浓墨重彩写下生态文明建设引领和推动农业现代化发展的秀美华章。

**作者简介：**

王德宏，男，汉族，1965年8月出生，中共党员。现任山西省襄阳县农业委员会主任。

# 适应节水灌溉栽培要求<br>开展水稻节水栽培技术

黑龙江省宁安市农业技术推广中心　孙新功

为适应节水增效农业的发展要求，缓解近年出现的连续干旱现象，进一步提高水稻尤其是优质稻米产量，全面推广水稻节水增效栽培技术已刻不容缓。现将水稻节水栽培技术总结如下，供大家参考。

1. 选用优质抗旱品种

选用分蘖力强、根系发达、株型紧凑、穗粒兼顾型、抗逆性强、熟期适宜的优质品种，如松粳6号、五优稻3号、松粳12、五优稻1号等。这是进行水稻节水栽培的基础。

2. 培育带蘖壮秧

培育带蘖壮秧，不仅是创高产的基本要求，而且是节水高产的关键技术。在培育壮秧上主要采用大棚钵盘旱育技术，精选良种，实施一段超旱或两段式育苗，抓好日光晒、盐水选、药剂浸、适温催、自然晾等处理环节；坚持增加1层地膜（苗出齐后揭膜）的双膜旱育方式；加强秧田管理，采用控水、控温、控徒长、控播量和防立枯病的“四控一防”技术措施，实现苗齐苗壮。以松粳12为例，培育出叶龄6.4叶、株高18 cm、23条根、茎粗0.4cm以上、带蘖率95%、平均单株带蘖1~2个的秧苗，即达到了节水栽培壮苗标准。

3. 整地节水

在整地环节中，通过提高整地质量，引入旋耕、条耕技术等达到节水栽培目的。整地时应做到旱整地、水找平，高低不差寸、寸水不露泥，便于进行节水灌溉。水整地地块尽量减少泡田时间，泡2~3天即进行耙地，找平后及时插秧，减少水分蒸发及渗漏所造成的浪费。旋耕旱整地及条耕技术是近年来被广泛采用的技术，经实践证明具有省工、省力、成本低、整地质量好等优点，能大量节省泡田水，旋耕时间以春季化冻15 cm或返浆前为宜。

4. 过水插秧，合理稀植

在旱整地基础上采取边放水、边整平、边插秧的过水插秧方法，可节省泡田水、插秧水和养生水。插秧采用人工摆插，规格为30 cm×20cm单行超稀植或（40+20）cm×20cm大垄双行超稀植，插深1.5cm，即钵体团土上表面与泥面平齐即可，有利于分蘖早生快发。

5. 合理施肥

为适应节水灌溉栽培要求，应按照水稻需肥规律和特点，坚持平衡施肥、平稳促进、全层深施与灵活调节的原则，做到农肥与化肥相结合，适当控氮，增施磷、钾、硅、钙、锌及其他微量元素。水稻所需硅约30%来自灌溉水，因此，进行节水栽培时尤其要注意补施硅肥，否则缺硅将导致水稻抗逆性明显降低。一般每亩施纯氮8 kg、纯磷4. 6kg、纯钾3. 3kg，另外补施一定量的硅肥和锌肥。

在施肥方法上除全层深施外，水稻追肥可根据节水灌溉的特点采用以水带肥的方法。即在田间无水层情况下，按水稻生育时段，将化肥撒于田里，然后缓慢地灌水，使化肥溶解下渗到水稻根层，既有利于水稻根系吸收，又减少了化肥流失和挥发，提高了肥料利用率。

6. 节水灌溉

节水灌溉是水稻节水栽培的中心环节。根据水稻3叶前育苗期和有效分蘖终止期2个抗旱最强时期及幼穗分化和减数分裂2个水分敏感期的生理特点，推广浅、湿、干节灌溉技术，并根据不同土壤、不同生育期、不同降雨季节和地下水位动态进行灵活调节。具体做法是3叶前的育苗阶段，不缺水时可不浇水或少浇水；3叶期后要注意及时浇水，但要坚持旱育标准。插秧前浇1次透水，插秧时保持花达水，插后灌护苗返青水。返青后有效分蘖期间灌寸水以增温促蘖，进入雨季或地下水位高时可适当延长灌水间隔时间或减少灌水次数；有效分蘖终止期视长势和分蘖情况应控灌或停灌，形成湿润灌溉，控制徒长和无效分蘖，促进根系发育。幼穗分化期及时灌水5 ~7 cm；减数分裂期如遇17℃ 以下低温，加深水层15 cm以上护胎，冷害过后立即恢复原水位；抽穗灌浆期灌寸水；乳熟期间歇灌溉；抽穗后35天断水。

据调查统计，实行节水灌溉每亩可节约用水100 m3以上，节省水电费20元左右。

7. 杂草防除

在节水栽培条件下，稻田经常处于无水层状态，有利于杂草迅速生长。因此，在除草剂选择上应选用广谱高效、挥发性小、性状稳定、渗透性强、缓释长效的药剂，如丁草胺、稻田王等。

施药时要做到“一平”、“二匀”、“三准”、“四看”、“五不施”。“一平”指土地要平。“二匀”指拌药匀、施药匀；“三准”指面积准、药量准、时期准；“四看”指看药灵活施、看草对症施、看稻安全施、看地选择施；“五不施”指有露水不施、药土过干过湿不施、水深不施、风雨天不施、渗漏地块不用毒土法施。

8. 其他节水技术应用

引进并应用 FA 旱地龙，具有显著的抗旱节水效果。在育苗床土配制上应用保水剂，减少育苗期间的浇水次数，起到了节水壮苗的作用。还引进试验了药肥缓释高吸水种衣剂，为进行化学节水提供了储备技术。

与此同时，还要重视工程节水和管理节水。一是加强田间基本建设。修建高质量渠道，防止渗漏；采用低压管输水，减少蒸发，减少了水在输送过程中的流失。二是实施蓄水工程。修建蓄水池、蓄水罐、蓄水窖，以接纳雨水、拦截桃花水、利用回归水供水稻育苗、整地、插秧等用。三是制定节水制度，通过培训增强节水意识，培养节水管理队伍，做好水系上下游、左右岸的协调供水，统一规划，逐步建立健全节水管理机制，形成整套节水管理体系。

# 转变农业发展方式　提高现代农业发展水平

陕西省安塞县农业局　周　赟　白明亮　鲁新国

2012年来，我局全面贯彻中央“一号文件”、省市农业农村工作会议、县第十七次党代会及第十七届人民代表大会第一次会议精神，以科学发展观统揽全局，按照“三化同步”的要求，以加快农业科技创新为抓手，以转变农业发展方式为主线，以落实强农惠农富农政策为支撑，以确保粮食安全和主要农产品有效供给为目标，以增加农民收入为目的，稳定粮食面积，积极协调农业主导产业开发，全面推进农村沼气建设，狠抓农产品质量安全，全面实施园区建设项目，不断提高现代农业发展水平，农业农村工作呈现出良好的发展态势。

## 一、主要指标完成情况

（一）农民人均纯收入：预计实现农民人均纯收入8310元，占市上下达8185元的102%，较上年6936净增1374元，增长19.8%。

（二）实现第一产业产值101189万元，较上年9236万元增长9.6%，实现第一产业增加值56488万元，较上年51725万元增长9.2%。实现农业总产值83078万元，较上年75804万元增加7274万元增长9.59%，农业增加值46378万元，较上年43212万元增加3166万元增长7.3%。

（三）粮食：完成农作物播种面积51.35万亩，其中粮食作物43.97万亩，占市上下达建议指标43万亩的102.3%，实现粮食作物总产6.86万吨，占市上下达建议指标6万吨的114%。

（四）苹果：新建果园3.01万亩，苹果面积累计达到40.5万亩，实现产量9.3万吨，占市上下达建议指标9.3万吨的100%。

（五）蔬菜：完成新建日光温室建设2950亩，占市上下达建议指标2900亩的102%，新建大棚3930亩，占市上下达建议指标2900亩的101%，完成总产25.65万吨，占市上下达指标20万吨的128%。

（六）能源建设：新建户用沼气池1200口，占市上下达指标1200口的100%，已恢复旧池改造1400口，占市上下达指标1400口的100%。

## 二、主要工作

### （一）千方百计稳定粮食生产

2012年，我局认真落实中央支农惠农富农政策，以稳定粮食作物播种面积、促进农民增收为中心，坚持农艺师包川、技术员包乡抓点的做法，大力推广普及新品种、新技术，使2012年粮食生产在良种应用、种植结构调整、旱作技术推广等方面均有重大突破，为粮食总产保持稳定奠定基础。

1. 稳定粮食作物播种面积。2012年，我局认真总结去年粮食增产的经验，进一步加大结构调整，扩种玉米、马铃薯等高产作物，压缩豆类等地产作物，加之，小杂粮开发的有力带动和市场粮价的提升，调动了农民种粮的积极性。全县完成农作物播种面积51.35万亩，较去年增加1.1%，其中粮食作物播种面积43.97万亩，较去年增长1.2%；油料作物3.03万亩，蔬菜3.8万亩，瓜类0.55万亩；在粮食作物中，玉米10.9万亩（地膜玉米2.5万亩），较去年持平；谷子6.5万亩，豆类6.6万亩；薯类14.04万亩，较去年增长4.3%。粮食作物总产达到6.86万吨，较去年保持稳定，其中玉米总产3.29万吨，谷子0.64万吨，豆类0.64万吨，薯类2.04万吨。

2. 强春管，保夏粮。2012年，全县夏粮播种面积0.99万亩，平均亩产182公斤，实现总产1806吨，较去年增长1.1%。其中豆类播种面积1673亩，总产121吨；薯类8270亩，总产1685吨。

3. 加强新品种和新技术试验示范推广。2012年把推广新品种和新技术作为提高单产的重要举措。围绕大垄沟种植和地膜覆盖两种技术，大力推广配方施肥、良种推广等农业技术。引进登海605等20多个品种建立试验示范田，大力推广种植郑单958、榆单9号等玉米新品种；引进谷子品种10个，建立了试验田，引进推广了谷子单粒播种机，进行了示范推广；引进了红薯、南瓜、鲜食玉米等品种20多个，进行了示范种植推广。

4. 狠抓示范点建设。我县2012年投入大量资金，免费供应玉米新品种12.4吨，谷子良种6吨，大豆种子3吨，地膜65吨，化肥120多吨，各种覆膜机具70台，轮式播种机50台。在建华镇尧湾村建立双垄沟播玉米高产田示范点，6个百亩以上全膜双垄沟播玉米高产田示范点，累计播种面积达20000余亩；建立了千亩以上谷子示范点5个，百亩以上优质谷子栽培示范点20个，面积达5500亩；大豆高产百亩以上示范基地30个5000余亩；马铃薯千亩以上示范田5个、百亩以上示范点20个4000余亩；红葱高产栽培示范点5个300余亩；优质南瓜示范点10个300余亩；糯玉米示范点4个400余亩，示范点面积累计达到4万余亩。

**（二）尽力而为推动主导产业上台阶**

1. 推动现代农业示范园区建设。已先后启动了沿河湾侯沟门省级现代农业示范区和沿河湾李家湾、砖窑湾贾居、王家湾屈加畔三个市级现代农业示范园区建设。其中，侯沟门省级现代农业示范区累计完成投资6635万元，核心区基本建成，包括1000亩日光温室生产区、存栏650头的种猪场和4000头育肥猪场、600方的大型沼气站、万吨有机肥加工厂和千吨蔬菜冷藏库；沿河湾李家湾市级现代农业示范园已建成集新品种、新技术、新栽培模式试验示范为一体的技术示范区100亩、有机蔬菜生产示范区300亩，建成了培训办公大楼和农产品质量安全检测实验室，引进荷兰瑞克斯旺公司建成了全市最大的工厂化育苗车间，引进陕西正大集团建成存栏1200头的租代种猪场，配套建设了500立方米的大型沼气站和太阳能光伏发电项目，成为全省碳排放最低的现代农业示范园区；砖窑湾贾居市级现代农业示范园突出开发利用山地资源、棚面集雨灌溉及新技术集成使用，一期工程已建成700亩五型日光温室生产基地和占地50亩的15万羽青年鸡养殖场；王家湾屈家畔市级现代农业示范园占地22平方公里，已建成养殖小区5个，形成1.5万只羊子的养殖规模，其余工程正在抓紧建设。同时申报了贾居、李塔、屈家畔等第四批省级现代农业示范园区规划，按照“一乡一业、一村一品”的发展思路，2012年申报了13个省级一村一品示范村，全县累计发展省级一村一品示范村38个，沿河湾镇为全国一乡一业示范乡镇。

2. 加快先进及时推广步伐。按照“依靠市场求发展、依托科技增效益”的思路，不断引进新品种、推广新技术、总结新经验，促进了农村主导产业的持续快速健康发展。棚栽业开发方面，大棚自动卷帘、大棚滑轮放风技术、“一边倒”大棚油桃栽培、大棚秸秆生物反应堆、水肥一体化五项技术。全县累计安装大棚自动卷帘设备10000多套，推广大棚滑轮放风技术7000棚，大棚秸秆生物反应堆技术1300棚，水肥一体化技术1050棚；在果业生产中推广“五大两膜一带”旱作栽植新技术，即：挖大坑、施大肥、浇大水、栽大苗、埋大堆，缠杆覆膜技术。同时大力推广物理、生物病虫害防治技术，在方塔村、寨子湾村果园新安装太阳能杀虫灯500台，减少农药的使用量，实施有机种植。

3. 加大农产品品牌创建力度。在加快现代农业园区建设的同时，我们切实加大“三品一标”认证和品牌创建力度，目前全县已有2万亩蔬菜通过无公害认证，1.1万亩山地苹果、1000亩大棚蔬菜、5000亩小杂粮通过了有机

认证。“安塞小米”获得了国家地理标志保护产品认证，“安塞山地苹果”获得了中国地理标志原产地保护证明商标。“王家湾羊肉”、“山王河”小杂粮、张兰沟蔬菜等一批特色农产品深受消费者青睐，品牌效益逐渐显现。

**（三）全力以赴提高户用沼气的利用率**

按照市局要求，从转变体制机制入手，把能源的后续服务推向社会化，成立了益农沼气服务公司，下设4个服务中心，52个服务网点，聘用技术人员75名，拥有抽渣车5辆，抽渣三轮车47台，极大地提高了三沼综合利用水平。新建户用沼气池任务1200口，旧病池恢复1400口，推广太阳灶500台，新建8个养殖小区配套沼气工程。

**（四）不折不扣落实国家农机具购置补贴政策**

为了提高农业现代化水平，我们从农业机械入手，以减轻农民的劳动强度和提高标准化程度为目标，不断引进新型农业机械，引进机力起垄覆膜机13台，畜力起垄覆膜机30台，人畜起垄施肥机30台，轮式精量玉米播种机50台，施肥枪50个，引进马铃薯起垄播种机和收获机各15台，机耕机播率大幅提高。完成农机具补贴资金500万元，推广拖拉机、微耕机、多功能饲草粉碎机、大棚卷帘机、植保机械共计2322台（件）。

**（五）全面监管 确保农产品质量安全**

围绕“高产、优质、高效、生态、安全”现代农业建设要求，一是抓宣传培训，发放宣传资料8000余份，培训县乡监管人员、检测人员180人次，县站4名检测人员在市农产品质检中心开展岗位练兵70天，县站组织对全县30名乡镇站检测人员进行岗位练兵，熟练掌握农产品质量安全常规检测技术。二是抓体系建设，县质检体系项目建设已经完成。乡镇监管站完成10个站人员、场地配备，原有7个检测室正常开展业务，县城农产品市场建立自律性检测室4个。三是推行标准化生产，开展“三品一标”认证工作。全县建立沿河湾、高桥两个农产品质量安全标准化生产示范乡镇，西河口元盛小杂粮专业合作社为标准化生产示范社，建立苹果、蔬菜标准化生产基地2万亩，标准化生产示范园10个5000亩。“安塞山地苹果”获国家地理标志原产地保护证明商标，新认证有机苹果3000亩。四是开展专项整治，强化农药监督管理和产地准出、市场准入，共出动执法人员70人次。五是积极开展农产品质量安全检测检验，做好防控预警工作。完成农残速测2000个，检测合格率100%。

**（六）打防并举　净化农资市场**

一是高度重视，组织得力。年初，成立了农资打假专项治理领导小组，制定并下发《安塞县2012年农资打假专项治理行动实施方案》，对2012年春、秋两季农资打假做了详细的安排部署。抽调6名执法人员，分2个小组在全县深入开展农资打假专项行动。二是印制了安塞县农资商品准入证，经营户所有农资商品必须在准入证上登记，到农业局备案签发，方可进入市场，严把准入关。三是印制"一账通"进销台账，对经营户的进货、销货进行登记备案，严把流通关。四是严打重罚，狠抓农资市场整治。2012年来，集中开展专项治理6次，累计出动执法人员160多人次，其中连续1个月派出5名执法人员下乡进村，深入田间地头开展专项检查。共检查市场48批次，抽查经营门店、摊点128个次，没收不合格种子200多袋，限期整改的经营企业（门店）4个，农资市场秩序明显好转。

**（七）按需施教　开展技术培训**

开春前后，抽调执法大队、植保站、种子公司等有关单位共18人，分赴全县各乡镇深入开展农业科技下乡宣传，并制定了详细的宣传活动路线安排和工作措施。采取固定宣传点与流动宣传点相结合，发放宣传资料与播放宣传音（视）频资料相结合，田间地头宣传与现场咨询相结合等方式。重点宣传了农业法、农业行政执法程序、种子法、农业管理条例等有关农业法律法规和"如何识别假劣农资"、"购买农资注意事项"等农业科技、农资打假有关内容以及测土配方施肥等涉及农业生产生活和群众生活安全的科技知识。累计悬挂横幅100条，举办现场咨询30场次，接受咨询4万余人次，发放宣传资料5万份。组织全县211名村党支部书记到杨凌考察学习，先后对116名农民专业合作社理事长、211名村级信息员、211名村级农产品质量安全监管员和14个乡镇农业信息服务站站长、农产品质量安全检测站站长进行了集中培训指导，极大地提高了他们服务现代农业发展的能力。蔬菜局、畜牧局、农综办、果业局、科协、农机局、团委、妇联等相关单位累计开展农业干部培训20期1000人，开展农民培训560期7140人。

**（八）创新模式　确保服务农民的时效性**

通过宽带、无线网卡等连接手段，接通了211个村的网络，启动实施了金农工程的一期，充分利用安塞农业信息网、网上视频庄稼医院、"12316"农业服务热线、"电子农务"、"农信通"、"信息田园"等信息服务平台加强了农民培训，不断提高农民科技素质和文化水平，安塞农业信息网流量达到29万多人次，发布各类供求信息1000多条，利用庄稼医院解决农业生产各类疑难问题300多个，网上促进交易50多次，交易农产品总量达到300多吨。同时对乡镇农业信息服务站负责人和所有村级信息员进行了集中培训。

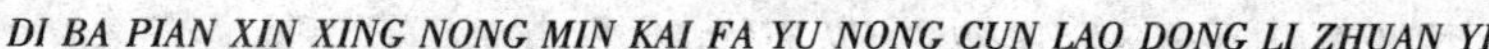

**（九）扶持引导　加强农民专业合作社建设**

一是坚持宣传引导，充分调动农民群众兴社办社热情。全县农民专业合作社已注册登记138个（其中2012年登记60个），涉及蔬菜46个，杂粮1个，果业21个，苗木6个，养殖51个，综合服务类13个。二是加强指导，促进农业专业合作社规范运作。凡在工商局新注册登记的农民专业合作社在我单位备案时，我单位派出专人到合作社指导制度建设、阵地建设、规范运行。三是全力抓好示范社建设工作，充分发挥示范引导作用。2013年，侯沟门蔬菜农民专业合作社创建为省级农民专业合作社百强社，创建市级农民专业合作社3个，累计达到8个。组织全县120个合作社理事长召开了专题培训班，并赴宜川学习考察。

**（十）以人为本　化解各类上访案件**

我局高度重视信访工作，认真对待每位来信来访者。共接待各类来访案件16起，化解16起，其中涉及土地纠纷的9起，涉及农资的6起，涉及农技员养老补贴发放的1起。涉农来信来访案件的及时调处，不仅稳定了社会秩序，还极大地促进了农业生产工作。

**（十一）多措并举　抓好项目建设**

根据延安市国家现代农业示范区规划的要求，我县认真编制了《安塞县国家现代农业示范区建设发展规划》，申报了9个示范园建设发展规划及项目要求材料，砖窑湾贾居示范园建设项目已经建成。安塞县现代农业物流园建设项目已完成12000m2的交易大厅，建成办公室10间，完成道路硬化等基础设施。通过招商引资注册了安塞晟鼎工贸有限公司，投入1500多万元，在工业园区征地9.2亩，建设全自动化小杂粮加工厂，通过招商引进英国巴克莱先锋投资集团有限公司中创永华（北京）投资管理有限公司与安塞元盛小杂粮农民专业合作社进行合作，投资500万元改造原西河口小米加工厂，合作协议已经签订，正在建设加工厂。同时完成了玉米高产创建、马铃薯良种繁育、农村沼气、阳光工程等项目，储备了绿色蔬菜基地认证、退耕还林后续产业、小杂粮生产基地建设、农民专业合作社示范社建设等20多个项目。

**（十二）不断深化农技体系改革**

2012年，沿河湾、砖窑湾、高桥、招安、镰刀湾、真武洞、化子坪7个乡镇农业综合服务站建设项目得到批复，组织工作人员到志丹进行了学习。落实了9个乡镇农业综合服务站的办公场所，每个乡镇农业综合服务站的牌子和12项相关制度全部上墙，对所有人员进行了任务分工。聘用了211个村级农技协理员，对乡镇农综站站长、村级协理员进行了集中培训。

**（十三）认真搞好创卫工作**

按照《安塞县创建国家卫生县城实施方案》中规定的任务和要求，成立了组织机构，集中搞好卫生清理工作，坚持了红袖章值班制度，完善了各项资料。

**（十四）形式多样 加强机关精神文明建设**

一是以三问三解、纪念建党91周年、学党章讲党性、学习十八大精神等活动为契机，不断提高政治理论素质。重点学习贯彻了创先争优活动相关文件精神、中央一号文件精神及中、省、市农业农村工作会精神、党章及县“十二五”发展规划等知识。科级以上干部每人都完成2篇调研文章，撰写学习笔记1万字以上。一般党员干部职工每人写学习体会6篇，每人记写学习笔记8000字以上。二是创新开展帮扶活动，为了确保“三问三解”和帮扶贫困村活动取得实效，县农业局党支部结合单位实际，在党员干部中推行“六个一”挂牌抓点示范责任制活动。累计出动科技人员50多人次，受训6000人次。并投入大量资金，为全县12个贫困村免费供应玉米新品种7.4吨，谷子良种3吨，大豆种子3吨，地膜35吨，化肥70多吨，各种覆膜机具40台，轮式播种机50台，建立全膜覆盖玉米10000余亩，示范带动全县完成10万亩玉米播种面积，建立谷子生产基地3万亩。三是加强了计划生育工作和社会综合治理工作，年初我局成立了计划生育工作和社会综合治理工作领导小组，夯实了责任，全年我单位没有出现违反计划生育和违法乱纪现象。

## 三、存在的问题

1. 多数农民的文化、科技水平相对较低，自我发展的意识不强，等靠要思想依然存在，新品种、新技术推广慢。

2. 劳力成为影响农业生产的重要问题，农村多数体壮青年劳动力转移，谁来种地、谁来养殖成为农业发展的难题。

3. 资金短缺，对粮食生产投入不足，农民种植的积极性不是很高。

4. 农业产业化程度低，产业链条不长，品牌效应还不够突出，农业服务体系不够健全。

**作者简介：**

周赟，男，汉族，1969年12月出生，中共党员，本科学历。现任陕西省安塞县农业局局长。

白明亮，男，汉族，1985年10月出生，本科学历。现任陕西省安塞县农业局办公室主任。

鲁新国，男，1979年12月出生，中共党员，大学学历。现在陕西省安塞县农业局工作。

# 实施高效节水灌溉<br>推动崇左蔗糖产业升级发展

广西壮族自治区崇左市农业局　赵邓强

崇左市地处广西西南部，辖七个县（市、区），人口 243 万，耕地面积 780 万亩。全市甘蔗面积 423 万亩，农民收入 2/3 来自甘蔗，成为全国最大的蔗糖生产基地，被誉为“中国糖都”。然而，崇左市是广西三大旱片之一，“靠天种蔗”，单产不高，是制约蔗糖业发展的一大“瓶颈”。为此，近年来，崇左市提出实施甘蔗高效节水灌溉，采取滴灌、喷灌等方式实现高效。每亩投入 2000 元左右，喷管带可用 3 年，深埋总管可用 30 年。2013 年 1 月上旬，崇左市江州区安定甘蔗高效节水灌溉示范区测产验收，甘蔗亩产达 9. 28 吨，比普通增产 3. 77 吨，每亩可增收 1300 元左右，农民增收显著，破解了崇左多年来想解决而一直难以解决的甘蔗生产难题，走出一条独具崇左现代农业发展的新路子。

## 一、实施甘蔗高效节水灌溉推进情况

### （一）目标任务及推进情况

到“十二五”末，全市实施甘蔗高效节水灌溉面积 103 万亩。截至 2013 年 8 月底，全市已开工建设项目有 139 处，实施甘蔗高效节水灌溉面积 39. 69 万亩，其中：实施滴灌 30. 85 万亩、低压管灌 5. 64 万亩、喷灌 3. 2 万亩。累计完成投资 6. 95 亿元。

### （二）主要做法和特点

1. 领导重视，狠抓落实

各级党委、政府高度重视，成立领导小组，建立示范点，形成了市、县领导包片抓点、乡镇干部包村，层层抓落实的工作局面。各级各部门组织干部进村蹲点指导，制定土地流转后保持农民增收的相关政策，财政划拨经费给专业测量队伍开展土地量测定位。江州区引进专业公司参与项目建设，形成了“江州模式”；扶绥县推进“小块并大块”土地整合，打造出“扶绥模式”。

2. 宣传发动，广泛深入

通过广播、电视、网络和墙报专刊等形式宣传甘蔗高效节水灌溉的重大意义，宣传土地整合、土地流转的政策、法规和相关知识。组织工作组深入村屯，重点解释土地流转后剩余劳动力就业和土地整合的必要性。通过宣传发动，全社会对实施甘蔗高效节水灌溉建设的必要性、重要性有了更深的认识，群众主动、自愿参与到甘蔗高效节水灌溉建设上来。

3. 因地制宜，做好规划

全市七个县（市、区）根据土地资源、水利资源及甘蔗种植面积分布，共规划灌溉面积103万亩。按照“试点先行、逐步铺开”原则，各地分区域分批次建立连片甘蔗高效节水灌溉项目示范区，采取管道输水和抽水机引水或修建蓄水池、干旱季节由甘蔗田间铺设的PE管灌溉的滴灌等技术，推进甘蔗高效节水灌溉项目建设。

4. 土地流转，稳步推进

实施甘蔗高效节水灌溉，整合土地资源是关键。各级政府组织工作队深入村屯，帮助农户算好经济账，通过效益对比分析，让农民看到土地流转和实施甘蔗高效节水灌溉带来的好处，促使农民自愿参与建设。各县（市、区）建立土地流转服务机构，对土地流转信息逐一造册登记，建立台账。全市累计土地流转17.04万亩，土地整合27.75万亩。

5. 整合资金，多元投入

一是出台政策。各县（市、区）政府以企业、政府、蔗农按5：3：2的比例出资建设项目。二是争取财政资金支持。全市七个县（市、区）列为中央财政小型农田水利重点县和高效节水灌溉示范试点县，连续三年每年获中央、自治区财政资金3000万元。仅小农水重点县项目资金，全市一年就获上级财政补助资金1.535亿元。三是招商引资。江州区引进了广西高良公司作为项目投资主体，计划5年内共投入资金13.5亿元；龙州县引进了五家民营企业，投资3850万元投入甘蔗高效节水灌溉建设，等等。

## 二、实施甘蔗高效节水灌溉项目的主要经营模式与分析

经过两年实践，崇左市初步探索形成了“专业化公司运作”（称“江州模式”）、“公司+基地+农户”（称龙州模式）、“制糖企业+协会+农户”（称“扶绥模式”）三种主要经营管理模式。

**（一）江州模式："专业化公司运作"，特点：政府主导，企业投资，农民参与，利益共享**

江州区引进新疆天业集团等企业组成的天业联盟，联合辖区内四家制糖企业，对30万亩蔗田采取膜下滴灌技术进行高效节水灌溉。该模式优点：投资和项目管理主体企业化和专业化，财政支持，企业积极筹措资金；实现集约化经营，利于推广甘蔗生产机械化，提高劳动生产率；利于将水、肥、农药一体化技术应用，降低生产成本。该模式需要完善之处：制糖企业未参与项目建设和管理，不利于甘蔗生产企业抵遇蔗糖价格波动风险。

**（二）扶绥模式："制糖企业＋协会＋农户"，特点：农户主体、政府引导、企业参与**

主要做法：一是整合土地。推进"小块并大块"土地整合，因地制宜确定微灌、滴灌、喷灌等灌溉模式。二是多方投入。县级财政负责水源、泵房、供电等配套设施建设；制糖企业按比例出资，负责铺设管道工程建设；受益农户自筹资金，负责田间支管和喷头等配套设施，政府、企业、农民投资共建。三是以农民为项目管护主体，负责工程管道设施维护、统一调度用水和收缴水费等工作。该模式不足之处：仍以各家各户农民为土地经营主体，制糖企业不参与项目建后管理，不利于发挥项目效能和管理；管护公司、制糖企业、甘蔗种植企业（农户）关系如果理顺不好，可能出现推诿、扯皮现象。

**（三）龙州模式："公司＋基地＋农户"，特点：政府支持、企业投资、农户受益**

龙州县甘蔗高效节水灌溉建设采取多种模式并行。一是专业公司承包土地实施，建立水肥一体化高效节水灌溉甘蔗基地，这种模式不需政府投资和扶持。二是结合土地整治项目实施，在实施土地整治的同时进行水利设施建设。三是政企民扶贫综合开发模式，由农业开发公司承包农户土地，农户土地流转，政府在水源建设等方面给予企业支持和补助。该模式优点：投资和项目管理主体企业化和专业化，利于实施土地农业经营集约化、机械化和科技化；利于引导甘蔗生产企业合理竞争，发挥中央财政小型农田水利资金在高效节水示范试点项目中的作用。该模式不足之处：制糖企业未参与项目建设和管理，甘蔗生产企业（农户）未能与制糖企业有机结合，甚至会造成脱节。

## 三、实施甘蔗高效节水灌溉存在的主要问题

实施甘蔗高效节水灌溉项目遇到的问题和困难主要为：一是制糖企业参

与项目建设积极性不高。制糖企业、财政、受益农户出资比例为5：3：2较难落实，项目资金投入主要来自中央和自治区财政，各县（市、区）财政、制糖企业资金到位较少。二是土地整合流转难度大进展慢。部分农民恋地情结重，一些地方承包土地少且零星分散、坡高地贫不同，不愿意整合或流转；也有农民担心土地流转后，收入会减少。三是管理机制和服务体系不完善，水利工程技术人员缺乏，制约着节水灌溉项目效益的发挥。

## 四、实施甘蔗高效节水灌溉的工作思路

实施甘蔗高效节水灌溉是崇左市蔗糖业发展的一场“革命性”变革，是一项创新的工作，没有经验可借鉴，今后要突出抓好如下几方面：

**（一）广泛宣传，大力营造舆论氛围**

充分利用各种媒体，多形式宣传甘蔗高效节水灌溉项目的重要性，宣传甘蔗高效节水灌溉的好政策、好经验、好做法、好典型，把政府及蔗糖企业的优惠扶持政策宣传到每家每户，人人皆知，形成群众支持、参与项目的舆论氛围，调动社会力量参与甘蔗高效节水灌溉项目。

**（二）完善管理制度和服务体系，确保项目工程发挥效益**

一是制定和完善具体的项目区管理办法，建立一套完整可行的项目长效管理机制。二是培养一批甘蔗高效节水灌溉管理型人才。三是鼓励单位和个人投资建立甘蔗生产农机服务专业队，形成“种、管、砍、运一条龙”服务。

**（三）强化措施，推进土地流转**

土地流转是实施甘蔗高效节水项目的重要环节。进一步规范流转土地程序和行为，通过政策引导，使广大农民了解土地政策导向，打消土地流转顾虑。各地建立土地流转服务中介组织和土地流转交易信息网络，为土地流转供需双方提供服务工作。此外，组织开展分等定级和价格评估工作，合理确定各类农地的质量、等级，客观、公正地评估其市场价格，为公平交易提供参考。

**（四）出台激励政策，加大资金投入**

出台相关政策和措施，制糖企业按50%的比例投入，同时明确制糖企业作为项目运营主体，是项目的管理者；每年从糖业财政税务收入中安排10%以上资金用于甘蔗高效节水灌溉项目。另外，充分利用好国家新一轮兴边富民土地整治扶持政策和资金，用好近年中央对崇左市扶持投入资金，用于200万亩土地整治项目。加大招商引资力度，争取更多的民营资本投资甘蔗高效节水灌溉项目建设。同时，发挥蔗农的主体作用，发动群众积极参与。

**作者简介：**

赵邓强，男，1973年5月出生，中共党员，本科学历，农艺师。现任广西壮族自治区崇左市农业局办公室主任。

# 低温冷害对水稻生育的影响

黑龙江省汤原县农业技术推广中心　胡秀芳

大家知道，2009 年我县水稻生产和全省一样，经历了低温、冷害、多雨、大风等不利气候条件的考验，给水稻生产带来了十分不利的影响。尽管水稻单产达到了每亩 513 公斤，比 2008 年每亩低 20 公斤，但实际上比这还要低，相差 50 公斤左右，原因是多方面的，但问题却是共同的，即水稻生育进程拖后、茎数不足，空秕率高等。下面按照省站通知要求，把我县 2009 年低温对水稻生育影响的简单分析情况向各位领导、老师和同行作以汇报，不妥之处请批评指正。

## 一、低温对水稻生产的影响

### （一）低温对水稻返青的影响

我县水稻适宜插秧期为 5 月 10 ~ 25 日，近年来基本上都能在此期插完秧。2008 年 5 月 10 日插秧的，返青正常，分蘖快、产量较高，而 2009 年也是在 5 月 10 日开始插秧的，插后因低温、大风等造成水稻大缓苗，缓苗期为 7 天，与 2008 年相比没有体现出早插的生长优势。而 5 月 20 ~ 25 日插秧的返青期为 3 天左右，接近常年。（见表 1）

表 1　不同时期插秧对返青的影响

| 插秧期<br>返青天数<br>年份 | 5 月 10 日 | 5 月 15 日 | 5 月 20 日 | 5 月 25 日 |
|---|---|---|---|---|
| 2008 | 3 | 2 | 2 | 2 |
| 2009 | 7 | 5 | 3 | 2 |

### （二）低温对水稻分蘖的影响

2009 年我县水稻生产呈现分蘖速度慢，分蘖盛期延后，分蘖高峰期出现晚。以 2008、2009 年水稻叶龄监测调查为例，2008 年水稻分蘖盛期为 6 月 15 ~ 25 日。2009 年水稻分蘖盛期为 6 月 21 日到 7 月 5 日，晚 6 ~ 8 天；2008 年水稻最高分蘖出现在 6 月 30 日，2009 年出现在 7 月 10 日，晚 10 天左右（见表 2）。

分蘖率也是相同趋势。导致低位蘖休眠、一次分蘖减少、高位分蘖增加的主要原因是低温、多雨。从生理上来看，低温使稻株体内细胞原生质游动受阻，吸收机能减弱，呼吸代谢失调，叶蘖不能同伸。

**表 2　水稻分蘖情况调查表**

| 调查日期（月、日） | 5.25 | 5.30 | 6.5 | 6.10 | 6.15 | 6.20 | 6.25 | 6.30 | 7.5 | 7.10 |
|---|---|---|---|---|---|---|---|---|---|---|
| 08 年每穴茎 | 4，5 | 4，5 | 9，3 | 11.7 | 16.7 | 23.2 | 28.1 | 29.8 | 29 | 27.1 |
| 09 年每穴茎 | 3.6 | 4.5 | 6.7 | 7.2 | 8.8 | 12.2 | 18.3 | 23.8 | 25.6 | 27.6 |
| 08 年分蘖率 | 28.6 | 28.6 | 165.7 | 234.3 | 377.1 | 562.9 | 702.9 | 751.4 | 728.6 | 674.3 |
| 09 年分蘖率 | 20.0 | 50.0 | 123.3 | 140.0 | 193.3 | 306.7 | 510.0 | 693.3 | 753.3 | 820.0 |

注：品种为垦稻 12　2008 年每穴 3.5 株，2009 年每穴 3 株。

**表 3　水稻分蘖期间气象条件**

| 年份＼气象条件 | 六月份平均气温（℃） | | | 六月份降水（mm） | | |
|---|---|---|---|---|---|---|
| | 上旬 | 中旬 | 下旬 | 上旬 | 中旬 | 下旬 |
| 2008 年 | 18.3 | 21.8 | 22.5 | 5.6 | 4.1 | 14.9 |
| 2009 年 | 16.1 | 16.7 | 18.2 | 87.4 | 54.0 | 63.5 |

由表 3 可见，水稻发生分蘖的 6 月份气象条件不利于水稻分蘖。2009 年 6 月份平均气温为 17.3℃，比 2008 年 20.9℃少 3.6℃；降水 204.9mm，比 2008 年 61.6mm 多 143.3mm，各旬之间温度和降水趋势相同。因此低温多雨是造成低位分蘖减少、分蘖盛期延后和最高分蘖出现晚的主要原因。

**（三）低温对水稻生产生育进程的影响**

据对我县主栽品种垦稻 12 号的叶龄定点调查，2009 年水稻生产 6 月 10 日以前叶龄相差较小，以后与 2008 年相比叶龄相差 0.6 ~ 0.7 片叶，主茎总叶数为 12.2 片叶，比 2008 年多 0.5 片叶，齐穗期 8 月 2 日，比 2008 年拖后 5 ~ 6 天，成熟期比 2008 年晚 7 ~ 9 天（见表 4）。

**表 4　水稻叶龄进程调查表**

| 年份＼叶龄＼日期 | 5.25 | 5.30 | 6.5 | 6.10 | 6.15 | 6.26 | 6.25 | 6.30 | 7.5 | 7.10 | 7.15 | 7.20 | 7.26 | 叶片数 |
|---|---|---|---|---|---|---|---|---|---|---|---|---|---|---|
| 08 年 | 4.4 | 4.9 | 6.1 | 6.8 | 7.7 | 8.3 | 9.1 | 9.8 | 10.4 | 11.1 | 11.7 | 减分 | 齐穗 | 11.7 |
| 09 年 | 3.9 | 4.9 | 5.9 | 6.6 | 7.1 | 7.7 | 8.4 | 9.2 | 9.7 | 10.5 | 11.1 | 11.6 | 减分 | 12.2 |
| 差 | 0.5 | 0 | 0.2 | 0.2 | 0.6 | 0.6 | 0.7 | 0.6 | 0.7 | 0.6 | 0.6 | 5 天 | 6 天 | 0.5 |

造成水稻生育进程拖后，叶片数增加主要是6~7月份低温、寡照多雨。根据对水稻生育影响较大的6~8月份气象资料分析，2009年6~8月积温1602.8℃，比2008年同期积温少353.2℃，比历年同期积温少162℃；2009年6、7月份降雨416.4mm，比2008年同期多284.1mm，比历年多196.7mm，这些不利的气象条件影响水稻生长发育，导致水稻生育延后。

**（四）低温对水稻产量及产量性状的影响**

我县主栽品种垦稻12号，在2009年水稻生育期间持续低温、多雨等不利气候条件下，表现出耐冷性强、产量较高、产量性状稳定的优势，但是同品种与不同年份相比，千粒重下降1~3克（见表5）。

**表5　垦稻12号不同年份产量及产量性状调查表**

| 产量构成<br>年 份 | 穗实粒 | 穗空瘪 | 结实率% | 穗/㎡ | 千粒重 g | kg/亩产 |
|---|---|---|---|---|---|---|
| 2004年 | 58.9 | 9.3 | 86.4 | 574.0 | 27.0 | 547.7 |
| 2005年 | 65.4 | 15.7 | 80.6 | 576.5 | 26.2 | 592.7 |
| 2006年 | 62.2 | 18.7 | 76.5 | 580.0 | 26.9 | 582.3 |
| 2007年 | 67.0 | 4.0 | 94.4 | 546.0 | 27.0 | 592.6 |
| 2008年 | 69.0 | 15.0 | 82.1 | 552.0 | 28.8 | 617.0 |
| 2009年 | 71.2 | 14.8 | 82.8 | 571.2 | 25.6 | 590.5 |

低温对不同品种之间产量及产量性状影响较大。通过对16个品种的产量及产量构成分析可以看出，垦稻12、龙粳21、龙粳25、龙粳20和空育131等品种，结实率高，表现出较强的抗低温能力；而龙盾104、龙盾105等品种耐冷性差，特别是耐障碍性冷害差，空壳率高。主要是7月中下旬连续10天低于17℃的低温，并遇水稻花粉母细胞减数分裂期所致。

在低温年份不同施肥水平对水稻产量及产量性状影响也较大。特别是氮肥实用的多少更为明显。（见表6）

**表6　2009年不同施肥水平对水稻产量及产量性状影响**

| 项目<br>区号 | 不同施肥 | 实粒/穗 | 空瘪/穗 | 结实率% | 穗/㎡ | 千粒重 g | kg/亩 |
|---|---|---|---|---|---|---|---|
| 1区 | N 0 P 0 K0 | 57.8 | 3.1 | 94.9 | 312.5 | 27.5 | 298.5 |
| 2区 | N 0 P 2 K2 | 56.8 | 2.5 | 95.8 | 300.0 | 27.3 | 279.1 |
| 3区 | N 1 P 2 K2 | 61 | 6.6 | 90.2 | 405.0 | 24.9 | 369.1 |

| 区号＼项目 | 不同施肥 | 实粒/穗 | 空瘪/穗 | 结实率% | 穗/㎡ | 千粒重 g | kg/亩 |
|---|---|---|---|---|---|---|---|
| 4 区 | N 2 P 0 K2 | 65.3 | 11.2 | 85.4 | 434.2 | 23.6 | 401.5 |
| 5 区 | N 2 P 1 K2 | 58.2 | 11.4 | 83.5 | 468.0 | 24.7 | 403.4 |
| 6·区 | N 2 P 2K2 | 52.0 | 11.5 | 82.1 | 499.2 | 25.6 | 398.7 |
| 7 区 | N 2 P 3K2 | 61.4 | 6.6 | 90.3 | 435.0 | 25.6 | 410.3 |
| 8 区 | N 2 P 2 K0 | 57.0 | 14.3 | 81.8 | 405.0 | 24.8 | 343.5 |
| 9 区 | N 2 P 2 K1 | 62.3 | 9.0 | 87.4 | 457.6 | 23.6 | 404.0 |
| 10 区 | N 2 P 2 K3 | 50.0 | 18.1 | 73.4 | 559.0 | 23.7 | 397.5 |
| 11 区 | N 3 P 2 K2 | 63.6 | 19.4 | 76.8 | 504.4 | 24.0 | 457.6 |
| 12 区 | N 1 P 1 K2 | 60.8 | 5.3 | 92.0 | 370.0 | 25.5 | 344.2 |
| 13 区 | N 1 P 2 K1 | 56.4 | 3.7 | 93.8 | 405.0 | 25.8 | 353.6 |
| 14 区 | N 2 P 1 K1 | 62.1 | 6.2 | 90.9 | 497.5 | 26.1 | 483.8 |

注：1. 品种：垦稻 12；

2. 试验地为育苗苗底地，5 月 28 日插秧；

3. 施肥水平，6 区为 2 水平 = N 每亩 7 公斤、P 每亩 5 公斤、K 每亩 6 公斤。1 水平 = 2 水平 ×0.53 水平 = 2 水平 ×1.5。

由表 6 可见，11 区是氮肥的最高区，其空瘪率也最高，其次是 10 区氮磷处于 2 水平，但钾肥处于 3 水平，促进氮肥的吸收，因此空瘪率也高，而接近土壤供肥量的 14 区产量最高，这与我县水稻生产的实际是相等的。2008 年由于气候条件较好，氮肥施的多，产量也高。而 2009 年是氮肥施的高，空瘪率增加，病害也较重，即使耐冷强的垦稻 12 号在高氮肥的情况下，结实率也下降，成熟度差，产量不高。

## 二、针对低温冷害采取的措施

1. 科学选用生长调节剂。在苗期喷施奕源生物肥和小叶敌，增强秧苗素质，提高抗低温、抗药害的能力；在水稻幼穗分化期喷施吨田宝，调控水稻生理生化过程，促进细胞分裂和组织分化，还促进了抗冷蛋白的生成，从而增加了植株抗低温能力；在枝梗分化期喷施了早熟丰与黄金钾，加速了植物营养运转。

2. 科学进行调肥。采用了科学平衡施肥方法，改变以往重蘖肥和穗肥的“大头肥”现象。由于 6 月份低温水稻生长速度慢，农户盲目过量追施氮肥造成水稻疯长，在持续风雨中磨擦产生的伤口，感染了细菌性褐斑病，针对此田块，不能盲目喷施钾肥和叶面肥，相反此期田面有落黄、叶片无病斑采取了根外追肥，即在孕穗期喷磷酸二氢钾每亩0.3公斤调整后期营养。

3. 科学增温控水促早熟。水稻生育前期采取浅水促分蘖，生育转折期和排水考田控制无效分蘖，零星抽穗期排水促进抽穗，齐穗期后不进行间歇灌溉。

4. 及时进行病虫防治。防病：以防治稻瘟病、纹枯病、细菌性褐斑病为主，用50%氯溴异氰尿素（灭菌成）60克1000倍液进行喷雾，7～9天后在水稻破口期用富士1号+爱苗，有效的控制了病菌；灭虫以潜叶蝇、负泥虫、二化螟为主，用5%锐劲特每亩50毫升进行防治。

## 三、几点建议

1. 科学选择主栽品种。在选择品种时，应把耐冷性作为主要指标之一进行考虑，因为我省是属于寒地一季稻作区，经受不起由于品种的不耐寒而导致减产的致命打击。

2. 因地制宜适时插秧。适期插秧要根据学时的气候因素和生产条件，不能盲目、过分追求早插秧，早插秧不一定都高产，风险性很大，特别是插秧后大缓苗，对产量影响非常大。

3. 科学进行田间管理。应固天、固地、因苗综合考虑，采取应对措施。预防是关键，以促早熟为中心，进行调肥，换水及病虫草害的综合防治。

# 温室草莓与番茄套种栽培创造高效益

河北省满城县农业局　张金河　葛福顺　杜宏伟

河北省满城县是全国草莓生产基地县，2013 年全县草莓种植面积 4.95 万亩，产值 3.9 亿元，近几年来，日光温室保护地栽培面积呈逐年上升的趋势，特别是温室草莓与番茄套种栽培，以其产量高、品质优、效益高的特点深受莓农欢迎，已成为满城县典型的种植模式。2013 年仅草莓一茬亩产 2500 公斤，草莓亩产值 20000 元，番茄亩产值 18000 元，合计亩收入 38000 元。甜查理是适宜促成栽培的优良品种。其关键栽培技术如下：

## 一、茬口安排

上茬草莓下茬番茄。草莓在 8 月中旬至 8 月底定植，10 月下旬扣棚，12 月下旬至 1 月上旬陆续成熟上市，3 月底采收结束。番茄 11 月下旬育苗，2 月初定植于草莓垄间，4 月中下旬收获，6 月底采收结束。

## 二、品种选择

1. 温室草莓选择甜查理、佐贺清香等品种

满城县温室栽培以甜查理为主，该品种特点：（1）休眠浅，成熟早；（2）果个大，大果率高，第一序果平均重 28 克，最大果重 78 克，20 克以上的大果率在 80% 以上；（3）鲜果综合性状优良：果实硬度大，耐储藏运输；果实圆锥形，果面平整，果色鲜艳，果实甜度高，香味浓，品质优，一般糖度 8 ~ 10 度；（4）丰产、稳产：每花序座果 5 ~ 7 个左右，每株座果 15 ~ 25 个，一般亩产 2000 公斤左右，高产可达 3000 公斤以上；（5）抗病性强，适应性广，对白粉病、灰霉病有较强的抗性。

2. 番茄品种选择天马、彩虹、卢比、钻石黄冠等

我县栽培以卢比品种为主，特点：（1）果实硬度大，果皮厚；干物质含量多，耐储运性好；（2）果皮鲜红色，大小中等，单果重 150 克左右，适宜成串采收；（3）植株生长健壮、结果期长、产量高，亩产可达 8000 公斤以上，经济效益较高。

## 三、草莓关键技术：

### （一）建造高标准的日光温室

草莓、番茄生长发育的快慢与日光温室的升温保温性能关系密切，我县采用的日光温室的规格是，东西北三面用土打墙，后墙高 1.8 米，中柱高 2.8 米，腰柱高 2.1 米，前柱高 1.4 米，后坡长 1.5 米，跨度 7.5～8 米，墙体厚度 50～100 厘米以上，这样的日光温室在进行双层覆盖保温的情况下，可保证草莓、番茄的正常生长发育。

### （二）整地做畦

日光温室建成以后，亩施圈肥 5～6 方，三元素复合肥或磷酸二铵 40～50 公斤，结合施肥深翻园地，做成南北向的高畦，畦面宽 50 厘米，沟宽 30～40 厘米，畦高 25 厘米。做畦后，如土壤过干，浇水造墒，以便促进定植后秧苗的成活。

### （三）选择壮苗、适时定植

选用草莓专用育苗园的秧苗，最好是无病毒健壮秧苗。秧苗的标准是：3～5 片展开叶，叶柄短，叶片大，根茎粗 1 厘米左右，苗重 10 克以上，根系 6 条以上而且粗壮发白，这种秧苗定植后成活快，吸收能力强，耐低温，能长期开花结果。适宜栽植时间是 8 月中旬至下旬定植。定植前苗圃地要提前浇水，定植时要注意弓背伸向畦的两侧。每畦栽两行，行距 25 厘米，株距 13～15 厘米，每亩栽培 10000～12000 株左右。为保证成活，草莓栽后首先应浇稳苗水，并要浇透，在栽植面积较大时，应边栽植边灌水，以后根据土壤墒情可 2～3 天或 4～5 天浇一次水，连续浇 2～3 次水。缓苗后要根据天气的情况及土壤温度，每 10～20 天灌水一次。

### （四）适时扣棚保温

扣棚前结合浇水开沟追施一次氮磷钾三元素复合肥 20～30 公斤/亩，然后进行扣棚保温。适期保温是草莓保成栽培技术的关键，一定严格掌握，保温适期的确定要掌握在顶花芽分化以后，并且第一腋花芽已分化至将要进入休眠前。保温过早不利腋花芽的分化，过迟植株进入休眠，影响产量。保温适期的温度以最低温度在 10℃，日平均温度在 16℃时进行为宜。在保定地区甜查理草莓的适宜扣棚期是 10 月下旬。

### （五）喷施赤霉素

温室扣棚后一周内喷施一次 5～7mg/kg 的赤霉素，每株 5 毫升，不同品种用药浓度不同。一般玫瑰可用 6mg/kg，喷药时要求在晴天上午进行，喷药不宜过多或过少。用药过多，植株出现徒长，坐果率下降，影响产量，喷药过少，植株生长慢，长势差，产量低，影响早熟效果。

**（六）覆盖地膜**

温室保温后10～15天左右覆盖地膜，为防止杂草生长，一般选用黑色地膜，草莓栽培一般先盖棚膜后覆地膜。覆膜后，随即在秧苗上方用小刀割一小口，将苗提至膜上。

**（七）温湿度管理**

在展叶、吐蕾前，温度适当高些，白天

22～28℃，最高不超过30℃，夜间12～15℃，最低不低于8℃。保温初期可不加盖草帘。开花期白天22～25℃，夜间8～12℃左右，最低不低于8℃。果实膨大成熟期白天20～24℃，夜间5～6℃。如温度过高，果实没等膨大即成熟变红，导致减产。在扣棚期间，不但要做好棚温的控制，还要搞好棚内温度的调节，随着湿度的降低，花药开裂率明显提高，因此开花期间最好控制棚内的相对温度在40%～60%，最高不超过80%。

**（八）应用膜下滴灌进行肥水管理**

草莓进入盛花期以后，此时开花、坐果、果实膨大、叶片生长等需肥水量最大，此期缺肥，果个小，产量下降。因此，这个时期可随滴灌浇水追冲施肥10公斤/亩，以钾肥为主。当草莓进入采收期以后，为了进一步提高产量，随滴灌追施高钙钾宝10公斤/亩。还可叶面喷施美国高产素、澳优叶面肥3～5次，浓度分别为0.5%～1%效果较好。

**（九）蜜蜂授粉**

温室内放养蜜蜂能提高坐果率16%，减少畸形果60%～80%，增产30%～58%。放养蜜蜂的时间在开花前7～8天，一般每栋温室一箱蜜蜂，超过一亩的温室放两厢。蜜蜂出巢的最适温度为15～25℃，与草莓花药开裂适温13～20度一致，白天温度超过28℃要通风换气，通风时为防止蜜蜂外逃，棚膜通风处加盖防虫网。

**（十）利用黄板、防虫网进行病虫综防**

草莓的主要病害有灰霉病、白粉病，用硫磺罐熏蒸白粉病，灰霉病用百菌清烟剂或速克灵烟剂防治。虫害主要是蚜虫，用黄板诱蚜或灭蚜烟剂效果很好。

## 四、番茄管理技术：

1. 育苗：11月下旬在温室内育苗，苗期70～75天。

2. 定植：2月上旬带蕾定植于草莓垄间，株距30厘米，留3穗果摘心。

3. 定植后的管理：定植后7～10天，即开花时，第一次进行防落素处理。第一穗果核桃大小时随浇水亩追肥（高钙钾宝）15公斤。以后视墒情浇水，隔一水使一次冲施肥，全生育期追施60公斤。

# 重点扶持特色产业 打造县域主导产业

西藏自治区吉隆县农牧局 巴桑次旦 官 雷

近年来，在县委、县政府的大力支持和积极引导下，吉隆县农牧业发展主动适应市场、调整产业结构，充分依托吉隆镇等区域独特的气候、资源优势，大力发展特色产业，使农牧业单一生产结构发生了变化，由过去的数量型向质量型、由分散型向集约型、产品型向商品型转变，形成了初具规模的特色产业园区，生产出颇具名气的优质农畜产品。

## 一、特色产业园区基本情况

吉隆县喜马拉雅特色产业园区坐落于吉隆县吉隆镇，该园区为了能充分利用独特的吉隆地理气候资源，成立了由吉隆县人民政府领导的《吉隆县日吾班巴口岸开发有限责任公司》，该公司始建于2011年5月，现固定资产1860万元，占地52亩，是集土地储备、旅游开发、特色农畜产品研发和边境贸易为一体的综合型国有企业。公司坚持以发展吉隆经济，增加群众收入为原则，加大特色产品研发力度，注重各产业链的设计和关键环节把关，通过提供资金、技术等扶持，引领广大群众转变生产观念，实现增收致富。

## 二、特色产业发展现状

### （一）特色种植基地建设情况

2011年，特色产业园区对茶叶、玉米、生姜、人参等进行了试种，并获得阶段性成功。2012年，项目得到推广，由县委、县政府和农牧、民宗等单位联合筹集资金，进一步扩大种植面积，推进特色种植基地建设，建立了茶叶种植基地、玉米种植基地、生姜种植基地、红豆杉繁育实验示范基地、大棚蔬菜基地、葡萄试种基地。2013年新增茶叶种植面积500亩，目前长势喜人，为下一步扩大茶叶种植项目，实现茶叶批量生产，形成吉隆绿茶特色产品牌奠定了坚实的基础；种植玉米3000亩，涉及帮兴、朗久、冲堆等7个主要行政村，直接创造经济价值96万元，受益群众400多户；种植生姜22个温室大棚，涉及农户98户，现亩产已达到1000多斤，预计经济价值可达10万元左右；试播东北人参籽10000粒，通过检测发芽率和药用成分，示范推广；

扦插喜马拉雅红豆杉20万株，用于育苗技术的研究和试验，并逐步示范推广；试播披肩草50亩，试种葡萄8亩，用于品种选育；建设区域“菜篮子”基地，吉隆镇蔬菜大棚基地于2008年4月开始创建，现总面积1000亩，现有大棚150座，主要种植白菜、黄瓜、空心菜、生姜等蔬菜。

**（二）特色产业链建设情况**

目前已建成冷链物流园区和生肉产业链两条产业链。冷链物流园区坐落在吉隆镇冲堆村，占地36亩，现有冷库3座，干放仓库两座，冷藏车一台。冷链物流的建立有效解决了各种特色产品往外运输的困难，极大的增强了各种特色产品的市场竞争力；生肉产业链是集短期育肥、集中屠宰、集中上市于一体的产业链项目，引进外来企业提供技术支持，经过多方努力协调，现已建成投产。在吉隆镇进行100头大畜的育肥，在折巴乡、差那乡、宗嘎镇三个乡镇进行4000只棉羊的育肥。通过高效育肥，牲畜品种得到改良，畜产品数量得到增加，经济收入实现增长，据统计经过短期育肥后，每只山羊的价格比原来增加了30%。

**（三）专业合作社建设情况**

为了增强经营者的市场竞争力，依托特色项目的开发，我县建立了扎西玉米合作社、伦珠养鸡合作社、格勒茶叶合作社、阿旺蔬菜合作社、根确林下药材合作社等9个农牧民合作社，各合作社的组建，是吉隆县农牧民群众的一次大胆探索，是对常规发展模式的一次挑战，政府在政策上予以大力支持，减轻各合作社的负担，并在基础建设上给予一定的扶持，合作社建立步骤上广泛开辟绿灯，减少步骤，使其尽快运行。

## 三、存在的困难

一是广大农牧民群众思想观念落后，不适应特色经济发展的要求。主要表现在作为特色产业主体的农牧民，自身思想意识落后，对发展特色产业的认识不足，一部分人商品意识与市场意识淡薄，小农经济思想严重，在市场经济下生产农畜产品不是积极主动的寻找市场，而是坐等上门收购，大部分群众种出了蔬菜，自己吃不完，但却不想办法找销路，得不到现实的经济利益，又影响了种植的积极性。

二是缺乏资金支持，生产设备落后，生产效率低下。由于特色产业发展刚刚起步，短期效益不明显，资金来源单一，加上地方财政财力有限，所以目前生产设备相对落后，玉米、生姜等作物的种植和产品的加工，还是采用比较落后生产方式和生产工具，在一定程度上影响了生产效率，也影响到生产规模的扩大。

三是经济实力弱，加上生产成本高，经济效益不明显。由于我县经济发展落后、基础设施差等客观原因，地方财政很难拿出大量资金投入农牧业特色产业建设，而农村集体、农牧民自身经济实力又非常薄弱，再加上运输种子、产品的成本高，而且有些项目生产周期长，目前还见不到经济效益。这些因素又给发展特色产业造成经济压力，阻滞了特色农牧业经济的发展。

四是缺乏专业人才，生产技术落后，达不到市场要求。由于产业园区刚刚成立，经营管理人员都是从县里各部门抽调的，这些人既没有经过专门培训，又缺乏实践经验，所以很多生产、加工技术达不到市场要求，产品质量较低，缺乏市场竞争力。有些生产环节，还要从外面聘请临时技术人员，这又增加了生产成本。

五是有影响力的产业少，根系不壮，辐射效应不明显。目前茶叶、玉米、人参、生姜等各项种植、养殖产业全面推进，但由于各种原因还没形成规模，产品也没打开市场，而且能支撑全县经济发展且具有鲜明特色的产业还不明显，所以特色产业发展没有形成应有的辐射带动效应。尤其是养殖基地，由于规模小、起点低、设点分散、简单趋同等原因，规模上不去，畜产品数量有限，即便是拿到大的产品订单，也拿不出足够数量的产品。加上广大牧区交通闭塞，运输成本高，所以很难创造大的经济效益。

六是产业园区硬件设施不完善，影响工作全面开展。目前产业园区管委会虽然已经设立，但由于没有独立的部门经费，没有交通工具，办公设备简陋，办公、生活区住房条件差而紧缺，工作人员没房子住，几个人合住一间宿舍，严重影响了各项工作的全面开展。

七是管理不规范，影响工作效率。由于管理制度、管理机构不健全，加上缺乏专业的管理人才，产业园区管理不科学，在一定程度上影响了工作效率。尤其在财务管理方面，由于没有专门的、专业的财务管理人员，所以财务账目不规范、不明了，影响了产业的发展。

## 四、下一步构想

紧紧抓住中央对西藏的各项优惠政策，面向市场需求，发挥特色农牧业资源优势，依靠科技进步和技术创新，因地制宜调整和优化产业产品结构，以特色农牧业产业为依托，以特色农牧业产品为核心，提高生产经营者的商品化、专业化、集约化、产业化水平，增强市场竞争力，促进特色农牧业向深度和广度发展，实现农牧业增效、农牧民增收和农村牧区经济持续增长。

**（一）以市场为导向，转变群众生产观念**

通过采取招商引资、发布产品广告、及时向广大农牧民群众提供市场信息等措施拓宽产品的市场销售渠道，使广大群众得到实实在在地经济利益，提高他们的生产积极性，增加他们的对市场的应变能力。

**（二）多方筹措资金，加大扶持力度**

建立健全各项优惠政策，对规模养殖户生产用地、栏圈设施等物资材料予以优先考虑，提供资金、设备等扶持。同时积极争取项目资金，争取金融部门对特色产业的扶持，加大招商引资力度，推进特色产业规模化发展。

**（三）加大科技投入，提高生产水平**

通过制定各项优惠措施，引进和培养一批懂技术、善经营、会管理的畜牧养殖能人，促进畜牧科技全面进步。鼓励科技人员到生产第一线，通过技术承包、入股、示范、培训、咨询和兴办服务实体等形式，增加产品的科技含量，提高产品的市场竞争力。

**（四）重点扶持规模产业，打造县域主导产业**

通过制定相关优惠政策和实施优惠措施，重点扶持几个初具规模的产业，如玉米种植产业，目前已具备一定规模，而且由于生产周期短、收益快，群众的种植积极性比较高，下一步可以重点扶持，使其成为特色产业发展的典型和模范，产生较好的辐射效应，带动其他相关产业发展。

**（五）积极引进其它产业，探寻有发展潜力的产业**

坚持市场导向原则，是发展特色产业的前提。特色产业没有一成不变的优势和劣势，特色农牧业应在发展中对其“特色”不断进行优化和调整。要及时总结经验，取缔那些没有发展潜力、经济效益低的产业，引进发展潜力大的产业。下一步在做好现有产业发展的同时，引进天麻等本地中药材的种植技术，开展实验和推广。在养殖业方面，针对我县草场资源有限、畜群数量少等劣势，另辟蹊径，重点扶持和发展藏鸡、藏猪养殖项目，改变传统的养殖方式。

**（六）健全管理制度，规范管理模式**

通过学习和借鉴先进的管理经验，建立健全特色产业园区的各项规章制度，使其走上规范化、程序化经营轨道，从而提高生产、管理的效率。

**作者简介：**

巴桑次旦，男，藏族，1979 年 6 月出生，中共党员，大学学历。现任西藏自治区吉隆县农牧局局长。

官雷，男，汉族，1986年7月出生，中共党员，本科学历。现在西藏自治区吉隆县农牧局工作。

# 狠抓关键技术　旱年也能丰收

山西省闻喜县农业委员会　任东波　谢海申　杨志泉

2012～2013 年度闻喜县小麦生产遭遇了历史罕见的干旱，50.06 万亩旱地小麦亩产 79.2 kg，比去年亩减产 148 公斤，30 万亩旱地小麦亩产仅 50～60 斤，然而我县部分农户通过运用旱作农业栽培技术，最大限度的抵御了干旱，取得了好收成。

## 一、耙耱镇压抗旱魔，每亩增产 200 多

桐城镇赵家岭村靳和平露底种植 5.4 亩旱地小麦，品种为运旱 20410，大旱之年亩产 457.4 斤，比别人亩产 255.8 斤亩增产 201.6 斤，增幅 78.8%，他丰收的根本在于耙耱镇压。

耙耱镇压是一项简便易行、提温保墒、增产显著的传统旱作技术，他主要把住了三个时期的耙耱镇压。

一是小麦播前耙耱镇压。7 月上旬深耕后，8 月立秋后及时耙耱，保住口墒，麦播时再旋耕播种。

二是越冬期耙耱镇压。12 月 20 日他用农用三轮车携带铁滚镇压器对麦田进行镇压，弥合了裂缝，保护分蘖节，使麦苗安全越冬。

三是早春顶凌耙耱。2 月 18 日用木耙对麦田进行了顶凌耙耱，起到了提温保墒的作用。

通过播前、冬前、早春的耙耱镇压保住了有限的麦田墒情，小麦各生育阶段麦田土壤含水量均比其他麦田高 2%～5%，有利于小麦返青、起身、拔节、孕穗。在后期调查中发现他家麦田的亩穗数为 24.3 万粒，穗粒数为 30.6 粒，千粒重为 36.2 克；其他麦田亩穗数为 16.7 万粒，穗粒数为 25.9 粒、千粒重为 34.8 克。运用耙耱碾压技术大旱之年能增产。

## 二、地膜覆盖显神威，干旱年份大增产

闻喜县铜城镇山家庄村 2012 年覆盖种植小麦 210.5 亩，在全生育期降雨量仅 95.9mm 的特大干旱年份，覆盖麦田平均亩产 217.8 公斤，比不覆盖麦田亩产 94.1 公斤增产 123.7 公斤，增幅 131.5%，实现了旱年大增产。该村的

做法如下：

1. 纳雨蓄墒。旱地小麦的关键是千方百计保住天然降水，提高水分利用率。他们采用深耕深松+旋耕耙耱蓄水保墒技术最大限度保住了7.8.9三个月休闲期的自然降水，为旱地小麦播种提供了良好的墒情，播前测定0~40cm土壤含水量为14.6%，比对照田高1.8个百分点。

2. 地膜覆盖。旱地小麦地膜覆盖栽培技术是被生产实践证明了的一项稳产增产技术，具有明显的保墒作用。选用40cm宽，厚度0.008mm微膜，亩用地膜3.2公斤，采用双垄覆盖机播种，55cm一带，盖紧压实，亩用种子4.5公斤，9月19日播种。据调查0~40cm土壤含水量返青期覆盖田10.9%，比大田8.7%高2.2%；拔节期覆盖田为9.6%，比大田7.9%高1.7%；孕穗期覆盖田为8.4%，比大田7.1%高1.3%。在特大干旱年份，地膜覆盖小麦未出显严重旱情，表现为个体健壮、分蘖多、次生根发达、穗大粒多。据调查麦田株高78cm，比对照麦田多35cm；覆盖麦田的平均亩穗数21.9万穗，比对照麦田多7.1万穗，穗粒数31.8粒比对照多10.6粒，千粒重36.8克，比对照多1.5克，覆盖麦田平均亩产217.8公斤，比不覆盖麦田亩产94.1公斤增产123.7公斤，增幅131.5%，实现了旱年大增产。

3. 一喷三防。5月上旬亩用70%吡虫啉2克，40%哒螨灵5克，20%硫磺·三唑酮40克，小麦增产抗旱保水剂50克兑水50公斤均匀喷雾，起到了杀蚜虫、杀红蜘蛛、防白粉病、防干热风的目的。

**作者简介：**

任东波，男，1963年出生，大学学历。现任山西省运城市闻喜县农业委员会主任。

谢海申，男，1971年出生，大学学历。现任山西省运城市闻喜县农业委员会技术站站长。

杨志泉，男，1980年出生，大学学历。现任山西省运城市闻喜县农业委员会办公室主任。

# 促进农牧业现代化转型<br>加快农牧民脱贫致富奔小康

西藏自治区噶尔县农牧局　王星辰

噶尔县位于西藏阿里地区西南部，冈底斯山脉西段，西北与印度、克什米尔等国家和地区接壤，全县平均海拔4500米以上，最高海拔6554米，具有“世界屋脊之屋脊”之称，自然环境异常艰苦，是象雄文明重要发祥地，是苯教文化、藏医文化的发祥地之一，是西藏18个边境县之一，边境线长达98公里，是在一大片红柳滩上新建起的西部高原的交通枢纽，往北到叶城，往东到日喀则、拉萨，战略地位十分重要。全县面积19983平方千米，其中草地面积2058.24万亩，可利用牧草地面积1685.72万亩，饲草储量83.14万吨，年理论载畜量32.09万只绵羊单位，耕地面积2万亩。噶尔县是西藏阿里地区行署的所在地，藏意为“兵营”，县城驻地狮泉河畔即狮泉河镇。

噶尔县境内高山耸立，雪峰林立，河流纵横，湖泊星罗棋布。全县辖1个镇、4个乡：狮泉河镇、昆莎乡、左左乡、门士乡、扎西岗乡。共有2个居委会、12个行政村。全县农牧业户数1756户，农牧民人口6836人，加上当地驻军、流动人口，全县人口4万余人。农牧业在噶尔国民经济中占有极其重要地位，农牧业资源条件极其特殊，主要以牧业为主、农牧业结合，以人工种草、奶牛养殖、蔬菜种植、风干牦牛肉、绒山羊、短期育肥为代表的各类农畜产品更是独具特色。

## 一、农村牧区经济加快发展，农牧民收入明显提高

近年来，噶尔县通过深入贯彻落实中央第五次西藏工作座谈会、中央农村工作会议等重大会议精神，全面按照科学发展观要求，紧紧围绕“一产上水平”的发展战略，突出重点、突破难点、打造亮点、提高品位、提升形象，始终坚持把农牧业发展、农牧民增收作为首要任务，“打牢一个基础、转好两个轮子、搭建一个平台”，不断强化一个基础，注重七大体系建设，以草业先行、城郊畜牧业和种植业发展为突破口，调整优化农牧业结构，抓住农牧业基础设施建设和特色农牧业发展两个工作重点，强化科技推广、产业建设、

改革创新、农牧民培训和转移就业等项措施落实，确保噶尔县现代农牧业、设施农牧业建设上新台阶。

2012年我县牲畜出栏数达到90547头（只、匹），出栏率达到43.7%，肉类总产量达1310.6吨、奶类总产量达922.4吨、羊毛产量达102.1吨、山羊绒产量达27.85吨、各类皮张产量达43147吨，实现农村经济总收入6890.85万元，农牧业总产值（现价）4804万元，第一产业增加值3779万元，农畜产品综合商品率达63.3%。2012年我县农牧民群众人均收入达到5827元，较去年同比上涨29%。

## 二、发展方式加快转变，高原农牧业大发展

近几年来，噶尔县大力发展特色优势产业，积极推进规模化产业化经营，努力推进精品名牌战略，噶尔县现代农牧业正步入发展的快车道。

一是农牧业规模经营有新突破。始终坚持“加强保护、促进发展，以草定畜、增草增畜，因地制宜、分类指导，循序渐进、逐步推行”的原则。为进一步稳定和完善农村牧区基本经营制度，不断深化农村牧区改革，进一步加大对草场承包经营责任制的落实力度。有力地调动了农牧民保护、建设和合理利用草场的积极性。

二是特色优势产业快速发展。把发展特色农牧业作为调整农牧业结构、增加农牧民收入的切入点，大力发展农牧业特色产业，转变了农牧业发展方式，有效拓展了农牧民增收渠道。为保持特色产业效益，突出各镇各乡特色，坚持非均衡发展原则，避免一哄而上，实施特色产业发挥了明显的效益。到目前，充分凸显人工种草、蔬菜种植、奶牛养殖在特色产业发展中的领军作用。在人工种草上，我县认真反思数十年来草地畜牧业和牧区抗灾保畜的经验教训，通过各种渠道，大力发展人工饲草种植，重点实施‘立草为业、草业先行，’培养一批从事专业种草的农牧民，把种草办成产业”的农牧业发展思路，积极借鉴国内牧草种植产业发达地区的成功经验，从内地引进了紫花苜蓿种子试种，经过多年的努力，农牧试验示范取得突破性成果，我县打破了紫花苜蓿草种不能在海拔4000米以上种植的理论禁区，以昆莎人工种草基地为主，建立了符合该地生产实际的牧草种植产业化体系，之后，紫花苜蓿的种植还被制作成专题科教片，用以指导全地区的种草工作。2013年在各乡镇人工种草面积突破了20000多亩，这不仅增强了广大农牧民群众保护草原的意识，更为天然草地的改良保护，增强牧户抗灾保畜能力，解决了优质牧草的供求矛盾，调节了总量不足和季节性供求的不平衡，对增强畜牧业持续

发展的后劲起到了重要作用。在奶牛养殖上，我县紧紧围绕农牧业发展、农牧民增收这一目标和全县特色优势产业，大力发展奶牛养殖业，以昆莎乡噶尔新村奶牛养殖科技示范基地为首，加木村、索麦村、扎西岗村为辅，截至目前，共引进奶牛400多头。从2008年至现在，噶尔县农牧局多方努力，通过申报农牧业特色产业项目的方式，积极争取项目资金，先后在科技示范基地建起了牛舍、仓库、草库、住宅区及办公区，购置奶牛，配备了一定农业机械。同时，昆沙乡奶牛养殖户自发组织，组建了奶牛养殖协会，并以项目为基础，逐步形成"基地+协会+养殖户"的运行管理模式，协会实行统一饲养标准、统一免疫、统一消毒及统一销售，进一步提高了牧民养殖奶牛的积极性。经过几年不懈努力，昆莎奶牛养殖场成为了阿里地区唯一较有影响力的农牧科技示范园，从而使一部分农牧民群众走上了富裕道路。在蔬菜种植上，狮泉河镇是阿里地区的中心，常住人口4万左右，流动人口达到6万多人，蔬菜大多从新疆、拉萨调运，市场蔬菜一直供不应求，菜价居高不下，严重影响了城镇居民生活质量。鉴于这种情况，县委、政府决定大力发展蔬菜种植。目前，噶尔县生态农业产业园现有面积120亩，温室32座，种植蔬菜十多种，还引进栽培了30多种花卉，累计投资1000多万元。按照计划，明年将再建66座大棚，届时园区内将有98座大棚，预计园区还需投资2000多万元。通过生态园区的建设，可以丰富狮泉河镇的"菜篮子"，缓解城镇居民吃菜难、吃菜贵的问题；可以带动周边群众转变生产经营方式，从单一的牧业生产中解放出来，增加群众现金收入，加快农牧民群众脱贫致富奔小康的步伐。

三是农业产业化经营有新提高。积极引导扶持农牧民发展专业合作经济组织，使千变万化的大市场和小农户有机结合起来。目前已发展各类专业合作经济组织（协会）14个，参与农牧户1115户，带动了2256多户农牧户，涉及短期育肥、奶牛养殖、蔬菜种植、招待所、采石采沙场、便民商店、畜产品销售等产业。

四是农业机械化有新进步。农业机械化是农业现代化的重要标准，是建设社会主义新农村的重要内容，是促进农业生产经营专业化、标准化、规模化、集约化的重要途径。和平解放60年来，在自治区党委政府的正确领导下，我县农机化事业依靠中央扶持政策（农机购置补贴政策这一惠民政策）和地方财政的有力支撑，推动了全县农机总动力快速增长，耕种收综合机械化水平持续提高。目前，我县农牧民几乎家家都拥有一台农业机械，农牧业综合生产能力明显提高，农牧民收入大幅上升。

五是草原生态保护有新改善。草原是发展绿色生态畜牧业的基础条件，是广大农牧民群众赖以生存和发展的物资基础，是藏民族优秀文化得以传承和发扬的根基所在，是最大的陆地生态系统和天然生态保护屏障。在西藏发展进程中，党中央、国务院高度重视草原保护工作，出台了一系列政策措施。如今，我县已实施了退牧还草、人工种草、草原防火和草原鼠病虫害综合治理、草地改良、草场承包到户、草原生态保护奖励机制、牧民生产性补贴一系列的工程政策措施，并取得了一定的成效，加强了草原生态环境的恢复和生态功能的提高，促进了我县草原事业全面发展。

六是动物疫病防控能力提高。噶尔县自然条件特殊，生态环境脆弱，畜牧业生产以散养为主，动物疫病发生率高。西藏和平解放以来，在中央的亲切关怀和国家有关部委的大力支持下，在自治区、地区和县党委政府的坚强领导下，我县动物防疫事业从无到有，从小到大，不断发展起来。目前，我县建立县、镇、乡三级动物疫病防控中心，动物防疫基础设施建设得到明显加强，形成了适合噶尔县情的动物防控方略、动物防疫法律体系、动物防疫工作体制机制、动物防疫制度体系。我县主要通过区内生产和区外采购，解决所需的牲畜疫病防治药品，在县、镇、乡兽防所设点诊疗，通过乡、村兽防人员走村入户开展防疫、诊疗、驱虫。经过多年的不懈努力，我县因疫病造成的直接经济损失大大减少，成畜死亡率不断下降，幼畜成活率逐年提高，牲畜头数成倍增长，畜牧业生产得到大力发展。

七是农牧业防灾减灾工作成效显著。我县是气象灾害较为严重的县之一，灾害种类多，发生频率高，分布地域广，给农牧业生产和农牧民生活造成严重影响。近年来，我县紧紧围绕党中央、国务院、自治区、地区的各项重大战略决策和部署，从保障农牧业稳定生产、实现“提升一产”的总体发展思路出发，开展了卓有成效的农牧业防灾减灾工作，设立了噶尔县防灾减灾办公室，成立了抗救灾工作领导小组，层层落实抗救灾工作目标管理责任制，建立健全防抗灾工作制度完善相关预案，争取了更多的资金用于抗灾工作，建设牧区高寒棚圈抵御低温冷冻天气，建立了农牧业防灾减灾体系，县、镇、乡、村四级抗灾储备库，坚持“以人为本”，站在切实解决民生问题的高度，有力保障人民群众生命财产安全。

## 三、农牧业科技加快推广，服务能力大增强

一是农村牧区“户户通电”工程和劳务经济得到大力推进。(1) 我县左左乡、门士乡、昆沙乡光伏电站已全部建完，目前使用正常。户用电共发放

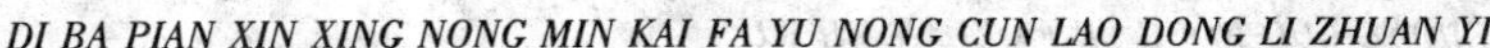

1953套，但广大农牧区仍有部分群众存在用电难问题。我县人民政府和电力部门正在采取积极措施，千方百计挖掘发供电潜力，最大限度延伸电网，使更多的群众用上电、用好电。（2）积极组织和引导农牧区剩余劳动力从事二、三产业，并开展了以民族手工业、农机具维修、建筑施工、输运为主的劳务技能培训工作，农牧民适应地场的能力增强，拓展了增收渠道。每年培训农牧民800人次以上，实现从事农牧业生产的农牧民科技培训覆盖率达到100%，农牧民群众实现劳务输出年平均2675户，外出务工人员1640人次，创收1413万元。往后我们将进一步加大对农牧民劳务输出的引导工作，加大农牧民技能培训力度，争取在农牧民创收方面更上一个台阶。

二是农牧业实用技术推广力度加大。种植业通过引进农作物优良品种，经试种、示范、筛选出一批粮草兼顾，产量高，适合噶尔县气候特点的优良品种，并积极推广农田杂草和病虫害综合防治技术、现代农作物高效种植技术和中低产田的改良技术。2012年，粮食单产比2011年提高了23.6%；积极推广大棚蔬菜种植技术和无公害蔬菜种植技术研究，从区内外引进试种成功的蔬菜品种有20多个，为在高海拔地区种植蔬菜提供了经验，在一定程度上缓解了广大干部群众吃菜难的问题。畜牧业紧紧抓住草原建设、牲畜选育和疫病防控三个关键环节，推进以奶牛养殖、绒山羊本品种选育和牲畜短期育肥为主的特色畜牧业发展，进一步优化畜种畜群结构。2012年牲畜存栏总数达222107.1头（只、匹），幼畜成活率达到79%，成畜死亡率控制在4%以内。

三是农产品质量安全工作不断加强。我县现已建成农产品检测站，全县农产品检测合格率始终保持在合格标准以上，有力保障了农牧业健康发展，满足广大人民群众的健康需求。

## 四、新农村建设加快推进，农村面貌大变化

“十一五”、“十二五”期间，我县紧紧抓住国家实施西部大开发战略和中央加大对西藏经济社会发展支持力度的历史机遇，积极争取中央和自治区投入。实施了退牧还草工程、游牧民定居工程、科技推广体系建设、生态安全屏障保护与建设、农村沼气建设、农牧业防抗灾体系建设、鼠虫害治理、农牧业特色产业等项目。有力强化了农牧业基础设施，谈起新农村建设对当地群众生产、生活方面的影响，农牧民自发地说：“现在我们走的是水泥路、喝的是干净的自来水，用上了方便充足的电，听到了党中央的声音，生产生活都很方便。”通过新农村建设，我县农牧民过上了安居乐业的生活，也促进我县农牧业现代化转型。

# 以科学发展观为指导
# 保持改则县牧业经济平稳较快发展

西藏自治区阿里地区改则县农牧局　欧　珠

改则县畜牧业经济总体状况是挑战与机遇同在，压力与动力并存。对此，我们全县上下必须统一思想，提高认识，要以科学发展观为指导，把克服困难与转型发展有机结合起来，争取新一轮发展的主动权，努力促进牧业经济又好又快发展。

## 一、实施畜牧业增长方式转变战略

一要转变增长方式，尽快使传统数量型畜牧业增长方式向数量、质量和效益并重的方向转变，最终形成以科技进步为主的内涵增长模式。二要转变养殖模式，尽快将传统畜牧业靠天养畜、自然逐水草放牧的牧户粗放经营方式转变为专业合作组织或协会集体规模化养殖方式。三要转变资源利用方式，积极发展资源节约型和环境友好型畜牧业。

## 二、优化畜牧业结构

（一）优化畜产品区域布局。调整优化畜种结构，突出发展经济性能较高的牦牛、白绒山羊，加快建设改则县畜产品优势产业带和优质畜产品商品基地。以加快建设藏西北绒山羊产业带为重点，加快改则县白绒山羊示范基地、示范户和优质种公、母羊基地建设步伐，争取“十二五”优质白绒山羊数量达到18万只，淘汰毛色不纯的灰黑、灰白山羊。

（二）调整优化畜群结构和产品结构。要根据不同畜种的繁育特性，调整畜群母畜比例，形成母畜比例高、畜群周转快、出栏量大、持续发展的畜群结构。牦牛生产要以提高产肉性能为主，迅速扩大优质高产种群的规模和比例，牦牛生产以良种犊牛和杂交牛犊直线育肥为主，增加优质高档牦牛肉的比例。白绒山羊生产坚持大力推广本品种扩繁、生产优质产绒性能好的羔羊的生产方向。

## 三、加快推进健康养殖（放牧）

重点加强育肥基地建设，使之成为今后改则县畜牧业生产的重要方式之一，按照“发展、规范、创新”的原则，制定育肥基地规范化生产标准，积极鼓励制度创新，探索最佳经营管理模式，支持牧户进行股份制和合作制改造，建立一批标准化、规模化放牧、养殖生产示范基地。积极推进畜牧业循环经济发展，发挥牧草种植和养殖的互补优势，实现以草养牧的良性可持续牧业发展模式。

## 四、加强科技创新和技术推广

以畜牧业发展中的重大关键技术为重点，加强科技创新，尽快建立完整有效的牧业推广体系和重大动物疫病预防控制体系。重点做好牦牛、绵山羊人工授精、优良种畜培育、重大动物疫病控制、育肥基地建设、优质牧草栽培与加工利用、草原保护与改良、绿色畜产品生产等技术的科技创新和推广应用工作。不断增加技术推广工作的投入，加强科技推广机构建设，稳定技术队伍，改善仪器设备和工作条件。鼓励科研和推广机构、大专院校、畜牧龙头企业的科技人员至改则积极参与畜牧业技术推广，开展有偿服务，加快科技成果推广和转化，做好新技术推广典型示范和经验交流。

## 五、扶持和发展畜牧业专业经济合作组织、市场中介组织与行业协会

在政策、技术和资金上给与适当扶持，提高其组织化、规范化水平，维护其合法权益。鼓励各地市龙头企业与畜牧业合作组织与本地牧户建立起紧密、合理的利益联结机制，发展订单畜牧业。

## 六、加快人工饲草料基地建设步伐

要大力发展人工草地，推广草地改良和人工种草，提高高寒区草原生产力。逐步扩大人工种草面积，稳步推进人工补播草场建设，保证每个乡镇都能建设一个人工饲草料基地储备库，应对各类突发的自然灾害。

## 七、推进兽医管理体制改革，加强重大动物疫病防控工作

一是要根据国务院关于兽医管理体制改革工作有关精神和农业部的统一

部署，努力构建动物疫情监测预警、动物疫病预防控制、动物防疫检疫监督、动物防疫物资保障、动物防疫技术支撑、兽药质量监察与残留监控六大体系。重点加强县、乡、村畜牧兽医站（所）建设，尽快建立和完善基层动物防疫网络。二是要加强和落实动物防疫工作领导责任制和责任追究制，进一步完善重大动物疫病应急机制，加强应急预备队培训和演练，做好各类防疫物资的调运储备。对口蹄疫、小反刍等重大动物疫病依法实行强制免疫。认真开展疫情监测和免疫效果监测工作。建立边境免疫隔离带，稳步推进牲畜标识和疫病可追溯体系建设试点工作。定期开展动物防疫目标管理考核和动物防疫执法检查，加强动物及动物产品的产地检疫和屠宰检疫，严格市场卫生检疫。

## 八、积极推动畜牧养殖业保险发展

在总结各地牲畜政策性保险试点的基础上，科学测算养殖业的成本效益和盈亏平衡点，引导鼓励和支持保险公司大力开发畜牧养殖业保险市场，探索建立适合改则县不同畜种的政策性保险制度。

## 九、着力解决大量农牧民工的出路和发展能力问题

以相关扶持政策为指导，全力推进农牧民工劳务输出工作，实现进城务工牧民与城镇居民基本公共服务均等化，城乡统筹协调发展，共享经济发展成果。

## 十、培育畜产品加工业

把大力发展畜产品加工业作为我县发展畜牧业的战略突破口，通过项目带动，重点培育和扶持具有竞争优势和带动能力强的畜产品加工龙头企业。加大招商引资力度，引进和新建畜产品加工企业，以加工促发展，以加工带基地，提高畜产品附加值。积极引导和鼓励各类金融机构加大对畜产品加工企业的信贷支持，扶持畜产品加工企业做强做大。

## 十一、加强畜牧业项目管理

要以科学发展观为统领，科学统筹规划畜牧业项目建设和资金安排，重点抓好基础设施、良种繁育、动物防疫、人工饲草料基地、草原保护与改良等工程项目建设。强化项目监管，加强畜牧业项目规范化和制度化管理力度，

积极做好项目储备和项目争取工作。

## 十二、加强对畜牧业工作的组织领导，切实改进工作作风

县各级党委要把扶持畜牧业持续健康发展列入重要议事日程，加强调查研究，从牧民最关心、要求最迫切、利益最直接的事情做起，及时解决畜牧业发展中遇到的各种矛盾和问题；各级畜牧兽医部门要充分发挥好指导、管理、协调、监督和服务职能；其他各有关部门要各司其职，密切配合，通力合作，共同促进畜牧业持续健康发展。

# 后 记

经过六个月的准备、筹划，《中国农业发展实务》一书将于2013年9月正式出版发行，我们由衷地感到欣慰。

在本书的编撰过程中，部分章节的内容参考了已公开的学术成果和研究资料。希望各界从事农业发展的专家、学者能对此书的出版给予关注和支持，并提出宝贵意见。

最后，我们要感谢本书编委会的所有成员，是他们对农业发展的支持和踊跃来稿，才使此书能够圆满完成如期出版。

中国管理科学研究院资源环境研究所

2013年9月